พจนานุกรมอังกฤษ-ไทย & ไทย-อังกฤษ

ฉบับทันสมัย

SE-ED'S MODERN *ENGLISH-THAI THAI-ENGLISH* DICTIONARY

(CONTEMPORARY EDITION)

โดย ฝ่ายวิชาการภาษาอังกฤษ

บริษัท ซีเอ็ดยูเคชั่น จำกัด (มหาชน)
SE-EDUCATION PUBLIC COMPANY LIMITED

THAI PAPER

พจนานุกรมฉบับนี้พิมพ์บนกระดาษคุณภาพ
จากบริษัท ผลิตภัณฑ์กระดาษไทย เครือซิเมนต์ไทย

- หนังสือเล่มนี้เข้าเล่มอย่างดีด้วยวิธี *เย็บกี่* (เย็บด้วยเชือก) เพื่อให้ท่านใช้งานได้ยาวนานโดยกระดาษไม่หลุดออกจากตัวเล่ม ซึ่งแตกต่างจากหนังสือทั่วไปที่เข้าเล่มด้วยกาว
- กรณีต้องการซื้อจำนวนมาก เพื่อใช้สอน ฝึกอบรม ส่งเสริมการขาย เป็นของขวัญพิเศษ เป็นต้น กรุณาสอบถามราคาพิเศษได้ที่ *แผนกการตลาดพิเศษ* บริษัท ซีเอ็ดยูเคชั่น จำกัด (มหาชน) โทร. 0-2739-8222 หรือ โทรสาร 0-2739-8356-9

พจนานุกรมอังกฤษ-ไทย & ไทย-อังกฤษ ฉบับทันสมัย
SE-ED'S MODERN ENGLISH-THAI & THAI-ENGLISH DICTIONARY (CONTEMPORARY EDITION)
โดย ฝ่ายวิชาการภาษาอังกฤษ บริษัท ซีเอ็ดยูเคชั่น จำกัด (มหาชน)

ราคา 175 บาท

C 1 1 2 - 9 0 2 - 3 2 3
1 5 4 4 3 2 1 0 9 8 7 6 5

ข้อมูลทางบรรณานุกรมของสำนักหอสมุดแห่งชาติ
SE-ED'S MODERN ENGLISH-THAI & THAI-ENGLISH DICTIONARY
(CONTEMPORARY EDITION) -- Bangkok : SE-EDUCATION.
2002.
1,008 p.
1. English language -- Dictionaries -- Thai.
2. Thai language -- Dictionaries -- English.
I. Title.
423.95911
ISBN 978-974-534-677-2

จัดพิมพ์และจัดจำหน่ายโดย
บริษัท ซีเอ็ดยูเคชั่น จำกัด (มหาชน)
SE-EDUCATION PUBLIC COMPANY LIMITED

อาคารเนชั่นทาวเวอร์ ชั้น 19 เลขที่ 1858/87-90 ถนนบางนา-ตราด แขวงบางนา เขตบางนา กรุงเทพฯ 10260 โทร. 0-2739-8000 สายงานการผลิต โทร. 0-2739-8333 โทรสาร 0-2739-8589
พิมพ์ที่ บริษัท เอ็ม เอ เอช พริ้นติ้ง จำกัด 104/21 ตรอกนอกเขต ถนนนนทรี แขวงช่องนนทรี เขตยานนาวา กรุงเทพฯ 10120 โทร. 0-2294-3344 โทรสาร 0-2294-5544
นายสุเมธ อัศวนิลศรี ผู้พิมพ์ พ.ศ. 2545

หากมีคำแนะนำติชม ติดต่อได้ที่ comment@se-ed.com
ค้นหาหนังสือที่ต้องการ ได้เร็ว ทันใจ ที่ www.se-ed.com

คำนำสำนักพิมพ์

ในโลกยุคไร้พรมแดนซึ่งเชื่อมโยงกันด้วยข้อมูลข่าวสารต่างๆ โดยใช้ภาษาสากลนั้น หนึ่งในภาษาสากลที่ได้รับการยอมรับและนิยมใช้กันทั่วโลกก็คือ **ภาษาอังกฤษ** ดังนั้น การมีความรู้ภาษาอังกฤษไม่ว่าจะเป็นความหมายหรือการเลือกใช้คำให้ถูกต้องจึงมีส่วนสำคัญในการสื่อสารและนำข้อมูลที่มีมาใช้ให้เกิดประโยชน์ทั้งด้านการศึกษา การทำงาน การทำธุรกิจ หรือเพิ่มพูนความรู้ให้ทันยุคทันสมัย

ฝ่ายวิชาการภาษาอังกฤษ บริษัท ซีเอ็ดยูเคชั่น จำกัด (มหาชน) จึงได้คัดสรรคำศัพท์พื้นฐานทั่วไปที่ควรรู้และใช้กันอยู่ในปัจจุบัน รวมไปถึงคำศัพท์สมัยใหม่และศัพท์วิชาการที่นิยมใช้กันอย่างแพร่หลายไว้ในพจนานุกรม อังกฤษ-ไทย & ไทย-อังกฤษ ฉบับทันสมัยนี้ โดยแบ่งเนื้อหาออกเป็น 2 ส่วน คือ ส่วนภาษาอังกฤษ-ไทย และส่วนภาษาไทย-อังกฤษ ในแต่ละส่วนจะมีภาคผนวกเพื่อเสริมทักษะความรู้ในการใช้ภาษาอังกฤษให้ถูกต้องและแตกฉานขึ้นในระดับหนึ่ง

คณะผู้จัดทำหวังเป็นอย่างยิ่งว่า พจนานุกรมอังกฤษ-ไทย & ไทย-อังกฤษ ฉบับทันสมัยเล่มนี้จะอำนวยประโยชน์แก่ผู้เรียนและผู้สนใจภาษาอังกฤษยุคใหม่ หากมีข้อผิดพลาดหรือแนะนำประการใด กรุณาแจ้งสำนักพิมพ์เพื่อจะได้นำไปปรับปรุงพัฒนาพจนานุกรมให้ถูกต้องยิ่งขึ้น

ฝ่ายวิชาการภาษาอังกฤษ
บริษัท ซีเอ็ดยูเคชั่น จำกัด (มหาชน)

การอ่านออกเสียง

สัญลักษณ์ที่ใช้แทนการอ่านออกเสียงมีดังนี้

b	= บ	เช่น	box, bulb
c	= ค	เช่น	cake, picnic
	= ก	เช่น	screen, scuff
	= ช	เช่น	ocean, special
	= ซ	เช่น	circle, grocer
ce	= ซ	เช่น	rice
ch	= ค	เช่น	anchor
	= ช	เช่น	champagne
	= ช	เช่น	chin, teach
ck	= ค	เช่น	check, rock
d	= ด	เช่น	desk, order
	= จ	เช่น	graduate
dg	= จ	เช่น	edge, ridge
f	= ฟ	เช่น	fan, suffer, wolf
g	= ก	เช่น	big, gall, great
	= จ	เช่น	angel, gemini
ge	= จ	เช่น	budget, judge
	= ฌ	เช่น	beige, rouge
gh-	= ก	เช่น	ghost
-gh	= ฟ	เช่น	enough, rough
h	= ฮ	เช่น	home, his
j	= จ	เช่น	jaw, project
k	= ค	เช่น	kite, kick
	= ก	เช่น	ski, sky
kn	= น	เช่น	kneel, knock
l	= ล	เช่น	below, lunch
m	= ม	เช่น	lemon, month
n	= น	เช่น	down, final, nine
nc	= งค์	เช่น	conjunction
nk	= งค์	เช่น	pink
p	= พ	เช่น	map, pond
	= ป	เช่น	spread, spy
ph	= ฟ	เช่น	physics, photo
	= พ	เช่น	shepherd
q	= ค	เช่น	cheque, quay
qu	= คว	เช่น	queen, queer
r	= ร	เช่น	around, rat
s	= ซ, ส	เช่น	bus, stand
	= ซ	เช่น	busy, whose
	= ช	เช่น	sure

	=	ฌ	เช่น	treasure, usual
sc	=	ช	เช่น	conscious
	=	ซ	เช่น	scene, science
se	=	ซ	เช่น	horse, mouse
	=	ซ	เช่น	raise, wise
sh	=	ช	เช่น	bush, sheet
ss	=	ช	เช่น	mission
	=	ซ	เช่น	scissors
t	=	ท	เช่น	cat, talk, water
	=	ต	เช่น	student, street
	=	ช	เช่น	picture
	=	ช	เช่น	nation, partial
tch	=	ช	เช่น	match
th	=	ธ	เช่น	author, month
	=	ธ	เช่น	breathe, mother
u	=	ยู	เช่น	union, unity
	=	อ	เช่น	under, up
v	=	ว	เช่น	vote, village
	=	ฟวํ	เช่น	have, sleeve
w	=	ว	เช่น	award, wine
wh	=	ว, ฮว	เช่น	what, why
	=	ฮ	เช่น	whole
wr	=	ร	เช่น	wrist, wrong
x	=	คซํ	เช่น	exchange, fix
	=	ค	เช่น	excess
	=	กซ	เช่น	exact
	=	ช	เช่น	sexual
	=	ซ	เช่น	xenon, xylem
y	=	ย	เช่น	beyond, yes
z	=	ซ	เช่น	zebra, freeze
	=	ซ	เช่น	quartz
	=	ฌ	เช่น	azure, seizure

หมายเหตุ

1. เครื่องหมาย ' ใช้เน้นเสียงหนักที่พยางค์นั้นๆ เช่น
   ahem (อะเฮม'), **college** (คอล' ลิจ), **sherry** (เช' รี)
2. เครื่องหมาย ˚ อยู่บนพยัญชนะตัวใด ให้ออกเสียงพยัญชนะตัวนั้นแบบไม่เน้นหนัก เช่น
   air (แอรฺ), **turmoil** (เทอรฺ' มอยลฺ)
3. ย ตามหลังพยัญชนะตัวใด ให้ออกเสียงรวบไปกับพยัญชนะนำหน้า เช่น
   accusation (แอคยูเซ' ชัน), **vacuum** (แวค' คยูเอิม),
   strangulate (สแตรง' กยูเลท), **security** (ซิคยุ' ริที)

การใช้คำย่อ

A.	=	Antonym คำที่มีความหมายตรงกันข้าม
adj.	=	adjective คุณศัพท์
adv.	=	adverb กริยาวิเศษณ์
conj.	=	conjunction สันธาน
fem.	=	feminine เพศหญิง
interj.	=	interjection คำอุทาน
n.	=	noun นาม
pl.	=	plural นามพหูพจน์
prep.	=	preposition บุพบท
pron.	=	pronoun สรรพนาม
S.	=	Synonym คำที่มีความหมายเหมือนกัน
v.	=	verb กริยา
v. aux.	=	auxiliary verb กริยานุเคราะห์
vi.	=	intransitive verb อกรรมกริยา
vt.	=	transitive verb สกรรมกริยา

วิธีการใช้พจนานุกรม

แถบแสดงตัวอักษร A-Z เพื่อแยกหมวดศัพท์

คำเริ่มต้นของหน้า

เลขหน้า

คำสุดท้ายของหน้า

A, a **1** **abode**

ตัวอักษรแสดงหมวดคำ

A

A B C D E F G H I J K L M N O P Q R S T U V W X Y Z

A, a (เอ) *n., pl.* **A's, a's/As, as** อักษรตัวที่ 1 ในภาษาอังกฤษ, อันดับหนึ่ง, คุณภาพหรือชั้นดีที่สุด, (A) หมู่เลือดชนิดหนึ่งของคน

A ย่อจาก acre เอเคอร์, ampere แอมแปร์, angstrom อังสตรอม, Answer คำตอบ

★**a** (อะ, เออะ, เอ), **an** (แอน) *indef. art.* หนึ่ง, หนึ่งเดียว, คนละ, ตัวละ, อันละ ใช้ a นำหน้าคำนามที่ออกเสียงพยัญชนะ เช่น a bird, a uniform และใช้ an นำหน้าคำนามที่ออกเสียงสระ เช่น an axe, an heir

ทำให้สั้นลง, คำย่อ, ตัวย่อ (**-S.** abridgement, cut)

ABC (เอบีซี') *n., pl.* **ABC's** ตัวอักษรภาษาอังกฤษ

abdicate (แอบ' ดิเคท) *vt., vi.* **-cated, -cating** สละ (ราชบัลลังก์ ตำแหน่ง อำนาจ) อย่างเป็นทางการ **-abdication** *n.* **-abdicator** *n.*

abdomen (แอบ' ดะเมิน, แอบโด' เมิน) *n.* ส่วนท้อง, พุง **-abdominal** *adj.* (**-S.** stomach)

abduct (แอบดัคท') *vt.* **-ducted, -ducting** ลักพาไป, บังคับให้ไป **-abduction** *n.*

---

abash (อะแบช') *vt.* **abashed, abashing** ทำให้อับอายหรือขวยเขิน **-abashment** *n.*

abashed (อะแบชท') *adj.* อับอาย, อึดอัดใจ

abate (อะเบท') *vt., vi.* **abated, abating** น้อยลง, บรรเทาเบาบาง **-abatement** *n.* (**-S.** ease)

abattoir (แอบ' บะทวาร์) *n.* โรงฆ่าสัตว์

abbess (แอบ' บิซ) *n.* หัวหน้าสำนักนางชี

abbey (แอบ' บี) *n., pl.* **-beys** วัด, สำนักสงฆ์, สำนักนางชี (**-S.** convent, nunnery)

abbot (แอบ' เบิท) *n.* เจ้าอาวาสวัด

abbreviate (อะบรี' วีเอท) *vt.* **-ated, -ating** เขียนย่อ, พูดย่อ, ย่อคำ (**-S.** shorten **-A.** lengthen)

★**abbreviation** (อะบรีวีเอ' ชัน) *n.* การย่อหรือ

ablaze (อะเบลซ') *adj., adv.* ลุกเป็นไฟ, สว่างไสว, เร่าร้อน (**-S.** (adj.) alight, brilliant)

★**able** (เอ' เบิล) *adj.* **abler, ablest** สามารถที่จะ, ฉลาด, เก่ง **-ably** *adv.* (**-S.** capable, clever)

-able คำปัจจัย หมายถึง สามารถ

ABM ย่อจาก antiballistic missile จรวดต่อต้านขีปนาวุธ

abnormal (แอบนอร์' เมิล) *adj.* ผิดปกติ **-abnormality** *n.* **-abnormally** *adv.*

aboard (อะบอร์ด', อะโบร์ด') *adv.* บนเรือ, บนเครื่องบิน, บนรถไฟ *-prep.* บน, ใน

abode (อะโบด') *v.* กริยาช่อง 2 และ 3 ของ abide *-n.* ที่อยู่อาศัย, บ้าน

การอ่านออกเสียง
ได้ถอดเสียงตามหลักสัทศาสตร์ (phonetics) ซึ่งบางคำสามารถออกเสียงได้มากกว่าหนึ่งแบบ

คำศัพท์หลัก
จะเป็นตัวใหญ่หนาซึ่งพิมพ์ขึ้นต้นเป็นคำแรก

absolve (เอิบซอลฟว์', -ซอลฟว์') *vt.* **-solved, -solving** ปลดปล่อย, ปล่อยให้พ้นโทษหรือ พ้นผิด, ให้อภัยแก่บาป **-absolvent** *adj., n.* **-absolver** *n.* (**-S.** forgive **-A.** accuse)

หน้าที่คำ

ในกรณีที่เป็นคำกริยา (verb) จะมีการแจกแจงลงไปว่าเป็นอกรรมกริยา (intransitive verb ตัวย่อ vi.) หรือ สกรรมกริยา (transitive verb ตัวย่อ vt.) รวมทั้งมีการผันกริยาช่อง 2 (past tense) และช่อง 3 (past participle) และรูป -ing (present participle)

คำศัพท์หลักที่สะกดได้มากกว่า 1 แบบ
จะใช้เครื่องหมายจุลภาค (,) คั่นไว้

★**although, altho** (ออลโธ') *conj.* แม้ว่า, ถึงแม้

รูปพหูพจน์
จะใช้คำย่อ *pl.* ตามหลัง *n.* โดยมีเครื่องหมายจุลภาค (,) คั่น บางคำสามารถมีได้มากกว่าหนึ่งรูป

alluvium (อะลู' เวียม) *n., pl.* **-viums/-via** บริเวณดินตะกอนตามชายฝั่งแม่น้ำอันเกิดจากการถูกน้ำพัดพามาทับถมกัน **-alluvial** *adj.*

cul-de-sac (คัล' ดิแซค', คุล'-) *n., pl.* **culs-de-sac** (คัลซ์-', คุลซ์-')/**cul-de-sacs** ทางตัน

รูปพหูพจน์ที่มีการอ่านออกเสียงต่างออกไปจากคำศัพท์หลัก จะมีการถอดเสียงกำกับไว้ให้

คำศัพท์หลักบางคำเป็นนามรูปพหูพจน์อยู่แล้ว จะใช้คำย่อ *pl.* พิมพ์ต่อหน้าที่คำ คือ *n.* โดยไม่ใช้เครื่องหมายจุลภาค (,) คั่น

athletics (แอธเลท' ทิคซฺ) *n. pl.* การกีฬา, การออกกำลังกาย, เกมการแข่งขัน

ความหมาย

คำศัพท์รอง
พร้อมหน้าที่คำ

★**alter** (ออล' เทอรฺ) *vt., vi.* **-tered, -tering** เปลี่ยน, ดัดแปลง, ปรับปรุง **-alterable** *adj.* **-alteration** *n.* (**-S.** change, modify **-A.** preserve)

ในกรณีเป็นคำคุณศัพท์ที่สามารถแสดงการเปรียบเทียบขั้นกว่าและขั้นสูงสุดได้ จะมีการผันคำให้

เครื่องหมาย★แสดงศัพท์ที่ควรรู้และควรจำ

★**angry** (แอง' กรี) *adj.* **-grier, -griest** โกรธ, เกรี้ยวกราด, แปรปรวน, เจ็บปวด **-angrily** *adv.* **-angriness** *n.* (**-S.** furious, mad **-A.** happy)

คำเหมือน (Synonym)
และคำตรงกันข้าม (Antonym)
จัดอยู่ในวงเล็บตอนท้ายสุดของคำศัพท์หลักโดยใช้คำย่อ S. และ A. แทน ในกรณีที่คำศัพท์หลักนั้นมีหน้าที่คำมากกว่าหนึ่งหน้าที่ จะมีการบอกหน้าที่คำของคำเหมือนกับคำตรงข้ามนั้นๆ ไว้ให้ เพื่อให้เข้าใจง่ายและสะดวกในการนำไปใช้

สำนวนและวลีต่างๆ
จะเป็นตัวพื้นหนาพร้อมความหมายอยู่ต่อจากความหมายของคำศัพท์หลัก (ซึ่งอยู่ก่อนคำศัพท์รอง)

★**aloud** (อะเลาดฺ') *adv.* (เสียง) อย่างดัง, ออกเสียงให้ได้ยิน **-read/think aloud** อ่านหรือแสดงความเห็นเป็นคำพูดให้ได้ยิน (**-S.** out loud)

anti (แอน' ไท, -ที) *n., pl.* **-tis** (ภาษาพูด) ผู้ต่อต้าน *-adj.* (ภาษาพูด) ซึ่งต่อต้าน

ความหมายใดที่เป็นศัพท์เฉพาะทาง คำสแลง ภาษาพูด จะมีการบอกไว้ในวงเล็บหน้าความหมายนั้นๆ และถ้ามีความหมายมากกว่าหนึ่งจะไม่ใช้เครื่องหมายจุลภาค (,) คั่น

anno Domini (แอน' โน ดอม' มะไน, -นี) *adv.* ในปีคริสต์ศักราช ย่อว่า AD, A.D.

ใช้ **AD** หรือ **A.D.** ก่อนตัวเลข เช่น He died in AD 35/A.D. 35.

เกร็ดความรู้ภาษาอังกฤษแทรกตลอดทั้งเล่ม

ภาพประกอบพร้อมศัพท์กำกับใต้ภาพ

antler (แอนท์' เลอร์) *n.* เขากวาง
antonomasia (แอนทะนะเม' ฌะ) *n.* การตั้งฉายา
antonym (แอน' ทะนิม) *n.* คำที่มีความหมายตรงกันข้าม **-antonymous** *adj.*

antler

แถบสีดำแสดงอักษร A-Z ช่วยในการค้นหาศัพท์ที่ต้องการได้รวดเร็วขึ้น

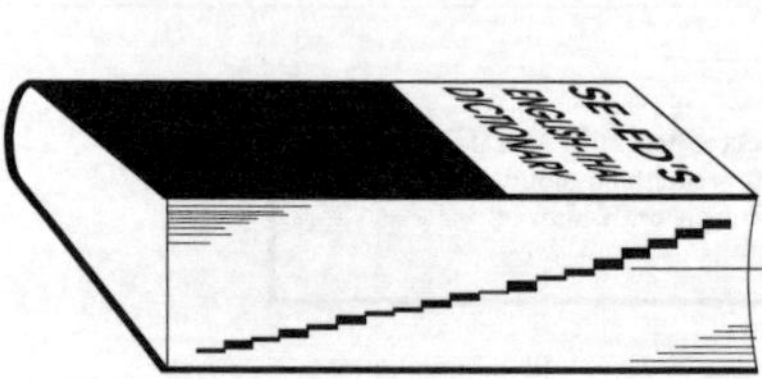

A

A, a (เอ) *n., pl.* **A's, a's/As, as** อักษรตัวที่ 1 ในภาษาอังกฤษ, อันดับหนึ่ง, คุณภาพหรือชั้นดีที่สุด, (A) หมู่เลือดชนิดหนึ่งของคน

A ย่อจาก acre เอเคอร์, ampere แอมแปร์, angstrom อังสตรอม, Answer คำตอบ

★**a** (อะ, เออะ, เอ), **an** (แอน) *indef. art.* หนึ่ง, หนึ่งเดียว, คนละ, ตัวละ, อันละ ใช้ a นำหน้าคำนามที่ออกเสียงพยัญชนะ เช่น a bird, a uniform และใช้ an นำหน้าคำนามที่ออกเสียงสระ เช่น an axe, an heir

a ย่อจาก adjective คุณศัพท์, anonymous นิรนาม, answer คำตอบ

a- คำอุปสรรค หมายถึง ณ, ที่, บน, ไปยัง, ใน, กำลัง, โดย, ขึ้น, ไม่, ปราศจาก เช่น aboard, afoot, achieve, awake, amorphous

aardvark (อาร์ด' วาร์ค) *n.* สัตว์เลี้ยงลูกด้วยนมชนิดหนึ่งในแอฟริกาใต้ กินมดและปลวก

AB (เอ' บี) *n.* หมู่เลือดชนิดหนึ่งของคน

aback (อะแบค') *adv.* อย่างประหลาดใจ, ถอยหลัง, ข้างหลัง

abacus (แอบ' บะเคิซ) *n., pl.* **-cuses/-ci** (-ไซ, -ไค) ลูกคิดที่ใช้ดีดคิดคำนวณได้

abaft (อะแบฟท') *adv.* ไปด้านท้ายเรือ

abalone (แอบบะโล' นี) *n.* หอยทะเลชนิดหนึ่ง

★**abandon** (อะแบน' เดิน) *vt.* **-doned, -doning** ไปจาก, ละทิ้ง, เลิกล้ม **-abandonment** *n.* (**-S.** give up, leave **-A.** join, unite)

abase (อะเบซ') *vt.* **abased, abasing** โน้มต่ำลง, อ่อนน้อม, ลดขั้นหรือตำแหน่ง, ทำให้ลดต่ำลง **-abasement** *n.* (**-S.** degrade, humble)

abash (อะแบช') *vt.* **abashed, abashing** ทำให้อับอายหรือขวยเขิน **-abashment** *n.*

abashed (อะแบชท') *adj.* อับอาย, อึดอัดใจ

abate (อะเบท') *vt., vi.* **abated, abating** น้อยลง, บรรเทาเบาบาง **-abatement** *n.* (**-S.** ease)

abattoir (แอบ' บะทวาร์) *n.* โรงฆ่าสัตว์

abbess (แอบ' บิซ) *n.* หัวหน้าสำนักนางชี

abbey (แอบ' บี) *n., pl.* **-beys** วัด, สำนักสงฆ์, สำนักนางชี (**-S.** convent, nunnery)

abbot (แอบ' เบิท) *n.* เจ้าอาวาสวัด

abbreviate (อะบรี' วีเอท) *vt.* **-ated, -ating** เขียนย่อ, พูดย่อ, ย่อคำ (**-S.** shorten **-A.** lengthen)

★**abbreviation** (อะบรีวีเอ' ชัน) *n.* การย่อหรือทำให้สั้นลง, คำย่อ, ตัวย่อ (**-S.** abridgement, cut)

ABC (เอบีซี') *n., pl.* **ABC's** ตัวอักษรภาษาอังกฤษ

abdicate (แอบ' ดิเคท) *vt., vi.* **-cated, -cating** สละ (ราชบัลลังก์ ตำแหน่ง อำนาจ) อย่างเป็นทางการ **-abdication** *n.* **-abdicator** *n.*

abdomen (แอบ' ดะเมิน, แอบโด' เมิน) *n.* ส่วนท้อง, พุง **-abdominal** *adj.* (**-S.** stomach)

abduct (แอบดัคท') *vt.* **-ducted, -ducting** ลักพาไป, บังคับให้ไป **-abduction** *n.*

aberration (แอบบะเร' ชัน) *n.* ความผิดปกติ, ความหลงลืมชั่วขณะ, การเบี่ยงเบนจากปกติ

abet (อะเบท') *vt.* **abetted, abetting** ช่วยเหลือ, กระตุ้น, สนับสนุน (เรื่องไม่ดี) **-abetment** *n.*

abeyance (อะเบ' เอินซ์) *n.* การหยุดชั่วคราว

abhor (แอบฮอร์') *vt.* **-horred, -horring** เกลียด, รังเกียจ, ขยะแขยง **-abhorrer** *n.* (**-S.** detest, hate **-A.** like, love)

abhorrence (แอบฮอ' เรินซ์) *n.* ความเกลียด, ความรังเกียจ **-abhorrent** *adj.* (**-S.** aversion)

abide (อะไบด์') *vt., vi.* **abode/abided, abiding** ทนทาน, ยืนหยัด, เชื่อถือ (คำสั่ง กฎ)

abiding (อะไบ' ดิง) *adj.* ตลอดไป, ถาวร

★**ability** (อะบิล' ลิที) *n., pl.* **-ties** ความสามารถ, ความชำนาญ, พรสวรรค์ (**-S.** power, skill)

abiotic (เอไบออท' ทิค) *adj.* ไม่มีชีวิต

abject (แอบ' เจคท์) *adj.* เลวทราม, ต่ำต้อย, น่าอนาถ **-abjectly** *adv.* **-abjection** *n.*

abjure (แอบจุร์') *vt.* **-jured, -juring** เลิกล้ม, ถอน, สละ, ประกาศเลิก (**-S.** give up, renounce)

ablaze (อะเบลซ') *adj., adv.* ลุกเป็นไฟ, สว่างไสว, เร่าร้อน (**-S.** (adj.) alight, brilliant)

★**able** (เอ' เบิล) *adj.* **abler, ablest** สามารถที่จะ, ฉลาด, เก่ง **-ably** *adv.* (**-S.** capable, clever)

-able คำปัจจัย หมายถึง สามารถ

ABM ย่อจาก antiballistic missile จรวดต่อต้านขีปนาวุธ

abnormal (แอบนอร์' เมิล) *adj.* ผิดปกติ **-abnormality** *n.* **-abnormally** *adv.*

aboard (อะบอร์ด', อะโบร์ด') *adv.* บนเรือ, บนเครื่องบิน, บนรถไฟ *-prep.* บน, ใน

abode (อะโบด') *v.* กริยาช่อง 2 และ 3 ของ abide *-n.* ที่อยู่อาศัย, บ้าน

A

abolish (อะบอ' ลิช) *vt.* **-ished, -ishing** เลิกล้ม, ยกเลิก, ทำลายสิ้น **-abolishment** *n.*
abolition (แอบบะลิช' ชัน) *n.* การเลิกล้ม, การยกเลิก, การเลิกทาส
A-bomb (เอ' บอม) *n.* ระเบิดปรมาณู
abominable (อะบอม' มะนะเบิ้ล) *adj.* น่าเกลียด, น่าขยะแขยง **-abominably** *adv.*
abominate (อะบอม' มะเนท) *vt.* **-nated, -nating** เกลียด, ขยะแขยง **-abomination** *n.*
aborigine (แอบบะริจ' จะนี) *n., pl.* **-nes** คน พืชหรือสัตว์ที่อยู่ในท้องถิ่นมาตั้งแต่แรกเริ่ม **-Aborigine** ชนเผ่าพื้นเมืองในออสเตรเลีย **-aboriginal** *adj., n.* (**-S.** native)
abort (อะบอร์ท') *v.* **aborted, aborting** *-vi.* ทำแท้ง, ยุติก่อนทำให้สำเร็จ *-vt.* ทำให้แท้ง, ทำให้ยุติ *-n.* การล้มเลิก, การยุติ **-abortion** *n.* (**-S.** (v.) miscarry, stop, terminate)
abortive (อะบอร์' ทิฟว์) *adj.* ซึ่งทำให้แท้ง, เกิดก่อนกำหนด, ไม่สำเร็จ, ไม่เป็นผล (**-S.** failed)
ABO system ระบบเลือดของคนซึ่งแบ่งเป็น 4 หมู่คือ A, B, AB และ O
★**about** (อะเบาท์') *adv.* ประมาณ, เกือบ, ราวๆ, โดยทั่ว *-prep.* เกี่ยวกับ, พร้อมจะ, แถวๆ, รอบๆ
★**above** (อะบัฟว์') *adv.* เหนือ, บน, มากกว่า *-prep.* เหนือกว่า, สูงกว่า, เกินกว่า, โพ้น
abracadabra (แอบระคะแด' บระ) *n.* เวทมนตร์คาถา, การพูดไร้สาระ
abrade (อะเบรด') *vt., vi..* **abraded, abrading** ถลอก, กัดเซาะ, ชะ, กร่อน, ขัด, สี **-abrasion** *n.* (**-S.** erosion, scratch)
abrasive (อะเบร' ซิฟว์, -ซิฟว์) *adj.* หยาบ, ขรุขระ, หยาบคาย *-n.* วัสดุสำหรับขัดถู **-abrasively** *adv.* **-abrasiveness** *n.* (**-S.** (adj.) rough)
abreast (อะเบรซท์') *adv., adj.* เคียงข้าง, ทันต่อ (เหตุการณ์ ยุคสมัย)
abridge (อะบริจ') *vt.* **abridged, abridging** ทำให้สั้นลง, ย่อ (เรื่อง คำ) ลง **-abridgment, abridgement** *n.* **-abridger** *n.* (**-S.** abbreviate, cut **-A.** extend)
★**abroad** (อะบรอด') *adv.* ต่างประเทศ, ไกลบ้าน, แพร่ไปทั่ว (**-S.** overseas, widely **-A.** privately)
abrogate (แอบ' ระเกท) *vt.* **-gated, -gating** ยกเลิก, เพิกถอน **-abrogation** *n.* (**-S.** cancel)
abrupt (อะบรัพท์') *adj.* ไม่คาดฝัน, ทันทีทันใด, ซึ่งตัดขาดจากกัน, ห้วน, ชัน **-abruptly** *adv.* **-abruptness** *n.* (**-S.** rude, steep, sudden)
ABS ย่อจาก anti-lock braking system ระบบการป้องกันการล็อกล้อรถขณะเบรค
abscess (แอบ' เซซ) *n.* ตุ่มหนอง *-vi.* **-scessed, -scessing** เกิดตุ่มหนอง (**-S.** (n.) ulcer)
abscond (แอบสกอนด์') *vi.* **-sconded, -absconding** แอบหนี, หลบหนีกฎหมาย **-absconder** *n.* (**-S.** escape, flee)
★**absence** (แอบ' เซินซ์) *n.* การที่ไม่อยู่หรือไม่ปรากฏให้เห็น (**-S.** lack **-A.** presence)
★**absent** (แอบ' เซินท์) *adj.* ไม่อยู่, ไม่ปรากฏ, ขาด, ไม่สนใจ *-prep.* ปราศจาก **-absently** *adv.* (**-S.** (adj.) away **-A.** (adj.) present)
absentee (แอบเซินที') *n.* ผู้ที่ไม่อยู่, ผู้ที่ขาดหรือไม่มา
absenteeism (แอบเซินที' อิซเซิม) *n.* การขาดงานหรือละเลยหน้าที่จนเป็นนิสัย
absent-minded (แอบเซินท์ไมน์' ดิด) *adj.* ใจลอย, ขี้หลงขี้ลืม **-absent-mindedly** *adv.*
★**absolute** (แอบ' ซะลูท) *adj.* สมบูรณ์, แน่แท้, เด็ดขาด, ไร้ขีดจำกัด, ล้วนๆ **-absolutely** *adv.* **-absoluteness** *n.* (**-S.** complete, limitless, sure **-A.** incomplete, limited)
absolute zero ศูนย์องศาสัมบูรณ์ เป็นค่าอุณหภูมิต่ำสุดของวัตถุที่ไม่มีอุณหภูมิใดต่ำกว่านี้แล้วคือ 0 เคลวิน (-273 องศาเซลเซียส หรือ -459.67 องศาฟาเรนไฮต์)
absolution (แอบซะลู' ชัน) *n.* การให้อภัยแก่บาป (**-S.** amnesty, forgiveness)
absolve (เอิบซอลฟว์', -ซอลฟว์') *vt.* **-solved, -solving** ปลดปล่อย, ปล่อยให้พ้นโทษหรือพ้นผิด, ให้อภัยแก่บาป **-absolvent** *adj., n.* **-absolver** *n.* (**-S.** forgive **-A.** accuse)
absorb (เอิบซอร์บ', -ซอร์บ') *vt.* **-sorbed, -sorbing** ดูดซับ, ซึมซับ, กลืน, ดึงดูดความสนใจ **-absorbable** *adj.* **-absorption** *n.*
absorbent (เอิบซอร์' เบินท์, -ซอร์'-) *adj.* ซึ่งดูดซับได้ *-n.* สิ่งที่มีความสามารถดูดซับได้
abstain (แอบสเตน') *vi.* **-stained, -staining** เลิก, งดเว้น, ละเว้น (**-S.** avoid, give up)
abstemious (แอบสตี' เมียซ) *adj.* พอประมาณ
abstention (แอบสเตน' ชัน) *n.* การเลิก, การงดเว้น, การละเว้น (**-S.** refraining, refusal)
abstinence (แอบ' สตะเนินซ์) *n.* การละเว้นจากของมึนเมา, การบังคับใจตน, ความประมาณตน **-abstinent** *adj.* **-abstinently** *adv.*
abstract (แอบสแตรคท์', แอบ' สแตรคท์) *adj.* เป็นนามธรรม, ไม่เหมือนจริง, เข้าใจยาก *-vt.* **-stracted, -stracting** แยกออก, สรุป *-n.* บท

B C D E F G H I J K L M N O P Q R S T U V W X Y Z

ย่อ, นามธรรม **-abstractness** *n.* **-abstracter** *n.* **-abstractly** *adv.* (**-S.** (adj.) unrealistic (n.) summary **-A.** (adj.) concrete, real)
abstraction (แอบสแตรค' ชัน) *n.* สภาวะที่หมกมุ่น ใจลอย, ความเป็นนามธรรม
abstruse (แอบสตรูซ') *adj.* เข้าใจได้ยาก, ลึกซึ้ง
absurd (เอิบเซิร์ด', -เซิร์ด') *adj.* งี่เง่า, น่าขัน, ไร้เหตุผล **-absurdity, absurdness** *n.* **-absurdly** *adv.* (**-S.** silly **-A.** sensible)
abundance (อะบัน' เดินซ) *n.* ปริมาณมาก, ความอุดมสมบูรณ์ (**-S.** affluence, plenty)
abundant (อะบัน' เดินท์) *adj.* มากมาย, เหลือเฟือ, อุดมสมบูรณ์ **-abundantly** *adv.* (**-S.** ample, plentiful **-A.** rare, scarce)
abuse (อะบยูซ') *vt.* **abused, abusing** ใช้ในทางที่ผิดหรือเสียหาย, เหยียดหยาม, ทำร้าย, พูดจาว่าร้าย *-n.* การใช้อย่างผิดๆ, คำพูดที่ดูถูก, การทำร้าย **-abusable** *adj.* **-abusive** *adj.* **-abusively** *adv.* **-abuser** *n.* (**-S.** (v.) hurt, insult (n.) beating, cursing (v., n.) misuse)
abut (อะบัท') *vi., vt.* **abutted, abutting** ค้ำ, ยัน, จด, ชิด **-abutment** *n.* (**-S.** adjoin, meet)
abysm (อะบิซ' เซิม) *n.* ห้วงเหว, เหวลึก
abysmal (อะบิซ' เมิล) *adj.* เหลือเกิน, เกินหยั่งถึง **-abysmally** *adv.* (**-S.** endless, extreme)
abyss (อะบิซ') *n.* ห้วงลึก, เหวลึก, นรก
AC, ac ย่อจาก alternating current ไฟฟ้ากระแสสลับ **-AC/DC** (คำสแลง) พวกที่มีเพศสัมพันธ์ได้ทั้งสองเพศ
a/c ย่อจาก account บัญชี
acacia (อะเค' ชะ) *n.* ต้นไม้จำพวกหนึ่ง ลำต้นมีหนาม ใช้เป็นไม้ประดับหรือทำสีย้อมได้ เช่น สีเสียด กระถิน
academic (แอคคะเดม' มิค) *adj.* เกี่ยวกับโรงเรียน วิทยาลัย หรือมหาวิทยาลัย, เกี่ยวกับการเรียนการสอนที่เป็นวิชาการ, ในทางทฤษฎี *-n.* คนที่มีการศึกษา **-academically** *adv.* **-academician** *n.* (**-S.** (adj.) educational)
academy (อะแคด' ดะมี) *n., pl.* **-mies** สถาบันการศึกษาที่มุ่งสอนเฉพาะสาขาวิชา, โรงเรียนหรือวิทยาลัย, สมาคมนักปราชญ์ ศิลปิน หรือผู้ที่มีความรู้สูง, สำนัก, สภา
accede (แอคซีด') *vi.* **-ceded, -ceding** เห็นด้วย, พอใจ, ยอมรับ, ขึ้นครองราชย์, เข้าร่วม
★**accelerate** (แอคเซล' ละเรท) *v.* **-ated, -ating** *-vt.* เร่งให้เร็วขึ้น, ทำให้เกิดเร็วขึ้น *-vi.* ทำเร็วขึ้น, เรียนหลักสูตรเร่งรัด **-acceleration** *n.* **-accelerative** *adj.* (**-S.** speed up)
accelerator (แอคเซล' ละเรเทอร์) *n.* คันเร่ง, ตัวเร่ง, คนเร่ง
★**accent** (แอค' เซนท์) *n.* สำเนียง, การลงเสียงหนักเบา, การเน้นเสียง, เครื่องหมายเน้นเสียง *-vt.* **-cented, -centing** ออกเสียงหนักเบา, ทำเครื่องหมายเสียงหนักเบา, เน้น
accentuate (แอคเซน' ชูเอท) *vt.* **-ated, -ating** ย้ำ, เน้น **-accentuation** *n.*
★**accept** (แอคเซพท์') *v.* **-cepted, -cepting** *-vt.* รับ, ยอมรับ, เชื่อใน, ตอบรับ, เห็นด้วย *-vi.* ได้รับ **-acceptable** *adj.* **-acceptability** *n.* **-accepter** *n.* **-acceptation** *n.* **-acceptably** *adv.* (**-S.** admit, take **-A.** reject)
acceptance (แอคเซพ' เทินซ) *n.* การรับ, การยอมรับ, การตอบรับ **-acceptant** *adj.*
access (แอค' เซซ) *n.* ทางเข้า, การเข้าใกล้, โอกาสหรือวิธีการที่จะได้รับหรือเข้าถึง, การเข้าสู่ระบบคอมพิวเตอร์ (**-S.** approach, entrance)
accessible (แอคเซซ' ซะเบิล) *adj.* เข้าถึงได้ง่าย, ได้รับโดยง่าย **-accessibility, accessibleness** *n.* **-accessibly** *adv.*
accession (แอคเซซ' ชัน) *n.* การขึ้นครองราชย์, การได้รับยศฐาบรรดาศักดิ์หรืออำนาจ, การเห็นชอบ, การบวกเพิ่ม, สิ่งที่เพิ่ม
accessory (แอคเซซ' ซะรี) *n., pl.* **-ries** สิ่งของหรืออุปกรณ์เพิ่มเติม, ส่วนประกอบที่ไม่สำคัญ, ผู้สมรู้ร่วมคิด (**-S.** addition, extra)
★**accident** (แอค' ซิเดินท์, -เดนท์) *n.* เหตุการณ์ไม่คาดฝัน, อุบัติเหตุ **-by accident** ไม่คาดคิด
★**accidental** (แอคซิเดน' เทิล) *adj.* โดยบังเอิญ, ไม่ตั้งใจ, ไม่คาดคิด, ไม่สำคัญ **-accidentally** *adv.* (**-S.** inessential, unexpected)
accident insurance การประกันอุบัติเหตุ
accident-prone (แอค' ซิเดินท์โพรน) *adj.* มักเจออุบัติเหตุอยู่เนืองๆ
acclaim (อะเคลม') *n.* การชื่นชมยินดี *-v.* **-claimed, -claiming** *-vt.* ยินดีปรีดาด้วยการโห่ร้อง *-vi.* ตะโกนร้องยินดี **-acclamation** *n.* **-acclamatory** *adj.* (**-S.** (n., v.) praise)
acclimate (อะไคล' มิท, แอค' คละเมท) *vt., vi.* **-mated, -mating** ปรับตัว, ทำให้เคยชินกับ **-acclimation** *n.* (**-S.** adapt, adjust)
acclimatize (อะไคล' มะไทซ) *vt., vi.* **-tized, -tizing** ปรับตัว, ปรับตัวให้เข้ากับสภาพแวดล้อม **-acclimatization** *n.* (**-S.** adapt, adjust)

accolade (แอค' คะเลด) *n.* การชื่นชม, การให้เกียรติ, การแต่งตั้งเป็นอัศวิน (-S. praise)
accommodate (อะคอม' มะเดท) *vt.* **-dated, -dating** อำนวยความสะดวก, จัดหาที่พักให้, ปรับให้เหมาะสม (-S. help, provide)
★**accommodation** (อะคอมมะเด' ชัน) *n.* ที่พักอาศัย, สถานที่พัก, ความเต็มใจช่วย, สิ่งอำนวยความสะดวก (-S. convenience, lodging)
accompaniment (อะคัม' พะนีเมินท์) *n.* ส่วนประกอบ, สิ่งเสริม (-S. supplement)
★**accompany** (อะคัม' พะนี) *v.* **-nied, -nying** *-vt.* เพิ่มหรือเสริม, ไปเป็นเพื่อน, เกิดขึ้นร่วมกับ *-vi.* เล่นดนตรีหรือร้องเพลงร่วมกับ **-accompanist** *n.* (-S. attend, join)
accomplice (อะคอม' พลิซ) *n.* คนที่สมรู้ร่วมคิด (-S. associate, partner)
accomplish (อะคอม' พลิช) *vt.* **-plished, -plishing** ประสบความสำเร็จ, ทำเสร็จสิ้น
accomplished (อะคอม' พลิชท์) *adj.* ชำนาญ, เก่ง (-S. able, skillful)
accomplishment (อะคอม' พลิชเมินท์) *n.* ความสำเร็จ, สิ่งที่ทำได้สำเร็จ, ความชำนาญ (-S. achievement, completion, skill)
accord (อะคอร์ด') *vi., vt.* **-corded, -cording** เห็นด้วย, ตกลง, สอดคล้อง, ยอมรับ *-n.* ข้อตกลง, ความสอดคล้อง, ความพร้อมเพรียง (-S. (v.) agree (n.) harmony -A. (v.) disagree)
accordant (อะคอร์' เดินท์) *adj.* เป็นหนึ่งเดียวกัน, พร้อมเพรียงกัน, พร้อมใจ **-accordantly** *adv.* **-accordance** *n.*
accordingly (อะคอร์' ดิงลี) *adv.* ตามนั้น, ดังนั้น, ตามความเหมาะสม, ด้วยเหตุนั้น
★**according to** ตามที่
accordion (อะคอร์' เดียน) *n.* หีบเพลง **-accordionist** *n.*
accost (อะคอซท์', -โคซท์') *vt.* **-costed, -costing** เผชิญหน้า, เชิญชวน, ทักทาย, เข้าไปหาด้วยท่าทีที่ก้าวร้าว (-S. confront, greet)
★**account** (อะเคานท์') *n.* รายงาน, รายการ, บัญชี, เหตุผล, หลักการ, ความสำคัญ, ผลประโยชน์ *-vt.* **-counted, -counting** อธิบาย, ให้เหตุผล, ถือว่า, พิจารณาว่า, ถือเป็น, ฆ่า **-on account** ผ่อนส่งเป็นงวด **-on account of** เพราะว่า **-take into account** นำไปพิจารณา **-take no account of** ไม่สนใจอีก
accountable (อะเคานํ' ทะเบิล) *adj.* ซึ่งรับผิดชอบ, ซึ่งอธิบายได้ **-accountability** *n.* **-accountably** *adv.* (-S. responsible)
accountancy (อะเคานํ' เทินซี) *n.* การทำบัญชีการค้า **-accountant** *n.*
accounting (อะเคานํ' ทิง) *n.* การบัญชี
accouter, accoutre (อะคู' เทอร์) *vt.* **-tered, -tering/-tred, -treing** สวมเครื่องแบบ
accredit (อะเคร' ดิท) *vt.* **-ited, -iting** ให้เกียรติ, ให้ความเชื่อถือ, เชื่อว่า, รับรอง, แต่งตั้ง **-accreditation** *n.* (-S. ascribe)
accrete (อะครีท') *v.* **-creted, -creting** *-vt.* เพิ่ม, เติบโต, ขยาย *-vi.* เพิ่มพูน, งอกเงย **-accretion** *n.* **-accretive** *adj.*
accrue (อะครู') *v.* **-crued, -cruing** *-vi.* เพิ่มพูน, งอกเงย *-vt.* เพิ่มขึ้นเป็นระยะๆ, สะสม **-accrual, accruement** *n.* (-S. accumulate, increase -A. reduce)
accumulate (อะคยูม' มยะเลท) *vt., vi.* **-lated, -lating** สะสม, รวบรวม, เพิ่มพูน **-accumulation** *n.* **-accumulator** *n.* **-accumulative** *adj.* **-accumulatively** *adv.* (-S. gather)
accuracy (แอค' คเยอระซี) *n.* ความถูกต้องแม่นยำ, ความเที่ยงตรง (-S.exactness, truth)
★**accurate** (แอค' คเยอริท) *adj.* ถูกต้อง, แม่นยำ, เที่ยงตรง **-accurately** *adv.* **-accurateness** *n.* (-S. exact, true -A. wrong)
accusation (แอคยูเซ' ชัน) *n.* การกล่าวหา, ข้อกล่าวหา (-S. charge, indictment)
accusatory (อะคยู' ซะทอรี) *adj.* ซึ่งฟ้องร้อง
★**accuse** (อะคยูซ') *vt., vi.* **-cused, -cusing** กล่าวหา, ใส่ร้าย **-accuser** *n.* **-accusingly** *adv.* (-S. blame, charge -A. acquit, clear)
accused (อะคยูซด์') *n.* ผู้ถูกกล่าวหา, จำเลย
accustom (อะคัส' เติม) *vt.* **-tomed, -toming** ทำตัวให้คุ้นเคย, ปรับตัว (-S. adapt, adjust)
accustomed (อะคัส' เติมด์) *adj.* เคยชิน, คุ้นเคย, ติดเป็นนิสัย (-S. habitual, used to)
ace (เอซ) *n.* ไพ่หรือลูกเต๋าหนึ่งแต้ม, คนเก่ง, มือชั้นหนึ่ง *-adj.* ชั้นยอด

ace

acerbic (อะเซอร์' บิค) *adj.* เปรี้ยว, ฉุนเฉียว, เกรี้ยวกราด (-S. harsh, sharp, sour)
acerbity (อะเซอร์' บิที) *n., pl.* **-ties** ความเปรี้ยว, ความฉุนเฉียว, ความขมขื่น
acetic acid กรดน้ำส้ม
★**ache** (เอค) *n.* อาการปวด, ความเจ็บปวด, ความอยาก *-vi.* **ached, aching** เจ็บปวด, เวทนา

-achy *adj.* (-S. (n.) grief, pain (v.) hurt)

★**achieve** (อะชีฟว์') *vt., vi.* **achieved, achieving** ทำสำเร็จ, บรรลุเป้าหมาย **-achiever** *n.* **-achievable** *adj.* (-S. complete -A. fail)

★**achievement** (อะชีฟว์' เมินท์) *n.* ความสำเร็จ, ผลสำเร็จ (-S. fulfilment -A. failure)

★**acid** (แอซ' ซิด) *n.* กรด *-adj.* ซึ่งมีกรดหรือมีรสเปรี้ยว, ซึ่งมีกลิ่นฉุน **-acidic** *adj.* **-acidly** *adv.* **-acidness, acidity** *n.*

acidify (อะซิด' ดะไฟ) *vt., vi.* **-fied, -fying** ทำให้เป็นกรด, เปลี่ยนเป็นกรด

acid rain ฝนกรดที่เป็นมลพิษทางอากาศ

-acity คำปัจจัย หมายถึง ลักษณะ, คุณสมบัติ

★**acknowledge** (แอคนอล' ลิจ) *vt.* **-edged, -edging** ยอมรับความจริง, แจ้งว่าได้รับ, แสดงความขอบคุณ **-acknowledgeable** *adj.* **-acknowledgement, acknowledgment** *n.* (-S. admit, receive, thank for -A. deny)

acme (แอค' มี) *n.* จุดสูงสุด (-S. peak)

acne (แอค' นี) *n.* สิว

acorn (เอ' คอร์น, -เคิร์น) *n.* ลูกโอ๊ก

acoustic (อะคู' สติค) *adj.* เกี่ยวกับเสียงหรือการได้ยินเสียง, ซึ่งช่วยให้ได้ยิน **-acoustically** *adv.* **-acoustician** *n.*

acoustics (อะคู' สติคซ์) *n. pl.* การศึกษาเกี่ยวกับเสียง, ประสิทธิภาพของห้องที่จะทำให้ได้ยินเสียงชัดเจนหรือไม่ชัดเจน

acquaint (อะเควนท์') *vt.* **-quainted, -quainting** ทำให้เคยชิน, รู้จัก, แจ้ง (-S. familiarize)

acquaintance (อะเควน' เทินซ์) *n.* ความคุ้นเคย, คนที่คุ้นเคยกัน, ความรู้, ข้อมูล **-acquaintanceship** *n.* (-S. associate)

acquiesce (แอควีเอซ') *vi.* **-esced, -escing** ยอมรับ, เห็นด้วย **-acquiescence** *n.* **-acquiescent** *adj.* (-S. accept, comply)

★**acquire** (อะไควร์') *vt.* **-quired, -quiring** ได้มา, หามาได้ **-acquirable** *adj.* **-acquirement** *n.*

acquired immune deficiency syndrome โรคระบบภูมิคุ้มกันบกพร่อง ย่อว่า AIDS, โรคเอดส์ซึ่งเกิดจากเชื้อไวรัส HIV

acquisition (แอควิซิช' ชัน) *n.* การได้รับ, ผลที่ได้รับ (-S. gain, obtaining)

acquisitive (อะควิซ' ซิทิฟว์) *adj.* ซึ่งปรารถนา, ที่กระหายใคร่อยาก **-acquisitively** *adv.*

acquit (อะควิท') *vt.* **-quitted, -quitting** ตัดสินให้พ้นผิด, ทำให้พ้นจากตำแหน่ง, ชำระหนี้, ประพฤติ **-acquittal** *n.* **-acquitter** *n.* (-S. act, discharge, liberate, pay)

acquittance (อะควิท' เทินซ์) *n.* การชำระหนี้, ใบเสร็จชำระหนี้

acre (เอ' เคอร์) *n.* เอเคอร์ คือหน่วยวัดพื้นที่ตามระบบอเมริกัน **-acreage** *n.*

acrid (แอค' ริด) *adj.* เผ็ดร้อน, (กลิ่น) ฉุน, (รส) แรง **-acridity, acridness** *n.* **-acridly** *adv.*

acrimony (แอค' คระโมนี) *n.* พฤติกรรมรุนแรง, การพูดจาดุเดือด **-acrimonious** *adj.*

acrobat (แอค' คระแบท) *n.* นักกายกรรม **-acrobatic** *adj.* **-acrobatically** *adv.*

acrobatics (แอคคระแบท' ทิคซ์) *n. pl.* กายกรรม (-S. gymnastics)

acronym (แอค' คระนิม) *n.* คำย่อซึ่งย่อจากอักษรตัวแรกของแต่ละคำรวมกันและสามารถอ่านออกเสียงเป็นคำๆ หนึ่งได้ เช่น GIFT ย่อจาก gamete intra-fallopian transfer

acrophobia (แอคคระโฟ' เบีย) *n.* โรคกลัวความสูง

★**across** (อะครอซ') *prep.* ตรงกันข้าม *-adv.* ข้าม, พาดผ่าน, ตัดขวาง, ก่ายกัน

across-the-board (อะครอซธะบอร์ด', -โบร์ด') *adj.* ทั่วทั้งหมด, โดยทั่วกัน

acrostic (อะครอส' ติค) *n.* โคลงกระทู้

acrylic (อะคริล' ลิค) *n.* น้ำยางหรือสีอะคริลิก, ภาพสีอะคริลิก, เส้นใยอะคริลิก

★**act** (แอคท์) *n.* การกระทำ, การแสดง, การเสแสร้ง, องก์ละคร, กฎหมาย, ละครหรือการแสดงเป็นตอนๆ *-vi., vt.* **acted, acting** ทำ, แสดง (ละคร ภาพยนตร์), ปฏิบัติหน้าที่, เสแสร้ง **-act of God** ภัยพิบัติทางธรรมชาติ (-S. (n.) deed, law, pretence (v.) do, play)

acting (แอค' ทิง) *adj.* ซึ่งรักษาการแทน *-n.* อาชีพนักแสดง, ศิลปะการแสดง (-S. (n.) drama)

★**action** (แอค' ชัน) *n.* การกระทำ, การแสดง, การเคลื่อนไหวติดต่อกัน, ลักษณะการเคลื่อนไหว, การต่อสู้, คดี, พฤติกรรม, ผล, อิทธิพล, กิจกรรม **-action replay** การฉายภาพซ้ำอีกครั้ง **-out of action** ใช้การไม่ได้ **-take action** ปฏิบัติการ, ฟ้องร้องคดี **-actionable** *adj.* (-S. case, fight, movement)

activate (แอค' ทะเวท) *vt.* **-vated, -vating** กระตุ้น, ทำให้ทำงานได้ **-activation** *n.* **-activator** *n.* (-S. energize, motivate)

★**active** (แอค' ทิฟว์) *adj.* กระตือรือร้น, กระฉับกระเฉง, ยังทำงานอยู่, ยุ่งวุ่นวาย **-actively** *adv.* **-activeness** *n.* (-S. busy, energetic)

A B C D E F G H I J K L M N O P Q R S T U V W X Y Z

active duty การเข้าประจำการของทหาร
★**activity** (แอคทิฟ' วิที) *n., pl.* **-ties** กิจกรรม, การกระทำที่กระตือรือร้น, ความเคลื่อนไหว
★**actor** (แอค' เทอร์) *n.* นักแสดงชาย, ผู้ร่วมกระทำ, ผู้ทำการแทน (**-S.** performer, player)
★**actress** (แอค' ทริซ) *n.* นักแสดงหญิง
★**actual** (แอค' ชวล) *adj.* เป็นจริง, ปัจจุบัน **-actually** *adv.* (**-S.** real **-A.** unreal)
actuality (แอคชูแอล' ลิที) *n., pl.* **-ties** ความจริง, เหตุการณ์จริง (**-S.** reality, truth)
actuary (แอค' ชูเอรี) *n., pl.* **-ies** พนักงานสถิติ, พนักงานประกันชีวิต
actuate (แอค' ชูเอท) *vt.* **-ated, -ating** กระตุ้น, เริ่มปฏิบัติการ **-actuation** *n.*
acumen (อะคยู' เมิน) *n.* ความเฉียบแหลม
acupressure (แอค' คยะเพรชเชอร์) *n.* ดู shiatsu
acupuncture (แอค' คยุพังค์เชอร์) *n.* การฝังเข็มรักษาโรค **-acupuncturist** *n.*
acute (อะคยูท') *adj.* รุนแรง, วิกฤติ, เฉียบแหลม, (ปลาย) แหลม **-acutely** *adv.* **-acuteness** *n.*
AD, A.D. ย่อจาก Anno Domini ในปีคริสต์ศักราช
ad (แอด) *n.* การโฆษณา
adage (แอด' ดิจ) *n.* สำนวน, สุภาษิต, คำคม
adamant (แอด' ดะเมินท์) *n.* หินแข็ง, ความแข็ง *-adj.* (ใจ) แข็ง, ไม่แตกหัก
Adam's apple ลูกกระเดือก
★**adapt** (อะแดพท์') *vt., vi.* **adapted, adapting** ปรับปรุง, ดัดแปลง, ปรับให้เข้ากับ **-adapter, adaptor** *n.* **-adaptability** *n.* **-adaptable** *adj.* **-adaptableness** *n.* (**-S.** adjust, modify)
adaptation (แอดแดพเท' ชั่น) *n.* การปรับเปลี่ยน, การดัดแปลง, การปรับตัวเข้ากับสิ่งแวดล้อม **-adaptational** *adj.* **-adaptationally** *adv.* (**-S.** adjustment, alteration)
★**add** (แอด) *v.* **added, adding** *-vt.* เพิ่มเติม, เสริม, ผนวก, พูดเสริม, บวก *-vi.* หาผลรวม, เป็นตัวบวก **-add insult to injury** ทำให้เหตุการณ์แย่ลง **-addable, addible** *adj.*
addendum (อะเดน' เดิม) *n., pl.* **-da** สิ่งที่เพิ่มเติมเข้าไป, ภาคผนวก (**-S.** supplement)
adder (แอด' เดอร์) *n.* ตัวบวก, ผู้บวก, งูพิษชนิดหนึ่งในเขตอเมริกาเหนือ
addict (อะดิคท์') *vt.* **-dicted, -dicting** ติด (สารเสพติด) *-n.* ผู้ที่ติดสารเสพติด, ผู้ที่ติดสิ่งใดสิ่งหนึ่ง **-addiction** *n.* **-addictive** *adj.*
adding machine เครื่องคิดเลข
★**addition** (อะดิช' ชัน) *n.* การบวก, สิ่งหรือคนที่เพิ่มเข้ามา **-in addition** อีกด้วย **-additional** *adj.* **-additionally** *adv.*
additive (แอด' ดิทิฟว์) *n.* สารที่เติมลงไปเพื่อวัตถุประสงค์บางอย่าง เช่น สารกันบูด
addle (แอด' เดิล) *adj.* เน่า, สับสน, มึนงง
add-on (แอด' ออน) *n.* อุปกรณ์เพิ่มเติม
★**address** (*n.* แอดฺ' เดรซ, อะเดรซ', *v.* อะเดรซ') *n.* ที่อยู่อาศัย, ที่อยู่ทางไปรษณีย์, สุนทรพจน์, ปาฐกถา, (คอมพิวเตอร์) รหัสอย่างหนึ่งที่ใช้หาข้อมูลที่เก็บบันทึกไว้, กิริยาวาจา, ท่าที, การเกี้ยวสาว *-vt.* **-dressed, -dressing** จ่าหน้า (ซองจดหมาย), กล่าวสุนทรพจน์, ปราศรัย, รับมือกับ (สถานการณ์), เตรียมพร้อม **-addresser, addressor** *n.* **-addressee** *n.*
adduce (อะดยูซ', -ดูซ') *vt.* **-duced, -ducing** อ้างถึง, อ้างว่า **-adducible** *adj.* (**-S.** mention)
adept (อะเดพท์') *adj.* ชำนาญมาก, เก่ง **-adeptly** *adv.* **-adeptness** *n.* (**-S.** expert)
★**adequate** (แอด' ดิควิท) *adj.* เพียงพอ, พอเหมาะ, เหมาะสม **-adequacy** *n.* **-adequately** *adv.* **-adequateness** *n.* (**-S.** enough, suitable)
ADHD ย่อจาก attention deficit hyperactivity disorder โรคสมาธิสั้น
adhere (แอดเฮียร์') *vi.* **-hered, -hering** ติดแน่น, ยึดมั่นใน **-adherence** *n.* **-adherent** *adj., n.* **-adherer** *n.* (**-S.** be faithful, stick)
adhesion (แอดฮี' ฌัน) *n.* การติดแน่น, การยึดมั่น, ความศรัทธา, แรงยึดเหนี่ยว
adhesive (แอดฮี' ซิฟว์, -ซิฟว์) *adj.* เหนียว, เหนียวแน่น, ซึ่งเกาะติด *-n.* กาว **-adhesively** *adv.* **-adhesiveness** *n.* (**-S.** (adj.) sticky)
ad hoc (แอด ฮอค', -โฮค') *adv.* สำหรับกรณีฉุกเฉิน, สำหรับจุดประสงค์เฉพาะอย่าง
adieu (อะดยู', -ดู') *interj.* ลาก่อน *-n., pl.* **adieus/ adieux** (อะดยูซ', -ดูซ') การจากลา
adj. ย่อจาก adjective คำคุณศัพท์
adjacent (อะเจ' เซินท์) *adj.* ประชิด, ติดกับ, ถัดจาก, ซึ่งแนบกับ **-adjacently** *adv.* **-adjacency** *n.* (**-S.** near, next to **-A.** apart)
★**adjective** (แอจ' จิคทิฟว์) *n.* คำคุณศัพท์ ซึ่งมีหน้าที่ขยายคำนามหรือสรรพนาม เช่น *beautiful* girl, *old* car **-adjectively** *adv.*
adjoin (อะจอยน์') *vt., vi.* **-joined, -joining** อยู่ข้างเคียงกัน, ติดกัน **-adjoining** *adj.*
adjourn (อะเจิร์น') *v.* **-journed, -journing**

-vt. เลื่อน *-vi.* ย้าย, เลื่อน **-adjournment** *n.* (**-S.** delay, suspend)

adjudge (อะจัจ') *vt.* **-judged, -judging** (ศาล) ตัดสิน, (ศาล) สั่ง, ลงความเห็น, ลงโทษ

adjudicate (อะจู' ดิเคท) *vt.* **-cated, -cating** ให้คำตัดสิน, ตัดสิน **-adjudication** *n.* **-adjudicator** *n.* **-adjudicative** *adj.* (**-S.** judge)

adjunct (แอจ' จังค์ท) *n.* สิ่งที่เพิ่มเติม

adjure (อะจุร์') *vt.* **-jured, -juring** ให้คำสัตย์สาบาน **-adjuration** *n.* **-adjuratory** *adj.*

★**adjust** (อะจัซท์') *vt., vi.* **-justed, -justing** ปรับ, ปรับเปลี่ยน, ปรับตัว **-well-adjusted** เข้ากับคนอื่นได้ดี **-adjustable** *adj.* **-adjustably** *adv.* **-adjustment** *n.* (**-S.** adapt)

adjutant (แอจ' จะเทินท์) *n.* ผู้ช่วย, ผู้ช่วยนายทหาร, นกกระสาชนิดหนึ่ง

ad-lib (แอดลิบ') *vi.* **-libbed, -libbing** พูดโดยไม่มีบท **-ad lib** *adv.*

admin. ย่อจาก administration การจัดการ, การบริหาร

administer (แอดมิน' นิสเตอร์) *vt., vi.* **-tered, -tering** จัดการ, บริหาร, ปกครอง, ให้ (ยาอาหาร), บริจาค **-administrant** *adj., n.* (**-S.** distribute, manage, provide)

administration (แอดมินนิสเตร' ชัน) *n.* การจัดการ, การบริหาร **-administrate** *v.* **-administrative** *adj.* **-administrator** *n.* (**-S.** direction, government, management)

admirable (แอด' เมอระเบิล) *adj.* น่ายกย่อง, น่าชื่นชมยินดี **-admirably** *adv.* **-admirableness** *n.* (**-S.** praiseworthy, worthy **-A.** sorry)

admiral (แอด' เมอเริล) *n.* ผู้บัญชาการกองเรือรบ, พลเรือเอกในกองทัพเรือสหรัฐอเมริกา, ผีเสื้อชนิดหนึ่งมีสีสันสวยงามมาก

★**admiration** (แอดมะเร' ชัน) *n.* ความชื่นชม, ความเคารพเลื่อมใส, อาการตื่นตะลึง (**-S.** pleasure, respect **-A.** disrespect)

★**admire** (แอดไมร์') *vt., vi.* **-mired, -miring** แสดงความชื่นชม, นิยมชมชอบ, เลื่อมใสศรัทธา **-admirer** *n.* **-admiring** *adj.* (**-S.** praise)

admission (แอดมิช' ชัน) *n.* การเข้า, การรับ, การมีสิทธิ์เข้าร่วม, ค่าธรรมเนียมหรือเงื่อนไขในการเข้าร่วม, การรับเข้า, การรับสารภาพ **-admissive** *adj.* (**-S.** access, confession)

★**admit** (แอดมิท') *vt., vi.* **-mitted, -mitting** ยอมรับ, ยินยอม, ยอมให้เข้าหรือเข้าร่วม (**-S.** acknowledge, allow to enter **-A.** deny, reject)

admittance (แอดมิท' เทินซ์) *n.* การยอมให้เข้า, การอนุญาตให้เข้า, สิทธิ์ในการเข้า

admix (แอดมิคซ์') *vt., vi.* **-mixed, -mixing** ผสม **-admixture** *n.* (**-S.** combine, mingle)

admonish (แอดมอน' นิช) *vt.* **-ished, -ishing** เตือน, ว่ากล่าวตักเตือน, ดุด่า **-admonishingly** *adv.* **-admonishment, admonition** *n.* **-admonisher** *n.* (**-S.** advise, scold, warn)

admonitor (แอดมอน' นิเทอร์) *n.* ผู้ตักเตือน

ado (อะดู') *n.* ความวุ่นวายยุ่งเหยิง (**-S.** fuss)

adolescence (แอดเดิลเลซ' เซินซ์) *n.* วัยรุ่น, วัยหนุ่มสาว **-adolescent** *adj., n.*

★**adopt** (อะดอพท์') *vt.* **adopted, adopting** รับเป็นบุตรบุญธรรม, เลือกมาใช้, รับมา **-adoptable** *adj.* **-adoptee** *n.* **-adopter** *n.* **-adoption** *n.* **-adoptive** *adj.* **-adoptively** *adv.* (**-S.** choose, foster)

adorable (อะดอ' ระเบิล, -โด'-) *adj.* น่ารักใคร่, มีเสน่ห์ **-adorableness** *n.* **-adorably** *adv.*

adore (อะดอร์', -โดร์') *vt., vi.* **adored, adoring** รักมาก, ชอบมาก, บูชา, คลั่งไคล้ **-adorer** *n.* **-adoring** *adj.* **-adoringly** *adv.* **-adoration** *n.* (**-S.** love, worship **-A.** hate, loathe)

adorn (อะดอร์น') *vt.* **adorned, adorning** ประดับ, ตกแต่ง **-adornment** *n.* (**-S.** enhance)

adrenal (อะดรี' เนิล) *adj.* อยู่ใกล้หรืออยู่บนไต, เกี่ยวกับต่อมหมวกไต **-adrenal gland** ต่อมหมวกไต

adrenaline (อะเดรน' นะลิน) *n.* ฮอร์โมนชนิดหนึ่งที่หลั่งจากต่อมหมวกไต

adrift (อะดริฟท์') *adv., adj.* ล่องลอย, เคว้งคว้าง, ไร้จุดหมาย (**-S.** afloat, aimless)

adroit (อะดรอยท์') *adj.* คล่องแคล่ว, ชำนาญ, เฉียบแหลม **-adroitly** *adv.* **-adroitness** *n.* (**-S.** clever, skillful **-A.** awkward, clumsy)

adsorb (แอดซอร์บ', -ซอร์บ') *vt.* **-sorbed, -sorbing** ซึมซับ, ดูดซับ **-adsorbable** *adj.*

adulate (แอจ' จะเลท) *vt.* **-lated, -lating** ประจบสอพลอ, เยินยอ **-adulatory** *adj.* **-adulation** *n.* (**-S.** flatter, praise)

★**adult** (อะดัลท์', แอด' ดัลท์) *n.* ผู้ใหญ่, ผู้ที่บรรลุนิติภาวะ *-adj.* โตเต็มที่, เป็นผู้ใหญ่, บรรลุนิติภาวะแล้ว **-adulthood** *n.* **-adultness** *n.* (**-S.** (n.) man, maturity (adj.) mature)

adulterate (อะดัล' ทะเรท) *vt.* **-ated, -ating** เจือปน, ปนเปื้อน *-adj.* ซึ่งเจือปน, ซึ่งปนเปื้อน **-adulteration** *n.* (**-S.** (v.) contaminate)

A B C D E F G H I J K L M N O P Q R S T U V W X Y Z

adulterer (อะดัล' เทอเรอร์) *n.* ผู้ชายที่นอกใจภรรยา

adulteress (อะดัล' เทอริซ) *n.* ผู้หญิงที่นอกใจสามี

adultery (อะดัล' ทะรี, -ทรี) *n., pl.* **-ies** การเป็นชู้กับผู้อื่น **-adulterous** *adj.*

adust (อะดัซท์') *adj.* เกรียม, (จิตใจ) ห่อเหี่ยว

adv. ย่อจาก adverb คำกริยาวิเศษณ์

★**advance** (แอดแวนซ์') *vt., vi.* **-vanced, -vancing** พัฒนา, ก้าวหน้า, ไปข้างหน้า, เพิ่มขึ้น, สนับสนุน, แนะนำ *-n.* ความเจริญก้าวหน้า, การพัฒนา, การเคลื่อนพลไปข้างหน้า, เงินที่จ่ายล่วงหน้า *-adj.* ล่วงหน้า **-in advance** ล่วงหน้า **-advancer** *n.* (-S. (v.) go forward, promote (n.) advancement, deposit **-A.** (v., n.) retard)

★**advanced** (แอดแวนซ์ท') *adj.* ก้าวหน้า, พัฒนา, (ระดับ) สูง (-S. developed, modern)

advancement (แอดแวนซ์' เมินท์) *n.* ความก้าวหน้า, พัฒนาการ, การเลื่อนตำแหน่ง

★**advantage** (แอดแวน' ทิจ) *n.* ผลประโยชน์, ผลพลอยได้, กำไร **-take advantage of someone** เอาเปรียบ **-advantageous** *adj.* **-advantageously** *adv.* (-S. benefit, favor)

advent (แอด' เวนท์) *n.* การมาถึง, การอุบัติขึ้น (-S. arrival, occurrence)

adventitious (แอดเวนทิช' เชิซ) *adj.* ซึ่งมาจากภายนอก, ซึ่งเกิดผิดที่, ซึ่งไม่คาดคิดมาก่อน **-adventitiously** *adv.* **-adventitiousness** *n.* (-S. alien, external, unexpected)

★**adventure** (แอดเวน' เชอร์) *n.* การผจญภัย, เหตุการณ์น่าตื่นเต้น, การเสี่ยงโชค *-vt.* **-tured, -turing** ผจญภัย, เสี่ยง **-adventurer** *n.* **-adventurous** *adj.* (-S. (n., v.) experience)

★**adverb** (แอด' เวิร์บ) *n.* คำกริยาวิเศษณ์ซึ่งทำหน้าที่ขยายคำกริยา คำคุณศัพท์ หรือคำกริยาวิเศษณ์เอง เช่น walk *slowly, very* slowly, *too* fast **-adverbial** *adj.* **-adverbially** *adv.*

adverse (แอดเวิร์ซ', แอด' เวิร์ซ) *adj.* เป็นศัตรูกัน, เลวร้าย, เป็นผลเสีย **-adversely** *adv.* **-adversary** *n.* (-S. opposite, unlucky)

★**adversity** (แอดเวอร์' ซิที) *n., pl.* **-ties** ความหายนะ, ภัยพิบัติ, โชคร้าย (-S. misfortune)

advert[1] (แอดเวิร์ท') *vi.* **-verted, -verting** เรียกความสนใจ, อ้างถึง

advert[2] (แอด' เวิร์ท) *n.* การโฆษณา

★**advertise** (แอด' เวอร์ไทซ์) *vt., vi.* **-tised, -tising** โฆษณา, ทำให้เป็นที่รู้จักแพร่หลาย, ประกาศ **-advertiser** *n.* (-S. make known)

★**advertisement** (แอดเวอร์ไทซ์' เมินท์) *n.* การโฆษณา, แผ่นป้ายโฆษณา

advertising (แอด' เวอร์ไทซิง) *n.* ธุรกิจการโฆษณา, การโฆษณา

★**advice** (แอดไวซ์') *n.* คำแนะนำ, การชี้แนะ (-S. counsel, suggestion)

advisable (แอดไว' ซะเบิล) *adj.* สมเหตุสมผล, เหมาะสม, สมควร **-advisability** *n.* **-advisably** *adv.* (-S. sensible, suitable)

★**advise** (แอดไวซ์') *vt., vi.* **-vised, -vising** ให้คำแนะนำ, แจ้ง, บอกกล่าว **-adviser, advisor** *n.* (-S. notify, recommend)

advisement (แอดไวซ์' เมินท์) *n.* การพิจารณาอย่างถี่ถ้วน

advisory (แอดไว' ซะรี) *adj.* ซึ่งมีอำนาจในการชี้แนะ *-n., pl.* **-ries** รายงาน, การเตือน

advocate (แอด' วะเคท) *vt.* **-cated, -cating** สนับสนุน, พูดหรือทำแทน *-n.* ผู้ที่สนับสนุน, ตัวแทน, ทนาย **-advocator** *n.* **-advocatory** *adj.* (-S. (v.) promote, support (n.) supporter)

adz, adze (แอดซ์) *n.* เครื่องมือคล้ายขวาน

aegis, egis (อี' จิซ) *n.* โล่, เครื่องกำบัง, การอนุเคราะห์ (-S. patronage, protection)

aeon, eon (อี' เอิน, อี' ออน) *n.* เวลาที่ยาวนาน

aerial (แอ' เรียล) *adj.* เกี่ยวกับอากาศ, ในอากาศ *-n.* สายอากาศ, เสาอากาศ

aerie, aery, eyrie, eyry (แอ' รี, เอีย' รี) *n., pl.* **-ies** รังนกที่อยู่บนที่สูง

aero- คำอุปสรรค หมายถึง อากาศ

aerobe (แอ' โรบ) *n.* สิ่งมีชีวิตที่ต้องการก๊าซออกซิเจนในการดำรงชีพ

aerobic (แอโร' บิค) *adj.* ซึ่งเกิดขึ้นหรือเกิดในที่ที่มีก๊าซออกซิเจน, เกี่ยวกับการออกกำลังกายแบบแอโรบิก **-aerobically** *adv.*

aerobics (แอโร' บิคซ์) *n. pl.* รูปแบบการออกกำลังกายประเภทหนึ่ง ซึ่งช่วยให้ระบบกล้ามเนื้อหัวใจแข็งแรงขึ้น, การออกกำลังกายแบบแอโรบิก

aerobics

aerodynamics (แอโรไดแนม' มิคซ์) *n. pl.* กลศาสตร์สาขาหนึ่งที่ศึกษาความสัมพันธ์ระหว่างการเคลื่อนที่ของวัตถุกับอากาศหรือวิทยาศาสตร์ที่เกี่ยวกับการเคลื่อนที่ของวัตถุในอากาศ **-aerodynamic** *adj.* **-aerodynamicist** *n.*

aerogram, aerogramme (แอ' ระแกรม) *n.*

จดหมายอากาศซึ่งเขียนและพับเป็นซอง ส่งไปต่างประเทศได้โดยไม่ต้องติดแสตมป์

aerolite (แอ' ระไลท์) *n.* อุกกาบาต

aeronaut (แอ' ระนอท) *n.* นักบินที่บังคับยานบินที่เบากว่าอากาศ เช่น บัลลูน

aeronautics (แอระนอ' ทิคซฺ) *n. pl.* วิทยาศาสตร์การออกแบบและสร้างยานบิน

★**aeroplane** (แอ' ระเพลน) *n.* เครื่องบิน

aerosol (แอ' ระซอล) *n.* กระบอกฉีดพ่น, ละออง

aerospace (แอ' โรสเปซ) *n.* ชั้นบรรยากาศของโลกและห้วงอวกาศนอกโลก

aerosphere (แอ' โรซเฟียรฺ) *n.* บรรยากาศที่ห่อหุ้มโลก

aerothermodynamics (แอโรเธอร์โมไดแนม' มิคซฺ) *n. pl.* การศึกษาความสัมพันธ์ของความร้อนกับพลังงานกลในก๊าซหรืออากาศ **-aerothermodynamic** *adj.*

aery (แอ' รี) *n.* ดู aerie

aesthete, esthete (เอซ' ธีท) *n.* ผู้ที่ชื่นชอบในความงามและศิลปะ **-aesthetic** *adj.*

aesthetics, esthetics (เอซเธท' ทิคซฺ) *n. pl.* ปรัชญาที่ว่าด้วยธรรมชาติและความงาม, วิชาที่ศึกษาถึงหลักของความงาม

afar (อะฟารฺ') *adv.* ไกลออกไป, ห่างไกล

affable (แอฟ' ฟะเบิล) *adj.* อ่อนโยน, เป็นมิตร

★**affair** (อะแฟรฺ') *n.* การกระทำ, ธุรกิจ, กิจธุระ, เหตุการณ์, ความสัมพันธ์, งานสังคม (**-S.** business, event, matter)

★**affect** (อะเฟคทฺ') *vt.* **-fected, -fecting** มีผลกระทบ, กระทบกระเทือน, ก่อให้เกิด, เสแสร้ง, แกล้งทำ, เลียนแบบ, ชอบพอ (**-S.** influence)

affected (อะเฟค' ทิด) *adj.* ซึ่งเปลี่ยนแปลง, ซึ่งเสแสร้ง, ไม่เป็นธรรมชาติ (**-S.** fake, sham)

★**affection** (อะเฟค' ชัน) *n.* ความรักใคร่ไยดี, ความอบอุ่น **-affectionate** *adj.* **-affectionately** *adv.* (**-S.** fondness, warmth **-A.** aversion)

affective (อะเฟค' ทิฟว์) *adj.* ซึ่งเกิดจากอารมณ์, เกี่ยวกับอารมณ์ **-affectively** *adv.*

affectless (แอฟ' เฟคทฺลิซ) *adj.* ไร้อารมณ์

affiance (อะไฟ' เอินซฺ) *vt.* **-anced, -ancing** สาบานว่าจะแต่งงานด้วย

affidavit (แอฟฟิเด' วิท) *n.* คำสัตย์ปฏิญาณที่เขียนเป็นลายลักษณ์อักษร

affiliate (อะฟิล' ลีเอท) *vt., vi.* **-ated, -ating** เข้าร่วมอย่างเป็นทางการ, รับเป็นสมาชิก *-n.* สมาชิก, สาขา **-affiliation** *n.* (**-S.** (v.) join with)

affinity (อะฟิน' นิที) *n., pl.* **-ties** ความสัมพันธ์อันใกล้ชิด, ความคล้ายคลึง, ความผูกพัน (**-S.** kinship, likeness, relationship)

affirm (อะเฟิร์ม') *vt., vi.* **-firmed, -firming** ยืนยัน, รับรองว่าเป็นจริง **-affirmable** *adj.* **-affirmant** *adj., n.* **-affirmation** *n.* **-affirmance** *n.* (**-S.** confirm, declare)

affirmative (อะเฟอรฺ' มะทิฟว์) *adj.* ซึ่งยืนยัน, ซึ่งมองในแง่ดี *-n.* การยืนยัน **-affirmatively** *adv.* (**-S.** (adj.) approving, positive)

affix[1] (อะฟิคซฺ') *vt.* **-fixed, -fixing** ปะ, ติด, เพิ่มเติม *-n.* สิ่งที่ปะหรือติด, สิ่งที่เพิ่มเติม

affix[2] (แอฟ' ฟิคซฺ) *n.* คำอุปสรรคหรือปัจจัย

afflict (อะฟลิคทฺ') *vt.* **-flicted, -flicting** ทำให้ทุกข์ทรมาน, ทำให้เจ็บปวด **-afflictive** *adj.* **-affliction** *n.* (**-S.** hurt, torment)

affluence (แอฟ' ฟลูเอินซฺ) *n.* ความมั่งคั่ง

affluent (แอฟ' ฟลูเอินทฺ) *adj.* ร่ำรวยมั่งคั่ง, อุดมสมบูรณ์ *-n.* แควน้ำ, ลำธาร **-affluently** *adv.* (**-S.** (adj.) rich, wealthy, well-off)

★**afford** (อะฟอร์ด', -โฟร์ด') *vt.* **-forded, -fording** หา (เงิน เวลา) มาได้, จัดหาให้, ให้ **-affordability** *n.* **-affordable** *adj.* **-affordably** *adv.*

afforest (อะฟอ' ริซทฺ) *vt.* **-ested, -esting** เปลี่ยนเป็นป่า, ปลูกป่า **-afforestation** *n.*

affray (อะเฟร') *n.* การทะเลาะ, การก่อเหตุจลาจล, การต่อสู้ (**-S.** fight, quarrel, riot)

affront (อะฟรันทฺ') *n.* การดูถูก *-vt.* **-fronted, -fronting** ดูถูก, เผชิญหน้า (**-S.** (v.) insult, offend)

afield (อะฟีลดฺ') *adv.* ไกลจากถิ่นฐานบ้านเกิด, ไกลจากสิ่งที่คุ้นเคย

afire (อะไฟรฺ') *adv., adj.* ติดไฟ, ลุกเป็นไฟ

aflame (อะเฟลม') *adv., adj.* ติดไฟ, ลุกเป็นไฟ

afloat (อะโฟลท') *adv., adj.* ล่องลอยไป, ซึ่งอยู่บนเรือ, ในทะเล, ซึ่งทำกำไรได้

afoot (อะฟุท') *adv., adj.* ด้วยเท้า, กำลังดำเนินการ, กำลังเตรียมการ

afore (อะฟอรฺ') *adv., prep., conj.* ก่อน, ข้างต้น

aforementioned (อะฟอรฺ' เมนชันดฺ) *adj.* ดังกล่าวมาแล้ว

aforesaid (อะฟอรฺ' เซด) *adj.* ดังกล่าวมาแล้ว

aforethought (อะฟอรฺ' ธอท) *adj.* ดังที่คิด

★**afraid** (อะเฟรด') *adj.* หวาดกลัว, หวั่นเกรง

A-frame (เอ' เฟรม) *n.* โครงสร้างที่มีลักษณะคล้ายตัว A

afresh (อะเฟรช') *adv.* อีกครั้ง (**-S.** again)

Africa (แอฟ' ฟริคะ) ทวีปแอฟริกาอยู่ระหว่าง

A B C D E F G H I J K L M N O P Q R S T U V W X Y Z

มหาสมุทรอินเดียและมหาสมุทรแอตแลนติก

African (แอฟ' ฟริเคิน) *n.* ชาวแอฟริกัน, ผู้ที่มีเชื้อสายชาวแอฟริกัน *-adj.* เกี่ยวกับทวีปแอฟริกา ผู้คนและภาษาแอฟริกัน

African-American (แอฟ' ฟริเคิน อะเม' ริเคิน) *adj.* เกี่ยวกับชาวอเมริกันเชื้อสายแอฟริกัน, เกี่ยวกับประวัติศาสตร์หรือวัฒนธรรมของชนดังกล่าว **-African American** *n.*

Afro-American (แอฟโฟร อะเม' ริเคิน) *adj.* ดู African-American **-Afro-American** *n.*

★**after** (แอฟ' เทอร์) *prep.* หลังจาก, ตามหลัง, ข้างหลัง *-conj.* ภายหลังที่ *-adv.* ต่อมา, ถัดมา *-adj.* ที่หลัง

afterall (แอฟเทอรอล') *adv.* แม้กระนั้น

afterbirth (แอฟ' เทอร์เบิร์ธ) *n.* รกหลังคลอด

aftereffect (แอฟ' เทอริเฟคท์) *n.* ผลลัพธ์

afterglow (แอฟ' เทอร์โกล) *n.* แสงอาทิตย์ยามเย็น

afterimage (แอฟ' เทอร์อิมมิจ) *n.* ภาพที่ติดตา

afterlife (แอฟ' เทอร์ไลฟ์) *n.* ชีวิตหลังความตาย

aftermath (แอฟ' เทอร์แมธ) *n.* ผลที่ตามมา, ผลผลิตที่เก็บเกี่ยวได้ครั้งที่สอง (-S. outcome)

★**afternoon** (แอฟเทอร์นูน') *n.* เวลาบ่าย

after-shave (แอฟ' เทอร์เชฟว์) *n.* ครีมใช้ทาหลังจากโกนหนวด

aftershock (แอฟ' เทอร์ชอค) *n.* แผ่นดินไหวระลอกหลังซึ่งเกิดหลังแผ่นดินไหวครั้งใหญ่แล้ว

afterthought (แอฟ' เทอร์ธอท) *n.* ความคิดที่นึกขึ้นได้ทีหลัง, คำแนะนำที่ได้มาเมื่อสาย

aftertime (แอฟ' เทอร์ไทม์) *n.* อนาคต

★**afterward, afterwards** (แอฟ' เทอร์เวิร์ด, -เวิร์ดซ์) *adv.* ในภายหลัง, ต่อมา (-S. later)

afterworld (แอฟ' เทอร์เวิร์ลด์) *n.* โลกวิญญาณ

★**again** (อะเกน') *adv.* อีกครั้ง, ยิ่งกว่านั้น **-again and again** ครั้งแล้วครั้งเล่า **-time and time again** บ่อยครั้ง

★**against** (อะเกนซ์ท์') *prep.* ต่อต้านกับ, ยันกับ, ตรงกันข้าม, ตัดกับ (-S. opposed to)

agape (อะเกพ') *adv., adj.* อ้าปากค้าง, เบิกกว้าง

agar (เอ' การ์, อา' การ์) *n.* อาหารวุ้นซึ่งเตรียมไว้สำหรับเลี้ยงเชื้อในห้องทดลอง

agate (แอก' กิท) *n.* หินโมรา, ลูกหินที่นำมาทอยเล่น, ตัวพิมพ์ขนาด 5½ พอยต์

agcy ย่อจาก agency บริษัทตัวแทน, หน่วยงาน

★**age** (เอจ) *n.* อายุ, วัย, ความแก่, ยุคสมัย *-v.* **aged, aging** *-vi.* แก่ขึ้น *-vt.* ทำให้แก่ **-act one's age** ทำตัวให้สมกับวัย **-for ages** นานมาก **-over age** อายุเกินเกณฑ์ **-under age** อายุต่ำกว่าเกณฑ์ (-S. (n.) maturity, period)

aged (เอ' จิด) *adj.* แก่, มีอายุ *-n.* คนแก่

ageless (เอจ' ลิซ) *adj.* ดูไม่แก่, ตลอดกาล

★**agency** (เอ' เจินซี) *n., pl.* **-cies** ธุรกิจการบริการ, กิจการ, บริษัทตัวแทน, หน่วยราชการ, พลัง, กำลัง, การกระทำ, วิธีการ (-S. action, business, force)

agenda (อะเจน' ดะ) *n., pl.* **-das** แผนงาน, ระเบียบวาระการประชุม (-S. plan, schedule)

★**agent** (เอ' เจินท์) *n.* ตัวแทน, บริษัทตัวแทน, สายลับ, ข้าราชการ, เจ้าหน้าที่ของรัฐ, สารที่ทำให้เกิดการเปลี่ยนแปลงทางเคมี, ตัวการ

agent provocateur จารชนที่แฝงตัวเพื่อก่อกวนหรือยุยงให้ทำผิด

age of consent อายุขั้นต่ำของหญิงที่สามารถมีเพศสัมพันธ์กับชายได้

age-old (เอจ' โอลด์') *adj.* เก่าแก่, โบราณ

Aggie, aggie (แอก' กี) *n.* วิทยาลัยหรือโรงเรียนเกษตรกรรม, นักเรียนนักศึกษาในสถานศึกษาดังกล่าว *-adj.* เกี่ยวกับสถานศึกษาดังกล่าว

agglomerate (อะกลอม' มะเรท) *vt., vi.* **-ated, -ating** รวมกันเป็นก้อนกลม *-n.* ก้อน **-agglomeration** *n.* **-agglomerative** *adj.*

agglutinate (อะกลูท' เทินเนท) *vt., vi.* **-nated, -nating** ติดกันด้วยกาว, ติดอย่างแน่นเหนียว, จับตัวกัน, รวมคำ **-agglutination** *n.*

aggravate (แอก' กระเวท) *vt.* **-vated, -vating** ทำให้แย่ลง, ทำให้โกรธ, ทำให้รำคาญ **-aggravatingly** *adv.* **-aggravation** *n.*

aggregate (*n., adj.* แอก' กริกิท, *v.* -เกท) *n.* ผลรวม, กลุ่มก้อน *-vt.* **-gated, -gating** รวม, รวมเป็นกลุ่มก้อน *-adj.* ทั้งหมด

aggression (อะเกรซ' ชัน) *n.* ความก้าวร้าว, ความแข็งกร้าว, การรุกราน, พฤติกรรมที่ป่าเถื่อน **-aggress** *v.* (-S. assault, attack)

★**aggressive** (อะเกรซ' ซิฟว์) *adj.* ก้าวร้าว, แข็งกร้าว, กล้าได้กล้าเสีย, ซึ่งลุกลามอย่างรวดเร็ว, รุกเร้า **-aggressively** *adv.*

aggrieve (อะกรีฟว์') *vt.* **-grieved, -grieving** เสียใจ, ผิดหวัง, เจ็บปวดใจ **-aggrieved** *adj.*

aghast (อะแกซท์') *adj.* ตกตะลึง, ตื่นตระหนก

agile (แอจ' เจิล, -ไจล์) *adj.* คล่องแคล่ว, ว่องไว, หัวไว **-agility, agileness** *n.* **-agilely** *adv.* (-S. active, lively -A. clumsy, inept)

agitate (แอจ' จิเทท) *v.* **-tated, -tating** *-vt.*

ก่อกวน, เขย่า, ทำให้ปั่นป่วน, ทำให้เป็นกังวล *-vi.* ประท้วงหรือก่อกวน **-agitation** *n.* (**-S.** disturb, perturb, trouble **-A.** calm, soothe)
agleam (อะกลีม') *adv., adj.* ส่องแสง, เจิดจ้า
aglitter (อะกลิท' เทอร์) *adv., adj.* ระยิบระยับ
aglow (อะโกล') *adv., adj.* รุ่งโรจน์, โชติช่วง
agnostic (แอกนอส' ติค) *n.* ผู้ที่ไม่เชื่อว่าพระเจ้ามีจริง *-adj.* ซึ่งไม่เชื่อว่าพระเจ้ามีจริง **-agnostically** *adv.* **-agnosticism** *n.*
★**ago** (อะโก') *adv., adj.* ผ่านไปแล้ว, ที่แล้วมา
agog (อะกอก') *adv., adj.* อยากรู้อยากเห็น, กระตือรือร้น (**-S.** (adj.) curious, keen)
à go-go, a go-go (อะโก' โก) *adv.* ในจังหวะที่รวดเร็วและมีชีวิตชีวา *-n.* ไนต์คลับ
agonize (แอก' กะไนซ) *vi., vt.* **-nized, -nizing** ทนทุกข์ทรมาน, ดิ้นรนกระเสือกกระสน **-agonizing** *adj.* **-agonizingly** *adv.*
agony (แอก' กะนี) *n., pl.* **-nies** ความเจ็บปวด, ความรู้สึกที่รุนแรง, การทุรนทุราย (**-S.** pain)
agrarian (อะแกร' เรียน) *adj.* เกี่ยวกับที่ดินและกรรมสิทธิ์ถือครองที่ดิน, เกี่ยวกับเกษตรกรรม *-n.* ผู้สนับสนุนการปฏิรูปที่ดิน
★**agree** (อะกรี') *vi., vt.* **agreed, agreeing** ตกลง, เห็นด้วย, เข้ากันได้, ยอมรับ, อนุมัติ (**-S.** accept, concur, settle **-A.** disagree)
★**agreeable** (อะกรี' อะเบิล) *adj.* พึงพอใจ, เหมาะสม, ซึ่งยอมรับได้, โอนอ่อนผ่อนตาม **-agreeably** *adv.* **-agreeableness** *n.* (**-S.** acceptable, pleasant **-A.** disagreeable)
★**agreement** (อะกรี' เมินท) *n.* การตกลง, ความเห็นชอบ, ความปรองดอง, ข้อตกลง **-break an agreement** ผิดข้อตกลง **-make an agreement** ทำความตกลง (**-S.** harmony, treaty)
agribusiness (แอก' กระบิซนิซ) *n.* ธุรกิจการเกษตร
★**agriculture** (แอก' กริคัลเชอร์) *n.* เกษตรกรรม, การเกษตร, การปลูกพืชและเลี้ยงสัตว์ **-agricultural** *adj.* **-agriculturally** *adv.* **-agriculturist, agriculturalist** *n.* (**-S.** farming)
aground (อะเกราน์ด') *adv., adj.* เกยตื้น
ague (เอ' กยู) *n.* อาการจับไข้ **-aguish** *adj.*
ah (อา) *interj.* คำอุทานแสดงความพึงพอใจ ประหลาดใจ ดีใจ เจ็บปวด สงสาร เป็นต้น
aha (อาฮา') *interj.* คำอุทานแสดงความพอใจ ประหลาดใจ หรือแสดงถึงความมีชัย
★**ahead** (อะเฮด') *adv., adj.* ข้างหน้า, ล่วงหน้า, ก่อนหน้า, ล้ำหน้า **-get ahead** ได้รับชัยชนะ
ahem (อะเฮม') *interj.* คำอุทานเรียกความสนใจ
ahimsa (อะฮิม' ซา) *n.* อหิงสา
ahoy (อะฮอย') *interj.* คำอุทานเพื่อเรียกคนเรียกเรือ หรือเรียกความสนใจ
★**aid** (เอด) *n.* ความช่วยเหลือ, การสงเคราะห์, ผู้ช่วยเหลือ, สิ่งของที่ช่วยเหลือ *-vt., vi.* **aided, aiding** ช่วยเหลือ, สงเคราะห์ (**-S.** (n., v.) help)
aide (เอด) *n.* ผู้ช่วย, นายทหารผู้ช่วย
aide-de-camp, aid-de-camp (เอดดิแคมพ์) *n., pl.* **aides-de-camp/aids-de-camp** นายทหารผู้ช่วย, ทหารองครักษ์
aide-mémoire (เอดเมมวาร์') *n., pl.* **aide-mémoire/aide-mémoires** บันทึกถ้อยแถลงข้อตกลงหรือข้อเสนอ
AIDS (เอดซ์) ย่อจาก Acquired Immune Deficiency Syndrome โรคระบบภูมิคุ้มกันบกพร่อง หรือโรคเอดส์
aigret, aigrette (เอเกรท', เอ' เกรท) *n.* พู่ประดับ, ขนนกที่ใช้ประดับ
ail (เอล) *v.* **ailed, ailing** *-vi.* เจ็บป่วย, ไม่สบาย *-vt.* ทำให้เจ็บปวดหรือทรมาน **-ailing** *adj.*
ailment (เอล' เมินท) *n.* อาการเจ็บป่วยที่ไม่รุนแรง (**-S.** sickness)
★**aim** (เอม) *vt., vi.* **aimed, aiming** เล็งเป้า, พุ่งตรง, ตั้งเป้าหมาย *-n.* การเล็ง, การตั้งเป้าหมาย, วิถีกระสุน, จุดมุ่งหมาย (**-S.** (v.) direct, point)
aimless (เอม' ลิซ) *adj.* ไร้จุดหมาย **-aimlessly** *adv.* **-aimlessness** *n.* (**-S.** adrift, pointless)
ain't (เอนท) ย่อจาก are/is/am not หรือ have/has not ซึ่งถือว่าไม่ถูกหลักไวยากรณ์
★**air** (แอร์) *n.* อากาศ, สภาพอากาศ, บรรยากาศ, ลม, กิริยาท่าทาง, ลมหายใจ, ท้องฟ้า *-v.* **aired, airing** *-vt.* ผึ่งแดดผึ่งลม, ระบายอากาศ, แสดงความเห็น, ออกอากาศ *-vi.* ถูกออกอากาศ **-by air** ทางอากาศ **-clear the air** ปรับความเข้าใจ **-in the air** ไม่แน่นอน, เพ้อฝัน **-on the air** ออกอากาศทางวิทยุโทรทัศน์ **-airing** *n.* (**-S.** (n.) atmosphere, manner (v.) ventilate)
air bag ถุงลมนิรภัยในรถยนต์
air base ฐานทัพอากาศ
airborne (แอร์' บอร์น) *adj.* ซึ่งแพร่ทางอากาศ, ซึ่งบินอยู่ในอากาศ, ซึ่งขนส่งทางอากาศ
airbrush (แอร์' บรัช) *n.* เครื่องพ่นสี
airbus (แอร์' บัซ) *n.* เครื่องบินโดยสารขนาดใหญ่
air-condition (แอร์' เคินดิชชัน) *vt.* **-tioned, -tioning** ปรับอากาศ
air conditioner เครื่องปรับอากาศ

air conditioning ระบบปรับอากาศ
air-cool (แอร์ คูล) *vt.* **-cooled, -cooling** ทำให้เย็นโดยผ่านอากาศเข้าไป, ระบายความร้อน
★**aircraft** (แอร์ แครฟท์) *n., pl.* **aircraft** เครื่องบิน (-S. aeroplane, plane)
aircraft carrier เรือบรรทุกเครื่องบิน
aircrew (แอร์ ครู) *n.* ลูกเรือบนเครื่องบิน
air-dry (แอร์ ไดร) *vt.* **-dried, -drying** ทำให้แห้งโดยการผึ่งลม *-adj.* ซึ่งผึ่งลมจนแห้ง
airfield (แอร์ ฟีลด์) *n.* ลานบิน, สนามบิน
airflow (แอร์ โฟล) *n.* กระแสลม, การไหลเวียนของอากาศ
air force กองทัพอากาศ
airfreight (แอร์ เฟรท) *n.* การขนส่งทางอากาศ, ค่าขนส่งทางอากาศ
air hole หลุมอากาศ
air hostess พนักงานต้อนรับหญิงบนเครื่องบิน
air lane เส้นทางบิน
airless (แอร์ ลิซ) *adj.* ไม่มีอากาศหายใจ, (ห้อง) อับ, ไม่มีลม (-S. stuffy)
air letter จดหมายอากาศ (-S. aerogram)
★**airline** (แอร์ ไลน์) *n.* สายการบิน
airliner (แอร์ ไลเนอร์) *n.* เครื่องบินโดยสารขนาดใหญ่
air lock สภาพที่อากาศอุดตัน, บริเวณที่ปิดสนิทกันอากาศเข้า เช่น ในยานอวกาศ
airmail, air mail (แอร์ เมล) *n.* การขนส่งไปรษณีย์ทางอากาศ, ไปรษณีย์อากาศ *-vt.* **-mailed, -mailing** ส่งไปรษณีย์ทางอากาศ
airman (แอร์ เมิน) *n.* ทหารอากาศ, นักบิน
air mile ไมล์อากาศมีระยะประมาณ 6,076 ฟุต
★**airplane** (แอร์ เพลน) *n.* เครื่องบิน
air pocket หลุมอากาศ (-S. air hole)
★**airport** (แอร์ พอร์ท, -โพร์ท) *n.* สนามบิน
air pressure ความกดดันบรรยากาศ
air pump เครื่องปั๊มอากาศ
air raid การโจมตีทางอากาศ
air sac ถุงอากาศ เช่น ในนก ทำให้สามารถบินได้
airscape (แอร์ สเกพ) *n.* ทิวทัศน์ทางอากาศ
airship (แอร์ ชิพ) *n.* เรือเหาะ
airsick (แอร์ ซิค) *adj.* เมาเครื่องบิน **-airsickness** *n.*
airside (แอร์ ไซด์) *n.* เขตในสนามบินซึ่งอนุญาตให้ผู้โดยสารกับเจ้าหน้าที่ผ่านได้
airspace (แอร์ สเปซ) *n.* น่านฟ้า
airstrip (แอร์ สตริพ) *n.* เส้นทางวิ่งขึ้นลงของเครื่องบิน
air terminal อาคารที่พักผู้โดยสารที่รอขึ้นเครื่องบินหรือที่ลงมาจากเครื่องบิน
airtight (แอร์ ไททฺ) *adj.* ซึ่งกั้นไม่ให้อากาศผ่านเข้าออก, ซึ่งปิดกั้นการโจมตี
airtime (แอร์ ไทม์) *n.* เวลาออกอากาศของรายการวิทยุโทรทัศน์
air-to-air (แอร์ทะแอร์') *adj.* ซึ่งยิงจากเครื่องบินไปยังเป้าหมายที่อยู่กลางอากาศ
air-to-surface (แอร์ทะเซอร์' ฟิซ) *adj.* ซึ่งยิงจากเครื่องบินไปยังพื้นดิน
air traffic control ระบบควบคุมการจราจรทางอากาศเพื่อความปลอดภัยของเส้นทางบิน
airwave (แอร์ เวฟว์) *n.* สื่อนำสัญญาณวิทยุและโทรทัศน์
airway (แอร์ เว) *n.* สายการบิน
airy (แอ' รี) *adj.* **-ier, -iest** ปลอดโปร่ง, โล่ง, เพ้อเจ้อ, ละเอียดอ่อน, รื่นเริง **-airily** *adv.*
aisle (ไอล์) *n.* ช่องทางเดิน
ajar (อะจาร์') *adv., adj.* แง้ม, อ้า
akimbo (อะคิม' โบ) *adv., adj.* เท้าเอว
akin (อะคิน') *adj.* เกี่ยวดองกัน, คล้ายคลึงกัน
ala (เอ' ละ) *n., pl.* **alae** ส่วนคล้ายปีก
à la carte, a la carte (อา ละ คาร์ท') *adv., adj.* ซึ่งสั่งตามรายการอาหาร
alacrity (อะแลค' คริที) *n.* ความกระตือรือร้น, ความกระหายใคร่รู้, ความรวดเร็วว่องไว
à la mode (อา ละ โมด') *adv., adj.* ทันสมัย, ตามสมัยนิยม, ซึ่งเสิร์ฟกับไอศกรีม
★**alarm** (อะลาร์ม') *vt.* **alarmed, alarming** เตือนภัย, เตือนเหตุ, ตื่นตระหนก *-n.* ความตื่นตระหนก, สัญญาณเตือนภัย **-raise/sound the alarm** เตือนให้รู้ถึงอันตราย **-alarming** *adj.*
alarm clock นาฬิกาปลุก
alarmist (อะลาร์' มิซท์) *n.* คนที่ชอบตื่นเต้นเกินเหตุ, คนที่ทำให้คนอื่นตื่นตระหนกด้วยเรื่องไม่เป็นเรื่อง (-S. doomster, scaremonger)
alas (อะแลซ') *interj.* คำอุทานแสดงความเสียใจ
alb (แอลบฺ) *n.* เสื้อคลุมสีขาวของนักบวช
albatross (แอล' บะทรอซ) *n., pl.* **-tross/-trosses** นกทะเลขนาดใหญ่มีสีขาว, อุปสรรค
albino (แอลไบ' โน) *n., pl.* **-nos** คนเผือก, สัตว์เผือก, พืชที่ขาดคลอโรฟีลล์ **-albinism** *n.*
album (แอล' เบิม) *n.* สมุดสะสมรูปภาพหรือแสตมป์, ชุดแผ่นเสียง, ซองแผ่นเสียง
albumen (แอลบยู' เมิน) *n.* ไข่ขาว
albumin (แอลบยู' มิน) *n.* โปรตีนที่พบในไข่ขาว นม และเนื้อเยื่อของพืชและสัตว์ต่างๆ

B C D E F G H I J K L M N O P Q R S T U V W X Y Z

alcazar (แอลคา' เซอร์, แอลคะซาร์') *n.* ป้อมของชาวมัวร์ในสเปน, วังของกษัตริย์สเปน

alchemy (แอล' คะมี) *n.* วิชาเล่นแร่แปรธาตุ, วิชาที่ศึกษาการเปลี่ยนโลหะให้เป็นทองคำ **-alchemical** *adj.* **-alchemist** *n.*

★**alcohol** (แอล' คะฮอล) *n.* แอลกอฮอล์, สารประกอบอินทรีย์ มีสูตรเคมี $C_nH_{2n+1}OH$, เครื่องดื่มที่มีแอลกอฮอล์ผสม (**-S.** liquor, spirits)

★**alcoholic** (แอลคะฮอ' ลิค) *adj.* ซึ่งมีแอลกอฮอล์ผสมอยู่, ซึ่งเป็นโรคพิษสุราเรื้อรัง *-n.* คนที่เป็นโรคพิษสุราเรื้อรัง

alcoholism (แอล' คะฮอลิซเซิม) *n.* โรคพิษสุราเรื้อรัง

alcove (แอล' โคฟว์) *n.* เวิ้งหรือมุมในห้องเพื่อวางของ, ซุ้มไม้ (**-S.** corner, recess)

alderman (ออล' เดอร์เมิน) *n., pl.* **-men** สมาชิกในสภาเทศบาล, เทศมนตรี

ale (เอล) *n.* เอล เป็นเครื่องดื่มคล้ายเบียร์

alehouse (เอล' เฮาซ์) *n.* ร้านขายเหล้า

alert (อะเลิร์ท') *adj.* ตื่นตัว, ระแวดระวัง *-vt.* **alerted, alerting** เตือนภัย *-n.* สัญญาณเตือนภัย **-alertly** *adv.* **-alertness** *n.* (**-S.** (adj.) active)

alfalfa (แอลแฟล' ฟะ) *n.* อัลฟัลฟา พืชชนิดหนึ่งอยู่ในวงศ์ถั่ว มักปลูกไว้เลี้ยงสัตว์

alga (แอล' กะ) *n., pl.* **-gae** (-จี) สาหร่าย **-algal** *adj.*

algae (แอล' จี) *n.* พหูพจน์ของ alga

algebra (แอล' จะบระ) *n.* พีชคณิต **-algebraic** *adj.* **-algebraist** *n.*

ALGOL, Algol (แอล' กอล) *n.* ย่อจาก algorithmic language ภาษาโปรแกรมคอมพิวเตอร์ซึ่งใช้ในการคำนวณทางวิทยาศาสตร์

algorithm (แอล' กะริธเธิม) *n.* วิธีการหนึ่งที่ใช้แก้โจทย์ทางคณิตศาสตร์, ชุดคำสั่งทางคอมพิวเตอร์สำหรับแก้ไขปัญหา **-algorithmic** *adj.*

alias (เอ' เลียซ) *n.* ชื่อสมมติ *-adv.* เป็นที่รู้จักในนามของ (**-S.** (n.) pseudonym)

alibi (แอล' ละไบ) *n., pl.* **-bis** การที่จำเลยปฏิเสธว่าตนไม่ได้อยู่ในที่เกิดเหตุ, คำแก้ตัว *-vi.* **-bied, -biing** แก้ตัว (**-S.** (n.) defence, plea)

alien (เอ' เลียน) *adj.* ต่างชาติ, ต่างประเทศ, ต่างด้าว, ต่างถิ่น, แปลก *-n.* ชาวต่างชาติ, คนนอก *-vt.* **-ened, -ening** โอน (สมบัติ) **-alienage** *n.* (**-S.** (n.) foreigner **-A.** (n.) citizen)

alienate (เอ' เลียนเนท) *vt.* **-ated, -ating** ทำให้ไม่เป็นมิตร, โอนสมบัติ, ยกมรดก **-alienator** *n.* **-alienation** *n.* (**-S.** estrange, transfer)

alienee (เอเลียนนี') *n.* ผู้รับกรรมสิทธิ์, ผู้รับโอน

alienor (เอ' เลียนเนอร์) *n.* ผู้โอนกรรมสิทธิ์

alight[1] (อะไลท') *vi.* **alighted/alit** (อะลิท), **alighting** ร่อนลง, ลงจากยานพาหนะ, ค้นพบโดยบังเอิญ (**-S.** get off **-A.** board)

alight[2] (อะไลท') *adj.* ลุกเป็นไฟ, ติดไฟ, ส่องสว่าง

align, aline (อะไลน') *vt., vi.* **aligned, aligning/alined, alining** จัดเป็นแถว, ทำให้เป็นเส้นตรง, เข้าร่วมกับ **-alignment, alinement** *n.*

★**alike** (อะไลค') *adj.* คล้ายคลึง *-adv.* เหมือนๆ กัน **-alikeness** *n.* (**-S.** (adj.) identical, similar)

alimentary (แอลละเมน' ทะรี) *adj.* เกี่ยวกับอาหารหรือโภชนาการ, ซึ่งให้สารอาหาร

alimony (แอล' ละโมนี) *n., pl.* **-nies** ค่าเลี้ยงดู (สามีหรือภรรยาหลังการหย่าร้าง)

aline (อะไลน') *vt., vi.* **alined, alining** ดู align

aliquant (แอล' ลิควอนท์) *adj.* ที่หารตัวอื่นไม่ลงตัว เช่น 3 หาร 10 ไม่ลงตัว

aliquot (แอล' ลิควอท) *adj.* ซึ่งหารตัวอื่นได้ลงตัว เช่น 3 หาร 9 ได้ลงตัว

★**alive** (อะไลฟว') *adj.* ซึ่งมีชีวิต, ซึ่งปรากฏให้เห็น, เต็มไปด้วยสิ่งมีชีวิต,มีชีวิตชีวา **-alive and well** กระตือรือร้น **-alive to something** ระแวดระวัง **-aliveness** *n.* (**-S.** lively, living **-A.** dead)

alkali (แอล' คะไล) *n., pl.* **-lis/-lies** ด่าง, สารประกอบไฮดรอกไซด์ของโลหะ เช่น โซเดียมไฮดรอกไซด์

alkali metal โลหะอัลคาไล เป็นโลหะหมู่ที่ 1 ตามตารางธาตุ เช่น โซเดียม โพแทสเซียม สามารถทำปฏิกิริยากับน้ำแล้วเกิดสารละลายที่มีฤทธิ์เป็นด่าง

alkaline (แอล' คะไลน์, -ลิน) *adj.* ซึ่งมีคุณสมบัติเป็นด่าง, ซึ่งมีด่างประกอบอยู่ **-alkalinity** *n.*

alkaline-earth metal ธาตุโลหะหมู่ 2 ตามตารางธาตุ เมื่อทำปฏิกิริยากับน้ำแล้วให้สารละลายมีฤทธิ์เป็นด่างเช่น แคลเซียม แมกนีเซียม

alkaloid (แอล' คะลอยด์) *n.* สารประกอบอินทรีย์ที่มีไนโตรเจนประกอบอยู่ เช่น นิโคติน โคเคน ควินิน กาเฟอีน และสตริกนิน นำมาใช้ทำยาและสารกระตุ้น

★**all** (ออล) *adj.* ทั้งหมด, ทั้งสิ้น, ทุก (สิ่ง คน ตัว) *-n.* ทุกสิ่ง *-pron.* จำนวนทั้งหมด *-adv.* ล้วนๆ, ตลอด **-all along** ตั้งแต่ต้น, ตลอด **-all and sundry** ผู้คนมากหน้าหลายตา **-all-around** รอบรู้ **-all at once** ทันที **-all but** เกือบ **-all in** เหนื่อยล้า **-all in all** เมื่อพิจารณาแล้ว, สรุปแล้ว **-all over** ทั่วทั้ง **-all the best** โชคดี

A B C D E F G H I J K L M N O P Q R S T U V W X Y Z

A B C D E F G H I J K L M N O P Q R S T U V W X Y Z

-**not at all** ไม่เลย, ไม่เป็นไร

Allah (แอล' ละ, อา' ละ) พระอัลลาห์

all-American (ออลอะเม' ริเคิน) *adj.* ซึ่งเป็นตัวแทนชาวอเมริกัน, ซึ่งเป็นนักกีฬาดีเด่นของสหรัฐอเมริกา, ซึ่งเป็นอเมริกันโดยแท้ *-n.* ตัวแทนชาวอเมริกัน,นักกีฬาดีเด่นของสหรัฐอเมริกา

allay (อะเล') *vt.* **-layed, -laying** ทำให้บรรเทา **-allayer** *n.* (-**S.** calm, lessen)

all clear สัญญาณแสดงว่าพ้นอันตรายแล้ว

allege (อะเลจ') *vt.* **-leged, -leging** อ้างว่า, กล่าวหาว่า, ยืนยันว่า **-allegation** *n.* **-allegeable** *adj.* (-**S.** assert, declare)

allegiance (อะลี' เจินซ์) *n.* ความจงรักภักดี, ความซื่อสัตย์ **-allegiant** *adj.* (-**S.** loyalty)

allegory (แอล' ลิกอรี, -โกรี) *n., pl.* **-ries** นิยายนิทาน บทกวี หรือภาพวาดที่เป็นสัญลักษณ์สื่อถึงความหมายต่างๆ เพื่อเป็นเครื่องเตือนใจ

allergy (แอล' เลอร์จี) *n., pl.* **-gies** อาการแพ้, โรคภูมิแพ้ **-allergic** *adj.*

alleviate (อะลี' วีเอท) *vt.* **-ated, -ating** ทำให้บรรเทา **-alleviation** *n.* **-alleviatory, alleviative** *adj.* (-**S.** lessen, relieve)

alley (แอล' ลี) *n., pl.* **-leys** ตรอก, ซอย

alliance (อะไล' เอินซ์) *n.* สหภาพ, พันธมิตร, สนธิสัญญา, ข้อตกลง, ความคล้ายคลึง, ความสัมพันธ์ (-**S.** agreement, similarity, union)

allied (อะไลดฺ', แอล' ไลดฺ) *adj.* ซึ่งร่วมเป็นพันธมิตร, ซึ่งสัมพันธ์กัน (-**S.** associated)

alligator (แอล' ลิเกเทอร์) *n., pl.* **-tors/-tor** จระเข้ขนาดใหญ่ชนิดหนึ่ง จมูกทู่และฟันไม่ยื่นออกมานอกปาก, หนังจระเข้ดังกล่าว

alliteration (อะลิททะเร' ชัน) *n.* การสัมผัสของเสียงหรือพยัญชนะในคำต่างๆ **-alliterate** *v.* **-alliterative** *adj.* **-alliteratively** *adv.*

allocate (แอล' ละเคท) *vt.* **-cated, -cating** แบ่งปัน, จัดสรร, มอบให้ **-allocable, allocatable** *adj.* **-allocation** *n.* (-**S.** allot)

allogamy (อะลอก' กะมี) *n.* การผสมข้ามพันธุ์

allot (อะลอท') *vt.* **-lotted, -lotting** แจกจ่าย, แบ่งส่วน, แบ่งปัน **-allotment** *n.* **-allotter** *n.* **-allottee** *n.* (-**S.** distribute, divide)

★**allow** (อะเลา') *vt., vi.* **-lowed, -lowing** อนุญาต, ปล่อยให้, ยอมให้, จัดให้, ยอมรับ **-allowable** *adj.* **-allowably** *adv.* (-**S.** let, permit, provide)

allowance (อะเลา' เอินซ์) *n.* การอนุญาตหรือยินยอม, จำนวนเงินที่ให้, ราคาที่ลดให้, เงินเบี้ยเลี้ยง *-vt.* **-anced, -ancing** แบ่งปัน, จัดให้

alloy (แอล' ลอย, อะลอย') *n.* โลหะผสม

all-purpose (ออล' เพอร์' เพิซ) *adj.* อเนกประสงค์

all right ดี, พอใจ, ถูกต้อง, ปลอดภัย, สบายดี, ใช้ได้, ตกลง

all-round (ออล' เราน์ดฺ') *adj.* รอบรู้

allspice (ออล' สไปซ์) *n.* เครื่องเทศชนิดหนึ่งมีรสชาติคล้ายเครื่องเทศหลายๆ ชนิดรวมกัน ได้จากพืชตระกูลเดียวกับกานพลู *(Pimenta dioica)*, พืชหรือผลของเครื่องเทศดังกล่าว

allude (อะลูด') *vi.* **-luded, -luding** กล่าวถึง, อ้างถึง **-allusion** *n.* **-allusive** *adj.* **-allusively** *adv.* (-**S.** mention, refer to)

allure (อะลูร์') *vt., vi.* **-lured, -luring** ล่อใจ, ทำให้ติดใจ, ทำให้ดึงดูดใจ *-n.* เสน่ห์, ความดึงดูดใจ **-allurement** *n.* (-**S.** (v.) attract, enchant)

alluring (อะลุ' ริง) *adj.* มีเสน่ห์, ดึงดูดใจ **-alluringly** *adv.* (-**S.** attractive, charming)

alluvium (อะลู' เวียม) *n., pl.* **-viums/-via** บริเวณดินตะกอนตามชายฝั่งแม่น้ำอันเกิดจากการถูกน้ำพัดพามาทับถมกัน **-alluvial** *adj.*

ally (อะไล', แอล' ไล) *vt.* **-lied, -lying** เข้าร่วม, เป็นพันธมิตรกัน *-n., pl.* **-lies** พันธมิตร

Alma Mater (แอลมะมา' เทอร์) *n.* โรงเรียนเก่าที่เคยเล่าเรียน, เพลงประจำสถานศึกษา

almanac (ออล' มะแนค, แอล'-) *n.* ปฏิทินประจำปีที่ระบุข้อมูลทางดาราศาสตร์ การพยากรณ์อากาศ ประวัติศาสตร์ ฯลฯ เอาไว้

almighty (ออลไม' ที) *adj.* ซึ่งมีพลังอำนาจ, ยิ่งใหญ่, อลังการ, (เสียง) ดังมาก *-adv.* อย่างยิ่ง **-the Almighty** พระเจ้า **-almightily** *adv.* **-almightiness** *n.* (-**S.** (adj.) great, supreme)

almond (อา' เมินดฺ, แอม' เมินดฺ) *n.* ต้นอัลมอนด์, เมล็ดอัลมอนด์, สีน้ำตาลอ่อน *-adj.* ที่ทำจากอัลมอนด์, เหมือนอัลมอนด์

★**almost** (ออล' โมซทฺ, ออลโมซทฺ') *adv.* จวนเจียน, เกือบ (-**S.** just about, nearly)

alms (อามซฺ) *n. pl.* เงินหรือสิ่งของบริจาค

almshouse (อามซฺ' เฮาซฺ) *n.* โรงทาน

aloe (แอล' โล) *n.* พืชในวงศ์ว่านหางจระเข้

aloe vera (แอล' โล เว' ระ) *n.* ต้นว่านหางจระเข้ชนิดหนึ่ง ยางใช้ทำเครื่องสำอาง

aloft (อะลอฟทฺ') *adv.* อยู่สูงขึ้นไป, เหนือขึ้นไป

aloha (อะโล' อะ, อะโล' ฮะ) *interj.* คำอุทานแสดงการสวัสดีหรืออำลาของชาวเกาะฮาวาย

★**alone** (อะโลน') *adj., adv.* โดดเดี่ยวเดียวดาย, เพียงลำพัง, เดี่ยวๆ **-aloneness** *n.*

★**along** (อะลอง') *prep.* ไปตาม, ตามทาง *-adv.* ไปข้างหน้า, ด้วยกัน, ไป (มา) ด้วย

alongside (อะลอง' ไซด์') *adv.* ไปตาม, ใกล้, เคียงข้างกัน

aloof (อะลูฟ') *adj.* ไม่เข้าสังคม, เก็บเนื้อเก็บตัว, ห่างเหิน, เย็นชา **-aloofly** *adv.* **-aloofness** *n.* (**-S.** distant, unfriendly **-A.** friendly)

★**aloud** (อะเลาด์') *adv.* (เสียง) อย่างดัง, ออกเสียงให้ได้ยิน **-read/think aloud** อ่านหรือแสดงความเห็นเป็นคำพูดให้ได้ยิน (**-S.** out loud)

alpaca (แอลแพค' คะ) *n., pl.* **-a/-as** สัตว์เลี้ยงลูกด้วยนมคล้ายตัวลามะ มีขนยาวละเอียด

alpha (แอล' ฟะ) *n.* อักษรตัวแรกในภาษากรีก, ตัวแอลฟา (A, α) *-adj.* ซึ่งสำคัญเป็นที่หนึ่ง

alpha test การทดสอบผลิตภัณฑ์เป็นครั้งแรก

★**alphabet** (แอล' ฟะเบท) *n.* ตัวอักษรในภาษา, ตัวพยัญชนะ, หลักการขั้นพื้นฐาน

alphabetic, alphabetical (แอลฟะเบท' ทิค, -ทิเคิล) *adj.* ซึ่งเรียงตามตัวอักษร, ซึ่งแสดงด้วยตัวอักษร **-alphabetically** *adv.*

alphabetize (แอล' ฟะบิไทซ์) *vt.* **-ized, -izing** เรียงตามลำดับตัวอักษร **-alphabetization** *n.* **-alphabetizer** *n.*

alpine (แอล' ไพน์) *adj.* เกี่ยวกับเทือกเขาแอลป์, เกี่ยวกับเทือกเขาสูง

★**already** (ออลเรด' ดี) *adv.* แล้ว, เสียแล้ว

alright (ออลไรท์') *adv.* ดู all right

★**also** (ออล' โซ) *adv.* อีกด้วย, ด้วย *-conj.* อีกทั้ง (**-S.** (adv.) as well, too)

altar (ออล' เทอร์) *n.* แท่นบูชา

★**alter** (ออล' เทอร์) *vt., vi.* **-tered, -tering** เปลี่ยน, ดัดแปลง, ปรับปรุง **-alterable** *adj.* **-alteration** *n.* (**-S.** change, modify **-A.** preserve)

altercate (ออล' เทอร์เคท) *vi.* **-cated, -cating** โต้เถียง, ทะเลาะ **-altercation** *n.* (**-S.** argue)

alter ego อีกแง่มุมหนึ่งหรือด้านหนึ่งของตัวเอง, เพื่อนสนิท, เพื่อนคู่คิด

alternate (ออล' เทอร์เนท, แอล'-) *vt., vi.* **-nated, -nating** สลับสับเปลี่ยน *-adj.* ซึ่งผลัดหรือสลับกัน *-n.* ตัวแทน, ตัวเลือก **-alternately** *adv.* **-alternation** *n.* (**-S.** (v.) interchange)

★**alternative** (ออลเทอร์' นะทิฟว์) *n.* ทางเลือก, ตัวเลือก *-adj.* ซึ่งให้เลือกได้ **-alternatively** *adv.* (**-S.** (n.) choice, option)

★**although, altho** (ออลโธ') *conj.* แม้ว่า, ถึงแม้

altimeter (แอลทิม' มิเทอร์) *n.* เครื่องมือวัดความสูงเหนือระดับน้ำทะเล

altitude (แอล' ทิทูด, -ทยูด์) *n.* ความสูงเหนือระดับน้ำทะเล (**-S.** elevation, height)

alto (แอล' โท) *n., pl.* **-tos** (ดนตรี) ระดับเสียงที่ต่ำที่สุดของนักร้องหญิง, เสียงที่อยู่ระหว่างเสียงโซปราโนกับเสียงเทนเนอร์

altogether (ออลทะเกธ' เธอร์) *adv.* ทั้งหมด, รวมทั้งสิ้น (**-S.** completely, entirely)

altruism (แอล' ทรูอิซเซิม) *n.* การไม่เห็นแก่ตน

alum (แอล' เลิม) *n.* สารส้ม

aluminium, aluminum (แอลยะมิน' เนียม, อะลู' มะเนิม) *n.* ธาตุอะลูมิเนียม มีสัญลักษณ์ Al

aluminum (อะลู' มะเนิม) *n.* ดู aluminium

alumna (อะลัม' นะ) *n., pl.* **-nae** ศิษย์เก่าหญิง

alumnus (อะลัม' เนิซ) *n., pl.* **-ni** ศิษย์เก่าชาย

★**always** (ออล' เวซ์, -วิซ) *adv.* ตลอดไป, ตลอดเวลา, เสมอ (**-S.** continually, forever **-A.** never)

Alzheimer's disease (อาลท์ซ์' ไฮเมอร์ซ์ ดิซีซ') *n.* โรคสมองเสื่อม โดยตั้งชื่อตามนักประสาทวิทยาชาวเยอรมันที่ชื่อ Alois Alzheimer

★**am** (แอม) *v. aux., vi.* กริยาช่วยในกลุ่มของ verb to be ใช้กับสรรพนามบุรุษที่ 1 คือ I

AM[1], am ย่อจาก amplitude modulation ระบบการส่งกระจายเสียงของคลื่นวิทยุ

★**AM[2], A.M., am, a.m.** ย่อจาก ante meridiem (เวลา) ก่อนเที่ยงวัน

> เวลาเที่ยงคืน ใช้ 12 AM
> เวลาเที่ยงวัน ใช้ 12 PM

AM[3], A.M. ย่อจาก Artium magister (Master of Arts) อักษรศาสตรมหาบัณฑิต

amah (อา' มะ) *n.* หญิงรับใช้, คนเลี้ยงเด็ก

amalgamate (อะแมล' กะเมท) *vt., vi.* **-mated, -mating** รวมตัวกัน, ผสมกัน **-amalgamation** *n.* (**-S.** combine, merge, unite)

amass (อะแมซ') *vt.* **amassed, amassing** รวบรวม, สะสม **-amassment** *n.* (**-S.** collect)

amateur (แอม' มะเทอร์, -ชุร์, -ทยุร์) *n.* มือสมัครเล่น **-amateurish** *adj.* **-amateurism** *n.* (**-S.** novice, tyro **-A.** professional)

amatory (แอม' มะทอรี) *adj.* ซึ่งรักใคร่

★**amaze** (อะเมซ') *vt.* **amazed, amazing** ทำให้พิศวง, ทำให้ประหลาดใจ **-amazedly** *adv.* **-amazement** *n.* **-amazing** *adj.* **-amazingly** *adv.* (**-S.** astonish **-A.** bore)

amazon (แอม' มะซอน) *n.* หญิงนักรบ, หญิงแกร่งและกล้าหาญ

ambassador (แอมแบซ' ซะเดอร์, -ดอร์) *n.* เอกอัครราชทูต **-ambassadorial** *adj.* **-ambassadorship** *n.* **-ambassadress** *n. fem.*
amber (แอม' เบอร์) *n.* อำพัน, สีเหลืองอำพัน
ambiance (แอม' เบียนซ์) *n.* ดู ambience
ambidextrous (แอมบิเดค' ซเตริซ) *adj.* ถนัดทั้งสองมือ, ชำนาญเป็นพิเศษ **-ambidexterity** *n.* **-ambidextrously** *adv.*
ambience, ambiance (แอม' เบียนซ์) *n.* สภาพแวดล้อม, บรรยากาศ **-ambient** *adj.*
ambiguous (แอมบิก' กยูเอิซ) *adj.* คลุมเครือ, ไม่ชัดเจน, เข้าใจยาก **-ambiguity** *n.* **-ambiguously** *adv.* (-S. unclear -A. clear)
ambit (แอม' บิท) *n.* วงรอบ, ขอบเขต
★**ambition** (แอมบิช' ชัน) *n.* ความทะเยอทะยาน, ความต้องการอย่างแรงกล้า *-vt.* **-tioned, -tioning** ปรารถนา (-S. (n.) eagerness, drive)
★**ambitious** (แอมบิช' เชิซ) *adj.* เต็มไปด้วยความทะเยอทะยาน, ซึ่งท้าทาย **-ambitiously** *adv.* **-ambitiousness** *n.* (-S. aspiring, desirous)
ambivalence (แอมบิฟ' วะเลินซ์) *n.* ความรู้สึกสองจิตสองใจ, การตัดสินใจไม่ถูก **-ambivalent** *adv.* **-ambivalently** *adj.*
amble (แอม' เบิล) *vi.* **-bled, -bling** เดินเรื่อยเปื่อย, เดินทอดน่อง, ก้าวช้าๆ *-n.* การเดินเรื่อยเปื่อย, การก้าวช้าๆ (-S. (v., n.) stroll)
ambrosia (แอมโบร' ฌะ) *n.* อาหารทิพย์
★**ambulance** (แอม' บยะเลินซ์) *n.* รถพยาบาล

ambulance

ambulate (แอม' บยะเลท) *vi.* **-lated, -lating** เคลื่อนไปมา, เดิน **-ambulation** *n.*
ambulatory (แอม' บยะละทอรี) *adj.* ซึ่งเดินไปมาได้, ซึ่งเคลื่อนที่ได้ (-S. movable)
ambush (แอม' บุช) *n.* การลอบจู่โจม, การโจมตีอย่างกะทันหัน *-vt.* **-bushed, -bushing** ลอบโจมตี **-ambusher** *n.* (-S. (n., v.) lure, trap)
ameba (อะมี' บะ) *n.* ดู amoeba
ameliorate (อะมีล' ลยะเรท) *vt., vi.* **-rated, -rating** ปรับปรุง, ทำให้ดีขึ้น **-amelioration** *n.* **-ameliorative** *adj.* (-S. improve)
amen (เอเมน', อาเมน') *interj.* คำอุทานเมื่อจบบทสวดมนต์ของศาสนาคริสต์, อาเมน
amenable (อะมี' นะเบิล, -เมน' นะ-) *adj.* หัวอ่อน, ว่านอนสอนง่าย, เชื่อฟัง, ซึ่งมีความรับผิดชอบ **-amenability** *n.* **-amenably** *adv.*
amend (อะเมนด์') *vt., vi.* **amended, amending** ทำให้ดีขึ้น, ปรับปรุง **-amendable** *adj.* **-amendment** *n.* (-S. improve)
amends (อะเมนด์ซ์') *n. pl.* การไถ่บาปไถ่โทษ, การขอขมา (-S. compensation, recompense)
amenity (อะเมน' นิที, -มี' นิ-) *n., pl.* **-ties** สิ่งอำนวยความสะดวก, ความรื่นรมย์, ความพอใจ, ความสะดวกสบาย (-S. facility, niceness)
Amerasian (แอมมะเร' ฌัน, -ชัน) *n.* ลูกครึ่งอเมริกันและเอเชียน
★**America** (อะเม' ริคะ) ทวีปอเมริกา, ประเทศสหรัฐอเมริกา **-American** *adj., n.*
Americana (อะเมระคา' นะ) *n. pl.* หนังสือหรือเอกสารต่างๆ ที่เกี่ยวกับประวัติศาสตร์ภูมิศาสตร์หรือเรื่องอื่นๆ ของสหรัฐอเมริกา
American English ภาษาอังกฤษแบบอเมริกัน
American Indian ชาวอเมริกันพื้นเมือง ได้แก่พวกอินเดียนแดงเผ่าต่างๆ
Americanism (อะเม' ริคะนิซเซิม) *n.* ความเป็นอเมริกัน, วัฒนธรรมแบบอเมริกันแท้ๆ
Amerindian (แอมมะริน' เดียน) *n.* ชาวอเมริกันพื้นเมือง, ชาวอินเดียนแดง
amethyst (แอม' มะธิซท์) *n.* พลอยสีม่วงใส
amiable (เอ' เมียเบิล) *adj.* เป็นมิตร, อ่อนโยน, สุภาพ, น่ารัก **-amiability** *n.* **-amiably** *adv.* (-S. friendly, genial, good-natured)
amicable (แอม' มิคะเบิล) *adj.* เป็นมิตร, มีน้ำใจ **-amicability** *n.* **-amicably** *adv.*
amid, amidst (อะมิด', อะมิดซ์ท์') *prep.* ล้อมรอบโดย, อยู่ตรงกลาง (-S. among)
amino acid กรดอะมิโน ซึ่งเป็นองค์ประกอบของโปรตีน
amiss (อะมิซ') *adj., adv.* ผิดพลาด, ไม่ถูกต้อง
amity (แอม' มิที) *n., pl.* **-ties** มิตรภาพ
ammeter (แอม' มีเทอร์) *n.* เครื่องมือวัดกระแสไฟฟ้า
ammonia (อะโมน' ยะ) *n.* ก๊าซไร้สีชนิดหนึ่ง มีกลิ่นฉุน ใช้ในการผลิตปุ๋ยและสารเคมีต่างๆ มีสูตรเคมี NH_3, ก๊าซแอมโมเนีย
ammunition (แอมยะนิช' ชัน) *n.* กระสุนปืนหรือดินระเบิด (-S. bullets, gunpowder)
amnesia (แอมนี' ฌะ) *n.* ความทรงจำเสื่อม
amnesty (แอม' นิสตี) *n., pl.* **-ties** การนิรโทษกรรม *-vt.* **-tied, -tying** นิรโทษกรรม
amnion (แอม' เนียน) *n., pl.* **-nions/-nia** ถุงน้ำคร่ำ **-amniotic, amnionic** *adj.*
amoeba, ameba (อะมี' บะ) *n., pl.* **-bas/**

A B C D E F G H I J K L M N O P Q R S T U V W X Y Z

-bae (-บี) โปรโตซัวซึ่งเป็นสัตว์เซลล์เดียว พบตามดิน น้ำ หรือเป็นปรสิต **-amoebic** *adj.*
amok (อะมัค', อะมอค') *adv.* อย่างบ้าคลั่ง
★**among, amongst** (อะมัง', อะมังซ์ท') *prep.* ล้อมรอบโดย, อยู่ท่ามกลาง (**-S.** amid)

> **among** ท่ามกลาง (คน สัตว์ สิ่งของที่มีมากกว่าสองขึ้นไป) เช่น This cake was divided among three children.
> **between** ระหว่าง (คน สัตว์ สิ่งของจำนวนเท่ากับสอง) เช่น I have to choose between these two cats.

amoral (เอมอ' เริล) *adj.* ไม่มีศีลธรรมจรรยา **-amorality** *n.* **-amorally** *adv.*
amorous (แอม' เมอเริซ) *adj.* ซึ่งรักใคร่
amorphous (อะมอร์' เฟิซ) *adj.* ไร้รูปทรง, ไม่มีรูปแบบที่แน่นอน **-amorphously** *adv.*
★**amount** (อะเมานท์') *n.* ปริมาณ, จำนวน *-vi.* **amounted, amounting** รวมเป็น, เท่ากับ (**-S.** (n.) quantity, sum (v.) add up, equal)
amp ย่อจาก ampere หน่วยแอมแปร์
ampere (แอม' เพียร์) *n.* หน่วยแอมแปร์ คือ หน่วยวัดปริมาณกระแสไฟฟ้า
ampersand (แอม' เพอร์แซนด์) *n.* เครื่องหมาย & มีความหมายว่า "และ"
amphetamine (แอมเฟท' ทะมีน, -มิน) *n.* สารหรือยากระตุ้นประสาทชนิดหนึ่ง
amphi- คำอุปสรรค หมายถึง ทั้งสอง, รอบๆ
amphibian (แอมฟิบ' เบียน) *n.* สัตว์ครึ่งบกครึ่งน้ำ, ยานพาหนะที่สามารถขับเคลื่อนในน้ำและบนบก **-amphibious** *adj.*
amphitheater (แอม' ฟะเธียเทอร์) *n.* อาคารหรือโรงละครที่จัดที่นั่งเป็นรูปครึ่งวงกลม
ample (แอม' เพิล) *adj.* **-pler, -plest** มากมาย, อุดมสมบูรณ์, เพียงพอ, กว้างขวาง, โอ่โถง **-amply** *adv.* **-ampleness** *n.* (**-S.** plentiful, spacious, sufficient **-A.** inadequate)
amplification (แอมพละฟิเค' ชัน) *n.* การขยาย, การเพิ่มเติม, ข้อความที่ขยายเพิ่มเติม
amplifier (แอม' พละไฟเออร์) *n.* เครื่องขยายเสียง, ผู้ขยาย
amplify (แอม' พละไฟ) *vt.* **-fied, -fying** ขยาย, เพิ่มขึ้น, เพิ่มกำลังขึ้น, ขยายเกินความจริง (**-S.** enlarge, expand, magnify)
ampul, ampule, ampoule (แอม' พูล, -พยูล) *n.* หลอดแก้วที่บรรจุยาฉีด
amputate (แอม' พยุเทท) *vt.* **-tated, -tating** (ผ่า) ตัดออก **-amputation** *n.* (**-S.** cut off)
amulet (แอม' มยะลิท) *n.* เครื่องรางของขลัง
★**amuse** (อะมยูซ') *vt.* **amused, amusing** ทำให้ตลกขบขัน, ทำให้เพลิดเพลิน **-amusable** *adj.* **-amusement** *n.* **-amuser** *n.* **-amusedly** *adv.* **-amusive** *adj.* (**-S.** entertain)
★**amusing** (อะมยู' ซิง) *adj.* ตลกขบขัน, น่าหัวเราะ, เพลินใจ **-amusingly** *adv.* **-amusingness** *n.* (**-S.** funny, humorous **-A.** boring)
★**an** (เอิน, แอน) *indef. art.* ดู a
ana- คำอุปสรรค หมายถึง ไม่, ต่อต้าน, ค้าน
anachronism (อะแนค' คระนิซเซิม) *n.* การเกิดขึ้นของสิ่งต่างๆที่ผิดยุคสมัย **-anachronistic, anachronous** *adj.* **-anachronously** *adv.*
anaemia (อะนี' เมีย) *n.* ดู anemia
anaerobe (แอนแอ' โรบ) *n.* สิ่งมีชีวิตที่ดำรงชีพอยู่ได้ในสภาพไร้ออกซิเจน เช่น แบคทีเรีย **-anaerobic** *adj.* **-anaerobically** *adv.*
anaesthesia (แอนนิซธี' ฌะ) *n.* ดู anesthesia
anagram (แอน' นะแกรม) *n.* คำใหม่ที่เกิดจากการสลับตำแหน่งพยัญชนะของคำ เช่น ton เป็น not **-anagrammatic** *adj.*
anal (เอ' เนิล) *adj.* ซึ่งเกี่ยวกับทวารหนัก
analgesic (แอนเนิลจี' ซิค, -ซิค) *n.* ยาระงับหรือบรรเทาปวด *-adj.* ซึ่งระงับปวด
analogous (อะแนล' ละเกิซ) *adj.* คล้ายคลึงกัน, (อวัยวะ) ซึ่งมีหน้าที่เหมือนกันแต่มีโครงสร้างต่างกัน **-analogously** *adv.* (**-S.** similar)
analogue, analog (แอน' นะลอก) *n.* สิ่งที่คล้ายคลึงกัน, สิ่งของจำลอง
analogy (อะแนล' ละจี) *n., pl.* **-gies** ความคล้ายคลึงกัน, การเปรียบเทียบ, ลักษณะบางอย่างที่เหมือนกัน (**-S.** likeness, parallel)
★**analysis** (อะแนล' ลิซิซ) *n., pl.* **-ses** (-เซซ) การศึกษาวิเคราะห์, การจำแนก **-analytic, analytical** *adj.* **-analyst** *n.* (**-S.** examination)
★**analyze, analyse** (แอน' นะไลซ) *vt.* **-lyzed, -lyzing/-lysed, -lysing** วิเคราะห์, ตรวจสอบอย่างละเอียด (**-S.** examine, investigate)
anapest, anapaest (แอน' นะเพซท) *n.* บทกวีที่แต่งขึ้นโดยมีพยางค์ที่ออกเสียงสั้นสองพยางค์ ตามด้วยพยางค์ที่ออกเสียงยาวอีกหนึ่งพยางค์ **-anapestic** *adj.*
anarchy (แอน' เนอร์คี) *n., pl.* **-chies** สภาวะที่ไม่มีกฎหมายหรือรัฐบาล, สภาวะที่สับสนวุ่นวาย **-anarchic, anarchical** *adj.* **-anar-**

A B C D E F G H I J K L M N O P Q R S T U V W X Y Z

chically *adv.* **-anarchism** *n.*
anathema (อะแนธฺ' ธฺะมะ) *n., pl.* **-mas** สิ่งที่น่าชิงชัง, คนหรือสิ่งที่ถูกสาปแช่ง
anathematize (อะแนธ' ธะมะไทซฺ) *vt.* **-tized, -tizing** ประณาม, สาปแช่ง **-anathematization** *n.* (-S. curse, damn)
anatomy (อะแนท' ทะมี) *n., pl.* **-mies** กายวิภาค, โครงสร้างของสิ่งมีชีวิตหรืออวัยวะหนึ่งๆ, กายวิภาคศาสตร์, การวิเคราะห์, ร่างกาย, โครงกระดูก **-anatomical** *adj.* **-anatomically** *adv.* **-anatomist** *n.*
-ance คำปัจจัย หมายถึง สภาพ, สภาวะ, การกระทำ
ancestor (แอน' เซสเตอร์) *n.* บรรพบุรุษ, ต้นตระกูล **-ancestral** *adj.* (-S. forefather)
ancestry (แอน' เซสตรี) *n., pl.* **-tries** บรรพบุรุษ, เชื้อสาย (-S. lineage, origin)
anchor (แอง' เคอร์) *n.* สมอเรือ, ที่มั่น, หลักยึด *-vt., vi.* **-chored, -choring** ยึดแน่น, ทอดสมอ **-anchorage** *n.* (-S. (n.) kedge, stability (v.) fasten)

anchor

anchorite (แอง' คะไรท) *n.* ผู้บำเพ็ญเพียร, ฤาษี **-anchoress** *n. fem.* (-S. hermit)
anchovy (แอน' โชวี) *n., pl.* **-vy/-vies** ปลาทะเลชนิดหนึ่ง มีขนาดเล็ก ใช้รับประทานได้
★**ancient** (เอน' เชินท์) *adj.* เก่าแก่, โบราณ *-n.* คนชรา, คนในสมัยโบราณ **-ancientness** *n.* **-anciently** *adv.* (-S. (adj.) antique, old)
ancillary (แอน' ซะเลรี) *adj.* ซึ่งช่วยเหลือ, ซึ่งสนับสนุน, เป็นรอง (-S. auxiliary, secondary)
★**and** (เอินด์, แอนด์) *conj.* และ, พร้อมกับ, อีกทั้ง, บวกกับ **-and so on** และอื่นๆ
and/or (แอน' ดอร์') *conj.* และ/หรือ
andro- คำอุปสรรค หมายถึง เพศชาย, เพศผู้
androgen (แอน' ดระเจิน) *n.* ฮอร์โมนเพศชายชนิดหนึ่งซึ่งควบคุมลักษณะความเป็นชาย
anecdote (แอน' นิคโดท) *n.* เหตุการณ์หรือเรื่องราวสั้นๆ ที่ตลกหรือน่าสนใจ, เกร็ดประวัติศาสตร์ **-anecdotic** *adj.* (-S. story, tale)
anemia, anaemia (อะนี' เมีย) *n.* โรคโลหิตจาง **-anemic** *adj.*
anent (อะเนนท์') *prep.* เกี่ยวกับ, ซึ่งอ้างถึง
aneroid barometer บารอมิเตอร์หรือเครื่องมือวัดความดันบรรยากาศแบบไม่มีของเหลวหรือปรอท
anesthesia, anaesthesia (แอนนิซธี' ฌะ) *n.* อาการชาหรือไร้ความรู้สึก **-anesthetic, anaesthetic** *adj., n.*
anesthetize, anaesthetize (อะเนซ' ธิไทซฺ) *vt.* **-tized, -tizing** ทำให้ชาหรือไม่เจ็บปวด **-anesthetist** *n.* **-anesthetization** *n.*
anew (อะนู', -นยู') *adv.* อีกครั้ง (-S. again)
angel (เอน' เจิล) *n.* เทพธิดา, นางฟ้า, คนดี
★**anger** (แอง' เกอร์) *n.* ความโกรธ, การอักเสบของแผล, ความเจ็บปวด *-v.* **-gered, -gering** *-vt.* ทำให้โกรธ *-vi.* โกรธ (-S. (n.) fury, rage)
angina (แอนไจ' นะ) *n.* อาการเจ็บหน้าอก เพราะเลือดไปเลี้ยงหัวใจน้อย **-anginal** *adj.*
★**angle**[1] (แอง' เกิล) *n.* มุมของเส้นสองเส้นมาตัดกัน, มุม (ตึก ห้อง), มุมมอง *-vt., vi.* **-gled, -gling** ทำให้เป็นมุม, กลับเป็นมุม, ให้มุมมอง (-S. (n.) corner, point of view)
angle[2] (แอง' เกิล) *vi.* **-gled, -gling** ตกปลา, ใช้เล่ห์กลหลอกล่อ **-angler** *n.* (-S. fish, try)
Anglican (แอง' กลิเคิน) *n.* ศาสนิกชนของนิกายเชิร์ชออฟอิงแลนด์ *-adj.* เกี่ยวกับนิกายดังกล่าว
anglicize (แอง' กลิไซซฺ) *v.* **-cized, -cizing** *-vt.* ทำให้เป็นอังกฤษ *-vi.* กลายเป็นแบบอังกฤษ **-anglicization** *n.*
angling (แอง' กลิง) *n.* การตกปลาด้วยเบ็ด
Anglo, anglo (แอง' โกล) *n., pl.* **-glos** ชาวอเมริกันผิวขาว
Anglo- คำอุปสรรค หมายถึง อังกฤษ
Anglo-American (แอง' โกลอะเม' ริเคิน) *n.* คนอเมริกันที่มีเชื้อสายชาวอังกฤษ *-adj.* เกี่ยวกับประเทศอังกฤษและสหรัฐอเมริกา
Anglophile, Anglophil (แอง' กละไฟล์, -ฟิล) *n.* ผู้ที่นิยมชมชอบความเป็นอังกฤษ **-Anglophilia** *n.*
Anglophobe, anglophobe (แอง' กละโฟบ) *n.* คนที่เกลียดกลัวความเป็นอังกฤษ **-Anglophobia, anglophobia** *n.*
Anglo-Saxon (แอง' โกลแซค' เซิน) *n.* ชนชาว Germanic ที่อพยพมาเกาะอังกฤษในสมัยศตวรรษที่ 5-6, ผู้ที่มีเชื้อสายชาวอังกฤษ *-adj.* ซึ่งเกี่ยวกับชนชาติดังกล่าว
★**angry** (แอง' กรี) *adj.* **-grier, -griest** โกรธ, เกรี้ยวกราด, แปรปรวน, เจ็บปวด **-angrily** *adv.* **-angriness** *n.* (-S. furious, mad -A. happy)
angstrom (แอง' สเตริม) *n.* หน่วยอังสตรอม, หน่วยวัดความยาวมีค่าเท่ากับ 10^{-8} เซนติเมตร
anguish (แอง' กวิช) *n.* ความเจ็บปวด, ความ

ทรมานใจ **-anguished** *adj.* (-S. pain)
angular (แอง' กยะเลอร์) *adj.* เป็นมุม, ซึ่งมีมุม, ซึ่งวัดเป็นมุม, ผอมซูบ, งุ่มง่าม **-angularity** *n.* **-angularly** *adv.* (-S. bony, cornered)
angulate (*adj.* แอง' กยะลิท, *v.* -เลท) *adj.* ซึ่งมีมุม *-vt., vi.* **-lated, -lating** ทำเป็นมุม, เป็นมุม
★**animal** (แอน' นะเมิล) *n.* สัตว์, สัตว์ที่ยกเว้นมนุษย์, สัตว์เลี้ยงลูกด้วยนม, คนที่ทำตัวเหมือนสัตว์ *-adj.* เกี่ยวกับสัตว์, ทำจากสัตว์ (-S. (n.) beast (adj.) animalistic, bodily)
animalcule (แอนนะแมล' คยูล์) *n., pl.* **-cules/-cula** สิ่งมีชีวิตที่เล็กจนมองด้วยตาเปล่าไม่เห็น
animal-free (แอน' นะเมิลฟรี) *adj.* ซึ่งไม่ใช้สัตว์หรือมีส่วนผสมของผลิตภัณฑ์จากสัตว์
animal husbandry สัตวบาล, วิชาสัตวบาล
animalism (แอน' นะมะลิซเซิม) *n.* ความกระปรี้กระเปร่า, ความเป็นสัตว์, ลัทธิที่เชื่อว่ามนุษย์ก็เหมือนกับสัตว์ **-animalistic** *adj.*
animal kingdom อาณาจักรสัตว์
animal rights สิทธิ์ของสัตว์ที่จะอยู่โดยปราศจากการทารุณและคุกคามจากมนุษย์
animate (*v.* แอน' นะเมท, *adj.* -มิท) *vt.* **-mated, -mating** ให้ชีวิต, เติมวิญญาณให้กับ, สร้างให้มีชีวิต, กระตุ้น, สร้างภาพให้เคลื่อนไหวได้ *-adj.* ซึ่งมีชีวิต, เกี่ยวกับชีวิตสัตว์ **-animated** *adj.* **-animateness** *n.* (-S. (v.) enliven)
animated cartoon การ์ตูนที่ทำให้เคลื่อนไหวมีชีวิตชีวาเหมือนมีชีวิตจริง
animation (แอนนะเม' ชัน) *n.* ความตื่นเต้นเร้าใจ, ภาพยนตร์การ์ตูนที่เคลื่อนไหวเหมือนจริง, ความมีชีวิตชีวา (-S. excitement)
animosity (แอนนะมอซ' ซิที) *n., pl.* **-ties** ความเป็นศัตรู, ความเกลียดชัง (-S. enmity, malice)
animus (แอน' นะเมิซ) *n.* ความเกลียดชัง
anion (แอน' ไอเอิน) *n.* ไอออนที่มีประจุไฟฟ้าลบ
★**ankle** (แอง' เคิล) *n.* ข้อเท้า
anklet (แอง' คลิท) *n.* กำไลข้อเท้า, ถุงเท้าหุ้มข้อ
annals (แอน' เนิลซ์) *n. pl.* บันทึกประจำปี
anneal (อะนีล') *vt.* **-nealed, -nealing** เผาไฟ (ในเตาเผาอิฐ), เผา (แก้ว โลหะ อิฐ)
annex, annexe (แอน' เนคซ์, -นิคซ์) *vt.* **-nexed, -nexing** เพิ่ม, ผนวก *-n.* อาคารที่สร้างเสริมขึ้นมา **-annexation** *n.*
annexe (แอน' นิคซ์) *n.* ดู annex
annihilate (อะไน' อะเลท) *vt.* **-lated, -lating** ทำลายอย่างราบคาบ **-annihilation** *n.*
anniversary (แอนนะเวอร์' ซะรี) *n., pl.* **-ries** การครบรอบปีของเหตุการณ์สำคัญๆ
anno Domini (แอน' โน ดอม' มะไน, -นี) *adv.* ในปีคริสต์ศักราช ย่อว่า AD, A.D.

> ใช้ **AD** หรือ **A.D.** ก่อนตัวเลข เช่น He died in AD 35/A.D. 35.

annotate (แอน' โนเทท) *vt., vi.* **-tated, -tating** อธิบายเพิ่มเติม, ทำหมายเหตุอธิบาย **-annotation** *n.* (-S. explain, explicate)
★**announce** (อะเนานซ์') *vt., vi.* **-nounced, -nouncing** แจ้งให้ทราบโดยทั่วกัน, ประกาศ **-announcement** *n.* (-S. declare, report)
announcer (อะเนาน' เซอร์) *n.* ผู้ประกาศข่าว, โฆษก, ผู้แถลงการณ์ (-S. reporter)
★**annoy** (อะนอย') *v.* **-noyed, -noying** *-vt.* ก่อกวน, ทำความรำคาญ *-vi.* รำคาญ **-annoyer** *n.* (-S. bother, irritate **-A.** please)
★**annoyance** (อะนอย' เอินซ์) *n.* การก่อกวน, ความรำคาญ, ความปั่นป่วน, ตัวก่อกวน (-S. irritation, nuisance)
★**annoying** (อะนอย' อิง) *adj.* น่ารำคาญ, ช่างกวนใจ **-annoyingly** *adv.*
annual (แอน' นยูเอิล) *adj.* ประจำปี, รายปี, ทุกปี, ปีละครั้ง *-n.* หนังสือประจำปี, พืชที่มีอายุปีเดียว **-annually** *adv.* (-S. (adj.) yearly)
annul (อะนัล') *vt.* **-nulled, -nulling** ยุติ, จบสิ้น, ทำลายสิ้น **-annulment** *n.* (-S. abolish, revoke)
annunciate (อะนัน' ซีเอท) *vt.* **-ated, -ating** ประกาศ **-annunciation** *n.* (-S. announce)
anode (แอน' โนด) *n.* ขั้วไฟฟ้าบวกในการแยกสารด้วยไฟฟ้า **-anodal, anodic** *adj.*
anoint (อะนอยน์ท์') *vt.* **anointed, anointing** เจิมน้ำมัน, ชโลมน้ำมัน (ในพิธีศาสนา) **-anointer** *n.* **-anointment** *n.* (-S. oil, smear)
anomaly (อะนอม' มะลี) *n., pl.* **-lies** ความผิดปกติ, สิ่งที่แปลกประหลาด (-S. oddity)
anon[1] ย่อจาก anonymous นิรนาม
anon[2] (อะนอน') *adv.* ในไม่ช้า, ทันที (-S. soon)
anonymous (อะนอน' นะเมิซ) *adj.* นิรนาม **-anonymously** *adv.* **-anonymity** *n.* (-S. nameless, unknown)
anorak (แอน' นะแรค) *n.* เสื้อคลุมขนสัตว์หรือเสื้อกันหนาวแบบมีหมวกติด
anorexia (แอนนะเรค' เซีย) *n.* โรคที่ผู้ป่วยไม่ยอมกินอาหารจนผอมแห้ง, โรคกลัวอ้วน
★**another** (อะนัธ' เธอร์) *adj.* อีกหนึ่ง, อื่น,

A B C D E F G H I J K L M N O P Q R S T U V W X Y Z

คล้ายคลึงกัน *-pron.* อีกสิ่งหนึ่ง, อีกคนหนึ่ง, อีกตัวหนึ่ง, (สิ่ง คน ตัว) อื่น

★**answer** (แอน' เซอร์) *n.* คำตอบ, การตอบคำถาม, การตอบโต้ *-vt., vi.* **-swered, -swering** ตอบ, ตอบโต้, ตอบรับ, สนองตอบ **-answerable** *adj.* **-answerably** *adv.* (**-S.** (n., v.) reply, response **-A.** (n.) inquiry, question)

answering machine เครื่องตอบรับโทรศัพท์และบันทึกข้อความที่ต้องการฝากเอาไว้ได้

ant (แอนท์) *n.* มด

ant- คำอุปสรรค หมายถึง ต่อต้าน

antacid (แอนแทซ' ซิด) *n.* ยาลดกรดในกระเพาะอาหาร *-adj.* ซึ่งทำปฏิกิริยากับกรด

antagonism (แอนแทก' กะนิซเซิม) *n.* ความเป็นศัตรู, สภาวะที่เป็นศัตรูกัน (**-S.** enmity)

antagonist (แอนแทก' กะนิซท์) *n.* ศัตรู, คู่อริ, ฝ่ายตรงข้าม, ตัวร้าย, ตัวอิจฉา **-antagonistic** *adj.* **-antagonistically** *adv.* (**-S.** foe)

antagonize (แอนแทก' กะไนซ์) *vt.* **-nized, -nizing** เป็นศัตรู, ต่อต้าน, อยู่ฝ่ายตรงข้าม

Antarctica (แอนทาร์ค' ทิคะ, -ทาร์' ทิ-) ทวีปแอนตาร์กติกา ซึ่งอยู่ขั้วโลกใต้ **-Antarctic** *adj.*

ant bear ตัวกินมด

ante (แอน' ที) *n.* เงินเดิมพัน, (ภาษาพูด) จำนวนเงินที่ลงหุ้น

ante- คำอุปสรรค หมายถึง ก่อน

anteater (แอนท์' อีเทอร์) *n.* ตัวกินมด

antebellum (แอนทีเบล' เลิม) *adj.* ก่อนสงคราม

antecede (แอนทิซีด') *vt.* **-ceded, -ceding** นำไปก่อน, ไปล่วงหน้า, เกิดขึ้นก่อน

antecedent (แอนทิซีด' เดินท์) *n.* เหตุการณ์ที่เกิดก่อน *-adj.* ก่อน, แต่ก่อน **-antecedents** บรรพบุรุษ **-antecedence** *n.* **-antecedently** *adv.* (**-S.** (adj.) previous, prior)

antedate (แอน' ทิเดท) *vt.* **-dated, -dating** ลงวันที่ล่วงหน้า, เกิดขึ้นก่อน, กระทำก่อน

antediluvian (แอนทิดะลู' เวียน) *adj.* เก่าแก่

antelope (แอน' เทิลโลพ) *n., pl.* **-lope/-lopes** ละมั่ง, หนังละมั่ง

ante meridiem (เวลา) ก่อนเที่ยงวัน ย่อว่า AM, A.M., am, a.m.

antenna (แอนเทน' นะ) *n., pl.* **-tennae** (-เทน' นี) หนวด (แมลงหรือสัตว์ทะเล), เสาอากาศ

anterior (แอนเทีย' เรียร์) *adj.* ข้างหน้า, เบื้องหน้า, ก่อน, ล่วงหน้า **-anteriorly** *adv.*

anteroom (แอน' ทีรูม) *n.* ห้องพักรับแขกด้านนอกที่เปิดเข้าสู่ห้องใหญ่

anthem (แอน' เธิม) *n.* เพลงชาติ, เพลงสรรเสริญ (**-S.** chant, song of praise)

anther (แอน' เธอร์) *n.* อับละอองเรณูที่บรรจุเกสรตัวผู้ไว้ภายใน

anthology (แอนธอล' ละจี) *n., pl.* **-gies** ชุดรวมบทกวีหรือบทความของนักกวีหรือนักเขียนหลายคน **-anthologist** *n.* **-anthologize** *v.*

anthrax (แอน' แธรคซ์) *n.* โรคแอนแทรกซ์ ซึ่งเกิดในพวกวัว แกะ ทำให้เกิดแผลตามผิวหนัง

anthropoid, anthropoidal (แอน' ธระพอยด์, -พอย' เดิล) *adj.* คล้ายมนุษย์หรือวานร

anthropology (แอนธระพอล' ละจี) *n.* วิชามานุษยวิทยาซึ่งศึกษาต้นกำเนิดและวิวัฒนาการของมนุษย์ **-anthropologic, anthropological** *adj.* **-anthropologist** *n.*

anti (แอน' ไท, -ที) *n., pl.* **-tis** (ภาษาพูด) ผู้ต่อต้าน *-adj.* (ภาษาพูด) ซึ่งต่อต้าน

anti- คำอุปสรรค หมายถึง ต่อต้าน, ตรงกันข้าม

antiaircraft (แอนไทแอร์' แคร๊ฟท์, แอนที-) *adj.* ซึ่งใช้ต่อสู้ทางอากาศ *-n.* เครื่องบินรบ

antibacterial (แอนไทแบคที' เรียล, แอนที-) *adj.* ซึ่งยับยั้งการเจริญเติบโตของเชื้อแบคทีเรีย

anti-ballistic missile จรวดต่อต้านขีปนาวุธ ย่อว่า ABM

antibiotic (แอนทิไบออท' ทิค, แอนไท-) *n.* สารหรือยาปฏิชีวนะที่ใช้ต่อต้านเชื้อโรค

antibody (แอน' ทิบอดดี, แอน' ไท-) *n.* โปรตีนในร่างกายที่สร้างขึ้นเพื่อต่อต้านเชื้อโรคที่เข้าสู่ร่างกาย, สารแอนติบอดี

antic (แอน' ทิค) *n.* ท่าทางแปลกประหลาด, พฤติกรรมที่ตลก **-antic** *adj.* **-antically** *adv.*

anticipate (แอนทิซ' ซะเพท) *vt.* **-pated, -pating** คาดการณ์, คาดคะเน, หวัง, ทำล่วงหน้า **-anticipation** *n.* **-anticipatory** *adj.* **-anticipator** *n.* (**-S.** expect, forecast)

anticlimax (แอนทีไคล' แมคซ์, แอนไท-) *n.* การหักมุม, การเปลี่ยนจากเรื่องที่สำคัญมาเป็นเรื่องที่ไม่สำคัญ (**-S.** let-down)

anticlockwise (แอนทีคลอค' ไวซ์, แอนไท-) *adj., adv.* ซึ่งทวนเข็มนาฬิกา

antidote (แอน' ทิโดท) *n.* ยาหรือสารแก้พิษ, เซรุ่ม **-antidotal** *adj.* (**-S.** antitoxin)

antigen (แอน' ทิเจิน) *n.* สารที่เข้าสู่ร่างกายแล้วกระตุ้นให้ร่างกายสร้างแอนติบอดีขึ้นมาต่อต้าน, สารแอนติเจน **-antigenic** *adj.*

antihero, anti-hero (แอน' ทีเฮียโร, แอน'

ไท-) *n., pl.* **-roes** (ละคร) ตัวร้าย ตัวโกง
antihistamine (แอนทีฮิส' ตะมีน) *n.* ยาสังเคราะห์ที่ใช้บรรเทาอาการแพ้ต่างๆ
anti-lock braking system ดู ABS
antimony (แอน' ทะโมนี) *n.* ธาตุพลวง มีสัญลักษณ์ Sb
antinuclear (แอนทีนู' เคลียร์, -นยู'-) *adj.* ซึ่งต่อต้านการผลิตพลังงานหรืออาวุธนิวเคลียร์
antipathy (แอนทิพ' พะธี) *n., pl.* **-thies** ความเกลียดชัง, ความไม่ชอบ, ความเป็นปรปักษ์ **-antipathetic, antipathetical** *adj.*
antipode (แอน' ทิโพด) *n.* สิ่งที่อยู่ตรงข้ามกัน
antipodes (แอนทิพ' พะดีซ) *n.* สถานที่ซึ่งห่างกันคนละฟากโลก, สิ่งตรงกันข้าม
antiquate (แอน' ทิเควท) *vt.* **-quated, -quating** ทำให้ดูเก่า **-antiquation** *n.*
antique (แอนทีค') *adj.* โบราณ, ยุคเก่า *-n.* ของเก่า (ที่มีค่า) *-v.* **-tiqued, -tiquing** *-vt.* ทำให้ดูเก่าแก่ *-vi.* หาซื้อของเก่า (**-S.** (adj.) old)
antiquity (แอนทิค' ควิที) *n., pl.* **-ties** สมัยโบราณ, ยุคเก่า, คนหรือของโบราณ, ความเก่าแก่
anti-Semite (แอนทีเซม' ไมท์, แอนไท-) *n.* ผู้ที่ต่อต้านยิว **-anti-Semitism** *n.*
antiseptic (แอนทิเซพ' ทิค) *n.* ยาฆ่าเชื้อโรค *-adj.* ซึ่งฆ่าเชื้อโรค, เกี่ยวกับการผลิตยาฆ่าเชื้อโรค, ปลอดเชื้อโรค **-antiseptically** *adv.*
antismoking (แอนทีสโม' คิง, แอนไท-) *adj.* ซึ่งต่อต้านการสูบบุหรี่
antisocial (แอนทีโซ' เชิล, แอนไท-) *adj.* ไม่เข้าสังคม, ซึ่งขัดกับกฎเกณฑ์ของสังคม
anti-spam (แอนทีสแปม') *adj.* (โปรแกรม) ซึ่งช่วยค้นหาและกำจัดอีเมลขยะ
antithesis (แอนทิธฺ' ธิซิซ) *n., pl.* **-ses** (-ซีซ) สิ่งที่ตรงกันข้าม, สิ่งที่คัดค้านกัน, ประโยคที่มีความหมายขัดแย้งกัน **-antithetical** *adj.*
antitoxin (แอนทีทอค' ซิน) *n.* ยาแก้หรือต้านพิษ
antitussive (แอนทีทัซ' ซิฟว์, -ไท-) *adj.* ซึ่งบรรเทาอาการไอ *-n.* ยาแก้ไอ
antler (แอนท์' เลอร์) *n.* เขากวาง

antler

antonomasia (แอนทะนะเม' ฌะ) *n.* การตั้งฉายา
antonym (แอน' ทะนิม) *n.* คำที่มีความหมายตรงกันข้าม **-antonymous** *adj.*
anus (เอ' เนิซ) *n., pl.* **anuses** ทวารหนัก
anvil (แอน' วิล) *n.* ทั่งตีเหล็ก

★**anxiety** (แองไซ' อิที) *n., pl.* **-ties** ความตื่นเต้น กระวนกระวาย, ความวิตกกังวล, ความปรารถนาอย่างแรงกล้า (**-S.** worry **-A.** calmness)
★**anxious** (แองค์' เชิซ, แอง'-) *adj.* กระวนกระวายใจ, วิตกกังวล **-anxiously** *adv.* **-anxiousness** *n.* (**-S.** uneasy, worried)
★**any** (เอน' นี) *adj.* ไหนๆ, ใดๆ *-adv.* เลย *-pron.* (สิ่ง คน ตัว) ไหน (ก็ได้), จำนวน, ปริมาณ
★**anybody** (เอน' นีบอดดี, -บัดดี) *pron.* ใครก็ตาม, ใครก็ได้ *-n.* บุคคลสำคัญ
★**anyhow** (เอน' นีเฮา) *adv.* อย่างไรก็ตาม, อย่างไรก็ดี, กระนั้น (**-S.** anyway)
anymore (เอนนีมอร์', -โมร์') *adv.* อีกต่อไป
★**anyone** (เอน' นีวัน, -เวิน) *pron.* ใครก็ตาม, คนใดคนหนึ่ง
anyplace (เอน' นีเพลซ) *adv.* ที่ไหนๆ, ที่ไหนก็ตาม
★**anything** (เอน' นีธิง) *pron.* สิ่งใดก็ตาม, สิ่งใดๆ
anytime (เอน' นีไทม์) *adv.* เวลาใดก็ตาม
★**anyway** (เอน' นีเว) *adv.* อย่างไรก็ดี, ถึงกระนั้น (**-S.** anyhow, nevertheless)
★**anywhere** (เอน' นีแวร์) *adv.* ที่ใดก็ตาม
anywise (เอน' นีไวซ์) *adv.* ในทางใดทางหนึ่ง, ด้วยวิธีใดๆ
Anzac (แอน' แซค) ย่อจาก Australian and New Zealand Army Corps นายทหารจากออสเตรเลียหรือนิวซีแลนด์
ao dai (เอา' ได) *n., pl.* **ao dais** ชุดประจำชาติของสตรีชาวเวียดนาม
A-OK, A-Okay (เอ' โอเค') *adj.* (ภาษาพูด) วิเศษ ยอดเยี่ยม ดีมาก
aorta (เอออร์' ทะ) *n., pl.* **-tas/-tae** (-ที) เส้นเลือดแดงใหญ่ในร่างกาย นำเลือดที่ผ่านการฟอกแล้วไปเลี้ยงส่วนต่างๆ ของร่างกาย
apace (อะเพซ') *adv.* อย่างเร็ว (**-S.** swiftly)
apache (อะแพช', อาพาช') *n., pl.* **apaches** (อะแพช', อาพาช') *n.* นักเลงอันธพาลในกรุงปารีส ประเทศฝรั่งเศส, นักเลงหัวไม้
★**apart** (อะพาร์ท') *adv., adj.* แยกจากกัน, แยกเป็นชิ้นๆ, ห่างกัน, ต่างหาก **-apart from** นอกจาก **-tell apart** บอกความแตกต่าง
apartheid (อะพาร์ท' ไฮท์, -เฮท) *n.* นโยบายเกี่ยวกับการแบ่งแยกสีผิวในแอฟริกาใต้
★**apartment** (อะพาร์ท' เมินท์) *n.* ห้องหรือห้องชุดที่ทำเป็นที่พักอาศัย, อพาร์ตเมนต์
apartment house, apartment building อาคารที่พักอาศัย, ตึกอพาร์ตเมนต์ (**-S.** flat)

A B C D E F G H I J K L M N O P Q R S T U V W X Y Z

A B C D E F G H I J K L M N O P Q R S T U V W X Y Z

> **apartment** กับ **flat** มีความหมายเหมือนกันแต่ **apartment** นิยมใช้ในภาษาอังกฤษแบบอเมริกัน ส่วน **flat** ใช้ในภาษาอังกฤษแบบอังกฤษ เช่น I live in a small apartment/flat.

apathy (แอพ' พะธี) *n.* ความไม่สนใจไยดี, การขาดความเอาใจใส่, การไม่ใส่ใจ **-apathetic** *adj.* **-apathetically** *adv.* (**-S.** unconcern)
ape (เอพ) *n.* วานร, ลิงโลกเก่าที่ไม่มีหาง ตัวใหญ่ เช่น กอริลลา ชิมแปนซี เป็นต้น, การลอกเลียน, คนซุ่มซ่าม *-vt.* **aped, aping** ลอกเลียน, เลียนแบบ **-go ape** (คำสแลง) เสียสติ
ape-man (เอพ' แมน) *n., pl.* **-men** (-เมน) มนุษย์วานร ซึ่งสูญพันธุ์ไปแล้ว
aperient (อะเพีย' เรียนท์) *adj.* ซึ่งระบายท้อง
apéritif (อาเพริทีฟ') *n.* เครื่องดื่มแอลกอฮอล์ที่ดื่มเพื่อช่วยให้เจริญอาหาร
aperture (แอพ' เพอร์เชอร์) *n.* ช่องเปิด, รูเปิด
apery (เอพ' พะรี) *n., pl.* **-eries** การเลียนแบบ
apex (เอ' เพคซ์) *n., pl.* **apexes/apices** (เอ' พิซีซ) จุดสูงสุด, จุดสุดยอด (**-S.** peak)
aphid (เอ' ฟิด, แอฟ' ฟิด) *n.* แมลงจำพวกที่ดูดน้ำเลี้ยงจากพืช, เพลี้ย **-aphidian** *adj., n.*
aphorism (แอฟ' ฟะริซเซิม) *n.* คติเตือนใจ
aphrodisiac (แอฟฟระดิซ' ซีแอค) *n.* อาหารหรือยาที่กระตุ้นความต้องการทางเพศ
apiary (เอ' เพียรี) *n., pl.* **-aries** สถานที่เลี้ยงผึ้ง
apiculture (เอ' พิคัลเชอร์) *n.* การเลี้ยงผึ้ง **-apicultural** *adj.* **-apiculturist** *n.*
apiece (อะพีซ') *adv.* แต่ละ, อันละ
apish (เอ' พิช) *adj.* เหมือนลิง, ซึ่งเลียนแบบ, งี่เง่า, ซุกซน **-apishly** *adv.* **-apishness** *n.*
aplenty (อะเพลน' ที) *adj., adv.* อุดมสมบูรณ์
aplomb (อะพลอม', -พลัม') *n.* ความเป็นตัวของตัวเอง, ความมั่นใจในตัวเอง
apocopate (อะพอค' คะเพท) *vt.* **-pated, -pating** ทำให้คำสั้นลงโดยการละเสียงท้ายคำ
apod (แอพ' เพิด) *adj.* ซึ่งไม่มีขา
apogee (แอพ' พะจี) *n.* จุดที่ดวงจันทร์หรือดาวเทียมอยู่ห่างโลกมากที่สุด, จุดที่สูงที่สุด
apolitical (เอพะลิท' ทิเคิล) *adj.* ซึ่งไม่ยุ่งเกี่ยวหรือไม่สนใจการเมือง **-apolitically** *adv.*
apologetic, apologetical (อะพอลละเจท' ทิค, -ทิเคิล) *adj.* ซึ่งขอโทษ, ซึ่งขออภัย, ซึ่งเสียใจ **-apologetically** *adv.* (**-S.** regretful, sorry)
★**apology** (อะพอล' ละจี) *n., pl.* **-gies** คำขอโทษ, การขออภัย **-apologize** *v.* (**-S.** excuse)
apoplexy (แอพ' พะเพลคซี) *n.* โรคอัมพฤกษ์อัมพาตเพราะเส้นเลือดในสมองแตก
apostle (อะพอซ' เซิล) *n.* หนึ่งในสาวกสิบสองคนที่พระเยซูได้เลือกให้เป็นผู้ช่วยเผยแผ่ศาสนา, ผู้เผยแพร่อุดมการณ์ **-apostleship** *n.*
apostrophe (อะพอส' ตระฟี) *n.* เครื่องหมาย ' ซึ่งใช้ในการละคำ หรือใช้แสดงความเป็นเจ้าของในไวยากรณ์อังกฤษ เช่น 12 o'clock, Jane's house เป็นต้น **-apostrophic** *adj.*
apothecary (อะพอธ' ธิเครี) *n., pl.* **-ries** เภสัชกร, ผู้ปรุงยา (**-S.** pharmacist)
appall (อะพอล') *vt.* **-palled, -palling** ตื่นตระหนก, ตกใจกลัว **-appalling** *adj.* **-appallingly** *adv.* (**-S.** horrify, shock **-A.** please)
apparat (แอพ' พะแรท) *n.* องค์กรของรัฐ
★**apparatus** (แอพพะเร' เทิซ, -แรท' เทิซ) *n., pl.* **-tus/-tuses** ชุดอุปกรณ์, องค์กรลับ
apparel (อะแพ' เริล) *n.* เสื้อผ้า, เสื้อนอก *-vt.* **-eled, -eling** แต่งชุด, สวมเสื้อผ้า
★**apparent** (อะแพ' เรินท์) *adj.* แจ่มชัด, (เข้าใจ) แจ่มแจ้ง, ราวกับเป็นจริง **-apparently** *adv.* (**-S.** clear, obvious, seeming)
apparition (แอพพะริช' ชัน) *n.* ภูตผี, วิญญาณ
★**appeal** (อะพีล') *n.* คำอ้อนวอน, คำขอร้อง, การดึงดูดใจ, การอุทธรณ์ *-v.* **-pealed, -pealing** *-vi.* อ้อนวอน, ขอร้อง, ดึงดูดใจ *-vt.* อุทธรณ์ **-appealable** *adj.* **-appealer** *n.* **-appealingly** *adv.* (**-S.** (n.) charm, plea)
★**appear** (อะเพียร์) *vi.* **-peared, -pearing** ปรากฏ, เผยให้เห็น, ดูเหมือนว่า, แสดงตัว (**-S.** emerge, seem **-A.** disappear)
★**appearance** (อะเพีย' เรินซ์) *n.* การปรากฏตัว, การเผยโฉม, การแสดงตัว, การแต่งกาย, ลักษณะภายนอก, การแสดงออก (**-S.** look, presence **-A.** disappearance)
appease (อะพีซ') *vt.* **-peased, -peasing** ทำให้ (จิตใจ) สงบลง, ปลอบประโลม, ทำให้ยอมจำนน **-appeasable** *adj.* **-appeasement** *n.*
appellant (อะเพล' เลินท์) *adj.* เกี่ยวกับการอุทธรณ์ *-n.* ผู้ขออุทธรณ์
appellation (แอพพะเล' ชัน) *n.* ชื่อ, นาม, ตำแหน่ง **-appellative** *adj.* (**-S.** title, name)
append (อะเพนด์') *vt.* **-pended, -pending** เพิ่ม, เสริม, ผนวก, ติด (**-S.** add, attach)
appendage (อะเพน' ดิจ) *n.* ส่วนที่เพิ่มเติม

หรือประกอบเข้าไป, รยางค์ เช่น แขน ขา
appendectomy (แอพเพินเดค' ทะมี) *n., pl.* **-mies** การผ่าตัดไส้ติ่ง
appendicitis (อะเพนดิไซ' ทิซ) *n.* ไส้ติ่งอักเสบ
appendix (อะเพน' ดิคซฺ) *n., pl.* **-dixes/-dices** (-ดิซีซ) ภาคผนวกท้ายเล่ม, ไส้ติ่ง
appertain (แอพเพอร์เทน') *vi.* **-tained, -taining** เป็นส่วนหนึ่งของ (-S. belong to)
appetite (แอพ' พิไทท์) *n.* ความอยากอาหาร, ความปรารถนาอย่างแรงกล้า, แรงกระตุ้น
appetizer (แอพ' พิไทเซอร์) *n.* อาหารหรือเครื่องดื่มที่ทำให้เจริญอาหาร
appetizing (แอพ' พิไทซิง) *adj.* เจริญอาหาร
applaud (อะพลอด') *vt., vi.* **-plauded, -plauding** แสดงความยินดีโดยการตบมือ, ชื่นชม **-applaudable** *adj.* **-applause** *n.*
★**apple** (แอพ' เพิล) *n.* แอปเปิล **-the apple of one's eye** เป็นผู้ที่มีค่ายิ่งสำหรับใครบางคน
applejack (แอพ' เพิลแจค) *n.* บรั่นดีที่กลั่นจากน้ำแอปเปิล
apple of discord สาเหตุแห่งการแตกแยก
apple-pie order เป็นระเบียบ
apple polisher (คำสแลง) คนช่างประจบ
applesauce (แอพ' เพิลซอซ) *n.* ขนมหวานที่ทำจากเนื้อแอปเปิลที่บดละเอียดผสมน้ำ
appliance (อะไพล' เอินซฺ) *n.* อุปกรณ์เครื่องใช้ในครัวเรือน (-S. apparatus, device)
applicable (แอพ' พลิคะเบิล) *adj.* สะดวกใช้, เหมาะสม **-applicably** *adv.* **-applicability** *n.* (-S. suitable -A. inapplicable)
★**applicant** (แอพ' พลิเคินท์) *n.* ผู้สมัคร, ผู้ยื่นคำขอ (-S. candidate)
★**application** (แอพพลิเค' ชัน) *n.* การสมัคร, ใบยื่นคำขอ, ใบสมัคร, ความเอาใจใส่
application software ซอฟต์แวร์ประยุกต์ ออกแบบมาเพื่อใช้งานตามวัตถุประสงค์ของผู้ใช้
applicative (แอพ' พลิเคทิฟว์) *adj.* ซึ่งสามารถประยุกต์ใช้ได้, ซึ่งใช้การได้สะดวก
applicatory (แอพ' พลิคะทอรี) *adj.* ซึ่งสามารถประยุกต์ใช้ได้, ซึ่งสะดวกใช้
applied (อะไพลด์') *adj.* ประยุกต์
★**apply** (อะไพล') *vt., vi.* **-plied, -plying** นำมาใช้กับ, ประยุกต์กับ, อุทิศ, หา (งาน), สมัคร, ขอ **-applier** *n.* (-S. employ, use)
★**appoint** (อะพอยน์ท์') *vt.* **-pointed, -pointing** นัดหมาย, แต่งตั้ง, ตกแต่ง, ประดับ (-S. assign)
★**appointment** (อะพอยน์ท์' เมินท์) *n.* การนัดหมาย, การแต่งตั้ง, ตำแหน่งที่แต่งตั้งขึ้น, การตกแต่ง, การติดตั้ง **-break an appointment** ผิดนัด **-keep an appointment** มาตามนัด (-S. arrangement, date, nomination, position)
apportion (อะพอร์' ชัน) *vt.* **-tioned, -tioning** แบ่งปัน **-apportionment** *n.* (-S. allot)
appose (แอโพซ') *vt.* **-posed, -posing** วางหรือจัดไว้เคียงข้างกัน
apposite (แอพ' พะซิท) *adj.* เหมาะสม **-appositely** *adv.* **-appositeness** *n.*
apposition (แอพพะซิช' ชัน) *n.* การวางเคียงข้างกัน, ตำแหน่งที่อยู่เคียงข้างกัน, ตำแหน่งของคำซึ่งทำหน้าที่ขยายความ **-appositional** *adj.*
appraise (อะเพรซ') *vt.* **-praised, -praising** ประเมิน, ตีค่า **-appraisable** *adj.* **-appraisement** *n.* **-appraisal** *n.* (-S. evaluate)
appreciable (อะพรี' ชะเบิล) *adj.* ซึ่งรู้สึกได้, ซึ่งประมาณค่าได้ **-appreciably** *adv.*
★**appreciate** (อะพรี' ชีเอท) *v.* **-ated, -ating** *-vt.* เห็นคุณค่า, ชื่นชม, ซาบซึ้ง *-vi.* เพิ่มค่า, มีมูลค่าสูงขึ้น **-appreciation** *n.* (-S. value)
appreciative (อะพรี' ชะทิฟว์, -ชีเอทิฟว์) *adj.* ซาบซึ้ง, ซึ่งรู้คุณค่า **-appreciatively** *adv.*
apprehend (แอพพริเฮนด์') *v.* **-hended, -hending** *-vt.* จับกุม, เข้าใจ, รับรู้, หวั่นวิตก *-vi.* เข้าใจ **-apprehension** *n.* **-apprehensible** *adj.* (-S. perceive, seize, understand)
apprehensive (แอพพริเฮน' ซิฟว์) *adj.* วิตก, หวั่นเกรง, ซึ่งเข้าใจได้ **-apprehensively** *adv.*
apprentice (อะเพรน' ทิซ) *n.* นักเรียนฝึกหัด, เด็กฝึกงาน *-vt.* **-ticed, -ticing** ฝึกหัด, ฝึกงาน
apprise (อะไพรซ์') *vt.* **-prised, -prising** แจ้งให้ทราบ, รายงาน (-S. inform)
apprize (อะไพรซ์') *vt.* **-prized, -prizing** ตีค่า
★**approach** (อะโพรช') *n.* การเข้าใกล้, ทางเข้า, วิธีการ *-v.* **-proached, -proaching** *-vi.* เข้ามาใกล้ *-vt.* เข้าหา, เข้าใกล้กับ, ทาบทาม **-approachable** *adj.* **-approachability** *n.*
approbate (แอพ' พระเบท) *vt.* **-bated, -bating** เห็นด้วย, อนุมัติ **-approbation** *n.*
★**appropriate** (อะโพร' พรีอิท) *adj.* เหมาะสม, สมควร *-vt.* **-ated, -ating** นำมาใช้ประโยชน์ส่วนตน, ใช้สำหรับวัตถุประสงค์เฉพาะอย่าง **-appropriable** *adj.* **-appropriately** *adv.* **-appropriateness** *n.* **-appropriation** *n.*
★**approval** (อะพรู' เวิล) *n.* การอนุมัติ, การเห็นด้วย, การชื่นชม (-S. permission, praise)

★**approve** (อะพรูฟว') *v.* **-proved, -proving** *-vt.* เห็นชอบด้วย *-vi.* เห็นสมควร, อนุมัติ **-approvingly** *adv.* **-approvable** *adj.* (**-S.** accept, authorize)

approx. ย่อจาก approximate, approximately โดยประมาณ

★**approximate** (*adj.* อะพรอค' ซะมิท, *v.* -เมท) *adj.* ใกล้เคียง, ประมาณ, คร่าวๆ *-vt., vi.* **-mated, -mating** ใกล้เคียง, คล้ายคลึง **-approximately** *adv.* **-approximation** *n.* (**-S.** (adj.) rough **-A.** (adj.) exact)

appurtenance (อะเพอร' เทินเนินซ) *n.* ส่วนประกอบ, เครื่องมือประกอบ, สิทธิพิเศษ

Apr. ย่อจาก April เดือนเมษายน

apricot (แอพ' พริคอท) *n.* ต้นหรือผลแอพริคอต ผลเล็กสีเหลืองคล้ายท้อ ใช้รับประทานได้

★**April** (เอ' เพริล) เดือนเมษายน

April Fool's Day วันที่ 1 เมษายน ซึ่งเป็นวันที่สามารถเล่นตลกล้อเลียนกันได้

★**apron** (เอ' เพริน) *n.* ผ้ากันเปื้อน, ที่บัง, หน้าเวที, ลานจอดเครื่องบิน **-tied to mother's apron strings** เกาะติดแจ, เป็นลูกแหง่

apropos (แอพพระโพ') *adv.* ในเวลาอันควร, อนึ่ง *-adj.* เหมาะสม, สมควร *-prep.* เกี่ยวกับ

apsis (แอพ' ซิซ) *n., pl.* **-sides** (-ซิดีซ) *n.* จุดใดๆ บนวงโคจรของดวงดาว, หน้ามุข

apt (แอพท) *adj.* เหมาะสมอย่างยิ่ง, สมควร, มีแนวโน้ม, หัวไว, ฉลาดเฉียบแหลม **-aptly** *adv.* **-aptness** *n.* (**-S.** clever, likely, suitable)

apt. ย่อจาก apartment อพาร์ตเมนต์

apteryx (แอพ' ทะริคซ) *n.* นกกีวี

aptitude (แอพ' ทิทูด, -ทยูด) *n.* พรสวรรค์, เชาวน์ปัญญา, ความถนัด (**-S.** ability, gift)

aptitude test แบบทดสอบเชาวน์ปัญญา

aqua (แอค' ควะ) *n., pl.* **aquas/aquae** (-ควี) น้ำ, สารละลายที่มีน้ำ *-adj.* มีสีเขียวแกมน้ำเงิน

aqua-, aque- คำอุปสรรค หมายถึง น้ำ

aquacade (แอค' ควะเคด) *n.* การเต้นระบำประกอบเพลงใต้น้ำ, การแสดงใต้น้ำ

aquaculture (แอค' ควะคัลเชอร) *n.* การเพาะพันธุ์สัตว์น้ำ **-aquaculturist** *n.*

aquamarine (แอคควะมะรีน') *n.* พลอยสีเขียวอมน้ำเงินใช้ทำเครื่องประดับ, สีเขียวอมน้ำเงิน

aquanaut (แอค' ควะนอท) *n.* นักประดาน้ำ

aquaplane (แอค' ควะเพลน) *n.* แผ่นกระดานสำหรับเล่นสกีทางน้ำ

aqua pura (แอค' ควะ พุ' ระ) *n.* น้ำบริสุทธิ์

aquarist (อะแคว' ริซท) *n.* ผู้ที่นิยมเลี้ยงปลาเป็นงานอดิเรก, ผู้ดูแลพิพิธภัณฑ์สัตว์น้ำ

aquarium (อะแคว' เรียม) *n., pl.* **-iums/-ia** อ่างเลี้ยงปลา, ตู้ปลา

Aquarius (อะแคว' เรียซ) ราศีกุมภ์ ซึ่งเป็นราศีที่สิบเอ็ดในจักรราศี มีสัญลักษณ์เป็นคนแบกคนโท, ชื่อกลุ่มดาวกลุ่มหนึ่งทางซีกโลกใต้

aquarobics (แอคู' ควะโรบิคซ) *n. pl.* การออกกำลังกายใต้น้ำ

aquatic (อะแควท' ทิค) *adj.* ซึ่งอาศัยอยู่ในน้ำหรือใกล้น้ำ, เกี่ยวกับน้ำ, ในน้ำ **-aquatically** *adv.*

aquavit (อา' ควะวีท) *n.* เครื่องดื่มแอลกอฮอล์ที่ทำจากเมล็ดธัญพืช

aqua vitae เครื่องดื่มแอลกอฮอล์รสแรง

aqueduct (แอค' ควิดัคท) *n.* ท่อลำเลียงน้ำ, ทางระบายน้ำ (**-S.** channel, conduit)

aqueous (เอ' เควียซ, แอค'-) *adj.* เกี่ยวกับน้ำ, ซึ่งมีน้ำเป็นส่วนประกอบ, ซึ่งละลายน้ำได้, เป็นน้ำ

Arab (แอ' เริบ) *n.* ชาวอาหรับ, ม้าอาหรับ

Arabic (แอ' ระบิค) *adj.* ซึ่งเกี่ยวกับความเป็นอาหรับ *-n.* ภาษาอาหรับ

Arabic numeral เลขอารบิก ได้แก่ 1, 2, 3, 4, 5, 6, 7, 8, 9, 0

arable (แอ' ระเบิล) *adj.* เหมาะแก่การเพาะปลูก

arachnid (อะแรค' นิด) *n.* สัตว์จำพวกแมงทั้งหลายที่มีแปดขา เช่น แมงป่อง แมงมุม

arbiter (อาร' บิเทอร) *n.* ผู้ตัดสินชี้ขาด

arbitrage (อาร' บิทราฌ) *n.* การค้าขายเก็งกำไร *-vi.* **-traged, -traging** ค้าขายเก็งกำไร

arbitrament (อารบิท' ทระเมินท) *n.* การตัดสิน, คำตัดสิน, อำนาจในการตัดสิน

arbitrary (อาร' บิเทริ) *adj.* ตามอารมณ์, ตามใจชอบ, ซึ่งกฎหมายไม่ได้บังคับ **-arbitrariness** *n.* **-arbitrarily** *adv.* (**-S.** irrational, personal)

arbitrate (อาร' บิเทรท) *vt., vi.* **-trated, -trating** ตัดสิน, เป็นผู้ตัดสิน **-arbitration** *n.* **-arbitrator** *n.* (**-S.** decide, judge)

arbor[1] (อาร' เบอร) *n.* ร่มไม้, ซุ้มไม้, สวน

arbor[2] (อาร' เบอร) *n.* ลำ, แท่ง, แกน

arbor[3] (อาร' เบอร) *n., pl.* **arbores** ไม้ยืนต้น

arboriculture (อาร' เบอริคัลเชอร) *n.* การเพาะปลูกไม้ยืนต้น **-arborist** *n.*

arc (อาร์ค) *n.* ส่วนโค้ง, ส่วนของวงกลม *-vt.* **arced, arcing** ทำให้โค้ง, เคลื่อนเป็นทางโค้ง

arcade (อารเคด') *n.* ทางเดินระหว่างร้านค้า ที่มีซุ้มหลังคาโค้งต่อกันไปตลอดแนว (**-S.** cloister)

arch[1] (อารช) *adj.* สำคัญ, เอก, ฉลาด, เจ้าเล่ห์

A B C D E F G H I J K L M N O P Q R S T U V W X Y Z

arch[2] (อาร์ช) *vt., vi.* **arched, arching** ทำให้เป็นรูปโค้งงอ, โก่ง *-n.* ส่วนโค้ง

arch[2]

arch- คำอุปสรรค หมายถึง สำคัญ, หัวหน้า

archaeo-, archeo- คำอุปสรรค หมายถึง โบราณ, เก่าก่อน

archaeology, archeology (อาร์คีออล' ละจี) *n.* วิชาโบราณคดี **-archaeologic, archaeological** *adj.* **-archaeologist** *n.*

archaic (อาร์เค' อิค) *adj.* โบราณ, ซึ่งเลิกใช้แล้ว **-archaically** *adv.* (**-S.** old, out of date)

archangel (อาร์ค' เคนเจิล) *n.* หัวหน้าทูตสวรรค์, พืชที่ใช้ทำเครื่องหอมชนิดหนึ่ง

archbishop (อาร์ชบิช' เชิพ) *n.* หัวหน้าบิชอป

archdeacon (อาร์ชดี' เคิน) *n.* พระที่รองจากบิชอป **-archdeaconate** *n.*

archduke (อาร์ชดูค', -ดยูค') *n.* เจ้าชายแห่งราชวงศ์ออสเตรีย **-archduchess** *n. fem.*

archeology (อาร์คีออล' ละจี) *n.* ดู archaeology

archer (อาร์' เชอร์) *n.* นักยิงธนู **-archery** *n.*

archetype (อาร์' คิไทพ์) *n.* ต้นแบบ

archipelago (อาร์คะเพล' ละโก) *n., pl.* **-goes/-gos** หมู่เกาะ, ทะเลที่เต็มไปด้วยเกาะแก่ง

★**architect** (อาร์' คิเทคท์) *n.* สถาปนิก, นักออกแบบอาคาร (**-S.** designer)

architectonics (อาร์คิเทคทอน' นิคซ์) *n. pl.* วิทยาศาสตร์สถาปัตยกรรม, แบบก่อสร้าง

architecture (อาร์' คิเทคเชอร์) *n.* สถาปัตยกรรม, การออกแบบก่อสร้าง **-architectural** *adj.* (**-S.** construction, design)

archives (อาร์' ไคฟ์วซ์) *n. pl.* ที่เก็บข้อมูลและเอกสารต่างๆ, ข้อมูล, บันทึกต่างๆ

archivist (อาร์' คะวิซท์) *n.* ผู้ดูแลเอกสารต่างๆ

Arctic (อาร์ค' ทิค) แถบขั้วโลกเหนือ

arctic (อาร์ค' ทิค) *adj.* หนาวจัด, เยือกแข็ง

ardent (อาร์' เดินท์) *adj.* กระตือรือร้น, แรงกล้า, สุดซึ้ง, เต็มที่, เจิดจ้า **-ardently** *adv.* **-ardency** *n.* (**-S.** intense **-A.** unemotional)

ardor, ardour (อาร์' เดอร์) *n.* ความตื่นเต้น, ความกระตือรือร้น, ความรู้สึกที่รุนแรง

arduous (อาร์' จูเอิซ) *adj.* ลำบากยากเย็น **-arduously** *adv.* **-arduousness** *n.*

★**are[1]** (อาร์) *v. aux., vi.* กริยาช่วยในกลุ่มของ verb to be ใช้กับประธานพหูพจน์

are[2] (แอร์, อาร์) *n.* หน่วยวัดพื้นที่ โดย 1 แอร์เท่ากับ 100 ตารางเมตร

★**area** (แอ' เรีย) *n.* พื้นที่, บริเวณ, เขต, แหล่ง (**-S.** region, section, space)

area code เลขรหัสประจำเขตหรือท้องที่สำหรับโทรศัพท์ทางไกล

areca (อะรี' คะ) *n.* พืชจำพวกปาล์มพบในแถบเอเชีย ลำต้นสูง เช่น ต้นหมาก

areca nut ผลหมาก

arena (อะรี' นะ) *n.* อาคารกีฬา, สนามกีฬา

★**aren't** (อาร์นท์) ย่อจาก are not

areola (อะรี' อะละ) *n., pl.* **-lae** (-ลี)/**-las** ลานนม, พื้นที่ระหว่างเส้นใยพืช, หลุมเล็กบนผิว

argent (อาร์' เจินท์) *n.* ธาตุเงิน, เหรียญเงิน

argon (อาร์' กอน) *n.* ธาตุอาร์กอนซึ่งไร้สี ไร้กลิ่น ใช้ในการทำหลอดไฟฟ้า มีสัญลักษณ์ Ar

argosy (อาร์' กะซี) *n., pl.* **-sies** เรือสินค้าขนาดใหญ่, ฝูงเรือ, แหล่งทรัพยากร, ขุมทรัพย์

argot (อาร์' โก, -เกิท) *n.* ศัพท์เฉพาะกลุ่มชน

arguable (อาร์' กยูอะเบิล) *adj.* ซึ่งโต้แย้งได้, ซึ่งถกเถียงได้ **-arguably** *adv.*

★**argue** (อาร์' กยู) *vt., vi.* **-gued, -guing** โต้แย้ง, ถกเถียง, ให้เหตุผล **-arguer** *n.* (**-S.** debate)

★**argument** (อาร์' กยะเมินท์) *n.* การโต้แย้ง, การถกเถียง, การทะเลาะ, เหตุผล, การใช้เหตุผล **-argumentative** *adj.* **-argumentation** *n.* (**-S.** dispute, quarrel **-A.** agreement)

aria (อา' เรีย) *n.* เพลงที่ร้องโดยนักร้องเดี่ยว

arid (แอ' ริด) *adj.* แห้งแล้ง, ไร้ชีวิตชีวา **-aridity, aridness** *n.* (**-S.** barren, dry)

Aries (แอ' รีซ) ราศีเมษซึ่งเป็นราศีที่หนึ่งในจักรราศี มีสัญลักษณ์เป็นรูปแกะ, ชื่อกลุ่มดาวกลุ่มหนึ่งทางซีกโลกเหนือ

arise (อะไรซ') *vi.* **arose, arisen, arising** ปรากฏขึ้น, โผล่ขึ้นมาให้เห็น, ขึ้นมา, เกิดขึ้น

aristocracy (แอริสตอค' คระซี) *n., pl.* **-cies** การปกครองโดยขุนนาง, ชนชั้นสูง **-aristocrat** *n.* **-aristocratic** *adj.* (**-S.** gentry, nobility)

★**arithmetic** (อะริธ' มิทิค) *n.* วิชาคณิตศาสตร์ที่ศึกษาเกี่ยวกับระบบจำนวนจริง จำนวนเชิงซ้อน เป็นต้น **-arithmetician** *n.*

ark (อาร์ค) *n.* กล่อง, หีบ, ที่หลบลี้ภัย, เรือท้องแบน, เรือลำใหญ่ของโนอาห์ที่หนีน้ำท่วมโลก ตามพระคัมภีร์ไบเบิล

★**arm** (อาร์ม) *n.* แขน, รยางค์, ส่วนที่คล้ายแขน, ที่วางแขน, เงื้อมมือ, อาวุธ, การต่อสู้, เหล่าทัพ *-vt.* **armed, arming** ติดอาวุธ, ลำเลียงอาวุธ, ส่งมอบ, จัดหา **-arm in arm** คล้องแขน

-arms อาวุธ **-someone's right arm** คนที่ไว้วางใจที่สุด **-with open arms** ด้วยไมตรีจิต

armada (อาร์มา' ดะ) *n.* กองเรือรบ, ฝูงบินรบ

armadillo (อาร์มะดิล' โล) *n., pl.* **-los** อาร์มาดิลโล สัตว์เลี้ยงลูกด้วยนมชนิดหนึ่งในแถบอเมริกาใต้ มีเกราะแข็งหุ้มลำตัว

armaments (อาร์ มะเมินท์ซ์) *n. pl.* กองทัพติดอาวุธ, หน่วยอาวุธยุทโธปกรณ์

armature (อาร์' มะเชอร์, -ชุร์) *n.* เสื้อเกราะ, เกราะกำบัง, กระดองสัตว์, อวัยวะที่ใช้ป้องกันหรือต่อสู้ศัตรู เช่น ขน ฟัน, โครงที่ใช้ยึดดินเหนียวในงานปั้น, เหล็กพันลวดไดนาโม

armband (อาร์ม' แบนด์) *n.* แถบคาดที่แขนเสื้อเพื่อแสดงตำแหน่งหรือไว้ทุกข์

armchair (อาร์ม' แชร์) *n.* เก้าอี้ที่มีพนักวางแขน

★**armed** (อาร์มด์) *adj.* ติดอาวุธเตรียมพร้อม

armed forces กองกำลังทหารทุกเหล่าทัพ

armistice (อาร์' มิสติซ) *n.* การพักรบ

armlet (อาร์ม' ลิท) *n.* สร้อยแขน, เวิ้งทะเล

armor, armour (อาร์' เมอร์) *n.* เสื้อเกราะ, เกราะหุ้มรถ, ยานเกราะ **-armored** *adj.*

armor plate แผ่นเกราะเหล็กที่หุ้มเพื่อคุ้มกัน

armory, armoury (อาร์' มะรี) *n., pl.* **-ies** คลังอาวุธ, โรงงานผลิตอาวุธ

armpit (อาร์ม' พิท) *n.* รักแร้

armrest (อาร์ม' เรซท์) *n.* ที่พักแขน

arm-wrestle (อาร์ม' เรซเซิล) *vi., vt.* **-tled, -tling** (กีฬา) งัดข้อ **-arm-wrestler** *n.*

★**army** (อาร์' มี) *n., pl.* **-mies** กองทัพ, กองทหาร, กลุ่มคนจำนวนมาก

aroma (อะโร' มะ) *n.* กลิ่นหอม **-aromatic** *adj., n.* **-aromatically** *adv.* (-S. fragrance)

arose (อะโรซ') *v.* กริยาช่อง 2 ของ arise

★**around** (อะเราน์ด') *adv.* โดยรอบ, รอบด้าน, ไปทั่ว, (หัน) อีกด้าน, แถวๆ นั้น, โดยประมาณ *-prep.* รอบ, ทั่ว, ทั่วทั้ง

arouse (อะเราซ์') *vt.* **aroused, arousing** ตื่นจากภวังค์, ปลุกให้ตื่น, กระตุ้น, ปลุกเร้า **-arousal** *n.* (-S. awaken, excite -A. calm)

arraign (อะเรน') *vt.* **-raigned, -raigning** เรียกมาขึ้นศาล, กล่าวหา **-arraignment** *n.*

★**arrange** (อะเรนจ์') *v.* **-ranged, -ranging** *-vt.* จัดการ, เตรียม, วางแผน, เรียบเรียง (บทเพลง) *-vi.* เตรียมการ **-arrangement** *n.* **-arranger** *n.* (-S. organize, plan -A. disarrange)

arrant (แอ' เรินท์) *adj.* เหลือหลาย, ร้ายกาจ

arras (แอ' เริซ) *n.* ผ้าม่าน, ม่านแขวน

array (อะเร') *n.* การจัดอย่างสวยงาม, การแต่งกายหรูหรา, การจัดเตรียมขบวน *-vt.* **-rayed, -raying** จัดแต่ง (-S. (n.) arrangement)

arrears (อะเรียร์ซ์') *n. pl.* หนี้ค้างชำระ, งานที่รอสะสาง, การคั่งค้าง **-arrearage** *n.* (-S. debt)

★**arrest** (อะเรซท์') *vt.* **-rested, -resting** จับกุม, ทำให้หยุดชะงัก, รั้ง, จับ *-n.* การจับกุม, การชะงัก, การรั้ง **-arrester, arrestor** *n.* (-S. (v.) seize)

★**arrival** (อะไร' เวิล) *n.* การมาถึง, ผู้ที่มาถึง

★**arrive** (อะไรฟ์ว') *vi.* **-rived, -riving** ถึงจุดหมาย, มาถึง, ไปถึง, ประสบความสำเร็จ, เกิดขึ้น, สร้างชื่อเสียง (-S. reach, succeed -A. depart)

arrogant (แอ' ระเกินท์) *adj.* ภาคภูมิใจ, หยิ่งผยอง, จองหอง **-arrogantly** *adv.* **-arrogance** *n.* (-S. haughty, proud -A. modest)

arrogate (แอ' ระเกท) *vt.* **-gated, -gating** อ้างสิทธิ, ถือสิทธิ, ถือดี **-arrogation** *n.*

arrow (แอ' โร) *n.* ลูกธนู, ลูกศร (-S. dart)

arsenal (อาร์' ซะเนิล) *n.* คลังอาวุธ

arsenic (อาร์' ซะนิค) *n.* ยาพิษร้ายแรงชนิดหนึ่งใช้ทำยาฆ่าแมลงหรือยาปราบวัชพืช, สารหนู

arson (อาร์' เซิน) *n.* การลอบวางเพลิง

★**art** (อาร์ท) *n.* ศิลปะ, ผลงานศิลปะ, วิชาศิลปะ, ความชำนาญเชิงศิลปะ, เล่ห์ (-S. craft, skill)

artefact (อาร์' ทะแฟคท์) *n.* ดู artifact

artery (อาร์' ทะรี) *n., pl.* **-ies** เส้นเลือดแดงซึ่งนำเลือดจากหัวใจไปเลี้ยงส่วนต่างๆ ของร่างกาย, เส้นทางหลัก **-arterial** *adj.*

artful (อาร์ท' เฟิล) *adj.* ชำนาญ, ฉลาด, เจ้าเล่ห์ **-artfully** *adv.* **-artfulness** *n.* (-S. cunning)

arthritis (อาร์ไธร' ทิซ) *n.* โรคข้ออักเสบ, อาการอักเสบตามข้อต่อของร่างกาย **-arthritic** *adj.*

arthropod (อาร์' ธระพอด) *n.* สัตว์จำพวกแมลงและแมงต่างๆ **-arthropodous** *adj.*

artichoke (อาร์' ทิโชค) *n.* ผักชนิดหนึ่ง ดอกห่อเป็นหัว ใช้รับประทานได้

artichoke

★**article** (อาร์' ทิเคิล) *n.* สิ่งของ, บทความ, มาตรา, ชิ้น, อัน, (ไวยากรณ์อังกฤษ) คำนำหน้านาม ได้แก่ a, an, the (-S. essay, item, object, thing)

articulate (อาร์ทิค' คยะลิท) *vt., vi.* **-lated, -lating** พูดอย่างชัดเจน, กล่าวอย่างชัดถ้อยชัดคำ, ต่อเป็นข้อปล้อง *-adj.* ซึ่งเรียบเรียงคำพูดได้ดี, ซึ่งพูดได้ชัดเจน, ซึ่งเป็นข้อปล้อง **-articu-**

lately *adv.* **-articulateness, articulation** *n.*
artifact, artefact (อาร์' ทะแฟคท) *n.* เครื่องใช้ไม้สอยที่ทำด้วยมือ, หัตถกรรม
artifice (อาร์' ทะฟิซ) *n.* เล่ห์เหลี่ยม, กลอุบาย, ความชำนาญ **-artificer** *n.* (**-S.** tactic, trick)
★**artificial** (อาร์ทะฟิช' เชิล) *adj.* เทียม, ซึ่งประดิษฐ์ขึ้นแทนของจริง, ซึ่งเสแสร้ง **-artificially** *adv.* **-artificiality** *n.* (**-S.** bogus, fake)
artificial intelligence (คอมพิวเตอร์) สมองเทียม, ประสิทธิภาพของคอมพิวเตอร์ที่ทำงานได้เทียบเท่าสมองของมนุษย์
artificial respiration การช่วยหายใจ
artillery (อาร์ทิล' ละรี) *n.* ปืนใหญ่, กองทหารปืนใหญ่
★**artist** (อาร์' ทิซท) *n.* ศิลปิน, ช่างฝีมือ **-artistic** *adj.* **-artistically** *adv.*
artiste (อาร์ทีซท') *n.* ดารานักร้องนักแสดง
artistry (อาร์' ทิสตรี) *n.* ความสามารถทางศิลปะ, ความมีศิลปะ, ผลงานทางศิลปะ
artless (อาร์ท' ลิซ) *adj.* ไร้เล่ห์กล, เรียบง่าย, เป็นธรรมชาติ **-artlessly** *adv.* **-artlessness** *n.* (**-S.** natural, simple **-A.** artful)
artwork (อาร์ท' เวิร์ค) *n.* ผลงานศิลปะ, รูปแบบการออกแบบงานพิมพ์ต่างๆ
★**as** (แอซ, เอิซ) *adv.* เท่ากัน, อย่างเท่าเทียม *-conj.* เท่าเทียมกับ, พอๆ กับ, เท่ากันกับ, เพราะ, เนื่องจาก, แม้ *-prep.* เสมือนกับ, ราวกับ *-pron.* ซึ่ง, ที่, อัน **-as usual** เช่นเคย **-as well** ด้วย, เช่นกัน **-such as** เช่น
a.s.a.p. ย่อจาก as soon as possible โดยเร็ว, เร็วเท่าที่จะเร็วได้
ASAT ย่อจาก antisatellite ซึ่งออกแบบหรือสร้างขึ้นมาเพื่อทำลายดาวเทียม
asbestos (แอซเบส' เติซ, แอซ-) *n.* แร่ใยหินมีคุณสมบัติทนไฟ **-asbestic** *adj.*
★**ascend** (อะเซนด์') *vt., vi.* **-cended, -cending** ขึ้น, ขึ้นครองราชย์, ไต่ขึ้น **-ascendable, ascendible** *adj.* (**-S.** climb, rise **-A.** descend)
ascendance, ascendence, ascendancy, ascendency (อะเซน' เดินซ์, -เดินซี) *n.* อำนาจเหนือผู้อื่น, ความมีอำนาจ, ตำแหน่งที่มีอำนาจ **-ascendant, ascendent** *adj.* (**-S.** dominance, power)
ascension (อะเซน' ชัน) *n.* การขึ้น, การขึ้นสวรรค์ของพระเยซู **-ascensional** *adj.*
ascent (อะเซนท์') *n.* การขึ้น, การไต่ขึ้น, ทางลาดชันขึ้น (**-S.** rise, slope **-A.** descent)
ascertain (แอซเซอร์เทน') *vt.* **-tained, -taining** สืบให้รู้ชัด, ค้นหาให้แน่ใจ **-ascertainable** *adj.* **-ascertainment** *n.* (**-S.** discover)
ascetic (อะเซท' ทิค) *n.* ผู้ถือสันโดษ, ฤๅษี
ASCII ย่อจาก American Standard Code for Information Interchange (คอมพิวเตอร์) รหัสมาตรฐานในการแลกเปลี่ยนข้อมูล
ascorbic acid วิตามินซี พบในผลไม้พวกส้ม ผักใบเขียว ช่วยป้องกันโรคเลือดออกตามไรฟัน
ascot (แอส' เกิท) *n.* การผูกเนกไทหรือผ้าพันคอแบบหนึ่งที่ปล่อยชายกว้างลงมา
ascribe (อะสไกรบ์') *vt.* **-cribed, -cribing** เชื่อว่า, สันนิษฐานว่า, ลงความเห็นว่าเป็นของ **-ascribable** *adj.* **-ascription** *n.* (**-S.** attribute)
aseptic (อะเซพ' ทิค, เอ-) *adj.* ซึ่งปลอดเชื้อโรค **-aseptically** *adv.* **-asepsis** *n.*
asexual (เอเซค' ชวล) *adj.* ซึ่งไร้เพศ, ซึ่งไม่เกี่ยวกับอวัยวะเพศ, ซึ่งขาดความต้องการทางเพศ **-asexually** *adv.* **-asexuality** *n.*
★**ash**[1] (แอช) *n.* เถ้าถ่าน, ขี้เถ้า **-ashy** *adj.*
ash[2] (แอช) *n.* ต้นแอช ใช้ประดับหรือก่อสร้าง
★**ashamed** (อะเชมด์') *adj.* น่าละอาย, ละอายใจ, กระดากอาย (**-S.** embarrassed **-A.** proud)
ashen (แอช' เชิน) *adj.* เต็มไปด้วยเถ้า, ซึ่งมีสีขี้เถ้า, ซีดเซียว, ซีดจาง (**-S.** grey, pale)
ashes (แอช' ชิซ) *n. pl.* อัฐิของคนตาย, เถ้ากระดูกจากการเผา, คนตาย, ซากศพ
ashore (อะชอร์') *adv.* เกยฝั่ง, สู่ฝั่ง, ขึ้นฝั่ง
ashtray, ash tray (แอช' เทร) *n.* ที่เขี่ยบุหรี่
★**Asia** (เอ' ฌะ, -ชะ) ทวีปเอเชีย
★**Asian** (เอ' เฌิน, -เชิน) *adj.* เกี่ยวกับทวีปเอเชีย, เกี่ยวกับผู้คน ภาษา และวัฒนธรรมเอเชีย *-n.* ชาวเอเชีย
Asian American ชาวอเมริกันที่มีเชื้อสายเอเชีย
★**aside** (อะไซด์') *adv.* ข้างๆ, ไปด้านข้าง, นอกจาก, ต่างหาก *-n.* การที่ตัวละครพูดกระซิบกับคนดู **-aside from** นอกจาก, ยกเว้น
asinine (แอซ' ซะไนน์) *adj.* เหมือนลา, โง่, ดื้อ
★**ask** (แอซค์) *vt., vi.* **asked, asking** ถาม, สอบถาม, ขอร้อง, ขอ, เชิญชวน **-ask for something** ขอ **-be asking for trouble** หาเรื่องใส่ตัว (**-S.** invite, question **-A.** answer)
askance, askant (อะสแกนซ์', -สแกนท์') *adv.* (แลมอง) ด้วยหางตา, ด้วยความสนเท่ห์ หรือสงสัย, ด้วยความไม่พึงพอใจ
askew (อะสกยู') *adv., adj.* เฉียง, เอียง

aslant (อะซแลนท์') *adv., adj., prep.* เอียง

★**asleep** (อะซลีพ') *adj.* นอนหลับ, มึนชา, เฉื่อยชา, ตาย **-fall asleep** ผล็อยหลับ **-fast asleep** หลับสนิท **-sound sleep** หลับสนิท

aslope (อะซโลพ') *adv., adj.* เอียง, ลาด

asocial (เอโซ' เชิล) *adj.* ไม่เข้าสังคม, สันโดษ

asp (แอซพ์) *n.* งูพิษ เช่น งูเห่า งูจงอาง

asparagus (อะสแปฺ' ระเกิซ) *n.* หน่อไม้ฝรั่ง

asparagus

★**aspect** (แอส' เปคท์) *n.* มุมมอง, แง่มุม, ด้าน, ลักษณะ, ท่าทาง (-S. appearance, point of view, side)

asperity (แอสเป' ริที) *n., pl.* **-ties** ความขรุขระ, ความหยาบคาย, ความรุนแรง, ความฉุนเฉียว (-S. harshness, severity)

asperse (อะสเปิร์ซ') *vt.* **-persed, -persing** ใส่ร้ายป้ายสี, พรมน้ำมนต์ **-aspersion** n.

asphalt (แอซ' ฟอลท์) *n.* ยางแอสฟัลต์ที่ใช้ราดถนน **-asphaltic** adj.

asphyxiate (แอซฟิค' ซีเอท) *v.* **-ated, -ating** *-vt.* ทำให้สลบหรือตายเพราะขาดอากาศหายใจ *-vi.* หายใจไม่ออก **-asphyxiation** *n.* **-asphyxia** *n.*

aspiration (แอสปะเร' ชัน) *n.* ความปรารถนา, จุดมุ่งหมายในชีวิต, การดูดเอาของเหลวหรือก๊าซออกจากร่างกาย (-S. aim, wish)

aspire (อะสไปร์') *vi.* **-pired, -piring** ปรารถนา, ทะเยอทะยาน **-aspirer** *n.* **-aspiring** *adj.* **-aspiringly** *adv.* (-S. desire, wish)

aspirin (แอส' เปอริน, -ปริน) *n.* ยาแอสไพรินใช้บรรเทาปวด ลดไข้

ass (แอซ) *n., pl.* **asses** (แอซ' ซิซ) ลา, คนโง่เง่า, (คำสแลง) บั้นท้าย ก้น การมีเพศสัมพันธ์

assail (อะเซล') *vt.* **-sailed, -sailing** โจมตี, จู่โจม, ด่าว่า **-assailable** *adj.* **-assailant** *n.* **-assailer** *n.* (-S. bombard charge)

assassin (อะแซซ' ซิน) *n.* นักฆ่า, ผู้ลอบสังหาร

assassinate (อะแซซ' ซะเนท) *vt.* **-nated, -nating** ลอบสังหาร, ทำลาย **-assassination** *n.* **-assassinator** *n.* (-S. kill, murder)

assault (อะซอลท์') *n.* การโจมตี, การจู่โจม, การประทุษร้าย, การข่มขืน *-vt., vi.* **-saulted, -saulting** โจมตี, ทำร้าย **-assaultive** *adj.*

assault and battery การทำร้ายร่างกายผู้อื่น

assay (แอซ' เซ, แอเซ') *n.* การตรวจสอบ, การทดสอบ, การวิเคราะห์, สิ่งที่นำมาตรวจสอบวิเคราะห์, ผลการตรวจสอบวิเคราะห์, ความพยายาม *-v.* **-sayed, -saying** *-vt.* ทำการตรวจสอบวิเคราะห์, พยายาม *-vi.* แสดงโดยการตรวจสอบวิเคระห์ **-assayer** *n.* **-assayable** *adj.* (-S. examine)

assemblage (อะเซม' บลิจ) *n.* การชุมนุม, การประชุม, (ศิลปะ) การรวมองค์ประกอบต่างๆ

assemble (อะเซม' เบิล) *vt., vi.* **-bled, -bling** ชุมนุม, รวบรวม, ประกอบเข้าด้วยกัน

assembly (อะเซม' บลี) *n., pl.* **-blies** การรวบรวม, การรวมพล, การชุมนุม, การประชุม

assembly line กระบวนการผลิตในโรงงานที่จัดการให้คนงานและเครื่องมือได้ทำงานต่อเนื่องกันเป็นทอดจนเสร็จสิ้นกระบวนการ

assent (อะเซนท์') *vi.* **-sented, -senting** เห็นชอบ, ตกลง *-n.* การเห็นชอบ (-S. (v.) agree)

assert (อะเซิร์ท') *vt.* **-serted, -serting** ยืนยัน, ยืนกราน, รักษาสิทธิ, ยึดมั่น **-assertive** *adj.* **-assertively** *adv.* **-assertiveness** *n.*

assertion (อะเซอร์' ชัน) *n.* การยืนยัน, การอ้างสิทธิ (-S. affirmation)

assess (อะเซซ') *vt.* **-sessed, -sessing** ประเมิน, ตีราคา **-assessment** *n.* (-S. rate)

asset (แอซ' เซท) *n.* สมบัติ, ทรัพย์สิน, คุณสมบัติ (-S. benefit, boon, property)

asshole (แอซ' โฮล) *n.* ทวารหนัก, คนทึ่ม

assiduous (อะซิจ' จูเอิซ) *adj.* เอาใจใส่, ขยันขันแข็ง **-assiduously** *adv.* **-assiduity** *n.* **-assiduousness** *n.* (-S. diligent, industrious)

assign (อะไซน์') *vt.* **-signed, -signing** สั่งงาน, มอบงาน, กำหนด, มอบ, โอน **-assignable** *adj.* **-assigner, assignor** *n.* **-assignee** *n.*

assignation (แอซซิกเน' ชัน) *n.* สิ่งที่ได้รับมอบหมาย, ภาระ, การนัดหมาย, การแอบนัดพบ

assignment (อะไซน' เมินท์) *n.* การมอบหมายงานให้ทำ, งานที่ได้รับมอบ, การโอน

assimilate (อะซิม' มะเลท) *vt.* **-lated, -lating** ดูดซึม, ย่อย, ซึมซาบ, รับเข้ามา, ทำให้เหมือน, ลอกเลียน **-assimilation** *n.* **-assimilable** *adj.* **-assimilative** *adj.* (-S. absorb)

★**assist** (อะซิซท์') *vt., vi.* **-sisted, -sisting** ช่วยเหลือ, สนับสนุน **-assistance** *n.* (-S. help)

★**assistant** (อะซิส' เตินท์) *n.* ผู้ช่วย, ผู้สนับสนุน *-adj.* ซึ่งช่วยเหลือสนับสนุน (-S. (n.) aide, helper)

assistant professor ผู้ช่วยศาสตราจารย์

assistantship (อะซิส' เตินท์ชิพ) *n.* ทุนงานวิจัยหรืองานสอนที่ให้นักศึกษาช่วยทำ

assoc. ย่อจาก associate(s) ผู้ร่วมงาน, ผู้ช่วย, association สมาคม
associable (อะโซ' ชีอะเบิล) *adj.* ซึ่งสามารถคบหาสมาคมได้
associate (อะโซ' ชีเอท, -ซี-) *n.* ผู้ร่วมงานหรือกิจการ, สหาย, ผู้ช่วย *-vt., vi.* **-ated, -ating** ร่วมกับ, มีส่วนร่วม, สัมพันธ์กับ, ร่วมสมาคมกับ *-adj.* ซึ่งร่วมกัน, ซึ่งมีส่วนร่วม, ซึ่งสัมพันธ์กัน (**-S.** (v.) connect **-A.** (v.) disconnect)
associate professor รองศาสตราจารย์
★**association** (อะโซซีเอ' ชัน, -ซี-) *n.* การร่วมงานหรือกิจการ, การคบค้าสมาคม, สมาคม, องค์กร, บริษัท, หุ้นส่วน, ความเกี่ยวพัน **-associational** *adj.* (**-S.** organization, partnership)
assonance (แอซ' ซะเนินซ์) *n.* เสียงที่เหมือนหรือพ้องกัน **-assonant** *adj., n.*
assort (อะซอร์ท') *v.* **-sorted, -sorting** *-vt.* จัด, จำแนก *-vi.* จัดเป็นพวกเดียวกัน, จับคู่กับ **-assortative** *adj.* **-assortment** *n.*
assorted (อะซอร์' ทิด) *adj.* จิปาถะ (**-S.** mixed)
asst. ย่อจาก assistant ผู้ช่วย
assuage (อะซเวจ') *vt.* **-suaged, -suaging** บรรเทาเบาบาง, ระงับ, สงบลง **-assuasive** *adj.* **-assuagement** *n.* (**-S.** calm, soothe)
assume (อะซูม') *vt.* **-sumed, -suming** สมมติ, ทึกทัก, สันนิษฐาน, แสร้ง, เข้าครอบครอง, ครอง, ดำรงตำแหน่ง **-assumable** *adj.* **-assumably** *adv.* (**-S.** presume, pretend, take)
assuming (อะซู' มิง) *adj.* ถือดี, อวดดี
assumption (อะซัมพ์' ชัน) *n.* ข้อสมมติฐาน, การดำรงตำแหน่ง, การถือดี
assurance (อะชู' เรินซ์) *n.* ความแน่นอน, ความมั่นใจ, ความเชื่อมั่น, การรับประกัน, การประกันภัย (**-S.** confidence, guarantee, pledge)
assure (อะชูร์') *vt.* **-sured, -suring** รับประกัน, รับรอง, ทำให้แน่ใจหรือมั่นใจ **-assurer** *n.* **-assurable** *adj.* (**-S.** guarantee, pledge)
assured (อะชูร์ด') *adj.* แน่นอน, มั่นใจ, ซึ่งรับประกัน **-assuredly** *adv.* (**-S.** certain)
aster (แอส' เตอร์) *n.* ดอกไม้จำพวกเดียวกับดอกเบญจมาศ, สิ่งที่มีรูปร่างคล้ายดาว
asterisk (แอส' ตะริซค์) *n.* เครื่องหมายดอกจัน (*) *-vt.* **-isked, -isking** ใส่เครื่องหมาย *
asterism (แอส' ตะริซเซิม) *n.* หมู่ดาว, เครื่องหมาย ⁂ หรือ ⁂ แทนหมายเหตุ
astern (อะสเติร์น') *adj., adv.* ท้าย, ด้านหลัง
asteroid (แอส' ตะรอยด์) *n.* ดาวเคราะห์น้อยมีวงโคจรรอบดวงอาทิตย์ *-adj.* คล้ายดาว
asthma (แอซ' มะ, แอซ'-) *n.* โรคหอบหืด
astigmatic (แอสติกแมท' ทิค) *adj.* ซึ่งมีความผิดปกติของความโค้งเว้าของเลนส์ ทำให้เห็นภาพไม่ชัดเจน, บิดเบี้ยว **-astigmatically** *adv.* **-astigmatism** *n.*
astir (อะสเตอร์') *adv., adj.* (กำลัง) เคลื่อนไหว, (กำลัง) ทำงาน, ที่ลุกจากเตียง, ซึ่งตื่นนอน
★**astonish** (อะสตอน' นิช) *vt.* **-ished, -ishing** ประหลาดใจ, อัศจรรย์ใจ **-astonishing** *adj.* **-astonishingly** *adv.* **-astonishment** *n.* (**-S.** amaze, shock, surprise)
astound (อะสเตานด์') *vt.* **astounded, astounding** อัศจรรย์ใจ **-astounding** *adj.* **-astoundingly** *adv.* (**-S.** surprise)
astray (อะสเตร') *adj., adv.* หลงทาง, หลงผิด
astride (อะสไตรด์') *adv., prep.* ด้วยขาที่อยู่คนละข้าง, (นั่ง ยืน) คร่อม
astringent (อะสตริน' เจินท์) *adj.* กระชับ, ซึ่งหยุดเลือด, ซึ่งหดเข้า, รุนแรง **-astringency** *n.* **-astringently** *adv.* (**-S.** constrictive)
astro- คำอุปสรรค หมายถึง ดวงดาว
astrology (อะสตรอล' ละจี) *n.* โหราศาสตร์
astronaut (แอส' ตระนอท) *n.* นักบินอวกาศ

astronaut

astronautics (แอสตระนอ' ทิคซ์) *n. pl.* วิทยาศาสตร์เทคโนโลยีเกี่ยวกับยานอวกาศและการบินในอวกาศ **-astronautic, astronautical** *adj.*
astronomic, astronomical (แอสตระนอม' มิค, -มิเคิล) *adj.* เกี่ยวกับดาราศาสตร์หรือดวงดาวต่างๆ **-astronomically** *adv.*
astronomy (อะสตรอน' นะมี) *n.* วิชาดาราศาสตร์ **-astronomer** *n.*
astute (อะสตูท') *adj.* ฉลาด, เจ้าเล่ห์ **-astutely** *adv.* **-astuteness** *n.* (**-S.** shrewd **-A.** dull)
asylum (อะไซ' เลิม) *n.* ที่หลบภัย, ที่พักพิง, โรงพยาบาลบ้า (**-S.** shelter)
asymmetry (เอซิม' มิทรี) *n.* ความไม่สมมาตร **-asymmetric, asymmetrical** *adj.*
★**at** (แอท, เอิท) *prep.* ที่, ณ, อยู่ตรง, ตอน (เวลา), เมื่อ (เวลา), อยู่ใน (สภาวการณ์), ยุ่งอยู่กับ
ate (เอท) *v.* กริยาช่อง 2 ของ eat
atheism (เอ' ธีอิซเซิม) *n.* การไม่เชื่อว่าพระเจ้ามีจริง, ความไร้ศีลธรรม **-atheist** *n.* **-atheistic** *adj.* **-atheistically** *adv.* (**-S.** apostasy)

atheneum, athenaeum (แอธธะเนียม') *n.* ตึกหอสมุด, สมาคมนักปราชญ์
athirst (อะเธิร์ซท์') *adj.* ซึ่งปรารถนาอย่างแรงกล้า, ซึ่งกระหายอย่างมาก (-S. eager)
athlete (แอธ' ลีท) *n.* นักกีฬา, นักกรีฑา
athlete's foot โรคเชื้อราบนผิวหนังที่มักเป็นบริเวณเท้า ทำให้เกิดอาการคัน
athletic (แอธเลท' ทิค) *adj.* สำหรับนักกีฬา, เกี่ยวกับนักกีฬา, แข็งแรง **-athletically** *adv.*
athletics (แอธเลท' ทิคซ์) *n. pl.* การกีฬา, การออกกำลังกาย, เกมการแข่งขัน
athwart (อะธวอร์ท') *prep.* ขวาง, ตรงกันข้าม
atilt (อะทิลท์') *adj., adv.* เอียง, ลาด
-ation คำปัจจัย หมายถึง การ, ความ, สภาวะ
Atlantic (แอทแลน' ทิค) *adj.* เกี่ยวกับมหาสมุทรแอตแลนติกหรือประเทศตามแนวชายฝั่งมหาสมุทรแอตแลนติก
atlas (แอท' เลิซ) *n., pl.* **-lases** สมุดแผนที่
ATM ย่อจาก automated teller machine เครื่องฝากถอนและโอนเงินอัตโนมัติ, เครื่องเอทีเอ็ม
atm. ย่อจาก atmosphere บรรยากาศ
atman (อาท' เมิน) *n.* อัตตา, จิตวิญญาณ
★**atmosphere** (แอท' มะซเฟียร์) *n.* สภาพบรรยากาศ, สภาวะแวดล้อม, บรรยากาศ, อารมณ์, หน่วยวัดความดันอากาศ ณ ระดับน้ำทะเลมีค่าประมาณ 100 กิโลปาสคาล **-atmospheric** *adj.* **-atmospherically** *adv.*
★**atom** (แอท' เทิม) *n.* หน่วยที่เล็กที่สุดของธาตุ, หน่วยอะตอม, ขนาดเล็กมาก, ปริมาณน้อยมาก
atom bomb ระเบิดปรมาณู
atomic (อะทอม' มิค) *adj.* เกี่ยวกับอะตอม, เกี่ยวกับพลังงานปรมาณูหรือนิวเคลียร์, เล็กมาก
atomic bomb ระเบิดปรมาณู
atomic energy พลังงานปรมาณู, พลังงานนิวเคลียร์
atomic mass มวลอะตอม
atomic number เลขอะตอม
atomic structure โครงสร้างอะตอม
atomic weight น้ำหนักอะตอมของธาตุ
atomize (แอท' ทะไมซ์) *vt.* **-ized, -izing** เป็นละออง, แยกอณูเล็กๆ, ทำลายโดยอาวุธนิวเคลียร์ **-atomization** *n.* **-atomizer** *n.*
atone (อะโทน') *vi.* **atoned, atoning** ชดใช้, ไถ่โทษ **-atonement** *n.* (-S. compensate)
atonic (เอทอน' นิค) *adj.* ไม่ออกเสียง, ไม่มีแรง *-n.* คำที่ไม่ออกเสียง **-atony** *n.*
-ator คำปัจจัย หมายถึง ผู้กระทำ, สิ่งที่กระทำ

atrocious (อะโทร' เชิซ) *adj.* เลวร้าย, ป่าเถื่อน, โหด **-atrociously** *adv.* **-atrociousness** *n.*
atrocity (อะทรอซ' ซิที) *n., pl.* **-ties** ความทารุณ, ความป่าเถื่อน, ความชั่ว (-S. cruelty, evil)
atrophy (แอท' ทระฟี) *n., pl.* **-phies** ความพิการ, ความแคระแกร็น, ความเหี่ยวเฉา
★**attach** (อะแทช') *vt., vi.* **-tached, -taching** ติด, แนบ, ผนวกเข้า, ผูกสายสัมพันธ์ (-S. tie)
attaché (แอททะเช') *n.* ผู้ช่วยทูต
attaché case กระเป๋าเอกสาร

attaché case

attachment (อะแทช' เมินท์) *n.* การติด, การแนบ, การผูกติด, ยางรัด, เชือกผูก, สายสัมพันธ์, ความผูกพัน, การยึดทรัพย์, การจับกุม
★**attack** (อะแทค') *vt., vi.* **-tacked, -tacking** โจมตี, จู่โจม, ทำให้เจ็บป่วย, วิจารณ์, ทำลาย, ทำร้าย *-n.* การโจมตี, การเจ็บป่วย, การวิจารณ์, การทำลาย (-S. (v.) assault, criticize)
attain (อะเทน') *vt., vi.* **-tained, -taining** สำเร็จ, บรรลุเป้าหมาย **-attainment** *n.*
attaint (อะเทนท์') *vt.* **-tainted, -tainting** ลงโทษประหารชีวิตและยึดทรัพย์, ทำให้เสื่อมเสีย
attar (แอท' เทอร์) *n.* หัวน้ำหอมที่สกัดจากดอกไม้
★**attempt** (อะเทมพ์ท') *vt.* **-tempted, -tempting** พยายาม *-n.* ความพยายาม, การทำร้าย **-attemptable** *adj.* (-S. (v.) strive, try)
★**attend** (อะเทนด์') *v.* **-tended, -tending** *-vt.* ไปร่วม, เข้าร่วม, ดูแล *-vi.* เอาใจใส่, สนใจ
attendance (อะเทน' เดินซ์) *n.* การดูแลเอาใจใส่, จำนวนผู้เข้าร่วม, การเข้าร่วม
attendant (อะเทน' เดินท์) *n.* ผู้ดูแล, ผู้รับใช้ *-adj.* ซึ่งอยู่รับใช้ (-S. (n.) servant, valet)
★**attention** (อะเทน' ชัน) *n.* ความสนใจ, ความเอาใจใส่, การดูแลเอาใจใส่, การตั้งแถวยืนตรง **-attentive** *adj.* **-attentively** *adv.*
attention deficit hyperactivity disorder โรคสมาธิสั้น ย่อว่า ADHD
attenuate (อะเทน' นยูเอท) *vt.* **-ated, -ating** ทำให้บาง, ทำให้เล็ก, ทำให้อ่อนลง, ทำให้เจือจาง
attest (อะเทซท์') *v.* **-tested, -testing** *-vt.* ยืนยัน, พิสูจน์ *-vi.* เป็นพยาน **-attestation** *n.*
attic (แอท' ทิค) *n.* ห้องใต้หลังคา (-S. loft)
attire (อะไทร์') *n.* เสื้อผ้า, เครื่องแต่งกาย, เขากวาง *-vt.* **-tired, -tiring** แต่งตัว, ใส่เสื้อผ้า
★**attitude** (แอท' ทิทูด) *n.* ทัศนคติ, ท่าทาง

A B C D E F G H I J K L M N O P Q R S T U V W X Y Z

atto- คำอุปสรรค หมายถึง 10^{-18}, หนึ่งในล้านล้านล้าน

attorney (อะเทอร์' นี) *n., pl.* **-neys** ทนายความ, อัยการ **-attorneyship** *n.* (**-S.** lawyer)

attorney at law *n., pl.* **altorneys at law** ทนายความ

attorney general *n., pl.* **attorneys general/attorney generals** อธิบดีกรมอัยการ

★**attract** (อะแทรคท์') *v.* **-tracted, -tracting** *-vt.* ทำให้ชื่นชอบหลงใหล, ทำให้สนใจ, ทำให้ดึงดูด *-vi.* ดึงดูด, หลงใหล, ล่อให้เข้าใกล้ **-attractive** *adj.* **-attractively** *adv.* **-attractiveness** *n.* (**-S.** fascinate **-A.** repel)

attraction (อะแทรค' ชัน) *n.* เสน่ห์, การดึงดูดความสนใจ, สิ่งล่อใจ, สิ่งดึงดูดใจ (**-S.** allure)

attribute (อะทริบ' บยูท) *vt.* **-uted, -uting** เชื่อว่า, อ้างว่า, ให้เหตุผลว่า *-n.* คุณลักษณะ **-attributable** *adj.* **-attribution** *n.* **-attributive** *adj.* **-attributively** *adv.*

attune (อะทูน', -ทยูน') *vt.* **-tuned, -tuning** สอดคล้องกัน, ทำให้ประสานกัน, ปรับเข้ากับ

at wt ย่อจาก atomic weight น้ำหนักอะตอม

aubergine (โอ' เบร์ฌีน, โอ' เบอร์จีน) *n.* มะเขือยาวสีม่วง, สีม่วงเข้ม

auburn (ออ' เบิร์น) *n.* สีน้ำตาลแดง *-adj.* น้ำตาลแดง (**-S.** (n., adj.) reddish-brown)

auction (ออค' ชัน) *n.* การประมูลราคาสินค้าหรือทรัพย์สิน, การขายทอดตลาด *-vt.* **-tioned, -tioning** ประมูลราคา, ขายทอดตลาด

auctioneer (ออคชะเนียร์') *n.* ผู้ค้าขายสินค้าประมูลราคา *-vt.* **-eered, -eering** ขายสินค้าประมูลราคา, ขายทอดตลาด

audacious (ออเด' เชิซ) *adj.* กล้าหาญ, บ้าบิ่น

audacity (ออแดซ' ซิที) *n., pl.* **-ties** ความกล้า

audi-, audio- คำอุปสรรค หมายถึง การฟัง, การได้ยิน

audible (ออ' ดะเบิล) *adj.* ซึ่งได้ยินชัดเจน **-audibility** *n.* **-audibly** *adv.* (**-S.** perceptible)

★**audience** (ออ' เดียนซ์) *n.* ผู้ฟัง, ผู้ชม, ผู้อ่าน, การเข้าฟังอย่างเป็นทางการ (**-S.** spectators)

audio (ออ' ดีโอ) *adj.* เกี่ยวกับเสียงที่ได้ยิน, เกี่ยวกับการรับส่งสัญญาณวิทยุโทรทัศน์

audiocassette, audio cassette (ออดีโอคะเซท') *n.* ม้วนเทปบันทึกเสียง

audio frequency แถบคลื่นเสียงที่ 15-20,000 เฮิร์ตซ์ ซึ่งมนุษย์สามารถได้ยินได้

audiotape, audio tape (ออ' ดีโอเทพ) *n.* เทปแม่เหล็กซึ่งสามารถบันทึกและเล่นเป็นเสียงได้ *-vt.* **-taped, -taping** บันทึกเสียง

audiovisual (ออดีโอวิฌ' ฌวล) *adj.* เกี่ยวกับการมองเห็นและได้ยินเสียง, เกี่ยวกับโสตทัศนศิลป์ *-n.* โสตทัศนูปกรณ์

audit (ออ' ดิท) *n.* การตรวจสอบบัญชี *-vt., vi.* **-dited, -diting** ตรวจสอบบัญชี

audition (ออดิช' ชัน) *n.* การทดสอบการแสดงของนักร้องนักแสดง *-v.* **-tioned, -tioning** *-vi.* ทดสอบการแสดง *-vt.* ประเมินผลการทดสอบการแสดง

auditor (ออ' ดิเทอร์) *n.* ผู้ฟัง, ผู้ที่ได้ยิน, ผู้ตรวจสอบบัญชี, ผู้ร่วมฟังในชั้นเรียนแต่ไม่ได้ลงเรียนเอาคะแนน

auditorium (ออดิทอ' เรียม, -โท'-) *n., pl.* **-riums/-ria** ห้องประชุม, ห้องชุมนุม

auditory (ออ' ดิทอรี) *adj.* เกี่ยวกับการได้ยิน *-n., pl.* **-ries** ผู้ฟัง, ห้องชุมนุม

Aug. ย่อจาก August เดือนสิงหาคม

auger (ออ' เกอร์) *n.* สว่าน

aught, ought (ออท) *n.* สิ่งใดก็ตาม, เลขศูนย์

augment (*v.* ออกเมนท์', *n.* ออก' เมนท์) *vt., vi.* **-mented, -menting** ขยายขึ้น, ใหญ่ขึ้น, เพิ่มขึ้น *-n.* การขยาย, การเพิ่มขึ้น **-augmentation** *n.* **-augmentative** *adj., n.*

augur (ออ' เกอร์) *n.* โหร, หมอดู *-vt., vi.* **-gured, -guring** ทำนาย, เป็นลาง

★**August** (ออ' เกิซท์) เดือนสิงหาคม

august (ออกัซท์') *adj.* น่าเคารพ, น่าเลื่อมใส, สง่างาม **-augustly** *adv.* (**-S.** grand, noble)

auk (ออค) *n.* นกทะเลชนิดหนึ่งสามารถดำน้ำได้ ปีกสั้น ตีนคล้ายตีนเป็ด, นกน้ำ

auld lang syne (ออลด์ แลง ไซน์', -ไซน์') *n.* ความทรงจำที่งดงาม, วันเวลาในอดีต

★**aunt** (แอนท์, อานท์) *n.* ป้า

auntie, aunty (อาน' ที) *n., pl.* **-ies** ดู aunt

au pair (ออ แพร์) *n.* เด็กนักศึกษาต่างชาติที่ทำงานบ้านเพื่อแลกกับอาหารและที่พัก

aura (ออ' ระ) *n., pl.* **-ras/-rae** (-รี) รัศมี, ความรู้สึก, กลิ่นอาย, บรรยากาศ **-aural** *adj.*

aural (ออ' เริล) *adj.* เกี่ยวกับการได้ยิน, เกี่ยวกับหู **-aurally** *adv.*

auricle (ออ' ริเคิล) *n.* ใบหู, สิ่งที่มีลักษณะคล้ายหู, ห้องหัวใจด้านบน **-auricled** *adj.*

auriculate (ออริค' คยะเลท) *adj.* ซึ่งมีส่วนคล้ายใบหู **-auriculately** *adv.*

aurora (ออรอ' ระ) *n.* แสงอรุณ, รุ่งอรุณ

auscultate (ออ' สเกิลเทท) *vt., vi.* **-tated, -tating** ตรวจอาการโดยการใช้หูฟัง **-auscultative, auscultatory** *adj.* **-auscultator** *n.*

auscultation (ออสเกิลเท' ชัน) *n.* การใช้หูฟังเพื่อตรวจอาการของโรค

auscultation

auslander (เอา' ซแลนเดอร์) *n.* ชาวต่างชาติ, คนต่างถิ่น (-S. foreigner)

auspice (ออ' สปิซ) *n., pl.* **auspices** (ออ' สปิซิซ, -ซีซ) การอุปถัมภ์ค้ำชู, ลางบอกเหตุ, คำทำนายจากการดูนกบิน **-under the auspices of** ภายใต้การอุปถัมภ์ของ (-S. patronage)

auspicious (ออสปิช' เชิซ) *adj.* อันเป็นนิมิตหมายที่ดี, ซึ่งเป็นฤกษ์งามยามดี **-auspiciously** *adv.* **-auspiciousness** *n.* (-S. bright, timely)

Aussie (ออ' ซี, -ซี) *n.* (ภาษาพูด) ชาวออสเตรเลียน *-adj.* เกี่ยวกับประเทศออสเตรเลีย

austere (ออสเตียร์') *adj.* **-terer, -terest** เคร่งครัด, เข้มงวด, เรียบๆ **-austerely** *adv.* **-austerity** *n.* (-S. simple, stern, strict **-A.** fancy, lenient, permissive)

Australasia (ออสตระเล' ฌะ) เกาะต่างๆ ในแถบแปซิฟิกใต้ ได้แก่ ออสเตรเลีย นิวซีแลนด์ นิวกินี **-Australasian** *adj., n.*

Australia (ออสเตรล' เลีย) ทวีปออสเตรเลีย, ประเทศออสเตรเลีย **-Australian** *adj., n.*

authentic (ออเธน' ทิค) *adj.* จริง, แท้, เชื่อถือได้ **-authentically** *adv.* **-authenticity** *n.* (-S. bona fide, genuine **-A.** fake)

authenticate (ออเธน' ทิเคท) *vt.* **-cated, -cating** พิสูจน์ว่าเป็นของจริง, รับประกันว่าเป็นของแท้ **-authentication** *n.* (-S. guarantee)

author (ออ' เธอร์) *n.* นักเขียน, นักประพันธ์, ผู้สร้างผลงาน *-vt.* **-thored, -thoring** ประพันธ์, แต่งเรื่อง, เขียนบท **-authoress** *n. fem.*

authoritarian (อะธอริแท' เรียน) *adj.* เผด็จการ, ซึ่งกุมอำนาจ *-n.* นักเผด็จการ **-authoritarianism** *n.* (-S. (n.) autocrat)

authoritative (อะธอ' ริเททิฟว์) *adj.* ซึ่งเชื่อถือได้, ซึ่งแสดงอำนาจ, ซึ่งได้รับการอนุมัติ **-authoritatively** *adv.* **-authoritativeness** *n.* (-S. approved, masterful, reliable)

★**authority** (อะธอ' ริที) *n., pl.* **-ties** อำนาจ, การบังคับบัญชา, ผู้มีอำนาจ, เจ้าหน้าที่, แหล่งข้อมูล, ผู้เชี่ยวชาญ **-in authority** อยู่ในอำนาจ (-S. authorization, expert, source)

authorize (ออ' ธะไรซ์) *vt.* **-ized, -izing** ให้อำนาจ, ให้สิทธิ, อนุมัติ **-authorization** *n.* **-authorizer** *n.* (-S. empower, permit)

auto (ออ' โท) *n., pl.* **-tos** รถยนต์

auto- คำอุปสรรค หมายถึง ตัวเอง, ด้วยตัวเอง

autobahn (ออ' ทะบาน) *n.* ถนนทางด่วนในประเทศเยอรมนี

autobiography (ออโทไบออก' กระฟี, -บี-) *n., pl.* **-phies** อัตชีวประวัติ **-autobiographer** *n.* **-autobiographic, autobiographical** *adj.* (-S. life-story)

autobus (ออ' โทบัซ) *n., pl.* **-buses/-busses** รถบัส, รถโดยสารประจำทาง, รถเมล์

autoclave (ออ' โทเคลฟว์) *n.* ภาชนะอบไอน้ำภายใต้ความดันสำหรับฆ่าเชื้อโรคหรือทำอาหาร

autocracy (ออทอค' คระซี) *n., pl.* **-cies** ระบบเผด็จการ, การปกครองแบบกุมอำนาจ **-autocrat** *n.* **-autocratic, autocratical** *adj.*

autocross (ออ' ทะครอซ) *n.* กีฬาแข่งรถตามเส้นทางวงกลม

autograph (ออ' ทะแกรฟ) *n.* ลายมือหรือลายเซ็นของตัวเอง *-vt.* **-graphed, -graphing** เขียนด้วยลายมือตัวเอง, ลงลายเซ็น

automaker (ออ' โทเมเคอร์) *n.* ผู้ผลิตรถยนต์

automat (ออ' ทะแมท) *n.* เครื่องหยอดเหรียญเพื่อจำหน่ายอาหารและเครื่องดื่มแบบอัตโนมัติ

automata (ออทอม' มะทะ) *n.* พหูพจน์ของ automaton

automate (ออ' ทะเมท) *vt., vi.* **-mated, -mating** เปลี่ยนเป็นระบบอัตโนมัติ, ทำงานด้วยระบบอัตโนมัติ **-automation** *n.*

automated teller machine เครื่องฝากถอนเงินอัตโนมัติ, เครื่องเอทีเอ็ม

★**automatic** (ออทะแมท' ทิค) *adj.* อัตโนมัติ, ซึ่งทำงานได้เอง *-n.* อุปกรณ์ที่ทำงานด้วยระบบอัตโนมัติ **-automatically** *adv.*

automatic teller machine ดู automated teller machine

automaton (ออทอม' มะเทิน, -ทอน) *n., pl.* **-tons/-ta** หุ่นยนต์, เครื่องจักรอัตโนมัติ

★**automobile** (ออทะโมบีล', -โม' บีล) *n.* รถยนต์

automotive (ออทะโม' ทิฟว์) *adj.* ซึ่งขับเคลื่อนได้เอง

autonomic (ออทะนอม' มิค) *adj.* ซึ่งเกิดขึ้นโดยอัตโนมัติ **-autonomically** *adv.*

autonomous (ออทอน' นะเมิซ) *adj.* อิสระ,

B C D E F G H I J K L M N O P Q R S T U V W X Y Z

ไม่ขึ้นกับใคร, ซึ่งปกครองตนเอง **-autonomously** *adv.* **-autonomy** *n.* **-autonomist** *n.* (**-S.** independent **-A.** dependent)

autopsy (ออ' ทอพซี, ออ' เทิพ-) *n., pl.* **-sies** การพิสูจน์ศพ *-vt.* **-sied, -sying** พิสูจน์ศพ

autotroph (ออ' ทะทรอฟ, -โทรฟ) *n.* สิ่งมีชีวิตที่สามารถสร้างหรือสังเคราะห์อาหารเองได้ **-autotrophic** *adj.* **-autotrophically** *adv.*

★**autumn** (ออ' เทิม) *n.* ฤดูใบไม้ร่วง (**-S.** fall)

auxiliary (ออกซิล' ลยะรี) *adj.* ซึ่งช่วยเหลือ, ซึ่งสนับสนุน, ซึ่งส่งเสริม *-n., pl.* **-ries** สิ่งที่ช่วยเหลือสนับสนุน, ผู้ช่วยเหลือ

auxiliary verb กริยาช่วย เช่น verb to be, verb to do, verb to have หรือ can, could, will, would, shall, should, ought to, may, might

av. ย่อจาก avenue ถนน, average เฉลี่ย

avail (อะเวล') *vt., vi.* **availed, availing** เป็นประโยชน์ต่อ, ช่วย *-n.* ประโยชน์, คุณค่า **-of/to no avail** เปล่าประโยชน์ (**-S.** (v., n.) benefit)

★**available** (อะเว' ละเบิล) *adj.* สะดวก, ใช้ประโยชน์ได้, หาใช้ได้ง่าย, หยิบฉวยได้สะดวก, ว่าง **-availability** *n.* **-availably** *adv.*

avalanche (แอฟ' วะแลนช์) *n.* หิมะถล่ม, หินถล่ม, การถล่มทลาย, ปริมาณมหาศาล *-vi., vt.* **-lanched, -lanching** ถล่ม, ทลาย

avant-garde (อาวานท์การ์ด', แอฟวานท์-) *adj.* ก้าวหน้า, แนวหน้า, ล้ำสมัย *-n.* ศิลปินผู้ใช้เทคนิคล้ำสมัยสร้างผลงาน **-avant-gardist** *n.*

avarice (แอฟ' วะริซ) *n.* ความโลภ

Ave., ave. ย่อจาก Avenue, avenue ถนน

avenge (อะเวนจ') *vt., vi.* **avenged, avenging** ล้างแค้นให้กับ (**-S.** revenge)

avenue (แอฟ' วะนู, -นยู) *n.* ถนนใหญ่, ถนนที่มีต้นไม้สองข้างทาง, ทางเข้า, หนทาง

aver (อะเวอร์') *vt.* **averred, averring** ยืนยัน

★**average** (แอฟ' เวอริจ, แอฟว' ริจ) *n.* ค่าเฉลี่ย, จำนวนเฉลี่ย *-adj.* เกี่ยวกับค่าเฉลี่ย, ปานกลาง, ธรรมดา *-vi.* **-aged, -aging** คิดค่าเฉลี่ย, เฉลี่ยกัน (**-S.** (n.) mean, median)

averse (อะเวิร์ซ') *adj.* ต่อต้าน, รังเกียจ **-aversely** *adv.* **-aversion** *n.*

avert (อะเวิร์ท') *vt.* **averted, averting** ป้องกัน, ปกป้อง, เบือนหนี, หันเห, หันไปทางอื่น

avg. ย่อจาก average ค่าเฉลี่ย, เฉลี่ย

avgas (แอฟว' แกซ) *n.* ย่อจาก aviation gasoline น้ำมันสำหรับเติมเครื่องบิน

Avian influenza โรคไข้หวัดใหญ่สัตว์ปีกเป็นโรคระบาดในหมู่สัตว์ปีกที่แพร่เชื้อสู่คนได้

aviary (เอ' วีเอรี) *n., pl.* **-ies** กรงขนาดใหญ่สำหรับเลี้ยงนก **-aviarist** *n.*

aviation (เอวีเอ' ชัน, แอฟวี-) *n.* การออกแบบและสร้างเครื่องบิน, วิทยาศาสตร์การบิน, ธุรกิจการสร้างเครื่องบิน

aviator (เอ' วีเอเทอร์, แอฟว'-) *n.* นักบิน

aviatrix (เอวีเอ' ทริคซ์) *n.* นักบินหญิง

aviculture (เอ' วิคัลเชอร์) *n.* การเลี้ยงนก

avid (แอฟ' วิด) *adj.* โลภมาก, ใคร่อยาก

avocado (แอฟวะคา' โด, อาวะ-) *n., pl.* **-dos** ผลอาโวกาโด ซึ่งมีลักษณะคล้ายผลแพร์ มีสีเขียวเหลือง ใช้รับประทานได้, ต้นอาโวกาโด

avocation (แอฟโวเค' ชัน) *n.* งานอดิเรก, อาชีพการงาน (**-S.** hobby, vocation)

★**avoid** (อะวอยด์') *vt.* **avoided, avoiding** เลี่ยง, หลบหลีก, กันไม่ให้เกิดขึ้น, หลีกหนี **-avoidable** *adj.* **-avoidably** *adv.* **-avoidance** *n.*

avoirdupois weight มาตราชั่งตวงของระบบอเมริกันและอังกฤษ

avouch (อะเวาช์') *vt.* **avouched, avouching** ยืนยัน, รับประกัน, ยอมรับ **-avouchment** *n.*

avow (อะเวา') *vt.* **avowed, avowing** ยอมรับ, ยืนยัน, ประกาศ **-avowal** *n.* **-avowable** *adj.*

avulsion (อะวัล' ชัน) *n.* การฉีกขาด

await (อะเวท') *vt., vi.* **awaited, awaiting** รอคอย, เฝ้ารอ (**-S.** expect, wait)

★**awake** (อะเวค') *v.* **awoke/awaked, awaked/awoken, awaking** *-vt.* ตื่นนอน, ตื่นจากภวังค์, เรียกความจำคืนมา, ทำให้มีสติ *-vi.* ตื่นนอน, ตื่นตัว, มีสติ *-adj.* ตื่นอยู่, ไม่นอน

awaken (อะเว' เคิน) *v.* **-ened, -ening** *-vi.* ตื่นนอน, ตื่นตัว *-vt.* ปลุกเร้า, ทำให้ตื่น

★**award** (อะวอร์ด') *vt.* **awarded, awarding** มอบรางวัล, ให้คำตัดสิน, มอบให้ *-n.* รางวัล, คำตัดสิน **-awardable** *adj.* (**-S.** (v., n.) reward)

★**aware** (อะแวร์') *adj.* รู้ตัว, มีสติ **-awareness** *n.* (**-S.** conscious **-A.** unaware)

awash (อะวอช') *adj., adv.* เจิ่งนอง, ท่วม

★**away** (อะเว') *adv.* ไปไกล, ไกลโพ้น, ห่างออกไป, ไปเสีย, ตลอดเวลา, ไม่จบสิ้น, ไม่สิ้นสุด *-adj.* ซึ่งไปเล่นยังสนามของคู่แข่ง, ไกลออกไป, ไม่อยู่, แสนไกล

awe (ออ) *n.* ความสะพรึงกลัว, ความน่าเกรงขาม *-vt.* **awed, awing** สะพรึงกลัว, เกรงขาม, เคารพยำเกรง (**-S.** (n.) fear, respect **-A.** scorn)

awesome (ออ' เซิม) *adj.* น่ายำเกรง, น่า

A B C D E F G H I J K L M N O P Q R S T U V W X Y Z

เกรงขาม, น่ากลัว, (คำสแลง) ยอดเยี่ยม **-awesomely** *adv.* **-awesomeness** *n.*
awestruck (ออ' สตรัค) *adj.* หวาดกลัว
★**awful** (ออ' เฟิล) *adj.* เลวร้าย, แย่มาก, น่ากลัว **-awfully** *adv.* **-awfulness** *n.* (**-S.** bad, terrible **-A.** wonderful)
awhile (อะไวล์) *adv.* ชั่วครู่, สักพักหนึ่ง
★**awkward** (ออค' เวิร์ด) *adj.* งุ่มง่าม, ซุ่มซ่าม, ไม่สะดวก, (จัดการ) ลำบาก **-awkwardly** *adv.* **-awkwardness** *n.* (**-S.** clumsy **-A.** graceful)
awl (ออล) *n.* หมุดตอกรูในเนื้อไม้หรือหนังสัตว์
awn (ออน) *n.* เส้นขนของหญ้า **-awned** *adj.*
awning (ออ' นิง) *n.* ผ้าใบขึงกันแดด
awoke (อะโวค') *v.* กริยาช่อง 2 ของ awake
awoken (อะโว' เคิน) *v.* กริยาช่อง 3 ของ awake
awry (อะไร') *adj., adv.* ผิด, พลาด, บิดเบี้ยว
★**ax, axe** (แอคซ์) *n., pl.* **axes** (แอค' ซิซ) ขวาน, (คำสแลง) เครื่องดนตรี *-vt.* **axed, axing** เฉือนหรือถากด้วยขวาน, ตัด, กำจัด, ตัดทอน **-get the ax** ถูกตัดหัว, ถูกไล่ออก
axes (แอค' ซิซ) *n.* พหูพจน์ของ ax, axe หรือ axis
axiom (แอค' เซียม) *n.* กฎเกณฑ์
axis (แอค' ซิซ) *n., pl.* **axes** (แอค' ซีซ) แกนกลาง, เส้นสมมาตร, เส้นสมมติ
axle (แอค' เซิล) *n.* เพลารถ, แกนล้อ, แกน
ay (ไอ) *interj.* คำอุทานแสดงความเสียใจ
aye[1], ay (เอ) *adv.* ตลอดไป (**-S.** ever)
aye[2], ay (ไอ) *n.* การตอบรับ *-adv.* ใช่, ตกลง
AZT (เอซีที') *n.* ย่อจาก azidothymidine ยาชนิดหนึ่งที่ใช้รักษาโรคเอดส์
azure (แอฌ' เฌอร์) *n.* สีฟ้า *-adj.* ฟ้าสดใส
azygous (เอไซ' เกิซ) *adj.* ไร้คู่, เดี่ยว

B

B, b (บี) *n., pl.* **B's, b's/Bs, bs** อักษรตัวที่ 2 ในภาษาอังกฤษ, อันดับสอง, คุณภาพดีเป็นอันดับสอง, (B) หมู่เลือดชนิดหนึ่งของคน
B.A. ย่อจาก Bachelor of Arts ศิลปศาสตรบัณฑิต
baa (แบ, บา) *vi.* **baaed, baaing** ส่งเสียงร้องคล้ายเสียงแกะหรือแพะ *-n.* เสียงร้องดังกล่าว
babble (แบบ' เบิล) *vt., vi.* **-bled, -bling** ส่งเสียงอ้อแอ้, พูดเพ้อเจ้อ, บ่นพึมพำ, ทำเสียงน้ำไหล *-n.* เสียงอ้อแอ้, เสียงพึมพำ, การพูดเพ้อเจ้อ, เสียงน้ำไหล **-babbler** *n.*
babe (เบบ) *n.* ทารก, เด็ก, ผู้ที่ไร้เดียงสา, (คำสแลง) สาวน้อย (**-S.** infant, novice)
baboo (บา' บู) *n.* คำเรียกท่านในภาษาฮินดู, เสมียนชาวอินเดียที่รู้ภาษาอังกฤษเล็กน้อย
baboon (แบบูน') *n.* ลิงบาบูน มีนิสัยดุร้าย, (คำสแลง) คนงุ่มง่าม **-baboonish** *adj.*
★**baby** (เบ' บี) *n., pl.* **-bies** เด็กทารก, ลูกสัตว์, คนที่นิสัยเหมือนเด็ก, ผู้ที่อายุน้อยกว่าใคร, (คำสแลง) ที่รัก สาวน้อย *-vt.* **-bied, -bying** เลี้ยงเหมือนเด็กทารก, เอาใจ **-babyhood** *n.*
baby carriage รถเข็นเด็ก
baby-sit (เบ' บีซิท) *v.* **-sat, -sitting** *-vt.* ดูแลเลี้ยงเด็ก *-vi.* เป็นพี่เลี้ยงให้กับ **-baby sitter** *n.*
baccarat, baccara (แบคคะรา') *n.* การเล่นไพ่ชนิดหนึ่ง
bachelor (แบช' ชะเลอร์, แบช' เลอร์) *n.* หนุ่มโสด, บัณฑิตปริญญาตรี, อัศวินหนุ่ม **-bachelorhood, bachelordom, bachelorship** *n.*
Bachelor of Arts ศิลปศาสตรบัณฑิต
Bachelor of Science วิทยาศาสตรบัณฑิต
bachelor's degree ปริญญาตรี
bacillus (บะซิล' เลิซ) *n., pl.* **-cilli** เชื้อแบคทีเรียที่มีรูปร่างเป็นแท่ง **-bacillary, bacillar** *adj.*
★**back** (แบค) *adj.* ซึ่งอยู่หลัง, ย้อนหลัง *-adv.* ถอยหลัง, คืนหลัง, กลับคืน, (ตอบ) กลับ *-v.* **backed, backing** *-vt.* ทำให้ถอยหลัง, อยู่ข้างหลัง, ช่วยเหลือ, สนับสนุน *-vi.* ถอยหลัง *-n.* ส่วนหลัง, หลัง, พนักพิงหลัง **-behind someone's back** (กระทำ) ลับหลัง
backache (แบค' เคค) *n.* อาการปวดหลัง
back-and-forth (แบค' แคนฟอร์ธ) *adj.* ซึ่งเคลื่อนที่ไปข้างหน้าข้างหลังสลับกัน
backbite (แบค' ไบท์) *vt., vi.* **-bit, -bitten/-bit, -biting** นินทาลับหลัง **-backbiter** *n.*
backbone (แบค' โบน) *n.* กระดูกสันหลัง, ตัวการในการสนับสนุน (**-S.** spine, support)
backdoor, back-door (แบค' ดอร์, -โดร์)

adj. (ประตู) หลัง, ไม่ซื่อสัตย์, เป็นความลับ

backdrop (แบค' ดรอพ) *n.* ม่านหลังเวที, ฉากหลัง, ฉากภาพเหตุการณ์

backfire (แบค' ไฟร์) *vi.* **-fired, -firing** เกิดเสียงระเบิดในเครื่องยนต์ที่เผาไหม้ไม่สมบูรณ์, เกิดผลที่ไม่คาดคิด *-n.* การระเบิดดังกล่าว

backgammon (แบค' แกมเมิน) *n.* ชื่อเกมประเภทหนึ่งสำหรับคนเล่นสองคน โดยใช้ลูกเต๋าโยนเพื่อเดินช่องบนกระดาน

★**background** (แบค' เกรานด์) *n.* เบื้องหลัง, ฉากหลัง, พื้นเพ, ประวัติ, ประสบการณ์, ข้อมูล

backhand (แบค' แฮนด์) *n.* ลายมือเขียนที่โย้ไปด้านซ้าย, การตีลูกบอลโดยท่าหลังมือ

backlash (แบค' แลช) *n.* ปฏิกิริยาโต้ตอบ

backlog (แบค' ลอก) *n.* สิ่งของที่สำรองไว้, สิ่งที่คั่งค้างไว้, งานที่รอการสะสาง (**-S.** supply)

backpack (แบค' แพค) *n.* เป้สะพายหลัง

back road ถนนตามชนบท, ถนนลูกรัง

back seat เบาะนั่งด้านหลัง, ตำแหน่งรอง

back-seat driver ผู้โดยสารที่นั่งเบาะหลัง ซึ่งชอบแนะนำคนขับทำให้รำคาญ

backside (แบค' ไซด์) *n.* บั้นท้าย, สะโพก

backslide (แบค' ซไลด์) *vi.* **-slid, -slid/-slidden, -sliding** ถดถอย, เสื่อมทราม

backspace (แบค' สเปซ) *vi.***-spaced, -spacing** เคาะแป้นพิมพ์ดีดเพื่อถอยกลับหลัง

backstage (แบค' สเตจ') *adv.* หลังเวที, อย่างลับๆ *-adj.* ซึ่งอยู่หลังเวที, เป็นความลับ

backstitch (แบค' สติช) *n.* การเย็บด้นถอยหลัง **-backstitch** *v.*

backstroke (แบค' สโตรค) *n.* ท่าว่ายน้ำตีกรรเชียง, การตีกลับ, ท่าหลังมือตีกลับ

back talk พูดตอบโต้อย่างทันควัน

backtrack (แบค' แทรค) *vt.* **-tracked, -tracking** ย้อนรอย, กลับคำ, เปลี่ยนความตั้งใจ

backup, back-up (แบค' อัพ) *n.* การสนับสนุน, การสำรองเอาไว้, (คอมพิวเตอร์) ข้อมูลสำรอง *-adj.* ซึ่งสนับสนุน, ซึ่งสำรอง

★**backward** (แบค' เวิร์ด) *adj.* ซึ่งไปทางข้างหลัง, ล้าหลัง, ไม่ทันสมัย, หัวช้า, ขี้อาย, ปัญญาอ่อน *-adv.* ถอยหลัง, ในลักษณะตรงข้าม, ในอดีต **-backwards** *adv.* **-backwardly** *adv.* **-backwardness** *n.*

backwater (แบค' วอเทอร์, -วอทเทอร์) *n.* กระแสน้ำที่ไหลย้อนกลับ, ถิ่นที่ล้าหลัง

backwoods (แบค' วูดซ์') *n. pl.* ป่าดงพงพี

back yard สนามหลังบ้าน, สวนหลังบ้าน

★**bacon** (เบ' เคิน) *n.* เนื้อหมูเค็มรมควัน

★**bacteria** (แบคเทีย' เรีย) *n.* พหูพจน์ของ bacterium **-bacterial** *adj.* **-bacterially** *adv.*

bactericide (แบคเทีย' ริไซด์) *n.* ยากำจัดแบคทีเรีย **-bactericidal** *adj.*

bacteriology (แบคเทียรีออล' ละจี) *n.* วิชาที่ศึกษาเกี่ยวกับแบคทีเรีย **-bacteriological** *adj.* **-bacteriologist** *n.*

★**bad** (แบด) *adj.* **worse, worst** เลว, แย่, (คุณภาพ) ต่ำ, ไม่ดี, ไม่เก่ง, รุนแรง, หนัก, เสีย, อันตราย, โหดร้าย **-have a bad name** ชื่อเสียงไม่ดี **-badness** *n.* **-badly** *adv.*

badass (แบด' แอซ) *n.* (คำสแลง) จอมก่อกวน

bade (เบด, แบด) *v.* กริยาช่อง 2 ของ bid

★**badge** (แบจ) *n.* เครื่องหมายหรือเหรียญตราแสดงตำแหน่ง หรือเกียรติยศ (**-S.** emblem)

badger (แบจ' เจอร์) *n.* ตัวแบดเจอร์ ขนสีดำขาว เป็นสัตว์กินเนื้อ ออกหากินกลางคืน

badminton (แบด' มินเทิน) *n.* กีฬาแบดมินตัน, การเล่นตีลูกขนไก่

badmouth, bad-mouth (แบด' เมาธ์) *vt. vi.* **-mouthed, -mouthing** วิจารณ์, ว่าร้าย

bad-tempered (แบด' เทมเพอร์ด์) *adj.* อารมณ์เสีย, หงุดหงิด, โมโห

baffle (แบฟ' เฟิล) *vt.* **-fled, -fling** ทำให้สับสนงุนงง **-bafflement** *n.* **-baffling** *adj.*

★**bag** (แบก) *n.* ถุง, กระเป๋า, ย่าม, (คำสแลง) ความชำนาญ ความสนใจ หญิงที่ไม่มีเสน่ห์ *-v.* **bagged, bagging** *-vt.* ใส่ถุง, บรรจุถุง, หยิบฉวย, ฆ่า, ล่า *-vi.* แขวนหรือห้อยหลวมๆ **-bagful** *adj.* **-bagger** *n.*

★**baggage** (แบก' กิจ) *n.* กระเป๋าสัมภาระ, สัมภาระเดินทาง (**-S.** luggage)

> **baggage** กับ **luggage** เป็นนามนับไม่ได้ เช่น I had a lot of baggage/luggage when I traveled to Paris.
>
> **suitcase** มีความหมายเช่นเดียวกัน แต่เป็นนามนับได้ เช่น I had two small suitcases with me.

baggy (แบก' กี) *adj.* **-gier, -giest** ซึ่งแขวนหรือห้อยไว้หลวมๆ **-baggily** *adv.*

bagman (แบก' เมิน) *n., pl.* **-men** พนักงานขายของเร่, คนกลางที่คอยรับหรือให้สินบน

bagpipe (แบก' ไพพ์) *n.* ปี่ของชาวสกอต

bah (บา) *interj.* คำอุทานแสดงการดูถูก

A B C D E F G H I J K L M N O P Q R S T U V W X Y Z

★**baht** (บาท) *n., pl.* **bahts/baht** หน่วยเงินตราของไทย, เงินบาท
bail[1] (เบล) *v.* **bailed, bailing** *-vt.* ช่วยให้หลุดพ้นจากความลำบาก, วิดน้ำออกจากเรือ *-vi.* วิดน้ำจากเรือ, กระโดดร่ม (-S. help, relieve)
bail[2] (เบล) *n.* เงินประกันตัว (-S. surety)
bailiff (เบ' ลิฟ) *n.* เจ้าหน้าที่ยึดทรัพย์, ผู้จัดการเรื่องที่ดินแทนเจ้าของ, ผู้ช่วยนายอำเภอ
bait (เบท) *n.* เหยื่อตกปลา, เหยื่อล่อ, ของล่อใจ *-vt.* **baited, baiting** ล่อยเหยื่อ, ยั่วให้โกรธ
baize (เบซ) *n.* ผ้าเนื้อหนาสีเขียวที่ใช้ปูโต๊ะเล่นการพนันหรือโต๊ะบิลเลียด
★**bake** (เบค) *vt., vi.* **baked, baking** อบ, รม, ปิ้ง, ผึ่งแดด *-n.* การอบ, อาหารอบ
bakery (เบ' คะรี) *n., pl.* **-ies** ร้านขายขนมอบ
baking powder ผงฟูที่ใช้ทำขนม
baking soda โซดาทำขนมปัง
★**balance** (แบล' เลินซ์) *n.* ตาชั่ง, จุดสมดุล, ความสมดุล, สภาพสมดุล, ยอดเงินคงเหลือ, ความมั่นคงของอารมณ์หรือจิตใจ, ส่วนที่เหลือ *-vt.* **-anced, -ancing** ทำให้สมดุล
balance beam คานทรงตัว
balance of (international) payments ดุลการชำระเงิน
balance of power การถ่วงดุลอำนาจทางการทหารและการเมืองระหว่างนานาประเทศ
balance of terror ดุลยภาพทางอำนาจระหว่างนานาชาติ
balance of trade ดุลการค้า
balance sheet งบดุล
★**balcony** (แบล' คะนี) *n., pl.* **-nies** ระเบียง, หน้ามุข, เฉลียง (-S. terrace)
★**bald** (บอลด์) *adj.* **-er, -est** ล้าน, เตียน, ไร้ขน, ไม่ปิดบัง, ตรงๆ **-baldness** *n.* **-baldly** *adv.*
bald eagle นกอินทรีชนิดหนึ่งขนดำ หัวและหางขาว เป็นสัญลักษณ์ของประเทศสหรัฐอเมริกา
bale (เบล) *n.* ห่อ, มัด, กำ **-baler** *n.*
balk, baulk (บอค) *v.* **balked, balking/baulked, baulking** *-vt.* ขัดขวาง, กีดกัน, หยุดชะงัก *-vi.* ลังเล, รีรอ *-n.* อุปสรรค, การกีดกั้น
★**ball**[1] (บอล) *n.* ลูกบอล, สิ่งของที่กลม, ดวงดาว, ความกล้า, (คำสแลง) ลูกอัณฑะ
ball[2] (บอล) *n.* งานลีลาศ, งานเต้นรำ (-S. dance)
ballad (แบล' เลิด) *n.* เพลงรักหวานซึ้ง, เพลงหรือบทกวีสั้นๆ **-balladry** *n.* (-S. song)
ballast (แบล' เลิซท์) *n.* กรวด หิน ทรายที่ใช้โรยถนน, วัตถุที่ใช้ถ่วงไม่ให้เรือโคลง
ball bearing ตลับลูกปืน
ballerina (แบลละรี' นะ) *n.* นักระบำบัลเล่ต์หญิง
ballet (แบเล', แบล' เล) *n.* การเต้นระบำบัลเล่ต์, การเต้นระบำปลายเท้า **-balletic** *adj.*
ballet-dancer (แบ' เลแดน' เซอร์) *n.* นักเต้นระบำบัลเล่ต์
ballistics (บะลิส' ติคซ์) *n. pl.* การศึกษาเกี่ยวกับวิถีการเคลื่อนที่ของกระสุนหรือจรวด **-ballistic** *adj.* **-ballistically** *adv.*
★**balloon** (บะลูน') *n.* ลูกโป่งลอยฟ้า, บอลลูน, ลูกโป่ง **-balloonist** *n.*

balloon

ballooning (บะลูน' นิง) *n.* กีฬาลอยบอลลูน
ballot (แบล' เลิท) *n.* บัตรลงคะแนนเสียง, การลงคะแนนเสียง, จำนวนเสียงลงคะแนน, สิทธิลงคะแนนเสียง (-S. vote)
ballpoint pen ปากกาลูกลื่น
ballroom (บอล' รูม) *n.* ห้องเต้นรำ
ballroom dance การเต้นลีลาศ
ballyhoo (แบล' ลีฮู) *n., pl.* **-hoos** การคำราม, การพูดดัง, การโฆษณาครึกโครม
balm (บาม) *n.* ต้นบาล์ม, น้ำมันบาล์มบรรเทาปวด, สิ่งซึ่งบรรเทาปวด (-S. balsam, remedy)
balmy (บา' มี) *adj.* **-ier, -iest** ซึ่งเหมือนน้ำมันบาล์ม, (อากาศ) อบอุ่น, (คำสแลง) บ้าบอ
baloney (บะโล' นี) *n., pl.* **-neys** ไส้กรอกรมควัน, (คำสแลง) เรื่องไร้สาระ เรื่องงี่เง่า
balsam (บอล' เซิม) *n.* น้ำมันหอมระเหย, ยางไม้หอม, น้ำมันบาล์มบรรเทาปวด
baluster (แบล' ละสเตอร์) *n.* ซี่ราวบันไดหรือราวระเบียง
balustrade (แบล' ละสเตรด) *n.* ราวระเบียง, ราวบันได
bamboo (แบมบู') *n., pl.* **-boos** ต้นไผ่, ไม้ไผ่
bamboo shoot หน่อไม้
bamboozle (แบมบู' เซิล) *vt.* **-zled, -zling** หลอกลวง **-bamboozlement** *n.* (-S. deceive)
★**ban** (แบน) *vt.* **banned, banning** ห้าม, ประณาม *-n.* การห้าม, การประณาม
banal (เบ' เนิล) *adj.* เก่าเก็บ, เรียบๆ, ธรรมดา
★**banana** (บะแนน' นะ) *n.* ต้นกล้วย, ผลกล้วย
★**band** (แบนด์) *n.* แถบ, วงดนตรี, คณะ, หมู่, แถบสี, แถบรัด, วงแหวน, แถบคลื่นเสียงหรือคลื่นความถี่ (-S. belt, company, strip)
★**bandage** (แบน' ดิจ) *n.* ผ้าพันแผล *-vt.*

-aged, -aging พันด้วยผ้าพันแผล
B&B ย่อจาก Bed and Breakfast (บริการ) ที่พักพร้อมอาหารเช้า
bandbox (แบนด' บอคซ) *n.* กล่องเก็บของ
bandeau (แบนโด') *n., pl.* **-deaux** (-โดซ')/**-deaus** แถบริบบิ้นคาดหมวก, เสื้อยกทรงสตรี
bandicoot (แบน' ดิคูท) *n.* หนูนา
bandit (แบน' ดิท) *n., pl.* **-dits/banditti** (-ที) โจร, ผู้ร้าย, คนนอกกฎหมาย (**-S.** outlaw)
bandstand (แบนด' สแตนด) *n.* เวทีการแสดงกลางแจ้งที่มีหลังคาคลุม, ลานแสดงดนตรี
bandy (แบน' ดี) *vt.* **-died, -dying** พูดโดยไม่คิด, พูดนินทา, ตี (ลูกบอล) ไปกลับ, แลกเปลี่ยน *-adj.* โก่งออก, โค้ง
bane (เบน) *n.* ความหายนะ, การบาดเจ็บปางตาย, สิ่งที่ก่อให้เกิดความหายนะ, ยาพิษ, ความตาย **-baneful** *adj.* **-banefully** *adv.*
★**bang**[1] (แบง) *n.* เสียงดังปัง, เสียงปึงปัง, (คำสแลง) ความตื่นเต้น การมีเพศสัมพันธ์ *-vt., vi.* **banged, banging** ตีดังปัง, ทำเสียงดังปัง *-adv.* อย่างถูกต้อง, ตรงๆ, ทันที, อย่างแรงและฉับพลัน *-interj.* คำอุทานที่เลียนเสียงดังปัง
bang[2] (แบง) *vt.* **banged, banging** ตัดผมหน้าม้า *-n.* ทรงผมหน้าม้า
Bangkok (แบง' คอค) กรุงเทพมหานคร
bangle (แบง' เกิล) *n.* กำไลข้อเท้า, กำไลมือ
banish (แบน' นิช) *vt.* **-ished, -ishing** ขับไล่, เนรเทศ, กำจัด **-banishment** *n.* (**-S.** expel)
banister, bannister (แบน' นิสเตอร) *n.* ราวบันได, ราวระเบียงหรือเฉลียง
banjo (แบน' โจ) *n., pl.* **-jos/-joes** เครื่องดนตรีประเภทหนึ่งคล้ายกีตาร์ **-banjoist** *n.*
★**bank** (แบงค) *n.* ธนาคาร, กองทุน, สิ่งของสำรอง, ห้องจัดเก็บ, ฝั่งแม่น้ำ, ตลิ่ง, เนิน, กองดินกองทราย, กลุ่มก้อน, แถว, การเอียงตัวของเครื่องบินขณะตีโค้งกลับลำ *-v.* **banked, banking** *-vt.* เอาเงินฝากธนาคาร, จัดเป็นแถวๆ *-vi.* ฝากเงินกับธนาคาร, ทำกิจการธนาคาร, ก่อเป็นกอง, บินเฉียงเพื่อโค้งกลับ
bank account บัญชีเงินฝากธนาคาร
bankbook (แบงค' บุค) *n.* สมุดบัญชีธนาคาร
bankcard (แบงค' คาร์ด) *n.* บัตรธนาคาร เช่น บัตรเครดิต หรือบัตรเอทีเอ็ม
bank credit สินเชื่อธนาคาร
banker (แบง' เคอร) *n.* นายธนาคาร, เจ้ามือการพนัน
bank holiday วันหยุดทำการธนาคาร
banking (แบง' คิง) *n.* ธุรกิจการธนาคาร
bank note ธนบัตร
bank rate อัตราดอกเบี้ยธนาคาร
★**bankrupt** (แบงค' รัพท, -เริพท) *adj.* ซึ่งล้มละลาย *-vt.* **-rupted, -rupting** ทำให้ล้มละลาย *-n.* คนที่ล้มละลาย **-bankruptcy** *n.*
bank statement รายการฝากหรือถอนเงิน
banner (แบน' เนอร) *n.* ธง, หัวข้อข่าวที่พาดตามหน้าหนังสือพิมพ์, ผืนผ้าที่เขียนข้อความรณรงค์ *-adj.* เด่น, สำคัญ (**-S.** (n.) flag, sign)
banns, bans (แบนซ) *n. pl.* การประกาศพิธีแต่งงานในโบสถ์
banquet (แบง' ควิท) *n.* งานเลี้ยงสังสรรค์, งานเลี้ยงรับรอง (**-S.** feast, party)
banquette (แบงเคท') *n.* แนวที่มั่นยิงปืนของทหาร, เก้าอี้นวมติดผนัง, ทางเดินยกระดับ
bantam (แบน' เทิม) *n.* ไก่บ้าน, คนตัวเล็ก
bantamweight (แบน' เทิมเวท) *n.* นักมวยรุ่นที่มีน้ำหนัก 113-118 ปอนด์ หรือ 51-53.5 กก.
banter (แบน' เทอร) *n.* การพูดจาหยอกล้อกัน
bantling (แบนท' ลิง) *n.* อ้ายหนู
banzai (บานไซ') *n.* การตะโกนร้องไชโยยามออกศึกสงครามของทหารญี่ปุ่น
baobab (เบ' โอแบบ, บา'-) *n.* ต้นไม้เขตร้อนชื้นลำต้นเตี้ยและอวบน้ำ ใช้ทำกระดาษหรือเชือกได้
baptism (แบพ' ทิซเซิม) *n.* พิธีทางศาสนาคริสต์เพื่อรับบุคคลเข้าเป็นศาสนิกชนโดยทำพิธีจุ่มน้ำ
Baptist (แบพ' ทิซท) *n.* คริสต์ศาสนานิกายหนึ่งที่เชื่อว่าพิธีจุ่มน้ำควรกระทำกับบุคคลที่เข้าใจในความหมายของพิธีดังกล่าว
baptize (แบพ' ไทซ) *v.* **-tized, -tizing** *-vt.* รับเข้าเป็นศาสนิกชนในคริสต์ศาสนา, ทำพิธีล้างบาป, ตั้งชื่อคริสเตียนให้ *-vi.* ทำพิธีรับเข้าเป็นคริสต์ศาสนิกชน **-baptizer** *n.*
★**bar**[1] (บาร) *n.* แท่ง, ท่อน, สลัก, สิ่งกีดขวาง, แถบ, มุมจำหน่ายอาหารและเครื่องดื่ม, โต๊ะหรือเคาน์เตอร์บริการเครื่องดื่ม, เส้นกั้นห้องตัวโน้ต, กองหินกองทรายใต้น้ำ, อาชีพนักกฎหมาย, กลุ่มทนายความ, ที่นั่งบัลลังก์ศาล, คอกยืนในศาล *-vt.* **barred, barring** ลงสลัก, กั้นด้วยเครื่องกีดขวาง, ป้องกันปราบปรามด้วยกฎหมาย, กันออกไป, ทำแถบเป็นเครื่องหมาย, ยกเว้น *-prep.* เว้นแต่ **-behind bars** (ภาษาพูด) จำคุก
bar[2] (บาร) *n.* หน่วยวัดความกดอากาศ
barb (บารบ) *n.* หนาม, เงี่ยงแหลม (**-S.** spike)
barbarian (บารแบ' เรียน) *n.* คนป่าเถื่อน
barbaric (บารแบ' ริค) *adj.* ป่าเถื่อน

A B C D E F G H I J K L M N O P Q R S T U V W X Y Z

A B C D E F G H I J K L M N O P Q R S T U V W X Y Z

barbarity (บาร์แบ' ริที) *n., pl.* **-ties** ความโหดร้าย, ความไร้เมตตา, การกระทำที่ป่าเถื่อน
barbarize (บาร์ บะไรซ) *v.* **-rized, -rizing** *-vt.* ทำตัวป่าเถื่อน, กระทำการที่ทารุณโหดร้าย *-vi.* กลายเป็น (คน ลักษณะ) ป่าเถื่อน **-barbarization** *n.* **-barbarous** *adj.*
barbecue (บาร์ บิคยู) *n.* เตาย่างอาหารกลางแจ้ง, งานเลี้ยงอาหารที่ปิ้งย่างกันกลางแจ้ง, เนื้อย่าง *-vt.* **-cued, -cuing** ย่างหรือปิ้งอาหารบนเตากลางแจ้ง (**-S.** (v.) broil, grill)
barbed wire ลวดหนาม
★**barber** (บาร์ เบอร์) *n.* ช่างตัดผม
★**barbershop** (บาร์ เบอร์ชอพ) *n.* ร้านตัดผม
bar code รหัสแท่ง, รหัสตัวเลขที่สามารถใช้เครื่องอ่านรหัสได้ ซึ่งจะพิมพ์เป็นแถบในแนวตั้งโดยมีความกว้างของแถบไม่เท่ากัน ประทับอยู่ตามสินค้าต่างๆ (**-S.** Universal Product Code)
bard (บาร์ด) *n.* นักกวี **-bardic** *adj.*
★**bare** (แบร์) *adj.* **barer, barest** เปล่าเปลือย, ไร้สิ่งปกปิด, ว่างเปล่า, โล่ง, ไม่ประดับประดาใดๆ, แค่พอมี **-bareness** *n.* (**-S.** (adj.) empty, naked)
bareback (แบร์ แบค) *adj., adv.* ซึ่งขี่ม้าโดยไม่มีอาน
barefoot, barefooted (แบร์ ฟุท, -ฟุททิด) *adj., adv.* ด้วยเท้าเปล่า, ซึ่งไม่สวมรองเท้า
barehanded (แบร์ แฮน' ดิด) *adj., adv.* ซึ่งไม่สวมถุงมือ, ด้วยมือเปล่า
barelegged (แบร์ เลกกิด, -เลกด์) *adj., adv.* ซึ่งไม่สวมถุงเท้า, ด้วยขาเปล่า
barely (แบร์ ลี) *adv.* น้อยมาก, แทบจะไม่
★**bargain** (บาร์ กิน) *n.* การต่อรองราคา, สินค้าราคาถูก, ข้อตกลง, การทำสัญญา *v.* **-gained, -gaining** *-vi.* ต่อรอง, ทำการตกลง *-vt.* ขายสินค้าราคาถูก, ค้าขาย **-a good bargain** การต่อรองที่น่าพอใจ (**-S.** (n., v.) deal)
barge (บาร์จ) *n.* เรือท้องแบนขนาดใหญ่, เรือสำราญ (**-S.** flatboat)
baritone, barytone (แบ' ริโทน) *n.* เสียงของนักร้องชายที่มีระดับเสียงสูงกว่าเสียงเบสและต่ำกว่าเสียงเทนเนอร์
barium (แบ' เรียม) *n.* ธาตุแบเรียม เป็นโลหะสีเงิน มีสัญลักษณ์ Ba
★**bark¹** (บาร์ค) *v.* **barked, barking** *-vt.* ตะคอกใส่ *-vi.* เห่า *-n.* เสียงเห่า **-bark up the wrong tree** โกรธผิดคน (**-S.** (v., n.) woof, yell)
bark² (บาร์ค) *n.* เปลือกไม้ *-vt.* **barked, barking** ลอกเปลือกออก, ลอกผิวออก (**-S.** (n.) cortex)
bark³, barque (บาร์ค) *n.* เรือใบประเภทหนึ่ง
barley (บาร์ ลี) *n.* ข้าวบาร์เลย์ซึ่งใช้เป็นอาหารเลี้ยงสัตว์ หรือทำเบียร์และวิสกี้ได้
barmaid (บาร์ เมด) *n.* บริกรหญิงตามบาร์
barman (บาร์ เมิน) *n.* บริกรชายตามบาร์
barmy (บาร์ มี) *adj.* **-ier, -iest** ซึ่งมีฟองฟู
barn (บาร์น) *n.* ยุ้งฉาง, โรงนา
barnacle (บาร์ นะเคิล) *n.* เพรียงทะเล, คนหรือของที่กำจัดได้ยาก **-barnacled** *adj.*
barometer (บะรอม' มิเทอร์) *n.* เครื่องมือวัดความกดอากาศ **-barometric** *adj.*
baron (แบ' เริน) *n.* ตำแหน่งขุนนางระดับต่ำสุด, คหบดี **-baronage** *n.* **-baroness** *n. fem.*
baronet (แบ' ระนิท) *n.* ตำแหน่งขุนนางระดับเหนืออัศวินแต่ต่ำกว่าบารอน
baroque (บะโรค') *adj.* เกี่ยวกับศิลปกรรมแบบบารอคในศตวรรษที่ 15-17, ซึ่งผิดรูปร่าง *-n.* ศิลปกรรมและสถาปัตยกรรมแบบบารอค
barouche (บะรูช') *n.* รถม้าสี่ล้อมีที่นั่งสองแถวหันหน้าชนกัน
barque (บาร์ค) *n.* ดู bark³
barrack (แบ' เริค) *n.* ค่ายทหาร, ค่ายพัก
barrage¹ (บะราฌ') *n.* การระดมยิงอย่างไม่ยั้ง
barrage² (บา' ริจ) *n.* ทำนบกั้นน้ำ
barrel (แบ' เริล) *n.* ถังทรงกลมขนาดใหญ่, ปริมาณบรรจุในถังดังกล่าว (**-S.** cask, tank)
barren (แบ' เริน) *adj.* แห้งแล้ง, กันดาร, เป็นหมัน, ไร้ประโยชน์, ไร้ผล (**-S.** sterile **-A.** fertile)
barricade (แบ' ริเคด) *n.* เครื่องกีดขวาง *-vt.* **-caded, -cading** กีดขวาง (**-S.** (n.) barrier)
barrier (แบ' รีเออร์) *n.* เครื่องกีดขวาง, อุปสรรค, ขอบเขต (**-S.** barricade, limit)
barrier reef แนวหินปะการังตามชายฝั่ง
barring (บา' ริง) *prep.* ยกเว้น, นอกจาก
barrister (แบ' ริสเตอร์) *n.* ทนายความ
barrow (แบ' โร) *n.* รถเข็น, ล้อเข็น, กองหินบนหลุมฝังศพ, เนินดิน, หมูตอน
bartender (บาร์ เทนเดอร์) *n.* บริกรชายที่บริการเครื่องดื่มประจำเคาน์เตอร์ในบาร์
barter (บาร์ เทอร์) *v.* **-tered, -tering** *-vt.* แลกเปลี่ยนสินค้า *-vi.* ค้าขายโดยการแลกเปลี่ยนสินค้าแทนเงิน *-n.* การค้าขายลักษณะดังกล่าว
barytone (แบ' ริโทน) *n.* ดู baritone
basal (เบ' เซิล, -เซิล) *adj.* ซึ่งเป็นพื้นฐาน, เกี่ยวกับฐาน **-basally** *adv.*
basalt (บะซอลท์') *n.* หินบะซอลต์ ซึ่งเป็นหินภูเขาไฟมีสีดำและเนื้อละเอียด

bascule bridge สะพานหกที่ยกเปิดได้

★**base**[1] (เบซ) *n., pl.* **bases** (เบ' ซิซ) ฐาน, พื้นฐาน, ฐานที่ตั้ง, แหล่งกำเนิด, แหล่งผลิต, จุดเริ่มต้น, ฐานที่มั่น, (เคมี) ด่าง *-vt.* **based, basing** สร้างฐาน, สร้างพื้นฐาน, มีฐานที่ตั้ง, ทำฐาน *-adj.* ซึ่งเป็นฐาน, ซึ่งเป็นพื้นฐาน

base[2] (เบซ) *adj.* **baser, basest** เลว, ชั่ว

baseball (เบซ' บอล) *n.* กีฬาเบสบอล, ลูกเบสบอล

baseboard (เบซ' บอร์ด) *n.* บัวสำหรับปิดรอยต่อระหว่างผนังกับพื้น

base-jumping (เบซ' จัมพิง) *n.* ย่อจาก buildings, antennae, spans and earth-jumping การฝึกกระโดดร่มจากที่สูง

★**basement** (เบซ' เมินท์) *n.* ใต้ถุนตึก, ห้องใต้ดิน

bash (แบช) *v.* **bashed, bashing** *-vt.* ตบ, ตี, วิจารณ์ *-vi.* ร่วมวิจารณ์ *-n.* การตบหรือตี

bashful (แบช' เฟิล) *adj.* เขินอาย (-S. shy)

★**basic** (เบ' สิค) *adj.* ซึ่งเกี่ยวกับพื้นฐาน, เกี่ยวกับด่าง, ซึ่งมีด่างผสมอยู่ **-basically** *adv.*

BASIC, Basic (เบ' สิค) *n.* (คอมพิวเตอร์) ย่อจาก Beginner's All-purpuse Symbolic Instruction Code ภาษาเบสิก

basil (เบ' เซิล) *n.* พืชจำพวกสะระแหน่

basilica (บะซิล' ลิคะ) *n., pl.* **-cas** วัง, ตึกโบราณที่ใช้เป็นศาล, อาคารศาลาประชาคม, โบสถ์

★**basin** (เบ' ซิน) *n.* แอ่งน้ำ, อ่าง, อ่าว, อู่เรือ

★**basis** (เบ' ซิซ) *n., pl.* **-ses** (-ซีซ) พื้นฐาน, ส่วนสำคัญ, หลักการ (-S. foundation, principle)

bask (แบซค์) *vi.* **basked, basking** ตากแดดอุ่น, พึงพอใจ, ชื่นชอบ (-S. savour, sunbathe)

★**basket** (แบส' กิท) *n.* ตะกร้า, กระจาด, ปริมาณที่บรรจุในตะกร้า (-S. receptacle)

basketball (แบส' กิทบอล) *n.* กีฬาบาสเกตบอล, ลูกบาสเกตบอล

basketry (แบส' กิทรี) *n.* การจักสานตะกร้า

bass[1] (แบซ) *n., pl.* **bass/basses** ปลาชนิดหนึ่ง ใช้กินเป็นอาหารหรือล่าเป็นเกมได้

bass[2] (เบซ) *n.* เสียงเบส, ดนตรีเสียงต่ำ, ระดับเสียงร้องต่ำสุดของนักร้องชาย *-adj.* (เสียง) ต่ำ

bastard (แบส' เติร์ด) *n.* ลูกนอกสมรส, สิ่งที่ผิดปกติ, (คำสแลง) คนเลว สิ่งที่ไม่ดี

baste (เบซท์) *vt.* **basted, basting** เนาผ้า, ตี, ด่า, ทาเนื้อย่างด้วยเนยหรือน้ำมันให้ชุ่ม

bastion (แบซ' ชัน) *n.* ป้อม, ปราการ

bat[1] (แบท) *n.* ไม้ตีลูกบอล, แส้หวด, (ภาษาพูด) ความเร็ว, การตี, การดื่มเหล้าแบบไม่ยั้ง *-vt., vi.* **batted, batting** ตีลูกบอลด้วยไม้ดังกล่าว, ใช้ไม้ตีลูกบอล, ได้รอบตีลูกบอล

bat[2] (แบท) *n.* ค้างคาว

batch (แบช) *n.* กลุ่ม, หมู่, กอง, พวก, ชุด

★**bath** (แบธ) *n., pl.* **baths** (แบธซ์) การอาบน้ำ, การชำระร่างกาย, น้ำที่ใช้อาบ, ห้องน้ำ, อ่างอาบน้ำ **-have/take a bath** (แช่อ่าง) อาบน้ำ

★**bathe** (เบธ) *v.* **bathed, bathing** *-vt.* อาบน้ำ, แช่อ่าง, อาบน้ำให้กับ, ว่ายน้ำ, เล่นน้ำ, ทำให้เปียกน้ำ *-vi.* จุ่มน้ำ **-sunbathe** อาบแดด

bathometer (บะธอม' มิเทอร์) *n.* เครื่องมือวัดระดับน้ำลึก

bathrobe (แบธ' โรบ) *n.* เสื้อคลุมอาบน้ำ

★**bathroom** (แบธ' รูม, -รุม) *n.* ห้องน้ำ

bathtub (แบธ' ทับ) *n.* อ่างอาบน้ำ

batik (บะทีค', แบท' ทิค) *n.* วิธีการย้อมลายผ้าแบบหนึ่งโดยใช้ขี้ผึ้งทาในส่วนที่ไม่ต้องการย้อมสี, ผ้าย้อมลายบาติก *-adj.* ซึ่งเป็นลายบาติก

baton (บะทอน', แบท' เทิน) *n.* ไม้กำกับจังหวะของวาทยากร, ไม้คทา, ไม้วิ่งผลัด (-S. rod, stick)

batsman (แบทซ' เมิน) *n.* นักกีฬาตีลูกเบสบอล, นักกีฬาตีลูกคริกเกต

battalion (บะแทล' เยิน) *n.* กองพันทหาร, กำลังพล, คณะ, หมู่ (-S. company, troops)

batten (แบท' เทิน) *n.* แผ่นไม้กระดาน, แผ่นไม้หรือโลหะที่ใช้ตรึงผ้าใบเรือ (-S. clamp)

batter[1] (แบท' เทอร์) *vt., vi.* **-tered, -tering** ทุบตี, ทำเสียหาย, ทำร้ายร่างกายหรือจิตใจ

batter[2] (แบท' เทอร์) *n.* แป้งที่นวดจนเข้ากันดี

batter[3] (แบท' เทอร์) *n.* นักกีฬาตีลูกเบสบอลหรือลูกคริกเกต

★**battery** (แบท' ทะรี) *n., pl.* **-ies** แบตเตอรี่, อุปกรณ์จ่ายไฟ, ถ่านไฟฉาย, กรงตับ (ที่ใช้เลี้ยงไก่), การตบตีอย่างแรง, การทำร้ายร่างกาย, ของที่เหมือนกันเป็นชุดๆ, ชุดปืนใหญ่

★**battle** (แบท' เทิล) *n.* สงคราม, การสู้รบ, การแข่งขัน, การต่อสู้ดิ้นรน *-v.* **-tled, -tling** *-vt.* ต่อสู้ *-vi.* ร่วมสู้ **-battler** *n.* (-S. (n., v.) fight)

battle cry การตะโกนร้องเพื่อสร้างขวัญกำลังใจ

battlefield (แบท' เทิลฟีลด์) *n.* สนามรบ

battlement (แบท' เทิลเมินท์) *n.* เชิงเทิน, ช่องเหนือกำแพงเมืองสำหรับต่อสู้ป้องกันข้าศึก

battleship (แบท' เทิลชิพ) *n.* เรือรบ

bauble (บอ' เบิล) *n.* เครื่องประดับราคาถูก, ของไม่มีค่า (-S. knickknack, trifle)

baulk (บอค) *n., vt., vi.* ดู balk

bawd (บอด) *n.* แม่เล้า, โสเภณี

A B C D E F G H I J K L M N O P Q R S T U V W X Y Z

bawdy (บอ' ดี) *adj.* **-ier, -iest** หยาบคาย
bawl (บอล) *vt., vi.* **bawled, bawling** ตะโกน, ร้องคร่ำครวญ, ตวาดลั่น (**-S.** cry, scream, wail)
bay (เบ) *n.* อ่าว, เวิ้งน้ำ, มุขหน้าต่างหรือประตู, ส่วนของอาคารที่ยื่นออกไป, ห้องเก็บของในโกดัง, เสียงเห่าหอน, สีน้ำตาลอมแดง, สัตว์ที่มีสีน้ำตาลอมแดง, ต้นไม้พวกเครื่องเทศชนิดหนึ่ง, พวงหรีด **-bring to bay** จนมุม
bayonet (เบ' อะนิท) *n.* ดาบปลายปืน
bayou (ไบ' อู, ไบ' โอ) *n.* ลำธาร, ลำห้วย
bay window หน้าต่างที่ยื่นออกมาเป็นมุข
bazaar, bazar (บะซาร์') *n.* ตลาดที่มีร้านขายของตลอดแนวถนน, ตลาดนัดการกุศล
bazooka (บะซู' คะ) *n.* ปืนยิงจรวดระยะใกล้
B.B.A ย่อจาก Bachelor of Business Administration ปริญญาตรีทางบริหารธุรกิจ
BBC ย่อจาก British Broadcasting Corporation บริษัทสถานีวิทยุกระจายเสียงของอังกฤษ
BC, B.C. ย่อจาก Before Christ ก่อนคริสต์ศักราช

> ใช้ **BC** หรือ **B.C.** ตามหลังตัวเลข เช่น He died in 38 BC/38 B.C.

BCG ย่อจาก Bacillus Calmette-Guérin vaccine วัคซีนป้องกันวัณโรค
B complex วิตามินบีรวม
★**be** (บี) *v. aux., vi.* **was/were, been, being** เป็น, อยู่, คือ, เกิดขึ้น, เกิดกับ, เป็นของ รูปปัจจุบันกาลคือ is, am, are ใช้แสดงความหมายบรรยาย อธิบายทั่วๆ ไป เช่น Ben is a doctor. ใช้สร้างรูป continuous tense เช่น He is sleeping. ใช้สร้างรูป passive voice เช่น Has the car been fixed yet? ใช้คาดการณ์ในอนาคต เช่น Jim is to see me tomorrow. ใช้ be ร่วมกับกริยาช่วยตัวอื่นๆ เช่น Jane will be home soon.
be- คำอุปสรรค หมายถึง ใกล้, อยู่ที่
beach (บีช) *n.* ชายหาด, หาดทราย

> **beach** หาดทรายที่สามารถเดินเล่นหรือพักผ่อนได้ เช่น I like walking along the beach.
> **shore** ชายฝั่ง (ทะเล แม่น้ำ ทะเลสาบ) ซึ่งอาจเป็นหาดทรายหรือเป็นกรวดหิน เช่น We are swimming by the shore.
> **coast** ชายฝั่งทะเล, ผืนแผ่นดินที่ติดชายทะเล เช่น John lives in the west coast.

beacon (บี' เคิน) *n.* สัญญาณไฟ, ไฟเตือน
bead (บีด) *n.* ลูกปัด, สิ่งที่กลมมน, หยด, ฟอง
beagle (บี' เกิล) *n.* สุนัขพันธุ์หนึ่งตัวเล็ก ขนเรียบ หูตก ขาสั้น ใช้ล่าสัตว์
★**beak** (บีค) *n.* จะงอยปากนก, ส่วนที่คล้ายจะงอย, (คำสแลง) จมูกที่งองุ้ม **-beaked** *adj.*
beaker (บี' เคอร์) *n.* ถ้วยแก้วที่ใช้ทดลองทางวิทยาศาสตร์, แก้วที่มีปากคล้ายจะงอย
★**beam** (บีม) *n.* คาน, ขื่อ, คันชั่ง, ความกว้างของลำเรือ, ลำแสง, คลื่นวิทยุ, รอยยิ้ม, ใบหน้าที่ยิ้มแย้ม *-v.* **beamed, beaming** *-vt.* ยิ้มสดใส, ส่งสัญญาณ *-vi.* ส่องสว่าง, ส่งลำแสง, ยิ้มกว้าง
★**bean** (บีน) *n.* ต้นถั่ว, ฝักถั่ว, (คำสแลง) หัวสมอง จิตใจ **-full of beans** ร่าเริง
beanbag chair เก้าอี้ที่เป็นถุงยัดด้วยเศษผ้า หรือเม็ดวัสดุกลมๆ ใช้นั่งบนพื้น
bean curd เต้าหู้ (**-S.** tofu)
bean sprouts ถั่วงอก
★**bear**[1] (แบร์) *n., pl.* **bears/bear** หมี, คนงุ่มง่าม, คนหยาบคาย, คนซื้อขายหุ้นเพื่อเก็งกำไร **-Bear** กลุ่มดาวหมีใหญ่ **-bearlike** *adj.* **-bearish** *adj.*
★**bear**[2] (แบร์) *v.* **bore, borne/born, bearing** *-vt.* ค้ำจุน, แบก, หนุน, พยุง, เคลื่อนย้าย, แสดงเครื่องหมาย, ยอมรับสภาพ, ทน, ให้กำเนิด, ให้ผลผลิต, นำพา *-vi.* ไปในทาง, ออกลูก, ผลิต (ผล), อดทน **-bear in mind** จดจำ **-bear with** ทนต่อ **-bearable** *adj.* **-bearably** *adv.*
★**beard** (เบียร์ด) *n.* หนวดเครา, ขนของพืช
bearer (แบ' เรอร์) *n.* คนแบก, ผู้ถือสาร, ต้นไม้ที่ออกดอกออกผล (**-S.** carrier, courier)
bear hug การสวมกอดกันแรงๆ และแนบแน่น
bearing (แบ' ริง) *n.* ท่วงท่า, กิริยาท่าทาง, ทิศทาง (ของเข็มทิศ), ความสัมพันธ์, ความอดทน, ความทนทาน, ตัวพยุงน้ำหนัก, ผลผลิต, ความสามารถในการผลิต
beast (บีซท์) *n.* สัตว์ป่า, ความเป็นสัตว์, คนหรือของที่น่ารังเกียจ **-beastly** *adj.* (**-S.** animal)
beast of burden *n., pl.* **beasts of burden** สัตว์ที่ใช้บรรทุกสัมภาระ
★**beat** (บีท) *v.* **beat, beaten/beat, beating** *-vt.* เอาชนะ, ตี, หวด, ตีให้เข้ากัน, ลงแส้, กระทบกระแทก, ตามล่า, ให้จังหวะ, (ภาษาพูด) ประหลาดใจ หลอกลวง หลบเลี่ยง *-vi.* หวด,

ตีอย่างแรง, ส่งเสียงเป็นจังหวะ, เคลื่อนหรือเต้นเป็นจังหวะ, เคาะ, ล่าในป่า *-n.* จังหวะ, การตีเป็นชุดๆ, เส้นทางเดินประจำ *-adj.* (ภาษาพูด) เหนื่อยล้า อ่อนใจ (**-S.** (v., n.) defeat, pulse, strike, thrash (n.) beating)

beau (โบ) *n., pl.* **beaus/beaux** (โบซฺ) ผู้ชายเจ้าชู้, ชายคนรัก

beautician (บยูทิช' เชิน) *n.* ช่างเสริมสวย

★**beautiful** (บยู' ทะเฟิล) *adj.* สวยงาม, ดูดี **-beautifully** *adv.* (**-S.** lovely **-A.** ugly)

beautiful people ชนชั้นสูง, ผู้ดีมีเงิน

beautify (บยู' ทะไฟ) *vt., vi.* **-fied, -fying** ทำให้สวยงาม, ทำให้ดูดี **-beautification** *n.*

★**beauty** (บยู' ที) *n., pl.* **-ties** ความสวยงาม, สิ่งสวยงาม, หญิงงาม, หน้าตาดี, สิ่งที่มีเสน่ห์

beauty culture อาชีพช่างเสริมสวย

beauty salon ร้านเสริมสวย

beauty shop/parlor ร้านเสริมสวย

beauty spot จุดด่างดำตามผิวหนัง, จุดดำที่แต้มบนหน้าเพื่อให้ดูแปลกตา

beaux (โบซฺ) *n.* พหูพจน์ของ beau

beaver (บี' เวอรฺ)*n.* ตัวบีเวอร์ ชอบอาศัยอยู่ตามลำธารและเอากิ่งไม้มาสร้างเขื่อนกั้นน้ำ

becalm (บิคาม') *vt.* **-calmed, -calming** ทำให้สงบลง, ทำให้หยุดนิ่ง **-becalmed** *adj.*

became (บิเคม') *v.* กริยาช่อง 2 ของ become

★**because** (บิคอซ', -คัซ') *conj.* เนื่องจาก, เพราะ

beck (เบค) *n.* การแสดงกิริยาอาการเรียกหา

beckon (เบค' เคิน) *vt., vi.* **-oned, -oning** เรียกหาโดยแสดงอาการ, กวักเรียก, พยักหน้าเรียก *-n.* การแสดงอาการเรียกเข้ามาหา

★**become** (บิคัม') *vt., vi.* **-came, -come, -coming** กลายเป็น, เปลี่ยนเป็น, เหมาะกับ, เป็น, เกิดกับ (**-S.** change, grow, suit)

becoming (บิคัม' มิง) *adj.* เหมาะสม, น่าพอใจ, ดึงดูดใจ *-n.* ความจริงที่ปรากฏ **-becomingly** *adv.* (**-S.** (adj.) attractive, suitable)

bed (เบด) *n.* เตียงนอน, ที่นอน, แปลงปลูกพืช, ก้นบึ้ง, ห้องน้ำ, ฐานรอง, ชั้นหิน *-v.* **bedded, bedding** *-vt.* จัดหาที่นอนให้, เอาเข้าไปนอน, ร่วมหลับนอน, ตรึงติดอยู่กับที่, ขุดแปลงปลูกพืช, จัดเป็นชั้น *-vi.* นอนพัก, เข้านอน, จัดเป็นชั้นๆ **-bed and board** ที่พักพร้อมอาหาร, บ้าน, ชีวิตสมรส **-put to bed** เอาเข้าไปนอน

BEd, B.Ed. ย่อจาก Bachelor of Education ครุศาสตรบัณฑิต

bed-and-breakfast (เบด' เดินเบรค' เฟิซท์) *adj.* ซึ่งจัดเตรียมที่พักพร้อมอาหารเช้าไว้ให้

bedbug (เบด' บัก) *n.* ตัวเรือดที่อยู่ตามที่นอนเครื่องเรือนต่างๆดูดเลือดคนหรือสัตว์เป็นอาหาร

bedclothes (เบด' โคลซ, -โคลธซ์) *n. pl.* ชุดเครื่องนอน, ที่นอนหมอนมุ้ง

bedding (เบด' ดิง) *n.* ที่นอนหมอนมุ้ง, กองฟางสำหรับปูรองให้สัตว์นอน, ฐานรอง

bedeck (บิเดค') *vt.* **-decked, -decking** ประดับ, ตกแต่ง **-bedecked** *adj.* (**-S.** adorn)

bedevil (บิเดฟ' เวิล) *vt.* **-iled, -iling/-illed, -illing** ทำให้ทรมาน, ก่อกวน, ทำให้วิตกกังวล

bedfellow (เบด' เฟลโล) *n.* เพื่อนร่วมเตียง, หุ้นส่วน, พันธมิตร

bedlam (เบด' เลิม) *n.* โรงพยาบาลบ้า, ที่อึกทึก

Bedouin, Beduin (เบด' ดูอิน, เบด' วิน) *n., pl.* **-in/ins** ชนเผ่าอาหรับที่ใช้ชีวิตเร่ร่อนกลางทะเลทราย

bedpan (เบด' แพน) *n.* กระโถนปัสสาวะหรืออุจจาระสำหรับคนป่วยที่นอนอยู่กับเตียง

bedraggled (บิแดรก' เกิลด์) *adj.* เฉอะแฉะ

bedridden (เบด' ริดเดิน) *adj.* ซึ่งนอนซม

★**bedroom** (เบด' รูม, -รุม) *n.* ห้องนอน

bedside (เบด' ไซดฺ) *n.* ที่ข้างเตียง

bedspread (เบด' สเปรด) *n.* ผ้าคลุมเตียง

bedtime (เบด' ไทมฺ) *n.* เวลาเข้านอน

Beduin (เบด' ดูอิน, เบด' วิน) *n.* ดู Bedouin

bed-wetting (เบด' เวททิง) *n.* การปัสสาวะรดที่นอน

★**bee** (บี) *n.* ผึ้ง, การชุมนุม, อักษรตัว b **-a bee in one's bonnet** ความคิดแบบฝังหัว

beech (บีช) *n.* ต้นบีช ซึ่งเป็นไม้ผลัดใบชนิดหนึ่ง

★**beef** (บีฟ) *n., pl.* **beeves** (บีฟวํซ) **/beef** เนื้อวัว, (ภาษาพูด) กล้ามเนื้อของคน คำบ่น

beefalo (บี' ฟะโล) *n., pl.* **-lo/-los/-loes** สัตว์ลูกผสมระหว่างวัวกับควาย

beefeater (บีฟ' อีเทอรฺ) *n.* คนที่กินเนื้อวัว, คนอ้วนพี, ทหารรักษาการณ์

beefy (บี' ฟี) *adj.* **-ier, -iest** บึกบึน

beehive (บี' ไฮฟว์) *n.* รังผึ้ง

beekeeper (บี' คีเพอรฺ) *n.* คนเลี้ยงผึ้ง

beeline (บี' ไลนฺ) *n.* เส้นทางที่ตรง, ทางตรง

★**been** (บิน) *v. aux., vi.* กริยาช่อง 3 ของ be

beep (บีพ) *n.* เสียงสัญญาณที่ดังปี๊บๆ *-vi., vt.* **beeped, beeping** ทำเสียงดังกล่าว

★**beer** (เบียรฺ) *n.* เบียร์ **-beery** *adj.*

beeswax (บีซ' แวคซฺ) *n.* ไขผึ้ง, ขี้ผึ้ง

beet (บีท) *n.* หัวบีต มีสีแดง ใช้รับประทานได้

beetle[1] (บีท' เทิล) *n.* แมลงปีกแข็ง, ค้อน
beetle[2] (บีท' เทิล) *vi.* **-tled, -tling** ยื่นออกมา
beetroot (บีท' รูท) *n.* ดู beet
beeves (บีฟว์ซฺ) *n.* พหูพจน์ของ beef
befall (บิฟอล') *v.* **-fell, -fallen, -falling** *-vi.* เกิดขึ้น, ปรากฏ *-vt.* เกิดขึ้นกับ (**-S.** happen)
befit (บิฟิท') *vt.* **-fitted, -fitting** เหมาะสม
★**before** (บิฟอรฺ', -โฟรฺ') *adv.* ก่อนหน้า, มาก่อน *-prep.* ก่อนข้างหน้า, ก่อนอื่น *-conj.* ก่อนที่จะ (**-S.** (adv.) earlier **-A.** (adv.) later)
beforehand (บิฟอรฺ' แฮนดฺ, -โฟรฺ'-) *adj., adv.* ล่วงหน้า, ก่อนหน้า (**-S.** (adj.) previous)
befriend (บิเฟรนดฺ') *vt.* **-friended, -friending** ทำตัวเป็นเพื่อนกับ, ช่วยเหลือ (**-S.** aid, help)
beg (เบก) *vt., vi.* **begged, begging** วิงวอน, ขอความช่วยเหลือ, ขอบริจาค **-I beg your pardon.** กรุณาพูดซ้ำอีกครั้ง, ขออภัย (**-S.** ask)
began (บิแกน') *v.* กริยาช่อง 2 ของ begin
beggar (เบก' เกอรฺ) *n.* ขอทาน, ยาจก
★**begin** (บิกิน') *vi., vt.* **began, begun, beginning** เริ่มต้น, เริ่มที่จะ **-beginner** *n.* (**-S.** start)
beginning (บิกิน' นิง) *n.* จุดเริ่มต้น, การเริ่มต้น
begone (บิกอน') *vi., interj.* ไปให้พ้น
begrudge (บิกรัจ') *vt.* **-grudged, -grudging** อิจฉาริษยา, ไม่พอใจ, ไม่เต็มใจ (**-S.** envy)
beguile (บิไกลฺ') *vt.* **-guiled, -guiling** ทำให้หลงใหล, ทำให้เพลิน, หลอกลวง **-beguilement** *n.* (**-S.** charm, cheat, entertain)
begun (บิกัน') *v.* กริยาช่อง 3 ของ begin
★**behalf** (บิแฮฟ', -ฮาฟ') *n.* ตัวแทน, ผลประโยชน์ **-in (on) behalf of** ในฐานะตัวแทนของ
★**behave** (บิเฮฟว์') *vt., vi.* **-haved, -having** ประพฤติตน, กระทำตน (**-S.** act)
★**behavior, behaviour** (บิเฮฟว์' เยอรฺ) *n.* ความประพฤติ, การปฏิบัติตน
behead (บิเฮด') *vt.* **-headed, -heading** ตัดหัว (**-S.** decapitate, guillotine)
beheld (บิเฮลดฺ') *v.* กริยาช่อง 2 และ 3 ของ behold
behemoth (บิฮี' เมิธ) *n.* สัตว์ตัวใหญ่มหึมา, สิ่งที่มีพละกำลังมหาศาล, สิ่งที่ใหญ่โตมาก
behest (บิเฮซทฺ') *n.* คำสั่ง (**-S.** command)
★**behind** (บิไฮนดฺ') *adv., prep.* ข้างหลัง, ด้านหลัง, ล้าหลัง, เบื้องหลัง, ตามหลัง, ทิ้งเอาไว้, หนุนหลัง, ทิ้งท้าย *-n.* (ภาษาพูด) บั้นท้าย
behindhand (บิไฮนดฺ' แฮนดฺ) *adj., adv.* ล่าช้า, สาย
behold (บิโฮลดฺ') *vt.* **-held, -holding** มอง, ดู, จ้อง **-beholder** *n.* (**-S.** see, watch)
beholden (บิโฮล' เดิน) *adj.* เป็นหนี้บุญคุณ
behoof (บิฮูฟ') *n.* ผลประโยชน์
behoove (บิฮูฟว์') *vt., vi.* **-hooved, -hooving** มีความจำเป็น, จำเป็นต้อง
beige (เบฌ) *n.* สีน้ำตาลอ่อน **-beige** *adj.*
★**being** (บี' อิง) *n.* สภาพที่เป็นอยู่, บุคคล
belabor, belabour (บิเล' เบอรฺ) *vt.* **-bored, -boring/-boured, -bouring** เฆี่ยน, ตี, ด่า
belated (บิเล' ทิด) *adj.* สายเกินไป, ช้าเกินไป **-belatedly** *adv.* **-belatedness** *n.*
belch (เบลชฺ) *vt., vi.* **belched, belching** เรอ, พ่นออกมา **-belch** *n.* (**-S.** burp, emit)
beldam, beldame (เบล' เดิม) *n.* หญิงชรา
beleaguer (บิลี' เกอรฺ) *vt.* **-guered, -guering** ล้อมไว้, โจมตี, รังควาน **-beleaguerment** *n.*
belfry (เบล' ฟรี) *n., pl.* **-fries** หอระฆัง
belie (บิไล') *vt.* **-lied, -lying** ทำให้เข้าใจผิด, ใส่ความ, โกหก **-belier** *n.* (**-S.** falsify)
★**belief** (บิลีฟ') *n.* ความเชื่อ, ความศรัทธา, ความเชื่อมั่น **-beyond belief** เกินจริง, เหลือเชื่อ
★**believe** (บิลีฟว์') *vt., vi.* **-lieved, -lieving** เชื่อ, เชื่อถือ, ศรัทธา, เชื่อมั่น **-believability** *n.* **-believable** *adj.* (**-S.** accept, trust)
belittle (บิลิท' เทิล) *vt.* **-tled, -tling** ทำให้ดูน้อยลง, ทำให้ดูไร้ค่าหรือความสำคัญ, ดูถูก **-belittlement** *n.* (**-S.** depreciate, diminish)
★**bell** (เบล) *n.* ระฆัง, กระดิ่ง, สิ่งของที่คล้ายระฆัง, เสียงระฆัง, เสียงสัตว์ร้องคำราม *-v.* **belled, belling** *-vt.* ห้อยระฆัง, แขวนกระดิ่ง, ทำให้เป็นรูปคล้ายระฆัง *-vi.* ทำให้บานออกคล้ายระฆัง, (สัตว์) ร้องคำราม
bellboy (เบล' บอย) *n.* เด็กขนกระเป๋า, เด็กรับใช้ (**-S.** bellhop)
bell buoy ทุ่นลอยน้ำที่ติดสัญญาณเตือน
bell captain หัวหน้าคนรับใช้
belle (เบล) *n.* สาวสวย, สาวพราวเสน่ห์
belles-letters (เบลเลท' ทระ) *n. pl.* วรรณคดี
belletrist (เบลเลท' ทริซทฺ) *n.* นักแต่งวรรณคดี
bellhop (เบล' ฮอพ) *n.* ดู bellboy
bellicose (เบล' ลิโคซ) *adj.* ชอบทะเลาะวิวาท
belligerent (บะลิจ' เจอเรินทฺ) *adj.* ชอบการต่อสู้, กระหายสงคราม (**-S.** bellicose)
bellow (เบล' โล) *vt., vi.* **-lowed, -lowing** คำราม, ตะโกน *-n.* เสียงคำราม, เสียงตะโกน (**-S.** (v., n.) roar, shout, yell **-A.** (v., n.) whisper)

bellows (เบล' โลซฺ) *n. pl.* เครื่องสูบลมแบบโบราณ, ปอด

belly (เบล' ลี) *n., pl.* **-lies** ท้อง, กระเพาะ

bellyache (เบล' ลีเอค) *n.* อาการปวดท้อง

bellybutton (เบล' ลีบัทเทิน) *n.* สะดือ

belly dance ระบำหน้าท้อง, ระบำส่ายพุง

belly laugh หัวเราะจนท้องคัดท้องแข็ง

★**belong** (บิลอง') *vi.* **-longed, -longing** เป็นของ, เหมาะสำหรับ, เป็นส่วนหนึ่งของ, เข้ากับ

belongings (บิลอง' งิงซฺ) *n. pl.* สมบัติส่วนตัว, สัมพันธภาพ (**-S.** possessions)

beloved (บิลัฟ' วิด, -ลัฟวฺดฺ') *adj.* อันเป็นที่รัก *-n.* ที่รัก, คนรัก (**-S.** (n.) sweetheart)

★**below** (บิโล') *adv., prep.* ใต้, ข้างใต้, ข้างล่าง, ภายใต้, ต่ำกว่า, บนโลก (**-S.** (prep.) underneath)

★**belt** (เบลทฺ) *n.* เข็มขัด, แถบรัด, สายพาน, แนว, แถบ, (ภาษาพูด) การต่อย ความตื่นเต้น การดื่มเหล้ารสแรง *-vt.* **belted, belting** รัดเข็มขัด, รัด, ร้องเพลงดังลั่น, ดื่มจัด, หวด

bemoan (บิโมน') *vt.* **-moaned, -moaning** คร่ำครวญ, เพ้อรำพัน, เศร้าโศก

bemuse (บิมยูซฺ') *vt.* **-mused, -musing** ทำให้สับสนงุนงง **-bemusement** *n.*

★**bench** (เบนชฺ) *n.* เก้าอี้ยาวแบบมีพนักพิง, โต๊ะทำงานตัวยาว, ห้องทำงาน **-the bench** บัลลังก์ของผู้พิพากษา, ผู้พิพากษา

benchmark (เบนชฺ' มารฺค) *n.* บรรทัดฐาน

★**bend** (เบนดฺ) *vt., vi.* **bent, bending** โค้ง, บ่ายหน้า, งอ, โน้ม, จำนนต่อ, ตั้งใจแน่วแน่ *-n.* การโค้งงอ, สิ่งที่โค้งงอ **-round the bend** บ้า

★**beneath** (บินีธ') *adv., prep.* ข้างใต้, เบื้องล่าง, ภายใต้, อยู่ใต้, ต่ำกว่า, ไม่สมควร, ไม่คู่ควร

benedict (เบน' นิดิคทฺ) *n.* ชายที่เพิ่งแต่งงาน

Benedictine (เบนนิดิค' ทีน) *n.* พระหรือนางชีในนิกายหนึ่งของศาสนาคริสต์

benediction (เบนนิดิค' ชัน) *n.* การอวยพร, คำให้พร **-benedictory** *adj.*

benefaction (เบนนะแฟค' ชัน) *n.* การช่วยเหลือ, การบริจาค, เงินบริจาค

benefactor (เบน' นะแฟคเทอรฺ) *n.* ผู้บริจาค **-benefactress** *n. fem.* (**-S.** donor)

benefice (เบน' นะฟิซ) *n.* ตำแหน่งพระที่สอนศาสนา, รายได้ของตำแหน่งของพระดังกล่าว

beneficence (บะเนฟ' ฟิเซินซฺ) *n.* ความใจบุญ, การบริจาค **-beneficient** *adj.*

beneficial (เบนนะฟิช' เชิล) *adj.* ซึ่งให้ผลประโยชน์ **-beneficially** *adv.*

beneficiary (เบนนะฟิช' เชียรี, -ฟิช' ชะรี) *n., pl.* **-ies** ผู้รับผลประโยชน์ (**-S.** heir)

★**benefit** (เบน' นะฟิท) *n.* ผลประโยชน์, ประโยชน์, เงินสงเคราะห์, ผลกำไร *-v.* **-fited, -fiting** *-vt.* ทำประโยชน์, ช่วยเหลือ, สงเคราะห์ *-vi.* รับผลประโยชน์, รับผลดี (**-S.** (n.) advantage)

benevolent (บะเนฟ' วะเลินทฺ) *adj.* ใจดี **-benevolently** *adv.* **-benevolence** *n.*

benign (บิไนนฺ') *adj.* อ่อนโยน, ใจดี, สุภาพ, สบาย, ไม่อันตราย **-benignly** *adv.* (**-S.** kind)

bent (เบนทฺ) *v.* กริยาช่อง 2 และ 3 ของ bend *-adj.* ซึ่งโค้งงอ, แน่วแน่, คดโกง *-n.* แนวโน้ม, ความชำนาญ (**-S.** (adj.) crooked, curved)

benzene (เบน' ซีน, เบนซีน') *n.* สารเบนซีนเป็นสารประกอบไฮโดรคาร์บอนมีพิษ ทำให้เกิดโรคมะเร็ง มีสูตรเคมี C_6H_6

benzine, benzin (เบน' ซีน, เบน' ซิน) *n.* ของเหลวติดไฟได้ กลั่นจากน้ำมันปิโตรเลียม ใช้เป็นน้ำมันเชื้อเพลิง และทำความสะอาด

benzoin (เบน' โซอิน) *n.* ยางไม้หอม, กำยาน

bequeath (บิควีธ', -ควีธ') *vt.* **-queathed, -queathing** ยกมรดกให้ตามพินัยกรรม, ยกให้

bequest (บิเควซทฺ') *n.* การทำพินัยกรรมยกมรดกให้, มรดก (**-S.** heritage, legacy)

bereave (บิรีฟวฺ') *vt.* **-reaved/-reft, -reaving** พรากไปเสีย, จากไปเสีย, ตายจาก, ฉุดไปจาก **-bereavement** *n.* **-bereaved** *adj.*

bereft (บิเรฟทฺ') *v.* กริยาช่อง 2 และ 3 ของ bereave *-adj.* ซึ่งสูญเสียของรัก

beret (บะเร', เบ' เร) *n.* หมวกสักหลาดกลมไม่มีปีกซึ่งสวมเอียงๆ บนศีรษะ

berg (เบิรฺก) *n.* ดู iceberg

bergamot (เบอรฺ' กะมอท) *n.* มะกรูด

beriberi (เบ' รีเบ' รี) *n.* โรคเหน็บชา

★**berry** (เบ' รี) *n., pl.* **-ries** ผลไม้ขนาดเล็ก เช่น สตรอว์เบอร์รี่ เชอร์รี่, ไข่ปลา, ไข่กุ้ง

berserk (เบอรฺเซิรฺค', -เซิรฺค') *adj., adv.* ซึ่งคลุ้มคลั่ง, รุนแรง, บ้าดีเดือด (**-S.** (adj.) mad)

berth (เบิรฺธ) *n.* เตียงนอนบนยานพาหนะ, ท่าเรือ, งาน *-vt., vi.* **berthed, berthing** จอดเรือ

beseech (บิซีช') *vt.* **-sought/-seeched, -seeching** ขอร้อง, วิงวอน (**-S.** ask, beg)

beseem (บิซีม') *vi., vt.* **-seemed, -seeming** เหมาะสม, สมควร

beset (บิเซท') *vt.* **-set, -setting** กลุ้มรุม, ล้อม

★**beside** (บิไซดฺ') *prep.* ข้างเคียง, ถัดจาก, นอกจาก, ยกเว้น

besides (บิไซด์ซ') *adv., prep.* อีกด้วย, นอกจากนี้, อีกอย่างหนึ่ง (-S. (adv.) also, more over)
besiege (บิซีจ') *vt.* **-sieged, -sieging** ห้อมล้อม, รุม, รบกวน **-besiegement** *n.*
besom (บี' เซิม) *n.* ไม้กวาด (-S. broom)
besot (บิซอท') *vt.* **-sotted, -sotting** ทำให้มึนงง, ทำให้หลงใหล **-besotted** *adj.*
besought (บิซอท') *v.* กริยาช่อง 2 และ 3 ของ beseech
bespeak (บิสปีค') *vt.* **-spoke, -spoken/-spoke, -speaking** บอกกล่าวล่วงหน้า, จองล่วงหน้า, แสดงให้เห็นถึง, ปราศรัย
bespoke (บิสโปค') *v.* กริยาช่อง 2 และ 3 ของ bespeak *-adj.* ทำหรือผลิตตามสั่ง
★**best** (เบซท์) *adj., adv.* คุณศัพท์และกริยาวิเศษณ์ เปรียบเทียบขั้นสูงสุดของ good และ well ดีที่สุด, เยี่ยมที่สุด, เหมาะสมที่สุด, มากที่สุด, ใหญ่ที่สุด *-n.* ส่วนที่ดีที่สุด, คนหรือสิ่งที่ดีที่สุด
bestial (เบซ' เชิล) *adj.* เยี่ยงสัตว์, ป่าเถื่อน
bestir (บิสเตอร์') *vt.* **-stirred, -stirring** ทำให้กระฉับกระเฉง, กุลีกุจอ, สาละวน
best man เพื่อนเจ้าบ่าว
bestow (บิสโต') *vt.* **-stowed, -stowing** มอบรางวัล, อุทิศ, ให้ **-bestowal** *n.* (-S. give)
bestrew (บิสตรู') *vt.* **-strewed, -strewed/-strewn, -strewing** กระจาย, กลาดเกลื่อน
bestride (บิสไตรด์') *vt.* **-strode, -stridden, -striding** นั่งควบ, นั่งหรือยืนคร่อม
bestseller (เบซท์' เซล' เลอร์) *n.* สินค้าหรือหนังสือที่ขายดีที่สุด **-best-selling** *adj.*
★**bet** (เบท) *n.* การพนัน, การเดิมพัน *-vt., vi.* **bet/betted, betting** เสี่ยงพนัน, วางเดิมพัน **-I bet** (ภาษาพูด) ฉันแน่ใจ **-you bet** (ภาษาพูด) แน่นอน (-S. (n., v.) gamble)
beta (เบ' ทะ, บี'-) *n.* อักษรตัวที่ 2 ในพยัญชนะกรีก, ตัวบีตา (Β, β), อันดับสอง
beta test การทดสอบผลิตภัณฑ์เป็นครั้งที่สอง
betel (บีท' เทิล) *n.* ใบพลู
betel nut หมาก
betel palm ต้นหมาก
bête noire (เบท นวาร์') *n., pl.* **bêtes noires** สิ่งที่น่ารังเกียจ, คนที่น่ารังเกียจ
betimes (บิไทม์ซ') *adv.* ทันที, รวดเร็ว, แต่เช้า
betoken (บิโท' เคิน) *vt.* **-kened, -kening** แสดงถึง, เป็นลางว่า (-S. augur, denote)
betray (บิเทร') *vt.* **-trayed, -traying** ทรยศ, แสดงถึง, เผย **-betrayal** *n.* **-betrayer** *n.*
betroth (บิโทรธ', -ทรอธ') *vt.* **-trothed, -trothing** หมั้นหมาย **-betrothal** *n.*
betrothed (บิโทรธด์', -ทรอธท์') *n.* คู่หมั้น *-adj.* ซึ่งหมั้นหมายแล้ว
★**better**[1] (เบท' เทอร์) *adj., adv.* คุณศัพท์และกริยาวิเศษณ์เปรียบเทียบขั้นกว่าของ good และ well ดีกว่า, เหมาะสมกว่า, มากกว่า, ใหญ่กว่า, (สุขภาพ) ดีขึ้น *-n.* สิ่งที่ดีกว่า, การพัฒนา **-for better or (for) worse** ไม่ว่าจะดีหรือชั่ว
better[2], **bettor** (เบท' เทอร์) *n.* นักพนัน
bettor (เบท' เทอร์) *n.* ดู better[2]
★**between** (บิทวีน') *prep., adv.* ระหว่าง, ระหว่างกลาง, คั่นกลาง, ระหว่างช่วง
bevel (เบฟ' เวิล) *n.* มุม, ขอบที่ลาดเอียง, เครื่องมือวัดมุม *-v.* **-eled, -eling/-elled, -elling** *-vt.* ตัดเป็นมุม *-vi.* เอียงเป็นมุม (-S. (n., v.) tilt)
beverage (เบฟ' เวอริจ, เบฟว' ริจ) *n.* เครื่องดื่ม (ที่ไม่ใช่น้ำเปล่า) (-S. drink, refreshment)
beware (บิแวร์') *vt., vi.* **-wared, -waring** ระมัดระวัง (-S. be cautious, look out)
bewilder (บิวิล' เดอร์) *vt.* **-dered, -dering** ทำให้งงงวย, ทำให้สับสน **-bewilderment** *n.* **-bewildering** *adj.* (-S. confuse, puzzle)
bewitch (บิวิช') *vt.* **-witched, -witching** ทำให้ต้องมนตร์, ทำให้หลงใหล **-bewitchment** *n.*
★**beyond** (บิยอนด์') *prep.* เหนือ, เกิน, โพ้น, เลย, หลังจาก, นอกเหนือ *-adv.* ห่างไกล
B-girl (บี' เกิร์ล) *n.* พนักงานหญิงตามบาร์
bi (ไบ) *n., pl.* **bi's** (คำสแลง) คนที่สามารถมีเพศสัมพันธ์กับชายหรือหญิงก็ได้
bi- คำอุปสรรค หมายถึง คู่, สอง
biannual (ไบแอน' นวล) *adj.* ปีละสองครั้ง
bias (ไบ' เอิซ) *n., pl.* **biases** อคติ, แนวโน้ม, ความลำเอียง, ความเอนเอียง, เส้นเฉียง *-adj.* เอียง, เฉียง *-adv.* อย่างเอียง (-S. (n.) prejudice)
bib (บิบ) *n.* ผ้ากันเปื้อนสำหรับเด็ก
★**Bible** (ไบ' เบิล) *n.* คัมภีร์ไบเบิล, คัมภีร์
bibliography (บิบบลีออก' กระฟี) *n., pl.* **-phies** บรรณานุกรม **-bibliographer** *n.* **-bibliographic, bibliographical** *adj.*
bicarbonate (ไบคาร์' บะเนท, -นิท) *n.* สารประกอบเคมีที่มีอนุมูลกรด HCO_3 เป็นผงสีขาว ใช้ทำยา หรือทำโซดาทำขนมปัง
bicarbonate of soda โซดาทำขนมปัง
bicentenary (ไบเซนเทน' นะรี, ไบเซน' ทะเนรี) *n., pl.* **-ries** ระยะเวลาสองร้อยปี *-adj.* ซึ่งเป็นเวลาสองร้อยปี **-bicentennial** *adj., n.*

A B C D E F G H I J K L M N O P Q R S T U V W X Y Z

biceps (ไบ' เซพซฺ) *n., pl.* **-ceps/-cepes** (-เซพซิซ) กล้ามเนื้อบริเวณต้นแขน
bicker (บิค' เคอร) *vi.* **-ered, -ering** ทะเลาะ
biconcave (ไบคอนเคฟว', ไบคอน'-) *adj.* ซึ่งเว้าทั้งสองด้าน **-biconcavity** *n.*
biconvex (ไบคอนเวคซ', ไบคอน'-) *adj.* ซึ่งนูนออกทั้งสองด้าน **-biconvexity** *n.*
bicultural (ไบคัล' เชอเริล) *adj.* ซึ่งผสมผสานกันระหว่างสองวัฒนธรรมในท้องถิ่นเดียวกัน
★**bicycle** (ไบ' ซิคเคิล, -ซิเคิล) *n.* จักรยานสองล้อ *-v.* **-cled, -cling** *-vi.* ขี่จักรยาน *-vt.* โดยสารจักรยาน **-bicyclist, bicycler** *n.*
bid (บิด) *vt.* **bade/bid, bidden/bid, bidding** ประมูล, เสนอราคา, พยายามให้ได้มา, สั่ง, ออกคำสั่ง, ประกาศ, เชิญชวน, บอกกล่าว *-n.* การประมูล, การเสนอราคา, การออกคำสั่ง, การประกาศ, การเชิญ **-bidder** *n.* **-bidding** *n.*
bide (ไบด) *v.* **bode/bided, bided, biding** *-vi.* ยังคงอยู่, รอคอย, พักอาศัย *-vt.* ทน, อดทน
bidet (บีเด') *n.* อ่างล้างก้น
biennial (ไบเอน' เนียล) *adj.* ซึ่งมีอายุนานสองปี, เกิดขึ้นทุกสองปี *-n.* เหตุการณ์ที่เกิดทุกสองปี, พืชที่มีอายุนานสองปี **-biennially** *adv.*
bier (เบียร) *n.* แท่นตั้งศพ
bifocals (ไบโฟ' เคิลซ) *n. pl.* แว่นตาที่มีสองเลนส์ ใช้มองได้ทั้งระยะใกล้ไกล **-bifocal** *adj.*
★**big** (บิก) *adj.* **bigger, biggest** ใหญ่, มาก, โต, กว้าง, สำคัญ, ใจดี, (ท้อง) โย้, ขี้โม้, แรง **-bigness** *n.* **-biggish** *adj.* (**-S.** large, vast)
bigamy (บิก' กะมี) *n., pl.* **-mies** การจดทะเบียนสมรสซ้อน **-bigamist** *n.* **-bigamous** *adj.* **-bigamously** *adv.*
Big Brother รัฐบาลเผด็จการ, ผู้นำเผด็จการ **-big brother** พี่ชายใหญ่
big deal สิ่งที่สำคัญมาก, บุคคลสำคัญ
big game ปลาหรือสัตว์ใหญ่ที่ถูกล่าในเกม
bighead (บิก' เฮด) *n.* (ภาษาพูด) คนอวดดี
big-hearted (บิก' ฮาร' ทิด) *adj.* ใจดี, ใจกว้าง
bighorn (บิก' ฮอร์น) *n., pl.* **-horn/-horns** แกะป่าที่มีเขาโค้ง

bighorn

bight (ไบท) *n.* ห่วงเชือก, อ่าว, เวิ้ง
big-league (บิก' ลีก') *adj.* (ภาษาพูด) ซึ่งอยู่ ณ จุดสูงสุดของอาชีพหรือสายงานที่ทำ
bigmouth (บิก' เมาธ) *n.* คนช่างนินทา
big-name (บิก' เนม) *adj.* ซึ่งมีชื่อเสียง
bigot (บิก' เกิท) *n.* คนดันทุรัง, คนหัวแข็ง, คนที่ถือทิฐิ **-bigoted** *adj.* **-bigotry** *n.*
big shot (คำสแลง) บุคคลที่สำคัญ ผู้มีอิทธิพล
big-ticket (บิก' ทิค' คิท) *adj.* แพง, ราคาสูง
bijou (บี' ฌู) *n., pl.* **-joux** (-ฌู, -ฌูซ) เครื่องประดับชิ้นเล็กๆ (**-S.** trinket)
★**bike** (ไบค) *n.* รถมอเตอร์ไซค์, รถจักรยาน
bikini (บิคี' นี) *n.* ชุดว่ายน้ำแบบสองชิ้น, ชุดบิกินี
bilateral (ไบแลท' เทอเริล) *adj.* ซึ่งมีสองข้าง, ทั้งสองข้าง, สองข้างเท่าๆ กัน **-bilaterally** *adv.*
bile (ไบล) *n.* น้ำดี, อารมณ์ร้าย
bilge (บิลจ) *n.* บริเวณใต้ท้องเรือ, น้ำใต้ท้องเรือ
bilingual (ไบลิง' เกวิล) *adj.* ซึ่งรู้สองภาษา *-n.* ผู้รู้สองภาษา **-bilinguist** *n.*
bilious (บิล' เยิซ) *adj.* เกี่ยวกับน้ำดี, ขี้โมโห
★**bill**[1] (บิล) *n.* ใบแจ้งรายการสิ่งของ, ใบแจ้งหนี้, ใบเสร็จ, ร่างกฎหมาย, ร่างพระราชบัญญัติ, ธนบัตร, การโฆษณา, รายการแสดง *-vt.* **billed, billing** ส่งใบแจ้งรายการสิ่งของ, ทำรายการของ, โฆษณา, แจ้ง, ประกาศ
★**bill**[2] (บิล) *n.* จะงอยปากของนก, ส่วนที่คล้ายจะงอย

bill²

billabong (บิล' ละบอง) *n.* ห้วย, หนอง, ลำธาร
billboard (บิล' บอร์ด, -โบร์ด) *n.* แผ่นป้ายโฆษณา, ป้ายประกาศ
billet (บิล' ลิท) *n.* ค่ายพักของทหาร, คำสั่งตั้งค่ายพัก, ตำแหน่ง, งาน (**-S.** barracks, position)
billet-doux (บิลเลดู') *n., pl.* **billets-doux** (-ดูซ') จดหมายรัก
billfold (บิล' โฟลด) *n.* ซองธนบัตร
billiards (บิล' เยิร์ดซ) *n. pl.* การเล่นบิลเลียด
★**billion** (บิล' เยิน) *n., pron., adj.* (อเมริกัน) จำนวนพันล้าน, (อังกฤษ) จำนวนล้านล้าน
billionaire (บิลยะแนร') *n.* เศรษฐีพันล้าน
bill of exchange ตั๋วแลกเงิน
bill of rights กฎหมายเกี่ยวกับสิทธิของพลเมือง
billow (บิล' โล) *n.* คลื่นน้ำขนาดใหญ่, กลุ่มหมอกควันที่ม้วนตัวเป็นระลอก (**-S.** wave)
billy (บิล' ลี) *n., pl.* **-lies** กระป๋อง, กาต้มน้ำ
billy goat แพะตัวผู้
bimbo (บิม' โบ) *n., pl.* **-bos** หญิงสวยแต่โง่
bimonthly (ไบมันธ' ลี) *adj., adv.* ซึ่งมีหรือเกิดขึ้นทุกสองเดือน, ซึ่งเกิดขึ้นเดือนละสองครั้ง, ประจำทุกสองเดือน *-n., pl.* **-lies** รายสองเดือน
bin (บิน) *n.* ถัง, ภาชนะบรรจุ

A B C D E F G H I J K L M N O P Q R S T U V W X Y Z

binary (ไบ' นะรี) *adj.* ซึ่งประกอบด้วยของสองสิ่ง, ซึ่งมีสองส่วน

binary system ระบบเลขฐานสองที่ใช้เลข 0 และ 1

★**bind** (ไบนฺด) *vt., vi.* **bound, binding** ผูกแน่น, พันแผล, ยึดติด, รวมกำลัง, บีบบังคับ, ทำให้ท้องผูก, สร้างพันธะ *-n.* สิ่งที่ผูก มัด ยึด ติด, การผูก มัด ยึด ติด **-binder** *n.* (**-S.** (v., n.) tie)

bindery (ไบนฺ' ดะรี) *n., pl.* **-ies** ร้านเย็บเล่มเข้าปกหนังสือ

binding (ไบนฺ' ดิง) *n.* ปกหนังสือ, สิ่งที่ใช้ผูก มัด ยึด ติดเข้าด้วยกัน, การเย็บเล่ม *-adj.* ซึ่งผูกมัด, ซึ่งผูกพัน, เป็นพันธะ **-bindingly** *adv.*

binge (บินจฺ) *n.* การดื่มเหล้าอย่างหนัก, การกระทำที่ควบคุมไม่ได้ **-binger** *n.*

bingo (บิง' โก) *n.* การเล่นเกมประเภทหนึ่ง *-interj.* คำอุทานแสดงความลิงโลดใจ

binnacle (บิน' นะเคิล) *n.* กล่องใส่เข็มทิศบนเรือ

binoculars (บะนอค' คยะเลอร์ซฺ, ไบ-) *n. pl.* กล้องส่องทางไกลสองตา

binoculars

binomial (ไบโน' เมียล) *adj.* ซึ่งมีสองชื่อหรือสองส่วน *-n.* ชื่อทางวิทยาศาสตร์ของพืชหรือสัตว์ที่ประกอบด้วยชื่อแสดง genus และ species ของมัน, เลขโพลีโนเมียลที่ประกอบด้วยสองค่า

binturong (บินทุ' รอง) *n.* ตัวหมีขอ

bio- คำอุปสรรค หมายถึง ชีวิต

biochemistry (ไบโอเคม' มิสตรี) *n.* ชีวเคมี **-biochemical** *adj.* **-biochemist** *n.*

biodegradable (ไบโอดิเกร' ดะเบิล) *adj.* ซึ่งย่อยสลายได้โดยกระบวนการทางธรรมชาติ

biogas (ไบ' โอแกซ) *n.* ก๊าซชีวภาพ

biography (ไบออก' กระฟี, บี-) *n., pl.* **-phies** ชีวประวัติ **-biographer** *n.* **-biographic** *adj.*

biol. ย่อจาก biology ชีววิทยา

biologic, biological (ไบอะลอจ' จิค, -จิเคิล) *adj.* เกี่ยวกับชีววิทยา, สัมพันธ์กันโดยสายเลือด

biological clock กลไกทางธรรมชาติ เช่น การขึ้นลงของน้ำ อุณหภูมิ ฤดูกาล ที่เชื่อกันว่าเป็นตัวกำหนดพฤติกรรมของสิ่งมีชีวิต

biological warfare สงครามเชื้อโรค

biology (ไบออล' ละจี) *n.* ชีววิทยา **-biologist** *n.*

biomass (ไบ' โอแมซ) *n.* มวลชีวภาพ

bionic (ไบออน' นิค) *adj.* (ภาษาพูด) ซึ่งมีกำลังหรือความสามารถพิเศษ

biopsy (ไบ' ออพซี) *n., pl.* **-sies** การตัดเอาตัวอย่างเนื้อเยื่อของสิ่งมีชีวิตมาตรวจสอบวิเคราะห์

biosatellite (ไบ' โอแซทเทิลไลทฺ) *n.* ดาวเทียมที่สร้างขึ้นเพื่อสามารถบรรทุกสิ่งมีชีวิตได้

biosphere (ไบ' อะซเฟียรฺ) *n.* พื้นที่บริเวณส่วนต่างๆ ของโลกที่มีสิ่งมีชีวิตอาศัยอยู่

biotech (ไบ' โอเทค) *n.* เทคโนโลยีชีวภาพ

biotechnology (ไบโอเทคนอล' ละจี) *n.* การใช้สิ่งมีชีวิตในกระบวนการอุตสาหกรรม การแพทย์ เกษตรกรรม เป็นต้น

biotic (ไบออท' ทิค) *adj.* เกี่ยวกับสิ่งมีชีวิต

bipartisan (ไบพาร์' ทิเซิน, -เซิน) *adj.* ซึ่งร่วมกันทั้งสองฝ่าย **-bipartisanism** *n.*

bipartite (ไบพาร์' ไททฺ) *adj.* ซึ่งมีสองส่วน, ซึ่งร่วมกันทั้งสองฝ่าย **-bipartitely** *adv.*

biped (ไบ' เพด) *n.* สัตว์สองเท้า

biplane (ไบ' เพลน) *n.* เครื่องบินมีปีกสองชุดอยู่คนละระดับ

biplane

birch (เบิร์ช) *n.* ต้นเบิร์ช, เนื้อไม้ของต้นไม้ดังกล่าว, ไม้เรียว, แส้

★**bird** (เบิร์ด) *n.* นก, (คำสแลง) บุคคล จรวด สาวน้อย **-eat like a bird** กินเพียงเล็กน้อย

birdbrain (เบิร์ด' เบรน) *n.* (ภาษาพูด) คนงี่เง่า

Bird Flu (ภาษาพูด) โรคไข้หวัดนก ดู Avian influenza

birdie (เบอร์' ดี) *n.* นกตัวเล็กๆ

birdlime (เบิร์ด' ไลมฺ) *n.* ยางดักนก

bird of paradise *n., pl.* **birds of paradise** นกชนิดหนึ่งในแถบนิวกินี ขนมีสีสันสวยงามมาก, พืชพื้นเมืองแถบแอฟริกา คล้ายต้นกล้วย

bird of passage นกที่อพยพย้ายถิ่น, คนที่ย้ายถิ่นฐานเป็นประจำ

bird of prey *n., pl.* **birds of prey** นกที่ล่าสัตว์อื่นเป็นอาหาร เช่น นกอินทรี เหยี่ยว เป็นต้น

bird's eye view ภาพที่มองจากด้านบนลงมา

bird watcher นักดูนก, นักสำรวจนก

★**birth** (เบิร์ธ) *n.* การเกิด, เวลาเกิด, การคลอด, การกำเนิด, เชื้อสาย, ตระกูล

birth certificate สูติบัตร

birth control การคุมกำเนิด

★**birthday** (เบิร์ธ' เด) *n.* วันเกิด, วันคล้ายวันเกิด

birthmark (เบิร์ธ' มาร์ค) *n.* ไฝ ปานหรือแผลเป็นที่มีมาแต่กำเนิด

birthplace (เบิร์ธ' เพลซ) *n.* สถานที่เกิด
birth rate อัตราการเกิดของประชากร
★**biscuit** (บิส' กิท) *n.* ขนมปังกรอบ, ขนมคุกกี้, สีน้ำตาลอ่อน
bisect (ไบ' เซคท์) *v.* **-sected, -secting** *-vt.* ผ่าครึ่ง, แบ่งสองส่วนเท่าๆ กัน *-vi.* แบ่ง, แยก
bisexual (ไบเซค' ชวล) *adj.* ซึ่งมีทั้งสองเพศ, เกี่ยวกับสองเพศ *-n.* สิ่งมีชีวิตที่มีทั้งสองเพศ, กะเทย **-bisexuality** *n.*
bishop (บิช' เชิพ) *n.* บิชอป เป็นพระตำแหน่งหนึ่งในศาสนาคริสต์, หมากรุกฝรั่งตัวหนึ่ง
bismuth (บิซ' เมิธ) *n.* ธาตุโลหะชนิดหนึ่ง ใช้ทำยาหรือโลหะอัลลอยด์ มีสัญลักษณ์ Bi
bison (ไบ' เซิน, -เซิน) *n., pl.* **bison** วัวป่าไบสัน พบในแถบอเมริกาเหนือ

bison

bistro (บี' สโตร) *n., pl.* **-tros** ร้านจำหน่ายไวน์, ไนต์คลับ
bit[1] (บิท) *v.* กริยาช่อง 2 และ 3 ของ bite
★**bit**[2] (บิท) *n.* จำนวนเล็กน้อย, เศษเล็กเศษน้อย, เวลาชั่วครู่, เศษเหรียญ, ดอกสว่าน, เหล็กที่ขวางปากม้า, ด้านคมของใบมีด **-bit by bit** ทีละเล็กละน้อย **-bits and pieces** ของจิปาถะ
bit[3] (บิท) *n.* (คอมพิวเตอร์) หน่วยพื้นฐานของข้อมูลในระบบเลขฐานสองที่แทนค่าด้วย 0 หรือ 1 โดยข้อมูลจำนวน 8 บิต จะเท่ากับ 1 ไบต์ ซึ่งเท่ากับข้อมูลที่เป็นอักขระหรือตัวเลข 1 ตัว เช่น 00000001 = 1 และ 00000010 = 2 เป็นต้น
bitch (บิช) *n.* สุนัขตัวเมีย, (คำสแลง) หญิงเจ้าอารมณ์ หญิงใจร้าย เรื่องไม่สบอารมณ์, (ภาษาพูด) คำพร่ำบ่น **-bitchy** *adj.*
★**bite** (ไบท์) *vt., vi.* **bit, bitten/bit, biting** กัด, งับ, ฉีก, ตัด, (แมลง) กัดต่อย, เจ็บแสบ, กัดกร่อน, โกง, หลอกลวง *-n.* การกัด, การงับ, แผลถูกกัดหรือต่อย, อาหารที่กัดกินคำหนึ่ง, อาหารว่าง, การกัดกร่อน, การกระทบกันของฟันบนและล่าง **-bite off more than one can chew** พยายามเกินกำลัง **-bite the bullet** กล้าเผชิญกับสถานการณ์ที่ลำบากหรือโหดร้าย **-biter** *n.* (-S. (v.) gnaw, nip (n.) snap)
biting (ไบ' ทิง) *adj.* หนาวจัด, โหดร้าย, ทารุณ
bitten (บิท' เทิน) *v.* กริยาช่อง 3 ของ bite
★**bitter** (บิท' เทอร์) *adj.* **-er, -est** ขม, ขมขื่น, เจ็บแสบ, แสบ, หนาวจัด, ทารุณ *-adv.* อย่างขมขื่น, อย่างมาก *-n.* เบียร์รสขมชนิดหนึ่ง **-bitterly** *adv.* **-bitterness** *n.* (-S. (adj.) acrid)
bittern (บิท' เทิร์น) *n.* นกยาง
bitumen (บิทู' เมิน, -ทยู'-, ไบ-) *n.* สารผสมของสารประกอบไฮโดรคาร์บอน ได้จากการกลั่นน้ำมันดิบ ใช้ยาหลังคาหรือราดถนน
bivalve (ไบ' แวลฟ์ว) *n.* หอยกาบคู่
bivouac (บิฟ' วูแอค) *n.* การตั้งค่ายพักแรม
biweekly (ไบวี้ค' ลี) *adj., adv.* ทุกๆ สองสัปดาห์, รายสองสัปดาห์, ครั้งละสองสัปดาห์
biyearly (ไบเยียร์' ลี) *adj., adv.* ทุกๆ สองปี, รายสองปี, ครั้งละสองปี
bizarre (บิซาร์') *adj.* แปลกประหลาด, เพี้ยน
B.L. ย่อจาก Bachelor of Laws นิติศาสตรบัณฑิต
blab (แบลบ) *vt., vi.* **blabbed, blabbing** พูดพล่อย, หลุดปากบอกความลับ (-S. blabber)
blabber (แบลบ' เบอร์) *vi.* **-bered, -bering** พูดพล่อย, พูดไม่คิด *-n.* คนพูดพล่อย
★**black** (แบลค) *adj.* **blacker, blackest** ดำ, มืด, มืดทึบ, ไร้สีสัน, (สถานการณ์) แย่มาก, สกปรก, ชั่วร้าย, ครึ้ม, โศกเศร้า, ผิดหวัง, โกรธ *-n.* สีดำ, สิ่งที่มีสีดำ, ความมืด *-vt., vi.* **blacked, blacking** ทำให้ดำ, ขัดให้ดำ, กลายเป็นสีดำ **-Black** คนผิวดำ **-black out** สิ้นสติ, หลงลืมชั่วขณะ **-black someone's eye** ต่อยจนตาเขียวช้ำ **-blackish** *adj.* **-blackness** *n.* (-S. (adj., n.) dark (adj.) gloomy, inky -A. (adj., n.) white)
blackamoor (แบลค' คะมัวร์) *n.* คนผิวดำ
black-and-blue (แบลคเคินบลู') *adj.* ฟกช้ำ
black and white การเขียนหรือพิมพ์, ภาพเขียนหรือพิมพ์ขาวดำ **-black-and-white** *adj.*
black art เวทมนตร์คาถา
blackball (แบลค' บอล) *n.* ลูกบอลสีดำ ใช้ลงคะแนนคัดค้าน, คะแนนลับเพื่อคัดค้าน
black bear หมีดำ, หมีควาย
blackberry (แบลค' เบรี) *n., pl.* **-ries** ต้นแบล็กเบอร์รี, ผลแบล็กเบอร์รีซึ่งมีสีม่วงดำ ใช้รับประทานได้

blackberry

blackboard (แบลค' บอร์ด) *n.* กระดานดำ
black book สมุดบัญชีรายชื่อบุคคลที่ไม่ดี
black box กล่องดำ ซึ่งเป็นอุปกรณ์อิเล็กทรอนิกส์ที่บันทึกปฏิบัติการขณะทำการบิน
black diamond ถ่านหิน
blacken (แบลค' เคิน) *vt.* **-ened, -ening**

A B C D E F G H I J K L M N O P Q R S T U V W X Y Z

A B C D E F G H I J K L M N O P Q R S T U V W X Y Z

ทำให้ดำ, ทำให้เสียชื่อเสียง *-vi.* กลายเป็นสีดำ
black eye ตาฟกช้ำ, เรื่องอับอาย
blackfellow (แบลค' เฟลโล) *n.* ชาวพื้นเมืองในออสเตรเลีย, ชาวอะบอริจินส์
blackguard (แบลก' เกิร์ด) *n.* คนถ่อย
blackhead (แบลค' เฮด) *n.* สิวหัวดำ
blackhearted (แบลค' ฮาร์ทิด) *adj.* ใจดำ
black hole (ฟิสิกส์) หลุมดำ
blacking (แบลค' คิง) *n.* น้ำยาขัดรองเท้าสีดำ
black lead กราไฟต์, ไส้ดินสอดำ
blacklist (แบลค' ลิซท์) *n.* บัญชีรายชื่อของบุคคลหรือองค์กรที่ไม่ดีหรือกระทำผิด, บัญชีดำ
black magic มนตร์ดำที่ชั่วร้าย
blackmail (แบลค' เมล) *n.* การข่มขู่เอาเงินจากบุคคลอื่น โดยอ้างว่าจะเปิดโปงความลับถ้าไม่ยอมให้เงิน *-vt.* **-mailed, -mailing** ขู่เอาเงินจากคนอื่นในลักษณะดังกล่าว **-blackmailer** *n.*
black market ตลาดมืด
blackout (แบลค' เคาท์) *n.* การปิดไฟมืดบนเวทีหลังจบละคร, การดับไฟเพื่อป้องกันการโจมตี, อาการหน้ามืด, ไฟดับ, การหลงลืมชั่วขณะ
black sheep ลูกนอกคอก, คนที่ผ่าเหล่าผ่ากอ
blacksmith (แบลค' ซมิธ) *n.* ช่างตีเหล็ก
black tie เนกไทหูกระต่ายสีดำที่สวมกับชุดทักซิโด, ชุดทักซิโด **-black-tie** *adj.*
bladder (แบลด' เดอร์) *n.* ถุงหนังที่บรรจุของเหลวหรืออากาศได้, กระเพาะปัสสาวะ
★**blade** (เบลด) *n.* ใบมีด, ใบพาย, ใบพัด, ใบไม้
★**blame** (เบลม) *vt.* **blamed, blaming** ตำหนิ, ใส่ร้าย *-n.* การตำหนิ, การใส่ร้าย, การรับผิด **-blameless** *adj.* **-blamable** *adj.* **-blameful** *adj.* (-**S.** (v.) condemn **-A.** (v., n.) credit)
blameworthy (เบลม' เวอร์ธี) *adj.* **-thier, -thiest** สมควรได้รับการตำหนิ (-**S.** blamable)
blanch (แบลนช์) *vt.* **blanched, blanching** ทำให้ขาว, ทำให้ซีดจาง, ขัดขาว (-**S.** whiten)
bland (แบลนด์) *adj.* **blander, blandest** (รสชาติ) จืด, อ่อน, อ่อนโยน, นิ่มนวล **-blandly** *adv.* **-blandness** *n.* (-**S.** gentle, mild)
blandish (แบลน' ดิช) *vt.* **-dished, -dishing** เยินยอ, ประจบ (-**S.** cajole, flatter)
★**blank** (แบลงค์) *adj.* **-er, -est** ว่าง, ว่างเปล่า, ไร้สีสัน, เฉยเมย, พิศวงงงงวย, (ปฏิเสธ) อย่างสิ้นเชิง *-n.* ความว่างเปล่า, ช่องว่าง, พื้นที่ว่าง, สิ่งของที่ยังผลิตไม่เสร็จสมบูรณ์, ปืนที่ไม่ใส่ลูกกระสุน **-blankness** *n.* **-blankly** *adv.*
blank check, blank cheque เช็คที่เซ็นชื่อทิ้งไว้แต่ยังไม่ได้กรอกตัวเลขที่ต้องการ
★**blanket** (แบลง' คิท) *n.* ผ้าห่ม, สิ่งที่ใช้ห่ม
blare (แบลร์) *vt., vi.* **blared, blaring** ทำเสียงดังคล้ายแตร, ตะโกนลั่น *-n.* เสียงดังคล้ายแตร
blarney (บลาร์' นี) *n.* การพูดป้อยอ
blaspheme (แบลซฟีม') *v.* **-phemed, -pheming** *-vt.* ดูหมิ่น, หมิ่นศาสนา *-vi.* พูดลบหลู่ดูหมิ่น **-blasphemous** *adj.* **-blasphemously** *adv.* **-blasphemy** *n.* (-**S.** profane)
★**blast** (แบลซท์) *n.* ลมแรง, กระแส (ลม น้ำ) ที่พัดอย่างรุนแรง, เสียงระเบิด, แรงระเบิด, เสียงแตร, เสียงนกหวีด, โรคไหม้ (ในพืช), การตีหรือยิงอย่างแรง, การด่าว่า, (คำสแลง) ความตื่นเต้น *-v.* **blasted, blasting** *-vt.* ทำลาย, ทำให้ร่วงโรย, ระเบิด, พัดหรือเป่าอย่างแรง *-vi.* ทำเสียงดังลั่น, จุดระเบิด, ร่วงโรย **-at full blast** เต็มกำลัง **-blaster** *n.* (-**S.** (n.) explosion, roar)
blastoff, blast-off (แบลซ' ทอฟ) *n.* การปล่อยจรวดหรือยานอวกาศขึ้นสู่ท้องฟ้า
blatant (เบลท' เทินท์) *adj.* ชัดเจน, โจ่งแจ้ง **-blatancy** *n.* **-blatantly** *adv.* (-**S.** obvious)
blaze[1] (เบลซ) *vi., vt.* **blazed, blazing** ลุกเป็นไฟ, สว่างไสว, โกรธจัด *-n.* กองไฟ, เปลวเพลิง, ความสว่างไสว, ความเจิดจรัส, แสงสว่างจ้า, นรก **-like blazes** สุดกำลัง, อย่างเร็ว (-**S.** (v.) burn)
blaze[2] (เบลซ) *vi.* **blazed, blazing** ประกาศ
blaze[3] (เบลซ) *n.* จุดด่างตามตัวสัตว์, เครื่องหมายนำทาง
bldg, bldg. ย่อจาก building อาคาร, ตึก
bleach (บลีช) *v.* **bleached, bleaching** *-vt.* ฟอกขาว *-vi.* กลายเป็นสีขาว, กลายเป็นสีซีดจาง *-n.* สารฟอกขาว, การฟอกขาว, ความขาวจากการฟอก **-bleacher** *n.* (-**S.** (v.) blanch, whiten)
bleak (บลีค) *adj.* **-er, -est** รกร้างว่างเปล่า, เหน็บหนาว, แห้งแล้งกันดาร, สิ้นหวัง, เศร้าสร้อย **-bleakly** *adv.* **-bleakness** *n.* (-**S.** bare, barren, gloomy **-A.** cheerful, hopeful)
blear (เบลียร์) *vt.* **bleared, blearing** ทำตาแดง, พร่ามัว **-blearily** *adv.* **-bleary** *adj.*
bleat (บลีท) *n.* เสียงร้องของแพะ แกะ, การบ่น
bled (เบลด) *v.* กริยาช่อง 2 ของ bleed
★**bleed** (บลีด) *v.* **bled, bleeding** *-vt.* ดูดเลือดจาก, ดูดออก, เอาเงินจาก *-vi.* เสียเลือด, ตกเลือด, เลือดไหล, เสียใจ, เจ็บปวดใจ, ดูดน้ำหวาน, แพร่ซึม
bleep (บลีพ) *n.* เสียงสัญญาณจากอุปกรณ์อิเล็กทรอนิกส์ **-bleeper** *n.* **-bleep** *v.*

blemish (เบลม' มิช) *vt.* **-ished, -ishing** ทำให้เป็นรอยหรือเป็นมลทิน *-n.* รอยตำหนิ, มลทิน
blench[1] (เบลนช์) *vt., vi.* **blenched, blenching** ทำให้ซีดจาง, ทำให้ขาว (**-S.** bleach)
blench[2] (เบลนช์) *vi.* **blenched, blenching** หดตัว, ห่อตัว (**-S.** flinch, shrink)
blend (เบลนด์) *vt., vi.* **blended/blent, blending** ผสม, ปน, รวมตัว, กลมกลืน *-n.* การผสม, ของผสม, คำผสม (**-S.** (v.) mingle, mix)
blender (เบลน' เดอร์) *n.* คนผสม, ของผสม, เครื่องปั่นผสมอาหาร
bless (เบลซ) *vt.* **blessed/blest, blessing** อวยพร, ให้เจริญ, สรรเสริญ **-blessed** *adj.*
blessing (เบลซ' ซิง) *n.* พร, การอวยพร, ความปรารถนาดี, สิ่งนำโชค, การเห็นชอบ
blest (เบลซท์) *v.* กริยาช่อง 2 และ 3 ของ bless *-adj.* ศักดิ์สิทธิ์, ที่นำมาซึ่งความสุข
blew (บลู) *v.* กริยาช่อง 2 ของ blow
blight (ไบลท์) *n.* สิ่งที่ทำความเสียหาย, ต้นเหตุแห่งความหายนะ, โรคไหม้ในพืช (**-S.** calamity)
blimey (ไบล' มี) *interj.* คำอุทานแสดงความประหลาดใจ
★**blind** (ไบลน์ด์) *adj.* **-er, -est** ซึ่งตาบอด, ซึ่งมองไม่เห็น, ซึ่งไม่ไตร่ตรอง, ไร้การชี้แนะ, ไม่สามารถเข้าใจได้, ไม่ยอมเข้าใจ, (มุม) อับ, (ทางหรือท่อ) ตัน, (คำสแลง) เมามาย, (ตัวหนังสือ) ไม่ชัดเจน, ไม่ออกดอกออกผล, ไม่มีทางออก *-vt.* **blinded, blinding** ทำให้ตาบอด, ทำให้มองไม่เห็น, ทำให้พร่ามัว, ซ่อน, บดบัง *-n.* มู่ลี่บังแสง, สิ่งที่ช่วยกันแสง, ที่กำบัง, ที่ซุ่ม *-adv.* อย่างไร้เหตุผล, อย่างคนตาบอด **-as blind as a bat** บอดสนิท **-blindly** *adv.* **-blindness** *n.*
blind alley ตรอกหรือซอยตัน
blind date การหมั้นโดยที่ทั้งสองฝ่ายไม่เคยพบกันมาก่อน
blinder (ไบลน' เดอร์) *n.* ผ้าผูกตา, ที่ปิดตา
blindfold (ไบลน์ด' โฟลด์) *vt.* **-folded, -folding** ปิดตาด้วยผ้า, ตบตา *-n.* การปิดตา, การตบตา
blind spot ตำแหน่งที่เป็นจุดบอดของสายตา
blink (บลิงค์) *v.* **blinked, blinking** *-vt.* ทำให้กะพริบตา, ทำเป็นไม่เห็นหรือไม่รับรู้, เลี่ยง, ส่งสัญญาณไฟกะพริบ *-vi.* กะพริบตา, หยีตา, หรี่ตา *-n.* การกะพริบตา, สัญญาณไฟกะพริบ **-on the blink** ใช้การไม่ได้ (**-S.** (v., n.) wink)
blinkers (บลิง' เคอร์ซ) *n. pl.* แผ่นปิดตาม้า, แว่นตาประเภทหนึ่ง, ไฟกะพริบเตือน
blip (บลิพ) *n.* เสียงสัญญาณจากเครื่องอิเล็กทรอนิกส์, ไฟกะพริบบนหน้าจอเรดาร์
bliss (บลิซ) *n.* ความสุขล้น **-blissful** *adj.* **-blissfully** *adv.* **-blissfulness** *n.* (**-S.** happiness)
blister (บลิส' เตอร์) *n.* แผลพุพอง, สิ่งที่พอง *-vt., vi.* **-tered, -tering** พุพอง (**-S.** (n., v.) boil)
blistering (บลิส' เตอริง) *adj.* เผ็ดร้อน, รุนแรง
blithe (ไบลธ์, ไบลธ์) *adj.* **blither, blithest** ไม่รอบคอบ, ไม่ยั้งคิด, เริงร่า, รื่นรมย์ใจ
blitz (บลิทซ์) *n.* การโจมตีทางอากาศอย่างฉับพลัน, การทุ่มกำลังทำอย่างฉับพลัน (**-S.** attack)
blizzard (บลิซ' เซิร์ด) *n.* พายุหิมะ
bloat (โบลท) *vt., vi.* **bloated, bloating** ทำให้พอง, บวมออก *-n.* สิ่งที่พองโป่งออก, คนอ้วน
blob (บลอบ) *n.* หยด, รอยเปื้อนสี (**-S.** drop)
bloc (บลอค) *n.* กลุ่ม, ฝูง (**-S.** group)
★**block** (บลอค) *n.* ท่อนหิน, ท่อนไม้, แท่นวางของเพื่อตั้งแสดงสินค้า, เขียง, ที่รองศีรษะคนเพื่อตัดคอ, ตึกที่แบ่งเป็นช่วงๆ, ช่วงตึก, สิ่งกีดขวาง, แม่พิมพ์, ของเล่นเด็กที่เป็นท่อนไม้หรือพลาสติกสำหรับเอามาต่อกันเล่น, หน่วย, ก้อน, กลุ่ม, (คำสแลง) หัว, (คอมพิวเตอร์) หน่วยความจำ *-v.* **blocked, blocking** *-vt.* กีดขวาง, สร้างความยุ่งยาก, พิมพ์แบบ, ห้าม, จำกัด, ร่างแบบ *-vi.* กีดขวาง **-a mental block** ไร้ความสามารถที่จะเข้าใจ, ทึ่ม **-blocker** *n.* (**-S.** (n.) bar, hindrance (v.) form, obstruct **-A.** (v.) free)
blockade (บลอเคด') *n.* การปิดท่าเรือ, การปิดประตูการค้าหรือการติดต่อกับต่างชาติ *-vt.* **-aded, -ading** ปิดท่าเรือ, ปิดประตูการค้าและการติดต่อกับต่างชาติ **-blockader** *n.*
blockhead (บลอค' เฮด) *n.* คนโง่, คนทึ่ม
blockhouse (บลอค' เฮาซ์) *n.* ป้อมยิงหรือสังเกตการณ์
bloke (โบลค) *n.* (คำสแลง) เจ้าหนุ่ม เพื่อนเกลอ
blond, blonde (บลอนด์) *adj.* **blonder, blondest** ซึ่งมีสีบลอนด์, ซึ่งมีสีทองอ่อนๆ *-n.* คนที่มีผมหรือผิวสีบลอนด์, สีน้ำตาลอ่อน
★**blood** (บลัด) *n.* เลือด, โลหิต, ฆาตกรรม, การเสียเลือดเนื้อ, ความแค้น, สายเลือด, เชื้อสาย, สายพันธุ์, บรรพบุรุษ, พลังชีวิต, รุ่น (คน) **-in cold blood** อย่างเลือดเย็น **-in one's blood** อยู่ในสายเลือด **-make one's blood run cold** ทำให้กลัว (**-S.** kin, lifeblood, lineage)
blood bank ธนาคารที่เก็บเลือดไว้ใช้กับผู้ป่วย
bloodbath (บลัด' แบธ) *n.* การนองเลือด
blood cell เซลล์เม็ดเลือด

A B C D E F G H I J K L M N O P Q R S T U V W X Y Z

blood count การตรวจนับเซลล์เม็ดเลือด
bloodcurdling (บลัด' เคิร์ดลิง) *adj.* น่าสยดสยอง **-bloodcurdlingly** *adv.* (**-S.** horrific)
blood donor ผู้บริจาคเลือด
blood group หมู่เลือดของมนุษย์
bloodhound (บลัด' เฮานด์) *n.* สุนัขชนิดหนึ่งตัวโต ดมกลิ่นเก่ง ใช้สะกดรอยตามล่า
bloodletting (บลัด' เลททิง) *n.* การนองเลือด, การถ่ายเลือดออกจากเส้นเลือด
bloodline (บลัด' ไลน์) *n.* สายพันธุ์
bloodmobile (บลัด' มะบีล) *n.* รถหน่วยเคลื่อนที่เพื่อรับบริจาคโลหิต
blood money เงินจ้างวานฆ่า
blood poisoning อาการเลือดเป็นพิษ
blood pressure ความดันเลือด
bloodshed (บลัด' เชด) *n.* การนองเลือด
bloodshot (บลัด' ชอท) *adj.* (นัยน์ตา) แดงก่ำ
blood sport เกมฆ่าสัตว์
bloodstain (บลัด' สเตน) *n.* คราบเลือด
bloodstream (บลัด' สตรีม) *n.* กระแสเลือด
bloodsucker (บลัด' ซัคเคอร์) *n.* สัตว์ดูดเลือด
blood sugar น้ำตาลในเลือด
blood test การตรวจเลือด
bloodthirsty (บลัด' เธอร์สตี) *adj.* กระหายเลือด
blood transfusion การถ่ายเลือด
blood type ดู blood group
blood vessel เส้นเลือด
bloody (บลัด' ดี) *adj.* **-ier, -iest** นองเลือด, โหดร้าย, แดงฉาน, (คำสแลง) ระยำ *-adv.* มาก **-bloodily** *adv.* (**-S.** (adj.) cruel)
bloody-minded (บลัด' ดี ไมน์ดิด) *adj.* โหดร้าย, กระหายเลือด (**-S.** cruel **-A.** kind)
bloom (บลูม) *n.* ดอกไม้, การออกดอก, การแย้มบาน, ความอิ่มเอิบ, ความเปล่งปลั่ง, ความชื่นบาน, การแตกเนื้อหนุ่มเนื้อสาว, ผงคล้ายแป้งที่ปกคลุมผลหรือใบไม้ *-v.* **bloomed, blooming** *-vt.* ทำให้ออกดอก *-vi.* ออกดอก, แย้มบาน, แตกหนุ่ม, แตกเนื้อสาว **-bloomy** *adj.* **-blooming** *adj.* (**-S.** (n.) blossom, freshness)
★**blossom** (บลอซ' เซิม) *n.* ดอกไม้, พวงดอกไม้, การผลิดอก, การบานสะพรั่ง, การแตกเนื้อหนุ่มเนื้อสาว *-vi.* **-somed, -soming** ผลิดอก, ออกดอกบานสะพรั่ง, เติบโต, แตกหนุ่ม, แตกเนื้อสาว **-blossomy** *adj.* (**-S.** (n.) blooms, flowers)
blot (บลอท) *n.* รอยเปื้อน, คราบ, รอยมลทิน *-v.* **blotted, blotting** *-vt.* ทำให้เป็นรอยเปื้อน, ทำให้เป็นมลทิน, กำจัด, ลบออก, ซับ *-vi.* กลายเป็นรอยเปื้อน, เกิดรอยด่าง, เกิดคราบ (**-S.** (n.) disgrace (v.) absorb, erase (n., v.) stain)
blotch (บลอช) *n.* รอยด่าง, รอยเปื้อน, โรคราพืช **-blotchy** *adj.* **-blochiness** *n.* (**-S.** spot)
blotter (บลอท' เทอร์) *n.* กระดาษซับ, สมุด
blotting paper กระดาษซับ
★**blouse** (เบลาซ์, เบลาซ์) *n.* เสื้อสตรี
★**blow** (โบล) *v.* **blew, blown, blowing** *-vi.* พัด, กระหน่ำ, ซัด, เป่า, พ่น, ระเบิด, ออกดอกบาน *-vt.* ทำเสียงเป่า (แตร นกหวีด), (คำสแลง) จ่ายเงินสุรุ่ยสุร่าย, เป่า (แก้ว), สั่งน้ำมูก, ปะทุหรือระเบิดออก, ทำให้ (ม้า) หอบ, (คำสแลง) หนีจาก *-n.* การพัด, การเป่า, พายุ, คำโอ้อวด, การต่อยหมัด, เรื่องไม่คาดฝัน, การโจมตี, การออกดอกสะพรั่ง **-blow one's nose** สั่งน้ำมูก **-blow one's top** โกรธเกรี้ยว **-blow someone a kiss** ส่งจูบ **-blowy** *adj.*
blow-dry (โบล' ไดร) *vt.* **-dried, -drying** เป่า (ผม) ให้แห้ง **-blow dryer** *n.*
blown (โบลน) *v.* กริยาช่อง 3 ของ blow
blowout (โบล' เอาท์) *n.* (ยาง) แตก, การรั่วซึม, (คำสแลง) งานเลี้ยงที่อึกทึก
blowpipe (โบล' ไพพ์) *n.* กระบอกเป่าลูกดอกหรืออาวุธอื่นๆ, หลอดเป่าแก้ว
blowup (โบล' อัพ) *n.* การระเบิด, อารมณ์ปะทุขึ้น, ภาพขยาย
blubber (บลับ' เบอร์) *n.* ไขวาฬหรือสัตว์ทะเล, ไขมันส่วนเกิน, การร้องไห้คร่ำครวญ
★**blue** (บลู) *n.* สีฟ้า, สีของท้องฟ้าที่สดใส, ท้องฟ้า, ท้องทะเล, ความเศร้าโศก *-adj.* **bluer, bluest** (สี) ฟ้า, เศร้าโศก, สิ้นหวัง **-blue blood** ตระกูลสูงส่ง **-once in a blue moon** น้อยครั้ง, นานๆ ครั้ง **-out of the blue** ทันใด, ไม่คาดฝัน **-the blues** บทเพลงพื้นเมืองอันแสนเศร้าของชาวผิวดำ **-bluish, blueish** *adj.*
bluebell (บลู' เบล) *n.* ต้นบลูเบล, ดอกบลูเบลซึ่งมีสีฟ้า รูปทรงดอกคล้ายระฆัง
blueberry (บลู' เบรี) *n.* ต้นบลูเบอร์รี, ผลบลูเบอร์รีซึ่งมีสีดำอมน้ำเงิน รับประทานได้
blue book สมุดปกสีน้ำเงิน ซึ่งเป็นเอกสารแถลงการณ์ของทางการ, สมุดเขียนสีฟ้า
bluebottle (บลู' บอทเทิล) *n.* แมลงวันหัวเขียว, พืชชนิดหนึ่งมีดอกทรงขวดสีฟ้า
blue-chip (บลู' ชิพ) *adj.* เกี่ยวกับหุ้นราคาดี, ยอดเยี่ยม, มีค่า *-n.* หุ้นราคาดี, ของมีค่า
blue-collar (บลู' คอลเลอร์) *adj.* เกี่ยวกับคนงานที่ใช้แรงงาน **-blue-collar** *n.*

bluejacket (บลู' แจคคิท) *n.* ทหารเรือ, กะลาสี
blue jeans กางเกงยีนสีน้ำเงิน
blue moon (ภาษาพูด) ระยะเวลานาน
blueprint (บลู' พรินท์) *n.* แผ่นพิมพ์เขียวของแบบโครงงานต่างๆ, แผนงาน
blue ribbon รางวัลชนะเลิศ, เครื่องราชอิสริยาภรณ์ **-blue-ribbon** *adj.*
blue-sky (บลู' สไก') *adj.* ไร้ค่า, ไม่เป็นจริง
bluestocking (บลู' สตอคคิง) *n.* หญิงสาวที่คงแก่เรียน
blue whale วาฬสีน้ำเงิน
bluff[1] (บลัฟ) *vt., vi.* **bluffed, bluffing** ตบตา, หลอกลวง, ขู่เข็ญ *-n.* การตบตา, การขู่เข็ญ, คนหลอกลวง (**-S.** (v.) deceive (n.) deceit)
bluff[2] (บลัฟ) *adj.* **bluffer, bluffest** สูงชัน, ดิ่งชัน, โผงผาง, (นิสัย) ขวานผ่าซาก
blunder (บลัน' เดอร์) *n.* ความผิดพลาด, ความซุ่มซ่าม *-vt., vi.* **-dered, -dering** พูดหรือทำอะไรซุ่มซ่าม (**-S.** (n.) error, mistake)
blunt (บลันท์) *adj.* **blunter, bluntest** ทื่อ, ทู่, ป้าน, (พูด) ห้วนๆ, (ท่าทาง) แข็งๆ, โผงผาง *-v.* **blunted, blunting** *-vt.* ทำให้ทื่อหรือทู่, ทำให้มึนตื้อ, ทำให้ประสิทธิภาพลดลง *-vi.* ทื่อ, ทู่ **-bluntly** *adv.* **-bluntness** *n.* (**-S.** (adj.) abrupt **-A.** (adj.) sharp)
blur (เบลอร์) *v.* **blurred, blurring** *-vt.* ทำเปรอะ, ทำให้พร่ามัว *-vi.* พร่ามัว *-n.* รอยเปรอะ, ความพร่ามัว (**-S.** (v.) dull (v., n.) stain)
blurt (เบลิร์ท) *vt.* **blurted, blurting** พูดโพล่ง
blush (บลัช) *vi.* **blushed, blushing** เกิดอาการหน้าแดง, ทำให้แดง, อายจนหน้าแดง, อับอาย *-n.* หน้าแดง, สีชมพูอมแดง *-adj.* ชมพูอมแดง **-at first blush** แรกพบ **-blushful** *adj.*
bluster (บลัส' เตอร์) *vt.* **-tered, -tering** พัดกระหน่ำ, กระพือ, พูดโขมงโฉงเฉง (**-S.** blow)
Blvd., blvd. ย่อจาก Boulevard ถนนใหญ่ในตัวเมืองที่มีต้นไม้ร่มรื่น
BMus, B. Mus. ย่อจาก Bachelor of Music ปริญญาตรีทางดนตรี
BMX ย่อจาก bicycle motocross การแข่งรถจักรยานวิบาก
B/O, B/o ย่อจาก brought over ยกมา
boa (โบ' อะ) *n.* งูเหลือม, งูหลาม
boa constrictor ดู boa
boar (บอร์, โบร์) *n.* หมูตัวผู้, หมูป่า
★**board** (บอร์ด, โบร์ด) *n.* แผ่นกระดาน, คณะผู้บริหาร, กลุ่มนักบริหาร, ค่าอาหาร, (บน) เรือ เครื่องบิน รถไฟ, โต๊ะประชุม, โต๊ะอาหาร, ด้านข้างของลำเรือ *-v.* **boarded, boarding** *-vt.* ปิดด้วยแผ่นกระดาน, จัดหาอาหารและที่พัก, ให้ที่พักแก่, เลียบข้าง (ลำเรือ), ขึ้นเรือ เครื่องบิน รถไฟ *-vi.* ได้รับอาหารและที่พัก
boarder (บอร์' เดอร์) *n.* ผู้พักอาศัย, แขกผู้เข้าพัก, นักเรียนในโรงเรียนประจำ
boarding card/pass บัตรผ่านขึ้นเครื่องบินหรือเรือ
boarding house, boardinghouse บ้านเช่าพักพร้อมอาหารบริการ
boarding school โรงเรียนประจำ
board of trade *n., pl.* **boards of trade** สภาการค้า
boardroom (บอร์ด' รูม,- รุม, โบร์ด'-) *n.* ห้องประชุมผู้บริหาร
boast (โบซท์) *vt., vi.* **boasted, boasting** โอ้อวด *-n.* เรื่องโอ้อวด **-boastful** *adj.* **-boastfully** *adv.* **-boastfulness** *n.* (**-S.** (v., n.) brag)
★**boat** (โบท) *n.* เรือ, ชามเปล *-v.* **boated, boating** *-vt.* พายเรือ, บรรทุกเรือ, ยกขึ้นเรือ *-vi.* แล่นเรือ, พายเรือ, โดยสารเรือ **-in the same boat** ตกอยู่ในสถานการณ์เดียวกัน **-miss the boat** พลาดโอกาส (**-S.** (n.) vessel)
boatel (โบเทล') *n.* เรือที่จัดเป็นโรงแรม
boatswain, bosun, bos'n, bo's'n (โบ' เซิน) *n.* พันจ่าเรือที่ดูแลเรือ
bob (บอบ) *n.* ทรงผมบ๊อบ, (ภาษาพูด) เหรียญห้าเพนนีของอังกฤษ, ทุ่นตกปลา, ลูกตุ้ม, หางม้า *-v.* **bobbed, bobbing** *-vt.* ตัดผมทรงบ๊อบ, เคลื่อนขึ้นลงอย่างเร็ว *-vi.* กระเพื่อมขึ้นลงอย่างเร็ว, โคลงเคลง (**-S.** (v.) float)
bobbin (บอบ' บิน) *n.* กระสวยด้าย
bobby (บอบ' บี) *n., pl.* **-bies** ตำรวจ
bobby pin กิ๊ปติดผม
bobbysoxer (บอบ' บีซอคเซอร์) *n.* สาวรุ่น
bobcat (บอบ' แคท) *n.* แมวป่า (**-S.** lynx)
bobsled (บอบ' ซเลด) *n.* เลื่อน *-vi.* **-sledded, -sledding** ขับเลื่อน
bobtail (บอบ' เทล) *n.* หางสั้น, ม้าหางสั้น
bod (บอด) *n.* (ภาษาพูด) ร่างกาย ตัวตน บุคคล
bode[1] (โบด) *v.* กริยาช่อง 2 ของ bide
bode[2] (โบด) *vt.* **boded, boding** เป็นลาง
bodice (บอด' ดิซ) *n.* เสื้อรัดอก
bodily (บอด' เดิลลี) *adj.* เกี่ยวกับร่างกาย, ทางกาย *-adv.* ทั้งร่างกาย, ทั้งตัว (**-S.** (adj.) physical)
★**body** (บอด' ดี) *n., pl.* **-ies** ร่างกาย, ตัว, ศพ,

A B C D E F G H I J K L M N O P Q R S T U V W X Y Z

ส่วน, ส่วนสำคัญ, หมู่คณะ, กลุ่ม, ความอยู่ตัว, บุคคล, ปริมาณ, ตัวถัง, ความแรง, ความเข้ม
body bag ถุงใส่ศพเพื่อเคลื่อนย้าย
bodybuilding (บอด' ดีบิลดิง) *n.* การเพาะกาย **-bodybuilder** *n.*
body clock ดู biological clock
body double ตัวแสดงแทน
bodyguard (บอด' ดีการ์ด) *n.* ผู้คุ้มกัน
body language ภาษากาย เช่น สีหน้า
body-scanner (บอด' ดี สแกน' เนอร์) *n.* เครื่องฉายเอกซเรย์ภาคตัดขวางของร่างกาย
body suit ชุดสวมพอดีตัวและแนบเนื้อ
bog (บอก) *n.* ปลักตม, ที่ชื้นแฉะ *-v.* **bogged, bogging** *-vt.* จมปลักตม *-vi.* ล่าช้า, ติดขัด **-boggy** *adj.* (**-S.** (n.) marsh, swamp (v.) stuck)
bogey, bogy, bogie (โบ' กี, บุก' กี, บู' กี) *n., pl.* **-geys, -gies** วิญญาณร้าย, สิ่งที่น่ากลัว
bogeyman (โบ' กีแมน) *n.* สิ่งที่น่ากลัว, ผี
boggle (บอก' เกิล) *vi.* **-gled, -gling** สะดุ้ง, ลังเล, สับสน, ตื่นตะลึง *-n.* การสะดุ้ง, การลังเล, ความสับสน (**-S.** (v., n.) shock)
bogie¹ (โบ' กี) *n., pl.* **-gies** ดู bogey
bogie², bogy (โบ' กี) *n., pl.* **-gies** รถตู้เตี้ยๆ เอาไว้ขนของ, ตู้โบกี้รถไฟ
bogus (โบ' เกิซ) *adj.* หลอกลวง, จอมปลอม
bogy¹ (โบ' กี) *n., pl.* **-gies** ดู bogey
bogy² (โบ' กี) *n., pl.* **-gies** ดู bogie²
bohemian (โบฮี' เมียน) *n.* ศิลปินที่มีแนวคิดเป็นของตัวเอง,คนที่ใช้ชีวิตแหวกแนว (**-S.** hippy)
★**boil** (บอยล์) *v.* **boiled, boiling** *-vt.* ทำให้เดือด, ต้มในน้ำเดือด, ต้มหรือเคี่ยวจนเดือด *-vi.* เดือดเป็นฟอง *-n.* การเดือด, ฝี, ตุ่มหนอง
boiler (บอย' เลอร์) *n.* กาต้มน้ำ, หม้อต้มน้ำ
boiler suit ชุดทำงานที่เป็นเสื้อติดกับกางเกง
boiling point จุดเดือดของของเหลว, (คำสแลง) จุดเดือดของอารมณ์
boisterous (บอย' สเตอเริซ) *adj.* โกลาหล, บ้าคลั่ง, อึกทึก, อื้ออึง **-boisterously** *adv.* **-boisterousness** *n.* (**-S.** noisy **-A.** quiet)
bold (โบลด์) *adj.* **bolder, boldest** กล้า, เด่นชัด, ดำหนา **-boldly** *adv.* **-boldness** *n.*
boldface (โบลด์' เฟซ) *n.* ตัวพิมพ์ดำหนา
bole (โบล) *n.* ส่วนลำต้นของต้นไม้
boll (โบล) *n.* เมล็ดในฝักของพืช, สมอฝ้าย
bologna, baloney, boloney (บะโล' นะ, -นี) *n.* ไส้กรอกอันใหญ่รมควันยัดไส้เนื้อ
bolster (โบล' สเตอร์) *n.* หมอนหนุนหรือหมอนอิงขนาดยาว, แผ่นผ้าสำหรับรองรับ, เบาะ
bolt (โบลท์) *n.* กลอนประตู หน้าต่าง, สลัก, ดาน, ตะปูเกลียว, ม้วน, แถบ, การถอนตัว, การถลา, การพุ่ง, เรื่องไม่คาดฝัน *-v.* **bolted, bolting** *-vt.* ลงกลอน, ใส่กลอน, ยิงธนู, กลืน, พูดโพล่ง, ถอนตัว *-vi.* ถลา, พุ่ง, เตลิด, เผ่น (**-S.** (n., v.) lock, run)
bolus (โบ' เลิซ) *n., pl.* **-luses** ก้อนเละๆ นิ่มๆ
★**bomb** (บอม) *n.* ลูกระเบิด, ระเบิดหรืออาวุธนิวเคลียร์, ภาชนะฉีดพ่นละออง, ความล้มเหลว *-v.* **bombed, bombing** *-vt.* ทำลายหรือโจมตีด้วยลูกระเบิด *-vi.* ทิ้งระเบิด, ล้มเหลว
bombard (บอมบาร์ด') *vt.* **-barded, -barding** ถล่มด้วยระเบิด, ระดมใส่ **-bombardment** *n.*
bombast (บอม' แบซท์) *n.* คำคุยโว
bomber (บอม' เมอร์) *n.* เครื่องบินทิ้งระเบิด
bombshell (บอม' เชล) *n.* ลูกระเบิด, ความตื่นตะลึง
bona fide (โบ' นะไฟด์, -ไฟ' ดี) *adj.* จริงใจ, (ของ) แท้, จริงแท้ (**-S.** genuine, true **-A.** fake)
bonanza (บะแนน' ซะ) *n.* ขุมแร่, ขุมทรัพย์
bon appétit ขอให้เจริญอาหารและมีสุขภาพดี
bonbon (บอน' บอน) *n.* ลูกอม
bond (บอนด์) *n.* ข้อตกลง, สิ่งผูกมัด, ข้อผูกพัน, เอกสารการกู้ยืมเงิน, การคุมขัง, ความผูกพัน, แรงยึดเหนี่ยว, พันธะทางเคมี, พันธบัตร, การเก็บสินค้าไว้ในโกดังเพื่อรอชำระภาษี, ทาส, โซ่ตรวน *-v.* **bonded, bonding** *-vt.* ผูกมัด, วางมัดจำ, ยึดติด *-vi.* ยึดติด, สร้างสัมพันธ์
bonded warehouse โรงเก็บสินค้าทัณฑ์บน
bondmaid (บอนด์' เมด) *n.* ทาสหญิง
bondman, bondsman (บอนด์' เมิน, บอนด์ซ์' เมิน) *n., pl.* **-men** ข้าทาสชาย
bond paper กระดาษอย่างดี
bondservant (บอนด์' เซอร์เวินท์) *n.* ข้าทาส
bondwoman (บอนด์' วุมเมิน) *n.* ข้าทาสหญิง
★**bone** (โบน) *n.* กระดูก, ก้าง, สิ่งที่ทำจากกระดูก, สิ่งที่คล้ายกระดูก, ร่างกาย, ศพ *-v.* **boned, boning** *-vt.* ถอดกระดูก *-vi.* (ภาษาพูด) มุเรียนหนัก **-bony** *adj.* **-boneless** *adj.*
bone ash เถ้ากระดูก
bone-dry (โบน' ไดร') *adj.* แห้งสนิท
bone earth เถ้ากระดูก
bone of contention ต้นเหตุแห่งการโต้แย้ง
bone marrow ไขกระดูก
bonfire (บอน' ไฟร์) *n.* กองไฟกลางแจ้ง
bongo (บอง' โก) *n., pl.* **-gos** ละมั่งขนาดใหญ่

ชนิดหนึ่ง ตัวมีสีน้ำตาลแดง, กลองที่ใช้มือตี
bonhomie (บอนนะมี') *n.* ไมตรีจิต
bonjour (บองฌูร') *n., interj.* สวัสดี
bonnet (บอน' นิท) *n.* หมวกที่มีริบบิ้นผูกใต้คาง, ฝาครอบปล่องไฟ, ฝากระโปรงรถ

bonnet

bonny, bonnie (บอน' นี) *adj.* **-nier, -niest** สวย, มีเสน่ห์, เยี่ยม **-bonnily** *adj.*
bonsai (บอนไซ', บอน' ไซ, -ไซ) *n., pl.* **-sai** ต้นไม้แคระดัด, ต้นบอนไซ

bonsai

bonus (โบ' เนิซ) *n., pl.* **-es** เงินพิเศษ, สิ่งที่แถมให้ (**-S.** premium, reward)
bon voyage (บอง วายาฌ') *interj.* ขอให้เดินทางปลอดภัย
boo (บู) *n., pl.* **boos** เสียงโห่ฮาแสดงความไม่พอใจ *-interj.* คำอุทานแสดงความไม่พอใจ ดูถูก
boob (บูบ) *n.* (คำสแลง) คนโง่ **-boobs** (ภาษาพูด) หน้าอกผู้หญิง
booby (บู' บี) *n., pl.* **-bies** (คำสแลง) คนโง่ หน้าอกผู้หญิง, นกทะเลชนิดหนึ่ง
booby prize รางวัลล้อเลียนสำหรับผู้เล่นที่เล่นได้แย่ที่สุดในการแข่งขัน
booby trap กับระเบิด, กับดัก
boodle (บูด' เดิล) *n.* (คำสแลง) เงินสินบน เงินเก๊, สินค้าที่ลักขโมยมา
boogie (บุก' กี, บู' กี) *vi.* **-gied, -gieing** เต้นระบำ, เต้นร็อก *-n.* เพลงเต้นระบำ, เพลงร็อก
boohoo (บูฮู') *vi.* **-hooed, -hooing** ร่ำไห้โฮ
★**book** (บุค) *n.* สมุด, หนังสือ, ตำรา, สมุดบัญชี, เล่ม, บทละคร, คัมภีร์ *-vt.* **booked, booking** บันทึกลงสมุด, จดลงสมุด, ทำรายการ, จอง, สำรองเอาไว้ *-adj.* ในบันทึก, ในบัญชี, จากบันทึก **-by the book** ตามกฎกติกา **-make book** รับพนัน **-the Book** คัมภีร์ไบเบิล
bookbinding (บุค' ไบน์ดิง) *n.* การเข้าปกหนังสือ **-bookbinder** n. **-bookbindery** *n.*
bookcase (บุค' เคซ) *n.* ตู้หรือชั้นวางหนังสือ
bookend (บุค' เคนด์) *n.* ที่กั้นหนังสือไม่ให้ล้ม
bookie (บุค' คี) *n.* เจ้ามือรับพนันม้า
booking (บุค' คิง) *n.* การจอง, การสำรองที่
bookish (บุค' คิช) *adj.* ซึ่งชอบอ่านหนังสือ
bookkeeping (บุค' คีพิง) *n.* การทำบัญชี
booklet (บุค' ลิท) *n.* สมุดหรือหนังสือเล่มเล็กๆ
booklore (บุค' ลอร์) *n.* ความรู้จากหนังสือ
bookmaker (บุค' เมเคอร์) *n.* คนทำและจัดพิมพ์หนังสือ, เจ้ามือรับพนันม้า
bookmark (บุค' มาร์ค) *n.* ที่คั่นหนังสือ
bookmobile (บุค' โมบีล) *n.* ห้องสมุดเคลื่อนที่
bookplate (บุค' เพลท) *n.* แถบกระดาษที่เขียนชื่อเจ้าของหนังสือแล้วแปะไว้ด้านในหนังสือ
bookseller (บุค' เซลเลอร์) *n.* คนขายหนังสือ
bookshelf (บุค' เชลฟ์) *n., pl.* **-shelves** ชั้นวางหนังสือ
bookshop (บุค' ชอพ) *n.* ร้านขายหนังสือ
bookstall (บุค' สตอล) *n.* แผงขายหนังสือ
bookstand (บุค' สแตนด์) *n.* ที่ตั้งวางหนังสือ
bookstore (บุค' สตอร์) *n.* ร้านขายหนังสือ
book value ราคาตามบัญชี
bookworm (บุค' เวิร์ม) *n.* หนอนหนังสือ, คนที่ขยันอ่านหนังสือ, แมลงที่ชอบกัดกินหนังสือ
boom[1] (บูม) *v.* **boomed, booming** *-vt.* ทำให้เพิ่มหรือเจริญขึ้นอย่างรวดเร็ว *-vi.* เพิ่มหรือเจริญขึ้นอย่างรวดเร็ว *-n.* ความเจริญที่รวดเร็ว (**-S.** (v.) flourish, prosper (v., n.) increase)
boom[2] (บูม) *v.* **boomed, booming** *-vt.* พูดหรือส่งเสียงดัง *-vi.* ทำเสียงดังก้อง *-n.* เสียงดัง
boomerang (บู' มะแรง) *n.* บูมเมอแรง เป็นไม้แบนและโค้ง ใช้เหวี่ยงไปในอากาศแล้วจะกลับคืนมาได้เอง ใช้เป็นอาวุธล่าสัตว์

boomerang

boon[1] (บูน) *n.* คุณประโยชน์ (**-S.** benefit)
boon[2] (บูน) *adj.* สนุกสนาน, ใจดี (**-S.** merry)
boon companion เพื่อนสนิท
boor (บูร์) *n.* คนหยาบคาย, ชาวไร่ชาวนา **-boorish** *adj.* **-boorishness** *n.* (**-S.** peasant)
boost (บูซท์) *vt.* **boosted, boosting** ผลักดัน, เพิ่มขึ้น, สนับสนุน, *-n.* การผลักดัน, การสนับสนุน, การเพิ่มขึ้น (**-S.** (v.) encourage)
booster (บู' สเตอร์) *n.* อุปกรณ์เพิ่มกำลัง, ผู้สนับสนุน, เครื่องส่งจรวด, ยาฉีดกระตุ้น
booster shot, booster injection วัคซีนที่ฉีดซ้ำเพื่อกระตุ้นภูมิคุ้มกัน
★**boot** (บูท) *n.* รองเท้าหุ้มข้อหรือหุ้มขา, ตัวถังรถ, การเตะ, ฝาครอบ, กระโปรงรถ, ช่องว่างท้ายรถสำหรับใส่ของ *-vt.* **booted, booting** สวมรองเท้าดังกล่าว, เตะ, (ภาษาพูด) ไล่ออก **-boot up** (คอมพิวเตอร์) การสั่งให้เครื่องคอมพิวเตอร์เริ่มทำงานใหม่ **-give someone the boot** ไล่ออก **-lick someone's boots** ประจบสอพลอ

bootblack (บูท' แบลค) *n.* ช่างขัดรองเท้า
bootee, bootie (บู' ที) *n.* รองเท้าทารก
booth (บูธ) *n., pl.* **booths** (บูธซ์) ห้องเล็กๆ สำหรับขายสินค้า, ห้องขนาดเล็ก, คอกกั้น
bootleg (บูท' เลก) *vt., vi.* **-legged, -legging** ผลิตหรือขายเหล้าเถื่อน **-bootlegger** *n.*
bootlick (บูท' ลิค) *vt., vi.* **-licked, -licking** (ภาษาพูด) ประจบ
booty (บู' ที) *n., pl.* **-ties** ของที่ยึดหรือขโมยมา
booze (บูซ) *n.* เครื่องดื่มผสมแอลกอฮอล์ *-vi.* **boozed, boozing** ดื่ม (เหล้า) หนัก
borax (บอ' แรคซ์) *n.* สารโซเดียมบอเรต ใช้ผลิตสบู่ แก้ว ยาปฏิชีวนะ เป็นต้น, ของคุณภาพต่ำ
★**border** (บอร์' เดอร์) *n.* ขอบ, ริม, พรมแดน, เขตแดน *-v.* **-dered, -dering** *-vt.* ทำขอบ, กั้นเขตแดนล้อมรอบ, แบ่งเขตแดน *-vi.* มีพรมแดนติดกับ (**-S.** (n.) frontier (n., v.) edge, rim)
borderline (บอร์' เดอร์ไลน์) *n.* เส้นแบ่งเขตแดน, ความก้ำกึ่งกัน *-adj.* ซึ่งอยู่บนความก้ำกึ่ง
bore[1] (บอร์) *v.* กริยาช่อง 2 ของ bear
bore[2] (บอร์) *vt., vi.* **bored, boring** เจาะ, ไช, ไชชอน, คว้าน *-n.* รู, อุโมงค์, ทางลอด, รูกระบอกปืน, เครื่องเจาะ (**-S.** (v.) drill (n.) hole)
★**bore**[3] (บอร์) *vt.* **bored, boring** เบื่อหน่าย *-n.* คนน่าเบื่อ **-bored** *adj.* **-boredom** *n.*
boric acid กรดบอริก ใช้เป็นยาปฏิชีวนะ ฯลฯ
★**boring** (บอ' ริง) *adj.* สำหรับเจาะรู, น่าเบื่อ *-n.* รูเจาะ, เศษผงจากการเจาะรู, ความน่าเบื่อ **-boringly** *adv.* **-boringness** *n.*
★**born** (บอร์น) *v.* กริยาช่อง 3 ของ bear *-adj.* ถือกำเนิด, โดยกำเนิด, มาแต่กำเนิด
★**borne** (บอร์น, โบร์น) *v.* กริยาช่อง 3 ของ bear
boron (โบ' รอน, บอ' รอน) *n.* ธาตุโบรอน มีสัญลักษณ์ B
borough (เบอ' โร) *n.* เขตการปกครองท้องถิ่น
★**borrow** (บอ' โร) *vt., vi.* **-rowed, -rowing** ยืม, หยิบยืม **-borrower** *n.*
bort, bortz (บอร์ท, บอร์ทซ์) *n.* กากเพชร
bos'n, bo's'n (โบ' เซิน) *n.* ดู boatswain
bosom (บุซ' เซิม, บู' เซิม) *n.* ทรวงอก, อ้อมอก, ใจกลาง, บริเวณภายใน, แวดวงเครือญาติ, หัวอก *-adj.* กลมเกลียว, ใกล้ชิด, สนิทสนม
★**boss** (บอซ) *n.* หัวหน้า, เจ้านาย, นายจ้าง, ผู้นำ, (ภาษาพูด) วัว *-vt.* **bossed, bossing** ทำตัวเป็นหัวหน้า, สั่งการ *-adj.* ยอดเยี่ยม, สำคัญ, ดีมาก (**-S.** (n.) supervisor **-A.** (n.) employee)
bossy (บอซ' ซี) *adj.* **bossier, bossiest** ชอบสั่ง, ชอบบงการ (**-S.** autocratic)
bosun (โบ' เซิน) *n.* ดู boatswain
botanic, botanical (บะแทน' นิค, -นิเคิล) *adj.* เกี่ยวกับพืชหรือพฤกษศาสตร์ *-n.* สารสกัดจากพืช **-botanically** *adv.*
botanical garden สวนพฤกษศาสตร์
botanist (บอท' เทินนิซท์) *n.* นักพฤกษศาสตร์
★**botany** (บอท' เทินนี) *n., pl.* **-nies** พฤกษศาสตร์
botch (บอช) *vt.* **botched, botching** ปุปะ, ซ่อมลวกๆ *-n.* การปุปะ, การซ่อมลวกๆ
★**both** (โบธ) *adj.* ทั้งสอง, ทั้งคู่ *-pron.* (คน สัตว์ สิ่งของ) ทั้งสอง, ทั้งคู่ *-conj.* ทั้ง...และ, ด้วยกัน
★**bother** (บอธ' เธอร์) *vt., vi.* **-ered, -ering** รบกวน, ทำให้วุ่นวาย *-n.* การกวนใจ, ความรำคาญ, คนหรือสิ่งที่ทำให้รำคาญ *-interj.* คำอุทานแสดงความรำคาญ **-bothersome** *adj.* (**-S.** (v.) disturb **-A.** (v., n.) comfort)
★**bottle** (บอท' เทิล) *n.* ขวด, ปริมาณบรรจุขวด *-vt.* **-tled, -tling** สะกดกั้นความรู้สึก, ใส่ขวด
bottle bank ธนาคารที่รับบริจาคขวดเพื่อนำกลับมาใช้ใหม่
bottle-fed (บอท' เทิล เฟด) *adj.* ซึ่งกินนมขวด

bottle-fed

bottleneck (บอท' เทิล เนค) *n.* คอขวด, คอคอด, สภาวะที่ทำการได้ลำบาก
★**bottom** (บอท' เทิม) *n.* ก้น, ก้นบึ้ง, ฐาน, ส่วนล่างสุด, พื้นล่างสุด, พื้นฐาน, (คำสแลง) ก้น บั้นท้าย, ท้องเรือ **-from the bottom of my heart** จากก้นบึ้งของหัวใจ **-bottomless** *adj.*
bottommost (บอท' เทิมโมซท์) *adj.* จุดต่ำสุด, ขั้นพื้นฐานที่สุด
botulism (บอช' ชะลิซเซิม) *n.* อาหารเป็นพิษ
boudoir (บู' ดวาร์, -ดวอร์) *n.* ห้องส่วนตัวสตรี
bough (เบา) *n.* กิ่งไม้ใหญ่
bought (บอท) *v.* กริยาช่อง 2 และ 3 ของ buy
bouillon (บูล' ยอน) *n.* น้ำซุปเนื้อ
bouillon cube ซุปก้อนสกัดจากเนื้อสัตว์
boulder (โบล' เดอร์) *n.* หินก้อนใหญ่ที่กลม
boulevard (บูล' ละวาร์ด, บู' ละ-) *n.* ถนนในเมืองที่ร่มรื่นด้วยต้นไม้ (**-S.** avenue)
★**bounce** (เบานซ์) *v.* **bounced, bouncing** *-vt.* กระแทก, เด้ง, (สุขภาพ) ฟื้นฟู, (คำสแลง) ไล่ออก *-vi.* เลี้ยงลูกบาสเกตบอล, กระโดด, เด้งขึ้น, (เช็ค) เด้ง *-n.* การเลี้ยงลูกบาสเกตบอล, การกระโดด, พละกำลัง, ความมีชีวิตชีวา

-**bouncy** *adj.* -**bouncily** *adv.* (-**S.** (n., v.) leap)
bouncing (เบานฺ' ซิง) *adj.* แข็งแรง, ร่าเริง
★**bound**[1] (เบานฺดฺ) *n.* ขอบเขต, ขีดจำกัด, ข้อจำกัด, การก้าวกระโดด, การเด้ง -*v.* **bounded, bounding** -*vt.* ทำขอบเขต, จำกัด, ทำให้เด้ง -*vi.* กระโดด, เด้ง (-**S.** (n., v.) leap, limit)
bound[2] (เบานฺดฺ) *adj.* มุ่งหน้า, มุ่งตรงไปยัง
bound[3] (เบานฺดฺ) *v.* กริยาช่อง 2 และ 3 ของ bind -*adj.* ถูกผูกมัด, ซึ่งผูกพัน, แน่นอน, ซึ่งเข้าเล่มเข้าปก, (ภาษาพูด) ซึ่งตัดสินใจแล้ว
★**boundary** (เบานฺ' ดะรี, -ดรี) *n., pl.* **-ries** เส้นแบ่งเขต, แนวเขตแดน (-**S.** border, limit)
bounden (เบานฺ' เดิน) *adj.* โดยหน้าที่, จำเป็น
boundless (เบานฺดฺ' ลิซ) *adj.* ไร้ขีดจำกัด, ไร้ขอบเขต -**boundlessly** *adv.* (-**S.** limitless)
bounteous (เบานฺ' เทียซ) *adj.* ให้อย่างไม่อั้น, ใจดี, มากมาย -**bounteously** *adv.* -**bounteousness** *n.* (-**S.** abundant, kind)
bountiful (เบานฺ' ทะเฟิล) *adj.* เอื้อเฟื้อ, อุดมสมบูรณ์ -**bountifully** *adv.* (-**S.** ample, kind)
bounty (เบานฺ' ที) *n., pl.* **-ties** ความใจบุญ, สิ่งของบริจาค, รางวัล (-**S.** kindness, reward)
bouquet (โบเค', บู-) *n.* ช่อดอกไม้, กลิ่นหอมของเหล้าองุ่น (-**S.** fragrance, wreath)
bourbon (เบอรฺ' เบิน) *n.* วิสกี้ทำจากข้าวโพด
bourg (บุรฺก) *n.* เมือง, หมู่บ้านอันเก่าแก่
bourgeois (บุรฺฌวา', บุรฺ' ฌวา) *n., pl.* **bourgeois** ชนชั้นกลาง, นายทุน -*adj.* เกี่ยวกับชนชั้นกลาง, เกี่ยวกับนายทุน -**bourgeoise** *n. fem.* (-**S.** (adj.) middle-class)
bourgeoisie (บุรฺฌวาซี') *n.* ชนชั้นกลาง
bourse (บุรฺซฺ) *n.* ตลาดแลกเปลี่ยนสินค้า
bout (เบาทฺ) *n.* การแข่งขัน, ชั่วระยะเวลาหนึ่ง, พักหนึ่ง, ยกหนึ่ง (-**S.** contest, match)
boutique (บูทีค') *n.* ร้านเล็กๆ ที่ขายสินค้าพวกเสื้อผ้าราคาแพงหรือของขวัญต่างๆ
bovine (โบ' ไวนฺ, -วีน) *adj.* เกี่ยวกับวัว, เหมือนวัว, ดื้อด้าน, บึกบึน -*n.* สัตว์จำพวกวัว
bow[1] (เบา) *n.* ส่วนหน้าของลำเรือ
★**bow**[2] (เบา) *vt., vi.* **bowed, bowing** โค้ง, โค้งคำนับ, โน้มศีรษะลง, ก้มหัว, จำนน, ยินยอม -*n.* การโค้งคำนับ, การก้มหัว (-**S.** (v.) stoop)
★**bow**[3] (โบ) *n.* เส้นโค้ง, ส่วนโค้ง, คันธนู, คันซอ, หน้าไม้, การผูกหูกระต่าย, สายรุ้ง -*vt., vi.* **bowed, bowing** สีซอ, โค้ง, งอ, โก่ง
★**bowel** (เบา' เอิล, เบาลฺ) *n.* ลำไส้, เครื่องใน
bower (เบา' เออรฺ) *n.* ซุ้มไม้, ร่มไม้, ห้องชั้นใน
bowie knife มีดชนิดหนึ่งใช้ล่าสัตว์
bowknot (โบ' นอท) *n.* การผูกปมเป็นรูปหูกระต่าย, โบหูกระต่าย
★**bowl**[1] (โบล) *n.* ชาม, ถ้วย, อ่าง (-**S.** basin)
bowl[2] (โบล) *n.* เกมโยนหรือทอยลูกบอล, ลูกบอลที่ใช้โยนหรือทอย -*vt., vi.* **bowled, bowling** เล่นเกมโยนลูกบอล, โยนลูกบอล, แล่นอย่างเร็ว
bowler (โบ' เลอรฺ) *n.* คนขว้างบอล, หมวกสักหลาดแข็ง ปีกแคบ ที่นักธุรกิจอังกฤษสวม
bowline (โบ' ไลนฺ, -ลิน) *n.* เชือกรั้งใบเรือ
bowling (โบ' ลิง) *n.* กีฬาโบว์ลิ่ง

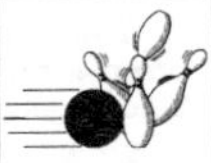
bowling

bowman (โบ' เมิน) *n., pl.* **-men** นักยิงธนู, คนพายเรือที่อยู่หน้าสุด
bowshot (โบ' ชอท) *n.* ระยะยิงธนู
bow tie โบหรือเนกไทหูกระต่าย
bowwow (เบา' เวา') *n.* เสียงสุนัขเห่า, สุนัข
★**box**[1] (บอคซฺ) *n.* การต่อยตีด้วยกำปั้น -*v.* **boxed, boxing** -*vt.* ต่อยด้วยกำปั้น -*vi.* ต่อยมวย
★**box**[2] (บอคซฺ) *n.* กล่อง, หีบห่อ, ลัง, ปริมาณบรรจุกล่อง, ห้องหับเล็กๆ, คอก, ของขวัญ, ที่นั่งคนขับ, กระท่อมเล็กๆ, กรอบข่าวหรือโฆษณา, (คำสแลง) โทรทัศน์ -*vt.* **boxed, boxing** หากล่องใส่, ใส่กล่อง -*adj.* เหมือนกล่อง, ซึ่งบรรจุกล่อง **-in the box** อยู่ในภาวะลำบาก
boxer[1] (บอค' เซอรฺ) *n.* นักมวย (-**S.** fighter)
boxer[2] (บอค' เซอรฺ) *n.* ชื่อสุนัขขนสั้นสีน้ำตาลพันธุ์หนึ่ง
★**boxing** (บอค' ซิง) *n.* การชกมวย, การใส่กล่อง
Boxing Day วันหลังวันคริสต์มาส ถือเป็นวันมอบของขวัญให้กับลูกจ้าง เป็นต้น
boxing gloves นวมชกมวย
★**boy** (บอย) *n.* เด็กผู้ชาย, เจ้าหนุ่ม, ลูกชาย -*interj.* คำอุทานแสดงความประหลาดใจ พอใจ ตื่นเต้น -**boyish** *adj.* -**boyhood** *n.*
boycott (บอย' คอท) *vt.* **-cotted, -cotting** รวมตัวกันต่อต้าน, ปฏิเสธการซื้อขายหรือใช้สินค้า -*n.* การรวมตัวกันเพื่อต่อต้าน, การปฏิเสธที่จะซื้อขายหรือใช้สินค้า (-**S.** (v.) reject)
boyfriend, boy friend (บอย' เฟรนดฺ) *n.* ชายคนรัก, แฟนหนุ่ม, เพื่อนชาย
Boy Scout, boy scout เด็กลูกเสือ
bozo (โบ' โซ) *n., pl.* **-zos** (คำสแลง) เพื่อนเกลอ ตัวตลก คนโง่
BP ย่อจาก blood pressure ความดันเลือด

bp ย่อจาก birthplace สถานที่เกิด
BPE, B.P.E. ย่อจาก Bachelor of Physical Education ปริญญาตรีทางพลศึกษา
BPharm, B.Pharm. ย่อจาก Bachelor of Pharmacy ปริญญาตรีทางเภสัชศาสตร์
Br ย่อจาก Bromine ธาตุโบรมีน, Branch สาขา
★**bra** (บรา) *n.* เสื้อยกทรงสตรี
brace (เบรซ) *v.* **braced, bracing** *-vt.* ผูกมัดแน่น, รั้งจนแน่น, กระตุ้น, ยึดแน่น, รวมกำลัง, (คำสแลง) ขอกู้ยืม *-vi.* เตรียมพร้อม *-n.* เครื่องดึงรั้ง, เครื่องยึด, จำนวนคู่, เครื่องหมายปีกกาคู่ { }, คานหนุน (-S. (v.) prop, steady, support)
brace and bit สว่านที่ใช้มือหมุนเพื่อเจาะรู
★**bracelet** (เบรซ' ลิท) *n.* กำไลข้อมือ, กำไลแขน, (ภาษาพูด) กุญแจมือ (-S. armlet, bangle)
bracer (เบร' เซอร์) *n.* เครื่องรั้ง, เครื่องดื่มบำรุง
bracing (เบร' ซิง) *adj.* สดชื่น, ดีต่อสุขภาพ *-n.* เครื่องรั้ง **-bracingly** *adv.*
bracket (แบรค' คิท) *n.* ที่ค้ำชั้นเป็นรูปตัวแอล, ชั้นซึ่งมีที่ค้ำ, เครื่องหมายวงเล็บ [ ] หรือ ( ), กลุ่ม *-vt.* **-eted, -eting** ค้ำยัน, อยู่ในวงเล็บ, จัดกลุ่ม (-S. (n.) group, support)
brackish (แบรค' คิช) *adj.* กร่อย (-S. impure)
brae (เบร, บรี) *n.* ตลิ่ง, เนินเขา
brag (แบรก) *vt., vi.* **bragged, bragging** คุยโว, โอ้อวด *-n.* การคุยโว, เรื่องโอ้อวด (-S. (v.) boast, show off)
braggadocio (แบรกกะโด' ชีโอ, -โด' โช) *n., pl.* **-os** คนโอ้อวด, คำโอ้อวด, เรื่องขี้โม้
braggart (แบรก' เกิร์ท) *n.* คนขี้โม้ *-adj.* ขี้โม้
braid (เบรด) *vt., vi.* **braided, braiding** ถักเปีย, ถักเชือก, ผูกด้วยเชือกเปีย *-n.* ผมหรือเชือกที่ถักเป็นเปีย, ริบบิ้นหรือด้ายทอที่ใช้ตกแต่งขอบผ้า **-braided** *adj.* (-S. (v.) weave)
Braille, braille (เบรล) *n.* ตัวอักษรเบรลที่ทำขึ้นเพื่อช่วยให้คนตาบอดเรียนหนังสือได้

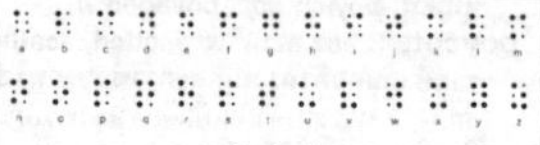

Braille, braille

★**brain** (เบรน) *n.* สมอง, มันสมอง, ความเฉลียวฉลาด, คนที่มีสติปัญญาดี **-beat one's brains** ใช้ความคิดอย่างหนัก **-pick someone's brains** เอาความคิดคนอื่นมาใช้ **-braininess** *n.* **-brainy** *adj.* (-S. intelligence, wit -A. stupidity)

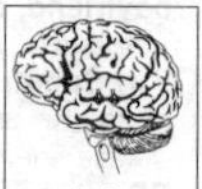

brain

brainchild (เบรน' ไชล์ด) *n.* ความคิดริเริ่ม
brain drain สภาวะที่กลุ่มบุคคลที่เป็นมันสมองขององค์กรได้ย้ายไปทำงานที่อื่นที่ให้เงินหรือผลตอบแทนที่ดีกว่า, สภาวะสมองไหล
brainpower (เบรน' เพาเออร์) *n.* สติปัญญา
brainstorm (เบรน' สตอร์ม) *n.* ความคิดที่ดีที่บังเอิญนึกขึ้นได้ *-vt.* **-stormed, -storming** ระดมความคิด **-brainstorming** *n.*
brainteaser (เบรน' ทีเซอร์) *n.* ปัญหาลับสมอง, ปัญหาที่ยาก
brain trust คณะที่ปรึกษาผู้ทรงคุณวุฒิ
brainwash (เบรน' วอช) *vt.* **-washed, -washing** ทำให้เปลี่ยนความคิดและความเชื่อเสียใหม่, (ภาษาพูด) ล้างสมอง **-brainwashing** *n.*
brain wave คลื่นสมอง, แรงดลใจ
★**brake** (เบรค) *n.* อุปกรณ์ห้ามล้อ, เบรกรถ, สิ่งที่ทำให้ชะลอความเร็วลง *-v.* **braked, braking** *-vt.* ห้ามล้อ, เหยียบเบรก *-vi.* ใช้เบรก, ช้าลง **-brakeless** *adj.* (-S. (n.) restraint (v.) curb)
bramble (แบรม' เบิล) *n.* เถาไม้ที่มีหนาม
bran (แบรน) *n.* รำข้าว **-branny** *adj.*
★**branch** (แบรนช์) *n.* กิ่งไม้, สาขา, หน่วยย่อย, แควน้ำ *-vt., vi.* **branched, branching** แยกสาขา, แตกกิ่ง, กระจายสาขา **-branchy** *adj.*
★**brand** (แบรนด์) *n.* เครื่องหมายการค้า, ยี่ห้อ, ชนิด, ตราประทับ, รอยมลทิน, รอยจารึก, ถ่าน (ในกองไฟ) *-vt.* **branded, branding** ตีตรา, ตราหน้า, ประณาม (-S. (n.) imprint, label)
brand image ภาพลักษณ์ของผลิตภัณฑ์
brandish (แบรน' ดิช) *vt.* **-dished, -dishing** กวัดแกว่ง, ทำฉวัดเฉวียน (-S. flourish, swing)
brand name ชื่อสินค้า, ชื่อยี่ห้อสินค้า
brand-new (แบรนด์' นู') *adj.* ใหม่เอี่ยม
brandy (แบรน' ดี) *n., pl.* **-dies** บรั่นดี เป็นเครื่องดื่มแอลกอฮอล์ที่ทำจากน้ำผลไม้หมัก
brash (แบรช) *adj.* **brasher, brashest** ไม่รอบคอบ, ไม่รู้จักคิด, ทะลึ่ง, เอะเอะ **-brashly** *adv.* **-brashness** *n.*
brasier (เบร' เฌอร์) *n.* ดู brazier
brass (แบรซ) *n., pl.* **brasses** ทองเหลือง, ความหน้าด้าน, (คำสแลง) นายทหารยศสูง
brass band แตรวงทองเหลือง
brass hat (คำสแลง) นายทหารชั้นผู้ใหญ่
brassiere, brassière (บระเซียร์) *n.* เสื้อ

A B C D E F G H I J K L M N O P Q R S T U V W X Y Z

ยกทรงสตรี

brassy (แบรซ' ซี) *adj.* **-ier, -iest** ซึ่งทำด้วยทองเหลือง, เหมือนสีของทองเหลือง, (เสียง) ดังอึกทึก, ไร้ยางอาย **-brassily** *adv.*

brat (แบรท) *n.* เด็กเกเร, เด็กนิสัยเสีย (**-S.** imp)

brava (บรา' วา) *interj.* เก่งมาก!

bravado (บระวา' โด) *n. pl.* **-dos/-does** ท่าทางองอาจกล้าหาญ (**-S.** boldness)

★**brave** (เบรฟว์) *adj.* **braver, bravest** กล้าหาญ, ยอดเยี่ยม *-n.* คนกล้า, นักสู้ *-v.* **braved, braving** *-vt.* กล้าผจญ *-vi.* อวดเก่ง **-bravely** *adv.* **-braveness** *n.* **-bravery** *n.*

bravo (บรา' โว, บราโว') *interj.* เก่งมาก

brawl (บรอล) *n.* การต่อสู้ตะลุมบอน *-vi.* **brawled, brawling** ต่อสู้ตะลุมบอนกัน

brawn (บรอน) *n.* กล้ามเนื้อ, ความแข็งแกร่ง, เนื้อหมูที่ปรุงแล้ว **-brawny** *adj.* (**-S.** muscle)

bray[1] (เบร) *vt.* **brayed, braying** ป่น, เกลี่ย

bray[2] (เบร) *vt., vi.* **brayed, braying** ส่งเสียงร้องคล้ายลา *-n.* เสียงลาร้อง (**-S.** (n.) heehaw)

braze (เบรซ) *vt.* **brazed, brazing** เชื่อมด้วยโลหะพวกอัลลอยด์หรือโลหะที่ไม่ใช่เหล็ก

brazen (เบร' เซิน) *adj.* ทะลึ่ง, หน้าด้าน, ที่ทำด้วยทองเหลือง, คล้ายทองเหลือง

brazier, brasier (เบร' เฌอร์) *n.* ช่างทองเหลือง, เตาโลหะสำหรับเผาถ่านหินหรือถ่าน

breach (บรีช) *n.* รอยแตกร้าว, รอยรั่ว, ความแตกแยก ความร้าวฉาน, การที่วาฬกระโดดขึ้นจากน้ำ, การฝ่าฝืน (กฎ) (**-S.** fracture)

★**bread** (เบรด) *n.* ขนมปัง, อาหารประทังชีวิต, (คำสแลง) เงิน ชีวิตความเป็นอยู่ **-bread and butter** ขนมปังทาเนย, การยังชีพ

breadbasket (เบรด' แบสกิท) *n.* อู่ข้าว, บริเวณที่อุดมสมบูรณ์ด้วยข้าว, (คำสแลง) ท้อง

breadboard (เบรด' บอร์ด, -โบร์ด) *n.* เขียงหั่นขนมปัง, แผ่นไม้รองนวดแป้ง

breadcrumb (เบรด' ครัม) *n.* เศษขนมปัง

bread line แถวของคนยากจนที่ยืนรอรับอาหาร **-on the breadline** ยากจนมาก

breadstuff (เบรด' สตัฟ) *n.* แป้งทำขนมปัง

★**breadth** (เบรดธ์) *n.* ความกว้าง, ขอบเขต, ความใจกว้าง, ความอดทน (**-S.** scope, wideness)

breadwinner (เบรด' วินเนอร์) *n.* คนหาเลี้ยงครอบครัว

★**break** (เบรค) *v.* **broke, broken, breaking** *-vt.* ทำให้แตก, รื้อ, หัก, ทุบ, ทำเสีย, ฝ่าฝืน, บุกรุก, ทะลุทะลวง, ปะทุ, เกิดขึ้นกะทันหัน, บังคับ (ให้เชื่อฟัง), เปลี่ยนกะทันหัน, (คุณภาพ) ลดต่ำลง, ล้มละลาย, ทำลาย, แหก (คุก), ทำให้ขัดข้อง, ทำให้ลดความแรงลง, แก้ปัญหาได้สำเร็จ, เริ่มต้น, แตก (เงิน), ประกาศ *-vi.* แตกเป็นเศษเล็กเศษน้อย, ระเบิดออก, ปะทุออก, (ความสัมพันธ์) ร้าวฉาน, เสียหาย, (เสียง) แตก, ถอยหนีกะทันหัน, เริ่มขึ้นอย่างกะทันหัน, พุ่ง, ถลา, เกิดขึ้น, หยุดชั่วคราว, หมดเรี่ยวแรง *-n.* การแตก, การพุ่ง, ผลของการแตกแยก, การเริ่มต้น, ความสัมพันธ์ร้าวฉาน, การเปลี่ยนแปลงอย่างกะทันหัน, การแหกคุก, ราคาตก, ความมีโชค, การผจญภัย, โอกาส **-break apart** แยกจากกัน **-break even** เสมอตัว, เท่าทุน **-break out** (สงคราม) ปะทุ, (เชื้อโรค) ระบาด **-break the ice** ทำความรู้จักกันมากขึ้น **-breakable** *adj.* (**-S.** (v.) begin, crack, erupt, escape, invade, stop, violate **-A.** (v.) keep, obey)

breakage (เบร' คิจ) *n.* ความแตกหัก, ความเสียหายหรือค่าชดเชยจากการแตกหัก

break dancing การเต้นที่เคลื่อนไหวศีรษะและส่วนของร่างกายคล้ายนักกายกรรม

breakdown (เบรค' เดาน์) *n.* ความล้มเหลว, การล้มป่วย, การวิเคราะห์ (**-S.** analysis, failure)

breaker (เบร' เคอร์) *n.* คนหรือสิ่งของที่ทำให้แตก, เครื่องโม่บดหิน, คลื่นที่แตกเป็นฟอง, เครื่องตัดกระแสไฟฟ้า

★**breakfast** (เบรค' เฟิซท์) *n.* อาหารเช้า

break-in (เบรค' คิน) *n.* การบุกรุก

breaking point จุดแตกหัก (ของอารมณ์)

breakneck (เบรค' เนค) *adj.* เร็วและอันตราย

breakthrough (เบรค' ธรู) *n.* การฟันฝ่า

breakup (เบรค' คัพ) *n.* การแตกแยก

★**breast** (เบรซท์) *n.* เต้านม, ทรวงอก, หน้าอก, หัวอก, ส่วนที่คล้ายเนินอก

breast-feed (เบรซท์' ฟีด) *vt.* **-fed, -feeding** ดูดนมจากเต้านม, ดูดนมแม่

breastpin (เบรซท์' พิน) *n.* เข็มกลัดที่ใช้ติดบริเวณอกหรือคอเสื้อ

breastpocket (เบรซท์' พอคคิท) *n.* กระเป๋าอกเสื้อ

breast stroke การว่ายน้ำท่ากบ

★**breath** (เบรธ) *n.* ลมหายใจ, การหายใจ, ลมที่พัดโชยเบาๆ, เสียงกระซิบ, ชีวิต, วิญญาณ, กลิ่นอาย, การหยุดพัก, คำแนะนำ **-hold one's breath** กลั้นหายใจ **-breathless** *adj.*

breathalyze, breathalyse (เบรธ' ธะไลซ์) *vt.* **-lyzed, -lyzing/-lysed, -lysing** วัดปริมาณ

A B C D E F G H I J K L M N O P Q R S T U V W X Y Z

แอลกอฮอล์ในลมหายใจของผู้ขับขี่ยานพาหนะ **-breathalyzer, breathalyser** *n.*

★**breathe** (บรีธ) *vt., vi.* **breathed, breathing** หายใจเข้าออก, มีชีวิตอยู่, ส่งกลิ่น, โชยเบาๆ, กระซิบ, ให้เวลาพักหายใจ, ให้ลมผ่าน, ระบายลม

breather (บรี' เธอร์) *n.* ผู้ที่หายใจ, (ภาษาพูด) การหยุดพัก, ช่องระบายอากาศ

breathing space ช่วงเวลาพักผ่อนสั้นๆ ที่ได้หลุดพ้นจากงานและปัญหาต่างๆ

breathtaking (เบรธ' เทคิง) *adj.* น่าหวาดเสียว, น่าพิศวง (-S. amazing, thrilling)

bred (เบรด) *v.* กริยาช่อง 2 และ 3 ของ breed

bree (บรี) *n.* ซุปน้ำใส

breech (บรีช) *n.* สะโพก, บั้นท้าย, ส่วนท้ายของสิ่งของ, ท้ายปืน **-breeches** กางเกงคลุมเข่า

breechblock (บรีช' บลอค) *n.* ท้ายปืน

breech delivery การคลอดที่ทารกเอาส่วนก้นหรือเท้าออกมาก่อน

breechloader (บรีช' โลเดอร์) *n.* ปืนที่บรรจุกระสุนท้ายกระบอก

★**breed** (บรีด) *v.* **bred, breeding** *-vt.* เพาะพันธุ์, ผลิตขึ้น, ทำให้เกิด, เลี้ยงสัตว์, ผสมพันธุ์สัตว์, อบรมฝึกฝน, เลี้ยงดู *-vi.* เพาะพันธุ์, เกิด *-n.* สายพันธุ์, พันธุ์สัตว์, ชนิด, ประเภท

breeder (บรี' เดอร์) *n.* นักผสมพันธุ์สัตว์

breeding (บรี' ดิง) *n.* การเพาะพันธุ์, การผสมพันธุ์, การอบรมเลี้ยงดู, สายพันธุ์

breeding ground แหล่งเพาะพันธุ์

breeze (บรีซ) *n.* ลมอ่อนๆ, (ภาษาพูด) งานเบาๆ, เถ้าถ่าน **-in a breeze** ง่ายดาย (-S. air, flurry, wind)

breezy (บรี' ซี) *adj.* **-ier, -iest** ซึ่งมีลมพัดโชยเบาๆ, ร่าเริง **-breezily** *adv.* **-breeziness** *n.*

brethren (เบรธ' เริน) *n.* พหูพจน์ของ brother

brevet (บระเวท') *n.* การเลื่อนตำแหน่งทางทหารโดยไม่มีการเพิ่มเงินเดือน

brevity (เบรฟ' วิที) *n.* เวลาชั่วขณะ, ใจความสั้นกะทัดรัด (-S. briefness)

brew (บรู) *v.* **brewed, brewing** *-vt.* ทำเบียร์, ต้ม (เหล้า), ต้มชา (กาแฟ), วางแผนการ *-vi.* ทำเหล้าเบียร์, ก่อ (ปัญหา), (พายุ) ตั้งเค้า **-brewer** *n.* **-brewage** *n.* (-S. ferment, make)

brewer's yeast เชื้อยีสต์ที่ใช้ในการหมักเบียร์, เชื้อยีสต์ที่ได้จากการหมักเบียร์ นำมาใช้เป็นอาหารและทำยา

brewery (บรู' อะรี) *n., pl.* **-eries** โรงทำเบียร์

briar[1], brier (ไบร' เออร์) *n.* ไม้พุ่มที่นำรากมาทำไปป์สูบยา, ไปป์ที่ทำจากรากไม้ดังกล่าว

briar[2] (ไบร' เออร์) *n.* ดู brier[1]

bribe (ไบรบ์) *n.* สินบน, รางวัลล่อใจ *-vt., vi.* **bribed, bribing** ให้สินบน **-bribery** *n.*

bric-a-brac (บริค' คะแบรค) *n.* ของประดับหรือของโบราณขนาดเล็ก (-S. knickknack)

★**brick** (บริค) *n., pl.* **bricks/brick** อิฐ, (ภาษาพูด) เพื่อนที่ดี *-adj.* ซึ่งทำด้วยอิฐ, เหมือนอิฐ *-vt.* **bricked, bricking** ก่ออิฐ **-bricky** *adj.*

brickbat (บริค' แบท) *n.* เศษอิฐ, คำตำหนิ

bricklayer (บริค' เลเออร์) *n.* ช่างก่ออิฐ

brickle (บริค' เคิล) *adj.* เปราะ, ร่วน

brickwork (บริค' เวิร์ค) *n.* ตึกที่สร้างด้วยอิฐ

brickyard (บริค' ยาร์ด) *n.* โรงทำอิฐขาย

bridal (ไบร' เดิล) *n.* การแต่งงาน *-adj.* ซึ่งเกี่ยวกับการแต่งงาน, เกี่ยวกับเจ้าสาว

★**bride** (ไบรด์) *n.* เจ้าสาว

★**bridegroom** (ไบรด์' กรูม) *n.* เจ้าบ่าว

bride price สินสอดทองหมั้น

bridesmaid (ไบรด์ซ์' เมด) *n.* เพื่อนเจ้าสาว

bridge[1] (บริจ) *n.* เกมไพ่บริดจ์ ซึ่งมีผู้เล่น 4 คน

★**bridge[2]** (บริจ) *n.* สะพาน, ตัวเชื่อมโยง, ตัวประสาน, ดั้งจมูก, ก้านเหล็กที่เชื่อมกระจกแว่นตาทั้งสองข้าง, สะพานรับสายซอ, หอบังคับการบนเรือ, พันธะไฮโดรเจน, เครื่องมือวัดความต้านทานไฟฟ้า *-vt.* **bridged, bridging** สร้างสะพาน, เชื่อมโยง, ประสาน, สานสัมพันธ์

bridgehead (บริจ' เฮด) *n.* ฐานที่มั่นของข้าศึกที่ยึดมาได้

bridle (ไบร' เดิล) *n.* บังเหียนม้า, สิ่งที่ใช้ควบคุม, เชือกรั้ง (-S. hackamore)

★**brief** (บรีฟ) *adj.* **briefer, briefest** สั้น, รวบรัด, กะทัดรัด *-n.* ข้อความสั้นๆ, บทสรุป, บทย่อ, คดี, การเป็นทนาย *-vt.* **briefed, briefing** สรุป, พูดโดยย่อ **-briefly** *adv.* **-briefness** *n.*

briefcase (บรีฟ' เคซ) *n.* กระเป๋าเอกสาร

briefing (บรี' ฟิง) *n.* การบอกกล่าวสั้นๆ

brier[1], briar (ไบร' เออร์) *n.* พืชพวกไม้เลื้อยมีหนาม ตระกูลกุหลาบ **-briery** *adj.*

brier[2] (ไบร' เออร์) *n.* ดู briar[1]

brig (บริก) *n.* เรือใบสองเสา, คุกบนเรือ

brigade (บริเกด') *n.* กองพลน้อย, คณะบุคคล

brigadier (บริกกะเดียร์') *n.* นายพลจัตวา

brigand (บริก' เกินด์) *n.* โจร (-S. outlaw)

brigandine (บริก' เกินดีน) *n.* เสื้อเกราะอ่อน

brigantine (บริก' เกินทีน) *n.* เรือใบสองเสา

★**bright** (ไบรท์) *adj.* **brighter, brightest**

A B C D E F G H I J K L M N O P Q R S T U V W X Y Z

สว่างไสว, เปล่งปลั่ง, มีความสุข, ร่าเริง, ฉลาด **-brightly** *adv.* **-brightness** *n.* (**-S.** brilliant)

brighten (ไบร' เทิน) *vt., vi.* **-ened, -ening** ทำให้สว่างสดใส, ทำให้มีความสุข (**-S.** lighten)

★**brilliant** (บริล' เยินท์) *adj.* เจิดจ้า, ผุดผ่อง, สุกสกาว, ฉลาด, ยอดเยี่ยม *-n.* อัญมณีล้ำค่า **-brilliance, brilliancy** *n.* **-brilliantly** *adv.* **-brilliantness** *n.* (**-S.** (adj.) bright, vivid)

brilliantine (บริล' เยินทีน) *n.* น้ำมันทาผมหอม

★**brim** (บริม) *n.* ขอบ, ริม, ปาก (ภาชนะ) *-vt., vi.* **brimmed, brimming** เติมจนปริมขอบ **-brimful** *adj.* (**-S.** (n.) edge, rim)

brine (ไบรน์) *n.* น้ำเกลือ, น้ำทะเล, ทะเล, มหาสมุทร **-briny** *adj.* **-brininess** *n.*

★**bring** (บริง) *vt.* **brought, bringing** นำมา, พามา, นำมาสู่, บังเกิดขึ้น, ปรากฏขึ้น, ก่อให้เกิด, กำเนิด, ชักนำให้ **-bring about** ก่อให้เกิด **-bring forth** ให้กำเนิด, ผลิต **-bring out** เปิดเผย **-bring over** ชักนำ **-bring up** อบรมเลี้ยงดู, อาเจียน, หยุดกะทันหัน, นำมา, กล่าวถึง (**-S.** cause, fetch)

> **bring** พามา, นำมา เช่น I have to bring my sister with me.
> **take** พาไป, นำไป เช่น Jim takes me home every day.
> **fetch** ไปเอามา, ไปพามา เช่น Please fetch a cup of coffee for me.

brink (บริงค์) *n.* ขอบ, ริม, ชาย (**-S.** rim)

brinkmanship, brinksmanship (บริงค์' เมินชิพ, บริงค์ซ์'-) *n.* นโยบายการสร้างวิกฤติการณ์เพื่อให้ฝ่ายตรงข้ามยอมจำนน

brio (บรี' โอ) *n.* ความกระปรี้กระเปร่า

briquette, briquet (บริเคท') *n.* ก้อนผงถ่านหรือขี้เลื่อยอัด ใช้เป็นเชื้อเพลิง

brisk (บริซค์) *adj.* **brisker, briskest** มีชีวิตชีวา, คล่องแคล่ว, (ลม) แรง **-briskly** *adv.* **-briskness** *n.* (**-S.** lively, nimble)

bristle (บริซ' เซิล) *n.* ขนแข็ง, หนวดเคราที่แข็ง *-v.* **-tled, -tling** *-vt.* ทำให้ตั้งชัน, ทำให้ขนลุก, ปกคลุมด้วยขนแข็ง, ทำให้ขรุขระ, ทำให้โกรธ *-vi.* มีขนแข็ง, (ขน) ตั้งชัน, (ขน) ลุก **-bristly** *adj.* (**-S.** (n.) spine, whiskers)

Brit. ย่อจาก Britain, British (เกี่ยวกับ) อังกฤษ

★**Britain** (บริท' เทิน) เกาะอังกฤษ

★**British** (บริท' ทิช) *adj.* เกี่ยวกับเกาะอังกฤษ *-n.* คนอังกฤษ, ภาษาอังกฤษแบบอังกฤษ

British Broadcasting Corporation บริษัทวิทยุกระจายเสียงแห่งอังกฤษ ย่อว่า BBC

British Commonwealth (of Nations) ประเทศในเครือจักรภพอังกฤษ

British English ภาษาอังกฤษแบบอังกฤษ

British Isles หมู่เกาะอังกฤษ ได้แก่ อังกฤษ สกอตแลนด์ เวลส์ ไอร์แลนด์และเกาะเล็กๆ ที่อยู่ใกล้เคียง

British thermal unit หน่วยวัดความร้อน เป็นปริมาณความร้อนที่ทำให้น้ำ 1 ปอนด์มีอุณหภูมิสูงขึ้น 1 องศาฟาเรนไฮต์

Briton (บริท' เทิน) *n.* ชาวเกาะอังกฤษ

brittle (บริท' เทิล) *adj.* **-tler, -tlest** เปราะ, ร่วน **-brittlely** *adv.* **-brittleness** *n.* (**-S.** fragile)

broach (โบรช) *vt.* **broached, broaching** เจาะคว้านรู, ยกขึ้นมากล่าว, เริ่มพูด, แนะนำ

★**broad** (บรอด) *adj.* **broader, broadest** กว้าง, แผ่ขยาย, กว้างขวาง, ชัดแจ้ง, ครอบคลุม, โล่งแจ้ง, ทั่วไป, หยาบ *-adv.* อย่างกว้างขวาง **-broadly** *adv.* **-broadness** *n.* (**-S.** (adj.) wide)

broadaxe (บรอด' แอคซ์) *n.* ขวานใบกว้าง

broad bean ถั่วจำพวกหนึ่ง ฝักกว้าง มีเมล็ดแบน ใช้กินได้ หรือใช้เลี้ยงสัตว์

★**broadcast** (บรอด' แคซท์) *v.* **-cast/-casted, -casting** *-vt.* หว่าน, โปรย (เมล็ดพืช), กระจายข่าว, ส่งกระจายเสียง *-vi.* ส่งกระจายเสียงตามวิทยุโทรทัศน์ *-adj.* แพร่หลาย, ซึ่งส่งกระจายเสียงตามวิทยุโทรทัศน์ *-adv.* อย่างกว้างขวาง *-n.* การแพร่กระจาย, รายการวิทยุโทรทัศน์ **-broadcaster** *n.* (**-S.** (v.) scatter)

broaden (บรอด' เดิน) *vt., vi.* **-ened, -ening** ทำให้กว้าง, ขยายใหญ่, แผ่กว้าง (**-S.** expand)

broad jump กีฬากระโดดไกล

broad-minded (บรอด' ไมน์' ดิด) *adj.* ใจกว้าง, อดทน **-broad-mindedness** *n.*

broad-spectrum (บรอด' สเปค' เทริม) *adj.* ซึ่งมีผลหรือฤทธิ์กว้างขวาง, ครอบคลุม

broadsword (บรอด' ซอร์ด, -โซร์ด) *n.* ดาบสองคมที่มีใบดาบแบน

Broadway (บรอด' เว) *n.* ถนนบรอดเวย์ เป็นถนนสายสำคัญในนครนิวยอร์ก สหรัฐอเมริกา ขึ้นชื่อว่าเป็นแหล่งรวมความบันเทิงต่างๆ

brocade (โบรเคด') *n.* ผ้าที่ประดับด้วยดิ้นเงินดิ้นทอง, ผ้าทอลายด้วยดิ้นเงินดิ้นทอง

broccoli (บรอค' คะลี) *n.* บร็อกโคลี เป็นผักจำพวกเดียวกับกะหล่ำ

brochure (โบรชัวร์) *n.* สมุดพับเล่มเล็กๆ
brogan (โบร' เกิน) *n.* รองเท้าหุ้มข้อ
brogue[1] (โบรก) *n.* สำเนียงไอริช
brogue[2] (โบรก) *n.* รองเท้าหุ้มส้นของผู้ชาย
broider (บรอย' เดอร์) *vt.* **-dered, -dering** เย็บปักถักร้อย **-broidery** *n.*
broil[1] (บรอยล์) *n.* การทะเลาะวิวาท
broil[2] (บรอยล์) *vt., vi.* **broiled, broiling** ปิ้ง
broiler (บรอย' เลอร์) *n.* เครื่องปิ้ง, เตาย่าง, ไก่รุ่นที่เหมาะสำหรับย่าง
broke (โบรค) *v.* กริยาช่อง 2 ของ break *-adj.* (ภาษาพูด) ไม่มีเงิน ถังแตก **-go for broke** เสี่ยงกับเรื่องที่ไม่แน่นอน (-S. (adj.) moneyless)
★**broken** (โบร' เคิน) *v.* กริยาช่อง 3 ของ break *-adj.* ซึ่งแตกหัก, ใช้การไม่ได้, ผิด (สัญญา), ล้มละลาย, (บ้าน) แตก, ป่วยไข้, (หัวใจ) แตกสลาย, (ใช้ภาษา) ผิดๆ ถูกๆ, ขาดตอน
broken-down (โบรเคินเดาน์') *adj.* เสีย, ใช้การไม่ได้ (-S. damaged, out of order)
brokenhearted (โบร' เคินฮาร์' ทิด) *adj.* เศร้าโศก, ตรอมตรม, อกหัก (-S. miserable)
broker (โบร' เคอร์) *n.* ตัวแทนซื้อขาย, นายหน้า
brokerage (โบร' เคอริจ) *n.* ธุรกิจนายหน้า, ธุรกิจการเป็นตัวแทนซื้อขาย, ค่านายหน้า
bromide (โบร' ไมด์) *n.* สารประกอบระหว่างโบรมีนกับธาตุตัวอื่น เช่น โซเดียมโบรไมด์, คำพูดซ้ำซาก, ความเบื่อ **-bromidic** *adj.*
bromine (โบร' มีน) *n.* ธาตุโบรมีน มีสัญลักษณ์ Br
bronchitis (บรอนไค' ทิซ, บรอง-) *n.* โรคหลอดลมอักเสบ **-bronchitic** *adj.*
bronchus (บรอง' เคิซ) *n., pl.* **-chi** (-ไค, -คี) หลอดลม **-bronchial** *adj.*
bronco (บรอง' โค) *n., pl.* **-cos** ม้าป่า
broncobuster (บรอง' โคบัสเตอร์) *n.* คนฝึกม้าป่าให้เชื่อง
brontosaur, brontosaurus (บรอน' ทะซอร์, บรอนทะซอ' เริซ) *n.* ไดโนเสาร์กินพืชชนิดหนึ่งในยุคจูแรสสิก

brontosaur

bronze (บรอนซ์) *n.* อัลลอยด์ผสมระหว่างดีบุกกับทองแดง, สัมฤทธิ์, สีบรอนซ์, สีน้ำตาลอมเหลืองหรืออมแดง, (รางวัล) เหรียญทองแดง *-adj.* เหมือนสัมฤทธิ์ **-bronzy** *adj.*
Bronze Age ยุคสมัยที่อยู่ระหว่างยุคหินกับยุคเหล็กที่มนุษย์รู้จักใช้สัมฤทธิ์ทำเครื่องมือ
brooch (โบรช, บรูช) *n.* เข็มกลัดที่ใช้ประดับ
brood (บรูด) *n.* ลูกไก่, ลูกนก, ครอก, ลูกๆ *-v.* **brooded, brooding** *-vt.* นั่งกกไข่ *-vi.* กกลูกนกลูกไก่, ครุ่นคิด *-adj.* สำหรับกกไข่
brook[1] (บรุค) *n.* ลำธาร (-S. creek, stream)
brook[2] (บรุค) *vt.* **brooked, brooking** อดทน
★**broom** (บรูม, บรุม) *n.* ไม้กวาด, ต้นไม้กวาด
broomstick (บรูม' สติค) *n.* ด้ามไม้กวาด
Bros, bros ย่อจาก brothers พี่ชาย, น้องชาย
broth (บรอธ) *n., pl.* **broths** น้ำซุป, ซุปใส
brothel (บรอธ' เธิล) *n.* ซ่องโสเภณี
★**brother** (บรัธ' เธอร์) *n., pl.* **brothers/brethren** พี่ชาย, น้องชาย, เพื่อนร่วมงาน, บาทหลวง **-brotherly** *adj.* **-brotherliness** *n.*
brotherhood (บรัธ' เธอร์ฮุด) *n.* ความเป็นพี่ชายน้องชาย, ความเป็นเพื่อน, สมาคมชาย, ความเป็นเพื่อนร่วมอาชีพ, ความรู้สึกเป็นหนึ่งเดียวของมนุษยชาติ
brother-in-law (บรัธ' เธอร์อินลอ) *n., pl.* **brothers-in-law** พี่เขย, น้องเขย
Brother Jonathan ประเทศสหรัฐอเมริกา
brougham (บรูม) *n.* รถม้าสี่ล้อปิดประทุน โดยมีที่นั่งคนขับแยกอยู่ด้านหน้า

brougham

brought (บรอท) *v.* กริยาช่อง 2 และ 3 ของ bring
brow (เบรา) *n.* คิ้ว, ขนคิ้ว, หน้าผาก, หน้าผา
★**brown** (เบราน์) *n.* สีน้ำตาล *-adj.* ซึ่งมีสีน้ำตาล *-vt., vi.* **browned, browning** ทำให้เป็นสีน้ำตาล **-brownish** *adj.*
brown bear หมีสีน้ำตาล
brown-nose (เบราน์' โนซ) *vt.* **-nosed, -nosing** สอพลอ *-n.* คนสอพลอ
brownout (เบรา' เนาท์) *n.* การลดปริมาณการใช้ไฟฟ้าในสภาวะที่ไฟฟ้าขาดแคลน
brown rice ข้าวกล้อง
brownshirt (เบราน์' เชิร์ท) *n.* พวกนาซี
brown study การครุ่นคิด
brown sugar น้ำตาลทรายแดง
browse (เบราซ์) *n.* ยอดอ่อน, ใบอ่อน, กิ่งอ่อน, การแทะเล็ม *-vt., vi.* **browsed, browsing** แทะเล็ม, อ่านเผินๆ, ดูผ่านตา **-browser** *n.*
brr (เบอร์) *interj.* คำอุทานแสดงอาการหนาวสั่น

★**bruise** (บรูซ) *vt., vi.* **bruised, bruising** เกิดแผลฟกช้ำ, ถลอก, บดขยี้, ทำให้เจ็บช้ำน้ำใจ *-n.* บาดแผลฟกช้ำ, รอยถลอก, ความเจ็บช้ำน้ำใจ (**-S.** (v.) damage, injure)

brume (บรูม) *n.* หมอก, ไอน้ำ, ละอองน้ำ

brunch (บรันช์) *n.* อาหารมื้อสาย

brunet (บรูเนท') *n.* คนที่มีผมดำ ตาดำ

brunette (บรูเนท') *n.* ผู้หญิงที่มีผมดำ

brunt (บรันท์) *n.* แรงปะทะที่หนักหน่วง

★**brush** (บรัช) *n.* แปรง, พู่กัน, การแปรง, กิ่งไม้, หางกระเชิง, หมู่ไม้, การปัด, การเผชิญ *-vt., vi.* **brushed, brushing** ทาหรือปัดด้วยแปรง, แปรง (ผม ขน), สัมผัสแผ่วเบา, ปัดไป, ปัดโดนตัวกัน **-brush up** ฝึกฝนกันใหม่ **-brushy** *adj.* **-brushiness** *n.* (**-S.** (n.) broom, bush)

brusque (บรัซค์) *adj.* ห้วนสั้น, ทื่อๆ **-brusquely** *adv.* **-brusqueness** *n.* (**-S.** abrupt, blunt)

Brussels sprouts ผักชนิดหนึ่งจำพวกกะหล่ำ

brutal (บรูท' เทิล) *adj.* โหดร้าย, หยาบคาย **-brutally** *adv.* **-brutality** *n.* (**-S.** cruel)

brute (บรูท) *n.* สัตว์ป่า, คนที่โหดร้าย (**-S.** beast)

BS, B.S. ย่อจาก Bachelor of Science วิทยาศาสตรบัณฑิต

B.Sc. ดู BS, B.S.

BSE ย่อจาก bovine spongiform encephalopathy โรควัวบ้า เกิดจากเชื้อไวรัสทำลายสมองวัว

BTU, Btu, btu ย่อจาก British thermal unit หน่วยวัดปริมาณความร้อนของอังกฤษ

★**bubble** (บับ' เบิล) *n.* ฟองอากาศ, ฟองก๊าซ, สิ่งที่คล้ายฟอง, ความคิดเหลวไหล, การโกง *-v.* **bubbled, bubbling** *-vt.* ทำให้เกิดฟอง *-vi.* เกิดฟอง **-bubbly** *adv.* (**-S.** (n., v.) foam)

bubble gum หมากฝรั่ง

bubbler (บับ' เลอร์) *n.* เครื่องทำน้ำดื่มที่ใช้มือกดให้น้ำพุ่งเป็นสายโค้งขึ้นจากก๊อกน้ำ

bubo (บู' โบ, บยู'-) *n., pl.* **-boes** อาการต่อมน้ำเหลืองบวมโตตามบริเวณขาหนีบหรือรักแร้

buccaneer (บัคคะเนียร์') *n.* โจรสลัด

buck[1] (บัค) *n.* (ภาษาพูด) เงินดอลลาร์

buck[2] (บัค) *n., pl.* **bucks/buck** สัตว์ตัวผู้, เด็กหนุ่ม, ชายหนุ่มอินเดียนแดง, หนุ่มนิโกร, หนุ่มเจ้าสำราญ *-vt., vi.* **bucked, bucking** เหวี่ยงให้หล่น โดยทำท่ากระโดดหลังโก่ง, ต่อต้าน *-adj.* ซึ่งเป็นเพศผู้ **-buck up** ทำให้ร่าเริงขึ้น

buckboard (บัค' บอร์ด) *n.* รถม้าสี่ล้อเปิดประทุน

★**bucket** (บัค' คิท) *n.* ถัง, กระป๋องตักน้ำ, ปริมาณที่บรรจุในถัง, (คำสแลง) บั้นท้าย

buckboard

bucket seat เก้าอี้หรือที่นั่งเดี่ยวที่พนักสามารถปรับเอนไปด้านหน้าได้

bucket shop สถานที่เล่นพนันซื้อขายหุ้นพันธบัตรหรือสินค้าอื่นๆ

buckle[1] (บัค' เคิล) *n.* หัวเข็มขัด, เครื่องประดับที่คล้ายหัวเข็มขัด *-vt., vi.* **-led, -ling** รัดหัวเข็มขัด, ติดให้แน่น (**-S.** (n., v.) clasp)

buckle[2] (บัค' เคิล) *vt., vi.* **-led, -ling** โค้ง, งอ

buck-passer (บัค' แพซเซอร์) *n.* คนที่ชอบปัดภาระหรือโยนความผิดให้ผู้อื่น

buckram (บัค' เริม) *n.* ผ้าฝ้ายเนื้อหยาบที่ใช้เข้าปกหนังสือ หรือบุซับข้างในเสื้อผ้า

bucksaw (บัค' ซอ) *n.* เลื่อยชนิดหนึ่ง ใช้ตัดไม้มีลักษณะคล้ายตัว H

buckshot (บัค' ชอท) *n.* ลูกกระสุนตะกั่ว ใช้ยิงล่าสัตว์

buckskin (บัค' สกิน) *n.* หนังกวางนุ่ม

bucktooth (บัค' ทูธ') *n.* ฟันเหยิน

★**bud** (บัด) *n.* ตาดอก, ตาใบ, ช่อดอกอ่อน, ดอกตูม, หน่อสืบพันธุ์, วัยแรกแย้ม *-v.* **budded, budding** *-vt.* เริ่มแย้มบาน, ออกช่อ, แตกหน่อ (ในยีสต์หรือไฮดรา) *-vi.* เริ่มเจริญเติบโต, เป็นหนุ่มเป็นสาว (**-S.** (n., v.) sprout)

Buddha (บู' ดะ, บุด' ดะ) พระพุทธเจ้า

Buddhism (บู' ดิซเซิม, บุด' ดิซ-) *n.* ศาสนาพุทธ **-Buddhist** *adj., n.* **-Buddhistic** *adj.*

buddy (บัด' ดี) *n., pl.* **-dies** เพื่อนคู่หู

buddy system ระบบเพื่อนคู่หูเพื่อช่วยกัน

budge (บัจ) *vt., vi.* **budged, budging** ขยับ, กระดิก, เปลี่ยนที่ (**-S.** move, shift)

budgerigar (บัจ' จะรีการ์, บัจจะรี'-) *n.* นกแก้วพันธุ์หนึ่งในออสเตรเลีย มีสีสันสวยงามมาก

★**budget** (บัจ' จิท) *n.* งบประมาณ, งบการใช้จ่าย, ถุง, กระเป๋า, ชุดรายการ *-vt., vi.* **-eted, -eting** ทำงบประมาณ **-budgetary** *adj.*

buff[1] (บัฟ) *n.* หนังวัวหนังควายที่ฟอกจนนุ่ม, สีน้ำตาลอมเหลือง, หนังนุ่มที่ใช้ขัดเงา

buff[2] (บัฟ) *n.* (ภาษาพูด) ผู้รู้ ผู้ชำนาญ

★**buffalo** (บัฟ' ฟะโล) *n., pl.* **-lo/-loes/-los** ควาย, วัวไบสัน, เชือกหนังควาย

buffer (บัฟ' เฟอร์) *n.* ตัวกันชน, เครื่องป้องกัน, เครื่องรับน้ำหนัก, สารที่ช่วยลดความเป็นกรดหรือด่างในสารละลาย, หนังขัดเงา

buffer state รัฐกันชน
buffer zone เขตกันชน
buffet¹ (บัฟ' ฟิท) *v.* **-feted, -feting** *-vt.* ผลักดัน, โยนหรือเหวี่ยง, ตี *-vi.* ดิ้นรน
buffet² (บะเฟ', บู-) *n.* ตู้ติดผนัง, โต๊ะหรือเคาน์เตอร์ที่ตั้งอาหารไว้บริการแขก, อาหารตามโต๊ะที่แขกเหรือต้องบริการตัวเอง

buffet²

buffoon (บะฟูน') *n.* ตัวตลก (-S. clown)
bug¹ (บัก) *n.* ผีที่หลอกเด็ก, สิ่งที่หลอกให้กลัว
★**bug²** (บัก) *n.* แมลง, (คำสแลง) เชื้อโรค ข้อบกพร่อง รถเล็ก ไมโครโฟนจิ๋วใช้ดักฟัง, ความหลงใหล *-v.* **bugged, bugging** *-vt.* (คำสแลง) ซ่อนไมโครโฟนจิ๋วเพื่อดักฟัง ก่อกวน *-vi.* (คำสแลง) เบิกตากว้าง **-buggy** *adj.*
bugaboo (บัก' กะบู) *n., pl.* **-boos** สิ่งที่หลอกให้กลัว, ปัญหาเรื้อรัง
bugger (บัก' เกอร์) *n.* คนที่น่าชัง, ผู้ชายรักร่วมเพศ, เพื่อนเกลอ **-buggery** *n.*
buggy (บัก' กี) *n., pl.* **-gies** รถม้าสี่ล้อขนาดเล็ก

buggy

bugle (บยู' เกิล) *n.* แตรเดี่ยว, เขาวัวที่ใช้เป่า
★**build** (บิลด์) *v.* **built, building** *-vt.* สร้าง, ก่อสร้าง, ประดิษฐ์ขึ้น, เพิ่มพูน, สร้างพื้นฐาน, ออกแบบ, ก่อตั้ง *-vi.* ก่อสร้าง, ทำธุรกิจก่อสร้าง, เพิ่มพูน, สั่งสม (-S. construct -A. demolish)
★**building** (บิล' ดิง) *n.* ตึก, อาคาร, การก่อสร้าง
buildup, build-up (บิล' ดัพ) *n.* การสะสม, การพัฒนา, การเตรียมกำลัง
built (บิลท์) *v.* กริยาช่อง 2 และ 3 ของ build
built-in (บิล' ทิน') *adj.* ซึ่งสร้างติดผนัง
★**bulb** (บัลบ์) *n.* หัว (พืช), หน่อ (พืช), หลอดไฟกลม, กระเปาะ **-bulbous** *adj.*
bulge (บัลจ์) *n.* ส่วนที่โป่งออก, ส่วนที่ปูดโปน, การใหญ่ขึ้นอย่างรวดเร็ว, มูลค่าเพิ่มขึ้นอย่างรวดเร็ว *-vt., vi.* **bulged, bulging** ทำให้โป่งออก, พองออก **-bulgy** *adj.* (-S. (n.) swelling)
★**bulk** (บัลค์) *n.* จำนวนมาก, ขนาด, ขนาดใหญ่, ปริมาณ, ปริมาณมาก, ส่วนมาก, ส่วนสำคัญ, ก้อน *-adj.* ทั้งหมด, เป็นจำนวนมาก **-in bulk** ในปริมาณมาก **-bulky** *adj.* **-bulkily** *adv.* **-bulkiness** *n.* (-S. (n.) majority, size, volume)
bulkhead (บัลค์' เฮด) *n.* แผ่นกั้นภายในตัวเรือหรือตัวเครื่องบินออกเป็นตอนๆ เพื่อป้องกันไฟหรือน้ำรั่วไหล, ผนังหรือทำนบกั้น
★**bull** (บุล) *n.* วัวตัวผู้, สัตว์ตัวผู้ที่มีขนาดใหญ่, คนตัวใหญ่, นักเก็งกำไร, (คำสแลง) นักสืบตำรวจ, สุนัขพันธุ์บูลดอก *-v.* **bulled, bulling** *-vt.* เก็งกำไร, ผลักดัน, พูดหลอก *-vi.* (ราคา) สูงขึ้น, (คำสแลง) พูดไร้สาระ อวดอ้าง *-adj.* เป็นตัวผู้, เหมือนวัวตัวผู้, (ราคา) ซึ่งสูงขึ้น **-Bull** ราศีพฤษภที่มีวัวเป็นสัญลักษณ์ **-take the bull by the horns** เผชิญอันตรายโดยไม่หวั่น
bull. ย่อจาก bulletin แถลงการณ์
bulldog (บุล' ดอก) *n.* สุนัขพันธุ์หนึ่ง ขนสั้น หัวใหญ่ ตัวม่อต้อ

bulldog

bulldog edition หนังสือพิมพ์ฉบับเช้า
bulldoze (บุล' โดซ) *vt.* **-dozed, -dozing** บังคับข่มขู่, ปรับระดับด้วยรถไถ (-S. level)
bulldozer (บุล' โดเซอร์) *n.* รถไถปรับระดับ
★**bullet** (บุล' ลิท) *n.* ลูกกระสุน, จุดกลมดำ
bulletin (บุล' ลิทิน) *n.* แถลงการณ์, ข่าว
bulletin board ป้ายประกาศ
bulletproof (บุล' ลิทพรูฟ) *adj.* ซึ่งกันกระสุนได้
bullet train รถไฟความเร็วสูง ซึ่งมีรูปทรงคล้ายหัวกระสุน
bullfight (บุล' ไฟท์) *n.* การต่อสู้วัวกระทิง
bullhorn (บุล' ฮอร์น) *n.* โทรโข่ง
bullion (บุล' เยิน) *n.* ทองแท่ง, เงินแท่ง
bullish (บุล' ลิช) *adj.* แข็งแรงเหมือนวัว, ซึ่งมองโลกในแง่ดี, ซึ่งเก็งกำไร, หัวดื้อ
bullock (บุล' เลิค) *n.* วัวหนุ่ม, วัวตอน
bull session การถกปัญหาอย่างไม่จริงจัง
bull's-eye, bull's eye (บุลซ์' ไอ) *n.* จุดกลางเป้า, เลนส์นูนรวมแสง, ลูกอม
bullshit (บุล' ชิท) *n.* (คำสแลง) คำพูดงี่เง่า
bull terrier สุนัขพันธุ์ผสมระหว่างพันธุ์บูลดอกกับพันธุ์เทอเรียร์ มีขนสีขาว
bullwhip (บุล' ฮวิพ) *n.* แส้ตีวัวตีม้า
bully (บุล' ลี) *n., pl.* **-lies** อันธพาล, แมงดา, คนชั่ว *-v.* **-lied, -lying** *-vt.* ข่มเหง, รังแก *-vi.* ทำตัวเป็นอันธพาล *-interj.* เยี่ยมมาก! *-adj.* เยี่ยม, ร่าเริง (-S. (n.) rascal (v.) harass)
bulrush (บุล' รัช) *n.* หญ้าที่ขึ้นตามริมหนอง
bulwark (บุล' เวิร์ค) *n.* กำแพงกั้น, แนวกั้น

bum[1] (บัม) *n.* (คำสแลง) บั้นท้าย ก้น
bum[2] (บัม) *n.* คนจรจัด, คนขอทาน, คนไร้ที่พึ่ง
bumbailiff (บัมเบล' ลิฟ) *n.* เจ้าหน้าที่ยึดทรัพย์สิน
bumble (บัม' เบิล) *v.* **-bled, -bling** *-vt.* ทำพลาด, ทำลวกๆ *-vi.* พูดตะกุกตะกัก, เดินโซเซ, ทำท่าทางเซ่อๆ ซ่าๆ **-bumbler** *n.*
bumblebee (บัม' เบิลบี) *n.* ผึ้งหึ่ง, แมลงภู่
bumboat (บัม' โบท) *n.* เรือเล็กใช้ขนส่งสิ่งของ
★**bump** (บัมพ์) *v.* **bumped, bumping** *-vt.* ปะทะ, ชน, (คำสแลง) ขึ้นราคา ขึ้นเงินเดือน ปลดออกจากงาน *-vi.* กระแทก *-n.* การชน, การกระแทก, การปูดบวม, การโป่ง, หัวโน **-bump into** เจอกันโดยบังเอิญ **-bump up** เพิ่ม **-bumpiness** *n.* **-bumpy** *adj.* **-bumpily** *adv.*
bumper[1] (บัม' เพอร์) *n.* แก้วที่เติมจนปริม *-adj.* เต็ม, ล้น, เอ่อ (**-S.** (adj.) abundant)
bumper[2] (บัม' เพอร์) *n.* กันชนของรถยนต์
bumper sticker แผ่นป้ายคำคมหรือคำล้อเลียนที่แปะตามกันชนท้ายรถ
bumptious (บัมพ์' เชิซ) *adj.* ทะลึ่ง, อวดดี
bun (บัน) *n.* ขนมปังก้อน, มวยผม
buna (บู' นะ) *n.* ยางสังเคราะห์
★**bunch** (บันช์) *n.* ช่อ, พวง, กอ, เครือ, กลุ่ม, ก้อน *-vt., vi.* **bunched, bunching** ทำเป็นช่อ, ทำเป็นพวง, รวมเป็นกลุ่ม (**-S.** (n., v.) group)
bund (บุนด์) *n., pl.* **bunds** (บุนด์ซ์) องค์กรทางการเมือง, สหพันธ์ **-bundist** *n.*
bundle (บัน' เดิล) *n.* ห่อ, มัด, กำ, ท่อลำเลียง *-v.* **-dled, -dling** *-vt.* มัดเข้าด้วยกัน, ส่งไปอย่างรีบเร่ง *-vi.* ไปอย่างรีบเร่ง (**-S.** (n., v.) package)
bung (บัง) *n.* จุกอุดรู, ฝาจุก *-vt.* **bunged, bunging** อุดจุก, ปิดจุก (**-S.** (n., v.) cork)
bungalow (บัง' กะโล) *n.* บ้านหรือกระท่อมขนาดเล็กชั้นเดียว

bungalow

bungee/bungie/bungy/bunji jumping การกระโดดจากที่สูง โดยมีเชือกยางผูกติดข้อเท้าเอาไว้เพื่อความปลอดภัย
bungle (บัง' เกิล) *vi., vt.* **-gled, -gling** ทำผิดพลาด, ทำซุ่มซ่าม *-n.* การทำผิดพลาด
bunion (บัน' เยิน) *n.* ตาปลาบนนิ้วหัวแม่เท้า
bunk (บังค์) *n.* เตียงนอนแคบๆ, เตียงนอนบนเรือหรือรถไฟ, เรื่องไร้สาระ, ที่นอน (**-S.** bed)
bunker (บัง' เคอร์) *n.* ถังเก็บเชื้อเพลิงบนเรือ, ที่หลบภัยใต้ดิน, แอ่งทรายในสนามกอล์ฟ
bunkhouse (บังค์' เฮาซ์) *n.* เพิงพัก
bunny (บัน' นี) *n., pl.* **-nies** กระต่าย
Bunsen burner ตะเกียงบุนเสน สำหรับใช้ในห้องทดลอง ประดิษฐ์โดย R.W. Bunsen
bunt (บันท์) *vt., vi.* **bunted, bunting** ขวิด
bunting (บัน' ทิง) *n.* ผ้าเนื้อบางเบาที่ใช้ทำธง, ธง, ริ้วผ้าที่ใช้ประดับ, ถุงนอนเด็กทารก
buoy (บู' อี, บอย) *n.* ทุ่นลอยน้ำ, ชูชีพ *-vt.* **buoyed, buoying** ทำให้ลอยน้ำ, กระตุ้น, ให้กำลังใจ

buoy

buoyancy (บอย' เอินซี) *n.* การลอยตัว, การพยุงให้ลอย, ความร่าเริง **-buoyant** *adj.* (**-S.** joy, levity, vivacity)
bur, burr (เบอร์) *n.* เสี้ยน, หนาม, เลื่อยวงเดือน, ก้างติดคอ, การออกเสียงตัว r สั้นๆ
bur. ย่อจาก bureau สำนักงาน
burble (เบอร์' เบิล) *vi.* **-bled, -bling** ทำเสียงโครกคราก, พูดพล่ามไม่เป็นภาษา **-burbler** *n.*
★**burden** (เบอร์' เดิน) *n.* ภาระ, ภาระรับผิดชอบ, ความหนักใจ, หน้าที่รับผิดชอบ, ระวางบรรทุก, ประเด็นหลัก, ใจความ, เพลงคลอ *-vt.* **-dened, -dening** เป็นภาระ, บรรทุก (**-S.** (n., v.) load)
bureau (บยู' โร) *n., pl.* **-reaus/-reaux** (-โรซ) ตู้มีลิ้นชัก, โต๊ะเขียนหนังสือที่มีลิ้นชัก, สำนักงาน, หน่วยงาน, หน่วยงานของรัฐบาล, ที่ทำการ (**-S.** agency, desk, office)
bureaucracy (บยูรอค' คระซี) *n., pl.* **-cies** การปกครองระบบข้าราชการ, หน่วยงานราชการรวมทั้งเจ้าหน้าที่, คณะเจ้าหน้าที่, กลุ่มข้าราชการ (**-S.** civil service, government officials)
bureaucrat (บยู' ระแครท) *n.* ข้าราชการ, เจ้าหน้าที่ของทางการ **-bureaucratic** *adj.*
buret, burette (บยุเรท') *n.* หลอดแก้วที่มีจุกปิดเปิดอยู่ด้านล่างหลอด ใช้ในห้องทดลองเพื่อตวงปริมาณของเหลวหรือก๊าซจำนวนน้อยๆ
burg (เบิร์ก) *n.* เมือง (**-S.** city, town)
burgee (เบอร์' จี) *n.* ธงสามเหลี่ยม, ธงสัญญาณ
burger (เบอร์' เกอร์) *n.* แฮมเบอร์เกอร์
burgess (เบอร์' จิซ) *n.* ประชาชน, พลเมือง
burgh (เบิร์ก) *n.* เมือง, หัวเมือง
burgher (เบอร์' เกอร์) *n.* ชาวเมือง, ชนชั้นกลาง
★**burglar** (เบอร์' เกลอร์) *n.* นักย่องเบา, โจรงัดแงะ **-burglarious** *adj.* **-burglariously** *adv.*
burglar alarm สัญญาณเตือนภัยเมื่อมีขโมย

A B C D E F G H I J K L M N O P Q R S T U V W X Y Z

burglarize (เบอร์' กละไรซ์) *vt., vi.* **-ized, -izing** ย่องเบา, งัดแงะเพื่อขโมยของ
burglary (เบอร์' กละรี) *n., pl.* **-ries** การย่องเบา, การบุกรุกเข้าบ้านเพื่อขโมยของ
burgomaster (เบอร์' กะแมสเตอร์) *n.* ผู้ปกครองเมือง, เจ้าเมือง
burial (เบ' เรียล) *n.* การฝัง, การฝังศพ
burial ground หลุมฝังศพ (**-S.** graveyard)
burlesque (เบอร์เลซค์') *n.* การล้อเลียน, ละครตลกล้อเลียน *-adj.* ซึ่งล้อเลียน, ตลก
burly (เบอร์' ลี) *adj.* **-lier, -liest** แข็งแรงบึกบึน, (นิสัย) แข็งกระด้าง **-burlily** *adv.*
★**burn**[1] (เบิร์น) *v.* **burned/burnt, burning** *-vt.* เผาไฟ, เผาไหม้, ไหม้, ทำลายด้วยไฟหรือความร้อน, จุดไฟเผา, (ไฟ) คลอก, ทำให้แสบร้อน, เผาผลาญ (พลังงาน), (แดด) เผา, จี้ (ด้วยไฟ), (คำสแลง) หลอกลวง ปล้น โกง (ใจ) ทุกข์ทรมาน ประหารชีวิตด้วยไฟฟ้า *-vi.* ติดไฟ, ถูกไฟเผาผลาญ, บาดเจ็บเนื่องจากไฟ, (ไฟ) คลอกจนตาย, รู้สึกร้อน, (รู้สึก) เร่าร้อน, (คำสแลง) ถูกประหารชีวิตด้วยไฟฟ้า *-n.* การเผาไหม้, อาการบาดเจ็บหรือถูกทำลายด้วยไฟ, ผลจากการเผาไหม้ **-burn for something** ปรารถนาอย่างแรงกล้า **-burn one's boats/bridges** ตัดสินใจแล้วไม่อาจเปลี่ยนใจได้อีก **-burn oneself out** ทำลายสุขภาพตัวเอง **-burn something to the ground** ทำลายอย่างราบคาบ
burn[2] (เบิร์น) *n.* ลำธาร (**-S.** brook)
burned-out, burnt-out (เบิร์น' เดาท์', เบิร์นท์' เอาท์) *adj.* หมดแรง, อ่อนล้า
burning glass กระจกเลนส์รวมแสงเพื่อจุดไฟ
burnish (เบอร์' นิช) *vt.* **-nished, -nishing** ขัดจนมันเงา *-n.* ความมันเงา (**-S.** (v.) polish)
burnoose, burnous (เบอร์นูซ') *n.* เสื้อคลุมติดหมวกของพวกแขกอาหรับ
burnout (เบิร์น' เอาท์) *n.* จุดที่เชื้อเพลิงจรวดถูกเผาไหม้จนหมด, การหมดแรง, คนหมดแรง
burnt (เบิร์นท์) *v.* กริยาช่อง 2 และ 3 ของ burn[1]
burnt-out (เบิร์นท์' เอาท์) *adj.* ดู burned-out
burp (เบิร์พ) *v.* **burped, burping** *-vt.* ทำให้ (เด็กทารก) เรอด้วยการตบหลังเบาๆ *-vi.* เรอ, พ่นออกมา *-n.* การเรอ (**-S.** (v., n.) belch)
burr (เบอร์) *n.* การออกเสียง r *-vt., vi.* **burred, burring** ออกเสียงตัว r, ทำเสียงดังกล่าว
burro (เบอ' โร, บู' โร) *n., pl.* **-ros** ลาตัวเล็ก
burrow (เบอ' โร) *n.* รูหรือโพรงใต้ดินที่สัตว์ขุดไว้อยู่อาศัย *-v.* **-rowed, -rowing** *-vi.* ขุดรูใต้ดิน, ซ่อนหรืออาศัยอยู่ในรู *-vt.* ขุดรูหรืออุโมงค์, ซ่อนตัว **-burrower** *n.* (**-S.** (n.) den)
bursar (เบอร์' เซอร์, -ซาร์) *n.* เหรัญญิกของสถาบันการศึกษา, นักเรียนทุนในมหาวิทยาลัย
bursary (เบอร์' ซะรี) *n., pl.* **-ries** ทุนการศึกษาของมหาวิทยาลัย, ฝ่ายกองทุนการศึกษา
★**burst** (เบิร์ซท์) *v.* **burst, bursting** *-vt.* ทำให้ระเบิด, ทำให้พองจนระเบิด *-vi.* แตกออกเป็นเสี่ยงๆ, ระเบิดออก, ปะทุ, (ความรู้สึก) ระเบิดออกมา, เกิดหรือปรากฏขึ้นอย่างกะทันหัน *-n.* การระเบิด, การปะทุ, ผลของการระเบิด, การเกิดขึ้นอย่างกะทันหัน (**-S.** (v.) blow up, explode)
★**bury** (เบ' รี) *vt.* **buried, burying** ฝัง, ฝังศพ ปิด, ปิดบัง, หมก, หมกมุ่น, เลิกละ, ซ่อน
★**bus** (บัซ) *n., pl.* **buses/busses** รถเมล์, รถโดยสารประจำทาง, (คำสแลง) รถยนต์
bus boy เด็กจัดโต๊ะอาหาร, เด็กเสิร์ฟ
busby (บัซ' บี) *n., pl.* **-bies** หมวกทรงสูง มีพู่ห้อยของทหาร
bus conductor พนักงานขายตั๋วรถเมล์
★**bush**[1] (บุช) *n.* พุ่มไม้, ป่าละเมาะ, หางเป็นพุ่ม, เครา *-v.* **bushed, bushing** *-vt.* ปกคลุมไปด้วยพุ่มไม้, ประดับด้วยไม้พุ่ม *-vi.* แตกกิ่งก้านเป็นพุ่ม **-the bushes** (คำสแลง) บ้านนอก **-beat around the bush** พูดอ้อมค้อม
bush[2] (บุช) *n.* ปลอกสวมเพลา, เครื่องรองแกน
bushed (บุชท์) *adj.* (ภาษาพูด) เหนื่อยอ่อน
bushel[1] (บุช' เชิล) *vt.* **-eled, -eling/-elled, -elling** ซ่อมแซม, เปลี่ยนแปลง, ดัดแปลง
bushel[2] (บุช' เชิล) *n.* หน่วยตวงเมล็ดพืช มีปริมาณเท่ากับ 35.24 ลิตร, (ภาษาพูด) เยอะมาก
Bushido, bushido (บู' ชิโด) *n.* เครื่องหมายแสดงความเป็นนักรบซามูไรของญี่ปุ่น อันได้แก่ความภักดี ความกล้าหาญ การรักเกียรติ
bush-league (บุช' ลีก) *adj.* (คำสแลง) เป็นอันดับรอง, เป็นอันดับสอง, ด้อย
bushman (บุช' เมิน) *n., pl.* **-men** ชาวป่า
★**business** (บิซ' นิซ) *n.* ธุรกิจ, กิจการ, อาชีพทำธุรกิจ, การค้าขาย, อาชีพ, การซื้อขาย, ความรับผิดชอบ, กิจธุระ, เรื่องราว, สถานการณ์, เหตุการณ์ *-adj.* เกี่ยวกับธุรกิจ, สำหรับธุรกิจ **-business is business** ธุรกิจก็คือธุรกิจ **-mean business** จริงจัง, ทำจริง **-out of business** เลิกกิจการ (**-S.** (n.) commerce,

company, concern, job, matter)
business administration การบริหารธุรกิจ
business card นามบัตร
business college, business school สถาบันการศึกษาซึ่งสอนหลักสูตรด้านธุรกิจ
business hours เวลาทำการ
businesslike (บิซ' นิซไลคฺ) *adj.* เอางานเอาการ, คล่องแคล่ว, กระฉับกระเฉง (-S. organized, professional)
businessman (บิซ' นิซแมน) *n., pl.* **-men** นักธุรกิจชาย **-businesswoman** *n. fem.*
businessperson (บิซ' นิซเพอรฺเซิน) *n.* นักธุรกิจ
busker (บัส' เกอรฺ) *n.* วณิพก, นักเล่นดนตรีหรือมายากลตามข้างถนนเพื่อขอบริจาคเงิน
buskin (บัส' กิน) *n.* รองเท้าหุ้มน่องที่นักแสดงละครเศร้าของกรีกหรือโรมันสวมใส่, ละครเศร้า
busman (บัซ' เมิน) *n., pl.* **-men** คนขับรถโดยสาร (-S. bus driver)
busman's holiday (ภาษาพูด) วันหยุดที่ยังคงทำงานเหมือนในวันทำงานปกติ
buss (บัซ) *vt., vi.* **bussed, bussing** จูบ, จุมพิต
bust[1] (บัซทฺ) *n.* รูปปั้นครึ่งตัวบน, ทรวงอก, เต้านม, ขนาดรอบอกผู้หญิง (-S. bosom, chest)
bust[2] (บัซทฺ) *v.* **busted, busting** *-vt.* (ภาษาพูด) ระเบิด, แตกออก, แตกร้าว, ทำให้ล้มละลาย, ตี, ต่อย, (คำสแลง) ลดตำแหน่ง, จับกุม, ทำให้ (ม้า) เชื่อง *-vi.* แตก, ระเบิด, ล้มละลาย *-n.* คนที่ล้มเหลว, ความล้มเหลว, การล้มละลาย, การต่อยตี, (คำสแลง) การจับกุม การเที่ยวสำมะเลเทเมา **-busted** *adj.* (-S. (v., n.) break, burst, capture, catch, ruin)
bustard (บัส' เติรฺด) *n.* นกขนาดใหญ่ ขายาวจำพวกเดียวกับนกอีลุ้ม นกกระเรียน
buster (บัส' เตอรฺ) *n.* คนฝึกม้าให้เชื่อง, เจ้าหนุ่ม
bustle (บัซ' เซิล) *vt., vi.* **-tled, -tling** ทำตัวยุ่งวุ่นวาย, สาละวน, กุลีกุจอ *-n.* ความวุ่นวาย
★**busy** (บิซ' ซี) *adj.* **-ier, -iest** วุ่นวาย, สาละวน, ยุ่ง, ไม่ว่าง *-vt.* **-ied, -ying** ทำตัวยุ่ง, มีธุระยุ่ง **-busyness** *n.* **-busily** *adv.* (-S. (adj.) active)
busybody (บิซ' ซีบอดดี) *n.* ตัวยุ่ง, คนสาระแน
busywork (บิซ' ซีเวิรฺค) *n.* งานที่ทำฆ่าเวลา
★**but** (บัท) *conj.* แต่, กระนั้น, ถึงกระนั้น, เว้นแต่, ยกเว้น *-prep.* เว้นแต่ *-adv.* เพียงเท่านั้น
butane (บยู' เทน, บยูเทน') *n.* สารเคมีไฮโดรคาร์บอนใช้เป็นเชื้อเพลิง มีสูตรเคมี C_4H_{10}
★**butcher** (บุช' เชอรฺ) *n.* คนขายเนื้อ, คนฆ่าสัตว์ขาย, นักฆ่า, คนโหดร้าย *-vt.* **-ered, -ering** ฆ่า (สัตว์เพื่อเป็นอาหาร), ฆ่า (คน), ชำแหละ (-S. (n.) killer (v.) kill)
butchery (บุช' ชะรี) *n., pl.* **-ies** โรงฆ่าสัตว์
butler (บัท' เลอรฺ) *n.* หัวหน้าคนรับใช้ชาย
butt[1] (บัท) *v.* **butted, butting** *-vt.* ขวิด, เอาหัวโขก, กระแทก *-vi.* เอาหัวพุ่งชน *-n.* การขวิด
butt[2] (บัท) *n.* เรื่องขำขัน, ตัวตลก, เป้า, เป้าหมาย
butt[3] (บัท) *vt., vi.* **butted, butting** เชื่อมต่อกัน, ต่อท้าย *-n.* การเชื่อมต่อ, การต่อท้าย
butt[4] (บัท) *n.* ถังขนาดใหญ่
butt[5] (บัท) *n.* ท้ายปืน, ก้นบุหรี่, บุหรี่, บั้นท้าย
butte (บยูทฺ) *n.* ภูเขาที่ตั้งชันอยู่กลางพื้นที่ราบ
★**butter** (บัท' เทอรฺ) *n.* เนยเหลว, สิ่งที่คล้ายเนย, (ภาษาพูด) การประจบ *-vt.* **-tered, -tering** ทาเนย, (ภาษาพูด) ประจบ
butterfat (บัท' เทอรฺแฟท) *n.* ไขมันจากนม
butterfingers (บัท' เทอรฺฟิงเกอรฺซ) *n. pl.* (ภาษาพูด) คนที่ชอบทำของหลุดมือ คนซุ่มซ่าม
★**butterfly** (บัท' เทอรฺไฟล) *n., pl.* **-flies** ผีเสื้อ, การว่ายน้ำท่าผีเสื้อ, หญิงเจ้าชู้ *-adj.* เหมือนผีเสื้อ
butterfly stroke การว่ายน้ำท่าผีเสื้อ
buttery[1] (บัท' ทะรี) *adj.* คล้ายเนย, ขี้ประจบ
buttery[2] (บัท' ทะรี) *n., pl.* **-ies** โรงเก็บเหล้า, โรงอาหาร
★**buttock** (บัท' เทิค) *n.* ตะโพก, บั้นท้าย
★**button** (บัท' เทิน) *n.* กระดุม, สิ่งที่คล้ายกระดุม, ปุ่ม *-v.* **-toned, -toning** *-vt.* ติดกระดุม, แต่งด้วยกระดุม *-vi.* ติดด้วยกระดุมได้ **-button up one's lip** เก็บเป็นความลับ
buttonhole (บัท' เทินโฮล) *n.* รังดุม, ดอกไม้ที่เสียบติดรังดุมหรือติดเสื้อ *-vt.* **-holed, -holing** ทำรังดุม, เย็บรังดุม, จับตัวมาคุยหรือมาฟัง
buttress (บัท' ทริซ) *n.* อิฐหรือหินที่ก่อขึ้นเพื่อค้ำยันกำแพง, เครื่องค้ำจุน, ไม้ค้ำ (-S. prop)
butyl (บยู' เทิล) *n.* สารเคมีไฮโดรคาร์บอน มีสูตรเคมี C_4H_9
butyl alcohol แอลกอฮอล์ชนิดหนึ่ง ใช้เป็นตัวทำละลาย มีสูตรเคมี C_4H_9OH
buxom (บัค' เซิม) *adj.* เชื่อฟัง, (เป็นคน) ยืดหยุ่น, ร่าเริง, อวบอัด, (อก) อิ่ม, (หุ่น) ท้วม
★**buy** (ไบ) *v.* **bought, buying** *-vt.* ได้จากการซื้อ, หาซื้อ, แลกซื้อ, ติดสินบน, (คำสแลง) ยอมรับว่าถูกต้อง สมเหตุสมผล *-vi.* ซื้อ *-n.* การซื้อ, สินค้าที่ซื้อ **-buy off** จ้างให้ปิดปาก **-buy time** ยืดเวลา **-buyer** *n.* **-buyable** *adj.*
buzz (บัซ) *vt., vi.* **buzzed, buzzing** กระซิบ-

กระซาบ, ทำเสียงดังหึ่งๆ, โฉบบินต่ำ, ส่งเสียงหึ่งๆ, เป็นสัญญาณ, คุยโทรศัพท์ *-n.* เสียงหึ่งๆ, เสียงแซ่ด, เสียงโทรศัพท์, สัญญาณหึ่งๆ **-give someone a buzz** โทรศัพท์ไปหา
buzzard (บัซ' เซิร์ด) *n.* เหยี่ยวชนิดหนึ่ง
buzzer (บัซ' เซอร์) *n.* อุปกรณ์ไฟฟ้าที่ส่งสัญญาณเสียงดังหึ่งๆ
buzzword (บัซ' เวิร์ด) *n.* คำที่ใช้กันเฉพาะในหมู่คนกลุ่มหนึ่ง
BW ย่อจาก biological warfare สงครามเชื้อโรค
★**by** (ไบ) *prep.* ถัดจาก, ติดกับ, อยู่ข้าง, ข้างเคียงกับ, โดย, ผ่านทาง, ผ่าน, ตาม, ระหว่าง, ด้วย, ในจำนวน, ทีละ, ต่อ, คูณด้วย *-adv.* ข้างๆ, ใกล้ๆ
by-and-by (ไบเอินไบ') *n.* อนาคตข้างหน้า
bye, by (ไบ) *n.* การผ่านเข้ารอบต่อไปโดยไม่ต้องแข่งขัน *-adj.* ซึ่งเป็นรอง
bye-bye, bye (ไบ' ไบ; ไบไบ', ไบ) *interj.* ลาก่อน *-n.* การลาจาก (**-S.** (interj.) so long)
by-election (ไบ' อิเลคชัน) *n.* การเลือกตั้งซ่อม
bygone (ไบ' กอน) *adj.* ซึ่งผ่านพ้นไป, ซึ่งเป็นอดีต **-let bygones be bygones** จงปล่อยให้อดีตผ่านพ้นไป
bylaw (ไบ' ลอ) *n.* กฎหมายท้องถิ่น
byline, by-line (ไบ' ไลน์) *n.* บรรทัดที่บอกชื่อผู้แต่งหรือผู้เขียนคอลัมน์ตามหนังสือ
byname (ไบ' เนม) *n.* นามสกุล, ชื่อเล่น
BYOB ย่อจาก bring your own bottle กรุณานำเครื่องดื่มแอลกอฮอล์มาดื่มเอง
bypass, by-pass (ไบ' แพซ) *n.* ทางลัด, ทางอ้อม, ทางรอง, อุโมงค์หรือท่อส่งน้ำมันหรือก๊าซ (**-S.** alternative route)
by-path (ไบ' แพธ, -พาธ) *n.* ทางอ้อม, ทางลัด
by-play (ไบ' เพล) *n.* บทแสดงประกอบ
byproduct, by-product (ไบ' พรอดเดิคท์) *n.* ผลิตผลพลอยได้, ผลข้างเคียง
byre (ไบร์) *n.* โรงวัว, คอกวัว
byroad (ไบ' โรด) *n.* เส้นทางรอง, ถนนสายรอง
byssinosis (บิซซิโน' ซิซ) *n.* โรคทางเดินหายใจที่เกิดจากละอองฝุ่นในผ้า
bystander (ไบ' สแตนเดอร์) *n.* ผู้ที่ยืนดู
bystreet (ไบ' สตรีท) *n.* เส้นทางแยก
byte (ไบท์) *n.* (คอมพิวเตอร์) ขนาดของข้อมูลบนคอมพิวเตอร์โดย 1 ไบต์เท่ากับ 8 บิต แต่ละบิตจะแทนด้วยข้อมูลเท่ากับ 0 หรือ 1
byway (ไบ' เว) *n.* ถนนสายรอง, วิชาโท
byword (ไบ' เวิร์ด) *n.* สุภาษิต (**-S.** motto)
Byzantium (บิแซน' เชียม) *n.* อาณาจักรไบแซนไทน์, เมืองโบราณซึ่งอยู่บริเวณเมืองอิสตันบูล ประเทศตุรกีในปัจจุบัน **-Byzantine** *adj.*

C

C, c (ซี) *n., pl.* **C's, c's/Cs, cs** อักษรตัวที่ 3 ในภาษาอังกฤษ, อันดับสาม, คุณภาพชั้นสาม
C ย่อจาก Cape แหลม, carat กะรัต, carbon ธาตุคาร์บอน, Celsius องศาเซลเซียส
c ย่อจาก cent (เหรียญ) เซนต์, copyright ลิขสิทธิ์
c/a ย่อจาก current account บัญชีกระแสรายวัน
★**cab** (แคบ) *n.* รถแท็กซี่, รถม้ารับจ้าง, บริเวณที่นั่งคนขับหรือคนบังคับเครื่องยนต์ (**-S.** taxi)
cabal (คะแบล') *n.* หน่วยงานลับ, แผนการลับ
cabala, cabbala (แคบ' บะละ) *n.* ปรัชญาทางไสยศาสตร์, ลัทธิอันลี้ลับ **-cabalism** *n.*
cabana (คะแบน' นะ, -บา' นะ) *n.* ห้องอาบน้ำตามชายหาดหรือสระว่ายน้ำ
cabaret (แคบบะเร') *n.* ภัตตาคารหรือคาเฟ่ที่มีการแสดงให้ชม, การแสดงร้องเพลงหรือเต้นรำ
★**cabbage** (แคบ' บิจ) *n.* ผักกะหล่ำปลี, เงิน
cabbala (แคบ' บะละ, คะบา' ละ) *n.* ดู cabala
cabby, cabbie (แคบ' บี) *n., pl.* **-bies** คนขับรถแท็กซี่
★**cabin** (แคบ' บิน) *n.* กระท่อม, ที่พักชั่วคราว, ห้องพักบนเรือ, ส่วนที่นั่งของผู้โดยสารบนเครื่องบิน, บริเวณที่พักของลูกเรือบนเครื่องบิน
cabin cruiser เรือสำราญขนาดใหญ่
cabinet (แคบ' บะนิท) *n.* ตู้ชั้นวางของ, ตู้เก็บของที่มีลิ้นชัก, ห้องประชุมสภา, ห้องลับ, การประชุมในห้องดังกล่าว, คณะรัฐมนตรี, รัฐมนตรี, คณะที่ปรึกษาประธานาธิบดี, คณะองคมนตรี (**-S.** council, cupboard, ministry)
cabinetmaker (แคบ' บะนิทเมเคอร์) *n.* ช่าง

ทำเครื่องเรือน **-cabinetmaking** *n.*
cabinetwork (แคบ' บินิทเวิร์ค) *n.* เครื่องเรือน
cable (เค' เบิล) *n.* สายเคเบิล ซึ่งเป็นสายเชือกโลหะหรือสายไฟเบอร์เส้นใหญ่, สายโทรเลขใต้น้ำ, สายโซ่ที่ผูกติดกับสมอเรือ, สายโทรศัพท์ใต้ดินหรือใต้น้ำ (-S. line, wire)
cable car รถกระเช้าเคลื่อนด้วยสายเคเบิล

cable car

cablegram (เค' เบิล แกรม) *n.* โทรเลขที่ส่งผ่านสายเคเบิลใต้ทะเล
cable television, cable TV ระบบโทรทัศน์ซึ่งรับสัญญาณจากสถานีต่างๆ รวมทั้งจากดาวเทียมแล้วส่งผ่านสายเคเบิลไปยังผู้รับสัญญาณซึ่งเป็นสมาชิกของระบบโทรทัศน์นั้น
cabman (แคบ' เมิน) *n., pl.* **-men** คนขับรถ
caboodle (คะบูด' เดิล) *n.* (ภาษาพูด) กลุ่ม ฝูง
caboose (คะบูซ') *n.* ตู้รถไฟตู้สุดท้ายที่เป็นห้องครัวและห้องพักของพนักงาน, เตาอบ
cabriolet (แคบบรีอะเล') *n.* รถม้าสองล้อมีประทุน ใช้ม้าลากตัวเดียว, รถยนต์มีประทุน
cacao (คะคา' โอ, -เค' โอ) *n., pl.* **-os** ต้นโกโก้, เมล็ดโกโก้ซึ่งใช้ทำช็อกโกแลต, ผงโกโก้
cache (แคช) *n.* ที่ซ่อน, ที่ซ่อนทรัพย์สมบัติ
cachou (แคชู') *n.* ยาอม
cackle (แคค' เคิล) *vt., vi.* **-led, -ling** ส่งเสียงคล้ายเสียงไก่, ทำเสียงกะต๊ากๆ *-n.* การทำเสียงคล้ายไก่, การพูดคุยไร้สาระ (-S. (v., n.) clack)
cacophony (คะคอฟ' ฟะนี) *n., pl.* **-nies** เสียงไม่ประสานกัน, เสียงอื้ออึง (-S. discord)
cactus (แคค' เทิซ) *n., pl.* **-ti** (-ไท)/**-tuses** ต้นตะบองเพชร
cad (แคด) *n.* ชายโฉด **-caddish** *adj.*
CAD/CAM (แคด' แคม) *n.* ย่อจาก Computer Aided Design/Computer Aided Manufacturing ระบบคอมพิวเตอร์สำหรับใช้ในงานด้านวิศวกรรมการออกแบบโครงสร้าง
cadaster, cadastre (คะแดส' เตอร์) *n.* การทำรังวัดที่ดิน **-cadastral** *adj.*
cadaver (คะแดฟ' เวอร์) *n.* ซากศพ
caddie, caddy (แคด' ดี) *n., pl.* **-dies** เด็กสะพายถุงไม้กอล์ฟเดินตามผู้เล่นกอล์ฟ
caddis fly แมลงหนอนปลอกน้ำ
caddy[1] (แคด' ดี) *n., pl.* **-dies** นวมกาน้ำชา, กล่องสำหรับเก็บสิ่งของกระจุกกระจิกต่างๆ
caddy[2] (แคด' ดี) *n.* ดู caddie
cadence (เคด' เดินซ์) *n.* จังหวะ, ทำนอง
cadet (คะเดท') *n.* นักเรียนนายร้อย, ลูกชายคนรอง, น้องชายคนรอง **-cadetship** *n.*
cadmium (แคด' เมียม) *n.* ธาตุแคดเมียม เป็นโลหะสีขาวอมฟ้า มีสัญลักษณ์ Cd **-cadmic** *adj.*
cadre (แคด' ดรี, คา' เดร) *n.* หน่วยกลาง, พรรคการเมือง, สมาชิกพรรค, โครงงาน
caduceus (คะดู' เซียซ, -เซิซ, -ดยู'-) *n., pl.* **-cei** (-ซีไอ) คทาติดปีกที่มีรูปงูสองตัวเลื้อยพันโดยรอบ, คทาซึ่งเป็นสัญลักษณ์ของอาชีพแพทยศาสตร์

caduceus

caecum, cecum (ซี' เคิม) *n.* ลำไส้ใหญ่ตอนต้น
Caesar, caesar (ซี' เซอร์) *n.* กษัตริย์แห่งโรมัน, จอมเผด็จการ, ซีซาร์ **-Caesarean, Caesarian, caesarean, caesarian** *adj.*
Caesarean section, caesarean section การผ่าตัดทางหน้าท้องเพื่อคลอดบุตร
★**café, cafe** (แคเฟ', คะ-) *n.* ร้านกาแฟ
cafeteria (แคฟฟิเทีย' เรีย) *n.* ร้านอาหารที่ลูกค้าต้องบริการตัวเอง
caffeine, caffein (แคฟ' ฟีอิน) *n.* สารกาเฟอีน มีรสขม เป็นสารกระตุ้นประสาทอย่างอ่อน พบในชา กาแฟ **-caffeinated** *adj.*
caftan (แคฟ' แทน) *n.* เสื้อคลุมยาวของแขก
★**cage** (เคจ) *n.* กรงขัง, ห้องขัง, กรงลิฟต์, ห่วง
caiman, cayman (เค' เมิน) *n., pl.* **-mans** จระเข้ชนิดหนึ่งในแถบอเมริกา
cairn (แคร์น) *n.* กองหินที่ทำเป็นสัญลักษณ์
caisson (เค' ซอน, -เซิน) *n.* ห้องที่กั้นไม่ให้น้ำเข้าเพื่อทำงานก่อสร้างใต้น้ำ, รถลากใช้บรรทุกกระสุนปืน, หีบใส่กระสุน, ทุ่นกู้เรือ
cajole (คะโจล') *vt.* **-joled, -joling** พูดหลอกล่อ, หว่านล้อม, คะยั้นคะยอ, ประจบ **-cajolement** *n.* (-S. coax, flatter)
★**cake** (เคค) *n.* ขนมเค้ก, ก้อนอาหาร, ก้อน, เปลือก *-v.* **caked, caking** *-vt., vi.* เกาะเป็นก้อนแข็ง **-be a piece of cake** ง่ายมาก
calabash (แคล' ละแบช) *n.* น้ำเต้า
calamine (แคล' ละไมน์, -มิน) *n.* ผงของซิงค์ออกไซด์ผสมกับเฟอร์ริกออกไซด์ มีสีชมพู ใช้ทำโลชั่นทาผิวเพื่อรักษาโรคผิวหนัง
calamity (คะแลม' มิที) *n., pl.* **-ties** ความหายนะ, ภัยพิบัติ **-calamitous** *adj.*
calces (แคล' ซีซ) *n.* พหูพจน์ของ calx
calciferous (แคลซิฟ' เฟอเริซ) *adj.* ซึ่งประกอบด้วยแคลเซียมหรือแคลเซียมคาร์บอเนต

A B C D E F G H I J K L M N O P Q R S T U V W X Y Z

A B C D E F G H I J K L M N O P Q R S T U V W X Y Z

calcify (แคล' ซะไฟ) *vt., vi.* **-fied, -fying** เปลี่ยนให้เป็นหินปูนหรือเกลือของแคลเซียม

calcium (แคล' เซียม) *n.* ธาตุแคลเซียม พบในกระดูกหรือฟัน เป็นต้น มีสัญลักษณ์ Ca

★**calculate** (แคล' คยะเลท) *vt., vi.* **-lated, -lating** คำนวณ, กะ, ตัดสิน, วางแผน, คาดการณ์ **-calculable** *adj.* (**-S.** compute, estimate)

calculating (แคล' คยะเลทิง) *adj.* ซึ่งคำนวณได้, เจ้าเล่ห์ (**-S.** shrewd, sly, **-A.** sincere)

calculation (แคลคยะเล' ชั่น) *n.* การคำนวณ, ผลการคำนวณ, การประมาณการ

calculator (แคล' คยะเลเทอร์) *n.* ผู้ที่คำนวณ, ผู้คาดการณ์, เครื่องคิดเลข, เครื่องช่วยคำนวณ

calculus (แคล' คยะเลิซ) *n., pl.* **-li/-luses** วิชาแคลคูลัส ซึ่งเป็นคณิตศาสตร์สาขาหนึ่ง, ก้อนนิ่ว

caldron (คอล' เดริน) *n.* กาน้ำ, กระทะ, หม้อ

calendar (แคล' เลินเดอร์) *n.* ปฏิทิน

calendar month เดือนตามปฏิทิน

calendar year ปีตามปฏิทิน

calender (แคล' เลินเดอร์) *n.* เครื่องจักรที่ใช้ลูกกลิ้งกดหรือรีดให้เรียบและมันวาว

★**calf**[1] (แคฟ) *n., pl.* **calves** (แคฟว์ซ) น่อง

★**calf**[2] (แคฟ) *n., pl.* **calves** (แคฟว์ซ) ลูกวัว, ลูกของสัตว์ตัวใหญ่, แผ่นน้ำแข็งที่พังทลาย

caliber, calibre (แคล' ละเบอร์) *n.* ขนาดเส้นผ่านศูนย์กลางของวัตถุทรงกระบอก, ขนาดของลำกล้องปืน, ระดับสติปัญญาหรือคุณภาพ

calibrate (แคล' ละเบรท) *vt.* **-brated, -brating** วัดขนาด, วัดอย่างละเอียด **-calibration** *n.*

calices (เค' ลิซีซ) *n.* พหูพจน์ของ calix

calif (เค' ลิฟ, แคล' ลิฟ) *n.* ดู caliph

calipers, callipers (แคล' ละเพอร์ซ) *n. pl.* เครื่องมือที่มีขาโค้งสองขาไว้วัดระยะทาง ความหนา หรือเส้นผ่านศูนย์กลางของวัตถุต่างๆ

caliph, calif, khalif (เค' ลิฟ, แคล' ลิฟ) *n.* ผู้นำของชาวอิสลาม, ตำแหน่งกาหลิบ

calisthenics (แคลลิซเธน' นิคซ) *n. pl.* การออกกำลังแบบกายบริหาร **-calisthenic** *adj.*

calix (เค' ลิคซ, แคล' ลิคซ) *n., pl.* **calices** (-ลิซิซ) ถ้วย, กระเปาะ (**-S.** cup)

calk (คอค) *v.* ดู caulk

★**call** (คอล) *v.* **called, calling** *-vt.* ส่งเสียงร้อง, ตะโกน, ประกาศ, เรียกหา, เรียกให้มาปฏิบัติหน้าที่, เรียกชื่อ, ตั้งชื่อ, ปลุกให้ตื่น, โทรศัพท์, หยุด, ชะงัก, ส่งเสียงเลียนแบบ, สั่ง *-vi.* พูดเสียงดัง, ตะโกน, (สัตว์) ส่งเสียงร้อง, แวะเยี่ยม, โทรศัพท์ *-n.* การร้อง, การเรียก, เสียงตะโกน, เสียงเรียก, เสียงร้อง, การเรียกไพ่ **-call for** แวะรับ, เรียกหา **-call it a day** เลิกงาน **-call off** ห้ามปราม, เลื่อน **-call on** เยี่ยม **-call to mind** เตือนความจำ **-on call** เข้าเวร

call boy ผู้ชายขายตัว, เด็กรับใช้

call center สำนักงานบริการตอบคำถามลูกค้าหรือขายสินค้าทางโทรศัพท์

call girl นางทางโทรศัพท์ (**-S.** prostitute)

calligraphy (คะลิก' กระฟี) *n.* การเขียนตัวหนังสือบรรจง **-calligraphist** *n.*

callipers (แคล' ละเพอร์ซ) *n.* ดู calipers

callous (แคล' เลิซ) *adj.* เฉยชา, ใจแข็ง, แข็งด้าน **-callously** *adv.* **-callousness** *n.*

callow (แคล' โล) *adj.* อ่อนหัด (**-S.** immature)

★**calm** (คาม) *adj.* **calmer, calmest** สงบ, เงียบสงบนิ่ง *-vt., vi.* **calmed, calming** ทำให้สงบ, เกิดความสงบ *-n.* ความสงบ **-calmly** *adv.* **-calmness** *n.* (**-S.** (adj.) peaceful, serene)

calorie (แคล' ละรี) *n.* หน่วยวัดปริมาณความร้อนซึ่งเท่ากับปริมาณความร้อนที่ต้องใช้เพื่อทำให้น้ำ 1 กรัมมีอุณหภูมิสูงขึ้น 1 องศาเซลเซียส

calorimeter (แคลละริม' มิเทอร์) *n.* เครื่องมือวัดปริมาณความร้อน

calorimetry (แคลละริม' มิทรี) *n.* การวัดปริมาณความร้อน **-calorimetric** *adj.*

calory (แคล' ละรี) *n., pl.* **-ries** ดู calorie

calumniate (คะลัม' นิเอท) *vt.* **-ated, -ating** ให้ร้ายป้ายสี, หมิ่นประมาท **-calumniation** *n.*

calumny (แคล' เลิมนี) *n., pl.* **-nies** การให้ร้ายป้ายสี, การหมิ่นประมาท **-calumnious** *adj.*

calve (แคฟว์, คาฟว์) *vt., vi.* **calved, calving** คลอดลูกวัว, (แผ่นน้ำแข็ง) พังทลาย

calves (แคฟว์ซ) *n.* พหูพจน์ของ calf

Calvinism (แคล' วินิซเซิม) *n.* ลัทธิหนึ่งของศาสนาคริสต์ ก่อตั้งโดยจอห์น แคลวิน **-Calvinist** *n., adj.* **-Calvinistic, Calvinistical** *adj.*

calx (แคลค์ซ) *n., pl.* **calxes/calces** (แคล' ซีซ) ผงเถ้าโลหะ, ปูนขาว

calyx (เค' ลิคซ, แคล' ลิคซ) *n., pl.* **-lyxes/-lyces** (-ลิซีซ) กลีบเลี้ยงดอกไม้, กระเปาะ

cam (แคม) *n.* ลูกเบี้ยวของเครื่องจักรกล

camaraderie (คามะรา' ดะรี, แคมมะ-) *n.* ความสนิทสนมกลมเกลียว (**-S.** friendship)

camber (แคม' เบอร์) *n.* ผิวโค้งเล็กน้อย (เช่น ผิวถนน), ความโค้งของแหนบรถ, การตั้งล้อรถให้ส่วนล่างของล้อเอียงเข้าหากัน

cambric (เคม' บริค) *n.* ผ้าลินินขาวเนื้อดี

camcorder (แคม' คอร์เดอร์) *n.* เครื่องบันทึกภาพแบบพกพา

camcorder

came (เคม) *v.* กริยาช่อง 2 ของ come

★**camel** (แคม' เมิล) *n.* อูฐ, ทุ่นกู้เรือ

camel

cameo (แคม' มีโอ) *n., pl.* **-os** อัญมณีหรือเหรียญที่แกะสลักนูน

★**camera** (แคม' เมอ ระ, แคม' ระ) *n., pl.* **-eras/-erae** (-รี) กล้องถ่ายรูป

camisole (แคม' มิโซล) *n.* เสื้อซับในสตรี

camomile (แคม' มะไมล์, -มีล) *n.* ดู chamomile

camouflage (แคม' มะฟลาฌ, -ฟลาจ) *n.* การอำพราง, อุปกรณ์พรางตัว *-vt., vi.* **-flaged, -flaging** อำพราง (**-S.** (n., v.) disguise)

★**camp** (แคมพ์) *n.* ค่ายพัก, เพิงพัก *-vt., vi.* **camped, camping** พักในค่ายพัก, จัดหาที่พัก, ตั้งค่ายพัก **-camper** *n.* **-camping** *n.*

★**campaign** (แคมเพน') *n.* การสู้รบ, การรณรงค์, การรณรงค์โฆษณา, การโฆษณาหาเสียง *-vi.* **-paigned, -paigning** โฆษณา, รณรงค์, รบ (**-S.** (n., v.) fight (n.) promotion)

campfire (แคมพ์' ไฟร์) *n.* การชุมนุมรอบกองไฟ, กองไฟกลางแจ้งภายในค่ายพักแรม

camphor (แคม' เฟอร์) *n.* การบูร มีกลิ่นฉุน ใช้ทำพลาสติก ยา และสารไล่แมลง

campsite (แคมพ์' ไซท์) *n.* จุดตั้งค่ายพักแรม

campus (แคม' เพิซ) *n., pl.* **-puses** บริเวณสถานศึกษา, บริเวณโรงพยาบาลหรือโรงงาน

camshaft (แคม' แชฟท์) *n.* แกนลูกเบี้ยว

★**can[1]** (แคน, เคิน) *v. aux.* **could** สามารถ, คงได้, ได้รับอนุญาต, ยินยอมได้

★**can[2]** (แคน) *n.* กระป๋อง, ปริมาณบรรจุกระป๋อง, (คำสแลง) คุก สุขา บั้นท้าย *-vt.* **canned, canning** บรรจุกระป๋อง **-canned** *adj.*

canaille (คะไน', -เนล') *n.* สามัญชน, ฝูงชน

★**canal** (คะแนล') *n.* คลอง, ร่องน้ำ, ท่อ, ราง

canalize (คะแนล' ไลซ์, แคน' นะไลซ์) *vt.* **-ized, -izing** ขุดคูคลอง, ทำให้เป็นร่อง

canapé (แคน' นะเพ, -พี) *n.* ขนมปังนิ่มหรือขนมปังกรอบสอดไส้เนยแข็งหรือเนื้อปรุงรส

canard (คะนาร์ด') *n.* เรื่องหลอกลวง

canary (คะแน' รี) *n., pl.* **-ies** นกขมิ้นเหลืองอ่อน, ไวน์ขาวชนิดหนึ่ง, สีเหลืองอ่อน

cancan (แคน' แคน) *n.* การเต้นระบำยกขาสูง

★**cancel** (แคน' เซิล) *v.* **-celed, -celing/-celled, -celling** *-vt.* ยกเลิก, ขีดฆ่าออก, เพิกถอน *-vi.* หักล้างกัน, ชดเชยกัน **-cancellation** *n.*

Cancer (แคน' เซอร์) ราศีกรกฎ ซึ่งเป็นราศีที่สี่ในจักรราศี มีสัญลักษณ์เป็นปู, ชื่อกลุ่มดาวกลุ่มหนึ่งทางซีกโลกเหนือ

cancer (แคน' เซอร์) *n.* มะเร็ง, สิ่งชั่วร้าย

cancerphobia (แคนเซอร์โฟ' เบีย) *n.* โรคกลัวมะเร็ง

candelabrum (แคนเดิลลา' เบริม, -เล' เบริม) *n., pl.* **-bra** (-บระ)/**-brums** เชิงเทียนที่มีที่ปักเทียนได้หลายเล่ม, โคมไฟระย้า

candid (แคน' ดิด) *adj.* จริงใจ, ตรงไปตรงมา, เป็นธรรมชาติ, ซื่อสัตย์ **-candidly** *adv.*

★**candidate** (แคน' ดิเดท, -ดิท) *n.* ผู้สมัคร, ผู้เสนอตัวเข้าร่วม (**-S.** applicant, nominee)

candid camera กล้องถ่ายภาพขนาดเล็ก ที่นิยมใช้ถ่ายภาพคนในท่าธรรมชาติ

★**candle** (แคน' เดิล) *n.* เทียนไข

candlelight (แคน' เดิลไลท์) *n.* แสงเทียน, เวลาพลบค่ำ (**-S.** twilight)

candlepower (แคน' เดิลเพาเออร์) *n.* แรงเทียน

candlestick (แคน' เดิลสติค) *n.* เชิงเทียน

candlewick (แคน' เดิลวิค) *n.* ไส้เทียนไข

candor (แคน' เดอร์) *n.* ความจริงใจ

★**candy** (แคน' ดี) *n., pl.* **-dies** ขนมหวาน, ลูกกวาด **-candied** *adj.* (**-S.** sweets)

cane (เคน) *n.* ต้นไม้ที่มีลำต้นเป็นปล้องๆ เช่น ไผ่ หวาย, ต้นอ้อย, ไม้เท้า *-vt.* **caned, caning** ทำด้วยไม้ดังกล่าว, ตี, หวด (**-S.** (n., v.) stick)

cane sugar น้ำตาลทรายที่ทำจากต้นอ้อย

canine (เค' ไนน์) *adj.* เกี่ยวกับสุนัข *-n.* สุนัข

canister (แคน' นิสเตอร์) *n.* กล่องหรือกระป๋องโลหะสำหรับเก็บอาหารแห้งพวกชา กาแฟ

canker (แคง' เคอร์) *n.* แผลพุพอง, โรคเน่าในพืช, สิ่งที่ถูกบ่อนทำลาย, สิ่งเน่าเปื่อย, หนอนชนิดหนึ่ง **-cankerous** *adj.* (**-S.** sore)

canker sore โรคปากเปื่อย

cannabis (แคน' นะบิซ) *n.* ต้นกัญชา

cannery (แคน' นะรี) *n., pl.* **-ies** โรงงานบรรจุอาหารกระป๋อง

cannibal (แคน' นะเบิล) *n.* มนุษย์กินคน *-adj.* ดุร้าย **-cannibalism** *n.*

cannikin (แคน' นิคิน) *n.* กระป๋องใบเล็ก

A B C D E F G H I J K L M N O P Q R S T U V W X Y Z

canning (แคน' นิง) *n.* การบรรจุอาหารกระป๋อง

cannon (แคน' เนิน) *n., pl.* **-non/-nons** ปืนใหญ่, หูระฆัง, การแทงลูกบิลเลียดกระทบกันสามลูก **-cannoneer** *n.*

cannon

cannonade (แคนนะเนด') *n.* การระดมยิงด้วยปืนใหญ่ (-**S.** bombardment)

cannonball (แคน' เนินบอล) *n.* ลูกกระสุนปืนใหญ่, (ภาษาพูด) ขบวนรถไฟสายด่วน การเสิร์ฟลูกเทนนิสอย่างแรง *-adj.* เร็ว, ด่วน

cannot (แคน' นอท, คะนอท') *v. aux.* ไม่สามารถที่จะ **-cannot but** ต้อง, จำต้อง

canny (แคน' นี) *adj.* **-nier, -niest** เจ้าเล่ห์, ตระหนี่, ระมัดระวัง **-cannily** *adv.* **-canniness** *n.* (-**S.** careful, shrewd, thrifty)

canoe (คะนู') *n.* เรือแคนู ซึ่งมีขนาดเล็กยาว น้ำหนักเบา *-v.* **-noed, -noeing** *-vt.* ขนส่งด้วยเรือแคนู *-vi.* พายเรือแคนู, นั่งเรือแคนู **-canoeist** *n.*

canoe

canon (แคน' เนิน) *n.* วินัยทางศาสนา, หลักเกณฑ์ที่พึงปฏิบัติ, พระคัมภีร์ไบเบิล, บทประพันธ์

cañon (แคน' เยิน) *n.* (ภาษาสเปน) ดู canyon

canonize (แคน' นะไนซ์) *vt.* **-ized, -izing** ยกย่องให้เป็นนักบุญ **-canonization** *n.*

canon law กฎหรือวินัยทางศาสนา

canopy (แคน' นะพี) *n., pl.* **-pies** ฉัตร, หลังคามุ้ง, หลังคาคลุม, ฝาครอบส่วนที่นั่งของนักบิน (-**S.** cover, shade)

canst (แคนซ์ท) *v. aux.* กริยาช่วยเช่นเดียวกับ can ใช้กับประธานบุรุษที่ 2 คือ thou

cant[1] (แคนท) *n.* สำนวนที่ใช้ในกลุ่มคนหนึ่งๆ, คำพูดเหลวไหล, คำพูดงึมงำ *-vi.* **canted, canting** พูดเหลวไหล, งึมงำ (-**S.** (n.) jargon)

cant[2] (แคนท) *n.* ความเอียง, การลาดเท, มุม *-vt., vi.* **canted, canting** เอียง, ลาดเท

can't (แคนท) ย่อจาก cannot

cantaloupe, cantaloup (แคน' เทิลโลพ) *n.* แตงแคนตาลูป มีเนื้อสีส้ม รสหวานฉ่ำ

cantankerous (แคนแทง' เคอเริซ) *adj.* ขี้โมโห, ชอบทะเลาะ **-cantankerously** *adv.*

canteen (แคนทีน') *n.* ร้านขายอาหารตามค่ายทหาร ที่ทำงาน โรงเรียนหรือชมรมต่างๆ, โรงอาหารชั่วคราว, กระติกน้ำดื่ม, ชุดเครื่องครัวของทหารเวลาเดินทาง

canter (แคน' เทอร์) *n.* ท่าวิ่งเรียบของม้า *-vt., vi.* **-tered, -tering** ขี่ม้าวิ่งเรียบ, (ม้า) วิ่งเรียบ

cantharis (แคน' เธอริซ) *n., pl.* **-tharides** (-แธ' ริดีซ) แมลงวันสเปน ใช้เป็นยาแก้ผื่นคัน ขับปัสสาวะ หรือกระตุ้นความต้องการทางเพศ

canticle (แคน' ทิเคิล) *n.* บทเพลงร้องในโบสถ์

cantilever (แคน' เทิลลีเวอร์) *n.* คานที่ยื่นออกมาเพื่อช่วยค้ำยัน

canto (แคน' โท) *n., pl.* **-tos** ท่อนสำคัญของบทกวีที่ยาว

canton (แคน' เทิน, -ทอน) *n.* เขตการปกครอง

cantonment (แคนโทน' เมินท์, -ทอน'-) *n.* ที่พักหรือค่ายพักของทหาร

canvas (แคน' เวิซ) *n.* ผ้าใบ, ผ้าใบวาดภาพสีน้ำมัน, ผ้าใบเรือ, ผ้าใบทำเต็นท์, เวทีผ้าใบสำหรับชกมวย, เบื้องหลังเหตุการณ์

canvass (แคน' เวิซ) *vt., vi..* **-vassed, -vassing** ตรวจตรา, ถกประเด็น, ตระเวนหาเสียง, ตระเวนสอบถาม *-n.* การตรวจตรา, การออกหาเสียงหรือหาข้อมูล (-**S.** (v., n.) campaign (v.) discuss, investigate)

canyon, cañon (แคน' เยิน) *n.* หุบเขาลึกชัน, หุบเขาที่มีลำธารไหลผ่าน (-**S.** ravine)

caoutchouc (เคาชูค', เคา' ชูค, -ชุค) *n.* ต้นยาง, ต้นยางอินเดีย, ยางพารา, น้ำยาง

★**cap** (แคพ) *n.* หมวกแก๊ป ซึ่งเป็นหมวกผ้า อาจมีปีกด้านหน้าหรือไม่มีก็ได้, หมวกแสดงตำแหน่ง, หมวกสวมว่ายน้ำ, ฝาปิด, ฝาขวด, ฝาครอบเลนส์ถ่ายรูป, ขีดจำกัด (ของค่าใช้จ่าย), อักษรตัวใหญ่ *-vt.* **capped, capping** สวมหมวกแก๊ป, ทำพิธีสวมหมวกเนื่องจากจบการศึกษา, ปกคลุมส่วนยอด, ปิดฝาครอบ, กำหนดค่าใช้จ่าย, ทำเป็นอักษรตัวใหญ่

capability (เคพะบิล' ลิที) *n., pl.* **-ties** ความสามารถ, ศักยภาพ (-**S.** potential)

★**capable** (เค' พะเบิล) *adj.* ซึ่งสามารถ, ซึ่งมีศักยภาพ, ชำนาญ **-capably** *adv.* **-capableness** *n.* (-**S.** able, efficient **-A.** unskilled)

capacious (คะเพ' เชิซ) *adj.* กว้างขวาง, โอ่โถง, ซึ่งบรรจุได้มาก **-capaciousness** *n.*

capacity (คะแพซ' ซิที) *n., pl.* **-ties** ความจุ, ศักยภาพ, ความสามารถ, ความจุไฟฟ้า, อำนาจกฎหมาย, ขอบเขต (-**S.** ability, extent)

cap and gown หมวกและเสื้อครุยที่สวมรับปริญญา
cap-à-pie, cap-a-pie (แคพอะพี') *adv.* ตั้งแต่หัวจรดเท้า, ทั้งหมดทั้งสิ้น
caparison (คะแพ' ริเซิน) *n.* เครื่องบังเหียนม้า, เครื่องประดับตกแต่ง *-vt.* **-soned, -soning** สวมเครื่องบังเหียน, สวมเครื่องประดับ
cape[1] (เคพ) *n.* แหลมซึ่งยื่นไปในผืนน้ำ
cape[2] (เคพ) *n.* เสื้อคลุมไหล่, ผ้าคลุมไหล่
caper (เค' เพอร์) *vi.* **-pered, -pering** กระโดดโลดเต้น (**-S.** frisk, skip)
capillary (แคพ' พะเลรี) *adj.* คล้ายเส้นผมหรือขน, เกี่ยวกับเส้นผมหรือขน
★**capital**[1] (แคพ' พิเทิล) *n.* เมืองหลวง, เมืองศูนย์กลางความเจริญ, เงินทุน, ทุนทรัพย์, พวกนายทุน, ตัวอักษรตัวใหญ่, ทรัพยากรมนุษย์ *-adj.* สำคัญยิ่ง, ที่หนึ่ง, ซึ่งต้องโทษถึงตาย, ร้ายแรง, เกี่ยวกับทุนทรัพย์, เกี่ยวกับอักษรตัวใหญ่
capital[2] (แคพ' พิเทิล) *n.* ยอดเสา
capital gain กำไรจากการขายหรือลงทุน
capital goods สินค้าต่างๆ ที่ใช้ในการลงทุน
capitalism (แคพ' พิเทิลลิซเซิม) *n.* ระบบเศรษฐกิจแบบทุนนิยม
capitalist (แคพ' พิเทิลลิซท์) *n.* นายทุน
capitalize (แคพ' พิเทิลไลซ์) *vt.* **-ized, -izing** ให้ทุน, เปลี่ยนเป็นทุน, ตีเป็นเงินทุน, พิมพ์ด้วยอักษรตัวใหญ่, ขึ้นต้นด้วยอักษรตัวใหญ่, ใช้ประโยชน์ **-capitalization** *n.* (**-S.** sponsor)
capital letter ตัวอักษรตัวใหญ่
capital punishment การลงโทษถึงตาย
capitation (แคพพิเท' ชัน) *n.* ภาษีต่อหัว
capitol (แคพ' พิเทิล) *n.* ตึกรัฐสภา
capitulate (คะพิช' ชะเลท) *vi.* **-lated, -lating** ยอมแพ้, จำนนต่อ, ยินยอม, เลิกต่อต้าน **-capitulation** *n.* (**-S.** surrender, yield)
capo[1] (เค' โพ) *n., pl.* **-pos** อุปกรณ์สำหรับหนีบสายกีตาร์เพื่อช่วยให้เปลี่ยนคีย์ได้
capo[2] (เค' โพ) *n., pl.* **-pos** หัวหน้าแก๊งอาชญากรรม
capon (เค' พอน, -เพิน) *n.* ไก่ตอน
capote (คะโพท') *n.* เสื้อคลุมยาวติดหมวก
caprice (คะพรีซ') *n.* การทำตามอำเภอใจ, ความโลเล, ความไม่แน่นอน **-capricious** *adj.*
Capricorn (แคพ' พริคอร์น) ราศีมังกร เป็นราศีที่สิบในจักรราศี มีสัญลักษณ์เป็นมังกร, ชื่อกลุ่มดาวกลุ่มหนึ่งทางซีกโลกใต้
capriole (แคพ' พรีโอล) *n.* ท่ากระโดดของม้า
caps. ย่อจาก capitals อักษรตัวใหญ่
capsicum (แคพ' ซิเคิม) *n.* พืชตระกูลพริก
capsize (แคพ' ไซซ์, แคพไซซ์') *vt., vi.* **-sized, -sizing** พลิกคว่ำ, (เรือ) ล่ม (**-S.** overturn)
capstan (แคพ' สเติน) *n.* กว้าน
capstone (แคพ' สโตน) *n.* หินก้อนบนสุด, ความสำเร็จสูงสุด (**-S.** acme)
capsule (แคพ' เซิล, -ซูล) *n.* หลอดแคปซูล, หลอดบรรจุยา, เมล็ดพืชที่คล้ายแคปซูล, ถุงหุ้ม, ถุงสปอร์ของพืช, ห้องนักบินอวกาศ *-adj.* โดยย่อ, เล็กกะทัดรัด **-capsular** *adj.*
Capt. ย่อจาก Captain กัปตัน, หัวหน้า
captain (แคพ' เทิน) *n.* กัปตัน, หัวหน้า, ผู้บังคับบัญชา, ผู้สั่งการ, กัปตัน, นายทหารยศร้อยเอก, ผู้นำ *-vt.* **-tained, -taining** เป็นหัวหน้า **-captaincy** *n.* **-captainship** *n.*
caption (แคพ' ชัน) *n.* คำอธิบายภาพ, หัวเรื่อง
captious (แคพ' เชิช) *adj.* คอยจับผิด, ชอบค่อนแคะ **-captiously** *adv.* (**-S.** carping)
captivate (แคพ' ทะเวท) *vt.* **-vated, -vating** จับตาจับใจ, ทำให้หลงเสน่ห์ **-captivation** *n.*
captive (แคพ' ทิฟว์) *n.* เชลย, นักโทษ, ทาส
captor (แคพ' เทอร์) *n.* ผู้จับกุม
capture (แคพ' เชอร์) *vt.* **-tured, -turing** จับได้, จับกุม, ยึดได้ *-n.* การจับกุม, การเข้ายึด, สิ่งที่จับหรือยึดมาได้ (**-S.** (v.) seize **-A.** (v.) free)
★**car** (คาร์) *n.* รถยนต์, รถม้า, ราชรถ, กระเช้าบอลลูน, ตู้บรรทุกหรือโดยสาร (**-S.** vehicle)
carabao (คาระเบา') *n., pl.* **-baos/-bao** ควาย
carabiniere (คาราบีนแย' รี) *n., pl.* **-nieri** (เนีย' รี) ตำรวจอิตาเลียน
caracal (แค' ระแคล) *n.* แมวป่าสีน้ำตาลแดง
carafe (คะแรฟ') *n.* ขวดแก้วใส่เครื่องดื่ม
caramel (แค' ระเมิล) *n.* ลูกกวาด, น้ำตาลไหม้
carapace (แค' ระเพซ) *n.* กระดองของสัตว์
carat (แค' เริท) *n.* หน่วยชั่งน้ำหนักของอัญมณี ซึ่ง 1 กะรัตเท่ากับ 200 มิลลิกรัม (**-S.** karat)
★**caravan** (แค' ระแวน) *n.* ขบวนนักเดินทาง, ขบวนยานพาหนะ, ขบวนสัตว์ (**-S.** convoy)
caravansary (แคระแวน' ซะรี) *n., pl.* **-ries** โรงแรมหรือที่พักสำหรับขบวนนักเดินทาง
caraway (แค' ระเว) *n.* เครื่องเทศชนิดหนึ่งคล้ายยี่หร่าให้กลิ่นหอมฉุนใช้แต่งกลิ่นอาหารได้
carbide (คาร์' ไบด์) *n.* สารประกอบของโลหะผสมกับคาร์บอน เช่น แคลเซียมคาร์ไบด์
carbine (คาร์' บีน, -ไบน์) *n.* ปืนคาร์บีน
carbohydrate (คาร์โบไฮ' เดรท) *n.* สาร

A B C D E F G H I J K L M N O P Q R S T U V W X Y Z

ประกอบอินทรีย์ พบในน้ำตาล แป้ง และเซลลูโลส เป็นแหล่งพลังงานให้ร่างกายและสิ่งมีชีวิต

★**carbon** (คาร์ เบิน) *n.* ธาตุคาร์บอน ในธรรมชาติมีสองรูปคือ เพชรและแกรไฟต์ มีสัญลักษณ์ C

carbonaceous (คาร์บะเน' เชิซ) *adj.* ซึ่งประกอบด้วยคาร์บอน, ซึ่งปล่อยคาร์บอนออกมา

carbonate (คาร์' บะเนท) *vt.* **-ated, -ating** อัดด้วยก๊าซคาร์บอนไดออกไซด์, ทำให้อยู่ในรูปของคาร์บอเนต **-carbonation** *n.*

carbon copy กระดาษคาร์บอนที่ใช้ลอกสำเนา

carbon dating การกำหนดอายุของซากสิ่งมีชีวิตโดยใช้คาร์บอน

carbon dioxide ก๊าซคาร์บอนไดออกไซด์ ซึ่งเป็นก๊าซไร้สี ไร้กลิ่น ได้จากกระบวนการเผาไหม้ การหายใจ และการย่อยสลาย มีสูตรเคมี CO_2

carboniferous (คาร์บะนิฟ' เฟอเริซ) *adj.* ซึ่งมีคาร์บอนหรือถ่านหินผสมอยู่

carbon monoxide ก๊าซคาร์บอนมอนอกไซด์ ซึ่งเป็นก๊าซไร้สี ไร้กลิ่นแต่มีพิษ ได้จากการเผาไหม้ที่ไม่สมบูรณ์ มีสูตรเคมี CO

carbon paper กระดาษสำเนาคาร์บอน

car-boot sale การขายสินค้าซึ่งเป็นของใช้ที่ไม่ต้องการแล้ว โดยเปิดท้ายรถวางขาย

carborundum (คาร์บะรัน' เดิม) *n.* สารประเภทซิลิคอนคาร์ไบด์ ซึ่งใช้ทำหินโม่ ผงขัด

carboy (คาร์' บอย) *n.* ขวดใหญ่ที่อยู่ในตะกร้าหรือลังไม้ ใช้ใส่ของเหลวที่มีฤทธิ์กัดกร่อน

carbuncle (คาร์' บังเคิล) *n.* ตุ่มพุพอง, สิวอักเสบ, พลอยสีแดงเข้ม **-carbuncular** *adj.*

carburetor, carburettor (คาร์' บะเรเทอร์) *n.* เครื่องผสมอากาศกับละอองน้ำมัน เพื่อให้เกิดสารผสมที่ระเบิดได้ภายในเครื่องยนต์

carcass, carcase (คาร์' เคิซ) *n.* ซากสัตว์, ร่างกายมนุษย์, กระดองหรือเปลือก, ส่วนโครง

carcinogen (คาร์ซิน' นะเจิน) *n.* สารก่อมะเร็ง

★**card**[1] (คาร์ด) *n.* แผ่นกระดาษแข็ง, แผ่นพลาสติกแข็ง, นามบัตร, ไพ่, ไปรษณียบัตร, บัตร, บัตรเชิญ, บัตรเครดิต, (ภาษาพูด) ตัวตลก อุบาย รายการ

cardamom, cardamon (คาร์' ดะเมิม, -เมิน) *n.* กระวาน, เมล็ดกระวาน

★**cardboard** (คาร์ด' บอร์ด) *n.* กระดาษแข็ง

cardiac (คาร์' ดีแอค) *adj.* เกี่ยวกับหัวใจ

cardiac massage การนวดหัวใจ

cardigan (คาร์' ดิเกิน) *n.* เสื้อกันหนาวไหมพรมแบบผ่าหน้า, เสื้อสเวตเตอร์กันหนาว

cardinal (คาร์' เดินเนิล, คาร์ด' เนิล) *adj.* ซึ่งสำคัญยิ่ง, สำคัญที่สุด, ซึ่งมีสีแดงสด *-n.* พระราชาคณะในนิกายโรมันคาทอลิก, สีแดงสด, เสื้อคลุมติดหมวกของสตรี, นกจำพวกนกกระจิบ

cardinal number ตัวเลขจำนวนนับ เช่น 1, 2, 3, ...

cardinal point ทิศตามเข็มทิศ, ทิศทั้งสี่

cardphone (คาร์ด' โฟน) *n.* โทรศัพท์สาธารณะแบบใช้บัตรโทรศัพท์

cards (คาร์ดซ์) *n. pl.* เกมไพ่ต่างๆ

card shark เซียนไพ่

cardsharp (คาร์ด' ชาร์พ) *n.* เซียนโกงไพ่

★**care** (แคร์) *n.* ความเป็นห่วง, ความห่วงใย, ความวิตกกังวล, การดูแลรักษา, การเอาใจใส่, ความระมัดระวัง, สิ่งที่ต้องเอาใจใส่ *-v.* **cared, caring** *-vt.* สนใจใยดี, เอาใจใส่, ต้องการ *-vi.* ห่วงใย, เป็นห่วง, วิตกกังวล, ดูแล, ปรารถนา, ต้องการ, รัก, ชอบ **-care for** ชอบ, ดูแล (**-S.** (n., v.) concern, worry (n.) custody)

careen (คะรีน') *v.* **-reened, -reening** *-vt.* เอียง, ตะแคงข้าง *-vi.* (เรือ) แล่นเอียง, เอียงวูบ

★**career** (คะเรียร์') *n.* อาชีพ, ชีวิตการทำงาน, เส้นทาง, วิถีทาง *-vi.* **-reered, -reering** แล่น, ถลา **-in full career** อย่างเต็มที่, สุดกำลัง

carefree (แคร์' ฟรี) *adj.* ปลอดโปร่งโล่งใจ

★**careful** (แคร์' เฟิล) *adj.* ระมัดระวัง, ไม่ประมาท **-carefully** *adv.* **-carefulness** *n.*

★**careless** (แคร์' ลิซ) *adj.* ประมาท, สะเพร่า, โล่งใจ **-carelessly** *adv.* **-carelessness** *n.*

caress (คะเรซ') *n.* การสัมผัสที่อ่อนโยน, การสวมกอดหรือจุมพิตอย่างนิ่มนวล *-vt.* **-ressed, -ressing** สัมผัสอย่างอ่อนโยน, สวมกอดหรือจุมพิตอย่างนิ่มนวล (**-S.** (n., v.) cuddle, kiss)

caret (แค' ริท) *n.* เครื่องหมายตกหล่นรูป ^

caretaker (แคร์' เทเคอร์) *n.* ยาม, ภารโรง

★**cargo** (คาร์' โก) *n., pl.* **-goes/-gos** สินค้าที่ขนส่งทางเรือ เครื่องบิน หรือยานพาหนะอื่นๆ

caribou (แค' ระบู) *n., pl.* **-bou/-bous** กวางคาริบูในแถบอเมริกาเหนือ

caribou

caricature (แค' ริคะเชอร์) *n.* ภาพล้อเลียนบุคคล *-vt.* **-tured, -turing** วาดภาพล้อเลียน **-caricaturist** *n.* (**-S.** (n.) burlesque, farce)

caries (แค' รีซ์) *n., pl.* **-ies** โรคกระดูกผุ, ฟันผุ **-carious** *adj.*

A B C D E F G H I J K L M N O P Q R S T U V W X Y Z

carillon (แค' ระลอน) *n.* ระฆังหลายใบที่แขวนบนหอคอย สามารถใช้ตีให้เสียงเป็นทำนองได้
caritas (คา' รีทาซ) *n.* ความรักแด่มวลมนุษย์
carl (คาร์ล) *n.* คนบ้านนอก, ไพร่
carminative (คาร์มิน' นะทิฟว์) *adj.* ซึ่งขับลมในกระเพาะ *-n.* ยาขับลมในกระเพาะและลำไส้
carmine (คาร์' มิน, -ไมน์) *n.* สีแดงเข้ม
carnage (คาร์' นิจ) *n.* การนองเลือด
carnal (คาร์' เนิล) *adj.* เกี่ยวกับกามารมณ์, เต็มไปด้วยตัณหาราคะ, ในทางโลก (**-S.** sexual)
carnation (คาร์เน' ชัน) *n.* ต้นคาร์เนชัน, ดอกคาร์เนชันซึ่งคล้ายดอกยี่โถ มีสีชมพู แดง, สีแดง
carnival (คาร์' นะเวิล) *n.* งานเฉลิมฉลอง
carnivore (คาร์' นะวอร์) *n.* สัตว์กินเนื้อ เช่น หมี เสือ สิงโต **-carnivorous** *adj.*
carol (แค' เริล) *n.* เพลงรื่นเริง, เพลงเทศกาลคริสต์มาส, การเต้นระบำเป็นวงกลม *-vt., vi.* **-oled, -oling/-olled, -olling** ร้องเพลงรื่นเริง
carouse (คะเราซ์') *vi.* **-roused, -rousing** เลี้ยงเหล้ากันอย่างครึกครื้น **-carouser** *n.*
carousel (แคระเซล', -เซล') *n.* เครื่องเล่นม้าหมุน, เครื่องสายพานหมุนเพื่อวางสิ่งของให้วิ่งเวียนไปมา
carp[1] (คาร์พ) *vi.* **carped, carping** บ่น, จู้จี้
carp[2] (คาร์พ) *n., pl.* **carp/carps** ปลาน้ำจืดจำพวกหนึ่งมีขนาดใหญ่ และรับประทานได้
car park ที่จอดรถ
★**carpenter** (คาร์' เพินเทอร์) *n.* ช่างไม้ *-vt., vi.* **-tered, -tering** ทำงานไม้ **-carpentry** *n.*
★**carpet** (คาร์' พิท) *n.* พรม, ผืนพรม, ผืน *-vt.* **-peted, -peting** ปูพรม, ปูหรือปกคลุม **-on the carpet** กำลังพิจารณา (**-S.** (n., v.) mat)
carpet knight นายทหารหรืออัศวินที่อยู่ท่ามกลางความสุขสบาย ไม่เคยออกรบเลย
carpet sweeper เครื่องทำความสะอาดพรม
car phone โทรศัพท์ที่ติดตั้งในรถยนต์
car pool การเดินทางร่วมกันโดยใช้รถคันเดียวและช่วยกันออกค่าน้ำมัน **-car-pool** *v.*
carrefour (แคร์' ระฟูร์) *n.* จัตุรัสกลางเมือง
carrel, carrell (แค' เริล) *n.* ที่นั่งส่วนตัวสำหรับอ่านหนังสือในห้องสมุด
★**carriage** (แค' ริจ) *n.* รถม้าสี่ล้อ, ล้อเข็นเด็ก, ตู้ที่นั่งรถไฟ, ที่รองรับซึ่งมีล้อ, การแบกขน, การขนส่ง, ค่าขนส่ง, ท่วงท่า, กิริยา
carrier (แค' รีเออร์) *n.* ผู้ขนส่ง, ยานพาหนะขนส่ง, ผู้ส่งข่าว, พาหะ, คลื่นตัวนำ
carrier pigeon นกพิราบสื่อสาร
carrier wave คลื่นแม่เหล็กไฟฟ้าที่สามารถแปลงเพื่อส่งสัญญาณเป็นภาพและเสียงได้
carrion (แค' รีเอิน) *n.* ซากเน่าเปื่อย
★**carrot** (แค' เริท) *n.* แคร์รอต, หัวผักกาดแดง
carroty (แค' ระที) *adj.* (สี) แดงส้ม
★**carry** (แค' รี) *v.* **-ried, -rying** *-vt.* ถือ, แบก, หิ้ว, ขน, ขนส่ง, หอบ, ลำเลียง, นำพา, โอน, รองรับ (น้ำหนัก), สนับสนุน, เอาติดตัวไป, ยกยอด, มีไว้, มีในรายการ, ออกข่าว, เข้ายึด, ได้รับการสนับสนุน, ผลักดัน, ตั้งท้อง, ให้ผลผลิต, ตามกลิ่น (สัตว์), ร้องเพลงถูกทำนอง, วางตัว, ปฏิบัติตน, รับภาระ (ค่าใช้จ่าย) *-vi.* เป็นตัวนำ, ผ่านการอนุมัติ, เคลื่อนผ่านอากาศอย่างง่ายดาย, วางท่าทาง **-carry away** เพลิดเพลิน, เคลิ้ม **-carry forward** ผลักดัน **-carry on** ทำต่อไป
carryall (แค' รีออล) *n.* กระเป๋าใบใหญ่, รถม้าสองที่นั่งมีประทุน
carryings-on (แครีอิงซ์ ออน') *n. pl.* การกระทำอันผิดศีลธรรม
car seat เก้าอี้นั่งในรถสำหรับเด็กเล็ก

car seat

carsick (คาร์' ซิค) *adj.* เมารถ **-carsickness** *n.*
★**cart** (คาร์ท) *n.* รถเข็น, เกวียน, ล้อแข่ง *-vt.* **carted, carting** บรรทุก, ลาก, เข็น **-cartload** *n.* **-cartage** *n.* (**-S.** (n.) barrow, carriage)
carte blanche (คาร์ท บลางช์') *n., pl.* **cartes blanches** อำนาจที่ได้รับมอบอย่างเต็มที่, อิสรภาพไร้ขีดจำกัด, กระดาษเปล่าที่มีลายเซ็นอนุมัติเรียบร้อยแล้ว
cartel (คาร์เทล') *n.* หนังสือแลกเปลี่ยนเชลยศึก, หนังสือท้าดวลตัวต่อตัว, การรวมกลุ่มของบริษัทที่ทำธุรกิจประเภทเดียวกัน
cartilage (คาร์' เทิลลิจ) *n.* กระดูกอ่อน
cartogram (คาร์' ทะแกรม) *n.* แผนภาพหรือแผนภูมิที่ให้ข้อมูลทางสถิติ
cartography (คาร์ทอก' กระฟี) *n.* วิชาเขียนแผนที่หรือแผนภูมิ **-cartographic, cartographical** *adj.* **-cartographer** *n.*
carton (คาร์' เทิน) *n.* กล่องกระดาษ
★**cartoon** (คาร์ทูน') *n.* การ์ตูน, ตัวการ์ตูน, เรื่องการ์ตูน **-cartoonist** *n.* (**-S.** comic, strip)
cartridge (คาร์' ทริจ) *n.* ลูกกระสุนปืน, ปลอกกระสุน, หลอดไส้หมึกในด้ามปากกา (**-S.** case)
carve (คาร์ฟว์) *vt., vi.* **carved, carving** หั่น, แล่, ชำแหละ, แกะสลัก, แซะ, ตัดแบ่ง **-carv-**

ing *n.* (-S. cut, divide, engrave)
casaba, cassaba (คะซา' บะ) *n.* แตงเหลือง
cascade (แคสเกด') *n.* น้ำตก, ชั้นน้ำตกเล็กๆ ที่ลดหลั่นกันลงมา, การต่อกันเป็นชั้นๆ
★**case**[1] (เคซ) *n.* กล่อง, กลัก, หีบ, ปลอกหุ้ม, ซอง, โครงกรอบหน้าต่างประตู, ถาดใส่แบบตัวพิมพ์ *-vt.* **cased, casing** ใส่กล่อง, ใส่ปลอก
★**case**[2] (เคซ) *n.* กรณี, เรื่อง, ตัวอย่าง, คนไข้, ราย, คดี, พยานหลักฐาน, (ภาษาพูด) คนประหลาด, การกในไวยากรณ์ **-in any case** ไม่ว่ากรณีใดๆ **-in case, just in case** เผื่อไว้
casein (เค' ซีน, -ซีอิน) *n.* โปรตีนในนม ไร้รสไร้กลิ่น มีสีขาว นำมาทำอาหาร สี พลาสติก กาว
case knife มีดในฝักหรือปลอก
case law กฎหมายที่อาศัยคำตัดสินคดีเก่าๆ
casement (เคซ' เมินท์) *n.* หน้าต่างบานพับ
case study การศึกษารายละเอียดของบุคคลหรือกลุ่มคนที่เข้ารับการทดสอบหรือรักษา
★**cash** (แคช) *n.* เงินเหรียญ, เงินธนบัตร, เงินตรา, เงินสด, การชำระเงินสด *-vt.* **cashed, cashing** รับหรือจ่ายเงินสด, เอาเช็คไปขึ้นเงิน *-adj.* ด้วยเงินสด (-S. (n.) currency, funds)
cash-and-carry (แคช' เชิน แค' รี) *adj.* ซึ่งจ่ายเงินสดและรับสินค้าเอง
cash flow การหมุนเวียนเงินสดในการทำธุรกิจ
cashew (แคช' ชู, คะชู') *n.* ต้นมะม่วงหิมพานต์
cashier[1] (แคเชียร์) *vt.* **-shiered, -shiering** ไล่ออก, ปฏิเสธ, เลิกล้ม (-S. discard, dismiss)
cashier[2] (แคเชียร์) *n.* เจ้าหน้าที่การเงิน
cashier's check เช็คที่ธนาคารเป็นผู้สั่งจ่าย
cashmere (แคฌ' เมียร์, แคช'-) *n.* ขนสัตว์ชั้นดีจากขนแพะแถบแคว้นแคชเมียร์
cash on delivery ชำระเงินสดเมื่อได้รับของเรียบร้อยแล้ว ย่อว่า COD, cod
cash register เครื่องคิดเงินที่สามารถบันทึกจำนวนเงินที่ลูกค้าซื้อสินค้าได้
casino (คะซี' โน) *n., pl.* **-nos** บ่อนการพนัน, โรงมหรสพ, โรงเต้นระบำ, เกมไพ่ชนิดหนึ่ง
cask (แคซค์) *n.* ถังไม้, ปริมาณบรรจุในถังไม้
casket (แคส' กิท) *n.* ตลับใส่เพชรพลอย, โลงศพ
cassava (คะซา' วะ) *n.* มันสำปะหลัง
casserole (แคซ' ซะโรล) *n.* ชามอบอาหารซึ่งมีฝาครอบ, อาหารที่ใส่ชามอบ, ถ้วยมีหูจับ
★**cassette** (คะเซท', แค-) *n.* ม้วนเทป, ตลับเทป
cassia (แคช' ชะ) *n.* ต้นมะขามแขก
cassock (แคซ' เซิค) *n.* เสื้อคลุมยาวสีดำที่บาทหลวงสวมใส่
cassowary (แคซ' ซะเวรี) *n., pl.* **-ies** นกขนาดใหญ่บินไม่ได้ชนิดหนึ่ง พบในแถบออสเตรเลียและนิวกินี ส่วนหัวและคอมีสีสันสดใส
cast (แคซท์) *v.* **cast, casting** *-vt.* เหวี่ยง, ขว้าง, ปา, สลัดทิ้ง, ลง (คะแนนเสียง), หันมามอง, ส่ง (สายตา), เลือก (นักแสดง), ลอกคราบ, กำหนดบทบาท, หล่อแบบ, คำนวณ, ส่อง (แสง), หย่อน, ทอดลูกเต๋า, จัดการ, หันเรือเข้าท่า *-vi.* โยนลูกเต๋า, หัน, อาเจียน, คำนวณ, พยากรณ์, ทำนาย, หล่อแบบพิมพ์, วางแผน, ตามรอยหรือกลิ่น, หันเรือ *-n.* การเหวี่ยง, การขว้างปา, การโยนลูกเต๋า, คราบที่ลอกหรือสลัดทิ้ง, โลหะพิมพ์, แบบพิมพ์, การหันมามอง, การคำนวณ, การพยากรณ์หรือทำนาย, เฝือก, คณะนักแสดง, การจัดการ, ลักษณะ, ชนิด, ปริมาณ, เฉดสี, แนวโน้ม, ตาเข, การตามกลิ่น **-cast about/around** สอดส่อง **-cast a vote** ลงคะแนนเสียง
castanets (แคส' ตะเนทซ์) *n. pl.* กรับ
castaway (แคส' ตะเว) *n.* คนเรือที่รอดชีวิตจากเรือแตก, คนนอกคอก *-adj.* ถูกทิ้ง
caste (แคซท์) *n.* วรรณะ, ชนชั้นในสังคม
caster, castor (แคส' เตอร์) *n.* ผู้ขว้าง, วงล้อลูกกลิ้งอันเล็ก, กระปุกเครื่องปรุง
castigate (แคส' ติเกท) *vt.* **-gated, -gating** ลงโทษ, วิจารณ์ **-castigation** *n.* (-S. punish)
casting vote คะแนนเสียงตัดสินชี้ขาด
★**castle** (แคซ' เซิล) *n.* ปราสาท, คฤหาสน์, สถานที่หลบภัย, ป้อมปราการ, (หมากรุก) ตัวปราสาท (-S. chateau, fortress, palace)
castle in the air, castle in Spain วิมานในอากาศ, ฝันเฟื่อง, ฝันกลางวัน
castor (แคส' เตอร์) *n.* ดู caster
castor bean เมล็ดละหุ่ง
castor oil น้ำมันละหุ่ง
castrate (แคส' เตรท) *vt.* **-trated, -trating** ทำหมัน, ตอน **-castration** *n.*
casual (แคฌ' ฌวล) *adj.* โดยบังเอิญ, บางโอกาส, ตามสบาย, ลำลอง, ไม่ใส่ใจ, ไม่แน่นอน, ผิวเผิน **-casual leave** การลากิจหยุดงาน **-casually** *adv.* **-casualness** *n.* (-S. accidental, informal)
casualty (แคฌ' ฌวลที) *n., pl.* **-ties** อุบัติเหตุร้ายแรง, ผู้ประสบอุบัติเหตุ, ความเสียหาย
casuist (แคฌ' ฌูอิซท์) *n.* คนที่มีศีลธรรม, คนเจ้าคารม **-casuistic, casuistical** *adj.*
casuistry (แคฌ' ฌูอิสตรี) *n., pl.* **-ries** การยึดถือหลักศีลธรรมจรรยา, การเล่นคารม
★**cat** (แคท) *n., pl.* **cats/cat** แมว, สัตว์ใน

ตระกูลเดียวกับแมว เช่น เสือ สิงโต, หญิงปากร้าย, หญิงเลว **-cat-and-dog life** ชีวิตที่มีแต่การทะเลาะเบาะแว้ง **-let the cat out of the bag** บอกความลับ **-like a cat on hot bricks** ลุกลี้ลุกลน **-no room to swing a cat** แออัด (**-S.** pussy, tom, vixen)

cataclysm (แคท' ทะคลิซเซิม) *n.* ภัยพิบัติ

catacomb (แคท' ทะโคม) *n.* อุโมงค์ใต้ดิน

catafalque (แคท' ทะแฟล์ค, -ฟอล์ค) *n.* แท่นวางศพ

catalepsy (แคท' เทิลเลพซี) *n., pl.* **-sies** อาการกล้ามเนื้อแข็งเกร็งหมดความรู้สึกชั่วขณะ

catalog, catalogue (แคท' เทิลลอก) *n.* แค็ตตาล็อก, รายการสิ่งของ *-vt., vi.* **-loged, -loging/-logued, -loguing** ทำรายการ

catalysis (คะแทล' ลิซิซ) *n., pl.* **-ses** (-ซีซ) กระบวนการกระตุ้นอัตราการเกิดปฏิกิริยาเคมี, การเร่งปฏิกิริยาเคมีโดยการเติมสารกระตุ้น **-catalyst** *n.* **-catalytic** *adj.*

catalytic converter อุปกรณ์ติดตั้งในยานพาหนะเพื่อลดมลพิษทางอากาศ

catamaran (แคททะมะแรน') *n.* เรือสำหรับแข่งขันประเภทหนึ่ง ซึ่งมีลำเรือสองลำขนานกัน

catamount (แคท' ทะเมานท์) *n.* สิงโตภูเขา

catapult (แคท' ทะพัลท์) *n.* เครื่องยิงอาวุธในสมัยโบราณ, ปืนยิงจากบนเครื่องบิน, เครื่องปล่อยเครื่องบินออกจากฐานบินบนเรือ,หนังสติ๊ก *-vt., vi.* **-pulted, -pulting** ยิงออกไป, พุ่ง

cataract (แคท' ทะแรคท์) *n.* น้ำตกขนาดใหญ่, สายน้ำที่ตกมาอย่างหนัก, ต้อกระจกที่ตา

catarrh (คะทาร์') *n.* อาการหวัดคัดจมูก

catastrophe (คะแทส' ตระฟี) *n.* ความหายนะ, ความล้มเหลว **-catastrophic** *adj.*

cat burglar (คำสแลง) พวกตีนแมว

catcall (แคท' คอล) *n.* เสียงคล้ายแมวร้อง, เสียงเจี๊ยวจ๊าวแสดงความไม่พอใจ (**-S.** whistle)

★**catch** (แคช, เคช) *v.* **caught, catching** *-vt.* จับ, คว้า, ยึด, ฉวย, ลวง, จับได้ (ว่าทำผิด), ตี, ขึ้น (ยานพาหนะ) ได้ทัน, ติด (โรค), เจอ, พบเห็น, เข้าใจ, สะดุด (ตาหรือใจ), ติด, ขัด *-vi.* เกี่ยวติด, ติด (ไฟ), ใส่ (กลอน), แพร่หลาย *-n.* การจับ, การคว้า, สิ่งที่ถูกจับ, อุปกรณ์ดักจับความเคลื่อนไหว, สลัก, กลอน **-catch it** เข้าใจ, รับทราบ **-catch up** ตามทัน (**-S.** (v., n.) capture (v.) understand)

Catch-22, catch-22 (แคชทเวนทีทู') *n.* สถานการณ์ที่เลวร้าย คับขัน และสิ้นหวัง

catching (แคช' ชิง) *adj.* มีเสน่ห์, ชวนให้หลงใหล, (โรค) ซึ่งติดต่อได้

catchment (แคช' เมินท์) *n.* บริเวณกักเก็บน้ำ

catchpenny (แคช' เพนนี) *adj.* ซึ่งทำขายในราคาถูก *-n., pl.* **-nies** สินค้าราคาถูก

catch phrase วลีหรือสำนวนที่กินใจ

catchup (แคช' เชิพ) *n.* ดู ketchup

catchword (แคช' เวิร์ด) *n.* คำขวัญ

catchy (แคช' ชี) *adj.* **-ier, -iest** ดึงดูดใจ, เจ้าเล่ห์, เป็นพักๆ **-catchiness** *n.*

catechesis (แคททิคี' ซิซ) *n., pl.* **-ses** (-ซีซ) คำสอนทางศาสนา **-catechetical** *adj.* **-catechetic** *adj.*

catechu (แคท' ทะชู) *n.* ต้นไม้จำพวกสีเสียด

categoric, categorical (แคททิกอ' ริค, -ริเคิล) *adj.* โดยไม่มีข้อยกเว้น, โดยสมบูรณ์ **-categorically** *adv.* (**-S.** absolute)

category (แคท' ทิกอรี) *n., pl.* **-ries** การจัดลำดับ, การแบ่งหมวดหมู่ **-catagorize** *v.*

cater (เค' เทอร์) *vt., vi.* **-tered, -tering** บริการอาหาร, ให้ความพอใจ **-caterer** *n.*

caterpillar (แคท' เทอร์พิลเลอร์) *n.* ตัวหนอนผีเสื้อ, ตัวบุ้ง

caterwaul (แคท' เทอร์วอล) *vi.* **-wauled, -wauling** หวีดร้อง, ร้องกรี๊ด (**-S.** scream)

catfish (แคท' ฟิช) *n., pl.* **-fish/-fishes** ปลาจำพวกปลาดุก ซึ่งรับประทานได้

catgut (แคท' กัท) *n.* เชือกเอ็นเหนียว

catharsis (คะธาร์' ซิซ) *n., pl.* **-ses** (-ซีซ) การถ่ายท้อง, การปล่อยอารมณ์

cathartic (คะธาร์' ทิค) *adj.* ซึ่งมีผลต่อการถ่ายท้อง *-n.* ยาช่วยถ่ายท้อง

Cathay (แคเธ', คะ-) *n.* เมืองจีน

cathedral (คะธี' เดริล) *n.* มหาวิหาร, โบสถ์ใหญ่

cathedral

cathode (แคธ' โธด) *n.* ขั้วลบของเครื่องกำเนิดไฟฟ้า

★**Catholic** (แคธ' ธะลิค, แคธ' ลิค) *adj.* เกี่ยวกับศาสนาคริสต์นิกายโรมันคาทอลิก *-n.* ผู้นับถือนิกายโรมันคาทอลิก **-Catholicism** *n.*

catholic (แคธ' ธะลิค, แคธ' ลิค) *adj.* ครอบคลุม, กว้างขวาง, ทั่วไป, ทั่วโลก **-catholicity** *n.*

catkin (แคท' คิน) *n.* ช่อดอกไม้ที่มีดอกเป็นพวง

catnap (แคท' แนพ) *n.* การงีบหลับ

cat-o'-nine-tails (แคททะไนน์' เทลซ์) *n., pl.*

cat-o'-nine-tails แส้หวดที่มีเก้าเส้นผูกติดกัน
CAT scanner เครื่องเอกซเรย์คอมพิวเตอร์ใช้ตรวจอวัยวะภายในตามภาคตัดขวางของร่างกาย

CAT scanner

cat's-eye (แคทซ' ไอ) *n., pl.* **cat's-eyes** เพชรตาแมว
cat's-paw, catspaw (แคทซ' พอ) *n., pl.* **cat's-paws/catspaws** คนที่ถูกหลอกใช้
catsup (แคท' เชิพ, แคช' เชิพ) *n.* ดู ketchup
cattish (แคท' ทิช) *adj.* เหมือนแมว (-S. feline)
cattle (แคท' เทิล) *n. pl.* ฝูงปศุสัตว์
catty (แคท' ที) *adj.* **-tier, -tiest** เหมือนแมว, เกี่ยวกับแมว, (นิสัย) ชั่วร้าย (-S. spiteful)
catwalk (แคท' วอค) *n.* ทางเดินที่เล็กและแคบ
Caucasian (คอเค' เฌิน) *adj.* เกี่ยวกับคนผิวขาว, เกี่ยวกับบริเวณที่เรียกว่าคอเคซัส *-n.* ชาวคอเคเซียน, คนผิวขาว **-Caucasoid** adj.
caucus (คอ' เคิซ) *n., pl.* **-cuses/-cusses** การประชุมทางการเมือง (-S. meeting)
caught (คอท) *v.* กริยาช่อง 2 และ 3 ของ catch
cauldron (คอล' เดริน) *n.* กาน้ำ, หม้อ, กระทะ
cauliflower (คอ' ลิเฟลาเออร์) *n.* กะหล่ำดอก
caulk, calk (คอค) *vt.* **caulked, caulking/calked, calking** อุด, อุดเรือ **-caulker** *n.*
cause (คอซ) *n.* สาเหตุ, เหตุผล, หลักการ, คดีความ, จุดประสงค์ *-vt.* **caused, causing** เป็นเหตุให้, ก่อให้เกิด **-causable** *adj.* **-causation** *n.* **-causative** *adj.* **-causality** *n.*
'cause (คอซ) *conj.* เพราะว่า, เนื่องจาก
causerie (โคซรี') *n.* การสนทนา (-S. chat)
causeway (คอซ' เว) *n.* ถนนยกระดับที่ใช้ข้ามน้ำ, ทางที่ถมเป็นถนน
caustic (คอ' สติค) *adj.* ซึ่งกัดกร่อน, (พูดจา) ถากถาง **-caustically** *adv.* **-causticity** *n.*
cauterize (คอ' ทะไรซ) *vt.* **-ized, -zing** จี้ด้วยความร้อน **-cauterization** *n.* (-S. burn)
caution (คอ' ชัน) *n.* ข้อระวัง, คำเตือน, การเตือน, ความรอบคอบ *-vt.* **-tioned, -tioning** เตือน **-cautious** *adj.* **-cautiously** *adv.*
cavalcade (แคฟเวิลเคด') *n.* ขบวนขี่ม้า
cavalier (แคฟวะเลียร์) *n.* อัศวินขี่ม้า, ทหารม้า, สุภาพบุรุษที่พาสุภาพสตรีไปเที่ยว
cavalry (แคฟ' เวิลรี) *n., pl.* **-ries** ทหารม้า
cave (เคฟว์) *n.* ถ้ำ, โพรง, อุโมงค์
caveat (แคฟ' วีแอท) *n.* คำเตือน, คำอธิบาย
cave man มนุษย์ถ้ำ
cavern (แคฟ' เวิร์น) *n.* ถ้ำขนาดใหญ่
cavernous (แคฟ' เวอร์เนิซ) *adj.* เหมือนถ้ำ, เต็มไปด้วยหลุมโพรง, เป็นรูพรุน, ลึกโบ๋
caviar, caviare (แคฟ' เวียร์) *n.* ไข่ปลาตัวใหญ่ เช่น ปลาแซลมอน เป็นอาหารเลิศรส
cavil (แคฟ' เวิล) *vi.* **-iled, -iling/-illed, -illing** จับผิด, ค่อนแคะ, บ่นว่า (-S. carp, censure)
cavity (แคฟ' วิที) *n., pl.* **-ties** รู, โพรง, ช่อง
cavort (คะวอร์ท') *vi.* **-vorted, -vorting** กระโดดโลดเต้น (-S. caper, skip)
caw (คอ) *n.* เสียงการ้อง *-vi.* **cawed, cawing** (กา) ร้อง, ทำเสียงร้องคล้ายกา
cay (คี, เค) *n.* โขดหินปะการัง, สันทราย
cayenne pepper, cayenne พริกป่น
cayman (เค' เมิน) *n.* จระเข้ชนิดหนึ่ง
C.B.D. ย่อจาก cash before delivery ชำระเงินก่อนส่งสินค้า
CBW ย่อจาก Chemical and biological warfare สงครามอาวุธเคมีและเชื้อโรค
cc ย่อจาก carbon copy สำเนาเอกสาร, cubic centimeter(s) ลูกบาศก์เซนติเมตร
CCTV ย่อจาก closed circuit television โทรทัศน์วงจรปิด
CD ย่อจาก compact disk, compact disc แผ่นดิสก์บันทึกข้อมูลคอมพิวเตอร์หรือบันทึกเสียง

CD

CD/ROM ย่อจาก compact disc read-only memory แผ่นดิสก์ประเภทหนึ่งที่ใช้เก็บข้อมูลจำนวนมากได้ภายในแผ่นเดียว ใช้อ่านข้อมูลอย่างเดียว ไม่สามารถลบหรือบันทึกข้อมูลได้อีก
CDV ย่อจาก compact video disc แผ่นดิสก์เลเซอร์ที่เล่นเป็นภาพและเสียงได้
CD-Video ดู CDV
cease (ซีซ) *vt., vi.* **ceased, ceasing** หยุด, จบ, เลิก *-n.* การหยุด, การเลิก (-S. (v., n.) stop)
cease-fire (ซีซ' ไฟร์) *n.* คำสั่งหยุดยิง
ceaseless (ซีซ' ลิซ) *adj.* ไม่รู้จบ, ไม่หยุดยั้ง
cedar (ซี' เดอร์) *n.* ต้นสนซีดาร์ เนื้อไม้สีแดง
cede (ซีด) *vt.* **ceded, ceding** ยอมยกให้
ceiling (ซี' ลิง) *n.* เพดาน, ขีดสูงสุด (-S. limit)
celebrate (เซล' ละเบรท) *v.* **-brated, -brating** *-vt.* ทำพิธี, เฉลิมฉลอง, สรรเสริญ *-vi.* เลี้ยงฉลอง, ประกอบพิธี **-celebration** *n.*

celebrated (เซล' ละเบรทิด) *adj.* มีชื่อเสียง
celebrity (ซะเลบ' บริที) *n., pl.* **-ties** บุคคลที่มีชื่อเสียง, ชื่อเสียง, ความมีชื่อเสียง
celerity (ซะเล' ริที) *n.* ความว่องไว (**-S.** speed)
celery (เซล' ละรี) *n., pl.* **-ies** ต้นขึ้นฉ่ายฝรั่ง
celestial (ซะเลซ' เชิล) *adj.* แห่งสรวงสวรรค์
Celestial Empire อาณาจักรจีน
celibate (เซล' ละบิท) *adj.* ซึ่งเป็นพรหมจรรย์, โสด *-n.* พรหมจรรย์, คนโสด **-celibacy** *n.*
cell (เซล) *n.* ห้องขัง, กุฏิ, รูรวงผึ้ง, เซลล์ของสิ่งมีชีวิต, โพรง (กระดูก), หน่วยงานขนาดเล็ก, หน่วยที่เปลี่ยนพลังงานรังสีเป็นพลังงานไฟฟ้า, ช่องในแบตเตอรี่ **-cellular** *adj.*
★**cellar** (เซล' เลอร์) *n.* ห้องใต้ถุนตึก
cello (เชล' โล) *n., pl.* **-los/-li** (-ลี) เชลโล เครื่องดนตรีคล้ายไวโอลิน มีขนาดใหญ่ **-cellist** *n.*
cellophane (เซล' ละเฟน) *n.* กระดาษเซลโลเฟน, กระดาษแก้ว
cellular phone system ระบบสื่อสารที่ใช้คอมพิวเตอร์ควบคุมโดยเชื่อมต่อระบบโทรศัพท์เข้ากับเครือข่ายของโทรศัพท์วิทยุเคลื่อนที่
cellular telephone โทรศัพท์วิทยุเคลื่อนที่
celluloid (เซล' ลยะลอยด์) *n.* พลาสติกใสไวไฟชนิดหนึ่ง ใช้ทำฟิล์มภาพยนตร์ เป็นต้น
cellulose (เซล' ลยะโลซ) *n.* สารเซลลูโลส พบในผนังเซลล์พืช ใช้ทำเยื่อกระดาษ เป็นต้น
★**Celsius** (เซล' เซียซ) *adj.* เกี่ยวกับหน่วยวัดอุณหภูมิเป็นองศาเซลเซียส ตั้งชื่อตามแอนเดอร์ส เซลเซียส นักประดิษฐ์ชาวสวีเดน
Celt (เคลท์, เซลท์) *n.* ชาวเซลต์โบราณที่เคยอาศัยอยู่แถบยุโรป, ชนพื้นเมืองที่พูดภาษาเซลติก หรือมีบรรพบุรุษเป็นชาวเซลต์ ซึ่งได้แก่ชาวบริตัน ไอริช เวลช์ และชาวสกอต **-Celtic** *adj.*
★**cement** (ซิเมนท์') *n.* ปูนซีเมนต์, กาว, พันธะ, สารซีเมนต์มซึ่งหุ้มรากฟัน, สารอุดฟัน *-v.* **-mented, -menting** *-vt.* ยึดด้วยซีเมนต์, ทากาว, ติดกัน, เชื่อมกัน *-vi.* กลายเป็นซีเมนต์
cemetery (เซม' มิเทรี) *n., pl.* **-ies** สุสาน
cenotaph (เซน' นะแทฟ) *n.* อนุสาวรีย์
censer (เซน' เซอร์) *n.* กระถางธูป
censor (เซน' เซอร์) *n.* เจ้าหน้าที่ผู้ตรวจสอบสื่อต่างๆ เช่น ภาพยนตร์ สิ่งตีพิมพ์ รายการโทรทัศน์ เป็นต้น *-vt.* **-sored, -soring** ตรวจ **-censorship** *n.* **-censorial** *adj.*
censorious (เซนซอ' เรียซ) *adj.* คอยด่าว่า
censure (เซน' เชอร์) *n.* การด่าว่า, การจับผิด *-vt.* **-sured, -suring** ด่าว่า, ตำหนิ, จับผิด
census (เซน' เซิซ) *n.* การสำรวจสำมะโนประชากร
★**cent** (เซนท์) *n.* หน่วยเงินตรา มีค่าเท่ากับ 1/100 เหรียญดอลลาร์สหรัฐฯ, เหรียญเพนนี
centaur (เซน' ทอร์) *n.* สัตว์ประหลาดในนิยายกรีกที่มีร่างส่วนบนเป็นมนุษย์แต่ส่วนล่างเป็นม้า
centenarian (เซนทะแน' เรียน) *n.* คนที่มีอายุ 100 ปีขึ้นไป *-adj.* ซึ่งมีอายุอย่างน้อย 100 ปี
centenary (เซนเทน' นะรี, เซน' ทะเนรี) *n., pl.* **-ries** รอบ 100 ปี *-adj.* ซึ่งเป็นเวลา 100 ปี **-centennial** *adj., n.* **-centennially** *adv.*
★**center, centre** (เซน' เทอร์) *n.* จุดศูนย์กลาง, ใจกลาง, จุดรวม, ศูนย์รวม, ตำแหน่งศูนย์กลาง (ในการเล่นกีฬา) *-v.* **-tered, -tering** *-vt.* อยู่ที่ศูนย์กลาง *-vi.* เป็นศูนย์กลาง (**-S.** (n.) core, heart, middle **-A.** (n.) edge, rim)
center of gravity *n., pl.* **centers of gravity** จุดศูนย์ถ่วง เป็นจุดรวมที่น้ำหนักทั้งหมดของวัตถุถ่วงลงเพียงจุดเดียว
center of mass *n., pl.* **centers of mass** จุดศูนย์กลางมวล เป็นจุดที่มวลของวัตถุรวมตัวลงที่จุดๆ เดียว
centi- คำอุปสรรค หมายถึง 10^{-2}, หนึ่งในร้อย, หนึ่งร้อย
centigrade (เซน' ทิเกรด) *adj.* ดู Celsius
centigram, centigramme (เซน' ทิแกรม) *n.* เซนติกรัม เป็นมาตราชั่ง มีค่า 1/100 กรัม
centiliter, centilitre (เซน' ทะลีเทอร์) *n.* เซนติลิตร เป็นมาตราตวง มีค่า 1/100 ลิตร
centime (ซางทีม') *n.* หน่วยเงินตราในหลายประเทศ เช่น ฝรั่งเศส สวิตเซอร์แลนด์
★**centimeter, centimetre** (เซน' ทะมีเทอร์) *n.* เซนติเมตร เป็นมาตราวัด มีค่า 1/100 เมตร
centipede (เซน' ทะพีด) *n.* ตะขาบ
★**central** (เซน' เทริล) *adj.* ซึ่งอยู่ศูนย์กลาง, ซึ่งเป็นจุดรวม, จำเป็นยิ่ง *-n.* หน่วยงานกลาง **-centrality** *n.* **-centrally** *adv.*
centralize (เซน' ทระไลซ์) *vt., vi.* **-ized, -izing** รวมสู่ศูนย์กลาง, รวมอำนาจสู่ศูนย์กลาง **-centralization** *n.* **-centralizer** *n.*
central nervous system ระบบประสาทส่วนกลางของสัตว์มีกระดูกสันหลัง
central processing unit หน่วยประมวลผลกลางของเครื่องคอมพิวเตอร์
★**centre** (เซน' เทอร์) *n., v.* ดู center
centrifugal force แรงหนีศูนย์กลาง
centurion (เซนทยุ' เรียน) *n.* ผู้บังคับกองร้อย

★**century** (เซน' ชะรี) *n., pl.* **-ries** ศตวรรษ, เวลาร้อยปี, กองร้อยทหาร, จำนวนหนึ่งร้อย
cephalopod (เซฟ' ฟะละพอด) *n.* สัตว์ทะเลจำพวกปลาหมึกต่าง ๆ
ceramic (ซะแรม' มิค) *n.* เครื่องกระเบื้องเคลือบ, เครื่องเคลือบดินเผา *-adj.* เกี่ยวกับเครื่องเคลือบ **-ceramics** ศิลปะการทำเครื่องเคลือบ
★**cereal** (เซีย' เรียล) *n.* เมล็ดธัญพืช เช่น ข้าว, อาหารที่ทำจากเมล็ดธัญพืช, ธัญพืช
cerebellum (เซระเบล' เลิม) *n., pl.* **-bellums/-bella** (-เบล' ละ) ส่วนหนึ่งของสมองสัตว์มีกระดูกสันหลัง ทำหน้าที่ควบคุมการทรงตัวและการทำงานของกล้ามเนื้อเวลาเคลื่อนไหว
cerebral (เซ' ระเบริล, ซะรี'-) *adj.* เกี่ยวกับสมอง, เกี่ยวกับมันสมอง (สติปัญญา)
cerebrum (เซ' ระเบริม, ซะรี'-) *n., pl.* **-brums/-bra** (-บระ) สมองส่วนที่ใหญ่ที่สุดของสัตว์เลี้ยงลูกด้วยนมมีหน้าที่เกี่ยวกับความรู้สึกนึกคิดในใจ ความจำ การใช้สติปัญญาและเหตุผล
ceremonial (เซระโม' เนียล) *adj.* เกี่ยวกับพิธีการ, ซึ่งเป็นพิธีรีตอง *-n.* พิธีรีตอง, พิธีการ **-ceremonially** *adv.* (**-S.** (adj.) formal, ritual)
ceremonious (เซระโม' เนียซ) *adj.* เป็นพิธีการ **-ceremoniously** *adv.* (**-S.** formal)
★**ceremony** (เซ' ระโมนี) *n., pl.* **-nies** พิธีการ, งานพิธี, ระเบียบแบบแผน (**-S.** formality)
Ceres (เซีย' รีซ) *n.* เทพีแห่งการเพาะปลูก
cereus (เซีย' เรียซ) *n.* พืชจำพวกตะบองเพชร
cerise (ซะรีซ', -รีซ') *n.* สีแดงอมม่วง
★**certain** (เซอร' เทิน) *adj.* แน่นอน, ตายตัว, แน่ใจ, อย่างไม่ต้องสงสัย, อย่างไม่ผิดพลาด *-pron.* จำนวนหนึ่ง ๆ **-certainly** *adv.* (**-S.** (adj.) clear, confident, sure **-A.** (adj.) uncertain)
certainty (เซอร' เทินที) *n., pl.* **-ties** ความแน่นอน, ความแน่ใจ, สิ่งที่แน่นอน (**-S.** sureness)
★**certificate** (เซอร์ทิฟ' ฟิคิท) *n.* เอกสารหลักฐาน, หนังสือรับรอง, ใบรับรอง, ประกาศนียบัตร, ใบสุทธิ *-vt.* **-cated, -cating** ให้เอกสารหลักฐาน, ออกใบรับรอง **-certification** *n.*
★**certify** (เซอร' ทะไฟ) *v.* **-fied, -fying** *-vt.* รับรอง, ยืนยัน, ลงนามรับรอง, รับประกัน, ออกใบรับรองหรือใบประกัน, ทำให้มั่นใจ *-vi.* เป็นพยาน, เป็นหลักฐาน **-certifiable** *adj.*
certitude (เซอร' ทิทูด, -ทยูด) *n.* ความมั่นใจ, ความแน่นอน (**-S.** assurance, certainty)
cerulean (ซะรู' เลียน) *adj.* ฟ้าสดใส
cerumen (ซะรู' เมิน) *n.* ขี้หู
cervicitis (เซอร์วิไซ' ทิซ) *n.* ปากมดลูกอักเสบ
cervix (เซอร' วิคซ) *n., pl.* **-vixes/-vices** (เซอร' วิซีซ) ส่วนคอ, ปากมดลูก, ปากกระเพาะปัสสาวะ, ส่วนที่คล้ายคอ **-cervical** *adj.*
cesarean section การผ่าตัดทำคลอด
cesium, caesium (ซี' เซียม) *n.* ธาตุซีเซียมมีสีขาวเงิน นำไฟฟ้าได้ดี มีสัญลักษณ์ Cs
cessation (เซเซ' ชัน) *n.* การหยุด
cession (เซช' ชัน) *n.* การยกให้
cesspool (เซซ' พูล) *n.* หลุมเก็บของเสีย
C.F., c.f. ย่อจาก cost and freight ราคาและค่าขนส่ง
C/F ย่อจาก carried forward ยกไป
CFC ย่อจาก chlorofluorocarbon สารคลอโรฟลูออโรคาร์บอน ซึ่งเป็นสารประกอบที่เป็นก๊าซ เชื่อกันว่าเป็นตัวทำลายบรรยากาศชั้นโอโซนของโลก
C.F.I., c.f.i. ย่อจาก cost, freight and insurance ราคารวมค่าขนส่งและค่าประกันสินค้า
cg, cgm ย่อจาก centigram เซนติกรัม
cha-cha (ชา' ชา) *n.* จังหวะเต้นรำชาช่า
chafe (เชฟ) *v.* **chafed, chafing** *-vt.* ถูไถ, ครูด, เสียดสี, รบกวน, ก่อกวน *-vi.* เสียดสี, ฉุนเฉียว
chaff[1] (แชฟ) *vt., vi.* **chaffed, chaffing** หยอกล้อ *-n.* การหยอกล้อ (**-S.** (v., n.) tease)
chaff[2] (แชฟ) *n.* แกลบ, ฟาง, สิ่งของไร้ค่า
chaffer (แชฟ' เฟอร) *n.* การค้า, การต่อราคา
chaffinch (แชฟ' ฟินช) *n.* นกจาบปีกอ่อน
chagrin (ชะกริน') *n.* ความเศร้าโศก, ความผิดหวัง *-vt.* **-grined, -grining** เศร้า, ผิดหวัง
★**chain** (เชน) *n.* โซ่, ตรวน, เครื่องพันธนาการ, สายสร้อย, สิ่งที่คล้ายโซ่, เครื่องผูกมัด, แนว, ทิวแถว, เทือกเขา, บริษัทในเครือ, เครื่องมือทำรังวัด, พันธะ, พันธะระหว่างอะตอม, เหตุการณ์ที่ต่อเนื่อง *-vt.* **chained, chaining** ล่ามโซ่ตรวน
chain gang กลุ่มนักโทษที่ล่ามโซ่ติดกัน
chain letter จดหมายเวียน
chain mail เสื้อเกราะอ่อนทำจากวงแหวนโลหะ
chain reaction ปฏิกิริยาลูกโซ่
chain-smoke (เชน' สโมค) *vt., vi.* **-smoked, -smoking** สูบบุหรี่มวนต่อมวน
chain store ร้านค้าย่อยที่อยู่ในเครือของร้านค้าใหญ่ ซึ่งมีเจ้าของเป็นคนเดียวกัน
★**chair** (แชร) *n.* เก้าอี้, ตำแหน่ง, ประธาน, เก้าอี้ไฟฟ้า *-vt.* **chaired, chairing** นั่งเก้าอี้, ดำรงตำแหน่ง, เป็นประธาน, แบกแห่แหน
chair lift กระเช้าที่นั่งซึ่งแขวนตามสายเคเบิล

A B C D E F G H I J K L M N O P Q R S T U V W X Y Z

ที่พาผู้โดยสารขึ้นลงภูเขา

chairman (แชร' เมิน) *n., pl.* **-men** ประธาน, คนเข็นล้อนั่ง **-chairmanship** *n.* **-chairwoman** *n. fem.*

chairperson (แชร' เพอร์เซิน) *n.* ประธาน

chaise (เชซ) *n.* รถม้าที่เปิดประทุนได้

chalcedony (แคลเซด' เดินนี) *n., pl.* **-nies** หินควอตซ์สีขาวหรือเทา เช่น เพชรตาแมว

chalcid (แคล' ซิด) *n.* ตัวต่อขนาดเล็กชนิดหนึ่ง

chalet (แชเล') *n.* บ้านไม้ของชาวสวิส

chalice (แชล' ลิซ) *n.* จอก, ถ้วยไวน์ศักดิ์สิทธิ์

★**chalk** (ชอค) *n.* ชอล์ก, ผงชอล์ก, ผงปูนขาว, เครื่องหมายที่ทำด้วยชอล์ก **-as different as chalk and cheese** แตกต่างกันโดยสิ้นเชิง **-chalky** *adj.*

★**challenge** (แชล' เลินจ์) *n.* การท้า, การท้าทาย, การขอให้แสดงบัตรประจำตัว, การขอให้อธิบาย, การคัดค้าน *-vt., vi.* **-lenged, -lenging** ร้องให้แสดงบัตรประจำตัว, คัดค้าน, ร้องถาม, ท้ารบหรือแข่งขัน, ท้าทาย **-challengeable** *adj.* **-challenger** *n.* (**-S.** (n.) summons)

challenging (แชล' เลินจิง) *adj.* ซึ่งท้าทาย

chamber (เชม' เบอร์) *n.* ห้อง, ห้องนอน, ห้องประชุม, ห้องที่ปิดมิดชิด, ห้องรับรอง, สภา

chamberlain (เชม' เบอร์เลิน) *n.* มหาดเล็ก, เจ้าพนักงานในวัง, คนรับใช้, ขุนคลัง

chambermaid (เชม' เบอร์เมด) *n.* พนักงานทำความสะอาดห้องนอน เช่น ตามโรงแรมต่างๆ

chamber music ดนตรีที่มีนักดนตรี 3-4 คนแสดงร่วมกันภายในห้องแสดงดนตรี

chamber of commerce *n., pl.* **chambers of commerce** หอการค้า

chameleon (คะมีล' เยิน, -มี' เลียน) *n.* กิ้งก่าคามีเลียน มีหางม้วนเป็นวง ตาทั้งสองเคลื่อนไหวเป็นอิสระจากกัน เปลี่ยนสีผิวได้อย่างรวดเร็ว มีลิ้นยาวใช้จับเหยื่อ, คนโลเล

chameleon

chamfer (แชม' เฟอร์) *vt.* **-fered, -fering** บากเป็นมุม, ตัดเป็นร่อง *-n.* มุมตัด, รอยบาก

chamois, chammy, shammy (แชม' มี) *n., pl.* **chamois, chammies, shammies** (-มีซ) แพะภูเขาพวกเลียงผา, หนังแพะดังกล่าว

chamomile, camomile (แคม' มะไมล์) *n.* พืชสมุนไพรชนิดหนึ่งมีกลิ่นหอม, ต้นคาโมไมล์

champ[1] (แชมพ์) *vt.* **champed, champing** บดเคี้ยว, เคี้ยวเอื้อง (**-S.** munch)

champ[2] (แชมพ์) *n.* (ภาษาพูด) ผู้ชนะเลิศ

champagne (แชมเพน') *n.* ไวน์ขาวที่ผลิตจากเมืองแชมเปญ ประเทศฝรั่งเศส

champignon (แชมพิน' เยิน) *n.* เห็ดแชมปิญองซึ่งรับประทานได้

★**champion** (แชม' เพียน) *n.* ผู้ชนะเลิศ, ผู้ปกป้อง, ผู้สนับสนุน *-adj.* ซึ่งชนะเลิศ *-vt.* **-oned, -oning** ต่อสู้เพื่อ, ปกป้อง, สนับสนุน, ท้าสู้ **-championship** *n.* (**-S.** (n.) winner)

★**chance** (แชนซ์, ชานซ์) *n.* โอกาส, โชค, เรื่องบังเอิญ, ลู่ทาง, การเสี่ยงโชค, ความเป็นไปได้, เคราะห์กรรม *-v.* **chanced, chancing** *-vi.* มีโชค, เกิดขึ้นโดยบังเอิญ *-vt.* เสี่ยงโชค **-a fifty-fifty chance** โอกาสได้พอๆ กับเสีย **-by chance** โดยบังเอิญ (**-S.** (n.) luck)

chancel (แชน' เซิล) *n.* บริเวณในโบสถ์สำหรับนักบวชทำพิธีหรือสำหรับคณะนักร้อง

chancellor (แชน' ซะเลอร์) *n.* นายกรัฐมนตรี (ในบางประเทศ), อธิการบดีแห่งมหาวิทยาลัย, เลขานุการเอกอัครราชทูต, เสนาบดี, เจ้าหน้าที่ระดับสูง **-chancellorship** *n.* **-chancellery, chancellory** *n.*

chancery (แชน' ซะรี) *n., pl.* **-ies** ศาลสูงของอังกฤษ, ศาลยุติธรรม, สถานที่เก็บเอกสารสำคัญของราชการ, สำนักงานเสนาบดี, สถานทูต

chandelier (แชนดะเลียร์') *n.* โคมไฟระย้า

chandelier

chandler (แชนด์' เลอร์) *n.* คนขายเทียนไข, พ่อค้า

★**change** (เชนจ์) *v.* **changed, changing** *-vt.* เปลี่ยน, เปลี่ยนแปลง, สลับ, ผลัด, แลกเปลี่ยน *-vi.* ดัดแปลง, แปรเปลี่ยน, แทนที่, เปลี่ยนระดับ, เปลี่ยนรถ, ผลัดเปลี่ยนเสื้อผ้า, แลกเงิน *-n.* การเปลี่ยนแปลง, สิ่งที่เปลี่ยนแปลง, (เสื้อผ้า) ชุดผลัดเปลี่ยน, เงินทอน, เงินแลกเปลี่ยน, เศษเหรียญ, ตลาดแลกเปลี่ยนธุรกิจหรือสินค้า **-changeful** *adj.* **-changeless** *adj.* **-changeable** *adj.* **-changeably** *adv.* **-changeability** *n.* (**-S.** (v.) alter, convert (n.) alteration)

changeling (เชนจ์' ลิง) *n.* เด็กที่ถูกสลับตัว

changeover (เชน' โจเวอร์) *n.* การเปลี่ยนแปลงโดยสมบูรณ์

★**channel** (แชน' เนิล) *n.* ทางน้ำไหล, ร่องน้ำ, ช่องแคบ, ช่อง, ช่องคลื่นวิทยุโทรทัศน์ *-vt.*

A B C D E F G H I J K L M N O P Q R S T U V W X Y Z

-neled, -neling/-nelled, -nelling ทำให้เกิดช่อง, ส่งไปตามช่อง, เป็นสื่อกลาง (**-S.** (n.) passage, route (v.) convey, transmit)

chant (แชนท์) *n.* เพลงสวด *-vt., vi.* **chanted, chanting** ร้องเพลงสวด **-chanter** *n.*

chantey, chanty (แชน' ที, แชน' ที) *n., pl.* **-teys/-ties** เพลงของทหารเรือหรือกะลาสี

chanticleer (แชน' ทิเคลียร์) *n.* ไก่ตัวผู้

chaos (เค' ออซ) *n.* ความสับสนอลหม่าน **-chaotic** *adj.* **-chaotically** *adv.* (**-S.** riot)

chap[1] (แชพ) *n.* เจ้าหนุ่ม, เพื่อนเกลอ

chap[2] (แชพ) *vt., vi.* **chapped/chapt, chapping** แตก, ปริ *-n.* รอยแตก (**-S.** (v., n.) crack)

chap[3] (แชพ) *n.* ขากรรไกร, แก้ม

chapel (แชพ' เพิล) *n.* โบสถ์หรือห้องสวดมนต์ในสถานที่ เช่น โรงเรียน โรงพยาบาล

chaperon, chaperone (แชพ' พะโรน) *n.* ผู้หญิงที่แต่งงานหรือมีอายุซึ่งคอยเป็นพี่เลี้ยงให้หญิงสาวรุ่น *-vt., vi.* **-oned, -oning** เป็นพี่เลี้ยง

chaplain (แชพ' ลิน) *n.* อนุศาสนาจารย์

chaplet (แชพ' ลิท) *n.* พวงมาลัยสวมศีรษะ

chapman (แชพ' เมิน) *n., pl.* **-men** พ่อค้าเร่

chaps (แชพซ์, แชพซ์) *n. pl.* กางเกงหนังของพวกโคบาล ใช้สวมเวลาขี่ม้าเพื่อป้องกันขา

★**chapter** (แชพ' เทอร์) *n.* บทหนังสือ, บทตอน, ระดับชั้น, คณะพระสงฆ์หรือนักบวช, สาขาของสโมสรหรือสมาคม (**-S.** assembly, section, stage)

char[1] (ชาร์) *n.* หญิงทำความสะอาด *-vi.* **charred, charring** ทำความสะอาด

char[2] (ชาร์) *vt., vi.* **charred, charing** เผา

charabanc, char-à-banc (แช' ระแบง) *n., pl.* **-bancs** รถโดยสารนำเที่ยว

★**character** (แค' เริคเทอร์) *n.* ลักษณะ, ลักษณะพิเศษ, คุณสมบัติ, นิสัย, หลักศีลธรรม, ชื่อเสียง, (ภาษาพูด) คนประหลาด, ตัวละคร, บทบาทการแสดง, ตัวอักษรเขียน, รูปแบบการเขียนหรือพิมพ์, รหัส

characteristic (แคเริคทะริส' ติค) *adj.* ซึ่งเป็นลักษณะพิเศษ, ซึ่งเป็นนิสัยประจำตัว *-n.* ลักษณะพิเศษ, นิสัยประจำตัว **-characteristically** *adv.* (**-S.** (adj.) special, typical)

characterize (แค' เริคทะไรซ์) *vt.* **-ized, -izing** แสดงลักษณะพิเศษ, แสดงถึง **-characterization** *n.* (**-S.** identify, typify)

charade (ชะเรด') *n.* ปริศนาคำทาย

charcoal (ชาร์' โคล) *n.* ถ่าน, ดินสอดำ

chard (ชาร์ด) *n.* ผักชนิดหนึ่งคล้ายผักกาดขาว

chare (เชอร์) *n.* งานบ้าน (**-S.** housework)

★**charge** (ชาร์จ) *v.* **charged, charging** *-vt.* บรรจุ, อัด, มอบหมายภาระหน้าที่, ออกคำสั่ง, ฟ้องร้อง, เอาโทษ, คิดค่าใช้จ่าย, บุกตะลุย, เข้าโจมตี *-vi.* เรียกเก็บค่าใช้จ่าย, พุ่งเข้าใส่, โจมตี, หมอบลง *-n.* ภาระ, หน้าที่, ความรับผิดชอบ, ปริมาณบรรจุ, ปริมาณดินปืนที่อัด, ปริมาณไฟฟ้าที่อัด, ความตื่นเต้นเร้าใจ, การดูแลเอาใจใส่, บุคคลภายใต้ความดูแล, คำสั่ง, การฟ้องร้อง, การเอาโทษ, ค่าใช้จ่าย, หนี้, สัญญาณโจมตี, การโจมตี **-free of charge** ไม่คิดค่าใช้จ่ายใดๆ (**-S.** (v., n.) attack, burden, fill, levy, order)

chargé d'affaires (ชาร์เฌ' ดะแฟร์) *n., pl.* **chargés d'affaires** (-เฌ, -เฌซ์-) ผู้รักษาการแทนเอกอัครราชทูตหรือรัฐมนตรี

charger (ชาร์' เจอร์) *n.* เครื่องบรรจุหรืออัด, ม้าศึก, จานใบใหญ่

chariot (แช' เรียท) *n.* รถม้าทำศึกหรือใช้แข่งขันในสมัยโบราณ มีสองล้อ **-charioteer** *n.*

charisma (คะริซ' มะ) *n., pl.* **-mata** พรสวรรค์, ความเป็นผู้นำ, ความมีเสน่ห์

charitable (แช' ริทะเบิล) *adj.* ใจบุญ, ใจกว้าง **-charitably** *adv.* **-charitableness** *n.*

★**charity** (แช' ริที) *n., pl.* **-ties** ความเมตตากรุณา, การกุศล (**-S.** donations, humanity)

charlady (ชาร์' เลดี) *n., pl.* **-dies** หญิงทำความสะอาด (**-S.** char)

charlatan (ชาร์' ละเทิน) *n.* พวกกำมะลอ, คนลวงโลก **-charlatanism** *n.*

★**charm** (ชาร์ม) *n.* คาถาอาคม, เครื่องราง, เครื่องประดับกาย, ความมีเสน่ห์ *-vt., vi.* **charmed, charming** แสดงเวทมนตร์คาถา, ป้องกันอันตรายด้วยคาถา, มีเสน่ห์ **-charming** *adj.* **-charmingly** *adv.* (**-S.** (n., v.) allure (n.) magic)

charnel (ชาร์' เนิล) *n.* สุสาน, สถานที่เก็บศพ

chart (ชาร์ท) *n.* แผนที่, แผนผัง, แผนภูมิ, *-vt.* **charted, charting** ทำแผนที่, วางแผนงาน

charter (ชาร์' เทอร์) *n.* สัญญาเช่า, สิทธิบัตร, สิทธิพิเศษ, กฎหมาย, การเช่ายานพาหนะ *-vt.* **-tered, -tering** ได้รับสิทธิบัตร, ได้รับสิทธิพิเศษ, เช่าโดยมีสัญญาเช่า, เช่ายานพาหนะ (**-S.** leasing)

chartreuse (ชาร์ทรูซ') *n.* สีเหลืองอมเขียว

chary (แช' รี) *adj.* **-ier, -iest** รอบคอบ, ระมัดระวัง, มัธยัสถ์ **-chariness** *n.*

★**chase[1]** (เชซ) *vt., vi.* **chased, chasing** ไล่จับ, ไล่ตาม, เสาะหา, ขับไล่ *-n.* การไล่, การตามล่า, ใบอนุญาตล่าสัตว์, การเสาะหา

chase[2] (เชซ) *n.* ลายสลัก, ร่องบนผนัง
chasm (แคซ' เซิม) *n.* หุบเหว, ช่องเหว, ความคิดที่แตกแยก, ความเห็นที่แตกต่างกัน
chasseur (แชเซอร์) *n.* นักล่า, ทหารพราน
chassis (แชซ' ซี, แชซ' ซี) *n., pl.* **chassis** (-ซีซ) โครงรถยนต์, โครงชิ้นส่วนของวิทยุโทรทัศน์หรืออุปกรณ์อิเล็กทรอนิกส์
chaste (เชซท์) *adj.* **chaster, chastest** บริสุทธิ์, เป็นพรหมจรรย์, เรียบง่าย **-chastity** *n.*
chasten (เช' เซิน) *vt.* **-tened, -tening** ลงโทษ
chastise (แชซ' ไทซ์) *vt.* **-tised, -tising** ลงโทษเฆี่ยนตี, ดุด่า **-chastisement** *n.*
chat (แชท) *vi.* **chatted, chatting** คุยกัน *-n.* การคุยกัน **-chatiness** *n.* **-chatty** *adj.*
chateau, château (แชโท') *n., pl.* **-teaux/-teaus** (-โทซ', -โท') ปราสาท, คฤหาสน์
chatelain (แชท' เทิลเลน) *n.* เจ้าของปราสาท
chat room ห้องสนทนาทางอินเทอร์เน็ต คือพื้นที่บนอินเทอร์เน็ต ซึ่งใช้สนทนากันผ่านระบบออนไลน์
chat show รายการโทรทัศน์หรือวิทยุที่มีแขกรับเชิญมาร่วมพูดคุยด้วยในรายการ
chattel (แชท' เทิล) *n.* ทรัพย์สิน, ข้าทาส
chatter (แชท' เทอร์) *vi., vt.* **-tered, -tering** ส่งเสียงดังจ้อกแจ้ก, (ลิง) ร้องเจี๊ยก, พูดไร้สาระ, รัว (กระดิ่ง), สั่นระรัว *-n.* การส่งเสียงดังจ้อกแจ้ก, การพูดไร้สาระ (**-S.** (v., n.) chat, talk)
chauffeur (โช' เฟอร์) *n.* พนักงานขับรถ
chauvinism (โช' วะนิซเซิม) *n.* ความรักชาติอย่างแรงกล้า, ความคิดหัวรุนแรง **-chauvinist** *n.* **-chauvinistic** *adj.*
ChE ย่อจาก chemical engineer วิศวกรเคมี
★**cheap** (ชีพ) *adj.* **-er, -est** (ราคา) ถูก, (คุณภาพ) เลว, ด้อยค่า, ตระหนี่, หยาบคาย *-adv.* ในราคาที่ถูก **-cheap as dirt** ถูกมาก **-cheaply** *adv.* **-cheapness** *n.* **-cheapen** *v.*
★**cheat** (ชีท) *n.* การโกง, การหลอกลวง *-vt., vi.* **cheated, cheating** โกง, หลอกลวง
★**check** (เชค) *n.* การชะงักงัน, การหยุดยั้ง, การเหนี่ยวรั้ง, ผู้เหนี่ยวรั้งหรือควบคุม, การตรวจตรา, การตรวจสอบ, ตัวอย่างหรือมาตรฐานการตรวจสอบ, เครื่องหมาย ✓, ใบเสร็จ, เช็คธนาคาร, ตารางหมากรุก, ผ้าลายตารางหมากรุก, รอยแตก *-v.* **checked, checking** *-vt.* ทำให้ชะงัก, เหนี่ยวรั้ง, ตรวจตรา, ตรวจสอบ, ทำเครื่องหมาย ✓, ทำเป็นลายตารางหมากรุก, ตรวจสอบสัมภาระก่อนขนส่ง *-vi.* มีความเห็นตรงกัน, ตรวจสอบ, เอาเช็คไปขึ้นเงินที่ธนาคาร, เกิดรอยแตก, ชะงัก, หยุด *-interj.* ตกลง!, ผ่าน!, เห็นด้วย! *-adj.* เพื่อตรวจสอบ **-check in** ลงทะเบียนเข้าพักในโรงแรม **-check out** ชำระเงินและออกจากที่พัก
checkbook (เชค' บุค) *n.* สมุดเช็ค
checker, chequer[1] (เชค' เคอร์) *n.* ผู้ตรวจสอบ, คนรับฝากของ, พนักงานเก็บเงิน
checker, chequer[2] (เชค' เคอร์) *n.* ลายตารางหมากรุก, ช่องตารางหมากรุก
checklist (เชค' ลิซท์) *n.* รายการตรวจสอบ
checkmate (เชค' เมท) *vt.* **-mated, -mating** (หมากรุก) รุกจนแต้ม *-n.* การรุกจนแต้ม
checkout, check-out (เชค' เคาท์) *n.* การออกจากที่พัก, เวลากำหนดออกจากที่พัก, จุดตรวจเก็บเงิน, การตรวจเก็บเงิน, การทดสอบเครื่องจักรกล, การตรวจสอบ
checkpoint (เชค' พอยน์ท์) *n.* ด่านตรวจ
checkroom (เชค' รูม, -รุม) *n.* ห้องรับฝากของ
checkup (เชค' คัพ) *n.* การตรวจสุขภาพร่างกาย, การตรวจสอบ (**-S.** examination)
★**cheek** (ชีค) *n.* แก้ม, บั้นท้าย, ด้านข้างของสิ่งของ, ความหน้าด้าน **-cheeky** *adj.*
cheekbone (ชีค' โบน) *n.* กระดูกแก้ม
cheek pouch กระพุ้งแก้ม
cheep (ชีพ) *n.* เสียงจิ๊บๆ
★**cheer** (เชียร์) *n.* ความร่าเริง, ความดีใจ, การไชโยโห่ร้อง *-vt., vi.* **cheered, cheering** ร่าเริง, ไชโยโห่ร้อง **-cheery** *adj.* **-cheerily** *adv.* **-cheeriness** *n.* (**-S.** (n.) applause, joy)
★**cheerful** (เชียร์' เฟิล) *adj.* ร่าเริง, เบิกบานใจ, เต็มอกเต็มใจ **-cheerfully** *adv.* **-cheerfulness** *n.* (**-S.** happy, willing **-A.** gloomy, sad)
cheerio (เชียรีโอ') *interj.* ลาก่อน, โชคดี
cheerleader (เชียร์' ลีเดอร์) *n.* ผู้นำกองเชียร์
cheerless (เชียร์' ลิซ) *adj.* เศร้า, หดหู่ใจ **-cheerlessly** *adv.* **-cheerlessness** *n.*
cheers (เชียร์ซ์) *interj.* ไชโย!, โชคดี!
★**cheese[1]** (ชีซ) *n.* เนยแข็ง, สิ่งที่คล้ายเนยแข็ง
cheese[2] (ชีซ) *n.* บุคคลสำคัญ, ของสำคัญ
cheesecake (ชีซ' เคค) *n.* ขนมเค้กเนย, (ภาษาพูด) รูปขาของหญิงสาวตามหน้านิตยสาร
cheese-paring (ชีซ' แพริง) *n.* ของไร้ค่า
cheetah, chetah (ชี' ทะ) *n.* เสือ

cheetah

A B C D E F G H I J K L M N O P Q R S T U V W X Y Z

ชีตา เป็นสัตว์ที่วิ่งได้เร็วมาก ลำตัวมีลายจุดดำ

chef (เชฟ) *n.* หัวหน้าคนครัว, พ่อครัว

chef-d'oeuvre (เชเดิร์ฟว์') *n., pl.* **chefs-d'oeuvre** ผลงานชิ้นเอก

chem ย่อจาก chemical ทางเคมี, chemist นักเคมี, เภสัชกร, chemistry วิชาเคมี

★**chemical** (เคม' มิเคิล) *adj.* ทางเคมี, เกี่ยวกับเคมี *-n.* สารเคมี **-chemically** *adv.*

chemical engineer วิศวกรเคมี

chemical engineering วิศวกรรมเคมี

chemical warfare สงครามที่ใช้อาวุธเคมี

chemise (ชะมีซ') *n.* ชุดชั้นในสตรีแบบหลวม

★**chemist** (เคม' มิซท์) *n.* นักเคมี, เภสัชกร

chemistry (เคม' มิสตรี) *n., pl.* **-tries** วิชาเคมี, การทดลองทางเคมี, แรงดึงดูดระหว่างเพศ

chemotherapy (คีโมเธ' ระพี, เคม-) *n.* การรักษาโรคร้าย เช่น มะเร็ง ด้วยการใช้สารเคมี

chenille (ชะนีล') *n.* ด้ายฝ้ายหรือไหมนิ่ม

★**cheque** (เชค) *n.* เช็คธนาคาร

chequer (เชค' เคอร์) *n.* ดู checker[1], checker[2]

cherish (เช' ริช) *vt.* **-ished, -ishing** ทะนุถนอม, ปกป้องดูแล, ยึดมั่นใน (-S. foster)

cheroot (ชะรูท') *n.* บุหรี่ซิการ์ทรงสี่เหลี่ยม

cherry (เช' รี่) *n., pl.* **-ries** ต้นเชอร์รี่, ผลเชอร์รี่, สีแดงเชอร์รี่, (คำสแลง) เยื่อพรหมจรรย์ ความบริสุทธิ์ *-adj.* แดงเหมือนผลเชอร์รี่

cherub (เช' เริบ) *n., pl.* **cherubim** (เช' ระบิม) เทวดาเด็กที่มีปีก, เด็กแก้มแดงยุ้ย **-cherubic** *adj.* (-S. angel, baby)

★**chess** (เชซ) *n.* หมากรุก

chessboard (เชซ' บอร์ด) *n.* กระดานหมากรุก

chessman (เชซ' แมน, -เมิน) *n., pl.* **-men** ตัวหมากรุก

★**chest** (เชซท์) *n.* หน้าอก, ทรวงอก, กล่องหรือลัง, หีบสมบัติ, กองทุน, ตู้ยา, ตู้ติดลิ้นชัก

chesterfield (เชส' เตอร์ฟีลด์) *n.* เสื้อคลุมที่ปกเสื้อเป็นกำมะหยี่, เก้าอี้นวม

chestnut (เชซ' นัท) *n.* เกาลัด, สีน้ำตาลแดง

chest of drawers *n., pl.* **chests of drawers** ตู้ติดลิ้นชัก

chetah (ชี' ทะ) *n.* ดู cheetah

cheval glass กระจกเงาขนาดเต็มตัว บานกระจกสามารถหมุนไปมาได้

chevalier (เชฟวะเลียร์') *n.* ตำแหน่งขุนนางระดับต่ำสุดของฝรั่งเศส, อัศวิน

chevron (เชฟว์' เริน) *n.* บั้งยศที่เป็นรูป V

chevrotain (เชฟว์' ระเทน) *n.* กระจง

★**chew** (ชู) *vt., vi.* **chewed, chewing** เคี้ยว, บด, ใคร่ครวญ, ครุ่นคิด, (คำสแลง) ด่าว่า

chewing gum หมากฝรั่ง

chic (ชีค) *adj.* **chicer, chicest** ทันสมัย

chicane (ชิเคน') *n.* การใช้อุบายหลอกล่อ **-chicanery** *n.* (-S. deception)

★**chick** (ชิค) *n.* ลูกไก่, ลูกนก, ลูกเป็ดลูกห่าน, (คำสแลง) สาวน้อย เด็กน้อย

★**chicken** (ชิค' เคิน) *n.* สัตว์ปีกพวกไก่ นก เป็ด ห่าน หรือลูกของมัน, เนื้อของสัตว์ปีกดังกล่าว, (คำสแลง) คนขี้ขลาดตาขาว คนอ่อนหัด

chicken-hearted (ชิค' เคิน ฮาร์ทิด) *adj.* ขี้ขลาดตาขาว (-S. cowardly, timid)

chicken-livered (ชิค' เคิน ลิฟเวอร์ด) *adj.* ขี้ขลาดตาขาว (-S. cowardly, timid)

chickenpox (ชิค' เคิน พอคซ์) *n.* โรคอีสุกอีใส

chicory (ชิค' คะรี) *n., pl.* **-ries** ต้นชิโกรี ใบนำมาทำสลัดรับประทานได้

chide (ไชด์) *vt., vi.* **chided/chid, chided/chid/chidden, chiding** ดุด่า, ตำหนิ, ตักเตือน

★**chief** (ชีฟ) *n.* หัวหน้า, ผู้บังคับบัญชา, ส่วนที่สำคัญที่สุด *-adj.* ซึ่งเป็นหัวหน้า, สำคัญที่สุด *-adv.* เป็นสำคัญ, จำเป็นอย่างยิ่ง **-chiefly** *adv.*

Chief Executive ประธานาธิบดีแห่งสหรัฐอเมริกา

chief of staff *n., pl.* **chiefs of staff** เสนาธิการทหาร, หัวหน้าคณะแพทย์, หัวหน้าหน่วยงาน

chieftain (ชีฟ' เทิน) *n.* หัวหน้าเผ่า, ผู้นำกลุ่ม

chiffon (ชิฟอน') *n.* ผ้าแพรเนื้อบาง, ผ้าชีฟอง

chignon (ชีนยอน') *n.* มวยผมติดต้นคอ

Chihuahua (ชิวา' วา) *n.* สุนัขพันธุ์ชิวาวา มีขนาดเล็ก ขนสั้น หูตั้งชี้

chilblain (ชิล' เบลน) *n.* อาการอักเสบของมือ เท้า หู เนื่องจากโดนอากาศที่หนาวเย็นจัด

★**child** (ไชลด์) *n., pl.* **children** (ชิล' เดริน) เด็ก, ทารก, บุตรหลาน, ลูก, ผู้ไร้เดียงสา, ผลิตผล **-child's play** ของง่ายๆ **-childless** *adj.* **-childhood** *n.* (-S. kid, offspring, youngster)

> **child, kid** หมายถึง เด็ก แต่ kid เป็นภาษาพูด หมายถึง เด็กหรือวัยรุ่นก็ได้ เช่น I had a beautiful horse when I was a child/a kid.
>
> **baby, infant** หมายถึง เด็กทารก คำว่า infant นั้นเป็นภาษาทางการกว่า baby

A B C D E F G H I J K L M N O P Q R S T U V W X Y Z

เช่น Sandra has a beautiful baby. (นิยมใช้ baby มากกว่า infant)

child abuse การทารุณกรรมในเด็ก
childbearing (ไชลด์ดํ' แบริง) *n.* การตั้งครรภ์และคลอดบุตร
childbed (ไชลด์ดํ' เบด) *n.* การคลอดบุตร
childbirth (ไชลด์ดํ' เบิร์ธ) *n.* การคลอดบุตร
child-care (ไชลด์ดํ' แคร์) *adj.* ซึ่งดูแลเด็ก
childish (ไชล์' ดิช) *adj.* ไร้เดียงสา, เป็นเด็กๆ
child labor แรงงานเด็ก
childlike (ไชลด์ดํ' ไลคํ) *adj.* ไร้เดียงสา, ไร้มารยา
childminder (ไชลด์ดํ' ไมน์เดอร์) *n.* พี่เลี้ยงเด็ก
★**children** (ชิล' เดริน) *n.* พหูพจน์ของ child
chili, chilli, chile (ชิล' ลี) *n., pl.* **-ies/-lis/-es** พริก
chili sauce ซอสพริก
chill (ชิล) *n.* ความเย็นยะเยือก, ความหนาวเย็น, อาการหนาวสั่นสะท้าน, ความเยือกเย็น, ความเย็นชา, โรคหวัด *-v.* **chilled, chilling** *-vi.* เกิดรู้สึกเย็นยะเยือก, รู้สึกหนาวสะท้าน, (ผิวหน้า) เกิดแข็งตัวเมื่อกระทบความเย็น *-vt.* ทำให้หนาวเย็น, ทำให้หดหู่ใจ, ทำให้ (ผิวหน้า) แข็งตัวเมื่อกระทบความเย็น *-adj.* เย็น, หนาว, เฉยเมย, เย็นชา **-chillingly** *adv.* **-chillness** *n.* (**-S.** (n.) coolness, depression (v.) cool down, depress)
chilly (ชิล' ลี) *adj.* **-ier, -iest** เย็น, หนาวสั่น, เย็นชา **-chilliness** *n.* (**-S.** cool, freezing)
chime (ไชมฺ) *n.* ไม้ตีระฆัง, กระดึง, เสียงระฆังหรือกระดิ่ง, เสียงนาฬิกาที่ดังกังวาน, เสียงที่ประสานกัน, ความสอดคล้องกลมกลืน *-v.* **chimed, chiming** *-vi.* ทำเสียงระฆัง, ทำเสียงดังกังวาน, สอดคล้อง, ประสานกัน, กลมกลืนกัน *-vt.* ตีระฆัง, สั่นระฆัง, ประสานเสียงดนตรี (**-S.** (n.) bells (v.) harmonize, peal, ring)
chimerical (ไคเม' ริเคิล) *adj.* ซึ่งเพ้อฝัน
★**chimney** (ชิม' นี) *n., pl.* **-neys** ปล่องไฟ
chimney corner ที่นั่งข้างเตาผิง
chimney pipe ปล่องไฟเหนือหลังคา
chimney sweep คนทำความสะอาดปล่องไฟ
chimpanzee (ชิมแพนซี', ชิมแพน' ซี) *n.* ลิงชิมแปนซี เป็นลิงที่ฉลาดมาก ตามตัวมีขนสีดำยาว หูกางใหญ่ ไม่มีหาง
★**chin** (ชิน) *n.* คาง **-keep one's chin up** กล้าเผชิญความลำบาก
China (ไช' นะ) ประเทศจีน
china (ไช' นะ) *n.* ชุดเครื่องลายคราม
Chinaman (ไช' นะเมิน) *n., pl.* **-men** คนจีน
Chinatown (ไช' นะเทาน์) *n.* ย่านคนจีน
chinaware (ไช' นะแวร์) *n.* ชุดเครื่องลายคราม
chinchilla (ชินชิล' ละ) *n.* สัตว์จำพวกหนูชนิดหนึ่งคล้ายกระรอก มีขนสีเทานุ่ม
chine (ไชน์) *n.* กระดูกสันหลัง, สันเขา
Chinese (ไชนีซ') *adj.* เกี่ยวกับประเทศ คน ภาษาและวัฒนธรรมจีน *-n., pl.* **-nese** ชาวจีน
Chinese cabbage คะน้า
Chinese chive กุยช่าย
Chinese lantern โคมกระดาษของจีน
Chinese lettuce ผักกาดขาว
Chinese parsley ผักชี
Chinese puzzle ปัญหาซวนสับสน
Chinese Wall กำแพงเมืองจีน
chink[1] (ชิงคํ) *n.* เสียงดังกริ๊ง, (คำสแลง) เงิน *-vt., vi.* **chinked, chinking** เกิดเสียงดังกริ๊ง
chink[2] (ชิงคํ) *n.* รอยแตกแยก, ร่อง, รอยร้าว
chintz (ชินท์ซํ) *n.* ผ้าฝ้ายลายดอกมันวาว
★**chip** (ชิพ) *v.* **chipped, chipping** *-vt.* ตัด, เลอะ, ถาก, เฉือน, ทำบิ่น, ทำแหว่ง *-vi.* แตกเป็นชิ้นๆ *-n.* เศษเล็กเศษน้อย, ชิ้นส่วน, รอยบิ่น, เศษมูลสัตว์แห้งๆ, ของไร้ค่า, เบี้ยเล่นพนัน, แผ่นบาง, แผ่นมันฝรั่งทอดกรอบ **-a chip off the old block** เหมือนพ่อแม่มาก **-in the chips** (คำสแลง) ร่ำรวย
chipboard (ชิพ' บอร์ด) *n.* แผ่นไม้อัด
chipmunk (ชิพ' มังคํ) *n.* กระรอกขนาดเล็กชนิดหนึ่ง มีแถบหลังสีดำ ชอบอาศัยตามพื้นดิน
chirography (ไครอก' กระฟี) *n.* การคัดลายมือ, ลายมือเขียน **-chirographer** *n.*
chiromancy (ไค' ระแมนซี) *n.* การดูลายมือ
chiropody (คิรอพ' พะดี, ชิ-) *n.* การรักษาโรคมือและเท้า **-chiropodist** *n.*
chirp (เชิร์พ) *n.* เสียงหรีดหริ่งเรไร, เสียงร้องแหลมสูง *-vt., vi.* **chirped, chirping** ทำเสียงแหลมสูง, ส่งเสียงวี้ดว้าย (**-S.** (n., v.) twitter)
chirr (เชอร์) *n.* เสียงแหลมสูง เช่น เสียงแมลง
chirrup (เชอ' เริพ) *v.* ดู chirp
chisel (ชิซ' เซิล) *n.* สิ่ว, สลัก
chit (ชิท) *n.* จดหมายสั้นๆ, เด็ก
chitchat (ชิท' แชท) *n.* การพูดคุยกันตามสบาย
chitterlings, chitlins, chitlings (ชิท' ลินซํ) *n. pl.* ลำไส้เล็กของหมู นำมาทำเป็นอาหารได้
chivalrous (ชิฟ' เวิลเริซ) *adj.* ซึ่งมีคุณสมบัติ

A B C D E F G H I J K L M N O P Q R S T U V W X Y Z

ของอัศวิน **-chivalrously** *adv.*
chivalry (ชิฟ' เวิลรี) *n.* คุณสมบัติของอัศวิน
chives (ไชฟว์ซ) *n. pl.* ผักจำพวกหอม
chloride (คลอ' ไรด์) *n.* สารประกอบที่มีธาตุคลอรีนรวมอยู่ด้วย เช่น โซเดียมคลอไรด์
chlorinate (คลอ' ระเนท) *vt.* **-nated, -nating** ผสมด้วยคลอรีน **-chlorination** *n.*
chlorine (คลอ' รีน) *n.* ธาตุเคมีชนิดหนึ่ง เป็นก๊าซพิษสีเหลืองอมเขียว ใช้ทำสารฟอกขาว ฆ่าเชื้อโรคในน้ำ มีสัญลักษณ์ Cl
chlorofluorocarbon (คลอโรฟลูโรคาร์' เบิน) *n.* สารซีเอฟซี ไร้กลิ่น ไร้พิษ ไม่ลุกไหม้ ไม่มีฤทธิ์กัดกร่อน ใช้เป็นสารทำความเย็น ผลิตโฟมสังเคราะห์ เป็นสารพ่นในกระป๋องสเปรย์ หรือเครื่องดับเพลิง ต่อมาได้ค้นพบว่าสารนี้ทำลายปริมาณโอโซนซึ่งช่วยกรองรังสีอัลตราไวโอเลตในชั้นบรรยากาศ ย่อว่า CFC
chloroform (คลอ' ระฟอร์ม) *n.* ของเหลวไร้สีมีพิษ ใช้เป็นตัวทำละลายหรือเป็นยาสลบได้
chlorophyll, chlorophyl (คลอ' ระฟิล) *n.* รงควัตถุสีเขียวที่พบในพืช ช่วยดูดซับพลังงานแสงจากดวงอาทิตย์ เพื่อใช้ในกระบวนการสังเคราะห์แสงของพืช
chock (ชอค) *n.* ไม้หนุน, ไม้หมอนรอง *-vt.* **chocked, chocking** หนุนหรือรองด้วยไม้หมอน *-adv.* อย่างแน่นหนา, อย่างเต็มที่
chock-full (ชอค' ฟูล') *adj.* เต็มแน่น
★**chocolate** (ชอ' คะลิท) *n.* ช็อกโกเลต ซึ่งทำจากเมล็ดโกโก้, สีน้ำตาลแดง
★**choice** (ชอยซ์) *n.* การเลือก, การคัดเลือก, ตัวเลือก, สิทธิในการเลือก, โอกาสเลือก, ส่วนที่ดีที่สุด *-adj.* **choicer, choicest** ดีที่สุด
choir (ไควร์) *n.* คณะนักร้องในโบสถ์
★**choke** (โชค) *v.* **choked, choking** *-vt.* บีบคอให้หายใจไม่ออก, ทำให้หายใจไม่ออก, อุด, สำลัก, ควบคุมอากาศที่ไหลเข้าคาร์บูเรเตอร์ของเครื่องยนต์เพื่อให้น้ำมันไหลลงแทนที่, เติมจนเต็ม *-vi.* หายใจลำบาก, สำลัก, ติดขัด, แสดงออกได้ไม่เต็มที่ *-n.* การหายใจไม่ออก, การสำลัก, เสียงสำลัก, ลิ้นควบคุมอากาศเข้าท่อคาร์บูเรเตอร์ (**-S.** (v., n.) block, plug (v.) suffocate)
choker (โช' เคอร์) *n.* สร้อยคอที่สวมติดคอ
choler (คอล' เลอร์) *n.* ความโกรธ
cholera (คอล' เลอระ) *n.* อหิวาตกโรค
choleric (คอล' ละริค) *adj.* ขี้โมโห, หงุดหงิด
cholesterol (คะเลส' ตะรอล) *n.* สารสีขาวพบในไขมันสัตว์ เลือด เป็นต้น ถ้ามีมากเกินไปจะทำให้เกิดโรคเกี่ยวกับหัวใจได้
choo-choo (ชู' ชู) *n.* (ภาษาของเด็ก) รถไฟ
★**choose** (ชูซ) *vt., vi.* **chose, chosen, choosing** เลือก, คัดสรร, คัดเลือก (**-S.** select)
choosy (ชู' ซี) *adj.* **-ier, -iest** ช่างเลือก
★**chop**[1] (ชอพ) *vt., vi.* **chopped, chopping** สับ, จาม, พูดห้วนๆ, หวด, ทำอย่างฉับไว *-n.* การสับ, เนื้อสับ, ชิ้นส่วนที่ถูกสับ, ระลอกคลื่น
chop[2] (ชอพ) *vi.* **chopped, chopping** (ลม) หันเหทิศทาง, เปลี่ยนทิศ, เปลี่ยนความคิด
chopper (ชอพ' เพอร์) *n.* คนสับหรือจาม, เครื่องมือที่ใช้สับหรือจาม, เครื่องมือแปลงกระแสไฟฟ้า, อุปกรณ์รบกวนสัญญาณวิทยุ, (ภาษาพูด) เฮลิคอปเตอร์ รถมอเตอร์ไซค์
chopping block เขียง
choppy (ชอพ' พี) *adj.* **-pier, -piest** (ลม) ซึ่งพัดหวนไปมา, (คลื่นทะเล) เป็นระลอก
chopsticks (ชอพ' สติคซ์) *n. pl.* ตะเกียบ
chop suey ต้มจับฉ่าย
choral (คอ' เริล) *adj.* เกี่ยวกับเพลงประสานเสียงหรือเพลงสวดในโบสถ์ **-chorally** *adv.*
chord (คอร์ด) *n.* สายเครื่องดนตรี, อารมณ์คล้อยตามขณะเล่นดนตรี, ส่วนของเส้นตรงที่เชื่อมจุดซึ่งอยู่บนเส้นโค้งหรือเส้นรอบวง, เสียงดนตรีที่ประสานกัน
chore (ชอร์) *n.* งานประจำ, งานที่น่าเบื่อ
chorea (คอเรีย', โค-) *n.* อาการผิดปกติของระบบประสาทที่ทำให้ไม่สามารถควบคุมการเคลื่อนไหวของกล้ามเนื้อที่หน้า แขนหรือขาได้
choreography (คอรีออก' กระฟี) *n., pl.* **-phies** ศิลปะการออกแบบท่าเต้นระบำปลายเท้า
chorister (คอ' ริสเตอร์) *n.* นักร้องในโบสถ์
chorography (คะรอก' กระฟี) *n.* แผนที่, วิชาวาดแผนที่ **-chorographer** *n.*
chortle (ชอร์' เทิล) *n.* การหัวเราะชอบใจ, เสียงหัวเราะชอบใจ *-vt., vi.* **-tled, -tling** หัวเราะ
chorus (คอ' เริซ) *n., pl.* **-ruses** บทเพลงสำหรับร้องหมู่, คณะนักร้องเพลงประสานเสียง
chose (โชซ) *v.* กริยาช่อง 2 ของ choose
chosen (โช' เซิน) *v.* กริยาช่อง 3 ของ choose
chow (เชา) *n.* ชื่อสุนัขพันธุ์หนึ่งของจีน (หรือ chow chow), มื้ออาหาร, อาหาร
chow-chow (เชา' เชา) *n.* ผักดอง
chowder (เชา' เดอร์) *n.* ซุปข้น
chow mein (เชา' เมน') *n.* บะหมี่ผัด
Christ (ไครซ์ท) *n.* พระคริสต์, พระเยซูคริสต์
christen (คริซ' เซิน) *vt.* **-tened, -tening** ทำ

พิธีรับเข้าเป็นคริสต์ศาสนิกชน, ตั้งชื่อให้ในพิธีดังกล่าว **-christening** *n.*

Christendom (คริซ' เซินเดิม) *n.* คริสต์จักร, ชาวคริสเตียนทั้งหลายในโลก

★**Christian** (คริซ' เชิน) *n.* คริสต์ศาสนิกชน, ผู้นับถือพระเยซูคริสต์ *-adj.* ซึ่งนับถือพระเยซูคริสต์, เกี่ยวกับคำสอนของพระเยซู, เกี่ยวกับชาวคริสเตียน **-Christianly** *adv., adj.*

Christian era คริสต์ศักราช

Christianity (คริซเชียน' นิที) *n.* ศาสนาคริสต์, ความเป็นชาวคริสเตียน, โลกของชาวคริสเตียน

Christianize (คริซ' ชะไนซ์) *vt.* **-ized, -izing** เปลี่ยนเป็นศาสนาคริสต์, ทำให้เป็นชาวคริสเตียน, รับเข้าเป็นคริสต์ศาสนิกชน **-Christianization** *n.* **-Christianizer** *n.*

Christian name ชื่อซึ่งตั้งให้ในพิธีชำระล้าง

★**Christmas** (คริซ' เมิซ) *n.* วันคริสต์มาส เป็นเทศกาลตรุษฝรั่งที่ฉลองวันประสูติของพระเยซูคริสต์ ตรงกับวันที่ 25 ธันวาคม

Christmas Eve วันก่อนวันคริสต์มาส

Christmastide (คริซ' เมิซไทด์) *n.* ช่วงเทศกาลคริสต์มาส, ดู Christmastime

Christmastime (คริซ' เมิซไทม์) *n.* ช่วงเทศกาลคริสต์มาส ตั้งแต่วันก่อนวันคริสต์มาสจนถึงวันที่ 6 มกราคมของปีถัดไป

Christmas tree ต้นคริสต์มาส คือต้นสนที่นำมาประดับตกแต่งในช่วงเทศกาลคริสต์มาส

chromatic (โครแมท' ทิค) *adj.* เกี่ยวกับสี

chrome (โครม) *n.* ธาตุโครเมียม

chromium (โคร' เมียม) *n.* โลหะสีเทามันวาวใช้ชุบเหล็กกันสนิม มีสัญลักษณ์ Cr

chromo-, chrom- คำอุปสรรค หมายถึง สี

chromosome (โคร' มะโซม) *n.* สารพันธุกรรมซึ่งอยู่ในนิวเคลียสของเซลล์สิ่งมีชีวิต

chronic (ครอน' นิค) *adj.* เรื้อรัง, ยาวนานติดต่อกัน, จนติดเป็นนิสัย (**-S.** habitual, long-lasting)

chronicle (ครอน' นิเคิล) *n.* บันทึกลำดับเหตุการณ์, ประวัติศาสตร์ *-vt.* **-cled, -cling** บันทึกประวัติศาสตร์ (**-S.** (n., v.) record)

chrono- คำอุปสรรค หมายถึง เวลา

chronological (ครอนนะลอจ' จิเคิล) *adj.* ตามลำดับวันเวลา **-chronologically** *adv.*

chronology (คระนอล' ละจี) *n., pl.* **-gies** วิชาที่ว่าด้วยการจัดลำดับเหตุการณ์ต่างๆ ตามวันเวลา, การจัดลำดับเหตุการณ์หรือวันเวลา

chronometer (คระนอม' มิเทอร์) *n.* นาฬิกาที่เที่ยงตรงและแม่นยำมาก

chrysalis, chrysalid (คริซ' ซะลิซ, -ลิด) *n., pl.* **-lises/-lides** ดักแด้ผีเสื้อ

chrysanthemum (คริแซน' ธะเมิม) *n.* ดอกเบญจมาศ

chubby (ชับ' บี) *adj.* **-bier, biest** จ้ำม่ำ

chuck[1] (ชัค) *vt.* **chucked, chucking** แตะหรือตบเบาๆ, เชยคาง, โยน, (คำสแลง) ลาออก อาเจียน กำจัด ละทิ้ง *-n.* การแตะหรือตบเบาๆ, การเชยคาง, การโยน, อาหาร

chuck[2] (ชัค) *vi.* **chucked, chucking** (ไก่) ร้องกะต๊ากๆ *-n.* เสียงไก่ร้องกะต๊ากๆ

chuckhole (ชัค' โฮล) *n.* หลุมแอ่งตามทางเท้า

chuckle (ชัค' เคิล) *vi.* **-led, -ling** หัวเราะหึๆ *-n.* การหัวเราะหึๆ (**-S.** (v.) chortle)

chug (ชัก) *n.* เสียงเครื่องจักรดังชักๆ

chum (ชัม) *n.* (ภาษาพูด) มิตรที่ดี, เพื่อนร่วมห้อง **-chummy** *adj.* (**-S.** friend)

chump (ชัมพ์) *n.* (ภาษาพูด) คนโง่, ท่อนไม้

chunk (ชังค์) *n.* ก้อนหรือชิ้นหนา, ส่วนที่สำคัญ, สัตว์ที่อ้วนเตี้ย **-chunky** *adj.* (**-S.** lump)

chunnel (ชัน' เนิล) *n.* อุโมงค์รถไฟที่ลอดใต้ช่องแคบอังกฤษ

★**church** (เชิร์ช) *n.* โบสถ์, โบสถ์ของชาวคริสต์, พิธีกรรมทางศาสนา, การเป็นพระหรือนักบวช, การเข้าโบสถ์, ศาสนิกชน, ความเลื่อมใสศรัทธาในศาสนา *-adj.* เกี่ยวกับโบสถ์

churchgoer (เชิร์ช' โกเออร์) *n.* ผู้ที่ไปร่วมพิธีในโบสถ์เป็นประจำ **-churchgoing** *n., adj.*

churchman (เชิร์ช' เมิน) *n., pl.* **-men** พระ, อุบาสก **-churchwoman** *n. fem.*

churchwarden (เชิร์ช' วอร์เดิน) *n.* เจ้าหน้าที่ในโบสถ์ที่ดูแลเฉพาะเรื่อง เช่น ดูแลทรัพย์สิน

churchyard (เชิร์ช' ยาร์ด) *n.* ลานโบสถ์

churl (เชิร์ล) *n.* คนต่ำช้า, คนบ้านนอก

churn (เชิร์น) *n.* เครื่องปั่นเนย *-vt., vi.* **churned, churning** ปั่นหรือกวนเนย, กวนจนขึ้นฟอง

chute (ชูท) *n.* ทางน้ำตก, ทางลาดชัน, ราง

chutney (ชัท' นี) *n., pl.* **-neys** เครื่องปรุงรสชนิดหนึ่งทำจากผลไม้ผสมกับเครื่องเทศ ใช้รับประทานกับแกงกะหรี่

CIA ย่อจาก Central Intelligence Agency หน่วยงานสืบราชการลับของสหรัฐอเมริกา

cicada (ซิเค' ดะ, -คา'-) *n., pl.* **-das/-dae** (-ดี) จักจั่น

cicatrix (ซิค' คะทริคซ์, ซิเค' ทริคซ์) *n., pl.* **-trices** (-ทริซีซ)/**-trixes** (-ทริคซิซ) รอยแผลเป็น, แผลตามลำต้นหรือขั้วกิ่งใบ

CID, C.I.D. ย่อจาก Criminal Investigation Department หน่วยงานพิเศษของกรมตำรวจอังกฤษที่ทำหน้าที่สืบสวนอาชญากรรม
-cide คำปัจจัย หมายถึง การฆ่า, ผู้ฆ่า
cider, cyder (ไซ' เดอร์) *n.* น้ำแอปเปิลคั้น นิยมใช้ทำเหล้าหรือน้ำส้มสายชู, เหล้าแอปเปิล
c.i.f. ย่อจาก cost, insurance, and freight ราคารวมค่าระวางขนส่งและค่าประกันภัย
★**cigar** (ซิการ์') *n.* บุหรี่ซิการ์ ซึ่งมวนด้วยใบยาสูบ
★**cigarette, cigaret** (ซิกกะเรท', ซิก' กะเรท) *n.* บุหรี่มวนกระดาษ อัดไส้ใบยาสูบตัดฝอย
cigarette-lighter (ซิกกะเรท' ไล' เทอร์) *n.* ที่จุดบุหรี่
CINC, C in C ย่อจาก Commander in Chief จอมทัพ, ผู้บัญชาการรบ
cinch (ซินช์) *n.* สายคาดอานม้า, การกำหรือยึดแน่น, (คำสแลง) ของง่ายๆ สิ่งที่แน่นอน
cinchona (ซิงโค' นะ, ซินโช'-) *n.* ต้นซิงโคนาที่สามารถสกัดยาควินินและตัวยาอื่นๆ ได้
cinder (ซิน' เดอร์) *n.* ถ่านเถ้า, ขี้เถ้า, ถ่าน
★**cinema** (ซิน' นะมะ) *n.* ภาพยนตร์, โรงภาพยนตร์, การทำภาพยนตร์ (-S. films)
cinematheque (ซินนะมะเทค') *n.* พิพิธภัณฑ์ภาพยนตร์
cinematography (ซินนะมะทอก' กระฟี) *n.* ศิลปะการถ่ายทำภาพยนตร์
cinéma vérité (ซีเนมา' เวรีเท') *n.* ภาพยนตร์สารคดี, ภาพยนตร์เรื่องราวตามธรรมชาติ
cinerarium (ซินนะแร' เรียม) *n., pl.* **-raria** ที่เก็บอัฐิคนตาย **-cinerary** *adj.*
cinnamon (ซิน' นะเมิน) *n.* อบเชย
cipher, cypher (ไซ' เฟอร์) *n.* เลขศูนย์, เลขอารบิก, ตัวเลข, รหัสลับ, คนไร้ค่า, สิ่งของที่ไร้ค่า, อักษรไขว้ *-v.* **-phered, -phering** *-vi.* ใช้เขียนรหัสลับ, แก้โจทย์คณิตศาสตร์ *-vt.* แก้โจทย์โดยใช้คณิตศาสตร์, แสดงเป็นรหัสลับ (-S. (n.) code, nobody, nothing, number)
circa (เซอร์' คะ) *prep.* ราวๆ, ประมาณ
★**circle** (เซอร์' เคิล) *n.* วงกลม, เส้นรอบวง, วงจร, วงเวียน, วงโคจร, ขอบเขต, สิ่งที่คล้ายวงกลม, ที่นั่งชมชั้นบนในโรงมหรสพซึ่งเรียงโค้งเป็นวงกลม, สมาคม, กลุ่มหรือหมู่คณะ, เส้นรอบวงที่แบ่งโลกออกเป็นสองซีก *-v.* **-cled, -cling** *-vt.* สร้างวงกลมล้อมรอบ, ทำเป็นวงรอบ, เคลื่อนรอบๆ *-vi.* เคลื่อนเป็นวงกลม **-circler** *n.* (-S. (n.) group, ring, scene, sphere (v.) revolve, surround, whirl (n., v.) orbit)
circlet (เซอร์' คลิท) *n.* วงกลมขนาดเล็ก, สายรัดเกล้า
circuit (เซอร์' คิท) *n.* วงรอบ, เส้นล้อมรอบ, พื้นที่ภายในวงรอบ, วงจรไฟฟ้า, การเดินทางรอบ, เส้นทางเดินรอบ, กลุ่มสถานบันเทิงที่มีการแสดงต่างๆ หมุนเวียนมาให้ชม **-circuital** *adj.* **-circuitous** *adj.* (-S. cycle)
circuit board แผงวงจร
circuit breaker อุปกรณ์ตัดกระแสไฟฟ้า
circuitry (เซอร์' คิทรี) *n., pl.* **-ries** แบบวงจรไฟฟ้า, ระบบวงจรไฟฟ้า
★**circular** (เซอร์' คยะเลอร์) *adj.* เกี่ยวกับวงกลม, เป็นวงกลม, วกวน, ซึ่งเวียนโดยรอบ **-circularity** *n.* **-circularly** *adv.*
circular saw เลื่อยวงเดือน
circulate (เซอร์' คยะเลท) *v.* **-lated, -lating** *-vi.* เคลื่อนเป็นวงกลม, เคลื่อนไปรอบๆ, หมุนเวียน, เวียนให้ทราบ *-vt.* ทำให้เวียนไปโดยรอบ **-circulative, circulatory** *adj.* **-circulator** *n.*
circulation (เซอร์คยะเล' ชัน) *n.* การเคลื่อนที่เป็นวงกลม, กระแสหมุนเวียน, กระแสเลือด, กระแสเงินหมุนเวียน, การหมุนเวียนข่าวสาร, การแจกจ่าย, ยอดจำหน่ายหนังสือ
circulatory system ระบบหมุนเวียนเลือด
circum- คำอุปสรรค หมายถึง รอบๆ
circumcise (เซอร์' เคิมไซซ์) *vt.* **-cised, -cising** ขริบหนังหุ้มลึงค์ออก, ขริบบริเวณคลิตอริสออก, ล้างบาป **-circumcision** *n.*
circumference (เซอร์คัม' เฟอเรินซ์) *n.* เส้นรอบวง, เส้นขอบ (-S. boundary, outline)
circumflex (เซอร์' เคิมเฟลคซ์) *n.* เครื่องหมาย ^ ใช้แสดงการออกเสียงสระของตัวอักษร
circumfuse (เซอร์เคิมฟยูซ') *vt.* **-fused, -fusing** ท่วม, ซ่าน, ชุ่ม **-circumfusion** *n.*
circumlocution (เซอร์เคิมโลคยู' ชัน) *n.* การพูดจาอ้อมค้อม **-circumlocutory** *adj.*
circumlunar (เซอร์เคิมลู' เนอร์) *adj.* ซึ่งโคจรรอบดวงจันทร์
circumnavigate (เซอร์เคิมแนฟ' วิเกท) *vt.* **-gated, -gating** บินด้วยเครื่องบินหรือแล่นเรือไปรอบๆ **-circumnavigation** *n.*
circumscribe (เซอร์' เคิมสไกรบ์) *vt.* **-scribed, -scribing** ลากเส้นล้อมรอบ, วาดวงกลม, สร้างขอบเขต, จำกัด, กำหนดความประพฤติ **-circumscription** *n.*
circumsolar (เซอร์เคิมโซ' เลอร์) *adj.* ซึ่งโคจรรอบดวงอาทิตย์

A B C D E F G H I J K L M N O P Q R S T U V W X Y Z

circumspect (เซอร์' เคิมสเปคท์) *adj.* รอบคอบ, ระมัดระวัง, สุขุม **-circumspection** *n.* **-circumspectly** *adv.* (**-S.** alert, careful)

★**circumstance** (เซอร์' เคิมสแตนซ์) *n.* สภาวะ, กรณี, สถานการณ์, สภาพแวดล้อม, เหตุการณ์, ความเป็นจริง, โอกาส, โชค, กาลเทศะ, รายละเอียด, การแสดงออก *-vt.* **-stanced, -stancing** จัดไว้ในสภาพใดสภาพหนึ่ง (**-S.** (n.) condition, fortune, situation, state)

circumstantial (เซอร์เคิมสแตน' เชิล) *adj.* แล้วแต่กรณี, ตามสถานการณ์, ตามโอกาส, โดยละเอียด **-circumstantially** *adv.*

circumstantiate (เซอร์เคิมสแตน' ชีเอท) *vt.* **-ated, -ating** ให้รายละเอียดเพื่อเป็นพยานหลักฐาน **-circumstantiation** *n.*

circumterrestrial (เซอร์เคิมทะเรส' เตรียล) *adj.* ซึ่งโคจรรอบโลก

circumvent (เซอร์เคิมเวนท์') *vt.* **-vented, -venting** แวดล้อม, แวดล้อมด้วยสิ่งที่เลวร้าย, เอาชนะด้วยเล่ห์ **-circumvention** *n.*

circus (เซอร์' เคิซ) *n.* ละครสัตว์, ตัวตลก, ถนนวงเวียนหลายๆ สายที่มาบรรจบกัน

cirrhosis (ซิโร' ซิซ) *n.* โรคตับแข็ง

cistern (ซิส' เติร์น) *n.* ถังบรรจุน้ำ

citadel (ซิท' ทะเดิล) *n.* ป้อมปราการ

cite (ไซท์) *vt.* **cited, citing** อ้างถึง, ยกเป็นข้อกล่าวอ้าง, นำมาพูดเป็นข้อสนับสนุนหรือเป็นพยานหลักฐาน, กล่าวสดุดี, ออกหมายเรียกเกณฑ์ทหาร, ออกหมายเรียกของทางการ, ออกหมายศาล **-citation** *n.* (**-S.** quote)

★**citizen** (ซิท' ทิเซิน) *n.* พลเมือง, ประชากร

citizenship (ซิท' ทิเซินชิพ) *n.* ความเป็นประชาชนพลเมือง, สัญชาติ

citric acid กรดมะนาว

citron (ซิท' เทริน) *n.* ต้นมะงั่ว ซึ่งเป็นตระกูลเดียวกับมะนาว แต่มีผลโตกว่า

citrus, citrous (ซิท' เทริซ) *n., pl.* **-rus/-ruses** พืชตระกูลมะนาว ได้แก่ ส้ม มะนาว มะกรูด

★**city** (ซิท' ที) *n., pl.* **-ies** เมือง, นคร, พลเมืองทั้งหมดในเมือง *-adj.* ของเมือง, ในเมือง, เหมือนเมือง (**-S.** (n.) burgh, metropolis)

★**city hall** ศาลากลางจังหวัด

city of God สวรรค์

City of Seven Hills กรุงโรมในประเทศอิตาลี

cityscape (ซิท' ทีสเกพ) *n.* ทิวทัศน์ของตัวเมือง

city-state (ซิท' ทีสเตท') *n.* นครรัฐ

civet (ซิฟ' วิท) *n.* ตัวชะมด

civet cat ตัวชะมด ซึ่งเป็นสัตว์คล้ายแมว ชอบหากินกลางคืน มีขนสีเหลือง ลายจุด

civic (ซิฟ' วิค) *adj.* แห่งเมือง, ของพลเรือน

civics (ซิฟ' วิคซ์) *n. pl.* วิชาหน้าที่พลเมือง

civil (ซิฟ' เวิล) *adj.* เกี่ยวกับพลเมือง, ของประชากร, ซึ่งมีวัฒนธรรม, เช่นพลเมืองที่ดี, ซึ่งมีความเจริญแล้ว, สุภาพอ่อนน้อม, เกี่ยวกับคดีแพ่ง **-civilly** *adv.* (**-S.** civic, civilized, polite)

civil defense มาตรการปกป้องชีวิตและทรัพย์สินของประชาชนยามฉุกเฉิน

civil disobedience การที่ประชาชนต่อต้านขัดขืนกฎของรัฐอย่างสันติวิธี

civil engineer วิศวกรโยธา

civilian (ซิวิล' เยิน) *n.* พลเรือน

civility (ซิวิล' ลิที) *n., pl.* **-ties** ความสุภาพ

★**civilization** (ซิฟวะลิเซ' ชัน) *n.* ความมีอารยธรรม, ความเจริญ, การอบรมขัดเกลา

★**civilize** (ซิฟ' วะไลซ์) *vt., vi.* **-lized, -lizing** พัฒนาให้เจริญ, ทำให้มีอารยธรรม, อบรม

civil law กฎหมายแพ่ง

civil liberties เสรีภาพขั้นพื้นฐานของบุคคล เช่น เสรีภาพในการแสดงความคิดเห็น เป็นต้น

civil marriage การแต่งงานตามกฎหมาย

civil rights สิทธิของพลเมืองโดยสัญชาติ เช่น สิทธิในการลงคะแนนเสียงเลือกตั้ง เป็นต้น

civil servant ข้าราชการพลเรือน

civil service ราชการพลเรือน

civil war สงครามกลางเมือง

civil year ปีปฏิทิน

clack (แคลค) *vi., vt.* **clacked, clacking** ทำเสียงดังแกร๊ก, พูดรัวเร็ว *-n.* เสียงดังแกร๊ก

clad[1] (แคลด) *v.* กริยาช่อง 2 และ 3 ของ clothe *-adj.* ซึ่งสวมเสื้อผ้า (**-S.** (adj.) clothed, dressed)

clad[2] (แคลด) *vt.* **clad, cladding** หุ้มด้วยโลหะ

★**claim** (เคลม) *vt., vi.* **claimed, claiming** เรียกร้อง, ร้องขอ, อ้างสิทธิ *-n.* การเรียกร้อง, คำร้องขอ, การอ้างสิทธิ **-claimable** *adj.* **-claimer** *n.* (**-S.** (v.) ask for, assert)

clairvoyant (แคลร์วอย' เอินท์) *n.* เกี่ยวกับหรือมีพลังในการหยั่งรู้ *-n.* ผู้มีความสามารถดังกล่าว **-clairvoyance** *n.*

clam (แคลม) *n., pl.* **clams/clam** หอยกาบ, เนื้อหอยกาบ, (ภาษาพูด) คนที่เก็บความลับได้, (คำสแลง) เงินดอลลาร์

clambake (แคลม' เบค) *n.* การปิ้งอาหารทะเลและรับประทานที่ชายหาด

clamber (แคลม' เบอร์) *vi.* **-bered, -bering**

ปีนด้วยความยากลำบากโดยใช้มือและเท้า

clammy (แคลม' มี) *adj.* **-mier, -miest** ชื้นแฉะ, เย็นชืด **-clammily** *adv.* (**-S.** humid, moist)

clamor, clamour (แคลม' เมอร์) *n.* เสียงอึกทึก, เสียงตะโกน, เสียงที่ดังมากๆ *-vi., vt.* **-ored, -oring/-oured, -ouring** ส่งเสียงดัง **-clamorous** *adj.* **-clamorously** *adv.*

clamp (แคลมพ์) *n.* อุปกรณ์สำหรับหนีบหรือยึดวัสดุสองชิ้นเข้าด้วยกัน *-vt.* **clamped, clamping** ยึดหรือจับด้วยอุปกรณ์ดังกล่าว, บังคับ (**-S.** (n.) fastener (v.) impose)

clampdown (แคลมพ์' เดานฺ) *n.* ข้อห้าม

clan (แคลน) *n.* กลุ่มคนที่มีเชื้อสายเดียวกัน, วงศ์ตระกูล, เครือญาติ, กลุ่มคนที่มีผลประโยชน์ร่วมกัน, ก๊ก **-clannish** *adj.* **-clannishly** *adv.*

clandestine (แคลนเดส' ติน) *adj.* เป็นความลับ, อย่างลับๆ **-clandestinely** *adv.* (**-S.** concealed, hidden, secret)

clang (แคลง) *n.* เสียงดังกังวานจากการตีหรือเคาะ, เสียงโลหะกระทบกัน, เสียงที่แตกพร่า *-vi., vt.* **clanged, clanging** ทำให้เกิดเสียงดัง, ตีหรือเคาะโลหะ (**-S.** (n., v.) clank, clink)

clanger (แคลง' เกอร์) *n.* ความผิด, การกระทำผิด (**-S.** blunder, mistake)

clangor, clangour (แคลง' เกอร์) *n.* การตีหรือเคาะอย่างต่อเนื่อง, เสียงดังอย่างต่อเนื่อง

clank (แคลงค์) *n.* เสียงโลหะกระทบกัน มีเสียงแหลมแต่ไม่กังวาน *-vi., vt.* **clanked, clanking** ทำให้เกิดเสียงดังกล่าว (**-S.** (n., v.) clink)

★**clap**[1] (แคลพ) *vi., vt.* **clapped, clapping** ปรบมือ, นำวัตถุมากระทบกันให้เกิดเสียงดัง, ตบเบาๆ, กระทำอย่างรวดเร็ว *-n.* การปรบมือ, เสียงปรบมือ, เสียงที่ดังและเกิดขึ้นอย่างรวดเร็ว, การใช้มือตบเบาๆ (**-S.** (v.) applaud (v., n.) strike)

clap[2] (แคลพ) *n.* (คำสแลง) กามโรค

clapper (แคลพ' เพอร์) *n.* ผู้ปรบมือ, ตุ้มระฆัง

clapperclaw (แคลพ' เพอร์คลอ) *vt.* **-clawed, -clawing** ข่วน, จิก, ด่าว่า

claptrap (แคลพ' แทรพ) *n.* คำพูดเกินความจริงหรือไร้สาระ (**-S.** nonsense, rubbish)

claque (แคลค) *n.* พวกหน้าม้าที่รับจ้างปรบมืออยู่หน้าเวทีการแสดงต่างๆ

claret (แคล' ริท) *n.* ไวน์แดง, สีแดงอมม่วง

clarify (แคล' ระไฟ) *vt., vi.* **-fied, -fying** ทำให้เข้าใจได้ง่าย, ทำให้หายสับสน, ทำให้ไม่มีสิ่งเจือปน **-clarification** *n.* (**-S.** explain, simplify)

clarinet (แคลระเนท') *n.* ปี่ชนิดหนึ่ง

clarion (แคล' เรียน) *n.* ทรัมเป็ตที่มีเสียงใสแหลม สูงและดัง *-adj.* (เสียง) ใส แหลม สูง ดัง

clarity (แคล' ริที) *n.* ความชัดเจน, ความใสสะอาด (**-S.** clearness, lucidity, obviousness)

clash (แคลช) *vi., vt.* **clashed, clashing** ตี, กระทบ, ขัดแย้ง, ปะทะ *-n.* เสียงดังที่เกิดจากวัตถุกระทบกัน, ความขัดแย้ง, การปะทะ (**-S.** (v., n.) conflict, quarrel (n.) striking)

clasp (แคลซพ์) *n.* ตัวหนีบ, เข็มกลัด, ตะขอ, การกอด *-vt.* **clasped, clasping** กลัด, หนีบ, กอดรัด, จับด้วยมือ, เกาะ (**-S.** (n.) fastener, pin)

★**class** (แคลซ) *n.* ชนิด, ประเภท, ระดับ, สถานภาพหรือฐานะ, นักเรียนที่อยู่ในชั้นเดียวกัน, การแบ่งกลุ่มหรือประเภท, (ภาษาพูด) ความมีรสนิยม *-vt.* **classed, classing** จัดกลุ่ม, แบ่งประเภท **-class-conscious** ตระหนักถึงสถานภาพทางสังคม (**-S.** (n.) category, classification, status (v.) classify, grade)

classic (แคลซ' ซิค) *adj.* มีมาตรฐานสูง, ยอดเยี่ยม, มีคุณค่ายาวนาน, มีรูปแบบที่เรียบง่าย, มีชื่อเสียง, (ภาษาพูด) เป็นที่นิยมเพราะความเรียบง่าย *-n.* งานเขียนหรือศิลปะที่ได้รับการยกย่อง, คนหรือสิ่งที่อยู่ในระดับสูงสุด, ตัวอย่างที่เป็นมาตรฐาน, (ภาษาพูด) ชุดที่มีแบบมาตรฐาน **-classics** การศึกษางานประพันธ์สมัยกรีก-โรมันโบราณ (**-S.** (n., adj.) standard)

classical (แคลซ' ซิเคิล) *adj.* มีมาตรฐานสูง, เกี่ยวกับวรรณกรรม ศิลปะและวัฒนธรรมสมัยกรีก-โรมันโบราณ, เป็นที่รู้จัก, มีคุณค่ายาวนาน, เรียบง่าย **-classically** *adv.*

classification (แคลซซะฟิเค' ชัน) *n.* การแบ่งกลุ่ม ชนิดหรือประเภท, กลุ่ม, ระบบการแบ่งกลุ่ม

classified (แคลซ' ซะไฟด์) *adj.* ที่แบ่งออกเป็นกลุ่มหรือประเภท, ที่จัดไว้เฉพาะผู้มีหน้าที่เกี่ยวข้องเนื่องจากเป็นความลับ

classified advertising/advertisement โฆษณาในสิ่งพิมพ์ที่แยกประเภทของสินค้าหรือบริการโดยจัดเป็นคอลัมน์ขนาดกะทัดรัด

classify (แคลซ' ซะไฟ) *vt.* **-fied, -fying** จัดหรือแบ่งตามประเภท (**-S.** designate, group)

classmate (แคลซ' เมท) *n.* เพื่อนร่วมชั้น

classroom (แคลซ' รูม, -รุม) *n.* ห้องเรียน

classy (แคลซ' ซี) *adj.* **-ier, -iest** (ภาษาพูด) หรูหรา นำสมัย ยอดเยี่ยม ชั้นหนึ่ง

clatter (แคลท' เทอร์) *vi., vt.* **-tered, -tering** ทำให้เกิดเสียงแหลมดัง, พูดเร็วและเสียงดัง

-n. เสียงแหลมที่ดังอย่างต่อเนื่อง, เสียงวัตถุกระทบกัน, เสียงพูดคุยที่ดัง, เสียงอึกทึก
clause (คลอซ) *n.* อนุประโยค, มาตรา, ข้อบังคับ
claustrophobia (คลอสตระโฟ' เบีย) *n.* ความกลัวบริเวณที่ถูกปิดล้อม เช่น ในลิฟต์
clavicle (แคลฟ' วิเคิล) *n.* กระดูกไหปลาร้า
claw (คลอ) *n.* กรงเล็บของสัตว์, ก้ามปูหรือกุ้ง, อุปกรณ์ที่มีลักษณะแหลมคม *-vt., vi.* **clawed, clawing** ข่วน ฉีก ขุดหรือดึงด้วยเล็บ **-claw hammer** ค้อนที่มีปลายหนึ่งใช้ตอกตะปูและอีกปลายใช้ถอนตะปู (**-S.** (n.) nail (v.) scratch)
★**clay** (เคล) *n.* ดินเหนียว, โคลน (**-S.** earth)
★**clean** (คลีน) *adj.* **cleaner, cleanest** สะอาด, ปราศจากฝุ่น, ไม่มีสิ่งเจือปน, ไม่ติดเชื้อโรค, ใหม่, ไม่มีที่ตำหนิ, มีคุณธรรม, มีรูปร่างดี, สมบูรณ์, บริสุทธิ์, ถูกต้อง, เรียบร้อยเป็นระเบียบ *-adv.* **cleaner, cleanest** อย่างสมบูรณ์, อย่างยุติธรรม *-vt., vi.* **cleaned, cleaning** ทำความสะอาด, กำจัดสิ่งสกปรก, ทำให้ว่างเปล่า, เตรียมวัตถุดิบเพื่อทำอาหาร, ประพฤติตนอย่างถูกต้อง **-clean out** ทำให้สะอาด, ทำให้ว่าง **-clean up** ทำให้เป็นระเบียบเรียบร้อย **-cleanness** *n.* (**-S.** (adj.) complete, pure)
clean-cut (คลีน' คัท') *adj.* มีลายเส้นหรือมีขอบคม, มีรูปแบบดี, ชัดเจน, ประณีต, ดูดี
cleaner (คลี' เนอร์) *n.* ผู้ทำความสะอาด, อุปกรณ์ทำความสะอาด
clean-handed (คลีน' แฮน' ดิด) *adj.* บริสุทธิ์, ไม่มีความผิด
cleanly (เคลน' ลี) *adj.* **-lier, -liest** รักความสะอาด *-adv.* อย่างง่ายดาย
cleanse (เคลนซ์) *vt.* **cleansed, cleansing** ทำให้สะอาด, ทำให้บริสุทธิ์, ทำให้พ้นข้อกล่าวหา
cleanser (เคลน' เซอร์) *n.* สารหรือผงทำความสะอาด, ครีมหรือโลชั่นทำความสะอาดผิวหน้า
★**clear** (เคลียร์) *adj.* **clearer, clearest** โปร่ง, ใส, ไม่มีเมฆหมอก, ชัดเจน, สงบ, บริสุทธิ์, ไม่มีความผิด, ไม่มีอุปสรรค, สุทธิ, ไม่เป็นหนี้, สมบูรณ์, แน่นอน *-adv.* อย่างชัดเจน, อย่างสมบูรณ์ *-vt., vi.* **cleared, clearing** ทำให้สว่าง, กำจัด, พิสูจน์ว่าไม่มีความผิด, จ่ายหนี้, จัดการบัญชี เช็คหรืออื่นๆ ผ่านธนาคาร, ผ่านการอนุมัติ, ทำให้เข้าใจได้ง่าย, ทำให้ว่าง, หายไป, ผ่านด่านศุลกากร, จัดการธุระจนเสร็จ, กำจัดข้อมูลที่ไม่ต้องการออกจากหน่วยความจำของคอมพิวเตอร์ **-clear up** อธิบาย, ทำให้เรียบร้อย **-clearly** *adv.* **-clearness** *n.* (**-S.** (adj.) bright, empty, evident **-A.** (adj.) cloudy, opaque)
clearance (เคลีย' เรินซ์) *n.* การจัดการให้เรียบร้อย, พื้นที่โล่งกว้าง, การอนุญาตให้พาหนะผ่านด่านศุลกากรหลังจากตรวจตราแล้ว, การจัดการบัญชี เช็คหรืออื่นๆ ที่ธนาคาร (**-S.** clearing, permission, space)
clear-cut (เคลียร์' คัท') *adj.* คมชัด, ชัดเจน
clearing (เคลีย' ริง) *n.* การจัดการให้เรียบร้อย, พื้นที่โล่งเตียน, การแลกเปลี่ยนเช็คหรือตราสารทางการเงินอื่นๆ และการดุลบัญชีในธนาคาร
clearinghouse (เคลีย' ริงเฮาซ์) *n.* สถานที่ที่รับแลกเปลี่ยนเช็ค ตราสารทางการเงินและอื่นๆ
clear-sighted (เคลียร์' ไซ' ทิด) *adj.* ฉลาด
cleavage (คลี' วิจ) *n.* รอยแยกหรือรอยแตก, (ภาษาพูด) ร่องอกของผู้หญิง
cleave[1] (คลีฟว์) *vt., vi.* **cleft/cleaved/clove, cleft/cleaved/cloven, cleaving** ทำให้แตก, แทงทะลุ, ผ่าออก, กะเทาะ, ตัด (**-S.** cut, split)
cleave[2] (คลีฟว์) *vi.* **cleaved, cleaving** แขวน, ติด, มีความซื่อสัตย์, จงรักภักดี (**-S.** adhere to)
cleaver (คลี' เวอร์) *n.* อุปกรณ์สำหรับตัดที่มีใบมีดกว้าง เช่น มีดแล่เนื้อ
clef (เคลฟ) *n.* เครื่องหมายกำหนดระดับเสียงของดนตรี
cleft (เคลฟท์) *v.* กริยาช่อง 2 และ 3 ของ cleave[1] *-adj.* ที่แบ่งหรือแยกออก *-n.* รอยแตก, รอยบุ๋ม, ร่อง (**-S.** (v., n.) crack, fissure)
clement (เคลม' เมินท์) *adj.* มีเมตตา, มีความอดกลั้น, มีอากาศอุ่นสบาย **-clemency** *n.*
clench (เคลนช์) *vt.* **clenched, clenching** ปิดแน่น, กำหมัดแน่น, ขบฟันแน่น, ยึดหรือตอกด้วยตะปูหรืออื่นๆ, จับแน่น *-n.* การจับยึดอย่างแน่น, อุปกรณ์ที่ใช้ยึดจับ (**-S.** (v.) fasten)
clergy (เคลอร์' จี) *n., pl.* **-gies** กลุ่มพระ
clergyman (เคลอร์' จีเมิน) *n., pl.* **-men** พระ
cleric (เคล' ริค) *n.* สมาชิกผู้ทำหน้าที่ทางศาสนา
★**clerk** (เคลิร์ค, คลาร์ค) *n.* เสมียน, นายทะเบียน, พนักงานเคาน์เตอร์ **-clerkship** *n.*
★**clever** (เคลฟ' เวอร์) *adj.* **-erer, -erest** ฉลาด, มีไหวพริบ, คล่องแคล่ว, ชำนาญ **-cleverly** *adv.* **-cleverness** *n.* (**-S.** dextrous, shrewd)
clew (คลู) *n.* กลุ่มด้ายที่พันเป็นก้อนกลม
cliché (คลีเช') *n.* ความคิดหรือคำพูดที่ใช้บ่อยมากจนดูเป็นสิ่งธรรมดาๆ (**-S.** platitude)
click (คลิค) *n.* เสียงคลิก, ลิ้นสปริง *-v.* **clicked, clicking** *-vi.* เกิดเสียงคลิก, (ภาษาพูด) เข้าใจในทันที เข้ากันได้ดี *-vt.* ทำให้เกิดเสียงคลิก

*client (ไคล' เอินท์) *n.* ลูกค้า, ลูกความของทนาย, คนไข้ (-S. customer, patient, patron)

clientele (ไคลเอินเทล', คลีอาง-) *n.* กลุ่มลูกค้า

*cliff (คลิฟ) *n.* หน้าผา **-cliffy** *adj.*

climacteric (ไคลแมค' เทอริค, ไคลแมคเท' ริค) *n.* ช่วงการเปลี่ยนแปลงที่สำคัญของร่างกาย, ช่วงวิกฤติในชีวิต *-adj.* เกี่ยวกับช่วงดังกล่าว

*climate (ไคล' มิท) *n.* บรรยากาศ, ภูมิอากาศ **-climatic** *adj.* (-S. atmosphere, weather)

climax (ไคล' แมคซ์) *n.* จุดสูงสุด, เหตุการณ์ที่มีความตื่นเต้นและน่าสนใจมากที่สุด, การเรียงลำดับคำพูดหรือความคิดจากน้อยไปหามาก (-S. pinnacle, summit, zenith)

*climb (ไคลม์) *vt., vi.* **climbed, climbing** ปีน, ตะกาย, ไต่, เพิ่มขึ้นทีละน้อย, (ต้นไม้) พันหรือไต่ขึ้นที่สูง *-n.* การปีน (-S. (v., n.) mount)

climber (ไคล' เมอร์) *n.* ผู้ปีน, ไม้เลื้อย

clinch (คลินช์) *vt., vi.* **clinched, clinching** ทำให้ติดแน่น, ทำให้ยุติ, ทำให้สำเร็จ, ผูกเข้าด้วยกัน, กอดนักมวยคู่ต่อสู้ (-S. fasten)

cling (คลิง) *vi.* **clung, clinging** เกาะ, รวมตัวกันแน่น, กอดแน่น, ยึดติด, ภักดี (-S. adhere, hold, stick)

*clinic (คลิน' นิค) *n.* การสอนนักศึกษาแพทย์วินิจฉัยโรคและตรวจรักษาคนไข้, สถานพยาบาล

clinical (คลิน' นิเคิล) *adj.* เกี่ยวกับการรักษาและวินิจฉัยโรค, ที่วิเคราะห์ด้วยเหตุผล, เข้มงวด **-clinically** *adv.* (-S. objective, severe)

clinical thermometer เทอร์โมมิเตอร์สำหรับวัดอุณหภูมิของร่างกาย

clinician (คลินิช' เชิน) *n.* แพทย์หรือผู้เชี่ยวชาญในการรักษาโรคและให้ความรู้

clink (คลิงค์) *vi., vt.* **clinked, clinking** ทำให้เกิดเสียงเล็กแหลมและเบา *-n.* เสียงแก้วหรือโลหะกระทบกัน

clinker (คลิง' เคอร์) *n.* วัตถุแข็ง เช่น หินที่เหลืออยู่จากการเผาถ่านไม้, อิฐทนไฟ

clip[1] (คลิพ) *vt., vi.* **clipped, clipping** ตัด, ขริบ, เล็ม, เจาะรู, เจียนขอบ, ลดจำนวน, ย่อ *-n.* สิ่งที่ถูกตัด, การตัด เช่น ขนแกะ, การย่อ (-S. (v.) cut, hit, trim (n.) cut, extract, smack)

clip[2] (คลิพ) *n.* คลิปหนีบกระดาษ, สายพานบรรจุกระสุนปืนกล *-vt.* **clipped, clipping** ยึด, กลัด, หนีบ (-S. (n., v.) clasp)

clipboard (คลิพ' บอร์ด, -โบร์ด) *n.* แผ่นกระดานซึ่งมีที่หนีบสำหรับยึดกระดาษ

clipper (คลิพ' เพอร์) *n.* ผู้ที่ทำหน้าที่ตัด, คนสัตว์หรือสิ่งที่เคลื่อนที่ได้รวดเร็ว, เรือที่มีปลายด้านหน้าแหลมเพื่อเพิ่มความเร็ว **-clippers** อุปกรณ์สำหรับตัด

clipping (คลิพ' พิง) *n.* สิ่งที่ถูกตัดออกมา เช่น ผม ข่าวหรือข้อความจากหนังสือพิมพ์

clique (คลีค, คลิค) *n.* พวก, หมู่, ก๊ก, พรรค, ชมรม **-cliquish** *adj.* (-S. circle, group)

clitoris (คลิท' เทอริซ, ไคล' เทอ-) *n., pl.* **clitorises** (-ริซิซ)/**clitorides** (-ริดีซ) ปุ่มคลิตอริสเป็นปุ่มที่ไวต่อการกระตุ้น อยู่บริเวณปลายหัวหน่าวเพศหญิง

cloak (โคลค) *n.* ชุดคลุมหลวมๆ แบบไม่มีแขน, สิ่งที่ใช้ปกปิดหรือปกคลุมสิ่งอื่น *-vt.* **cloaked, cloaking** ปกคลุมด้วยชุดคลุม, ปกปิด, ซ่อน (-S. (n.) dolman (n., v.) mask (v.) conceal, hide)

cloakroom (โคลค' รูม, -รุม) *n.* ห้องเก็บเสื้อคลุม ร่มหรืออื่นๆ เป็นการชั่วคราว

clobber (คลอบ' เบอร์) *vt.* **-bered, -bering** (คำสแลง) ทุบตี วิจารณ์อย่างรุนแรง

clock (คลอค) *n.* นาฬิกา, เครื่องตอกบัตร, อุปกรณ์ที่ใช้วัดระยะทางและเวลา *-vt., vi.* **clocked, clocking** จับเวลา, บันทึกเวลา **-around the clock** ตลอดวันตลอดคืน (-S. (n.) chronometer, timer (v.) record, time)

clockwise (คลอค' ไวซ์) *adj., adv.* ซึ่งเคลื่อนที่ตามเข็มนาฬิกา

clockwork (คลอค' เวิร์ค) *n.* ลานนาฬิกา

clod (คลอด) *n.* ก้อนดิน, ดิน, คนโง่

clodhopper (คลอด' ฮอพเพอร์) *n.* คนที่ทำอะไรงุ่มง่ามและไม่ประณีต, รองเท้าที่มีส้นหนัก

clog (คลอก) *n.* อุปสรรค, ตุ้มน้ำหนักที่ถ่วงขาสัตว์ไม่ให้เคลื่อนที่, รองเท้าส้นไม้ *-vt., vi.* **clogged, clogging** ขัดขวางการเคลื่อนที่, ติดกันเป็นก้อน, อุดตัน (-S. (n., v.) block)

clog dance การเต้นรำที่สวมรองเท้าส้นไม้สำหรับเคาะจังหวะกับพื้นขณะเต้นรำ

cloister (คลอย' สเตอร์) *n.* ทางเดินที่มีหลังคารูปโค้ง, วัด, ชีวิตในวัด (-S. arcade, convent)

clone (โคลน) *n.* สิ่งมีชีวิตที่มีลักษณะเหมือนกันซึ่งเกิดจากการขยายพันธุ์โดยไม่ต้องผสมพันธุ์, รูปจำลองดีเอ็นเอที่เกิดจากวิธีพันธุวิศวกรรม *-vt.* **cloned, cloning** สร้างรูปจำลองหรือสิ่งมีชีวิตโดยไม่ใช้การผสมพันธุ์

cloning (โคลน' นิง) *n.* เทคนิคการสร้างสิ่งมีชีวิตที่เหมือนแม่แบบโดยไม่ใช้เซลล์สืบพันธุ์

*close (*adj., adv.* โคลซ, *v., n.* โคลซ) *adj.* **closer, closest** (ระยะทางหรือเวลา) ใกล้,

A B C D E F G H I J K L M N O P Q R S T U V W X Y Z

ใกล้ชิด, สนิท, แคบ, ปิด, ถูกปิดล้อม, ไม่มีอากาศถ่ายเท, เป็นความลับ, รอบคอบ, เข้มงวด, กะทัดรัด, ใกล้เคียงกัน *-vt., vi.* **closed, closing** ปิด, กั้น, หยุด, จบ, สิ้นสุด, รวมเข้าด้วยกัน, ทำให้เสร็จสมบูรณ์, กำหนด, เข้าใกล้, จับกลุ่ม, ลดระยะห่าง *-n.* จุดจบ, สถานที่ที่ถูกปิดล้อม *-adv.* **closer, closest** อย่างใกล้ชิด **-close down** ปิดหรือหยุดอย่างถาวร **-close in** ปิดล้อม **-close up** ดึงเข้ามาใกล้กัน, ปิดสนิท, (แผล) สมานเข้าหากัน **-closely** *adv.* **-closeness** *n.* (-S. (adj.) careful, compact, intimate)

close/closed corporation บริษัทที่มีผู้ถือหุ้นไม่กี่คนและไม่มีการขายหุ้นแก่ผู้อื่น

★**closed** (โคลซด์) *adj.* ที่ถูกปิด, ที่ปิดกั้น, มีข้อจำกัด, เป็นความลับ, ปกปิด, เฉพาะ

closed book บุคคลหรือสิ่งที่ไม่สามารถทำความเข้าใจได้, สิ่งที่ลึกลับซับซ้อน

closed circuit โทรทัศน์วงจรปิด, วงจรไฟฟ้าที่มีกระแสไฟฟ้าไหลผ่านตลอดเวลา

closed-door (โคลซด์' ดอรฺ, -โดร์) *adj.* ไม่เปิดเผยต่อสาธารณะ, เป็นเรื่องส่วนบุคคล

★**closet** (คลอซฺ' ซิท, คลอ' ซิท) *n.* ห้องขนาดเล็ก, ห้องน้ำ, ตู้ *-vt.* **-eted, -eting** ปิดห้องเพื่อประชุมลับ *-adj.* เป็นความลับ (-S. (n.) cabinet)

close-up (โคลซฺ' ซัพ) *n.* ภาพถ่ายที่เน้นสิ่งที่ต้องการถ่ายอย่างชัดเจน

closure (โคล' เฌอรฺ) *n.* การปิดล้อมหรือภาวะที่ถูกปิด, บทสรุป, การลงมติในรัฐสภา

clot (คลอท) *n.* ก้อนที่มีลักษณะกึ่งแข็งกึ่งเหลว เช่น ก้อนเลือด, ก้อนดิน *-vi., vt.* **clotted, clotting** รวมตัวเป็นก้อน, รวมกลุ่ม

★**cloth** (คลอธ) *n., pl.* **cloths** (คลอธซฺ, คลอธซฺ) ผ้า **-cloth yard** หน่วยวัดความยาวของผ้า มีหน่วยเป็นหลาซึ่งเท่ากับ 36 นิ้ว (-S. fabric)

clothe (โคลธ) *vt.* **clothed/clad, clothing** สวมเสื้อผ้า, ปกคลุมด้วยผ้า (-S. dress, wrap)

★**clothes** (โคลซ, โคลธซฺ) *n. pl.* เสื้อผ้า, เครื่องนุ่งห่ม (-S. attire, garments, outfits)

clotheshorse (โคลซฺ' ฮอรฺซ, โคลธซฺ'-) *n.* โครงสำหรับตากผ้า

clothesline (โคลซฺ' ไลนฺ, โคลธซฺ'-) *n.* ราวตากผ้า

clothespeg, clothespin (โคลซฺ' เพก; โคลธซฺ-, -พิน) *n.* ตัวหนีบผ้า

clothier (โคลธ' เยอรฺ, โคล' ธีเออรฺ) *n.* คนทำหรือขายเสื้อผ้า, คนขายผ้า

★**clothing** (โคล' ธิง) *n.* ผ้า, เสื้อผ้า, เครื่องนุ่งห่ม

★**cloud** (เคลาดฺ) *n.* เมฆ, กลุ่มควัน หมอกหรือไอน้ำ, สิ่งที่มีจำนวนมาก, สิ่งที่ทำให้เกิดความทุกข์, สิ่งที่ขุ่นมัว *-vt., vi.* **clouded, clouding** ปกคลุมด้วยเมฆหมอก, ทำให้ทุกข์, ทำให้มัวหมอง, ทำให้เสียชื่อ, มีทุกข์ (-S. (n.) flock, gloom)

cloudburst (เคลาดฺ' เบิรฺซทฺ) *n.* พายุฝน

cloudless (เคลาดฺ' ลิซ) *adj.* ไม่มีเมฆปกคลุม, แจ่มใส, ปลอดโปร่ง, ไม่มีมลทิน

cloudy (เคลา' ดี) *adj.* **-ier, -iest** ที่ปกคลุมไปด้วยเมฆหมอก, เหมือนเมฆ, ขุ่นมัว, คลุมเครือ, มีทุกข์ (-S. dim, indistinct, obscure)

clove[1] (โคลฟวฺ) *n.* ต้นกานพลู

clove[2] (โคลฟวฺ) *n.* กลีบ (กระเทียม)

clove[3] (โคลฟวฺ) *v.* กริยาช่อง 2 ของ cleave[1]

clove hitch เงื่อนผูกเชือกแบบหนึ่ง

cloven (โคล' เวิน) *v.* กริยาช่อง 3 ของ cleave[1]

cloven foot/hoof เท้าที่มีลักษณะเป็นกีบ เช่น วัว, สัญลักษณ์ของซาตานที่มีเท้าเป็นกีบ

clover (โคล' เวอรฺ) *n.* พืชตระกูลถั่วชนิดหนึ่งที่ใช้เป็นอาหารของสัตว์

cloverleaf (โคล' เวอรฺลีฟ) *n., pl.* **-leafs** จุดเปลี่ยนเส้นทางบนถนนซึ่งสร้างต่างระดับกัน มีรูปร่างคล้ายกลีบดอกไม้สี่แฉก

clown (เคลานฺ) *n.* ตัวตลก, คนซุ่มซ่าม *-vi.* **clowned, clowning** เล่นตลก (-S. (n.) buffoon)

cloy (คลอย) *vt.* **cloyed, cloying** ทำให้เบื่อหรือไม่ชอบเนื่องจากมีบางสิ่งมากเกินไป (-S. dull)

★**club** (คลับ) *n.* ไม้สำหรับตีลูก, ตะบอง, สโมสร, ไนต์คลับ, ไพ่รูปดอกจิก, กลุ่มคนที่มารวมตัวเพื่อวัตถุประสงค์บางอย่าง *-vt., vi.* **clubbed, clubbing** รวมกลุ่มเพื่อวัตถุประสงค์บางอย่าง, ตีด้วยไม้ดังกล่าว (-S. (n.) association (v.) hit)

clubfoot (คลับ' ฟุท) *n.* เท้าที่มีรูปร่างบิดงอ

clubhouse (คลับ' เฮาซฺ) *n.* สโมสร

club sandwich แซนด์วิชขนาดใหญ่

cluck (คลัค) *n.* เสียงที่แม่ไก่ใช้เรียกลูกเจี๊ยบ, เสียงที่แหลม สั้นและเบา *-vi., vt.* **clucked, clucking** ส่งเสียงที่มีลักษณะดังกล่าว

clue (คลู) *n.* สิ่งที่ช่วยนำไปสู่การแก้ปัญหาหรือไขปริศนา *-vt.* **clued, clueing/cluing** แนะนำ, ให้ข้อมูล (-S. (n.) evidence, hint, indication)

clump (คลัมพฺ) *n.* ก้อน, กลุ่ม, พุ่มไม้ที่หนาแน่น *-v.* **clumped, clumping** *-vi.* จับตัวเป็นก้อน, เดินเสียงดัง *-vt.* รวบรวมให้เป็นก้อน, ปลูกต้นไม้ให้เป็นพุ่ม (-S. (n.) cluster, group, mass)

clumsy (คลัม' ซี) *adj.* **-sier, -siest** งุ่มง่าม, อุ้ยอ้าย, เทอะทะ **-clumsily** *adv.* **-clumsiness**

A B C D E F G H I J K L M N O P Q R S T U V W X Y Z

n. (-S. awkward, heavy, tactless)
clung (คลัง) *v.* กริยาช่อง 2 และ 3 ของ cling
clunk (คลังค์) *n.* เสียงโลหะกระทบกัน, การตีให้เกิดเสียงดัง, (คำสแลง) คนโง่
cluster (คลัส' เตอร์) *n.* ช่อ, กอง, ฝูง, กลุ่ม *-vt., vi.* **-tered, -tering** รวมกันเป็นกลุ่ม (-S. (n.) band, gathering (v.) collect, gather)
clutch (คลัช) *vt., vi.* **clutched, clutching** ปล่อยหรือเข้าคลัตช์, จับ, ฉวย, คว้า, กุม, เกาะ, กำ *-n.* มือหรืออุ้งเล็บสัตว์ที่ใช้จับ, อุปกรณ์ที่ใช้สำหรับจับ, คลัตช์ของเครื่องยนต์ (-S. (v.) grasp)
clutter (คลัท' เทอร์) *n.* ความสับสนวุ่นวาย *-vt., vi.* **-tered, -tering** ทำให้สับสนวุ่นวาย (-S. (n., v.) disorder, jumble (v.) mess up)
cm ย่อจาก centimeter เซนติเมตร
CO ย่อจาก Commanding Officer ผู้บังคับบัญชา
Co[1] สัญลักษณ์ของธาตุ cobalt
Co[2], **co** ย่อจาก company บริษัท, county จังหวัด เขตการปกครอง
c/o, c.o. ย่อจาก care of ในความดูแลของ
co- คำอุปสรรค หมายถึง ผู้ช่วย, รวมเข้าด้วยกัน, เสมอกัน
★**coach** (โคช) *n.* รถม้าสี่ล้อขนาดใหญ่, รถโดยสารขนาดใหญ่, รถไฟ, ผู้ฝึกซ้อมและสอนนักกีฬา, ผู้สอน *-vt., vi.* **coached, coaching** ฝึกหัด, สอน, เดินทางด้วยพาหนะดังกล่าว
coachman (โคช' เมิน) *n., pl.* **-men** ผู้ขับรถ
coadjutor (โคอะจู' เทอร์) *n.* ผู้ช่วยบิชอป
coagulate (โคแอก' กยะเลท) *v.* **-lated, -lating** *-vt.* ทำให้จับตัวเป็นก้อน *-vi.* จับตัวเป็นก้อน **-coagulation** *n.* (-S. clot, congeal, jell)
★**coal** (โคล) *n.* ถ่านหิน, ถ่านไม้
coalesce (โคอะเลซ') *vi.* **-lesced, -lescing** รวมเข้าด้วยกัน, เชื่อมต่อกัน **-coalescence** *n.* **-coalescent** *adj.* (-S. join, merge, unite)
coalfield (โคล' ฟีลด์) *n.* บริเวณที่พบถ่านหิน
coal gas ก๊าซหุงต้มที่ผลิตจากถ่านหิน
coalition (โคอะลิช' ชัน) *n.* การรวมตัวกัน, การร่วมมือเฉพาะกิจ เช่น รัฐบาลผสม
coal mine/pit เหมืองถ่านหิน
coal tar น้ำมันสีดำ ได้จากการสกัดถ่านหิน
coaming (โค' มิ่ง) *n.* บริเวณขอบเรือที่มีการยกสูงเพื่อกันน้ำ
coarse (คอร์ซ, โคร์ซ) *adj.* **coarser, coarsest** มีคุณภาพต่ำ, มีรสชาติแย่, ไม่สุภาพ, หยาบคาย **-coarsely** *adv.* (-S. unrefined -A. fine)
coarse-grained (คอร์ซ' เกรนด์, โคร์ซ'-) *adj.* มีเนื้อหยาบ, ไม่ประณีต
coarsen (ครอ' เซิน, โคร'-) *vt., vi.* **-ened, -ening** ทำให้หยาบ (-S. harshen, roughen)
★**coast** (โคซท์) *n.* ชายฝั่ง, ชายทะเล *-vt., vi.* **coasted, coasting** แล่นเรือเลียบชายฝั่ง, เคลื่อนไปเรื่อยๆ, ทำได้อย่างสบายๆ
coastal (โค' สเติล) *adj.* ตามชายฝั่ง
coaster (โค' สเตอร์) *n.* ผู้ที่ไร้จุดมุ่งหมาย, เรือที่แล่นเลียบชายฝั่ง, ที่รองแก้วหรือเหยือก
coast guard เจ้าหน้าที่รักษาความปลอดภัยหรือตำรวจหรือทหารที่รักษาการณ์ตามชายฝั่ง
★**coat** (โคท) *n.* เสื้อคลุม, เสื้อแจ็กเกต, ขนสัตว์ที่ปกคลุมร่างกาย, ชั้นของวัสดุที่ใช้เคลือบผิว *-vt.* **coated, coating** ปกคลุมด้วยเสื้อคลุมหรือขนสัตว์, ทาวัสดุเคลือบผิว (-S. (n.) layer)
coating (โค' ทิง) *n.* ชั้นของวัสดุที่ใช้เคลือบผิววัสดุอื่น, ผ้าที่นำมาตัดเสื้อคลุม
coat of arms ตราประจำราชวงศ์หรือตระกูล
coauthor, co-author (โคออ' เธอร์) *n.* นักประพันธ์ที่ร่วมกันแต่งหนังสือ
coax (โคคซ์) *vt., vi.* **coaxed, coaxing** หลอกล่อ, ชักชวน, คะยั้นคะยอ (-S. cajole)
cob (คอบ) *n.* ซังข้าวโพด, หงส์ตัวผู้, ม้าที่มีขาสั้นและแข็งแรงใช้สำหรับขี่,ก้อนวัตถุขนาดเล็ก
cobalt (โค' บอลท์) *n.* ธาตุโลหะชนิดหนึ่ง ใช้เป็นส่วนผสมของโลหะผสมเพื่อเพิ่มความแข็งแรง มีสัญลักษณ์ Co
cobalt 60 ไอโซโทปที่เป็นกัมมันตรังสีของธาตุโคบอลต์ ใช้รักษาโรคหรือตรวจสอบวัตถุได้
cobalt blue ผงสีน้ำเงินเข้ม, โทนสีน้ำเงินเข้ม
cobber (คอบ' เบอร์) *n.* เพื่อนสนิท, สหาย
cobble[1] (คอบ' เบิล) *n.* ก้อนหิน
cobble[2] (คอบ' เบิล) *vt.* **-bled, -bling** ซ่อมรองเท้า, ทำงานอย่างเร่งรีบ **-cobbler** *n.*
cobblestone (คอบ' เบิลสโตน) *n.* หินก้อนกลมมนใช้สำหรับปูพื้น
COBOL, Cobol (โค' บอล) *n.* ย่อจาก common business oriented language ภาษาคอมพิวเตอร์ที่ใช้เขียนโปรแกรมในงานธุรกิจ
cobra (โค' บระ) *n.* งูเห่า, หนังงูเห่า
cobweb (คอบ' เวบ) *n.* ใยแมงมุม, สิ่งที่คล้ายใยแมงมุม, กับดัก **-cobwebby** *adj.*
coca (โค' คะ) *n.* ต้นโคคา ซึ่งในใบมีสารโคเคน
cocaine (โคเคน', โค' เคน) *n.* โคเคน เป็นยาเสพติดที่สกัดจากใบโคคาแห้ง ใช้ระงับปวด
coccus (คอค' เคิซ) *n., pl.* **cocci** (-ไซ, -ไค) แบคทีเรียที่มีรูปร่างกลม

A B C D E F G H I J K L M N O P Q R S T U V W X Y Z

cochineal (คอชชะนีล', คอช' ชะนีล, โค' ชะ-) *n.* ผงสีแดงที่ทำจากตัวแมลงที่ถูกตากแห้งชนิดหนึ่ง พบมากในแถบเม็กซิโก, สีแดงสด
cochlea (คอค' เลีย, โค' เคลีย) *n., pl.* **-leae** (-ลีอี, -ลีไอ)/**-leas** อวัยวะของหูชั้นใน มีรูปร่างขดเป็นก้นหอย
★**cock**[1] (คอค) *n.* ไก่ตัวผู้, นกตัวผู้บางชนิด, ผู้นำ, วาล์วควบคุมการไหลของของเหลวหรือก๊าซ, นกสับของปืน, ตำแหน่งการขึ้นนกสับพร้อมจะยิง, (คำสแลง) อวัยวะเพศชาย *-vt., vi.* **cocked, cocking** ขึ้นนกสับเตรียมยิง, ตั้งเครื่องมือให้พร้อมใช้งาน, ยกขึ้น, เตรียมพร้อม
cock[2] (คอค) *n.* กองฟางที่สุมกันเป็นรูปกรวย
cockade (คอเคด') *n.* เครื่องหมายที่ติดบนหมวกเพื่อแสดงตำแหน่ง **-cockaded** *adj.*
cock-a-hoop (คอคคะฮูพ', -ฮุพ') *adj.* ตื่นเต้นยินดีมาก, โอ้อวดเกินจริง
cockatoo (คอค' คะทู) *n., pl.* **-toos** นกกระตั้ว

cockatoo

cockcrow (คอค' โคร) *n.* รุ่งอรุณ, ยามเช้า
cocked hat หมวกทรงสามเหลี่ยมที่ยกขอบขึ้น
cockerel (คอค' เคอเริล) *n.* ลูกไก่ตัวผู้
cocker spaniel สุนัขพันธุ์หนึ่งที่มีขนาดเล็ก ขาสั้น ขนยาวเป็นเงาและมีใบหูยาว
cockeyed (คอค' ไอด์) *adj.* มีตาเหล่, (คำสแลง) โง่ ไร้สาระ เอียงหรือเฉียง เมา
cockfight (คอค' ไฟท์) *n.* การชนไก่
cockhorse (คอค' ฮอร์ซ) *n.* ม้าโยก
cockle (คอค' เคิล) *n.* หอยกินได้
cockpit (คอค' พิท) *n.* สนามชนไก่, ห้องทำงานของนักบิน, ที่นั่งของคนขับรถแข่ง
cockroach (คอค' โรช) *n.* แมลงสาบ
cockscomb (คอคซ์' โคม) *n.* หงอนไก่, ต้นหงอนไก่, หมวกของตัวตลก
cocksure (คอค' ชุร์) *adj.* หยิ่ง, มั่นใจมาก
cocktail (คอค' เทล) *n.* เครื่องดื่มที่ผสมแอลกอฮอล์ มักใส่น้ำแข็ง, อาหารเรียกน้ำย่อย
cocktail lounge สถานที่ขายเครื่องดื่มที่มีแอลกอฮอล์
cocky (คอค' คี) *adj.* **-ier, -iest** มีความมั่นใจสูง, มีความเชื่อมั่นสูง, หยิ่งยโส (**-S.** arrogant)
cocoa (โค' โค) *n.* ผงโกโก้, เครื่องดื่มชงจากผงโกโก้
cocoa bean เมล็ดโกโก้
coconut, cocoanut (โค' คะนัท, -เนิท) *n.* ลูกมะพร้าว, เนื้อมะพร้าว, ต้นมะพร้าว
coconut matting เสื่อที่ทอจากเส้นใยกาบมะพร้าว
coconut milk น้ำกะทิ, น้ำมะพร้าว
coconut oil น้ำมันมะพร้าว
cocoon (คะคูน') *n.* รังไหม, วัสดุที่ใช้คลุมอุปกรณ์ เพื่อกันน้ำหรืออื่นๆ
cocotte (คอคอท') *n.* โสเภณี, ผู้หญิงสำส่อน
cod[1] (คอด) *n., pl.* **cod/cods** ปลาคอด
cod[2] (คอด) *n.* เปลือกหรือฝัก, ถุง, ถุงอัณฑะ
COD, C.O.D. ย่อจาก cash/collect on delivery เก็บเงินจากผู้รับเมื่อส่งสินค้าถึงปลายทาง
coddle (คอด' เดิล) *vt.* **-dled, -dling** ดูแลอย่างทะนุถนอม, ตามใจมาก (**-S.** pamper, spoil)
code (โคด) *n.* หลักปฏิบัติในสังคม, ระบบการสื่อสารที่ใช้สัญลักษณ์หรือรหัสเพื่อรักษาความลับ, สัญญาณ สัญลักษณ์หรือรหัสที่ใช้สื่อความหมาย, รหัสของหน่วยพันธุกรรม, รหัสพื้นที่, ประมวลกฎหมาย *-v.* **coded, coding** *-vt.* ประมวลกฎหมายหรือกฎต่างๆ, แปลงเป็นสัญญาณหรือรหัส *-vi.* กำหนดหน่วยพันธุกรรม (**-S.** (n.) cipher, ethics, regulations, secret)
codeine (โค' ดีน, -ดีอิน) *n.* สารเสพติดที่สกัดจากฝิ่น ใช้ทำยาบรรเทาปวดและยาแก้ไอ
codetermination (โคดิเทอร์มะเน' ชัน) *n.* ระบบการทำงานร่วมกันของฝ่ายบริหารและฝ่ายพนักงาน ซึ่งร่วมกำหนดนโยบายและรับผิดชอบสิ่งต่างๆ ที่เกิดขึ้นในบริษัท
codger (คอจ' เจอร์) *n.* (ภาษาพูด) คนที่ทำอะไรแปลกๆ คนแก่ที่ทำตัวแปลกๆ
codicil (คอด' ดะซิล) *n.* ส่วนที่เพิ่มเติมจากพินัยกรรมเดิม, ภาคผนวก, ส่วนเพิ่ม
codify (คอด' ดิไฟ, โค' ดะ-) *vt.* **-fied, -fying** จัดให้เป็นระบบ, ประมวล **-codification** *n.*
cod liver oil น้ำมันตับปลา
coed, co-ed (โค' เอด) *n.* (ภาษาพูด) นักเรียนในสถาบันสหศึกษา
coeducation (โคเอจจะเค' ชัน) *n.* ระบบการศึกษาที่รับทั้งชายและหญิงเข้าศึกษาในสถาบันเดียวกัน **-coeducational** *adj.*
coefficient (โคอะฟิช' เชินท์) *n.* สัมประสิทธิ์ หน้าตัวแปรทางคณิตศาสตร์, ค่าคงที่ที่ใช้คูณเมื่อวัดสมบัติบางอย่างทางฟิสิกส์หรือเคมี
coerce (โคเอิร์ซ') *vt.* **-erced, -ercing** บังคับ, ข่มขู่, กดดัน, ควบคุม **-coercion** *n.* **-coercive** *adj.* (**-S.** compel, impel, pressure)
coexist (โคอิกซิซท์') *vi.* **-isted, -isting** คงอยู่

A B C D E F G H I J K L M N O P Q R S T U V W X Y Z

ร่วมกัน **-coexistence** *n.* **-coexistent** *adj.*
★**coffee** (คอ' ฟี, คอฟ' ฟี) *n.* ต้นกาแฟ, เมล็ดกาแฟ, ผงกาแฟ, โทนสีน้ำตาลอ่อนถึงน้ำตาลแก่
coffee bar ร้านขายเครื่องดื่มขนาดเล็ก
coffee break การพักงานช่วงสั้นๆ ซึ่งมีการดื่มกาแฟหรือเครื่องดื่มอื่นๆ
coffee mill เครื่องบดเมล็ดกาแฟ
coffee shop ร้านอาหารขนาดเล็กที่ขายกาแฟ เครื่องดื่มและอาหารว่าง
coffee table โต๊ะเตี้ยซึ่งมักตั้งไว้หน้าโซฟา
coffer (คอ' เฟอร์, คอฟ' เฟอร์) *n.* หีบเหล็ก **-coffers** แหล่งเงินทุน, คลังสมบัติ (**-S.** safe)
cofferdam (คอ' เฟอร์แดม, คอฟ' เฟอร์-) *n.* ทำนบหรือเขื่อนกั้นน้ำชั่วคราวเพื่อสามารถติดตั้งอุปกรณ์ เช่น ตอม่อบนพื้นดินหรือใต้ผิวน้ำ
coffin (คอ' ฟิน, คอฟ' ฟิน) *n.* โลงศพ
cog (คอก) *n.* ซี่ล้อ, ซี่เฟือง, เฟือง, ส่วนประกอบ **-cogwheel** ล้อเฟือง **-cogged** *adj.*
cogent (โค' เจินท์) *adj.* ที่โน้มน้าวใจเก่ง, ที่ให้เหตุผลเก่ง (**-S.** convincing, persuasive)
cogitate (คอจ' จิเทท) *vi., vt.* **-tated, -tating** ใคร่ครวญ, พิจารณาอย่างรอบคอบ, ขบคิด **-cogitation** *n.* (**-S.** consider, mediate)
cognac (โคน' แยค, คอน'-) *n.* เหล้าคอนญัค
cognate (คอก' เนท) *adj.* มีบรรพบุรุษเดียวกัน, มีต้นกำเนิดเดียวกัน *-n.* ญาติ, คำ ภาษาหรือสิ่งที่มีต้นกำเนิดเดียวกัน
cognition (คอกนิช' ชัน) *n.* ความรู้หรือความเข้าใจที่เกิดขึ้น,กระบวนการเรียนรู้ที่เกิดจากการตระหนักรู้และการใช้เหตุผล **-cognitive** *adj.*
cognizant (คอก' นิเซิน) *adj.* ที่ตระหนักรู้, มีความรู้และความเข้าใจ, มีเหตุผล, มีไหวพริบ **-cognizance** *n.* (**-S.** aware, sensible of)
cognomen (คอกโน' เมิน) *n., pl.* **-nomens/-nomina** นามสกุล, ชื่อเล่น **-cognominal** *adj.*
cohabit (โคแฮบ' บิท) *vi.* **-ited, -iting** อาศัยอยู่ร่วมกันแบบสามีภรรยา **-cohabitation** *n.*
cohere (โคเฮียร์') *vi., vt.* **-hered, -hering** เชื่อมต่อ, ประสาน, รวมกัน, สอดคล้องกัน
coherence, coherency (โคเฮีย' เรินซ์; -เฮ'-, -เรินซี) *n.* การรวมเข้าด้วยกัน, ความสอดคล้องตามหลักการ, ความเป็นเหตุเป็นผล
coherent (โคเฮีย' เรินท์, -เฮ'-) *adj.* ที่เชื่อมต่อกัน, ที่สามารถพูด คิดหรือเขียนได้อย่างสอดคล้อง, ที่เข้าใจได้ง่าย **-coherently** *adv.*
cohesion (โคฮี' ฌัน) *n.* การรวมหรือเชื่อมเข้าด้วยกัน, แรงดึงดูดระหว่างโมเลกุล
cohesive (โคฮี' ซิฟว์, -ซิฟว์) *adj.* ที่เชื่อมต่อกัน, มีพลังยึดเกาะกัน, มีแนวโน้มที่จะเกาะกัน
cohort (โค' ฮอร์ท) *n.* กลุ่มคน, กองทหาร, เพื่อน, ผู้สนับสนุน, กลุ่มย่อย (**-S.** company, group)
coif (คอยฟ์) *n.* แบบทรงผม, หมวกที่สวมศีรษะได้อย่างพอดี, หมวกทนายอังกฤษ
coiffeur (ควาเฟอร์') *n.* ช่างตัดผมชาย
coiffeuse (ควาฟยูซ') *n.* ช่างตัดผมหญิง
coiffure (ควาฟยูร์') *n.* แบบทรงผม
coign of vantage ตำแหน่งที่ได้เปรียบในการสังเกตหรือลงมือทำ
coil (คอยล์) *vt., vi.* **coiled, coiling** ม้วน, วง, ขด *-n.* สิ่งที่ขดเป็นเกลียวหรือวง, วง, ขดลวดที่ใช้เหนี่ยวนำกระแสไฟฟ้า, อุปกรณ์คุมกำเนิด
★**coin** (คอยน์) *n.* เหรียญ, เงินเหรียญ *-vt., vi.* **coined, coining** ผลิตเงินเหรียญ, คิดค้นสิ่งใหม่ๆ **-coinage** *n.* (**-S.** (v.) invent, mould)
coincide (โคอินไซด์') *vi.* **-cided, -ciding** เกิดขึ้นในเวลาเดียวกัน, สอดคล้องกัน, ซ้อนทับกันได้สนิท **-coincidence** *n.* (**-S.** concur)
coincident (โคอิน' ซิเดินท์) *adj.* ที่เกิดขึ้นในเวลาเดียวกัน, ที่สอดคล้องกัน, ที่ซ้อนทับกันสนิท **-coincidental** *adj.* (**-S.** concurrent)
coir (คอยร์) *n.* เส้นใยจากกาบมะพร้าว
coitus, coition (โค' อิเทิซ; โคอี'-, -อิช' ชัน) *n.* การร่วมประเวณี **-coital** *adj.*
coke[1] (โคค) *n.* ถ่านโค้ก
coke[2] (โคค) *n.* (คำสแลง) โคเคน
col (คอล) *n.* ช่องห่างระหว่างยอดเขาหรือสันเขา
Col, Col. ย่อจาก Colonel นายทหารยศระดับนายพัน, พันเอก
col, col. ย่อจาก college วิทยาลัย, colony อาณานิคม, color สี, column คอลัมน์
cola (โค' ละ) *n.* ต้นโคลา ในเมล็ดมีสารกาเฟอีนซึ่งนำมาสกัดเป็นเครื่องดื่มและยา, เครื่องดื่มน้ำอัดลมซึ่งมีส่วนผสมของกาเฟอีน
colander (คัล' เลินเดอร์, คอล'-) *n.* ตะแกรง
★**cold** (โคลด์) *adj.* **colder, coldest** เย็น, มีอุณหภูมิต่ำ, หนาว, ไม่มีความรู้สึก, เฉยชา, ไม่มีความรู้สึกทางเพศ, (สี) โทนเย็น, (ภาษาพูด) หมดสติ อย่างสมบูรณ์ ไม่มีการเตรียมตัว *-n.* ความเย็น, อากาศเย็น, อุณหภูมิต่ำ, โรคหวัด **-coldly** *adv.* **-coldness** *n.* (**-S.** (adj.) chilly)
cold-blooded (โคลด์ บลัด' ดิด) *adj.* ไม่มีความเมตตา, เป็นสัตว์เลือดเย็น (**-S.** savage)
cold cash (ภาษาพูด) เงินสด
cold cream ครีมทำความสะอาดผิว

A B C D E F G H I J K L M N O P Q R S T U V W X Y Z

cold-hearted (โคลด์' ฮาร์' ทิด) *adj.* ไม่มีความเมตตา, ไม่มีความรู้สึก, เย็นชา
cold pack ถุงใส่น้ำแข็งหรือน้ำเย็นเพื่อประคบบริเวณที่มีอาการเจ็บปวดหรือบวม
coldshoulder (โคลด์' โชล' เดอร์) *vt.* **-dered, -dering** (ภาษาพูด) มองข้าม ไม่สนใจ ดูถูก
cold storage การเก็บรักษาในช่องแช่แข็ง
cold sweat ปฏิกิริยาของร่างกายที่หายใจถี่ รู้สึกเย็นวาบและเหงื่อออก เนื่องจากเกิดความกลัว เจ็บปวด ตกใจสุดขีดและอื่นๆ
Cold War, cold war สงครามเย็น เป็นภาวะที่มีความขัดแย้ง แต่ไม่มีการสู้รบกัน
coleslaw, cole slaw (โคล' สลอ) *n.* กะหล่ำปลีดิบหั่นเป็นฝอยผสมมายองเนส
colic (คอล' ลิค) *n.* อาการจุกเสียด, สภาวะที่ทารกร้องไห้เป็นเวลานานเพราะไม่สบาย
coliseum, colosseum (คอลลิเซียม') *n.* สถานที่ขนาดใหญ่ ใช้เป็นที่ชมกีฬาและอื่นๆ
colitis (คะไล' ทิซ) *n.* ภาวะลำไส้ใหญ่อักเสบ
collaborate (คะแลบ' บะเรท) *vi.* **-rated, -rating** ทำงานร่วมกัน, ร่วมมือ, สมรู้ร่วมคิดกับฝ่ายตรงข้าม **-collaboration** *n.* **-collaborator** *n.* (**-S.** conspire, cooperate)
collage (โคลาฌ', คะ-) *n.* งานศิลปะที่เกิดจากการนำชิ้นวัสดุหลายๆ ชนิดมาปะติดไว้บนพื้นผิวเดียวกัน, ภาพที่เกิดจากวิธีดังกล่าว
★**collapse** (คะแลพซ์') *vi., vt.* **-lapsed, -lapsing** พังทลายลง, ล้มลง, (ร่างกาย) ทรุดโทรม ไม่มีแรง *-n.* การพังทลายลงมา, ภาวะที่ร่างกายทรุดโทรม, ความล้มเหลว **-collapsible, collapsable** *adj.* (**-S.** (v.) break down, fail)
★**collar** (คอล' เลอร์) *n.* ปกคอเสื้อ, แถบผ้าที่ติดบริเวณปกเสื้อ, ปลอกคอ, แถบสีรอบคอสัตว์ *-vt.* **-lared, -laring** จับที่ปลอกคอหรือปกเสื้อ, (คำสแลง) กักขัง จับกุม ฉวย
collarbone (คอล' เลอร์โบน) *n.* กระดูกไหปลาร้า
collate (คะเลท', คอล' เลท, โค' เลท) *vt.* **-lated, -lating** เปรียบเทียบอย่างรอบคอบ, จัดเรียงตามลำดับ **-collation** *n.* **-collator** *n.*
collateral (คะแลท' เทอเริล) *adj.* สอดคล้องกัน, ที่ให้การสนับสนุน, เป็นรอง, ที่รับประกัน, มีบรรพบุรุษเดียวกันแต่ต่างครอบครัวกัน *-n.* สิ่งหรือทรัพย์สินที่ใช้ค้ำประกัน
★**colleague** (คอล' ลีก) *n.* เพื่อนร่วมงาน
★**collect** (คะเลคท์') *vt., vi.* **-lected, -lecting** นำมารวมกัน, สะสม, รวบรวม, เรี่ยไร, รับขึ้นรถ, รวมกลุ่ม (**-S.** accumulate, congregate, summon)
collected (คะเลค' ทิด) *adj.* สงบ, ที่ควบคุมสติอารมณ์ได้ **-collectedly** *adv.* (**-S.** calm, cool)
★**collection** (คะเลค' ชัน) *n.* การสะสม, สิ่งที่สะสมไว้, การรวมกันของบางสิ่ง, เงินที่ได้รับบริจาค (**-S.** accumulation, donation)
collective (คะเลค' ทิฟว์) *adj.* ที่บอกลักษณะของสิ่งที่อยู่รวมกัน, ที่รวมกันเป็นกลุ่ม, เป็นของส่วนรวม *-n.* การรวมตัวกัน, กลุ่มคนที่ทำงานในที่เดียวกัน (**-S.** (adj.) combined, united)
collective bargaining ข้อตกลงระหว่างนายจ้างและลูกจ้างเกี่ยวกับค่าจ้างชั่วโมงทำงาน กฎระเบียบและสภาพการทำงาน
collective farm ที่ดินของรัฐที่มีการเพาะปลูกหรือใช้ประโยชน์เพื่อส่วนรวม
collective noun สมุหนาม
collective security ระบบรักษาความมั่นคงระหว่างประเทศที่เป็นพันธมิตรร่วมต่อต้านชาติอื่นที่เข้าโจมตีประเทศที่เป็นพันธมิตร
collectivism (คะเลค' ทะวิซเซิม) *n.* ระบบสังคมนิยม ซึ่งประชาชนเป็นเจ้าของและดูแลการผลิตและแจกจ่ายผลิตผลที่เกิดขึ้น
collectivize (คะเลค' ทะไวซ์) *vt.* **-ized, -izing** จัดระบบโดยใช้แนวคิดของระบบสังคมนิยม **-collectivization** *n.*
collector (คะเลค' เทอร์) *n.* ผู้สะสมบางสิ่ง, อุปกรณ์ที่ใช้เก็บสะสมบางสิ่ง เช่น แผงดักฝุ่น
★**college** (คอล' ลิจฺ) *n.* มหาวิทยาลัย, วิทยาลัย, บุคลากรและตึกที่อยู่ในสถาบันการศึกษา, กลุ่มคนที่ทำงานร่วมกัน **-collegiate** *adj.*
collide (คะไลด์') *vi.* **-lided, -liding** ชนหรือปะทะอย่างรุนแรง, ขัดแย้ง (**-S.** conflict, crash)
collie (คอล' ลี) *n.* สุนัขพันธุ์หนึ่ง ตัวโต ขนยาว และหน้ายาวยื่นออกมา ใช้ต้อนฝูงแกะ

collie

collier (คอล' เยอร์) *n.* คนงานเหมืองถ่านหิน, เรือขนถ่านหิน **-colliery** *n.*
collision (คะลิฌ' ฌัน) *n.* การชนหรือปะทะอย่างรุนแรง, ความขัดแย้ง (**-S.** conflict, crash)
collocate (คอล' ละเคท) *vt.* **-cated, -cating** เรียงติดกัน, รวมเข้าด้วยกัน **-collocation** *n.*
colloid (คอล' ลอยด์) *n.* สสารในสถานะต่างๆ ที่ประกอบด้วยอนุภาคขนาดเล็กมากซึ่งแขวนลอยอยู่จนดูเป็นเนื้อเดียวกัน เช่น น้ำนม
colloq, colloq. ย่อจาก colloquial เป็นภาษา

พูด, colloquialism รูปแบบการพูดหรือคำพูดที่ใช้กันทั่วไป

colloquial (คะโล' เควียล) *adj.* เป็นภาษาพูด, ไม่เป็นทางการ **-colloquialism** *n.* **-colloquially** *adv.* (**-S.** conversational, informal)

colloquy (คอล' ละควี) *n., pl.* **-quies** การสนทนาอย่างเป็นทางการ, บทสนทนา

collotype (คอล' ละไทพ์) *n.* การพิมพ์ที่ใช้แม่พิมพ์ผิวหน้าเป็นเจลลาตินในการถ่ายทอดหมึก

collusion (คะลู' ฌัน) *n.* การร่วมมือหรือคบคิดอย่างลับๆ ในการทำสิ่งที่ผิดกฎหมายหรือศีลธรรม **-collusive** *adj.* (**-S.** conspiracy)

cologne (คะโลน') *n.* น้ำหอมกลิ่นอ่อน

colon (โค' เลิน) *n., pl.* **-lons** เครื่องหมาย ทวิภาค (:) *-pl.* **-lons/-la** ลำไส้ใหญ่

colonel (เคอร์ เนิล) *n.* นายทหารยศนายพัน

colonial (คะโล' เนียล) *adj.* เกี่ยวข้องหรืออาศัยอยู่ในอาณานิคม, ที่รวมกันเป็นอาณานิคม *-n.* ผู้ที่อาศัยอยู่ในอาณานิคม **-colonialist** *n.*

colonialism (คะโล' เนียลิซเซิม) *n.* นโยบายขยายอาณาจักรโดยครอบครองประเทศอื่น

colonist (คอล' ละนิซท์) *n.* ผู้ก่อตั้งหรือบุกเบิกดินแดนอาณานิคม, ผู้ที่อาศัยอยู่ในอาณานิคม

colonize (คอล' ละไนซ์) *vt., vi.* **-nized, -nizing** ก่อตั้ง ครอบครองหรือตั้งรกรากในอาณานิคม **-colonization** *n.* (**-S.** found, settle)

colonnade (คอลละเนด') *n.* แถวของเสาที่มีระยะห่างเท่าๆ กัน ใช้สำหรับค้ำยัน

colony (คอล' ละนี) *n., pl.* **-nies** อาณานิคม, กลุ่มคนที่อพยพไปที่ดินแดนอื่นแต่ยังคงอยู่ในการปกครองของประเทศเดิม, ชุมชนของคนที่มีความสนใจหรือเชื้อชาติเดียวกัน, บริเวณที่ตั้งของชุมชนดังกล่าว, กลุ่มของสิ่งมีชีวิตที่อาศัยในที่เดียวกัน (**-S.** community)

★**color, colour** (คัล' เลอร์) *n.* การรับรู้สีของดวงตา, สี, สารสีหรือผงสี, สีผิว, สีหน้า, สิ่งหรือลักษณะที่ปรากฏให้เห็น, ข้อเท็จจริง, รายละเอียด, ลักษณะตามธรรมชาติ, ชนชาติที่ไม่ใช่พวกผิวขาว, สิ่งที่ทำให้น่าสนใจ, วิธีการระบายสี, การผลิตภาพสีในโทรทัศน์ ภาพถ่ายและอื่นๆ *-vt., vi.* **-ored, -oring/-oured, -ouring** ระบายสี, เปลี่ยนสี, เปลี่ยนเรื่อง, ทำให้เข้าใจผิด, บิดเบือน, พยายามทำให้เกิดขึ้น, อายหรือโกรธจนหน้าแดง **-colors, colours** ธงประจำชาติ, ธงประจำกองทัพ (**-S.** (n.) hue (v.) paint)

colorable (คัล' เลอระเบิล) *adj.* ที่หลอกลวง, ที่เป็นไปได้, ที่ย้อมสีได้ **-colorably** *adv.*

colorant (คัล' เลอเรินท์) *n.* สารสี, ผงสี

coloration (คัลละเร' ชัน) *n.* การเรียงลำดับสี, เทคนิคการระบายสี, การย้อมสี

color bar/line การแบ่งแยกชนผิวขาวจากชนผิวดำหรือผิวสีอื่นโดยใช้กฎหมาย

colorblind (คัล' เลอร์ไบลนด์) *adj.* ตาบอดสี

colored, coloured (คัล' เลอร์ด) *adj.* มีสี, มีอคติ, ที่ถูกบิดเบือน, ที่ไม่ใช่คนผิวขาว

colorfast (คัล' เลอร์แฟซท์) *adj.* (สี) ไม่ตก

color filter ฟิลเตอร์ที่ใส่ไว้หน้าเลนส์ถ่ายภาพเพื่อสร้างภาพให้มีลักษณะตามต้องการ

colorful,colourful (คัล' เลอร์เฟิล) *adj.* มีสีสัน, มีความหลากหลาย, น่าสนใจ, สดใส, มีชีวิตชีวา (**-S.** brilliant, lively, vivid)

coloring (คัล' เลอริง) *n.* ศิลปะหรือวิธีการระบายสี, สี, สีผิว, สิ่งที่ทำให้เข้าใจผิด

coloring book สมุดภาพสำหรับระบายสี

colorist (คัล' เลอริซท์) *n.* นักระบายสี, ช่างสี

colorless (คัล' เลอริซ) *adj.* ขาดสีสัน, ไม่มีชีวิตชีวา, ซีด, น่าเบื่อ (**-S.** dull, faded, lifeless)

colossal (คะลอซ' เซิล) *adj.* ใหญ่โตมาก

colossus (คะลอซ' เซิซ) *n., pl.* **-lossi** (-ไซ)/**-lossuses** รูปปั้นที่มีขนาดใหญ่มาก, คนหรือสิ่งของที่มีความสำคัญหรือมีขนาดใหญ่โตมาก

colostrum (คะลอส' เตริม) *n.* นมน้ำเหลืองจากต่อมน้ำนมของมารดาหลังคลอดบุตร

colt (โคลท์) *n.* ม้าหรือลาตัวผู้ที่มีอายุ 4-5 ปี, คนที่ยังไม่มีประสบการณ์, มือใหม่ **-coltish** *adj.*

★**column** (คอล' เลิม) *n.* เสา, การจัดเรียงลำดับตามแนวยาว, การจัดหน้าหนังสือเป็นแถวตามยาว, คอลัมน์หรือบทความในหนังสือ

columnist (คอล' เลิมนิซท์, -ละนิซท์) *n.* ผู้เขียนบทความลงในหนังสือ เช่น นักข่าว

Com, Com. ย่อจาก Commander ผู้บังคับบัญชา, Commission การมอบหมายงาน, Committee คณะกรรมการ

com, com. ย่อจาก comedy, comic เรื่องตลก, comma จุลภาค, commerce การค้าขาย, communication การติดต่อสื่อสาร

com-, col-, con- คำอุปสรรค หมายถึง ร่วม, ด้วยกัน

coma (โค' มะ) *n., pl.* **-mas** ภาวะหมดสติ, การสลบ (**-S.** insensibility, unconsciousness)

★**comb** (โคม) *n.* หวี, หงอนของสัตว์ปีก, รังผึ้ง, พู่ *-v.* **combed, combing** *-vt.* แปรงขน, สาง, แยกสิ่งที่ไม่ต้องการออก, เลือกเฟ้น, ค้นหาจนทั่ว *-vi.* (คลื่น) ม้วนและแตกตัว

combat (*v.* คอม' แบท, เคิมแบท', *n.* คอม' แบท) *vt., vi.* **-bated, -bating/-batted, -batting** ต่อสู้, แข่งขัน *-n.* การรบ, การต่อสู้, การแข่งขัน, ความขัดแย้ง (**-S.** (v., n.) battle)

combatant (เคิมแบท' เทินท์, คอม' บะเทินท์) *n.* ทหาร *-adj.* ที่เข้าร่วมรบ, ที่เตรียมรบ

combat/battle fatigue อาการทางประสาท เช่น วิตกกังวล ซึมเศร้า หงุดหงิด ฯลฯ เนื่องจากเครียดและล้าเมื่อทำสงครามมานาน

combative (เคิมแบท' ทิฟว์) *adj.* ชอบการต่อสู้หรือหาเรื่องวิวาท, เป็นอันธพาล, ก้าวร้าว

comber (โค' เมอร์) *n.* คนหรือเครื่องจักรที่ทำหน้าที่สาง แปรงหรือแยกขนสัตว์หรืออื่นๆ, คลื่นขนาดใหญ่ที่ม้วนตัวมากระทบฝั่งหรือวัตถุอื่นๆ

★**combination** (คอมบะเน' ชัน) *n.* การรวมเข้าด้วยกัน, การร่วมมือ, ผลที่เกิดจากการรวมตัว, ลำดับของตัวอักษรหรือตัวเลขที่ใช้เปิดล็อก **-combinations** ชุดชั้นในที่เสื้อและกางเกงเย็บติดกันเป็นชิ้นเดียว

combination lock ตัวล็อกที่เปิดโดยใช้การเลือกตัวเลขหรือตัวอักษรให้ตรงตามที่กำหนดไว้

★**combine** (*v.* เคิมไบน์', *n.* คอม' ไบน์) *vt., vi.* **-bined, -bining** นำมารวมกัน, เชื่อมต่อ, แสดงร่วมกัน, ผสม *-n.* การรวมกลุ่มคนหรือบริษัทเพื่อผลประโยชน์ (**-S.** (v.) join **-A.** (v.) separate)

combings (โค' มิงซ์) *n. pl.* ผม ขนหรือสิ่งอื่นๆ ที่หลุดออกมาพร้อมหวี

combo (คอม' โบ) *n., pl.* **-bos** วงดนตรีแจ๊สวงเล็ก, (ภาษาพูด) สิ่งที่เกิดจากการรวมกัน

combustible (เคิมบัส' ตะเบิล) *adj.* ที่ติดไฟได้ง่าย, ที่ตื่นเต้นตกใจง่าย *-n.* วัตถุไวไฟ **-combustion** *n.* (**-S.** (adj.) explosive, flammable)

★**come** (คัม) *vi.* **came, come, coming** เดินเข้าไปหา, มา, พัฒนา, มาถึงจุดที่ต้องการ, ถึงเวลา, ปรากฏขึ้น, เกิดขึ้น, กลายเป็น, เพิ่มขึ้น, เกิดขึ้นในใจ, เกิดจาก, มีความสำคัญ, มีบริการ *-interj.* คำอุทานแสดงความหงุดหงิดไม่พอใจหรืออื่นๆ **-come across** พบโดยบังเอิญ **-come along** ก้าวหน้า, ปรากฏ **-come back** กลับมาเป็นที่นิยมอีก **-come down in the world** กลายเป็นคนจน **-come down to earth** กลับสู่ความเป็นจริง **-come off** เกิดขึ้น, ประสบความสำเร็จ **-come on** เริ่มต้น, ก้าวหน้า, กระตุ้นให้รีบทำ **-come out** ปรากฏให้เห็น, เป็นที่รู้จัก **-come to** ฟื้นจากสลบ **-come true** เกิดขึ้นตามที่ทำนายไว้, เป็นความจริง (**-S.** (v.) approach, arrive, occur)

comeback (คัม' แบค) *n.* การกลับมาสู่สถานะความนิยมหรือความสำเร็จเช่นเดิม, การตอบคำถามกลับ, การเรียกร้องหาความยุติธรรม

comedian (คะมี' เดียน) *n.* ตัวตลก, คนที่แสดงตลกหรือมีอารมณ์ขัน **-comedienne** *n. fem.*

comedo (คอม' มิโด) *n., pl.* **-dos/-dones** (-โดนีซ) สิวหัวดำ (**-S.** blackhead)

comedy (คอม' มิดี) *n., pl.* **-dies** ละครหรือภาพยนตร์ตลก, เรื่องตลก (**-S.** fun, humor)

comely (คัม' ลี) *adj.* **-lier, -liest** สวยสะดุดตา, มีเสน่ห์ **-comeliness** *n.* (**-S.** attractive)

comestible (คะเมส' ตะเบิล) *adj.* ที่รับประทานได้, เหมาะที่จะรับประทาน *-n.* อาหาร

comet (คอม' มิท) *n.* ดาวหาง

comfit (คัม' ฟิท, คอม'-) *n.* เนื้อผลไม้ฉาบน้ำตาล

★**comfort** (คัม' เฟิร์ท) *vt.* **-forted, -forting** บรรเทาทุกข์, ปลอบโยน, ช่วยเหลือ *-n.* การช่วยเหลือ, การให้กำลังใจ, การปลอบโยน, คนหรือสิ่งที่ช่วยทำให้ผ่อนคลาย, ความผ่อนคลาย, สิ่งอำนวยความสะดวก **-comfortless** *adj.* (**-S.** (v.) console (v., n.) ease, help)

★**comfortable** (คัม' เฟอร์ทะเบิล, คัมฟ์' ทะเบิล) *adj.* ที่อำนวยความสะดวก, มีรายได้เพียงพอกับรายจ่าย, ที่รู้สึกผ่อนคลายทางร่างกายหรือจิตใจ **-comfortably** *adv.* (**-S.** adequate, homely, relaxed **-A.** miserable)

comforter (คัม' เฟอร์เทอร์) *n.* สิ่งอำนวยความสะดวก, ผ้าพันคอ

comfort station ห้องน้ำสาธารณะ

comic (คอม' มิค) *adj.* ตลก, สนุก *-n.* ตัวตลก, คนที่ชอบทำอะไรตลกๆ, เรื่องตลก **-comics** การ์ตูนตลกในหนังสือพิมพ์, หนังสือการ์ตูน **-comical** *adj.* **-comically** *adv.*

comic strip การ์ตูนที่เขียนเป็นช่องๆ ในหนังสือพิมพ์

coming (คัม' มิง) *adj.* ที่กำลังมาถึง, ที่แสดงให้เห็นว่าจะประสบความสำเร็จหรือได้ชัยชนะ *-n.* การมาถึง, การปรากฏขึ้น

comity (คอม' มิที) *n., pl.* **-ties** การแสดงความสุภาพและเคารพในอธิปไตยของประเทศอื่น, การแสดงไมตรีจิตต่อประเทศอื่น

comma (คอม' มะ) *n.* เครื่องหมายจุลภาค (,) **-inverted commas** เครื่องหมายเปิด-ปิดประโยค (" " หรือ ' ')

★**command** (คะแมนด์') *vt., vi.* **-manded, -manding** ออกคำสั่ง, ควบคุม, ปกครอง, มีอำนาจ, สมควรที่จะได้รับ, ปฏิบัติหน้าที่ *-n.* การ

A B C D E F G H I J K L M N O P Q R S T U V W X Y Z

ออกคำสั่ง, คำสั่ง, อำนาจในการสั่งการ, การควบคุม, สัญลักษณ์ที่สั่งให้เริ่มการทำงานในคอมพิวเตอร์ (-S. (v.) direct, govern (n.) authority (v., n.) control)

commandant (คอมเมินแดนท์', -ดานท์') *n.* ผู้บัญชาการ

commandeer (คอมเมินเดียร์') *vt.* **-deered, -deering** เกณฑ์คนมาเป็นทหาร, ยึดทรัพย์สินของผู้อื่นมาใช้ในกองทหารหรือใช้ส่วนรวม

commander (คะแมน' เดอร์) *n.* ผู้บังคับบัญชา, ผู้นำ, ผู้บังคับการ (-S. captain, leader)

commanding (คะแมน' ดิง) *adj.* มีอำนาจหรือหน้าที่ในการออกคำสั่ง,อยู่ในฐานะได้เปรียบ (-S. directing, superior)

commandment (คะแมนด์' เมินท์) *n.* คำสั่ง, บัญญัติ โดยเฉพาะในบัญญัติ 10 ประการ

command module ส่วนของยานอวกาศใช้เป็นที่อยู่ของนักบิน ที่ควบคุมการบินและติดต่อกับสถานีภาคพื้นดินขณะอยู่ในอวกาศ

commando (คะแมน' โด) *n., pl.* **-dos/-does** หน่วยปฏิบัติการเฉพาะกิจที่มีการฝึกฝนพิเศษ

commemorate (คะเมม' มะเรท) *vt.* **-rated, -rating** แสดงความระลึกถึงบุคคลหรือเหตุการณ์สำคัญด้วยความเคารพ, จัดงานฉลองเพื่อระลึกถึงบุคคลหรือเหตุการณ์สำคัญ **-commemoration** *n.* **-commemorative** *adj.* (-S. honor)

commence (คะเมนซฺ') *vt., vi.* **-menced, -mencing** เริ่มต้น, เริ่มจาก (-S. begin, start)

commencement (คะเมนซ์' เมินท์) *n.* การเริ่มต้น, งานฉลองวันรับปริญญาหรือประกาศนียบัตร

commencement exercise พิธีประสาทปริญญา

commend (คะเมนด์') *vt.* **-mended, -mending** สรรเสริญ, มอบหมายหน้าที่, รับรอง **-commendable** *adj.* **-commendation** *n.*

commensurate (คะเมน' เชอริท, -เชอ-) *adj.* มีขนาดหรือลักษณะเหมือนกัน, สามารถวัดโดยใช้เกณฑ์มาตรฐาน, ได้สัดส่วน **-commensurable** *adj.* (-S. appropriate to, comparable)

comment (คอม' เมินท์) *n.* คำวิจารณ์, ความคิดเห็น, ข้อสังเกต, การคุยหรือนินทา *-vt., vi.* **-mented, -menting** แสดงความเห็น, ตั้งข้อสังเกต, วิจารณ์ (-S. (n.) opinion (n., v.) remark)

commentary (คอม' เมินเทรี) *n., pl.* **-ies** คำบรรยาย, การอธิบายหรือตีความ, การวิเคราะห์หรือวิจารณ์อย่างต่อเนื่อง (-S. narration)

commentate (คอม' เมินเทท) *vt., vi.* **-tated, -tating** บรรยาย, อธิบาย, ตีความ, วิเคราะห์ **-commentator** *n.*

commerce (คอม' เมิร์ซ) *n.* การซื้อขายสินค้า, การแลกเปลี่ยนความรู้ ความคิดเห็นและอื่นๆ, การสร้างความสัมพันธ์กับผู้อื่น (-S. business)

★**commercial** (คะเมอร์' เชิล) *adj.* เกี่ยวกับการซื้อขายสินค้า, ที่เน้นเรื่องกำไร *-n.* โฆษณาทางโทรทัศน์หรือวิทยุ **-commercially** *adv.* (-S. (adj.) marketing, profitable)

commercial attaché ทูตพาณิชย์

commercial bank ธนาคารพาณิชย์

commercialism (คะเมอร์' ชะลิซเซิม) *n.* แนวคิดที่เน้นเรื่องผลกำไรเป็นหลัก

commercialize (คะเมอร์' ชะไลซ์) *vt.* **-ized, -izing** ทำธุรกิจหรือค้าขายเพื่อหวังผลกำไร, เน้นในเรื่องผลประโยชน์มากกว่าคุณภาพ

commercial paper ตราสารทางการเงิน

commercial traveler พนักงานขายที่เดินทางไปขายตามที่ต่างๆ

Commie, commie (คอม' มี) *n.* (ภาษาพูด) คนที่ยึดถือลัทธิคอมมิวนิสต์

commination (คอมมะเน' ชัน) *n.* การข่มขู่, การประณาม **-comminatory** *adj.*

commingle (คะมิง' เกิล) *vi., vt.* **-gled, -gling** ผสมเข้าด้วยกัน, รวมกัน (-S. mix)

commiserate (คะมิซ' ซะเรท) *vt., vi.* **-ated, -ating** สงสาร, เห็นใจ **-commiseration** *n.*

commissar (คอม' มิซาร์) *n.* ตำแหน่งผู้ตรวจการในสหภาพโซเวียต, ผู้บริหารประเทศของสหภาพโซเวียต

commissariat (คอมมิแซ' เรียท) *n.* แผนกจัดเตรียมอาหารและอาวุธให้แก่กองทัพ, เสบียง, หน่วยงานหลักของรัฐบาลสหภาพโซเวียต

commissary (คอม' มิเซรี) *n., pl.* **-ies** ผู้รับผิดชอบด้านเสบียงอาหาร, ร้านขายอาหารและของใช้ส่วนตัวในค่ายทหาร

commission (คะมิช' ชัน) *n.* การมอบหมายหน้าที่, หนังสือมอบอำนาจ, หน้าที่ที่ได้รับมอบหมาย, คณะกรรมาธิการ, เงินส่วนแบ่งที่ได้จากการขายสินค้า, การทำความผิด *-vt.* **-sioned, -sioning** มอบอำนาจ, มอบหมายงาน, ออกคำสั่ง (-S. (n.) authority (v.) authorize)

commissionaire (คะมิชชะแนร์') *n.* พนักงานที่รับผิดชอบงานเล็กๆ น้อยๆ เช่น ตรวจตั๋ว

commissioner (คะมิช' ชะเนอร์) *n.* ผู้ได้รับมอบอำนาจ, ผู้บัญชาการ, สมาชิกกรรมาธิการ

A B C D E F G H I J K L M N O P Q R S T U V W X Y Z

commission merchant ผู้ขายหรือซื้อสินค้าเพื่อเอาค่านายหน้า

★**commit** (คะมิท') *vt., vi.* **-mitted, -mitting** ลงมือกระทำ, มอบหมาย, ให้สัญญา, ผูกมัด, ทำความผิด, กักขัง (**-S.** assign, perform)

commitment (คะมิท' เมินท์) *n.* การมอบหมายงาน, การทำสัญญา, ข้อผูกมัด, การส่งเรื่องให้กรรมการพิจารณา (**-S.** obligation)

★**committee** (คะมิท' ที) *n.* คณะกรรมการซึ่งได้รับมอบหมายงานเฉพาะกิจ

commode (คะโมด') *n.* ตู้เตี้ยๆ หรือโต๊ะเตี้ยๆ ที่มีลิ้นชัก, เก้าอี้ชนิดที่ติดกระโถนไว้ภายใน

commodious (คะโม' เดียซ) *adj.* กว้างขวาง, มีพื้นที่มาก (**-S.** roomy, spacious)

commodity (คะมอด' ดิที) *n., pl.* **-ties** สิ่งที่มีประโยชน์, สินค้า, ผลประโยชน์

commodore (คอม' มะดอร์, -โดร์) *n.* ผู้บังคับบัญชาการเรือ, ประธานสโมสรเรือยอชต์

★**common** (คอม' เมิน) *adj.* **-er, -est** เป็นของสาธารณะ, เหมือนกัน, เป็นที่รู้จักกันทั่วไป, ธรรมดา, ปานกลาง, เป็นมาตรฐาน, ด้อยคุณภาพ, ไม่สุภาพ, ไม่เจาะจง, ไม่มีการแยกเพศ *-n.* ที่ดินสาธารณะ **-commons** คนธรรมดา **-commonly** *adv.* (**-S.** (adj.) general, normal)

commonalty (คอม' มะเนิลที) *n., pl.* **-ties** สามัญชน, คนธรรมดา

commoner (คอม' มะเนอร์) *n.* สามัญชน

common gender นามที่ใช้หมายถึงทั้งเพศชายและหญิง เช่น parent

common law ระบบกฎหมายที่มีพื้นฐานจากการพิจารณาคดีของศาล

common market การร่วมมือเพื่อส่งเสริมทางการค้าระหว่างประเทศในกลุ่มสมาชิก

common noun สามานยนาม

commonplace (คอม' เมินเพลซ) *adj.* ธรรมดา, ไม่มีอะไรใหม่ *-n.* สิ่งที่ดูธรรมดาและไม่น่าสนใจ (**-S.** (adj.) dull, ordinary)

common room ห้องพัก

common sense สามัญสำนึก

commonweal (คอม' เมินวีล) *n.* สวัสดิการสาธารณะ, ผลประโยชน์ของคนส่วนรวม

commonwealth (คอม' เมินเวลธ์) *n.* ประชาชนในประเทศ, ประเทศที่ปกครองระบอบประชาธิปไตยหรือสาธารณรัฐ

commotion (คะโม' ชัน) *n.* เสียงที่ดังอึกทึก, ความสับสนวุ่นวาย,เหตุการณ์ตื่นเต้น (**-S.** uproar)

communal (คะมยู' เนิล, คอม' มยะ-) *adj.* ใช้ร่วมกัน, เป็นของส่วนรวม (**-S.** public)

commune[1] (คะมยูน') *vi.* **-muned, -muning** พูดคุยอย่างสนิทสนม, รับรู้ความรู้สึกของผู้อื่น

commune[2] (คอม' ยูน, คะมยูน') *n.* ชุมชนที่มีการแบ่งความรับผิดชอบและใช้สมบัติร่วมกัน, สมาชิกในชุมชน (**-S.** collective, community)

communicable (คะมยู' นิคะเบิล) *adj.* (โรค) ติดต่อกันได้, สามารถสื่อสารกันได้, พูดมาก

communicant (คะมยู' นิเคินท์) *n.* ผู้เข้ารับศีลมหาสนิท, ผู้แจ้งข่าว

★**communicate** (คะมยู' นิเคท) *vt., vi.* **-cated, -cating** ส่งข่าวสาร, สื่อสาร, แจ้ง, แลกเปลี่ยน (**-S.** connect, interface, transmit)

★**communication** (คะมยูนิเค' ชัน) *n.* การติดต่อสื่อสาร, การแลกเปลี่ยนความคิดเห็น ข้อมูลข่าวสารหรืออื่นๆ, ข่าวสาร **-communications** ระบบในการติดต่อสื่อสาร เช่น วิทยุ

communications satellite ดาวเทียมที่ใช้ในการถ่ายทอดสัญญาณโทรคมนาคม

communicative (คะมยู' นิเคทิฟว์, -คะทิฟว์) *adj.* ช่างพูด, มีข้อมูลมาก (**-S.** talkative)

communion (คะมยูน' เยิน) *n.* การมีส่วนร่วม, การแลกเปลี่ยนความคิดเห็นหรือความรู้สึก **-(Holy) Communion** พิธีศีลมหาสนิท

communiqué (คะมยูนิเค', -มยู' นิเค) *n.* การประกาศอย่างเป็นทางการ

communism (คอม' มยะนิซเซิม) *n.* ระบบการเมืองและเศรษฐกิจที่ทรัพย์สินทุกอย่างเป็นของชุมชนและทุกคนต้องทำงานให้แก่ชุมชน **-Communism** ลัทธิคอมมิวนิสต์ **-communist** *n.*

★**community** (คะมยู' นิที) *n., pl.* **-ties** ชุมชน, กลุ่มคนที่อาศัยในถิ่นเดียวกัน,การมีส่วนร่วมหรือเป็นเจ้าของสิ่งสาธารณะ

community center สถานที่พบปะของสมาชิกในชุมชนเพื่อทำกิจกรรมต่างๆ

community chest/fund เงินบริจาคที่ใช้สนับสนุนองค์กรการกุศลและบริการสังคม

community property สินสมรส

commutation (คอมยะเท' ชัน) *n.* การแลกเปลี่ยนหรือทดแทน, สิ่งที่ใช้ชำระแทนเงิน, การลดโทษ

commutator (คอม' มยะเทเทอร์) *n.* อุปกรณ์สำหรับเปลี่ยนทิศทางของกระแสไฟฟ้า

commute (คะมยูท') *vt., vi.* **-muted, -muting** แลกเปลี่ยน, ทดแทน, เดินทางไปกลับระหว่างสถานที่เดิมเป็นประจำ, ลดโทษ **-commuter** *n.* (**-S.** exchange, lessen, substitute)

A B C D E F G H I J K L M N O P Q R S T U V W X Y Z

compact[1] (*adj.* เคิมแพคท', คอม' แพคท, *v.* เคิมแพคท', *n.* คอม' แพคท) *adj.* กะทัดรัด, แน่น, กระชับ *-vt.* **-pacted, -pacting** อัดให้แน่น, รวมเข้าด้วยกัน *-n.* ตลับเครื่องสำอาง (-S. (adj.) concise (v.) compress)

compact[2] (คอม' แพคท) *n.* ข้อตกลง, สัญญา

compact disc/disk แผ่นดิสก์ขนาดเล็กสำหรับบันทึกข้อมูลระบบดิจิตอล ย่อว่า CD

companion (เคิมแพน' เยิน) *n.* เพื่อน, เพื่อนร่วมงาน, เพื่อนเดินทาง, หนังสือคู่มือ

companionable (เคิมแพน' นยะนะเบิล) *adj.* เป็นมิตร, มีมนุษยสัมพันธ์

companionship (เคิมแพน' เยินชิพ) *n.* มิตรภาพ, ความสัมพันธ์ (-S. friendship)

★**company** (คัม' พะนี) *n., pl.* **-nies** การมีความสัมพันธ์กับผู้อื่น, แขก, บริษัท, กลุ่มคนที่ทำงานร่วมกัน, คณะนักแสดง

comparable (คอม' เพอระเบิล) *adj.* เปรียบเทียบ, เท่าเทียม, คล้ายคลึง (-S. equal)

comparative (เคิมแพ' ระทิฟว่) *adj.* เกี่ยวกับการเปรียบเทียบ, เกี่ยวกับการเปรียบเทียบขั้นกว่าของคุณศัพท์หรือกริยาวิเศษณ์ *-n.* การเปรียบเทียบขั้นกว่าของคุณศัพท์หรือกริยาวิเศษณ์ (-S. (adj.) modified, qualified)

★**compare** (เคิมแพร') *vt., vi.* **-pared, -paring** เปรียบเทียบ, พิจารณาความคล้ายหรือความแตกต่าง, เปลี่ยนคุณศัพท์หรือกริยาวิเศษณ์เป็นรูปขั้นกว่าหรือขั้นสูงสุด *-n.* การเปรียบเทียบ

★**comparison** (เคิมแพ' ริเซิน) *n.* การเปรียบเทียบ, การเปรียบเทียบขั้นกว่าหรือขั้นสูงสุดของคุณศัพท์หรือกริยาวิเศษณ์ (-S. contrast)

compartment (เคิมพาร์ท' เมินท) *n.* ส่วน, ตอน, ช่อง, ห้อง, ชั้น (-S. division, part)

★**compass** (คัม' เพิซ, คอม'-) *n.* เข็มทิศ **-compasses** วงเวียน

compassion (เคิมแพช' ชัน) *n.* ความเห็นใจ, ความสงสาร, ความกรุณา **-compassionate** *adj.* (-S. mercy, pity, sympathy)

compatible (เคิมแพท' ทะเบิล) *adj.* สอดคล้องกัน, ที่อยู่ร่วมกันได้, ที่ทำงานร่วมกันได้, เข้ากันได้ **-compatibility** *n.* (-S. accordant)

compatriot (เคิมเพ' ทรีเอิท, -ออท) *n.* เพื่อนร่วมชาติ, ผู้เกิดในประเทศเดียวกัน

compel (เคิมเพล') *vt.* **-pelled, -pelling** บังคับ, กดดัน, ผลักดัน, กระตุ้น (-S. force, impel)

compelling (เคิมเพล' ลิง) *adj.* ที่บังคับ, น่าสนใจมาก, ที่ดึงดูดใจมาก (-S. fascinating)

compendium (เคิมเพน' เดียม) *n., pl.* **-diums/-dia** บทคัดย่อ, บทสรุป

compensate (คอม' เพินเซท) *vt., vi.* **-sated, -sating** ทำให้เท่ากัน, ถ่วง, ชดเชย, ทดแทน

compensation (คอมเพินเซ' ชัน) *n.* การชดเชยหรือทดแทน, เงินชดเชย

compere (คอม' แพร) *n.* ผู้ทำหน้าที่แนะนำนักพูดหรือนักแสดงทางวิทยุโทรทัศน์

★**compete** (เคิมพีท') *vi.* **-peted, -peting** เข้าแข่งขัน ทดสอบหรืออื่นๆ (-S. contend)

competence (คอม' พิเทินซ) *n.* ความสามารถ, อำนาจตามกฎหมาย, ทรัพย์สิน, เงิน

competent (คอม' พิเทินท) *adj.* มีความสามารถ, มีคุณสมบัติ, เพียงพอ, เหมาะสม **-competently** *adv.* (-S. qualified)

★**competition** (คอมพิทิช' ชัน) *n.* การแข่งขัน **-competitive** *adj.* (-S. contest, rivalry)

★**competitor** (เคิมเพท' ทิเทอร) *n.* ผู้เข้าแข่งขัน, คู่แข่ง (-S. challenger, opponent)

compilation (คอมพะเล' ชัน) *n.* การรวบรวมข้อมูล, สิ่งที่ถูกรวบรวม (-S. album, collection)

compile (เคิมไพล') *vt.* **-piled, -piling** รวบรวมข้อมูลและจัดเก็บอย่างเป็นระบบ

complacence, complacency (เคิม เพล' เซินซ, -เซินซี) *n.* ความพึงพอใจ

complacent (เคิมเพล' เซินท) *adj.* พึงพอใจ, ไม่วิตกกังวล, สงบ **-complacently** *adv.*

★**complain** (เคิมเพลน') *vi.* **-plained, -plaining** บ่น, แสดงความไม่พอใจ โกรธหรือเจ็บปวด, วิจารณ์, กล่าวหา (-S. criticize, grumble)

complainant (เคิมเพล' เนินท) *n.* โจทก์, ผู้ร้องทุกข์ (-S. plaintiff)

★**complaint** (เคิมเพลนท') *n.* การบ่น, คำแสดงความไม่พอใจ, คำวิจารณ์, ความเจ็บป่วย

complaisant (เคิมเพล' เซินท, -เซินท) *adj.* เต็มใจ, มีน้ำใจ **-complaisance** *n.*

complement (*n.* คอม' พละเมินท, *v.* -เมนท) *n.* ส่วนเสริม, ส่วนประกอบ, คำหรือกลุ่มคำที่ต้องใช้กริยามาช่วยเพื่อให้มีความหมายสมบูรณ์ *-vt.* **-mented, -menting** ทำให้สมบูรณ์

complementary (คอมพละเมน' ทะรี, -ทรี) *adj.* ที่ทำให้สมบูรณ์, ซึ่งเติมส่วนที่ขาดหายไป

complementary angles มุมสองมุมที่ประกอบกันได้ 90 องศา

complementary colors คู่สีที่ผสมกันทำให้เกิดสีขาว (แสง) หรือสีเทา (สารสี)

★**complete** (เคิมพลีท') *adj.* **-pleter, -pletest**

A B C D E F G H I J K L M N O P Q R S T U V W X Y Z

สมบูรณ์, ครบถ้วน, เสร็จสิ้น, สำเร็จ *-vt.* **-pleted, -pleting** ทำให้สำเร็จ, ทำให้สมบูรณ์, ทำให้เกิดผล **-completely** *adv.* **-completeness** *n.* **-completion** *n.* (**-S.** (adj.) finished)

★**complex** (*adj.* เคิมเพลคซ์', *n.* คอม' เพลคซ์) *adj.* ซับซ้อน, เข้าใจได้ยาก, ประกอบด้วยอนุประโยคมากกว่าหนึ่งอนุประโยค *-n.* ความซับซ้อน, ความวิตกกังวลเกินปกติ

complexion (เคิมเพลค' ชัน) *n.* ผิวหน้า, ผิวพรรณ, ผิวหนัง, ลักษณะตามธรรมชาติ

complexity (เคิมเพลค' ซิที) *n., pl.* **-ties** สิ่งที่มีความสลับซับซ้อน (**-S.** complication, difficulty)

compliance, compliancy (เคิมไพล' เอินซ์, -เอินซี) *n.* การยอมจำนน

compliant (เคิมไพล' เอินท์) *adj.* เชื่อฟัง, ยินยอม **-compliantly** *adv.* (**-S.** obedient)

★**complicate** (คอม' พลิเคท) *vt., vi.* **-cated, -cating** ทำให้ซับซ้อน, ทำให้สับสน, ทำให้เข้าใจยาก (**-S.** confuse, jumble)

★**complicated** (คอม' พลิเคทิด) *adj.* ที่ประกอบด้วยหลายชิ้นส่วน, สลับซับซ้อน, เข้าใจยาก (**-S.** complex, difficult, intricate)

complication (คอมพลิเค' ชัน) *n.* ความซับซ้อนหรือสับสน, โรคแทรกซ้อน

complicity (เคิมพลิซ' ซิที) *n., pl.* **-ties** การมีส่วนร่วมในการทำผิด (**-S.** collusion, conspiracy)

compliment (คอม' พละเมินท์) *n.* การแสดงความเคารพ, การยกย่อง *-vt.* **-mented, -menting** แสดงความเคารพ, ยกยอ, ยกย่อง **-compliments** การทักทาย, การอวยพร (**-S.** (n., v.) praise (n.) tribute (v.) salute)

complimentary (คอมพละเมน' ทะรี, -ทรี) *adj.* แสดงความยกย่อง ชื่นชมหรือยินดี, ให้เป็นของกำนัล

comply (เคิมไพล') *vi.* **-plied, -plying** เชื่อฟัง, ยอมตาม (**-S.** obey, submit)

component (เคิมโพ' เนินท์) *n.* ส่วนประกอบ *-adj.* เป็นส่วนประกอบ (**-S.** (n.) element, part)

comport (เคิมพอร์ท', -โพร์ท') *v.* **-ported, -porting** *-vt.* ประพฤติหรือปฏิบัติ *-vi.* สอดคล้อง, เข้ากันได้ (**-S.** agree, behave)

comportment (เคิมพอร์ท' เมินท์, -โพร์ท'-) *n.* ความประพฤติ, กิริยาท่าทาง

compose (เคิมโพซ') *vt., vi.* **-posed, -posing** ประกอบ, เรียง, แต่ง, ไกล่เกลี่ย, สงบสติ, เตรียมการพิมพ์ (**-S.** arrange, calm, resolve, write)

composed (เคิมโพซด์') *adj.* สงบ, ใจเย็น

composer (เคิมโพ' เซอร์) *n.* ผู้ประพันธ์

composite (เคิมพอซ' ซิท) *adj.* ที่ประกอบด้วยส่วนประกอบที่แตกต่างกัน

composition (คอมพะซิช' ชัน) *n.* การประกอบ, ส่วนประกอบ, การประพันธ์, งานประพันธ์, ศิลปะในการประพันธ์

compositor (เคิมพอซ' ซิเทอร์) *n.* ช่างเรียงพิมพ์, เครื่องเรียงพิมพ์

compost (คอม' โพซท์) *n.* ของผสม, ปุ๋ยหมัก

composure (เคิมโพ' เฌอร์) *n.* ความสุขใจ, ความสงบสุข (**-S.** equanimity, serenity)

compote (คอม' โพท) *n.* ผลไม้แช่อิ่ม

★**compound** (*v., adj.* คอมเพานด์', เคิม-, คอม' เพานด์, *n.* คอม' เพานด์) *vt., vi.* **-pounded, -pounding** รวม, ผสม, เพิ่ม, ทำให้แย่ลง, ประนีประนอม *-adj.* ที่ประกอบด้วย *-n.* ของผสม, สารประกอบ, คำผสม (**-S.** (v.) combine)

compound eye ตาที่ประกอบด้วยตาย่อย ๆ จำนวนมาก เช่น ตาของแมลง

compound interest ดอกเบี้ยที่คิดจากเงินต้นรวมกับดอกเบี้ยค้างชำระ

compound sentence ประโยคความรวมหรืออเนกัตถประโยค

comprehend (คอมพริเฮนด์') *vt.* **-hended, -hending** เข้าใจอย่างถ่องแท้, เข้าใจอย่างลึกซึ้ง, รวมถึง, ครอบคลุม (**-S.** apprehend, include)

comprehensible (คอมพริเฮน' ซะเบิล) *adj.* ที่เข้าใจได้, ที่เข้าใจง่าย, ไม่ซับซ้อน

comprehension (คอมพริเฮน' ชัน) *n.* ความสามารถในการเข้าใจ, แบบฝึกหัดที่ใช้วัดความเข้าใจในภาษา **-comprehensive** *adj.* **-comprehensively** *adv.* (**-S.** discernment)

compress (*v.* เคิมเพรซ', *n.* คอม' เพรซ) *vt.* **-pressed, -pressing** กด, บีบ, อัด, ย่อ *-n.* ผ้ากดห้ามเลือด **-compression** *n.* (**-S.** (v.) compact, condense, shorten)

comprise (เคิมไพรซ') *vt.* **-prised, -prising** ประกอบด้วย, รวมอยู่ (**-S.** compose, contain)

compromise (คอม' พระไมซ์) *n.* การประนีประนอม, การทำข้อตกลง *-vt., vi.* **-mised, -mising** ประนีประนอม, ทำข้อตกลง, ทำให้เสียชื่อเสียง (**-S.** (n.) adjustment (n., v.) deal)

comptroller (เคินโทร' เลอร์) *n.* ผู้ควบคุมและตรวจสอบบัญชี

compulsion (เคิมพัล' ชัน) *n.* การบังคับ, ภาวะที่ถูกบังคับ, แรงกดดัน **-compulsory** *adj.* **-compulsorily** *adv.* (**-S.** obligation)

compulsive (เคิมพัล' ซิฟว์) *adj.* เป็นเชิงบังคับ, ดึงดูด, ที่ถูกครอบงำ **-compulsively** *adv.* (-S. compelling, fascinating)
compunction (เคิมพังค์' ชัน) *n.* ความสำนึกผิด (-S. penitence, qualm)
compute (เคิมพยูท') *vt., vi.* **-puted, -puting** คำนวณ, กะประมาณ, คำนวณโดยใช้เครื่องคอมพิวเตอร์ **-computation** *n.* (-S. calculate)
★**computer** (เคิมพยู' เทอร์) *n.* เครื่องคอมพิวเตอร์, ผู้คำนวณ
computeracy (เคิมพยู' เทอระซี) *n.* ความสามารถในการเข้าใจและใช้คอมพิวเตอร์ได้
computer-aided design การออกแบบโดยใช้คอมพิวเตอร์กราฟิก ย่อว่า CAD
computerese (เคิมพยูเทอรีซ') *n.* ศัพท์เฉพาะที่เกี่ยวกับเทคโนโลยีคอมพิวเตอร์
computerize (เคิมพยู' ทะไรซ์) *vt.* **-ized, -izing** เก็บข้อมูลในเครื่องหรือระบบคอมพิวเตอร์, ใช้คอมพิวเตอร์ในการทำงาน
computerized axial tomography การถ่ายเอกซเรย์โดยใช้เครื่องคอมพิวเตอร์วิเคราะห์ภาพตัดขวางของร่างกาย ย่อว่า CAT
computer virus โปรแกรมคอมพิวเตอร์ที่ทำลายหรือยับยั้งการทำงานของโปรแกรมต่างๆ ในเครื่องหรือป้องกันการถูกบุกรุกข้อมูล
comrade (คอม' แรด, -เร็ด) *n.* เพื่อนสนิท, พันธมิตรทางการค้า (-S. associate, companion)
con[1] (คอน) *adv.* ที่ขัดแย้ง *-n.* ข้อขัดแย้ง
con[2] (คอน) *vt.* **conned, conning** ศึกษา อ่านหรือตรวจสอบอย่างละเอียด, ท่องจำ
con[3] (คอน) *vt.* **conned, conning** (คำสแลง) หลอกลวง ตบตา *-n.* (คำสแลง) การหลอกลวง กลลวง (-S. (v.) deceive, swindle (n.) deception)
concave (คอนเคฟว์', คอน' เคฟว์) *adj.* เป็นรูปโค้งหรือเว้าเข้าด้านใน *-n.* ส่วนที่โค้งหรือเว้าเข้าด้านใน **-concave lens** เลนส์เว้า
concavity (คอนเคฟ' วิที) *n., pl.* **-ties** ส่วนเว้า, ส่วนโค้ง, ความเว้า
conceal (เคินซีล') *vt.* **-cealed, -cealing** ซ่อน, ปกปิด **-concealment** *n.* (-S. hide, mask)
concede (เคินซีด') *vt., vi.* **-ceded, -ceding** ยอมรับ, อนุญาต, ให้สิทธิ, ยินยอม (-S. admit)
conceit (เคินซีท') *n.* ความภูมิใจในตนเอง, ความหยิ่งยโส (-S. arrogance, narcissism)
conceited (เคินซี' ทิด) *adj.* หลงตัวเอง, หยิ่งยโส (-S. arrogant, haughty, vain)
conceivable (เคินซีฟ' วะเบิล) *adj.* ที่เข้าใจคิดหรือเชื่อถือได้ **-conceivably** *adv.*
conceive (เคินซีฟว์) *vt., vi.* **-ceived, -ceiving** ตั้งครรภ์, เข้าใจ, คิด, นึก, เชื่อว่า
★**concentrate** (คอน' เซินเทรท) *vt., vi.* **-trated, -trating** รวบรวม, ตั้งสมาธิ, จดจ่อ, ทำให้ข้น (-S. condense, focus)
concentrated (คอน' เซินเทรทิด) *adj.* เข้มข้น, หนาแน่น (-S. intense, intensive)
concentration (คอนเซินเทร' ชัน) *n.* การรวบรวม, การรวบรวมสมาธิ, ความเข้มข้น
concentration camp คุกขังนักโทษสงคราม
concentric (เคินเซน' ทริค) *adj.* มีจุดศูนย์กลางร่วมกัน
★**concept** (คอน' เซพท์) *n.* ความคิด, สิ่งที่คิดขึ้น, แนวความคิด (-S. abstraction, idea)
conception (เคินเซพ' ชัน) *n.* การตั้งครรภ์, การรวบรวมความคิด, ความคิด, สิ่งที่คิดได้
★**concern** (เคินเซิร์น') *vt.* **-cerned, -cerning** เกี่ยวข้อง, เข้าร่วม, ให้ความสำคัญ, วิตกกังวล *-n.* ความสนใจ, ความเกี่ยวข้อง, ภาระ, ส่วนแบ่ง, บริษัท, ความวิตกกังวล (-S. (v.) involve (v., n.) worry)
concerned (เคินเซิร์นด์') *adj.* กังวล, มีความสนใจ, เกี่ยวข้อง (-S. anxious, interested)
★**concerning** (เคินเซอร์' นิง) *prep.* เกี่ยวข้องกับ, สัมพันธ์กับ, เกี่ยวกับ
★**concert** (*n.* คอน' เซิร์ท, *v.* เคินเซิร์ท') *n.* การแสดงดนตรี, ความสอดคล้อง *-vt., vi.* **-certed, -certing** ประสานกัน, ร่วมมือกัน
concerted (เคินเซอร์' ทิด) *adj.* ที่วางแผนหรือกระทำร่วมกัน, พร้อมกัน (-S. planned)
concert grand เปียโนขนาดใหญ่ที่สุด
concertina (คอนเซอร์ที' นะ) *n.* หีบเพลงชัก
concerto (เคินเชร์' โท) *n., pl.* **-tos/-ti** (-ที) การประพันธ์ดนตรีสำหรับวงออร์เคสตราเพื่อแสดงร่วมกับเครื่องดนตรีตั้งแต่หนึ่งชนิดขึ้นไป
concession (เคินเซช' ชัน) *n.* การยอมรับ, การยินยอม, ข้อตกลง, สัมปทาน, ราคาพิเศษเฉพาะกลุ่ม (-S. permit, surrender)
concessionaire (เคินเซชชะแนร์') *n.* ผู้ได้รับสัมปทาน, ผู้ได้รับอนุญาต
conch (คองค์, คอนช์) *n., pl.* **conchs** (คองซ์)/ **conches** (คอน' ชิซ) หอยสังข์
conciliate (เคินซิล' ลีเอท) *vt.* **-ated, -ating** ทำให้สงบ, ชนะใจ, ผูกมิตร, ไกล่เกลี่ย **-conciliation** *n.* **-conciliatory** *adj.* (-S. appease)
concise (เคินไซซ์') *adj.* กระชับ, ย่อ, สรุป

A B C D E F G H I J K L M N O P Q R S T U V W X Y Z

-**concisely** *adv.* -**conciseness** *n.*
conclave (คอน' เคลฟว์, คอง'-) *n.* การประชุมลับ, การประชุม, การชุมนุม
conclude (เคินคลูด') *vt., vi.* -**cluded, -cluding** ทำข้อตกลง, ตัดสินใจ, สรุป, จบ, เสร็จสิ้น, ลงมติ (-S. decide, finish, infer)
★**conclusion** (เคินคลู' ฌัน) *n.* บทสรุป, ผลลัพธ์สุดท้าย -**in conclusion** ในที่สุด
conclusive (เคินคลู' ซิฟว์) *adj.* สรุป, ชี้ขาด -**conclusively** *adv.* (-S. definite, final)
concoct (เคินคอคท์') *vt.* -**cocted, -cocting** ผสม, คิด, แต่ง, ร่างเค้าโครง -**concoction** *n.*
concomitant (เคินคอม' มิเทินท์) *adj.* ที่เกิดขึ้นพร้อมกัน -*n.* สิ่งที่เกิดขึ้นพร้อมกัน
concord (คอน' คอร์ด, คอง'-) *n.* ความสอดคล้อง, ความกลมกลืน (-S. harmony)
concordance (เคินคอร์' เดินซ์) *n.* ความสอดคล้อง, ดรรชนีเรียงตามตัวอักษร
concordant (เคินคอร์' เดินท์) *adj.* ที่สอดคล้อง, กลมกลืน, เป็นเอกภาพ
concordat (เคินคอร์' แดท) *n.* ข้อตกลง, ข้อตกลงระหว่างสันตะปาปาและผู้ปกครองวัด
concourse (คอน' คอร์ซ, -โคร์ซ, คอง'-) *n.* พื้นที่โล่งกว้าง, ฝูงคนหรือสิ่งอื่นๆ
★**concrete** (คอนครีท', คอง-, คอน' ครีท, คอง'-) *adj.* เฉพาะเจาะจง, ที่สัมผัสได้, ชัดเจน, เป็นรูปธรรม -*n.* คอนกรีต -*v.* -**creted, -creting** -*vt.* สร้างหรือปกคลุมด้วยคอนกรีต -*vi.* กลายเป็นของแข็ง -**concretely** *adv.*
concretion (เคินครี' ชัน) *n.* การรวมตัวเป็นของแข็ง, หินตะกอน, ก้อนนิ่ว
concubine (คอง' คยะไบน์, คอน'-) *n.* เมียน้อย, เมียลับ (-S. courtesan, mistress)
concur (เคินเคอร์') *vi.* -**curred, -curring** มีความเห็นสอดคล้อง, เกิดขึ้นพร้อมกัน, ร่วมมือ
concurrent (เคินเคอ' เรินท์) *adj.* ที่เกิดขึ้นพร้อมกัน, ร่วมสมัย, ที่ร่วมมือกัน, สอดคล้อง -**concurrence** *n.* -**concurrently** *adv.*
concussion (เคินคัช' ชัน) *n.* อาการช็อกเนื่องจากถูกตีอย่างแรง, การบาดเจ็บที่สมอง
★**condemn** (เคินเดม') *vt.* -**demned, -demning** คัดค้าน, ตัดสินลงโทษ, แสดงให้เห็นว่ามีความผิด, ประกาศไม่ให้ใช้, ยึดทรัพย์สิน, ประณาม -**condemnation** *n.* (-S. accuse, ban)
condemned cell ห้องขังนักโทษที่รอการประหารชีวิต
condense (เคินเดนซ์') *vt., vi.* -**densed, -densing** ทำให้เข้มข้น, ย่อ, สรุป, ทำให้ก๊าซควบแน่นเป็นของเหลว -**condensation** *n.*
condensed milk นมผง
condenser (เคินเดน' เซอร์) *n.* อุปกรณ์สำหรับควบแน่นก๊าซให้เป็นของเหลว, กระจกหรือเลนส์ที่ใช้รวมแสง, อุปกรณ์เก็บประจุไฟฟ้า
condescend (คอนดิเซนด์') *vi.* -**scended, -scending** ถ่อมตัว, วางตัวเหนือผู้อื่น, ดูถูก -**condescending** *adj.* -**condescension** *n.*
condiment (คอน' ดะเมินท์) *n.* เครื่องปรุงรส
★**condition** (เคินดิช' ชัน) *n.* สภาวะ, ฐานะ, สิ่งจำเป็น, สภาพร่างกาย, สิ่งที่ควบคุมหรือมีอิทธิพลเหนือสิ่งอื่น, เงื่อนไข -*vt.* -**tioned, -tioning** กำหนด, วางเงื่อนไข, จัดสภาพ -**conditions** สภาพแวดล้อม (-S. (n.) fitness, state)
★**conditional** (เคินดิช' ชะเนิล) *adj.* ขึ้นอยู่กับ, มีเงื่อนไข -**conditionally** *adv.*
conditioner (เคินดิช' ชะเนอร์) *n.* สิ่งที่ใช้ปรับปรุงสภาพให้ดีขึ้น เช่น ครีมนวดผม
condo (คอน' โด) *n., pl.* -**dos/-does** (ภาษาพูด) คอนโดมิเนียม
condole (เคินโดล') *vi.* -**doled, -doling** แสดงความเห็นใจ, ปลอบโยน -**condolence** *n.*
condom (คอน' เดิม, คัน'-) *n.* ถุงยางอนามัย
condominium (คอนดะมิน' เนี่ยม) *n., pl.* -**iums/-ia** คอนโดมิเนียม
condone (เคินโดน') *vt.* -**doned, -doning** ให้อภัย, ยกโทษ -**condonation** *n.*
condor (คอน' ดอร์) *n.* นกแร้งขนาดใหญ่
conduce (เคินดูซ', -ดยูซ') *vi.* -**duced, -ducing** ช่วยให้เกิด, นำไปสู่ -**conducive** *adj.*
★**conduct** (*v.* เคินดัคท์, *n.* คอน' ดัคท์) *vt., vi.* -**ducted, -ducting** ควบคุม, จัดการ, นำ, แนะนำ, ประพฤติ, เปลี่ยนแปลง -*n.* การจัดการ, ความประพฤติ, การกระทำ (-S. (v.) direct)
conduction (เคินดัค' ชัน) *n.* การส่งผ่านโดยผ่านตัวกลาง เช่น การส่งผ่านไฟฟ้า
conductivity (คอนดัคทิฟ' วิที) *n., pl.* -**ties** ความสามารถหรือกำลังในการส่งผ่านไฟฟ้า ความร้อนหรือเสียง
conductor (เคินดัค' เทอร์) *n.* คนตรวจตั๋ว, กระเป๋ารถเมล์, สื่อนำไฟฟ้าหรือความร้อน, ผู้ควบคุมวงดนตรี, ผู้นำ, ผู้จัดการ
conduit (คอน' ดูอิท, -ดิท) *n.* ท่อหรือช่องส่งของเหลว, ท่อร้อยสายไฟหรือสายเคเบิล
cone (โคน) *n.* รูปทรงกรวย, ผลต้นสน, ปล่องภูเขาไฟ, เซลล์รูปกรวย -**conic, conical** *adj.*

A B C D E F G H I J K L M N O P Q R S T U V W X Y Z

A B C D E F G H I J K L M N O P Q R S T U V W X Y Z

coney, cony (โค' นี, คัน' นี) *n., pl.* **-neys/-nies** กระต่ายจำพวกหนึ่ง, ขนกระต่าย
confab (คอน' แฟบ) *n.* (ภาษาพูด) การคุยเล่น *-vi.* **-fabbed, -fabbing** (ภาษาพูด) คุยเล่น
confection (เคินเฟค' ชัน) *n.* ขนมหวาน
confectioner (เคินเฟค' ชะเนอร์) *n.* คนทำหรือขายขนมหวาน
confectionery (เคินเฟค' ชะเนรี) *n., pl.* **-ies** ขนมหวาน, ร้านขายขนมหวาน (-S. candy)
confederate (*n., adj.* เคินเฟด' เดอริท, *v.* -ดะเรท) *n.* พันธมิตร, ผู้สมรู้ร่วมคิด *-adj.* เป็นพันธมิตร *-vt., vi.* **-ated, -ating** ร่วมเป็นพันธมิตรกัน **-confederacy** *n.* **-confederation** *n.* (-S. (n.) associate, partner (adj.) allied)
confer (เคินเฟอร์') *v.* **-ferred, -ferring** *-vt.* ให้, มอบให้ *-vi.* ประชุม (-S. bestow, discuss)
★**conference** (คอน' เฟอเรินซ์, -เฟรินซ์) *n.* การประชุม, การปรึกษาหารือ (-S. convention)
★**confess** (เคินเฟซ') *vt., vi.* **-fessed, -fessing** ยอมรับ, สารภาพบาป **-confession** *n.* (-S. acknowledge, disclose, profess)
confessional (เคินเฟซ' ชะเนิล) *n.* ห้องขนาดเล็กสำหรับสารภาพบาป
confessor (เคินเฟซ' เซอร์) *n.* ผู้สารภาพบาป, พระผู้ฟังคำสารภาพบาป
confetti (เคินเฟท' ที) *n. pl.* กระดาษสีชิ้นเล็กๆ ที่ใช้โปรยในงานรื่นเริง
confidant (คอน' ฟิแดนท์, -ดานท์) *n.* ผู้ที่รักษาความลับได้, คนสนิท **-confidante** *n. fem.*
confide (เคินไฟด์') *vt., vi.* **-fided, -fiding** เปิดเผยความลับ, ไว้ใจ (-S. disclose, entrust)
★**confidence** (คอน' ฟิเดินซ์) *n.* ความไว้วางใจ, ความเชื่อมั่นศรัทธา, ความมั่นใจ, ความลับ
confidence man/trickster ผู้หลอกลวง
★**confident** (คอน' ฟิเดินท์) *adj.* ทะนง, มั่นใจ, เชื่อใจ **-confidently** *adv.* (-S. sure)
confidential (คอนฟิเดน' เชิล) *adj.* เป็นความลับ, ลับๆ, ไว้วางใจ **-confidentially** *adv.* (-S. close, secret, trusty)
confiding (เคินไฟ' ดิง) *adj.* ที่เชื่อใจได้
configuration (เคินฟิกยะเร' ชัน) *n.* รูปทรงภายนอก, รูปแบบหรือโครงสร้าง
confine (*v.* เคินไฟน์', *n.* คอน' ไฟน์) *vt.* **-fined, -fining** จำกัด, กักขัง, กักบริเวณ *-n.* การควบคุม, การกักขัง, คุก **-confines** เขตแดน, ขอบเขต **-confinement** *n.*
★**confirm** (เคินเฟิร์ม') *vt.* **-firmed, -firming** พิสูจน์, รับรอง, ยืนยัน **-confirmation** *n.*
confiscate (คอน' ฟิสเกท) *vt.* **-cated, -cating** ยึด, ริบ **-confiscation** *n.* (-S. impound)
conflagration (คอนฟละเกร' ชัน) *n.* กองเพลิงขนาดใหญ่ เช่น ไฟไหม้ป่า (-S. holocaust)
★**conflict** (*n.* คอน' ฟลิคท์, *v.* เคินฟลิคท์') *n.* ความขัดแย้ง, การต่อสู้ *-vi.* **-flicted, -flicting** แตกต่าง, ขัดแย้ง (-S. (n.) disagreement (v.) disagree -A. (n.) harmony)
conform (เคินฟอร์ม') *vt., vi.* **-formed, -forming** ปรับให้สอดคล้อง, ปฏิบัติตาม (-S. adjust)
conformist (เคินฟอร์' มิซท์) *n.* ผู้ที่ปฏิบัติตามขนบธรรมเนียมหรือค่านิยม
conformity (เคินฟอร์' มิที) *n., pl.* **-ties** การปฏิบัติตามขนบธรรมเนียมหรือค่านิยม, ความสอดคล้องหรือคล้ายคลึงกัน
confound (เคินเฟาน์ด์', คอน-) *vt.* **-founded, -founding** ทำให้สับสน, นำมาผสมปนเป
confrere (คอน' แฟรร์) *n.* สมาชิก
confront (เคินฟรันท์') *vt., vi.* **-fronted, -fronting** เผชิญหน้า, รับมือกับปัญหา **-confrontation** *n.* (-S. challenge, face, tackle)
★**confuse** (เคินฟยูซ') *vt.* **-fused, -fusing** ทำให้ยุ่งเหยิง, ทำให้สับสน, ทำให้อึดอัด, ทำให้คลุมเครือ **-confusing** *adj.* (-S. disorder, obscure, perplex -A. clarify, enlighten)
confused (เคินฟยูซด์') *adj.* ไม่ชัดเจน, สับสน, คลุมเครือ, ยุ่งเหยิง, งง, เข้าใจยาก **-confusedly** *adv.* **-confusion** *n.* (-S. unclear, untidy)
confute (เคินฟยูท์') *vt.* **-futed, -futing** ชี้ให้เห็นความผิด **-confutation** *n.*
congeal (เคินจีล') *vt., vi.* **-gealed, -gealing** ทำให้แข็งตัว, แข็งตัว, กลายเป็นวุ้น (-S. solidify)
congenial (เคินจีน' เยิล) *adj.* เข้ากันได้, ถูกใจ, (รสนิยม) ต้องกัน, เป็นที่พอใจ **-congenially** *adv.* (-S. agreeable, pleasant)
congenital (เคินเจน' นิเทิล) *adj.* ที่มีมาหรือติดตัวมาแต่กำเนิด (-S. established, innate)
conger (eel) (คอง' เกอร์) *n.* ปลาไหลทะเล
congest (เคินเจซท์') *v.* **-gested, -gesting** *-vt.* ทำให้แน่นเกินไป *-vi.* รวมตัวเป็นก้อน **-congestive** *adj.* **-congestion** *n.*
congested (เคินเจส' ติด) *adj.* แน่น, เต็ม, คับคั่ง (-S. blocked, crowded)
conglomerate (*v.* เคินกลอม' มะเรท, *n., adj.* -เมอริท) *vi., vt.* **-ated, -ating** รวมตัว, รวมกลุ่ม *-n.* การรวมกลุ่มบริษัท, การรวมตัว *-adj.*

ที่รวมตัวเป็นกลุ่ม **-conglomeration** *n.* (**-S.** (n.) corporation (adj.) gathered)

★**congratulate** (เคินแกรช' ชะเลท, -แกรจ'-, เคิง-) *vt.* **-lated, -lating** แสดงความยินดี

★**congratulation** (เคินแกรชชะเล' ชัน, -แกรจ-, เคิง-) *n.* การแสดงความยินดี **-congratulations** คำกล่าวแสดงความยินดี, คำอวยพร

congregate (คอง' กริเกท) *vt., vi.* **-gated, -gating** รวมตัว, รวมกลุ่ม, ชุมนุม **-congregation** *n.* (**-S.** assemble, gather)

★**congress** (คอง' กริซ) *n.* สภานิติบัญญัติ, การอภิปราย, การประชุม **-Congress** สภานิติบัญญัติของสหรัฐอเมริกา **-congressman** *n.*

congruent (คอง' กรูเอินท์) *adj.* สอดคล้อง, เหมาะสม, เท่ากัน **-congruence** *n.*

conjecture (เคินเจค' เชอร์) *n.* การเดา, การอนุมาน *-vt., vi.* **-tured, -turing** เดา, คาดคะเน, อนุมาน (**-S.** (n., v.) guess)

conjoin (เคินจอยน์') *vt., vi.* **-joined, -joining** รวมตัว, เชื่อมโยง, ประสาน **-conjoint** *adj.*

conjugal (คอน' จะเกิล, เคินจู'-) *adj.* เกี่ยวกับชีวิตคู่ (**-S.** marital, spousal)

conjugate (คอน' จะเกท) *vt., vi.* **-gated, -gating** รวมตัว, ผันกริยา **-conjugation** *n.*

★**conjunction** (เคินจังค์' ชัน) *n.* สันธาน

conjure (คอน' เจอร์, เคินจุร์') *vt., vi.* **-jured, -juring** เรียกวิญญาณ, อ้อนวอน, เล่นกล

conjurer, conjuror (คอน' เจอเรอร์, คัน'-) *n.* นักมายากล, หมอผี

★**connect** (คะเนคท์') *vt., vi.* **-nected, -necting** เชื่อมโยง, สัมพันธ์, ติดต่อ, เกี่ยวข้อง

★**connection** (คะเนค' ชัน) *n.* การเชื่อมต่อ, ความสัมพันธ์, ญาติ, การสื่อสารระหว่างจุดสองจุด, การเดินทางที่ต้องเปลี่ยนพาหนะ

conning tower โครงสร้างส่วนบนสุดของเรือดำน้ำ ใช้สำหรับส่องสังเกตการณ์

connive (คะไนฟว์') *vi.* **-nived, -niving** สมรู้ร่วมคิด, แสร้งมองไม่เห็นความผิด, ร่วมมือ **-connivance** *n.* (**-S.** conspire, disregard)

connoisseur (คอนนะเซอร์', -ซุร์') *n.* ผู้เชี่ยวชาญเฉพาะด้าน (**-S.** expert, gourmet)

connote (คะโนท') *vt.* **-noted, -noting** มีนัยว่า, สื่อความหมาย **-connotation** *n.*

connubial (คะนู' เบียล, -นยู'-) *adj.* เกี่ยวกับชีวิตคู่, เกี่ยวกับสามีภรรยา

★**conquer** (คอง' เคอร์) *vt.* **-quered, -quering** พิชิต, ปราบ, เอาชนะ **-conqueror** *n.*

conquest (คอน' เควซท์, คอง'-) *n.* สิ่งที่ได้ครอบครอง, ชัยชนะ, การครอบครอง (**-S.** victory)

consanguinity (คอนแซนกวิน' นิที, -แซง-) *n., pl.* **-ties** ความสัมพันธ์ทางสายเลือด

★**conscience** (คอน' เชินซ์) *n.* คุณธรรมประจำใจ, จิตสำนึก **-in (all) conscience** ด้วยเหตุผล (**-S.** morals, principles)

conscience money เงินที่จ่ายเพื่อชดเชยการกระทำผิด

conscience-stricken (คอน' เชินซ์สตริคเคิน) *adj.* เสียใจต่อการกระทำผิดของตน

conscientious (คอนเชียน' เชิซ) *adj.* มีคุณธรรม, รอบคอบ, ขยัน **-conscientiously** *adv.* (**-S.** careful, diligent, scrupulous)

★**conscious** (คอน' เชิซ) *adj.* มีสติ, ตื่นตัว, ตระหนักรู้ *-n.* จิตสำนึก **-consciously** *adv.* **-consciousness** *n.* (**-S.** aware, deliberate)

conscript (*n.* คอน' สกริพท์, *v.* เคินสกริพท์') *n.* ผู้ที่ถูกเกณฑ์ *-vt.* **-scripted, -scripting** เกณฑ์ **-conscription** *n.* (**-S.** (v.) enlist)

consecrate (คอน' ซิเครท) *vt.* **-crated, -crating** ทำให้ศักดิ์สิทธิ์, บูชา, อุทิศ **-consecration** *n.* (**-S.** dedicate, hallow)

consecutive (เคินเซค' คยะทิฟว์) *adj.* ตามลำดับ, ต่อเนื่อง **-consecutively** *adv.* (**-S.** continuous, serial, unbroken)

consensus (เคินเซน' เซิซ) *n.* ข้อตกลง, มติเอกฉันท์ (**-S.** agreement, concord)

consent (เคินเซนท์') *vi.* **-sented, -senting** เห็นด้วย, อนุญาต, ยอมรับ *-n.* การอนุญาต, การยอมรับ (**-S.** (v.) accept (n.) agreement)

★**consequence** (คอน' ซิเควนซ์, -เควินซ์) *n.* ผลที่เกิดขึ้น, ผลกระทบ, ความสำคัญ, บทสรุป **-consequent** *adj.* (**-S.** importance, result)

consequential (คอนซิเควน' เชิล) *adj.* เป็นผลมาจาก, สืบเนื่องจาก, หยิ่ง, มีความสำคัญ

consequently (คอน' ซิเควนท์ลี, -เควินท์ลี) *adv.* เป็นผลจาก, สืบเนื่องจาก, ดังนั้น (**-S.** accordingly, hence, therefore)

conservation (คอนเซอร์เว' ชัน) *n.* การอนุรักษ์, การป้องกันรักษา, การบูรณะหรือปฏิสังขรณ์ (**-S.** preservation, protection)

conservatism (เคินเซอร์' วะทิซเซิม) *n.* แนวโน้มที่จะรักษาขนบธรรมเนียมดั้งเดิม

★**conservative** (เคินเซอร์' วะทิฟว์) *adj.* หัวโบราณ, ต่อต้านการเปลี่ยนแปลง, รอบคอบ, อนุรักษ์ *-n.* ผู้ที่ยึดมั่นต่อขนบธรรมเนียม

conservatory (เคินเซอร์' วะทอรี, -โทรี) *n., pl.* **-ries** เรือนกระจกสำหรับปลูกต้นไม้

conserve (*v.* เคินเซิร์ฟว์', *n.* คอน' เซิร์ฟว์) *v.* **-served, -serving** *-vt.* ป้องกัน, อนุรักษ์, ดอง, แช่อิ่ม, ถนอม *-vi.* ประหยัด *-n.* แยมผลไม้

★**consider** (เคินซิด' เดอร์) *vt., vi.* **-ered, -ering** พิจารณา, ไตร่ตรอง (-S. regard, think)

considerable (เคินซิด' เดอระเบิล) *adj.* มีจำนวนมาก, มีขนาดใหญ่, มีความสำคัญ, มีค่า **-considerably** *adv.* (-S. much, noteworthy)

considerate (เคินซิด' เดอริท) *adj.* ที่คำนึงถึงผู้อื่น, มีน้ำใจ, รอบคอบ **-considerately** *adv.* (-S. generous, thoughtful)

★**consideration** (เคินซิดดะเร' ชัน) *n.* การพิจารณา, ข้อควรพิจารณา, ความเอาใจใส่ผู้อื่น

considering (เคินซิด' เดอริง) *prep., conj.* เมื่อมองถึง, เมื่อพิจารณาในแง่

consign (เคินไซน์') *vt.* **-signed, -signing** มอบ, ส่ง **-consignment** *n.* (-S. send)

consignee (คอนไซนี', เคินไซ' นี) *n.* ผู้รับของ

consignor, consigner (เคินไซ' เนอร์) *n.* บริษัทหรือผู้ส่งสินค้าไปยังผู้แทนจำหน่าย

★**consist** (เคินซิซท์') *vi.* **-sisted, -sisting** ประกอบด้วย, มีพื้นฐานจาก (-S. comprise)

consistency (เคินซิส' เต็นซี) *n., pl.* **-cies** ความสอดคล้อง, ความคงที่, ระดับความเข้มข้นหรือความเหนียว

consistent (เคินซิส' เต็นท์) *adj.* สอดคล้อง, เป็นรูปแบบเดียวกัน, คงที่ **-consistently** *adv.*

consolation (คอนซะเล' ชัน) *n.* การทำให้ผ่อนคลาย, สิ่งที่ช่วยผ่อนคลาย (-S. relief)

console[1] (เคินโซล') *vt.* **-soled, -soling** ทำให้รู้สึกสบาย, ให้กำลังใจ (-S. alleviate)

console[2] (คอน' โซล) *n.* ตู้ใส่วิทยุหรือโทรทัศน์, หน้าปัดแผงควบคุม **-console table** หิ้ง

consolidate (เคินซอล' ลิเดท) *vt., vi.* **-dated, -dating** นำมารวมกัน, ทำให้แข็งแรงและมั่นคง **-consolidation** *n.* (-S. merge, strengthen)

consommé (คอนซะเม', คอน' ซะเม) *n.* ซุปเนื้อน้ำใส

consonant (คอน' ซะเนินท์) *adj.* สอดคล้อง, กลมกลืน *-n.* เสียงพยัญชนะ

consort (*n.* คอน' ซอร์ท, *v.* เคินซอร์ท') *n.* คู่สมรส, เรือคุ้มกัน *-vt., vi.* **-sorted, -sorting** ร่วมมือ, เข้ากัน (-S. (n.) spouse)

consortium (เคินซอร์' เทียม, -เชียม) *n., pl.* **-tia** การร่วมมือเพื่อผลประโยชน์

conspicuous (เคินสปิค' คยูเอิซ) *adj.* เด่น, สะดุดตา **-conspicuously** *adv.* (-S. obvious)

conspiracy (เคินสเปีย' ระซี) *n., pl.* **-cies** การวางแผนและร่วมกระทำสิ่งไม่ดี, แผนการ

conspirator (เคินสเปีย' ระเทอร์) *n.* ผู้ร่วมวางแผนและกระทำสิ่งไม่ดี (-S. intriguer)

conspire (เคินสไปร์') *vi., vt.* **-spired, -spiring** คบคิด, ร่วมมือ (-S. combine, plot)

constable (คอน' สตะเบิล, คัน'-) *n.* ตำรวจ

constabulary (เคินสแตบ' บยะเลรี) *n., pl.* **-ies** กรมตำรวจ *-adj.* เกี่ยวกับตำรวจ

constancy (คอน' สเตินซี) *n.* ความมั่นคง, ความภักดี, ความมุ่งมั่น (-S. loyalty, stability)

★**constant** (คอน' สเตินท์) *adj.* คงที่, มั่นคง, ภักดี, ต่อเนื่อง *-n.* ค่าคงที่ทางคณิตศาสตร์ **-constantly** *adv.* (-S. (adj.) continuous, stable)

constellation (คอนสตะเล' ชัน) *n.* หมู่ดาว

consternation (คอนสเตอร์เน' ชัน) *n.* ความตกใจกลัวสุดขีด, ความสับสนในจิตใจ

constipate (คอน' สตะเพท) *vt.* **-pated, -pating** ทำให้ท้องผูก **-constipation** *n.*

constituency (เคินสติช' ชูเอินซี) *n., pl.* **-cies** เขตที่มีการเลือกตั้ง, ผู้มีสิทธิ์ออกเสียง

constituent (เคินสติช' ชูเอินท์) *n.* ส่วนประกอบ, ผู้มีสิทธิ์ออกเสียง (-S. component)

constitute (คอน' สติทูท, -ทยูท) *vt.* **-tuted, -tuting** ประกอบ, มอบหน้าที่, ก่อตั้ง, ออกกฎหมาย (-S. authorize, establish)

constitution (คอนสติทู' ชัน, -ทยู'-) *n.* การก่อตั้ง, โครงสร้าง, สภาพร่างกาย, กฎหมาย

constitutional (คอนสติทู' ชะเนิล, -ทยู'-) *adj.* เกี่ยวกับกฎหมาย, เกี่ยวกับสภาพร่างกาย

constrain (เคินสเตรน') *vt.* **-strained, -straining** บังคับ, กักขัง, อดกลั้น (-S. compel)

constrained (เคินสเตรนด์') *adj.* ที่ถูกบังคับ

constraint (เคินสเตรนท์') *n.* การกักขัง, การบังคับ, ความอดกลั้น (-S. confinement, force)

constrict (เคินสตริคท์') *vt.* **-stricted, -stricting** ทำให้เล็กลงหรือแคบลง, จำกัดขอบเขต **-constriction** *n.* (-S. impede, tighten)

★**construct** (เคินสตรัคท์') *vt.* **-structed, -structing** สร้าง, คิดค้น, แต่ง **-construction** *n.* **-constructor** *n.* (-S. build, invent)

constructive (เคินสตรัค' ทิฟว์) *adj.* มีประโยชน์ **-constructively** *adv.* (-S. helpful)

consul (คอน' เซิล) *n.* กงสุล, ตัวแทนรัฐที่ดูแลรักษาผลประโยชน์ในต่างแดน **-consular** *adj.*

consulate (คอน' ซะลิท) *n.* สถานกงสุล
consult (เคินซัลท') *vt., vi.* **-sulted, -sulting** ขอคำแนะนำ, พิจารณา, ประชุม, ปรึกษา **-consultation** *n.* (**-S.** ask, consider, discuss)
consultant (เคินซัล' เทินท) *n.* ที่ปรึกษา, ผู้ชำนาญเฉพาะด้าน (**-S.** adviser, expert)
consume (เคินซูม') *vt., vi.* **-sumed, -suming** กิน, ใช้จนหมด, บริโภค, ทำให้สิ้นเปลือง, ทำลายล้าง (**-S.** deplete, destroy, eat)
★**consumer** (เคินซู' เมอร) *n.* ผู้บริโภค
consumer goods สินค้าอุปโภคบริโภค
consummate (*v.* คอน' ซะเมท, *adj.* เคินซัม' มิท) *vt.* **-mated, -mating** ทำให้เสร็จสมบูรณ์ *-adj.* สมบูรณ์, ชำนาญ (**-S.** (v.) complete)
consummation (คอนซะเม' ชัน) *n.* การทำให้สำเร็จ, ความสำเร็จ
consumption (เคินซัมพ' ชัน) *n.* การบริโภค, ปริมาณที่ถูกใช้, วัณโรค (**-S.** devouring)
consumptive (เคินซัมพ' ทิฟว) *adj.* เกี่ยวกับวัณโรค *-n.* ผู้ป่วยเป็นวัณโรค
★**contact** (คอน' แทคท) *n.* การสัมผัส, การติดต่อ, การต่อวงจรไฟฟ้า *-vt., vi.* **-tacted, -tacting** ติดต่อ, สัมผัส (**-S.** (n.) connection)
contact lens เลนส์สัมผัส
contagion (เคินเท' เจิน) *n.* การแพร่เชื้อโรค, โรคติดต่อ, การแพร่ความคิด, อิทธิพลที่เลวร้าย **-contagious** *adj.* **-contagiously** *adv.*
★**contain** (เคินเทน') *vt.* **-tained, -taining** ประกอบด้วย, บรรจุ, ควบคุม, จำกัด, หารตัวเลขได้ลงตัว (**-S.** accommodate, hold)
★**container** (เคินเท' เนอร) *n.* ภาชนะ เช่น กล่อง ขวด, ตู้ขนาดใหญ่สำหรับบรรทุกสินค้า
contaminate (เคินแทม' มะเนท) *vt.* **-nated, -nating** ทำให้ปนเปื้อนหรือแปดเปื้อน **-contamination** *n.* (**-S.** foul, pollute, stain)
contemn (เคินเทม') *vt.* **-temned, -temning** ดูถูก, เกลียดชัง, ไม่สนใจ (**-S.** despise)
contemplate (คอน' เทิมเพลท) *vt., vi.* **-plated, -plating** พิจารณา, ใคร่ครวญ, มุ่งหวัง, ทำสมาธิ **-contemplation** *n.* **-contemplative** *adj.* (**-S.** consider, intend, ponder)
contemporaneous (เคินเทมพะเร' เนียซ) *adj.* ที่เกิดขึ้นหรือมีอยู่ในช่วงเวลาเดียวกัน
★**contemporary** (เคินเทม' พะเรรี) *adj.* ในช่วงเดียวกัน, ร่วมสมัย, ร่วมรุ่น *-n., pl.* **-ies** คนรุ่นเดียวกัน (**-S.** (adj.) simultaneous)
contempt (เคินเทมพท') *n.* ความรู้สึกดูถูกหรือรังเกียจ (**-S.** disdain, disregard, disrespect)
contemptuous (เคินเทมพ' ชูเอิซ) *adj.* ที่แสดงความดูถูก, หยิ่ง (**-S.** arrogant, scornful)
contend (เคินเทนด') *v.* **-tended, -tending** *-vi.* แข่งขัน, ต่อสู้, โต้เถียง *-vt.* ยืนยัน, เรียกร้อง **-contender** *n.* **-contention** *n.*
★**content**[1] (คอน' เทนท) *n.* ส่วนประกอบ, ความจุ **-contents** รายละเอียดของหนังสือ (**-S.** component, parts, volume)
content[2] (เคินเทนท') *adj.* พอใจ, เป็นสุข *-vt.* **-tented, -tenting** ทำให้พอใจ *-n.* ความพอใจ **-contented** *adj.* (**-S.** (adj.) satisfied)
contentious (เคินเทน' เชิซ) *adj.* ชอบโต้เถียง, ชอบต่อสู้หรือแข่งขัน (**-S.** quarrelsome)
contentment (เคินเทนท' เมินท) *n.* ความสุขหรือความพอใจ, ความสุขสงบ (**-S.** pleasure)
★**contest** (*n.* คอน' เทซท, *v.* เคินเทซท') *n.* การต่อสู้, การแข่งขัน, ความขัดแย้ง *-vt., vi.* **-tested, -testing** แข่งขัน, ต่อสู้, โต้เถียง
contestant (เคินเทส' เตินท, คอน' เทสเตินท) *n.* คู่แข่ง, ผู้เข้าแข่งขัน (**-S.** candidate)
context (คอน' เทคซท) *n.* บริบท, คำหรือข้อความที่ขยายความคำหลัก, สิ่งแวดล้อม
contiguous (เคินทิก' กยูเอิซ) *adj.* ที่สัมผัสกัน, ที่มีขอบเขตติดกัน, ที่อยู่ใกล้กัน, ที่ต่อเนื่อง
★**continent**[1] (คอน' ทะเนินท) *n.* ทวีป **-the Continent** ทวีปยุโรป **-continental** *adj.*
continent[2] (คอน' ทะเนินท) *adj.* อดกลั้น, ที่ควบคุมตนเอง, เข้มงวด **-continence** *n.*
continental breakfast อาหารเช้ามื้อเบาที่ประกอบด้วยชาหรือกาแฟและขนมปังหรือเค้ก
contingency (เคินทิน' เจินซี) *n., pl.* **-cies** สภาวะที่ไม่แน่นอน, เหตุการณ์ที่อาจเกิดขึ้น
contingent (เคินทิน' เจินท) *adj.* เป็นไปได้, ไม่แน่นอน, เป็นอุบัติเหตุ, ที่ขึ้นอยู่กับสิ่งอื่น *-n.* กลุ่มย่อยๆ จากกลุ่มใหญ่
continual (เคินทิน' นยูเอิล) *adj.* ต่อเนื่อง **-continually** *adv.* (**-S.** continuous, frequent)
continuation (เคินทินยูเอ' ชัน) *n.* ความต่อเนื่อง, เรื่องราวหรือตอนที่ต่อเนื่อง
★**continue** (เคินทิน' นยู) *vt., vi.* **-ued, -uing** ดำเนินไปอย่างต่อเนื่อง, ทนทาน, ยืนหยัด, ยืด, เลื่อนออก (**-S.** extend, persist **-A.** cease)
continuity (คอนทะนู' อิที, -นยู'-) *n., pl.* **-ties** การดำเนินไปอย่างต่อเนื่อง
★**continuous** (เคินทิน' นยูเอิซ) *adj.* ต่อเนื่อง, ไม่ถูกขัดจังหวะ **-continuously** *adv.*

A B C D E F G H I J K L M N O P Q R S T U V W X Y Z

contort (เคินทอร์ท') *vt., vi.* **-torted, -torting** ทำให้บิดเบี้ยว, ทำให้เสียรูปทรง **-contortion** *n.* **-contortionist** *n.* (-S. deform)

contour (คอน' ทุร์) *n.* เส้นขอบ, เส้นแสดงรูปร่าง (-S. outline, shape)

contra- คำอุปสรรค หมายถึง ต่อต้าน

contraband (คอน' ทระแบนด์) *n.* สินค้าผิดกฎหมาย, การค้าที่ผิดกฎหมาย

contraception (คอนทระเซพ' ชัน) *n.* การคุมกำเนิด

contraceptive (คอนทระเซพ' ทิฟว์) *adj.* ที่คุมกำเนิดได้ *-n.* อุปกรณ์คุมกำเนิด

★**contract** (*n.* คอน' แทรคท์, *v.* เคินแทรคท์') *n.* ข้อตกลง, สัญญา *-vt., vi.* **-tracted, -tracting** ทำสัญญา, ทำข้อตกลง, ว่าจ้างตามสัญญา, ติด, ทำให้ย่นหรือหด, ทำให้คำหรือวลีสั้นลง **-contraction** *n.* (-S. (n.) agreement, commitment)

contractor (คอน' แทรคเทอร์, เคินแทรค'-) *n.* ผู้รับเหมา, คู่สัญญา

contractual (เคินแทรค' ชวล) *adj.* เกี่ยวกับหรือมีลักษณะของสัญญา

contradict (คอนทระดิคท์') *vt., vi.* **-dicted, -dicting** โต้แย้ง, คัดค้าน, ต่อต้าน, ปฏิเสธ (-S. counter, dispute, oppose -A. agree)

contradiction (คอนทระดิค' ชัน) *n.* การโต้แย้ง, ความขัดแย้ง, คำปฏิเสธ **-contradictory** *adj.* (-S. conflict, denial, variance)

contralto (เคินแทรล' โท) *n., pl.* **-tos** เสียงร้องที่ต่ำที่สุดของผู้หญิง, ระดับเสียงนี้, หญิงที่ร้องเสียงนี้

contraption (เคินแทรพ' ชัน) *n.* อุปกรณ์

contrary (คอน' เทรรี) *adj.* ที่ขัดแย้ง, ที่ตรงกันข้าม, ดื้อดึง *-n., pl.* **-ies** สิ่งที่ขัดแย้ง, สิ่งที่ตรงกันข้าม **-on the contrary** ในทางตรงกันข้าม (-S. (adj.) opposing, stubborn)

★**contrast** (*v.* เคินแทรซท์', *n.* คอน' แทรซท์) *vt., vi.* **-trasted, -trasting** เปรียบเทียบความแตกต่าง, แสดงความแตกต่าง *-n.* การแสดงให้เห็นความแตกต่าง, ความแตกต่าง

contravene (คอนทระวีน') *vt.* **-vened, -vening** ทำในสิ่งที่ตรงข้าม, ขัดแย้ง, โต้เถียง, ไม่เชื่อฟัง **-contravention** *n.* (-S. contradict)

★**contribute** (เคินทริบ' บยูท) *vt., vi.* **-uted, -uting** สนับสนุน, ให้, ช่วยเหลือ, เขียนบทความลงหนังสือ **-contributor** *n.* (-S. give, help)

contribution (คอนทริบยู' ชัน) *n.* การสนับสนุน, สิ่งที่แจกจ่าย, การช่วยเหลือ, การเก็บภาษี **-contributory** *adj.* (-S. donation)

contrite (เคินไทรท์', คอน' ไทรท์) *adj.* เสียใจ, สำนึกผิด **-contrition** *n.* (-S. regretful)

contrivance (เคินทริ' เวินซ์) *n.* การคิดค้น, การวางแผน, สิ่งประดิษฐ์, แผนการ (-S. device)

contrive (เคินไทรฟว์') *vt., vi.* **-trived, -triving** คิดค้น, ประดิษฐ์, วางแผน (-S. devise, intrigue)

★**control** (เคินโทรล') *vt.* **-trolled, -trolling** ควบคุม, ตรวจสอบ, สั่ง, จัดการ *-n.* อำนาจในการควบคุม, การจัดการ, การตรวจสอบ

controller (เคินโทร' เลอร์) *n.* คนหรือสิ่งที่มีหน้าที่ควบคุม, หัวหน้าแผนกการเงินและบัญชี

controversial (คอนทระเวอร์' เชิล, -เชียล) *adj.* ที่ชอบวิวาท, ที่ทำให้เกิดความขัดแย้ง

controversy (คอน' ทระเวอร์ซี) *n., pl.* **-sies** การโต้เถียงหรือข้อพิพาทที่ยืดเยื้อ (-S. debate)

controvert (คอน' ทระเวิร์ท, คอนทระเวิร์ท') *vt.* **-verted, -verting** โต้แย้ง, ปฏิเสธ

contumely (คอน' ทูมะลี, -ทยู-, -เทิมลี) *n., pl.* **-lies** การดูถูกผู้อื่น (-S. insolence, rudeness)

contuse (เคินทูซ', -ทยูซ'-) *vt.* **-tused, -tusing** ทำให้ฟกช้ำ **-contusion** *n.*

conundrum (คะนัน' เดริม) *n.* คำทาย, ปริศนา

convalesce (คอนวะเลซ') *vi.* **-lesced, -lescing** ฟื้นตัวหลังจากป่วย **-convalescent** *adj., n.* **-convalescence** *n.*

convene (เคินวีน') *vt., vi.* **-vened, -vening** รวมตัว, ทำให้รวมตัวกัน, ออกหมายเรียก, เรียกตัว **-convener** *n.* (-S. gather, summon)

convenience (เคินวีน' เยินซ์) *n.* ความสะดวกสบาย, สิ่งอำนวยความสะดวก, เครื่องมือ

convenience food อาหารพร้อมปรุง

convenience store ร้านขายสินค้าปลีก

★**convenient** (เคินวีน' เยินท์) *adj.* สะดวกสบาย, ใช้ง่าย, เหมาะสม **-conveniently** *adv.*

convent (คอน' เวินท์, -เวนท์) *n.* ชุมชนของแม่ชีในศาสนาคริสต์, สถานที่พักของแม่ชี

convention (เคินเวน' ชัน) *n.* การประชุม, สัญญา, ธรรมเนียม (-S. conference)

conventional (เคินเวน' ชะเนิล) *adj.* เป็นธรรมเนียม, เป็นสิ่งธรรมดา **-conventionally** *adv.* (-S. common, traditional)

conventionality (เคินเวนชะแนล' ลิที) *n., pl.* **-ties** การปฏิบัติตามประเพณี

converge (เคินเวิร์จ') *vi., vt.* **-verged, -verging** เบนเข้าหา, บรรจบ, รวม, ผนวก **-convergence** *n.* **-convergent** *adj.*

A B C D E F G H I J K L M N O P Q R S T U V W X Y Z

conversant (เคินเวอร์' เซินท์, คอน' เวอร์-) *adj.* มีความรู้, มีประสบการณ์

★**conversation** (คอนเวอร์เซ' ชัน) *n.* การสนทนา, การปรึกษาหารือ (-S. discussion, talk)

conversational (คอนเวอร์เซ' ชะเนิล) *adj.* เป็นการสนทนา, ชอบพูดคุย (-S. talkative)

conversazione (คอนเวอร์ซาทซีโอ' นี) *n., pl.* **-nes/-ni** (-นี) การสนทนาแลกเปลี่ยนความรู้

converse[1] (*v.* เคินเวิร์ซ', *n.* คอน' เวิร์ซ) *vi.* **-versed, -versing** พูดคุย, แลกเปลี่ยนความคิดเห็น *-n.* การสนทนา (-S. (v., n.) talk)

converse[2] (*adj.* เคินเวิร์ซ', *n.* คอน' เวิร์ซ) *adj.* ที่ขัดแย้งกัน, ที่อยู่ตรงกันข้าม *-n.* ความคิดหรือคำพูดที่ตรงกันข้าม, ความขัดแย้งทางตรรกะ

convert (*v.* เคินเวิร์ท', *n.* คอน' เวิร์ท) *vt., vi.* **-verted, -verting** ทำให้เปลี่ยนสภาพ, ปรับ, ทำให้เปลี่ยนความคิดหรือศาสนา, แลกเปลี่ยน *-n.* คนที่เปลี่ยนศาสนา **-conversion** *n.*

convertible (เคินเวอร์' ทะเบิล) *adj.* ปรับเปลี่ยนได้ *-n.* รถที่เปิดประทุนได้

convex (คอน' เวคซ์, เคินเวคซ์') *adj.* มีผิวโค้งนูน, นูน **-convex lens** เลนส์นูน

convey (เคินเว') *vt.* **-veyed, -veying** ขนส่ง, เป็นตัวกลาง, ถ่ายทอด, สื่อสาร (-S. transmit)

conveyer, conveyor (เคินเว' เออร์) *n.* คนหรืออุปกรณ์ที่ทำหน้าที่ขนส่ง

conveyer belt สายพาน

convict (*v.* เคินวิคท์', *n.* คอน' วิคท์) *vt.* **-victed, -victing** ตัดสินว่ามีความผิด *-n.* นักโทษ **-conviction** *n.* (-S. (v.) sentence)

★**convince** (เคินวินซ์') *vt.* **-vinced, -vincing** ทำให้มั่นใจ, ชักจูง (-S. persuade)

convincing (เคินวิน' ซิง) *adj.* น่าเชื่อถือ, ที่ทำให้เชื่อถือ **-convincingly** *adv.*

convoke (เคินโวค') *vt.* **-voked, -voking** เรียกประชุม, รวมคน **-convocation** *n.*

convoy (*n.* คอน' วอย, *v.* คอน' วอย, เคินวอย') *n.* เรือคุ้มกัน, การคุ้มกัน *-vt.* **-voyed, -voying** คุ้มกัน, ป้องกัน (-S. (n., v.) escort)

convulse (เคินวัลซ์') *vt.* **-vulsed, -vulsing** ทำให้สั่นอย่างรุนแรง, ทำให้กล้ามเนื้อหดเกร็ง, ทำให้กระตุก **-convulsion** *n.* (-S. agitate)

coo (คู) *vt., vi.* **cooed, cooing** (นกพิราบ) ส่งเสียงร้อง, ส่งเสียงพึมพำ, กู่ร้อง

★**cook** (คุค) *vt., vi.* **cooked, cooking** ปรุงหรือทำอาหาร, (คำสแลง) เกิดขึ้น กุเรื่อง *-n.* คนปรุงอาหาร (-S. (v.) falsify, happen, prepare)

cookbook (คุค' บุค) *n.* ตำราอาหาร

★**cooker** (คุค' เคอร์) *n.* อุปกรณ์ทำอาหาร

cookery (คุค' คะรี) *n., pl.* **-ies** ศิลปะการทำอาหาร, สถานที่ปรุงอาหาร

★**cookie, cooky** (คุค' คี) *n., pl.* **-ies** คุกกี้ (คำสแลง) คนเก่ง ผู้หญิงมีเสน่ห์

★**cool** (คูล) *adj.* **cooler, coolest** เย็น, เย็นสบาย, สงบ, เย็นชา, เฉยเมย, (สี) เย็นตา, (คำสแลง) ยอดเยี่ยม ทั้งหมด *-v.* **cooled, cooling** *-vt.* ทำให้เย็น *-vi.* เย็น, สงบ **-coolly** *adv.* **-coolness** *n.* (-S. (adj.) calm, chill, unfriendly)

coolant (คู' เลินท์) *n.* สารทำความเย็น

cooler (คู' เลอร์) *n.* ภาชนะหรือห้องทำความเย็น, เครื่องดื่มเย็นๆ, (คำสแลง) คุก

coolie, cooly (คู' ลี) *n., pl.* **-lies** กุลี

coop (คูพ) *n.* กรงสัตว์, (คำสแลง) คุก

co-op (โค' ออพ, โคออพ') *n.* สหกรณ์

cooper (คู' เพอร์) *n.* ช่างทำหรือซ่อมถังไม้

cooperate, co-operate (โคออพ' พะเรท) *vi.* **-ated, -ating** ทำงานร่วมกัน, ร่วมมือ **-cooperation** *n.* **-cooperative** *adj.* **-cooperator** *n.* (-S. collaborate, participate)

co-opt (โคออพท์', โค' ออพท์) *vt.* **-opted, -opting** เลือกสมาชิกเพิ่ม

coordinate, co-ordinate (*n., adj.* โคออร์' เดินเนท, -นิท, *v.* -เนท) *n.* คนหรือสิ่งที่สำคัญเท่ากัน, ชุดตัวเลขที่ใช้อ้างอิง *-adj.* เท่ากัน *-vt.* **-nated, -nating** วางในระดับเดียวกัน, ปรับให้สอดคล้อง, ทำงานร่วมกัน, เข้าคู่กัน

coordination, co-ordination (โคออร์เดินเน' ชัน) *n.* การให้ความร่วมมือ

coot (คูท) *n.* นกคูตเป็นนกที่ว่ายน้ำหรือดำน้ำได้

★**cop** (คอพ) *n.* (ภาษาพูด) ตำรวจ

copal (โค' เพิล, -แพล) *n.* ชัน, ยางไม้

copartner, co-partner (โคพาร์ท' เนอร์, โค' พาร์ท-) *n.* ผู้ร่วมลงทุน, ผู้ช่วย

cope (โคพ) *vi.* **coped, coping** จัดการกับ

copier (คอพ' พีเออร์) *n.* เครื่องถ่ายเอกสาร

copious (โค' เพียซ) *adj.* มีจำนวนมาก, ใช้คำมาก **-copiously** *adv.* (-S. abundant, plentiful)

copper (คอพ' เพอร์) *n.* ธาตุทองแดง มีสัญลักษณ์ Cu, เหรียญทองแดง, (คำสแลง) ตำรวจ

coppersmith (คอพ' เพอร์สมิธ) *n.* ช่างทำภาชนะหรือวัสดุที่ทำจากทองแดง

copperware (คอพ' เพอร์แวร์) *n.* ภาชนะหรือวัสดุที่ทำจากทองแดง

coppice (คอพ' พิซ) *n.* ป่าละเมาะ

A B **C** D E F G H I J K L M N O P Q R S T U V W X Y Z

copra (โค' พระ, คอพ' ระ) *n.* เนื้อมะพร้าวแห้ง
copse (คอพซฺ) *n.* ป่าละเมาะ
copulate (คอพ' พยะเลท) *vi.* **-lated, -lating** (สัตว์) ร่วมเพศ **-copulation** *n.*
copulative (คอพ' พยะเลทิฟว์, -ละทิฟว์) *adj.* ที่เชื่อมคำหรืออนุประโยค *-n.* คำเชื่อม
★**copy** (คอพฺ' พี) *n., pl.* **-ies** การทำสำเนา, สำเนา, ตัวอย่างสิ่งพิมพ์ *-vt., vi.* **-ied, -ying** ทำสำเนา, เลียนแบบ, ลอก (**-S.** (n.) duplication)
copybook (คอพ' พีบุค) *n.* หนังสือคัดลายมือ
copyedit, copy-edit (คอพ' พีเอดดิท) *vt.* **-ited, -iting** แก้ไขและเตรียมต้นฉบับเพื่อเตรียมพิมพ์ **-copyeditor** *n.*
copyist (คอพ' พีอิซท์) *n.* ผู้คัดลอกสำเนา
copy protection วิธีป้องกันการลักลอบทำสำเนาข้อมูลหรือโปรแกรมคอมพิวเตอร์
copyright (คอพ' พีไรทฺ) *n.* ลิขสิทธิ์
copywriter (คอพ' พีไรเทอร์) *n.* คนเขียนคำโฆษณา
coquette (โคเคท') *n.* ผู้หญิงที่มีท่าทางยั่วยวน **-coquettish** *adj.* **-coquet** *v.* (**-S.** flirt)
coracle (คอ' ระเคิล) *n.* เรือขนาดเล็กมีรูปร่างกลม หุ้มด้วยวัสดุกันน้ำ
coral (คอ' เริล) *n.* ปะการัง, กัลปังหา, สีชมพูเข้มหรือสีส้มแดง *-adj.* มีสีดังกล่าว
coral reef แนวปะการัง
cord (คอร์ด) *n.* ลวด, สายไฟฟ้า, เชือก, สายเคเบิล, อวัยวะภายในที่มีลักษณะเป็นสาย, ริ้วผ้า
cordage (คอร์' ดิจ) *n.* สายระโยงของเรือ, เชือก
cordial (คอร์' เจิล) *adj.* เป็นมิตร, จริงใจ *-n.* ยาบำรุงหัวใจ **-cordiality** *n.* **-cordially** *adv.* (**-S.** (adj.) friendly, sincere)
cordite (คอร์' ไดท์) *n.* วัตถุระเบิดแบบไร้ควัน
cordless (คอร์ด' ลิซ) *adj.* ไร้สาย
cordon (คอร์' เดิน) *n.* วงล้อม, สายสะพายเครื่องราชอิสริยาภรณ์หรือเครื่องประดับ
corduroy (คอร์' ดะรอย) *n.* ผ้าฝ้ายเนื้อหนามีลายทาง, ถนนที่ทำด้วยท่อนไม้วางแนวทแยง
core (คอร์, โคร์) *n.* แกน, ไส้, แก่น *-vt.* **cored, coring** เอาแกนกลางออก (**-S.** (n.) essence)
★**cork** (คอร์ค) *n.* ไม้ก๊อก, จุกก๊อก *-vt.* **corked, corking** ปิดด้วยจุกก๊อก (**-S.** (n., v.) plug)
corkage (คอร์' คิจ) *n.* ค่าเปิดขวด
corker (คอร์' เคอร์) *n.* ที่เปิดจุกก๊อก, (คำสแลง) สิ่งที่น่าสนใจ การโต้เถียงที่ไม่มีวันจบ
corkscrew (คอร์ค' สกรู) *n.* อุปกรณ์เปิดจุกก๊อก *-adj.* มีรูปร่างเป็นเกลียว *-vi., vt.* **-screwed, -screwing** บิดหรือหมุนเป็นเกลียว
corm (คอร์ม) *n.* หัวของพืชที่อยู่ใต้ดิน
★**corn**[1] (คอร์น) *n.* ข้าวโพด, เมล็ดของธัญพืช
corn[2] (คอร์น) *n.* ตาปลา
corncob (คอร์น' คอบ) *n.* ซังข้าวโพด
cornea (คอร์' เนีย) *n.* แก้วตา, กระจกตา
★**corner** (คอร์' เนอร์) *n.* มุม, สี่แยก *-v.* **-nered, -nering** *-vt.* ผูกขาดการขายสินค้า, ต้อนเข้ามุม *-vi.* ตั้งอยู่ที่มุม, เลี้ยวโค้ง (**-S.** (n.) angle)
cornerstone (คอร์' เนอร์สโตน) *n.* ศิลาฤกษ์, รากฐาน, สิ่งสำคัญ
cornet (คอร์เนท') *n.* เครื่องเป่าทองเหลืองคล้ายทรัมเป็ต, โคนใส่ไอศกรีม, ถ้วยรูปกรวย
cornflakes (คอร์น' เฟลคซ์) *n. pl.* อาหารที่ทำจากธัญพืช
cornice (คอร์' นิซ) *n.* บัวประดับเชิงชายคา
corny (คอร์' นี) *adj.* **-ier, -iest** (ภาษาพูด) ธรรมดา น่าเบื่อ ซ้ำซาก (**-S.** banal, trite)
corolla (คะรอล' ละ, -โร' ละ) *n.* กลีบดอก
corona (คะโร' นะ) *n., pl.* **-nas/-nae** (-นี) รัศมีหรือทรงกลดของดวงจันทร์หรือดวงอาทิตย์
coronary (คอ' ระเนรี) *adj.* เกี่ยวกับเส้นเลือดที่ไหลเข้าสู่หัวใจ
coronation (คอระเน' ชัน) *n.* งานเฉลิมฉลองการแต่งตั้งประมุขของประเทศ (**-S.** crowning)
coroner (คอ' ระเนอร์) *n.* เจ้าหน้าที่ชันสูตรศพ
coronet (คอระเนท') *n.* มงกุฎขนาดเล็กสำหรับเจ้านายหรือขุนนางชั้นสูง, แถบประดับศีรษะ
corporal[1] (คอร์' เพอเริล, คอร์' เพริล) *adj.* เกี่ยวกับร่างกาย (**-S.** bodily, physical)
corporal[2] (คอร์' เพอเริล, คอร์' เพริล) *n.* ยศชั้นต่ำสุดของทหารนอกประจำการ
corporate (คอร์' เพอริท, คอร์' พริท) *adj.* ที่รวมตัวเป็นกลุ่ม, เกี่ยวกับบริษัท (**-S.** united)
corporation (คอร์พะเร' ชัน) *n.* คณะผู้แทน, คณะผู้บริหาร, บริษัท, สโมสร (**-S.** partnership)
corporeal (คอร์พอ' เรียล, -โพ'-) *adj.* เกี่ยวกับร่างกาย, ที่สัมผัสได้, ที่มีตัวตน
corps (คอร์, โคร์) *n., pl.* **corps** (คอร์ซ, โคร์ซ) กลุ่มคนที่ทำงานร่วมกัน, กองทหาร
corpse (คอร์พซ์) *n.* ศพ (**-S.** carcass)
corpulent (คอร์' พยุเลินท์) *adj.* อ้วนมาก
corral (คะแรล') *n.* คอกปศุสัตว์, การจอดพาหนะเป็นรูปวงกลม เพื่อป้องกันการโจมตี
★**correct** (คะเรคท์') *vt., vi.* **-rected, -recting** แก้ไข, ขจัดที่ผิด, ปรับปรุง, ลงโทษ *-adj.* ถูกต้อง, เหมาะสม **-correctly** *adv.* **-correct-**

ness *n.* (**-S.** (v.) adjust, amend (adj.) accurate)

> **correct** ถูกต้อง (ไม่มีข้อผิดพลาด) เช่น These numbers are not correct.
> **right** ถูก, ถูกต้อง มักแสดงถึงความประพฤติ การกระทำ ความรู้สึกนึกคิด เช่น It's not right to steal money from people.

★**correction** (คะเรค' ชัน) *n.* การแก้ไข, สิ่งที่ทดแทนความผิด, การลงโทษเพื่อให้แก้ไขให้ถูกต้อง (**-S.** improvement, punishment)

corrective (คะเรค' ทิฟว์) *adj.* มีแนวโน้มที่จะแก้ไข รักษาหรือลงโทษ (**-S.** curative, punitive)

correlate (คอ' ระเลท) *vt., vi.* **-lated, -lating** ทำให้สอดคล้อง, ทำให้เกี่ยวพันกัน, แสดงความสัมพันธ์ **-correlation** *n.* (**-S.** correspond)

correspond (คอริสปอนด์') *vi.* **-sponded, -sponding** สอดคล้อง, เหมือนหรือเท่าเทียมกัน, ติดต่อกันทางจดหมาย **-corresponding** *adj.* **-correspondingly** *adv.* (**-S.** agree)

correspondence (คอริสปอน' เดินซ์) *n.* ความสอดคล้อง, ความเหมือน, การติดต่อกันทางจดหมาย, จดหมาย (**-S.** agreement)

correspondent (คอริสปอน' เดินท์) *n.* ผู้ติดต่อทางจดหมาย, ผู้สื่อข่าว, บุคคลหรือบริษัทที่ติดต่อกัน (**-S.** communicator, reporter)

★**corridor** (คอ' ริเดอร์, -ดอร์) *n.* ระเบียง, เฉลียง, เส้นทางที่เชื่อมต่อบริเวณสองบริเวณ

corroborate (คะรอบ' บะเรท) *vt.* **-rated, -rating** ทำให้มั่นใจ, ทำให้น่าเชื่อถือ **-corroborative** *adj.* (**-S.** confirm, support, verify)

corroboration (คะรอบบะเร' ชัน) *n.* หลักฐาน

corrode (คะโรด') *vt., vi.* **-roded, -roding** กัดกร่อน, เป็นสนิม **-corrosion** *n.* **-corrosive** *adj.* (**-S.** deteriorate, erode)

corrugate (คอ' ระเกท) *vt.* **-gated, -gating** ทำให้ย่นหรือเป็นร่อง **-corrugation** *n.*

corrupt (คะรัพท์') *adj.* ไม่ซื่อสัตย์, ผิดศีลธรรม, แผลง, มีสิ่งเจือปน *-vt., vi.* **-rupted, -rupting** ทำให้เสื่อมเสีย, ทำให้เปื้อน, ทำให้เน่าเสีย, ใช้คำแบบแผลงๆ, ติดสินบน (**-S.** (adj.) dishonest)

corruptible (คะรัพ' ทะเบิล) *adj.* เน่าเสียได้, เสื่อมเสียได้, ติดสินบนได้ **-corruptibility** *n.*

corruption (คะรัพ' ชัน) *n.* ความชั่วร้าย, การเน่าเปื่อย, การติดสินบน, การฉ้อราษฎร์บังหลวง, การใช้คำแผลง, การปนเปื้อน

corsage (คอร์' ซาฌ', -ซาจ') *n.* ช่อดอกไม้เล็กๆ ที่ประดับที่ชุดหรือข้อมือของผู้หญิง

corsair (คอร์' แซร์) *n.* โจรสลัด, เรือโจรสลัด

corset (คอร์' ซิท) *n.* ชุดรัดลำตัวของผู้หญิง

cortege, cortège (คอร์เทฌ') *n.* ขบวนแห่ศพ, คณะผู้ติดตาม (**-S.** procession, retinue)

cortex (คอร์' เทคซ์) *n., pl.* **-tices** (-ทิซีซ)/ **-texes** ผิวชั้นนอกของเนื้อเยื่อสีเทาของสมอง

cortisone (คอร์' ทิโซน, -โซน) *n.* สารที่สกัดจากต่อมหมวกไต ใช้รักษาโรคข้อต่ออักเสบหรือภูมิแพ้บางชนิด

corundum (คะรัน' เดิม) *n.* แร่อะลูมิเนียมออกไซด์ มีความแข็งรองจากเพชร ใช้ขัดเงา

corvette (คอร์เวท') *n.* เรือคุ้มกัน

cos[1] (คอซ) *n.* ผักกาดหอมชนิดที่มีใบยาว

cos[2] (คอซ) *conj.* ย่อจาก because เพราะว่า

cosecant (โคซี' แคนท์, -เดินท์) *n.* ค่าของด้านตรงข้ามมุมฉากหารด้วยด้านตรงข้ามมุมที่กำหนด ย่อว่า cosec

cosine (โค' ไซน์) *n.* ค่าของด้านประชิดมุมที่กำหนดหารด้วยด้านตรงข้ามมุมฉาก ย่อว่า cos

cosmetic (คอซเมท' ทิค) *n.* เครื่องสำอาง

cosmic (คอซ' มิค) *adj.* เกี่ยวกับจักรวาล

cosmonaut (คอซ' มะนอท) *n.* นักบินอวกาศ

cosmopolitan (คอซมะพอล' ลิเทิน) *adj.* ที่เป็นสากล, ทั่วโลก, ไม่มีอคติ (**-S.** international)

cosmos (คอซ' เมิซ, -มอซ, -โมซ) *n.* จักรวาล

★**cost** (คอซท์) *n.* ราคา, ค่าใช้จ่าย, ค่าความสูญเสีย *-vi.* **cost, costing** มีราคา, ทำให้เสียหายหรือบาดเจ็บ, ประเมินราคา **-costs** ค่าปรับ **-cost of living** ค่าครองชีพ

costar, co-star (โค' สตาร์) *n.* นักแสดงร่วม

costive (คอส' ติฟว์) *adj.* ที่ทำให้ท้องผูก, เฉื่อยชา, ขี้เหนียว **-costiveness** *n.*

costly (คอซท์' ลี) *adj.* **-lier, -liest** มีราคาแพงมาก **-costliness** *n.* (**-S.** dear, expensive)

costume (คอส' ตูม, -ตยูม์) *n.* รูปแบบการแต่งตัว, เครื่องแต่งกาย (**-S.** fashion, outfit)

costumer, costumier (คอส' ตูเมอร์, โคสตู' เมียร์) *n.* คนตัดเครื่องแต่งกาย

cot (คอท) *n.* เปล, เตียงผ้าใบ, กระท่อม

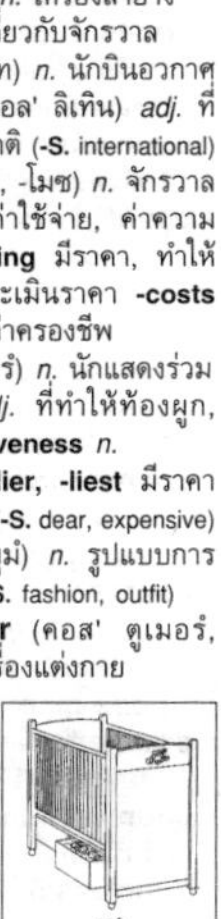
cot

cotangent (โคแทน' เจินท์) *n.* ค่าของด้านประชิดมุมที่กำหนดหารด้วยด้านตรงข้ามมุมที่กำหนด ย่อว่า cot

cot death การตายอย่างกะทันหันของทารก

ขณะหลับ
cote (โคท) *n.* กรง, คอก, เล้า
coterie (โค' ทะรี, โคทะรี') *n.* คณะ, หมู่
cotillion, cotillon (โคทิล' เยิน, คะ-) *n.* งานเต้นรำในฝรั่งเศส
cottage (คอท' ทิจ) *n.* กระท่อม, บ้านพัก
★**cotton** (คอท' เทิน) *n.* ฝ้าย, ใยฝ้าย, ด้ายหรือผ้าฝ้าย
cotton candy ขนมสายไหม
cottonseed (คอท' เทินซีด) *n.* เมล็ดฝ้าย
cotton wool/batting สำลี, ใยฝ้าย
couch (เคาช์) *n.* โซฟายาว, เตียงนอน *-vt., vi.* **couched, couching** พูดหรือเขียนแสดงความคิดเห็น, หมอบลงต่ำ, นอนพัก, หลบซ่อน
★**cough** (คอฟ) *vi., vt.* **coughed, coughing** ไอ *-n.* การไอหรือส่งเสียงไอ
★**could** (คุด) *v. aux.* กริยาช่อง 2 ของ can
couldn't (คุด' เดินท์) ย่อจาก could not
★**council** (เคาน์' เซิล) *n.* สภา, คณะผู้แทน
councilor, councillor (เคาน์' ซะเลอร์, -ซเลอร์) *n.* สมาชิกสภา
counsel (เคาน์' เซิล) *n.* คำแนะนำ, การแลกเปลี่ยนความคิดเห็น, ทนาย *-vt.* **-seled, -seling/-selled, -selling** แนะนำ (**-S.** (n.) advice)
counselor, counsellor (เคาน์' ซะเลอร์, -ซเลอร์) *n.* ผู้ให้คำปรึกษาหรือคำแนะนำ, ทนาย
★**count**[1] (เคาน์ท์) *vt., vi.* **counted, counting** นับ, รวม, คำนวณ, พิจารณา, มีค่า *-n.* การนับ, จำนวนหรือปริมาณที่นับได้, ข้อกล่าวหาทางคดีความ **-countable** *adj.* (**-S.** (v.) consider, include, sum up (n.) calculation)
count[2] (เคาน์ท์) *n.* ตำแหน่งขุนนางยุโรป
countdown (เคาน์ท์' เดาน์) *n.* การนับถอยหลัง
countenance (เคาน์' ทะเนินซ์) *n.* สีหน้า, ใบหน้า, การสนับสนุน *-vt.* **-nanced, -nancing** สนับสนุน (**-S.** (n.) expression (n., v.) support)
counter[1] (เคาน์' เทอร์) *adj.* ตรงกันข้าม, ที่ขัดแย้งกัน *-n.* ฝ่ายตรงข้าม, หมัดสวน *-vt., vi.* **-tered, -tering** ชกสวน, ตอบโต้, ต่อต้าน *-adv.* ในทิศตรงกันข้าม
counter[2] (เคาน์' เทอร์) *n.* เคาน์เตอร์, โต๊ะต้อนรับหรือบริการลูกค้า, เครื่องนับจำนวน
counter- คำอุปสรรค หมายถึง ตรงกันข้าม, ต่อต้าน, เป็นองค์ประกอบ
counteract (เคาน์เทอร์แอคท์') *vt.* **-acted, -acting** ขัดขวาง, ตอบโต้ **-counteraction** *n.*
counterattack (*n.* เคาน์' เทอร์อะแทค, *v.* เคาน์เทอร์อะแทค') *n.* การตอบโต้ *-vt., vi.* **-tacked, -tacking** ตอบโต้
counterbalance (เคาน์' เทอร์แบลเลินซ์) *n.* น้ำหนักหรือสิ่งที่ใช้ถ่วงให้สมดุล
countercheck (*n.* เคาน์' เทอร์เชค, *v.* เคาน์เทอร์เชค') *n.* การตรวจซ้ำ *-vt.* **-checked, -checking** ตรวจสอบ
counterclockwise (เคาน์เทอร์คลอค' ไวซ์) *adv., adj.* ในทิศทวนเข็มนาฬิกา
counterfeit (เคาน์' เทอร์ฟิท) *vt., vi.* **-feited, -feiting** ปลอมแปลง, เสแสร้ง *-adj.* เป็นของปลอม *-n.* ของปลอม (**-S.** (v.) falsify, imitate)
counterfoil (เคาน์' เทอร์ฟอยล์) *n.* ต้นขั้วเช็ค
counterirritant (เคาน์เทอเรีย' ริเทินท์) *n.* ยาทาแก้แพ้หรือคัน
countermand (เคาน์' เทอร์แมนด์) *vt.* **-manded, -manding** ถอนหรือยกเลิกคำสั่ง
counterpart (เคาน์' เทอร์พาร์ท) *n.* คนหรือสิ่งที่มีลักษณะคล้ายคลึงกันมาก
counterpoise (เคาน์' เทอร์พอยซ์) *n.* น้ำหนักที่ใช้ถ่วงดุล, อำนาจหรืออิทธิพลที่ใช้ถ่วงดุล
counterrevolution (เคาน์เทอเรฟวะลู' ชัน) *n.* การปฏิวัติเพื่อปฏิรูปการปกครองของกลุ่มปฏิวัติเดิม **-counterrevolutionary** *adj., n.*
countersign (เคาน์' เทอร์ไซน์) *vt.* **-signed, -signing** ลงชื่อกำกับ *-n.* รหัสลับ
countess (เคาน์' ทิซ) *n.* ภรรยาของขุนนาง
countless (เคาน์ท์' ลิซ) *adj.* นับไม่ถ้วน
★**country** (คัน' ทรี) *n., pl.* **-tries** ประเทศ, พื้นที่เพาะปลูก, มาตุภูมิ, ประชาชนของประเทศ, เขตชนบท (**-S.** citizens, nation, terrain)
country club สโมสรกีฬากลางแจ้ง
countryman (คัน' ทรีเมิน) *n., pl.* **-men** ชาวชนบท, เกษตรกร **-countrywoman** *n. fem.* (**-S.** compatriot, farmer)
countryside (คัน' ทรีไซด์) *n.* เขตชนบท
county (เคาน์' ที) *n., pl.* **-ties** เขตการปกครอง, จังหวัด (**-S.** region, territory)
coup (คู) *n., pl.* **coups** (คูซ) การกระทำที่ประสบผลสำเร็จอย่างรวดเร็ว
coup d'état (คูเดทา') *n., pl.* **coups d'état/coup d'états** การทำรัฐประหาร
coupe, coupé (คูพ, คูเพ') *n.* รถยนต์ที่มีสองประตู, รถม้าแบบปิด มีสองที่นั่ง
★**couple** (คัพ' เพิล) *n.* คนหรือสิ่งที่เป็นคู่กัน, คู่สามีภรรยา *-vt., vi.* **-pled, -pling** เชื่อมต่อ, แต่งงาน, ร่วมเพศ (**-S.** (n., v.) pair (n.) partners)

coupon (คู' พอน, คยู'-) *n.* คูปอง, บัตรสมนาคุณ, บัตรลดราคา (-S. token, voucher)

★**courage** (เคอ' ริจ) *n.* ความกล้าหาญ

courageous (คะเร' เจิซ) *adj.* กล้าหาญ, มั่นใจ **-courageously** *adv.* (-S. brave, valiant)

courier (คู' เรียร์, เคอ'-) *n.* ผู้มีหน้าที่ส่งข่าวสารที่สำคัญหรือรีบด่วน (-S. messenger)

★**course** (คอร์ซ, โคร์ซ) *n.* เส้นทาง, วิธี, หลักสูตร, ช่วงเวลา, ความต่อเนื่อง, อาหารหนึ่งชุด (-S. duration, method, progress, way)

★**court** (คอร์ท, โคร์ท) *n.* ศาล, ราชสำนัก, เขตพระราชฐาน, สนามแข่งกีฬา, ลาน, การเอาชนะใจ *-vt., vi.* **courted, courting** แสวงหา, ทำให้เกิด, เกี้ยว, ขอแต่งงาน

courteous (เคอร์' เทียซ) *adj.* มีมารยาท, สุภาพ, เอื้อเฟื้อ **-courteously** *adv.* (-S. civil, polite)

courtesan (คอร์' ทิเซิน) *n.* โสเภณีชั้นสูง

courtesy (เคอร์' ทิซี) *n., pl.* **-sies** ความสุภาพ, อัธยาศัยดี, มารยาท (-S. generosity, politeness)

courtier (คอร์' เทียร์, โคร์'-) *n.* ข้าราชสำนัก, ข้าราชบริพาร, ผู้ช่วย (-S. attendant, follower)

courtly (คอร์ท' ลี, โคร์ท'-) *adj.* **-lier, -liest** สุภาพ, ประจบ *-adv.* อย่างสุภาพ

court-martial (คอร์ท' มาร์เชิล, โคร์ท'-) *n., pl.* **courts-martial** ศาลทหาร

courtroom (คอร์ท' รูม) *n.* ห้องพิจารณาคดี

courtship (คอร์ท' ชิพ, โคร์ท'-) *n.* การเกี้ยว

courtyard (คอร์ท' ยาร์ด) *n.* ลาน

★**cousin** (คัซ' ซิน) *n.* ลูกพี่ลูกน้อง, เครือญาติ

cove (โคฟว์) *n.* อ่าวขนาดเล็ก

covenant (คัฟ' วะเนินท์) *n.* การทำข้อตกลง, สัญญา (-S. contract, promise)

★**cover** (คัฟ' เวอร์) *vt., vi.* **-ered, -ering** ปกคลุม, ป้องกัน, ปกปิด, ครอบคลุม, ห่อหุ้ม, รายงานข่าว *-n.* ปก, ฝาปิด, ผ้าคลุมโต๊ะ, ผ้าเช็ดปาก, เงินประกัน, ที่ป้องกันภัย, ซอง (-S. (v., n.) guard (v.) overlay, protect (n.) coating)

coverage (คัฟ' เวอริจ) *n.* การรายงานข่าว

covering (คัฟ' เวอริง) *n.* สิ่งที่ใช้ปกคลุม

covering/cover letter จดหมายปะหน้า

coverlet (คัฟ' เวอร์ลิท) *n.* ผ้าคลุมเตียง

cover story เรื่องราวที่เกี่ยวข้องกับปก

covert (คัฟ' เวิร์ท) *adj.* ซ่อน, ที่ปกปิด *-n.* สถานที่หลบซ่อน **-covertly** *adv.*

covet (คัฟ' วิท) *vt., vi.* **-eted, -eting** ต้องการมาก, อิจฉา **-covetous** *adj.* (-S. desire, envy)

★**cow**[1] (เคา) *n.* วัวตัวเมีย, สัตว์ตัวเมีย เช่น ช้าง

cow[2] (เคา) *vt.* **cowed, cowing** ข่มขู่ให้กลัว

coward (เคา' เอิร์ด) *n.* คนขี้ขลาด, คนอ่อนแอ **-cowardice** *n.* **-cowardly** *adj.*

cowbell (เคา' เบล) *n.* กระดิ่งที่คล้องคอวัว

cowboy (เคา' บอย) *n.* โคบาล, คาวบอย

cowboy

cowcatcher (เคา' แคชเชอร์, -เคช-) *n.* ตะแกรงเหล็กหน้ารถไฟเพื่อป้องกันส่วนหน้า

cower (เคา' เออร์) *vi.* **-ered, -ering** หมอบสั่นด้วยความกลัว อาย เจ็บปวดหรือหนาว

cowhide (เคา' ไฮด์) *n.* หนังวัว

cowl (เคาล์) *n.* ผ้าคลุมศีรษะ, ฝาครอบปล่องไฟ

coworker (โค' เวอร์เคอร์) *n.* ผู้ทำงานร่วม

cowpox (เคา' พอคซ์) *n.* โรคฝีดาษ

cowrie, cowry (เคา' รี) *n., pl.* **-ries** เปลือกหอยที่เคยใช้เป็นเงิน, เบี้ย

cowrite (โคไรท์') *vt.* **-wrote, -written, -writing** เขียนร่วมกับ **-cowriter** *n.*

coxcomb (คอคซ์' โคม) *n.* หงอนไก่

coy (คอย) *adj.* **coyer, coyest** ขี้อาย, เขิน **-coyly** *adv.* **-coyness** *n.* (-S. modest, shy)

cozy, cosy (โค' ซี) *adj.* **-zier, -ziest/-sier, -siest** อบอุ่นและสบาย *-n., pl.* **-zies, -sies** ผ้าบุหรือหุ้มกาน้ำชา **-cozily** *adv.*

crab (แครบ) *n.* ปู, เนื้อปู, อาหารที่ทำจากปู

★**crack** (แครค) *vi., vt.* **cracked, cracking** ทำให้แตก, หวด, ทุบ, ตี *-n.* เสียงแหลมสูง, เศษที่แตกกระจาย, รอยแตก, ความพยายาม, การตีอย่างแรง *-adj.* (ภาษาพูด) ยอดเยี่ยม

cracker (แครค' เคอร์) *n.* ขนมปังกรอบแผ่นบางๆ, ดอกไม้ไฟ, ประทัด

crackle (แครค' เคิล) *vi., vt.* **-led, -ling** ทำให้เกิดเสียงดังเปรี๊ยะๆ, ทำให้ผิวแตกลาย *-n.* เสียงดังเปรี๊ยะๆ

crackling (แครค' ลิง) *n.* หนังหมูย่างกรอบ

cradle (เครด' เดิล) *n.* เปล, แหล่งกำเนิด, ตะแกรงร่อน (-S. birthplace, cot)

craft (แครฟท์) *n.* อาชีพทางด้านศิลปะ, เล่ห์เหลี่ยม *-pl.* **craft** เรือ, เครื่องบิน

craftsman (แครฟท์ซ์' เมิน) *n., pl.* **-men** ช่าง **-craftsmanship** *n.* (-S. expert)

crafty (แครฟ' ที) *adj.* **-ier, -iest** มีเล่ห์เหลี่ยมมาก **-craftily** *adv.* **-craftiness** *n.* (-S. artful)

crag (แครก) *n.* เชิงผาที่ชัน **-cragged** *adj.*

cram (แครม) *vt., vi.* **crammed, cramming**

ยัด, อัด, กินจนอิ่มมาก, (ภาษาพูด) กวดวิชา (-S. compress, overcrowd, revise)
crammer (แครม' เมอร์) *n.* โรงเรียนกวดวิชา
cramp[1] (แครมพ์) *n.* ตะคริว
cramp[2] (แครมพ์) *n.* อุปกรณ์สำหรับจับยึด *-vt.* **cramped, cramping** ยึดให้แน่น, ปิดกั้น
cramped (แครมพ์ท) *adj.* คับแคบ (-S. limited)
★**crane** (เครน) *n.* นกกระเรียน, ปั้นจั่น *-vt., vi.* **craned, craning** ยกด้วยปั้นจั่น, ยืดคอ
cranium (เคร' เนียม) *n., pl.* **-niums/-nia** กะโหลกศีรษะ **-cranial** *adj.* (-S. skull)
crank (แครงค์) *n.* ข้อเหวี่ยง, คนที่คิดแปลกๆ *-vt., vi.* **cranked, cranking** หมุนข้อเหวี่ยง
crankshaft (แครงค์' แชฟท์) *n.* เพลาข้อเหวี่ยง
cranky (แครง' คี) *adj.* **-ier, -iest** เจ้าอารมณ์, แปลกประหลาด, โคลงเคลง (-S. cross, odd)
cranny (แครน' นี) *n., pl.* **-nies** รู, ซอก
crape (เครพ) *n.* ปลอกแขนสีดำใช้สวมไว้ทุกข์
craps (แครพซ์) *n. pl.* เกมพนันที่เล่นด้วยลูกเต๋าสองลูก
★**crash** (แครช) *vt., vi.* **crashed, crashing** ชนดังเปรี้ยง, พัง, ตก, ล้มเหลว, (คอมพิวเตอร์) หยุดทำงาน *-n.* เสียงดังสนั่น, การชน, ความล้มเหลว (-S. (v., n.) collapse, smash)
crash barrier รั้วหรือกำแพงกั้นเพื่อกันอันตราย
crash helmet หมวกนิรภัย
crash-land (แครช' แลนด์') *vt., vi.* **-landed, -landing** จอดเครื่องบินแบบฉุกเฉิน
crass (แครซ) *adj.* **crasser, crassest** โง่มาก, หยาบกระด้าง (-S. doltish, stupid)
crate (เครท) *n.* ลังไม้ใส่สินค้า
crater (เคร' เทอร์) *n.* ปากปล่องภูเขาไฟ, หลุมที่เกิดจากการระเบิดหรือลูกอุกกาบาตตก
cravat (คระแวท') *n.* ผ้าพันคอ, เนกไท
crave (เครฟว์) *vt., vi.* **craved, craving** ต้องการมาก, อ้อนวอน (-S. beseech, desire)
★**crawl** (ครอล) *vi.* **crawled, crawling** คลาน, เลื้อย *-n.* การคลาน, การเลื้อย
crayfish, crawfish (เคร' ฟิช, ครอ'-) *n., pl.* **-fish/-fishes** กุ้งน้ำจืด
crayon (เคร' ออน, -เอิน) *n.* สีเทียน, สีชอล์กหรือสีถ่าน, ภาพวาดที่ระบายด้วยสีดังกล่าว
craze (เครซ) *n.* ความคลั่งไคล้
★**crazy** (เคร' ซี) *adj.* **-zier, -ziest** บ้า, เสียสติ, คลั่งไคล้ **-crazily** *adv.* **-craziness** *n.*
creak (ครีค) *vi.* **creaked, creaking** เกิดเสียงเอี๊ยดอ๊าด *-n.* เสียงเอี๊ยดอ๊าด **-creaky** *adj.*
★**cream** (ครีม) *n.* ครีม, ไขมันที่สกัดจากนม, สีครีม, หัวกะทิ, ส่วนที่ดีที่สุด
creamy (ครี' มี) *adj.* **-ier, -iest** มัน, ขาวข้น
crease (ครีซ) *n.* รอยย่น, รอยจีบ *-vt., vi.* **creased, creasing** จีบ พับ รีดให้เป็นรอยย่น
★**create** (ครีเอท') *vt.* **-ated, -ating** สร้าง, ก่อตั้ง, แต่งตั้ง, สร้างสรรค์, ริเริ่ม (-S. originate)
creation (ครีเอ' ชัน) *n.* การสร้าง, สิ่งที่ถูกสร้างขึ้น, การริเริ่ม **-the Creation** สรรพสิ่งที่พระเจ้าสร้างขึ้น (-S. invention, origination)
creative (ครีเอ' ทิฟว์) *adj.* มีความสร้างสรรค์, มีจินตนาการ **-creativity** *n.* (-S. inventive)
creator (ครีเอ' เทอร์) *n.* ผู้ริเริ่มสร้างสรรค์, ผู้ผลิต **-the Creator** พระเจ้า (-S. inventor)
★**creature** (ครี' เชอร์) *n.* สิ่งที่ถูกสร้างขึ้น, สัตว์, คน, คนที่เป็นหุ่นเชิดของผู้อื่น (-S. being)
credentials (คริเดน' เชิลซ์) *n. pl.* หลักฐานหรือหนังสือรับรอง, ใบรับรอง
credible (เครด' ดะเบิล) *adj.* เชื่อถือได้ **-credibly** *adv.* **-credibility** *n.* (-S. trustworthy)
credit (เครด' ดิท) *n.* ความเชื่อถือ, การยกย่อง, ชื่อเสียงหรือเกียรติ, เงินเชื่อ, หน่วยการศึกษา *-vt.* **-ited, -iting** เชื่อถือ, ไว้วางใจ **-credits** รายชื่อผู้ที่มีส่วนช่วยให้งานสำเร็จ (-S. (n.) approval, belief (v.) accept)
creditable (เครด' ดิทะเบิล) *adj.* ที่เชื่อถือได้, ที่สมควรได้รับการยกย่อง **-creditably** *adv.*
credit card บัตรเครดิต
creditor (เครด' ดิเทอร์) *n.* เจ้าหนี้
credulous (เครจ' จะเลิซ) *adj.* เชื่อคนง่าย **-credulity** *n.* **-credulously** *adv.* (-S. naive)
creed (ครีด) *n.* คำสอน ข้อบัญญัติ กฎหรือหลักความเชื่อทางศาสนา (-S. dogma, principles)
creek (ครีค, คริค) *n.* ลำธาร (-S. bay, inlet)
★**creep** (ครีพ) *vi.* **crept, creeping** คลาน, ย่อง, (พืช) เลื้อย, รู้สึกขนลุก *-n.* (คำสแลง) คนน่ารำคาญ **-creeps** (ภาษาพูด) อาการขนลุก
creeper (ครี' เพอร์) *n.* พืชไม้เลื้อย
creepy (ครี' พี) *adj.* **-ier, -iest** น่ากลัว, น่ารังเกียจ, น่ารำคาญ (-S. disgusting, horrible)
cremate (ครี' เมท, ครีเมท') *vt.* **-mated, -mating** เผาศพ **-cremation** *n.*
crematorium (ครีมะทอ' เรียม, -โท'-) *n., pl.* **-toriums/-toria** เตาเผาศพ
creosote (ครี' อะโซท) *n.* ยาฆ่าเชื้อที่สกัดจากน้ำมันที่กลั่นจากไม้
crepe, crêpe (เครพ) *n.* ผ้าที่บาง เบาและย่น,

A B C D E F G H I J K L M N O P Q R S T U V W X Y Z

แถบผ้าสำหรับไว้ทุกข์, ยางทำพื้นรองเท้า

crept (เครพท) *v.* กริยาช่อง 2 และ 3 ของ creep

crescendo (คระเชน' โด) *n., pl.* **-dos/-di** (-ดี) การค่อยๆ เพิ่มความดังของเสียงดนตรี

crescent (เครซ' เซินท) *n.* พระจันทร์เสี้ยวในช่วงข้างขึ้น (waxing crescent) และข้างแรม (waning crescent), สิ่งที่มีรูปร่างเหมือนพระจันทร์เสี้ยว **-crescentic** *adj.*

crest (เครซท) *n.* หงอน, พู่, ยอดภูเขา, จุดยอด *-vt., vi.* **crested, cresting** ไปถึงยอด, ตกแต่งด้วยพู่ (-S. (n.) insignia, peak)

crestfallen (เครซ' ฟอเลิน) *adj.* หดหู่, ซึมเศร้า, ผิดหวัง (-S. depressed, dispirited)

crevasse (คริแวซ') *n.* รอยแยกหรือรอยแตกลึกของพื้นภูเขาน้ำแข็งหรือของเขื่อน

crevice (เครฟ' วิซ) *n.* รอยแตก, รอยร้าว

★**crew**[1] (ครู) *n.* ลูกเรือ, แก๊ง (-S. sailor)

crew[2] (ครู) *v.* กริยาช่อง 2 ของ crow

crew cut ทรงผมที่สั้นเกรียน

crib (คริบ) *n.* เปลเด็กอ่อน, รางใส่หญ้า, กล่องหรือลัง *-vt., vi.* **cribbed, cribbing** ขโมยความคิด, ลอกงาน (-S. (n.) bin, copy, cottage)

crick (คริค) *n.* อาการปวดกล้ามเนื้อบริเวณหลังหรือคอ (-S. cramp, pain)

cricket[1] (คริค' คิท) *n.* จิ้งหรีด

cricket[2] (คริค' คิท) *n.* กีฬาคริกเกต เป็นกีฬากลางแจ้งซึ่งแบ่งออกเป็นสองฝ่าย ฝ่ายละ 11 คน เล่นโดยใช้ไม้ตีลูกเข้าประตู **-cricketer** *n.*

cried (ไครด) *v.* กริยาช่อง 2 และ 3 ของ cry

crier (ไคร' เออร) *n.* เจ้าหน้าที่เรียกขานในศาล, ผู้เดินประกาศข่าว, คนเร่ขายของ

★**crime** (ไครม) *n.* การทำสิ่งผิดกฎหมาย, การก่ออาชญากรรม, การทำบาป, การละเมิดกฎ (-S. corruption, misdeed, sin)

★**criminal** (คริม' มะเนิล) *adj.* เกี่ยวกับการทำผิดกฎหมาย *-n.* ผู้ร้าย, อาชญากร

criminology (คริมมะนอล' ละจี) *n.* การศึกษาเกี่ยวกับอาชญากรรม

crimson (คริม' เซิน) *n.* สีแดงเข้ม, สีม่วงแดง

cringe (ครินจ) *vi.* **cringed, cringing** หมอบ ขดหรือสั่นด้วยความกลัว, ประจบ, นอบน้อม

crinkle (คริง' เคิล) *vi., vt.* **-kled, -kling** ม้วน, ย่น *-n.* รอยพับ, ลอน **-crinkly** *adj.*

cripple (คริพ' เพิล) *n.* คนหรือสัตว์พิการ *-vt.* **-pled, -pling** ทำให้พิการ **-crippled** *adj.*

crisis (ไคร' ซิซ) *n., pl.* **-ses** (-ซีซ) วิกฤติการณ์, จุดหักเห, ภาวะฉุกเฉิน (-S. climax, emergency)

★**crisp** (คริซพ) *adj.* **crisper, cripest** กรอบ, สด, หนาวเย็น, เป็นลอน, รวดเร็ว, ใหม่, ชัดเจน *-vt., vi.* **crisped, crisping** ทำให้กรอบ *-n.* มันฝรั่งแผ่นทอด **-crisply** *adv.*

crisscross (คริซ' ครอซ) *adj.* ที่ไขว้กัน *-adv.* อยู่ในทิศที่ไขว้กัน *-vt., vi.* **-crossed, -crossing** สร้างเส้นไขว้ *-n.* กากบาท

criterion (ไครเทีย' เรียน) *n., pl.* **-ria/-rions** มาตรฐาน, เกณฑ์ในการตัดสิน (-S. standard)

critic (คริท' ทิค) *n.* นักวิจารณ์, ผู้ประเมินค่า, คนที่ชอบจับผิด (-S. analyst, censurer)

★**critical** (คริท' ทิเคิล) *adj.* ชอบติเตียนหรือจับผิด, วิกฤติ, สำคัญ, อันตราย, เป็นจุดเปลี่ยนที่สำคัญ **-critically** *adv.* (-S. crucial)

★**criticism** (คริท' ทิซิซเซิม) *n.* บทวิจารณ์, การหาที่ผิด, การวิจารณ์ (-S. analysis, censure)

★**criticize** (คริท' ทิไซซ) *vt., vi.* **-cized, -cizing** วิจารณ์, จับผิด, ประเมินค่า (-S. blame, censure)

critique (คริทีค') *n.* การวิเคราะห์หรือประเมิน

croak (โครค) *n.* เสียงร้องแหบแบบกบ *-vt., vi.* **croaked, croaking** ร้องเสียงดังกล่าว, ครวญ

crochet (โครเช') *vt., vi.* **-cheted, -cheting** ถักไหมพรมหรือลูกไม้ *-n.* สิ่งที่เกิดจากการถัก

crock[1] (ครอค) *n.* ภาชนะดินเผา

crock[2] (ครอค) *n.* (ภาษาพูด) ม้าที่แก่ คนที่สุขภาพไม่ดีหรือไม่สมประกอบ *-vi., vt.* **crocked, crocking** อ่อนแอ, ไม่สมประกอบ, ใช้งานไม่ได้

crockery (ครอค' คะรี) *n.* อุปกรณ์ในครัว เช่น ถ้วย จาน หม้อ

crocodile (ครอค' คะไดล) *n.* จระเข้

crocodile tears การแสร้งทำเป็นเสียใจ

croft (ครอฟท) *n.* ทุ่งหญ้าหรือฟาร์มขนาดเล็ก

croissant (ครูวาซาง', คระซางท') *n.* ขนมปังฝรั่งเศสรูปเสี้ยวพระจันทร์, ขนมครัวซองต์

crone (โครน) *n.* ผู้หญิงแก่ที่น่าเกลียด

crony (โคร' นี) *n., pl.* **-nies** เพื่อนสนิท

crook (ครุค) *n.* ตะขอ, ส่วนโค้ง, (ภาษาพูด) ขโมย คนโกง *-vt., vi.* **crooked, crooking** ทำให้โค้งงอ (-S. (n., v.) bend, curve)

crooked (ครุค' คิด) *adj.* โค้งงอ, คดเคี้ยว, (ภาษาพูด) ไม่ซื่อสัตย์ คดโกง (-S. angled)

croon (ครูน) *vi., vt.* **crooned, crooning** ฮัมหรือร้องเพลงเบาๆ **-crooner** *n.* (-S. hum)

★**crop** (ครอพ) *n.* พืชผล, ผลผลิต, ด้ามถือของแส้, กระเพาะพักของนกไก่หรือแมลง *-vt., vi.* **cropped, cropping** เล็มหญ้า, ตัดผมหรือ

ขนจนสั้น, เก็บเกี่ยว, เพาะปลูก (-S. (n.) yield)

★**cross** (ครอซ) *n.* เครื่องหมายกากบาท, ไม้กางเขน, จุดเชื่อมต่อ, ความทุกข์, การผสมข้ามพันธุ์ *-vt., vi.* **crossed, crossing** ข้ามผ่าน, ขีดฆ่า, ขีดเส้นทับ, ซ้อนทับ, เชื่อมต่อ, ไขว้, ต่อต้าน, สวนทาง, ผสมข้ามพันธุ์ *-adj.* ที่อยู่ตรงกันข้าม, ที่ขัดแย้งกัน, ขี้โมโห **-the Cross** ไม้กางเขนที่ตรึงพระเยซู **-crossly** *adv.*

crossbar (ครอซ' บาร์) *n.* ราวหรือคาน

crossbones (ครอซ' โบนซ์) *n. pl.* สัญลักษณ์หัวกะโหลกที่มีกากบาทไขว้

crossbreed (ครอซ' บรีด) *n.* พืชหรือสัตว์ที่เกิดจากการผสมพันธุ์ข้ามพันธุ์

crosscheck (ครอซ' เชค) *vt.* **-checked, -checking** ตรวจสอบซ้ำ *-n.* การตรวจสอบซ้ำ

cross-country (ครอซ' คัน' ทรี) *adj.* ตัดผ่านทุ่งกว้าง, ไม่ได้ใช้เส้นทางหลัก

cross-cultural (ครอซ' คัล' เชอเริล) *adj.* เกี่ยวกับวัฒนธรรมที่แตกต่างกัน

crosscut (ครอซ' คัท) *adj.* ในแนวตัดขวาง *-n.* ทางลัด

crossed cheque เช็คขีดคร่อม

cross-examine (ครอซอิกแซม' มิน) *vt., vi.* **-ined, -ining** สอบถามอย่างละเอียด

cross-eyed (ครอซ' ไอด์) *adj.* มีตาเหล่

cross-fertilize (ครอซ' เฟอร์' เทิลไลซ์) *vi., vt.* **-ized, -izing** ผสมข้ามพันธุ์

cross-grained (ครอซ' เกรนด์) *adj.* ในแนวขวางกับลาย, ขัดแย้ง, ตรงกันข้าม

crossing (ครอ' ซิง, ครอซ' ซิง) *n.* จุดตัดของเส้นทาง, ทางข้าม

cross-reference (ครอซ' เรฟ' เฟอเรินซ์, -เฟรินซ์) *n.* หน้าหนังสืออ้างอิงของหนังสือ

crossroad (ครอซ' โรด) *n.* ถนนที่ตัดผ่านอีกถนนหนึ่ง **-crossroads** จุดตัดของถนน

cross section ภาพตัดขวาง

cross-stitch (ครอซ' สติช) *n.* การเย็บแบบไขว้

crosswise, crossways (ครอซ' ไวซ์, -เวซ์) *adv.* ในแนวขวาง

★**crossword puzzle** ปริศนาอักษรไขว้

crouch (เคราช์) *vi.* **crouched, crouching** ก้ม, หมอบ *-n.* การก้ม โค้งหรือหมอบ

crow[1] (โคร) *n.* นกกา

crow[2] (โคร) *vi.* **crowed/crew, crowed, crowing** (ไก่) ขัน, ยกย่อง, แสดงความยินดี

crowbar (โคร' บาร์) *n.* ชะแลง

★**crowd** (เคราด์) *n.* กลุ่ม, ฝูงชน, สามัญชน *-vi., vt.* **crowded, crowding** รวมกลุ่ม, กด, ผลักดัน, อัด, ยัด, เบียด **-crowded** *adj.* (-S. (n., v.) group, throng (v.) push, squeeze)

crown (เคราน์) *n.* มงกุฎ, มาลัยสวมศีรษะ, ยอดหมวก, จุดสูงสุด, ส่วนสำคัญที่สุด, หงอนของสัตว์ *-vt.* **crowned, crowning** สวมมงกุฎ, ขึ้นครองประเทศ, ให้รางวัล, เอาชนะ, ประสบความสำเร็จ, เคลือบฟัน

crown glass แก้วหรือกระจกที่มีความใสมาก

crown prince มกุฎราชกุมาร

crown princess มกุฎราชกุมารี, ชายาของมกุฎราชกุมาร

crow's-foot (โครซ' ฟุท) *n., pl.* **-feet** รอยตีนกา

★**crucial** (ครู' เชิล) *adj.* สำคัญ, จำเป็น, เด็ดขาด **-crucially** *adv.* (-S. critical, essential)

crucifix (ครู' ซะฟิคซ์) *n.* ไม้กางเขนที่มีรูปปั้นพระเยซูตรึงอยู่

crucifixion (ครูซะฟิค' ชัน) *n.* การประหารชีวิตโดยการตรึงกางเขน, ความทุกข์ทรมานอย่างมาก

crucify (ครู' ซะไฟ) *vt.* **-fied, -fying** ทำให้ตายโดยตรึงกับไม้กางเขน, ทำให้ทรมาน

crude (ครูด) *adj.* **cruder, crudest** ตามธรรมชาติ, ไม่มีการตกแต่ง, ดิบ, หยาบ **-crude oil** น้ำมันดิบ **-crudely** *adv.* **-crudity** *n.*

★**cruel** (ครู' เอิล) *adj.* **-eler, -elest/-eller, -ellest** โหดร้าย **-cruelly** *adv.* **-cruelty** *n.* (-S. brutal)

cruelty-free (ครู' เอิลทีฟรี) *adj.* (พัฒนายาหรือผลิตภัณฑ์อื่นๆ) โดยไม่ใช้สัตว์ทดลอง

cruise (ครูซ) *vi., vt.* **cruised, cruising** เดินเรือท่องเที่ยว, ออกเรือลาดตระเวน *-n.* การเดินเรือท่องเที่ยว (-S. (v., n.) sail, travel)

cruiser (ครู' เซอร์) *n.* เรือรบ, เรือลาดตระเวน

crumb (ครัม) *n.* เศษขนม, เศษคุกกี้, เศษเล็กเศษน้อย (-S. fragment, scrap)

crumble (ครัม' เบิล) *vt., vi.* **-bled, -bling** ทำให้แตก, พังทลาย (-S. break up, collapse)

crumbly (ครัม' บลี) *adj.* **-blier, -bliest** เปราะบาง, แตกง่าย

crumpet (ครัม' พิท) *n.* ขนมปังจืดปิ้ง

crumple (ครัม' เพิล) *vt., vi.* **-pled, -pling** กดหรือชนให้ยับหรือย่น, ยับ, ย่น, ยู่

crunch (ครันช์) *vt., vi.* **crunched, crunching** เคี้ยวเสียงดัง *-n.* เสียงดัง, การทำให้เกิดเสียงดัง (-S. (v., n.) bite, grind)

crusade (ครูเซด') *n.* การต่อต้านอย่างรุนแรงต่อสิ่งที่ไม่ถูกต้อง **-Crusade** สงครามศาสนา

ระหว่างผู้นับถือศาสนาคริสต์และศาสนาอิสลามในช่วงศตวรรษที่ 11-13 **-crusader** *n.*

★**crush** (ครัช) *vt., vi.* **crushed, crushing** กด, บีบ, ขยี้, บด, กดดัน, ครอบงำ, คั้น, กระแทก, ชน, ทำลาย *-n.* กลุ่มคนที่เบียดเสียด, น้ำผลไม้

crust (ครัซท์) *n.* เปลือก, ตะกอนในขวดไวน์, สะเก็ดแผล (**-S.** layer, shell)

crusted (ครัส' ทิด) *adj.* เก่าแก่, น่านับถือ

crusty (ครัส' ตี) *adj.* **-ier, -iest** มีเปลือกหุ้ม, จู้จี้, ใจร้อน

crutch (ครัช) *n.* ไม้ค้ำช่วยในการเดิน

crux (ครัคซ์, ครุคซ์) *n., pl.* **cruxes** (ครุ' ซีซ) ปัญหาหรือปริศนาที่หาวิธีแก้ไม่ได้, จุดสำคัญ

★**cry** (ไคร) *vi., vt.* **cried** (ไครด์), **crying** ร้องไห้, ตะโกน, ส่งเสียงดัง, (สัตว์) ร้อง, อุทาน, ร้องขอ *-n., pl.* **cries** (ไครซ) การตะโกน, การป่าวประกาศ, การร้องไห้ (**-S.** (v.) weep)

crybaby (ไคร' เบบี) *n., pl.* **-bies** คนขี้แย

crying (ไคร' อิง) *adj.* ที่เรียกร้องความสนใจ

crypt (คริพท์) *n.* ห้องใต้ดินของโบสถ์ มักใช้เก็บศพ, ต่อม แอ่งหรือหลุมในร่างกาย

cryptic (คริพ' ทิค) *adj.* คลุมเครือ, เป็นความลับ, ลึกลับ **-cryptically** *adv.*

crystal (คริส' เติล) *n.* ผลึก, วัตถุที่มีความใส, เครื่องแก้วเนื้อดี, หน้าปัดนาฬิกา

crystalline (คริส' ตะลิน, -ไลน์, -ลีน) *adj.* ใส, คล้ายผลึก, โปร่งใส, เป็นผลึก

crystallize, crystalize (คริส' ตะไลซ) *vt., vi.* **-lized, -lizing/-ized, -izing** ทำให้เป็นผลึก, เคลือบน้ำตาล **-crystallization** *n.*

CS gas ก๊าซน้ำตา ใช้สำหรับสลายกลุ่มคน

CT scanner ย่อจาก computerized tomography scanner เครื่องถ่ายเอกซเรย์คอมพิวเตอร์ซึ่งถ่ายภาพในแกนตัดขวางของร่างกาย

cu, cu. ย่อจาก cubic ลูกบาศก์

cub (คับ) *n.* ลูกของสัตว์บางชนิด เช่น สิงโต, หนุ่มสาวที่ขาดประสบการณ์, นักข่าวมือใหม่

cube (คยูบ) *n.* รูปทรงลูกบาศก์, ค่าที่เกิดจากตัวเลขใดๆ ยกกำลังสาม *-vt.* **cubed, cubing** ยกกำลังสาม (ตัวเลข), ตัดให้เป็นรูปทรงลูกบาศก์, วัดในปริมาตรที่เป็นลูกบาศก์ **-cubic** *adj.* **-cubical** *adj.* **-cubically** *adv.*

cubicle (คยู' บิเคิล) *n.* ห้องขนาดเล็ก ใช้เป็นห้องทำงาน อ่านหนังสือ ห้องนอนหรืออื่นๆ

cubit (คยู' บิท) *n.* ระยะหนึ่งศอก

cuckoo (คู' คู, คุค' คู) *n., pl.* **-oos** นกคุกคู, (คำสแลง) คนโง่หรือคนบ้า

cuckoo clock นาฬิกาแขวน ซึ่งจะส่งเสียงเหมือนนกร้องทุกๆ ชั่วโมง

cucumber (คยู' คัมเบอร์) *n.* แตงกวา

cud (คัด) *n.* อาหารที่สัตว์เคี้ยวเอื้อง เช่น วัว ขย้อนออกมาเคี้ยวใหม่

cuddle (คัด' เดิล) *vt., vi.* **-dled, -dling** กอดอย่างทะนุถนอม, นอนซบ, พิง *-n.* การกอดอย่างทะนุถนอม, การนอนซบหรือพิง

cudgel (คัจ' เจิล) *n.* ตะบอง *-vt.* **-eled, -eling/-elled, -elling** ตีหรือหวดด้วยตะบอง

cue[1] (คยู) *n.* ไม้แทงลูกบิลเลียด, ผมเปีย, แถว

cue[2] (คยู) *n.* สัญญาณของวาทยกรในการเริ่มเล่นเครื่องดนตรี, แนวทาง (**-S.** hint, keyword)

cuff[1] (คัฟ) *n.* แถบข้อมือเสื้อ, กุญแจมือ

cuff[2] (คัฟ) *vt.* **cuffed, cuffing** ตบ, ตี *-n.* การตบหรือตี (**-S.** (v., n.) hit, slap)

cuisine (ควิซีน') *n.* รูปแบบการเตรียมหรือปรุงอาหาร, แผนกครัว (**-S.** cookery, cooking)

cul-de-sac (คัล' ดิแซค', คุล'-) *n., pl.* **culs-de-sac** (คัลซ์-', คุลซ์-)/**cul-de-sacs** ทางตัน

culinary (คยู' ละเนรี, คัล' ละ-) *adj.* เกี่ยวกับการทำอาหาร

cull (คัล) *vt.* **culled, culling** คัดเลือก, รวบรวม

culminate (คัล' มะเนท) *vt., vi.* **-nated, -nating** ไปถึงจุดสูงสุด **-culmination** *n.*

culpable (คัล' พะเบิล) *adj.* น่าตำหนิ, เป็นบาป **-culpability** *n.* (**-S.** blameworthy, sinful)

culprit (คัล' พริท) *n.* ผู้กระทำความผิด, ผู้ต้องหา, จำเลย, อาชญากร (**-S.** felon)

cult (คัลท์) *n.* ลัทธิทางศาสนา, พิธีกรรมของลัทธิ

cultivate (คัล' ทะเวท) *vt.* **-vated, -vating** พรวนดิน, ปลูกพืช, ใส่ปุ๋ย, ฝึกฝน, ผูกมิตร **-cultivation** *n.* (**-S.** educate, fertilize, plant)

cultivated (คัล' ทะเวทิด) *adj.* มีการศึกษา, มีมารยาท (**-S.** educated, urbane)

culture (คัล' เชอร์) *n.* วัฒนธรรม, การอบรม, การปลูกฝัง, การเพาะพันธุ์พืชหรือสัตว์, การเพาะปลูก **-cultural** *adj.* (**-S.** cultivation, lifestyle)

cultured (คัล' เชอร์ด) *adj.* ที่ได้รับการศึกษา

cultured pearl ไข่มุกเลี้ยง

culture shock ความรู้สึกสับสนและเครียดเมื่อต้องไปอยู่ต่างถิ่น

cumbersome (คัม' เบอร์เซิม) *adj.* มีขนาดใหญ่, อุ้ยอ้าย, ที่ก่อปัญหา, ชักช้า (**-S.** awkward)

cumulative (คยูม' มยะเลทิฟว์, -มยะละทิฟว์) *adj.* เพิ่ม, ทวีคูณ, พอกพูน (**-S.** increasing)

cuneiform (คยู' เนียฟอร์ม, คยูนี'-) *adj.* ที่มี

ลักษณะเป็นลิ่ม -*n.* ตัวอักษรที่เป็นรูปลิ่ม
cunning (คัน' นิง) *adj.* เจ้าเล่ห์, ฉลาดแกมโกง, ชำนาญ, น่ารัก, มีเสน่ห์ -*n.* ความเจ้าเล่ห์
★**cup** (คัพ) *n.* ถ้วย, ถ้วยรางวัล, หน่วยปริมาตรเท่ากับ 16 ช้อนโต๊ะ -*vt.* **cupped, cupping** เทหรือวางลงในถ้วย
★**cupboard** (คับ' เบิร์ด) *n.* ตู้ **-cupboard-love** การแสดงความรักเพื่อต้องการผลบางสิ่ง
cupful (คัพ' ฟุล) *n., pl.* **-fuls** ปริมาตรที่ถ้วยสามารถบรรจุได้
Cupid (คยู' พิด) *n.* กามเทพ
cupidity (คยูพิด' ดิที) *n.* ความโลภ (**-S.** greed)
cupola (คยู' พะละ) *n.* หลังคาหรือเพดานที่มีลักษณะโค้งกลมเป็นโดม
curate (คยุ' ริท) *n.* พระผู้ช่วย **-curacy** *n.*
curative (คยุ' ระทิฟว์) *adj.* ที่ใช้รักษาโรคได้ -*n.* ยา, สิ่งที่ใช้รักษาโรค (**-S.** (adj.) healing)
curator (คยุเร' เทอร์) *n.* ผู้ดูแลรักษา
curb (เคิร์บ) *n.* ขอบถนน, กรอบ, ขอบ -*vt.* **curbed, curbing** ควบคุม (**-S.** (n.) limitation)
curd (เคิร์ด) *n.* นมที่จับตัวกันเป็นก้อนเมื่อนมเริ่มเปรี้ยว ใช้ทำเนยแข็ง
curdle (เคอร์' เดิล) *vi., vt.* **-dled, -dling** จับตัวเป็นกลุ่มก้อน (**-S.** coagulate, solidify)
★**cure** (คยุร์) *n.* การรักษาโรค, ยารักษาโรค, การบำบัดทางจิตใจ, การถนอมอาหาร -*vt., vi.* **cured, curing** รักษาโรค, ถนอมอาหาร **-curable** *adj.* (**-S.** (n.) remedy, therapy)
cure-all (คยุร์ ออล) *n.* ยาที่แก้หรือรักษาโรคได้ทุกชนิด (**-S.** panacea)
curfew (เคอร์' ฟยู) *n.* การห้ามออกนอกบ้านในช่วงเวลาที่กำหนด
★**curious** (คยุ' เรียซ) *adj.* อยากรู้อยากเห็น, ชอบสอดรู้เรื่องคนอื่น, แปลกประหลาด **-curiosity** *n.* **-curiously** *adv.* (**-S.** inquisitive)
★**curl** (เคิร์ล) *vt., vi.* **curled, curling** บิด, ดัด, พัน, ขด, ม้วน -*n.* ลอนผม, การดัดผม, สิ่งที่มีรูปร่างเป็นเกลียว, การทำให้เป็นเกลียว (**-S.** (v., n.) coil, curve, twist (n.) helix)
curler (เคอร์' เลอร์) *n.* คนหรืออุปกรณ์ม้วนผม
curly (เคอร์' ลี) *adj.* **-ier, -iest** เป็นเกลียว, เป็นวง, เป็นลอน, เป็นคลื่น (**-S.** coiling, wavy)
currant (เคอ' เรินท์) *n.* ลูกเกด
currency (เคอ' เรินซี) *n., pl.* **-cies** การเป็นที่ยอมรับและใช้กันในปัจจุบัน, การไหลเวียน, เงินในปัจจุบัน -*n.* กระแสน้ำ, กระแสลม, กระแสไฟฟ้า
★**current** (เคอ' เรินท์) *adj.* ที่เป็นปัจจุบัน, ร่วมสมัย, ที่ไหลเวียน, เป็นที่ยอมรับหรือรู้จักในปัจจุบัน -*n.* กระแสน้ำ, กระแสลม, กระแสไฟฟ้า **-currently** *adv.* (**-S.** (adj.) contemporary)
current/checking account บัญชีกระแสรายวันหรือบัญชีเดินสะพัด
current affairs เหตุการณ์สำคัญทางการเมืองหรือในสังคมที่กำลังเกิดขึ้น
curriculum (คะริค' คยะเลิม) *n., pl.* **-la/-lums** หลักสูตรของสถาบันการศึกษา
curriculum vitae (คะริคยะเลิม ไว' ที) *n., pl.* **curricula vitae** (-ละ-) ประวัติส่วนตัว ย่อว่า CV (**-S.** resume)
curry[1] (เคอ' รี) *vt.* **-ried, -rying** แปรงขนม้า, ฟอกหนังสัตว์, หวด, ตี **-curry favor** ประจบ
curry[2] (เคอ' รี) *n., pl.* **-ries** อาหารที่ใส่ผงกะหรี่, ผงกะหรี่ -*vt.* **-ried, -rying** ใส่ผงกะหรี่ **-curry powder** ผงกะหรี่
curse (เคิร์ซ) *n.* การสาปแช่ง, คำสาปแช่ง, ความหายนะหรือโชคร้าย -*vt., vi.* **cursed/curst, cursing** สาปแช่ง, ทำให้โชคร้าย (**-S.** (n.) misfortune, oath (v.) afflict, execrate)
cursed, curst (เคอ' ซิด; เคิร์ซท์, เคิร์ซท์) *adj.* ระยำ, ชั่วร้าย, อัปรีย์ **-cursedly** *adv.*
cursor (เคอร์' เซอร์) *n.* ตัวกะพริบบนหน้าจอคอมพิวเตอร์เป็นตัวบอกตำแหน่งที่กำลังทำงาน
cursory (เคอร์' ซะรี) *adj.* ลวกๆ, เร่งรีบ, คร่าวๆ **-cursorily** *adv.* (**-S.** hasty, hurried)
curt (เคิร์ท) *adj.* **curter, curtest** ย่อ, ห้วนๆ, หยาบคาย **-curtly** *adv.* **-curtness** *n.*
curtail (เคอร์เทล') *vt.* **-tailed, -tailing** ทำให้สั้น, ตัด, ย่อ **-curtailment** *n.* (**-S.** abridge)
★**curtain** (เคอร์' เทิน) *n.* ผ้าม่าน -*vt.* **-tained, -taining** ปกคลุม ปิด กั้นหรือตกแต่งด้วยม่าน
curtain call การปรบมือเพื่อเรียกร้องให้นักแสดงปรากฏตัวอีกครั้งเมื่อจบการแสดง
curtsy, curtsey (เคิร์ท' ซี) *n., pl.* **-sies, -seys** การถอนสายบัว
curvature (เคอร์' วะชุร์, -เชอร์) *n.* ความโค้ง
★**curve** (เคิร์ฟว์) *n.* เส้นโค้ง, ส่วนโค้ง, ผิวโค้ง, ทางโค้ง -*vi., vt.* **curved, curving** เลี้ยวโค้ง, โค้งงอ (**-S.** (n., v.) arch, bend, bow)
★**cushion** (คุช' ชัน) *n.* หมอน, เบาะ, นวม, วัสดุที่ช่วยรับน้ำหนักหรือกันกระแทก -*vt.* **-ioned, -ioning** รองด้วยหมอน, บุนวมกันกระแทก (**-S.** (n.) pillow (v.) protect, soften)
cushy (คุช' ชี) *adj.* **-ier, -iest** (คำสแลง) ง่าย สบายๆ ไม่ต้องใช้ความพยายาม
cusp (คัซพ์) *n.* ยอด, จุดปลายสุด, ปลายแหลม

A B C D E F G H I J K L M N O P Q R S T U V W X Y Z

cuspidor (คัส' ปิดอร์, -โดร์) *n.* กระโถน
cuss (คัซ) *vi., vt.* **cussed, cussing** (ภาษาพูด) สาปแช่ง *-n.* (ภาษาพูด) คำสาปแช่ง
cussed (คัซ' ซิด) *adj.* (ภาษาพูด) ดื้อรั้น ชั่วร้าย **-cussedly** *adv.*
custard (คัส' เติร์ด) *n.* คัสตาร์ด ทำจากไข่ นม เครื่องปรุงรสและน้ำตาล
custodian (คัสโต' เดียน) *n.* ผู้ทำหน้าที่ดูแล
custody (คัส' ตะดี) *n., pl.* **-dies** การดูแล, การคุ้มครอง, การถูกคุมขัง (**-S.** care)
★**custom** (คัส' เติม) *n.* ขนบธรรมเนียมประเพณี, นิสัย, การสนับสนุน, จารีต **-customs** ภาษีศุลกากร, ด่านศุลกากร (**-S.** convention, habit)
customary (คัส' ตะเมรี) *adj.* เป็นกิจวัตร, เป็นประเพณี **-customarily** *adv.* (**-S.** accustomed)
custom-built (คัส' เติมบิลท์') *adj.* ที่สร้างหรือทำตามคำสั่งของผู้ซื้อ
★**customer** (คัส' ตะเมอร์) *n.* ลูกค้า, ผู้ใช้บริการ
customhouse, customs house (คัส' เติมเฮาซ์, -เติมซ์-) *n.* หน่วยหรือด่านศุลกากร
custom-made (คัสเติมเมด') *adj.* ที่ทำตามคำสั่งเฉพาะของผู้ซื้อแต่ละคน
★**cut** (คัท) *vt., vi.* **cut, cutting** เฉือน, แล่, ตัด, ชำแหละ, สับ, ฟัน, ผ่า, แยก, ตอน, ตัดให้สั้น, ทำให้ลดลง, ตัดออก, เก็บเกี่ยวผลผลิต, ทำร้ายความรู้สึก, ข้ามผ่าน, ขุดลอกหรือตัดทาง, ตัดให้เป็นรูปร่าง, ตัดต่อฟิล์ม, เจียระไน, ตีลูกแบบตัด, ตัดไพ่เพื่อจั่ว *-n.* การตัด ฟัน แทง หรืออื่นๆ ด้วยของมีคม, ผลจากการกระทำดังกล่าว, ส่วนที่ถูกตัดออก, การตัด ลดหรือจำกัด, การเปิดบาดแผล, สิ่งที่ทำร้ายความรู้สึก, แม่พิมพ์, สิ่งพิมพ์, รูปแบบในการตัดผ้า, การตัดต่อฟิล์ม, การเปลี่ยนฉากในภาพยนตร์, การตัดทางเพื่อเดินทาง, เส้นทางที่เกิดจากการขุด, การตีลูกแบบตัด, การตัดไพ่ **-cut down** ฆ่า, ลดจำนวน, ตัดส่วนเกินออก **-cut off** แยกตัว, หยุดในทันที, ปิดกั้น, ขัดจังหวะ, ตัดออกจากกองมรดก **-cut out** ตัดให้เป็นรูปร่าง, แทนที่, หยุด, ตัดออก, จากไปอย่างรวดเร็ว (**-S.** (v.) divide, lessen, pierce, shorten)
cut-and-dried (คัทเทินไดรด์') *adj.* ที่จัดเตรียมไว้ล่วงหน้า, เป็นธรรมดา, น่าเบื่อ
cutback (คัท' แบค) *n.* การตัดทอน
★**cute** (คยูท) *adj.* **cuter, cutest** ฉลาด, น่ารัก, มีเสน่ห์, สดใส **-cutely** *adv.* **-cuteness** *n.*
cuticle (คยู' ทิเคิล) *n.* ผิวหนังชั้นนอกสุด
cutler (คัท' เลอร์) *n.* ช่างทำ ซ่อมหรือขายมีดหรืออุปกรณ์สำหรับตัด
cutlery (คัท' ละรี) *n.* อุปกรณ์สำหรับตัด
cutlet (คัท' ลิท) *n.* ชิ้นเนื้อแล่บางๆ
cutoff (คัท' ออฟ) *n.* ทางลัด, การตัดหรือระงับ
cutout (คัท' เอาท์) *n.* อุปกรณ์ตัดกระแสไฟฟ้า
cutpurse (คัท' เพิร์ซ) *n.* นักล้วงกระเป๋า
cut-rate (คัท' เรท') *adj.* ถูก, ที่ลดราคาขาย
cutter (คัท' เทอร์) *n.* อุปกรณ์สำหรับตัด
cutthroat (คัท' โธรท) *n.* ฆาตกรฆ่าปาดคอ, คนไร้ศีลธรรม *-adj.* โหดเหี้ยม
cutting (คัท' ทิง) *adj.* แหลมคม, ที่ทำให้เจ็บปวด *-n.* ถนนหรือทางรถไฟที่ตัดผ่านเขา
cuttlefish (คัท' เทิลฟิช) *n. pl.* **-fish/-fishes** ปลาหมึก
cutworm (คัท' เวิร์ม) *n.* ตัวอ่อนของผีเสื้อกลางคืนที่กัดกินยอดหรือหน่อของพืช
CV ย่อจาก curriculum vitae ประวัติส่วนตัว
cyanide, cyanid (ไซ' อะไนด์, -นิด) *n.* สารไซยาไนด์ เป็นสารพิษที่อันตรายมาก
cybernate (ไซ' เบอร์เนท) *vt.* **-nated, -nating** ควบคุมด้วยคอมพิวเตอร์ **-cybernation** *n.*
cybernetics (ไซเบอร์เนท' ทิคซ์) *n. pl.* การศึกษาเปรียบเทียบระบบการควบคุมโดยสมองและระบบประสาทของคนกับการควบคุมโดยระบบอิเล็กทรอนิกส์ที่ซับซ้อน **-cybernetic** *adj.*
cyberphobia (ไซเบอร์โฟ' เบีย) *n.* โรคกลัวคอมพิวเตอร์หรือสิ่งที่เกี่ยวกับคอมพิวเตอร์
cyberpunk (ไซ' เบอร์พังค์) *n.* นิยายวิทยาศาสตร์ที่มีคอมพิวเตอร์ทำหน้าที่ดูแลความเรียบร้อยของสังคม ซึ่งเป็นยุคที่ใช้ความรุนแรงและมีการใช้ยาเสพติดอย่างแพร่หลาย
cybersex (ไซ' เบอร์เซคซ์) *n.* กิจกรรมหรือการกระตุ้นทางเพศผ่านอินเทอร์เน็ต
cyberspace (ไซ' เบอร์สเปซ) *n.* บริเวณในระบบเครือข่ายส่งผ่านข้อมูลที่เก็บข้อมูลทางอิเล็กทรอนิกส์ซึ่งส่งจากคอมพิวเตอร์เครื่องหนึ่งไปยังอีกเครื่องหนึ่ง
cyborg (ไซ' บอร์ก) *n.* มนุษย์ที่มีอวัยวะบางส่วนถูกควบคุมโดยอุปกรณ์อิเล็กทรอนิกส์
★**cycle** (ไซ' เคิล) *n.* วัฏจักร, วงจรชีวิต, วงจร, รอบ, ช่วงอายุ, ชุด, จักรยาน, จักรยานยนต์ *-vi.* **-cled, -cling** เกิดขึ้นในวัฏจักร, ขี่จักรยานหรือจักรยานยนต์ **-cyclic, cyclical** *adj.* (**-S.** (n.) rotation, sequence)
cyclist (ไซ' คลิซท์) *n.* ผู้ขี่จักรยานหรือจักรยานยนต์
cyclone (ไซ' โคลน) *n.* พายุไซโคลน เป็น

พายุหมุนที่รุนแรงมาก **-cyclonic** *adj.*
cyclotron (ไซ' คละทรอน) *n.* เครื่องแยกอนุภาค
cygnet (ซิก' นิท) *n.* หงส์ที่อายุยังน้อย
cylinder (ซิล' เลินเดอร์) *n.* รูปทรงกระบอก, กระบอกสูบในเครื่องกล, ลูกโม่ปืน, ลูกโมในเครื่องพิมพ์, ภาชนะทรงกระบอก
cymbal (ซิม' เบิล) *n.* ฉาบ **-cymbalist** *n.*
cynic (ซิน' นิค) *n.* คนที่มีความเชื่อว่าทุกคนทำทุกอย่างเพื่อตนเอง เห็นแก่ตัวและไม่มีความจริงใจ **-cynicism** *n.*
cynical (ซิน' นิเคิล) *adj.* ที่แสดงการเยาะเย้ยหรือดูถูก **-cynically** *adv.* (**-S.** skeptical)
cynosure (ไซ' นะชุร์, ซิน' นะ-) *n.* คนหรือสิ่งที่เป็นเป้าสายตาหรือดึงดูดความสนใจ
cyst (ซิซท์) *n.* เนื้อเยื่อซึ่งผิดปกติมีลักษณะเป็นถุง ด้านในบรรจุก๊าซ ของเหลวหรือกึ่งของเหลว
cystic fibrosis โรคพยาธิตัวตืด
cystitis (ซิสไต' ทิซ) *n., pl.* **cystitides** โรคกระเพาะปัสสาวะอักเสบ
czar, tsar, tzar (ซาร์, ทซาร์) *n.* กษัตริย์หรือจักรพรรดิของรัสเซียก่อนการปฏิวัติปี ค.ศ. 1917

D

D, d (ดี) *n., pl.* **D's, d's/Ds, ds** อักษรตัวที่ 4 ของภาษาอังกฤษ, อันดับสี่, (เลขโรมัน) 500
d ย่อจาก day วัน
dab (แดบ) *vt., vi.* **dabbed, dabbing** สัมผัสเบาๆ, ตีเบาๆ, ป้าย *-n.* จำนวนที่เล็กน้อย, รอยแต้ม, การแตะหรือสัมผัสเบาๆ (**-S.** (v., n.) touch)
dabble (แดบ' เบิล) *vt., vi.* **-bled, -bling** ทำให้ของเหลวกระเด็น, จุ่ม, แกว่งมือหรือเท้าเล่นน้ำ, สนใจบางสิ่งอย่างผิวเผิน **-dabbler** *n.*
dachshund (ดาคซ์' ฮุนท์, ดาค' เซินท์) *n.* สุนัขพันธุ์เล็ก ลำตัวยาว ขาสั้น หูตก และขนสั้น

dachshund

★**dad** (แดด) *n.* (ภาษาพูด) พ่อ
★**daddy** (แดด' ดี) *n., pl.* **-dies** (ภาษาพูด) พ่อ
daffodil (แดฟ' ฟะดิล) *n.* ดอกแดฟโฟดิล
daft (แดฟท์) *adj.* **dafter, daftest** (ภาษาพูด) บ้า คลั่ง โง่ (**-S.** crazy, foolish, mad)
dagger (แดก' เกอร์) *n.* ดาบสั้นมีสองคม, เครื่องหมายอ้างอิงทางการพิมพ์

dagger

★**daily** (เด' ลี) *adj., adv.* ที่เกิดขึ้นหรือทำทุกวัน, รายวัน, เป็นประจำ, ทุกวัน *-n., pl.* **-lies** หนังสือพิมพ์รายวันหรือรายสัปดาห์
dainty (เดน' ที) *adj.* **-tier, -tiest** น่ารัก, สวยงาม, เรียบร้อย, มีเสน่ห์, เปราะบาง, จู้จี้, พิถีพิถัน, มีรสชาติดี **-daintily** *adv.*
dairy (แด' รี) *n., pl.* **-ies** สถานที่ผลิต เก็บและขายนมและผลิตภัณฑ์จากนม, ฟาร์มโคนม **-dairy cattle** โคนม **-dairy farm** ฟาร์มโคนม
daisy (เด' ซี) *n., pl.* **-sies** ดอกเดซี่ เป็นดอกไม้ขนาดเล็ก กลีบสีขาว กลางดอกเป็นสีเหลือง
dale (เดล) *n.* หุบเขา (**-S.** dell, valley)
dam[1] (แดม) *n.* เขื่อน, ทำนบ, ประตูน้ำ *-vt.* **dammed, damming** สร้างเขื่อน, ปิดกั้น
dam[2] (แดม) *n.* แม่ของสัตว์สี่เท้า, แม่

dam'

★**damage** (แดม' มิจ) *n.* ความเสียหาย, การทำให้บุคคลหรือสิ่งของได้รับอันตรายหรือเสียหาย *-vt.* **-aged, -aging** ทำให้เสียหายหรือได้รับอันตราย **-damages** ค่าชดเชยความเสียหาย
dame (เดม) *n.* คำเรียกหญิงที่มีหน้าที่ดูแลความเรียบร้อยในบ้าน, คุณนาย, หญิงสูงอายุ
damn (แดม) *vt., vi.* **damned, damning** ประณาม, สาปแช่ง, พิพากษาโทษโดยพระเจ้า *-interj.* คำอุทานแสดงความโกรธ ไม่พอใจหรือผิดหวัง *-n.* การประณาม, การแช่ง **-damnation** *n.* (**-S.** (v.) condemn, swear)
damned (แดมด์) *adj.* **damneder, damnedest** ที่ถูกสาปแช่ง, (ภาษาพูด) น่ารังเกียจ เลว *-adv.* **damneder, damnedest** อย่างมาก
★**damp** (แดมพ์) *adj.* **damper, dampest** ชื้น, หมาดๆ *-n.* ความชื้น, ก๊าซพิษในเหมืองถ่านหิน, สิ่งที่ทำให้หมดกำลังใจ *-vt.* **damped, damping** ทำให้ชื้น, ดับไฟ, ทำให้หมดกำลังใจ
dampen (แดม' เพิน) *vt., vi.* **-ened, -ening**

ทำให้ชื้น, ทำให้หดหู่, ทำให้อ่อนแอหรือช้า

damsel (แดม' เซิล) *n.* หญิงสาว, หญิงโสด

damson (แดม' เซิน, -เซิน) *n.* ต้นปาล์มประเภทหนึ่งที่ให้ผลสีม่วงเข้ม, สีม่วงเข้ม

★**dance** (แดนซ์) *vi., vt.* **danced, dancing** เต้นรำ, กระโดดด้วยความตื่นเต้น, เคลื่อนที่ขึ้นๆ ลงๆ, เข้าร่วมการเต้นรำ *-n.* การเต้นรำ, งานเต้นรำ, ดนตรีสำหรับเต้นรำ **-dancer** *n.*

dandelion (แดน' เดิลไลเอิน) *n.* วัชพืชชนิดหนึ่ง มีดอกสีเหลืองสด มีกลีบดอกมากมาย

dandruff (แดน' เดริฟ) *n.* รังแค

★**danger** (เดน' เจอร์) *n.* อันตราย, สิ่งที่เป็นอันตราย, ความไม่ปลอดภัย **-dangerous** *adj.* **-dangerously** *adv.* (**-S.** jeopardy, peril)

dangle (แดง' เกิล) *v.* **-gled, -gling** *-vi.* แขวนแบบหลวมๆ และแกว่งไปมา *-vt.* ทำให้แกว่ง, ทำให้ความหวังลอยไปลอยมา **-dangly** *adj.*

dank (แดงค์) *adj.* **danker, dankest** ชื้นแฉะ, อับชื้น **-dankly** *adv.* (**-S.** damp, humid)

dapper (แดพ' เพอร์) *adj.* ที่แต่งตัวดี, ที่แต่งตัวเรียบร้อย, มีชีวิตชีวา, คล่องแคล่ว (**-S.** smart)

dapple (แดพ' เพิล) *vt.* **-pled, -pling** ทำให้เป็นจุด, ทำให้เป็นรอยด่าง **-dappled** *adj.*

★**dare** (แดร์) *vt., vi.* **dared, daring** กล้าหาญ, ท้าทาย, เผชิญหน้าอย่างกล้าหาญ, กล้าเสี่ยง *-v. aux.* กล้า *-n.* ความกล้าหาญ, การท้าทาย

daredevil (แดร์ เดฟเวิล) *n.* คนที่กล้าบ้าบิน, คนที่ชอบเสี่ยง *-adj.* กล้าบ้าบิน, ชอบเสี่ยง

daren't ย่อจาก dare not

★**daring** (แด' ริง) *adj.* ชอบเสี่ยง, ชอบผจญภัย, กล้า *-n.* ความกล้าหาญ, ความกล้าอย่างบ้าบิน **-daringly** *adv.* (**-S.** (adj.) adventurous, brave)

★**dark** (ดาร์ค) *adj.* **darker, darkest** มืด, (ผิว) คล้ำ, ที่โศกเศร้า, เป็นความลับ, (สี) เข้ม, คลุมเครือ, ไม่มีความรู้, ชั่วร้าย *-n.* ความมืด, กลางคืน, สีเข้ม, ความไม่รู้ **-darkness** *n.* (**-S.** (adj.) dim, obscure **-A.** (adj.) bright)

darken (ดาร์' เคิน) *v.* **-ened, -ening** *-vt.* ทำให้มืด, ทำให้คล้ำ, ทำให้ทึบ, ทำให้เศร้าโศก, ทำให้คลุมเครือ *-vi.* มืด (**-S.** blacken, dim)

dark horse ม้ามืด, คนที่ประสบความสำเร็จโดยที่ไม่มีใครคาดคิดมาก่อน

darkroom (ดาร์ค' รูม, -รุม) *n.* ห้องมืดใช้สำหรับล้างฟิล์ม อัดขยายภาพและล้างภาพ

darling (ดาร์' ลิง) *n.* ที่รัก, ผู้เป็นที่รักหรือที่ชื่นชม *-adj.* เป็นที่ชื่นชม, เป็นที่รัก (**-S.** (n.) lover, sweetheart (n., adj.) dear)

darn (ดาร์น) *vt., vi.* **darned, darning** ชุน *-n.* รอยชุน (**-S.** (v., n.) mend)

dart (ดาร์ท) *n.* ลูกดอก, การเคลื่อนที่อย่างรวดเร็ว *-vi., vt.* **darted, darting** เคลื่อนที่อย่างรวดเร็ว, พุ่ง, ปาอย่างรวดเร็ว **-darts** เกมปาเป้า

dash (แดช) *vt., vi.* **dashed dashing** โยน, ชนหรือตีอย่างแรง, ผสมกัน, ทำลาย, ทำอย่างรวดเร็ว, ทำให้เสียกำลังใจ, เคลื่อนที่อย่างรวดเร็ว *-n.* การตีอย่างรวดเร็ว, การเคลื่อนที่อย่างรวดเร็ว, ส่วนผสมปริมาณเล็กน้อย, เครื่องหมายขีด (—) ใช้เมื่อขยายความ, ความกระฉับกระเฉง

dashboard (แดช' บอร์ด, -โบร์ด) *n.* แผงหน้าปัดที่แสดงการทำงานของพาหนะ, บังโคลน

DAT (แดท) *n.* ย่อจาก digital audio tape เทปคาสเซ็ตต์ที่บันทึกข้อมูลด้วยระบบดิจิทัล ซึ่งให้คุณภาพเสียงที่ดีเทียบเท่าคอมแพกต์ดิสก์

★**data** (เด' ทะ, แดท' ทะ, ดา' ทะ) *n.* ข้อเท็จจริง, ข้อมูล (**-S.** facts, information)

data bank, databank (เด' ทะแบงค์, แดท' ทะ-) *n.* คลังข้อมูลคอมพิวเตอร์

database, data base (เด' ทะเบซ, แดท' ทะ-) *n.* ฐานข้อมูลคอมพิวเตอร์ที่มีการจัดเรียงข้อมูลอย่างเป็นระบบ

database management system โปรแกรมสำหรับจัดการฐานข้อมูลคอมพิวเตอร์ ย่อว่า DBMS

★**date**[1] (เดท) *n.* วันเดือนปี, การระบุวันที่, เวลาที่เกิดเหตุการณ์บางอย่าง, ช่วง, ยุค, การนัดหมายกับเพศตรงข้าม *-vt., vi.* **dated, dating** ลงวันที่, แสดงวันเดือนปี, ระบุยุคสมัย, มีนัดกับเพศตรงข้าม **-out of date** ล้าสมัย **-up to date** ทันสมัย **-datable** *adj.* (**-S.** (n.) day, era)

date[2] (เดท) *n.* อินทผาลัม

dated (เด' ทิด) *adj.* ที่บอกยุคสมัย, ล้าสมัย, โบราณ (**-S.** outdated, outmoded)

dateless (เดท' ลิซ) *adj.* ที่ไม่สามารถระบุวันที่หรือยุคได้, ที่ไม่มีกำหนดเวลา, ไม่มีที่สิ้นสุด

★**daughter** (ดอ' เทอร์) *n.* ลูกสาว

daughter-in-law (ดอ' เทอร์อินลอ) *n., pl.* **daughters-in-law** (ดอ' เทอร์ซ์-) ลูกสะใภ้

daunt (ดอนท์, ดานท์) *vt.* **daunted, daunting** ทำให้ขลาดกลัว, ทำให้หมดกำลังใจ

dauntless (ดอนท์' ลิซ, ดานท์-) *adj.* กล้าหาญ, ไม่หวาดกลัว **-dauntlessly** *adv.* (**-S.** brave)

davit (แดฟ' วิท, เด' วิท) *n.* เครื่องยกอุปกรณ์หรือสิ่งของที่ติดด้านข้างเรือ

dawdle (ดอด' เดิล) *vi., vt.* **-dled, -dling**

เถลไถล, ปล่อยเวลาให้เปล่าประโยชน์, อู้ **-dawdler** *n.* (**-S.** linger, loiter **-A.** hasten)

dawn (ดอน) *n.* รุ่งอรุณ, การเริ่มต้น, การปรากฏขึ้นเป็นครั้งแรก *-vi.* **dawned, dawning** เริ่มต้นวันใหม่, ปรากฏขึ้น, เกิดขึ้น (**-A.** (n.) twilight)

★**day** (เด) *n.* วัน, เวลาระหว่างพระอาทิตย์ขึ้น และตก, เวลา 24 ชั่วโมง, ช่วงเวลาทำงาน, ช่วงที่สำคัญในชีวิต, ช่วงชีวิต **-days** ยุค, สมัย

day bed, daybed (เด' เบด) *n.* โซฟาที่ปรับเป็นเตียงนอนได้

daybreak (เด' เบรค) *n.* รุ่งอรุณ (**-S.** dawn)

daydream (เด' ดรีม) *n.* การฝันกลางวัน, การจินตนาการถึงสิ่งที่ปรารถนา *-vi.* **-dreamed/-dreamt, -dreaming** ฝันกลางวัน, จินตนาการถึงสิ่งที่ปรารถนา (**-S.** (n.) dream, imagination)

daylight (เด' ไลท) *n.* แสงอาทิตย์, ช่วงกลางวัน, รุ่งอรุณ (**-S.** dawn, daytime, sunlight)

daytime (เด' ไทม) *n.* ช่วงเวลาระหว่างพระอาทิตย์ขึ้นและตก, ช่วงกลางวัน

daze (เดซ) *vt.* **dazed, dazing** ทำให้งุนงง, ทำให้สับสน *-n.* ภาวะที่งุนงงและสับสน

dazzle (แดซ' เซิล) *vt., vi.* **-zled, -zling** ทำให้ตาพร่าหรืองุนงงจากแสงที่จ้า, ทำให้หลงใหล *-n.* สิ่งที่ทำให้ตาพร่า (**-S.** (v.) daze, fascinate)

dB, db ย่อจาก decibel เดซิเบลเป็นหน่วยวัดความดังของเสียง

DBMS ย่อจาก database management system โปรแกรมจัดการฐานข้อมูลของคอมพิวเตอร์

DBS ย่อจาก direct broadcasting by satellite การออกอากาศโดยตรงจากดาวเทียม

DC, dc ย่อจาก direct current ไฟฟ้ากระแสตรง

DCC ย่อจาก digital compact cassette เทปบันทึกแม่เหล็กที่ให้คุณภาพเสียงเทียบเท่าคอมแพกต์ดิสก์

DDT ย่อจาก dichlorodiphenyltrichloroethane ยาฆ่าแมลงที่มีฤทธิ์รุนแรงและเป็นพิษต่อคน

deacon (ดี' เคิน) *n.* เจ้าหน้าที่ในโบสถ์ของศาสนาคริสต์ **-deaconess** *n. fem.*

★**dead** (เดด) *adj.* **deader, deadest** ตาย, ไม่มีชีวิต, ไม่มีความรู้สึก กำลังหรือการเคลื่อนไหว, เฉื่อยชา, ที่เลิกใช้งาน, ล้าสมัย, ไม่มีชีวิตชีวา, แน่นอน, สมบูรณ์ *-adv.* อย่างสิ้นเชิง, โดยสมบูรณ์ **-the dead** คนตาย (**-S.** (adj.) gone)

deaden (เดด' เดิน) *vt., vi.* **-ened, -ening** ทำให้ไม่มีชีวิตชีวา, ทำให้น่าเบื่อ, ทำให้ไม่มีความรู้สึก, ทำให้เสียงผ่านไม่ได้ (**-S.** diminish, dull)

dead end จุดสิ้นสุดของระยะทาง, ทางตัน

deadline (เดด' ไลน) *n.* เส้นตาย, กำหนดเวลาในการทำงานหรือชำระเงิน

deadlock (เดด' ลอค) *n.* ภาวะชะงักงันเนื่องจากไม่มีฝ่ายใดได้เปรียบหรือเสียเปรียบ

deadly (เดด' ลี) *adj.* **-lier, -liest** ที่ทำให้ถึงตาย, เหมือนตาย, มีอันตรายมาก, อย่างยิ่ง, อย่างมาก *-adv.* เหมือนตาย, อย่างมาก

dead weight น้ำหนักทั้งหมดของวัตถุ, น้ำหนักของพาหนะเมื่อไม่ได้บรรทุกสินค้า

deadwood (เดด' วูด) *n.* กิ่งหรือต้นไม้ที่ตาย, คนหรือสิ่งที่ไม่มีประโยชน์

★**deaf** (เดฟ) *adj.* **deafer, deafest** ที่สามารถได้ยินเพียงบางส่วนหรือไม่ได้ยินเลย, ไม่สนใจฟัง **-deaf-and-dumb** หูหนวกและเป็นใบ้ **-the deaf** คนหูหนวก **-deafness** *n.*

deafen (เดฟ' เฟิน) *vt.* **-ened, -ening** ทำให้หูหนวกเนื่องจากเสียงดังมาก

deaf-mute, deaf mute (เดฟ' มยูท) *n.* คนที่หูหนวกและเป็นใบ้

★**deal**[1] (ดีล) *vt., vi.* **dealt** (-เดลท), **dealing** แบ่งปัน, แจกจ่าย, แจกไพ่, เกี่ยวข้อง, ปฏิบัติ, รับผิดชอบ, ทำธุรกิจ, จัดการ *-n.* การแจกไพ่, การติดต่อทางธุรกิจ, ข้อตกลงทางธุรกิจ

deal[2] (ดีล) *n.* จำนวน ปริมาณ หรือระดับที่มาก **-a good/great deal** มีจำนวนมาก, มีปริมาณมาก, อย่างมาก

dealer (ดี' เลอร) *n.* ผู้ติดต่อทำการค้า, พ่อค้า, คนแจกไพ่ (**-S.** salesman, trader)

dealing (ดี' ลิง) *n.* วิธีปฏิบัติตนต่อผู้อื่น, การซื้อขาย **-dealings** การติดต่อหรือความสัมพันธ์ทางธุรกิจ (**-S.** conduct, treatment)

dealt (เดลท) *v.* กริยาช่อง 2 และ 3 ของ deal[1]

dean (ดีน) *n.* คณบดี, หัวหน้าบาทหลวง, ผู้อาวุโส

★**dear** (เดียร) *adj.* **dearer, dearest** ที่รัก, มีค่ามาก, แพง, กระตือรือร้น *-n.* ผู้เป็นที่รัก, ที่รัก *-adv.* ที่มีราคาแพง *-interj.* คำอุทานแสดงความเศร้า ความประหลาดใจ **-dearly** *adv.* (**-S.** (adj.) darling, expensive **-A.** (adj.) cheap, hateful)

dearth (เดิร์ธ) *n.* ความขาดแคลน, ความอดอยาก, ความไม่พอเพียง (**-S.** deficiency, shortage)

★**death** (เดธ) *n.* ความตาย, สภาวะที่ตาย, สาเหตุของการตาย, การสิ้นสุด (**-S.** decease)

deathless (เดธ' ลิซ) *adj.* เป็นอมตะ, ไม่มีที่สิ้นสุด, ไม่มีวันตาย (**-S.** eternal, immortal)

deathly (เดธ' ลี) *adj.* ที่ทำให้ถึงตาย, เหมือนตาย *-adv.* เหมือนตาย, อย่างมาก

death penalty โทษตัดสินประหารชีวิต

A B C D E F G H I J K L M N O P Q R S T U V W X Y Z

debar (ดีบาร์') *vt.* **-barred, -barring** ป้องกัน, ขัดขวาง, กีดกัน, ห้าม (-S. exclude, prevent)
debark (ดิบาร์ค') *vt., vi.* **-barked, -barking** ขนสินค้าออกจากเรือหรือเครื่องบิน, ขึ้นฝั่ง
debase (ดิเบซ') *vt.* **-based, -basing** ทำให้คุณค่าหรือคุณภาพลดลง, ทำให้เสื่อม, ทำให้ตกต่ำ **-debasement** *n.* (-S. degrade)
debatable (ดิเบ' ทะเบิล) *adj.* ที่อภิปรายกันได้, ที่สอบถามได้, เป็นที่โต้เถียง (-S. arguable)
debate (ดิเบท') *vi., vt.* **-bated, -bating** ถกเถียง, โต้วาที, อภิปราย, ทะเลาะ *-n.* การอภิปราย, การพิจารณา, การโต้วาที **-debater** *n.* (-S. (v.) argue, consider, discuss)
debauch (ดิบอช') *vt.* **-bauched, -bauching** ทำทุจริต, ทำผิดศีลธรรม, หมกมุ่นในสิ่งที่ตนพอใจ *-n.* การทำตามความพอใจของตน, การทำผิดศีลธรรม, การทำตัวเสเพล
debenture (ดิเบน' เชอร์) *n.* หลักฐานแสดงการเป็นหนี้, เอกสารการคืนเงินภาษีศุลกากร
debilitate (ดิบิล' ลิเทท) *vt.* **-tated, -tating** ทำให้อ่อนแอ, ทำให้หมดกำลัง (-S. weaken)
debility (ดิบิล' ลิที) *n., pl.* **-ties** ภาวะที่อ่อนแอ, ภาวะที่หมดกำลังหรือเหนื่อยล้า (-S. fatigue)
debit (เดบ' บิท) *n.* รายการแสดงความเป็นหนี้ในบัญชี, การลงบัญชีหนี้ทางด้านซ้ายมือของบัญชี *-vt.* **-ited, -iting** ลงบัญชีหนี้ทางซ้ายมือ
debit card บัตรเดบิต เป็นบัตรที่มีมูลค่าในตัวเอง สามารถนำไปซื้อสินค้าหรือใช้บริการได้โดยหักมูลค่าของบัตรตามการใช้ เช่น บัตรโทรศัพท์ หรือหักเงินในบัญชีเงินฝากทันทีเมื่อมีการใช้บัตร เช่น บัตรเดบิตที่ออกโดยธนาคารซึ่งใช้แทนเงินสด
debris, débris (ดะบรี', เด-, เด' บรี) *n.* ซากปรักหักพัง, การสะสมของเศษหิน, ขยะ
★**debt** (เดท) *n.* หนี้สิน, ภาวะที่เป็นหนี้, ข้อตกลงที่จะจ่ายหรือคืนบางสิ่ง **-debtor** *n.*
debug (ดีบัก') *vt.* **-bugged, -bugging** กำจัดแมลง, (ภาษาพูด) ค้นหาอุปกรณ์ดักฟังและถอดออก, ค้นหาและแก้ไขในส่วนที่ผิดพลาด
debunk (ดีบังค์') *vt.* **-bunked, -bunking** เปิดโปงข้อเท็จจริง (-S. deflate, expose)
debut, début (เดบยู', เด' บยู) *n.* การปรากฏตัวเป็นครั้งแรก, การออกสังคมเป็นครั้งแรก
debutante (เดบ' บยูทานท์, เด' บยู-) *n.* หญิงสาวผู้ออกสู่สังคมเป็นครั้งแรก
Dec. ย่อจาก December เดือนธันวาคม
deca- คำอุปสรรค หมายถึง 10, สิบ
decade (เดค' เคด, เดเคด') *n.* ช่วงเวลา 10 ปี, กลุ่มที่มีสมาชิก 10 คนหรือ 10 สิ่ง
decadent (เดค' คะเดินท์, ดิเคด' เดินท์) *adj.* ที่อยู่ในภาวะถดถอย, เสื่อมศีลธรรม, เสื่อมโทรม **-decadence** *n.* (-S. immoral)
decaffeinated (ดีแคฟ' ฟะเนทิด, -แคฟ' ฟีอะ-) *adj.* ที่สกัดเอาสารกาเฟอีนออก
Decalogue, Decalog (เดค' คะลอก) *n.* บัญญัติ 10 ประการในศาสนาคริสต์
decamp (ดิแคมพ์') *vi.* **-camped, -camping** ออกจากค่าย, หลบหนี (-S. escape, flee)
decapitate (ดิแคพ' พิเทท) *vt.* **-tated, -tating** ประหารชีวิตด้วยการตัดศีรษะ, ตัดหัว
decarbonize (ดีคาร์' บะไนซ์) *vt.* **-ized, -izing** นำคาร์บอนออก **-decarbonization** *n.*
decathlon (ดิแคธ' เลิน, -ลอน) *n.* การแข่งทศกรีฑา, การแข่งกรีฑา 10 ประเภท
★**decay** (ดิเค') *vi.* **-cayed, -caying** เน่าเปื่อย, เสื่อมสลาย, ทรุดโทรม, มีคุณภาพลดลง *-n.* การเสื่อมสลายหรือเน่าเปื่อย (-S. (v.) corrode)
decease (ดิซีซ') *vi.* **-ceased, -ceasing** ตาย *-n.* การตาย, ความตาย (-S. (v.) die (n.) demise)
deceased (ดิซีซท์') *adj.* ที่ไม่มีชีวิต, ที่ใช้งานไม่ได้ **-the deceased** ผู้ตาย (-S. defunct)
★**deceit** (ดิซีท') *n.* การโกหกหลอกลวง, กลลวง, เรื่องโกหก, อุบาย **-deceitful** *adj.* **-deceitfully** *adv.* **-deceitfulness** *n.* (-S. fraud)
★**deceive** (ดิซีฟว์') *vt., vi.* **-ceived, -ceiving** ทำให้เข้าใจผิด, หลอกลวง, ทรยศ (-S. mislead)
decelerate (ดีเซล' ละเรท) *vt., vi.* **-ated, -ating** ทำให้ช้าลง, ทำให้ไม่ก้าวหน้า
★**December** (ดิเซม' เบอร์) เดือนธันวาคม
decency (ดี' เซินซี) *n., pl.* **-cies** ความเหมาะสม, ความถ่อมตัว, ความสุภาพ **-decencies** ขนบธรรมเนียมหรือบรรทัดฐานของสังคม
decent (ดี' เซินท์) *adj.* เหมาะสม, สุภาพ, อ่อนน้อม, น่านับถือ, เพียงพอ **-decently** *adv.*
decentralize (ดีเซน' ทระไลซ์) *vt., vi.* **-ized, -izing** กระจายอำนาจหรือความเจริญจากส่วนกลางไปยังส่วนย่อย **-decentralization** *n.*
deception (ดิเซพ' ชัน) *n.* การโกหกหลอกลวง, กลลวง, อุบาย, ภาวะที่ถูกหลอก
deceptive (ดิเซพ' ทิฟว์) *adj.* ที่โกหกหลอกลวง, ที่ทำให้เข้าใจผิด **-deceptively** *adv.*
deci- คำอุปสรรค หมายถึง 10^{-1}, หนึ่งในสิบ
decibel (เดซ' ซะเบิล, -เบล) *n.* หน่วยวัดระดับความเข้มของเสียง ย่อว่า dB

A B C D E F G H I J K L M N O P Q R S T U V W X Y Z

★**decide** (ดิไซด์') *vt., vi.* **-cided, -ciding** ตัดสินใจ, ตัดสินการแข่งขัน คดีความและอื่นๆ, ทำให้ตัดสินใจ, เลือก (**-S.** choose, determine)
decided (ดิไซ' ดิด) *adj.* ไม่ลังเล, เด็ดขาด, ชัดเจน **-decidedly** *adv.* (**-S.** determined)
deciduous (ดิซิจ' จูเอิซ) *adj.* ที่หลุดออกและเกิดขึ้นใหม่ เช่น ฟัน ใบไม้, ที่ผลัดใบตามฤดู
decimal (เดซ' ซะเมิล) *n.* เลขทศนิยม, เลขฐานสิบ *-adj.* เป็นเลขฐานสิบ
decimal point จุดทศนิยม
decimate (เดซ' ซะเมท) *vt.* **-mated, -mating** ทำลายหรือฆ่าเป็นจำนวนมาก, ฆ่าคนที่สิบ, เลือกฆ่าหนึ่งในสิบคน
decipher (ดิไซ' เฟอร์) *vt.* **-phered, -phering** ถอดรหัส, แปลความหมาย, ทำความเข้าใจ
★**decision** (ดิซิฌ' ฌัน) *n.* การพิจารณา, การตัดสินใจ, คำตัดสิน, ข้อสรุป, ความมุ่งมั่น
decisive (ดิไซ' ซิฟว์) *adj.* มุ่งมั่น, เป็นบทสรุป, มีความสามารถในการตัดสินใจ, สำคัญ, เด็ดขาด, ไม่ลังเล **-decisively** *adv.* (**-S.** firm)
★**deck**[1] (เดค') *n.* ดาดฟ้าเรือ, ดาดฟ้า, พื้นหรือชั้น, ไพ่ 1 สำรับ **-clear the deck** เตรียมพร้อม
deck[2] (เดค) *vt.* **decked, decking** ประดับประดา, ตกแต่ง (**-S.** adorn, beautify, enrich)
deck chair เก้าอี้แบบพับได้สำหรับนอนพัก
deckle edge ขอบกระดาษที่ขรุขระหรือเป็นขุยๆ **-deckle-edged** *adj.*
declaim (ดิเคลม') *vi., vt.* **-claimed, -claiming** กล่าวสุนทรพจน์, พูดอย่างใส่อารมณ์
★**declare** (ดิแคลร์') *vt., vi.* **-clared, -claring** ประกาศอย่างเป็นทางการ, เปิดเผย, รับรอง, แสดงความคิดเห็น, ทำรายการเพื่อเสียภาษี **-declaration** *n.* (**-S.** announce, reveal)
decline (ดิไคลน์') *vi., vt.* **-clined, -clining** ปฏิเสธอย่างสุภาพ, ทรุดโทรม, เสื่อมลงช้าๆ, ค่อยๆ ลดต่ำลง, ทำให้ลาดเอียง *-n.* การเสื่อมลงอย่างช้าๆ, ทางลาดลง (**-S.** (v.) degenerate)
decode (ดีโคด') *vt.* **-coded, -coding** ถอดรหัส, แปลความหมาย **-decoder** *n.*
decolonize (ดีคอล' ละไนซ์) *vt.* **-nized, -nizing** ทำให้เป็นอิสระ, ทำให้ไม่เป็นเมืองขึ้น
decompose (ดีเคิมโพซ') *vt., vi.* **-posed, -posing** แยกส่วนประกอบ, ทำให้เน่าเปื่อย, แตกสลาย **-decomposition** *n.* (**-S.** decay)
décor, decor (เด' คอร์, เดคอร์') *n.* การตกแต่ง, รูปแบบในการตกแต่ง (**-S.** decoration)
★**decorate** (เดค' คะเรท) *vt.* **-rated, -rating** ตกแต่ง, ประดับ, ทาสี, มอบเครื่องหมายหรือเหรียญ **-decoration** *n.* **-decorative** *adj.* **-decorator** *n.* (**-S.** adorn, honor **-A.** spoil)
decoy (*n.* ดี' คอย, ดิคอย', *v.* ดิคอย') *n.* คนหรืออุบายที่ล่อให้ติดกับ, นกต่อ *-vt.* **-coyed, -coying** ล่อให้ติดกับ (**-S.** (n., v.) lure (v.) entrap)
★**decrease** (*v.* ดิครีซ', *n.* ดี' ครีซ) *vi., vt.* **-creased, -creasing** ลดลง *-n.* การลดลง, ปริมาณที่ลดลง (**-S.** (v.) diminish, lessen)
decree (ดิครี') *n.* คำสั่ง, พระราชโองการ, พระราชกฤษฎีกา, คำพิพากษา *-vi., vt.* **-creed, -creeing** ออกคำสั่ง, ออกคำสั่งศาล, มีพระบรมราชโองการ (**-S.** (n., v.) command (n.) verdict)
decrepit (ดิเครพ' พิท) *adj.* ไม่แข็งแรง เก่าหรือโทรมเนื่องจากแก่ ป่วยหรือใช้งานมานาน **-decrepitude** *n.* (**-S.** weak, worn-out)
decry (ดิไคร') *vt.* **-cried, -crying** ประณาม, คัดค้าน, ลดคุณค่า (**-S.** belittle, denounce)
dedicate (เดด' ดิเคท) *vt.* **-cated, -cating** อุทิศ, อุทิศตน, เขียนคำอุทิศในหนังสือ, บูชา **-dedication** *n.* (**-S.** devote, inscribe)
deduce (ดิดูซ', -ดยูซ') *vt.* **-duced, -ducing** อนุมาน, หาข้อสรุปตามหลักเหตุผล
deduct (ดิดัคท์') *vt.* **-ducted, -ducting** หักออก, ตัดออก (**-S.** withdraw)
deductible (ดิดัค' ทะเบิล) *adj.* ที่สามารถหักออกได้, ที่สามารถลดหย่อนภาษีได้
deduction (ดิดัค' ชัน) *n.* การหักออก, ปริมาณที่หักออก, การนิรนัย, การสรุป **-deductive** *adj.* (**-S.** conclusion, subtraction, withdrawal)
deed (ดีด) *n.* การกระทำ, สิ่งที่ได้กระทำ, ความสำเร็จ, หนังสือสัญญา, พินัยกรรม (**-S.** act)
deem (ดีม) *vt., vi.* **deemed, deeming** คิดว่า, เชื่อว่า, รู้สึกว่า, พิจารณา (**-S.** think)
★**deep** (ดีพ) **deeper, deepest** *adj.* ลึก, ไกลมาก, ที่เข้าใจได้ยาก, ซับซ้อน, เจ้าเล่ห์, ลึกซึ้ง, ที่ยุ่งยาก, มีสีเข้ม, มีเสียงต่ำ, ที่หลับได้สนิท *-n.* ส่วนที่ลึกที่สุด, จุดที่มีความเข้มข้น ลึกหรือเงียบที่สุด, ทะเล *-adv.* ลึกมาก, ซับซ้อนมาก **-deeply** *adv.* **-deepness** *n.* (**-S.** (adj.) bottomless, obscure)
deepen (ดี' เพ็น) *vt., vi.* **-ened, -ening** ทำให้ลึกยิ่งขึ้น, ลึกมากขึ้น, เพิ่มความเข้มข้น, ขุดให้ลึกลงไป (**-S.** increase, intensify, scoop out)
deep-freeze (ดีพ' ฟรีซ) *vt.* **-froze, -frozen, -freezing** ทำให้เย็นอย่างรวดเร็ว, แช่แข็ง
deep freezer ตู้แช่เย็นสำหรับเก็บอาหาร

deep-fry (ดีพ' ไฟร') *vt.* **-fried, -frying** ทอดในน้ำมันที่มาก

deep-rooted, deep-seated (ดีพ' รูทิด, -ซีทิด) *adj.* ฝังลึก, ฝังแน่น, มั่นคง

deer (เดียร์) *n., pl.* **deer** กวาง

deface (ดิเฟซ') *vt.* **-faced, -facing** ทำให้เสียโฉม, ทำลายผิวหน้า, ทำลายคุณค่า **-defacement** *n.* (**-S.** blemish, disfigure)

defame (ดิเฟม') *vt.* **-famed, -faming** ทำลายชื่อเสียง, ใส่ร้าย, ทำให้เสื่อมเสีย (**-S.** slander)

default (ดิฟอลท์') *n.* การทำผิดสัญญา, การไม่ชำระหนี้ตามสัญญา *-vt., vi.* **-faulted, -faulting** ไม่ชำระหนี้ตามสัญญา, ไม่ปรากฏตัวต่อศาล, ไม่ทำตามสัญญา **-defaulter** *n.*

★**defeat** (ดิฟีท') *vt.* **-feated, -feating** ชนะ, ทำให้พ่ายแพ้, ทำให้หมดหวัง, ทำลาย *-n.* ชัยชนะ, ความพ่ายแพ้ (**-S.** (v.) conquer (v., n.) ruin)

defeatist (ดิฟีท' ทิซท์) *n.* ผู้ที่มองตัวเองว่าไม่สามารถประสบความสำเร็จ **-defeatism** *n.*

defecate (เดฟ' ฟิเคท) *vi., vt.* **-cated, -cating** ถ่ายอุจจาระ, ทำความสะอาด **-defecation** *n.*

defect (*n.* ดี' เฟคท์, *v.* ดิเฟคท์') *n.* ข้อบกพร่อง, รอยตำหนิ *-vi.* **-fected, -fecting** แปรพักตร์, เอาใจออกห่าง **-defection** *n.* (**-S.** (n.) flaw)

defective (ดิเฟค' ทิฟว์) *adj.* มีจุดบกพร่อง, ไม่สมบูรณ์, มีตำหนิ (**-S.** flawed, impaired)

★**defend** (ดิเฟนด์') *vt., vi.* **-fended, -fending** ป้องกัน, ปกป้อง, พูดหรือเขียนสนับสนุน, แก้ต่างคดี **-defendable** *adj.* **-defender** *n.*

defendant (ดิเฟน' เดินท์) *n.* จำเลย, ผู้ต้องหา

★**defense, defence** (ดิเฟนซ์') *n.* การปกป้อง, การป้องกัน, วิธีป้องกัน, การอ้างเหตุผลสนับสนุน, การปฏิเสธข้อกล่าวหาของจำเลย **-defenseless** *adj.* **-defenselessness** *n.*

defensive (ดิเฟน' ซิฟว์) *adj.* ที่เป็นการป้องกัน, ที่มีไว้ป้องกัน *-n.* ภาวะหรือตำแหน่งที่เตรียมป้องกัน **-defensively** *adv.*

defer (ดิเฟอร์') *vt., vi.* **-ferred, -ferring** หน่วงเหนี่ยว, ถ่วงเวลา, เลื่อนเวลา (**-S.** postpone)

deference (เดฟ' เฟอเรินซ์, เดฟ' เฟรินซ์) *n.* การยอมตาม, การเคารพความเห็นของผู้อื่น

defiance (ดิไฟ' เอินซ์) *n.* การต่อต้าน, การไม่เชื่อฟัง, การท้าทาย (**-S.** disobedience)

defiant (ดิไฟ' เอินท์) *adj.* ที่ต่อต้าน, ที่ไม่เชื่อฟัง, ที่ท้าทาย **-defiantly** *adv.* (**-S.** disobedient)

deficient (ดิฟิช' เชินท์) *adj.* ที่ไม่สมบูรณ์, ที่ขาดแคลน, ที่ไม่พอเพียง **-deficiency** *n.*

deficit (เดฟ' ฟิซิท) *n.* เงินที่ขาดดุลในบัญชี

define (ดิไฟน์') *vt., vi.* **-fined, -fining** ให้คำจำกัดความ, อธิบายความหมาย, กำหนดขอบเขต, ทำให้เห็นเด่นชัด **-definable** *adj.*

★**definite** (เดฟ' ฟะนิท) *adj.* แน่นอน, ชัดเจน, ถูกต้อง, ที่เจาะจง **-definitely** *adv.* (**-S.** certain)

definite article คำแสดงความชี้เฉพาะของนาม ได้แก่คำว่า the

definition (เดฟฟะนิช' ชัน) *n.* คำจำกัดความ, คำอธิบาย, ความชัดเจน, ความคมชัดของภาพหรือสัญญาณ, การกำหนดขอบเขต

definitive (ดิฟิน' นิทิฟว์) *adj.* เด็ดขาด, แน่นอน, ไม่เปลี่ยนแปลง, เป็นข้อสรุป (**-S.** final)

deflate (ดิเฟลท') *vt., vi.* **-flated, -flating** ปล่อยอากาศหรือก๊าซออก, ลดขนาดหรือความสำคัญลง, ทำให้เกิดภาวะเงินฝืด

deflation (ดิเฟล' ชัน) *n.* การปล่อยอากาศ ลดขนาดหรือความสำคัญ, ภาวะที่ถูกกระทำดังกล่าว, ภาวะเงินฝืด **-deflationary** *adj.*

deflect (ดิเฟลคท์') *vi., vt.* **-flected, -flecting** ทำให้เปลี่ยนหันเหหรือเบี่ยงเบนจากทิศทางเดิม **-deflection** *n.* **-deflective** *adj.* (**-S.** deviate)

deflower (ดีเฟลา' เออร์) *vt.* **-ered, -ering** ทำลายความบริสุทธิ์, ข่มขืน, เด็ดดอกไม้

deforest (ดีฟอ' ริซท์) *vt.* **-ested, -esting** ตัดไม้ทำลายป่า, โค่นป่า **-deforestation** *n.*

deform (ดิฟอร์ม') *vt., vi.* **-formed, -forming** ทำให้เสียรูปทรง, ทำให้เสียโฉม, ทำให้พิการ

deformed (ดิฟอร์มด์') *adj.* บิดเบี้ยว, ผิดรูป, พิการ, น่าเกลียด (**-S.** disfigured)

deformity (ดิฟอร์' มิที) *n., pl.* **-ties** สภาพที่เสียรูปทรง, คนหรือสิ่งที่เสียรูปทรง, สิ่งที่ชำรุด

defraud (ดิฟรอด') *vt.* **-frauded, -frauding** หลอกลวง, โกง (**-S.** cheat, swindle)

defrost (ดีฟรอซท์') *vt., vi.* **-frosted, -frosting** เอาน้ำแข็งออก, ทำให้น้ำแข็งละลาย

deft (เดฟท์) *adj.* **defter, deftest** ชำนาญ, คล่องแคล่ว, เชี่ยวชาญ (**-S.** adroit, dexterous)

defunct (ดิฟังคท์') *adj.* ตาย, หมดอายุ, ที่ใช้งานไม่ได้ **-the defunct** ผู้เสียชีวิต (ภาษากฎหมาย)

defuse (ดีฟยูซ') *vt.* **-fused, -fusing** ปลดสายชนวนระเบิด, ลดอันตรายหรือความรุนแรง

defy (ดิไฟ') *vt.* **-fied, -fying** ต่อต้าน, ดื้อดึง, ฝ่าฝืน, เผชิญหน้า, ท้าทาย (**-S.** confront, disobey)

degenerate (*adj.* ดิเจน' เนอริท, *v.* -นะเรท) *adj.* ที่เสื่อมลง, ที่ตกต่ำ, ชั่วร้าย *-vi.* **-ated, -ating** เสื่อมลง, มีคุณภาพลดลง, ถดถอย

A B C D E F G H I J K L M N O P Q R S T U V W X Y Z

-degeneration *n.* (-S. (adj.) corrupt, declined)
degrade (ดิเกรด') *vt.* **-graded, -grading** ลดตำแหน่ง, ทำให้ตกต่ำ, ลดคุณค่า, ย่อยสลาย **-degradation** *n.* **-degrading** *adj.*
★**degree** (ดิกรี') *n.* ระดับ, ขั้น, ชั้น, องศา เป็นหน่วยวัดมุมหรืออุณหภูมิ, ปริญญา **-by degrees** ทีละขั้น (-S. grade, level, rank)
dehydrate (ดีไฮ' เดรท) *v.* **-drated, -drating** *-vt.* เอาน้ำออก, ทำให้แห้ง *-vi.* สูญเสียน้ำ, มีสภาพแห้ง **-dehydration** *n.* (-S. desiccate)
deify (ดี' อะไฟ) *vt.* **-fied, -fying** ยกย่อง, บูชา, เทิดทูน **-deification** *n.* (-S. adore, exalt)
deity (ดี' อิที) *n., pl.* **-ties** พระเจ้า, เทวดา **-the Deity** พระผู้เป็นเจ้า (-S. divinity)
deject (ดิเจคท') *vt.* **-jected, -jecting** ทำให้หมดกำลังใจ, ทำให้เศร้า **-dejection** *n.*
dejected (ดิเจค' ทิด) *adj.* ที่ซึมเศร้า, ที่หดหู่, ที่เป็นทุกข์ **-dejectedly** *adv.* (-S. dispirited)
★**delay** (ดิเล') *vt., vi.* **-layed, -laying** เลื่อนกำหนด, ทำให้เสียเวลา, ถ่วงเวลา *-n.* การถ่วงเวลา, การเลื่อนกำหนด, การทำให้เสียเวลา
delectable (ดิเลค' ทะเบิล) *adj.* น่าพึงพอใจ
delegate (*n.* เดล' ลิเกท, -กิท, *v.* -เกท) *n.* ตัวแทน, ผู้แทน *-vt.* **-gated, -gating** แต่งตั้งตัวแทน, มอบหน้าที่ให้ทำแทน **-delegacy** *n.*
delegation (เดลลิเก' ชัน) *n.* การแต่งตั้งตัวแทน, ตัวแทนหรือกลุ่มตัวแทน
delete (ดิลีท') *vt.* **-leted, -leting** ลบออก, ตัดออก, ยกเลิก **-deletion** *n.* (-S. remove)
deleterious (เดลลิเทีย' เรียซ) *adj.* เป็นอันตราย, เป็นภัยต่อสุขภาพ (-S. harmful)
★**deliberate** (*adj.* ดิลิบ' เบอริท, *v.* -บะเรท) *adj.* ที่เจตนา, รอบคอบ, สุขุม *-vi., vt.* **-ated, -ating** พิจารณาอย่างรอบคอบ, ปรึกษา
deliberation (ดิลิบบะเร' ชัน) *n.* การพิจารณาหรือใคร่ครวญอย่างรอบคอบ, การกระทำที่รอบคอบ, ความชักช้า **-deliberations** การปรึกษาพิจารณาก่อนตัดสินใจ
★**delicate** (เดล' ลิคิท) *adj.* ประณีต, ละเอียดอ่อน, สวยงาม, บอบบาง, ยุ่งยาก, ที่ต้องใช้ความชำนาญ, ที่ใส่ใจความรู้สึกของผู้อื่น, มีความรู้สึกไว, อร่อย, มีสีอ่อน **-delicately** *adv.* **-delicacy** *n.* (-S. fine, fragile)
delicatessen (เดลลิคะเทซ' เซิน) *n.* ร้านค้าที่ขายอาหารสำเร็จรูป, อาหารสำเร็จรูป
★**delicious** (ดิลิช' เชิซ) *adj.* มีรสชาติดี, อร่อย, ที่น่าพอใจ (-S. appetizing, delectable)
★**delight** (ดิไลท') *n.* ความสนุกสนาน, ความพึงพอใจ, ความสุข, สิ่งที่ทำให้เกิดความยินดี *-vi., vt.* **-lighted, -lighting** มีความสุข, มีความยินดี, ทำให้มีความสุข (-S. (n.) happiness)
delightful (ดิไลท' เฟิล) *adj.* น่ายินดี, ที่ทำให้ยินดี, ที่ให้ความสุข **-delightfully** *adv.*
delineate (ดิลิน' นีเอท) *vt.* **-ated, -ating** ร่างภาพ, อธิบายด้วยภาพ, บรรยาย **-delineation** *n.* (-S. describe, portray, sketch)
delinquent (ดิลิง' เควินท์, -ลิน'-) *adj.* ที่ทำผิดกฎหมาย, ไม่ชำระหนี้หรือภาษี *-n.* ผู้ทำผิดกฎหมาย **-delinquency** *n.*
delirious (ดิเลีย' เรียซ) *adj.* ที่พูดเพ้อ, ที่ขาดสติ, ที่ไม่สามารถควบคุมตัวเองได้ **-deliriously** *adv.*
delirium (ดิเลีย' เรียม) *n., pl.* **-iums/-ia** (-เรีย) ภาวะที่ไม่สามารถควบคุมอารมณ์ได้, ภาวะสับสนทางจิตที่ทำให้เห็นภาพหลอน ตัวสั่นและพูดเพ้อ
★**deliver** (ดิลิฟ' เวอร์) *vt., vi.* **-ered, -ering** ส่งจดหมายหรือพัสดุ, ป้องกันอันตราย, ปล่อยเป็นอิสระ, กล่าวปราศรัย, ส่ง, ช่วยคลอดทารก, คลอดทารก, มอบ, ขว้าง, ตี **-deliverer** *n.*
deliverance (ดิลิฟ' เวอเรินซ์, -ลิฟว์' เรินซ์) *n.* การปลดปล่อยให้เป็นอิสระ (-S. liberation)
delivery (ดิลิฟ' วะรี, -ลิฟว์' รี) *n., pl.* **-ies** การนำส่ง, สิ่งที่ถูกนำส่ง, การให้กำเนิดทารก, การขว้างหรือตี, การส่งมอบ, การปลดปล่อย, การถ่ายโอน, การกล่าวปราศรัย (-S. distribution)
dell (เดล) *n.* หุบเขาเล็กๆ ที่มีต้นไม้ปกคลุม
delta (เดล' ทะ) *n.* อักษรกรีกอันดับสี่, วัตถุที่มีรูปร่างคล้ายสามเหลี่ยม, สันดอนสามเหลี่ยมปากแม่น้ำ
delude (ดิลูด') *vt.* **-luded, -luding** หลอกลวง, ตบตา, ทำให้เข้าใจผิด (-S. cheat, deceive)
deluge (เดล' ลยูจ) *n.* น้ำท่วมอย่างหนัก, ฝนที่ตกอย่างหนัก, การไหลทะลักของสิ่งของจำนวนมาก (-S. downpour, flood, rush)
delusion (ดิลู' ฌัน) *n.* การหลอกลวง, ภาวะที่ถูกหลอกลวง, ความเชื่อผิดๆ (-S. misleading)
delusive (ดิลู' ซิฟว์) *adj.* ที่หลอกลวง, เป็นของปลอม, เป็นของไม่จริง **-delusively** *adv.*
de luxe, deluxe (ดิลัคซ์', -ลุคซ์') *adj.* หรูหราสง่างาม, ที่มีคุณภาพสูง (-S. elegant, luxurious)
delve (เดลฟว์) *vi., vt.* **delved, delving** ขุด, ค้นหาข้อมูล (-S. burrow, search)
demagnetize (ดีแมก' นิไทซ์) *vt.* **-ized, -izing** ทำให้หมดสภาพการเป็นแม่เหล็ก

A B C D E F G H I J K L M N O P Q R S T U V W X Y Z

demagogue (เดม' มะกอก) *n.* ผู้นำที่ใช้วิธีปลุกระดมมวลชนให้คล้อยตาม (-S. agitator)

★**demand** (ดิแมนด์') *vt., vi.* **-manded, -manding** เรียกร้อง, ขอข้อมูล, ถาม, ต้องการ, ออกคำสั่ง *-n.* การเรียกร้อง, สิ่งที่ต้องการ, ความต้องการที่เร่งด่วน, อุปสงค์ (-S. (v.) ask, claim)

demarcation (ดีมาร์' เคชัน) *n.* เส้นแสดงขอบเขต, การกำหนดขอบเขต, การแบ่งแยก

demean (ดิมีน') *vt.* **-meaned, -meaning** ลดศักดิ์ศรี, ลดคุณค่า, ถ่อมตัว (-S. degrade)

demeanor, demeanour (ดิมี' เนอร์) *n.* ความประพฤติ, การวางตัว (-S. conduct)

demented (ดิเมน' ทิด) *adj.* เป็นบ้า, เสียสติ, วิกลจริต **-dementedly** *adv.* (-S. deranged)

demerit (ดิเม' ริท) *n.* ข้อบกพร่อง, บาป

demesne (ดิเมน', -มีน') *n.* กรรมสิทธิ์ในอสังหาริมทรัพย์, อาณาจักร, ที่ดิน

demigod (เดม' มีกอด) *n.* เทพที่เกิดจากเทพและมนุษย์ **-demigoddess** *n. fem.*

demijohn (เดม' มีจอน) *n.* ขวดแก้วขนาดใหญ่มีคอขวดเล็ก มักจะหุ้มด้วยเครื่องสาน

demilitarize (ดีมิล' ลิทะไรซ์) *vt.* **-rized, -rizing** ทำให้ปลอดทหาร **-demilitarization** *n.*

demilitarized zone เขตปลอดทหาร

demise (ดิไมซ์') *n.* การสิ้นสุด, ความตาย

demo (เดม' โม) *n., pl.* **-os** (ภาษาพูด) การสาธิต เทปบันทึกตัวอย่าง ผลิตภัณฑ์ตัวอย่าง

demob (ดีมอบ') *vt.* **-mobbed, -mobbing** (ภาษาพูด) ปลดระวางกำลังทหาร

demobilize (ดีโม' บะไลซ์) *vt.* **-ized, -izing** ปลดประจำการทหาร **-demobilization** *n.*

★**democracy** (ดิมอค' คระซี) *n., pl.* **-cies** การปกครองระบอบประชาธิปไตย, ความเสมอภาคทางการเมืองและสังคมของประชาชน

democrat (เดม' มะแครท) *n.* ผู้ที่นิยมและสนับสนุนระบอบประชาธิปไตย

★**democratic** (เดมมะแครท' ทิค) *adj.* ที่สนับสนุนหรือเกี่ยวกับประชาธิปไตย, ที่มีความเสมอภาค, เกี่ยวกับหรือสำหรับประชาชน

democratize (ดิมอค' คระไทซ์) *vt.* **-tized, -tizing** ทำให้เป็นประชาธิปไตย, ทำให้มีความเสมอภาค **-democratization** *n.*

démodé (เดโมเด') *adj.* ล้าสมัย, หมดยุค

demolish (ดิมอล' ลิช) *vt.* **-ished, -ishing** ทำลาย, รื้อ, ทำลายชื่อเสียง **-demolition** *n.*

demon (ดี' เมิน) *n.* ปีศาจ, มาร, คนที่โหดร้าย, คนที่ขยันทำงานมาก, คนที่มีฝีมือ (-S. devil)

demonstrable (ดิมอน' สตระเบิล) *adj.* ที่สามารถพิสูจน์ได้ **-demonstrably** *adv.*

★**demonstrate** (เดม' เมินสเตรท) *v.* **-strated, -strating** *-vt.* สาธิต, พิสูจน์, ทดลอง, อธิบาย *-vi.* แสดงความรู้สึกหรือความคิดเห็นเป็นกลุ่มต่อสาธารณะ, แสดงแสนยานุภาพทางทหาร **-demonstration** *n.* **-demonstrator** *n.*

demonstrative (ดิมอน' สตระทิฟว์) *adj.* ที่พิสูจน์ให้เห็น, ที่เปิดเผยความรู้สึก **-demonstratively** *adv.* (-S. expressive, indicative)

demoralize (ดิมอ' ระไลซ์) *vt.* **-ized, -izing** ทำให้เสียกำลังใจ, ทำให้สับสน, ทำให้ศีลธรรมเสื่อม **-demoralization** *n.* (-S. dishearten)

demote (ดิโมท') *vt.* **-moted, -moting** ลดขั้น ระดับหรือสถานะ **-demotion** *n.*

demure (ดิมยูร์') *adj.* **-murer, -murest** สงบเสงี่ยม, ขี้อาย, อ่อนน้อม **-demurely** *adv.* **-demureness** *n.* (-S. modest, shy, timid)

den (เดน) *n.* ถ้ำ, รัง, ที่ซ่อน, ห้องส่วนตัว *-vi.* **denned, denning** อาศัยหรือซ่อนในถ้ำ

deniable (ดิไน' อะเบิล) *adj.* ที่สามารถโต้แย้งได้, ที่สามารถปฏิเสธได้ **-deniably** *adv.*

denial (ดิไน' เอิล) *n.* การปฏิเสธข้อกล่าวหา, การปฏิเสธ, การไม่ทำตามใจตนเอง

denim (เดน' นิม) *n.* ผ้าฝ้ายเนื้อหนาใช้ทำชุดยีนหรือชุดทำงาน **-denims** กางเกงยีน

denizen (เดน' นิเซิน) *n.* ผู้อยู่อาศัย, คน พืชหรือสัตว์ที่อาศัยในท้องถิ่น (-S. inhabitant)

denomination (ดินอมมะเน' ชัน) *n.* การตั้งชื่อกลุ่มศาสนา, การตั้งชื่อเพื่อระบุประเภท, หน่วยสำหรับวัด **-denominational** *adj.*

denote (ดิโนท') *vt.* **-noted, -noting** แสดงถึง, เป็นสัญลักษณ์, หมายความถึง (-S. signify)

denounce (ดิเนานซ์') *vt.* **-nounced, -nouncing** วิจารณ์, กล่าวหา, เพิกถอนข้อตกลง **-denouncer** *n.* **-denouncement** *n.*

dense (เดนซ์) *adj.* **denser, densest** หนาแน่นมาก, หนา, ทึบแสง, โง่ **-denseness** *n.*

density (เดน' ซิที) *n., pl.* **-ties** ความหนาแน่น, ค่าของมวลต่อปริมาตร

dent (เดนท์) *n.* รอยเว้า, รอยบุบ *-vt., vi.* **dented, denting** ทำให้เป็นรอย, ตอก, ทำให้บุบ

dental (เดน' เทิล) *adj.* เกี่ยวกับฟัน, ที่ออกเสียงโดยเอาลิ้นแตะด้านหลังของฟันหน้าด้านบน

dental floss ไหมขัดฟัน

dentifrice (เดน' ทะฟริซ) *n.* ยาสีฟัน

★**dentist** (เดน' ทิซท์) *n.* ทันตแพทย์, หมอฟัน

A B C D E F G H I J K L M N O P Q R S T U V W X Y Z

denture (เดน' เชอร์) *n.* ฟันปลอม
denude (ดินูด', -นยูด') *vt.* **-nuded, -nuding** เปลื้อง, กัดเซาะ **-denudation** *n.*
denunciation (ดินันซีเอ' ชัน, -ซี-) *n.* การประณาม, การกล่าวโทษ (**-S.** blame)
★**deny** (ดิไน') *vt.* **-nied, -nying** โต้แย้ง, ปฏิเสธ, ปฏิเสธไม่รับรู้, ไม่ยอมรับ, บังคับใจตัวเอง
deodorant (ดีโอ' เดอเรินท์) *n.* สารระงับกลิ่น
deodorize (ดีโอ' ดะไรซ์) *vt.* **-ized, -izing** กำจัดกลิ่นที่ไม่ต้องการ, ดับกลิ่น
depart (ดิพาร์ท') *vi., vt.* **-parted, -parting** ออกเดินทาง, จากไป, เบี่ยงเบน, ตาย **-departure** *n.* (**-S.** deviate, leave **-A.** arrive)
departed (ดิพาร์' ทิด) *adj.* ที่จากไป, ตาย **-the departed** กลุ่มคนที่เสียชีวิต, คนที่เพิ่งเสียชีวิต (**-S.** bygone, dead)
department (ดิพาร์ท' เมินท์) *n.* กรม, กอง, เขต, แผนก, ภาค, ทบวง, กระทรวง, จังหวัด, สาขา **-departmental** *adj.* (**-S.** division)
department store ห้างสรรพสินค้า
★**depend** (ดิเพนด์') *vi.* **-pended, -pending** ไว้ใจ, พึ่งพา, รอการตัดสิน (**-S.** lean on)
dependable (ดิเพน' ดะเบิล) *adj.* ที่ไว้ใจได้, ที่เชื่อถือได้ (**-S.** reliable, trustworthy)
dependence, dependance (ดิเพน' เดินซ์) *n.* การพึ่งพาผู้อื่น, ความไว้วางใจ, ภาวะที่ถูกสิ่งอื่นควบคุม, ภาวะที่ช่วยตัวเองไม่ได้
dependency, dependancy (ดิเพน' เดินซี) *n., pl.* **-cies** ประเทศราช, เมืองขึ้น
★**dependent** (ดิเพน' เดินท์) *adj.* ที่ต้องพึ่งพาผู้อื่น, ที่เชื่อใจ, ที่ช่วยตัวเองไม่ได้ *-n.* (หรือ dependant) คนที่ต้องพึ่งพาผู้อื่น
depict (ดิพิคท์') *vt.* **-picted, -picting** อธิบาย, ใช้ภาพอธิบาย, วาดภาพให้เห็น **-depiction** *n.*
deplane (ดีเพลน') *vi.* **-planed, -planing** ลงจากเครื่องบิน
deplete (ดิพลีท') *vt.* **-pleted, -pleting** ทำให้ลดลง, ใช้จนหมด, ทำให้ว่าง **-depletion** *n.*
deplorable (ดิพลอ' ระเบิล, -โพล-) *adj.* น่าเสียดาย, น่าเสียใจ, น่าตำหนิ, น่าละอาย **-deplorably** *adv.* (**-S.** disgraceful)
deplore (ดิพลอร์', -โพลร์') *vt.* **-plored, -ploring** เสียใจ, ไม่เห็นด้วย (**-S.** condemn, lament)
deploy (ดิพลอย') *vt., vi.* **-ployed, -ploying** แปรเป็นแถวหน้ากระดาน, กระจายกำลังพล, จัด **-deployment** *n.* (**-S.** arrange, distribute)
depopulate (ดีพอพ' พยะเลท) *vt.* **-lated, -lating** ลดประชากร **-depopulation** *n.*
deport (ดิพอร์ท', -โพร์ท') *vt.* **-ported, -porting** ขับไล่ออกจากประเทศ, เนรเทศ, ประพฤติ
deportation (ดีพอร์เท' ชัน, -โพร์-) *n.* การเนรเทศ, การถูกขับไล่ (**-S.** banishment, exile)
deportee (ดีพอร์ที', -โพร์-) *n.* ผู้ที่ถูกเนรเทศ
depose (ดิโพซ') *vt.* **-posed, -posing** ทำให้หมดอำนาจ, ขับออกจากตำแหน่ง (**-S.** dethrone)
deposit (ดิพอซ' ซิท) *vt., vi.* **-ited, -iting** วางลง, ตกตะกอน, สะสม, ฝากเงิน, วางมัดจำ *-n.* เงินฝาก, เงินมัดจำ, การตกตะกอน, ชั้นตะกอน **-deposition** *n.* (**-S.** (v.) place)
deposit account บัญชีเงินฝากประจำ
depositor (ดิพอซ' ซิทเทอร์) *n.* ผู้ฝาก
depot (ดี' โพ, เดพ' โพ) *n.* สถานีรถไฟหรือรถโดยสาร, โกดังเก็บของ, คลังเก็บอาวุธทหาร
deprave (ดิเพรฟว์') *vt.* **-praved, -praving** ทำให้เสื่อมทราม, ทำทุจริต **-depravity** *n.*
depreciate (ดิพรี' ชีเอท) *vt., vi.* **-ated, -ating** ลดราคา, ลดคุณค่า, พูดดูถูก **-depreciation** *n.* (**-S.** belittle, devalue)
depredation (เดพพริเด' ชัน) *n.* การปล้น, การโจรกรรม, การทำลายล้าง (**-S.** plundering)
depress (ดิเพรซ') *vt.* **-pressed, -pressing** ทำให้หดหู่, ทำให้ตกต่ำ, ทำให้จมหรือกดลง, ทำให้อ่อนแรง (**-S.** devalue, dispirit **-A.** cheer)
depressed (ดิเพรซท์') *adj.* หดหู่, ซึมเศร้า, อ่อนแอ, ที่จมลง, ที่ลดต่ำลง, ตกต่ำทางเศรษฐกิจ
depressing (ดิเพรซ' ซิง) *adj.* หดหู่, ซึมเศร้า **-depressingly** *adv.* (**-S.** bleak, gloomy)
depression (ดิเพรซ' ชัน) *n.* หลุมหรือแอ่ง, ภาวะซึมเศร้า, ภาวะเศรษฐกิจตกต่ำ, ความกดอากาศต่ำ (**-S.** gloom, hallow, recession)
deprive (ดิไพรฟว์') *vt.* **-prived, -priving** แย่ง, ถอนตำแหน่ง, ตัดสิทธิ์ **-deprivation** *n.*
deprived (ดิไพรฟว์ด') *adj.* ที่ขาดโอกาสหรือประสบการณ์, ที่ถูกตัดสิทธิ์ (**-S.** disadvantaged)
dept, dept. ย่อจาก department แผนก, กรม, กอง, deputy ตัวแทน
★**depth** (เดพธ์) *n.* ความลึก, ความเข้มข้น, ความซับซ้อน, จุดหรือระดับที่ต่ำที่สุด, ความลึกซึ้ง, ความสามารถในการรับรู้ **-depths** ส่วนที่ลึกที่สุด
deputation (เดพยะเท' ชัน) *n.* บุคคลหรือคณะบุคคลที่ทำหน้าที่เป็นตัวแทน
deputize (เดพ' พยะไทซ์) *vt., vi.* **-tized, -tizing** แต่งตั้งให้เป็นตัวแทน, เป็นตัวแทน
★**deputy** (เดพ' พยะที) *n., pl.* **-ties** ตัวแทน,

A B C D E F G H I J K L M N O P Q R S T U V W X Y Z

ผู้รักษาการแทน (-S. representative, substitute)
deputy (vice) rector รองอธิการบดี
derail (ดีเรล') *vi., vt.* **-railed, -railing** วิ่งออกนอกราง, ทำให้วิ่งตกราง **-derailment** *n.*
derange (ดิเรนจ์') *vt.* **-ranged, -ranging** ก่อกวน, ทำให้ยุ่งเหยิง, ทำให้จิตใจสับสนวุ่นวาย, ทำให้เสียสติ **-derangement** *n.*
derby (เดอร์' บี, ดาร์' บี) *n., pl.* **-bies** หมวกสักหลาดชนิดแข็งและมีปีกแคบ
derelict (เดฺ' ระลิคท์) *adj.* ที่ถูกทอดทิ้ง, ที่ละทิ้งหน้าที่, ที่เป็นซากหักพัง *-n.* สิ่งที่ถูกทอดทิ้ง, คนจรจัด, คนที่ถูกทอดทิ้ง (-S. (adj.) abandoned)
dereliction (เดฺระลิค' ชัน) *n.* การละทิ้งหน้าที่, การทอดทิ้ง (-S. abandonment, negligence)
deride (ดิไรด์') *vt.* **-rided, -riding** ดูถูก, เยาะเย้ย, หัวเราะเยาะ **-derision** *n.* (-S. scorn)
de rigeur (ดะ' รีเกอร์') *adj.* ตามขนบธรรมเนียม, ตามมารยาท, ตามสมัยนิยม
derisive (ดิไร' ซิฟว์, -ซิฟว์) *adj.* ที่แสดงความดูถูกหรือเยาะเย้ย (-S. contemptuous, jeering)
derisory (ดิไร' ซะรี, -ซะ-) *adj.* ที่แสดงความดูถูก, น่าหัวเราะเยาะ, น่าดูถูก (-S. ridiculous)
derivation (เดฺระเว' ชัน) *n.* การสืบทอด, รากศัพท์, แหล่งที่มา (-S. origin, root)
derivative (ดิริฟ' วะทิฟว์) *adj.* ที่ได้มาจากแหล่งอื่น *-n.* สิ่งที่เป็นผลมาจากสิ่งอื่น, คำศัพท์ที่เกิดจากการผสมคำ
derive (ดิไรฟว์') *vt., vi.* **-rived, -riving** ได้มาจาก, มาจาก, กำเนิดมาจาก, สืบหาที่มา
dermatology (เดอร์มะทอล' ละจี) *n.* การศึกษาเกี่ยวกับผิวหนัง **-dermatologist** *n.*
derogatory (ดิรอก' กะทอรี, -โทรี) *adj.* ที่ลดคุณค่าลง, ที่ทำให้เสื่อมเสีย, ที่ทำให้เสียหาย
derrick (เดฺ' ริค) *n.* ปั้นจั่น, โครงเหล็กที่สร้างเหนือบ่อน้ำมันไว้ลำเลียงอุปกรณ์ขุดเจาะบ่อ
★**descend** (ดิเซนด์') *vi., vt.* **-scended, -scending** เคลื่อนลงจาก, ตกสู่เบื้องล่าง, โจมตีอย่างกะทันหัน, สืบทอดจาก, มาจาก
descendant (ดิเซน' เดินท์) *n.* ทายาท
descent (ดิเซนท์') *n.* การตกลงสู่เบื้องล่าง, วงศ์ตระกูล, การตกทอดมรดก, การจู่โจมอย่างกะทันหัน (-S. ancestry, heredity, incline)
★**describe** (ดิสไกรบ์') *vt.* **-scribed, -scribing** พูดหรือเขียนอธิบาย, พรรณนา, บอกรายละเอียด, ร่างภาพ (-S. depict, explain)
★**description** (ดิสกริพ' ชัน) *n.* คำอธิบาย, การอธิบายด้วยคำพูดหรือภาพ, ประเภท **-descriptive** *adj.* (-S. explanation, sort)
desecrate (เดซ' ซิเครท) *vt* **-crated, -crating** ลบหลู่หรือทำให้เสื่อมเสีย, ใช้ของศักดิ์สิทธิ์เหมือนเป็นของธรรมดา **-desecration** *n.*
desegregate (ดีเซก' กริเกท) *vt., vi.* **-gated, -gating** ยกเลิกการแบ่งชนชั้นหรือสีผิว
desensitize (ดีเซน' ซิไทซ) *vt.* **-tized, -tizing** ทำให้รู้สึกช้า, ลดความไว **-desensitization** *n.*
★**desert**[1] (เดซ' เซิร์ท) *n.* ทะเลทราย, พื้นดินที่เพาะปลูกไม่ได้ *-adj.* แห้งแล้ง, อ้างว้าง
desert[2] (ดิเซิร์ท') *vt., vi.* **-serted, -serting** ทอดทิ้ง, ละทิ้ง, ละทิ้งหน้าที่, หนีทัพ **-deserter** *n.* **-desertion** *n.* (-S. abandon, leave)
★**deserve** (ดิเซิร์ฟว์') *vt., vi.* **-served, -serving** เหมาะสมกับ, สมควรได้รับ (-S. justify, merit)
deserved (ดิเซิร์ฟว์ด์') *adj.* ที่สมควรได้รับ, เป็นที่ยุติธรรมแล้ว **-deservedly** *adv.*
deserving (ดิเซอร์' วิง) *adj.* ที่สมควรได้รับหรือควรค่าแก่รางวัล คำชมหรือความช่วยเหลือ
desiccant (เดซ' ซิเคินท์) *n.* สารดูดความชื้น
desiccate (เดซ' ซิเคท) *v.* **-cated, -cating** *-vt.* ทำให้แห้ง, เอาน้ำหรือความชื้นออก, ถนอมอาหารโดยเอาความชื้นออก *-vi.* แห้ง, แห้งสนิท
desiccator (เดซ' ซิเคเทอร์) *n.* อุปกรณ์อบอาหารให้แห้ง, ภาชนะที่มีวัสดุดูดความชื้น
★**design** (ดิไซน์') *vt., vi.* **-signed, -signing** คิดค้น, วางแผน, ออกแบบ, คิดสร้างสรรค์, ตั้งเป้าหมาย *-n.* แผนการ, เป้าหมาย, ความตั้งใจ, ลวดลาย, สิ่งที่ถูกออกแบบ, การออกแบบ, การจัดองค์ประกอบ, การร่าง, รูปแบบ
designate (*v.* เดซ' ซิกเนท, *adj.* -นิท) *vt.* **-nated, -nating** กำหนด, ระบุ, แต่งตั้ง, ตั้งชื่อ *-adj.* ที่ได้รับการแต่งตั้งแต่ยังไม่ได้เข้าทำงาน **-designation** *n.* **-designative** *adj.*
designer (ดิไซ' เนอร์) *n.* ผู้ออกแบบ, ผู้เป็นต้นความคิด, ผู้วางแผน (-S. creator)
★**desirable** (ดิไซ' ระเบิล) *adj.* มีค่า, เป็นที่พึงปรารถนา, ที่กระตุ้นความต้องการ, มีเสน่ห์ดึงดูด **-desirability** *n.* (-S. attractive, benefical)
★**desire** (ดิไซร์') *vt.* **-sired, -siring** ปรารถนา, ต้องการ, ร้องขอ *-n.* ความต้องการ, ความปรารถนา, คำร้องขอ, สิ่งที่ต้องการ, ราคะ
desirous (ดิไซ' เริซ) *adj.* มีความต้องการ, ที่อยากได้มาก (-S. avid for, craving)
desist (ดิซิซท์', -ซิซท์') *vi.* **-sisted, -sisting** หยุด, ระงับ, เลิก (-S. abstain, cease)
★**desk** (เดซค์) *n.* โต๊ะ, แท่นอ่านพระคัมภีร์, โต๊ะ

หรือบูทสำหรับติดต่อหรือให้บริการ

desktop (เดซค' ทอพ) *n.* พื้นที่ทำงานบนโต๊ะ *-adj.* ที่ออกแบบมาเพื่อใช้บนโต๊ะ

desktop computer คอมพิวเตอร์แบบตั้งโต๊ะ

desolate (*adj.* เดซ' ซะลิท, เดซ'-, *v.* -เลท) *adj.* ที่รกร้าง, แห้งแล้ง, ถูกทอดทิ้ง, อ้างว้าง, ซึมเศร้า, ไร้ผู้คน *-vt.* **-lated, -lating** ทอดทิ้ง, ทำให้รกร้าง, ทำให้ซึมเศร้า, ทำให้เสียหาย **-desolation** *n.* (**-S.** (adj.) barren, sad)

despair (ดิสแปร์') *vi.* **-spaired, -spairing** ไม่มีความหวัง, หมดหวัง *-n.* ความสิ้นหวัง, คนหรือสิ่งที่ทำให้สิ้นหวัง (**-S.** (n.) hopelessness)

despairing (ดิสแป' ริง) *adj.* ที่เศร้าโศก, ซึ่งสิ้นหวัง **-despairingly** *adv.* (**-S.** hopeless)

despatch (ดิสแปช') *v., n.* ดู dispatch

desperado (เดสปะรา' โด, -เร'-) *n., pl.* **-does/-dos** อันธพาล, อาชญากร (**-S.** outlaw)

desperate (เดส' เปอริท) *adj.* ที่สิ้นหวัง, กล้าอย่างไม่คิดชีวิตเพราะสิ้นหวัง, ที่เสี่ยงอันตราย, ที่วิกฤติ, ที่รุนแรง **-desperately** *adv.* **-desperation** *n.* (**-S.** hopeless, reckless)

despicable (เดส' ปิคะเบิล, ดิสปิค' คะ-) *adj.* น่ารังเกียจ, ที่ชั่วร้าย **-despicably** *adv.*

despise (ดิสไปซ') *vt.* **-spised, -spising** รังเกียจ, เกลียด, ดูถูก, ไม่เห็นความสำคัญ

despite (ดิสไปท') *prep.* แม้ว่า, ทั้งๆ ที่

despond (ดิสปอนด์') *vi.* **-sponded, -sponding** สิ้นหวัง, ขลาดกลัว, หดหู่

despondency (ดิสปอน' เดินซี) *n.* ความเศร้าโศกหรือท้อแท้, ความสิ้นหวัง, ความขลาดกลัว **-despondent** *adj.* **-despondently** *adv.*

★**dessert** (ดิเซิร์ท') *n.* ของหวานหลังอาหารหลัก

dessertspoon (ดิเซิร์ท' สปูน) *n.* ช้อนของหวาน

destination (เดสตะเน' ชัน) *n.* จุดหมายปลายทาง, จุดมุ่งหมาย (**-S.** station, terminus)

destiny (เดส' ตะนี) *n., pl.* **-nies** โชคชะตา, ชะตากรรม (**-S.** fate, lot)

destitute (เดส' ติทูท, -ทยูท) *adj.* ขาดแคลน, ยากจน, มีไม่เพียงพอ **-destitution** *n.*

★**destroy** (ดิสตรอย') *vt.* **-stroyed, -stroying** ทำลาย, ทำให้เสียหาย, กำจัด, ฆ่า (**-S.** demolish)

destroyer (ดิสตรอย' เออร์) *n.* ผู้ทำลาย, ตัวทำลาย, เรือรบพิฆาตขนาดเล็ก

★**destruction** (ดิสตรัค' ชัน) *n.* การทำลาย, ภาวะการถูกทำลาย, สาเหตุหรือวิธีการทำลาย

destructive (ดิสตรัค' ทิฟว์) *adj.* ที่ชอบทำลาย, ที่ทำให้เสียหาย, ที่เป็นอันตราย, ที่เป็นศัตรู **-destructively** *adv.* **-destructiveness** *n.*

detach (ดิแทช') *vt.* **-tached, -taching** แยกออก, ปลดออก, ส่งกองทัพหรืออื่นๆ ไปปฏิบัติการพิเศษ **-detachable** *adj.* (**-S.** separate)

detached (ดิแทชท์') *adj.* ที่แยกออกมา, เป็นกลาง, ไม่มีอคติ, สันโดษ (**-S.** separated)

detachment (ดิแทช' เมินท์) *n.* การแบ่งแยก, การแยกออก, ภาวะที่อยู่โดดเดี่ยว, ความเป็นกลาง, กองทัพหรืออื่นๆ ที่ไปปฏิบัติการพิเศษ

★**detail** (*n.* ดิเทล', ดี' เทล, *v.* ดิเทล') *n.* รายละเอียด, ข้อปลีกย่อย, ส่วนประกอบเล็กๆ น้อยๆ *-vt.* **-tailed, -tailing** บอกหรือใส่รายละเอียด

detailed (ดิเทลด์', ดี' เทลด์) *adj.* มีรายละเอียดมาก, ละเอียดลออ (**-S.** minute)

detain (ดิเทน') *vt.* **-tained, -taining** ทำให้ล่าช้า, หน่วงเหนี่ยว, กักกัน (**-S.** confine, hinder)

detainee (ดีเทนี', ดิเท-) *n.* ผู้ที่ถูกกักกัน

detect (ดิเทคท์') *vt.* **-tected, -tecting** ค้นพบ, สืบหา, สังเกต, ตรวจหา, จับคลื่นวิทยุได้ **-detectable** *adj.* **-detection** *n.*

★**detective** (ดิเทค' ทิฟว์) *n.* นักสืบ, สายสืบ

detector (ดิเทค' เทอร์) *n.* อุปกรณ์ตรวจวัดความเปลี่ยนแปลงหรือตรวจหาวัตถุ

détente, detente (เดทานท์' -ทางท์) *n.* การผ่อนคลายความตึงเครียดระหว่างคู่กรณี

detention (ดิเทน' ชัน) *n.* การกักขังหน่วงเหนี่ยว, ภาวะที่ถูกกักขัง, การทำโทษนักเรียนโดยกักให้อยู่เย็นหลังเลิกเรียน

deter (ดิเทอร์') *vt.* **-terred, -terring** กีดขวาง, ยับยั้ง, ทำให้ไม่กล้าทำ **-determent** *n.*

detergent (ดิเทอร์' เจินท์) *n.* สารทำความสะอาด, ผงซักฟอก *-adj.* มีพลังในการทำความสะอาด (**-S.** (n.) cleaner, cleanser)

deteriorate (ดิเทีย' รีอะเรท) *vt., vi.* **-rated, -rating** ทำให้เสื่อมลง, ทำให้แย่ลง, อ่อนแอลง **-deterioration** *n.* (**-S.** degenerate)

determinant (ดิเทอร์' มะเนินท์) *adj.* ที่สามารถคาดการณ์ได้ *-n.* ปัจจัย, ตัวกำหนด

determinate (ดิเทอร์' มะนิท) *adj.* ชัดเจน, แน่นอน, ที่เจาะจง, ที่ไม่เปลี่ยนแปลง

★**determination** (ดิเทอร์มะเน' ชัน) *n.* ความมุ่งมั่น, ความตั้งใจ, ความแน่นอน, การตัดสินใจ, การกำหนด, การสิ้นสุด, การค้นหา

★**determine** (ดิเทอร์' มิน) *vt., vi.* **-mined, -mining** ตัดสินใจ, ค้นหา, ตั้งใจ, กำหนด, เลือก, ระบุ, ทำให้ตัดสินใจ, ทำให้ยุติหรือสิ้นสุดตาม

A B C D E F G H I J K L M N O P Q R S T U V W X Y Z

กฎหมาย (-S. choose, decide, discover)
determined (ดิเทอร์' มินดฺ) *adj.* ที่มุ่งมั่น, ที่ตัดสินแล้ว, แน่วแน่, มั่นคง (-S. firm, resolute)
deterrent (ดิเทอ' เรินทฺ) *adj.* ที่ขัดขวางหรือยับยั้ง *-n.* ตัวยับยั้ง, อุปสรรค
detest (ดิเทซทฺ') *vt.* **-tested, -testing** เกลียดชัง, รังเกียจ, ไม่ชอบ **-detestable** *adj.* **-destestably** *adv.* (-S. abhor, loathe)
dethrone (ดีโธรน') *vt.* **-throned, -throning** ทำให้ออกจากบัลลังก์, ขับออกจากตำแหน่ง
detonate (เดท' เทินเนท) *vt., vt.* **-nated, -nating** เกิดระเบิดอย่างรุนแรงและมีเสียงดัง, ทำให้ระเบิด **-detonation** *n.* (-S. explode)
detonator (เดท' เทินเนเทอร์) *n.* ระเบิด, ประจุระเบิด (-S. explosive)
detour (ดี' ทุร์, ดิทุร์') *n.* ทางอ้อม, เส้นทางสำรอง *-vi., vt.* **-toured, -touring** ไปทางอ้อม, ทำให้ต้องอ้อม (-S. (n.) bypass, byroad)
detoxicate (ดีทอค' ซิเคท) *vt.* **-cated, -cating** ดู detoxify
detoxify (ดีทอค' ซะไฟ) *vt.* **-fied, -fying** ถอนพิษ, ล้างพิษ **-detoxification** *n.*
detract (ดิแทรคทฺ') *vt., vi.* **-tracted, -tracting** ถอนหรือเอาออก, เบี่ยงเบนความสนใจ, ทำให้คุณค่าลดลง, ลดความสำคัญ **-detractor** *n.* **-detraction** *n.* (-S. diminish, divert)
detriment (เดท' ทระเมินทฺ) *n.* ความเสียหาย สูญเสียหรือบาดเจ็บ (-S. damage)
detrimental (เดททระเมน' เทิล) *adj.* เป็นอันตราย, เป็นผลเสีย, เป็นภัย, ที่ทำให้เสียหาย
detritus (ดิไทร' เทิซ) *n., pl.* **detritus** เศษหิน, เศษทราย, ซากปรักหักพัง (-S. debris, rubble)
deuce (ดูซ, ดยูซฺ) *n.* แต้มบนไพ่หรือลูกเต๋าที่มีค่าสอง, คะแนน 40 เสมอกันในการแข่งเทนนิส
devalue, devaluate (ดีแวล' ยู, -แวล' ยูเอท) *vt., vi.* **-ued, -uing/-ated, -ating** ลดคุณค่า, ลดค่าเงิน **-devaluation** *n.*
devastate (เดฟ' วะสเตท) *vt.* **-tated, -tating** ทำลาย, ทำให้พินาศ, ทำให้พ่ายแพ้, ทำให้หมดหวัง **-devastation** *n.* (-S. destroy, overwhelm)
★**develop** (ดิเวล' เลิพ) *vt., vi.* **-oped, -oping** พัฒนา, ขยาย, เติบโต, ก้าวหน้า, ล้างฟิล์ม ภาพหรือแม่พิมพ์, ค่อยๆ ปรากฏ, ทำให้เป็นประโยชน์, เติบโตทีละขั้น (-S. grow, progress)
developer (ดิเวล' ละเพอร์) *n.* ผู้บุกเบิก, ผู้พัฒนา, น้ำยาล้างฟิล์ม ภาพหรือแม่พิมพ์
developing country ประเทศกำลังพัฒนา
★**development** (ดิเวล' เลิพเมินทฺ) *n.* การพัฒนา, ภาวะที่มีการพัฒนา, ความก้าวหน้า, พัฒนาการ, ลำดับของการพัฒนา, สิ่งที่ถูกพัฒนา
development area บริเวณที่มีการลงทุนทางอุตสาหกรรม ทำให้คนมีงานทำ
deviant (ดี' วีเอินทฺ) *adj.* ที่แตกต่างจากมาตรฐาน, ที่แปลกไปจากปกติ *-n.* คนที่มีความคิดและพฤติกรรมต่างไปจากกฎเกณฑ์ของสังคม
deviate (ดี' วีเอท) *vi., vt.* **-ated, -ating** หันเห, ไถล, เบี่ยงเบน, ไม่ทำตามกฎเกณฑ์, ทำให้แตกต่าง (-S. diverge, swerve)
deviation (ดีวีเอ' ชัน) *n.* การเบี่ยงเบน, ความคิดหรือพฤติกรรมที่แปลกไปจากกฎเกณฑ์ทางสังคม, การเบี่ยงเบนของเข็มทิศ, ความเบี่ยงเบนทางสถิติ (-S. aberration, abnormality)
★**device** (ดิไวซฺ') *n.* อุปกรณ์, เครื่องมือ, สิ่งประดิษฐ์, แผนการ, สัญลักษณ์ (-S. appliance)
★**devil** (เดฟ' เวิล) *n.* ปีศาจ, คนเลว, คนเจ้าเล่ห์, สัตว์ร้าย *-vt.* **-iled, -iling/-illed, -illing** ใส่เครื่องปรุงมาก, ก่อกวน **-between the devil and the deep blue sea** อยู่ในภาวะกลืนไม่เข้าคายไม่ออก **-the Devil** ซาตาน
devilfish (เดฟ' เวิลฟิช) *n., pl.* **devilfish/-fishes** ปลาประเภทปลากระเบน
devilish (เดฟ' วะลิช) *adj.* ชั่วร้าย, โหดร้าย, เลวมาก, มาก *-adv.* (ภาษาพูด) อย่างมาก
devil-may-care (เดฟเวิลเมแคร์') *adj.* กล้าบ้าบิ่น, ไม่ระมัดระวัง, ชอบเสี่ยง (-S. reckless)
devilry, deviltry (เดฟ' เวิลรี, -เวิลทรี) *n., pl.* **-ries, -tries** ความชั่วร้าย, ความโหดร้าย, เวทมนตร์ของปีศาจ, พฤติกรรมที่ชั่วร้าย
devious (ดี' เวียซ) *adj.* เป็นทางอ้อม, ที่คดเคี้ยว, ไม่ซื่อสัตย์, เจ้าเล่ห์, ออกนอกลู่นอกทาง **-deviously** *adv.* **-deviousness** *n.*
devise (ดิไวซฺ') *vt.* **-vised, -vising** คิด, วางแผน, ประดิษฐ์, คิดค้น, ทำพินัยกรรม
devisee (ดิไวซี', เดฟวิซี') *n.* ผู้ที่ได้รับมรดก
devisor (ดิไว' เซอร์, เดฟวิเซอร์') *n.* ผู้ทำพินัยกรรม
devitalize (ดีไว' เทิลไลซฺ) *-vt.* **-ized, -izing** ทำให้อ่อนแอหรือหมดกำลัง **-devitalization** *n.*
devoid (ดิวอยดฺ') *adj.* ที่ขาดแคลน, ไม่มี
devolution (เดฟวะลู' ชัน, ดีวะ-) *n.* การย้ายอำนาจจากส่วนกลางไปยังท้องถิ่น
devote (ดิโวท') *vt.* **-voted, -voting** อุทิศตน, ทุ่มเท, จงรักภักดี (-S. dedicate, pledge)
devoted (ดิโว' ทิด) *adj.* ที่จงรักภักดี, ที่อุทิศ

ตน, มีใจจดจ่อ **-devotedly** *adv.*
devotee (เดฟวะที', -เท') *n.* ผู้มีความศรัทธา, ผู้ที่อุทิศตน, ผู้ที่สนับสนุนหรือทุ่มเทในสิ่งหนึ่ง
devotion (ดิโว' ชัน) *n.* ความซื่อสัตย์, ความรักอย่างลึกซึ้ง, ความศรัทธา, การอุทิศตน, การทุ่มเท **-devotions** การสวดมนต์ (**-S.** affection)
devour (ดิเวาร์') *vt.* **-voured, -vouring** กินอย่างตะกละ, ทำลาย, กินหรือใช้อย่างสิ้นเปลือง, มีใจจดจ่อ, รับรู้อย่างกระตือรือร้น (**-S.** consume)
devout (ดิเวาท์') *adj.* **-er, -est** ที่อุทิศตนแก่ศาสนา, มีศรัทธา, จริงใจ, ซื่อสัตย์ **-devoutly** *adv.* **-devoutness** *n.* (**-S.** reverent, sincere)
dew (ดู, ดยู) *n.* น้ำค้าง, หยดน้ำขนาดเล็กเช่น หยดน้ำตา, ความสดชื่น *-vt.* **dewed, dewing** ทำให้เปียก, ทำให้ชื้น
dewdrop (ดู' ดรอพ, ดยู'-) *n.* หยดน้ำค้าง
dewlap (ดู' แลพ, ดยู'-) *n.* เหนียงสัตว์
dewy (ดู' อิ, ดยู'-) *adj.* **-ier, -iest** ชุ่มชื้น, เต็มไปด้วยน้ำค้าง, สดชื่น, บริสุทธิ์ **-dewily** *adv.*
dexterous, dextrous (เดค' ซเตอเริซ, -ซเตริซ) *adj.* ชำนาญโดยเฉพาะการใช้มือ, คล่องแคล่ว **-dexterously** *adv.* **-dexterity** *n.*
dextrose (เดค' ซโตรซ) *n.* น้ำตาลรูปหนึ่งของน้ำตาลกลูโคส พบในพืช สัตว์และในโลหิตของคน
dharma (ดาร์' มะ, เดอร์'-) *n.* หลักธรรม คำสอนหรือข้อปฏิบัติตามหลักศาสนา
dhow (เดา) *n.* เรือใบชนิดที่มีใบเดียวของชาวอาหรับ
diabetes (ไดอะบี' ทิซ, -ทีซ) *n.* โรคเบาหวาน
diabetic (ไดอะเบท' ทิค) *adj.* ที่เกี่ยวกับโรคเบาหวาน *-n.* คนที่เป็นโรคเบาหวาน
diabolic, diabolical (ไดอะบอล' ลิค, -ลิเคิล) *adj.* เกี่ยวกับหรือเหมือนปีศาจ, ชั่วร้าย, โหดร้าย
diadem (ได' อะเดม, -เดิม) *n.* มงกุฎ, มาลัย
diagnose (ได' เอิกโนซ, -โนซ) *vt., vi.* **-nosed, -nosing** ตรวจสอบ, วินิจฉัย, วิเคราะห์
diagnosis (ไดเอิกโน' ซิซ) *n., pl.* **-ses** (-ซีซ) การวินิจฉัยโรค, การวิเคราะห์, คำวินิจฉัย
diagonal (ไดแอก' กะเนิล) *adj.* ที่เชื่อมระหว่างมุม 2 มุม, ที่เป็นเส้นทแยงมุม, ที่เป็นเส้นขวาง *-n.* เส้นทแยงมุม, เส้นขวาง **-diagonally** *adv.*
diagram (ได' อะแกรม) *n.* แผนภาพ, กราฟ, ภาพเรขาคณิต **-diagrammatic, diagrammatical** *adj.* **-diagrammatically** *adv.*
★**dial** (ได' เอิล) *n.* หน้าปัดนาฬิกาหรือเครื่องวัด, แผงหมุนตัวเลข, ปุ่มปรับบนวิทยุหรือโทรทัศน์ *-vi.* **-aled, -aling/-alled, -alling** ปรับวิทยุหรือโทรทัศน์, หมุนโทรศัพท์
dialect (ได' อะเลคท์) *n.* รูปแบบการใช้ภาษาเฉพาะถิ่น, สำเนียงเฉพาะถิ่น, ภาษาที่ใช้เฉพาะถิ่น **-dialectal** *adj.* (**-S.** jargon, lingo)
dialogue, dialog (ได' อะลอก) *n.* การสนทนา, บทละคร, คำสนทนา, การแลกเปลี่ยนความคิดเห็น (**-S.** conversation, debate, script)
diameter (ไดแอม' มิเทอร์) *n.* เส้นผ่านศูนย์กลาง, ความยาวของเส้นผ่านศูนย์กลาง, ความกว้างหรือความหนาของทรงกระบอก
★**diamond** (ได' อะเมินด์, ได' เมินด์) *n.* เพชร, สี่เหลี่ยมขนมเปียกปูน, ไพ่รูปข้าวหลามตัด, สนามแข่งเบสบอล **-diamon jubilee** งานเฉลิมฉลองครบรอบ 60 หรือ 75 ปี **-diamond powder/dust** กากเพชร **-diamond wedding** การฉลองการแต่งงานครบรอบ 60 หรือ 75 ปี
★**diaper** (ได' อะเพอร์, ได' เพอร์) *n.* ผ้าอ้อม

diaper

★**diaphragm** (ได' อะแฟรม) *n.* กะบังลม, แผ่นรับสัญญาณในโทรศัพท์หรือไมโครโฟน, แผ่นยางคุมกำเนิดที่สวมบริเวณปากมดลูก, แผ่นควบคุมปริมาณแสงที่ผ่านเข้าเลนส์
diarist (ได' อะริซท์) *n.* ผู้บันทึกสมุดบันทึกประจำวัน
diarrhea, diarrhoea (ไดอะเรีย') *n.* โรคท้องเสีย, โรคท้องร่วง
★**diary** (ได' อะรี) *n., pl.* **-ries** สมุดบันทึกเหตุการณ์ในแต่ละวัน, ไดอารี, สมุดบันทึกส่วนตัว
diaspora (ไดแอส' เปอระ) *n.* การกระจัดกระจายของกลุ่มคนที่มีวัฒนธรรม ความเชื่อหรือภาษาเดียวกัน
★**dice** (ไดซ์) *n.* พหูพจน์ของ die², ลูกเต๋าหรือเกมทอยลูกเต๋า *-vi., vt.* **diced, dicing** เล่นหรือพนันเกมทอยลูกเต๋า, ตัดอาหารให้เป็นรูปลูกบาศก์ขนาดเล็ก **-dicebox** กล่องทอยลูกเต๋า
dicer (ได' เซอร์) *n.* เครื่องตัดอาหารเป็นรูปลูกบาศก์
dichotomy (ไดคอท' ทะมี) *n., pl.* **-mies** การแบ่งออกเป็น 2 ส่วน **-dichotomous** *adj.*
dick (ดิค) *n.* (คำสแลง) นักสืบ องคชาต
dickens (ดิค' เคินซ์) *n.* (ภาษาพูด) ปีศาจ
dicker (ดิค' เคอร์) *vi.* **-ered, -ering** ต่อรองราคา, แลกเปลี่ยนสิ่งของ (**-S.** bargain)
dicky (ดิคุ' คี) *adj.* **-ier, -iest** อ่อนแอ, ไม่มั่นคง, ขึ้นๆ ลงๆ (**-S.** infirm, shaky, unsteady)

A B C D E F G H I J K L M N O P Q R S T U V W X Y Z

dictate (*v.* ดิค' เทท, ดิคเทท', *n.* ดิค' เทท) *vt., vi.* **-tated, -tating** ออกคำสั่ง, บังคับ, บอกให้เขียนตาม *-n.* คำสั่ง **-dictation** *n.*

dictator (ดิค' เทเทอร์, ดิคเท'-) *n.* ผู้ปกครองที่มีอำนาจเด็ดขาด (**-S.** autocrat, tyrant)

dictatorial (ดิคทะทอ' เรียล, -โท'-) *adj.* ที่เป็นหรือเกี่ยวกับเผด็จการ, ที่ชอบใช้อำนาจ

dictatorship (ดิคเท' เทอร์ชิพ, ดิค' เท-) *n.* การปกครองแบบเผด็จการ, ประเทศที่ปกครองโดยเผด็จการ, อำนาจเผด็จการ (**-S.** autocracy)

diction (ดิค' ชัน) *n.* การเลือกใช้คำในการพูดหรือเขียน, วิธีในการเปล่งเสียง

★**dictionary** (ดิค' ชะเนรี) *n., pl.* **-ies** พจนานุกรม, ปทานุกรม

dictum (ดิค' เทิม) *n., pl.* **-ta/-tums** คำประกาศ, ความคิดเห็น, ภาษิต, คำวินิจฉัยของผู้พิพากษา (**-S.** pronouncement, proverb)

did (ดิด) *v.* กริยาช่อง 2 ของ do

didactic (ไดแดค' ทิค) *adj.* ที่ชอบสั่งสอน, ที่เป็นการสอน, ที่มุ่งสั่งสอน **-didactically** *adv.*

didn't (ดิด' เดินท์) ย่อจาก did not

★**die**[1] (ได) *vi.* **died, dying** ตาย, หมดอายุ, จบ, สิ้นสุด, หยุดทำงาน, (ภาษาพูด) อยากได้มาก **-die out** สูญพันธุ์ (**-S.** expire, halt, pass away)

die[2] (ได) *n., pl.* **dies** อุปกรณ์ตัดหรือปั๊มวัสดุให้ได้รูปร่างตามต้องการ, แม่พิมพ์, อุปกรณ์เจาะรู *-pl.* **dice** (ไดซ์) ลูกเต๋า, เกมลูกเต๋า *-vt.* **died, dieing** ตัดหรือทำให้มีรูปร่างด้วยแม่พิมพ์ **-die casting** กระบวนการขึ้นรูปโลหะโดยหลอมโลหะแล้วเทหรือฉีดลงในแม่พิมพ์

die-hard, diehard (ได' ฮาร์ด) *n.* คนหัวดื้อ, คนที่ไม่ย่อท้อต่ออุปสรรค

dieldrin (ดีล' ดริน) *n.* ยาฆ่าแมลงที่มีพิษมากชนิดหนึ่ง

dielectric (ไดอิเลค' ทริค) *n.* ฉนวน, วัสดุที่ไม่นำไฟฟ้า *-adj.* ที่ไม่นำไฟฟ้า

diesel (ดี' เซิล, -เซิล) *n.* พาหนะที่ใช้เครื่องยนต์ดีเซล **-diesel engine** เครื่องยนต์สันดาปภายในที่มีการอัดอากาศในกระบอกสูบให้เกิดความร้อนสูงเพื่อให้รวมกับไอน้ำมันแล้วเกิดการเผาไหม้ขึ้น **-diesel oil** น้ำมันดีเซล

diet[1] (ได' อิท) *n.* อาหาร, โภชนาการ, การเลือกหรือจำกัดอาหารเพื่อสุขภาพ *-vi., vt.* **-eted, -eting** จำกัดหรือเลือกอาหารและเครื่องดื่มเพื่อสุขภาพหรือควบคุมน้ำหนัก, เข้มงวดในเรื่องอาหารการกิน *-adj.* (เครื่องดื่ม) ที่ลดปริมาณน้ำตาล (**-S.** (n.) abstinence, nourishment)

diet[2] (ได' อิท) *n.* สภานิติบัญญัติ, การประชุมระดับชาติหรือนานาชาติ (**-S.** convention)

dietary (ได' อิเทรี) *adj.* เกี่ยวกับอาหาร, เกี่ยวกับอาหารหรือสัดส่วนอาหารที่อนุญาตให้กิน *-n., pl.* **-ies** ระบบการเลือกอาหารที่กิน, อาหารหรือสัดส่วนอาหารที่อนุญาตให้กิน **-dietary fiber** อาหารที่มีกากมาก เช่น ผัก ผลไม้

★**differ** (ดิฟ' เฟอร์) *vi.* **-fered, -fering** แตกต่างกัน, มีความเห็นต่างกัน, ไม่เห็นด้วย

difference (ดิฟ' เฟอเรินซ์, ดิฟ' เฟรินซ์) *n.* ความแตกต่าง, สิ่งที่แสดงความแตกต่าง, ความไม่เห็นด้วย, ผลต่าง, เศษที่เหลือ

★**different** (ดิฟ' เฟอเรินท์, ดิฟ' เฟรินท์) *adj.* ที่แตกต่างกัน, ที่แบ่งแยก, ที่หลากหลาย, ที่ผิดปกติ **-differently** *adv.* (**-S.** dissimilar)

differentiate (ดิฟฟะเรน' ชิเอท) *vt., vi.* **-ated, -ating** ทำให้เกิดความแตกต่าง, แสดงให้เห็นความแตกต่าง, แบ่งแยก **-differentiation** *n.* (**-S.** contrast, distinguish)

★**difficult** (ดิฟ' ฟิคัลท์, -เคิลท์) *adj.* ยาก, ที่ต้องใช้ความพยายามมาก, ที่เข้าใจยาก, ที่แก้ไขได้ยาก, ซับซ้อน (**-S.** complicated, hard)

★**difficulty** (ดิฟ' ฟิคัลที, -เคิล-) *n., pl.* **-ties** ความลำบาก, อุปสรรค, สิ่งที่เข้าใจได้ยาก, สิ่งที่สลับซับซ้อน, สิ่งที่เอาชนะได้ยาก, สิ่งที่แก้ไขได้ยาก **-difficulties** ปัญหาด้านธุรกิจ โดยเฉพาะด้านการเงิน (**-S.** complexity, obstacle)

diffident (ดิฟ' ฟิเดินท์, -เดนท์) *adj.* ไม่มั่นใจ, ขี้อาย, ลังเล **-diffidently** *adv.* **-diffidence** *n.*

diffract (ดิแฟรคท์') *vi., vt.* **-fracted, -fracting** ทำให้คลื่นเลี้ยวเบน **-diffraction** *n.*

diffuse (*v.* ดิฟยูซ', *adj.* ดิฟยูซ') *vt., vi.* **-fused, -fusing** ฟุ้งกระจาย, กระจาย, แพร่ออก, รวมของเหลวหรือก๊าซเข้าด้วยกันอย่างช้าๆ *-adj.* ที่ฟุ้งกระจาย, ที่ใช้คำฟุ่มเฟือย **-diffusely** *adv.* **-diffuseness** *n.* (**-S.** (v.) disperse, scatter)

diffusion (ดิฟยู' ฉัน) *n.* การแพร่กระจาย, ภาวะที่มีการแพร่กระจาย, การผสมกันของโมเลกุลของก๊าซหรือของเหลว, การใช้คำอย่างฟุ่มเฟือย (**-S.** distribution, verbosity)

★**dig** (ดิก) *vt., vi.* **dug, digging** ขุดดิน, ขุดทางเดิน, ขุดออกจากดิน, ทำให้เป็นรูปร่างโดยเอาดินออก, ค้นคว้า, กระทุ้งเบาๆ, (คำสแลง) เข้าใจอย่างแท้จริง ชอบสังเกต, ทำงานหรือเรียนอย่างหนัก *-n.* การขุด, (ภาษาพูด) การกระทุ้ง คำวิจารณ์ที่รุนแรง, การขุดค้นทางโบราณคดี **-digs** ห้องพักชั่วคราว

★**digest** (*v.* ไดเจซท์', ดิ-, *n.* ได' เจซท์) *vt., vi.* **-gested, -gesting** ย่อยอาหาร, ไตร่ตรอง, สรุปหรือย่อความ, จัดเป็นระบบ, แยกแยะ, ซึมซับ *-n.* บทสรุป, หนังสือรวบรวมข้อความที่สำคัญ
digestible (ไดเจส' ตะเบิล, ดิ-) *adj.* ที่ย่อยได้
digestion (ไดเจซ' ชัน, ดิ-) *n.* การย่อยอาหาร, ความสามารถในการย่อย, การไตร่ตรอง
digestive (ไดเจส' ติฟว์, ดิ-) *adj.* เกี่ยวกับการย่อยอาหาร *-n.* สิ่งที่ช่วยย่อยอาหาร
digit (ดิจ' จิท) *n.* ตัวเลข 0 ถึง 9, นิ้วมือหรือนิ้วเท้า
digital (ดิจ' จิเทิล) *adj.* ที่ทำงานโดยใช้นิ้ว, เกี่ยวกับนิ้วมือ, ที่แสดงเป็นตัวเลข, ที่ทำงานโดยใช้ตัวเลข, ที่บันทึกภาพหรือเสียงในระบบตัวเลข
digital audio tape เทปคาสเซตที่บันทึกข้อมูลด้วยระบบดิจิทัล ทำให้มีคุณภาพเสียงที่ดีเทียบเท่าคอมแพกต์ดิสก์ ย่อว่า DAT
digital recording การบันทึกเสียงที่เปลี่ยนคลื่นเสียงเป็นข้อมูลตัวเลข, เทปหรือดิสก์ที่บันทึกเสียงด้วยระบบดังกล่าว
dignified (ดิก' นะไฟด์) *adj.* มีเกียรติ, มีศักดิ์ศรี, น่ายกย่อง, สง่า, ภูมิฐาน (S. exalted, lofty)
dignify (ดิก' นะไฟ) *vt.* **-fied, -fying** ทำให้มีเกียรติ, ทำให้มีศักดิ์ศรี, ยกย่อง, แต่งตั้งยศให้
dignity (ดิก' นิที) *n., pl.* **-ties** คุณค่าที่ควรแก่การเคารพ, ศักดิ์ศรี, เกียรติยศ, ความเคารพหรือภูมิใจในตนเอง, ตำแหน่งขั้นสูง (-**S.** glory)
digraph (ได' แกรฟว์) *n.* คู่ตัวอักษรที่ออกเสียงเป็นเสียงเดียว เช่น sh ในคำว่า short
digress (ไดเกรซ', ดิ-) *vi.* **-gressed, -gressing** พูดหรือเขียนออกนอกเรื่อง, เฉไฉออกนอกเรื่อง **-digression** *n.* **-digressive** *adj.*
dike, dyke (ไดค์) *n.* เขื่อน, ร่องน้ำ, ทำนบกั้นน้ำ *-vt.* **diked, diking/dyked, dyking** กั้นน้ำด้วยเขื่อนหรือทำนบ, ระบายน้ำโดยใช้ร่องน้ำ (-**S.** (n.) embankment)
dilapidate (ดิแลพ' พิเดท) *vt., vi.* **-dated, -dating** ทำลาย, ทรุดโทรม **-dilapidation** *n.*
dilapidated (ดิแลพ' พิเดทิด) *adj.* ที่ทรุดโทรม, ที่พังทลายเป็นเสี่ยงๆ (-**S.** ruined)
dilate (ไดเลท', ได' เลท) *vt., vi.* **-lated, -lating** ทำให้ใหญ่ขึ้น, ขยายออก **-dilation** *n.*
dilatory (ดิล' ละทอรี, -โทรี) *adj.* ที่ผัดวันประกันพรุ่ง, เฉื่อย, ที่ชักช้า (-**S.** tardy)
dilemma (ดิเลม' มะ) *n.* สถานการณ์ที่กลืนไม่เข้าคายไม่ออก, ภาวะหนีเสือปะจระเข้
dilettante (ดิล' ลิทานท์', ดิลลิทานท์', -ทาน' ที) *n., pl.* **-tantes/-tanti** (-ที) ผู้ที่รู้อย่างผิวเผิน, มือสมัครเล่น (-**S.** amateur)
diligence (ดิล' ละเจินซ์) *n.* ความขยันหมั่นเพียร, ความรอบคอบ (-**S.** industry)
diligent (ดิล' ละเจินท์) *adj.* ขยัน, รอบคอบ, กระตือรือร้น **-diligently** *adv.* (-**S.** zealous)
dilute (ไดลูท', ดิ-) *vt.* **-luted, -luting** ทำให้เจือจางโดยการเติมของเหลว *-adj.* ที่เจือจาง
dilution (ไดลู' ชัน, ดิ-) *n.* กระบวนการลดความเข้มข้นหรือทำให้เจือจางลง, สภาวะที่ถูกเจือจาง
dim (ดิม) *adj.* **dimmer, dimmest** มืด, สลัว, มัว, ทึบ, พร่า, ไม่ชัดเจน, ที่สับสน, โง่ *-vt., vi.* **dimmed, dimming** ทำให้มืดลง, ทำให้มัว, ทำให้ทึบ, มืดลง, หรี่ไฟ **-dimly** *adv.*
dime (ไดม์) *n.* เงินเหรียญที่มีค่า 10 เซนต์ของสหรัฐอเมริกาหรือแคนาดา
dimension (ดิเมน' ชัน, ได-) *n.* มิติ (กว้าง ยาว ลึกหรือสูง), ด้าน, แง่มุม **-dimensions** การวัดความยาวของความกว้าง ยาว ลึก หรือสูง, ขนาด, ระดับ **-dimensional** *adj.*
diminish (ดิมิน' นิช) *vt., vi.* **-ished, -ishing** ทำให้เล็กลง, ทำให้ลดลง (-**S.** lessen, recede)
diminutive (ดิมิน' นยะทิฟว์) *adj.* มีขนาดเล็กมาก, ที่แสดงว่ามีขนาดเล็กมากในไวยากรณ์ *-n.* คำหรือปัจจัยที่ขยายคำเพื่อบอกว่ามีขนาดเล็ก (-**S.** (adj.) minute, tiny **-A.** (adj.) big, large)
dimmer (ดิม' เมอร์) *n.* อุปกรณ์ควบคุมความเข้มแสงของไฟอิเล็กทรอนิกส์, ไฟหรี่
dimple (ดิม' เพิล) *n.* ลักยิ้ม, รอยบุ๋ม, รอยบุบ *-vi., vt.* **-pled, -pling** เป็นรอยบุ๋ม
dim sum (ดิม' ซุม', -ซัม') *n.* ติ่มซำ คืออาหารจีนหลายชนิดที่เสิร์ฟใส่เข่งหรือจานเล็ก
din (ดิน) *n.* เสียงดังสนั่นที่ดังอย่างต่อเนื่อง *-vi., vt.* **dinned, dinning** ทำเสียงดังอย่างต่อเนื่อง, ปลูกฝังโดยการพูดซ้ำๆ (-**S.** (n.) uproar (v.) instil)
dine (ไดน์) *vi., vt.* **dined, dining** รับประทานอาหาร, ให้อาหาร **-dine out** รับประทานอาหารนอกบ้าน (-**S.** eat, feed)
diner (ได' เนอร์) *n.* ผู้รับประทานอาหาร, ตู้เสบียงของขบวนรถไฟ, ร้านอาหารขนาดเล็ก
ding-dong (ดิง' ดอง) *n.* เสียงระฆังที่ดังอย่างต่อเนื่อง *-adj.* มีเสียงระฆังที่ดังอย่างต่อเนื่อง, ที่ผลัดกันเป็นฝ่ายรุกและรับในการแข่งขัน
dinghy, dingey (ดิง' กี) *n., pl.* **-ghies, -geys** เรือบดขนาดเล็ก, เรือชูชีพ
dingle (ดิง' เกิล) *n.* หุบเขาขนาดเล็ก
dingy (ดิน' จี) *adj.* **-gier, -giest** มอซอ, สกปรก,

น่าเบื่อ **-dingily** *adv.* **-dinginess** *n.* (-S. dirty)

dining car ตู้เสบียงของขบวนรถไฟ

dining room ห้องอาหาร

★**dinner** (ดิน' เนอร์) *n.* อาหารมื้อหลักของวัน, อาหารการกินที่จัดเตรียมขึ้นสำหรับโอกาสพิเศษ

dinner jacket ชุดทักซิโด, ชุดราตรีสโมสรของชายที่มีหางสั้น

dinosaur (ได' นะซอร์) *n.* ไดโนเสาร์ เป็นสัตว์เลื้อยคลานดึกดำบรรพ์ซึ่งสูญพันธุ์ไปแล้ว

dinosaur

dint (ดินท์) *n.* พลัง, กำลัง, ความพยายาม, รอยบุ๋ม, รอยบุบ **-by dint of** โดยวิธี, ด้วยวิธี

diocese (ได' อะซิซ, -ซีซ, -ซีซ) *n.* เขตการปกครองของบิชอป **-diocesan** *adj.*

dioxide (ไดออค' ไซด์) *n.* สารประกอบออกไซด์ที่มีออกซิเจน 2 อะตอมกับธาตุอื่น 1 อะตอม

★**dip** (ดิพ) *vt., vi.* **dipped, dipping** จุ่ม, ทาสีโดยใช้วิธีจุ่มลงสี, ชุบ, โบกขึ้นลง, ตัก, ดำน้ำ, จุ่มลงของเหลวแล้วดึงขึ้นอย่างรวดเร็ว, ตกหรือลดลงอย่างรวดเร็ว *-n.* การกระโดดน้ำ, การจุ่มลงของเหลวแล้วดึงขึ้นอย่างรวดเร็ว, ของเหลวสำหรับจุ่ม, ทางลาดลง, การตกลงไปอย่างรวดเร็ว, สิ่งที่แต่งหน้าอาหาร, (คำสแลง) นักล้วงกระเป๋า (-S. (v., n.) drop, plunge (n.) immersion)

diphtheria (ดิฟเธีย' เรีย, ดิพ-) *n.* โรคคอตีบเนื่องจากการติดเชื้อแบคทีเรียทำให้หายใจติดขัด

diphthong (ดิฟ' ธอง, ดิพ'-) *n.* สระควบ, เสียงสระควบ, เสียงกล้ำ

diploma (ดิโพล' มะ) *n.* อนุปริญญา, ประกาศนียบัตร, หนังสือสำคัญที่ออกโดยสถาบัน

diplomacy (ดิโพล' มะซี) *n.* ทักษะหรือศิลปะในการสร้างสัมพันธ์ เจรจาต่อรองหรือทำสัญญาระหว่างประเทศ, การทูต, ปฏิภาณ

diplomat (ดิพ' พละแมท) *n.* นักการทูต

diplomatic (ดิพพละแมท' ทิค) *adj.* เกี่ยวกับการทูต, มีศิลปะในการเจรจา, มีปฏิภาณ

dipole (ได' โพล) *n.* สายอากาศซึ่งมี 2 แฉก

dipsomania (ดิพซะเม' เนีย, -เมน'-) *n.* อาการอยากดื่มสุราหรือเครื่องดื่มที่มีแอลกอฮอล์อย่างมาก **-dipsomaniac** *n.*

dipstick (ดิพ' สติค) *n.* อุปกรณ์วัดความลึกหรือวัดปริมาตรของเหลวในภาชนะ

dire (ไดร์) *adj.* **direr, direst** ที่น่ากลัว, เป็นลางร้าย, เป็นภัย, ที่เร่งด่วน **-direly** *adv.*

★**direct** (ดิเรคท์', ได-) *vt., vi.* **-rected, -recting** ควบคุม, สั่ง, จัดการ, แสดงหรือชี้จุดมุ่งหมาย, แนะนำ, กำกับการแสดง, จ่าหน้าซองจดหมาย, เล็ง *-adj.* เป็นทางตรง, ตรงไปตรงมา, โดยตรง, โดยทันที *-adv.* โดยตรง (-S. (v.) control)

direct current ไฟฟ้ากระแสตรง ย่อว่า dc หรือ DC

★**direction** (ดิเรค' ชัน, ได-) *n.* การควบคุมหรือจัดการ, คำสั่ง, ทิศทาง, จุดมุ่งหมาย **-directions** คำสั่งหรือคำแนะนำ (-S. management)

directional (ดิเรค' ชะเนิล, ได-) *adj.* ที่ออกแบบมาเพื่อให้รับและส่งสัญญาณได้อย่างมีประสิทธิภาพ, ที่ไปตามทิศทาง

direction finder อุปกรณ์ที่ใช้สำหรับหาทิศทางของคลื่นวิทยุหรือสัญญาณต่างๆ

directive (ดิเรค' ทิฟว์, ได-) *n.* คำสั่ง

directly (ดิเรคท' ลี, ได-) *adv.* โดยตรง, ในทันที, ในช่วงสั้นๆ, อย่างสมบูรณ์ *-conj.* ทันทีที่

direct mail การโฆษณาสินค้าหรือบริการที่ส่งตรงถึงกลุ่มเป้าหมายโดยทางไปรษณีย์

direct object กรรมตรงของกริยาในประโยค

★**director** (ดิเรค' เทอร์, ได-) *n.* ผู้อำนวยการ, ผู้กำกับการแสดง **-directorship** *n.* (-S. leader)

directorate (ดิเรค' เทอริท, ได-) *n.* ตำแหน่งผู้อำนวยการ, คณะผู้บริหาร, คณะกรรมการ

directorial (ดิเรคทอ' เรียล, -โท'-, ได-) *adj.* เกี่ยวกับผู้บริหาร, เกี่ยวกับการบริหาร

directory (ดิเรค' ทะรี, ได-) *n., pl.* **-ries** หนังสือรวบรวมรายชื่อหรือรายละเอียดอื่นๆ ของกลุ่มบุคคลที่เฉพาะเจาะจง, รายชื่อไฟล์ที่เก็บไว้ในอุปกรณ์เก็บข้อมูลทางคอมพิวเตอร์

direct tax ภาษีที่คิดโดยตรงจากรายได้หรือทรัพย์สินของผู้เสียภาษี

dirge (เดิร์จ) *n.* เพลงสวดสำหรับพิธีศพ

dirigible (เดีย' ระจะเบิล, ดะริจ' จะเบิล) *adj.* ที่สามารถควบคุมบังคับได้ *-n.* เรือเหาะ, บอลลูน

★**dirt** (เดิร์ท) *n.* ดิน, สิ่งสกปรก, ของเสีย, สิ่งปฏิกูล, การนินทา, ข้อความลามก **-dirt-cheap** ถูกมากๆ (-S. earth, scandal)

★**dirty** (เดอร์' ที) *adj.* **-ier, -iest** สกปรก, ชั่วร้าย, ลามก, ไม่มีศีลธรรม, ไม่มีน้ำใจนักกีฬา, ไม่ซื่อสัตย์, น่ารังเกียจ, ทึมๆ, มีพายุ *-vt., vi.* **-ied, -ying** ทำให้สกปรก, ทำให้แปดเปื้อน **-dirty tricks** การทำลายคู่ต่อสู้โดยวิธีสกปรก **-dirtily** *adv.* (-S. filty, nasty, unfair)

dis- คำอุปสรรค หมายถึง ไม่, ตรงข้าม

disability (ดิซซะบิล' ลิที) *n., pl.* **-ties** สภาพที่ไร้ความสามารถ, ข้อบกพร่อง, ความพิการ,

ข้อจำกัด (-S. defect, impairment)

disable (ดิซเซ' เบิล) *vt.* **-bled, -bling** ทำให้พิการ, ทำให้ใช้งานไม่ได้, ตัดสิทธิ์ **-disablement** *n.* (-S. damage, impair)

★**disadvantage** (ดิซเซิดแวน' ทิจ) *n.* ภาวะที่เสียเปรียบ, ความเสียเปรียบ, ความเสียหาย, ข้อบกพร่อง, อุปสรรค *-vt.* **-taged, -taging** ทำให้เสียเปรียบ, ขัดขวาง **-disadvantageous** *adj.* **-disadvantageously** *adv.* (-S. (n.) burden, damage, defect -A. (n.) advantage)

disadvantaged (ดิซเซิดแวน' ทิจดฺ) *adj.* ยากจน, ที่ขาดโอกาส, ที่เป็นฝ่ายเสียเปรียบ **-the disadvantaged** กลุ่มคนที่ยากจน

disagree (ดิซซะกรี') *vi.* **-greed, -greeing** ขัดแย้ง, ไม่เห็นด้วย, ให้ผลเสีย (-S. argue)

disagreeable (ดิซซะกรี' อะเบิล) *adj.* ไม่เป็นที่พอใจ, ที่ขัดแย้ง, ที่อารมณ์ไม่ดี **-disagreeably** *adv.* **-disagreeableness** *n.*

disagreement (ดิซซะกรี' เมินทฺ) *n.* ความไม่เห็นด้วย, ความขัดแย้งทางความคิด, การโต้เถียง (-S. conflict, quarrel)

disallow (ดิซซะเลา') *vt.* **-lowed, -lowing** ปฏิเสธ, ห้าม **-disallowance** *n.* (-S. reject)

★**disappear** (ดิซซะเพียรฺ') *vi.* **-peared, -pearing** หายตัว, สูญหาย, หายสาบสูญ **-disappearance** *n.* (-S. vanish -A. appear)

★**disappoint** (ดิซซะพอยนฺทฺ') *vt.* **-pointed, -pointing** ทำให้ผิดหวัง, ทำให้พ่ายแพ้, ทำให้ล้มเหลว, ขัดขวาง **-disappointment** *n.*

disappointed (ดิซซะพอยนฺ' ทิด) *adj.* ที่ไม่สมหวัง, เสียใจ, ที่รู้สึกพ่ายแพ้

disappointing (ดิซซะพอยนฺ' ทิง) *adj.* ที่ทำให้ผิดหวัง, น่าเสียดาย **-disappointingly** *adv.*

★**disapprove** (ดิซซะพรูฟวฺ') *vt., vi.* **-proved, -proving** ไม่เห็นด้วย, วิจารณ์, ปฏิเสธ **-disapproval** *n.* **-disapprovingly** *adv.*

disarm (ดิซซารฺ่ม') *vt., vi.* **-armed, -arming** ทำให้ลดอาวุธหรือกำลังทหาร, ปลดอาวุธ, ทำให้เป็นมิตร **-disarmament** *n.*

disarrange (ดิซซะเรนจฺ') *vt.* **-ranged, -ranging** ทำให้ยุ่งเหยิง, ทำให้ไม่เป็นระเบียบ

disarray (ดิซซะเร') *n.* สภาวะที่สับสนวุ่นวาย, ความไม่เป็นระเบียบ *-vt.* **-rayed, -raying** ทำให้สับสนวุ่นวาย, ทำให้ไม่เป็นระเบียบ

★**disaster** (ดิแซส' เตอรฺ, -แซส'-) *n.* ความหายนะ, ภัยพิบัติ, ความโชคร้ายที่เกิดขึ้นอย่างฉับพลัน, (ภาษาพูด) ความล้มเหลว **-disastrous** *adj.* **-disastrously** *adv.* (-S. calamity)

disavow (ดิซซะเวา') *vt.* **-vowed, -vowing** ปฏิเสธ, ไม่ยอมรับ **-disavowal** *n.* (-S. deny)

disband (ดิซแบนดฺ') *vt., vi.* **-banded, -banding** ทำให้กระจัดกระจาย, ปลดประจำการ, สลาย **-disbandment** *n.* (-S. disperse)

disbelieve (ดิซบิลีฟวฺ') *vt., vi.* **-lieved, -lieving** ไม่เชื่อ, ไม่ยอมรับ **-disbelief** *n.*

disburden (ดิซเบอรฺ' เดิน) *vt., vi.* **-dened, -dening** ปลดปล่อย, บรรเทา, ปลดภาระ

disburse (ดิซเบิรฺซฺ') *vt.* **-bursed, -bursing** จ่ายเงิน, ชำระหนี้ **-disbursement** *n.*

disc (ดิซคฺ) *n.* ดู disk

discard (*v.* ดิสการฺ์ด', *n.* ดิส' การฺ์ด) *vt., vi.* **-carded, -carding** ละทิ้ง, กำจัด, ทิ้งไพ่, ปฏิเสธ *-n.* การทิ้งไพ่, ไพ่ที่ถูกทิ้ง

discern (ดิเซิรฺน', -เซิรฺน') *vt., vi.* **-cerned, -cerning** มองเห็น, สามารถแยกแยะความแตกต่าง, สามารถรับรู้หรือเข้าใจได้อย่างลึกซึ้ง

discernible (ดิเซอรฺ' นะเบิล, -เซอรฺ'-) *adj.* ที่สังเกตเห็นได้, ที่แยกแยะได้, ชัดเจน (-S. patent)

discerning (ดิเซอรฺ' นิง, -เซอรฺ'-) *adj.* ฉลาด, ที่สามารถแยกแยะ ตัดสิน รับรู้หรือเข้าใจได้ดี

discharge (*v.* ดิซชารฺ์จ', *n.* ดิซ' ชารฺ์จ, ดิซชารฺ์จ') *vt., vi.* **-charged, -charging** ขนสินค้าออกจากพาหนะ, ปลดปล่อย, ขับไล่, ไล่หรือปลดออก, จ่ายหนี้, ยิงปืน, ปล่อยออก *-n.* การปลดปล่อย, การยิงอาวุธ, การขับไล่, สิ่งที่ถูกขับออก, การปลดออก, การชำระหนี้

disciple (ดิไซ' เพิล) *n.* สาวก, ผู้ติดตาม

disciplinarian (ดิซซะพละแน' เรียน) *n.* ผู้ที่ถือปฏิบัติหรือรักษากฎอย่างเคร่งครัด

★**discipline** (ดิซ' ซะพลิน) *n.* การฝึกฝน, สิ่งที่ได้จากการฝึกฝน, วินัย, ข้อปฏิบัติทางศาสนา, การประพฤติตนตามกฎ, การลงโทษ, สาขาวิชา *-vt.* **-plined, -plining** ฝึกฝน, ควบคุม, ลงโทษ **-disciplinary** *adj.* (-S. (n., v.) control)

disclaim (ดิซเคลม') *vt., vi.* **-claimed, -claiming** ปฏิเสธข้อกล่าวหา, ปฏิเสธความเป็นเจ้าของ, สละสิทธิ์, ไม่ยอมรับ (-S. deny, reject)

disclose (ดิสโกลซ') *vt.* **-closed, -closing** เปิดเผย, เปิดโปง, ทำให้เป็นที่รู้จัก, แสดงให้เห็น **-disclosure** *n.* (-S. expose, reveal)

disco (ดิส' โก) *n., pl.* **-cos** ไนต์คลับ, ดนตรีจังหวะดิสโก้, ท่าเต้นตามจังหวะดิสโก้

discolor, discolour (ดิซคัล' เลอรฺ) *vt., vi.* **-ored, -oring/-oured, -ouring** ทำให้สีซีด สีตก

A B C D E F G H I J K L M N O P Q R S T U V W X Y Z

สีเปลี่ยนหรือสีด่าง **-discoloration** *n.*
discomfit (ดิซคัม' ฟิท) *vt.* **-fited, -fiting** ทำให้กระอักกระอ่วน, ทำให้สับสน (**-S.** embarrass)
discomfort (ดิซคัม' เฟิร์ท) *n.* ความไม่สบายกายหรือใจ, ความวิตกกังวล, สิ่งที่ก่อให้เกิดปัญหา (**-S.** anxiety, trouble)
discommode (ดิซคะโมด') *vt.* **-moded, -moding** ทำให้เกิดปัญหา, ทำให้ไม่สะดวก
discompose (ดิซเคิมโพซ') *vt.* **-posed, -posing** ก่อกวน, ทำให้ไม่สงบ, ทำให้ยุ่งเหยิง
disconcert (ดิซเคินเซิร์ท') *vt.* **-certed, -certing** ทำให้วุ่นวาย, รบกวน, เป็นอุปสรรค
disconnect (ดิซคะเนคท') *vt.* **-nected, -necting** ตัดการติดต่อ, ทำให้แยกออก, ตัดขาด, ปลดออก, ตัดกระแสไฟฟ้า, ถอดปลั๊ก
disconnected (ดิซคะเนค' ทิด) *adj.* ที่แยกออกจากกัน, ที่ไม่เชื่อมต่อกัน, ไม่ต่อเนื่อง
disconsolate (ดิซคอน' ซะลิท) *adj.* ที่เศร้าโศก, ที่หมดกำลังใจ **-disconsolately** *adv.* (**-S.** dejected, gloomy, sad)
discontent (ดิซเคินเทนท์') *n.* ความไม่พอใจ, สิ่งที่ทำให้ไม่พอใจ *-adj.* ที่ไม่พอใจ, ที่ไม่ชอบใจ *-vt.* **-tented, -tenting** ทำให้ไม่พอใจ, ทำให้ไม่ชอบใจ (**-S.** (n.) dissatisfaction)
discontented (ดิซเคินเทน' ทิด) *adj.* ที่ไม่พอใจ, ที่ไม่ชอบใจ **-discontentedly** *adv.*
discontinue (ดิซเคินทิน' นยู) *v.* **-ued, -uing** *-vt.* ทำให้หยุด, ทำให้ล้มเลิก, ยกฟ้อง *-vi.* หยุด, สิ้นสุด **-discontinuous** *adj.* (**-S.** halt, stop)
discord (ดิซ' คอร์ด) *n.* ความขัดแย้ง, ความไม่สอดคล้อง, เสียงดนตรีที่ไม่ประสานกัน
discordant (ดิสกอร์' เดินท) *adj.* ที่ขัดแย้ง, ไม่สอดคล้อง, ไม่ประสานเสียงกัน
discotheque (ดิซ' คะเทค) *n.* ไนต์คลับ
discount (*v.* ดิซ' เคานท์, ดิซเคานท์', *n.* ดิซ' เคานท์) *vt., vi.* **-counted, -counting** ลดราคา, ขายลดราคา, ยืมเงินแบบหักดอกเบี้ย ณ ที่จ่าย, ไม่เชื่อถือ *-n.* การลดจากปริมาณหรือมูลค่าที่เต็ม, การลดราคา, ส่วนลด, สินค้าที่ลดราคา (**-S.** (v.) disregard, reduce (n.) reduction)
discount broker ตัวแทนรับแลกเปลี่ยนตราสารทางการเงินโดยหักส่วนลดและคิดค่าธรรมเนียมจากผู้ขายหรือผู้ซื้อ
discount house/store ร้านขายสินค้าลดราคา
★**discourage** (ดิสเกอ' ริจ) *vt.* **-aged, -aging** ทำให้หมดกำลังใจ, ทำให้ท้อแท้, ขัดขวาง, ไม่เห็นด้วย **-discouragement** *n.* (**-S.** deject, dishearten **-A.** encourage, inspire)
discourse (*n.* ดิส' กอร์ซ, *v.* ดิสกอร์ซ') *n.* การพูดหรือเขียนบรรยาย, การอภิปราย, การปาฐกถา, การสนทนา *-vt., vi.* **-coursed, -coursing** พูดหรือเขียนบรรยาย, สนทนา, อภิปราย, สั่งสอน (**-S.** (n., v.) lecture)
discourteous (ดิซเคอร์' เทียซ) *adj.* ไม่มีมารยาท, หยาบคาย, ไม่สุภาพ (**-S.** impolite, rude)
★**discover** (ดิสกัฟ' เวอร์) *vt.* **-ered, -ering** ค้นคว้า, ค้นหา, ค้นพบ สังเกตหรือศึกษาเป็นคนแรก, เปิดเผย **-discoverer** *n.* (**-S.** explore)
★**discovery** (ดิสกัฟ' วะรี) *n., pl.* **-ies** สิ่งที่ค้นพบ, การค้นพบ, การเปิดเผย
discredit (ดิซเครด' ดิท) *vt.* **-ited, -iting** ทำให้เสียชื่อเสียง, ทำให้ไม่น่าเชื่อถือ, ไม่เชื่อถือ *-n.* การทำลายชื่อเสียงหรือความเชื่อถือ, คนหรือสิ่งที่ทำให้ขายหน้า, ความไม่เชื่อถือ
discreet (ดิสกรีท') *adj.* รอบคอบ, สุขุม, ฉลาด, มีไหวพริบ **-discreetly** *adv.* (**-S.** prudent)
discrepancy (ดิสเกรพ' เพินซี) *n., pl.* **-cies** ความแตกต่าง, ความขัดแย้ง, ข้อขัดแย้ง
discrete (ดิสกรีท') *adj.* ที่แตกต่าง, ที่แยกออกจากกัน, ที่ไม่ต่อเนื่อง **-discreteness** *n.*
discretion (ดิสเกรช' ชัน) *n.* ความฉลาดและสุขุมรอบคอบ, ความสามารถในการไตร่ตรอง, ดุลยพินิจ, อิสรภาพในการกระทำหรือตัดสินใจ
discriminate (ดิสกริม' มะเนท) *vi., vt.* **-nated, -nating** แยกแยะความแตกต่าง, ตัดสินอย่างรอบคอบ, มีอคติ, เลือกปฏิบัติ, แบ่งแยก **-discrimination** *n.* (**-S.** distinguish)
discriminating (ดิสกริม' มะเนทิง) *adj.* ที่สามารถแยกแยะได้, รอบคอบ, มีอคติ, ที่เลือกปฏิบัติ (**-S.** discerning, distinguishing, keen)
discursive (ดิสเกอร์' ซิฟว์) *adj.* ที่พูดอ้อมค้อม
discus (ดิส' เกิซ) *n., pl.* **-cuses/-ci** (-ไซ) จานกลมทำจากไม้ พลาสติกหรือโลหะ ใช้สำหรับเหวี่ยง
★**discuss** (ดิสกัซ') *vt.* **-cussed, -cussing** พูดแลกเปลี่ยนความคิดเห็น, อภิปราย, พิจารณา **-discussion** *n.* **-discussable** *adj.*
disdain (ดิซเดน') *-vt.* **-dained, -daining** ดูถูก, ไม่ให้เกียรติ, รังเกียจ *-n.* ความคิด ความรู้สึกหรือการแสดงอาการดูถูก **-disdainful** *adj.* **-disdainfully** *adv.* (**-S.** (v.) belittle)
★**disease** (ดิซีซ') *n.* ความเจ็บป่วย, ความผิดปกติของร่างกาย, โรค (**-S.** ailment, disorder)
diseased (ดิซีซด์') *adj.* ที่เจ็บป่วย, ที่ติดเชื้อ

โรค, ที่ผิดปกติ, ที่ไม่แข็งแรง (-S. ill, sick)
disembark (ดิซเซมบาร์ค') *vt., vi.* **-barked, -barking** นำคนหรือสินค้าออกจากพาหนะ, ขึ้นฝั่ง **-disembarkation** *n.* (-S. arrive, land)
disembarrass (ดิซเซมแบ' เริซ) *vt.* **-rassed, -rassing** ทำให้ผ่อนคลาย, ทำให้ไม่มีอุปสรรค
disenchant (ดิซเซนแชนท์') *vt.* **-chanted, -chanting** ทำให้เห็นความจริง, ทำให้ตาสว่าง, แก้เสน่ห์ **-disenchantment** *n.*
disencumber (ดิซเซนคัม' เบอร์) *vt.* **-bered, -bering** ช่วยให้หลุดพ้นจากอุปสรรค
disendow (ดิซเซนเดา') *vt.* **-dowed, -dowing** ถอนการให้เงินช่วยเหลือ **-disendowment** *n.*
disengage (ดิซเซนเกจ') *vt., vi.* **-gaged, -gaging** ทำให้หลุด, ปลดปล่อย, ทำให้เป็นอิสระ, หลุดพ้น **-disengagement** *n.*
disentangle (ดิซเซนแทง' เกิล) *vt., vi.* **-gled, -gling** ทำให้เป็นอิสระ, คลี่คลาย, แก้ปัญหา, แก้เชือก **-disentanglement** *n.* (-S. free)
disfavor, disfavour (ดิซเฟ' เวอร์) *n.* การไม่ยอมรับหรือไม่เห็นด้วย, ภาวะที่ไม่ได้รับการยอมรับ *-vt.* **-vored, -voring/-voured, -vouring** ไม่ชอบ, ไม่เห็นด้วย, ไม่ยอมรับ
disfigure (ดิซฟิก' เยอร์) *vt.* **-ured, -uring** ทำให้เสียโฉม, ทำให้เสียสภาพ, ทำให้เสียหาย
disfranchise (ดิซแฟรน' ไชซ์) *vt.* **-chised, -chising** ตัดสิทธิ์ในการออกเสียง, ตัดสิทธิ์การเป็นพลเมือง **-disfranchisement** *n.*
disgrace (ดิซเกรซ') *n.* การสูญเสียชื่อเสียงหรือการยอมรับ *-vt.* **-graced, -gracing** ทำให้เสียชื่อเสียงหรือการยอมรับ, ทำให้ไม่มีคุณค่า (-S. (n., v.) defame, discredit)
disgraceful (ดิซเกรซ' เฟิล) *adj.* ที่ทำให้เสื่อมเสีย, น่าละอาย **-disgracefully** *adv.*
disgruntled (ดิซกรัน' เทิลด์) *adj.* อารมณ์ไม่ดี, ไม่พอใจ (-S. discontented, resentful)
disguise (ดิซไกซ์') *vt.* **-guised, -guising** ปลอมตัว, ปิดบังหรือบิดเบือนความจริง *-n.* การปลอมตัว, อุปกรณ์ในการปลอมตัว (-S. (v.) camouflage, falsify (n.) pretense)
★**disgust** (ดิซกัซท์') *vt.* **-gusted, -gusting** ทำให้สะอิดสะเอียน, ทำให้รู้สึกรังเกียจ, ทำให้คลื่นไส้ *-n.* ความรู้สึกรังเกียจหรือสะอิดสะเอียน
disgusted (ดิซกัซ' ทิด) *adj.* เต็มไปด้วยความสะอิดสะเอียนหรือรังเกียจ **-disgustedly** *adv.*
disgusting (ดิซกัซ' ทิง) *adj.* ที่ทำให้รู้สึกรังเกียจหรือสะอิดสะเอียน **-disgustingly** *adv.*
★**dish** (ดิช) *n.* จาน, อาหารที่ใส่ไว้ในจาน, อาหาร 1 จาน, จานรับสัญญาณดาวเทียม *-vt.* **dished, dishing** เสิร์ฟด้วยจาน, เอาใส่จาน
dish antenna จานรับส่งสัญญาณ
disharmony (ดิซฮาร์' มะนี) *n.* ความไม่สอดคล้อง, ความแตกแยก **-disharmonious** *adj.*
dishcloth (ดิช' คลอธ) *n.* ผ้าล้างจาน
dishearten (ดิซฮาร์' เทิน) *vt.* **-ened, -ening** ทำให้ขลาดกลัว, ทำให้หมดความมั่นใจ
disheveled, dishevelled (ดิเชฟ' เวิลด์) *adj.* ที่ยุ่งเหยิง, ที่ไม่เป็นระเบียบ (-S. untidy)
dishful (ดิช' ฟุล) *n.* ปริมาณที่จานสามารถจุได้
dishonest (ดิซซอน' นิซท์) *adj.* ไม่ซื่อสัตย์, ที่หลอกลวง **-dishonestly** *adv.* (-S. crafty)
dishonesty (ดิซซอน' นิสตี) *n., pl.* **-ties** ความไม่ซื่อสัตย์, พฤติกรรมหรือคำพูดที่หลอกลวง
dishonor, dishonour (ดิซซอน' เนอร์) *n.* การเสื่อมเสียเกียรติหรือความน่าเชื่อถือ, สิ่งที่ทำให้เสียเกียรติ, ความน่าละอาย, การที่ธนาคารไม่รับหรือจ่ายตราสารทางการเงินให้ *-vt.* **-ored, -oring/-oured, -ouring** ทำให้เสียเกียรติหรือความน่าเชื่อถือ, ถูกธนาคารปฏิเสธการรับหรือจ่ายตราสารทางการเงิน, ทำลายความบริสุทธิ์
dishonorable (ดิซซอน' เนอระเบิล) *adj.* ที่ไม่น่าเชื่อถือ, ไม่มีศีลธรรม, น่าละอาย
disillusion (ดิซซิลู' ฌัน) *vt.* **-sioned, -sioning** ทำให้เข้าใจถูกต้อง, ทำให้เห็นถูก *-n.* การทำให้เข้าใจถูกต้อง **-disillusionment** *n.*
disincentive (ดิซซินเซน' ทิฟว์) *n.* อุปสรรค, สิ่งที่ทำให้ท้อแท้ (-S. deterrent, discouragement)
disincline (ดิซซินไคลน์') *vt., vi.* **-clined, -clining** ทำให้ไม่เต็มใจ, ทำให้ไม่ยินยอม
disinfect (ดิซซินเฟคท์') *vt.* **-fected, -fecting** ทำความสะอาด, ฆ่าเชื้อโรค **-disinfection** *n.*
disinfectant (ดิซซินเฟค' เทินท์) *n.* สิ่งที่ใช้ฆ่าเชื้อโรค (-S. antiseptic)
disingenuous (ดิซซินเจน' นยูเอิซ) *adj.* ไม่ซื่อสัตย์, ไม่จริงใจ (-S. insincere)
disinherit (ดิซซินเฮ' ริท) *vt.* **-ited, -iting** ทำให้ไม่มีสิทธิ์ในมรดก **-disinheritance** *n.*
disintegrate (ดิซซินู' ทิเกรท) *vi., vt.* **-grated, -grating** แตกเป็นชิ้นๆ, แตกสลาย, เน่าเปื่อย
disinter (ดิซซินเทอร์') *vt.* **-terred, -terring** ขุดดินเปิดหลุมฝังศพ **-disinterment** *n.*
disinterested (ดิซซิน' ทริสติด, -อิน' ทะเรสติด) *adj.* ไม่มีอคติ, เป็นกลาง, ไม่มีผลประโยชน์ (-S. dispassionate, indifferent)

disjoint (ดิซจอยน์ท') *vt.* **-jointed, -jointing** ทำให้แยกหรือแตกออก, ทำให้เคลื่อนที่

disjointed (ดิซจอยน์ ทิด) *adj.* ที่แยกออก, ไม่เชื่อมต่อกัน, ไม่ปะติดปะต่อ **-disjointedly** *adv.* (**-S.** separated)

disk, disc (ดิซค์) *n.* วัตถุหรือสิ่งที่มีรูปร่างกลมบางและแบน, แผ่นเสียง, แผ่นแม่เหล็กบันทึกข้อมูลทางคอมพิวเตอร์

disk, disc

disk/disc brake ห้ามล้อแบบจาน

disk drive อุปกรณ์ที่ทำหน้าที่อ่านข้อมูลหรือบันทึกข้อมูลลงแผ่นดิสก์ของคอมพิวเตอร์

diskette (ดิสเกท') *n.* แผ่นแม่เหล็กบันทึกข้อมูลอย่างอ่อน

disk/disc jockey ผู้จัดรายการวิทยุโทรทัศน์หรือในไนต์คลับ ย่อว่า DJ

disk operating system ระบบปฏิบัติการที่เกี่ยวข้องกับการจัดการข้อมูลหรือโปรแกรมที่บันทึกในแผ่นดิสก์ ย่อว่า DOS

★**dislike** (ดิซไลค์') *vt.* **-liked, -liking** ไม่ชอบ, ต่อต้าน *-n.* ความรู้สึกไม่ชอบหรือต่อต้าน

dislocate (ดิซ' โลเคท, ดิซโล' เคท) *vt.* **-cated, -cating** ทำให้เคลื่อนออกจากตำแหน่งเดิม, ก่อกวน, ทำให้ยุ่งเหยิง **-dislocation** *n.*

dislodge (ดิซลอจ') *v.* **-lodged, -lodging** *-vt.* ใช้กำลังขับไล่ให้ออกจากถิ่นเดิม *-vi.* ย้ายถิ่น **-dislodgment** *n.* (**-S.** remove)

disloyal (ดิซลอย' เอิล) *adj.* ไม่จงรักภักดี, ไม่ซื่อสัตย์ **-disloyalty** *n.* **-disloyally** *adv.*

dismal (ดิซ' เมิล) *adj.* ที่ซึมเศร้า, ที่ทุกข์ทรมาน, ไม่มีความสุข, ไม่มีชีวิตชีวา **-dismally** *adv.*

dismantle (ดิซแมน' เทิล) *vt.* **-tled, -tling** ถอดออก, รื้อออก, แยกออกเป็นส่วนๆ

dismay (ดิซเม') *vt.* **-mayed, -maying** ทำให้ตกใจกลัว, ทำให้ขวัญเสีย *-n.* ความรู้สึกกลัวหรือขาดความมั่นใจ (**-S.** (v.) horrify)

dismember (ดิซเมม' เบอร์) *vt.* **-bered, -bering** ตัดมือหรือขาออก, แบ่งหรือแยกออกเป็นส่วนๆ **-dismemberment** *n.* (**-S.** cut)

dismiss (ดิซมิซ') *vt.* **-missed, -missing** ปลดออกจากงาน, อนุญาตให้เลิกแถว, ขจัดออก, ยกฟ้อง, ปฏิเสธ **-dismissal** *n.*

dismount (ดิซเมาน์ท') *vi., vt.* **-mounted, -mounting** ลงจากยานพาหนะ, ถอดออกจากที่ยึด, แยกส่วนประกอบออก

disobey (ดิซซะเบ') *vi., vt.* **-beyed, -beying** ไม่ทำตามคำสั่ง, ไม่ทำตามกฎ, ไม่เชื่อฟัง **-disobedience** *n.* **-disobedient** *adj.*

disorder (ดิซซอร์' เดอร์) *n.* ความสับสนวุ่นวาย, การจลาจล, ความเจ็บป่วย *-vt.* **-dered, -dering** ทำให้สับสนวุ่นวาย, ทำให้ป่วย **-disorderly** *adj.*

disorganize (ดิซซอร์' กะไนซ์) *vt.* **-ized, -izing** ทำให้สับสนวุ่นวาย, ทำให้ไม่เป็นระเบียบ, ทำให้เสียระบบ **-disorganization** *n.*

disorient, disorientate (ดิซซอ' เรียนท์; -โอ'-, -เรินเทท) *vt.* **-ented, -enting/-tated, -tating** ทำให้สับสน, ทำให้ขาดสติ, ทำให้มึนงง

disown (ดิซโซน') *vt.* **-owned, -owning** ไม่รับรู้, ไม่ยอมรับ, ละทิ้ง (**-S.** deny, repudiate)

disparage (ดิสแป' ริจ) *vt.* **-aged, -aging** ดูถูก, ทำให้ด้อยค่า **-disparagement** *n.*

dispassionate (ดิซแพช' ชะนิท) *adj.* เป็นกลาง, ไม่มีอคติ (**-S.** disinterested, unbiased)

dispatch, despatch (*v.* ดิสแปช', *n.* ดิสแปช', ดิซ' แพช) *vt.* **-patched, -patching** ส่ง, ทำอย่างรวดเร็ว, ฆ่า *-n.* การส่ง, ความเร่งรีบในการทำงาน, ความว่องไว, เอกสารสำคัญ, ข่าวสาร, การฆ่า (**-S.** (v.) hasten, send off)

dispatch note ใบกำกับสินค้า

dispel (ดิสเปล') *vt.* **-pelled, -pelling** ทำให้กระจัดกระจาย, ทำให้หายไป, ทำให้หายสงสัย

dispensable (ดิสเปน' ซะเบิล) *adj.* ไม่สำคัญ, ไม่จำเป็น, ที่ละเลยได้ (**-S.** unnecessary)

dispense (ดิสเปนซ์') *vt., vi.* **-pensed, -pensing** กระจาย, แจกจ่าย, เตรียมและจ่ายยา, จัดการ, ยกเว้น **-dispensation** *n.*

dispenser (ดิสเปน' เซอร์) *n.* คนจ่ายยา, เครื่องจ่ายสิ่งของโดยอัตโนมัติ

disperse (ดิสเปิร์ซ') *vt., vi.* **-persed, -persing** ทำให้กระจัดกระจาย, ทำให้แสงฟุ้งกระจาย, ทำให้สลายไป, ทำให้แพร่หลาย (**-S.** scatter)

dispirited (ดิสปิ' ริทิด) *adj.* ท้อแท้, ซึมเศร้า, หมดกำลังใจ **-dispiritedly** *adv.* (**-S.** depressed)

displace (ดิซเพลซ') *vt.* **-placed, -placing** เอาออกจากที่เดิม, ขับไล่, เข้าไปแทนที่

displaced person คนที่ต้องอพยพออกจากบ้านเกิดของตนเนื่องจากสงคราม

★**display** (ดิสเปล') *vt.* **-played, -playing** แสดง, เปิดเผย, กางออก, แสดงภาพทางหน้าจอคอมพิวเตอร์ *-n.* การแสดง, การแสดงนิทรรศการ, โฆษณา, ตัวอย่าง, อุปกรณ์ที่แสดงผล (**-S.** (v.) demonstrate, disclose, exhibit)

displease (ดิซพลีซ') *vt., vi.* **-pleased, -pleas-**

ing ทำให้ไม่พอใจ, ทำให้โกรธ **-displeasing** *adj.* **-displeasingly** *adv.* **-displeasure** *n.*

disport (ดิสปอร์ท', -สโปร์ท') *vi., vt.* **-ported, -porting** ทำให้ตัวเองสนุกหรือผ่อนคลาย

disposable (ดิสโป' ซะเบิล) *n.* ของที่ใช้แล้วทิ้ง *-adj.* ที่ใช้แล้วทิ้ง, ที่นำมาใช้ได้

disposable goods สินค้าที่ใช้แล้วทิ้ง

disposal (ดิสโป' เซิล) *n.* การจัดวางลงตำแหน่งต่างๆ, การควบคุมจัดการ (**-S.** arrangement)

dispose (ดิสโปซ') *vt., vi.* **-posed, -posing** แจกจ่าย, จัดวาง, จัดการ, ควบคุม, ทำให้โน้มเอียง **-dispose of** ขับไล่, กำจัด, ฆ่า, โยกย้าย, จัดการ **-disposition** *n.*

dispossess (ดิซพะเซซ') *vt.* **-sessed, -sessing** ทำให้หมดสิทธิ์, ขับไล่, แย่งชิง **-dispossession** *n.* (**-S.** deprive, oust)

disproof (ดิซพรูฟ') *n.* การพิสูจน์ว่าผิด, หลักฐานที่ใช้ในการหักล้าง

disproportion (ดิซพระพอร์' ชัน, -โพร์'-) *n.* ความไม่สมดุล, สภาพที่ไม่ได้สัดส่วน

disproportionate (ดิซพระพอร์' ชะนิท, -โพร์'-) *adj.* ไม่ได้สัดส่วน, ไม่สมดุล, ผิดปกติ

disprove (ดิซพรูฟว์') *vt.* **-proved, -proving** พิสูจน์ว่าผิด, พิสูจน์หักล้าง (**-S.** contradict)

disputable (ดิสปยู' ทะเบิล, ดิซ' เพีย-) *adj.* เป็นปัญหา, ที่โต้แย้งได้ (**-S.** debatable)

disputant (ดิสปยูท' เทินท์, ดิซ' เพียเทินท์) *n.* ผู้โต้แย้ง, ผู้อภิปราย

★**dispute** (ดิสปยูท') *vi., vt.* **-puted, -puting** โต้แย้ง, อภิปราย, ตั้งคำถาม, แข่งขัน, ต่อต้าน, ทะเลาะ *-n.* การอภิปราย, การโต้เถียง, การทะเลาะ (**-S.** (v.) contradict, discuss)

disqualify (ดิซควอล' ละไฟ) *vt.* **-fied, -fying** ทำให้หมดสิทธิ์, ตัดสิทธิ์, ห้ามเข้าแข่งขันกีฬา, ห้าม **-disqualification** *n.* (**-S.** prohibit)

disquiet (ดิซไคว' อิท) *vt.* **-eted, -eting** ก่อปัญหา, ทำให้สับสน, รบกวน *-n.* ความวิตกกังวล, ความไม่สงบ, ภาวะที่มีปัญหา

disquisition (ดิซควิซิช' ชัน) *n.* การบรรยายหรือการอภิปรายซึ่งมักเกี่ยวกับงานเขียน

disregard (ดิซริการ์ด') *vt.* **-garded, -garding** ละเลย, เพิกเฉย, ไม่เอาใจใส่ *-n.* การเพิกเฉยหรือไม่เอาใจใส่ (**-S.** (v.) ignore (n.) inattention)

disrepair (ดิซริแพร์') *n.* สภาพที่ทรุดโทรมหรือต้องการการซ่อมแซม (**-S.** deterioration)

disrepute (ดิซริพยูท') *n.* การเสียชื่อเสียงหรือความน่าเชื่อถือ, ชื่อเสียงในด้านไม่ดี **-disreputable** *adj.* **-disreputably** *adv.*

disrespect (ดิซริสเปคท์') *n.* ความหยาบคาย, การไม่นอบน้อม **-disrespectful** *adj.* **-disrespectfully** *adv.* (**-S.** impoliteness)

disrobe (ดิซโรบ') *vt., vi.* **-robed, -robing** เปลื้องผ้า, ถอดชุด (**-S.** strip, undress)

disrupt (ดิซรัพท์') *vt.* **-rupted, -rupting** ทำให้สับสนวุ่นวาย, รบกวน, ขัดขวาง, ทำให้แตกออก **-disruption** *n.* **-disruptive** *adj.* (**-S.** disturb)

dissatisfy (ดิซแซท' ทิซไฟ) *vt.* **-fied, -fying** ทำให้ไม่พอใจ, ทำให้ผิดหวัง **-dissatisfied** *adj.* **-dissatisfaction** *n.* (**-S.** disappoint)

dissect (ดิเซคท์', ได-) *vt.* **-sected, -secting** ตัดเนื้อเยื่อออกเป็นส่วนๆ เพื่อศึกษาส่วนประกอบ, วิเคราะห์ในรายละเอียด, พิจารณาอย่างละเอียด **-dissection** *n.* (**-S.** examine)

dissemble (ดิเซม' เบิล) *vt., vi.* **-bled, -bling** อำพรางหรือปกปิดความจริง **-dissembler** *n.*

disseminate (ดิเซม' มะเนท) *vt., vi.* **-nated, -nating** ทำให้กระจาย, โปรย, เผยแพร่

dissension (ดิเซน' ชัน) *n.* ความขัดแย้ง, การโต้แย้ง (**-S.** conflict, disagreement)

dissent (ดิเซนท์') *vi.* **-sented, -senting** ไม่เห็นด้วย, คัดค้าน, ไม่ยอมรับแนวคิดอื่น *-n.* ความไม่เห็นด้วย, ความแตกต่างทางความคิด (**-S.** (v.) disagree **-A.** (v.) agree)

dissertation (ดิซเซอร์เท' ชัน) *n.* วิทยานิพนธ์

disservice (ดิซเซอร์' วิซ) *n.* การกระทำที่ก่ออันตราย, ภัย, ความเสียหาย (**-S.** injury)

dissident (ดิซ' ซิเดินท์) *adj.* ที่ขัดแย้งกัน, ที่ไม่เห็นด้วย *-n.* ผู้ที่ไม่เห็นด้วย, ผู้คัดค้าน, ผู้ต่อต้าน **-dissidence** *n.* (**-S.** (adj.) heterodox)

dissimilar (ดิซิม' มะเลอร์) *adj.* ไม่เหมือน, ที่แตกต่าง (**-S.** different, unlike **-A.** same)

dissimulate (ดิซิม' มยะเลท) *vt., vi.* **-lated, -lating** ปกปิด, ซ่อนเร้น, กลบเกลื่อนความรู้สึกหรือความคิดที่แท้จริง **-dissimulation** *n.*

dissipate (ดิซ' ซะเพท) *vt., vi.* **-pated, -pating** ทำให้กระจัดกระจาย, ทำให้สลายหรือจางไป, ใช้อย่างฟุ่มเฟือย, สำมะเลเทเมา **-dissipation** *n.*

dissociate (ดิโซ' ชีเอท, -ซี-) *vt., vi.* **-ated, -ating** ทำให้แยกออก, ทำให้แตกตัว **-dissociation** *n.* (**-S.** disperse, separate)

dissoluble (ดิซอล' ลยะเบิล) *adj.* ที่ถูกละลายได้ **-dissolubility** *n.*

dissolute (ดิซ' ซะลูท) *adj.* ไม่มีความยับยั้งชั่งใจ, ไม่มีศีลธรรม, เสเพล

dissolution (ดิซซะลู' ชั่น) *n.* การแตกแยก, การสิ้นสุดข้อตกลง พันธะหรือสัญญา, การยุบสภา

dissolve (ดิซอลฟ์ว') *vt., vi.* **-solved, -solving** ทำให้ละลาย, ทำให้หายไป, ทำให้แตกกระจาย, ยุติ, ยุบสภา (**-S.** disappear, end, melt)

dissonant (ดิซ' ซะเนินท์) *adj.* ไม่กลมกลืน, ไม่สอดคล้อง, ที่ขัดแย้งกัน **-dissonance** *n.*

dissuade (ดิซูเวด') *vt.* **-suaded, -suading** ขัดขวาง, ยับยั้ง, หน่วงเหนี่ยว **-dissuasion** *n.*

★**distance** (ดิส' เติ้นซ์) *n.* ระยะทาง, ระยะห่าง, ช่วงเวลา, ความห่างเหิน

★**distant** (ดิส' เติ้นท์) *adj.* ไกล, นาน, ห่างเหิน, เป็นญาติห่างๆ, ที่แยกออกจากกัน, ที่นานมาแล้ว **-distantly** *adv.* (**-S.** apart, far, long ago)

distaste (ดิซเทซท์') *n.* ความไม่ชอบ, ความไม่พอใจ, ความเกลียดชัง, ความรังเกียจ **-distasteful** *adj.* (**-S.** dislike **-A.** like)

distend (ดิสเตนด์') *vt., vi.* **-tended, -tending** ทำให้พองออก, ทำให้ขยายออก, โป่งออก, บาน

distill, distil (ดิสติล') *vt., vi.* **-tilled, -tilling** แยกหรือสกัดด้วยการกลั่น, ทำให้บริสุทธิ์ด้วยการกลั่น **-distillation** *n.*

★**distinct** (ดิสติงค์ท') *adj.* ที่แตกต่าง, ที่เฉพาะตัว, ที่เห็นได้ชัดเจน, ชัดเจน **-distinctly** *adv.* **-distinctness** *n.* (**-S.** clear, different)

★**distinction** (ดิสติงค์' ชั่น) *n.* ความแตกต่าง, ลักษณะที่แตกต่าง, ลักษณะที่พิเศษ, เกียรติยศ

★**distinctive** (ดิสติงค์' ทิฟว์) *adj.* ที่มีลักษณะพิเศษ, ที่แตกต่างจากสิ่งอื่น, ที่มีความเด่นชัด **-distinctively** *adv.* (**-S.** singular, special)

★**distinguish** (ดิสติง' กวิช) *vt., vi.* **-guished, -guishing** แยกแยะความแตกต่าง, ทำให้แตกต่าง, ทำให้เห็นเด่นชัด, จำแนก, ยกย่อง **-distinguishable** *adj.* (**-S.** discriminate)

distinguished (ดิสติง' กวิชท์) *adj.* ที่มีชื่อเสียง, เด่น (**-S.** eminent, famous, notable)

distort (ดิสตอร์ท') *vt.* **-torted, -torting** ทำให้บิดเบี้ยวหรือรูปร่างผิดส่วน, บิดเบือน, ทำให้รับรู้ข้อมูลผิดๆ **-distortion** *n.* (**-S.** contort)

distract (ดิสแตรคท์') *vt.* **-tracted, -tracting** ทำให้ไขว้เขว, ทำให้ไม่มีสมาธิ, ทำให้สับสน, ทำให้หงุดหงิด **-distraction** *n.* (**-S.** confuse)

distracted (ดิสแตรค' ทิด) *adj.* ที่ไขว้เขว, ที่ว้าวุ่น, ที่สับสน, บ้า, เสียสติ **-distractedly** *adv.*

distraught (ดิสตรอท') *adj.* คลุ้มคลั่ง, เสียสติ, ที่สับสนอย่างมาก (**-S.** crazy, mad)

distress (ดิสเตรซ') *vt.* **-tressed, -tressing** ทำให้วิตกกังวล, รบกวนจิตใจ *-n.* ความทุกข์, ความวิตกกังวล, สิ่งที่ทำให้วิตกกังวล, อันตรายหรือความลำบาก **-distressing** *adj.*

distressful (ดิสเตรซ' เฟิล) *adj.* ที่ทำให้มีความทุกข์, เต็มไปด้วยความทุกข์ **-distressfully** *adv.*

★**distribute** (ดิสตริบ' บยูท) *vt.* **-uted, -uting** แบ่งออกเป็นส่วนๆ, กระจายสินค้าไปยังผู้ค้าปลีก, แจกจ่าย, ทำให้กระจาย, จัดประเภท **-distribution** *n.* **-distributive** *adj.*

distributor (ดิสตริบ' บยะเทอร์) *n.* ผู้จัดจำหน่าย, ผู้แทนจำหน่าย, เครื่องจ่ายกระแสไฟฟ้า

district (ดิซ' ทริคท์) *n.* เขตการปกครอง เช่น ตำบล เมือง, พื้นที่ที่ใช้สำหรับวัตถุประสงค์พิเศษ

distrust (ดิซทรัซท์') *n.* ความสงสัย, ความไม่มั่นใจ, ความไม่ไว้วางใจ *-vt.* **-trusted, -trusting** ขาดความมั่นใจ, ไม่ไว้วางใจ, สงสัย

disturb (ดิสเติร์บ') *vt.* **-turbed, -turbing** ทำลายความสงบ, รบกวน, แทรกแซง, ทำให้วุ่นวาย

disturbance (ดิสเตอร์' เบินซ์) *n.* การรบกวน, สภาวะที่ถูกรบกวน, สิ่งที่รบกวน, การเดินขบวนประท้วง, ความสับสนวุ่นวาย (**-S.** interruption)

disunite (ดิซยูไนท์') *vt., vi.* **-nited, -niting** ทำให้แตกแยก, แบ่งแยก **-disunion** *n.*

disuse (ดิซยูซ') *n.* สภาวะที่เลิกการใช้งาน

disyllable, dissyllable (ได' ซิลละเบิล, ไดซิล'-) *n.* คำที่มีสองพยางค์ **-disyllabic** *adj.*

ditch (ดิช) *n.* ท่อ, คู, คลองขุด *-vt., vi.* **ditched, ditching** ขุดคู ท่อหรือคลอง, ส่งไปตามท่อ

dither (ดิธ' เธอร์) *n.* ภาวะที่สับสนหรือตื่นตกใจ *-vi.* **-ered, -ering** ตกใจ, สับสน

ditto (ดิท' โท) *n., pl.* **-tos** สิ่งที่เหมือนกับที่ได้กล่าวมาแล้ว, สำเนา, เครื่องหมายบุพสัญญา (") ใช้เขียนแทนคำหรือข้อความที่ซ้ำกับบรรทัดบน

diurnal (ไดเออร์' เนิล) *adj.* ที่เกิดขึ้นระหว่างวัน, ที่เกิดขึ้นในแต่ละวัน, ช่วงหนึ่งวัน, (สัตว์) ที่หากินตอนกลางวัน, (ดอกไม้) ที่บานตอนกลางวัน

divagate (ได' วะเกท, ดิฟ' วะ-) *vi.* **-gated, -gating** เฉไฉ, ออกนอกเรื่อง **-divagation** *n.*

divan (ดิแวน') *n.* โซฟายาวแบบไม่มีพนักพิง, ห้องพิจารณาคดีในประเทศมุสลิม

★**dive** (ไดฟว์) *vt., vi.* **dived/dove, dived, diving** พุ่งศีรษะลงไปในน้ำ, กระโดดลงน้ำ, ดำน้ำ, พุ่งเอาส่วนหัวลงอย่างรวดเร็ว, ตกลงมาอย่างรวดเร็ว *-n.* การกระโดดน้ำ, การดำน้ำ, การตกจากที่สูงอย่างรวดเร็ว (**-S.** (v., n.) dart, jump)

dive-bomb (ไดฟว์' บอม) *vt.* **-bombed, -bombing** ทิ้งระเบิดจากเครื่องบินขณะที่บินลง

ต่ำที่สุด **-dive-bomber** *n.*
diver (ได' เวอร์) *n.* นักประดาน้ำ, นกที่ดำน้ำได้
diverge (ดิเวิร์จ', ได-) *vi.* **-verged, -verging** แยกออก, แตกต่าง, เบี่ยงเบน (**-S.** deviate)
divers (ได' เวอร์ซ) *adj.* หลากหลาย, มากมาย
diverse (ดิเวิร์ซ', ได-, ได' เวิร์ซ) *adj.* ที่แตกต่าง, ที่หลากหลาย, นานาชนิด **-diversely** *adv.*
diversify (ดิเวอร์' ซะไฟ, ได-) *vt., vi.* **-fied, -fying** ทำให้มีหลากหลาย, ขยายกิจการให้หลากหลาย **-diversification** *n.* (**-S.** vary)
diversion (ดิเวอร์' ฌัน, -ชัน, ได-) *n.* การเปลี่ยนทิศทาง, ทางเบี่ยง, สิ่งที่ทำให้ไขว้เขว, การเบี่ยงเบนความสนใจ **-diversionary** *adj.*
diversity (ดิเวอร์' ซิที, ได-) *n., pl.* **-ties** ความแตกต่าง, ความหลากหลาย (**-S.** variety)
divert (ดิเวิร์ท', ได-) *vt.* **-verted, -verting** ทำให้เปลี่ยนทิศทาง, ทำให้เบี่ยงเบนความสนใจ, ทำให้ผ่อนคลาย (**-S.** amuse, deflect, distract)
★**divide** (ดิไวด์') *vt., vi.* **-vided, -viding** แบ่งแยก, แบ่ง, แบ่งปัน, จำแนก, แบ่งเป็น 2 ฝ่าย ทำให้มีความเห็นต่างกัน, หาร *-n.* เส้นหรือจุดแบ่ง, สันปันน้ำ (**-S.** (v.) allocate, separate)
dividend (ดิฟ' วิเดินด์) *n.* ตัวเลขที่ถูกหาร, เงินปันผล, ส่วนแบ่งจากผลประโยชน์
divider (ดิไว' เดอร์) *n.* คนหรือสิ่งที่ทำหน้าที่แบ่ง, ฉากกั้นบริเวณ **-dividers** วงเวียนปลายแหลมทั้ง 2 ข้าง ใช้สำหรับวัดหรือแบ่งระยะ
divine (ดิไวน์') *adj.* **-viner, -vinest** เกี่ยวกับหรือเหมือนพระเจ้า, ที่อุทิศตนเพื่อพระเจ้า, ยอดเยี่ยม *-n.* พระ, ผู้ศึกษาศาสนา
diving board ไม้กระดานสำหรับกระโดดน้ำ
diving suit ชุดประดาน้ำ
divining rod กิ่งไม้รูปตัว Y ที่เชื่อกันว่าสามารถชี้แหล่งแร่ธาตุหรือแหล่งน้ำ
divinity (ดิวิน' นิที) *n., pl.* **-ties** ลักษณะของพระเจ้า, พระเจ้า, การศึกษาเรื่องพระเจ้า
divisible (ดิวิซ' ซะเบิล) *adj.* ที่หารได้ลงตัว
★**division** (ดิวิฌ' ฌัน) *n.* การแบ่ง, การแบ่งแยก, สิ่งที่ถูกแบ่ง, ความเห็นที่ขัดแย้ง, เส้นแบ่งเขต, หน่วยย่อยของทหาร, ประเภท, การแบ่งประเภทของพืช, การหาร **-divisional** *adj.*
divisor (ดิไว' เซอร์) *n.* ตัวหาร
★**divorce** (ดิวอร์ซ', -โวร์ซ') *n.* การหย่าร้าง *-vt., vi.* **-vorced, -vorcing** หย่าร้าง, ฟ้องหย่า
divorcé (ดิวอร์เซ', -ซี') *n.* ชายที่หย่าแล้ว
divorcée, divorcee (ดิวอร์เซ', -ซี', -โวร์-) *n.* หญิงที่หย่าแล้ว

divulge (ดิวัลจ์') *vt.* **-vulged, -vulging** เปิดเผยความลับ, ทำให้เป็นที่รู้จัก **-divulgence** *n.*
DIY ย่อจาก do-it-yourself ที่สร้างหรือซ่อมแซมด้วยตัวเอง
★**dizzy** (ดิซ' ซี) *adj.* **-zier, -ziest** ที่วิงเวียนศีรษะ, ตาลาย, หน้ามืด **-dizziness** *n.*
DJ ย่อจาก disc jockey ผู้จัดรายการวิทยุ โทรทัศน์ หรือในไนต์คลับ
DNA (ดีเอนเอ') ย่อจาก deoxyribonucleic acid หน่วยพันธุกรรมที่ถ่ายทอดลักษณะเฉพาะของสิ่งมีชีวิต
DNA test การตรวจสอบดีเอ็นเอเพื่อใช้ระบุบุคคลหรือหาผู้ที่เป็นบิดาหรือมารดา
★**do**[1] (ดู) *vt., vi.* **did, done, doing** ทำงาน, กระทำ, ทำจนเสร็จ, แสดง, ทำให้เกิด, ผลิต, พยายาม, แก้ปัญหา, ทำการบ้าน, จัดการ, เตรียมการ, บริการ, (คำสแลง) โกหก หลอกลวง *-v. aux.* ใช้เป็นกริยาช่วยในประโยคคำถามหรือปฏิเสธ, ใช้เน้นคำกริยา *-n., pl.* **do's/dos** คำสั่ง, (ภาษาพูด) งานเลี้ยง การหลอกลวง

> **do** ทำ (กิจกรรมหรือทำงานต่างๆ) เช่น What are you doing? I'm doing my homework.
>
> **make** สร้างขึ้น, ทำขึ้น เช่น I'm making a small chair. สามารถใช้ make ร่วมกับนามอื่นๆ เช่น make friends (สร้างมิตร), make a difference (สร้างความแตกต่าง) เป็นต้น

do[2] (โด) *n.* เสียงโดเป็นเสียงแรกในทำนองดนตรี
doc (ดอค) *n.* (ภาษาพูด) หมอ แพทย์
★**docile** (ดอซ' เซิล, -ไซล์) *adj.* ที่เชื่อฟัง, เชื่อง, หัวอ่อน **-docilely** *adv.* **-docility** *n.*
★**dock**[1] (ดอค) *n.* ท่าเรือ, อู่ต่อและซ่อมแซมเรือ, ท่าขนส่งสินค้า *-vt., vi.* **docked, docking** เอาเรือเทียบท่าหรือเข้าอู่ (**-S.** (n.) waterfront)
dock[2] (ดอค) *n.* ส่วนที่แข็งของหางสัตว์เมื่อตัดขนออก, หางที่ถูกตัดสั้น *-vt.* **docked, docking** ลดค่าจ้างหรือเงินสนับสนุน, ตัดหางให้สั้น
dock[3] (ดอค) *n.* คอกสำหรับจำเลยในศาล
docket (ดอค' คิท) *n.* บทสรุป, รายการสินค้า, ใบปะหน้า *-vt.* **-eted, -eting** สรุปความ, ติดป้าย
★**doctor** (ดอค' เทอร์) *n.* แพทย์, ทันตแพทย์, สัตวแพทย์, ผู้สำเร็จการศึกษาระดับดุษฎีบัณฑิตหรือปริญญาเอก *-vt., vi.* **-tored, -toring** (ภาษาพูด) ให้การรักษา ปรุงรส ตบตา ก้าวก่าย

doctorate (ดอค' เทอริท) *n.* ปริญญาหรือสถานะของผู้ที่จบปริญญาเอกหรือเป็นแพทย์

doctrinaire (ดอคทระแนร') *n.* ผู้ที่ยึดถือแต่หลักการโดยไม่คำนึงถึงความเป็นจริง, คนที่ยึดมั่นถือมั่น *-adj.* เจ้าหลักการ, ยึดมั่นถือมั่น

doctrine (ดอค' ทริน) *n.* หลักการ, คำสั่งสอน, ทฤษฎี, ความเชื่อ, ลัทธิ (**-S.** belief, creed, dogma)

★**document** (*n.* ดอค' คยะเมินท์, *v.* -เมนท์) *n.* เอกสาร, หลักฐาน *-vt.* **-mented, -menting** สนับสนุนหรือพิสูจน์ด้วยหลักฐาน

documentary (ดอคยะเมน' ทะรี) *adj.* ที่แสดงข้อเท็จจริง, ที่ประกอบด้วยหรือเกี่ยวกับพยานหลักฐาน *-n., pl.* **-ries** สารคดีที่นำเสนอข้อเท็จจริงหรือวิเคราะห์เหตุการณ์ต่างๆ

dodder (ดอด' เดอร์) *vi.* **-dered, -dering** เดินสั่นด้วยความชรา, เดินโซเซ **-dodderer** *n.*

dodecagon (โดเดค' คะกอน) *n.* รูป 12 เหลี่ยม

dodecahedron (โดเดคคะฮี' เดริน) *n., pl.* **-drons/-dra** (-ดระ) รูปทรง 12 เหลี่ยม

dodge (ดอจ) *vt., vi.* **dodged, dodging** หลบหลีก, เลี่ยงโดยใช้อุบาย (**-S.** evade)

dodger (ดอจ' เจอร์) *n.* ผู้หลบหนี

dodgy (ดอจ' จี) *adj.* **-ier, -iest** ที่หลบเลี่ยง, ที่หลีกหนี, เจ้าเล่ห์, ไม่น่าไว้ใจ, เสี่ยง

dodo (โด' โด) *n., pl.* **-does/-dos** นกขนาดใหญ่ มีจะงอยปากใหญ่ คอสั้น ขาสั้นและมีปีกเล็ก จึงบินไม่ได้ ปัจจุบันสูญพันธุ์ไปแล้ว

dodo

doe (โด) *n., pl.* **doe/does** สัตว์เพศเมียของสัตว์เลี้ยงลูกด้วยนม เช่น กวาง กระต่ายป่า แพะ

doer (ดู' เออร์) *n.* ผู้ทำงานอย่างกระตือรือร้น

does (ดัซ) *v.* กริยาช่อง 1 ของ verb to do ใช้กับสรรพนามหรือนามเอกพจน์บุรุษที่ 3

doeskin (โด' สกิน) *n.* หนังสัตว์ของสัตว์ประเภทกวาง แพะหรือแกะ, เครื่องหนังที่ทำจากหนังสัตว์ดังกล่าว

doesn't (ดัซ' เซินท์) ย่อจาก does not

doff (ดอฟ) *vt.* **doffed, doffing** ถอดออก, เอาออก, ละทิ้ง (**-S.** raise, remove)

★**dog** (ดอก) *n., pl.* **dogs/dog** สุนัข, สัตว์ตัวผู้ของสัตว์จำพวกสุนัข, บุคคลที่น่ารังเกียจ, อุปกรณ์สำหรับเจาะหรือจับ *-vt.* **dogged, dogging** ติดตาม, ไล่ตาม, ยึดหรือมัด **-Dogs** ชื่อกลุ่มดาวสุนัข **-dogs** (คำสแลง) เท้า

dog collar ปลอกคอสุนัข, (ภาษาพูด) ปกคอเสื้อของพระ

dog days ช่วงที่มีอากาศร้อนมาก

dog-ear (ดอก' เอียร์) *n.* มุมกระดาษของหน้าหนังสือที่ถูกพับลง

dogfight (ดอก' ไฟท์) *n.* การต่อสู้อย่างชุลมุน

dogfish (ดอก' ฟิช) *n., pl.* **-fish/fishes** ปลาฉลามขนาดเล็ก

dogged (ดอ' กิด, ดอก' กิด) *adj.* ดื้อรั้น, หัวแข็ง **-doggedly** *adv.* **-doggedness** *n.*

doggish (ดอ' กิช, ดอก' กิช) *adj.* คล้ายสุนัข, หยาบกระด้าง, ที่ขู่คำราม, (ภาษาพูด) หรูหรา

doggy, doggie (ดอ' กี, ดอก' กี) *n., pl.* **-gies** สุนัขตัวเล็กๆ

doggy/doggie bag ถุงใส่อาหารที่รับประทานที่ภัตตาคารไม่หมดเพื่อนำกลับบ้าน

dogma (ดอก' มะ) *n., pl.* **-mas/-mata** หลักเกณฑ์หรือความเชื่อ, ลัทธิ (**-S.** belief, doctrine)

dogmatic (ดอกแมท' ทิค) *adj.* เกี่ยวข้องกับลัทธิ, ยึดมั่นถือมั่น **-dogmatically** *adv.* **-dogmatism** *n.* (**-S.** biased, insistent)

dogmatize (ดอก' มะไทซ์) *vi., vt.* **-tized, -tizing** แสดงความเชื่อของตนเอง, ประกาศลัทธิ

dog paddle ท่าว่ายน้ำที่ถีบเท้าและตีมือในน้ำตลอดเวลา, ท่าลูกหมาตกน้ำ

dogtooth (ดอก' ทูธ) *n.* ฟันสุนัข, เขี้ยว

dogtrot (ดอก' ทรอท) *n.* การวิ่งเหยาะๆ *-vi.* **-trotted, -trotting** วิ่งเหยาะๆ คล้ายสุนัขวิ่ง

doing (ดู' อิง) *n.* การแสดง, การกระทำ **-doings** กิจกรรมที่เกิดขึ้นในแต่ละวัน, เหตุการณ์ในสังคม (**-S.** performance)

do-it-yourself (ดูอิทเยอร์เซลฟ์') *adj.* เกี่ยวกับสิ่งที่ลงมือทำด้วยตนเอง ย่อว่า DIY

doldrums (โดล' เดริมซ์, ดอล'-) *n. pl.* ความหดหู่, บริเวณใกล้เส้นศูนย์สูตรที่มีลมพัดเอื่อยๆ

dole (โดล) *n.* สิ่งของที่บริจาค, การแบ่งปัน, เงินสงเคราะห์ผู้ว่างงาน *-vt.* **doled, doling** บริจาค, แจกจ่าย (**-S.** (n.) charity (v.) allocate)

doleful (โดล' เฟิล) *adj.* เต็มไปด้วยความเศร้าโศก, ที่ทำให้เสียใจ, มีทุกข์ **-dolefully** *adv.*

doll (ดอล) *n.* ตุ๊กตาเด็กเล่น, เด็กที่หน้าตาน่ารัก, (คำสแลง) หญิงสาวที่หน้าตาสวยแต่ไม่ฉลาด

★**dollar** (ดอล' เลอร์) *n.* หน่วยเงินตราของหลายประเทศ เช่น สหรัฐอเมริกา แคนาดา ซึ่ง 1 ดอลลาร์มีค่าเท่ากับ 100 เซนต์

dollar diplomacy นโยบายการใช้กำลังทางเศรษฐกิจของตนปกป้องผลประโยชน์ของ

ประเทศจากนักลงทุนต่างชาติ

dollop (ดอล' เลิพ) *n.* (ภาษาพูด) ก้อน ปริมาตร หรือจำนวนของสิ่งที่ไม่มีรูปทรง

dolly (ดอล' ลี) *n., pl.* **-lies** (ภาษาพูด) ตุ๊กตา, รถเลื่อนขนาดเล็กใช้ตั้งกล้องถ่ายภาพยนตร์, รถเลื่อนเตี้ยๆ สำหรับลอดใต้เครื่องยนต์

dolor, dolour (โด' เลอร์) *n.* ความเศร้าโศก เสียใจ, ความทุกข์ **-dolorous** *adj.* (**-S.** grief)

dolphin (ดอล' ฟิน) *n.* โลมา

dolt (ดอลท์) *n.* คนโง่ **-doltish** *adj.* (**-S.** fool)

domain (โดเมน') *n.* อาณาเขตในการปกครอง, อาณาจักร (**-S.** kingdom, realm)

dome (โดม) *n.* โครงสร้างของวัตถุที่มีรูปทรงครึ่งวงกลม, หลังคารูปครึ่งวงกลม

dome

★**domestic** (ดะเมส' ติค) *adj.* เกี่ยวกับครอบครัวหรือบ้าน, ที่ชอบใช้ชีวิตในบ้าน, (สัตว์) เชื่อง, เกี่ยวกับในประเทศ *-n.* คนรับใช้ในบ้าน

domesticate (ดะเมส' ติเคท) *vt.* **-cated, -cating** ทำให้ชอบอยู่บ้าน, ฝึกสัตว์ให้เชื่อง, ปรับให้เข้ากับสิ่งแวดล้อม **-domestication** *n.*

domicile (ดอม' มิไซล์, -เซิล, โด' มิ-) *n.* บ้าน, ที่พักอาศัย, ภูมิลำเนา (**-S.** residence)

dominant (ดอม' มะเนินท์) *adj.* ที่มีอิทธิพล, เด่น, มีจำนวนมากที่สุดในบริเวณหนึ่งๆ, สำคัญ *-n.* ลักษณะเด่นทางพันธุกรรม, สิ่งมีชีวิตที่มีจำนวนมากที่สุดในบริเวณนั้น **-dominantly** *adv.* **-dominance** *n.* (**-S.** (adj.) prominent)

dominate (ดอม' มะเนท) *vt., vi.* **-nated, -nating** ปกครอง, ควบคุม, มองลงมาจากที่สูง **-domination** *n.* (**-S.** control, rule)

domineering (ดอมมะเนีย' ริง) *adj.* ที่กดขี่, โหดร้าย, ที่ถือตัว **-domineeringly** *adv.*

dominion (ดะมิน' เยิน) *n.* การปกครอง, อำนาจปกครอง, อาณาเขตในการปกครอง

domino (ดอม' มะโน) *n., pl.* **-noes/-nos** ตัวต่อโดมิโน, ชุดแฟนซีที่มีเสื้อคลุมหลวมและใส่หน้ากาก **-dominoes/dominos** เกมโดมิโน

domino effect ผลกระทบที่เกิดจากเหตุการณ์ใดเหตุการณ์หนึ่ง ซึ่งส่งผลกระทบต่อๆ กันไปเป็นลูกโซ่

don[1] (ดอน) *n.* อาจารย์ในมหาวิทยาลัย, สุภาพบุรุษชาวสเปน **-Don** คำนำหน้าชื่อผู้ชายสเปน

don[2] (ดอน) *vt.* **donned, donning** สวมเสื้อผ้า

donate (โด' เนท, โดเนท') *vt., vi.* **-nated, -nating** อุทิศ, บริจาค, ให้ **-donator** *n.*

done (ดัน) *v.* กริยาช่อง 3 ของ do *-adj.* ที่ทำเสร็จแล้ว, ที่สุกกำลังดี, เป็นที่ยอมรับในสังคม

donee (โดนี') *n.* ผู้รับเงินบริจาค

★**donkey** (ดอง' คี, ดัง'-) *n., pl.* **-keys** ลา, (คำสแลง) คนหัวดื้อ คนโง่ **-donkey engine** เครื่องจักรไอน้ำขนาดเล็ก ใช้ยกของบนเรือ

donkey

donor (โด' เนอร์) *n.* ผู้บริจาค

don't (โดนท์) ย่อจาก do not *-n., pl.* **don'ts** คำสั่งห้าม, ข้อห้าม

doodle (ดูด' เดิล) *vi., vt.* **-dled, -dling** ลากเส้นอย่างเปะปะ *-n.* ลายเส้นที่ลากอย่างเปะปะ

doom (ดูม) *n.* คำพิพากษา, ชะตากรรม, ความหายนะ *-vt.* **doomed, dooming** ประณาม, พิพากษา, กำหนดชะตากรรม

doomsday (ดูมซ์' เด) *n.* วันที่พระผู้เป็นเจ้าพิพากษาโลก

★**door** (ดอร์, โดร์) *n.* ประตู, ทางเข้า, วิธีการเข้าถึง **-from door-to-door** เดินจากบ้านหนึ่งไปบ้านหนึ่ง (**-S.** access, entrance, gateway)

doorbell (ดอร์' เบล, โดร์'-) *n.* กริ่งประตู

doorkeeper (ดอร์' คีเพอร์) *n.* คนเฝ้าประตู

doorknob (ดอร์' นอบ) *n.* ลูกบิดประตู

doorman (ดอร์' แมน) *n., pl.* **-men** พนักงานต้อนรับที่ประตูทางเข้า

doormat (ดอร์' แมท) *n.* เสื่อสำหรับเช็ดเท้า, (คำสแลง) คนที่ยอมเป็นเบี้ยล่างผู้อื่น

doorplate (ดอร์' เพลท) *n.* แผ่นป้ายบอกชื่อที่ติดไว้ที่ประตู

doorstop (ดอร์' สตอพ) *n.* อุปกรณ์ที่ทำให้ประตูเปิดค้างได้ตามต้องการ

doorway (ดอร์' เว) *n.* ทางเข้า

dope (โดพ) *n.* (ภาษาพูด) ยากระตุ้น ยาโด๊ป ยาเสพติด คนโง่, (คำสแลง) ข่าววงในเกี่ยวกับสุขภาพม้าแข่ง, สารข้นเหนียวใช้เคลือบผิวกันน้ำ *-vt.* **doped, doping** ทำให้หมดสติโดยใช้ยาเสพติด, กระตุ้นด้วยยา, ทำให้มึนงง

dope fiend (คำสแลง) คนติดยาเสพติด ขี้ยา

dorm (ดอร์ม) *n.* (ภาษาพูด) หอพัก

dormant (ดอร์' เมินท์) *adj.* ที่อยู่นิ่ง, เฉื่อย, ที่อยู่ในภาวะจำศีลของสัตว์, ที่หลับอยู่นิ่งๆ, เงียบสงบชั่วคราว (**-S.** asleep, inert, latent)

dormer (ดอร์' เมอร์) *n.* หน้าต่างที่ยื่นออกจากหลังคา

dormitory (ดอร์' มิทอรี, -โทรี) *n., pl.* **-ries**

หอพัก, ห้องพักรวม

dormouse (ดอร์' เมาซ์) *n., pl.* **-mice** (-ไมซ์) สัตว์ประเภทกัดแทะ ตัวมีขนาดเล็กคล้ายหนู

dorsal (ดอร์' เซิล) *adj.* เกี่ยวกับหรืออยู่บนหลัง

dory (ดอ' รี, โด' รี) *n., pl.* **-ries** เรือท้องแบนขนาดเล็ก ใช้หาปลา

DOS (ดอส) ย่อจาก disk operating system ระบบปฏิบัติการที่เกี่ยวข้องกับการจัดการข้อมูลหรือโปรแกรมที่บันทึกในแผ่นดิสก์

dosage (โด' ซิจ) *n.* ปริมาณยาที่กำหนดให้ครั้งหนึ่งๆ, การให้ยาในครั้งหนึ่งๆ

dose (โดซ) *n.* ปริมาณยาหรือรังสีที่กำหนดให้ในหนึ่งครั้งหรือช่วงเวลาหนึ่ง *-vt.* **dosed, dosing** ให้ยา, จ่ายยา

doss (ดอซ) *n.* (คำสแลง) เตียงนอน *-vi.* **dossed, dossing** (คำสแลง) เข้านอน **-dosshouse** (คำสแลง) ที่พักราคาถูก

★**dot**[1] (ดอท) *n.* จุด, จุดทศนิยม, เครื่องหมายจุด, ปริมาณเล็กน้อย *-vt., vi.* **dotted, dotting** ทำเครื่องหมายจุด, ปกคลุมไปด้วยจุด, แต้มจุด

dot[2] (ดอท, โด) *n.* สินเดิมของหญิงก่อนสมรส

dotage (โด' ทิจ) *n.* การเสื่อมของร่างกายและสมองเพราะความชรา

dotard (โด' เทิร์ด) *n.* ผู้ย่างเข้าวัยชรา

dotcom (ดอท' คอม) *n.* บริษัทที่ทำธุรกิจทางอินเทอร์เน็ต *-adj.* เกี่ยวกับบริษัทดังกล่าว

dote (โดท) *vi.* **doted, doting** คลั่งไคล้หลงใหล

dot-matrix printer เครื่องพิมพ์ที่สร้างภาพและตัวอักษรโดยการใช้จุด

dotty (ดอท' ที) *adj.* **-tier, -tiest** เต็มไปด้วยจุด, (ภาษาพูด) ไม่มั่นคง บ้า ประหลาด โง่ น่าขัน **-dottily** *adv.* **-dottiness** *n.*

★**double** (ดับ' เบิล) *adj.* เป็นสองเท่า, เป็นคู่, เป็นสองครั้ง, มีสองส่วน, ที่จัดไว้สองที่, ที่มีสองความหมาย, ที่หลอกลวง, มีกลีบดอกสองชั้น *-adv.* สองเท่า, สองคู่ *-n.* ปริมาณ ขนาดหรือจำนวนสองเท่า, คนหรือสิ่งที่ดูเหมือนกันมาก, ตัวแสดงแทน, การวกกลับ *-vt., vi.* **-bled, -bling** เพิ่มหรือทำเป็นสองเท่า, พับเป็นสองทบ, ทำซ้ำ, วกกลับ, แสดงแทน, งอ

double agent นักสืบที่ทำงานให้ทั้งสองฝ่ายที่เป็นคู่กรณีกัน, นักสืบสองหน้า

double-barreled, double-barrelled (ดับ' เบิลแบ' เริลด์) *adj.* เป็นปืนที่มีสองลำกล้อง, ที่มีวัตถุประสงค์สองอย่าง, คลุมเครือ

double-breasted (ดับ' เบิลเบรส' ติด) *adj.* ที่มีกระดุมเรียงเป็นสองแถวบริเวณหน้าอก

double-check (ดับ' เบิลเชค') *vt., vi.* **-checked, -checking** ตรวจสอบซ้ำ, ตรวจทาน

double chin คางสองชั้น

double-cross (ดับ' เบิลครอซ') *vt.* **-crossed, -crossing** ทรยศ, หักหลัง (**-S.** betray, cheat)

double-dealing (ดับ' เบิลดี' ลิง) *adj.* ที่หลอกลวง, ที่หักหลัง *-n.* การหลอกลวง

double-decker (ดับ' เบิลเดค' เคอร์) *n.* พาหนะที่มีสองชั้น, สิ่งที่มีสองชั้น

double-decker

double dutch เกมกระโดดเชือกคู่ที่หมุนไปคนละทิศ, (ภาษาพูด) การเขียนหรือพูดไร้สาระ

double-faced (ดับ' เบิลเฟซท์') *adj.* ที่มีสองแง่, ที่ไม่ซื่อสัตย์, ที่ใช้ได้ทั้งสองด้าน

double-jointed (ดับ' เบิลจอยน์' ทิด) *adj.* ที่สามารถงอได้มากกว่าปกติ

double-quick (ดับ' เบิลควิค') *adj., adv.* เร็วมาก

doubly (ดับ' บลี) *adv.* เป็นสองเท่า, สองหน

★**doubt** (เดาท์) *vt., vi.* **doubted, doubting** สงสัย, ไม่เชื่อ, ไม่ไว้ใจ, ลังเล *-n.* ความไม่แน่นอน, ความไม่ไว้ใจ, สภาพที่ไม่แน่นอน **-doubtful** *adj.* **-doubtfully** *adv.*

dough (โด) *n.* ของผสมที่มีแป้ง น้ำและส่วนประกอบอื่นๆ เพื่อปั้นทำขนมปัง, (คำสแลง) เงิน

doughnut, donut (โด' นัท, -เนิท) *n.* ขนมแป้งสาลีรูปวงแหวนที่ทอดในน้ำมัน, ขนมโดนัต

dour (ดุร์, เดาร์) *adj.* **dourer, dourest** ดื้อ, เข้มงวด, โศกเศร้า **-dourly** *adv.*

douse[1]**, dowse** (เดาซ์) *vt., vi.* **doused, dousing/dowsed, dowsing** จุ่มลงในของเหลว, ทำให้เปียกชุ่ม, ดับไฟ (**-S.** immerse)

douse[2] (เดาซ์) *v.* ดู dowse[1]

dove[1] (ดัฟว์) *n.* นกพิราบ, ผู้ที่อ่อนโยนและบริสุทธิ์, สัญลักษณ์แห่งสันติภาพ **-dovish** *adj.*

dove[2] (ดัฟว์) *v.* กริยาช่อง 2 ของ dive

dovetail (ดัฟว์' เทล) *n.* เดือยประกบ, สลักลิ้น, ปากฉลาม *-vt., vi.* **-tailed, -tailing** ต่อเข้าด้วยกัน, เชื่อม, ประกบ (**-S.** (v.) combine, join)

dowager (เดา' อะเจอร์) *n.* หญิงม่ายที่ได้รับยศและสมบัติต่อจากสามี

dowdy (เดา' ดี) *adj.* **-dier, -diest** เชย, ล้าสมัย, ไม่เรียบร้อย *-n., pl.* **-dies** คนที่แต่งตัวเชย **-dowdily** *adv.* **-dowdiness** *n.*

dowel (เดา' เอิล) *n.* หมุดไม้หรือโลหะ, เดือย

dower (เดา' เออร์) *n.* มรดกที่หญิงม่ายได้รับเมื่อสามีเสียชีวิต, ทรัพย์สินของฝ่ายหญิงก่อนสมรส, พรสวรรค์ *-vt.* **-ered, -ering** ยกมรดกให้

★**down**[1] (เดานฺ) *adv.* จากที่สูงลงสู่ที่ต่ำ, ที่ตกหรือลดลง, ไปทางใต้, ที่ใช้งานไม่ได้, ซึ่งลดลง, ในทันที *-adj.* ที่ลดต่ำลง, ที่ซึมเศร้า *-prep.* ไปทางทิศใต้, ลงไปตามทาง *-n.* การเคลื่อนลงสู่ทิศใต้, สภาพที่ท้อแท้ *-vt.* **downed, downing** ทำให้ตกหรือล้มลง, ตีหรือต่อยให้ล้มลง

down[2] (เดานฺ) *n.* ขนที่ละเอียดและอ่อนนุ่ม, ส่วนที่อ่อนนุ่มที่ใบหรือผล

downbeat (เดานฺ' บีท) *n.* การให้สัญญาณตีครั้งแรกจากวาทยกรโดยการกวาดมือลง

downcast (เดานฺ' แคซทฺ) *adj.* หดหู่, เศร้าสร้อย, ไม่มีความสุข (**-S.** disheartened, sad)

downfall (เดานฺ' ฟอล) *n.* การสูญเสียอย่างรวดเร็ว, ฝนหรือหิมะที่ตกลงมาอย่างรุนแรง

downgrade (เดานฺ' เกรด) *vt.* **-graded, -grading** ทำให้ตกต่ำ, ลดค่า (**-S.** belittle)

downhearted (เดานฺ' ฮาร์' ทิด) *adj.* หดหู่, เศร้าสร้อย, หมดกำลังใจ (**-S.** depressed)

downhill (เดานฺ' ฮิล') *adv., adj* ซึ่งตกไปสู่ด้านล่าง, ซึ่งตกสู่ภาวะที่ตกต่ำ *-n.* การลาดเอียง, การแข่งขันสกีลงเขา

download (เดานฺ' โลด) *vt., vi.* **-loaded, -loading** ขนของลงจากพาหนะ, โอนย้ายข้อมูลหรือโปรแกรมคอมพิวเตอร์จากระบบที่ใหญ่สู่ระบบที่เล็กกว่า

down payment เงินมัดจำ, เงินดาวน์

downpour (เดานฺ' พอร์) *n.* ฝนที่ตกอย่างหนัก

downright (เดานฺ' ไรทฺ) *adj.* สมบูรณ์, ชัดเจน, ตรงไปตรงมา, ซื่อสัตย์ *-adv.* อย่างสมบูรณ์

★**downstairs** (เดานฺ' สแตรฺซฺ') *adv.* ลงสู่เบื้องล่าง, ลงบันได *-adj.* ที่อยู่ชั้นล่าง *-n.* ชั้นล่าง

downstream (*adj.* เดานฺ' สตรีม, *adv.* เดานฺ' สตรีม') *adj., adv.* ล่องไปตามกระแสน้ำ

Down's syndrome, Down syndrome อาการที่เกิดจากความผิดปกติของโครโมโซมคู่ที่ 21 ทำให้ใบหน้าแบน นัยน์ตาห่าง หางตาชี้ขึ้น ปัญญาอ่อนและอื่นๆ ที่ผิดปกติ

down-to-earth (เดานฺ' ทูเอิร์ธ', -ทะ-) *adj.* มีเหตุมีผล, ที่เป็นความจริง, เป็นธรรมชาติ

downtown (เดานฺ' เทานฺ) *n.* ย่านการค้า, ย่านธุรกิจ *-adj.* เกี่ยวกับหรืออยู่ในย่านธุรกิจ

downtrodden (เดานฺ' ทรอดเดิน) *adj.* ที่ถูกกดขี่, ที่ถูกกดดัน (**-S.** miserable, oppressed)

★**downward** (เดานฺ' เวิร์ด) *adv., adj.* จากที่สูงลงสู่ที่ต่ำ **-downwards** *adv.*

dowry (เดา' รี) *n., pl.* **-ries** ทรัพย์สินของฝ่ายหญิงก่อนสมรส, พรสวรรค์ (**-S.** gift)

dowse[1]**, douse** (เดาซฺ) *vi.* **dowsed, dowsing/doused, dousing** ใช้ไม้ง่ามรูปตัว Y ในการหาน้ำหรือแร่ธาตุใต้ดิน

dowse[2] (เดาซฺ) *v., n.* ดู douse[1]

doz, doz. ย่อจาก dozen โหล

doze (โดซ) *vi., vt.* **dozed, dozing** งีบหลับ, ใช้เวลางีบหลับ *-n.* การนอนหลับในช่วงสั้นๆ

★**dozen** (ดัซ' เซิน) *n., pl.* **dozen** จำนวน 12 ชิ้น, หนึ่งโหล **-dozens (of)** จำนวนมากมาย

DP ย่อจาก data processing การประมวลข้อมูลของเครื่องคอมพิวเตอร์

DPhil, DPh, D. Phil., D. Ph. ย่อจาก Doctor of Philosophy ปริญญาดุษฎีบัณฑิต

dpt, dpt. ย่อจาก department แผนก, กอง

Dr, Dr. ย่อจาก doctor แพทย์, ผู้จบปริญญาเอก

drab (แดรบ) *adj.* **drabber, drabbest** มีสีน้ำตาลขุ่น, มีสีกากี, ไม่น่าสนใจ, น่าเบื่อ, ธรรมดา

draft (แดรฟทฺ) *n.* แบบร่างคร่าวๆ, ตั๋วเงิน, กลุ่มคนที่ถูกเลือกเพื่อปฏิบัติหน้าที่พิเศษ, เครื่องดื่ม, การไหลเวียนอากาศ *-vt., vi.* **drafted, drafting** คัดเลือก, เกณฑ์, ร่างภาพหรือเอกสาร (**-S.** (n.) cheque (n., v.) outline, plan)

draftee (แดรฟที') *n.* ผู้ที่ถูกคัดเลือก, ทหารเกณฑ์

draftsman (แดรฟทฺซฺ' เมิน) *n., pl.* **-men** ผู้ออกแบบหรือวางโครงสร้างของตึกหรือเครื่องจักร, นักวาดภาพ, ผู้ร่างบทสุนทรพจน์

drafty (แดรฟ' ที) *adj.* **-ier, -iest** มีหรือปล่อยให้ลมไหลเวียน

★**drag** (แดรก) *vt., vi.* **dragged, dragging** ลาก, ดึง, ขุดลอกคลองเพื่อหาสิ่งของ, ทำให้ยืดหรือขยายออก, ทำให้เคลื่อนที่โดยต้องใช้แรงมาก, เคลื่อนเมาส์ของคอมพิวเตอร์, เคลื่อนไปอย่างช้าๆ, ทำอย่างเชื่องช้า *-n.* การลากดึง, อุปกรณ์สำหรับลาก, เครื่องถ่วงเรือให้อยู่กับที่, รถม้าขนาดใหญ่, อุปสรรค, สิ่งที่ถูกลากจูง, การเคลื่อนที่อย่างเชื่องช้า, (คำสแลง) การสวมเสื้อผ้าของเพศตรงข้าม (**-S.** (v., n.) pull)

draggle (แดรก' เกิล) *vt., vi.* **-gled, -gling** ทำให้เปียกและเปื้อนโดยการลาก, ครูดไถลไปตามพื้น, ติดตามอย่างช้าๆ

dragon (แดรก' เกิน) *n.* มังกร, คนที่ดุร้าย

dragonfly (แดรก' เกินไฟล) *n., pl.* **-flies** แมลงปอ

★**drain** (เดรน) *vt., vi.* **drained, draining** เท

A
B
C
D
E
F
G
H
I
J
K
L
M
N
O
P
Q
R
S
T
U
V
W
X
Y
Z

ออก, ทำให้ว่างเปล่า, ใช้จนหมดอย่างช้าๆ, ดื่มจนหมด, ระบายน้ำ, ทำให้เหนื่อยล้า *-n.* ท่อ, สิ่งที่ทำให้ค่อยๆ สูญเสียพลัง

drainage (เดร' นิจ) *n.* ระบบ วิธีหรือการระบายของเหลว, สิ่งที่ถูกระบายออก

drainpipe (เดรน' ไพพ์) *n.* ท่อน้ำทิ้ง

drake (เดรก) *n.* เป็ดตัวผู้

drama (ดรา' มะ, แดรม' มะ) *n.* ละคร, บทละคร, เรื่องราวที่น่าตื่นเต้นหรือน่าสนใจ

★**dramatic** (ดระแมท' ทิค) *adj.* เกี่ยวกับละคร, น่าตื่นเต้น, น่าสนใจ, ที่แสดงออกเกินความจริง **-dramatics** ศิลปะการแสดงละคร, การแสดงที่เกินความเป็นจริง **-dramatically** *adv.* (**-S.** exciting, theatrical)

dramatis personae (แดรม' มะทิซ เพอร์โซ' นี, ดรา' มะทิซเพอร์โซ' ไน) *n. pl.* ตัวละครทั้งหมดในเรื่อง, รายชื่อตัวละคร

dramatize (แดรม' มะไทซ์, ดรา' มะ-) *vt., vi.* **-tized, -tizing** แปลงให้เป็นละคร, แสดงเกินจริง **-dramatization** *n.* **-dramatist** *n.*

drank (แดรงค์) *v.* กริยาช่อง 2 ของ drink

★**drape** (เดรพ) *vt., vi.* **draped, draping** ตกแต่ง แขวนหรือคลุมด้วยผ้าอย่างหลวมๆ, แขวนผ้าม่าน *-n.* ผ้าม่าน (**-S.** (v.) cover, hang)

draper (เดร' เพอร์) *n.* คนขายผ้าและสินค้าแห้ง

drapery (เดร' พะรี) *n., pl.* **-ies** การค้าขายผ้า, ผ้าที่ใช้แขวน, ผ้าม่าน, สินค้าแห้ง

drastic (แดรส' ติค) *adj.* ที่รุนแรง, ที่เกิดผลอย่างรุนแรงและฉับพลัน **-drastically** *adv.*

draught (ดราฟท์) *n., v.* ดู draft

draughts (แดรฟท์ซ์) *n. pl.* เกมหมากรุก

draughty (แดรฟ' ที, ดราฟ'-) *adj.* ดู drafty

★**draw** (ดรอ) *vt., vi.* **drew, drawn, drawing** ลาก, หายใจเข้า, สูบหรือดูดเข้ามา, ดึง, สกัดออกมา, เขียนเช็ค, ถอนเงิน, ได้รับ, จั่วไพ่, เลือกแบบสุ่ม, ทำให้ยืดออก, โก่งคันธนู, ลากเส้น, วาดรูป, ดึงดูดความสนใจ, เขียนสัญญา, ทำให้อากาศหมุนเวียน *-n.* การร่างภาพ, ภาพวาด, การหายใจเข้า, สิ่งที่ดึงดูดความสนใจ, การจั่วไพ่, สิ่งที่ถูกเลือกแบบสุ่ม (**-S.** (v., n.) pull, sketch)

drawback (ดรอ' แบค) *n.* ข้อเสียเปรียบ, อุปสรรค, เงินภาษีที่ได้คืน (**-S.** disadvantage)

drawbridge (ดรอ' บริจ) *n.* สะพานที่สามารถยกปลายด้านหนึ่งขึ้นได้เพื่อป้องกันการผ่านเข้ามา

drawee (ดรออี') *n.* ผู้จ่ายเงิน

★**drawer** (ดรอ' เออร์) *n.* คนที่วาดภาพ, คนที่สั่งจ่ายเงิน, ลิ้นชัก **-drawers** ชุดชั้นใน

★**drawing** (ดรอ' อิง) *n.* ศิลปะในการวาดภาพ, การร่างภาพ, ภาพที่วาด

drawing pin หมุดหัวแบนใช้ติดกระดาษกับแผ่นกระดาน

drawing room ห้องรับรองแขก

drawl (ดรอล) *vi., vt.* **drawled, drawling** พูดยานคาง *-n.* การพูดยานคาง

drawn (ดรอน) *v.* กริยาช่อง 3 ของ draw *-adj.* ที่เหนื่อยล้า, ที่เสมอกัน

dread (เดรด) *vt., vi.* **dreaded, dreading** หวาดกลัว, เกรงกลัว *-n.* ความหวาดกลัว **-dreadful** *adj.* **-dreadfully** *adv.*

★**dream** (ดรีม) *n.* ความฝัน, ความเพ้อฝัน, ความปรารถนา, สิ่งที่สวยงามหรือถูกใจ *-vi., vt.* **dreamed/dreamt, dreaming** ฝัน, ฝันกลางวัน, คิดถึงสิ่งที่เป็นไปได้, จินตนาการ

dreamer (ดรี' เมอร์) *n.* คนช่างฝัน, คนที่มีจินตนาการ, คนที่ชอบเพ้อฝัน

dreamy (ดรี' มี) *adj.* **-ier, -iest** เหมือนความฝัน, (ภาษาพูด) ดีเยี่ยม **-dreamily** *adv.*

dreary (เดรีย' รี) *adj.* **-rier, -riest** เศร้าหมอง, ไม่มีชีวิตชีวา, เป็นทุกข์, น่าเบื่อ **-drearily** *adv.*

dredge[1] (เดรจ) *n.* อุปกรณ์ที่ติดตาข่ายเพื่อจับสัตว์น้ำหรือพืชน้ำ, อุปกรณ์ที่ใช้ขุดหรือตักสิ่งของในน้ำ *-vt., vi.* **dredged, dredging** ทำให้สะอาด, ขุดลอกหรือใช้อุปกรณ์ดังกล่าว

dredge[2] (เดรจ) *vt.* **dredged, dredging** โรยหน้าด้วยสิ่งที่มีลักษณะเป็นผง เช่น น้ำตาล

dregs (เดรกซ์) *n. pl.* ตะกอนที่นอนก้นในของเหลว, ส่วนที่ไม่มีประโยชน์ **-dreg** ส่วนที่เหลือ

drench (เดรนช์) *vt.* **drenched, drenching** ทำให้เปียกชุ่ม, จุ่ม, ให้ยาน้ำแก่สัตว์ (**-S.** soak)

★**dress** (เดรซ) *vt., vi.* **dressed, dressing** สวมเสื้อผ้า, ตกแต่ง, จัดแถวทหาร, ล้างแผล, เตรียม, แปรงขนสัตว์, ใส่ปุ๋ย, ทำความสะอาดสัตว์เพื่อเตรียมขาย *-n.* เสื้อผ้า, เสื้อกระโปรงชุด, ชุดที่เป็นทางการ, สิ่งที่ใช้ปกคลุม

dresser (เดรซ' เซอร์) *n.* ช่างแต่งตัวนักแสดง, ผู้ช่วยศัลยแพทย์ที่ทำหน้าที่ตกแต่งแผล, โต๊ะเครื่องแป้ง, ตู้เก็บถ้วยชามในครัว

dressing (เดรซ' ซิง) *n.* ยาและอุปกรณ์ในการล้างแผล, ซอสปรุงรส, น้ำสลัด, เครื่องปรุงและอื่นๆ ที่ใช้ยัดเป็นไส้ในอาหาร, ปุ๋ย

dressing gown เสื้อคลุมอาบน้ำหรือเปลี่ยนชุด

dressing room ห้องเปลี่ยนเสื้อผ้าและแต่งตัว

dressing table โต๊ะเครื่องแป้ง

dressmaker (เดรซ' เมเคอร์) *n.* ช่างตัดเสื้อ

A B C D E F G H I J K L M N O P Q R S T U V W X Y Z

ผู้หญิง โดยเฉพาะกระโปรง
dress rehearsal การซ้อมละครที่สวมชุดแสดงจริง
dressy (เดรซ' ซี) *adj.* **-ier, -iest** หรูหรา, ทันสมัย, ชอบแต่งตัว
drew (ดรู) *v.* กริยาช่อง 2 ของ draw
drib (ดริบ) *n.* ปริมาณที่น้อยมากจนละเลยได้
dribble (ดริบ' เบิล) *vi., vt.* **-bled, -bling** ไหลเป็นหยดๆ, ค่อยๆ ไหล, ปล่อยให้น้ำลายไหล, เตะลูกฟุตบอลในระยะสั้น **-dribbler** *n.*
★**driblet** (ดริบ' ลิท) *n.* หยดของเหลวขนาดเล็ก, ปริมาณเล็กน้อย, ส่วนน้อย
dried (ไดรด์) *v.* กริยาช่อง 2 และ 3 ของ dry
drier[1], **dryer** (ไดร' เออร์) *n.* สิ่งที่ทำให้แห้ง, สารที่เติมในสีหมึกหรือวานิชเพื่อให้แห้งเร็วขึ้น
drier[2] (ไดร' เออร์) *adj.* คุณศัพท์เปรียบเทียบขั้นกว่าของ dry
drift (ดริฟท์) *vi., vt.* **drifted, drifting** ลอยไปตามกระแสลมหรือน้ำ, เร่ร่อน, สะสมเป็นกอง *-n.* การหรือสภาวะที่ล่องลอย, สิ่งที่กองรวมกันจากการพัดของลมหรือน้ำ, แนวโน้ม, ความหมาย
drifter (ดริฟ' เทอร์) *n.* คนที่เร่ร่อน, คนที่เปลี่ยนงานบ่อย
drill[1] (ดริล) *n.* เครื่องเจาะรู, การฝึกภาคสนามของทหาร, การอบรมซ้ำๆ อย่างต่อเนื่อง *-vt., vi.* **drilled, drilling** เจาะรู, สอนซ้ำๆ, ปลูกฝัง, ฝึกฝน (-S. (n., v.) practice, puncture (v.) instruct)
drill[2] (ดริล) *n.* ผ้าฝ้ายที่มีความทนทาน, ผ้าทอลายสอง
drillmaster (ดริล' แมสเตอร์) *n.* ผู้ฝึก, ครูฝึก
★**drink** (ดริงค์) *vt., vi.* **drank, drunk, drinking** กลืน, ดูดซับ, ดื่มอวยพร, ดื่มเครื่องดื่มแอลกอฮอล์ *-n.* เครื่องดื่ม, เครื่องดื่มแอลกอฮอล์
drinkable (ดริง' คะเบิล) *adj.* เหมาะสำหรับการดื่ม *-n.* เครื่องดื่ม (-S. (adj.) potable)
drinking fountain ที่กดน้ำดื่มสาธารณะ
drip (ดริพ) *vi., vt.* **dripped, dripping** ซึมไหลหรือตกลงมาเป็นหยด, รวมตัวเป็นหยด *-n.* การรวมตัวเป็นหยดและตกลงมา, หยดของเหลว
dripping (ดริพ' พิง) *n.* ไขมันและของเหลวที่หยดออกจากเนื้อที่กำลังถูกย่าง **-drippings** ของเหลวที่หยดหรือตกลงมาเป็นหยดๆ
dripping pan กระทะรองหยดไขมันหรือของเหลวจากเนื้อย่าง
★**drive** (ไดรฟว์) *vt., vi.* **drove, driven, driving** กระตุ้น, ควบคุม, บังคับ, ขับพาหนะ, เดินทาง, ใช้งานเครื่องยนต์, พุ่งไปข้างหน้า, ขับไล่, ต้อนสัตว์, ตีตะปู, เจาะรู, ตีหรือส่งลูก *-n.* การเดินทางโดยพาหนะ, การใช้งานเครื่องยนต์, พลังงานในการขับเคลื่อน, อุปกรณ์ในการขับเคลื่อน, การรณรงค์, การต้อนสัตว์, ถนนส่วนบุคคลที่ตรงไปยังประตูบ้าน, อุปกรณ์ที่ใช้อ่านและบันทึกข้อมูลของคอมพิวเตอร์, แรงกระตุ้น, การตีลูกกอล์ฟ
drive-by, driveby (ไดรฟว์' ไบ) *adj.* (การยิง) ที่มาจากพาหนะซึ่งกำลังเคลื่อนที่ *-n., pl.* **-bys** การยิงจากพาหนะซึ่งกำลังเคลื่อนที่ในการก่ออาชญากรรม
drive-in (ไดรฟว์' อิน) *n.* สถานที่ที่ออกแบบให้สามารถขับรถเข้าไปใช้บริการได้ เช่น โรงหนัง
drivel (ดริฟ' เวิล) *vi., vt.* **-eled, -eling/-elled, -elling** น้ำลายไหล, น้ำมูกไหล, พูดเหลวไหล *-n.* น้ำลายที่ไหลออกมา, การพูดเหลวไหล
driven (ดริฟ' เวิน) *v.* กริยาช่อง 3 ของ drive
★**driver** (ไดร' เวอร์) *n.* ผู้ควบคุมพาหนะ, ไม้ตีกอล์ฟที่มีหัวขนาดใหญ่
driving license ใบอนุญาตขับขี่รถยนต์
driving school โรงเรียนสอนขับขี่รถยนต์
driving test การทดสอบเพื่อขอใบอนุญาตขับขี่รถยนต์
drizzle (ดริซ' เซิล) *vt., vi.* **-zled, -zling** มีฝนตกปรอยๆ, มีฝนตกพรำๆ *-n.* ฝนตกพรำๆ, ฝนตกปรอยๆ **-drizzly** *adj.*
drogue parachute ชูชีพขนาดเล็กใช้ดึงชูชีพขนาดใหญ่ออกจากที่เก็บ
droll (โดรล) *adj.* **droller, drollest** ตลก, น่าขัน, แปลกประหลาด (-S. eccentric, funny)
drollery (โดร' ละรี) *n., pl.* **-ies** เรื่องตลก, การแสดง พูดหรือทำตลก, มุขตลก
dromedary (ดรอม' มิเดรี, ดรัม'-) *n., pl.* **-ies** อูฐหนอกเดียว
drone (โดรน) *n.* ผึ้งตัวผู้, คนที่เกาะคนอื่นกิน, กาฝาก, เสียงหึ่งๆ, การพูดด้วยเสียงโทนเดียว *-vi.* **droned, droning** เป็นกาฝาก, ส่งเสียงหึ่งๆ ที่น่ารำคาญ, พูดด้วยเสียงโทนเดียว
drool (ดรูล) *vi., vt.* **drooled, drooling** มีน้ำลายไหล, (ภาษาพูด) พูดเกินความจริง พูดไร้สาระ
droop (ดรูพ) *vi., vt.* **drooped, drooping** ห้อยลง, ตกลงมา, ก้มลง, หมดแรง *-n.* สภาพที่หมดแรง, การก้มลง, การตกลงมา **-droopingly** *adv.* (-S. (v., n.) hang (v.) weaken)
★**drop** (ดรอพ) *n.* หยดของเหลว, ปริมาณเล็กน้อย, สิ่งที่มีรูปร่างคล้ายหยดน้ำ, การตกหรือลดลงอย่างรวดเร็ว, ระยะที่ตกลงมา *-vi., vt.* **dropped,**

A B C D E F G H I J K L M N O P Q R S T U V W X Y Z

dropping ตกลงมาเป็นหยด, ปล่อยให้ตกลงมา, ตกจากที่สูง, ทำให้ลดลง, เหนื่อยมาก บาดเจ็บหรือตาย, ทำลูกลงหลุมหรือห่วง, (สัตว์) ออกลูก, ส่งจดหมาย, ตัดตัวอักษรหรือเสียงในคำ, ยุติ, ไล่ออก, ยกเลิก **-drops** ยาที่ให้เป็นหยด (**-S.** (n.) descent, droplet (v.) fall, lessen, omit)

drop curtain ม่านแบบชักขึ้นลงเพื่อเปิดปิดเวทีในโรงละคร

drop-dead (ดรอพเดด') *adv.* (คำสแลง) อย่างมาก อย่างยิ่ง (ใช้กับคนที่ดูดีและน่าสนใจ)

drop kick การเตะลูกบอลโดยทำให้ลูกตกกระทบพื้นแล้วเตะเมื่อลูกกระดอนขึ้นครั้งแรก

dropout (ดรอพ' เอาท์) *n.* คนที่ออกจากโรงเรียนก่อนจะเรียนจบ, คนที่ถูกไล่ออกจากกลุ่ม

droppings (ดรอพ' พิงซ์) *n. pl.* มูลสัตว์

dropsy (ดรอพ' ซี) *n.* โรคที่เกิดจากการสะสมของเหลวตามส่วนต่างๆ ในร่างกาย, โรคบวมน้ำ

drought, drouth (เดราท์, เดราธ์) *n.* ภาวะที่แห้งแล้งหรือขาดแคลนน้ำ, ฤดูแล้ง

drove¹ (โดรฟว์) *v.* กริยาช่อง 2 ของ drive

drove² (โดรฟว์) *n.* ฝูงสัตว์, กลุ่มคนจำนวนมาก

drover (โดร' เวอร์) *n.* คนที่กวาดต้อนฝูงสัตว์

★**drown** (เดราน์) *vt., vi.* **drowned, drowning** กดให้จมน้ำตาย, ทำให้ท่วมไปด้วยน้ำ, ทำให้หมดสติ, ส่งเสียงดังกลบเสียงอื่น, กำจัด

drowse (เดราซ์) *vi., vt.* **drowsed, drowsing** ครึ่งหลับครึ่งตื่น, สัปหงก, งีบหลับ

drowsy (เดรา' ซี) *adj.* **-ier, -iest** งัวเงีย, ไม่กระฉับกระเฉง, ครึ่งหลับครึ่งตื่น **-drowsily** *adv.* **-drowsiness** *n.* (**-S.** sleepy, tired)

drudge (ดรัจ) *n.* คนที่ต้องทำงานหนักหรืองานที่น่าเบื่อ *-vi.* **drudged, drudging** ทำงานหนัก, ทำงานที่น่าเบื่อ (**-S.** (n., v.) labor, slave)

drudgery (ดรัจ' จะรี) *n., pl.* **-ies** งานที่น่าเบื่อ, งานหนัก, งานที่ใช้แรงงาน (**-S.** chores)

★**drug** (ดรัก) *n.* ยารักษาโรค, ยาเสพติด, สารเคมี *-vt.* **drugged, drugging** วางยาพิษ, ผสมยาพิษในอาหารหรือเครื่องดื่ม, ทำให้โง่หรือหมดสติโดยใช้ยา **-drug addict** ผู้ติดยาเสพติด

drugget (ดรัก' กิท) *n.* ผ้าปูพื้นเนื้อหยาบที่ทำจากขนสัตว์หรือขนสัตว์ผสมกับฝ้าย

druggist (ดรัก' กิซท์) *n.* เภสัชกร, คนขายยา

★**drugstore, drug store** (ดรัก' สตอร์, -สโตร์) *n.* ร้านขายยา

★**drum** (ดรัม) *n.* กลอง, สิ่งที่มีรูปร่างคล้ายกลอง เช่น ถัง, เยื่อแก้วหู *-vt.,vi.* **drummed, drumming** ตีกลอง, เคาะให้เกิดเสียงอย่างต่อเนื่อง

drumhead (ดรัม' เฮด) *n.* แผ่นที่ขึงหน้ากลอง

drumhead court-martial ศาลทหารที่ตั้งขึ้นขณะปฏิบัติการภาคสนาม

drum major ผู้นำวงดุริยางค์ ซึ่งถือไม้ควบคุมการเล่นดนตรี **-drum majorette** *n. fem.*

★**drummer** (ดรัม' เมอร์) *n.* มือกลองในวงดนตรี

drumstick (ดรัม' สติค) *n.* ไม้ตีกลอง, น่องของสัตว์ปีก

★**drunk** (ดรังค์) *v.* กริยาช่อง 3 ของ drink *-adj.* เมาเครื่องดื่มแอลกอฮอล์, มีอารมณ์รุนแรง

drunkard (ดรัง' เคิร์ด) *n.* คนติดสุรา

drunken (ดรัง' เคิน) *adj.* เมา, ติดสุรา, ที่เกิดขึ้นเพราะเมา **-drunkenly** *adv.* **-drunkenness** *n.* (**-S.** intoxicated)

drupe (ดรูพ) *n.* ผลไม้ที่ชุ่มน้ำ มีเมล็ดแข็ง เช่น เชอรี่ พีช พลัม

★**dry** (ไดร) *adj.* **drier, driest/dryer, dryest** แห้ง, แล้ง, ไม่มีน้ำ, ที่ต้องการน้ำ, ไม่มีน้ำนม, ไม่มีเสมหะ, ไม่มีน้ำตา, น่าเบื่อ, เป็นตลกหน้าตาย, ไม่เป็นมิตร, ที่ห้ามขายเครื่องดื่มแอลกอฮอล์, ไม่หวาน, ไม่มีเนยหรือแยม *-vt., vi.* **dried, drying** เอาความชื้นหรือน้ำออก, ทำให้แห้ง, ระเหย *-n., pl.* **drys** (ภาษาพูด) นักต่อต้าน **-dryly, drily** *adv.* **-dryness** *n.* (**-S.** (adj.) arid, dehydrated (v.) dehydrate)

dry battery, dry cell แบตเตอรี่ชนิดแห้ง, ถ่านไฟฉาย

dry-clean (ไดร' คลีน) *vt.* **-cleaned, -cleaning** ซักแห้ง

dry dock อู่จอดเรือ, อู่ซ่อมเรือ

dryer (ไดร' เออร์) *n.* อุปกรณ์ไล่ความชื้น

dry goods สินค้าประเภทสิ่งทอหรือเสื้อผ้า (เรียกอีกอย่างว่า soft goods)

dry ice น้ำแข็งแห้ง เป็นคาร์บอนไดออกไซด์แข็ง ใช้เป็นตัวทำความเย็น

dry nurse นางพยาบาลที่ถูกจ้างมาทำหน้าที่เลี้ยงดูทารก แต่ไม่ต้องให้น้ำนม

dry rot โรคพืชที่เกิดจากเชื้อรา ทำให้เนื้อเยื่อหน่อและผลของพืชแห้ง

dry run การฝึกซ้อม, การซ้อมรบ

dual (ดู' เอิล, ดยู'-) *adj.* ที่ประกอบด้วยสองสิ่ง, ที่เป็นคู่, ที่แบ่งออกเป็นสองส่วน (**-S.** double)

dual-purpose (ดู' เอิลเพอร์' เพิซ, ดยู'-) *adj.* ที่สามารถใช้งานได้สองแบบ

dub (ดับ) *vt.* **dubbed, dubbing** แต่งตั้งให้เป็นอัศวิน, ขนานนาม, ให้ตำแหน่ง, ตี ตัดหรือขัดให้เรียบ, ใส่เสียงเข้าไปในเทปหรือฟิล์ม

A B C **D** E F G H I J K L M N O P Q R S T U V W X Y Z

dubbin, dubbing (ดับ' บิน, ดับ' บิง) *n.* ไขมันชนิดหนึ่งที่ทำให้หนังสัตว์นุ่มและกันน้ำได้

dubiety (ดูไบ' อิที, ดยู-) *n., pl.* **-ties** ความไม่แน่ใจ, ความรู้สึกที่สับสน, เรื่องที่สับสน

dubious (ดู' เบียซ, ดยู'-) *adj.* ที่สับสน, น่าสงสัย, ไม่ชัดเจน, คลุมเครือ **-dubiously** *adv.* **-dubiousness** *n.* (**-S.** ambiguous, doubtful)

dubitable (ดู' บิทะเบิล, ดยู'-) *adj.* ที่ไม่แน่นอน, น่าสงสัย **-dubitably** *adv.*

ducal (ดู' เคิล, ดยู'-) *adj.* เกี่ยวกับดยุก

duchess (ดัช' ชิซ) *n.* ภรรยาของท่านดยุก, ผู้หญิงที่ได้แต่งตั้งเป็นขุนนาง

duchy (ดัช' ชี) *n., pl.* **-ies** ดินแดนที่ปกครองโดยดยุก

★**duck**[1] (ดัค) *n.* เป็ดตัวเมีย, เนื้อเป็ด

duck[2] (ดัค) *vt., vi.* **ducked, ducking** หลบหนี, มุดตัวหรือก้มหัวดำเพื่อหลบหนี, ดำน้ำ *-n.* การพุ่งลงน้ำ, การก้มตัวหรือศีรษะ

duck[3] (ดัค) *n.* ผ้าฝ้ายหรือลินินที่ทอแบบละเอียด **-ducks** กางเกงที่ตัดจากผ้าทอดังกล่าว

duckbill (ดัค' บิล) *n.* สัตว์เลี้ยงลูกด้วยนมชนิดหนึ่ง ตัวมีขนาดเล็ก วางไข่ในน้ำ เท้าเป็นแผ่นแบนและปากคล้ายเป็ด อาศัยในออสเตรเลีย (เรียกอีกอย่างว่า duck-billed platypus)

duckboard (ดัค' บอร์ด, -โบร์ด) *n.* แผ่นกระดานสำหรับปูทางเดินบนพื้นโคลน

duckling (ดัค' ลิง) *n.* ลูกเป็ด, เป็ดตัวเล็กๆ

ducks and drakes เกมโยนหินแบนๆ ไปที่ผิวหน้าของน้ำ

duckweed (ดัค' วีด) *n.* แหน

ducky (ดัค' คี) *adj.* **-ier, -iest** (คำสแลง) เยี่ยมดีมาก (มักใช้ในเชิงเสียดสี)

duct (ดัคท์) *n.* ท่อ, อุโมงค์, ท่อต่างๆ ในร่างกาย, ท่อน้ำและท่ออาหารในพืช **-ductless** *adj.*

ductile (ดัค' เทิล, -ไทล์) *adj.* เป็นโลหะที่สามารถตีให้บางหรือขึ้นรูปตามต้องการ, หัวอ่อน, ที่ชักจูงง่าย **-ductility** *n.* (**-S.** docile, pliable)

dud (ดัด) *n.* (ภาษาพูด) ลูกระเบิดหรือกระสุนที่ด้าน คนที่ไม่ประสบความสำเร็จ **-duds** (ภาษาพูด) เสื้อผ้า ทรัพย์สินส่วนตัว

dude (ดูด, ดยูด์) *n.* (ภาษาพูด) ผู้ชายที่ชอบแต่งตัว ผู้ชายสำอาง, (คำสแลง) สมาชิก เพื่อน

★**due** (ดู, ดยู) *adj.* ที่เป็นหนี้, เหมาะสม, ถึงเวลาที่กำหนด *-adv.* โดยตรง, อย่างถูกต้อง *-n.* สิ่งหรือสิทธิที่สมควรได้รับ **-dues** ค่าธรรมเนียม **-due to** เนื่องจาก, เป็นผลมาจาก

due date วันที่ครบกำหนด

duel (ดู' เอิล, ดยู'-) *n.* การต่อสู้แบบตัวต่อตัว, การดวลหรือการแข่งขันระหว่างสองฝ่าย

duet (ดูเอท', ดยู-) *n.* เสียงประสานจากเสียงร้องหรือเสียงเครื่องดนตรีโดยผู้เล่นสองคน

duffel/duffle bag กระเป๋าทรงกระบอก ใช้ใส่สัมภาระส่วนตัว ทำจากผ้าใบหรือผ้าขนสัตว์ ที่ทออย่างหนาและหยาบ

duffer (ดัฟ' เฟอร์) *n.* (ภาษาพูด) คนโง่, (คำสแลง) คนเร่ขายของ สิ่งไร้ค่าหรือไร้ประโยชน์

dug[1] (ดัก) *n.* เต้านมหรือหัวนมของสัตว์ตัวเมีย

dug[2] (ดัก) *v.* กริยาช่อง 2 และ 3 ของ dig

dugong (ดู' กอง) *n.* ตัวพะยูน

dugout (ดัก' เอาท์) *n.* เรือที่ขุดจากท่อนไม้หนึ่งท่อน, หลุมหลบภัย

★**duke** (ดูค, ดยูค์) *n.* ดยุกเป็นตำแหน่งขุนนางระดับสูงสุด, ผู้ปกครองรัฐอิสระ

dulcet (ดัล' ซิท) *adj.* เป็นเสียงที่ไพเราะ นุ่มนวล ชวนฟังหรือช่วยผ่อนคลาย (**-S.** melodious)

dulcimer (ดัล' ซะเมอร์) *n.* ขิม

★**dull** (ดัล) *adj.* **duller, dullest** โง่, ซึมเศร้า, ไม่มีชีวิตชีวา, เฉื่อย, ทื่อ, ไม่มีความรู้สึก, ไม่ชัดเจน, น่าเบื่อ, เป็นสีทึม *-vt., vi.* **dulled, dulling** ทำให้โง่ ซึมเศร้า ไม่มีชีวิตชีวา เฉื่อย ทื่อ ไม่มีความรู้สึก น่าเบื่อหรือทึบ **-dullness** *n.* **-dully** *adv.* (**-S.** (adj.) boring, gloomy)

dullard (ดัล' เลิร์ด) *n.* คนโง่ (**-S.** fool)

duly (ดู' ลี, ดยู'-) *adv.* อย่างเหมาะสม, อย่างถูกต้อง, ตรงเวลา, เป็นไปตามที่คาดไว้

★**dumb** (ดัม) *adj.* **dumber, dumbest** เป็นใบ้, เงียบ, ที่พูดไม่ได้, (ภาษาพูด) โง่ **-dumbly** *adv.* **-dumbness** *n.* (**-S.** mute)

dumbbell (ดัม' เบล) *n.* ตุ้มน้ำหนักสำหรับออกกำลังกาย, (คำสแลง) คนโง่

dumbfound, dumfound (ดัม' เฟานด์) *vt.* **-founded, -founding** ทำให้ตกใจหรือแปลกใจจนพูดไม่ออก (**-S.** astonish, astound)

dumb show ละครใบ้

dumdum bullet กระสุนหัวระเบิด ซึ่งปลายกระสุนจะอ่อนและแตกออกเมื่อกระทบวัตถุ ทำให้เกิดความเสียหายเป็นวงกว้าง

dummy (ดัม' มี) *n., pl.* **-mies** ของที่ทำเลียนแบบ, หุ่นแสดง, หุ่นเชิด, หุ่นจำลอง, (คำสแลง) คนโง่ *-adj.* ที่ทำเลียนแบบ, เป็นของปลอม (**-S.** (n.) mannequin, sample (adj.) bogus)

★**dump** (ดัมพ์) *vt., vi.* **dumped, dumping** ปล่อยหรือโยนทิ้งเป็นจำนวนมาก, เอาออกจากที่บรรทุก, ทิ้ง, กำจัด, วางสินค้าเป็นจำนวนมาก

และขายในราคาถูก, ส่งข้อมูลคอมพิวเตอร์จากที่หนึ่งไปยังอีกที่หนึ่ง *-n.* กองขยะ, ที่ทิ้งขยะ, โกดังเก็บสินค้า, สิ่งที่ได้จากการถ่ายเทข้อมูลคอมพิวเตอร์ **-dumps** ความรู้สึกเศร้าหมอง, ภาวะจิตใจที่หดหู่

dumpling (ดัมพ' ลิง) *n.* แป้งรูปกลมๆ ใช้ใส่ในซุป, ขนมพุดดิ้งใส่ไส้ผลไม้

dun[1] (ดัน) *vt.* **dunned, dunning** ทวงหนี้

dun[2] (ดัน) *adj.* มีสีน้ำตาลปนเทา

dunce (ดันซ์) *n.* คนโง่ (**-S.** blockhead, dolt)

dune (ดูน, ดิวน์) *n.* เนินทรายที่เกิดจากลมพัด

dung (ดัง) *n.* มูลสัตว์, ปุ๋ยคอก, ของเสีย

dungaree (ดังกะรี') *n.* ผ้าฝ้ายเนื้อหยาบมักมีสีน้ำเงิน **-dungarees** กางเกงที่ทำจากผ้าดังกล่าว

dungeon (ดัน' เจิน) *n.* คุกมืดที่อยู่ใต้ดิน

dunk (ดังค์) *vt., vi.* **dunked, dunking** จุ่มลงของเหลว, จุ่มอาหารลงของเหลวก่อนรับประทาน, จับลูกบาสเกตบอลยัดลงห่วง

dunnage (ดัน' นิจ) *n.* วัสดุกันกระแทก

duo (ดู' โอ, ดยู' โอ) *n., pl.* **-os** เพลงที่ร้องประสานเสียงสองคน, นักร้องหรือนักดนตรีที่เล่นร่วมกัน, คู่หูที่ทำงานร่วมกัน

duodenum (ดูอะดี' เนิม, ดยู-) *n., pl.* **-dena/-denums** ลำไส้เล็กส่วนบน **-duodenal** *adj.*

duologue (ดู' อะลอก, ดยู'-) *n.* บทสนทนาหรือการสนทนาระหว่างคนสองคน มักใช้ในละคร

dup, dup. ย่อจาก duplicate สำเนา

dupe (ดูพ, ดยูพ) *n.* ผู้ที่ถูกคนอื่นใช้เป็นเครื่องมือ, คนที่ถูกหลอกได้ง่าย *-vt.* **duped, duping** หลอกลวง, หลอกใช้ (**-S.** (v.) deceive)

duplex (ดู' เพลคซ์, ดยู'-) *adj.* สองเท่า, สองทบ, เครื่องจักรซึ่งมีสองส่วนที่ทำงานพร้อมกัน

duplicate (*adj., n.* ดู' พลิคิท, ดยู'-, *v.* -เคท) *adj.* ที่เหมือนกับต้นฉบับ, ที่เหมือนกันทุกประการ, สองเท่า, เป็นคู่ *-n.* สำเนา, สิ่งที่ทำเหมือนของจริง *-vt.* **-cated, -cating** ทำสำเนา, เลียนแบบ, ทำซ้ำ **-duplicative** *adj.* **-duplication** *n.* (**-S.** (n., v.) copy, repeat, replicate)

duplicator (ดู' พลิเคเทอร์, ดยู'-) *n.* เครื่องถ่ายเอกสาร, เครื่องอัดสำเนา

duplicity (ดูพลิซ' ซิที, ดยู-) *n., pl.* **-ties** การหลอกลวง, การกระทำหรือคำพูดที่หลอกลวง,

durable (ดุ' ระเบิล, ดยู'-) *adj.* ทนทาน, คงทน, ยั่งยืน **-durables** ผลิตภัณฑ์ที่สามารถใช้ได้นาน **-durability** *n.* (**-S.** (adj.) lasting)

durance (ดุ' เรินซ์, ดยู'-) *n.* การกักขัง

duration (ดุเร' ชัน, ดยุ-) *n.* ช่วงเวลา, ระยะเวลาต่อเนื่องที่ยาวนาน (**-S.** period)

duress (ดุเรซ', ดยุ-) *n.* การใช้กำลังข่มขู่, การบังคับ, การกักขัง (**-S.** compulsion, restraint)

durian (ดู' เรียน, -ราน, ดยู'-) *n.* ต้นทุเรียน, ผลทุเรียน

★**during** (ดุ' ริง, ดยุ'-) *prep.* ในระหว่าง, ในช่วงเวลา, ตลอดระยะเวลา

dusk (ดัซค์) *n.* ช่วงค่ำ, ช่วงที่ฟ้ามืดสลัว *-adj.* ใกล้มืด, มืดสลัว (**-S.** (n.) twilight **-A.** (n.) dawn)

★**dust** (ดัซท์) *n.* ฝุ่น, ผงละเอียด, อนุภาคขนาดเล็ก, ธุลี, เถ้าถ่าน, เกสรดอกไม้, ความสับสนวุ่นวาย *-vt., vi.* **dusted, dusting** ทำความสะอาด, โรยผง, ใส่เครื่องเทศ, คลุกฝุ่น

dustbin (ดัซท' บิน) *n.* ถังขยะ

duster (ดัส' เตอร์) *n.* ผ้าที่ใช้ปัดฝุ่น, แปรงปัดฝุ่น, ผ้าคลุมกันฝุ่น, ผ้ากันเปื้อน, เครื่องโรยผง

dustman (ดัซท' เมิน) *n., pl.* **-men** คนเก็บขยะ, คนกวาดขยะ

dustpan (ดัซท' แพน) *n.* ที่โกยผง

dust storm พายุฝุ่น

★**dusty** (ดัส' ตี) *adj.* **-ier, -iest** ที่ปกคลุมหรือเต็มไปด้วยฝุ่น, เป็นผง **-dustily** *adv.*

duteous (ดู' เทียซ, ดยู'-) *adj.* ที่เชื่อฟัง, ที่ทำตามหน้าที่ (**-S.** dutiful, obedient)

dutiable (ดู' ทีอะเบิล, ดยู'-) *adj.* ที่ต้องจ่ายภาษี

dutiful (ดู' ทิเฟิล, ดยู'-) *adj.* ที่ปฏิบัติตามหน้าที่, ที่เชื่อฟัง **-dutifully** *adv.*

★**duty** (ดู' ที, ดยู'-) *n., pl.* **-ties** หน้าที่, ข้อบังคับ, กฎศีลธรรม, ภาษี, ความรับผิดชอบ

duty-free (ดู' ทีฟรี', ดยู'-) *adj.* ที่ยกเว้นภาษีศุลกากร *-adv.* โดยไม่ต้องเสียภาษี

duvet (ดูเว', ดยู-) *n.* ผ้าคลุมเตียง, ผ้านวม

DVD ย่อจาก Digital Video Disc ดิสก์บันทึกข้อมูลระบบดิจิทัล ซึ่งเก็บข้อมูลได้มากกว่าคอมแพกต์ดิสก์ **-DVD player** เครื่องเล่นดีวีดี

dwarf (ดวอร์ฟ) *n., pl.* **dwarfs/dwarves** สิ่งมีชีวิตที่มีขนาดเล็กกว่าปกติ, คนแคระในเทพนิยายมักมีรูปร่างน่าเกลียดหรือมีอำนาจพิเศษ *-vt., vi.* **dwarfed, dwarfing** ทำให้แคระแกร็น, ทำให้เล็กลงหรือไม่มีค่า, ทำให้ดูเล็กโดยการเปรียบเทียบ, โตไม่เต็มที่ (**-S.** (v.) minimize, stunt)

dwell (ดเวล) *vi.* **dwelt/dwelled, dwelling** อาศัย, พำนัก, คิด พูดหรือเขียนเป็นเวลานาน **-dweller** *n.* (**-S.** live, reside)

dwelling (ดเวล' ลิง) *n.* ที่พักอาศัย, ที่อยู่

dwelt (ดเวลท) *v.* กริยาช่อง 2 ของ dwell
dwindle (ดวิน' เดิล) *vi., vt.* **-dled, -dling** ค่อยๆ ลดลง, หด, ทำให้ลดลง, ทำให้เล็กลง
DX ย่อจาก distance ระยะทาง, distant ไกล
dye (ได) *n.* สารสี, ผงสี, สีย้อม *-vt., vi.* **dyed, dyeing** ใส่สี, ย้อมสี (-S. (n.) hue (n., v.) tint)
dyed-in-the-wool (ไดด์อินธะวูล') *adj.* สมบูรณ์, ที่ย้อมสีด้ายหรือไหมก่อนทอ
dyewood (ได' วุด) *n.* ไม้สำหรับใช้ย้อมสี
★**dying** (ได' อิง) *v.* กริยารูป -ing ของ die *-adj.* กำลังจะตาย, ใกล้จะตาย, ที่พูดหรือทำก่อนจะตาย
dynamic, dynamical (ไดแนม' มิค, -มิเคิล) *adj.* เกี่ยวกับพลังงาน, เกี่ยวกับการเคลื่อนไหว, ที่เต็มไปด้วยพลัง, เกี่ยวกับวิชากลศาสตร์, พลวัต (-S. energetic, powerful)
dynamics (ไดแนม' มิคซ์) *n. pl.* การศึกษาเกี่ยวกับการเคลื่อนที่โดยแรง, วิชากลศาสตร์
dynamism (ได' นะมิซเซิม) *n.* ทฤษฎีที่กล่าวถึงแรงและพลังงานว่าเป็นพื้นฐานในการเกิดปรากฏการณ์ต่างๆ, พลัง
dynamite (ได' นะไมท์) *n.* ระเบิดที่มีพลังทำลายสูง, (ภาษาพูด) สิ่งที่มีอันตราย *-vt.* **-mited, -miting** ทำลายโดยใช้ระเบิด, วางระเบิด
dynamo (ได' นะโม) *n., pl.* **-mos** เครื่องกำเนิดไฟฟ้าโดยแปลงพลังงานกลเป็นพลังงานไฟฟ้า
dynasty (ได' นะสตี) *n., pl.* **-ties** ราชวงศ์, การสืบทอดอำนาจในการปกครอง, ช่วงในการปกครองของราชวงศ์หนึ่ง **-dynastic** *adj.*
dysentery (ดิซ' เซินเทรี) *n.* โรคบิด ทำให้ถ่ายออกมาเป็นมูกเลือด
dyspepsia (ดิซเพพ' ซะ, -เซีย) *n.* การที่อาหารไม่ย่อย **-dyspeptic** *adj., n.*

E

E, e (อี) *n., pl.* **E's, e's/Es, es** อักษรตัวที่ 5 ในภาษาอังกฤษ, อันดับที่ 5
E ย่อจาก east ทิศตะวันออก
e ย่อจาก electron อิเล็กตรอน
e- ย่อจาก electronic ใช้นำหน้านามเพื่อแสดงการทำงานที่สื่อสารผ่านระบบอิเล็กทรอนิกส์
★**each** (อีช) *adj.* คนละ, อันละ, ทุกๆ *-pron.* แต่ละคน, ทุกๆ คน *-adv.* แต่ละ **-each other** ซึ่งกันและกัน
★**eager** (อี' เกอร์) *adj.* **-gerer, -gerest** กระตือรือร้น, อยาก, จดจ่อ, ทะเยอทะยาน **-eagerly** *adv.* **-eagerness** *n.* (-S. avid)
eagle (อี' เกิล) *n.* นกอินทรี

eagle

eagle-eyed (อี' เกิลไอด์) *adj.* มีสายตาที่เฉียบคมและว่องไว
eaglet (อี' กลิท) *n.* ลูกนกอินทรี
★**ear¹** (เอียร์) *n.* หู, ใบหู, ความสามารถในการฟัง, ความเอาใจใส่ **-turn a deaf ear (to)** ไม่สนใจ, ไม่ช่วยเหลือ
ear² (เอียร์) *n.* รวงของธัญพืช เช่น ข้าว ข้าวโพด
earache (เอีย' เรค) *n.* อาการเจ็บภายในหู
eardrop (เอียร์' ดรอพ) *n.* ตุ้มหู **-eardrops** ยาหยอดหู
eardrum (เอียร์' ดรัม) *n.* เยื่อแก้วหู
earl (เอิร์ล) *n.* ขุนนางอังกฤษที่มียศสูงกว่า viscount แต่ต่ำกว่า marquis **-earldom** *n.*
★**early** (เออร์' ลี) *adj., adv.* **-lier, -liest** ในตอนต้น, ในระยะแรกๆ, ใกล้สุก, ก่อน, ในยุคก่อน **-earliness** *n.* (-S. prehistory, primitive)
earmark (เอียร์' มาร์ค) *n.* สัญลักษณ์, เครื่องหมายที่ทำไว้ที่หูของสัตว์
★**earn** (เอิร์น) *vt.* **earned, earning** ได้รับค่าจ้าง, สมควรจะได้, หามาได้ **-earner** *n.* (-S. gain)
earnest (เออร์' นิซท์) *adj.* เอาจริง, มุ่งมั่น, แน่วแน่, กระตือรือร้น **-earnestly** *adv.* **-earnestness** *n.* (-S. ardent, zealous)
★**earnings** (เออร์' นิงซ์) *n. pl.* ค่าจ้าง, รายได้
earphone (เอียร์' โฟน) *n.* หูฟังสัญญาณเสียง
earring, earbob (เอีย' ริง, -บอบ) *n.* ตุ้มหู
earshot (เอียร์' ชอท) *n.* ระยะที่หูได้ยิน
★**earth** (เอิร์ธ) *n.* แผ่นดิน, พื้นผิวโลก, ดิน, คนที่อาศัยบนโลก, สายดิน *-vt.* **earthed, earthing** คลุมพืชหรือเมล็ดด้วยดิน, ไล่หรือต้อนลงหลุม **-the Earth** โลก (-S. (n.) globe, soil)
earthenware (เออร์' เธินแวร์, -เธิน-) *n.* เครื่อง

ปั้นดินเผา (-S. pottery)
earthly (เอิร์ธ' ลี) *adj.* ทางโลก, ที่เป็นไปได้, ที่มองเห็นหรือรับรู้ได้ (-S. mundane, possible)
★**earthquake** (เอิร์ธ' เควค) *n.* แผ่นดินไหว
Earth Summit ชื่อเรียกอย่างไม่เป็นทางการของ the United Nations Conference on Environment and Development เป็นการประชุมนานาชาติระดับโลกซึ่งถกปัญหาเกี่ยวกับสิ่งแวดล้อมของโลกและแนวทางการพัฒนาและจัดการด้านสิ่งแวดล้อมในอนาคต
earthworm (เอิร์ธ' เวิร์ม) *n.* ไส้เดือน
earwax (เอียร์' แวคซ์) *n.* ขี้หู
earwig (เอียร์' วิก) *n.* แมลงหางหนีบ
ease (อีซ) *n.* ความสะดวก, ความสบายใจ, ความไร้กังวล, ความชำนาญ *-vt., vi.* **eased, easing** ทำให้ผ่อนคลาย, อำนวยความสะดวก
easel (อี' เซิล) *n.* ขาหยั่งใช้ตั้งกรอบภาพ
easily (อี' ซะลี) *adv.* ง่ายดาย, สะดวก
★**east** (อีซท์) *n.* ทิศตะวันออก *-adj., adv.* ทางทิศตะวันออก **-the East** ทวีปเอเชีย
Easter (อี' สเตอร์) *n.* งานเฉลิมฉลองการฟื้นชีพของพระเยซู **-Easter egg** ไข่ที่ถูกระบายสีซึ่งใช้ในเทศกาลอีสเตอร์
easterly (อี' สเตอร์ลี) *adj., adv.* ที่หันไปทางทิศตะวันออก, ที่มาจากทิศตะวันออก *-n., pl.* **-lies** ลมที่พัดมาจากทิศตะวันออก
★**eastern** (อี' สเติร์น) *adj.* ที่มาจากทิศตะวันออก, ที่เกิด เติบโตหรืออาศัยในทิศตะวันออก
easterner (อี' สเตอร์เนอร์) *n.* คนที่เกิดเติบโตหรืออาศัยในทิศตะวันออก, ชาวตะวันออก
easternmost (อี' สเติร์นโมซท์) *adj.* อยู่ทางทิศตะวันออกไกล
eastward (อีซท์' เวิร์ด) *adv., adj.* มุ่งไปทางทิศตะวันออก **-eastwards** *adv.*
★**easy** (อี' ซี) *adj.* **-ier, -iest** ง่าย, ไม่วิตกกังวล, สบาย, เรียบง่าย, สงบ, ไม่เครียด, ไม่เข้มงวด *-adv.* ไม่รีบร้อน, ง่าย, ช้าๆ **-easy come, easy go** ได้สิ่งใดมาเท่าไหร่ก็ใช้หมดเท่านั้น
easygoing (อีซีโก' อิง) *adj.* ไม่รีบร้อน, เรียบง่าย, สบายๆ, สงบ (-S. placid, serene)
★**eat** (อีท) *vi., vt.* **ate, eaten, eating** กิน, กัดกร่อน, ทำลาย, กัดกิน **-eat one's words** กลับคำพูด **-eat up** กินหรือใช้จนหมด **-eatables** อาหาร **-eats** ของขบเคี้ยว **-eater** *n.* **-eatable** *adj.* (-S. consume, devour, erode)
eaten (อีท' เทิน) *v.* กริยาช่อง 3 ของ eat
eating (อีท' ทิง) *adj.* ใช้กินได้, ใช้สำหรับการกิน *-n.* การกิน, ของกิน
eating disorder การป่วยทางจิต เกิดจากนิสัยการกินที่ผิดปกติเพราะกลัวอ้วนจึงอดอาหารหรือกินแล้วอาเจียนออกเป็นเวลานานจนร่างกายไม่รับอาหาร
eau de cologne (โอดะคะโลน') *n., pl.* **eaux de cologne** น้ำหอมกลิ่นอ่อนๆ
eaves (อีฟว์ซ์) *n. pl.* ชายคา
eavesdrop (อีฟว์ซ์' ดรอพ) *vi.* **-dropped, -dropping** ดักฟังเสียง, ลอบฟังเสียง
ebb (เอบ) *n.* น้ำลง, การลดระดับลง, การตกต่ำ *-vi.* **ebbed, ebbing** ลดลง (-S. (n.) abating)
ebonite (เอบ' บะไนท์) *n.* ยางสังเคราะห์ชนิดแข็งที่เกิดจากกระบวนการวัลคาไนต์
ebony (เอบ' บะนี) *n., pl.* **-ies** ไม้เนื้อแข็งซึ่งมีสีดำ *-adj.* ที่ทำจากไม้ดังกล่าว, มีสีดำ
e-business (อีบิซ' นิซ) *n.* ธุรกิจอิเล็กทรอนิกส์ คือการทำธุรกิจโดยใช้อินเทอร์เน็ตเป็นช่องทางค้าขาย
EC ย่อจาก European Community ประชาคมยุโรป
ECB ย่อจาก European Central Bank ธนาคารกลางแห่งยุโรป
eccentric (อิคเซน' ทริค, เอค-) *adj.* ประหลาด, ผิดปกติ, ไม่มีจุดศูนย์กลางร่วมกัน, ที่เคลื่อนที่ไม่เป็นวงกลม *-n.* คนพิลึก **-eccentrically** *adv.* **-eccentricity** *n.*
ecclesiastic (อิคลีซีแอส' ติค) *n.* พระในศาสนาคริสต์ **-ecclesiastical** *adj.* (-S. preacher, priest)
echo (เอค' โค) *n., pl.* **-oes** เสียงสะท้อน, การทำซ้ำหรือเลียนแบบ *-vt., vi.* **-oed, -oing** ทำซ้ำ, ส่งเสียงสะท้อน **-echoey** *adj.*
éclair (เอแคลร์', เอ' แคลร์) *n.* ขนมเอแคลร์
eclectic (อิเคลค' ทิค) *adj.* ที่คัดเลือกมาใช้จากหลายๆ แหล่ง (-S. diverse, selective)
eclipse (อิคลิพซ์') *n.* การเกิดคราส, การบดบังแสง, การสูญเสียชื่อเสียง *-vt.* **eclipsed, eclipsing** บดบังแสง, ปิดกั้น, ทำให้มืด, ทำให้เสียชื่อเสียง **-solar eclipse, eclipse of the sun** สุริยุปราคา **-lunar eclipse, eclipse of the moon** จันทรุปราคา
ecology (อิคอล' ละจี) *n., pl.* **-gies** นิเวศวิทยา, การศึกษาความสัมพันธ์ของสิ่งมีชีวิตและสิ่งแวดล้อม **-ecologist** *n.*
E-commerce (อีคอม' เมิร์ซ) ย่อจาก electronic commerce พาณิชย์อิเล็กทรอนิกส์เป็นการซื้อขายสินค้าหรือบริการผ่านอินเทอร์เน็ต
★**economic** (เอคคะนอม' มิค, อีคะ-) *adj.*

เกี่ยวกับเศรษฐกิจ, เกี่ยวกับวิชาเศรษฐศาสตร์, เกี่ยวกับรายรับรายจ่าย (-S. financial)
economical (เอคคะนอม' มิเคิล, อีคะ-) *adj.* ประหยัด, มัธยัสถ์, ใช้อย่างคุ้มค่า **-economically** *adv.* (-S. prudent, thrifty)
Economic and Monetary Union สหภาพเศรษฐกิจและการเงินแห่งยุโรป ย่อว่า EMU
economics (เอคคะนอม' มิคซ์, อีคะ-) *n. pl.* วิชาเศรษฐศาสตร์, ตัวแปรทางเศรษฐกิจ
economist (อิคอน' นะมิซท์) *n.* นักเศรษฐศาสตร์
economize (อิคอน' นะไมซ์) *vi., vt.* **-mized, -mizing** ใช้อย่างคุ้มค่า, ใช้อย่างประหยัด
★**economy** (อิคอน' นะมี) *n., pl.* **-mies** การใช้อย่างประหยัด *-adj.* ประหยัด, คุ้มค่า **-economy class** ที่นั่งโดยสารชั้นประหยัด
eco-tourism (อิโคทุ' ริซเซิม) *n.* การท่องเที่ยวเชิงนิเวศ (สัญจร) เป็นการท่องเที่ยวแบบอนุรักษ์ และรักษาสถานที่แห่งนั้น **-eco-tourist** *n.*
ecstasy (เอค' สตะซี) *n., pl.* **-sies** ความรู้สึกเป็นสุขอย่างมาก, ยาเสพติดชนิดหนึ่งมีฤทธิ์กระตุ้นประสาทและทำให้เกิดภาพหลอน เรียกกันว่ายาอี **-ecstatic** *adj.* (-S. bliss, jubilation)
eczema (เอค' ซะมะ, เอก' ซะ-, อิกซี'-) *n.* โรคผิวหนังเป็นผื่นแดง คัน อักเสบและเกิดสะเก็ด
eddy (เอด' ดี) *n., pl.* **-dies** กระแสน้ำหรือลมที่หมุนวน (-S. swirl, whirlpool)
Eden (อีด' เดิน) *n.* สวนที่อาดัมและอีฟอาศัยในคัมภีร์ไบเบิล, ดินแดนที่มีแต่ความสุข, สวรรค์
★**edge** (เอจ) *n.* ขอบ, สัน, เหลี่ยม, คมมีดหรืออาวุธ, ขอบหน้าผา, เส้นแบ่งเขต *-vt., vi.* **edged, edging** ลับ, สร้างขอบ, ตกแต่งขอบ, กำหนดขอบเขต, ดัน, เคลื่อน
edgeways, edgewise (เอจ' เวซ์, -ไวซ์) *adv.* ไปตามขอบ, เลาะไปตามขอบ
edgy (เอจ' จี) *adj.* **-ier, -iest** กระสับกระส่าย, เป็นกังวล, หงุดหงิด (-S. anxious, nervous)
edible (เอด' ดะเบิล) *adj.* ใช้กินได้ *-n.* ของกิน, อาหาร **-edibility, edibleness** *n.*
edict (อี' ดิคท์) *n.* คำสั่ง, คำสั่งหรือกฤษฎีกา
edifice (เอด' ดะฟิซ) *n.* ตึกขนาดใหญ่และสง่างาม (-S. construction, structure)
edify (เอด' ดะไฟ) *vt.* **-fied, -fying** สั่งสอนเพื่อพัฒนาจิตวิญญาณหรือคุณธรรม, ทำให้รู้แจ้ง
edit (เอด' ดิท) *vt.* **-ited, -iting** ตรวจสอบและแก้ไขปรับปรุงต้นฉบับ, ตัดต่อฟิล์ม, เพิ่ม ตัดหรือเปลี่ยนแปลงข้อมูลจากไฟล์คอมพิวเตอร์ *-n.* การกระทำดังกล่าว (-S. (v.) correct, revise)
edition (อิดิช' ชัน) *n.* ขนาด รูปแบบและประเภทของสิ่งพิมพ์, จำนวนที่พิมพ์ต่อครั้ง, ลำดับจำนวนครั้งที่พิมพ์, งานเขียนจากผู้แต่งที่มีชื่อเสียงมากแต่พิมพ์จากต่างสำนักพิมพ์, ชุดของสินค้าที่ทำและขายในช่วงเวลาหนึ่ง
★**editor** (เอด' ดิเทอร์) *n.* บรรณาธิการ, ผู้ตรวจสอบและแก้ไขปรับปรุงต้นฉบับ
editorial (เอดดิทอ' เรียล, -โท'-) *n.* บทบรรณาธิการ, บทความแสดงความคิดเห็นผ่านสื่อต่างๆ
★**educate** (เอจ' จะเคท) *vt.* **-cated, -cating** อบรมสั่งสอน, ให้การศึกษา, ฝึกฝน
educated (เอจ' จะเคทิด) *adj.* มีการศึกษา, มีความรู้และประสบการณ์, ที่ได้รับการอบรมหรือฝึกฝนมาแล้ว (-S. erudite, literate, refined)
★**education** (เอจจะเค' ชัน) *n.* การสอน, ความรู้หรือทักษะที่ได้จากการเรียนรู้, ระบบการเรียนการสอน **-educational** *adj.* (-S. instruction)
educationist, educationalist (เอจจะเค' ชะนิซท์, -ชะนะลิซท์) *n.* ผู้เชี่ยวชาญในทฤษฎีการให้การศึกษา, นักการศึกษา
educator (เอจ' จะเคเทอร์) *n.* ผู้สอน, ครู, อาจารย์ (-S. teacher, tutor)
edutainment (เอจจะเทน' เมินท์) *n.* การให้ความรู้ที่สอดแทรกมากับสิ่งบันเทิง
eel (อีล) *n., pl.* **eel/eels** ปลาไหล
eerie, eery (เอีย' รี) *adj.* **-rier, -riest** น่ากลัว, แปลกประหลาด, ลึกลับ, เหนือธรรมชาติ **-eerily** *adv.* **-eeriness** *n.* (-S. fearful, strange)
★**effect** (อิเฟคท์') *n.* ผล, ประสิทธิภาพ, ผลกระทบ, ความหมาย, ความประทับใจ, การมีอำนาจ, ข้อได้เปรียบ *-vt.* **-fected, -fecting** ทำให้เกิดขึ้น, ผลิต, ทำได้สำเร็จ **-effects** ทรัพย์สิน **-give effect to** จัดการ, ทำให้เกิดผล **-in effect** ตามความเป็นจริง **-take effect** มีผลบังคับใช้ **-effecter** *n.* (-S. (n., v.) result)
★**effective** (อิเฟค' ทิฟว์) *adj.* ที่ก่อให้เกิดผล, มีผลบังคับใช้, มีประสิทธิภาพ, เป็นความจริง **-effectively** *adv.* **-effectiveness** *n.* (-S. active, powerful, useful -A. useless)
effectual (อิเฟค' ชวล) *adj.* ได้ผล, มีเพียงพอ, มีผลบังคับใช้ (-S. effective, legal, valid)
effectuate (อิเฟค' ชูเอท) *vt.* **-ated, -ating** ทำให้เกิดผล, ทำให้เกิดขึ้น, ประสบความสำเร็จ
effeminate (อิเฟม' มะนิท) *adj.* มีลักษณะของผู้หญิง, บอบบาง, อ่อนช้อย **-effeminacy** *n.*

-effeminately *adv.* (**-S.** womanish)
effervesce (เอฟเฟอร์เวซ') *vi.* **-vesced, -vescing** ผุดเป็นฟอง, ตื่นเต้น **-effervescent** *adj.* **-effervescence** *n.* (**-S.** bubble, foam)
effete (อิฟีท') *adj.* หมดกำลัง, เหนื่อยล้า, ไม่สามารถให้ผลได้ (**-S.** exhausted)
efficacious (เอฟฟิเค' เชิซ) *adj.* ที่ให้ผลตามต้องการ, มีประสิทธิภาพ **-efficacy** *n.*
efficiency (อิฟิช' เชินซี) *n., pl.* **-cies** ความสามารถ, สมรรถภาพ, ประสิทธิภาพ
★**efficient** (อิฟิช' เชินท์) *adj.* มีประสิทธิภาพ, มีความสามารถ, ที่ให้ผลตามต้องการ **-efficiently** *adv.* (**-S.** capable, competent)
effluent (เอฟ' ฟลูเอินท์) *n.* สิ่งที่ไหลออกมา, ของเสียที่ปล่อยออกมาจากระบบหรือโรงงาน
★**effort** (เอฟ' เฟิร์ท) *n.* ความพยายาม, ความสำเร็จ, ผลสำเร็จ (**-S.** achievement, attempt)
effortless (เอฟ' เฟิร์ทลิซ) *adj.* ง่าย, ที่ไม่ต้องใช้ความพยายาม, ธรรมดา (**-S.** easy, simple)
effrontery (อิฟรัน' ทะรี) *n., pl.* **-ies** ความหน้าด้าน, ความไร้ยางอาย (**-S.** impudence)
effulgent (อิฟุล' เจินท์, อิฟัล'-) *adj.* ที่ทอแสงเป็นประกาย, สว่างไสว, แวววาว (**-S.** brilliant)
effusion (อิฟยู' ฉัน) *n.* การปล่อยออกมา, การไหลออกมา, การแสดงความรู้สึกออกมา **-effusive** *adj* **-effusively** *adv.* (**-S.** outburst)
EFL ย่อจาก English as a foreign language ภาษาอังกฤษซึ่งใช้เป็นภาษาต่างประเทศ
EFTS ย่อจาก electronic funds transfer system ระบบการถ่ายโอนข้อมูล เช่น การฝากการชำระเงินต่อธนาคารโดยคอมพิวเตอร์
e.g. ย่อจาก exempli gratia ตัวอย่าง
★**egg**[1] (เอก) *n.* ไข่ของสัตว์ทุกชนิด, เซลล์สืบพันธุ์ของเพศหญิง **-eggcup** ถ้วยขนาดเล็กสำหรับใส่ไข่ต้ม
egg[2] (เอก) *vt.* **egged, egging** กระตุ้น, ทำให้ตื่นตัว, ให้กำลังใจ (**-S.** encourage, excite)
egghead (เอก'เฮด) *n.* (ภาษาพูด) คนฉลาด ปัญญาชน
eggplant (เอก' แพลนท์) *n.* มะเขือยาว
ego (อี' โก, เอก' โก) *n., pl.* **egos** อัตตา, ผู้ที่ยึดถือตัวเองเป็นหลัก, ความเห็นแก่ตัว, การรับรู้ส่วนบุคคล (**-S.** self, indentity)
egoism (อี' โกอิซเซิม, เอก' โก-) *n.* ลัทธิที่สอนให้ยึดตัวเองเป็นศูนย์กลางและทำทุกอย่างเพื่อประโยชน์ของตน, ความเห็นแก่ตัว, ความหลงตัวเอง (**-S.** conceit, selfishness **-A.** altruism)
egoist (อี' โกอีซท์, เอก' โก-) *n.* คนเห็นแก่ตัว, คนที่หลงตัวเอง **-egoistic, egoistical** *adj.*
egotism (อี' กะทิซเซิม, เอก' กะ-) *n.* การยึดตัวเองเป็นศูนย์กลาง, ความเห็นแก่ตัว
egotist (อี' กะทิซท์, เอก' กะ-) *n.* คนขี้โม้, คนที่ยึดถือตัวเองเป็นศูนย์กลาง **-egotistic, egotistical** *adj.* **-egotistically** *adv.*
egregious (อิกรี' เจิซ, -เจียซ) *adj.* ชั่วร้าย, เลวมาก (**-S.** notorious, outrageous)
egret (อี' กริท, เอก' กริท) *n.* นกกระยาง
eider (ไอ' เดอร์) *n., pl.* **-ders/-der** เป็ดทะเล
eiderdown (ไอ' เดอร์เดาน์) *n.* ขนของเป็ดทะเลใช้ยัดหมอนหรือผ้านวม
★**eight** (เอท) *n.* เลขแปด, อันดับแปด, ไพ่ที่มีค่าแปด **-eight** *adj., pron.*
★**eighteen** (เอทีน') *n.* เลขสิบแปด, อันดับสิบแปด **-eighteen** *adj., pron.*
eighteenth (เอทีนธ์') *n.* อันดับสิบแปด, หนึ่งในสิบแปดส่วนที่เท่ากัน *-adj.* ที่สิบแปด
eighth (เอทธ์, เอธ) *n.* อันดับแปด, หนึ่งในแปดส่วนที่เท่ากัน *-adj.* ที่แปด
eightieth (เอ' ทีอิธ) *n.* อันดับแปดสิบ, หนึ่งในแปดสิบส่วนที่เท่ากัน *-adj.* ที่แปดสิบ
★**eighty** (เอ' ที) *n., pl.* **-ies** เลขแปดสิบ **-the eighties** ช่วงปี 80-89 ในแต่ละศตวรรษ **-eighty** *adj., pron.*
★**either** (อี' เธอร์, ไอ' เธอร์) *pron.* สิ่งใดสิ่งหนึ่งจากสองสิ่ง *-adj.* แต่ละ *-conj.* ใช้นำหน้าสิ่งแรกแล้วตามด้วย or (either...or...) เพื่อแสดงการเลือกสิ่งใดสิ่งหนึ่ง *-adv.* เช่นเดียวกัน, ด้วย
ejaculate (อิแจค' คยะเลท) *vt., vi.* **-lated, -lating** อุทาน, เปล่งเสียงดัง, ปล่อย (น้ำอสุจิ) ออกมา **-ejaculation** *n.* (**-S.** emit)
eject (อิเจคท์') *vt., vi.* **ejected, ejecting** ขับไล่, พ่น, ขว้าง (**-S.** dismiss, emit, expel)
eke (อีค) *vt.* **eked, eking** หาเพิ่มเติม, หาเลี้ยงชีพ, ใช้อย่างประหยัด (**-S.** increase)
elaborate (*adj.* อิแลบ' เบอริท, *v.* อิแลบ' บะเรท) *adj.* ประณีต, มีรายละเอียดมาก, ซับซ้อน *-vt., vi.* **-rated, -rating** ทำงานด้วยความประณีต, แต่งเติมรายละเอียด (**-S.** (adj.) complicated, intricate (v.) amplify, refine)
élan (เอลาน', เอลาง') *n.* ความกระตือรือร้น, ความมีชีวิตชีวา, ความมั่นใจในตัวเอง
eland (อี' เลินด์) *n., pl.* **eland/elands** ละมั่งแอฟริกัน ตัวโต มีเขาบิดเป็นเกลียว
elapse (อิแลพซ์') *vi.* **elapsed, elapsing** (เวลา)

A B C D E F G H I J K L M N O P Q R S T U V W X Y Z

ผ่านไป, ล่วงไป (-S. pass, slip away)
elastic (อิแลส' ติค) *adj.* ยืดหยุ่น, ไม่มั่นคง, เปลี่ยนแปลงได้, ที่กลับสู่สภาพเดิมได้เร็ว, ปรับตัวได้เร็ว *-n.* สิ่งที่มีความยืดหยุ่น
elate (อิเลท') *vt.* **-lated, -lating** ทำให้ภูมิใจ, ทำให้เบิกบาน, ทำให้มีความสุข **-elated** *adj.*
★**elbow** (เอล' โบ) *n.* ข้อศอก, สิ่งที่มีรูปร่างโค้งหรือทำมุมเหมือนข้อศอก เช่น ข้อต่อของท่อ *-vt., vi.* **-bowed, -bowing** ใช้ศอกกระทุ้ง, ใช้ศอกแหวก, งอเป็นมุม **-at one's elbow** ใกล้มือ, ใกล้ **-up to the elbow** หมกมุ่น, ทุ่มเท
★**elder** (เอล' เดอร์) *adj.* มีอาวุโสกว่า, มีอายุมากกว่า *-n.* คนสูงอายุ, ผู้อาวุโส, บรรพบุรุษ, คนที่มีอายุมากกว่า (-S. (adj.) older, senior)

> **elder/older** ใช้เป็นคุณศัพท์วางหน้านามที่กล่าวถึงบุคคลในครอบครัวเดียวกัน เช่น My elder/older sister is a teacher. หรือใช้เป็นนามเทียบ อายุระหว่างคนสองคน เช่น Who is the elder/older?
> แต่ถ้าใช้เป็นคุณศัพท์เปรียบเทียบขั้นกว่า จะใช้ **older than** เท่านั้น เช่น Bill is older than I am.

elderly (เอล' เดอร์ลี) *adj.* เก่า, สูงอายุ, แก่ *-n., pl.* **-lies** ผู้สูงอายุ, ผู้อาวุโส **-the elderly** กลุ่มผู้สูงอายุ (-S. (adj.) aged, ageing, old)
elder statesman รัฐบุรุษอาวุโส
★**eldest** (เอล' ดิซท์) *adj.* ที่มีอาวุโสสูงสุด, ที่มีอายุมากที่สุด
e-learning ย่อจาก electronic learning การเรียนทางอิเล็กทรอนิกส์ ซึ่งผู้เรียนเรียนด้วยตนเองผ่านคอมพิวเตอร์เชื่อมโยงระบบเครือข่าย
★**elect** (อิเลคท์') *vt., vi.* **elected, electing** เลือก, เลือกตั้ง, ตัดสินใจ (-S. vote for)
★**election** (อิเลค' ชัน) *n.* การเลือก, การเลือกตั้ง, สิทธิ์ในการคัดเลือก (-S. poll, selection, voting)
elective (อิเลค' ทิฟว์) *adj.* ที่มาจากการเลือกตั้ง, ไม่บังคับ *-n.* วิชาเลือก **-electively** *adv.*
elector (อิเลค' เทอร์) *n.* ผู้มีสิทธิ์ในการออกเสียง **-electoral** *adj.* (-S. chooser, selector, voter)
electorate (อิเลค' เทอริท) *n.* ผู้มีสิทธิ์ในการออกเสียงเลือกตั้งทั้งหมด
★**electric** (อิเลค' ทริค) *adj.* โดยใช้กระแสไฟฟ้า, น่าตื่นเต้น **-electrical** *adj.*
electric chair เก้าอี้ไฟฟ้าสำหรับประหารชีวิต
electric eel ปลาไหลไฟฟ้า
★**electrician** (อิเลคทริช' เชิน, อีเลค-) *n.* ช่างไฟฟ้า
★**electricity** (อิเลคทริซ' ซิที, อีเลค-) *n.* การศึกษาด้านปรากฏการณ์ทางไฟฟ้า, กระแสไฟฟ้า, ความตื่นเต้น
electrify (อิเลค' ทระไฟ) *vt.* **-fied, -fying** ผลิตกระแสไฟฟ้า, ติดตั้งสายไฟฟ้า, จ่ายกระแสไฟฟ้า, ทำให้กลัว, ทำให้ตกใจ **-electrification** *n.*
electrocardiogram (อิเลคโทรคาร์' ดีอะแกรม) *n.* ภาพคลื่นไฟฟ้าจากการตรวจสอบการทำงานของหัวใจ ย่อว่า ECG หรือ EKG
electrocardiograph (อิเลคโทรคาร์' ดีอะแกรฟ) *n.* เครื่องมือที่ใช้ในการตรวจสอบและวิเคราะห์ความผิดปกติของหัวใจ โดยวัดออกมาเป็นคลื่นไฟฟ้า ย่อว่า ECG หรือ EKG **-electrocardiography** *n.*
electrocute (อิเลค' ทระคยูท) *vt.* **-cuted, -cuting** ฆ่าโดยใช้กระแสไฟฟ้า, ประหารชีวิตโดยใช้เก้าอี้ไฟฟ้า **-electrocution** *n.*
electrode (อิเลค' โทรด) *n.* ขั้วไฟฟ้า
electrolysis (อิเลคทรอล' ลิซิซ, อีเลค-) *n.* การแยกส่วนประกอบในสารละลายโดยการใช้กระแสไฟฟ้า
electrolyte (อิเลค' ทระไลท์) *n.* สารประกอบที่เมื่อทำเป็นสารละลายแล้วจะเกิดการแตกตัวของไอออนบวกและลบ ทำให้เกิดการนำกระแสไฟฟ้าในสารละลายนั้น
electromagnet (อิเลคโทรแมก' นิท) *n.* แม่เหล็กไฟฟ้า
electromagnetic wave คลื่นแม่เหล็กไฟฟ้า
electron (อิเลค' ทรอน) *n.* อิเล็กตรอน เป็นอนุภาคย่อยในอะตอม ซึ่งมีประจุไฟฟ้าเป็นลบ
★**electronic** (อิเลคทรอน' นิค, อีเลค-) *adj.* เกี่ยวกับอิเล็กตรอน, เกี่ยวกับอุปกรณ์อิเล็กทรอนิกส์
electronic flash แฟลชอิเล็กทรอนิกส์ที่ใช้ในการถ่ายภาพ
electronic mail จดหมายอิเล็กทรอนิกส์เป็นข้อมูลที่มีการรับและส่งโดยเครื่องคอมพิวเตอร์โดยผ่านเครือข่ายของการสื่อสาร
electronics (อิเลคทรอน' นิคซ์, อีเลค-) *n. pl.* การศึกษาเกี่ยวกับอิเล็กตรอน
electron microscope กล้องจุลทรรศน์อิเล็กตรอน
electroplate (อิเลค' ทระเพลท) *vt.* **-plated, -plating** ชุบหรือเคลือบโลหะโดยกระบวนการอิเล็กทรอไลซิส
electroshock therapy, electrocon-

vulsive therapy การรักษาโรคความผิดปกติทางจิต โดยเฉพาะโรคซึมเศร้า โดยการใช้กระแสไฟฟ้ากระตุ้นสมอง

electrotherapy (อิเลคโทรเธ' ระพี) *n.* การใช้กระแสไฟฟ้าในการบำบัดโรค

electrotype (อิเลค' ทระไทพฺ) *n.* แม่พิมพ์โลหะซึ่งเคลือบผิวหน้าด้วยตะกั่วหรือแม่พิมพ์พลาสติกที่ใช้ในระบบการพิมพ์เลตเตอร์เพลต, สิ่งพิมพ์ที่ได้จากระบบการพิมพ์ดังกล่าว

elegance (เอล' ลิเกินซฺ) *n.* ความสง่างาม, ความมีรสนิยม, ความหรูหรา, ความมีมารยาท, ความพิถีพิถัน **-elegancy** *n.* (**-S.** dignity, grace)

elegant (เอล' ลิเกินทฺ) *adj.* สง่างาม, สวยงาม, หรูหรา, มีรสนิยม, พิถีพิถัน, ฉลาด **-elegantly** *adv.* (**-S.** dignified, stylish, tasteful)

★**element** (เอล' ละเมินทฺ) *n.* ธาตุแท้, ธาตุดินน้ำลมไฟ, ลักษณะที่สำคัญ, ส่วนประกอบพื้นฐาน, การชี้แนะ **-the elements** พลังหรือปรากฏการณ์ตามธรรมชาติ, หลักเบื้องต้น **-elemental** *adj.* **-elementally** *adv.* (**-S.** basis, component, factor)

★**elementary** (เอลละเมน' ทะรี, -ทรี) *adj.* เกี่ยวกับพื้นฐาน, เป็นรากฐาน, ในขั้นเริ่มต้น, เกี่ยวกับชั้นประถม (**-S.** fundamental, rudimentary)

elementary school โรงเรียนระดับประถม

★**elephant** (เอล' ละเฟินทฺ) *n.* ช้าง

elephantiasis (เอลละเฟินไท' อะซิซ) *n.* โรคเท้าช้าง

elevate (เอล' ละเวท) *vt.* **-vated, -vating** ยกขึ้น, เพิ่ม, เลื่อนตำแหน่ง, ยกระดับ, ทำให้สูงขึ้น **-elevation** *n.* (**-S.** elate, lift, promote)

elevated (เอล' ละเวทิด) *adj.* สูง, สูงส่ง, มีความสุขมาก, มีคุณธรรมสูง, สูงกว่ามาตรฐาน, มีตำแหน่งสูง (**-S.** happy, lofty)

elevated railway/railroad รถไฟยกระดับ

★**elevator** (เอล' ละเวเทอรฺ) *n.* ลิฟต์, บันไดเลื่อน, อุปกรณ์ที่ติดบริเวณหางของเครื่องบิน

★**eleven** (อิเลฟ' เวิน) *n.* เลขสิบเอ็ด, อันดับสิบเอ็ด, ทีมฟุตบอลหรือคริกเกตที่มีผู้เล่น 11 คน **-eleven** *adj., pron.*

eleventh (อิเลฟ' เวินธฺ) *n.* ตำแหน่งที่ 11, ส่วนหนึ่งในสิบเอ็ดส่วนที่เท่ากัน *-adj.* ที่สิบเอ็ด

elf (เอลฺฟ) *n., pl.* **elves** (เอลฟฺวฺซฺ) ภูต, นางไม้, เด็กที่ซุกซน, คนพาล (**-S.** dwarf, goblin)

elfin (เอล' ฟิน) *adj.* เกี่ยวกับภูตหรือนางไม้, เล็ก, ซุกซน **-elfish, elvish** *adj.* (**-S.** little, playful)

elicit (อิลิซ' ซิท) *vt.* **-ited, -iting** ทำให้เปิดเผย, ดึงออกมา (**-S.** draw out, extract)

eligible (เอล' ลิจะเบิล) *adj.* เหมาะสม, มีคุณค่าพอที่จะเลือก *-n.* ผู้ที่มีคุณสมบัติเหมาะสม

eliminate (อิลิม' มะเนท) *vt.* **-nated, -nating** กำจัด, ขับไล่, ตัดออก, ขับถ่าย **-elimination** *n.* **-eliminator** *n.* (**-S.** get rid of, remove)

elite, élite (อิลีท', เอลีทฺ') *n., pl.* **elite/elites** กลุ่มคนชั้นพิเศษ, คนชั้นสูง, คนหรือสิ่งที่ได้รับการคัดเลือก, หัวกะทิ **-elitism, élitism** *n.*

elixir (อิลิค' เซอรฺ) *n.* ยาที่ใช้รักษาสารพัดโรค **-elixir of life** ยาอายุวัฒนะ

elk (เอลคฺ) *n., pl.* **elk/elks** กวางขนาดใหญ่

ellipse (อิลิพซฺ') *n., pl.* **-lipses** รูปวงรี

ellipsis (อิลิพ' ซิซ) *n., pl.* **-ses** (ซีซ) การตัดคำหรือวลีออกแต่ความหมายยังอยู่ครบ, เครื่องหมายที่แสดงการละไว้ในฐานที่เข้าใจ เช่น ...

elliptic, elliptical (อิลิพ' ทิค, -ทิเคิล) *adj.* เป็นวงรี, ที่มีการตัดคำหรือวลีออก, คลุมเครือ (**-S.** concise, obscure, oval)

elm (เอลมฺ) *n.* ต้นไม้เนื้อแข็งประเภทหนึ่ง มีลำต้นสูง ขอบใบเป็นหยัก ใช้ปลูกเพื่อให้ร่มเงา

El Niño (เอลนีน' โย) *n.* ปรากฏการณ์เอลนิโญ เป็นปรากฏการณ์ที่เกิดจากการเปลี่ยนแปลงอุณหภูมิเหนือทะเลน้ำอุ่น เป็นการไหลย้อนกลับของกระแสน้ำอุ่นในมหาสมุทรแปซิฟิก ซึ่งเกิดขึ้นทุกๆ 4-7 ปีในช่วงเทศกาลคริสต์มาส ทำให้เกิดผลกระทบต่อสภาพภูมิอากาศทั่วโลก เช่น ทำให้เกิดฝนตกหนัก เกิดน้ำท่วมและเกิดภาวะฝนแล้ง

elocution (เอลละคยู' ชัน) *n.* ศิลปะการพูดให้เป็นที่ประทับใจในที่สาธารณะ

elongate (อิลอง' เกท) *vt., vi.* **-gated, -gating** ทำให้ยาวขึ้น, ยืดออก *-adj.* ยืด, ยาวขึ้น, ยาวเรียว **-elongation** *n.* (**-S.** (v.) extend)

elope (อิโลพ') *vi.* **eloped, eloping** หนีตามผู้ชาย, หลบหนี **-elopement** *n.* (**-S.** escape)

eloquent (เอล' ละเควินทฺ) *adj.* พูดคล่องแคล่ว, พูดจูงใจเก่ง, พูดโน้มน้าวใจเก่ง **-eloquence** *n.* **-eloquently** *adv.* (**-S.** expressive, fluent)

★**else** (เอลซฺ) *adj.* แตกต่าง, อื่นๆ อีก, เพิ่ม *-adv.* อื่นๆ อีก, มิฉะนั้น, นอกจากนี้, ถ้าไม่

★**elsewhere** (เอลซฺ' แวรฺ-, -ฮแวรฺ) *adv.* ในที่อื่นๆ

elucidate (อิลู' ซิเดท) *vt., vi.* **-dated, -dating** อธิบาย, ทำให้เข้าใจ, ให้ความกระจ่าง

elude (อิลูด') *vt.* **eluded, eluding** หลบหนี, หลีกเลี่ยง (**-S.** avoid, escape, evade)

A B C D E F G H I J K L M N O P Q R S T U V W X Y Z

elusive (อิลู' ซิฟว์, -ซิฟว์) *adj.* ที่จับตัวได้ยาก, ที่หลบหนีเก่ง, ที่จำได้ยาก, ที่เข้าใจได้ยาก, ที่อธิบายได้ยาก (**-S.** ambiguous, evasive)
elver (เอล' เวอร์) *n.* ลูกปลาไหล
elves (เอลฟ์วซ์) *n.* พหูพจน์ของ elf
'em (เอิม) *pron.* (ภาษาพูด) พวกเขา
emaciate (อิเม' ชีเอท) *vt., vi.* **-ated, -ating** ทำให้ผอม, ทำให้น้ำหนักลด **-emaciation** *n.*
E-mail, e-mail ดู electronic mail
emanate (เอม' มะเนท) *vi., vt.* **-nated, -nating** เกิดขึ้น, เกิดมาจาก, ไหลออกมา, กระจาย, พุ่ง, ฟุ้ง (**-S.** emerge, originate)
emancipate (อิแมน' ซะเพท) *vt.* **-pated, -pating** ปลดปล่อยให้เป็นอิสระ, เลิกทาส **-emancipation** *n.* **-emancipator** *n.* (**-S.** free, liberate, release)
emasculate (อิแมส' กยะเลท) *vt.* **-lated, -lating** ทำให้หมดความเป็นชาย, ตอน, ทำให้อ่อนแอ (**-S.** castrate, weaken)
embalm (เอมบาม') *vt.* **-balmed, -balming** ดองศพ, เก็บไว้ในความทรงจำ (**-S.** preserve)
embankment (เอมแบงค์' เมินท์) *n.* เขื่อน, กำแพงดิน **-embank** *v.*
embargo (เอมบาร์' โก) *n., pl.* **-goes** คำสั่งห้ามเรือสินค้าไม่ให้เข้าหรือออกจากท่าเรือ, คำสั่งห้ามต่างๆ *-vt.* **-goed, -going** ห้ามเรือสินค้าเข้าหรือออกจากท่าเรือ
embark (เอมบาร์ค') *vt., vi.* **-barked, -barking** ลงเรือหรือเครื่องบิน, ออกเดินทาง, ลงทุน **-embarkation** *n.* (**-S.** enplane, launch)
★**embarrass** (เอมแบ' เริซ) *vt.* **-rassed, -rassing** ทำให้อึดอัด, ทำให้ยุ่งยาก, ขัดขวาง **-embarrassing** *adj.* **-embarrassment** *n.* (**-S.** discomfit, disconcert **-A.** compose)
★**embassy** (เอม' บะซี) *n., pl.* **-sies** เอกอัครราชทูต, คณะทูต, สถานเอกอัครราชทูต
embed, imbeb (เอมเบด', อิม-) *vt.* **-bedded, -bedding** ฝัง, ประทับ, ตรึง **-embedment** *n.* (**-S.** implant, insert, sink)
embellish (เอมเบล' ลิช) *vt.* **-lished, -lishing** ตกแต่ง, ประดับ **-embellishment** *n.* (**-S.** adorn, decorate, trim)
ember (เอม' เบอร์) *n.* เศษถ่านหรือไม้ที่ยังไม่มอด **-embers** ถ่านที่ยังไม่มอด
embezzle (เอมเบซ' เซิล) *vt.* **-zled, -zling** ฉ้อฉล, ยักยอก, ทุจริต, ขโมย (**-S.** pilfer, steal)
embitter (เอมบิท' เทอร์) *vt.* **-tered, -tering** ทำให้มีรสขม, ทำให้โกรธ, ทำให้แย่ลง
emblazon (เอมเบล' เซิน) *vt.* **-zoned, -zoning** ตกแต่ง, แกะสลัก, ยกย่อง, เฉลิมฉลอง (**-S.** adorn, decorate, proclaim)
emblem (เอม' เบลม) *n.* สัญลักษณ์, เครื่องหมาย **-emblematic, emblematical** *adj.* (**-S.** device, image, symbol)
embody (เอมบอด' ดี) *vt.* **-bodied, -bodying** ทำให้เป็นรูปร่าง, แสดงให้เห็น, รวบรวม **-embodiment** *n.* (**-S.** combine, represent)
embolden (เอมโบล' เดิน) *vt.* **-ened, -ening** ทำให้กล้าหาญ, ให้กำลังใจ (**-S.** encourage)
embonpoint (อางบองแพวง', ออง' บงปวง) *n.* ความอ้วน (**-S.** plumpness, stoutness)
embosom (เอมบุซ' เซิม) *vt.* **-omed, -oming** ห่อหุ้ม, ปกป้อง
emboss (เอมบอซ') *vt.* **-bossed, -bossing** ทำให้นูนขึ้น, ตกแต่งให้นูน **-embossment** *n.*
embrace (เอมเบรซ') *vt., vi.* **-braced, -bracing** กอด, รวมเข้าด้วยกัน, ยอมรับ, เข้าร่วม, รับรู้ *-n.* การกอด (**-S.** (v.) accept (v., n.) cuddle)
embrocate (เอม' บระเคท) *vt.* **-cated, -cating** ทาหรือนวดร่างกายด้วยยาหรือโลชั่น
embrocation (เอมบระเค' ชัน) *n.* การชโลมหรือนวดร่างกาย, โลชั่นหรือยานวด
embroider (เอมบรอย' เดอร์) *vt., vi.* **-dered, -dering** ตกแต่ง, ทำงานเย็บปักถักร้อย, เสริมแต่ง, ต่อเติม (**-S.** dress up, elaborate, sew)
embroidery (เอมบรอย' ดะรี) *n., pl.* **-ies** งานเย็บปักถักร้อย (**-S.** needlework)
embroil (เอมบรอยล์') *vt.* **-broiled, -broiling** ทำให้สับสนวุ่นวาย, ทำให้ขัดแย้ง, ดึงเข้ามาเกี่ยวข้อง **-embroilment** *n.*
embryo (เอม' บรีโอ) *n., pl.* **-os** ตัวอ่อน, ทารกในครรภ์, ต้นอ่อนในเมล็ดพืช
embryology (เอมบรีออล' ละจี) *n.* การศึกษาเกี่ยวกับตัวอ่อน
embryonic, embryonal (เอมบรีออน' นิค, เอม' บรีอะเนิล) *adj.* เหมือนตัวอ่อน, เป็นพื้นฐาน, ยังไม่ได้พัฒนา (**-S.** rudimentary)
emcee (เอม' ซี') *n.* ผู้ดำเนินรายการ
emend (อิเมนด์') *vt.* **emended, emending** ตรวจสอบหรือแก้ไขตัวอักษร (**-S.** correct , edit)
emerald (เอม' เมอเริลด์, เอม' เริลด์) *n.* มรกต
emerge (อิเมิร์จ') *vi.* **emerged, emerging** ปรากฏให้เห็น, โผล่ขึ้น, ออกมา **-emergent** *adj.* **-emergence** *n.* (**-S.** appear, come out)

★**emergency** (อิเมอร์' เจินซี) *n., pl.* **-cies** เหตุการณ์ฉุกเฉิน, ภาวะฉุกเฉิน, กรณีเร่งด่วน (**-S.** crisis, exigency)

emergency room ห้องรักษาผู้ป่วยฉุกเฉิน ย่อว่า ER

emetic (อิเมท' ทิค) *n.* ยาที่ทำให้คลื่นไส้อาเจียน

emigrant (เอม' มิเกรินท์) *n.* ผู้ที่อพยพออกนอกประเทศ *-adj.* ที่อพยพออกนอกประเทศ

emigrate (เอม' มิเกรท) *vi.* **-grated, -grating** อพยพออกนอกประเทศ, ย้ายถิ่นที่อยู่ **-emigration** *n.* (**-S.** migrate **-A.** immigrate)

émigré (เอม' มิเกร) *n.* ผู้ที่อพยพออกจากประเทศบ้านเกิดเนื่องจากเหตุผลทางการเมือง

eminence (เอม' มะเนินซ์) *n.* พื้นที่ที่สูงจากพื้นดิน, สภาวะหรือผู้ที่มีตำแหน่ง เกียรติหรือความสำเร็จสูงสุด (**-S.** elevation, prestige)

eminent (เอม' มะเนินท์) *adj.* เด่น, ที่อยู่สูง, มีชื่อเสียง **-eminently** *adv.* (**-S.** distinguished)

emissary (เอม' มิเซรี) *n., pl.* **-ies** สายลับ, ตัวแทน, ทูต (**-S.** agent, ambassador)

emit (อิมิท') *vt.* **emitted, emitting** ส่งออก, ปลดปล่อย, เปล่งเสียง, ส่งสัญญาณคลื่น, แพร่ออก, ตีพิมพ์ออกมา **-emission** *n.* **-emitter** *n.* (**-S.** discharge, express, pour out, utter)

emolument (อิมอล' ลยะเมินท์) *n.* ค่าจ้าง, เงินเดือน (**-S.** income, salary)

emoticon (อิโม' ทิคอน) *n.* สัญรูปอารมณ์ คือเครื่องหมายแสดงความรู้สึกใช้ในการสนทนาผ่านอินเทอร์เน็ต เช่น :D คือ หัวเราะ

★**emotion** (อิโม' ชัน) *n.* อารมณ์, ความรู้สึกที่รุนแรง เช่น รัก เกลียด **-emotional** *adj.* **-emotionless** *adj.* **-emotive** *adj.*

empathy (เอม' พะธี) *n.* ความเข้าใจถึงความคิด อารมณ์หรือความรู้สึกของผู้อื่นเสมือนว่าตนมีประสบการณ์เช่นเดียวกับคนผู้นั้น

emperor (เอม' เพอเรอร์) *n.* จักรพรรดิ, ผู้มีอำนาจปกครองประเทศ (**-S.** ruler, sovereign)

emphasis (เอม' ฟะซิซ) *n., pl.* **-ses** (-ซีซ) การเน้นความสำคัญ, การเน้นตัวอักษรที่เป็นตัวออกเสียงหลัก (**-S.** accent, stress)

★**emphasize** (เอม' ฟะไซซ์) *vt.* **-sized, -sizing** เน้น, เน้นเสียง (**-S.** stress, underline)

emphatic (เอมแฟท' ทิค) *adj.* ที่เน้นด้านการแสดงออก ความรู้สึก การพูดหรืออื่นๆ, โดดเด่น, แน่นอน, ชัดเจน **-emphatically** *adv.*

empire (เอม' ไพร์) *n.* จักรวรรดิ, การปกครองโดยจักรพรรดิหรือจักรพรรดินี (**-S.** realm)

★**employ** (เอมพลอย') *vt.* **-ployed, -ploying** ใช้งาน, จ้างงาน, อุทิศตน *-n.* การถูกว่าจ้าง, การใช้งาน **-employment agency** บริษัทจัดหางาน **-employment** *n.* (**-S.** (v.) hire, occupy, use, utilize)

★**employee, employe** (เอมพลอย' อี, อิม-, เอมพลอยอี') *n.* ลูกจ้าง, คนงาน (**-S.** worker)

★**employer** (เอมพลอย' เออร์, อิม-) *n.* ผู้ว่าจ้าง, นายจ้าง, เจ้าของกิจการ (**-S.** boss, patron)

emporium (เอมพอ' เรียม, -โพ'-) *n., pl.* **-riums/-ria** ตลาดขายสินค้านานาชนิด, ห้างสรรพสินค้าขนาดใหญ่ (**-S.** bazaar, mart, store)

empower (เอมเพา' เออร์) *vt.* **-ered, -ering** มอบอำนาจ, อนุญาต

empress (เอม' พริซ) *n.* จักรพรรดินี, มเหสีของจักรพรรดิ

★**empty** (เอมพ์' ที) *adj.* **-tier, -tiest** ว่างเปล่า, ว่าง, ไม่มีประโยชน์, ไม่มีค่า, ไม่มีความหมาย, หิว *-vt., vi.* **-tied, -tying** ทำให้ว่าง, เททิ้ง, โละทิ้ง, เอาออก, ปลดภาระ **-empty of** ปราศจาก **-emptiness** *n.* (**-S.** (adj.) barren)

empty-handed (เอมพ์ทีแฮน' ดิด) *adj.* มือเปล่า, ไม่ได้รับอะไร

empty-headed (เอมพ์ทีเฮด' ดิด) *adj.* โง่

EMU ย่อจาก Economic and Monetary Union สหภาพเศรษฐกิจและการเงินแห่งยุโรป

emu (อี' มยู) *n.* นกอีมู เป็นนกขนาดใหญ่

emulate (*v.* เอม' มยะเลท, *adj.* -ลิท) *vt.* **-lated, -lating** เลียนแบบ, แข่งขัน *-adj.* ทะเยอทะยาน **-emulation** *n.* **-emulative** *adj.* **-emulator** *n.* (**-S.** (v.) copy, imitate, rival)

emulsify (อิมัล' ซะไฟ) *vt.* **-fied, -fying** ทำให้เป็นอิมัลชัน **-emulsification** *n.*

emulsion (อิมัล' ชัน) *n.* ของเหลวที่มีอนุภาคขนาดเล็กแขวนลอยอยู่ เช่น น้ำนม, สารไวแสงที่อยู่ในรูปเจลลาตินใช้สำหรับเคลือบผิวหน้ากระดาษอัดภาพ ฟิล์มหรือแม่พิมพ์

★**enable** (เอเน' เบิล) *vt.* **-bled, -bling** ทำให้มีความสามารถ, ให้โอกาส, มอบอำนาจ

enact (เอนแนคท์') *vt.* **-acted, -acting** ออกกฎหมาย, ประกาศใช้กฎหมาย, แสดง **-enactment** *n.* (**-S.** command, decree, perform)

enamel (อิแนม' เมิล) *n.* สารเคลือบเงา, วัสดุที่มีการเคลือบเงา, สารเคลือบฟันตามธรรมชาติ *-vt.* **-eled, -eling/-elled, -elling** เคลือบ, ทำให้เป็นเงา

enamelware (อิแนม' เมิลแวร์) *n.* เครื่องเคลือบ

A B C D E F G H I J K L M N O P Q R S T U V W X Y Z

enamor, enamour (อิแนม' เมอร์) *vt.* **-ored, -oring/-oured, -ouring** ทำให้ชอบ, ทำให้หลงใหล (**-S.** captivate)
en bloc (อางบลอค', เอนบลอค') *adv.* ทั้งหมด
encamp (เอนแคมพ์') *vt., vi.* **-camped, -camping** สร้างค่าย, อยู่ในค่าย
encase, incase (เอนเคซ', อิน-) *vt.* **-cased, -casing** ห่อหุ้มอย่างมิดชิด, ใส่ไว้ในกล่อง, ใส่ไว้ในปลอก **-encasement** *n.*
enchain (เอนเชน') *vt.* **-chained, -chaining** ผูกหรือยึดไว้ด้วยโซ่, จับ **-enchainment** *n.*
enchant (เอนแชนท์') *vt.* **-chanted, -chanting** ทำให้หลงใหล, ทำเสน่ห์ (**-S.** bewitch, charm)
enchanter (เอนแชน' เทอร์) *n.* ผู้ที่ใช้เวทมนตร์คาถา (**-S.** witch, wizard)
enchanting (เอนแชน' ทิง) *adj.* มีเสน่ห์, น่าหลงใหล (**-S.** attractive, fascinating)
enchantress (เอนแชน' ทริซ) *n.* ผู้หญิงที่มีเสน่ห์มาก, แม่มด (**-S.** sorceress, witch)
encircle (เอนเซอร์' เคิล) *vt.* **-cled, -cling** ล้อมรอบ, เคลื่อนที่เป็นวงรอบ (**-S.** surround)
★**enclose, inclose** (เอนโคลซ', อิน-) *vt.* **-closed, -closing** ปิดล้อม, ล้อมรอบ, สอดใส่ซอง, ห่อพัสดุ, บรรจุ (**-S.** contain, surround)
enclosure (เอนโคล' เฌอร์) *n.* การปิดล้อม, สิ่งที่ใช้ปิดล้อม เช่น กำแพง, บริเวณที่ถูกปิดล้อม, สิ่งที่สอดมาพร้อมกับจดหมาย (**-S.** inclusion)
encode (เอนโคด') *vt.* **-coded, -coding** เปลี่ยนข้อมูลให้เป็นรหัส, เปลี่ยนข้อมูลต่างๆ ให้เป็นภาษาคอมพิวเตอร์ **-encoder** *n.*
encompass (เอนคัม' เพิซ) *vt.* **-passed, -passing** ล้อมรอบ, ปิดล้อม, บรรจุ (**-S.** contain, encircle, include, surround)
encore (ออง' คอร์, -โคร์) *n.* การเรียกร้องของผู้ชมเพื่อให้นักแสดงหรือนักดนตรีแสดงอีก, การแสดงอีกตามคำขอ *-interj.* ร้องให้แสดงอีก
encounter (เอนเคาน์' เทอร์) *n.* การพบปะโดยบังเอิญ, การเผชิญหน้ากับศัตรู *-vt.* **-tered, -tering** พบกันโดยบังเอิญ, เผชิญหน้า, ประสบ (**-S.** (n., v.) fight (n.) meeting (v.) confront, meet)
★**encourage** (เอนเคอ' ริจ) *vt.* **-aged, -aging** ให้กำลังใจ, สนับสนุน, ส่งเสริม, กระตุ้น **-encouraging** *adj.* **-encouragment** *n.* (**-S.** assist, cheer, stimulate **-A.** discourage)
encroach (เอนโครช') *vi.* **-croached, -croaching** ละเมิด, รุกล้ำ, บุกรุก (**-S.** invade)
encrust, incrust (เอนครัซท์', อิน-) *vt.* **-crusted, -crusting** ห่อหุ้มหรือปกปิดด้วยเปลือกที่แข็ง, ตกแต่งอย่างสวยงาม
encumber (เอนคัม' เบอร์) *vt.* **-bered, -bering** กีดขวาง, หน่วงเหนี่ยว, เป็นอุปสรรค, เป็นภาระ, ทำให้ยุ่งยาก **-encumbrance** *n.* (**-S.** burden, hinder)
encyclical (เอนซิค' ลิเคิล) *adj.* ที่กระจายหรือแพร่หลายไปทั่ว *-n.* สาสน์หรือจดหมายจากองค์สันตะปาปาที่ส่งไปยังบิชอปทั้งหลาย
encyclopedia, encyclopaedia (เอนไซคละพี' เดีย) *n.* สารานุกรม
★**end** (เอน) *n.* จุดเริ่มต้นหรือจุดสุดท้าย, ปลายสุด, ขอบเขต, จุดจบ, ความตาย, เป้าหมาย, ความตั้งใจ, เศษหรือสิ่งที่เหลืออยู่, การทำลาย, ผลลัพธ์, (คำสแลง) สิ่งที่ดีที่สุด *-v.* **ended, ending** *-vt.* ทำให้สิ้นสุด, สรุป, ยุติ, ทำลาย *-vi.* ตาย, หยุด, เสร็จสิ้น **-end to end** ปลายชนปลาย **-end up** เสร็จสิ้น **-in the end** ในที่สุด **-no end** มากมาย (**-S.** (n.) boundary, death, termination (n., v.) cease, finish)
endanger (เอนเดน' เจอร์) *vt.* **-gered, -gering** ทำให้ได้รับอันตราย, ข่มขู่, เป็นภัย (**-S.** imperil)
endear (เอนเดียร์') *vt.* **-deared, -dearing** ทำให้เป็นที่รักที่พอใจ **-endearment** *n.*
endeavor, endeavour (เอนเดฟ' เวอร์) *n.* ความพยายาม, ความอุตสาหะ, ความตั้งใจ *-vt., vi.* **-ored, -oring/-oured, -ouring** พยายามทำให้สำเร็จ, มุมานะ, ตั้งใจ (**-S.** (n., v.) attempt, struggle, try)
endemic (เอนเดม' มิค) *adj.* ที่มีเฉพาะในท้องถิ่นหนึ่งๆ, เป็นโรคที่เกิดขึ้นเฉพาะท้องถิ่น *-n.* โรคเฉพาะท้องถิ่น **-endemically** *adv.*
★**ending** (เอน' ดิง) *n.* บทสรุป, จุดสิ้นสุด, ความตาย, ตัวอักษรที่เติมท้ายคำ
endive (เอน' ไดฟว์) *n.* ผักชนิดหนึ่งใช้ทำสลัด
★**endless** (เอน' ลิซ) *adj.* ไม่มีขอบเขต, ไม่มีที่สิ้นสุด, ที่ต่อเนื่อง, ยั่งยืน **-endlessly** *adv.* (**-S.** continuous, infinite, unlimited)
endmost (เอนด์' โมซท์) *adj.* สุดท้าย
endorphin (เอนดอร์' ฟิน) *n.* ฮอร์โมนที่หลั่งออกจากต่อมในสมองซึ่งช่วยบรรเทาอาการเจ็บปวด
endorse, indorse (เอนดอร์ซ', อิน-) *vt.* **-dorsed, -dorsing** สลักหลังเช็ค, เซ็นชื่อ, อนุมัติ, สนับสนุน, รับรอง **-endorsement** *n.* (**-S.** recommend, sign, support, uphold)
endorsee (เอนดอร์ซี') *n.* ผู้ที่รับโอนเอกสาร

A B C D E F G H I J K L M N O P Q R S T U V W X Y Z

ที่มีการสลักหลังจากเจ้าของ

endow (เอนเดา') *vt.* **-dowed, -dowing** มอบให้, บริจาค, อุทิศ **-endowment** *n.* (**-S.** donate)

endowment policy การประกันชีวิตประเภทที่จ่ายเงินคืนแก่ผู้เอาประกันเมื่อครบกำหนดสัญญาหรือเมื่อผู้เอาประกันเสียชีวิต

endure (เอนดูร์', -ดยุร์') *vt., vi.* **-dured, -during** ยืนหยัด, อดทน **-endurable** *adj.* **-endurance** *n.* (**-S.** bear, continue, tolerate)

enduring (เอนดุ' ริง, -ดยุร์'-) *adj.* ยังยืน, เป็นอมตะ, มั่นคง, ทนทาน (**-S.** durable, lasting)

endways, endwise (เอนด์' เวซ์, -ไวซ์) *adv.* ที่ตั้งตรง, ไปตามยาว, เรียงต่อกันไป

ENE, ene ย่อจาก east-northeast ทิศตะวันออกเฉียงเหนือ

enema (เอน' นะมะ) *n., pl.* **-mas/-mata** การสวนทวารหนัก

★**enemy** (เอน' นะมี) *n., pl.* **-mies** ศัตรู, คู่อริ, กองทัพของฝ่ายศัตรู, ฝ่ายตรงข้าม *-adj.* เป็นศัตรู (**-S.** (n.) adversary, foe **-A.** (n.) friend)

energetic (เอนเนอร์เจท' ทิค) *adj.* ว่องไว, กระตือรือร้น, มีพลัง (**-S.** active, forceful, lively)

energize (เอน' เนอร์ไจซ์) *vt.* **-gized, -gizing** ทำให้มีพลัง, กระตือรือร้น, กระตุ้น

★**energy** (เอน' เนอร์จี) *n., pl.* **-gies** กำลัง, พลัง, ความแข็งแรง, แหล่งพลังงาน **-energies** ความพยายาม (**-S.** strength, vigor)

enervate (*v.* เอน' เนอร์เวท, *adj.* อิเนอร์' วิท) *vt.* **-vated, -vating** ทำให้อ่อนแอ, ทำให้หมดแรง *-adj.* อ่อนแอ, หมดแรง

enfeeble (เอนฟี' เบิล) *vt.* **-bled, -bling** ทำให้หมดแรง, ทำให้อ่อนแอ **-enfeeblement** *n.*

enfold (เอนโฟลด์') *vt.* **-folded, -folding** ห่อหุ้ม, ปิดล้อม, โอบ, กอด (**-S.** enclose, hug, wrap)

enforce (เอนฟอร์ซ', -โฟร์ซ') *vt.* **-forced, -forcing** บังคับ, ใช้กฎหมายบังคับ (**-S.** force)

enfranchise (เอนแฟรน' ไชซ์) *vt.* **-chised, -chising** ให้อิสระ, ให้สิทธิ์ในการออกเสียง

Eng, Eng. ย่อจาก England ประเทศอังกฤษ, English ภาษา ชนชาติและวัฒนธรรมอังกฤษ

engage (เอนเกจ') *vt., vi..* **-gaged, -gaging** ทำสัญญาจ้าง, สัญญา, นัด, จอง, หมั้น, ครอบครอง, ใช้, เข้าเกียร์, เข้าร่วม **-engagement** *n.* (**-S.** employ, join, occupy, promise, reserve)

★**engaged** (เอนเกจด์') *adj.* หมั้นแล้ว, ไม่ว่าง, มีธุระมาก (**-S.** busy, occupied, unavailable)

engaging (เอนเก' จิง) *adj.* มีเสน่ห์, น่าสนใจ

engender (เอนเจน' เดอร์) *v.* **-dered, -dering** *-vt.* ก่อให้เกิด *-vi.* เกิดขึ้น (**-S.** produce)

★**engine** (เอน' จิน) *n.* เครื่องยนต์, เครื่องจักร, อุปกรณ์ช่าง (**-S.** instrument, machine, turbine)

★**engineer** (เอนจะเนียร์') *n.* วิศวกร, ผู้ควบคุมเครื่องจักร, ผู้จัดการ *-vt.* **-neered, -neering** วางแผน, บริหาร, ควบคุม, จัดการ

engineering (เอนจะเนีย' ริง) *n.* สาขาวิชาต่างๆ ที่เกี่ยวข้องกับวิศวกรรม

England (อิง' เกลินด์) ประเทศอังกฤษ

★**English** (อิง' กลิช) *n.* ภาษา ชนชาติและวัฒนธรรมอังกฤษ *-adj.* เกี่ยวกับประเทศอังกฤษ

engraft (เอนแกรฟท์') *vt.* **-grafted, -grafting** ทาบกิ่งหรือติดตา, ปลูกฝัง

engrave (เอนแกรฟว์') *vt.* **-graved, -graving** แกะสลัก, ประทับ **-engraver** *n.* (**-S.** carve, etch, stamp)

engraving (เอนเกร' วิง) *n.* ศิลปะหรือเทคนิคในการแกะสลัก, แม่พิมพ์ที่เกิดจากการแกะสลัก ภาพพิมพ์ที่เกิดจากแม่พิมพ์ดังกล่าว (**-S.** etching)

engross (เอนโกรซ') *vt.* **-grossed, -grossing** ครอบครอง, หมกมุ่น **-engrossment** *n.*

engrossing (เอนโกร' ซิง) *adj.* น่าสนใจ, มีเสน่ห์ดึงดูด (**-S.** absorbing, interesting)

enhance (เอนแฮนซ์') *vt.* **-hanced, -hancing** ทำให้เพิ่มขึ้น, ปรับปรุงให้ดีขึ้น **-enhancement** *n.* (**-S.** elevate, increase, reinforce)

enigma (อินิก' มะ) *n.* ปริศนา, คำถามซ่อนเงื่อน, คนหรือสิ่งที่ลึกลับ (**-S.** mystery, puzzle)

enigmatic, enigmatical (เอนนิกแมท' ทิค, -ทิเคิล) *adj.* ลึกลับ, ซับซ้อน, กำกวม, คลุมเครือ (**-S.** ambiguous, mysterious, puzzling)

enjoin (เอนจอยน์') *vt.* **-joined, -joining** ออกคำสั่ง, บังคับ, ห้าม (**-S.** command, prohibit)

★**enjoy** (เอนจอย') *vt.* **-joyed, -joying** ได้รับความสุขหรือความพอใจ, ได้รับประโยชน์

★**enjoyable** (เอนจอย' อะเบิล) *adj.* ที่ให้ความสนุกสนาน, น่าพอใจ, น่ายินดี (**-S.** amusing)

★**enjoyment** (เอนจอย' เมินท์) *n.* ความพึงพอใจ, ความสนุกสนาน, การเป็นเจ้าของ, สิ่งที่ทำให้มีความสุข (**-S.** pleasure, possession)

enlarge (เอนลาร์จ') *v.* **-larged, -larging** *-vt.* เพิ่ม, ทำให้ใหญ่ขึ้น, ทำให้กว้างขึ้น, ขยายภาพ *-vi.* เพิ่มขึ้น, ใหญ่ขึ้น, กว้างขึ้น **-enlargement** *n.* **-enlarger** *n.* (**-S.** broaden, elaborate)

enlighten (เอนไล' เทิน) *vt.* **-ened, -ening** ทำให้รู้แจ้ง, ให้ความรู้, สั่งสอน (**-S.** inform)

A B C D E F G H I J K L M N O P Q R S T U V W X Y Z

enlightenment (เอนไล' เทินเมินท์) *n.* การรู้แจ้ง, การให้ความรู้ **-the Enlightenment** การตรัสรู้ (-S. awareness, insight)
enlist (เอนลิซท์') *vt., vi.* **-listed, -listing** สมัครเป็นทหาร, ได้รับความช่วยเหลือ **-enlistment** *n.* (-S. enrol, join, obtain)
enliven (เอนไล' เวิน) *vt.* **-ened, -ening** ทำให้มีความสุข, ทำให้มีชีวิตชีวา (-S. cheer up)
en masse (ออนแมซ') *adv.* เป็นกลุ่มเดียวกัน
enmesh, immesh (เอนเมช', อิม-) *vt.* **-meshed, -meshing** ทำให้พัวพันหรือติดกับ
enmity (เอน' มิที) *n., pl.* **-ties** ความเกลียด, ความเป็นศัตรู, ความประสงค์ร้าย (-S. aversion)
ennoble (เอนโน' เบิล) *vt.* **-bled, -bling** ยกย่อง, ทำให้มีคุณธรรมหรือคุณค่าเพิ่มขึ้น
ennui (ออนวี') *n.* ความเบื่อหน่าย (-S. tedium)
enormity (อินอร์' มิที) *n., pl.* **-ties** ความชั่วร้าย, ความโหดร้าย, ความน่ากลัว (-S. brutality, horror, outrage -A. kindness)
enormous (อินอร์' เมิซ) *adj.* ใหญ่มาก, มหึมา **-enormously** *adv.* (-S. huge, vast)
★**enough** (อินัฟ') *adj.* เพียงพอ *-adv.* มีอย่างเพียงพอ, ค่อนข้างจะ *-n.* จำนวนหรือปริมาณที่พอเพียง *-interj.* พอกันที! (-S. (adj.) sufficient)
enplane, emplane (เอนเพลน', เอม-) *vt.* **-planed, -planing** ขึ้นเครื่องบิน
enquire (เอนไควร์') *v.* ดู inquire
enrage (เอนเรจ') *vt.* **-raged, -raging** ทำให้โกรธมาก **-enragement** *n.* (-S. agitate)
enrich (เอนริช') *vt.* **-riched, -riching** ทำให้มั่งคั่ง, ปรับปรุง, เพิ่มคุณค่า, ใส่ปุ๋ย, ตกแต่ง **-enrichment** *n.* (-S. adorn, enhance, improve)
enroll, enrol (เอนโรล') *vt., vi.* **-rolled, -rolling** บันทึกรายชื่อ, ลงทะเบียน, ม้วน, ห่อ **-enrollment, enrolment** *n.* (-S. enter, record)
en route (ออนรูท', เอน-) *adj., adv.* ไปตามทาง (-S. on the way)
ensemble (ออนซอม' เบิล) *n.* สิ่งที่มีองค์ประกอบหลายๆ ส่วนที่ดูเป็นหน่วยเดียวกัน เช่น วงดนตรี คณะนักแสดง, เสื้อผ้าที่เป็นชุดเข้ากัน
enshrine (เอนชไรน์') *vt.* **-shrined, -shrining** ตั้งไว้เพื่อบูชา, บูชา, นับถือ, ศรัทธา (-S. deify)
enshroud (เอนเชราด์') *vt.* **-shrouded, -shrouding** ปกปิด, ปกคลุม, ซ่อน (-S. enfold)
ensign (เอน' เซิน, -ไซน์) *n.* ธง, สัญลักษณ์หรือเครื่องหมายที่แสดงตำแหน่ง, ยศนาวาตรีของกองทัพเรือสหรัฐอเมริกา (-S. badge, flag)
enslave (เอนสเลฟว์') *vt.* **-slaved, -slaving** ทำให้เป็นทาส, บังคับ **-enslavement** *n.*
ensnare, insnare (เอนสแนร์', อิน-) *vt.* **-snared, -snaring** จับ, ดักจับ (-S. catch, trap)
Enso (เอน' โซ) *n.* ปรากฏการณ์เอนโซ เป็นคำรวมของเอลนิโญและความผันแปรของระบบอากาศในซีกโลกใต้ (El Niño/Southern Oscillation) โดยเป็นตัวเชื่อมระหว่างปรากฏการณ์ในมหาสมุทรและบรรยากาศเข้าด้วยกัน เอนโซทำให้เกิดความแห้งแล้งในบริเวณที่เคยมีฝนตกหนัก และเกิดฝนตกหนักบริเวณที่เคยแห้งแล้ง
ensue (เอนซู') *vt.* **-sued, -suing** เกิดผลตามมา, เกิดขึ้นตามมา (-S. follow, happen, occur)
ensure (เอนชูร์') *vt.* **-sured, -suring** ให้คำรับรอง, ปกป้อง, ทำให้แน่ใจ (-S. assure)
entail (เอนเทล', อิน-) *vt.* **-tailed, -tailing** กำหนดเงื่อนไขการมอบมรดก, ทำให้จำเป็น *-n.* การกำหนดเงื่อนไข, ข้อกำหนด
entangle (เอนแทง' เกิล) *vt.* **-gled, -gling** พัวพัน, ทำให้ซับซ้อน, ทำให้สับสนวุ่นวาย, ทำให้ติดกับ (-S. confuse, complicate, entrap, involve)
★**enter** (เอน' เทอร์) *vt., vi.* **-tered, -tering** เข้ามา, แทงทะลุ, แนะนำ, เข้าร่วม, เข้าเป็นสมาชิก, เริ่มต้น, เขียน, บันทึก, ยอมรับ, ลงทะเบียนเรือหรือสินค้าต่อศุลกากร, เข้าครอบครองที่ดินหรือทรัพย์สิน (-S. join, register)
enteritis (เอนทะไร' ทิซ) *n.* โรคลำไส้อักเสบ
enterprise (เอน' เทอร์ไพรซ์) *n.* องค์กรธุรกิจ, บริษัท, ธุรกิจหรือโครงการที่มีความเสี่ยง, กิจการ, ความกระตือรือร้น (-S. ambition, firm)
★**entertain** (เอนเทอร์เทน') *vt., vi.* **-tained, -taining** ทำให้สนุกสนาน, ต้อนรับอย่างเป็นมิตร, พิจารณา **-entertainment** *n.* (-S. amuse, consider -A. bore, tire)
entertainer (เอนเทอร์เทน' เนอร์) *n.* ผู้ให้ความสนุกสนาน เช่น นักแสดง (-S. performer)
enthrall, enthral, inthrall, inthral (เอนโธรล', อิน-) *vt.* **-thralled, -thralling** ทำให้เป็นทาส, ทำให้หลงใหล, ทำให้ติดใจ **-enthrallment** *n.* (-S. bewitch, captivate, enslave)
enthrone, inthrone (เอนโธรน', อิน-) *vt.* **-throned, -throning** ทำให้ขึ้นครองราชย์, ยกย่องให้สูงส่ง **-enthronement** *n.*
★**enthusiasm** (เอนธู' ซีแอซเซิม) *n.* ความกระตือรือร้น, แรงบันดาลใจ, ความศรัทธาอย่างมาก (-S. craze, eagerness, zeal)
enthusiast (เอนธู' ซีแอซท์) *n.* ผู้ที่กระตือรือร้น,

A B C D E F G H I J K L M N O P Q R S T U V W X Y Z

ผู้ที่ศรัทธาในศาสนาอย่างมาก
enthusiastic (เอนธูซีแอส' ติค) *adj.* กระตือรือร้น, เร่าร้อน, เต็มไปด้วยพลัง, มีความสนใจมาก **-enthusiastically** *adv.* (**-S.** eager)
entice (เอนไทซ') *vt.* **-ticed, -ticing** ชักจูง, ล่อลวง, หลอกลวง **-enticement** *n.* (**-S.** lure)
★**entire** (เอนไทร') *adj.* ทั้งหมด, สมบูรณ์, เป็นหนึ่งเดียว, บริสุทธิ์ *-n.* ความสมบูรณ์, ความเป็นหนึ่งเดียว **-entirely** *adv.* **-entirety** *n.* (**-S.** (adj.) absolute, complete, whole)
entitle (เอนไท' เทิล) *vt.* **-tled, -tling** มอบตำแหน่ง, แต่งตั้งยศ, ให้อำนาจ, ให้สิทธิ์ **-entitlement** *n.* (**-S.** authorize, name, qualify)
entity (เอน' ทิที) *n., pl.* **-ties** สิ่งที่มีอยู่จริง, ภาวะความเป็นจริง (**-S.** being, existence)
entomb (เอนทูม') *vt.* **-tombed, -tombing** ฝังไว้ในสุสาน, ใช้เป็นสุสาน **-entombment** *n.*
entomology (เอนทะมอล' ละจี) *n.* การศึกษาเกี่ยวกับแมลง **-entomologist** *n.*
entrails (เอน' เทรลซ์, เทริลซ์) *n. pl.* อวัยวะที่อยู่ภายในร่างกาย, เครื่องใน
entrain (เอนเทรน') *v.* **-trained, -training** *-vi.* ขึ้นรถไฟ *-vt.* ลำเลียงขึ้นรถไฟ
★**entrance**[1] (เอน' เทรินซ์) *n.* ประตูทางเข้า, การเข้ามา, สิทธิ์ในการเข้า, การเข้าฉากครั้งแรกของนักแสดง (**-S.** access, admission, entry)
entrance[2] (เอนแทรนซ์') *vt.* **-tranced, -trancing** ทำให้มึนงง, สะกดจิต, ทำให้หลงใหล, ทำให้มีความสุข (**-S.** bewitch, captivate, enchant)
entrant (เอน' เทรินท์) *n.* ผู้เข้าร่วมแข่งขัน
entrap (เอนแทรพ') *vt.* **-trapped, -trapping** จับ, ทำให้ติดกับ, ล่อลวง (**-S.** seduce, trap)
entreat, intreat (เอนทรีท', อิน-) *vt., vi.* **-treated, -treating** วิงวอน, อ้อนวอน, ขอร้อง
entrée, entree (ออน' เทร, ออนเทร') *n.* การเข้ามา, สิทธิ์ในการเข้ามา, อาหารจานหลักของมื้อ (**-S.** access, admission, entry)
entrench, intrench (เอนเทรนช', อิน-) *vt., vi.* **-trenched, -trenching** ขุดร่องหรือหลุมหลบภัย, ก่อสร้างอย่างมั่นคง, บุกรุก **-entrenchment** *n.* (**-S.** establish, trespass)
entrepôt (ออน' ทระโพ) *n.* โกดังเก็บสินค้า, ศูนย์กลางกระจายและจำหน่ายสินค้า
entrepreneur (ออนทระพระเนอร์', -นูร์') *n.* นักธุรกิจ, นักลงทุน
entrust, intrust (เอนทรัซท์', อิน-) *vt.* **-trusted, -trusting** มอบความรับผิดชอบ, ให้ความไว้วางใจ (**-S.** commit, delegate)
★**entry** (เอน' ทรี) *n., pl.* **-tries** การเข้ามา, สิทธิ์ในการเข้ามา, วิธีในการเข้ามา, ประตูทางเข้า, จำนวนข้อมูลทั้งหมด, จำนวนคู่แข่ง, การลงทะเบียน (**-S.** access, admission)
entwine, intwine (เอนทไวน์', อิน-) *vt., vi.* **-twined, -twining** พันหรือม้วน, ทอ, เชื่อม
enumerate (อินู' มะเรท, อินยู'-) *vt.* **-ated, -ating** เรียงลำดับรายชื่อ, ระบุชื่อ, นับจำนวน **-enumeration** *n.* (**-S.** count, itemize)
enunciate (อินัน' ซีเอท) *vt., vi.* **-ated, -ating** เปล่งเสียง, กล่าว, ประกาศ **-enunciation** *n.*
envelop (เอนเวล' เลิพ) *vt.* **-oped, -oping** ห่อหุ้ม, ปกคลุม, ล้อมรอบ, ปกปิด, หลบซ่อน **-envelopment** *n.* (**-S.** conceal, enfold, wrap)
envelope (เอน' วะโลพ) *n.* ซองจดหมายหรือเอกสาร, สิ่งที่ใช้ห่อหุ้มสิ่งอื่น, เยื่อหุ้มเซลล์
envenom (เอนเวน' เนิม) *vt.* **-omed, -oming** ใส่ยาพิษ, ทำให้เป็นพิษ, ทำให้เจ็บแค้น
enviable (เอน' วีอะเบิล) *adj.* ดีจนน่าอิจฉา
envious (เอน' เวียซ) *adj.* อิจฉาริษยา, ขี้อิจฉา **-enviously** *adv.* (**-S.** green, jealous)
★**environment** (เอนไว' เรินเมินท์) *n.* สภาพแวดล้อม, สิ่งแวดล้อม **-environ** *v.*
environmentalist (เอนไวเรินเมน' เทิลลิซท์) *n.* ผู้อนุรักษ์สิ่งแวดล้อม (**-S.** green)
environmentally friendly ซึ่งเป็นมิตรกับสิ่งแวดล้อม
environs (เอนไว' เรินซ์) *n. pl.* ชานเมือง, พื้นที่รอบๆ, บริเวณใกล้เคียง (**-S.** suburbs, vicinity)
envisage (เอนวิซ' ซิจ) *vt.* **-aged, -aging** คาดการณ์, ทำนาย, จินตนาการ (**-S.** foresee)
envoy (เอน' วอย) *n.* ผู้ส่งสาสน์, ตัวแทน, ทูต
★**envy** (เอน' วี) *n., pl.* **-vies** ความอิจฉา *-vt.* **-vied, -vying** อิจฉา (**-S.** (v.) begrudge, covet)
enwrap, inwrap (เอนแรพ', อิน-) *vt.* **-wrapped, -wrapping** ปกคลุม, ห่อหุ้ม
enzyme (เอน' ไซม์) *n.* เอนไซม์
epaulet, epaulette (เอพ' พะเลท, เอพพะเลท') *n.* เครื่องประดับที่บ่า
ephemeral (อิเฟม' เมอเริล) *adj.* มีอายุสั้น, ชั่วคราว, ไม่ยั่งยืน *-n.* สิ่งที่มีอายุสั้น **-ephemerally** *adv.* (**-S.** (adj.) temporary, transitory)
epic (เอพ' พิค) *n.* ตำนาน โคลงหรือบทกวีที่เล่าเรื่องราวประวัติศาสตร์และความกล้าหาญของวีรบุรุษทั้งหลาย *-adj.* ที่มีลักษณะของบทประพันธ์ดังกล่าว, ที่เกี่ยวกับวีรบุรุษ

epicure (เอพ' พิคยูร์) *n.* คนที่นิยมการบริโภคแต่อาหารดีๆ และใช้ชีวิตอย่างสุขสบาย **-epicurean** *adj.* (**-S.** glutton, gourmet, hedonist)
epidemic (เอพพิเดม' มิค) *adj.* (โรค) ที่ระบาดไปทั่ว *-n.* โรคระบาด (**-S.** (adj.) widespread)
epidermis (เอพพิเดอร์' มิซ) *n.* ผิวหนังชั้นนอกสุด, หนังกำพร้า, เซลล์ชั้นนอกสุด
epigram (เอพ' พิแกรม) *n.* คำคม, มุขตลก, สุภาษิต, สำนวน (**-S.** maxim, proverb, witticism)
epilepsy (เอพ' พะเลพซี) *n., pl.* **-sies** โรคลมบ้าหมู **-epileptic** *adj.*
epilogue, epilog (เอพ' พะลอก) *n.* บทส่งท้าย, คำพูดหรือบทกวีปิดท้ายการแสดง
episcopacy (อิพิซ' คะพะซี) *n., pl.* **-cies** ระบบการปกครองของโบสถ์ที่มีบิชอปเป็นผู้ปกครอง, ตำแหน่งหรือวาระการเป็นบิชอป
episcopate (อิพิซ' คะพิท, -เพท) *n.* ตำแหน่งบิชอป, บริเวณที่บิชอปปกครอง, คณะบิชอป
episode (เอพ' พิโซด) *n.* ตอนหนึ่งของบทละครหรือบทกวี, ฉาก, องก์, ตอน (**-S.** part)
epistle (อิพิซ' เซิล) *n.* จดหมายที่เป็นทางการ
epitaph (เอพ' พิแทฟ) *n.* คำจารึกหน้าหลุมศพ
epithalamium, epithalamion (เอพพะธะเล' เมียม, -เมิน) *n., pl.* **-miums/-mia** บทเพลงหรือกวีที่สรรเสริญเจ้าบ่าวและเจ้าสาว
epithet (เอพ' พะเธท) *n.* คำหรือวลีที่ใช้อธิบายลักษณะ, คำนำหน้าชื่อ (**-S.** description)
epitome (อิพิท' ทะมี) *n., pl.* **-mes** บทสรุป, บทคัดย่อ **-epitomize** *v.* (**-S.** summary)
epoch (เอพ' เพิค, อี' พอค) *n.* ยุค, สมัย **-epoch-making** สำคัญมาก, ที่เป็นการเริ่มต้นยุคใหม่ **-epochal** *adj.* (**-S.** age, era, period)
EQ ย่อจาก emotional intelligence ความฉลาดทางอารมณ์ เป็นความสามารถในการเข้าใจความรู้สึกของตนเอง เข้าใจผู้อื่นและปรับสภาพอารมณ์ได้ เพื่อให้ดำรงชีวิตอย่างมีความสุข
equable (เอค' ควะเบิล) *adj.* สงบ, มั่นคง, ไม่หวั่นไหวง่าย **-equability** *n.* **-equably** *adv.*
★**equal** (อี' เควิล) *adj.* เท่าเทียมกัน, เสมอกัน, เสมอภาค, เท่ากัน *-n.* บุคคลหรือสิ่งของที่มีความเท่าเทียมกัน *-vt.* **equaled, equaling/equalled, equalling** ทำให้เท่าเทียมกัน, ทำให้เสมอกัน **-equality** *n.* **-equally** *adv.* (**-S.** (adj.) balanced (n., v.) match, parallel)
equalize (อี' ควะไลซ์) *vt., vi.* **-ized, -izing** ทำให้เสมอกัน, ทำให้สมดุล **-equalization** *n.*
equanimity (อีควะนิม' มิที, เอคควะ-) *n.* ความสงบของจิตใจ (**-S.** serenity)
equation (อิเคว' ฌัน, -ชัน) *n.* ภาวะสมดุล, การทำให้เกิดความสมดุล, สมการ (**-S.** equality)
equator (อิเคว' เทอร์) *n.* เส้นศูนย์สูตรโลก
equatorial (อีควะทอ' เรียล, -โท'-, เอคควะ-) *adj.* ที่อยู่ใกล้เส้นศูนย์สูตร
equerry (เอค' ควะรี) *n., pl.* **-ries** องครักษ์
equestrian (อิเควส' เตรียน) *adj.* เกี่ยวกับการขี่ม้า *-n.* คนขี่ม้า **-equestrienne** *n. fem.*
equidistant (อีควิดิส' เดินท์, เอคควิ-) *adj.* มีระยะห่างที่เท่าๆ กัน **-equidistance** *n.*
equilateral (อีควะแลท' เทอเริล, เอค' ควะ-) *adj.* ที่มีด้านทุกด้านยาวเท่ากัน *-n.* รูปเรขาคณิตที่มีด้านทุกด้านยาวเท่ากัน
equilibrium (อีควะลิบ' เบรียม, เอคควะ-) *n., pl.* **-riums/-ria** ความสงบ, ภาวะสมดุล
equine (อี' ไควน์) *adj.* เกี่ยวกับม้า *-n.* ม้า
equinox (อี' ควะนอคซ์, เอค' ควะ-) *n.* ช่วงเวลาที่พระอาทิตย์อยู่ที่ตำแหน่งเส้นศูนย์สูตรของโลกทำให้เวลาช่วงกลางวันและกลางคืนยาวเท่ากัน
equip (อิควิพ') *vt.* **equipped, equipping** จัดหา, เตรียม, แต่งตัว (**-S.** attire, prepare)
equipage (เอค' ควะพิจ) *n.* อุปกรณ์หรือเครื่องประดับที่ใช้ตกแต่ง, รถม้า
★**equipment** (อิควิพ' เมินท์) *n.* การจัดเตรียมหรือจัดหา, เครื่องมือ, อุปกรณ์ (**-S.** tools)
equipoise (อี' ควะพอยซ์, เอค' ควะ-) *n.* ภาวะสมดุล, ดุลยภาพ, สิ่งที่ทำให้สมดุล (**-S.** balance)
equity (เอค' ควิที) *n., pl.* **-ties** ความยุติธรรม, ความเสมอภาค, สิทธิที่เท่าเทียมกันตามกฎหมาย, หุ้น **-equitable** *adj.*(**-S.** justice)
equivalent (อิควิฟ' วะเลินท์) *adj.* เสมอกัน, เหมือนกัน, ที่ให้ผลเช่นเดียวกัน *-n.* สิ่งที่มีคุณสมบัติเท่าเทียมกัน **-equivalence** *n.*
equivocal (อิควิฟ' วะเคิล) *adj.* กำกวม, คลุมเครือ, น่าสงสัย (**-S.** ambiguous, doubtful)
equivocate (อิควิฟ' วะเคท) *vt.* **-cated, -cating** พูดกำกวม **-equivocation** *n.*
ER ย่อจาก emergency room ห้องฉุกเฉิน
era (เอีย' ระ) *n.* ยุค, สมัย, ช่วง, ระยะ (**-S.** epoch)
eradicate (อิแรด' ดิเคท) *vt.* **-cated, -cating** กำจัด, ถอนรากถอนโคน, ทำลาย **-eradicable** *adj.* **-eradication** *n.* (**-S.** abolish, uproot)
★**erase** (อิเรซ') *vt.* **erased, erasing** ลบที่ผิด, ลบข้อมูล, ลบล้าง, (คำสแลง) ฆ่า (**-S.** delete)
eraser (อิเร' เซอร์) *n.* สิ่งที่ใช้ลบ เช่น ยางลบ

ere (แอร์) *prep.* ก่อน *-conj.* ก่อน, ค่อนข้างจะ
erect (อิเรคท์') *adj.* ตั้งขึ้น, ตั้งตรง, ตั้งชัน, ไม่ยืดหยุ่น, ตื่นตัว *-vt.* **erected, erecting** สร้าง, ก่อตั้ง, สถาปนา, ยกขึ้นสูง, ทำให้ตั้งตรง **-erection** *n.* **-erectly** *adv.* **-erectness** *n.*
eremite (แอ' ระไมท์) *n.* ผู้อยู่สันโดษ, ฤาษี
erg (เอิร์จ) *n.* หน่วยวัดพลังงาน มีหน่วยเป็นเซนติเมตร-กรัม-วินาที
ergo (เออร์' โก, แอร์'-) *conj., adv.* ดังนั้น
ermine (เออร์' มิน) *n., pl.* **-mines/-mine** สัตว์ขนาดเล็กชนิดหนึ่งขนใช้ทำผ้าขนสัตว์
erne, ern (เอิร์น) *n.* นกอินทรีทะเล
erode (อิโรด') *v.* **-roded, -roding** *-vt.* กัดเซาะ, กัดกร่อน *-vi.* สึกกร่อน, ผุพัง **-erosion** *n.*
erotic (อิรอท' ทิค) *adj.* ที่เกี่ยวกับความรักหรือความรู้สึกทางเพศ, ที่กระตุ้นความรู้สึกทางเพศ *-n.* ผู้ที่หมกมุ่นเกี่ยวกับเรื่องเหล่านี้
err (เออร์) *vi.* **erred, erring** ทำความผิด, ทำบาป, เข้าใจผิด, หลงทาง (**-S.** mistake, sin)
errand (เอ' เรินด์) *n.* ธุระ, การเดินทางไปทำธุระ (**-S.** job, task)
errant (เอ' เรินท์) *adj.* เร่ร่อน, ซึ่งผจญภัย
errata (อิรา' ทะ, อิเร'-) *n.* พหูพจน์ของ erratum **-errata page** ใบแทรกแก้คำผิด
erratic (อิแรท' ทิค) *adj.* ผิดปกติ, ไม่แน่นอน, ที่เร่ร่อน, ไม่มีรูปแบบ **-erratically** *adv.*
erratum (อิรา' เทิม, อิเร'-) *n., pl.* **-ta** ความผิดพลาดของงานพิมพ์หรืองานเขียน
★**error** (เอ' เรอร์) *n.* ความผิดพลาด, การทำบาป, การทำความผิด (**-S.** mischief, mistake)
ersatz (เออร์' ซาทซ์, เออร์ซาทซ์') *adj.* เป็นของปลอม *-n.* ของปลอม, ของเลียนแบบ
erudite (เอ' รยะไดท์) *adj.* มีการศึกษา, คงแก่เรียน **-eruditely** *adv.* **-erudition** *n.*
erupt (อิรัพท์') *vi.* **erupted, erupting** ระเบิด, ปะทุ, ไหลทะลัก, (ฟันใหม่) งอก **-eruption** *n.* **-eruptive** *adj.* (**-S.** emerge, explode, spew)
escalate (เอส' กะเลท) *v.* **-lated, -lating** *-vt.* เพิ่ม, ขยาย, ทำให้เข้มข้น *-vi.* ขึ้นบันไดเลื่อน **-escalation** *n.* (**-S.** increase)
escalator (เอส' กะเลเทอร์) *n.* บันไดเลื่อน
★**escape** (อิสเกพ') *vi., vt.* **-caped, -caping** หลบหนี, หลบเลี่ยง, รั่วออก, ไหลออก *-n.* การหลบหนี, วิธีการหลบหนี, การรั่วไหล, การหลบออกจากภาวะที่เผชิญอยู่, แป้น esc บนคีย์บอร์ดสำหรับเลือกออกจากโปรแกรมหรือเปลี่ยนระดับในโปรแกรมคอมพิวเตอร์ **-escapable** *adj.* (**-S.** (v.) avoid, evade (n.) breakout, evasion)
escapement (อิสเกพ' เมินท์) *n.* กลไกที่ควบคุมการทำงานของนาฬิกา, การหลบหนี
escargot (เอซคาร์โก') *n., pl.* **-gots** (-โก') หอยทากที่นำมารับประทานได้
escarpment (อิสการ์พ' เมินท์) *n.* ความชันของหน้าผา, ความลาดชัน
eschew (เอซชู') *vt.* **-chewed, -chewing** หลบเลี่ยง, หลีกหนี, ละเว้น (**-S.** avoid, shun)
escort (*n.* เอซ' คอร์ท, *v.* อิสกอร์ท', อี-, เอซ' คอร์ท) *n.* ผู้อารักขา, เครื่องบิน เรือ ฯลฯ ติดตามป้องกันภัย, ผู้ไปเป็นเพื่อน *-vt.* **-corted, -corting** ติดตามไปเพื่อป้องกันภัย, ไปเป็นเพื่อน
esculent (เอส' กยะเลินท์) *adj.* เป็นอาหารได้
escutcheon (อิสกัช' เชิน) *n.* โล่, แผ่นโลหะที่จารึกชื่อเรือ, ตราประจำตระกูล
esophagus, oesophagus (อิซอฟ' ฟะเกซ) *n., pl.* **-gi** (-ไจ, -ไก) หลอดอาหาร **-esophageal** *adj.*
esoteric (เอซซะเท' ริค) *adj.* ที่รู้กันเฉพาะกลุ่ม, ที่เป็นความลับ, ที่เป็นส่วนตัว
ESP ย่อจาก extrasensory perception การสื่อสารหรือการรับรู้เรื่องราวต่างๆ โดยไม่ได้ใช้ประสาทสัมผัสของร่างกายตามปกติ
especial (อิสเปช' เชิล) *adj.* เป็นพิเศษ, ได้รับการยกเว้น, โดดเด่น, เป็นสิ่งเฉพาะตัว (**-S.** expectional, outstanding, particular, special)
★**especially** (เอสเปช' ชะลี, อิสเปช'-) *adv.* อย่างพิเศษ, โดยเฉพาะอย่างยิ่ง, เฉพาะตัว
Esperanto (เอสปะแรน' โท, -ราน'-) *n.* ภาษาที่สร้างขึ้นเพื่อใช้เป็นภาษาสากล
espionage (เอส' เปียนาฌ, -นิจ) *n.* การเป็นสายลับ, การจารกรรม (**-S.** spying)
esplanade (เอส' ปละนาด, -เนด) *n.* ทางเดินหรือถนนเรียบชายฝั่งทะเล
espouse (อิสเปาซ์') *vt.* **-poused, -pousing** แต่งงาน, เป็นคู่ครอง, สนับสนุน **-espousal** *n.*
esprit (เอสปรี') *n.* ปฏิภาณ, ไหวพริบ **-esprit de corps** ความสามัคคีกลมเกลียวในหมู่คณะ
espy (อิสไป') *vt.* **-pied, -pying** เหลือบไปเห็น, สังเกตเห็น, (**-S.** glimpse, notice)
esquire (เอซ' ไควร์, อิสไกวร์') *n.* ตำแหน่งผู้ช่วยอัศวิน **-Esquire** คำเรียกเพื่อเป็นการให้เกียรติซึ่งวางไว้ท้ายชื่อ ย่อว่า Esq, Esqr
★**essay** (เอซ' เซ, เอเซ') *n.* เรียงความ, บทความ, ความพยายาม, การทดสอบ *-vt.* **-sayed, -saying** พยายาม, ทดสอบ (**-S.** (n.) composition)

A B C D E F G H I J K L M N O P Q R S T U V W X Y Z

essence (เอซ' เซินซ์) *n.* หัวใจสำคัญ, แก่น, หัวน้ำหอม, สันดาน (-S. extract, heart)

★**essential** (อิเซน' เชิล) *adj.* จำเป็น, สำคัญมาก, เป็นพื้นฐาน, เป็นสาระสำคัญ, เป็นสันดาน *-n.* สิ่งที่เป็นพื้นฐาน, สิ่งที่มีความจำเป็น **-essentially** *adv.* (-S. (adj.) basic (n.) fundamental)

★**establish** (อิสแตบ' ลิช) *vt.* **-lished, -lishing** ก่อตั้ง, สร้าง, ติดตั้ง, พิสูจน์ **-establisher** *n.* (-S. form, found, prove, set up)

★**establishment** (อิสแตบ' ลิชเมินท์) *n.* การก่อตั้ง, สิ่งที่ถูกสร้างขึ้น เช่น ระบบ กองทัพ

estaminet (เอสตามีเน') *n.* ร้านขายเครื่องดื่ม

★**estate** (อิสเตท') *n.* ที่ดิน, ทรัพย์สิน, มรดก, สถานภาพ, ชนชั้น **-estate agent** นายหน้าซื้อขายอาคารและที่ดิน **-estate car** รถยนต์ที่สามารถพับเบาะหลังเพื่อขยายพื้นที่บรรทุก

esteem (อิสตีม') *vt.* **-teemed, -teeming** เคารพ, ชื่นชม, พิจารณา *-n.* ความเคารพ, ความชื่นชม, ความคิด, การประเมิน (-S. (v.) admire, consider (n.) appreciation, estimation)

esthetic (เอซเธท' ทิค) *n., adj.* ดู aesthetic

estimable (เอส' ตะมะเบิล) *adj.* ที่ประเมินได้, น่าเคารพหรือชื่นชม

★**estimate** (*v.* เอส' ตะแมท, *n.* -มิท) *vt., vi.* **-mated, -mating** ประเมิน, กะ, คาดคะเน, ประมาณ, พิจารณา *-n.* การประเมินค่า, การพิจารณา, การตัดสิน (-S. (v.) evaluate, judge)

estimation (เอสตะเม' ชัน) *n.* การประเมินค่า, การตัดสิน, การให้ความเคารพ

estrange (อิสเตรนจ์') *vt.* **-tranged, -tranging** ทำให้ห่างเหิน, ทำให้แตกแยก **-estrangement** *n.* (-S. alienate, disunite, separate)

estrogen, oestrogen (เอส' ตระเจน) *n.* ฮอร์โมนเอสโตรเจน เป็นฮอร์โมนเพศหญิง

estuary (เอซ' ชูเอรี) *n., pl.* **-ies** บริเวณปากแม่น้ำ (-S. bay, inlet)

★**etc.** ย่อจาก et cetera และอื่นๆ

et cetera (เอทเซท' เทอระ) *adj.* และอื่นๆ

etch (เอช) *vt., vi.* **etched, etching** กัดกร่อน, แกะสลัก, ใช้กรดกัด (-S. engrave)

etching (เอช' ชิง) *n.* แม่พิมพ์ ภาพวาดหรือลวดลายที่ได้จากการใช้กรดกัด, ภาพที่เกิดจากแม่พิมพ์ดังกล่าว (-S. engraving, impression)

eternal (อิเทอร์' เนิล) *adj.* อมตะ, ไม่มีที่สิ้นสุด, ที่ต่อเนื่อง *-n.* สิ่งที่เป็นอมตะ **-the Eternal** พระผู้เป็นเจ้า **-eternity** *n.* **-eternally** *adv.*

ether (อี' เธอร์) *n.* สารประกอบอินทรีย์ชนิดหนึ่งเป็นของเหลวไม่มีสี ระเหยและติดไฟได้ง่าย ใช้ทำยาสลบ, ท้องฟ้า, สวรรค์, อากาศธาตุ

ethereal (อิเธีย' เรียล) *adj.* บอบบาง, เบา, เกี่ยวกับสวรรค์ (-S. delicate, heavenly)

ethic (เอธ' ธิค) *n.* หลักคุณธรรม, จริยธรรม **-ethics** การศึกษาเรื่องจริยธรรม, ข้อปฏิบัติ

ethical (เอธ' ธิเคิล) *adj.* เกี่ยวกับจริยธรรม

ethnic (เอธ' นิค) *adj.* เกี่ยวกับชุมชนที่มีวัฒนธรรม ภาษา เชื้อชาติและศาสนาเดียวกัน

ethnic cleansing การฆ่าล้างเผ่าพันธุ์

ethnography (เอธนอก' กระฟี) *n.* ชาติพันธุ์วรรณนา, การศึกษาวัฒนธรรมแบบต่างๆ

ethnology (เอธนอล' ละจี) *n.* ชาติพันธุ์วิทยา **-ethnological** *adj.* **-ethnologist** *n.*

ethos (อี' ธอซ) *n.* ลักษณะเฉพาะของแต่ละบุคคลหรือชุมชนในแง่ความเชื่อ พฤติกรรม และอื่นๆ

ethyl alcohol เอทิลแอลกอฮอล์ เป็นแอลกอฮอล์ชนิดหนึ่ง ใช้ฆ่าเชื้อโรค ผสมเครื่องดื่ม และเป็นตัวทำลาย

ethylene (เอธ' ธะลีน) *n.* ก๊าซเอทิลีน เป็นก๊าซที่ไม่มีสี ติดไฟง่าย ใช้บ่มผลไม้

etiquette (เอท' ทิเคท, -คิท) *n.* ธรรมเนียมปฏิบัติในสังคม, มารยาททางสังคม

etymology (เอททะมอล' ละจี) *n., pl.* **-gies** การศึกษาเกี่ยวกับต้นกำเนิดและพัฒนาการของคำ **-etymologist** *n.* **-etymological** *adj.*

eucalyptus (ยูคะลิพ' เทิซ) *n., pl.* **-tuses/-ti** (-ไท) ต้นยูคาลิปตัส

Eucharist (ยู' เคอริซท์) *n.* การรำลึกถึงการสิ้นพระชนม์ของพระเยซูที่ถูกตรึงบนไม้กางเขนเพื่อไถ่บาปแก่มนุษย์

eugenics (ยูเจน' นิคซ์) *n. pl.* การศึกษาเกี่ยวกับการพัฒนาเผ่าพันธุ์มนุษย์ให้มีคุณภาพและสุขภาพที่ดี โดยควบคุมและคัดเลือกลักษณะทางพันธุกรรม **-eugenic** *adj.*

eulogize (ยู' ละไจซ์) *vt.* **-gized, -gizing** ยกย่องสรรเสริญ **-eulogy** *n.* (-S. glorify)

eunuch (ยู' เนิค) *n.* ขันที

euphemism (ยู' ฟะมิซเซิม) *n.* การเลือกใช้คำหรือวลีที่มีความสละสลวยแทนคำที่ให้ความหมายโดยตรง **-euphemistic** *adj.*

euphony (ยู' ฟะนี) *n., pl.* **-nies** เสียงที่มีความไพเราะหรือสอดคล้องกัน **-euphonious** *adj.* **-euphoniously** *adv.*

euphoria (ยูฟอ' เรีย, -โฟ'-) *n.* ความปลื้มปีติ

euphuism (ยู' ฟยูอิซเซิม) *n.* รูปแบบการเขียนหรือพูดที่ใช้ถ้อยคำสละสลวยและหรูหรา

A B C D E F G H I J K L M N O P Q R S T U V W X Y Z

Eurasia (ยุเร' ฌะ) แผ่นดินที่เชื่อมระหว่างทวีปยุโรปและทวีปเอเชีย

Eurasian (ยุเร' เฌิน) *adj.* เกี่ยวกับแผ่นดินที่เชื่อมระหว่างทวีปยุโรปและทวีปเอเชีย *-n.* ผู้ที่มีพ่อแม่เป็นชาวยุโรปและชาวเอเชีย

eureka (ยูรี' คะ) *interj.* คำอุทานแสดงความดีใจเมื่อค้นพบบางสิ่งได้

Euro, euro (ยุ' โร) *n.* เงินยูโร เป็นหน่วยเงินสกุลเดียวของสหภาพยุโรปที่เกิดจากการร่วมมือของประเทศต่างๆ ในสหภาพยุโรปเพื่อรวมตลาดยุโรปเข้าด้วยกัน

Eurodollar (ยุ' โรดอลเลอร์) *n.* เงินดอลลาร์สหรัฐฯ ที่ฝากไว้ในธนาคารต่างประเทศ โดยเฉพาะในทวีปยุโรป

★**Europe** (ยุ' เริพ) *n.* ทวีปยุโรป

★**European** (ยุระเพียน') *n.* ชาวยุโรป *-adj.* เกี่ยวกับชนชาติ ภาษาและวัฒนธรรมของชาวยุโรป

European Central Bank ธนาคารกลางแห่งยุโรป ย่อว่า ECB

European Union สหภาพยุโรปเป็นองค์กรความร่วมมือทางการเมืองและเศรษฐกิจของประเทศในทวีปยุโรป ย่อว่า EU

Eurostar (ยุ' ระสตาร์) *n.* รถไฟความเร็วสูงที่วิ่งระหว่างกรุงลอนดอนกับเมืองต่างๆ ในยุโรปโดยวิ่งผ่านอุโมงค์ใต้ดิน

euthanasia (ยูธะเน' ฌะ, -เฌีย) *n.* การทำให้ผู้ป่วยซึ่งทุกข์ทรมานจากโรคที่รักษาไม่ได้เสียชีวิตโดยปราศจากความเจ็บปวด

evacuate (อิแวค' คยูเอท) *vt., vi.* **-ated, -ating** เคลื่อนออก, เคลื่อนย้าย, ขับของเสียออกจากร่างกาย **-evacuation** *n.* **-evacuee** *n.*

evade (อิเวด') *vt., vi.* **evaded, evading** หลบหนี, หลบเลี่ยง (**-S.** avoid, dodge, elude)

evaluate (อิแวล' ลยูเอท) *vt.* **-ated, -ating** หาค่า, ประมาณค่า, ประเมินค่า **-evaluation** *n.* (**-S.** appraise, estimate, judge)

evanescent (เอฟวะเนซ' เซินท์) *adj.* ที่หายวับไปกับตา, ไม่ถาวร **-evanescence** *n.*

evangelical, evangelic (อีแวนเจล' ลิเคิล; เอฟเวิน-, -เจล' ลิค) *adj.* เกี่ยวกับความเชื่อหรือคำสั่งสอนของนิกายโปรเตสแตนต์ที่ว่าความเชื่อและศรัทธาต่อพระเยซูเท่านั้นที่จะช่วยรักษาวิญญาณไว้ **-evangelicalism** *n.* (**-S.** biblical)

evangelist (อิแวน' จะลิซท์) *n.* พระหรือผู้สอนศาสนาคริสต์ที่ว่าความศรัทธาเท่านั้นที่ทำให้พ้นทุกข์ **-Evangelist** ผู้ประพันธ์คัมภีร์ไบเบิล **-evangelistic** *adj.* (**-S.** crusader, preacher)

evaporate (อิแวพ' พะเรท) *vt., vi.* **-rated, -rating** ระเหย, ทำให้กลายเป็นไอ, ผลิตไอ, จางหายไป **-evaporated milk** นมผง **-evaporation** *n.* (**-S.** dehydrate, disappear, vaporize)

evasion (อิเว' ฌัน) *n.* การหลบหนี, การหลบเลี่ยง **-evasive** *adj.* **-evasively** *adv.*

eve (อีฟว์) *n.* ช่วงเวลาเย็น **-Eve** ช่วงเย็นหรือวันก่อนถึงวันเทศกาลของคริสต์ศาสนา

★**even** (อี' เวิน) *adj.* ราบเรียบ, เสมอกัน, สม่ำเสมอ, เท่ากัน, สมดุล, ยุติธรรม, ที่แก้แค้นอย่างสาสม, เป็นเลขคู่, เสมอตัว, สงบ, ถูกต้อง *-adv.* (ใช้เน้นความหมายหรือใช้เปรียบเทียบ) อย่างแท้จริง นอกจากนี้ ในขณะที่ ในเวลาเดียวกัน ยังคง *-vt., vi.* **evened, evening** ทำให้เสมอกัน *-n.* ตอนเย็น **-evenly** *adv.* **-evenness** *n.* (**-S.** (adj.) equal, flat, serene (adv.) indeed, just, still (v.) equalize)

evenhanded (อีเวินแฮน' ดิด) *adj.* ยุติธรรม

★**evening** (อีฟว์' นิง) *n.* ตอนเย็น, ช่วงสุดท้าย

evening course หลักสูตรภาคค่ำ

evening dress/clothes ชุดราตรี

evening star ดาวศุกร์

★**event** (อิเวนท์) *n.* เหตุการณ์, ผลลัพธ์, การแข่งขันกีฬา (**-S.** affair, competition, conclusion)

eventful (อิเวน' เฟิล) *adj.* เต็มไปด้วยเหตุการณ์มากมาย, มีความสำคัญ (**-S.** busy)

eventual (อิเวน' ชวล) *adj.* ในที่สุด, ท้ายที่สุด **-eventually** *adv.* (**-S.** end, final, ultimate)

eventuate (อิเวน' ชูเอท) *vi.* **-ated, -ating** เกิดผลลัพธ์ขั้นสุดท้าย (**-S.** end in, result in)

★**ever** (เอฟ' เวอร์) *adv.* เสมอๆ, ตลอดเวลา, อย่างต่อเนื่อง, ไม่ว่าเวลาใดก็ตาม, ไม่ว่าอย่างไรก็ตาม, ทั้งหมด, อย่างยิ่ง (ใช้สำหรับเน้น) **-ever and again/anon** เป็นบางครั้งบางคราว

evergreen (เอฟ' เวอร์กรีน) *adj.* ที่มีใบเขียวตลอดปี, ที่คงทน *-n.* ต้นไม้ที่มีใบเขียวตลอดปี

everlasting (เอฟเวอร์แลส' ติง) *adj.* อมตะ, ตลอดกาล **-the Everlasting** พระผู้เป็นเจ้า

evermore (เอฟเวอร์มอร์',-โมร์') *adv.* ตลอดกาล, ตลอดเวลา, ในอนาคต (**-S.** always)

★**every** (เอฟว์' รี) *adj.* ทุกๆ, แต่ละ **-every now and then/again** เป็นบางครั้งบางคราว **-every which way** ทุกทิศทุกทาง

★**everybody** (เอฟว์' รีบอดดี) *pron.* ทุกๆ คน

everyday (เอฟว์' รีเด') *adj.* เป็นประจำ, ทุกๆ วัน, เป็นปกติ *-n.* เหตุการณ์ที่เกิดขึ้นเป็นปกติ

Everyman, everyman (เอฟวํ' รีแมน) *n.* คนธรรมดาๆ, สามัญชน

★**everyone** (เอฟวํ' รีวัน) *pron.* ทุกๆ คน

★**everything** (เอฟวํ' รีธิง) *pron.* ทุกๆ สิ่ง

★**everywhere** (เอฟวํ' รีแวร์, -ฮแวร์) *adv.* ทุกหนทุกแห่ง (-S. all around, near and far)

Everywoman, everywoman (เอฟวํ' รีวุมเมิน) *n.* ผู้หญิงธรรมดาๆ

evict (อิวิคทํ') *vt.* **evicted, evicting** ขับไล่ **-eviction** *n.* (-S. eject, expel, turn out)

★**evidence** (เอฟ' วิเดินซํ) *n.* เครื่องแสดง, หลักฐาน, เครื่องพิสูจน์, พยานหลักฐาน *-vt.* **-denced, -dencing** พิสูจน์, แสดงให้เห็น, ยืนยัน (-S. (n.) testimony (v.) display)

evident (เอฟ' วิเดินทํ) *adj.* ชัดเจน, ที่เข้าใจได้ง่าย, ที่สังเกตเห็นได้ง่าย **-evidently** *adv.*

★**evil** (อี' เวิล) *adj.* **eviler, evilest** ชั่วร้าย *-n.* ความชั่วร้าย, บาป *-adv.* อย่างชั่วร้าย **-the Evil One** ซาตาน (-S. (adj.) harmful, wicked)

evil-minded (อี' เวิลไมนํ' ดิด) *adj.* ใจร้าย

evince (อิวินซํ') *vt.* **evinced, evincing** แสดงให้เห็นอย่างชัดเจน (-S. reveal)

eviscerate (อิวิซ' ซะเรท) *vt.* **-ated, -ating** ควักเครื่องในออก **-evisceration** *n.*

evoke (อิโวค') *vt.* **evoked, evoking** กระตุ้น, ปลุก, เรียก **-evocation** *n.* (-S. arouse, elicit)

evolution (เอฟวะลู' ชัน, อีวะ-) *n.* การพัฒนา, กระบวนการพัฒนา, วิวัฒนาการ **-evolutional, evolutionary** *adj.* (-S. development, progress)

evolve (อิวอลฟวํ') *vt., vi.* **evolved, evolving** พัฒนา, ค่อยๆ ปรากฏขึ้น, ปล่อยออกมา, แผ่ออก, คลี่ **-evolvement** *n.*

ewe (ยู) *n.* แกะตัวเมีย

ewer (ยู' เออร์) *n.* คนโท

ex[1] (เอคซํ) *prep.* ปราศจาก, ไม่คิดค่าขนส่ง

ex[2] (เอคซํ) *n., pl.* **exes** (ภาษาพูด) อดีตสามีหรือภรรยาที่หย่ากันแล้ว อดีตคนรัก

ex, ex. ย่อจาก example ตัวอย่าง, executive ผู้บริหาร, express การส่งด่วน, extra สิ่งพิเศษ, สิ่งที่เพิ่มเติม

ex- คำอุปสรรค หมายถึง ด้านนอก ปราศจาก ก่อน

exa- คำอุปสรรค หมายถึง 10^{18}

exacerbate (อิกแซซ' เซอร์เบท) *vt.* **-bated, -bating** ทำให้ทรุด, ทำให้โกรธ, รบกวน **-exacerbation** *n.* (-S. aggravate)

★**exact** (อิกแซคทํ') *adj.* ถูกต้อง, แม่นยำ, แน่นอน, ตรงตามมาตรฐาน, เข้มงวด *-vt.* **-acted, -acting** เรียกร้อง, ต้องการ, บังคับ **-exaction** *n.* (-S. (adj.) accurate, strict)

exacting (อิกแซค' ทิง) *adj.* เข้มงวด, พิถีพิถัน

★**exactly** (อิกแซคทํ' ลี) *adv.* อย่างถูกต้อง, อย่างสมบูรณ์, อย่างแน่นอน (-S. absolutely, precisely)

★**exaggerate** (อิกแซจ' จะเรท) *vt., vi.* **-ated, -ating** พูดเกินความจริง (-S. overstate)

exalt (อิกซอลทํ') *vt.* **-alted, -alting** ยกย่อง, สรรเสริญ, ทำให้มีตำแหน่งสูงขึ้น, ทำให้ปีติยินดี **-exaltation** *n.* (-S. elevate, praise)

exalted (อิกซอล' ทิด) *adj.* สูงส่ง, ที่เกินความเป็นจริง, ปลื้มปีติ (-S. high, noble)

★**exam** (อิกแซม') *n.* การตรวจสอบ, การทดสอบ

★**examination** (อิกแซมมะเน' ชัน) *n.* การตรวจสอบ, การสอบสวน, แบบทดสอบ (-S. inspection, interrogation, scrutiny)

★**examine** (อิกแซม' มิน) *vt.* **-ined, -ining** วิเคราะห์, ทดสอบ, ตรวจสอบ, สอบสวน **-examinee** *n.* **-examiner** *n.* (-S. inspect, interrogate, scrutinize, study)

★**example** (อิกแซม' เพิล) *n.* ตัวอย่าง, แบบอย่าง, อุทาหรณ์ *-vt.* **-pled, -pling** ทำให้เป็นตัวอย่าง **-for example** ยกตัวอย่างเช่น

exasperate (อิกแซส' ปะเรท) *vt.* **-ated, -ating** รบกวน, ทำให้โกรธ **-exasperation** *n.*

excavate (เอค' ซกะเวท) *vt., vi.* **-vated, -vating** ขุดหลุม, ขุดดิน, ตักดินออก **-excavation** *n.* (-S. dig)

exceed (อิคซีด') *vt.* **-ceeded, -ceeding** ละเมิด, ล่วงล้ำ, ทำเกิน, มีมากกว่า

exceeding (อิคซี' ดิง) *adj.* เหนือกว่า, เป็นพิเศษ, สุดขีด **-exceedingly** *adv.*

Excel (อิคเซล') *n.* โปรแกรมสำหรับการคำนวณซึ่งเป็นที่นิยมมากของบริษัทไมโครซอฟต์

excel (อิคเซล') *v.* **-celled, -celling** *-vt.* ทำให้เหนือกว่า, ทำให้ดีกว่า *-vi.* แสดงความเหนือกว่า

Excellency, Excellence (เอค' ซะเลินซี, -เลินซํ) *n., pl.* **-cies** คำที่ใช้ยกย่องทูต ข้าราชการและผู้อื่นที่มีตำแหน่งสูง

★**excellent** (เอค' ซะเลินทํ) *adj.* ดีมาก, มีคุณภาพสูง, ยอดเยี่ยม, โดดเด่น **-excellence** *n.* **-excellently** *adv.* (-S. superior)

★**except** (อิคเซพทํ') *prep.* ยกเว้น, ไม่รวมเข้ากับ *-conj.* เพียงเพราะ, ถ้าไม่, มิฉะนั้น *-vt., vi.* **-cepted, -cepting** แยกออก, ละทิ้ง, ค้าน

★**exception** (อิคเซพ' ชัน) *n.* การยกเว้น, สิ่งหรือผู้ที่ได้รับการยกเว้น, ข้อยกเว้น, กรณีพิเศษ,

A B C D E F G H I J K L M N O P Q R S T U V W X Y Z

การละทิ้ง, การคัดค้าน, การคัดค้านในศาล

exceptionable (อิคเซพ' ชะนะเบิล) *adj.* คัดค้านได้, โต้แย้งได้ (**-S.** disagreeable)

exceptional (อิคเซพ' ชะเนิล) *adj.* เป็นพิเศษ, ผิดปกติ **-exceptionally** *adv.*

excerpt (*n.* เอค' เซิร์พท์, *v.* อิคเซิร์พท์') *n.* บางส่วนของบทประพันธ์ ดนตรี ภาพยนตร์หรืออื่นๆ ที่ถูกคัดลอกออกมา *-vt.* **-cerpted, -cerpting** เลือกหรือคัดลอก, เลือกเอาบางตอน

excess (อิคเซซ', เอค' เซซ) *n.* ปริมาณที่มากเกินความต้องการ, การกระทำที่รุนแรงเกินกว่าเหตุ, การละเมิดสิทธิของผู้อื่น *-adj.* มีมากกว่าปกติ, เป็นส่วนเกิน **-excessive** *adj.* **-excessively** *adv.* (**-S.** (n.) overload (adj.) extra)

★**exchange** (อิคซ์เชนจ์') *vt., vi.* **-changed, -changing** แลกเปลี่ยน *-n.* การค้าขาย, การแลกเปลี่ยน, สถานที่ที่มีการแลกเปลี่ยน เช่น ตลาด, ชุมสายโทรศัพท์ **-exchangable** *adj.* (**-S.** (v., n.) barter, interchange, trade)

exchange rate อัตราแลกเปลี่ยน เช่น อัตราแลกเปลี่ยนเงินตราระหว่างประเทศ

exchequer (เอคซ์' เชคเคอร์, อิคซ์เชค' เคอร์) *n.* กระทรวงการคลัง, แหล่งเงินทุน, เงินทุน

excise[1] (เอค' ไซซ์) *n.* ภาษีอากร *-vt.* **-cised, -cising** จัดเก็บภาษีอากร **-the Excise Department** กรมสรรพสามิต **-excisable** *adj.*

excise[2] (อิคไซซ์') *vt.* **-cised, -cising** กำจัด, ตัดออก **-excision** *n.* (**-S.** remove)

excitable (อิคไซ' ทะเบิล) *adj.* ตกใจง่าย

excitant (อิคไซ' เทินท์) *adj.* ที่กระตุ้น *-n.* ตัวกระตุ้น **-excitation** *n.*

★**excite** (อิคไซท์') *vt.* **-cited, -citing** กระตุ้น, ปลุกเร้า, กระตุ้นความรู้สึก, เหนี่ยวนำให้เกิดกระแสไฟฟ้า (**-S.** awaken, incite, stimulate)

★**excited** (อิคไซ' ทิด) *adj* ที่ถูกกระตุ้น, ตื่นเต้น

★**excitement** (อิคไซท์' เมินท์) *n.* การกระตุ้น, ตัวกระตุ้น, ความตื่นเต้น (**-S.** agitation)

exciting (อิคไซ' ทิง) *adj.* น่าตื่นเต้น, เร้าใจ (**-S.** rousing, stimulating, stirring)

exclaim (อิคซเกลม') *vi., vt.* **-claimed, -claiming** อุทาน **-exclamation** *n.* **-exclamatory** *adj.* (**-S.** cry, shout)

exclamation mark/point เครื่องหมายอัศเจรีย์หรือเครื่องหมายตกใจ (!)

★**exclude** (อิคซกลูด') *vt.* **-cluded, -cluding** ป้องกันไม่ให้เข้ามา, ไม่ยอมรับ, ปฏิเสธ, ขับไล่ **-exclusion** *n.* (**-S.** debar, eject **-A.** admit)

exclusive (อิคซกลู' ซิฟว์) *adj.* แยกตัว, ไม่รวม, เฉพาะ, โดยบุคคลเดียว *-n.* สิ่งของหรือบริการที่จัดไว้เฉพาะกลุ่ม, สิทธิ์ในการจำหน่ายสินค้าแต่เพียงผู้เดียว **-exclusively** *adv.* **-exclusiveness** *n.* (**-S.** (adj.) incompatible)

excommunicate (*v.* เอคซ์คะมยู' นิเคท, *n.* -คิท, *adj.* -คิท, -เคท) *vt.* **-cated, -cating** ขับไล่จากการเป็นสมาชิกโบสถ์, ตัดสิทธิ์การเป็นสมาชิก *-n.* ผู้ที่ถูกขับไล่หรือถูกตัดสิทธิ์ *-adj.* ที่ถูกขับไล่หรือถูกตัดสิทธิ์ **-excommunication** *n.* **-excommunicatory** *adj.*

excoriate (อิคซกอ' เรียท, -ซโก'-) *vt.* **-ated, -ating** ฉีกหรือลอกหนังออก, ด่าว่า, ประณาม **-excoriation** *n.* (**-S.** abrade, condemn)

excrement (เอค' ซกระเมินท์) *n.* อุจจาระ, สิ่งขับถ่าย (**-S.** dung, excreta)

excrescence (อิคซเกรซ' เซินซ์) *n.* เนื้องอก เช่น หูด, การเพิ่มขึ้นอย่างผิดปกติ **-excrescent** *adj.* **-excrescently** *adv.*

excreta (อิคซกรี' ทะ) *n. pl.* ของเสียที่ขับออกจากร่างกาย เช่น ปัสสาวะ เหงื่อ

excrete (อิคซกรีท') *vt.* **-creted, -creting** ขับของเสีย, ถ่าย **-excretion** *n.* (**-S.** discharge)

excruciate (อิคซกรู' ชีเอท) *vt.* **-ated, -ating** ทำให้ทรมาน, ทำให้ทุกข์ใจ **-excruciation** *n.* **-excruciating** *adj.*

exculpate (เอค' ซเกิลเพท, อิคซกัล'-) *vt.* **-pated, -pating** พิสูจน์ได้ว่าเป็นผู้บริสุทธิ์, พ้นข้อกล่าวหา **-exculpation** *n.*

excursion (อิคซเกอร์' ฌัน) *n.* การเดินทางระยะสั้นๆ เพื่อพักผ่อน, การเดินทางแบบไปกลับซึ่งได้ลดค่าเดินทาง **-excursionist** *n.*

★**excuse** (*v.* อิคซกยูซ์, *n.* อิคซกยูซ') *vt.* **-cused, -cusing** แก้ข้อกล่าวหา, ขอโทษ, ยกโทษให้, ยกเว้น, อนุญาต *-n.* ข้อแก้ตัว, ข้ออ้าง, การขอโทษ, การยกเว้น, การยกโทษ **-excusable** *adj.* (**-S.** (v.) exempt, forgive (n.) apology)

execrable (เอค' ซิคระเบิล) *adj.* น่ารังเกียจ

execrate (เอค' ซิเครท) *vt.* **-crated, -crating** ประณาม, แสดงความรังเกียจ, สาปแช่ง

execute (เอค' ซิคยูท) *vt.* **-cuted, -cuting** ดำเนินการ, จัดการ, บริหาร, ประหารชีวิต, สร้างสรรค์งาน, แสดง, สั่งโปรแกรมคอมพิวเตอร์ให้ทำงาน (**-S.** accomplish, kill, perform)

execution (อิคซิคยู' ชัน) *n.* การประสบความสำเร็จ, การแสดง, การประหารชีวิต, ผลลัพธ์, คำตัดสินของศาล, คำสั่งศาล, การมีผลบังคับใช้

ตามกฎหมาย (-S. accomplishment, capital punishment, performance)

executioner (เอคซิคยู' ชะเนอร์) *n.* นักฆ่า, เพชฌฆาต (-S. assassin, killer)

executive (อิกเซค' คยะทิฟว์) *n.* ฝ่ายบริหาร, ผู้บริหารคณะรัฐบาล *-adj.* เกี่ยวกับการบริหารในองค์กร, ที่มีอำนาจในการตัดสินหรือสั่งการ

executor (อิกเซค' คยะเทอร์, เอค' ซิคยูเทอร์) *n.* ผู้จัดการมรดกตามกฎหมาย **-executorship** *n.* **-executrix** *n.fem.*

exegesis (เอคซะจี' ซิซ) *n., pl.* **-ses** การวิเคราะห์ การอธิบายหรือการตีความข้อความ

exemplary (อิกเซม' พละรี) *adj.* เป็นแบบอย่าง, เป็นการตักเตือน, เป็นการป้องกัน **-exemplarily** *adv.* **-exemplariness** *n.*

exemplification (อิกเซมพละฟิเค' ชัน) *n.* ตัวอย่าง, สำเนาเอกสารที่ถูกต้องตามกฎหมาย

exemplify (อิกเซม' พละไฟ) *vt.* **-fied, -fying** แสดงตัวอย่าง, ทำเป็นตัวอย่าง, (-S. represent)

exempt (อิกเซมพ์ท') *vt.* **-empted, -empting** ได้รับการยกเว้น *-adj.* ที่ยกเว้น *-n.* ผู้ได้รับการยกเว้น **-exemption** *n.*(-S. (v., adj.) free from)

★**exercise** (เอค' เซอร์ไซซ์) *n.* การใช้งาน, การทำหน้าที่, การออกกำลังกาย, การฝึกทักษะ, แบบฝึกหัด *-vt., vi.* **-cised, -cising** ใช้งาน, ฝึกฝน, พัฒนา, ออกกำลังกาย

exert (อิกเซิร์ท') *vt.* **-erted, -erting** ใช้งาน, ออกแรง, ใช้ความพยายาม **-exertion** *n.*

exeunt (เอค' เซียนท์, -ซุนท์) *n.* การกำกับเวทีที่สั่งให้ตัวแสดงเดินออกจากเวที

exhale (เอคซ์เฮล', เอคเซล') *vi., vt.* **-haled, -haling** หายใจออก, เป่า, พ่น, ส่งกลิ่น **-exhalation** *n.* **-exhalant** *adj.*

★**exhaust** (อิกซอซท์') *vt., vi.* **-hausted, -hausting** ใช้จนหมด, เทออกจนหมด, ปล่อยออก, เหนื่อยล้า, ศึกษาอย่างครอบคลุม *-n.* การปล่อยก๊าซ อากาศหรืออื่นๆ ออกจากที่ปิดล้อม, ท่อนำของเสียออก, สิ่งที่ถูกปล่อยออก **-exhaustion** *n.* **-exhausted** *adj.* **-exhausting** *adj.* (-S. (v.) consume, deplete, empty, fatigue)

exhaustive (อิกซอ' สติฟว์) *adj.* ครอบคลุม, สมบูรณ์, ลึกซึ้ง **-exhaustively** *adv.* (-S. complete, intensive, profound)

★**exhibit** (อิกซิบ' บิท, เอก-) *vt., vi.* **-ited, -iting** เปิดเผย, แสดง, สาธิต, แสดงหลักฐานต่อศาล *-n.* การแสดงผลงาน, งานนิทรรศการ, สิ่งที่นำมาแสดง, หลักฐานที่นำมาแสดงต่อศาล **-exhibitor, exhibiter** *n.* (-S. (v., n.) display)

★**exhibition** (เอคซะบิช' ชัน) *n.* ผลงานหรือสิ่งที่นำมาแสดง, งานนิทรรศการ (-S. display)

exhibitionism (เอคซะบิช' ชะนิซเซิม) *n.* การประพฤติตนให้เป็นที่สนใจ, การเรียกร้องความสนใจ **-exhibitionist** *n.*

exhilarate (อิกซิล' ละเรท) *vt.* **-rated, -rating** ทำให้มีชีวิตชีวา **-exhilaration** *n.*

exhort (อิกซอร์ท') *vt.* **-horted, -horting** เคี่ยวเข็ญ, ชักชวน **-exhortative** *adj.* **-exhortation** *n.* (-S. persuade, urge)

exhume (อิกซูม', -ซยูม์') *vt.* **-humed, -huming** ขุดศพขึ้นจากหลุม **-exhumation** *n.*

exigency (เอค' ซะเจินซี, อิกซิจ' เจิน-) *n., pl.* **-cies** ภาวะฉุกเฉิน, ภาวะเร่งด่วน **-exigence** *n.* (-S. emergency, urgency)

exigent (เอค' ซะเจินท์) *adj.* ด่วน, ฉุกเฉิน

exiguous (อิกซิก' กยูเอิซ) *adj.* ขาดแคลน

exile (เอก' ไซล์, เอค' ไซล์) *n.* การเนรเทศ, ผู้ถูกเนรเทศ *-vt.* **-iled, -iling** ขับไล่, เนรเทศ (-S. (n.) banishment, refugee (v.) banish, expel)

★**exist** (อิกซิซท์') *vi.* **-isted, -isting** มีอยู่จริง, มีชีวิตอยู่, ยังคงมีอยู่, เกิดขึ้น (-S. live, occur)

★**existence** (อิกซิส' เตินซ์) *n.* การมีชีวิต, ความเป็นอยู่,สิ่งที่ยังคงอยู่หรือมีอยู่จริง **-existent** *adj.*

★**exit** (อิก' ซิท, อิค' ซิท) *n.* การจากไป, ทางออก, ความตาย, การออกจากโปรแกรมการทำงานของคอมพิวเตอร์ (-S. death, departure, gate)

exit poll การสอบถามผู้มีสิทธิ์ในการลงคะแนนเสียงส่วนหนึ่งหลังออกจากหน่วยเลือกตั้งเพื่อทำนายผลการเลือกตั้ง

exo- คำอุปสรรค หมายถึง ด้านนอก, ภายนอก

exodus (เอค' ซะเดิซ) *n.* การอพยพของผู้คน

exonerate (อิกซอน' นะเรท) *vt.* **-ated, -ating** ทำให้พ้นจากข้อกล่าวหา, ทำให้เป็นอิสระจากข้อบังคับต่างๆ **-exoneration** *n.*

exorbitant (อิกซอร์' บิเทินท์) *adj.* มากเกินจำเป็น, ที่มากเกินไป **-exorbitantly** *adv.* **-exorbitance** *n.* (-S. excessive, extreme)

exorcise, exorcize (เอค' ซอร์ไซซ์, -เซอร์-) *vt.* **-cised, -cising/-cized, -cizing** ขับไล่ภูตผี

exorcism (เอค' ซอร์ซิซเซิม, -เซอร์-) *n.* การขับไล่ภูตผี, เวทมนตร์ขับไล่ภูตผี **-exorcist** *n.*

exotic (อิกซอท' ทิค) *adj.* ที่มาจากต่างถิ่น, แปลกและน่าสนใจ *-n.* สิ่งที่มาจากต่างถิ่น **-exotically** *adv.* (-S. (adj.) foreign, unusual)

★**expand** (อิคซแปนด์') *vt., vi.* **-panded, -pand-**

A B C D E F G H I J K L M N O P Q R S T U V W X Y Z

ing เพิ่มขึ้น, บอกรายละเอียด, เปิดออก, กางออก, สื่อสารอย่างเป็นมิตร **-expansion** *n.*

expanse (อิคซแปนซฺ') *n.* พื้นที่เปิดกว้าง, การขยายหรือการเพิ่ม (-S. expansion)

expansive (อิคซแปน' ซิฟวฺ) *adj.* กว้างขวาง, ใจกว้างและเปิดเผย, ร่าเริง (-S. friendly)

ex parte (เอคฺซ' พาร์' ที) *adj., adv.* ที่มาจากด้านเดียว, ที่มีความคิดเห็นแง่เดียว

expatiate (อิคซเป' ชีเอท) *vi.* **-ated, -ating** พูดหรือเขียนอย่างยืดยาว, ขยายความมากเกินไป **-expatiation** *n.* (-S. amplify, expound)

expatriate (*v.* เอคซเป' ทรีเอท, *n., adj.* -อิท, -เอท) *vt., vi.* **-ated, -ating** ขับไล่, เนรเทศ, อพยพ, เปลี่ยนสัญชาติ *-n.* ผู้ที่ถูกเนรเทศ, ผู้ที่สละสิทธิ์การเป็นพลเมืองของประเทศตน *-adj.* ที่ถูกเนรเทศ **-expatriation** *n.* (-S. (v.) banish)

★**expect** (อิคซเปคทฺ') *vt.* **-pected, -pecting** คาดหวัง, คาดการณ์, คาดหมาย, เรียกร้อง, ต้องการ, สมมติ, เดา **-expectance** *n.* **-expectancy** *n.* **-expectation** *n.*

expectant (อิคซเปค' เทินทฺ) *adj.* มีหรือแสดงความคาดหวัง, มีครรภ์ **-expectantly** *adv.*

expectorate (อิคซเปค' ทะเรท) *vt., vi.* **-rated, -rating** บ้วนหรือถ่มออกมา **-expectoration** *n.*

expedient (อิคซปี' เดียนทฺ) *adj.* ได้ประโยชน์, ได้เปรียบ, สะดวก *-n.* ความสะดวก, วิธีการ, แผนการเฉพาะหน้า **-expedience** *n.* **-expediency** *n.* **-expediently** *adv.* (-S. (adj.) advantageous, desirable (n.) makeshift, means)

expedite (เอค' ซปิไดทฺ) *vt.* **-dited, -diting** ทำให้สะดวก, ทำให้เร็วขึ้น, ส่งไป

expedition (เอคซปิดิช' ชัน) *n.* การเดินทางของคณะสำรวจ, คณะเดินทาง, ความรวดเร็ว **-expeditionary** *adj.* (-S. haste, journey, team)

expeditious (เอคซปิดิช' เชิซ) *adj.* รวดเร็วฉับไวและมีประสิทธิภาพ, ว่องไว **-expeditiously** *adv.* (-S. immediate, speedy)

expel (อิคซเปล') *vt.* **-pelled, -pelling** ขับไล่, ไล่ออก, ตัดสิทธิ์ (-S. ban, banish, eject)

expend (อิคซเปนดฺ') *vt.* **-pended, -pending** ใช้, บริโภค, ใช้จนหมด (-S. consume, spend)

expendable (อิคซเปน' ดะเบิล) *adj.* ที่นำมาใช้ได้, สามารถใช้แทนกันได้, ไม่จำเป็น

expenditure (อิคซเปน' ดะเชอร์) *n.* ค่าใช้จ่าย, การใช้เงิน เวลาหรืออื่นๆ, การบริโภค (-S. consumption, expense, outlay)

★**expense** (อิคซเปนซฺ') *n.* ค่าใช้จ่าย, ค่าธรรมเนียม, ความสิ้นเปลือง, การใช้จ่าย

★**expensive** (อิคซเปน' ซิฟวฺ) *adj.* มีราคาแพง, มีค่าใช้จ่ายสูง **-expensively** *adv.* **-expensiveness** *n.* (-S. costly, dear)

★**experience** (อิคซเปีย' เรียนซฺ) *n.* ประสบการณ์, ความรู้ที่ได้รับ *-vt.* **-enced, -encing** เรียนรู้, ประสบ (-S. (n.) learning (v.) know)

experienced (อิคซเปีย' เรียนซฺทฺ) *adj.* มีประสบการณ์มาก, มีทักษะ, ฉลาด (-S. mature)

★**experiment** (*n.* อิคซเป' ระเมินทฺ, *v.* -เมนทฺ) *n.* การทดลอง, ผลการทดลองหรือตรวจสอบ *-vi.* **-mented, -menting** ทดลอง, ตรวจสอบ **-experimental** *adj.* **-experimentally** *adv.* **-experimentation** *n.*

★**expert** (*n.* เอค' ซเปิร์ท, *adj.* เอค' ซเปิร์ท, อิคซเปิร์ท') *n.* ผู้เชี่ยวชาญเฉพาะด้าน *-adj.* เชี่ยวชาญ, ชำนาญ **-expertly** *adv.* **-expertness** *n.* (-S. (n.) specialist (adj.) proficient)

expertise (เอคซเปอร์ทีซ') *n.* ทักษะ ความรู้หรือความชำนาญเฉพาะด้าน (-S. deftness, skill)

expiate (เอค' ซปีเอท) *vt.* **-ated, -ating** ไถ่โทษ, ชดใช้ **-expiable** *adj.* **-expiation** *n.*

expire (อิคซไปร์') *vi., vt.* **-pired, -piring** หยุด, หมดอายุ, สิ้นสุด, หายใจออก, ตาย **-expiration** *n.* **-expiry** *v.* (-S. decease, die)

★**explain** (อิคซเปลน') *vt., vi.* **-plained, -plaining** อธิบายให้เข้าใจ, ให้เหตุผล **-explainable** *adj.* (-S. describe, explicate, interpret)

★**explanation** (เอคซปละเน' ชัน) *n.* คำอธิบาย **-explanatory** *adj.* **-explanatorily** *adv.*

expletive (เอค' ซปลิทิฟวฺ) *n.* การสบถ, คำหรือวลีที่ไม่จำเป็นแต่ช่วยให้ประโยคสมบูรณ์

explicable (เอค' ซปลิคะเบิล) *adj.* ที่สามารถอธิบายได้ **-explicably** *adv.* (-S. explainable)

explicate (เอค' ซปลิเคท) *vt.* **-cated, -cating** อธิบาย **-explication** *n.* **-explicatory** *adj.*

explicit (อิคซปลิซ' ซิท) *adj.* ชัดเจน, เปิดเผย **-explicitly** *adv.* **-explicitness** *n.* (-S. distinct)

★**explode** (อิคซโปลด') *vt., vi.* **-ploded, -ploding** ระเบิดอย่างรุนแรง, ส่งเสียงดัง, เอะอะโวยวาย, เพิ่มขึ้นอย่างรวดเร็ว **-explosion** *n.* **-explosive** *adj.* **-explosively** *adv.* **-explosiveness** *n.* (-S. erupt, fire off)

★**exploit[1]** (เอค' ซปลอยทฺ) *n.* ความกล้าหาญ

exploit[2] (อิคซปลอยทฺ', เอค' ซปลอยทฺ) *vt.* **-ploited, -ploiting** ใช้เพื่อก่อให้เกิดประโยชน์, ใช้หาประโยชน์ส่วนตัว, ใช้อย่างเห็นแก่ตัว,

โฆษณาเรียกความสนใจ **-exploitable** *adj.* **-exploitation** *n.* (**-S.** utilize)

★**explore** (อิคซปลอร์', -ซโปลร์') *vt., vi.* **-plored, -ploring** สำรวจ, ตรวจสอบ, วินิจฉัยโรค, ค้นหา **-exploration** *n.* (**-S.** examine, survey)

explorer (อิคซปลอ' เรอร์) *n.* นักสำรวจ (**-S.** surveyor, traveller)

expo (เอค' ซโป) *n., pl.* **-pos** (ภาษาพูด) งานนิทรรศการ

exponent (อิคซโป'เนินท์, เอค' ซโปเนินท์) *n.* ผู้อธิบาย, ผู้สนับสนุน, นักแสดง, ตัวอย่าง, เลขชี้กำลังในทางคณิตศาสตร์ *-adj.* ที่เป็นการอธิบาย, ที่เป็นการตีความ

★**export** (อิคซปอร์ท', เอค' ซปอร์ท) *vt., vi.* **-ported, -porting** ส่งสินค้าไปขายต่างประเทศ **-exportable** *adj.* **-exportation** *n.* **-exporter** *n.* (**-S.** send abroad **-A.** import)

expose (อิคซโปซ') *vt.* **-posed, -posing** แสดงให้เห็น, เปิดเผยข้อเท็จจริง, ทำให้เป็นที่รู้จัก, ถอดที่ป้องกันออก, ฉายแสงให้วัสดุไวแสง **-exposer** *n.* **-exposure** *n.* (**-S.** reveal)

exposé (เอคซโปเซ') *n.* การเปิดโปงความลับ

exposition (เอคซปะซิช' ชัน) *n.* การอธิบาย, การบรรยาย, งานนิทรรศการ **-expositor** *n.*

expostulate (อิคซปอซ' ชะเลท) *vi.* **-lated, -lating** ตักเตือน, ห้ามปรามด้วยความหวังดี **-expostulation** *n.* (**-S.** remonstrate)

expound (อิคซเปานด์') *vt., vi.* **-pounded, -pounding** อธิบาย, พูดในรายละเอียด

★**express** (อิคซเปรซ') *vt.* **-pressed, -pressing** กล่าวออกมา, แสดงให้เห็น, ถ่ายทอด, ส่งหรือเดินทางแบบด่วน, บังคับ, คั้นน้ำผลไม้ *-adj.* ชัดเจน, เฉพาะโอกาสพิเศษ, ถูกต้อง, เร่งด่วน *-adv.* อย่างเร่งด่วน *-n.* ระบบการส่งสินค้าและไปรษณีย์ที่เร่งด่วน, การเดินทางที่เร่งด่วน, พาหนะที่เดินทางแบบเร่งด่วน, ผู้โดยสารชั้นพิเศษ **-expresser** *n.* **-expressible** *adj.*

★**expression** (อิคซเปรช' ชัน) *n.* การถ่ายทอดออกมาเป็นคำพูดหรือการกระทำ, สัญลักษณ์, การแสดงสีหน้า, คำพูดหรือวลีที่เปล่งออกมา, สัญลักษณ์ทางคณิตศาสตร์ (**-S.** statement)

expressionism (เอคซเปรช' ชะนิซเซิม) *n.* ศิลปะแนวหนึ่งที่เน้นการแสดงอารมณ์ความรู้สึกของศิลปิน ภาพที่ได้จะดูผิดเพี้ยนจากความเป็นจริงและใช้สัญลักษณ์สื่อถึงอารมณ์ความรู้สึก **-expressionist** *n.* **-expressionistic** *adj.*

expressionless (อิคซเปรช' ชันลิซ) *adj.* ไม่แสดงความรู้สึก, เฉยเมย, ที่ว่างเปล่า

expressive (อิคซเปรซ' ซิฟว์) *adj.* เต็มไปด้วยความรู้สึก, มีความหมาย **-expressively** *adv.* **-expressiveness** *n.* (**-S.** emotional)

expressly (อิคซเปรซ' ลี) *adv.* อย่างชัดเจน, อย่างสมบูรณ์, เป็นพิเศษ (**-S.** specially)

expressway (อิคซเปรซ' เว) *n.* ทางด่วน

expropriate (เอคซโปร' พรีเอท) *vt.* **-ated, -ating** เวนคืนที่ดิน, ถ่ายโอนทรัพย์สิน, ยึดทรัพย์ **-expropriation** *n.* (**-S.** arrogate, seize)

expulsion (อิคซปัล' ชัน) *n.* การขับไล่

expunge (อิคซปันจ์') *vt.* **-punged, -punging** ลบออก, ลบทิ้ง, กำจัด (**-S.** delete, erase)

expurgate (เอค' ซเปอร์เกท) *vt.* **-gated, gating** ตัดข้อความหรือสิ่งที่ไม่เหมาะสมออกก่อนนำออกเผยแพร่ **-expurgation** *n.*

exquisite (เอค' ซกวิซิท, อิคซกวิซ' ซิท) *adj.* สวยงาม, มีคุณภาพสูง, ประณีต, ละเอียดอ่อน, ยอดเยี่ยม, รุนแรง *-n.* ผู้ที่มีความพิถีพิถัน **-exquisitely** *adv.* **-exquisiteness** *n.*

ext, ext. ย่อจาก extension การขยาย, external ภายนอก, extra ส่วนที่เพิ่มเติม

extant (เอค' ซเตินท์) *adj.* ที่ยังเหลืออยู่

extempore (อิคซเตม' พะรี) *adj.* ไม่มีการเตรียมตัวล่วงหน้า *-adv.* อย่างไม่มีการเตรียมตัวล่วงหน้า **-extemporaneous** *adj.* **-extemporaneously** *adv.* **-extemporary** *adj.* **-extemporarily** *adv.* (**-S.** (adj.) impromptu)

extemporize (อิคซเตม' พะไรซ์) *vt., vi.* **-rized, -rizing** พูด ทำหรือประพันธ์โดยไม่มีการเตรียมตัวล่วงหน้า **-extemporization** *n.*

★**extend** (อิคซเตนด์') *vt., vi.* **-tended, -tending** ยืดออก, แผ่ออก, ขยายขอบเขต, ขยายเวลา, จัดหา, เสนอ **-extension** *n.* (**-S.** expand)

extensive (อิคซเตน' ซิฟว์) *adj.* ที่ครอบคลุมเป็นบริเวณกว้าง **-extensively** *adv.* **-extensiveness** *n.* (**-S.** comprehensive, sizeable)

★**extent** (อิคซเตนท์') *n.* ขนาด, ขอบเขต, ปริมาณ, พื้นที่ (**-S.** coverage, scope, stretch)

extenuate (อิคซเตน' นยูเอท) *vt.* **-ated, -ating** แก้ตัว, ขอโทษ, บรรเทา, กลบเกลื่อน **-extenuation** *n.* **-extenuastor** *n.*

exterior (อิคซเตีย' เรียร์) *adj.* ภายนอก, ที่อยู่กลางแจ้ง, ข้างนอก *-n.* ด้านนอก, ลักษณะหรือรูปร่างที่เห็นจากภายนอก (**-S.** (adj., n.) external)

exterminate (อิคซเตอร์' มะเนท) *vt.* **-nated, -nating** กำจัดให้หมด, ถอนรากถอนโคน

-extermination *n.* (-S. destroy, eliminate)
extern, externe (เอค' ซเติร์น) *n.* นักศึกษาแพทย์ปีสุดท้ายหรือแพทย์ซึ่งออกตรวจคนไข้ได้ แต่ไม่ใช่แพทย์ประจำสถานพยาบาลนั้น
external (อิคซเตอร์' เนิล) *adj.* ภายนอก, เป็นยาที่ใช้ทาภายนอก, เป็นเปลือกนอก, เกี่ยวกับกิจการต่างประเทศ *-n.* ด้านนอก, ลักษณะภายนอก (-S. (adj., n.) exterior)
extinct (อิคซติงค์ท') *adj.* สูญพันธุ์, หมด, ที่ดับแล้ว, ไม่มีการใช้ **-extinction** *n.*
extinguish (อิคซติง' กวิช) *vt.* **-guished, -guishing** ดับไฟ, ระงับ, ทำลาย, ทำให้หมดไป, ทำให้เป็นโมฆะ **-extinguishment** *n.*
extirpate (เอค' ซเตอร์เพท) *vt.* **-pated, -pating** กำจัดให้หมด, ถอนรากถอนโคน **-extirpation** *n.* (-S. abolish, exterminate)
extol, extoll (อิคซโตล') *vt.* **-tolled, -tolling** ยกย่อง, สรรเสริญ, สดุดี (-S. praise)
extort (อิคซตอร์ท') *vt.* **-torted, -torting** บังคับ, ข่มขู่ **-extortion** *n.* (-S. force, wrest)
extortionate, extortionary (อิคซตอร์' ชะนิท, -เนรี) *adj.* มีมากเกินไป, แพงมาก
extortioner, extortionist (อิคซตอร์' ชะเนอร์, -นิซท์) *n.* ผู้บังคับข่มขู่ (-S. blackmailer)
★**extra** (เอค' ซตฺระ) *adj.* พิเศษ, เหนือกว่าปกติ *-n.* คนหรือสิ่งที่เพิ่มขึ้นมา, รายการพิเศษ, ผลประโยชน์เพิ่มเติม *-adv.* อย่างพิเศษ, มีมากกว่าปกติ, มีเพิ่มเติม (-S. (adj.) additional)
extra-, extro- คำอุปสรรค หมายถึง ภายนอก, นอกเหนือจาก, เหนือกว่า
extract (*v.* อิคซแตรคท์', *n.* เอค' ซแตรคท์) *vt.* **-tracted, -tracting** ดึง, ลาก, ใช้กำลังบังคับ, แยกออก, สกัดออก, คัดลอก, คั้น, ถอดรากในทางคณิตศาสตร์ *-n.* สิ่งที่สกัดหรือแยกออกมา, ข้อความที่คัดลอกออกมา **-extractable** *adj.* **-extraction** *n.* (-S. (v.) draw out, elicit, force)
extracurricular (เอคซตระคะริค' คยะเลอร์) *adj.* ที่เป็นกิจกรรมนอกหลักสูตร
extradite (เอค' ซตระไดท์) *vt.* **-dited, -diting** ส่งผู้ต้องหาไปรับคำพิพากษาในประเทศอื่น **-extraditable** *adj.* **-extradition** *n.*
extramural (เอคซตระมฺยู' เริล) *adj.* ที่อยู่นอกขอบเขต, ที่อยู่นอกรั้วมหาวิทยาลัย
extraneous (อิคซเตร' เนียซ) *adj.* อยู่ภายนอก, ไม่เกี่ยวข้อง, ไม่จำเป็น **-extraneously** *adv.*
★**extraordinary** (อิคซตรอร์' เดินเนรี, เอคซตระออร์'-) *adj.* พิเศษ, เหนือธรรมดา, วิสามัญ, ผิดปกติ, ประหลาด **-extraordinarily** *adv.*
extrasensory perception การสื่อสารหรือการรับรู้เรื่องราวต่างๆ โดยไม่ได้ใช้ประสาทสัมผัสของร่างกาย ย่อว่า ESP
extraterrestrial (เอคซตระทะเรซ' เทรียล) *adj.* เกี่ยวกับสิ่งที่เกิดขึ้นนอกโลก *-n.* มนุษย์ต่างดาว
extraterritoriality (เอคซตระเทริทอเรียล' ลิที, -โท-) *n.* การได้รับการยกเว้นจากอำนาจศาลของประเทศที่พำนักอยู่เนื่องจากนโยบายต่างประเทศ **-extraterritorial** *adj.*
extravagant (อิคซแตรฟ' วะเกินท์) *adj.* ฟุ่มเฟือย, สุรุ่ยสุร่าย, ไม่เหมาะสมและไม่มีเหตุผล, มีมากเกินไป, แพงเกินไป **-extravagance** *n.* **-extravagancy** *n.* **-extravagantly** *adv.* (-S. excessive, expensive)
★**extreme** (อิคซตรีม') *adj.* สูงสุด, สุดขั้ว, ไกลที่สุด, รุนแรง, ผิดปกติ *-n.* จุดหรือระดับสูงสุด, สภาวะที่สุดขั้ว, วิธีรุนแรง **-extremely** *adv.*
extreme sport กิจกรรมหรือกีฬาที่เสี่ยงตื่นเต้นและท้าทาย เรียกสั้นๆ ว่า X-sport
extremist (อิคซตรี' มิซท์) *n.* ผู้ที่ยึดถือสิ่งใดสิ่งหนึ่งมากเกินไป โดยเฉพาะลัทธิทางการเมือง
extremity (อิคซเตรม' มิที) *n., pl.* **-ties** ระดับที่สูงที่สุด, จุดที่อยู่ไกลที่สุด, รยางค์, อวัยวะหรือสิ่งที่ยื่นออกจากลำตัว, ความรุนแรง **-extremities** มือและเท้า
extricate (เอค' ซตริเคท) *vt.* **-cated, -cating** ปลดปล่อย, แก้ **-extricable** *adj.* **-extrication** *n.* (-S. liberate, release)
extrinsic (อิคซตริน' ซิค, -ซิค) *adj.* ภายนอก, ไม่จำเป็น **-extrinsically** *adv.* (-S. external)
extrovert, extravert (เอคฺ' ซตระเวิร์ท) *n.* ผู้ที่ชอบเข้าสังคม, ผู้ที่สนใจสิ่งที่อยู่รอบตัว
extroverted, extraverted (เอค' ซตระเวอร์ทิด) *adj.* ชอบเข้าสังคม, เป็นมิตร
extrude (อิคซตรูด') *v.* **-truded, -truding** *-vt.* ขับของเหลว *-vi.* ไหล, โผล่, ยื่น **-extrusion** *n.*
exuberant (อิกซู' เบอเรินท์) *adj.* มีชีวิตชีวา, อุดมสมบูรณ์, ที่เจริญเติบโตและให้ผลดี, ฟุ่มเฟือย **-exuberantly** *adv.* **-exuberance** *n.*
exude (อิกซูด', อิคซูด') *v.* **-uded, -uding** *-vi.* ไหลซึมออกมา *-vt.* แสดงให้เห็น
exult (อิกซัลท์') *vi.* **-ulted, -ulting** ดีใจมาก, ยินดี, ปลื้มปีติ **-exultant** *adj.* **-exultantly** *adv.* **-exultation** *n.* (-S. glory, rejoice)
★**eye** (ไอ) *n.* ดวงตา, การมองเห็น, การสังเกต, ความคิดเห็น, การประเมิน, ส่วนที่คล้ายตา,

A B C D E F G H I J K L M N O P Q R S T U V W X Y Z

(คำสแลง) นักสืบ **-catch one's eye** ดึงดูดความสนใจ **-eye bank** ธนาคารดวงตา
eyeball (ไอ' บอล) *n.* ลูกตา, ดวงตา
eyebrow (ไอ' เบรา) *n.* คิ้ว
eyebrow pencil ดินสอเขียนคิ้ว
eye-catching (ไอ' แคชชิง) *adj.* น่ามอง
eyecup (ไอ' คัพ) *n.* ถ้วยล้างตา
eyedropper (ไอ' ดรอพเพอร์) *n.* ยาหยอดตา
eyeful (ไอ' ฟุล) *n.* ภาพเต็มตา, คนหรือสิ่งที่สวยงาม มีเสน่ห์หรือน่ามอง (**-S.** view, vision)
eyeglass (ไอ' แกลซ) *n.* เลนส์สำหรับการรับภาพของดวงตา **-eyeglasses** แว่นตา
eyelash (ไอ' แลช) *n.* ขนตา
eyelet (ไอ' ลิท) *n.* รูร้อยเชือก, ห่วงตาไก่
eyelid (ไอ' ลิด) *n.* เปลือกตา
eyelift (ไอ' ลิฟท์) *n.* การทำศัลยกรรมพลาสติกบริเวณรอบดวงตา
eyeliner (ไอ' ไลเนอร์) *n.* เครื่องสำอางสำหรับทาขอบตา
eye opener (ภาษาพูด) สิ่งที่ทำให้ประหลาดใจหรือตกใจจนตาโต เครื่องดื่มที่ช่วยให้ตื่นตัว
eyepiece (ไอ' พีซ) *n.* เลนส์หรือชุดของเลนส์ที่ประกอบกันเพื่อใช้สำหรับส่องดู เช่น ในกล้องส่องทางไกล กล้องจุลทรรศน์
eye shadow เครื่องสำอางสำหรับทาเปลือกตา
eyesight (ไอ' ไซท์) *n.* ความสามารถในการมองเห็น, ระยะที่มองเห็น
eyesore (ไอ' ซอร์) *n.* ภาพหรือสิ่งที่น่าเกลียด
eyestrain (ไอ' สเตรน) *n.* ความเจ็บปวดหรือความล้าของดวงตา
eyetooth (ไอ' ทูธ) *n., pl.* **-teeth** เขี้ยว
eyewash (ไอ' วอช) *n.* น้ำยาทำความสะอาดตา, (ภาษาพูด) สิ่งที่ไร้สาระ การเสแสร้ง
eyewitness (ไอ' วิท' นิซ) *n.* ประจักษ์พยาน
eyrie, eyry (แอ' รี, เอีย' รี) *n., pl.* **-ries** ดู aerie
e-zine (อี' ซีน) *n.* นิตยสารอิเล็กทรอนิกส์ เปิดอ่านได้ผ่านเครือข่ายอินเทอร์เน็ต

F

F, f (เอฟ) *n., pl.* **F's, f's/Fs, fs** อักษรตัวที่ 6 ในภาษาอังกฤษ, อันดับหก, เกรดที่แสดงว่าสอบตก, โน้ตดนตรีชนิดหนึ่ง
F ย่อจาก Fahrenheit องศาฟาเรนไฮต์, fluorine ธาตุฟลูโอรีน, Friday วันศุกร์
f ย่อจาก focal length ทางยาวโฟกัส
F/, f/ ย่อจาก f-number เป็นค่าที่แสดงการเปิดรับแสงของเลนส์
fa (ฟา) *n.* เสียงฟา เป็นเสียงดนตรีอันดับสี่
fab (แฟบ) *adj.* (คำสแลง) ยอดเยี่ยม วิเศษ
fable (เฟ' เบิล) *n.* นิทาน, ตำนาน, เรื่องโกหก
fabric (แฟบ' บริค) *n.* ผ้า, เนื้อผ้า, โครงสร้าง, องค์ประกอบ, รูปแบบหรือวิธีการ
fabricate (แฟบ' บริเคท) *vt.* **-cated, -cating** คิด, สร้าง, ผลิต, แต่งนิทาน, กุเรื่อง, ปลอมของ **-fabrication** *n.* (**-S.** construct, forge, invent)
fabulous (แฟบ' บยะเลิซ) *adj.* เหลือเชื่อ, ไม่น่าเป็นไปได้, วิเศษ **-fabulously** *adv.* (**-S.** incredible, legendary)
facade (ฟะซาด') *n.* ด้านหน้าอาคาร
★**face** (เฟซ) *n.* ใบหน้า, สีหน้า, โฉมภายนอก, ผิวหน้าของวัตถุ, คุณค่า, ความมั่นใจในตนเอง, การเคารพตนเอง, เครื่องสำอาง, ด้าน, แง่, (ภาษาพูด) ความอวดดี ความทะลึ่ง *-v.* **faced, facing** *-vt.* มีหน้าที่จัดการกับปัญหา, หันหน้าไปทาง, เผชิญหน้า, ประสบกับ, พลิกหน้าไพ่ขึ้น, ตกแต่งผิวหน้า, ขัดผิวหน้า, แต่งขอบ, สั่งเคลื่อนย้ายกองทัพ *-vi.* หันหน้าไปทาง **-face to face** เผชิญหน้า **-facial** *adj.* **-facing** *n.*
faceless (เฟซ' ลิซ) *adj.* ไม่เป็นที่รู้จัก
face-lift, facelifting (เฟซ' ลิฟท์, -ลิฟทิง) *n.* การทำศัลยกรรมดึงใบหน้าให้ตึง, การปรับปรุงซ่อมแซมหรือทำความสะอาดด้านนอกอาคาร
face powder แป้งรองพื้นสำหรับแต่งหน้า
face-saving (เฟซ' เซวิง) *adj.* ที่รักษาชื่อเสียงเกียรติยศหรือความเคารพตัวเอง
facet (แฟซ' ซิท) *n.* ผิวหน้าของอัญมณีที่ถูกเจียระไนแล้ว,ผิวหน้าของกระดูกหรือฟันที่เรียบ, แง่มุม, เลนส์ของตาประกอบของแมลง
facetious (ฟะซี' เชิซ) *adj.* ตลก, ทะเล้น **-facetiously** *adv.* **-facetiousness** *n.*
facile (แฟซ' เซิล) *adj.* ง่าย, สบายๆ, คล่อง-

A B C D E F G H I J K L M N O P Q R S T U V W X Y Z

แคล่ว, ไม่ลึกซึ้ง, ไม่จริงใจ **-facilely** *adv.* **-facileness** *n.* (**-S.** easy, simple, superficial)
facilitate (ฟะซิล' ลิเทท) *vt.* **-tated, -tating** ทำให้ง่ายขึ้น, ช่วยอำนวยความสะดวก **-facilitation** *n.* (**-S.** assist, ease)
★**facility** (ฟะซิล' ลิที) *n., pl.* **-ties** ความชำนาญ, ความง่าย, ความสะดวก, สิ่งที่ให้บริการเฉพาะอย่าง **-facilities** สิ่งอำนวยความสะดวก
facsimile (แฟคซิม' มะลี) *n.* สำเนาที่เหมือนต้นฉบับ, การส่งภาพหรือข้อความโดยอุปกรณ์อิเล็กทรอนิกส์ เช่น เครื่องโทรสาร, ภาพหรือข้อมูลที่ส่งโดยวิธีดังกล่าว *-adj.* เหมือนต้นฉบับ *-vt.* **-led, -leing** ทำสำเนา (**-S.** (n., v.) copy)
★**fact** (แฟคทฺ) *n.* ข้อเท็จจริง, เรื่องจริง, ความจริง, สิ่งที่มีอยู่จริง **-as a matter of fact/in fact/in point of fact** ตามความเป็นจริง
faction (แฟค' ชัน) *n.* กลุ่ม, ก๊ก, พวก, ความขัดแย้ง **-factional** *adj.* **-factionally** *adv.*
factious (แฟค' เชิซ) *adj.* ซึ่งแบ่งเป็นก๊กเป็นเหล่า, ซึ่งเกิดความขัดแย้ง **-factiously** *adv.*
factitious (แฟคทิช' เชิซ) *adj.* เป็นของเทียม
factor (แฟค' เทอร์) *n.* ปัจจัย, ตัวแทนซื้อขาย, ตัวประกอบทางคณิตศาสตร์, สถาบันการเงินที่รับฝากเงินไว้ชั่วคราว (**-S.** agent, component)
★**factory** (แฟค' ทะรี) *n., pl.* **-ries** โรงงาน
factotum (แฟคโท' เทิม) *n.* ลูกจ้างหรือผู้ช่วย
factual (แฟค' ชวล) *adj.* เป็นความจริง **-factuality** *n.* **-factually** *adv.* (**-S.** realistic)
faculty (แฟค' เคิลที) *n., pl.* **-ties** ศักยภาพ, ความสามารถ, ความชำนาญเฉพาะด้าน, คณะในมหาวิทยาลัย, ผู้สอนหรือผู้ศึกษาในมหาวิทยาลัย, สิทธิหรืออำนาจ
fad (แฟด) *n.* ความนิยมหรือคลั่งไคล้ **-faddy** *adj.* **-faddism** *n.* **-faddist** *n.* (**-S.** craze)
★**fade** (เฟด) *v.* **faded, fading** *-vi.* ค่อยๆ ซีดลง, ค่อยๆ จางหายไป, ค่อยๆ มืดลง, ลดลง *-vt.* ทำให้จาง ลดลง หรือหายไป **-fade in** ค่อยๆ ปรากฏขึ้นทั้งภาพและเสียง **-fade out** ค่อยๆ จางหายไปทั้งภาพและเสียง (**-S.** bleach)
faeces (ฟี' ซีซ) *n. pl.* ดู feces
fag[1] (แฟก) *n.* งานหนัก, ความเหนื่อยล้า, คนที่ต้องทำงานหนัก, นักเรียนชายที่ต้องคอยบริการนักเรียนที่โตกว่า
fag[2] (แฟก) *n.* (คำสแลง) บุหรี่ พวกรักร่วมเพศ
fag end เศษที่เหลือๆ, ส่วนปลาย
faggot (แฟก' เกิท) *n., v.* ดู fagot
fagot, faggot (แฟก' เกิท) *n.* มัดไม้ ฟืน หรือเหล็กเส้น
Fahrenheit (แฟ' เรินไฮทฺ) *adj.* เกี่ยวกับการวัดอุณหภูมิในหน่วยองศาฟาเรนไฮต์ *-n.* หน่วยในการวัดอุณหภูมิประเภทหนึ่ง, เทอร์โมมิเตอร์ที่ใช้หน่วยวัดองศาฟาเรนไฮต์
★**fail** (เฟล) *v.* **failed, failing** *-vi.* ล้มเหลว, ไม่สำเร็จ, อ่อนแอ, สอบตก, ไม่ทำตามหน้าที่, แสดงให้เห็นถึงความไม่มีประสิทธิภาพ, ทำไม่ได้อย่างที่คาด, ล้มละลาย, หยุดทำงาน, ขาดแคลน, *-vt.* ทำให้ผิดหวัง, ละเลยหรือละทิ้งหน้าที่, ได้คะแนนต่ำกว่าเกณฑ์, ให้คะแนนที่ต่ำกว่าเกณฑ์, พลาด *-n.* ความล้มเหลว
failing (เฟ' ลิง) *n.* ความล้มเหลว, ความผิดพลาด *-adj.* ล้มเหลว *-prep.* ปราศจาก
★**failure** (เฟล' เยอร์) *n.* ความล้มเหลว, ภาวะขาดแคลน, การละทิ้งหรือละเลย, คนล้มเหลว, การสอบตก, เกรด F
fain (เฟน) *adj., adv.* ด้วยความยินดีและเต็มใจ
★**faint** (เฟนทฺ) *adj.* **fainter, faintest** มืดสลัว, อ่อนแอ, ปวกเปียก, ใกล้เป็นลม *-n.* การหมดสติ *-vi.* **fainted, fainting** เป็นลม, อ่อนแอ **-faintly** *adv.* **-faintness** *n.* (**-S.** (adj.) feeble)
faint-hearted (เฟนทฺ' ฮาร์' ทิด) *adj.* ขลาด
★**fair**[1] (แฟร์) *adj.* **fairer, fairest** เป็นกลาง, ยุติธรรม, ซื่อสัตย์, (ท้องฟ้า) โปร่ง, มีเสน่ห์, สวย, ไม่มีที่ติ, สะอาดบริสุทธิ์, ตามกฎหรือตรรกะ, ที่อ่านได้ง่าย, ได้ประโยชน์, เป็นประโยชน์, มีมารยาท, ปานกลาง, ค่อนข้างดี, ราบเรียบ, มีสีอ่อนหรือดูสว่าง, แจ่ม *-adv.* อย่างเหมาะสม, โดยตรง *-vt.* **faired, fairing** ปรับให้อยู่ในระดับเดียวกัน *-n.* ความสวยงาม, ผู้หญิงที่สวย **-fair and square** ซื่อสัตย์ยุติธรรม **-fairness** *n.* **-fairly** *adv.* (**-S.** (adj.) advantageous, fine, just)
fair[2] (แฟร์) *n.* ตลาดขายสินค้า, งานนิทรรศการ, งานรื่นเริง (**-S.** exhibition, festival, market)
fair game การตามล่าตามกฎหมาย
fairish (แฟ' ริช) *adj.* ค่อนข้างดีหรือใหญ่
fair-minded (แฟร์' ไมน์' ดิด) *adj.* ยุติธรรม
fair play การเล่นกีฬาหรือเกมตามกติกา
fair sex เพศหญิง
fair-spoken (แฟร์' สโปเคิน) *adj.* ซึ่งพูดไพเราะ
fair-weather friend เพื่อนกิน
fairy (แฟ' รี) *n., pl.* **-ies** ภูตหรือเทพตัวเล็กๆ, (คำสแลง) พวกรักร่วมเพศ *-adj.* เกี่ยวกับภูต
fairyland (แฟ' รีแลนดฺ) *n.* เมืองสวรรค์
fairy tale นิทาน, ตำนาน, เรื่องเหลือเชื่อ
fait accompli (เฟทาคองพลี') *n., pl.* **faits**

accomplis (เฟทาคองพลี', -พลีซ) สิ่งที่ทำสำเร็จไปแล้วไม่สามารถเปลี่ยนแปลงได้

★**faith** (เฟธ) *n.* ความเลื่อมใสศรัทธา, ความเชื่อ, ความจงรักภักดี, หลักคำสอน, ศาสนา

★**faithful** (เฟธ' เฟิล) *adj.* มีความจงรักภักดี, มีความเชื่อศรัทธา, เชื่อถือได้, ถูกต้อง, เป็นความจริง **-faithfully** *adv.* **-faithfulness** *n.*

faith healing/cure การรักษาโรคโดยใช้ความศรัทธาและการสวดอ้อนวอน **-faith healer** *n.*

faithless (เฟธ' ลิซ) *adj.* ไม่จงรักภักดี, หลอกลวง **-faithlessly** *adv.* **-faithlessness** *n.*

fake¹ (เฟค) *adj.* เป็นของปลอม, ที่หลอกลวง *-n.* ของปลอม, การหลอกลวง *-vt., vi.* **faked, faking** ปลอมแปลง, เลียนแบบ, เสแสร้ง, หลอกลวง, หลอกล่อ **-fakery** *n.*

fake² (เฟค) *n.* ห่วงหรือขดเชือก ลวดหรืออื่นๆ

fakir (ฟะเคียร์, ฟา-, แฟ-) *n.* ผู้ที่นับถือศาสนาอิสลามหรือฮินดูที่ชอบทรมานตัวเอง

falchion (ฟอล' ชัน) *n.* ดาบสั้นที่มีตัวดาบกว้างและมีปลายโค้งแหลม

falcon (แฟล' เคิน, ฟอล'-, ฟอ' เคิน) *n.* เหยี่ยวพันธุ์หนึ่งที่นำมาฝึกให้ล่าสัตว์

falcon

★**fall** (ฟอล) *v.* **fell, fallen, falling** *-vi.* ตก, ร่วง, หล่น, บาดเจ็บล้มตาย, พังทลายลงมา, วางพาด, มุ่งไปสู่เบื้องล่าง, ลดลง, เสื่อม, ตกต่ำ, ทำบาป, แสดงความผิดหวังทางใบหน้า, เกิดขึ้น, ถูกจับได้, ตกเป็นของ, อยู่ในตำแหน่ง, อยู่ในสภาวะ, แบ่งออก, พบโดยบังเอิญ, เผลอพูด, คลอดลูกสัตว์ *-vt.* ตัดหรือโค่นต้นไม้ *-n.* การตก, สิ่งที่ตก, ปริมาณของสิ่งที่ตก, ระยะทางที่ตก, การพังทลาย, การตกจากตำแหน่ง, การถูกยึดครอง, การเสื่อม, ฤดูใบไม้ร่วง, การผิดศีลธรรม, ทางลาดชัน, การทำบาป, การทุ่มคู่ต่อสู้ในกีฬามวยปล้ำ, การเกิดของสัตว์, จำนวนตัวอ่อนที่เกิดในหนึ่งครั้ง, การลดระดับเสียง, การลดปริมาณ มูลค่าหรืออื่นๆ, เครื่องประดับที่มีลักษณะห้อยลงมา **-fall back** ล่าถอย, หลบหนี **-fall behind (with)** ล้าหลัง, ไม่สามารถชำระหนี้ได้ตามกำหนด **-fall in** พังลงมา, ได้รับตำแหน่งทางทหาร, เห็นด้วย **-fall in with** พบโดยบังเอิญ, เห็นด้วย, เกิดผล, ออกจากการเป็นทหาร **-fall over (oneself)** ทำอะไรอย่างเร่งรีบ, มีความกระตือรือร้นมาก **-falls** น้ำตก **-fall short** ขาดแคลน, ไม่ได้มาตรฐาน **-fall through** ล้มเหลว

fallacy (แฟล' ละซี) *n., pl.* **-cies** ความเชื่อที่ผิด, ความเข้าใจผิด, เหตุผล, การหลอกลวง **-fallacious** *adj.* **-fallaciously** *adv.* (**-S.** error)

fallen (ฟอ' เลิน) *v.* กริยาช่อง 3 ของ fall **-the fallen** คนที่ตายจากภาวะสงคราม

fallible (แฟล' ละเบิล) *adj.* ซึ่งทำผิดได้หรือถูกหลอกได้ **-fallibly** *adv.* **-fallibility** *n.*

falling-out (ฟอลิงเอาท์') *n., pl.* **fallings-out/falling-outs** การทะเลาะ, ความขัดแย้ง

falling star ดาวตก, อุกกาบาต

falloff (ฟอล' ออฟ) *n.* การลดลง, การแย่ลง

fallout (ฟอล' เอาท์) *n.* ฝุ่นกัมมันตรังสีที่เกิดจากระเบิดนิวเคลียร์, ผลข้างเคียงที่เกิดขึ้น

fallow (แฟล' โล) *adj.* ที่ไถพรวนดินเตรียมเอาไว้, เซื่องซึม, ไม่กระตือรือร้น *-n.* พื้นดินที่ไถพรวนเตรียมเอาไว้ *-vt.* **-lowed, -lowing** ไถพรวนดินเตรียมเอาไว้ **-fallowness** *n.*

★**false** (ฟอลซ์) *adj.* **falser, falsest** ไม่ถูกต้อง, ไม่จริง, ที่โกหก, ไม่ซื่อสัตย์, ที่หลอกลวง, ทรยศ, ปลอม, โง่, (เชื่อ) ผิดๆ, ที่ใช้ชั่วคราว *-adv.* อย่างทุจริต **-play someone false** หลอกลวง, ทรยศ **-put in a false position** ทำให้เข้าใจผิด **-falsely** *adv.* **-falseness** *n.* **-falsehood** *n.* (**-S.** (adj.) artificial, dishonest, incorrect)

falsetto (ฟอลเซท' โท) *n., pl.* **-tos** เสียงร้องสูงของผู้ชาย, ผู้ชายที่ร้องเสียงดังกล่าว *-adj.* เกี่ยวกับระดับเสียงสูง *-adv.* ในระดับเสียงสูง

falsify (ฟอล' ซะไฟ) *v.* **-fied, -fying** *-vt.* พูดโกหก, ปลอมแปลง, พิสูจน์ให้เห็นว่าเป็นของปลอมหรือไม่จริง *-vi.* พูดโกหก **-falsification** *n.* **-falsifier** *n.* (**-S.** counterfeit, disprove)

falsity (ฟอล' ซิที) *n., pl.* **-ties** ความไม่ถูกต้อง

falter (ฟอล' เทอร์) *vi.* **-tered, -tering** กระทำหรือเคลื่อนไหวอย่างขาดความมั่นใจ, พูดตะกุกตะกัก, ทำงานไม่มีประสิทธิภาพ, อ่อนแอ *-n.* การพูดหรือการกระทำที่ขาดความมั่นใจ, เสียงที่ดังไม่สม่ำเสมอ **-falterer** *n.* **-falteringly** *adv.* (**-S.** (v.) hesitate, stumble)

★**fame** (เฟม) *n.* ความมีชื่อเสียง, การเป็นที่รู้จัก, ข่าวลือ *-vt.* **famed, faming** ทำให้มีชื่อเสียง **-famed** *adj.* (**-S.** (n.) renown, reputation)

> **fame** ความมีชื่อเสียง (ในด้านที่ดี) เป็นนามที่นับไม่ได้ เช่น Although Jimmy is very famous, he doesn't care about his fame.

reputation ความมีชื่อเสียง (ในด้านดีหรือไม่ดีก็ได้) มักใช้เป็นนามนับได้ เช่น Dr. Martin has an excellent reputation as a surgeon.

rumor ข่าวลือ (อาจเป็นจริงหรือไม่จริงก็ได้) เช่น There's a rumor that Sandra is pregnant.

★**familiar** (ฟะมิล' เยอร์) *adj.* คุ้นเคย, เคยชิน, เป็นมิตร, ที่ทำตัวไม่เหมาะสมหรือล่วงเกิน, ไม่เป็นทางการ, สบายๆ, เหมือนครอบครัว, เชื่อง *-n.* เพื่อนสนิท, คนที่คุ้นเคย **-familiarity** *n.* **-familiarly** *adv.* (**-S.** (adj.) accustomed, easy)

familiarize (ฟะมิล' ยะไรซ) *vt.* **-ized, -izing** ทำให้เป็นที่รู้จัก, ทำให้คุ้นเคย, ฝึกให้เชื่อง **-familiarization** *n.* (**-S.** accustom to)

★**family** (แฟม' มะลี, แฟม' ลี) *n., pl.* **-lies** ครอบครัว, ลูกหลาน, สมาชิกในครอบครัว, เครือญาติ, วงศ์ตระกูล, พันธุ์, กลุ่มอาชญากรที่มีหัวหน้าร่วมกัน, กลุ่มสิ่งมีชีวิต, การแบ่งประเภทของพืช *-adj.* เกี่ยวกับครอบครัว **-in a family way** (ภาษาพูด) ตั้งครรภ์

family jewels ความลับในเรื่องที่น่าอับอายขององค์กรหรือกลุ่มใดๆ

family man คนที่มีครอบครัว, ผู้ชายที่อุทิศตัวให้ครอบครัว

family name ชื่อสกุล

family planning การวางแผนครอบครัว

family room ห้องนั่งเล่น

family tree แผนภาพที่แสดงความสัมพันธ์ระหว่างคนในครอบครัว, กลุ่มของบรรพบุรุษและลูกหลานเหลนโหลน

famine (แฟม' มิน) *n.* การขาดแคลนอาหาร, ความอดอยาก, ทุพภิกขภัย (**-S.** dearth)

famish (แฟม' มิช) *v.* **-ished, -ishing** *-vt.* ทำให้ทรมานจากความหิว, ทำให้อดอยาก *-vi.* ทรมานเพราะหิว, อดอยาก **-famishment** *n.*

★**famous** (เฟ' เมิซ) *adj.* เป็นที่รู้จัก, มีชื่อเสียง

★**fan**[1] (แฟน) *n.* พัดลม, พัด, อุปกรณ์ที่ใช้เป่าแยกเปลือกและเมล็ด, สิ่งที่คล้ายพัด *-vt., vi.* **fanned, fanning** ทำให้เกิดลมพัด, กระตุ้น, ทำให้อากาศหมุนเวียน, แผ่หรือคลี่ออกมาคล้ายพัด, ทำให้ปลิว, (คำสแลง) ยิงปืนอย่างต่อเนื่อง

★**fan**[2] (แฟน) *n.* (ภาษาพูด) ผู้ที่คลั่งไคล้สิ่งใดสิ่งหนึ่งมาก **-fanatic** *n., adj.* **-fanatical** *adj.* **-fanatically** *adv.* **-fanaticism** *n.* (**-S.** devotee)

fanciful (แฟน' ซิเฟิล) *adj.* เพ้อฝัน, เป็นจินตนาการ, ไม่เป็นความจริง, แปลก **-fancifully** *adv.* **-fancifulness** *n.* (**-S.** imaginary)

fan club กลุ่มคนที่คลั่งไคล้สิ่งเดียวกัน

fancy (แฟน' ซี) *n., pl.* **-cies** ความเพ้อฝัน, จินตนาการ, ความคิดแปลกๆ, ภาพลวงตา, ความฟุ้งซ่าน, ความชอบ, ความคลั่งไคล้ *-adj.* **-cier, -ciest** ที่ตกแต่งมาก, (สีสัน) สะดุดตา, แปลก, แพงมาก, มีความเชี่ยวชาญ, เยี่ยม, เป็นจินตนาการ, มีสายพันธุ์พิเศษ *-vt.* **-cied, -cying** จินตนาการ, นึก, ชอบ **-fancily** *adv.* **-fanciness** *n.* (**-S.** (n.) imagination (adj.) delusive)

fancy dress ชุดแฟนซี มักมีการสวมหน้ากาก

fancy-free (แฟน' ซีฟรี') *adj.* ไม่มีกฎระเบียบ, ไม่มีความกังวล, เป็นอิสระไม่เกี่ยวข้องกับใคร

fancywork (แฟน' ซีเวิร์ค) *n.* งานตกแต่งที่ใช้การเย็บปักถักร้อย

fandango (แฟนแดง' โก) *n., pl.* **-gos** การเต้นรำเพื่อความสนุกสนานของชาวสเปน

fanfare (แฟน' แฟร์) *n.* การเป่าเครื่องดนตรีเพื่อต้อนรับแขกผู้มีเกียรติ, การแสดงที่อึกทึก

fang (แฟง) *n.* เขี้ยวพิษ, เขี้ยวสัตว์

fang

fan tan การเล่นพนันพวกถั่วโป

fantasia (แฟนทะเซีย') *n.* การแต่งดนตรีตามจินตนาการโดยไร้รูปแบบ, ดนตรีดังกล่าว, งานประพันธ์ตามจินตนาการโดยไร้รูปแบบ

fantasize (แฟน' ทะไซซ) *v.* **-sized, -sizing** *-vt.* สร้างจินตนาการ *-vi.* เพ้อฝัน

fantastic, fantastical (แฟนแทส' ติค, -ติเคิล) *adj.* แปลก, เพ้อฝัน, เกินจริง, วิเศษ, ยอดเยี่ยม **-fantastically** *adv.* (**-S.** imaginary)

fantasy (แฟน' ทะซี, -ซี) *n., pl.* **-sies** จินตนาการ, ความเพ้อฝัน, สิ่งที่เกิดจากจินตนาการ, ความแปลกประหลาด, ภาพลวงตา

FAQ ย่อจาก frequently asked questions ข้อมูลที่รวบรวมคำถามและคำตอบในประเด็นต่างๆ ซึ่งมีผู้สนใจสอบถามกันมาก โดยการทำงานผ่านเครือข่ายคอมพิวเตอร์

★**far** (ฟาร์) *adv.* **farther, farthest/further, furthest** ไกล, มีการพัฒนา, ยาวนาน, อย่างมาก *-adj.* **farther, farthest/further, furthest** ไกล, ยาวนาน, กว้างหรือไกลกว่า, ซึ่งมองการณ์ไกล, ที่ต่างกันอย่างชัดเจน *-n.* ที่ที่อยู่ห่างไกล **-as/so far as** เท่าที่, ถึงจุดที่ **-far and**

A B C D E F G H I J K L M N O P Q R S T U V W X Y Z

near/wide ทุกหนทุกแห่ง **-so far, so good** ทุกอย่างก็ยังดำเนินไปได้ด้วยดีจนถึงปัจจุบัน

farad (แฟ' เริด, -แรด) *n.* หน่วยวัดความจุไฟฟ้าในหน่วยเมตร-กิโลกรัม-วินาที

faraway (ฟา' ระเว') *adj.* ไกลมาก, เพ้อฝัน

farce (ฟาร์ซ) *n.* ละครตลก, เรื่องที่น่าขัน

farcical (ฟาร์' ซิเคิล) *adj.* เกี่ยวกับละครหรือการแสดงตลก, ตลก, น่าขัน **-farcically** *adv.* **-farcicality** *n.* (**-S.** amusing, ludicrous)

★**fare** (แฟร์) *vi.* **fared, faring** เดินทาง, ก้าวหน้า, จัดการ, เกิดผล, รับประทาน *-n.* ค่าโดยสาร, ผู้โดยสาร, อาหารและเครื่องดื่ม

farewell (แฟร์เวล') *interj.* ลาก่อน *-n.* คำอำลา, การจากลา *-adj.* ที่ต้องจากลา

far-fetched (ฟาร์' เฟชท์') *adj.* ไม่น่าเชื่อ

★**farm** (ฟาร์ม) *n.* ไร่นา, ฟาร์ม, ที่ดินทำการเกษตร, ระบบการเก็บค่าเช่าหรือภาษี, เงินค่าเช่าหรือภาษี *-v.* **farmed, farming** *-vt.* ทำการเกษตร, จ่ายเงินเพื่อซื้อสิทธิในการเก็บผลประโยชน์ *-vi.* ทำการเกษตร (**-S.** (n.) plantation (v.) cultivate)

★**farmer** (ฟาร์' เมอร์) *n.* เกษตรกร, ผู้ผูกขาด

farmhand (ฟาร์ม' แฮนด์) *n.* คนงานในฟาร์ม

farmhouse (ฟาร์ม' เฮาซ์) *n.* บ้านในไร่นา

farming (ฟาร์ม' มิง) *n.* การทำเกษตรกรรม

farmland (ฟาร์ม' แลนด์) *n.* ที่ทำการเกษตร

farmstay (ฟาร์ม' สเต) *n.* บ้านพักในฟาร์มที่เปิดให้นักท่องเที่ยวพักร่วมกับเจ้าของเพื่อทำกิจกรรมในฟาร์ม

farmstead (ฟาร์ม' สเตด) *n.* ฟาร์มที่มีทั้งที่ดินและสิ่งปลูกสร้าง

farmyard (ฟาร์ม' ยาร์ด) *n.* ลานรอบสิ่งปลูกสร้างภายในฟาร์ม

far-off (ฟาร์' ออฟ') *adj.* ไกล, ยาวนาน

farrago (ฟะรา' โก) *n., pl.* **-goes** การผสม, ของผสม (**-S.** hodgepodge, medley)

farrier (แฟ' เรียร์) *n.* ช่างใส่เกือกม้า

farrow (แฟ' โร) *n.* การคลอดหมู, ลูกหมูครอกหนึ่ง *-vt., vi.* **-rowed, -rowing** คลอดลูกหมู

farseeing (ฟาร์' ซี' อิง) *adj.* ซึ่งมองการณ์ไกล

farsighted, far-sighted (ฟาร์' ไซ' ทิด) *adj.* (คน) สายตายาว, ซึ่งมองการณ์ไกล

fart (ฟาร์ท) *vi.* **farted, farting** (คำสแลง) ผายลม *-n.* (คำสแลง) การผายลม

★**farther** (ฟาร์' เธอร์) *adv.* กริยาวิเศษณ์เปรียบเทียบขั้นกว่าของ far, ไกลยิ่งขึ้น *-adj.* คุณศัพท์เปรียบเทียบขั้นกว่าของ far, ไกลกว่า, ที่เพิ่มขึ้น

farthermost (ฟาร์' เธอร์โมซท์) *adj.* ที่ไกลที่สุด

★**farthest** (ฟาร์' ธิซท์) *adv.* กริยาวิเศษณ์เปรียบเทียบขั้นสูงสุดของ far, ไกลที่สุด *-adj.* คุณศัพท์เปรียบเทียบขั้นสูงสุดของ far, ที่ไกลที่สุด

farthing (ฟาร์' ธิง) *n.* เศษเล็กน้อย, เงินเหรียญมูลค่า ¼ เพนนีของอังกฤษในอดีต

fascia (แฟช' เชีย) *n., pl.* **-ciae**(-ชี)/**-cias** พังผืด, แถบผ้า, แผงหน้าปัดรถยนต์ **-fascial** *adj.*

★**fascinate** (แฟซ' ซะเนท) *v.* **-nated, -nating** *-vt.* ทำให้เกิดความสนใจ, ทำให้ตะลึง, ใช้เสน่ห์ *-vi.* มีเสน่ห์, น่าสนใจ **-fascination** *n.*

fascinating (แฟซ' ซะเนทิง) *adj.* มีเสน่ห์

fascism (แฟช' ชิซเซิม) *n.* ลัทธิแบบชาตินิยมที่มีผู้นำเผด็จการ **-fascist** *n.* **-fascistic** *adj.*

★**fashion** (แฟช' ชัน) *n.* รูปแบบหรือลักษณะของสิ่งของ, รูปแบบการแต่งกาย การพูด การกระทำหรืออื่นๆ ตามสมัยนิยม, วิธีการ, ประเภท, สิ่งที่กำลังได้รับความนิยม, กลุ่มคนที่นำสมัย *-vt.* **-ioned, -ioning** ทำให้มีรูปแบบหรือลักษณะตามที่ต้องการ, ปรับให้เหมาะสม, ฝึกฝน

★**fashionable** (แฟช' ชะนะเบิล) *adj.* ทันสมัย

★**fast**[1] (แฟซท์) *adj.* **faster, fastest** รวดเร็ว, ด่วน, ไว, (มัด) แน่นหนา, (ปิด) มิดชิด, ซื่อสัตย์, (สี) ไม่ซีด, ที่ใช้ชีวิตอย่างประมาท, ไวแสง, (หลับ) สนิท, มั่นคง, ถาวร *-adv.* อย่างแน่น, ในระดับลึก, (หลับ) สนิท, อย่างเร็ว, ก่อนเวลา, อย่างประมาท, ในช่วงเวลาสั้นๆ, ใกล้

fast[2] (แฟซท์) *vi.* **fasted, fasting** งดอาหารช่วงถือศีล, รับประทานน้อยมากหรืองดอาหาร *-n.* การงดอาหารหรือรับประทานเพียงน้อย, ช่วงเวลาที่งดอาหารหรือรับประทานเพียงน้อย

fastback (แฟซท์' แบค) *n.* รถยนต์ที่มีด้านหลังโค้งเอียงลงจนถึงท้ายรถ

★**fasten** (แฟซ' เซิน) *v.* **-tened, -tening** *-vt.* ทำให้ติดแน่น, เชื่อมต่อ, ปิดหรือลงกลอน, ติดกระดุม, เย็บ, ผูก, รูดซิป, มุ่งตรงไปที่, เข้าร่วมโดยไม่ได้รับเชิญ, ทำให้เกี่ยวข้อง *-vi.* ติด, ตรึง, แขวน, จดจ่อ **-fastener** *n.* **-fastening** *n.*

fast food อาหารที่สามารถเตรียมและนำออกเสิร์ฟได้อย่างรวดเร็ว **-fast-food** *adj.*

fast friend เพื่อนแท้, เพื่อนตาย

fastidious (แฟสติด' เดียซ) *adj.* จู้จี้, ชอบติ **-fastidiously** *adv.* **-fastidiousness** *n.*

fastness (แฟซท์' นิซ) *n.* ภาวะที่ปลอดภัยมั่นคง, ความรวดเร็ว, ความคงทน, ที่ที่ปลอดภัย

★**fat** (แฟท) *adj.* **fatter, fattest** อ้วน, เต็มไปด้วยไขมัน, อุดมสมบูรณ์, ให้ผลผลิตดี, ให้ผลประโยชน์, ร่ำรวย, หนา ใหญ่หรือกว้าง, บวม,

A B C D E F G H I J K L M N O P Q R S T U V W X Y Z

โง่ -*n.* ไขมัน, น้ำมันทำอาหาร, เนย, ความอ้วน, ส่วนที่ดีหรืออุดมสมบูรณ์ที่สุด, สิ่งที่ไม่มีความจำเป็นและตัดทิ้งได้ -*vt., vi.* **fatted, fatting** ทำให้อ้วน, อ้วนขึ้น **-the fat is in the fire** ความโชคร้ายที่เกิดขึ้นนั้นไม่สามารถแก้ไขอะไรได้ **-fattish** *adj.* **-fatly** *adv.* **-fatness** *n.*

fatal (เฟท' เทิล) *adj.* ที่ทำให้ตายได้, เป็นอันตราย, ที่ถูกชะตากำหนดไว้ **-fatally** *adv.*

fatalism (เฟท' เทิลลิซเซิม) *n.* ความเชื่อในโชคชะตา, การยอมรับความเชื่อดังกล่าว **-fatalist** *n.* **-fatalistic** *adj.* **-fatalistically** *adv.*

fatality (เฟแทล' ลิที, ฟะ-) *n., pl.* **-ties** การตายจากอุบัติเหตุ ภัยพิบัติหรืออื่นๆ, ผู้ที่ตายด้วยสาเหตุดังกล่าว

★**fate** (เฟท) *n.* พรหมลิขิต, ชะตากรรม, โชคชะตา, ความหายนะ, จุดจบ **-fated** *adj.* (**-S.** destiny)

fateful (เฟท' เฟิล) *adj.* เป็นลาง, ที่ถูกกำหนดไว้แล้ว, ซึ่งสำคัญ, ที่นำไปสู่ความตายหรือความหายนะ **-fatefully** *adv.* **-fatefulness** *n.*

fathead (แฟท' เฮด) *n.* (คำสแลง) คนโง่

★**father** (ฟา' เธอร์) *n.* บิดา, พ่อบุญธรรม, พ่อตา, พืชหรือสัตว์เพศผู้, ผู้ปกครอง, ผู้ให้กำเนิด, ต้นแบบ, ผู้ก่อตั้ง, บรรพบุรุษ, บาทหลวง, ผู้นำ, ผู้ที่ได้รับการเคารพ -*v.* **-thered, -thering** -*vt.* ปกป้องดูแล, ก่อตั้ง, ให้กำเนิด, คิดค้น, รับผิดชอบ, คดโกง, ทำหน้าที่ -*vi.* ทำหน้าที่เป็นพ่อ **-Father** พระผู้เป็นเจ้า, คำเรียกนำหน้าชื่อบาทหลวงในคริสต์ศาสนา **-the Holy Father** สมเด็จสันตะปาปา **-fatherhood** *n.*

Father Christmas ซานตาครอส

father-in-law (ฟา' เธอร์อินลอ) *n., pl.* **fathers-in-law** พ่อตา, พ่อสามี, พ่อเลี้ยง

fatherland (ฟา' เธอร์แลนด์) *n.* แผ่นดินของบรรพบุรุษ, แผ่นดินหรือประเทศบ้านเกิด

fatherless (ฟา' เธอร์ลิซ) *adj.* ไม่มีพ่อ

fatherly (ฟา' เธอร์ลี) *adj.* ซึ่งมีลักษณะของความเป็นพ่อ, ที่แสดงความเป็นพ่อ

fathom (แฟธ' เธิม) *n., pl.* **fathom/fathoms** หน่วยวัดระดับความลึกของน้ำมีค่าหน่วยละ 6 ฟุต -*vt.* **-omed, -oming** วัดระดับความลึก, ทำความเข้าใจอย่างลึกซึ้ง (**-S.** (v.) comprehend, estimate, measure)

fathomless (แฟธ' เธิมลิซ) *adj.* เกินหยั่งถึง

fatigue (ฟะทีก') *n.* ความเหนื่อยล้า, สิ่งที่ทำให้เหนื่อยล้า, การทำงานที่ต้องใช้แรงของทหาร -*v.* **-tigued, -tiguing** -*vt.* ทำให้เกิดความล้า -*vi.* อยู่ในสภาพล้า **-fatigues** ชุดที่ทหารใส่ทำงาน **-fatigable** *adj.* (**-S.** (n.) weariness)

fatling (แฟท' ลิง) *n.* ลูกของสัตว์โดยเฉพาะลูกแพะ แกะหรือหมูที่เลี้ยงไว้เป็นอาหาร

fatten (แฟท' เทิน) *v.* **-tened, -tening** -*vt.* ขุนให้อ้วน, ใส่ปุ๋ยลงดิน, ทำให้มีจำนวนเพิ่มขึ้น -*vi.* อ้วนขึ้น **-fattener** *n.* (**-S.** fertilize, overfeed)

fatty (แฟท' ที) *adj.* **-tier, -tiest** ซึ่งมีไขมัน, เหมือนไขมัน, เป็นไข, อ้วนมาก -*n., pl.* **-ties** คนอ้วน **-fattiness** *n.* (**-S.** (adj.) greasy)

fatty acid กรดไขมัน

fatuity (ฟะทู' อิที) *n., pl.* **-ties** ความโง่

fatuous (แฟช' ชูเอิซ) *adj.* โง่, ที่แสดงความโง่ **-fatuously** *adv.* **-fatuousness** *n.* (**-S.** foolish)

★**faucet** (ฟอ' ซิท) *n.* อุปกรณ์ควบคุมการไหลของของเหลวจากท่อ, หัวฉีด, ก๊อกน้ำ

★**fault** (ฟอลท์) *n.* ความอ่อนแอ, อวัยวะหรือส่วนที่พิการหรือบกพร่อง, ความผิด, การทำผิด, การตำหนิ, รอยแยกของชั้นหินที่ผิวโลก, การเสิร์ฟลูกเทนนิสไม่ผ่านเนต -*v.* **faulted, faulting** -*vt.* หาที่ผิด, ตำหนิ, วิจารณ์, ทำให้เกิดรอยแตก ที่ชั้นหิน -*vi.* ทำความผิด **-find fault (with)** บ่น, วิจารณ์, จับผิด **-to a fault** มากเกินไป **-faulty** *adj.* (**-S.** (n.) error, defect)

faultfinding (ฟอลท์' ไฟน์ดิง) *n.* การจับผิดหรือวิจารณ์ -*adj.* ชอบจับผิด **-faultfinder** *n.*

faultless (ฟอลท์' ลิซ) *adj.* ไม่มีความผิด, ไม่มีข้อบกพร่อง, ไม่มีที่ติ, สมบูรณ์แบบ **-faultlessly** *adv.* **-faultlessness** *n.* (**-S.** blameless, perfect)

faun (ฟอน) *n.* ภูตที่คล้ายคนแต่มีเขา หู หางและเท้าเหมือนแพะ อาศัยตามต้นไม้

fauna (ฟอ' นะ) *n., pl.* **-nas/-nae**(-นี) สัตว์ที่อาศัยอยู่ในบริเวณใดบริเวณหนึ่ง ณ ช่วงเวลาหนึ่ง, รายชื่อเกี่ยวกับสัตว์ดังกล่าว **-faunal** *adj.*

faux pas (โฟพา') *n., pl.* **faux pas**(โฟพาซ') การทำผิดทางสังคม เช่น ผิดประเพณี

★**favor, favour** (เฟ' เวอร์) *n.* ความกรุณา, การช่วยเหลือเอาใจใส่, การสนับสนุน, ความลำเอียง, ของที่ระลึก, ผลประโยชน์, การติดต่อทางจดหมาย, ลักษณะที่ปรากฏ, ใบหน้า, ความมีเสน่ห์ -*vt.* **-vored, -voring/-voured, -vouring** ช่วยเหลือ, สนับสนุน, ทำอย่างนุ่มนวล, ลำเอียง, ดูคล้าย, อำนวยความสะดวก, เอาใจใส่ **-in one's favor** ที่ได้ประโยชน์ **-out of favor** ไม่เป็นที่นิยม (**-S.** (n.) approval, kindness (n., v.) support)

favorable, favourable (เฟ' เวอระเบิล, เฟฟว' ระ-) *adj.* ที่ให้ความช่วยเหลือหรือสนับสนุน, ที่ให้ประโยชน์, ที่ได้รับการยอมรับ,

เป็นที่พอใจ **-favorableness** *n.* **-favorably** *adv.*
favored, favoured (เฟ' เวิร์ด) *adj.* ที่ได้รับการเอาใจใส่เป็นพิเศษ, ที่ได้รับการคัดเลือก
★**favorite, favourite** (เฟ' เวอริท, เฟฟว' ริท) *n.* คนหรือสิ่งที่เป็นที่ชื่นชอบ, ตัวเก็ง *-adj.* เป็นที่ชื่นชอบ, เป็นตัวเก็ง (**-S.** (n.) preference)
favoritism, favouritism (เฟ' เวอริทิซเซิม, เฟฟว' ริ-) *n.* ความลำเอียง, สภาวะที่ได้รับการเอาใจใส่ (**-S.** bias, prejudice)
fawn[1] (ฟอน) *vi.* **fawned, fawning** ประจบด้วยการกระดิกหาง, เลียแข้งเลียขา, ประจบเอาใจคน **-fawner** *n.* **-fawningly** *adv.*
fawn[2] (ฟอน) *n.* สีน้ำตาลอมเหลือง, ลูกกวางอายุไม่ถึงปี *-adj.* มีสีน้ำตาลอมเหลือง
fax (แฟคซ) *n.* การส่งและการทำสำเนาภาพหรือข้อความโดยอุปกรณ์อิเล็กทรอนิกส์ผ่านทางสายโทรศัพท์, สำเนาที่ได้จากวิธีดังกล่าว, เครื่องโทรสารหรืออุปกรณ์ผลิตสำเนา *-adj.* เกี่ยวกับวิธีการส่งและทำสำเนาดังกล่าว *-vt.* **faxed, faxing** ส่งภาพหรือข้อเขียนด้วยวิธีดังกล่าว
FBI, F.B.I. ย่อจาก Federal Bureau of Investigation หน่วยสืบสวนสอบสวนของกรมตำรวจประเทศสหรัฐอเมริกา
★**fear** (เฟียร์) *n.* ความกลัว, ความวิตกกังวล, ความเคารพยำเกรง, สาเหตุที่ทำให้กลัวเกรง *-vt., vi.* **feared, fearing** กลัว, วิตกกังวล, เกรงกลัว **-for fear of** เพื่อหลีกเลี่ยงหรือป้องกัน
fearful (เฟียร์' เฟิล) *adj.* น่ากลัว, ซึ่งรู้สึกกลัว, ซึ่งทำให้เกรงกลัว **-fearfully** *adv.* (**-S.** afraid)
fearless (เฟียร์' ลิซ) *adj.* กล้า **-fearlessly** *adv.* **-fearlessness** *n.* (**-S.** bold, brave)
fearsome (เฟียร์' เซิม) *adj.* น่ากลัว
feasible (ฟี' ซะเบิล) *adj.* ซึ่งทำได้, ซึ่งเป็นไปได้, เหมาะสม **-feasibly** *adv.* (**-S.** likely)
feast (ฟีซท์) *n.* การเลี้ยง, สิ่งที่ทำให้พึงพอใจ, งานเลี้ยง *-v.* **feasted, feasting** *-vt.* จัดงานเลี้ยง *-vi.* พบกับสิ่งที่ทำให้พอใจ, ร่วมงานเลี้ยง **-feaster** *n.* (**-S.** (n.) banquet, carousal)
feat (ฟีท) *n.* การกระทำที่กล้าหาญ, ความสำเร็จ, ความชำนาญพิเศษ (**-S.** achievement, exploit)
★**feather** (เฟธ' เธอร์) *n.* ขนนก, ไรผม, ชนิด, สิ่งไม่สำคัญ, รอยตำหนิรูปขนนกในอัญมณี, ขนนกซึ่งติดอยู่ที่ก้านลูกธนู *-v.* **-ered, -ering** *-vt.* ประดับด้วยขนนก, ติดขนนกไว้ที่ลูกธนู *-vi.* (ขนนก) ขึ้น (**-S.** (n.) down, plumage)
feather bed ฟูกที่ยัดด้วยขนนก
featherbrain (เฟธ' เธอร์เบรน) *n.* คนโง่เขลา
feathered (เฟธ' เธอร์ด) *adj.* ซึ่งประดับหรือปกคลุมด้วยขนนก, ซึ่งเคลื่อนไหวได้เร็ว
featherhead (เฟธ' เธอร์เฮด) *n.* คนโง่
featherweight (เฟธ' เธอร์เวท) *n.* พิกัดน้ำหนักของนักมวยอาชีพในรุ่นนี้ (ประมาณ 118-126 ปอนด์ หรือประมาณ 53.5-57 กก.), สิ่งของหรือคนที่มีรูปร่างเล็ก
feathery (เฟธ' ธะรี) *adj.* ซึ่งปกคลุมหรือประกอบด้วยขนนก, ซึ่งมีลักษณะคล้ายขนนก
★**feature** (ฟี' เชอร์) *n.* หน้าตา, ลักษณะเฉพาะ, หนังจริง (ไม่รวมหนังตัวอย่าง), บทความหรือสารคดีพิเศษในหนังสือพิมพ์, เรื่องที่น่าสนใจเป็นพิเศษ, รูปร่าง, ลักษณะภายนอก *-vt.* **-tured, -turing** ร่างหรือพรรณนาลักษณะ, ทำให้เด่น
Feb. ย่อจาก February เดือนกุมภาพันธ์
febrifuge (เฟบ' บระฟยูจ) *n.* ยาลดไข้
★**February** (เฟบ' บรูเอรี) เดือนกุมภาพันธ์
feces (ฟี' ซีซ) *n. pl.* อุจจาระ, มูล, กาก, ของเสีย **-fecal** *adj.* (**-S.** excrement)
feckless (เฟค' ลิซ) *adj.* อ่อนแอ, ประมาท, ซึ่งใช้ไม่ได้, ซึ่งไม่รับผิดชอบ **-fecklessly** *adv.*
fecund (ฟี' เคินด์) *adj.* อุดมสมบูรณ์
fed (เฟด) *v.* กริยาช่อง 2 และ 3 ของ feed
federal (เฟด' เดอเริล) *adj.* เกี่ยวกับระบบการปกครองที่มีหลายรัฐมารวมกัน, สหรัฐ, สหพันธรัฐ, เกี่ยวกับรัฐบาลกลาง **-federally** *adv.*
federalism (เฟด' เดอระลิซเซิม) *n.* ระบบการปกครองแบบสหรัฐหรือสหพันธรัฐ **-federalist** *n.*
federate (เฟด' ดะเรท) *v.* **-ated, -ating** *-vt.* รวมเข้าเป็นสหรัฐหรือสหพันธรัฐ *-vi.* จัดการปกครองแบบสหรัฐหรือสหพันธรัฐ *-adj.* ซึ่งเป็นสหรัฐหรือสหพันธรัฐ
federation (เฟดดะเร' ชั่น) *n.* การรวมเข้าเป็นสหพันธรัฐหรือสหรัฐ **-federative** *adj.*
fed up เหนื่อยหรือเบื่อ (**-S.** annoyed, bored)
★**fee** (ฟี) *n.* ค่าธรรมเนียม, ค่าบริการ, เงินรางวัล, ค่าเล่าเรียน, มรดก, สิทธิในทรัพย์สินหรือมรดก *-vt.* **feed, feeing** ให้เงินรางวัล, จ้าง, เช่า, ให้ค่าเล่าเรียน, ให้ค่าบริการ (**-S.** (v., n.) pay)
feeble (ฟี' เบิล) *adj.* **-bler, -blest** อ่อนแอ **-feebly** *adv.* (**-S.** delicate **-A.** active)
feeble-minded (ฟี' เบิลไมน' ดิด) *adj.* ซึ่งมีสติปัญญาอ่อน, ซึ่งมีจิตใจอ่อนแอ
★**feed** (ฟีด) *v.* **fed, feeding** *-vt.* ให้อาหาร, ป้อน, จัดเตรียมอาหาร, ป้อนข้อมูล, กระจายข่าว, ทำให้พอใจ, ให้, สนับสนุน *-vi.* กิน, เลี้ยง, สนับสนุน, ไหล *-n.* อาหารสำหรับนกหรือสัตว์

A B C D E F G H I J K L M N O P Q R S T U V W X Y Z

อื่น, ปริมาณอาหารสำหรับหนึ่งมื้อ, การกิน, วัตถุดิบ, การกระจายข่าว (-S. (v.) eat)

feedback (ฟีด' แบค) *n.* ข้อมูลซึ่งเป็นผลสะท้อนกลับมาจากกระบวนการหรือกิจกรรม

feeder (ฟี' เดอร์) *n.* ผู้ป้อนอาหาร, เครื่องป้อนอาหาร, ขวดนมเด็ก, เครื่องป้อนวัตถุดิบ

feedstuff (ฟีด' สตัฟ) *n.* อาหารสัตว์

★**feel** (ฟีล) *v.* **felt, feeling** *-vt.* รู้สึก, เข้าใจ, สัมผัส, คลำ, สำรวจ, มีประสบการณ์, สำนึก, เชื่อ, คิด *-vi.* สัมผัส, รู้สึก, คลำหา, เห็นใจ *-n.* การรับรู้โดยทางสัมผัส, สิ่งที่รู้ได้โดยการสัมผัส, สัญชาตญาณในการรับรู้, บรรยากาศ

feeler (ฟี' เลอร์) *n.* สิ่งที่รู้สึก, ผู้ที่รู้สึก, อวัยวะรับความรู้สึกของสัตว์ (-S. antenna)

★**feeling** (ฟี' ลิง) *n.* การรับรู้โดยทางสัมผัส, ประสาทสัมผัส, ความสำนึกตระหนัก, อารมณ์, ความมีเหตุผล, ความสงสาร, ความคิดเห็น, ความรู้สึกรัก, ความประทับใจ, ความเข้าใจ, สัญชาตญาณ *-adj.* สงสาร, เห็นใจ **-feelings** ความรู้สึก (-S. (n.) impression)

feet (ฟีท) *n.* พหูพจน์ของ foot

feign (เฟน) *v.* **feigned, feigning** *-vt.* เสแสร้ง, เลียนแบบ *-vi.* แสร้ง **-feigned** *adj.*

feint (เฟนท์) *n.* การโจมตีแบบกลลวง *-vi., vt.* **feinted, feinting** โจมตีแบบกลลวง

felicitate (ฟิลิซ' ซิเทท) *vt.* **-tated, -tating** แสดงความยินดีแก่, อวยพร **-felicitation** *n.*

felicitous (ฟิลิซ' ซิเทิซ) *adj.* เหมาะสม, สุข

feline (ฟี' ไลน์) *adj.* เกี่ยวกับสัตว์ในตระกูลแมว

★**fell**[1] (เฟล) *vt.* **felled, felling** ตัด, โค่น, ล้ม, ทำให้ล้ม, ฆ่า, เย็บผ้าแบบล้มตะเข็บ *-n.* ต้นไม้ที่ตัดลงมาในแต่ละฤดู, การเย็บผ้าแบบล้มตะเข็บ

fell[2] (เฟล) *adj.* ดุร้าย, น่ากลัว, ชั่วร้าย, ซึ่งทำลาย, แหลม, คม **-at one fell swoop** ครั้งเดียว, รวดเดียว **-fellness** *n.*

fell[3] (เฟล) *n.* เนินเขาที่ปกคลุมไปด้วยต้นไม้เตี้ยๆ, ภูเขาหัวโล้นหรือภูเขาหิน

fell[4] (เฟล) *v.* กริยาช่อง 2 ของ fall

★**fellow** (เฟล' โล) *n.* ผู้ชายหรือเด็กชาย, (ภาษาพูด) เพื่อนชาย, เพื่อน, คนระดับเดียวกัน, พรรคพวก, คู่กัน, ผู้ร่วมงาน *-adj.* ซึ่งเป็นชนิดหรือกลุ่มเดียวกัน (-S. (n.) colleague)

fellowship (เฟล' โลชิพ) *n.* ความเป็นเพื่อน, การบริจาคเงินเพื่อเป็นทุนการศึกษา, ยศหรือตำแหน่งของคณาจารย์ในวิทยาลัยหรือมหาวิทยาลัย, การคบหา, สมาคม (-S. intimacy)

fellow traveler เพื่อนร่วมเดินทาง

felon[1] (เฟล' เลิน) *n.* อาชญากร *-adj.* โหดร้าย

felon[2] (เฟล' เลิน) *n.* ฝีที่ปลายนิ้ว

felony (เฟล' ละนี) *n., pl.* **-nies** การกระทำที่ผิดกฎหมายอาญาร้ายแรง **-felonious** *adj.*

felt[1] (เฟลท์) *n.* สักหลาดที่ทำโดยเอาขนสัตว์มาอัด *-adj.* ซึ่งทำด้วยผ้าสักหลาดชนิดนี้ *-v.* **felted, felting** *-vt.* หุ้มหรือคลุมด้วยผ้าชนิดนี้ *-vi.* อัดเข้าด้วยกันเป็นแผ่น

felt[2] (เฟลท์) *v.* กริยาช่อง 2 และ 3 ของ feel

★**female** (ฟี' เมล) *adj.* เกี่ยวกับผู้หญิง, เกี่ยวกับสัตว์ตัวเมีย, เกี่ยวกับพืชที่มีเกสรตัวเมีย *-n.* เด็กหญิง, ผู้หญิง, สัตว์ตัวเมีย, พืชที่มีแต่เกสรตัวเมีย **-femaleness** *n.*

femininity (เฟมมะนิน' นิที) *n., pl.* **-ties** ความเป็นผู้หญิง **-feminine** *adj.*

feminism (เฟม' มะนิซเซิม) *n.* ความเชื่อในหลักการที่ว่าผู้หญิงควรจะมีสิทธิและโอกาสเท่าเทียมกับผู้ชาย **-feminist** *n.*

femto- คำอุปสรรค หมายถึง 10^{-15}

femur (ฟี' เมอร์) *n.* กระดูกขาท่อนบน

fen (เฟน) *n.* ที่ลุ่ม, หนอง, บึง, ปลัก (-S. bog)

★**fence** (เฟนซ์) *n.* รั้ว, กำแพง, คอก, เครื่องกั้น, กีฬาฟันดาบ, คนที่รับซื้อหรือขายของโจร, สถานที่รับซื้อและขายของโจร, การป้องกัน *-v.* **fenced, fencing** *-vt.* ล้อมหรือกั้นด้วยรั้ว, ปกป้อง, ขายของที่ขโมยมาได้ให้กับสถานที่รับซื้อหรือขายของโจร *-vi.* ฝึกฝนการฟันดาบ, หลีกเลี่ยงการให้คำตอบตรงๆ, บ่ายเบี่ยง

fencing (เฟน' ซิง) *n.* กีฬาฟันดาบ, ศิลปะในการฟันดาบ, การพูดหลบหลีก, คอก, รั้ว

fencing

fend (เฟนด์) *v.* **fended, fending** *-vt.* กัน, ปกป้อง, ป้องกัน, ดูแล *-vi.* ต่อต้าน, พึ่งตัวเอง

fender (เฟน' เดอร์) *n.* แผ่นบังโคลน, กันชนรถ, ที่กันกระแทกของเรือหรือท่าเทียบเรือ, ตะแกรงหน้ารถจักร, ตะแกรงที่วางไว้หน้าเตาผิง

feng shui ฮวงจุ้ย, การทำนายแบบหนึ่งตามตำราชาวจีน ซึ่งเกี่ยวข้องกับการเลือกตำแหน่งที่ตั้งของบ้านหรือหลุมศพ

ferment (เฟอร์' เมนท์) *n.* เชื้อหมัก, การหมัก, ความรุ่มร้อน, สิ่งที่ทำให้เกิดความปั่นป่วน, การบูด *-v.* **-mented, -menting** *-vt.* หมัก, ดอง, ทำให้ตื่นเต้นหรือรุ่มร้อน *-vi.* เกิดการหมักหรือบูด, เกิดความปั่นป่วน **-fermentation** *n.*

fern (เฟิร์น) *n.* ต้นเฟิน **-ferny** *adj.*

ferocious (ฟะโร' เชิซ) *adj.* โหดร้าย, รุนแรง **-ferocity** *n.* (**-S.** fierce, wild)

ferret (เฟ' ริท) *v.* **-reted, -reting** *-vt.* ไล่ออกจากที่ซ่อน, ค้นหา, รบกวน *-vi.* ค้นหา

ferric (เฟ' ริค) *adj.* ซึ่งประกอบด้วยเหล็ก

Ferris wheel, ferris wheel ชิงช้าสวรรค์

ferroconcrete (เฟโรคอน' ครีท) *n.* คอนกรีตเสริมเหล็ก

ferruginous (ฟะรู' จะเนิซ) *adj.* มีสีสนิมเหล็ก

ferrule (เฟ' เริล) *n.* ปลอกโลหะที่ใส่ไว้ตรงปลายไม้เท้าหรือด้ามร่ม **-ferrule** *v.*

★**ferry** (เฟ' รี) *v.* **-ried, -rying** *-vt.* ขนส่งข้ามฟากโดยใช้เรือข้ามฟาก, ปล่อยจรวดหรือเครื่องบิน, ขนส่งคนหรือสินค้าโดยทางเครื่องบิน *-vi.* ข้ามฟากโดยเรือข้ามฟาก *-n., pl.* **-ries** เรือข้ามฟาก, ท่าเรือข้ามฟาก, การบริการขนส่งทางเครื่องบิน (**-S.** (v.) carry)

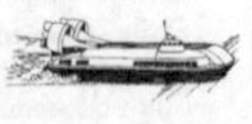

ferry

ferryboat (เฟ' รีโบท) *n.* เรือข้ามฟาก

★**fertile** (เฟอร์' เทิล) *adj.* มีดินดี, อุดมสมบูรณ์, มีความคิดเฟื่อง **-fertilely** *adv.* **-fertility** *n.*

fertilization (เฟอร์เทิลลิเซ' ชัน) *n.* การปฏิสนธิ, การใส่ปุ๋ย, ความอุดมสมบูรณ์

fertilize (เฟอร์' เทิลไลซ์) *v.* **-ized, -izing** *-vt.* ใส่ปุ๋ย, ผสมพันธุ์ *-vi.* ใส่ปุ๋ย

fertilizer (เฟอร์' เทิลไลเซอร์) *n.* ปุ๋ย (**-S.** manure)

ferule (เฟ' เริล) *n.* ไม้เรียวที่ใช้ลงโทษเด็ก

fervency (เฟอร์' เวินซี) *n.* ความกระตือรือร้น

fervent (เฟอร์' เวินท์) *adj.* กระตือรือร้น, คลั่ง, เร่าร้อน **-fervently** *adv.* **-ferventness** *n.*

fervid (เฟอร์' วิด) *adj.* เผ็ดร้อน, กระตือรือร้น

fervor (เฟอร์' เวอร์) *n.* ความร้อนจัด, ความร้อนรน (**-S.** enthusiasm, excitement)

festal (เฟส' เติล) *adj.* เกี่ยวกับการเลี้ยงฉลอง

fester (เฟส' เตอร์) *v.* **-tered, -tering** *-vi.* เป็นหนอง, ปวดร้าว, ระบม, ยอก *-vt.* ติดเชื้อ, เน่าเปื่อย *-n.* หัวหนอง

festinate (เฟส' ตะนิท) *adj.* ซึ่งรีบร้อน

★**festival** (เฟส' ตะเวิล) *n.* วันหยุด, วันเฉลิมฉลอง, งานฉลอง, ความสนุกสนานเฮฮา *-adj.* เกี่ยวกับงานฉลอง (**-S.** (n.) carnival)

festive (เฟส' ติฟว์) *adj.* เกี่ยวกับงานเฉลิมฉลองหรือวันเทศกาล, สนุกสนาน, รื่นเริง **-festively** *adv.* **-festiveness** *n.* **-festivity** *n.*

festoon (เฟสตูน') *n.* พวงระย้าของดอกไม้และใบไม้ที่ร้อยด้วยเชือกหรือด้าย *-vt.* **-tooned, -tooning** ประดับด้วยพวงระย้า (**-S.** (v.) decorate)

★**fetch** (เฟช) *v.* **fetched, fetching** *-vt.* ไปเอามา, ขายได้, สนใจ, ดึงดูด, ถอนใจ, ถึง *-vi.* ไปเอามา, ใช้เส้นทางอ้อม *-n.* การไปเอามา, เขตคลื่นลม, แผนการ **-fetcher** *n.* (**-S,** (v.) bring)

fetching (เฟช' ชิง) *adj.* มีเสน่ห์, ซึ่งดึงดูดใจ

fete, fête (เฟท) *n.* วันหยุด, งานเลี้ยง *-vt.* **feted, feting/fêted, fêting** เลี้ยงฉลอง

fetid, foetid (เฟท' ทิด; ฟี' ทิด, ฟี' ทิด) *adj.* ซึ่งมีกลิ่นเหม็น **-fetidly** *adv.*

fetish, fetich (เฟท' ทิช) *n.* เครื่องราง

fetlock (เฟท' ลอค) *n.* ปุ่มหรือกระดูกส่วนที่ยื่นออกมาจากขาด้านหลังข้อเท้าเหนือกีบเท้าม้าหรือสัตว์ในตระกูลม้า

fetter (เฟท' เทอร์) *n.* โซ่ตรวน, เครื่องพันธนาการ, ข้อจำกัด *-vt.* **-tered, -tering** ใส่โซ่ตรวน

fettle (เฟท' เทิล) *n.* สภาพร่างกายและจิตใจ

fetus, foetus (ฟี' เทิซ) *n., pl.* **-tuses** ทารกในครรภ์ซึ่งมีอายุเกินแปดสัปดาห์, ตัวอ่อน

feud (ฟยูด์) *n.* การเป็นศัตรูกันอย่างยาวนานระหว่างตระกูลหรือเผ่า *-vi.* **feuded, feuding** เป็นศัตรูหรือทะเลาะกันตลอดกาล

feudal (ฟยู' เดิล) *adj.* เกี่ยวกับระบบศักดินา **-feudally** *adv.* **-feudalism** *n.* **-feudalist** *n.*

★**fever** (ฟี' เวอร์) *n.* การเป็นไข้, ความตื่นเต้นอย่างมาก, ความบ้า *-v.* **-vered, -vering** *-vt.* เป็นไข้ *-vi.* กลายเป็นไข้ **-feverish** *adj.*

★**few** (ฟยู) *adj.* **fewer, fewest** ซึ่งประกอบด้วยจำนวนเล็กน้อย, ไม่มาก *-n.* สิ่งเล็กน้อย, จำนวนจำกัดหรือจำนวนเฉพาะ, คนน้อย *-pron.* คนหรือสิ่งของที่มีจำนวนน้อยๆ **-few and far between** ไม่ถี่, หายาก **-fewness** *n.*

fez (เฟซ) *n., pl.* **fezzes** หมวกสักหลาดสีแดงมีพู่ห้อยของชาวมุสลิม

★**fiancé** (ฟีอานเซ') *n.* คู่หมั้นชาย (**-S.** betrothed)

★**fiancée** (ฟีอานเซ') *n.* คู่หมั้นหญิง (**-S.** intended)

fiasco (ฟีแอส' โก) *n., pl.* **-coes/-cos** ความล้มเหลวอย่างสิ้นเชิง (**-S.** disaster, failure)

fiat (ฟี' เอิท) *n.* คำสั่ง, คำพิพากษา

fib (ฟิบ) *n.* คำพูดโกหกเล็กๆ น้อยๆ *-vi.* **fibbed, fibbing** พูดโกหก **-fibber** *n.* (**-S.** (n., v.) lie)

fiber (ไฟ' เบอร์) *n.* เส้นใยพืช, เอ็น, เส้นใยประสาท, เส้นใยกล้ามเนื้อ, ใยสังเคราะห์, เส้นใยธรรมชาติ, ลักษณะหรือโครงสร้างที่สำคัญ, ความอดทน, ความแข็งแกร่ง **-fibered** *adj.*

fiberboard (ไฟ' เบอร์บอร์ด) *n.* แผ่นไม้อัด

fiberglass (ไฟ' เบอร์แกลซ) *n.* ใยแก้ว

fibrous (ไฟ' เบริซ) *adj.* ซึ่งประกอบด้วยเส้นใย, เต็มไปด้วยเอ็นหรือกล้ามเนื้อ, แข็งแรง

fibula (ฟิบ' บยะละ) *n., pl.* **-lae** (-ลี)/ **-las** กระดูกขาหลังท่อนปลายของสัตว์มีกระดูกสันหลังสี่เท้า ในมนุษย์หมายถึงกระดูกน่อง

fickle (ฟิค' เคิล) *adj.* โลเล, ซึ่งเปลี่ยนแปลงได้ **-fickleness** *n.* **-fickly** *adv.* (**-S.** capricious)

★**fiction** (ฟิค' ชัน) *n.* การปลอมหรือการแต่งขึ้น, สิ่งที่จินตนาการหรือสร้างสรรค์ขึ้นมา, การพูดเท็จ, เรื่องที่แต่งขึ้น, นิยาย, เรื่องสั้น, เรื่องโกหก **-fictional** *adj.* **-fictionality** *n.* **-fictionally** *adv.* **-fictionist** *n.* (**-S.** fancy **-A.** fact)

fictitious (ฟิคทิช' เชิซ) *adj.* ซึ่งจินตนาการขึ้นมา, ไม่จริง, ซึ่งแกล้งทำ **-fictitiously** *adv.*

fiddle (ฟิด' เดิล) *n.* ไวโอลิน, เครื่องดนตรีในตระกูลเดียวกับไวโอลิน, กรอบหรือราวเตี้ยๆ ของโต๊ะบนเรือซึ่งทำไว้เพื่อป้องกันสิ่งของเลื่อนไหล, การโกง *-v.* **-dled, -dling** *-vi.* สีไวโอลิน, ยุ่ง, โกง *-vt.* สีไวโอลิน, โกง **-fiddler** *n.*

fiddle-faddle (ฟิด' เดิลแฟดเดิล) *n.* เรื่องเหลวไหล *-vi.* **-dled, -dling** ชักช้า

fiddlesticks (ฟิด' เดิลสติคซ) *interj.* คำอุทานที่ใช้แสดงความรำคาญหรือความเบื่อหน่าย

fidelity (ฟิเดล' ลิที) *n., pl.* **-ties** ความซื่อสัตย์, ความจงรักภักดี, ความถูกต้อง, คุณภาพหรือความชัดเจนของเสียงที่ส่งออกมา (**-S.** accuracy)

fidget (ฟิจ' จิท) *v.* **-eted, -eting** *-vi.* กระวนกระวาย, ยุ่งหรือจู้จี้ *-vt.* ทำให้กระสับกระส่าย *-n.* ความกระสับกระส่าย, ผู้ที่กระสับกระส่าย

fidgety (ฟิจ' จิที) *adj.* กระสับกระส่าย, ซึ่งเข้าไปจู้จี้หรือยุ่ง **-fidgetiness** *n.*

fiduciary (ฟิดู' เชียรี) *adj.* ซึ่งมอบความไว้วางใจ, เกี่ยวกับผู้ดูแลทรัพย์สินหรือมรดก

fief (ฟีฟ) *n.* ที่ดินที่พระมหากษัตริย์หรือขุนนางยกให้แก่บริวารเพื่อเป็นการตอบแทนความดี

★**field** (ฟีลด์) *n.* ทุ่งนา, ทุ่งโล่งกว้าง, ทุ่งหญ้า, ที่ดินสำหรับเพาะปลูก, ทุ่งน้ำแข็ง, เขตหรือพื้นที่ที่มีทรัพยากร, สนามรบ, สมรภูมิ, พื้นธง, พื้นผ้าใบ, พื้นผิวหน้าของเหรียญ, ลาน, สนามแข่งขัน, สนามกีฬา, สาขาวิชาที่ถนัด, ขอบเขต, พื้นที่ที่ออกปฏิบัติงาน, พื้นผิวหน้าของโล่หรือตราประจำตระกูล, จำนวนสมาชิกในทีมที่ลงเล่น (กีฬา) *-adj.* ซึ่งเพาะปลูกในทุ่ง, ซึ่งทำงานในท้องทุ่ง, ซึ่งเจริญเติบโตในท้องทุ่ง *-v.* **fielded, fielding** *-vt.* ได้บอล *-vi.* เล่นเป็นคนรับลูกในกีฬาคริกเกตหรือบาสเกตบอล

field day วันเล่นกีฬาของโรงเรียนหรือมหาวิทยาลัย, วันที่ออกภาคสนามของการเรียนวิชาวิทยาศาสตร์, วันเวลาแห่งความสนุกสนาน

fielder (ฟีล' เดอร์) *n.* ผู้รับลูกในกีฬาเบสบอล

field event กรีฑาประเภทลาน

field glass กล้องส่องทางไกลชนิดสองตา

field hand ผู้ที่ทำงานในฟาร์มกลางแจ้ง

field magnet แม่เหล็กที่ใช้เป็นตัวทำให้เกิดสนามแม่เหล็กในไดนาโมหรือเครื่องกำเนิดไฟฟ้า

field marshal จอมพล

field officer นายทหารชั้นนายพัน

fieldwork (ฟีลด์' เวิร์ค) *n.* การเก็บรวบรวมข้อมูลทางวิทยาศาสตร์ในสถานที่จริง

fiend (ฟีนด์) *n.* ภูตผี, มาร, คนที่ร้ายกาจ

fiendish (ฟีน' ดิช) *adj.* ร้ายกาจ, อำมหิต

★**fierce** (เฟียร์ซ) *adj.* **fiercer, fiercest** ดุร้าย, รุนแรง, ดุเดือด **-fiercely** *adv.* (**-S.** brutal)

fiery (ไฟ' รี) *adj.* **-ier, -iest** ซึ่งลุกเป็นไฟ, ซึ่งใช้ไฟ, ซึ่งติดไฟง่าย, ร้อนมาก, ซึ่งมีสีแดงเพลิง, ซึ่งเป็นไข้ตัวร้อนหน้าตาแดง, ซึ่งเกิดการอักเสบ, ซึ่งโผงผางตึงตัง **-fierily** *adv.*

FIFA ย่อจาก Federation Internationale de Football Association สหพันธ์ฟุตบอลนานาชาติ

fife (ไฟฟ์) *n.* ขลุ่ย **-fifer** *n.*

★**fifteen** (ฟิฟทีน') *n.* สิบห้า **-fifteen** *adj., pron.*

fifteenth (ฟิฟทีนธ์') *n.* อันดับสิบห้า, หนึ่งในสิบห้าส่วนที่เท่ากัน **-fifteenth** *adv., adj.*

fifth (ฟิฟธ์) *n.* อันดับห้า, หนึ่งในห้าส่วน **-fifth** *adv., adj.* **-fifthly** *adv.*

fiftieth (ฟิฟ' ทีอิธ) *n.* อันดับห้าสิบ, หนึ่งในห้าสิบส่วน **-fiftieth** *adv., adj.*

★**fifty** (ฟิฟ' ที) *n., pl.* **-ties** ห้าสิบ **-the fifties** เลขหรือปีที่ 50-59 **-fifty** *adj., pron.*

fifty-fifty (ฟิฟทีฟิฟ' ที) *adj., adv.* ครึ่งต่อครึ่ง

fig (ฟิก) *n.* เสื้อผ้า, เครื่องแต่งตัว, รูปร่าง

★**fight** (ไฟท์) *v.* **fought, fighting** *-vi.* ต่อสู้, ชก, ปลุกปล้ำ, ดิ้นรนเพื่อเอาชนะ, ทะเลาะ *-vt.* ชิงชัย, โต้เถียง, ต่อสู้, ทำสงครามสู้รบ, ชกต่อยหรือปลุกปล้ำกันบนสังเวียน, ต่อสู้ดิ้นรน *-n.* การทะเลาะ, การต่อสู้, การดิ้นรนเพื่อให้บรรลุจุดประสงค์, การแข่งขันชกมวยหรือมวยปล้ำ, การทำสงคราม **-fightability** *n.* **-fightable** *adj.* **-fightingly** *adv.* (**-S.** (v., n.) battle)

fighter (ไฟ' เทอร์) *n.* ทหาร, นักรบ, นักมวย, นักสู้, เครื่องบินต่อสู้อากาศยานที่มีสมรรถนะสูง

fighting chance โอกาสชนะหรือประสบความสำเร็จภายหลังการต่อสู้ดิ้นรน

A B C D E F G H I J K L M N O P Q R S T U V W X Y Z

figment (ฟิก' เมินท์) *n.* สิ่งที่กุหรือแต่งขึ้น
figuration (ฟิกเยอเร' ชัน) *n.* รูปร่าง, เค้าโครง
figurative (ฟิก' กเยอระทิฟว) *adj.* ซึ่งเป็นเครื่องหมายหรือสัญลักษณ์, ซึ่งใช้อุปมาอุปไมย
★**figure** (ฟิก' เยอร์) *n.* ตัวเลข, รูปร่าง, รูปคน, รูป, รูปหล่อ, รูปสลัก, การคาดคะเน, การคำนวณ, บุคคลที่มีชื่อเสียง, สัญลักษณ์, เค้า, แผนผัง, รูปแบบ, ราคาหรือจำนวนเงิน *-v.* **-ured, -uring** *-vt.* คำนวณตัวเลข, ทำให้เห็นภาพ, ประดับตกแต่งด้วยรูปร่างต่างๆ, ทำนาย, นึก, คาดเดา *-vi.* คำนวณ, เกี่ยวข้อง **-figures** การคำนวณทางคณิตศาสตร์ **-figurer** *n.*
figurehead (ฟิก' กเยอร์เฮด) *n.* คนที่มีตำแหน่งเป็นหัวหน้าแต่เพียงในนามไม่ได้มีหน้าที่จริงๆ
figure of speech *n., pl.* **figures of speech** การอุปมาอุปไมย
filament (ฟิล' ละเมินท์) *n.* เส้นด้ายบางๆ, ก้านชูอับเกสรตัวผู้, ลวดเส้นเล็กๆ ในหลอดไฟ
filaria (ฟะแล' เรีย) *n., pl.* **-iae** เชื้อโรคเท้าช้าง
filch (ฟิลช์) *vt.* **filched, filching** ลักเล็กขโมยน้อย, หยิบฉวย **-filcher** *n.* (-S. pilfer, steal)
★**file**[1] (ไฟล์) *n.* ตู้หรือแฟ้มเก็บเอกสาร, ปึกกระดาษหรือเอกสารที่เก็บหรือจัดเรียงอย่างเป็นระบบระเบียบ, แถวตอนของทหารหรือยานพาหนะของกองทัพ *-v.* **filed, filing** *-vt.* เก็บเอกสารหรือกระดาษ, ขึ้นหรือจดทะเบียน, ยื่นเรื่องหรือคำร้อง, ส่งหรือมอบต้นฉบับให้หนังสือพิมพ์ *-vi.* เดินแถว, เก็บเรื่องเข้าแฟ้ม, ยื่นคำร้อง, ส่งชื่อลงสมัครแข่งขันเลือกตั้ง
file[2] (ไฟล์) *n.* ตะไบ, คนขี้โกงหรือเจ้าเล่ห์ *-vt.* **filed, filing** ตะไบ (-S. (v.) polish, rub)
filet (ฟิเล') *n.* ชิ้นเนื้อที่ไม่มีกระดูก, ชิ้นปลาที่ไม่มีก้าง, ตาข่ายหรือลูกไม้ที่เป็นลายพื้นๆ
filial (ฟิล' เลียล) *adj.* เกี่ยวกับลูกชายหรือลูกสาว, เกี่ยวกับรุ่นลูกหลาน **-filially** *adv.*
filibuster (ฟิล' ละบัสเตอร์) *n.* บุคคลผู้ที่พยายามขัดขวางหรือทำให้การลงมติในที่ประชุม (สภา) ล่าช้าโดยใช้วิธีการพูดถ่วงเวลา *-vi., vt.* **-tered, -tering** ใช้กลยุทธ์ในการขัดขวางการออกกฎหมายของรัฐสภา **-filibusterer** *n.*
filiform (ฟิล' ละฟอร์ม) *adj.* ซึ่งคล้ายเส้นด้าย
filigree (ฟิล' ลิกรี) *n.* เครื่องประดับตกแต่งที่มีความละเอียดประณีต ทำจากเส้นทอง เงิน หรือทองแดง, การออกแบบที่มีลวดลายประณีต
filing (ไฟ' ลิง) *n.* ขี้ตะไบ, ผงตะไบ, การใช้ตะไบ
★**fill** (ฟิล) *v.* **filled, filling** *-vt.* บรรจุ, บรรจุให้เต็ม, ถม, อุด (ฟัน), เพิ่ม, จุก, อิ่ม, เติมให้ครบหรือสมบูรณ์, ทำให้พอใจ, กรอก, หมกมุ่น, ครอบครอง (ตำแหน่ง), หุ้ม, ทำให้โป่งพอง (ใบเรือ) *-vi.* เต็ม, โป่งพอง (ใบเรือ) *-n.* สิ่งที่เติมลงในช่องว่างหรือภาชนะ, เขื่อนหรือกำแพง, กรวดหรือวัสดุที่ใช้ทำเขื่อนหรือกำแพง (-S. (n.) content)
filler (ฟิล' เลอร์) *n.* สิ่งที่บรรจุลงไปเพื่อเพิ่มขนาดหรือน้ำหนักหรือทำให้เต็ม
fillet (ฟิล' ลิท) *n.* ริบบิ้นหรือวัสดุอื่นที่คล้ายแบบนี้ซึ่งใช้คาดผม, แถบแคบๆ บางๆ, ลายเส้นบางๆ ที่ใช้ตกแต่งหรือพิมพ์ลงบนปกหนังสือ *-vt.* **-leted, -leting** ผูก มัดหรือตกแต่งด้วยริบบิ้น
filling (ฟิล' ลิง) *n.* การบรรจุ, สิ่งที่ใช้ใส่หรือบรรจุลงในช่องว่าง รู หรือรอยแตก, ไส้ขนม
fillip (ฟิล' เลิพ) *n.* การดีด (ลูกแก้วหรืออื่นๆ) ด้วยนิ้ว, การกระตุ้นเล็กน้อย *-vt.* **-liped, -liping** ดัน ส่ง กระตุ้น หรือดีดด้วยนิ้ว
filly (ฟิล' ลี) *n., pl.* **-lies** ลูกม้าตัวเมีย
★**film** (ฟิลม์) *n.* เยื่อหรือผิวบางๆ, เยื่อบางขุ่นที่ผิดปกติซึ่งปิดอยู่บนกระจกตา, แผ่นพลาสติกบางใสที่ใช้ในการห่อหุ้ม, ฟิล์มภาพยนตร์, ฟิล์มถ่ายรูป, ภาพยนตร์ *-v.* **filmed, filming** *-vt.* เคลือบหรือคลุมด้วยเยื่อบางๆ, ถ่ายหรือฉายภาพยนตร์, ถ่ายรูป *-vi.* เคลือบหรือคลุมด้วยเยื่อบางๆ, ฉายภาพยนตร์ **-filmy** *adj.*
filmdom (ฟิลม์' เดิม) *n.* อุตสาหกรรมภาพยนตร์, คนที่ทำงานในอุตสาหกรรมภาพยนตร์
filter (ฟิล' เทอร์) *n.* กระดาษกรอง, ที่กรอง, สารกรอง **-filterer** *n.* (-S. sieve)
filter bed ชั้นของทรายหรือกรวดที่อยู่ด้านล่างของบ่อหรือที่เก็บกักน้ำซึ่งทำหน้าที่กรองน้ำ
filth (ฟิลธ์) *n.* สิ่งสกปรก, ขยะ, ความสกปรก, สิ่งที่หยาบคายหรือผิดศีลธรรม (-S. impurity)
filthy (ฟิล' ธี) *adj.* **-ier, -iest** สกปรก, เลวทราม, หยาบคาย, ซึ่งทุจริต **-filthily** *adv.*
filtration (ฟิลเทร' ชัน) *n.* การกรอง
fin (ฟิน) *n.* ครีบ, สิ่งที่มีลักษณะคล้ายครีบ เช่น หางของเครื่องบิน, ตีนกบยางที่ใช้ดำน้ำ *-v.* **finned, finning** *-vt.* ใช้ครีบ *-vi.* ว่ายน้ำด้วยครีบ, โผล่ครีบขึ้นมาเหนือน้ำ
★**final** (ไฟ' เนิล) *adj.* สุดท้าย, ในที่สุด, สิ้นสุด, เด็ดขาด, จบ *-n.* สิ่งสุดท้าย, การแข่งขันหรือการสอบครั้งสุดท้าย **-finally** *adv.* (-S. (adj., n.) last, terminal -A. (adj., n.) first)
finale (ฟะแนล' ลี) *n.* ฉากสุดท้ายของละคร, ช่วงสุดท้ายของดนตรี
finalist (ไฟ' นะลิซท์) *n.* ผู้เข้ารอบสุดท้าย
finality (ไฟแนล' ลิที, ฟะ-) *n., pl.* **-ties** วาระ

A B C D E F G H I J K L M N O P Q R S T U V W X Y Z

สุดท้าย, การสรุป, ตอนจบ, สิ่งสุดท้าย

★**finance** (ไฟ' แนนซฺ) *n.* วิชาที่ว่าด้วยการจัดการการเงินและทรัพย์สินอื่นๆ, การจัดการการเงิน การธนาคาร การลงทุนและเครดิต, การให้ทุนหรือทรัพย์สิน-*vt.* **-nanced, -nancing** เตรียมเงินทุน, ให้ทุนแก่ (-S. (n.) money)

finance company บริษัทที่ออกเงินกู้

financial (ฟะแนน' เชิล) *adj.* เกี่ยวกับการเงิน การคลัง กองทุน หรือนักการเงิน

financial year ปีงบประมาณ

financier (ฟินเนินเซียรฺ') *n.* ผู้เชี่ยวชาญการเงิน

★**find** (ไฟน์ดฺ) *v.* **found, finding** *-vt.* พบ, ค้นหา, รู้สึก, แลเห็น, ได้รับ, บรรลุ, ถึง, ตัดสิน, ตระหนัก *-vi.* ตัดสิน, ลงความเห็น *-n.* การค้นหา, สิ่งที่ทำการค้นหา **-findable** *adj.*

finder (ไฟน์' เดอรฺ) *n.* ผู้ค้นหา, สิ่งที่ใช้ค้นหา

finding (ไฟน์' ดิง) *n.* ผลของการตรวจสอบ, สิ่งที่ค้นพบ, ผลของการสืบสวน, คำพิพากษา

★**fine**[1] (ไฟน์) *adj.* **finer, finest** คุณภาพดีกว่า, ชำนาญกว่า, บอบบาง, บริสุทธิ์, คม, ประณีต, ถูกต้อง, แน่นอน, สละสลวย, สะโอดสะอง, แข็งแรง, เลิศ, หรูหรา, (อากาศ) แจ่มใส, งดงาม, ไพเราะ, แหลม, (ความรู้สึก) ไว, ละเอียด *-adv.* (ภาษาพูด) อย่างดีเลิศ อย่างประณีต อย่างงดงาม อย่างละเอียด *-vt., vi.* **fined, fining** ทำให้บริสุทธิ์หรือดีขึ้น **-fineness** *n.*

★**fine**[2] (ไฟน์) *n.* เงินค่าปรับ, เงินค่าสินไหมทดแทน, สุดท้าย *-vt.* **fined, fining** เรียกเก็บเงินค่าปรับ

fine[3] (ไฟน์) *n.* ตอนจบของดนตรี

fine art วิจิตรศิลป์

fine-grained (ไฟน์' เกรนดฺ') *adj.* ซึ่งมีเนื้อละเอียดเรียบ

finery (ไฟ' นะรี) *n., pl.* **-ies** เสื้อผ้าและเครื่องประดับที่หรูหรา

finesse (ฟะเนซ') *n.* ความชำนาญ, เล่ห์, กลยุทธ์ *-v.* **-nessed, -nessing** *-vt.* ได้รับผลสำเร็จด้วยการใช้อุบายหรือกลยุทธ์ *-vi.* ใช้อุบายหรือกลยุทธ์

★**finger** (ฟิง' เกอรฺ) *n.* นิ้วมือ, สิ่งที่คล้ายนิ้วมือ, ความยาวหรือความกว้างเป็นนิ้วมือ, หุ้นส่วน *-v.* **-gered, -gering** *-vt.* แตะต้อง, เล่นเครื่องดนตรีโดยใช้นิ้ว *-vi.* แตะต้องด้วยนิ้วมือ, ใช้นิ้วมือเล่นเครื่องดนตรี **-fingerer** *n.*

fingerboard (ฟิง' เกอรฺบอรฺด) *n.* ชิ้นไม้ขนาดเล็กที่รองอยู่ด้านล่างของเส้นเสียงของเครื่องดนตรีตรงส่วนที่ใช้นิ้วกด

finger bowl ชามอ่างสำหรับใส่น้ำล้างมือ

fingerling (ฟิง' เกอรฺลิง) *n.* ลูกปลา, ปลาเล็ก

fingernail (ฟิง' เกอรฺเนล) *n.* เล็บมือ

finger-paint (ฟิง' เกอรฺเพนทฺ) *vt., vi.* **-painted, -painting** วาดภาพด้วยนิ้วมือ

finger post ป้ายบอกทางที่ทำเป็นรูปมือชี้

fingerprint (ฟิง' เกอรฺพรินทฺ) *n.* ลายพิมพ์นิ้วมือ, เครื่องหมายหรือลักษณะพิเศษเฉพาะ *-vt.* **-printed, -printing** พิมพ์ลายนิ้วมือ

fingertip (ฟิง' เกอรฺทิพ) *n.* ปลายนิ้ว

finical (ฟิน' นิเคิล) *adj.* อย่างจู้จี้, ประณีต

finicky (ฟิน' นิคี) *adj.* **-ier, -iest** ละเอียดลออ

finis (ฟิน' นิซ) *n.* การสรุป, ตอนจบ, สุดท้าย

★**finish** (ฟิน' นิช) *v.* **-ished, -ishing** *-vt.* ถึงที่, สำเร็จ, บรรลุ, เสร็จ, ใช้หมด, ทำลาย, ฆ่า *-vi.* มาถึงที่สุดหรือถึงจุดจบ, สำเร็จ, ยุติ *-n.* ส่วนสุดท้าย, ตอนจบ, การสรุป, สิ่งที่สมบูรณ์แบบ, การเคลือบหรือทาผิวหน้า, ยาขัดเงาหรือยาเคลือบ, ความเป็นมันเงา **-finisher** *n.*

★**finished** (ฟิน' นิชทฺ) *adj.* ซึ่งเป็นมันเงาและประณีตงดงาม, สมบูรณ์, ซึ่งเสร็จสิ้น

finishing school โรงเรียนสำหรับเด็กผู้หญิงซึ่งสอนเกี่ยวกับการเข้าสังคมและการวางตัว

finite (ไฟ' ไนทฺ) *adj.* จำกัด, ซึ่งมีขอบเขต, ซึ่งไม่ถาวร, ซึ่งไม่ใช่ศูนย์ *-n.* สิ่งที่มีขอบเขต

finny (ฟิน' นี) *adj.* **-nier, -niest** ซึ่งมีครีบ

fiord, fjord (ฟยอรฺด, ฟโยรฺด) *n.* อ่าวที่มีลักษณะเล็ก แคบ และลึก

★**fire** (ไฟรฺ) *n.* ไฟ, ความร้อน, ความสุกสว่าง, ไฟไหม้, เชื้อเพลิงเผาไหม้, ความเร่าร้อน, ความกระตือรือร้น, การทรมาน, อาการไข้, การยิงปืน, การปล่อยจรวดหรือยานอวกาศ, การวิพากษ์วิจารณ์ที่รุนแรง *-v.* **fired, firing** *-vt.* ติดไฟ, จุดไฟ, เติมเชื้อเพลิง, เผาไหม้, อบหรือผิงในเตา, กระตุ้นอารมณ์, ทำให้เกิดความกระตือรือร้น, ยิงปืน, ระเบิด, ปล่อยจรวด, พูดไม่หยุด *-vi.* ติดไฟ, ยิงปืน, ระเบิด, ตื่นเต้น, ทำให้โกรธหรือรำคาญ **-fireable** *adj.* **-firer** *n.*

firearm (ไฟรฺ' อารฺม) *n.* อาวุธปืน

fireboat (ไฟรฺ' โบท) *n.* เรือดับเพลิง

firebox (ไฟรฺ' บอคซฺ) *n.* กล่องสัญญาณเตือนไฟ

firebrand (ไฟรฺ' แบรนดฺ) *n.* ท่อนไม้ที่กำลังติดไฟ, บุคคลผู้ก่อให้เกิดปัญหาหรือความไม่สงบ

firebrick (ไฟรฺ' บริค) *n.* อิฐทนไฟ

fire brigade หน่วยดับเพลิง

fire clay, fireclay (ไฟรฺ' เคล) *n.* ดินเหนียวชนิดทนไฟใช้ทำอิฐหรือภาชนะทนไฟ

firecracker (ไฟรฺ' แครคเคอรฺ) *n.* ประทัด

A B C D E F G H I J K L M N O P Q R S T U V W X Y Z

firedamp (ไฟร์ แดมพ์) *n.* ก๊าซที่พบในเหมืองถ่านหิน ประกอบด้วยก๊าซมีเทนในปริมาณมาก
fire-eater (ไฟร์ อีเทอร์) *n.* นักแสดงที่แสดงการกินไฟ, คนที่โกรธง่ายหรืออารมณ์ร้อน
fire engine รถดับเพลิง
fire escape อุปกรณ์หนีไฟ, บันไดหนีไฟ
firefighter, fire fighter (ไฟร์ ไฟเทอร์) *n.* พนักงานดับเพลิง **-firefighting** *adj., n.*
firefly (ไฟร์ ไฟล) *n.* หิ่งห้อย
firehouse (ไฟร์ เฮาซ์) *n.* สถานีดับเพลิง
fireman (ไฟร์ เมิน) *n.* พนักงานดับเพลิง
fireplace (ไฟร์ เพลซ) *n.* เตาไฟ
fireproof (ไฟร์ พรูฟ) *adj.* ทนไฟ *-vt.* **-proofed, -proofing** ทำให้ทนไฟ, ทำให้ป้องกันไฟ
fire side บริเวณข้างๆ เตาผิง, บ้าน
fire station สถานีดับเพลิง
fire tower หอสูงที่เอาไว้ดูจุดที่เกิดไฟไหม้
firetrap (ไฟร์ แทรพ) *n.* ตึกหรืออาคารที่ติดไฟได้ง่ายหรือหนีออกมาได้ยากหากเกิดไฟไหม้
firewall (ไฟร์ วอล) *n.* กำแพงป้องกันไฟ
firewater (ไฟร์ วอเทอร์) *n.* (คำสแลง) เหล้าที่มีความแรงมาก เช่น วิสกี้
firewood (ไฟร์ วูด) *n.* ไม้ที่ใช้เป็นเชื้อเพลิง
firework (ไฟร์ เวิร์ค) *n.* ดอกไม้ไฟ
firing line แนวหน้าของการสู้รบ
firing squad กองทหารที่ได้รับคำสั่งยิงนักโทษประหาร, กองทหารยิงสลุตในพิธีศพทหาร
firkin (เฟอร์ คิน) *n.* ถังไม้ขนาดเล็กใช้บรรจุเนยหรือน้ำมันหมู, หน่วยความจุซึ่งเท่ากับ 34 ลิตร
★**firm**[1] (เฟิร์ม) *adj.* **firmer, firmest** แน่น, แข็ง, คงที่, มั่นคง, หนักแน่น, แน่นอน *-vt., vi.* **firmed, firming** ทำให้มั่นคง *-adv.* **firmer, firmest** อย่างหนักแน่นมั่นคง **-firmly** *adv.*
★**firm**[2] (เฟิร์ม) *n.* ห้างหุ้นส่วน, บริษัท
firmament (เฟอร์ มะเมินท์) *n.* ท้องฟ้า
★**first** (เฟิร์ซท์) *n.* อันดับหนึ่ง, แรก, ก่อน, วันแรกของเดือน, สินค้าที่มีคุณภาพดี, ชั้นหนึ่ง, ต้น, เกียร์หนึ่ง, ตำแหน่งชนะเลิศ, เสียงหรือเครื่องดนตรีที่มีเสียงสูง, บุคคลหรือสิ่งแรก, คนที่สอบไล่ได้ที่หนึ่ง *-adj.* สำคัญที่สุด, ซึ่งเกิดขึ้นก่อน, มีคุณภาพเป็นเยี่ยม, เกี่ยวกับเกียร์หนึ่ง, แรก, เป็นที่หนึ่ง, เป็นเสียงสูง *-adv.* สำคัญที่สุด, ก่อน, เป็นครั้งแรก **-first and foremost** อันดับแรกและสำคัญที่สุด (**-S.** (adj., n.) primary)
first aid การปฐมพยาบาลฉุกเฉินเบื้องต้น
first-born (เฟิร์ซท์ บอร์น) *adj.* ซึ่งเกิดก่อน
first class การโดยสารรถ เรือ หรือเครื่องบินในชั้นที่แพงและสะดวกสบายที่สุด, ชั้นหนึ่ง
first finger นิ้วชี้
first floor ชั้นล่างสุดของตัวตึก (ในอเมริกา), ชั้นที่สองของตึก (ในอังกฤษ)
first fruits, firstfruits (เฟิร์ซท์ ฟรูทซ์) *n. pl.* ผลผลิตครั้งแรกของฤดู, ผลเบื้องต้น
firsthand (เฟิร์ซท์ แฮนด์) *adj., adv.* ซึ่งได้รับมาโดยตรงจากแหล่งดั้งเดิมหรือแหล่งกำเนิด
First Lady, first lady สุภาพสตรีหมายเลขหนึ่ง
firstly (เฟิร์ซท์ ลี) *adv.* เริ่มแรก, ประการแรก
first name ชื่อตัว
first night คืนแรกของการเปิดแสดงละครหรือฉายภาพยนตร์ **-first nighter** *n.*
first offender ผู้ที่กระทำความผิดทางอาญาเป็นครั้งแรก
first-rate (เฟิร์ซท์ เรท) *adj.* ดีเยี่ยม, ชั้นหนึ่ง *-adv.* (ภาษาพูด) ดีมาก (**-S.** (adj.) superb)
First World War สงครามโลกครั้งที่ 1
fiscal (ฟิส เกิล) *adj.* เกี่ยวกับรายได้ ภาษี ค่าใช้จ่าย และหนี้สินของรัฐบาล **-fiscally** *adv.*
fiscal year ปีงบประมาณ
★**fish** (ฟิช) *n., pl.* **fish/fishes** ปลา, เนื้อปลา, สัตว์น้ำพวกแมงกะพรุน ปลาหมึก และกุ้ง *-v.* **fished, fishing** *-vi.* จับปลา, คลำ, ใช้อุบายในการค้นหา *-vt.* จับปลา, ตกปลา
fisherman (ฟิช เชอร์เมิน) *n.* ชาวประมง
fishery (ฟิช ชะรี) *n., pl.* **-ies** สถานที่จับปลา, ธุรกิจค้าปลา, อาชีพประมง
fisheye (ฟิช ไอ) *adj.* เลนส์ตาปลาที่ใช้ในการถ่ายภาพ
fishhook (ฟิช ฮุค) *n.* เบ็ดตกปลา
fishmeal (ฟิช มีล) *n.* ปลาป่นที่ใช้ผสมในอาหารสัตว์เพื่อเพิ่มสารอาหารหรือใช้ทำปุ๋ย
fishmonger (ฟิช มังเกอร์) *n.* คนขายปลา
fishplate (ฟิช เพลท) *n.* เหล็กดาม
fish story (ภาษาพูด) เรื่องโกหกหรือเหลือเชื่อ
fishtail (ฟิช เทล) *adj.* คล้ายหางปลา
fishy (ฟิช ชี) *adj.* **-ier, -iest** คล้ายกลิ่นปลา, ปราศจากความรู้สึก, (ภาษาพูด) น่าสงสัย
fission (ฟิช ชัน) *n.* การแยกออกเป็นส่วนๆ, กระบวนการสืบพันธุ์แบบไม่อาศัยเพศในสัตว์เซลล์เดียว **-fissionable** *adj.*
fission bomb ระเบิดปรมาณู
fissure (ฟิช เชอร์) *n.* รอยแตก, การแยกออก *-vi., vt.* **-sured, -suring** แยกตัว, แตกออก
★**fist** (ฟิซท์) *n.* กำปั้น, หมัด, (ภาษาพูด) การฉวย กำหรือคว้า *-vt.* **fisted, fisting** กำหมัด

fisticuffs (ฟิส' ติคัฟซ์) *n. pl.* การต่อสู้ด้วยหมัดหรือกำปั้น, การชกมวย **-fisticuffer** *n.*

★**fit** (ฟิท) *v.* **fitted/fit, fitted, fitting** *-vt.* ทำให้พอดีกับ, ทำให้เหมาะสมกับ, เห็นด้วยกับ, ปรับ, เตรียม, จัดหา, บรรจุ, ใส่ *-vi.* เข้ากันได้หรือสอดคล้องกับ, เหมาะสม *-adj.* **fitter, fittest** เหมาะสม, สมควร, (สุขภาพ) สมบูรณ์ *-n.* ความเหมาะสม, ความพอดี **-fit like a glove** เหมาะสมอย่างที่สุด **-fitly** *adv.* **-fitter** *n.*

fitful (ฟิท' เฟิล) *adj.* ไม่สม่ำเสมอ, เป็นพักๆ

fitness (ฟิท' นิซ) *n.* สภาพร่างกายที่สมบูรณ์เพราะการออกกำลังและกินอาหารที่เหมาะสม

fitting (ฟิท' ทิง) *adj.* อย่างสมควร, อย่างเหมาะสม *-n.* การลองเสื้อผ้าเพื่อปรับแต่งให้พอดี **-fittingly** *adv.* **-fittingness** *n.*

★**five** (ไฟฟ์ว) *n.* ห้า, เลขห้า **-five** *adj., pron.*

fivefold (ไฟฟ์ว' โฟลดฺ) *adj.* ซึ่งเป็นห้าเท่า

★**fix** (ฟิคซฺ) *v.* **fixed, fixing** *-vt.* ทำให้ติดแน่น, ทำให้คงที่, ป้องกันการเปลี่ยนสีภาพถ่ายโดยการล้างหรือเคลือบด้วยสารเคมี, ติดตรึงอยู่ในใจ, ก่อตั้ง, ระบุ, ทำให้แข็งตัว, จ้อง, ตั้งใจ, จัดการ, กำหนด, ปรับ, ซ่อม, เตรียม, ตอนสัตว์ *-vi.* เพ่งความสนใจ, ทำให้คงที่หรือติดแน่น, เตรียม *-n.* การปรับเปลี่ยนหรือการซ่อมแซม, ความเข้าใจอย่างแจ่มชัด, สถานการณ์อันยุ่งยาก **-fixable** *adj.* **-fixer** *n.* (**-S.** (v.) arrange)

fixation (ฟิคเซ' ชัน) *n.* การทำให้ติดแน่น

fixative (ฟิค' ซะทิฟว์) *n.* สารละลายที่ใช้รักษาหรือทำให้เนื้อเยื่อแข็งตัวเพื่อทำการศึกษา

fixed (ฟิคซฺทฺ) *adj.* ซึ่งติดแน่นไม่เคลื่อนที่, ซึ่งกำหนดไว้, ซึ่งไม่ระเหย **-fixedly** *adv.*

fixings (ฟิค' ซิงซฺ) *n. pl.* เครื่องประกอบ

fixity (ฟิค' ซิที) *n., pl.* **-ties** สภาพที่ติดแน่น, ความคงทนถาวร, ความแน่นอน, สิ่งที่ติดแน่น

fixture (ฟิคซฺ' เชอรฺ) *n.* สิ่งที่ยึดติดอยู่กับที่, กำหนดวันแข่งขันกีฬา

fizz (ฟิซ) *vi.* **fizzed, fizzing** ทำให้เกิดเสียงดังฟู่ (เสียงฟองของเครื่องดื่ม) *-n.* เสียงฟู่, การเป็นฟอง, เครื่องดื่มที่มีฟอง **-fizzy** *adj.*

fizzle (ฟิซ' เซิล) *vi.* **-zled, -zling** ทำให้เกิดเสียงดังฟู่ *-n.* (ภาษาพูด) ความล้มเหลว

fjord (ฟยอรฺด, ฟโยรฺด) *n.* ดู fiord

flabbergast (แฟลบ' เบอรฺแกซทฺ) *vt.* **-gasted, -gasting** ทำให้ประหลาดใจมาก

flabby (แฟลบ' บี) *adj.* **-bier, -biest** ซึ่งไม่แข็งแรง, ปวกเปียก **-flabbily** *adv.*

flaccid (แฟลค' ซิด) *adj.* ไม่กระฉับกระเฉง

★**flag**[1] (แฟลก) *n.* ธง, ธงชาติ, ป้าย, ข้อความที่พาดหัวข่าวในหนังสือพิมพ์, ธงสัญญาณ *-vt.* **flagged, flagging** ประดับด้วยธง, ให้สัญญาณด้วยธง **-flagger** *n.* (**-S.** (n.) ensign)

flag[2] (แฟลก) *vi.* **flagged, flagging** ห้อยลง, หย่อนยาน, เฉื่อยหรือเนือยลง, ลดลง (**-S.** decline, droop, weary)

flag[3] (แฟลก) *n.* แผ่นหินแบนที่ใช้ปูพื้น *-vt.* **flagged, flagging** ปูพื้นด้วยแผ่นหินชนิดนี้

flageolet (แฟลจจะเลท' -เล') *n.* ขลุ่ย, ปี่

flagman (แฟลก' เมิน) *n.* ผู้ที่ให้สัญญาณธง

flagon (แฟลก' เกิน) *n.* ภาชนะใส่ไวน์หรือเหล้ามีหูจับ มีพวยสำหรับเทของเหลว มีฝาปิด

flagrant (เฟล' เกรินทฺ) *adj.* ก้าวร้าว น่ารังเกียจหรือเลวทรามอย่างเห็นได้ชัด, ช่วงโชติ **-flagrance** *n.* **-flagrantly** *adv.* (**-S.** scandalous)

flagship (แฟลก' ชิพ) *n.* เรือที่มีผู้บังคับการกองเรืออยู่, ส่วนที่มีความสำคัญ

flail (เฟลล) *n.* ไม้นวดข้าว *-v.* **flailed, flailing** *-vt.* ตีด้วยไม้นวดข้าว, นวดข้าวด้วยไม้นวดข้าว *-vi.* นวดข้าว, เฆี่ยนหรือฟาดอย่างแรง

flair (แฟลรฺ) *n.* ความสามารถพิเศษ

flak, flack (แฟลค) *n.* สะเก็ดระเบิด

flake (เฟลค) *n.* (ชิน ชั้น) แบนบาง, ชิ้นเล็กๆ, เกล็ดหิมะ *-v.* **flaked, flaking** *-vt.* ปกคลุมไปด้วยเกล็ดหิมะ, ทำให้แตกออกเป็นชิ้นแบนบาง *-vi.* เกิดเป็นชั้นหรือชิ้นแบนบาง **-flaker** *n.*

flak jacket เสื้อกันกระสุน

flaky, flakey (เฟล' คี) *adj.* **-ier, -iest** ซึ่งคล้ายเกล็ดหิมะ, ซึ่งเป็นชิ้นแบนบาง

flambeau (แฟลม' โบ) *n., pl.* **-beaux/-beaus** เชิงเทียนขนาดใหญ่ที่ประดับลวดลาย, คบเพลิง

flamboyant (แฟลมบอย' เอินทฺ) *adj.* ร่าเริง, เต็มไปด้วยสีสัน **-flamboyantly** *adv.*

★**flame** (เฟลม) *n.* เปลวไฟ, สิ่งที่คล้ายเปลวไฟ, ความรู้สึกที่รุนแรง *-v.* **flamed, flaming** *-vi.* ลุกเป็นไฟ *-vt.* ทำให้เกรียมหรือไหม้ด้วยเปลวไฟ, จุดไฟ, ยุยง (**-S.** (v.) burn)

flamethrower (เฟลม' โธรเออรฺ) *n.* อาวุธชนิดหนึ่งซึ่งสามารถพ่นไฟออกไปได้

flamingo (ฟละมิง' โก) *n.* นกฟลามิงโก

flange (แฟลนจฺ) *n.* ริม ขอบ หรือส่วนที่มีลักษณะเป็นปีกยื่นออกมาเพื่อเพิ่มความแข็งแรงให้แก่วัตถุ หรือเพื่อยึดให้อยู่กับที่ **-flange** *v.*

flank (แฟลงคฺ) *n.* ส่วนของร่างกายของคนหรือสัตว์ซึ่งอยู่ระหว่างซี่โครงซี่สุดท้ายและสะโพก, สีข้าง, ปีกขวาหรือซ้ายของกองทหาร

หรือป้อมปราการ *-vt.* **flanked, flanking** ป้องกันปีกขวาหรือซ้าย, โจมตีปีกขวาหรือซ้าย, อยู่ที่ปีกซ้ายปีกขวาหรือด้านข้าง, วางหรือใส่ไว้แต่ละข้าง

flannel (แฟลน' เนิล) *n.* ผ้าทอขนสัตว์ชนิดนุ่ม

flannelette (แฟลนนะเลท') *n.* ผ้าสำลี

flap (แฟลพ) *n.* การโบก, การกระพือปีก, เสียงโบกหรือเสียงกระพือปีก, ชิ้นส่วนแบนๆ บนข้าวของเครื่องใช้ที่สามารถพับปิดลงมาได้ เช่น ปีกโต๊ะ, ฝากระเป๋า (เสื้อผ้า), ฝาปิดซองจดหมาย, ส่วนปลายของปกหนังสือทั้งสองด้านที่ถูกพับเข้ามา (หนังสือที่มีปกอ่อนหุ้มปกด้านในอีกที) *-v.* **flapped, flapping** *-vt.* โบกแขนขึ้นลง, ทำให้เคลื่อนที่หรือแกว่งด้วยการโบกหรือกระพือ, ตีด้วยสิ่งที่มีลักษณะแบนกว้าง *-vi.* กระพือปีก, ตีปีกบิน, โบกแขนขึ้นลง (**-S.** (n.) cover (n., v.) swing)

flapdoodle (แฟลพ' ดูเดิล) *n.* คำพูดเหลวไหล

flapper (แฟลพ' เพอร์) *n.* ตีนกบสำหรับใส่ดำน้ำ, ครีบว่ายน้ำของสัตว์, ไม้ตบแมลงวัน

flare (แฟลร์) *v.* **flared, flaring** *-vi.* ลุกเป็นเปลวไฟสว่าง, เกิดความโกรธขึ้นทันที, ระเบิดอารมณ์ขึ้นอย่างกะทันหัน, แผ่หรือขยายออก *-vt.* ทำให้ลุกเป็นเปลวไฟ, ส่งสัญญาณด้วยแสงที่ลุกช่วงโชติ *-n.* แสงวอบแวบ, อุปกรณ์ที่ทำให้เกิดแสงสว่างเพื่อส่งสัญญาณ, การระเบิดขึ้นของอารมณ์, การค่อยๆ ขยายหรือบานออก

★**flash** (แฟลช) *v.* **flashed, flashing** *-vi.* ส่องแสงวาบ, ปรากฏขึ้นทันที, ลุกเป็นเปลวไฟ, เคลื่อนที่หรือดำเนินไปอย่างเร็ว *-vt.* ทำให้เกิดแสงวาบ, ทำให้ลุกเป็นเปลวไฟ, ทำให้รู้หรือส่งสัญญาณโดยใช้แสงวาบ, ส่องแสงสะท้อน, ติดต่อสื่อสารกันอย่างรวดเร็ว, แสดงอย่างย่อ, โอ้อวด *-n.* แสงวาบ, ความเข้าใจอย่างทันที, การส่งข่าวอย่างสั้น, แสงที่สว่างวาบขึ้นในการถ่ายรูป, คำพูดที่ใช้ในหมู่โจร, ไฟแฟลช *-adj.* ซึ่งเกิดขึ้นอย่างกะทันหัน, เกี่ยวกับภาพถ่ายที่ใช้แสงแฟลช, เกี่ยวกับขโมยหรือโจร (**-S.** (v., n.) blaze)

flashback (แฟลช' แบค) *n.* การฉายภาพยนตร์ย้อนตอนช่วงต้นเพื่อแสดงความคิดของตัวละคร

flashlight (แฟลช' ไลท์) *n.* ไฟฉาย, แสงสว่างแวบจากหลอดไฟแฟลช

flashy (แฟลช' ชี) *adj.* **-ier, -iest** หรูหรา, อย่างโอ้อวด, ฉูดฉาด **-flashily** *adv.* (**-S.** showy)

flask (แฟลชค์) *n.* ขวดขนาดเล็กมีคอแคบและมีฝาปิด, ขวดแบนที่ใช้บรรจุเหล้า

★**flat**[1] (แฟลท) *adj.* **flatter, flattest** แบน, ราบ, เรียบ, เหยียด, แน่นอน, ขาดความสนใจหรือความตื่นเต้น, เป็นแบบเดียวกันหรือเหมือนกัน, เป็นเสียงต่ำ, ไม่มีชีวิตชีวา, ไม่มีรสชาติ, (ยาง) แฟบ, (การค้า) ซบเซา, เป็นเสียงโทนเดียว, รวด, (สี) ด้าน, พอดี, ตรงๆ, ซึ่งหมดฟอง, ซึ่งใช้หมดแล้ว, ไม่ชัดเจน, มีฝ่าเท้าแบนราบ *-adv.* (เสียง) ต่ำ, ถูกต้อง, อย่างไม่มีดอกเบี้ย, ในแนวราบ, แน่นอน *-n.* ม้าที่วิ่งแข่งทางพื้นราบ, ส่วนที่แบนราบ, ยางแบน, รองเท้าไม่มีส้น *-v.* **flatted, flatting** *-vt.* ทำให้แบน, ลดเสียงลงครึ่งหนึ่ง *-vi.* ร้องหรือเล่นให้ต่ำกว่าระดับเสียงจริง **-flatly** *adv.* **-flatness** *n.* (**-S.** (adj.) dull)

★**flat**[2] (แฟลท) *n.* ห้องชุดบนอาคารหรือตึกที่พักอาศัย (**-S.** apartment, rooms)

flatten (แฟลท' เทิน) *v.* **-tened, -tening** *-vt.* ทำให้แบนหรือราบ *-vi.* กลายเป็นเรียบหรือแบน

flatter (แฟลท' เทอร์) *v.* **-tered, -tering** *-vt.* ยอหรือประจบ, ทำให้ดูดีกว่าที่เป็นจริง, ทำให้พึงพอใจ *-vi.* ประจบ, ยอ **-flatterer** *n.*

flattery (แฟลท' ทะรี) *n., pl.* **-ies** การยกยอ

flatulent (แฟลช' ชะเลินท์) *adj.* ซึ่งทำให้เกิดก๊าซในทางเดินอาหารมาก, ขี้โอ่, วางท่า

flaunt (ฟลอนท์) *v.* **flaunted, flaunting** *-vt.* โอ้อวด, ดูถูก *-vi.* เดินโอ้อวด, โบก (ธง)

★**flavor, flavour** (เฟล' เวอร์) *n.* กลิ่นรส, รสชาติ, กลิ่นหอม, สารที่ให้กลิ่นหรือรส, รสนิยม *-vt.* **-vored, -voring** แต่งกลิ่น, ปรุงรส **-flavorer** *n.* (**-S.** (n.) aroma, taste)

flavoring (เฟล' เวอริง) *n.* เครื่องปรุง

flavour (เฟล' เวอร์) *n., v.* ดู flavor

flaw (ฟลอ) *n.* ข้อบกพร่อง, ตำหนิ, มลทิน, ช่องโหว่ *-vt., vi.* **flawed, flawing** ทำให้เกิดหรือกลายเป็นข้อบกพร่อง (**-S.** (n.) defect)

flawless (ฟลอ' ลิซ) *adj.* ไร้ข้อบกพร่อง **-flawlessly** *adv.* **-flawlessness** *n.* (**-S.** perfect)

flax (แฟลคซ์) *n.* ปอ, ป่าน

flaxen (แฟลค' เซิน) *adj.* ซึ่งทำด้วยปอหรือป่าน

flay (เฟล) *vt.* **flayed, flaying** ลอกหนังออก

flea (ฟลี) *n.* หมัด

fleck (เฟลค) *n.* จุดหรือรอยเล็กๆ, สะเก็ดเล็กๆ *-vt.* **flecked, flecking** ทำให้เป็นจุด, แต้ม

fledge (เฟลจ) *v.* **fledged, fledging** *-vt.* เลี้ยงลูกนกจนบินเองได้ *-vi.* (ขน) งอก

fledgling, fledgeling (เฟลจ' ลิง) *n.* ลูกนกที่เพิ่งจะบินได้, คนที่ยังไม่มีประสบการณ์

flee (ฟลี) *v.* **fled, fleeing** *-vi.* หนี, หายไป, ผ่านไปอย่างเร็ว *-vt.* หนีจาก **-fleer** *n.* (**-S.** avoid)

fleece (ฟลีซ) *n.* ขนแกะ, ผ้าขนสัตว์, ผ้าขนแกะ *-vt.* **fleeced, fleecing** ตัด เล็ม กล้อนขนแกะหรือขนสัตว์, โกงเงิน **-fleecer** *n.*

fleet[1] (ฟลีท) *n.* กองเรือรบ, หมู่เรือหาปลา, ขบวนรถ, กองบิน (**-S.** force, naval)

fleet[2] (ฟลีท) *adj.* **fleeter, fleetest** ว่องไว, ซึ่งเคลื่อนที่ไปอย่างเร็ว *-v.* **fleeted, fleeting** *-vi.* เคลื่อนที่หรือผ่านไปอย่างเร็ว, เลือนไป *-vt.* ทำให้เวลาผ่านไปอย่างเร็ว **-fleetly** *adv.*

fleeting (ฟลี' ทิง) *adj.* ซึ่งผ่านไปอย่างรวดเร็ว

★**flesh** (เฟลช) *n.* เนื้อของร่างกายของสัตว์มีกระดูกสันหลังซึ่งประกอบด้วยมัดกล้ามเนื้อและไขมัน, เนื้อ, เนื้อของผักและผลไม้, ความอ้วน, ร่างกาย, มนุษย์, ญาติพี่น้อง, แก่นสาร *-v.* **fleshed, fleshing** *-vt.* ให้รายละเอียด, ทำความสะอาดหนังสัตว์ซึ่งมีเนื้อติดอยู่, เอาเนื้อเลี้ยงสัตว์ล่าเนื้อ (เหยื่อ), แทง (อาวุธ) เข้าไปในเนื้อ, ทำให้เคยชินต่อการสู้รบ *-vi.* มีเนื้อหรืออ้วนขึ้น **-fleshless** *adj.* (**-S.** (n.) body)

flesh and blood ความสัมพันธ์ทางสายเลือด

fleshly (เฟลช' ลี) *adj.* **-lier, -liest** ซึ่งเกี่ยวข้องกับร่างกาย, อ้วนขึ้น **-fleshliness** *n.*

flesh wound แผลที่เนื้อ

fleshy (เฟลช' ชี) *adj.* **-ier, -iest** ซึ่งประกอบด้วยเนื้อ, ซึ่งเกี่ยวข้องกับเนื้อ, อ้วน

flew (ฟลู) *v.* กริยาช่อง 2 ของ fly

flex (เฟลคซ์) *v.* **flexed, flexing** *-vt.* โค้ง, งอ, งอข้อต่อ, แสดงความแข็งแรง *-vi.* งอ *-n.* การโค้ง, การงอ, สายไฟที่งอหรือโค้งได้

flexible (เฟลค' ซะเบิล) *adj.* ซึ่งโค้งหรืองอได้, ยืดหยุ่นได้, เปลี่ยนแปลงได้ **-flexibly** *adv.*

flexitime (เฟลค' ซิไทม์) *n.* ระบบงานที่ให้ลูกจ้างมีความยืดหยุ่นในการเลือกช่วงเวลาทำงาน (เวลาเข้า-ออกงาน) แต่ต้องทำงานให้ครบตามจำนวนชั่วโมงที่ได้ตกลงกันไว้

flexor (เฟลค' เซอร์) *n.* กล้ามเนื้อที่เมื่อหดตัวแล้วจะทำให้ข้อต่อของร่างกายงอเข้า

flexure (เฟลค' เชอร์) *n.* การโค้ง, การงอ, ส่วนที่โค้ง งอ หรือพับได้ **-flexural** *adj.*

flick (ฟลิค) *n.* การตี สะบัด กระตุกหรือสัมผัสอย่างเบาและเร็ว, เสียงที่เกิดจากการกระทำดังกล่าว, การดีด, การกระเดาะ *-v.* **flicked, flicking** *-vt.* เคาะหรือตีเบาๆ, ดีด, กระเดาะ, เคลื่อนไหวอย่างเร็วและเบา *-vi.* สะบัด, กระตุก, กระพือปีก, โฉบ **-flickable** *adj.*

flicker (ฟลิค' เคอร์) *v.* **-ered, -ering** *-vi.* กระพือปีก, โฉบ, ลุกไหม้อย่างริบหรี่ *-vt.* ทำให้สั่น, ทำให้กระพือปีก *-n.* การสั่น, แสงไฟที่วอบแวบ, การกระพือปีก, การสะบัด, การโฉบ

★**flied** (ไฟลด์) *v.* กริยาช่อง 2 และ 3 ของ fly

flier, flyer (ไฟล' เออร์) *n.* สิ่งที่บินได้, นักบิน, ผู้โดยสารบนเครื่องบิน, ขั้นบันได, ใบปลิวโฆษณา

★**flight** (ไฟลท์) *n.* การบิน, ระยะทางในการบิน, การเคลื่อนที่อย่างรวดเร็ว, ตารางการบิน, ฝูงบิน, ขั้นบันได, การเดินทางโดยทางอากาศ, เครื่องบิน, การหลบหนี *-vi.* **flighted, flighting** บินไปเป็นฝูง (**-S.** (n., v.) journey)

flighty (ไฟล' ที) *adj.* **-ier, -iest** ซึ่งเปลี่ยนแปลงได้ง่าย, ขี้ตกใจ **-flightily** *adv.*

flimsy (ฟลิม' ซี) *adj.* **-sier, -siest** ซึ่งแตกหักหรือเสียหายได้ง่าย, บอบบาง, บางเบา, อ่อนแอ, ไม่มีเหตุผล **-flimsily** *adv.* (**-S.** thin **-A.** solid)

flinch (ฟลินช์) *vi.* **flinched, flinching** ผงะ, สะดุ้ง, ถอยหนี, หด *-n.* การสะดุ้งหรือผงะ, การหดหรือถอยหนี **-flincher** *n.* (**-S.** (v.) recoil)

fling (ฟลิง) *v.* **flung, flinging** *-vt.* ขว้าง, ปา, เหวี่ยง, ฟาด, โผ, ถลา, สลัดทิ้ง, ทุ่ม, สะบัด *-vi.* เคลื่อนไหวอย่างเร็ว รุนแรง หรือหุนหันพรวดพราด, โผ, โถม *-n.* การขว้าง ปา เหวี่ยง โผ ทุ่ม ถลา สะบัด ฟาดหรือสลัดทิ้ง (**-S.** (v.) hurl)

flint (ฟลินท์) *n.* หินเหล็กไฟ

flintlock (ฟลินท์' ลอค) *n.* ปืนคาบศิลา

flinty (ฟลิน' ที) *adj.* **-ier, -iest** ซึ่งประกอบด้วยหินเหล็กไฟ, แข็ง, เหี้ยม **-flintily** *adv.*

flip (ฟลิพ) *v.* **flipped, flipping** *-vt.* พลิก (หน้าหนังสือ) อย่างเร็วและเบา, ดีดหรือทอยเหรียญให้ขึ้นไปในอากาศ, สะบัด, กระตุก, โยน *-vi.* พลิกคว่ำ, ตีลังกาในอากาศ, สะบัด (แส้), ดีด (นิ้ว), ทอยเหรียญขึ้นไปในอากาศ *-n.* การโยน, การดีดเหรียญ, การสะบัด, การตีลังกา, การพลิกคว่ำ, การกระตุก *-adj.* **flipper, flippest** ทะลึ่ง, เสือก

flip-flop (ฟลิพ' ฟลอพ) *n.* การตีลังกากลับหลัง, รองเท้าแตะ, เสียงที่เกิดจากการโบก กระพือ สะบัด หรือปัดไปมา

flippant (ฟลิพ' เพินท์) *adj.* ทะลึ่ง, ทะเล้น, ช่างพูด **-flippantly** *adv.* (**-S.** pert **-A.** respectful)

flipper (ฟลิพ' เพอร์) *n.* รยางค์ส่วนที่เป็นแผ่นแบนกว้างของสัตว์ทะเลใช้ว่ายน้ำ, ตีนกบดำน้ำ

flirt (เฟลิร์ท) *v.* **flirted, flirting** *-vi.* จีบ, เกี้ยว, ทำเล่นๆ, กระตุก, สะบัด *-vt.* เคลื่อนที่อย่างเร็ว, โยน, ทิ้ง, สลัด, ดีด, โบก, สะบัด *-n.* ผู้ที่พูดจาเกี้ยว, การกระตุกหรือสะบัด **-flirtation** *n.*

flit (ฟลิท) *vi.* **flitted, flitting** เคลื่อนไหวหรือ

A B C D E F G H I J K L M N O P Q R S T U V W X Y Z

เคลื่อนย้ายอย่างรวดเร็ว, โฉบ, แวบ, ผ่านไปอย่างรวดเร็ว *-n.* การกระพือ (ปีก), การโฉบ, การพุ่ง เผ่น โผหรือกระโดด **-flitter** *n.*

flitch (ฟลิช) *n.* เนื้อเบคอน

★**float** (โฟลท) *v.* **floated, floating** *-vi.* ลอย, ล่องลอย, ปลิวไป, แกว่งหรือขึ้นๆ ลงๆ (อัตราแลกเปลี่ยนเงินตรา) *-vt.* ทำให้ลอย, ปล่อย, (น้ำ) ท่วม, ให้กู้, ปล่อยให้อัตราการแลกเปลี่ยนเงินตราลอยตัว *-n.* สิ่งที่ลอยได้ เช่น ทุ่น แพ ชูชีพ, โป๊ะท่าเรือ, ลูกลอย **-floatable** *adj.*

floatation (โฟลเท' ชัน) *n.* ดู flotation

floater (โฟล' เทอร์) *n.* สิ่งที่ลอยได้

floating (โฟล' ทิง) *adj.* ซึ่งไม่อยู่กับที่

flock (ฟลอค) *n.* กลุ่ม, หมู่, ฝูง, ฝูงชน *-vi.* **flocked, flocking** รวมกลุ่ม, เดินทางเป็นกลุ่ม

floe (โฟล) *n.* แผ่นน้ำแข็งขนาดใหญ่ที่ลอยน้ำอยู่

flog (ฟลอก) *vt.* **flogged, flogging** ตีหรือเฆี่ยนอย่างแรงด้วยไม้หรือแส้ (**-S.** beat)

★**flood** (ฟลัด) *n.* น้ำท่วม, การไหลบ่าของน้ำ, น้ำขึ้น *-v.* **flooded, flooding** *-vt.* ท่วม *-vi.* ท่วม, ไหลบ่า (**-S.** (n.) deluge)

floodgate (ฟลัด' เกท) *n.* ประตูระบายน้ำ

floodlight (ฟลัด' ไลท์) *n.* แสงไฟที่มีลำแสงกว้างและให้ความสว่างจ้า *-vt.* **-lighted/-lit, -lighting** ส่องไฟที่มีลำแสงกว้างและสว่างจ้า

★**floor** (ฟลอร์) *n.* พื้นห้อง, พื้น, ชั้นของตึกหรืออาคาร, ก้นทะเล, พื้นถ้ำ, ชั้นต่ำสุด, ค่าจ้างหรือราคาต่ำสุด *-vt.* **floored, flooring** ปูพื้น, ทำให้ล้มลง, ล้มล้าง, ทำให้งง **-floorer** *n.*

flooring (ฟลอ' ริง) *n.* วัสดุที่ใช้ทำพื้น

floor lamp โคมไฟชนิดตั้งพื้นมีขาสูง

floorshow (ฟลอร์' โช) *n.* ชุดการแสดงเพื่อความบันเทิงในไนต์คลับ

flop (ฟลอพ) *v.* **flopped, flopping** *-vi.* ล้มลงหรือทรุดตัวลงอย่างแรง, เดินโงนเงน, (ภาษาพูด) ล้มเหลว *-vt.* วางลงอย่างแรง *-n.* การล้มลง ทรุดตัวลงหรือวางของลงอย่างแรง, การเดินโงนเงน, เสียงที่เกิดจากการล้มลง ทรุดตัวลง หรือวางของลงอย่างแรง **-flopper** *n.*

flophouse (ฟลอพ' เฮาซฺ) *n.* ที่พักราคาถูก

floppy (ฟลอพ' พี) *adj.* **-pier, -piest** ยาน, เหี่ยว, ไม่ขึงขัง *-n., pl.* **-pies** แผ่นดิสก์

floppy disk แผ่นบันทึกข้อมูล, แผ่นดิสก์

flora (ฟลอ' ระ) *n., pl.* **floras/florae** บรรดาพืชพันธุ์ที่อยู่ในเฉพาะเขตประเทศหรือเวลาหนึ่ง

floral (ฟลอ' เริล) *adj.* เกี่ยวกับดอกไม้

floriculture (ฟลอ' ริคัลเชอร์) *n.* การเพาะปลูกไม้ดอกและไม้ประดับ **-floriculturist** *n.*

florid (ฟลอ' ริด) *adj.* (สี) แดง, ซึ่งปกคลุมไปด้วยดอกไม้, หรูหรามาก **-floridly** *adv.*

florist (ฟลอ' ริซท์) *n.* คนขายดอกไม้หรือพืชประดับตกแต่งอื่นๆ **-floristry** *n.*

floss (ฟลอซ) *n.* ไหมขัดฟัน, ขี้ไหม, เส้นไหม *-vt., vi.* **flossed, flossing** ใช้ไหมขัดฟัน

flossy (ฟลอ' ซี) *adj.* **-ier, -iest** เกี่ยวข้องหรือคล้ายไหมขัดฟัน, หรูหรา, ทันสมัย **-flossily** *adv.*

flotation, floatation (โฟลเท' ชัน) *n.* การลอย, การปล่อย, การเริ่มโครงการ

flotilla (โฟลทิล' ละ) *n.* กองเรือรบขนาดเล็ก

flotsam (ฟลอท' เซิม) *n.* ซากชิ้นส่วนหรือสินค้าที่ลอยขึ้นมาหลังจากเรือแตก, สวะ

flounce (เฟลานซฺ) *n.* แถบผ้าที่จับจีบหรือรูดหรือลูกไม้ที่ใช้เย็บตกแต่งขอบหรือชายผ้า

flounder (เฟลาน' เดอร์) *vi.* **-dered, -dering** ดิ้นรน, พูดหรือทำอย่างตะกุกตะกัก, ตะเกียกตะกาย *-n.* การดิ้นรน, การตะเกียกตะกาย, การพูดตะกุกตะกัก (**-S.** (v., n.) struggle)

★**flour** (เฟลาร์) *n.* แป้ง, ผงละเอียด *-vt.* **floured, flouring** บดให้เป็นแป้ง, โรยแป้ง

flourish (เฟลอ' ริช) *v.* **-ished, -ishing** *-vi.* เติบโต, โอ้อวด, เจริญ, งอกงาม, เฟื่องฟู, รุ่งเรือง, มั่งคั่ง *-vt.* โบก, แกว่ง, ควง, อวด *-n.* การโบก, การแกว่ง, การควง, การประดับตกแต่ง, การแสดงโอ้อวด **-flourisher** *n.* (**-S.** (v.) prosper)

flout (เฟลาท) *v.* **flouted, flouting** *-vt.* ดูถูก, เยาะเย้ย *-vi.* เป็นการเยาะเย้ย, เป็นการดูถูก *-n.* การดูถูก, คำสบประมาท **-flouter** *n.*

★**flow** (โฟล) *v.* **flowed, flowing** *-vi.* ไหล, เทออกมา, (เลือด) หมุนเวียน, เกิดขึ้น, (น้ำ) ขึ้น, มีมาก, อุดม, ท่วม, มีรอบเดือน, ดำเนินไปอย่างราบรื่นและต่อเนื่อง *-vt.* ทำให้ไหล, ปล่อยให้ไหล *-n.* การไหล, กระแส, สาย, การไหลบ่า, การหลั่ง, การท่วม, การหมุนเวียน, น้ำขึ้น, การมีรอบเดือน, การดำเนินไปอย่างราบรื่น

★**flower** (เฟลา' เออร์) *n.* ดอกไม้, การออกดอก, ช่วงเวลาที่รุ่งเรืองหรืองดงามที่สุด, ตัวอย่างที่ดีที่สุด, ตัวแทนที่ดีที่สุด, การเจริญเติบโต *-v.* **-ered, -ering** *-vi.* ออกดอก, เจริญเติบโตเต็มที่ *-vt.* ประดับด้วยดอกไม้ **-flowery** *adj.*

flown[1] (โฟลน) *v.* กริยาช่อง 3 ของ fly

flown[2] (โฟลน) *adj.* ซึ่งมีมากเกิน

flu (ฟลู) *n.* (ภาษาพูด) ไข้หวัดใหญ่

fluctuate (ฟลัค' ชูเอท) *v.* **-ated, -ating** *-vi.* ขึ้นๆ ลงๆ, ผันแปร, แกว่งไปแกว่งมา *-vt.* ทำ

A B C D E F G H I J K L M N O P Q R S T U V W X Y Z

ให้ขึ้นๆ ลงๆ หรือผันแปร **-fluctuant** *adj.*
flue (ฟลู) *n.* ช่อง ท่อ หรือหลอดที่ใช้ระบายอากาศร้อน ไอน้ำ หรือควันจากเตาออกสู่ปล่องไฟ
fluent (ฟลู' เอินท์) *adj.* คล่องแคล่ว, ราบรื่น, ง่าย, สละสลวย **-fluently** *adv.* (-S. easy)
fluff (ฟลัฟ) *n.* สิ่งที่เบา นุ่ม หรือเป็นปุย, ขนอ่อน, สิ่งที่มีความสำคัญน้อย *-v.* **fluffed, fluffing** *-vt.* ทำให้เป็นปุย *-vi.* กลายเป็นปุย **-fluffy** *adj.*
fluid (ฟลู' อิด) *n.* ของเหลว *-adj.* ซึ่งเกี่ยวกับของเหลว, ซึ่งเปลี่ยนรูปร่างได้ง่าย, เรียบลื่น, ซึ่งเปลี่ยนแปลงได้ **-fluidity** *n.* (-S. (adj.) flowing)
fluke[1] (ฟลูค) *n.* เงี่ยงเบ็ด, เงี่ยงของสมอเรือ
fluke[2] (ฟลูค) *n.* ความโชคดีโดยบังเอิญ
flung (ฟลัง) *v.* กริยาช่อง 2 และ 3 ของ fling
flunk (ฟลังค์) *v.* **flunked, flunking** *-vi., vt.* สอบตก *-n.* ความล้มเหลว, การสอบตก
flunky, flunkey (ฟลัง' คี) *n., pl.* **-kies, -keys** ทาสรับใช้, คนประจบ, บริกรผู้ชาย
fluorescence (ฟลุเรซ' เซินซ์) *n.* คุณสมบัติเรืองแสง, การเรืองแสง, รังสีที่ปล่อยออกมา
fluorescent (ฟลุเรซ' เซินท์) *adj.* ซึ่งเกี่ยวข้องกับการเรืองแสง *-n.* หลอดเรืองแสง
fluoride (ฟลุ' ไรด์) *n.* สารประกอบระหว่างฟลูออรีนกับธาตุอื่นอีกหนึ่งตัว
fluorine (ฟลุ' รีน) *n.* ธาตุฟลูออรีน เป็นก๊าซพิษมีฤทธิ์กัดกร่อน มีสัญลักษณ์ F
flurry (เฟลอ' รี) *n., pl.* **-ries** หิมะที่ตกลงมาปรอยๆ, ลมที่พัดมากะทันหันชั่วครู่หนึ่ง, ฝนที่ตกลงมาชั่วครู่หนึ่ง, ความตื่นตกใจ, ความยุ่งวุ่นวายหรือความเกรียวกราวที่เกิดขึ้นอย่างกะทันหัน *-v.* **-ried, -rying** *-vt.* ทำให้ยุ่งวุ่นวาย *-vi.* ตกลงมาชั่วครู่หนึ่งหรือกราวหนึ่ง (-S. (v.) agitate)
flush (ฟลัช) *v.* **flushed, flushing** *-vi.* หน้าแดงขึ้น, คุแดง, ไหลบ่า, ไหลพุ่ง *-vt.* ทำให้หน้าแดง, ทำให้คุแดง, ทำให้ตื่นเต้นหรือปีติยินดี, ทำความสะอาดหรือชำระล้างด้วยน้ำที่ไหลอย่างแรง *-n.* การไหลบ่า, การไหลพุ่ง, การทำความสะอาดหรือชำระล้างด้วยน้ำที่ไหลอย่างแรง, อาการหน้าแดงเพราะพิษไข้หรือเมื่อออกแรง, แดงขึ้น, ความรู้สึกร้อนวูบขึ้นที่หน้าหรือทั่วร่างกาย, ความกระชุ่มกระชวย, ความอิ่มเอิบ *-adj.* **flusher, flushest** มั่งคั่ง, อุดมสมบูรณ์, ล้น, ซึ่งเรียบสม่ำเสมอหรืออยู่ในระดับเดียวกัน, ตรงไปตรงมา, ซึ่งออกแบบให้ทำความสะอาดโดยการใช้น้ำที่ไหลแรง, เปล่งปลั่ง *-adv.* ซึ่งราบเรียบเสมอกันหรือเป็นแนวเดียวกัน, ตรงไปตรงมา **-flusher** *n.* **-flushness** *n.* (-S. (adj.) flat)
fluster (ฟลัส' เตอร์) *vt., vi.* **-tered, -tering** ทำให้ตื่นเต้นสับสน อารมณ์เสียหรือรำคาญ *-n.* ความตื่นเต้น, ความร้อนใจ, ความสับสน
flute (ฟลูท) *n.* ขลุ่ย, แก้วไวน์ทรงสูงแคบ, ลายที่เป็นร่องๆ รอบเสาหินหรือเสาปูน *-v.* **fluted, fluting** *-vt.* เป่าขลุ่ย, ทำลวดลายเป็นร่องบนเสาหินหรือเสาปูน *-vi.* เป่าขลุ่ย, ผิวปากหรือทำเสียงคล้ายเสียงขลุ่ย **-fluter** *n.* **-fluty** *adj.*
fluting (ฟลู' ทิง) *n.* การทำลวดลายเป็นร่องรอบเสาในงานสถาปัตยกรรม, การทำร่อง, ร่องที่เกิดจากการจับจีบหรืออัดพลีท, การเป่าขลุ่ย
flutist (ฟลู' ทิซท์) *n.* คนเป่าขลุ่ย
flutter (ฟลัท' เทอร์) *v.* **-tered, -tering** *-vi.* โบกสะบัด ปัด หรือกระพืออย่างเร็ว, บินด้วยการกระพือปีกอย่างเร็ว, ตีปีก, ใจสั่น, บินวับไป, ผ่านไปโดยเร็ว, อยู่ในภาวะตื่นเต้นหรือสั่น, กระวีกระวาด *-vt.* ทำให้กระวนกระวายใจ, ทำให้ตื่นเต้น, ทำให้โบกสะบัด, ทำให้กระพือปีก, ทำให้ระรัวหรือสั่น *-n.* การสั่นระรัว, ความตื่นเต้นหรือกระวนกระวายใจ, สภาวะที่หัวใจเต้นไม่สม่ำเสมอ, การกระพือปีก, การโบกสะบัด
flux (ฟลัคซ์) *n.* การไหล, อัตราการไหลของน้ำ กระแสน้ำ หรือกระแสไฟฟ้า, สิ่งที่ช่วยประสานโลหะเข้าเป็นเนื้อเดียวกัน, การเคลื่อนไหวหรือการเปลี่ยนแปลงอยู่ตลอดเวลา *-v.* **fluxed, fluxing** *-vt.* ละลาย, หลอม, ใช้สิ่งที่ช่วยประสานหรือช่วยหลอม *-vi.* กลายเป็นของเหลว, ไหล
★**fly** (ไฟล) *v.* **flew, flown, flying** *-vi.* เดินทางโดยเครื่องบิน, บินด้วยปีก, ขับเครื่องบินหรือยานอวกาศ, ล่องลอยอยู่ในอากาศ, ปลิว, หนี, รีบเร่ง, ผ่านไปอย่างรวดเร็ว, หายไป, หมดไป, ระเบิด *-vt.* ทำให้บินหรือลอยอยู่ในอากาศ, ชักธงขึ้นยอดเสา, ขนส่งหรือเดินทางโดยเครื่องบินหรือยานอวกาศ, ขับเครื่องบินหรือยานอวกาศ, หนี, หลบเลี่ยง, กระเด็น, พุ่ง, แพร่ *-n., pl.* **flies** การบิน, การปลิว, การขับ (เครื่องบินยานอวกาศ), แมลงวัน, ผ้าส่วนที่เย็บปิดแนวซิปกางเกงหรือกระดุมด้านหน้า, ผ้าปิดประตูทางเข้าเต็นท์ **-fly at** โจมตี **-fly-by-night** ไว้ใจไม่ได้ **-flyable** *adj.* (-S. (v.) float)
flyaway (ไฟล' อะเว) *adj.* ซึ่งไม่แน่นอนหรือไม่จริงจัง, ซึ่งใส่เสื้อผ้าหลวมๆ ชนิดที่พลิ้วลม
flyer (ไฟล' เออร์) *n.* ดู flier
flying (ไฟล' อิง) *adj.* ซึ่งสามารถบินได้, สั้น, รีบเร่ง, ซึ่งล่องลอย, ซึ่งปลิวไปมา, ว่องไว *-n.* การบินโดยเครื่องบินหรือยานอวกาศ
flyleaf (ไฟล' ลีฟ) *n.* หน้าว่างหรือหน้าที่พิมพ์

A B C D E F G H I J K L M N O P Q R S T U V W X Y Z

พิเศษซึ่งแทรกอยู่ด้านหน้าและหลังของหนังสือ
fly-over (ไฟล' โอเวอร์) *n.* สะพานลอยข้ามถนน
flysheet (ไฟล' ชีท) *n.* ใบปลิว
flyweight (ไฟล' เวท) *n.* นักมวยอาชีพรุ่นที่มีน้ำหนักไม่เกิน 112 ปอนด์ (ประมาณ 51 กิโลกรัม), สิ่งที่มีขนาดเล็ก เบา หรือไม่สำคัญ
foal (โฟล) *n.* ลูกม้าหรือลูกสัตว์อื่นที่คล้ายม้า *-vi.* **foaled, foaling** คลอดลูกม้า
foam (โฟม) *n.* ฟองก๊าซหรืออากาศ, ฟองน้ำลาย, ฟองเหงื่อของม้าหรือสัตว์อื่นที่คล้ายม้า, ทะเล, ฟองน้ำที่ใช้ดูดซับน้ำ, ฟองครีม *-v.* **foamed, foaming** *-vi.* เกิดฟอง *-vt.* ทำให้เกิดฟองหรือกลายเป็นฟอง (**-S.** (n., v.) bubble)
fob[1] (ฟอบ) *n.* กระเป๋าเล็กๆ ที่อยู่ด้านหน้าของขอบเอวกางเกงหรือเสื้อกั๊กผู้ชาย, สายโซ่หรือริบบิ้นสั้นๆ ที่ใช้แขวนนาฬิกาพก, เครื่องประดับหรือเครื่องหมายที่แขวนด้วยสายโซ่หรือริบบิ้น
fob[2] (ฟอบ) *vt.* **fobbed, fobbing** หลอกลวง
focal (โฟ' เคิล) *adj.* เกี่ยวกับจุดโฟกัส
focal length ระยะจากผิวหน้าของเลนส์ หรือกระจกถึงจุดโฟกัส
focus (โฟ' เคิซ) *n., pl.* **-cuses/-ci** (-ไซ, -ไค) จุดโฟกัส, การปรับสายตาหรือเลนส์เพื่อให้ภาพคมชัด, จุดที่รังสีของแสงหรือคลื่นมารวมกันหลังเกิดการสะท้อนหรือหักเห, ศูนย์รวมกิจกรรมหรือความสนใจ, การเพ่งความสนใจ, จุดศูนย์กลางของแผ่นดินไหว, บริเวณจุดกำเนิดของโรค *-v.* **-cused, -cusing/-cussed, -cussing** *-vt.* ทำให้รังสีของแสงเกิดการรวมกันหรือพุ่งตรงไปที่ศูนย์กลาง, ปรับเลนส์ให้ภาพคมชัด, เพ่งความสนใจ *-vi.* เพ่งความสนใจ, ปรับสายตาหรือเลนส์ให้ภาพชัดเจน, รวมกันที่จุดโฟกัส **-in focus** ชัดเจน **-out of focus** มัว **-focuser** *n.*
fodder (ฟอด' เดอร์) *n.* ฟางเลี้ยงสัตว์
foe (โฟ) *n.* ศัตรู, คู่อริ, ฝ่ายตรงข้าม, ผู้ต่อต้าน
foetid (ฟี' ทิด) *adj.* ดู fetid
foetus (ฟี' เทิซ) *n.* ดู fetus
★**fog**[1] (ฟอก) *n.* หมอก, ควันหมอก, ฝ้าไอน้ำบางๆ, กลุ่มละอองไอน้ำเล็กๆ, สภาพจิตใจที่สับสน, สิ่งที่คลุมเครือ *-v.* **fogged, fogging** *-vt.* ปกคลุมด้วยหมอก, ทำให้สับสน, ทำให้คลุมเครือ, ทำให้ภาพถ่ายไม่คมชัดหรือเป็นรอยด่าง *-vi.* ถูกปกคลุมไปด้วยหมอก, มัว **-fogger** *n.*
fog bank กลุ่มหมอกหนาในทะเลที่ตกเป็นแนว
fogbound (ฟอก' เบานด์) *adj.* ซึ่งล้อมรอบหรือปกคลุมไปด้วยหมอก
foggy (ฟอก' กี) *adj.* **-gier, -giest** ซึ่งเต็มไปด้วยหมอก, มัว **-foggily** *adv.*
fogy, fogey (โฟ' กี) *n., pl.* **-gies, -geys** คนหัวสูง, พวกอนุรักษ์นิยมสูง **-fogyish** *adj.*
foible (ฟอย' เบิล) *n.* จุดอ่อน (**-S.** weakness)
foil[1] (ฟอยล์) *vt.* **foiled, foiling** ขัดขวาง, ทำลาย *-n.* การขัดขวาง, การทำลายร่องรอย
foil[2] (ฟอยล์) *n.* แผ่นโลหะบาง, โลหะที่ใช้เคลือบหลังกระจก, แผ่นโลหะมันวาวที่ใช้ใส่ไว้ใต้อัญมณีปลอมเพื่อให้ส่องแสงแวววาว, คนหรือสิ่งของที่เป็นเครื่องส่งเสริมให้ดูดีหรือมีค่ายิ่งขึ้น *-vt.* **foiled, foiling** ปกคลุมด้วยแผ่นฟอยล์
foil[3] (ฟอยล์) *n.* ดาบชนิดหนึ่งมีลักษณะยาว บางตรงปลายดาบมีปุ่มเพื่อป้องกันอันตรายเวลาใช้
foist (ฟอยซ์ท) *vt.* **foisted, foisting** หลอกขาย, ยัดเยียด, ตบตา
★**fold**[1] (โฟลด์) *v.* **folded, folding** *-vt.* พับ, ทบ, ห่อ, ไขว้แขน, คลุกเคล้าเครื่องปรุง, หุบปีก, กอด, ห้อมล้อม, หุ้ม *-vi.* พับ, ห่อ, ทบ, หุ้ม, ล้มพับ *-n.* การพับ, ส่วนที่พับ, รอยพับ, หุบเขาเล็กๆ
fold[2] (โฟลด์) *n.* คอกแกะ, ฝูงแกะ *-vt.* **folded, folding** เอาเข้าคอก, ขังเอาไว้ในคอก
folder (โฟล' เดอร์) *n.* คนหรือเครื่องพับกระดาษ, กระดาษแข็งที่นำมาพับกลางเป็นแฟ้มเพื่อเก็บเอกสาร, แผ่นพับ (**-S.** binder, file)
folding door ประตูบานพับ
foliage (โฟ' ลีอิจ) *n.* ใบไม้ **-foliaged** *adj.*
folio (โฟ' ลีโอ) *n., pl.* **-os** หนังสือขนาดใหญ่ที่สุดคือมีความสูงประมาณ 38 ซม., เลขหน้าหนังสือ *-vt.* **-oed, -oing** ใส่เลขหน้า (หนังสือ)
folk (โฟค) *n., pl.* **folk/folks** ชาวบ้าน, ประชาชน
folklore (โฟค' ลอร์) *n.* ความเชื่อ เรื่องเล่า นิทานและการประพฤติปฏิบัติของชาวบ้านที่สืบทอดต่อกันมาโดยผ่านการบอกเล่า
folksy (โฟค' ซี) *adj.* **-sier, -siest** เป็นกันเอง
★**follow** (ฟอล' โล) *v.* **-lowed, -lowing** *-vt.* ตามหลัง, ติดตาม, ไปตาม (ทาง), เป็นผลมาจาก, ทำตาม, เชื่อฟัง, สังเกต, ให้ความสนใจ, สนับสนุน, เข้าใจ *-vi.* เป็นผลมาจาก, เข้าใจ, ตามมา, เกิดขึ้นทีหลัง *-n.* การติดตาม **-follow up** ติดตามอย่างต่อเนื่อง (**-S.** (v., n.) chase)
follower (ฟอล' โลเออร์) *n.* ผู้ติดตาม, สาวก
following (ฟอล' โลอิง) *adj.* ซึ่งตามมา *-n.* กลุ่มสาวก *-prep.* หลังจาก
folly (ฟอล' ลี) *n., pl.* **-lies** ความโง่, การกระทำที่โง่เขลา, ความร้ายกาจ (**-S.** nonsense)
foment (โฟเมนท์') *vt.* **-mented, -menting**

A B C D E F G H I J K L M N O P Q R S T U V W X Y Z

รักษาด้วยน้ำอุ่นหรือพอกด้วยยาเพื่อบรรเทาความเจ็บปวด, ยุยง, ส่งเสริม **-fomenter** *n.*

★**fond** (ฟอนด์) *adj.* **fonder, fondest** ชอบ, รัก, หลงใหล **-fondly** *adv.* (**-S.** loving **-A.** averse)

fondle (ฟอน' เดิล) *v.* **-dled, -dling** *-vt.* จับต้องหรือกอดด้วยความรัก *-vi.* แสดงความรักด้วยการกอด **-fondler** *n.* (**-S.** caress, cuddle)

fondness (ฟอนด์' นิซ) *n.* ความรัก, ความชอบ

font[1] (ฟอนท์) *n.* อ่างสำหรับใส่น้ำมนต์ในพิธีทางศาสนาคริสต์, ที่ใส่น้ำมันของตะเกียง

font[2] (ฟอนท์) *n.* ชุดตัวพิมพ์

★**food** (ฟูด) *n.* อาหาร, สิ่งที่บำรุงร่างกาย

food poisoning อาการอาหารเป็นพิษ

foodstuff (ฟูด' สตัฟ) *n.* สิ่งที่ใช้เป็นอาหารได้

★**fool** (ฟูล) *n.* คนโง่, ตัวตลก, คนเซ่อ, คนไม่เต็มบาท *-v.* **fooled, fooling** *-vt.* หลอกลวง, ประหลาดใจ *-vi.* (ภาษาพูด) เล่นตลก, เสแสร้ง, ยุ่ง *-adj.* (ภาษาพูด) โง่ (**-S.** (n.) idiot)

foolery (ฟู' ละรี) *n.* การกระทำหรือคำพูดโง่ๆ

foolhardy (ฟูล' ฮาร์ดี) *adj.* **-dier, -diest** มุทะลุ, บ้าบิ่น, สะเพร่า (**-S.** impetuous)

★**foolish** (ฟู' ลิช) *adj.* โง่, น่าหัวเราะ, ซึ่งไร้สาระ, ดื้อดึง, อาย **-foolishly** *adv.* (**-S.** silly)

foolproof (ฟูล' พรูฟ) *adj.* ง่ายมาก (**-S.** safe)

foolscap (ฟูลซ' แกพ) *n.* กระดาษสำหรับเขียนหรือพิมพ์ซึ่งมีขนาดประมาณ 13x16 นิ้ว

★**foot** (ฟุท) *n., pl.* **feet** เท้า, ตีนกระดาษ, ด้านปลายเตียง, ปลายหลุมศพ, ปลายขาเฟอร์นิเจอร์ที่มีรูปทรงคล้ายเท้า, ตีนผีในจักรเย็บผ้า, ส่วนเท้าของถุงน่องหรือรองเท้าท็อปบู๊ต, ฝีเท้า, กองทหารราบ, หน่วยวัดความยาวเท่ากับ 12 นิ้ว, ลำดับสุดท้าย, ส่วนก้นหรือล่างสุด, ฐาน, ฐานะ, หลักฐาน *-v.* **footed, footing** *-vi.* เดินเท้า, เต้นรำ, ออกเรือ *-vt.* เดิน, เต้นรำ, บวกเลขในแนวตั้งแล้วเขียนผลลัพธ์ไว้ด้านล่าง, ชดใช้หรือจ่าย, ซ่อมถุงน่องตรงส่วนที่เป็นเท้า

footage (ฟุท' ทิจ) *n.* ความยาวในหน่วยฟุต

foot-and-mouth disease โรคปากและเท้าเปื่อย

★**football** (ฟุท' บอล) *n.* กีฬาฟุตบอล, กีฬารักบี้, ลูกฟุตบอลหรือลูกรักบี้ **-footballer** *n.*

footboard (ฟุท' บอร์ด) *n.* แผ่นกระดานที่ปิดปลายเตียง

footboy (ฟุท' บอย) *n.* เด็กรับใช้ผู้ชาย

footbridge (ฟุท' บริจ) *n.* สะพานให้คนเดิน

footed (ฟุท' ทิด) *adj.* ซึ่งมีเท้า

footfall (ฟุท' ฟอล) *n.* ดู footstep

footgear (ฟุท' เกียร์) *n.* เครื่องสวมเท้าที่แข็งแรงทนทาน เช่น บู๊ต

foothill (ฟุท' ฮิล) *n.* เนินที่อยู่ตีนเขา

foothold (ฟุท' โฮลด์) *n.* จุดหรือตำแหน่งที่มั่นคงในอาชีพหรือธุรกิจ, จุดที่สามารถยืนหรือวางเท้าได้ในการปีนเขา

footing (ฟุท' ทิง) *n.* จุดที่มั่นคงหรือสามารถยืนหรือวางเท้าได้ในการปีนเขา, การวางเท้าลงอย่างมั่นคงในการเดิน วิ่ง หรือยืน, รากฐาน, จุดหรือตำแหน่งที่มั่นคงในอาชีพหรือธุรกิจ

footlights (ฟุท' ไลท์ซ) *n. pl.* ไฟที่ติดเรียงอยู่ด้านหน้าเวทีในระดับเดียวกับเท้าของนักแสดง

footling (ฟุท' ลิง) *adj.* (ภาษาพูด) ไม่สำคัญ โง่

footloose (ฟุท' ลูซ) *adj.* ซึ่งมีอิสระที่จะไปไหนมาไหนหรือทำอะไรก็ได้

footman (ฟุท' เมิน) *n.* คนรับใช้ที่เป็นชายใส่เครื่องแบบ, ทหารราบ

footnote (ฟุท' โนท) *n.* หมายเหตุข้างท้ายหน้า *-vt.* **-noted, -noting** ใส่หมายเหตุหรือเชิงอรรถ

footpad (ฟุท' แพด) *n.* โจรปล้นคนเดินทาง

footpath (ฟุท' แพธ) *n.* ทางเท้า

foot-pound (ฟุท' เพานด์') *n.* หน่วยงานหรือพลังงานซึ่งมีค่าเท่ากับปริมาณพลังงานที่ใช้ยกมวลหนัก 1 ปอนด์ขึ้นสูงเป็นระยะ 1 ฟุต

footprint (ฟุท' พรินท์) *n.* รอยเท้า

footrace, foot race (ฟุท' เรซ) *n.* การแข่งขันวิ่ง **-footracing** *n.*

footrest (ฟุท' เรซท์) *n.* ที่พักหรือที่วางเท้า

footslog (ฟุท' ซลอก) *vi.* **-slogged, -slogging** เดินเป็นระยะทางยาวไกลและทำให้เหนื่อยมาก

foot soldier ทหารราบ

footsore (ฟุท' ซอร์) *adj.* ซึ่งเจ็บหรือเมื่อยเท้าเนื่องจากเดินมากเกินไป **-footsoreness** *n.*

footstep (ฟุท' สเตพ) *n.* ฝีเท้า, รอยเท้า

footstool (ฟุท' สตูล) *n.* ม้าสำหรับรองเท้า

footwear (ฟุท' แวร์) *n.* รองเท้า

footwork (ฟุท' เวิร์ค) *n.* จังหวะเท้าในการเต้นรำ, การเต้นฟุตเวิร์คในกีฬาชกมวย

fop (ฟอพ) *n.* ผู้ชายเจ้าชู้และสำรวย

foppery (ฟอพ' พะรี) *n., pl.* **-ies** ความโง่

foppish (ฟอพ' พิช) *adj.* ขี้โอ่และช่างแต่งตัว

★**for** (ฟอร์) *prep.* เพื่อ, สำหรับ, เหมาะกับ, ด้วย, แทนที่, ถึง, เป็นจำนวน, เป็นตัวแทนของ, เกี่ยวกับ, เป็นของ, เป็นระยะเวลา, แม้จะมี, แต่กระนั้น *-conj.* เนื่องจาก, เพราะ

forage (ฟอ' ริจ) *n.* อาหารสัตว์, การหาอาหาร *-v.* **-aged, -aging** *-vi.* หาอาหาร *-vt.* สะสม

อาหาร **-forager** *n.* (**-S.** (n.) feed, fodder)

foray (ฟอ' เร) *n.* การจู่โจม *-v.* **-ayed, -aying** *-vi.* จู่โจม, รุกล้ำ, ปล้น *-vt.* ปล้น

forbear (ฟอร์แบร์') *v.* **-bore, -borne, -bor-ing** *-vt.* กลั้น, ละเว้น *-vi.* ระงับ

★**forbid** (ฟอร์บิด') *vt.* **-bade/-bad, -bidden/-bid, -bidding** ห้าม, ขัดขวาง (**-S.** ban)

forbidding (ฟอร์บิด' ดิง) *adj.* ไม่ลงรอยกัน หรือไม่เห็นด้วย, ซึ่งมีการคุกคาม, เป็นอันตราย

★**force** (ฟอร์ซ) *n.* กำลัง, พลังงาน, แรง, อำนาจ, อานุภาพ, การบังคับ, ความแข็งขัน, อิทธิพล, พลังจิต, กำลังทหาร, ผลบังคับทางกฎหมาย, กองทัพ *-vt.* **forced, forcing** บังคับ, เร่ง, ดัน, ผลักดัน, ข่มขืน, ฝืน, ยัดเยียด, ใช้กำลัง

forced (ฟอร์ซท์) *adj.* ฝืนใจ (**-S.** artificial)

forceful (ฟอร์ซ' เฟิล) ซึ่งเต็มไปด้วยกำลัง ความแข็งขัน แรง หรือพลัง

force majeure เหตุการณ์ที่คาดไม่ถึง

forceps (ฟอร์' เซิพซ์) *n., pl.* **forceps** คีมคีบ

forcible (ฟอร์' ซะเบิล) *adj.* ซึ่งมีกำลัง, เกี่ยวกับการใช้กำลัง **-forcibly** *adv.* (**-S.** active)

ford (ฟอร์ด) *n.* บริเวณน้ำตื้นที่ข้ามได้ *-vt.* **forded, fording** ข้ามตรงบริเวณที่น้ำตื้นๆ

fordo, foredo (ฟอร์ดู') *vt.* **-did, -done, -doing** หมดแรงอย่างที่สุด, ทำลาย

fore (ฟอร์, โฟร์) *adj.* ข้างหน้า, ก่อน, แรก *-n.* ส่วนหัว, ส่วนหน้า *-adv.* ข้างหน้า *-prep.* ก่อน

fore- คำอุปสรรค หมายถึง ก่อน, ข้างหน้า

fore and aft จากหัวถึงท้ายเรือ, ตลอดลำเรือ

forearm (ฟอร์อาร์ม') *vt.* **-armed, -arming** ติดอาวุธหรือเตรียมการต่อสู้ล่วงหน้า

forebear, forbear (ฟอร์' แบร์) *n.* บรรพบุรุษ (**-S.** ancestor, forerunner)

forebode (ฟอร์โบด') *v.* **-boded, -boding** *-vt.* เป็นลาง *-vi.* ทำนาย **-foreboder** *n.*

★**forecast** (ฟอร์' แคซท์) *v.* **-cast/-casted, -casting** *-vt.* พยากรณ์ *-vi.* ทำนาย, คาดคะเน *-n.* การทำนาย, คำทำนาย (**-S.** (v.) estimate)

forecastle (ฟอร์' แคซเซิล) *n.* ส่วนของหัวเรือ

foreclose (ฟอร์โคลซ') *v.* **-closed, -closing** *-vt.* ขวาง, ป้องกัน, ยึดทรัพย์สินที่นำไปจำนอง ไว้ *-vi.* กีดกันสิทธิในการไถ่ถอนจำนอง

forecourt (ฟอร์' คอร์ท) *n.* ลานหน้าบ้าน

forefather (ฟอร์' ฟาเธอร์) *n.* บรรพบุรุษ

forefinger (ฟอร์' ฟิงเกอร์) *n.* นิ้วชี้

forefoot (ฟอร์' ฟุท) *n.* ขาหน้าของสัตว์

forefront (ฟอร์' ฟรันท์) *n.* ส่วนหน้าสุด

forego (ฟอร์โก') *vt.* **-went, -gone, -going** มาก่อน, นำหน้า **-foregoer** *n.*

foregoing (ฟอร์โก' อิง) *adj.* ซึ่งกล่าว เขียน หรือพบมาก่อน (**-S.** above, former)

foreground (ฟอร์' เกรานด์) *n.* ส่วนของทัศนียภาพหรือภาพที่อยู่ใกล้ผู้ดูมากที่สุด

forehand (ฟอร์' แฮนด์) *adj.* เกี่ยวกับหน้ามือ (ตีลูกเทนนิส), ซึ่งเกิดขึ้นหรือมีมาก่อน *-n.* การตีลูกหน้ามือ *-adv.* ซึ่งตีด้วยหน้ามือ

★**forehead** (ฟอร์' เฮด) *n.* หน้าผาก

★**foreign** (ฟอ' ริน) *adj.* ต่างประเทศ, ภายนอก, แปลก, ซึ่งไม่คุ้นเคย (**-S.** alien **-A.** domestic)

foreign affairs การต่างประเทศ

★**foreigner** (ฟอ' ระเนอร์) *n.* ชาวต่างชาติ

foreknowledge (ฟอร์นอล' ลิจ) *n.* การรู้ล่วงหน้า

foreland (ฟอร์' เลินด์) *n.* แหลม

foreleg (ฟอร์' เลก) *n.* ขาหน้าของสัตว์สี่เท้า

forelock (ฟอร์' ลอค) *n.* ผมหน้าม้า

foreman (ฟอร์' เมิน) *n.* หัวหน้าคนงาน

foremast (ฟอร์' แมซท์) *n.* เสากระโดงหน้าเรือ

foremost (ฟอร์' โมซท์) *adj.* แรกสุด, สำคัญสุด *-adv.* สำคัญที่สุด, หน้าสุด (**-S.** (adj.) first)

forenoon (ฟอร์' นูน) *n.* เวลาเช้าถึงเที่ยง

forensic (ฟะเรน' ซิค) *adj.* ซึ่งใช้ในศาล

forensic medicine นิติเวชศาสตร์

foreordain (ฟอร์ออร์เดน') *vt.* **-dained, -daining** กำหนดไว้ก่อนแล้ว, ลิขิตไว้แล้ว

forerunner (ฟอ' รันเนอร์) *n.* บรรพบุรุษ, ผู้มาก่อน, คนก่อน, ผู้นำมา, สัญญาณเตือน

foresee (ฟอร์ซี') *vt.* **-saw, -seen, -seeing** เห็นหรือรู้ล่วงหน้า **-foreseer** *n.* (**-S.** anticipate)

foreshadow (ฟอร์แชด' โด) *vt.* **-owed, -owing** เป็นลาง (**-S.** predict, signal)

foresheet (ฟอร์' ชีท) *n.* เชือกที่ใช้ปรับหรือตั้งใบเรือส่วนหน้า

foreshore (ฟอร์' ชอร์) *n.* ส่วนของชายฝั่งที่อยู่ใกล้กับริมน้ำมากที่สุด

foreshorten (ฟอร์ชอร์' เทิน) *vt.* **-ened, -ening** ย่อระยะ, ย่อส่วน

foresight (ฟอร์' ไซท์) *n.* การมองเห็นเหตุการณ์ล่วงหน้า, ความรอบคอบ **-foresighted** *adj.*

foreskin (ฟอร์' สกิน) *n.* หนังหุ้มปลายลึงค์

★**forest** (ฟอ' ริซท์) *n.* ป่า, ดงไม้ทึบ *-vt.* **-ested, -esting** ปลูกต้นไม้ **-forestal, forestial** *adj.*

forestall (ฟอร์สตอล') *vt.* **-stalled, -stalling** ลงมือทำการก่อน, ขัดขวางหรือป้องกัน

forestay (ฟอร์' สเต) *n.* เชือกที่ระโยงจากเสากระโดงหน้าของเรือไปยังหัวเรือ
forester (ฟอ' ริสเตอร์) *n.* คนหรือสัตว์ที่อาศัยอยู่ในป่า, เจ้าหน้าที่ป่าไม้
forestry (ฟอ' ริสตรี) *n.* การป่าไม้
foretaste (ฟอร์' เทซท์) *n.* การเตือนล่วงหน้า *-vt.* **-tasted, -tasting** ชิมลาง
foretell (ฟอร์เทล') *vt.* **-told, -telling** ทาย
forethought (ฟอร์' ธอท) *n.* การเตรียมการหรือการคิดล่วงหน้า, ความรอบคอบสุขุม
★**forever** (ฟอเรฟ' เวอร์) *adv.* ตลอดไป, นิรันดร, ซึ่งไม่สิ้นสุด *-n.* ระยะเวลาที่ยาวนาน
forevermore (ฟอเรฟเวอร์มอร์') *adv.* ชั่วนิรันดร (-S. always, forever)
forewent (ฟอร์เวนท์') *v.* กริยาช่อง 2 ของ forego
foreword (ฟอร์' เวิร์ด) *n.* คำนำในหนังสือ
forfeit (ฟอร์' ฟิท) *n.* ค่าปรับ, เงินค่าปรับ, สิ่งที่ถูกริบ *-adj.* ซึ่งสูญเสียไปเป็นค่าปรับ *-vt.* **-feited, -feiting** เสียค่าปรับ, ริบ **-forfeiter** *n.*
forfeiture (ฟอร์' ฟิชุร์) *n.* การยอมเสียค่าปรับ
forfend, forefend (ฟอร์เฟนด์') *vt.* **-fended, -fending** ปกป้อง, ป้องกัน, ห้าม
forgather, foregather (ฟอร์แกธ' เธอร์) *vi.* **-ered, -ering** พบกันโดยบังเอิญ, ชุมนุมกัน
forgave (ฟอร์เกฟว์') *v.* กริยาช่อง 2 ของ forgive
forge (ฟอร์จ, โฟร์จ) *n.* เตาหลอมโลหะ, โรงตีเหล็ก *-v.* **forged, forging** *-vt.* เผาโลหะและนำมาตี, ปลอมแปลง *-vi.* ทำการปลอมแปลง, หลอมโลหะ **-forger** *n.* (-S. (v.) imitate)
forgery (ฟอร์' จะรี) *n., pl.* **-ies** การปลอมแปลง, สิ่งที่ปลอมแปลง
★**forget** (ฟอร์เกท') *v.* **-got, -gotten/-got, -getting** *-vt., vi.* ลืม, ละเลย **-forgetful** *adj.*
forget-me-not (ฟอร์เกท' มีนอท) *n.* ไม้ดอกชนิดหนึ่งมีดอกขนาดเล็กสีน้ำเงิน
★**forgive** (ฟอร์กิฟว์') *v.* **-gave, -given, -giving** *-vt.* ยกโทษ, ยกหนี้ *-vi.* ยอมยกโทษ **-forgivable** *adj.* **-forgiveness** *n.* **-forgiving** *adj.*
forgo, forego (ฟอร์โก') *vt.* **-went, -gone, -going** สละ, ละทิ้ง **-forgoer** *n.*
★**fork** (ฟอร์ค) *n.* ส้อม, คราด, สามง่าม, การแบ่งออกเป็นง่ามและสาขา, ทางแยก, กิ่งก้านสาขา *-v.* **forked, forking** *-vt.* ยก ตัก เสียบ หรือแทงด้วยส้อมหรือคราด, มีลักษณะเป็นง่าม *-vi.* แบ่งหรือแยกออกเป็นง่าม **-forker** *n.*
forked (ฟอร์คท์) *adj.* ซึ่งมีลักษณะคล้ายส้อม
forklift (ฟอร์ค' ลิฟท์) *n.* รถยกของ **-forklift** *v.*
forlorn (ฟอร์ลอร์น') *adj.* ซึ่งถูกทอดทิ้ง, หมดหวัง, น่าสังเวช, เปล่าเปลี่ยว (-S. lonely)
forlorn hope ความหวังอันเลือนราง
★**form** (ฟอร์ม) *n.* ทรวดทรงและโครงสร้างของวัตถุ, รูปร่าง, ประเภท, ระเบียบแบบแผน, รูปแบบ, แบบฟอร์ม, พิธีการ, มารยาท, ความสามารถ, ฝีเท้า, วิธีการ, ขั้น, ระดับ, สัณฐาน, องค์ประกอบ, แบบคำพูด, ขนาด, แบบพิมพ์ *-v.* **formed, forming** *-vt.* เกิดเป็นรูปเป็นร่าง, คิดขึ้นมา, สอน, ฝึก, พัฒนา (นิสัย), จัดเรียง, จัดตั้ง, ผลิต, สร้าง *-vi.* กลายเป็นรูปเป็นร่าง, จัดขึ้น **-formability** *n.* **-formable** *adj.*
★**formal** (ฟอร์' เมิล) *adj.* ตามประเพณี, ตามธรรมเนียม, เป็นพิธีการ, เป็นระเบียบแบบแผน *-n.* ชุดราตรีของผู้หญิง **-formally** *adv.* **-formalness** *n.* **-formalism** *n.*
formaldehyde (ฟอร์แมล' ดะไฮด์) *n.* ก๊าซกลิ่นฉุน ไม่มีสี ใช้ฆ่าเชื้อโรค
formalin (ฟอร์' มะลิน) *n.* สารละลายของฟอร์มัลดีไฮด์ 37 เปอร์เซ็นต์ ใช้เป็นยาฆ่าเชื้อโรค
formality (ฟอร์แมล' ลิที) *n., pl.* **-ties** การปฏิบัติตามกฎหรือประเพณีอย่างเคร่งครัด
format (ฟอร์' แมท) *n.* รูปร่าง ขนาดกระดาษหน้าปกของหนังสือหรือนิตยสาร, แผนการหรือการจัดการทั่วไป, การจัดรูปแบบให้กับแผ่นดิสก์หรือฮาร์ดดิสก์ *-vt.* **-matted, -matting** จัดรูปแบบให้กับแผ่นดิสก์หรือฮาร์ดดิสก์
formation (ฟอร์เม' ชัน) *n.* การสร้าง, สิ่งที่สร้างขึ้น **-formational** *adj.* (-S. development)
formative (ฟอร์' มะทิฟว์) *adj.* ซึ่งช่วยให้เป็นรูปเป็นร่าง, ซึ่งเกี่ยวกับการเจริญเติบโตหรือพัฒนา **-formatively** *adv.* (-S. pliant)
former[1] (ฟอร์' เมอร์) *n.* ผู้สร้าง, เครื่องก่อ
★**former**[2] (ฟอร์' เมอร์) *adj.* ซึ่งเกี่ยวกับอดีต, ในกรณีแรก, สมัยก่อน (-S. antecedent -A. latter)
★**formerly** (ฟอร์' เมอร์ลี) *adv.* สมัยก่อน
formfitting (ฟอร์ม' ฟิททิง) *adj.* รัดรูป
formidable (ฟอร์' มิดะเบิล) *adj.* น่ากลัว, น่าเกรงขาม **-formidably** *adv.* (-S. fearful)
form letter จดหมายที่ทำไว้เป็นแบบอย่าง
formula (ฟอร์' มยะละ) *n., pl.* **-las/-lae** (-ลี) สูตรเคมี, กฎ, ตำรับยา, หลักเกณฑ์, ตำราอาหาร
formulate (ฟอร์' มยะเลท) *vt.* **-lated, -lating** กำหนดสูตรหรือกฎเกณฑ์ **-formulation** *n.*
fornicate (ฟอร์' นิเคท) *vi.* **-cated, -cating**

ลักลอบได้เสียกันก่อนแต่งงาน **-fornicator** *n.*
forsake (ฟอร์เซค') *vt.* **-sook, -saken, -saking** ละทิ้ง, ยกเลิก (**-S.** abandon, forgo)
forsooth (ฟอร์ซูธ') *adv.* ที่จริง, จริงๆ แล้ว
forswear, foreswear (ฟอร์ซแวร์') *v.* **-swore, -sworn, -swearing** *-vt.* สาบานว่าจะเลิก, ให้การเป็นพยานเท็จ *-vi.* สาบานเท็จ
fort (ฟอร์ท) *n.* ป้อมปราการ (**-S.** camp, fortress)
forte[1] (ฟอร์ท) *n.* ความถนัด (**-S.** gift, talent)
forte[2] (ฟอร์' เท) *adv., adj.* ให้เล่นดนตรีดังๆ
forth (ฟอร์ธ) *adv.* ไปข้างหน้า, ออกมา, ออกไป, ข้างนอก *-prep.* ออกจาก (**-S.** (adv.) forward)
forthcoming (ฟอร์ธคัม' มิง) *adj.* ซึ่งใกล้จะถึง, เกี่ยวกับการปรากฏหรือเกิดขึ้น, ซึ่งหาได้ง่าย, สุภาพอ่อนโยน, เป็นมิตร, เปิดเผย
forthright (ฟอร์ธ' ไรท์) *adj.* อย่างตรงไปตรงมา *-adv.* อย่างตรงไปตรงมา **-forthrightly** *adv.*
forthwith (ฟอร์ธวิธ') *adv.* ทันที (**-S.** at once)
fortieth (ฟอร์' ทีอิธ) *n., adv., adj.* อันดับสี่สิบ
fortification (ฟอร์ทะฟิเค' ชัน) *n.* การป้องกัน, การเสริมกำลัง, สิ่งก่อสร้างที่ใช้ป้องกันศัตรู
fortify (ฟอร์' ทะไฟ) *v.* **-fied, -fying** *-vt.* ทำให้แข็งแรง, ป้องกัน, เสริมกำลัง, เพิ่มสมรรถภาพ, ให้กำลังใจ, เสริมวิตามิน *-vi.* สร้างสิ่งป้องกันข้าศึก **-fortifier** *n.* **-fortifiable** *adj.*
fortitude (ฟอร์' ทิทูด) *n.* ความอดทน
★**fortnight** (ฟอร์ท' ไนท์) *n.* ช่วงเวลา 14 วัน
FORTRAN (ฟอร์' แทรน) *n.* ภาษาโปรแกรมคอมพิวเตอร์ซึ่งเกิดขึ้นในสมัยแรกๆ
fortress (ฟอร์' ทริซ) *n.* ป้อมปราการ (**-S.** fort)
fortuitous (ฟอร์ทู' อิเทิซ) *adj.* ซึ่งเกิดขึ้นโดยบังเอิญ, โชคดี **-fortuitously** *adv.*
fortuity (ฟอร์ทู' อิที) *n., pl.* **-ties** เหตุบังเอิญ
★**fortunate** (ฟอร์' ชะนิท) *adj.* โชคดี *-n.* คนโชคดี **-fortunately** *adv.* (**-S.** (adj.) lucky)
★**fortune** (ฟอร์' เชิน) *n.* โชค, ทรัพย์สมบัติ, ความสำเร็จ, โชคชะตา, เคราะห์กรรม *-v.* **-tuned, -tuning** *-vt.* มอบทรัพย์สมบัติให้ *-vi.* เกิดขึ้นโดยบังเอิญ (**-S.** (n., v.) chance)
fortuneteller (ฟอร์' เชินเทลเลอร์) *n.* หมอดู
★**forty** (ฟอร์' ที) *n., pl.* **-ties** จำนวนสี่สิบ **-Forties** ทศวรรษที่ 40 **-forty** *adj., pron.*
forty winks (ภาษาพูด) การงีบหลับ
forum (ฟอ' เริม) *n., pl.* **forums/fora** สถานที่ชุมนุม, ศาล, บริเวณจตุรัสหรือตลาดซึ่งเป็นที่สาธารณะของเมืองในสมัยโรมันโบราณ
★**forward** (ฟอร์' เวิร์ด) *adj.* ข้างหน้า, ก้าวหน้า, ล่วงหน้า, กระตือรือร้น, กล้าหาญ, รุนแรง *-adv.* ไปข้างหน้า, ล้ำหน้า, ล่วงหน้า, เด่น, ก้าวหน้า *-n.* ตำแหน่งกองหน้า *-vt.* **-warded, -warding** สนับสนุน **-forwardly** *adv.*
forwarder (ฟอร์' เวอร์เดอร์) *n.* ผู้ส่งของ
★**forwards** (ฟอร์' เวิร์ดซ์) *adv.* ข้างหน้า
forwent (ฟอร์เวนท์') *v.* กริยาช่อง 2 ของ forgo
forworn, foreworn (ฟอร์วอร์น') *adj.* เก่า
fossil (ฟอซ' เซิล) *n.* ซากสิ่งมีชีวิตที่ฝังอยู่ในหิน *-adj.* เป็นซากพืชหรือสัตว์ที่ฝังอยู่ในหิน
fossilize (ฟอซ' ซะไลซ์) *v.* **-ized, -izing** *-vt.* เปลี่ยนเป็นฟอสซิล *-vi.* กลายเป็นฟอสซิล
foster (ฟอส' เตอร์) *vt.* **-tered, -tering** เลี้ยงดู, สนับสนุน, อบรม *-adj.* ซึ่งได้รับการเลี้ยงดู
fought (ฟอท) *v.* กริยาช่อง 2 และ 3 ของ fight
foul (เฟาล์) *adj.* **fouler, foulest** เหม็น, เน่า, สกปรก, ซึ่งเปรอะเปื้อน, ชั่วร้าย, เลวทราม, หยาบคาย, ลามก, ซึ่งฝ่าฝืนหรือละเมิดกฎ, พัวพัน, ซึ่งขัดขวางหรืออุดตัน, น่าเกลียด *-n.* การพัวพัน, การอุดตัน, การขัดขวาง *-adv.* หยาบคาย, ผิดกฎ, สกปรก *-v.* **fouled, fouling** *-vt.* ทำให้สกปรกเปรอะเปื้อน, ทำให้เสื่อมเสียเกียรติยศ, ขัดขวาง, พันกัน, ทำผิดกฎหรือกติกา *-vi.* ทำผิดกฎหรือกติกา, เปรอะเปื้อน, พันกัน, ขัดขวางหรืออุดตัน **-foully** *adv.* **-foulness** *n.*
foul-mouthed (เฟาล์' เมาธ์ด์') *adj.* ปากร้าย
found[1] (เฟาน์ด์) *vt.* **founded, founding** วางรากฐาน, ก่อตั้ง, สร้าง (**-S.** create, establish)
found[2] (เฟาน์ด์) *vt.* **founded, founding** หลอม (โลหะ), หล่อ
found[3] (เฟาน์ด์) *v.* กริยาช่อง 2 และ 3 ของ find
★**foundation** (เฟาน์เด' ชัน) *n.* พื้นฐาน, การสร้างรากฐาน, การก่อตั้ง, มูลนิธิ, เครื่องสำอางที่ใช้รองพื้นก่อนแต่งหน้า **-foundational** *adj.*
founder[1] (เฟาน์' เดอร์) *v.* **-dered, -dering** *-vi.* จม, ล้มละลาย *-vt.* ทำให้จม หรือล้มละลาย
founder[2] (เฟาน์' เดอร์) *n.* ผู้ก่อตั้ง, ผู้สร้าง
foundling (เฟาน์ด์' ลิง) *n.* เด็กที่ถูกทอดทิ้ง
foundry (เฟาน์' ดรี) *n., pl.* **-dries** โรงหล่อ, ทักษะในการหล่อ, กระบวนการหล่อ, โลหะหล่อ
fount (เฟาน์ท) *n.* น้ำพุ, จุดหรือแหล่งกำเนิด
★**fountain** (เฟาน์' เทิน) *n.* น้ำพุ, จุดหรือแหล่งกำเนิด *-vi., vt.* **-tained, -taining** ไหลหรือทำให้ไหลออกมาเป็นสายคล้ายน้ำพุ
fountainhead (เฟาน์' เทินเฮด) *n.* แหล่งน้ำ

A B C D E F G H I J K L M N O P Q R S T U V W X Y Z

fountain pen ปากกาหมึกซึม

★**four** (ฟอร์, โฟร์) *n., adj., pron.* เลข 4

four-poster (ฟอร์' โพ' สเตอร์) *n.* เตียงสี่เสา

fourscore (ฟอร์' สกอร์') *adj.* แปดสิบ

foursome (ฟอร์' เซิม) *n.* กลุ่มที่มีสี่คน หรือสี่อัน, กีฬาหรือเกมที่ใช้คนเล่นสี่คน

foursquare (ฟอร์' สแกวร์') *adj.* ซึ่งมีด้านและมุมทั้งสี่เท่ากัน *-adv.* อย่างยุติธรรม

★**fourteen** (ฟอร์ทีน') *n.* เลข 14, กลุ่มที่มีสิบสี่คน, สิ่งที่มีสิบสี่ส่วน **-fourteen** *adj., pron.*

fourteenth (ฟอร์ทีนธ์') *n., adv., adj.* อันดับสิบสี่

fourth (ฟอร์ธ, โฟร์ธ) *n.* อันดับสี่, หนึ่งในสี่ส่วนที่เท่ากัน **-Fourth** วันที่ 4 กรกฎาคม (วันชาติสหรัฐอเมริกา) **-fourth** *adv., adj.*

fourth estate นักหนังสือพิมพ์, ฐานันดรสี่

fowl (เฟาล์) *n., pl.* **fowl/fowls** สัตว์ปีกพวกเป็ด ไก่, เนื้อของสัตว์ดังกล่าว *-vi.* **fowled, fowling** ล่าหรือยิงสัตว์ปีก **-fowler** *n.*

★**fox** (ฟอคซ์) *n., pl.* **foxes/fox** สุนัขจิ้งจอก, คนเจ้าเล่ห์, ดาบ, (คำสแลง) คนเจ้าเสน่ห์ *-v.* **foxed, foxing** *-vt.* หลอกลวง, ทำให้สับสน, มึนเมา *-vi.* หลอกลวง

fox

foxhound (ฟอคซ์' เฮานด์) *n.* สุนัขพันธุ์หนึ่งที่ใช้ล่าสุนัขจิ้งจอก

foxtrot (ฟอคซ์' ทรอท) *vi.* **-trotted, -trotting** เต้นรำแบบหนึ่ง *-n.* การเต้นรำแบบหนึ่ง

foxy (ฟอค' ซี) *adj.* **-ier, -iest** ฉลาดแกมโกง, คล้ายสุนัขจิ้งจอก, (สี) น้ำตาลแดง

foyer (ฟอย' เออร์) *n.* ลอบบี้ของโรงแรมหรือโรงภาพยนตร์ (**-S.** anteroom, lobby)

fracas (เฟร' เคิซ) *n.* การต่อสู้หรือทะเลาะกันด้วยเสียงอึกทึก (**-S.** brawl, quarrel)

fraction (แฟรค' ชัน) *n.* เศษส่วน, ชิ้นเล็กชิ้นน้อย, ส่วนน้อย, จำนวนน้อย **-fractional** *adv.*

fractional currency เงินปลีก, เงินย่อย

fractious (แฟรค' เชิซ) *adj.* ดื้อ, ขี้โมโห

fracture (แฟรค' เชอร์) *n.* การแตก, การแยก, กระดูกหัก, รอยร้าวในกระดูกหรือหิน *-v.* **-tured, -turing** *-vt.* ทำให้ร้าว, ทำให้แตก *-vi.* แตกร้าว

fragile (แฟรจ' เจิล) *adj.* แตกง่าย, เปราะ, อ่อนแอ **-fragilely** *adv.* (**-S.** brittle, delicate)

fragment (แฟรก' เมินท์) *n.* ส่วนที่ยังไม่สมบูรณ์, เศษหรือส่วนเล็กๆ ที่หลุดหรือแตกออกมา *-v.* **-mented, -menting** *-vt.* แตกหรือแยกออกมาเป็นชิ้นเล็กๆ *-vi.* แตกออกเป็นเศษหรือส่วนเล็กๆ

fragmentary (แฟรก' เมินเทรี) *adj.* ซึ่งประกอบด้วยชิ้นส่วนที่ไม่ปะติดปะต่อกัน

fragmentation (แฟรกเมินเท' ชัน) *n.* การแตกออกเป็นเศษหรือเป็นชิ้นๆ

fragrance (เฟร' เกรินซ์) *n.* กลิ่นหอม, ความหอม **-fragrant** *adj.* (**-S.** aroma, scent)

frail (เฟรล) *adj.* **frailer, frailest** อ่อนแอ, บอบบาง, แตกง่าย, ใจอ่อน **-frailly** *adv.*

frambesia (แฟรมบี' ฌะ) *n.* โรคคุฏรัง

★**frame** (เฟรม) *v.* **framed, framing** *-vt.* สร้าง, วางแผน, ล้อม, (ตี) กรอบ, กำหนด, ร่าง, ใส่กรอบ, คิด, ปรับ *-vi.* ดำเนินไป, จัดการ *-n.* โครงสร้าง, โครงร่าง, กรอบรูป, ร่างกายของมนุษย์หรือสัตว์, โครงสร้างหรือระบบทั่วไป, กรอบแว่น, ภาพถ่ายแต่ละภาพในม้วนฟิล์ม, กรอบหน้าต่างหรือประตู, เค้าโครง (**-S.** (v.) build)

frame-up (เฟรม' อัพ) *n.* การใส่ความ

★**framework** (เฟรม' เวิร์ค) *n.* โครงร่าง, โครงสร้าง, นั่งร้าน, เค้าโครง, กรอบ (**-S.** skeleton)

franchise (แฟรน' ไชซ์) *n.* สิทธิในการออกเสียงเลือกตั้ง, การอนุญาตให้ขายสินค้าหรือบริการของบริษัทในพื้นที่เฉพาะ *-vt.* **-chised, -chising** อนุญาตให้ขายสินค้าหรือบริการในพื้นที่เฉพาะ

frank (แฟรงค์) *adj.* **franker, frankest** เปิดเผย, จริงใจ, ตรงไปตรงมา *-vt.* **franked, franking** ประทับตรายกเว้นการเสียค่าแสตมป์, ส่งไปรษณีย์โดยไม่คิดมูลค่า, อนุญาตให้ผ่านได้อย่างเสรี *-n.* เครื่องหมายหรือลายเซ็นที่อยู่บนซองจดหมายเพื่อแสดงว่าไม่ต้องชำระค่าไปรษณียากร, ซองจดหมายที่ไม่ต้องชำระค่าไปรษณียากร **-frankly** *adv.* **-frankness** *n.* (**-S.** (adj.) candid)

frankfurter (แฟรงค์' เฟอร์เทอร์) *n.* ไส้กรอกเนื้อวัว, ไส้กรอกเนื้อวัวผสมเนื้อหมู

frankincense (แฟรง' คินเซนซ์) *n.* กำยาน

frantic (แฟรน' ทิค) *adj.* บ้า, เสียสติ, คลั่ง **-frantically** *adv.* **-franticness** *n.* (**-S.** mad)

fraternal (ฟระเทอร์' เนิล) *adj.* เกี่ยวกับพี่ชายหรือน้องชาย, ซึ่งแสดงถึงความเป็นมิตร, เป็นแฝดที่เกิดจากไข่คนละใบ **-fraternally** *adv.*

fraternity (ฟระเทอร์' นิที) *n., pl.* **-ties** กลุ่มคนที่มีความเชื่อ ความสนใจเหมือนกัน, ความเป็นพี่ชายหรือน้องชาย, องค์การของนักศึกษาชายในวิทยาลัยหรือมหาวิทยาลัย (**-S.** club)

fraternize (แฟรท' เทอร์ไนซ์) *vi.* **-nized, -nizing** เข้าไปคบหาสมาคมเป็นเพื่อนหรือพี่น้อง

A B C D E F G H I J K L M N O P Q R S T U V W X Y Z

Frau (เฟรา) *n., pl.* **Frauen** (เฟรา' เอิน) นาง, คำนำหน้าชื่อสกุลหรือตำแหน่งหญิงเยอรมัน
fraud (ฟรอด) *n.* การโกง, คนขี้ฉ้อ (-S. cheat)
fraudulent (ฟรอ' จะเลินท์) *adj.* ซึ่งได้มาด้วยการโกง, ซึ่งฉ้อฉล **-fraudulently** *adv.*
fraught (ฟรอท) *adj.* ทุกข์ร้อน, เป็นกังวล
Fräulein (ฟรอย' ไลน์) *n., pl.* **Fräulein** คำนำหน้าชื่อหญิงเยอรมันที่ยังไม่แต่งงาน
fray[1] (เฟร) *n.* การทะเลาะวิวาท, การต่อสู้
fray[2] (เฟร) *v.* **frayed, fraying** *-vt.* ทำให้ตึงเครียด, ทำให้ชายผ้าลุ่ย *-vi.* ทำให้ลุ่ยตามขอบ
freak (ฟรีค) *n.* ความคิดที่แปลกประหลาด, สัตว์คนหรือพืชที่ผิดปกติ, (คำสแลง) ผู้ติดยาเสพติด *-vi., vt.* **freaked, freaking** (คำสแลง) ประสาทหลอนจากการเสพยา (-S. (n.) oddity)
freakish (ฟรี' คิช) *adj.* แปลกประหลาด
freckle (เฟรค' เคิล) *n.* จุดสีน้ำตาลเล็กๆ บนผิวหนัง, กระ *-vt., vi.* **-led, -ling** เป็นกระ
★**free** (ฟรี) *adj.* **freer, freest** อิสระ, เสรี, เป็นเอกราช, ไม่ผูกพันกับอะไร, ไม่ถูกจำกัดโดยธรรมเนียมหรือประเพณี, ว่าง, หลวม, ซึ่งยกเว้น, ไม่คิดมูลค่า, ไม่ถูกขัดขวาง, เปิดเผย, สมัครใจ, ไม่ได้ถูกใช้หรือถูกครอบครอง, ปราศจาก, ไม่มีกฎเกณฑ์หรือพิธีรีตอง, ไม่ติดอยู่กับที่, ฟุ่มเฟือย, ซึ่งล่วงเกินหรือถือวิสาสะ, สะดวกหรือคล่องแคล่ว, ไม่มีครอบครัว *-adv.* ไม่คิดมูลค่า, ไม่มีพิธีรีตอง *-vt.* **freed, freeing** ทำให้เป็นอิสระ, ขจัด **-for free** (ภาษาพูด) ไม่คิดมูลค่า **-freely** *adv.* **-freeness** *n.* (-S. (adj., adv.) gratis)
free alongside ship (ผู้ซื้อ) ไม่ต้องเสียค่าขนส่งเองจนถึงจุดที่ขนสินค้าขึ้นเรือ
freeboard (ฟรี' บอร์ด) *n.* ข้างเรือที่พ้นน้ำขึ้นมา, ระยะจากกราบเรือลงไปจนถึงระดับน้ำ
freeboot (ฟรี' บูท) *vi.* **-booted, -booting** ปล้น **-freebooter** *n.*
★**freedom** (ฟรี' เดิม) *n.* ความเป็นอิสระ, สิทธิของพลเมือง, การได้รับการยกเว้น, ความเป็นกันเอง, อภิสิทธิ์, ความเปิดเผย, ความสมัครใจ, ความสะดวกในการเคลื่อนไหวหรือเคลื่อนที่
free-for-all (ฟรี' เฟอรอล) *n.* การต่อสู้หรือการแข่งขันที่เปิดโอกาสให้คนทั่วไปได้มีส่วนร่วม
freehand (ฟรี' แฮนด์) *adj.* ซึ่งวาดด้วยมือเปล่าไม่ต้องใช้เครื่องมือช่วย **-freehand** *adv.*
free hand ความมีอิสระที่จะทำหรือตัดสินใจในสิ่งที่เห็นว่าเหมาะสม
freehanded (ฟรี' แฮน' ดิด) *adj.* ใจกว้าง
freelance, free lance (ฟรี' แลนซ์) *n.* บุคคลที่ทำงานอิสระ ไม่ได้เป็นลูกจ้างประจำ
free love การมีความสัมพันธ์ทางเพศกันโดยไม่ได้แต่งงาน
freeman (ฟรี' เมิน) *n.* ผู้ที่เป็นอิสระไม่ใช่ทาส
free market ตลาดเสรี
free on board ผู้ขายเสียค่าขนส่งจนถึงรถ เรือหรือเครื่องบิน
free port ท่าเรือที่ไม่เก็บค่าภาษีศุลกากร
freestyle (ฟรี' สไตล์) *n.* การแข่งขันว่ายน้ำที่ไม่จำกัดท่า
freethinker (ฟรี' ธิง' เคอร์) *n.* คนนอกรีต
free trade การค้าระหว่างประเทศที่ได้รับการยกเว้นภาษีศุลกากร **-free trader** *n.*
free verse บทกวีที่ไม่ยึดหลักตายตัว
freeway (ฟรี' เว) *n.* ถนนที่ไม่จำกัดความเร็ว
freewheel (ฟรี' ฮวีล', -วีล') *vi.* **-wheeled, -wheeling** หมุนอย่างต่อเนื่องหลังจากไม่ได้ทำการขับเคลื่อนแล้ว
freewill (ฟรี' วิล') *adj.* อย่างสมัครใจ
★**freeze** (ฟรีซ) *v.* **froze, frozen, -freezing** *-vi.* เปลี่ยนจากของเหลวไปเป็นของแข็ง, ทำให้เป็นน้ำแข็ง, ติดแน่นเพราะเกิดเป็นน้ำแข็งขึ้น, ฆ่าด้วยความเย็น, ตกตะลึง, แข็งตัว, รู้สึกเย็นจัด, กลายเป็นความเย็นชาหรือไม่เป็นมิตร, ยึดมั่น *-vt.* เปลี่ยนเป็นน้ำแข็ง, ทำให้แข็งตัว, ปกคลุมไปด้วยน้ำแข็ง, ถนอมอาหารด้วยความเย็น, ฆ่าหรือทำร้ายด้วยความเย็น, ทำให้หนาวหรือเย็นจัด, ทำให้หยุดนิ่งเนื่องจากช็อกหรือกลัว, ทำให้หนาวสะท้านเนื่องจากการกระทำที่เย็นชา, หยุดการเคลื่อนไหวหรือความเป็นไป, ห้ามผลิตหรือห้ามใช้อีกต่อไป, ตรึงราคาหรือค่าจ้าง, ทำให้ชา *-n.* สภาวะที่เย็นจนเป็นน้ำแข็ง, ภาวะอากาศที่หนาวเย็นมาก, น้ำค้างแข็ง, การตรึงราคา **-freezable** *adj.* (-S. (n., v.) chill)
freezer (ฟรี' เซอร์) *n.* ตู้เย็นหรือห้องเย็นขนาดใหญ่สำหรับเก็บอาหาร, ช่องแช่แข็งในตู้เย็น
freezing point จุดเยือกแข็ง
freight (เฟรท) *n.* วิธีการหรือการบริการส่งสินค้าโดยทางเรือ รถ หรืออากาศ, การขนส่งสินค้า, ค่าขนส่งหรือค่าระวาง, รถไฟที่ใช้ขนส่งสินค้าโดยเฉพาะ, สินค้าที่ทำการส่ง *-vt.* **freighted, freighting** ขนส่งสินค้า, บรรทุก (-S. (n.) cargo)
freightage (เฟร' ทิจ) *n.* การขนส่งสินค้า
freighter (เฟร' เทอร์) *n.* เรือบรรทุกสินค้า, เครื่องบินบรรทุกสินค้า, ผู้ส่งสินค้า
French (เฟรนช์) *n.* ภาษาฝรั่งเศส, ชาวฝรั่งเศส

French bread ขนมปังที่ทำด้วยแป้งขาว มีลักษณะเป็นก้อนยาว ผิวนอกกรอบแข็ง
French leave การจากไปอย่างผลุนผลัน
French letter (คำสแลง) ถุงยางอนามัย
frenzy (เฟรน' ซี) *n., pl.* **-zies** ความตื่นเต้นมาก, ความบ้าคลั่ง *-vt.* **-zied, -zying** บ้าคลั่ง
frequency (ฟรี' เควินซี) *n., pl.* **-cies** ความถี่
★**frequent** (ฟรี' เควินท์) *adj.* บ่อย, ถี่, เป็นนิสัย *-vt.* **-quented, -quenting** เยี่ยมบ่อย, ไปบ่อย
frequently (ฟรี' เควินท์ลี) *adv.* บ่อย, ถี่
fresco (เฟรส' โก) *n., pl.* **-coes/-cos** ศิลปะหรือเทคนิคในการวาดภาพสีน้ำบนผนังหรือเพดานในขณะที่ปูนยังเปียกอยู่
★**fresh** (เฟรช) *adj.* **fresher, freshest** ใหม่, แปลก, แตกต่าง, สด, ไม่มีเกลือ, ไม่ใช่ของดอง, ไม่ได้แช่แข็งหรือบรรจุกระป๋อง, บริสุทธิ์, สะอาด, สดๆ ร้อนๆ, สว่างและชัดเจน, เพิ่งมาถึง, ไม่มีประสบการณ์, กระฉับกระเฉง, สดชื่น *-adv.* เมื่อเร็วๆ นี้, ใหม่ *-n.* กระแสน้ำจืดที่ไหลลงสู่น้ำเค็ม, กระแสน้ำที่ไหลท่วมอย่างกะทันหัน **-freshly** *adv.* **-freshness** *n.* (**-S.** (adj.) clear)
freshen (เฟรช' เชิน) *v.* **-ened, -ening** *-vi.* สดชื่น, ลดความเค็ม *-vt.* ทำให้สดชื่น, ทำให้บริสุทธิ์, ทำให้กระฉับกระเฉง **-freshener** *n.*
freshman (เฟรช' เมิน) *n.* นักเรียนหรือนักศึกษาในชั้นปีที่ 1 ของโรงเรียน วิทยาลัยหรือมหาวิทยาลัย, ผู้เริ่มหัดใหม่, ผู้เริ่มต้น
freshwater (เฟรช' วอเทอร์) *adj.* ซึ่งอาศัยอยู่ในน้ำจืด, ซึ่งอยู่ห่างทะเล, ซึ่งประกอบด้วยน้ำจืด
fret[1] (เฟรท) *v.* **fretted, fretting** *-vt.* เซาะ, ซะ, กัด, ทำให้รบกวนหรือรำคาญ *-vi.* เป็นกังวล, กัดกร่อน, แทะด้วยฟัน *-n.* การกัดกร่อน, ความรำคาญ, ความกังวล, รูที่เกิดจากการกัดเซาะ
fret[2] (เฟรท) *n.* นมหรือสะพานของเครื่องดนตรี
fret[3] (เฟรท) *n.* ลายประแจจีน *-vt.* **fretted, fretting** ประดับด้วยลวดลายดังกล่าว
fretful (เฟรท' เฟิล) *adj.* ขี้หงุดหงิด, กลัดกลุ้ม
friable (ไฟร' อะเบิล) *adj.* เปราะ, ร่วน
friar (ไฟร' เออร์) *n.* พระในนิกายโรมันคาทอลิก
fricassee (ฟริคคะซี') *n.* (เนื้อ เป็ด ไก่) ตุ๋น
friction (ฟริค' ชัน) *n.* การเสียดสีกันระหว่างวัตถุ, ความขัดแย้ง, แรงเสียดทาน **-frictional** *adj.*
★**Friday** (ไฟร' ดี, -เด) วันศุกร์
fridge (ฟริจ) *n.* (ภาษาพูด) ตู้เย็น
fried (ไฟรด์) *v.* กริยาช่อง 2 และ 3 ของ fry
★**friend** (เฟรนด์) *n.* เพื่อน, พวกพ้อง, คนรู้จัก, ผู้สนับสนุน, ผู้ช่วยเหลือ *-vt.* **friended, friending** ตีสนิท **-friendship** *n.*
★**friendly** (เฟรนด์' ลี) *adj.* **-lier, -liest** เกี่ยวกับความเป็นเพื่อน, อบอุ่น, สะดวกสบาย, ซึ่งให้ความสนับสนุนหรือช่วยเหลือ *-adv.* ซึ่งเป็นมิตร
frier (ไฟร' เออร์) *n.* ดู fryer
fries (ไฟรซ์) *v.* กริยาเอกพจน์บุรุษที่ 3 ของ fry
frieze[1] (ฟรีซ) *n.* ลวดลายที่ทำเป็นแถบยาว ติดรอบผนังห้องด้านบน, ลายสลักใต้ชายคา
frieze[2] (ฟรีซ) *n.* ผ้าสักหลาดที่มีขนข้างเดียว
frigate (ฟริก' กิท) *n.* เรือรบของอเมริกาที่มีขนาดใหญ่กว่าเรือพิฆาตแต่เล็กกว่าเรือลาดตระเวน
fright (ไฟรท์) *n.* ความกลัว, ความตื่นตกใจ *-vt.* **frighted, frighting** กลัว (**-S.** (n., v. fear)
★**frighten** (ไฟร' เทิน) *v.* **-ened, -ening** *-vt.* เต็มไปด้วยความกลัว, ข่มขู่ *-vi.* กลายเป็นความกลัวเกรง **-frightener** *n.* (**-S.** shock, terrify)
frigid (ฟริจ' จิด) *adj.* หนาวเย็นมาก, เย็นชา **-frigidity** *n.* **-frigidly** *adv.* (**-S.** cold, formal)
frill (ฟริล) *n.* จีบย่นหรือจีบใหญ่ที่ติดตามชายผ้า, ครุย, ฝอย, ขนรอบคอนก *-v.* **frilled, frilling** *-vt.* ทำจีบ, ทำชายครุย *-vi.* เป็นรอยย่นตามขอบ
fringe (ฟรินจ์) *n.* การตกแต่งขอบด้วยชายครุยหรือพู่, ผมหรือขนที่เป็นขอบ, ขอบ, ริม, รอบนอก, การกุ๊นหรือขลิบริม *-vt.* **fringed, fringing** ใส่ชายครุยหรือพู่ **-fringy** *adj.*
fringe benefit ผลประโยชน์ของลูกจ้างนอกเหนือจากเงินเดือนหรือค่าจ้าง เช่น เบี้ยบำนาญ วันพักร้อน หรือการประกัน
frippery (ฟริพ' พะรี) *n., pl.* **-ies** การโอ้อวด, สิ่งเล็กน้อยหรือไม่สำคัญ
frisk (ฟริซค์) *v.* **frisked, frisking** *-vi.* กระโดดโลดเต้นอย่างสนุกสนาน *-vt.* ค้นตัวหาของที่ซุกซ่อน *-n.* การกระโดดโลดเต้นด้วยความสนุกสนาน, การค้นตัว **-frisker** *n.* (**-S.** (n., v.) gambol)
frisky (ฟริส' กี) *adj.* **-ier, -iest** สนุกสนานร่าเริง **-friskily** *adv.* **-friskiness** *n.* (**-S.** lively)
fritter (ฟริท' เทอร์) *vt.* **-tered, -tering** ทำให้เสียเวลาหรือเงินทองไปโดยเปล่าประโยชน์
frivolous (ฟริฟ' วะเลิซ) *adj.* มีค่าเล็กน้อย, ไม่จริงจัง **-frivolously** *adv.* (**-S.** idle, silly)
frizz[1] (ฟริซ) *vt., vi.* **frizzed, frizzing** ทำให้หยิก งอ หรือเป็นลอน *-n.* สภาพที่เป็นลอนหยิก
frizz[2] (ฟริซ) *v.* **frizzed, frizzing** *-vt.* ทอดหรือเผาแล้วเกิดเสียงดังแฉ่หรือดังเปรี๊ยะ *-vi.* ทำให้เกิดเสียงดังแฉ่หรือดังเปรี๊ยะขณะทอด
frizzle[1] (ฟริซ' เซิล) *v.* **-zled, -zling** *-vt.* ทอดจนกระทั่งกรอบและม้วนงอ, เผาไหม้หรือจี้ด้วย

A B C D E F G H I J K L M N O P Q R S T U V W X Y Z

ความร้อน *-vi.* ทอดหรือจี้ให้เกิดเสียงดังฉ่า

frizzle[2] (ฟริซ' เซิล) *vt., vi.* **-zled, -zling** ทำให้เป็นลอนเล็กแน่น *-n.* ผมที่เป็นลอนเล็กแน่น

frizzly (ฟริซ' ลี) *adj.* **-zlier, -zliest** หยิก

frizzy (ฟริซ' ซี) *adj.* **-zier, -ziest** เป็นลอน, หยิกเป็นฝอย **-frizzily** *adv.* **-frizziness** *n.*

fro (โฟร) *adj.* ถอย, จาก **-to and fro** ไปๆ มาๆ

frock (ฟรอค) *n.* ชุดกระโปรงติดกัน, เสื้อคลุมตัวยาวที่บาทหลวงใส่, เสื้อคลุมยาวใส่กันเปื้อน

frock coat เสื้อโค้ตหรือเสื้อสูทของผู้ชายที่มีความยาวถึงเข่า

★**frog** (ฟรอก) *n.* กบ, ห่วงเชือกคล้องกระดุมเสื้อ, ห่วงที่ติดกับเข็มขัดเพื่อแขวนเครื่องมือหรืออาวุธ

frogman (ฟรอก' แมน) *n.* นักประดาน้ำ

frolic (ฟรอล' ลิค) *n.* ความรื่นเริง, การเล่นสนุกหรือตลก *-vi.* **-icked, -icking** เล่นสนุกสนาน *-adj.* รื่นเริง **-frolicker** *n.* (**-S.** (v., n.) gambol)

★**from** (ฟรอม) *prep.* จาก, ห่างจาก, นับจาก, ตั้งแต่, เนื่องจาก, แทนที่, แยกจาก **-from time to time** บางครั้งบางคราว

frond (ฟรอนด์) *n.* ใบเฟิน **-fronded** *adj.*

★**front** (ฟรันท์) *n.* หน้า, ด้านหน้า, แถว (แนว) หน้า, หน้าผาก, ข้างหน้า, การเผชิญหน้า, แนวรบ, การเริ่มต้น, สีหน้า, ส่วนที่สำคัญที่สุด, สถานการณ์เฉพาะหน้า *-adj.* เกี่ยวกับส่วนหน้าหรือข้างหน้า *-v.* **fronted, fronting** *-vt.* เผชิญหน้า, อยู่ด้านหน้า, หันหน้าไปทาง, รับมือ *-vi.* หันหน้าไปทาง **-in front of** ก่อน, ข้างหน้า **-frontal** *adj.* (**-S.** (n., adj., v.) head)

frontage (ฟรัน' ทิจ) *n.* ที่ว่างหน้าบ้าน

★**frontier** (ฟรัน' เทียร์) *n.* พรมแดน, ชายแดน, ขอบเขต, พื้นที่ที่ยังไม่มีการพัฒนา (**-S.** edge)

frontispiece (ฟรัน' ทิสปีซ) *n.* ภาพที่อยู่ตรงข้ามหน้าปกในของหนังสือ

★**frost** (ฟรอซท์) *n.* ผลึกหรือเกล็ดน้ำแข็งเล็กๆ, การกลายเป็นน้ำแข็ง, กิริยาที่เยือกเย็นหรือเย็นชา, น้ำค้างหรือไอน้ำที่กลายเป็นน้ำแข็ง *-v.* **frosted, frosting** *-vt.* ปกคลุมด้วยน้ำค้างแข็ง, ฆ่าหรือทำอันตรายด้วยความเย็นจัด,ตกแต่งหรือโรยด้วยน้ำตาลผงสีขาวละเอียด *-vi.* ถูกปกคลุมด้วยน้ำแข็ง (**-S.** (n., v.) freeze)

frostbite (ฟรอซท' ไบท์) *n.* การที่ผิวหนังหรือเนื้อเยื่อถูกทำลายจากความเย็นจัดเป็นเวลานาน

frosting (ฟรอ' สติง) *n.* น้ำตาลสีขาวที่ใช้โรยหน้าขนม, กระจกหรือโลหะที่ผิวหน้าไม่เรียบ

frosty (ฟรอ' สตี) *adj.* **-ier, -iest** หนาวจนน้ำแข็ง, ซึ่งปกคลุมไปด้วยน้ำแข็ง, มีท่าทางเย็นชา, เป็นสีขาวเงิน **-frostily** *adv.*

froth (ฟรอธ) *n.* ฟอง, ฟองน้ำลาย, สิ่งที่ไม่สำคัญ *-vt.* **frothed, frothing** ปกคลุมด้วยฟอง

frothy (ฟรอ' ธี) *adj.* **-ier, -iest** ซึ่งปกคลุมด้วยฟอง, ไม่เอาจริงเอาจัง **-frothily** *adv.*

froufrou, frou-frou (ฟรู' ฟรู) *n.* เสื้อผ้าหรือเครื่องประดับที่หรูหรา, เสียงเสียดสี

★**frown** (เฟราน์) *v.* **frowned, frowning** *-vi.* มองถมึงทึง, ขมวดคิ้วเมื่อไม่พอใจหรือใช้ความคิด, ทำหน้านิ่วคิ้วขมวด *-vt.* แสดงความไม่ชอบใจด้วยการขมวดคิ้ว *-n.* การขมวดคิ้วในขณะใช้ความคิดหรือเมื่อไม่พอใจ, อาการหน้านิ่วคิ้วขมวด **-frowner** *n.* (**-S.** (v., n.) scowl)

frowzy, frowsy (เฟรา' ซี) *adj.* **-zier, -ziest/ -sier, siest** มีกลิ่นอับ, ยุ่งเหยิง, สกปรก

froze (โฟรซ) *v.* กริยาช่อง 2 ของ freeze

frozen (โฟร' เซิน) *v.* กริยาช่อง 3 ของ freeze *-adj.* ซึ่งปกคลุมไปด้วยน้ำแข็ง, หนาวมาก, ซึ่งเก็บรักษาไว้โดยใช้ความเย็นจัด, ซึ่งแสดงออกถึงความไม่เป็นมิตร, เย็นชา, ซึ่งเคลื่อนไหวไม่ได้, ซึ่งได้รับอันตรายเนื่องจากความเย็นจัด, ซึ่งอยู่ในระดับเดิมหรือตำแหน่งเดิม

fructify (ฟรัค' ทะไฟ) *v.* **-fied, -fying** *-vt.* ทำให้อุดมสมบูรณ์, ทำให้เกิดผล *-vi.* ออกผล

fructose (ฟรัค' โทซ) *n.* น้ำตาลที่พบในผลไม้และน้ำผึ้ง

frugal (ฟรู' เกิล) *adj.* ประหยัด, มีราคาถูก

★**fruit** (ฟรูท) *n., pl.* **fruit/ fruits** ผล, ผลไม้, พืชผล, ผลิตผล, ผลลัพธ์, บุตร *-vi., vt.* **fruited, fruiting** ออกผล

fruit

fruitful (ฟรูท' เฟิล) *adj.* ซึ่งออกผล, อุดมสมบูรณ์, มีบุตรมาก, มีกำไรดี **-fruitfully** *adv.* **-fruitfulness** *n.*

fruition (ฟรูอิช' ชัน) *n.* ความสมปรารถนา, การได้ผล, การออกผล (**-S.** attainment, fulfilment)

fruity (ฟรู' ที) *adj.* **-ier, -iest** เกี่ยวกับผลไม้

frump (ฟรัมพ์) *n.* เด็กหรือหญิงสาวที่ดูเรียบๆ

frumpish (ฟรัม' พิช) *adj.* ธรรมดา, เรียบๆ

frustrate (ฟรัส' เตรท) *vt.* **-trated, -trating** ขัดขวาง,ทำให้ท้อใจหรือพ่ายแพ้ **-frustrated** *adj.*

★**fry[1]** (ไฟร) *vt., vi.* **fried, frying** ทอด *-n., pl.* **fries** งานเลี้ยงที่มีการทอดอาหารกิน,อาหารทอด

fry[2] (ไฟร) *n. pl.* ลูกปลา, ลูกๆ, เด็กเล็กๆ

fuchsin, fuchsine (ฟยูค' ซิน, -ซิน; -ซีน) *n.* สีแดงม่วงสำหรับย้อมผ้าหรือหนังสัตว์

fuck (ฟัค) *v.* **fucked, fucking** *-vi.* ร่วมเพศ, (คำสแลง) เสือก *-vt.* ร่วมเพศกับ, (คำสแลง) เอาเปรียบหรือหลอกลวง *-n.* (คำสแลง) ผู้ที่ถูกร่วมเพศ บุคคลที่น่ารังเกียจ, การร่วมเพศ *-interj.* (คำสแลง) คำอุทานที่เกิดจากความโกรธ

fucking (ฟัค' คิ่ง) *adj., adv.* (คำสแลง) ระยำ

fuddle (ฟัด' เดิล) *v.* **-dled, -dling** *-vt.* ทำให้งง, ทำให้ยุ่ง, ทำให้มึนเมา *-vi.* เมา

fudge (ฟัจ) *n.* ความไร้สาระ, การหลอกลวง *-vt., vi.* **fudged, fudging** หลอกลวง

★**fuel** (ฟยู' เอิล) *n.* เชื้อเพลิง, สิ่งที่กระตุ้นหรือค้ำจุนให้เกิดการทำงานหรืออารมณ์ *-v.* **-eled, -eling/-elled, -elling** *-vt.* ใส่เชื้อเพลิง, การทำงาน, สนับสนุน *-vi.* ได้เชื้อเพลิง

fuel cell อุปกรณ์ที่เปลี่ยนพลังงานเคมีไปเป็นพลังงานไฟฟ้า

fugitive (ฟยู' จิทิฟว์) *adj.* ซึ่งผ่านพ้นไปอย่างรวดเร็ว, ซึ่งหลบหนี, เข้าใจยาก, ซึ่งเปลี่ยนแปลงได้, ร่อนเร่, ไม่ยืนยาว, สูญหายได้ *-n.* ผู้หลบหนี, สิ่งที่ไม่จีรัง (**-S.** (n.) refugee)

fulcrum (ฟุล' เคริ่ม) *n., pl.* **-crums/-cra** จุดศูนย์กลางที่รับน้ำหนักคานหรือเครื่องชั่ง

★**fulfill, fulfil** (ฟุลฟิล') *vt.* **-filled, -filling** ทำให้พอใจ, สมปรารถนา, ทำให้สมบูรณ์, สนอง, ทำตาม **-fulfillment** *n.* (**-S.** achieve **-A.** ignore)

fulgent (ฟุล' เจินท์) *adj.* สว่างไสว

★**full** (ฟุล) *adj.* **fuller, fullest** ซึ่งบรรจุเต็ม, สมบูรณ์แบบ, อิ่มแปล้, เต็มที่, เต็มไปด้วย, เต็ม, เต็มเปี่ยม, มาก, ละเอียด, จ้ำม่ำ, มีพ่อแม่เดียวกัน, มีเสียงใหญ่, อุดมสมบูรณ์, หมกมุ่น, กว้างขวาง, ทั้งหมด, ครบ *-adv.* สมบูรณ์, ทั่วทั้งหมด, ครบถ้วน, แน่นอน, เที่ยงตรง, ถูกต้อง, มาก, เต็มที่, โดยตรง *-v.* **fulled, fulling** *-vt.* จับจีบหรือรูดให้พอง (เสื้อผ้า) *-vi.* เต็มดวง (พระจันทร์) *-n.* ระดับสูงสุด, สภาวะสูงสุด, จำนวนมากสุด **-fullness, fulness** *n.*

fullback (ฟุล' แบค) *n.* ตำแหน่งกองหลังในกีฬาฟุตบอล, ผู้เล่นในตำแหน่งกองหลัง

full-blooded (ฟุล' บลัด' ดิด) *adj.* ซึ่งไม่ใช่เลือดผสม, กระปรี้กระเปร่า, สมบูรณ์แบบ

full-bodied (ฟุล' บอด' ดีด์) *adj.* มีกลิ่นและรสชาติเข้มข้น

full dress เสื้อผ้าสำหรับงานพิธี

full-length (ฟุล' เลงค์ธ์') *adj.* ไม่ย่อ, ซึ่งแสดงให้เห็นความยาวเต็มตัวของคนหรือสิ่งของ

full-mouthed (ฟุล' เมาธ์ด์') *adj.* ซึ่งพูดเสียงดังหรือโผงผาง

full stop จุดที่แสดงการจบประโยค, การหยุดของเครื่องยนต์, เครื่องหมายมหัพภาค

full-time (ฟุล' ไทม์') *adj.* ซึ่งว่าจ้างเต็มเวลา, เต็มวัน, เต็มชั่วโมง **-full-time** *adv.*

fully (ฟุล' ลี) *adv.* เต็มที่, สมบูรณ์

fulminate (ฟุล' มะเนท) *v.* **-nated, -nating** *-vi.* ส่องแสงวาบ, ติเตียน, ร้องด่า, ระเบิด *-vt.* ร้องด่า, ทำให้ระเบิด

fulsome (ฟุล' เซิม) *adj.* น่ารังเกียจ, ไม่จริงใจ, ยกยอมากเกินไป, มากมายล้นหลาม

fumble (ฟัม' เบิล) *v.* **-bled, -bling** *-vi.* คลำหา, จับหรือถืออย่างเงอะงะ *-vt.* จับหรือถืออย่างเงอะงะ *-n.* การคลำหา, การกระทำที่เงอะงะ

fume (ฟยูม) *n.* ควัน, ไอน้ำ, ไอ, กลิ่นฉุน, ความโกรธหรือฉุนเฉียว *-v.* **fumed, fuming** *-vt.* ปล่อยควันหรือไอ, ใช้ควันรม *-vi.* ปล่อยไอหรือควัน, แสดงความโกรธ (**-S.** (v., n.) steam)

fumigate (ฟยู' มิเกท) *vt.* **-gated, -gating** อบหรือรมควันเพื่อฆ่าแมลงหรือเชื้อโรค

★**fun** (ฟัน) *n.* ความสนุกสนาน, ความขบขัน, เรื่องน่าขบขัน, การล้อเล่น *-vi.* **funned, funning** (ภาษาพูด) เล่นตลก *-adj.* (ภาษาพูด) อย่างขบขัน, อย่างสนุกสนาน (**-S.** (n.) amusement)

funambulist (ฟยูแนม' บยะลิซท์) *n.* นักแสดงที่เดินบนเส้นเชือก, นักไต่เชือก

★**function** (ฟังค์' ชัน) *n.* หน้าที่, ภารกิจ, การปฏิบัติงาน, บทบาท, พิธี, งาน, สิ่งที่ขึ้นอยู่กับสิ่งอื่นและแปรตามสิ่งอื่น *-vi.* **-tioned, -tioning** ปฏิบัติหน้าที่, ทำงาน (**-S.** (n.) operation)

functional (ฟังค์' ชะเนิล) *adj.* เกี่ยวกับหน้าที่, ซึ่งสามารถปฏิบัติการหรือใช้งานได้, ซึ่งปฏิบัติตามหน้าที่ **-functionally** *adv.* (**-S.** practical)

functionary (ฟังค์' ชะเนรี) *n., pl.* **-ies** เจ้าหน้าที่, เจ้าพนักงาน

★**fund** (ฟันด์) *n.* เงินทุน, มูลนิธิ, พันธบัตรเงินกู้, กองทุน, เงินสะสม *-vt.* **funded, funding** สะสมเงินทุน, จัดหาทุน (**-S.** (n.) capital)

fundament (ฟัน' ดะเมินท์) *n.* ก้น, สะโพก, ช่องทวารหนัก, พื้นฐาน, รากฐาน, มูลฐาน

fundamental (ฟันดะเมน' เทิล) *adj.* เกี่ยวกับรากฐาน, เป็นหัวใจหรือเป็นส่วนสำคัญ, เป็นจุดเริ่ม *-n.* ส่วนสำคัญ (**-S.** (adj.) basic)

★**funeral** (ฟยู' เนอเริล) *n.* การฝังศพ, งานศพ, ขบวนแห่ศพ, ถ้อยคำสรรเสริญหรือคำสั่งสอนที่กล่าวในพิธีศพ, การสิ้นสุดลงของชีวิต *-adj.* เกี่ยวกับงานศพ (**-S.** (n., adj.) burial)

funereal (ฟยูเนีย' เรียล) *adj.* เกี่ยวกับพิธีฝังศพ

fungible (ฟัน' จะเบิล) *adj.* ซึ่งแลกเปลี่ยนได้
fungoid (ฟัง' กอยด์) *adj.* ซึ่งคล้ายเห็ด
fungus (ฟัง' เกิซ) *n., pl.* **fungi** (ฟัน' ไจ, ฟัง' ไก)/**funguses** เห็ดรา
funicular (ฟยุนิค' คยะเลอร์, ฟะ-) *adj.* ซึ่งเคลื่อนที่โดยสายเคเบิล *-n.* รถกระเช้าซึ่งเคลื่อนที่โดยใช้สายเคเบิล

funicular

funk (ฟังค์) *n.* ความตื่นตกใจ, คนขี้ขลาด *-v.* **funked, funking** *-vt., vi.* หดถอยด้วยความกลัวหรือตกใจ
funk hole โพรงใต้ดินที่ขุดไว้หลบกระสุน
funky (ฟัง' คี) *adj.* **-ier, -iest** ตื่นตกใจ
funnel (ฟัน' เนิล) *n.* กรวย, สิ่งที่มีรูปร่างคล้ายกรวย, ปล่องควันหรือปล่องไฟรถจักรหรือเรือกลไฟ *-v.* **-neled, -neling/-nelled, -nelling** *-vi.* ทำให้เป็นรูปกรวย, เทของผ่านกรวย *-vt.* ทำให้กลายเป็นรูปกรวย
★**funny** (ฟัน' นี) *adj.* **-nier, -niest** น่าหัวเราะ, ตลก, ประหลาด, สนุก, พิลึก, หลอกลวง *-n., pl.* **-nies** (ภาษาพูด) เรื่องตลก **-funnily** *adv.*
★**fur** (เฟอร์) *n.* ขนหนานุ่มที่ปกคลุมหนังสัตว์, เสื้อผ้าขนสัตว์, ฝ้าขาวที่ลิ้นซึ่งเกิดขึ้นตอนไม่สบาย *-vt.* **furred, furring** ปกคลุมหรือบุด้วยขนสัตว์, กุ๊นด้วยขนสัตว์
furbelow (เฟอร์' บะโล) *n.* จีบหรือชายครุยบริเวณขอบของเสื้อผ้า
furbish (เฟอร์' บิช) *vt.* **-bished, -bishing** ขัดให้ขึ้นเงา, ซ่อมใหม่ **-furbisher** *n.*
furious (ฟยุ' เรียซ) *adj.* โกรธ, เดือดดาล, บ้าเลือด, ดุร้าย **-furiously** *adv.* (-S. angry)
furl (เฟิร์ล) *v.* **furled, furling** *-vt.* ม้วน (ใบเรือ ธง ร่ม) ให้แน่นแล้วผูกไว้ *-vi.* เป็นม้วน
furlong (เฟอร์' ลอง) *n.* หน่วยวัดระยะทางซึ่งเท่ากับ ⅛ ไมล์ (201 เมตร)
furlough (เฟอร์' โล) *n.* การอนุญาตให้ลาพักงาน, เอกสารอนุญาตให้ลาพัก
furnace (เฟอร์' นิซ) *n.* เตาหลอม, เตาไฟ, สถานที่ที่มีความร้อนสูง, การทดสอบที่หนักมาก
★**furnish** (เฟอร์' นิช) *vt.* **-nished, -nishing** จัดหาเฟอร์นิเจอร์, ตกแต่ง, ให้ (-S. bestow)
★**furniture** (เฟอร์' นิเชอร์) *n.* เครื่องตกแต่งบ้าน, อุปกรณ์ที่จำเป็นของเครื่องยนต์ (-S. equipment)
furor (ฟยุ' เรอร์) *n.* ความโกรธอย่างแรง
furred (เฟิร์ด) *adj.* ซึ่งทำ ตกแต่ง หรือปกคลุมด้วยขนสัตว์, มีฝ้าขาวเคลือบอยู่ที่ลิ้น
furrier (เฟอ' รีเออร์) *n.* พ่อค้าขายขนสัตว์
furrow (เฟอ' โร) *n.* ร่องดินที่เกิดจากการไถ, รอยย่นบนใบหน้า *-v.* **-rowed, -rowing** *-vt.* ทำให้เกิดเป็นร่องตื้นยาวและแคบ, ไถ, ทำให้เป็นรอยย่น *-vi.* กลายเป็นร่องหรือเป็นรอยย่น
furry (เฟอ' รี) *adj.* **-rier, -riest** ซึ่งประกอบด้วยขนสัตว์, ซึ่งปกคลุมด้วยขนสัตว์
★**further** (เฟอร์' เธอร์) *adj.* ไกลออกไป, ต่อไปอีก, นานออกไป, มากขึ้น *-adv.* ต่อไปอีก, นอกจากนี้, ไกลออกไป *-vt.* **-thered, -thering** ช่วยทำให้ก้าวหน้า **-furtherer** *n.*
furtherance (เฟอร์' เธอเรินซ์) *n.* การสนับสนุน, ความก้าวหน้า, การเลื่อนตำแหน่ง
furthermore (เฟอร์' เธอร์มอร์) *adv.* นอกจากนั้น, ยิ่งกว่านั้น, อีกด้วย (-S. besides)
furthermost (เฟอร์' เธอร์โมซท์) *adj.* ไกลที่สุด
★**furthest** (เฟอร์' ธิซท์) *adj.* คุณศัพท์เปรียบเทียบขั้นสูงสุดของ far, ไกลที่สุด, อย่างมากที่สุด, นานที่สุด, ห่างที่สุด *-adv.* คุณศัพท์เปรียบเทียบ ขั้นสุดของ far, ขยายออกไปไกลที่สุด, นานที่สุด
furtive (เฟอร์' ทิฟว์) *adj.* ซึ่งลอบหรือแอบ, ซึ่งปกปิดซ่อนเร้น, ขี้โกง (-S. hidden, secret)
fury (ฟยุ' รี) *n., pl.* **-ries** ความโกรธอย่างแรง, ความบ้าเลือด, หญิงอารมณ์ร้าย (-S. anger)
fuse[1], **fuze** (ฟยูซ์) *n.* ชนวนระเบิด *-vt.* **fused, fusing/fuzed, fuzing** ติดชนวน
fuse[2] (ฟยูซ์) *v.* **fused, fusing** *-vt.* หลอมละลาย *-vi.* หลอมเหลวหรือรวมกัน *-n.* ฟิวส์
fuselage (ฟยู' ซะลาฌ) *n.* ลำตัวเครื่องบิน
fusible (ฟยู' ซะเบิล) *adj.* ซึ่งสามารถหลอมเหลวได้ด้วยความร้อน **-fusibility, fusibleness** *n.*
fusil (ฟยู' เซิล) *n.* ปืนคาบศิลา
fusilier, fusileer (ฟยูซะเลียร์') *n.* ทหารที่ถือปืนคาบศิลา
fusillade (ฟยู' ซะลาด) *n.* การระดมยิงพร้อมๆ กัน, การรัวหรือยิงคำถามอย่างไม่ลดละ
fusion (ฟยู' ชัน) *n.* การหลอมละลาย, การละลาย, ของเหลวที่ได้จากการหลอมละลาย
fusion bomb ระเบิดปรมาณู
fuss (ฟัซ) *n.* ความวุ่นวาย, ความเอะอะ, ความจู้จี้, การคัดค้าน, การทะเลาะ *-v.* **fussed, fussing** *-vi.* บ่น, วุ่นวาย, จู้จี้ *-vt.* รบกวน
fussbudget, fuss-budget (ฟัซ' บัจจิท) *n.* คนจู้จี้
fussy (ฟัซ' ซี) *adj.* **-ier, -iest** ซึ่งอารมณ์เสียง่าย, (เด็ก) ขี้อ้อน, จู้จี้, พิถีพิถัน, ซึ่งเอะอะวุ่นวาย

-fussily *adv.* -fussiness *n.* (-S. choosy)
fustian (ฟัซ' เชิน) *n.* ผ้าฝ้ายผสมลินิน, คำพูดที่โอ้อวด *-adj.* ซึ่งคุยโว, ซึ่งทำด้วยผ้าดังกล่าว
fusty (ฟัส' ตี) *adj.* **-tier, -tiest** มีกลิ่นเหม็นอับ, เก่าแก่, โบราณ **-fustily** *adv.*
futile (ฟยู' ไทล์) *adj.* ไร้ประโยชน์, ไม่เอาจริง **-futilely** *adv.* **-futility** *n.* (-S. barren)
★**future** (ฟยู' เชอร์) *n.* อนาคต, สิ่งที่จะเกิดขึ้นในอนาคต *-adj.* ในอนาคต **-futurism, futurity** *n.*
fuzz (ฟัซ) *n.* ปุย, ขนอ่อน, ฝอย *-v.* **fuzzed, fuzzing** *-vt.* ปกคลุมด้วยขนอ่อนหรือปุย, ทำให้มัวหรือไม่ชัด *-vi.* มัวหรือไม่ชัด
fuzzy (ฟัซ' ซี) *adj.* **-ier, -iest** ซึ่งปกคลุมด้วยปุยหรือขนอ่อน, อย่างสับสนมึนงง, ซึ่งไม่ชัดเจน **-fuzzily** *adv.* **-fuzziness** *n.*
-fy คำปัจจัย หมายถึง ทำ, ทำให้กลายเป็น

G

G, g (จี) *n., pl.* **G's, g's/Gs, gs** อักษรตัวที่ 7 ในภาษาอังกฤษ, อันดับเจ็ด
g ย่อจาก gram กรัม
gab (แกบ) *vi.* **gabbed, gabbing** (คำสแลง) พูดเหลวไหล *-n.* การพูดเหลวไหล
gabardine (แกบ' เบอร์ดีน) *n.* ผ้าทอเนื้อแน่นและหยาบ, เสื้อผ้าที่ทำด้วยผ้าดังกล่าว
gabble (แกบ' เบิล) *v.* **-bled, -bling** *-vi.* พูดรัวเร็ว *-vt.* พูดรัวเร็ว *-n.* การพูดเร็ว
gable (เก' เบิล) *n.* หน้าจั่ว **-gabled** *adj.*
gad (แกด) *vi.* **gadded, gadding** ท่องเที่ยวหรือเตร็ดเตร่ไปเรื่อยๆ **-gadder** *n.*
gadabout (แกด' ดะเบาท์) *n.* คนที่ชอบเที่ยว
gadfly (แกด' ไฟล) *n., pl.* **-flies** แมลงที่ชอบกัดหรือทำความรำคาญให้กับวัว ควาย ม้า และสัตว์อื่นๆ, คนที่ชอบกวนหรือยั่วแหย่ผู้อื่น
gadget (แกจ' จิท) *n.* เครื่องมือหรือเครื่องประดิษฐ์ตัวเล็กๆ **-gadgety** *adj.* (-S. gimmick)
gaff (แกฟ) *n.* ตะขอเหล็กที่ใช้ดึงปลาตัวใหญ่ *-vt.* **gaffed, gaffing** เกี่ยวปลาด้วยตะขอ
gaffer (แกฟ' เฟอร์) *n.* ชายแก่, หัวหน้าคนงาน
gag (แกก) *n.* สิ่งที่ใช้ปิดปากไม่ให้พูดหรือร้องออกมา, เครื่องถ่างปาก, เรื่องตลก, การสำลัก, ข้อบังคับหรือข้อจำกัดที่ห้ามการพูดอย่างเสรี *-v.* **gagged, gagging** *-vt.* ปิดปาก, จำกัดหรือห้ามไม่ให้พูดอย่างเสรี, ทำให้สำลักหรืออาเจียน, ถ่างปากโดยใช้เครื่องถ่างปาก, (ท่อ) อุดตัน *-vi.* สำลัก, พูดตลก เสียดสี หรือตลบตะแลง
gaga (กา' กา) *adj.* (ภาษาพูด) โง่ บ้า
gage (เกจ) *n.* ดู gauge
gaggle (แกก' เกิล) *n.* ฝูงห่าน, กลุ่ม
gaiety, gayety (เก' อิที) *n., pl.* **-ties** ความสนุก, งานรื่นเริง, สีสดใส (-S. jollity)
gaily, gayly (เก' ลี) *adv.* อย่างสนุกสนาน, ด้วยสีสว่างสดใส (-S. cheerfully, happily)
★**gain** (เกน) *v.* **gained, gaining** *-vt.* มาถึง, ได้มา, เข้าครอบครอง, ชนะ, ได้รับ, บรรลุ, ได้กำไรหรือรางวัล, ทำให้เพิ่มพูน, (นาฬิกา) กลายเป็นเดินเร็ว *-vi.* เพิ่ม, ปรับปรุง, เจริญ, ได้กำไรหรือผลประโยชน์, ปิดช่องว่าง, เข้าใกล้ขึ้น, เดิมตะกั่ว, เพิ่มน้ำหนัก, (นาฬิกา) เดินเร็ว, เข้าใกล้ *-n.* สิ่งที่ได้มาหรือบรรลุ, ความก้าวหน้า, การได้รับ, การเพิ่มขึ้น **-gainful** *adj.* **-gainfully** *adv.* **-gainfulness** *n.* (-S. (v.) acquire)
gainsay (เกนเซ') *vt.* **-said, -saying** ปฏิเสธ
gait (เกท) *n.* การย่างก้าวของเท้าในการเดินหรือวิ่ง, อาการเคลื่อนไหวของเท้าม้าในการเดินวิ่งเหยาะๆ วิ่งเรียบ และควบ
gaiter (เก' เทอร์) *n.* ผ้าหรือหนังที่ใช้หุ้มแข้ง
gala (เก' ละ) *n.* งานรื่นเริงหรืองานฉลอง
galactic (กะแลค' ทิค) *adj.* เกี่ยวกับกาแล็กซี
galavant (แกล' ละแวนท์) *vi.* ดู gallivant
galaxy (แกล' เลิคซี) *n., pl.* **-ies** กลุ่มของดวงดาว ก๊าซ และฝุ่น ที่รวมกันขึ้นเป็นระบบสุริยจักรวาล, ทางช้างเผือก, การรวมกันของกลุ่มบุคคลหรือสิ่งของที่งดงาม
gale (เกล) *n.* พายุ, การระเบิดเสียง
galena (กะลี' นะ) *n.* แร่สีเทาซึ่งเป็นสินแร่ของตะกั่ว (II) ซัลไฟด์ (PbS) ที่สำคัญมาก
gall[1] (กอล) *n.* ความขมขื่น, ความทะลึ่ง, น้ำดี
gall[2] (กอล) *n.* แผลถลอก, การรบกวน *-v.* **galled, galling** *-vt.* ทำให้ผิวหนังเป็นแผลถลอก, รบกวน *-vi.* กลายเป็นแผล, กลายเป็นฉุนเฉียว
gallant (แกล' เลินท์) *adj.* กล้าหาญ, เจ้าชู้,

A B C D E F G H I J K L M N O P Q R S T U V W X Y Z

คล่องแคล่วหรือร่าเริง, สง่างาม, (เสื้อผ้า) โก้หรู, สุภาพและเอาใจผู้หญิง *-n.* ชายหนุ่มผู้หรูหรา, ชายที่สุภาพและเอาใจผู้หญิง, คนรัก, ชายเจ้าชู้, ชู้รัก **-gallantly** *adv.* **-gallantry** *n.* (-**S.** (adj.) bold, brave -**A.** (n.) coward)

gall bladder ถุงน้ำดี

galleon (แกล' เยิน) *n.* เรือใบขนาดใหญ่ของสเปน ในช่วงศตวรรษที่ 15-17

galleria (แกลละเรีย') *n.* ทางเดินที่มีหลังคาหรือโถงในอาคารซึ่งเป็นที่รวมของร้านค้าต่างๆ

gallery (แกล' ละรี) *n., pl.* **-ies** ทางเดินที่มีหลังคา, ระเบียง, มุขหรือเฉลียงแคบ, ทางเดินในตึกต่อจากบันไดไปยังห้องต่างๆ, ที่นั่งด้านบนเป็นระเบียงยาวในโรงละครหรือโบสถ์, ที่นั่งที่ราคาถูกที่สุดในโรงภาพยนตร์, กลุ่มผู้ชมการแข่งขันกอล์ฟ, ห้องแสดงงานศิลปะ, การจัดแสดงและขายงานศิลปะ, สตูดิโอถ่ายรูป, อุโมงค์ใต้ดินหรือทางเดินในถ้ำ, การสะสม, ราวลูกกรงเตี้ยๆ ที่อยู่รอบขอบโต๊ะหรือชั้นวางของ

galley (แกล' ลี) *n., pl.* **-leys** ห้องครัวบนเครื่องบินหรือเรือ, ถาดยาวหรือรางใส่ตัวพิมพ์

gallinaceous (แกลละเน' เชิซ) *adj.* เกี่ยวกับหรือเหมือนกับเป็ดไก่ **-gallinacean** *n.*

galling (กอ' ลิง) *adj.* ซึ่งทำให้รำคาญหงุดหงิด

gallipot (แกล' ละพอท) *n.* หม้อดินเล็กใช้ใส่ยา

gallivant, galavant (แกล' ละแวนท์) *vi.* **-vanted, -vanting** เที่ยวเตร่, ทำเจ้าชู้

★**gallon** (แกล' เลิน) *n.* หน่วยวัดปริมาตรของเหลวในระบบอเมริกันเท่ากับ 3.785 ลิตร, หน่วยวัดปริมาตรของเหลวและของแห้งในระบบอังกฤษเท่ากับ 4.546 ลิตร, ถังที่จุ 1 แกลลอน

gallop (แกล' เลิพ) *n.* การวิ่งควบของม้า, การวิ่งอย่างเร็วของสัตว์ 4 เท้า, การไปอย่างเร็ว *-v.* **-loped, -loping** *-vt.* ทำให้ควบส่งไปอย่างเร็ว *-vi.* ขี่ม้าควบ, เคลื่อนไหวอย่างเร็ว

gallows (แกล' โลซ์) *n., pl.* **-lows/-lowses** ที่แขวนคอนักโทษ, การสำเร็จโทษด้วยการแขวนคอ, ตะแลงแกง

gallstone (กอล' สโตน) *n.* ก้อนนิ่ว

galluses (แกล' ละซิซ) *n. pl.* สายหนังดึงกางเกง

galore (กะลอร์') *adj.* มากมาย, เยอะแยะ

galosh (กะลอช') *n.* รองเท้ายางที่สวมทับรองเท้าธรรมดาเพื่อกันน้ำหรือหิมะ

galvanic (แกลแวน' นิค) *adj.* ซึ่งผลิตกระแสไฟฟ้าโดยใช้ปฏิกิริยาทางเคมี

galvanism (แกล' วะนิซเซิม) *n.* ไฟฟ้ากระแสตรงที่ผลิตจากปฏิกิริยาเคมี

galvanize (แกล' วะไนซ์) *vt.* **-nized, -nizing** เคลือบเหล็กด้วยสังกะสีที่กันสนิม **-galvanization** *n.* **-galvanizer** *n.*

galvanometer (แกลวะนอม' มิเทอร์) *n.* เครื่องมือที่ใช้วัดกระแสไฟฟ้าอ่อนๆ

gam (แกม) *n.* ฝูงวาฬ, การชุมนุมกันของนักล่าวาฬ

gambier, gambir (แกม' เบียร์) *n.* สีเสียด ใช้กินกับหมาก เข้ายาไทย และเป็นสีย้อม

gambir (แกม' เบียร์) *n.* ดู gambier

gambit (แกม' บิท) *n.* การเดินหมากในเกมหมากรุกที่ผู้เล่นยอมเสียหมากไป 1 ตัว เพื่อที่จะเอาชนะต่อไป, กลเม็ดหรือกลอุบาย

gamble (แกม' เบิล) *vt., vi.* **-bled, -bling** พนัน, เล่นการพนัน, เสี่ยงโชค, เสี่ยง *-n.* การพนัน, ความเสี่ยง **-gambler** *n.* (-**S.** (v., n.) bet)

gamboge (แกมโบจ') *n.* ยางไม้สีน้ำตาลหรือสีส้ม ซึ่งได้จากต้นไม้ในสกุล *Garcinia*

gambol (แกม' เบิล) *vi.* **-boled, -boling/-bolled, -bolling** กระโดดโลดเต้น, เล่นซน *-n.* การกระโดดโลดเต้น, การเล่นซน

★**game** (เกม) *n.* กิจกรรมเพื่อความสนุกสนาน, การแข่งขันกีฬา, ช่วงการแข่งขัน, แต้มคะแนนรวมที่จะทำให้ชนะ, คะแนนสะสมในแต่ละช่วงการแข่งขัน, อุปกรณ์เล่นเกม, รูปแบบการเล่นเกม, (*ภาษาพูด*) ธุรกิจหรืออาชีพ อุบาย กิจกรรมหรืองานที่ผิดกฎหมาย, สัตว์ป่า นก ปลาที่ถูกล่าเพื่อเป็นอาหารหรือเป็นกีฬา, กีฬา *-v.* **gamed, gaming** *-vt.* เสียพนัน *-vi.* เล่นพนัน, พนัน *-adj.* **gamer, gamest** กล้าได้และกล้าเสีย, ซึ่งพร้อมและเต็มใจ **-gamely** *adv.* **-gameness** *n.* (-**S.** (n., v.) play)

game bird นกที่ถูกล่าได้ในเกมกีฬา

gamecock (เกม' คอค) *n.* ไก่ชน

game fish ปลาที่ถูกตกเบ็ดในกีฬาตกปลา

game fowl ไก่ชน

gamekeeper (เกม' คีเพอร์) *n.* คนที่ผสมพันธุ์สัตว์หรือดูแลรักษาสัตว์ที่เลี้ยงไว้สำหรับล่า

game plan แผนการในการแข่งขันกีฬา

gamesmanship (เกมซ์' เมินชิพ) *n.* ทักษะในการใช้อุบายเพื่อชัยชนะเหนือผู้อื่น

gamesome (เกม' เซิม) *adj.* สนุกสนาน

gamester (เกม' สเตอร์) *n.* นักพนัน

gamete (แกม' มีท) *n.* เซลล์สืบพันธุ์ที่มีโครโมโซม = n เช่น สเปิร์มหรือไข่

gamin (แกม' มิน) *n.* เด็กชายเร่ร่อน

gamine (แกม' มีน) *n.* เด็กหญิงเร่ร่อน

gamma (แกม' มะ) *n.* อักษรตัวที่ 3 ในภาษากรีก, หน่วยวัดความเข้มของสนามแม่เหล็ก ซึ่งมีค่าเท่ากับ 10^{-5}, หน่วยของมวลซึ่งมีค่าเท่ากับ 10^{-6}, ลำดับที่สามในกลุ่ม
gamma ray รังสีที่มีความยาวคลื่นสั้นมาก ซึ่งส่งออกมาจากวัตถุที่สามารถแผ่รังสีได้
gammon[1] (แกม' เมิน) *n.* การเสแสร้ง
gammon[2] (แกม' เมิน) *n.* แฮมรมควัน
gamut (แกม' เมิท) *n.* ขอบเขตของบางสิ่ง
gamy, gamey (เก' มี) *adj.* **-ier, -iest** กล้า, เหม็น, ฉุนแรง **-gamily** *adv.* **-gaminess** *n.*
gander (แกน' เดอร์) *n.* ห่านตัวผู้, (ภาษาพูด) การชำเลืองดู คนโง่ คนเซ่อ
★**gang** (แกง) *n.* กลุ่มอาชญากรหรืออันธพาล, กลุ่มวัยรุ่นหนุ่มสาว, กลุ่มบุคคลที่ทำงานช่วยเหลือสังคม, กลุ่มกรรมกร, ชุดหรือแถวของเครื่องมือหรืออุปกรณ์, ฝูงกวาง ฝูงสุนัขป่า หรือฝูงควาย *-vi., vt.* **ganged, ganging** รวมตัวกันเป็นกลุ่ม, ชุมนุมหรือจัดเป็นกลุ่ม
gangling (แกง' กลิง) *adj.* ผอมสูง, เก้งก้าง
ganglion (แกง' เกลียน) *n., pl.* **-glia/-glions** ปมประสาท, ศูนย์กลางของพลังงานหรืออำนาจ
gangplank (แกง' แพลงค์) *n.* แผ่นกระดานที่ใช้เป็นสะพานขึ้นหรือลงเรือ
gangrene (แกง' กรีน) *n.* เนื้อเยื่อที่ตายและเน่าแล้ว **-gangrenous** *adj.*
gangster (แกง' สเตอร์) *n.* สมาชิกของกลุ่มอาชญากร **-gangsterdom** *n.* (**-S.** bandit)
gangway (แกง' เว) *n.* ช่องทางเดินระหว่างแถวของที่นั่งในโรงมหรสพ, สะพานที่เป็นทางเดินขึ้นลงเรือ *-interj.* ขอทางหน่อย
gantry (แกน' ทรี) *n., pl.* **-tries** โครงเหล็กสูงที่ใช้ติดสัญญาณเหนือทางรถไฟหรือทางด่วน
★**gap** (แกพ) *n.* ช่องว่าง, ความไม่เท่าเทียมหรือความแตกต่าง, ช่องโหว่, ช่องเขา, ช่องห่าง
gape (เกพ, แกพ) *vi.* **gaped, gaping** จ้อง, อ้าปากค้างด้วยความแปลกใจ, เปิดออกกว้าง *-n.* การเปิดออกกว้าง, การจ้องอ้าปากค้าง
★**garage** (กะราฌ', -ราจ') *n.* โรงรถ, อู่ซ่อมรถ *vt.* **-raged, -raging** เก็บในโรงรถ
garb (การ์บ) *n.* เครื่องแบบ, เครื่องแต่งกาย
★**garbage** (การ์' บิจ) *n.* ขยะ, ของที่ทิ้งแล้ว
garble (การ์' เบิล) *vt.* **-bled, -bling** ผสม ปนเปหรือบิดเบือนจนทำให้เข้าใจผิด *-n.* การผสมปนเปหรือบิดเบือนจนเข้าใจผิด **-garbler** *n.*
★**garden** (การ์' เดิน) *n.* สวน, ลานหรือสนามหญ้า, พื้นที่ที่อุดมสมบูรณ์ด้วยพันธุ์ไม้, อุทยานสาธารณะขนาดใหญ่ *-v.* **-dened, -dening** *-vt.* ทำสวน, จัดสวน *-vi.* ทำสวน, เป็นคนสวน *-adj.* ซึ่งใช้ในสวน **-lead (take) down the garden path** ทำให้เข้าใจผิด **-gardening** *n.*
gardener (การ์' เดินเนอร์) *n.* ชาวสวน
garden-variety (การ์' เดินวะไรอิที) *adj.* ปกติ, ธรรมดา
gargantuan (การ์แกน' ชวน) *adj.* ใหญ่โต
gargle (การ์' เกิล) *vi., vt.* **-gled, -gling** กลั้วคอด้วย (น้ำ ยา) *-n.* ยากลั้วคอ, เสียงกลั้วคอ
gargoyle (การ์' กอยล์) *n.* หัวรูปสัตว์ประหลาดที่ใช้เป็นเครื่องตกแต่ง, หัวรูปสัตว์ประหลาดที่ยื่นออกมาจากปากรางน้ำฝนตรงชายคา, คนที่มีลักษณะพิลึกหรือแปลก
garish (แก' ริช) *adj.* ฉูดฉาดบาดตา, หรูหรา, สุกใส **-garishly** *adv.* **-garishness** *n.*
garland (การ์' เลินด์) *n.* พวงหรีดหรือพวงมาลัยสวมรอบคอเพื่อเป็นเกียรติ *-vt.* **-landed, -landing** สวมหรือประดับด้วยพวงหรีดหรือพวงดอกไม้ดังกล่าว, ทำพวงหรีดหรือพวงมาลัย
garlic (การ์' ลิค) *n.* กระเทียม หัวกระเทียม
garment (การ์' เมินท์) *n.* เสื้อผ้า, เครื่องปกคลุม *-vt.* **-mented, -menting** สวมเสื้อผ้า
garner (การ์' เนอร์) *vt.* **-nered, -nering** เก็บในยุ้งฉาง, สะสม *-n.* ยุ้งฉาง (**-S.** (v.) collect)
garnet (การ์' นิท) *n.* โกเมน, สีแดงคล้ำ
garnish (การ์' นิช) *vt.* **-nished, -nishing** ประดับตกแต่งอาหาร *-n.* สิ่งที่ใช้ตกแต่งอาหาร
garnishee (การ์นิชี') *n.* ผู้ถูกอายัดทรัพย์
garnishment (การ์' นิชเมินท์) *n.* การประดับตกแต่ง, การอายัดทรัพย์หรือเงิน
garret (แก' ริท) *n.* ห้องใต้หลังคา
garrison (แก' ริเซิน) *n.* ที่ตั้งกองทหาร, กองทหารที่อยู่ในป้อมหรือในเมือง *-vt.* **-soned, -soning** ส่งกองทหารไปยังฐานที่มั่น, เข้า ยึดหรือเปลี่ยนเป็นฐานที่มั่น (**-S.** (n., v.) force)
garrote, garrotte (กะรอท') *n.* วิธีการประหารชีวิตโดยการใส่ปลอกคอเหล็กแล้วบีบหรือรัดให้แน่น, ปลอกเหล็กสำหรับบีบคอนักโทษ, การปล้นด้วยวิธีบีบคอเจ้าทรัพย์, ลวดหรือเชือกสำหรับรัดคอ *-vt.* **-roted,-roting/-rotted, -rotting** ประหารชีวิตด้วยการบีบคอ, บีบคอเพื่อปล้น
garrotte (กะรอท') *n.* ดู garrote
garrulous (แก' ระเลิซ) *adj.* ซึ่งพูดมาก **-garrulously** *adv.* **-garrulousness** *n.*
garter (การ์' เทอร์) *n.* แถบหรือสายยางที่สวม

A B C D E F G H I J K L M N O P Q R S T U V W X Y Z

อยู่รอบขาเพื่อใช้รั้งหรือดึงถุงน่องหรือถุงเท้า

★**gas** (แกซ) *n., pl.* **gases/gasses** ก๊าซ, ก๊าซเชื้อเพลิง, ก๊าซที่ใช้เป็นยารมให้สลบ, ก๊าซพิษ, อาการท้องขึ้นมีลม, น้ำมันเบนซิน, (คำสแลง) การพูดเหลวไหลหรือคุยโม้ *-v.* **gassed, gassing** *-vt.* ฆ่าหรือทำร้ายโดยใช้ก๊าซพิษ, บรรจุด้วยก๊าซ *-vi.* ปล่อยก๊าซ **-gassy** *adj.*

gasbag (แกซ' แบก) *n.* ถุงบรรจุก๊าซ (ในบอลลูน), (คำสแลง) คนที่พูดมากเกินไป

gas chamber ห้องประหารด้วยก๊าซพิษ

gaseous (แกซ' เซียซ) *adj.* เกี่ยวข้องกับก๊าซ

gash (แกช) *vt.* **gashed, gashing** ตัดหรือฟันให้เป็นรอยลึกยาว *-n.* แผลลึก (**-S.** (v., n.) cut)

gasify (แกซ' ซะไฟ) *vt., vi.* **-fied, -fying** กลายเป็นก๊าซ **-gasifiable** *adj.* **-gasifier** *n.*

gasket (แกส' กิท) *n.* แผ่นหรือวงแหวนที่เป็นยาง โลหะ หรือกระดาษ ที่ใช้ปิดทับบริเวณข้อต่อเพื่อป้องกันการรั่ว, เชือกสำหรับผูกใบเรือ

gas main ท่อใหญ่ที่ส่งก๊าซไปยังท่อเล็ก

gas mask หน้ากากป้องกันก๊าซพิษ

★**gasoline** (แกซ' ซะลีน) *n.* น้ำมันเชื้อเพลิง

gasometer (แกซอม' มิเทอร์) *n.* เครื่องมือวัดค่าก๊าซ, ถังกลมใหญ่ที่ใช้เก็บก๊าซเชื้อเพลิง

gasp (แกซพ์) *v.* **gasped, gasping** *-vi.* หายใจหอบ, อ้าปากค้างด้วยความประหลาดใจ, หอบ *-vt.* พูดด้วยอาการหอบ *-n.* การหอบ, การอ้าปากค้าง, การอ้าปากหายใจ

gas station ปั๊มน้ำมัน

gastric (แกส' ตริค) *adj.* ซึ่งเกี่ยวข้องกับกระเพาะอาหาร

gastric juice น้ำย่อยในกระเพาะอาหาร

gastric ulcer แผลในผนังกระเพาะอาหาร

gastritis (แกสไตร' ทิซ) *n.* กระเพาะอักเสบ

gastronome (แกส' ตระโนม) *n.* ผู้รู้และชำนาญด้านอาหารและเครื่องดื่ม, นักกินและดื่ม

gastronomy (แกสตรอน' นะมี) *n., pl.* **-mies** ศาสตร์หรือศิลปะการกินที่ดี, วิธีการทำอาหาร

★**gate** (เกท) *n.* ประตูรั้วหรือกำแพง, ทางเข้าออก, ประตูน้ำ,เครื่องกั้นหรือไม้ที่ตั้งขวางบนถนนหรือทางรถไฟหรือกั้นบริเวณจุดเริ่มต้นในการแข่งขัน, ช่องแคบ, จำนวนคนที่เข้าชมการแข่งขันกีฬา, เงินที่เก็บได้จากการขายตั๋วเพื่อเข้าชมการแข่งขันกีฬา (**-S.** access, door)

> **gate** มักหมายถึงประตูรั้ว ประตูสวน หรือประตูเข้าออกสถานที่ใหญ่ๆ เช่น Please open the gate for the car.
>
> **door** เป็นประตูเข้าออกตัวอาคารบ้านเรือน เช่น Please open the door for me.
>
> **doorway** ช่องทางเข้าออกประตู เช่น Somebody is standing in the doorway so I can't go outside.

gatecrasher (เกท' แครชเชอร์) *n.* (คำสแลง) คนที่เข้าไปในงานเลี้ยงโดยไม่ได้รับเชิญ

gatehouse (เกท' เฮาซ์) *n.* เรือนเล็กของคนเฝ้าประตู, ห้องเหนือประตูกำแพงเมือง

gatekeeper (เกท' คีเพอร์) *n.* คนเฝ้าประตู

gate-leg table โต๊ะที่พับขาได้

gateway (เกท' เว) *n.* ทางเข้า, ประตูทางเข้า

★**gather** (แกธ' เธอร์) *v.* **-ered, -ering** *-vt.* รวบรวม, สะสม, เก็บ, เก็บเกี่ยว, เพิ่มขึ้นทีละน้อย, ชุมนุม, สำรวม, ทำจีบรูด, รวบไว้, ขมวดคิ้ว, สรุป *-vi.* รวมเป็นกลุ่ม, ชุมนุม, เป็นหนอง, สะสม *-n.* การรวบรวม, การขมวดคิ้ว, การทำจีบรูด **-gathering** *n.* (**-S.** (v.) collect)

GATT ย่อจาก General Agreement on Tariffs and Trade ข้อตกลงทั่วไปว่าด้วยภาษีศุลกากรและการค้า

gauche (โกช) *adj.* ซึ่งไม่รู้จักกาลเทศะ, งุ่มง่าม

gaudy (กอ' ดี) *adj.* **-ier, -iest** ฉูดฉาด, ไม่มีรสนิยม **-gaudily** *adv.* **-gaudiness** *n.*

gauge, gage (เกจ) *n.* เกณฑ์มาตรฐานในการวัด, เครื่องมือที่ใช้วัดหรือทดสอบ, วิธีการในการคาดคะเนหรือหาค่า, ระยะห่างระหว่างรางรถไฟทั้ง 2 ข้าง, ความหนาหรือเส้นผ่านศูนย์กลางของแผ่นเหล็กหรือลวด *-vt.* **gauged, gauging/gaged, gaging** วัดอย่างถูกต้องเที่ยงตรง, วัดขนาด จำนวน หรือความจุ, ตัดหรือขัดหินหรืออิฐให้ได้ขนาดที่ต้องการ,ประเมินหรือตัดสิน **-gaugeable** *adj.*

gaunt (กอนท์) *adj.* **gaunter, gauntest** ซูบผอม, โดดเดี่ยว **-gauntly** *adv.* **-gauntness** *n.*

gauntlet[1] (กอนท์' ลิท) *n.* ถุงมือหนังของอัศวินที่หุ้มด้วยแผ่นเหล็กอีกชั้นหนึ่ง

gauntlet[2] (กอนท์' ลิท) *n.* การรุมโจมตี

gauss (เกาซ์) *n., pl.* **gauss/gausses** หน่วยวัดความเหนี่ยวนำหรือแรงดูดของแม่เหล็ก

gauze (กอซ) *n.* ผ้าโปร่งบางที่ทออย่างหลวมๆ, ผ้าฝ้ายโปร่งบางใช้พันแผล, พลาสติกหรือโลหะเส้นบางที่นำมาทอเป็นตาๆ **-gauzy** *adj.*

gave (เกฟว์) *v.* กริยาช่อง 2 ของ give

gavel (แกฟ' เวิล) *n.* ค้อนไม้ขนาดเล็ก

gavel

gawk (กอค) *n.* คนที่เงอะงะงุ่มง่ามหรือเซ่อซ่า *-vi.* **gawked, gawking** จ้องมองหรืออ้าปากค้างด้วยความแปลกใจ **-gawker** *n.* **-gawky** *adj.*

gay (เก) *adj.* **gayer, gayest** สนุกสนาน, ร่าเริง, มีชีวิตชีวา, ซึ่งมีสีสดใส, เสเพล, ซึ่งชอบเพศเดียวกัน *-n.* คนที่เป็นเกย์ **-gayness** *n.*

gayety (เก' อิที) *n.* ดู gaiety

gayly (เก' ลี) *adv.* ดู gaily

gaze (เกซ) *vi.* **gazed, gazing** จ้องมอง, เพ่งดู

gazelle (กะเซล') *n.* กวางชนิดหนึ่งมีขนาดเล็ก วิ่งเร็ว คอยาว เขาสวยงาม อยู่ในสกุล *Gazella*

gazette (กะเซท') *n.* หนังสือพิมพ์, ราชกิจจานุเบกษา, การประกาศในราชกิจจานุเบกษา

gazetteer (แกซซิเทียร์') *n.* ดัชนีหรือพจนานุกรมภูมิศาสตร์, นักหนังสือพิมพ์

gear (เกียร์) *n.* เฟืองที่ส่งถ่ายให้เกิดการเคลื่อนไหว การเปลี่ยนความเร็วหรือทิศทาง, เกียร์, อุปกรณ์หรือเครื่องมือ, เสื้อผ้าและเครื่องตกแต่ง, เครื่องเทียมลากสำหรับม้า *-v.* **geared, gearing** *-vt.* ใส่เครื่องเทียมลาก, ปรับให้เหมือนหรือตรงกัน, ใส่เกียร์ *-vi.* ปรับให้พอดี

gear box กระปุกเกียร์

gearshift (เกียร์' ชิฟท์) *n.* คันโยกเปลี่ยนเกียร์

gear wheel ล้อเฟือง

gecko (เกค' โค) *n., pl.* **-os/-oes** ตุ๊กแก

gecko

gee[1] (จี) *interj.* คำอุทานที่ใช้สั่งม้าหรือวัวให้หันขวา *-vi.* **geed, geeing** เลี้ยวขวา

gee[2], **jee** (จี) *interj.* คำอุทานแสดงความเห็นใจ

geek (กีค) *n.* คนที่น่าเบื่อหรือล้าสมัย

geese (กีซ) *n. pl.* พหูพจน์ของ goose

gee whiz คำอุทานแสดงความประหลาดใจ

G8 ย่อจาก Group of Eight กลุ่มประเทศอุตสาหกรรมชั้นนำของโลก 8 ประเทศคือ สหรัฐอเมริกา อังกฤษ ฝรั่งเศส เยอรมนี อิตาลี แคนาดา ญี่ปุ่น และรัสเซีย

geisha (เก' ชะ) *n., pl.* **-sha/-shas** หญิงสาวญี่ปุ่นที่ได้รับการฝึกหัดให้เข้าสังคม รู้จักพูดคุย เรียนเต้นรำและร้องเพลง เพื่อมอบความบันเทิงให้ผู้ชายในงานเลี้ยงต่างๆ

gel (เจล) *n.* สารกึ่งแข็งมีลักษณะคล้ายวุ้น, เจลจัดแต่งทรงผม *-vi.* **gelled, gelling** กลายเป็นสารกึ่งแข็งคล้ายวุ้น **-gelable** *adj.*

gelatin, gelatine (เจล' ละเทิน) *n.* โปรตีนที่เปราะง่ายมีสีเหลืองอ่อนใสหรือไม่มีสี ได้จากผิวหนัง กระดูก และเนื้อเยื่อเกี่ยวพันของสัตว์ ใช้ในอาหาร ยา และฟิล์มถ่ายรูป, วุ้นที่ทำมาจากโปรตีนดังกล่าว **-gelatinization** *n.*

gelatine (เจล' ละเทิน) *n.* ดู gelatin

gelatinous (จะแลท' เทินเนิซ) *adj.* คล้ายเจลาติน, เกี่ยวกับเจลาติน, ซึ่งเป็นเจลาติน

geld (เกลด์) *vt.* **gelded/gelt, gelding** ตอนสัตว์, ทำให้หมดแรงหรือกำลัง

gelid (เจล' ลิด) *adj.* หนาวเย็นมาก (-S. cold)

gem (เจม) *n.* เพชรพลอย, สิ่งของที่มีค่า, บุคคลที่มีค่าหรือเป็นที่รัก *-vt.* **gemmed, gemming** ประดับตกแต่งด้วยอัญมณี (-S. (n., v.) jewel)

Gemini (เจม' มะไน, -นี) ราศีเมถุนซึ่งเป็นราศีที่สามในจักรราศี มีสัญลักษณ์เป็นคนคู่, ชื่อกลุ่มดาวกลุ่มหนึ่งในซีกโลกเหนือ

gender (เจน' เดอร์) *n.* เพศของนามและสรรพนามในไวยากรณ์ภาษาอังกฤษ

gene (จีน) *n.* สารพันธุกรรมที่อยู่บนโครโมโซม ประกอบด้วยสาย DNA ที่ควบคุมลักษณะทางพันธุกรรมของสิ่งมีชีวิต

genealogy (จีนีออล' ละจี) *n., pl.* **-gies** บันทึกหรือตารางการสืบทอดสายโลหิตจากบรรพบุรุษ **-genealogist** *n.*

genera (เจน' เนอระ) *n. pl.* พหูพจน์ของ genus

★**general** (เจน' เนอเริล) *adj.* โดยปกติ, ซึ่งไม่เฉพาะเจาะจง, ธรรมดา, ทั่วๆ ไป, ซึ่งเกี่ยวกับลักษณะใหญ่ๆ หรือกว้างๆ, ซึ่งเป็นยศหรือตำแหน่งสูงสุด, ซึ่งไม่จำกัดขอบเขตพื้นที่หรือการใช้ประโยชน์, ซึ่งคลุมเครือหรือไม่ชัดเจน *-n.* ยศนายพลเอกของกองทัพสหรัฐฯ, ผู้ที่อยู่ในตำแหน่งดังกล่าว, ทหารชั้นนายพล, หลักทั่วไป

generalissimo (เจนเนอระลิซ' ซะโม) *n., pl.* **-mos** จอมทัพ, ผู้บัญชาการทหารสูงสุด

generalist (เจน' เนอระลิซท์) *n.* ผู้มีความรู้ความชำนาญในเรื่องทั่วๆ ไป, ผู้เชี่ยวชาญทั่วไป

generality (เจนนะแรล' ลิที) *n., pl.* **-ties** หลักทั่วๆ ไป, สภาพทั่วไป, ส่วนใหญ่

generalize (เจน' เนอระไลซ์) *v.* **-ized, -izing** *-vt.* เปลี่ยนให้เป็นรูปแบบทั่วๆ ไป, ลงความเห็นโดยทั่วไป, ทำให้ใช้ได้ทั่วไป *-vi.* พูดหรือเขียนอย่างคลุมเครือ, ลงความเห็นกว้างๆ, กระจายไปทั่วร่างกาย **-generalization** *n.*

★**generally** (เจน' เนอระลี) *adv.* โดยปกติ,

ส่วนใหญ่, อย่างกว้างๆ, โดยทั่วไป (-S. widely)

general-purpose (เจน' เนอเริลเพอร์' เพิซ) *adj.* ซึ่งใช้ประโยชน์ได้หลายอย่าง

generate (เจน' นะเรท) *vt.* **-ated, -ating** ก่อให้เกิด, ผลิต, ให้กำเนิด, แพร่ (-S. create)

★**generation** (เจนนะเร' ชัน) *n.* การผลิต, การให้กำเนิด, คนที่เกิดในช่วงเวลาเดียวกัน, รุ่น, ปูน, ชั่วอายุคน, ชั้นอายุ, ยุค, สมัย (-S. creation)

Generation E ย่อจาก Generation Entrepreneur เจ้าของธุรกิจหรือกิจการ ซึ่งเป็นคนหนุ่มสาวไฟแรงที่ดิ้นรนสร้างตัวเอง กล้าลงทุน โดยคนเหล่านี้ไม่ได้เป็นทายาทเศรษฐี หรืออาศัยเงินทองจากมรดกของบรรพบุรุษ

generation gap ความแตกต่างทางรสนิยมและความคิดเห็นระหว่างคนมีอายุกับคนหนุ่มสาว

Generation X กลุ่มคนที่เกิดช่วงปี ค.ศ. 1961-72 ซึ่งมีการศึกษาดี

Generation Y เด็กในสังคมเมืองที่เกิดตั้งแต่ปี ค.ศ. 1984 เป็นต้นไป รู้เรื่องคอมพิวเตอร์และอินเทอร์เน็ตเป็นอย่างดี เป็นตัวของตัวเอง ต่อต้านสินค้ามียี่ห้อ มีสามัญสำนึกต่อสังคม มองโลกในแง่ดี ชอบการติดต่อสื่อสารผ่านเครื่องมือสื่อสารสมัยใหม่

generative (เจน' เนอระทิฟว์) *adj.* ซึ่งสามารถผลิตหรือให้กำเนิดได้ **-generatively** *adv.*

generator (เจน' นะเรเทอร์) *n.* บุคคลหรือสิ่งที่ให้กำเนิด, เครื่องกำเนิดไฟฟ้า, ไดนาโม

generic (จะเน' ริค) *adj.* ทั่วไป, ซึ่งไม่มียี่ห้อ

★**generous** (เจน' เนอเริซ) *adj.* ใจกว้าง, มากมาย **-generously** *adv.* **-generosity** *n.*

genesis (เจน' นิซิซ) *n., pl.* **-ses** (-เซซ) จุดกำเนิด

genetic, genetical (จะเนท' ทิค, -ทิเคิล) *adj.* ที่เกี่ยวข้องกับยีนหรือวิชาพันธุศาสตร์

genetic engineering พันธุวิศวกรรมเป็นการตัดต่อจีนเพื่อย้ายเอาบางส่วนของโครโมโซมจากสิ่งมีชีวิตหนึ่งไปใส่บนโครโมโซมของสิ่งมีชีวิตอีกตัวหรืออีกชนิดหนึ่ง **-genetic engineer** *n.*

genetically modified organism สิ่งมีชีวิตดัดแปลงพันธุกรรม ย่อว่า GMO

genetics (จะเนท' ทิคซ์) *n. pl.* พันธุศาสตร์

genial (จีน' เนียล) *adj.* มีไมตรี, สบาย, อบอุ่น, เบิกบาน, ใจดี **-geniality** *n.* **-genially** *adv.*

genital (เจน' นิเทิล) *adj.* เกี่ยวกับการสืบพันธุ์หรืออวัยวะสืบพันธุ์ *-n.* อวัยวะสืบพันธุ์

genius (จีน' เนียซ) *n., pl.* **-iuses** ความเป็นอัจฉริยะ, คนที่ฉลาดกว่าปกติ, ความหลักแหลม, ความสามารถพิเศษ, ภูตผี วิญญาณหรือปีศาจ

genocide (เจน' นะไซด์) *n.* การกำจัดหรือทำลายล้างชนชาติ เผ่าพันธุ์ ระบบการเมืองหรือจริยธรรมของชาติใดชาติหนึ่ง

genotype (เจน' นะไทพ์, จี' นะ-) *n.* ลักษณะจีนที่ปรากฏบนโครโมโซมของสิ่งมีชีวิตชนิดหนึ่งๆ

genre (ฌาน' ระ) *n.* ชนิดหรือรูปแบบเฉพาะของงานศิลปะหรืออักษรศาสตร์

gent (เจนท์) *n.* (ภาษาพูด) สุภาพบุรุษ

genteel (เจนทีล') *adj.* ซึ่งมีท่าทางเป็นผู้ดี, สุภาพ, มีระดับ, สง่างาม **-genteelly** *adv.*

gentile (เจน' ไทล์) *n.* ผู้ที่ไม่ใช่คนยิว

gentility (เจนทิล' ลิที) *n.* การเกิดในตระกูลผู้ดี, คนที่เกิดในตระกูลผู้ดี, การทำตัวเป็นผู้ดี

★**gentle** (เจน' เทิล) *adj.* **-tler, -tlest** ละมุนละไม, ซึ่งว่าง่าย, นุ่ม, อ่อนโยน, ทีละน้อย, ค่อยๆ, ซึ่งมีตระกูลสูง, ซึ่งเป็นผู้ดี, สุภาพ, อย่างกรุณาและเห็นใจผู้อื่น *-vt.* **-tled, -tling** ทำให้อ่อนโยนหรือเชื่อง, ทำให้สงบ **-gently** *adv.*

gentlefolk (เจน' เทิลโฟค) *n. pl.* ชนชั้นสูง

★**gentleman** (เจน' เทิลเมิน) *n.* สุภาพบุรุษ, ผู้ที่เกิดในตระกูลสูง, ผู้ที่มั่งคั่งและมีระดับ

gentlewoman (เจน' เทิลวุมเมิน) *n.* ผู้หญิงที่เกิดในตระกูลดี, หญิงสูงศักดิ์, คนใช้ส่วนตัวที่เป็นหญิงของหญิงสูงศักดิ์

gentry (เจน' ทรี) *n., pl.* **-tries** พวกผู้ดี

genuine (เจน' นยูอิน) *adj.* แท้, จริงๆ, จริงใจ **-genuinely** *adv.* **-genuineness** *n.* (-S. real)

genus (จี' เนิซ) *n., pl.* **genera** (เจน' เนอระ) สกุล

geodesy (จีออด' ดิซี) *n.* ธรณีวิทยาอันเกี่ยวกับขนาดและรูปร่างของโลก **-geodesist** *n.*

geodetic, geodetical (จีอะเดท' ทิค, -ทิเคิล) *adj.* ซึ่งเกี่ยวกับธรณีวิทยาที่ว่าด้วยขนาด และรูปร่างของโลก

★**geography** (จีออก' กระฟี) *n., pl.* **-phies** วิชาภูมิศาสตร์, หนังสือภูมิศาสตร์ **-geographic, geographical** *adj.*

geology (จีออล' ละจี) *n., pl.* **-gies** ธรณีวิทยา, หนังสือธรณีวิทยา **-geological** *adj.* **-geologically** *adv.* **-geologist** *n.*

geometry (จีออม' มิทรี) *n., pl.* **-tries** เรขาคณิต, ระบบเรขาคณิต, หนังสือเรขาคณิต **-geometrician, geometer** *n.* **-geometric, geometrical** *adj.* **-geometrically** *adv.*

geophysics (จีโอฟิซ' ซิคซ์) *n. pl.* ธรณีฟิสิกส์ **-geophysical** *adj.* **-geophysicist** *n.*

A B C D E F G H I J K L M N O P Q R S T U V W X Y Z

geopolitics (จีโอพอล' ลิทิคซฺ) *n. pl.* การศึกษาเกี่ยวกับปัจจัยทางภูมิศาสตร์ที่มีผลกระทบต่อการเมือง

geoponic (จีอะพอน' นิค) *adj.* ที่เกี่ยวข้องกับการเพาะปลูกหรือการเลี้ยงสัตว์

geopressured (จี' โอเพรชเชอร์ดฺ) *adj.* ภายใต้ความดันสูงภายในโลก

georgette (จอร์เจท') *n.* แพรบางๆ ที่ทำจากไหม, แพรเยื่อไม้

geothermal (จีโอเธอร์' เมิล) *adj.* เกี่ยวกับความร้อนภายในโลก

geotropism (จีออท' ทระพิซเซิม) *n.* การเจริญเติบโตของสิ่งมีชีวิตที่ตอบสนองต่อแรงดึงดูดของโลก เช่น รากพืชจะเจริญลงข้างล่าง

geranium (จะเร' เนียม) *n.* พืชในสกุล *Geranium* มีดอกสีชมพูหรือม่วง

geriatric (เจรีแอท' ทริค) *adj.* เกี่ยวกับความชรา, เกี่ยวกับสาขาทางแพทยศาสตร์ที่วินิจฉัยและรักษาโรคชรา *-n.* ผู้สูงอายุ

geriatrician, geriatrist (เจรีอะทริช' เชิน, -แอท' ทริซทฺ) *n.* แพทย์ผู้เชี่ยวชาญโรคชรา

geriatrics (เจรีแอท' ทริคซฺ) *n. pl.* สาขาในวิชาแพทยศาสตร์ที่วินิจฉัยและรักษาโรคชรา

geriatrist (เจรีแอท' ทริซทฺ) *n.* ดู geriatrician

germ (เจิร์ม) *n.* เชื้อโรค โดยเฉพาะที่ทำให้เกิดโรค, เมล็ด ตา หรือสปอร์, เชื้อ, ชนวน, มูลรากที่สามารถจะพัฒนาหรือเจริญเติบโตต่อไปได้

German (เจอร์' เมิน) *adj.* เกี่ยวกับประเทศเยอรมนี คนเยอรมัน ภาษาเยอรมัน *-n.* ชาวเยอรมัน, ภาษาเยอรมัน

german (เจอร์' เมิน) *adj.* ซึ่งเกี่ยวดองกันอย่างสนิทสนม เช่น มีพ่อแม่เดียวกัน

German cockroach แมลงสาบชนิดที่อาศัยอยู่ตามบ้าน ตัวเล็ก สีน้ำตาลอ่อน

germane (เจอร์เมน') *adj.* ซึ่งเป็นพี่น้องหรือเกี่ยวดองกันอย่างสนิท, ซึ่งเข้าเรื่องหรือตรงจุด

Germanism (เจอร์' มะนิซเซิม) *n.* ถ้อยคำสำนวนที่มาจากภาษาเยอรมัน, ขนบธรรมเนียมประเพณีและแนวความคิดของชาวเยอรมัน

Germanist (เจอร์' มะนิซทฺ) *n.* ผู้เชี่ยวชาญในเรื่องที่เกี่ยวกับความเป็นเยอรมัน

germanium (เจอร์เม' เนียม) *n.* ธาตุโลหะชนิดหนึ่ง สีขาวเทา มีสัญลักษณ์ Ge

Germanize (เจอร์' มะไนซ์) *v.* **-ized, -izing** *-vt.* แปลให้เป็นภาษาเยอรมัน *-vi.* รับหรือนำเอากิริยาท่าทางหรือขนบธรรมเนียมประเพณีของเยอรมันไปใช้

German measles หัดเยอรมัน

Germanophile (เจอร์แมน' นะไฟลฺ) *n.* ผู้ซึ่งชอบความเป็นเยอรมัน **-Germanophile** *adj.*

Germanophobe (เจอร์แมน' นะโฟบ) *n.* ผู้ที่เกลียดหรือกลัวความเป็นเยอรมัน

German shepherd สุนัขพันธุ์หนึ่งมีขนาดใหญ่ ขนสีเทาเข้มจนถึงน้ำตาลหรือดำ มักฝึกให้เป็นสุนัขตำรวจหรือนำทางคนตาบอด

German shepherd

Germany (เจอร์' มะนี) ประเทศเยอรมนี

germ cell เซลล์สืบพันธุ์ เช่น ไข่ หรือสเปิร์ม

germicide (เจอร์' มิไซดฺ) *n.* ยาฆ่าเชื้อโรค

germinal (เจอร์' มะเนิล) *adj.* ที่เกี่ยวข้องกับเซลล์สืบพันธุ์ **-germinally** *adv.*

germinate (เจอร์' มะเนท) *v.* **-nated, -nating** *-vt.* ทำให้งอกหรือเจริญเติบโต *-vi.* เริ่มงอกหรือเจริญเติบโต **-germination** *n.* (**-S.** bud)

germy (เจอร์' มี) *adj.* **-ier, -iest** ซึ่งเต็มไปด้วยเชื้อโรค **-germiness** *n.*

gerrymander (เจ' รีแมนเดอร์) *vt.* **-dered, -dering** แบ่งพื้นที่ในการโหวตเสียงลงคะแนนรับเลือกตั้งอย่างไม่ยุติธรรม

gerund (เจ' เรินดฺ) *n.* คำกริยาในภาษาอังกฤษที่นำมาใช้เป็นนามโดยเติม -ing เข้าข้างท้าย

gest (เจซทฺ) *n.* การผจญภัย, เรื่องรักๆ ใคร่ๆ

gestate (เจส' เตท) *v.* **-tated, -tating** *-vt.* มีครรภ์, นึกขึ้นในใจ *-vi.* มีครรภ์

gesticulate (เจสติค' คยะเลท) *v.* **-lated, -lating** *-vi.* ทำท่าทางขณะพูด *-vt.* พูดโดยออกท่าทาง, แสดงท่าทาง **-gesticulation** *n.*

gesture (เจซ' เชอร์) *n.* การออกท่าทางโดยใช้มือ แขน ขา หรือร่างกายในการแสดงความคิดหรือเน้นคำพูด, การออกท่าทางเพื่อให้สัญญาณ, การแสดงท่าที *-vt., vi.* **-tured, -turing** แสดงท่าทางเพื่อให้สัญญาณ **-gestural** *adj.*

★**get** (เกท) *v.* **got, gotten, getting** *-vt.* หา, จดจำ, เอา, โดน, ติด (โรค), ชักชวน, มีอิทธิพลต่อ, บรรลุ, ทำให้, เกลี้ยกล่อม, ได้, ได้รับ, ไปนำมา, เอาไปเสีย, ซื้อ, ได้มา, ถึง, ก่อให้เกิด, เข้าใจ, ฝังหัว, รู้สึก, เกิดขึ้น, จัดเตรียม, จับได้, (ภาษาพูด) แก้แค้น ชนะ ทำลาย ตี *-vi.* ไปถึง, มาถึง, ได้รับอนุญาต, กลายเป็น, (ภาษาพูด) จากไปอย่างกะทันหัน *-n.* ลูกหลาน **-get about** ลุกจากเตียงและเดินไปไหนมาไหนได้หลังอาการป่วย **-get after** เร่งเร้า, กระตุ้น, ตำหนิ **-get** along ดำเนิน **-get around** หลบหลีก, ไปโน่นมานี่ **-get at** ไปถึง, เข้าใจ **-get away** หนี **-get by** ผ่าน **-get down** ลง, ทำให้หมดแรง, ทำให้ท้อ, กลืน **-get in** เข้าไป, เข้ามา **-get off** ออกจาก, หนีรอด **-get on** ดำเนินต่อไป, ก้าวหน้า, ขึ้น (รถ) **-get out** ออกหรือหนี **-get over** ฟื้นจาก **-get there** (ภาษาพูด) ประสบผลสำเร็จ **-get through** เสร็จ, จบ **-get to one's feet** ยืนขึ้น **-get up** ลุกจากเตียง, เตรียม **-get well** หายป่วย **-getable, gettable** *adj.* (-S. (v.) achieve)

get-together (เกท' ทะเกธเธอร์) *n.* (ภาษาพูด) การพบปะสังสรรค์ การชุมนุม

getup (เกท' อัพ) *n.* (ภาษาพูด) เครื่องแต่งกาย

gewgaw (กยู' กอ) *n.* ของตกแต่งชิ้นเล็กๆ

geyser (ไก' เซอร์) *n.* น้ำพุร้อนธรรมชาติที่พุ่งสูงขึ้นไปในอากาศ, เครื่องทำน้ำร้อน

ghastly (แกซท' ลี) *adj.* **-lier, -liest** น่ากลัวมาก, เหมือนผี **-ghastliness** *n.* **-ghastly** *adv.*

ghee (กี) *n.* เนยใสที่ชาวอินเดียใช้ทำอาหาร

gherkin (เกอร์' คิน) *n.* แตงลูกเล็ก ใช้ดอง

ghetto (เกท' โท) *n., pl.* **-tos/-toes** พื้นที่ที่คนกลุ่มน้อยอาศัยอยู่, บริเวณที่พวกยิวอาศัยอยู่

ghost (โกซท์) *n.* วิญญาณ, ปีศาจ, ผี, เงา, ภาพลวงตา, (ภาษาพูด) คนที่เขียนหนังสือหรือเขียนเรื่องในนามของคนอื่น *-vt., vi.* **ghosted, ghosting** (ภาษาพูด) ทำงานเป็นคนเขียนเรื่องหรือหนังสือของคนอื่น,เคลื่อนที่อย่างเงียบเชียบคล้ายผี, สิงสู่ **-ghosty** *adj.* (-S. (n.) soul)

ghostbuster (โกซท์' บัสเตอร์) *n.* (คำสแลง) ผู้ที่ทำอาชีพขับไล่ภูตผีปีศาจหรือวิญญาณต่างๆ

ghostly (โกซท์' ลี) *adj.* **-lier, -liest** เกี่ยวข้องกับผี ปีศาจ วิญญาณ, คล้ายผี **-ghostliness** *n.* **-ghostly** *adv.* (-S. eerie)

ghoul (กูล) *n.* ผู้ที่ชอบความขยะแขยง, คนขโมยศพ, ผีหรือวิญญาณที่ชอบกินศพคน

GHQ ย่อจาก General Headquarters กองบัญชาการ

GI (จี' ไอ') *n., pl.* **GI's/GIs** ทหารหรือทหารผ่านศึกที่สังกัดกองทัพสหรัฐอเมริกา

★**giant** (ไจ' เอินท์) *n.* คนหรือของที่มีขนาดใหญ่, คนที่มีความสามารถ กำลัง อำนาจ หรือมีความสำคัญเป็นพิเศษ, ยักษ์ *-adj.* ใหญ่โต, แข็งแรง **-giantess** *n. fem.* (-S. (n.) colossus)

gib (กิบ) *n.* แมวตัวผู้ที่ตอนแล้ว

gibber (จิบ' เบอร์) *vi.* **-bered, -bering** พูดพร่ำหรือส่งเสียงที่ฟังแล้วไม่เข้าใจ

gibberish (จิบ' เบอริช) *n.* การพูดหรือการเขียนที่เหลวไหลหรือไม่สามารถเข้าใจได้ (-S. babble)

gibbet (จิบ' บิท) *n.* ที่แขวนคอนักโทษ, เครื่องแขวนคอประจานนักโทษที่ตายแล้ว

gibbon (กิบ' เบิน) *n.* ชะนี

gibbon

gibe (ไจบ์) *vt., vi.* **gibed/gibing** เหน็บแนม, เยาะเย้ย, ขัดคอ *-n.* การพูดเยาะเย้ย **-giber** *n.* **-gibingly** *adv.* (-S. (v., n.) jeer)

giblets (จิบ' ลิทซ์) *n. pl.* เครื่องในของเป็ดไก่

giddy (กิด' ดี) *adj.* **-dier, -diest** ซึ่งเวียนหัว, งง *-vi., vt.* **-died, -dying** ทำให้เวียนหัว, วิงเวียน **-giddily** *adv.* **-giddiness** *n.*

GIFT (กิฟท์) *n.* ย่อจาก gamete intra-fallopian transfer วิธีที่ช่วยให้คู่สมรสซึ่งเป็นหมันมีลูกได้ โดยนำไข่และสเปิร์มจากคู่สมรสฉีดเข้าไปในท่อนำไข่ของฝ่ายหญิงเพื่อให้เกิดการปฏิสนธิ

★**gift** (กิฟท์) *n.* ของขวัญ, พรสวรรค์, การให้, สิทธิที่จะให้, อำนาจการให้ *-vt.* **gifted, gifting** ให้ของขวัญ, ให้ (-S. (n., v.) present)

gifted (กิฟ' ทิด) *adj.* ซึ่งมีพรสวรรค์หรือความสามารถพิเศษ **-giftedly** *adv.* **-giftedness** *n.*

gift-wrap (กิฟท์' แรพ) *vt.* **-wrapped, -wrapping** ห่อของขวัญ *-n.* กระดาษห่อของขวัญ

gig[1] (กิก) *n.* รถม้าสองล้อน้ำหนักเบาซึ่งเทียมด้วยม้าหนึ่งตัว, เรือพายน้ำหนักเบาเคลื่อนที่ได้เร็ว

gig[2] (กิก) *n.* หอกหรือหลาวแทงปลาหรือกบ

giga- คำอุปสรรค หมายถึง 10^9

gigabyte (จิก' กะไบท์, กิก'-) *n.* หน่วยความจุข้อมูลของคอมพิวเตอร์ โดย 1 กิกะไบต์มีค่าเท่ากับ 10^9 ไบต์ หรือ 1,024 เมกกะไบต์

gigantic (ไจแกน' ทิค) *adj.* ใหญ่โตหรือกว้างขวางมาก **-gigantically** *adv.*

gigawatt (จิก' กะวอท, กิก'-) *n.* 1 กิกะวัตต์ มีค่าเท่ากับ 10^9 วัตต์

giggle (กิก' เกิล) *vi., vt.* **-gled, -gling** หัวเราะคิกคัก *-n.* การหัวเราะคิกคัก **-giggly** *adj.*

gigolo (จิก' กะโล) *n., pl.* **-los** ผู้ชายขายตัว, ผู้ชายที่รับจ้างเป็นคู่เต้นรำให้กับผู้หญิง

gild (กิลด์) *vt.* **gilded/gilt, gilding** ปิดทอง, ฉาบทอง, ชุบทอง, ทำให้ดูสว่างสดใส และงดงาม

gill[1] (กิล) *n.* เหงือกที่ใช้หายใจของสัตว์น้ำทุกชนิด *-v.* **gilled, gilling** *-vt.* ควักเอาไส้พุงปลาออกหรือทำความสะอาดปลา *-vi.* (ปลา) ติดอยู่ในแห

gill[2] (กิล) *n.* ธารน้ำแคบๆ, ห้วยลึก

gill³, Gill, jill (จิล) *n.* เด็กสาว, ที่รัก
gill net แหดักปลา
gilt (กิลท์) *v.* กริยาช่อง 2 และ 3 ของ **gild** *-adj.* ซึ่งเคลือบด้วยทอง, ซึ่งมีสีหรือความมันวาวคล้ายทอง *-n.* แผ่นทอง
gimbal (กิม' เบิล) *n.* กล่องสำหรับเก็บเข็มทิศที่ใช้บนเรือหรือเครื่องบิน
gimcrack (จิม' แครค) *n.* สิ่งของที่ไร้ประโยชน์ ราคาถูก ฉูดฉาด *-adj.* ถูกและไม่มีรสนิยม
gimlet (กิม' ลิท) *n.* เครื่องมือเล็กๆ ที่ตรงปลายจะเป็นเกลียวคล้ายสว่านเอาไว้เจาะรู, สว่านมือ
gimlet-eyed (กิม' ลิทไอด์) *adj.* ซึ่งมีสายตาที่แหลมคม
gimmick (กิม' มิค) *n.* สิ่งประดิษฐ์หรือเครื่องมือที่ใช้หลอกลวงหรือเล่นกล, ประดิษฐกรรมที่ทำขึ้นเพื่อส่งเสริมสินค้าโดยปิดบังส่วนที่ไม่ดี *-vt.* **-micked, -micking** ทำอุบาย, ทำกลโกง
gimp (กิมพ์) *n.* เกลียวไหมหรือด้ายที่ใช้ตกแต่งขอบหรือริมผ้า
gin¹ (จิน) *n.* เหล้าชนิดหนึ่งมีสีใส กลั่นจากเมล็ดข้าวและลูกสน, เหล้ายิน **-ginny** *adj.*
gin² (จิน) *n.* เครื่องปั่นฝ้าย, แร้วหรือจั่นสำหรับดักสัตว์, อวนหรือแหจับปลา
ginger (จิน' เจอร์) *n.* ขิง, สีน้ำตาลเข้ม *-vt.* **-gered, -gering** ใส่ขิง **-gingery** *adj.*
ginger ale เครื่องดื่มผสมโซดาและขิง
ginger beer เครื่องดื่มที่ไม่มีแอลกอฮอล์คล้าย ginger ale แต่กลิ่นรสจะเป็นขิงดอง
gingerbread (จิน' เจอร์เบรด) *n.* ขนมเค้กกลิ่นขิง, การประดับอย่างไร้รสนิยม
gingerly (จิน' เจอร์ลี) *adv., adj.* รอบคอบ, ระมัดระวัง **-gingerliness** *n.*
gingersnap (จิน' เจอร์สแนพ) *n.* คุกกี้ใส่ขิง
gingham (กิง' เกิม) *n.* ผ้าฝ้ายหรือลินินที่เป็นลายทางหรือลายตาหมากรุก
gingiva (จิน' จะวะ) *n., pl.* **-vae** (-วี) เหงือก
gingival (จิน' จะเวิล) *adj.* ที่เกี่ยวกับเหงือก
gingivitis (จินจะไว' ทิซ) *n.* เหงือกอักเสบ
gingko (กิง' โค) *n.* ดู ginkgo
ginkgo, gingko (กิง' โค) *n., pl.* **-goes, -koes** ต้นแปะก๊วย มีต้นกำเนิดในประเทศจีน
ginseng (จิน' เซง) *n.* ต้นโสม, รากของโสม
Gipsy (จิพ' ซี) *n.* ดู Gypsy
giraffe (จะแรฟ') *n., pl.* **-raffes/giraffe** ยีราฟ
gird¹ (เกิร์ด) *v.* **girded/girt, girding** *-vt.* ผูก, รัด, พัน, โอบล้อม, ให้, เตรียมตัว *-vi.* เตรียม
gird² (เกิร์ด) *vi., vt.* **girded, girding** เยาะเย้ย
girder (เกอร์' เดอร์) *n.* คานเหล็กที่ใช้ในการสร้างสะพานและเป็นโครงสร้างของตึกขนาดใหญ่
girdle (เกอร์' เดิล) *n.* เข็มขัด, แพรพันสะเอว, กางเกงชั้นในของผู้หญิงที่รัดช่วงเอวและสะโพก, รอยควั่นรอบลำต้นของต้นไม้ *-vt.* **-dled, -dling** รัดหรือคาดด้วยเข็มขัด, ลอกเปลือกรอบลำต้น
★**girl** (เกิร์ล) *n.* เด็กหญิง, หญิงสาวรุ่น, ลูกสาว, สาวใช้, หญิงคนรัก **-girlish** *adj.* **-girlhood** *n.*
girlfriend, girl friend (เกิร์ล' เฟรนด์) *n.* หญิงคนรัก, เพื่อนผู้หญิง
girt (เกิร์ท) *v.* กริยาช่อง 2 ของ gird¹
girth (เกิร์ธ) *n.* เส้นรอบวง, สายหนังที่ใช้รัดรอบตัวสัตว์ให้ติดกับอานหรือสินค้าที่บรรทุกอยู่บนหลังสัตว์ *-vt.* **girthed, girthing** วัดเส้นรอบวง
gist (จิซท์) *n.* แก่นสาร, ส่วนสำคัญ, จุดสำคัญ
★**give** (กิฟว์) *v.* **gave, given, giving** *-vt.* ให้, มอบ, แจ้ง, ยอมให้, ยอมสละ, ยื่น, ส่งตัว, เสนอ, วางใจให้, ออกคำสั่ง, ปล่อย, พลี, อุทิศ, บริจาค, แจก, ปัน, แบ่ง, กำหนดให้, แสดง, เปล่งเสียง, แพร่, ส่ง, อนุญาตให้, จัดให้มี, ยกให้, ก่อให้เกิด, ผลิต, โอน, นำออกมา, สนใจ *-vi.* บริจาค, ยอม, เปิด, มอบให้ *-n.* สภาพที่ยืดหยุ่น, ความเด้งได้ **-give a good account of (oneself)** ปฏิบัติตัวดี **-give away** ให้, ส่งตัวเจ้าสาว, เปิดเผย, ทรยศ **-give back** คืน, กลับ **-give ground** ถอน, ล่าถอย **-give in** ยอม **-give it to** ลงโทษอย่างแรง **-give of** สละ **-give out** ประกาศ, แจกจ่าย, หมด **-give over** มอบหมาย, ละทิ้ง, หยุด **-give rise to** เป็นสาเหตุ **-give the lie to** แสดงคำพูดที่ไม่จริง **-give up** ยกเลิก, สละ, ละทิ้ง, สิ้นหวัง **-give way** ล่าถอย, ปล่อยตัว, ยอม (**-S.** (v.) allow)
given (กิฟ' เวิน) *v.* กริยาช่อง 3 ของ give
gizzard (กิซ' เซิร์ด) *n.* กึ๋น เป็นอวัยวะที่ช่วยในการบดอาหารของนก
glacé (แกลเซ') *adj.* ซึ่งมีผิวหน้าเรียบลื่นเป็นมัน, ซึ่งฉาบหรือเคลือบด้วยน้ำตาล
glacial (เกล' เชิล) *adj.* เกี่ยวกับธารน้ำแข็ง, เย็นจัด, ซึ่งมีลักษณะของน้ำแข็ง, เย็นชา
glacier (เกล' เชอร์) *n.* ธารน้ำแข็ง
glaciology (เกลชีออล' ละจี) *n.* วิทยาศาสตร์แขนงที่ศึกษาเกี่ยวกับธารน้ำแข็ง และผลกระทบของมันต่อลักษณะภูมิประเทศ
★**glad** (แกลด) *adj.* **gladder, gladdest** ยินดี, เบิกบาน, ดีใจ, ปีติ (**-S.** happy **-A.** unhappy)
gladden (แกลด' เดิน) *v.* **-dened, -dening** *-vt.* ทำให้ดีใจหรือยินดี *-vi.* ยินดี (**-S.** cheer)

glade (เกลด) *n.* ที่โล่งกลางป่า
gladiator (แกลด' ดีเอเทอร์) *n.* ทหาร นักโทษหรือทาสในสมัยโรมันโบราณที่ถูกจับมาฝึกหัดให้แสดงการต่อสู้กับคู่ต่อสู้หรือกับสัตว์ป่าดุร้ายเพื่อให้ความบันเทิงกับผู้ชม, ผู้โต้เถียง
gladiolus (แกลดดีโอ' เลิซ) *n., pl.* **-li** (-ไล, -ลี)/**-luses** ดอกแกลดิโอลัส
gladsome (แกลด' เซิม) *adj.* ซึ่งแสดงความยินดี **-gladsomely** *adv.* **-gladsomeness** *n.*
glamorize, glamourize (แกลม' มะไรซ์) *vt.* **-ized, -izing** ทำให้หลงใหล **-glamorization** *n.* **-glamorizer** *n.*
glamor, glamour (แกลม' เมอร์) *n.* ความมีเสน่ห์, ความดึงดูดใจ **-glamorous** *adj.*
★**glance** (แกลนซ์) *v.* **glanced, glancing** *-vi.* ดูผาดๆ, มองผ่านๆ, ส่องแสงวับ, ชำเลือง, แฉลบ, ถาก *-vt.* เฉียด *-n.* การชำเลืองมอง
glancing (แกลน' ซิง) *adj.* ซึ่งเอียงหรือลาด
gland (แกลนด์) *n.* ต่อม **-glandular** *adj.*
glare (แกลร์) *v.* **glared, glaring** *-vi.* จ้องเขม็ง, ส่องแสงวาบเข้าตา, เห็นชัด *-vt.* จ้องมอง *-n.* การจ้องเขม็ง, แสงที่เจิดจ้า, ความสุกใส
glaring (แกล' ริง) *adj.* ซึ่งบาดตา, ซึ่งเห็นชัด, (จ้อง) เขม็ง **-glaringly** *adv.* **-glaringness** *n.*
★**glass** (แกลซ) *n.* แก้ว, กระจก, สิ่งของเครื่องใช้ที่ทำจากแก้ว, บารอมิเตอร์, กระจกหน้าต่าง **-glasses** แว่นตา, แว่นขยาย
glass blowing การเป่าแก้ว
glass cutter ช่างตัดกระจก
glassful (แกลซ' ฟุล) *n.* ปริมาณจุหนึ่งแก้ว
glasshouse (แกลซ' เฮาซ์) *n.* เรือนกระจกสำหรับปลูกต้นไม้, โรงงานกระจก
glassware (แกลซ' แวร์) *n.* เครื่องแก้ว
glass wool เส้นใยแก้วที่ใช้เป็นฉนวนกันความร้อนหรือใช้ในตัวกรองอากาศ
glasswork (แกลซ' เวิร์ค) *n.* การผลิตแก้วและเครื่องแก้ว, การตัดกระจก, เครื่องแก้ว
glassy (แกลซ' ซี) *adj.* **-ier, -iest** คล้ายแก้ว, ซึ่งไม่มีชีวิต **-glassily** *adv.* **-glassiness** *n.*
glaucoma (เกลาโค' มะ) *n.* โรคตาที่เกิดจากความดันภายในลูกตาสูงขึ้น ทำให้สูญเสียการมองเห็นและอาจจะทำให้ดวงตาถูกทำลายอย่างช้าๆ และตาบอดในที่สุด **-glaucomatous** *adj.*
glaze (เกลซ) *n.* น้ำยาเคลือบเงา, แผ่นน้ำแข็งบางๆ ที่เคลือบอยู่, น้ำตาลที่ใช้ฉาบ *-v.* **glazed, glazing** *-vt.* ติดกระจก, ทาน้ำยาเคลือบเงา, ปกคลุมด้วยแผ่นน้ำแข็งบางๆ *-vi.* เป็นเงามัน
gleam (กลีม) *n.* แสงแวบ, แสงอ่อนๆ, ร่องรอย, *-v.* **gleamed, gleaming** *-vi.* ส่องแสงแวบ, แสดงให้เห็นเพียงสั้นๆ *-vt.* ทำให้ส่องแสงวาบ
glean (กลีน) *vt., vi.* **gleaned, gleaning** เก็บรวบรวมเมล็ดข้าวที่ตกหล่น **-gleaner** *n.*
glee (กลี) *n.* ความสนุกสนานรื่นเริง, ความยินดี **-gleeful** *adj.* (**-S.** cheerfulness, delight)
glen (เกลน) *n.* หุบเขา (**-S.** valley)
glib (กลิบ) *adj.* **glibber, glibbest** ซึ่งพูดได้คล่องแคล่ว, คล่องแคล่ว **-glibly** *adv.*
glide (ไกลด์) *v.* **glided, gliding** *-vi.* ลื่นไหล, เคลื่อนที่อย่างแผ่วเบาและเร็ว, ร้อง (เพลง) ทอดเสียงจากเสียงหนึ่งไปเสียงหนึ่ง, เลาะเลื้อย, ร่อน *-vt.* ทำให้ร่อนหรือลื่นไหล *-n.* การลื่นไหล, การร่อน, การทอดเสียง, การเลาะเลื้อย, การเคลื่อนที่อย่างเร็วและแผ่วเบา (**-S.** (v., n.) slide)
glider (ไกล' เดอร์) *n.* เครื่องร่อน
glimmer (กลิม' เมอร์) *n.* แสงริบหรี่, ความรางเลือน *-vi.* **-mered, -mering** ส่องแสงริบหรี่, ปรากฏรางๆ (**-S.** (v., n.) gleam)
glimpse (กลิมพ์ซ์) *n.* การมองเพียงแวบเดียว *-vt., vi.* **glimpsed, glimpsing** มองแวบเดียว
glint (กลินท์) *n.* แสงวาบ, การปรากฏขึ้นอย่างรางๆ หรือรวดเร็ว *-v.* **glinted, glinting** *-vi.* ส่องแสงวาบ *-vt.* เป็นเหตุให้ส่องแสงวาบ
glissade (กลิซาด') *n.* การไถลลงมาตามลาดเขาที่ปกคลุมด้วยหิมะหรือน้ำแข็ง
glisten (กลิซ' เซิน) *vi.* **-tened, -tening** ส่องแสงระยิบระยับ *-n.* แสงระยิบระยับ
glister (กลิส' เตอร์) *vi.* **-tered, -tering** ส่องแสงแววาว *-n.* ความสุกใส, แสงแววาว
glitter (กลิท' เทอร์) *n.* แสงแววาว *-vi.* **-tered, -tering** ส่องแสงแววาว **-glittery** *adj.*
gloaming (โกลม' มิง) *n.* เวลาพลบค่ำ, สายัณห์
gloat (โกลท) *vi.* **gloated, gloating** มองหรือคิดด้วยความ (ละโมบ อิ่มใจ หื่นกระหาย) *-n.* การมองหรือคิดด้วยความ (ละโมบ อิ่มใจ หื่นกระหาย) **-gloater** *n.* (**-S.** (v., n.) relish)
global (โกล' เบิล) *adj.* ทั่วโลก, เกี่ยวข้องกับทั้งโลก, ทั่วทั้งหมด **-globally** *adv.*
globalize (โกล' บะไลซ์) *vt.* **-ized, -izing** ทำให้มีขอบเขตหรือการใช้ประโยชน์กว้างขวาง ทั่วโลก **-globalization** *n.* **-globalizer** *n.*
globe (โกลบ) *n.* รูปทรงกลม, โลก *-vi., vt.* **globed, globing** ทำให้เป็นลูกกลมๆ
globetrot (โกลบ' ทรอท) *vi.* **-trotted, -trotting** เดินทางท่องเที่ยวทั่วโลก **-globetrotter** *n.*

globule (กลอบ' บยูล์) *n.* สิ่งที่เป็นรูปทรงกลมเล็กๆ, หยดเล็กๆ, เม็ดเล็กๆ **-globular** *adj.*
glomerate (กลอม' เมอริท) *adj.* ที่เกาะกันแน่นเป็นก้อน
gloom (กลูม) *n.* ความมืดมัว, ความโศกเศร้า
gloomy (กลูม' มี) *adj.* **-ier, -iest** มืดมัว, โศกเศร้า **-gloomily** *adv.* **-gloominess** *n.*
glorify (กลอ' ระไฟ) *vt.* **-fied, -fying** ยกย่อง, สรรเสริญ, ให้เกียรติ, สดุดี, ทำให้เปล่งปลั่งงดงาม **-glorification** *n.* (**-S.** elevate, enhance)
glorious (กลอ' เรียซ) *adj.* ซึ่งมีชื่อเสียง, น่าสรรเสริญ, รุ่งโรจน์, งดงาม, ปีติยินดี, ยอดเยี่ยม **-gloriously** *adv.* **-gloriousness** *n.*
★**glory** (กลอ' รี) *n., pl.* **-ries** เกียรติยศ, ความรุ่งโรจน์, ความสง่า, ความภูมิใจ, ความปีติยินดี, การมีชื่อเสียง, สิ่งประเสริฐ, รัศมี, บุญวาสนาบารมี *-vi.* **-ried, -rying** ยินดีปรีดา
gloss[1] (กลอซ) *n.* ความเป็นเงามัน, ความแวววาว, การหลอกลวง *-v.* **glossed, glossing** *-vt.* ขัดมัน, เคลือบเงา, ปกปิดความผิด (ผักชีโรยหน้า) *-vi.* กลายเป็นเงา **-glossy** *adj.*
gloss[2] (กลอซ) *n.* คำอธิบายหรือคำแปลที่แทรกลงไประหว่างบรรทัดของเนื้อความในหนังสือหรือต้นฉบับ, การแปลที่บิดเบือน, คำอธิบายหรือหมายเหตุ,คำแปลศัพท์ซึ่งบรรจุไว้ในหนังสือ *-vt.* **glossed, glossing** แปลผิดหรือบิดเบือน, ใส่หมายเหตุหรือคำอธิบายเพิ่มเติม **-glosser** *n.*
glossary (กลอซ' ซะรี) *n., pl.* **-ries** ภาคคำอธิบายความหมายของคำศัพท์หรือคำยาก ซึ่งส่วนใหญ่มักอยู่ด้านหลังของหนังสือ (**-S.** lexicon)
glossitis (กลอไซ' ทิซ) *n.* การอักเสบของลิ้น
glottis (กลอท' ทิซ) *n., pl.* **-tises/-tides** (-ทิดีซ) ช่องเปิดระหว่างเส้นเสียงตรงส่วนบนของคอหอย
★**glove** (กลัฟว์) *n.* ถุงมือ, นวมต่อยมวย
★**glow** (โกล) *vi.* **glowed, glowing** ส่องแสงออกมาโดยไม่มีเปลว, ส่องแสงเรื่อแดง, เร่าร้อน, (หน้า) แดง, เปล่งปลั่ง, มีราศี *-n.* ความรู้สึกอบอุ่น, ความสว่างสดใส, ความแดงเรื่อ, ความเร่าร้อน (**-S.** (n.) burning (v., n.) shine)
glower (เกลา' เออร์) *vi.* **-ered, -ering** จ้องด้วยความโกรธ *-n.* การจ้องด้วยความโกรธ
glowworm (โกล' เวิร์ม) *n.* หิ่งห้อยช้างตัวเมียซึ่งคล้ายหนอน จะเปล่งแสงสีเขียวออกมาตรงก้น
glucose (กลู' โคซ) *n.* น้ำตาลกลูโคส พบในเนื้อเยื่อพืชและสัตว์ เป็นแหล่งพลังงานของร่างกาย
★**glue** (กลู) *n.* กาว *-vt.* **glued, gluing** ติดด้วยกาว, ติดอยู่กับบางสิ่งอย่างสนใจ **-gluey** *adj.*
glum (กลัม) *adj.* **glummer, glummest** เศร้าสลด, บึ้งตึง, หม่นหมอง *-n.* ความ (เศร้า สลด บึ้งตึง หม่นหมอง) **-glumly** *adv.* **-glumness** *n.* (**-S.** (adj.) gloomy **-A.** (adj.) happy)
glut (กลัท) *v.* **glutted, glutting** *-vt.* กินมากจนเกินไป, ป้อยอ, (สินค้า) ล้นตลาด *-vi.* กินหรือดื่มมากเกินไป *-n.* จำนวนที่มากเกินไป
gluten (กลูท' เทิน) *n.* โปรตีนชนิดหนึ่งพบในเมล็ดธัญพืช, แป้งเปียก, ยางเหนียว
glutinous (กลูท' เทินเนิซ) *adj.* เหนียว
glutton (กลัท' เทิน) *n.* คนตะกละ, คนโลภ
glycerol (กลิซ' ซะรอล) *n.* น้ำเชื่อมสีใสใช้เป็นตัวทำละลาย ใช้ในระเบิดและเครื่องสำอาง
glycogen (ไกล' คะเจิน) *n.* สารประกอบพวกคาร์โบไฮเดรตที่เป็นน้ำตาลหลายโมเลกุลซึ่งเก็บเป็นพลังงานสำรองอยู่ในตับและกล้ามเนื้อของสัตว์มีกระดูกสันหลัง **-glycogenic** *adj.*
gm. ย่อจาก gram หน่วยน้ำหนักกรัม
GMO ย่อจาก Genetically Modified Organism จีเอ็มโอ สิ่งมีชีวิตดัดแปลงพันธุกรรม
GMT, G.m.t. ย่อจาก Greenwich mean time เวลามาตรฐานกรีนิช
gnar (นาร์) *vi.* **gnarred, gnarring** ขู่คำราม
gnarl[1] (นาร์ล) *vi.* **gnarled, gnarling** ขู่คำราม
gnarl[2] (นาร์ล) *n.* ปุ่มปมของต้นไม้ *-vt.* **gnarled, gnarling** ทำให้เกิดปุ่มปม **-gnarled** *adj.*
gnash (แนช) *vt.* **gnashed, gnashing** ขบฟัน, กัดฟัน, บดด้วยฟัน **-gnash** *n.*
gnat (แนท) *n.* แมลงพวกที่ใช้ปากกัด เช่น ริ้น
gnathic (แนธ' ธิค) *adj.* เกี่ยวกับขากรรไกร
gnaw (นอ) *vt., vi.* **gnawed, gnawing** กัด, เคี้ยว, แทะ, กัดกร่อน, ทรมาน **-gnawer** *n.*
gnome (โนม) *n.* มนุษย์ตัวเล็กๆ ในนิทานที่อยู่ใต้ดินคอยดูแลทรัพย์สมบัติ **-gnomish** *adj.*
gnomic (โน' มิค) *adj.* ซึ่งเป็นคติคำสอน
★**go** (โก) *v.* **went, gone, going** *-vi.* ไป, เคลื่อนไป, เดินทาง, ดำเนินไป, จากไป, ผ่าน, มีการหมุนเวียน, กลายเป็น, พ้น, ก้าวหน้า, เจริญขึ้น, ขายไป, เป็นของ, เข้ากัน, เป็นผล, บรรจุ, ใส่, ใช้จ่าย, ล่วงไป, ทิ้ง, เลิก, หมด, ล้มเหลว, อ่อนแอ, แยกจาก, แตกกระจาย, ตาย, เหมาะสม, (ภาษาพูด) ถ่ายอุจจาระหรือปัสสาวะ, เดิน *-vt.* เคลื่อนตาม, ข้าม, (ภาษาพูด) พนัน พูด เชิญสั่ง บังคับ เกณฑ์ สนุกสนาน, ขึ้น *-n.* การไป, ความพยายาม, ช่วงเวลา, (ภาษาพูด) พลังงาน, การเริ่มต้น **-go ahead** ให้ดำเนินการต่อไป

-**go by** ผ่านไป -**go off** ระเบิด, จากไป -**go on** เกิดขึ้น, ดำเนินต่อไป -**go out** ดับ, ออกไป, หมดสมัย -**go over** ตรวจสอบ

goad (โกด) *n.* ไม้แหลมยาวที่ใช้แทงหรือกระทุ้งสัตว์, เครื่องกระตุ้น *-vt.* **goaded, goading** แทงหรือกระตุ้น (**-S.** (n., v.) spur)

★**goal** (โกล) *n.* เป้าหมาย, ประตูฟุตบอล

goalkeeper (โกล' คีเพอร์) *n.* ผู้รักษาประตู

★**goat** (โกท) *n.* แพะ, คนชั่ว, คนรับบาป

goatee (โกที') *n.* เครากระจุกเล็กๆ ใต้คาง

goatskin (โกท' สกิน) *n.* หนังแพะ

gobbet (กอบ' บิท) *n.* ก้อนหรือชิ้น (เนื้อ), ของเล็กๆ น้อยๆ, หยด (ของเหลว)

gobble[1] (กอบ' เบิล) *vt., vi.* **-bled, -bling** กินหรือกลืนอย่างตะกละ, สวาปาม, คว้า

gobble[2] (กอบ' เบิล) *n.* การทำเสียงในลำคอคล้ายเสียงไก่งวงตัวผู้ **-gobble** *v.*

gobbler (กอบ' เบลอร์) *n.* ไก่งวงตัวผู้

go-between (โก' บิทวีน) *n.* แม่สื่อ, คนกลาง

goblet (กอบ' ลิท) *n.* แก้วที่มีฐานและก้านจับ

go-cart (โก' คาร์ท) *n.* รถคันเล็กๆ ที่เอาไว้ให้เด็กขับหรือลาก, รถเข็นเล็กๆ สำหรับเด็ก, รถเล็กหรือเก้าอี้ที่ขามีลูกล้อ เอาไว้ให้เด็กฝึกเดิน

★**god** (กอด) *n.* บุคคลซึ่งเป็นที่เคารพบูชา, ผู้ชายที่หล่อมาก, ผู้ปกครองที่มีอำนาจมาก **-God** พระเจ้า, พระผู้เป็นเจ้า

godchild (กอด' ไชล์ด์) *n.* ลูกของพ่อแม่อุปถัมภ์

goddamn, Goddamn (กอด' แดม') *interj.* คำอุทานแสดงความไม่พอใจหรือโกรธ

goddaughter (กอด' ดอเทอร์) *n.* ลูกอุปถัมภ์ที่เป็นผู้หญิง

goddess (กอด' ดิซ) *n.* เทพธิดา, หญิงงาม

godfather (กอด' ฟาเธอร์) *n.* พ่ออุปถัมภ์, (คำสแลง) หัวหน้าพวกมาเฟีย เจ้าพ่อ

godforsaken, Godforsaken (กอด' เฟอร์เซเคิน) *adj.* ห่างไกล, ชวนให้สลดใจ, โดดเดี่ยว

godhead (กอด' เฮด) *n.* พระเจ้า

godless (กอด' ลิซ) *adj.* ซึ่งไม่มีพระเจ้า, ซึ่งผิดศีลธรรม, ซึ่งขาดความเคารพ

godlike (กอด' ไลค์) *adj.* ซึ่งคล้ายพระเจ้า

godly (กอด' ลี) *adj.* **-lier, -liest** ซึ่งเคร่งครัดต่อศาสนา **-godliness** *n.* (**-S.** pious, religious)

godmother (กอด' มัธเธอร์) *n.* แม่อุปถัมภ์

godparent (กอด' แพเรินท์) *n.* พ่อแม่อุปถัมภ์

godsend (กอด' เซนด์) *n.* สิ่งที่พระเจ้าประทานให้ (**-S.** blessing, windfall)

godson (กอด' ซัน) *n.* ลูกอุปถัมภ์ที่เป็นชาย

Godspeed (กอด' สปีด') *n.* ความโชคดี

go-getter (โก' เกทเทอร์) *n.* (ภาษาพูด) คนกล้าได้กล้าเสีย คนที่ชอบเสี่ยง

goggle (กอก' เกิล) *v.* **-gled, -gling** *-vi.* เบิกตาจ้องเขม็ง, กลอกตา *-vt.* กลอกตา *-n.* การเบิกตา, การกลอกตา **-goggles** แว่นตาอันใหญ่สำหรับกันลมหรือฝุ่น **-goggly** *adj.*

goggles

going (โก' อิง) *n.* การจากไป, สภาพพื้นผิวถนน, (ภาษาพูด) ความก้าวหน้า *-adj.* ซึ่งเคลื่อนที่, ปัจจุบัน, ทั่วๆ ไป

goiter (กอย' เทอร์) *n.* โรคคอหอยพอก

★**gold** (โกลด์) *n.* ทองคำ, เหรียญกษาปณ์ที่ทำจากทอง, เงิน, ทรัพย์, สีเหลืองทอง, สิ่งที่มีค่ามาก, เหรียญทองในการแข่งขันกีฬา *-adj.* ซึ่งมีสีทอง

goldbeating (โกลด์' บีทิง) *n.* การตีทอง

gold digger (ภาษาพูด) ผู้หญิงที่จ้องหาเงิน และของกำนัลจากผู้ชาย, นักขุดทอง

★**golden** (โกล' เดิน) *adj.* ซึ่งทำด้วยทอง, ซึ่งมีสีทอง, เจริญรุ่งเรือง, งดงาม, สำคัญหรือมีค่ามาก, ดีเยี่ยม, ซึ่งครบรอบ 50 ปี (**-S.** bright)

golden age ยุคทอง

golden goal ประตูแรกที่ฝ่ายใดฝ่ายหนึ่งยิงเข้าก่อนในช่วงต่อเวลาพิเศษของกีฬาฟุตบอล ซึ่งจะทำให้ฝ่ายที่ยิงเข้าชนะไปหลังจากเสมอกันมาในช่วงเวลาปกติของการแข่งขัน

golden jubilee วันครบรอบ 50 ปี

golden mean ทางสายกลาง

golden oldie ภาพยนตร์ บทเพลง หรือดนตรีซึ่งเป็นที่นิยมชมชอบกันมากในอดีต

golden wedding วันครบรอบ 50 ปีของการแต่งงาน

gold-filled (โกลด์' ฟิลด์') *adj.* ซึ่งหุ้มทอง

goldfish (โกลด์' ฟิช) *n., pl.* **-fish/-fishes** ปลาเงินปลาทอง

gold foil แผ่นทอง

gold leaf แผ่นทองเปลว

gold mine เหมืองทอง, ขุมทรัพย์

goldsmith (โกลด์' สมิธ) *n.* ช่างทอง

★**golf** (กอล์ฟ) *n.* กีฬากอล์ฟ *-vi.* **golfed, golfing** เล่นกอล์ฟ **-golfer** *n.*

golf club ไม้ตีกอล์ฟ, สโมสรกอล์ฟ

golf course สนามกอล์ฟ

golly (กอล' ลี) *interj.* คำอุทานแสดงความสงสัยหรือแปลกใจ

A B C D E F G H I J K L M N O P Q R S T U V W X Y Z

gonad (โก' แนด) *n.* อวัยวะของสัตว์ซึ่งทำหน้าที่สร้างเซลล์สืบพันธุ์ เช่น อัณฑะหรือรังไข่
gondola (กอนโด' ละ) *n.* เรือแจวโดยสารลำยาวแคบที่ใช้ในคลองเวนิซ, กระเช้าลอยฟ้าที่เคลื่อนที่ตามสายเคเบิลเพื่อรับส่งผู้โดยสาร
gondolier (กอนเดิลเลียร์') *n.* คนแจวเรือกอนโดลา
gone (กอน) *v.* กริยาช่อง 3 ของ go
gong (กอง) *n.* ฆ้อง
gonorrhea (กอนนะเรีย') *n.* โรคหนองใน
goo (กู) *n.* (ภาษาพูด) สารที่เหนียว
★**good** (กุด) *adj.* **better, best** ดี, ซึ่งมีคุณภาพ, เหมาะสม, นิสัยดี, น่านับถือ, มั่นคง, อร่อย, ดึงดูดใจ, หล่อ, สุขภาพดี, ชำนาญ, ไว้ใจได้, แท้, บังควร, ถูกต้อง, มีมากพอ, อุดมสมบูรณ์, มาก, กรุณา, พอใจ, เต็ม, ซึ่งมีประโยชน์, เบิกบานใจ, ซึ่งใช้ได้, ซึ่งมีคุณธรรม, เก่ง, ไม่เสีย, ซื่อสัตย์, จงรักภักดี *-n.* คุณค่า, สิ่งที่ดี, ผลประโยชน์, ความดี, กำไร **-goods** สินค้า *-adv.* (ภาษาพูด) ดี **-for good** ตลอดไป **-no good** (ภาษาพูด) ไร้ประโยชน์ ไร้ค่า (**-S.** (adj., adv.) fine)
good afternoon สวัสดียามบ่าย
Good Book คัมภีร์ไบเบิล
★**good-bye, goodbye, good-by** (กุดไบ') *interj.* ลาก่อน *-n., pl.* **-byes, -bys** การร่ำลา (**-S.** (interj.) so long)
good evening สายัณห์สวัสดิ์
good faith ความจริงใจซื่อสัตย์
goodfella (กุด' เฟลละ) *n.* สมาชิกแก๊งมาเฟีย
good-fellowship (กุดเฟล' โลชิพ) *n.* เพื่อนที่ดี, เพื่อนยาก
good-for-nothing (กุด' เฟอร์นัธ' ธิง) *n.* คนที่ไร้ค่า *-adj.* ไร้ค่า
Good Friday วันศุกร์ก่อนวันอีสเตอร์เป็นวันที่ระลึกถึงการที่พระเยซูถูกตรึงบนไม้กางเขน
goodhearted (กุด' ฮาร์' ทิด) *adj.* จิตใจงาม
good-humored (กุด' ฮิว' เมอร์ด) *adj.* อารมณ์ดี, เบิกบาน **-good-humoredly** *adv.*
★**good-looking** (กุด' ลุค' คิง) *adj.* หล่อ, สวยงาม (**-S.** handsome, pretty)
goodly (กุด' ลี) *adj.* **-lier, -liest** หน้าตาดี, มาก, ใหญ่ **-goodliness** *n.* (**-S.** fair, fine)
good morning อรุณสวัสดิ์
good-natured (กุด' เน' เชอร์ด) *adj.* ซึ่งมีนิสัยดี, สุภาพ, อ่อนโยน, ซึ่งมีอารมณ์ดี **-good-naturedly** *adv.* **-good-naturedness** *n.*
goodness (กุด' นิซ) *n.* ความดี, คุณความดี, ส่วนที่ดีงาม *-interj.* คำอุทานแสดงความประหลาดใจ (**-S.** excellence, merit)
good night ราตรีสวัสดิ์
Good Samaritan ผู้ที่มีใจเมตตากรุณา
good-tempered (กุด' เทม' เพอร์ด) *adj.* ซึ่งมีอารมณ์ดี **-good-temperedly** *adv.*
goodwill, good will (กุด' วิล) *n.* ไมตรีจิต, ความสัมพันธ์อันดีในทางธุรกิจ
goody (กุด' ดี) *interj.* คำอุทานแสดงความดีใจ *-n., pl.* **-ies** สิ่งที่ดึงดูดใจ, ขนมหวาน
goody-goody (กุด' ดีกุด' ดี) *adj.* แสร้งว่าดี
gooey (กู' อี) *adj.* **-ier, -iest** เหนียว
goof (กูฟ) *n.* (คำสแลง) คน (โง่ เซ่อ) ความผิดพลาด *-vi., vt.* **goofed, goofing** (คำสแลง) ทำผิดพลาด เสียเวลา
goose (กูซ) *n., pl.* **geese** ห่าน, ห่านตัวเมีย, เนื้อห่าน, (ภาษาพูด) คนโง่
gooseberry (กูซ' เบรี) *n.* ไม้พุ่มชนิดหนึ่งดอกสีเขียว มีผลเล็กๆ กินได้, ผลกูซเบอร์รี
gopher (โก' เฟอร์) *n.* ระบบการค้นหาข้อมูลบนอินเทอร์เน็ต
gore[1] (กอร์) *vt.* **gored, goring** แทงด้วยเขาหรืองา
gore[2] (กอร์) *n.* ผ้าผืนสามเหลี่ยม, ผืนดินที่มีลักษณะเป็นรูปสามเหลี่ยม
gore[3] (กอร์) *n.* เลือดที่แห้งกรังจากบาดแผล
gorge (กอร์จ) *n.* หุบเขาลึก, คอหอย, หลอดอาหาร, การกินอย่างตะกละ, สิ่งที่กีดขวางทางเดินแคบ, อาหารในกระเพาะ *-vt., vi.* **gorged, gorging** กินอย่างตะกละ (**-S.** (n.) canyon)
gorgeous (กอร์' เจิซ) *adj.* งดงาม, โอ่โถง, วิเศษ, หรูหรา, น่ายินดี **-gorgeously** *adv.* **-gorgeousness** *n.* (**-S.** beautiful **-A.** rich)
Gorgon (กอร์' เกิน) *n.* ปีศาจสาวในเทพนิยายของกรีก มีงูอยู่บนหัว และมีดวงตาซึ่งถ้าใครมองแล้วจะกลายเป็นหิน **-gorgon** ผู้หญิงที่น่าเกลียด
gorilla (กะริล' ละ) *n.* ลิงกอริลลา, (คำสแลง) ผู้ร้าย คนที่โหดร้าย

gorilla

gormless (กอร์ม' ลิซ) *adj.* โง่
gory (กอ' รี) *adj.* **-rier, -riest** เต็มไปด้วยเลือด **-gorily** *adv.* **-goriness** *n.*
gosh (กอช) *interj.* คำอุทานแสดงความประหลาดใจหรือยินดี
gosling (กอซ' ลิง) *n.* ลูกห่าน, คนอ่อนหัด

A B C D E F G H I J K L M N O P Q R S T U V W X Y Z

gospel (กอสฺ' เปิล) *n.* การประกาศคำสอนของพระเยซูคริสต์, พระคัมภีร์ไบเบิลฉบับใหม่เล่มหนึ่งในจำนวนสี่เล่มที่มีเรื่องราวเกี่ยวกับชีวิตการสั่งสอน ความตาย และการฟื้นคืนชีพของพระผู้เป็นเจ้า, คำสอนของผู้สอนศาสนา, สิ่งที่ไม่มีใครโต้แย้ง **-gospeler, gospeller** *n.*

gossamer (กอซฺ' ซะเมอรฺ) *n.* ผ้าแพรบางนุ่ม, สิ่งที่บอบบาง, ใยแมงมุม *-adj.* บาง, เบา

gossip (กอซฺ' เซิพ) *n.* การซุบซิบนินทา, คนที่ชอบนินทา, การเขียนหรือการคุยในเรื่องเล็กๆ น้อยๆ, เพื่อนสนิท, พ่อแม่อุปถัมภ์ *-vi.* **-siped, -siping** ซุบซิบนินทา **-gossiper** *n.*

gossipmonger (กอซฺ' เซิพมังเกอรฺ) *n.* คนที่ชอบซุบซิบนินทาผู้อื่น

got (กอท) *v.* กริยาช่อง 2 และ 3 ของ get

Gothic (กอธฺ' ธิค) *adj.* เกี่ยวกับสถาปัตยกรรมแบบโกธิค *-n.* ศิลปะหรือสถาปัตยกรรมแบบโกธิค

gotten (กอทฺ' เทิน) *v.* กริยาช่อง 3 ของ get

gouge (เกาจฺ) *n.* สิ่ว, การคว้านหรือขุดด้วยสิ่ว, ร่องหรือรูที่เกิดจากการแซะด้วยสิ่ว *-vt.* **gouged gouging** ขุดหรือแซะด้วยสิ่ว, (คำสแลง) โกง

goulash (กู' ลาฌ) *n.* สตูเนื้อวัวใส่พริกหยวก

gourd (กอรฺด) *n.* พืชจำพวกน้ำเต้าและบวบ

gourmand (กัวรฺมานดฺ') *n.* นักกิน

gourmet (กัวรฺ' เม) *n.* ผู้ชำนาญการด้านอาหารและเครื่องดื่ม

gout (เกาทฺ) *n.* โรคเกาต์ **-gouty** *adj.*

★**govern** (กัฟ' เวิรฺน) *vt., vi.* **-erned, -erning** บังคับ, ปกครอง, ครอบงำ **-governable** *adj.*

governess (กัฟ' เวอรฺนิซ) *n.* ครูผู้หญิงซึ่งรับจ้างสอนหนังสือหรืออบรมเด็กๆ ตามบ้าน

★**government** (กัฟ' เวิรฺนเมินทฺ) *n.* รัฐบาล, การปกครอง, ระบบการปกครอง, รัฐศาสตร์, การจัดการ **-governmental** *adj.*

governor (กัฟ' เวอรฺเนอรฺ) *n.* ผู้ว่าการรัฐ, ผู้ว่าราชการจังหวัด, ผู้จัดการ, ผู้ปกครอง

governorship (กัฟ' เวอรฺเนอรฺชิพ) *n.* ตำแหน่ง หน้าที่ หรือขอบเขตอำนาจของข้าหลวง

gown (เกาน) *n.* เสื้อคลุมตัวยาว, ชุดเสื้อกระโปรงยาวติดกันของผู้หญิง,เสื้อครุย (-**S.** costume)

GPA ย่อจาก grade point average คะแนนเฉลี่ยสะสม

GPO ย่อจาก general post office ที่ทำการไปรษณีย์กลาง

gr. ย่อจาก gram กรัม

★**grab** (แกรบ) *vt., vi.* **grabbed, grabbing** ฉวย, คว้า, จับ, แย่ง, (คำสแลง) ตั้งใจ *-n.* การฉวยหรือแย่ง, สิ่งที่ถูกคว้า (-**S.** (v., n.) catch)

grabble (แกรบ' เบิล) *vi.* **-bled, -bling** คลำ

★**grace** (เกรซ) *n.* ความงาม, ความนิ่มนวล, ความสวยงาม, ความสง่า, ลีลางดงาม, ความสุภาพ, ความเมตตากรุณา, การผ่อนผัน, มารยาท, ความคล่อง, ความกลมกล่อม, คุณความดี, การสวดมนต์บทสั้นๆ ก่อนหรือหลังรับประทานอาหาร *-vt.* **graced, gracing** ตกแต่งให้สวยงาม **-with bad grace** ไม่เต็มใจ **-graceful** *adj.* **-gracefully** *adv.*

gracious (เกร' เชิซ) *adj.* เมตตากรุณา, สุภาพอ่อนโยน, เอื้อเฟื้อ, ซึ่งมีมารยาท, อย่างให้อภัย, สวยงาม, สง่างาม **-graciously** *adv.* **-graciousness** *n.* (-**S.** amiable -**A.** haughty)

gradation (เกรเด' ชัน) *n.* การค่อยๆ เปลี่ยนแปลง, การแบ่งขั้น, ลำดับขั้น **-gradate** *v.*

★**grade** (เกรด) *n.* ระดับ, ขั้น, ชั้น, ชนิด, ความเอียงลาด, ขีด *-v.* **graded, grading** *-vt.* แบ่งเป็นระดับหรือขั้น, แบ่งออกเป็นชนิด, ให้เกรด, ทำให้เปลี่ยนแปลงทีละขั้น, ทำให้ราบ *-vi.* เปลี่ยนแปลงเป็นขั้นๆ (-**S.** (n., v.) class)

grade school โรงเรียนประถมศึกษา

gradient (เกร' เดียนทฺ) *n.* ทางลาด, เนินลาด

★**gradual** (แกรจฺ' จูเอิล) *adj.* ที่ค่อยๆ เกิดขึ้น, ค่อยๆ ลาด **-gradually** *adv.* (-**S.** gentle)

graduate (แกรจฺ' จูเอท) *v.* **-ated, -ating** *-vi.* ได้รับปริญญาหรือประกาศนียบัตร, สำเร็จการศึกษา, เปลี่ยนทีละน้อย *-vt.* สำเร็จการศึกษาจาก, มอบปริญญาแก่, แบ่งออกเป็นขีดๆ *-n.* บัณฑิต, ภาชนะที่ใช้ตวงซึ่งมีขีดบอกระดับ *-adj.* เกี่ยวกับการศึกษาในระดับที่สูงกว่าปริญญาตรี **-graduation** *n.* **-graduator** *n.*

graduate

graft¹ (แกรฟทฺ) *v.* **grafted, grafting** *-vt.* ทาบกิ่ง, ต่อตา, ย้ายไปปลูก, เอามาปะ *-vi.* ทาบกิ่งหรือต่อตา, ย้ายปลูกหรือย้ายปะ *-n.* กิ่งตอน, ตาสำหรับต่อ, กิ่งทาบ, การผ่าตัดเพื่อนำผิวหนัง กระดูก หรือเนื้อเยื่อบางส่วนของคนหนึ่งไปปลูกไว้ที่ส่วนอื่นของร่างกายหรือกับอีกคนหนึ่ง **-grafter** *n.*

graft² (แกรฟทฺ) *n.* การกินสินบน, สินบน, การฉ้อราษฎร์บังหลวง *-vt., vi.* **grafted, grafting** รับสินบน **-grafter** *n.*

Grail (เกรล) *n.* ถ้วยหรือจานที่พระเยซูใช้ในการรับประทานอาหารมื้อสุดท้าย

A B C D E F G H I J K L M N O P Q R S T U V W X Y Z

★**grain** (เกรน) *n.* เมล็ดข้าว, เมล็ดเล็กๆ, เม็ดทราย, นิสัย, ข้าวทุกชนิด, จำนวนเล็กน้อย, หน่วยน้ำหนักซึ่งมีค่าเท่ากับ 0.065 กรัม, ลายไม้, หนังสัตว์ด้านที่เอาขนออกหมดแล้ว, ลายในหนัง, ลวดลายในเนื้อหิน, ภาวะการตกผลึก *-vt.* **grained, graining** วาด ตอก หรือพิมพ์เลียนแบบลายไม้ ลายหนัง หรือลายหิน, ขูดขนสัตว์ **-grainer** *n.* (**-S.** (n.) cereal, seed)

★**gram**[1]**, gramme** (แกรม) *n.* หน่วยน้ำหนักในระบบเมตริกซึ่งมีค่าเท่ากับ 0.001 กิโลกรัม

gram[2] (แกรม) *n.* ถั่วเขียว

★**grammar** (แกรม' เมอร์) *n.* ไวยากรณ์ **-grammarian** *n.* **-grammatical** *adj.*

grammar school โรงเรียนประถมศึกษา, โรงเรียนมัธยมในอังกฤษ

gramophone (แกรม' มะโฟน) *n.* เครื่องเล่นแผ่นเสียง

granary (แกรน' นะรี) *n., pl.* **-ries** ยุ้งข้าว

★**grand** (แกรนด์) *adj.* **grander, grandest** ใหญ่โต, ชั้นสูง, สง่า, งดงาม, น่านับถือ, สำคัญที่สุด, หยิ่ง, ครอบคลุม, รวบยอด *-n.* เปียโนขนาดใหญ่, (คำสแลง) 1,000 ดอลลาร์ **-grandly** *adv.* **-grandness** *n.* (**-S.** (adj.) magnificent)

grandam, grandame (แกรน' แดม; -เดิม, -เดม, -ดาม, -เดิม) *n.* ย่า, ยาย, หญิงสูงอายุ

grandaunt (แกรนด์' แอนท์', -อานท์') *n.* พี่สาวหรือน้องสาวของปู่ย่าตายาย

Grand Canyon หุบเขาลึกชัน ด้านล่างเป็นทางน้ำไหลผ่าน เป็นช่วงหนึ่งของแม่น้ำโคโลราโด

★**grandchild** (แกรนด์' ไชล์ด์) *n.* หลาน

granddad (แกรน' แดด) *n.* ปู่หรือตา

granddaddy, grandaddy (แกรน' แดดดี) *n.* (ภาษาพูด) ปู่หรือตา

★**granddaughter** (แกรน' ดอเทอร์) *n.* หลานสาว

grandee (แกรนดี') *n.* ขุนนางชั้นสูงสุดในสเปนหรือโปรตุเกส, ผู้มีชื่อเสียง, บุคคลชั้นสูง

grandeur (แกรน' เจอร์) *n.* ความยิ่งใหญ่, ความสง่างาม, ความสูงศักดิ์ (**-S.** dignity)

★**grandfather** (แกรนด์' ฟาเธอร์) *n.* ปู่หรือตา, บรรพบุรุษ

grandfather clock นาฬิกาลูกตุ้มขนาดใหญ่แบบตั้งพื้น

grandiloquence (แกรนดิล' ละเควินซ์) *n.* การคุยโวโอ้อวด, การวางท่าผึ่งผายหรูหรา

grandiose (แกรน' ดีโอซ) *adj.* ยิ่งใหญ่, หรูหราสง่างาม, โอ้อวด **-grandiosely** *adv.*

grandma (แกรนด์' มา) *n.* ย่าหรือยาย

★**grandmother** (แกรนด์' มัธเธอร์) *n.* ย่าหรือยาย, บรรพบุรุษที่เป็นหญิง

grandnephew (แกรนด์' เนฟ' ฟยู) *n.* ลูกชายของหลานชายหรือหลานสาว

grandniece (แกรนด์' นีซ') *n.* ลูกสาวของหลานชายหรือหลานสาว

grand opera มหาอุปรากร

grandpa (แกรนด์' พา) *n.* ปู่หรือตา

★**grandparent** (แกรนด์' แพเริ่นท์) *n.* ปู่ย่า ตายาย **-grandparenthood** *n.*

grand piano เปียโนขนาดใหญ่ที่มีสายเสียงขึงในแนวนอน

Grand Prix (กราน' พรี') *n., pl.* **Grand Prix** การแข่งขันรถยนต์หรือมอเตอร์ไซค์ระหว่างประเทศ

grandsire, grandsir (แกรนด์' ไซร์, -เซอร์) *n.* ปู่, ตา, บรรพบุรุษที่เป็นผู้ชาย, ชายชรา

grand slam การชนะทุกครั้งในการเล่นไพ่บริดจ์, การตีลูกโฮมรันได้และผู้วิ่งทั้ง 3 คนสามารถวิ่งเข้าเบสได้ทัน (เบสบอล), การชนะการแข่งขันนัดสำคัญๆ ทั้งหมดในฤดู

★**grandson** (แกรนด์' ซัน) *n.* หลานชาย

granduncle (แกรนด์' อัง' เคิล) *n.* พี่ชายหรือน้องชายของปู่ย่าตายาย

granite (แกรน' นิท) *n.* หินแกรนิต ประกอบด้วยควอตซ์เป็นส่วนใหญ่ มีความแข็งแรงทนทาน ใช้ในการสร้างตึก **-granitic** *adj.*

graniteware (แกรน' นิทแวร์) *n.* เครื่องใช้ดินเผาที่ทำเป็นลวดลายคล้ายหิน

granny, grannie (แกรน' นี) *n., pl.* **-nies** (ภาษาพูด) ย่าหรือยาย พยาบาล คนที่จู้จี้ขี้บ่น

★**grant** (แกรนท์) *vt.* **granted, granting** อนุญาต, ยอมรับ, ให้, โอน *-n.* การให้, การอนุญาต, สิ่งที่ให้, การโอนทรัพย์สิน **-grantable** *adj.* **-granter, grantor** *n.*

grantee (แกรนที') *n.* ผู้รับ, ผู้ได้รับ

grant-in-aid (แกรนท์อินเอด') *n., pl.* **grants-in-aid** การให้ทุนแก่สถาบันหรือบุคคลเพื่อสนับสนุนโครงการหรือแผนงาน

granulate (แกรน' นยะเลท) *v.* **-lated, -lating** *-vt.* ทำให้เป็นเม็ดเล็ก, ทำให้หยาบ *-vi.* กลายเป็นเม็ดเล็ก **-granulation** *n.*

granule (แกรน' ยูล) *n.* เมล็ดข้าวเล็กๆ, เศษหิน, เซลล์ขนาดเล็ก **-granular** *adj.*

★**grape** (เกรพ) *n.* ต้นองุ่น, ผลองุ่น, สีม่วงคล้ำ

grapefruit (เกรพ' ฟรูท) *n.* ผลไม้จำพวกส้ม

grapeshot (เกรพ' ชอท) *n.* ลูกกระสุนเหล็กขนาดเล็กรวมเป็นกลุ่ม ซึ่งใช้บรรจุปืนใหญ่
grape sugar น้ำตาลที่ได้จากผลองุ่น
grapevine (เกรพ' ไวน) *n.* ต้นองุ่น
graph (แกรฟ) *n.* เส้นแสดงความเปลี่ยนแปลงระหว่างจำนวน 2 จำนวนที่สัมพันธ์กัน, กราฟ *-vt.* **graphed, graphing** แสดงด้วยกราฟ
graphic, graphical (แกรฟ' ฟิค, -ฟิเคิล) *adj.* เกี่ยวกับการเขียนหรือวาด, ซึ่งแทนด้วยกราฟ, ชัดเจน, เกี่ยวกับศิลปะการวาดเขียน *-n.* งานศิลปะภาพวาดหรือการขีดเขียน, เส้นหรือแผนภูมิที่ใช้อธิบาย, การแสดงลายเส้นหรือภาพจากจินตนาการโดยใช้คอมพิวเตอร์ **-graphically** *adv.* **-graphicness** *n.*
graphite (แกรฟ' ไฟท) *n.* อัญรูปหนึ่งของคาร์บอนที่มีลักษณะนิ่ม สีดำ ใช้ทำไส้ดินสอ
grapnel (แกรพ' เนิล) *n.* สมอขนาดเล็กที่มีตะขอ 3 แฉกหรือมากกว่า, ตะขอเหล็กเกี่ยวเรือ
grapple (แกรพ' เพิล) *n.* ตะขอเหล็กสำหรับเกี่ยวเรือ, สมอเล็กที่มีตะขอ 3 แฉกหรือมากกว่า, การจับ, การเกาะ *-v.* **-pled, -pling** *-vt.* จับด้วยตะขอ, จับให้แน่นด้วยมือ *-vi.* ยึดด้วยตะขอ, ใช้ตะขอ, ต่อสู้ดิ้นรน **-grappler** *n.*
★**grasp** (แกรซพ) *vt., vi.* **grasped, grasping** คว้า, จับ, กำ, ฉวย, เข้าใจ *-n.* การฉวย, การกำแน่น, ความเข้าใจ (**-S.** (v., n.) catch)
grasping (แกรซ' พิง) *adj.* โลภ **-graspingly** *adv.* **-graspingness** *n.* (**-S.** avaricious, selfish)
★**grass** (แกรซ) *n.* หญ้า, สนามหญ้า, ทุ่งหญ้า (คำสแลง) กัญชา *-v.* **grassed, grassing** *-vt.* ปกคลุมไปด้วยหญ้า, ปลูกหญ้าคลุม, เลี้ยงสัตว์ด้วยหญ้า *-vi.* กินหญ้า **-grassy** *adj.*
grasshopper (แกรซ' ฮอพเพอร) *n.* ตั๊กแตน

grasshopper

grassroots (แกรซ' รูทซ) *n. pl.* สามัญชน, รากฐานหรือที่มา
grass snake งูเขียวชนิดไม่มีพิษ
grass widow หญิงที่แยกกันอยู่กับสามีชั่วคราว
grate[1] (เกรท) *v.* **grated, grating** *-vt.* ขูด, ครูด, ขัด, สี, เคี้ยวฟัน, ทำให้รำคาญ, บดละเอียด *-vi.* ทำเสียงบาดหู, ทำให้รำคาญ *-n.* เสียงดังจากการขัดสี (**-S.** (v., n.) grind (v.) irritate)
grate[2] (เกรท) *n.* ตะกรับในเตาไฟ, ตะแกรง, ลูกกรง, ตาข่าย, เตาไฟ, ตะแกรงร่อน *-vt.* **grated, grating** ใส่ตะแกรง, ใส่ตะกรับในเตาไฟ, ใส่ตะแกรงร่อน
★**grateful** (เกรท' เฟิล) *adj.* อย่างขอบคุณ, ซึ่งแสดงความขอบคุณ, ซึ่งเป็นที่พอใจ **-gratefully** *adv.* **-gratefulness** *n.* (**-S.** appreciative)
grater (เกรท' เทอร) *n.* เครื่องขูด, ที่ขูด
gratification (แกรททะฟิเค' ชั่น) *n.* ความพอใจ, ความยินดี, สิ่งที่ทำให้พอใจ, รางวัล
gratify (แกรท' ทะไฟ) *vt.* **-fied, -fying** ทำให้พอใจหรือปีติ, ให้รางวัล **-gratifying** *adj.*
grating (เกรท' ทิง) *n.* ลูกกรงเหล็กดัด
gratis (แกรท' ทิซ) *adv., adj.* ไม่คิดเงิน, ฟรี
gratitude (แกรท' ทิทูด) *n.* ความรู้สึกขอบคุณ, ความกตัญญู (**-S.** appreciation **-A.** resentment)
gratuitous (กระทู' อิเทิซ) *adj.* ให้ฟรี, ไม่สำคัญ **-gratuitously** *adv.* **-gratuitousness** *n.*
gratuity (กระทู' อิที) *n., pl.* **-ties** ของขวัญ, เงินรางวัล (**-S.** bonus, donation, gift)
★**grave**[1] (เกรฟว) *n.* หลุมฝังศพ, ป่าช้า, สุสาน, ความตาย (**-S.** crypt, tomb)
grave[2] (เกรฟว) *adj.* **graver, gravest** สำคัญ, เอาจริงเอาจัง, ร้ายแรง, ถมึงทึง, มหันต์, ขรึม, เศร้า, ครึ้ม, มืดมน, รุนแรง **-gravely** *adv.*
grave[3] (เกรฟว) *vt.* **graved, graven** จารึก, แกะสลัก, ฝังแน่น **-graver** *n.*
gravel (แกรฟ' เวิล) *n.* กรวด, ก้อนนิ่ว
gravel-blind (แกรฟ' เวิลไบลนด) *adj.* ซึ่งมองเห็นได้น้อยมาก
gravelly (แกรฟ' วะลี) *adj.* ซึ่งเต็มไปด้วยกรวด
graven image เทวรูปแกะสลัก
gravestone (เกรฟว' สโตน) *n.* หินบนหลุมฝังศพ
graveyard (เกรฟว' ยารด) *n.* ป่าช้า, สุสาน
gravitate (แกรฟ' วิเทท) *vi.* **-tated, -tating** เคลื่อนที่เข้าหาแรงโน้มถ่วงของโลก
gravitation (แกรฟวิเท' ชัน) *n.* แรงดึงดูดระหว่างมวล, การเคลื่อนที่ที่เกิดจากแรงดึงดูดระหว่างมวล, การเคลื่อนที่เข้าหาศูนย์กลางของแรงดึงดูด **-gravitational** *adj.*
gravity (แกรฟ' วิที) *n.* แรงดึงดูดของโลก, แรงดึงดูด, น้ำหนัก, ความจริงจัง, ความรุนแรง
gravure (กระวยุร) *n.* วิธีการพิมพ์ชนิดหนึ่งที่แม่พิมพ์จะถูกขุดเป็นร่องลึกเข้าไปเพื่อรับหมึกพิมพ์ได้ดีขึ้น
gravy (เกร' วี) *n., pl.* **-vies** น้ำที่หยดออกมาจากเนื้อขณะประกอบอาหาร ใช้ราดอาหาร
★**gray, grey** (เกร) *adj.* **grayer, grayest/greyer, greyest** (สี) เทา, มืด, สลัว, (ผม) หงอกแก่ชรา, เป็นกลางๆ *-n.* สีเทา, สิ่งของหรือสัตว์

ที่มีสีเทา *-vt., vi.* **grayed, graying/greyed, greying** ทำให้เป็นสีเทา **-grayish** *adj.*

graze[1] (เกรซ) *vt., vi.* **grazed, grazing** กินหญ้า **-grazeable, grazable** *adj.*

graze[2] (เกรซ) *vt., vi.* **grazed, grazing** แตะหรือถูเบาๆ, ถาก, ครูด, เช็ด, ทำให้ถลอก, เฉียด *-n.* การเฉียด, การถูเบาๆ, แผลถลอก

★**grease** (กรีซ) *n.* ไขมันหรือน้ำมันสัตว์, น้ำมันหล่อลื่น *-vt.* **greased, greasing** ทาไขมันสัตว์, ทาน้ำมันหล่อลื่น **-greasy** *adj.* **-greasless** *adj.*

grease gun กระบอกฉีดจาระบี

greaser (กรี' เซอร์) *n.* คนทาหรือหยอดน้ำมัน

★**great** (เกรท) *adj.* **greater, greatest** ยิ่งใหญ่, มีจำนวนมาก, โดดเด่น, ใหญ่, สำคัญ, มีฐานะหรือตำแหน่งสูง, มีชื่อเสียง, ประเสริฐ, วิเศษ, เลิศ, (ภาษาพูด) ดีมาก ชั้นหนึ่ง, กระตือรือร้น ชำนาญมาก, ตั้งครรภ์ *-n., pl.* **greats/great** คนที่มีชื่อเสียง, คนสำคัญ *-adv.* (ภาษาพูด) ดีมาก **-greatly** *adv.* **-greatness** *n.*

great-aunt, great aunt (เกรท' แอนท์', -อานท์') *n.* พี่สาวหรือน้องสาวของปู่ย่าตายาย

Great Barrier Reef แนวปะการังที่ใหญ่ที่สุดในโลก ยาว 2,011 กิโลเมตร อยู่ที่ออสเตรเลีย

Great Britain เกาะนอกชายฝั่งตะวันตกของทวีปยุโรป ได้แก่ อังกฤษ สกอตแลนด์ เวลส์

greatcoat (เกรท' โคท) *n.* เสื้อคลุมกันหนาวตัวยาวหนา

Great Dane สุนัขพันธุ์หนึ่ง ตัวใหญ่ แข็งแรง ขนเรียบสั้น

Greater, greater (เกร' เทอร์) *adj.* เกี่ยวกับเมืองและชานเมือง

greathearted (เกรท' ฮาร์' ทิด) *adj.* ซึ่งมีจิตใจกล้าหาญ, ใจกว้าง, ไม่เห็นแก่ตัว

great-uncle, great uncle (เกรท' อัง' เคิล) *n.* พี่ชายหรือน้องชายของปู่ย่าตายาย

Great Wall of China กำแพงเมืองจีน

Great War สงครามโลกครั้งที่ 1

greed (กรีด) *n.* ความโลภ (-S. avidity)

★**greedy** (กรีด' ดี) *adj.* **-ier, -iest** ละโมบ, ตะกละ, โลภ **-greedily** *adv.* **-greediness** *n.*

Greek (กรีค) *n.* ภาษากรีก, ชาวกรีซ

★**green** (กรีน) *n.* สีเขียว, สิ่งที่มีสีเขียว, สนามหญ้า, (คำสแลง) เงิน *-adj.* **greener, greenest** ซึ่งมีสีเขียว, ซึ่งประกอบด้วยผักใบเขียว, เขียวขจี, ซึ่งมีอากาศสบายๆ, กระปรี้กระเปร่า, ยังไม่สุก, ยังไม่โตเต็มที่, สด, ใหม่, อ่อนประสบการณ์, ไร้เดียงสา, อิจฉา *-vt., vi.* **greened, greening** กิ่งไม้ใบไม้ที่ใช้ประดับตกแต่ง, พืชผักที่ใช้เป็นอาหาร **-greenly** *adv.* **-greenness** *n.* **-greenish** *adj.* (-S. (adj.) fresh)

green card บัตรที่ออกโดยรัฐบาลสหรัฐอเมริกาให้กับชาวต่างชาติเพื่อเป็นการอนุญาตให้ทำงานในสหรัฐอเมริกาได้อย่างถูกกฎหมาย

greenery (กรี' นะรี) *n., pl.* **-ies** สถานที่ที่ใช้ปลูกพืช, ผักสีเขียว

green-eyed (กรีน' ไอด์) *adj.* อิจฉา, ขี้หึง

greengrocer (กรีน' โกรเซอร์) *n.* พ่อค้าขายผักและผลไม้สด **-greengrocery** *n.*

greenhorn (กรีน' ฮอร์น) *n.* คนอ่อนหัด

greenhouse (กรีน' เฮาซ์) *n.* เรือนกระจก

greenhouse effect ปรากฏการณ์เรือนกระจก, ภาวะที่โลกมีอุณหภูมิสูงขึ้นเนื่องจากมลพิษจากสิ่งแวดล้อม

green light สัญญาณไฟจราจรสีเขียว

green manure ปุ๋ยสด

greenroom (กรีน' รูม) *n.* ห้องพักนักแสดง

greensward (กรีน' สวอร์ด) *n.* สนามหญ้า

Greenwich time เวลามาตรฐานโลกซึ่งเทียบจากเวลาที่เมืองกรีนิชในประเทศอังกฤษ

greenwood (กรีน' วุด) *n.* ต้นไม้ที่มีใบเขียว

★**greet** (กรีท) *vt.* **greeted, greeting** ต้อนรับ, ทักทาย, คำนับ, รับรอง **-greeting** *n.*

★**greeting** (กรีท' ทิง) *n.* การคำนับ, การทักทาย, การต้อนรับ, คำทักทาย, คำอวยพร

greeting card บัตรอวยพร

gregarious (กริแก' เรียซ) *adj.* ซึ่งชอบสังคมหรือสมาคม, ซึ่งชอบอาศัยรวมกันเป็นกลุ่ม **-gregariously** *adv.* **-gregariousness** *n.*

grenade (กระเนด') *n.* ลูกระเบิดขนาดเล็กที่ขว้างด้วยมือหรือใช้ปืนยิงออกไป

grenadier (เกรนนะเดียร์') *n.* ทหารราบที่หนึ่งรักษาพระองค์ในกองทัพอังกฤษ

grew (กรู) *v.* กริยาช่อง 2 ของ grow

★**grey** (เกร) *adj., n., v.* ดู gray

greyhound (เกร' เฮานด์) *n.* สุนัขพันธุ์หนึ่งตัวสูงผอม ขายาว วิ่งได้เร็ว ขนสั้นเกรียน

grid (กริด) *n.* ตะแกรง, ขดลวดในหลอดวิทยุ, แผ่นตะกั่วในหม้อแบตเตอรี่, สนามฟุตบอล

griddle (กริด' เดิล) *n.* แผ่นเหล็กแบนที่ใช้ปิ้งหรือย่างอาหาร **-griddle** *v.*

gridiron (กริด' ไอเอิร์น) *n.* สนามฟุตบอล, โครงเหล็กที่อยู่เหนือเวทีละครสำหรับคล้อง เชือกเพื่อแขวนฉากหรือไฟ, ตะแกรงย่างอาหาร

★**grief** (กรีฟ) *n.* ความเศร้าโศกเสียใจ, สิ่งที่ทำให้

A B C D E F G H I J K L M N O P Q R S T U V W X Y Z

เสียใจ, ปัญหา, ความข้องใจ (-S. agony)
grievance (กรี' เวินซ์) *n.* ความไม่พอใจ, ข้อข้องใจ, ข้อเจ็บใจ (-S. sorrow)
grieve (กรีฟว์) *n.* **grieved, grieving** *-vt.* ทำให้เศร้าโศก, ทำให้เจ็บ *-vi.* เศร้าโศก, เสียใจ **-grievous** *adj.* **-grievously** *adv.*
griffin, griffon (กริฟ' เฟิน) *n.* สัตว์ประหลาดมีหัวและปีกเป็นนกอินทรี ลำตัวเป็นสิงโต
grig (กริก) *n.* คนร่าเริง
★**grill** (กริล) *vt.* **grilled, grilling** ย่างหรือปิ้งบนตะแกรง, ทรมานหรือทำให้เจ็บปวดราวกับโดนไฟเผา *-n.* ตะแกรงย่าง, อาหารย่างหรือปิ้ง
grillage (กริล' ลิจ) *n.* ไม้หรือเหล็กที่ขัดเป็นตารางสี่เหลี่ยมเพื่อรองเป็นฐานก่อสร้าง
grille, grill (กริล) *n.* ตะแกรง, ลูกกรงหน้าต่าง
grillroom (กริล' รูม) *n.* สถานที่ย่างอาหาร เพื่อเสิร์ฟให้ลูกค้า
grim (กริม) *adj.* **grimmer, grimmest** ซึ่งไม่ลดละ, น่ากลัว, ดุร้าย, ถมึงทึง, เข้มงวด **-grimly** *adv.* **-grimness** *n.* (-S. cruel -A. mild)
grimace (กริม' มิซ) *n.* หน้าตาบูดเบี้ยว
grime (ไกรม์) *n.* เขม่า, สิ่งสกปรก, ฝุ่น (-S. dirt)
grimy (ไกร' มี) *adj.* **-ier, -iest** สกปรก, เปื้อนฝุ่น **-grimily** *adv.* **-griminess** *n.* (-S. dirty)
★**grin** (กริน) *v.* **grinned, grinning** *-vi.* ยิ้มกว้างจนเห็นฟัน *-vt.* ยิ้มเห็นไรฟัน, ยิงฟัน *-n.* การยิ้มกว้าง **-grinner** *n.* **-grinningly** *adv.*
★**grind** (ไกรน์ด์) *v.* **ground, grinding** *-vt.* บด ฝน, โม่, ปั่น, ลับ (มีด), ขบ (เคี้ยว) ฟัน, กดขี่, ฝึกฝน, เคี่ยวเข็ญ, ครูด *-vi.* บด, โม่, ปั่น, ฝน, ลับ, (ภาษาพูด) ทุ่มเท, (คำสแลง) ส่ายสะโพกยั่วยวน *-n.* การบด โม่ ลับ ฝน, เสียงขบเขี้ยวเคี้ยวฟัน, (ภาษาพูด) นักเรียนที่ขยันมากเกิน, (คำสแลง) การส่ายสะโพกด้วยท่าทางยั่วยวน **-grindingly** *adv.* (-S. (v.) crush)
grinder (ไกรน์' เดอร์) *n.* เครื่องโม่ (บด), ผู้ที่ลับ ถู ฝน บด ขัด, กราม **-grinders** ฟัน
grindstone (ไกรน์ด์' สโตน) *n.* หินสำหรับลับ ถู โม่ บด ซึ่งทำเป็นล้อหินกลมหมุนได้, หินโม่
grip (กริพ) *n.* การกำ จับ ยึดอย่างแน่น, ความสามารถที่จะเข้าใจ, เครื่องหนีบ ยึด จับ, กระเป๋าหิ้วใบเล็ก, อำนาจ, คนจัดฉาก, ทีมงานจัดฉาก *-v.* **gripped, gripping** *-vt.* ยึดไว้อย่างมั่นคง, จดจ่อ, สนใจ *-vi.* ยึดมั่น **-gripper** *n.* **-grippingly** *adv.* (-S. (n., v.) clasp)
gripe (ไกรพ์) *vi., vt.* **griped, griping** (ภาษาพูด) บ่น, รบกวน, ทำให้เคือง, ปวดท้องอย่างมาก, ยึด, จับ, กำ, กดขี่ *-n.* (ภาษาพูด) การบ่น, ที่จับ, ด้ามถือ, การยึด, การจับ **-griper** *n.*
grippe (กริพ) *n.* ไข้หวัดใหญ่
grisly (กริซ' ลี) *adj.* **-lier, -liest** น่ากลัว, น่าขยะแขยง, น่าขนลุก **-grisliness** *n.* (-S. awful)
grist (กริซท์) *n.* ข้าวที่บดแล้ว, เมล็ดข้าวที่จะบด
gristle (กริซ' เซิล) *n.* กระดูกอ่อน
grit (กริท) *n.* กรวด, ทราย, หินทรายหยาบใช้ขัด ถู โม่ หรือลับ, (ภาษาพูด) ความกล้าหาญ
grits (กริทซ์) *n. pl.* ข้าวที่กระเทาะเปลือกและบดอย่างหยาบ
gritty (กริท' ที) *adj.* **-tier, -tiest** ซึ่งเป็นกรวดทราย, ซึ่งกล้าหาญอดทน **-grittiness** *n.*
grizzled (กริซ' เซิลด์) *adj.* ซึ่งเป็นสีเทาบางส่วน
grizzly (กริซ' ลี) *adj.* **-zlier, -zliest** ซึ่งมีสีเทา
grizzly bear หมีขนสีน้ำตาล อาศัยอยู่ทางตะวันตกเฉียงเหนือของทวีปอเมริกาเหนือ
groan (โกรน) *vi., vt.* **groaned, groaning** ส่งเสียงครวญครางหรือคร่ำครวญ, ส่งเสียงดังเอี๊ยด *-n.* เสียงครวญคราง **-groaner** *n.* **-groaningly** *adv.* (-S. (n., v.) moan)
grocery (โกร' ซะรี) *n., pl.* **-ies** ร้านขายของชำ **-grocer** *n.*
grog (กรอก) *n.* เหล้า, เหล้ารัมผสมน้ำ
groggy (กรอก' กี) *adj.* **-gier, -giest** สับสน, มึนงง, เมา, โซเซ **-groggily** *adv.*
groin (กรอยน์) *n.* ต้นขา, ขาหนีบ, ไข่ดัน, จุดที่แนวเส้นโค้ง 2 แนวมาบรรจบกันซึ่งจะมีลักษณะเป็นมุมแหลมโค้ง
grommet, grummet (กรอม' มิท, กรัม'-) *n.* ตาไก่, ห่วงหรือวงแหวนโลหะหรือพลาสติกที่สวมไว้ที่รูเพื่อป้องกันหรือเป็นฉนวนให้กับสายไฟเลขหรือเชือกร้อยผ่าน
groom (กรูม) *n.* คนเลี้ยงม้า, เจ้าบ่าว *-vt.* **groomed, grooming** แต่งตัวให้งดงาม, ดูแลม้า **-groomer** *n.* (-S. (n.) stableboy)
groomsman (กรูมซ์' เมิน) *n.* เพื่อนเจ้าบ่าว
groove (กรูฟว์) *n.* ร่อง, ราง, ช่อง *-v.* **grooved, grooving** *-vt.* ทำให้เป็นร่อง *-vi.* เพลิดเพลิน, ไปกันได้ด้วยดี (-S. (n., v.) channel)
grope (โกรพ) *vi., vt.* **groped, groping** คลำหา, ค้นหา *-n.* การคลำหรือค้นหา
gross (โกรซ) *adj.* **grosser, grossest** ทั้งหมด, ชัด, หยาบคาย, หยาบ, รวบยอด, เทอะทะ, แน่นหนา, ทึบ, ทั่วไป *-vt.* **grossed, grossing** ได้กำไรหรือรายได้ทั้งหมด *-n.* 12 โหล (1 กุรุส) **-grossly** *adv.*

A B C D E F G H I J K L M N O P Q R S T U V W X Y Z

gross national product มูลค่ารวมของผลิตภัณฑ์และบริการที่ผลิตได้ทั้งหมดภายในประเทศในระยะเวลาหนึ่ง ย่อว่า GNP

grot (กรอท) *n.* อุโมงค์, ถ้ำขนาดเล็ก

grotesque (โกรเทซค์') *adj.* บูดเบี้ยว, วิปลาส, ประหลาด, ผิดปกติ, วิตถาร *-n.* สิ่งประหลาด, งานศิลปะที่แปลก **-grotesquely** *adv.*

grotto (กรอท' โท) *n., pl.* **-toes/-tos** อุโมงค์หรือถ้ำขนาดเล็ก

grouch (เกราช) *n.* คนขี้บ่น, คนที่มีอารมณ์บูดบึ้ง *-vi.* **grouched, grouching** บ่น

★**ground**[1] (เกรานด์) *n.* พื้นดิน, ที่ดิน, ดิน, ท้องน้ำ, ท้องทะเล, บริเวณ, เขต, สถานที่, สนาม, พื้นฐาน, เหตุ, หลักฐาน, พื้น *-v.* **grounded, grounding** *-vt.* วางหรือตั้งบนพื้น, ให้เหตุผล, วางรากฐาน, ให้เครื่องบินจอด, สอนหลักการ, สอนเรื่องพื้นฐาน, ต่อสายลงดิน, (เรือ) เกยฝั่ง *-vi.* ลงสู่พื้นดิน, (เรือ) เกยตื้น

ground[2] (เกรานด์) *v.* กริยาช่อง 2 และ 3 ของ grind

ground crew ทีมงานอันประกอบด้วยช่างเครื่องและช่างเทคนิคที่มีหน้าที่บำรุงรักษาเครื่องบินที่จอดอยู่บนพื้นดิน

ground floor ชั้นล่างสุดของตึกหรืออาคาร

groundless (เกรานด์' ลิซ) *adj.* ซึ่งไม่มีเหตุผล, ซึ่งไม่มีหลักฐาน **-groundlessness** *n.*

groundling (เกรานด์' ลิง) *n.* พืชที่เจริญอยู่ติดพื้นดิน, คนชั้นต่ำ, สัตว์ที่อยู่บนพื้นดินหรือในดิน

groundwork (เกรานด์' เวิร์ค) *n.* พื้นฐาน

★**group** (กรูพ) *n.* กลุ่ม, หมู่, ชุด, ฝูง, พวก, เหล่า *-v.* **grouped, grouping** *-vt.* จัดหรือแบ่งเป็นกลุ่ม *-vi.* รวมกันเป็นกลุ่ม

grouse (เกราซ) *vi.* **groused, grousing** (ภาษาพูด) บ่น *-n.* (ภาษาพูด) สาเหตุที่บ่น

grout (เกราท) *n.* ปูนที่ใช้เทตรงรอยร้าวหรือรอยต่อระหว่างก้อนอิฐ

grove (โกรฟว) *n.* สวนผลไม้, ป่าเล็กๆ

grovel (กรอฟ' เวิล) *vi.* **-eled, -eling/-elled, -elling** เกลือกกลั้วอยู่กับสิ่งต่ำช้าน่าชัง

★**grow** (โกร) *v.* **grew, grown** *-vi.* เจริญ, งอกงาม, ขยาย, เติบโต, งอก, ขึ้น, ก้าวหน้า, เกิดขึ้น, กลายเป็น, ปรากฏ, มีมากขึ้น, ผุดขึ้น *-vt.* ทำให้เจริญเติบโตหรืองอก, ปล่อยให้เจริญเติบโตหรืองอกโดยธรรมชาติ (**-S.** develop)

growl (เกราล) *n.* การคำราม, การตะคอก *-vi., vt.* **growled, growling** คำราม, ตะคอก

grown (โกรน) *v.* กริยาช่อง 3 ของ grow

grown-up (โกรน' อัพ) *adj.* ซึ่งเป็นผู้ใหญ่

★**growth** (โกรธ) *n.* การเจริญเติบโต, การเป็นผู้ใหญ่, การพัฒนาเต็มที่, การงอกงาม, สิ่งที่งอกขึ้น, เนื้องอก, ผลผลิต (**-S.** development, growing)

grub (กรับ) *v.* **grubbed, grubbing** *-vt.* ขุดราก, ถอนราก *-vi.* ขุดดิน, ค้นกระจุยกระจาย, ทำงานหนัก *-n.* ตัวอ่อนของแมลง, คนที่ต้องทำงานหนัก, (คำสแลง) อาหาร **-grubber** *n.*

grubby (กรับ' บี) *adj.* **-bier, -biest** สกปรก **-grubbily** *adv.* **-grubbiness** *n.* (**-S.** dirty)

grudge (กรัจ) *vt.* **grudged, grudging** ไม่เต็มใจ, อิจฉา, บ่นว่า *-n.* ความขุ่นเคือง, ความแค้น, ความเจ็บใจ **-grudgingly** *adv.*

gruel (กรู' เอิล) *n.* ข้าวโอตต้มกินกับนมและน้ำตาล, การลงโทษอย่างรุนแรง

grueling, gruelling (กรู' อะลิง) *adj.* ถึงพริกถึงขิง, รุนแรง **-gruelingly** *adv.* (**-S.** brutal)

gruesome (กรู' เซิม) *adj.* น่ากลัว, น่าขยะแขยง **-gruesomely** *adv.* **-gruesomeness** *n.*

gruff (กรัฟ) *adj.* **gruffer, gruffest** แหบห้าว, สะบัดสะบิ้ง **-gruffly** *adv.* **-gruffness** *n.*

grumble (กรัม' เบิล) *vt., vi.* **-bled, -bling** บ่น, คำราม *-n.* การบ่น, การคำราม **-grumbler** *n.* **-grumbly** *adj.* (**-S.** (v.) complain)

grummet (กรัม' มิท) *n.* ดู grommet

grumpy (กรัม' พี) *adj.* **-ier, -iest** อารมณ์ไม่ดี **-grumpily** *adv.* **-grumpiness** *n.*

grunt (กรันท) *vt., vi.* **grunted, grunting** ทำเสียงคำรามทางจมูก, ทำเสียงฮึดฮัดไม่พอใจ *-n.* เสียงฮึดฮัด **-grunter** *n.*

GSM ย่อจาก Global System for Mobile Communications ระบบโทรศัพท์เคลื่อนที่ซึ่งสามารถใช้ได้กับเครือข่ายทั่วโลก

guano (กวา' โน) *n., pl.* **-nos** ปุ๋ยธรรมชาติที่ประกอบด้วยขี้ของค้างคาวหรือนกทะเล

★**guarantee** (แกเรินที') *n.* เครื่องประกัน, หลักประกัน, ผู้ค้ำประกัน, ผู้รับรอง, คำรับรอง, การประกัน *-vt.* **-teed, -teeing** ประกัน, รับรอง, ค้ำประกัน, สัญญา (**-S.** (n.) assurance)

guarantor (แก' เรินเทอร์) *n.* ผู้รับประกัน

guaranty (แก' เรินที) *n., pl.* **-ties** การค้ำประกัน, สิ่งที่ใช้ค้ำประกัน, การรับรอง, การรับประกัน, ผู้รับประกัน, หนังสือรับรอง *-vt.* **-tied, -tying** รับประกัน

★**guard** (การ์ด) *vt., vi.* **guarded, guarding** ปกป้อง, คุ้มครอง, ดูแล, เฝ้า, รักษา *-n.* ยาม, ผู้ดูแล, ผู้ปกป้อง, ผู้พิทักษ์, อุปกรณ์ป้องกัน

A B C D E F G H I J K L M N O P Q R S T U V W X Y Z

-guarded *adj.* **-guardedly** *adv.*
guardian (การ์ เดียน) *n.* ผู้คุ้มกัน, ผู้พิทักษ์, ผู้ดูแลทรัพย์สมบัติ **-guardianship** *n.*
guardsman (การ์ดซ์ เมิน) *n.* ทหารองครักษ์
guava (กวา' วะ) *n.* ต้นฝรั่ง, ผลฝรั่ง
gudgeon (กัจ' เจิน) *n.* สลักที่อยู่ตรงปลายแกนของล้อ, แกน, เบ้าที่สามารถใส่แกนได้พอดี
guerrilla, guerilla (กะริล' ละ) *n.* สมาชิกของกลุ่มทหารกองโจร, การรบแบบกองโจร
★**guess** (เกซ) *vt., vi.* **guessed, guessing** เดา, คาดคะเน *-n.* การเดา, การคาดคะเน
guesswork (เกซ' เวิร์ค) *n.* การเดา
★**guest** (เกซท์) *n.* แขก, อาคันตุกะ, ลูกค้าของภัตตาคารหรือโรงแรม *-adj.* ซึ่งเตรียมไว้สำหรับแขก (**-S.** (n.) visitor)
guesthouse (เกซท์' เฮาซ์) *n.* บ้านพักแขกซึ่งมีลักษณะเป็นบ้านหลังเล็กแยกต่างหาก
guffaw (กะฟอ') *n.* การหัวเราะลั่น
★**guidance** (ไก' เดินซ์) *n.* คำแนะนำ, การแนะแนว, การนำทาง, การแนะนำ (**-S.** advice)
★**guide** (ไกดฺ) *n.* ผู้นำทาง, มัคคุเทศก์, หนังสือแนะนำ, สิ่งชี้นำ, เครื่องนำทาง *-vt., vi.* **guided, guiding** ชี้แนะ, นำทาง **-guidable** *adj.*
guidebook (ไกดฺ' บุค) *n.* หนังสือคู่มือสำหรับแนะนำนักเดินทางหรือนักท่องเที่ยว
guided missile จรวดนำวิถี
guideline (ไกดฺ' ไลนฺ) *n.* แนวนโยบาย, เครื่องชี้แนว, แนวทาง
guidepost (ไกดฺ' โพซทฺ) *n.* ป้ายบอกทาง
guile (ไกลฺ) *n.* การหลอกลวง *-vt.* **guiled, guiling** หลอกลวง **-guileful** *adj.*
guileless (ไกลฺ' ลิซ) *adj.* ไร้มารยา
guillotine (กิล' ละทีน) *n.* เครื่องตัดคอนักโทษ, เครื่องตัดกระดาษจำนวนมาก *-vt.* **-tined, -tining** ตัดคอด้วยเครื่องกิโยตีน
★**guilt** (กิลทฺ) *n.* ความผิด, ความรู้สึกผิด, บาป
guiltless (กิลทฺ' ลิซ) *adj.* ไม่มีความผิด, บริสุทธิ์
★**guilty** (กิล' ที) *adj.* **-ier, -iest** ซึ่งมีความผิด, ซึ่งรู้สึกผิด, เกี่ยวกับความผิด **-guiltily** *adv.* **-guiltiness** *n.* (**-S.** culpable, delinquent)
guise (ไกซฺ) *n.* ลักษณะภายนอก, การเสแสร้ง
★**guitar** (กิทารฺ') *n.* กีตาร์ **-guitarist** *n.*
gulch (กัลชฺ) *n.* ห้วยลึกแคบ
gulf (กัลฟฺ) *n.* เหวหรือหลุมลึก, อ่าวขนาดใหญ่, สิ่งที่ดูดกลืนกินหรือเขมือบเข้าไปได้, น้ำวน *-vt.* **gulfed, gulfing** กลืน, ดูด, ท่วม, ห้อมล้อม
Gulf Stream กระแสน้ำอุ่นของมหาสมุทรแอตแลนติกที่ไหลจากอ่าวเม็กซิโกไปตามชายฝั่งตะวันออกของอเมริกาข้ามไปสู่ยุโรป
gullet (กัล' ลิท) *n.* หลอดอาหาร, คอหอย
gullible (กัล' ละเบิล) *adj.* ซึ่งถูกหลอกหรือโกงได้ **-gullibility** *n.* **-gullibly** *adv.* (**-S.** foolish)
gully (กัล' ลี) *n., pl.* **-lies** ร่องหรือรางน้ำ
gulp (กัลพฺ) *vt., vi.* **gulped, gulping** กินอย่างมูมมาม, ติดคอ, สำลัก, กล้ำกลืน *-n.* การกินอย่างมูมมาม, การสำลัก (**-S.** (v.) devour)
★**gum**[1] (กัม) *n.* ยางไม้, กาวยางไม้, สิ่งที่เหนียวคล้ายยางไม้, ไม้ยาง, หมากฝรั่ง *-v.* **gummed, gumming** *-vt.* ปิด ทา ผนึก ติดด้วยยางไม้ *-vi.* ไหลออกมาเป็นยางเหนียว (**-S.** (n.) resin)
★**gum**[2] (กัม) *n.* เหงือก
gumboil (กัม' บอยลฺ) *n.* ฝีเล็กๆ ที่เหงือก
gummy (กัม' มี) *adj.* **-mier, -miest** เหนียวเป็นยาง **-gumminess** *n.* (**-S.** sticky)
gumption (กัมพฺ' ชัน) *n.* (ภาษาพูด) ความกล้า
gum resin น้ำยางไม้
★**gun** (กัน) *n.* ปืน, ปืนใหญ่, กระบอกฉีด, นักล่า, นักยิงปืน, นักฆ่า, ท่อน้ำมันของรถยนต์ *-vt., vi.* **gunned, gunning** ยิง, ล่าด้วยปืน **-gunner** *n.*
gunboat (กัน' โบท) *n.* เรือเล็กที่ติดตั้งปืน
guncotton (กัน' คอทเทิน) *n.* วัตถุระเบิดที่ทำโดยการนำฝ้ายไปแช่ในกรดไนตริก
gunfire (กัน' ไฟรฺ) *n.* การยิงปืน
gunlock (กัน' ลอค) *n.* กลไกที่ทำให้กระสุนปืนระเบิด
gunmetal (กัน' เมทเทิล) *n.* โลหะที่ใช้ทำปืน, สีเทาแก่
gunnel (กัน' เนิล) *n.* ดู gunwale
gunnery (กัน' นะรี) *n.* ศาสตร์เกี่ยวกับการทำและใช้ปืนใหญ่และกระสุน, การยิงปืน
gunny (กัน' นี) *n.* ผ้าทำกระสอบ
gunrunner (กัน' รันเนอร์) *n.* นักค้าปืนเถื่อน
gunshot (กัน' ชอท) *n.* การยิงปืน, ระยะปืน
gunsmith (กัน' สมิธ) *n.* ช่างทำปืน
gunstock (กัน' สตอค) *n.* พานท้ายปืน
gunwale, gunnel (กัน' เนิล) *n.* กราบเรือ
gurgle (เกอรฺ' เกิล) *v.* **-gled, -gling** *-vi.* ไหลโกรก, ทำให้เกิดเสียงดังกล่าว *-vt.* ทำเสียงกลักๆ, กลั้วคอ **-gurgle** *n.*
gush (กัช) *v.* **gushed, gushing** *-vi.* ไหลบ่า, ทะลัก, พรั่งพรู, พูดพล่าม *-vt.* ไหลอย่างท่วมท้น *-n.* การไหลพราก, การไหลบ่า, การทะลัก
gusher (กัช' เชอร์) *n.* บ่อน้ำมันหรือบ่อก๊าซ
gusset (กัซ' ซิท) *n.* ผ้ารูปสามเหลี่ยมที่ต่อเข้า

กับตะเข็บของเสื้อผ้าเพื่อขยายให้ส่วนนั้นกว้างขึ้น

gust (กัซท์) *n.* ลมแรงที่พัดมาอย่างกะทันหัน, ฝนที่ตกลงมาอย่างกะทันหัน, อารมณ์ที่ระเบิดขึ้นอย่างกะทันหัน *-vi.* **gusted, gusting** พัดแรงเป็นพักๆ **-gusty** *adj.* (**-S.** (v., n.) blow)

gusto (กัส' โต) *n., pl.* **-toes** ความเอร็ดอร่อย, ความสนุกสนาน, ความพอใจ (**-S.** relish)

gut (กัท) *n.* ลำไส้, เส้นเชือกเล็กๆ ที่เหนียวทำจากลำไส้สัตว์ใช้ทำเส้นเสียงของเครื่องดนตรีหรือไหมเย็บแผล *-vt.* **gutted, gutting** เอาไส้หรือเครื่องในออก **-guts** ลำไส้ **-gutty** *adj.*

gutter (กัท' เทอร์) *n.* รางน้ำ, ท่อ, ร่อง, รอยต่อตรงกลางของหน้าหนังสือทั้ง 2 ด้าน, ความต่ำช้า *-v.* **-tered, -tering** *-vt.* ทำให้เป็นร่อง *-vi.* ไหลเป็นสาย, เป็นร่อง *-adj.* เลวทราม

guttersnipe (กัท' เทอร์สไนพ์) *n.* เด็กข้างถนน

guttural (กัท' เทอเริล) *adj.* เกี่ยวกับลำคอ, เกี่ยวกับเสียงที่ออกมาจากลำคอ **-gutturalism, gutturality, gutturalness** *n.* **-gutturally** *adv.*

guy¹ (ไก) *n.* เชือกหรือโซ่ที่ใช้ผูกยึด

★**guy²** (ไก) *n.* (ภาษาพูด) เจ้าหมอนั่นหมอนี่ คนนั้นคนนี้, คนแปลกประหลาด

gym (จิม) *n.* ดู gymnasium, gymnastics

gymnasium (จิมเน' เซียม) *n., pl.* **-siums/ -sia** อาคารเล่นกีฬาในร่ม, โรงพลศึกษา

gymnastic (จิมแนซ' ทิค) *adj.* เกี่ยวกับกายบริหาร **-gymnastically** *adv.*

gymnastics (จิมแนซ' ทิคซ์) *n. pl.* การบริหารร่างกาย, กีฬายิมนาสติก

gymnastics

gynecology (ไกนิคอล' ละจี) *n.* นรีเวชวิทยา, วิชาเกี่ยวกับโรคทางระบบสืบพันธุ์ของสตรี **-gynecologic, gynecological** *adj.* **-gynecologist** *n.*

gypsum (จิพ' เซิม) *n.* แร่ยิปซัมซึ่งใช้ทำปูนปลาสเตอร์ ปูนซีเมนต์

Gypsy, Gipsy (จิพ' ซี) *n., pl.* **-sies** กลุ่มคนที่อพยพจากอินเดียตอนเหนือไปยังยุโรปในราวศตวรรษที่ 14, ชาวยิปซี

gyrate (ไจ' เรท) *vi.* **-rated, -rating** หมุนเป็นวงกลม, หมุนเวียน **-gyration** *n.* **-gyrator** *n.*

gyrocompass (ไจ' โรคัมเพิซ) *n.* เข็มทิศรอบลูกข่าง

gyroscope (ไจ' ระสโกพ) *n.* วงล้อหมุนชนิดหนึ่ง ซึ่งติดตั้งให้หมุนได้อย่างเสรีรอบแกนในแนวใดๆ ก็ได้ ใช้เป็นส่วนประกอบของเข็มทิศ ระบบลูกข่าง **-gyroscopic** *adj.*

H

H, h (เอช) *n., pl.* **H's, h's/Hs, hs** อักษรตัวที่ 8 ในภาษาอังกฤษ, อันดับแปด

haberdasher (แฮบ' เบอร์แดชเชอร์) *n.* พ่อค้าขายเครื่องแต่งตัวของผู้ชาย, พ่อค้าขายของเล็กๆ น้อยๆ เช่น เข็มหมุด ด้าย ริบบิ้น **-haberdashery** *n.*

habiliment (ฮะบิล' ละเมินท์) *n.* เสื้อผ้า

★**habit** (แฮบ' บิท) *n.* ความเคยชิน, นิสัย, ธรรมเนียมปฏิบัติ, การติดยาเสพติด, เสื้อผ้า *-vt.* **-ited, -iting** แต่งตัว, สวมเสื้อผ้า

habitable (แฮบ' บิทะเบิล) *adj.* เหมาะสำหรับอาศัย **-habitableness** *n.* **-habitably** *adv.*

habitant (แฮบ' บิเทินท์) *n.* ผู้อาศัย, พลเมือง

habitat (แฮบ' บิแทท) *n.* ถิ่นที่อยู่ของพืช และสัตว์, สิ่งแวดล้อมที่พืชหรือสัตว์อาศัยอยู่

habitation (แฮบบิเท' ชัน) *n.* สถานที่อยู่อาศัย, สภาพแวดล้อมโดยธรรมชาติ, การอาศัยอยู่

habitual (ฮะบิช' ชวล) *adj.* ซึ่งเป็นนิสัย, เป็นประจำ, ซึ่งเป็นธรรมเนียม **-habitually** *adv.*

habituate (ฮะบิช' ชูเอท) *v.* **-ated, -ating** *-vt.* ทำให้เคยชิน *-vi.* ทำให้ติด

habitué (ฮะบิช' ชูเอ) *n.* บุคคลที่ชอบไปสถานที่ใดที่หนึ่งเป็นประจำ

hack¹ (แฮค) *v.* **hacked, hacking** *-vt.* ตัด, สับ, ฟัน *-vi.* ตัด, ฟัน, สับ, ไอแห้งๆ *-n.* การตัด, การสับ, การฟัน, เครื่องมือที่ใช้ฟัน ตัด หรือสับ เช่น จอบหรือพลั่ว, การไอแห้งๆ

hack² (แฮค) *n.* ม้าที่อ่อนเพลีย, นักเขียนชั้นเลว,

A B C D E F G H I J K L M N O P Q R S T U V W X Y Z

(ภาษาพูด) รถแท็กซี่ *-v.* **hacked, hacking** *-vt.* เช่าม้า, ใช้จนเก่า *-vi.* ขับแท็กซี่, ขี่ม้า

hacker (แฮค' เคอร์) *n.* ผู้ที่ชำนาญในการใช้หรือจัดระบบคอมพิวเตอร์, ผู้ที่แอบเจาะเข้าไปในเครือข่ายคอมพิวเตอร์เพื่อขโมยข้อมูลลับ

hackie (แฮค' คี) *n.* คนขับแท็กซี่

hackle[1] (แฮค' เคิล) *n.* ขนรอบคอนกและไก่ตัวผู้

hackle[2] (แฮค' เคิล) *v.* **-led, -ling** *-vt.* สับหยาบๆ *-vi.* ตัด, สับ, ฟัน (-S. chop)

hackly (แฮค' ลี) *adj.* หยาบ, ขรุขระ

hackney (แฮค' นี) *n., pl.* **-neys** รถม้าสำหรับให้เช่า *-vt.* **-neyed, -neying** ให้เช่า *-adj.* เก่า, ซ้ำซาก, ซึ่งให้เช่า

hackneyed (แฮค' นีด) *adj.* เก่าแก่, ซ้ำซาก

hacksaw (แฮค' ซอ) *n.* เลื่อยตัดโลหะ

★**had** (แฮด) *v. aux.* กริยาช่อง 2 และ 3 ของ have

Hades, hades (เฮ' ดีซ) *n.* นรก

hag (แฮก) *n.* หญิงแก่ที่น่ากลัว, แม่มด

haggard (แฮก' เกิร์ด) *adj.* ผอม, ซูบซีด, ดุร้าย, ไม่เชื่อง *-n.* เหยี่ยวที่ไม่เชื่อง (-S. (adj.) thin)

haggle (แฮก' เกิล) *v.* **-gled, -gling** *-vi.* ต่อรองราคา *-vt.* รบกวน *-n.* การต่อรองราคา

haiku (ไฮ' คู) *n., pl.* **haiku/-kus** บทกวีแบบหนึ่งของญี่ปุ่นมีทั้งหมด 17 พยางค์

hail[1] (เฮล) *n.* ลูกเห็บ, การตกของลูกเห็บ, ห่ากระสุน *-v.* **hailed, hailing** *-vi.* (ลูกเห็บ) ตก, ตกเหมือนลูกเห็บ *-vt.* เทลงมา

hail[2] (เฮล) *v.* **hailed, hailing** *-vt.* ทักทาย, โห่ร้อง, ร้องเรียก, ต้อนรับ *-vi.* ร้องเรียก *-n.* การต้อนรับ, การทักทาย การโห่ร้อง, การร้องเรียก *-interj.* คำอุทานแสดงการต้อนรับ

hailstone (เฮล' สโตน) *n.* ลูกเห็บ

hailstorm (เฮล' สตอร์ม) *n.* พายุลูกเห็บ

★**hair** (แฮร์) *n.* ขน, ผม, ผ้าขนสัตว์ (-S. mane)

hairbreadth (แฮร์' เบรดธ์) *adj.* ใกล้มาก

haircloth (แฮร์' คลอธ) *n.* ผ้าขนสัตว์

haircut (แฮร์' คัท) *n.* การตัดผม, แบบทรงผม

hairdo (แฮร์' ดู) *n., pl.* **-dos** แบบทรงผม

hairdresser (แฮร์' เดรซเซอร์) *n.* ช่างตัดผม

hairless (แฮร์' ลิซ) *adj.* ซึ่งมีผมน้อยหรือไม่มี

hairline (แฮร์' ไลน์) *n.* ไรผมหรือลูกผมบริเวณหน้าผาก, เส้นที่ยาวเรียวมาก

hairpiece (แฮร์' พีซ) *n.* วิกผม

hairpin (แฮร์' พิน) *n.* กิ๊บเสียบผมรูปตัวยู

hair-raising (แฮร์' เรซิง) *adj.* น่ากลัว

hairsbreadth, hair's-breadth (แฮร์ซ์' เบรดธ์) *n.* ระยะที่ใกล้มาก

hair spray, hairspray (แฮร์' สเปร) *n.* สเปรย์สำหรับจัดแต่งทรงผม

hairspring (แฮร์' สปริง) *n.* ขดลวดสปริงขนาดเล็กมากในนาฬิกา

hairy (แฮ' รี) *adj.* **-ier, -iest** ซึ่งมีผมหรือขนมาก, ซึ่งคล้ายผมหรือขน **-hairiness** *n.*

hale (เฮล) *adj.* **haler, halest** ซึ่งมีสุขภาพแข็งแรงดี, กระปรี้กระเปร่า **-haleness** *n.*

★**half** (แฮฟ, ฮาฟ) *n., pl.* **halves** ครึ่ง, ครึ่งเวลาของการแข่งขัน, ครึ่งปีการศึกษา, ครึ่งชั่วโมง *-adj.* ครึ่ง, เป็นส่วนหนึ่ง *-adv.* บางส่วน

half-and-half (แฮฟ' เอินด์แฮฟ') *adj.* ครึ่งหนึ่ง *-adv.* ซึ่งเป็นสองส่วนที่เท่ากัน *-n.* ส่วนผสมของสองสิ่งในสัดส่วนที่เท่าๆ กัน

half-baked (แฮฟ' เบคท์') *adj.* ซึ่งไม่ประสา

half blood, half-blood (แฮฟ' บลัด) *n.* พี่น้องร่วมบิดาหรือมารดาเดียวกัน

half-breed (แฮฟ' บรีด) *n.* ลูกผสม

half brother พี่ชายหรือน้องชายร่วมบิดาหรือมารดาเดียวกัน

half-caste (แฮฟ' แคซท์) *n.* ลูกผสม, ลูกครึ่ง

halfhearted (แฮฟ' ฮาร์' ทิด) *adj.* ซึ่งแสดงความสนใจเพียงเล็กน้อย **-halfheartedly** *adv.*

half-hour (แฮฟ' เอาร์') *n.* ครึ่งชั่วโมง

half-length (แฮฟ' เลงค์ธ์) *n.* ภาพหรือรูปถ่ายครึ่งตัว *-adj.* เกี่ยวกับภาพครึ่งตัว

half-life (แฮฟ' ไลฟ์) *n.* ระยะเวลาที่สารกัมมันตรังสีสลายตัวจนเหลือเป็นครึ่งหนึ่งของปริมาณเริ่มแรก

half-mast (แฮฟ' แมซท์') *n.* ตำแหน่งธงที่ลดลงมาครึ่งเสาเพื่อแสดงการไว้ทุกข์

half-moon (แฮฟ' มูน') *n.* พระจันทร์ครึ่งซีก

half mourning ช่วงที่สองของการไว้ทุกข์ เป็นช่วงที่เปลี่ยนจากเสื้อผ้าสีดำมาเป็นสีเทา ขาว หรือม่วง, เสื้อผ้าที่ใส่ในช่วงเวลาดังกล่าว

half sister พี่สาวหรือน้องสาวที่ร่วมบิดาหรือมารดาเดียวกัน

halftime (แฮฟ' ไทม์, ฮาฟ'-) *n.* ช่วงเวลาพักระหว่างครึ่งของระยะเวลาการแข่งขัน

halfway (แฮฟ' เว') *adj.* กึ่งกลาง, ครึ่งทาง, บางส่วน **-halfway** *adv.* (-S. (adj.) midway)

halfway house สถานที่หยุดพักระหว่างการเดินทาง, สถานที่พักฟื้นสภาพจิตใจของผู้ที่ออกจากคุกหรือโรงพยาบาล

half-wit (แฮฟ' วิท) *n.* (คำสแลง) คนโง่

halitosis (แฮลลิโท' ซิซ) *n.* ภาวะที่มีกลิ่นปาก

★**hall** (ฮอล) *n.* ห้องโถง, ห้องประชุม, ศาลา, หอพักหรือห้องอาหารของโรงเรียน วิทยาลัยหรือมหาวิทยาลัย, คฤหาสน์, ห้องสันทนาการ
hallmark (ฮอล' มาร์ค) *n.* เครื่องหมายที่ใช้ในประเทศอังกฤษเพื่อประทับตราทองหรือเงินซึ่งแสดงมาตรฐานความบริสุทธิ์, ลักษณะเด่น *-vt.* **-marked, -marking** ประทับตราทองและเงินด้วยเครื่องหมายดังกล่าว
halloo, halloa (ฮะลู', -โล') *interj.* คำอุทานใช้เรียกหรือกระตุ้นสุนัขล่าสัตว์ *-n., pl.* **-loos, -loas** การร้อง "halloo"
hallow (แฮล' โล) *vt.* **-lowed, -lowing** ทำให้ศักดิ์สิทธิ์, เคารพนับถือ (**-S.** respect)
hallowed (แฮล' โลด์) *adj.* ซึ่งเป็นที่เคารพสักการะ, ศักดิ์สิทธิ์
Halloween, Hallowe'en (แฮลละวีน', ฮอล-) *n.* วันที่ 31 ตุลาคม ซึ่งเป็นวันที่เด็กๆ จะแต่งตัวแปลกๆ และเล่นสนุกสนานกัน

Halloween

hallucinate (ฮะลู' ซะเนท) *v.* **-nated, -nating** *-vi.* เกิดภาพหลอน *-vt.* ทำให้เกิดภาพหลอน
hallucination (ฮะลูซะเน' ชัน) *n.* ภาพลวงตา, อาการประสาทหลอน **-hallucinatory** *adj.*
hallucinogen (ฮะลู' ซะนะเจิน) *n.* สิ่งที่ทำให้เกิดการประสาทหลอน **-hallucinogenic** *adj.*
halo (เฮ' โล) *n., pl.* **-los/-loes** รัศมี, ทรงกลด, บุญวาสนา, บารมี *-vt.* **-loed, -loing** ล้อมรอบด้วยรัศมีหรือรังสี (**-S.** (n.) aura)
halt[1] (ฮอลท์) *n.* การหยุด *-v.* **halted, halting** *-vt.* ทำให้หยุด *-vi.* หยุด (**-S.** (v., n.) arrest)
halt[2] (ฮอลท์) *vi.* **halted, halting** เดินโขยกเขยก, ลังเล *-adj.* พิการ (**-S.** (v.) limp)
halter (ฮอล' เทอร์) *n.* เชือกหรือสายหนังที่ใช้คล้องคอสัตว์เพื่อบังคับทิศทาง, เชือกที่ทำเป็นบ่วงเพื่อคล้องคอนักโทษประหารชีวิต
halting (ฮอล' ทิง) *adj.* ซึ่งพิการ, ซึ่งลังเล
halve (แฮฟว์, ฮาฟว์) *vt.* **halved, halving** แบ่งออกเป็นสองส่วนเท่าๆ กัน, ลดลงครึ่งหนึ่ง, (ภาษาพูด) แบ่งให้เท่าๆ กัน (**-S.** bisect, divide)
halves (ฮาฟว์ซ์) *n.* พหูพจน์ของ half
halyard, halliard (แฮล' เยิร์ด) *n.* เชือกที่ใช้ชักธงหรือใบเรือขึ้นลง
★**ham** (แฮม) *n.* ต้นขาหลังของหมู, เนื้อจากต้นขาหลังของหมู, สะโพก, นักวิทยุสมัครเล่น, นักแสดงที่แสดงเกินบทบาท *-v.* **hammed, hamming** *-vi.* แสดงท่ามากเกินไป *-vt.* แสดงเกินบทบาท **-hams** ก้น, สะโพก
hamadryad (แฮมมะไดร' เอิด) *n., pl.* **-ads/-ades** งูจงอาง
★**hamburger, hamburg** (แฮม' เบอร์เกอร์, -เบิร์ก) *n.* เนื้อวัวบด, แซนด์วิชสอดไส้เนื้อบด
hamlet (แฮม' ลิท) *n.* หมู่บ้านเล็กๆ
★**hammer** (แฮม' เมอร์) *n.* ค้อน, ตะลุมพุกเล็กๆ ที่ผู้ขายของเลหลังใช้เคาะ, กระดูกรูปค้อนที่อยู่ในหูชั้นกลาง, ตุ้มโลหะซึ่งหนัก 16 ปอนด์ (7.2 กิโลกรัม) ใช้ขว้างในกีฬาประเภทกรีฑา *-v.* **-mered, -mering** *-vt.* ตอกย้ำ, ทุบด้วยค้อน *-vi.* ทุบด้วยค้อน **-hammerer** *n.*
hammer and sickle เครื่องหมายของพรรคคอมมิวนิสต์ในบางประเทศ ซึ่งประกอบด้วยรูปเคียววางไขว้อยู่กับค้อน
hammerhead (แฮม' เมอร์เฮด) *n.* หัวค้อน
hammock (แฮม' เมิค) *n.* เปลญวน
hamper[1] (แฮม' เพอร์) *vt.* **-pered, -pering** ขัดขวาง (**-S.** impede, obstruct)
hamper[2] (แฮม' เพอร์) *n.* ตะกร้าขนาดใหญ่มักมีฝาปิด
hamster (แฮม' สเตอร์) *n.* หนูชนิดหนึ่งมีขนนุ่ม แก้มป่อง หางสั้น มักใช้ในการทดลอง
hamstring (แฮม' สตริง) *n.* เอ็นที่อยู่ตรงแอ่งด้านหลังของหัวเข่ามนุษย์, เอ็นขนาดใหญ่ที่ด้านหลังของข้อเท้าของสัตว์สี่เท้า *-vt.* **-strung, -stringing** ตัดเอ็นดังกล่าว, ทำลายประสิทธิภาพ
★**hand** (แฮนด์) *n.* มือ, หน่วยวัดความยาวซึ่งเท่ากับ 4 นิ้ว ใช้วัดความสูงของม้า, ส่วนที่คล้ายมือ, สิ่งที่มีลักษณะหรือหน้าที่คล้ายมือ เช่น เข็มนาฬิกา, ลายมือ, การช่วยเหลือ, ขาไพ่, คนงาน, ลูกเรือ, ผู้มีความชำนาญ, อำนาจ, สัญญาแต่งงาน, การควบคุม, ลายเซ็น, อิทธิพล, ด้าน, ทิศทาง, ตำแหน่ง, การครอบครอง *-vt.* **handed, handing** ส่ง, ช่วย, ชี้ทาง **-at hand** ใกล้ **-hand down** พิพากษา **-hand on** ส่งผ่าน **-hand out** เผยแพร่, แจกจ่าย **-hand over** ปล่อยหรือสละให้คนอื่น **-hands up!** ยกมือขึ้น **-out of hand** ควบคุมไม่ได้, ทันที
handbag (แฮนด์' แบก) *n.* กระเป๋าถือสตรี
handball (แฮนด์' บอล) *n.* กีฬาแฮนด์บอล
handbill (แฮนด์' บิล) *n.* ใบปลิว
handbook (แฮนด์' บุค) *n.* หนังสือคู่มือ
hand brake เบรคมือ
handcart (แฮนด์' คาร์ท) *n.* รถลากหรือรถ

เข็นขนาดเล็ก 2 ล้อ
handclap (แฮนด์' แคลพ) *n.* การปรบมือ
handclasp (แฮนด์' แคลซพ์) *n.* การจับมือเพื่อกระชับมิตร
handcraft (แฮนด์' แครฟท์) *n.* ดู handicraft
handcuff (แฮนด์' คัฟ) *n.* กุญแจมือ *-vt.* **-cuffed, -cuffing** ใส่กุญแจมือ, ขัดขวาง
handful (แฮนด์' ฟุล) *n., pl.* **-fuls** ปริมาณเต็มมือ, ปริมาณเล็กน้อย
hand glass แว่นขยายชนิดถือส่องด้วยมือ
hand grenade ลูกระเบิดมือขนาดเล็ก
handgun (แฮนด์' กัน) *n.* ปืนพก
handicap (แฮน' ดีแคพ) *n.* ความบกพร่องทางร่างกายหรือจิตใจ, อุปสรรค *-vt.* **-capped, -capping** ทำให้เสียเปรียบ, กีดขวาง
handicapped (แฮน' ดีแคพท์) *adj.* ซึ่งบกพร่องทางร่างกายหรือจิตใจ, พิการ
handicraft (แฮน' ดีแครฟท์) *n.* อาชีพหัตถกรรม, งานฝีมือ (**-S.** art, craft)
handily (แฮน' ดิลี) *adv.* ง่าย, สะดวก
handiwork (แฮน' ดีเวิร์ค) *n.* งานหัตถกรรม
*__handkerchief__ (แฮง' เคอร์ชิฟ) *n., pl.* **-chiefs/-chieves** ผ้าเช็ดหน้า, ผ้าพันคอ
*__handle__ (แฮน' เดิล) *v.* **-dled, -dling** *-vt.* แตะ, สัมผัส, ยก, จับ, ถือ, ปฏิบัติ, จัดการ, ทำการค้า, ดำเนินการ, ใช้ *-vi.* ควบคุม *-n.* โอกาสในการบรรลุเป้าหมาย, (คำสแลง) ชื่อคน, ด้าม, ที่จับ, ส่วนที่คล้ายด้าม, จำนวนเงินทั้งหมดในการวางเดิมพัน (**-S.** (v., n.) hold)
handlebar (แฮน' เดิลบาร์) *n.* คันบังคับเลี้ยวของรถจักรยาน
handmade (แฮนด์' เมด') *adj.* ซึ่งทำด้วยมือ
handmaid, handmaiden (แฮนด์' เมด, -เมดเดิน) *n.* สาวใช้
handout (แฮนด์' เอาท์) *n.* สิ่งของที่ให้ทาน, ใบปลิวที่แจก (**-S.** alms, leaflet)
handpick (แฮนด์' พิค') *vt.* **-picked, -picking** เลือกด้วยมืออย่างระมัดระวัง **-handpicked** *adj.*
handrail (แฮนด์' เรล) *n.* ราวสำหรับมือจับ เช่น ราวบันได
hands down ซึ่งไม่มีปัญหา, ง่าย
handshake (แฮนด์' เชค) *n.* การจับมือเพื่อเป็นการทักทายหรือบอกลา
*__handsome__ (แฮน' เซิม) *adj.* **-somer, -somest** หล่อ, ใจดี, ใจกว้าง, ชำนาญ, มากมาย **-handsomely** *adv.* **-handsomeness** *n.*
hand-to-hand (แฮนด์' ทะแฮนด์') *adj.* ใกล้
handwork (แฮนด์' เวิร์ค) *n.* สิ่งที่ทำด้วยมือ
handwoven (แฮนด์' โว' เวิน) *adj.* ทอด้วยมือ
*__handwriting__ (แฮนด์' ไรทิง) *n.* ลายมือเขียน
*__handy__ (แฮน' ดี) *adj.* **-ier, -iest** ชำนาญ, คล่องแคล่ว, ง่ายต่อการใช้หรือจับถือ, สะดวก, ซึ่งเป็นประโยชน์ (**-S.** expert **-A.** awkward)
handyman, handy man (แฮน' ดีแมน) *n.* คนที่รับจ้างทำงานเล็กๆ น้อยๆ
*__hang__ (แฮง) *v.* **hung, hanging** *-vt.* ห้อย, แขวน, ติด, ปิด, ยึด, เกาะ, แกว่ง *-vi.* ห้อย, แขวน, แขวนคอตาย, ลอย, ขึ้นอยู่กับ, เกาะ, ยึดเยื้อ *-n.* ท่าหรือลักษณะการแขวน, ความลาดเท, ความหมาย, (ภาษาพูด) วิธีทำ วิธีใช้
hangar (แฮง' เกอร์) *n.* โรงเก็บเครื่องบิน
hangdog (แฮง' ดอก) *n.* คนที่น่ารังเกียจ
hanger (แฮง' เงอร์) *n.* ผู้แขวน, ที่แขวน, ดาบขนาดสั้นที่ห้อยไว้ที่เอว, ตะขอ
hanging (แฮง' งิง) *n.* การสำเร็จโทษโดยการแขวนคอ, สิ่งที่แขวน, ความเอียงลาด *-adj.* ซึ่งตั้งอยู่บนที่ลาดชัน, ซึ่งสมควรถูกแขวนคอ
hangman (แฮง' เมิน) *n.* ผู้ที่ทำหน้าที่แขวนคอนักโทษ
hangover (แฮง' โอเวอร์) *n.* อาการเมาค้าง
hank (แฮงค์) *n.* ขด (เชือก ด้าย ลวด), เข็ดด้าย
hanker (แฮง' เคอร์) *vi.* **-kered, -kering** มีความปรารถนาอย่างแรงกล้า, อยากได้
hankie, hanky (แฮง' คี) *n., pl.* **-kies** (ภาษาพูด) ผ้าเช็ดหน้า
hanky-panky (แฮง' คีแพง' คี) *n.* (คำสแลง) การหลอกลวง
hansom (แฮน' เซิม) *n.* รถม้า 2 ล้อชนิดหนึ่งมีที่นั่งคนขับอยู่ด้านหลัง
hap (แฮพ) *n.* โชค, โอกาส *-vi.* **happed, happing** เกิดขึ้น
haphazard (แฮพแฮซ' เซิร์ด) *adj.* ซึ่งไม่มีการวางแผน *-n.* ความบังเอิญ *-adv.* โดยบังเอิญ **-haphazardly** *adv.* (**-S.** (n.) chance)
hapless (แฮพ' ลิซ) *adj.* โชคไม่ดี
*__happen__ (แฮพ' เพิน) *vi.* **-pened, -pening** เกิดขึ้น, ปรากฏขึ้น, อุบัติขึ้น, มีขึ้น (**-S.** appear)
happening (แฮพ' พะนิง) *n.* เหตุการณ์, กรณี, เรื่องราว (**-S.** accident, event)
*__happy__ (แฮพ' พี) *adj.* **-pier, -piest** สุข, สบาย, เบิกบาน, โชคดี, เคราะห์ดี, ซึ่งแสดงความยินดี, ซึ่งเหมาะเจาะ **-happily** *adv.* **-happiness** *n.*
happy-go-lucky (แฮพพีโกลัค' คี) *adj.* ซึ่งปราศจากกังวล, ซึ่งทำตัวตามสบาย

A B C D E F G H I J K L M N O P Q R S T U V W X Y Z

harangue (ฮะแรง') *n.* คำปราศรัยหรือคำบรรยายที่รุนแรงยืดยาว *-vt., vi.* **-rangued, -ranguing** บรรยายอย่างยืดยาวและรุนแรงแก่

harass (แฮ' เริซ) *vt.* **-rassed, -rassing** รบกวน, รังควาน, ทำให้กลัดกลุ้มหรือเป็นกังวล **-harassment** *n.* (-S. annoy)

harbinger (ฮาร์ บินเจอร์) *n.* คนหรือสิ่งที่บอกล่วงหน้าถึงการมาของคนหรือเหตุการณ์

★**harbor, harbour** (ฮาร์' เบอร์) *n.* ที่ลี้ภัย, ท่าเรือ *-v.* **-bored, -boring/-boured, -bouring** *-vt.* ให้ที่ลี้ภัย, ปิดบัง *-vi.* เข้าเทียบท่า **-harborer** *n.* (-S. (v., n.) shelter)

★**hard** (ฮาร์ด) *adj.* **harder, hardest** แข็ง, แน่น, ทนทาน, ใจแข็ง, ซึ่งต้องใช้ความอดทนหรือความพยายามอย่างมาก, ยาก, แรง, เข้มงวด, หยาบคาย, ไม่ยอม, กระด้าง, ใจดำ, รุนแรง, จัด, เลว, ซึ่งมีแอลกอฮอล์อยู่ในระดับสูง, ซึ่งปฏิเสธไม่ได้, ลำบาก, ขยัน *-adv.* อย่างแข็งขัน, อย่างทรหด, อย่างยากลำบาก, อย่างเสียใจ, อย่างจริงจัง, อย่างใกล้ชิด **-hard nut to crack** (ภาษาพูด) คนหรือสิ่งที่ยากจะจัดการ

> **hard** ทำหน้าที่เป็นได้ทั้งคุณศัพท์และกริยาวิเศษณ์ เช่น Jack is a hard worker. He works hard.
>
> **hardly** ทำหน้าที่เป็นกริยาวิเศษณ์ มีความหมายเชิงปฏิเสธคือ แทบจะไม่, คงไม่, ไม่ค่อยจะ, ไม่น่าจะ จัดอยู่ในกลุ่มคำพวก scarcely, barely, rarely เป็นต้น เช่น Bill hardly works at all.

hardback (ฮาร์ด' แบค) *adj.* ซึ่งเป็นปกแข็ง (หนังสือ) *-n.* หนังสือปกแข็ง

hard-bitten (ฮาร์ด' บิท' เทิน) *adj.* หนังเหนียว

hard-boiled (ฮาร์ด' บอยล์ด) *adj.* ซึ่งต้ม (ไข่) สุกจนแข็ง, ปราศจากความกรุณา

hardcore, hard-core, hard core (ฮาร์ด' คอร์) *n.* ดนตรีร็อกแบบหนึ่งที่พัฒนาขึ้นในช่วงทศวรรษที่ 80 โดยพวกพังก์ ลักษณะของดนตรีจะมีความรุนแรงและเร็ว *-adj.* ซึ่งเป็นดนตรีในลักษณะดังกล่าว

hardcover (ฮาร์ด' คัฟเวอร์) *adj.* ซึ่งเป็นปกแข็ง *-n.* หนังสือปกแข็ง

hard disk แผ่นจานฉาบแม่เหล็กที่ใช้เก็บข้อมูลของคอมพิวเตอร์

harden (ฮาร์ เดิน) *v.* **-ened, -ening** *-vt.* ทำให้แข็งหรือแข็งขึ้น, ทำให้ร่างกายหรือจิตใจแข็งแกร่งขึ้น *-vi.* กลายเป็นแข็งหรือแข็งขึ้น

hardheaded (ฮาร์ด' เฮด' ดิด) *adj.* ดื้อดึง

hardhearted (ฮาร์ด' ฮาร์ ทิด) *adj.* ไร้ความปรานี **-hardheartedly** *adv.* (-S. hard)

hardihood (ฮาร์ ดีฮูด) *n.* ความกล้าหาญ

hard-line, hardline (ฮาร์ด' ไลน์') *adj.* ซึ่งยึดมั่นในนโยบาย **-hardliner** *n.*

★**hardly** (ฮาร์ด' ลี) *adv.* รุนแรง, แทบจะไม่, เพิ่งจะ (-S. almost not, faintly)

hardness (ฮาร์ด' นิซ) *n.* ความแข็ง, ความทรหด, ความรุนแรง, ความกระด้าง

hard-nosed (ฮาร์ด' โนซด์') *adj.* ดื้อรั้น

hard-pressed (ฮาร์ด' เพรซท์') *adj.* ซึ่งประสบกับความทุกข์ยากลำบาก

hard-set (ฮาร์ด' เซท') *adj.* แน่นอน, ดื้อดึง

hardship (ฮาร์ด' ชิพ) *n.* ความทุกข์ยากลำบาก

★**hardware** (ฮาร์ด' แวร์) *n.* เครื่องโลหะหรือเหล็ก, ส่วนของคอมพิวเตอร์ที่เป็นโครงสร้างทางด้านเครื่องและอุปกรณ์ต่างๆ

hardwood (ฮาร์ด' วุด) *n.* ไม้ (ต้นไม้) เนื้อแข็ง

hardy (ฮาร์ ดี) *adj.* **-dier, -diest** แข็งแกร่ง, แข็งแรง, อดทน, กล้าหาญ **-hardily** *adv.*

hare (แฮร์) *n.* กระต่ายป่า *-vi.* **hared, haring** เคลื่อนไหวอย่างรวดเร็ว

harebrained (แฮร์' เบรนด์') *adj.* โง่

harelip (แฮร์' ลิพ) *n.* ปากแหว่ง

harem (แฮ' เริม) *n.* พระราชวังหรือส่วนของพระราชวังที่กันไว้ให้กับเหล่านางสนมหรือนางบำเรอ, นางบำเรอหรือนางสนม

hark (ฮาร์ค) *vi.* **harked, harking** ฟังอย่างตั้งใจ

harlequin (ฮาร์ ลิควิน) *n.* ตัวตลก

harlot (ฮาร์ เลิท) *n.* โสเภณี **-harlotry** *n.*

★**harm** (ฮาร์ม) *n.* ภัยอันตราย, ความผิด, ความชั่วร้าย, การบาดเจ็บหรือเสียหาย *-vt.* **harmed, harming** ทำให้ได้รับบาดเจ็บหรืออันตราย

★**harmful** (ฮาร์ม' เฟิล) *adj.* ซึ่งเป็นอันตราย, ซึ่งเป็นภัย, ซึ่งทำให้เสียหาย **-harmfully** *adv.*

harmless (ฮาร์ม' ลิซ) *adj.* ปลอดภัย, ซึ่งไม่เป็นอันตราย **-harmlessly** *adv.* (-S. safe)

harmonic (ฮาร์มอน' นิค) *adj.* เกี่ยวกับการประสานเสียง, ซึ่งเข้ากัน, ปรองดอง, กลมกลืน *-n.* เสียงประสาน, ทำนองประสาน

harmonica (ฮาร์มอน' นิคะ) *n.* หีบเพลงปาก

harmonious (ฮาร์โม' เนียซ) *adj.* กลมกลืนกัน, เข้ากันได้, ซึ่งประสานกัน, ซึ่งคล้องจองเหมาะสม **-harmoniously** *adv.*

harmonium (ฮาร์โม' เนียม) *n.* ออร์แกนที่ใช้

เท้าถีบสูบลม

harmonize (ฮาร์ มะไนซ์) *v.* **-nized, -nizing** *-vt.* ทำให้เข้ากัน, ทำให้ประสานกัน, ทำให้กลมกลืน *-vi.* กลมกลืนกัน, ประสานกัน **-harmonization** *n.* **-harmonizer** *n.*

harmony (ฮาร์ มะนี) *n., pl.* **-nies** ความเห็นพ้องต้องกัน, การเข้ากันได้, ความกลมกลืนกัน

harness (ฮาร์ นิซ) *n.* เครื่องเทียมม้า, เครื่องบังเหียน, สายหนังที่ใช้ยึดร่มชูชีพกับลำตัว *-vt.* **-nessed, -nessing** ใส่เครื่องเทียม, ควบคุม

harp (ฮาร์พ) *n.* พิณฮาร์ป, พิณชนิดมีคันเท้า *-vi.* **harped, harping** เล่นพิณฮาร์ป **-harpist** *n.*

harp

harpoon (ฮาร์พูน') *n.* ฉมวก *-vt.* **-pooned, -pooning** แทง ฆ่า จับด้วยฉมวก

harpsichord (ฮาร์พ' ซิคอร์ด) *n.* เครื่องดนตรีคีย์บอร์ดมีฝาเปิดออกได้เหมือนปีก ผลิตเสียงโดยใช้กลไกบังคับลิ้นที่ติดกับก้านขนนกหรือหนังสัตว์ให้ดีดสายซึ่งขึงในแนวนอน

harrier (แฮร์ รีเออร์) *n.* ผู้รบกวน

harrow¹ (แฮร์ โร) *n.* คราด *-vt.* **-rowed, -rowing** คราด (ดิน), ทรมานใจ **-harrower** *n.*

harrow² (แฮร์ โร) *vt.* **-rowed, -rowing** ปล้น

harrowing (แฮร์ โรอิง) *adj.* ซึ่งทุกข์ใจมาก

harry (แฮร์ รี่) *vt.* **-ried, -rying** รบกวน

harsh (ฮาร์ช) *adj.* **harsher, harshest** หยาบ, สาก, เหี้ยม, ดุร้าย, ซึ่งแสบหรือระคายหู, ซึ่งบาดตา, ฝาด, รุนแรง, ห้าว **-harshly** *adv.* **-harshness** *n.* (-S. bitter, coarse)

harum-scarum (แฮเริมสแก' เริม) *adj., adv.* ซึ่งขาดความรับผิดชอบ, หุนหันพลันแล่น

★**harvest** (ฮาร์ วิซท์) *n.* การเก็บเกี่ยวพืชผล, พืชผลที่เก็บเกี่ยวได้ในฤดู,ปริมาณที่เก็บเกี่ยวได้, ฤดูเก็บเกี่ยว, ผล *-v.* **-vested, -vesting** *-vt.* เก็บเกี่ยวพืชผล, ได้รับผลกำไรหรือผลจากการกระทำ *-vi.* เก็บเกี่ยวผล **-harvester** *n.*

★**has** (แฮซ) *v. aux.* กริยาช่อง 1 ของ have ใช้กับประธานเอกพจน์บุรุษที่ 3

hash (แฮช) *n.* เนื้อที่สุกแล้วนำมาหั่นเป็นชิ้นเล็กๆ และนำไปปรุงอีก *-vt.* **hashed, hashing** ตัดหรือสับให้เป็นชิ้น, (ภาษาพูด) ทำให้ยุ่ง

hashish, hasheesh (แฮช' ชีช) *n.* กัญชา

hasp (แฮซพ์) *n.* สายยู *-vt.* **hasped, hasping** ปิดหรือล็อกด้วยสายยู

hassock (แฮซ' เซิค) *n.* เบาะรองหัวเข่าหรือเท้า

haste (เฮซท์) *n.* ความรีบร้อน, ความเร่งรีบ *-vi., vt.* **hasted, hasting** รีบ, ทำให้รีบ

hasten (เฮ' เซิน) *v.* **-tened, -tening** *-vi.* รีบ, เร่ง *-vt.* ทำให้รีบ, เร่ง (-S. haste, run)

hasty (เฮ' สตี) *adj.* **-ier, -iest** รีบร้อน, ด่วน, โกรธง่าย **-hastily** *adv.* **-hastiness** *n.*

★**hat** (แฮท) *n.* หมวก

hatch¹ (แฮช) *n.* ช่องในบานประตู พื้น หรือเพดาน, ช่องบนดาดฟ้าเรือซึ่งสามารถทะลุไปถึงคลังสินค้าได้, ช่องในผนังที่เชื่อมระหว่างห้อง 2 ห้อง เช่น ระหว่างห้องครัวและห้องรับประทานอาหาร, ฝาหรือประตูที่ปิดช่องดังกล่าว, ประตูด้านหลังของรถแบบ 3 ประตู, ประตูน้ำ

hatch² (แฮช) *v.* **hatched, hatching** *-vi.* ฟักไข่เป็นตัว *-vt.* กกไข่, วางแผน **-hatcher** *n.*

hatch³ (แฮช) *vt.* **hatched, hatching** แรเงา

hatchback (แฮช' แบค) *n.* รถยนต์แบบที่ด้านหลังจะเทลาดลงและมีประตูเปิดขึ้นได้

hatchback

hatchery (แฮช' ชะรี) *n., pl.* **-ies** สถานที่ฟักไข่

hatchet (แฮช' ชิท) *n.* ขวานที่ชาวอินเดียนแดงใช้เป็นอาวุธ, ขวานเล็กด้ามสั้นใช้งานมือเดียวได้

hatchway (แฮช' เว) *n.* ทางหรือช่องที่นำไปสู่ห้องเรือหรือห้องเก็บของใต้ถุนตึก

★**hate** (เฮท) *v.* **hated, hating** *-vt.* ชัง, รังเกียจ, รู้สึกไม่ชอบ, เกลียด *-vi.* รู้สึกเกลียดชัง *-n.* ความเกลียด, สิ่งที่น่ารังเกียจ **-hater** *n.*

hateful (เฮท' เฟิล) *adj.* น่ารังเกียจ, น่าชิงชัง, ซึ่งรู้สึกเกลียด **-hatefully** *adv.* (-S. detestable)

★**hatred** (เฮ' ทริด) *n.* ความเกลียดชังอย่างรุนแรง

hatter (แฮท' เทอร์) *n.* ช่างทำหมวก

haughty (ฮอ' ที) *adj.* **-tier, -tiest** หยิ่งยโส, จองหอง, ทะนงตน, สูงส่ง **-haughtily** *adv.*

haul (ฮอล) *v.* **hauled, hauling** *-vt.* ดึง, ลาก, สาว, ฉุด, ชัก, ขนส่งด้วยรถบรรทุกหรือเกวียน, เปลี่ยนเส้นทางเดินเรือ *-vi.* ดึง, ลาก, เปลี่ยนทิศทาง, เปลี่ยนใจ, เปลี่ยนเส้นทางเดินเรือ *-n.* การดึง ลาก ชัก, การขนส่ง, ระยะทางที่ถูกลากดึง หรือขนส่ง, สิ่งที่ถูกดึงหรือขนส่ง, ปริมาณการขนส่ง **-hauler** *n.* (-S. (v., n.) drag)

haulage (ฮอ' ลิจ) *n.* การฉุด ชัก ลาก ดึง สาว, การขนส่งสินค้า

haunch (ฮอนช์) *n.* สะโพก

haunt (ฮอนท์) *v.* **haunted, haunting** *-vt.* สิงสู่, ไปเยี่ยมบ่อย, ปรากฏให้เห็นในรูปของภูตผี

ปีศาจหรือวิญญาณ, สิ่งสู่อยู่ในใจ *-n.* สถานที่ที่ไปบ่อย, ภูตผีปีศาจ **-haunter** *n.*

hausfrau (เฮาซฺ' เฟรา) *n.* แม่บ้านชาวเยอรมัน, แม่บ้าน (**-S.** housewife)

hauteur (โฮเทอรฺ') *n.* ความหยิ่งยโส

★**have** (แฮฟวฺ) *v.* **had, having, has** *-vt.* มี, เป็นเจ้าของ, ประสบ, เป็น (โรค), ได้รับ, แสดง, ให้กำเนิดลูก, อนุญาต, รับประทาน, ดื่ม, เอา, มีส่วนร่วม, (ภาษาพูด) โกง *-n.* คนที่ร่ำรวยมั่งคั่ง, ประเทศที่มีทรัพยากรมากมาย *-v. aux.* ใช้ร่วมกับกริยาช่อง 3 เพื่อทำให้เป็นรูปสมบูรณ์กาล

haven (เฮ' เวิน) *n.* ท่าเรือ, สถานที่หลบภัย

haversack (แฮฟ' เวอรฺแซค) *n.* กระเป๋าผ้าใบที่ใช้สะพายบนไหล่เดียวอย่างของทหาร

havoc (แฮฟ' เวิค) *n.* ความยุ่งเหยิง, ความหายนะ *-vt.* **-ocked, -ocking** ทำลาย

hawk[1] (ฮอค) *n.* เหยี่ยว, คนโกง, คนหลอกลวง, บุคคลที่กระหายสงคราม *-vi.* **hawked, hawking** ล่าด้วยเหยี่ยว **-hawkish** *adj.*

hawk[2] (ฮอค) *v.* **hawked, hawking** *-vi.* เร่ขายสินค้า *-vt.* ตะโกนขายสินค้า

hawk[3] (ฮอค) *v.* **hawked, hawking** *-vi.* ไอเอาเสมหะออก *-vt.* ขากหรือไอเอาเสมหะออก

hawker (ฮอ' เคอรฺ) *n.* คนที่เร่ขายสินค้า

hawk-eyed (ฮอค' ไอดฺ) *adj.* ตาแหลม

hawse (ฮอซ) *n.* ช่องเก็บสมอที่ตัวเรือ

hawsehole (ฮอซ' โฮล) *n.* รูของสายเคเบิลหรือเชือกที่ใช้สำหรับผูกหรือพ่วงเรือ ซึ่งอยู่บริเวณหัวเรือ

hawser (ฮอ' เซอรฺ) *n.* สายเคเบิลหรือเชือกที่ใช้ในการผูก ลาก หรือพ่วงเรือ

hay (เฮ) *n.* หญ้าแห้งสำหรับใช้เป็นอาหารสัตว์ *-v.* **hayed, haying** *-vi.* ตัดหญ้าเพื่อทำฟาง *-vt.* ทำฟาง, ให้ฟางเป็นอาหาร **-hayer** *n.*

hay fever การอักเสบในทางเดินหายใจและนัยน์ตา เนื่องจากแพ้ฝุ่นหรือเกสรดอกไม้

hayrick (เฮ' ริค) *n.* กองหญ้าแห้งขนาดใหญ่

hazard (แฮซ' เซิรด) *n.* อันตราย, ความเสี่ยง, สิ่งกีดขวางในสนามกอล์ฟ *-vt.* **-arded, -arding** ทำให้ตกอยู่ในอันตราย, เสี่ยง, ผจญภัย

hazardous (แฮซ' เซอรฺเดิซ) *adj.* ซึ่งเต็มไปด้วยอันตราย, เสี่ยง **-hazardously** *adv.*

haze (เฮซ) *n.* หมอก, ความสลัว, ความสับสนในจิตใจ *-vi.* **hazed, hazing** สลัว, ไม่ชัด

hazel (เฮ' เซิล) *n.* ไม้พุ่มหรือไม้ขนาดเล็กสกุล *Corylus* ผลกินได้, ผลของต้นไม้ดังกล่าว, สีน้ำตาลอ่อนหรือสีน้ำตาลอมเหลือง **-hazel** *adj.*

hazelnut (เฮ' เซิลนัท) *n.* ผลของต้น hazel มีเปลือกแข็งเรียบสีน้ำตาล

hazy (เฮ' ซี) *adj.* **-ier, -iest** ซึ่งไม่ชัดเจน, คลุมเครือ, สลัว, เลือนราง, ซึ่งเป็นหมอก **-hazily** *adv.* **-haziness** *n.* (**-S.** foggy)

★**he** (ฮี) *pron.* เขาผู้ชาย *-n.* ผู้ชาย, สัตว์ตัวผู้

★**head** (เฮด) *n.* ศีรษะ, ส่วนหัว, สติปัญญา, สมอง, ความคิด, เหรียญด้านหัว, ผู้นำ, ครูใหญ่, หัวหน้า, ส่วนหน้า, ฟองเบียร์หรือฟองของของเหลวที่มีฟอง, จุดวิกฤติ, ข้างบน, ห้องน้ำบนเรือ, หัวเรือ, หัวข้อ, หัวฝี, ฝาครอบ, แหลม, ต้นน้ำ *-adj.* ซึ่งเกี่ยวกับหัว, สำคัญ, ด้านหน้า, (คำสแลง) เกี่ยวกับยาหรือผู้ติดยา *-v.* **headed, heading** *-vt.* เป็นผู้นำ, นำหน้า, บ่ายหน้าไปทาง, มุ่งไปยัง *-vi.* เกิดเป็นหัว, ไปข้างหน้า เช่น กะหล่ำปลี, เดินทาง **-above/over one's head** ยากเกินจะเข้าใจ (**-S.** (n., adj.) chief)

★**headache** (เฮด' เอค) *n.* อาการปวดศีรษะ, (ภาษาพูด)สิ่งที่ทำให้เกิดปัญหาหรือความรำคาญ

headdress (เฮด' เดรซ) *n.* สิ่งที่ใช้ประดับศีรษะ

headed (เฮด' ดิด) *adj.* ซึ่งเกิดขึ้นเป็นหัว

header (เฮด' เดอรฺ) *n.* การกระโดดเอาหัวลง

headfirst, headforemost (เฮด' เฟิรฺซทฺ', -ฟอรฺ' โมซทฺ) *adv.* หุนหันพลันแล่น

headgear (เฮด' เกียรฺ) *n.* สิ่งที่ใช้ปกคลุมศีรษะ

headhunting (เฮด' ฮันทิง) *n.* (คำสแลง) การเก็บสะสมหัวศัตรูไว้เป็นที่ระลึก, การสรรหาบุคคลที่มีความชำนาญสูงหรือนักบริหารจากบริษัทอื่น **-headhunt** *v., n.* **-headhunter** *n.*

heading (เฮด' ดิง) *n.* หัวข้อ, หัวจดหมาย

headland (เฮด' เลินดฺ) *n.* แหลม, หัวแหลม

headless (เฮด' ลิซ) *adj.* ซึ่งขาดผู้นำ, โง่

headlight (เฮด' ไลทฺ) *n.* ไฟหน้าของรถยนต์

headline (เฮด' ไลนฺ) *n.* หัวข่าว, หัวเรื่อง *-vt.* **-lined, -lining** ใส่หัวเรื่อง

headlong (เฮด' ลอง') *adv.* ซึ่งมีหัวยื่นไปข้างหน้า, หุนหันพลันแล่น *-adj.* รวดเร็ว, ชัน

headman (เฮด' เมิน) *n.* ผู้นำหรือหัวหน้าเผ่า

headmaster, head master (เฮด' แมสเตอรฺ) *n.* อาจารย์ใหญ่

headmistress, head mistress (เฮด' มิสตริซ) *n.* อาจารย์ใหญ่ผู้หญิง

headmost (เฮด' โมซทฺ) *adj.* ซึ่งนำหน้า

headphone (เฮด' โฟน) *n.* หูฟังแบบสวมศีรษะ

headphone

headpiece (เฮด' พีซ) *n.*

สมอง, สติปัญญา

headquarters (เฮด' ควอร์เทอร์ซฺ) *n. pl.* สำนักงานใหญ่, กองบัญชาการ

headrest (เฮด' เรซทฺ) *n.* ที่พิงศีรษะ

headroom (เฮด' รูม) *n.* ช่องว่างเหนือศีรษะ

headsman (เฮดซฺ' เมิน) *n.* เพชฌฆาตที่ทำหน้าที่ตัดหัวนักโทษ

headspring (เฮด' สปริง) *n.* ต้นน้ำ

headstand (เฮด' สแตนดฺ) *n.* การทรงตัวในแนวตั้งโดยใช้ศีรษะและมือทั้งสองข้างดันพื้นเอาไว้เพื่อรับน้ำหนักตัวแทนขา

headstone (เฮด' สโตน) *n.* แผ่นหินจารึกบนหลุมฝังศพ

headstrong (เฮด' สตรอง) *adj.* ดื้อดึง

headwaiter (เฮด' เว' เทอร์) *n.* หัวหน้าบริกร

headwater (เฮด' วอเทอร์) *n.* ต้นน้ำ

headway (เฮด' เว) *n.* ความก้าวหน้า

headwind, head wind (เฮด' วินดฺ) *n.* ลมต้าน

heady (เฮด' ดี) *adj.* **-ier, -iest** ฉลาด

heal (ฮีล) *v.* **healed, healing** *-vt.* รักษาให้หาย, ซ่อม *-vi.* หายดี **-healable** *adj.*

★**health** (เฮลธฺ) *n.* สุขภาพ, ความสุขสบาย, ความไม่มีโรค (**-S.** fitness, soundness)

healthful (เฮลธฺ' เฟิล) *adj.* ซึ่งเป็นประโยชน์แก่ร่างกาย **-healthfully** *adv.* **-healthfulness** *n.*

★**healthy** (เฮล' ธี) *adj.* **-ier, -iest** ซึ่งเป็นประโยชน์แก่ร่างกาย, ซึ่งมีสุขภาพดีแข็งแรง **-healthily** *adv.* **-healthiness** *n.* (**-S.** fit)

heap (ฮีพ) *n.* กอง, (ภาษาพูด) จำนวนมาก, (คำสแลง) รถยนต์เก่า *-vt.* **heaped, heaping** วางกองไว้ (**-S.** (n., v.) stack)

★**hear** (เฮียร์) *v.* **heard, hearing** *-vt.* ได้ยิน, ฟัง, รับฟัง, ตั้งใจฟัง, พิจารณา *-vi.* ฟัง, ได้รับข่าวหรือข้อมูล, พิจารณา **-hearer** *n.*

hearing (เฮีย' ริง) *n.* การฟัง, การได้ยิน, ระยะในการได้ยิน, การพิจารณาคดี (**-S.** ear)

hearing aid เครื่องช่วยฟัง

hearsay (เฮียร์' เซ) *n.* เรื่องที่ได้ยินจากคนอื่น

hearse (เฮิร์ซ) *n.* รถบรรทุกศพ

★**heart** (ฮาร์ท) *n.* หัวใจ, หน้าอก, จิตใจ, แก่นแท้, ความรัก, ความกล้าหาญ, จุดศูนย์กลาง, ความรู้สึก, ส่วนในสุด, รูปหัวใจ *-vt.* **hearted, hearting** สนับสนุน

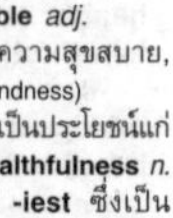
heart

★**heart attack** หัวใจวาย

heartbreaking (ฮาร์ท' เบรคิง) *adj.* ซึ่งทำให้เศร้าเสียใจมาก **-heartbreakingly** *adv.*

heartbroken (ฮาร์ท' โบรเคิน) *adj.* โศกเศร้าเสียใจหรือผิดหวังเป็นอย่างมาก

heartburn (ฮาร์ท' เบิร์น) *n.* อาการแสบร้อนบริเวณใกล้ลำคอ เกิดจากการไหลย้อนกลับของกรดในกระเพาะเข้าไปยังปลายหลอดอาหาร

hearten (ฮาร์' เทิน) *vt.* **-ened, -ening** สนับสนุน, ให้กำลังใจ (**-S.** encourage)

heart failure หัวใจล้มเหลว

hearth (ฮาร์ธ) *n.* พื้นเตา, ชีวิตครอบครัว, บ้าน

heartily (ฮาร์' เทิลลี) *adv.* ด้วยความอบอุ่นและจริงใจ, แท้จริง, อย่างกระตือรือร้น

heartland (ฮาร์ท' แลนดฺ) *n.* พื้นที่หรือดินแดนที่เป็นศูนย์กลางหรือมีความสำคัญ

heart-rending, heartrending (ฮาร์ท' เรนดิง) *adj.* ซึ่งทำให้เศร้าโศกเสียใจ

heart-to-heart (ฮาร์ท' ทะฮาร์ท') *adj.* ตรงไปตรงมา, จริงใจและเปิดเผย

hearty (ฮาร์' ที) *adj.* **-ier, -iest** เป็นมิตรและอบอุ่น, กระตือรือร้น, เต็มใจ, แข็งแรงและสุขภาพดี, อุดมสมบูรณ์ *-n., pl.* **-ies** เพื่อนที่ดี, กะลาสีเรือ **-heartiness** *n.* (**-S.** (adj.) cordial)

★**heat** (ฮีท) *n.* ความร้อน, อุณหภูมิในร่างกายที่สูงกว่าปกติ, ความอบอุ่น, เตาหรือแหล่งกำเนิดความอบอุ่นอื่นๆ ภายในห้องหรืออาคาร, ฤดูร้อน, ความดุเดือด, ความเผ็ดร้อน, (ภาษาพูด) ความกดดัน, (คำสแลง) ตำรวจ อาวุธปืน, ความรู้สึกที่รุนแรง, ฤดูกำหนดของสัตว์ *-v.* **heated, heating** *-vt.* ทำให้อบอุ่นหรือร้อน, ทำให้ตื่นเต้น *-vi.* กลายเป็นร้อนหรืออบอุ่น, กลายเป็นตื่นเต้น

heated (ฮี' ทิด) *adj.* โกรธ, รุนแรง, เผ็ดร้อน, ตื่นเต้น **-heatedly** *adv.* (**-S.** angry, excited)

heater (ฮี' เทอร์) *n.* เครื่องทำความร้อน

heathen (ฮี' เธิน) *n., pl.* **-thens/heathen** คนนอกศาสนา, คนป่าเถื่อน **-heathenish** *adj.*

heat stroke อาการไม่สบายอันเกิดจากการได้รับความร้อนเป็นเวลานานๆ ทำให้มีไข้สูง

heat wave ช่วงเวลาที่อากาศร้อนผิดปกติ

heave (ฮีฟว) *v.* **heaved, heaving** *-vt.* ยก, ครวญคราง, อาเจียน, ดึง, ลากเรือ, ถอนใจ, โยน, ทำให้นูนหรือพองขึ้น, สาว *-vi.* ยกขึ้น, ทำให้นูนหรือพองขึ้น, เคลื่อนขึ้นและลงเป็นจังหวะ, อาเจียน, ดึง *-n.* การพยายามยกขึ้น, การขว้าง, การอาเจียน **-heaver** *n.* (**-S.** (n., v.) hoist)

★**heaven** (เฮฟ' เวิน) *n.* ท้องฟ้า, สวรรค์, อำนาจสวรรค์, พระเจ้า, สถานที่ที่มีความสุข, ความ

สุขสำราญชั่วกัลปาวสาน (**-S.** paradise)
heavenly (เฮฟ' เวินลี) *adj.* ยอดเยี่ยม, วิเศษ, เลิศ, ซึ่งเกี่ยวกับท้องฟ้าหรือสวรรค์ (**-S.** blissful)
heavily (เฮฟ' วะลี) *adv.* อย่างหนัก, รุนแรง
★**heavy** (เฮฟ' วี) *adj.* **-ier, -iest** หนัก, ใหญ่มาก, อุ้ยอ้าย, หนาแน่นมาก, ซึ่งมีปริมาณมาก, มาก, ซึ่งมีกำลังหรืออำนาจมาก, หนา, รุนแรง, ซึ่งย่อยยาก, ซึ่งเป็นภาระหนัก, ทุกข์โศก, ลึกซึ้ง, น่าเบื่อ, งุ่มง่าม **-heaviness** *n.* (**-S.** dull)
heavy-laden (เฮฟ' วีเลดเดิน) *adj.* ซึ่งบรรทุกน้ำหนักมาก
heavy metal โลหะหนัก, ดนตรีร็อก
heavyweight (เฮฟ' วีเวท) *n.* ผู้ที่มีน้ำหนักเกินมาตรฐาน, นักมวยอาชีพที่มีน้ำหนักเกิน 175 ปอนด์ (ประมาณ 79.5 กิโลกรัม), (ภาษาพูด) บุคคลที่มีความสำคัญหรือมีอิทธิพลมาก
Hebrew (ฮี' บรู) *n.* ชาวยิว, ภาษายิว
heckle (เฮค' เคิล) *vt.* **-led, -ling** รบกวนผู้อื่นด้วยคำถาม คำเยาะเย้ย หรือคำคัดค้าน, สาง (ต้นปอหรือกัญชา) **-heckler** *n.* (**-S.** disrupt)
hectare (เฮค' แทร์) *n.* หน่วยวัดพื้นที่ในมาตราเมตริกซึ่งมีค่าเท่ากับ 2.471 เอเคอร์ หรือ 10,000 ตารางเมตร
hectic (เฮค' ทิค) *adj.* ยุ่งวุ่นวาย, รีบร้อน, น่าตื่นเต้น, เกี่ยวกับวัณโรค, ซึ่งเป็นไข้, หน้าแดง
hecto-, hect- คำอุปสรรค หมายถึง 10^2, หนึ่งร้อย
hector (เฮค' เทอร์) *n.* คนพาล *-v.* **-tored, -toring** *-vt.* ข่มขู่, รังแก *-vi.* รังแก
★**hedge** (เฮจ) *n.* แนวพุ่มไม้เตี้ยๆ ที่ปลูกเป็นรั้วหรือเพื่อแบ่งเขต, คำพูดที่กำกวม, สิ่งกีดขวาง *-v.* **hedged, hedging** *-vt.* กั้นรั้ว, ล้อมรั้ว *-vi.* เลี่ยงการให้คำตอบที่ชัดเจน, ปลูกต้นไม้เพื่อทำเป็นรั้ว **-hedger** *n.* (**-S.** (n.) barrier)
hedgehog (เฮจ' ฮอก) *n.* เม่นชนิดหนึ่ง

hedgehog

hedgerow (เฮจ' โร) *n.* แถวหรือแนวของพุ่มไม้ที่ทำเป็นรั้ว
heed (ฮีด) *v.* **heeded, heeding** *-vt.* เอาใจใส่, สนใจ, ใส่ใจ *-vi.* ใส่ใจ *-n.* การสังเกต, ความระมัดระวัง **-heedful** *adj.* (**-S.** (v., n.) care)
heedless (ฮีด' ลิซ) *adj.* ซึ่งไม่ระมัดระวัง
heehaw (ฮี' ฮอ) *n.* เสียงร้องของลา
★**heel**[1] (ฮีล) *n.* ส้นเท้า, ส้นรองเท้า, ส้นถุงเท้าหรือถุงน่อง, คนชั่วร้าย, เปลือกขนมปังที่อยู่ตรงส่วนปลายของแถว, ส่วนของหัวไม้กอล์ฟที่อยู่ติดกับด้าม *-v.* **heeled, heeling** *-vt.* ตามหลัง, ซ่อมหรือใส่ส้นรองเท้า *-vi.* ตามหลังมา
heel[2] (ฮีล) *vi., vt.* **heeled, heeling** เอียงหรือทำให้เอียง *-n.* การเอียงของเรือ
heeler (ฮี' เลอร์) *n.* คนซ่อมรองเท้า
heft (เฮฟท์) *n.* ความหนัก, น้ำหนัก *-v.* **hefted, hefting** *-vt.* ยกขึ้น *-vi.* มีน้ำหนัก
hefty (เฮฟ' ที) *adj.* **-ier, -iest** ใหญ่, หนัก, แข็งแรง, ล่ำสัน **-heftily** *adv.* **-heftiness** *n.*
hegemony (ฮิเจม' มะนี) *n., pl.* **-nies** ความมีอิทธิพลหรือมีอำนาจเหนือกว่า
heifer (เฮฟ' เฟอร์) *n.* วัวสาวที่ยังไม่เคยตกลูก
★**height** (ไฮท์) *n.* ความสูง, ระดับความสูง, ภูเขา, เนินเขา, จุดยอดหรือจุดสูงสุด (**-S.** apex)
heighten (ไฮ' เทิน) *v.* **-ened, -ening** *-vt.* ยกหรือเพิ่มปริมาณหรือระดับ, ทำให้สูงขึ้น *-vi.* เพิ่มปริมาณหรือระดับ, ขึ้น (**-S.** augment)
heinous (เฮ' เนิซ) *adj.* น่าเกลียด, น่าชัง
heir (แอร์) *n.* ทายาท, ผู้สืบมรดก
heiress (แอ' ริซ) *n.* ทายาทหญิง
held (เฮลด์) *v.* กริยาช่อง 2 และ 3 ของ hold
helical (เฮล' ลิเคิล) *adj.* ซึ่งมีรูปร่างเป็นเกลียว
helices (เฮล' ลิซีซ) *n. pl.* ดู helix
★**helicopter** (เฮล' ลิคอพเทอร์) *n.* เฮลิคอปเตอร์ *-vi., vt.* **-tered, -tering** เดินทางหรือขนส่งโดยเฮลิคอปเตอร์

helicopter

heliport (เฮล' ละพอร์ท) *n.* ลานขึ้นลงของเฮลิคอปเตอร์
helium (ฮี' เลียม) *n.* ก๊าซฮีเลียมเป็นก๊าซเฉื่อยที่พบในก๊าซธรรมชาติ มีสัญลักษณ์ He
helix (ฮี' ลิคซ์) *n., pl.* **-lixes/-lices** ส่วนที่เป็นขด, ส่วนที่เป็นเกลียว, วงก้นหอย
★**hell** (เฮล) *n.* สถานที่หรือสถานการณ์ที่เลวร้ายทุกข์ยาก, นรก, ความปวดร้าวทรมาน, (ภาษาพูด) สิ่งที่ทำให้เกิดปัญหา ความรำคาญ หรือความทรมาน, การดุด่าอย่างเผ็ดร้อน (**-S.** agony)
hellish (เฮล' ลิช) *adj.* ซึ่งเหมือนนรก, ร้ายกาจ
★**hello, hullo** (เฮโล', ฮะ-) *interj.* เป็นคำที่ใช้แสดงการทักทาย รับโทรศัพท์ หรือแสดงความประหลาดใจ *-n., pl.* **-los** การกล่าวคำว่า "ฮัลโหล" *-vi.* **-loed, -loing** กล่าว "ฮัลโหล"
helm (เฮลม์) *n.* หมวกเหล็ก, พวงมาลัย, หางเสือ, ตำแหน่งผู้นำ *-vt.* **helmed, helming** ถือหางเสือหรือพวงมาลัย

★**helmet** (เฮล' มิท) *n.* หมวกแข็งสำหรับป้องกันอันตราย เช่น หมวกของคนขับมอเตอร์ไซค์หรือนักกีฬา *-vt., vi.* **-meted, -meting** ใส่หมวกป้องกันภัย

helmet

helmsman (เฮลมซฺ' เมิน) *n.* ผู้ถือพวงมาลัยหรือหางเสือเรือ **-helmsmanship** *n.*

★**help** (เฮลพฺ) *v.* **helped, helping** *-vt.* ให้ความช่วยเหลือ, ส่งเสริม, ปลดเปลื้องบรรเทา, สงเคราะห์, ปรับปรุง *-vi.* ให้ความช่วยเหลือ *-n.* การรักษา, ผู้ช่วย, การช่วย (-S. (v., n.) aid)

helper (เฮล' เพอรฺ) *n.* ผู้ช่วยเหลือ, สิ่งช่วยเหลือ

★**helpful** (เฮลพฺ' เฟิล) *adj.* ซึ่งเป็นประโยชน์ **-helpfully** *adv.* (-S. beneficial, useful)

★**helping** (เฮล' พิง) *n.* การช่วยเหลือ, อาหารสำหรับหนึ่งคน (-S. piece, portion)

helpless (เฮลพฺ' ลิซ) *adj.* ซึ่งควบคุมไม่ได้, ซึ่งช่วยอะไรไม่ได้ **-helplessly** *adv.* (-S. weak)

helter-skelter (เฮลเทอร์สเกล' เทอรฺ) *adv., adj.* ยุ่งเหยิง, ซึ่งไม่เป็นระเบียบ

hem (เฮม) *n.* ขอบหรือชายผ้าที่เย็บแล้ว *-vt.* **hemmed, hemming** เย็บริม, ปิดล้อม

hemisphere (เฮม' มิซเฟียรฺ) *n.* ครึ่งใดครึ่งหนึ่งของลูกทรงกลม, ซีกโลกเหนือหรือใต้ที่แบ่งกันด้วยเส้นศูนย์สูตร **-hemispherical** *adj.*

hemoglobin (ฮี' มะโกลบิน) *n.* รงควัตถุในเซลล์เม็ดเลือดแดงของสัตว์มีกระดูกสันหลังเป็นตัวขนส่งออกซิเจนไปเลี้ยงทั่วร่างกาย

hemophilia (ฮีมะฟิล' เลีย) *n.* โรคเลือดออกไม่ยอมหยุด

hemorrhage (เฮม' เมอริจ) *n.* การที่เลือดไหลออกมาก, การสูญเสียของมีค่าเป็นจำนวนมาก *-v.* **-rhaged, -rhaging** *-vi.* (เลือด) ไหลออกมาก, ประสบกับการสูญเสียอย่างกะทันหัน *-vt.* สูญเสียสิ่งมีค่าอย่างรวดเร็วและเป็นจำนวนมาก **-hemorrhagic** *adj.*

hemorrhoid (เฮม' มะรอยดฺ) *n.* ริดสีดวงทวาร

hemp (เฮมพฺ) *n.* กัญชา, ป่าน, ปอ

★**hen** (เฮน) *n.* ไก่หรือนกตัวเมีย, (คำสแลง) ผู้หญิงแก่จู้จี้ **-hennish** *adj.* **-hennishly** *adv.*

hence (เฮนซฺ) *adv.* ดังนั้น, จากนี้ไป

henceforth (เฮนซฺ' ฟอรฺธ) *adv.* จากนี้ต่อไป

henceforward (เฮนซฺฟอรฺ' เวิรฺด) *adv.* ดู henceforth

henchman (เฮนชฺ' เมิน) *n.* ผู้ติดตาม, คนรับใช้ผู้ชาย, คนสนิท, ผู้สนับสนุน

henhouse (เฮน' เฮาซฺ) *n.* เล้าไก่หรือเป็ด

hen party (ภาษาพูด) งานเลี้ยงเฉพาะผู้หญิง

henpeck (เฮน' เพค) *vt.* **-pecked, -pecking** (ภาษาพูด) ดุด่าหรือถากถาง (สามี)

hepatic (ฮิแพท' ทิค) *adj.* เกี่ยวกับตับ

hepatitis (เฮพพะไท' ทิซ) *n., pl.* **-titides** (-ทิท' ทิดีซ) โรคตับอักเสบ

heptagon (เฮพ' ทะกอน) *n.* รูป 7 เหลี่ยม

heptathlon (เฮพแทธ' เลิน, -ลอน) *n.* สัตกรีฑา, การแข่งขันกรีฑา 7 ประเภทของผู้หญิง

★**her** (เฮอรฺ, เออรฺ) *adj.* ของเธอ *-pron.* เธอ, หล่อน

herald (เฮ' เริลดฺ) *n.* ผู้ส่งข่าวสาร, ลาง, ผู้ถือสาส์น *-vt.* **-alded, -alding** ป่าวประกาศ, แถลง, แจ้ง **-heraldic** *adj.* **-heraldically** *adv.*

heraldry (เฮ' เริลดรี) *n., pl.* **-ries** การศึกษาเกี่ยวกับตราประจำตระกูลขุนนาง, ตราประจำตระกูล, เกราะประจำตระกูล **-heraldist** *n.*

herb (เอิรฺบ, เฮิรฺบ) *n.* พืชสมุนไพร, ไม้ลำต้นอ่อน

herbaceous (เฮอรฺเบ' เชิซ) *adj.* ซึ่งเกี่ยวกับพืชที่มีลำต้นอ่อนหรือพืชสมุนไพร

herbage (เฮอรฺ' บิจ) *n.* พืชที่มีลำต้นอ่อน

herbal (เฮอรฺ' เบิล) *adj.* ซึ่งเกี่ยวกับพืชที่มีลำต้นอ่อนหรือพืชสมุนไพร *-n.* หนังสือพืชสมุนไพร

herbalist (เฮอรฺ' บะลิซทฺ) *n.* พ่อค้าสมุนไพร, ผู้เชี่ยวชาญด้านสมุนไพร, แพทย์แผนโบราณ

herbicide (เฮอรฺ' บิไซดฺ) *n.* สารเคมีที่ใช้ทำลายหรือขัดขวางการเจริญเติบโตของพืชพวกวัชพืช

herbivore (เฮอรฺ' บะวอรฺ) *n.* สัตว์กินพืช

herd (เฮิรฺด) *n.* ฝูงสัตว์, ฝูงชน, กลุ่มคน *-v.* **herded, herding** *-vi.* มารวมกันเป็นฝูง *-vt.* รวมเป็นฝูง, รวมเป็นกลุ่ม (-S. (n., v.) crowd)

herdsman (เฮิรฺดซฺ' เมิน) *n.* คนเลี้ยงสัตว์

★**here** (เฮียรฺ) *adv.* ที่นี่, ขณะนี้, ประเด็นนี้, ณ ที่นี้, ตรงนี้, ในปัจจุบัน *-interj.* เดี๋ยวนี้ *-n.* ที่นี่, ปัจจุบันนี้ **-here and there** ในที่ต่างๆ

hereabout, hereabouts (เฮียรฺ' อะเบาทฺ, -เบาทฺซฺ) *adv.* รอบๆ ที่นี่, แถวนี้

hereafter (เฮียรฺแอฟ' เทอรฺ) *adv.* หลังจากนี้, ต่อจากนี้ *-n.* ชีวิตในโลกหน้า

hereby (เฮียรฺไบ') *adv.* โดยนัยนี้, โดยวิธีนี้

hereditament (เฮริดิท' ทะเมินทฺ) *n.* มรดก

hereditary (ฮะเรด' ดิเทรี) *adj.* ซึ่งสืบทอดต่อกันมา, ซึ่งเป็นกรรมพันธุ์ **-hereditarily** *adv.*

heredity (ฮะเรด' ดิที) *n., pl.* **-ties** กรรมพันธุ์, ลักษณะที่ถูกถ่ายทอดทางพันธุกรรม

herein (เฮียรฺอิน') *adv.* ในกรณีนี้, ในที่นี้

hereinafter (เฮียรฺอินแอฟ' เทอรฺ) *adv.* ดัง

ต่อไปนี้
hereof (เฮียร์อัฟว์') *adv.* ถึงเรื่องนี้
hereon (เฮียร์ออน') *adv.* บนนี้
heresy (เฮ' ริซี) *n., pl.* **-sies** ความเลื่อมใสหรือความเชื่อถือในศาสนานอกรีต
heretic (เฮ' ริทิค) *n.* คนนอกรีต (**-S.** apostate)
heretical (ฮะเรท' ทิเคิล) *adj.* ซึ่งนอกรีต, นอกคอก **-heretically** *adv.*
hereto (เฮียร์ทู') *adv.* ถึงเรื่องนี้, ต่อสิ่งนี้
heretofore (เฮียร์' ทะฟอร์) *adv.* ก่อนหน้านี้
hereupon (เฮียร์' อะพอน) *adv.* ด้วยเหตุนี้
herewith (เฮียร์วิธ') *adv.* ตามนี้, พร้อมกันนี้
heritable (เฮ' ริทะเบิล) *adj.* ซึ่งสามารถสืบทอดต่อไปได้ **-heritability** *n.* **-heritably** *adv.*
heritage (เฮ' ริทิจ) *n.* มรดก, สิ่งที่สืบทอดต่อกันมา (**-S.** birthright, estate, tradition)
hermaphrodite (เฮอร์แมฟ' ฟระไดท์) *n.* คนหรือสัตว์ที่มีอวัยวะสืบพันธุ์ของทั้ง 2 เพศ, พืชที่มีเกสรตัวผู้และตัวเมียในดอกเดียวกัน
hermit (เฮอร์' มิท) *n.* ผู้ที่ถอนตัวเองออกจากสังคมและอยู่อย่างโดดเดี่ยว, ผู้ที่อยู่อย่างสันโดษ, ฤๅษี **-hermitic** *adj.* (**-S.** anchorite, solitary)
hermitage (เฮอร์' มิทิจ) *n.* สถานที่พักพิงของคนที่อยู่อย่างสันโดษ, วัด, การอยู่อย่างสันโดษ
hermit crab ปูเสฉวน
hernia (เฮอร์' เนีย) *n., pl.* **-nias/-niae** (-นี) อาการโป่งหรือบวมเนื่องจากอวัยวะหุ้มห่อแตก เช่น โรคไส้เลื่อน **-hernial** *adj.*
hero (เฮีย' โร) *n., pl.* **-roes** วีรบุรุษในตำนานหรือเทพนิยาย, คนเก่ง, พระเอก, คนกล้าหาญ
heroic, heroical (ฮิโร' อิค, -อิเคิล) *adj.* กล้าหาญ, โอ่อ่า, ซึ่งเกี่ยวกับหรือคล้ายกับวีรบุรุษ, เหมาะสมจะเป็นวีรบุรุษ (**-S.** bold)
heroin (เฮ' โรอิน) *n.* เฮโรอีน
heroine (เฮ' โรอิน) *n.* วีรสตรี, นางเอก
heroism (เฮ' โรอิซเซิม) *n.* ความกล้าหาญ
hero worship การยอมรับนับถือหรือเลื่อมใสในความเป็นวีรบุรุษหรือบุคคลที่เป็นวีรบุรุษ
herpes (เฮอร์' พีซ) *n.* โรคเริม, โรคงูสวัด
Herr (เฮร์) *n., pl.* **Herren** คุณผู้ชาย, คุณสุภาพบุรุษ ใช้เป็นคำเรียกที่สุภาพในภาษาเยอรมัน ดังเช่น Mr. หรือ Sir
herring (เฮ' ริง) *n., pl.* **-ring/-rings** ปลาเฮอร์ริง
★**hers** (เฮอร์ซ์) *pron.* ของเธอ, ของหล่อน
★**herself** (เฮอร์เซลฟ์') *pron.* ตัวเธอเอง
hertz (เฮิร์ทซ์) *n., pl.* **hertz** หน่วยความถี่ซึ่งเท่ากับ 1 รอบต่อวินาที
hesitant (เฮซ' ซิเทินท์) *adj.* ลังเล, รีๆ รอๆ
★**hesitate** (เฮซ' ซิเทท) *vi.* **-tated, -tating** ตัดสินใจพูด หรือทำแบบรีๆ รอๆ, สองจิตสองใจหรือลังเล, พูดอึกอัก **-hesitater** *n.*
hesitation (เฮซซิเท' ชัน) *n.* การรีรอ, ความลังเล, ความไม่แน่นอน, ความชักช้า
Hesperus (เฮส' เปอเริซ) *n.* ดาวศุกร์, ดาวประจำเมือง (**-S.** Venus)
heterogeneous (เฮทเทอระจี' เนียซ) *adj.* ซึ่งประกอบด้วยส่วนหรือธาตุที่ต่างกัน, ซึ่งแตกต่างกันอย่างสิ้นเชิง **-heterogeneously** *adv.*
hew (ฮยู) *v.* **hewed, hewn/hewed, hewing** *-vt.* ตัดด้วยขวาน *-vi.* ตัด, ฟัน **-hewer** *n.*
hex (เฮคซ์) *n.* คำแช่งด่า, ความอัปมงคล, เวทมนตร์อันชั่วร้าย, คนที่นำความโชคร้ายมาให้
hexagon (เฮค' ซะกอน) *n.* รูป 6 เหลี่ยม
hexameter (เฮคแซม' มิเทอร์) *n.* โคลงหรือบทกวีบรรทัดที่ประกอบด้วย 6 จังหวะ
heyday (เฮ' เด) *n.* ช่วงเวลาที่ประสบความสำเร็จหรือรุ่งเรืองที่สุด, วัยหนุ่มสาว
★**hi** (ไฮ) *interj.* สวัสดี
hiatus (ไฮเอ' เทิซ) *n., pl.* **-tuses/-tus** ช่องว่าง, รอยแตก, การหยุดชะงัก **-hiatal** *adj.*
hibernate (ไฮ' เบอร์เนท) *vi.* **-nated, -nating** หลบหรือซ่อนตัวในฤดูหนาว, จำศีลในฤดูหนาว, หลับในฤดูหนาว **-hibernation** *n.*
hiccup, hiccough (ฮิค' เคิพ) *n.* อาการสะอึก, เสียงสะอึก *-vi.* **-cupped, -cupping/-coughed, -coughing** สะอึก, ทำเสียงสะอึก
★**hide**[1] (ไฮด์) *v.* **hid, hidden/hid, hiding** *-vt.* แอบ, ซ่อน, ปิดบัง, บัง, หลบ (สายตา), ปกคลุม *-vi.* ซ่อน, หาที่ซ่อน (**-S.** mask **-A.** discover)
hide[2] (ไฮด์) *n.* หนังสัตว์ *-vt.* **hided, hiding** ตีอย่างแรง, เฆี่ยน (**-S.** (v.) beat)
hide-and-seek (ไฮด์เอินซีค') *n.* เกมซ่อนหาของเด็ก
hidebound (ไฮด์' เบานด์) *adj.* ใจแคบ
hideous (ฮิด' เดียซ) *adj.* น่าเกลียดมาก, น่าขยะแขยง, น่าตกใจ, น่าขนพองสยองเกล้า, น่ากลัว **-hideously** *adv.* **-hideousness** *n.*
hiding (ไฮ' ดิง) *n.* การหลบซ่อน, สถานที่หลบซ่อน, การปิดบัง
hierarchy (ไฮ' อะราร์คี) *n., pl.* **-chies** การจัดลำดับความสำคัญภายในกลุ่มโดยยึดเอายศหรืออาวุโสเป็นตัวกำหนด
hieroglyphic, hieroglyphical (ไฮเออ

A B C D E F G H I J K L M N O P Q R S T U V W X Y Z

ระกลิฟ' ฟิค, -ฟิเคิล) *adj.* ซึ่งเกี่ยวกับระบบการเขียนแบบอียิปต์โบราณที่ใช้สัญลักษณ์ภาพในการแทนความหมายหรือเสียง, ยากที่จะอ่านหรือถอดความหมาย *-n.* สัญลักษณ์ที่ใช้ในการเขียนอักษรฮีโรกลิฟฟิก **-hieroglyphics** การเขียนอักษรฮีโรกลิฟฟิก **-hieroglyphically** *adv.*

hi-fi (ไฮ' ไฟ') *n., pl.* **-fis** (ภาษาพูด) ความคมชัดของเสียงระบบอิเล็กทรอนิกส์ที่ทำให้เสียงจากวิทยุหรือเทปมีความคมชัดเจน **-hi-fi** *adj.*

higgledy-piggledy (ฮิกเกิลดีพิก' เกิลดี) *adj.* ยุ่งเหยิง, สับสนปนเป

★**high** (ไฮ) *adj.* **higher, highest** สูง, ยอด, ขั้นสูง, สำคัญมาก, ซึ่งมีเสียงสูง, ระดับหัวหน้า, แพง, เอาจริงเอาจัง, ใหญ่, รุนแรง, ซึ่งเต็มไปด้วยความตื่นเต้นหรือปลาบปลื้ม, (คำสแลง) เมาเหล้า (ยา), ฟุ่มเฟือย *-adv.* **higher, highest** ฟุ่มเฟือย, สูง, หรูหรา *-n.* ชั้นสูง, เกียร์สูง, สถานที่ที่อยู่ในระดับสูง, (คำสแลง) อาการเมายา

high-and-mighty (ไฮ' เอินไม' ที) *adj.* หยิ่ง, จองหอง **-high and mighty** *adv., n.*

highball (ไฮ' บอล) *n.* เครื่องดื่มที่เสิร์ฟในแก้วทรงสูงประกอบด้วยเหล้าผสมน้ำหรือโซดา

highbrow (ไฮ' เบรา) *n.* ผู้ที่มีระดับการศึกษาหรือการอบรมสูง, ผู้มีรสนิยมสูง

high-class (ไฮ' แคลซ') *adj.* ซึ่งมีคุณภาพสูง

high fidelity ระบบการบันทึกเสียงและการเล่นแผ่นเสียงที่ปราศจากเสียงรบกวน

high-five (ไฮ' ไฟฟว์') *n.* (คำสแลง) การแตะมือแสดงความยินดี ซึ่งเป็นอาการที่บุคคลตั้งแต่สองคนขึ้นไปชูมือขึ้นและแตะฝ่ามือกันเพื่อแสดงความยินดีต่อความสำเร็จที่ได้รับ

highflier (ไฮ' ไฟล' เออร์) *n.* บุคคลที่มีพฤติกรรมหรือความคิดอ่านอย่างมากมายหรือรุนแรง

high-flown (ไฮ' โฟลน') *adj.* ฟุ่มเฟือย, คุยโว

highhanded (ไฮ' แฮน' ดิด) *adj.* หยิ่ง, ยโส

high-hat (ไฮ' แฮท') *adj.* (ภาษาพูด) หยิ่งยโส

highjack (ไฮ' แจค) *v., n.* ดู hijack

highland (ไฮ' เลินด์) *n.* บริเวณที่สูง **-highlands** ภูมิประเทศส่วนที่เป็นภูเขาและเนินเขา

highlight (ไฮ' ไลท์) *n.* รายละเอียดที่น่าสนใจ, บริเวณหรือจุดที่มีความสว่างมากที่สุดในภาพ, เหตุการณ์ที่สำคัญ *-vt.* **-lighted, -lighting** ให้แสงสว่างกับ, เน้น, ทำเครื่องหมายไว้ในตำราด้วยปากกาสะท้อนแสง (-S. (n.) climax)

high-minded (ไฮ' ไมน์' ดิด) *adj.* ซึ่งมีคุณธรรมสูง **-high-mindedly** *adv.*

highness (ไฮ' นิซ) *n.* ความสูงส่ง **-Highness** ใช้กับ His, Her หรือ Your เป็นคำยกย่องที่ใช้เรียกบุคคลในราชตระกูล

high-pitched (ไฮ' พิชท์') *adj.* ซึ่งมีเสียงสูง, ซึ่งมีอารมณ์รุนแรง, (หลังคา) ลาดชัน

high-pressure (ไฮ' เพรช' เชอร์) *adj.* เกี่ยวกับความกดดันที่สูงกว่าปกติ

highroad, high road (ไฮ' โรด) *n.* ทางหลวง, วิธีที่ง่าย

high school โรงเรียนมัธยมปลาย

high-sounding (ไฮ' เซาน์' ดิง) *adj.* วางท่า

high-speed (ไฮ' สปีด) *adj.* ด้วยความเร็วสูง

high-spirited (ไฮ' สเปีย' ริทิด) *adj.* ร่าเริง, คึกคะนอง, ซึ่งมีชีวิตชีวา **-high-spiritedly** *adv.*

high street ถนนสายใหญ่

high-strung (ไฮ' สตรัง') *adj.* ตึงเครียด

high tea อาหารมื้อเย็น

high tech (ภาษาพูด) เทคโนโลยีระดับสูง

★**highway** (ไฮ' เว) *n.* ทางหลวง, ทางสายใหญ่

highwayman (ไฮ' เวเมิน) *n.* โจรที่ดักปล้นนักเดินทางบนถนน

hijack, highjack (ไฮ' แจค) *vt.* **-jacked, -jacking** (ภาษาพูด) ใช้กำลังควบคุมหรือจี้ (รถ เรือ เครื่องบิน) ให้ไปยังจุดหมายที่ต้องการ *-n.* (ภาษาพูด) การจี้ **-hijacker** *n.* (-S. (v.) seize)

hike (ไฮค์) *v.* **hiked, hiking** *-vi.* เดินทางไกลด้วยเท้า *-vt.* ขึ้นราคา, เพิ่มขึ้นอย่างรวดเร็ว, ดึงขึ้นทันที *-n.* การเดินทางไกลด้วยเท้า, การเพิ่มขึ้นอย่างรวดเร็ว **-hiker** *n.* (-S. (v., n.) tramp)

hilarious (ฮิแล' เรียซ) *adj.* สนุกสนาน, สรวลเสเฮฮา, รื่นเริง **-hilariously** *adv.* (-S. funny)

hilarity (ฮิแล' ริที) *n.* ความสนุกสนานรื่นเริง

★**hill** (ฮิล) *n.* เนินเขา, ภูเขาลูกเตี้ยๆ, ดอน, กองดินเล็กๆ ที่นูนขึ้นรอบๆ ต้นพืชหรือเพื่อกลบหัวพืช *-vt.* **hilled, hilling** ทำให้เป็นเนิน

hillbilly (ฮิล' บิลลี) *n., pl.* **-lies** (ภาษาพูด) คนบ้านนอก

hillock (ฮิล' เลิค) *n.* เนินเขาเตี้ยๆ

hillside (ฮิล' ไซด์) *n.* ข้างเขา, ไหล่เขา

hilltop (ฮิล' ทอพ) *n.* ยอดเขา

hilly (ฮิล' ลี) *adj.* **-ier, -iest** ซึ่งเต็มไปด้วยเนินเขา, ซึ่งคล้ายเนินเขา, สูง, ชัน **-hilliness** *n.*

hilt (ฮิลท์) *n.* ด้ามจับของอาวุธหรือเครื่องมือ

★**him** (ฮิม) *pron.* เขาผู้ชาย

★**himself** (ฮิมเซลฟ์') *pron.* ตัวเขาเอง, เขาเอง

hind, hinder (ไฮน์ด์, ไฮน์' เดอร์) *adj.* ข้างหลัง, ด้านหลัง

hinder (ฮิน' เดอร์) *v.* **-dered, -dering** *-vt.*

กีดขวาง, ขัดขวาง, หยุดยั้ง, เป็นอุปสรรค *-vi.* เป็นอุปสรรค **-hinderer** *n.* (**-S.** delay)

hindmost, hindermost (ไฮนด์' โมซท์, ไฮน' เดอร์-) *adj.* สุดท้าย, หลังสุด (**-S.** final, last)

hindrance (ฮิน' เดรินซ์) *n.* การขัดขวาง, การหยุดยั้ง, การป้องกัน, อุปสรรค

hindsight (ไฮนด์' ไซท์) *n.* ความสามารถเข้าใจปัญหาหลังเกิดเหตุการณ์

Hindu (ฮิน' ดู) *adj.* เกี่ยวกับศาสนาฮินดู, เกี่ยวกับชาวฮินดูและวัฒนธรรมของพวกเขา *-n.* สาวกของศาสนาฮินดู

hinge (ฮินจ์) *n.* จุดสำคัญ, บานพับ *-v.* **hinged, hinging** *-vt.* ยึดด้วยบานพับ, ทำให้ขึ้นอยู่กับ, ทำให้ต้องพึ่งพา *-vi.* ขึ้นอยู่กับ (**-S.** (v.) depend)

hinny (ฮิน' นี) *n., pl.* **-nies** ล่อ (ม้าผสมลา)

hint (ฮินท์) *n.* การพูดเป็นนัย, การแนะ, การบอกใบ้ *-v.* **hinted, hinting** *-vt.* บอกใบ้ *-vi.* บอกใบ้, พูดเป็นนัย **-hinter** *n.* (**-S.** (n., v.) clue)

hip (ฮิพ) *n.* สะโพก

hippie, hippy (ฮิพ' พี) *n., pl.* **-pies** (คำสแลง) บุคคลผู้ที่ไม่ยอมรับวัฒนธรรมหรือมาตรฐานทางสังคม เป็นพวกเสรีนิยม

hippo (ฮิพ' โพ) *n., pl.* **-pos** ฮิปโป

hippodrome (ฮิพ' พะโดรม) *n.* สนามสำหรับแข่งม้าหรือรถสองล้อของชาวกรีกและโรมัน

hippopotamus (ฮิพพะพอท' ทะเมิซ) *n., pl.* **-muses/-mi** (-ไม) ฮิปโป

hippopotamus

★**hire** (ไฮร์) *v.* **hired, hiring** *-vt.* ว่าจ้าง, จ้าง, เช่า, ให้เช่า, จ่ายเงินค่าจ้าง *-n.* การจ้าง, การเช่า, ค่าจ้าง **-hirable** *adj.* **-hirer** *n.*

hireling (ไฮร์' ลิง) *n.* ทหารรับจ้าง, ผู้รับจ้าง

hire purchase การเช่าซื้อ

hirsute (เฮอร์' ซูท) *adj.* ปกคลุมด้วยผม (ขน)

★**his** (ฮิซ) *adj.* ของเขาผู้ชาย

hiss (ฮิซ) *n.* เสียงซี้ดที่ออกตามไรฟันแบบออกเสียงตัว s, เสียงแสดงความไม่พอใจ ดูถูก หรือไม่ยอมรับ, เสียงไอน้ำเดือด, เสียงขู่ฟ่อ *-v.* **hissed, hissing** *-vi.* ทำเสียงดังกล่าว *-vt.* เปล่งเสียงดังกล่าว **-hisser** *n.*

histamine (ฮิส' ตะมีน) *n.* สารเคมีที่พบได้ในเนื้อเยื่อพืชและสัตว์ ในมนุษย์สารนี้จะถูกหลั่งออกมาเมื่อเกิดปฏิกิริยาแพ้ **-histaminic** *adj.*

histology (ฮิสตอล' ละจี) *n., pl.* **-gies** วิชาวิทยาศาสตร์ที่ศึกษาเกี่ยวกับเนื้อเยื่อของพืชและสัตว์ **-histologist** *n.*

historian (ฮิสตอ' เรียน) *n.* นักประวัติศาสตร์, นักศึกษาวิชาประวัติศาสตร์

historic (ฮิสตอ' ริค) *adj.* ที่มีความสำคัญต่อประวัติศาสตร์, ซึ่งเกี่ยวกับประวัติศาสตร์

★**historical** (ฮิสตอ' ริเคิล) *adj.* ซึ่งเกี่ยวกับประวัติศาสตร์, ซึ่งใช้ในอดีต, สำคัญหรือมีชื่อเสียงในประวัติศาสตร์

historicity (ฮิสตะริซ' ซิที) *n.* การเกิดขึ้นจริงในประวัติศาสตร์

★**history** (ฮิส' ตะรี) *n., pl.* **-ries** ประวัติศาสตร์, ประวัติ, เรื่องเก่าแก่, วิชาประวัติศาสตร์

histrionic, histrionical (ฮิสตรีออน' นิค, -นิเคิล) *adj.* ซึ่งเกี่ยวกับนักแสดงหรือการแสดง

★**hit** (ฮิท) *v.* **hit, hitting** *-vt.* ตี, ต่อย, โจมตี, มีผลกระทบ, มาถึง, ชน, กระแทก, ชก, กระทบ, (คำสแลง) ฆ่า, ยิง, ตอก, ฟาด, โดน, ถูก (เป้า), ค้นพบ, ประสบความสำเร็จ, (ภาษาพูด) พบ *-vi.* ชน, เกิดขึ้น, ประสบความสำเร็จ, ทำให้เกิดประกายไฟ (ในการสันดาปภายในเครื่องยนต์) *-n.* การชนกัน, การปะทะ, การต่อย

hit-and-run (ฮิท' เอินรัน') *adj.* ซึ่งชนแล้วหนี

hitch (ฮิช) *v.* **hitched, hitching** *-vt.* ดึงขึ้น, กระชากขึ้น, ผูกเชือก, ผูกปม, พ่วง, เกี่ยวหรือผูกกับ *-vi.* เดินกะโผลกกะเผลก, ผูกหรือพันอยู่ *-n.* การผูกปม, การผูกเชือก, อุปกรณ์ที่ใช้เกี่ยว, การดึง, การดึงขึ้น, การกระชาก, การเดินกะเผลก, สิ่งขัดขวาง **-hitcher** *n.*

hitchhike (ฮิช' ไฮค์) *v.* **-hiked, -hiking** *-vi.* เดินทางโดยโบกรถต่อไปเรื่อยๆ *-vt.* เที่ยวขอโดยสารรถคนอื่นฟรีเรื่อยไปตามท้องถนน

hither (ฮิธ' เธอร์) *adv.* ที่นี่ *-adj.* ใกล้เคียง **-hither and thither** ที่นี่และที่นั่น, ที่ต่างๆ

hitherto (ฮิธ' เธอร์ทู, ฮิธเธอร์ทู') *adv.* จนบัดนี้

hit-or-miss (ฮิท' เทอร์มิซ') *adj.* ตามบุญตามกรรม (**-S.** aimless, casual)

HIV (เอชไอวี') *n.* ย่อจาก human immunodeficiency virus เชื้อไวรัสที่เป็นสาเหตุให้เกิดภูมิคุ้มกันบกพร่องหรือเอดส์

hive (ไฮฟว์) *n.* รังผึ้ง, กลุ่มผึ้งที่อาศัยอยู่ในรัง, กลุ่มคนที่ชุลมุน, สถานที่จอแจ *-v.* **hived, hiving** *-vt.* เก็บ (น้ำผึ้ง) ไว้ในรวงผึ้ง, สะสม *-vi.* เข้าไปในรังผึ้ง, อยู่กันเป็นกลุ่ม

hives (ไฮฟว์ซ) *n. pl.* โรคลมพิษ

hoar (ฮอร์) *adj.* (ผม) หงอกขาว, โบราณ

hoard (ฮอร์ด) *n.* การกักตุน, การเก็บสะสม *-vi., vt.* **hoarded, hoarding** สะสม, กักตุน

hoarding (ฮอร์' ดิง) *n.* รั้วไม้ชั่วคราวที่ล้อมอยู่รอบตึกที่กำลังก่อสร้าง, ป้ายโฆษณา
hoarse (ฮอร์ซ) *adj.* **hoarser, hoarsest** (เสียง) แหบหรือห้าว **-hoarsely** *adv.*
hoarsen (ฮอร์' เซิน) *vt., vi.* **-ened, -ening** ทำให้เสียงแหบ, (เสียง) แหบลง
hoary (ฮอ' รี) *adj.* **-ier, -iest** หงอกขาว, เก่าแก่หรือโบราณ **-hoarily** *adv.* **-hoariness** *n.*
hoax (โฮคซ์) *n.* การหลอกลวง, การตบตาหรือเล่นตลก, สิ่งหลอกลวง *-vt.* **hoaxed, hoaxing** หลอกลวงหรือโกง, เล่นตลก **-hoaxer** *n.*
hobble (ฮอบ' เบิล) *v.* **-bled, -bling** *-vi.* เดินขาเป๋, เดินกะโผลกกะเผลก, เคลื่อนที่ไปด้วยความยากลำบาก *-vt.* กีดขวาง, ขัดขวาง, ทำให้เดินเป๋ *-n.* การเดินหรือวิ่งขาเป๋หรือกะเผลก, สิ่งที่ใช้ผูกขาสัตว์, สถานการณ์ที่ไม่ราบรื่น
★**hobby** (ฮอบ' บี) *n., pl.* **-bies** งานอดิเรก
hobbyhorse (ฮอบ' บีฮอร์ซ) *n.* ม้าไม้ที่เด็กเล่น ประกอบด้วยท่อนไม้ยาว ด้านหนึ่งของไม้เป็นหัวม้า
hobgoblin (ฮอบ' กอบลิน) *n.* สิ่งที่ทำให้กลัว
hobnail (ฮอบ' เนล) *n.* ตะปูตัวสั้นหัวใหญ่ใช้ตอก เพื่อเพิ่มความแข็งแรงให้พื้นรองเท้า
hobo (โฮ' โบ) *n., pl.* **-boes/-bos** คนจรจัด
Hobson's choice การไม่มีทางเลือก
hock (ฮอค) *n.* ข้อเท้าขาหลังของม้าหรือสัตว์มีกีบอื่นๆ
hockey (ฮอค' คี) *n.* กีฬาฮอกกี้
hockey stick ไม้ฮอกกี้
hocus-pocus (โฮเคิซโพ' เคิซ) *n.* การเล่นกล, คำพูดที่เหลวไหล, การหลอกลวง
hodgepodge (ฮอจ' พอจ) *n.* จับฉ่าย
hoe (โฮ) *n.* จอบ *-vt., vi.* **hoed, hoeing** ขุด, พรวนด้วยจอบ **-hoer** *n.*
★**hog** (ฮอก) *n.* หมู, หมูตอน, คนสกปรก, คนเห็นแก่ตัว, คนตะกละ *-vt.* **hogged, hogging** (ภาษาพูด) เอามากกว่าใครๆ
hoggish (ฮอ' กิช) *adj.* สกปรก, ตะกละ, เห็นแก่ตัว **-hoggishness** *n.* (-S. greedy)
hogshead (ฮอกซ์' เฮด) *n.* หน่วยปริมาตรหรือความจุซึ่งอยู่ระหว่าง 63-140 แกลลอน (238-530 ลิตร), ถังขนาดใหญ่ที่มีความจุดังกล่าว
hoi polloi (ฮอยพะลอย') *n.* ประชาชนธรรมดา
hoist (ฮอยซฺท์) *vt., vi.* **hoisted, hoisting** ยกขึ้น, ดึงขึ้น, ชักขึ้น *-n.* เครื่องยก, ลิฟต์, การยก, การดึงขึ้น, ธงที่ชักขึ้นเป็นสัญญาณ, ระดับความสูงของธงหรือใบเรือที่ชักขึ้น **-hoister** *n.*
hoity-toity (ฮอยทีทอย' ที) *adj.* หยิ่งยโส
hokey-pokey, hoky-poky (โฮ' คีโพ' คี) *n.* การเล่นกล, ไอศกรีมที่ขายตามข้างถนน
hokum (โฮ' เคิม) *n.* ความไร้สาระ, การตบตา
★**hold** (โฮลด์) *v.* **held, holding** *-vt.* ถือ, จับ, เกาะ, ยึด, กำ, อดทน, กุม, บรรจุ, เหนี่ยวรั้ง, ดำเนินต่อไป, ครอบงำ, จัดให้มี, รับน้ำหนัก, ควบคุม, ขัง, ครอบครอง, เป็นเจ้าของ, จุ, บรรทุก, กลั้น, มี, ตัดสิน, คว้า, ยึดครอง *-vi.* เกาะ, ยึด, ทำต่อไป, หยุด, ยับยั้ง, ยังคง *-n.* การถือ ยึด จับ, การควบคุม, สิ่งที่ยึดไว้, การเข้าใจ, การหยุดชะงัก, คุก, ป้อมปราการ **-hold to** ยึดมั่น **-hold up** ปล้น, ใช้เป็นตัวอย่าง
holdall (โฮลด์' ออล) *n.* กระเป๋าที่ใช้บรรจุของหลากหลายชนิด, กระเป๋าเดินทางขนาดใหญ่
hold-down (โฮลด์' เดาน์) *n.* เครื่องยึดสิ่งของให้อยู่กับที่
★**holder** (โฮล' เดอร์) *n.* เจ้าของ, ผู้ยึดครอง, ผู้ถือครอง, ผู้เช่า, ที่ยึด (-S. keeper, possessor)
holdfast (โฮลด์' แฟซท์) *n.* ที่หนีบ, ตัวยึด
holding (โฮล' ดิง) *n.* ที่ดิน, ทรัพย์สินที่ครอบครองหรือเป็นเจ้าของอย่างถูกกฎหมาย
★**hole** (โฮล) *n.* รู, โพรง, ช่อง, ช่องโหว่, ร่อง, ข้อบกพร่อง, จุดอ่อน, ห้องใต้ตึกสำหรับกักขังนักโทษ, สถานการณ์ที่ทำให้ยุ่งยากลำบากใจ, หลุม *-vt., vi.* **holed, holing** เจาะรู, ขุดหลุม
★**holiday** (ฮอล' ลิเด) *n.* วันหยุด, วันนักขัตฤกษ์, วันพักผ่อน *-vi.* **-dayed, -daying** พักผ่อน
holiness (โฮ' ลีนิซ) *n.* ความน่าเคารพสักการะ
holler (ฮอล' เลอร์) *v.* **-lered, -lering** *-vi., vt.* ตะโกน *-n.* เสียงตะโกน (-S. (v., n.) shout)
★**hollow** (ฮอล' โล) *adj.* **-er, -est** ซึ่งมีโพรง, กลวงโบ๋, (แก้ม) ตอบ, ไร้แก่นสาร, ซึ่งมีแต่เปลือก, ไม่จริงใจ, ว่างเปล่า, ปลอม, ซึ่งรู้สึกหิว, ซึ่งมีเสียงลึกต่ำ, ซึ่งเป็นหลุม, เว้า *-n.* หลุม, โพรง, แอ่ง, ความว่าง *-v.* **-lowed, -lowing** *-vt.* ทำให้เป็นโพรงหรือเป็นหลุม *-vi.* เป็นหลุมหรือโพรง **-hollowly** *adv.*
holocaust (ฮอล' ละคอซท์) *n.* ความหายนะอย่างมหันต์, การทำลายล้าง
hologram (ฮอล' ละแกรม) *n.* ภาพสามมิติ
holograph (ฮอล' ละแกรฟ) *n.* เอกสารที่เขียนขึ้นด้วยมือตนเองทั้งหมด
holster (โฮล' สเตอร์) *n.* ซองหนังสำหรับใส่ปืนพกซึ่งจะติดอยู่ที่เข็มขัด
★**holy** (โฮ' ลี) *adj.* **-lier, -liest** ซึ่งควรแก่การเคารพสักการะ, ศักดิ์สิทธิ์ **-holily** *adv.*

A B C D E F G H I J K L M N O P Q R S T U V W X Y Z

Holy City กรุงเยรูซาเลม
Holy Communion พิธีศีลมหาสนิทของศาสนาคริสต์
holy day, holyday (โฮ' ลีเด) *n.* วันสำหรับประกอบพิธีทางศาสนา
Holy Father คำสำหรับเรียกพระสันตะปาปา
Holy Ghost วิญญาณอันศักดิ์สิทธิ์, พระจิต
Holy Land ปาเลสไตน์
holy of holies ห้องศักดิ์สิทธิ์ที่อยู่ด้านในของวัดในศาสนายิว, สถานที่ศักดิ์สิทธิ์
Holy Order, holy order ตำแหน่งหัวหน้าบาทหลวง พระ หรือผู้ช่วยพระในศาสนาคริสต์
Holy Saturday วันเสาร์ก่อนวันอีสเตอร์
Holy Scripture พระคัมภีร์ไบเบิล
Holy See ตำแหน่งสันตะปาปา
Holy Spirit พระจิต
holystone (โฮ' ลีสโตน) *n.* หินทรายอย่างอ่อนที่ใช้ขัดกระดานดาดฟ้าเรือ
Holy Thursday วันพฤหัสบดีก่อนอีสเตอร์
Holy water น้ำมนต์
Holy Week สัปดาห์ก่อนอีสเตอร์
Holy writ พระคัมภีร์ไบเบิล
homage (ฮอม' มิจ) *n.* การแสดงความจงรักภักดี, การแสดงความเคารพหรือคารวะ
*** home** (โฮม) *n.* บ้าน, ที่พัก, ที่อยู่อาศัย, กองบัญชาการหรือฐาน, บ้านเกิดเมืองนอน, ถิ่นกำเนิด, สถานสงเคราะห์ *-adj.* ซึ่งเกี่ยวกับบ้านหรือถิ่นกำเนิด, ซึ่งเกิดขึ้นในบ้าน *-adv.* ที่บ้าน, สู่บ้าน, ซึ่งตรงไปยังบ้าน *-v.* **homed, homing** *-vi.* กลับบ้าน, ไปยังจุดหมาย *-vt.* นำ (จรวด เครื่องบิน) ไปสู่เป้าหมายโดยอัตโนมัติ

> **home** บ้าน, ที่อาศัย ซึ่งจะให้ความหมายเชิงนามธรรม เช่น Thailand is my home.
>
> **house** ตัวบ้านหรืออาคารบ้านเรือนเป็นหลังๆ เช่น Kevin lives in a large house.

home alone (เด็ก) ซึ่งถูกทิ้งไว้ที่บ้านตามลำพังในขณะที่พ่อแม่ไม่อยู่
home cinema ระบบการฉายภาพยนตร์ในบ้านซึ่งถูกออกแบบให้มีสภาพใกล้เคียงกับการชมในโรงภาพยนตร์ที่สุดเท่าที่จะเป็นไปได้
home economics คหเศรษฐศาสตร์
homeland (โฮม' แลนด์) *n.* บ้านเกิดเมืองนอน
homeless (โฮม' ลิซ) *adj.* ซึ่งไม่มีบ้านอยู่, ซึ่งไร้ที่อยู่ *-n.* คนที่ไม่มีที่อยู่อาศัย, คนจรจัด
homely (โฮม' ลี) *adj.* **-lier, -liest** ซึ่งไม่ดึงดูดหรือดูไม่ดี, ซึ่งไม่สวยงาม, เรียบๆ, ธรรมดา
homemade (โฮม' เมด') *adj.* ซึ่งทำเองที่บ้าน, ซึ่งทำอย่างหยาบๆ ง่ายๆ
home office บ้านสำนักงาน
home page ข้อความหรือกราฟิกที่แสดงหน้าแรกของ World Wide Web (WWW)
home shopping, home-shopping การสั่งซื้อสินค้าที่เสนอขายผ่านทางทีวีโดยผู้ชมทางบ้าน
homesick (โฮม' ซิค) *adj.* ซึ่งคิดถึงบ้าน
homespun (โฮม' สปัน) *adj.* ซึ่งทอเองในบ้าน
homestead (โฮม' สเตด) *n.* บ้านและที่ดิน
homestretch (โฮม' สเตรช') *n.* ขั้นตอนสุดท้าย
home theater ดู home cinema
hometown (โฮม' เทาน์') *n.* บ้านเกิดเมืองนอน
homeward (โฮม' เวิร์ด) *adv., adj.* ซึ่งไปทางบ้าน **-homewards** *adv.*
*** homework** (โฮม' เวิร์ค) *n.* การบ้าน

> **homework** การบ้านที่ครูอาจารย์มอบหมายให้นักเรียนมาทำที่บ้าน ถือเป็นนามนับไม่ได้ เช่น I didn't do my homework because I was very sick.
>
> **housework** งานบ้าน คืองานดูแลทำความสะอาดบ้าน เป็นนามนับไม่ได้เช่นกัน เช่น I have a lot of housework to do.

homicidal (ฮอมมิไซ' เดิล) *adj.* ซึ่งเกี่ยวกับการฆาตกรรม (-S. deadly, mortal)
homicide (ฮอม' มิไซด์, โฮ' มิ-) *n.* การฆาตกรรม, ฆาตกร, การฆ่าคน (-S. killing, murder)
homily (ฮอม' มะลี) *n., pl.* **-lies** คำเทศน์
homing pigeon นกพิราบที่ถูกฝึกมาให้บินกลับบ้านเองได้
homogeneous (โฮมะจี' เนียซ) *adj.* ซึ่งเหมือนกัน, ซึ่งประกอบด้วยธาตุหรือส่วนที่เหมือนกัน **-homogeneity** *n.* (-S. alike)
homogenize (ฮะมอจ' จะไนซ์) *vt.* **-nized, -nizing** ทำให้เหมือนกัน, ทำให้เป็นเนื้อเดียวกัน
homologous (ฮะมอล' ละเกิซ) *adj.* ซึ่งมีตำแหน่ง โครงสร้าง หรือหน้าที่เหมือนกัน
homologue, homolog (ฮอม' มะลอก) *n.* สิ่งที่เทียบเคียงกันได้
homology (ฮะมอล' ละจี, โฮ-) *n., pl.* **-gies** ลักษณะซึ่งเทียบเคียงกันได้

A B C D E F G H I J K L M N O P Q R S T U V W X Y Z

homonym (ฮอม' มะนิม) *n.* คำที่สะกดและออกเสียงเหมือนกับอีกคำหนึ่ง แต่ความหมายแตกต่างกัน **-homonymic** *adj.*
homonymous (โฮมอน' นะเมิซ) *adj.* ซึ่งมีชื่อเหมือนกัน **-homonymously** *adv.*
homosexual (โฮมะเซค' ชวล) *adj.* เกี่ยวกับรักร่วมเพศ *-n.* ผู้รักร่วมเพศ
hone (โฮน) *n.* หินลับมีด
★**honest** (ออน' นิซท์) *adj.* ซื่อสัตย์, จริงใจ, ซื่อตรง, สุจริต, ยุติธรรม, ตรงไปตรงมา, จริง, เรียบๆ ง่ายๆ, น่านับถือ, บริสุทธิ์, ดี (-S. trusty)
honestly (ออน' นิซท์ลี) *adv.* ซื่อสัตย์, ยุติธรรม
★**honesty** (ออน' นิสตี) *n., pl.* **-ties** ความซื่อสัตย์, ความจริงใจ, ความเปิดเผย
★**honey** (ฮัน' นิ) *n., pl.* **-eys** น้ำผึ้ง, น้ำหวานในดอกไม้, สิ่งที่ทำให้ยินดี, (ภาษาพูด) ที่รัก *-vt.* **-eyed/-ied, -eying** เยินยอ
honeybee (ฮัน' นีบี) *n.* ผึ้ง
honeycomb (ฮัน' นีโคม) *n.* รวงผึ้ง, สิ่งที่คล้ายรวงผึ้ง *-vt.* **-combed, -combing** ทำให้มีรูหลายรูคล้ายรวงผึ้ง
honeydew (ฮัน' นีดู, -ดยู) *n.* น้ำหวานเหนียวๆ บนใบหรือต้นพืช, แตงพันธุ์หนึ่ง
honeyed/honied (ฮัน' นีด) *adj.* ซึ่งเคลือบหรือใส่น้ำผึ้ง, หวานราวน้ำผึ้ง
honeymoon (ฮัน' นีมูน) *n.* การไปดื่มน้ำผึ้งพระจันทร์ของคู่แต่งงานใหม่ *-vi.* **-mooned, -mooning** ไปดื่มน้ำผึ้งพระจันทร์ **-honeymooner** *n.*
honk (ฮองค์) *n.* เสียงร้องของห่านป่า, เสียงแตรรถยนต์ *-v.* **honked, honking** *-vi.* ร้องเสียงห่านป่า *-vt.* บีบแตรรถยนต์ให้ดัง
★**honor, honour** (ออน' เนอร์) *n.* ความนิยมนับถือ, ความเคารพ, ชื่อเสียง, เกียรติศักดิ์, ศีลธรรมจรรยา, เครื่องหมายหรือเหรียญตรา, เกียรติยศ, ความซื่อสัตย์, ยศหรือตำแหน่งสูง, ศักดิ์ศรี, ความบริสุทธิ์, บุคคลหรือสิ่งที่นำชื่อเสียงมาให้ *-vt.* **-ored, -oring/-oured, -ouring** เคารพ, นับถือ, ให้เกียรติ **-honorer** *n.*
honorable, honourable (ออน' เนอระเบิล) *adj.* ซึ่งมีเกียรติ, น่าเคารพ, ซึ่งมีศักดิ์ศรี **-honorableness** *n.* **-honorably** *adv.*
honorary (ออน' นะเรรี) *adj.* ซึ่งเป็นเกียรติ
honorific (ออนนะริฟ' ฟิค) *adj.* ซึ่งแสดงความเคารพหรือให้เกียรติ **-honorifically** *adv.*
hooch, hootch (ฮูช) *n.* (คำสแลง) เหล้าเถื่อน
★**hood** (ฮุด) *n.* หมวกคลุมศีรษะที่ติดมากับเสื้อคลุมหรือแจ็กเกต, ผ้าคลุมที่ห้อยอยู่ด้านหลังเสื้อคลุมของพระในศาสนาคริสต์หรือชุดครุยสำหรับรับปริญญา, ฝาครอบเครื่องยนต์, ฝาครอบเตาไฟหรือปล่องไฟ, คอสัตว์ที่สามารถแผ่แม่เบี้ยได้, หลังคาผ้า (ของรถม้า) ที่พับเก็บไปด้านหลังได้ *-vt.* **hooded, hooding** คลุมด้วยฮูด
hooded (ฮุด' ดิด) *adj.* ซึ่งคลุมด้วยผ้าคลุมหรือฝาครอบ, ที่มีรูปร่างคล้ายผ้าคลุมหรือฝาครอบ
hoodlum (ฮูด' เลิม) *n.* อันธพาล
hoodoo (ฮู' ดู) *n., pl.* **-doos** คนหรือสิ่งที่นำโชคร้ายมาให้
hoodwink (ฮุด' วิงค์) *vt.* **-winked, -winking** หลอกลวง, โกง, ปิดบัง **-hoodwinker** *n.*
hoof (ฮุฟ, ฮูฟ) *n., pl.* **hoofs/hooves** กีบเท้าสัตว์ *-v.* **hoofed, hoofing** *-vt.* เหยียบย่ำด้วยกีบเท้า *-vi.* (คำสแลง) เต้นรำ เดิน
hoofed (ฮุฟท์, ฮูฟท์) *adj.* ซึ่งมีกีบเท้า
★**hook** (ฮุค) *n.* ตะขอ, เบ็ดตกปลา, สิ่งที่มีลักษณะคล้ายตะขอ, เคียว, แม่น้ำบริเวณที่มีลักษณะโค้งงอ, กับดัก, วิธีดึงความสนใจ, หมัดสอยดาว *-v.* **hooked, hooking** *-vt.* เกี่ยวด้วยตะขอ, ต่อยด้วยหมัดสอยดาว *-vi.* โค้งงอคล้ายตะขอ, เกี่ยวไว้ด้วยตะขอ
hooked (ฮุคท์) *adj.* ซึ่งโค้งหรืองอคล้ายตะขอ
hooker[1] (ฮุค' เคอร์) *n.* เรือเก่าที่ผุพัง เชื่องช้า
hooker[2] (ฮุค' เคอร์) *n.* ตะขอ, (คำสแลง) โสเภณี
hooknose (ฮุค' โนซ) *n.* จมูกโง้ง
hookworm (ฮุค' เวิร์ม) *n.* พยาธิปากขอ
hooligan (ฮู' ลิเกิน) *n.* (ภาษาพูด) นักเลง
hoop (ฮูพ, ฮุพ) *n.* แถบโลหะหรือไม้ที่คาดติดอยู่รอบถังไม้, วงแหวน (โลหะ พลาสติก ไม้), โครงกลมน้ำหนักเบาที่ใช้ขยายกระโปรงให้พอง, ห่วงที่ขอบตะกร้าในกีฬาบาสเกตบอล *-vt.* **hooped, hooping** ล้อมด้วยห่วงโลหะ
hoot (ฮูท) *v.* **hooted, hooting** *-vi.* ส่งเสียงร้องอย่างนกเค้าแมว, ตะโกนร้องด้วยความดูถูกหรือไม่ยอมรับ *-vt.* ร้องตะโกนเยาะเย้ย *-n.* เสียงร้องของนกเค้าแมว, เสียงตะโกนร้องด้วยความดูถูกดูหมิ่นหรือเสียงโห่ **-hooter** *n.*
hooves (ฮุฟว์ซ, ฮูฟว์ซ) *n.* พหูพจน์ของ hoof
★**hop** (ฮอพ) *v.* **hopped, hopping** *-vi.* กระโดดขาเดียว, กระโดดสองขา, (ภาษาพูด) เดินทางในระยะสั้นหรืออย่างเร็ว *-vt.* ขึ้นรถ, กระโดดข้าม, (ภาษาพูด) ขึ้นเครื่องบิน *-n.* การกระโดดขาเดียวหรือสองขา, (ภาษาพูด) การเต้นรำ, การเดินทางระยะสั้น (-S. (v., n.) leap)
★**hope** (โฮพ) *v.* **hoped, hoping** *-vi.* หวัง, เชื่อ

ใจ *-vt.* คาดหวัง, ปรารถนา *-n.* ความปรารถนา, สิ่งที่มุ่งหวัง, ความเชื่อใจ **-hoper** *n.*

★**hopeful** (โฮพ' เฟิล) *adj.* ซึ่งมีความหวัง *-n.* ผู้มีความหวัง **-hopefully** *adv.*

hopeless (โฮพ' ลิซ) *adj.* ซึ่งไม่มีความหวัง **-hopelessly** *adv.* **-hopelessness** *n.*

hopper (ฮอพ' เพอร์) *n.* ผู้กระโดด, สิ่งที่กระโดดได้, (ภาษาพูด) รถแช่แข็ง

hopscotch (ฮอพ' สกอช) *n.* การเล่นตั้งเต

horde (ฮอร์ด) *n.* หมู่, ฝูง, กลุ่ม (-S. group)

★**horizon** (ฮะไร' เซิน) *n.* เส้นขอบฟ้า, ขอบเขตความรู้ ความสามารถ หรือความสนใจ

horizontal (ฮอริซอน' เทิล) *adj.* ซึ่งเป็นแนวนอนหรือแนวราบ **-horizontally** *adv.*

hormone (ฮอร์' โมน) *n.* สารเคมีที่ผลิตขึ้นจากต่อมไร้ท่อหรือเนื้อเยื่อบางส่วน และไปมีผลต่อการทำงานของส่วนต่างๆ ของร่างกาย

★**horn** (ฮอร์น) *n.* เขาสัตว์, ภาชนะหรือที่ใส่ของที่ทำจากเขาสัตว์, สิ่งที่มีรูปร่างคล้ายเขาสัตว์, เครื่องกระจายเสียงที่มีรูปร่างคล้ายเขาสัตว์, เครื่องดนตรีชนิดเป่าลมที่ทำด้วยเขาสัตว์, (คำสแลง) โทรศัพท์ *-vi.* **horned, horning** บุกรุก

horn

horned (ฮอร์นด์) *adj.* ซึ่งมีเขา

hornet (ฮอร์' นิท) *n.* ตัวต่อ

horn of plenty *n., pl.* **horns of plenty** เขาแพะ ซึ่งเป็นสัญลักษณ์ของความอุดมสมบูรณ์

hornpipe (ฮอร์น' ไพพ์) *n.* เครื่องเป่าในสมัยโบราณทำจากเขาสัตว์

horny (ฮอร์' นี) *adj.* **-ier, -iest** ซึ่งทำด้วยเขา

horoscope (ฮอ' ระสโกพ) *n.* การผูกดวงทางโหราศาสตร์, แผนภาพสัญลักษณ์ของจักรราศี

★**horrible** (ฮอ' ระเบิล) *adj.* น่ากลัว, ซึ่งไม่เป็นที่พอใจ **-horribly** *adv.* (-S. dreadful)

horrid (ฮอ' ริด) *adj.* น่ากลัว, ซึ่งไม่เห็นด้วยอย่างยิ่ง **-horridly** *adv.* (-S. awful)

horrify (ฮอ' ระไฟ) *vt.* **-fied, -fying** ทำให้กลัว, ทำให้ตกตะลึง **-horrification** *n.*

horror (ฮอ' เรอร์) *n.* ความหวาดกลัว, ความเกลียดชัง, ความน่ากลัว (-S. dread, fear)

hors d'oeuvre (ออร์เดิร์ฟว') *n., pl.* **hors d'oeuvres/hors d'oeuvre** อาหารว่างหรืออาหารเรียกน้ำย่อยที่เสิร์ฟก่อนอาหารหลัก

★**horse** (ฮอร์ซ) *n.* ม้า, โครงไม้ 4 ขา, (คำสแลง) เฮโรอีน, แรงม้า, ทหารม้า, ตัวม้าหมากรุก *-v.* **horsed, horsing** *-vt.* เตรียมม้า, ลากหรือดึงอย่างแรง *-vi.* ขึ้นขี่ม้า *-adj.* ซึ่งเกี่ยวกับม้า, ซึ่งขี่ม้า, ซึ่งลากด้วยม้า

horseflesh (ฮอร์ซ' เฟลช) *n.* เนื้อม้า, ฝูงม้า

horsefly, horse fly (ฮอร์ซ' ไฟล) *n.* เหลือบ

horsehair (ฮอร์ซ' แฮร์) *n.* ขนที่แผงคอและหางม้า, ผ้าที่ทำจากขนม้า

horselaugh (ฮอร์ซ' แลฟ, -ลาฟ) *n.* (ภาษาพูด) การหัวเราะเสียงดัง

horseman (ฮอร์ซ' เมิน) *n.* คนขี่ม้า, นักขี่ม้า

horsepower (ฮอร์ซ' เพาเออร์) *n.* หน่วยวัดกำลังของเครื่องจักรซึ่งมีค่าประมาณ 750 วัตต์

horse sense (ภาษาพูด) สามัญสำนึก

horseshoe (ฮอร์ซ' ชู) *n.* เกือกม้า

horsewhip (ฮอร์ซ' ฮวิพ, -วิพ) *n.* แส้ที่ใช้ตีม้า

horticulture (ฮอร์' ทิคัลเชอร์) *n.* วิชาพืชสวน, การปลูกพืชสวน **-horticulturist** *n.*

★**hose** (โฮซ) *n., pl.* **hose/hoses** ถุงเท้ายาว, กางเกงรัดรูปของผู้ชายสมัยก่อน, ท่อที่ยืดหยุ่นได้สำหรับส่งของเหลวหรือก๊าซ *-vt.* **hosed, hosing** ใช้ท่อดังกล่าวฉีดล้างหรือรด

hosiery (โฮ' ฌะรี) *n.* ถุงเท้าและเสื้อกางเกงชั้นใน

hospitable (ฮอส' ปิทะเบิล) *adj.* ซึ่งมีไมตรีจิต, ซึ่งมีความกรุณา, ซึ่งเปิดรับความคิดใหม่ๆ, ที่ให้การต้อนรับขับสู้ **-hospitably** *adv.*

★**hospital** (ฮอส' ปิเทิล) *n.* โรงพยาบาล

hospitality (ฮอสปิแทล' ลิที) *n., pl.* **-ties** ความมีมิตรไมตรี, การต้อนรับขับสู้แขก

★**host**[1] (โฮซท์) *n.* ผู้จัดหรือดำเนินรายการทางสถานีวิทยุหรือโทรทัศน์, เจ้าของบ้าน, เจ้าภาพ, เจ้าของโรงแรม, พืชหรือสัตว์ที่มีสิ่งมีชีวิตอื่นมาอาศัยอยู่ *-vt.* **hosted, hosting** ทำหน้าที่เป็นเจ้าภาพหรือเจ้าบ้าน (-S. (n.) proprietor)

host[2] (โฮซท์) *n.* กองทัพ, จำนวนมากมาย

★**hostage** (ฮอส' ติจ) *n.* ตัวประกัน (-S. captive)

hostel (ฮอส' เติล) *n.* ที่พักราคาถูกสำหรับนักเดินทาง, โรงแรม

hostelry (ฮอส' เติลรี) *n., pl.* **-ries** โรงแรม

hostess (โฮส' ติซ) *n.* เจ้าของบ้านที่เป็นผู้หญิง, เจ้าของโรงแรมหรือที่พักที่เป็นหญิง,ผู้หญิงที่คอยทำหน้าที่เป็นเพื่อนแขกในไนต์คลับ, พนักงานบริการที่เป็นหญิง

hostile (ฮอส' เติล) *adj.* ซึ่งเป็นศัตรู, ที่เป็นปรปักษ์,ซึ่งไม่เป็นมิตร *-n.* ศัตรู **-hostilely** *adv.*

hostility (ฮอสติล' ลิที) *n., pl.* **-ties** ความเป็นศัตรู, การไม่เป็นมิตร (-S. antagonism)

hostler, ostler (ฮอซ' เลอร์, ออซ'-) *n.* คน

A B C D E F G H I J K L M N O P Q R S T U V W X Y Z

เลี้ยงม้าของโรงแรม

★**hot** (ฮอท) *adj.* **hotter, hottest** ร้อน, เผ็ดร้อน, เร่าร้อน, ซึ่งมีความรู้สึกรุนแรง, ซึ่งแสดงความกระตือรือร้น, (คำสแลง) ซึ่งเป็นของที่เพิ่งขโมยมา, (ภาษาพูด) ใหม่ล่าสุด ซึ่งเป็นที่นิยมมาก ซึ่งติดตามอย่างใกล้ชิด, เป็นไข้, ใจร้อน *-adv.* อย่างรีบร้อน *-vt.* **hotted, hotting** (ภาษาพูด) ทำให้เพิ่มความรุนแรงหรือความตื่นเต้น

hot air (คำสแลง) การคุยโม้

hotbed (ฮอท' เบด) *n.* แปลงเพาะมีฝาปิดเก็บความร้อน

hotchpotch (ฮอช' พอช) *n.* เนื้อต้มกับผักจนเปื่อย, การนำเอาของหลายอย่างมาผสมกัน

hot dog, hotdog (ฮอท' ดอก) *n.* ไส้กรอกร้อนๆ ที่ประกบด้วยขนมปัง

★**hotel** (โฮเทล') *n.* โรงแรม

hotelier (โฮเทิลเลีย') *n.* เจ้าของโรงแรม

hotfoot (ฮอท' ฟุท) *adv.* อย่างรีบร้อน

hotheaded (ฮอท' เฮด' ดิด) *adj.* โกรธง่าย

hothouse (ฮอท' เฮาซ์) *n.* เรือนกระจกสำหรับปลูกต้นไม้ซึ่งจะมีอุณหภูมิอุ่น

hot line, hotline (ฮอท' ไลน์) *n.* โทรศัพท์สายด่วนที่ติดต่อกันโดยตรง

hound (เฮานด์) *n.* สุนัขล่าเนื้อ *-vt.* **hounded, hounding** ไล่ตาม, กระตุ้น, สนับสนุน

★**hour** (เอาร์) *n.* ชั่วโมง, 60 นาที, ช่วงเวลาหนึ่งเวลาใด,ระยะทาง 1 ชั่วโมง, งานที่ทำเสร็จใน 1 ชั่วโมง, ช่วงเวลาในการทำงาน, เวลาปัจจุบัน

hourglass (เอาร์' แกลซ) *n.* นาฬิกาทราย

hourly (เอาร์' ลี) *adj.* ซึ่งต่อเนื่องกัน, ซึ่งเกิดขึ้นทุกๆ ชั่วโมง, บ่อยๆ *-adv.* ทุกชั่วโมง, บ่อยๆ

★**house** (เฮาซ์) *n., pl.* **houses** (-ซิซ, -ซิซ) บ้าน, ที่พักอาศัย, ครอบครัว, โรงเรือน, (ภาษาพูด) ซ่อง, บริษัท, วงศ์ตระกูลหรือราชวงศ์, บ่อนการพนัน, คนดูในโรงภาพยนตร์, โรงภาพยนตร์ *-v.* **housed, housing** *-vt.* จัดเตรียมที่พัก *-vi.* พักอาศัย, หลบซ่อน (**-S.** (v., n.) lodge)

house arrest การกักกันผู้ต้องหาไว้ในบ้านของตนเองแทนที่จะเป็นคุก

houseboat (เฮาซ์' โบท) *n.* บ้านบนเรือ

housebreaking (เฮาซ์' เบรคิง) *n.* การบุกรุกเข้าบ้านคนอื่น **-housebreaker** *n.*

housefly (เฮาซ์' ไฟล) *n.* แมลงวันบ้าน

★**household** (เฮาซ์' โฮลด์) *n.* ครอบครัว, บรรดาผู้ที่อาศัยอยู่ในบ้าน (**-S.** family, home)

householder (เฮาซ์' โฮลเดอร์) *n.* เจ้าของบ้าน, หัวหน้าครอบครัว

housekeeper (เฮาซ์' คีเพอร์) *n.* แม่บ้าน

housemaid (เฮาซ์' เมด) *n.* คนใช้ผู้หญิง

housemaid's knee อาการอักเสบในหัวเข่า

housemaster (เฮาซ์' แมสเตอร์) *n.* ครูผู้ชายที่มีหน้าที่ดูแลหอพักในโรงเรียนประจำ

House of Representatives สภาผู้แทนราษฎร

house party การชุมนุมสังสรรค์โดยเชิญแขกไปพักค้างคืนที่บ้าน

house-proud (เฮาซ์' เพราด์) *adj.* ซึ่งมีความภูมิใจในบ้านของตัวเอง

housewarming (เฮาซ์' วอร์มิง) *n.* งานขึ้นบ้านใหม่

housewife (เฮาซ์' ไวฟ์) *n., pl.* **-wives** (-ไวฟ์วซ์) แม่บ้าน

★**housework** (เฮาซ์' เวิร์ค) *n.* งานบ้าน

★**housing** (เฮา' ซิง) *n.* ที่อยู่อาศัย, การจัดที่พักให้, กรอบหรือโครงสำหรับเป็นที่ยึดของสิ่งอื่น

hove (โฮฟว์) *v.* กริยาช่อง 2 และ 3 ของ heave

hovel (ฮัฟ' เวิล) *n.* บ้านโทรมๆ เล็กๆ, เพิง

hover (ฮัฟ' เวอร์) *vi.* **-ered, -ering** บินโฉบ, บินร่อน, บินวนอยู่ใกล้ๆ *-n.* การอยู่ใกล้ๆ, การบินโฉบ, การบินวน **-hoverer** *n.*

★**how** (เฮา) *adv.* อย่างไร, เท่าใด, เพียงใด, วิธีใด, ด้วยเหตุใด, แค่ไหน *-conj.* อย่างไรก็ตาม, อย่างไร *-n.* วิธี **-how come** (ภาษาพูด) ทำไม

howdah, houdah (เฮา' ดะ) *n.* ที่นั่งบนหลังช้างหรืออูฐ

★**however** (เฮาเอฟ' เวอร์) *adv.* อย่างไรก็ตาม, แต่กระนั้น, ยังคง *-conj.* อย่างไรก็ตาม

howl (เฮาล์) *vi., vt.* **howled, howling** หอน, ร้องโหยหวน, (คำสแลง) หัวเราะอย่างเบิกบาน, ตะโกนโห่ *-n.* เสียงหอน, เสียงร้องโหยหวน, (คำสแลง) เรื่องตลก **-howler** *n.*

howling (เฮา' ลิง) *adj.* (คำสแลง) ใหญ่โตมาก

howsoever (เฮาโซเอฟ' เวอร์) *adv.* อย่างไรก็ตาม, ถึงอย่างไรก็ตาม

how-to (เฮา' ทู') *adj.* (ภาษาพูด) ซึ่งให้คำแนะนำหรือคำอธิบาย

hub (ฮับ) *n.* จุดศูนย์กลาง, ศูนย์กลางของกิจกรรมหรือความสนใจ, ดุมล้อ

hubbub (ฮับ' บับ) *n.* เสียงดังอึกทึก

huckster (ฮัค' สเตอร์) *n.* พ่อค้าเร่, นักโฆษณา

huddle (ฮัด' เดิล) *n.* ฝูงชนที่หนาแน่น, การประชุมอย่างไม่เป็นทางการ, การจับกลุ่มกัน, ความสับสน, ความยุ่งเหยิง *-v.* **-dled, -dling** *-vi.* กอดกันกลม, ยัดเยียด, เบียดเสียด, ประชุม,

หดม้วน *-vt.* รวมกลุ่ม, จับกลุ่ม, ทำอย่างรีบร้อน
hue (ฮยู) *n.* เฉดสี, สี, ลักษณะภายนอก
huff (ฮัฟ) *n.* อารมณ์โกรธ, ความรำคาญ *-v.* **huffed, huffing** *-vi.* พ่นหรือเป่า (ลม), พูดตะคอก *-vt.* ทำให้โกรธ, ขู่, รังแก, รบกวน
huffish (ฮัฟ' ฟิช) *adj.* ฉุน, หยิ่ง
huffy (ฮัฟ' ฟี) *adj.* **-ier, -iest** ซึ่งโกรธง่าย, หยิ่ง
★**hug** (ฮัก) *v.* **hugged, hugging** *-vt.* กอด, รัด, ยึดมั่น, อยู่ใกล้ชิด *-vi.* กอด, ยึดติด *-n.* การรัด, การกอด **-hugger** *n.* (**-S.** (v., n.) embrace)
★**huge** (ฮยูจฺ) *adj.* **huger, hugest** ใหญ่โต, ใหญ่มาก, มหึมา **-hugely** *adv.* (**-S.** large)
hula, hula-hula (ฮู' ละ, ฮูละฮู' ละ) *n.* การเต้นระบำฮาวาย
hulk (ฮัลคฺ) *n.* เรือเก่าที่ใช้เป็นที่เก็บพัสดุ, คนอุ้ยอ้าย, สิ่งที่ใหญ่เทอะทะ (**-S.** frame)
hull (ฮัล) *n.* เปลือกผลไม้, ตัวเรือ, ลำเครื่องบิน
hullabaloo, hullaballoo (ฮัล' ละบะลู) *n., pl.* **-loos** เสียงเอะอะอึกทึก
hullo (ฮะโล') *interj., n., v.* ดู hello
hum (ฮัม) *v.* **hummed, humming** *-vi.* ทำเสียงฮัมในลำคอ, ฮัมเพลง, ยุ่งอยู่กับงาน, (ผึ้ง) ร้องหึ่งๆ *-vt.* ฮัมเพลงในลำคอ *-n.* เสียงฮัมเพลงในลำคอ, การฮัมเพลง **-hummer** *n.*
★**human** (ฮยู' เมิน) *adj.* ซึ่งมีลักษณะของมนุษย์, เกี่ยวกับมนุษย์ **-humanness** *n.* (**-S.** kind)
humane (ฮยูเมน') *adj.* ซึ่งมีเมตตากรุณา **-humanely** *adv.* **-humaneness** *n.* (**-S.** good)
humanism (ฮยู' มะนิซเซิม) *n.* การศึกษาเกี่ยวกับมนุษย์, ความสนใจในเรื่องของมนุษย์
humanist (ฮยู' มะนิซทฺ) *n.* ผู้ที่ศึกษาเกี่ยวกับมนุษย์, ผู้มีใจเมตตากรุณา **-humanistic** *adj.*
humanitarian (ฮยูแมนนิแท' เรียน) *n.* ผู้ใจบุญ, ผู้มีมนุษยธรรม *-adj.* ซึ่งมีมนุษยธรรม
humanity (ฮยูแมน' นิที) *n., pl.* **-ties** มนุษยชาติ, ความเป็นมนุษย์, ความมีมนุษยธรรม
humanize (ฮยู' มะไนซฺ) *vt.* **-ized, -izing** ทำให้มีลักษณะของมนุษย์, ทำให้มีจิตใจเมตตา
humankind (ฮยู' เมินไคนฺดฺ) *n.* มนุษยชาติ
humanly (ฮยู' เมินลี) *adv.* ซึ่งอยู่ในขอบเขตความสามารถของมนุษย์, โดยวิธีการของมนุษย์
human resources แผนกทรัพยากรบุคคลขององค์กร ซึ่งจัดการเกี่ยวกับการจัดการ การบริหารและการฝึกหัดพนักงานหรือลูกจ้าง
human rights สิทธิมนุษยชน
humble (ฮัม' เบิล) *adj.* **-bler, -blest** ถ่อมตัว, ต้อยต่ำ *-vt.* **-bled, -bling** ทำให้อ่อนน้อมถ่อมตัว, ทำให้ต่ำลง **-humbly** *adv.* **-humbler** *n.*
humblebee (ฮัม' เบิลบี) *n.* ผึ้งหึ่ง
humbug (ฮัม' บัก) *n.* การหลอกลวง *-v.* **-bugged, -bugging** *-vt., vi.* หลอกลวง
humdrum (ฮัม' ดรัม) *adj.* น่าเบื่อ, ซึ่งขาดรสชาติ *-n.* การพูดที่น่าเบื่อ, ความจำเจน่าเบื่อ
humid (ฮยู' มิด) *adj.* ชื้น **-humidly** *adv.*
humidify (ฮยูมิด' ดะไฟ) *vt.* **-fied, -fying** ทำให้เปียกชื้น **-humidification** *n.*
humidity (ฮยูมิด' ดิที) *n.* ความชื้น
humiliate (ฮยูมิล' ลีเอท) *vt.* **-ated, -ating** ทำให้ขายหน้า, ทำให้เสียเกียรติ (**-S.** debase)
humiliation (ฮยูมิลลีเอ' ชัน) *n.* การทำให้ขายหน้า, การทำให้เสียเกียรติ
humility (ฮยูมิล' ลิที) *n.* ความอ่อนน้อมถ่อมตน
hummingbird (ฮัม' มิงเบิร์ด) *n.* นกฮัมมิงเบิร์ด
hummock (ฮัม' เมิค) *n.* เนินดิน, โคก
★**humor, humour** (ฮยู' เมอรฺ) *n.* ความตลกขบขัน, เรื่องตลก, อารมณ์ขัน, อารมณ์ *-vt.* **-mored, -moring/-moured, -mouring** ปรับตัวให้เข้ากับ, ตามใจ
humorist (ฮยู' เมอริซทฺ) *n.* ผู้มีอารมณ์ขัน, นักเขียนเรื่องตลก (**-S.** jester, joker)
★**humorous** (ฮยู' เมอเริซ) *adj.* ตลกขบขัน, ในเชิงตลก **-humorously** *adv.* (**-S.** comic, funny)
humour (ฮยู' เมอรฺ) *n., v.* ดู humor
hump (ฮัมพฺ) *n.* ปุ่ม, หนอก, หลังค่อม, เนินดิน, โคก, ความห่อเหี่ยว *-v.* **humped, humping** *-vt.* ทำให้เป็นปุ่มขึ้น, ทำให้โค้ง *-vi.* (คำสแลง) รีบร้อน **-humped** *adj.* (**-S.** (n.) knob)
humpback (ฮัมพฺ' แบค) *n.* หลังค่อม
hunch (ฮันชฺ) *n.* ความรู้สึกสังหรณ์, โหนก *-v.* **hunched, hunching** *-vt.* โค้งหรือโก่งขึ้น *-vi.* ผลัก, นั่งหรือยืนหลังโก่ง (**-S.** (n.) premonition)
hunchback (ฮันชฺ' แบค) *n.* คนหลังค่อม
★**hundred** (ฮัน' ดริด) *n., pl.* **-dred/-dreds** เลขร้อย **-hundred** *adj.*
hundredfold (ฮัน' ดริดโฟลดฺ) *adj.* ซึ่งเป็น 100 เท่า
hundredth (ฮัน' ดริดธฺ) *n.* ลำดับที่หนึ่งร้อย
hundredweight (ฮัน' ดริดเวท) *n., pl.* **-weight/-weights** หน่วยน้ำหนักในมาตรา U.S. ซึ่งเท่ากับ 100 ปอนด์
hung (ฮัง) *v.* กริยาช่อง 2 และ 3 ของ hang
★**hunger** (ฮัง' เกอรฺ) *n.* ความหิว, การขาดอาหาร *-v.* **-gered, -gering** *-vi.* รู้สึกหิว *-vt.* ทำให้หิว
hunger strike การอดอาหารประท้วง

★**hungry** (ฮัง' กรี) *adj.* **-grier, -griest** ที่หิวกระหาย, ซึ่งต้องการมาก, ซึ่งขาดแคลน **-hungrily** *adv.* **-hungriness** *n.* (**-S.** avid, empty)

★**hunt** (ฮันท์) *v.* **hunted, hunting** *-vt.* ล่า, ล่าสัตว์, ค้นหา *-vi.* ติดตาม, ค้นหา *-n.* การล่า, การล่าสัตว์, กลุ่มนักล่า, การตามหา

hunter (ฮัน' เทอร์) *n.* นายพราน, ผู้ล่า, สุนัขล่าสัตว์, ม้าที่แข็งแรงกระโดดได้เร็วและถูกฝึกมาให้ล่าสัตว์, ผู้ค้นหา

hurdle (เฮอร์' เดิล) *n.* อุปสรรค, รั้วสำหรับแข่งขันกระโดดข้าม, รั้วชั่วคราวที่ทำด้วยกิ่งไม้ขัดๆ กันไว้ *-v.* **-dled, -dling** *-vt.* กระโดดข้ามรั้วหรือสิ่งกีดขวาง, เอาชนะอุปสรรค *-vi.* กระโดดข้ามรั้วหรือสิ่งกีดขวาง **-hurdler** *n.*

hurl (เฮิร์ล) *v.* **hurled, hurling** *-vt.* ขว้าง, ปา, ตะโกน, โยน, ดีด, สลัด, ทุ่ม *-vi.* ขว้าง, ปา, เคลื่อนที่ด้วยความแรงและเร็ว **-hurly-burly** การเอะอะโวยวาย, ความวุ่นวาย **-hurler** *n.*

hurrah, hurray (ฮุรา', ฮุเร') *interj.* คำอุทานแสดงความดีใจ ยินดี

hurricane (เฮอ' ริเคน) *n.* พายุเฮอร์ริเคน

hurricane deck ดาดฟ้าชั้นบนของเรือกลไฟ

hurricane lamp ตะเกียงที่มีปล่องแก้วกันลม

hurried (เฮอ' รีด) *adj.* เร่งรีบ **-hurriedly** *adv.*

★**hurry** (เฮอ' รี) *v.* **-ried, -rying** *-vi.* เร่ง, รีบ, เคลื่อนที่ไปด้วยความรวดเร็ว *-vt.* ทำให้รีบร้อน *-n., pl.* **-ries** ความรีบเร่ง, ความรีบร้อน **-hurrier** *n.* (**-S.** (v., n.) rush)

hurry-scurry, hurry-skurry (เฮอรีสเกอร์' รี) *n., pl.* **-ries** ความเร่งรีบ, ความลุกลี้ลุกลน

★**hurt** (เฮิร์ท) *v.* **hurt, hurting** *-vt.* ทำให้เจ็บปวด, ทำให้เสียหาย, ทำให้เป็นอันตราย, ทำให้เศร้าโศกเสียใจ, ทำให้บาดเจ็บ *-vi.* รู้สึกเจ็บปวดหรือไม่สบาย, เป็นอันตราย, เป็นผลเสีย *-n.* บาดแผล, ความปวดร้าวใจ, สิ่งที่ทำให้เกิดอันตราย **-hurtful** *adj.* **-hurtfully** *adv.* (**-S.** (v., n.) bruise)

hurtle (เฮอร์' เทิล) *v.* **-tled, -tling** *-vi.* เคลื่อนที่ด้วยความเร็วมาก, ชน *-vt.* ขว้าง, ปา

★**husband** (ฮัซ' เบินด์) *n.* สามี, พ่อบ้าน *-vt.* **-banded, -banding** ใช้อย่างประหยัด

husbandry (ฮัซ' เบินดรี) *n.* การเกษตร, วิชาเกษตรกรรม, การจัดการอย่างระมัดระวังหรือใช้สอยอย่างประหยัดรู้คุณค่า (**-S.** agriculture)

hush (ฮัช) *vt.* **hushed, hushing** ทำให้เงียบ, สงบ, ปิดบัง *-adj.* เงียบ *-n.* ความเงียบ *-interj.* คำอุทานที่บอกให้เงียบ

hush-hush (ฮัช' ฮัช) *adj.* (ภาษาพูด) ลึกลับ

hush money เงินปิดปาก

husk (ฮัซค์) *n.* เปลือกผลไม้หรือเมล็ด, เปลือกนอก *-vt.* **husked, husking** เอาเปลือกออก

husky[1] (ฮัส' กี) *adj.* **-ier, -iest** (เสียง) แหบห้าว, ซึ่งมีเปลือก **-huskily** *adv.* (**-S.** hoarse)

husky[2] (ฮัส' กี) *adj.* **-ier, -iest** กำยำ, แข็งแรง *-n., pl.* **-ies** คนที่แข็งแรง (**-S.** (adj.) strong)

hussy (ฮัซ' ซี) *n., pl.* **-sies** หญิงเลว

hustings (ฮัส' ติงซ์) *n. pl.* วิธีการเลือกตั้ง

hustle (ฮัซ' เซิล) *v.* **-tled, -tling** *-vt.* ผลักดัน, รีบร้อน, กระตุ้น, เร่ง *-vi.* เบียดเสียด, ผลักดัน, รีบร้อน, (คำสแลง) เป็นโสเภณี *-n.* การเบียดเสียด, ความเร่งรีบ **-hustler** *n.*

★**hut** (ฮัท) *n.* กระท่อม, ที่พักชั่วคราวของทหาร *-vt., vi.* **hutted, hutting** พักอาศัยหรือหลบภัยอยู่ในกระท่อม (**-S.** (n.) cabin)

hutch (ฮัช) *n.* กรงสัตว์ (โดยเฉพาะกระต่าย)

hybrid (ไฮ' บริด) *n.* ลูกผสม คำผสม

hydra (ไฮ' ดระ) *n.* ไฮดรา สัตว์ชนิดหนึ่งตัวเล็กอาศัยในน้ำจืด มีลำตัวคล้ายรูปทรงกระบอก

hydrant (ไฮ' เดรินท์) *n.* หัวก๊อกน้ำประปาสาธารณะขนาดใหญ่ที่อยู่ตามริมถนนใช้สำหรับดับเพลิง

hydrate (ไฮ' เดรท) *n.* สารประกอบที่มีโมเลกุลของน้ำรวมอยู่ด้วย **-hydration** *n.*

hydraulic (ไฮดรอ' ลิค) *adj.* ซึ่งขับเคลื่อนภายใต้แรงดันน้ำ, ซึ่งสามารถแข็งตัวได้เมื่อผสมกับน้ำ **-hydraulically** *adv.*

hydro (ไฮ' โดร) *adj.* เกี่ยวกับพลังงานไฟฟ้าที่ได้จากพลังงานน้ำ

hydrocarbon (ไฮดระคาร์' เบิน) *n.* สารประกอบที่ประกอบด้วยไฮโดรเจนกับคาร์บอน

hydrodynamics (ไฮโดรไดแนม' มิคซ์) *n. pl.* การศึกษาเชิงคณิตศาสตร์ว่าด้วยแรง พลังงานและความดันของของเหลวต่างๆ ที่เคลื่อนที่

hydroelectric (ไฮโดรอิเลค' ทริค) *adj.* เกี่ยวกับพลังงานไฟฟ้าที่ได้จากพลังน้ำ

hydrofoil (ไฮ' ดระฟอยล์) *n.* โครงสร้างที่คล้ายปีกซึ่งติดอยู่ข้างลำเรือเพื่อให้แฉลบน้ำ

★**hydrogen** (ไฮ' ดระเจิน) *n.* ธาตุไฮโดรเจนมีสถานะเป็นก๊าซ ติดไฟได้ มีสัญลักษณ์ H

hydrogen bomb ระเบิดไฮโดรเจน

hydrogen peroxide สารประกอบที่เป็นของเหลว ไม่มีสี ใช้เป็นยาฆ่าเชื้ออย่างอ่อน

hydrometer (ไฮดรอม' มิเทอร์) *n.* เครื่องมือที่ใช้วัดความถ่วงจำเพาะของของเหลว

hydrophobia (ไฮดระโฟ' เบีย) *n.* โรคกลัวน้ำ

A B C D E F G H I J K L M N O P Q R S T U V W X Y Z

hydroplane (ไฮ' ดระเพลน) *n.* เรือยนต์ท้องแบนที่สามารถแล่นได้เร็วบนผิวน้ำ

hydrous (ไฮ' เดริซ) *adj.* ซึ่งประกอบด้วยน้ำ

hyena, hyaena (ไฮอี' นะ) *n.* สัตว์คล้ายหมาป่า กินเนื้อสัตว์อื่นเป็นอาหาร อาศัยอยู่ในแอฟริกาและเอเชีย มีกรามแข็งแรง

hyena

hygiene (ไฮ' จีน) *n.* ความสะอาด, สุขอนามัย **-hygienist** *n.* **-hygienic** *adj.*

hygienics (ไฮจีเอน' นิคซ์) *n. pl.* สุขวิทยา

hymen (ไฮ' เมิน) *n.* เยื่อพรหมจรรย์

hymn (ฮิม) *n.* เพลงสวดสรรเสริญพระเจ้า

hyperactive (ไฮเพอร์แอค' ทิฟว์) *adj.* ซึ่งกระตือรือร้นเกินไป, ซึ่งไม่อยู่นิ่ง, ซึ่งมีสมาธิสั้น

hyperbola (ไฮเพอร์' บะละ) *n., pl.* **-las/-lae** (-ลี) เส้นโค้งที่เกิดจากกรวยกลมถูกตัดโดยแผ่นระนาบที่ระนาบใดๆ ยกเว้นตรงยอดกรวย

hyperbole (ไฮเพอร์' บะลี) *n.* การพูดเกินจริง **-hyperbolical** *adj.* **-hyperbolically** *adv.*

hypercritic (ไฮเพอร์คริท' ทิค) *n.* คนที่ชอบวิจารณ์เกินจริง **-hypercritical** *adj.*

hypersensitive (ไฮเพอร์เซน' ซิทิฟว์) *adj.* อ่อนไหวมากเกินไป

hypersonic (ไฮเพอร์ซอน' นิค) *adj.* เกี่ยวกับความเร็วที่เร็วกว่าความเร็วเสียงอย่างน้อย 5 เท่า

hypertension (ไฮเพอร์เทน' ชัน) *n.* โรคความดันโลหิตสูง **-hypertensive** *adj.*

hyphen (ไฮ' เฟิน) *n.* เครื่องหมายขีด (-) ระหว่างคำผสม, เครื่องหมายยัติภังค์ *-vt.* **-phened, -phening** ใส่เครื่องหมายดังกล่าว

hypnosis (ฮิพโน' ซิซ) *n., pl.* **-ses** (-ซีซ) การสะกดจิต, สภาวะที่ถูกสะกดจิต

hypnotic (ฮิพนอท' ทิค) *adj.* เกี่ยวกับการสะกดจิต, ซึ่งทำให้หลับ *-n.* ผู้ถูกสะกดจิต, ยานอนหลับ **-hypnotically** *adv.*

hypnotize (ฮิพ' นะไทซ์) *vt.* **-tized, -tizing** สะกดจิต **-hypnotizable** *adj.* **-hypnotizer** *n.*

hypocrite (ฮิพ' พะคริท) *n.* ผู้หลอกลวง, ผู้เสแสร้ง **-hypocritical** *adj.* (-S. deceiver)

hypodermic (ไฮพะเดอร์' มิค) *adj.* ซึ่งฉีดยาเข้าใต้ผิวหนัง *-n.* การฉีดยาเข้าใต้ผิวหนัง, เข็มฉีดยาเข้าใต้ผิวหนัง **-hypodermically** *adv.*

hypotension (ไฮพะเทน' ชัน) *n.* ความดันโลหิตต่ำกว่าปกติ **-hypotensive** *adj.*

hypothesis (ไฮพอธ' ธิซิซ) *n., pl.* **-ses** (ซีซ) สมมติฐาน, ข้อสมมติ (-S. assumption, thesis)

hypothetical, hypothetic (ไฮพะเธท' ทิเคิล, -เธท' ทิค) *adj.* เกี่ยวกับสมมติฐาน **-hypothetical** *n.* **-hypothetically** *adv.*

hysteria (ฮิสเต' เรีย) *n.* การที่ไม่สามารถควบคุมอารมณ์หรือความตื่นเต้นเอาไว้ได้ **-hysterical** *adj.* **-hysterically** *adv.*

I

I¹, i (ไอ) *n., pl.* **I's, i's/Is, is** อักษรตัวที่ 9 ในภาษาอังกฤษ, อันดับเก้า

★**I²** (ไอ) *pron.* สรรพนามบุรุษที่ 1 ใช้แทนตัวผู้พูดหรือผู้เขียน

ibidem (อิบ' บิเดม) *adv.* ในหนังสือเล่มเดียวกัน, ในย่อหน้าหรือหัวข้อเดียวกัน

★**ice** (ไอซ์) *n.* น้ำแข็ง, พื้นผิวที่เป็นน้ำแข็ง, ก้อนน้ำแข็ง, สิ่งที่คล้ายน้ำแข็ง, กิริยาท่าทีที่เย็นชา, ของหวานใส่น้ำแข็ง, ไอศกรีม, ผงน้ำตาลละเอียดใช้โรยหน้าเค้ก, (คำสแลง) เพชร เงินสินบน *-v.* **iced, icing** *-vt.* เคลือบด้วยน้ำแข็ง, ทำให้กลายเป็นน้ำแข็ง, ปกคลุมหรือตกแต่ง (หน้าเค้ก) ด้วยน้ำตาล, ทำให้หนาวหรือเยือกเย็นราวกับน้ำแข็ง, (คำสแลง) ฆ่า *-vi.* กลายเป็นน้ำแข็ง **-break the ice** พูดหรือทำในสิ่งที่ช่วยลดความเครียดหรือความเขินออกไปในการพบกันครั้งแรก

ice age ยุคน้ำแข็งของโลก

iceberg (ไอซ์' เบิร์ก) *n.* ภูเขาน้ำแข็ง, ก้อนน้ำแข็งขนาดใหญ่มากที่ลอยอยู่ในทะเล

iceboat (ไอซ์' โบท) *n.* พาหนะที่คล้ายเรือ ใช้วิ่งบนน้ำแข็ง

icebound (ไอซ์' เบานด์) *adj.* ซึ่งติดแน่นอยู่ในน้ำแข็ง

icebreaker (ไอซ์' เบรเคอร์) *n.* เรือสำหรับตัดน้ำแข็งให้เป็นช่องทาง

★**ice cream** ไอศกรีม
ice-cream cone ขนมปังกรอบบางรูปกรวย ใช้ใส่ไอศกรีม, ไอศกรีมใส่โคน
iced (ไอซฺท) *adj.* ซึ่งปกคลุมไปด้วยน้ำแข็ง
ice pack น้ำแข็งที่อัดกันแน่นเป็นก้อน
ice skate รองเท้าใส่เล่นกีฬาสเกตน้ำแข็ง
ice water น้ำเย็นจัด, น้ำแข็งที่ละลาย
ichthyology (อิคธีออล' ละจี) *n.* สาขาวิชาหนึ่งของสัตววิทยาที่ศึกษาเกี่ยวกับปลา **-ichthyologic, ichthyological** *adj.* **-ichthyologist** *n.*
icicle (ไอ' ซิเคิล) *n.* แท่งน้ำแข็งที่งอกย้อยลงมาจากเพดานหรือหลังคา เกิดจากการแข็งตัวสะสมของหยดน้ำ
icing (ไอ' ซิง) *n.* น้ำตาลที่ใช้โรยหน้าขนม
icily (ไอ' ซะลี) *adv.* เย็นชา, เฉยเมย
icon (ไอ' คอน) *n.* รูปบูชา, ภาพของพระเจ้า
iconoclast (ไอคอน' นะแคลซท) *n.* ผู้ที่ทำลายรูปบูชาหรือภาพพจน์ **-iconoclastic** *adj.*
ICU ย่อจาก Intensive care unit หน่วยรักษาพยาบาลอย่างเข้มงวด
icy (ไอ' ซี) *adj.* **icier, iciest** ซึ่งปกคลุมไปด้วยน้ำแข็ง, หนาวจัด, สั่นสะท้าน, เย็นชา **-icily** *adv.* **-iciness** *n.* (-S. cold, freezing)
ID (ไอ' ดี') *n., pl.* **ID's/IDs** (ภาษาพูด) บัตรประจำตัวประชาชน
★**idea** (ไอเดีย') *n.* ความนึกคิด, ความคิดเห็น, แผนการ, วิธี, ความเข้าใจ, ความเชื่อ, เป้าหมาย
★**ideal** (ไอเดียล', ไอดีล') *n.* อุดมคติ, คนหรือสิ่งที่เป็นมาตรฐานหรือแบบอย่างของความสมบูรณ์แบบหรือดีเลิศ, เป้าหมายที่ดีเลิศ, อุดมการณ์, ความคิดที่สมบูรณ์แบบ,แบบอย่างอันดีเลิศ *-adj.* ซึ่งเกี่ยวกับอุดมคติหรืออุดมการณ์,ซึ่งสมมติขึ้น, ซึ่งเป็นเพียงความนึกฝัน, ดีเลิศ
idealism (ไอดี' อะลิซเซิม) *n.* ความเพ้อฝัน, อุดมคตินิยม
idealist (ไอดี' อะลิซท) *n.* นักอุดมคติ, ผู้ยึดถืออุดมการณ์ **-idealistic** *adj.* (-S. romantic)
idealize (ไอดี' อะไลซ) *v.* **-ized, -izing** *-vt.* ทำหรือจินตนาการอย่างดีเลิศ, ทำให้เป็นอุดมการณ์หรืออุดมคติ *-vi.* เป็นอุดมการณ์หรืออุดมคติ, เป็นแบบอย่างที่ดี **-idealization** *n.*
ideally (ไอดี' อะลี) *adv.* สมบูรณ์แบบ, ดีเลิศ, ซึ่งเป็นเพียงทฤษฎีหรือความเพ้อฝัน, ซึ่งเกี่ยวกับอุดมการณ์หรืออุดมคติ
idem (ไอ' เดม) *pron.* สิ่งที่เคยกล่าวแล้ว
identical (ไอเดน' ทิเคิล) *adj.* เหมือนกัน **-identically** *adv.* **-identicalness** *n.* (-S. alike)
identification (ไอเดนทะฟิเค' ชัน) *n.* การจำแนกแยกแยะ, การชี้ตัว, สิ่งที่ระบุ
identification card บัตรประจำตัวประชาชน
★**identify** (ไอเดน' ทะไฟ) *v.* **-fied, -fying** *-vt.* จำแนกแยกแยะ, พิสูจน์, แสดงตัว, ชี้ตัว **-identifiable** *adj.* **-identifiably** *adv.* **-identifier** *n.*
★**identity** (ไอเดน' ทิที) *n., pl.* **-ties** ความเหมือนกัน, เอกลักษณ์, รูปพรรณสัณฐาน
identity card บัตรประจำตัวประชาชน
ideogram (อิด' ดีอะแกรม) *n.* สัญลักษณ์
ideograph (อิด' ดีอะแกรฟ) *n.* ดู ideogram
ideological, ideologic (ไอดีอะลอจ' จิเคิล, -ลอจ' จิค) *adj.* เกี่ยวกับความนึกคิด
id est (อิด เอซท) นั่นคือ
idiocy (อิด' ดีอะซี) *n., pl.* **-cies** ความโง่มาก
idiom (อิด' เดียม) *n.* สำนวน, ภาษาท้องถิ่น
idiomatic (อิดดีอะแมท' ทิค) *adj.* ซึ่งประกอบด้วยสำนวน **-idiomatically** *adv.*
idiosyncrasy (อิดดีโอซิง' คระซี) *n., pl.* **-sies** ความคิดหรือพฤติกรรมที่ประหลาด
idiot (อิด' เดียท) *n.* คนที่โง่หรือเซ่อ **-idiotic** *adj.* **-idiotically** *adv.* (-S. fool, moron)
idle (ไอ' เดิล) *adj.* **idler, idlest** ซึ่งว่างงาน, ที่อยู่เฉยๆ, ขี้เกียจ, ซึ่งใช้การไม่ได้, ที่ไร้สาระ, ซึ่งไม่มีประโยชน์ *-v.* **idled, idling** *-vi.* ปล่อยเวลาโดยเปล่าประโยชน์, เดินเตร็ดเตร่ *-vt.* ทำให้เสียเวลาไปเปล่าๆ **-idleness** *n.* **-idler** *n.* **-idly** *adv.* (-S. (adj.) lazy)
idol (ไอ' เดิล) *n.* บุคคลหรือสิ่งที่มีผู้คนมานิยมนับถือ, เทวรูป, วัตถุบูชา **-idolater** *n.* (-S. god)
idolatrous (ไอดอล' ละเทริซ) *adj.* หลงใหล, เกี่ยวกับการบูชา **-idolatrously** *adv.*
idolatry (ไอดอล' ละทรี) *n., pl.* **-tries** การบูชา, การเคารพบูชา **-idolization** *n.*
idyll, idyl (ไอ' เดิ้ล) *n.* บทกวีหรือร้อยแก้วที่พรรณนาถึงชนบทหรือทุ่งหญ้าเลี้ยงสัตว์ **-idyllic** *adj.* **-idyllist** *n.* **-idyllically** *adv.*
★**if** (อิฟ) *conj.* ถ้า, ถ้าหาก, หาก, แม้ว่า, สมมติว่า, เผื่อ *-n.* เงื่อนไข
igloo (อิก' ลู) *n., pl.* **-loos** กระท่อมน้ำแข็งของชาวเอสกิโม

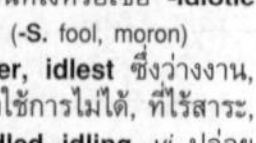
igloo

ignite (อิกไนท') *v.* **-nited, -niting** *-vt.* ทำให้ลุกไหม้, ทำให้ติดไฟ, กระตุ้น *-vi.* เริ่มลุกไหม้, เริ่มติดไฟ **-ignitible** *adj.* **-ignitor** *n.*
ignition (อิกนิช' ชัน) *n.* การติดไฟ, การจุดไฟ

ignoble (อิกโน' เบิล) *adj.* ต่ำต้อย, เลวทราม **-ignobility, ignobleness** *n.* **-ignobly** *adv.*
ignominious (อิกนะมิน' เนียซ) *adj.* น่าอาย, น่าชัง, อัปยศอดสู **-ignominiously** *adv.* **-ignominiousness** *n.* (**-S.** dishonorable)
ignominy (อิก' นะมินนี) *n., pl.* **-ies** ความเสื่อมเสียชื่อเสียง,ความน่าดูถูก, ความน่าอับอาย
ignoramus (อิกนะเร' เมิซ) *n., pl.* **-muses** คนโง่หรือเขลา
ignorance (อิก' เนอเรินซ์) *n.* ความไม่รู้, ความไม่รู้ตัว, ความไม่รู้เรื่องราว
ignorant (อิก' เนอเรินท์) *adj.* ซึ่งขาดการศึกษา, ซึ่งไม่รู้เรื่องราว **-ignorantly** *adv.* (**-S.** unaware)
★**ignore** (อิกนอร์') *vt.* **-nored, -noring** ละเลย, ไม่สนใจ **-ignorable** *adj.* **-ignorer** *n.*
iguana (อิกวา' นะ) *n.* ตัวอิกัวน่า อาศัยอยู่ในแถบอเมริกากลาง

iguana

ikon (ไอ' คอน) *n.* ดู icon
ilk[1] (อิลค์) *n.* ชนิด, ตระกูล
ilk[2] (อิลค์) *adj.* ดู ilka
ilka, ilk (อิล' คะ, อิลค์) *adj.* แต่ละ, อันละ
★**ill** (อิล) *adj.* **worse, worst** ป่วย, เลว, ซึ่งไม่เป็นมิตร, โหดร้าย, ซึ่งไม่เหมาะสม *-adv.* **worse, worst** ซึ่งไม่สบาย, ยากลำบาก, เลวร้าย, ที่ไม่เหมาะสม *-n.* อันตราย, ความโชคร้าย, บาป, ความเจ็บป่วย (**-S.** (adj.) diseased)
ill-advised (อิลเอิดไวซ์ด') *adj.* ไม่รอบคอบ
ill at ease ไม่สบาย, ไม่สบายใจ
ill-disposed (อิล' ดิสโปซด์') *adj.* ไม่เป็นมิตร
★**illegal** (อิลี' เกิล) *adj.* ซึ่งผิดกฎหมาย, ที่ผิดกฎกติกา *-n.* ผู้เข้าเมืองอย่างผิดกฎหมาย **-illegally** *adv.* **-illegality** *n.* (**-S.** (adj.) illicit)
illegible (อิเลจ' จะเบิล) *adj.* (ลายมือ) อ่านยาก **-illegibility** *n.* **-illegibly** *adv.* (**-S.** faint)
illegitimate (อิลลิจิท' ทะมิท) *adj.* ซึ่งผิดกฎหมาย, ซึ่งเป็นลูกนอกกฎหมาย **-illegitimately** *adv.* (**-S.** illegal, illicit **-A.** legal)
ill-favored (อิล' เฟ' เวอร์ด) *adj.* น่ารังเกียจ
ill-gotten (อิล' กอท' เทิน) *adj.* ได้มาโดยทุจริต
ill health ความเจ็บปวด
illicit (อิลิซ' ซิท) *adj.* ซึ่งผิดกฎหมาย, เถื่อน **-illicitly** *adv.* **-illicitness** *n.* (**-S** illegal)
illiteracy (อิลิท' เทอระซี) *n., pl.* **-cies** การอ่านและเขียนหนังสือไม่ได้, การขาดการศึกษา
illiterate (อิลิท' เทอริท) *adj.* ซึ่งไม่สามารถอ่านและเขียนหนังสือได้, ซึ่งขาดการศึกษา
★**illness** (อิล' นิซ) *n.* การเจ็บป่วย (**-S.** ailment)
illogical (อิลอจ' จิเคิล) *adj.* ซึ่งไร้เหตุผล **-illogicality** *n.* **-illogically** *adv.* (**-S.** absurd)
ill-timed (อิล' ไทม์ด') *adj.* ซึ่งไม่ถูกกาลเทศะ
ill-treat (อิล' ทรีท') *vt.* **-treated, -treating** ปฏิบัติอย่างไม่ดีกับ **-ill-treatment** *n.*
illuminant (อิลู' มะเนินท์) *n.* สิ่งที่ให้ความสว่าง
illuminate (อิลู' มะเนท) *v.* **-nated, -nating** *-vt.* ส่องสว่าง, ประดับด้วยดวงไฟ, ให้ความสว่าง, ทำให้รู้หรือเข้าใจ *-vi.* ทำให้เข้าใจ, สว่างไสว *-n.* ผู้มีสติปัญญาเป็นเลิศ **-illumination** *n.* **-illuminative** *adj.* (**-S.** (v.) light)
ill-use (อิล' ยูซ') *vt.* **-used, -using** ทำทารุณ
illusion (อิลู' ฌัน) *n.* ความเชื่อหรือความคิดที่ผิด, ภาพลวงตา, สิ่งลวงตา **-illusive, illusory** *adj.* (**-S.** dream, false **-A.** disgraceful)
illusionist (อิลู' ฌะนิซท์) *n.* นักเล่นกล
★**illustrate** (อิล' ละสเตรท) *v.* **-trated, -trating** *-vt.* ทำให้เข้าใจโดยยกตัวอย่าง, อธิบายด้วยภาพ *-vi.* ทำให้เข้าใจโดยยกตัวอย่าง **-illustratable** *adj.* **-illustrator** *n.* (**-S.** clarify, depict)
illustration (อิลละสเตร' ชัน) *n.* ภาพประกอบ, การยกตัวอย่าง, การอธิบายด้วยภาพ **-illustrational** *adj.* (**-S.** example, explanation)
illustrative (อิลัส' ตระทิฟว์) *adj.* ซึ่งมีภาพประกอบ, ที่มีตัวอย่างประกอบ
illustrious (อิลัส' เตรียซ) *adj.* เด่น, มีชื่อเสียง, สว่างไสว **-illustriously** *adv.* (**-S.** eminent)
★**image** (อิม' มิจ) *n.* รูปถ่าย, รูปปั้น, ภาพบนกระจก, ภาพบนจอ, รูปจำลอง, ภาพในใจ, จินตนาการ, สัญลักษณ์, ภาพพจน์ *-vt.* **-aged, -aging** แสดงเครื่องหมายหรือสัญลักษณ์, นึกภาพในใจ (**-S.** (v.) imagine)
imagery (อิม' มิจรี) *n., pl.* **-ries** ภาพในใจ, การอุปมาอุปไมย, จินตนาการ
imaginable (อิแมจ' จะนะเบิล) *adj.* เท่าที่จะจินตนาการหรือนึกภาพได้ **-imaginability** *n.* **-imaginably** *adv.* (**-S.** likely, possible)
★**imaginary** (อิแมจ' จะเนรี) *adj.* ซึ่งเป็นเพียงจินตนาการ, ซึ่งไม่จริง **-imaginarily** *adv.*
★**imagination** (อิแมจะเน' ชัน) *n.* การจินตนาการ, พลังความนึกคิด, การวาดมโนภาพ **-imaginational** *adj.* (**-S.** creativity, fancy)
imaginative (อิแมจ' จะนะทิฟว์) *adj.* ซึ่งมีจินตนาการ, ซึ่งไม่เป็นความจริง, ที่เป็นมโนภาพ **-imaginatively** *adv.* (**-S.** creative, ideal)
★**imagine** (อิแมจ' จิน) *v.* **-ined, -ining** *-vt.*

A B C D E F G H J K L M N O P Q R S T U V W X Y Z

จินตนาการ, คาด, นึกคิด *-vi.* นึกเอา, จินตนาการ **-imaginer** *n.* (**-S.** fancy, think **-A.** depict)
imam, Imam (อิมาม') *n.* พระมุสลิมในสุเหร่า
imbecile (อิม' บะซิล, -เซิล) *n.* คนโง่ *-adj.* โง่ **-imbecilic** *adj.* **-imbecility** *n.*
imbed (อิมเบด') *v.* ดู embed
imbibe (อิมไบบ') *vi., vt.* **-bibed, -bibing** ดื่มเครื่องดื่มที่มีแอลกอฮอล์ (**-S.** drink)
imbroglio (อิมโบรล' โย) *n., pl.* **-glios** ความยุ่งเหยิง, ความสับสน (**-S.** chaos)
imbrue, embrue (อิมบรู', เอม-) *vt.* **-brued, -bruing** ทำให้เปื้อน, ทำให้ชุ่มโชก
imbue (อิมบยู') *vt.* **-bued, -buing** ดลใจ
IMF ย่อจาก International Monetary Fund กองทุนการเงินระหว่างประเทศ
imitate (อิม' มิเทท) *vt.* **-tated, -tating** เลียนแบบ **-imitator** *n.* **-imitative** *adj.* (**-S.** copy)
imitation (อิมมิเท' ชั่น) *n.* การ (ของ) เลียนแบบ *-adj.* ซึ่งทำเลียนแบบ (**-S.** (n.) copy)
immaculate (อิแมค' คยะลิท) *adj.* ซึ่งไม่มีจุดด่าง, บริสุทธิ์, ซึ่งไม่มีมลทิน, ซึ่งไม่มีข้อบกพร่อง **-immaculately** *adv.* (**-S.** clean, pure)
immanent (อิม' มะเนินท) *adj.* ซึ่งฝังอยู่ในใจ, ที่อยู่ภายใน **-immanently** *adv.*
immaterial (อิมมะเทีย' เรียล) *adj.* ไม่สำคัญ, ไม่มีตัวตน **-immaterially** *adv.* (**-S.** inessential)
immature (อิมมะทัวร์') *adj.* ซึ่งยังไม่เติบโตเต็มที่, ที่ยังไม่สุกงอม, ซึ่งยังไม่สมบูรณ์ **-immaturely** *adv.* **-immaturity** *n.* (**-S.** young)
immeasurable (อิเมฌ' เฌอระเบิล) *adj.* ซึ่งไม่สามารถวัดได้ **-immeasurably** *adv.*
★**immediate** (อิมี' ดีอิท) *adj.* ทันที, กะทันหัน, ฉับพลัน, ใกล้ชิด, โดยตรง **-immediacy** *n.* **-immediately** *adv.* (**-S.** close, instant)
immemorial (อิมมะมอ' เรียล) *adj.* เก่าแก่มากจนจำไม่ได้ **-immemorially** *adv.*
immense (อิเมนซ') *adj.* ใหญ่มาก, มหึมา, ดีเยี่ยม **-immensely** *adv.* **-immensity** *n.* (**-S.** excellent, great, huge **-A.** small)
immerse (อิเมิร์ซ') *vt.* **-mersed, -mersing** จุ่ม, แช่, หมกมุ่น, ฝัง **-immersible** *adj.*
immersion (อิเมอร์' ฌัน) *n.* การจุ่ม, การแช่, การหมกมุ่น, การมีใจจดจ่อ
★**immigrant** (อิม' มิเกรินท) *n.* ผู้อพยพจากประเทศหนึ่งเพื่อไปอยู่อีกประเทศหนึ่ง
★**immigrate** (อิม' มิเกรท) *v.* **-grated, -grating** *-vi.* อพยพเข้า *-vt.* ส่งออก **-immigration** *n.*
imminent (อิม' มะเนินท) *adj.* จวนตัว, ฉุกละหุก, ใกล้อันตราย **-imminently** *adv.* (**-S.** close)
immiscibel (อิมิซ' ซะเบิล) *adj.* ที่ผสมเข้ากันไม่ได้ **-immiscibility** *n.* **-immiscibly** *adv.*
immobile (อิโม' เบิล) *adj.* ซึ่งไม่สามารถเคลื่อนที่ได้ **-immobility** *n.* (**-S.** fixed, frozen)
immobilize (อิโม' บะไลซ) *vt.* **-lized, -lizing** ทำให้เคลื่อนที่ไม่ได้, ทำให้หยุดนิ่ง **-immobilization** *n.* **-immobilizer** *n.* (**-S.** freeze, stop)
immoderate (อิมอด' เดอริท) *adj.* ซึ่งเกินความพอดี **-immoderately** *adv.* (**-S.** excessive)
immodest (อิมอด' ดิซท) *adj.* ซึ่งไม่ถ่อมตัว, หยิ่ง **-immodestly** *adv.* (**-S.** arrogant)
immolate (อิม' มะเลท) *vt.* **-lated, -lating** ฆ่าเพื่อบูชายัญหรือสังเวย **-immolation** *n.*
immoral (อิมอ' เริล) *adj.* ซึ่งผิดศีลธรรม **-immorally** *adv.* **-immorality** *n.* (**-S.** bad)
immortal (อิมอร์' เทิล) *adj.* อมตะ *-n.* คนหรือสิ่งที่เป็นอมตะ **-immortally** *adv.*
immortalize (อิมอร์' เทิลไลซ) *vt.* **-ized, -izing** ทำให้เป็นอมตะหรือไม่รู้จักตาย
immovable (อิมู' วะเบิล) *adj.* ไม่เคลื่อนไหว, ไม่เปลี่ยนแปลง **-immovably** *adv.* (**-S.** firm)
immune (อิมยูน') *adj.* ยกเว้น, ซึ่งมีภูมิคุ้มกัน *-n.* ผู้มีภูมิคุ้มกัน (**-S.** (adj.) exempt)
immunity (อิมยู' นิที) *n., pl.* **-ties** ภาวะที่มีภูมิคุ้มกันโรค, อิสรภาพ (**-S.** exemption, freedom)
immunize (อิม' มยะไนซ) *vt.* **-nized, -nizing** ทำให้ยกเว้น, มีภูมิคุ้มกัน **-immunization** *n.*
immutable (อิมยู' ทะเบิล) *adj.* ไม่เปลี่ยนแปลง **-immutability** *n.* **-immutably** *adv.*
imp (อิมพ) *n.* เด็กซน, ปีศาจน้อย
★**impact** (อิม' แพคท) *n.* การ (แรง) ปะทะ, ผล (แรง) กระทบ, การกระทบ *-v.* **-pacted, -pacting** *-vt.* อัดแน่น, ปะทะ, มีผลกระทบ *-vi.* มีผลกระทบ, ปะทะ (**-S.** (n.) effect (v.) crash)
impair (อิมแพร์') *vt.* **-paired, -pairing** ทำให้อ่อนแอหรือเสียหาย **-impairment** *n.*
impale, empale (อิมเพล', เอม-) *vt.* **-paled, -paling** เสียบ, แทง **-impalement** *n.*
impalpable (อิมแพล' พะเบิล) *adj.* ยากที่จะเข้าใจ, ซึ่งไม่สามารถรู้ได้จากการสัมผัส
impanel, empanel (อิมแพน' เนิล, เอม-) *vt.* **-eled, -eling/-elled, -elling** เข้าชื่ออยู่ในบัญชีรายชื่อคณะลูกขุน **-impanelment** *n.*
imparity (อิมแพ' ริที) *n., pl.* **-ties** ความไม่เท่าเทียม, ความไม่เสมอภาค

A B C D E F G H I J K L M N O P Q R S T U V W X Y Z

impart (อิมพาร์ท') *vt.* **-parted, -parting** บอก, แจ้ง, เปิดเผย, ให้ (-S. disclose, reveal)
impartial (อิมพาร์' เชิล) *adj.* ซึ่งไม่ลำเอียง **-impartiality** *n.* **-impartially** *adv.* (-S. fair)
impassable (อิมแพซ' ซะเบิล) *adj.* ซึ่งผ่านหรือเอาชนะไม่ได้ **-impassably** *adv.*
impasse (อิม' แพซ) *n.* ถนนหรือทางตัน, สถานการณ์ที่อับจน (-S. deadlock)
impassible (อิมแพซ' ซะเบิล) *adj.* ซึ่งไม่เจ็บปวด **-impassibly** *adv.*
impassioned (อิมแพช' ชันด์) *adj.* เร่าร้อน, อย่างกระตือรือร้น (-S. ardent, excited)
impassive (อิมแพซ' ซิฟว์) *adj.* ซึ่งไม่แสดงความรู้สึก, ใจเย็น, สงบ **-impassively** *adv.* **-impassiveness, impassivity** *n.*
★**impatient** (อิมเพ' เชินท์) *adj.* ซึ่งไม่อดทน, ใจร้อน **-impatience** *n.* (-S. abrupt, hasty)
impeach (อิมพีช') *vt.* **-peached, -peaching** กล่าวโทษ, ฟ้องร้อง, ทำให้ไม่น่าเชื่อถือ **-impeacher** *n.* **-impeachment** *n.* (-S. accuse)
impeachable (อิมพี' ชะเบิล) *adj.* ซึ่งฟ้องร้องได้ **-impeachability** *n.*
impeccable (อิมเพค' คะเบิล) *adj.* ซึ่งไม่มีตำหนิหรือข้อบกพร่อง, ซึ่งไม่ทำบาปหรือทำผิด **-impeccably** *adv.* (-S. exact, flawless)
impecunious (อิมพิคยู' เนียซ) *adj.* ซึ่งไม่มีเงิน **-impecuniously** *adv.* (-S. indigent)
impede (อิมพีด') *vt.* **-peded, -peding** ขัดขวาง, ต้านทาน **-impeder** *n.* (-S. brake, delay)
impediment (อิมเพด' ดะเมินท์) *n.* อุปสรรค, การขัดขวาง **-impedimental** *adj.* (-S. barrier)
impedimenta (อิมเพดดะเมน' ทะ) *n. pl.* สิ่งที่ขัดขวางหรือถ่วงความเจริญ
impel (อิมเพล') *vt.* **-pelled, -pelling** ผลักดัน
impeller (อิมเพล' เลอร์) *n.* ผู้ผลักดัน
impend (อิมเพนด์') *vi.* **-pended, -pending** คุกคาม, ใกล้จะเกิดขึ้น
imperative (อิมเพอ' ระทิฟว์) *adj.* จำเป็น, ซึ่งหลบเลี่ยงไม่ได้ *-n.* คำสั่ง **-imperatively** *adv.* **-imperativeness** *n.* (-S. (adj.) crucial)
imperceptible (อิมเพอร์เซพ' ทะเบิล) *adj.* เล็กน้อย, ซึ่งยากที่จะรู้สึก **-imperceptibility** *n.* **-imperceptibly** *adv.* (-S. faint, tiny)
imperfect (อิมเพอร์' ฟิคท์) *adj.* ไม่สมบูรณ์ **-imperfectly** *adv.* (-S. immature)
imperfection (อิมเพอร์เฟค' ชัน) *n.* ความไม่สมบูรณ์, ข้อบกพร่อง
imperial (อิมเพีย' เรียล) *adj.* เกี่ยวกับอาณาจักร, เกี่ยวกับจักรวรรดิ, เกี่ยวกับจักรพรรดิ, หรือจักรพรรดินี *-n.* จักรพรรดิ, จักรพรรดินี, สิ่งที่มีคุณภาพพิเศษ **-imperially** *adv.*
imperialism (อิมเพีย' เรียลิซเซิม) *n.* ลัทธิล่าอาณานิคม, ลัทธิหรือการปกครองแบบจักรวรรดินิยม **-imperialist** *adj., n.* **-imperialistic** *adj.*
imperil (อิมเพ' ริล) *vt.* **-iled, -iling/-illed, -illing** เป็นอันตราย (-S. endanger)
imperious (อิมเพีย' เรียซ) *adj.* หยิ่งยโส **-imperiously** *adv.* (-S. arrogant -A. docile)
imperium (อิมเพีย' เรียม) *n., pl.* **-peria** อำนาจสูงสุด, อาณาจักร, เขตอำนาจ
impersonal (อิมเพอร์' ซะเนิล) *adj.* ซึ่งไม่ใช่ส่วนตัว, ที่ไม่มีลักษณะของมนุษย์ **-impersonality** *n.* **-impersonally** *adv.* (-S. inhuman)
impersonate (อิมเพอร์' ซะเนท) *vt.* **-ated, -ating** เลียนแบบ, แกล้งทำ, ปลอมแปลง **-impersonation** *n.* (-S. act, imitate)
impertinent (อิมเพอร์' เทินเนินท์) *adj.* อวดดี, หยาบคาย **-impertinence** *n.* (-S. impolite)
impervious (อิมเพอร์' เวียซ) *adj.* ซึ่งผ่านเข้าไปไม่ได้, ซึ่งไม่กระทบกระเทือน
impetuous (อิมเพช' ชูเอิซ) *adj.* ใจร้อน, หุนหันพลันแล่น **-impetuously** *adv.* **-impetuosity** *n.* (-S. ardent, eager)
impetus (อิม' พิเทิซ) *n., pl.* **-tuses** แรงกระตุ้น, แรงผลักดัน, แรงบันดาลใจ (-S. force)
impiety (อิมไพ' อิที) *n., pl.* **-ties** การขาดความเคารพ, การกระทำที่ขาดความเคารพ
impinge (อิมพินจ์') *v.* **-pinged, -pinging** *-vi.* ปะทะ, บุกรุก *-vt.* รุก, ล่วงล้ำ (-S. strike)
impious (อิม' เพียซ) *adj.* ซึ่งไม่เคารพ, ซึ่งไม่เลื่อมใสศรัทธา (-S. godless, sinful)
impish (อิม' พิช) *adj.* ซุกซน **-impishly** *adv.* **-impishness** *n.* (-S. mischievous)
implacable (อิมแพลค' คะเบิล) *adj.* ซึ่งไม่สามารถปลอบโยนได้ **-implacably** *adv.*
implant (อิมแพลนท์') *v.* **-planted, -planting** *-vt.* ฝัง (เสา), ปลูกฝัง, สอดใส่ *-vi.* ทำให้ไข่ที่ผสมแล้วฝังตัวที่ผนังมดลูก **-implantation** *n.*
implement (อิม' พละเมินท์) *n.* เครื่องมือ, อุปกรณ์ *-vt.* **-mented, -menting** ทำให้เป็นผลสำเร็จ, จัดเครื่องมือให้ **-implementation** *n.* (-S. (n., v.) instrument -A. (n.) labor)
implicate (อิม' พลิเคท) *vt.* **-cated, -cating** พัวพัน, เกี่ยวข้อง (-S. entangle, include)

implication (อิมพลิเค' ชัน) *n.* การพัวพัน, ความหมายโดยนัย (-S. association, connection)
implicit (อิมพลิซ' ซิท) *adj.* ซึ่งแสดงเป็นนัย **-implicitly** *adv.* (-S. contained, latent)
implore (อิมพลอร์') *vt., vi.* **-plored, -ploring** อ้อนวอน, ขอร้อง, วิงวอน **-imploration** *n.* **-imploringly** *adv.* (-S. beg, plead)
implosion (อิมโพล' ฌัน) *n.* การระเบิดภายใน
imply (อิมไพล') *vt.* **-plied, -plying** บอกเป็นนัย, มีความหมายว่า (-S. hint, involve -A. declare)
impolite (อิมพะไลท์') *adj.* ที่ไม่สุภาพ **-impolitely** *adv.* **-impoliteness** *n.* (-S. rough, rude)
impolitic (อิมพอล' ลิทิค) *adj.* ไม่ฉลาด
★**import** (อิมพอร์ท') *v.* **-ported, -porting** *-vt.* นำสินค้าเข้าประเทศ, แสดงนัย, หมายความว่า *-vi.* มีความสำคัญ, มีความหมาย *-n.* สิ่งที่นำเข้ามา, การนำเข้าสินค้า, ความหมาย, ความสำคัญ **-importer** *n.* (-S. (n.) meaning)
★**important** (อิมพอร์' เทินท์) *adj.* สำคัญ, ซึ่งมีความหมายมาก, ซึ่งมีอำนาจมาก, ซึ่งมีฐานะสูงส่ง, ใหญ่โต **-importantly** *adv.* **-importance** *n.* (-S. expressive, great -A. trivial)
importation (อิมพอร์เท' ชัน) *n.* สินค้านำเข้า, การนำสินค้าเข้าประเทศ
importunate (อิมพอร์' ชะนิท) *adj.* ซึ่งรบเร้า **-importunately** *adv.* (-S. persistent)
importune (อิมพอร์ทูน') *v.* **-tuned, -tuning** *-vt.* รบเร้า, เรียกร้อง, รบกวน *-vi.* รบเร้าไม่หยุด
importunity (อิมพอร์ทู' นิที) *n., pl.* **-ties** การรบเร้า, การเรียกร้อง
impose (อิมโพซ') *v.* **-posed, -posing** *-vt.* กำหนด, หลอกลวง, จัดเก็บ (ภาษี), ยัดเยียดให้, กำหนดโทษ, บังคับ *-vi.* เอาเปรียบ **-imposer** *n.* (-S. decree, fix)
imposing (อิมโพ' ซิง) *adj.* ประทับใจ, โอ่อ่า **-imposingly** *adv.* (-S. dignified, grand)
imposition (อิมพะซิช' ชัน) *n.* การกำหนดให้มี, การกำหนดโทษ, การบังคับ, การรับ, การยัดเยียด, การจัดเก็บภาษี, การหลอกลวง
★**impossible** (อิมพอซ' ซะเบิล) *adj.* ซึ่งเป็นไปไม่ได้, ซึ่งรับไม่ได้ **-impossibly** *adv.* **-impossibility** *n.* (-S. impracticable, inconceivable)
impost (อิม' โพซท์) *n.* ภาษี
impostor (อิมพอส' เตอร์) *n.* คนหลอกลวง
imposture (อิมพอซ' เชอร์) *n.* การโกง
impotence, impotency (อิม' พะเทินซ์, -เทินซี) *n.* การไร้ประสิทธิภาพ, การหย่อนสมรรถภาพทางเพศ **-impotent** *adj.*
impound (อิมเพานด์') *vt.* **-pounded, -pounding** เก็บกัก, กักกัน, ยึด **-impounder** *n.*
impoverish (อิมพอฟ' เวอริช) *vt.* **-ished, -ishing** ทำให้ยากจน, ทำให้อ่อนแรง, ทำให้เสื่อม **-impoverishment** *n.* **-impoverished** *adj.*
impracticable (อิมแพรค' ทิคะเบิล) *adj.* ที่ผ่านไม่ได้หรือทำไม่ได้, ซึ่งใช้ไม่ได้ **-impracticably** *adv.* (-S. useless)
impractical (อิมแพรค' ทิเคิล) *adj.* ซึ่งจัดการไม่ได้หรือทำไม่ได้, ซึ่งไม่เป็นประโยชน์ **-impracticality** *n.* (-S. impossible, unrealistic)
imprecate (อิม' พริเคท) *vt.* **-cated, -cating** สาปแช่ง **-imprecator** *n.* **-imprecatory** *adj.*
imprecation (อิมพริเค' ชัน) *n.* การสาปแช่ง
impregnable (อิมเพรก' นะเบิล) *adj.* ซึ่งไม่สามารถตีฝ่าเข้าไปได้, เหนียวแน่น
impregnate (อิมเพรก' เนท) *vt.* **-nated, -nating** ทำให้ตั้งครรภ์, ทำให้อิ่มตัว
impresario (อิมพริซา' รีโอ) *n., pl.* **-os** ผู้จัดการ, นักจัดรายการ
★**impress**[1] (*v.* อิมเพรซ', *n.* อิม' เพรซ) *vt.* **-pressed, -pressing** ประทับใจ, ทำร่องรอย, กด, ฝังใจ *-n.* ความประทับใจ, รอยประทับ
impress[2] (*v.* อิมเพรซ', *n.* อิม' เพรซ) *vt.* **-pressed, -pressing** เกณฑ์ (คน), ยึดทรัพย์สิน *-n.* การเกณฑ์ (คน), การยึดทรัพย์สิน
impressible (อิมเพรซ' ซะเบิล) *adj.* ซึ่งประทับใจได้ง่าย, ซึ่งโน้มน้าวใจได้ง่าย
★**impression** (อิมเพรช' ชัน) *n.* รอยประทับ, รอยกด, สิ่งที่ประทับใจ (-S. effect, feeling)
impressionable (อิมเพรช' ชะนะเบิล) *adj.* ซึ่งโน้มน้าวใจได้ง่าย **-impressionability** *n.*
impressionism, Impressionism (อิมเพรช' ชะนิซเซิม) *n.* ทฤษฎีหรือรูปแบบการเขียนภาพที่มีต้นกำเนิดจากความประทับใจอย่างทันทีในสิ่งที่ได้พบเห็น **-impressionist** *n.*
★**impressive** (อิมเพรซ' ซิฟว์) *adj.* ซึ่งประทับใจ **-impressively** *adv.* **-impressiveness** *n.*
imprimatur (อิมพระมา' ทุร์) *n.* การอนุญาต, ใบอนุญาต, การอนุมัติ (-S. sanction)
imprint (อิมพรินท์') *vt.* **-printed, -printing** กด, ประทับ, ตรึงใจ *-n.* รอยกด, รอยประทับ, ผลกระทบ (-S. (n., v.) stamp)
imprison (อิมพริซ' เซิน) *vt.* **-oned, -oning** กักขัง, จำคุก **-imprisonment** *n.* (-S. jail)
improbable (อิมพรอบ' บะเบิล) *adj.* ซึ่งไม่น่า

A B C D E F G H I J K L M N O P Q R S T U V W X Y Z

เป็นไปได้ **-improbableness** *n.* **-improbably** *adv.* **-improbability** *n.* (**-S.** unlikely, weak)
impromptu (อิมพรอมพ' ทู) *adj.* ซึ่งไม่ได้เตรียมมาก่อน, เฉพาะหน้า, กะทันหัน *-adv.* ซึ่งไม่ได้เตรียมล่วงหน้า *-n.* การพูดหรือการแสดงที่ไม่ได้เตรียมมาก่อน (**-S.** (adj., adv.) offhand)
improper (อิมพรอพ' เพอร์) *adj.* ซึ่งไม่เหมาะสม, ซึ่งไม่ถูกต้อง, ซึ่งผิดปกติ **-improperly** *adv.* **-improperness** *n.* (**-S.** abnormal)
★**improve** (อิมพรูฟว') *v.* **-proved, -proving** *-vt.* ปรับปรุง, แก้ไข *-vi.* ดีขึ้น, มีค่ามากขึ้น **-improvement** *n.* (**-S.** better, develop)
improvident (อิมพรอฟ' วิเดินท์) *adj.* ซึ่งไม่ได้เตรียมการสำหรับอนาคต, ซึ่งไม่ระวัง **-improvidence** *n.* **-improvidently** *adv.*
improvise (อิม' พระไวซ์) *vi., vt.* **-vised, -vising** ทำ แต่ง หรือพูดโดยไม่ได้เตรียมตัวมาก่อน **-improvisation** *n.* (**-S.** invent)
imprudent (อิมพรูด' เดินท์) *adj.* ไม่รอบคอบ **-imprudence** *n.* (**-S.** foolish **-A.** modest)
impudent (อิม' พยะเดินท์) *adj.* โอหัง, ทะลึ่ง **-impudently** *adv.* **-impudence** *n.* (**-S.** bold)
impugn (อิมพยูน') *vt.* **-pugned, -pugning** แย้ง, ตำหนิ, กล่าวหา **-impugner** *n.*
impulse (อิม' พัลซ์) *n.* แรงกระตุ้น, แรงผลักดัน, แรงดลใจ (**-S.** force **-A.** rebuff)
impulsion (อิมพัล' ชัน) *n.* การ (แรง) กระตุ้น
impulsive (อิมพัล' ซิฟว์) *adj.* หุนหันพลันแล่น, ใจเร็ว **-impulsively** *adv.* **-impulsiveness, impulsivity** *n.* (**-S.** hasty, quick)
impunity (อิมพยู' นิที) *n., pl.* **-ties** การยกเว้นโทษ
impure (อิมพยุร์') *adj.* **-purer, -purest** ไม่บริสุทธิ์, ผิดศีลธรรม **-impurely** *adv.* (**-S.** foul)
impurity (อิมพยุ' ริที) *n., pl.* **-ties** ความไม่บริสุทธิ์, การปนเปื้อน, บาป (**-S.** mixture)
imputable (อิมพยู' ทะเบิล) *adj.* ซึ่งถูกกล่าวหาได้ **-imputably** *adv.*
impute (อิมพยูท') *vt.* **-puted, -puting** กล่าวหา, ใส่ร้าย **-imputation** *n.*
★**in** (อิน) *prep.* ใน, ภายใน, ข้างใน, ในระหว่าง, โดยวิธี, ในสภาพ *-adv.* ใน, อยู่ข้างใน, ภายใน *-adj.* อยู่ภายใน, ใกล้เข้ามา *-n.* ผู้ที่มีอำนาจ **-in that** เนื่องจาก
inability (อินอะบิล' ลิที) *n.* การขาดความสามารถ (**-S.** impotence, incapacity)
inaccessible (อินแอคเซซ' ซะเบิล) *adj.* ซึ่งเข้าไปไม่ได้, ซึ่งเข้ายาก **-inaccessibility** *n.* **-inaccessibly** *adv.* (**-S.** impassable, remote)
inaccurate (อินแอค' คยะริท) *adj.* ซึ่งไม่แม่นยำ, ซึ่งไม่ละเอียด **-inaccurately** *adv.* **-inaccurateness** *n.* **-inaccuracy** *n.* (**-S.** careless)
inaction (อินแอค' ชัน) *n.* การอยู่เฉย, ความขี้เกียจ (**-S.** inertia, rest)
inactive (อินแอค' ทิฟว์) *adj.* เฉื่อยชา, ขี้เกียจ, ซึ่งอยู่เฉยๆ **-inactivity** *n.* (**-S.** idle)
inadequate (อินแอด' ดิควิท) *adj.* ซึ่งไม่เพียงพอ, ที่ขาดแคลน **-inadequately** *adv.* **-inadequacy** *n.* (**-S.** defective, deficient)
inadvertent (อินเอิดเวอร์' เทินท์) *adj.* ซึ่งไม่สนใจ, ประมาท **-inadvertently** *adv.* **-inadvertence, inadvertency** *n.*
inadvisable (อินเอิดไว' ซะเบิล) *adj.* ซึ่งไม่ฉลาด **-inadvisability** *n.* (**-S.** unwise)
inane (อินเอน') *adj.* **-aner, -anest** ว่างเปล่า, โง่ **-inanely** *adv.* (**-S.** empty, stupid)
inanimate (อินแอน' นะมิท) *adj.* ซึ่งไม่มีชีวิต, ซึ่งไม่สดใส **-inanimately** *adv.* (**-S.** dead)
inapplicable (อินแอพ' พลิคะเบิล) *adj.* ซึ่งใช้ไม่ได้ **-inapplicably** *adv.*
inappreciable (อินอะพรี' ชะเบิล) *adj.* แทบจะมองไม่เห็น, ซึ่งไม่สำคัญ, เล็กน้อย
inapprehensible (อินแอพพรีเฮน' ซะเบิล) *adj.* ซึ่งไม่สามารถเข้าใจได้
inappropriate (อินอะโพร' พรีอิท) *adj.* ซึ่งไม่เหมาะสม **-inappropriately** *adv.* **-inappropriateness** *n.* (**-S.** improper, tasteless)
inapt (อินแอพท์') *adj.* ไม่เหมาะ **-inaptly** *adv.*
inaptitude (อินแอพ' ทิทูด) *n.* ความไม่เหมาะ
inarticulate (อินอาร์ทิค' คยะลิท) *adj.* ซึ่งพูดไม่ออก, น้ำท่วมปาก **-inarticurately** *adv.* **-inarticulateness, inarticulacy** *n.* (**-S.** dumb)
inartistic (อินอาร์ทิส' ติค) *adj.* ไม่ตรงตามหลัก
inasmuch as เนื่องจาก, ด้วยเหตุที่
inattentive (อินอะเทน' ทิฟว์) *adj.* ซึ่งไม่สนใจ **-inattentively** *adv.* **-inattention** *n.*
inaudible (อินออ' ดะเบิล) *adj.* ซึ่งไม่ได้ยิน **-inaudibly** *adv.* (**-S.** indistinct)
inaugurate (อินออ' กยะเรท) *vt.* **-rated, -rating** เริ่มเป็นทางการ, เข้ารับตำแหน่งอย่างเป็นทางการ **-inauguration** *n.* (**-S.** begin)
inauguration day วันเข้ารับตำแหน่งอย่างเป็นทางการของประธานาธิบดีสหรัฐอเมริกา ซึ่งตรงกับวันที่ 20 มกราคม

inboard (อิน' บอร์ด) *adj.* ภายในตัวเรือหรือเครื่องบิน *-n.* เครื่องยนต์ที่อยู่ภายในตัวเรือ
inborn (อิน' บอร์น) *adj.* โดยธรรมชาติ
inbreeding (อิน' บรีดิง) *n.* การผสมพันธุ์กันระหว่างพ่อแม่ที่มีสายพันธุ์ใกล้ชิดกัน
incalescent (อินคะเลซ' เซินท์) *adj.* เร่าร้อน
incandescent (อินเคินเดซ' เซินท์) *adj.* ซึ่งสว่างจ้า, ฉลาดปราดเปรื่อง, (อารมณ์) เร่าร้อน **-incandescently** *adv.*
incandescent lamp หลอดไฟฟ้าชนิดที่มีลวดเส้นเล็กๆ อยู่ภายในหลอด
incantation (อินแคนเท' ชัน) *n.* พิธีร่ายเวทมนตร์คาถา, เวทมนตร์คาถา
incapable (อินเค' พะเบิล) *adj.* ซึ่งขาดความสามารถหรือคุณสมบัติ **-incapability** *n.* **-incapably** *adv.* (**-S.** unable **-A.** able)
incapacitate (อินคะแพซ' ซิเทท) *vt.* **-tated, -tating** ทำให้ไร้ความสามารถ (คุณสมบัติ)
incapacity (อินคะแพซ' ซิที) *n., pl.* **-ties** การขาดความสามารถ (**-S.** impotence, weakness)
incarcerate (อินคาร์' ซะเรท) *vt.* **-ated, -ating** จำคุก **-incarceration** *n.* (**-S.** confine)
incarnate (อินคาร์' นิท) *adj.* ซึ่งเป็นตัวเป็นตนขึ้นมา, ซึ่งเป็นสีเลือด *-vt.* **-nated, -nating** จุติมา **-incarnator** *n.* **-incarnation** *n.*
incendiary (อินเซน' เดียรี) *adj.* เกี่ยวกับการลอบวางเพลิง, ซึ่งทำให้เกิดเพลิงไหม้ขึ้นได้ *-n. pl.* **-ies** ผู้ลอบวางเพลิง, วัตถุระเบิด, ผู้ก่อกวน
incense[1] (อินเซนซ์') *vt.* **-censed, -censing** ทำให้โกรธอย่างมาก (**-S.** anger, inflame)
incense[2] (อิน' เซนซ์) *n.* กำยาน, เครื่องหอม, กลิ่นหอม, ธูปหอม
incentive (อินเซน' ทิฟว์) *n.* สิ่งกระตุ้น, เครื่องสนับสนุน *-adj.* ซึ่งกระตุ้น (**-S.** (n.) impulse)
inception (อินเซพ' ชัน) *n.* การเริ่มต้น
incessant (อินเซซ' เซินท์) *adj.* ต่อเนื่อง, ติดต่อกัน **-incessantly** *adv.* (**-S.** constant)
incest (อิน' เซซท์) *n.* การมีเพศสัมพันธ์กันระหว่างบุคคลที่มีความสัมพันธ์กันทางสายเลือด เช่น พี่ชายกับน้องสาว หรือพ่อกับลูกสาว
★**inch** (อินช์) *n.* หน่วยความยาวที่เท่ากับ 1/12 ฟุต (2.54 เซนติเมตร) *-vi., vt.* **inched, inching** เคลื่อนที่หรือทำให้เคลื่อนที่ได้ทีละน้อย
inchmeal (อินช์' มีล) *adv.* ทีละน้อย
inchoate (อินโค' อิท) *adj.* เพิ่งเริ่มต้น
incidence (อิน' ซิเดินซ์) *n.* การเกิดขึ้น, เหตุการณ์ (**-S.** occurence)
★**incident** (อิน' ซิเดินท์) *n.* เหตุการณ์, สิ่งที่เกิดขึ้น *-adj.* ซึ่งมักจะเกิดขึ้น, ซึ่งเกี่ยวข้องกับสิ่งอื่น (**-S.** (n.) event, happening)
incidental (อินซิเดน' เทิล) *adj.* ซึ่งมักเกิดขึ้น, เล็กน้อย, บังเอิญ *-n.* เรื่องบังเอิญ, สิ่งเล็กน้อย (**-S.** (adj.) casual **-A.** (adj., n.) essential)
incidentally (อินซิเดน' เทิลลี) *adv.* โดยบังเอิญ, อย่างเกี่ยวเนื่องกัน, อนึ่ง, แล้วแต่โอกาสจะอำนวย
incinerate (อินซิน' นะเรท) *v.* **-ated, -ating** *-vt.* ทำให้เผาไหม้เป็นเถ้าถ่าน *-vi.* เผาไหม้อย่างสมบูรณ์ **-incineration** *n.*
incinerator (อินซิน' นะเรเทอร์) *n.* เตาเผาหรือผู้เผาของให้เป็นเถ้าถ่าน
incipient (อินซิพ' เพียนท์) *adj.* ซึ่งเริ่มต้น **-incipiently** *adv.* (**-S.** starting)
incision (อินซิฌ' ฌัน) *n.* การผ่า, ความคม, การแกะสลัก, รอยผ่า, รอยตัด (**-S.** cut, gash)
incisive (อินไซ' ซิฟว์) *adj.* แหลม, คม, หลักแหลม **-incisively** *adv.* (**-S.** acute, keen)
incisor (อินไซ' เซอร์) *n.* ฟันตัด
incite (อินไซท์') *vt.* **-cited, -citing** กระตุ้น, เร่งเร้า, ยุยง **-incitement** *n.* (**-S.** drive)
incivility (อินซิวิล' ลิที) *n., pl.* **-ties** ความไม่สุภาพ (**-S.** discourtesy **-A.** politeness)
inclement (อินเคลม' เมินท์) *adj.* รุนแรง
inclination (อินคละเน' ชัน) *n.* การโน้มเอียง, ความเบี่ยงเบน, ความเอียงลาด, สิ่งที่ชอบ (**-S.** preference, slope **-A.** dislike, straightness)
incline (อินไคลน์') *v.* **-clined, -clining** *-vi.* เบี่ยงเบน, เอียง, โน้มเอียง (จิตใจ), มีแนวโน้ม *-vt.* ทำให้โน้มเอียง **-incliner** *n.* (**-S.** bend, slope)
inclined (อินไคลน์ด') *adj.* โน้มเอียง, เบี่ยงเบน
★**include** (อินคลูด') *vt.* **-cluded, -cluding** รวมเข้า, ครอบคลุมถึง, ประกอบด้วย **-includable** *adj.* **-inclusion** *n.* (**-S.** cover)
inclusive (อินคลู' ซิฟว์) *adj.* รวมด้วย, ครอบคลุม **-inclusively** *adv.*
incognito (อินคอกนี' โท) *adv., adj.* ซึ่งปิดบังชื่ออันแท้จริง *-n., pl.* **-tos** ผู้ที่ปิดบังชื่อ
incoherent (อินโคเฮีย' เรินท์) *adj.* ซึ่งไม่เกาะกัน, ซึ่งขาดการเกี่ยวข้องสัมพันธ์กัน, ซึ่งไม่ต่อเนื่อง, ร่วน, ซึ่งเข้ากันไม่ได้ **-incoherently** *adv.* **-incoherentness** *n.* (**-S.** loose **-A.** coherent)
incombustible (อินเคิมบัส' ตะเบิล) *adj.* ซึ่งไม่สามารถเผาไหม้ได้ *-n.* วัสดุหรือสิ่งที่ไม่ไหม้
★**income** (อิน' คัม) *n.* รายได้, รายรับ, เงินได้

A B C D E F G H J K L M N O P Q R S T U V W X Y Z

income tax ภาษีเงินได้
incoming (อิน' คัมมิ่ง) *adj.* ซึ่งเข้ามา, ซึ่งเพิ่งได้รับเลือกหรือแต่งตั้ง, ใหม่ *-n.* การเข้ามา, รายได้ (**-S.** (adj.) new)
incommode (อินคะโมด') *vt.* **-moded, -moding** ทำให้ไม่สะดวก
incommodious (อินคะโม' เดียช) *adj.* ซึ่งไม่สะดวก, แคบ **-incommodiously** *adv.*
incommunicado (อินคะมยูนิคา' โด) *adv., adj.* ซึ่งไม่สามารถติดต่อกับใครได้
incomparable (อินคอม' เพอระเบิล) *adj.* ซึ่งไม่สามารถเปรียบเทียบได้, ซึ่งหาที่เปรียบไม่ได้ **-incomparability** *n.* **-incomparably** *adv.* (**-S.** matchless, unique **-A.** common, ordinary)
incompatible (อินเคิมแพท' ทะเบิล) *adj.* ซึ่งไม่สามารถเข้ากันได้, ซึ่งขัดแย้งกัน, ซึ่งไม่สามารถครอบครองไว้พร้อมกันได้โดยคนเพียงคนเดียว *-n.* คนหรือสิ่งที่ไม่สามารถเข้ากันได้ **-incompatibility** *n.* (**-S.** (adj.) discordant)
incompetent (อินคอม' พิเทินท์) *adj.* ไร้ความสามารถหรือความชำนาญ *-n.* ผู้ไร้ความสามารถ **-incompetence, incompetency** *n.* **-incompetently** *adv.* (**-S.** (adj.) inept)
incomplete (อินเคิมพลีท') *adj.* ซึ่งไม่สมบูรณ์แบบ **-incompletely** *adv.* **-incompleteness, incompletion** *n.* (**-S.** imperfect)
incomprehensible (อินคอมพริเฮน' ซะเบิล) *adj.* ยากจะเข้าใจ, ซึ่งไม่มีขอบเขต **-incomprehensibly** *adv.* (**-S.** obscure)
inconceivable (อินเคินซี' วะเบิล) *adj.* ไม่น่าเชื่อ **-inconceivably** *adv.* (**-S.** impossible)
inconclusive (อินเคินคลู' ซิฟว์) *adj.* สรุปไม่ได้, ไม่สามารถลงมติได้ **-inconclusively** *adv.* **-inconclusiveness** *n.* (**-S.** ambiguous)
incongruous (อินคอง' กรูเอิซ) *adj.* ซึ่งไม่ลงรอยกัน, ซึ่งเข้ากันไม่ได้ **-incongruously** *adv.* **-incongruity** *n.* (**-S.** absurd, conflict)
inconsequent (อินคอน' ซิเควินท์) *adj.* ซึ่งไม่สมเหตุผล **-inconsequently** *adv.*
inconsiderable (อินเคินซิด' เดอระเบิล) *adj.* เล็กน้อย, ไม่สำคัญ **-inconsiderably** *adv.*
inconsiderate (อินเคินซิด' เดอริท) *adj.* ซึ่งไม่นึกถึงผู้อื่น, ซึ่งไม่ไตร่ตรอง, ซึ่งไม่เกรงใจ **-inconsiderately** *adv.* **-inconsiderateness, inconsideration** *n.* (**-S.** careless, thoughtless)
inconsistent (อินเคินซิส' เตินท์) *adj.* ซึ่งเอาแน่ไม่ได้, ซึ่งไม่ลงรอยกัน **-inconsistently** *adv.* **-inconsistency** *n.* (**-S.** unstable)
inconsolable (อินเคินโซ' ละเบิล) *adj.* ซึ่งยากที่จะทำให้สบายใจขึ้นได้, ทุกข์โศก, หมดหวัง **-inconsolably** *adv.* (**-S.** joyless **-A.** cheerful)
inconspicuous (อินเคินสปิค' คยูเอิซ) *adj.* ซึ่งไม่เด่น **-inconspicuously** *adv.* **-inconspicuousness** *n.* (**-S.** modest, plain)
inconstant (อินคอน' สเตินท์) *adj.* ซึ่งเปลี่ยนแปลงได้ **-inconstantly** *adv.* (**-S.** unstable)
incontestable (อินเคินเทส' ตะเบิล) *adj.* ซึ่งไม่สามารถโต้แย้งได้ **-incontestably** *adv.*
incontinent (อินคอน' ทะเนินท์) *adj.* ซึ่งกลั้นปัสสาวะหรืออุจจาระไม่อยู่, ซึ่งมักมากในกาม **-incontinently** *adv.*
inconvenience (อินเคินวีน' เยินซ์) *n.* ความไม่สะดวก, สิ่งที่ไม่สะดวก *-vt.* **-ienced, -iencing** ทำให้ไม่สะดวก
inconvenient (อินเคินวีน' เยินท์) *adj.* ไม่สะดวกสบาย **-inconveniently** *adv.*
inconvertible (อินเคินเวอร์' ทะเบิล) *adj.* ซึ่งไม่สามารถเปลี่ยนได้ **-inconvertibly** *adv.*
inconvincible (อินเคินวิน' ซะเบิล) *adj.* ซึ่งไม่สามารถทำให้เชื่อหรือมั่นใจได้
incorporate (อินคอร์' พะเรท) *v.* **-rated, -rating** *-vt.* รวมเข้าด้วยกัน, รวมกันเข้าเป็นรูปแบบบริษัท *-vi.* รวมกัน *-adj.* ซึ่งรวมตัวกัน **-incorporable** *adj.* **-incorporation** *n.* **-incorporative** *adj.* (**-S.** (v.) mix)
incorrect (อินคะเรคท์') *adj.* ซึ่งไม่ถูกต้อง, ซึ่งไม่เหมาะสม **-incorrectly** *adv.* **-incorrectness** *n.* (**-S.** false, wrong **-A.** correct)
incorrigible (อินคอ' ริจะเบิล) *adj.* ซึ่งไม่สามารถแก้ไขปรับปรุงได้ **-incorrigibly** *adv.*
incorruptible (อินคะรัพ' ทะเบิล) *adj.* ซึ่งไม่เน่าเปื่อย, ซื่อสัตย์ **-incorruptibly** *adv.*
★**increase** (อินครีซ') *vt., vi.* **-creased, -creasing** เพิ่มขึ้น, ทำให้มากขึ้น *-n.* การเพิ่มพูน **-increasingly** *adv.* (**-S.** (v.) expand)
incredible (อินเครด' ดะเบิล) *adj.* ซึ่งไม่น่าเชื่อ **-incredibly** *adv.* (**-S.** impossible **-A.** credible)
incredulous (อินเครจ' จะเลิซ) *adj.* ไม่น่าเชื่อ **-incredulously** *adv.* **-incredulity** *n.* (**-S.** disbelieving, doubtful)
increment (อิน' คระเมินท์) *n.* การเพิ่มจำนวน, ผลกำไร **-incremental** *adj.* (**-S.** gain, increase)
incriminate (อินคริม' มะเนท) *vt.* **-nated, -nating** กล่าวโทษ, ฟ้องร้อง **-incrimination**

n. **-incriminatory** *adj.* (**-S.** accuse, involve)
incrust (อินครัซทฺ') *v.* ดู encrust
incubate (อิน' คยะเบท) *v.* **-bated, -bating** *-vt.* ฟักไข่, บ่ม, อบ *-vi.* กกไข่, ฟักไข่
incubation (อินคยะเบ' ชัน) *n.* การกกไข่, การฟักไข่ **-incubational** *adj.*
incubator (อิน' คยะเบเทอรฺ) *n.* ตู้อบเด็กทารก, ตู้บ่มเชื้อ, ตู้ฟักไข่
inculcate (อินคัล' เคท) *vt.* **-cated, -cating** พร่ำสอน **-inculcation** *n.* (**-S.** implant)
incumbency (อินคัม' เบินซี) *n., pl.* **-cies** การพิง, การอยู่ในหน้าที่หรือตำแหน่ง
incumbent (อินคัม' เบินทฺ) *adj.* ซึ่งเป็นหน้าที่, ซึ่งดำรงตำแหน่งหรืออยู่ในหน้าที่ *-n.* บุคคลที่อยู่ในตำแหน่งหรือหน้าที่
incur (อินเคอรฺ') *vt.* **-curred, -curring** ทำให้เกิด, ได้รับ (**-S.** arouse, gain)
incurable (อินคยฺ' ระเบิล) *adj.* ซึ่งไม่สามารถรักษาได้, ซึ่งเปลี่ยนแปลงไม่ได้ **-incurable** *n.* **-incurably** *adv.* (**-S.** irremediable)
incursion (อินเคอร' ฌัน) *n.* การบุกรุก, การล่วงล้ำ (**-S.** invasion)
indebted (อินเดท' ทิด) *adj.* ซึ่งเป็นหนี้บุญคุณหรือเงินทอง **-indebtedness** *n.* (**-S.** grateful)
indecent (อินดี' เซินทฺ) *adj.* หยาบคาย, ซึ่งไม่เหมาะ **-indecently** *adv.* (**-S.** improper)
indecision (อินดิซิฌ' ฌัน) *n.* ความลังเล (**-S.** doubt, hesitancy)
indecisive (อินดิไซ' ซิฟว์) *adj.* ซึ่งลังเล, ซึ่งไม่ชัดเจน **-indecisively** *adv.* (**-S.** doubtful)
indecorous (อินเดค' เคอเริซ) *adj.* ซึ่งไม่มีมารยาท, ซึ่งไร้รสนิยม **-indecorously** *adv.*
★**indeed** (อินดีด') *adv.* ที่จริงแล้ว, จริงๆ *-interj.* คำอุทานแสดงความประหลาดใจ สงสัย หรือประชด (**-S.** (adv.) actually)
indefatigable (อินดิแฟท' ทิกะเบิล) *adj.* ซึ่งไม่รู้จักเหน็ดเหนื่อย **-indefatigably** *adv.*
indefinite (อินเดฟ' ฟะนิท) *adj.* คลุมเครือ, ซึ่งไม่แน่นอน, ซึ่งไม่มีกำหนด **-indefinitely** *adv.* **-indefiniteness** *n.* (**-S.** unclear, unfixed)
indelible (อินเดล' ละเบิล) *adj.* ไม่สามารถลบหรือขัดออกได้ **-indelibly** *adv.* (**-S.** enduring)
indelicate (อินเดล' ลิคิท) *adj.* หยาบ, ไม่ละเอียดอ่อน **-indelicacy** *n.* (**-S.** crude)
indemnify (อินเดม' นะไฟ) *vt.* **-fied, -fying** คุ้มครองความเสียหาย, ชดใช้ค่าเสียหาย **-indemnifier** *n.* **-indemnification** *n.* (**-S.** insure)
indemnity (อินเดม' นิที) *n., pl.* **-ties** เงินชดเชย, การชดเชยค่าเสียหาย
indent[1] (อินเดนทฺ') *v.* **-dented, -denting** *-vt.* จัดวางย่อหน้า, ทำให้เป็นรอยบาก, ออกใบสั่งสินค้า *-vi.* ทำให้ขอบเป็นรอยบากหรือซิกแซก, ออกใบสั่งสินค้า *-n.* การย่อหน้า, การสั่งซื้อสินค้า, รอยบาก, รอยเว้าแหว่งซิกแซก
indent[2] (อินเดนทฺ') *vt.* **-dented, -denting** ทำให้เป็นรอยเว้าแหว่งหรือรอยบาก, กดหรือประทับตรา *-n.* รอยกดหรือรอยประทับตรา
indenture (อินเดน' เชอรฺ) *n.* สัญญา, เอกสาร, ข้อตกลง, รอยเว้า, รอยบาก *-vt.* **-tured, -turing** ผูกมัดด้วยสัญญา, ทำให้เกิดรอย (บาก เว้า กด)
Independence Day วันที่ 4 กรกฎาคม ซึ่งเป็นวันที่ระลึกถึงการประกาศอิสรภาพของสหรัฐอเมริกาในปี ค.ศ. 1776
independency (อินดิเพน' เดินซี) *n., pl.* **-cies** ความเป็นอิสระ, รัฐอิสระ
★**independent** (อินดิเพน' เดินทฺ) *adj.* ซึ่งเป็นอิสระ, ซึ่งไม่อยู่ภายใต้การช่วยเหลือหรือสนับสนุนจากผู้อื่น, ซึ่งเป็นเอกราช, ซึ่งมีเงินพอที่จะเลี้ยงตัวเองโดยไม่ต้องทำงาน *-n.* ผู้ที่เป็นอิสระ **-independence** *n.* (**-S.** (adj.) free)
in-depth (อิน' เดพธฺ') *adj.* ลึกซึ้ง, ถี่ถ้วน
indescribable (อินดิสไกร' บะเบิล) *adj.* ซึ่งเกินจะพรรณนา **-indescribably** *adv.*
indestructible (อินดิสตรัค' ทะเบิล) *adj.* ซึ่งไม่สามารถทำลายได้ **-indestructibly** *adv.* (**-S.** imperishable **-A.** perishable)
★**index** (อิน' เดคซ์) *n., pl.* **-dexes/-dices** (-ดิซีซ) เครื่องชี้, เข็มชี้, นิ้วชี้, ดัชนี *-vt.* **-dexed, -dexing** จัดให้มีดัชนี, เป็นเครื่องหมายชี้บอก
index finger นิ้วชี้
India ink น้ำหมึกสีดำ
★**Indian** (อิน' เดียน) *adj.* เกี่ยวกับประเทศอินเดีย, เกี่ยวกับชาวอินเดียนแดงในอเมริกา
Indian club ไม้รูปขวดที่ใช้โยนในการแสดงกายกรรม
Indian corn ข้าวโพด
Indian file แถวตอนเรียงหนึ่ง
Indian hemp กัญชา
Indian summer ช่วงเวลาที่มีอากาศอบอุ่นตอนปลายฤดูใบไม้ร่วง, ช่วงเวลาแห่งความสงบสุขในบั้นปลายของชีวิต
★**indicate** (อิน' ดิเคท) *vt.* **-cated, -cating** ชี้แนะ, แสดง **-indication** *n.* (**-S.** show)
indicative (อินดิค' คะทิฟว์) *adj.* ซึ่งชี้บอก, ซึ่ง

A B C D E F G H I J K L M N O P Q R S T U V W X Y Z

ชี้แนะ **-indicatively** *adv.*
indicator (อิน' ดิเคเทอร์) *n.* สิ่งที่ชี้บอก, ดัชนี
indices (อิน' ดิซีซ) *n.* พหูพจน์ของ index
indict (อินไดท์) *vt.* **-dicted, -dicting** ฟ้องร้อง, กล่าวโทษ **-indicter** *n.* **-indictable** *adj.*
indictment (อินไดท์ เมินท์) *n.* การฟ้องร้อง, การกล่าวโทษ, ข้อกล่าวหา (**-S.** charge)
indifference (อินดิฟ' เฟอเรินซ์) *n.* ความเป็นกลาง, ความเฉยเมย (**-S.** unconcern)
indifferent (อินดิฟ' เฟอเรินท์) *adj.* เป็นกลาง, ไม่แยแส **-indifferently** *adv.* (**-S.** aloof)
indigenous (อินดิจ' จะเนิซ) *adj.* พื้นเมือง, โดยกำเนิด **-indigenously** *adv.*
indigent (อิน' ดิเจินท์) *adj.* ยากจน
indigested (อินดิเจส' ติด) *adj.* ซึ่งไม่ย่อย
indigestible (อินดิเจส' ตะเบิล) *adj.* ซึ่งไม่สามารถย่อยได้ **-indigestibly** *adv.*
indigestion (อินดิเจช' ชัน) *n.* การไม่ย่อย
indignant (อินดิก' เนินท์) *adj.* ขุ่นเคือง **-indignantly** *adv.* (**-S.** angry, resentful)
indignation (อินดิกเน' ชัน) *n.* ความขุ่นเคือง, ความไม่พอใจ (**-S.** fury, scorn)
indignity (อินดิก' นิที) *n., pl.* **-ties** การเสื่อมเสีย, การดูถูกเหยียดหยาม, การเสียเกียรติ
indigo (อิน' ดิโก) *n., pl.* **-gos/-goes** พืชตระกูลถั่วชนิดหนึ่งที่สกัดทำสีครามได้, สีคราม *-adj.* (สี) คราม
indirect (อินดิเรคท์) *adj.* อ้อมค้อม, ซึ่งไม่ตรงไปตรงมา **-indirectly** *adv.* (**-S.** zigzag)
indirection (อินดิเรค' ชัน) *n.* ความอ้อมค้อม
indiscipline (อินดิซ' ซะพลิน) *n.* การขาดระเบียบวินัย **-indisciplined** *adj.*
indiscreet (อินดิสกรีท') *adj.* ซึ่งไม่ไตร่ตรอง **-indiscreetly** *adv.* **-indiscreetness** *n.*
indiscriminate (อินดิสกริม' มะนิท) *adj.* ซึ่งสุ่ม, ซึ่งไม่เจาะจง **-indiscriminately** *adv.*
indispensable (อินดิสเปน' ซะเบิล) *adj.* สำคัญ, จำเป็นยิ่ง *-n.* บุคคลหรือสิ่งที่จำเป็น **-indispensably** *adv.* (**-S.** (n., adj.) essential)
indisposed (อินดิสโปซด์') *adj.* ป่วย, ซึ่งไม่พอใจ, ซึ่งไม่สมัครใจ (**-S.** ill, sick **-A.** well)
indisputable (อินดิสปยู' ทะเบิล) *adj.* ซึ่งปฏิเสธไม่ได้, ซึ่งโต้แย้งไม่ได้ **-indisputableness** *n.* **-indisputably** *adv.* (**-S.** absolute)
indistinct (อินดิสติงค์ท์') *adj.* ซึ่งไม่ชัดเจน **-indistinctly** *adv.* (**-S.** ambiguous, hazy)
indistinguishable (อินดิสติง' กวิชะเบิล) *adj.* ซึ่งไม่สามารถจำแนกได้, ซึ่งยากที่จะเข้าใจ **-indistinguishably** *adv.* (**-S.** alike, twin)
★**individual** (อินดะวิจ' จูเอิล) *adj.* ซึ่งเกี่ยวกับแต่ละบุคคล, ส่วน (ตัว บุคคล), โดยตัวคนเดียว, เฉพาะ (บุคคล ราย) *-n.* บุคคล, พืชหรือสัตว์ **-individually** *adv.* (**-S.** (adj., n.) personal)
individualism (อินดะวิจ' จูอะลิซเซิม) *n.* ทฤษฎีที่เชื่อในการกระทำที่มีอิสระเสรีภาพของแต่ละบุคคล **-individualist** *n.*
individuality (อินดะวิจจูแอล' ลิที) *n., pl.* **-ties** ลักษณะเฉพาะของบุคคล (**-S.** character)
individualize (อินดะวิจ' จูอะไลซ์) *vt.* **-ized, -izing** ดัดแปลงให้เหมาะกับแต่ละคน
indivisible (อินดะวิซ' ซะเบิล) *adj.* ที่แบ่งไม่ได้ **-indivisibly** *adv.* (**-S.** minute)
indoctrinate (อินดอค' ทระเนท) *vt.* **-nated, -nating** อบรมหรือสั่งสอนให้ซึมซาบ
indolent (อิน' ดะเลินท์) *adj.* ขี้เกียจ (**-S.** lazy)
★**indoor** (อิน' ดอร์) *adj.* ซึ่งอยู่ในร่ม
★**indoors** (อินดอร์ซ') *adv.* ในที่ร่ม
indorse (อินดอร์ซ') *v.* ดู endorse
Indra (อิน' ดระ) *n.* พระอินทร์
indubitable (อินดู' บิทะเบิล) *adj.* ซึ่งไม่ต้องสงสัย **-indubitably** *adv.* (**-S.** certain, sure)
induce (อินดูซ') *vt.* **-duced, -ducing** ชักนำ, มีอิทธิพลต่อ, เหนี่ยวนำ (**-S.** cause, urge)
inducement (อินดูซ' เมินท์) *n.* สาเหตุ, การชักนำ, การชักจูง (**-S.** attraction, bait)
induct (อินดัคท์') *vt.* **-ducted, -ducting** ทำให้เข้ารับตำแหน่งหรือหน้าที่, รับเข้าเป็นสมาชิก, เกณฑ์ทหาร
inductance (อินดัค' เทินซ์) *n.* การเหนี่ยวนำให้เกิดกระแสไฟฟ้าหรือสนามแม่เหล็กไฟฟ้า
induction (อินดัค' ชัน) *n.* การชักนำ, การเหนี่ยวนำ, พิธีรับเข้าทำงาน, บทนำ, คำนำ
induction coil ขดลวดเหนี่ยวนำซึ่งเปลี่ยนไฟฟ้ากระแสตรงที่มีโวลต์ต่ำไปเป็นไฟฟ้ากระแสสลับที่มีโวลต์สูง
inductive (อินดัค' ทิฟว์) *adj.* ซึ่งเกี่ยวกับการเหนี่ยวนำกระแสไฟฟ้าหรือสนามแม่เหล็ก, ซึ่งชักนำ, ซึ่งมีอิทธิพลต่อ **-inductively** *adv.*
inductor (อินดัค' เทอร์) *n.* อุปกรณ์ชักนำกระแสไฟฟ้า
indulge (อินดัลจ์') *v.* **-dulged, -dulging** *-vt.* ทำตามใจตัว, ตามใจ *-vi.* ปล่อยตัว, หมกมุ่น **-indulger** *n.* (**-S.** gratify, satisfy **-A.** discard)
indulgence (อินดัล' เจินซ์) *n.* การทำตามใจ

ตัวเอง, การหมกมุ่น, การปล่อยตัว, การยินยอม, การผ่อนผัน (-S. excess, fondness)
indulgent (อินดัล' เจินท์) *adj.* ตามใจตัวเอง, ที่ปล่อยตัว, ที่หมกมุ่นกับการดื่มกิน **-indulgently** *adv.* (-S. compliant, lenient, tender)
indurate (อิน' ดะเรท) *v.* **-rated, -rating** *-vt.* ทำให้แข็ง, ทำให้ดื้อดึง *-vi.* กลายเป็นยึดมั่น
induration (อินดะเร' ชัน) *n.* การทำให้แข็งตัว
★**industrial** (อินดัส' เตรียล) *adj.* ซึ่งเกี่ยวกับอุตสาหกรรม *-n.* ผลิตผลจากอุตสาหกรรม, คนที่ทำงานในโรงงานอุตสาหกรรม **-industrially** *adv.*
industrialism (อินดัส' เตรียลลิซเซิม) *n.* ระบบเศรษฐกิจและสังคมที่อยู่บนพื้นฐานของอุตสาหกรรมเป็นหลัก
industrialist (อิดัส' เตรียลิซท์) *n.* นักอุตสาหกรรม (-S. capitalist, manufacturer)
industrialize (อินดัส' เตรียไลซ์) *v.* **-ized, -izing** *-vt.* ก่อตั้งหรือทำให้เป็นอุตสาหกรรม *-vi.* กลายเป็นอุตสาหกรรม
industrious (อินดัส' เตรียซ) *adj.* พากเพียร, ขยัน, ฉลาด **-industriously** *adv.* (-S. active)
★**industry** (อิน' ดะสตรี) *n., pl.* **-tries** ความขยันหมั่นเพียร, อุตสาหกรรม, เจ้าของหรือผู้จัดการโรงงานอุตสาหกรรม (-S. business)
inebriate (อินอี' บรีเอท) *vt.* **-ated, -ating** ทำให้มึนเมา **-inebriation** *n.*
inebriety (อินอิไบร' อิที) *n.* ความมึนเมา
ineffable (อินเอฟ' ฟะเบิล) *adj.* ซึ่งไม่สามารถพูดออกมาได้ **-ineffably** *adv.*
ineffective (อินอิเฟค' ทิฟว์) *adj.* ซึ่งไม่เกิดผล, ซึ่งไม่มีประสิทธิภาพ, ซึ่งไม่มีความสามารถ **-ineffectively** *adv.* (-S. futile -A. effective)
ineffectual (อินอิเฟค' ชวล) *adj.* ไม่เพียงพอ, ไม่มีประโยชน์, อ่อนแอ (-S. fruitless)
inefficacious (อินเอฟฟิเค' เชิซ) *adj.* ไร้ผล
inefficient (อินอิฟิช' เชินท์) *adj.* ซึ่งไร้ประสิทธิภาพ (สมรรถภาพ) **-inefficiently** *adv.* **-inefficiency** *n.* (-A. efficient)
inelegant (อินเอล' ลิเกินท์) *adj.* ซึ่งไม่ประณีต
ineligible (อินเอล' ลิจะเบิล) *adj.* ไม่เหมาะสม, ซึ่งขาดคุณสมบัติ **-ineligibly** *adv.* (-S. unfit)
inept (อินเอพท์') *adj.* ซึ่งไม่เหมาะสมหรือไม่ชำนาญ, โง่ **-ineptly** *adv.* (-S. unskilful)
inequality (อินอิควอล' ลิที) *n., pl.* **-ties** ความไม่เท่าเทียม, ความไม่ยุติธรรม (-S. bias)
inert (อินเนิร์ท') *adj.* เฉื่อยชา, ไม่มีปฏิกิริยาทางเคมีกับสารอื่น **-inertly** *adv.* (-S. dead)
inertia (อิเนอร์' ชะ) *n.* ความเฉื่อยชา, การอยู่กับที่ **-inertial** *adj.* **-inertially** *adv.* (-S. apathy)
inevitable (อินเอฟ' วิทะเบิล) *adj.* ซึ่งหลีกเลี่ยงไม่ได้, แน่นอน **-inevitability** *n.* **-inevitably** *adv.* (-S. assured, certain)
inexact (อินอิกแซคท์') *adj.* ซึ่งไม่ถูกต้อง
inexcusable (อินอิคซกยู' ซะเบิล) *adj.* ซึ่งยกโทษไม่ได้ **-inexcusably** *adv.*
inexhaustible (อินอิกซอ' สตะเบิล) *adj.* ซึ่งใช้ไม่หมด, ซึ่งไม่รู้จักเหนื่อย **-inexhaustibly** *adv.* (-S. incessant, tireless -A. poor, weary)
inexorable (อินเอค' เซอระเบิล) *adj.* ไม่ย่อท้อ **-inexorability** *n.* **-inexorably** *adv.*
inexpedient (อินอิคซปี' เดียนท์) *adj.* ซึ่งไม่เหมาะสม, ซึ่งไม่สะดวก **-inexpediency** *n.* **-inexpediently** *adv.* (-S. inadvisable)
inexpensive (อินอิคซเปน' ซิฟว์) *adj.* ถูก **-inexpensively** *adv.* (-S. cheap -A. expensive)
inexperience (อินอิคซเปีย' เรียนซ์) *n.* การขาดประสบการณ์ **-inexperienced** *adj.*
inexpert (อินเอค' ซเปิร์ท) *adj.* ซึ่งไม่ชำนาญ **-inexpertly** *adv.* (-S. unskilful -A. skilful)
in extenso (อินเอคซเตน' โซ) *adv.* ซึ่งเต็มความยาว, ซึ่งเป็นความยาวสูงสุด
in extremis (อินเอคซตรี' มิซ) *adv.* ซึ่งใกล้ตาย
inextricable (อินเอค' ซตริคะเบิล) *adj.* ซึ่งหนีไม่ได้, ซึ่งยุ่งมากจนไม่สามารถแยกหรือแก้ได้
infallible (อินแฟล' ละเบิล) *adj.* ซึ่งไม่ผิดพลาด, แน่นอน **-infallibly** *adv.* (-S. certain)
infamous (อิน' ฟะเมิซ) *adj.* เสียชื่อเสียง, เลวทราม **-infamously** *adv.* (-S. notorious)
infant (อิน' เฟินท์) *n.* ทารก *-adj.* ซึ่งเกี่ยวกับทารก, ซึ่งอยู่ระยะเริ่มแรก (-S. (n.) baby)
infanta (อินแฟน' ทะ) *n.* ราชธิดาของพระเจ้าแผ่นดินสเปนหรือโปรตุเกส
infante (อินแฟน' ที) *n.* พระราชโอรส (องค์ที่ไม่ใช่รัชทายาท) ของพระเจ้าแผ่นดินสเปนหรือโปรตุเกส
infanticide (อินแฟน' ทิไซด์) *n.* การฆ่าทารก, ผู้ฆ่าทารก **-infanticidal** *adj.*
infantile (อิน' เฟินไทล์) *adj.* เกี่ยวกับทารก, ซึ่งมีลักษณะของทารก (-S. babyish)
infantile paralysis โรคโปลิโอที่เกิดในเด็ก
infantry (อิน' เฟินทรี) *n., pl.* **-tries** กองทหารราบ
infantryman (อิน' เฟินทรีเมิน) *n.* ทหารราบ

A B C D E F G H I J K L M N O P Q R S T U V W X Y Z

infatuate (อินแฟช' ชูเอท) *vt.* **-ated, -ating** ทำให้โง่, ทำให้หลงเสน่ห์ *-adj.* ซึ่งหลงรัก **-infatuated** *adj.* **-infatuation** *n.* (**-S.** (v.) besot)
★**infect** (อินเฟคท์') *vt.* **-fected, -fecting** ติดเชื้อ, ติดโรค (**-S.** corrupt, poison)
infection (อินเฟค' ชัน) *n.* การติดเชื้อ, การติดโรค, เชื้อโรค (**-S.** poison, pollution)
★**infectious** (อินเฟค' เชิซ) *adj.* ซึ่งทำให้เกิดการติดเชื้อหรือติดโรค,ซึ่งทำให้ติดต่อไปยังผู้อื่นได้ **-infectiously** *adv.* (**-S.** catching)
infer (อินเฟอร์') *v.* **-ferred, -ferring** *-vt., vi.* สรุป **-inferable** *adj.* **-inferrer** *n.* (**-S.** conclude)
inference (อิน' เฟอเรินซ์) *n.* ข้อสรุป, การสรุป **-inferential** *adj.* (**-S.** conclusion)
inferior (อินเฟีย' เรียร์) *adj.* ด้อยกว่า, ต่ำกว่า, ชั้นต่ำ, แย่, รอง, ซึ่งอยู่ใต้หรืออยู่ต่ำ, ชั้นเลว *-n.* คนที่มีสถานะต่ำกว่าบุคคลอื่น **-inferiority** *n.* (**-S.** (n., adj.) lower **-A.** (n., adj.) superior)
inferiority complex ปมด้อย
infernal (อินเฟอร์' เนิล) *adj.* เกี่ยวกับนรก
inferno (อินเฟอร์' โน) *n., pl.* **-nos** สถานที่ที่คล้ายนรก
infest (อินเฟซท์') *vt.* **-fested, -festing** เข้ามาอาศัยอยู่อย่างมากมาย **-infestation** *n.*
infidel (อิน' ฟิเดิล) *n.* คนนอกศาสนา (**-S.** skeptic)
infidelity (อินฟิเดล' ลิที) *n., pl.* **-ties** ความไม่ซื่อสัตย์, การนอกใจ, ความไม่เลื่อมใสในศาสนา
infighting (อิน' ไฟทิง) *n.* การต่อสู้หรือการชกมวยในระยะกระชั้นชิดหรือเข้าคลุกวงใน
infiltrate (อินฟิล' เทรท) *v.* **-trated, -trating** *-vt.* แทรกซึม, ซึมผ่าน *-vi.* แทรกซึม *-n.* สิ่งที่แทรกซึมเข้าไปในร่างกายซึ่งส่วนใหญ่เป็นสิ่งแปลกปลอมที่จะสะสมอยู่ในเซลล์หรือเนื้อเยื่อของร่างกายทีละน้อย **-infiltrative** *adj.* **-infiltrator** *n.* **-infiltration** *n.* (**-S.** (v.) penetrate)
infinite (อิน' ฟะนิท) *adj.* ซึ่งไม่มีขอบเขต, ซึ่งไม่สิ้นสุด *-n.* สิ่งที่ไม่มีขอบเขต, สิ่งที่ไม่มีที่สิ้นสุด **-infinitely** *adv.* **-infiniteness** *n.*
infinitesimal (อินฟินนิเทซ' ซะเมิล) *adj.* เล็กน้อยมาก **-infinitesimally** *adv.* (**-S.** tiny)
infinitive (อินฟิน' นิทิฟว์) *n.* รูปกริยาในภาษาอังกฤษที่ขึ้นต้นด้วย to
infinitude (อินฟิน' นิทูด) *n.* สภาวะที่ไม่มีที่สิ้นสุด, กว้างขวางมาก
infinity (อินฟิน' นิที) *n., pl.* **-ties** ความไม่มีที่สิ้นสุด, ความไม่มีขอบเขต, ความมากมายเหลือคณานับ (**-S.** endlessness, eternity)
infirm (อินเฟิร์ม') *adj.* อ่อนแอ, ชรา, ซึ่งไม่มั่นคง **-infirmly** *adv.* (**-S.** feeble, weak)
infirmary (อินเฟอร์' มะรี) *n., pl.* **-ries** โรงพยาบาลขนาดเล็ก, ร้านขายยา
infirmity (อินเฟอร์' มิที) *n., pl.* **-ties** ความเจ็บป่วย, ความอ่อนแอ, ความบกพร่อง
inflame (อินเฟลม') *v.* **-flamed, -flaming** *-vt.* กระตุ้นกิเลสตัณหา, ทำให้ (ผิวหนัง) แดงหรืออักเสบ, ทำให้ร้อนหรือลุกเป็นไฟ, ทำให้เร่าร้อน, ทำให้โกรธ *-vi.* โกรธมาก, ลุกเป็นไฟ, มีอารมณ์รุนแรง **-inflamer** *n.* (**-S.** anger **-A.** cool)
inflammable (อินแฟลม' มะเบิล) *adj.* ซึ่งลุกเป็นไฟได้รวดเร็ว, ซึ่งยุยงได้ง่าย, โกรธง่าย, ซึ่งเร้าหรือกระตุ้นให้เกิดอารมณ์รุนแรงได้ง่าย **-inflammably** *adv.* (**-S.** combustible)
inflammation (อินฟละเม' ชัน) *n.* การอักเสบ
inflammatory (อินแฟลม' มะทอรี) *adj.* ซึ่งกระตุ้นกิเลสหรืออารมณ์ให้รุนแรงขึ้นได้, ซึ่งมีลักษณะของการอักเสบ **-inflammatorily** *adv.*
inflate (อินเฟลท') *v.* **-flated, -flating** *-vt.* ทำให้เกิดเงินเฟ้อ, สูงขึ้น, ทำให้พอง *-vi.* พองตัว, สูงขึ้น **-inflator, inflater** *n.* (**-S.** amplify)
inflated (อินเฟล' ทิด) *adj.* พอง, ซึ่งคุยโว
★**inflation** (อินเฟล' ชัน) *n.* การขยายตัว, ภาวะเงินเฟ้อ, การสูงขึ้นอย่างผิดปกติ, การคุยโวโอ้อวด **-inflationary** *adj.* (**-S.** enlargement)
inflect (อินเฟลคท์') *v.* **-flected, -flecting** *-vt.* เปลี่ยนระดับเสียง, โค้ง, งอ, ผันไปตามบุรุษและพจน์ *-vi.* ถูกผันไปตามบุรุษและพจน์
inflection (อินเฟลค' ชัน) *n.* การเปลี่ยนระดับเสียง, การโค้ง, การงอ, การผันตามบุรุษและพจน์ **-inflectional** *adj.* **-inflectionally** *adv.*
inflexible (อินเฟลค' ซะเบิล) *adj.* ซึ่งไม่ยืดหยุ่น, ซึ่งไม่เปลี่ยนแปลง, ซึ่งไม่ยอม, ดื้อรั้น, มั่นคง **-inflexibility** *n.* **-inflexibly** *adv.* (**-S.** firm)
inflict (อินฟลิคท์') *vt.* **-flicted, -flicting** ลงโทษ, กำหนด **-infliction** *n.* (**-S.** impose)
inflow (อิน' โฟล) *n.* การไหลเข้า, สิ่งที่ไหลเข้า
★**influence** (อิน' ฟลูเอินซ์) *n.* อิทธิพล, ผู้มีอิทธิพล *-vt.* **-enced, -encing** มีผลกระทบ, มีอิทธิพลต่อ **-influencer** *n.* (**-S.** (v.) affect)
influential (อินฟลูเอน' เชิล) *adj.* ซึ่งมีอิทธิพล, ซึ่งมีผลกระทบ **-influentially** *adv.* (**-S.** potent)
influenza (อินฟลูเอน' ซะ) *n.* โรคไข้หวัดใหญ่
influx (อิน' ฟลัคซ์) *n.* การทะลัก (**-S.** incursion)
★**inform** (อินฟอร์ม') *v.* **-formed, -forming** *-vt.* บอก, ดลใจ *-vi.* บอก, ฟ้องร้อง (**-S.** tell)

★**informal** (อินฟอร์ เมิล) *adj.* ซึ่งไม่เป็นทางการหรือไม่มีพิธีรีตอง, ซึ่งเป็นกันเอง **-informally** *adv.* **-informality** *n.* (**-S.** casual, easy)
informant (อินฟอร์ เมินท์) *n.* ผู้ให้ข้อมูล
★**information** (อินเฟอร์เม' ชัน) *n.* ความรู้, ข้อมูล, ข่าวสาร, การให้ความรู้, การฟ้องร้อง, การบอกให้ทราบ (**-S.** advise, knowledge)
informative (อินฟอร์ มะทิฟว์) *adj.* ซึ่งให้ความรู้หรือข้อมูลข่าวสาร **-informatively** *adv.*
informed (อินฟอร์มด์') *adj.* ซึ่งมีความรู้
informer (อินฟอร์ เมอร์) *n.* ผู้บอกให้ทราบ, ผู้แจ้งข่าว (ให้ฝ่ายตรงข้าม) (**-S.** betrayer)
infraction (อินแฟรค' ชัน) *n.* การฝ่าฝืน
infrequent (อินฟรี' เควินท์) *adj.* ซึ่งไม่ถี่, ซึ่งเกิดขึ้นเป็นครั้งคราว **-infrequency** *n.* **-infrequently** *adv.* (**-S.** occasional, rare)
infringe (อินฟรินจ์') *v.* **-fringed, -fringing** *-vt.* ฝ่าฝืน, ล่วงล้ำ *-vi.* ล่วงล้ำ **-infringer** *n.* **-infringement** *n.* (**-S.** break **-A.** conserve)
infuriate (อินฟยุ' รีเอท) *vt.* **-ated, -ating** ทำให้โกรธ *-adj.* โกรธ **-infuriatingly** *adv.* **-infuriation** *n.* (**-S.** (v.) anger)
infuse (อินฟยูซ') *vt.* **-fused, -fusing** แช่, กรอกใส่, ซึมซาบ **-infuser** *n.* **-infusible** *adj.*
infusion (อินฟยู' ฌัน) *n.* การแช่, ของเหลวที่ได้จากการแช่
ingenious (อินจีน' เนียซ) *adj.* ฉลาด, ช่างประดิษฐ์ **-ingeniously** *adv.* (**-S.** clever **-A.** slow)
ingénue (แอง' ฌะนู) *n.* หญิงสาวที่ซื่อบริสุทธิ์
ingenuity (อินจะนู' อิที) *n., pl.* **-ties** ความฉลาด, ความช่างคิด, ความช่างประดิษฐ์, สิ่งที่ประดิษฐ์ขึ้น, ความชำนาญ (**-S.** cleverness)
ingenuous (อินเจน' นยูเอิซ) *adj.* อ่อนต่อโลก, ซื่อ, เปิดเผย **-ingenuously** *adv.* (**-S.** artless)
inglorious (อินกลอ' เรียซ) *adj.* ซึ่งเสื่อมเสีย, น่าอับอาย, ไม่มีชื่อเสียง **-ingloriously** *adv.*
ingoing (อิน' โกอิง) *adj.* ซึ่งเข้ามาใหม่
ingot (อิง' เกิท) *n.* แท่งโลหะ
ingrained (อินเกรนด์') *adj.* ติดแน่น, ซึ่งฝังลึก, ซึ่งฝังแน่นอยู่ในเส้นใยผ้า
ingrate (อิน' เกรท) *n.* คนอกตัญญู
ingratiate (อินเกร' ชีเอท) *vt.* **-ated, -ating** ประจบ, เอาใจ **-ingratiation** *n.* (**-S.** fawn)
ingratitude (อินแกรท' ทิทูด) *n.* ความอกตัญญู
ingredient (อินกรี' เดียนท์) *n.* ส่วนประกอบ
ingress, ingression (อิน' เกรซ, อินเกรซ' ชัน) *n.* ทางเข้า, การเข้า
ingrowing (อิน' โกรอิง) *adj.* ซึ่งเจริญเติบโตเข้าไปในเนื้อ **-ingrowth** *n.*
inguinal (อิง' กวะเนิล) *adj.* เกี่ยวกับขาหนีบหรือต้นขา
★**inhabit** (อินแฮบ' บิท) *v.* **-ited, -iting** *-vt.* อาศัย, อยู่ใน *-vi.* อาศัย **-inhabitable** *adj.* **-inhabitation** *n.* (**-S.** abide, dwell)
inhabitant (อินแฮบ' บิเทินท์) *n.* ผู้อยู่อาศัย, พลเมือง (**-S.** citizen, dweller)
inhale (อินเฮล') *v.* **-haled, -haling** *-vt.* สูดหายใจเข้า *-vi.* สูด, สูบ **-inhalation** *n.*
inherent (อินเฮีย' เรินท์) *adj.* โดยสันดาน, โดยธรรมชาติ **-inherently** *adv.* (**-S.** innate)
inherit (อินเฮ' ริท) *v.* **-ited, -iting** *-vt.* สืบทอด, รับมรดก, สืบลักษณะทางกรรมพันธุ์ *-vi.* รับมรดก, สืบทอด **-inheritor** *n.* (**-S.** be left)
inheritance (อินเฮ' ริเทินซ์) *n.* การสืบทอด, การรับช่วง, สิ่งที่ได้รับช่วงหรือถูกสืบทอดมา, มรดก, ลักษณะทางพันธุกรรมที่สืบทอดมา (**-S.** bequest, estate, heritage)
inhibit (อินฮิบ' บิท) *vt.* **-ited, -iting** ขัดขวาง, ยับยั้ง **-inhibitable** *adj.* (**-S.** impede, obstruct)
inhibition (อินฮะบิช' ชัน) *n.* การขัดขวาง (ยับยั้ง), สิ่งที่ขัดขวาง (**-S.** hindrance, obstacle)
inhibitor, inhibiter (อินฮิบ' บิเทอร์) *n.* ผู้ห้ามปราม, ตัวยับยั้งหรือขัดขวาง
inhospitable (อินฮอส' ปิทะเบิล) *adj.* ซึ่งไม่ต้อนรับ, ซึ่งไม่เอื้ออารี **-inhospitably** *adv.*
inhuman (อินฮยู' เมิน) *adj.* โหดร้ายทารุณ, ซึ่งไม่ใช่ลักษณะของมนุษย์ **-inhumanly** *adv.* **-inhumanity** *n.* (**-S.** animal, cruel **-A.** human)
inhumane (อินฮยูเมน') *adj.* ซึ่งขาดความเมตตากรุณา หรือสงสาร (**-S.** cruel)
inimical (อินิม' มิเคิล) *adj.* ซึ่งไม่เป็นมิตร, ซึ่งเป็นอันตราย **-inimically** *adv.* (**-S.** hostile)
inimitable (อินิม' มิทะเบิล) *adj.* ซึ่งไม่สามารถเลียนแบบได้ **-inimitably** *adv.* (**-S.** unique)
iniquitous (อินิค' ควิเทิซ) *adj.* ไร้ศีลธรรม, ชั่วช้า **-iniquitously** *adv.* **-iniquitousness** *n.*
iniquity (อินิค' ควิที) *n., pl.* **-ties** ความไร้ศีลธรรม, ความอยุติธรรม, บาป
★**initial** (อินิช' เชิล) *adj.* แรกเริ่ม, เบื้องต้น *-n.* อักษรตัวแรกของชื่อ *-vt.* **-tialed, -tialing/-tialled, -tialling** เขียนอักษรย่อ **-initially** *adv.* (**-S.** (adj.) first **-A.** (adj.) final)
initiate (อินิช' ชีเอท) *vt.* **-ated, -ating** ริเริ่ม, นำไปให้รู้จัก *-adj.* แรกเริ่ม *-n.* ผู้ถูกถ่ายทอด

A B C D E F G H I J K L M N O P Q R S T U V W X Y Z

ความรู้ให้ **-initiation** *n.* (**-S.** (v.) begin)

★**initiative** (อินิช' ชะทิฟว์) *n.* การริเริ่ม *-adj.* เกี่ยวกับการเริ่มต้น, ซึ่งใช้กับการเริ่มต้น **-initiatively** *adv.* (**-S.** (n.) start **-A.** (n., adj.) rear)

★**inject** (อินเจคท์') *vt.* **-jected, -jecting** ฉีด, ฉีดยา, เป่า, พูดแทรก **-injector** *n.* **-injection** *n.* (**-S.** infuse, insert, introduce)

injudicious (อินจูดิช' เชิซ) *adj.* ซึ่งไม่ฉลาด **-injudiciously** *adv.* (**-S.** foolish **-A.** clever)

injunction (อินจังค์' ชัน) *n.* คำสั่ง, คำสั่งศาล **-injunctive** *adj.* (**-S.** command, order)

★**injure** (อิน' เจอร์) *vt.* **-jured, -juring** ทำให้เสียหาย, ทำผิด, ทำอันตราย, ทำให้เสียใจ **-injurer** *n.* (**-S.** abuse, hurt, mischief)

injurious (อินจุ' เรียซ) *adj.* ซึ่งทำให้ได้รับบาดเจ็บหรือเป็นอันตราย **-injuriously** *adv.* (**-S.** hurtful, noxious **-A.** helpful)

★**injury** (อิน' จะรี) *n., pl.* **-ries** ความเสียหาย, บาดแผล, ภัย, คำสบประมาท (**-S.** abuse)

injustice (อินจัส' ติซ) *n.* การละเมิดสิทธิผู้อื่น, ความอยุติธรรม, ความผิด (**-S.** bias, wrong)

★**ink** (อิงค์) *n.* หมึก *-vt.* **inked, inking** ขีดหรือทาด้วยหมึก **-inker** *n.* **-inkiness** *n.*

inkling (อิง' คลิง) *n.* ข้อสังเกตเล็กๆ น้อย, การรู้เพียงเลาๆ (**-S.** clue, hint)

inlaid (อิน' เลด) *adj.* ซึ่งฝังมุกเพื่อการตกแต่ง

inland (อิน' เลินด์) *adj.* เกี่ยวกับภายในประเทศ, ท้องถิ่น, ชั้นใน *-adv.* ซึ่งอยู่ภายในประเทศ, ซึ่งเข้าไปในประเทศ *-n.* ภายในประเทศ **-inlander** *n.* (**-S.** (adj.) domestic, interior)

inlet (อิน' เลท) *n.* เวิ้ง, ทางน้ำแคบๆ ระหว่างเกาะสองเกาะ, ปากทาง, ทางเข้า (**-S.** bay)

inmate (อิน' เมท) *n.* ผู้ที่อยู่รวมกับผู้อื่น, ผู้ที่ถูกกักตัวอยู่ในโรงพยาบาลหรือคุก

inmost (อิน' โมซท์) *adj.* ในสุด (**-S.** basic, deep)

inn (อิน) *n.* โรงแรม, ร้านขายเหล้า

innards (อิน' เนิร์ดซ์) *n. pl.* (ภาษาพูด) เครื่องใน, ส่วนภายในของเครื่องยนต์หรือเครื่องจักร

innate (อิเนท') *adj.* โดยกำเนิด, โดยสันดาน, แต่ดั้งเดิม **-innately** *adv.* (**-S.** inborn, natural)

★**inner** (อิน' เนอร์) *adj.* ภายใน, ข้างใน, ส่วนตัว, ลับเฉพาะ **-inner** *n.* **-innerly** *adv., adj.* **-innerness** *n.* (**-S.** inside, secret)

innermost (อิน' เนอร์โมซท์) *adj.* ในสุด *-n.* ส่วนในสุด

inning (อิน' นิง) *n.* สมัยมีอำนาจ

innkeeper (อิน' คีเพอร์) *n.* เจ้าของโรงแรม, ผู้จัดการโรงแรม

★**innocent** (อิน' นะเซินท์) *adj.* ซื่อ, บริสุทธิ์ **-innocently** *adv.* **-innocence** *n.* (**-S.** pure)

innocuous (อินอค' คยูเอิซ) *adj.* ซึ่งไม่รุกราน, ซึ่งไม่มีภัยอันตราย **-innocuously** *adv.* **-innocuousness** *n.* (**-S.** harmless)

innovate (อิน' นะเวท) *vt., vi.* **-vated, -vating** เริ่มหรือนำสิ่งใหม่เข้ามา **-innovator** *n.*

innovation (อินนะเว' ชัน) *n.* สิ่งใหม่ๆ **-innovational** *adj.* (**-S.** change, novelty)

innuendo (อินยูเอน' โด) *n., pl.* **-does** การพูดเสียดสีหรือเหน็บแนม (**-S.** insinuation)

innumerable (อินู' เมอระเบิล) *adj.* มากมาย **-innumerably** *adv.* (**-S.** countless, many)

inobservance (อินเอิบเซอร์' เวินซ์) *n.* ความไม่สังเกต, การละเมิด **-inobservant** *adj.*

inoculate (อินอค' คยะเลท) *vt.* **-lated, -lating** ฉีดวัคซีน, ปลูกฝี, ปลูกฝังความคิด **-inoculative** *adj.* **-inoculator** *n.* **-inoculation** *n.*

inoffensive (อินอะเฟน' ซิฟว์) *adj.* ซึ่งไม่มีภัยอันตราย, ซึ่งไม่รุกราน, ไม่น่ารังเกียจ **-inoffensively** *adv.* (**-S.** harmless)

inoperable (อินออพ' เพอระเบิล) *adj.* ซึ่งใช้ไม่ได้ **-inoperably** *adv.*

inopportune (อินออพเพอร์ทูน') *adj.* ซึ่งไม่เหมาะสม **-inopportunely** *adv.* (**-S.** ill-timed)

inordinate (อินออร์' เดินนิท) *adj.* เลยเถิด, มากเกินไป **-inordinately** *adv.* (**-S.** excessive)

inorganic (อินออร์แกน' นิค) *adj.* เกี่ยวกับอนินทรียสาร, ซึ่งไม่เกิดขึ้นเองตามธรรมชาติ, ซึ่งไร้ระบบ, ไร้โครงสร้าง **-inorganically** *adv.*

inpatient (อิน' เพเชินท์) *n.* ผู้ป่วยใน

input (อิน' พุท) *n.* สิ่งที่ใส่เข้าไป, กระแสไฟหรือกำลังไฟฟ้า, ข้อมูลที่ป้อนเข้าไปในคอมพิวเตอร์, วัตถุดิบ เงินทุน และอุปกรณ์สำหรับการผลิต, ข้อมูลหรือมุมมองในการแก้ปัญหา *-vt.* **-putted/-put, -putting** ใส่ข้อมูลหรือโปรแกรมลงในเครื่องคอมพิวเตอร์

inquest (อิน' เควซท์) *n.* ผู้ที่ทำการสืบสวน, การสอบสวนคดี (**-S.** inquiry, probe)

★**inquire, enquire** (อินไควร์', เอน-) *v.* **-quired, -quiring** *-vi.* สอบถาม, สืบสวน *-vt.* ถาม, สอบถาม **-inquirer** *n.* (**-S.** examine, probe)

★**inquiry, enquiry** (อินไคว' รี, เอนไคว' รี) *n., pl.* **-ies** การสอบสวน (**-S.** asking, question)

inquisition (อินควิซิช' ชัน) *n.* การสืบสวน, การสอบสวนอย่างขู่เข็ญ, การซักถามที่กระด้าง

A B C D E F G H I J K L M N O P Q R S T U V W X Y Z

รุนแรง **-inquisitional** *adj.* (**-S.** examination)
inquisitive (อินควิซ' ซิทิฟว์) *adj.* ซึ่งอยากรู้อยากเห็น, ซึ่งชอบสอบถามหรือสอบสวน **-inquisitively** *adv.* (**-S.** curious, questioning)
inquisitor (อินควิซ' ซิเทอร์) *n.* ผู้ทำการสืบสวนหรือสอบสวน, ผู้ชอบซักถาม **-inquisitorial** *adj.*
in re (อินเร', -รี') *prep.* ในเรื่องของ
inroad (อิน' โรด) *n.* การบุกรุก, การรุกล้ำ
inrush (อิน' รัช) *n.* การไหลบ่า, การไหลพุ่ง
insane (อินเซน') *adj.* การวิกลจริต, ซึ่งสติไม่ปกติ, ซึ่งเป็นโรคจิต, โง่มาก, บ้า **-insanely** *adv.* **-insaneness** *n.* **-insanity** *n.* (**-S.** crazy, mad)
insanitary (อินแซน' นิเทรี) *adj.* ซึ่งไม่สะอาด ถูกหลักอนามัย (**-S.** dirty, infected)
insatiable (อินเซ' ชะเบิล) *adj.* ซึ่งไม่พึงพอใจหรือไม่เพียงพอ **-insatiably** *adv.* (**-S.** greedy)
inscribe (อินสไกรบ์') *vt.* **-scribed, -scribing** จารึก, สลัก, ลงทะเบียน, ลงชื่อ, เขียน (คำอวยพร คำอุทิศ) **-inscriber** *n.* (**-S.** carve)
inscription (อินสกริพ' ชัน) *n.* การลงทะเบียน, ถ้อยคำหรือข้อความที่เขียนหรือจารึก, คำอุทิศ **-inscriptional, inscriptive** *adj.* **-inscriptively** *adv.* (**-S.** dedication, words)
inscrutable (อินสกรู' ทะเบิล) *adj.* ซึ่งยากที่จะเข้าใจได้ **-inscrutably** *adv.* (**-S.** hidden)
★**insect** (อิน' เซคท์) *n.* แมลง, คนที่ไม่มีความสำคัญ **-insect** *adj.* **-insectival** *adj.*
insecticide (อินเซค' ทิไซด์) *n.* ยาฆ่าแมลง **-insecticidal** *adj.* **-insecticidally** *adv.*
insecure (อินซิคยุร์') *adj.* ไม่มั่นคง, น่าสงสัย, ไม่ปลอดภัย **-insecurely** *adv.* (**-S.** unsafe)
inseminate (อินเซม' มะเนท) *vt.* **-nated, -nating** ผลิตหรือฉีดอสุจิเข้าไปในอวัยวะสืบพันธุ์ของตัวเมีย **-insemination** *n.*
insensate (อินเซน' เซท) *adj.* ซึ่งไร้ความรู้สึก, ซึ่งไม่มีเหตุผล, โง่, ทารุณ **-insensately** *adv.*
insensible (อินเซน' ซะเบิล) *adj.* เล็กมาก, สลบ, ตายด้าน, ซึ่งไม่มีความหมาย, ไม่รู้ตัว **-insensibly** *adv.* (**-S.** benumbed, unaware)
insensitive (อินเซน' ซิทิฟว์) *adj.* ไม่มีความรู้สึก, ไม่มีการตอบสนอง, เมินเฉย **-insensitively** *adv.* **-insensitivity** *n.* (**-S.** unfeeling)
inseparable (อินเซพ' เพอระเบิล) *adj.* ซึ่งแยกไม่ได้, ซึ่งแบ่งไม่ได้ **-inseparability** *n.* **-inseparably** *adv.* (**-S.** indivisible, intimate)
insert (*v.* อินเซิร์ท', *n.* อิน' เซิร์ท) *vt.* **-serted, -serting** สอด, ใส่ *-n.* สิ่งที่แทรกหรือใส่ **-inserter** *n.* (**-S.** (v.) interpolate)
insertion (อินเซอร์' ชัน) *n.* การใส่, สิ่งที่สอดแทรก, การปลูก **-insertional** *adj.* (**-S.** addition)
inset (อิน' เซท) *vt.* **-set, -setting** ใส่, สอด, แทรก *-n.* สิ่งที่สอดแทรกเข้าไป, ใบแทรก
inshore (อิน' ชอร์') *adv., adj.* ใกล้ฝั่ง, ติดฝั่ง
★**inside** (อินไซด์') *n.* ส่วนใน, (คำสแลง) ความลับ *-adj.* ข้างใน, ซึ่งเป็นความลับ *-adv.* ข้างใน, (คำสแลง) ในคุก *-prep.* ภายใน (**-S.** (n., adv., prep.) within (adj.) inner (adj., n.) interior)
insider (อินไซ' เดอร์) *n.* ผู้ที่รู้เรื่องเบื้องหลังหรือเรื่องภายใน
insidious (อินซิด' เดียซ) *adj.* ซึ่งหลอกลวง, อย่างลับๆ **-insidiously** *adv.* (**-S.** crafty)
insight (อิน' ไซท์) *n.* ความเข้าใจอย่างลึกซึ้ง, การมีสายตากว้างไกล (**-S.** awareness, vision)
insignia, insigne (อินซิก' เนีย, -นี) *n., pl.* **-nia/-nias** ตราประจำตำแหน่ง, เครื่องหมายเกียรติยศ (**-S.** badge, emblem)
insignificant (อินซิกนิฟ' ฟิเคินท์) *adj.* ซึ่งไม่สำคัญ, ซึ่งเป็นเรื่องเล็กน้อย, ซึ่งไม่มีค่าหรือความหมาย **-insignificance** *n.* (**-S.** trivial)
insincere (อินซินเซียร์') *adj.* ซึ่งไม่จริงใจ **-insincerely** *adv.* **-insincerity** *n.* (**-S.** devious)
insinuate (อินซิน' นยูเอท) *v.* **-ated, -ating** *-vt.* บอกเป็นเชิง *-vi.* บอกเป็นนัย **-insinuative** *adj.* **-insinuator** *n.* (**-S.** hint, imply)
insinuating (อินซิน' นยูเอทิง) *adj.* ซึ่งพูดเป็นนัยๆ, ซึ่งประจบประแจง **-insinuatingly** *adv.*
insinuation (อินซินนยูเอ' ชัน) *n.* การบอกเป็นนัยๆ, การประจบประแจง (**-S.** hint)
insipid (อินซิพ' พิด) *adj.* จืดชืด, ไม่น่าสนใจ **-insipidly** *adv.* (**-S.** tasteless **-A.** tasty)
★**insist** (อินซิซท์') *vi., vt.* **-sisted, -sisting** ยืนหยัด, ยืนยัน **-insistent** *adj.* (**-S.** persist)
in situ (อินไซ' ทู, -ซี'-) *adv., adj.* ซึ่งอยู่ในตำแหน่งแรกเริ่ม
insofar (อินโซฟาร์') *adv.* ตราบเท่าที่
insole (อิน' โซล) *n.* พื้นด้านในของรองเท้า
insolent (อิน' ซะเลินท์) *adj.* อวดดี, ทะลึ่ง **-insolently** *adv.* **-insolence** *n.* (**-S.** haughty)
insoluble (อินซอล' ลยะเบิล) *adj.* ซึ่งไม่ละลาย, ซึ่งแก้ไขไม่ได้ **-insoluble** *n.* **-insolubly** *adv.*
insolvent (อินซอล' เวินท์) *adj.* ซึ่งล้มละลาย, ซึ่งไม่มีเงินพอจะใช้หนี้, เกี่ยวกับบุคคลที่ล้มละลาย *-n.* บุคคลล้มละลาย **-insolvency** *n.*
insomnia (อินซอม' เนีย) *n.* การนอนไม่หลับ

insomuch as เท่าที่
★**inspect** (อินสเปคท') *vt.* **-spected, -specting** ตรวจตราอย่างละเอียด **-inspective** *adj.* **-inspection** *n.* (**-S.** check, examine)
inspector (อินสเปค' เทอร์) *n.* ผู้ตรวจสอบ, นายตรวจ **-inspectorship** *n.* (**-S.** examiner)
inspiration (อินสปะเร' ชัน) *n.* การกระตุ้นความรู้สึกหรือความคิด, แรงบันดาลใจ, สิ่งดลใจ, การดลใจหรือดลบันดาล, การหายใจเข้า (**-S.** arousal, motivation, stimulus)
inspiratory (อินสไป' ระทอรี) *adj.* เกี่ยวกับการหายใจ
inspire (อินสไปร์') *v.* **-spired, -spiring** *-vt.* ดลใจ, สูดหายใจ, กระตุ้น, บันดาลใจ *-vi.* กระตุ้น, หายใจเข้า **-inspirer** *n.* (**-S.** inhale)
instability (อินสตะบิล' ลิที) *n., pl.* **-ties** ความไม่มั่นคง (**-S.** unsteadiness, weakness)
★**install, instal** (อินสตอล') *vt.* **-stalled, -stalling** ติดตั้ง, แต่งตั้ง, สถาปนา **-installation** *n.*
installment, instalment[1] (อินสตอล' เมินท) *n.* งวดในการจ่ายหนี้, ตอน, ส่วน
installment, instalment[2] (อินสตอล' เมินท) *n.* การติดตั้ง, การสถาปนา
★**instance** (อิน' สเตินซ) *n.* ตัวอย่าง, กรณี *-vt.* **-stanced, -stancing** ยกตัวอย่าง **-for instance** ยกตัวอย่าง, เช่น (**-S.** (n.) case)
★**instant** (อิน' สเตินท) *n.* อาหารหรือเครื่องดื่มที่สามารถเตรียมได้ในเวลาอันสั้น, ช่วงเวลาประเดี๋ยวเดียว, เดือนนี้ *-adj.* ทันที, ด่วน, ซึ่งเตรียมได้ง่าย, ซึ่งละลายได้ทันที *-adv.* ทันทีทันใด, ฉับพลัน (**-S.** (adj., adv.) quick)
instantaneous (อินสเตินเท' เนียซ) *adj.* ทันทีทันใด **-instantaneously** *adv.* (**-S.** immediate)
★**instantly** (อิน' สเตินทลี) *adv.* ฉับพลัน *-conj.* ทันที (**-S.** (adv.) immediately)
★**instead** (อินสเตด') *adv.* แทนที่, แทน **-instead of** แทนที่ (**-S.** alternatively, rather)
instep (อิน' สเตพ) *n.* หลังเท้า
instigate (อิน' สติเกท) *vt.* **-gated, -gating** กระตุ้น, ยุยงส่งเสริม **-instigation** *n.* **-instigative** *adj.* **-instigator** *n.* (**-S.** incite, rouse)
instill, instil (อินสติล') *vt.* **-stilled, -stilling** ค่อยๆ สั่งสอนให้ซึมซาบ, ใส่ลงไปทีละหยด **-instillation** *n.* (**-S.** pour **-A.** extract)
instinct (อิน' สติงค์ท) *n.* สัญชาตญาณ **-instinctive** *adj.* (**-S.** aptitude, gift)
★**institute** (อิน' สติทูท) *vt.* **-tuted, -tuting** ก่อตั้ง, จัดตั้ง, สร้าง *-n.* องค์การ, สถาบัน, สมาคม **-instituter, institutor** *n.* (**-S.** (v.) establish)
★**institution** (อินสติทู' ชัน) *n.* ประเพณี, สถาบัน, สถานที่ตั้งของสถาบัน, สถานที่ดูแลผู้มีปัญหาด้านจิตใจ (**-S.** academy, tradition)
★**instruct** (อินสตรัคท') *v.* **-structed, -structing** *-vt.* สอน, แนะนำ, ออกคำสั่ง *-vi.* เป็นผู้สั่งสอน
★**instruction** (อินสตรัค' ชัน) *n.* การสั่งสอน, การแนะนำ, การเรียน, คำสั่ง **-instructional** *adj.*
instructive (อินสตรัค' ทิฟว์) *adj.* ซึ่งให้ความรู้หรือข้อมูลข่าวสาร **-instructively** *adv.*
instructor (อินสตรัค' เทอร์) *n.* ผู้สอน, อาจารย์ในวิทยาลัยหรือมหาวิทยาลัยที่มีตำแหน่งต่ำกว่าผู้ช่วยศาสตราจารย์, ครู **-instructorship** *n.*
★**instrument** (อิน' สตระเมินท) *n.* เครื่องมือ, ผู้ที่ถูกใช้เป็นเครื่องมือ, เครื่องดนตรี, เอกสารทางกฎหมาย *-vt.* **-mented, -menting** จัดเตรียมเครื่องมือ (**-S.** (n.) gadget, tool)
★**instrumental** (อินสตระเมน' เทิล) *adj.* ซึ่งเป็นเครื่องมือ, เกี่ยวกับเครื่องมือ, ซึ่งเป็นประโยชน์ *-n.* การเรียบเรียงหรือแต่งขึ้นสำหรับเครื่องดนตรี **-instrumentally** *adv.* (**-S.** (adj.) helpful)
instrumentality (อินสตระเมนแทล' ลิที) *n., pl.* **-ties** การเป็นเครื่องมือ เครื่องช่วย หรือเครื่องสนับสนุน, วิธีการ
insubordinate (อินซะบอร์' เดินนิท) *adj.* ไม่เชื่อฟัง **-insubordination** *n.* (**-S.** unruly)
insufferable (อินซัฟ' เฟอระเบิล) *adj.* ทนไม่ได้ **-insufferably** *adv.* (**-S.** intolerable)
insufficient (อินซะฟิช' เชินท) *adj.* ไม่เพียงพอ **-insufficiency** *n.* **-insufficiently** *adv.*
insular (อิน' ซะเลอร์) *adj.* เกี่ยวกับเกาะ, ซึ่งอาศัยหรือตั้งอยู่บนเกาะ, ใจแคบ, ซึ่งใช้ชีวิตอย่างโดดเดี่ยวหรือแยกตัว **-insularism, insularity** *n.* **-insularly** *adv.* (**-S.** closed, narrow)
insulate (อิน' ซะเลท) *vt.* **-lated, -lating** ทำให้แยกตัว, ป้องกันความร้อน กระแสไฟฟ้าหรือเสียง, ปกคลุมด้วยฉนวน (**-S.** isolate, protect)
insulation (อินซะเล' ชัน) *n.* วัตถุหรือสิ่งที่ใช้เป็นฉนวน, การปกคลุมด้วยฉนวน
insulator (อิน' ซะเลเทอร์) *n.* ฉนวน
insulin (อิน' ซะลิน) *n.* ฮอร์โมนชนิดหนึ่งซึ่งหลั่งออกมาจาก Islets of Langerhans ของตับอ่อน ทำหน้าที่ควบคุมการเปลี่ยนน้ำตาลกลูโคสให้เป็นไกลโคเจน
★**insult** (อินซัลท') *v.* **-sulted, -sulting** *-vt.* ดูถูก, สบประมาท *-vi.* รุก, ทำหยิ่ง *-n.* การสบประมาท

A B C D E F G H I J K L M N O P Q R S T U V W X Y Z

-**insulter** *n.* (-S. (n., v.) abuse)
insuperable (อินซู' เพอระเบิล) *adj.* ซึ่งไม่สามารถเอาชนะได้ -**insuperably** *adv.*
★**insurance** (อินชุ' เรินซ์) *n.* การประกัน, เบี้ยประกัน, วงเงินประกัน, กรมธรรม์ (-S.guarantee)
★**insure** (อินชุร์') *vt., vi.* -**sured, -suring** ทำประกัน -**insurable** *adj.* (-S. assure, cover)
insured (อินชุร์ด์') *n., pl.* -**sured/-sureds** ผู้ได้รับการประกัน
insurer (อินชุ' เรอร์) *n.* ผู้รับประกัน, บริษัทประกัน
insurgent (อินเซอร์' เจินท์) *adj.* ซึ่งเกิดการจลาจล *-n.* ผู้ก่อการจลาจล (-S. (n.) rebel)
insurmountable (อินเซอร์เมาน์' ทะเบิล) *adj.* ซึ่งไม่สามารถเอาชนะได้ -**insurmountably** *adv.*
insurrection (อินซะเรค' ชัน) *n.* การจลาจล, การต่อต้าน, การกบฏ -**insurrectionist** *n.*
intact (อินแทคท์') *adj.* ซึ่งไม่เสื่อมเสียหรือเปลี่ยนแปลง -**intactly** *adv.* (-S. complete)
intaglio (อินแทล' โย) *n., pl.* -**glios** การแกะสลักลวดลายลงบนหินหรือพื้นผิววัตถุที่แข็ง
intake (อิน' เทค) *n.* ทางเข้า, ปริมาณหรือจำนวนที่นำเข้า, การนำเข้า, สิ่งที่นำเข้า
integer (อิน' ทิเจอร์) *n.* จำนวนเต็ม, สิ่งที่สมบูรณ์, หน่วยที่สมบูรณ์
integral (อิน' ทิเกริล) *adj.* ส่วนประกอบ, ซึ่งจำเป็นสำหรับการทำให้ครบสมบูรณ์, สมบูรณ์, ซึ่งเกี่ยวกับจำนวนเต็ม *-n.* หน่วยที่สมบูรณ์ -**integrally** *adv.* (-S. (adj.) full)
★**integrate** (อิน' ทิเกรท) *v.* -**grated, -grating** *-vt.* รวมกัน, รวมตัว, เปิดให้กับทุกชาติทุกเผ่าพันธุ์หรือทุกศาสนาโดยไม่มีข้อจำกัด, คำนวณ *-vi.* กลายเป็นรวมตัวกัน -**integration** *n.*
integrity (อินเทก' กริที) *n.* ความซื่อสัตย์, ความยึดมั่นกับคุณธรรม, ความสมบูรณ์ (-S. honesty)
intellect (อิน' เทิลเลคท์) *n.* ความสามารถในการเรียนรู้และมีเหตุผล, สติปัญญา (-S. brain)
★**intellectual** (อินเทิลเลค' ชวล) *adj.* ปัญญา, ซึ่งมีปัญญาสูง *-n.* ผู้ที่มีปัญญาสูง -**intellectuality, intellectualness** *n.* (-S. (adj.) intelligent)
intellectual property ทรัพย์สินทางปัญญา
intellectualism (อินเทิลเลค' ชัวลิซเซิม) *n.* ลัทธิการใช้ปัญญาหรือเหตุผล -**intellectualist** *n.*
★**intelligence** (อินเทล' ละเจินซ์) *n.* ความฉลาด, สติปัญญา, การมีความคิดและเหตุผล, ไหวพริบ, ข่าวสาร, ความลับของศัตรู (-S. understanding)
intelligence quotient ดัชนีวัดความสามารถทางสติปัญญา ย่อว่า I.Q.
★**intelligent** (อินเทล' ละเจินท์) *adj.* ฉลาด, ซึ่งมีสติปัญญา -**intelligently** *adv.* (-S. clever)
intelligible (อินเทล' ลิจะเบิล) *adj.* ซึ่งสามารถเข้าใจได้ -**intelligibleness** *n.* -**intelligibly** *adv.*
intemperate (อินเทม' เพอริท) *adj.* ซึ่งดื่มสุรามากเกินไป, ซึ่งไม่สามารถควบคุมตัวเองได้ในเรื่องการดื่มสุราหรือของมึนเมา -**intemperately** *adv.* -**intemperance** *n.*
★**intend** (อินเทนด์') *v.* -**tended, -tending** *-vt.* ตั้งใจ, มุ่งหมาย, เจตนา *-vi.* มีเจตนา (-S. aim)
intendant (อินเทน' เดินท์) *n.* เจ้าหน้าที่, เจ้าเมือง, ข้าหลวง, ผู้อำนวยการ
intended (อินเทน' ดิด) *adj.* ซึ่งเจตนาหรือตั้งใจ, ซึ่งมุ่งหมาย *-n.* (ภาษาพูด) คู่หมั้น
★**intense** (อินเทนซ์') *adj.* -**tenser, -tensest** รุนแรง, เข้มข้น, หนาแน่น, เอาจริงเอาจัง, เร่าร้อน, ลึกซึ้ง -**intensely** *adv.* (-S. acute)
intensify (อินเทน' ซะไฟ) *v.* -**fied, -fying** *-vt.* ทำให้รุนแรง (เข้มข้น หนาแน่น) ขึ้น *-vi.* รุนแรง (เข้มข้น หนาแน่น) ขึ้น -**intensification** *n.* (-S. emphasize)
intensive (อินเทน' ซิฟว์) *adj.* เข้มข้น, คร่ำเคร่ง, รุนแรง, (การเพาะปลูก) อย่างหนาแน่น
intent (อินเทนท์') *n.* จุดประสงค์, เจตนา, ความหมาย *-adj.* ซึ่งตั้งใจหรือมุ่งหมายไว้ -**intently** *adv.* -**intentness** *n.* (-S. (n.) aim)
★**intention** (อินเทน' ชัน) *n.* ความตั้งใจ, วัตถุประสงค์หรือเป้าหมาย (-S. aim, goal)
intentional (อินเทน' ชะเนิล) *adj.* ซึ่งทำอย่างตั้งใจ -**intentionally** *adv.* (-S. deliberate)
inter (อินเทอร์') *vt.* -**terred, -terring** ฝัง
inter- คำอุปสรรค หมายถึง ระหว่าง
interact (อินเทอร์แอคท์') *vi.* -**acted, -acting** ทำปฏิกิริยาซึ่งกันและกัน -**interaction** *n.*
inter alia (อิน' เทอร์เอ' เลีย, อา' เลีย) *adv.* ท่ามกลางสิ่งอื่นๆ
intercalate (อินเทอร์' คะเลท) *vt.* -**lated, -lating** แทรก, พูดแทรก -**intercalation** *n.*
intercede (อินเทอร์ซีด') *vi.* -**ceded, -ceding** ร้องขอความกรุณาหรือเห็นใจ, ไกล่เกลี่ย
intercept (อินเทอร์เซพท์') *vt.* -**cepted, -cepting** ขัดขวาง, สกัดกั้น, บัง, ตัดการติดต่อ *-n.* การขัดขวาง, ผู้ขัดขวาง, สิ่งที่คอยขัดขวาง -**interception** *n.* -**interceptor** *n.*
interchange (อินเทอร์เชนจ์') *vt., vi.* -**changed, -changing** สับเปลี่ยน, แลกเปลี่ยน

interchangeable (อินเทอร์เชน' จะเบิล) *adj.* ซึ่งสามารถแลกเปลี่ยนได้ **-interchangeably** *adv.* (**-S.** equivalent, the same)

intercollegiate (อินเทอร์คะลี' จิท, -จีอิท) *adj.* ระหว่างวิทยาลัยหรือมหาวิทยาลัย

intercom (อิน' เทอร์คอม) *n.* ระบบการติดต่อสื่อสารระหว่างสองบริเวณหรือระหว่างห้อง

intercommunicate (อินเทอร์คะมยู' นิเคท) *vi.* **-cated, -cating** ติดต่อสื่อสารระหว่างกัน **-intercommunication** *n.*

interconnect (อินเทอร์คะเนคท์') *vi., vt.* **-nected, -necting** เชื่อมต่อระหว่างกัน **-interconnectedness** *n.* **-interconnection** *n.*

intercourse (อิน' เทอร์คอร์ซ) *n.* การติดต่อกัน, การมีเพศสัมพันธ์กัน, การแลกเปลี่ยนสินค้าบริการ ความคิด หรือความรู้สึกซึ่งกันและกัน

interdepartmental (อินเทอร์ดีพาร์ทเมน' เทิล) *adj.* ระหว่างแผนก

interdict (อินเทอร์ดิคท์') *vt.* **-dicted, -dicting** ห้าม, ขัดขวาง *-n.* คำสั่งห้าม, ข้อห้าม, การห้าม **-interdiction** *n.* **-interdictory** *adj.*

★**interest** (อิน' ทริซท์) *n.* ความสนใจ, สิ่งที่น่าสนใจ, ส่วนได้ส่วนเสีย, กลุ่มคนที่น่าสนใจ, ดอกเบี้ย *-vt.* **-ested, -esting** ทำให้สนใจ (**-S.** (n.) concern (v.) attract **-A.** (n.) loss)

interested (อิน' ทริสติด) *adj.* ซึ่งสนใจ, ซึ่งใส่ใจ, ซึ่งมีผลประโยชน์ **-interestedly** *adv.*

★**interesting** (อิน' ทริสติง) *adj.* น่าสนใจ **-interestingly** *adv.*

★**interfere** (อินเทอร์เฟียร์') *vi.* **-fered, -fering** แทรกแซง, รบกวน, ยุ่ง, ขัดขา (ใช้กับม้า) **-interferer** *n.* **-interferingly** *adv.* (**-S.** intrude)

interference (อินเทอร์เฟีย' เรินซ์) *n.* การรบกวน, การสอดแทรก (คลื่น) (**-S.** meddling)

interim (อิน' เทอริม) *n.* ช่วงเวลาหยุดพักระหว่างเวลา เหตุการณ์ หรือกระบวนการ *-adj.* ชั่วคราว, กลางคัน (**-S.** (adj.) provisional)

★**interior** (อินเทีย' เรียร์) *adj.* ซึ่งเกี่ยวกับด้านใน, ข้างใน, ซึ่งเกี่ยวกับส่วนลึกของจิตใจ, ซึ่งอยู่ภายในประเทศ *-n.* พื้นที่ชั้นในหรือภายใน, ส่วนลึกของจิตใจ, ธาตุแท้, เรื่องภายใน **-interiority** *n.* **-interiorly** *adv.* (**-S.** (adj.) inner)

interject (อินเทอร์เจคท์') *vt.* **-jected, -jecting** พูดสอดขึ้น **-interjector** *n.* **-interjectory** *adj.*

★**interjection** (อินเทอร์เจค' ชัน) *n.* คำอุทาน, การอุทาน **-interjectional** *adj.*

interlace (อินเทอร์เลซ') *v.* **-laced, -lacing** *-vt.* ผสมกัน *-vi.* ผสมผสานกัน (**-S.** intermix)

interlard (อินเทอร์ลาร์ด') *vt.* **-larded, -larding** สอดแทรก (**-S.** insert)

interleave (อินเทอร์ลีฟว์') *vt.* **-leaved, -leaving** สอดใบแทรก

interline (อินเทอร์ไลน์') *vt.* **-lined, -lining** สอดแทรกคำลงไประหว่างบรรทัด

interlock (อินเทอร์ลอค') *v.* **-locked, -locking** *-vt.* เชื่อมต่อกันโดยตะขอ, ประสานกัน *-vi.* เชื่อมประสานกันหรือต่อกัน

interlocution (อินเทอร์โลคยู' ชัน) *n.* การสนทนากัน **-interlocutor** *n.*

interloper (อิน' เทอร์โลเพอร์) *n.* ผู้ที่เข้ามายุ่งเกี่ยวเรื่องของคนอื่น **-interlope** *v.*

interlude (อิน' เทอร์ลูด) *n.* การหยุดพักระหว่างปิดฉาก, การแสดงสลับฉาก (**-S.** halt)

intermarry (อินเทอร์แม' รี) *vi.* **-ried, -rying** แต่งงานกันระหว่างตระกูลหรือเผ่า **-intermarriage** *n.*

intermeddle (อินเทอร์เมด' เดิล) *vi.* **-dled, -dling** เข้าไปยุ่ง **-intermeddler** *n.*

intermediary (อินเทอร์มี' เดียรี) *adj.* ระหว่างกลาง, ซึ่งเป็นคนกลาง *-n., pl.* **-ies** คนกลาง, สถานะที่อยู่ตรงกลาง

★**intermediate** (อินเทอร์มี' เดียท) *adj.* ซึ่งเกิดขึ้นหรืออยู่ระหว่างกลาง, ปานกลาง *-n.* สิ่งที่อยู่ระหว่างกลาง, คนกลาง *-vi.* **-ated, -ating** ทำหน้าที่เป็นตัวกลาง, สอดแทรก **-intermediately** *adv.* **-intermediation** *n.* (**-S.** (adj., n.) middle)

interment (อินเทอร์' เมินท์) *n.* การฝัง, พิธีฝัง

intermezzo (อินเทอร์เมท' โซ, -เมด' โซ) *n., pl.* **-zos/-zi** (-ซี, -ซี) การแสดงสลับฉาก

interminable (อินเทอร์' มะนะเบิล) *adj.* น่าเบื่อ, ไม่รู้จักจบสิ้น **-interminably** *adv.*

intermingle (อินเทอร์มิง' เกิล) *vt., vi.* **-gled, -gling** ผสมผสานกัน (**-S.** mix)

intermit (อินเทอร์มิท') *vi., vt.* **-mitted, -mitting** หยุดพัก **-intermitter** *n.*

intermittent (อินเทอร์มิท' เทินท์) *adj.* ซึ่งหยุดๆ เดินๆ, ไม่สม่ำเสมอ **-intermittently** *adv.*

intermix (อินเทอร์มิคซ์') *vt., vi.* **-mixed, -mixing** ผสมกัน, คลุกเคล้า

intern, interne (อิน' เทิร์น) *n.* แพทย์หรือครูฝึกหัด *-v.* **-terned, -terning** *-vt.* กักกัน *-vi.* เป็นแพทย์หรือครูฝึกหัด (**-S.** (v.) confine)

★**internal** (อินเทอร์' เนิล) *adj.* ภายใน, ข้างใน, ภายในจิตใจ, ซึ่งอยู่ภายในร่างกาย, เกี่ยวกับเรื่อง

ภายในประเทศ **-internality** *n.* **-internally** *adv.* (**-S.** inner, inside)

★**international** (อินเทอร์แนช' ชะเนิล) *adj.* ระหว่างประเทศ **-internationality** *n.* **-internationally** *adv.* (**-S.** cosmopolitan, worldwide)

internationalism (อินเทอร์แนช' ชะนะลิซเซิม) *n.* ความร่วมมือระหว่างชาติโดยเฉพาะในเรื่องเศรษฐกิจและการเมือง **-internationalist** *n.*

internationalize (อินเทอร์แนช' ชะนะไลซ) *vt.* **-ized, -izing** อยู่ภายใต้การควบคุมระหว่างประเทศ **-internationalization** *n.*

international law กฎหมายระหว่างชาติ

internecine (อินเทอร์เนซ' ซีน) *adj.* ซึ่งทำให้เกิดการทำลายล้างกันทั้ง 2 ฝ่าย

internee (อินเทอร์นี') *n.* ผู้ถูกกักขัง

Internet (อิน' เทอร์เนท) *n.* อินเทอร์เน็ต เครือข่ายเมตริกที่เชื่อมต่อคอมพิวเตอร์ทั่วโลก

interplay (อิน' เทอร์เพล) *n.* การปฏิบัติต่อกันและกัน, การมีอิทธิพลต่อกันและกัน

interpolate (อินเทอร์' พะเลท) *v.* **-lated, -lating** *-vt.* สอดแทรก, เติมถ้อยคำลงในข้อความ *-vi.* ทำการเพิ่มเติมหรือสอดแทรก **-interpolation** *n.* **-interpolative** *adj.* **-interpolator** *n.*

interpose (อินเทอร์โพซ') *v.* **-posed, -posing** *-vt.* สอดแทรก, ก้าวก่าย *-vi.* เข้าแทรก **-interposition** *n.* (**-S.** insert, interfere)

★**interpret** (อินเทอร์' พริท) *v.* **-preted, -preting** *-vt.* อธิบาย, แปลปากเปล่า *-vi.* อธิบาย, แปล **-interpretation** *n.* (**-S.** translate)

interpreter (อินเทอ' พริเทอร์) *n.* ผู้แปล, ล่าม (**-S.** annotator, translator)

interracial (อินเทอร์เร' เชิล) *adj.* ซึ่งเกี่ยวกับเชื้อชาติหรือสีผิวที่แตกต่างกัน

interregnum (อินเทอร์เรก' เนิม) *n., pl.* **-nums/-na** ช่วงเวลาที่ประเทศหรือรัฐขาดผู้ปกครอง, ช่องว่างในความต่อเนื่อง, ช่วงเวลาที่องค์กรขาดผู้บริหาร **-interregnal** *adj.*

interrogate (อินเท' ระเกท) *vt.* **-gated, -gating** ซักถาม **-interrogation** *n.* **-interrogational** *adj.* **-interrogator** *n.* (**-S.** ask)

interrogation point เครื่องหมายคำถาม

interrogative (อินทะรอก' กะทิฟว์) *adj.* เกี่ยวกับคำถาม **-interrogatively** *adv.*

interrogatory (อินทะรอก' กะทอรี) *adj.* ซึ่งซักถาม *-n., pl.* **-ries** การซักถาม

★**interrupt** (อินทะรัพท์') *vt., vi.* **-rupted, -rupting** ขัดจังหวะ, ขัดขวาง **-interruption** *n.* **-interruptive** *adj.* (**-S.** break, stop)

inter se (อินเทอร์ซี') *adv., adj.* ระหว่างหรือท่ามกลางพวกเขา

intersect (อินเทอร์เซคท์') *vt., vi.* **-sected, -secting** ตัดกัน (**-S.** cross)

intersection (อินเทอร์เซค' ชัน) *n.* การตัด, ทางสี่แยก (**-S.** crossing, junction)

intersperse (อินเทอร์สเปิร์ซ') *vt.* **-spersed, -spersing** โปรยปราย, ทำให้กระจาย

interstate (อิน' เทอร์สเตท) *adj.* ระหว่างรัฐ

interstellar (อินเทอร์สเตล' เลอร์) *adj.* ระหว่างหรือท่ามกลางดวงดาว

interstice (อินเทอร์' สติซ) *n., pl.* **-stices** (-สติซีซ) ช่องว่างหรือรอยแตกที่เล็กมาก

intertribal (อินเทอร์ไทร' เบิล) *adj.* ระหว่างเผ่า

★**interval** (อิน' เทอร์เวิล) *n.* ช่วงห่าง, ช่วงว่าง, เวลาพัก, ความแตกต่างของเสียง (**-S.** gap)

intervene (อินเทอร์วีน') *vi.* **-vened, -vening** เข้าแทรก, เกิดขึ้นโดยบังเอิญ, ยุ่ง **-intervener** *n.* **-intervention** *n.* (**-S.** interfere)

★**interview** (อิน' เทอร์วยู) *n.* การสัมภาษณ์ *-vt., vi.* **-viewed, -viewing** สัมภาษณ์ **-interviewee** *n.* **-interviewer** *n.*

intestate (อินเทส' เตท) *adj.* ซึ่งไม่ได้ทำพินัยกรรมไว้ก่อนตาย **-intestacy** *n.*

intestinal (อินเทส' ตะเนิล) *adj.* เกี่ยวกับลำไส้ **-intestinally** *adv.*

intestine (อินเทส' ติน) *n.* ลำไส้ *-adj.* ภายใน, เกี่ยวกับเรื่องภายใน

intimate[1] (อิน' ทะมิท) *adj.* ซึ่งคุ้นเคย, ที่สนิทสนม, ซึ่งใกล้ชิด, ซึ่งเป็นส่วนตัว *-n.* เพื่อนสนิท **-intimately** *adv.* **-intimacy** *n.*

intimate[2] (อิน' ทะเมท) *vt.* **-mated, -mating** แนะ, บอกเป็นนัย, ประกาศ **-intimation** *n.*

intimidate (อินทิม' มิเดท) *vt.* **-dated, -dating** ขู่ **-intimidation** *n.* (**-S.** threaten)

★**into** (อิน' ทู) *prep.* เข้าไปข้างใน, ไปยัง

intolerable (อินทอล' เลอระเบิล) *adj.* ซึ่งทนไม่ได้ **-intolerably** *adv.* (**-S.** unendurable)

intolerant (อินทอล' เลอเรินท์) *adj.* ไม่อดทน, ซึ่งไม่สามารถอดกลั้นได้, ซึ่งไม่ยอม **-intolerantly** *adv.* **-intolerance** *n.* (**-S.** narrow)

intonation (อินทะเน' ชัน) *n.* การออกเสียงสูงต่ำ, การเปล่งเสียงเฉพาะ **-intonational** *adj.*

intone (อินโทน') *v.* **-toned, -toning** *-vt.* ออกเสียงสูงต่ำ *-vi.* ออกเสียงเฉพาะ

intoxicant (อินทอค' ซิเคินท์) *n.* ของมึนเมา

A B C D E F G H I J K L M N O P Q R S T U V W X Y Z

intoxicate (อินทอค' ซิเคท) *v.* **-cated, -cating** *-vt.* ทำให้เมา, กระตุ้น, เป็นพิษ *-vi.* ทำให้เมาหรือตื่นเต้น **-intoxication** *n.*
intra- คำอุปสรรค หมายถึง ภายใน
intractable (อินแทรค' ทะเบิล) *adj.* ดื้อดึง, ซึ่งรักษายาก **-intractably** *adv.*
intransigent, intransigeant (อินแทรน' ซะเจินท์, -ซะ-) *adj.* ซึ่งไม่ยอม, ดื้อ **-intransigence** *n.* **-intransigently** *adv.*
intransitive (อินแทรน' ซิทิฟว์, -ซิ-) *adj.* ซึ่งเป็นกริยาที่ไม่ต้องการหรือไม่มีกรรมมารับ *-n.* กริยาที่ไม่มีกรรม **-intransitively** *adv.*
intrench (อินเทรนช์') *v.* ดู entrench
intrepid (อินเทรพ' พิด) *adj.* กล้าหาญ **-intrepidity** *n.* **-intrepidly** *adv.* (**-S.** bold)
intricate (อิน' ทริคิท) *adj.* สลับซับซ้อน, ยากที่จะเข้าใจ **-intricately** *adv.* **-intricacy** *n.*
intrigue (อิน' ทรีก) *n.* อุบาย, แผนลับ *-v.* **-trigued, -triguing** *-vi.* วางอุบาย *-vt.* กระตุ้นให้สนใจ, วางอุบาย **-intriguer** *n.* (**-S.** (v.) scheme)
intrinsic (อินทริน' ซิค) *adj.* เกี่ยวกับธรรมชาติของสิ่งต่างๆ, ซึ่งอยู่ภายใน **-intrinsically** *adv.*
★**introduce** (อินทระดูซ') *vt.* **-duced, -ducing** แนะนำตัว, แนะนำ, เริ่ม, อารัมภบท **-introducer** *n.* **-introducible** *adj.* (**-S.** begin)
★**introduction** (อินทระดัค' ชัน) *n.* การแนะนำ, การแนะนำตัว, การอารัมภบท, คำนำ, การเริ่ม **-introductory** *adj.* (**-S.** induction)
introspect (อิน' ทระสเปคท์) *vi.* **-spected, -specting** พิจารณาอย่างรอบคอบ, ใคร่ครวญ **-introspective** *adj.* **-introspectively** *adv.*
introspection (อินทระสเปค' ชัน) *n.* การพิจารณาหรือไตร่ตรองความคิดหรือความรู้สึกของตนเอง **-introspectional** *adj.*
introvert (อิน' ทระเวิร์ท) *vt.* **-verted, -verting** เลี้ยวหรือวกกลับเข้าด้านใน, หมกมุ่นกับความคิดหรือความรู้สึกของตัวเอง
intrude (อินทรูด') *v.* **-truded, -truding** *-vt.* บุกรุก, ก้าวร้าว, ก้าวก่าย **-intruder** *n.* **-intrusion** *n.* (**-S.** interfere, obtrude)
intuition (อินทูอิช' ชัน) *n.* การรู้ได้โดยทันทีหรือโดยสัญชาตญาณ **-intuitional** *adj.* (**-S.** instinct)
intuitive (อินทู' อิทิฟว์) *adj.* โดยสัญชาตญาณ **-intuitively** *adv.* **-intuitiveness** *n.*
inundate (อิน' อันเดท) *vt.* **-dated, -dating** (น้ำ) ท่วม **-inundation** *n.* (**-S.** flood)
inure, enure (อินยูร์') *vt.* **-ured, -uring** ทำให้เคยชิน **-inurement** *n.*
★**invade** (อินเวด') *vt., vi.* **-vaded, -vading** บุกรุก **-invader** *n.* (**-S.** attack, violate)
invalid[1] (อิน' วะลิด) *n.* คนป่วยหรือทุพพลภาพ *-adj.* ซึ่งป่วยหรือทุพพลภาพ *-vt.* **-lided, -liding** ทำให้ป่วย, ทำให้ทุพพลภาพ, ถูกออกจากงานเนื่องจากอาการเจ็บป่วย (**-S.** (adj.) ill)
invalid[2] (อินแวล' ลิด) *adj.* ซึ่งไม่มีผลบังคับใช้, ซึ่งใช้ไม่ได้, ซึ่งหมดอายุ, ซึ่งเป็นโมฆะ **-invalidity** *n.* **-invalidly** *adv.* (**-S.** false, unusable)
invalidate (อินแวล' ลิเดท) *vt.* **-dated, -dating** ทำให้ใช้การไม่ได้ **-invalidation** *n.*
invaluable (อินแวล' ยูอะเบิล) *adj.* ซึ่งประมาณค่าไม่ได้, ล้ำค่า **-invaluably** *adv.*
invariable (อินแว' รีอะเบิล) *adj.* ซึ่งไม่เปลี่ยนแปลง, คงที่ **-invariability** *n.* **-invariably** *adv.*
★**invasion** (อินเว' ฌัน) *n.* การบุกรุก, การแพร่กระจายของโรค (**-S.** assault, encroachment)
invective (อินเวค' ทิฟว์) *n.* การด่าว่าหรือประณาม, คำด่าหรือคำประณาม
inveigh (อินเว') *vi.* **-veighed, -veighing** กล่าวโจมตีอย่างรุนแรง **-inveigher** *n.*
inveigle (อินเว' เกิล) *vt.* **-gled, -gling** หลอกล่อ **-inveiglement** *n.* **-inveigler** *n.*
★**invent** (อินเวนท์') *vt.* **-vented, -venting** ประดิษฐ์, สร้างสรรค์, เนรมิต **-inventor** *n.* **-invention** *n.* **-inventive** *adj.* (**-S.** devise)
inventory (อิน' เวินทอรี) *n., pl.* **-ries** รายการสิ่งของ, รายการสินค้า, การทำรายการดังกล่าว, สิ่งของหรือสินค้าในรายการดังกล่าว *-vt.* **-ried, -rying** ทำบัญชีรายการสิ่งของหรือสินค้า **-inventorial** *adj.* **-inventorially** *adv.*
inverse (อินเวิร์ซ') *adj.* ซึ่งกลับกัน, ซึ่งตรงกันข้าม, คว่ำ *-n.* สิ่งที่ตรงกันข้าม **-inversely** *adv.* **-inversion** *n.* (**-S.** (adj., n.) contrary)
invert (อินเวิร์ท') *vt., vi.* **-verted, -verting** กลับกัน, คว่ำ, สับเปลี่ยน *-n.* สิ่งที่กลับกัน, ผู้ที่มีพฤติกรรมรักร่วมเพศ (**-S.** (v., n.) reverse)
invertebrate (อินเวอร' ทะบริท) *adj., n.* เกี่ยวกับสัตว์ไม่มีกระดูกสันหลัง
★**invest** (อินเวซท์') *v.* **-vested, -vesting** *-vt.* ลงทุน, คลุม, ล้อม, ให้เวลาหรือความพยายาม, มอบอำนาจหน้าที่, สวม *-vi.* ลงทุน **-investable** *adj.* **-investor** *n.* (**-S.** endow, lay out)
★**investigate** (อินเวส' ติเกท) *vt., vi.* **-gated, -gating** สืบสวน, สอบสวน, สำรวจ **-investigable** *adj.* **-investigatory** *adj.* **-investi-**

gation *n.* **-investigator** *n.* (-S. consider, search)

investiture (อินเวส' ตะชุร์) *n.* การมอบหมายอำนาจหน้าที่หรือตำแหน่ง

investment (อินเวซท์' เมินท์) *n.* การลงทุน, จำนวนเงินที่ลงทุน, การให้

inveterate (อินเวท' เทอริท) *adj.* ซึ่งเป็นสันดาน, เรื้อรัง **-inveterately** *adv.* (-S. chronic)

invidious (อินวิด' เดียซ) *adj.* อิจฉาริษยา, ซึ่งไม่ยุติธรรม **-invidiously** *adv.*

invigorate (อินวิก' กะเรท) *vt.* **-ated, -ating** เสริมกำลัง, ทำให้มีชีวิตชีวา **-invigoratingly** *adv.* **-invigoration** *n.* (-S. energize)

invincible (อินวิน' ซะเบิล) *adj.* ซึ่งไม่สามารถเอาชนะได้ **-invincibility** *n.* **-invincibly** *adv.*

inviolable (อินไว' อะละเบิล) *adj.* ซึ่งทำลายหรือล่วงละเมิดไม่ได้ **-inviolability, inviolableness** *n.* **-inviolably** *adv.*

inviolate (อินไว' อะลิท) *adj.* ซึ่งไม่ถูกทำลาย, ซึ่งไม่ถูกละเมิด **-inviolately** *adv.*

invisible (อินวิซ' ซะเบิล) *adj.* ซึ่งมองไม่เห็น, ซึ่งไม่ปรากฏ **-invisibly** *adv.* **-invisibility** *n.*

★**invitation** (อินวิเท' ชัน) *n.* การเชื้อเชิญ, การชักชวน, คำเชิญ (-S. request)

★**invite** (อินไวท์') *vt.* **-vited, -viting** ขอร้อง, เชื้อเชิญ **-invitation** *n.* (-S. ask, attract)

inviting (อินไว' ทิง) *adj.* ซึ่งดึงดูด, อย่างเชื้อเชิญ **-invitingly** *adv.*

in vitro (อินวี' โทร) *adv., adj.* ภายนอกสิ่งมีชีวิต

in vivo (อินวี' โว) *adv., adj.* ภายในสิ่งมีชีวิต

invoice (อิน' วอยซ์) *n.* ใบส่งของ, ใบแจ้งหรือแสดงรายการสินค้าที่ขายให้ *-vt.* **-voiced, -voicing** ออกใบส่งของ, ส่งใบส่งของ

invoke (อินโวค') *vt.* **-voked, -voking** ขอร้อง, ปลุกผี **-invoker** *n.* (-S. beg, call)

involuntary (อินวอล' เลินเทรี) *adj.* ซึ่งไม่ได้ตั้งใจ, ซึ่งไม่รู้ตัว, โดยอัตโนมัติ **-involuntarily** *adv.* **-involuntariness** *n.* (-S. compulsory)

involute (อิน' วะลูท) *adj.* ยุ่งเหยิง, ซับซ้อน *-vi.* **-luted, -luting** ม้วนเข้าด้านใน

★**involve** (อินวอลฟ์ว') *vt.* **-volved, -volving** รวมถึง, พัวพัน, ทำให้ยุ่งยาก, ล้อมรอบ, หมกมุ่น **-involvement** *n.* **-involver** *n.* (-S. complicate, implicate, include)

involved (อินวอลฟ์ว์ด') *adj.* ซับซ้อน, ยุ่งเหยิง, ซึ่งพัวพัน (-S. complex)

invulnerable (อินวัล' เนอระเบิล) *adj.* ซึ่งไม่สามารถทำลายได้ **-invulnerably** *adv.*

★**inward** (อิน' เวิร์ด) *adj.* ข้างใน, ภายใน, ซึ่งคุ้นเคย *-adv.* ข้างใน, ภายในใจ *-n.* ส่วนที่อยู่ข้างในหรือแกนกลาง **-inwards** เครื่องใน **-inwards** *adv.* (-S. (adj., n.) interior)

inwardly (อิน' เวิร์ดลี) *adv.* ภายใน, ส่วนตัว

inwardness (อิน' เวิร์ดนิซ) *n.* ความลึกซึ้ง

inwrought (อินรอท') *adj.* ซึ่งฝังในเนื้อ

iodine (ไอ' อะไดน์, -ดีน) *n.* ธาตุไอโอดีน เป็นธาตุในกลุ่มฮาโลเจน ใช้เป็นยาฆ่าเชื้อและถนอมอาหาร มีสัญลักษณ์ I

ion (ไอ' เอิน, ไอ' ออน) *n.* อะตอมหรือกลุ่มของอะตอมที่มีประจุบวกหรือลบซึ่งขึ้นอยู่กับการได้หรือสูญเสียอิเล็กตรอน **-ionic** *adj.*

ionize (ไอ' อะไนซ์) *vt., vi.* **-ized, -izing** เปลี่ยนหรือถูกเปลี่ยนให้เป็นไอออน

ionosphere (ไอออน' นะสเฟียร์) *n.* ชั้นบรรยากาศชั้นหนึ่งของโลก ซึ่งอยู่ในระดับความสูงระหว่าง 50 กิโลเมตร (30 ไมล์) ถึง 400 กิโลเมตร (250 ไมล์)

iota (ไอโอ' ทะ) *n.* อักษรตัวที่ 9 ในภาษากรีก (*I, ι*), จำนวนเล็กน้อยมาก

IOU (ไอโอยู') *n., pl.* **IOU's/IOUs** การสัญญาที่จะจ่ายชำระหนี้ ออกเสียงมาจาก I owe you.

ipso facto (อิพ' โซแฟค' โท) *adv.* โดยนัยนั้น

IQ, I.Q. ย่อจาก Intelligence quotient การทดสอบระดับสติปัญญา

irascible (อิแรซ' ซะเบิล) *adj.* โกรธง่าย

irate (ไอเรท', ไอ' เรท) *adj.* โกรธจัด **-irately** *adv.* **-irateness** *n.*

ire (ไอร์) *n.* ความโกรธ (-S. anger, wrath)

ireful (ไอร์' เฟิล) *adj.* โกรธ **-irefully** *adv.*

iridescent (อิริเดซ' เซินท์) *adj.* ซึ่งมีสีสันสว่างสดใส, ซึ่งมีสีรุ้ง **-iridescence** *n.*

iridium (อิริด' เดียม) *n.* ธาตุโลหะชนิดหนึ่งมีลักษณะเป็นมันวาว แข็ง ใช้ผสมกับทองคำขาว มีสัญลักษณ์ Ir

iris (ไอ' ริซ) *n., pl.* **irises/irides** (ไอ' ริดีซ) ม่านตา, รุ้ง, สิ่งที่มีสีสันคล้ายสีรุ้ง, พืชดอกชนิดหนึ่ง **-Iris** เทพีแห่งสายรุ้ง

irk (เอิร์ค) *vt.* **irked, irking** ทำให้รำคาญ, รบกวน **-irksome** *adj.* (-S. annoy)

★**iron** (ไอ' เอิร์น) *n.* ธาตุเหล็ก เป็นโลหะแข็งสีขาวเงิน สามารถนำมาดัดเป็นโครงสร้างหรือทำประโยชน์อื่นๆ ได้ มีสัญลักษณ์ Fe, สิ่งที่แข็งแกร่งมั่นคง, สิ่งที่ทำจากเหล็ก, ไม้กอล์ฟที่มีหัวหุ้มด้วยโลหะ, เตารีด, ฉมวก, ยาที่มีธาตุเหล็กเป็นองค์ประกอบ *-adj.* ซึ่งทำด้วยเหล็ก, แข็ง

A B C D E F G H I J K L M N O P Q R S T U V W X Y Z

มาก, ซึ่งไม่ยอม, ซึ่งไม่ยืดหยุ่น, แข็งแรง *-v.* **ironed, ironing** *-vt.* รีดด้วยเตารีด, ใส่เสื้อเกราะเหล็ก, ใส่ตรวนหรือล่ามโซ่ *-vi.* รีดผ้า **-irons** โซ่ตรวน

ironbound (ไอ' เอิร์นเบานด์) *adj.* ซึ่งไม่ยืดหยุ่น

ironclad (ไอ' เอิร์นแคลด) *adj.* ที่หุ้มด้วยเกราะ

ironic, ironical (ไอรอน' นิค, ไอรอน' นิเคิล) *adj.* ซึ่งเหน็บแนม, อย่างเยาะเย้ยถากถาง, อย่างประชด **-ironically** *adv.* (**-S.** sneering)

ironing board เบาะรองรีดผ้า

ironmonger (ไอ' เอิร์นมังเกอร์) *n.* พ่อค้าเครื่องเหล็ก

ironsmith (ไอ' เอิร์นชมิธ) *n.* ช่างตีเหล็ก

ironstone (ไอ' เอิร์นสโตน) *n.* หินที่มีเหล็กปน

ironwork (ไอ' เอิร์นเวิร์ค) *n.* เครื่องเหล็ก

ironworks (ไอ' เอิร์นเวิร์คซ์) *n. pl.* โรงทำเหล็ก

irony (ไอ' ระนี) *n., pl.* **-nies** ถ้อยคำเยาะเย้ยแดกดัน, การประชด, การเย้ยหยัน (**-S.** sarcasm)

irradiate (อิเร' เดียท) *v.* **-ated, -ating** *-vt.* ฉายรังสี, รักษาด้วยการฉายรังสี, ส่องสว่าง *-vi.* ปล่อยรังสี **-irradiator** *n.* **-irradiation** *n.*

irrational (อิแรช' ชะเนิล) *adj.* ไร้เหตุผล **-irrationally** *adv.* (**-S.** crazy, silly)

irreconcilable (อิเรคเคินไซ' ละเบิล) *adj.* ซึ่งไม่สามารถปรองดอง ไกล่เกลี่ย หรือคืนดีกันได้ *-n.* คนที่ไม่ยอมประนีประนอม, ความคิดหรือความเชื่อที่ไม่สามารถประนีประนอมกันได้ **-irreconcilability** *n.* **-irreconcilably** *adv.*

irrefutable (อิเรฟ' ฟยะทะเบิล) *adj.* ซึ่งไม่สามารถปฏิเสธหรือแย้งได้ **-irrefutably** *adv.*

★**irregular** (อิเรก' กยะเลอร์) *adj.* ซึ่งไม่เป็นไปตามกฎ, ซึ่งไม่ทำตามกฎหมายหรือระเบียบแบบแผน, ซึ่งไม่สม่ำเสมอ, ซึ่งไม่ปกติ, ต่ำกว่ามาตรฐาน, ซึ่งไม่แน่นอน *-n.* ผู้ที่ไม่ปกติ, ผู้ที่ไม่ทำตามแบบแผนกฎเกณฑ์ **-irregularly** *adv.* **-irregularity** *n.* (**-S.** (adj., n.) eccentric)

irreligious (เออริลิจ' เจิซ) *adj.* ซึ่งไม่เลื่อมใสในศาสนา **-irreligiously** *adv.* (**-S.** godless)

irreparable (อิเรพ' เพอระเบิล) *adj.* ซึ่งซ่อมแซมไม่ได้ **-irreparably** *adv.*

irreplaceable (เออริเพล' ซะเบิล) *adj.* ซึ่งไม่สามารถมาแทนที่ได้ **-irreplaceably** *adv.*

irrepressible (เออริเพรซ' ซะเบิล) *adj.* ซึ่งไม่สามารถควบคุมได้ **-irrepressibly** *adv.*

irreproachable (เออริโพร' ชะเบิล) *adj.* สมบูรณ์แบบไม่มีที่ติ **-irreproachably** *adv.*

irresistible (เออริซิส' ตะเบิล) *adj.* ซึ่งไม่สามารถต้านทานได้, ซึ่งมีเสน่ห์ดึงดูด **-irresistibly** *adv.* (**-S.** fascinating, imperative)

irresolute (อิเรซ' ซะลูท) *adj.* ซึ่งไม่แน่ใจ

irrespective (เออริสเปค' ทิฟว์) *adj.* ซึ่งไม่คำนึงถึง **-irrespectively** *adv.*

irresponsible (เออริสปอน' ซะเบิล) *adj.* ซึ่งไม่รับผิดชอบ, ซึ่งเชื่อใจไม่ได้ *-n.* คนที่ขาดความรับผิดชอบ, คนที่ไม่น่าเชื่อถือ **-irresponsibly** *adv.* (**-S.** (adj.) negligent)

irretrievable (เออริทรี' วะเบิล) *adj.* ซึ่งไม่สามารถกู้หรือเอากลับคืนมาได้, ซึ่งแก้ไขไม่ได้

irreverent (อิเรฟ' เวอเรินท์) *adj.* ซึ่งขาดความเคารพ **-irreverently** *adv.* (**-S.** disrespectful)

irreversible (เออริเวอร์' ซะเบิล) *adj.* ซึ่งไม่สามารถย้อนกลับได้ (**-S.** final)

irrevocable (อิเรฟ' วะคะเบิล) *adj.* ซึ่งไม่สามารถเปลี่ยนแปลงได้ (**-S.** fixed)

irrigate (เออ' ริเกท) *v.* **-gated, -gating** *-vt.* ล้างออกด้วยน้ำหรือของเหลว, ให้น้ำไหลผ่าน, ทำให้อุดมสมบูรณ์หรือมีชีวิตชีวาด้วยการให้น้ำ *-vi.* ทดน้ำ, ทำชลประทาน **-irrigation** *n.*

irritable (เออ' ริทะเบิล) *adj.* โกรธ ขี้โมโหหรือใจน้อยได้ง่ายมาก, ซึ่งตอบสนองต่อสิ่งเร้าได้ง่าย, ซึ่งไวต่อการกระตุ้น **-irritably** *adv.*

irritant (เออ' ริเทินท์) *adj.* ซึ่งทำให้ระคายเคืองหรือโมโห *-n.* สิ่งที่ทำให้ระคายเคืองหรือโมโห

irritate (เออ' ริเทท) *v.* **-tated, -tating** *-vt.* ทำให้โกรธหรือฉุนเฉียว, ทำให้รำคาญหรือระคายเคือง, อักเสบ *-vi.* ถูกทำให้รำคาญหรือโกรธ, ทำให้อักเสบ **-irritation** *n.* (**-S.** anger, pain)

irrupt (อิรัพท์') *vi.* **-rupted, -rupting** ระเบิดหรือแตกออกอย่างแรง **-irruption** *n.*

★**is** (อิซ) *v. aux., vi.* กริยาช่วยในกลุ่มของ Verb to be ใช้กับประธานเอกพจน์

ISBN ย่อจาก International Standard Book Number หมายเลขสากลที่ออกให้แก่หนังสือทุกเล่มในปัจจุบัน

Islam (อิซลาม', อิซ' ลาม) *n.* ศาสนาอิสลาม, ชาวมุสลิม **-Islamic** *adj.*

★**island** (ไอ' เลินด์) *n.* เกาะ, สิ่งที่มีลักษณะคล้ายเกาะ, ดินแดนที่อยู่โดดเดี่ยวห่างไกล

islander (ไอ' เลินเดอร์) *n.* ชาวเกาะ

isle (ไอล์) *n.* เกาะเล็กๆ

islet (ไอ' ลิท) *n.* เกาะที่เล็กมาก

ISO ย่อจาก International Organization for Standardization องค์การระหว่างประเทศว่าด้วยการมาตรฐาน

A B C D E F G H I J K L M N O P Q R S T U V W X Y Z

A B C D E F G H I J K L M N O P Q R S T U V W X Y Z

iso-, is- คำอุปสรรค หมายถึง เท่ากัน เหมือนกัน
isobar (ไอ' ซะบาร์) *n.* เส้นที่ลากเพื่อแสดงค่าความกดบรรยากาศที่เท่ากันหรือคงที่ที่ระดับน้ำทะเล **-isobaric** *adj.*
isochromatic (ไอซะโครแมท' ทิค) *adj.* ซึ่งมีสีเหมือนกัน, ซึ่งมีความยาวคลื่นเท่ากัน
isochronal, isochronous (ไอซอค' คระเนิล, -เนิซ) *adj.* ซึ่งเกิดขึ้นในช่วงเวลาที่เท่ากัน **-isochronally** *adv.* **-isochronism** *n.*
isochroous (ไอซอค' โครเอิซ) *adj.* ซึ่งมีสีเหมือนกันโดยตลอด
isodiametric (ไอโซไดอะเมท' ทริค) *adj.* ซึ่งมีเส้นผ่านศูนย์กลางเท่ากัน
isoelectric (ไอโซอิเลค' ทริค) *adj.* ซึ่งมีศักย์ไฟฟ้าเท่ากัน
isolable, isolatable (ไอ' ซะละเบิล, -เลทะเบิล) *adj.* ซึ่งแยกออกได้
isolate (ไอ' ซะเลท) *vt.* **-lated, -lating** แยกออก, ปลีกตัว, ทำให้เป็นฉนวน *-adj.* โดดเดี่ยว, ลำพัง *-n.* คนหรือสิ่งที่แยกออกไปจากกลุ่ม **-isolator** *n.* **-isolation** *n.* **-isolated** *adj.*
isolationism (ไอซะเล' ชะนิซเซิม) *n.* นโยบายของรัฐในการแยกตัวออกจากความสัมพันธ์ทางการเมืองและเศรษฐกิจของชาติอื่น **-isolationist** *n.*
isomer (ไอ' ซะเมอร์) *n.* สารที่มีองค์ประกอบเหมือนกัน **-isomeric** *adj.*
isooctane (ไอโซออค' เทน) *n.* ของเหลวชนิดหนึ่งที่สามารถติดไฟง่าย ใช้กำหนดเลขออกเทน
isosceles (ไอซอซ' ซะลีซ) *adj.* ซึ่งมีด้านเท่ากัน 2 ด้าน
isotherm (ไอ' ซะเธิร์ม) *n.* เส้นที่ลากบนแผนที่อากาศซึ่งจะเชื่อมจุดต่างๆ ที่มีอุณหภูมิเฉลี่ยเท่ากัน **-isothermal** *adj.*
isotope (ไอ' ซะโทพ) *n.* อะตอมต่างๆ ของธาตุอย่างเดียวกัน (มีเลขอะตอมเดียวกัน) แต่มีเลขมวลต่างกัน
issei (อีซ' เซ) *n., pl.* **issei/-seis** ชาวญี่ปุ่นที่อพยพไปอยู่อเมริกา
ISSN ย่อจาก International Standard Serial Number เลขมาตรฐานระหว่างประเทศของหนังสือ ซึ่งเป็นหมายเลขที่ออกให้กับวารสารหรือนิตยสาร
issuable (อิช' ชูอะเบิล) *adj.* ซึ่งเปิดโอกาสให้โต้แย้งหรืออภิปรายได้, ซึ่งสามารถเพิ่มพูนได้
issuance (อิช' ชูเอินซ์) *n.* การแจกจ่ายออกไป, การตีพิมพ์ออกมา, การส่งออกไป
★**issue** (อิช' ชู) *n.* การไหลออกมา, การออกมา, การตีพิมพ์ออกมา, สิ่งตีพิมพ์ที่ออกมาแต่ละครั้ง, ลูกหลาน, เรื่องหรือประเด็นที่มีการถกเถียงกัน, ผลผลิต, ฉบับ, สิ่งที่ไหลออกมา, ผลกำไร *-v.* **-sued, -suing** *-vi.* ปล่อยออก, ตีพิมพ์ *-vt.* ส่งออกไป, แจกจ่าย, ตีพิมพ์ **-take issue** ไม่เห็นด้วย **-issuer** *n.* (-S. (v.) emit)
isthmus (อิซ' เมิซ) *n., pl.* **-muses/-mi** (-ไม) คอคอด
IT ย่อจาก information technology เทคโนโลยีสารสนเทศ, เทคโนโลยีข้อมูล
★**it** (อิท) *pron.* มัน, ตัว *-n.* ผู้เล่นกีฬาที่พยายามประกบหรือสกัดฝ่ายตรงข้าม
italic (อิแทล' ลิค) *adj.* ซึ่งเป็นรูปแบบตัวอักษรที่พิมพ์เอนไปด้านขวา
itch (อิช) *n.* อาการคัน, โรคหิด, ความปรารถนาหรืออยากได้ *-v.* **itched, itching** *-vi.* รู้สึกคัน, ปรารถนาหรืออยากได้ *-vt.* ทำให้คัน
itchy (อิช' ชี) *adj.* **-ier, -iest** ซึ่งมีอาการคัน, ซึ่งทำให้คัน, คัน, ประหม่า **-itchiness** *n.*
★**item** (ไอ' เทิม) *n.* รายการในบัญชี, ข้อ, ชิ้น, อัน, เรื่อง (-S. article, aspect)
itemize (ไอ' ทะไมซ์) *vt.* **-ized, -izing** ลงรายการ **-itemization** *n.* **-itemizer** *n.*
iterate (อิท' ทะเรท) *vt.* **-ated, -ating** ทำซ้ำ, ย้ำ **-iteration** *n.* (-S. repeat)
iterative (อิท' ทะเรทิฟว) *adj.* ซึ่งเกี่ยวกับการทำซ้ำ การพูดซ้ำ การย้ำ การเกิดขึ้นอีก
itinerant (ไอทิน' เนอเรินท์) *adj.* ซึ่งเดินทางหรือท่องเที่ยวไปตามที่ต่างๆ *-n.* ผู้ที่เดินทางหรือท่องเที่ยวไปในที่ต่างๆ (-S. (adj.) nomadic)
itinerary (ไอทิน' นะเรรี) *n., pl.* **-ies** เส้นทางการเดินทาง, บันทึกการเดินทาง, คู่มือสำหรับนักเดินทาง *-adj.* เกี่ยวกับการเดินทางหรือเส้นทางการเดินทาง, ซึ่งเดินทางไปตามที่ต่างๆ
itinerate (ไอทิน' นะเรท, อิทิน'-) *vi.* **-ated, -ating** เดินทางไปตามสถานที่ต่างๆ, ท่องเที่ยวไปทั่ว
★**its** (อิทซ) *adj.* ซึ่งแสดงความเป็นเจ้าของ, ของมัน
★**itself** (อิทเซลฟ') *pron.* ตัวมันเอง, ตัวเอง
itty-bitty, itsy-bitsy (อิท' ทีบิท' ที, อิท' ซีบิท' ซี) *adj.* (ภาษาพูด) เล็กมาก
ivory (ไอ' วะรี, ไอฟว' รี) *n., pl.* **-ries** งาช้าง, สิ่งที่ทำจากงาช้าง, สีงาช้าง **-ivory** *adj.*
ivory tower การตัดขาดจากโลกภายนอก
ivy (ไอ' วี) *n., pl.* **ivies** ไม้เลื้อยชนิดหนึ่ง
-ize, -ise คำปัจจัย หมายถึง กลายเป็น

J

J, j (เจ) *n., pl.* **J's, j's/Js, js** อักษรตัวที่ 10 ในภาษาอังกฤษ, อันดับสิบ

jab (แจบ) *vt., vi.* **jabbed, jabbing** ทิ่ม, แทง, แหย่, กระทุ้ง, แย็บหมัด *-n.* การกระทำดังกล่าว

jabber (แจบ' เบอร์) *v.* **-bered, -bering** *-vi.* พูดเร็วหรือไม่ชัดเจน *-vt.* ส่งเสียงที่รัวเร็ว *-n.* การพูดเร็ว **-jabberer** *n.*

★**jack** (แจค) *n.* คนงาน, กรรมกร, ไพ่แจ็ก, เครื่องยกของหนัก, ชะแลง, ลาตัวผู้, ธงเล็กๆ ที่ติดอยู่บนหัวเรือ, (ภาษาพูด) ชายหนุ่ม *-vt., vi.* **jacked, jacking** จับปลาโดยใช้ไฟล่อ **-Jack** กะลาสีเรือ **-jacker** *n.*

jackal (แจค' เคิล) *n.* หมาใน

jackanapes (แจค' คะเนพซ์) *n.* เด็กซน

jackass (แจค' แอซ) *n.* ลาตัวผู้, คนโง่ทึ่ม

jackboot, jack-boot (แจค' บูท) *n.* รองเท้าบู๊ตขนาดใหญ่ความยาวถึงหัวเข่า

★**jacket** (แจค' คิท) *n.* เสื้อคลุมขนาดสั้น, สิ่งที่ห่อหุ้มหรือปกคลุมอยู่, เปลือกของมันฝรั่ง, ปกหนังสือ, ซองใส่เอกสาร, ซองกระดาษสำหรับใส่แผ่นเสียง, กล่องเก็บแผ่นดิสก์, ปลอกกระสุน *-vt.* **-eted, -eting** ใส่ปลอก, หุ้มด้วยปลอก

jackfruit (แจค' ฟรูท) *n.* ต้นขนุน, ผลขนุน

jack-in-the-box (แจค' อินธะบอคซ์) *n., pl.* **jack-in-the-boxes/jacks-in-the-box** กล่องของเล่นชนิดหนึ่งที่มีตุ๊กตาหน้าตาเหมือนตัวตลกโผล่พรวดออกมาจากกล่องเวลาเปิด

jack-in-the-box

jackknife (แจค' ไนฟ์) *n.* มีดพับขนาดใหญ่, การกระโดดน้ำในท่าโค้งตัวเอามือแตะปลายเท้าขาตรง และเหยียดออกเมื่อพุ่งลงน้ำ *-v.* **-knifed, -knifing** *-vt.* ทำให้โค้งงอ *-vi.* ทำท่าโค้งงอ

jack-of-all-trades (แจคเอิฟว์ออล' เทรดซ์') *n.* คนที่สามารถทำงานได้หลายอย่าง

jack-o'-lantern (แจค' อะแลนเทิร์น) *n., pl.* **jack-o'-lanterns** โคมไฟที่ทำจากฟักทองคว้านเอาไส้ออกแกะเป็นรูปหน้าคน แล้วจุดเทียนไขไว้ข้างใน ใช้ในเทศกาลฮาโลวีน

jackplane (แจค' เพลน) *n.* กบสำหรับไสไม้

★**jackpot** (แจค' พอท) *n.* รางวัลใหญ่

jack-tar, Jack-tar (แจค' ทาร์') *n.* กะลาสี

jade[1] (เจด) *n.* หยก **-jade** *adj.*

jade[2] (เจด) *n.* ม้าแก่, หญิงปากร้าย

jaded (เจ' ดิด) *adj.* อ่อนเพลีย, น่าเบื่อ, เสเพล

jag (แจก) *n.* รอยขรุขระ, ขอบที่คม

jagged (แจก' กิด) *adj.* ซึ่งเป็นเหลี่ยมแหลมหรือขรุขระ **-jaggedly** *adv.* (**-S.** barbed)

jaggy (แจก' กี) *adj.* **-gier, -giest** ซึ่งเป็นเหลี่ยมแหลมขรุขระ

jaguar (แจก' กวาร์) *n.* เสือจากัวร์

jai alai (ไฮ' ไล) *n.* กีฬาชนิดหนึ่งคล้ายแฮนด์บอล

★**jail** (เจล) *n.* คุก *-vt.* **jailed, jailing** ติดคุก

jailbird (เจล' เบิร์ด) *n.* (ภาษาพูด) คนขี้คุก

jailer, jailor (เจ' เลอร์) *n.* ผู้คุมคุก

Jain, Jaina (ไจน์, ไจ' นะ) *n.* สาวกของศาสนาเชน **-Jainism** ศาสนาเชน

★**jam[1]** (แจม) *v.* **jammed, jamming** *-vt.* บีบ, เบียด, อัด, กด, ดัน, หนีบ, ออแน่น, ยัด, อัดแอ, อุด, ส่งคลื่นวิทยุรบกวน *-vi.* อุดตัน, อัดแน่น *-n.* การกระทำดังกล่าว, ความแออัด, สถานการณ์ที่ยากลำบาก, การจราจรที่ติดขัดคับคั่ง **-jammer** *n.* (**-S.** (v.) cram)

jam[2] (แจม) *n.* แยม ผลไม้กวนกับน้ำตาล

jamb, jambe (แจม) *n.* เสาข้างใดข้างหนึ่งของประตู หน้าต่าง หรือเตาผิง

jamboree (แจมบะรี') *n.* งานเลี้ยงรื่นเริง

jam-pack (แจม' แพค') *vt.* **-packed, -packing** (ภาษาพูด) อัดแน่น

jam session การแสดงดนตรีร่วมกันแบบที่นักดนตรีไม่ได้ตระเตรียมกันมาก่อน

Jan. ย่อจาก January เดือนมกราคม

jangle (แจง' เกิล) *v.* **-gled, -gling** *-vi.* ทำให้เกิดเสียงดังจากการกระทบกันของโลหะ, ทะเลาะกันเสียงดัง *-vt.* เป็นเหตุทำให้เกิดเสียงดังโครมคราม, ทำให้รำคาญ *-n.* การทะเลาะกันเสียงดัง, เสียงดังของโลหะที่กระทบกัน

janitor (แจน' นิเทอร์) *n.* คนทำความสะอาดตึกหรืออาคาร, คนเฝ้าประตู **-janitorial** *adj.*

★**January** (แจน' ยูเอรี) เดือนมกราคม

japan (จะแพน') *n.* น้ำมันชักเงาสีดำที่ใช้เคลือบภาชนะให้เกิดความคงทนเงางาม *-vt.* **-panned, -panning** เคลือบหรือทาด้วยน้ำมันชักเงาดังกล่าว

jape (เจพ) *vi., vt.* **japed, japing** ล้อเล่น

★**jar[1]** (จาร์) *n.* โอ่ง, ไห, กระปุก, โถ, โหล, เหยือก,

แก้วเบียร์ **-jarful** *n.* (**-S.** (n.) jug)

jar² (จารํ) *v.* **jarred, jarring** *-vi.* ทำให้เกิดเสียงดังระคายหู, ทำให้เกิดการรบกวนหรือระคายเคือง, สั่นสะเทือนเนื่องจากการปะทะหรือชน, ทะเลาะหรือขัดแย้ง *-vt.* ชน, ทำให้สั่นสะเทือนเนื่องจากการชน, ทำให้ตื่นตกใจ *-n.* การตื่นตกใจ, เสียงสั่นสะเทือนระคายหู (**-S.** (v.) bicker)

jargon (จารํ' เกิน) *n.* การพูดเหลวไหล, ภาษาท้องถิ่น, ภาษาที่ใช้เฉพาะอาชีพหรือวงการ

jasmine, jessamine (แจซ' มิน, เจซ' ซะมิน) *n.* ต้นมะลิ, ดอกมะลิ, สีเหลืองอ่อน

jasper (แจส' เปอรํ) *n.* หินควอตซ์ชนิดหนึ่งมีสีแดง เหลือง หรือน้ำตาล

jaundice (จอน' ดิซ) *n.* โรคดีซ่าน

jaundiced (จอน' ดิซทํ) *adj.* ซึ่งเป็นดีซ่าน, (สี) เหลือง, อิจฉา, ริษยา (**-S.** envious, hostile)

jaunt (จอนทํ) *n.* การเดินทางท่องเที่ยวระยะสั้น

jaunty (จอน' ที) *adj.* **-tier, -tiest** อิสระ, คล่องตัว, ทันสมัย, ร่าเริง **-jauntily** *adv.*

JAVA (จา' วา) *n.* ภาษาโปรแกรมจาวา ใช้สำหรับเขียนเว็บไซต์

javelin (แจฟวํ' ลิน) *n.* แหลน, กีฬาพุ่งแหลน

★**jaw** (จอ) *n.* ขากรรไกร, กราม, (คำสแลง) การสนทนาหรือพูดคุยกัน, สิ่งที่ช่วยในการจับ, โครงสร้างที่คล้ายขากรรไกร, ปาก *-vi.* **jawed, jawing** (คำสแลง) พูดคุยกันเสียงเอะอะ

jawbone (จอ' โบน) *n.* กระดูกกราม, กระดูกขากรรไกร *-vt., vi.* **-boned, -boning** พยายามชักจูงโดยใช้ตำแหน่งหน้าที่ที่สูงกว่าเพื่อให้เกิดความกดดัน

jay (เจ) *n.* คนที่พูดมาก, อักษรตัว J

jaywalk (เจ' วอค) *vi.* **-walked, -walking** ข้ามถนนอย่างผิดกฎหมายหรือไม่ระมัดระวัง

★**jazz** (แจซ) *n.* ดนตรีแจ๊ส, การเต้นแจ๊ส, (คำสแลง) ความกระตือรือร้นมีชีวิตชีวา *-v.* **jazzed, jazzing** *-vt.* เล่นดนตรีแจ๊ส *-vi.* (คำสแลง) พูดโกหก **-jazzer** *n.*

jazzy (แจซ' ซี) *adj.* **-ier, -iest** ซึ่งคล้ายดนตรีแจ๊ส, (คำสแลง) ร่าเริง **-jazzily** *adv.*

★**jealous** (เจล' เลิซ) *adj.* อิจฉา, หึงหวง, ขี้ระแวง, เอาแต่ใจ **-jealously** *adv.* (**-S.** envious)

jealousy (เจล' ละซี) *n., pl.* **-ies** ความอิจฉาริษยา, ความหึงหวง (**-S.** envy)

★**jean** (จีน) *n.* ผ้ายีน **-jeans** กางเกงยีน

jeep (จีพ) *n.* รถจี๊ป

jeer (เจียรํ) *vi., vt.* **jeered, jeering** พูดเยาะเย้ยถากถาง *-n.* การพูดเยาะเย้ยถากถาง, การหัวเราะเยาะ **-jeerer** *n.* (**-S.** (v., n.) sneer)

Jehovah (จิโฮ' วะ) *n.* พระนามของพระผู้เป็นเจ้าในพระคัมภีร์ไบเบิลฉบับเก่า, พระยะโฮวาห์

jejune (จะจูน') *adj.* ซึ่งไม่น่าสนใจ

jell (เจล) *v.* **jelled, jelling** *-vi.* กลายเป็นวุ้นแข็ง, ทำให้เป็นรูปร่าง *-vt.* ทำให้เป็นรูปร่าง, ทำให้กลายเป็นวุ้นแข็ง

jellied (เจล' ลีดฺ) *adj.* ซึ่งเคลือบหรือทำด้วยวุ้น

★**jelly** (เจล' ลี) *n., pl.* **-lies** วุ้น *-v.* **-lied, -lying** *-vt.* ทำให้เป็นวุ้น *-vi.* กลายเป็นวุ้น

jellyfish (เจล' ลีฟิช) *n., pl.* **-fish/-fishes** แมงกะพรุน, (ภาษาพูด) คนที่อ่อนแอ

jelly shoes รองเท้าแตะพลาสติกสีใสสวยงาม

jemmy (เจม' มี) *n.* เหล็กท่อนสั้นๆ ที่สามารถใช้งัดประตูหน้าต่างได้

jeopardize (เจพ' เพอรํไดซํ) *vt.* **-ized, -izing** ทำให้ตกอยู่ในอันตราย, เป็นภัย, เสี่ยงอันตราย

jeopardy (เจพ' เพอรํดี) *n., pl.* **-ies** ความเสี่ยง, ภัยอันตราย (**-S.** danger, risk)

jeremiad (เจอระไม' เอิด) *n.* งานประพันธ์หรือคำพูดที่แสดงถึงความขมขื่น เศร้าหมอง

jerk¹ (เจิรํค) *v.* **jerked, jerking** *-vt.* กระตุก, กระชาก, สะบัด, ฉุด, เหวี่ยง, ผลัก *-vi.* กระตุก, เคลื่อนที่อย่างกะทันหัน *-n.* การเคลื่อนที่อย่างฉับพลัน, อาการกระตุกของกล้ามเนื้อ

jerk² (เจิรํค) *vt.* **jerked, jerking** แล่เนื้อเป็นชิ้นยาวๆ และนำไปตากแดดหรือรมควัน

jerkin (เจอรํ' คิน) *n.* เสื้อแจ็กเกตชนิดพอดีตัว ไม่มีแขน ตัวสั้น

jerky (เจอรํ' คี) *adj.* **-ier, -iest** ซึ่งกระตุก, (คำสแลง) โง่ **-jerkily** *adv.* **-jerkiness** *n.*

Jerry (เจ' รี) *n., pl.* **-ries** ทหารเยอรมัน

jerrybuild (เจ' รีบิลดฺ) *vt.* **-built, -building** สร้างอย่างถูกๆ และไม่มั่นคง **-jerrybuilder** *n.*

jest (เจซทํ) *n.* คำพูดล้อเล่น, การพูดตลก, เรื่องตลก *-v.* **jested, jesting** *-vi.* พูดล้อเล่น, พูดตลก *-vt.* ทำให้ตลก **-jestingly** *adv.*

jester (เจส' เตอรํ) *n.* ผู้ที่พูดล้อเล่นหรือพูดตลก

Jesuit (เจฌ' ฌูอิท) *n.* พระในศาสนาคริสต์นิกายโรมันคาทอลิก **-jesuit** คนเจ้าเล่ห์

Jesus (จี' เซิซ) พระเยซูคริสต์

jet¹ (เจท) *n.* ถ่านหินที่แข็งมากมีความมันเงาใช้เป็นอัญมณี, สีดำสนิท

★**jet²** (เจท) *n.* ลำของเหลวที่พุ่งด้วยความแรงและเร็วออกมาจากหัวพวยหรือช่องที่มีขนาดเส้นผ่านศูนย์กลางเล็ก, สิ่งที่พุ่งออกมาในลักษณะดังกล่าว, เครื่องบินเจ็ต, เครื่องยนต์เจ็ต *-v.* **jetted, jet-**

A B C D E F G H I J K L M N O P Q R S T U V W X Y Z

ting *-vi.* เดินทางโดยเครื่องบินเจ็ต, เคลื่อนที่เร็วมาก *-vt.* พุ่งออกเป็นลำ (**-S.** (v.) shoot)

jet engine เครื่องยนต์เจ็ต, เครื่องยนต์ไอพ่น

jet lag, jetlag (เจท' แลก) *n.* อาการอ่อนเพลียของร่างกายอันเกิดขึ้นจากการเดินทางผ่านเขตแบ่งเวลา ทำให้ร่างกายไม่สามารถปรับตัวกับเวลาใหม่ได้ทัน **-jet-lagged** *adj.*

jetport (เจท' พอร์ท) *n.* สนามบินสำหรับเครื่องบินเจ็ต

jet-propelled (เจทพระเพลด์') *adj.* ซึ่งขับเคลื่อนโดยแรงพุ่งของก๊าซหรือของเหลว

jetsam (เจท' เซ็ม) *n.* สินค้าหรืออุปกรณ์ต่างๆ ที่โยนทิ้งทะเลเพื่อทำให้เรือเบาในภาวะฉุกเฉิน

jet set กลุ่มสังคมคนรวยที่นิยมเดินทางโดยเครื่องบินเจ็ตเพื่อไปท่องเที่ยวหรือทำธุรกิจตามที่ต่างๆ

jet-skiing (เจท' สกีอิง) *n.* กีฬาเจ็ตสกี

jettison (เจท' ทิเซิน) *vt.* **-soned, -soning** โยนของลงทะเลเพื่อให้เรือเบา *-n.* การโยนของจากเรือลงทะเล, ของที่ถูกโยนทิ้งทะเล

jetty (เจท' ที) *n., pl.* **-ties** เขื่อนที่สร้างยื่นลงไปในทะเลหรือแม่น้ำเพื่อป้องกันกระแสน้ำกัดเซาะท่าเรือ,ท่าสำหรับเรือใหญ่เข้าเทียบ (**-S.** pier)

Jew (จู) *n.* ชาวยิว

★**jewel** (จู' เอิล) *n.* เพชรพลอย, เครื่องประดับที่เป็นโลหะหรือเพชรพลอยมีค่ามีราคาแพง, เพชรพลอยเม็ดเล็กๆ ในนาฬิกา, ของมีค่า, บุคคลที่มีค่า *-vt.* **-eled, -eling/-elled, -elling** ประดับด้วยเพชรพลอย, ใส่เพชรพลอย (**-S.** gem)

jeweler, jeweller (จู' อะเลอร์) *n.* ผู้ที่ทำ ซ่อม หรือซื้อขายเพชรพลอย

★**jewelry** (จู' เอิลรี) *n.* เครื่องประดับที่ทำจากโลหะมีค่าฝังเพชรพลอย (**-S.** gems)

Jewess (จู' อิซ) *n.* ผู้หญิงหรือเด็กหญิงชาวยิว

Jewish (จู' อิช) *adj.* เกี่ยวกับชาวยิว วัฒนธรรมหรือศาสนายิว **-Jewishly** *adv.*

Jewry (จู' รี) *n.* ประชาชนชาวยิว

jib[1] (จิบ) *n.* แขนของปั้นจั่น

jib[2] (จิบ) *vi.* **jibbed, jibbing** หยุดชะงัก, ผงะ

jib boom เสาเรือที่เอาไว้ผูกใบเรือรูปสามเหลี่ยม

jibe (ไจบ์) *v., n.* ดู gibe

jiffy (จิฟ' ฟี) *n., pl.* **jiffies** ช่วงเวลาสั้นๆ

jig (จิก) *n.* การเต้นรำในจังหวะที่สนุกสนาน, ดนตรีสำหรับการเต้นรำดังกล่าว, เรื่องตลกหรืออุบาย, เครื่องสำหรับทำความสะอาดหรือแยกแร่โดยการร่อนหรือเขย่าในน้ำ *-vi.* **jigged, jigging** *-vi.* เต้นรำในจังหวะสนุกสนาน, เขย่า *-vt.* แยกแร่ด้วยการเขย่า, กระตุก (**-S.** (v.) bounce)

jigger (จิก' เกอร์) *n.* ผู้ที่ควบคุมเครื่องร่อนแร่, ถ้วยหรือแก้วเล็กๆ ที่ใช้ตวงของเหลว 1½ ออนซ์, ปริมาณของเหลวในถ้วยดังกล่าว

jiggle (จิก' เกิล) *v.* **-gled, -gling** *-vi.* เคลื่อนที่แบบกระตุก, เคลื่อนที่ขึ้นลง *-vt.* ทำให้เคลื่อนที่ขึ้นลงหรือเคลื่อนแบบกระตุก *-n.* การเคลื่อนที่แบบกระตุกหรือเคลื่อนที่ขึ้นลง **-jiggly** *adj.*

jigsaw (จิก' ซอ) *n.* เลื่อยฉลุลาย

jigsaw puzzle รูปภาพที่ตัดออกเป็นชิ้นเล็กๆ รูปทรงนูนและเว้าแล้วนำมาต่อกัน

jihad, jehad (จิฮาด') *n.* สงครามอันศักดิ์สิทธิ์ที่ผู้นับถือศาสนาอิสลามต้องต่อสู้เพื่อพิทักษ์หรือดำรงไว้ซึ่งศาสนาของตน

jilt (จิลท์) *vt.* **jilted, jilting** ปฏิเสธ, สลัดทิ้ง

Jim Crow (จิม' โคร') *n.* (คำสแลง) คนผิวดำ

jim-jams (จิม' แจมซ์) *n. pl.* (คำสแลง) ความรู้สึกกลัวมากหรือกลัวจนสั่น

jimmy (จิม' มี) *n., pl.* **-mies** ชะแลงสั้น

jingle (จิง' เกิล) *v.* **-gled, -gling** *-vi.* ทำให้เกิดเสียงของโลหะกระทบกัน, ทำเสียงกรุ๊งกริ๊ง, มีเสียงสัมผัสหรือจังหวะชัดเจน (กวี เพลง) *-vt.* ทำให้เกิดเสียงกรุ๊งกริ๊งหรือเสียงสัมผัส *-n.* เสียงที่เกิดจากการกระทบกันของโลหะ, เสียงกรุ๊งกริ๊ง, คำพูดที่คล้องจองหรือบทเพลงสั้นๆ ง่ายๆ ที่ใช้ในโฆษณาตามวิทยุหรือโทรทัศน์เพื่อดึงดูดความสนใจ **-jingly** *adj.* (**-S.** (v., n.) clink)

jingo (จิง' โก) *n., pl.* **-goes** ผู้ที่แสดงความรักชาติอย่างรุนแรง *-adj.* เกี่ยวกับผู้ที่แสดงความรักชาติอย่างรุนแรง **-jingoish** *adj.*

jingoism (จิง' โกอิซเซิม) *n.* ความรักชาติอย่างรุนแรง **-jingoist** *n.* **-jingoistic** *adj.*

jink (จิงค์) *v.* **jinked, jinking** *-vt.* ทำให้หันหลบไปอย่างเร็ว *-vt.* เป็นเหตุทำให้ (รถยนต์หรือเครื่องบิน) หันหลบไปอย่างรวดเร็ว *-n.* การหันหลบอย่างรวดเร็ว

jinni, jinnee, djinni, djinny (จินฺ' นี, จินี') *n., pl.* **jinn/djinn** (จิน) ภูตผีที่สามารถปรากฏกายในรูปของมนุษย์หรือสัตว์ก็ได้

jinriksha, jinricksha (จินริค' ชอ) *n.* รถลาก

jinx (จิงค์ซ์) *n.* (ภาษาพูด) บุคคลหรือสิ่งที่ถูกเชื่อว่านำความโชคร้ายมาให้

JIT ดู just-in-time

jitter (จิท' เทอร์) *vi.* **-tered, -tering** ไม่สบายใจ, กระวนกระวาย *-n.* ความกระวนกระวาย

jitterbug (จิท' เทอร์บัก) *n.* การเต้นรำจิตเทอร์-บัก *-vi.* **-bugged, -bugging** เต้นรำดังกล่าว

jittery (จิท' ทะรี) *adj.* **-ier, -iest** ซึ่งรู้สึก

ไม่สบายใจ, ขวัญอ่อน, ซึ่งกระวนกระวาย

jiujitsu (จูจิท' ซู) *n.* ดู jujitsu

jive (ไจฟว์) *n.* ดนตรีแจ๊สหรือดนตรีประเภทจังหวะเขย่า, นักดนตรีแจ๊ส *-v.* **jived, jiving** *-vi.* เล่นดนตรีแจ๊สหรือดนตรีจังหวะเขย่า, เต้นระบำด้วยดนตรีแจ๊สหรือดนตรีจังหวะเขย่า

★**job** (จอบ) *n.* งาน, ตำแหน่งงาน, ภาระหน้าที่, ชิ้นงาน, (ภาษาพูด) งานที่ยากลำบาก การโจรกรรม เรื่องหรือกรณี *-v.* **jobbed, jobbing** *-vi.* ทำงานเป็นชิ้นๆ, ทำงานปลีกย่อย, เป็นพ่อค้าคนกลาง *-vt.* เป็นพ่อค้าคนกลาง, รับเหมางานให้ผู้อื่นทำ, ทำธุรกิจการค้าอย่างไม่สุจริต

jobber (จอบ' เบอร์) *n.* พ่อค้าคนกลาง, พ่อค้าขายส่ง, คนกลางในการซื้อขายหุ้น

jobbery (จอบ' บะรี) *n.* การใช้วิธีการอันไม่บริสุทธิ์เพื่อให้ได้รับผลประโยชน์

jobholder (จอบ' โฮลเดอร์) *n.* ผู้ที่มีงานประจำ

jobless (จอบ' ลิซ) *adj.* ซึ่งไม่มีงานหรือตกงาน *-n.* กลุ่มผู้ว่างงานหรือตกงาน **-joblessness** *n.*

job lot การนำสินค้ามาคละหรือปนกัน โดยเฉพาะสินค้าที่มีคุณภาพต่ำ

jockey (จอค' คี) *n., pl.* **-eys** นักขี่ม้าแข่งระดับมืออาชีพ *-v.* **-eyed, -eying** *-vt.* ขี่ม้าแข่ง, หลอกลวง, โกง *-vi.* ขี่ม้าแข่ง

jockstrap, jock strap (จอค' สแตรพ) *n.* กระจับที่ใส่ป้องกันอวัยวะเพศชายในเวลาแข่งขันกีฬา

jocose (โจโคซ') *adj.* ตลกขบขัน, ซึ่งล้อเล่น

jocular (จอคฺ' คยะเลอร์) *adj.* ตลกขบขัน, ซึ่งล้อเล่น, ซึ่งยั่วเย้า **-jocularly** *adv.* (-S. funny)

jocund (จอค' เคินดฺ) *adj.* สนุกสนาน, ร่าเริง, สบายใจ **-jocundity** *n.* **-jocundly** *adv.*

jodhpurs (จอด' เพิร์ซ) *n. pl.* กางเกงขี่ม้า

jog (จอก) *v.* **jogged, jogging** *-vt.* ชน, กระทุ้ง, ทำให้ม้าวิ่งเหยาะๆ *-vi.* เคลื่อนที่ด้วยจังหวะกระแทกหรือเขย่า, (ม้า) วิ่งเหยาะๆ, วิ่งออกกำลังกายเหยาะๆ, เดินย่ำต๊อก, เดินทอดน่อง, กระทำหรือดำเนินไปเรื่อยๆ *-n.* การกระทุ้งหรือเขย่าเบาๆ, การเคลื่อนที่อย่างกระแทกหรือเขย่า, การวิ่งเหยาะๆ, การผลักเบาๆ **-jogger** *n.*

joggle (จอก' เกิล) *v.* **-gled, -gling** *-vt.* สั่นหรือเขย่าเบาๆ *-vi.* เคลื่อนที่ด้วยการสั่นหรือเขย่าเบาๆ *-n.* การเคลื่อนที่ในลักษณะดังกล่าว

jog trot การวิ่งเหยาะย่างของม้า

★**join** (จอยนฺ) *v.* **joined, joining** *-vt.* รวมเข้าด้วยกัน, เชื่อมความสัมพันธ์, ติด, ต่อ, ร่วมเป็นสมาชิก, มีส่วนร่วม, เชื่อม *-vi.* ติดกัน, ทำร่วมกัน, เข้าร่วม, เป็นสมาชิก *-n.* หัวต่อ, ข้อต่อ, ท่อน, การร่วมกัน (-S. (v.) add, unite)

joiner (จอย' เนอร์) *n.* ช่างไม้

joinery (จอย' นะรี) *n.* งานของช่างไม้

★**joint** (จอยนฺทฺ) *n.* ข้อต่อ, รอยต่อ, ข้อ, หัวต่อ, ท่อนหรือดุ้น (เนื้อ), (คำสแลง) คุก *-adj.* ซึ่งร่วมกัน, ซึ่งเป็นเวลาเดียวกัน *-vt.* **jointed, jointing** เชื่อมกัน, ติดกัน, ต่อกัน (-S. (n.) junction)

jointer (จอยนฺ' เทอร์) *n.* เกรียงที่ใช้โบกปูน

jointly (จอยนฺทฺ' ลี) *adv.* ร่วมกัน (-S. together)

joint venture หุ้นส่วนที่มีการแบ่งความเสี่ยงหรือความรู้ความชำนาญ, การร่วมลงทุน

joist (จอยซฺทฺ) *n.* รอดรองพื้นกระดาน

jojoba (ฮะโฮ' บะ) *n.* พืชชนิดหนึ่งที่สามารถสกัดเอาน้ำมันจากเมล็ดไปผสมในเครื่องสำอาง

★**joke** (โจค) *n.* สิ่งขบขัน, เรื่องตลก, เรื่องล้อเล่น, คำพูดตลก, การเล่นตลก *-v.* **joked, joking** *-vi.* เล่นตลก, ล้อเลียน, พูดเล่น *-vt.* ล้อเล่น **-jokingly** *adv.* (-S. (n., v.) jest)

joker (โจ' เคอร์) *n.* ตัวตลก

jollification (จอลละฟิเค' ชัน) *n.* การสนุกสนาน, งานรื่นเริง, งานเฉลิมฉลองที่สนุกสนาน

jollity (จอล' ลิที) *n., pl.* **-ties** ความสนุกสนานรื่นเริง, การเฉลิมฉลองที่สนุกสนาน

jolly (จอล' ลี) *adj.* **-lier, -liest** ซึ่งเต็มไปด้วยความรื่นเริง สนุกสนาน หรือเบิกบานใจ *-adv.* อย่างยิ่ง *-v.* **-lied, -lying** *-vt.* ตามใจ, เอาใจ, ปลอบโยน *-vi.* ทำให้ขบขัน *-n., pl.* **-lies** ช่วงเวลาที่สนุกสนาน **-jollily** *adv.* (-S. (adj.) merry)

jollyboat (จอล' ลีโบท) *n.* เรือบดที่ติดอยู่กับเรือขนาดกลาง

Jolly Roger ธงโจรสลัด

jolt (โจลทฺ) *v.* **jolted, jolting** *-vt.* กระแทก เขย่า สะเทือน เนื่องจากถนนเป็นหลุมเป็นบ่อหรือโดนหมัด, ทำให้ตกตะลึง, ทำให้ประหลาดใจ, ทำให้งงงวย *-vi.* กระตุก *-n.* ความประหลาดใจหรือช็อก, การสั่นหรือสะเทือนเนื่องจากการโดนหมัด **-jolter** *n.* **-joltily** *adv.* **-joltiness** *n.*

josh (จอช) *v.* **joshed, joshing** *-vt.* หยอกล้อ, หยอกเย้า, แหย่เล่น *-vi.* หยอกเย้า, ล้อเล่น

joss house วัดหรือศาลเจ้าของจีน

joss stick ธูป

jostle (จอซ' เซิล) *v.* **-tled, -tling** *-vi.* ดัน, ผลัก, กระแทก, กระทุ้ง, ล้วงหรือพยายามล้วงกระเป๋า, เบียดเสียด, อยู่ใกล้ชิดกัน, แข่งขันหรือประกวดเพื่อให้ได้รับตำแหน่งหรือผลประโยชน์, *-vt.* เบียดเสียด, ดันหรือใช้ศอกกระทุ้ง, อยู่ใกล้

A B C D E F G H I J K L M N O P Q R S T U V W X Y Z

ชิดกับ,แข่งขันหรือประกวดเพื่อให้ได้รับตำแหน่งหรือผลประโยชน์, ล้วงหรือพยายามล้วงกระเป๋า *-n.* การดัน, การกระแทก, การเบียดเสียด

jot (จอท) *n.* เล็กน้อย *-vt.* **jotted, jotting** เขียนหรือจดอย่างสั้นๆ หรือรวดเร็ว

jotting (จอท' ทิง) *n.* การบันทึกสั้นๆ

joule (จูล) *n.* หน่วยของพลังงานไฟฟ้าซึ่งมีค่าเท่ากับงานที่กระแสไฟฟ้า 1 แอมแปร์ไหลผ่านตัวต้านทาน 1 โอห์มเป็นเวลา 1 วินาที, หน่วยพลังงานซึ่งมีค่าเท่ากับงานที่ทำโดยแรง 1 นิวตันในระยะทาง 1 เมตร

journal (เจอร์' เนิล) *n.* วารสาร, บันทึกประจำวัน, บัญชีรายวัน, สมุดบันทึกรายวัน, หนังสือพิมพ์, รายงานการประชุม (**-S.** diary, record)

journalism (เจอร์' นะลิซเซิม) *n.* การรวบรวมข่าว, หัวข้อข่าว, การเขียนข่าว, การตัดทอนแก้ไขข่าว, การเสนอข่าว, วัตถุดิบที่จะใช้เขียนเป็นข่าวลงในหนังสือพิมพ์ วารสาร หรือออกอากาศ, รูปแบบการเขียนที่มีลักษณะของการนำเสนอข้อเท็จจริงแบบตรงไปตรงมาอย่างในหนังสือพิมพ์หรือวารสาร, หนังสือพิมพ์, วารสาร

★**journalist** (เจอร์' นะลิซท์) *n.* นักหนังสือพิมพ์

journalistic (เจอร์นะลิส' ติค) *adj.* เกี่ยวกับการหนังสือพิมพ์หรือนักหนังสือพิมพ์

★**journey** (เจอร์' นี) *n., pl.* **-neys** การเดินทาง, ระยะทางหรือเวลาที่ใช้ในการเดินทาง *-vt., vi.* **-neyed, -neying** เดินทาง (**-S.** (n., v.) travel)

journeyman (เจอร์' นีเมิน) *n.* ผู้ชำนาญงาน

joust (เจาซ์ท์) *n.* การต่อสู้กันบนหลังม้าด้วยหอกหรือทวนของอัศวิน 2 คน, การต่อสู้

jovial (โจ' เวียล) *adj.* ร่าเริง, เบิกบาน, สนุกสนาน **-joviality** *n.* **-jovially** *adv.* (**-S.** airy, blithe)

jowl[1] (เจาล์) *n.* ขากรรไกร (ล่าง), แก้ม

jowl[2] (เจาล์) *n.* เหนียงคอของเป็ดหรือไก่

★**joy** (จอย) *n.* ความสุข, ความปลาบปลื้มปีติ, ความยินดี, การแสดงความรู้สึกดังกล่าว, สิ่งที่ทำให้รู้สึกพึงพอใจ *-v.* **joyed, joying** *-vi.* รู้สึกดีใจ, ยินดี, รื่นเริง *-vt.* รู้สึกมีความสุข, ปลาบปลื้ม, ปีติยินดี, สนุกสนาน (**-S.** (n., v.) delight **-A.** (n.) grief)

joyful (จอย' เฟิล) *adj.* เบิกบาน, ซึ่งมีความสุข, ดีใจ, ปลาบปลื้ม, ปีติยินดี, รื่นเริง **-joyfully** *adv.*

joyless (จอย' ลิซ) *adj.* ห่อเหี่ยว, หม่นหมอง, ไร้สุข, เศร้า **-joylessly** *adv.* (**-S.** dismal)

joyous (จอย' เอิซ) *adj.* สนุกสนานรื่นเริง, เบิกบาน, ยินดีปรีดา, ปลื้มปีติ **-joyously** *adv.*

joy ride (คำสแลง) การขับรถยนต์อย่างประมาทหวาดเสียวเพื่อความสนุกสนาน **-joy rider** *n.*

joystick (จอย' สติค) *n.* (คำสแลง) คันบังคับเครื่องบิน อุปกรณ์ที่ใช้เลื่อนตำแหน่งบนหน้าจอคอมพิวเตอร์

jubilant (จู' บะเลินท์) *adj.* ปีติยินดี, ร่าเริง, ปลาบปลื้ม **-jubilantly** *adv.* (**-S.** exultant)

jubilate (จู' บะเลท) *vi.* **-lated, -lating** มีความร่าเริง, มีความปีติยินดี, มีความดีใจ

jubilation (จูบะเล' ชัน) *n.* ความปลาบปลื้มปีติ, ความดีใจ, ความยินดีปรีดา, ความรื่นเริง

jubilee (จู' บะลี) *n.* การ (งาน) เฉลิมฉลอง โดยเฉพาะครบรอบ 50 ปี, ความรื่นเริง

Judas (จู' เดิซ) *n.* ผู้ทรยศเพื่อน

★**judge** (จัจ) *v.* **judged, judging** *-vt.* ลงความเห็น, ตัดสิน, พิพากษา, เลือก, วินิจฉัย, คาดคะเน, ประมาณ, พิจารณา, ตำหนิหรือวิจารณ์, ชี้ขาด *-vi.* ตัดสิน, ลงความเห็น, เป็นผู้พิพากษา, พิจารณา *-n.* ผู้ตัดสิน, ผู้พิพากษา, ตุลาการ, ผู้รอบรู้, กรรมการตัดสิน (**-S.** (v.) decide)

judgeship (จัจ' ชิพ) *n.* ตำแหน่งผู้พิพากษา

★**judgment, judgement** (จัจ' เมินท์) *n.* การตัดสิน, การลงความเห็น, การวินิจฉัย, การพิจารณา, คำพิพากษา, ความเห็น, โทษ

Judgment Day วันสุดท้ายของโลกเมื่อพระเจ้าได้พิพากษาเหล่ามวลมนุษย์

judicable (จู' ดิคะเบิล) *adj.* ซึ่งตัดสินได้

judicature (จู' ดิคะชุร์) *n.* ตำแหน่งผู้พิพากษา

judicial (จูดิช' เชิล) *adj.* เกี่ยวกับศาลยุติธรรม, เกี่ยวกับการพิจารณาตัดสินคดี, ยุติธรรม, ซึ่งอนุญาตโดยคำสั่งศาลหรือผู้พิพากษา,ซึ่งมีหน้าที่พิจารณา, เกี่ยวกับผู้พิพากษา

judiciary (จูดิช' เชียรี) *n., pl.* **-ies** ระบบของศาลยุติธรรม, เหล่าผู้พิพากษา

judicious (จูดิช' เชิซ) *adj.* รอบคอบ, สุขุม, ฉลาด **-judiciously** *adv.* (**-S.** acute, considered)

judo (จู' โด) *n.* กีฬายูโด **-judoist** *n.*

judo

★**jug** (จัก) *n.* เหยือก, คนโท, สิ่งที่บรรจุในภาชนะดังกล่าว *-vt.* **jugged, jugging** เคี่ยว (ตุ๋น) เนื้อในเหยือกหรือคนโทดินเผา

juggle (จัก' เกิล) *v.* **-gled, -gling** *-vt.* เล่นโยนรับของ 2 ชิ้นหรือมากกว่าสลับไปมา, โกง, เล่นตบตา, เล่นกล *-vi.* โยนรับของมากกว่า 2 ชิ้นสลับไปมา *-n.* การตบตา, การเล่นโยนของสลับไปมา, การเล่นกล **-juggler** *n.*

jugglery (จัก' กละรี) *n., pl.* **-ies** การหลอกลวง

jugular (จัก' กูยะเลอร์) *adj.* เกี่ยวกับคอ
★**juice** (จูซ) *n.* น้ำที่อยู่ในเนื้อเยื่อของพืชหรือสัตว์, ของเหลวที่หลั่งออกมาจากภายในร่างกาย, หัวกะทิ, แก่นสาร, หัวใจ, จุดสำคัญ, (คำสแลง) กระแสไฟฟ้า เงินทุน เครื่องดื่มที่มีแอลกอฮอล์ *-v.* **juiced, juicing** *-vt.* สกัดน้ำจาก *-vi.* (คำสแลง) ดื่มเครื่องดื่มที่มีแอลกอฮอล์
juicy (จู' ซี) *adj.* **-ier, -iest** ฉ่ำน้ำ, น่าสนใจ, ซึ่งมีสีสัน **-juicily** *adv.* (**-S.** moist)
jujitsu, jujutsu (จูจิท' ซู) *n.* ศิลปะการป้องกันตัวแบบหนึ่ง
jujube (จู' จูบ) *n.* พุทรา, ต้นพุทรา
jukebox (จูค' บอคซ์) *n.* ตู้เพลงหยอดเหรียญ
Jul. ย่อจาก July เดือนกรกฎาคม
julep (จู' ลิพ) *n.* ยาผสมน้ำหวาน
★**July** (จุไล') เดือนกรกฎาคม
jumble (จัม' เบิล) *v.* **-bled, -bling** *-vt.* ปนกัน, ทำให้ยุ่ง *-vi.* ผสมกันยุ่ง *-n.* สภาวะยุ่งเหยิง
jumbo (จัม' โบ) *n., pl.* **-bos** คน สัตว์ สิ่งของที่มีขนาดใหญ่กว่าปกติ **-jumbo** *adj.* (**-S.** giant)
★**jump** (จัมพ์) *v.* **jumped, jumping** *-vi.* กระโดด, ข้าม, กระดก, กระเด้ง, ตะครุบ, เคลื่อนไหวหรือเคลื่อนที่ไปอย่างรวดเร็ว, พรวดพราด, เผ่น, ผุดลุก, สะดุ้งพรวด (ด้วยความประหลาดใจ), กระโดดร่มลงมาจากเครื่องบิน, (ภาษาพูด) รีบเร่ง, ถลา, โผ, โผน, เริ่มต้น, เลื่อนตำแหน่งอย่างเร็ว *-vt.* กระโดดข้าม, ข้าม, กระโดดขึ้น, ทำให้กระโดด, ยึดหรือครอบครอง, จู่โจม, ทำให้ราคาเพิ่มขึ้นอย่างทันที, เลื่อนตำแหน่งขึ้นอย่างเร็ว,ตะครุบตัว *-n.* การกระโดด, อุปสรรคหรือเครื่องกีดขวาง, การกระโดดร่ม, การกระโดดแข่งขัน, การขึ้นราคาหรือเงินเดือนในทันที, การเปลี่ยนอย่างทันที
jumper[1] (จัม' เพอร์) *n.* สิ่งที่กระโดด, ผู้ที่กระโดด
jumper[2] (จัม' เพอร์) *n.* เสื้อสเวตเตอร์
jump seat ที่นั่งเล็กๆ ซึ่งพับเก็บได้ในรถยนต์
jump suit ชุดเครื่องแบบของนักกระโดดร่ม
jumpy (จัม' พี) *adj.* **-ier, -iest** น่ากลัว, ตกใจ
Jun. ย่อจาก June เดือนมิถุนายน
junction (จังค์' ชัน) *n.* การเชื่อมต่อ, จุดเชื่อมต่อ, ชุมทาง, ที่บรรจบ, ตะเข็บ (**-S.** joint)
junction box ตลับหรือกล่องที่ใช้ครอบจุดเชื่อมต่อของวงจรไฟฟ้า
juncture (จังค์' เชอร์) *n.* การเชื่อมต่อ, จุดเชื่อมต่อ, ชุมทาง, ที่บรรจบ, จุดวิกฤติ
★**June** (จูน) เดือนมิถุนายน
jungle (จัง' เกิล) *n.* ป่าทึบ, ดง, สิ่งที่ปะปนกันยุ่งเหยิง, สถานที่ที่มีลักษณะของการแข่งขันหรือการต่อสู้ดิ้นรนสูงเพื่อความอยู่รอด
jungle fever ไข้มาลาเรีย, ไข้ป่า
junior (จูน' เยอร์) *adj.* ซึ่งอายุน้อยกว่า, ซึ่งมีตำแหน่งต่ำกว่า, ซึ่งเป็นรอง, ซึ่งใช้เรียกเมื่อลูกชายมีชื่อเดียวกับพ่อ, เกี่ยวกับนักเรียนปีที่ 3 ของไฮสคูลหรือวิทยาลัยในอเมริกา *-n.* คนที่อายุน้อยกว่าคนอื่น, นักเรียนปีที่ 3 ของไฮสคูลหรือวิทยาลัยในอเมริกา, ผู้เป็นรอง, ขนาดของเสื้อผ้าที่เหมาะกับเด็กหรือผู้หญิงที่มีรูปร่างผอมเพรียว
juniper (จู' นะเพอร์) *n.* ต้นไม้จำพวกสน
★**junk**[1] (จังค์) *n.* ขยะ, (ภาษาพูด) สิ่งที่เก่าแล้วหรือควรจะทิ้ง, (คำสแลง) เฮโรอีน *-vt.* **junked, junking** ทิ้ง *-adj.* ถูก, ซึ่งไม่มีค่า
junk[2] (จังค์) *n.* เรือใบท้องแบนของจีน
junket (จัง' คิท) *n.* ของหวานชนิดหนึ่งคล้ายเต้าฮวย, งานเลี้ยง, การท่องเที่ยวโดยที่รัฐบาลหรือผู้อื่นออกค่าใช้จ่ายให้ *-v.* **-keted, -keting** *-vi.* ไปเที่ยว *-vt.* จัดงานเลี้ยง
junk food อาหารขยะ อาหารที่มีแคลอรีสูงแต่มีคุณค่าทางโภชนาการต่ำ
junk mail จดหมายขยะจดหมายที่ผู้รับไม่ต้องการ
junkyard (จังค์' ยาร์ด) *n.* สถานที่เก็บของเก่า
junta (ฮุน' ทะ, จัน'-) *n.* กลุ่มนายทหารที่ปกครองประเทศภายหลังการปฏิวัติยึดอำนาจ
Jupiter (จู' พิเทอร์) *n.* ดาวพฤหัสบดี
jural (จุ' เริ่ล) *adj.* เกี่ยวกับกฎหมาย
juridical, juridic (จุริด' ดิเคิล, -ดิค) *adj.* เกี่ยวกับกฎหมายหรือศาล **-juridically** *adv.*
jurisconsult (จุริซคอน' ซัลท์) *n.* นักกฎหมาย
jurisdiction (จุริซดิค' ชัน) *n.* เขตอำนาจศาล, อำนาจตัดสินคดี **-jurisdictional** *adj.* (**-S.** rule)
jurisprudence (จุริซพรูด' เดินซ์) *n.* แผนกกฎหมาย, ปรัชญาของกฎหมาย, นิติศาสตร์
jurisprudent (จุริซพรูด' เดินท์) *adj.* ซึ่งมีความชำนาญทางกฎหมาย *-n.* ผู้ชำนาญด้านกฎหมาย
jurist (จุ' ริซท์) *n.* ผู้เชี่ยวชาญด้านกฎหมาย
juristic, juristical (จุริซ' ทิค, -ทิเคิล) *adj.* เกี่ยวกับนักกฎหมาย, เกี่ยวกับกฎหมาย
juror (จุ' เรอร์) *n.* สมาชิกของคณะลูกขุน
jury (จุ' รี) *n., pl.* **-ries** คณะลูกขุน
★**just** (จัซท์) *adj.* เที่ยงธรรม, ยุติธรรม, ถูกต้องเที่ยงตรง, ซึ่งไม่ลำเอียง, สมควร, สมเหตุผล, พอเหมาะ, พอดี *-adv.* เกือบจะ, เพียง, ซิ, นั่นเอง, พอดี, หวุดหวิด, แน่, นิดเดียว, เดี๋ยวนี้, เพิ่ง, แท้ๆ, ทีเดียว **-just now** เมื่อตะกี้ **-justly** *adv.* **-justness** *n.* (**-S.** (adj.) fair)

A B C D E F G H I J K L M N O P Q R S T U V W X Y Z

★**justice** (จัส' ติซ) *n.* ความยุติธรรม, ผู้พิพากษา, ความถูกต้อง, กระบวนการยุติธรรม (**-S.** fairness)
justifiable (จัส' ตะไฟอะเบิล) *adj.* ซึ่งแก้ตัวได้, ซึ่งสามารถอ้างเหตุผลได้ **-justifiably** *adv.*
justification (จัสตะฟิเค' ชัน) *n.* การแก้ตัว, ข้อแก้ตัว (**-S.** approval, defence)
★**justify** (จัส' ตะไฟ) *v.* **-fied, -fying** *-vt.* พิสูจน์ได้ว่าถูกต้อง, แสดงความบริสุทธิ์, แสดงเหตุผลอันสมควร *-vi.* แสดงเหตุผลอันสมควรสำหรับสิ่งที่ทำลงไป (**-S.** absolve, acquit)
just-in-time, just in time (จัซท์อิน' ไทม์) *adj.* เกี่ยวกับระบบการผลิตที่ส่วนประกอบต่างๆ จะถูกส่งมาในเวลาที่ต้องการจะประกอบ เพื่อลดต้นทุนหรือค่าใช้จ่ายในการเก็บรักษา ย่อว่า JIT *-n.* ระบบดังกล่าว
jut (จัท) *v.* **jutted, jutting** *-vi.* ยื่นออกมา *-vt.* ทำให้ยื่นออกมา *-n.* สิ่งที่ยื่นออกมา
jute (จูท) *n.* ปอกระเจา
juvenescent (จูวะเนซ' เซินท์) *adj.* ซึ่งกลายเป็นหนุ่มหรืออ่อนเยาว์ **-juvenescence** *n.*
juvenile (จู' วะไนล์) *adj.* ซึ่งยังไม่เจริญเติบโตเต็มที่, อ่อนเยาว์, เกี่ยวกับเด็กหรือเยาวชน, ซึ่งยังเป็นเด็กหรือทารก *-n.* เด็ก, เยาวชน, สัตว์ที่ยังไม่เติบโตเต็มที่ถึงวัยเจริญพันธุ์, นักแสดง ที่เล่นบทเด็กหรือบทคนหนุ่มสาว, หนังสือสำหรับเด็ก **-juvenilely** *adv.*
juvenile court ศาลคดีเด็กและเยาวชน
juvenile delinquency การกระทำความผิดทางกฎหมายของเด็กและเยาวชน
juvenile delinquent เด็กหรือเยาวชนที่กระทำผิดทางกฎหมาย
juvenilia (จูวะนิล' เลีย) *n. pl.* ผลงานทางด้านศิลปะหรืองานเขียนของเด็กและเยาวชน
juvenility (จูวะนิล' ลิที) *n., pl.* **-ties** ความเป็นเด็ก
juxtapose (จัคซตะโพซ') *vt.* **-posed, -posing** วางอยู่ติดกัน,วางเคียงกัน
juxtaposition (จัคซตะพะซิช' ชัน) *n.* การวางเคียงกัน, การวางอยู่ชิดกัน (**-S.** adjacency)

K

K, k (เค) *n., pl.* **K's, k's/Ks, ks** อักษรตัวที่ 11 ในภาษาอังกฤษ, อันดับสิบเอ็ด
k ย่อจาก karat กะรัต
kaizen (ไค' เซน) *n.* ปรัชญาทางธุรกิจของชาวญี่ปุ่นที่มีการปรับปรุงการดำเนินงานและประสิทธิภาพของบุคคลอย่างต่อเนื่อง
kaleidoscope (คะไล' ดะสโกพ) *n.* กล้องสลับลาย
kamikaze (คามิคา' ซี) *n.* นักบินกล้าตายของญี่ปุ่นที่มีหน้าที่ขับเครื่องบินบรรทุกระเบิดเข้าชนเครื่องบินศัตรู
kangaroo (แคงกะรู') *n., pl.* **-roo/-roos** จิงโจ้
kaolin, kaoline (เค' อะลิน) *n.* ดินเหนียวอย่างดีใช้ทำเซรามิกและเครื่องปั้น
kapok (เค' พอค) *n.* นุ่น
karaoke (แครีโอ' คี) *n.* ความบันเทิงในรูปแบบของการร้องเพลงตามทำนองและเนื้อร้องที่ถูกบันทึกไว้
karat, carat (แค' เริท) *n.* หน่วยวัดความบริสุทธิ์ของทอง ย่อว่า k
karate (คะรา' ที) *n.* ศิลปะการป้องกันตัวแบบญี่ปุ่นที่ใช้การเตะและการฟันด้วยมือ
Karen (คะรีน') *n., pl.* **Karen/-rens** ชาวกะเหรี่ยง, ภาษากะเหรี่ยง
karma (คาร์' มะ) *n.* กรรม
kayak, kaiak (ไค' แอค) *n.* เรือแคนูขนาดเล็กของพวกเอสกิโม

kayak

kayo (เคโอ') *n., pl.* **-os** การน็อกเอาต์ในกีฬาชกมวย
keel (คีล) *n.* กระดูกงูของเรือ *-vi., vt.* **keeled, keeling** คว่ำ, เอียง
★**keen** (คีน) *adj.* **keener, keenest** แหลม, คม, ฉลาดหลักแหลม, ไว, แรง, กล้า, ฉุน, กระตือรือร้น, เลิศ **-keenly** *adv.* (**-S.** sharp **-A.** blind)
★**keep** (คีพ) *v.* **kept, keeping** *-vt.* เก็บ, รักษา, สงวนไว้, กักขัง, ดำเนินกิจการ, หน่วงเหนี่ยว, ป้องกัน *-vi.* ดำเนินต่อไป, ยังสดหรือไม่เสีย *-n.* การรักษาไว้, การสนับสนุน, คุก **-keep up**

รักษาให้อยู่ในสภาพดี (-S. (n., v.) hold)
keeper (คี' เพอร์) *n.* ผู้ดูแล, ผู้พิทักษ์
keeping (คี' พิง) *n.* การรักษา, การเข้ากันได้
keepsake (คีพ' เซค) *n.* ของที่ระลึก
keg (เคก) *n.* ถังที่บรรจุได้ประมาณ (114 ลิตร)
kelvin (เคล' วิน) *n.* หน่วยวัดอุณหภูมิ
ken (เคน) *n.* ความเข้าใจ *-v.* **kenned/kent, kenning** *-vt.* รู้, จำได้ *-vi.* มีความเข้าใจ
kennel (เคน' เนิล) *n.* ที่อยู่อาศัยของสุนัข *-v.* **-neled, -neling/-nelled, -nelling** *-vt.* ขังอยู่ในคอกสุนัข *-vi.* อาศัยอยู่ในคอกสุนัข
kepi (เค' พี) *n., pl.* **-pis** หมวกแก๊ปทรงตรงที่ทหารฝรั่งเศสใส่
kept (เคพท์) *v.* กริยาช่อง 2 และ 3 ของ keep
keratin (เค' ระทิน) *n.* โปรตีนที่เป็นส่วนประกอบสำคัญในผม เล็บ เขาและกีบเท้าสัตว์
kerb (เคิร์บ) *n.* ขอบถนน
kerchief (เคอร์' ชิฟ, -ชีฟ) *n., pl.* **-chiefs/-chieves** ผ้าพันคอของสตรี, ผ้าเช็ดหน้า
kerf (เคิร์ฟ) *n.* รอยตัดหรือผ่าของเลื่อยหรือขวาน
kernel (เคอร์' เนิล) *n.* เมล็ด, เนื้อในที่กินได้ของผลไม้เปลือกแข็ง, แก่น, แก่นกลาง
kerosene, kerosine (เค' ระซีน) *n.* น้ำมันก๊าด
ketch (เคช) *n.* เรือใบขนาดเล็กมี 2 เสา
ketchup, catchup (เคช' เชิพ) *n.* ซอสชนิดข้น, ซอสมะเขือเทศข้น
★**kettle** (เคท' เทิล) *n.* กาต้มน้ำ, กาน้ำชา
kettledrum (เคท' เทิลดรัม) *n.* กลองทิมปานี

kettledrum

★**key** (คี) *n., pl.* **keys** กุญแจ, ลูกกุญแจ, กุญแจไขรหัส, สูตรหรือรหัสสำหรับใช้แปลหรือถอดความหมาย, ลิ่ม, สลัก, คู่มือหรือคำเฉลยปัญหา, ระดับเสียง, น้ำเสียง *-adj.* สำคัญ *-vt.* **keyed, keying** ใส่กุญแจ (ลิ่ม สลัก), ผ่านข้อมูลเข้าไปในคอมพิวเตอร์, ระบุชนิด (สิ่งมีชีวิต), ปรับ
keyboard (คี' บอร์ด) *n.* แถวก้านดีดของแป้นอักษรของคอมพิวเตอร์, แถวก้านดีดของเปียโนหรือเครื่องพิมพ์ดีด, เครื่องดนตรีชนิดหนึ่ง *-vt.* **-boarded, -boarding** เล่นคีย์บอร์ด
keyhole (คี' โฮล) *n.* รูกุญแจ
key money เงินมัดจำค่าเช่าที่
keynote (คี' โนท) *n.* ประเด็นสำคัญ, ระดับเสียงสำหรับเทียบตั้งเสียงเครื่องดนตรี *-vt.* **-noted, -noting** กล่าวสุนทรพจน์หรือคำปราศรัยที่สำคัญ
keystone (คี' สโตน) *n.* หลักสำคัญ
keyway (คี' เว) *n.* รูกุญแจ
keyword, key word (คี' เวิร์ด) *n.* คำไขรหัส, คำที่สำคัญ, คำไขปัญหา
kg ย่อจาก kilogram กิโลกรัม
khaki (คา' คี) *n.* สีกากี **-khaki** *adj.*
khan (คาน, แคน) *n.* ผู้ปกครอง ขุนนาง หรือบุคคลสำคัญในประเทศอินเดียและประเทศในแถบเอเชียกลางบางประเทศ, ข่าน
Khmer (คแมร์) *n., pl.* **Khmer/Khmers** ชาวเขมร, ภาษาเขมร
kibitz (คิบ' บิทซ์) *vi.* **-itzed, -itzing** (ภาษาพูด) ยุ่งเรื่องคนอื่น **-kibitzer** *n.*
★**kick** (คิค) *v.* **kicked, kicking** *-vi.* ถีบ, เตะ, เตะฟุตบอล, (ปืน) ถีบหรือเด้ง, ได้คะแนนจากการเตะลูก *-vt.* เตะ, ถีบ, ดีกลับ, ได้คะแนนจากการเตะลูกบอล *-n.* การเตะ, การถีบ, การกระแทกกลับ, (คำสแลง) การบ่น กำลัง, ความสนใจที่เกิดขึ้นอย่างรุนแรงแต่เพียงชั่วระยะเวลาสั้นๆ เท่านั้น **-kick out** (คำสแลง) ไล่ออก
kicking (คิค' คิง) *adj.* (คำสแลง) ร่าเริงสดใส
kickoff (คิค' ออฟ) *n.* การเขี่ยลูก
★**kid** (คิด) *n.* ลูกแพะ, หนังลูกแพะ, (ภาษาพูด) เด็ก คนหนุ่มสาว *-vt., vi.* **kidded, kidding** (ภาษาพูด) ล้อเล่น **-kidder** *n.* (-S. (n.) child)
kidnap (คิด' แนพ) *vt.* **-napped, -napping/-naped, -naping** จับตัวไปเรียกค่าไถ่ **-kidnapper, kidnaper** *n.* (-S. capture, seize)
kidney (คิด' นี) *n., pl.* **-neys** ไต, ชนิด, ประเภท
kidney stone นิ่วในไต
★**kill** (คิล) *v.* **killed, killing** *-vt.* ฆ่า, ประหาร, ทำลายล้าง, เสียเวลาโดยเปล่าประโยชน์, ทำให้หยุด *-vi.* ทำให้ตาย, กระทำการฆ่า *-n.* การฆ่า, สัตว์ที่ถูกฆ่า, คนที่ถูกฆ่า, ฆาตกร **-killer** *n.*
killer whale วาฬเพชฌฆาต
★**killing** (คิล' ลิง) *n.* การฆ่า, การทำลายล้าง *-adj.* ซึ่งถูกฆ่า, เหนื่อยล้า **-killingly** *adv.*
killjoy (คิล' จอย) *n.* บุคคลที่ทำให้ผู้อื่นหมดสนุก
kiln (คิลน์, คิล) *n.* เตาเผา
★**kilo** (คี' โล) *n., pl.* **-los** กิโลกรัม, กิโลเมตร
kilo- คำอุปสรรค หมายถึง 10^3, หนึ่งพัน
kilobyte (คิล' ละไบท์) *n.* หน่วยวัดความจุความจำของคอมพิวเตอร์มีค่าเท่ากับ 1,024 ไบต์
★**kilogram, kilogramme** (คิล' ละแกรม) *n.* หน่วยน้ำหนักเท่ากับ 1,000 กรัม
kilohertz (คิล' ละเฮิร์ทซ์) *n.* หน่วยวัดความถี่คลื่นเท่ากับ 1,000 เฮิรตซ์

A B C D E F G H I J K L M N O P Q R S T U V W X Y Z

kilometer, kilometre (คิลอม' มิเทอร์) *n.* หน่วยความยาวเท่ากับ 1,000 เมตร
kiloton (คิล' ละทัน) *n.* หน่วยน้ำหนักหรือความจุเท่ากับ 1,000 ตัน
kilowatt (คิล' ละวอท) *n.* หน่วยพลังงานมีค่าเท่ากับ 1,000 วัตต์
kilt (คิลท์) *n.* กระโปรงผ้าขนสัตว์ลายตาหมากรุกจับจีบ ความยาวถึงเข่า สำหรับผู้ชายชาวสกอตสวม, กระโปรงในลักษณะดังกล่าว
kimono (คะโม' นะ, -โน) *n., pl.* **-nos** ชุดกิโมโนของหญิงชาวญี่ปุ่น

kimono

kin (คิน) *n.* ญาติพี่น้อง *-adj.* ซึ่งเป็นญาติกัน
★**kind**[1] (ไคน์ด์) *adj.* **kinder, kindest** เมตตา, อดทน, เห็นด้วย (**-S.** amiable **-A.** cruel)
★**kind**[2] (ไคน์ด์) *n.* ชนิด, ประเภท, จำพวก, กลุ่ม, รูปแบบ (**-S.** sort, type **-A.** dissimilarity)
kindergarten (คิน' เดอร์การ์เทิน) *n.* โรงเรียนอนุบาล
kindergartner, kindergartener (คิน' เดอร์การ์ทเนอร์, -การ์ด-) *n.* เด็กโรงเรียนอนุบาล, ครูโรงเรียนอนุบาล
kindhearted (ไคน์ด์' ฮาร์' ทิด) *adj.* อย่างหวังดี, ซึ่งกรุณาปรานี **-kindheartedly** *adv.*
kindle (คิน' เดิ้ล) *v.* **-dled, -dling** *-vt.* จุดไฟ, กระตุ้นอารมณ์ *-vi.* ลุกไหม้, เกิดอารมณ์
kindless (ไคน์ด์' ลิซ) *adj.* ซึ่งไม่มีความเมตตา
kindliness (ไคน์ด์' ลีนิซ) *n.* ความเมตตา
kindling (ไคน์ด์' ลิง) *n.* วัสดุที่ติดไฟได้ง่าย
★**kindly** (ไคน์ด์' ลี) *adj.* **-lier, -liest** เมตตา, ซึ่งชอบช่วยเหลือ, ซึ่งเป็นมิตร *-adv.* อย่างเห็นด้วย, อย่างกรุณา, อย่างจริงใจ (**-S.** (adj.) cordial)
kindness (ไคน์ด์' นิซ) *n.* ความเมตตา, ความจริงใจ, ความเป็นมิตร (**-S.** charity)
kindred (คิน' ดริด) *n.* ญาติพี่น้อง, วงศ์ตระกูล *-adj.* เกี่ยวกับญาติพี่น้อง **-kindredness** *n.*
kine (ไคน์) *n. pl.* วัว (**-S.** cows)
kinetic (คิเนท' ทิค, ไค-) *adj.* เกี่ยวกับการเคลื่อนไหว, ซึ่งเกิดจากการเคลื่อนไหว **-kinetically** *adv.*
kinetic energy พลังงานจลน์
kinetics (คิเนท' ทิคซ์, ไค-) *n. pl.* จลนพลศาสตร์
kinfolk, kinsfolk (คิน' โฟค, คินซ'-) *n. pl.* ญาติพี่น้อง
★**king** (คิง) *n.* กษัตริย์, พระเจ้าแผ่นดิน, ไพ่ตัวหนึ่ง *-adj.* ซึ่งมีความสำคัญ, ซึ่งเป็นหลักหรือเป็นหัวหน้า (**-S.** (n.) emperor)
king cobra งูจงอาง
kingcraft (คิง' แครฟท์) *n.* การเป็นกษัตริย์
★**kingdom** (คิง' เดิม) *n.* ประเทศที่ปกครองโดยกษัตริย์, อาณาจักร (**-S.** empire, realm)
kingdom come (ภาษาพูด) โลกหน้า
kingly (คิง' ลี) *adj.* **-lier, -liest** ซึ่งเหมือนกษัตริย์, ซึ่งเป็นของกษัตริย์ **-kingliness** *n.*
kingpin (คิง' พิน) *n.* บุคคลหรือสิ่งที่สำคัญ
King's English การพูดหรือการใช้ภาษาอังกฤษที่ถูกต้อง ซึ่งยึดหลักของอังกฤษ
kingship (คิง' ชิพ) *n.* ความเป็นกษัตริย์
king-size, king-sized (คิง' ไซซ์, -ไซซ์ด์) *adj.* ใหญ่กว่าขนาดปกติ
kink (คิงค์) *n.* รอยขดหรือหงิกงอ, ความคิดประหลาดๆ *-vi., vt.* **kinked, kinking** ทำให้บิดงอหรือหยิกหยอง **-kinky** *adj.*
kinsfolk (คินซ์' โฟค) *n. pl.* ดู kinfolk
kinship (คิน' ชิพ) *n.* ความเป็นญาติกัน
kinsman (คินซ์' เมิน) *n.* ญาติผู้ชาย
kinswoman (คินซ์' วุมเมิน) *n.* ญาติผู้หญิง
kiosk (คี' ออซค์, คีออซค์') *n.* ร้านเล็กที่เปิดขายของด้านเดียวหรือหลายด้าน, สิ่งที่สร้างขึ้นมีรูปร่างคล้ายทรงกระบอกใช้ติดป้ายโฆษณา
kipper (คิพ' เพอร์) *n.* ปลาแฮร์ริงหรือแซมอนที่ใส่เกลือแล้วรมควัน
★**kiss** (คิซ) *vt., vi.* **kissed, kissing** จูบ *-n.* การจูบ **-kissable** *adj.* (**-S.** (v., n.) caress)
kiss of life การผายปอดแบบปากต่อปาก
★**kit**[1] (คิท) *n.* ชุดเครื่องมือหรืออุปกรณ์, วัสดุหรือชิ้นส่วนต่างๆ ที่ประกอบกันเป็นชุด, ข้าวของเครื่องใช้ส่วนตัวในการเดินทาง (**-S.** outfit)
kit[2] (คิท) *n.* ลูกแมว
kit bag กระเป๋าเดินทาง โดยเฉพาะที่ใช้สะพายหลัง (**-S.** knapsack)
★**kitchen** (คิช' เชิน) *n.* ห้องครัว, การทำครัว
kitchenette (คิชชะเนท') *n.* ครัวเล็กๆ
kitchen garden สวนครัว
kitchenware (คิช' เชินแวร์) *n.* เครื่องครัว
kite (ไคท์) *n.* ว่าว, เหยี่ยวขนาดเล็ก *-v.* **kited, kiting** *-vi.* ล่องลอยเหมือนว่าว
kith and kin (คิธ' เอินคิน') *n. pl.* ญาติ
kitten (คิท' เทิน) *n.* ลูกแมว
kittenish (คิท' เทินนิช) *adj.* ขี้เล่นคล้ายลูกแมว
kitty (คิท' ที) *n., pl.* **-ties** ลูกแมว, เงินเดิมพัน
kiwi (คี' วี) *n., pl.* **-wis** ผลกีวี, นกกีวี
kleptomania (เคลพทะเม' เนีย) *n.* โรคจิตที่

A B C D E F G H I J K L M N O P Q R S T U V W X Y Z

ชอบขโมยสิ่งของ **-kleptomaniac** *n.*

klieg light ไฟที่มีแสงแรงมากใช้ในการถ่ายภาพยนตร์

knack (แนค) *n.* ความสามารถพิเศษ (**-S.** gift)

knapsack (แนพ' แซค) *n.* ย่ามสะพายหลัง

knar, knaur (นาร์) *n.* ปุ่มหรือปมบนต้นไม้

knave (เนฟว์) *n.* คนขี้โกง, คนรับใช้ผู้ชาย **-knavish** *adj.* **-knavishly** *adv.* (**-S.** cheat)

knavery (เน' วะรี) *n., pl.* **-ies** ความไม่ซื่อสัตย์

knead (นีด) *vt.* **kneaded, kneading** นวด, ปั้น, บีบ, กด **-kneader** *n.* (**-S.** press)

★**knee** (นี) *n.* หัวเข่า, ส่วนของเสื้อผ้าที่ปกคลุมบริเวณหัวเข่า *-vt.* **kneed, kneeing** กระทบกระแทกหรือแตะด้วยเข่า

knee breeches กางเกงขาสั้นระดับเข่า

kneecap (นี' แคพ) *n.* กระดูกสะบ้าหัวเข่า, แผ่นป้องกันหัวเข่า *-vt.* **-capped, -capping** ทำให้พิการด้วยการยิงหัวเข่า

knee-deep (นี' ดีพ') *adj.* ซึ่งขึ้นไปถึงระดับเข่า, ซึ่งจมลงไปถึงหัวเข่า, ซึ่งเข้าไปพัวพัน

knee jerk การที่ขากระตุกอย่างทันทีโดยอัตโนมัติเมื่อถูกเคาะที่หัวเข่า

★**kneel** (นีล) *vi.* **knelt/kneeled, kneeling** คุกเข่าลง (**-S.** bow, stoop)

knell (เนล) *n.* เสียงระฆังในงานพิธีฝังศพ, สัญญาณแห่งความหายนะหรือการทำลายล้าง

knew (นู, นยู) *v.* กริยาช่อง 2 ของ know

Knickerbocker (นิค' เคอร์บอคเคอร์) *n.* ผู้ที่สืบเชื้อสายจากชาวดัตช์และมาตั้งรกรากที่นิวยอร์ก, ชาวนิวยอร์ก **-knickerbockers** กางเกงขายาวแค่เข่าและปลายขามีแถบยางรัด

knickers (นิค' เคอร์ซ) *n. pl.* กางเกงชั้นในสตรี

knickknack, nicknack (นิค' แนค) *n.* เครื่องประดับตกแต่งเล็กๆ น้อยๆ (**-S.** trinket)

★**knife** (ไนฟ์) *n., pl.* **knives**(ไนฟ์วซ) มีด, ใบมีด *-v.* **knifed, knifing** *-vt.* ใช้มีดแทง *-vi.* ตัดหรือผ่าด้วยมีด **-knifer** *n.* (**-S.** (n.) blade, cutter)

knife-edge (ไนฟ์' เอจ) *n.* คมมีด, ขอบที่คม

knight (ไนท์) *n.* อัศวิน, ม้า (หมากรุก), ผู้พิทักษ์หรือผู้สนับสนุน *-vt.* **knighted, knighting** แต่งตั้งให้เป็นอัศวิน **-knightly** *adj.*

knight-errant (ไนท์' เอ' เรินท์) *n., pl.* **knights-errant** อัศวินผู้ท่องเที่ยวไปตามที่ต่างๆ เพื่อผจญภัยและพิสูจน์ความกล้าหาญของตนเอง

knighthood (ไนท์' ฮุด) *n.* ตำแหน่งอัศวิน

★**knit** (นิท) *v.* **knit/knitted, knitting** *-vt.* ถัก, ชุน, ย่นคิ้ว, ประสานหรือเชื่อมต่อ *-vi.* เชื่อม, ประสานหรือต่อกัน, ย่นคิ้ว *-n.* เสื้อผ้าที่ได้จากการถัก, วิธีการถักเสื้อผ้าดังกล่าว **-knitter** *n.*

knitting needle ไม้ถักนิตติง

knob (นอบ) *n.* ลูกบิดประตู, ตุ่ม, ปุ่ม, ภูเขาที่มีลักษณะกลม **-knobbed** *adj.* (**-S.** bulk)

★**knock** (นอค) *v.* **knocked, knocking** *-vt.* ต่อยอย่างแรง, ตี, ทุบ, ชน, กระแทก, เคาะ, (คำสแลง) วิจารณ์ *-vi.* ทำให้เกิดเสียงดัง, ชน *-n.* เสียงเคาะ **-knock off** (ภาษาพูด) หยุด กำจัด (**-S.** (v., n.) hit, rap)

knockabout (นอค' อะเบาท์) *adj.* เอะอะอึกทึก, หยาบๆ *-n.* เรือใบขนาดเล็กมีเสาเดียว

knockdown (นอค' เดาน์) *n.* การทำให้ล้มลง, การถอดออกเป็นส่วนๆ ได้, การตกใจอย่างล้นเหลือ, สิ่งที่ถอดออกหรือประกอบเข้าไปได้ *-adj.* ซึ่งทำให้ล้มลง, ถอดออกหรือประกอบเข้าได้ง่าย

knocker (นอค' เคอร์) *n.* ที่เคาะประตู, ผู้เคาะประตู, (คำสแลง) เต้านมผู้หญิง

knock-knee (นอค' นี) *n.* การที่ขาเกิดความผิดปกติหรือผิดรูป โดยหัวเข่าจะโค้งเข้าหากันแต่ข้อเท้าจะแยกห่างจากกัน

knockout (นอค' เอาท์) *n.* การทำให้ล้มลง, การชกล้มลง, หมัดน็อกเอาต์ *-adj.* ซึ่งสามารถทำให้ล้มลงได้ (**-S.** (n.) hit)

knoll (โนล) *n.* โคก, เนิน, เนินเขาเล็กๆ กลมๆ

★**knot** (นอท) *n.* ปม, เงื่อน, กระจุก, ความรู้สึกอึดอัด, ปัญหาที่ยุ่งยากซับซ้อน, ตุ่มหรือตาของต้นไม้, หน่วยความเร็วในการเดินเรือ 1 ไมล์ทะเล *-v.* **knotted, knotting** *-vt.* ผูกปมหรือเงื่อน, ทำให้เกี่ยวพันกัน *-vi.* ทำปมหรือเงื่อน, เกี่ยวพันกัน (**-S.** (n.) node (v.) tie)

knotty (นอท' ที) *adj.* **-tier, -tiest** ซึ่งเต็มไปด้วยปุ่มหรือปม, ซึ่งยากที่จะเข้าใจหรือแก้ปัญหา

★**know** (โน) *v.* **knew, known** *-vt.* รู้, เข้าใจ, ชำนาญ, จำได้ *-vi.* รู้ **-knowable** *adj.* **-knower** *n.* (**-S.** learn, perceive, recognize)

know-how (โน' เฮา) *n.* ความรู้ความชำนาญ

knowing (โน' อิง) *adj.* ฉลาด, ซึ่งมีสติ, ซึ่งเข้าใจหรือรู้ **-knowingly** *adv.* (**-S.** clever)

know-it-all (โน' อิทออล) *n.* (ภาษาพูด) ผู้ที่ทำตัวเสมือนเป็นผู้รู้ทุกอย่างและไม่ยอมรับฟังความคิดเห็นหรือคำแนะนำของใคร

★**knowledge** (นอล' ลิจ) *n.* ความรู้, ความคุ้นเคย, ความตระหนัก, ความเข้าใจ, ข้อมูลเฉพาะเกี่ยวกับบางเรื่องหรือบางสิ่ง

knowledgeable (นอล' ลิจะเบิล) *adj.* ซึ่งมีความรู้หรือความฉลาด (**-S.** understanding)

known (โนน) *adj.* ซึ่งเป็นที่รู้กันดีโดยทั่วไป *-n.* สิ่งที่รู้แล้ว (**-S.** (adj.) well-known)
knuckle (นัค' เคิล) *n.* ข้อนิ้วมือ, ข้อเท้าสัตว์, กระดูกหัวกลมที่ยื่นออกมาตรงบริเวณข้อ *-vt.* **-led, -ling** กด ตี นวดด้วยข้อ
knuckle-duster (นัค' เคิลดัสเตอร์) *n.* (คำสแลง) สนับมือ
knurl (เนิร์ล) *n.* ปุ่ม, ปม, สันหรือร่องเล็กๆ บนพื้นผิวหน้าหรือขอบของวัตถุที่ช่วยให้การหยิบจับง่ายขึ้น **-knurled** *adj.*
KO (เค' โอ') *vt.* **KO'd, KO'ing** (คำสแลง) ต่อยล้มลง (ในการชกมวย) *-n., pl.* **KO's** (คำสแลง) การต่อยล้มลง
koala (โคอา' ละ) *n.* โคอาลา

koala

kola (โค' ละ) *n.* ดู cola
Koran, Quran (คะแรน') *n.* พระคัมภีร์โกหร่านของศาสนาอิสลาม **-Koranic** *adj.*
kowtow (เคาเทา') *vi.* **-towed, -towing** คุกเข่าลงเอาหน้าผากแตะพื้นเพื่อแสดงความเคารพ *-n.* การคุกเข่าเอาหน้าผากแตะพื้น
kraal (ครอล, คราล) *n.* คอกปศุสัตว์, หมู่บ้านในชนบท
kraft (แครฟท์) *n.* กระดาษสีน้ำตาลเนื้อหยาบใช้ทำถุงและกระดาษห่อของ
kris, creese (ครีซ) *n.* กริช, ดาบสั้นสองคม
Krishna (คริช' นะ) *n.* พระกฤษณะ
krypton (คริพ' ทอน) *n.* ธาตุที่มีสถานะเป็นก๊าซเฉื่อย ใช้บรรจุในหลอดฟลูออเรสเซนต์ มีสัญลักษณ์ Kr
kudos (คู' โดซ) *n.* การสรรเสริญ, การชื่นชม
Ku Klux Klan (คูคลัคซ์แคลน') *n.* สมาคมลับในภาคใต้ของอเมริกาซึ่งกีดกันสิทธิของคนผิวดำ
kung fu (กัง' ฟู') *n.* มวยจีน
kyphosis (ไคโฟ' ซิซ) *n.* หลังโกงเนื่องจากมีโหนกอยู่บริเวณหลัง **-kyphotic** *adj.*

L

L, l (เอล) *n., pl.* **L's, l's/Ls, ls** อักษรตัวที่ 12 ในภาษาอังกฤษ, อันดับสิบสอง
L ย่อจาก length ความยาว, liter(s) ลิตร, lobby ห้องโถงโรงแรม, longitude เส้นลองจิจูด
l ย่อจาก latitude เส้นละติจูด, law กฎหมาย, line เส้น, liter(s) ลิตร, left ซ้าย, length ความยาว
lab (แลบ) *n.* ห้องปฏิบัติการ, ห้องทดลอง
★**label** (เล' เบิล) *n.* ฉลาก, ป้าย, เครื่องหมายแสดงยี่ห้อสินค้า *-vt.* **-beled, -beling/-belled, -belling** ติดฉลาก, ติดป้าย, ตราหน้า, จัดเป็นพวกๆ **-labeler, labeller** *n.* (**-S.** (n.) marker)
labial (เล' เบียล) *adj.* เกี่ยวกับริมฝีปาก, ซึ่งออกเสียงโดยใช้ริมฝีปาก *-n.* พยัญชนะที่ต้องออกเสียงโดยใช้ริมฝีปาก **-labially** *adv.*
labor, labour (เล' เบอร์) *n.* งาน, แรงงาน, อาชีพ, คนงาน, การเจ็บท้องคลอดลูก *-v.* **-bored, -boring/-boured, -bouring** *-vi.* ทำงานหนัก, พยายาม, ทำสิ่งต่างๆ ด้วยความยากลำบาก *-vt.* ใช้เวลาและแรงมากเกินไป **-laborer** *n.* (**-S.** (n., v.) toil, work)
★**laboratory** (แลบ' ระทอรี, -โทรี) *n., pl.* **-ries** ห้องทดลอง, ห้องปฏิบัติการทางวิทยาศาสตร์
Labor Day วันกรรมกร, วันแรงงาน
laborious (ละบอ' เรียซ, -โบ'-) *adj.* ลำบาก, (งาน) หนัก, (สำนวน) ผิด **-laboriously** *adv.*
labor law กฎหมายแรงงาน
laborsaving, laboursaving (เล' เบอร์เซวิง) *adj.* (เครื่อง) ทุ่นแรง (**-S.** convenient)
Labour Party พรรคกรรมกร
laburnum (ละเบอร์' เนิม) *n.* ต้นไม้ที่มีดอกเป็นสีเหลืองจำพวกราชพฤกษ์
labyrinth (แลบ' บะรินธ์) *n.* เขาวงกต, ความซับซ้อนยุ่งยาก, สิ่งที่วกวนคดเคี้ยว **-labyrinthine, labyrinthian** *adj.* (**-S.** maze)
lac (แลค) *n.* ครั่ง
lace (เลซ) *n.* ลูกไม้, เชือกร้อย (รองเท้า), ดิ้นเงิน, ดิ้นทอง *-vt.* **laced, lacing** ผูกเชือก, ร้อยเชือก, รัด, ปัก, ถัก, ขลิบด้วยลูกไม้, สอด (สี), เฆี่ยน (**-S.** (n., v.) string)
lacerate (*v.* แลซ' ซะเรท, *adj.* -ริท, -เรท) *vt.*

-ated, -ating ทำให้ถลอก, ทำให้เลือดออก, ทำให้เจ็บใจ, ทำให้เป็นทุกข์ *-adj.* ถลอก, ขาด, (ใบไม้) มีขอบหยัก **-lacerable** *adj.*

laceration (แลซซะเร' ชั่น) *n.* แผลถลอก

lacing (เล' ซิง) *n.* สิ่งที่ใช้รัดหรือผูก, ลูกไม้, เชือก, เหล้าที่ใส่ในอาหาร, (ภาษาพูด) การโบย

lack (แลค) *n.* ความขาดแคลน, ความบกพร่อง,สิ่งที่ต้องการ *-vt.* **lacked, lacking** ขาด, มีน้อย, ไม่พอ, เป็นที่ต้องการ (**-S.** (n.) shortage (n., v.) want)

lackadaisical (แลคคะเด' ซิเคิล) *adj.* ไม่กระตือรือร้น, เซื่องซึม, เฉื่อยชา **-lackadaisicalness** *n.* (**-S.** inactive, listless)

lackey (แลค' คี) *n., pl.* **-eys** คนใช้ผู้ชายที่แต่งเครื่องแบบ, บ่าว, ผู้ติดตาม *-v.* **-eyed, -eying** *-vt.* รับใช้ *-vi.* ประจบประแจง

lackluster, lacklustre (แลค' ลัสเตอร์) *adj.* ซึม, ไม่สดใส, น่าเบื่อ (**-S.** boring, dull)

laconic (ละคอน' นิค) *adj.* (ถ้อยคำ คำพูด) สั้น, ห้วน, รวบรัด **-laconically** *adv.* (**-S.** brief)

lacquer (แลค' เคอร์) *n.* น้ำมันชักเงา *-vt.* **-quered, -quering** ทาหรือเคลือบด้วยน้ำมันชักเงา **-lacquerer** *n.* (**-S.** (n., v.) varnish)

lactation (แลคเท' ชั่น) *n.* การหลั่งน้ำนม, การสร้างน้ำนม, ช่วงเวลาในการให้น้ำนม

lactic (แลค' ทิค) *adj.* ซึ่งได้มาจากน้ำนม

lactic acid กรดแล็กติกพบได้ในนมเปรี้ยวหรือในกล้ามเนื้อขณะออกกำลังกาย

lactose (แลค' โทซ) *n.* น้ำตาลโมเลกุลคู่ที่พบได้ในน้ำนม, สารตกผลึกสีขาวที่ได้จากหางนม

lad (แลด) *n.* เด็กหนุ่ม, หนุ่มน้อย

★**ladder** (แลด' เดอร์) *n.* บันได, หนทางสู่ (ความสำเร็จ), ลำดับขั้น, รอยขาดลุ่ยของถุงน่อง *-vi.* **-dered, -dering** ขาดลุ่ย

laddie (แลด' ดี) *n.* เด็กหนุ่ม, หนุ่มน้อย

lade (เลด) *v.* **laded, laden/laded, lading** *-vt.* บรรทุกของ, ถ่วง *-vi.* ตักน้ำ, รับน้ำหนัก

laden (เลด' เดิน) *adj.* ซึ่งถ่วงด้วยน้ำหนัก, เป็นภาระหนัก, หนัก, เต็ม, เพียบ (**-S.** burdened)

lading (เล' ดิง) *n.* การขนส่ง, การบรรทุก, สินค้า, ของบรรทุก (**-S.** cargo, freight)

ladle (เลด' เดิล) *n.* ทัพพี, กระบวย *-vt.* **-dled, -dling** ตักด้วยทัพพี **-ladler** *n.* (**-S.** (n.) spoon)

★**lady** (เล' ดี) *n., pl.* **-dies** หญิงผู้ดี, สุภาพสตรี, พระนาง, คำนำหน้าชื่อหญิงผู้สูงศักดิ์ของอังกฤษ, (ภาษาพูด) ภรรยา (**-S.** madam, woman)

> **lady** หมายถึง สุภาพสตรี เป็นคำสุภาพเชิงยกย่อง เช่น Mrs. Watkins is a very nice lady. ถ้าเป็นตำแหน่งสุภาพสตรีสูงศักดิ์ในอังกฤษจะใช้ Lady (ขึ้นต้นด้วยตัวพิมพ์ใหญ่) ตามด้วยชื่อหรือนามสกุลก็ได้ เช่น Lady Ann, Lady de Vere

ladybird (เล' ดีเบิร์ด) *n.* แมลงเต่าทอง

ladybug (เล' ดีบัก) *n.* แมลงเต่าทอง

lady in waiting นางสนองพระโอษฐ์

lady-killer (เล' ดีคิลเลอร์) *n.* (คำสแลง) ผู้ชายเจ้าชู้ เสือผู้หญิง

ladylike (เล' ดีไลค์) *adj.* มีลักษณะอย่างหญิงผู้ดี, เหมาะสำหรับหญิงผู้ดี

Ladyship, ladyship (เล' ดีชิพ) *n.* คำนำหน้าชื่อหรือคำเคารพใช้เรียกหญิงผู้สูงศักดิ์

lady's slipper กล้วยไม้รองเท้านารี

lag (แลก) *vi.* **lagged, lagging** ล้าหลัง, อยู่หลัง, ล้า, อ่อนแรง, เนือย, เสื่อมถอย *-n.* ความล้าหลัง, ความชักช้า, สิ่งที่ล้าหลัง, ช่องว่าง **-lagger** *n.* (**-S.** (v.) linger (v., n.) straggle)

lager (ลา' เกอร์) *n.* เบียร์ชนิดหนึ่งที่ทำการหมักที่อุณหภูมิต่ำ และเก็บไว้ 6 อาทิตย์ถึง 6 เดือน ก่อนนำออกขาย (**-S.** ale, beer)

lagoon (ละกูน') *n.* ทะเลสาบน้ำเค็ม, ทะเลสาบบนเกาะ (**-S.** lake, pool)

laid (เลด) *v.* กริยาช่อง 2 และ 3 ของ lay

lain (เลน) *v.* กริยาช่อง 3 ของ lie[1]

lair (แลร์) *n.* ถ้ำสัตว์, ที่ซ่อนของสัตว์, ที่นอน

laird (แลร์ด) *n.* เจ้าของที่ดินในสกอตแลนด์

laissezfaire, laisserfaire (เลซเซแฟร์') *n.* การไม่เข้าไปยุ่งหรือแทรกแซง

laity (เล' อิที) *n.* กลุ่มฆราวาส, กลุ่มผู้ที่อยู่นอกวงการอาชีพนั้นๆ

★**lake**[1] (เลค) *n.* ทะเลสาบ (น้ำจืดหรือน้ำเค็ม), บึง หรือแอ่งน้ำขนาดใหญ่ (**-S.** lagoon, reservoir)

lake[2] (เลค) *n.* รงควัตถุสีแดงเข้ม, สีแดงเข้ม

lama (ลา' มะ) *n.* พระสงฆ์ในทิเบตหรือมองโกเลีย (**-S.** priest)

★**lamb** (แลม) *n.* ลูกแกะ, เนื้อหรือหนังลูกแกะ, คนน่ารัก, คนไร้เดียงสา *-vi.* **lambed, lambing** คลอดลูกแกะ **-Lamb** พระเยซู

lambent (แลม' เบินท์) *adj.* ระยิบระยับ, แวววาว, สว่างเรืองๆ, แลบ (อย่างเปลวไฟ), (ปัญญา) หลักแหลม (**-S.** flicker, luminous)

lambkin (แลม' คิน) *n.* ลูกแกะน้อย, หนูน้อย

A B C D E F G H I J K L M N O P Q R S T U V W X Y Z

lamblike (แลม' ไลค์) *adj.* อ่อนโยน, ไร้เดียงสา, ราวกับลูกแกะ, ว่าง่าย
lambskin (แลม' สกิน) *n.* หนังลูกแกะ
lame (เลม) *adj.* **lamer, lamest** พิการ, ใช้ไม่ได้, (เหตุผล) อ่อน, ฟังไม่ขึ้น *-vt.* **lamed, laming** ทำให้พิการ **-lamely** *adv.* **-lameness** *n.* (**-S.** (adj.) crippled, weak)
lamé (แลเม') *n.* ผ้าไหมทอดิ้นเงินหรือดิ้นทอง
lame duck บุคคลอ่อนแอ, คนพิการ, บุคคลที่ประจำตำแหน่งเพียงชั่วคราว
lament (ละเมนท์') *vt., vi.* **-mented, -menting** โศกเศร้า, อาลัย, เสียใจ, แสดงความเสียใจ *-n.* บทเพลงที่ฟังแล้วเศร้า, ความโศกเศร้า, ความอาลัย **-lamentation** *n.* (**-S.** (v.) mourn)
lamentable (ละเมน' ทะเบิล, แลม' เมิน-) *adj.* น่าเสียใจ, น่าสงสาร, น่าเสียดาย **-lamentably** *adv.* (**-S.** disappointing, regrettable)
lamina (แลม' มะนะ) *n., pl.* **-nae** (-นี)/**-nas** แผ่น (ชั้น ชิ้น) บาง, เกล็ด, สะเก็ด, ส่วนแบนบางของใบไม้, ใบหญ้า **-laminar** *adj.* (**-S.** blade)
laminate (*v.* แลม' มะเนท, *n.* -นิท, -เนท) *v.* **-nated, -nating** *-vt.* อัดเป็นแผ่นบางๆ, กะเทาะออกเป็นชั้นบางๆ, ทำโดยซ้อนกันเป็นชั้นๆ, คลุมด้วยชั้นบางๆ *-vi.* แยกออกเป็นชั้นบางๆ *-n.* สิ่งที่ซ้อนกันเป็นชั้นๆ เช่น ไม้อัด **-laminator** *n.* **-laminable** *adj.*
laminated (แลม' มะเนทิด) *adj.* ที่ซ้อนกันเป็นชั้นๆ, เป็นแผ่นๆ (**-S.** coated, layered)
lamination (แลมมะเน' ชัน) *n.* ชั้นหรือแผ่นบางๆ, สิ่งที่ซ้อนกันเป็นชั้นๆ, สะเก็ด, เกล็ด
★**lamp** (แลมพ์) *n.* ตะเกียง, โคมไฟ, หลอดไฟ, คบไฟ, แหล่งความรู้, ความฉลาด
lampblack (แลมพ์' แบลค) *n.* เขม่าดำ
lampoon (แลมพูน') *n.* งานเขียนที่ใช้ถ้อยคำเหน็บแนมเพื่อล้อเลียนบุคคลหรือสิ่งต่างๆ *-vt.* **-pooned, -pooning** ล้อเลียนด้วยวิธีดังกล่าว **-lampooner, lampoonist** *n.* (**-S.** (v.) ridicule)
lamppost (แลมพ์' โพซท์) *n.* เสาไฟโคมตามถนน
lamprey (แลม' พรี) *n., pl.* **-preys** ปลาปากกลมชนิดหนึ่งมีลำตัวคล้ายปลาไหล มีซี่ฟันเป็นหนามใช้ดูดกินเลือดและเนื้อของปลาอื่น
lampshade (แลมพ์' เชด) *n.* ที่บังตะเกียง, โป๊ะ, ที่ครอบหลอดไฟ
LAN (แลน) *n.* ย่อจาก local area network เครือข่ายคอมพิวเตอร์เฉพาะบริเวณ เป็นการเชื่อมโยงคอมพิวเตอร์กับอุปกรณ์อื่นๆ เข้าด้วยกันและอยู่ในบริเวณเดียวกัน
lance (แลนซ์) *n.* หอก, ทวน, หลาว, ฉมวก *-vt.* **lanced, lancing** แทงด้วยอาวุธดังกล่าว, กรีด (ผ่าตัด) (**-S.** (n., v.) spear)
lance corporal สิบตรี
lancer (แลน' เซอร์) *n.* ทหารม้าถือทวน
lancet (แลน' ซิท) *n.* มีดผ่าตัด
★**land** (แลนด์) *n.* แผ่นดิน, พื้นดิน, ดิน, ประเทศ, ภูมิประเทศ, ดินแดนของประเทศ, ที่ดิน *-v.* **landed, landing** *-vt.* ขึ้นฝั่ง, ลงดิน, ลงจอด (เครื่องบิน), จับ (ปลา) ได้, (ภาษาพูด) ได้รับชนะ บรรลุ ปล่อย ส่ง (หมัด) นำไปสู่ (สถานการณ์ สถานที่) *-vi.* มาถึงฝั่ง, ขึ้นบก, ตั้งอยู่บนดิน, (ภาษาพูด) ไปอยู่ในสถานที่เฉพาะ (**-S.** (n.) country (n., v.) ground (v.) arrive)
landau (แลน' ดอ, -เดา) *n.* รถม้าสี่ล้อที่มีประทุนแบ่งออกเป็นสองส่วน ส่วนหน้าและส่วนหลังแยกพับเปิดปิดได้
land breeze ลมบก, ลมที่พัดจากฝั่งไปสู่ทะเล
landed (แลน' ดิด) *adj.* (ทรัพย์สมบัติ) เป็นที่ดิน, เป็นเจ้าของที่ดิน
landfall (แลนด์' ฟอล) *n.* การเข้าหาแผ่นดิน, การไปถึงฝั่ง, การเห็นฝั่ง
landform (แลนด์' ฟอร์ม) *n.* ภูมิประเทศ เช่น ที่ราบสูง ที่ราบ หุบเขา ภูเขา
landing (แลน' ดิ้ง) *n.* การขึ้นบก, การลงสู่พื้นดิน, ท่าเรือ, ชานพักบันได
landing field พื้นที่สำหรับนำเครื่องบินขึ้นและลง
landing gear เครื่องที่ติดอยู่ตรงท้องเครื่องบินเพื่อนำเครื่องลงดินหรือลงน้ำ เช่น ล้อหรือทุ่น
landlady (แลนด์' เลดี) *n., pl.* **-dies** เจ้าของโรงแรมหรือผู้จัดการบ้านพักที่เป็นผู้หญิง
landlocked (แลนด์' ลอคท์) *adj.* ล้อมรอบด้วยแผ่นดิน
landlord (แลนด์' ลอร์ด) *n.* เจ้าของที่, เจ้าของบ้านเช่า, ผู้จัดการบ้านพักที่เป็นผู้ชาย
landlubber (แลนด์' ลับเบอร์) *n.* ผู้ที่ไม่คุ้นเคยกับการเดินเรือ, ผู้ไม่ชำนาญทางทะเล
landmark (แลนด์' มาร์ค) *n.* หลักปักปันเขตแดน, เหตุการณ์สำคัญในประวัติศาสตร์
★**landscape** (แลนด์' สเกพ) *n.* ภาพภูมิประเทศ, ทิวทัศน์, ภาพทิวทัศน์ (ภาพวาดหรือภาพถ่าย)
landslide (แลนด์' สไลด์) *n.* แผ่นดินถล่ม, การได้รับชัยชนะในการเลือกตั้ง
landslip (แลนด์' สลิพ) *n.* แผ่นดินถล่ม
landward (แลนด์' เวิร์ด) *adj.* เข้าหาฝั่ง

A B C D E F G H I J K L M N O P Q R S T U V W X Y Z

★**lane** (เลน) *n.* ซอย, ตรอก, ถนนแคบๆ, ทางแคบ, ช่องทางเดินเรือ, ช่องทางที่แบ่งไว้บนถนน, ลู่วิ่ง, ทางวิ่งของลูกโบว์ลิ่ง (**-S.** alley, passage)
★**language** (แลง' กวิจ) *n.* ภาษา, ถ้อยคำ, รูปแบบหรือลักษณะในการพูดหรือเขียน, การใช้ถ้อยคำและสัญลักษณ์ (**-S.** lingo, speech)
language laboratory ห้องปฏิบัติการภาษา
languid (แลง' กวิด) *adj.* อ่อนแอ, ไม่มีกำลัง, เชื่องซึม, เชื่องช้า **-languidly** *adv.* (**-S.** limp)
languish (แลง' กวิช) *vi.* **-guished, -guishing** อ่อนกำลัง, ห่อเหี่ยว, เนือย, อ่อนเพลีย, เฉื่อยชา, ร่วงโรย **-languisher** *n.* (**-S.** decline)
languor (แลง' เกอร์) *n.* ความอ่อนเพลีย, ความเฉื่อยชา, ความสงบนิ่ง, ความง่วง, ความหงอยเหงา **-languorous** *adj.* **-languorously** *adv.* (**-S.** listlessness, weakness)
langur (ลางกูร์) *n.* ค่าง
lank (แลงค์) *adj.* **lanker, lankest** (คน) ผอมสูง, เก้งก้าง, (ผม) ยาวเหยียด, (ขน) ตั้งชัน **-lankly** *adv.* **-lankness** *n.* (**-S.** tall)
lanky (แลง' คี) *adj.* **-ier, -iest** สูงผอม, เก้งก้าง, ผอมโย่ง **-lankily** *adv.* **-lankiness** *n.*
lanolin, lanoline (แลน' นะลิน) *n.* ไขมันสีขาวปนเหลืองที่ได้จากขนแกะ
lantern (แลน' เทิร์น) *n.* โป๊ะโคม, ห้องโคมไฟบนประภาคาร, ช่องลมบนหลังคา

lantern

lanthanum (แลน' ธะเนิม) *n.* ธาตุหายากชนิดหนึ่งมีสีคล้ายเงิน มีสัญลักษณ์ La
lanyard, laniard (แลน' เยิร์ด) *n.* เชือกสั้นสำหรับใช้ในเรือ, เชือกคล้องคอสำหรับห้อยนกหวีดหรือกุญแจ, เชือกที่ใช้กระตุกไกปืนใหญ่
lap[1] (แลพ) *n.* หน้าตัก, หว่างขา, ชายเสื้อ **-the lap of luxury** ความหรูหรามั่งคั่ง **-lapful** *n.*
lap[2] (แลพ) *vt., vi.* **lapped, lapping** ห่อ, พัน, ม้วน, โอบรอบ, ซ้อน, ทับ, เกย *-n.* ส่วนที่ซ้อนทับกัน, ระยะเกย, การล้อมรอบ, หนึ่งรอบสนาม, ช่วง (ของการเดินทาง) (**-S.** (n.) circle, circuit)
lap[3] (แลพ) *v.* **lapped, lapping** *-vt.* เลีย (นม), (คลื่น) ซัดสาด, ชะล้าง *-vi.* เลีย, ซัดปะทะ **-lapper** *n.* (**-S.** lick, wash)
lap dog สุนัขขนาดเล็กที่สามารถอุ้มนั่งตักได้
lapel (ละเพล') *n.* ปกคอแบะของเสื้อ (สูทหรือแจ็กเกต) **-lapeled, lapelled** *adj.*
lapidary (แลพ' พิเดรี) *n., pl.* **-ies** ช่างเจียระไนเพชรพลอย, พ่อค้าเพชรพลอย
lapis lazuli (แลพพิซแลซู ซะลี, -แลฌ' ฌะลี) *n.* หินแร่สีน้ำเงินเข้ม, สีน้ำเงินเข้ม
lapse (แลพซ์) *v.* **lapsed, lapsing** *-vi.* ตกจากอันดับ, พลาดพลั้ง, ถลำ, (เวลา) ผ่านไป, สิ้นสุด, หมดอายุ *-vt.* ปล่อยให้หมดอายุ *-n.* การตกจากอันดับ, ความเสื่อมลง, ความตกต่ำ, ความเลื่อนลอย, ระยะเวลาที่ผ่านไป, การเป็นโมฆะ, การหมดอายุ, การสิ้นสุดสิทธิพิเศษ **-lapsable, lapsible** *adj.* **-lapser** *n.* (**-S.** (v.) expire, slip (n., v.) decline (n.) expiry)
laptop (แลพ' ทอพ) *n.* เครื่องคอมพิวเตอร์ขนาดเล็กที่สามารถวางใช้บนตักได้
lapwing (แลพ' วิง) *n.* นกต้อยตีวิด
larboard (ลาร์' เบิร์ด) *n.* กราบซ้ายของเรือ
larceny (ลาร์' ซะนี) *n., pl.* **-nies** การลักขโมย, ความผิดฐานลักขโมย **-larcenous** *adj.*
lard (ลาร์ด) *n.* น้ำมันหมู, ไขมันจากหมู *-vt.* **larded, larding** ปิดทับหรือยัดไส้ด้วยมันหมู, สอดแทรก, ปรุงแต่ง, เสริมแต่ง **-lardy** *adj.*
larder (ลาร์' เดอร์) *n.* ตู้เก็บอาหาร, ห้องเก็บอาหาร, เสบียงอาหาร (**-S.** foodcupboard, pantry)
★**large** (ลาร์จ) *adj.* **larger, largest** ใหญ่, ใหญ่โต, (จำนวน) มาก, กว้างขวาง, (พูด) เกินความเป็นจริง, สำคัญ, (ใจ) กว้าง **-at large** เป็นอิสระ, ส่วนใหญ่, ทั่วๆ ไป **-largeness** *n.* (**-S.** enormous, huge **-A.** small)
large-hearted (ลาร์จ' ฮาร์' ทิด) *adj.* ใจดี, เห็นอกเห็นใจ
large intestine ลำไส้ใหญ่
largely (ลาร์จ' ลี) *adv.* ส่วนมาก, ส่วนใหญ่, อย่างมาก, กว้างขวาง (**-S.** mostly)
large-minded (ลาร์จ' ไมน' ดิด) *adj.* ใจกว้าง, เปิดกว้างทางความคิด **-large-mindedly** *adv.*
large-scale (ลาร์จ' สเกล) *adj.* ขยายใหญ่, เป็นบริเวณกว้าง, เป็นจำนวนมาก
largess, largesse (ลาร์เฌซ', -เจซ) *n.* การให้ทาน, สิ่งของที่ให้บริจาค (**-S.** bounty)
lariat (แล' เรียท) *n.* เชือก, บ่วงบาศ (**-S.** lasso)
lark[1] (ลาร์ค) *n.* นกชนิดหนึ่งขนสีน้ำตาล มีเสียงร้องเพราะ
lark[2] (ลาร์ค) *n.* การเล่นสนุก, ความสนุกสนาน *-vi.* **larked, larking** เล่นสนุก, เล่นซน **-larker** *n.* **-larkish, larky** *adj.* (**-S.** (n., v.) frolic)
larva (ลาร์' วะ) *n., pl.* **-vae** (-วี)/**-vas** ตัวอ่อน, หนอน **-larval** *adj.* (**-S.** caterpillar)
laryngitis (แลเรินไจ' ทิซ) *n.* โรคกล่องเสียงอักเสบ

larynx (แล' ริงค์ซ์) *n., pl.* **larynges** (ละริน' จีซ)/**larynxes** กล่องเสียง

lascivious (ละซิฟ' เวียซ) *adj.* เต็มไปด้วยตัณหา, ลามก, มีราคะ, กระตุ้นกำหนัด **-lasciviously** *adv.* **-lasciviousness** *n.* (**-S.** lustful)

laser (เล' เซอร์) *n.* ย่อจาก light amplification by stimulated emission of radiation เครื่องยิงแสงเลเซอร์

laser disc/disk แผ่นเลเซอร์

lash[1] (แลช) *n.* การเฆี่ยนตี, การโบย, แส้, ขนตา, การพูดจาถากถาง *-v.* **lashed, lashing** *-vt.* เฆี่ยนตี, โบย, ซัด, ฟาด, สะบัด, ด่า, พูดจาเหน็บแนม, แลบ (ลิ้น), เร้า, กระตุ้น *-vi.* กระแทก, ซัด, สะบัด, ฟาด, เฆี่ยน, ตี, ด่าว่า **-lasher** *n.* (**-S.** (v., n.) beat, strike, whip)

lash[2] (แลช) *vt.* **lashed, lashing** ผูกหรือรัดด้วยเชือก (**-S.** fasten)

lass, lassie (แลซ, -ซี) *n.* เด็กผู้หญิง, หญิงสาว, หญิงคนรัก (**-S.** girl, sweetheart)

lassitude (แลซ' ซิทูด, -ทยูด) *n.* ความอ่อนเพลีย, ความเฉื่อยชา (**-S.** drowsiness, weariness)

lasso (แลซ' โซ, แลซู') *n., pl.* **-sos/-soes** เชือกคล้องสัตว์, บ่วงบาศ *-vt.* **-soed, -soing** คล้องหรือจับด้วยบ่วง **-lassoer** *n.* (**-S.** (n.) string)

★**last**[1] (แลซท์) *adj.* สุดท้าย, หลังสุด, ล่าสุด, เมื่อเร็วๆ นี้, ที่แล้วมานี้, เด็ดขาด, ที่สุด *-adv.* หลังสุด, สุดท้าย, ที่แล้วมานี้, ล่าสุด, ในที่สุด *-n.* คนหรือสิ่งสุดท้าย, ตอนจบ **-at last** ในที่สุด **-lastly** *adv.* (**-S.** (adj., n.) final)

last[2] (แลซท์) *v.* **lasted, lasting** *-vi.* ดำเนินต่อไป, ต่อเนื่อง, ยืนหยัด, ทนทาน, พอเพียง *-vt.* พอเพียง **-laster** *n.* (**-S.** continue, endure)

last[3] (แลซท์) *n.* แบบไม้รูปเท้าคนสำหรับทำหรือซ่อมรองเท้า

lasting (แลส' ติง) *adj.* ทนทาน, คงทน, ถาวร, มีอยู่ตลอดไป *-n.* สิ่งทอที่ทนทานแข็งแรง **-lastingly** *adv.* (**-S.** (adj.) durable, stable)

Last Judgement วันโลกาวินาศ, วันล้างโลก

last name นามสกุล

Last Supper อาหารค่ำมื้อสุดท้ายของพระเยซูคริสต์กับสาวกทั้ง 12 คน ก่อนที่จะถูกนำไปตรึงบนไม้กางเขนจนตาย

last word คำพูดสุดท้าย, ความเด็ดขาด, ผลงานที่น่าเชื่อถือ, (ภาษาพูด) รูปแบบที่ใหม่ล่าสุด

lat. ย่อจาก latitude เส้นรุ้ง

latch (แลช) *n.* กลอน, สลัก, สลักกุญแจ *-vt., vi.* **latched, latching** ลงกลอน, ใส่สลัก, ลั่นกุญแจ (**-S.** (n., v.) bolt)

★**late** (เลท) *adj.* **later, latest** สาย, ล่า, ช้า, ล่วงเลยมานาน, ดึก, เร็วๆ นี้, ทันสมัย, อันก่อน, เพิ่งตาย, อดีต, ภายหลัง, ที่แล้วมา, แก่ *-adv.* **later, latest** สาย, ช้า, ล่า, เมื่อเร็วๆ นี้, (ช่วงเวลา ระยะ) สุดท้าย, ภายหลัง **-of late** เมื่อเร็วๆ นี้, เมื่อไม่นานมานี้ **-lateness** *n.* (**-S.** (adj.) departed, tardy)

★**lately** (เลท' ลี) *adv.* เมื่อเร็วๆ นี้, เมื่อไม่นานมานี้ (**-S.** latterly, recently)

latent (เลท' เทินท์) *adj.* แอบแฝง, ซ่อนเร้น **-latency** *n.* **-latently** *adv.* (**-S.** hidden)

latent heat ความร้อนแฝง

lateral (แลท' เทอเริล) *adj.* ซึ่งมาจากด้านข้าง *-vi.* **-aled, -aling/-alled, -alling** ทุ่มลูกบอลจากข้างสนาม *-n.* ด้านข้าง, การทุ่มลูกบอลจากข้างสนาม **-laterally** *adv.* (**-S.** (adj.) sideways)

laterite (แลท' ทะไรท์) *n.* ดินแดง, ศิลาแลง

latex (เล' เทคซ์) *n., pl.* **latices**(-ทิซีซ, แลท' ทิ-)/**latexes** ยางสีขาวคล้ายน้ำนมที่ได้จากต้นไม้หรือพืชบางชนิด

lath (แลธ) *n., pl.* **laths** ไม้ระแนง, แผ่นเหล็กบางที่ใช้กันกระเบื้องมุงหลังคาตก, งานที่ทำจากวัสดุดังกล่าว

lathe (เลธ) *n.* เครื่องกลึง *-vt.* **lathed, lathing** กลึง, ตัดหรือขึ้นรูปบนเครื่องกลึง

lather (แลธ' เธอร์) *n.* ฟองสบู่, ฟอง, เหงื่อม้า *-v.* **-ered, -ering** *-vt.* ปกคลุมไปด้วยฟอง *-vi.* ทำให้เป็นฟอง **-latherer** *n.* (**-S.** (n., v.) foam)

Latin (แลท' เทิน) *n.* ภาษาละติน

latitude (แลท' ทิทูด, -ทยูด) *n.* เส้นรุ้ง, เส้นที่ขนานกับเส้นศูนย์สูตรโลก, ความอิสระ, ความกว้าง **-latitudinal** *adj.* (**-S.** breadth, freedom)

latrine (ละทรีน') *n.* ห้องส้วม

★**latter** (แลท' เทอร์) *adj.* อันหลัง, ตอนหลัง, ส่วนที่สอง, ต่อมา, ใกล้จบ, ใกล้หมด **-latterly** *adv.* (**-S.** recent, second **-A.** former)

lattice (แลท' ทิซ) *n.* โครงร่างที่ทำจากแผ่นไม้หรือแผ่นเหล็กสานกันเป็นตารางหรือขัดแตะกัน, ฉากหรือประตูที่ทำจากสิ่งดังกล่าว *-vt.* **-ticed, -ticing** ก่ายกันเป็นตาข่าย, ตกแต่งด้วยสิ่งดังกล่าว **-latticed** *adj.* (**-S.** (n.) framework)

latticework (แลท' ทิซเวิร์ค) *n.* ลวดลายที่เป็นรูปกากบาทหรือตาราง

laud (ลอด) *vt.* **lauded, lauding** ยกย่อง, สรรเสริญ, สดุดี **-lauder** *n.* **-laudation** *n.* **-laudatory** *adj.* (**-S.** admire, praise)

laudable (ลอ' ดะเบิล) *adj.* น่ายกย่อง, น่าสรรเสริญ, สมควรสรรเสริญ **-laudability, laudableness** *n.* (**-S.** praiseworthy)
laudanum (ลอด' เดินเนิม) *n.* ทิงเจอร์ฝิ่นใช้เป็นยาบรรเทาอาการปวด (**-S.** opium)
★**laugh** (แลฟ, ลาฟ) *v.* **laughed, laughing** *-vi.* หัวเราะ, ยิ้ม, หัวเราะเยาะ *-vt.* หัวเราะ, พูดไปหัวเราะไป *-n.* การหัวเราะ, เสียงหัวเราะ, (ภาษาพูด) เรื่องขำขัน ความสนุก **-laugh at** หัวเราะเยาะ, เยาะเย้ย **-laughable** *adj.* **-laugher** *n.* **-laughingly** *adv.* **-laughter** *n.* (**-S.** (v., n.) chuckle, giggle)
laughing gas ก๊าซหัวเราะหรือก๊าซไนตรัสออกไซด์เป็นก๊าซที่ไม่ติดไฟ ใช้เป็นยาสลบ
laughingstock (แลฟ' ฟิงสตอค) *n.* เรื่องตลกขบขัน, ตัวตลก
launch (ลอนช์, ลานช์) *v.* **launched, launching** *-vt.* ขว้าง, พุ่ง (ไปในอากาศ), ส่ง, ปล่อย (จรวด), ปล่อย (เรือ) ลงน้ำ, เริ่มต้น (การทำงาน), ปลูกฝัง *-vi.* เริ่ม, เข้าร่วม, ลงมือ *-n.* การปล่อย (จรวด), การเริ่มต้นทำงาน, การเข้าร่วม, เรือยนต์ขนาดใหญ่, เรือบด **-launcher** *n.* (**-S.** (v.) send (v., n.) start **-A.** (v., n.) stop)
launch pad ฐานปล่อยจรวดหรือยานอวกาศ
launder (ลอน' เดอร์, ลาน'-) *v.* **-dered, -dering** *-vt.* ซักผ้า, ซักรีด *-vi.* ซักได้ (ดี), ทำการซักรีด **-launderer** *n.* **-laundering** *n.* (**-S.** wash)
laundress (ลอน' ดริซ) *n.* ผู้หญิงที่รับจ้างซักรีด
★**laundry** (ลอน' ดรี) *n., pl.* **-dries** เสื้อผ้าที่จะซัก, ร้านซักรีด
laureate (*n.* ลอ' รีอิท, *v.* -เอท) *-n.* บุคคลผู้สมควรได้รับเกียรติ,ผู้ได้รับรางวัลเป็นเกียรติยศ, กวีหลวง *-vt.* **-ated, -ating** ให้เกียรติ, แต่งตั้ง (กวีหลวง) **-laureateship** *n.*
laurel (ลอ' เริล) *n.* พันธุ์ไม้ขนาดเล็กมีใบเขียวชอุ่มและมีกลิ่นแบบเครื่องเทศ, มาลัยที่ทำจากใบ laurel สำหรับสวมศีรษะเพื่อเป็นเกียรติ, เกียรติยศ, ชื่อเสียง *-vt.* **-reled, -reling/-relled, -relling** สวมมาลัย, ให้ (รางวัล) เป็นเกียรติ
lava (ลา' วะ, แลฟ' วะ) *n.* หินหลอมละลายที่พ่นออกมาจากปล่องภูเขาไฟ, หินลาวา
★**lavatory** (แลฟ' วะทอรี, -โท-) *n., pl.* **-ries** ห้องน้ำ, อ่างล้างมือล้างหน้า, ห้องส้วม (แบบชักโครก) (**-S.** bathroom, toilet)
lavender (แลฟ' เวินเดอร์) *n.* พืชชนิดหนึ่งมีดอกเล็กสีม่วงและมีกลิ่นหอม, สีม่วงอ่อน
lavish (แลฟ' วิช) *adj.* ฟุ่มเฟือย, ใจกว้าง, ใจป้ำ, สุรุ่ยสุร่าย *-vt.* **-ished, -ishing** ให้หรือใช้จ่ายอย่างใจกว้าง **-lavisher** *n.* **-lavishly** *adv.* **-lavishness** *n.* (**-S.** (adj.) extravagant, liberal)
★**law** (ลอ) *n.* กฎ, ข้อบังคับ, กฎหมาย, วิชากฎหมาย, อาชีพนักกฎหมาย, การดำเนินคดี, หลักคำสอน, ศีล, ข้อที่ควรปฏิบัติ *-vt., vi.* **lawed, lawing** ดำเนินคดี, ฟ้องร้อง (**-S.** (n.) rule)
law-abiding (ลอ' อะไบดิง) *adj.* ปฏิบัติตามกฎหมาย (**-S.** compliant)
lawbreaker (ลอ' เบรเคอร์) *n.* ผู้กระทำผิดกฎหมาย, ผู้ฝ่าฝืนกฎหมาย
lawful (ลอ' เฟิล) *adj.* เป็นที่ยอมรับทางกฎหมาย, ถูกต้องตามกฎหมาย, รับรองโดยกฎหมาย, ปฏิบัติตามกฎหมาย **-lawfully** *adv.* **-lawfulness** *n.* (**-S.** allowable, legal)
lawless (ลอ' ลิซ) *adj.* ไม่มีกฎหมาย, ฝ่าฝืนกฎหมาย, ผิดกฎหมาย **-lawlessly** *adv.* **-lawlessness** *n.* (**-S.** illegal **-A.** honest)
lawmaker (ลอ' เมเคอร์) *n.* ผู้ออกกฎหมาย, ผู้ร่างกฎหมาย
★**lawn**[1] (ลอน) *n.* สนามหญ้า, ที่โล่งกลางป่า
lawn[2] (ลอน) *n.* ผ้าฝ้ายหรือลินินเนื้อละเอียด
lawn mower, lawnmower (ลอน' โมเออร์) *n.* เครื่องตัดหญ้า
lawsuit (ลอ' ซูท) *n.* คดี, การฟ้องร้องคดี
★**lawyer** (ลอ' เยอร์) *n.* อัยการ, ทนายความ, นักกฎหมาย
lax (แลคซ์) *adj.* **laxer, laxest** ละเลย, ไม่เอาใจใส่, ประมาท, หลวม, หย่อน **-laxly** *adv.* **-laxness** *n.* (**-S.** careless, slack)
laxative (แลค' ซะทิฟว์) *n.* ยาระบาย
★**lay**[1] (เล) *v.* **laid, laying** *-vt.* วาง, ปู, พาด, ลาด, ออก (ไข่), แนบ (หู), บรรเทา, ระงับ, เตรียม, จัด (โต๊ะ), ทา (สี), กระจาย, กำหนดโทษ, นำเสนอ, ตีแผ่, ให้ (ความสำคัญ), วางแผน, เล็งเป้า, (คำสแลง) มีเพศสัมพันธ์ *-vi.* ออกไข่, วางเดิมพัน *-n.* การจัดวาง, การเรียงตัว, การออกไข่, (คำสแลง) การมีเพศสัมพันธ์ **-lay aside** ยกเลิก, ละทิ้ง, เก็บออม **-lay down** หมด (หวัง), ยอมแพ้, ระบุ, ทิ้ง **-lay off** ไล่ออก, ปลดคนงาน, เลิกจ้าง **-lay out** วางแผน, ออกแบบ (**-S.** (v.) arrange, place)
lay[2] (เล) *adj.* เป็นฆราวาส, ไม่ได้เป็นของมืออาชีพ, ไม่มีความชำนาญเฉพาะทาง
lay[3] (เล) *n.* บทกวี, บทเพลง, บทกลอนสั้นๆ
lay[4] (เล) *v.* กริยาช่อง 2 ของ lie
★**layer** (เล' เออร์) *n.* ชั้น, ระดับ, ความลึก, ผู้จัด

A B C D E F G H I J K L M N O P Q R S T U V W X Y Z

วาง, แม่ไก่ *-vt., vi.* **-ered, -ering** ทำให้เป็นชั้น, แยกออกเป็นชั้น **-layering** *n.* (**-S.** (n.) coat)

layette (เลเอท') *n.* เสื้อผ้าและของใช้ต่างๆ สำหรับเด็กแรกเกิด เช่น ผ้าอ้อม ขวดนม ฯลฯ

layman (เล' เมิน) *n., pl.* **-men** ฆราวาส, ผู้ที่ไม่มีความชำนาญเฉพาะทาง

laze (เลซ) *vi., vt.* **lazed, lazing** ขี้เกียจ, ปล่อยเวลาให้ผ่านไปโดยไร้ประโยชน์ *-n.* เวลาที่ล่วงเลยไปโดยไร้ประโยชน์ (**-S.** (v.) idle, loaf)

★**lazy** (เล' ซี) *adj.* **-zier, -ziest** เกียจคร้าน, ปล่อยเวลาให้ผ่านไปโดยไร้ประโยชน์, (เคลื่อนที่) เอื่อยๆ **-lazily** *adv.* **-laziness** *n.* (**-S.** idle, sluggish **-A.** busy, energetic)

lazybones (เล' ซีโบนซ์) *n. pl.* คนขี้เกียจ

lb. ย่อจาก pound ปอนด์

LCD ย่อจาก liquid-crystal display หน้าจอผลึกเหลวที่ใช้แสดงตัวเลข เช่น หน้าปัดนาฬิกา

lea, ley (ลี, เล) *n.* ทุ่งหญ้า, ทุ่ง (**-S.** meadow)

leach (ลีช) *vt.* **leached, leaching** ชะ, ล้าง, กรอง, สาด *-n.* การกรอง, เครื่องกรอง

★**lead**[1] (ลีด) *v.* **led, leading** *-vt.* นำ, จูง, นำทาง, ชักนำ, เป็นผู้นำ, ผ่าน (ชีวิต), มุ่ง, เล็ง *-vi.* เป็นผู้นำ, นำไปสู่, นำหน้า, นำทาง, เล่นก่อน *-n.* ตำแหน่งชนะเลิศ, ผู้นำ, คะแนนนำ, ตัวอย่าง, เงื่อนไข, ร่องรอย, ตัวเอก (ของละคร) **-lead off** เริ่มต้น (**-S.** (v.) conduct (v., n.) head)

★**lead**[2] (เลด) *n.* ตะกั่ว เป็นธาตุโลหะหนักสีเทาดำ มีสัญลักษณ์ Pb, ไส้ดินสอดำ, เส้นตะกั่วที่ใช้ถ่างบรรทัดในการเรียงพิมพ์, ลูกดิ่ง, ลูกปืน *-vt.* **leaded, leading** หุ้มด้วยตะกั่ว, ถ่วงสายเบ็ดด้วยตะกั่ว, คั่น (บรรทัดตัวเรียงพิมพ์) ด้วยตะกั่ว (**-S.** (n.) ingot)

leaden (เลด' เดิน) *adj.* ซึ่งทำด้วยตะกั่ว, มีสีเทาดำ, หนักอึ้ง, เฉื่อยชา, เศร้าโศก, หมดหวัง

★**leader** (ลี' เดอร์) *n.* ผู้นำ, คนนำทาง, หัวหน้า, นักร้องนำ, วาทยากร, ท่อน้ำ, เอ็น, หัวฟิล์ม

leadership (ลี' เดอร์ชิพ) *n.* ตำแหน่งผู้นำ, คณะผู้นำ, ความเป็นผู้นำ, การนำทาง

lead-free (เลด' ฟรี) *adj.* ไร้สารตะกั่ว

leading (ลี' ดิง) *adj.* ส่วนใหญ่, สำคัญที่สุด, มีตำแหน่งต้นๆ, เป็นผู้นำ

leading article บทนำของหนังสือ, บทบรรณาธิการของหนังสือพิมพ์

★**leaf** (ลีฟ) *n., pl.* **leaves** ใบไม้, แผ่นโลหะบางๆ เช่น ทองคำแผ่น, แผ่นกระดาษที่เป็นหน้าหนังสือสองหน้า *-v.* **leafed, leafing** *-vi.* ผลิใบ, เปิด (หน้าหนังสือ) ผ่านๆ *-vt.* พลิกหน้าหนังสือ **-leafless** *adj.* **-leaflike** *adj.* **-leafy** *adj.* (**-S.** (n.) foliage, sheet)

leafage (ลี' ฟิจ) *n.* ใบไม้ต่างๆ

leaflet (ลี' ฟลิท) *n.* ใบอ่อน, ใบแทรก, ใบปลิว

leaf spring แหนบรถ

league[1] (ลีก) *n.* สมาคม, องค์การ, สันนิบาต, สโมสรกีฬา, กลุ่มคนที่ทำงานช่วยเหลือผู้อื่น *-vt., vi.* **leagued, leaguing** จัดตั้ง (สมาคม), รวมกลุ่ม **-leaguer** *n.* (**-S.** (n., v.) club, group)

league[2] (ลีก) *n.* หน่วยระยะทางที่มีค่าเท่ากับ 3 ไมล์ หรือ 3 ไมล์ทะเลในอังกฤษ

League of Nations องค์การสันนิบาตชาติ

★**leak** (ลีค) *v.* **leaked, leaking** *-vi.* รั่ว, ซึม, ลอด, เล็ดลอด, (ความลับ) รั่วไหล *-vt.* ทำให้รั่วออก, ทำให้ลอดเข้ามา, ทำให้รั่วไหล, ปล่อยข่าว *-n.* รูรั่ว, รอยแตก, ช่องโหว่, การรั่วไหล, การเปิดเผยความลับ **-leakage** *n.* **-leaker** *n.* **-leaky** *adj.* (**-S.** (v., n.) ooze)

★**lean**[1] (ลีน) *v.* **leaned/leant, leaning** *-vi.* เอียง, เอน, ลู่, ลาด, โน้มเอียง, พิง, พึ่งพา, อาศัย (ความช่วยเหลือ), โอนเอียงหรือฝักใฝ่ไปในทาง *-vt.* พิง, เอียง, เอน, ทำให้เอน, ทำให้เอียง *-n.* การเอียง, การเอน, ความลาดเอียง **-leaning** *n.* (**-S.** (v.) incline, rest)

lean[2] (ลีน) *adj.* **leaner, leanest** บอบบาง, ผอม, ไม่มีไขมัน, มีไขมันน้อย, พร่อง, ไม่อุดมสมบูรณ์, ขาดแคลน, ประหยัด, ซึ่งลดขนาดของธุรกิจลงเพื่อลดค่าใช้จ่าย *-n.* เนื้อที่ไม่มีมันหรือมีมันน้อย **-leanly** *adv.* **-leanness** *n.* (**-S.** (adj.) bony)

Leaning Tower of Pisa หอเอนเมืองปิซา

leant (เลนท์) *v.* กริยาช่อง 2 และ 3 ของ lean[1]

lean-to (ลีน' ทู) *n.* เพิงหมาแหงน, ที่กำบัง (ลมฝน) ที่มีหลังคาลาดเอียงลงมาด้านเดียว

★**leap** (ลีพ) *v.* **leaped/leapt, leaping** *-vi* กระโดด, กระโจน, เผ่น *-vt.* กระโดดข้าม, ทำให้กระโดด *-n.* การกระโดด, การกระโจน, ระยะที่กระโดดได้, บริเวณที่กระโดดข้ามมา, การเปลี่ยนแปลงอย่างกะทันหัน **-by leaps and bounds** รวดเร็วมาก **-leaper** *n.* (**-S.** (v., n.) bound, spring)

leapfrog (ลีพ' ฟรอก) *n.* การเล่นกระโดดข้ามหลังหรือตัวคนที่ยืนโก้งโค้ง

leapt (เลพท์, ลีพท์) *v.* กริยาช่อง 2 และ 3 ของ leap

leap year ปีที่เดือนกุมภาพันธ์มี 29 วัน

★**learn** (เลิร์น) *v.* **learned/learnt, learning** *-vt.* เรียน, เรียนรู้, ได้ความรู้, หาความรู้, จดจำ,

A B C D E F G H I J K L M N O P Q R S T U V W X Y Z

ค้นพบ, ทราบ *-vi.* เรียนรู้, ได้รับความรู้ **-learnable** *adj.* **-learner** *n.* (**-S.** discover, gain)
learned (เลอร์' นิด, เลิร์นด์) *adj.* คงแก่เรียน, มีความรู้มาก (**-S.** erudite)
learning (เลอร์' นิง) *n.* การศึกษา, ความรู้
learnt (เลิร์นท์) *v.* กริยาช่อง 2 และ 3 ของ learn
lease (ลีซ) *n.* สัญญาเช่า, ระยะเวลาที่ให้เช่า, ทรัพย์สินที่ให้เช่า *-vt.* **leased, leasing** ให้เช่า, เช่าไว้ **-leasable** *adj.* **-leaser** *n.* (**-S.** (n.) contract (v.) rent)
leasehold (ลีซ' โฮลด์) *n.* การเข้าถือครองโดยการเช่า, ทรัพย์สินที่ครอบครองไว้โดยการเช่า
leash (ลีช) *n.* เชือกหรือโซ่สำหรับจูงสุนัข, การบังคับหรือควบคุม *-vt.* **leashed, leashing** ดึงรั้งหรือควบคุมด้วยเชือก, ผูกเชือก (**-S.** (n., v.) chain, strap (v.) fasten)
★**least** (ลีซท์) *adj.* คุณศัพท์เปรียบเทียบขั้นกว่าของ little, เล็กที่สุด, ต่ำที่สุด, น้อยที่สุด *-adv.* น้อยที่สุด, ต่ำที่สุด *-n.* สิ่งที่เล็กที่สุด, จำนวนน้อยที่สุด, สิ่งที่สำคัญน้อยที่สุด **-at least** อย่างน้อยที่สุด, ไม่น้อยไปกว่านี้
leastwise (ลีซท์' ไวซ์) *adv.* (ภาษาพูด) ถึงอย่างไร, อย่างไรก็ตาม
★**leather** (เลธ' เธอร์) *n.* หนังฟอก, เครื่องหนัง *-adj.* คล้ายหนังฟอก, ซึ่งทำด้วยหนังฟอก *-vt.* **-ered, -ering** หุ้มด้วยหนัง, เฆี่ยนด้วยสายหนัง **-leathery** *adj.* (**-S.** (n.) hide (n., v.) skin)
leatherback (เลธ' เธอร์แบค) *n.* เต่ามะเฟือง
leatherette (เลธ' ธะเรท) *n.* หนังเทียม
★**leave**[1] (ลีฟว์) *v.* **left, leaving** *-vt.* ออกไป, ออกจาก, จากไป, เลิก, หยุด, ลืม, ทิ้งไว้, ฝาก (ข้อความ), มอบหมาย (งาน), ยก (มรดก) ให้, เหลือ, ปล่อย *-vi.* ออกจาก, ออกเดินทาง, จากไป **-leave alone** ปล่อยทิ้งไว้ **-leave out** ละเลย, เว้น, เพิกเฉย **-leaver** *n.* (**-S.** depart)
leave[2] (ลีฟว์) *n.* การอนุญาต, ความยินยอม, การอนุญาตให้ลาหยุด, ระยะเวลาที่อนุญาตให้ลา (**-S.** permission, vacation)
leaven (เลฟ' เวิน) *n.* เชื้อหมักให้แป้งฟู *-vt.* **-ened, -ening** เติมเชื้อหมัก, ใส่ผงฟู
leavening (เลฟ' วะนิง) *n.* เชื้อหมักให้ฟู, สารที่ทำให้ฟู, ผงฟู
leaves (ลีฟว์ซ์) *n.* พหูพจน์ของ leaf
leave-taking (ลีฟว์' เทกิง) *n.* การอำลา, การจากไป
leavings (ลี' วิงซ์) *n. pl.* เศษ (อาหาร), กาก
lecherous (เลช' เชอเริซ) *adj.* เต็มไปด้วยราคะ, มักมากในกาม, กระตุ้นราคะ **-lecherously** *adv.* **-lecherousness** *n.* **-lechery** *n.* (**-S.** lustful)
lecithin (เลซ' ซะธิน) *n.* สารไขมันชนิดหนึ่งที่มีฟอสฟอรัส พบได้ในพืชทุกชนิดและเซลล์สัตว์
lectern (เลค' เทิร์น) *n.* แท่นอ่านพระคัมภีร์ในโบสถ์, แท่นบรรยาย
★**lecture** (เลค' เชอร์) *n.* การปาฐกถา, การสอน, การปราศรัย, การตำหนิ, การดุด่า *-v.* **-tured, -turing** *-vi.* บรรยาย, กล่าวคำปราศรัย *-vt.* แสดงปาฐกถา, บรรยาย, เทศน์, ว่ากล่าว, ดุด่า (**-S.** (n.) scolding, speech (v.) speak)
lecturer (เลค' เชอเรอร์) *n.* ผู้แสดงปาฐกถา, ผู้บรรยาย, อาจารย์ **-lectureship** *n.*
led (เลด) *v.* กริยาช่อง 2 และ 3 ของ lead[1]
ledge (เลจ) *n.* หิ้ง, ขอบหรือแนวที่ยื่นออกมาจากกำแพง, เชิงผา, แนวหินใต้น้ำ, แนวแตกในหินที่มีแร่ **-ledgy** *adj.* (**-S.** projection, ridge)
ledger (เลจ' เจอร์) *n.* สมุดบัญชีเงินฝากของบริษัทหรือร้านค้า, ท่อนไม้ที่ใช้ทำนั่งร้าน
lee (ลี) *n.* ที่กำบัง, ที่หลบลม, ด้านอับลม, ร่มเงา
leech (ลีช) *n.* ปลิง, ทาก, คนที่ทำตัวเป็นกาฝากหรือเกาะผู้อื่นกิน *-v.* **leeched, leeching** *-vt.* ดูดเลือด, เกาะคนอื่นกิน *-vi.* กระทำตัวเป็นกาฝาก (**-S.** (n.) bloodsucker)
leek (ลีค) *n.* ต้นกระเทียม
leer (เลียร์) *n.* การชำเลืองมอง, การมองค้อน, การมองด้วยสายตาเจ้าเล่ห์, การมองด้วยสายตาแห่งความปรารถนา *-vi.* **leered, leering** มองค้อน, ชำเลืองมอง **-leery** *adj.* **-leeringly** *adv.*
lees (ลีซ) *n. pl.* ขี้ตะกอน, กาก (**-S.** dregs)
leeward (ลี' เวิร์ด) *adj., adv.* ตามลม
leeway (ลี' เว) *n.* การลอยของเรือหรือเครื่องบิน, เวลาที่เผื่อเอาไว้, ระยะที่เว้นเอาไว้
★**left**[1] (เลฟท์) *adj.* ซ้ายมือ, ข้างซ้าย, ทางซ้าย, ฝั่งซ้าย, (การเมือง) ฝ่ายซ้าย *-n.* ด้านซ้าย, มือซ้าย, ตำแหน่งซ้าย, การหันหรือเลี้ยวซ้าย, พรรคการเมืองหรือกลุ่มคนที่นิยมลัทธิสังคมนิยม, หมัดซ้าย, การชกด้วยหมัดซ้าย, ปีกซ้าย *-adv.* ด้วยมือซ้าย, ไปทางซ้าย (**-S.** (n.) communist **-A.** (adj., n., adv.) right)
left[2] (เลฟท์) *v.* กริยาช่อง 2 และ 3 ของ leave[1]
left-handed (เลฟท์' แฮน' ดิด) *adj.* ถนัดมือซ้าย, สำหรับมือซ้าย, (หมุน) ทวนเข็มนาฬิกา, เวียนซ้าย, ไม่จริงใจ, น่าสงสัย, งุ่มง่าม, เงอะงะ
leftist (เลฟ' ทิซท์) *n.* ผู้มีความเห็นทางการเมืองแบบสังคมนิยม

★**leg** (เลก) *n.* ขา, สิ่งที่มีรูปร่างหรือทำหน้าที่อย่างขา, ขาโต๊ะ (เก้าอี้), ขาสัตว์ที่ใช้เป็นอาหาร, ขากางเกง, ขาปลอม, ช่วงหรือระยะในการเดินทาง *-vi.* **legged, legging** เดินหรือวิ่งด้วยขา **-legless** *adj.*

legacy (เลก' กะซี) *n., pl.* **-cies** มรดก, ทรัพย์สมบัติที่สืบทอดกันมา (**-S.** bequest)

★**legal** (ลี' เกิล) *adj.* เกี่ยวกับกฎหมาย, ถูกต้องตามกฎหมาย, ได้รับอนุญาตทางกฎหมาย, โดยนิตินัย, เกี่ยวกับนักกฎหมาย **-legalist** *n.* **-legality** *n.* **-legalize** *v.* **-legally** *adv.* (**-S.** authorized, judicial **-A.** illegal)

legalism (ลี' กะลิซเซิม) *n.* ภาษากฎหมาย, ระเบียบกฎหมาย, การเคร่งครัดต่อกฎหมาย

legate (เลก' กิท) *n.* ทูต, ผู้แทน, ทูตที่เป็นตัวแทนขององค์สันตะปาปา **-legateship** *n.*

legatee (เลกกะที') *n.* ผู้รับมรดก

legation (ลิเก' ชัน) *n.* สถานทูต, คณะทูต

legato (ลิกา' โท) *adv., adj.* ในจังหวะดนตรีที่เล่นต่อเนื่องไปเรื่อยๆ ไม่พัก

legator (ลิเก' เทอร์) *n.* พินัยกรรม, ผู้ยกมรดกให้

legend (เลจ' เจินด์) *n.* ตำนาน, เรื่องราวที่เล่าสืบต่อกันมา, บุคคลหรือสิ่งที่มีชื่อเสียง, ตัวอักษรที่จารึกอยู่บนเหรียญ หรืออนุสาวรีย์, คำอธิบายใต้ภาพ แผนที่หรือตาราง **-legendary** *adj.* (**-S.** myth, story)

legerdemain (เลจเจอร์ดะเมน') *n.* การเล่นกล, ความว่องไวของมือในการเล่นกล

legging (เลก' กิง) *n.* ที่หุ้มขา, สนับแข้ง

leggy (เลก' กี) *adj.* **-gier, -giest** มีขายาวเรียว, มีขายาวเก้งก้าง

legible (เลจ' จะเบิล) *adj.* (ลายมือ) อ่านง่าย, ถอด (รหัส) ได้ง่าย, เห็นได้ชัด **-legibility, legibleness** *n.* **-legibly** *adv.* (**-S.** clear)

legion (ลี' เจิน) *n.* กองทหารโรมันที่มีกองพันทหารราบกับกองร้อยทหารม้า, กองทัพ, จำนวนมากมาย *-adj.* มากมาย **-legionary** *adj.*

legionnaire (ลีจะแนร์') *n.* กลุ่มคนหรือสิ่งของขนาดใหญ่

legislate (เลจ' จิซเลท) *v.* **-lated, -lating** *-vi.* บัญญัติกฎหมาย, ออกกฎหมาย *-vt.* บัญญัติโดยกฎหมาย (**-S.** enact, ordain)

legislation (เลจจิซเล' ชัน) *n.* การบัญญัติกฎหมาย, การออกกฎหมาย, พระราชบัญญัติกฎหมาย, นิติบัญญัติ **-legislative** *adj.*

legislator (เลจ' จิซเลเทอร์) *n.* สมาชิกสภานิติบัญญัติ, ผู้บัญญัติกฎหมาย, สภาผู้แทนราษฎร

legislature (เลจ' จิซเลเชอร์) *n.* สภานิติบัญญัติ

legitimate (*adj.* ละจิท' ทะมิท, *v.* -เมท) *adj.* ถูกต้องตามกฎหมาย, ชอบด้วยกฎหมาย, มีสิทธิตามกฎหมาย, สมเหตุสมผล, แท้จริง, เชื่อถือได้, (บุตร) ที่เกิดจากบิดามารดาที่สมรสกันตามกฎหมาย, ถูกต้องตามทำนองคลองธรรม *-vt.* **-mated, -mating** ทำให้ถูกต้องตามกฎหมาย, ให้มีสิทธิตามกฎหมาย, มอบอำนาจ **-legitimacy** *n.* **-legitimist** *n.* **-legitimatize, legitimize** *v.* **-legitimately** *adv.* **-legitimateness** *n.* **-legitimation** *n.* **-legitimator** *n.* (**-S.** (adj.) lawful, legal **-A.** (adj.) illegal)

legume (เลก' กยูม์, ละ'-) *n.* พืชตระกูลถั่ว เช่น ถั่ว กระถิน **-leguminous** *adj.*

★**leisure** (ลี' เฌอร์, เลฌ'-) *n.* วันว่าง, เวลาว่าง, การว่างจากงาน *-adj.* ว่าง, มีเวลาว่าง **-leisurely** *adj.* **-leisured** *adj.* (**-S.** (n.) rest)

★**lemon** (เลม' เมิน) *n.* ผลมะนาว, ต้นมะนาว, สีเหลืองอ่อน *-adj.* (สี) เหลืองอ่อน, มีรสมะนาว

lemonade (เลมมะเนด') *n.* น้ำมะนาว

lemongrass (เลม' เมินแกรซ) *n.* ตะไคร้

lemur (ลี' เมอร์) *n.* สัตว์ชนิดหนึ่งคล้ายลิง มีตาโตและหางยาว พบได้ที่เกาะมาดากัสการ์

★**lend** (เลนด์) *v.* **lent, lending** *-vi.* ให้กู้เงิน *-vt.* ให้ยืม (ของ), ให้, ช่วยให้, สนับสนุน **-lend a helping hand** ให้ความช่วยเหลือ **-lendable** *adj.* **-lender** *n.* (**-S.** advance, loan)

length (เลงค์ธ์, เลงธ์) *n.* ความยาว, ส่วนยาว, การวัดความยาว, ช่วง (ตัว), ความยาวนาน, ระยะเวลา **-at length** ในที่สุด, โดยสมบูรณ์ **-lengthen** *v.* (**-S.** duration, extent)

lengthwise (เลงค์ธ์' ไวซ์) *adv., adj.* ตามยาว

lengthy (เลงค์' ธี, เลง'-) *adj.* ยาวนาน, เยิ่นเย้อ, ยืดเยื้อ **-lengthily** *adv.* **-lengthiness** *n.*

lenient (ลี' เนียนท์, ลีน'-) *adj.* เมตตา, กรุณา, ใจดี, ผ่อนผัน, ไม่รุนแรง **-lenience, leniency** *n.* **-leniently** *adv.* (**-S.** merciful, mild)

lens (เลนซ์) *n., pl.* **lenses** เลนส์, แว่น, เลนส์นัยน์ตา, เลนส์ถ่ายภาพ *-vt.* **lensed, lensing** (ภาษาพูด) ถ่ายภาพ ถ่ายหนัง

Lent (เลนท์) *n.* ฤดูถือบวชในศาสนาคริสต์ มีระยะเวลา 40 วัน ตั้งแต่ Ash Wednesday จนถึงวันอีสเตอร์, ฤดูกินเจ, ฤดูถือศีล

lent (เลนท์) *v.* กริยาช่อง 2 และ 3 ของ lend

lentil (เลน' เทิล) *n.* พืชตระกูลถั่วที่มีเมล็ดเป็นรูปแบนกลมหรือนูนทั้งสองข้าง, เมล็ดถั่วดังกล่าว

Leo (ลี' โอ) ราศีสิงห์ ซึ่งเป็นราศีที่ห้าในจักรราศี

A B C D E F G H I J K L M N O P Q R S T U V W X Y Z

มีสัญลักษณ์เป็นรูปสิงโต, ชื่อกลุ่มดาวกลุ่มหนึ่งทางซีกโลกเหนือ **-leonine** *adj.*
leopard (เลพ' เพิร์ด) *n., pl.* **-ards/-ard** เสือดาว, แมวดาว **-leopardess** *n. fem.*
leotard (ลี' อะทาร์ด) *n.* ชุดแนบเนื้ออย่างที่นักบัลเล่ต์หรือนักกายกรรมสวมใส่
leper (เลพ' เพอร์) *n.* ผู้เป็นโรคเรื้อน, บุคคลที่เป็นที่รังเกียจของคนอื่น **-leprous** *adj.*
leprosy (เลพ' พระซี) *n.* โรคเรื้อน
lesbian (เลซ' เบียน) *n.* หญิงรักร่วมเพศ
lese-majesty, lèse-majesté (เลซ' แมจ' จิสตี) *n., pl.* **-ties/-tés** ความผิดฐานหมิ่นพระบรมเดชานุภาพ, ความผิดฐานกบฏต่อประมุขแผ่นดิน, การกระทำอวดดีต่อผู้ใหญ่
lesion (ลี' ฌัน) *n.* บาดแผล, แผล (-S. injury)
★**less** (เลซ) *adj.* คุณศัพท์เปรียบเทียบขั้นกว่าของ little, (จำนวน) เล็กกว่า, น้อยกว่า, (ระดับ) ต่ำกว่า, ไม่มากนัก, เล็กน้อย *-adv.* น้อยกว่า *-prep.* หักออก, ปราศจาก *-n.* จำนวนที่น้อยกว่า, สิ่งที่ไม่สำคัญ (-S. (adj.) fewer, smaller)
-less คำปัจจัย หมายถึง ปราศจาก, ไม่มี
lessee (เลซี') *n.* ผู้เช่า
lessen (เลซ' เซิน) *vt., vi.* **-ened, -ening** ทำให้น้อยลง, ลดลง (-S. decrease, reduce)
lesser (เลซ' เซอร์) *adj., adv.* ดู less
★**lesson** (เลซ' เซิน) *n.* บทเรียน, ชั่วโมงเรียน, การเรียน, เครื่องเตือนสติ, การตำหนิ, การสั่งสอน *-vt.* **-soned, -soning** ให้บทเรียนแก่, สอน, ตักเตือน, ตำหนิ (-S. (n.) lecture, warning)
lest (เลซท์) *conj.* เกรงว่า, เผื่อว่า, เพื่อมิให้
★**let**[1] (เลท) *v.* **let, letting** *-vt.* อนุญาต, ปล่อยให้, ขอให้, บอก, เปิดเผย, ให้, ยอมให้, ให้เช่า *-vi.* ให้เช่า **-let alone** ปล่อยไว้ตามลำพัง **-let down** ลดลง, ทำให้ผิดหวัง, ทิ้ง **-let off** อนุญาตให้หยุดงาน, ปล่อยตัวไปด้วยโทษสถานเบา **-let up** หยุด, ทำให้ช้าลง (-S. allow, permit)
let[2] (เลท) *n.* การเสิร์ฟลูก (เทนนิส ปิงปอง) ไปถูกตาข่ายก่อนจะตกถึงพื้นสนาม, อุปสรรค
lethal (ลี' เธิล) *adj.* ที่ทำให้ตาย, ซึ่งเป็นอันตรายถึงตาย, (อาวุธ) ร้ายแรง **-lethality** *n.* **-lethaly** *adv.* (-S. deadly, fatal)
lethargic (ละธาร์' จิค) *adj.* ง่วง, เนือย, เซื่องซึม, ไม่กระตือรือร้น, ขี้เกียจ **-lethargically** *adv.* **-lethargy** *n.* (-S. lazy)
let's (เลทซ์) ย่อจาก let us
★**letter** (เลท' เทอร์) *n.* ตัวหนังสือ, ตัวอักษร, จดหมาย, หนังสืออนุญาต, เอกสารแสดงสิทธิ, ความหมายตามตัวอักษร, ตัวเรียงพิมพ์, แบบ *-v.* **-tered, -tering** *-vt.* เขียนตัวหนังสือ, สลักอักษร, จ่าหน้า (ซอง) *-vi.* เขียนตัวหนังสือ **-letters** อักษรศาสตร์, ความรู้เกี่ยวกับภาษาศาสตร์ **-to the letter** ทุกตัวอักษร **-letterer** *n.* (-S. (n.) character, message)
letter carrier คนส่งจดหมาย, บุรุษไปรษณีย์
lettered (เลท' เทิร์ด) *adj.* อ่านออกเขียนได้, มีการศึกษา, มีตัวอักษรกำกับ
letterhead (เลท' เทอร์เฮด) *n.* หัวกระดาษจดหมายที่แสดงชื่อและที่อยู่ของผู้ส่ง, กระดาษเขียนจดหมายที่มีตราบริษัทหรือหัวดังกล่าว
lettering (เลท' เทอริง) *n.* การจ่าหน้า (ซอง), อักษรหรือตัวหนังสือที่เขียน
letter-perfect (เลทเทอร์เพอร์' ฟิคท์) *adj.* ถูกต้องทุกตัวอักษร, ท่องจำขึ้นใจ
letterpress (เลท' เทอร์เพรซ) *n.* ตัวเรียงพิมพ์, หนังสือที่พิมพ์ด้วยตัวเรียงพิมพ์
★**lettuce** (เลท' เทิซ) *n.* ผักกาดหอม
leukemia, leukaemia (ลูคี' เมีย) *n.* โรคมะเร็งเม็ดเลือดขาว **-leukemic** *adj.*
leukocyte (ลู' คะไซท์) *n.* เม็ดเลือดขาว
leukorrhea (ลูคะเรีย') *n.* ระดูขาว, มุตกิด
levee[1] (เลฟ' วี) *n.* เขื่อนดินกันน้ำท่วมตามแนวแม่น้ำ, ท่าเรือ, คันดิน, ทำนบดิน
levee[2] (เลฟ' วี, ละวี' , -เว') *n.* งานสโมสรสันนิบาต, งานเลี้ยงรับรองแขกผู้มีเกียรติ
★**level** (เลฟ' เวิล) *n.* แนวนอน, แนวราบ, ความเสมอ, ความราบเรียบ, พื้นราบ, (จำนวน) ชั้นของตึก, พื้นของตึก, เครื่องวัดระดับ, ระดับฐาน, ระดับ *-adj.* ราบ, เรียบ, เสมอกัน, สม่ำเสมอ, มั่นคง, มีเหตุผล, ที่ระดับเดียวกัน *-adv.* ในระดับเดียวกัน *-v.* **-eled, -eling/-elled, -elling** *-vt.* ทำให้เรียบ, ปรับให้ราบ, ทำให้ล้มลงสู่พื้นดิน, รื้อถอน, ทำให้ได้ระดับ, ทำให้เท่ากัน, เล็ง (เป้า) *-vi.* เล็งเป้า, ทำให้เท่ากัน, (ภาษาพูด) เปิดเผย **-on the level** (ภาษาพูด) ตรงไปตรงมา **-leveler, leveller** *n.* **-levelly** *adv.* **-levelness** *n.* (-S. (adj.) horizontal, smooth)
levelheaded (เลฟ' เวิลเฮดดิด) *adj.* มีเหตุผล, มั่นคง
lever (เลฟ' เวอร์, ลี'-) *n.* คานดีดคานงัด, ชะแลง, เหล็กงัด, คันโยก, เครื่องมือช่วยให้ประสบความสำเร็จ *-vt.* **-ered, -ering** ยก, ง้าง
leverage (เลฟ' เวอริจ) *n.* การยก, กำลังงัด
leviathan (ละไว' อะเธิน) *n.* สัตว์ทะเลขนาดมหึมาที่กล่าวไว้ในพระคัมภีร์ไบเบิล, สิ่งที่มี

ขนาดใหญ่มหึมาหรือมีพลังมาก
levity (เลฟ' วิที) *n., pl.* **-ties** ความตลกคะนอง, ความไม่เอาจริงเอาจัง
levy (เลฟ' วี) *vt.* **-ied, -ying** เก็บ (ภาษี), เรียกเก็บ (เงิน), เกณฑ์ (ทหาร), ทำ (สงคราม) *-n., pl.* **-ies** การเก็บภาษี, การชักส่วน, การเกณฑ์, ทหารเกณฑ์, เงินภาษีค่าปรับ **-leviable** *adj.* **-levier** *n.* (**-S.** (v.) impose)
lewd (ลูด) *adj.* **lewder, lewdest** ลามก, หยาบโลน, เลวทราม, เสเพล, แพศยา **-lewdly** *adv.* **-lewdness** *n.* (**-S.** lustful, obscene)
lexicon (เลค' ซิคอน) *n., pl.* **-cons/-ca** พจนานุกรม, คำศัพท์เฉพาะทาง **-lexicography** *n.* **-lexicographer** *n.* (**-S.** dictionary)
liability (ไลอะบิล' ลิที) *n., pl.* **-ties** ความรับผิดชอบ, ภาระหน้าที่, พันธะ, หนี้บุญคุณ, หนี้สิน, เครื่องถ่วง (**-S.** obligation)
liable (ไล' อะเบิล) *adj.* ซึ่งต้องรับผิดชอบ, ที่ต้องชดใช้, มีแนวโน้ม, อาจจะ, ย่อมจะ, ง่ายต่อ (**-S.** likely, responsible **-A.** unlikely)
liaison (ลี' เอซอน, -เอ'-) *n.* การติดต่อสื่อสารทางทหาร, การติดต่อประสานงาน, ความสัมพันธ์ฉันชู้สาว (**-S.** communication)
liar (ไล' เออร์) *n.* คนพูดโกหก
libation (ไลเบ' ชัน) *n.* การกรวดน้ำ, ของเหลวที่เทออกมา, เหล้า, การดื่มเหล้า **-libational** *adj.*
libel (ไล' เบิล) *n.* การหมิ่นประมาท, คำพูดหมิ่นประมาท, การกล่าวร้าย *-vt.* **-beled, -beling/ -belled, -belling** หมิ่นประมาท, ใส่ร้าย **-libeler, libelist** *n.* **-libelous, libellous** *adj.* (**-S.** (v.) defame, malign (n., v.) slander)
liberal (ลิบ' เบอเริล, ลิบ' เริล) *adj.* โอบอ้อมอารี, ใจดี, ไม่ขี้เหนียว, กว้างขวาง, มากมาย, ไม่บังคับ, เกี่ยวข้องกับวิชาศิลปศาสตร์, ใจกว้าง (ในเรื่องความคิด) *-n.* คนที่มีความคิดเห็นทางการเมืองแบบเสรีนิยม, สมาชิกพรรคเสรีนิยม **-liberality** *n.* **-liberally** *adv.* **-liberalness** *n.* (**-S.** (adj.) generous, broad-minded)
liberal arts วิชาศิลปศาสตร์
liberalism (ลิบ' เบอระลิซเซิม) *n.* ลัทธิเสรีนิยม
liberate (ลิบ' บะเรท) *vt.* **-ated, -ating** ปล่อยให้เป็นอิสระ, ทำให้อิสระ, (คำสแลง) ขโมย แย่งชิง (จากคู่ต่อสู้) **-liberation** *n.* **-liberationist** *n.* **-liberator** *n.* (**-S.** free, release)
libertine (ลิบ' เบอร์ทีน) *n.* คนเสเพล, เสือผู้หญิง, คนนอกรีต, คนที่ไร้ศีลธรรม *-adj.* ไม่อยู่ในศีลธรรม, ปล่อยตัว, เสเพล **-libertinism** *n.*
liberty (ลิบ' เบอร์ที) *n., pl.* **-ties** อิสรภาพ, เสรีภาพ, สิทธิ (อำนาจ), การได้รับอนุญาต, สิทธิในการไปไหนมาไหนได้อย่างอิสระ **-at liberty** อิสระ, ไม่อยู่ในขอบเขต (**-S.** freedom)
libido (ลิไบ' โด, -บี'-) *n., pl.* **-dos** สัญชาตญาณทางเพศ, ความต้องการทางเพศ, ตัณหา, ราคะ, ความใคร่ **-libidinal** *adj.* **-libidinally** *adv.* **-libidinous** *adj.* (**-S.** lechery, passion)
Libra (ลี' บระ, ไล'-) ราศีตุล ซึ่งเป็นราศีที่เจ็ดในจักรราศี มีสัญลักษณ์เป็นรูปคันชั่ง, ชื่อกลุ่มดาวกลุ่มหนึ่งทางซีกโลกใต้
librarian (ไลแบร' เรียน) *n.* บรรณารักษ์
★**library** (ไล' เบรรี) *n., pl.* **-ies** ห้องสมุด
Library of Congress ห้องสมุดสภาคองเกรส
libretto (ลิเบรท' โท) *n., pl.* **-tos/-ti** บทเพลง, บทละคร **-librettist** *n.*
lice (ไลซ) *n.* พหูพจน์ของ louse
★**license, licence** (ไลเซินซ) *n.* การอนุญาต, ใบอนุญาต, การอนุมัติ, สิทธิ, อำนาจปฏิบัติการ, การละเมิดสิทธิ, การล่วงละเมิด (ทางเสรีภาพ) *-vt.* **-censed, -censing/-cenced, -cencing** ออกใบอนุญาต, ให้อนุญาต, ให้อำนาจ, ยอมรับอย่างเป็นทางการ **-licensable** *adj.* (**-S.** (n.) freedom, permission (v.) authorize)
licensee (ไลเซินซี') *n.* ผู้ได้รับใบอนุญาต
license plate แผ่นป้ายทะเบียนรถ
licentiate (ไลเซน' ชีอิท) *n.* ผู้ได้รับอนุญาตให้ประกอบอาชีพเฉพาะสาขา, ปริญญาโท (ในยุโรป และแคนาดา), บัณฑิตปริญญาโท
licentious (ไลเซน' เชิส) *adj.* ไม่มีศีลธรรม, เสเพล, มักมากในกาม, เต็มไปด้วยราคะ
lichee (ลี' ชี) *n.* ดู litchi
lichen (ไล' เคิน) *n.* ไลเคน *-vt.* **-chened, -chening** ปกคลุมด้วยไลเคน **-lichenous** *adj.*
licit (ลิซ' ซิท) *adj.* ถูกต้องตามกฎหมาย, ได้รับอนุญาตอย่างถูกต้อง **-licitly** *adv.* **-licitness** *n.* (**-S.** lawful, legal)
★**lick** (ลิค) *v.* **licked, licking** *-vt.* เลีย, เลียกิน, (ไฟ) ลามเลีย, (คำสแลง) ตี เฆี่ยน เอาชนะ ได้ชัย *-vi.* แลบ, เลีย *-n.* การเลีย, จำนวนเล็กๆ น้อยๆ, การตี, การเฆี่ยน, ดินโป่ง **-licker** *n.* (**-S.** (v.) defeat, lap (v., n.) strike)
licorice (ลิค' เคอริช, -ริช) *n.* พืชจำพวกชะเอมเทศ, รากชะเอมเทศ, ลูกอมรสชะเอม
★**lid** (ลิด) *n.* ฝา (ปิดภาชนะ), เปลือกตา, เครื่องเหนี่ยวรั้ง, ข้อผูกมัด *-vt.* **lidded, lidding** คลุมด้วยฝา **-lidded** *adj.* (**-S.** (n., v.) cover)

A B C D E F G H I J K L M N O P Q R S T U V W X Y Z

★**lie**[1] (ไล) *vi.* **lay/lain, lying** นอน, หมอบ, เอกเขนก, พิง, วาง, ตั้งอยู่, ยังอยู่, ยังคงเป็น, ครอบครอง (ตำแหน่ง สถานที่), อยู่, ขยาย, แผ่กว้าง, พักค้างคืน *-n.* การวาง, ที่พักของสัตว์, ถ้ำสัตว์, ช่วงเวลาพัก **-lie in wait** ดักรอ (คน) (**-S.** (v.) exist (v., n.) rest)

lie[2] (ไล) *n.* คำเท็จ, เรื่องโกหก, การหลอกลวง, การโกหก *-vi.* **lied, lying** หลอกลวง, พูดเท็จ, พูดโกหก (**-S.** (n.) falsehood, untruth (v.) falsify)

lie detector เครื่องจับเท็จ

liege (ลีจ) *n.* พระมหากษัตริย์, ขุนนางผู้ใหญ่, ความจงรักภักดี *-adj.* ซื่อสัตย์, จงรักภักดี

liegeman (ลีจ' เมิน) *n.* ข้าแผ่นดิน

lien (ลีน, ลี' เอิน) *n.* การยึดหรือครอบครองทรัพย์สินของลูกหนี้จนกว่าจะนำเงินมาชำระ

lieu (ลู) *n.* การแทน, ตัวแทน **-in lieu of** มาแทน, แทนที่ (**-S.** stead)

lieutenant (ลูเทน' เนินท) *n.* ร้อยโท, เรือเอก, ผู้ช่วย, รองหัวหน้า **-lieutenancy** *n.*

lieutenant colonel พันโท, นาวาโท

lieutenant commander นาวาตรี

lieutenant general พลโท

lieutenant governor รองผู้ว่าราชการ

★**life** (ไลฟ) *n., pl.* **lives** (ไลฟวซ) สิ่งมีชีวิต, ชีวิต, จิตวิญญาณ, การดำรงชีวิต, ช่วงชีวิต, ระยะเวลาที่มีชีวิต, กลุ่มสิ่งมีชีวิต, ชีวประวัติ, วิถีชีวิต, ธรรมชาติ, ผู้คน, ความกระปรี้กระเปร่า, ความมีชีวิตชีวา *-adj.* ชั่วชีวิต, ซึ่งมีชีวิต **-as large/big as life** เป็นความจริง, ใหญ่เท่าตัวจริง (**-S.** (n.) existence, liveliness, spirit)

life belt เข็มขัดชูชีพ, สายชูชีพ

lifeblood (ไลฟ' บลัด) *n.* เลือดที่หล่อเลี้ยงชีวิต, ส่วนสำคัญ, สิ่งที่จำเป็นที่สุด

lifeboat (ไลฟ' โบท) *n.* เรือชูชีพ, เรือกู้ภัย

life buoy ห่วงชูชีพ

life cycle วงจรชีวิต

lifeguard (ไลฟ' การ์ด) *n.* ยามชายฝั่ง

Life Guards ทหารมหาดเล็กรักษาพระองค์

life history เรื่องราวในชีวิต

life jacket/vest เสื้อชูชีพ

lifeless (ไลฟ' ลิซ) *adj.* ตาย, ไม่มีชีวิตชีวา

lifelike (ไลฟ' ไลค) *adj.* คล้ายมีชีวิต, เหมือนของจริง (**-S.** natural, realistic)

lifeline (ไลฟ' ไลน) *n.* เชือกชูชีพ, เชือกสำหรับดึงนักดำน้ำขึ้นลง, เส้นชีวิตในลายมือ

lifelong (ไลฟ' ลอง) *adj.* ตลอดชีวิต, ชั่วชีวิต

life preserver อุปกรณ์ชูชีพที่ทำให้ตัวลอย

lifesize, life-sized (ไลฟ' ไซซ, -ไซซด) *adj.* (ขนาด) เท่าของจริง, เท่าตัวจริง

life span อายุโดยเฉลี่ยของสิ่งมีชีวิต, ช่วงชีวิต

lifestyle, life-style (ไลฟ' สไตล) *n.* วิถีชีวิต, รูปแบบในการดำเนินชีวิต

lifetime (ไลฟ' ไทม) *n.* ช่วงชีวิต, ชั่วชีวิต, ช่วงเวลาที่มีชีวิต

lifework (ไลฟ' เวิร์ค) *n.* ผลงานที่สำคัญที่สุดในชีวิต

★**lift** (ลิฟท) *v.* **lifted, lifting** *-vt.* ยก, ชู, แบกขึ้น, เงย (หน้า), ลอยขึ้น, ทำให้ (ฐานะ ตำแหน่ง) สูงขึ้น, ยกเลิก, เพิกถอน, งด, (ภาษาพูด) ขโมย ขโมยคัดลอกหนังสือ, ทำศัลยกรรมดึงหน้า *-vi.* ยกขึ้น, เบ่ง, กระจาย, เลื่อนขึ้น, สูงขึ้น, งดชั่วคราว *-n.* การยก, การแบกขึ้น, การเคลื่อนที่ขึ้น, แรงยก, น้ำหนักหรือความสูงที่ถูกยกขึ้น, ความร่าเริง, ความกระปรี้กระเปร่า, การยกระดับจิตใจ, ลิฟต์, เครื่องยก **-liftable** *adj.* **-lifter** *n.* (**-S.** (v.) elevate, rise (n.) escalator)

ligament (ลิก' กะเมินท) *n.* เส้นเอ็นตามร่างกาย, การผูกติด, การยึดกัน (**-S.** bond)

ligature (ลิก' กะชุร, -เชอร) *n.* การผูก มัด หรือรัด, ด้าย, เส้นลวด, เส้นไหม (ที่ใช้เย็บแผล), ตัวอักษรที่เขียนติดกันเป็นตัวเดียว เช่น æ *-vt.* **-tured, -turing** มัด, รัด, พัน, ผูก

★**light**[1] (ไลท) *n.* (คลื่น) แสง, ความสว่าง, ดวงอาทิตย์, ตะเกียง, หลอดไฟ, แสงสว่าง, เวลากลางวัน, แสงอาทิตย์, เวลารุ่งแจ้ง, ไม้ขีดไฟ, กระจกรับแสง, ไฟสัญญาณ, ความรู้, ผู้มีชื่อเสียง, ดาวเด่น, แนวทางการมอง, โทนแสง, แสงเงา *-adj.* **lighter, lightest** มีความสว่าง, สว่าง, (สี) อ่อน, ขาว *-adv.* (สี) ซีด, จาง *-v.* **lighted/lit, lighting** *-vt.* จุด (ติด เปิด) ไฟ, จุดตะเกียง, ให้ความสว่าง, ทำให้มีชีวิตชีวา, ทำให้สว่าง, ให้สัญญาณด้วยไฟ *-vi.* ลุกเป็นไฟ, ติดไฟ, ถูกทำให้สว่าง, เปล่งแสง **-lightness** *n.* (**-S.** (n.) illumination (n., v.) shine)

★**light**[2] (ไลท) *adj.* **lighter, lightest** (น้ำหนัก) เบา, (ลม) เอื่อยๆ, (ปริมาณ) ไม่มาก, เบาบาง, ปรอยๆ, ไม่รุนแรง, ไม่ฟุ่มเฟือย, ง่าย, ไม่ลึกซึ้ง, ไม่เอาจริงเอาจัง, เล่นๆ, ไม่สำคัญ, เอาแน่ไม่ได้, เล็กน้อย, คล่องแคล่ว, ว่องไว, ร่าเริง, วิงเวียน, หน้ามืด, มีแคลอรีต่ำ, (อาหาร) ว่าง, เป็นโพรง, พรุน, (ดิน) ร่วน, (ขนม) กรอบ, ฟู, รู้สึกตัวเร็ว, เสเพล, มีแอลกอฮอล์เล็กน้อย *-adv.* **lighter, lightest** อย่างเบา, ไม่มาก *-vi.* **lighted/lit, lighting** มาพัก, ลงเกาะ (คอน), มาแวะ, ขึ้น

บก, ลงจากรถหรือเครื่องบิน **-lightish** *adj.* (**-S.** (adj.) slight, trivial **-A.** (adj.) heavy)

lighten (ไลท์' เทิน) *vt., vi.* **-ened, -ening** ทำให้สว่างขึ้น, ส่องสว่าง, ให้ความรู้, ทำให้เบาขึ้น, ผ่อน, บรรเทา, ทำให้สบายใจ

lighter (ไล' เทอร์) *n.* ผู้จุดไฟ, ไฟแช็ก, ไม้ขีดไฟ, เรือขนถ่ายสินค้าจากเรือลำอื่นที่จอดทอดสมอที่ท่าเรือและขนส่งสินค้าไปในระยะทางสั้นๆ

light-fingered (ไลท์' ฟิงเกิร์ด) *adj.* มือไว, ขี้ขโมย

lightheaded (ไลท์' เฮด' ดิด) *adj.* หัวหมุน, วิงเวียน, มึนงง, (ความคิด) ไม่แน่นอน

lighthearted (ไลท์' ฮาร์' ทิด) *adj.* ไม่มีความกังวล, สบายใจ

light heavyweight นักมวยที่มีน้ำหนักอยู่ระหว่าง 160-175 ปอนด์

lighthouse (ไลท์' เฮาซ์) *n.* ประภาคาร

lightly (ไลท์' ลี) *adv.* เบาๆ, ค่อยๆ, เล็กน้อย, นิดหน่อย, สบายใจ, คล่องแคล่ว

light-minded (ไลท์' ไมน์' ดิด) *adj.* ไม่เอาจริงเอาจัง, ตลกคะนอง, เหลวไหล, ไร้สาระ

★**lightning** (ไลท์' นิ่ง) *n.* ฟ้าแลบ, ไฟแลบ *-vi.* **-ninged, -ning** ปล่อยกระแสไฟฟ้า, (ไฟ) แลบ *-adj.* ซึ่งเกิดขึ้นอย่างรวดเร็ว

lightning conductor/rod สายล่อฟ้า

light pen ปากกาแสง เป็นตัวรับข้อมูลที่ไวแสง มีรูปร่างคล้ายปากกาใช้เขียนบนแผ่นรอง

lightship (ไลท์' ชิพ) *n.* เรือให้สัญญาณที่ทอดสมออยู่ในบริเวณที่เป็นอันตราย

lightsome (ไลท์' เซิม) *adj.* คล่องแคล่ว, ว่องไว, ร่าเริง, ไม่เอาจริงเอาจัง, ตลกคะนอง

lightweight (ไลท์' เวท) *n.* คนหรือสิ่งที่มีน้ำหนักเบากว่าปกติ, นักมวยที่มีน้ำหนักอยู่ระหว่าง 126-135 ปอนด์

light-year, lightyear (ไลท์' เยียร์) *n.* ระยะทางที่แสงเดินทางในอวกาศ 1 ปี, ปีแสง

lignite (ลิก' ไนท์) *n.* ถ่านลิกไนต์ เป็นถ่านหินชนิดอ่อนมีสีดำอมน้ำตาลมีลักษณะคล้ายเนื้อไม้

★**like**[1] (ไลค์) *v.* **liked, liking** *-vt.* ชอบ, พอใจ, อยาก, ปรารถนา, ต้องการ, เห็นว่า (อย่างไร) *-vi.* มีความปรารถนา *-n.* สิ่งที่ชอบ, ความชอบ, สิ่งที่ปรารถนา, ความปรารถนา **-likable, likeable** *adj.* (**-S.** (v.) enjoy **-A.** (v., n.) dislike)

★**like**[2] (ไลค์) *prep.* คล้าย, เหมือนกับ, เช่นเดียวกันกับ, อย่างเดียวกันกับ, อย่างเช่น, ราวกับว่า, เหมือนอย่าง, ดูเหมือนว่า, อยากจะ *-adj.* เหมือนกัน, มีจำนวนเท่ากัน, มีค่าเท่ากัน, คล้ายกัน *-adv.* ราวกับว่า, ดูเหมือนว่า, (ภาษาพูด) น่าจะ *-n.* สิ่งที่เท่ากัน, สิ่งที่เหมือนหรือคล้ายกัน, คนที่คล้ายกัน *-conj.* เช่นเดียวกับ, ในทางเดียวกับ, ตามที่, อย่างที่, ราวกับ, เหมือนกับ, ยังกับ *-v.* **liked, liking** *-vt.* เปรียบเทียบ *-vi.* (ภาษาพูด) เกือบจะเป็น, ใกล้จะถึง, ย่างเข้าสู่ **-likeness** *n.* (**-S.** (adj.) equal, similar)

-like คำปัจจัย หมายถึง ใกล้เคียง, เหมือน, คล้าย

likelihood (ไลค์' ลีฮุด) *n.* ความน่าจะเป็น, ความเป็นไปได้ (**-S.** chance, probability)

★**likely** (ไลค์' ลี) *adj.* **-lier, -liest** มีโอกาส, น่าจะเป็น, เหมาะสม, สมควร

like-minded (ไลค์' ไมน์' ดิด) *adj.* มีความคิดเดียวกัน, เห็นด้วย, มีรสนิยมเดียวกัน

liken (ไล' เคิน) *vt.* **-ened, -ening** เปรียบเทียบ

likewise (ไลค์' ไวซ์) *adv.* อย่างเดียวกัน, ในทำนองเดียวกัน, นอกจากนั้น, ยิ่งกว่านั้น

lilac (ไล' เลิค, -แลค) *n.* พืชดอกชนิดหนึ่ง มีดอกสีม่วงหรือขาวและมีกลิ่นหอม, สีม่วงอ่อน

lilt (ลิลท์) *n.* การพูดที่มีจังหวะหรือมีชีวิตชีวา, ทำนองเพลงที่มีจังหวะสนุกสนาน *-vt., vi.* **lilted, lilting** ร้องเพลงอย่างร่าเริง, พูดอย่างมีลีลา, เล่นอย่างร่าเริง **-lilting** *adj.* **-liltingly** *adv.*

lily (ลิล' ลี) *n., pl.* **-ies** ต้นพลับพลึง, ดอกพลับพลึง, ไม้จำพวกบัว

limb (ลิม) *n.* แขน, ขา, ปีก, รยางค์ของสัตว์, กิ่ง, ก้าน, แขนง, สมาชิก, ส่วนที่ยื่นออกมา, (ภาษาพูด) เด็กซน *-vt.* **limbed, limbing** ตัดออก **-limbless** *adj.* (**-S.** (n.) branch, member)

limber[1] (ลิม' เบอร์) *adj.* ยืดหยุ่น, นุ่ม, อ่อน, ดัดง่าย, โค้งงอได้ *-vt., vi.* **-bered, -bering** ทำให้ (กล้ามเนื้อ) ยืดหยุ่น (**-S.** (adj.) flexible)

limber[2] (ลิม' เบอร์) *n.* รถสองล้อลากปืนใหญ่

limbo (ลิม' โบ) *n., pl.* **-bos** สถานที่ที่ถูกละเลย, สภาพที่ถูกทอดทิ้ง, ภาวะที่ถูกลืม, สถานที่กักขัง, การถูกขัง (**-S.** confinement, detention)

lime[1] (ไลม์) *n.* มะนาว, ต้นมะนาว

lime[2] (ไลม์) *n.* ปูนขาว, หินปูน (ในท่อน้ำหรือกาน้ำ), ตัง, กาวดักนก *-vt.* **limed, liming** ใส่ปูนขาว, ฉาบด้วยปูนขาว, ทาด้วยกาวดักนก, จับนกด้วยกาวดักนก **-limy** *adj.*

limelight (ไลม์' ไลท์) *n.* จุดรวมความสนใจของประชาชน, ไฟสำหรับฉายตัวละครบนเวทีในสมัยก่อน, แสงไฟที่ได้จากการทำให้ปูนร้อน

limestone (ไลม์' สโตน) *n.* หินปูน

★**limit** (ลิม' มิท) *n.* ขีดจำกัด, ข้อจำกัด, จำนวนจำกัด, วงจำกัด, ขีดสุด *-vt.* **-ited, -iting** จำกัด,

กำหนด, กั้นเขต **-limits** ขอบเขต, เขตแดน **-limitable** *adj.* **-limiter** *n.* **-limitation** *n.* **-limitless** *adj.* (**-S.** (n.) boundary)

limited (ลิม' มิทิด) *adj.* ถูกจำกัด, (พื้นที่) แคบ, มีขอบเขต, เกี่ยวกับบริษัทจำกัด, (รถไฟ) ที่จอดรับคนเฉพาะบางสถานี

limousine (ลิมมะซีน', ลิม'-) *n.* รถยนต์หรูหราขนาดใหญ่ที่มีกระจกกั้นระหว่างห้องคนขับกับห้องผู้โดยสาร, รถบริการที่รับส่งผู้โดยสารตามสนามบิน (**-S.** sedan)

limousine

limp (ลิมพ์) *vi.* **limped, limping** เดินกะโผลกกะเผลก, เดินย่องแย่ง *-n.* การเดินที่ผิดปกติ, การเดินขาเป๋ *-adj.* **limper, limpest** อ่อน, ปวกเปียก, นุ่มนิ่ม **-limply** *adv.* **-limpness** *n.* (**-S.** (v.) falter, hobble (adj.) soft, weak)

limpet (ลิม' พิท) *n.* หอยทะเลขนาดเล็กชนิดหนึ่งที่ชอบเกาะติดกับก้อนหินหรือท่อนไม้

limpid (ลิม' พิด) *adj.* ใส, โปร่ง, โล่ง, แจ่มชัด, กระจ่าง, (คำพูด) ชัดเจน, เข้าใจง่าย, (อารมณ์) เย็น, สงบ **-limpidity** *n.* (**-S.** clear)

linchpin, lynchpin (ลินช์' พิน) *n.* หมุด (ครอบดุมล้อรถ), สลัก, ประเด็นสำคัญ

Lincoln, Abraham อับราฮัม ลิงคอล์น (ค.ศ. 1809-65) ประธานาธิบดีคนที่ 16 ของสหรัฐฯ

★**line**[1] (ไลน์) *n.* เส้น, บรรทัด, เส้นระดับ, ลายเส้น, เส้นริ้วรอยบนใบหน้า, เส้นสมมติ, เส้นศูนย์สูตร, เส้นที่แสดงบนแผนที่, เขตแดน, เส้นแบ่งแดน, กลุ่มคนหรือสิ่งของที่จัดเป็นแถวๆ, เส้นแสดงรูปร่าง, สาย, แนว, ข้อความ, จดหมายย่อๆ, โคลงหนึ่งบรรทัด, บทสนทนาในละคร, เชือก, เส้นลวด, สายเบ็ด, เส้นด้าย, เส้นบรรทัดที่ใช้เขียนโน้ตดนตรี, สายเคเบิล, สายวัด, เส้นทางอพยพ, สายการบิน, วิถีทาง, แนวทาง, แบบ, เชื้อสาย, สายเลือด, ตระกูล, เส้นทางคมนาคม, ระบบคมนาคม, ทางรถไฟ, สายโทรศัพท์โทรเลข, ชุมสายโทรศัพท์, ท่อน้ำ, สายไฟ, ท่อแก๊ส, การค้า, อาชีพ, ชนิด *-v.* **lined, lining** *-vt.* ขีดเส้น, ลากเส้น, ทำให้เป็นแนว, จัดเป็นแถว, เรียงเป็นหน้ากระดาน, วางของตามแนว *-vi.* (เบสบอล) ตีลูกเป็นแนวตรง, เรียงเป็นแนวตรง **-linable, lineable** *adj.* (**-S.** (n., v.) row)

line[2] (ไลน์) *vt.* **lined, lining** บุ (ด้วยผ้าซับใน), ซับใน, บรรจุ, จัดไว้เต็ม, ยัด (ไส้) จนเต็ม, ใส่

lineage (ลิน' นีอิจ) *n.* เชื้อสาย, วงศ์ตระกูล, ผู้สืบสกุล, เทือกเถาเหล่ากอ

lineal (ลิน' เนียล) *adj.* ซึ่งสืบเชื้อสายโดยตรง, ประจำตระกูล, เป็นเส้นตรง, ตามทางยาว

lineament (ลิน' เนียเมินท์) *n.* เค้าโครง, รูปหน้า (**-S.** feature)

linear (ลิน' เนียร์) *adj.* เป็นแนวตรง, คล้ายเส้นตรง, ตามแนวยาว, เข้าใจง่าย, ไม่ซับซ้อน

linear equation สมการเส้นตรง

lineate (ลิน' นีอิท) *adj.* เป็นเส้น, เป็นทาง

lineman (ไลน์เมิน') *n.*, *pl.* **-men** คนติดตั้งหรือซ่อมแซมสายไฟ สายโทรศัพท์ หรือสายโทรเลข, คนตรวจซ่อมทางรถไฟ

linen (ลิน' เนิน) *n.* เส้นด้ายที่ได้จากเส้นใยของต้นแฟลกซ์, ผ้าที่ทอจากด้ายดังกล่าว, ผ้าลินิน, สิ่งที่ทำด้วยผ้าลินิน เช่น ผ้าปูโต๊ะ ผ้าปูที่นอน

line of fire วิถีกระสุน

liner (ไล' เนอร์) *n.* ผ้าซับใน, ช่างเขียนภาพ, ดินสอ, ปากกา, เรือหรือเครื่องบินพาณิชย์ที่รับส่งผู้โดยสารเป็นประจำ, ดินสอเขียนคิ้ว

linesman (ไลน์ซ์' เมิน) *n.*, *pl.* **-men** ผู้กำกับเส้นในการแข่งขันกีฬาฟุตบอล

lineup, line-up (ไลน์' อัพ) *n.* ผู้เล่นที่ได้รับเลือกให้เป็นผู้เปิดเกม, รายชื่อผู้เล่น, การจัดแถวเป็นหน้ากระดาน

linger (ลิง' เกอร์) *v.* **-gered, -gering** *-vi.* ยังเหลืออยู่, ยังค้างอยู่, อ้อยอิ่ง, รั้งรอ, เอ้อระเหย, ชักช้า, อิดเอื้อน, เถลไถล *-vt.* ปล่อยให้เวลาผ่านไปโดยเปล่าประโยชน์ **-lingerer** *n.* **-lingering** *adj.* **-lingeringly** *adv.* (**-S.** loiter, stay)

lingerie (ลานฌะเร', ลาน' ฌะรี) *n.* ชุดชั้นในหรือชุดนอนของผู้หญิง

lingo (ลิง' โก) *n.*, *pl.* **-goes** ภาษาเฉพาะอาชีพ, ภาษาท้องถิ่น, ภาษาต่างด้าว

lingua franca *n.*, *pl.* **lingua francas/linguae francae** ภาษากลาง, ภาษาผสม

lingual (ลิง' เกวิล) *adj.* เกี่ยวกับลิ้น, เกี่ยวกับภาษาศาสตร์, ซึ่งออกเสียงโดยใช้ลิ้นช่วย *-n.* เสียงที่เปล่งออกมาโดยใช้ลิ้นช่วย เช่น ตัว t, l

linguistics (ลิงกวิส' ติคซ์) *n.* *pl.* วิชาภาษาศาสตร์ **-linguist** *n.* **-linguistic** *adj.*

liniment (ลิน' นะเมินท์) *n.* ยาน้ำสำหรับทาบรรเทาอาการปวดหรือเคล็ดขัดยอก

lining (ไล' นิง) *n.* ผ้าซับใน, เยื่อบุ (ในกระเพาะ), นวม, การบุข้างใน (**-S.** liner, padding)

★**link** (ลิงค์) *n.* ข้อต่อ, วงแหวน, ห่วง, ความเกี่ยวพัน, สิ่งที่เชื่อมต่อหรือประสานกัน, จุดเชื่อมต่อ, กระดุมหรือที่หนีบข้อมือเสื้อเชิ้ต, หน่วยวัดระยะเท่ากับ 7.92 นิ้ว, พันธะ *-vt., vi.* **linked,**

linking เชื่อมต่อ, ประสาน, ร่วมกัน, เกี่ยวเนื่องกัน, เข้าคู่กัน **-linker** *n.* (**-S.** (n., v.) join)
linkage (ลิ่ง' กิจ) *n.* การเชื่อมโยง, การต่อ
linking verb กริยาที่ทำหน้าที่เชื่อมประธานเข้ากับส่วนอื่นของประโยค เช่น be, appear
links (ลิงค์ซฺ) *n. pl.* สนามกอล์ฟ (**-S.** golf course)
lino, linoleum (ไล' โน, ลิโน' เลียม) *n.* พรมน้ำมัน, เสื่อน้ำมัน
linotype (ไล' นะไทพฺ) *n.* เครื่องเรียงตัวพิมพ์
linseed (ลิน' ซีด) *n.* เมล็ดของต้นแฟลกซ์เมื่อนำไปหีบจะได้เป็นน้ำมันลินสีด
linseed oil น้ำมันลินสีดใช้ในการละลายหมึกและสีน้ำมัน รวมทั้งการทำพรมน้ำมัน
lint (ลินทฺ) *n.* ผ้าสำลี, เศษด้าย, ปุยผ้า
lintel (ลิน' เทิล) *n.* ไม้ขวางบนประตู, ขื่อ
★**lion** (ไล' เอิน) *n.* สิงโต, ราชสีห์, สิงโตภูเขา, คนที่มีความกล้าหาญและแข็งแรงมาก, คนที่มีชื่อเสียง **-lioness** *n. fem.* (**-S.** hero)
lionhearted (ไล' เอินฮาร์ทิด) *adj.* ใจกล้า
lionize (ไล' อะไนซฺ) *vt.* **-ized, -izing** ยกให้เป็นคนสำคัญ, ยกย่องเป็นผู้มีชื่อเสียง
★**lip** (ลิพ) *n.* ริมฝีปาก, ขอบภาชนะ, ริม, ปากถ้วย, ปากแผล *-vt.* **lipped, lipping** ใช้ริมฝีปากแตะ, จูบ, เปล่งเสียงหรือคำพูด *-adj.* จากริมฝีปากเท่านั้น, เกี่ยวกับริมฝีปาก **-lipless** *adj.* (**-S.** (n.) edge)
lipid, lipide (ลิพ' พิด, ไล'-) *n.* ไขมัน, สารที่มีคุณสมบัติเหมือนไขมัน เช่น ขี้ผึ้ง น้ำมัน
lip service การพูดที่ดีแต่ปากแต่ไม่จริงใจ
lipstick (ลิพ' สติค) *n.* ลิปสติก คือเครื่องสำอางสำหรับทาริมฝีปาก
liquefy, liquify (ลิค' ควะไฟ) *vt., vi.* **-fied, -fying** ทำให้เป็นของเหลว, ละลาย, (ก๊าซ) ควบแน่น, กลายเป็นของเหลว **-liquefaction** *n.* **-liquefier** *n.* (**-S.** dissolve, melt)
liqueur (ลิเคอร์', -คยูร์') *n.* เหล้า, สุราที่มีรสหอมหวานนิยมจิบหลังอาหาร (**-S.** drinks)
★**liquid** (ลิค' ควิด) *n.* ของเหลว *-adj.* เป็นของเหลว, เหลว, ไหลลื่น, กระจ่าง, แวววาว, ใสแจ๋ว, (หลักทรัพย์) ที่เปลี่ยนเป็นเงินสดได้ **-liquidity** *n.* **-liquidize** *v.* **-liquidness** *n.* **-liquidly** *adv.* (**-S.** (n., adj.) fluid)
liquid air อากาศเหลว เป็นอากาศที่ถูกทำให้เย็นจัด ใช้เป็นสารให้ความเย็นในตู้เย็น
liquid measure มาตราสำหรับตวงของเหลว
liquid nitrogen ไนโตรเจนเหลว
liquid oxygen ออกซิเจนเหลวใช้เป็นเชื้อเพลิงของจรวด
liquidate (ลิค' ควิเดท) *v.* **-dated, -dating** *-vt.* ชำระหนี้, สะสาง, (บริษัท) ปิดตัว, เลิกล้ม, กำจัด, ฆ่า, เปลี่ยน (ทรัพย์สิน) เป็นเงินสด *-vi.* ชำระหนี้, สะสางบัญชี **-liquidation** *n.* (**-S.** kill)
★**liquor** (ลิค' เคอร์) *n.* เหล้าที่ได้จากการกลั่น, น้ำซุป, น้ำที่มีอยู่ในผักผลไม้, น้ำเนื้อ *-vt., vi.* **-uored, -uoring** ดื่มเหล้า, ทำให้ดื่มเหล้า
liquorice (ลิค' เคอริช, -ริซ) *n.* ดู licorice
lisp (ลิซพฺ) *n.* ข้อบกพร่องในการออกเสียงตัว s และ z เป็นตัว th *-vi., vt.* **lisped, lisping** พูดหรือออกเสียงดังกล่าวบกพร่อง, พูดไม่ชัด **-lisper** *n.* **-lispingly** *adv.*
lissome, lissom (ลิซ' เซิม) *adj.* อ่อน, นุ่ม, ยืดหยุ่น, ว่องไว, คล่องแคล่ว **-lissomely** *adv.* **-lissomeness** *n.* (**-S.** limber, supple)
★**list**[1] (ลิซทฺ) *n.* บัญชีรายชื่อ, รายการ *-v.* **listed, listing** *-vt.* ลงบัญชี, ขึ้นทะเบียน, ทำรายการ, หาสมาชิก *-vi.* ลงราคาสำหรับขาย **-lister** *n.* (**-S.** (n.) catalogue (v.) register)
list[2] (ลิซทฺ) *n.* การเอียงไปข้างหนึ่ง *-vi., vt.* **listed, listing** เอียงข้าง, ทำให้เอียงข้าง
★**listen** (ลิซ' เซิน) *vi.* **-tened, -tening** ฟัง, ตั้งใจฟัง, ใส่ใจ *-n.* การฟัง **-listen in** แอบฟัง, ฟังวิทยุ **-listener** *n.* (**-S.** (v.) heed)
listless (ลิซทฺ' ลิซ) *adj.* เซื่องซึม, เงื่องหงอย, ไม่กระตือรือร้น, เฉยเมย **-listlessly** *adv.* **-listlessness** *n.* (**-S.** feeble, tired **-A.** lively)
list price ราคาขายปลีกของสินค้า
lit (ลิท) *v.* กริยาช่อง 2 และ 3 ของ light
litany (ลิท' เทินนี) *n., pl.* **-nies** การสวดมนต์ที่มีผู้นำสวด, รายการซ้ำ (**-S.** prayer)
litchi, lichee, lychee (ลี' ชี) *n.* ลิ้นจี่
★**liter, litre** (ลี' เทอร์) *n.* ลิตร
literal (ลิท' เทอเริล) *adj.* ตามตัวอักษร, (แปล) คำต่อคำ, ไม่เกินความเป็นจริง, แท้จริง **-literally** *adv.* **-literalness** *n.* (**-S.** factual, word-for-word)
literate (ลิท' เทอริท) *adj.* สามารถอ่านออกเขียนได้, มีการศึกษาดี, มีความรู้ในเชิงวรรณคดี, ขัดเกลา, สละสลวย *-n.* ผู้มีความรู้, ผู้ที่อ่านออกเขียนได้, ผู้มีการศึกษา **-literacy** *n.* **-literately** *adv.* (**-S.** (adj.) educated, learned)
★**literature** (ลิท' เทอระชูร์, -เชอร์) *n.* อักษรศาสตร์, วรรณคดี, บทประพันธ์, ผลงานเขียน, อาชีพนักเขียนหรืออาชีพนักอักษรศาสตร์, นักประพันธ์, สิ่งตีพิมพ์ (แค็ตตาล็อก ใบปลิว) **-literary** *adj.* (**-S.** pamphlet, writing)

A B C D E F G H I J K L M N O P Q R S T U V W X Y Z

lithe (ไลธ) *adj.* **lither, lithest** อ่อน, ระทวย, ดัดง่าย, ยืดหยุ่น, ว่องไว **-lithely** *adv.* **-litheness** *n.* **-lithesome** *adj.* (**-S.** lissome, pliant)
lithium (ลิธ' เธียม) *n.* ธาตุโลหะอ่อนสีเงินที่มีน้ำหนักเบาที่สุด มีสัญลักษณ์ Li
lithograph (ลิธ' ธะแกรฟ) *n.* รูปที่พิมพ์จากแม่พิมพ์หิน *-vt.* **-graphed, -graphing** พิมพ์จากแม่พิมพ์หิน **-lithography** *n.* **-lithographer** *n.* **-lithographical** *adj.*
lithosphere (ลิธ' ธะซเฟียร์) *n.* เปลือกโลก
litigate (ลิท' ทิเกท) *v.* **-gated, -gating** *-vt.* ต่อสู้คดี *-vi.* ดำเนินคดี, ฟ้องร้องคดี **-litigant** *n.* **-litigation** *n.* **-litigator** *n.* **-litigable** *adj.*
litmus (ลิท' เมิซ) *n.* สีย้อมชนิดหนึ่งที่ได้จากไลเคน ซึ่งจะเปลี่ยนเป็นสีแดงเมื่ออยู่ในกรด และจะเปลี่ยนเป็นสีน้ำเงินเมื่ออยู่ในด่าง
litmus paper กระดาษที่ย้อมสีลิตมัสใช้สำหรับทดสอบความเป็นกรด-ด่างของสารละลาย
litre (ลี' เทอร์) *n.* ลิตร
litter (ลิท' เทอร์) *n.* เศษกระดาษที่ทิ้งไว้กระจัดกระจาย, สิ่งของที่ทิ้งไว้เรี่ยราด, ความรกรุงรัง, (ลูกสัตว์) ครอก, ฟางสำหรับปูให้สัตว์นอน, ดินใช้โรยกลบมูลสัตว์, เปลหามผู้ป่วย, แคร่, เกี้ยว *-vt., vi.* **-tered, -tering** ทำรกรุงรัง, ทิ้งเกลื่อนกลาด, ออกลูก (เป็นครอก)
littérateur, litterateur (ลิทเทอระเทอร์') *n.* นักอักษรศาสตร์, นักประพันธ์
★**little** (ลิท' เทิล) *adj.* **littler, littlest/less, least** (จำนวน) น้อย, เล็ก, (ระยะเวลา) สั้น, อ่อน, (เรื่อง) ไม่สำคัญ, เล็กๆ น้อยๆ, (ใจ) แคบ, ไม่มีอิทธิพล, อ่อนแอ *-adv.* **less, least** ไม่เลย, น้อยมาก *-n.* จำนวนน้อย, ระยะเวลาสั้น, ระยะสั้นๆ **-a little** มีบ้าง, เล็กน้อย **-little by little** ทีละเล็กละน้อย (**-S.** (adj.) miniature, small)
little finger นิ้วก้อย
little people นางฟ้าตัวเล็ก, คนแคระ
littoral (ลิท' เทอเริล) *adj.* ซึ่งตั้งอยู่ใกล้ฝั่งทะเล
liturgy (ลิท' เทอร์จี) *n., pl.* **-gies** พิธีสวดมนต์, พิธีสักการบูชา **-liturgical** *adj.*
★**live**[1] (ลิฟว์') *v.* **lived, living** *-vi.* มีชีวิตอยู่, คงอยู่, อยู่, ดำเนินชีวิตอยู่, ยังชีพ, เลี้ยงปากเลี้ยงท้อง, อาศัย, นำชีวิต, พอใจกับชีวิต *-vt.* ใช้ชีวิต, ผ่านชีวิต, จัดการชีวิต (**-S.** subsist)
★**live**[2] (ไลฟว์) *adj.* มีชีวิต, ยังคงอยู่, เป็นๆ, เต็มไปด้วยพลัง, มีกระแสไฟฟ้า, ซึ่งเป็นที่สนใจในขณะนั้น, (ถ่ายทอด) สด, (ถ่าน) ที่ยังคุแดง, ยังคงปะทุอยู่ *-adv.* (จากสถานที่) ที่กำลังแสดง **-livable, liveable** *adj.* **-liveness** *n.*
livelihood (ไลฟว์' ลีฮุด) *n.* การประทังชีวิต, อาชีพ (**-S.** work)
livelong (ลิฟว์' ลอง) *adj.* ทั้งหมด, ตลอด
★**lively** (ไลฟว์' ลี) *adj.* **-lier, -liest** เต็มไปด้วยพลัง, มีชีวิตชีวา, ตื่นเต้น, เร้าใจ, กระเด้ง, กระดอน, สนุกสนาน, ร่าเริง, (ลม) แรง, (สี) สด, คล่องแคล่ว **-livelily** *adv.* **-liveliness** *n.* (**-S.** cheerful, energetic **-A.** tired)
liven (ไล' เวิน) *vt., vi.* **-vened, -vening** ทำให้มีชีวิตชีวา, ทำให้สนุกสนาน **-livener** *n.*
liver[1] (ลิฟ' เวอร์) *n.* ตับ, ตับสัตว์, สีน้ำตาลแดงของตับ **-liverish** *adj.*
liver[2] (ลิฟ' เวอร์) *n.* คนที่ดำเนินชีวิตหรืออยู่ในสถานที่แบบใดแบบหนึ่ง
livery (ลิฟ' วะรี, ลิฟว์' รี) *n., pl.* **-ies** เครื่องแบบ, เสื้อทีมของนักกีฬา, การรับจ้างเลี้ยงและดูแลม้า, โรงเลี้ยงม้าสำหรับเช่า (**-S.** uniform)
livery stable โรงเก็บม้าและรถม้าสำหรับให้เช่า
lives (ไลฟว์ซ) *n.* พหูพจน์ของ life
livestock (ไลฟว์' สตอค) *n.* ปศุสัตว์
live wire สายไฟที่มีกระแสไฟฟ้า
livid (ลิฟ' วิด) *adj.* สีดำน้ำเงินแบบแผลฟกช้ำ, โมโหร้าย **-lividly** *adv.* (**-S.** furious)
★**living** (ลิฟ' วิง) *adj.* มีชีวิต, ไม่ตาย, ยังคงมีหรือใช้อยู่, เกี่ยวกับชีวิต, เป็นอยู่เวลานี้, ที่คงอยู่ปัจจุบัน, (เงิน) พอสำหรับการดำรงชีวิต, คล้ายมีชีวิต, เหมือนจริง, (แสง) เจิดจ้า *-n.* การมีชีวิตอยู่, การดำรงชีวิต, วิถีชีวิต, การประทังชีวิต, การทำมาหากิน **-the living** สิ่งที่ยังมีชีวิตอยู่ (**-S.** (adj.) alive, existing **-A.** (adj.) dead)
★**living room** ห้องนั่งเล่น, ห้องรับแขก
living wage เงินค่าจ้างพอเลี้ยงปากเลี้ยงท้อง
lizard (ลิซ' เซิร์ด) *n.* สัตว์จำพวกจิ้งจก ตุ๊กแก
llama (ลา' มะ) *n., pl.* **-mas/-ma** สัตว์ชนิดหนึ่งคล้ายอูฐ มีขนปุยนุ่ม พบในอเมริกาใต้
LLB, LL.B. ย่อจาก Bachelor of Laws นิติศาสตรบัณฑิต
lo (โล) *interj.* คำอุทานที่ใช้เพื่อดึงความสนใจ
★**load** (โลด) *n.* น้ำหนัก, ของบรรทุก, สัมภาระ, สินค้า, เครื่องบรรทุก, ปริมาณงาน, ภาระ, การบรรจุกระสุนปืน, พลังงานไฟฟ้าที่ผลิตได้, (ภาษาพูด) จำนวนมาก *-v.* **loaded, loading** *-vt.* บรรทุก, ใส่, ถ่วง, สุม (งาน), ป้อน (ข้อมูล), เพิ่ม (น้ำหนัก), เติม *-vi.* บรรจุกระสุน, บรรทุก **-loader** *n.* **-loading** *n.* (**-S.** (n., v.) burden)
loadstar (โลด' สตาร์) *n.* ดู lodestar

loadstone (โลด' สโตน) *n.* ดู lodestone

★**loaf**[1] (โลฟ) *n., pl.* **loaves** (โลฟว์ซ์) ก้อนขนมปัง, ขนมปังแถวหนึ่ง, อาหารที่เป็นก้อน

loaf[2] (โลฟ) *vi.* **loafed, loafing** ปล่อยเวลาไปเปล่าๆ, ขี้เกียจ, เสเพล, เดินทอดน่อง, เอ้อระเหย **-loafer** *n.* (**-S.** dawdle, idle)

loam (โลม) *n.* ดินที่อุดมสมบูรณ์, ดินอย่างดีสำหรับทำเครื่องปั้นดินเผา **-loamy** *adj.*

★**loan** (โลน) *n.* การให้ยืม, ของที่ให้ยืม, การให้กู้, เงินที่ให้กู้ *-vt., vi.* **loaned, loaning** ให้ยืม, ให้กู้ (**-S.** (n.) credit, mortgage)

loan word, loanword (โลน' เวิร์ด) *n.* คำที่ยืมมาจากภาษาต่างประเทศ

loath, loth (โลธ, โลธ) *adj.* ไม่เต็มใจ, ไม่ชอบ, ไม่อยาก **-loathsome** *adj.* (**-S.** unwilling)

loathe (โลธ) *vt.* **loathed, loathing** รังเกียจ, เกลียดชัง, ไม่ชอบเอามากๆ **-loather** *n.*

loaves (โลฟว์ซ์) *n.* พหูพจน์ของ loaf[1]

lob (ลอบ) *vt., vi.* **lobbed, lobbing** ขว้างหรือตีลูกให้สูงโด่ง *-n.* การตีหรือขว้างลูกโด่ง

lobby (ลอบ' บี) *n., pl.* **-bies** บริเวณทางเข้าห้องโถงหรือนั่งพักรอแขกของโรงแรม, กลุ่มบุคคลที่พยายามชักนำสมาชิกของรัฐสภาให้คล้อยตามเพื่อผลอย่างใดอย่างหนึ่ง *-vt., vi.* **-bied, -bying** พยายามชักชวนหรือมีอิทธิพลเหนือสมาชิกของรัฐสภาเพื่อประโยชน์ของตัวเองหรือต่อต้านการกระทำของรัฐบาล **-lobbyer, lobbyist** *n.* (**-S.** (n.) entrance)

lobe (โลบ) *n.* ลอน, พู, กลีบ (ตับ), ตุ้ม (ติ่งหู)

lobster (ลอบ' สเตอร์) *n., pl.* **-sters/-ster** กุ้งทะเลขนาดใหญ่, เนื้อของกุ้งดังกล่าว *-vi.* **-stered, -stering** ตกกุ้ง, จับกุ้ง **-lobsterer** *n.*

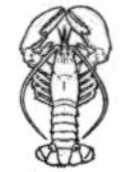
lobster

lobster pot กระชังหรือที่จับกุ้งและปู

lobule (ลอบ' บยูล์) *n.* ลอน (กลีบ พู) เล็กๆ, ส่วนย่อยหรือแยกของลอน พู กลีบ **-lobular, lobulose** *adj.* **-lobularly** *adv.* **-lobulate, lobulated** *adj.* **-lobulation** *n.*

★**local** (โล' เคิล) *adj.* เฉพาะท้องถิ่น, ประจำท้องถิ่น, ของตำบลหรือท้องถิ่น, เฉพาะที่, (รถ รถไฟ) ที่จอดทุกสถานี หรือทุกป้าย, ถูกจำกัด, ไม่ด่วน, แคบ *-n.* คนที่อาศัยในเขตท้องถิ่นหรืออยู่ในละแวกเดียวกัน, สาขาท้องถิ่นขององค์การหรือสมาคมต่างๆ,รถไฟหรือรถเมล์ที่จอดทุกป้าย **-localism** *n.* **-localize** *v.* **-locally** *adv.* **-localness** *n.* (**-S.** (adj.) nearby, provincial)

locale (โลแคล') *n.* สถานที่เกิดเหตุ

locality (โลแคล' ลิที) *n., pl.* **-ties** เพื่อนบ้าน, สถานที่, ตำบล, ตำแหน่งที่ตั้ง

locate (โลเคท', โล' เคท) *vt., vi.* **-cated, -cating** กำหนดหรือระบุตำแหน่ง, สำรวจหา, ตั้งรกราก **-locater, locator** *n.* (**-S.** find, place)

location (โลเค' ชัน) *n.* สถานที่ตั้ง, ทำเล, การก่อตั้ง (**-S.** place, site)

loch (ลอค) *n.* ทะเลสาบ

loci (โล' ไซ) *n.* พหูพจน์ของ locus

★**lock**[1] (ลอค) *n.* ตัวล็อกที่ติดกับประตูหรือโต๊ะต้องไขด้วยกุญแจ, เครื่องกัก, ช่องระหว่างประตูน้ำ, เครื่องกลไกที่ทำให้กระสุนปืนระเบิด,การติดแน่น *-v.* **locked, locking** *-vt.* ปิดประตู, ลั่นกุญแจ, กักตัว, ขังกรง, เชื่อมต่อ, เกี่ยวพัน, ติดแน่น, ติดอยู่กับที่ *-vi.* ปิด, ยึดแน่น, ติดขัด, ติดแน่น, (กราม) ค้าง, เชื่อมติด, เกี่ยวกัน, ประสานกันแน่น **-lock out** ปิดโรงงานโดยนายจ้าง

lock[2] (ลอค) *n.* เกลียวผม, ลอนผม, ปอยผม (ขน ผ้า), ปุยฝ้าย (**-S.** curl, hair)

lockage (ลอค' คิจ) *n.* ทางเดินเรือผ่านช่องประตูน้ำ, ค่าผ่านประตูน้ำ

locker (ลอค' เคอร์) *n.* ตู้เก็บของส่วนตัว, ลิ้นชัก, ห้องเย็น, ช่องแช่แข็ง

locket (ลอค' คิท) *n.* กล่องหรือตลับเล็กๆ ที่ทำเป็นจี้ห้อยคอสำหรับใส่ของที่ระลึก

lockjaw (ลอค' จอ) *n.* ขากรรไกรแข็งหรือค้าง

lockmaker (ลอค' เมเคอร์) *n.* ช่างทำกุญแจ

lockmaster (ลอค' แมสเตอร์) *n.* คนที่มีหน้าที่ปิดประตูน้ำ

locknut (ลอค' นัท) *n.* แป้นเกลียวกันคลาย

locksmith (ลอค' ซมิธ) *n.* ช่างทำกุญแจ

lockup (ลอค' คัพ) *n.* การใส่กุญแจ, การปิดประตู, การถูกจำคุก, ห้องขัง

locomotive (โลคะโม' ทิฟว์) *n.* หัวรถจักร, แรงดึง, แรงขับเคลื่อน *-adj.* ซึ่งเคลื่อนที่ได้อย่างอิสระ, เคลื่อนไหวไปมาได้, ที่ขับเคลื่อนด้วยกำลังของเครื่องยนต์ **-locomotion** *n.*

locomotor (โลคะโม' เทอร์, โล'-) *n.* เครื่องยนต์หรืออวัยวะที่มีกำลังในการเคลื่อนที่

locomotor ataxia โรคอัมพาต

locus (โล' เคิซ) *n., pl.* **-ci** (-ไซ, -คี, -ไค) สถานที่, ตำแหน่งที่ตั้ง, ตำแหน่งของจีนบนโครโมโซม

locust (โล' เคิซท์) *n.* ตั๊กแตนชนิดหนึ่งที่มักบินอพยพเป็นฝูงใหญ่และลงกินพืชผลในไร่นา

locution (โลคยู' ชัน) *n.* สำนวน, คำพูด, วลี,

A B C D E F G H I J K L M N O P Q R S T U V W X Y Z

วิธีการพูด, การใช้ถ้อยคำ (-S. phraseology)
lode (โลด) *n.* ทางแร่, ทางแร่ในหิน, สายแร่
lodestar, loadstar (โลด' สตาร์) *n.* ดาวเหนือ, หลักในการนำทาง, สิ่งนำทาง
lodestone, loadstone (โลด' สโตน) *n.* แร่เหล็กที่กระทำตัวเหมือนแม่เหล็ก
lodge (ลอจ) *n.* กระท่อม, ที่พักในป่า, บ้านพัก, บ้านของพวกอินเดียนแดง, โรงแรมเล็กๆ ตามชนบท, ถ้ำสัตว์, สาขาหรือที่ประชุมขององค์กรลับ *-v.* **lodged, lodging** *-vt.* จัดหาที่พัก, รับรอง, ให้เช่าห้อง, ติดแน่น, ฝัง, เสนอเรื่อง, ยื่นคำฟ้องร้อง, ฝาก *-vi.* พักอาศัยชั่วคราว, พำนัก, เช่าห้องพัก, ติดอยู่, ฝังอยู่ **-lodger** *n.* **-lodgement, lodgment** *n.* (-S. (n.) cottage)
lodging (ลอจ' จิง) *n.* ที่พักชั่วคราว, บ้านพัก
loess (โล' เอิซ, เลซ, ลัซ) *n.* ดินเนื้อละเอียดสีเหลืองเทาๆ ที่ลมพัดพามาตกสะสมไว้
loft (ลอฟท์) *n.* ห้องเพดาน, ห้องใต้หลังคา, ชั้นบนของโรงงานหรือโกดัง, ระเบียงยาวในโบสถ์, ห้องชั้นบนของโรงนาหรือคอกม้าสำหรับเก็บฟางแห้ง, การตีลูกกอล์ฟสูงโด่ง *-vt.* **lofted, lofting** เก็บไว้ในห้องใต้หลังคา, ตี (ลูก) โด่ง
lofty (ลอฟ' ที) *adj.* **-ier, -iest** สูงตระหง่าน, สูงส่ง, ประเสริฐ, หยิ่ง, ยโส, ถือตัว, วางท่า **-loftily** *adv.* **-loftiness** *n.* (-S. exalted, high)
★**log**[1] (ลอก) *n.* ซุง, ท่อนซุง, อุปกรณ์ที่ใช้วัดความเร็วเรือ, บันทึกการเดินเรือหรือการบิน, บันทึกการเดินทาง *-v.* **logged, logging** *-vt.* ตัดต้นไม้, ลงบันทึกการเดินเรือหรือการบิน, เดินทาง (ด้วยความเร็วหรือระยะทางหนึ่ง) *-vi.* ตัดไม้ออกเป็นท่อนและชักลากไปโรงเลื่อย
log[2] (ลอก) *n.* ย่อจาก logarithm ลอการิทึม
loganberry (โล' เกินเบรี) *n.* ผลไม้ชนิดหนึ่งมีสีแดงเข้มและมีหนามคล้าย blackberry
logarithm (ลอ' กะริธเธิม, ลอก'-) *n.* เลขแสดงกำลังของฐานที่เมื่อยกกำลังด้วยตัวเลขนี้จะทำให้ฐานมีค่าเท่ากับจำนวนที่กำหนดให้ เช่น ถ้าฐาน = 10 จำนวนที่กำหนดให้ = 100 log จะเท่ากับ 2 เขียนในรูป $\log_{10}100 = 2$ หรือ log 100 = 2 **-logarithmic, logarithmical** *adj.*
logbook (ลอก' บุค) *n.* สมุดบันทึกการเดินเรือหรือการบิน
loge (โลฌ) *n.* ที่นั่งตอนหน้าในโรงมหรสพ
logger (ลอ' เกอร์, ลอก'-) *n.* อุปกรณ์ที่ใช้ชักลากท่อนซุง, คนตัดไม้ (-S. lumberjack)
loggerhead (ลอ' เกอร์เฮด, ลอก'-) *n.* เต่าทะเลขนาดใหญ่ชนิดหนึ่งมีหัวโตและกินเนื้อเป็นอาหาร **-at loggerheads** ไม่ลงรอยกัน
loggia (ลอ' เจีย, ลอจ'-) *n.* ทางเดินตามข้างตึกที่มีหลังคา, ระเบียง, เฉลียง
logging (ลอ' กิง, ลอก'-) *n.* อาชีพตัดไม้
logic (ลอจ' จิค) *n.* ตรรกวิทยา, เหตุผล, การคิด, วิธีการคิด, การตัดสินด้วยเหตุผล **-logician** *n.* **-logical** *adj.* **-logicality, logicalness** *n.* **-logically** *adv.* (-S. reasoning, sense)
logistics (โลจิส' ติคซ์', ละ-) *n. pl.* การวางแผนในการติดต่อทางทหาร, การส่งกำลังบำรุงทางทหาร **-logistic, logistical** *adj.*
logo (โล' โก) *n., pl.* **-gos** สัญลักษณ์ ชื่อหรือเครื่องหมายการค้าที่ออกแบบมาเพื่อให้จำได้ง่ายหรือเป็นที่จดจำของคนทั่วไป (-S. symbol)
logy (โล' กี) *adj.* **-gier, -giest** เฉื่อย, เกียจคร้าน
-logy คำปัจจัย หมายถึง วิทยา, ศาสตร์ ใช้เติมหลังคำ เช่น สัตววิทยา ตรรกศาสตร์
loin (ลอยน์) *n.* บริเวณด้านข้างหรือด้านหลังระหว่างกระดูกซี่โครงกับกระดูกสะโพกของคนหรือสัตว์, เนื้อสัตว์ที่ตัดจากบริเวณดังกล่าว
loincloth (ลอยน์' คลอธ) *n.* ผ้าขาวม้า, ผ้าเตี่ยว
loiter (ลอย' เทอร์) *vi.* **-tered, -tering** ใช้เวลาไปโดยเปล่าประโยชน์, เดินทอดน่อง, เถลไถล
loll (ลอล) *v.* **lolled, lolling** *-vi.* เอกเขนก, เอนกาย, เหยียดยาว, ห้อย, แขวน, แลบ (ลิ้น) *-vt.* ปล่อยให้ห้อย, แลบ (ลิ้น) **-loller** *n.* **-lollingly** *adv.* (-S. droop, lean)
lollipop, lollypop (ลอล' ลีพอพ) *n.* อมยิ้ม
lone (โลน) *adj.* ตามลำพัง, เดียวดาย, คนเดียว, อันเดียว, โดดเดี่ยว, สันโดษ, ห่างไกล, ไร้เพื่อน, โสด, หม้าย **-lonesome** *adj.* **-loneness** *n.*
★**lonely** (โลน' ลี) *adj.* **-lier, -liest** อ้างว้าง, เงียบเหงา, โดดเดี่ยว, ตามลำพัง, ห่างไกล **-loneliness** *n.* (-S. remote, solitary)
★**long**[1] (ลอง) *adj.* **longer, longest** ยาว, ยาวนาน, ยาวเหยียด, ยืดเยื้อ, ช้า, ไกล, ใหญ่, สูง *-adv.* **longer, longest** ยาวนาน, ไกล, ยาว *-n.* ระยะเวลายาวนาน, สิ่งที่ยืดยาว, สระเสียงยาว, ขนาดเสื้อผ้าสำหรับคนตัวสูง **-as long as** ตั้งแต่นั้นมา, ตราบใดที่, ถ้า, หาก **-in the long run** ในที่สุด, ถึงที่สุด **-long ago** เมื่อนานมาแล้ว **-longs** กางเกงขายาว **-so long** (ภาษาพูด) ลาก่อน (-S. (adj.) lengthy, prolonged)
★**long**[2] (ลอง) *vi.* **longed, longing** มีความต้องการอย่างแรงกล้า, ปรารถนา, ใคร่จะ, อยาก **-longing** *n.* (-S. desire, want)
long. ย่อจาก longitude เส้นลองจิจูด, เส้นแวง

longan (ลอง' เกิน) *n.* ต้นลำไย, ผลลำไย
longboat (ลอง' โบท) *n.* เรือบดลำใหญ่ที่สุดของเรือสำเภา
long distance โทรศัพท์ทางไกล
long-drawn-out (ลอง' ดรอน' เอาท์) *adj.* ยาวนาน, ยืดเยื้อ
longevity (ลอนเจฟ' วิที) *n., pl.* **-ties** ชีวิตที่ยืนยาว, อายุยืน, ช่วงชีวิต, ช่วงอายุทำงาน
long face หน้าบึ้ง, หน้าเศร้า
longhair (ลอง' แฮร์) *n.* ปัญญาชน, ผู้มีความรู้
longhand (ลอง' แฮนด์) *n.* ตัวหนังสือธรรมดา
long-headed, longheaded (ลอง' เฮด' ดิด) *adj.* มีสายตากว้างไกล, ฉลาด
longhouse, long house (ลอง' เฮาซ์) *n.* บ้านหลังยาวที่อยู่ร่วมกันหลายครอบครัว
longitude (ลอน' จิทูด, -ทยูด) *n.* เส้นแวง เป็นเส้นยาวที่ตัดขวางเส้นศูนย์สูตรวัดระยะเป็นองศาเทียบกับเส้นมาตรฐานกรีนิช, ระยะตามยาว **-longitudinal** *adj.* **-longitudinally** *adv.*
long jump กีฬากระโดดไกล
long-lived (ลอง' ไลฟ์วด์, -ลิฟว์ด) *adj.* มีอายุยืนนาน, ทนทาน
long-range (ลอง' เรนจ์) *adj.* เป็นระยะเวลานาน, เป็นระยะทางไกล
long-run (ลอง รัน') *adj.* ยืดเยื้อ, เป็นเวลานาน
longshoreman (ลอง' ชอร์' เมิน) *n.* คนงานท่าเรือ
long-sighted (ลอง' ไซ' ทิด) *adj.* ซึ่งมองการณ์ไกล, สายตายาว
long-standing, longstanding (ลอง' สแตน' ดิง) *adj.* เป็นเวลานาน, ยาวนาน
long-term (ลอง' เทิร์ม) *adj.* เป็นเวลานาน
longways (ลอง' เวซ์) *adv.* ตามยาว
long-winded (ลอง' วิน' ดิด) *adj.* (พูดมาก) น่าเบื่อ, (พูด) เยินเย้อ
longwise (ลอง' ไวซ์) *adv., adj.* ตามยาว
★**look** (ลุค) *v.* **looked, looking** *-vi.* มอง, ดู, เห็น, เพ่ง, จ้อง, ปรากฏ, ดูเหมือน, หา, หันหน้า, เผชิญหน้า *-vt.* มอง, ดู, จ้อง, ปรากฏแก่ตา, แสดงอาการ *-n.* การมอง, การจ้อง, การเห็น, การเพ่งดู, การชำเลืองดู, การเหลียวดู, การแสดงออก, ลักษณะ, ท่าทาง, รูปร่าง *-interj.* ดูซิ! **-look after** ดูแล, เฝ้าดู **-look alive/sharp** (ภาษาพูด) ตอบสนองอย่างรวดเร็ว ตื่นตัว **-look down on** ดูถูก, เหยียดหยาม, รังเกียจ **-look for** ค้นหา, มองหา, คาดหวัง **-look forward to** ตั้งตาคอย **-look in/on** แวะเยี่ยม **-look on/upon** พิจารณา, เห็นว่า **-look out** ระวัง, เอาใจใส่ **-looks** รูปร่างหน้าตา, บุคลิกลักษณะ **-look up** ค้นหา (คำ), เยี่ยมเยียน, ปรับปรุง **-look up to** ชื่นชม **-looker** *n.* (-S. (n., v.) glance)
look-alike (ลุค' คะไลค์) *n.* ของเลียนแบบ
looking glass กระจกเงา (-S. mirror)
lookout (ลุค' เคาท์) *n.* การเฝ้าดู, การระมัดระวัง, หอคอย, ป้อมยาม, ยาม, ทหารยาม (-S. guard)
loom¹ (ลูม) *vi.* **loomed, looming** ปรากฏรางๆ, โผล่ออกมา, (พายุ) ค่อยๆ ก่อตัวขึ้น, (การสอบ) ใกล้เข้ามา *-n.* การปรากฏขึ้นรางๆ
loom² (ลูม) *n.* เครื่องทอผ้า, กี่, หูก, การทอผ้า *-vt.* **loomed, looming** ทอผ้าด้วยเครื่องทอผ้า
loony, looney, luny (ลู' นี) *adj.* **-ier, -iest** (ภาษาพูด) โง่มาก, บ้าบอ *-n., pl.* **-ies/-eys** คนโง่, คนบ้า **-loonily** *adv.* (-S. (adj.) mad)
★**loop** (ลูพ) *n.* ห่วง, วง, บ่วง, ทางวงแหวน, ไฟฟ้าวงจรปิด, ทางเลี้ยวสำหรับกลับรถ, ช่องโหว่, รูกำแพง *-v.* **looped, looping** *-vt.* ขมวด, ทำเป็นวง, มัดเป็นวง, ต่อด้วยห่วง, ล้อมเป็นวง, บินเป็นวง *-vi.* ทำให้เป็นวง, บินหรือเคลื่อนที่เป็นวง (-S. (n., v.) circle, ring)
loophole (ลูพ' โฮล) *n.* ทางหลบหนี, รูเล็กๆ บนกำแพง, ช่องโหว่ในกฎหมาย
★**loose** (ลูซ) *adj.* **looser, loosest** หลวม, หละหลวม, เป็นอิสระ, หย่อน, ผ่อน, ไม่รัดกุม, ร่วน, ซุย, ไม่มีขอบเขต, เลย, ขาดศีลธรรม, เสเพล, แพศยา, ไม่จำกัด, ไม่เคร่งครัด *-v.* **loosed, loosing** *-vt.* ปล่อย, คลาย, แก้, ปลด, ถอด, ขยาย, แกะ, ยิงขีปนาวุธ, ผ่อน, พ้น (จากหน้าที่) *-vi.* ยิงลูกดอก, เป็นอิสระ **-loosely** *adv.* **-looseness** *n.* (-S. (adj., v.) free)
loose-leaf (ลูซ' ลีฟ) *adj.* (สมุดบันทึก) ที่เอากระดาษเข้าออกได้เป็นแผ่นๆ
loosen (ลู' เซิน) *v.* **-ened, -ening** *-vt.* ขยาย, คลาย, ปลด, ผ่อนปรน, ระบาย (ท้อง), พรวน (ดิน) *-vi.* คลาย, หย่อน **-loosener** *n.*
loose-tongued (ลูซ' ทังด์) *adj.* พูดพล่อยๆ
loot (ลูท) *n.* ของมีค่าที่ปล้นมาได้, ของที่ริบมาได้จากสงคราม, ทรัพย์สินที่โกงมาได้, การปล้น, การโกง, (คำสแลง) เงิน *-v.* **looted, looting** *-vt.* ปล้น, แย่งชิง *-vi.* ขโมย, ปล้น **-looter** *n.*
lop¹ (ลอพ) *vt.* **lopped, lopping** ตัด, ลิด (กิ่งไม้), เล็ม *-n.* สิ่งที่ตัดออก **-lopper** *n.* (-S. (v.) trim)
lop² (ลอพ) *vi., vt.* **lopped, lopping** ห้อย, ย้อย, ยาน **-loppy** *adj.*

lop-eared (ลอพ' เพียร์ด) *adj.* (สุนัข) หูตูบ
lopsided (ลอพ' ไซ' ดิด) *adj.* เอียงข้าง, โงนเงน
loquacious (โลเคว' เชิซ) *adj.* พูดมาก, พูดจ้อ, ช่างพูด **-loquaciously** *adv.*
★**lord** (ลอร์ด) *n.* ผู้ปกครอง, ประมุข, ผู้มีอำนาจ, ขุนนาง, ผู้มีศักดินา, เจ้าเหนือหัว, เจ้าของที่ดิน, หัวหน้าครอบครัว, สามี *-vi.* **lorded, lording** ตั้งตัวเป็นเจ้านาย, ทำตัวเป็นผู้มีอิทธิพล **-Lord** ตำแหน่งขุนนางของอังกฤษ, ท่านลอร์ด, พระเจ้า, พระเยซู **-lord it over** ข่มขู่, กดขี่, เผด็จการ **-Lords** สภาขุนนาง (**-S.** (n., v.) master)
lordly (ลอร์ด' ลี) *adj.* **-lier, -liest** หยิ่งยโส, ถือตัว, จองหอง, สูงส่ง, เลิศ, สง่า (**-S.** bossy)
Lord Mayor นายกเทศมนตรีของเมืองใหญ่ๆ
lordship (ลอร์ด' ชิพ) *n.* ตำแหน่งหรืออำนาจของขุนนางชั้นลอร์ด, การปกครอง **-Lordship** คำเรียกชื่อที่ใช้เวลาพูดกับหรือพูดถึงท่านลอร์ด เป็นสรรพนามบุรุษที่ 2 และ 3
Lord's Supper อาหารค่ำมื้อสุดท้ายของพระเยซู
lore (ลอร์) *n.* ความเชื่อหรือประเพณีที่สืบต่อกันมา, ตำนาน, บทเรียน, ความรู้ (**-S.** knowledge)
lorgnette (ลอร์นเยท') *n.* แว่นตาที่มีด้ามถือ
lorikeet (ลอ' ริคีท) *n.* นกแก้วขนาดเล็กชนิดหนึ่งพบได้ในออสเตรเลียและอินเดียตะวันออก
loris (โล' ริซ, ลอ'-) *n.* ลิงลม
lorn (ลอร์น) *adj.* เปล่าเปลี่ยว, อ้างว้าง, โดดเดี่ยว
lorry (ลอ' รี) *n., pl.* **-ries** รถบรรทุก
★**lose** (ลูซ) *v.* **lost, losing** *-vt.* หาย, ทำหาย, สูญเสีย, อยู่ไม่ได้, รักษาไม่ได้, แพ้, ล้มเหลว, เสีย (โอกาส), เสียหาย, หลง (ทาง), เหลวไหล, พลาด (รถ), อับปาง, ทำให้หายนะ, ขจัด (ส่วนเกิน), กำจัด, ระงับไม่อยู่, ทำให้หลงผิดไป, หายตัว, เพลิน (กับงาน), หมกมุ่น, (นาฬิกา) ช้าไป *-vi.* แพ้, ได้รับความเสียหาย, ได้รับความลำบาก, (นาฬิกา) เดินช้า **-lose face** เสียหน้า **-lose heart** หมดความมั่นใจ **-lose one's temper** โกรธ, โมโห **-lose out** ล้มเหลว **-lose out on** เสีย (โอกาส) **-losable** *adj.* **-loser** *n.* (**-S.** fail, mislay **-A.** find, win)
★**loss** (ลอซ) *n.* การสูญเสีย, การพ่ายแพ้, สิ่งที่สูญเสีย, ความเสียหาย, ความหายนะ, การสูญเสียกำลังคนทางทหาร **-losses** ทหารที่บาดเจ็บหรือถูกฆ่าตาย (**-S.** destruction, failure)
★**lost** (ลอซท) *v.* กริยาช่อง 2 และ 3 ของ lose *-adj.* หลงทาง, สูญหายไป, หมด, (ของ) หาย, สับสน, งุนงง, หายตัว, เสีย, แพ้, อับปาง, ตาย, ที่ถูกทำลายไป, เพลิน (**-S.** (adj.) misplaced)
★**lot** (ลอท) *n.* กลุ่ม, กอง, ผืนที่ดิน, สลาก, ฉลาก, การจับสลาก (ฉลาก), โชคชะตา, เคราะห์กรรม, จำนวนสิ่งของที่ผลิตในคราวเดียวกัน, ชนิด *-v.* **lotted, lotting** *-vt.* แบ่งเป็นกองๆ, แบ่ง (ที่ดิน) เป็นแปลงๆ, แบ่งส่วน *-vi.* จับฉลาก
★**lotion** (โล' ชัน) *n.* โลชั่น (**-S.** balm, cream)
lottery (ลอท' ทะรี) *n., pl.* **-ies** สลากกินแบ่ง
lotus, lotos (โล' เทิซ) *n.* บัว, ดอกบัว
★**loud** (เลาด์) *adj.* **louder, loudest** (เสียง) ดัง, สูง, อึกทึก, (สี) เจิดจ้า, ฉูดฉาด, หยาบคาย, (ภาษาพูด) (กลิ่น) แรง *-adv.* ดัง, กึกก้อง **-loudly** *adv.* **-loudness** *n.* (**-S.** (adj.) noisy)
loudmouth (เลาด์' เมาธ์) *n.* (ภาษาพูด) คนที่พูดเสียงดัง, คนที่พูดเสียงน่ารำคาญ
loud-speaker (เลาด์' สปีเคอร์) *n.* ลำโพง
lounge (เลานํจ์) *v.* **lounged, lounging** *-vi.* นั่งเล่น, เอกเขนก, เดินทอดน่อง, ปล่อยเวลาไปเปล่าๆ *-vt.* อยู่เฉยๆ *-n.* บริเวณที่นั่งพักรอในโรงแรมหรือสนามบิน, ห้องอาหารที่มีเหล้าค็อกเทลไว้บริการ, เก้าอี้หรือโซฟายาวสำหรับนั่งเล่น, ห้องนั่งเล่น, เวลาว่าง **-lounger** *n.*
louse (เลาซ์) *n., pl.* **lice** (ไลซ์) แมลงตัวเล็กๆ ที่ดูดเลือดคนหรือสัตว์ เช่น หมัด เห็บ ไร เหา *-vt.* **loused, lousing** กำจัดแมลงดังกล่าว
lousy (เลา' ซี) *adj.* **lousier, lousiest** มีเห็บ, (คุณภาพ) ต่ำ, ไม่มีค่า, (คำสแลง) เลวทรามถ่อย ต่ำต้อย **-lousily** *adv.* **-lousiness** *n.*
lout (เลาท์) *n.* คนงุ่มง่าม, คนบ้านนอก, คนเซ่อซ่า, คนโง่ *-vt.* **louted, louting** เยาะเย้ย, หยาม, ดูถูก, หัวเราะเยาะ **-loutish** *adj.* **-loutishly** *adv.* **-loutishness** *n.* (**-S.** (n.) boor, oaf)
louver (ลู' เวอร์) *n.* บานเกล็ด, ช่องลม
lovable, loveable (ลัฟ' วะเบิล) *adj.* น่ารัก, น่าชื่นชอบ **-lovability, lovableness** *n.* **-lovably** *adv.* (**-S.** attractive, endearing)
★**love** (ลัฟว์) *n.* ความรัก, ความเสน่หา, ความชื่นชอบ, สิ่งที่ชื่นชอบ, คนรัก, ความเป็นห่วง, ความใคร่, เรื่องรักๆ ใคร่ๆ, ความต้องการทางเพศ, การมีเพศสัมพันธ์, ความรักของพระเจ้า *-v.* **loved, loving** *-vt.* รัก, หลงใหล, ชื่นชอบ, พอใจ, ต้องการ, ได้รับผลประโยชน์จาก, แสดงความรัก (โดยการกอด จูบ ลูบไล้), มีเพศสัมพันธ์กับ *-vi.* รัก, ชอบ, พอใจ **-fall in love (with)** ตกหลุมรัก **-in love** มีความรัก, หลงรัก **-Love** กามเทพ **-loveless** *adj.* (**-S.** (n.) adoration, affection (v.) adore, embrace)
loveable (ลัฟ' วะเบิล) *adj.* ดู lovable

love affair ความสัมพันธ์แบบชู้สาว, เรื่องรักๆใคร่ๆ, ความชื่นชมในบางสิ่งบางอย่าง
lovebird (ลัฟว่ เบิร์ด) *n.* นกแก้วขนาดเล็ก
love feast การเลี้ยงสมานสามัคคี
love game เกมศูนย์ในกีฬาเทนนิส
love knot เงื่อนที่ผูกไขว้กันเป็นโบ
love-lock (ลัฟว่ ลอค) *n.* ปอยผมที่ห้อยลงมา
lovelorn (ลัฟว่ ลอร์น) *adj.* ที่พลัดพรากจากคนรัก, ที่ไม่ได้รับความรัก
★**lovely** (ลัฟว่ ลี) *adj.* **-lier, -liest** สวยงาม, น่ารัก, น่าเบิกบานใจ, น่าสบาย, น่ายินดี *-n., pl.* **-lies** คนหรือสิ่งที่น่ารัก **-loveliness** *n.*
love-making (ลัฟว่ เมคิง) *n.* การเกี้ยวพาราสี, การมีเพศสัมพันธ์
love match การแต่งงานที่ทั้งสองฝ่ายต่างรักใคร่ซึ่งกันและกัน
love potion ยาเสน่ห์
★**lover** (ลัฟ' เวอร์) *n.* คู่รัก, คนรัก, นักรัก, ชู้รัก
love seat, loveseat เก้าอี้หรือโซฟาขนาดเล็กสำหรับนั่งสองคน
lovesick (ลัฟว่ ซิค) *adj.* เป็นไข้ใจ
loving (ลัฟ' วิง) *adj.* รู้สึกรัก, ด้วยความรัก, อย่างรักใคร่
★**low¹** (โล) *adj.* **lower, lowest** เตี้ย, ต่ำ, (จำนวน) น้อย, (ขนาด) เล็ก, ใต้, ข้างล่าง, ใกล้พื้นดิน, ตื้น, ในระดับต่ำ, ด้อย, (เสียง) แผ่ว, เบา, (ปริมาณ) ไม่เพียงพอ, ต่ำต้อย, น่ารังเกียจ, ต่ำช้า, หยาบคาย, ตกต่ำ, เศร้าสลด, หดหู่ใจ, อ่อนแอ, ไม่ชอบ, ไม่พอใจ, ใกล้เส้นศูนย์สูตร, (น้อมศีรษะ) ลงต่ำ, พร่อง (ไขมัน), ขาดแคลน (อาหาร เงินสด), ลด *-adv.* **lower, lowest** (บิน) ในระดับต่ำ, ตกต่ำ, ต่ำต้อย, มีราคาต่ำ, (เสียง) แผ่วเบา, ทุ้ม, (เสียง) ต่ำ *-n.* ระดับต่ำ, ราคาต่ำ, สิ่งที่อยู่ต่ำ, หย่อมความกดอากาศต่ำ, เกียร์ต่ำ **-lowness** *n.* (-S. (adj.) base, humble)
low² (โล) *n.* เสียงวัวร้อง, เสียงมอ *-v.* **lowed, lowing** *-vi.* ทำเสียงวัวร้อง *-vt.* ร้องเสียงมอ
lowborn (โล' บอร์น') *adj.* ที่เกิดในตระกูลต่ำต้อย, ไพร่
lowboy (โล' บอย) *n.* ตู้มีลิ้นชักที่มีขาเตี้ยๆ
lowbred (โล' เบรด') *adj.* หยาบคาย, ต่ำทราม
lowbrow (โล' เบรา) *n.* คนที่ไม่ได้รับการอบรม
low-down (โล' เดาน์') *adj.* น่าชัง, เลวทราม, ต่ำช้า, (คำสแลง) โฉมหน้าที่แท้จริง ความนัย
★**lower¹, lour** (เลา' เออร์, เลาร์) *vi.* **lowered, lowering/loured, louring** ทำหน้าบึ้ง, ถลึงตา, (ท้องฟ้า) มืดครึ้ม, ทำหน้านิ่วคิ้วขมวด *-n.* หน้านิ่วคิ้วขมวด, หน้าตาบูดบึ้ง, การมองอย่างโกรธแค้น **-loweringly** *adv.* (-S. (v., n.) frown)
lower² (โล' เออร์) *adj.* คุณศัพท์เปรียบเทียบขั้นกว่าของ low, ต่ำกว่า, อยู่ข้างใต้ (สิ่งของอีกอย่าง), ข้างล่าง, มีวิวัฒนาการต่ำ, เกี่ยวกับตอนต้นของยุค *-v.* **-ered, -ering** *-vt.* ลดลง, ทำให้ต่ำลง, ลดความนับถือ (เกียรติ), หย่อน, ทำให้อ่อนลง, ทำให้แผ่วลง, ลดระดับเสียงลง *-vi.* ลดต่ำลง, เคลื่อนที่ต่ำลง, จมลง, ลดน้อยลง *-n.* คนที่เกิดในตระกูลต่ำ (-S. (v.) diminish)
lowermost (โล' เออร์โมซท์) *adj.* ต่ำที่สุด
lowest common multiple ตัวคูณร่วมน้อย
low frequency ความถี่ของคลื่นวิทยุในช่วง 30-300 กิโลเฮิรตซ์, ความถี่ต่ำ
low-key, low-keyed (โล' คี, -คีด) *adj.* (เสียง) แผ่ว, เบา, อ่อน, เงียบ, เรียบๆ
lowland (โล' เลินด์) *n.* บริเวณพื้นที่ต่ำ, บริเวณพื้นที่ราบลุ่ม
lowly (โล' ลี) *adj.* **-lier, -liest** (ฐานะ) ต่ำต้อย, ด้อย, ถ่อมตัว, ว่าง่าย, หัวอ่อน, ธรรมดา, เรียบง่าย **-lowliness** *n.* (-S. humble)
low-minded (โล' ไมน์ ดิด) *adj.* มีจิตใจต่ำ, มีใจคอหยาบช้า
low-pitched (โล' พิชท์') *adj.* มีเสียงทุ้ม
low-pressure (โล' เพรช' เชอร์) *adj.* มีความกดอากาศต่ำ, สบายๆ, ไม่พิถีพิถัน
low profile การกระทำที่สงบเสงี่ยมซึ่งไม่เป็นที่สะดุดตาหรือน่าสนใจ
low-spirited (โล' สปิ' ริทิด) *adj.* หดหู่ใจ, เศร้าโศก, เสียใจ
low tide เวลาที่กระแสน้ำลดลงต่ำสุด
★**loyal** (ลอย' เอิล) *adj.* ซื่อสัตย์, จงรักภักดี, เลื่อมใส, ยึดมั่น **-loyalist** *n.* **-loyalism** *n.* **-loyally** *adv.* **-loyalty** *n.* (-S. faithful, honest)
loyalty card บัตรที่ออกให้กับลูกค้าสำหรับสะสมยอดเพื่อรับส่วนลดหรือของกำนัล
lozenge (ลอซ' ซินจ์) *n.* รูปสี่เหลี่ยมขนมเปียกปูน, เพชรที่เจียระไนเป็นทรงสี่เหลี่ยมขนมเปียกปูน, ยาอมแก้เจ็บคอที่มีลักษณะดังกล่าว
LSD ย่อจาก l(y)s(ergic acid) d(iethylamide) ยาเสพติดร้ายแรงประเภทหลอนประสาท
Ltd, ltd ย่อจาก limited จำกัด
lubber (ลับ' เบอร์) *n.* คนงุ่มง่าม, คนเซ่อซ่า *-adj.* เซ่อซ่า, อุ้ยอ้าย, งุ่มง่าม **-lubberliness** *n.*
lube (ลูบ) *n.* น้ำมันหล่อลื่น, การหล่อลื่น
lubricant (ลู' บริเคินท์) *n.* สารหล่อลื่น
lubricate (ลู' บริเคท) *v.* **-cated, -cating**

-*vt.* ใช้สารหล่อลื่น, หล่อลื่น, ทำให้ลื่น -*vi.* เป็นตัวหล่อลื่น, ใช้เป็นสารหล่อลื่น **-lubrication** *n.*

lubricity (ลูบริซ' ซิที) *n., pl.* **-ties** ความลื่น, ความเรียบลื่น, ราคะ, ตัณหา **-lubricious, lubricous** *adj.* (**-S.** lewdness, slipperiness)

lucid (ลู' ซิด) *adj.* เข้าใจง่าย, แจ่มแจ้ง, ชัดเจน, มีสติ, มีเหตุผล, ใส, กระจ่าง, โปร่ง **-lucidity, lucidness** *n.* **-lucidly** *adv.* (**-S.** clear, sane)

Lucifer (ลู' ซะเฟอร์) *n.* ภูตผีปีศาจ, ตัวมาร, ดาวพระศุกร์, ดาวประกายพฤกษ์

★**luck** (ลัค) *n.* โชคชะตา, เคราะห์กรรม, โชคดี, ความสำเร็จ, ตัวนำโชค, เครื่องนำโชค **-in luck** โชคดี **-out of luck** โชคไม่ดี **-luckless** *adj.*

★**lucky** (ลัค' คี) *adj.* **luckier, luckiest** มีโชค, โชคดี, นำโชค, โดยบังเอิญ **-luckily** *adv.*

lucre (ลู' เคอร์) *n.* เงิน, กำไร, ผลตอบแทน **-lucrative** *adj.* **-lucratively** *adv.*

ludicrous (ลู' ดิเคริซ) *adj.* น่าขำ, น่าเย้ยหยัน, น่าหัวเราะเยาะ, เป็น **-ludicrously** *adv.* **-ludicrousness** *n.* (**-S.** absurd, ridiculous)

luff (ลัฟ) *n.* การแล่นเรือใบทวนลม -*vi.* **luffed, luffing** แล่นเรือทวนลม

lug (ลัก) *v.* **lugged, lugging** -*vt.* ลาก, ดึง, ฉุด -*vi.* (เครื่องยนต์) เดินช้า, ลาก, ดึง -*n.* ใบหู, หู, ส่วนที่ยื่นออกมาเป็นที่จับ, ห่วงหนังของบังเหียนม้า, การลาก, สิ่งที่ถูกลากดึง, กล่องสำหรับขนส่งผลไม้, (คำสแลง) คนโง่ (**-S.** (v., n.) drag, haul)

★**luggage** (ลัก' กิจ) *n.* กระเป๋าเดินทาง, กล่องของ, หีบ, ห่อ, สัมภาระ (**-S.** baggage)

lugubrious (ลุกู' เบรียซ, -กยู'-) *adj.* โศกเศร้า, เสียใจ, สลด, เป็นทุกข์ **-lugubriously** *adv.*

lugworm (ลัก' เวิร์ม) *n.* ไส้เดือนที่ใช้ตกปลา

lukewarm (ลูค' วอร์ม') *adj.* (น้ำ) อุ่นๆ, ไม่ไยดี, เสียไม่ได้, ไม่เต็มใจ **-lukewarmly** *adv.*

lull (ลัล) *v.* **lulled, lulling** -*vt.* ปลอบ, ระงับ, กล่อม, ทำให้สงบเงียบ, ทำให้หลับ -*vi.* สงบเงียบ -*n.* ความสงบเงียบชั่วขณะ, ภาวะหยุดนิ่งชั่วขณะ (มีกิจกรรมน้อยลง) (**-S.** (v.) calm, soothe)

lullaby (ลัล' ละไบ) *n., pl.* **-bies** เพลงกล่อมเด็ก

lumbago (ลัมเบ' โก) *n.* อาการปวดบั้นเอว

lumber[1] (ลัม' เบอร์) *n.* ไม้ที่เลื่อยออกเป็นแผ่นๆ, ของสัพเพเหระที่ไม่ใช้แล้ว -*v.* **-bered, -bering** -*vi.* ตัดไม้และเลื่อยออกเป็นแผ่นๆ -*vt.* วางของกองสุมๆ ไว้ **-lumberer** *n.* (**-S.** (n.) clutter)

lumber[2] (ลัม' เบอร์) *vi.* **-bered, -bering** เดินอย่างงุ่มง่าม, เคลื่อนที่อย่างอุ้ยอ้ายและมีเสียงดังอึกทึก, (รถ) แล่นเสียงดัง (**-S.** rumble)

lumberjack (ลัม' เบอร์แจค) *n.* คนที่มีอาชีพตัดไม้, เสื้อหนังหรือเสื้อขนสัตว์ที่คนตัดไม้ใส่

lumen (ลู' เมิน) *n., pl.* **-mens/-mina** (-มะนะ) หน่วยวัดความสว่างของแสง, รูเข็ม, ทางเดินภายในอวัยวะที่มีลักษณะเป็นท่อหรือหลอด

luminary (ลู' มะเนริ) *n., pl.* **-naries** วัตถุบนฟ้าที่ให้แสงสว่าง เช่น ดวงอาทิตย์ ดวงจันทร์, บุคคลผู้มีชื่อเสียง **-luminary** *adj.*

luminous (ลู' มะเนิซ) *adj.* เรืองแสง, สว่างไสว, ชัดเจน, แจ่มแจ้ง, ฉลาด **-luminosity** *n.* **-luminously** *adv.* (**-S.** (adj.) clear)

★**lump**[1] (ลัมพ์) *n.* ก้อน (หิน ดิน), ก้อนน้ำตาล, ก้อนเนื้อ (ในร่างกาย), ตุ่ม, การรวบรวม, การเก็บสะสม, คนทึ่ม, คนโง่ -*adj.* เป็นก้อน, ทั้งหมด, ทั้งก้อน -*vt., vi.* **lumped, lumping** รวมกัน, เคลื่อนที่อย่างอุ้ยอ้าย, ทำให้เป็นก้อน **-lump in one's throat** ความรู้สึกตื้นตัน **-lumpish** *adj.* **-lumpy** *adj.* (**-S.** (n.) block, bump)

lump[2] (ลัมพ์) *vt.* **lumped, lumping** (ภาษาพูด) อดทน, กล้ำกลืน, ยอมทน (**-S.** tolerate)

lump sum เงินก้อน

lunar (ลู' เนอร์) *adj.* เกี่ยวกับดวงจันทร์, ทางจันทรคติ, เกี่ยวกับธาตุเงิน

lunar eclipse จันทรคราส

lunatic (ลู' นะทิค) *n.* คนบ้า, คนวิกลจริต -*adj.* บ้า, วิกลจริต, สำหรับคนบ้า, บ้าระห่ำ **-lunacy** *n.* (**-S.** (n.) madman (adj., n.) maniac)

★**lunch** (ลันช์) *n.* อาหารกลางวัน, มื้อกลางวัน -*vi.* **lunched, lunching** ทานอาหารกลางวัน **-luncher** *n.* (**-S.** (n.) meal)

luncheon (ลัน' เชิน) *n.* อาหารกลางวัน

luncheonette (ลันชะเนท') *n.* ร้านอาหารเล็กๆ ที่มีอาหารว่าง อาหารมื้อเช้า หรือมื้อเที่ยง

lunchroom (ลันช' รูม) *n.* โรงอาหารหรือห้องอาหารที่มีอาหารมื้อเช้าและมื้อเที่ยงไว้บริการ

★**lung** (ลัง) *n.* ปอด, อวัยวะที่ทำหน้าที่คล้ายปอด

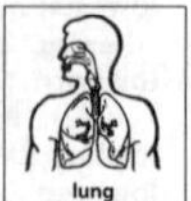
lung

lunge (ลันจ์) *n.* การทิ่ม, การแทง, การจ้วง, การถลา, การพุ่งใส่ -*v.* **lunged, lunging** -*vi.* โผ, ถลา, ถลัน, พุ่งเข้าใส่ -*vt.* จ้วงแทง, ทิ่ม, เหวี่ยง **-lunger** *n.* (**-S.** (n., v.) charge, thrust)

lungfish (ลัง' ฟิช) *n.* ปลาน้ำจืดชนิดหนึ่งมีปอดและเหงือกสำหรับหายใจ

lurch (เลิร์ช) *vi.* **lurched, lurching** เดินโซเซ, เซถลา, โยก, เอียงวูบ -*n.* การโซเซ, การโงนเงน,

การส่าย, การโคลงเคลง (-**S.** (v., n.) list, sway)

lure (ลุรฺ) *n.* สิ่งดึงดูด, สิ่งยั่วยวน, เหยื่อล่อ, เหยื่อตกปลา, เครื่องล่อใจ *-vt.* **lured, luring** ล่อ, ล่อลวง, ดึงดูดใจ **-lurer** *n.* **-luringly** *adv.* (**-S.** (n., v.) decoy (n.) enticement)

lurid (ลุ' ริด) *adj.* น่ากลัว, น่าตกใจ, น่าขนลุก, (เปลวไฟ) แดงฉาน, (ท้องฟ้า) ขมุกขมัว, (สี) ซีด **-luridly** *adv.* **-luridness** *n.* (**-S.** pallid)

lurk (เลิรฺค) *vi.* **lurked, lurking** ซุ่ม, ซ่อน, แฝงตัว, แอบแฝง **-lurker** *n.* **-lurkingly** *adv.* (**-S.** skulk, sneak)

luscious (ลัช' เชิซ) *adj.* หอมหวาน, หวานฉ่ำ, (น้ำเสียง) ออดอ้อน, เว้าวอน **-lusciously** *adv.* **-lusciousness** *n.* (**-S.** delicious)

lush¹ (ลัช) *adj.* **lusher, lushest** ฉ่ำ, เขียวชอุ่ม, อุดมสมบูรณ์, มั่งมี, ฟุ่มเฟือย, หรูหรา, โป๊ **-lushly** *adv.* **-lushness** *n.* (**-S.** luxuriant, plentiful **-A.** sparse)

lush² (ลัช) *n.* (คำสแลง) สุรา คนขี้เหล้า *-vt., vi.* **lushed, lushing** (คำสแลง) ดื่ม (เหล้า) เมา

lust (ลัซทฺ) *n.* ความต้องการทางเพศ, ตัณหา, ความใคร่, ความปรารถนา, ความทะเยอทะยาน, ความกระหาย, ความพึงพอใจ *-vi.* **lusted, lusting** มีความใคร่, ปรารถนา, อยาก **-lustful** *adj.* (**-S.** (n.) appetite, libido)

luster, lustre (ลัส' เตอรฺ) *n.* ความแวววาว, ความมันเงา, ความเหลือบมัน, ความสว่างไสว, ความรุ่งโรจน์, ความงดงาม, โคมระย้า, ผ้าทอที่เป็นมันเงา, สารที่ใช้เคลือบวัตถุให้เป็นมันวาว *-v.* **-tered, -tering/-tred, -tring** *-vt.* ให้ความมันเงา, ให้ความรุ่งโรจน์, ให้ความมีชื่อเสียง *-vi.* เป็นมัน, ขึ้นเงา, วาว **-lusterless** *adj.* (**-S.** (n.) glory, sheen)

lustrous (ลัส' เตริซ) *adj.* เป็นมัน, แวววาว, ขึ้นเงา **-lustrously** *adv.* **-lustrousness** *n.* (**-S.** bright, radiant)

lusty (ลัส' ตี) *adj.* **lustier, lustiest** แข็งแรง, มีกำลังวังชา, มีสุขภาพดี, กระฉับกระเฉง, สนุกสนาน **-lustily** *adv.* **-lustiness** *n.* (**-S.** vigorous)

lute (ลูท) *n.* เครื่องดนตรีชนิดหนึ่งคล้ายพิณมีสาย 6-13 เส้นพาดไปตามคอที่พับไปข้างหลัง

luxuriant (ลักฌุ' เรียนทฺ, ลัคชุ'-) *adj.* (เจริญ) งอกงาม, เขียวชอุ่ม, สะพรั่ง, มากมาย, เลิศหรู, หรูหรา **-luxuriantly** *adv.* (**-S.** abundant, flourishing, green **-A.** barren)

luxuriate (ลักฌุ' รีเอท, ลัคชุ'-) *vi.* **-ated, -ating** อยู่อย่างสุขสบาย, ทำตัวหรูหรา, อยู่อย่างฟุ่มเฟือย, สำราญ, เพลิดเพลิน, เจริญงอกงาม, ขยาย, แพร่หลาย **-luxuriation** *n.* (**-S.** proliferate, thrive)

luxurious (ลักฌุ' เรียซ, ลัคชุ'-) *adj.* หรูหรา, โอ่อ่า, โอ่โถง, สะดวกสบาย **-luxuriously** *adv.* (**-S.** comfortable, splendid **-A.** poor)

★**luxury** (ลัก' ฌะรี, ลัค' ชะ-) *n., pl.* **-ries** ความสะดวกสบาย, ความพอใจ, ความหรูหรา, ของฟุ่มเฟือย, สิ่งที่ไม่จำเป็นแต่ให้ความพอใจ, วิถีชีวิตหรือสิ่งแวดล้อมที่หรูหราฟุ่มเฟือย (**-S.** ease, pleasure, splendour)

lyceum (ไลเซียม') *n.* ห้องบรรยาย, ห้องแสดงคอนเสิร์ต, องค์กรหรือหน่วยงานที่สนับสนุนเงินให้กับการบรรยายหรือการแสดงคอนเสิร์ต

lychee (ลี' ชี) *n.* ลิ้นจี่

lye (ไล) *n.* โซเดียมไฮดรอกไซด์, น้ำด่าง

lying (ไล' อิง) *adj.* โกหก, ไม่เป็นจริง *-n.* การพูดเท็จ, การโกหก (**-S.** (adj.) dishonest)

lymph (ลิมฟฺ) *n.* น้ำเหลือง **-lymphatic** *adj.*

lymph node ต่อมน้ำเหลือง

lymphocyte (ลิมฺ' ฟะไซทฺ) *n.* เม็ดเลือดขาวที่สร้างขึ้นในต่อมน้ำเหลือง

lynch (ลินชฺ) *vt.* **lynched, lynching** สำเร็จโทษด้วยการแขวนคอโดยกลุ่มคนที่ไม่มีอำนาจทางกฎหมาย, รุมทำร้าย, ประชาทัณฑ์ **-lyncher** *n.* **-lynching** *n.* (**-S.** execute, kill)

lynchpin (ลินชฺ' พิน) *n.* ดู linchpin

lynx (ลิงคฺซฺ) *n., pl.* **lynx/lynxes** แมวป่าชนิดหนึ่งมีขนนุ่มหนาและหางสั้น

lynx-eyed (ลิงคฺซฺ' ไอดฺ) *adj.* มีตาแหลมคม, มีตาไว

lyre (ไลรฺ) *n.* เครื่องดนตรีชนิดหนึ่งที่คล้ายๆ พิณ

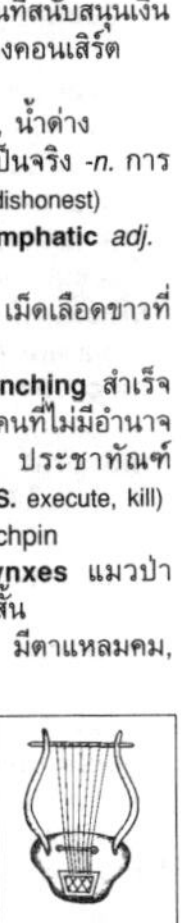
lyre

lyric (ลิ' ริค) *adj.* เกี่ยวกับโคลงที่แสดงความรู้สึกและความคิด *-n.* โคลงหรือกวีที่แสดงความรู้สึกส่วนตัวและความคิดคำนึง **-lyrics** คำในเนื้อเพลง, คำร้อง, บทเพลง

lyrical (ลิ' ริเคิล) *adj.* ซึ่งแสดงอารมณ์และความรู้สึกลึกๆ, ซึ่งกล่าวด้วยความกระตือรือร้นมาก **-lyrically** *adv.* **-lyricalness** *n.*

lyricism (ลิ' ริซิซเซิม) *n.* การแสดงอารมณ์และความรู้สึก

lyricist (ลิ' ริซิซทฺ) *n.* คนเขียนบทกวีหรือบทเพลงที่แสดงความรู้สึกลึกๆ และความคิดคำนึง

A B C D E F G H I J K L M N O P Q R S T U V W X Y Z

M

M, m (เอม) *n., pl.* **M's, m's/Ms, ms** อักษรตัวที่ 13 ในภาษาอังกฤษ, อันดับสิบสาม, สัญลักษณ์แทนค่า 1,000

M. ย่อจาก Monday วันจันทร์

m ย่อจาก mass มวล, meter เมตร, mile ไมล์

★**ma** (มา, มอ) *n.* (ภาษาพูด) แม่

MA, M.A ย่อจาก Master of Arts อักษรศาสตรมหาบัณฑิต

ma'am (แมม) *n.* มาดาม, แหม่ม

macabre (มะคา' บระ) *adj.* น่าสะพรึงกลัว, น่าขนลุก, น่าขยะแขยง **-macabrely** *adj.*

macadam (มะแคด' เดิม) *n.* หินหักก้อนเล็กๆ ใช้โรยทำถนน, ถนนที่โรยหินดังกล่าวเป็นชั้นๆ

macaque (มะแคค', -คาค') *n.* ลิงกัง

macaroni (แมคคะโร' นี) *n.* มะกะโรนี

macaroon (แมคคะรูน') *n.* ขนมขบเคี้ยวที่ทำจากน้ำตาล ไข่ขาว อัลมอนด์บดหรือมะพร้าว

macaw (มะคอ') *n.* นกแก้วขนาดใหญ่ชนิดหนึ่งของอเมริกาใต้ มีหางยาวและมีสีสันสวยงาม

mace (เมซ) *n.* กระบองหนักที่มีเดือยแหลมตรงส่วนหัว, คทา, จันทน์เทศป่น

macerate (แมซ' ซะเรท) *v.* **-ated, -ating** *-vt.* แช่ให้นิ่มหรือยุ่ย, สับเป็นชิ้นเล็ก, ทำให้ผอมโดยอดอาหาร *-vi.* นุ่ม, เปื่อย, ผอม

Mach, mach (มาค) *n.* ย่อจาก Mach number หน่วยวัดความเร็วของเครื่องบินและจรวด

machete (มะเชท' ที, -เชท'-) *n.* มีดขนาดใหญ่ ใบมีดกว้าง ใช้เป็นอาวุธ

machete

machinate (แมค' คะเนท, แมช'-) *vi., vt.* **-nated, -nating** คิดอุบาย **-machination** *n.*

★**machine** (มะชีน') *n.* เครื่องจักร, เครื่องจักรกล, คนที่ทำตัวเหมือนเครื่องจักร, องค์กรการเมือง, พรรคการเมือง, สมาชิกพรรคการเมือง *-vt.* **-chined, -chining** ทำงานโดยเครื่องจักร *-adj.* ซึ่งทำด้วยเครื่องจักร, ซึ่งเป็นมาตรฐานเดียวกัน

machine code, machine language ภาษาคอมพิวเตอร์, ภาษาเครื่อง

machine gun ปืนกล

★**machinery** (มะชี' นะรี, -ชีน' รี) *n., pl.* **-ies** เครื่องจักร, ชิ้นส่วนของเครื่องจักร, เครื่องกลไก, ระบบ, ตัวจักร, กลไก (-**S.** gear, machines)

machine shop โรงงานผลิต ประกอบ หรือซ่อมแซมเครื่องจักรและชิ้นส่วนเครื่องจักร

machine tool เครื่องกลึงชิ้นส่วนเครื่องจักร

machinist (มะชี' นิซท) *n.* ช่างเครื่อง, ช่างซ่อม

machismo (มาชีซ' โม) *n.* ความเป็นชาย

mach number ค่าความเร็วของวัตถุ (โดยเฉพาะเครื่องบินและจรวด) เทียบกับความเร็วของเสียงขณะเดินทางผ่านตัวกลาง

macho (มา' โช) *adj.* มีความเป็นชาย, มีความเป็นลูกผู้ชาย *-n., pl.* **-chos** ความเป็นชาย, ความเป็นลูกผู้ชาย, คนที่มีความเป็นลูกผู้ชาย

mackerel (แมค' เคอเริล, แมค' เริล) *n., pl.* **-el/-els** ปลาทะเลชนิดหนึ่งคล้ายปลาทู

mackintosh, macintosh (แมค' อินทอช) *n.* เสื้อกันฝน, ผ้าที่ใช้ทำเสื้อกันฝน (-**S.** anorak)

macramé (แมค' คระเม) *n.* งานฝีมือที่ทำโดยมัดปมเส้นด้ายให้มีลวดลายตามที่ออกแบบไว้

macro-, macr- คำอุปสรรค หมายถึง ใหญ่, ยาว, นาน, (ความหมาย) กว้าง

macrobiotic (แมคโครไบออท' ทิคซ) *adj.* เกี่ยวกับอาหารพวกผักและธัญพืชที่เชื่อว่าทำให้สุขภาพดี มีอายุยืน **-macrobiotics** *n. pl.*

macrocosm (แมค' คระคอซเซิม) *n.* จักรวาล

macron (เม' ครอน, แมค' ครอน) *n.* เส้นตรงเหนือสระในภาษาอังกฤษใช้แสดงเสียงยาว

★**mad** (แมด) *adj.* **madder, maddest** โกรธ, บ้า, คลั่ง, บ้าระห่ำ, โง่เง่า, ไร้เหตุผล, หลงใหล, โวยวาย, ชุลมุน, อึกทึก *-vt., vi.* **madded, madding** ทำให้เป็นบ้า *-n.* อารมณ์โกรธ, ความบ้า **-like mad** (ภาษาพูด) ราวกับคนบ้า, อย่างไม่คิดชีวิต, เป็นบริเวณกว้างใหญ่, เป็นจำนวนมาก **-madly** *adv.* **-madness** *n.*

Madam (แมด' เดิม) *n., pl.* **Mesdames** (เมแดม', -ดาม') คำสุภาพที่ใช้เรียกผู้หญิง, มาดาม, คุณนาย, แม่เล้า

> **Madam** ใช้เรียกหรือเขียนถึงสุภาพสตรีที่ไม่รู้จักชื่ออย่างสุภาพ เช่น Can I help you, Madam? Dear Madam, ถ้าเป็นภาษาอังกฤษแบบอเมริกันจะใช้ Ma'am เพื่อเรียกชื่อสุภาพสตรีทั้งที่รู้จักและไม่รู้จักก็ได้ เช่น Can I help you, Ma'am?

Madame (มะแดม', แมด' เดิม) *n., pl.* **Mesdames** (เมแดม', -ดาม') คำสุภาพที่ใช้เรียกผู้หญิงที่แต่งงานแล้ว, คุณนาย
madcap (แมด' แคพ) *adj.* หุนหันพลันแล่น, บ้าระห่ำ, ขาดสติ *-n.* คนบ้าระห่ำ, คนขาดสติ
made (เมด) *v.* กริยาช่อง 2 และ 3 ของ make
Mademoiselle (แมดมวาเซล') *n., pl.* **-selles** (-เซลซ์)/**Mesdemoiselles** (เมดมวาเซล') คำสุภาพที่ใช้เรียกผู้หญิงที่ยังไม่ได้แต่งงาน
made-to-order (เมด' ทูออร์' เดอร์) *adj.* ที่สั่งตัด, ที่ทำตามความต้องการของผู้ซื้อ
made-up (เมด' อัพ') *adj.* สมมติขึ้น
madhouse (แมด' เฮาซ์) *n.* โรงพยาบาลสำหรับคนบ้า, สถานที่ที่สับสนอลหม่าน (**-S.** asylum)
madman (แมด' แมน, -เมิน) *n.* คนบ้า
Madonna (มะดอน' นะ) *n.* พระแม่มารี
madras (แมด' เดริซ) *n.* ผ้าฝ้ายหรือไหมเนื้อดีที่มีลายทาง, ผ้าเช็ดหน้าผืนใหญ่สีสด ใช้โพกศีรษะ
madrigal (แมด' ดริเกิล) *n.* เพลงประสานเสียง
maelstrom (เมล' สฺเตริม) *n.* สถานการณ์ที่รุนแรงหรือโกลาหล, น้ำวนขนาดใหญ่และรุนแรง
maestro (ไมส' โตร) *n., pl.* **-tros/-tri**(-ตรี) ผู้เชี่ยวชาญทางดนตรี เช่น นักแต่งเพลง
Mafia (มา' เฟีย) *n.* องค์การลับของผู้ก่อการร้ายในซิซิลี, องค์การลับที่ก่ออาชญากรรมในสหรัฐอเมริกา, สมาคมลับ, มาเฟีย
★**magazine** (แมก' กะซีน, -ซีน') *n.* วารสาร, นิตยสาร, อาวุธยุทโธปกรณ์ที่เก็บไว้, โรงเก็บอาวุธยุทโธปกรณ์, รังกระสุน, ช่องใส่ฟิล์มในกล้อง
magenta (มะเจน' ทะ) *n.* สีแดงม่วง, สีบานเย็น *-adj.* แดงม่วง
maggot (แมก' เกิท) *n.* หนอนแมลงวัน
magic (แมจ' จิค) *n.* อำนาจวิเศษ, เวทมนตร์, พลังลึกลับ, การเล่นกล, มายากล, เสน่ห์ *-adj.* เกี่ยวกับมายากล, วิเศษ, น่าหลงใหล **-magical** *adj.* **-magically** *adv.* (**-S.** (n.) charms, trick)
magician (มะจิช' เชิน) *n.* นักมายากล, พ่อมด, หมอผี, ผู้ขมังเวท, ผู้วิเศษ (**-S.** sorceror)
magic lantern เครื่องฉายสไลด์หรือภาพนิ่ง
magisterial (แมจจิสเตีย' เรียล) *adj.* เกี่ยวกับหน้าที่ของเจ้าพนักงานปกครอง, มีอำนาจหน้าที่, อย่างวางอำนาจ, โอหัง **-magisterially** *adv.*
magistracy (แมจ' จิสตระซี) *n., pl.* **-cies** ตำแหน่งหรืออำนาจของเจ้าพนักงานปกครอง หรือผู้พิพากษา, คณะผู้พิพากษา, อำนาจตัดสินคดี
magistrate (แมจ' จิสเตรท) *n.* เจ้าพนักงานปกครอง, ผู้พิพากษา **-magistratical** *adj.*
magnanimity (แมกนะนิม' มิที) *n., pl.* **-ties** ความมีคุณธรรม, ความใจกว้าง **-magnanimous** *adj.* **-magnanimously** *adv.*
magnate (แมก' เนท, -นิท) *n.* นักธุรกิจหรือพ่อค้าที่มีอิทธิพล, คนใหญ่คนโต, พ่อค้าใหญ่
magnesium (แมกนี' เซียม, -เฌิม) *n.* ธาตุโลหะสีเงิน มีสัญลักษณ์ Mg
magnet (แมก' นิท) *n.* แม่เหล็ก, แม่เหล็กไฟฟ้า, บุคคล สิ่งของ หรือสถานที่ที่ดึงดูดใจ
magnetic (แมกเนท' ทิค) *adj.* เกี่ยวกับแม่เหล็ก, มีคุณสมบัติของแม่เหล็ก, มีแรงดึงดูด, มีเสน่ห์ **-magnetically** *adv.* (**-S.** charming)
magnetic disk แผ่นดิสก์, ฮาร์ดดิสก์
magnetic field สนามแม่เหล็ก
magnetic pole ขั้วแม่เหล็ก
magnetic tape เส้นเทปที่เคลือบไว้ด้วยสารแม่เหล็กใช้ในการบันทึกเสียงหรือภาพ
magnetism (แมก' นิทิซเซิม) *n.* คุณสมบัติของแม่เหล็ก, อำนาจดึงดูด (**-S.** allure, power)
magnetize (แมก' นิไทซ์) *vt.* **-ized, -izing** ทำให้เป็นแม่เหล็ก, สะกดจิต, ดึงดูด, จูงใจ, ทำให้หลง **-magnetization** *n.* (**-S.** attract)
magneto (แมกนี' โท) *n., pl.* **-tos** เครื่องกำเนิดไฟฟ้าสำหรับจุดหัวเทียนเครื่องยนต์
magnificent (แมกนิฟ' ฟิเซินท) *adj.* โอ่อ่า, สง่า, งดงาม, ยิ่งใหญ่, น่าทึ่ง, สูงส่ง **-magnificently** *adv.* **-magnificence** *n.* (**-S.** grand)
magnify (แมก' นะไฟ) *vt., vi.* **-fied, -fying** ขยาย, ทำให้ใหญ่ขึ้น, ทำให้สำคัญมากขึ้น, อวดโต **-magnification** *n.* (**-S.** expand **-A.** reduce)
magnifying glass เลนส์หรือแว่นขยาย
magnitude (แมก' นิทูด, -ทยูด) *n.* ความใหญ่โต, ความสำคัญ, ขนาด, ปริมาณ, ความดัง
magnolia (แมกโนล' เลีย) *n.* ต้นแมกโนเลีย
magnum (แมก' เนิม) *n.* ขวดไวน์ที่มีปริมาตร 1.5 ลิตร **-Magnum** ปืนสั้นรุ่นหนึ่ง
magpie (แมก' ไพ) *n.* นกชนิดหนึ่ง มีขนสีขาวดำ ชอบส่งเสียงเจี๊ยวจ๊าว, คนพูดมาก
maharajah, maharaja (มาฮะรา' จะ, -ฌะ) *n.* มหาราชา
maharani, maharanee (มาฮะรา' นี) *n., pl.* **-nis/-nees** มหารานี
mahatma (มะฮาท' มะ, -แฮท'-) *n.* ผู้มีความรอบรู้และมีใจเมตตากรุณาในอินเดียและทิเบต
Mahayana (มาฮะยา' นะ) *n.* นิกายมหายาน
mahjong (มา' ฌอง') *n.* เกมไพ่นกกระจอก
mahogany (มะฮอก' กะนี) *n., pl.* **-nies**

ต้นมะฮอกกานี, สีน้ำตาลแดง

maid (เมด) *n.* เด็กผู้หญิง, หญิงพรหมจรรย์, หญิงรับใช้, แม่บ้าน (**-S.** girl, servant)

maiden (เมด' เดิน) *n.* เด็กผู้หญิง, หญิงพรหมจรรย์ *-adj.* เป็นครั้งแรก, พรหมจรรย์, ใหม่, สด, ไม่เคยใช้, อ่อนหัด **-maidenly** *adj.* **-maidenhood** *n.* (**-S.** (n.) girl, lass)

maiden name ชื่อสกุลของหญิงก่อนแต่งงาน

maid of honor *n., pl.* **maids of honor** เพื่อนเจ้าสาว, นางสนองพระโอษฐ์

maidservant (เมด' เซอร์เวินท์) *n.* สาวใช้

★**mail**[1] (เมล) *n.* จดหมาย พัสดุและสิ่งตีพิมพ์ทางไปรษณีย์, การเก็บส่งจดหมายเป็นเวลา *-vt., vi.* **mailed, mailing** ส่งทางไปรษณีย์ **-mailability** *n.* **-mailable** *adj.* (**-S.** (n., v.) post)

mail[2] (เมล) *n.* เสื้อเกราะโปร่งของนักรบที่ทำด้วยห่วงโลหะ, เปลือกแข็งที่หุ้มตัวสัตว์

mailbox (เมล' บอคซ์) *n.* ตู้ไปรษณีย์

mail-man (เมล' แมน, -เมิน) *n.* บุรุษไปรษณีย์

mail order การสั่งซื้อสินค้าทางไปรษณีย์

maim (เมม) *vt.* **maimed, maiming** ทำให้พิการ, ทำให้เสียแขนขา *-n.* ความพิการ

★**main** (เมน) *adj.* สำคัญที่สุด, หลัก, มากที่สุด, ส่วนใหญ่, แข็งแรง, มีกำลังมาก, น่าสังเกต *-n.* ท่อหลัก, ระบบใหญ่, กำลัง, แรง, ใจความสำคัญ, จุดหลัก, เส้นทางหลัก, มหาสมุทร **-in the main** ส่วนใหญ่, โดยทั่วๆ ไป **-mainly** *adv.* (**-S.** (adj., n.) principal **-A.** (adj.) unimportant)

mainframe (เมน' เฟรม) *n.* คอมพิวเตอร์ขนาดใหญ่ที่สามารถจัดการข้อมูลจำนวนมหาศาลหรืองานที่มีความซับซ้อนได้อย่างรวดเร็ว

mainland (เมน' แลนด์) *n.* แผ่นดินผืนใหญ่ของประเทศหรือทวีป

mainspring (เมน' สปริง) *n.* สปริงหรือลานตัวสำคัญในนาฬิกา, สาเหตุสำคัญ, กำลังสำคัญ

mainstay (เมน' สเต) *n.* หลักสำคัญ, หัวเรี่ยวหัวแรง, เชือกเส้นใหญ่ที่ใช้โยงเสากระโดงหลัก

mainstream (เมน' สตรีม) *n.* แนวทางหลัก, แนวโน้มที่สำคัญ, ส่วนที่สำคัญที่สุด

★**maintain** (เมนเทน') *vt.* **-tained, -taining** ดำเนินไป, ทำเรื่อยไป, รักษา, คงไว้, ค้ำจุน, เลี้ยงดู, ยืนยัน, ยึดมั่น **-maintainable** *adj.*

maintenance (เมน' ทะเนินซ์) *n.* การรักษา, การบำรุงรักษา, การเลี้ยงดู, ค่าเลี้ยงดู, การยังชีพ, การทำมาหากิน (**-S.** care, subsistence)

maisonette (เมซะเนท') *n.* บ้านหลังเล็กๆ

maitre d'hôtel (เม' ทระโดเทล') *n.* ผู้จัดการโรงแรม, หัวหน้าคนใช้, หัวหน้าบริกร

maize (เมซ) *n.* ข้าวโพด, สีเหลืองข้าวโพด

majesty (แมจ' จิสตี) *n., pl.* **-ties** ความยิ่งใหญ่, อำนาจ, เกียรติยศ, ความสง่า, ความงดงาม, ความศักดิ์สิทธิ์, บุคคลในราชวงศ์ **-Majesty** คำนำหน้าเวลาที่ใช้พูดถึงหรือพูดกับพระมหากษัตริย์และพระราชวงศ์ **-majestic, majestical** *adj.* **-majestically** *adv.* (**-S.** grandeur)

★**major** (เม' เจอร์) *adj.* ใหญ่, ยิ่งใหญ่, สำคัญมากกว่า, เกี่ยวกับระดับเสียงเมเจอร์ทางดนตรี, เป็นผู้ใหญ่, ซึ่งบรรลุนิติภาวะ, (วิชา) เอก *-n.* วิชาเอก, พันตรี, ระดับเสียงเมเจอร์ทางดนตรี, ผู้บรรลุนิติภาวะ, ตำแหน่งใหญ่

major-domo (เม' เจอร์โด' โม) *n., pl.* **-mos** หัวหน้าคนใช้, พ่อบ้าน, แม่บ้าน

major general พลตรี

★**majority** (มะจอ' ริที) *n., pl.* **-ties** จำนวนมากกว่าครึ่ง, ส่วนใหญ่, พรรคการเมืองที่มีเสียงข้างมาก, คนหมู่มาก, นิติภาวะ, ตำแหน่งพันตรี

★**make** (เมค) *v.* **made, making** *-vt.* ทำ, ทำให้เกิดขึ้น, นำมาซึ่ง, สร้างขึ้น, ทำให้เป็น, ก่อ, บัญญัติ (กฎหมาย), ตั้ง (กฎ), เปลี่ยนให้, กลายเป็น, ทำให้, บังคับให้, แต่ง (โคลง กลอน), เตรียม, จัดการ, ปรุง, ประเมิน, ประมาณ, กระทำ, ปฏิบัติ, ดำเนิน, มาถึง, มาทันเวลา, ได้มาซึ่ง, ทำให้ได้มา, เหมาะสำหรับ, ได้, บรรลุ, เติบโตเป็น, ประกอบขึ้นเป็น, รวมกันเป็น, เข้าใจ, เดินทาง, ปิดวงจร, ได้แต้ม *-vi.* เริ่มต้นทำ, ทำขึ้น, สูงขึ้น, เพิ่มขึ้น, (คำสแลง) เลียนแบบ *-n.* การผลิต, กระบวนการผลิต, ผลผลิต, จำนวนที่ผลิต, ชนิด, รูปแบบ, ยี่ห้อ, ลักษณะธรรมชาติ **-make away with** ขโมย, กำจัด, ฆ่า, ใช้จนหมด **-make believe** แกล้งทำ, สมมติ **-make fun of** เยาะเย้ย, ล้อเลียน **-make good** ดำเนินไปด้วยดี, ปฏิบัติตาม (สัญญา), ประสบความสำเร็จ, ชดเชย **-make it** (ภาษาพูด) เป็นผลสำเร็จ, (คำสแลง) มีเพศสัมพันธ์กับ **-make light of** ไม่ใส่ใจ **-make much of** กุลีกุจอ **-make over** ทำใหม่, เปลี่ยนแปลง, เปลี่ยนหรือโอนกรรมสิทธิ์ **-make up** ประกอบ, แต่ง (หน้า เรื่อง), สร้าง, ก่อ, ชดเชย, ตอบแทน, คืนดีกัน, ลงเรียนใหม่อีกครั้ง **-make up (one's) mind** ตัดสินใจ **-makable** *adj.*

maker (เม' เคอร์) *n.* ผู้ประดิษฐ์, ผู้สร้าง, ผู้ผลิต, กวี **-Maker** พระเจ้า (**-S.** creator)

makeshift (เมค' ชิฟท์) *n.* สิ่งที่ใช้แทนชั่วคราว, แผนเฉพาะหน้า *-adj.* ชั่วคราว, เฉพาะหน้า

★**makeup, make-up** (เมค' อัพ) *n.* การประกอบ, การสร้าง, นิสัย, ลักษณะ, เครื่องสำอาง, การแต่งหน้า, การแต่งตัว, การสอบซ่อม

make-work (เมค' เวิร์ค) *n.* งานเล็กๆ น้อยๆ ที่หามาให้ทำเพื่อไม่ให้อยู่เฉยๆ

mal- คำอุปสรรค หมายถึง ไม่ดี, ผิดปกติ

maladjusted (แมลละจัส' ติด) *adj.* ซึ่งปรับตัวไม่เข้ากับสถานการณ์, ซึ่งปรับตัวได้ไม่ดี

maladroit (แมละดรอยท์') *adj.* เซ่อ, งุ่มง่าม

malady (แมล' ละดี) *n., pl.* **-dies** โรคภัย

malaise (แมเลซ', มะ-) *n.* อาการครั่นเนื้อครั่นตัว, ความไม่สบายตัว (**-S.** sickness)

malapropism (แมล' ละพรอพอิซเซิม) *n.* การใช้ถ้อยคำผิดความหมาย โดยเฉพาะคำพ้องเสียง **-malapropian** *adj.*

malapropos (แมลแลพระโพ') *adj., adv.* ไม่ถูกกาลเทศะ, ไม่สมควร, ไม่ถูกเวลา

malaria (มะแล' เรีย) *n.* ไข้มาลาเรีย, ไข้ป่า

malcontent (แมล' เคินเทนท์) *adj.* ไม่พอใจ *-n.* ผู้ไม่พอใจ, พวกจลาจล (**-S.** (n.) rebel)

maldistribution (แมลดิสตระบยู' ชัน) *n.* การแบ่งปันไม่เหมาะสมหรือไม่เพียงพอ

★**male** (เมล) *adj.* เกี่ยวกับเพศชาย, เป็นลูกผู้ชาย, มีความเป็นชาย, เกี่ยวกับเกสรตัวผู้, ประกอบด้วยผู้ชาย, ตัวผู้ *-n.* สัตว์ตัวผู้, (พืช) ต้นตัวผู้, เด็กชาย, ผู้ชาย **-maleness** *n.* (**-S.** (adj.) manly)

malediction (แมลลิดิค' ชัน) *n.* คำสาปแช่ง

malefactor (แมล' ละแฟคเทอร์) *n.* อาชญากร, ผู้ร้าย, ผู้กระทำผิดกฎหมาย, ผู้ทำชั่ว

malevolence (มะเลฟ' วะเลินซ์) *n.* ความประสงค์ร้าย, ความพยาบาท **-malevolent** *adj.*

malfeasance (แมลฟี' เซินซ์) *n.* การประพฤติผิดวินัย, ความประพฤติที่ไม่เหมาะสมของข้าราชการ **-malfeasant** *adj., n.*

malformation (แมลฟอร์เม' ชัน) *n.* การสร้างที่ผิดปกติหรือไม่สมบูรณ์, ความผิดปกติ, ความพิการ, ความผิดรูปผิดส่วน **-malformed** *adj.*

malfunction (แมลฟังค์' ชัน) *vi.* **-tioned, -tioning** ทำหน้าที่ไม่ดีหรือไม่ได้

malice (แมล' ลิซ) *n.* ความประสงค์ร้าย, ความผูกพยาบาท, เจตนาร้าย **-malicious** *adj.*

malign (มะไลน์') *vt.* **-ligned, -ligning** ใส่ร้าย, กล่าวหา *-adj.* ร้ายกาจ, เป็นอันตราย **-malignity** *n.* **-malignly** *adv.* (**-S.** (v.) defame)

malignancy (มะลิก' เนินซี) *n., pl.* **-cies** ความมุ่งร้าย, เจตนาร้าย, ความร้ายกาจ, โรคร้าย, เนื้อร้าย **-malignant** *adj.*

malinger (มะลิง' เกอร์) *vi.* **-gered, -gering** แกล้งเจ็บป่วยเพื่อเลี่ยงงาน, บิดพลิ้ว

mall (มอล, แมล) *n.* ศูนย์การค้า, ทางเดินเล่นที่มีหลังคา, ถนนสำหรับคนเดินซื้อของจากร้านค้าสองข้างทาง, เกาะกลางถนน, ตะลุมพุก

mallard (แมลฺ' เลิร์ด) *n., pl.* **-lard/-lards** เป็ดป่า, เป็ดน้ำ

malleable (แมล' ลีอะเบิล) *adj.* ซึ่งเปลี่ยนรูปได้, ที่ดัดแปลงได้ง่าย, ที่ควบคุมหรือบังคับได้ง่าย, หัวอ่อน, ว่าง่าย **-malleability** *n.* (**-S.** ductile)

mallet (แมล' ลิท) *n.* ค้อนหัวไม้, ตะลุมพุก

malnutrition (แมลนูทริช' ชัน, -นยู-) *n.* การขาดอาหาร, ภาวะทุพโภชนาการ

malt (มอลทฺ) *n.* ข้าวบาร์เลย์ (หรือธัญพืชอื่นๆ) ที่นำไปแช่น้ำให้งอกเล็กน้อยแล้วนำไปทำให้แห้งเพื่อนำไปหมักและกลั่นเป็นเครื่องดื่มที่มีแอลกอฮอล์, เครื่องดื่มแอลกอฮอล์ที่ทำจากข้าวมอลต์ เช่นเบียร์, นมผงผสมข้าวบาร์เลย์หรือธัญพืชอื่นๆ

maltose (มอล' โทซ, -โทซ) *n.* น้ำตาลโมเลกุลคู่ที่ได้จากการย่อยแป้ง

maltreat (แมลทรีท') *vt.* **-treated, -treating** ทำทารุณ, ทำร้าย, ทำหยาบคาย **-maltreatment** *n.* (**-S.** abuse, harm)

★**mama, mamma** (มา' มะ, มะมา') *n.* (ภาษาพูด) แม่, (คำสแลง) ผู้หญิง ภรรยา

mambo (มาม' โบ) *n., pl.* **-bos** การเต้นรำของละตินอเมริกาที่มีจังหวะคล้ายรุมบ้า

mamma (แมม' มะ) *n., pl.* **-mae**(-มี) เต้านม, ต่อมน้ำนม **-mammate** *adj.* **-mammary** *adj.*

mammal (แมม' เมิล) *n.* สัตว์เลี้ยงลูกด้วยนม

mammon (แมม' เมิน) *n.* ทรัพย์สมบัติ

mammoth (แมม' เมิธ) *n.* ช้างดึกดำบรรพ์ขนาดใหญ่ในยุคน้ำแข็งที่มีงายาวและขนหนาซึ่งสูญพันธุ์ไปแล้ว, สิ่งที่มีขนาดใหญ่โต *-adj.* ใหญ่โต (**-S.** (adj.) huge)

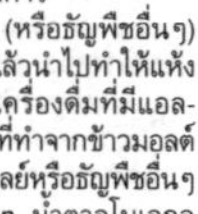
mammoth

man (แมน) *n., pl.* **men** (เมน) มนุษย์, บุคคล, มนุษยชาติ, ผู้ชาย, สามี, ลูกผู้ชาย, ชายผู้เป็นที่รัก, คนรับใช้ชาย, คนงานชาย, ตัวหมากรุก, เรือ, ผู้เล่นในทีม *-vt.* **manned, manning** บรรจุคน, หาคนให้, ประจำการ, เตรียมพร้อมทำงาน *-adj.* เพศชาย **-manhood** *n.* (**-S.** (n.) human)

man about town ผู้ที่ใช้ชีวิตหรูหราในสังคม

manacle (แมน' นะเคิล) *n.* กุญแจมือ, ตรวน, เครื่องพันธนาการ *-vt.* **-cled, -cling** ใส่

กุญแจมือ, ใส่ตรวน, ควบคุม (-S. (n., v.) fetter)

★**manage** (แมน' นิจ) *vt., vi.* **-aged, -aging** บริหาร, ดำเนินงาน, จัดการ, ควบคุม, ใช้ (เครื่องจักร), ปกครอง, ดูแล, บังคับบัญชา, พลิกแพลง, อุตส่าห์ *-n.* การดำเนินการ, การจัดการ **-management** *n.* **-manageable** *adj.*

★**manager** (แมน' นิเจอร์) *n.* ผู้จัดการ, ผู้บริหาร, ผู้ควบคุม, ผู้จัดการทีม, ผู้มีหน้าที่รับรองลูกค้า

managerial (แมนนิเจีย' เรียล) *adj.* เกี่ยวกับการบริหารและจัดการ, มีลักษณะของผู้บริหาร

managing director กรรมการผู้จัดการบริษัท

mañana (มาเนีย' นะ) *adv.* พรุ่งนี้, ในอนาคต

man-at-arms (แมนเอิทอาร์มซ') *n., pl.* **men-at -arms** (เมน-) ทหาร, ทหารม้าที่ติดอาวุธหนัก

manatee (แมน' นะที) *n.* พะยูน เป็นสัตว์เลี้ยงลูกด้วยนมอยู่ในทะเล

manatee

mandarin (แมน' ดะริน) *n.* ขุนนางจีน, ส้มจีน, ข้าราชการระดับสูง, สีส้มเข้ม *-adj.* มีลักษณะอย่างขุนนาง **-Mandarin** ภาษาจีนกลาง **-mandarinism** *n.*

mandate (แมน' เดท) *n.* คำสั่ง, อำนาจหน้าที่ที่ได้รับมอบหมาย, อาณัติ, ดินแดนในอาณัติ *-vt.* **-dated, -dating** ให้อาณัติปกครอง, ออกคำสั่ง **-mandator** *n.* (-S. (n.) authority)

mandible (แมน' ดะเบิล) *n.* ขากรรไกรล่าง, จะงอยปากนก (-S. jaw)

mandolin (แมนดะลิน') *n.* เครื่องดนตรีคล้ายกีตาร์และมีสายดีด **-mandolinist** *n.*

mandrel, mandril (แมน' เดริล) *n.* แกนยึดวัตถุที่จะกลึง, ด้ามจับโลหะที่จะตี

mandrill (แมน' เดริล) *n.* ลิงบาบูนขนาดใหญ่ มีนิสัยดุร้าย พบได้ทางตะวันตกของแอฟริกา

mane (เมน) *n.* ขนแผงคอของม้าหรือสิงโตตัวผู้, ผมคนที่ยาวและหนา

mane

man-eater (แมน' อีเทอร์) *n.* คนป่าหรือสัตว์ที่กินเนื้อมนุษย์

manege (แมเนฌ') *n.* โรงเรียนฝึกม้าและสอนขี่ม้า, ศิลปะการขี่และฝึกม้า (-S. horsemanship)

maneuver (มะนู' เวอร์, -นยู'-) *n.* การซ้อมรบ, การแปรขบวนของเครื่องบิน, การเคลื่อนที่หรือการปฏิบัติที่อาศัยความชำนาญหรือไหวพริบ, การหลบหลีก, การยักย้าย, อุบาย *-vi., vt.* **-vered, -vering** วางแผน, แปรขบวน, หลบหลีก, ซ้อมรบ, บังคับรถด้วยความชำนาญ, ยักย้าย, เล็ดลอด **-maneuverable** *adj.*

manful (แมน' เฟิล) *adj.* กล้าหาญ, มีความเป็นลูกผู้ชาย, แข็งแรง, บึกบึน **-manfully** *adv.*

manganese (แมง' กะนีซ, -นีซ) *n.* โลหะสีขาวอมเทา มีความเปราะ มีสัญลักษณ์ Mn

mange (เมนจ์) *n.* โรคขี้เรื้อนของสุนัข

manger (เมน' เจอร์) *n.* รางหญ้า, รางใส่อาหาร

mangle[1] (แมง' เกิล) *vt.* **-gled, -gling** ทำให้ยับเยินเสียหาย, ทำลาย, ฟันหรือสับจนยับเยิน

mangle[2] (แมง' เกิล) *n.* เครื่องอัดและรีดผ้าให้เรียบโดยผ่านลูกกลิ้งร้อน **-mangler** *n.*

mango (แมง' โก) *n., pl.* **-goes/-gos** มะม่วง

mangosteen (แมง' กะสตีน) *n.* มังคุด

mangrove (แมน' โกรฟว์) *n.* ต้นโกงกาง

mangy (เมน' จี) *adj.* **-gier, -giest** เป็นขี้เรื้อน, ซอมซ่อ, น่าชัง, เลวทราม (-S. shabby)

manhandle (แมน' แฮนเดิล) *vt.* **-dled, -dling** เคลื่อนที่หรือทำด้วยแรงคน (ไม่ใช้เครื่องจักร)

manhole (แมน' โฮล) *n.* ท่อบนถนนที่มีฝาปิดเปิดเพื่อลงไปทำงานใต้ถนนได้

man-hour (แมน' เอาร์) *n.* หน่วยวัดแรงงานซึ่งเท่ากับงานของคนๆหนึ่งที่ทำได้ในหนึ่งชั่วโมง

mania (เม' เนีย) *n.* ความบ้าคลั่ง

maniac (เม' นีแอค) *n.* คนบ้า, คนบ้าคลั่ง, คนที่คลั่งไคล้ในบางสิ่ง *-adj.* บ้า, คลั่ง **-maniacal** *adj.* **-maniacally** *adv.* (-S. (n.) lunatic)

manicure (แมน' นิคยุร์) *n.* การแต่งเล็บและมือ *-vt.* **-cured, -curing** แต่งเล็บและมือ

manicurist (แมน' นิคยุริซท์) *n.* ช่างแต่งเล็บ

manifest (แมน' นะเฟซท์) *adj.* ชัดแจ้ง, ปรากฏชัด *-vt.* **-fested, -festing** แสดงให้เห็น, ปรากฏ, พิสูจน์ให้เห็น *-n.* บัญชีสินค้า, รายชื่อผู้โดยสาร **-manifestly** *adv.* (-S. (adj.) clear)

manifesto (แมนนะเฟส' โต) *n., pl.* **-toes/ -tos** ประกาศ, แถลงการณ์ (-S. declaration)

manifold (แมน' นะโฟลด์) *adj.* หลากหลาย, หลายเท่า, ต่างๆ นานา *-n.* สิ่งที่มีจำนวนมากมาย **-manifoldly** *adv.* (-S. (adj.) many)

manikin (แมน' นิคิน) *n.* หุ่นโชว์เสื้อผ้าหน้าร้าน, นางแบบ, ผู้แสดงแบบเสื้อ, คนแคระ, คนตัวเล็ก

manila, manilla (มะนิล' ละ) *n.* กระดาษที่ทำจากป่านมนิลา, สีน้ำตาลอ่อน

Manila hemp ป่านมนิลา

Manila rope เชือกมนิลา

man in the street คนธรรมดา, คนเดินถนน

A B C D E F G H I J K L M N O P Q R S T U V W X Y Z

manioc, manioca (แมน' นีออค, แมนนีโอ' คะ) *n.* มันสำปะหลัง (**-S.** cassava)
manipulate (มะนิพ' พยะเลท) *vt.* **-lated, -lating** ควบคุม, ใช้, จับต้อง, ยักย้าย, บิดเบือน, โกง, ใช้อุบาย, ใช้เล่ห์กล **-manipulable** *adj.* **-manipulation** *n.* (**-S.** control, handle)
mankind (แมน' ไคน์ด) *n.* มนุษยชาติ, ผู้ชาย
manlike (แมน' ไลค) *adj.* คล้ายมนุษย์
manly (แมน' ลี) *adj.* **-lier, -liest** เหมาะกับผู้ชาย, มีความเป็นลูกผู้ชาย *-adv.* อย่างลูกผู้ชาย
man-made, manmade (แมน' เมด') *adj.* ซึ่งทำด้วยฝีมือมนุษย์, ที่สังเคราะห์ขึ้น, เทียม
manned (แมนด) *adj.* ที่ควบคุมโดยคน
mannequin (แมน' นิคิน) *n.* หุ่นโชว์เสื้อผ้า, ผู้แสดงแบบเสื้อ, นางแบบ (**-S.** model)
★**manner** (แมน' เนอร์) *n.* วิธี, การแสดงออก, พฤติกรรม, ท่าทาง, อาการ, ชนิด, ประเภท, จำพวก, แบบ, อย่าง **-in a manner of speaking** ถ้าจะพูดไปแล้ว **-manners** ขนบธรรมเนียม, มารยาท (**-S.** behaviour, method)
mannerism (แมน' นะริซเซิม) *n.* ท่าทางหรือคำพูดที่ใช้เป็นประจำ, นิสัย (**-S.** habit)
mannerless (แมน' เนอลิซ) *adj.* ไม่มีมารยาท
mannerly (แมน' เนอร์ลี) *adj.* มีมารยาท, สุภาพ, อ่อนโยน *-adv.* อย่างสุภาพ
mannish (แมน' นิช) *adj.* เหมือนผู้ชาย
manoeuvre (มะนู' เวอร์, -นยู'-) *n., v.* ดู maneuver
man of letters บรรณาธิการ, นักอักษรศาสตร์
man of the world คนที่จัดเจนต่อโลก
man-of-war (แมนนะวอร์') *n.* เรือรบ
manor (แมน' เนอร์) *n.* คฤหาสน์พร้อมที่ดิน, ที่ดินรอบคฤหาสน์, บ้านหลังใหญ่ (**-S.** mansion)
manpower (แมน' เพาเออร์) *n.* แรงงานหรือกำลังคน
mansard (แมน' ซาร์ด) *n.* หลังคาที่มีความลาดเอียงสองระดับทั้งสี่ด้าน โดยระดับล่างจะชันกว่าระดับบน

mansard

manse (แมนซ์) *n.* บ้านของพระสอนศาสนา
mansion (แมน' ชัน) *n.* บ้านหลังใหญ่, คฤหาสน์
man-sized, man-size (แมน' ไซซ์ด์, -ไซซ์) *adj.* ใหญ่พอสำหรับตัวคน
manslaughter (แมน' สลอเทอร์) *n.* การฆ่าคนโดยไม่ได้เจตนา, การฆ่าคนโดยประมาท
manta ray ปลากระเบนราหู
mantel, mantle (แมน' เทิล) *n.* หิ้งเหนือเตาผิง, แผ่นหินที่ยื่นออกมาเป็นหิ้งเหนือเตาผิง
mantelpiece (แมน' เทิลพีซ) *n.* หิ้งเหนือเตาผิง
manteltree (แมน' เทิลทรี) *n.* แผ่นไม้หรือหินที่ขวางอยู่เหนือเตาผิง
mantilla (แมนทิ' ยะ, -ทิล' ละ) *n.* ผ้าลูกไม้สำหรับคลุมศีรษะและไหล่ของสตรีชาวสเปน
mantis (แมน' ทิซ) *n., pl.* **-tises/-tes** (-ทีซ) ตั๊กแตนตำข้าว

mantis

mantle (แมน' เทิล) *n.* สิ่งปกคลุม, เสื้อคลุมไม่มีแขน, ชั้นภายในของโลกที่อยู่ระหว่างเปลือกโลกและแกน, เยื่อหุ้ม, ปลอก, หิ้งเหนือเตาผิง *-v.* **-tled, -tling** *-vt.* ปกคลุม, ห่อหุ้ม *-vi.* แผ่ซ่าน, ปกคลุมเป็นผิวหน้า (**-S.** (n., v.) cloak, cover)
man-to-man (แมน' ทะแมน') *adj.* จริงใจ
manual (แมน' ยวล) *adj.* ซึ่งทำด้วยมือ, ที่ต้องใช้มือ, เกี่ยวกับหนังสือคู่มือ *-n.* หนังสือคู่มือ, ก้านเสียงของเปียโน, การฝึกหัดจับอาวุธปืน
manual alphabet อักษรสำหรับคนใบ้และหูหนวก โดยใช้มือและนิ้วทำเป็นรูปต่างๆ แทน
manufactory (แมนยะแฟค' ทะรี) *n., pl.* **-ries** โรงงาน
★**manufacture** (แมนยะแฟค' เชอร์) *-vt.* **-tured, -turing** ทำโดยใช้เครื่องจักร, ผลิต, ประกอบ, กุ (เรื่อง) *-n.* ผลผลิต, การผลิต, สิ่งที่ผลิต, การประกอบ **-manufacturer** *n.*
manure (มะนัวร์', -นยัวร์') *n.* ปุ๋ยคอก *-vt.* **-nured, -nuring** ใส่ปุ๋ย **-manurial** *adj.*
manuscript (แมน' นยะสกริพท) *n.* ต้นฉบับ, หนังสือหรือเอกสารที่เขียนด้วยมือ
manx cat แมวบ้านที่มีขนสั้นและหางกุด
★**many** (เมน' นี) *adj.* **more, most** มาก, หลาย, มากมาย *-n.* จำนวน (คน สิ่งของ) มาก, คนหมู่มาก *-pron.* คนหรือสิ่งของจำนวนมาก
Maori (เมา' รี) *n., pl.* **-ri/-ris** ชนพื้นเมืองเผ่าหนึ่งของนิวซีแลนด์, ภาษาของพวกเมารี
★**map** (แมพ) *n.* แผนที่, แผนการ *-vt.* **mapped, mapping** ทำแผนที่, สำรวจเพื่อทำแผนที่, วางแผน, แสดงบนแผนที่ **-put on the map** ทำให้เป็นที่รู้จัก (**-S.** (n., v.) chart)
maple (เม' เพิล) *n.* ต้นไม้ชนิดหนึ่งมีใบกว้างและเว้าเป็นแฉก, สีเหลืองส้มของเนื้อไม้
mar (มาร์) *vt.* **marred, marring** ทำให้เสียไป,

ทำลาย *-n.* สิ่งที่เสียหาย, บาดแผล, รอยตำหนิ

Mar, Mar. ย่อจาก March เดือนมีนาคม

marabou (แม' ระบู) *n.* นกกระสาชนิดหนึ่ง

maraca (มะรา' คะ) *n.* ลูกแซ็ก เครื่องดนตรีรูปทรงคล้ายน้ำเต้า ใช้เขย่าให้จังหวะ

maraschino (แมระสกี' โน, -ชี-) *n., pl.* **-nos** เหล้าแรงชนิดหนึ่ง มีรสหวานทำจากลูกเชอร์รี

marathon (แม' ระธอน) *n.* การแข่งวิ่งเป็นระยะทาง 41.3 กิโลเมตร

maraud (มะรอด') *vi., vt.* **-rauded, -rauding** เที่ยวปล้นทรัพย์ *-n.* การปล้น **-marauder** *n.*

marble (มาร์ เบิล) *n.* หินอ่อน, ลูกหิน, ลูกแก้ว, สิ่งที่คล้ายหินอ่อน, รูปสลักหรือรูปปั้นหินอ่อน, การทำลวดลายและสีสันเลียนแบบหินอ่อน *-adj.* ซึ่งทำด้วยหินอ่อน, คล้ายหินอ่อน

★**March** (มาร์ช) เดือนมีนาคม

★**march¹** (มาร์ช) *v.* **marched, marching** *-vi.* เดินเป็นจังหวะ, เดินแถว, (เวลา) ล่วงไป, ไปข้างหน้าอย่างสม่ำเสมอ, เดินองอาจ, เดินขบวน *-vt.* ทำให้เดิน, ทำแถวให้เดินขบวน *-n.* การเดินแถว, ความก้าวหน้า, การเคลื่อนไปข้างหน้า, ดนตรีประกอบการเดินแถว (**-S.** (v., n.) advance)

march² (มาร์ช) *n.* ชายแดน, เขตแดน *-vi.* **marched, marching** มีอาณาเขตติดต่อ

marcher¹ (มาร์ เชอร์) *n.* ผู้เดินขบวน

marcher² (มาร์ เชอร์) *n.* ผู้อาศัยอยู่ชายแดน, ขุนนางผู้ดูแลพรมแดนของอังกฤษ

marchese (มาร์เค' เซ) *n., pl.* **-si**(-ซี) ขุนนางอิตาลีที่มีตำแหน่งรองจากเจ้าชาย

marchioness (มาร์' ชะนิซ, -เนซ) *n.* ภรรยาหรือภรรยาม่ายของขุนนางชั้นมาร์ควิซ

mare (แมร์) *n.* ม้าหรือลาตัวเมีย, แม่ม้า

mare's-nest (แมร์ซ' เนซท์) *n.* เรื่องเหลวไหล, การหลอกลวง, ความยุ่งเหยิง

★**margarine, margarin** (มาร์' เจอริน)*n.* เนยเทียมที่ทำจากน้ำมันพืชและส่วนผสมอื่นๆ

margin (มาร์' จิน) *n.* ริม, ขอบ, ข้าง, ขอบเขต, ช่องว่างรอบหน้าหนังสือ, ขอบกระดาษ, จำนวน (เงิน สิ่งของ) พิเศษที่เตรียมไว้เผื่อเหลือเผื่อขาด, ระดับของความแตกต่าง, ค่าแตกต่างระหว่างราคาทุนกับราคาขายของสินค้า *-vt.* **-gined, -gining** ใส่ข้อความไว้ข้างๆ, จัดให้มีขอบ

marginal (มาร์' จะเนิล) *adj.* ที่เขียนหรือพิมพ์ลงในขอบกระดาษ, ซึ่งอยู่ในขอบเขต, ที่อยู่ใกล้จุดต่ำสุด, ที่ทำกำไรน้อยมาก **-marginally** *adv.*

marigold (แม' ริโกลด์) *n.* พืชไม้ดอกจำพวกยี่สุ่นและดาวเรือง มีดอกสีส้ม เหลือง หรือแดง

marijuana, marihuana (แมระวา' นะ) *n.* ใบหรือดอกกัญชาแห้ง, กัญชา (**-S.** hemp)

marina (มะรี' นะ) *n.* ที่จอดเรือ, ท่าเทียบเรือ

marinate (แม' ระเนท) *vt.* **-nated, -nating** แช่ (เนื้อ ปลา) ลงในส่วนผสม marinade

marine (มะรีน') *adj.* เกี่ยวกับทะเล, ทางทะเล, ในทะเล *-n.* ทหารเรือ, นาวิกโยธิน, เรือเดินทะเลทั้งหมดของประเทศ, ภาพทางทะเล

marine biology ชีววิทยาทางทะเล

marine park สถานที่เลี้ยงสัตว์น้ำเค็ม

mariner (แม' ระเนอร์) *n.* ชาวเรือ, กะลาสี

marionette (แมริอะเนท') *n.* หุ่นกระบอก

marital (แม' ริเทิล) *adj.* เกี่ยวกับการแต่งงาน

maritime (แม' ริไทม์) *adj.* ซึ่งอยู่ในหรือใกล้ทะเล, เกี่ยวกับทางทะเล

marjoram (มาร์' เจอเริม) *n.* พืชชนิดหนึ่งคล้ายสะระแหน่ ใบมีกลิ่นฉุน ใช้ปรุงอาหาร

★**mark¹** (มาร์ค) *n.* จุด, เส้น, เครื่องหมาย, รอยกากบาท, เครื่องแสดง, การประเมิน (ราคา), ร่องรอย, เป้า, ที่หมาย, ป้าย, ฉลาก, ตรา, สัญลักษณ์, รอยบาก, มาตรฐาน, คะแนน, แต้ม, จุดออกตัวในการวิ่งแข่ง, ความสำคัญ, ความเด่น, ความเอาใจใส่, ความสังเกต, เส้นระดับบรรทุกที่ขีดไว้ข้างเรือ, ชายแดน *-v.* **marked, marking** *-vt.* ทำเครื่องหมาย, ขีด, กา, ทำรอย, แสดง, ปรากฏชัด, จดจำ, สังเกต, เพ่งเล็ง, กำหนด, วาง, กะ, บันทึก (คะแนน), ติด (ป้าย), ตีราคา *-vi.* ทำเครื่องหมาย, สังเกต, ให้คะแนน (เรียน), จดคะแนน **-hit the mark** ถูกเป้าหมาย **-mark down** จดบันทึก, ติดป้าย, ลดราคาสินค้า **-mark time** ย่ำเท้าอยู่กับที่, รอเวลา **-mark up** เพิ่มราคาสินค้า **-marking** *n.* (**-S.** (n., v.) dot)

mark² (มาร์ค) *n.* สกุลเงินของเยอรมนี

marked (มาร์คท์) *adj.* มีเครื่องหมายเด่นชัด

marker (มาร์' เคอร์) *n.* สิ่งที่ใช้ทำเครื่องหมาย, สิ่งที่ใช้เป็นเครื่องหมาย, คนบันทึกแต้ม

★**market** (มาร์' คิท) *n.* ตลาด, ตลาดค้าหุ้น, ธุรกิจซื้อขายสินค้า, กลุ่มผู้ซื้อ, ตลาดการค้า, ตลาดนัด *-v.* **-keted, -keting** *-vt.* ขาย, นำส่งตลาด *-vi.* จ่ายตลาด, ซื้อหรือขายในตลาด **-be on the market** หาซื้อได้, นำมาขาย

marketable (มาร์' คิทะเบิล) *adj.* เหมาะสำหรับขาย, ขายได้, ขายง่าย (**-S.** salable)

marketing (มาร์' คิทิ้ง) *n.* การตลาด

market place การซื้อขายในตลาด, สถานที่ที่ใช้เป็นตลาด, ตลาดค้า, โลกธุรกิจการค้า

market price ราคาตามท้องตลาด

market research การวิจัยตลาด
marksman (มาร์คซ' เมิน) *n., pl.* **-men** นักแม่นปืน **-marksmanship** *n.* (-**S.** gunman)
marl (มาร์ล) *n.* ดินมาร์ล, ดินร่วนที่ประกอบด้วยดินเหนียว ปูน และเปลือกหอยใช้เป็นปุ๋ย
marlin (มาร์' ลิน) *n.* ปลากระโทงแทง
marlinespike (มาร์' ลินสไปค์) *n.* เหล็กแหลมสำหรับคลายเชือกที่ผูกต่อกัน
marmalade (มาร์' มะเลด) *n.* แยมผิวส้ม
marmoset (มาร์' มะเซท, -เซท) *n.* ลิงตัวเล็กขนนุ่มหนา หางยาว พบได้ในแถบทวีปอเมริกา
marmot (มาร์' เมิท) *n.* สัตว์ชนิดหนึ่งคล้ายอัน
maroon[1] (มะรูน') *vt.* **-rooned, -rooning** ทิ้งไว้บนนบก, ปล่อยเกาะ, ทิ้งให้อยู่คนเดียว
maroon[2] (มะรูน') *n.* สีน้ำตาลอมแดงเข้ม
marque (มาร์ค) *n.* ยี่ห้อ (รถยนต์) (-**S.** brand)
marquee (มาร์คี') *n.* โครงสร้างคล้ายหลังคาใช้เป็นที่แขวนป้ายโฆษณา, เต็นท์ขนาดใหญ่, ปะรำ, กระโจม (-**S.** tent)
marquis, marquess (มาร์' ควิซ, -คี) *n., pl.* **-quises** (-ควิซิซ)/**-quis** (-คีซ')/**-quesses** (-ควิซิซ) ขุนนางที่มียศต่ำกว่าดยุคแต่สูงกว่าเอิร์ลหรือเคานต์
marquise (มาร์' คีซ) *n.* ภรรยาหรือภรรยาม่ายของขุนนางชั้นมาร์ควิซ, เพชรพลอยที่เจียระไนเป็นรูปไข่หัวท้ายแหลม
★**marriage** (แม' ริจ) *n.* ชีวิตสมรส, พิธีสมรส, การแต่งงาน, การรวมกันอย่างสนิทแน่น
marriageable (แม' ริจะเบิล) *adj.* สมควรแต่งงานได้ **-marriageability** *n.*
marriage broker พ่อสื่อ, แม่สื่อ
★**married** (แม' รีด) *adj.* มีสามีหรือภรรยา, อยู่ด้วยกันแบบสามีภรรยา, เกี่ยวกับคนที่แต่งงานแล้ว, เกี่ยวกับการแต่งงาน, (การรวมกัน) อย่างใกล้ชิด, เป็นน้ำหนึ่งอันเดียวกัน
marron (แม' เริน, -รอง') *n.* เกาลัด
marrow (แม' โร) *n.* ไขกระดูก, ไขสันหลัง, ส่วนในสุด, ส่วนที่สำคัญที่สุด, แก่น (-**S.** pith)
★**marry** (แม' รี) *vt., vi.* **-ried, -rying** แต่งงาน, สมรส, ทำพิธีสมรส, รับเป็นภรรยาหรือสามี, ร่วมเป็นอันหนึ่งอันเดียวกัน (-**S.** unite, wed)
Mars (มาร์ซ) *n.* เทพเจ้าแห่งสงคราม, ดาวอังคาร
marsh (มาร์ช) *n.* หนอง, บึง, ตม (-**S.** bog)
marshal (มาร์' เชิล) *n.* จอมพล, หัวหน้านายตำรวจ, หัวหน้าแผนกดับเพลิง, เจ้าพนักงานศาล, จ่าศาล, สมุหพระราชพิธี, เจ้าหน้าที่ในราชสำนัก *-vt., vi.* **-shaled, -shaling/-shalled, -shalling** เรียง, เรียบเรียง (ความคิด), จัด, จัดวาง, จัดการ, นำมาเข้าแถว, นำเข้าพิธี **-marshalship** *n.*
marsh gas ก๊าซมีเทนธรรมชาติที่เกิดจากบึง
marshmallow (มาร์ช' เมลโล) *n.* ขนมหวานสีขาว นุ่มฟู, พืชชนิดหนึ่งมีดอกสีชมพูและรากนุ่มหยุ่น ใช้ทำขนมหวานดังกล่าว
marshy (มาร์' ชี) *adj.* **-ier, -iest** เป็นหนองน้ำ, เฉอะแฉะ, อยู่ในหนอง **-marshiness** *n.*
marsupial (มาร์ซู' เพียล) *n.* สัตว์เลี้ยงลูกด้วยนมที่ตัวเมียมีถุงหน้าท้องสำหรับใส่ลูกอ่อน
mart (มาร์ท) *n.* ตลาด (-**S.** market)
marten (มาร์' เทิน) *n., pl.* **-tens/-ten** สัตว์เลี้ยงลูกด้วยนมคล้ายนาก มีขนสีน้ำตาลนุ่มหนา
martial (มาร์' เชิล) *adj.* เกี่ยวกับสงคราม, เพื่อการรบ, อย่างทหาร, ฮึกเหิม, กล้าหาญ
martial art ศิลปะการต่อสู้ เช่น ยูโด
martial law กฎอัยการศึก
Martian (มาร์' เชิน) *adj.* เกี่ยวกับดาวอังคาร, เกี่ยวกับเทพเจ้าแห่งสงคราม *-n.* ชาวดาวอังคาร
martin (มาร์' เทิน) *n.* นกนางแอ่นชนิดหนึ่ง
martinet (มาร์เทินเนท') *n.* คนที่เคร่งครัดในระเบียบวินัย (-**S.** disciplinarian)
martingale (มาร์' เทินเกล) *n.* สายรั้งบังเหียนม้าสำหรับยึดไม่ให้ม้าเงยหัว
martini (มาร์ที' นี) *n., pl.* **-nis** ค็อกเทลที่มีส่วนผสมของยินหรือวอดก้าและดรายเวอร์มุธ
martyr (มาร์' เทอร์) *n.* ผู้ที่ยอมตายหรือทนทุกข์ทรมานเพื่อปกป้องความเชื่อมั่นศรัทธาหรือหลักการ, ผู้เสียสละ **-martyrdom** *n.*
marvel (มาร์' เวิล) *n.* สิ่งที่น่าอัศจรรย์, บุคคลที่น่าพิศวง, ความประหลาดใจ *-vt., vi.* **-veled, -veling/-velled, -velling** พิศวง **-marvelous** *adj.* **-marvelously** *adv.* (-**S.** (n.) miracle)
Marxism (มาร์ค' ซิซเซิม) *n.* ทฤษฎีหรือกฎเกณฑ์ทางการเมือง เศรษฐกิจและสังคมแนวคาร์ล มาร์กซ์ **-Marxist, Marxian** *adj., n.*
Mary (แม' รี) *n.* พระนางมารี
mascara (แมสแก' ระ) *n.* เครื่องสำอางสำหรับทาขนตาหรือขนคิ้วให้เข้มขึ้น
mascot (แมส' กอท, -เกิท) *n.* ตัวนำโชค
masculine (แมส' กยะลิน) *adj.* เกี่ยวกับผู้ชาย, มีลักษณะผู้ชาย, ของผู้ชาย *-n.* (ไวยากรณ์) เพศชาย, คำนามที่เป็นเพศชาย, ผู้ชาย **-masculinely** *adv.* **-masculinity** *n.* (-**S.** (adj., n.) male)
maser (เม' เซอร์) *n.* ย่อจาก microwave amplification by stimulated emission of radiation อุปกรณ์ที่สร้างคลื่นไมโครเวฟ

A B C D E F G H I J K L M N O P Q R S T U V W X Y Z

mash (แมช) *n.* อาหารเลี้ยงสัตว์ที่คลุกเคล้ากันเป็นก้อน, ส่วนผสมที่ข้นเหลว, การบด *-vt.* **mashed, mashing** บด, ปั่น, คลุกเคล้า

★**mask** (แมซค์) *n.* หน้ากาก, สิ่งที่ปกปิดหรือปิดบัง, พิมพ์ใบหน้า, หน้ากากออกซิเจน, เครื่องกำบัง, คนที่สวมหน้ากาก *-v.* **masked, masking** *-vt.* ปิดบังด้วยหน้ากาก, ปกปิด, กำบัง *-vi.* สวมหน้ากาก, ซ่อนความจริง, ปิดบังนิสัยจริง **-maskable** *adj.* (-S. (n., v.) cover, disguise)

masked ball งานเต้นรำแฟนซีสวมหน้ากาก

masochism (แมซ' ซะคิซเซิม) *n.* ความผิดปกติทางเพศอย่างหนึ่งที่บุคคลจะมีความสุขเมื่อถูกทำให้เจ็บปวดทางร่างกาย

mason (เม' เซิน) *n.* ช่างก่อสร้าง, ช่างก่ออิฐ

masonry (เม' เซินรี) *n., pl.* **-ries** ช่างก่อสร้าง, งานก่ออิฐก่อตึก, สิ่งที่ก่อขึ้นด้วยอิฐ หิน ปูน

masque (แมซค์) *n.* ละครสวมหน้ากาก

masquerade (แมสกะเรด') *n.* งานเต้นรำที่แต่งชุดแฟนซีและสวมหน้ากาก, การปลอมตัว, การตบตา (-S. disguise, pretense)

★**mass** (แมซ) *n.* มวล, ก้อน, กอง, ปึก, ตั้ง, จำนวนมาก, ส่วนใหญ่, ขนาดใหญ่, ความเทอะทะ, ความหนาแน่น, ความหนักแน่น *-vt., vi.* **massed, massing** รวบรวม, ชุมนุม, รวมตัว *-adj.* มากมาย, สำหรับคนส่วนใหญ่ **-masses** ประชาชน (-S. (n.) bulk (v.) gather)

massacre (แมซ' ซะเคอร์) *n.* การฆ่าหมู่, การฆ่าสัตว์จำนวนมาก *-vt.* **-cred, -cring** ฆ่าหมู่อย่างทารุณ (-S. (n., v.) kill, slaughter)

massage (มะซาฌ', -ซาจ') *n.* การนวดกล้ามเนื้อและส่วนต่างๆ ของร่างกาย *-vt.* **-saged, -saging** นวด (-S. (v.) knead (n., v.) rub)

masseur (แมเซอร์', มะ-) *n.* หมอนวดผู้ชาย

massive (แมซ' ซิฟว์) *adj.* ใหญ่โต, แน่นหนา, หนักแน่น, มากมาย, กว้างขวาง **-massively** *adv.* **-massiveness** *n.* (-S. bulky, huge)

mass market ตลาดรองรับสินค้าซึ่งผลิตจำนวนมาก (-S. niche market)

mass media สื่อมวลชน เช่น โทรทัศน์ วิทยุ

mass noun นามที่นับไม่ได้ เช่น ความรัก

mass production การผลิตสินค้าจำนวนมาก

mass transit ระบบขนส่งมวลชน

massy (แมซ' ซี) *adj.* **-ier, -iest** ใหญ่โต

mast (แมซท์) *n.* เสาเรือ, เสาวิทยุหรือโทรทัศน์

master (แมส' เตอร์) *n.* เจ้านาย, ผู้ปกครอง, ประมุข, เจ้าบ้าน, ผู้ชนะ, เจ้าของ, ครูผู้ชาย, กัปตันเรือ, ผู้เชี่ยวชาญ, ผู้มีอำนาจ, ผู้ควบคุม, สิ่งที่มีอำนาจหรือสามารถควบคุมได้, ผู้ช่วยผู้พิพากษา, ผู้บังคับการ, ช่างเขียนหรือศิลปินที่เก่ง, (เทป) ต้นแบบ, แม่แบบ *-adj.* สำคัญที่สุด, ใหญ่ที่สุด, หลัก, เชี่ยวชาญ, ที่ใช้ควบคุมสิ่งต่างๆ, ชำนาญ, เป็นเทปต้นแบบ, เป็นนาย, เป็นแม่แบบ, เป็นผู้นำ *-vt.* **-tered, -tering** ทำตัวเป็นนาย, ชนะ, ควบคุม, ปราบ, ทำให้เชื่อง, เป็นผู้เชี่ยวชาญ **-Master** ผู้ที่ได้รับปริญญาโท, มหาบัณฑิต, คำนำหน้าชื่อเด็กผู้ชาย, คุณหนู, พระผู้เป็นเจ้า **-masterful** *adj.* **-masterfully** *adv.* (-S. (n.) owner, victor (v.) rule)

master key ลูกกุญแจที่ไขแม่กุญแจได้หลายตัว

masterly (แมส' เตอร์ลี) *adj.* เก่ง, เชี่ยวชาญ

mastermind (แมส' เตอร์ไมนด์) *n.* ผู้สั่งการ, ผู้ที่มีสติปัญญาแหลมคม

Master of Arts ศิลปศาสตรมหาบัณฑิต

master of ceremonies พิธีกร

Master of Science ปริญญาโททางวิทยาศาสตร์, วิทยาศาสตรมหาบัณฑิต

masterpiece (แมส' เตอร์พีซ) *n.* ผลงานชิ้นเยี่ยม, งานชิ้นเอก (-S. classic)

master's degree ระดับปริญญาโท

master sergeant พันจ่าอากาศเอก

mastery (แมส' ตะรี) *n., pl.* **-ies** ความเป็นใหญ่, อำนาจ, การควบคุม, ชัยชนะ, ความรอบรู้, ความฉลาด, ความชำนาญ (-S. cleverness)

masticate (แมส' ติเคท) *vt., vi.* **-cated, -cating** เคี้ยว, บด, ตัด **-mastication** *n.*

mastiff (แมส' ติฟ) *n.* สุนัขขนาดใหญ่ มีขนหนาสั้นและกระดูกขากรรไกรเป็นรูปสี่เหลี่ยม

mastitis (แมสไต' ทิซ) *n.* โรคเต้านมอักเสบ

mastodon (แมส' ตะดอน) *n.* สัตว์ชนิดหนึ่งซึ่งสูญพันธุ์ไปแล้วมีลักษณะคล้ายช้าง

mastoid (แมส' ตอยด์) *n.* กระดูกกะโหลกศีรษะที่อยู่ข้างหลังหู

masturbate (แมส' เตอร์เบท) *vi.* **-bated, -bating** สำเร็จความใคร่ด้วยตัวเอง

★**mat**[1] (แมท) *n.* เสื่อ, ที่รอง (จาน แจกัน), พรมเช็ดเท้า, พรมปูพื้น, ผ้ายางปูพื้น (รถ ห้องน้ำ), สิ่งที่เกาะกันเป็นก้อน *-v.* **matted, matting** *-vt.* อัดเป็นก้อนหนาๆ, ปู (เสื่อ พรม ที่รอง) *-vi.* เกาะกันเป็นก้อน (-S. (n., v.) carpet (n.) rug)

mat[2] (แมท) *adj.* ด้าน, ไม่เป็นเงา

matador (แมท' ทะดอร์) *n.* นักสู้วัวกระทิง

★**match**[1] (แมช) *n.* คู่เหมือน, การเข้าชุดกัน, สิ่งที่เข้ากันได้, คนที่ไปด้วยกันได้, สิ่งที่ทัดเทียมกัน, ของคู่กัน, สำเนา, คู่ปรับ, การแข่งขันกีฬา,

คู่สมรส, คู่ที่เหมาะสมกัน, การแต่งงาน *-vt.* **matched, matching** เข้าคู่, เข้าชุด, คู่ควร, จับคู่, หาคู่แข่ง, เท่าเทียม, เปรียบเทียบ, เหมือน, ทำเช่นเดียวกัน, เข้าสมรส **-matchable** *adj.* (**-S.** (n., v.) equal, mate, pair)

★**match²** (แมช) *n.* ไม้ขีดไฟ, ไส้จุดดินปืน

matchbox (แมช' บอคซฺ) *n.* กล่องไม้ขีดไฟ

matchless (แมช' ลิซ) *adj.* ไม่มีที่เปรียบ

matchmaker (แมช' เมเคอร์) *n.* พ่อสื่อ, แม่สื่อ, ผู้จัดคู่แข่งขันกีฬา **-matchmaking** *n.*

match point คะแนนแต้มสุดท้ายที่จะทำให้ชนะการแข่งขัน

mate¹ (เมท) *n.* ข้างหนึ่งของสิ่งของที่เป็นคู่, สามีหรือภรรยา, คู่สมรส, คู่ผสมพันธุ์, เพื่อนร่วมงาน, ผู้ช่วย, เพื่อน, ผู้ช่วยกัปตันเรือ, ผู้ช่วยจ่านายสิบทหารเรือ *-vt., vi.* **mated, mating** เอาเข้าคู่, แต่งงาน, นำสัตว์ไปเข้าคู่ผสมพันธุ์

mate² (เมท) *n.* การรุกฆาตในกีฬาหมากรุก

★**material** (มะเทีย' เรียล) *n.* สาร, สารประกอบ, ความคิด, วัตถุ, ข้อมูล, เนื้อความ, เนื้อหา, สาระ, ปัจจัย, ผ้า *-adj.* เกี่ยวกับวัตถุ, ประกอบด้วยสาร, ในทางวัตถุ, แห่งวัตถุ, ทางโลก, ทางกาย, สำคัญมาก, ที่จำเป็น **-materials** เครื่องมือ, ข้อความ, วัตถุดิบ **-materially** *adv.* **-materialness** *n.* (**-S.** (n.) data, fabric)

materialism (มะเทีย' เรียลลิซซึม) *n.* ลัทธิวัตถุนิยมที่เห็นแก่ทรัพย์สมบัติมากกว่าจิตใจ **-materialistic** *adj.* **-materialistically** *adv.*

materialize (มะเทีย' เรียลไลซฺ) *vi., vt.* **-ized, -izing** กลายเป็นจริง, เป็นจริง, ปรากฏเป็นรูปเป็นร่าง, แสดงให้เห็นจริง, ทำให้เป็นจริง

materiel (มะเทียเรียล') *n.* อาวุธทางทหาร

maternal (มะเทอร์' เนิล) *adj.* ของการเป็นแม่, เกี่ยวกับแม่, มีลักษณะของแม่, ฝ่ายแม่, ทางแม่ **-maternally** *adv.* (**-S.** motherly)

maternity (มะเทอร์' นิที) *n., pl.* **-ties** การเป็นแม่, การมีบุตร, แผนกสูติกรรม

math (แมธ) *n.* วิชาคณิตศาสตร์

★**mathematics** (แมธธะแมท' ทิคซฺ) *n. pl.* วิชาคณิตศาสตร์, วิชาคำนวณ **-mathematical** *adj.* **-mathematician** *n.*

matinee, matinée (แมทเทินเน') *n.* การแสดงที่จัดขึ้นในเวลากลางวัน

matinee idol พระเอกที่เป็นที่นิยมชื่นชอบ

matriarch (เม' ทรีอาร์ค) *n.* หญิงที่ปกครองครอบครัวหรือเผ่า, ผู้เฒ่าหญิงที่เป็นที่นับถือ

matriarchy (เม' ทรีอาร์คี) *n., pl.* **-chies** รูปแบบของสังคมที่มีผู้หญิงเป็นหัวหน้า

matricide (แมท' ทริไซด์) *n.* การฆ่าแม่ของตัวเอง, ผู้ที่ฆ่าแม่ตัวเอง **-matricidal** *adj.*

matriculate (มะทริค' คยะเลท) *vt., vi.* **-lated, -lating** รับเข้าเป็นนักศึกษาหรือสมาชิก *-n.* ผู้ที่ได้เข้าเป็นนักศึกษา **-matriculant** *n.*

matrimony (แมท' ทระโมนี) *n., pl.* **-nies** การแต่งงาน, ชีวิตสมรส **-matrimonial** *adj.*

matrix (เม' ทริคซฺ) *n., pl.* **-trices**(-ทริซีซ)/**-trixes** มดลูก, บ่อเกิด, แม่พิมพ์สำหรับหล่อตัวพิมพ์, เทปต้นแบบ, แม่แบบ, เนื้อหินที่มีแร่ฝังอยู่, ชุดของตัวเลขที่จัดอยู่ในแถวและคอลัมน์

matron (เม' เทริน) *n.* ผู้หญิงที่แต่งงานแล้ว, แม่ม่าย (ที่มีอายุกลางคนหรือมีฐานะทางสังคมสูง), หัวหน้านางพยาบาลหญิง, ผู้คุมนักโทษหญิง, แม่บ้านในโรงเรียน **-matronly** *adv., adj.*

matt, matte (แมท) *n.* ผิวด้าน, พื้นผิวที่ไม่มันเงา *-adj.* ไม่มันเงา, ด้าน **-matting** *n.*

matted (แมท' ทิด) *adj.* ที่พันกันเป็นก้อน, (ผม) เป็นสังกะตัง, ที่ปูด้วยเสื่อหรือพรม (**-S.** tangled)

★**matter** (แมท' เทอร์) *n.* สาร, สสาร, วัตถุ, สารเฉพาะอย่าง, เนื้อหา, สาระ, ของ, เรื่อง, สิ่ง, ข้อขัดข้อง, ปัญหา, จำนวนหรือปริมาณคร่าว ๆ, ระยะทางหรือระยะเวลาที่ประมาณได้, สาเหตุ, เรื่องราว, โอกาส, สิ่งตีพิมพ์, จดหมาย, เอกสาร, สิ่งสำคัญ, ความสำคัญ, สำเนา, แบบ, ของเสียจากสิ่งมีชีวิต, หนอง *-vi.* **-tered, -tering** เป็นเรื่องสำคัญ, มีความหมาย, เป็นหนอง **-as a matter of fact** แท้จริงแล้ว **-no matter** โดยไม่คำนึงว่า, ไม่สำคัญ, ไม่เป็นไร

matter of course เรื่องธรรมดา

matter-of-fact (แมท' เทอร์เอิฟว์แฟคท์') *adj.* ตามความเป็นจริง, (น้ำเสียง) เอาจริงเอาจัง

matting (แมท' ทิง) *n.* วัสดุทำเสื่อหรือพรม

mattock (แมท' เทิค) *n.* เครื่องมือขุดดินที่ปลายด้านหนึ่งมีใบกว้างแบนอย่างจอบ ปลายอีกด้านหนึ่งเรียวแหลม

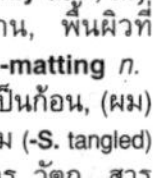
mattock

★**mattress** (แมท' ทริซ) *n.* ที่นอน, ฟูก

maturate (แมช' ชะเรท) *vi.* **-rated, -rating** เป็นหนอง, (ฝี) แก่, บ่ม, เจริญเต็มที่, สุก

mature (มะทยุร์', -ทุร์', -ชุร์') *adj.* **-turer, -turest** ที่เจริญเติบโตเต็มที่, เป็นผู้ใหญ่, ซึ่งเหมาะกับผู้ใหญ่, แก่, สุก, ครบกำหนด, ครบอายุ, บรรลุนิติภาวะ, (คิด) รอบคอบ *-v.* **-tured -turing** *-vt.* ทำให้เป็นผู้ใหญ่, ทำให้เจริญเต็มที่,

ทำให้สุก, ทำให้สมบูรณ์ -*vi.* พัฒนาจนได้ที่, สุก, เจริญเต็มที่, ถึงกำหนด, ครบอายุ **-maturely** *adv.* **-maturity** *n.* (**-S.** (adj.) adult, ripe)

maudlin (มอด' ลิน) *adj.* สะอึกสะอื้น, ขี้แย, ฟูมฟาย, (ความรู้สึก) อ่อนแอ, ชวนสงสาร

maul, mall (มอล) *n.* ค้อนตอกลิ่ม, ตะลุมพุก -*vt.* **mauled, mauling/malled, malling** ทุบตี, ขย้ำ, ตะครุบ, ทำให้เสียโฉม, ใช้อย่างไม่ระวัง, ปฏิบัติอย่างรุนแรง (**-S.** (n.) mallet (v.) injure)

maunder (มอน' เดอร์) *vi.* **-dered, -dering** เพ้อเจ้อ, ไปอย่างไร้จุดหมาย, ทำใจลอย

mausoleum (มอซะ เลียม', -ซะ-) *n., pl.* **-leums/-lea** (-เลีย) ที่บรรจุศพขนาดใหญ่, สุสาน, ฮวงซุ้ย

mausoleum

mauve (โมฟว์) *n.* สีม่วงอมเทาหรืออมแดง

maverick (แมฟ' เวอริค, แมฟว์' ริค) *n.* ลูกวัวที่ยังไม่ตีตรา, คนไร้พรรค, คนรักอิสระ

maw (มอ) *n.* กระเพาะอาหาร, ช่องท้อง

mawkish (มอ' คิช) *adj.* จืดชืด, ชวนให้คลื่นไส้, หวานเลี่ยน, ชวนให้หมั่นไส้ **-mawkishly** *adv.*

max. ย่อจาก maximum สูงสุด

maxim (แมค' ซิม) *n.* หลักการ, กฎเกณฑ์, ความจริงทั่วไป, ภาษิต (**-S.** proverb, saying)

maxima (แมค' ซะมะ) *n.* พหูพจน์ของ maximum

maximal (แมค' ซะเมิล) *adj.* สูงสุด, ใหญ่สุด, มากสุด **-maximally** *adv.* (**-S.** greatest)

maximize (แมค' ซะไมซ์) *vt.* **-mized, -mizing** เพิ่มจนถึงขีดสูงสุด, ขยายให้ใหญ่ที่สุด, ทำให้มีมากที่สุด **-maximization** *n.* **-maximizer** *n.*

★**maximum** (แมค' ซะเมิม) *n., pl.* **-mums/-ma** ขีดสูงสุด, จำนวนมากสุด, ระดับใหญ่สุด, ค่าสูงสุด -*adj.* มากสุด, สูงสุด, ใหญ่สุด

★**May** (เม) เดือนพฤษภาคม

★**may** (เม) *v. aux.* **might** ขออนุญาต, อาจจะ, อาจ, น่าจะ, คงจะ, ขอให้, สามารถจะ

Maya (มา' ยะ) *n., pl.* **-ya/-yas** ชาวอินเดียนแดงเผ่าหนึ่งในอเมริกากลางและเม็กซิโกตอนใต้

★**maybe** (เม' บี) *adv.* บางที, อาจจะ

May Day วันที่ 1 พฤษภาคมถือเป็นวันแรงงานแห่งชาติ มีการเดินขบวนและการแสดง

mayday (เม' เด) *n.* คำพูดที่เป็นสัญญาณสากลสำหรับขอความช่วยเหลือโดยเฉพาะนักบิน

mayflower (เม' เฟลาเออร์) *n.* พืชไม้ดอกที่ออกดอกในเดือนพฤษภาคม

mayfly (เม' ไฟล) *n., pl.* **-flies** แมลงชีปะขาว

mayhem (เม' เฮม, -เอิม) *n.* การทำร้ายร่างกาย, การประทุษร้าย, ความโกลาหล

mayn't (เม' เอินท์, เมนท์) ย่อจาก may not

mayonnaise (เม' อะเนซ) *n.* น้ำสลัดข้น

mayor (เม' เออร์, แมร์) *n.* นายกเทศมนตรีของเมือง **-mayoral** *adj.* **-mayorship** *n.*

maze (เมซ) *n.* ทางที่คดเคี้ยววกวน, เขาวงกต, ความยุ่งเหยิง **-mazy** *adj.* **-mazily** *adv.* **-maziness** *n.* (**-S.** confusion, labyrinth)

MBA, M.B.A. ย่อจาก Master of Business Administration ปริญญาโททางบริหารธุรกิจ

MD, M.D. ย่อจาก Medicinae Doctor หรือ Doctor of Medicine แพทยศาสตรมหาบัณฑิต

★**me** (มี) *pron.* ฉัน เป็นสรรพนามบุรุษที่หนึ่ง

mead (มีด) *n.* เหล้าผสมน้ำผึ้งและน้ำ

★**meadow** (เมด' โด) *n.* ทุ่งหญ้า

meager, meagre (มี' เกอร์) *adj.* มีน้อย, ขาดแคลน, ไม่อุดมสมบูรณ์, ผอม **-meagerly** *adv.* **-meagerness** *n.* (**-S.** thin **-A.** ample)

★**meal¹** (มีล) *n.* ข้าวหรือธัญพืชบด, ของป่น

★**meal²** (มีล) *n.* มื้ออาหาร, อาหารที่รับประทานในมื้อหนึ่งๆ, เวลารับประทานอาหาร (**-S.** repast)

mealtime (มีล' ไทม์) *n.* เวลารับประทานอาหาร

mealy (มี' ลี) *adj.* **-lier, -liest** เป็นแป้ง, เป็นผง, ด่างเป็นจุดๆ, เป็นแต้ม, (สี) ซีด, พูดอ้อมค้อม

mealy-mouthed (มี' ลีเมาธ์ด์, -เมาธ์ท์) *adj.* ไม่กล้าบอกความจริง, พูดอ้อมค้อม

★**mean¹** (มีน) *vt., vi.* **meant** (เมนท์), **meaning** หมายถึง, หมายความว่า, มีเจตนา, ตั้งใจ, มุ่งหมาย, นำมาซึ่ง, มีความหมาย, มีความสำคัญ, ออกแบบมาเพื่อ, ทำขึ้นเพื่อ, เป็นเครื่องแสดงว่า **-mean business** เอาจริง (**-S.** denote, intend)

★**mean²** (มีน) *adj.* **meaner, meanest** โหดร้าย, ขี้เหนียว, สกปรก, ต่ำต้อย, ชั้นต่ำ, ใจแคบ, ต่ำช้า, (ม้า) พยศ, เห็นแก่ตัว, (*ภาษาพูด*) ป่วย **-meanly** *adv.* **-meanness** *n.* (**-S.** cruel, inferior)

mean³ (มีน) *n.* สิ่งที่อยู่ตรงกลาง, ค่าเฉลี่ย, จำนวนกลาง, ทางสายกลาง, ความรู้จักประมาณ -*adj.* ระหว่างกลาง, ตรงกลาง, พอประมาณ, โดยเฉลี่ย **-by any means** ในทุกวิถีทาง **-by all means** แน่นอน, ใช่แล้ว (**-S.** (n.) average)

meander (มีแอน' เดอร์) *vi.* **-dered, -dering** วกเวียน, คดเคี้ยว, เถลไถล, พูดจาวกวน -*n.* หนทางวกเวียน, การพูดจาวกวน **-meandrous** *adj.* (**-S.** (v.) ramble, wander)

★**meaning** (มี' นิง) *n.* ความหมาย, จุดมุ่งหมาย, ความสำคัญ *-adj.* เต็มไปด้วยความหมาย, เป็นนัย, โดยมีจุดมุ่งหมาย **-meaningly** *adv.*

meaningful (มี' นิงเฟิล) *adj.* เต็มไปด้วยความหมาย, เป็นนัย, มีจุดมุ่งหมาย **-meaningfully** *adv.* **-meaningfulness** *n.* (**-S.** significant)

meaningless (มี' นิงลิซ) *adj.* ไม่มีความหมาย, ไม่สำคัญ, ไร้จุดหมาย **-meaninglessly** *adv.*

meant (เมนท์) *v.* กริยาช่อง 2 และ 3 ของ mean

meantime (มีน' ไทม์) *n.* เวลาในระหว่างนั้น *-adv.* ในระหว่างนั้น

★**meanwhile** (มีน' ไวล์) *n., adv.* ดู meantime

★**measles** (มี' เซิลซ์) *n.* โรคหัด

measly (มีซ' ลี) *adj.* **-slier, -sliest** เป็นโรคหัด, (คำสแลง) น้อย ด้อยค่า ต่ำต้อย (**-S.** scanty)

measurable (เมฌ' เฌอระเบิล) *adj.* วัดได้, พอประมาณได้ **-measurableness** *n.* **-measurably** *adv.* (**-S.** appreciable **-A.** negligible)

★**measure** (เมฌ' เฌอร์) *n.* ขนาด, ปริมาณ, สิ่งที่ใช้วัด, หน่วยวัด, จำนวน, ระดับ, สัดส่วน, มาตรฐานในการวัด, ขอบเขต, มาตรการ, การปฏิบัติ, กฎหมาย, จังหวะ, การวัด, เกณฑ์ *-v.* **-ured, -uring** *-vt.* วัด, ประมาณ, กะ, เก็ง, ประเมิน, ไตร่ตรอง, หาค่า, พิจารณา, เปรียบเทียบ, เป็นวิธีการ, กำหนดโดยการวัด, แจกจ่าย, ชั่งน้ำหนัก *-vi.* มีขนาด, ทำการวัด, หาค่า, ยอมรับมาตรการ **-beyond measure** เหลือคณานับ **-for good measure** เป็นส่วนพิเศษ **-measurement** *n.* (**-S.** (n.) length, standard)

measureless (เมฌ' เฌอร์ลิซ) *adj.* ไม่มีขีดจำกัด, นับไม่ถ้วน, มโหฬาร (**-S.** infinite)

★**meat** (มีท) *n.* เนื้อสัตว์ที่นำมาทำเป็นอาหาร, ส่วนที่กินได้ (ของถั่วหรือผลไม้), อาหาร, ส่วนสำคัญ, สาระ, **-one's meat** (คำสแลง) สิ่งที่โปรดปราน, สิ่งที่เชี่ยวชาญ (**-S.** flesh)

meatball (มีท' บอล) *n.* ลูกชิ้น, คนโง่

meatless (มีท' ลิซ) *adj.* ไม่มีเนื้อ, ไม่ใส่เนื้อ

meaty (มี' ที) *adj.* **-tier, -tiest** มีเนื้อเยอะ, จ้ำม่ำ, คล้ายเนื้อ, มีเนื้อหาสาระ (**-S.** plump)

mecca (เมค' คะ) *n.* ที่ที่เป็นศูนย์รวมทางกิจกรรมหรือความสนใจ, จุดหมายปลายทาง

mechanic (มิแคน' นิค) *n.* ช่างเครื่อง, ช่างยนต์ (**-S.** technician)

★**mechanical** (มิแคน' นิเคิล) *adj.* เกี่ยวกับเครื่องจักร, (ผลิต ทำ) โดยเครื่องจักร, ราวกับเครื่องจักร, ไม่มีความคิดหรือความรู้สึก, อัตโนมัติ, เกี่ยวกับวิชากลศาสตร์, เกี่ยวกับกลไก, ในทางกลไก **-mechanically** *adv.* **-mechanicalness** *n.* (**-S.** automatic **-A.** manual)

mechanical drawing รูปหรือภาพวาดที่เขียนขึ้นโดยใช้ไม้บรรทัดหรือวงเวียน

mechanics (มิแคน' นิคซ์) *n. pl.* วิชากลศาสตร์, การผลิตและใช้เครื่องจักรกล

mechanism (เมค' คะนิซเซิม) *n.* เครื่องจักรกล, ระบบกลไก, วิธีการ, เทคนิค, ลำดับขั้นในปฏิกิริยาเคมี (**-S.** machine, works)

mechanistic (เมคคะนิส' ติค) *adj.* เกี่ยวกับวิชากลศาสตร์, เกี่ยวกับระบบกลไก, โดยอัตโนมัติ

mechanize (เมค' คะไนซ์) *vt.* **-nized, -nizing** ทำให้เป็นเครื่องจักร, ใช้เครื่องจักร (**-S.** automate)

med. ย่อจาก medical นักเรียนแพทย์, medicine ยา, medieval สมัยกลาง, medium ตัวกลาง

medal (เมด' เดิล) *n.* เหรียญรางวัล, เหรียญที่ระลึก, เหรียญตรา (**-S.** award, honour)

medalist, medallist (เมด' เดิลลิซท์) *n.* ผู้ทำหรือสะสมเหรียญ, ผู้ได้รับเหรียญรางวัล

medallion (มิแดล' เยิน) *n.* เหรียญขนาดใหญ่, เครื่องประดับตกแต่งที่มีรูปทรงกลมหรือรูปไข่

meddle (เมด' เดิล) *vi., vt.* **-dled, -dling** แทรกแซง, เข้าไปยุ่ง, ผสม (**-S.** interfere)

meddlesome (เมด' เดิลเซิม) *adj.* ชอบยุ่งเรื่องคนอื่น, สอดรู้สอดเห็น (**-S.** curious)

★**media** (มี' เดีย) *n.* พหูพจน์ของ medium **-the media** สื่อมวลชน (**-S.** communication)

mediaeval (มีดี' เวิล, เมด-) *adj.* ดู medieval

medial (มี' เดียล) *adj.* ระหว่างกลาง, กึ่งกลาง, โดยเฉลี่ย, เกี่ยวกับค่าเฉลี่ยในคณิตศาสตร์ *-n.* ตัวอักษรที่อยู่ตรงกลาง (**-S.** (adj.) average)

median (มี' เดียน) *adj.* ระหว่างกลาง, เกี่ยวกับค่าเฉลี่ยในคณิตศาสตร์, เกี่ยวกับเส้นที่แบ่งวัตถุออกเป็นสองส่วนเท่าๆ กัน, *-n.* สิ่งที่อยู่ระหว่างกลางของสองสิ่ง, เส้นที่ลากจากจุดยอดของสามเหลี่ยมลงมาแบ่งครึ่งด้านตรงข้าม, ค่าเฉลี่ย, เส้นแบ่งครึ่งการจราจร (**-S.** (n.) center)

mediate (*v.* มี' ดีเอท, *adj.* -อิท) *vt., vi.* **-ated, -ating** เป็นสื่อกลาง, ไกล่เกลี่ย, เข้าช่วยประนีประนอม, เป็นคนกลาง, อยู่ระหว่างกลาง *-adj.* ซึ่งผ่านหรือใช้ตัวกลาง, ตรงกลาง **-mediator** *n.* **-mediation** *n.* (**-S.** (v.) arbitrate)

medic (เมด' ดิค) *n.* นักศึกษาแพทย์, แพทย์

★**medical** (เมด' ดิเคิล) *adj.* ทางการแพทย์, เกี่ยวกับการแพทย์, โดยใช้ยา **-medically** *adv.*

medicament (มิดิค' คะเมินท์) *n.* ยา, สาร

บำบัดหรือบรรเทาโรค
medicate (เมด' ดิเคท) *vt.* **-cated, -cating** รักษาด้วยยา, ใส่ยา, ให้ยา **-medication** *n.*
medicinal (มิดิซ' ซะเนิล) *adj.* ซึ่งมีคุณสมบัติเป็นยา **-medicinally** *adv.* (-S. healing)
★**medicine** (เมด' ดิซิน) *n.* แพทยศาสตร์, เวชกรรม, อายุรกรรม, การฝึกหัดวิชาแพทย์, ยา *-vt.* **-cined -cining** ให้ยา, ใช้ยารักษา
medicine man หมอผีรักษาโรค
medico (เมด' ดิโค) *n., pl.* **-cos** แพทย์
medieval, mediaeval (มีดี' เวิล, เมด-) *adj.* เกี่ยวกับยุคกลาง, คล้ายยุคกลาง, (ภาษาพูด) ล้าสมัย **-medievally** *adv.* **-medievalist** *n.*
mediocre (มีดีโอ' เคอร์) *adj.* ไม่ดีไม่เลว, ธรรมดา, สามัญ, ไม่เด่น, ด้อย **-mediocrity** *n.*
meditate (เมด' ดิเทท) *vi., vt.* **-tated, -tating** ไตร่ตรอง, คิดคำนึง, รำพึง, เข้าฌาน, วางแผน, มุ่งหมาย **-meditation** *n.* (-S. ponder)
★**medium** (มี' เดียม) *n., pl.* **-dia/-diums** สิ่งที่อยู่ระหว่างกลาง, ทางสายกลาง, ตัวกลาง, สื่อ, อาหารเพาะเชื้อ, ที่อยู่อาศัย, เครื่องมือ, วัตถุหรือวิธีการในการทำงานศิลปะ, ตัวกรองสารเคมี, ตัวทำละลายสี *-adj.* ระหว่างกลาง, ปานกลาง, ที่ระดับกลาง, (เนื้อ) ไม่สุกไม่ดิบ **-mediums** คนทรงเจ้า (-S. (n.) method (n., adj.) middle)
medium of exchange *n., pl.* **media of exchange/mediums of exchange** ตัวกลางในการแลกเปลี่ยนสินค้าหรือบริการ, เงินตรา
medley (เมด' ลี) *n., pl.* **-leys** ความหลากหลาย, ของผสมปนเปกัน, เพลงผสม
medulla (มิดัล' ละ) *n., pl.* **-dullas/-dullae** (-ลี) สารที่เป็นแกนในของร่างกาย, ไขกระดูก, เนื้อไม้ **-medullar, medullary** *adj.*
medusa (มิดู' ซะ, -ซะ, -ดยู'-) *n., pl.* **-sas/-sae**(-ซี, -ซี) แมงกะพรุน (-S. jellyfish)
meed (มีด) *n.* รางวัล, ค่าตอบแทน, สินบน
meek (มีค) *adj.* **meeker, meekest** สุภาพ, อ่อนโยน, อดทน, ว่าง่าย, เชื่อง, อ่อนแอ **-meekly** *adv.* **-meekness** *n.* (-S. gentle)
★**meet**[1] (มีท) *v.* **met, meeting** *-vt.* พบ, บรรจบ, ร่วม, สบ, ประสบ, เผชิญ, จัดการ (กับปัญหา) รับมือ, จ่ายเงิน, ชำระ (หนี้), รู้จักกับ, ไปรับ *-vi.* พบ, บรรจบ, เผชิญหน้า, เจอกัน, ร่วมกัน, ประชุม, รู้จักกัน, ต่อสู้ *-n.* การประชุม, การชุมนุม, สถานที่ชุมนุม, คนที่มาชุมนุม, การแข่งขัน
meet[2] (มีท) *adj.* เหมาะสม, พอควร, สมควร
★**meeting** (มี' ทิง) *n.* การพบปะกัน, การประชุม, การชุมนุม, จุดที่บรรจบกัน, ชุมทางรถไฟ, ที่ชุมนุม, การแข่งขัน (ม้าหรือสุนัข)
meg (เมก) *n.* หน่วยความจำของคอมพิวเตอร์ 1 เมกะไบต์
mega- คำอุปสรรค หมายถึง 10^6, หนึ่งล้าน, ใหญ่
megabyte (เมก' กะไบท์) *n.* หน่วยความจำของคอมพิวเตอร์ที่มีความจุ 1,048,576 ไบต์
megacycle (เมก' กะไซเคิล) *n.* ดู megahertz
megahertz (เมก' กะเฮิร์ทซ์) *n., pl.* **-hertz** หน่วยวัดความถี่คลื่นวิทยุที่มีค่าหนึ่งล้านรอบ (ไซเคิล) ต่อวินาทีหรือหนึ่งล้านเฮิรตซ์
megalith (เมก' กะลิธ) *n.* หินขนาดใหญ่
megalopolis, megapolis (เมกกะลอพ' พะลิซ, มิแกพ' พะลิซ) *n.* เมืองใหญ่, มหานคร
megaphone (เมก' กะโฟน) *n.* โทรโข่ง *-vt., vi.* **-phoned, -phoning** ขยาย (เสียง) ผ่านโทรโข่ง **-megaphonic** *adj.* (-S. (n.) ampliflier)
megaton (เม' กะทัน) *n.* หน่วยวัดความแรงของระเบิดปรมาณูที่มีค่าเท่ากับแรงระเบิดของ TNT หนักหนึ่งล้านตัน **-megatonnage** *n.*
megawatt (เมก' กะวอท) *n.* หน่วยวัดกำลังไฟฟ้าซึ่งเท่ากับหนึ่งล้านวัตต์ ย่อว่า MW, mw
melancholia (เมลเลินโค' เลีย) *n.* ความผิดปกติทางจิตมีอาการเศร้าซึมและกังวลใจ
melancholy (เมล' เลินคอลลี) *n., pl.* **-cholies** ความเศร้าซึม, จิตใจห่อเหี่ยว, การรำพึง *-adj.* ซึมเศร้า, หดหู่, รำพึง **-melancholic** *adj.* **-melancholically** *adv.* (-S. (n.) gloom)
melanin (เมล' ละนิน) *n.* รงควัตถุสีเข้มหรือสีดำน้ำตาลที่พบได้ในผิวหนัง ผม ขน และตา
meld (เมลด์) *vt., vi.* **melded, meld** ผสม
melee, mêlée (เม' เล, เมเล') *n.* การต่อสู้กันอย่างชุลมุน, มวยหมู่ (-S. confusion, fight)
meliorate (มีล' เลียเรท, มี-) *vt., vi.* **-rated, -rating** ทำให้ดีขึ้น, ปรับปรุง, บรรเทา
melliferous, mellific (มะลิฟ' เฟอเริซ, -ลิฟ' ฟิค) *adj.* ซึ่งผลิตน้ำผึ้ง, มีน้ำผึ้ง
mellifluous (มะลิฟ' ฟลูเอิซ) *adj.* (เสียง) หวานเหมือนน้ำผึ้ง, ไพเราะ, คล่อง, ราบเรียบ
mellow (เมล' โล) *adj.* **-lower, -lowest** (ผลไม้) ฉ่ำ, สุกเต็มที่, กลมกล่อม, (ดิน) อุดมสมบูรณ์, ร่วน, (แสงสี) อ่อน, สบายตา, (เสียง) นุ่ม, เป็นผู้ใหญ่, สุขุม, สบายๆ, ไม่รีบเร่ง *-vt., vi.* **-lowed, -lowing** ทำให้มึนเมาเล็กน้อย, สุขุม, ทำให้สุก, ทำให้กลมกล่อม **-mellowly** *adv.*
melodious (มะโล' เดียซ) *adj.* ไพเราะ, สละสลวย, เป็นทำนองเพลง **-melodiously** *adv.*

A B C D E F G H I J K L M N O P Q R S T U V W X Y Z

melodist (เมล' ละดิซท์) *n.* นักร้อง, นักแต่งเพลง, ผู้เรียบเรียงทำนอง

melodrama (เมล' ละดรามะ, -แดรม-) *n.* ละครที่เต็มไปด้วยอารมณ์, ละครประโลมโลก **-melodramatist** *n.* **-melodramatic** *adj.*

melody (เมล' ละดี) *n., pl.* **-dies** ทำนองเพลง, เสียงดนตรีที่ไพเราะ **-melodic** *adj.*

melon (เมล' เลิน) *n.* ผลไม้จำพวกแตงอย่างแตงโม แคนตาลูป, (คำสแลง) ผลประโยชน์

★**melt** (เมลท์) *v.* **melted, melting** *-vi.* หลอมเหลว, เลือนหาย, ใจอ่อน, สงสาร *-vt.* เปลี่ยนเป็นของเหลว, ละลาย, เลือนหาย, ทำให้ใจอ่อน, ทำให้สงสาร *-n.* การหลอมเหลว, การละลาย, สิ่งที่หลอมเหลว **-meltable** *adj.* **-meltability** *n.* (**-S.** (v.) disappear (v., n.) thaw)

melting point จุดหลอมเหลว

melting pot ภาชนะหลอมโลหะ, เบ้าหลอม

★**member** (เมม' เบอร์) *n.* รยางค์, กิ่งก้านของต้นไม้, สมาชิก, ชาวคณะ, หุ้นส่วน, องค์ประกอบ, ส่วน (ของประโยค สมการ) **-membership** *n.*

membrane (เมม' เบรน) *n.* เยื่อหุ้มเซลล์, เยื่อบุผิว **-membranous** *adj.* (**-S.** skin)

memento (มะเมน' โท) *n., pl.* **-tos/-toes** ของที่ระลึก, เครื่องเตือนความทรงจำ

memo (เมม' โม) *n., pl.* **-os** (ภาษาพูด) บันทึกหรือจดหมายสั้นๆ

memoir (เมม' วาร์, -วอร์) *n.* เรื่องที่เขียนจากประสบการณ์ของผู้เขียน, อัตชีวประวัติ, ประวัติบุคคล **-memoirs** บันทึกผลการทำงานทางความรู้ เช่น รายงานการแพทย์ **-memoirist** *n.*

memorandum (เมมมะแรน' เดิม) *n., pl.* **-dums/-da** ข้อความสั้นๆ เพื่อเตือนความจำ, ข้อความสั้นๆ ที่สรุปเรื่องธุรกิจ, บันทึกย่อ

memorial (มะมอ' เรียล) *n.* อนุสาวรีย์, วันที่ระลึก, สิ่งเตือนความทรงจำ, อนุสรณ์สถาน, คำร้องที่จะใช้ยื่นต่อรัฐบาลหรือสภานิติบัญญัติ, เอกสารทางการทูตอย่างไม่เป็นทางการ

memorialize (มะมอ' เรียไลซ์) *vt.* **-ized, -izing** ทำพิธีเป็นที่ระลึก, ระลึกถึง, ทำขึ้นเพื่อเป็นอนุสรณ์แก่, ยื่นคำร้องหรือฎีกา

memorize (เมม' มะไรซ์) *vt.* **-rized, -rizing** ท่องจำ, จำขึ้นใจ, เก็บไว้ในหน่วยความจำของคอมพิวเตอร์ **-memorizable** *adj.*

★**memory** (เมม' มะรี) *n., pl.* **-ries** ความจำ, การจำ, ความทรงจำ, ความระลึกถึง, อนุสรณ์, สิ่งต่างๆ ที่จดจำไว้, ความหลัง, หน่วยความจำในคอมพิวเตอร์, ความจุในการเก็บข้อมูลของคอมพิวเตอร์ **-memorable** *adj.* (**-S.** recall)

men (เมน) *n.* พหูพจน์ของ man

menace (เมน' นิซ) *n.* ภัย, อันตราย, การคุกคาม, ผู้ก่อความรำคาญหรือความลำบาก *-vt.* **-aced, -acing** คุกคาม, ขู่, เป็นอันตรายต่อ **-menacingly** *adv.* (**-S.** (n.) danger)

menagerie (มะแนจ' จะรี, -แนฌ' ฌะ-) *n.* การรวบรวมสัตว์ป่าหรือสัตว์แปลกๆ เพื่อเปิดการแสดงให้คนชม, สถานที่ที่เก็บสัตว์ดังกล่าว

★**mend** (เมนด์) *v.* **mended, mending** *-vt.* ซ่อมแซม, ปะ, แก้, แก้ไข, ทำให้ถูกต้อง, กลับตัว, ดัดนิสัย, ปรับปรุง *-vi.* (สุขภาพ) ดีขึ้น, สมานกัน *-n.* การซ่อมแซม, การปรับปรุง, การแก้ไข, บริเวณที่ซ่อมแล้ว **-on the mend** (สุขภาพ) ดีขึ้น **-mendable** *adj.* **-mending** *n.* (**-S.** (v.) improve (n.) improvement)

mendacious (เมนเด' เชิซ) *adj.* เท็จ, โกหก

mendicant (เมน' ดิเคินท์) *adj.* เกี่ยวกับการขอทาน, อย่างคนขอทาน *-n.* คนขอทาน, พระที่ไปขอรับทานจากคนบริจาค **-mendicity** *n.*

menial (มี' เนียล) *adj.* อย่างทาส, ต่ำต้อย *-n.* คนใช้, ขี้ข้า, คนต่ำต้อย **-menially** *adv.*

meningitis (เมนนินไจ' ทิซ) *n.* การอักเสบของเยื่อที่หุ้มสมองและไขสันหลัง

menopause (เมน' นะพอซ) *n.* วัยหมดประจำเดือนของสตรีอยู่ในช่วงอายุ 45-55 ปี

menses (เมน' ซีซ) *n. pl.* การมีประจำเดือน

menstruate (เมน' สตรูเอท) *vi.* **-ated, -ating** มีประจำเดือน **-menstruation** *n.*

mensurable (เมน' เชอระเบิล) *adj.* ซึ่งวัดได้

mensuration (เมนซะเร' ชัน) *n.* การวัด, เทคนิคการวัด, การวัดในวิชาเรขาคณิต

menswear (เมนซ์' แวร์) *n.* เสื้อผ้าผู้ชาย

-ment คำปัจจัย หมายถึง การหรือความ

★**mental** (เมน' เทิล) *adj.* เกี่ยวกับจิตใจ, ทางสติปัญญา, เกี่ยวกับความผิดปกติทางจิต, สำหรับคนไข้โรคจิต, ที่กระทำโดยการอ่านจิตใจหรือทางโทรจิต, (คำสแลง) บ้า **-mentally** *adv.* (**-S.** intellectual, psychological)

mental age อายุสมอง ใช้เป็นตัวทดสอบระดับสติปัญญาที่แท้จริงของมนุษย์

mental deficiency ดู mental retardation

mentality (เมนแทล' ลิที) *n., pl.* **-ties** ความสามารถทางจิต, สติปัญญา, แนวความคิด

mental retardation ความบกพร่องทางจิต, ภาวะที่ระดับสติปัญญาต่ำกว่าปกติ

menthol (เมน' ธอล) *n.* การบูร, เมนทอล

★**mention** (เมน' ชัน) *vt.* **-tioned, -tioning** อ้างถึง, กล่าวถึง, เขียนถึง, อ้างอิง, พูดพาดพิง *-n.* การอ้างอิง, การอ้างถึง, คำชมเชย **-mentionable** *adj.* (**-S.** (v.) cite)

mentor (เมน' ทอรํ, -เทอรํ) *n.* ที่ปรึกษา, ครู

★**menu** (เมน' ยู, เม'-) *n.* รายการอาหาร, รายการการทำงานต่างๆ บนหน้าจอคอมพิวเตอร์

meow, meou (มีเอา') *n.* เสียงแมวร้อง

mercantile (เมอรํ' เคินทีล, -ไทลํ, -ทิล) *adj.* เกี่ยวกับพ่อค้า, เกี่ยวกับการค้า, ในทางค้าขาย

mercantilism (เมอรํ' เคินทีลิซเซิม) *n.* ระบบเศรษฐกิจในยุโรปในศตวรรษที่ 16-17 ที่เน้นเรื่องการค้ากับต่างประเทศ

mercenary (เมอรํ' ซะเนรี) *adj.* เห็นแก่เงิน, ที่รับจ้างรบ *-n., pl.* **-naries** ทหารรับจ้าง, คนที่ทำเพื่อเงิน, ลูกจ้าง **-mercenarily** *adv.*

mercery (เมอรํ' ซะรี) *n., pl.* **-ceries** ผ้าและแพรพรรณ, ร้านขายผ้า **-mercer** *n.*

merchandise, merchandize (เมอรํ' เชินไดซํ, -ไดซํ) *n.* สินค้า, การซื้อขายสินค้า, การค้า *-vt., vi.* **-dised, -dising/-dized, -dizing** ซื้อขาย, ส่งเสริมการขาย (**-S.** (n.) goods)

★**merchant** (เมอรํ' เชินทํ) *n.* พ่อค้า, คนขายของ *-adj.* ทางการค้า **-merchantable** *adj.*

merchantman (เมอรํ' เชินทํเมิน) *n., pl.* **-men** เรือค้าขาย, เรือพาณิชย์

merchant marine กองเรือค้าขาย

merciful (เมอรํ' ซิเฟิล) *adj.* เมตตา, กรุณา **-mercifully** *adv.* **-mercifulness** *n.*

merciless (เมอรํ' ซิลิซ) *adj.* ทารุณ, โหดร้าย **-mercilessly** *adv.* **-mercilessness** *n.*

mercurial (เมอรํคยุ' เรียล) *adj.* ว่องไว, กระฉับกระเฉง, ฉลาด, เอาแน่ไม่ได้, เกี่ยวกับธาตุปรอท *-n.* ยาที่มีธาตุปรอท **-Mercurial** เกี่ยวกับดาวพุธ, เกี่ยวกับเทพเจ้า Mercury

mercury (เมอรํ' คยะรี) *n.* ธาตุปรอทเป็นโลหะหนักสีเงิน ใช้ในเครื่องวัดความดัน เทอร์โมมิเตอร์ เป็นต้น มีสัญลักษณ์ Hg **-Mercury** เทพเจ้าในเทพนิยายโรมันที่มีหน้าที่ส่งข่าว, ดาวพุธ

★**mercy** (เมอรํ' ซี) *n., pl.* **-cies** ความเมตตา, ความสงสาร, เคราะห์ดี, พรสวรรค์, อำนาจในการให้อภัยโทษ (**-S.** kindness **-A.** cruelty)

mercy killing การตายอย่างไม่เจ็บปวด, การทำให้ตายอย่างสงบเพื่อยุติความเจ็บปวด

★**mere** (เมียรํ) *adj.* เพียง, เท่านั้น, แท้ๆ, ล้วนๆ, เล็กน้อย **-merely** *adv.* (**-S.** pure, small)

meretricious (เมอริทริช' เชิซ) *adj.* แพศยา, ชั่วช้า, เกี่ยวกับการค้าประเวณี, ฉูดฉาด, ขี้โอ่, หลอกลวง (**-S.** specious, tawdry)

merge (เมิร์จ) *vt., vi.* **merged, merging** รวมกัน, ผสมกัน, กลมกลืน, กลายเป็น (**-S.** join)

merger (เมอรํ' เจอรํ) *n.* การรวมเป็นหนึ่ง, การรวมกันของหน่วยงานให้เป็นหนึ่งเดียว

meridian (มะริด' เดียน) *n.* เส้นวงกลมสมมติที่ลากผ่านขั้วโลกเหนือ ขั้วโลกใต้และจุดใดๆ บนผิวโลก, จุดสูงสุด, จุดยอด, เวลาเที่ยงวัน, ช่วงครึ่งอายุ, วัยเจริญพันธุ์ *-adj.* ที่เวลาเที่ยงวัน, ที่พาดผ่านจุดสูงสุดในแต่ละวัน, เกี่ยวกับจุดสูงสุด, ที่รุ่งเรืองที่สุด (**-S.** (n.) noon, zenith)

meringue (มะแรง') *n.* ขนมอบรสหวานซึ่งทำจากน้ำตาลกับไข่ขาวที่ตีจนขึ้นฟู

merino (มะรี' โน) *n., pl.* **-nos** แกะพันธุ์หนึ่งมีขนยาวนุ่มละเอียด, ขนแกะดังกล่าว

merino

merit (เม' ริท) *n.* ข้อดี, ความดี, บุญกุศล, รางวัลหรือเกียรติยศ *-vt.* **-ited, -iting** ควรได้รับ, สมควรกับ **-merits** บาปบุญคุณโทษ **-meritorious** *adj.* **-meritoriously** *adv.*

mermaid (เมอรํ' เมด) *n.* นางเงือก

merman (เมอรํ' แมน, -เมิน) *n., pl.* **-men** เงือกที่เป็นผู้ชาย

★**merry** (เม' รี) *adj.* **-rier, -riest** ร่าเริง, ครึกครื้น, สรวลเสเฮฮา, รื่นเริง **-merrily** *adj.* **-merriment** *n.* **-merriness** *n.* (**-S.** jolly)

merry-andrew (เม' รีแอน' ดรู) *n.* ตัวตลก

merry-go-round (เม' รีโกเราน์ดํ) *n.* ม้าหมุน

merrymaking (เม' รีเมคิง) *n.* ความรื่นเริง, งานรื่นเริง, ความสนุกสนาน *-adj.* รื่นเริง

merrythought (เม' รีธอท) *n.* กระดูกสองง่ามตรงหน้าอกของนก ใช้สำหรับอธิษฐาน

Mesdames, mesdames (เมดาม', -แดม') *n.* พหูพจน์ของ madam, madame

Mesdemoiselles, mesdemoiselles (เมดมวาเซล') *n.* พหูพจน์ของ Mademoiselle

mesh (เมซ) *n.* ตาของแห (ตาข่าย ตะแกรง), ตาข่าย, ร่างแห, กับดัก, สิ่งถักทอ, การขบกันของฟันเฟือง 2 ชุด *-vt., vi.* **meshed, meshing** ทำให้ (ฟันเฟือง) ขบกัน, ประสานกัน, ร่วมกัน, ดักจับ **-meshy** *adj.* (**-S.** (n., v.) net)

meshwork (เมซ เวิร์ค) *n.* ตาข่าย, ร่างแห

mesmerism (เมซ' มะริซเซิม, เมซ'-) *n.* การ

สะกดจิต, การทำให้หลงเสน่ห์, การทำให้งงงวย **-mesmeric** *adj.* **-mesmerist** *n.*

mesmerize (เมซ' มะไรซ์, เมซ'-) *vt.* **-ized, -izing** สะกดจิต, ทำให้ลุ่มหลง, ทำให้งงงวย

Mesopotamia (เมซซะพะเท' เมีย) ดินแดนโบราณอยู่ระหว่างแม่น้ำไทกริสและยูเฟรตีส ปัจจุบันอยู่ในอิรัก **-Mesopotamian** *adj., n.*

★**mess** (เมซ) *n.* ของที่กองไว้ยุ่งเหยิง, ของสัพเพเหระ, สถานการณ์ที่ยุ่งยาก, สภาพที่สกปรกรกรุงรัง, ห้องที่ทหารใช้กินอาหาร, ปริมาณอาหารหนึ่งมื้อหรือหนึ่งจาน, กลุ่มบุคคล (ทางทหาร) ที่กินอาหารร่วมกัน *-v.* **messed, messing** *-vt.* ทำให้ยุ่งเหยิง, ทำให้สกปรก, ทำลาย, ทำเสีย *-vi.* เข้าไปยุ่ง, ทำเรื่องยุ่ง, ร่วมรับประทานอาหาร **-mess around/about** ยุ่ง, เที่ยวยุ่ง, (ภาษาพูด) ปล่อยให้เวลาผ่านไปโดยเปล่าประโยชน์ **-messy** *adj.* **-messily** *adv.* (**-S.** (n., v.) disorder)

★**message** (เมซ' ซิจ) *n.* ข่าวสาร, สาร, ข่าวคราว, ข้อความที่ฝากผู้อื่นไปให้, คำพูดหรือข้อความที่เป็นทางการ, ถ้อยคำชวนคิด, ความหมาย, หน้าที่ส่งสาร (**-S.** letter, statement)

★**messenger** (เมซ' เซินเจอร์) *n.* คนรับและส่งข่าวสาร, เจ้าหน้าที่เดินหนังสือ, ผู้นำข่าว, ทูตสวรรค์, เครื่องบ่งชี้, ลาง (**-S.** carrier)

Messieurs (เมซิเออร์', เมซ' เซอร์ซ) *n.* พหูพจน์ของ Monsieur

mess jacket เสื้อสูทของผู้ชายที่สั้นแค่เอวและเข้ารูป ปลายเสื้อข้างหลังแหลม

mess kit ชุดครัวสนาม

Messrs. (เมซ' เซอร์ซ) *n.* พหูพจน์ของ Mr.

mestizo (เมสตี' โซ) *n.* ลูกครึ่ง, ลูกผสม

met (เมท) *v.* กริยาช่อง 2 และ 3 ของ meet

meta, met- คำอุปสรรค หมายถึง ภายหลัง, ข้างหลัง, ระหว่าง, เปลี่ยนแปลง

metabolism (มิแทบ' บะลิซเซิม) *n.* กระบวนการเผาผลาญอาหารในร่างกายของสิ่งมีชีวิตทำให้ได้พลังงานออกมา **-metabolic** *adj.*

★**metal** (เมท' เทิล) *n.* โลหะ, วัตถุที่ทำด้วยโลหะ, เหล็กหลอมเหลว, แก้วหลอมเหลว, หินโรยถนน, ความแข็งแกร่ง, ความสามารถ *-adj.* ซึ่งทำด้วยโลหะ *-vt.* **-aled, -aling/-alled, -alling** โรยหิน **-metallic** *adj.* **-metallically** *adv.*

metalliferous (เมทเทิลลิฟ' เฟอเริซ) *adj.* ประกอบด้วยโลหะหรือแร่โลหะ

metalloid (เมท' เทิลลอยด์) *n.* ธาตุอโลหะ

metallurgy (เมท' เทิลเลอร์จี) *n.* วิทยาศาสตร์และเทคโนโลยีในการแยกโลหะออกจากแร่

metalware (เมท' เทิลแวร์) *n.* เครื่องใช้ในครัวที่ทำด้วยโลหะ

metalwork (เมท' เทิลเวิร์ค) *n.* สิ่งของที่ทำด้วยโลหะ, การทำของจากโลหะ **-metalworking** *n.*

metamorphism (เมททะมอร์' ฟิซเซิม) *n.* การเปลี่ยนแปลงโครงสร้างของหินซึ่งเกิดจากความดัน ความร้อน หรือปฏิกิริยาเคมีจนเป็นหินชนิดใหม่ขึ้นมา เช่น หินปูนกลายเป็นหินอ่อน

metamorphose (เมททะมอร์' โฟซ, -โฟซ) *v.* **-phosed, -phosing** *-vi.* เปลี่ยนแปลงไป, เปลี่ยนรูปเป็น, ผ่านการเปลี่ยนแปลงแบบ metamorphism หรือ metamorphosis *-vt.* ทำให้เกิดการเปลี่ยนแปลงแบบ metamorphism หรือ metamorphosis (**-S.** change, transform)

metamorphosis (เมททะมอร์' ฟะซิซ) *n., pl.* **-phoses**(-ซีซ) การเปลี่ยนแปลงลักษณะหรือโครงสร้างอย่างสมบูรณ์, การเปลี่ยนแปลงรูปร่างและความเป็นอยู่ของสัตว์ระหว่างพัฒนาการทางธรรมชาติ เช่น ลูกอ๊อดกลายเป็นกบ ตัวหนอนกลายเป็นผีเสื้อ, การเปลี่ยนแปลงจากรูปหนึ่งไปเป็นอีกรูปหนึ่งโดยสมบูรณ์

metaphor (เมท' ทะฟอร์, -เฟอร์) *n.* คำอุปมา, การเปรียบเทียบ **-metaphoric, metaphorical** *adj.* **-metaphorically** *adv.*

metaphysics (เมททะฟิซ' ซิคซ์) *n. pl.* ปรัชญาที่ว่าด้วยความจริงและความเป็นอยู่ของธรรมชาติรวมทั้งจุดกำเนิดและโครงสร้างของจักรวาล, ทฤษฎีหรือหลัก **-metaphysical** *adj.*

metastasize (มะแทส' ตะไซซ์) *vi.* **-sized, -sizing** แพร่กระจายจากส่วนหนึ่งของร่างกายไปยังส่วนอื่น **-metastasis** *n.*

mete (มีท) *vt.* **meted, meting** แจกจ่าย

meteor (มี' ทีเออร์, -ออร์) *n.* ดาวตก, ผีพุ่งไต้

meteorite (มี' ทีอะไรท์) *n.* อุกกาบาต

meteoroid (มี' ทีอะรอยด์) *n.* สะเก็ดดาว

meteorology (มีทีอะรอล' ละจี) *n.* วิชาที่ศึกษาเกี่ยวกับสภาพบรรยากาศ ปรากฏการณ์ในบรรยากาศ, อุตุนิยมวิทยา **-meteorological** *adj.* **-meteorologically** *adv.* **-meteorologist** *n.*

meter, metre[1] (มี' เทอร์) *n.* จังหวะในเพลง โคลง ฉันท์ กาพย์ กลอน (**-S.** rhythm)

★**meter, metre**[2] (มี' เทอร์) *n.* หน่วยความยาวในระบบเมตริกที่มีค่าเท่ากับ 39.37 นิ้ว, เมตร

meter[3] (มี' เทอร์) *n.* มาตร, เครื่องวัด, ผู้วัด *-vt.* **-tered, -tering** วัดด้วยเครื่องวัด

-meter คำปัจจัย หมายถึง เครื่องวัด

methane (เมธ' เธน) *n.* ก๊าซมีเทนได้จาก

กระบวนการย่อยสลายของพืชหรือสารอินทรีย์
methanol (เมธ' ธะนอล, -โนล) *n.* เมทิลแอลกอฮอล์
★**method** (เมธ' เธิด) *n.* วิธี, วิธีการ, การปฏิบัติ, ระเบียบ, ระบบ, การจัดการ (-S. mode)
methodical, methodic (มะธอด' ดิเคิล, -ดิค) *adj.* เป็นระเบียบ, ประณีต, เรียบร้อย, รอบคอบ **-methodically** *adv.* (-S. deliberate)
methodize (เมธ' ธะไดซ) *vt.* **-ized, -izing** ทำให้เป็นระบบระเบียบ **-methodization** *n.*
methodology (เมธธะดอล' ละจี) *n., pl.* **-gies** การศึกษาวิธีการหรือหลักการทำสิ่งใดสิ่งหนึ่ง, ระบบของการจัดระเบียบหลักเกณฑ์หรือข้อบังคับ **-methodological** *adj.*
methyl alcohol ของเหลวใสไร้สีที่มีพิษและจุดติดไฟได้ ใช้เป็นเชื้อเพลิงและตัวทำละลาย
meticulous (มิทิค' คยะเลิซ) *adj.* พิถีพิถัน, ประณีต, ระมัดระวัง, กวดขัน **-meticulously** *adv.* **-meticulousness** *n.* (-S. careful, finicky)
metier (เมทเย') *n.* อาชีพ
metonymy (มะทอน' นะมี) *n., pl.* **-mies** การใช้คำหนึ่งแทนคำอีกคำหนึ่ง เช่น สยามเมืองยิ้มแทนประเทศไทย
★**metre** (มี' เทอร์) *n.* ดู meter
metric (เมท' ทริค) *adj.* เกี่ยวกับระบบเมตริก
metric system ระบบเมตริก, ระบบชั่ง ตวง วัด ที่มีหน่วยหลักคือเมตร (ความยาว) กรัม (น้ำหนัก) และลิตร (ปริมาตร)
metritis (มิไทร' ทิซ) *n.* มดลูกอักเสบ
metro (เมท' โทร) *n., pl.* **-ros** รถไฟใต้ดิน
metronome (เมท' ทระโนม) *n.* อุปกรณ์ที่มีเข็มแกว่งไปมาเหมือนนาฬิกาใช้ให้จังหวะดนตรี
metropolis (มิทรอพ' พะลิซ) *n.* นครหลวง, มหานคร, เมืองที่เป็นศูนย์กลางความเจริญ
-metry คำปัจจัย หมายถึง วิชาหรือกระบวนการที่เกี่ยวกับการวัด
mettle (เมท' เทิล) *n.* ความกล้าหาญ, ความแข็งแกร่ง, ความสามารถ, อารมณ์ (-S. spirit)
mew[1] (มยู) *n.* เสียงร้องของแมว
mew[2] (มยู) *n.* นกนางนวลชนิดหนึ่ง
mew[3] (มยู) *n.* กรงขัง, ที่ซ่อน (-S. cage)
mewl (มยูล) *vi.* **mewled, mewling** ร้องสะอึกสะอื้น, ร้องคราง *-n.* เสียงเด็กทารกร้อง, เสียงสะอึกสะอื้น, เสียงคราง (-S. (v., n.) whimper)
mews (มยูซ) *n. pl.* โรงเก็บม้าหรือรถในสมัยก่อนที่ดัดแปลงเป็นที่พักอาศัยในปัจจุบัน
mezzanine (เมซ' ซะนีน, -นีน') *n.* ชั้นลอย
mezzo (เมซ' โซ) *adj.* กลาง, ครึ่ง, พอสมควร
mezzo forte (เสียงดนตรี) ดังปานกลาง
mfd ย่อจาก manufactured การผลิต
mg ย่อจาก milligram มิลลิกรัม
MHz ย่อจาก megahertz เมกะเฮิรตซ์
miaow, miaou (มีเอา') *n.* ดู meow
miasma (ไมแอซ' มะ, มี-) *n., pl.* **-mas/-mata** กลิ่นเหม็นจากซากเน่าเปื่อยซึ่งเชื่อว่าเป็นพิษ
mice (ไมซ) *n.* พหูพจน์ของ mouse
micra (ไม' คระ) *n.* พหูพจน์ของ micron
micro-, micr- คำอุปสรรค หมายถึง เล็ก, จิ๋ว, จุล, 10^{-6}, หนึ่งส่วนล้าน
microbe (ไม' โครบ) *n.* สิ่งมีชีวิตขนาดเล็กที่ตามองไม่เห็น เช่น เชื้อโรค
microbiology (ไมโครไบออล' ละจี) *n.* วิชาจุลชีววิทยา **-microbiological** *adj.*
microchip (ไม' คระชิพ) *n.* แผ่นสารกึ่งตัวนำชิ้นเล็กๆ ที่บรรจุวงจรไฟฟ้าหรืออิเล็กทรอนิกส์
microcomputer (ไม' โครเคิมพยูเทอร์) *n.* เครื่องคอมพิวเตอร์ขนาดเล็กที่ใช้ในบ้าน
microcosm (ไม' คระคอซเซิม) *n.* โลกเล็กๆ, จักรวาลเล็กๆ, มนุษย์ที่เป็นเสมือนภาพย่อของโลก, ระบบสิ่งแวดล้อมขนาดเล็ก เช่น สระ
microfarad (ไม' โครแฟแรด, -เริด) *n.* หนึ่งส่วนล้านฟารัด
microfilm (ไม' คระฟิล์ม) *n.* ฟิล์มขนาดเล็กสำหรับถ่ายภาพหรือเอกสารโดยการย่อขนาดให้เล็กลง, การถ่ายภาพบนฟิล์มดังกล่าว
microfloppy (ไม' โครฟลอพพี) *n., pl.* **-pies** แผ่นดิสก์ขนาด 3.5 นิ้ว
micrometer[1] (ไมครอม' มิเทอร์) *n.* เครื่องมือวัดระยะมุม เส้นผ่านศูนย์กลางหรือวัตถุที่เล็กๆ
micrometer[2] (ไม' โครมีเทอร์) *n.* หน่วยวัดความยาวที่มีค่าเท่ากับหนึ่งส่วนล้านเมตร
micron (ไม' ครอน) *n., pl.* **-crons/-cra** หนึ่งส่วนล้านเมตร
microorganism (ไมโครออร์' กะนิซเซิม) *n.* สิ่งมีชีวิตขนาดเล็กที่มองด้วยตาเปล่าไม่เห็น
microphone (ไม' คระโฟน) *n.* อุปกรณ์ที่เปลี่ยนคลื่นเสียงให้อยู่ในรูปสัญญาณทางไฟฟ้าใช้บันทึกหรือถ่ายทอดเสียง, ไมโครโฟน
microprocessor (ไม' โครพรอซเซซเซอร์) *n.* วงจรไฟฟ้าที่บรรจุหน่วยประมวลผลกลางทั้งหมดของคอมพิวเตอร์ไว้บนแผ่นชิปแผ่นเดียว
microscope (ไม' คระสโกพ) *n.* กล้องจุลทรรศน์
microscopic, microscopical (ไมคระสกอพ' พิค, -พิเคิล) *adj.* เล็กมาก, จิ๋ว, อย่าง

A B C D E F G H I J K L M N O P Q R S T U V W X Y Z

ละเอียดลออ, เกี่ยวกับกล้องจุลทรรศน์ (-S. minuscule, tiny -A. big)
microsecond (ไม' โครเซคเคินดฺ) *n.* หน่วยของเวลาที่มีค่าเท่ากับหนึ่งส่วนล้านวินาที
microwave (ไม' คระเวฟว) *n.* คลื่นแม่เหล็กไฟฟ้าความถี่สูง ใช้ประโยชน์ในด้านการสื่อสารและเรดาร์, เตาอบไมโครเวฟ
mid (มิด) *adj.* กลาง, ปานกลาง, ครึ่ง *-n.* ขนาดกลาง, ระยะกลาง *-prep.* กลาง
mid- คำอุปสรรค หมายถึง กลาง
midair (มิด' แอรฺ) *n.* บริเวณกลางอากาศ
★**midday** (มิด' เด) *n.* กลางวัน, เที่ยงวัน *-adj.* ที่เวลาเที่ยงวัน (-S. (n.) noon)
★**middle** (มิด' เดิล) *adj.* กลาง, กึ่งกลาง, ครึ่ง, ตรงกลาง, ตอนกลาง *-n.* จุดกลาง, ส่วนกลาง, ใจกลาง, เอว (-S. (adj.) central (n.) center)
middle age วัยกลางคน **-middle-aged** *adj.*
Middle Ages ยุคกลางในประวัติศาสตร์ของยุโรป ระหว่างยุคโบราณกับยุคเรอเนซองส์
middlebrow (มิด' เดิลเบรา) *n.* (ภาษาพูด) ผู้มีรสนิยมปานกลาง ผู้มีความคิดเห็นเป็นกลาง
middle class ชนชั้นกลางในสังคม
middleman (มิด' เดิลแมน) *n.* พ่อค้าคนกลาง
middle-of-the-road (มิด' เดิลเอิฟวฺธะโรด') *adj.* เป็นกลางทางความคิดหรือการเมือง
middleweight (มิด' เดิลเวท) *n.* นักมวยที่มีน้ำหนักตัวระหว่าง 147-160 ปอนด์
middling (มิด' ลิง) *adj.* ปานกลาง, ย่อมเยา
midge (มิจ) *n.* แมลงขนาดเล็กมีปีกคล้ายริ้น
midget (มิจ' จิท) *n.* คนตัวเล็ก, ของชนิดจิ๋ว *-adj.* เล็ก, จิ๋ว (-S. (n., adj.) small)
midland (มิด' เลินดฺ) *n.* ส่วนกลางหรือส่วนในของประเทศ *-adj.* เกี่ยวกับส่วนกลาง
midmost (มิด' โมซทฺ) *adj.* ที่อยู่ใกล้ตรงกลางที่สุดหรือชั้นในที่สุด *-n.* ส่วนกลาง
midnight (มิด' ไนทฺ) *n.* เที่ยงคืน, ความมืดสนิท *-adj.* ที่เวลาเที่ยงคืน, มืดมาก

> **midnight** เวลาเที่ยงคืน ใช้กับ at เช่น The pub closes at midnight.
> **middle of the night** เวลากลางคืน (ช่วง) หลังเที่ยงคืนจนก่อนฟ้าสาง ใช้กับ in เช่น What are you doing in the middle of the night, John? Go to bed now!

midnight sun พระอาทิตย์เที่ยงคืน
midpoint (มิด' พอยนทฺ) *n.* จุดกึ่งกลาง
midriff (มิด' ดริฟ) *n.* ส่วนกลางของร่างกายระหว่างอกกับเอว, กะบังลม
midshipman (มิด' ชิพเมิน) *n., pl.* **-men** นักเรียนนายเรือ, ว่าที่เรือตรี
midst (มิดซทฺ, มิทซทฺ) *n.* ตำแหน่งกลาง, ส่วนกลาง, ศูนย์กลาง, แกนกลาง, สิ่งที่อยู่ท่ามกลาง *-prep.* ระหว่างกลาง, ท่ามกลาง **-in the midst of** ล้อมรอบโดย, ระหว่าง (-S. (n.) core)
midsummer (มิด' ซัม' เมอรฺ) *n.* ช่วงกลางฤดูร้อน *-adj.* เหมือนช่วงกลางฤดูร้อน
midterm (มิด' เทิรฺม) *n.* ช่วงกลางของภาคเรียน
midtown (มิด' เทานฺ) *n.* ใจกลางเมือง
midway (มิด' เว) *n.* ระยะกลาง, กลางทาง, บริเวณกลางงาน *-adj., adv.* กลางทาง
midweek (มิด' วีค) *n.* ช่วงกลางสัปดาห์, วันพุธ *-adj.* ในช่วงกลางสัปดาห์
midwife (มิด' ไวฟ) *n., pl.* **-wives** (-ไวฟวฺซ) หมอตำแย, ผู้ช่วยทำคลอด *-vt.* **-wifed, -wifing/-wived, -wiving** (-ไววิง) ช่วยทำคลอด, ช่วยนำมา **-midwifery** *n.* (-S. (n.) obstetrician)
midwinter (มิด' วิน' เทอรฺ) *n.* ช่วงกลางฤดูหนาว *-adj.* เหมือนช่วงกลางฤดูหนาว
midyear (มิด' เยียรฺ) *n.* ช่วงกลางปี
mien (มีน) *n.* ลักษณะท่าทาง, พฤติกรรม
miff (มิฟ) *vt., vi.* **miffed, miffing** (ภาษาพูด) ทำให้ขุ่นเคือง *-n.* (ภาษาพูด) เรื่องระหองระแหง
★**might**[1] (ไมทฺ) *v. aux.* กริยาช่อง 2 ของ may
might[2] (ไมทฺ) *n.* ความสามารถ, พละกำลัง, แรง, พลังงาน (-S. energy, strength)
mighty (ไม' ที) *adj.* **-tier, -tiest** มีพลัง, มหึมา, มีอานุภาพ, กว้างขวาง, หนาแน่น, มหาศาล *-adv.* มากมาย, อย่างยิ่ง **-mightily** *adv.* **-mightiness** *n.* (-S. (adj.) enormous, powerful)
migraine (ไม' เกรน) *n.* อาการปวดศีรษะเพียงข้างเดียว มักคลื่นไส้และมีสายตาผิดปกติ
migrant (ไม' เกรินทฺ) *n.* ผู้อพยพ, สัตว์ที่อพยพย้ายถิ่น *-adj.* เกี่ยวกับการอพยพย้ายถิ่น
migrate (ไม' เกรท) *vi.* **-grated, -grating** อพยพ, ย้ายถิ่น, เปลี่ยนที่เพาะปลูก, เดินทาง **-migration** *n.* **-migratory** *adj.*
mikado (มิคา' โด) *n., pl.* **-dos** ตำแหน่งจักรพรรดิแห่งญี่ปุ่น
mike (ไมคฺ) *n.* (ภาษาพูด) ไมโครโฟน
mil (มิล) *n.* หน่วยความยาวที่เท่ากับ 0.001 นิ้ว, 1 ลูกบาศก์เซนติเมตร (cc), 1 มิลลิลิตร
milady, miladi (มิเล' ดี) *n., pl.* **-dies** สตรีผู้สูงศักดิ์, สตรีที่มีรสนิยมสูง, คุณหญิง

A B C D E F G H I J K L M N O P Q R S T U V W X Y Z

milch (มิลช์) *adj.* (สัตว์) ที่ให้นม เช่น วัวนม
★**mild** (ไมล์ด์) *adj.* **milder, mildest** อ่อนโยน, ใจดี, สุภาพ, อ่อน, เบา, ไม่รุนแรง, ไม่หนาวจัด, อบอุ่น, จืด **-mildly** *adv.* **-mildness** *n.*
mildew (มิล' ดู, -ดยู) *n.* โรคราน้ำค้าง
★**mile** (ไมล์) *n.* หน่วยวัดความยาวมีค่าเท่ากับ 5,280 ฟุต หรือ 1,609 เมตร, ไมล์, ไมล์ทะเล
mileage, milage (ไม' ลิจ) *n.* ความยาวหรือระยะทางเป็นไมล์, ระยะทางเป็นไมล์ที่รถวิ่งไปได้ด้วยน้ำมันจำนวนหนึ่ง
milestone (ไมล์' สโตน) *n.* หลักไมล์บอกระยะทางตามข้างถนน, เหตุการณ์สำคัญในประวัติศาสตร์หรือชีวิตคน, จุดเปลี่ยน
milieu (มิลยู') *n., pl.* **-lieus/-lieux** สภาพแวดล้อม (-S. environment, surrounding)
militant (มิล' ลิเทินท์) *adj.* เกี่ยวกับการต่อสู้หรือสงคราม, ชอบต่อสู้, ก้าวร้าว, แข็งข้อ, รุกราน *-n.* คนที่ชอบสงคราม, คนที่แข็งข้อ, ผู้รุกราน **-militance, militancy** *n.*
militarism (มิล' ลิทะริซเซิม) *n.* การฝึกกำลังทางทหาร, นโยบายเตรียมความพร้อมทางทหาร, การยกย่องอุดมการณ์ทางทหาร, การฝึกรบ
militarize (มิล' ลิทะไรซ์) *vt.* **-rized, -rizing** เตรียมความพร้อมในการรบ, ทำให้มีจิตใจต่อสู้
★**military** (มิล' ลิเทรี) *adj.* เกี่ยวกับกำลังทหาร, ทางทหาร, เกี่ยวกับการรบ, ของกองทัพ *-n., pl.* **-ry/-ries** กำลังทางทหารของประเทศ **-the military** กำลังทางทหาร, เจ้าหน้าที่ทหาร
military law กฎหมายทหาร, ธรรมนูญทหาร
militate (มิล' ลิเทท) *vi.* **-tated, -tating** ต่อสู้, ตอบโต้, คัดค้าน
militia (มะลิช' ชะ) *n.* ทหารกองหนุน
★**milk** (มิลค์) *n.* น้ำนม, ของเหลวที่คล้ายน้ำนม เช่น น้ำกะทิ *-v.* **milked, milking** *-vt.* รีด (พิษงู), รีดน้ำนม, สกัด (ของเหลว), รีดไถ *-vi.* ให้น้ำนม
milk-and-water (มิลค์เอินวอท' เทอร์) *adj.* จืดชืด, อ่อน, โหรงเหรง, ไม่มีสาระ, เหลวไหล
milk-livered (มิลค์' ลิฟเวอร์ด์) *adj.* ขี้ขลาด
milkmaid (มิลค์' เมด) *n.* หญิงที่รีดนมวัว
milkman (มิลค์' แมน) *n., pl.* **-men** คนขายนม, คนส่งนม
milk of magnesia ยาน้ำสีขาวขุ่นที่มีส่วนผสมของแมกนีเซียมไฮดรอกไซด์ ใช้เป็นยาลดกรดและยาระบาย
milk shake เครื่องดื่มที่ทำจากนมผสมไอศกรีมแล้วเขย่าหรือปั่นจนเป็นฟอง
milksop (มิลค์' ซอพ) *n.* คนขี้ขลาด, คนอ่อนแอ
milk sugar น้ำตาลในนม, น้ำตาลแล็กโตส
milk tooth ฟันน้ำนม
milky (มิล' คี) *adj.* **milkier, milkiest** เหมือนน้ำนม, ประกอบด้วยน้ำนม, ขุ่น
Milky Way กาแล็กซีทางช้างเผือกที่มีระบบสุริยจักรวาลรวมอยู่ด้วย
mill (มิล) *n.* โรงโม่, โรงสี, เครื่องโม่, เครื่องบด, เครื่องสีข้าว, โรงงานผลิต *-v.* **milled, milling** *-vt.* บดเป็นแป้ง, โม่, ผลิต (กระดาษ เหล็ก) ในโรงงาน *-vi.* เคลื่อนที่อย่างช้าๆ เป็นวงกลม เช่น ฝูงวัว, เคลื่อนไหวอย่างสับสนชุลมุน **-through the mill** (ภาษาพูด) ผ่านความยากลำบาก, ผ่านการฝึกหัดอย่างจริงจัง **-milling** *n.*
millennium (มะเลน' เนียม) *n., pl.* **-niums/-nia** ระยะเวลาหนึ่งพันปี, ระยะเวลาหนึ่งพันปีที่พระเจ้าจะปกครองโลก, ช่วงเวลาแห่งความสุขสงบและรุ่งเรือง, สหัสวรรษ
millennium bug ปัญหาคอมพิวเตอร์ปี 2000 เกิดกับซอฟต์แวร์และฮาร์ดแวร์ที่ใช้ตัวเลขสองตัวเป็นตัวบอกปี ค.ศ. จึงเกิดความผิดพลาดขึ้น
millepede (มิล' ละพีด) *n.* ดู millipede
miller (มิล' เลอร์) *n.* เจ้าของโรงโม่
millet (มิล' ลิท) *n.* ลูกเดือย, ข้าวฟ่าง
milli- คำอุปสรรค หมายถึง 10^{-3}, หนึ่งส่วนพัน
milliard (มิล' เลียร์ด) *n.* หนึ่งพันล้าน
millibar (มิล' ละบาร์) *n.* หน่วยวัดความดันบรรยากาศที่เท่ากับ 1⁄1000 บาร์
milligram (มิล' ลิแกรม) *n.* หน่วยวัดน้ำหนักที่เท่ากับ 1⁄1000 หรือ 0.001 กรัม ย่อว่า mg
milliliter, millilitre (มิล' ละลีเทอร์) *n.* หน่วยวัดปริมาตรหรือความจุของของเหลวที่เท่ากับ 1⁄1000 ลิตร หรือ 0.338 ออนซ์ ย่อว่า ml
★**millimeter, millimetre** (มิล' ละมีเทอร์) *n.* หน่วยวัดความยาวที่เท่ากับ 1⁄1000 เมตรหรือ 0.03937 นิ้ว ย่อว่า mm
milliner (มิล' ละเนอร์) *n.* ช่างทำหมวกสตรี
millinery (มิล' ละเนรี) *n., pl.* **-neries** หมวกผู้หญิง, งานหรือธุรกิจที่เกี่ยวกับหมวกผู้หญิง
★**million** (มิล' เยิน) *n., pl.* **-lion/-lions** หนึ่งล้าน, จำนวนมากมาย **-million** *adj.*
★**millionaire** (มิลยะแนร์') *n.* เศรษฐีเงินล้าน
millionairess (มิลยะแน' ริซ) *n.* เศรษฐินี
millionth (มิล' เยินธ์) *adj.* ที่ล้าน, เป็นหนึ่งในล้าน *-n.* ลำดับที่หนึ่งล้าน
millipede, millepede (มิล' ละพีด) *n.* กิ้งกือ

A B C D E F G H I J K L M N O P Q R S T U V W X Y Z

millrace (มิล' เรซ) *n.* กระแสน้ำที่ไปหมุนระหัด
millstone (มิล' สโตน) *n.* แผ่นหินกลมขนาดใหญ่ของเครื่องโม่, ระวางหนัก, สิ่งที่ใช้บด
millwork (มิล' เวิร์ค) *n.* สิ่งของต่างๆ ที่ทำขึ้นในโรงงาน, งานที่ทำในโรงงาน **-millworker** *n.*
milord (มิลอร์ด') *n.* ชายผู้สูงศักดิ์, ใต้เท้า
milquetoast (มิลค์' โทซท์) *n.* คนขี้ขลาด
mime (ไมม์) *n.* การแสดงท่าทางแทนคำพูด, ละครใบ้, โขน, ตัวแสดงท่าทางดังกล่าว, ผู้แสดงละครใบ้ *-vi.* **mimed, miming** แสดงท่าล้อเลียน **-mimer** *n.* (**-S.** (n., v.) mimic, pantomine)
mimeograph (มิม' เมียแกรฟ) *n.* เครื่องโรเนียว, สำเนาจากเครื่องโรเนียว
mimic (มิม' มิค) *vt.* **-icked, -icking** เลียนแบบ, จำลอง, ล้อเลียน, ปลอม *-n.* นักแสดงล้อเลียน, การเลียนแบบ **-mimicry** *n.*
mimosa (มิโม' ซะ) *n.* กระถิน, พืชพวกไมยราบ
min. ย่อจาก minimum ต่ำสุด, minute นาที
minaret (มินนะเรท') *n.* หอคอยสูงบนสุเหร่า
minatory (มิน' นะทอรี) *adj.* คุกคาม, ขู่เข็ญ
mince (มินซ์) *v.* **minced, mincing** *-vt.* สับ, บด, พูดปลอบโยน, พูดอ้อมค้อม, แสดงออกอย่างมีมารยาท *-vi.* เดินเหยาะย่างอย่างสง่างาม, เดินด้วยก้าวสั้นๆ, พูดหรือประพฤติอย่างมีมารยาท *-n.* ผลไม้สับ, การสับละเอียด, เนื้อสับ **-not mince matters** พูดอย่างตรงไปตรงมา **-mincing** *adj.* **-mincingly** *adv.* (**-S.** (v.) cut, walk)
mincemeat (มินซ์' มีท) *n.* เนื้อสับปรุงเครื่อง
mince pie ขนมพายไส้ผลไม้สับหรือไส้เนื้อสับ
★**mind** (ไมน์ด์) *n.* จิตใจ, จริต, ใจ, ความในใจ, ความคิด, ความตั้งใจ, ความเอาใจใส่, ความคิดเห็น, ความมุ่งหมาย, ความต้องการ, ความจำ, ความทรงจำ, สติสัมปชัญญะ, ผู้มีสติปัญญา, สติปัญญา *-v.* **minded, minding** *-vt.* ใส่ใจ, เอาใจใส่, เชื่อฟัง, ระวัง, ดูแล, รังเกียจ, สังเกต, เป็นกังวล, เป็นห่วง, (ภาษาพูด) จำ มุ่งหมาย ต้องการ *-vi.* รู้สึกกังวล, รู้สึกเป็นห่วง, เชื่อฟัง, สังเกต, ระวัง, เอาใจใส่, รังเกียจ **-bear/keep in mind** จำ **-call to mind** จำได้ **-make up one's mind** ตัดสินใจ **-never mind** ไม่เป็นไร **-out of one's mind** เสียสติ (**-S.** (n.) memory)
minded (ไมน์' ดิด) *adj.* สมัครใจ, มีใจโอนเอียง
mindful (ไมน์ด์' เฟิล) *adj.* เอาใจใส่, ตั้งใจ, ระวัง
mindless (ไมน์ด์' ลิซ) *adj.* โง่, ไร้ความคิด, สะเพร่า, ไม่มีจุดมุ่งหมาย **-mindlessly** *adv.*
mind reading โทรจิต, ความสามารถในการรู้ความคิดของผู้อื่นโดยใช้สัมผัสพิเศษ
mind's eye จินตนาการ, มโนภาพ
★**mine**[1] (ไมน์) *n.* เหมือง, เหมืองแร่, แหล่งอุดมสมบูรณ์, โพรงที่ขุดขึ้นเพื่อวางระเบิด, กับระเบิด, ทุ่นระเบิด, พลุ, ดอกไม้ไฟ *-v.* **mined, mining** *-vt.* สกัด (แร่) จากดิน, ขุดแร่, ขุดอุโมงค์, ทำโพรง, วางระเบิด *-vi.* ขุดเหมือง, ขุดแร่, ทำงานในเหมือง, ขุดอุโมงค์ **-miner** *n.*
★**mine**[2] (ไมน์) *pron.* ของของฉัน *-adj.* เป็นของฉัน
mine detector เครื่องมือตรวจหาทุ่นระเบิด
minefield (ไมน์' ฟีลด์) *n.* พื้นที่ที่ถูกวางทุ่นระเบิด
minelayer (ไมน์' เลเออร์) *n.* เรือวางทุ่นระเบิด
★**mineral** (มิน' เนอเริล) *n.* แร่, แร่ธาตุ, เกลือแร่ *-adj.* เกี่ยวกับแร่ธาตุ, คล้ายแร่, ซึ่งมีแร่ **-minerals** น้ำแร่, น้ำโซดา (**-S.** (n.) ore)
mineralogy (มินนะรอล' ละจี) *n., pl.* **-gies** การศึกษาในเชิงวิทยาศาสตร์เกี่ยวกับแร่, หนังสือเกี่ยวกับแร่ **-mineralogist** *n.*
mineral oil น้ำมันไร้สี ไร้กลิ่น ไร้รส ที่กลั่นจากน้ำมันปิโตรเลียมใช้ในการทำยาระบาย
mineral water น้ำแร่
minesweeper (ไมน์' ซวีพเพอร์) *n.* เรือทำลายทุ่นระเบิด **-minesweeping** *n.*
mingle (มิง' เกิล) *vt., vi.* **-gled, -gling** ผสม, รวมกัน, ปนกัน, กลมกลืน, เข้าร่วม, ปะปน
mingy (มิน' จี) *adj.* **-gier, -giest** ขี้เหนียว
mini (มิน' นี) *n., pl.* **-nis** สิ่งของที่เล็กกว่าปกติ
mini- คำอุปสรรค หมายถึง เล็ก, สั้น
miniature (มิน' นีอะเชอร์) *n.* แบบจำลองย่อส่วน, ภาพเขียนที่เล็กมาก, ศิลปะในการทำภาพเขียนที่เล็กมาก, รูปภาพขนาดเล็ก *-adj.* เล็ก, จิ๋ว, น้อยๆ, ซึ่งย่อขนาดลง (**-S.** (adj.) little, small)
minibus (มิน' นีบัซ) *n.* รถเมล์เล็ก
minim (มิน' เนิม) *n.* ตัวโน้ตครึ่งจังหวะ, สิ่งที่เล็กหรือน้อยมากๆ
minima (มิน' นะมะ) *n.* พหูพจน์ของ minimum
minimal (มิน' นะเมิล) *adj.* เล็กที่สุด, น้อยที่สุด
minimize (มิน' นะไมซ์) *vt.* **-mized, -mizing** ทำให้น้อย, ย่อให้เล็กที่สุด, ลดลงต่ำสุด, ลดค่า, ดูถูก **-minimization** *n.* (**-S.** depreciate, reduce)
★**minimum** (มิน' นะเมิม) *n., pl.* **-mums/-ma** ความเป็นไปได้น้อยที่สุด, จุดต่ำสุด, ค่าที่น้อยที่สุด, จำนวนน้อยที่สุด *-adj.* ซึ่งเป็นไปได้น้อยที่สุด, มีระดับต่ำสุด
minimum wage เงินค่าจ้างขั้นต่ำ
minion (มิน' เยิน) *n.* ผู้ติดตาม, คนรับใช้, ลูกสมุน, ผู้ช่วย, คนโปรด, ชู้รัก
miniseries, mini-series (มิน' นีเซียรีซ) *n.,*

A B C D E F G H I J K L M N O P Q R S T U V W X Y Z

pl. **-ries** ละครชุดทางโทรทัศน์ฉายเป็นตอนสั้นๆ
miniskirt (มิน' นีสเกิร์ท) *n.* กระโปรงสั้นเหนือหัวเข่า **-miniskirted** *adj.*
★**minister** (มิน' นิสเตอร์) *n.* เจ้าหน้าที่รัฐบาล, รัฐมนตรี, อัครราชทูต, พระ, ผู้รับใช้ *-vi.* **-tered, -tering** รับใช้, ปรนนิบัติ, ช่วยเหลือ, รักษาพยาบาล, ทำหน้าที่เป็นพระ *-vt.* จัดให้มี, ให้, จัดหา **-ministerial** *adj.* **-ministerially** *adv.*
ministrations (มินนิสเตร' ชันซ์) *n.* การช่วยเหลือ, การรับใช้, การปรนนิบัติ, การทำหน้าที่เป็นพระ, การให้คำสั่งสอน **-ministrant** *adj., n.*
★**ministry** (มิน' นิสตรี) *n., pl.* **-tries** ตำแหน่งพระสงฆ์, คณะสงฆ์, กระทรวง, คณะรัฐมนตรี, การช่วยเหลือ, การรับใช้, การเป็นตัวแทน
mink (มิงค์) *n., pl.* **mink/minks** สัตว์เลี้ยงลูกด้วยนมชนิดหนึ่งคล้ายนาก มีขนสีน้ำตาลนุ่มหนา อาศัยอยู่บริเวณน้ำ, ขนของสัตว์ดังกล่าว
★**minor** (ไม' เนอร์) *adj.* น้อย, เล็ก, ไม่สำคัญ, ยังไม่บรรลุนิติภาวะ, เกี่ยวกับระดับเสียงไมเนอร์ทางดนตรี, (วิชา) รอง *-n.* วิชารอง, สาขารอง, ตำแหน่งรอง, ระดับเสียงไมเนอร์ในดนตรี, ผู้เยาว์ (**-S.** (adj., n.) inferior **-A.** (adj., n.) major)
★**minority** (มะนอ' ริที, ไม-) *n., pl.* **-ties** ส่วนน้อย, คนส่วนน้อย, ชนกลุ่มน้อย, คณะหรือพรรคการเมืองเสียงข้างน้อย, ความเป็นผู้เยาว์
minster (มิน' สเตอร์) *n.* โบสถ์ขนาดใหญ่
minstrel (มิน' สเตริล) *n.* นักดนตรีเร่ร่อน, กวี
mint[1] (มินท์) *n.* โรงกษาปณ์, (เงิน) จำนวนมาก, แหล่งผลิต *-vt.* **minted, minting** ผลิตเงินเหรียญ, ประดิษฐ์, ทำขึ้น **-mintage** *n.*
★**mint**[2] (มินท์) *n.* พืชจำพวกสะระแหน่
minuet (มินยูเอท') *n.* การเต้นรำช้าๆ
★**minus** (ไม' เนิซ) *prep.* ลบ, (ภาษาพูด) ปราศจาก *-adj.* น้อยกว่าศูนย์, ติดลบ, เป็นลบ, ต่ำกว่าเกณฑ์ *-n.* เครื่องหมายลบ, จำนวนลบ, ข้อเสียหาย, ข้อเสียเปรียบ
minuscule (มิน' นะสกยูล) *adj.* เล็กมาก, จิ๋ว, นิดเดียว *-n.* ตัวอักษรขนาดเล็ก, ตัวพิมพ์เล็ก
minus sign เครื่องหมายลบ
★**minute**[1] (มิน' นิท) *n.* นาที, ลิปดา (1/60 ขององศา), ระยะเวลาสั้นๆ, ชั่วขณะ, บันทึกความจำ *-vt.* **-uted, -uting** ลงบันทึกหรือรายงาน **-minutes** บันทึกหรือรายงานการประชุม **-up to the minute** ในแบบล่าสุด, ทันสมัย **-minutely** *adj., adv.* (**-S.** (n.) moment, note, time)
★**minute**[2] (ไมนูท', -นยูท') *adj.* เล็กจิ๋ว, ไม่สำคัญ, พิถีพิถัน **-minutely** *adv.* **-minuteness** *n.*
minute hand เข็มยาวของนาฬิกาที่บอกนาที
minx (มิงค์ซ์) *n.* ผู้หญิงที่ก๋ากั่น, ผู้หญิงสำส่อน
miracle (มิ' ระเคิล) *n.* ความมหัศจรรย์, เรื่องอภินิหาร, สิ่งมหัศจรรย์, ปาฏิหาริย์ **-miraculous** *adj.* **-miraculously** *adv.* (**-S.** marvel)
miracle play ละครเกี่ยวกับเรื่องมหัศจรรย์ของพระเยซูหรือนักบุญในศาสนาคริสต์
mirage (มิราฌ') *n.* ภาพลวงตา, สิ่งลวงตา
mire (ไมร์) *n.* ปลัก, ตม, หนอง, โคลน, เลน, สถานการณ์ที่ยุ่งยากหรือเสียเปรียบ *-v.* **mired, miring** *-vt.* ทำให้ติดหล่ม, เปรอะโคลน, ตกอยู่ในความยุ่งยากหรือลำบาก *-vi.* ติดหล่ม, จมโคลน **-miry** *adj.* (**-S.** (n., v.) mud)
★**mirror** (มิ' เรอร์) *n.* กระจกเงา, สิ่งที่สะท้อนให้เห็นถึงภาพความเป็นจริง, ลูกแก้วของหมอดู *-vt.* **-rored, -roring** สะท้อน, ส่อง
mirth (เมิร์ธ) *n.* ความรื่นเริง, ความสนุกสนาน **-mirthful** *adj.* **-mirthfully** *adv.* (**-S.** gaiety)
mis- คำอุปสรรค หมายถึง ผิด, เลว, ขาด, ไม่เหมาะสม, ไม่พอเพียง
misadventure (มิซเอิดเวน' เชอร์) *n.* โชคร้าย, โชคไม่ดี, อุบัติเหตุ (**-S.** accident, mishap)
misalliance (มิซซะไล' เอินซ์) *n.* การแต่งงานที่ไม่เหมาะสม, ความสัมพันธ์ที่ไม่เหมาะสม
misanthrope, misanthropist (มิซ' เซินโธรพ; มิซ'-, มิซแซน' ธระพิซท์; มิซ'-) *n.* คนที่เกลียดเพื่อนมนุษย์ด้วยกัน **-misanthropic, misanthropical** *adj.* **-misanthropy** *n.*
misapply (มิซซะไพล') *vt.* **-plied, -plying** ใช้ผิดๆ, ยักยอกเงิน **-misapplication** *n.*
misapprehend (มิซแซพพรีเฮนด์') *vt.* **-hended, -hending** เข้าใจผิด **-misapprehension** *n.* (**-S.** misunderstand)
misappropriate (มิซซะโพร' พรีเอท) *vt.* **-ated, -ating** ยักยอก, ใช้ผิด (กฎ)
misbegotten (มิซบิกอท' เทิน) *adj.* เกี่ยวกับเด็กนอกสมรส, ซึ่งไม่ถูกกฎหมาย
★**misbehave** (มิซบิเฮฟว์') *vt.* **-haved, -having** ประพฤติตัวไม่เหมาะสม **-misbehavior** *n.*
misbelief (มิซบิลีฟว์') *n.* ความเชื่อถือผิดๆ
misc. ย่อจาก miscellaneous เบ็ดเตล็ด
miscalculate (มิซแคล' คยะเลท) *vt., vi.* **-lated, -lating** คำนวณผิดพลาด, ประมาณผิด
miscarry (มิซ' แครี, -แค'-) *vi.* **-ried, -rying** แท้งลูก, ผิดพลาด, ประสบความล้มเหลว, เสียหายระหว่างทาง, ส่งไม่ถึงปลายทาง, ทำอย่างไม่ยุติธรรม **-miscarriage** *n.* (**-S.** fail)

miscast (มิซแคซท์') *vt.* **-cast, -casting** กำหนดตัวแสดงไม่เหมาะสม
miscegenation (มิเซจจะเน' ชัน) *n.* การแต่งงานของชายหญิงต่างเชื้อชาติ
miscellaneous (มิซซะเล' เนียซ) *adj.* จิปาถะ, เบ็ดเตล็ด, ต่างๆ นานา (**-S.** various)
miscellany (มิซ' ซะเลนี) *n., pl.* **-nies** เรื่องปกิณกะ, หนังสือรวมเรื่องต่างๆ (**-S.** medley)
mischance (มิซแชนซ์') *n.* โชคไม่ดี, โชคร้าย
mischief (มิซ' ชิฟ) *n.* ความประพฤติที่น่ารำคาญ, ความเสียหาย, อันตราย, ความยุ่งยาก, การชอบแกล้ง, ความซุกซน **-mischievous** *adj.*
mischief-maker (มิซ' ชิฟเมเคอร์) *n.* ผู้ก่อเรื่องร้าย, คนช่างฟ้อง, คนปากสว่าง
miscible (มิซ' ซะเบิล) *adj.* ซึ่งสามารถผสมกันได้, ซึ่งเข้ากันได้ **-miscibility** *n.*
misconceive (มิซเคินซีฟว์') *vt.* **-ceived, -ceiving** เข้าใจผิด **-misconception** *n.*
misconduct (มิซคอน' ดัคท์) *n.* ความประพฤติที่ผิด, การกระทำผิดกฎหมาย
misconstrue (มิซเคินสตรู') *vt.* **-strued, -struing** แปลความหมายผิด, ตีความผิด
miscreant (มิซ' ครีเอินท์) *n.* คนชั่ว, คนนอกรีต, ผู้ไม่นับถือพระเจ้า *-adj.* ชั่ว, นอกรีต
miscue (มิซคยู') *n.* การแทงไม่ถูกลูกบิลเลียด
misdeal (มิซดีล') *vt., vi.* **-dealt** (-เดลท์'), **-dealing** แจกไพ่ผิด *-n.* การแจกไพ่ผิด
misdeed (มิซดีด') *n.* การกระทำผิด
misdemeanor, misdemeanour (มิซดิมี' เนอร์) *n.* การประพฤติผิด, การกระทำความผิดทางอาญาสถานเบา
misdiagnose (มิซไดเอิกโนซ') *vt., vi.* **-nosed, -nosing** วินิจฉัยโรคผิด **-misdiagnosis** *n.*
misdirect (มิซดิเรคท์', -ได-) *vt.* **-rected, -recting** ให้คำแนะนำผิด, จ่าหน้าซองผิด
miser (ไม' เซอร์) *n.* คนตระหนี่, คนโลภ **-miserly** *adj.* (**-S.** niggard, skinflint)
★**miserable** (มิซ' เซอระเบิล, มิซ' ระ-) *adj.* เป็นทุกข์, ไม่สบาย, เลวทราม, ด้อย, น่าอาย, น่าอนาถ **-miserably** *adv.* **-misery** *n.*
misfire (มิซไฟร์') *vi.* **-fired, -firing** (ปืน) ด้าน, พลาด, ไม่ระเบิด, ไม่สำเร็จ *-n.* การไม่ระเบิด, ความไม่สำเร็จ (**-S.** (v.) fail **-A.** (v.) succeed)
misfit (มิซ' ฟิท, -ฟิท') *n.* เครื่องแต่งกายที่ผิดขนาด, คนที่ไม่เหมาะสมกับตำแหน่ง, คนที่เข้ากับใครไม่ได้ *-vt., vi.* **-fitted, -fitting** ผิดขนาด, ไม่เหมาะสม, เข้ากันไม่ได้
misfortune (มิซฟอร์' เชิน) *n.* โชคร้าย, ปัญหา
misgive (มิซกิฟว์') *v.* **-gave, -given, -giving** *-vt.* ทำให้กลัว, ทำให้หวาดระแวง, ทำให้สงสัย *-vi.* รู้สึกกลัว กังวลหรือสงสัย **-misgiving** *n.*
misgovern (มิซกัฟ' เวิร์น) *vt.* **-erned, -erning** ปกครองไม่ดี, บริหาร (งาน) ไม่ดี
misguide (มิซไกด์') *vt.* **-guided, -guiding** ชี้ทางผิด, นำไปในทางที่ผิด, แนะนำผิด, เข้าใจผิด
mishandle (มิซแฮน' เดิล) *vt.* **-dled, -dling** กระทำรุนแรง, จัดการไม่ถูก, ใช้ในทางผิด, กระทำโดยไม่ระวัง
mishap (มิซ' แฮพ, -แฮพ') *n.* โชคร้าย, อุบัติเหตุ
mishmash (มิซ' แมช) *n.* ของจับฉ่าย, ของสัพเพเหระ, ความยุ่งเหยิง (**-S.** jumble)
misinform (มิซซินฟอร์ม') *vt.* **-formed, -forming** ให้ข้อมูลผิด, บอกผิด
misinterpret (มิซซินเทอร์' พริท) *vt.* **-preted, -preting** แปลความหมายผิด, เข้าใจผิด
misjudge (มิซจัจ') *vt., vi.* **-judged, -judging** ตัดสินผิด, พิจารณาผิด, วินิจฉัยผิด
mislay (มิซเล') *vt.* **-laid, -laying** วางผิดที่
mislead (มิซลีด') *vt.* **-led, -leading** หลอกลวง, นำไปในทางที่ผิด (**-S.** deceive)
mismanage (มิซแมน' นิจ) *vt., vi.* **-aged, -aging** จัดการไม่ดี **-mismanagement** *n.*
mismatch (มิซแมช') *vt.* **-matched, -matching** เข้าคู่ผิดหรือไม่เหมาะสม
misnomer (มิซโน' เมอร์) *n.* การเรียกชื่อบุคคลผิด, ชื่อที่เรียกผิด, การใช้ชื่อที่ผิด
miso (มี' โซ) *n., pl.* **-sos** เต้าเจี้ยวญี่ปุ่น
misogamy (มิซอก' กะมี) *n.* การเกลียดการแต่งงาน **-misogamist** *n.* **-misogamic** *adj.*
misogyny (มิซอจ' จะนี) *n.* การเกลียดผู้หญิง **-misogynist** *n.* **-misogynic** *adj.*
misplace (มิซเพลซ') *vt.* **-placed, -placing** วางผิดที่, ทำหาย, ไว้ใจคนผิด (**-S.** lose)
misplay (มิซเพล', มิซ' เพล) *n.* การเล่นไม่ดี, การเล่นผิดกติกา
misprint (มิซพรินท์') *n.* การพิมพ์ผิด
mispronounce (มิซพระเนานซ์') *vt., vi.* **-nounced, -nouncing** ออกเสียงผิด
misquote (มิซโควท') *vt., vi.* **-quoted, -quoting** อ้างผิด **-misquotation** *n.*
misread (มิซรีด') *vt., vi.* **-read** (-เรด'), **-reading** อ่านผิด, แปลผิด, เข้าใจผิด
misrepresent (มิซเรพริเซนท์') *vt.* **-sented, -senting** แสดงอย่างผิดๆ, หลอกลวง, บิดเบือน,

A B C D E F G H I J K L M N O P Q R S T U V W X Y Z

ใส่ความ **-misrepresentation** *n.*
misrule (มิซรูล') *n.* การปกครองที่ไม่ดี, ความอลหม่าน *-vt.* **-ruled, -ruling** ปกครองไม่ดี
★**miss**[1] (มิซ) *v.* **missed, missing** *-vt.* พลาด, คลาดกัน, พลาดรถหรือเครื่องบิน, ไม่เข้าใจ, ไม่สำเร็จ, ตอบผิด, คิดถึง, ทำหาย, รู้สึกว่าหายไป, หลีกเลี่ยง, หลบหนี, ขาด, เว้น, ตกไป *-vi.* (ตี) พลาด, พลาดโอกาส, ทำพลาด, ไม่สำเร็จ, (เครื่องยนต์) ไม่จุดระเบิด, ไม่ได้รับ *-n.* การพลาด, ความไม่สำเร็จ, การคลาดกัน **-miss out on** พลาดโอกาส **-miss the boat** (*ภาษาพูด*) พลาดโอกาสที่ดี (-S. (v.) avoid, forget, lose)
★**miss**[2] (มิซ) *n.* (*ภาษาพูด*) คำที่ใช้เรียกผู้หญิงที่ยังไม่แต่งงาน, นางสาว **-Miss** คำสุภาพที่ใช้เรียกชื่อผู้หญิงที่ยังไม่แต่งงาน

Miss, Ms., Mrs. ใช้กับสุภาพสตรีและจะตามด้วยนามสกุล เช่น Good evening, Miss/Ms./Mrs. Brown. โดย Miss หมายถึง นางสาว ส่วน Mrs. หมายถึง นาง แต่ Ms. จะหมายถึง นางสาวหรือนางก็ได้

missal (มิซ' เซิล) *n.* หนังสือสวดมนต์
misshape (มิซเชพ') *vt.* **-shaped/-shapen, -shaping** ทำให้เสียรูป (-S. deform)
misshapen (มิซเชพ' เพิน) *adj.* ผิดรูป, เสียรูป, บิดเบี้ยว, พิการ, ผิดปกติ **-misshapenly** *adv.* **-misshapenness** *n.* (-S. disfigured)
missile (มิซ' เซิล, -ไซล์) *n.* อาวุธหรือวัตถุที่ขว้างหรือยิงไปยังเป้าหมาย เช่น หอก กระสุนปืน จรวด, จรวดนำวิถี, ขีปนาวุธ
missing (มิซ' ซิง) *adj.* หายไป, ไม่อยู่, ขาด
mission (มิช' ชัน) *n.* งานที่ได้รับมอบหมาย, ภารกิจ, ปฏิบัติการทางทหาร, หน้าที่, อาชีพ, สถานทูตประจำต่างประเทศ, คณะทูตที่ส่งไปประจำต่างประเทศ, คณะผู้แทนหรือผู้สอนศาสนาที่ส่งไปยังต่างประเทศ, การเผยแพร่ศาสนาในต่างแดน, การจัดตั้งกลุ่มผู้สอนศาสนาในต่างแดน, โบสถ์ที่ไม่มีพระอยู่ประจำ *-adj.* เกี่ยวกับงานที่ได้รับมอบหมาย *-vt.* **-sioned, -sioning** ส่งไปทำหน้าที่, จัดตั้งปฏิบัติการทางศาสนา **-missional** *adj.* (-S. (n.) embassy, errand)
missionary (มิช' ชะเนรี) *n., pl.* **-ries** ผู้ที่ถูกส่งไปสอนและเผยแพร่ศาสนาในต่างแดน, มิชชันนารี *-adj.* เกี่ยวกับมิชชันนารี
missis (มิซ' ซิซ) *n.* นาง, นายหญิง
missive (มิซ' ซิฟว์) *n.* จดหมาย, ข่าวสาร, สาร
misspeak (มิซสปีค') *vt., vi.* **-spoke, -spoken, -speaking** ออกเสียงผิด, พูดผิด
misspell (มิซสเปล') *vt., vi.* **-spelled/-spelt, spelling** สะกดผิด
misstate (มิซสเตท') *vt.* **-stated, -stating** แจ้งผิด, กล่าวผิด **-misstatement** *n.*
missy (มิซ' ซี) *n., pl.* **missies** (*ภาษาพูด*) นางสาว
★**mist** (มิซท์) *n.* หมอก, ไอน้ำ, ละอองของเหลวที่กระจายในอากาศ, สิ่งที่พร่ามัว, ความพร่ามัว *-v.* **misted, misting** *-vi.* พร่ามัว, เลือนราง, ตกเป็นละออง *-vt.* ทำให้พร่ามัว (-S. (n.) fog)
mistake (มิสเตค') *n.* ความผิดพลาด, ความสำคัญผิด, ความเข้าใจผิด, ที่ผิด *-vt.* **-took, -taken, -taking** เข้าใจผิด, ตีความผิด, จำผิด, คิดผิด **-mistakable** *adj.* **-mistakably** *adv.*
mister (มิส' เตอร์) *n.* (*ภาษาพูด*) คำสุภาพที่ใช้เรียกผู้ชาย, คุณผู้ชาย **-Mister** คำนำหน้าชื่อที่เป็นการให้เกียรติผู้ชาย, นาย, ท่าน
mistime (มิซไทม์', มิซ'-) *vt.* **-timed, -timing** พูดหรือทำในเวลาที่ไม่เหมาะสม, กะเวลาผิด
mistletoe (มิซ' เซิลโท) *n.* พืชจำพวกกาฝากมีดอกสีเหลือง และผลเล็กๆ สีขาว นิยมนำกิ่งมาแขวนเหนือประตูในเทศกาลคริสต์มาส
mistranslate (มิซแทรนซ์เลท') *vt.* **-lated, -lating** แปลผิด **-mistranslation** *n.*
mistress (มิส' ตริซ) *n.* นายผู้หญิง, ประมุขหญิง, ครูผู้หญิง, หญิงผู้มีอำนาจ, หญิงผู้เป็นที่รัก, ภรรยาลับ, ประเทศที่มีอำนาจเหนือประเทศอื่น **-Mistress** คำนำหน้าชื่อที่ใช้เรียกให้เกียรติผู้หญิง, คุณผู้หญิง, คุณนาย (-S. keeper, owner)
mistrust (มิซทรัซท์') *n.* ความไม่ไว้ใจ, การขาดความไว้วางใจหรือความมั่นใจ *-vt., vi.* **-trusted, -trusting** ไม่ไว้ใจ, ไม่เชื่อใจ **-mistrustful** *adj.*
misty (มิส' ตี) *adj.* **-tier, -tiest** เต็มไปด้วยหมอก, พร่ามัว, เลือนราง, สลัวๆ **-mistily** *adv.*
misunderstand (มิซอันเดอร์สแตนด์') *vt.* **-stood, -standing** เข้าใจผิด, ตีความผิด, แปลความหมายผิด **-misunderstanding** *n.*
misuse (*n.* มิซยูซ', *v.* มิซยูซ) *n.* การใช้ในทางที่ผิด, การปฏิบัติอย่างทารุณ *-vt.* **-used, -using** นำไปใช้ในทางที่ผิด, ใช้อย่างทารุณ
mite (ไมท์) *n.* แมลงขนาดเล็กที่อาศัยอยู่กับสัตว์หรือพืช เช่น เล็น ไร เห็บ, วัตถุหรือสิ่งมีชีวิตที่มีขนาดเล็กมาก, เงินจำนวนเล็กน้อย
miter, mitre (ไม' เทอร์) *n.* หมวกยอดแหลมสูงของพระชั้นบิชอป, ขอบไม้หรือโลหะที่เป็น

มุม 45 องศา, ข้อต่อที่เกิดจากขอบดังกล่าวสองอันมาประกบกัน **-miterer** *n.*

mitigate (มิท' ทิเกท) *vt., vi.* **-gated, -gating** บรรเทา, แบ่งเบา, ลดลง **-mitigable** *adj.* **-mitigation** *n.* **-mitigator** *n.* (**-S.** relieve)

mitre (ไม' เทอร) *n.* ดู miter

mitt (มิท) *n.* ถุงมือที่คลุมสี่นิ้วรวมกันและแยกนิ้วโป้งออก, ถุงมือผู้หญิงที่ปล่อยให้นิ้วโผล่ออกมา, ถุงมือเบสบอล, นวม, (คำสแลง) มือ กำปั้น

mitt

mitten (มิท' เทิน) *n.* ดู mitt

★**mix** (มิคซ) *v.* **mixed, mixing** *-vt.* ผสม, รวมกัน, ปนกัน, คบค้า, ทำให้เข้าเป็นเนื้อเดียว, ผสมพันธุ์ *-vi.* ผสม, รวมกัน, คบกัน, ยุ่งเกี่ยว, ผสมพันธุ์ *-n.* การผสม, การรวมกัน, ส่วนผสม, ส่วนผสมสำเร็จ, เครื่องดื่มสำหรับผสมเหล้า, ความยุ่งเหยิง **-mix up** สับสน, ยุ่งเหยิง **-mixable** *adj.* (**-S.** (v.) combine, mingle)

mixed (มิคซ์ท) *adj.* ซึ่งผสมรวมกัน, หลากหลาย

mixed marriage การแต่งงานระหว่างหญิงชายที่ต่างเชื้อชาติ หรือศาสนา

mixer (มิค' เซอร) *n.* เครื่องผสม, เครื่องปั่น, ผู้ที่เข้ากับคนอื่นได้ง่าย, การเต้นรำเพื่อทำความรู้จักกับคนอื่น, เครื่องดื่มที่ใช้ผสมกับเหล้า

★**mixture** (มิคซ' เชอร) *n.* การผสม, การรวมตัว, ส่วนผสม, สารผสม, สิ่งทอที่ทอจากเส้นใยหลายชนิดหรือหลายสี (**-S.** assortment, collection)

mizzen, mizen (มิซ' เซิน) *n.* ใบเรือสามเหลี่ยมสำหรับกางใบท้ายเรือ

mizzenmast, mizenmast (มิซ' เซินเมิซท, -แมซท) *n.* เสาท้ายสุดของเรือใบ

ml, mL ย่อจาก milliliter มิลลิลิตร

mm ย่อจาก millimeter มิลลิเมตร

mnemonic (นิมอน' นิค) *adj.* ซึ่งช่วยความทรงจำ *-n.* สิ่งที่ช่วยให้จำได้ เช่น สูตร กฎ

moan (โมน) *n.* เสียงครวญคราง, เสียงคร่ำครวญ, เสียงลมที่คล้ายเสียงครวญ *-vt., vi.* **moaned, moaning** ร้องครวญคราง, คร่ำครวญ

moat (โมท) *n.* คูน้ำล้อมรอบเมืองหรือป้อม *-vt.* **moated, moating** ล้อมรอบด้วยคูน้ำ

mob (มอบ) *n.* กลุ่มชนจำนวนมาก, ฝูงชนขนาดใหญ่ที่ก่อจลาจล *-vt.* **mobbed, mobbing** กลุ้มรุม, ห้อมล้อม (สถานที่) **-mobbish** *adj.* **-mobbishly** *adv.* (**-S.** (n., v.) crowd (n.) rabble)

mobile (โม' เบิล, -บีล, -ไบล) *adj.* ซึ่งเคลื่อนที่ได้, ซึ่งเคลื่อนย้ายได้ง่าย, ซึ่งเคลื่อนไหวเป็นอิสระ *-n.* งานศิลปะที่นำวัสดุเช่นเปลือกหอยมาผูกเชือกแขวนให้สมดุลและแกว่งไปมาได้อย่างอิสระ **-mobility** *n.*

mobile

mobilize (โม' บะไลซ) *v.* **-lized, -lizing** *-vt.* ชุมนุม, รวบรวมพล, เกณฑ์คน, ระดม (คน), ทำให้เคลื่อนที่ *-vi.* รวบรวมพล, เตรียมการรบ **-mobilization** *n.* (**-S.** assemble, organize)

moccasin (มอค' คะซิน) *n.* รองเท้าหนังนุ่มไม่มีส้นของพวกอินเดียนแดง

mocha (โม' คะ) *n.* กาแฟพันธุ์ดีของอาหรับ, ถุงมือหนังแกะอย่างดี, สีน้ำตาลช็อกโกแลต

mock (มอค) *v.* **mocked, mocking** *-vt.* หัวเราะเยาะ, เย้ยหยัน, ล้อเลียน, แกล้งทำ, ทำให้ผิดหวัง *-vi.* เยาะเย้ย *-n.* การเยาะเย้ย, คนที่ถูกเยาะเย้ย, การแกล้งทำ, การเลียนแบบ *-adj.* หลอกลวง, ปลอม *-adv.* อย่างไม่จริงใจ **-mockery** *n.* (**-S.** (v.) deride (v., n.) ridicule)

mockup, mock-up (มอค' อัพ) *n.* แบบจำลองเท่าของจริง

★**modal** (โมด' เดิล) *adj.* เกี่ยวกับรูปแบบหรือวิธี, เกี่ยวกับกริยาช่วยในภาษาอังกฤษ

mode (โมด) *n.* รูปแบบ, วิธีการ, สมัยนิยม, แบบนิยม, ค่าที่ปรากฏจำนวนความถี่มากที่สุดในชุดข้อมูลชุดหนึ่ง, ค่าฐานนิยม (**-S.** method)

model (มอด' เดิล) *n.* แบบจำลองย่อส่วน, แบบ, รุ่น, ตัวอย่างที่ดี, แบบอย่าง, นางแบบ *-v.* **-eled, -eling/-elled, -elling** *-vt.* สร้างตามแบบ, ขึ้นรูป, แสดงแบบ, ทำแบบจำลอง *-vi.* รับจ้างเป็นแบบให้วาดหรือถ่ายรูป, สร้างแบบ *-adj.* ที่ใช้เป็นแบบ, ซึ่งเป็นตัวอย่างที่ดี, ที่ถือเป็นมาตรฐาน (**-S.** (n.) example, pattern)

modem (โม' เดม) *n.* ย่อมาจาก (Mo)dulator (Dem)odulator อุปกรณ์ที่ใช้ต่อกับคอมพิวเตอร์เพื่อติดต่อกับเครื่องที่อยู่ไกลออกไป โดยการแปลงสัญญาณผ่านสายโทรศัพท์

★**moderate** (*adj., n.* มอด' เดอริท, *v.* -ดะเรท) *adj.* ไม่รุนแรง, พอสมควร, ย่อมเยา, ปานกลาง, ไม่มากเกินไป, อยู่ในเกณฑ์ที่เหมาะสม *-n.* ผู้มีความคิดเห็นทางการเมืองหรือศาสนาไม่รุนแรง *-vt., vi.* **-ated, -ating** ทำให้รุนแรงน้อยลง, บรรเทา, แบ่งเบา, เป็นประธานในการประชุม **-moderately** *adv.* (**-S.** (adj.) average)

moderator (มอด' ดะเรเทอร) *n.* สารที่ใช้ลดความเร็วของนิวตรอนในเตาปฏิกรณ์นิวเคลียร์

★**modern** (มอด' เดิรน) *adj.* ในยุคหรือสมัย

ปัจจุบัน, ทันสมัย, ใหม่, เป็นเทคนิคหรือรูปแบบที่พัฒนาขึ้นมาใหม่ *-n.* ผู้ที่มีความคิด ความเชื่อหรือรสนิยมสมัยใหม่, ผู้ที่อาศัยอยู่ในยุคปัจจุบัน **-modernly** *adv.* **-modernize** *v.*

modernism (มอด' เดอร์นิซเซิม) *n.* ความคิดสมัยใหม่, รูปแบบสมัยใหม่, วิธีการสมัยใหม่ **-modernist** *n.* **-modernistic** *adj.*

modest (มอด' ดิซท์) *adj.* ประหม่า, สงบเสงี่ยม, เรียบๆ, สุภาพ, ถ่อมตัว, ปานกลาง, พอประมาณ **-modestly** *adv.* **-modesty** *n.* (**-S.** decent)

modicum (มอด' ดิเคิม) *n., pl.* **-cums/-ca** จำนวนเล็กน้อย (**-S.** small)

modify (มอด' ดะไฟ) *v.* **-fied, -fying** *-vt.* ดัดแปลง, แก้ไข, เปลี่ยนแปลง, ปรับปรุง *-vi.* เปลี่ยนแปลง, แก้ไข **-modification** *n.*

modish (โม' ดิช) *adj.* ทันสมัย, ตามสมัยนิยม **-modishly** *adv.* (**-S.** fashionable, stylish)

modulate (มอจ' จะเลท) *v.* **-lated, -lating** *-vt.* ปรับให้เหมาะสม, ปรับเสียง, ทำเสียงสูงต่ำ, เปลี่ยนช่วงคลื่น, ปรับความถี่คลื่น *-vi.* ปรับเสียง, เปลี่ยนระดับเสียง **-modulation** *n.*

module (มอจ' จูล) *n.* มาตรฐานในการวัด, หน่วยที่มีส่วนประกอบทางอิเล็กทรอนิกส์และไฟฟ้าอยู่ในตัวสามารถนำไปใช้งานได้เลย, หน่วยของยานอวกาศที่มีอุปกรณ์พร้อมในตัวเอง และสามารถทำงานได้เอง **-modular** *adj.*

mohair (โม' แฮร์) *n.* ขนแพะแองโกรา, ผ้าที่ทำจากขนแพะแองโกรา

Mohammed (โมแฮม' มิด) ดู Muhammad

Mohammedan, Muhammadan, Muhammedan (โมแฮม' มิเดิน, มุ-) *adj.* เกี่ยวกับชาวมุสลิม, เกี่ยวกับศาสนาอิสลาม

moiré (มวาเร', มอ-) *adj.* เป็นคลื่น, เหลือบ, เป็นลายริ้ว *-n.* ลายเหลือบที่อัดลงไปในผ้า

moist (มอยซท์) *adj.* **moister, moistest** ชื้น, เปียก, หมาด, นองไปด้วยน้ำตา (**-S.** damp, wet)

moisten (มอย' เซิน) *vt., vi.* **-tened, -tening** ทำให้เปียก, ทำให้ชุ่มชื้น, กลั้วคอ, เลียริมฝีปาก

moisture (มอยซ์' เชอร์) *n.* ความชื้น, ไอน้ำในอากาศ, สภาวะที่เปียกชื้น (**-S.** liquid, vapour)

moisturize (มอยซ์' ชะไรซ) *vt,. vi.* **-ized, -izing** เพิ่มความชุ่มชื้น, ให้ความชุ่มชื้น, เก็บความชุ่มชื้น **-moisturizer** *n.* (**-S.** damp, soak)

molar (โม' เลอร์) *n.* ฟันกราม, ฟันบด

molasses (มะแลซ' ซิซ) *n.* กากน้ำตาล

mold[1] (โมลด์) *n.* แม่พิมพ์, แบบหล่อ, สิ่งที่ทำขึ้นมาจากแม่พิมพ์, รูปแบบ, ชนิด, ลักษณะ, ตัวอย่าง *-vt.* **molded, molding** ขึ้นรูป, ปั้น, เกลา, ฝึกฝน, ตกแต่งด้วยสิ่งที่พิมพ์ขึ้น **-moldable** *adj.* **-molder** *n.* (**-S.** (n., v.) form)

mold[2] (โมลด์) *n.* รา *-vi.* **molded, molding** เกิดรา, ทำให้ขึ้นรา

mold[3] (โมลด์) *n.* ดินร่วน, พื้นดิน, โลก

molder (โมล' เดอร์) *v.* **-ered, -ering** *-vi.* กลายเป็นผง, ผุพัง *-vt.* ทำให้ผุพัง (**-S.** crumble)

molding (โมล' ดิง) *n.* การพิมพ์, การหล่อ, สิ่งที่พิมพ์หรือหล่อขึ้น, คิ้วไม้

moldy (โมล' ดี) *adj.* **moldier, moldiest** เต็มไปด้วยเชื้อรา, เหม็นอับ, อับชื้น (**-S.** musty)

mole[1] (โมล) *n.* ไฝหรือขี้แมลงวัน (**-S.** spot)

mole[2] (โมล) *n.* ตัวตุ่น

mole[3] (โมล) *n.* กำแพงหินที่สร้างกันคลื่นในทะเล, ท่าเรือหรือหลักที่ก่อเป็นกำแพงหิน

molecular weight น้ำหนักโมเลกุล

molecule (มอล' ลิคยูล) *n.* โมเลกุลเป็นอนุภาคที่เล็กที่สุดที่ยังคงแสดงคุณสมบัติทางเคมีและกายภาพของธาตุหรือสารประกอบได้, ส่วนที่น้อยที่สุด, ชิ้นที่เล็กละเอียด **-molecular** *adj.*

molehill (โมล' ฮิล) *n.* เนินดินเตี้ยๆ ที่สัตว์จำพวกตัวตุ่นขุดกองไว้

molest (มะเลซท์') *vt.* **-lested, -lesting** รบกวน, รังแก, ทำร้าย, ปลุกปล้ำ **-molester** *n.*

mollify (มอล' ละไฟ) *vt.* **-fied, -fying** ปลอบ, ระงับความโกรธ, ทำให้อ่อนโยน, ทำให้อ่อนนุ่ม, **-mollifiable** *adj.* **-mollifier** *n.* (**-S.** appease)

mollusk, mollusc (มอล' เลิซค์) *n.* สัตว์จำพวกหอยและปลาหมึก **-molluscous** *adj.*

mollycoddle (มอล' ลีคอดเดิล) *n.* ผู้ชายที่ถูกพะเน้าพะนอตามใจ, ผู้ชายที่อ่อนแอต้องมีคนคอยปกป้อง, ผู้ชายหน้าตัวเมีย *-vt.* **-dled, -dling** พะเน้าพะนอ, ตามใจ **-mollycoddler** *n.*

molt (โมลท์) *vi., vt.* **molted, molting** ลอกคราบ, ผลัดขน, สลัด *-n.* การลอกคราบ, การผลัดขน, ขนหรือผิวหนังที่หลุดออก **-molter** *n.*

molten (โมล' เทิน) *adj.* หลอมเหลว (**-S.** melted)

molybdenum (มะลิบ' ดะเนิม) *n.* ธาตุโลหะชนิดหนึ่งสีเทาเงิน มีความแข็ง มีสัญลักษณ์ Mo

★**mom** (มอม) *n.* (ภาษาพูด) แม่

★**moment** (โม' เมินท์) *n.* ชั่วครู่, ชั่วขณะ, ขณะนั้น, เวลาสำคัญ, ความสำคัญ, ชั่วอึดใจ, โอกาส, ประเดี๋ยว, ผลคูณของแรงกับระยะทางจากจุดศูนย์กลาง **-momentarily** *adv.* **-momentary** *adj.* (**-S.** importance, minute)

moment of truth เวลาที่ความจริงปรากฏหรือ

เผยออกมา
momentous (โมเมน' เทิซ) *adj.* สำคัญที่สุด, สำคัญมาก, สำคัญยิ่ง (-S. important)
momentum (โมเมน' เทิม) *n., pl.* **-ta/-tums** ผลคูณของมวลกับความเร็วของวัตถุที่กำลังเคลื่อนที่, โมเมนตัม (-S. impetus, push)
mommy (มอม' มี) *n., pl.* **-mies** แม่
Mon. ย่อจาก Monday วันจันทร์
monarch (มอน' เนิร์ค, -นาร์ค) *n.* เจ้าผู้ครองแคว้น, พระมหากษัตริย์, พระราชา, พระราชินี, คนที่มีอำนาจเหนือคนอื่น **-monarchal, monarchic, monarchical** *adj.* (-S. emperor)
monarchism (มอน' เนอร์คิซเซิม, -นาร์-) *n.* ระบบการปกครองโดยกษัตริย์, ความนิยมในระบบการปกครองดังกล่าว **-monarchist** *n.*
monarchy (มอน' เนอร์คี, -นาร์-) *n., pl.* **-chies** การปกครองโดยกษัตริย์, การปกครองโดยคนเพียงคนเดียว, ประเทศที่ถูกปกครองโดยกษัตริย์ **-monarchial** *adj.* (-S. kingdom)
monastery (มอน' นะสเตรี) *n., pl.* **-ries** คณะสงฆ์, วัด, อาราม **-monastic** *adj., n.* **-monastical** *adj.* (-S. church, cloister)
★**Monday** (มัน' ดี, -เด) วันจันทร์
monetize (มอน' นิไทซ์, มัน'-) *vt.* **-tized, -tizing** ทำให้เป็นเงินตรา, เปลี่ยน (พันธบัตร) เป็นเงินตรา **-monetization** *n.*
★**money** (มัน' นี) *n., pl.* **-eys/-ies** เงิน, เงินตรา, ธนบัตร, เงินเหรียญ, ของมีค่า, ทรัพย์สมบัติ, เงินสะสม, จำนวนเงิน, เงินกำไรหรือขาดทุน, บุคคลที่มีค่ามาก, เงินรางวัล **-make money** ทำเงิน, ได้กำไร **-monetary** *adj.* **-moneyless** *adj.* (-S. currency, wealth)
money-changer (มัน' นีเชนเจอร์) *n.* ผู้ทำธุรกิจแลกเปลี่ยนเงิน
moneyed, monied (มัน' นีด) *adj.* ร่ำรวย, มั่งคั่ง, มีเงินมาก, เป็นตัวเงิน (-S. rich, wealthy)
money market ตลาดเงิน
money order ธนาณัติ
monger (มัง' เกอร์, มอง'-) *n.* คนขายสินค้าเฉพาะอย่าง, คนที่ชอบโพนทะนาเรื่องเสื่อมเสียของคนอื่น *-vt.* **-gered, -gering** เร่ขายของ
mongoose (มอง' กูซ, มอน'-) *n., pl.* **-gooses** พังพอน
mongrel (มัง' เกริล, มอง'-) *n.* สัตว์หรือพืชที่ผสมจากหลายพันธุ์, ลูกผสม, สุนัขพันทาง *-adj.* ที่ผสมกันหลายลักษณะหรือหลายเชื้อชาติ
monition (โมนิช' ชัน, มะ-) *n.* การตักเตือน, หมายเรียกตัว, หนังสือเตือน, คำสั่งศาล, เครื่องเตือน, สัญญาณบอกเหตุ **-monitory** *adj., n.*
monitor (มอน' นิเทอร์) *n.* ผู้ว่ากล่าวตักเตือน, หัวหน้านักเรียน, อุปกรณ์อิเล็กทรอนิกส์ที่ใช้บันทึก กำหนด และควบคุมกระบวนการต่างๆ, จอโทรทัศน์, จอคอมพิวเตอร์, เครื่องเตือน, สัตว์เลื้อยคลานขนาดใหญ่กินเนื้อเป็นอาหารจำพวกจระเข้, เครื่องรับวิทยุในห้องควบคุมของสตูดิโอ *-v.* **-tored, -toring** *-vt.* ดูแล, ตรวจตรา, รักษาจังหวะ, ตรวจวัดคุณภาพหรือจำนวนของสัญญาณโดยเครื่องรับ *-vi.* ทำตัวเป็นผู้ดูแล **-monitorship** *n.* (-S. (n.) screen (v.) scan)
monk (มังค์) *n.* พระสงฆ์, ผู้ออกบวช **-monkish** *adj.* **-monkishly** *adv.* (-S. abbot, brother)
★**monkey** (มัง' คี) *n., pl.* **-keys** ลิง, คนที่เล่นซุกซนเหมือนลิง, ขนลิง *-v.* **-keyed, -keying** *-vi.* (ภาษาพูด) ทำตัวงี่เง่า, เล่นซน, เข้าไปยุ่ง, หยอกล้อ *-vt.* ล้อเลียน, เลียนแบบ
monkey business (คำสแลง) การหลอกลวง การเล่นซน การทำเรื่องโง่ๆ
monkey wrench กุญแจเลื่อนแบบหนึ่ง, สิ่งที่ทำลายแผนการ
mono-, mon- คำอุปสรรค หมายถึง หนึ่ง, เดี่ยว, อันเดียว, มีอะตอมเดียว, มีอนุมูลเดียว
monochrome (มอน' นะโครม) *n.* ภาพวาดที่ใช้สีหรือโทนสีเดียว, ภาพขาวดำ *-adj.* ซึ่งมีสีเดียวหรือโทนสีเดียว **-monochromic** *adj.*
monocle (มอน' นะเคิล) *n.* แว่นตาข้างเดียว
monocular (มอนอค' คยะเลอร์) *adj.* มีตาเดียว, สำหรับใช้ตาเดียว **-monocularly** *adv.*
monogamy (มะนอก' กะมี) *n.* การมีคู่แบบผัวเดียวเมียเดียว, การแต่งงานเพียงครั้งเดียว **-monogamist** *n.* **-monogamous** *adj.*
monoglot (มอน' นะกลอท) *n.* คนที่รู้เพียงภาษาเดียว **-monoglot** *adj.*
monogram (มอน' นะแกรม) *n.* สัญลักษณ์ที่เป็นตัวอักษร, ชื่อย่อที่เขียนเป็นรูปอักษรไขว้ *-vt.* **-grammed, -gramming/-gramed, -graming** ทำสัญลักษณ์ชื่อย่อ, ใส่ชื่อย่อ
monograph (มอน' นะแกรฟ) *n.* หนังสือหรือรายงานเกี่ยวกับเรื่องใดเรื่องหนึ่งโดยเฉพาะ **-monographer** *n.* **-monographic** *adj.*
monogyny (มะนอจ' จะนี) *n.* การมีภรรยาเพียงคนเดียว **-monogynous** *adj.*
monolingual (มอนนะลิง' เกวิล) *adj.* ซึ่งใช้เพียงภาษาเดียว **-monolingualism** *n.*
monolith (มอน' นะลิธ) *n.* หินขนาดใหญ่ก้อน

เดียว, อนุสาวรีย์หรือสิ่งก่อสร้างที่ทำจากหินขนาดใหญ่ก้อนเดียว, สิ่งที่มีขนาดใหญ่และมั่นคงแข็งแรงราวกับหิน **-monolithic** *adj.*

monologue, monolog (มอน' นะลอก) *n.* เรื่องตลกหรือนิทานที่เล่าโดยนักแสดงบนเวทีเพียงคนเดียว, บทพูดในละครหรือนิยายที่พูดโดยนักแสดงเพียงคนเดียว, การพูดคนเดียว *-v.* **-logued, -loguing/-logged, -logging** *-vi.* แสดงละครที่พูดโดยคนๆ เดียว *-vt.* พูดต่อ (ที่ประชุม) **-monologic, monological** *adj.* **-monologuist, monologist** *n.*

monomania (มอนนะเม' เนีย, -เมน'-) *n.* ความคลั่งไคล้ในสิ่งใดสิ่งหนึ่ง, การหมกมุ่นอยู่กับเรื่องใดเรื่องหนึ่ง **-monomaniac** *n.*

monoplane (มอน' นะเพลน) *n.* เครื่องบินหรือเครื่องร่อนที่มีปีกเพียงคู่เดียว

monopolize (มะนอพ' พะไลซ์) *vt.* **-lized, -lizing** ได้ครอบครองเอกสิทธิ์, รวบเอาไว้แต่เพียงผู้เดียว, เป็นเจ้าของแต่เพียงผู้เดียว **-monopolization** *n.* (**-S.** control, dominate)

monopoly (มะนอพ' พะลี) *n., pl.* **-lies** เอกสิทธิ์ในการผลิตหรือขายสินค้า, บริษัทที่มีเอกสิทธิ์ดังกล่าว, สัมปทาน, การผูกขาด, การเป็นเจ้าของหรือครอบครองแต่เพียงผู้เดียว, สินค้าหรือบริการที่อยู่ใต้เอกสิทธิ์ของกลุ่มใดกลุ่มหนึ่ง **-monopolism** *n.* **-monopolist** *n.*

monorail (มอน' นะเรล) *n.* รถไฟที่วิ่งหรือแขวนอยู่บนรางเดียว

monorail

monosodium glutamate ผงชูรส

monosyllable (มอน' นะซิลละเบิล) *n.* คำที่มีพยางค์เดียว **-monosyllabic** *adj.*

monotone (มอน' นะโทน) *n.* การท่องหรือร้องเพลงในระดับเสียงเดียว, เพลงที่ร้องในระดับเสียงเดียว, ความซ้ำซากน่าเบื่อของเสียงหรือรูปแบบ, คำพูดหรือเสียงที่เปล่งออกมาในระดับเสียงเดียว (ไม่มีเสียงสูงต่ำ) **-monotonous** *adj.* **-monotonously** *adv.* **-monotony** *n.*

Monseigneur (มองเซนเยอร์') *n., pl.* **Messeigneurs** (เมเซนเยอร์') คำในภาษาฝรั่งเศสที่ใช้เรียกเพื่อเป็นเกียรติกับบัตริย์หรือเจ้านายชั้นสูง, ฝ่าพระบาท, ใต้เท้า, พระคุณเจ้า

Monsieur (มะซีเออร์') *n., pl.* **Messieurs** (เมซีเออร์') คำในภาษาฝรั่งเศสที่ใช้เรียกนำหน้าชื่อ, นาย, ท่าน, สุภาพบุรุษ

monsoon (มอนซูน') *n.* ลมมรสุม, ฤดูมรสุม, ลมฝน **-monsoonal** *adj.* (**-S.** wind)

monster (มอน' สเตอร์) *n.* สัตว์ประหลาด, อสุรกาย, สิ่งมีชีวิตในเทพนิยายที่มีลักษณะครึ่งคนครึ่งสัตว์, สัตว์ พืช หรือสิ่งของที่มีขนาดใหญ่มาก, สัตว์หรือพืชที่มีรูปร่างผิดปกติ, คนที่มีความทารุณ โหดร้าย *-adj.* ใหญ่โต, มหึมา

monstrous (มอน' สเตริซ) *adj.* น่ากลัว, มหึมา, น่าขนลุก, ใหญ่โต, มหึมา, (รูปร่าง) ผิดปกติ, ทารุณ, โหดร้าย, คล้ายสัตว์ประหลาด **-monstrosity** *n.* **-monstrously** *adv.* (**-S.** giant)

montage (มอนทาฌ', มอง-) *n.* รูปภาพที่เกิดจากการนำภาพหลายๆ ภาพมาซ้อนหรือตัดต่อเข้าด้วยกันเป็นภาพเดียว

***month** (มันธ์) *n.* เดือน, ระยะเวลา 30 วันหรือ 4 สัปดาห์, เดือนตามจันทรคติเป็นระยะเวลาเท่ากับดวงจันทร์โคจรรอบโลกครบหนึ่งรอบ

monthly (มันธ์' ลี) *adj.* ที่เกิดขึ้นทุกเดือน, รายเดือน, ประจำเดือน *-adv.* เดือนละครั้ง, ทุกเดือน *-n., pl.* **-lies** สิ่งตีพิมพ์ที่ออกเดือนละครั้ง, (ภาษาพูด) ประจำเดือนของผู้หญิง

monument (มอน' นยะเมินท์) *n.* อนุสาวรีย์, อนุสรณ์สถาน, หนังสืออนุสรณ์, สิ่งก่อสร้างที่มีความสำคัญในประวัติศาสตร์, ป้ายหินบอกชื่อผู้ตายบนหลุมฝังศพ, ผลงานที่อยู่ไปชั่วกาลนาน, ผลงานชิ้นสำคัญ, สิ่งที่ฝังลงในดินเพื่อเป็นเครื่องหมายบอกตำแหน่งหรือเขตแดน เช่น หลักเขตแดน **-monumental** *adj.* (**-S.** gravestone, relic)

moo (มู) *vi.* **mooed, mooing** (วัว) ร้องมอๆ, ทำเสียงต่ำๆ อย่างเสียงวัว *-n., pl.* **moos** เสียงวัวร้อง, เสียงร้องต่ำๆ คล้ายเสียงวัว

mood¹ (มูด) *n.* อารมณ์, ความรู้สึก, จิตใจ, ความโกรธ (**-S.** disposition, spirit)

mood² (มูด) *n.* รูปแบบของคำกริยาที่ใช้เพื่อแสดงความหมายของผู้พูด

moody (มู' ดี) *adj.* **moodier, moodiest** เศร้า, (อารมณ์) ขุ่นมัว, มีอารมณ์ขึ้นๆ ลงๆ **-moodily** *adv.* **-moodiness** *n.* (**-S.** cross)

***moon** (มูน) *n.* ดวงจันทร์, แสงจันทร์, เดือนทางจันทรคติ, สิ่งที่มีลักษณะกลมหรือเป็นเสี้ยวคล้ายดวงจันทร์, รูปร่างของดวงจันทร์ที่เห็นในช่วงเวลาต่างๆ กันใน 1 รอบ *-vi.* **mooned, mooning** ปล่อยเวลาไปโดยเปล่าประโยชน์

moonbeam (มูน' บีม) *n.* รัศมีของแสงจันทร์

mooncalf (มูน' แคฟ) *n.* คนโง่, คนเซ่อ

moonlight (มูน' ไลท์) *n.* แสงจันทร์

moonlit (มูน' ลิท) *adj.* ซึ่งสว่างไปด้วยแสงจันทร์

A B C D E F G H I J K L M N O P Q R S T U V W X Y Z

moonshine (มูน' ไชน์) *n.* แสงจันทร์, (ภาษาพูด) การพูดหรือคิดอย่างโง่ๆ เหล้าเถื่อน
moonstone (มูน' สโตน) *n.* แร่จำพวก feldspar มีสีขาวขุ่นและแข็ง ใช้ทำเครื่องประดับ
moonstruck, moonstricken (มูน' สตรัค, -สตริคเคิน) *adj.* ลุ่มหลง, เพ้อฝัน, คลุ้มคลั่ง
moony (มู' นี) *adj.* **moonier, mooniest** สว่างไปด้วยแสงจันทร์, ชวนให้นึกถึงดวงจันทร์, สติลอย, เซื่องซึม, เหมือนอยู่ในฝัน (**-S.** dreamy)
moor[1] (มุร์) *v.* **moored, mooring** *-vt.* ผูกให้แน่น, ผูกเรือ, จอดเรือ *-vi.* ทำให้อยู่กับที่ด้วยเชือกหรือสมอ, จอดเรือโดยทิ้งสมอ (**-S.** anchor)
moor[2] (มุร์) *n.* ทุ่งกว้างที่ปกคลุมไปด้วยต้นไม้เตี้ยๆ และมีน้ำขังเป็นหนอง (**-S.** fell)
mooring (มุ' ริง) *n.* ที่จอดเรือ, ท่าเทียบเรือ, การจอดเรือ, สมอ, เชือก, โซ่
moose (มูซ) *n., pl.* **moose** กวางมูส

moose

moot (มูท) *adj.* ที่ถกเถียงกันมาก, ที่เปิดให้โต้เถียง *-vt.* **mooted, mooting** นำเสนอเรื่องขึ้นมาถกเถียงหรืออภิปราย, ถกเถียง, อภิปราย
★**mop** (มอพ) *n.* ก้อนที่พันกันอย่างหลวมๆ, ไม้ถูพื้น, ช่อผม *-vt.* **mopped, mopping** เช็ดหรือซับด้วยไม้ถูพื้น **-mop up** กวาดล้าง (ศัตรู) **-mopper** *n.* (**-S.** (v.) clean, wipe)
mope (โมพ) *vi.* **moped, moping** เศร้า, ไม่พูดไม่จา, เซื่องซึม, ปล่อยเวลาไปเปล่าๆ, อืดอาด *-n.* คนที่โศกเศร้า, คนที่เซื่องซึม
moped (โม' เพด) *n.* จักรยานที่แล่นได้โดยเครื่องยนต์เล็กๆ
★**moral** (มอ' เริล) *adj.* ที่สั่งสอนให้ทำความดี, เกี่ยวกับศีลธรรม, (ดำเนินชีวิต) ถูกต้องด้วยศีลธรรม, ที่ตั้งมั่นอยู่ในความดี, เกี่ยวกับความรู้สึกผิดชอบชั่วดี, ทางใจ, แท้จริง, แน่นอน *-n.* หลักศีลธรรม, หลักธรรม, เรื่องสอนใจ **-morals** ศีลธรรม, หลักจรรยา **-morality** *n.* **-morally** *adv.* (**-S.** (adj.) ethical, virtuous (n.) lesson)
morale (มะเรล') *n.* ขวัญ, กำลังใจ, ความเชื่อมั่น (**-S.** confidence, spirit)
moralist (มอ' ระลิซท) *n.* ผู้สั่งสอนหลักศีลธรรม, ผู้ปฏิบัติตามหลักศีลธรรม
moralize (มอ' ระไลซ) *v.* **-ized, -izing** *-vi.* สั่งสอน, เทศนา *-vt.* แปลหรืออธิบายความหมายทางศีลธรรม, ปรับปรุงศีลธรรมให้ดีขึ้น **-moralization** *n.* **-moralizer** *n.* (**-S.** lecture, preach)
morass (มะแรซ', มอ-) *n.* หนอง, บึง, ตม, ความยุ่งยาก, ความลำบาก (**-S.** bog, marsh)
moratorium (มอระทอ' เรียม) *n., pl.* **-toriums/-toria** การหยุดทำกิจกรรมบางอย่างชั่วคราว, การประกาศพักชำระหนี้ชั่วคราว
moray (มอ' เร, มะเร') *n.* ปลาไหลมอเรย์
morbid (มอร์' บิด) *adj.* ซึ่งเกิดจากเชื้อโรค, มีโรค, น่ากลัว, น่าขยะแขยง, ผิดธรรมดา, ผิดปกติ, เกี่ยวกับส่วนที่เป็นโรค **-morbidly** *adv.*
mordant (มอร์' เดินท) *adj.* (คำพูด) เจ็บแสบ, เย้ยหยัน, แดกดัน, ถากถาง **-mordancy** *n.*
★**more** (มอร์) *adj.* คุณศัพท์เปรียบเทียบขั้นกว่าของ many หรือ much, (จำนวน ขนาด) มากกว่า, พิเศษ, เพิ่มเติม *-n.* จำนวนที่มากกว่า, จำนวนที่เพิ่มขึ้น, สิ่งที่เพิ่มขึ้น, สิ่งที่มีความสำคัญมากกว่า *-pron.* (คนหรือสิ่งของ) จำนวนมากกว่า *-adv.* มากกว่า, ยิ่งขึ้น, เพิ่มขึ้น, ต่อไป, อีก, นอกเหนือจาก **-more and more** เพิ่มขึ้นเรื่อยๆ, มากขึ้นทุกที **-more or less** ไม่มากก็น้อย (**-S.** (adj.) additional, extra)
★**moreover** (มอร์โอ' เวอร์) *adv.* ยิ่งกว่านั้น, นอกจากนั้น, อีกด้วย (**-S.** also, besides)
mores (มอ' เรซ, -รีซ, โม'-) *n. pl.* ธรรมเนียมปฏิบัติ, ขนบธรรมเนียม, ประเพณีปฏิบัติ
morgue (มอร์ก) *n.* สถานที่เก็บศพคนตายที่รอชันสูตรหรือรอญาติมารับ
moribund (มอ' ระบันด์) *adj.* จวนตาย, ร่อแร่, ใกล้ตาย, ใกล้จะถึงจุดจบ **-moribundity** *n.*
morn (มอร์น) *n.* เวลาเช้า
★**morning** (มอร์' นิง) *n.* เวลาเช้าตั้งแต่ดวงอาทิตย์ขึ้นจนถึงเที่ยง, รุ่งอรุณ, เวลาที่ดวงอาทิตย์ขึ้น, ส่วนต้น, ส่วนแรก, การเริ่มต้น *-adj.* ในตอนเช้า (**-S.** (n.) dawn, sunrise)
morning glory ไม้เลื้อยจำพวกผักบุ้ง
morning sickness อาการแพ้ท้องตอนเช้า
morning star ดาวศุกร์, ดาวประกายพฤกษ์
morocco (มะรอค' โค) *n., pl.* **-cos** เครื่องหนังเนื้อนุ่มชั้นดีที่ทำจากหนังแพะ
moron (มอ' รอน) *n.* คนที่โง่มากๆ, ผู้ใหญ่ที่มีระดับสติปัญญาเทียบเท่ากับเด็กอายุ 8-12 ปี **-moronic** *adj.* **-moronically** *adv.* (**-S.** idiot)
morose (มะโรซ', มอ-) *adj.* อารมณ์ไม่ดี, บึ้งตึง, บูดบึ้ง, หัวเสีย, โศกเศร้า, ไม่เบิกบาน **-morosely** *adv.* (**-S.** depressed, gloomy)
morphine (มอร์' ฟีน) *n.* สารเสพติดที่สกัดจากฝิ่นใช้ระงับประสาทหรือความเจ็บปวด, มอร์ฟีน **-morphia** *n.* **-morphinic** *adj.*

morphology (มอร์ฟอล' ละจี) *n., pl.* **-gies** สัณฐานวิทยา,รูปร่างและโครงสร้างของสิ่งมีชีวิต, การศึกษาเกี่ยวกับโครงสร้างและรูปแบบของคำ

morrow (มอ' โร) *n.* วันพรุ่งนี้, วันถัดไป

Morse code รหัสมอร์ส เป็นรหัสที่ใช้ส่งข่าวสารโดยใช้เครื่องหมายจุดกับขีดหรือเสียงสั้นกับเสียงยาวมาผสมกันเป็นตัวหนังสือ

morsel (มอร์' เซิล) *n.* (อาหาร) ชิ้นเล็กๆ, คำ, จำนวนเล็กน้อย, ชิ้น, อาหารจานอร่อย *-vt.* แบ่งเป็นชิ้นเล็กๆ (-S. (n.) bite, piece)

mortal (มอร์' เทิล) *adj.* ต้องตาย, เป็นลักษณะของมนุษย์ที่ต้องตาย, ที่ทำให้ตาย, (ต่อสู้กัน) ถึงตาย, เกี่ยวกับโลกนี้, ร้ายกาจ, มหันต์, (กลัว) แทบตาย, (คู่) อาฆาต, พยาบาท *-n.* มนุษย์, สิ่งมีชีวิตที่ต้องตายในที่สุด *-adv.* อย่างรุนแรง, อย่างมหันต์ **-mortally** *adv.* (-S. (adj.) deadly)

mortality (มอร์แทล' ลิที) *n., pl.* **-ties** ความตาย, การตายเป็นจำนวนมาก, อัตราการตาย, จำนวนที่ขาดไป, มนุษยชาติ

mortality table ตารางสถิติที่แสดงอายุขัยของประชากร

mortar (มอร์' เทอร์) *n.* ครก, โกร่ง, เครื่องบด, ปืนครก, เครื่องยิงดอกไม้ไฟ, ส่วนผสมของปูนกับทรายและน้ำ *-vt.* **-tared, -taring** ฉาบหรือก่อด้วยส่วนผสมดังกล่าว, ยิงด้วยปืนครก

mortarboard (มอร์' เทอร์บอร์ด, -โบร์ด) *n.* แผ่นกระดานมีด้ามจับสำหรับใส่ปูนที่จะโบก, หมวกปริญญา

mortgage (มอร์' กิจ) *n.* การจำนอง (บ้าน ที่ดิน), ข้อตกลงในการจำนอง, สิทธิในที่ดินที่จำนอง *-vt.* **-gaged, -gaging** วาง (ที่ดิน) เป็นประกัน, จำนอง, วางเดิมพัน (-S. (n., v.) pledge)

mortgagee (มอร์กิจี') *n.* ผู้รับจำนอง

mortgagor, mortgager (มอร์กิจอร์; มอร์' กิเจอร์, มอร์' กิเจอร์) *n.* ผู้จำนอง

mortician (มอร์ทิช' เชิน) *n.* สัปเหร่อ, ผู้จัดการศพ (-S. undertaker)

mortify (มอร์' ทะไฟ) *v.* **-fied, -fying** *-vt.* ระงับ (ความอยาก) โดยการทรมานตัวเอง, ทำให้ได้อาย, ลบหลู่, ทำให้ (อวัยวะ) ตายหรือเป็นเนื้อตาย *-vi.* กลายเป็นเนื้อตาย, ฝึกทรมานตนเอง **-mortification** *n.* **-mortifier** *n.*

mortise, mortice (มอร์' ทิซ) *n.* ช่องสี่เหลี่ยมในเนื้อไม้สำหรับรับขาหรือข้อต่อที่นำมาเสียบ

mortuary (มอร์' ชูเอรี) *n., pl.* **-ies** สถานที่เก็บศพคนตายก่อนจะนำไปฝังหรือทำพิธี

mosaic (โมเซ' อิค) *n.* รูปภาพหรือลวดลายที่เกิดจากการนำกระเบื้อง (กระจก หิน) ชิ้นเล็กๆ หลายสีมาฝังลงไปบนผิวหน้า, ศิลปะในการทำรูปภาพดังกล่าว *-vt.* **-icked, -icking** ทำด้วยวิธีดังกล่าว, ตกแต่งด้วยรูปภาพดังกล่าว

mosey (โม' ซี) *vi.* **-seyed, -seying** (ภาษาพูด) เดินเล่น เดินทอดน่อง ออกไป (-S. stroll)

mosque (มอซค์) *n.* มัสยิด, สุเหร่า

★**mosquito** (มะสกี' โท) *n., pl.* **-toes/-tos** ยุง

mosquito net มุ้ง

moss (มอซ) *n.* พืชชั้นต่ำชนิดหนึ่งมีลำต้นขนาดเล็กสีเขียวหรือน้ำตาลชอบขึ้นอยู่บนที่ชื้นแฉะอย่างพื้นดิน หรือต้นไม้, มอส **-mossy** *adj.*

★**most** (โมซท์) *adj.* คุณศัพท์เปรียบเทียบขั้นสูงสุดของ many และ much, (จำนวน) มากที่สุด, (ปริมาณ ขนาด) ใหญ่ที่สุด, ส่วนใหญ่, โดยมาก *-n.* จำนวนมากที่สุด, ขนาดใหญ่ที่สุด, คนส่วนใหญ่ *-pron.* ส่วนใหญ่, ส่วนมาก *-adv.* ในระดับสูงสุด, มาก, (ภาษาพูด) เกือบจะ เกือบทั้งหมด

-most คำปัจจัย หมายถึง ที่สุด

mostly (โมซท์ ลี) *adv.* โดยมาก, เป็นส่วนใหญ่, โดยปกติ, โดยทั่วไป (-S. generally, mainly)

mote (โมท) *n.* ฝุ่นผง, มลทิน

★**motel** (โมเทล') *n.* โรงแรมสำหรับนักเดินทางที่มีห้องนอนติดกับที่จอดรถ (-S. shelter)

moth (มอธ) *n., pl.* **moths** ผีเสื้อกลางคืน

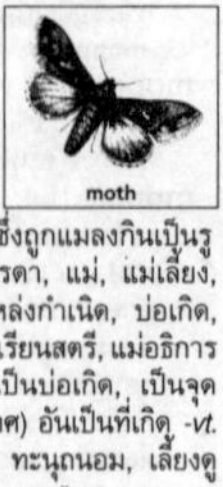

moth

mothball (มอธ' บอล) *n.* ลูกเหม็น

moth-eaten (มอธ' อีทเทิน) *adj.* (ความคิด) เก่าแก่, (คำพูด) น่าเบื่อ, ซึ่งถูกแมลงกินเป็นรู

★**mother** (มัธ' เธอร์) *n.* มารดา, แม่, แม่เลี้ยง, แม่บุญธรรม, แม่ยาย, แหล่งกำเนิด, บ่อเกิด, หัวหน้านางชีในวัดหรือโรงเรียนสตรี, แม่อธิการ *-adj.* เป็นแม่, ของแม่, เป็นบ่อเกิด, เป็นจุดกำเนิด, โดยกำเนิด, (ประเทศ) อันเป็นที่เกิด *-vt.* **-ered, -ering** ให้กำเนิด, ทะนุถนอม, เลี้ยงดู **-motherly** *adj.* **-motherless** *adj.* (-S. (n.) mum)

mother country บ้านเกิด, ประเทศที่เกิด

motherhood (มัธ' เธอร์ฮุด) *n.* การเป็นมารดา, การมีบุตร, มารดาทั้งหลาย

mother-in-law (มัธ' เธอร์อินลอ) *n.* แม่ยาย, แม่สามี

motherland (มัธ' เธอร์แลนด์) *n.* มาตุภูมิ

mother superior หัวหน้านางชีในวัด

mother tongue ภาษาที่พูดมาแต่กำเนิด

mother wit ความฉลาดที่มีมาแต่กำเนิด
motif (โมทีฟ') *n.* ความคิดหรือสัญลักษณ์ที่กลับมาปรากฏในงานเขียนหรืองานศิลปะ, ความคิดหรือรูปแบบที่เป็นจุดสำคัญ,รูปแบบหรือลวดลายซ้ำๆ ในการออกแบบ (-S. theme)
motile (โมท' เทิล, โม' ไทล์) *adj.* ที่สามารถเคลื่อนไหวได้เอง, ที่เคลื่อนที่ได้เอง **-motility** *n.*
motion (โม' ชัน) *n.* การเคลื่อนที่, การทำงาน, ความสามารถในการเคลื่อนที่, การเคลื่อนไหว, คำขอที่เป็นทางการ, ญัตติ, กิริยาท่าทาง, แรงกระตุ้น, ความสมัครใจ *-v.* **-tioned, -tioning** *-vt.* กวักมือ, โบกมือ, ให้สัญญาณ *-vi.* แสดงท่าทางว่าให้เคลื่อนที่ เช่น กวักมือ พยักหน้า **-motional** *adj.* **-motionless** *adj.* (-S. (n.) action, movement (n., v.) signal)
motion picture ภาพยนตร์
motion sickness อาการเมารถ เมาเรือ
motivate (โม' ทะเวท) *vt.* **-vated, -vating** กระตุ้น, ยุ **-motivation** *n.* **-motivational** *adj.* **-motivator** *n.* (-S. incite, stimulate)
motive (โม' ทิฟว์) *n.* ความต้องการ, เหตุผล, ความประสงค์, จุดมุ่งหมาย, แรงดลใจ, เรื่องราวที่เป็นจุดสำคัญในงานศิลปะหรืองานเขียน *-adj.* ที่หมุนเครื่องจักรหรือเครื่องยนต์, ซึ่งทำให้เกิดการเคลื่อนที่, มีเหตุจูงใจ *-vt.* **-tived, -tiving** กระตุ้น, ดลใจ **-motiveless** *adj.*
motley (มอท' ลี) *adj.* ซึ่งมีลักษณะและชนิดต่างๆ กัน, นานาชนิด, (ชุด) ที่เย็บด้วยผ้าหลายสี *-n., pl.* **-leys** ชุดตัวตลกที่เย็บจากผ้าหลายสี, ความ หลากหลาย (-S. (adj.) heterogenous)
★**motor** (โม' เทอร์) *n.* เครื่องยนต์, เครื่องจักร, มอเตอร์ไฟฟ้า, สิ่งที่ทำให้เกิดการเคลื่อนที่ *-adj.* ที่แล่นโดยเครื่องจักรหรือเครื่องยนต์,ที่ทำให้เกิดการเคลื่อนที่, เกี่ยวกับเครื่องยนต์, ที่ควบคุมการเคลื่อนไหวของกล้ามเนื้อ *-v.* **-tored, -toring** *-vi.* เดินทางโดยรถยนต์, ขับรถยนต์ (เรือยนต์) *-vt.* ขนส่งโดยรถยนต์ **-motorist** *n.*
motorbike (โม' เทอร์ไบค์) *n.* จักรยานยนต์น้ำหนักเบา, จักรยานสองล้อถีบที่ติดเครื่องยนต์
motorbus (โม' เทอร์บัซ) *n.* รถยนต์โดยสาร
motorcade (โม' เทอร์เคด) *n.* ขบวนรถยนต์
motorcar (โม' เทอร์คาร์) *n.* รถยนต์
motorcycle (โม' เทอร์ไซเคิล) *n.* รถจักรยานยนต์
motorize (โม' ทะไรซ์) *vt.* **-ized, -izing** ใส่เครื่องยนต์, จัดให้มียานยนต์ (แทนการใช้ม้า), เปลี่ยนไปใช้เครื่องยนต์ **-motorization** *n.*
motorman (โม' เทอร์เมิน) *n.* คนขับรถรางหรือรถไฟฟ้า, คนดูแลเครื่องยนต์
mottle (มอท' เทิล) *vt.* **-tled, -tling** เป็นจุดหรือลายพร้อย *-n.* จุดด่างดำ, แผล, ลาย
motto (มอท' โท) *n., pl.* **-toes/-tos** ภาษิต, คำขวัญ, คติพจน์, หลักประจำใจ (-S. maxim)
mould[1] (โมลด์) *n., v.* ดู mold[1]
mould[2] (โมลด์) *n., v.* ดู mold[2]
mould[3] (โมลด์) *n.* ดู mold[3]
mound (เมานด์) *n.* เนินเขา, เนิน (ดิน หิน), กองดิน, พื้นดินที่นูนขึ้นมาเหนือหลุมฝังศพ, กองสิ่งของ *-vt.* สุมกันเป็นกอง, ล้อมรอบด้วยเนินดิน (-S. (n., v.) heap, pile)
★**mount[1]** (เมานท์) *v.* **mounted, mounting** *-vt.* ขึ้น (บันได), ปีน, ขึ้นคร่อม (จักรยาน), หาม้าให้ขี่, เตรียมการ, ติดตั้ง, ตั้ง (ปืน), ตั้งไว้เพื่อจัดแสดงหรือศึกษา, วาง (ยาม), พอกพูน, ติด (พลอย) เข้ากับตัวเรือน, ติดภาพ, ปิด *-vi.* ลอยขึ้น, ขึ้น (ม้า), สูงขึ้น, เพิ่มขึ้น *-n.* ม้าหรือสัตว์อื่นสำหรับขี่, การขึ้น (ม้า), กรอบหรือโครงสำหรับยึดวัตถุ, ตัวเรือนแหวน **-mountable** *adj.* **-mounter** *n.* (-S. (v.) ascend, display)
mount[2] (เมานท์) *n.* ภูเขา, เนินเขา
★**mountain** (เมาน' เทิน) *n.* ภูเขา, กองของขนาดใหญ่, ปริมาณมาก *-adj.* เหมือนภูเขา, ใหญ่โต, ที่อาศัยอยู่บนภูเขา **-mountainous** *adj.*
mountain bike จักรยานเสือภูเขา
mountain dew เหล้าวิสกี้
mountaineer (เมานท์ทะเนียร์') *n.* นักไต่เขา
mountain goat แพะภูเขา
mountain lion สิงโตภูเขา
mountain range เทือกเขา, แนวเขา
mountebank (เมาน' ทะแบงค์) *n.* คนขายยาปลอม, คนหลอกลวง, หมอเถื่อน *-vt.* **-banked, -banking** ทำตัวเป็นหมอเถื่อน, หลอกลวง
mounting (เมาน' ทิง) *n.* โครงสร้างหรือกรอบที่ช่วยพยุงไว้, ตัวเรือนแหวน, การขึ้น, การขี่
mourn (มอร์น, โมร์น) *v.* **mourned, mourning** *-vi.* โศกเศร้า, เสียใจ, อาลัย *-vt.* โศกเศร้าเสียใจ (ต่อการตาย), ไว้ทุกข์, รู้สึกเสียใจ, คร่ำครวญ **-mourner** *n.* **-mournful** *adj.* **-mournfully** *adv.* (-S. grieve, lament)
mourning (มอร์' นิง, โมร์'-) *n.* การไว้อาลัย, ความโศกเศร้าเสียใจ, การไว้ทุกข์, สิ่งที่แสดงถึงการไว้ทุกข์ เช่น ชุดดำ, ช่วงไว้ทุกข์
mourning band ปลอกแขนไว้ทุกข์
★**mouse[1]** (*n.* เมาซ์, *v.* เมาซ์) *n., pl.* **mice** (ไมซ์)

A B C D E F G H I J K L M N O P Q R S T U V W X Y Z

หนู, คนขี้อาย *-vi.* **moused, mousing** ไล่จับหนู, ค้นหาของง่วน

mouse[2]

mouse[2] (เมาซ์) *n., pl.* **mice/mouses** (-ซิซ) อุปกรณ์ที่ใช้กับคอมพิวเตอร์มีลักษณะกลมๆ ขนาดพอดีมือ ใช้เป็นตัวเลื่อนตำแหน่งของ cursor บนหน้าจอให้ไปตามทิศทางที่ต้องการ

mousetrap (เมาซ์' แทรพ) *n.* กับดักหนู

★**moustache** (มัส' แตช) *n.* ดู mustache

★**mouth** (*n.* เมาธ์, *v.* เมาธ์) *n., pl.* **mouths** (เมาธ์ซ์) ปาก, ช่องปาก, อวัยวะภายในช่องปาก เช่น ลิ้น ฟัน และริมฝีปาก, ช่องลมของเครื่องดนตรีที่ใช้เป่า, ปากถ้ำ (ขวด แม่น้ำ) *-v.* **mouthed, mouthing** *-vt.* พูดพึมพำ, พูดจาโผงผาง, กล่าว (คำพูด), เอ่ย, พูดออกเสียง, อมไว้ในปาก *-vi.* ทำปากบูดเบี้ยว, พูดจาโผงผาง **-mouthless** *adj.* (**-S.** (n.) entrance, outlet)

mouthful (เมาธ์' ฟุล) *n., pl.* **-fuls** (อาหาร) คำหนึ่ง, คำพูดที่สำคัญหรือตรงประเด็น, คำพูดหรือวลีที่ยาวและยากที่จะออกเสียง (**-S.** bite)

mouth organ หีบเพลงปาก

mouthpiece (เมาธ์' พีซ) *n.* ปากกระบอกโทรศัพท์, ฟันยาง, ส่วนของเครื่องดนตรีที่ต้องคาบหรืออมไว้ในปาก, (ภาษาพูด) ปากเสียง

mouthwash (เมาธ์' วอช) *n.* น้ำยาบ้วนปาก

mouthy (เมา' ธี, -ธี) *adj.* **-ier, -iest** (คุย) โว, (พูด) หยาบคาย, ปากมาก **-mouthiness** *n.*

movable, moveable (มู' วะเบิล) *adj.* ที่เคลื่อนที่ได้, ที่เปลี่ยนแปลงไปในแต่ละปี, ไม่ติดกับที่, เกี่ยวกับทรัพย์สินที่เคลื่อนย้ายได้ *-n.* ทรัพย์สมบัติที่เคลื่อนที่ได้,สิ่งที่เคลื่อนที่หรือย้ายได้ **-movably** *adv.* (**-S.** (adj.) mobile)

★**move** (มูฟว์) *v.* **moved, moving** *-vi.* (โลก) หมุน, เคลื่อนที่, เคลื่อนย้าย, ย้าย (บ้าน งาน), ก้าวหน้า, ดำเนิน, ดำเนินการ, เสนอ (ญัตติ), เดินหมาก, (ยา) ระบายท้อง *-vt.* ย้าย, เคลื่อน, เคลื่อนที่, เดิน (หมาก), เป็นเหตุให้, ชักชวน, เร้าใจ, ดลใจ, กระตุ้น, แหย่, เสนอ (ในที่ประชุม), ทำให้ถ่ายท้อง *-n.* การเคลื่อนที่, การกระทำ, การเคลื่อนย้าย, อุบาย, การเดินตัวหมาก, ตาเดินหมากรุก, คราว, รอบ, การย้ายบ้าน **-move in** ย้ายสถานที่ใหม่ **-moving** *adj.*

★**movement** (มูฟว์' เมินท์) *n.* การเคลื่อนที่, การเคลื่อนไหว, การเคลื่อนกำลังทางทหาร, ส่วนเคลื่อนไหวของเครื่องจักร, ขบวนการ, ทิศทาง (ของแฟชั่น), แนวโน้ม, การอพยพจำนวนมาก, ภาพลวงตา, การถ่ายท้อง, ของเสียที่ถ่ายออกมา, (**-S.** activity, group, trend)

mover (มู' เวอร์) *n.* คนหรือสิ่งที่เคลื่อนที่, คนหรือบริษัทที่รับจ้างขนย้ายของ

★**movie** (มู' วี) *n.* ภาพยนตร์, โรงภาพยนตร์

mow[1] (เมา) *n.* กองฟาง กองข้าวที่เก็บไว้ในยุ้งฉาง,ที่ในยุ้งฉางสำหรับเก็บกองฟางหรือกองข้าว

mow[2] (โม) *v.* **mowed, mowed/mown** (โมน), **mowing** *-vt.* ดาย (หญ้า), ตัด (หญ้า) *-vi.* ตัดหญ้า **-mow down** ห้ำหั่น, ทำลายล้าง

mph, m.p.h. ย่อจาก miles per hour จำนวนไมล์ต่อชั่วโมง

★**Mr, Mr.** (มิส' เตอร์) *n., pl.* **Messrs.** (เมซ' เซอร์ซ) นาย

★**Mrs, Mrs.** (มิซ' ซิซ) *n., pl.* **Mmes.** (เมดาม', -แดม') นาง

★**Ms, Ms.** (มิซ) *n., pl.* **Mses/Mses./Mss/Mss.** (มิซ' ซิซ) นางสาว, เด็กหญิง

M.S. ย่อจาก ภาษาละติน Magister Scientiae (Master of Science) วิทยาศาสตรมหาบัณฑิต

★**much** (มัช) *adj.* **more, most** (จำนวน ปริมาณ) มาก, ไม่น้อย *-n.* จำนวนมาก, ปริมาณมาก, สิ่งที่สำคัญ, สิ่งที่น่าสังเกต *-adv.* **more, most** อย่างมาก, อย่างใหญ่, เกือบ, โดยประมาณ **-much as** ถึงแม้ว่า, มากอย่างไรก็ตาม

mucilage (มยู' ซะลิจ) *n.* เมือกหรือยางของพืช, มูก, กาว, แป้งเปียก (**-S.** glue, gum)

muck (มัค) *n.* มูลสัตว์, ปุ๋ยคอก, ของสกปรก, ฝุ่นผง, โคลน *-vt.* ใส่ปุ๋ย, ทำสกปรก, ทำเปื้อน **-mucky** *adj.* (**-S.** (n.) dirt, filth (n., v.) mud)

mucous membrane เยื่อบุเมือก

mucus (มยู' เคิซ) *n.* น้ำเมือก **-mucous** *adj.*

★**mud** (มัด) *n.* โคลน, เลน, การพูดให้ร้าย, การหมิ่นประมาท *-vt.* **mudded, mudding** ปกคลุมไปด้วยโคลน, ทำให้เปื้อน (**-S.** (n.) dirt)

muddle (มัด' เดิล) *v.* **-dled, -dling** *-vt.* ทำยุ่งเหยิง, ทำพลาด, ผสม, ปนๆ กัน, ทำให้งง *-vi.* คิดหรือทำในทางที่ยุ่งหรือสับสน *-n.* ความยุ่งเหยิง, ความสับสนทางจิตใจ **-muddler** *n.*

muddleheaded (มัด' เดิลเฮดดิด) *adj.* โง่, สับสน (**-S.** confused)

muddy (มัด' ดี) *adj.* **-dier, -diest** เต็มไปด้วยโคลน, ขุ่น, มัว, คลุมเครือ, สับสน *-vt., vi.* **-died, -dying** ทำเปื้อน, ทำให้ขุ่นหรือมัว, ทำให้งง **-muddily** *adv.* (**-S.** (adj.) cloudy)

mudguard (มัด' การ์ด) *n.* บังโคลนล้อรถ

mudhole (มัด' โฮล) *n.* หลุมโคลน, ปลัก, ตม

muff[1] (มัฟ) *v.* **muffed, muffing** *-vt.* ทำเปิ่น, ทำพลาด, รับลูกพลาด *-vi.* ทำเซ่อซ่า (**-S.** bungle)
muff[2] (มัฟ) *n.* ปลอกมือทำจากขนสัตว์หรือผ้าสำหรับสวมกันหนาว
muffin (มัฟ' ฟิน) *n.* ขนมปังรูปถ้วยขนาดเล็กมีรสหวาน
muffle (มัฟ' เฟิล) *vt.* **-fled, -fling** ห่อหุ้มเพื่อให้ความอบอุ่น, หุ้มหรือพันเพื่อไม่ให้มีเสียงอุดปาก *-n.* เครื่องห่อหุ้ม, เตาเผา
muffler (มัฟ' เฟลอร์) *n.* ผ้าพันคอ, อุปกรณ์หรือสิ่งที่ใช้ระงับเสียง (**-S.** scarf)
mufti (มัฟ' ที) *n., pl.* **-tis** เครื่องแต่งกายพลเรือน
mug (มัก) *n.* แก้วขนาดใหญ่และหนัก มีหูจับ
muggy (มัก' กี) *adj.* **-gier, -giest** (อากาศ) ร้อนและชื้น, อบอ้าว **-mugginess** *n.* (**-S.** damp)
mugwump (มัก' วัมพ์) *n.* คนที่ตั้งตนเป็นอิสระไม่ฝักใฝ่ในพรรคการเมืองใดๆ
Muhammad, Mohammed (มุแฮม' มิด, -ฮา' มิด) *n.* ศาสดาของศาสนาอิสลาม
mulatto (มุแลท' โท, -ลา' โท, มิว-) *n., pl.* **-tos/-toes** ลูกผสมระหว่างคนผิวขาวกับนิโกร
mulberry (มัล' เบรี, -บะ-) *n., pl.* **-ries** ต้นหม่อน, ผลหม่อน, สีม่วงอมแดงเข้ม
mulch (มัลช์) *n.* ใบไม้ ฟาง หรือหญ้าที่ใช้คลุมดินเพื่อป้องกันการระเหยหรือการกัดเซาะ
mulct (มัลค์ท์) *vt.* **mulcted, mulcting** ปรับเงิน, ตัดสิทธิ์, โกงเงิน *-n.* ค่าปรับ, ค่าสินไหม
mule[1] (มยูล์) *n.* ล่อ, ลูกผสม, เรือขนาดเล็กที่ใช้ลากจูงเรือใหญ่ไปตามลำคลอง, เครื่องปั่นฝ้าย
mule[2] (มยูล์) *n.* รองเท้าแตะเปิดส้น
mulish (มยู' ลิช) *adj.* มีนิสัยเหมือนล่อ, ดื้อดึง, หัวรั้น, สอนยาก **-mulishly** *adv.* (**-S.** obstinate)
mull[1] (มัล) *vt., vi.* **mulled, mulling** รำพึง, คิดคำนึง, ไตร่ตรอง (**-S.** cogitate, ponder)
mull[2] (มัล) *vt.* **mulled, mulling** ทำให้ (เหล้าองุ่น) ร้อนแล้วเติมน้ำตาลและเครื่องเทศ
mull[3] (มัล) *n.* ผ้ามัสลินที่บางเบาและเนื้อนุ่ม
mullet (มัล' ลิท) *n., pl.* **-lets/-let** ปลาจำพวกปลาดุก ปลาช่อน ปลากระบอก
multi- คำอุปสรรค หมายถึง มาก, หลาย, หลายเท่า
multicolor, multicolored (มัล' ทิคัลเลอร์, -คัล' เลอร์ด์) *adj.* มีหลายสี
multifarious (มัลทะแฟ' เรียซ) *adj.* หลากหลาย, ต่างๆ นานา (**-S.** diverse, manifold)
multilateral (มัลทิแลท' เทอเริล) *adj.* หลายด้าน, หลายฝ่าย, ที่เข้าร่วมกันหลายพรรค
multilingual (มัลทีลิง' เกวิล, -ไท-) *adj.* ที่พูดหรืออ่านได้หลายภาษา **-multilingually** *adv.*
multimedia (มัลทีมี' เดีย) *n.* สื่อต่างๆ ในการสื่อสาร เช่น โทรทัศน์ วิทยุ หนังสือพิมพ์
multimillionaire (มัลทีมิลยะแนร์') *n.* คนที่มีเงินร่ำรวยหลายล้าน, มหาเศรษฐี
multiple (มัล' ทะเพิล) *adj.* มีหลายส่วน, หลาย, ทวีคูณ, มาก *-n.* ผลคูณ (**-S.** (adj.) many, several)
multiplex (มัล' ทะเพลคซ์) *adj.* มีหลายส่วน, หลายเท่า *-n.* การรวมโรงภาพยนตร์หลายๆ โรงไว้ในตึกเดียวกัน **-multiplexer** *n.*
multiplicand (มัลทะพลิแคนด์') *n.* ตัวเลขที่ถูกคูณ, ตัวตั้งสำหรับคูณ
multiplication table ตารางสูตรคูณ
multiplicity (มัลทะพลิซ' ซะที) *n.* จำนวนมาก, ความหลากหลาย, ความมากมาย
★**multiply** (มัล' ทะไพล) *v.* **-plied, -plying** *-vt.* ทำให้เพิ่มจำนวนขึ้น, คูณ, ผสมพันธุ์ *-vi.* เพิ่มจำนวนขึ้น, แสดงวิธีคูณ **-multiplication** *n.*
multitude (มัล' ทิทูด, -ทยูด) *n.* ความมากมาย, (คนหรือสิ่งของ) จำนวนมากมาย, หมู่, ฝูง, โขลง, ฝูงชน **-multitudinous** *adj.*
mum[1] (มัม) *adj.* เงียบ, ไม่ปริปาก, ไม่พูด *-interj.* ไม่ต้องพูดอะไรทั้งนั้น!, เงียบ! (**-S.** (adj.) silent)
mum[2] (มัม) *n.* (ภาษาพูด) แม่ ดอกเบญจมาศ
mumble (มัม' เบิล) *vt., vi.* **-bled, -bling** เคี้ยวช้าๆ อย่างคนไม่มีฟัน, พูดอุบอิบ, พูดพึมพำ, พูดอยู่ในลำคอ *-n.* เสียงพูดอุบอิบ, เสียงพึมพำ **-mumbler** *n.* **-mumbly** *adj.*
mumbo jumbo, mumbo-jumbo (มัม' โบจัม' โบ) *n., pl.* **-bos** พิธีการที่ซับซ้อนหรือจุกจิก, คำพูดที่ไม่ชัดเจนหรือเข้าใจยาก
mummer (มัม' เมอร์) *n.* นักแสดง, นักแสดงในละครใบ้, ผู้ที่สวมหน้ากากหรือปลอมตัวเพื่อความสนุกขบขันในงานเทศกาลต่างๆ
mummery (มัม' มะรี) *n., pl.* **-ies** การแสดงโดยนักแสดงละครใบ้, การเล่นตลก
mummify (มัม' มะไฟ) *v.* **-fied, -fying** *-vt.* ทำให้เป็นมัมมี่, ทำให้ศพแห้งและไม่เน่า *-vi.* แห้งอย่างมัมมี่ **-mummification** *n.* (**-S.** embalm)
mummy[1] (มัม' มี) *n., pl.* **-mies** มัมมี่, ศพของคนหรือสัตว์ที่ดองไว้ไม่ให้เน่าโดยวิธีอียิปต์โบราณ, คนหรือสิ่งที่เหี่ยวแห้งเหมือนมัมมี่
★**mummy**[2] (มัม' มี) *n., pl.* **-mies** (ภาษาพูด) แม่
★**mumps** (มัมพ์ซ์) *n. pl.* โรคคางทูม
munch (มันช์) *v.* **munched, munching** *-vt.* เคี้ยว (อาหาร) กร้วมๆ *-vi.* เคี้ยวตุ้ยๆ, เคี้ยว

A B C D E F G H I J K L M N O P Q R S T U V W X Y Z

อาหารกร้วมๆ **-muncher** *n.* (**-S.** chew)

mundane (มันเดน', มัน'-) *adj.* ทางโลก, แห่งโลก, สามัญ, ธรรมดา **-mundanely** *adv.*

mung bean ถั่วเขียว

municipal (มยูนิซ' ซะเพิล) *adj.* เกี่ยวกับเมืองที่ปกครองด้วยตนเอง, ของเทศบาล, มีท้องถิ่นที่ปกครองตนเอง **-municipality** *n.* **-municipally** *adv.* (**-S.** civic, local **-A.** national)

munificent (มยูนิฟ' ฟิเซินท์) *adj.* ใจกว้างมาก, ใจป้ำ **-munificence** *n.* (**-S.** generous, lavish)

munitions (มยูนิช' ชันซ์) *n. pl.* อาวุธยุทโธปกรณ์ต่างๆ สำหรับการรบ *-vt* **-tioned, -tioning** บรรจุอาวุธ (**-S.** (n.) ammunition)

mural (มยู' เริล) *n.* ภาพวาดขนาดใหญ่ที่เขียนตามกำแพงหรือเพดาน, จิตรกรรมฝาผนัง *-adj.* คล้ายกำแพง, ที่วาดบนกำแพง **-muralist** *n.*

★**murder** (เมอร์' เดอร์) *n.* การสังหาร, ฆาตกรรม *-v.* **-dered, -dering** *-vt.* สังหาร, ฆ่า, ทำลาย, ทำให้เสีย *-vi.* กระทำฆาตกรรม, กระทำการสังหาร **-murderer** *n.* **-murderess** *n.*

murderous (เมอร์' เดอเริซ) *adj.* ซึ่งสามารถฆ่าให้ตายได้, ที่มุ่งจะทำลายชีวิต, โหดร้าย, โกรธแค้นราวกับจะฆ่าให้ตาย, ทารุณ (**-S.** savage)

murk, mirk (เมิร์ค) *n.* ความมืด, ความมืดครึ้ม *-adj.* มืด, มัว, สลัว, ขุ่น **-murky, mirky** *adj.* (**-S.** (n.) darkness, gloom)

murmur (เมอร์' เมอร์) *n.* เสียงที่ต่ำและไม่ชัด, เสียงบ่นอุบอิบ, เสียงเต้นที่ผิดปกติของหัวใจ ปอด หรือเส้นเลือด, เสียงพูดพึมพำ *-v.* **-mured, -muring** *-vi.* ทำเสียงต่ำและไม่ชัด, พูดพึมพำ, บ่นอุบอิบ *-vt.* พูดเสียงต่ำ, พูดพึมพำ **-murmurer** *n.* **-murmurous** *adj.* (**-S.** (n., v.) mutter)

muscatel (มัสกะเทล') *n.* เหล้าองุ่นหวานที่ทำจากองุ่นพันธุ์หนึ่ง

★**muscle** (มัซ' เซิล) *n.* กล้ามเนื้อ, พละกำลัง, (ภาษาพูด) อำนาจ อิทธิพล *-vi.* **-cled, -cling** (ภาษาพูด) ใช้กำลังบังคับ ใช้อิทธิพลข่มขู่ **-muscly** *adj.* (**-S.** (n.) brawn, power)

muscleman, muscle man (มัซ' เซิล แมน) *n., pl.* **-men** (ภาษาพูด) นักเพาะกาย ผู้คุ้มกัน

muscular (มัส' กยะเลอร์) *adj.* ประกอบด้วยกล้ามเนื้อ, มีกล้ามเนื้อแข็งแรง, ล่ำสัน, มีกำลัง

muse (มยูซ์) *vt., vi.* **mused, musing** คิดคำนึง, ใคร่ครวญ, ไตร่ตรอง, ครุ่นคิด, รำพึง *-n.* ความคิดคำนึง, การใคร่ครวญ **-musingly** *adv.*

★**museum** (มยูเซียม') *n.* พิพิธภัณฑ์

mush (มัช) *n.* ข้าวต้มที่ทำจากแป้งข้าวโพดต้มในน้ำหรือนม, ก้อนที่นิ่มและแน่น, (ภาษาพูด) ความรู้สึกที่รุนแรง หรือแสดงออกมากเกินไป *-vt.* **mushed, mushing** ทำให้เป็นข้าวต้ม, บดให้ละเอียด **-mushy** *adj.*

★**mushroom** (มัช' รูม, -รุม) *n.* เห็ด, สิ่งที่มีรูปร่างบานออกเหมือนเห็ด, สิ่งที่เจริญเติบโตเร็วเหมือนเห็ด *-vi.* **-roomed, -rooming** เจริญเติบโตอย่างรวดเร็ว, เพิ่มจำนวนอย่างรวดเร็ว, บานออกเหมือนดอกเห็ด *-adj.* เกี่ยวกับเห็ด, มีรูปร่างคล้ายเห็ด (**-S.** (n.) fungus (v.) grow)

★**music** (มยู' ซิค) *n.* ดนตรี, เสียงดนตรี, องค์ประกอบทางดนตรี, ทำนองเพลง, โน้ตเพลง, เสียงไพเราะ **-musician** *n.* (**-S.** harmony, melody, rhythm)

★**musical** (มยู' ซิเคิล) *adj.* เกี่ยวกับดนตรี, ทางดนตรี, ที่คลอไปด้วยเสียงดนตรี, ที่ชำนาญทางดนตรี, ไพเราะ, เสนาะหู *-n.* ละครหรือภาพยนตร์ประกอบดนตรี, ละครร้อง, ละครชวนหัวประกอบดนตรี **-musically** *adv.*

musical chairs เก้าอี้ดนตรี

musical comedy ละครชวนหัวประกอบดนตรี

music box กล่องดนตรีชนิดไขลาน

music hall โรงมหรสพแสดงดนตรี

music stand ขาตั้งโน้ตเพลง

musk (มัซค์) *n.* สารที่มีกลิ่นหอมซึ่งได้จากต่อมใต้ผิวหนังบริเวณช่องท้องของตัวชะมดเชียงตัวผู้, กลิ่นชะมด, พืชที่มีกลิ่นหอมคล้ายกลิ่นชะมด

musk deer กวางชะมด

musket (มัส' กิท) *n.* ปืนเล็กยาวในสมัยโบราณ

musketeer (มัสกิเทียร์') *n.* ทหารที่ถืออาวุธปืนดังกล่าว

musketry (มัส' กิทริ) *n.* กองทหารที่ถืออาวุธปืนดังกล่าว, เทคนิคในการใช้ปืนดังกล่าว

muskmelon (มัซค์' เมลเลิน) *n.* แตงไทย, แตงแคนตาลูป

muskrat (มัส' แกรท) *n.* หนูชนิดหนึ่งของอเมริกาเหนือให้กลิ่นอย่างกลิ่นชะมด

Muslim, Moslem (มัซ' เลิม; มุซ'-; มุซ'-, มอซ' เลิม; มอซ'-) *n.* ผู้นับถือศาสนาอิสลาม *-adj.* เกี่ยวกับศาสนาอิสลามหรือผู้นับถือศาสนาอิสลาม

muslin (มัซ' ลิน) *n.* ผ้ามัสลิน, ผ้าฝ้ายเนื้อบางที่นำมาทำเป็นผ้าปูที่นอนและปลอกหมอน

muss (มัซ) *vt.* **mussed, mussing** ทำให้ยุ่งเหยิง, ทำให้ไม่เป็นระเบียบ **-mussy** *adj.*

mussel (มัซ' เซิล) *n.* หอยแมลงภู่, หอยกาบ

must¹ (มัซท์) *v. aux.* ต้องการ, จำเป็น, จำต้อง,

ต้อง, น่าจะ -*n.* สิ่งที่ต้องการหรือจำเป็น
must² (มัซท์) *n.* กลิ่นเหม็นอับ, กลิ่นเหม็นสาบ
mustache, moustache (มัส' แตช, มะ สแตช') *n.* หนวด
mustang (มัส' แตง) *n.* ม้าป่าขนาดเล็ก
mustard (มัส' เติร์ด) *n.* พืชชนิดหนึ่งมีดอกสีเหลืองและเมล็ดมีรสเผ็ดฉุน, ผงที่ได้จากการบดเมล็ดพืชดังกล่าว, สีเหลืองเข้มอมน้ำตาล
muster (มัส' เตอร์) *v.* **-tered, -tering** *-vt.* รวม (ความกล้า), รวบรวม, รวมแถว *-vi.* ชุมนุม, มารวมกัน *-n.* การชุมนุม, การรวบรวมพล, บัญชีรายชื่อทหาร (**-S.** (v.) assemble)
musty (มัส' ตี) *adj.* **mustier, mustiest** เหม็นอับ, เหม็นสาบ, เก่าแก่, ล้าสมัย, คร่ำครึ, เซื่องซึม, เฉื่อยชา **-mustiness** *n.* (**-S.** ancient)
mutable (มยู' ทะเบิล) *adj.* เปลี่ยนแปลงได้, ไม่แน่นอน, ไม่คงที่, (อากาศ) แปรปรวน
mutant (มยู' เทินท์) *n.* สิ่งมีชีวิตที่มีลักษณะแตกต่างจากพ่อแม่ เนื่องจากการกลายพันธุ์
mutate (มยู' เทท, -เทท') *vi., vt.* **-tated, -tating** เปลี่ยนแปลง, เปลี่ยนรูป, กลายพันธุ์ **-mutation** *n.* **-mutative** *adj.* (**-S.** change)
mute (มยูท์) *adj.* **muter, mutest** พูดไม่ได้, ใบ้, ไม่พูด, เงียบ, ไม่ออกเสียง, ไม่ปริปาก *-n.* คนใบ้, อุปกรณ์ที่ใช้เป็นตัวปรับเสียงสูงต่ำในเครื่องดนตรี *-vt.* **muted, muting** ลดเสียง, ระงับเสียง (**-S.** (adj.) dumb, silent, voiceless)
mutilate (มยูท' เทิลเลท) *vt.* **-lated, -lating** ทำร้ายโดยการตัดแขนตัดขา, ทำให้พิการ, ทำลาย, ตัดส่วนสำคัญทิ้งไป **-mutilation** *n.*
mutinous (มยูท' เทินเนิซ) *adj.* กระด้างกระเดื่อง, ไม่เชื่อฟัง, พยศ, ดื้อด้าน, ซึ่งวางแผนก่อการจลาจล **-mutinously** *adv.* (**-S.** rebellious)
mutiny (มยูท' เทินนี) *n., pl.* **-nies** การขัดขืนคำสั่ง, การจลาจล, การกำเริบ *-vi.* **-nied, -nying** ขัดขืนคำสั่ง, ก่อการจลาจล, ก่อการกำเริบ **-mutineer** *n.* (**-S.** (n.) rebellion)
mutt (มัท) *n.* (ภาษาพูด) สุนัขพันทาง คนโง่
mutter (มัท' เทอร์) *vi., vt.* **-tered, -tering** พูดพึมพำ, บ่นอุบอิบ *-n.* คำพูดพึมพำ, การบ่น, การพูดพึมพำ **-mutterer** *n.* (**-S.** (v., n.) murmur)
mutton (มัท' เทิน) *n.* เนื้อแกะ
mutual (มยู' ชวล) *adj.* ซึ่งกันและกัน, ทั้งสองฝ่าย, ร่วมกัน, สัมพันธ์กัน **-mutually** *adv.* **-mutuality** *n.* (**-S.** reciprocal, shared)
muzzle (มัซ' เซิล) *n.* ส่วนจมูกและปากที่ยื่นออกมาของม้าหรือสุนัข, ที่ครอบปากสุนัขหรือม้า, สิ่งที่ป้องกันการพูดหรือการอธิบาย, ปากกระบอกปืน *-vt.* **-zled, -zling** ใส่ที่ครอบปาก, ปิดปาก (ไม่ให้แสดงความคิดเห็น) **-muzzler** *n.* (**-S.** (n.) mouth, snout)
muzzleloader (มัซ' เซิลโลเดอร์) *n.* ปืนที่บรรจุกระสุนทางปากกระบอกปืน
★**my** (ไม) *adj.* ของฉัน, เป็นของฉัน *-interj.* คำอุทานแสดงความประหลาดใจหรือตกใจ
mycology (ไมคอล' ละจี) *n., pl.* **-gies** วิชาที่ศึกษาเกี่ยวกับเห็ดรา
myelitis (ไมอะไล' ทิซ) *n.* โรคไขสันหลังอักเสบ
myna, mynah, mina (ไม' นะ) *n.* นกที่สามารถพูดเลียนเสียงมนุษย์ได้อย่างนกขุนทอง
myopia (ไมโอ' เพีย) *n.* อาการสายตาสั้น, การมีสายตาไม่กว้างไกล **-myopic** *adj.*
myriad (เมีย' เรียด) *adj.* เป็นจำนวนมากมายนับไม่ถ้วน, เหลือคณานับ *-n.* หนึ่งหมื่น, จำนวนมากมายนับไม่ถ้วน (**-S.** (adj.) countless)
myrrh (เมอร์) *n.* ยางไม้หอมชนิดหนึ่งใช้ในการทำน้ำหอมหรือเครื่องหอม
myrtle (เมอร์' เทิล) *n.* พืชไม้พุ่มชนิดหนึ่งที่มีดอกสีขาวหรือสีชมพูอ่อนและมีกลิ่นหอม
★**myself** (ไมเซลฟ์') *pron.* ตัวฉัน, ฉันเอง
★**mystery** (มิส' ตะรี) *n., pl.* **-teries** สิ่งลึกลับ, ความลึกลับ, เรื่องสั้นแนวฆาตกรรมลึกลับ **-mysterious** *adj.* **-mysteriously** *adv.*
mystery play ดู miracle play
mystic (มิส' ติค) *adj.* เกี่ยวกับการกระทำที่เหนือธรรมชาติ, ลึกลับ, แปลกประหลาด, มีความหมายซ่อนเร้น, เกี่ยวกับคาถาอาคม *-n.* ผู้ที่เชื่อในคาถาอาคมและเวทมนตร์
mystical (มิส' ติเคิล) *adj.* เกี่ยวกับเวทมนตร์, ที่เชื่อในเรื่องอาคมขลัง, เกี่ยวกับลางสังหรณ์, เกี่ยวกับจิตวิญญาณ **-mystically** *adv.*
mysticism (มิส' ติซิซเซิม) *n.* ความเชื่อในเรื่องการติดต่อกับพระเจ้า, การเข้าฌาณ
mystify (มิส' ตะไฟ) *vt.* **-fied, -fying** ทำให้งงงวย, ทำให้สับสน **-mystification** *n.*
mystique (มิสตีค') *n.* อำนาจลึกลับหรือความประหลาดที่อยู่รอบๆ คน หรือการกระทำ
myth (มิธ) *n.* เรื่องที่เล่าต่อกันมาเกี่ยวกับบรรพบุรุษ ผู้วิเศษ หรืออภินิหารต่างๆ, เรื่องปรัมปรา, นิทาน, ความเชื่อผิดๆ, เรื่องราวที่แต่งขึ้น, คนหรือสิ่งของที่สมมติขึ้น **-mythical** *adj.*
mythology (มิธอล' ละจี) *n., pl.* **-gies** การศึกษาเกี่ยวกับเทพนิยายหรือเรื่องปรัมปรา, นิทาน, เทพนิยาย **-mythological** *adj.*

A B C D E F G H I J K L M N O P Q R S T U V W X Y Z

N

N, n (เอน) *n., pl.* **N's, n's/Ns, ns** อักษรตัวที่ 14 ในภาษาอังกฤษ, อันดับสิบสี่

N ย่อจาก Navy ทหารเรือ, North ทิศเหนือ

n ย่อจาก neutron นิวตรอน, noun คำนาม

nab (แนบ) *vt.* **nabbed, nabbing** (ภาษาพูด) จับกุม, ฉวย, คว้า, แย่ง **-nabber** *n.*

nabob (เน' บอบ) *n.* ผู้ว่าราชการจังหวัดในอินเดีย, บุคคลที่ร่ำรวยและมีความสำคัญ, คนใหญ่คนโต **-nabobish** *adj.*

nacelle (นะเซล') *n.* ห้องเครื่องยนต์ของเครื่องบิน, ห้องบรรทุกสินค้าของเครื่องบิน

nacre (เน' เคอร์) *n.* หอยมุก

nadir (เน' เดอร์, -เดียร์) *n.* จุดที่อยู่ตรงลงไปจากที่ที่เรายืนตรงข้ามกับจุด zenith, จุดที่ต่ำที่สุด

NAFTA ย่อจาก north America free Trade Agreement ข้อตกลงการค้าเสรีอเมริกาเหนือ

nag[1] (แนก) *vt., vi.* **nagged, nagging** ดุด่า, บ่น, จู้จี้, ถากถาง, ตำหนิ, ค่อนแคะ *-n.* คนขี้บ่น, คนจู้จี้, คนที่ชอบหาเรื่องจับผิด (**-S.** (v.) carp)

nag[2] (แนก) *n.* ม้าแก่, ม้าขนาดเล็ก (**-S.** pony)

naiad (เน' แอด, -เอิด, ไน'-) *n., pl.* **-ades** (-อะดีซ')/**-ads** เทพธิดาที่อยู่ในน้ำพุ แม่น้ำ ลำธาร และทะเล, นักว่ายน้ำหญิง

★**nail** (เนล) *n.* ตะปู, เล็บมือ, เล็บเท้า, เล็บสัตว์, หน่วยวัดผ้าในสมัยเก่าที่มีค่าเท่ากับ 2¼ นิ้ว *-vt.* **nailed, nailing** ตรึงด้วยตะปู, ตอกตะปู, ยึดติด, เปิดโปง, จับโกหก **-nailed** *adj.* **-nailer** *n.* (**-S.** (n.) claw, fingernail (v.) fasten, fix)

nailbrush (เนล' บรัช) *n.* แปรงขัดเล็บ

nail file ตะไบเล็บ

nail polish ยาทาเล็บ

naive, naïve (นาอีฟว') *adj.* ไร้เดียงสา, ซื่อ, เชื่อคนง่าย, ไม่มีมารยา, เซ่อ **-naively** *adv.*

★**naked** (เน' คิด) *adj.* เปลือย, ล่อนจ้อน, ไม่มีผล, ไร้ใบ, ไม่ปิดบัง, สิ้นเนื้อประดาตัว, ปราศจากการตกแต่ง, ล้านเตียน, ปราศจากการเพิ่มเติม, (เห็น) ด้วยตาเปล่า (**-S.** bare, nude)

namby-pamby (แนมบีแพม' บี) *adj.* จืดชืด, โหรงเหรง, ไม่มีสาระ, ไม่เด็ดขาด, ไม่หนักแน่น

★**name** (เนม) *n.* ชื่อ, นาม, ชื่อเสียง, ผู้มีชื่อเสียง, ผู้มีความเก่งกาจ, ฉายา, สกุล *-vt.* **named, naming** ตั้งชื่อ, เรียกชื่อ, ได้ชื่อว่า, ระบุชื่อ, ออกชื่อ, บอก, กำหนด, แต่งตั้ง, พูดพาดพิงถึง *-adj.* มีชื่อเสียง, เป็นที่รู้จัก **-in the name of** ในนามของ, โดยอำนาจของ **-know only by name** รู้จักแต่ในนาม **-to one's name** เป็นของตัวเอง **-nameable, namable** *adj.* **-namer** *n.* (**-S.** (n.) reputation (n., v.) title)

nameless (เนม' ลิซ) *adj.* (ดารา) ไม่มีชื่อเสียง, ไม่เป็นที่รู้จัก, ไม่รู้จักชื่อ, นิรนาม, ไร้ชื่อ, ไม่มีชื่อตามกฎหมาย, นอกกฎหมาย, เหลือที่จะพรรณนา, ยากที่จะบรรยาย (**-S.** anonymous)

namely (เนม' ลี) *adv.* โดยเฉพาะ, กล่าวคือ

namesake (เนม' เซค) *n.* ผู้ที่มีชื่อซ้ำกับคนอื่น, ผู้ที่มีชื่อเหมือนคนอื่น

nanny, nannie (แนน' นี) *n., pl.* **-nies** ผู้หญิงที่รับจ้างดูแลเด็ก, พี่เลี้ยงเด็ก, คนเลี้ยงเด็ก

nanny goat แพะตัวเมีย

nano- คำอุปสรรค หมายถึง 10^{-9}, หนึ่งส่วนพันล้าน

nanosecond (แนน' นะเซคเคินด์) *n.* เศษหนึ่งส่วนพันล้านวินาที

★**nap**[1] (แนพ) *n.* การงีบหลับ, การเคลิ้มหลับ *-vi.* **napped, napping** งีบหลับ, ม่อยหลับ, เคลิ้มหลับ, เผลอ, ไม่ระวังตัว (**-S.** (n., v.) sleep)

nap[2] (แนพ) *n.* ปุยขนที่ขึ้นบนเนื้อผ้า

napalm (เน' พาม) *n.* ส่วนผสมของก๊าซโซลีนกับสารเคมีที่เป็นสารคล้ายวุ้นซึ่งติดไฟเองได้และนำไปทำลูกระเบิดเพลิง

nape (เนพ, แนพ) *n.* หลังคอ, ต้นคอ

napery (เน' พะรี) *n., pl.* **-ies** ผ้าที่ใช้บนโต๊ะอาหารอย่างผ้าปูโต๊ะ ผ้าเช็ดปาก

naphtha (แนฟ' ธะ, แนพ'-) *n.* ของเหลวคล้ายน้ำมันสามารถติดไฟได้ ใช้เป็นน้ำมันเชื้อเพลิงหรือตัวทำละลาย

naphthalene, naphthaline, naphthalin (แนฟ' ธะลีน, แนพ'-) *n.* ผลึกสีขาวที่ได้จากน้ำมันถ่านหิน ใช้ในการผลิตสีย้อม ลูกเหม็น

★**napkin** (แนพ' คิน) *n.* ผ้าเช็ดปากและมือ, กระดาษเช็ดปาก, ผ้าเช็ดตัวขนาดเล็ก, ผ้าอ้อม, ผ้าเช็ดหน้า, ผ้าพันคอ, ผ้าอนามัย (**-S.** serviette)

narcissism, narcism (นาร์' ซิซิซเซิม, นาร์' ซิซเซิม) *n.* ความหลงตัวเอง, ความชื่นชมและบูชาตัวเอง **-narcissist** *n.*

narcissus (นาร์ซิซ' เซิซ) *n., pl.* **-cissuses/-cissi** (-ซิซ' ไซ) พืชไม้ดอกชนิดหนึ่งมีใบแคบ

ยาว และมีดอกสีเหลืองหรือขาว มีกลิ่นหอม

narcotic (นาร์คอท' ทิค) *n.* ยาหรือสารที่ใช้ระงับความเจ็บปวดหรือทำให้นอนหลับอย่างเฮโรอีน มอร์ฟีน, ยาเสพติด *-adj.* ที่ทำให้ง่วงนอนหรือซึม, เกี่ยวกับยาเสพติด

narrate (แน' เรท, แนเรท') *vt., vi.* **-rated, -rating** บอกเล่า (เรื่องราว) เป็นคำพูดหรือการเขียน, บรรยาย, เล่าเหตุการณ์ **-narrator, narrater** *n.* (**-S.** describe, report, tell)

narration (แนเร' ชัน) *n.* การบอกเล่าเรื่องราวเป็นคำพูดหรืองานเขียน, การบรรยายเรื่องราว, การเล่าเหตุการณ์, เรื่องราว, เหตุการณ์, เรื่องเล่า

narrative (แน' ระทิฟว) *n.* เรื่องราว, เรื่องเล่า, การเล่าเรื่อง, การบรรยาย (**-S.** story, tale)

★**narrow** (แน' โร) *adj.* **-rower, -rowest** คับแคบ, จำกัด, ใจแคบ, มีความคิดแคบ, หวุดหวิด, เกือบไม่สำเร็จ, เพียงเล็กน้อย, ถี่ถ้วน, ละเอียด *-vt., vi.* **-rowed, -rowing** ทำให้แคบหรือแคบเข้า, หรี่ (ตา), จำกัด, ลดลง *-n.* ส่วนที่แคบ, ช่องแคบ, ทางแคบ **-narrows** คอคอด, ช่องแคบในทะเล **-narrowly** *adv.* **-narrowness** *n.* (**-S.** (adj.) close, limited (v.) limit)

narrow-minded (แน' โรไมน' ดิด) *adj.* ใจแคบ, ดันทุรัง, มีอคติ (**-S.** biased)

narwhal, narwal, narwhale (นาร์' เวิล, -ฮเวล, -เวล) *n.* สัตว์ชนิดหนึ่งคล้ายวาฬ ตัวผู้มีกระดูกเป็นเกลียวยาวยื่นมาจากขากรรไกร

nary (แน' รี) *adj.* ไม่มี, ไม่มีเลย (**-S.** no)

NASA ย่อจาก National Aeronautics and Space Administration องค์การบริหารการบินและอวกาศของสหรัฐอเมริกา

nasal (เน' เซิล) *adj.* เกี่ยวกับจมูก, ในจมูก, (การออกเสียง) ที่ผ่านออกทางจมูก, คล้ายเสียงที่ออกทางจมูก *-n.* เสียงที่ออกทางจมูก, พยัญชนะหรือสระที่ออกเสียงผ่านทางจมูก **-nasality** *n.*

nasalize (เน' ซะไลซ) *vt., vi.* **-ized, -izing** พูดเสียงออกทางจมูก, ออกเสียงผ่านทางจมูก

nascent (แนซ' เซินท, เน'-) *adj.* ที่กำลังก่อตัว, ที่กำลังเกิดขึ้น, ที่เริ่มขึ้น **-nascency** *n.*

★**nasty** (แนส' ตี) *adj.* **-tier, -tiest** สกปรกมาก, น่ารังเกียจ, หยาบคาย, ลามก, (วาจา) สามหาว, ร้ายกาจ, เลวร้าย, ฉุนเฉียว, ขุ่นเคือง, (บาดแผล) ฉกรรจ์, อันตราย, (รส) ขื่น, (กลิ่น) ฉุน *-n., pl.* **-ties** คนที่ร้ายกาจ, สิ่งที่มีกลิ่นฉุน **-nastily** *adv.* **-nastiness** *n.* (**-S.** (adj.) bad, filthy)

natal (เนท' เทิล) *adj.* เกี่ยวกับการเกิด

natality (เนแทล' ลิที, นะ-) *n., pl.* **-ties** อัตราการเกิด

natatorium (เนทะทอ' เริม, แนท-) *n., pl.* **-riums/-ria** สระว่ายน้ำในร่ม

★**nation** (เน' ชัน) *n.* ประเทศ, ชาติ, ดินแดนของประเทศ, รัฐบาลของชาติ, ประชาชนในชาติ, ชนเผ่าพื้นเมือง, สหพันธ์ **-nationhood** *n.*

★**national** (แนช' ชะเนิล, แนช' เนิล) *adj.* ของชาติ, แห่งชาติ, ประจำชาติ, ที่คุ้มครองโดยรัฐบาลของชาติ, ทั่วประเทศ **-nationally** *adv.*

national anthem เพลงชาติ

national bank ธนาคารแห่งชาติ

national income รายได้ประชาชาติ

★**nationalism** (แนช' ชะนะลิซเซิม, แนช' นะ-) *n.* ลัทธิชาตินิยม, ความรักชาติ, ความต้องการทำนุบำรุงเอกราชของชาติ, ความรู้สึกชาตินิยม

nationalist (แนช' ชะนะลิซท, แนช' นะ-) *n.* ผู้ที่นิยมลัทธิชาตินิยม, ผู้รักชาติ *-adj.* เกี่ยวกับชาตินิยม, เกี่ยวกับความรักชาติ

★**nationality** (แนชชะแนล' ลิที, แนชแนล'-) *n., pl.* **-ties** สัญชาติ, ความเป็นชาติ, ชาติภาษา, ลักษณะประจำชาติ

nationalize (แนช' ชะนะไลซ, แนช' นะ-) *vt.* **-ized, -izing** ทำให้เป็นของชาติ, จัดการให้อยู่ภายใต้การควบคุมของรัฐบาล, ทำให้เป็นของสาธารณะ **-nationalization** *n.*

national park อุทยานแห่งชาติ

nationwide (เนชั่นไวด') *adv., adj.* ทั่วประเทศ, ทั้งประเทศ

★**native** (เน' ทิฟว) *adj.* โดยกำเนิด, แต่กำเนิด, โดยสันดาน, เป็นธรรมชาติ (ของคน), เป็นถิ่นกำเนิด, เป็นที่เกิด, ของพื้นเมือง, ของท้องถิ่น, ที่เกิดขึ้นตามธรรมชาติ, บริสุทธิ์, ไม่มีสารอื่นเจือปน, เกี่ยวกับชาวพื้นเมือง *-n.* คนท้องถิ่น, คนพื้นเมือง, พืชหรือสัตว์พื้นเมือง, ที่อยู่อาศัยถาวร **-natively** *adv.* (**-S.** (adj.) local, natural)

native-born (เน' ทิฟว์บอร์น') *adj.* ที่เกิดในพื้นเมือง

nativity (นะทิฟ' วิที, เน-) *n., pl.* **-ties** การเกิด, การกำเนิด, สถานที่เกิด, เวลาที่เกิด, เหตุการณ์ขณะที่เกิด **-Nativity** การประสูติของพระเยซู

NATO ย่อจาก North Atlantic Treaty Organization องค์การสนธิสัญญาแอตแลนติกเหนือ

natty (แนท' ที) *adj.* **-tier, -tiest** เรียบร้อย, โก้, เก๋, ดูดี, กระฉับกระเฉง **-nattily** *adv.*

★**natural** (แนช' เชอเริล, แนช' เริล) *adj.* โดยธรรมชาติ, เหมือนธรรมชาติ, เป็นไปตามธรรมชาติ, มีมาแต่กำเนิด, โดยสันดาน, โดย

กำเนิด, เป็นธรรมดา, ไม่มีมารยา, เหมือนจริง *-n.* ผู้ที่เหมาะสมสำหรับบางสิ่ง, ผู้ที่มีความชำนาญในงานบางอย่าง, คนโง่ **-naturally** *adv.* **-naturalness** *n.* (**-S.** (adj.) inborn, ordinary)

natural food อาหารธรรมชาติที่ไม่มีการใส่สารกันบูด สารแต่งกลิ่นหรือสารปรุงรสใดๆ

natural gas ก๊าซธรรมชาติจำพวกมีเทน

natural history วิชาที่ศึกษาเกี่ยวกับสิ่งมีชีวิตต่างๆ และวัตถุที่เกิดขึ้นตามธรรมชาติ

naturalism (แนช' เชอระลิซเซิม, แนช' ระ-) *n.* การกระทำหรือความคิดที่มาจากความต้องการตามธรรมชาติหรือสัญชาตญาณ

naturalist (แนช' เชอระลิซท์, แนช' ระ-) *n.* ผู้ศึกษาเกี่ยวกับธรรมชาติโดยเฉพาะพืชและสัตว์

naturalize (แนช' เชอระไลซ์, แนช' ระ-) *v.* **-ized, -izing** *-vt.* ให้สิทธิ์เป็นพลเมือง, ให้สัญชาติ, เปลี่ยนให้ใช้ได้, ทำให้เป็นธรรมชาติ *-vi.* แปลงสัญชาติ, ศึกษาเกี่ยวกับธรรมชาติ, ปรับตัวเข้ากับธรรมชาติ **-naturalization** *n.*

natural resource ทรัพยากรธรรมชาติ

natural science วิทยาศาสตร์อย่างชีววิทยา เคมี ฟิสิกส์ ที่ศึกษาเกี่ยวกับธรรมชาติ

★**nature** (เน' เชอร์) *n.* ธรรมชาติ, ชนิด, ประเภท, ลักษณะ, นิสัย, สันดาน, ปัจจัยสำคัญ, ความต้องการตามธรรมชาติของคนหรือสัตว์, ความธรรมดา, ความไม่มีมารยา, ผลรวมของทุกๆ สิ่งในจักรวาล, กฎของธรรมชาติ **-by nature** โดยธรรมชาติ, โดยสันดาน

naturopathic medicine การแพทย์ธรรมชาติบำบัด

naught, nought (นอท) *n.* ศูนย์, เลข 0 *-pron.* ไม่มี (ค่า เหตุผล) เลย *-adj.* ไม่มีค่า, ไม่มีประโยชน์ (**-S.** (n., pron., adj.) nothing)

★**naughty** (นอ' ทิ) *adj.* **-tier, -tiest** ชั่วร้าย เลวทราม, ไม่เชื่อฟัง, ซุกซน, ไม่เหมาะสม, หยาบคาย, หยาบโลน (**-S.** disobedient)

nausea (นอ' เซีย, -ฌะ, -เซีย, -ชะ) *n.* คลื่นไส้, ความรู้สึกสะอิดสะเอียน, ความรังเกียจ

nauseate (นอ' ซีเอท, -ฌี-, -ซี, -ชี-) *vi., vt.* **-ated, -ating** คลื่นเหียน, คลื่นไส้, ขยะแขยง, สะอิดสะเอียน, รังเกียจ **-nauseous** *adj.*

nautical (นอ' ทิเคิล) *adj.* เกี่ยวกับเรือ ลูกเรือ หรือการเดินเรือ **-nautically** *adv.* (**-S.** marine)

nautical mile หน่วยไมล์ทะเลเท่ากับ 6,076 ฟุต (1,852 เมตร)

nautilus (นอท' เทิลเลิซ) *n., pl.* **-luses/-li** หอยทะเลในเขตร้อนชนิดหนึ่ง ข้างในเปลือกแบ่งเป็นช่องๆ และวนเป็นเกลียวเหมือนกังหัน

naval (เน' เวิล) *adj.* เกี่ยวกับทหารเรือ, เกี่ยวกับเรือรบ, (การยุทธ์) ทางเรือ, ในทางนาวี

nave (เนฟว์) *n.* ส่วนตรงกลางของโบสถ์ที่อยู่ระหว่างที่นั่งสองข้าง

navel (เน' เวิล) *n.* สะดือ, จุดกลาง, ส่วนกลาง

navigable (แนฟ' วิกะเบิล) *n.* ลึกหรือกว้างพอที่จะเดินเรือได้, ที่สามารถบังคับได้, สามารถเลี้ยวได้, สามารถนำวิถีหรือนำร่องได้

navigate (แนฟ' วิเกท) *vt., vi.* **-gated, -gating** กำหนดและควบคุมเส้นทาง (การเดินเรือหรือเครื่องบิน), เดินเรือ, แล่นเรือ, ขับเครื่องบิน, นำร่อง, นำวิถี **-navigation** *n.* (**-S.** direct, guide, steer, voyage)

navigator (แนฟ' วิเกเทอร์) *n.* ผู้ควบคุมเส้นทางการเดินเรือหรือเดินอากาศ, นักสำรวจ

navvy (แนฟ' วี) *n., pl.* **-vies** คนงานขุดถนนหรือขุดคลอง (**-S.** laborer, worker)

★**navy** (เน' วี) *n., pl.* **-vies** กองทัพเรือ, นาวี, สีกรมท่า **-Navy** ราชนาวี (**-S.** convoy, fleet)

navy blue สีน้ำเงินอมเทาเข้ม, สีคราม, สีกรมท่า

navy yard อู่ทหารเรือ

nay (เน) *adv.* ไม่, ไม่เพียงแต่, ยิ่งกว่านั้น *-n.* การปฏิเสธ, การลงคะแนนเสียงคัดค้าน, ผู้ที่ลงคะแนนเสียงคัดค้าน, คำตอบปฏิเสธ **-say someone nay** ห้าม, ปฏิเสธ

Neanderthal (นีแอน' เดอร์ธอล, เนอาน' เดอร์ทาล) *n.* มนุษย์โบราณนีแอนเดอร์ธัล

neap (นีพ) *adj.* เกี่ยวกับกระแสน้ำขึ้นลง *-n.* น้ำขึ้นน้ำลง

★**near** (เนียร์) *adv.* **nearer, nearest** ใกล้, ในเวลาอันใกล้, ใกล้เข้ามา, เกือบจะ, แทบ, ปาง, ฉิวเฉียด, ใกล้ชิด, สนิท, ตระหนี่ *-adj.* **nearer, nearest** ใกล้เคียง, ใกล้มาก, สูสีกัน, สนิทสนม, ใกล้ชิด, เกี่ยวดองกัน, หวุดหวิด, จวนเจียน, เกือบจะ, ด้านใกล้, (ระยะทาง) ที่สั้นและตรงที่สุด, ไม่ไกล, ใกล้ที่สุด, แคบ, ขี้เหนียว, ตระหนี่, คล้ายกัน *-prep* แถวๆ, ใกล้ *-v.* **neared, nearing** *-vt.* เข้ามาใกล้ *-vi.* ใกล้เข้ามา **-near at hand** ใกล้จะมาถึง **-nearness** *n.*

★**nearby** (เนียร์' ไบ') *adj.* ใกล้ๆ กัน, ถัดไป, ติดๆ กัน *-adv.* ไม่ไกลจากนี้, แถวๆ นี้

★**nearly** (เนียร์' ลี) *adv.* เกือบ, จวน, ใกล้ๆ, อย่างใกล้ชิด, โดยตระหนี่, โดยถี่ถ้วน (**-S.** almost)

nearsighted (เนียร์' ไซทิด) *adj.* สายตาสั้น

★**neat** (นีท) *adj.* **neater, neatest** เรียบร้อย, เป็นระเบียบ, เกลี้ยงเกลา, หมดจด, เหมาะเจาะ,

ล้วนๆ, ไม่เจือปน, ไม่เติมน้ำ, (การกระทำ คำพูด) เฉลียวฉลาด, คล่องแคล่ว, (คำสแลง) เลิศ วิเศษ มหัศจรรย์ ประณีต น่าพอใจ **-neatly** *adv.* **-neatness** *n.* (**-S.** adroit, pure, smart)

neath, 'neath (นีธ) *prep.* ภายใต้, ข้างใต้

nebbish (เนบ' บิช) *n.* คนขี้อาย, คนทึ่ม

nebula (เนบ' บยะละ) *n., pl.* **-lae** (-ลี)/**-las** กลุ่มก๊าซหรือฝุ่นผงในอวกาศ **-nebular** *adj.*

nebulous (เนบ' บยะเลิซ) *adj.* ไม่ชัดเจน, สลัว, คลุมเครือ, เกี่ยวกับกลุ่มก๊าซ, คล้ายกลุ่มก๊าซ, คล้ายเมฆ **-nebulously** *adv.*

★**necessary** (เนซ' ซิเซรี) *adj.* จำเป็น, สำคัญ, ไม่สามารถหลีกเลี่ยงได้, ไม่มีทางอื่น, แน่แท้ *-n., pl.* **-saries** สิ่งจำเป็น, ของจำเป็น **-necessarily** *adv.* (**-S.** (adj.) essential, required)

necessitate (นะเซซ' ซิเทท) *vt.* **-tated, -tating** ทำให้หลีกเลี่ยงไม่ได้, บังคับ, ก่อให้เกิดความจำเป็น, ฝืนใจ (**-S.** compel, force)

★**necessity** (นะเซซ' ซิที) *n., pl.* **-ties** สิ่งจำเป็น, ของจำเป็น, ความจำเป็น, สิ่งที่หลีกเลี่ยงไม่ได้, ความขัดสน, ความยากจน **-of necessity** ด้วยความจำเป็น (**-S.** inevitability, poverty)

★**neck** (เนค) *n.* คอ, ส่วนคอ, ช่วงคอ, คอคอด, คอขวด *-vi.* **necked, necking** (ภาษาพูด) จูบกอด, ฆ่า (ไก่) โดยการบิดคอ **-neck and neck** (การแข่งขัน) ที่สูสีกัน (**-S.** (n.) cervix, throat)

neckerchief (เนค' เคอร์ชิฟ, -ชีฟ) *n.* ผ้าพันคอ, ผ้าผืนใหญ่สำหรับพันคอ

★**necklace** (เนค' ลิซ) *n.* สร้อยคอ, เครื่องประดับสำหรับสวมคอ

neckline (เนค' ไลน์) *n.* คอเสื้อ

neckpiece (เนค' พีซ) *n.* ผ้าพันคอที่เป็นผ้าขนสัตว์

★**necktie** (เนค' ไท) *n.* เนกไท

neckwear (เนค' แวร์) *n.* สิ่งที่ใช้สวมรอบคอ เช่น เนกไท

necktie

necromancy (เนค' คระแมนซี) *n.* การทรงเจ้าเข้าผี, มนตร์ดำ, เวทมนตร์คาถา, ความอาถรรพ์ **-necromancer** *n.* (**-S.** sorcery, wizardry)

necropolis (นะครอพ' พะลิซ, เน-) *n., pl.* **-lises/-leis** (-เลซ) ป่าช้า

necropsy, necroscopy (เนค' ครอพซี, -ครอซ' คะพี) *n.* การชันสูตรศพ

nectar (เนค' เทอร์) *n.* น้ำหวานในดอกไม้, เครื่องดื่มรสอร่อย, น้ำทิพย์

nectarine (เนคทะรีน') *n.* ผลไม้จำพวกลูกพีช

née, nee (เน) *adj.* เกิด, โดยกำเนิด ใช้เป็นตัวบอกนามสกุลเดิมของผู้หญิงที่แต่งงานแล้ว

★**need** (นีด) *n.* ความจำเป็น, ความต้องการ, สิ่งจำเป็น, ของที่ต้องการ, ความยากลำบาก, ความขาดแคลน, ความขัดสน, เวลาที่คับขัน *-vt., vi.* **needed, needing** จำเป็นต้อง, มีความจำเป็น, ต้องการ **-needful** *adj.* (**-S.** (n., v.) demand)

neediness (นีด' ดีนิซ) *n.* ความยากจน, ความขัดสน, ความต้องการ (**-S.** indigence, poverty)

★**needle** (นีด' เดิล) *n.* เข็มเย็บผ้า, เข็มถักโครเชท์, ไม้ถักนิตติง, เข็มจานเสียง, เข็มชี้ในเครื่องวัดหรือเข็มทิศ, เข็มฉีดยา, เข็มเย็บในการผ่าตัด *-v.* **-dled, -dling** *-vt.* เย็บหรือเจาะด้วยเข็ม, (ภาษาพูด) ยุแหย่ กระตุ้น ยั่ว *-vi.* เย็บ, ตกผลึกเป็นรูปเข็ม (**-S.** (n.) hypodermic syringe)

needlepoint (นีด' เดิลพอยน์ท์) *n.* การเย็บปักถักร้อย, ลูกไม้ถัก (**-S.** embroidery)

needless (นีด' ลิซ) *adj.* ไม่จำเป็น, ไม่เป็นที่ต้องการ **-needlessly** *adv.* (**-S.** unnecessary)

needlework (นีด' เดิลเวิร์ค) *n.* งานเย็บปักถักร้อย **-needleworker** *n.* (**-S.** sewing)

needn't (นีด' เดินท์) ย่อจาก need not

needs (นีดซ์) *adv.* ด้วยความจำเป็น, จำเป็นต้อง (**-S.** compulsorily, necessarily)

needy (นี' ดี) *adj.* **needier, neediest** ยากจนมาก, ขัดสน, ขาดแคลน (**-S.** impoverished, poor)

ne'er (แนร์) *adv.* ย่อจาก never ไม่เคย

ne'er-do-well (แนร์' ดูเวล) *n.* คนขี้เกียจ

nefarious (นะแฟ' เรียซ) *adj.* ชั่วร้าย, เลวทราม, ร้ายกาจ **-nefariously** *adv.*

negate (นิเกท') *vt.* **-gated, -gating** ลบล้าง, ทำให้เป็นโมฆะ, ปฏิเสธ, ไม่ยอมรับ, คัดค้าน **-negation** *n.* (**-S.** deny, nullify)

★**negative** (เนก' กะทิฟว์) *adj.* ปฏิเสธ, ไม่ยอมรับ, เป็นการคัดค้าน, ไม่, เป็นไปในทางลบ, ในทางไม่ดี, (ผลตรวจ) เป็นลบ, ไม่มีเชื้อโรค, ติดลบ, เกี่ยวกับเครื่องหมายลบ, เกี่ยวกับขั้วลบ, มีประจุลบ *-n.* คำปฏิเสธ, คำคัดค้าน, สิ่งที่เป็นผลลบ, ข้อลบ, คำหรือวลีที่ใช้แสดงการปฏิเสธ, ฝ่ายค้าน (ในการอภิปราย), รูปภาพที่กลับสีดำเป็นขาว, เลขลบ, จำนวนติดลบ, ขั้วลบ *-vt.* **-tived, -tiving** ปฏิเสธ, คัดค้าน, ยับยั้ง, ไม่อนุมัติ, โต้แย้ง, ลบล้าง, แก้, ทำให้เป็นกลาง *-adv.* ไม่ *-interj.* ไม่!, ไม่ใช่เช่นนั้น! **-in the negative** ในทางปฏิเสธ, ในทางไม่ยอมรับ **-negatively** *adv.* (**-S.** (adj.) contradictory,

opposing (n.) denial, refusal)
neglect (นิเกลคท์) *vt.* **-glected, -glecting** เพิกเฉย, ละเลย, ไม่ใส่ใจ, ทอดทิ้ง, ลืม *-n.* การเพิกเฉย, การละเลย, การไม่ใส่ใจ, สภาพที่ขาดความเอาใจใส่ (**-S.** (v.) disregard, ignore)
neglectful (นิเกลคท' เฟิล) *adj.* ไม่เอาใจใส่, เฉื่อยชา, ประมาท, เลินเล่อ (**-S.** heedless)
negligee, negligée, negligé (เนกลิเฌ', เนก'-) *n.* เสื้อคลุมหลวมๆ ของผู้หญิง, ชุดแต่งกายอยู่กับบ้าน (**-S.** dressing-gown)
negligence (เนก' ลิเจินซ์) *n.* ความประมาท, ความไม่เอาใจใส่, ความละเลย
negligent (เนก' ลิเจินท์) *adj.* ไม่เอาใจใส่, ไม่มีความรับผิดชอบ, เหลวไหล **-negligently** *adv.*
negligible (เนก' ลิจะเบิล) *adj.* ขี้ปะติ๋ว, ไม่สำคัญ (จำนวน) เล็กน้อย (**-S.** trifling)
★**negotiate** (นิโก' ชีเอท) *vt., vi.* **-ated, -ating** เจรจา, ต่อรอง, ซื้อขาย, เปลี่ยนเจ้าของ, แลกเป็นเงิน, จัดการ, ทำได้สำเร็จ, รับมือ **-negotiation** *n.* **-negotiator** *n.* (**-S.** bargain)
Negro (นี' โกร) *n., pl.* **-groes** คนผิวดำ
neigh (เน) *n.* เสียงม้าร้อง *-vi.* **neighed, neighing** ทำเสียงร้องอย่างม้า (**-S.** whinny)
★**neighbor, neighbour** (เน' เบอรฺ) *n.* ประเทศใกล้เคียง, เพื่อนบ้าน, คนหรือสิ่งที่อยู่ถัดไป, เพื่อนมนุษย์ *-vt., vi.* **-bored, -boring** อยู่ติดกัน, อยู่ถัดไป *-adj.* ใกล้เคียง
★**neighborhood** (เน' เบอรฺฮุด) *n.* ความสัมพันธ์ฉันมิตร, ความเป็นเพื่อนบ้าน, บริเวณ, ทำเล, ย่าน, ละแวกบ้าน, ชุมชน, ผู้คนที่อาศัยในชุมชน, บริเวณใกล้เคียง, บริเวณข้างเคียง **-in the neighborhood of** (ภาษาพูด) ใกล้, ใกล้ชิด, ประมาณ, ราวๆ (**-S.** community)
neighboring (เน' เบอริง) *adj.* ใกล้เคียง, ถัดไป, ในบริเวณเดียวกัน (**-S.** adjacent, nearby)
neighborly (เน' เบอรฺลี) *adj.* มีความเป็นมิตร, โอบอ้อมอารี **-neighborliness** *n.* (**-S.** friendly)
★**neither** (นี' เธอรฺ, ไน'-) *adj., pron.* ไม่ใช่ทั้งสอง, ไม่ใช่อย่างใดอย่างหนึ่ง *-conj.* ไม่ใช่อย่างใดอย่างหนึ่ง, และไม่ *-adv.* (ภาษาพูด) ด้วย
nemesis (เนม' มิซิซ) *n., pl.* **-ses** (-ซีซ) ต้นตอของความอันตรายหรือหายนะ
neo- คำอุปสรรค หมายถึง ใหม่, เร็วๆ นี้
Neolithic (นีอะลิธ' ธิค) *adj.* เกี่ยวกับยุคหินใหม่ เมื่อ 10,000 ปีก่อนคริสต์ศักราช ซึ่งมนุษย์มีการพัฒนาเกษตรกรรมและขัดเกลาเครื่องมือหิน
neologism (นีออล' ละจิซเซิม) *n.*คำที่ตั้งขึ้นใหม่, ความหมายใหม่ของคำที่มีอยู่ **-neologist** *n.*
neon (นี' ออน) *n.* ก๊าซนีออน เป็นก๊าซเฉื่อยชนิดหนึ่ง ไร้สี มีสัญลักษณ์ Ne
neonate (นี' อะเนท) *n.* เด็กทารกที่เกิดใหม่
neo-Nazi (นีโอนาท' ซี, -แนท'-) *n.* กลุ่มสมาชิกนาซีใหม่ **-neo-Nazism** *n.*
neophyte (นี' อะไฟท) *n.* ผู้เริ่มต้น, ผู้เริ่มหัด, มือสมัครเล่น, ผู้ที่ไม่เคยชิน (**-S.** beginner)
★**nephew** (เนฟ' ฟยู) *n.* หลานชาย
nephritis (นะไฟร' ทิซ) *n.* โรคไตอักเสบ
nephron (เนฟ' ฟรอน) *n.* หน่วยไต มีหน้าที่กรองของเสียออกจากเลือด
nepotism (เนพ' พะทิซเซิม) *n.* การเลือกที่รักมักที่ชัง, ความลำเอียง, การเห็นแก่ญาติมิตร
Neptune (เนพ' ทูน, -ทยูน์) *n.* เทพเจ้าแห่งท้องทะเล, ดาวเนปจูน
nerd, nurd (เนิร์ด) *n.* (คำสแลง) คนโง่ คนทึ่ม
★**nerve** (เนิร์ฟว์) *n.* เส้นประสาท, โพรงประสาทฟัน, การควบคุมอารมณ์, ความกล้า, กำลัง, ความแข็งแรง, ความกระฉับกระเฉง, ความหยาบคาย, ความทะลึ่ง, เส้นใบ, เส้นกลางใบ *-vt.* **nerved, nerving** ทำให้กล้า, เพิ่มความกล้า **-get on (someone's) nerves** (ภาษาพูด) กวนประสาท ยั่วโมโห **-nerves** ความหงุดหงิด, โรคประสาท, ประสาทอ่อน (**-S.** (n.) courage)
nerve cell เซลล์ประสาท
nerve center ศูนย์กลางประสาท, ขุมกำลัง, ศูนย์บัญชาการ
nerve fiber เส้นใยประสาท
nerve impulse สัญญาณประสาท
nerveless (เนิร์ฟว' ลิซ) *adj.* ไม่มีแรง, ไม่มีความกล้า, อ่อนแอ, เฉื่อยชา, ไม่ตื่นเต้น, สงบ
nerve-racking, nerve-wracking (เนิร์ฟว' แรคคิง) *adj.* พยายามอดทนหรือสงบใจ
★**nervous** (เนอร์' เวิซ) *adj.* เกี่ยวกับระบบประสาท, เป็นผลร้ายต่อประสาท, ขวัญอ่อน, เป็นประสาท, หงุดหงิด, สะดุ้งตกใจ, กังวลใจ, กระวนกระวาย, ตื่นเต้น, แข็งแรง, กระฉับกระเฉง **-nervously** *adv.* **-nervousness** *n.*
nervy (เนอร์' วี) *adj.* **nervier, nerviest** แข็งแรง, กระฉับกระเฉง, กระวนกระวาย, หงุดหงิด, ตื่นเต้น, ขวัญอ่อน, กล้าหาญ, ทะลึ่ง, หยาบคาย
nescient (เนช' เชินท์) *adj.* ไม่มีความรู้, โง่, ไม่รู้, ไม่นับถือพระเจ้า **-nescience** *n.*
-ness คำปัจจัย หมายถึง ความ
★**nest** (เนซท์) *n.* รัง, ที่พักอาศัย, ที่ซ่องสุมคนหรือสิ่งของ, สิ่งที่อยู่ด้วยกันเป็นชุด, สิ่งที่ทำ

ขนาดเรียงกันเป็นเถา *-vt., vi.* **nested, nesting** อยู่ในรัง, สร้างรัง, ทำซ้อนกัน (**-S.** (n., v.) den)

nest egg เงินที่เก็บหรือสะสมไว้ใช้ในอนาคต

nestle (เนซ' เซิล) *vt., vi.* **-tled, -tling** ทำรังอย่างสบาย, พักอาศัยอยู่อย่างสบาย, เบียด, อิงแอบ, ล้อมรอบอย่างอบอุ่น, ตั้งอยู่ในตำแหน่งที่กำบัง **-nestler** *n.* (**-S.** huddle, snuggle)

nestling (เนซท์' ลิง, เนซ'-) *n.* ลูกนกที่ยังไม่พร้อมจะออกจากรัง, เด็กเล็กๆ (**-S.** chick)

★**net**[1] (เนท) *n.* ผ้าตาข่าย, แห, สวิง, มุ้ง, ตาข่ายคลุมผม, ตาข่ายกั้นกลางสนามเทนนิสหรือวอลเลย์บอล, ตาข่ายที่ทำเป็นประตูในฟุตบอลหรือฮอกกี้ *-vt.* **netted, netting** จับด้วยแหหรือสวิง, คลุมหรือล้อมด้วยตาข่าย, ตี (ลูกเทนนิส) ไปถูกตาข่าย (**-S.** (n., v.) mesh, snare)

★**net**[2] (เนท) *adj.* (น้ำหนัก) สุทธิ, ที่สุด, สุดท้าย *-n.* จำนวนสุทธิ, น้ำหนักสุทธิ, รายได้สุทธิ, กำไรสุทธิ *-vt.* **netted, netting** ได้กำไรสุทธิ

nether (เนธ' เธอร์) *adj.* ภายใต้, ต่ำกว่า, ข้างใต้

nethermost (เนธ' เธอร์โมซท์) *adj.* ต่ำที่สุด, ใต้สุด, ล่างสุด (**-S.** lowest)

netting (เนท' ทิง) *n.* การทำตาข่าย, การจับปลาด้วยแห, อุปกรณ์ที่ใช้ทำตาข่าย เช่น ลวด เชือกหรือด้าย, ผ้าตาข่าย (**-S.** net)

nettle (เนท' เทิล) *n.* พืชชนิดหนึ่งที่ตามลำต้นและใบจะมีขนคัน เช่น ตำแย *-vt.* **-tled, -tling** ทำให้ระคายเคือง, ทำให้รำคาญ

★**network** (เนท' เวิร์ค) *n.* ตาข่าย, ร่างแห, สิ่งที่คล้ายกับร่างแห, ตะแกรง, ระบบหรือรูปแบบที่มีส่วนต่างๆ ประสานหรือเชื่อมต่อกัน, เครือข่าย,กลุ่มสถานีวิทยุและโทรทัศน์ที่มีการถ่ายทอดร่วมกัน, บริษัทที่ผลิตรายการร่วมให้กับสถานีวิทยุและโทรทัศน์, กลุ่มอุปกรณ์ไฟฟ้าที่เชื่อมต่อวงจรต่างๆ เข้าด้วยกัน, ระบบคอมพิวเตอร์ที่เชื่อมโยงกับสายเคเบิลหรือสายโทรศัพท์เพื่อแลกเปลี่ยนข้อมูลกัน, ระบบเครือข่ายคอมพิวเตอร์, การทำตาข่ายหรือผ้าตาข่าย *-v.* **-worked, -working** *-vi.* แลกเปลี่ยนข้อมูลด้วยระบบเครือข่ายต่างๆ *-vt.* เชื่อมโยง (คอมพิวเตอร์) เข้าด้วยกันเป็นเครือข่าย, กระจายไปทุกเครือข่าย (**-S.** (n.) grid, system, web)

network computer คอมพิวเตอร์ส่วนตัวราคาถูก สำหรับเชื่อมต่อกับระบบอินเตอร์เน็ตแต่ไม่มีช่องใส่แผ่นดิสก์

neural (นุ' เริล, นยู'-) *adj.* เกี่ยวกับประสาทหรือระบบประสาท,เกี่ยวกับด้านหลังของร่างกาย

neuralgia (นุแรล' จะ, นยุ-) *n.* โรคปวดประสาท **-neuralgic** *adj.*

neuritis (นุไร' ทิซ, นิว-) *n.* โรคเส้นประสาทอักเสบ **-neuritic** *adj.*

neurology (นุรอล' ละจี, นยุ-) *n.* การศึกษาเกี่ยวกับระบบประสาทและโรคที่เกิดกับระบบประสาท, ประสาทวิทยา **-neurologist** *n.*

neuron, neurone (นุ' รอน; นยุ'-, -โรน) *n.* เซลล์ประสาท

neuron, neurone

neurosis (นุโร' ซิซ, นยุ-) *n., pl.* **-ses** (-ซีซ) ความผิดปกติทางจิตและอารมณ์ที่มีอาการกังวลหรือกลัวโดยไม่มีเหตุผล (**-S.** phobia)

neurotic (นุรอท' ทิค, นยุ-) *adj.* เกี่ยวกับโรคประสาท, ที่เจ็บปวดจากโรคประสาท, (*ภาษาพูด*) วิตกกังวลมากเกินไป *-n.* ผู้ที่เจ็บป่วยจากโรคประสาท, คนเป็นโรคประสาท

neuter (นุ' เทอร์, นยู'-) *adj.* เป็นกลาง, ไม่มีอวัยวะสืบพันธุ์, มีอวัยวะสืบพันธุ์ที่ไม่สมบูรณ์, เกี่ยวกับคำนามที่ไม่มีเพศ เช่น it, ไร้เพศ *-n.* คำนามที่ไม่มีเพศ, สัตว์หรือพืชที่ไม่มีอวัยวะสืบพันธุ์, สัตว์ที่ถูกตอน, คนหรือกลุ่มที่เป็นกลาง *-vt.* **-tered, -tering** ตอนสัตว์, ทำหมันสัตว์ (**-S.** (adj.) asexual, unsexed)

neutral (นุ' เทริล, นยู'-) *adj.* เป็นกลาง, ไม่ฝักใฝ่ฝ่ายใด, วางตัวเป็นกลาง, ไร้เพศ, ไม่โดดเด่น, (สี) ไม่แจ๊ด, ไม่เป็นกรดหรือด่าง, มีประจุบวกสมดุลกับประจุลบ *-n.* ประเทศหรือบุคคลที่วางตัวเป็นกลาง, ประชาชนของประเทศที่เป็นกลาง, สีที่เป็นกลางอย่างสีดำ เทา ขาว, ตำแหน่งเกียร์ว่าง **-neutrally** *adv.*

neutrality (นูแทรล' ลิที, นยู-) *n.* สถานะเป็นกลาง, ความเป็นกลาง, นโยบายเป็นกลาง

neutralize (นู' ทระไลซ์, นยู'-) *vt.* **-ized, -izing** ทำให้เป็นกลาง, ทำให้ไม่เกิดผล, ถอนพิษ, ลบล้าง, ประกาศตัวเป็นกลาง, ทำให้ไม่เป็นกรดหรือด่าง, ทำให้เป็นกลางทางไฟฟ้า

neutron (นู' ทรอน, นยู'-) *n.* นิวตรอนเป็นอนุภาคที่มีประจุเป็นกลางทางไฟฟ้า

★**never** (เนฟ' เวอร์) *adv.* ไม่เคย, ไม่มีทาง, ไม่เป็นอันขาด, ไม่เลย

nevermore (เนฟเวอร์มอร์', -โมร์') *adv.* ไม่อีกแล้ว, ไม่อีกเลย

★**nevertheless** (เนฟเวอรฺธะเลซ') *adv.* อย่างไรก็ตาม, แต่ว่า, แม้กระนั้น, แต่ยังคง

★**new** (นู, นยู) *adj.* **newer, newest** ใหม่, สด, แปลก, เป็นครั้งแรก, เมื่อเร็วๆ นี้, เพิ่งค้นพบ,

ต่างออกไป, ไม่คุ้นเคย, ไม่เคยชิน, ไม่มีประสบการณ์, เพิ่มเติม, ต่อไป, นำสมัย *-adv.* เมื่อเร็วๆ นี้, อย่างใหม่ *-n.* สิ่งใหม่ๆ, แบบใหม่ **-newness** *n.* (-S. (adj.) fresh, modern)

newborn (นู' บอร์น, นยู'-) *adj.* เพิ่งเกิด *-n., pl.* **-born/-borns** ทารกหรือลูกสัตว์ที่เพิ่งเกิด

newcomer (นู' คัมเมอร์, นยู'-) *n.* สิ่งที่มาใหม่, การเพิ่งมาถึง (-S. arrival, beginner)

newfangled (นู' แฟง' เกิลด์, นยู'-) *adj.* ใหม่, ซึ่งชอบของใหม่, แปลก (-S. new, novel)

newish (นู' อิช, นยู'-) *adj.* ค่อนข้างใหม่

newly (นู' ลี, นยู'-) *adv.* เมื่อเร็วๆ นี้, ใหม่, อีกครั้ง, ในวิธีหรือแบบใหม่ๆ (-S. anew, recently)

newlywed (นู' ลีเวด, นยู'-) *n.* คนที่เพิ่งแต่งงาน

★**news** (นูซ, นยูซ) *n. pl.* ข่าว, การรายงานข่าว, ข้อมูลใหม่, ความรู้ใหม่ (-S. report)

newsboy (นูซ' บอย, นยูซ'-) *n.* เด็กที่ขายและส่งหนังสือพิมพ์

newscast (นูซ' แคซท์, นยูซ'-) *n.* การกระจายข่าวทางวิทยุหรือโทรทัศน์

newsletter (นูซ' เลทเทอร์, นยูซ'-) *n.* หนังสือหรือจดหมายแจ้งข่าวขององค์กรให้กับสมาชิก

newsman (นูซ' แมน, นยูซ'-) *n., pl.* **-men** ผู้รวบรวมหรือเขียนข่าว, คนทำหนังสือพิมพ์

newsmonger (นูซ' มังเกอร์, -มอง-, นยูซ'-) *n.* คนที่ชอบกระจายข่าว, คนซุบซิบนินทา

★**newspaper** (นูซ' เพเพอร์, นยูซ'-) *n.* หนังสือพิมพ์ (-S. journal, paper)

newspaperman (นูซ' เพเพอร์แมน, นยูซ'-) *n., pl.* **-men** ผู้เป็นเจ้าของหรือพิมพ์หนังสือพิมพ์, ผู้สื่อข่าว, ผู้เขียนข่าว, บรรณาธิการข่าว

newsprint (นูซ' พรินท์, นยูซ'-) *n.* กระดาษราคาถูกสำหรับพิมพ์หนังสือพิมพ์

newsreel (นูซ' รีล, นยูซ'-) *n.* ภาพยนตร์ข่าว

newsstand (นูซ' สแตนด์, นยูซ'-) *n.* ร้านเล็กๆ หรือแผงลอยขายหนังสือพิมพ์และนิตยสาร

newton (นู' เทิน, นยู'-) *n.* หน่วยของแรงที่มีค่าเท่ากับกิโลกรัมเมตรต่อวินาที

new wave คลื่นลูกใหม่, ชนรุ่นใหม่

New Year วันแรกหรือวันแรกๆ ของปีใหม่

New Year's Day วันที่ 1 มกราคม

★**next** (เนคซท์) *adj.* ต่อไป, ถัดไป, ติดกัน, หน้า *-adv.* คราวหน้า, ถัดไป, ต่อไป *-prep.* ข้าง, ใกล้กับ *-n.* สิ่งที่อยู่ถัดไป **-next to** ข้าง, อยู่ติดกับ, เกือบจะ, ต่อไป (-S. (adj.) following)

next-door (เนคซท์' ดอร์, -โดร์) *adj.* ถัดไป, (ห้อง) อยู่ติดกัน, ที่บ้านถัดไป

next of kin ญาติที่ใกล้ชิดที่สุด

NGO ย่อจาก non-government organization เอ็นจีโอ, องค์กรนอกภาครัฐ, องค์กรพัฒนาเอกชน

niacin (ไน' อะซิน) *n.* วิตามินบีชนิดหนึ่ง

nib (นิบ) *n.* ปลายปากกา, ปลายแหลม, ยอดแหลม, จะงอยปากนก (-S. beak, point)

nibble (นิบ' เบิล) *vt., vi.* **-bled, -bling** แทะ, ตอด, เล็ม *-n.* การแทะ, การตอด, การเล็ม, ชิ้นเล็กชิ้นน้อย, คำเล็กๆ (-S. (v., n.) bite (v.) eat)

★**nice** (ไนซ์) *adj.* **nicer, nicest** ดี, น่าพอใจ, สวยงาม, น่ารัก, ละเอียด, ประณีต, พิถีพิถัน, ระมัดระวัง, (ความรู้สึก) ไว, อ่อนโยน, เอื้อเฟื้อ, กรุณา, แน่นอน, แม่นยำ, โง่, ขี้อาย, เขิน *-adv.* ดี, น่าพอใจ, มีเสน่ห์ **-nice and** (ภาษาพูด) ดีทีเดียว **-nicely** *adv.* (-S. (adj.) attractive)

nicety (ไน' ซิที) *n., pl.* **-ties** ความละเอียดลออ, ความพิถีพิถัน, ความแน่นอน, ความแม่นยำ, รายละเอียดเล็กๆ น้อยๆ, สิ่งที่งดงามหรือดีที่สุด

niche (นิช, นีช) *n.* ช่องหรือเวิ้งในกำแพงสำหรับวางรูปปั้นหรือแท่นบูชา, ซอก, ร่อง

nick (นิค) *n.* รอยบาก, รอยแหว่ง, รอยบิ่น *-vt.* **nicked, nicking** บาก, ตัด, ทำให้เป็นรอยแหว่ง, ทำบิ่น, ขีดทำรอย, บาด (นิ้ว) **-in the nick of time** มาในช่วงเวลาวิกฤติ, มาทันเวลาพอดี

nickel (นิค' เคิล) *n.* ธาตุนิกเกิลเป็นธาตุโลหะแข็งสีเงิน ใช้ทำโลหะผสม มีสัญลักษณ์ Ni

nicknack (นิค' แนค) *n.* ดู knickknack

nickname (นิค' เนม) *n.* ชื่อเล่น, ชื่อล้อ, ฉายา

nicotine (นิค' คะทีน) *n.* สารอินทรีย์เป็นพิษที่พบในยาสูบ **-nicotinic** *adj.*

★**niece** (นีซ) *n.* หลานสาว

nifty (นิฟ' ที) *adj.* **-tier, -tiest** (คำสแลง) ชั้นหนึ่ง ยอดเยี่ยม สวย ฉลาด เก๋

niggard (นิก' เกิร์ด) *n.* คนขี้เหนียว, คนขี้ตืด *-adj.* ขี้เหนียว, ขี้ตืด, ตระหนี่ **-niggardly** *adj.*

nigger (นิก' เกอร์) *n.* (คำสแลง) นิโกร

nigh (ไน) *adv.* **nigher, nighest** เกือบจะ, ใกล้เวลา, ชิด (ทาง), สนิท *-adj.* **nigher, nighest** ใกล้, ใกล้ชิด, ที่อยู่ชิดขอบถนน *-prep.* ใกล้ *-vi., vt.* **nighed, nighing** เข้ามาใกล้, ดึงเข้ามา

★**night** (ไนท์) *n.* กลางคืน, เวลานอน, ความมืด, เวลาแห่งความเศร้า *-adj.* เกี่ยวกับเวลากลางคืน, สำหรับใช้ในเวลากลางคืน **-nightly** *adj.*

night blindness โรคตาบอดตอนกลางคืน

nightcap (ไนท์' แคพ) *n.* เหล้าที่ดื่มก่อนนอน

nightclub (ไนท์' คลับ) *n.* สถานบันเทิงที่เปิด

A B C D E F G H I J K L M N O P Q R S T U V W X Y Z

ในตอนกลางคืน, ไนต์คลับ

nightfall (ไนท' ฟอล) *n.* เวลามืดค่ำ

nightgown (ไนท' เกาน) *n.* ชุดกระโปรงยาวหลวมๆ ที่ผู้หญิงและเด็กสวมนอน

nightingale (ไน' เทินเกล, ไน' ทิง-) *n.* นกไนติงเกล

night-light (ไนท' ไลท) *n.* ไฟดวงเล็กๆ ที่เปิดไว้ตลอดคืน

nightlong (ไนท' ลอง) *adj., adv.* ตลอดคืน

nightmare (ไนท' แมร) *n.* ฝันร้าย, ประสบการณ์ที่น่ากลัวหรือสยองขวัญ, ปีศาจหรือวิญญาณชั่วร้ายที่เชื่อว่าคอยหลอกหลอนผู้คนในเวลานอนหลับ **-nightmarish** *adj.*

night safari ไนต์ซาฟารี การเที่ยวชมชีวิตสัตว์ในตอนกลางคืน

night school โรงเรียนศึกษาภาคค่ำ

night watch การเฝ้ายามในตอนกลางคืน

★**nil** (นิล) *n.* ศูนย์, ความไม่มีอะไรเลย (**-S.** zero)

nimble (นิม' เบิล) *adj.* **-bler, -blest** ว่องไว, คล่องแคล่ว, หลักแหลม, หัวไว **-nimbly** *adv.*

nimbus (นิม' เบิซ) *n., pl.* **-bi** (-ไบ)/**-buses** รัศมีหรือรังสีรอบเศียรพระ, เมฆฝน (**-S.** halo)

nincompoop (นิน' เคิมพูพ, นิง'-) *n.* คนโง่

★**nine** (ไนน) *n.* เก้า, เลขเก้า, อันดับเก้า, กลุ่มคนที่มีเก้าคน, สิ่งที่มีจำนวนเก้า **-nine** *adj., pron.*

ninefold (ไนน์โฟลด') *adj.* เก้าทบ, เก้าเท่า

★**nineteen** (ไนน์ทีน') *n.* สิบเก้า, เลขสิบเก้า, อันดับสิบเก้า **-nineteen** *adj., pron.*

nineteenth (ไนน์ทีนธ') *n.* ที่สิบเก้า, หนึ่งส่วนสิบเก้า (1/19) **-nineteenth** *adj., adv.*

ninetieth (ไนน' ทีอิธ) *n.* ที่เก้าสิบ, หนึ่งส่วนเก้าสิบ (1/90) **-ninetieth** *adj., adv.*

★**ninety** (ไนน' ที) *n., pl.* **-ties** เก้าสิบ, เลขเก้าสิบ **-Nineties** จำนวนระหว่าง 90-99, ยุคปี 90 เช่น ปี ค.ศ. 1990-99 **-ninety** *adj., pron.*

ninny (นิน' นี) *n., pl.* **-nies** คนเซ่อ, คนโง่

ninth (ไนน์ธ) *n.* ที่เก้า, หนึ่งส่วนเก้า (1/9) **-ninth** *adj., adv.* **-ninthly** *adv.*

nip[1] (นิพ) *v.* **nipped, nipping** *-vt.* หยิก, หนีบ, กัด, ตอด, แทะ, เล็ม, เด็ด, เสียดแทง, ถากถาง, หนาวเย็นจนแสบ, ทำให้ชะงักการเจริญเติบโต, (คำสแลง) ฉวย ขโมย *-vi.* เผ่น, โผ, รีบเดิน *-n.* การหนีบ, การหยิก, การกัด, การเหน็บแนม, การตอด, ชิ้นเล็กชิ้นน้อย, ความเสียว, ความเสียดแทง, ความหนาวเหน็บ

nip[2] (นิพ) *n.* (ภาษาพูด) เหล้าจิบหนึ่ง *-vt., vi.* **nipped, nipping** จิบเหล้า (**-S.** sip)

nipper (นิพ' เพอร) *n.* อุปกรณ์ที่ใช้หนีบ เช่น คีมหนีบก้ามปูหรือกุ้ง (**-S.** pincers, pliers)

nipple (นิพ' เพิล) *n.* หัวนม, หัวนมยาง, ปลายกระบอกฉีด, นมหนู (**-S.** teat)

nippy (นิพ' พี) *adj.* **-pier, -piest** ว่องไว, เย็นเฉียบ, หนาวเหน็บ, (รสชาติ) เผ็ดร้อน, แสบ

nirvana (เนียร์วา' นะ, เนอร์-) *n.* การหลุดพ้นจากวัฏสงสาร, นิพพาน, สภาวะที่มีความสุขสงบ

nit (นิท) *n.* ไข่เห็บ, ไข่เหา **-nitty** *adj.*

niter, nitre (ไน' เทอร) *n.* โพแทสเซียมไนเตรต, โซเดียมไนเตรต

nitrate (ไน' เทรท, -ทริท) *n.* เกลือหรือเอสเทอร์ของกรดไนตริก, ปุ๋ยไนเตรต

nitric (ไน' ทริค) *adj.* ประกอบด้วยไนโตรเจน

nitric acid กรดไนตริก เป็นของเหลวใสไร้สีถึงสีเหลืองอ่อน มีฤทธิ์กัดกร่อน ใช้ทำสีย้อม

★**nitrogen** (ไน' ทระเจิน) *n.* ก๊าซไนโตรเจน เป็นก๊าซไร้สีไร้กลิ่น มีสัญลักษณ์ N

nitroglycerin, nitroglycerine (ไนโทรกลิซ' เซอริน, -ทระ-) *n.* ของเหลวสีเหลืองอ่อนใช้ในการทำวัตถุระเบิด

nitwit (นิท' วิท) *n.* คนโง่, คนทึ่ม (**-S.** idiot)

★**no** (โน) *adv.* ไม่, ไม่เลย, ไม่มี, มิได้, ไม่ใช่ *-n., pl.* **noes/nos** คำปฏิเสธ, การปฏิเสธ, การออกเสียงคัดค้าน, ผู้ลงคะแนนเสียงคัดค้าน *-adj.* ไม่มี, ไม่เลย, เปล่า (**-S.** (adv., n.) nay (adv.) not)

no. ย่อจาก number จำนวน, ตัวเลข

Nobel Prize รางวัลโนเบลสำหรับบุคคลผู้ทำประโยชน์ให้แก่เพื่อนมนุษย์หรือมีผลงานยอดเยี่ยมในสาขาต่างๆ

nobility (โนบิล' ลิที) *n., pl.* **-ties** ชนชั้นสูง, พวกผู้ดี, ตำแหน่งขุนนาง, ความมีศีลธรรมสูง

noble (โน' เบิล) *adj.* **-bler, -blest** ชั้นสูง, มีฐานะสูง, สูงศักดิ์, มีตระกูล, มีคุณธรรมหรือศีลธรรมสูง, ประเสริฐ, สง่างาม, (ก๊าซ) เฉื่อย *-n.* พวกขุนนางชั้นสูง, ชนชั้นสูง, เหรียญทองของอังกฤษ (**-S.** (adj.) grand (n.) peer)

nobleman (โน' เบิลเมิน) *n., pl.* **-men** ขุนนาง, ชนชั้นสูง, ผู้สูงศักดิ์

★**nobody** (โน' บอดดี, -บะ-, -บัด-) *pron.* ไม่มีใคร *-n., pl.* **-bodies** บุคคลที่ไม่มีความสำคัญหรือไม่มีอิทธิพล

nock (นอค) *n.* ร่องบนคันธนูสำหรับผูกสายธนู

nocturnal (นอคเทอร' เนิล) *adj.* ที่เกิดขึ้นตอนกลางคืน, ที่ออกหากินในตอนกลางคืน, ที่ทำงานในตอนกลางคืน, ที่บานในตอนกลางคืน

★**nod** (นอด) *vt., vi.* **nodded, nodding** พยัก

หน้า, ผงกศีรษะ, โงก, สัปหงก, ห้อย, โยก, แกว่ง -*n.* การก้มศีรษะ, การผงกศีรษะ (-S. (v.) bend)
noddle (นอด' เดิล) *n.* ศีรษะ
node (โนด) *n.* ปม, ปุ่ม, ส่วนที่โป่งหรือบวม, ข้อ, ตา, ตุ่ม, จุดที่มีค่าเป็นศูนย์บนคลื่นนิ่ง, บัพ, จุดที่วงโคจรของดาวเคราะห์ตัดกับวงโคจรของดวงอาทิตย์ (-S. knob, swelling)
nodule (นอจ' จูล) *n.* ตุ่มเล็กๆ, ปมตามรากถั่ว, ตา, (หิน) ก้อนเล็กๆ (-S. lump)
no-fly (โน' ไฟล) *adj.* ซึ่งเป็นเขตที่ห้ามบินทางทหาร
noggin (นอก' กิน) *n.* ถ้วยหรือเหยือกเล็กๆ, ของเหลวปริมาณ ¼ ไพนต์, (คำสแลง) ศีรษะ
nohow (โน' เฮา) *adv.* ไม่มีทาง, ไม่เลย
★**noise** (นอยซ) *n.* เสียง, เสียงดัง, เสียงอึกทึก, เสียงรบกวน, เสียงตะโกน, (ภาษาพูด) เรื่องซุบซิบนินทา ข่าวลือ -*v.* **noised, noising** -*vt.* กระจายข่าวลือ, ปล่อยข่าว -*vi.* พูดมาก, ทำเสียงดัง **-noiseless** *adj.* (-S. (n., v.) clamor)
noisome (นอย' เซิม) *adj.* เหม็น, ฉุน, สกปรก, เป็นอันตราย, เป็นภัย **-noisomely** *adv.*
★**noisy** (นอย' ซี) *adj.* **noisier, noisiest** อึกทึก, ดัง, หนวกหู **-noisily** *adv.* **-noisiness** *n.*
nomad (โน' แมด) *n.* พวกเร่ร่อน, คนที่ท่องเที่ยวไปไม่อยู่กับที่ -*adj.* ซึ่งท่องเที่ยวไป, เร่ร่อน
no man's land ที่ดินที่ไม่มีใครเป็นเจ้าของ
nom de plume (นอมดะพลูม') *n., pl.* **noms de plume** นามปากกา, นามแฝง (-S. pen name)
nomenclature (โน' เมินเคลเชอร์, -เมน' คละ-) *n.* ระบบการตั้งชื่อทางวิทยาศาสตร์
nominal (นอม' มะเนิล) *adj.* เป็นแต่ในนาม, พอเป็นพิธี, เกี่ยวกับชื่อ, ซึ่งทำหน้าที่เป็นคำนาม
nominate (นอม' มะเนท) *vt.* **-nated, -nating** เสนอชื่อสำหรับเลือกตั้ง, แต่งตั้ง **-nomination** *n.* **-nominator** *n.* (-S. appoint)
nominative (นอม' มะเนทิฟว์) *adj.* โดยวิธีแต่งตั้ง, ซึ่งได้รับการเสนอชื่อ
nominee (นอมมะนี') *n.* ผู้ถูกเสนอชื่อ, ผู้ได้รับการแต่งตั้งหรือเลือกตั้ง
non- คำอุปสรรค หมายถึง ไม่
nonage (นอน' นิจ, โน'-) *n.* ช่วงที่ยังไม่บรรลุนิติภาวะ, ช่วงที่เป็นผู้เยาว์
nonagenarian (นอนนะจะแน' เรียน) *adj.* 90 ปี, ระหว่างอายุ 90-100 ปี -*n.* ผู้มีอายุดังกล่าว
nonagon (นอน' นะกอน, โน'-) *n.* รูปเก้าเหลี่ยมด้านเท่า
nonalcoholic (นอนแอลคะฮอ' ลิค, -ฮอล'-) *adj.* (เครื่องดื่ม) ไม่มีแอลกอฮอล์
nonaligned (นอนนะไลน์ด') *adj.* ไม่ฝักใฝ่ฝ่ายใด, เป็นกลาง **-nonalignment** *n.*
nonce (นอนซ์) *n.* ขณะปัจจุบัน, ชั่วขณะนั้น
nonce word คำที่คิดขึ้นได้ในขณะนั้น
nonchalant (นอนชะลานท์') *adj.* เฉยเมย, เย็นชา, ไม่สนใจ **-nonchalantly** *adv.*
noncombatant (นอนเคิมแบท' เทินท์, -คอม' บะ-) *n.* ข้าราชการในกองทัพซึ่งทำหน้าที่เป็นแพทย์หรืออาจารย์, พลเรือนในช่วงสงคราม
noncommissioned officer นายทหารชั้นประทวน
noncommittal (นอนคะมิท' เทิล) *adj.* (คำตอบ) ซึ่งไม่ผูกมัดตัวเอง (-S. cautious)
noncompliance (นอนเคิมไพล' เอินซ์) *n.* การไม่ปฏิบัติตามคำสั่ง, การไม่ยินยอมทำตาม
nonconductor (นอนเคินดัค' เทอร์) *n.* สารที่ไม่เป็นตัวนำไฟฟ้า ความร้อนหรือเสียง
nonconformist (นอนเคินฟอร์' มิซท์) *n.* พวกนอกรีตนอกรอย, คนที่ประพฤติตัวแตกต่างจากวิถีของสังคม **-nonconformity** *n.*
noncooperation (นอนโคออพพะเร' ชัน) *n.* การไม่ทำงานร่วมกัน, การไม่ร่วมมือกัน
nondescript (นอนดิสกริพท์') *adj.* ซึ่งไม่สามารถจัดให้อยู่ในประเภทใด -*n.* คนหรือสิ่งที่ไม่สามารถจัดให้อยู่ในพวกใดได้
★**none** (นัน) *pron.* ไม่มี, ไม่มีใคร, ไม่ใช่ -*adv.* ไม่เลย, ไม่มีทาง (-S. (pron., adv.) nothing)
nonentity (นอนเอน' ทิที) *n., pl.* **-ties** คนหรือสิ่งที่ไม่สำคัญ, สิ่งที่ไม่มีตัวตน
nonessential (นอนนิเซน' เชิล) *adj.* ไม่สำคัญ, ไม่จำเป็น -*n.* คนหรือสิ่งที่ไม่สำคัญ
nonetheless (นันธะเลซ') *adv.* แต่กระนั้น, ถึงอย่างไรก็ตาม (-S. nevertheless)
non-government organization เอ็นจีโอ, องค์การนอกภาครัฐ, องค์กรพัฒนาเอกชน
nonintervention (นอนอินเทอร์เวน' ชัน) *n.* การไม่เข้าแทรกแซงทางการเมือง
nonmetal (นอนเมท' เทิล) *n.* ธาตุแท้ที่ไม่ใช่โลหะ **-nonmetallic** *adj.*
nonpareil (นอนพะเรล') *adj.* ไม่มีอะไรทัดเทียม -*n.* คนหรือสิ่งที่ไม่มีอะไรเทียบได้
nonplus (นอนพลัซ') *vt.* **-plused, -plusing/-plussed, -plussing** ทำให้งงงวย
★**nonsense** (นอน' เซนซ์, -เซินซ์) *n.* คำพูดเหลวไหล, สิ่งที่ไม่สำคัญ, เรื่องที่เหลวไหล -*adj.* เหลวไหล, ไร้สาระ **-nonsensical** *adj.* (-S. (n.)

absurdity, rubbish (adj.) stupid

nonstop (นอน' สตอพ') *adj.* ไม่แวะหยุดที่ใด

noodle (นูด' เดิล) *n.* อาหารที่เป็นเส้นยาวๆ, ก๋วยเตี๋ยว, เส้นบะหมี่, (คำสแลง) คนโง่

nook (นุค) *n.* มุม, ซอก, ที่ซ่อนเร้น, ที่ที่ห่างไกล

★**noon** (นูน) *n.* เที่ยงวัน, กลางวัน, จุดสูงสุด

noonday (นูน' เด) *n.* เวลาเที่ยงวัน

★**no one** ไม่มีใคร (**-S.** nobody)

noontide (นูน' ไทด์) *n.* เที่ยงวัน

noose (นูซ) *n.* บ่วง, ห่วง, กับดัก, โซ่คล้องคอ *-vt.* **noosed, noosing** ทำบ่วง, ทำห่วง, ดัก

★**nor** (นอร์, เนอร์) *conj.* และไม่, หรือไม่, ไม่ใช่อย่างใดอย่างหนึ่ง มักใช้คู่กับ neither

norm (นอร์ม) *n.* มาตรฐาน, แบบแผน, บรรทัดฐาน, ค่าเฉลี่ย (**-S.** average, standard)

★**normal** (นอร์' เมิล) *adj.* ปกติ, ธรรมดา, เป็นมาตรฐาน, ตามธรรมชาติ *-n.* สิ่งที่เป็นมาตรฐาน, สิ่งที่เป็นปกติ, ภาวะปกติ **-normally** *adv.* **-normalcy, normality** *n.* (**-S.** (adj.) accepted)

normalize (นอร์' มะไลซ์) *vt.* **-ized, -izing** ทำให้เป็นปกติ, ทำให้เข้าสู่ภาวะปกติ **-normalization** *n.* (**-S.** legalize, regularize)

★**north** (นอร์ธ) *n.* ทิศเหนือ, บริเวณตอนเหนือ, ส่วนเหนือ, ภาคเหนือ *-adj.* ที่หันไปทางทิศเหนือ, ซึ่งอยู่ทางทิศเหนือ, จากทางเหนือ

northeast (นอร์ธอีซท์') *n.* ทิศตะวันออกเฉียงเหนือ, บริเวณทิศตะวันออกเฉียงเหนือ, ภาคตะวันออกเฉียงเหนือ *-adj.* หันไปทางทิศตะวันออกเฉียงเหนือ, อยู่ทางทิศตะวันออกเฉียงเหนือ, มาจากทิศตะวันออกเฉียงเหนือ

northeaster (นอร์ธอี' สเตอร์, นอร์อี'-) *n.* ลมมรสุมที่พัดมาจากทิศตะวันออกเฉียงเหนือ

northeasterly (นอร์ธอี' สเตอร์ลี, นอร์อี'-) *adj., adv.* ซึ่งหันไปทางทิศตะวันออกเฉียงเหนือ, ซึ่งอยู่ทางทิศตะวันออกเฉียงเหนือ

northeastward (นอร์ธอีซท์' เวิร์ด, นอร์-) *adv., adj.* ซึ่งไปทางทิศตะวันออกเฉียงเหนือ *-n.* บริเวณทิศตะวันออกเฉียงเหนือ, ทิศตะวันออกเฉียงเหนือ **-northeastwards** *adv.*

norther (นอร์' เธอร์) *n.* ลมหนาวที่พัดมาจากทางทิศเหนือ

northerly (นอร์' เธอร์ลี) *adj., adv.* ซึ่งตั้งอยู่หรือหันหน้าไปทางทิศเหนือ, ซึ่งมาจากทิศเหนือ *-n., pl.* **-lies** ลมหรือพายุที่พัดมาจากทิศเหนือ

★**northern** (นอร์' เธิร์น) *adj.* ซึ่งตั้งอยู่ทางทิศเหนือ, ซึ่งหันหน้าไปทางทิศเหนือ, ซึ่งมาจากทิศเหนือ **-northernness** *n.*

northernmost (นอร์' เธิร์นโมซท์) *adj.* เหนือสุด

North pole ขั้วโลกเหนือ

North Star ดาวเหนือ

northward (นอร์ธ' เวิร์ด) *adv., adj.* ซึ่งไปทางทิศเหนือ *-n.* ทิศเหนือ **-northwards** *adv.*

northwest (นอร์ธเวซท์') *n.* ทิศตะวันตกเฉียงเหนือ, บริเวณทิศตะวันตกเฉียงเหนือ *-adj.* เกี่ยวกับทิศตะวันตกเฉียงเหนือ, ตรงไปทางทิศตะวันตกเฉียงเหนือ, ซึ่งมาจากทิศตะวันตกเฉียงเหนือ *-adv.* ซึ่งไปทางทิศตะวันตกเฉียงเหนือ

northwester (นอร์ธเวส' เตอร์, นอร์-) *n.* ลมมรสุมที่พัดมาจากทิศตะวันตกเฉียงเหนือ

northwesterly (นอร์ธเวส' เตอร์ลี, นอร์-) *adj.* ซึ่งตั้งอยู่ทางทิศตะวันตกเฉียงเหนือ, ซึ่งหันหน้าไปทางทิศตะวันตกเฉียงเหนือ, ซึ่งมาจากทิศตะวันตกเฉียงเหนือ **-northwesterly** *adv.*

★**nose** (โนซ) *n.* จมูก, ความสามารถในการดมกลิ่น, หัวจรวด, หัวเครื่องบิน, (คำสแลง) สายลับ *-v.* **nosed, nosing** *-vt.* ดมกลิ่น, ดุนหรือถูด้วยจมูก, บ่ายหน้า, บ่ายหัว *-vi.* ดมกลิ่น, สอดแนม, สอดรู้สอดเห็น (**-S.** (n.) front, snout)

nosebleed (โนซ' บลีด) *n.* เลือดกำเดาไหล

nosedive (โนซ' ไดฟว์) *n.* การจิกหัวลงของเครื่องบิน, การดิ่งลงอย่างรวดเร็ว

nosegay (โนซ' เก) *n.* ดอกไม้ช่อเล็กๆ

nostalgia (นอสแตล' จะ, นะ-) *n.* โรคคิดถึงบ้าน **-nostalgic** *adj.* **-nostalgically** *adv.*

nostril (นอส' เตริล) *n.* รูจมูก, ช่องจมูก

nostrum (นอส' เตริม) *n.* ยากลางบ้าน, ยาเถื่อน

nosy, nosey (โน' ซี) *adj.* **nosier, nosiest** (ภาษาพูด) สอดรู้สอดเห็น (**-S.** snoopy)

★**not** (นอท) *adv.* ไม่มีทาง, ไม่

notable (โน' ทะเบิล) *adj.* น่าสังเกต, น่าจดจำ, เด่น, สะดุดตา, มีชื่อเสียง *-n.* บุคคลที่มีชื่อเสียง, คนที่เด่นสะดุดตา **-notably** *adv.*

notation (โนเท' ชัน) *n.* เครื่องหมาย, สัญลักษณ์

notch (นอช) *n.* รอยบาก, รอยตัด, ช่องแคบระหว่างภูเขา, ร่อง *-vt.* **notched, notching** ตัดเป็นร่อง, บาก, ทำเครื่องหมาย **-notcher** *n.*

★**note** (โนท) *n.* บันทึกย่อ, จดหมายหรือข้อความสั้นๆ,

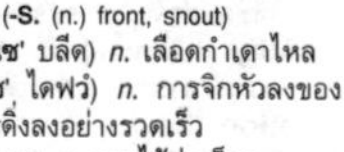
note

หมายเหตุ, ธนบัตร, เครื่องหมายทางดนตรี, ทำนองเพลง, เสียงดนตรี, ความสำคัญ, ความมีชื่อเสียง, การสังเกตจดจำ, เสียงร้องของนก

หรือสัตว์อื่น *-vt.* **noted, noting** สังเกต, จดจำ, ทำบันทึกย่อ, เขียนหมายเหตุ, แสดงถึง **-noter** *n.* (**-S.** (n.) memo (n., v.) footnote, notice)
notebook (โนท' บุค) *n.* สมุดบันทึก
noted (โน' ทิด) *adj.* มีชื่อเสียง, เป็นที่รู้จัก **-notedly** *adv.* (**-S.** distinguished, famous)
note of hand หนังสือสัญญาการใช้เงิน
note paper กระดาษสำหรับจดบันทึก
noteworthy (โนท' เวอร์ธี) *adj.* **-thier, -thiest** น่าสังเกต, น่าจดจำ, โดดเด่น, สำคัญ
not-for-profit (ธุรกิจ) ที่ไม่หวังผลกำไร
★**nothing** (นัธ' ธิง) *pron.* ไม่มีอะไร, ไม่มีส่วนใด, ไม่สำคัญ *-n.* สิ่งที่ไม่มีคุณค่า, ศูนย์, คนหรือสิ่งที่ไม่สำคัญ, ความว่างเปล่า *-adv.* ไม่เลย *-adj.* ไม่สำคัญ, ไม่มีค่า (**-S.** (n., adj.) zero)
nothingness (นัธ' ธิงนิซ) *n.* ความว่างเปล่า
★**notice** (โน' ทิซ) *n.* การสังเกต, การเอาใจใส่, ใบประกาศ, คำเตือน, การเตือน, คำวิจารณ์บทละคร *-vt.* **-ticed, -ticing** วิจารณ์, สังเกต, ให้ความเอาใจใส่, แจ้ง, ประกาศ (**-S.** (n.) poster)
★**noticeable** (โน' ทิซะเบิล) *adj.* น่าสังเกต, เห็นได้ชัด, สำคัญ, น่าจดจำ **-noticeably** *adv.*
notify (โน' ทะไฟ) *vt.* **-fied, -fying** แจ้งให้ทราบ, ประกาศ, บอก, เตือน **-notification** *n.*
notion (โน' ชัน) *n.* ความเห็น, ความนึกคิด, ความคิดชั่วขณะ (**-S.** idea, whim)
notorious (โนทอ' เรียซ, -โท'-) *adj.* มีชื่อเสียงหรือเป็นที่รู้จักในทางที่ไม่ดี, ดังกระฉ่อน **-notoriously** *adv.* (**-S.** infamous, scandalous)
notwithstanding (นอทวิธสแตน' ดิง, -วิธ-) *prep.* ทั้งๆ ที่, ถึงแม้ว่า *-adv.* อย่างไรก็ตาม, แม้กระนั้น, แต่ยังคง (**-S.** (adv.) nevertheless)
nougat (นู' เกิท) *n.* ขนมตังเม
nought (นอท) *n., pron., adj.* ดู naught
★**noun** (เนานฺ) *n.* คำนาม **-nounal** *adj.*
nourish (เนอ' ริช) *vt.* **-ished, -ishing** หล่อเลี้ยง, บำรุงเลี้ยง, สนับสนุน, บำรุงรักษา, ถนอม, เลี้ยงดู **-nourishment** *n.* (**-S.** support)
Nov. ย่อจาก November เดือนพฤศจิกายน
nova (โน' วะ) *n., pl.* **-vae** (-วี)/**-vas** ดาวที่สุกสว่างขึ้นมาเป็นครั้งคราว
novel (นอฟ' เวิล) *n.* นวนิยาย *-adj.* แตกต่าง, แปลกใหม่ (**-S.** (n.) fiction (adj.) different)
novelette (นอฟวะเลท') *n.* นิยายเรื่องสั้น
novelist (นอฟ' วะลิซทฺ) *n.* นักเขียนนวนิยาย
novelty (นอฟ' เวิลที) *n., pl.* **-ties** ความใหม่, สิ่งแปลกและใหม่, สินค้าที่ใหม่และแปลก
★**November** (โนเวม' เบอรฺ) เดือนพฤศจิกายน
novice (นอฟ' วิซ) *n.* ผู้เริ่มหัดหรือเริ่มต้นทำสิ่งใดๆ, ผู้ที่อยู่ในช่วงฝึกหัดเป็นพระ, มือใหม่
★**now** (เนา) *adv.* ขณะนี้, เดี๋ยวนี้, บัดนี้, ในปัจจุบันนี้ *-conj.* ตั้งแต่นั้นมา *-n.* เวลาปัจจุบัน *-adj.* ปัจจุบัน **-now and again, now and then** บางครั้งบางคราว
nowadays (เนา' อะเดซฺ) *adv.* ในปัจจุบันนี้
★**noway, noways** (โน' เว, -เวซฺ) *adv.* (ภาษาพูด) ไม่มีทาง ไม่เลย ไม่มีวัน
★**nowhere** (โน' แวรฺ, -ฮแวรฺ) *adv.* ไม่มีอยู่ที่ใด, ไม่มีสถานที่ใด *-n.* สถานที่ที่ไม่รู้จัก
nowise (โน' ไวซฺ) *adv.* ไม่มีทาง, ไม่เลย
noxious (นอค' เชิซ) *adj.* เป็นอันตราย, เป็นพิษเป็นภัย, ร้ายกาจ **-noxiously** *adv.*
nozzle (นอซ' เซิล) *n.* หัวฉีด, ปลายท่อ, หัวก๊อก, พวยกา, (คำสแลง) จมูก (**-S.** spout)
nt.wt. ย่อจาก net weight น้ำหนักสุทธิ
nuance (นู' อานซฺ, นยู'-) *n.* ความแตกต่างเล็กๆ น้อยๆ ในเรื่องสี ความหมาย อารมณ์ ฯลฯ
nub (นับ) *n.* ก้อน, ตุ่ม, ปุ่ม, ใจความ, แก่น
nubile (นู' บิล, -ไบลฺ, นยู'-) *adj.* (ถึงวัย) แต่งงานได้, มีสามีได้ **-nubility** *n.*
★**nuclear** (นู' เคลียรฺ, นยู'-) *adj.* เกี่ยวกับการสร้างนิวเคลียส, ซึ่งใช้หรือได้มาจากพลังงานนิวเคลียร์, มีหรือใช้อาวุธนิวเคลียร์
nuclear bomb ระเบิดปรมาณู
nuclear physics วิชาที่ศึกษาเกี่ยวกับโครงสร้างและปฏิกิริยาของนิวเคลียสของอะตอม
nuclear waste กากนิวเคลียร์
nucleic acid กรดนิวคลีอิก เป็นสารประกอบอินทรีย์ที่สำคัญ พบในเซลล์ของสิ่งมีชีวิตและในการสร้าง DNA และ RNA
nucleus (นู' เคลียซ, นยู'-) *n., pl.* **-clei** (-คลีไอ)/**-cleuses** แก่น, ใจกลาง, ไส้, นิวเคลียสภายในเซลล์ของสิ่งมีชีวิต, ส่วนกลางของอะตอมประกอบด้วยโปรตอนและนิวตรอน (**-S.** center)
nude (นูด, นยูดฺ) *adj.* **nuder, nudest** เปลือยกาย, ล่อนจ้อน *-n.* รูปเปลือย, การเปลือยกาย **-nudism** *n.* **-nudist** *n., adj.* **-nudity** *n.*
nudge (นัจ) *vt.* **nudged, nudging** ถองหรือสะกิดด้วยศอก *-n.* การถอง, การสะกิด
nugget (นัก' กิท) *n.* ก้อนทองคำหรือโลหะมีค่าอื่นๆ, ของเล็กน้อยแต่มีค่า (**-S.** lump)
★**nuisance** (นู' เซินซฺ, นยู'-) *n.* ความรำคาญ, คนหรือสิ่งรบกวน (**-S.** bother, inconvenience)
nuke (นูค, นยูคฺ) *n.* (คำสแลง) อาวุธนิวเคลียร์,

เครื่องผลิตไฟฟ้าที่ใช้พลังงานนิวเคลียร์

null (นัล) *adj.* เป็นโมฆะ, ไม่มีผลทางกฎหมาย, เป็นศูนย์, ไม่มีค่า, ไม่สำคัญ *-vt.* **nulled, nulling** ทำให้เป็นโมฆะ *-n.* ศูนย์, ความไม่มีอะไรเลย **-null and void** ไม่มีผลทางกฎหมาย, เป็นโมฆะ (**-S.** (adj.) insignificant, invalid)

nullify (นัล' ละไฟ) *vt.* **-fied, -fying** ทำให้เป็นโมฆะ, ทำให้ไม่มีผลบังคับ, ลบล้าง, ทำให้ไร้ค่า **-nullification** *n.* (**-S.** invalidate)

nullity (นัล' ลิที) *n., pl.* **-ties** การเป็นโมฆะ

numb (นัม) *adj.* **number, numbest** ชา, มึนงง, ไม่มีความรู้สึก *-vt., vi.* **numbed, numbing** ทำให้ชาหรือหมดความรู้สึก **-numbness** *n.*

★**number** (นัม' เบอร์) *n.* จำนวน, ตัวเลข, เลขที่, หมายเลข, ผลรวม, จำนวนทั้งหมด, ปริมาณที่ไม่ตายตัว, พจน์ในไวยากรณ์ *-v.* **-bered, -bering** *-vt.* กำหนดตัวเลข, นับ, สรุป, รวมยอด, ติดอยู่ในกลุ่ม, จำกัดจำนวน, ระบุ *-vi.* นับ, รวมอยู่ในกลุ่ม **-numbers** เรขาคณิต, จำนวนมาก, (หนังสือ) ฉบับ **-without number** มากจนนับไม่ถ้วน **-numberer** *n.*

numberless (นัม' เบอร์ลิซ) *adj.* นับไม่ถ้วน

numerable (นู' เมอระเบิล, นยู'-) *adj.* ซึ่งสามารถนับได้ (**-S.** countable)

numeral (นู' เมอเริล, นยู'-) *n.* ตัวเลข *-adj.* เกี่ยวกับตัวเลข

numerate (นู' มะเรท, นยู'-) *vt.* **-ated, -ating** นับ, ระบุ **-numeracy** *n.* (**-S.** enumerate)

numerator (นู' มะเรเทอร์, นยู'-) *n.* ตัวเศษในเศษส่วน, ผู้นับ

numerical, numeric (นูเมอ' ริเคิล; นยู'-, -เม' ริค) *adj.* ที่แสดงหรือวัดเป็นตัวเลข, เกี่ยวกับตัวเลขหรือหมายเลข **-numerically** *adv.*

numerous (นู' เมอเริซ, นยู'-) *adj.* มากมาย, นานา, หลายอย่าง (**-S.** many, plentiful)

numskull, numbskull (นัม' สกัล) *n.* คนโง่

nun (นัน) *n.* แม่ชี, นางชี (**-S.** abbess, sister)

nuncio (นัน' ซีโอ, นุน'-) *n., pl.* **-os** ทูตขององค์สันตะปาปา

nunnery (นัน' นะรี) *n., pl.* **-neries** ที่อยู่ของนางชี, สำนักแม่ชี (**-S.** convent)

nuptial (นัพ' เชิล, -เชิล) *adj.* เกี่ยวกับการแต่งงานหรือพิธีแต่งงาน *-n., pl.* **-tials** พิธีแต่งงาน **-nuptially** *adv.* (**-S.** (n.) wedding)

★**nurse** (เนิร์ซ) *n.* นางพยาบาล, แม่นม *-vt., vi.* **nursed, nursing** ดูแล, พยาบาล, ให้นม, รักษา, เลี้ยงดู, ถนอม **-nurser** *n.*

nursemaid (เนิร์ซ' เมด) *n.* หญิงเลี้ยงเด็ก

★**nursery** (เนอร์' ซะรี, เนอร์ซ' รี) *n., pl.* **-eries** โรงเรียนหรือสถานที่รับเลี้ยงเด็ก, ห้องเลี้ยงเด็ก, เรือนเพาะชำต้นไม้

nurseryman (เนอร์' ซะรีเมิน) *n.* คนเพาะเลี้ยงต้นไม้

nursery rhyme เพลงกล่อมเด็ก

nursery school โรงเรียนสำหรับเด็กก่อนอนุบาล อายุ 3-5 ขวบ

nursing bottle ขวดนม

nursing home สถานที่ดูแลผู้ป่วยโรคเรื้อรังและผู้สูงอายุที่ช่วยเหลือตัวเองไม่ได้

nursling, nurseling (เนอร์ซ' ลิง) *n.* เด็กทารกหรือลูกสัตว์ที่ได้รับการเลี้ยงดู

nurture (เนอร์' เชอร์) *n.* อาหาร, สิ่งบำรุงกำลัง, การบำรุง, เลี้ยงดู *-vt.* **-tured, -turing** เลี้ยงดู, อบรม, บำรุง, ฝึกฝน, ทะนุถนอม (**-S.** (n.) food)

★**nut** (นัท) *n.* ผลไม้ที่มีเปลือกแข็ง, แป้นเกลียว

nutcracker (นัท' แครคเคอร์) *n.* คีมหนีบผลไม้เปลือกแข็ง

nutcracker

nutmeg (นัท' เมก) *n.* ลูกจันทน์เทศ

nutrient (นู' เทรียนท์, นยู'-) *n.* สารอาหาร *-adj.* มีคุณค่าทางโภชนาการ, ซึ่งบำรุงกำลัง **-nutritious** *adj.*

nutriment (นู' ทระเมินท์, นยู'-) *n.* อาหาร, สิ่งบำรุงกำลัง **-nutrimental** *adj.* (**-S.** food)

nutrition (นูทริช' ชัน, นยู-) *n.* การให้อาหาร, อาหาร, โภชนาการ, การบำรุงเลี้ยง **-nutritional** *adj.* **-nutritionally** *adv.* (**-S.** food)

nutritionist (นูทริช' ชะนิซท์, นยู-) *n.* นักโภชนาการ

nuts (นัทซ์) *adj.* (คำสแลง) บ้า วิกลจริต คลั่งไคล้

nuts and bolts (คำสแลง) ส่วนสำคัญ, เรื่องพื้นฐาน

nutshell (นัท' เชล) *n.* เปลือกที่หุ้มเนื้อในของผลไม้เปลือกแข็ง **-in a nutshell** โดยย่อ

nutty (นัท' ที) *adj.* **-tier, -tiest** (คำสแลง) บ้า โง่ (**-S.** crazy, foolish)

nuzzle (นัซ' เซิล) *v.* **-zled, -zling** *-vt.* ถูดุน หรือดันด้วยจมูก, ดมด้วยจมูก *-vi.* อิงแอบ, เบียด, กระแซะ **-nuzzler** *n.*

nylon (ไน' ลอน) *n.* ไนลอน เป็นสารพลาสติกสังเคราะห์ที่มีความเหนียวและยืดหยุ่น

nymph (นิมฟ์) *n.* เทพธิดาที่อาศัยอยู่ในป่าและแม่น้ำลำธาร, นางไม้, ตัวอ่อนของแมลง

A B C D E F G H I J K L M N O P Q R S T U V W X Y Z

O

O, o (โอ) *n., pl.* **O's, o's/Os, os** อักษรตัวที่ 15 ในภาษาอังกฤษ, อันดับสิบห้า, ศูนย์, (O) หมู่เลือดชนิดหนึ่งของคน

O (โอ) *interj.* คำอุทานที่ใช้แสดงความเจ็บปวด ความประหลาดใจ ความกลัว ฯลฯ

★**oaf** (โอฟ) *n.* คนโง่, คนเซ่อ, คนซุ่มซ่าม

oak (โอค) *n.* ต้นโอ๊ก, ไม้โอ๊ก, สิ่งที่ทำด้วยไม้โอ๊ก *-adj.* เกี่ยวกับต้นโอ๊ก **-oaken** *adj.*

oakum (โอ' เคิม) *n.* เส้นป่านหรือปอ, เศษเชือก, ด้ายดิบ, หมัน

★**oar** (ออร์, โอร์) *n.* ไม้พาย, คนพายเรือ *-vt., vi.* **oared, oaring** พาย, แจว, กรรเชียง

oarsman (ออร์ซ' เมิน) *n., pl.* **-men** คนพายเรือ

oasis (โอเอ' ซิซ) *n., pl.* **-ses** (-ซีซ) บริเวณที่มีแหล่งน้ำและต้นไม้อุดมสมบูรณ์ในทะเลทราย, สถานที่ที่ให้ความสบายในยามลำบาก, ที่พึ่งพิง

oasis

★**oat** (โอท) *n.* ต้นข้าวโอ๊ต, ข้าวโอ๊ต, หลอดเป่าเสียงทำจากต้นข้าวโอ๊ต **-oaten** *adj.*

oath (โอธ) *n., pl.* **oaths** (โอธซ์, โอธซ์) คำสาบาน, คำสัตย์ปฏิญาณ, คำสบถ (-S. curse)

oatmeal (โอท' มีล) *n.* ข้าวโอ๊ตบดหยาบๆ

obdurate (ออบ' ดุริท, -ดยุ-) *adj.* ใจแข็ง, ดื้อดึง, แข็งข้อ, ไม่ยอมตาม **-obdurately** *adv.*

★**obedient** (โอบี' เดียนท์) *adj.* อยู่ในโอวาท, ว่าง่าย, เชื่อฟัง, ยอมตาม **-obediently** *adv.* **-obedience** *n.* (-S. docile, malleable)

obeisance (โอเบ' เซินซ์, -บี'-) *n.* การน้อมคำนับ, การก้มศีรษะ, การทำความเคารพ

obelisk (ออบ' บะลิซค์) *n.* อนุสาวรีย์ที่เป็นแท่งหินสี่เหลี่ยมสูงผอม ตอนปลายเป็นทรงพีระมิด (-S. monument)

obese (โอบีซ') *adj.* อ้วนมาก **-obesity** *n.*

★**obey** (โอเบ') *v.* **obeyed, obeying** *-vt.* เชื่อฟัง, ปฏิบัติตาม, ยินยอม *-vi.* ทำตาม, เชื่อฟัง **-obeyer** *n.* (-S. comply, follow, submit)

obfuscate (ออบ' ฟะสเกท, -ฟัส' เกท) *vt.* **-cated, -cating** ทำให้มืดหรือขุ่นมัว, ทำให้สับสนงงงวย **-obfuscation** *n.* (-S. confuse)

obituary (โอบิช' ชูเอรี) *n., pl.* **-aries** ข่าวมรณกรรมในหนังสือพิมพ์ **-obituarist** *n.*

★**object** (*n.* ออบ' เจคท์ *v.* เอิบเจคท์') *n.* วัตถุ, สิ่งของ, สิ่งที่มีอารมณ์ ความคิดหรือการกระทำ, เป้าหมาย, จุดประสงค์, กรรมของกริยา *-v.* **-jected, -jecting** *-vi.* คัดค้าน, ไม่เห็นด้วย, แสดงความไม่พอใจ, รังเกียจ *-vt.* พูดหรือเสนอความเห็นคัดค้าน **-objector** *n.* (-S. (v.) protest)

★**objection** (เอิบเจค' ชัน) *n.* คำคัดค้าน, การคัดค้าน, สาเหตุที่ไม่พอใจ, เหตุผลที่ไม่เห็นด้วย, การแสดงความไม่พอใจ (-S. disapproval)

objectionable (เอิบเจค' ชะนะเบิล) *adj.* น่ารังเกียจ, (กลิ่น) เหม็น, ซึ่งคัดค้านได้ **-objectionably** *adv.* (-S. disgusting, nasty)

objective (เอิบเจค' ทิฟว์) *adj.* เกี่ยวกับวัตถุ, เป็นรูปธรรม, เป็นจริง, ไม่อคติ, ไม่ลำเอียง, เกี่ยวกับกรรมการก, เกี่ยวกับจุดมุ่งหมาย *-n.* สิ่งที่มีอยู่จริง, เป้าหมาย, จุดประสงค์, กรรมการก, เลนส์ใกล้วัตถุของกล้องจุลทรรศน์ **-objectively** *adj.* **-objectivity** *n.* (-S. (adj.) impartial)

obligation (ออบลิเก' ชัน) *n.* ภาระหน้าที่, ความจำเป็น, ข้อผูกพัน, กฎเกณฑ์, สัญญา, หนี้, บุญคุณ, ความรู้สึกเป็นหนี้บุญคุณ (-S. duty)

★**oblige** (อะไบลจ์') *v.* **obliged, obliging** *-vt.* บังคับ, เกณฑ์, บีบให้ทำ, ทำบุญคุณให้, ทำให้เป็นหนี้บุญคุณ *-vi.* ให้ความกรุณา **-obligatory** *adj.* **-obliger** *n.* (-S. compel, favor)

obliging (อะไบล' จิง) *adj.* กรุณา, มีน้ำใจ, เต็มใจช่วย **-obligingly** *adv.* (-S. courteous)

oblique (โอบลีค', อะ-) *adj.* ลาด, เอียง, เฉียง, ทแยง, เฉ, อ้อมค้อม, ไม่ตรงไปตรงมา, ขี้โกง *-n.* มุมเอียง, เส้นทแยง **-obliquely** *adv.* **-obliquity** *n.* (-S. (adj.) indirect)

obliterate (อะบลิท' ทะเรท, โอ-) *vt.* **-ated, -ating** ทำลาย, ลบออก, กำจัด, ตัดทิ้ง, ลบล้าง, บัง, หลบซ่อน **-obliterator** *n.* **-obliteration** *n.* **-obliterative** *adj.* (-S. destroy, erase)

oblivion (อะบลิฟ' เวียน) *n.* ภาวะที่ถูกลืมเลือน, การหลงลืม, การให้อภัย, การยกโทษ (-S. forgetfulness, unconsciousness)

oblivious (อะบลิฟ' เวียซ) *adj.* ไม่เอาใจใส่, หลงลืม **-obliviously** *adv.* (-S. forgetful)

oblong (ออบ' ลอง) *adj.* ยาวรี, เป็นรูปไข่, เป็น

A B C D E F G H I J K L M N O P Q R S T U V W X Y Z

รูปสี่เหลี่ยมผืนผ้า -*n.* วัตถุที่มีรูปทรงยาวรี (**-S.** (adj.) elliptical)

obloquy (ออบ' ละควี) *n., pl.* **-quies** คำประณาม, คำด่าทอ, ชื่อเสียงเสีย, ความอับอาย (**-S.** discredit, infamy)

obnoxious (ออบนอค' เชิซ, เอิบ-) *adj.* น่าขยะแขยง, น่ารังเกียจ, น่าตำหนิ, (กลิ่น) เหม็น **-obnoxiously** *adv.* **-obnoxiousness** *n.* (**-S.** abhorrent, offensive)

oboe (โอ' โบ) *n.* ปี่ชนิดหนึ่งมีลิ้นคู่และมีเสียงแหลม **-oboist** *n.*

obscene (ออบซีน', เอิบ-) *adj.* หยาบคาย, น่าชัง, น่าขยะแขยง, ลามก, อนาจาร **-obscenely** *adv.* **-obsceneness** *n.* **-obscenity** *n.* (**-S.** dirty, lewd, repulsive)

obscure (ออบสกยุร์', เอิบ-) *adj.* **-scurer, -scurest** มืดมน, มัว, เลือน, ไม่แจ่มแจ้ง, ไม่ชัด, คลุมเครือ, ไม่ค่อยมีชื่อเสียง, ที่ซ่อนตัวอยู่, ไกลลิบลับ -*vt.* **-scured, -scuring** ปิดบัง, ซ่อน, ทำให้มืดมน, ทำให้คลุมเครือ, ทำให้สับสน -*n.* ความมืดมน, ความคลุมเครือ **-obscurely** *adv.* **-obscurity** *n.* (**-S.** (adj.) cryptic, indistinct **-A.** (adj.) clear, famous)

obsequies (ออบ' ซิควีซ) *n. pl.* พิธีฝังศพ

obsequious (ออบซี' เควียซ, เอิบ-) *adj.* ประจบประแจง, สอพลอ **-obsequiously** *adv.*

observable (เอิบเซอร์' วะเบิล) *adj.* ที่สังเกตเห็นได้, ที่มองเห็นได้, ควรจดจำ, พึงเอาใจใส่ **-observably** *adv.* (**-S.** noticeable, visible)

observance (เอิบเซอร์' เวินซ์) *n.* การปฏิบัติตามกฎ, การประกอบพิธี, การเฉลิมฉลอง, ธรรมเนียมพิธี, การเฝ้าดู, การสังเกต

observant (เอิบเซอร์' เวินท์) *adj.* ช่างสังเกต, ตาไว, ซึ่งปฏิบัติตามกฎหรือหน้าที่, เคร่งครัดต่อกฎ **-observantly** *adv.* (**-S.** alert, watchful)

★**observation** (ออบเซอร์เว' ชัน) *n.* การสังเกต, การเฝ้าดู, การบันทึกหรือมองเห็นปรากฏการณ์ด้วยเครื่องมือ, สิ่งที่ได้จากการสังเกต, ข้อสังเกต, ความเห็น **-observational** *adj.* (**-S.** remark)

observatory (เอิบเซอร์' วะทอรี, -โทรี) *n., pl.* **-ries** หอดูดาว, หอคอย, ที่สังเกตการณ์

★**observe** (เอิบเซิร์ฟว์') *v.* **-served, -serving** -*vt.* สังเกต, เฝ้าดู, คอยดู, สังเกตการณ์, กล่าว, ออกความเห็น, รักษาวินัย, ฉลอง -*vi.* สังเกต, กล่าว, ออกความเห็น, ทำตัวเป็นผู้สังเกต **-observingly** *adv.* (**-S.** keep, remark, watch)

observer (เอิบเซอร์' เวอร์) *n.* ผู้สังเกตการณ์, หอตรวจการ, ผู้ตรวจการ (**-S.** watcher)

obsess (เอิบเซซ', ออบ-) *vt.* **-sessed, -sessing** สิงอยู่ในจิตใจ, ครอบงำ, หลงใหล **-obsession** *n.* **-obsessive** *adj.* (**-S.** haunt, preoccupy, rule)

obsolescent (ออบซะเลซ' เซินท์) *adj.* กำลังจะหมดไป, ล้าสมัย, เก่าคร่ำครึ **-obsolescence** *n.* **-obsolescently** *adv.*

obsolete (ออบซะลีท', ออบ'-) *adj.* เลิกใช้แล้ว, ล้าสมัย, พ้นสมัย -*vt.* **-leted, -leting** ทำให้ล้าสมัย **-obsoletely** *adv.* (**-S.** (adj.) outmoded)

obstacle (ออบ' สตะเคิล) *n.* อุปสรรค, สิ่งกีดขวาง (**-S.** hindrance, impediment)

obstetric, obstetrical (ออบสเตท' ทริค, -ริเคิล) *adj.* เกี่ยวกับสูติกรรม, เกี่ยวกับการคลอด

obstetrician (ออบสติทริช' เชิน) *n.* หมอทำคลอด, สูติแพทย์

obstetrics (ออบสเตท' ทริคซ์, เอิบ-) *n. pl.* วิชาที่ศึกษาเกี่ยวกับการผดุงครรภ์และการดูแลการคลอดบุตร

obstinate (ออบ' สตะนิท) *adj.* ดื้อรั้น, หัวแข็ง, ว่ายาก, รักษายาก, ดันทุรัง **-obstinately** *adv.* **-obstinacy** *n.* (**-S.** mulish, stubborn)

obstreperous (ออบสเตรพ' เพอเริซ, เอิบ-) *adj.* อึกทึก, เอะอะโวยวาย, พล่าน, วุ่นวาย **-obstreperously** *adv.* (**-S.** awkward, rowdy)

obstruct (เอิบสตรัคท์', ออบ-) *vt.* **-structed, -structing** กีดขวาง, ขัดขวาง, หน่วงเหนี่ยว, บดบัง **-obstructive** *adj.* **-obstruction** *n.*

★**obtain** (เอิบเทน', ออบ-) *v.* **-tained, -taining** -*vt.* ได้รับ, ได้, เอา, ไปถึง -*vi.* มีอยู่, ใช้อยู่, ประสบความสำเร็จ **-obtainable** *adj.*

obtrude (ออบทรูด', เอิบ-) *v.* **-truded, -truding** -*vt.* ดัน, เสือก, ยื่น, โผล่, พุ่งออก -*vi.* รุกล้ำ, บุกรุก **-obtruder** *n.* **-obtrusion** *n.* (**-S.** eject)

obtrusive (ออบทรู' ซิฟว์, -ซิฟว์, เอิบ-) *adj.* สะเออะ, เสือก, ทะลึ่ง **-obtrusively** *adv.*

obtuse (ออบทูซ', -ทยูซ์') *adj.* **-tuser, -tusest** โง่, ทึ่ม, ไม่คม, ทื่อ, ป้าน **-obtusely** *adv.* **-obtuseness, obtusity** *n.* (**-S.** blunt, dull)

obverse (ออบเวิร์ซ', เอิบ-, ออบ'-) *adj.* ซึ่งหันหน้าไปทางผู้ดู, ซึ่งมีฐานแคบกว่ายอด, ซึ่งทำเป็นของคู่กัน -*n.* ด้านหน้า, ด้านหัวของเหรียญ, ผิวหน้า, ของคู่กัน **-obversely** *adv.*

obviate (ออบ' วีเอท) *vt.* **-ated, -ating** ทำให้ไม่จำเป็น, ปัดเป่า, หลบเลี่ยง **-obviation** *n.* **-obviator** *n.* (**-S.** avert, remove)

★**obvious** (ออบ' เวียซ) *adj.* แจ่มแจ้ง, เด่น,

ชัดเจน, เห็นได้ง่าย **-obviously** *adv.* **-obviousness** *n.* (**-S.** evident, plain **-A.** subtle)

★**occasion** (อะเค' เฌิน) *n.* เหตุการณ์, โอกาส, จังหวะ, สมัย, ฤกษ์, เหตุ, มูล *-vt.* **-sioned, -sioning** ก่อให้เกิด, เป็นเหตุให้ **-occasions** ความจำเป็น, กิจธุระ **-on occasions** บางครั้ง บางคราว (**-S.** (n., v.) cause (n.) opportunity)

occasional (อะเค' ฌะเนิล) *adj.* เป็นครั้งคราว, เป็นบางโอกาส, ที่ทำขึ้นในโอกาสพิเศษ, นานๆ ที **-occasionally** *adv.* (**-S.** infrequent)

occident (ออค' ซิเดินท์, เดนท์) *n.* ตะวันตก, ดินแดนตะวันตก **-occidental** *adj., n.*

occlude (อะคลูด') *v.* **-cluded, -cluding** *-vt.* ปิด, อุด, กีดขวาง, ทำให้ตัน *-vi.* (ฟันบนและล่าง) สบกันสนิท **-occludent** *adj.* (**-S.** block)

occlusion (อะคลู' เฌิน) *n.* การปิด, การกีดขวาง, สิ่งที่กีดขวาง, การอุดตัน **-occlusive** *adj.*

occult (*adj.* อะคัลท์', ออค' คัลท์, *v.* อะคัลท์') *adj.* เกี่ยวกับสิ่งที่เหนือธรรมชาติ, ลึกลับ, ลี้ลับ, แอบแฝง, ซ่อนเร้น *-vt., vi.* **-culted, -culting** บดบัง, ซ่อน, แอบ (**-S.** (adj.) mysterious)

occupancy (ออค' คยะเพินซี) *n., pl.* **-cies** การยึดครอง, การครอบครอง, การถือกรรมสิทธิ์, ช่วงระยะเวลาที่อยู่อาศัยหรือครอบครองที่ดิน

occupant (ออค' คยะเพินท์) *n.* ผู้ครอบครอง, เจ้าของ, สิ่งที่ยึดครอง, ผู้มีกรรมสิทธิ์ในที่ดิน

★**occupation** (ออคยะเพ' ชัน) *n.* อาชีพ, การงาน, กิจธุระ, การครอบครอง, การยึดครอง **-occupational** *adj.* **-occupationally** *adv.* (**-S.** business, conquest, profession)

> **occupation** เป็นภาษาที่เป็นทางการ จึงนิยมใช้ในภาษาเขียนสำหรับกรอกใบเอกสารต่างๆ เช่น Please write details about your occupation.
>
> **job** หมายถึง อาชีพการงานเช่นกัน แต่เป็นภาษาพูดหรือภาษาที่ไม่เป็นทางการกว่า occupation เช่น I'm looking for a new job.
>
> **profession** หมายถึง วิชาชีพ ซึ่งต้องศึกษาและทำงานเฉพาะทาง เช่น แพทย์ ทนายความ พยาบาล เป็นต้น เช่น After studying science, Jane entered the medical profession.

★**occupy** (ออค' คยะไพ) *vt.* **-pied, -pying** อาศัย, อยู่, กินเนื้อที่หรือเวลา, ดำรงตำแหน่ง, ครอบครอง, ยึดครอง, หมกมุ่น, ติดธุระ **-occupier** *n.* (**-S.** capture, fill)

★**occur** (อะเคอร์') *vi.* **-curred, -curring** เกิดขึ้น, ปรากฏขึ้น, มีอยู่, มีขึ้น, บังเกิดขึ้นในใจ **-occurrence** *n.* (**-S.** appear, happen)

★**ocean** (โอ' เชิน) *n.* มหาสมุทร **-oceanic** *adj.*

oceanography (โอชะนอก' กระฟี) *n.* สมุทรศาสตร์ **-oceanographer** *n.*

ocelot (ออซ' ซะลอท, โอ'-) *n.* แมวป่าโอซีลอต มีสีและลายคล้ายเสือดาว

ocher, ochre (โอ' เคอร์) *n.* ออกไซด์ของเหล็กมีสีเหลือง น้ำตาลและแดง, สีส้มอมน้ำตาลหรือเหลือง, ดินที่มีสีเหลืองหรือน้ำตาลอมแดง

★**o'clock** (อะคลอค') *adv.* เกี่ยวกับนาฬิกา, ตามนาฬิกา, ตามการหมุนของนาฬิกา

Oct, Oct. ย่อจาก October เดือนตุลาคม

oct-, octa-, octo- คำอุปสรรค หมายถึง แปด

octagon (ออค' ทะกอน) *n.* รูปแปดเหลี่ยม **-octagonal** *adj.* **-octagonally** *adv.*

octahedron (ออคทะฮี' เดริน) *n.* รูปทรงตันที่มีแปดระนาบ **-octahedral** *adj.*

octane number ค่าออกเทน เป็นตัวเลขที่แสดงให้ทราบว่าน้ำมันนั้นๆ ทำให้เครื่องยนต์กระตุกมากน้อยเพียงใด

octant (ออค' เทินท์) *n.* ⅛ ของเส้นรอบวงกลม, ⅛ ของพื้นที่วงกลม

octave (ออค' ทิฟว์, -เทฟว์) *n.* เสียงดนตรีคู่แปด, โคลงแปดบรรทัด, กลุ่มที่แปด

★**October** (ออคโท' เบอร์) เดือนตุลาคม

octogenarian (ออคทะจะแน' เรียน) *adj.* ซึ่งมีอายุระหว่าง 80-90 ปี *-n.* ผู้มีอายุอยู่ระหว่าง 80-90 ปี

octopus (ออค' ทะเพิซ) *n., pl.* **-puses/-pi** (-ไพ)/**-podes** ปลาหมึกยักษ์

ocular (ออค' คยะเลอร์) *adj.* เกี่ยวกับตา, ซึ่งเห็นด้วยตา, สำหรับตา *-n.* เลนส์ตาของกล้องจุลทรรศน์ **-ocularly** *adv.*

oculist (ออค' คยะลิซท์) *n.* จักษุแพทย์, ผู้เชี่ยวชาญในการวัดสายตาประกอบแว่น

★**odd** (ออด) *adj.* **odder, oddest** แปลก, ประหลาด, ผิดธรรมดา, พิกล, เกี่ยวกับจำนวนคี่, เศษ, ปลีกย่อย, คี่, เล็กๆ น้อยๆ **-oddly** *adv.* **-oddity** *n.* (**-S.** single, strange)

oddment (ออด' เมินท์) *n.* เศษเล็กเศษน้อย, ส่วนที่เหลือ, ชิ้นส่วน, ความแปลกประหลาด

odds (ออดซ์) *n. pl.* ความได้เปรียบ, ความเป็นต่อ, ความเป็นไปได้มากที่จะเกิด, การต่อ

รองในการพนัน, ความไม่เท่ากัน **-at odds** ไม่เห็นด้วย, ขัดแย้ง (**-S.** advantage, chances)

odds and ends ของกระจุกกระจิก, ของเบ็ดเตล็ด, ของเล็กๆ น้อยๆ (**-S.** scraps)

ode (โอด) *n.* บทกวีหรือโคลงที่สดุดีกวี

odious (โอ' เดียซ) *adj.* น่ารังเกียจ, น่าชัง, น่าขยะแขยง **-odiously** *adv.* (**-S.** detestable)

odium (โอ' เดียม) *n.* ความรังเกียจ, ความขยะแขยง, ความอับอาย, ความเสื่อมเสีย

odometer (โอดอมฺ' มิเทอรํ) *n.* อุปกรณ์วัดระยะทางที่รถยนต์วิ่งไปได้ **-odometry** *n.*

odontology (โอดอนทอล' ละจี) *n.* ทันตแพทยศาสตร์ **-odontologist** *n.*

odor, odour (โอ' เดอรํ) *n.* กลิ่นหอมหรือเหม็น, กลิ่นอาย **-odorous** *adj.* **-odorless** *adj.*

odoriferous (โอดะริฟ' เฟอเริซ) *adj.* มีกลิ่นหอม, ส่งกลิ่นหอม **-odoriferously** *adv.*

odyssey (ออด' ดิซี) *n., pl.* **-seys** การเดินทางผจญภัยที่ยาวนาน (**-S.** voyage)

oedema (อิดี' มะ) *n.* โรคบวมน้ำ

oesophagus (อีซอฟ' ฟะเกิซ) *n.* หลอดอาหาร

★**of** (อัฟวํ, ออฟวํ, เอิฟวํ) *prep.* ของ, แห่ง, โดย, ด้วย, จาก, ใน, ในจำพวก, เกี่ยวกับ, ที่มี, ที่จะ, ที่, อัน, ซึ่ง, ถึง, ก่อน, กระทั่ง, ระหว่าง

★**off** (ออฟ) *adv.* ออกไปจาก, พ้นไป, ออก, ออกห่างจาก, หมดสิ้น, ต่ำ, ห่าง, เลิก, ขาด, ปลีกย่อย, เล็กน้อย *-adj.* ว่าง, ไม่ได้ทำงาน, ต่ำกว่ามาตรฐาน, เล็กๆ น้อยๆ, ปลีกย่อย, ไม่ต่อเนื่อง, ยกเลิก, ปิด, ห่างไป, ไม่ดี, ไม่เกี่ยว *-prep.* ห่างไปจาก, ต่อจาก, ขยายจาก, ไม่ถึงมาตรฐาน, ละเว้นจาก, ห่างจากฝั่ง, ไกลออกไป

offal (ออ' เฟิล, ออฟ'-) *n.* ขยะ, เศษเครื่องในของสัตว์, กากเดน (**-S.** garbage, rubbish)

offbeat (ออฟ' บีท) *n.* จังหวะดนตรีที่ผิดปกติ

off-color (ออฟ' คัล' เลอรํ) *adj.* ไม่สมควร, ไม่ดี, ผิดสี, สีตก (**-S.** poor)

★**offend** (อะเฟนดํ') *v.* **-fended, -fending** *-vt.* ทำให้โกรธ, ทำให้ขุ่นเคือง, ทำให้ไม่พอใจ *-vi.* ทำผิด, ทำบาป, ทำให้ไม่พอใจ, ฝ่าฝืนกฎ **-offender** *n.* (**-S.** insult, sin, upset)

★**offense, offence** (อะเฟนซฺ') *n.* การทำให้โกรธหรือไม่พอใจ, ความขุ่นเคือง, บาป, ความผิดทางอาญา, สิ่งที่ทำให้ไม่พอใจหรือขุ่นเคือง, การโจมตี, การรุก (**-S.** crime, umbrage)

★**offensive** (อะเฟ่น' ซิฟวํ) *adj.* ไม่พอใจ, ซึ่งทำให้โกรธหรือไม่พอใจ, เกี่ยวกับการโจมตี, ก้าวร้าว, น่ารังเกียจ *-n.* การโจมตี, การรุก, ฝ่ายรุก **-offensively** *adv.* **-offensiveness** *n.* (**-S.** (adj.) aggressive, nasty (n.) attack)

★**offer** (ออ' เฟอรํ, ออฟ'-) *v.* **-fered, -fering** *-vt.* เสนอ, ขอ, ให้ราคา, ประมูล, อาสา, ถวาย, จัดหา, ยกให้, ให้, นำออกสู่, ผลิต, แสดงหรือให้สัญญาณ *-vi.* บวงสรวง, ปรากฏขึ้น, ขอแต่งงาน *-n.* สิ่งที่เสนอ, การเสนอ, การอาสา, การประมูล, ความพยายาม **-offerer, offeror** *n.* (**-S.** (v., n.) proffer (v.) suggest)

offering (ออ' เฟอริง, ออฟ'-) *n.* สิ่งที่ยกให้ เช่น ของถวาย ของขวัญ, การถวาย, การเสนอ, การยกให้ (**-S.** donation, gift)

offhand (ออฟ' แฮนดํ') *adv.* ไม่ได้เตรียมตัวหรือคิดมาก่อน *-adj.* ซึ่งทำหรือพูดโดยไม่ได้เตรียมตัวมาก่อน, ไม่ได้คิดไว้ล่วงหน้า

★**office** (ออ' ฟิซ, ออฟ'-) *n.* สถานที่ทำงาน, สำนักงาน, พนักงาน, เจ้าหน้าที่, หน้าที่, ตำแหน่ง, ซุ้ง,กรม, กอง, การบริการ (**-S.** duty, workplace)

★**officer** (ออ' ฟิเซอรํ, ออฟ'-) *n.* ข้าราชการ, เจ้าหน้าที่ตำรวจ, เจ้าพนักงาน, เจ้าหน้าที่, นายทหาร, นายเรือ *-vt.* **-cered, -cering** บังคับบัญชา, จัดให้มีเจ้าหน้าที่ (**-S.** (n.) agent)

★**official** (อะฟิซ' เชิล) *adj.* เกี่ยวกับสำนักงานหรือหน้าที่การงาน, ทางราชการ, เป็นทางการ *-n.* ข้าราชการ, เจ้าพนักงาน, ผู้ตัดสินการแข่งขันกีฬา, ผู้ชี้ขาด **-officially** *adv.* (**-S.** (adj.) authorized, formal (n.) agent, officer)

officiate (อะฟิซ' ชีเอท) *vi.* **-ated, -ating** ทำหน้าที่, ปฏิบัติภารกิจ, ทำพิธี, ทำหน้าที่เป็นผู้ตัดสินกีฬา **-officiator** *n.* (**-S.** manage)

officious (อะฟิซ' เชิซ) *adj.* ยุ่งเรื่องคนอื่น, เจ้ากี้เจ้าการ, ไม่เป็นทางการ **-officiously** *adv.* **-officiousness** *n.* (**-S.** meddlesome, pushy)

offing (โอ' ฟิง) *n.* ทะเลที่เห็นจากฝั่งอยู่ไกลลิบๆ

off-limits (ออฟ' ลิมิท) *adj.* (เขต) ห้ามเข้า

offset (ออฟ' เซท) *n.* สิ่งชดเชย, แขนง, หน่อ

offshoot (ออฟ' ชูท) *n.* หน่อ, แขนง, กิ่งก้าน, สาขา, ผลปลีกย่อย (**-S.** branch, result)

offshore (ออฟ' ชอรํ) *adj.* นอกฝั่ง, ที่ออกจากฝั่ง, ที่อยู่ไกลจากฝั่ง

offside (ออฟ' ไซดํ) *adv., adj.* ล้ำหน้า (ในกีฬาฟุตบอล)

offspring (ออฟ' สปริง) *n., pl.* **-spring/-springs** ลูกหลาน, ผู้สืบสกุล, ลูกสัตว์, ผลลัพธ์, ผลผลิต (**-S.** child, descendant)

oft (ออฟทํ) *adv.* ดู often

★**often** (ออ' เฟิน, ออฟ'-, ออฟ' เทิน) *adv.*

A B C D E F G H I J K L M N O P Q R S T U V W X Y Z

-tener, -tenest บ่อยๆ, หลายครั้ง, ซ้ำ, เสมอๆ
oftentimes (ออ' เฟินไทม์ซ, ออฟ'-, ออฟ' เทิน-) *adv.* บ่อย, เสมอ, หลายครั้ง
ogle (โอ' เกิล, ออ'-) *vt.* **-gled, -gling** จ้องมองอย่างเจ้าชู้, ทำตาเจ้าชู้ **-ogler** *n.*
ogre (โอ' เกอร์) *n.* ยักษ์กินคนในตำนาน, คนที่มีใจเหี้ยมโหดชั่วร้าย **-ogress** *n. fem.*
★**oh** (โอ) *interj.* คำอุทานแสดงความประหลาดใจ ความโกรธ หรือความเจ็บปวด
ohm (โอม) *n.* หน่วยวัดความต้านทานไฟฟ้าที่มีค่าเท่ากับความต้านทานของตัวนำไฟฟ้าที่มีกระแสไฟฟ้าหนึ่งแอมแปร์ไหลผ่าน เมื่อมีความต่างศักย์ 1 โวลต์ **-ohmic** *adj.*
★**oil** (ออยล์) *n.* น้ำมัน, ปิโตรเลียม, สารที่ได้จากน้ำมันปิโตรเลียม, ของเหลวคล้ายน้ำมัน, สีน้ำมัน, ภาพวาดสีน้ำมัน *-vt.* **oiled, oiling** หล่อลื่น, ละเลงหรือทาด้วยน้ำมัน, ปกคลุมด้วยน้ำมัน, ทำให้ลื่น **-oiled** *adj.* (-S. (n.) fuel)
oilcloth (ออยล์' คลอธ) *n.* ผ้าน้ำมัน
oil field บริเวณที่มีน้ำมันอยู่ใต้ดิน
oil painting ภาพวาดสีน้ำมัน
oil palm ต้นปาล์มน้ำมัน
oilskin (ออยล์' สกิน) *n.* ผ้าน้ำมัน
oil well บ่อน้ำมันใต้ดิน
oily (ออย' ลี) *adj.* **oilier, oiliest** คล้ายน้ำมัน, เป็นมัน, ที่ปกคลุมด้วยน้ำมัน, ที่แช่อยู่ในน้ำมัน, ประจบประแจง, สอพลอ, ลื่น **-oilily** *adv.* **-oiliness** *n.* (-S. greasy, slimy)
ointment (ออยน์ท' เมินท์) *n.* ขี้ผึ้ง, ครีม, ยาหรือเครื่องสำอาง (-S. cream, salve)
★**OK, okay** (โอเค') *adj.* (ภาษาพูด) ตกลง, ถูกต้อง, ดีแล้ว *-adv.* ดีแล้ว, เรียบร้อย, ถูกต้อง, ใช้ได้ *-n., pl.* **OK's, okay's** การอนุมัติ, การยอมรับ, การตกลง *-vt.* **OK'd, OKing/okayed, okaying** อนุมัติ, ตกลง, เห็นด้วย
okapi (โอคา' พี) *n., pl.* **-pis/-pi** สัตว์ชนิดหนึ่งคล้ายยีราฟ แต่มีคอสั้น และมีแถบขาวดำบริเวณขาและส่วนบั้นท้าย พบในแอฟริกา

okapi

okra (โอ' คระ) *n.* กระเจี๊ยบมอญ, ต้นกระเจี๊ยบมอญ
★**old** (โอลด์) *adj.* **older, oldest** แก่, ชรา, เฒ่า, มีอายุมาก, เก่าแก่, อยู่มาเป็นเวลานาน, โบราณ, (เสื้อ) เก่า, ซึ่งใช้มานาน, อาวุโส, เกี่ยวกับช่วงแรกๆ, ในอดีต, สมัยก่อน, นมนาน, ซึ่งรู้จักเป็นเวลานาน, เดิม, คร่ำครึ, ชำนาญ *-n.* คนหรือสิ่งที่มีอายุแน่นอน, อายุ, สมัยก่อน, คนชรา, ของเก่าแก่ **-oldness** *n.* (-S. (adj.) ancient)
olden (โอล' เดิน) *adj.* โบราณ, เก่า
★**old-fasioned** (โอล' แฟช' ชันด์) *adj.* ล้าสมัย, คร่ำครึ, หัวโบราณ, สมัยเก่า (-S. old)
old hand ผู้มีความชำนาญ, ผู้ช่ำชอง
old maid สาวแก่, สาวทึนทึก
oldster (โอลด์' สเตอร์) *n.* (ภาษาพูด) คนแก่ คนชรา
Old Testament คัมภีร์ไบเบิลในช่วงครึ่งแรกที่บอกเล่าเหตุการณ์ก่อนคริสต์ศักราช
old-timer (โอลด์' ไท' เมอร์) *n.* ผู้ที่อาศัยในที่แห่งหนึ่งหรือทำงานอย่างเดียวมาเป็นเวลานาน
Old World ซีกโลกตะวันออก มียุโรป เอเชีย และแอฟริกา
oleaginous (โอลีแอจ' จะเนิซ) *adj.* เป็นมัน, ลื่น, มีน้ำมัน (-S. greasy, oily)
oleander (โอ' ลีแอนเดอร์, -แอน'-) *n.* พืชไม้พุ่มในเขตอบอุ่นจำพวกยี่โถ
olfactory (ออลแฟค' ทะรี, -ทรี, โอล-) *adj.* เกี่ยวกับการรับกลิ่น
oligarch (ออล' ลิการ์ค, โอ'-) *n.* ผู้มีอำนาจ
oligarchy (ออล' ลิการ์คี, โอ'-) *n., pl.* **-chies** การปกครองที่ควบคุมอำนาจโดยคน 2-3 คน, คณะบุคคลดังกล่าว, รัฐบาลที่ปกครองโดยรูปแบบดังกล่าว **-oligarchic, oligarchical** *adj.*
olive (ออล' ลิฟว์) *n.* ต้นมะกอก, มะกอก
olive branch กิ่งมะกอกที่ใช้เป็นสัญลักษณ์ของสันติภาพ, การขอคืนดี
olive oil น้ำมันมะกอก
Olympic games การแข่งขันกีฬาโอลิมปิก ซึ่งจัดขึ้นทุกๆ 4 ปี
omega (โอเมก' กะ) *n.* อักษรตัวสุดท้ายในภาษากรีก, ตัวโอเมก้า (Ω, ω), อันดับสุดท้าย
omelet, omelette (ออม' มะลิท, ออม' ลิท) *n.* ไข่เจียว
omen (โอ' เมิน) *n.* ลางสังหรณ์, ลางบอกเหตุ
ominous (ออม' มะเนิซ) *adj.* เป็นลางไม่ดี, เป็นลางร้าย **-ominously** *adv.* (-S. unlucky)
omit (โอมิท') *vt.* **-mitted, -mitting** ละเลย, ไม่พูดถึง, ละเว้น, ข้ามไป, เว้น **-omission** *n.*
omni- คำอุปสรรค หมายถึง ทั้งหมด
omnibus (ออม' นิบัซ, -เบิซ) *n.* รถโดยสาร, หนังสือรวมเล่มงานเขียนของผู้ใดผู้หนึ่ง, หนังสือรวมงานเขียนหรือเรื่องต่างๆ ไว้ด้วยกัน *-adj.* ซึ่งรวมสิ่งต่างๆ ไว้ด้วยกัน

omnipotent (ออมนิพ' พะเทินทฺ) *adj.* มีอำนาจทุกอย่าง, มีความสามารถทุกทาง **-omnipotently** *adv.* (**-S.** almighty, supreme)

omnipresent (ออมนิเพรซ' เซินทฺ) *adj.* ซึ่งมีอยู่ทั่วทุกหนทุกแห่งในเวลาเดียวกัน, ซึ่งมีอยู่ทั่วไป

omniscient (ออมนิช' เชินทฺ) *adj.* ซึ่งรอบรู้ทุกสิ่งทุกอย่าง, มีความรู้ในทุกเรื่อง

OMOV, Omov ย่อจาก One member, one vote หมายถึง หนึ่งคนหนึ่งคะแนนเสียง เป็นหลักในการออกเสียงเลือกตั้งในระบอบประชาธิปไตย

★**on** (ออน) *prep.* บน, ที่, ตาม, ติดกับ, ใกล้กับ, เกี่ยวกับ, ในวัน, ในขณะที่, ในสภาพ, ไปที่, ไปทาง, เพื่อ, โดยอาศัย, ด้วย, เอากับ, ในเรื่อง, ซ้ำแล้วซ้ำเล่า, กำลังเป็น, ประจำ *-adv.* (สวม) เข้า, ไปที่, ไปทาง, ไปข้างหน้า, ต่อไป, ในสภาพนั้น, ที่ตำแหน่งนั้น, กำลังทำงาน, กำลังเกิดขึ้น *-adj.* กำลังเปิดอยู่, กำลังมีอยู่, ตามแผน *-n.* สภาพที่กำลังเป็นอยู่ **-on and off** เป็นพักๆ, ไม่ต่อเนื่อง **-on and on** ไปเรื่อยๆ, ไม่มีหยุด

★**once** (วันซฺ) *adv.* ครั้งเดียว, ครั้งหนึ่ง, หนเดียว *-n.* ครั้งหนึ่ง, ครั้งเดียว *-conj.* เมื่อไรก็ตาม, ถ้า...ก็ *-adj.* แต่ก่อน, เมื่อก่อน **-at once** ในทันใดนั้น, ทันที **-once upon a time** กาลครั้งหนึ่งนานมาแล้ว

oncoming (ออน' คัมมิง) *adj.* ใกล้เข้ามา, จวนจะถึง, ที่กำลังมา *-n.* การเข้ามาใกล้

★**one** (วัน) *adj.* หนึ่ง, เดียว, เดี่ยว, แต่ละอัน, เป็นอันหนึ่งอันเดียวกัน, เหมือนกัน, อย่างหนึ่ง, เป็นชนิดเดียวกัน, อันเดียว, วันใดวันหนึ่ง *-n.* เลขหนึ่ง, คนเดียว, สิ่งเดียว, สิ่งที่มีตัวเลข 1 หรือมีหนึ่งจุด, (ภาษาพูด) ธนบัตร 1 ดอลลาร์ *-pron.* สิ่งหนึ่ง, คนหนึ่ง, คนใดคนหนึ่ง **-at one** เห็นพ้องกัน, เป็นน้ำหนึ่งใจเดียวกัน **-one and all** ทุกๆ คน **-one another** ซึ่งกันและกัน **-one by one** ทีละคน

oneness (วัน' นิซ) *n.* ความเป็นน้ำหนึ่งใจเดียวกัน, ความเหมือนกัน (**-S.** sameness, unity)

onerous (ออน' เนอเริซ, โอ'-) *adj.* ลำบาก, เป็นภาระหนัก, (งาน) หนัก **-onerously** *adv.* **-onerousness** *n.* (**-S.** burdensome)

★**oneself** (วันเซลฟฺ') *pron.* ตนเอง, ตัวเอง, ตัวของตัวเอง

one-sided (วัน' ไซ' ดิด) *adj.* ด้านเดียว, ฟังความข้างเดียว, ลำเอียง

one-way (วัน' เว') *adj.* ที่อนุญาตให้รถไปทางเดียว, (ตั๋ว) เที่ยวเดียว

ongoing (ออน' โกอิง) *adj.* ที่ดำเนินต่อไป, ต่อเนื่องไป, เรื่อยไป (**-S.** continual)

★**onion** (อัน' เยิน) *n.* หอม, หอมหัวใหญ่, พืชที่ปลูกจากหัว, หัวของพืชดังกล่าว

on-line (ออน' ไลนฺ) *adj.* ซึ่งเชื่อมต่อกับเครือข่ายคอมพิวเตอร์

onlooker (ออน' ลุคเคอรฺ) *n.* ผู้เห็นเหตุการณ์, ผู้ชม **-onlooking** *adj., n.*

★**only** (โอนฺ' ลี) *adj.* อันเดียว, คนเดียว, ดีที่สุด, ยอดเยี่ยม, เหมาะสมที่สุด *-adv.* เพียงแต่, อย่างเดียว, เท่านั้น, เฉพาะ, เพิ่ง *-conj.* แต่ทว่า, เว้นแต่ว่า (**-S.** (adj.) excellent, sole (adv.) merely)

onrush (ออน' รัช) *n.* การไหลไปข้างหน้าอย่างแรง, การไหลบ่า **-onrushing** *adj.*

onset (ออน' เซท) *n.* การเริ่มต้น, การจู่โจม

onshore (ออน' ชอรฺ', -โชรฺ') *adj.* ซึ่งเคลื่อนที่เข้าหาฝั่ง, ที่ตั้งอยู่บริเวณฝั่ง *-adv.* เข้าหาฝั่ง

onslaught (ออน' สลอท) *n.* การเข้าโจมตีอย่างรุนแรง (**-S.** assault, attack)

★**onto** (ออน' ทู) *prep.* ไปยัง, ไปบน, (ภาษาพูด) ล่วงรู้, รู้ถึง

onus (โอ' เนิซ) *n.* ความรับผิดชอบ, ภาระ, หน้าที่

onward (ออน' เวิร์ด) *adj.* ซึ่งเคลื่อนที่ไปข้างหน้า, ที่มุ่งไปข้างหน้า *-adv.* ไปข้างหน้าต่อไป **-onwards** *adv.* (**-S.** (adj., adv.) forward)

onyx (ออน' นิคซฺ) *n.* หินควอตซ์ชนิดหนึ่งที่มีแถบสีขนานกันเป็นชั้น

oodles (อูด' เดิลซฺ) *n. pl.* (ภาษาพูด) จำนวนมากมาย ปริมาณมาก

ooze (อูซ) *vi., vt.* **oozed, oozing** ไหลซึม, รั่ว, ซึมออก, (ความกล้า) หายไป *-n.* การไหลซึม, การรั่วไหล, สิ่งที่รั่วไหล, โคลน, เลน, ตม, ปลัก **-oozy** *adj.* **-oozily** *adv.* (**-S.** (v., n.) leak)

opal (โอ' เพิล) *n.* หินแร่ชนิดหนึ่งมีสีขุ่นเหมือนน้ำนมหรือสีเหลือบเหมือนรุ้ง

opalescent (โอพะเลซ' เซินทฺ) *adj.* มีสีขุ่นอย่างน้ำนม, มีสีเหลือบเหมือนรุ้ง

opaque (โอเพค') *adj.* ทึบแสง, อับแสง, ขุ่นมัว, ไม่ใส, เข้าใจยาก, คลุมเครือ, โง่, ทึ่ม *-n.* สิ่งทึบแสงหรือขุ่นมัว **-opacity** *n.* **-opaquely** *adv.* (**-S.** (adj.) dull, obscure)

OPEC ย่อจาก Organization of Petroleum Exporting Countries องค์กรประเทศผู้ค้าน้ำมันส่งออก

★**open** (โอ' เพิน) *adj.* เปิด, เปิดกว้าง (ทางความคิด), ไม่ปิดกั้น, เปิดโล่ง, เปิดอ้า, แผ่ออก,

A B C D E F G H I J K L M N O P Q R S T U V W X Y Z

เผยให้เห็น, มีช่องว่าง, โปร่ง, ไม่จำกัด, เปิดโอกาส, เปิดรับ, ยังว่าง, เปิดเผย, ไม่ปิดบัง, เปิดทำการ, (ใจ) กว้าง, โล่ง, ไม่มีผู้ต้าน, ไม่ได้ป้องกัน *-v.* **opened, opening** *-vt.* เปิด, แผ่, อ้า, เปิด (ฝา) ออก, เปิดให้ใช้, เริ่มต้น, เริ่มเปิด, เผย, ขจัดสิ่งกีดขวาง, กาง, เปิดใจ, ปลดปล่อย *-vi.* เปิดออก, แผ่ออก, กาง, บาน, เริ่มต้น, เริ่มธุรกิจ, เปิดไปสู่ (สนามหญ้า) *-n.* ที่ว่าง, ที่โล่งแจ้ง, สถานที่ข้างนอกบ้าน, ช่องว่าง, ความเปิดเผย **-openly** *adv.* **-openness** *n.* (**-S.** (adj.) clear, frank, open-minded (v.) begin, unseal (n.) outdoors)

open-air (โอ' เพินแอร์') *adj.* กลางแจ้ง

opener (โอ' พะเนอร์) *n.* ที่เปิดกระป๋อง, ผู้เริ่มเกม, ผู้แสดงลำดับแรก

openhanded (โอ' เพินแฮน' ดิด) *adj.* ใจกว้าง, มือเติบ

openhearted (โอ' เพินฮาร์' ทิด) *adj.* ตรงไปตรงมา, เปิดเผย, ใจกว้าง, ใจดี

★**opening** (โอ' พะนิง) *n.* การเปิด, การเปิดเผย, ช่อง, รู, รอยแตก, ช่วงแรก, ตอนแรก, การเริ่มต้น, การเปิดอย่างเป็นทางการ, โอกาส, ตำแหน่งงานว่าง (**-S.** commencement, hole)

open-minded (โอ' เพินไมน' ดิด) *adj.* เปิดกว้าง (ทางความคิด), ไม่อคติ

open secret ความลับที่รู้กันทั่วไป

openwork (โอ' เพินเวิร์ค) *n.* ลวดลายที่มีรูหรือช่อง เช่น ลูกไม้ ลายฉลุ

★**opera** (ออพ' เพอระ, ออพ' พระ) *n.* อุปรากร, ละครร้อง, โรงละครโอเปรา

★**operate** (ออพ' พะเรท) *v.* **-ated, -ating** *-vi.* ทำงาน, กระทำ, ปฏิบัติ, ทำให้เกิดผล, ก่อผล, ปฏิบัติการทางทหาร, ผ่าตัด *-vt.* หมุน, เดิน, ขับ, ใช้, จัดการ **-operable** *adj.* **-operation** *n.* **-operational** *adj.* (**-S.** employ, work)

operating system โปรแกรมที่ออกแบบมาเพื่อควบคุมฮาร์ดแวร์ของระบบคอมพิวเตอร์

operative (ออพ' เพอระทิฟว์, -พะเร-) *adj.* มีผล, มีอิทธิพล, เป็นผล, ได้ผล, เกี่ยวกับการผ่าตัด *-n.* ช่าง, คนงานที่เชี่ยวชาญ, สายลับ, นักสืบ **-operatively** *adv.* (**-S.** (adj.) effective)

★**operator** (ออพ' พะเรเทอร์) *n.* คนคุมเครื่อง, ช่าง, พนักงานต่อโทรศัพท์, ผู้ดำเนินกิจการ, สัญลักษณ์ทางคณิตศาสตร์, ผู้ทำการผ่าตัด (**-S.** laborer, mechanic, tradesman)

ophthalmology (ออฟเธิลมอล' ละจี, ธอล-) *n.* วิชาที่ศึกษาเรื่องรูปร่าง หน้าที่ โรค และการรักษาเกี่ยวกับตา **-opthalmologist** *n.*

opiate (โอ' พือิท, -เอท) *n.* ยาที่มีส่วนผสมของฝิ่น, ยานอนหลับ, สิ่งที่ก่อให้เกิดอาการมึนชา

opine (โอไพน') *vt., vi.* **opined, opining** นึกคิด, ออกความเห็น, มีความเห็น (**-S.** suppose, think)

★**opinion** (อะพิน' เยิน) *n.* ความคิดเห็น, ความเห็น, ความเชื่อ, คำวินิจฉัย (**-S.** belief, view)

opinionated (อะพิน' นยะเนทิด) *adj.* ซึ่งยึดถือความเห็นของตัวเอง, หัวดื้อ

opium (โอ' เพียม) *n.* ฝิ่น

opossum (อะพอซ' เซิม, พอซ'-) *n., pl.* **-sum/-sums** สัตว์เลี้ยงลูกด้วยนมชนิดหนึ่งอาศัยอยู่บนต้นไม้ มีขนหนา หางยาว และมีถุงหน้าท้องสำหรับเลี้ยงลูกอ่อน

★**opponent** (อะโพ' เนินท์) *n.* ผู้ต่อต้าน, ฝ่ายตรงกันข้าม, ผู้คัดค้าน, คู่แข่งขัน, ปรปักษ์ *-adj.* เป็นปรปักษ์, ไม่ถูกกัน, ตรงกันข้าม **-opponency** *n.* (**-S.** (n.) adversary, contestant)

opportune (ออพเพอร์ทูน', -ทยูน') *adj.* เหมาะสม, เหมาะกับเวลา, ถูกเวลา, ได้เวลา **-opportunely** *adv.* (**-S.** suitable, timely)

opportunist (ออพเพอร์ทู' นิซท์, -ทยู'-) *n.* ผู้ที่ฉวยโอกาสเพื่อความสำเร็จ โดยไม่คำนึงถึงความถูกผิดหรือเหตุผล **-opportunism** *n.*

★**opportunity** (ออพเพอร์ทู' นิที, -ทยู'-) *n., pl.* **-ties** โอกาส, จังหวะ, โอกาสดี, จังหวะเหมาะ (**-S.** chance, occasion)

★**oppose** (อะโพซ') *v.* **-posed, -posing** *-vt.* ต่อต้าน, คัดค้าน, ขัดแย้ง, เป็นศัตรู, ไม่เห็นด้วย, อยู่ในฝ่ายตรงกันข้าม *-vi.* กระทำตัวเป็นฝ่ายตรงข้าม **-opposer** *n.* (**-S.** contrast, resist)

★**opposite** (ออพ' พะซิท) *adj.* ตรงกันข้าม, (เคลื่อนที่) สวนกัน, ซึ่งขัดแย้งกัน *-n.* คนที่ตรงกันข้ามกับผู้อื่น, สิ่งที่ตรงกันข้าม, คู่แข่ง, ปรปักษ์, คำที่มีความหมายตรงกันข้าม *-adv.* อยู่ด้านตรงกันข้าม *-prep.* เผชิญหน้า, หันหน้า, ตรงข้ามกับ **-oppositely** *adv.* **-oppositeness** *n.* **-opposition** *n.* (**-S.** (adj.) contrary)

oppress (อะเพรซ') *vt.* **-pressed, -pressing** ทำให้หนักใจ, กดขี่, บีบบังคับ **-oppression** *n.* **-oppressive** *adj.* **-oppressively** *adv.* **-oppressor** *n.* (**-S.** depress, enslave, tyrannize)

opprobrious (อะโพร' เบรียซ) *adj.* ที่แสดงการตำหนิ, น่าอับอาย, น่าดูหมิ่น, เป็นที่เกลียดชัง **-opprobriously** *adv.* (**-S.** abusive, disgraceful)

optic (ออพ' ทิค) *adj.* เกี่ยวกับตาหรือการมอง

เห็น *-n.* ตา

optical (ออพ' ทิเคิล) *adj.* เกี่ยวกับสายตา, ที่ช่วยในการมองเห็น, เกี่ยวกับการมองเห็น **-optically** *adv.* (**-S.** ocular, visual)

optical fiber เส้นใยแก้วนำแสง

optician (ออพทิช' เชิน) *n.* ช่างประกอบแว่นสายตาหรือเลนส์, ผู้ที่ขายแว่นตา เลนส์ หรืออุปกรณ์ทางสายตา

optic nerve ประสาทตา

optics (ออพ' ทิคซฺ) *n. pl.* การศึกษาเกี่ยวกับแสงและการมองเห็น

optimal (ออพ' ทะเมิล) *adj.* ดีที่สุด, น่าพอใจที่สุด **-optimally** *adv.* (**-S.** best, highest)

optimism (ออพ' ทะมิซเซิม) *n.* การมองโลกในแง่ดี, ความเชื่อว่าโลกใบนี้เป็นโลกที่ดีที่สุด **-optimist** *n.* **-optimistic** *adj.* **-optimistically** *adv.* (**-A.** pessimism)

optimum (ออพ' ทะเมิม) *n., pl.* **-ma/-mums** จุดที่ดีที่สุด, ระดับที่เหมาะสมที่สุด, จำนวนที่น่าพอใจที่สุด *-adj.* ที่ดีที่สุด, ได้ผลดีที่สุด (**-S.** maximum, perfect, superlative)

option (ออพ' ชัน) *n.* การเลือก, สิทธิในการเลือก, ทางเลือก, สิทธิเลือกซื้อขาย *-vt.* **-tioned, -tioning** ได้รับสิทธิ (**-S.** (n.) choice, possibility)

optional (ออพ' ชะเนิล) *adj.* ไม่บังคับ, ให้เลือกได้, มีทางเลือก **-optionally** *adv.* (**-S.** elective)

optometrist (ออพทอม' มิทริซทฺ) *n.* ผู้เชี่ยวชาญในการวัดสายตาประกอบแว่น

opulent (ออพ' พยะเลินทฺ) *adj.* อุดมสมบูรณ์, ร่ำรวย, มั่งคั่ง, รุ่งเรือง (**-S.** abundant, rich)

★**or** (ออรฺ, เออรฺ) *conj.* หรือ, หรืออีกนัยหนึ่ง, หรือมิฉะนั้น, หรือว่า

oracle (ออ' ระเคิล) *n.* หมอดู, ผู้หยั่งรู้เหตุการณ์ภายหน้า, คนทรงเจ้า, คำทำนาย (**-S.** prophet)

oracular (ออแรค' คยะเลอรฺ, โอ-) *adj.* ซึ่งเป็นปริศนา, ศักดิ์สิทธิ์, ลึกลับ, น่าฉงน

oral (ออ' เริล, โอ'-) *adj.* (การสอบ) ปากเปล่า, ด้วยปาก, เกี่ยวกับปาก, เกี่ยวกับคำพูด **-orally** *adv.* (**-S.** verbal)

★**orange** (ออ' รินจฺ) *n.* ส้ม, สีส้ม *-adj.* (สี) ส้ม

orangeade (ออรินเจด') *n.* น้ำส้มคั้น

orangutan (ออแรง' อะแทน) *n.* ลิงอุรังอุตัง

orangutan

orate (ออเรท', ออ'-) *vi.* **-rated, -rating** กล่าวสุนทรพจน์, พูดกล่าวอย่างเป็นทางการ

oration (ออเร' ชัน) *n.* คำปราศรัย, สุนทรพจน์ **-orator** *n.* **-oratorship** *n.* (**-S.** speech)

oratory (ออ' ระทอรี, -โท-) *n.* ศิลปะหรือทักษะการพูดในที่ชุมชน, ห้องสวดมนต์เล็กๆ

orb (ออรฺบ) *n.* รูปทรงกลม, วัตถุรูปทรงกลม, ลูกโลก, วงโคจร, วงกลม, โลก, ลูกตา *-v.* **orbed, orbing** *-vt.* เป็นรูปทรงกลม, ล้อมรอบเป็นวง *-vi.* เคลื่อนที่เป็นวง (**-S.** (n.) globe, sphere)

orbit (ออรฺ' บิท) *n.* วงโคจร, วิถีโคจร, วิถีทาง, เบ้าตา, เขตอำนาจ *-v.* **-bited, -biting** *-vt.* โคจรรอบ, ส่ง (ยาน) เข้าสู่วงโคจร *-vi.* เคลื่อนที่อยู่ในวงโคจร **-orbital** *adj.* (**-S.** (n.) circuit, path)

★**orchard** (ออรฺ' เชิรฺด) *n.* สวนผลไม้

★**orchestra** (ออรฺ' คิสตระ, -เคสตระ) *n.* วงดนตรีขนาดใหญ่ที่มีเครื่องดนตรีหลายประเภท, เครื่องดนตรีที่ใช้เล่นในวง, บริเวณที่นั่งของนักดนตรีบนเวที, ชั้นแรกของโรงละคร, ที่นั่งแถวหน้าของโรงละคร **-orchestral** *adj.* **-orchestrally** *adv.*

orchid (ออรฺ' คิด) *n.* ต้นกล้วยไม้, ดอกกล้วยไม้, สีม่วงแดงอ่อนๆ

ordain (ออรฺเดน') *vt.* **-dained, -daining** แต่งตั้ง, บัญญัติ, กำหนด, บัญชา, บันดาล, ลิขิต, บวช **-ordainment** *n.* (**-S.** decree)

ordeal (ออรฺดีล') *n.* ประสบการณ์ที่ยากลำบากหรือเจ็บปวด, การทดสอบความอดทนของคน

★**order** (ออรฺ' เดอรฺ) *n.* ระเบียบ, ขั้น, ชั้น, ลำดับ, ชนิด, คำสั่ง, ใบสั่งซื้อ (สินค้า), สินค้าที่สั่งซื้อ, รายการอาหารที่สั่ง, คณะสงฆ์, นิกาย, พิธีบวช, องค์กรทางสังคม, สโมสร, ผู้ได้รับเครื่องราชฯ, เสา, ส่วนสัด *-v.* **-dered, -dering** *-vt.* สั่ง, ออกคำสั่ง, สั่งซื้อ, จัดลำดับ, บวชเป็นพระ *-vi.* ออกคำสั่ง, สั่งซื้อ **-in order to** เพื่อว่า **-to order** ตามความต้องการของลูกค้า **-orderer** *n.* (**-S.** (n.) direction (n., v.) command (v.) require)

orderly (ออรฺ' เดอรฺลี) *adj.* เรียบร้อย, เป็นระเบียบ, สงบ *-n., pl.* **-lies** เจ้าหน้าที่ในโรงพยาบาล, เจ้าหน้าที่ทหารข่าวสาร **-orderliness** *n.* (**-S.** (adj.) neat, peaceful)

ordinal (ออรฺ' เดินเนิล) *adj.* เกี่ยวกับตัวเลขที่ใช้แสดงลำดับหรือตำแหน่ง

ordinance (ออรฺ' เดินเนินซฺ) *n.* คำสั่ง, กฎ, พระราชบัญญัติ, พิธีทางศาสนา (**-S.** regulation)

★**ordinary** (ออรฺ' เดินเนรี) *adj.* ปกติ, ธรรมดา, สามัญ, มีคุณภาพต่ำ *-n., pl.* **-naries** ความปกติ, เรื่องธรรมดาสามัญ **-ordinarily** *adv.* **-ordinariness** *n.* (**-S.** (adj.) common, normal)

ordnance (ออร์ด' เนินซ์) *n.* อาวุธยุทโธปกรณ์และสัมภาระ, ปืนใหญ่, หน่วยสรรพาวุธ
ore (ออร์, โอร์) *n.* สินแร่, แร่
★**organ** (ออร์' เกิน) *n.* ออร์แกน, หีบเพลง, อวัยวะ, องค์การ, ตัวแทน, เครื่องมือ, ปากเสียง **-organist** *n.* (**-S.** device, medium)
organdy, organdie (ออร์' เกินดี) *n., pl.* **-dies** ผ้าฝ้ายหรือผ้าไหมเนื้อละเอียดบางเบา
organic (ออร์แกน' นิค) *adj.* เกี่ยวกับอวัยวะ, โดยกำเนิด, โดยเนื้อแท้, ที่ประกอบเป็นร่างกาย, เกี่ยวกับสารอินทรีย์ **-organically** *adv.*
organism (ออร์' กะนิซเซิม) *n.* สิ่งมีชีวิต, องค์การ, หน่วยงาน **-organismic, organismal** *adj.*
★**organization** (ออร์กะนิเซ' ชัน) *n.* การรวบรวม, องค์การ, คณะ, สมาคม, รูป
★**organize, organise** (ออร์' กะไนซ์) *vt.* **-ized, -izing/-ised, -ising** รวบรวม, จัดตั้ง, สร้าง, ทำให้เป็นระเบียบ, ทำให้เกิดสหภาพแรงงาน, เข้าร่วมเป็นสมาชิกสหภาพแรงงาน **-organizer** *n.* (**-S.** classify, establish)
orgasm (ออร์' แกซเซิม) *n.* จุดสุดยอดของความรู้สึกในกิจกรรมทางเพศ **-orgasmic** *adj.*
orgy (ออร์' จี) *n., pl.* **-gies** งานปาร์ตี้ที่มีการดื่มเหล้าและมีกิจกรรมทางเพศ, พิธีบูชาเทพเจ้าโดยการเต้นรำและดื่มสุรา (**-S.** binge)
orient (ออ' เรียนท์, โอ'-) *n.* ตะวันออก, ไข่มุกคุณภาพดี, ความมันวาวของไข่มุก *-vt.* **-ented, -enting** หันหน้าไปทางตะวันออก, ปรับตัว *-adj.* แวววาว, ทางตะวันออก **-oriental** *adj., n.*
orientate (ออ' เรียนเทท, โอ'-) *vt., vi.* **-tated, -tating** หันไปทางตะวันออก, หันเห, ปรับตัว, วางตัว, ปรับปรุง, ทำให้สอดคล้อง
orientation (ออเรียนเท' ชัน) *n.* ตำแหน่งของวัตถุ, การวางตัวให้เหมาะสม, การปรับตัว, เป้าหมาย, ทิศทาง, ตำแหน่งของอะตอมในโมเลกุล
orifice (ออ' ระฟิซ) *n.* ช่อง, ปาก, ทางเข้า
★**origin** (ออ' ระจิน) *n.* แหล่งกำเนิด, ต้นตอ, ที่มา, เทือกเถาเหล่ากอ, มูลเหตุ, บ่อเกิด, จุดกำเนิด (**-S.** basis, beginning, birth, source)
★**original** (อะริจ' จะเนิล) *adj.* แรกสุด, เดิม, ไม่ได้เลียนแบบใคร, เป็นต้นตำรับ, เป็นของแท้, แปลก, ใหม่, ซึ่งให้แนวความคิดใหม่ *-n.* ต้นตำรับ, ของเดิม, ต้นฉบับ, แบบฉบับ, คนที่มีความคิดและการกระทำประหลาด, บ่อเกิด, ต้นตอ **-originally** *adv.* (**-S.** (adj., n.) first (adj.) novel)
originality (อะริจจะแนล' ลิที) *n., pl.* **-ties** การไม่เอาอย่างใคร, ความแหวกแนว, ความแปลกใหม่, ความคิดริเริ่ม (**-S.** innovation)
originate (อะริจ' จะเนท) *v.* **-nated, -nating** *-vt.* ก่อกำเนิด, ริเริ่ม, สร้าง *-vi.* เริ่มต้น, กำเนิด, ก่อตั้ง **-origination** *n.* **-originator** *n.*
Orion (โอไร' เอิน) *n.* กลุ่มดาวนายพราน
orison (ออ' ริเซิน, -เซิน) *n.* การสวดมนต์
orlop (ออร์' ลอพ) *n.* ห้องเรือที่ใช้เป็นที่เก็บเชือก
ornament (*n.* ออร์' นะเมินท์, *v.* -เมนท์) *n.* เครื่องประดับ, เครื่องตกแต่ง, เครื่องเชิดชู *-vt.* **-mented, -menting** ประดับ, ตกแต่ง, ทำให้งดงาม **-ornamental** *adj., n.* **-ornamentation** *n.* **-ornamenter** *n.* (**-S.** (n.) accessory)
ornate (ออร์เนท') *adj.* หรูหรา, วิจิตรพิสดาร, ฉูดฉาด, ฟุ่มเฟือย **-ornately** *adv.*
ornithology (ออร์นะธอล' ละจี) *n.* ปักษีวิทยา **-ornithologically** *adv.* **-ornithologist** *n.*
orphan (ออร์' เฟิน) *n.* เด็กกำพร้า *-vt.* **-phaned, -phaning** ทำให้เป็นกำพร้า *-adj.* กำพร้า
orphanage (ออร์' ฟะนิจ) *n.* สถานเลี้ยงเด็กกำพร้า, ความเป็นเด็กกำพร้า
orthochromatic (ออร์โธโครแมท' ทิค) *adj.* เกี่ยวกับฟิล์มถ่ายรูปที่ไวแสงทุกสียกเว้นสีแดง
orthodontics (ออร์ธะดอน' ทิคซ์) *n. pl.* วิชาทันตกรรมเกี่ยวกับการจัดหรือแต่งฟันให้สวยงาม **-orthodontic** *adj.* **-orthodontist** *n.*
orthodox (ออร์' ธะดอคซ์) *adj.* เป็นธรรมเนียมปฏิบัติ, อย่างปกติชนทั้งหลาย, ซึ่งเป็นที่ยอมรับทั่วๆ ไป, เป็นประเพณี, ตามทางราชการ **-orthodoxy** *n.* (**-S.** accepted, doctrinal)
orthography (ออร์ธอก' กระฟี) *n., pl.* **-phies** การสะกดคำให้ถูกต้อง, วิธีในการสะกดคำ, การศึกษาเกี่ยวกับการสะกดคำ **-orthographic, orthographical** *adj.* **-orthographer** *n.*
orthopedics, orthopaedics (ออร์ธะพี' ดิคซ์) *n. pl.* วิชาที่ศึกษาเกี่ยวกับการผ่าตัดเพื่อรักษาโรคหรืออาการบาดเจ็บที่เกิดขึ้นกับกระดูกข้อต่อและกล้ามเนื้อต่างๆ **-orthopedic, orthopaedic** *adj.* **-orthopedist, orthopaedist** *n.* **-orthopedically** *adv.*
oscillate (ออซ' ซะเลท) *v.* **-lated, -lating** *-vi.* แกว่งไปมา, ส่าย, สั่นรัว, โอนไปเอนมา, ลังเล, มีความคิดโลเล *-vt.* ทำให้แกว่ง, ทำให้ลังเล **-oscillation** *n.* (**-S.** hesitate, sway, swing)
oscillator (ออซ' ซะเลเทอร์) *n.* อุปกรณ์กำเนิดคลื่นแม่เหล็กไฟฟ้าหรือไฟฟ้ากระแสสลับ, สิ่งที่สั่นหรือแกว่งไปมา, ผู้มีความคิดโลเล
-osis คำปัจจัย หมายถึง ความ, สภาวะ, โรค,

A B C D E F G H I J K L M N O P Q R S T U V W X Y Z

ความผิดปกติ

osmium (ออซ' เมียม) *n.* ธาตุโลหะหนักชนิดหนึ่ง ใช้ทำไส้หลอดไฟฟ้า มีสัญลักษณ์ Os

osseous (ออซ' เซียซ) *adj.* คล้ายกระดูก

ossify (ออซ' ซะไฟ) *vi.* **-fied, -fying** กลายเป็นกระดูก, แข็งกระด้าง, กล้าแกร่งขึ้น

ostensible (ออสเตน' ซะเบิล) *adj.* โอ้อวด, แสร้งทำ, ที่เห็นภายนอก, ที่แสดงให้คนอื่นเห็น **-ostensibly** *adv.* (**-S.** apparent, professed)

ostentation (ออสเตนเท' ชัน) *n.* การแสดง, การโอ้อวด, การอวด **-ostentatious** *adj.* **-ostentatiously** *adv.* (**-S.** show **-A.** modesty)

osteoporosis (ออสตีโอพะโร' ซิซ) *n., pl.* **-ses** (-ซีซ) โรคกระดูกพรุนและเปราะ

ostler (ออซ' เลอร์) *n.* คนดูแลม้า

ostracize (ออส' ตระไซซ์) *vt.* **-cized, -cizing** ขับออกจากกลุ่ม, เนรเทศ, ตัดออกจากวงสังคม

ostrich (ออส' ตริช) *n., pl.* **-trich/-triches** นกกระจอกเทศ

★**other** (อัธ' เธอร์) *adj.* อื่น, อีก, อื่นๆ, ต่างไปกว่า, ตรงกันข้าม, วันเว้นวัน, เมื่อเร็วๆ นี้, (จำนวน) มากกว่านี้, พิเศษ *-n.* คนหรือสิ่งอื่นๆ, คนหรือสิ่งที่แตกต่าง, คนหรือสิ่งที่พิเศษ, สิ่งตรงกันข้าม *-pron.* คนใดคนหนึ่ง, สิ่งใดสิ่งหนึ่ง, คนหรือสิ่งอื่น *-adv.* คนละอย่าง, อีกอย่างหนึ่ง, ในทางอื่น, ตรงกันข้าม **-others** คนหรือสิ่งอื่นๆ ที่เหลืออยู่ **-the other day/night** เมื่อวัน/คืนก่อน **-otherness** *n.* (**-S.** (adj.) additional)

★**otherwise** (อัธ' เธอร์ไวซ์) *adv.* คนละอย่าง, ในทางอื่น, อีกอย่างหนึ่ง, มิฉะนั้น, ไม่เช่นนั้น, อีกนัยหนึ่ง *-adj.* แตกต่าง, ตรงกันข้าม, เป็นอย่างอื่น (**-S.** (adv.) differently)

otiose (โอ' ชีโอซ, โอ' ที-) *adj.* เกียจคร้าน, เรื่อยเปื่อย, ไร้ประโยชน์, ไม่ใช้, ไม่ต้องการ **-otiosely** *adv.* **-otiosity** *n.* (**-S.** ineffective)

otitis (โอไท' ทิซ) *n.* หูอักเสบ **-otitic** *adj.*

otter (ออท' เทอร์) *n., pl.* **-ter/-ters** ตัวนาก, ขนของตัวนาก

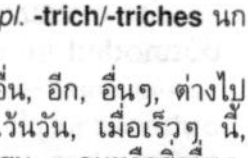
otter

ottoman (ออท' ทะเมิน) *n., pl.* **-mans** เก้าอี้นวมที่ไม่มีเท้าแขนหรือพนักพิง

★**ought**[1] (ออท) *v. aux.* ควร, ควรจะ, น่าจะ

ought[2] (ออท) *n., adv.* ดู aught

★**ounce** (เอานซ์) *n.* หน่วยวัดปริมาตรหรือความจุของของเหลว มีค่าเท่ากับ 1/16 ไพนต์, ออนซ์

★**our** (เอาร์) *adj.* ของเรา, เป็นของเรา

★**ours** (เอาร์ซ์) *pron.* ของของเรา, ของเราเอง

ourself (เอาร์เซลฟ์', อาร์-) *pron.* เราเอง, พวกเราเอง, ข้าพเจ้าเอง

★**ourselves** (เอาร์เซลฟ์วซ์', อาร์-) *pron.* ตัวของเราเอง, พวกเราเอง, สุขภาพของตัวเราเอง

oust (เอาซ์ท) *vt.* **ousted, ousting** ไล่ออก, ปลดออก, ขับออก **-ouster** *n.* (**-S.** eject, expel)

★**out** (เอาท์) *adv.* ออก, ออกไป, ออกจาก, ข้างนอก, ออกข้างนอก, หมด, หมดสิ้น, หมดกำลัง, สิ้นสุดลง, (ไฟ) ดับลง, พ้นสมัย, ไม่ทำงาน, เสีย, เผยออกมา, ขาด, ขาดทุน, ไม่ได้นึกถึง, (ลูกบอล) ออกนอกสนาม, (ข้อความ) ตกหล่นไป *-adj.* ออกนอกสนาม, หมดสมัย, ภายนอก, นอก, ข้างนอก, ไม่ถูกต้อง, ผิด, ไกลลิบลับ, ออกจากงาน, ขาด, ดับ, หมด, ไม่ทำงาน, ไม่เคยคิด, ไม่มีทาง, ไม่เห็นด้วย, ไม่ลงรอยกัน, ขาดทุน *-prep.* ออกไปจาก, นอกจาก, (ขับ) ไปตาม (ถนน) *-n.* คนที่หมดอำนาจหรืออิทธิพล, วิธีหลบหนีการลงโทษ, สิ่งที่อยู่ข้างนอก, การพิมพ์คำหรือข้อความที่ตกหล่น, คำหรือข้อความที่ตกหล่น *-v.* **outed, outing** *-vi.* เผยออกมา, ปรากฏออกมา *-vt.* ตีออกนอกสนาม *-interj.* ไปให้พ้น!, ออกไป! (**-S.** (adv.) away)

out- คำอุปสรรค หมายถึง เหนือกว่า, ดีกว่า, นอก, ไกล, ออก

out-and-out (เอาท์' เอินเอาท์') *adj.* โดยสิ้นเชิง, โดยตลอด, เต็มที่, อย่างที่สุด, สมบูรณ์

outbid (เอาท์บิด') *vt.* **-bid, -bidding** ให้ราคาสูงกว่า, ประมูลสูงกว่า

outboard (เอาท์' บอร์ด, -โบร์ด) *adj.* นอกตัวเรือ, นอกลำ, นอกเครื่องบิน *-n.* เครื่องยนต์ติดท้ายลำเรือ, เรือที่ใช้เครื่องยนต์ติดท้าย

outbound (เอาท์' เบานด์) *adj.* ขาออก, ออกนอกเมือง

outbreak (เอาท์' เบรค) *n.* การระเบิด, การปะทุ, การพุของแผล, การระบาด (**-S.** epidemic)

outbuilding (เอาท์' บิลดิง) *n.* สิ่งปลูกสร้างที่แยกจากตัวตึก, เรือนหลังนอก, ตึกนอก

outburst (เอาท์' เบิร์ซท์) *n.* การปลดปล่อย (ความรู้สึก) อย่างฉับพลัน, การเดือดดาล, การระเบิดออก, การพ่นออก (**-S.** eruption)

outcast (เอาท์' แคซท์) *n.* ผู้ที่ถูกขับออกจากวงสังคม, ผู้ถูกทอดทิ้ง, ผู้ถูกเนรเทศ *-adj.* ถูกขับออก, ถูกทอดทิ้ง, ไม่ยอมรับ (**-S.** (n.) pariah)

outclass (เอาท์แคลซ') *vt.* **-classed, -classing** ขึ้นนำอยู่ชั้นเหนือกว่า, ดีกว่า (**-S.** surpass)

outcome (เอาท์' คัม) *n.* ผล, ผลลัพธ์, สิ่ง

ที่จะเกิดขึ้นภายหลัง (-S. aftermath, result)

outcrop (เอาท' ครอพ) *n.* หินที่โผล่ออกมาพ้นผิวดิน, สิ่งที่ผุดขึ้นมา

outcry (เอาท' ไคร) *n., pl.* **-cries** เสียงร้องดัง, เสียงร้องโวยวาย, การคัดค้านอย่างรุนแรง

outdated (เอาท์เด' ทิด) *adj.* ล้าสมัย, หมดสมัย (-S. old-fashioned, outmoded)

outdistance (เอาท์ดิส' เดินซ์) *vt.* **-tanced, -tancing** ขึ้นนำไปไกล, วิ่งได้เร็วกว่า

outdo (เอาท์ดู') *vt.* **-did, -done, -doing** ทำได้ดีกว่า, เล่นได้เก่งกว่า, เอาชนะ (-S. exceed)

★**outdoor** (เอาท' ดอร์, -โดร์) *adj.* นอกบ้าน, นอกสถานที่, กลางแจ้ง **-outdoors** ภายนอก, กลางแจ้ง, ป่า (-S. open-air, outside)

★**outer** (เอา' เทอร์) *adv.* ภายนอก, ข้างนอก, ชั้นนอก, ไกล, ห่างไกล (-S. external, remote)

outermost (เอา' เทอร์โมซท์) *adj.* ไกลลิบลับ, ห่างจากศูนย์กลางที่สุด, นอกสุด

outface (เอาท์เฟซ') *vt.* **-faced, -facing** มองจ้องจนยอมแพ้, ขัดขืน, ต่อต้าน

outfit (เอาท' ฟิท) *n.* ชุดเครื่องมือ, ชุดอุปกรณ์, ชุดเสื้อผ้าและเครื่องประดับ, หน่วยทางทหาร, องค์กรธุรกิจ, สมาคม *-vt.* **-fitted, -fitting** ตกแต่งด้วยอุปกรณ์หรือเสื้อผ้าที่จำเป็น **-outfitter** *n.* (-S. (n.) company, equipment)

outflow (เอาท' โฟล) *n.* การไหลออก, สิ่งที่ไหลออก, ปริมาณที่ไหลออก (-S. discharge, jet)

outgo (เอาท์โก') *vt.* **-went, -gone, -going** ขึ้นนำ, ทำได้ดีกว่า (-S. surpass)

outgoing (เอาท' โกอิง) *adj.* ออกไป, จากไป, ออกจากการงาน, เป็นกันเอง, เป็นมิตร

outgrow (เอาท์โกร') *vt.* **-grew, -grown, -growing** โตเกินกว่า, ใหญ่โตกว่า, โตพ้น

outgrowth (เอาท' โกรธ) *n.* ปุ่ม, ปม, กิ่งก้าน, แขนง, การเจริญเติบโต, ผลลัพธ์, ผลที่ได้

outhouse (เอาท' เฮาซ์) *n.* เรือนหลังเล็ก เช่น เรือนคนใช้ โรงครัว, ห้องส้วม, ตึกนอก

outing (เอา' ทิง) *n.* การไปเที่ยวพักผ่อน, การเดินเล่นนอกบ้าน (-S. excursion, trip)

outlandish (เอาท์แลน' ดิช) *adj.* ต่างชาติ, แปลกประหลาด, พิลึก, บ้านนอก, ห่างไกลความเจริญ **-outlandishly** *adv.* (-S. strange)

outlast (เอาท์แลซท์') *vt.* **-lasted, -lasting** อยู่ได้นานกว่า, ทนกว่า (-S. outlive, survive)

outlaw (เอาท' ลอ) *n.* คนร้าย, บุคคลนอกกฎหมาย, บุคคลหนีกฎหมาย, ม้าป่าหรือสัตว์ที่เชื่องยาก *-vt.* **-lawed, -lawing** ประกาศว่าผิดกฎหมายหรือเลว, ประณาม, ห้าม

outlay (เอาท' เล) *n.* การใช้จ่าย, ค่าใช้จ่าย, เงินทุน (-S. cost, expenses)

outlet (เอาท' เลท, -ลิท) *n.* ทางออก, ช่องเปิด, ทางระบาย, การปลดปล่อย, การแสดงออก, ร้านค้า, ตลาด, เต้ารับปลั๊กไฟแบบฝังผนัง

★**outline** (เอาท' ไลน์) *n.* เส้นขอบ, เส้นรอบนอก, เค้าโครง, รูปร่าง, ภาพคร่าวๆ, ใจความสั้นๆ, สรุปความ *-vt.* **-lined, -lining** ร่างภาพคร่าวๆ, เขียนเค้าโครง, ย่อ, สรุป (-S. (n.) figure, plan)

outlive (เอาท์ลิฟว์') *vt.* **-lived, -living** อยู่ได้นานกว่า, มีอายุยืนกว่า, ทนได้นานกว่า (-S. outlast, survive)

★**outlook** (เอาท' ลุค) *n.* ที่ชมวิว, ทิวทัศน์, ภาพ, การสังเกต, ท่าทาง, ความคาดหมาย, คำทำนาย (-S. attitude, prospect, view)

outlying (เอาท' ไลอิง) *adj.* นอกเมือง, ห่างไกลชุมชน, รอบนอก (-S. distant, remote)

outmoded (เอาท์โม' ดิด) *adj.* ล้าสมัย, พ้นสมัย, หมดสมัย, โบราณ (-S. obsolete)

outmost (เอาท' โมซท์) *adj.* ห่างไกลลิบลับ

outnumber (เอาท์นัม' เบอร์) *vt.* **-bered, -bering** มีจำนวนมากกว่า (-S. exceed)

out-of-date (เอาท' เอิฟว์เดท') *adj.* ล้าสมัย

outpatient (เอาท' เพเชินท์) *n.* ผู้ป่วยนอก

outpost (เอาท' โพซท์) *n.* ชายแดน, ด่านหน้า, กองทหารชายแดน, ด่านนอก

★**output** (เอาท' พุท) *n.* ผลผลิต, ปริมาณผลผลิต, การผลิต, พลังงาน (กำลัง งาน) ที่ผลิตได้จากเครื่องจักรหรืออุปกรณ์ไฟฟ้า, ข้อมูลที่ได้จากการประมวลผลในคอมพิวเตอร์ (-S. yield)

outrage (เอาท' เรจ) *n.* การกระทำที่รุนแรงหรือร้ายกาจ, การทำลาย, การฝ่าฝืน, ความโกรธแค้น *-vt.* **-raged, -raging** ทำให้โกรธแค้น, ทำลาย, ข่มขืนกระทำชำเรา **-outrageous** *adj.* **-outrageously** *adv.* (-S. (n., v.) rape)

outré (อูเทร') *adj.* เกินจริง, ประหลาด, วิตถาร

outreach (เอาท์รีช') *vt.* **-reached, -reaching** ไปไกลกว่า, เก่งกว่า, ขยายออกไป

outride (เอาท์ไรด์') *vt.* **-rode, -ridden, -riding** ขี่ม้าเก่งกว่า, ชนะ, ฝ่า (พายุ) ไปได้

outright (เอาท' ไรท') *adv.* โดยสมบูรณ์, โดยไม่มีเงื่อนไข, อย่างตรงไปตรงมา, อย่างเปิดเผย, ทันที, ฉับพลัน *-adj.* สมบูรณ์, ตลอด, ตรงไปตรงมา (-S. (adv.) completely, openly (adj.) total)

outrun (เอาท์รัน') *vt.* **-ran, -run, -running** วิ่งได้เร็วกว่า, เกินไป, หลบหนี (-S. escape)

outset (เอาท์' เซท) *n.* การเริ่มต้น, จุดแรกเริ่ม

★**outside** (เอาท์ไซด์', เอาท์'-) *n.* ด้านนอก, ภายนอก, ส่วนนอก, ข้างนอก, เบื้องหน้า, รูปลักษณ์ภายนอก, ขีดจำกัดสูงสุด *-adj.* ภายนอก, นอก, ด้านนอก, วงนอก, สูงสุด, มากที่สุด *-adv.* ข้างนอก, ด้านนอก, กลางแจ้ง *-prep.* ภายนอก, ข้างนอก, ยกเว้น, นอกจาก (**-S.** (n., adj.) exterior, external (n.) surface)

outsider (เอาท์ไซ' เดอร์) *n.* บุคคลภายนอก, ม้านอกสายตา, ผู้ไม่เกี่ยวข้อง, การแข่งขันที่มีโอกาสชนะน้อย (**-S.** stranger)

outskirts (เอาท์' สเกิร์ทซ์) *n. pl.* บริเวณรอบนอก, เขตชนบท, ชานเมือง (**-S** suburbs)

outspoken (เอาท์สโป' เคิน) *adj.* ที่พูดจาเปิดเผย, ซึ่งพูดตรงไปตรงมา, ซึ่งพูดขวานผ่าซาก, ที่พูดออกมาจากใจ (**-S.** explicit, frank)

outspread (*v.* เอาท์สเปรด', *adj.* เอาท์' สเปรด) *vt., vi.* **-spread, -spreading** กระจายออก, ขยายออก, แผ่กว้าง *-adj.* แพร่หลาย, กว้างขวาง, ไพศาล (**-S.** (adj.) wide)

★**outstanding** (เอาท์สแตน' ดิง, เอาท์'-) *adj.* เด่น, สะดุดตา, สำคัญพิเศษ, ผิดธรรมดา, ค้าง, ยังคงอยู่, (หนี้) ที่ยังไม่ได้ชำระ, ยังแก้ไม่ตก **-outstandingly** *adv.* (**-S.** prominent, unpaid)

outstretch (เอาท์สเตรช') *vt.* **-stretched, -stretching** ยืดออก, กางออก, เหยียดออก

outstrip (เอาท์สตริพ') *vt.* **-stripped, -stripping** วิ่งได้เร็วกว่า, ไปได้เร็วกว่า, ขึ้นนำ

outward (เอาท์' เวิร์ด) *adj.* ภายนอก, ด้านนอก, ที่เห็นภายนอก, นอกเขต, นอกบริเวณ, ผิวๆ, ตื้น *-adv.* ไปข้างนอก, ออกสู่ภายนอก, ออกจากท่า, เปิดเผย, ชัดเจน *-n.* ข้างนอก, ส่วนนอก, โลกภายนอก **-outwardly** *adv.* **-outwardness** *n.* (**-S.** (adj.) external, obvious)

outwear (เอาท์แวร์') *vt.* **-wore, -worn, -wearing** ทนทานกว่า, ใช้ได้นานกว่า, มีอายุยืนกว่า, โตเร็วกว่า (**-S.** outlast)

outweigh (เอาท์เว') *vt.* **-weighed, -weighing** หนักมากกว่า, มีน้ำหนักกว่า, มีความสำคัญกว่า, มีค่ามากกว่า

outwit (เอาท์วิท') *vt.* **-witted, -witting** ชนะด้วยความฉลาด, คิดได้ดีกว่า, ฉลาดกว่า, หลอกลวง, โกง (**-S.** cheat, deceive)

ova (โอ' วะ) *n.* พหูพจน์ของ ovum

oval (โอ' เวิล) *adj.* คล้ายรูปไข่, เป็นรูปกลมรี *-n.* สิ่งที่มีรูปร่างเป็นรูปไข่ **-ovally** *adv.*

ovary (โอ' วะรี) *n., pl.* **-ries** รังไข่ในสัตว์และพืชตัวเมีย **-ovarian, ovarial** *adj.*

ovation (โอเว' ชัน) *n.* การโห่ร้องแสดงความยินดี, การตบมือต้อนรับเพื่อเป็นเกียรติ, การต้อนรับวีรบุรุษกลับสู่บ้านเกิด **-ovational** *adj.*

★**oven** (อัฟ' เวิน) *n.* เตาอบ

★**over** (โอ' เวอร์) *prep.* เหนือ, อยู่เหนือ, บน, อยู่บน, สูงกว่า, ข้าม, อีกด้านของ, ตลอด, ทั่ว, ระหว่าง, ผ่าน, พ้น, เลย, มากกว่า, เหนือกว่า, ขณะ, เกี่ยวกับ *-adv.* ข้าม, เหนือ, เลย, ท่วม, ตลอด, ทั่ว, ถ้วน, พลิกคว่ำ, หงายขึ้น, อีกครั้ง, ซ้ำๆ, เกิน *-adj.* เกิน, มากกว่า, เหนือกว่า, บนกว่า, พิเศษ, ภายนอก, เหลืออยู่, สิ้นสุด, อดีต *-n.* สิ่งที่เพิ่มเข้าไป, จำนวนพิเศษ, จำนวนที่เกิน *-vt.* **overed, overing** กระโดดข้าม **-over and over again** หลายครั้งหลายหน

over- คำอุปสรรค หมายถึง เหนือ, ข้าม, คลุม, ทั่ว, ล้น, พ้น, เกิน, โพ้น

overabundance (โอเวอร์อะบัน' เดินซ์) *n.* ความอุดมสมบูรณ์, ความเหลือเฟือ

overact (โอเวอร์แอคท์') *v.* **-acted, -acting** *-vt.* แสดงท่ามากเกินไป *-vi.* แสดงเกินความจริง

overall (โอ' เวอร์ออล) *adj.* ทั้งหมด, รวมทุกอย่าง, โดยทั่วไป (**-S.** general, total)

overalls (โอ' เวอร์ออลซ์) *n. pl.* เสื้อคลุมกันเปื้อน, ชุดกางเกงเอี๊ยม

overawe (โอเวอร์ออ') *vt.* **-awed, -awing** ชนะด้วยการขู่หรือทำให้กลัว

overbalance (โอเวอร์แบล' เลินซ์) *v.* **-anced, -ancing** *-vt.* มีความสำคัญมากกว่า, มีน้ำหนักกว่า *-vi.* ทำให้เอียง, เสียสมดุล

overbearing (โอเวอร์แบ' ริง) *adj.* หยิ่งยโส, จองหอง, ยกตนข่มท่าน, ชอบกดขี่

overboard (โอ' เวอร์บอร์ด, -โบร์ด) *adv.* นอกเรือ, พ้นเรือ, ลงทะเล, ลงน้ำ

overburden (โอเวอร์เบอร์' เดิน) *vt.* **-dened, -dening** บรรทุกน้ำหนักมากเกินไป, แบกภาระมากเกินไป *-n.* สิ่งที่หนักเกินไป

overcast (โอ' เวอร์แคซท์, -แคซท์') *adj.* มีเมฆมาก, มืดครึ้ม, มืดมน *-n.* การปกคลุมไปด้วยเมฆ (**-S.** (adj.) cloudy **-A.** (adj.) clear)

overcharge (*v.* โอเวอร์ชาร์จ', *n.* โอ' เวอร์ชาร์จ) *vt., vi.* **-charged, -charging** คิดราคาแพงเกินควร, บรรทุกเกินควร, พูดเกินความเป็นจริง *-n.* ราคาหรือค่าธรรมเนียมที่แพงเกินสมควร, สัมภาระที่หนักเกิน

overcloud (โอเวอร์เคลาด์') *vt., vi.* **-clouded, -clouding** ทำให้มืดครึ้ม, ปกคลุมไปด้วยเมฆ

A B C D E F G H I J K L M N O P Q R S T U V W X Y Z

overcoat (โอ' เวอร์โคท) *n.* เสื้อคลุมกันหนาวตัวยาวพ้นหัวเข่า
overcome (โอเวอร์คัม') *v.* **-came, -come, -coming** *-vt.* ผ่านพ้น (ปัญหา), เอาชนะ, ครอบงำ, มีกำลังเหนือ *-vi.* ชนะ, ได้ชัยชนะ
overconfident (โอเวอร์คอน' ฟิเดินท์) *adj.* เชื่อมั่นในตัวเองมากเกินไป **-overconfidence** *n.* **-overconfidently** *adv.*
overcrowd (โอเวอร์เคราด์') *vt.* **-crowded, -crowding** ทำให้แน่นเกินไป, บรรจุแน่นเกินไป
overdo (โอเวอร์ดู') *v.* **-did, -done, -doing** *-vt.* ทำมากเกินไป, ใช้นานเกินไป, ทำให้เหนื่อยเกินไป, อบอาหารนานเกินไป *-vi.* ทำมากเกินไป, ทำให้เหนื่อย **-overdoer** *n.*
overdose (*n.* โอ' เวอร์โดซ, *v.* โอเวอร์โดซ') *n.* ยาเกินขนาด *-vi.* **-dosed, -dosing** ให้ยาเกินขนาดหรือมากเกินไป
overdraw (โอเวอร์ดรอ') *vt.* **-drew, -drawn, -drawing** ถอนเงินเกินบัญชี, พูดเกินจริง **-overdraft, overdraught** *n.*
overdue (โอเวอร์ดู', -ดยู') *adj.* พ้นกำหนด, เลยเวลา, ช้ากว่ากำหนด (**-S.** delayed, late)
overestimate (โอเวอร์เอส' ตะเมท) *vt.* **-mated, -mating** ตีราคาสูงเกินไป
overflow (*v.* โอเวอร์โฟล', *n.* โอ' เวอร์โฟล) *v.* **-flowed, -flowing** *-vi.* ไหลท่วม, ไหลล้น *-vt.* เอ่อล้น, ท่วม, ล้นหลาม *-n.* การเอ่อล้น, การท่วม, จำนวนที่ล้นเหลือ, สิ่งที่เอ่อล้น (**-S.** (v.) deluge, spill (v., n.) flood)
overgrow (โอเวอร์โกร', โอ'-) *v.* **-grew, -grown, -growing** *-vt.* ขึ้นปกคลุมล้นหลาม *-vi.* เจริญเติบโตมากเกินไป **-overgrowth** *n.*
overhand, overhanded (โอ' เวอร์แฮนด์, โอเวอร์แฮน' ดิด) *adj.* ลงมาจากข้างบน, ฟาดลงมา *-adv.* ฟาดลงมาแบบการเสิร์ฟลูกเทนนิส
overhang (โอเวอร์แฮง') *v.* **-hung, -hanging** *-vt.* โผล่ออกมา, ยื่นออกมา, คุกคาม, ขู่เข็ญ *-vi.* ยื่นออกมา, แขวนอยู่เหนือ (**-S.** jut, project)
overhaul (โอเวอร์ฮอล', โอ'-) *vt.* **-hauled, -hauling** ยกเครื่อง (รถยนต์), ซ่อมแซม, ปรับปรุงใหม่, ชำระ, ไล่ทัน, ตามทัน *-n.* การตรวจซ่อมบำรุง (**-S.** (v.) inspect, mend)
overhead (*n., adj.* โอ' เวอร์เฮด, *adv.* โอเวอร์เฮด') *adj.* เหนือศีรษะ, อยู่บนศีรษะ, อยู่ข้างบน *-n.* ค่าใช้จ่ายประจำ เช่น ค่าเช่า ค่าน้ำ-ไฟ *-adv.* เบื้องบน, เหนือศีรษะ
overhear (โอเวอร์เฮียร์') *vt.* **-heard** (-เฮิร์ด'), **-hearing** ได้ยินโดยบังเอิญ, แอบได้ยิน
overheat (โอเวอร์ฮีท') *vt., vi.* **-heated, -heating** ทำให้ร้อนเกินไป, ร้อนเกินไป
overjoyed (โอเวอร์จอยด์') *adj.* ดีใจมากๆ
overland (โอ' เวอร์แลนด์, -เลินด์) *adv., adj.* โดยทางบก, ผ่านทางบก
overlap (*v.* โอเวอร์แลพ', *n.* โอ' เวอร์แลพ) *vt., vi.* **-lapped, -lapping** เกย, วางทับ, ซ้อน, คาบเกี่ยวกัน, เหลื่อมกัน *-n.* การเหลื่อมกัน
overlay (โอเวอร์เล') *vt.* **-laid, -laying** คลุม, หุ้ม, วางทับ, ติดกระดาษรองหน้า, เคลือบ
overleaf (โอ' เวอร์ลีฟ) *adj., adv.* อีกด้านหนึ่งของหน้าหนังสือ
overlie (โอเวอร์ไล') *vt.* **-lay, -lain, -lying** นอนทับ, วางทับ, ทับจนหายใจไม่ออก
overload (*v.* โอเวอร์โลด', *n.* โอ' เวอร์โลด) *vt.* **-loaded, -loading** บรรทุกมากหรือหนักเกินไป *-n.* น้ำหนักบรรทุกที่มากเกิน
overlook (*v.* โอเวอร์ลุค', *n.* โอ' เวอร์ลุค) *vt.* **-looked, -looking** มองลงไป, มองข้าม, จัดให้เห็นทิวทัศน์, ละเลย, ดูแล, ตรวจตรา *-n.* บริเวณที่สูงที่เห็นทิวทัศน์ได้รอบ (**-S.** (v.) neglect)
overlord (โอ' เวอร์ลอร์ด) *n.* เจ้าเหนือหัว, เจ้านาย, ผู้มีอำนาจมาก **-overlordship** *n.*
overly (โอ' เวอร์ลี) *adv.* เกินควร, มากเกินไป
overmuch (โอเวอร์มัช') *adj., adv.* มากเกินไป *-n.* ปริมาณที่มากเกินไป
overnight (โอ' เวอร์ไนท์) *adj.* ตอนกลางคืน, เมื่อคืนนี้, ตลอดคืน, ค้างคืน, รวดเร็ว *-adv.* ตลอดคืน, ข้ามคืน, ทันทีทันใด, อย่างรวดเร็ว
overpass (*n.* โอ' เวอร์แพซ, *v.* โอเวอร์แพซ') *n.* สะพานลอย, ทางด่วน, ทางข้าม *-vt.* **-passed/-past, -passing** ข้ามไป, ผ่านไป, เอาชนะ, มองข้าม, ขึ้นนำ, ละเลย (**-S.** (n.) bridge)
overpay (โอเวอร์เพ') *vt., vi.* **-paid, -paying** จ่ายมากเกินไป, ให้ค่าจ้างมากเกินไป
overpopulate (โอเวอร์พอพ' พยะเลท) *vt.* **-lated, -lating** มีประชากรมากเกินไป
overpower (โอเวอร์เพา' เออร์) *vt.* **-ered, -ering** เอาชนะ, ปราบ, มีกำลังเหนือ, ทำให้หมดกำลัง, ใช้กำลังข่ม **-overpowering** *adj.*
overqualified (โอเวอร์ควอล' ละไฟด์) *adj.* มีประสบการณ์หรือการศึกษาสูงกว่าที่ต้องการ
overrate (โอเวอร์เรท') *vt.* **-rated, -rating** ตีราคาหรือประเมินค่าสูงเกินไป
overreach (โอเวอร์รีช') *vt.* **-reached, -reaching** ยื่นเลยไป, ไปไกลเกิน, ทำเกินกำลัง,

A B C D E F G H I J K L M N **O** P Q R S T U V W X Y Z

เอาชนะด้วยไหวพริบหรือการโกง

override (โอเวอไรด์') *vt.* **-rode, -ridden, -riding** ขี่ม้าข้าม, คร่อม, ผ่านข้าม, เอาชนะ, ข่ม, ทำให้เป็นโมฆะ, ซ้อนทับกัน

overrule (โอเวอรูล') *vt.* **-ruled, -ruling** ไม่ยอมตาม, ลบล้าง, ปฏิเสธ, ส่งกลับ, ปกครอง, ใช้อำนาจบังคับ, ชักจูง (**-S.** annul, cancel)

overrun (โอเวอรัน') *v.* **-ran, -run, -running** *-vt.* ย่ำยี, บุกรุก, วิ่งเลย, ไปเร็วกว่า, ไหลท่วม, ล้น *-vi.* ไหลท่วม, ล้น, วิ่งเลย *-n.* เงินที่เกินงบที่ตั้งไว้, การไหลท่วม, การย่ำยี

★**overseas** (โอเวอร์ซีซ', โอ'-) *adv.* โพ้นทะเล, ข้ามทะเล, ต่างประเทศ *-adj.* ที่ตั้งอยู่ในต่างประเทศ (**-S.** (adv.) abroad (adj.) foreign)

oversee (โอเวอร์ซี') *vt.* **-saw, -seen, -seeing** ดูแล, ตรวจตรา, อำนวยการ, สำรวจ, ตรวจสอบ **-overseer** *n.* (**-S.** supervise, watch)

overshadow (โอเวอร์แชด' โด) *vt.* **-owed, -owing** บัง, ทำให้ด้อยลง, ทำให้มืดครึ้ม, ทำให้สำคัญน้อยลง (**-S.** dominate, obscure)

overshoe (โอ' เวอร์ชู) *n.* รองเท้ายางสำหรับสวมหุ้มรองเท้าธรรมดาเพื่อกันน้ำหรือหิมะ

overshoot (โอเวอร์ชูท') *vt.* **-shot, -shooting** ยิงข้าม, ยิงเลย, บินเลย, ไปไกลเกิน, เลย

oversight (โอ' เวอร์ไซท) *n.* ความพลั้งเผลอ, ความผิดพลาดโดยไม่ได้เจตนา, การดูแล, การอำนวยการ (**-S.** error, supervision)

oversize (โอ' เวอร์ไซซฺ) *adj.* ใหญ่กว่าปกติ, ใหญ่เกินไป *-n.* ขนาดที่ใหญ่กว่าขนาดปกติ

oversleep (โอเวอร์ซลีพ') *vi.* **-slept, -sleeping** นอนหลับนานกว่าที่กะไว้, นอนเลยเวลา

overspread (โอเวอร์สเปรด') *vt.* **-spread, -spreading** แพร่กระจาย, ขึ้นปกคลุมไปทั่ว

overstate (โอเวอร์สเตท') *vt.* **-stated, -stating** พูดเกินความจริง, พูดมากไป

overstay (โอเวอร์สเต') *vt.* **-stayed, -staying** อยู่เลยเวลาที่กำหนดไว้, อยู่นานเกินไป

overstep (โอเวอร์สเตพ') *vt.* **-stepped, -stepping** ก้าวเลย (ขอบเขต), ละเมิด (**-S.** exceed)

overstrung (โอเวอร์สตรัง') *adj.* ตึงเครียด

overt (โอเวิร์ท', โอ'-) *adj.* โดยเปิดเผย, ไม่ปิดบัง, ซึ่งเห็นได้ชัด, ชัดเจน **-overtly** *adv.*

★**overtake** (โอเวอร์เทค') *vt.* **-took, -taken, -taking** ไล่ทัน, แซงผ่านไป, เกิดขึ้นอย่างฉับพลัน, บังเกิดขึ้น (**-S.** catch up, pass)

overtax (โอเวอร์แทคซ') *vt.* **-taxed, -taxing** เรียกเก็บภาษีแพงเกินไป, ใช้เกินกำลังไป

overthrow (*v.* โอเวอร์โธร', *n.* โอ' เวอร์โธร) *vt.* **-threw, -thrown, -throwing** คว่ำ, ล้ม, ล้มล้าง, ขว้างลูกเลยไป *-n.* การโค่นล้ม

overtime (โอ' เวอร์ไทม) *n.* เวลาที่เลยจากเวลาทำงานปกติ, เงินพิเศษจากการทำงานล่วงเวลา *-adv., adj.* ล่วงเวลา, นอกเวลา

overtone (โอ' เวอร์โทน) *n.* เสียงคู่แปดในทางดนตรี, เสียงสอดแทรก, ความนัย (**-S.** hint)

overture (โอ' เวอร์ชุร) *n.* เพลงโหมโรง, เพลงเปิดตัว, การทาบทาม, การยื่นข้อเสนอ, บทนำ, ส่วนเริ่มต้น *-vt.* **-tured, -turing** ยื่นข้อเสนอ, โหมโรง (**-S.** (n., v.) offer (n.) proposal)

overturn (*v.* โอเวอร์เทิร์น', *n.* โอ' เวอร์เทิร์น) *vt., vi.* **-turned, -turning** คว่ำ, ล่ม, โค่นล้ม, ล้มล้าง, ทำลาย *-n.* การคว่ำ, การโค่นล้ม

overweening (โอเวอร์วีน' นิง) *adj.* หยิ่งยโส, จองหอง, อวดดี, เลยเถิด, เหลือล้น

overweight (*adj.* โอเวอร์เวท', *n.* โอ' เวอร์เวท) *adj.* หนักกว่าปกติ *-n.* น้ำหนักเกินพิกัด

overwhelm (โอเวอร์เวลม', -ฮเวลม') *vt.* **-whelmed, -whelming** กลืน, ท่วม, มีชัย, ชนะ, ครอบงำ, เต็มตื้น, คว่ำ, ล้มล้าง (**-S.** engulf)

overwork (*v.* โอเวอร์เวิร์ค', *n.* โอ' เวอร์เวิร์ค) *vt., vi.* **-worked, -working** ใช้งานหนักเกินไป, ทำงานมากไป *-n.* งานเกินกำลัง

overwrought (โอเวอรอท') *adj.* กระวุนกระวาย, ตื่นเต้น, พิถีพิถันเกินไป, เพลีย, เหนื่อย

oviparous (โอวิพ' เพอเริซ) *adj.* (สัตว์) ที่ออกไข่อย่างไก่ **-oviparity, oviparousness** *n.*

ovoid, ovoidal (โอ' วอยด์, โอวอยด' เดิล) *adj.* เป็นรูปไข่ *-n.* สิ่งที่มีรูปร่างเป็นรูปไข่

ovum (โอ' เวิม) *n., pl.* **ova** ไข่, เซลล์สืบพันธุ์เพศเมีย

★**owe** (โอ) *v.* **owed, owing** *-vt.* เป็นหนี้, ติดเงิน, ค้างอยู่, เป็นหนี้บุญคุณ, ต้องให้ (ความช่วยเหลือ) *-vi.* เป็นหนี้ **-owing to** เนื่องจาก

owl (เอาล) *n.* นกฮูก, นกเค้าแมว **-owllike** *adj.* **-owlish** *adj.*

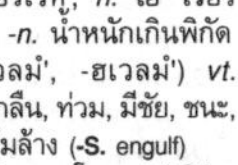

owl

owlet (เอา' ลิท) *n.* ลูกนกเค้าแมว

★**own** (โอน) *adj.* ด้วยตัวเอง, ของตัวเอง *-n.* สิ่งที่เป็นของตัวเอง *-v.* **owned, owning** *-vt.* มี, เป็นเจ้าของ, ยอมรับ, รับว่า *-vi.* ยอมรับ, สารภาพ **-on (one's) own** ด้วยตัวของตัวเอง **-owner** *n.* **-ownerless** *adj.* (**-S.** (v.) admit)

ownership (โอ' เนอร์ชิพ) *n.* ความเป็นเจ้าของ,

กรรมสิทธิ์ (-S. proprietorship)
ox (ออคซฺ) *n., pl.* **oxen** วัวตัวผู้ที่ตอนแล้ว
oxide (ออค' ไซดฺ) *n.* สารประกอบของออกซิเจนกับธาตุอื่น
oxidize (ออค' ซิไดซฺ) *v.* **-dized, -dizing** *-vt.* รวมกับออกซิเจน,ทำให้เป็นสารประกอบออกไซด์, เคลือบด้วยออกไซด์ *-vi.* กลายเป็นออกไซด์ **-oxidizable** *adj.* **-oxidization** *n.*
★**oxygen** (ออค' ซิเจิน) *n.* ธาตุออกซิเจน มีสัญลักษณ์ O **-oxygenic, oxygenous** *adj.*
oxymoron (ออคซีมอ' รอน) *n., pl.* **-ra/-rons** รูปของภาษาหรือวลีที่ใช้ถ้อยคำขัดกันมารวมกัน
oyster (ออย' สเตอรฺ) *n.* หอยนางรม, หอยมุก
oz, oz. ย่อจาก ounce ออนซ์
ozone (โอ' โซน) *n.* ก๊าซโอโซน เป็นออกซิเจนชนิดหนึ่งที่มีสามอะตอมต่อหนึ่งโมเลกุล มีสีฟ้าอ่อนและมีกลิ่นคล้ายคลอรีน
ozone layer ชั้นบรรยากาศโอโซน เป็นชั้นบรรยากาศที่ทำหน้าที่ดูดกลืนรังสีอัลตราไวโอเลตจากดวงอาทิตย์ที่แผ่มายังโลก

P

P, p (พี) *n., pl.* **P's, p's/Ps, ps** อักษรตัวที่ 16 ในภาษาอังกฤษ, อันดับสิบหก
p. ย่อจาก page หน้า, pint ไพนต์, population ประชากร, power กำลัง, pressure ความดัน
★**pa** (พา) *n.* (ภาษาพูด) พ่อ
★**pace** (เพซ) *n.* ฝีเท้า, ก้าว, ระยะฝีเท้า, อัตราเร็วในการเดินหรือวิ่ง, ความเร็วในการทำกิจกรรม, ท่าทางในการเดินหรือวิ่ง, การวิ่งควบของม้า *-v.* **paced, pacing** *-vt.* เดินกลับไปกลับมา, วัดระยะโดยนับก้าว, ฝึกฝีเท้า *-vi.* เดินก้าวยาวๆ, (ม้า) ควบ (-S. (n.) gait, speed)
pacemaker (เพซ' เมเคอรฺ) *n.* ม้านำ, ผู้นำ, ผู้เป็นตัวอย่าง, ครูฝึกหัดวิ่ง, อุปกรณ์ทางการแพทย์ที่ฝังอยู่ใต้ผิวหนังเพื่อรักษาระดับการเต้นของหัวใจ **-pacemaking** *n., adj.*
pachyderm (แพค' คิเดิรฺม) *n.* สัตว์ขนาดใหญ่ที่มีผิวหนังหนาจำพวก ช้าง แรด ฮิปโปโปเตมัส, คนหน้าด้าน, คนที่ไม่รู้สึกรู้สม
pacific, pacifical (พะซิฟ' ฟิค, -ฟิเคิล) *adj.* รักสงบ, เพื่อสันติ, เงียบสงบ, ราบรื่น, เยือกเย็น
pacifier (แพซ' ซะไฟเออรฺ) *n.* คนปลอบขวัญ, สิ่งที่ทำให้สงบ, หัวนมยางสำหรับเด็กดูดเล่น
pacifism (แพซ' ซะฟิซเซิม) *n.* การรักษาสันติภาพหรือความสงบ **-pacifist** *n., adj.*
pacify (แพซ' ซะไฟ) *vt.* **-fied, -fying** ทำให้สงบ, ปลอบ, สร้างความสงบ, รักษาความสงบ **-pacification** *n.* (-S. calm, soothe)
★**pack** (แพค) *n.* ห่อของ, หีบห่อ, ตลับ, กล่องเล็กๆ, ฝูงสัตว์, กลุ่มคน, สำรับ (ไพ่), จำนวนมาก, กระเป๋าสะพายหลัง, เครื่องหลังของทหาร, ที่บรรจุสิ่งของ, กล่องฟิล์ม, แพน้ำแข็ง, การรักษาบาดแผลหรือโรคโดยใช้ผ้าพันเอาไว้, ผ้าพันแผล *-v.* **packed, packing** *-vt.* ห่อ, พับ, มัด, รวบ, บรรจุ, อัด, อัดแน่น, ยัดเยียด, รวมเป็นกลุ่ม, รวมอยู่ใน, รัดแน่น, พัน (แผล), บรรทุกสินค้า, ส่งไป *-vi.* เก็บของลงกระเป๋า, ทำเป็นหีบห่อ, อัดแน่น, ทำให้แน่น *-adj.* ซึ่งใช้ในการมัดหรือห่อ, ที่อยู่ในรูปหีบห่อ **-packability** *n.* **-packable** *adj.* (-S. (n., v.) bundle)
★**package** (แพค' คิจ) *n.* ห่อของ, กล่องของ, หีบห่อ, ภาชนะบรรจุ, การรวมของหลายๆ อย่างไว้ด้วยกันแล้วขายเหมาเป็นห่อเดียว *-vt.* **-aged, -aging** ทำเป็นห่อ, บรรจุหีบห่อ, รวมกัน, รวมกลุ่ม **-packager** *n.* (-S. (n., v.) bundle)
package tour การนำเที่ยวแบบเหมา โดยคิดรวมค่าอาหาร ที่พัก และพาหนะรับส่ง
pack animal สัตว์ที่ใช้บรรทุกสินค้าหรือสัมภาระ เช่น ล่อ ม้า ลา
packer (แพค' เคอรฺ) *n.* ผู้บรรจุหีบห่อ, เครื่องบรรจุ, ผู้บรรจุ (ผลิตภัณฑ์) กระป๋อง
packet (แพค' คิท) *n.* ห่อเล็กๆ, มัดเล็กๆ, เรือบรรทุกผู้โดยสาร สินค้า และไปรษณียภัณฑ์, เงินจำนวนมาก (-S. parcel)
pack ice แพน้ำแข็งในทะเล
packing (แพค' คิง) *n.* การบรรจุ, กรรมวิธีในการบรรจุ, วงแหวนกันรั่วหรือซึม
packman (แพค' เมิน, -แมน) *n., pl.* **-men** พ่อค้าเร่, พ่อค้าย่อย (-S. peddler)
pact (แพคทฺ) *n.* สัญญา, สนธิสัญญา
★**pad** (แพด) *n.* เบาะ, นวม, เครื่องรองให้นุ่ม,

กระดาษที่ซ้อนกันเป็นปึก ๆ สำหรับจดข้อความ, ใบบัว,เนื้อส่วนที่นิ่มของเท้าสัตว์,แท่นปล่อยจรวด, สมุดฉีก, ผ้าก๊อซที่พับซ้อนกัน *-vt.* **padded, padding** บุนวม, รองด้วยเบาะ, เพิ่มค่าใช้จ่ายที่ไม่เป็นจริง, ต่อเติมด้วยสิ่งที่ไม่จำเป็น (**-S.** (n.) notebook (n., v.) wad (v.) line)

padding (แพด' ดิง) *n.* วัสดุที่ใช้บุรอง เช่น ฝ้าย สำลี, เครื่องรอง, ถ้อยคำที่ใส่เข้าไปในคำพูดเพื่อให้ยืดยาวขึ้น (**-S.** stuffing)

paddle[1] (แพด' เดิล) *n.* ไม้พาย, ไม้พายทำขนม, ใบพัด, ไม้ตีเสื้อเวลาซัก, ไม้ปิงปอง, ครีบปลาวาฬหรือปลาโลมา, การพาย *-v.* **-dled, -dling** *-vi.* พาย (เรือ), ว่ายโดยใช้มือและเท้าตะกุยน้ำ *-vt.* พายเรือ, ตีด้วยไม้ปิงปอง, กวน (ขนม) ด้วยไม้พาย **-paddler** *n.* (**-S.** (n., v.) oar)

paddle[2] (แพด' เดิล) *vi.* **-dled, -dling** แกว่งมือหรือเท้าในน้ำ, เดินเตาะแตะ (**-S.** toddle)

paddle wheel ใบพัด, ใบจักรเรือ

paddock (แพด' เดิค) *n.* ทุ่งหญ้าล้อมรั้วข้างคอกม้าสำหรับให้ม้าเล็มหญ้าและออกกำลัง, คอกที่สนามม้าสำหรับรวมม้าก่อนแข่ง (**-S.** enclosure, field)

paddy (แพด' ดี) *n., pl.* **-dies** นาข้าว

padlock (แพด' ลอค) *n.* กุญแจชนิดคล้องสายยู *-vt.* **-locked, -locking** ล็อกด้วยกุญแจดังกล่าว, ลั่นกุญแจปิด (**-S.** (n.) fastening (v.) fasten)

padre (พา' เดร, -ดรี) *n., pl.* **-dres** หลวงพ่อ, บาทหลวง (**-S.** cardinal, clergyman)

paean, pean (พี' เอิน) *n.* เพลงสรรเสริญพระเจ้า, เพลงสดุดี, เพลงถวายพระพร

pagan (เพ' เกิน) *n.* พวกนอกรีตที่ไม่ใช่คริสเตียน มุสลิมหรือยิว,พวกนอกศาสนาหรือไม่นับถือพระ *-adj.* นอกศาสนา, ป่าเถื่อน, นอกรีต (**-S.** (n., adj.) savage (n.) heathen)

★**page[1]** (เพจ) *n.* หน้าหนังสือ, งานเขียนหรืองานพิมพ์ในหน้าหนังสือ, เหตุการณ์ที่น่าจดจำ, หน้าพิเศษของสิ่งตีพิมพ์ *-v.* **paged, paging** *-vt.* ใส่เลขหน้า, เข้าหน้า *-vi.* พลิกหน้า

page[2] (เพจ) *n.* เด็กรับใช้สำหรับเดินหนังสือหรือนำทางในโรงแรม, เด็กหนุ่มที่ได้รับการฝึกให้เป็นอัศวิน, เด็กที่ถือชายกระโปรงเจ้าสาว *-vt.* **paged, paging** เรียกตัว, เรียกชื่อ รับใช้

pageant (แพจ' เจินท์) *n.* การแห่แหน, การเฉลิมฉลอง, การแสดงอันหรูหรา

pageantry (แพจ' เจินทรี) *n., pl.* **-ries** การแสดงอันหรูหราหรือยิ่งใหญ่, พิธีอันเอิกเกริก

pager (เพ' เจอร์) *n.* วิทยุติดตามตัว (**-S.** beeper)

pagoda (พะโก' ดะ) *n.* เจดีย์, พระปรางค์, สถูป, สิ่งก่อสร้างที่เลียนแบบเจดีย์

pagoda

paid (เพด) *v.* กริยาช่อง 2 และ 3 ของ pay

★**pail** (เพล) *n.* ถังที่มีหูหิ้ว, ปริมาณหนึ่งถัง **-pailful** *n.*

★**pain** (เพน) *n.* ความเจ็บปวด, ความทุกข์ทรมาน, ความปวดร้าว, ความลำบาก *-vt.* **pained, paining** ทำอันตราย, ทำให้เจ็บปวด, ทำให้เป็นทุกข์, ทำให้ปวดร้าว, ทำให้เสียใจ **-pains** ความพยายาม, ความเจ็บท้องจะคลอดลูก (**-S.** (n., v.) ache, hurt)

★**painful** (เพน' เฟิล) *adj.* เต็มไปด้วยความเจ็บปวด, เป็นทุกข์, ยากลำบาก, น่าเบื่อ, ระมัดระวัง **-painfully** *adv.* (**-S.** achy, hard)

★**painless** (เพน' ลิซ) *adj.* ไม่เจ็บปวด, ไม่มีความลำบาก **-painlessly** *adv.* (**-S.** comfortable)

painstaking (เพนซ์' เทคิง) *adj.* ระมัดระวัง, อุตสาหะ, พยายามอย่างยิ่ง **-painstakingly** *adv.* (**-S.** careful, diligent)

★**paint** (เพนท์) *n.* สี, สีทา, เครื่องสำอางแต่งหน้า, ม้าลาย *-v.* **painted, painting** *-vt.* ทาสี, แต้มสี, ระบายสี, เขียนรูป, บรรยายอย่างแจ่มแจ้งในคำพูด, ป้ายยา *-vi.* ทาทับด้วยสี, วาดภาพสี, แต่งแต้มด้วยเครื่องสำอาง **-paintability** *n.* **-paintable** *adj.* (**-S.** (n., v.) colour)

paintbrush (เพนท์' บรัช) *n.* แปรงทาสี

★**painter** (เพน' เทอร์) *n.* จิตรกร, ช่างทาสี

★**painting** (เพน' ทิง) *n.* การวาดภาพ, การระบายสี, ภาพวาด (**-S.** picture, portrait)

★**pair** (แพร์) *n., pl.* **pair/pairs** คู่, คู่สมรส, คู่หมั้น, คู่ผสมพันธุ์, คนหรือสัตว์คู่หนึ่ง, ชุด, สิ่งที่เป็นคู่ *-v.* **paired, pairing** *-vt.* จับคู่, เข้าคู่, จัดหาคู่ให้ *-vi.* เข้าชุด, เป็นคู่, เข้าคู่, จับคู่, แต่งงาน (**-S.** (n., v.) couple, match, mate)

★**pajamas** (พะจา' เมิซ, -แจม'-) *n. pl.* เสื้อกางเกงนอน **-pajama** *adj.*

pal (แพล) *n.* (ภาษาพูด) สหาย เพื่อนสนิท *-vi.* **palled, palling** มาเป็นเพื่อน, คบกัน

★**palace** (แพล' ลิซ) *n.* พระราชวัง, ตำหนัก, พระที่นั่ง, ทำเนียบ, ที่อยู่อาศัยอันหรูหรา

palanquin, palankeen (แพลเลินคีน') *n.* เกี้ยว, แคร่, เสลี่ยง, คานหาม (**-S.** litter)

palatable (แพล' ละทะเบิล) *adj.* ถูกปาก, น่ากิน, อร่อย, เป็นที่ยอมรับ, เป็นที่พอใจ **-palatability** *n.* **-palatably** *adv.* (**-S.** agreeable)

palate (แพล' ลิท) *n.* เพดานปาก, ความรู้สึกรับรส

palatial (พะเล' เชิล) *adj.* เหมือนพระราชวัง, หรูหรา, ใหญ่โต **-palatially** *adv.* (**-S.** grand)

palatine (แพล' ละไทน์, -ทิน) *adj.* ซึ่งมีอำนาจเท่าพระเจ้าแผ่นดิน, เกี่ยวกับพระราชวัง *-n.* ข้าราชการคนสำคัญในพระราชวัง, ผู้มีสิทธิ์หรืออำนาจในการปกครองเท่าพระเจ้าแผ่นดิน

palaver (พะแลฟ' เวอร์) *n.* การพูดเรื่องไร้สาระ, การยกยอประจบประแจง, การเจรจากันอย่างยืดเยื้อ, คำพูดโอ้โลมอ้อนวอน

★**pale**[1] (เพล) *adj.* **paler, palest** ซีด, ซีดขาว, จาง, อ่อน, จืด, สลัว, หม่น, ด้อย, อ่อนแอ *-v.* **paled, paling** *-vt.* ทำให้ซีดหรือจาง *-vi.* (ผิว) ซีดลง, ด้อยลง **-palely** *adv.* **-paleness** *n.* (**-S.** (adj.) dim, light (v.) fade **-A.** (adj.) ruddy)

pale[2] (เพล) *n.* ไม้แหลมใช้ทำรั้ว, บริเวณที่ล้อมรอบด้วยรั้ว, ขอบเขต *-vt.* **paled, paling** ล้อมรั้ว, กั้นบริเวณ (**-S.** (n., v.) picket)

paleo-, pale-, palaeo-, palae- คำอุปสรรค หมายถึง เก่าแก่, โบราณ

Paleolithic (เพเลียลิธ' ธิค) *adj.* เกี่ยวกับยุคหิน *-n.* ยุคหิน

palette (แพล' ลิท) *n.* แผ่นหรือจานผสมสีที่มีรูสำหรับเสียบนิ้ว, ชุดสีที่ใช้ในการผสม

palfrey (พอล' ฟรี) *n., pl.* **-freys** ม้าสำหรับผู้หญิงขี่ (**-S.** horse)

palindrome (แพล' อินโดรม) *n.* คำ วลี หรือประโยคที่อ่านจากหน้าไปหลังหรือจากหลังไปหน้าก็ได้ เช่น radar **-palindromic** *adj.*

paling (เพ' ลิง) *n.* รั้วไม้, ไม้ที่ใช้ทำรั้ว

palisade (แพลลิเซด') *n.* รั้วไม้หรือรั้วเหล็ก *-vt.* **-saded, -sading** กั้นรั้ว, ล้อมรั้ว **-palisades** ทิวเขาล้อมรอบ (**-S.** (n., v.) fence)

pall[1] (พอล) *n.* ผ้าคลุมหีบศพ, หีบศพ, สิ่งปกคลุมซึ่งทำให้มืดครึ้ม, บรรยากาศที่มืดครึ้ม, เสื้อคลุม *-vt.* **palled, palling** คลุมด้วยผ้าดังกล่าว

pall[2] (พอล) *v.* **palled, palling** *-vi.* เนือยลง, จางลง, เลิกสนใจ *-vt.* ทำให้จืดชืด, ทำให้เบื่อหน่าย (**-S.** satiate, weary)

palladium (พะเล' เดียม) *n.* ธาตุโลหะชนิดหนึ่งคล้ายทองคำขาว มีสัญลักษณ์ Pd

pallbearer (พอล' แบเรอร์) *n.* ผู้แบกหีบศพ, ผู้ถือชายผ้าคลุมหีบศพ

pallet[1] (แพล' ลิท) *n.* เตียงแข็งๆ แคบๆ, ที่นอนฟาง, เสื่อปูพื้น (**-S.** bed, mattress)

pallet[2] (แพล' ลิท) *n.* ไม้แบนสำหรับทุบดินทำถ้วยชาม, ตัวทำให้ฟันเฟืองหยุด, แท่นไม้วางรองสินค้าสำหรับขนย้าย

palliate (แพล' ลีเอท) *vt.* **-ated, -ating** บรรเทา, ระงับ (ความปวด), ทำให้ลดน้อยลง, กลบเกลื่อน

palliative (แพล' ลีเอทิฟว์, แพล' เลีย-) *adj.* ที่ใช้บรรเทาหรือลดหย่อน, เยียวยา *-n.* สิ่งที่ใช้บรรเทา, เครื่องบรรเทา **-palliatively** *adv.* (**-S.** (adj., n.) sedative)

pallid (แพล' ลิด) *adj.* ซีดขาว, ซีดเผือด, ไม่มีเลือด, (สี) จางลง **-pallidly** *adv.* (**-S.** pale)

pallor (แพล' เลอร์) *n.* ความซีดเผือด, ความซูบซีด, ความซีดขาว (**-S.** wanness)

★**palm**[1] (พาม) *n.* ฝ่ามือ, ฝ่าเท้าหน้าของสัตว์, ส่วนของถุงมือที่คลุมฝ่ามือ, ส่วนแบนกว้างของใบพาย *-vt.* **palmed, palming** ซ่อนไว้ในฝ่ามือ, ลูบคลำ **-palm off** (ภาษาพูด) หลอกลวง

palm[2] (พาม) *n.* ต้นปาล์ม, ใบหรือกิ่งปาล์ม

palmate, palmated (แพล' เมท; พา'-; พาล'-, -เมทิด) *adj.* มีรูปร่างคล้ายฝ่ามือ, มีนิ้วเท้าติดกันเป็นพังผืด **-palmately** *adv.*

palmetto (แพลเมท' โท) *n., pl.* **-tos/-toes** ต้นปาล์มขนาดเล็กที่มีใบเป็นรูปพัด

palmistry (พา' มิสตรี) *n.* วิชาดูลายมือ, การทำนายโชคชะตาโดยดูจากลายมือ **-palmist** *n.*

palm-top (พาม' ทอพ) *n.* คอมพิวเตอร์ขนาดเท่าฝ่ามือ, คอมพิวเตอร์มือถือ

palmy (พา' มี) *adj.* **palmier, palmiest** เต็มไปด้วยต้นปาล์ม, รุ่งเรือง, เจริญ, ร่ำรวย

palpable (แพล' พะเบิล) *adj.* สามารถสัมผัสหรือรู้สึกได้, ชัดเจน, แจ่มแจ้ง **-palpably** *adv.*

palpitate (แพล' พิเทท) *vi.* **-tated, -tating** ไหวระริก, สั่น, สั่นระรัว **-palpitation** *n.*

palsy (พอล' ซี) *n., pl.* **-sies** อัมพาต, ง่อย *-vt.* **-sied, -sying** ทำให้อ่อนกำลัง, ทำให้เป็นอัมพาต

palter (พอล' เทอร์) *vi.* **-tered, -tering** พูดหรือกระทำอย่างไม่จริงใจ, โกหก, พูดหรือทำเล่นๆ, ต่อรอง, ต่อล้อต่อเถียง **-palterer** *n.*

paltry (พอล' ทรี) *adj.* **-trier, -triest** ไม่สำคัญ, เล็กน้อย, ขี้ปะติว, ไร้สาระ, น่าดูถูก, น่ารังเกียจ **-paltriness** *n.* (**-S.** insignificant, trivial)

pamper (แพม' เพอร์) *vt.* **-pered, -pering** พะเน้าพะนอ, ตามใจ, เอาใจ **-pamperer** *n.* (**-S.** indulge, spoil **-A.** abuse, punish)

pamphlet (แพม' ฟลิท) *n.* หนังสือเล่มเล็กๆ, จุลสาร (**-S.** booklet)

pamphleteer (แพมฟลิเทียร์') *n.* ผู้เขียนหนังสือดังกล่าว โดยเฉพาะการเมือง

★**pan[1]** (แพน) *n.* กระทะก้นแบน, ถาด, จานตาชั่ง, อ่าง, ภาชนะร่อนแร่, แอ่ง *-v.* **panned, panning** *-vt.* ร่อนแร่, ทำอาหารในกระทะ, (ภาษาพูด) วิจารณ์อย่างรุนแรง *-vi.* ร่อนทอง, ร่อนได้ทอง **-pan out** ประสบผลสำเร็จ, ได้ผล

pan[2] (แพน) *vt., vi.* **panned, panning** ถ่ายภาพยนตร์โดยวิธีส่ายกล้อง, ถ่ายกวาด

pan- คำอุปสรรค หมายถึง ทั้งหมด

panacea (แพนนะเซีย') *n.* ยาครอบจักรวาล, ยาแก้สารพัดโรค (**-S.** remedy)

pancake (แพน' เคค) *n.* ขนมแพนเค้ก

panchromatic (แพนโครแมท' ทิค) *adj.* ซึ่งไวต่อแสงทุกสี **-panchromatism** *n.*

pancreas (แพง' เครียซ, แพน'-) *n.* ตับอ่อน

panda (แพน' ดะ) *n.* หมีแพนด้า พบในประเทศจีนและทิเบต ลำตัวมีขนสีขาวและดำ ชอบกินใบไผ่อ่อนและหน่อไม้

panda

pandemic (แพนเดม' มิค) *adj.* ซึ่งแพร่หลายทั่วไป, ซึ่งระบาดไปทั่ว

pandemonium, pandaemonium (แพนดะโม' เนียม) *n.* ความอึกทึกครึกโครม, ความโกลาหล, ความสับสนวุ่นวาย

pander (แพน' เดอร์) *n.* ผู้ชักนำไปในทางชั่ว, แม่เล้า, ผู้ชักพาให้เป็นโสเภณี *-vi.* **-dered, -dering** ส่งเสริม, ให้ความพอใจ, ให้ประโยชน์

pandit, pundit (แพน' ดิท, พัน'-) *n.* บัณฑิต

pane (เพน) *n.* บานกระจกหน้าต่างหรือประตู, แผ่นกระจกกรุหน้าต่างหรือประตู

panel (แพน' เนิล) *n.* แผ่นไม้กรุหน้าต่างหรือประตู, แผ่นไม้ที่ใช้ทำเป็นกรอบภาพวาด, ภาพวาดในกรอบดังกล่าว,ผ้าแถบที่เย็บประดับเครื่องแต่งกายของผู้หญิง, แผงควบคุมอุปกรณ์ไฟฟ้า, รายชื่อ, บัญชีชื่อ, คณะลูกขุน, การอภิปรายกลุ่ม *-vt.* **-eled, -eling/-elled, -elling** กรุด้วยไม้, จัดเป็นคณะ (**-S.** (n., v.) group)

pang (แพง) *n.* ความเจ็บปวด, ความแสบอย่างรุนแรงชั่วขณะหนึ่ง, อารมณ์หรือความรู้สึกที่เกิดขึ้นฉับพลัน (**-S.** pain)

pangolin (แพง' กะลิน, แพน'-) *n.* ตัวนิ่ม, ตัวลิ่น

★**panic** (แพน' นิค) *n.* ความตื่นตระหนก, ความตกใจกลัว, ความหวาดกลัว, ความอลหม่าน *-adj.* ตื่นตระหนก, ตกใจ, อลหม่าน *-vt., vi.* **-icked, -icking** ตกใจกลัว, ทำให้ตื่นตระหนก **-panicky** *adj.* (**-S.** (n.) horror, terror)

panicle (แพน' นิเคิล) *n.* ช่อดอกไม้, ช่อดอก **-panicled** *adj.*

panic-stricken, panic-struck (แพน' นิคสตริคเคิน, -สตรัค) *adj.* ตื่นตกใจ, ตกใจกลัว

pannier, panier (แพน' เนียร์) *n.* ตะกร้าที่ห้อยอยู่ข้างรถจักรยาน, ตะกร้าบรรทุกที่พาดบนหลังสัตว์, กระจาด (**-S.** basket)

panoply (แพน' นะพลี) *n., pl.* **-plies** เสื้อเกราะ, เครื่องหุ้มห่อ, การแสดงอันหรูหรา

panorama (แพนนะแรม' มะ, -รา' มะ) *n.* ภาพหรือทิวทัศน์ที่เห็นได้กว้าง, ภาพหรือเหตุการณ์ที่ต่อเนื่องกัน, ภาพที่ม้วนไว้แล้วค่อยๆ เปิดออกดูทีละนิด **-panoramic** *adj.* (**-S.** scene, view)

pansy (แพน' ซี) *n., pl.* **-sies** ไม้ดอกชนิดหนึ่งดอกมีกลีบห้ากลีบ, สีม่วงเข้ม, (คำสแลง) กะเทย

pant (แพนท์) *v.* **panted, panting** *-vi.* หอบ, หอบฮักๆ, เต้นแรง, สั่นระริก, ปรารถนา, ใคร่ *-vt.* พูดด้วยอาการหอบ *-n.* การหอบ

pantalets, pantalettes (แพนทะเลทซ์') *n. pl.* กางเกงชั้นในของผู้หญิง

pantaloons (แพนทะลูนซ์') *n. pl.* กางเกงขี่ม้ารัดรูป, กางเกงขายาวถึงข้อเท้า

pantheism (แพน' ธีอิซเซิม) *n.* ความเชื่อว่าพระเจ้ากับจักรวาลคือสิ่งเดียวกัน **-pantheist** *n.* **-pantheistic** *adj.*

pantheon (แพน' ธีออน, -เอิน) *n.* โบสถ์ที่สถิตของพระเจ้าทั้งมวล, วิหารของบรรพบุรุษ

panther (แพน' เธอร์) *n.* เสือดำ, สิงโตภูเขา

pantograph (แพน' ทะแกรฟ) *n.* เครื่องลอกแผนที่หรือลวดลาย **-pantographic** *adj.*

pantomime (แพน' ทะไมม์) *n.* ละครใบ้, การแสดงละครใบ้ *-vt., vi.* **-mimed, -miming** แสดงละครใบ้ **-pantomimist** *n.*

pantry (แพน' ทรี) *n., pl.* **-tries** ห้องหรือตู้ข้างครัวสำหรับเก็บอาหารและภาชนะเครื่องใช้, ห้องเตรียมอาหาร (**-S.** larder)

★**pants** (แพนท์ซ) *n. pl.* กางเกงชั้นใน, กางเกง, กางเกงยืดขายาว

pap[1] (แพพ) *n.* หัวนม, สิ่งที่คล้ายหัวนม

pap[2] (แพพ) *n.* อาหารอ่อนสำหรับเด็ก

★**papa** (พา' พะ, พะพา') *n.* (ภาษาพูด) พ่อ

papacy (เพ' พะซี) *n., pl.* **-cies** หน้าที่หรืออำนาจขององค์สันตะปาปา

papal (เพ' เพิล) *adj.* เกี่ยวกับองค์สันตะปาปา **-papally** *adv.*

paparazzo (พาพะราท' โซ) *n., pl.* **-zi** (-ซี) ช่างภาพอิสระที่คอยตามถ่ายภาพบุคคลสำคัญ

A B C D E F G H I J K L M N O Q R S T U V W X Y Z

papaw, pawpaw (พอ' พอ) *n.* มะละกอ
papaya (พะพา' ยะ) *n.* มะละกอ, ต้นมะละกอ
★**paper** (เพ' เพอร์) *n.* กระดาษ, แผ่นกระดาษ, แผ่นงานเขียนหรือพิมพ์, เอกสาร, หนังสือพิมพ์, กระดาษติดผนัง, รายงาน, คำบรรยาย, ข้อสอบ *-vt.* **-pered, -pering** ห่อด้วยกระดาษ, คลุมด้วยกระดาษ, ปิดทับด้วยกระดาษติดผนัง *-adj.* ซึ่งทำด้วยกระดาษ, คล้ายกระดาษ, เป็นเพียงกระดาษ **-papers** เอกสารเกี่ยวกับการเงิน, เอกสารประจำตัวบุคคล, การรวบรวมจดหมายบันทึก และงานเขียนส่วนตัว **-paperer** *n.*
paperback (เพ' เพอร์แบค) *n.* หนังสือปกอ่อน
paper clip ลวดหนีบกระดาษ
paperknife (เพ' เพอร์ไนฟ์) *n.* มีดเปิดซองจดหมาย
paper money ธนบัตร
paperweight (เพ' เพอร์เวท) *n.* ที่ทับกระดาษ
paperwork (เพ' เพอร์เวิร์ค) *n.* งานหนังสือ, งานเอกสาร, การทำงานเอกสาร
papier-mâché (เพ' เพอร์มะเช') *n.* วัสดุหรืองานที่ทำจากเยื่อกระดาษผสมกับกาว แล้วอัดลงในพิมพ์เป็นรูปร่างต่างๆ
papilla (พะพิล' ละ) *n., pl.* **-lae** (-ลี) ตุ่ม, ปุ่ม (รับรส), สิว **-papillary** *adj.* **-papillate** *adj.*
papist (เพ' พิซท์) *n.* ชาวโรมันคาทอลิก
papoose (แพพูซ', พะ-) *n.* เด็กอินเดียนแดง
paprika (แพพรี' คะ, แพพ' พริคะ) *n.* พริกป่น, สีส้มอมแดงเข้ม
Pap smear การตรวจมะเร็งมดลูก
papyrus (พะไพ' เริซ) *n., pl.* **-ri** (-ไร)/**-ruses** ต้นกก, กระดาษที่ทำจากต้นกก, หนังสือที่เขียนลงบนกระดาษดังกล่าว
par (พาร์) *n.* มาตรฐาน, เกณฑ์, ค่าเฉลี่ย, ราคาเดิม, ความเสมอ, ความเท่าเทียม, ราคาที่กำหนดในใบหุ้น *-adj.* เท่ามาตรฐาน, เกี่ยวกับราคาที่กำหนดในใบหุ้น, ปกติ
para-, par- คำอุปสรรค หมายถึง ข้างเคียง, ใกล้, ผิดปกติ, คล้ายคลึง
parable (แพ' ระเบิล) *n.* สุภาษิต, นิทานสอนใจ
parabola (พะแรบ' บะละ) *n.* เส้นโค้งพาราโบลาที่เกิดจากการตัดกันของรูปกรวย **-parabolic** *adj.* **-parabolically** *adv.*
parachute (แพ' ระชูท) *n.* ร่มชูชีพ, อุปกรณ์คล้ายร่มชูชีพที่ช่วยลดความเร็ว *-v.* **-chuted, -chuting** *-vi.* กระโดดร่มชูชีพ *-vt.* หย่อน (สัมภาระ) ลงโดยร่มชูชีพ **-parachutist** *n.*
parachute troops กองทหารพลร่ม
★**parade** (พะเรด') *n.* การเดินแถว, การเดินขบวน, การเดินสวนสนาม, ขบวนแห่, สถานที่เดินแถวหรือเดินเล่น *-vi., vt.* **-raded, -rading** เดินขบวน, เดินเล่นในที่สาธารณะ, เดินแห่, (ทหาร) มาชุมนุม, อวดโก้ **-parader** *n.* (-S. (n.) ceremony (n., v.) march)
paradigm (แพ' ระไดม์, -ดิม) *n.* ตัวอย่าง, แบบ, การสาธิต, ชุดสาธิต **-paradigmatic** *adj.*
paradise (แพ' ระไดซ์, -ไดซ) *n.* สวรรค์, สวน Eden ที่พระเจ้าประทานให้กับอาดัมและอีฟอาศัย, สถานที่ที่มีความสวยงามและความสุข, แดนสุขาวดี (-S. heaven, nirvana)
paradox (แพ' ระดอคซ์) *n.* คำพูดที่ดูเหมือนแย้งกันแต่อาจจะเป็นจริงได้ตามนั้น, คนหรือสิ่งที่ขัดแย้งกัน **-paradoxical** *adj.* **-paradoxically** *adv.* (-S. absurdity, contradiction)
paraffin (แพ' ระฟิน) *n.* ขี้ผึ้งพาราฟิน *-vt.* **-fined, -fining** เคลือบหรือปิดด้วยขี้ผึ้งพาราฟิน
paragon (แพ' ระกอน, -เกิน) *n.* ตัวอย่างที่ยอดเยี่ยม, เพชรน้ำหนึ่งที่ไม่มีตำหนิ, ไข่มุกกลมเม็ดใหญ่ *-vt.* **-goned, -goning** เปรียบเทียบ
★**paragraph** (แพ' ระแกรฟ) *n.* วรรคตอน, ตอนหนึ่งของหนังสือ, ย่อหน้า, ข้อความตอนหนึ่ง, บทความสั้นๆ, เครื่องหมายให้ย่อหน้า *-vt.* **-graphed, -graphing** แบ่งออกเป็นตอนๆ, แยกเป็นวรรคๆ, ย่อหน้า
parakeet (แพ' ระคีท) *n.* นกแก้วเล็ก
parallax (แพ' ระแลคซ์) *n.* การมองเห็นว่าวัตถุเคลื่อนที่เนื่องจากผู้สังเกตเคลื่อนไหว
★**parallel** (แพ' ระเลล) *adj.* ขนาน, เสมอกัน, เท่าเทียม, เหมือนหรือคล้ายกัน, ไปในทางเดียวกัน, มีแนวโน้มเหมือนกัน *-n.* เส้นรุ้ง, เส้นขนาน, สิ่งเปรียบเทียบ, ความเหมือนหรือคล้ายกัน, สิ่งคล้ายคลึง, ทิศทางที่ขนานกัน, การต่อแบบวงจรขนาน *-vt.* **-leled, -leling/-lelled, -lelling** ทำให้ขนาน, เปรียบเทียบ, มีความเท่าเทียม
parallel bars อุปกรณ์บาร์คู่ในกีฬายิมนาสติก
parallelogram (แพระเลล' ละแกรม) *n.* รูปสี่เหลี่ยมด้านขนาน
paralysis (พะแรล' ลิซิซ) *n., pl.* **-ses** (-ซีซ) อัมพาต, ง่อยเปลี้ย
paralytic (แพระลิท' ทิค) *adj.* เกี่ยวกับอัมพาต *-n.* ผู้ที่เป็นอัมพาต **-paralytically** *adv.*
paralyze, paralyse (แพ' ระไลซ์) *vt.* **-lyzed, -lyzing** ทำให้เป็นอัมพาต, ทำให้หมดกำลังหรือเคลื่อนที่ไม่ได้ **-paralyzation** *n.*
paramedic (แพระเมด' ดิค) *n.* เจ้าหน้าที่ผู้ช่วย

A B C D E F G H I J K L M N O P Q R S T U V W X Y Z

แพทย์, แพทย์ทหาร **-paramedical** *adj.*
parameter (พะแรม' มิเทอร์) *n.* ตัวแปรในทางสถิติ, ค่าคงที่ที่กำหนดขึ้นในทางคณิตศาสตร์, ขอบเขตที่กำหนดไว้แน่นอน (**-S.** boundary)
paramount (แพ' ระเมาน์ท์) *adj.* ชั้นนำ, ยอดเยี่ยม, สูงสุด, อันดับหนึ่ง, สำคัญยิ่ง, ยิ่งใหญ่ *-n.* ผู้มีอำนาจสูงสุด, เจ้าชีวิต, ผู้ปกครองชั้นสูงสุด **-paramountcy** *n.* **-paramountly** *adv.*
paramour (แพ' ระมุร์) *n.* คนรัก, ชู้รัก
parapet (แพ' ระเพท, -พิท) *n.* กำแพงเตี้ย, ราวลูกกรง, รั้วกั้นระเบียงหรือหลังคา, ป้อม, เชิงเทิน (**-S.** battlement, rampart)
paraphernalia (แพระเฟอร์เนล' เลีย) *n. pl.* ทรัพย์สมบัติส่วนตัว, ของใช้ส่วนตัว, อุปกรณ์, เครื่องใช้ (**-S.** belongings, equipment)
paraphrase (แพ' ระเฟรซ) *n.* การถอดข้อความหรือภาษาที่ยากออกเป็นคำพูดธรรมดา, การแปลความหมาย, ข้อความที่ถอดออกมา *-vt.* **-phrased, -phrasing** ถ่ายข้อความ, ถอดความ, แปลความหมาย **-paraphrasable** *adj.*
parasite (แพ' ระไซท์) *n.* สิ่งมีชีวิตที่อาศัยและเกาะกินสิ่งมีชีวิตชนิดอื่น, ปรสิต, เช่น กาฝาก เห็บ พยาธิ, ผู้ที่เกาะคนอื่นกิน **-parasitic** *adj.*
parasol (แพ' ระซอล) *n.* ร่มกันแดดขนาดเล็ก
para suicide คนที่พยายามฆ่าตัวตายเพื่อเรียกร้องความสนใจ
parathion (แพระไธ' ออน) *n.* ยาฆ่าแมลงศัตรูพืชชนิดหนึ่ง มีพิษรุนแรง
paratroops (แพ' ระทรูพซ์) *n. pl.* ทหารพลร่ม, พลร่ม **-paratrooper** *n.*
paratyphoid fever โรคไข้รากสาดเทียม
parboil (พาร์' บอยล์) *vt.* **-boiled, -boiling** ต้มแบบสุกๆ ดิบๆ, ต้มเพียงครู่เดียว
★**parcel** (พาร์' เซิล) *n.* หีบห่อ, พัสดุ, ผืนที่ดิน, กลุ่ม, มัด, ช่อ, พวง, คณะ *-vt.* **-celed, -celing/-celled, -celling** แบ่งส่วน, ทำให้เป็นหีบห่อ *-adj., adv.* ส่วนหนึ่ง, เพียงส่วนหนึ่ง
parch (พาร์ช) *v.* **parched, parching** *-vt.* ทำให้แห้งเกรียม, ทำให้แห้งผาก, ทำให้กระหายน้ำ, อบ, เผา, ปิ้ง *-vi.* แห้งเกรียม, แห้งผาก, กระหายน้ำ (**-S.** dry, thirst)
parchment (พาร์ช' เมินท์) *n.* หนังแกะหรือแพะสำหรับใช้เขียนหนังสือ, กระดาษที่เหนียวคล้ายแผ่นหนัง (**-S.** paper)
★**pardon** (พาร์' เดิน) *vt.* **-doned, -doning** ยกโทษ, ให้อภัย, อภัยโทษ, ขอโทษ *-n.* การให้อภัย, การยกโทษให้, การอภัยโทษ, การขอโทษ **-pardonable** *adj.* (**-S.** (v., n.) excuse)
pare (แพร์) *vt.* **pared, paring** ปอก (เปลือก), เฉือน, เจียน, เล็ม, เหลา, ตัดออก **-parer** *n.*
★**parent** (แพ' เรินท์) *n.* พ่อแม่, ผู้ปกครอง, บรรพบุรุษ, บ่อเกิด, สาเหตุ, แหล่งกำเนิด, สิ่งมีชีวิตที่เป็นผู้ให้กำเนิด *-vt.* **-ented, -enting** เลี้ยงดู, ฟูมฟัก, เริ่ม, ก่อ **-parenthood** *n.* **-parental** *adj.* (**-S.** (n.) ancester, origin)
parentage (แพ' เรินทิจ) *n.* จุดเริ่มต้น, แหล่งกำเนิด, เชื้อสาย, เทือกเถาเหล่ากอ, ความเป็นพ่อแม่ (**-S.** ancestry, lineage)
parenthesis (พะเรน' ธิซิซ) *n., pl.* **-ses** (-ซีซ) เครื่องหมายวงเล็บ, ข้อความที่อยู่ในวงเล็บ, ข้อความหรือคำที่สอดแทรก
parenthetical, parenthetic (แพเรินเธท' ทิเคิล, -ทิค) *adj.* เกี่ยวกับวงเล็บ, ซึ่งอยู่ภายในวงเล็บ, เป็นการเสริมหรือสอดแทรก
parfait (พาร์เฟ') *n.* ของหวานแช่แข็งหรือไอศกรีมสลับชั้นที่เสิร์ฟในแก้วทรงสูง
pariah (พะไร' อะ) *n.* คนที่ถูกขับออกจากสังคม, คนนอกคอก, คนชั้นต่ำ, คนเลว (**-S.** outcast)
parish (แพ' ริช) *n.* เขตการปกครองที่มีโบสถ์ประจำท้องถิ่น, พลเมืองในเขตการปกครองดังกล่าว, ตำบล **-parishioner** *n.*
parity (แพ' ริที) *n., pl.* **-ties** ความเสมอภาค, ความเท่าเทียมกัน, ความเท่ากัน, มูลค่าหรือราคาเท่ากัน, ความคล้ายคลึงกัน (**-S.** equality)
★**park** (พาร์ค) *n.* สวนสาธารณะ, อุทยานหรือวนอุทยาน, สถานที่พักผ่อน, สนามกีฬา, สถานที่จอดรถ *-v.* **parked, parking** *-vt.* (ภาษาพูด) ทิ้งหรือวางไว้ชั่วคราว, จอดรถ *-vi.* จอดรถ **-parker** *n.* (**-S.** (n.) car-park (v.) leave)
parking (พาร์' คิง) *n.* การจอดรถ, ที่จอดรถ
parking lot บริเวณที่จอดรถยนต์
parking meter มิเตอร์จอดรถ
Parkinson's disease โรคชักกระตุกหรือสันนิบาต เป็นโรคทางระบบประสาทแบบหนึ่งเกิดขึ้นจากบางส่วนของสมองพิการ
parkway (พาร์ค' เว) *n.* ถนนกว้างที่มีแนวต้นไม้อยู่ข้างถนน
parlance (พาร์' เลินซ์) *n.* ลักษณะของภาษา, สำนวนภาษา, ภาษาเฉพาะ (**-S.** phraseology)
parley (พาร์' ลี) *n., pl.* **-leys** การเจรจา, การประชุม, การอภิปราย, การสนทนา *-vi.* **-leyed, -leying** ประชุม, เจรจา, สนทนา
★**parliament** (พาร์' ละเมินท์) *n.* รัฐสภา, สภานิติบัญญัติ (**-S.** assembly, congress)

A B C D E F G H I J K L M N O P Q R S T U V W X Y Z

parliamentarian (พาร์ละเมนแท' เรียน) *n.* ผู้เชี่ยวชาญในกฎระเบียบข้อบังคับและระเบียบวาระการประชุมของรัฐสภา, สมาชิกสภานิติบัญญัติ, นักการเมือง (**-S.** politician)

parliamentary (พาร์ละเมน' ทะรี, -ทรี) *adj.* เกี่ยวกับรัฐสภา, เป็นไปตามกฎของรัฐสภา

parlor, parlour (พาร์ เลอร์) *n.* ห้องรับแขก, ห้องรับรอง, ห้องนั่งเล่น, ร้านค้า

parochial (พะโร' เคียล) *adj.* เฉพาะตำบล, อยู่ในวงจำกัด, แคบ **-parochially** *adv.*

parody (แพ' ระดี) *n., pl.* **-dies** เรื่องที่เขียนขึ้นล้องานเขียนของคนอื่น, การล้อเลียน, ของเลียนแบบ *-vt.* **-died, -dying** ล้อเลียน, เลียนแบบ **-parodist** *n.* (**-S.** (n.) imitation)

parole (พะโรล', แพ' เริล) *n.* การปล่อยตัวนักโทษก่อนกำหนด เนื่องจากประพฤติดี, ทัณฑ์บน, คำรหัสลับ, คำสัตย์ปฏิญาณ *-vt.* **-roled, -roling** ปล่อยตัวโดยมีทัณฑ์บน (**-S.** (n.) promise)

paroxysm (แพ' เริคซิซเซิม) *n.* การปะทุหรือระเบิดของอารมณ์, อาการที่เกิดขึ้นเป็นพักๆ

parquet (พาร์เค') *n.* พื้นที่ปูด้วยไม้ปาร์เก้, พื้นห้องของโรงละคร *-vt.* **-queted, -queting** ตกแต่งพื้นด้วยไม้ปาร์เก้, ใช้ไม้ปาร์เก้ปูพื้น

parricide (แพ' ริไซด์) *n.* การฆ่าพ่อแม่หรือคนใกล้ชิดของตัวเอง, ผู้ที่กระทำการดังกล่าว

parrot (แพ' เริท) *n.* นกแก้ว, คนที่จำคำพูดคนอื่นมาพูด, คนที่เลียนแบบคำพูดหรือการกระทำของผู้อื่น *-vt.* **-roted, -roting** พูดซ้ำหรือพูดตามคำพูดของคนอื่น (**-S.** (n.) parakeet)

parry (แพ' รี) *vt.* **-ried, -rying** หลบหลีก, ปัดป้อง, หลีกเลี่ยง, พูดหลบหลีก *-n., pl.* **-ries** การหลบหลีก, การตอบเลี่ยง (**-S.** (v.) evade)

parse (พาร์ซ) *vt., vi.* **parsed, parsing** กระจาย (คำ) ในประโยค, แยก (ประโยค) ออกเป็นส่วนๆ

parsimonious (พาร์ซะโม' เนียซ) *adj.* ขี้เหนียว, ไม่ซื่อสัตย์, ใจแคบ (**-S.** stingy)

parsley (พาร์' ซลี) *n., pl.* **-leys** ผักชีฝรั่ง

parsnip (พาร์' ซนิพ) *n.* พืชชนิดหนึ่งมีรากอวบขาว และกลิ่นแรง ใช้รับประทานเป็นผัก

parson (พาร์' เซิน) *n.* พระ, บาทหลวง

parsonage (พาร์' ซะนิจ) *n.* ที่อยู่ของพระที่ทางศาสนาจัดหาให้

★**part** (พาร์ท) *n.* ส่วน, ส่วนหนึ่ง, ส่วนของอวัยวะ, ส่วนประกอบ, ชิ้นส่วน, หน้าที่, บทบาท, เส้นแบ่ง, เสียงดนตรี, ถิ่น, ฝ่าย, บริเวณ, พรสวรรค์, รอยแสก *-v.* **parted, parting** *-vt.* แบ่ง, แยก, จากกัน, กั้น, หวีแสก, ขาด *-vi.* แบ่งออกเป็นส่วนๆ, ขาดออก, จากไป, แยกทาง, แตกออก, ตาย, ทอดทิ้ง *-adj.* บางส่วน, ไม่เต็ม *-adv.* เป็นบางส่วน **-part and parcel** ส่วนสำคัญ, ส่วนพื้นฐาน **-take part** เข้าร่วม, มีส่วนร่วม (**-S.** (n.) area, fragment, organ (v.) leave)

partake (พาร์เทค') *vi., vt.* **-took, -taken, -taking** เข้าร่วม, มีส่วนร่วม, ร่วมวง (**-S.** participate)

partial (พาร์' เชิล) *adj.* บางส่วน, ไม่สมบูรณ์, ลำเอียง, อคติ, ไม่ยุติธรรม, ชื่นชอบ **-partiality** *n.* **-partially** *adv.* (**-S.** biased)

participant (พาร์ทิซ' ซะเพินท์) *n.* ผู้ร่วมกระทำ, ผู้มีส่วนร่วม **-participance** *n.*

participate (พาร์ทิซ' ซะเพท) *vi.* **-pated, -pating** มีส่วนร่วม, เข้าร่วม, ร่วมกระทำ, สมทบ

★**participle** (พาร์' ทิซิพเพิล) *n.* คำกริยาที่ลงท้ายด้วย -ing หรือ -ed, กริยาช่อง 3, คำกริยาที่ทำให้เป็นคำคุณศัพท์โดยการเติม -ing **-participial** *adj.* **-participially** *adv.*

particle (พาร์' ทิเคิล) *n.* อนุภาค, อณู, ส่วนที่น้อยที่สุด, ระดับที่น้อยที่สุด, คำศัพท์ที่ไม่เป็นส่วนสำคัญของภาษา (**-S.** bit, grain)

parti-colored (พาร์' ทีคัลเลอร์ด) *adj.* มีหลายสี, หลากสี (**-S.** pied)

★**particular** (เพอร์ทิค' คยะเลอร์, พะทิค'-) *adj.* โดยเฉพาะ, จำเพาะ, เจาะจง, พิเศษ, ละเอียดละออ, พิถีพิถัน, จู้จี้ *-n.* รายละเอียด, ส่วนพิเศษ, ข้อปลีกย่อย, รายการ, ลักษณะเฉพาะ **-in particular** โดยเฉพาะอย่างยิ่ง **-particularity** *n.* **-particularly** *adv.* (**-S.** (adj.) fussy, specific)

particularize (เพอร์ทิค' คยะละไรซ์, พะทิค'-) *v.* **-ized, -izing** *-vt.* ระบุ, ทำให้เป็นพิเศษ, ทำให้เฉพาะเจาะจง *-vi.* ให้รายละเอียด, เข้าไปในรายละเอียด **-particularization** *n.* **-particularizer** *n.* (**-S.** individualize, specify)

parting (พาร์' ทิง) *n.* การแบ่งแยก, การแยกออก, การจากกัน, การจากไป, เส้นแบ่งแยก, สิ่งที่แบ่งแยก, ความตาย *-adj.* ที่แบ่งแยก, จากกัน, ขาด (**-S.** (n.) departure, separation)

partisan (พาร์' ทิเซิน) *n.* ผู้สนับสนุนฝ่ายใดฝ่ายหนึ่ง, ผู้ที่ยึดถือพรรคพวกตนเอง, สมาชิกหน่วยกองโจร *-adj.* มีความลำเอียง, ถือพรรคถือพวก **-partisanship** *n.* (**-S.** (adj.) prejudiced)

partition (พาร์ทิช' ชัน) *n.* การแบ่งออกเป็นส่วนๆ, ส่วนที่ถูกแบ่งแยกหรือกั้น, ที่กั้น, สิ่งที่ใช้แบ่งแยก, กำแพงกั้น, ฉากกั้น, ผนังเซลล์ *-vt.* **-tioned, -tioning** แบ่งออกเป็นส่วนๆ, กั้น, แยก **-partitioner** *n.* (**-S.** (n.) division, wall)

★**partly** (พาร์ท' ลี) *adv.* บางส่วน, เป็นบางส่วน

★**partner** (พาร์ท' เนอร์) *n.* ผู้ช่วย, หุ้นส่วน, คู่ขา, คู่เต้นรำ, คู่เล่นเกม, คู่สามีภรรยา *-v.* **-nered, -nering** *-vt.* ร่วมกัน, เป็นผู้ช่วย *-vi.* ทำตัวเป็นผู้ช่วย (**-S.** (n.) helper, spouse)

partnership (พาร์ท' เนอร์ชิพ) *n.* หุ้นส่วน, ความเป็นหุ้นส่วน, ห้างหุ้นส่วน, ความสัมพันธ์ที่เป็นหุ้นส่วนกัน (**-S.** relationship, syndicate)

partook (พาร์ทุค') *v.* กริยาช่อง 2 ของ partake

partridge (พาร์' ทริจ) *n., pl.* **-tridge/-tridges** นกกระทา

part-time (พาร์ท' ไทม์) *adj.* นอกเวลางานปกติ

★**party** (พาร์' ที) *n., pl.* **-ties** คณะ, พรรค, พวก, พรรคการเมือง, หมู่คณะ, ผู้ร่วมกระทำ, งานเลี้ยง, งานสโมสร, บุคคล *-vi.* **-tied, -tying** (ภาษาพูด) เข้าไปมีส่วนร่วมในกิจกรรมทางสังคม

parvenu (พาร์' วะนู, -นยู) *n.* คนที่เพิ่งร่ำรวย, ผู้ดีใหม่ *-adj.* เกี่ยวกับบุคคลดังกล่าว

Pascal (แพสแกล') *n.* ภาษาโปรแกรมระดับสูงที่ใช้สำหรับการเขียนโปรแกรมเป็นหลัก

★**pass** (แพซ) *v.* **passed, passing** *-vi.* ผ่าน, ไหลผ่าน, เดินผ่าน, ล่วงไป, เกิดขึ้น, หมุนเวียน, ยุติ, สิ้นสุด, ไปข้างหน้า, เปลี่ยนเป็น, กลายเป็น, ตัดสิน, พิพากษา, ประสบความสำเร็จ, ได้รับอนุมัติ, สละสิทธิ์, ละเลย, ปล่อย, สอบได้ *-vt.* ผ่าน, ผ่านไป, เดินผ่าน, ข้าม, แซง, ล้ำหน้า, ใช้เวลา, สอบไล่ได้, ประสบความสำเร็จ, ล่วง, พ้น, อนุมัติ, อนุญาต, ทำให้ผ่าน, ทำให้แพร่หลาย, ทำให้ยอมรับ, นำส่ง, ถ่ายทอด, ให้คำมั่น, เอ่ย, ออกเสียง, พูดจา, ประกาศ, ตัดสิน, ถ่ายอุจจาระหรือปัสสาวะ *-n.* ทาง, ทางผ่าน, ถนนหนทาง, ด่าน, บัตรอนุญาต, บัตรผ่าน, การสอบผ่าน, สิทธิผ่าน, คะแนนที่สอบผ่าน, การบินผ่าน, การส่งลูก, ค่าโดยสาร, การเดินเรือ, ความพยายาม, การเคลื่อนไหว **-pass away** สิ้นสุด, ตาย **-pass out** เป็นลม, สิ้นสติ **-pass over** เมินเฉย, ไม่ใส่ใจ **-passable** *adj.* **-passably** *adv.* (**-S.** (v.) proceed)

★**passage** (แพซ' ซิจ) *n.* ทางผ่าน, ทางไป, รูเปิด, ทางเข้า, เฉลียง, การผ่าน, การข้าม, การย้าย, การอนุญาตให้ผ่าน, สิทธิในการผ่าน, การเดินเรือ, ที่อยู่บนเรือ, ค่าโดยสาร, ข้อปลีกย่อย, ความเจริญก้าวหน้า, การปรากฏขึ้น, เรื่องที่เกิดขึ้น, หนึ่งย่อหน้าในหนังสือ, การโต้ตอบ, การแลกหมัด *-vi.* **-saged, -saging** เดินทาง, เดินเรือ (**-S.** (n.) corridor (n., v.) journey)

passageway (แพซ' ซิจเว) *n.* เฉลียง, ระเบียง, ทางเดินผ่าน (**-S.** corridor)

passbook (แพซ' บุค) *n.* สมุดธนาคาร

passé (แพเซ') *adj.* หมดสมัย, ล้าสมัย, เชย

★**passenger** (แพซ' เซินเจอร์) *n.* ผู้โดยสาร, คนเดินทาง (**-S.** commuter, traveller)

passerby, passer-by (แพซ' เซอร์ไบ, -ไบ') *n.* คนเดินผ่าน, คนสัญจร (**-S.** bystander)

passing (แพซ' ซิง) *adj.* ผ่านไป, ชั่วคราว, ลวกๆ, คร่าวๆ, ซึ่งสอบไล่ได้, เป็นที่พอใจ *-n.* การผ่าน, การข้าม, สถานที่ผ่าน, ความตาย **-passingly** *adv.* (**-S.** (adj.) casual, temporary)

passion (แพช' ชัน) *n.* ความรู้สึก, อารมณ์, ความรัก, กิเลส, ตัณหา, สิ่งที่หลงใหล, ความหลงใหล, ความกระตือรือร้น (**-S.** lust)

passionate (แพช' ชะนิท) *adj.* กระตือรือร้น, แสดงอารมณ์, เร่าร้อน, มีความรู้สึกรุนแรง, สะเทือนอารมณ์ได้ง่าย **-passionately** *adv.*

passionflower (แพช' ชันเฟลาเออร์) *n.* ต้นกะทกรก, ดอกเสาวรส

passion fruit ลูกกะทกรก, ผลเสาวรส

passive (แพซ' ซิฟว์) *adj.* ไม่มีปฏิกิริยา, ไม่โต้ตอบ, ไม่ขัดขืน, อดทน, เฉื่อย, ไม่ร่วมด้วย, เกี่ยวกับ passive voice *-n.* กรรมวาจก, รูปแบบของคำกริยาในรูปกรรมวาจก **-passively** *adv.* (**-S.** (adj.) patient, submissive)

★**passport** (แพส' ปอร์ท) *n.* หนังสือเดินทาง, ใบเบิกทาง (**-S.** document, permit)

password (แพซ' เวิร์ด) *n.* รหัสผ่าน, คำผ่าน

★**past** (แพซท์, พาซท์) *adj.* ผ่านไป, อดีต, สมัยก่อน, แต่ก่อน, ผ่านพ้นไป, พึ่งจะสิ้นสุด, เกี่ยวกับ past tense *-n.* เวลาที่ผ่านพ้นไป, อดีตกาล, สมัยก่อน, เรื่องราวในอดีต, ประโยค past tense *-prep.* ผ่าน, พ้น, เกิน *-adv.* เลย, พ้น

pasta (พาส' ตะ) *n.* เส้นพาสต้า, อาหารที่ปรุงจากเส้นพาสต้า

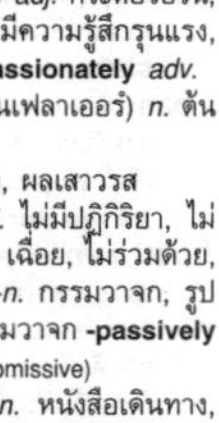
pasta

★**paste** (เพซท์) *n.* แป้งเปียก, แป้งขนมปัง, อาหารที่มีลักษณะนิ่มคล้ายแป้งเปียก, ดินที่ใช้ปั้นถ้วยชาม *-vt.* **pasted, pasting** ติดด้วยแป้งเปียก, ปิดทับด้วยสิ่งที่ทาแป้งเปียก **-pasty** *adj.* (**-S.** (n.) adhesive (n., v.) glue (v.) fasten)

pasteboard (เพซท์' บอร์ด) *n.* กระดาษแข็งที่ทำจากกระดาษหลายๆ ชั้นทับกัน, ตั๋วรถไฟ, บัตรแข็ง *-adj.* ซึ่งทำด้วยกระดาษแข็ง, เปราะ, ไม่แข็งแกร่ง (**-S.** (adj.) flimsy, unsubstantial)

A B C D E F G H I J K L M N O Q R S T U V W X Y Z

pastel (แพสเตล') *n.* ดินสอสี, ดินสอเทียน, ภาพที่วาดด้วยดินสอสีหรือสีเทียน, สีอ่อนและเย็นตา
pasteurize (แพซ' ชะไรซ์) *vt.* **-ized, -izing** ใช้ความร้อนสูงฆ่าเชื้อจุลินทรีย์บางชนิดและป้องกันการหมักในอาหารหรือเครื่องดื่ม **-pasteurization** *n.* **-pasteurizer** *n.*
pastime (แพซ' ไทม์) *n.* กิจกรรมฆ่าเวลา, งานอดิเรก, เครื่องหย่อนใจ (**-S.** activity, hobby)
pastor (แพส' เตอร์) *n.* พระหรือบาทหลวง
pastoral (แพสตะราล') *adj.* เกี่ยวกับชีวิตในชนบท, เกี่ยวกับพระหรือบาทหลวง, เกี่ยวกับฟาร์มเลี้ยงสัตว์ *-n.* ชีวิตในชนบท, ชีวิตที่มีความเป็นอยู่เรียบง่าย, พระหรือบาทหลวง **-pastoralism** *n.* **-pastorally** *adv.* (**-S.** (n.) country)
pastry (เพ' สตรี) *n., pl.* **-tries** แป้งทำขนมอบ, ขนมอบที่มีเปลือกแข็ง เช่น ทาร์ต พาย
pasturage (แพซ' เชอริจ) *n.* ทุ่งหญ้าเลี้ยงสัตว์
pasture (แพซ' เชอร์) *n.* ทุ่งหญ้าเลี้ยงสัตว์, หญ้าสำหรับเลี้ยงสัตว์ *-v.* **-tured, -turing** *-vt.* ปล่อย (สัตว์) ลงทุ่งหญ้า *-vi.* กินหญ้าในทุ่ง **-pasturable** *adj.* **-pasturer** *n.* (**-S.** (n.) field, grassland)
★**pat**[1] (แพท) *v.* **patted, patting** *-vt.* ใช้ฝ่ามือตบเบาๆ, ทำให้แบนโดยใช้ฝ่ามือหรือเครื่อง *-vi.* ตีหรือตบเบาๆ, เดินหรือวิ่งด้วยฝีเท้าเบาๆ *-n.* การตีหรือตบเบาๆ, เสียงตีหรือตบดังกล่าว, ก้อนหรือชิ้นเล็กๆ (**-S.** (v., n.) tap, touch)
pat[2] (แพท) *adj.* เหมาะสม, พอเหมาะพอเจาะ, ตรงจุด, ตรงประเด็น **-patly** *adv.* (**-S.** suitable)
patch (แพช) *n.* แผ่นปะ, ผ้าสำหรับปะ, ผ้ากอซปิดแผล, ผืนดินเล็กๆ, หย่อม, แต้ม, รอยปะ, รอยแต้ม *-vt.* **patched, patching** ปะ, เสริม, ซ่อมแซม, ใส่แผ่นดังกล่าว **-patcher** *n.* (**-S.** (n., v.) cover, mend, repair (v.) fix)
patchwork (แพช' เวิร์ค) *n.* เศษผ้าหลายๆ สีที่นำมาเย็บเข้าด้วยกัน, ของผสมหลายๆ อย่าง
patchy (แพช' ชี) *adj.* **-ier, -iest** เต็มไปด้วยการปะ, ไม่กลมกลืนกัน, ไม่เรียบ, ไม่สม่ำเสมอ **-patchily** *adv.* (**-S.** inconsistent, uneven)
pate (เพท) *n.* ศีรษะ, กบาล, สมอง
patella (พะเทล' ละ) *n., pl.* **-lae** (-ลี) กระดูกสะบ้าหัวเข่า **-patellar, patellate** *adj.*
patent (แพท' เทินท์) *n.* สิทธิบัตร, ประดิษฐกรรมที่ได้จดทะเบียน, เอกสารสิทธิ์, พระบรมราชานุญาต *-adj.* เกี่ยวกับสิทธิบัตร, ซึ่งได้รับการคุ้มครองจากสิทธิบัตร, แพร่หลาย, ชัดเจน *-vt.* **-ented, -enting** ได้รับสิทธิบัตร (**-S.** (adj.) obvious, plain)
patentee (แพทเทิน' ที) *n.* ผู้ได้รับสิทธิบัตร
patent leather หนังแข็ง ลื่น และเป็นมันที่ใช้ทำรองเท้า กระเป๋า
patent office สำนักงานจดทะเบียนสิทธิบัตร
patentor (แพท' เทินเทอร์) *n.* ผู้ออกสิทธิบัตร
paternalism (พะเทอร์' นะลิซเซิ่ม) *n.* นโยบายการปกครองแบบพ่อปกครองลูก
paternity (พะเทอร์' นิที) *n., pl.* **-ties** ความเป็นพ่อ, บรรพบุรุษทางสายพ่อ (**-S.** fatherhood)
path (แพธ, พาธ) *n., pl.* **paths** ทาง, ทางเดิน (วิ่ง), แนวทาง, วิถี, เส้นทาง, วิธีการ (**-S.** way)
pathetic, pathetical (พะเธท' ทิค, -ทิเคิล) *adj.* น่าสงสาร, ที่ทำให้รู้สึกตื้นตัน, น่าสมเพช **-pathetically** *adv.* (**-S.** distressing)
pathfinder (แพธ' ไฟน์เดอร์) *n.* ผู้บุกเบิกเส้นทาง, ผู้ค้นหาเส้นทาง
patho-, path- คำอุปสรรค หมายถึง โรค, ความรู้สึก, ความเจ็บปวด
pathogen, pathogene (แพธ' ธะเจิน, -จีน) *n.* ตัวที่ทำให้เกิดโรค, เชื้อโรค
pathology (แพธอล' ละจี) *n., pl.* **-gies** พยาธิวิทยา, การศึกษาเกี่ยวกับอาการและสมมติฐานของโรค, อายุรเวช **-pathologic, pathological** *adj.* **-pathologist** *n.*
pathos (เพ' ธอซ) *n.* งานศิลปะหรือคำพูดที่กระตุ้นให้เกิดความรู้สึกสงสารหรือเวทนา
pathway (แพธ' เว) *n.* เส้นทาง, วิถีทาง
★**patient** (เพ' เชินท์) *adj.* อดทน, ทนทาน, ยืนกราน, มั่นคง, ไม่ลดละ, ทรหด *-n.* คนไข้, ผู้ทนทุกข์ทรมาน, ลูกค้า, เหยื่อ **-patience** *n.* **-patiently** *adv.* (**-S.** (adj.) calm, diligent)
patio (แพท' ทีโอ) *n., pl.* **-os** ลานบ้านที่อยู่กลางแจ้ง, ชานโล่งที่อยู่ภายในบ้าน (**-S.** terrace)
patriarch (เพ' ทรีอาร์ค) *n.* ผู้นำของครอบครัว, พ่อ, หัวหน้าเผ่า, ผู้อาวุโสสูงสุด, ผู้เฒ่า **-patriarchal, patriarchic** *adj.* (**-S.** father)
patrician (พะทริช' เชิน) *n.* ขุนนาง, ผู้ดี
patricide (แพท' ทริไซด์) *n.* การฆ่าพ่อแม่ตัวเอง, ผู้กระทำการดังกล่าว **-patricidal** *adj.*
patrimony (แพท' ทระโมนี) *n., pl.* **-nies** มรดกตกทอดจากพ่อแม่หรือบรรพบุรุษ, ลักษณะที่ถ่ายทอดทางกรรมพันธุ์, ทรัพย์สินหรือกองทุนที่เป็นของศาสนา **-patrimonial** *adj.*
patriot (เพ' ทรีเอิท, -ออท) *n.* ผู้รักชาติ
patriotism (เพ' ทรีอะทิซเซิม) *n.* ความรักชาติ **-patriotic** *adj.* **-patriotically** *adv.*
patrol (พะโทรล') *vt., vi.* **-trolled, -trolling**

เดินตรวจ, ลาดตระเวน, ตรวจตรา *-n.* ตำรวจสายตรวจ, ยาม, การตรวจตรา, การลาดตระเวน

patrolman (พะโทรล' เมิน) *n., pl.* **-men** ตำรวจสายตรวจ, ตำรวจลาดตระเวน

patron (เพ' เทริน) *n.* ผู้อุปถัมภ์, ผู้สนับสนุน, ผู้อุปการะ, ผู้อุดหนุน, ลูกค้า (**-S.** sponsor)

patronage (เพ' ทระนิจ, แพท'-) *n.* การอุปการะ, การอุปถัมภ์, การอุดหนุน, การสนับสนุน, คณะผู้สนับสนุน, พระบรมราชูปถัมภ์

patronize (เพ' ทระไนซ์, แพท'-) *vt.* **-ized, -izing** อุดหนุน, อุปถัมภ์, สนับสนุน, เลี้ยงดู

patter (แพท' เทอร์) *vi.* **-tered, -tering** ทำให้เกิดเสียงเปาะแปะอย่างเสียงฝนตก, พูดเร็ว *-n.* เสียงเปาะแปะอย่างฝนตก, การพูดเร็ว

★**pattern** (แพท' เทิร์น) *n.* แบบอย่าง, ระบบ, ลวดลาย, รูปแบบ *-vt., vi.* **-terned, -terning** ออกแบบ, ลอกแบบ (**-S.** (n., v.) design)

patty (แพท' ที) *n., pl.* **-ties** ขนมแป้งอบมีไส้ข้างใน, ขนมพายชิ้นเล็กๆ

paucity (พอ' ซิที) *n.* ความขาดแคลน, ความขัดสน, จำนวนน้อย (**-S.** fewness, scarcity)

paunch (พอนช์, พานช์) *n.* พุง, ท้องที่มีไขมัน **-paunchy** *adj.* **-paunchiness** *n.* (**-S.** belly)

pauper (พอ' เพอร์) *n.* คนยากจน, คนอนาถา, ขอทาน **-pauperism** *n.* (**-S.** poor)

★**pause** (พอซ) *vi.* **paused, pausing** หยุดชะงัก, หยุดชั่วขณะ, หยุดกลางคัน *-n.* การหยุดชะงัก, การหยุดชั่วขณะ, การหยุดพูด, เครื่องหมายหยุดในทางดนตรี (**-S.** (n., v.) stop, wait)

★**pave** (เพฟว์) *vt.* **paved, paving** ปู (พื้น), ลาด, ดาด **-pave the way** ปูทางเพื่อความสำเร็จ **-paver** *n.* (**-S.** cover)

pavement (เพฟว์' เมินท์) *n.* พื้นที่ปูหรือลาดแล้ว, วัสดุที่ใช้ปูหรือลาดถนน, ทางเท้า

pavilion (พะวิล' เยิน) *n.* พลับพลา, ปะรำ, กระโจม, ส่วนที่ยื่นออกมาของตัวตึก, ส่วนฐานของเพชรพลอยที่เจียระไน, ตึกที่ตกแต่งหรูหราเพื่อการแสดงมหรสพ (**-S.** annex, arena)

pavilion

paving (เพ' วิง) *n.* ทางเท้า, วัสดุสำหรับลาดถนนอย่างแอสฟัลต์ ก้อนหิน

★**paw** (พอ) *n.* อุ้งเท้าสัตว์, (ภาษาพูด) มือ *-vt., vi.* **pawed, pawing** ตะกุย, ตะปบ, ลูบหรือจับอย่างรุนแรง **-pawer** *n.* (**-S.** (v.) touch)

pawn[1] (พอน) *vt.* **pawned, pawning** จำนำ, ให้ไว้เป็นหลักประกัน, เอาเข้าแลก *-n.* สิ่งที่ใช้จำนำ, การจำนำ, ของประกัน **-pawnage** *n.*

pawn[2] (พอน) *n.* เบี้ยหมากรุก, เครื่องมือ, คนรับใช้

pawnbroker (พอน' โบรเคอร์) *n.* เจ้าของโรงรับจำนำ **-pawnbroking** *n.*

pawnshop (พอน' ชอพ) *n.* โรงรับจำนำ

★**pay** (เพ) *v.* **paid, paying** *-vt.* ชำระ, จ่าย, ซื้อมาด้วยราคา, ให้, ได้ผล, ให้ผล, ทดแทน, ตอบแทน *-vi.* จ่ายเงิน, ชำระหนี้, ให้ผลประโยชน์, รับโทษ *-adj.* เกี่ยวกับการชำระ, ซึ่งต้องชำระเงิน *-n.* ค่าจ้าง, ค่าตอบแทน **-pay off** ชำระหนี้, ได้กำไร, (ภาษาพูด) ให้สินบน **-pay out** ใช้จ่าย, หย่อนเชือก **-pay up** ชำระหมด **-payable** *adj.* **-payment** *n.* (**-S.** (v.) spend)

payday (เพ' เด) *n.* วันเงินเดือนออก

payee (เพอี') *n.* ผู้รับเงิน

payer, payor (เพ' เออร์) *n.* ผู้จ่ายเงิน, ผู้มีชื่อในตั๋วเงินซึ่งเป็นผู้จ่ายเงิน

payroll (เพ' โรล) *n.* บัญชีเงินเดือน, จำนวนเงินที่ต้องจ่ายให้กับลูกจ้าง

PC ย่อจาก personal computer เครื่องคอมพิวเตอร์ส่วนตัว

★**pea** (พี) *n., pl.* **peas** ถั่ว, พืชที่มีฝักถั่ว

★**peace** (พีซ) *n.* สันติภาพ, ความสงบ, สัญญาสันติภาพ, ความสงบสุข (**-S.** serenity, treaty)

peaceable (พี' ซะเบิล) *adj.* สงบสุข, สงบ, เพื่อสันติ, รักความสงบ **-peaceably** *adv.*

★**peaceful** (พีซ' เฟิล) *adj.* สงบ, สงบเงียบ, รักสันติ **-peacefully** *adv.* (**-S.** calm, quiet)

peacemaker (พีซ' เมเคอร์) *n.* ผู้ทำให้สงบ, ผู้ประนีประนอม, คนกลาง (**-S.** mediator)

peacetime (พีซ' ไทม์) *n.* เวลาที่ไม่มีสงคราม

peach (พีช) *n.* ลูกพีช, ต้นพีช, สีส้มอมเหลือง, คนหรือสิ่งที่สวยงามหรือน่าชื่นชม **-peachy** *adj.*

peacock (พี' คอค) *n., pl.* **-cocks/-cock** นกยูงตัวผู้, คนที่ชอบวางท่า

peafowl (พี' เฟาล์) *n., pl.* **-fowl/-fowls** นกยูงตัวผู้หรือตัวเมีย

peahen (พี' เฮน) *n.* นกยูงตัวเมีย

peak (พีค) *n.* ยอดเขา, ยอด, จุดสุดยอด, ส่วนเรียวแหลมที่ยกขึ้นสูง, กระบังหมวกแก๊ป *-vi.* **peaked, peaking** ยกขึ้นเป็นยอดแหลม, บรรลุถึงจุดสุดยอด, ได้รับความสำเร็จสูงสุด

peaked (พีคท์, พี' คิด) *adj.* แหลม, อ่อนแอ, มีแต่กระดูก, ผอม **-peakedness** *n.*

peal (พีล) *n.* เสียงดังกังวาน, เสียงดังลั่น, เสียง

ระฆัง, ระฆังชุด *-vt., vi.* **pealed, pealing** รัว (ระฆัง), ทำให้เกิดเสียงดัง (-S. (n., v.) ring)
★**peanut** (พี' นัท) *n.* ถั่วลิสง, ต้นถั่วลิสง, ฝักถั่ว
peanut butter เนยถั่ว
pear (แพร์) *n.* ลูกแพร์, ต้นแพร์, ลูกสาลี่
pearl (เพิร์ล) *n.* ไข่มุก, หอยมุก, สิ่งที่คล้ายไข่มุก, คนหรือสิ่งที่ประเสริฐ *-v.* **pearled, pearling** *-vt.* ทำให้คล้ายไข่มุก, ประดับด้วยไข่มุก *-vi.* งมหาหอยมุก *-adj.* เกี่ยวกับไข่มุก, คล้ายไข่มุก, ซึ่งทำด้วยหอยมุก **-pearly** *adj.*
peasant (เพซ' เซินท์) *n.* ชนชาวนา, ชาวชนบท
peasantry (เพซ' เซินทรี) *n.* สังคมชนบท
peat (พีท) *n.* ต้นไม้ในหนองที่หักทับจนดำ ใช้เป็นเชื้อเพลิง, ถ่านหินชนิดร่วน
pebble (เพบ' เบิล) *n.* ก้อนกรวด, หินก้อนกลมเล็กๆ *-vt.* **-bled, -bling** ปูหรือลาดด้วยกรวด, ทำให้ผิวหน้าเป็นเม็ดเล็กๆ **-pebbly** *adj.*
pecan (พิคาน', -แคน', พี' แคน) *n.* ถั่วพีแคนเป็นถั่วเมล็ดแข็ง เปลือกบางเรียบ
peccable (เพค' คะเบิล) *adj.* มีมลทิน, มีบาป
peccadillo (เพคคะดิล' โล) *n., pl.* **-loes/-los** บาปหรือความผิดเล็กๆ น้อยๆ
peck[1] (เพค) *v.* **pecked, pecking** *-vt.* (นก) จิก, เจาะ (รู), จิกกิน *-vi.* จิก, ถากถาง *-n.* การจิก, รูหรือรอยที่เกิดจากการจิก
peck[2] (เพค) *n.* หน่วยตวงของแห้งที่มีค่าเท่ากับ 8 ควอตซ์, ภาชนะตวงของดังกล่าว
pectin (เพค' ทิน) *n.* สารชนิดหนึ่งที่พบในผลไม้สุก เป็นตัวทำให้เกิดวุ้นหรือยางเหนียว
pectoral (เพค' เทอเริล) *adj.* ซึ่งอยู่บริเวณหน้าอก *-n.* กล้ามเนื้อหน้าอก, อวัยวะของหน้าอก
peculiar (พิคยู' เลียร์) *adj.* แปลก, ไม่ปกติ, ประหลาด, เป็นหนึ่งเดียว, เฉพาะ *-n.* ลักษณะเฉพาะ, ความประหลาด **-peculiarity** *n.* **-peculiarly** *adv.* (-S. (adj.) strange, unique)
pecuniary (พิคยู' นีเอรี) *adj.* เกี่ยวกับเงิน, ในทางเงิน **-pecuniarily** *adv.* (-S. financial)
pedagogue (เพด' ดะกอก) *n.* ครู, ผู้สอน, ผู้ที่วางตัวเป็นครู **-pedagogic** *adj.*
pedagogy (เพด' ดะโกจี, -กอจ-) *n.* อาชีพครู, การสอน, ศิลปะในการสอน
★**pedal** (เพด' เดิล) *n.* ที่เหยียบ, คันเหยียบห้ามล้อรถยนต์, บันไดจักรยาน *-v.* **-aled, -aling/-alled, -alling** *-vi.* ถีบรถจักรยาน, เหยียบ *-vt.* ถีบที่เหยียบ *-adj.* เกี่ยวกับเท้า
pedant (เพด' เดินท์) *n.* ผู้ที่ชอบอวดความรู้, ผู้ที่ใส่ใจกับความรู้และกฎเกณฑ์มากเกินไป **-pedantic** *adj.* **-pedantically** *adv.*
pedantry (เพด' เดินทรี) *n., pl.* **-ries** การจู้จี้ในรายละเอียดหรือกฎเกณฑ์มากเกินไป, การชอบอวดความรู้, การวางภูมิ
peddle (เพด'เดิล) *vt.* **-dled, -dling** เร่ขาย, เผยแพร่, กระจาย (-S. sell)
peddler, pedlar (เพด' เลอร์) *n.* พ่อค้าเร่
pedestal (เพด' ดิสเติล) *n.* ฐานของรูปปั้น, เสาหิน, แท่น, เชิง *-vt.* **-taled, -taling/-talled, -talling** ใส่ฐาน, วางบนแท่น (-S. (n., v.) base)
pedestrian (พะเดส' เตรียน) *n.* คนเดินเท้าตามถนน *-adj.* เกี่ยวกับคนเดินเท้า, ธรรมดา
pedestrain crossing ทางม้าลาย
pedestrain overpass สะพานลอย
pediatrics (พีดีแอท' ทริคซ) *n. pl.* กุมารเวชศาสตร์ **-pediatric** *adj.* **-pediatrician** *n.*
pedicab (เพด' ดิแคบ) *n.* รถสามล้อ
pedicure (เพด' ดิคยุร์) *n.* การดูแลรักษาเท้าและเล็บเท้า **-pedicurist** *n.*
pedigree (เพด' ดิกรี) *n.* เทือกเถาเหล่ากอ, เชื้อสาย, วงศ์วาน, วงศ์ตระกูล, บันทึกพันธุ์สัตว์
pedometer (พิดอม' มิเทอร์) *n.* เครื่องวัดจำนวนก้าวที่เดินเท้า

pedometer

pee (พี) *vi.* (คำสแลง) ปัสสาวะ ฉี่
peek (พีค) *vi.* **peeked, peeking** แอบมอง, เห็นเป็นบางส่วน, โผล่ *-n.* การแอบมอง, การมองแวบหนึ่ง (-S. (n., v.) look)
★**peel** (พีล) *n.* เปลือก, ผิวผลไม้ *-v.* **peeled, peeling** *-vt.* ปอกเปลือก, ลอกเปลือก *-vi.* หลุดออกมาเป็นแผ่นๆ, กะเทาะ **-peeler** *n.*
peep[1] (พีพ) *n.* เสียงร้องจิ๊บๆ ของลูกนก *-vi.* **peeped, peeping** ร้องเสียงดังกล่าว
peep[2] (พีพ) *vi., vt.* **peeped, peeping** แอบมอง, ลอบมอง, โผล่, ลอดออกมา, ปรากฏให้เห็น *-n.* การแอบมอง, การมองแวบหนึ่ง
peephole (พีพ' โฮล) *n.* รูเล็กๆ สำหรับแอบมอง
peeping Tom พวกถ้ำมอง
peer[1] (เพียร์) *vi.* **peered, peering** โผล่, เพ่งมอง, มองดู (-S. look)
peer[2] (เพียร์) *n.* คนที่มีฐานะ ชนชั้นหรืออายุเสมอกัน, ขุนนาง, เพื่อน *-vt.* เข้าหากัน, เท่ากัน (-S. (n.) companion, nobleman)
peerage (เพีย' ริจ) *n.* ทำเนียบรายชื่อขุนนาง, พวกขุนนางชั้นสูง, ตำแหน่งขุนนาง
peerless (เพียร์' ลิซ) *adj.* ไม่มีใครเสมอเหมือน,

ไม่มีที่เปรียบ **-peerlessly** *adv.* (**-S.** superlative)

peeve (พีฟว์) *vt.* **peeved, peeving** ทำให้โกรธ, ทำให้เคือง *-n.* สิ่งที่ทำให้ขุ่นเคือง

peevish (พี' วิช) *adj.* โกรธ, ฉุน, งอน, อารมณ์ร้าย **-peevishly** *adv.* (**-S.** irritable)

peg (เพก) *n.* หมุด, สลัก, เดือย, จุกไม้, ตาขอแขวนหมวก *-vt.* **pegged, pegging** ปัก, ตรึง, ติด, ตอก, ตรึงราคา (**-S.** (v.) fasten (n., v.) pin)

pelican (เพล' ลิเคิน) *n.* นกกระทุง

pelisse (พะลีซ') *n.* เสื้อคลุมยาวของผู้หญิง

pellagra (พะแลก' กระ) *n.* โรคขาดวิตามินไนอาซิน ทำให้ผิวหนังแห้งและมีอาการท้องเสีย

pellet (เพล' ลิท) *n.* ลูกหิน, ลูกปืน, ก้อนกลมเล็กๆ, ยาเม็ดกลมเล็กๆ, ขี้ผึ้งหรืออาหารที่ปั้นเป็นก้อนกลมเล็กๆ *-vt.* ปั้นเป็นก้อนกลมเล็กๆ

pellicle (เพล' ลิเคิล) *n.* หนังบางๆ, เยื่อบาง

pell-mell, pellmell (เพล' เมล') *adv.* สับสน, อลหม่าน, ยุ่งเหยิง, อุตลุด (**-S.** helter-skelter)

pellucid (พะลู' ซิด) *adj.* โปร่ง, ใส, เข้าใจง่าย, ชัดเจน **-pellucidly** *adv.* (**-S.** clear, transparent)

pelt[1] (เพลท์) *n.* หนังสัตว์ที่มีขนติดอยู่

pelt[2] (เพลท์) *v.* **pelted, pelting** *-vt.* ระดมยิง, กระหน่ำยิง, ขว้างปา *-vi.* (ฝน) ตกอย่างหนัก, โจมตีอย่างหนัก *-n.* การระดมยิง, การขว้างปา

pelvis (เพล' วิซ) *n., pl.* **-vises/-ves** (-วีซ) กระดูกเชิงกราน **-pelvic** *adj.*

★**pen**[1] (เพน) *n.* ปากกา, ปากกาขนนก, ปากกาคอแร้ง, ลักษณะการประพันธ์ *-vt.* **penned, penning** เขียนด้วยปากกา **-penner** *n.*

pen[2] (เพน) *n.* คอกสัตว์, เล้า, สัตว์ที่อยู่ในคอก *-vt.* **penned/pent, penning** ล้อมคอก, ขังไว้ในคอก (**-S.** (n.) enclosure)

penal (พี' เนิล) *adj.* เกี่ยวกับการลงโทษ, เป็นอาญา, ต้องถูกลงโทษ, เกี่ยวกับค่าปรับ

penal code ประมวลกฎหมายอาญา

penalize (พี' นะไลซ์, เพน'-) *vt.* **-ized, -izing** ลงโทษ, ปรับไหม (**-S.** discipline, punish)

penalty (เพน' เนิลที) *n., pl.* **-ties** การลงโทษ, การลงโทษทางอาญา, ค่าปรับ, ค่าสินไหมทดแทน, ข้อเสียเปรียบ (**-S.** punishment)

penance (เพน' เนินซ์) *n.* การทรมานตัวเองเพื่อแสดงความเสียใจต่อการทำบาป, การสารภาพบาปและการไถ่บาป

pence (เพนซ์) *n.* พหูพจน์ของ penny

penchant (เพน' เชินท์) *n.* ความชอบ

★**pencil** (เพน' เซิล) *n.* ดินสอดำ, สิ่งที่มีรูปร่างหรือการใช้คล้ายดินสอ, ลำแสง *-vt.* **-ciled, -ciling/-cilled, -cilling** เขียนหรือทำรอยด้วยดินสอ **-penciler, penciller** *n.*

pendant, pendent (เพน' เดินท์) *n.* เครื่องประดับที่ห้อยลงมา เช่น ต่างหู, จี้ห้อยคอ *-adj.* ซึ่งห้อยหรือแขวนอยู่, ค้างอยู่, คาราคาซัง (**-S.** (n.) locket)

pending (เพน' ดิง) *adj.* ยังไม่ได้ตัดสินใจ, ค้างอยู่, คาราคาซัง, ใกล้เข้ามา *-prep.* จนกว่า, อยู่ในระหว่าง (**-S.** (adj.) near, undecided)

pendulum (เพน' จะเลิม, -เดีย-) *n.* ลูกตุ้ม

penetrate (เพน' นิเทรท) *v.* **-trated, -trating** *-vt.* แทง, ลอด, ผ่านทะลุ, แทรกซึม, มองผ่าน *-vi.* เข้าใจ, ผ่านทะลุ **-penetrable** *adj.*

penetration (เพนนิเทร' ชัน) *n.* การซึมผ่าน, การผ่านทะลุ, ความเฉียบแหลม

penguin (เพง' กวิน) *n.* นกเพนกวิน

penicillin (เพนนิซิล' ลิน) *n.* ยาปฏิชีวนะชนิดหนึ่งที่ได้จากเชื้อรา penicillium

peninsula (พะนิน' ซะละ, -นิน' ซยะละ) *n.* คาบสมุทร, แหลมที่ยื่นไปในทะเล

penis (พี' นิซ) *n., pl.* **-nises/-nes** (-นีซ) อวัยวะเพศชาย, องคชาติ, อวัยวะสืบพันธุ์เพศผู้

penitent (เพน' นิเทินท์) *adj.* เสียใจในความผิดที่ได้กระทำไป, รู้สึกผิด, สำนึกผิด *-n.* ผู้รู้สึกผิดต่อบาปที่กระทำไป, ผู้สำนึกผิด **-penitently** *adv.* **-penitence** *n.* (**-S.** (adj.) apologetic)

penitentiary (เพนนิเทน' ชะรี) *n., pl.* **-ries** คุก, สถานดัดสันดาน *-adj.* เกี่ยวกับการดัดสันดาน, สำหรับใช้ลงโทษผู้ทำความผิด

penknife (เพน' ไนฟ์) *n.* มีดพก

penman (เพน' เมิน) *n.* นักเขียน, ผู้ชำนาญในการคัดลายมือ, คนคัดสำเนา (**-S.** copyist)

penmanship (เพน' เมินชิพ) *n.* ศิลปะในการเขียนหรือคัดลายมือ (**-S.** calligraphy)

pen name นามปากกา (**-S.** pseudonym)

pennant (เพน' เนินท์) *n.* ธงสามเหลี่ยม, ธงชนิดปลายแหลม ชักบนเสาเรือ (**-S.** flag)

penniless (เพน' นีลิซ) *adj.* ไม่มีเงิน, ยากจน, สิ้นเนื้อประดาตัว **-pennilessness** *n.* (**-S.** poor)

pennon (เพน' เนิน) *n.* ธงปลายแหลมเรียว, ธงผูกที่ปลายหอก **-pennoned** *adj.*

penny (เพน' นี) *n., pl.* **-nies** เงินเหรียญของอังกฤษ เท่ากับ $\frac{1}{100}$ ปอนด์, เหรียญที่มีค่าเพียงนิดหน่อย, เงินจำนวนเล็กน้อย

penology, poenology (พีนอล' ละจี) *n.* วิชาที่ว่าด้วยวิธีลงโทษและจัดการเรือนจำ

pen pal เพื่อนทางจดหมาย

A B C D E F G H I J K L M N O P Q R S T U V W X Y Z

pensile (เพน' ไซล์) *adj.* ห้อย, ย้อย, ยาน
★**pension** (เพน' ชัน) *n.* เงินบำนาญ, เงินช่วยเหลือ, เงินสงเคราะห์ *-vt.* **-sioned, -sioning** ให้เงินบำนาญ, ปลดเกษียณ **-pensionable** *adj.* (**-S.** (n.) money, welfare)
pensionary (เพน' ชะเนรี) *n., pl.* **-aries** ผู้รับเงินบำนาญ, ผู้รับเงินสงเคราะห์
pensioner (เพน' ชะเนอร์) *n.* ผู้รับเงินบำนาญ, คนใช้, ตำรวจหลวง (**-S.** attendant)
pensive (เพน' ซิฟว์) *adj.* เป็นทุกข์, รำพึง, ครุ่นคิด **-pensively** *adv.* (**-S.** pondering)
pent (เพนท์) *v.* กริยาช่อง 2 และ 3 ของ pen[2] *-adj.* ถูกคุมขัง, อยู่ในที่ปิด
penta-, pent- คำอุปสรรค หมายถึง ห้า
pentagon (เพน' ทะกอน) *n.* รูปห้าเหลี่ยมห้ามุม **-Pentagon** ตึกบัญชาการทหารของอเมริกา มีลักษณะเป็นรูปห้าเหลี่ยม **-pentagonal** *adj.*
pentameter (เพนแทม' มิเทอร์) *n.* โคลง 5 จังหวะสัมผัส
pentathlon (เพนแทธ' เลิน) *n.* การแข่งขันกรีฑา 5 ประเภท, ปัญจกรีฑา
penthouse (เพนท' เฮาซ์) *n.* บ้านหลังเล็กบนหลังคาตึก, เพิงหมาแหงน (**-S.** house)
pent-up (เพนท์' อัพ') *adj.* ยับยั้งไว้, ไม่แสดงความรู้สึก, กักไว้ (**-S.** repressed)
penult (พี' นัลท์, พินัลท์') *n.* พยางค์ถัดจากตัวสุดท้าย **-penultimate** *adj.*
penumbra (พินัม' บระ) *n., pl.* **-bras/-brae** (-บรี) เงามัวรอบดวงจันทร์ในเวลาเกิดคราส
penurious (พะนุ' เรียซ, พะนยุ-) *adj.* ขี้เหนียว, ตระหนี่, ยากจน, ขัดสน, ขาดแคลนมาก **-penuriously** *adv.* **-penury** *n.*
peon (พี' ออน, -เอิน) *n.* คนดูแลม้า, บ่าว
★**people** (พี' เพิล) *n., pl.* **people** มนุษย์, ประชาชน, พลเมือง, ครอบครัว, วงศ์ตระกูล, ชุมชน *-vt.* **-pled, -pling** บรรจุพลเมือง, ตั้งรกราก **-peopler** *n.* (**-S.** (n.) population)
pep (เพพ) *n.* (ภาษาพูด) ความกล้า, ความห้าวหาญ, พลัง *-vt.* **pepped, pepping** ให้กำลังวังชา, กระตุ้น
★**pepper** (เพพ' เพอร์) *n.* พริกไทย, ต้นพริกไทย, พริกขี้หนู, พริกชี้ฟ้า *-vt.* **-pered, -pering** ใส่พริกไทย, โรยพริกไทย (**-S.** (v.) sprinkle)
peppercorn (เพพ' เพอร์คอร์น) *n.* เม็ดพริกไทยแห้ง, สิ่งที่เล็กหรือไม่สำคัญ
pepper mill ที่บดเม็ดพริกไทย
peppermint (เพพ' เพอร์มินท์) *n.* สะระแหน่, ลูกอมรสสะระแหน่, น้ำมันสะระแหน่
pepperoni (เพพพะโร' นี) *n., pl.* **-nis** ไส้กรอกที่มีรสเผ็ดจัด
peppershaker (เพพ' เพอร์เชเคอร์) *n.* กระปุกพริกไทย
peppery (เพพ' พะรี) *adj.* เผ็ดร้อน, เหมือนพริกไทย, ฉุน, มีอารมณ์ร้อน (**-S.** hot, spicy)
pepsin, pepsine (เพพ' ซิน) *n.* น้ำย่อยในกระเพาะอาหาร ทำหน้าที่ย่อยโปรตีน
★**per** (เพอร์) *prep.* ต่อ, โดย, แต่ละ, ทุก, ตาม, โดยทาง, ผ่าน
perambulate (พะแรม' บยะเลท) *v.* **-lated, -lating** *-vt.* เดินผ่าน, เดินสำรวจ *-vi.* เดินผ่าน, เดินรอบ **-perambulatory** *adj.* (**-S.** walk)
perambulator (พะแรม' บยะเลเทอร์) *n.* รถเข็นเด็ก (**-S.** pram)
per annum (เพอร์แอน' เนิม) *adv.* ต่อปี, ปีละ
per capita (เพอร์แคพ' พิทะ) *adv., adj.* ต่อหัว, ต่อคน
perceive (เพอร์ซีฟว์') *vt.* **-ceived, -ceiving** เข้าใจ, มองเห็น, สำเหนียก, ได้ยิน, รับรู้ **-perceivable** *adj.* **-perceiver** *n.* (**-S.** sense)
★**percent, per cent** (เพอร์เซนท์') *n.* ร้อยละ, เปอร์เซ็นต์ *-adj.* เป็นร้อยละ
percentage (เพอร์เซน' ทิจ) *n.* อัตราร้อยละ, ค่าเปอร์เซ็นต์, ส่วนแบ่ง, ผลกำไร, สัดส่วนเปรียบเทียบ
percept (เพอร์' เซพท์) *n.* ผลแห่งการรับรู้, การสำเหนียก, ความเข้าใจ, การสัมผัสรู้ **-perception** *n.* **-perceptive** *adj.*
perceptible (เพอร์เซพ' ทะเบิล) *adj.* ซึ่งเข้าใจได้, ซึ่งรับรู้ได้, ซึ่งสัมผัสได้ **-perceptibility** *n.* **-perceptibly** *adv.* (**-S.** audible)
perch (เพิร์ช) *n.* ราวหรือคอนสำหรับนกเกาะ, ที่เกาะ, ที่พักผ่อน *-v.* **perched, perching** *-vi.* เกาะบนคอน, พักอยู่ในที่สูง *-vt.* เกาะ
perchance (เพอร์แชนซ์') *adv.* บางที, อาจจะ, โดยบังเอิญ (**-S.** perhaps, possibly)
percolate (เพอร์' คะเลท) *v.* **-lated, -lating** *-vt.* ทำให้ซึมผ่าน, ทำให้ไหลผ่าน *-vi.* กรอง *-n.* ของเหลวที่ได้จากการกรอง (**-S.** (v.) filter)
percolator (เพอร์' คะเลเทอร์) *n.* เครื่องต้มกาแฟ
percussion (เพอร์คัช' ชัน) *n.* การเคาะ, การตี, การกระทบกัน, เสียงที่เกิดจากการเคาะ
percussion instrument เครื่องดนตรีประเภทตีหรือเคาะ เช่น กลอง ฉิ่ง ระนาด
perdition (เพอร์ดิช' ชัน) *n.* มรณกรรม, นรก,

ความหายนะ, การพังพินาศ (-S. hell, ruination)

peremptory (พะแรมพ' ทะรี) *adj.* เด็ดขาด, วางอำนาจ, ไม่สามารถปฏิเสธได้ **-peremptorily** *adv.* **-peremptoriness** *n.* (-S. dictatorial)

perennial (พะเรน' เนียล) *adj.* ซึ่งมีชีวิตอยู่ได้นาน, อยู่ทนนาน, (พืช) ยืนต้น *-n.* พืชยืนต้น **-perennially** *adv.* (-S. (adj.) continual)

★**perfect** (*adj., n.* เพอร์' ฟิคท์, *v.* -เฟคท์') *adj.* สมบูรณ์, ดีเลิศ, ไม่มีตำหนิ, แท้จริง, ทีเดียว, บริสุทธิ์ *-n.* กาล (tense) สมบูรณ์, รูปกริยาในกาลสมบูรณ์ *-vt.* **-fected, -fecting** นำไปสู่ความสมบูรณ์, ทำให้ไม่มีตำหนิ **-perfection** *n.* **-perfectly** *adv.* (-S. (adj.) excellent)

perfectionism (เพอร์เฟค' ชะนิซเซิม) *n.* ความชอบให้ทุกอย่างถูกต้องสมบูรณ์แบบ, ความเชื่อที่ว่ามนุษย์สามารถมีศีลธรรมได้อย่างสมบูรณ์แบบ **-perfectionist** *n., adj.*

perfidious (เพอร์ฟิด' เดียซ) *adj.* ทุจริต, ไม่ซื่อ, โกง, ทรยศ **-perfidiously** *adv.*

perforate (เพอร์' ฟะเรท) *v.* **-rated, -rating** *-vt.* เจาะรู, แทงทะลุ, ปรุกระดาษ *-vi.* ผ่านเข้าไปใน *-adj.* มีรู, เป็นรู **-perforation** *n.*

perforce (เพอร์ฟอร์ซ') *adv.* ด้วยความจำเป็น

★**perform** (เพอร์ฟอร์ม') *v.* **-formed, -forming** *-vt.* ทำ, ปฏิบัติ, เล่น, แสดง *-vi.* ทำงาน, เล่น, แสดง **-performer** *n.* (-S. do, present)

★**performance** (เพอร์ฟอร์' เมินซ์) *n.* การกระทำ, การปฏิบัติ, การแสดง, การประสบความสำเร็จ (-S. achievement, play, show)

★**perfume** (*n.* เพอร์' ฟยูม์, *v.* -ฟยูม์') *n.* น้ำหอม, กลิ่นหอม *-vt.* **-fumed, -fuming** ใส่น้ำหอม, พรมน้ำหอม (-S. (n.) fragrance, odour)

perfumery (เพอร์ฟยู' มะรี) *n., pl.* **-ies** การทำน้ำหอม, ธุรกิจน้ำหอม, เครื่องหอม

perfunctory (เพอร์ฟังค์' ทะรี) *adj.* (ทำ) พอเป็นพิธี, อย่างเสียไม่ได้, ตามหน้าที่ **-perfunctorily** *adv.* **-perfunctoriness** *n.* (-S. dutiful)

pergola (เพอร์' กะละ) *n.* เรือนสำหรับปลูกไม้เลื้อย, ซุ้มประตูไม้เลื้อย

★**perhaps** (เพร์แฮพซ์') *adv.* บางที, กระมัง

peri- คำอุปสรรค หมายถึง รอบ, ล้อม, หุ้ม

pericarditis (เพอริคาร์ได' ทิซ) *n.* โรคเยื่อหุ้มหัวใจอักเสบ

pericardium (เพริคาร์' เดียม) *n., pl.* **-dia** เยื่อหุ้มหัวใจ **-pericardiac, pericardial** *adj.*

pericarp (เพ' ริคาร์พ) *n.* เปลือกที่หุ้มเนื้อหรือผล **-pericarpial** *adj.*

perigee (เพอ' ระจี) *n.* จุดที่วงโคจรของดาวเทียมหรือดวงจันทร์อยู่ใกล้กับโลกมากที่สุด

peril (เพ' ริล) *n.* ความหายนะ, อันตราย, ภัย, สิ่งที่อันตรายหรือหายนะ *-vt.* **-iled, -iling/-illed, -illing** ทำให้ตกอยู่ในอันตราย **-perilous** *adj.* **-perilousness** *n.* (-S. (n.) danger, risk)

perimeter (พะริม' มิเทอร์) *n.* เส้นรอบวง, ความยาวเส้นรอบวง, เขตรอบนอก, เขตป้องกัน, แนวชายแดน (-S. boundary, edge)

★**period** (เพีย' เรียด) *n.* รอบ, สมัย, ระยะเวลา, ฤดู, ประจำเดือน, เครื่องหมายมหัพภาค (.), ยุค (-S. era, phase, term)

periodic (เพียรีออดฺ' ดิค) *adj.* เป็นครั้งคราว, เป็นระยะๆ, บางครั้งบางคราว (-S. occasional)

periodical (เพียรีออด' ดิเคิล) *adj.* ซึ่งตีพิมพ์เป็นช่วงๆ, รายเดือน, รายปักษ์, เป็นครั้งคราว *-n.* นิตยสารหรือวารสารรายเดือน รายปักษ์ **-periodically** *adv.* (-S. (n.) magazine)

periodicity (เพียรีอะดิซฺ' ซะที) *n., pl.* **-ties** ภาวะการเกิดขึ้นเป็นครั้งคราวหรือเป็นช่วงๆ

periodic table ตารางธาตุ

peripheral (พะริฟ' เฟอเริล) *adj.* เกี่ยวกับเส้นรอบวง, ซึ่งอยู่รอบนอก, ซึ่งสำคัญน้อย

periphery (พะริฟ' ฟะรี) *n., pl.* **-ies** เส้นรอบวง, รอบนอก, ขอบเขต (-S. perimeter)

periphrasis (พะริฟ' ฟระซิซ) *n., pl.* **-ses** (-ซีซ) คำพูดอ้อมค้อม, การพูดอ้อมค้อม

periscope (เพ' ริสโกพ) *n.* กล้องชนิดหนึ่งมีกระจกหรือแก้วอยู่ข้างใน สำหรับหักสายตาให้เป็นมุมฉาก ใช้ในเรือดำน้ำ

perish (เพ' ริช) *vi.* **-ished, -ishing** ตาย, ถูกทำลาย, สูญสิ้น, เน่าเปื่อย, ผุพัง (-S. die, rot)

perishable (เพ' ริชะเบิล) *adj.* เน่าเปื่อยหรือย่อยสลายได้ง่าย *-n.* สิ่งที่เน่าเสียได้ง่าย เช่น อาหาร **-perishability, perishableness** *n.*

peritonitis (เพริทะไน' ทิซ) *n.* โรคเยื่อบุช่องท้องอักเสบ

periwinkle (เพ' ริวิงเคิล) *n.* หอยชนิดไม่มีกาบใช้ทำเป็นอาหาร เช่น หอยขม

perjure (เพอร์' เจอร์) *vt.* **-jured, -juring** ให้การเท็จ, ผิดคำสาบาน, เป็นพยานเท็จ **-perjurer** *n.* **-perjury** *n.*

perk (เพิร์ค) *vi., vt.* **perked, perking** ยกขึ้น, เงย, ชูคอ, ทะลึ่ง, เสือก, วางท่า *-adj.* ว่องไว, กระฉับกระเฉง, ร่าเริง, มีชีวิตชีวา **-perky** *adj.* (-S. (v.) raise (adj.) jaunty, lively)

★**permanent** (เพอร์' มะเนินท์) *adj.* ทนทาน,

A B C D E F G H I J K L M N O P Q R S T U V W X Y Z

ถาวร, ยืนนาน *-n.* ความถาวร, ความคงทน, ลักษณะที่ถาวร **-permanently** *adv.* **-permanence** *n.* (-S. (adj.) constant, durable)

permanent tooth ฟันแท้

permeate (เพอร์' มีเอท) *v.* **-ated, -ating** *-vt.* แผ่ซ่าน, แพร่กระจาย, ซึมผ่าน, ซึมซาบ *-vi.* แพร่กระจาย, แผ่ซ่าน **-permeable** *adj.* **-permeation** *n.* (-S. penetrate)

permissible (เพอร์มิซ' ซะเบิล) *adj.* ยอมรับได้, พอทนได้, ยอมให้ได้ **-permissibly** *adv.*

★**permission** (เพอร์มิช' ชัน) *n.* การอนุญาต, การยินยอม, ใบอนุญาต (-S. agreement)

permissive (เพอร์มิซ' ซิฟว์) *adj.* ซึ่งยินยอม, ซึ่งเปิดโอกาสให้, อนุญาต, ตามใจ, ซึ่งเลือกได้ **-permissiveness** *n.* (-S. optional, tolerant)

★**permit** (เพอร์มิท') *vt., vi.* **-mitted, -mitting** อนุญาต, ยินยอม, อนุมัติ, เปิดโอกาสให้ *-n.* ใบอนุญาต, ใบยินยอม, การยินยอม **-permittee** *n.* **-permitter** *n.* (-S. (v.) allow, authorize)

permute (เพอร์มยูท') *vt.* **-muted, -muting** เปลี่ยนลำดับ, สลับอันดับ, เปลี่ยนแปลง **-permutable** *adj.* **-permutation** *n.*

pernicious (เพอร์นิช' เชิซ) *adj.* ถึงตาย, ร้ายกาจ, เป็นอันตราย, (โรค) ร้ายแรง, เสียหาย **-perniciously** *adv.* (-S. deadly, destructive)

pernickety (เพอร์นิค' คิที) *adj.* ต้องใช้ความระมัดระวัง, จู้จี้, พิถีพิถัน, วางท่า

perorate (เพ' ระเรท) *vi.* **-rated, -rating** พูดสรุป, พูดอย่างยืดยาว **-peroration** *n.*

peroxide (พะรอค' ไซด์) *n.* ออกไซด์ที่มีออกซิเจนสองอะตอม, ไฮโดรเจนเปอร์ออกไซด์ *-vt.* **-ided, -iding** ฆ่าเชื้อด้วยเปอร์ออกไซด์

perpendicular (เพอร์เพ็นดิค' คยะเลอร์) *adj.* ตั้งฉาก, ตั้งตรง, ได้ฉาก, *-n.* เส้นตั้งฉาก, แนวตั้งฉาก **-perpendicularity** *n.* **-perpendicularly** *adv.* (-S. (adj., n.) upright, vertical)

perpetrate (เพอร์' พิเทรท) *vt.* **-trated, -trating** กระทำความผิด, ก่อกรรมทำเข็ญ **-perpetration** *n.* **-perpetrator** *n.*

perpetual (เพอร์เพช' ชวล) *adj.* ตลอดกาล, เสมอ, ชั่วกัลปาวสาน, ตลอดไป **-perpetually** *adv.* (-S. continuous, persistent)

perpetuate (เพอร์เพช' ชุเอท) *vt.* **-ated, -ating** ทำให้เป็นที่จดจำ, ทำให้เป็นอมตะ, ทำให้ไม่สูญไป **-perpetuation** *n.* (-S. preserve)

perpetuity (เพอร์พิทู' อิที, -ทยู'-) *n., pl.* **-ties** ความเป็นอมตะ, ความไม่มีที่สิ้นสุด, ชั่วกัลปาวสาน, ความไม่รู้จักจบ (-S. eternity)

perplex (เพอร์เพลคซ์') *vt.* **-plexed, -plexing** ทำให้สับสน, ทำให้งุนงง, ทำให้ประหลาดใจ **-perplexity** *n.* (-S. bewilder, confuse)

perplexed (เพอร์เพลคซ์ท์') *adj.* สับสน, งุนงง, งงงวย, ซับซ้อน, น่าประหลาดใจ, น่าพิศวง

perquisite (เพอร์' ควิซิท) *n.* ผลกำไร, ผลประโยชน์, เงินรางวัล (-S. bonus, extra)

persecute (เพอร์' ซิคยูท) *vt.* **-cuted, -cuting** รบกวน, แกล้ง, ก่อกวน, รังแก **-persecution** *n.* **-persecutor** *n.* (-S. bother, pester)

persevere (เพอร์ซะเวียร์') *vi.* **-vered, -vering** ค่าจุน, หนุน, พยุง, พยายาม, พากเพียร, ยืนหยัด **-perseverance** *n.* (-S. endure)

persiflage (เพอร์' ซิฟลาฌ) *n.* การล้อเลียน, การพูดตลกขบขัน, การพูดเหน็บแนม

persimmon (เพอร์ซิม' เมิน) *n.* ลูกพลับ

persist (เพอร์ซิซท์', -ซิซท์') *vi.* **-sisted, -sisting** ยืนกราน, ขืน, มุ่งหน้า, ฝังแน่น, เพียร, ดื้อรั้น **-persistence, persistency** *n.* (-S. remain)

persistent (เพอร์ซิส' เทินท์, -ซิซ'-) *adj.* ดื้อรั้น, ทนทาน, ฝังแน่น, ยืนหยัด, เรื่อยไป **-persistently** *adv.* (-S. endless, obstinate)

★**person** (เพอร์' เซิน) *n.* คน, องค์, ตัว, ตนเอง, บุคคล, ร่างกาย, บุคลิกลักษณะ, บุรุษ (ในไวยากรณ์) (-S. character, human, individual)

personable (เพอร์' ซะนะเบิล) *adj.* งาม, สง่า, หน้าตาดี, น่ารัก **-personably** *adv.*

personage (เพอร์' ซะนิจ) *n.* บุคคล, ตัวละคร, บุคคลสำคัญ

★**personal** (เพอร์' ซะเนิล) *adj.* ส่วนตัว, ส่วนบุคคล, โดยบุคคล, เฉพาะบุคคล, เกี่ยวกับร่างกาย *-n.* ข่าวบุคคล (ในหนังสือพิมพ์) (-S. (adj.) private -A. (adj.) general, public)

personal computer เครื่องคอมพิวเตอร์ขนาดเล็กสำหรับใช้ส่วนตัว

personality (เพอร์ซะแนล' ลิที) *n., pl.* **-ties** บุคลิกภาพ, บุคลิกลักษณะ, บุคคล, ผู้มีชื่อเสียง, ดาวเด่น (-S. character, star)

personalize (เพอร์' ซะนะไลซ์) *vt.* **-ized, -izing** ทำให้เป็นทรัพย์สมบัติส่วนตัว, ทำให้เป็นตัวของตัวเอง **-personalization** *n.*

personally (เพอร์' ซะนะลี) *adv.* ด้วยตัวเอง, โดยส่วนตัว, เป็นการส่วนตัว

personal pronoun บุรุษสรรพนามในไวยากรณ์ เช่น he, she, it

personate (เพอร์' ซะเนท) *vt.* **-ated, -ating**

เล่นเป็นตัว, ปลอมตัวเป็น **-personator** *n.*
personify (เพอร์ซอน' นะไฟ) *vt.* **-fied, -fying** ยกให้เป็นบุคคล, รวมมาไว้ในตัว **-personification** *n.* **-personifier** *n.* (**-S.** embody)
personnel (เพอร์ซะเนล') *n.* พนักงาน, บุคลากร
perspective (เพอร์สเปค' ทิฟว์) *n.* เทคนิคในการแสดงภาพของวัตถุเป็นสามมิติ, ทิวทัศน์, ทัศนวิสัย, ความคิดเห็น (**-S.** angle, view)
perspicacious (เพอร์สปิเค' เชิซ) *adj.* สายตากว้างไกล, (ปัญญา) เฉียบแหลม
perspicuous (เพอร์สปิค' คยูเอิซ) *adj.* แจ่มแจ้ง, เข้าใจง่าย, ชัดเจน (**-S.** clear)
perspire (เพอร์สไปร์') *vi.* **-spired, -spiring** มีเหงื่อออก, ออกเหงื่อ **-perspiration** *n.*
persuade (เพอร์ซเวด') *vt.* **-suaded, -suading** ชักชวน, ชักจูง, ทำให้เชื่อ, เกลี้ยกล่อม, โน้มน้าว **-persuadable** *adj.* **-persuasion** *n.* **-persuasive** *adj.* (**-S.** induce)
pert (เพิร์ท) *adj.* **perter, pertest** ทะลึ่ง, หน้าด้าน, ไม่มีมารยาท, กล้า, กระฉับกระเฉง, มีชีวิตชีวา **-pertly** *adv.* **-pertness** *n.*
pertain (เพอร์เทน') *vi.* **-tained, -taining** เกี่ยวข้อง, เป็นเรื่อง, เป็นของ, เกี่ยวกับ
pertinacious (เพอร์เทินเน' เชิซ) *adj.* ดื้อรั้น, หัวแข็ง, มีทิฐิ, ยืนหยัด, พยายาม, พากเพียร **-pertinaciously** *adv.* **-pertinacity** *n.*
pertinent (เพอร์' เทินเนินท์) *adj.* เข้าเรื่อง, ถูกเรื่อง, ตรงประเด็น **-pertinently** *adv.*
perturb (เพอร์เทิร์บ') *vt.* **-turbed, -turbing** ทำให้กระวนกระวายใจ, รบกวน, ทำให้ตกใจ, ทำให้ยุ่งยาก **-perturbable** *adj.* (**-S.** bother)
peruse (พะรูซ') *vt.* **-rused, -rusing** อ่าน, พิจารณา, ตรวจสอบ **-perusal** *n.* (**-S.** read)
pervade (เพอร์เวด') *vt.* **-vaded, -vading** แผ่ซ่าน, แพร่กระจาย, แผ่ไปทั่ว **-pervader** *n.* **-pervasion** *n.* (**-S.** diffuse, permeate)
pervasive (เพอร์เว' ซิฟว์) *adj.* ฟุ้ง, ตลบ, แพร่หลาย **-pervasively** *adv.* (**-S.** rife)
perverse (เพอร์เวิร์ซ', เพอร์'-) *adj.* ผิดปกติ, วิปริต, ประหลาด, ผิดเหตุผล, ดื้อรั้น, หัวแข็ง, ผิดศีลธรรม, ชั่วร้าย **-perversely** *adv.* **-perverseness** *n.* (**-S.** contrary, stubborn)
perversion (เพอร์เวอร์' ฌัน, -ชัน) *n.* ความวิปริต, การกระทำที่ผิดปกติ, กามวิปริต
pervert (เพอร์เวิร์ท') *vt.* **-verted, -verting** บิดเบือนไปในทางที่ผิด, นำไปสู่ทางที่ผิด, ใช้ในทางที่ผิด, แปลความผิด *-n.* ผู้กระทำกามวิปริต
pervious (เพอร์' เวียซ) *adj.* ซึมผ่านได้, ลอดผ่านได้, ยุ่ย, ซุย, ใส **-perviousness** *n.*
peso (เพ' โซ) *n., pl.* **-sos** ค่าหน่วยเงินเปโซ
pessimism (เพซ' ซะมิซเซิม) *n.* การมองโลกในแง่ร้าย, การหมดอาลัยตายอยาก **-pessimist** *n.* **-pessimistic** *adj.* **-pessimistically** *adv.*
pest (เพซท์) *n.* สัตว์หรือพืชที่เป็นอันตรายต่อมนุษย์, คนหรือสิ่งที่รบกวนหรือทำลาย, เชื้อโรคร้ายแรง (**-S.** nuisance, parasite)
pester (เพส' เตอร์) *vt.* **-tered, -tering** รบกวน, ก่อกวน, รังควาน, ทำให้ยุ่งยากใจ
pesticide (เพส' ติไซด์) *n.* ยาฆ่าแมลง, ยาปราบศัตรูพืช **-pesticidal** *adj.*
pestiferous (เพสติฟ' เฟอเริซ) *adj.* ซึ่งเป็นอันตราย, แพร่โรค, นำโรค **-pestiferously** *adv.*
pestilence (เพส' ตะเลินซ์) *n.* โรคติดต่อร้ายแรง, โรคระบาด, สิ่งที่ชั่วร้าย (**-S.** illness)
pestilent (เพส' ตะเลินท์) *adj.* ถึงตาย, ร้ายแรง, ซึ่งทำให้ติดเชื้อ, เป็นภัย, น่ารำคาญ
pestle (เพซ' เซิล, -เทิล) *n.* สาก, สิ่งที่ใช้ตำ *-vt., vi.* **-tled, -tling** บด, ตำ
pet (เพท) *n.* สัตว์เลี้ยง, คนหรือสิ่งที่เป็นที่ชื่นชอบ *-adj.* เป็นสัตว์เลี้ยง, เป็นที่ชื่นชอบ, โปรดปราน, ซึ่งแสดงความรัก *-vt.* **petted, petting** กอดจูบ, ลูบคลำ **-petter** *n.* (**-S.** (v.) cuddle)
peta- คำอุปสรรค หมายถึง 10^{15}, หนึ่งพันล้านล้าน
petal (เพท' เทิล) *n.* กลีบดอกไม้
peter (พี' เทอร์) *vi.* **-tered, -tering** ค่อยๆ จางหายไป, เลือนไป, ค่อยๆ หมดไป (**-S.** diminish)
petit, petty (เพท' ที) *adj.* น้อย, เล็กน้อย, รองลงมา (**-S.** minor)
petite (พะทีท') *adj.* เอวบางร่างน้อย, ร่างเล็ก
petition (พะทิช' ชัน) *n.* การอ้อนวอน, การร้องทุกข์, คำร้องทุกข์, หนังสือร้องเรียน, ฎีกา *-v.* **-tioned, -tioning** *-vt.* ร้องทุกข์, ร้องเรียน *-vi.* ถวายฎีกา **-petitioner** *n.* (**-S.** (n.) plea)
petrify (เพท' ทระไฟ) *v.* **-fied, -fying** *-vt.* ทำให้เป็นหิน, ทำให้ตัวแข็งทื่อ, ทำให้ตกตะลึง *-vi.* กลายเป็นหิน, แข็งทื่อ **-petrified** *adj.*
petrochemical (เพทโทรเคม' มิเคิล) *n.* สารเคมีที่ได้มาจากปิโตรเลียมหรือก๊าซธรรมชาติ
★**petrol** (เพท' เทริล) *n.* น้ำมันเบนซิน, ก๊าซโซลีน
petrolatum (เพททระเล' เทิม) *n.* ดู petroleum jelly
petroleum (พะโทร' เลียม) *n.* น้ำมันปิโตรเลียม
petroleum jelly สารผสมกึ่งแข็งกึ่งเหลวที่ได้จากน้ำมันปิโตรเลียม ใช้ทำสารหล่อลื่นและขี้ผึ้ง

petrology (พะทรอล' ละจี) *n.* วิชาว่าด้วยลักษณะและการกำเนิดของหิน **-petrologist** *n.*
petticoat (เพท' ทีโคท) *n.* กระโปรงชั้นในผู้หญิง
pettifog (เพท' ทะฟอก) *vi.* **-fogged, -fogging** ใช้เล่ห์เหลี่ยม, พูดโต้เถียงในเรื่องเล็กๆ น้อยๆ **-pettifogger** *n.* **-pettifoggery** *n.*
pettish (เพท' ทิช) *adj.* ฉุน, อารมณ์ไม่ดี, เจ้าอารมณ์ **-pettishly** *adv.* **-pettishness** *n.*
petty (เพท' ที) *adj.* **-tier, -tiest** เล็กน้อย, ไม่สำคัญมาก, ใจแคบ, เห็นแก่ตัว, ต่ำช้า **-pettily** *adv.* **-pettiness** *n.* (**-S.** insignificant, small)
petty cash เงินสดสำหรับซื้อของเล็กน้อย
petty officer ทหารเรือชั้นจ่า
petulant (เพช' ชะเลินท) *adj.* ฉุน, เจ้าอารมณ์, อารมณ์ไม่ดี **-petulance** *n.* **-petulantly** *adv.*
pew (พยู) *n.* ม้ายาวมีพนักพิงสำหรับนั่งฟังเทศน์ในโบสถ์ (**-S.** seat)
pewter (พยู' เทอร์) *n.* โลหะผสมที่เป็นดีบุกกับตะกั่ว, สิ่งของที่ทำจากโลหะผสมดังกล่าว
pH ค่าที่ใช้วัดความเป็นกรดด่าง
phaeton (เฟ' อิเทิน) *n.* รถม้าสี่ล้อขนาดเล็ก
phalanx (เฟ' แลงค์ซ์, แฟล'-) *n., pl.* **-lanxes/-langes** (-แลน' จีซ) กระดูกนิ้วมือนิ้วเท้า, แนวทหาร, พรรคการเมือง, กลุ่มคนหรือสัตว์
phantasm (แฟน' แทซเซิม) *n.* ภาพลวงตา, การรับรู้ในสิ่งที่ไม่มีตัวตนอยู่จริง เช่น ผี, ภาพหลอน, ภาพที่อยู่ในจินตนาการ (**-S.** ghost)
phantom, fantom (แฟน' เทิม) *n.* ผี, สิ่งที่ไม่มีตัวตน, ภาพลวงตา, ภาพหลอน, ภาพในจินตนาการ, สิ่งที่น่ากลัว (**-S.** illusion)
Pharaoh, pharaoh (เฟ' โร) *n.* กษัตริย์ของอียิปต์โบราณ **-Pharaonic** *adj.*
pharisaism, phariseeism (แฟ' ริเซอิซเซิม, -ซีอิซเซิม) *n.* การแสร้งทำเป็นศักดิ์สิทธิ์หรือเคร่งในศาสนา
pharisee (แฟ' ริซี) *n.* คนที่แสร้งทำเป็นเคร่งครัดต่อคำสอนของศาสนา
Pharm., pharm. ย่อจาก pharmaceutical เกี่ยวกับการเตรียมหรือจ่ายยา,เกี่ยวกับเภสัชกร, pharmacist เภสัชกร, pharmacopoeia ตำราการปรุงยา, pharmacy การเตรียมและจ่ายยา, ที่ขายยา
pharmaceutical, pharmaceutic (ฟาร์มะซู' ทิเคิล, -ทิค) *adj.* เกี่ยวกับการเตรียมหรือจ่ายยา, เกี่ยวกับยา, เกี่ยวกับเภสัชกร *-n.* ยา **-pharmaceutically** *adv.*
pharmacist (ฟาร์' มะซิซท) *n.* เภสัชกร, ผู้ปรุงยา, คนขายยา (**-S.** druggist)
pharmacology (ฟาร์มะคอล' ละจี) *n.* เภสัชศาสตร์, การศึกษาเกี่ยวกับส่วนประกอบการปรุงและการใช้ยา **-pharmacologist** *n.*
pharmacopoeia, pharmacopeia (ฟาร์มะคะเพีย') *n.* รายการปรุงยา, ตำรายา
pharmacy (ฟาร์' มะซี) *n., pl.* **-cies** การเตรียมและจ่ายยา, ที่จ่ายยา, ร้านขายยา
pharynx (แฟ' ริงค์ซ์) *n., pl.* **pharynxes/pharynges** (ฟะริน' จีซ) คอหอย
★**phase** (เฟซ) *n.* ระยะ, ช่วง, ขั้น, ด้าน, ช่วงต่างๆ ที่ดวงจันทร์หรือดาวเคราะห์อื่นๆ ปรากฏให้เห็น, ระยะต่างๆ ในวงจรหรือลำดับของการเปลี่ยนแปลง, สถานะของสาร, ช่วงหนึ่งของรอบ, ระยะของการเจริญเติบโต *-v.* **phased, phasing** *-vt.* ควบคุม, ทำให้เป็นขั้นตอน, ทำให้เชื่อมต่อ *-vi.* ดำเนินไปตามลำดับ **-phasic** *adj.* (**-S.** (n.) period, stage, step)
PhD, Ph. D. ย่อจาก Philosophiae Doctor หรือ Doctor of Philosophy ปริญญาเอก
pheasant (เฟซ' เซินท) *n., pl.* **pheasants/pheasant** ไก่ฟ้า
phenobarbital, phenobarbitone (ฟีโนบาร์' บิทอล; -แทล, -โทน) *n.* ยาระงับประสาทซึ่งช่วยให้นอนหลับ
phenol (ฟี' นอล, -โนล) *n.* กรดคาร์บอลิก เป็นสารพิษมีฤทธิ์กัดกร่อน
phenomenon (ฟินอม' มะนอน, -เนิน) *n., pl.* **-na/-nons** เหตุการณ์หรือปรากฏการณ์ที่สามารถรับรู้ด้วยประสาทสัมผัสและทดสอบทางวิทยาศาสตร์ได้, เหตุการณ์ คน หรือสิ่งแปลกประหลาดหรือเหนือธรรมชาติ **-phenomenal** *adj.* **-phenomenally** *adv.*
phew (ฟยู) *interj.* คำอุทานแสดงความผ่อนคลายเหนื่อยล้า ประหลาดใจหรือรังเกียจ
phial (ไฟ' เอิล) *n.* ขวดขนาดเล็ก มักใช้ใส่ยาน้ำ
philander (ฟิแลน' เดอร์) *vi.* **-dered, -dering** (ชาย) คบผู้หญิงแบบไม่จริงจัง
philanthropic, philanthropical (ฟิลเลินทรอพ' พิค, -พิเคิล) *adj.* มีเมตตากรุณา, ใจดี, รักเพื่อนมนุษย์, ช่วยเหลือผู้อื่น
philanthropy (ฟิแลน' ธระพี) *n., pl.* **-pies** ความรักและความเห็นใจผู้อื่น, การบริจาคหรือให้ความช่วยเหลือ **-philanthropist** *n.*
philately (ฟิแลท' เทิลลี) *n.* การสะสมและศึกษาเกี่ยวกับแสตมป์ ตราไปรษณียากรและสิ่งสะสมอื่นๆ ที่เกี่ยวข้อง **-philatelist** *n.*

A B C D E F G H I J K L M N O P Q R S T U V W X Y Z

-phile, -phil คำปัจจัย หมายถึง ชอบ, รัก, นิยม
philharmonic (ฟิลฮาร์มอน' นิค, ฟิลเลอร์-) *adj.* นิยม ซาบซึ้ง หรืออุทิศให้กับดนตรี, เกี่ยวกับวงซิมโฟนีออร์เคสตรา *-n.* การแสดงดนตรีโดยวงซิมโฟนีออร์เคสตรา
philistine (ฟิล' ลิสตีน, ฟิลิส' ติน) *adj.* ป่าเถื่อน, หยาบคาย, ไม่มีการศึกษา *-n.* คนที่ไม่มีวัฒนธรรม, คนที่ไม่มีรสนิยม, คนที่ไม่มีการศึกษา (**-S.** (adj.) uncultured, uneducated)
philology (ฟิลอล' ละจี) *n.* การศึกษาด้านภาษาศาสตร์ **-philologic, philological** *adj.* **-philologically** *adv.* **-philologist** *n.*
philosopher (ฟิลอซ' ซะเฟอร์) *n.* นักปราชญ์, นักปรัชญา, ผู้ศึกษาหรือเชี่ยวชาญด้านปรัชญา, นักคิด (**-S.** pundit, scholar)
philosophical, philosophic (ฟิลละซอฟ' ฟิเคิล, -ฟิค) *adj.* เกี่ยวกับหรือมีพื้นฐานจากปรัชญา, ที่อุทิศตนหรือศึกษาในวิชาปรัชญา, เหมาะหรือเหมือนนักปราชญ์, มีเหตุผลและสงบต่อสถานการณ์ต่างๆ, ที่คิดหรือไตร่ตรอง **-philosophically** *adv.* (**-S.** calm, rational)
philosophize (ฟิลอซ' ซะไฟซ์) *vi., vt.* **-phized, -phizing** คิดหาเหตุผลเหมือนนักปราชญ์, สอนธรรมะ **-philosophizer** *n.*
★**philosophy** (ฟิลอซ' ซะฟี) *n., pl.* **-phies** หลักปรัชญา, การแสวงหาความรู้หรือปัญญา, การตรวจสอบหรือพิจารณาสิ่งต่างๆ บนหลักแห่งความเป็นจริงหรือใช้เหตุผล, การประมวลความรู้, กฎหรือทฤษฎีพื้นฐานของความรู้แขนงต่างๆ, หลักในการประพฤติตน, ความสงบหรือสมดุลในจิตใจจากการศึกษาปรัชญา (**-S.** doctrine, ideology, wisdom)
philter, philtre (ฟิล' เทอร์) *n.* ยาเสน่ห์ *-vt.* **-tered, -tering/-tred, -tring** ใช้ยาเสน่ห์
phlegm (เฟลม) *n.* เสมหะ, ความเฉื่อยชา, ความสงบในจิตใจ **-phlegmy** *adj.* (**-S.** apathy)
phlegmatic, phlegmatical (เฟลกแมท' ทิค, -ทิเคิล) *adj.* เฉื่อยชา, ไม่กระตือรือร้น, สงบ, เยือกเย็น **-phlegmatically** *adv.* (**-S.** apathetic)
phloem (โฟล' เอม) *n.* ท่ออาหารของพืช
phlogistic (โฟลจิส' ติค) *adj.* อักเสบ, บวม
-phobe คำปัจจัย หมายถึง ผู้ที่กลัวสิ่งใดสิ่งหนึ่ง
phobia (โฟ' เบีย) *n.* ความกลัวหรือไม่ชอบสิ่งใดสิ่งหนึ่งหรือสถานการณ์หนึ่งๆ อย่างมากโดยไม่มีเหตุผล (**-S.** fear, horror)
-phobia คำปัจจัย หมายถึง กลัวหรือเกลียดบางสิ่งบางอย่างมากโดยไม่มีเหตุผล
Phoebus (ฟี' เบิซ) *n.* เทพอะพอลโล เป็นเทพแห่งดวงอาทิตย์, ดวงอาทิตย์
phoenix, phenix (ฟี' นิคซ์) *n.* นกในตำนานซึ่งอาศัยอยู่ในทะเลทรายอาระเบีย เมื่อมีอายุ 500-600 ปีก็จะเผาตัวเองและเกิดขึ้นมาใหม่จากขี้เถ้านั้น ใช้เป็นสัญลักษณ์ของความเป็นอมตะ
★**phone** (โฟน) *n.* (ภาษาพูด) โทรศัพท์ หูฟัง *-v.* **phoned, phoning** *-vi.* (ภาษาพูด) โทรศัพท์ *-vt.* (ภาษาพูด) ติดต่อทางโทรศัพท์
phone book (ภาษาพูด) สมุดโทรศัพท์
phone booth (ภาษาพูด) ตู้โทรศัพท์สาธารณะ
phonecard (โฟน' คาร์ด) *n.* บัตรโทรศัพท์ใช้กับเครื่องโทรศัพท์สาธารณะ
phoneme (โฟ' นีม) *n.* หน่วยของเสียงที่เล็กที่สุดตามหลักสัทศาสตร์
phonetic (ฟะเนท' ทิค) *adj.* เกี่ยวกับการออกเสียง, ที่แสดงสัญลักษณ์ในการออกเสียง **-phonetical** *adj.* **-phonetically** *adv.*
phonetics (ฟะเนท' ทิคซ์) *n. pl.* การศึกษาเกี่ยวกับการออกเสียง การผสมเสียง การอธิบายและเขียนสัญลักษณ์ในการออกเสียง, วิชาสัทศาสตร์, ระบบการออกเสียงในแต่ละภาษา **-phonetician, phoneticist** *n.*
phonograph (โฟ' นะแกรฟ) *n.* เครื่องเล่นแผ่นเสียง **-phonographic** *adj.*
phony, phoney (โฟ' นี) *adj.* **-nier, -niest** ปลอม, เทียม, หลอกลวง, ไม่จริงใจ *-n., pl.* **-nies, -neys** ของปลอม, คนที่หลอกลวง, คนที่ไม่จริงใจ **-phonily** *adv.* (**-S.** (adj.) bogus)
phosgene (ฟอซ' จีน, ฟอซ'-) *n.* ก๊าซคาร์บอนิลคลอไรด์ เป็นก๊าซไม่มีสีและเป็นพิษ ใช้ในอุตสาหกรรมผลิตสีย้อม แก้ว พลาสติกหรืออื่นๆ มีสูตรเคมี $COCl_2$
phosphate (ฟอซ' เฟท) *n.* เกลือหรือเอสเทอร์ของกรดฟอสฟอริก, ปุ๋ยเคมีที่มีธาตุฟอสฟอรัสเป็นส่วนประกอบ
phosphorescence (ฟอซฟะเรซ' เซินซ์) *n.* การเปล่งแสงหรือเรืองแสงอย่างต่อเนื่องหลังจากการฉายรังสี, การเปล่งแสงโดยไม่มีการเผาไหม้หรือมีการเผาไหม้อย่างช้าๆโดยไม่เกิดความร้อน **-phosphoresce** *v.* **-phosphorescent** *adj.*
phosphoric acid กรดฟอสฟอริก เป็นของเหลวไม่มีสี ใช้ผลิตปุ๋ย ผงซักฟอก สิ่งปรุงรสอาหารและยา มีสูตรเคมี H_3PO_4
phosphorous (ฟอซ' เฟอเริซ, ฟอซฟอ' เริซ, -โฟ'-) *adj.* เกี่ยวกับหรือประกอบด้วยธาตุฟอสฟอรัสที่มีประจุบวกน้อยกว่าหรือเท่ากับ 3

phosphorus (ฟอซ' เฟอเริซ) *n.* ธาตุฟอสฟอรัส เป็นอโลหะชนิดหนึ่ง ถ้ามีสีเหลืองจะไวต่อการทำปฏิกิริยาและเรืองแสงในที่มืด ถ้ามีสีแดงจะไม่เป็นพิษใช้ทำหัวไม้ขีดไฟ มีสัญลักษณ์ P, สารเรืองแสง

★**photo** (โฟ' โท) *n., pl.* **-tos** (ภาษาพูด) ภาพถ่าย *-vt., vi.* **-toed, -toing** (ภาษาพูด) ถ่ายภาพ ปรากฏเป็นภาพ

photo-, phot- คำอุปสรรค หมายถึง แสง, เกี่ยวกับหรือใช้ในการถ่ายภาพ

photo album สมุดใส่ภาพถ่าย

photo booth บูทถ่ายภาพขนาดเล็กที่บริการถ่ายภาพในเวลาอันสั้น

photocell (โฟ' โทเซล) *n.* ดู photoelectric cell

photocopier (โฟ' ทะคอพพีเออร์) *n.* เครื่องถ่ายเอกสาร, เครื่องผลิตภาพหรือสำเนาด้วยแสง

photocopy (โฟ' ทะคอพพี) *vt.* **-copied, -copying** ถ่ายสำเนาหรือภาพด้วยเครื่องถ่ายเอกสาร *-n., pl.* **-copies** ภาพหรือสำเนาจากเครื่องถ่ายเอกสาร (**-S.** (v., n.) copy, duplicate)

photoelectric cell อุปกรณ์อิเล็กทรอนิกส์ ที่ผลิตกระแสไฟฟ้าในปริมาณที่ผันแปรตามแสงหรือรังสี, อุปกรณ์อิเล็กทรอนิกส์ที่ใช้แสงเป็นตัวเริ่มระบบการทำงานด้วยไฟฟ้า เช่น สัญญาณกันขโมย

photo finish การตัดสินผลการแข่งขันจากภาพถ่าย เนื่องจากผู้แข่งขันเข้าเส้นชัยในเวลาที่ใกล้เคียงกันมาก, การแข่งขันที่สูสีกันมาก

photoflash (โฟ' โทแฟลช) *n.* ไฟแฟลช, ไฟที่ใช้ในการถ่ายภาพ

photoflood (โฟ' โทฟลัด) *n.* ดวงไฟที่ให้แสงสว่างอย่างต่อเนื่อง ใช้ในการถ่ายภาพ

photogenic (โฟทะเจน' นิค) *adj.* ที่ผลิตหรือเปล่งแสงออกมา, ที่เกิดจากหรือเป็นผลมาจากแสง, ที่มีเสน่ห์ดึงดูด **-photogenically** *adv.*

★**photograph** (โฟ' ทะแกรฟ) *n.* ภาพถ่าย *-v.* **-graphed, -graphing** *-vt.* ถ่ายภาพ *-vi.* ถ่ายภาพ, เป็นแบบในการถ่ายภาพ **-photographer** *n.* **-photographic, photographical** *adj.* **-photographically** *adv.* (**-S.** (n., v.) photo)

photography (ฟะทอก' กระฟี) *n.* ศิลปะหรือกระบวนการสร้างภาพบนพื้นผิวที่มีความไวแสง เช่นฟิล์ม โดยปฏิกิริยาเคมีของแสงหรือรังสีอื่นๆ, ศิลปะ การฝึกฝน หรืออาชีพในการถ่ายภาพ ล้างฟิล์มและอัดขยายภาพ

photojournalism (โฟโทเจอร์' นะลิซเซิม) *n.* การรายงานข่าวโดยใช้ภาพถ่ายเล่ารายละเอียดแทนคำอธิบาย **-photojournalist** *n.*

photometer (โฟทอม' มิเทอร์) *n.* อุปกรณ์ที่ใช้วัดแสงในการถ่ายภาพ

photometry (โฟทอม' มิทรี) *n.* การวัดความเข้มแสง **-photometric, photometrical** *adj.* **-photometrically** *adv.*

photomicrograph (โฟโทไม' คระแกรฟ) *n.* การถ่ายภาพผ่านกล้องจุลทรรศน์ **-photomicrographic** *adj.* **-photomicrography** *n.*

photomontage (โฟโทมอนทาฌ') *n.* เทคนิคการสร้างภาพโดยการใช้ภาพหลายๆ ภาพมาซ้อนหรือเชื่อมต่อกัน

photosensitive (โฟโทเซน' ซิทิฟว์) *adj.* ที่ไวหรือตอบสนองต่อแสง **-photosensitivity** *n.*

photostat (โฟ' ทะสแตท) *n.* เครื่องทำสำเนาบนกระดาษชนิดพิเศษ, สำเนาที่เกิดจากเครื่องดังกล่าว *-vt.* **-stated, -stating/-statted, -statting** ทำสำเนาด้วยเครื่องดังกล่าว

photosynthesis (โฟโทซิน' ธิซิซ) *n.* กระบวนการสังเคราะห์แสงของพืช **-photosynthetic** *adj.* **-photosynthetically** *adv.*

★**phrase** (เฟรซ) *n.* วลี, กลุ่มคำ, สำนวน, โวหาร, คำคม, ดนตรีท่อนสั้นๆ *-vt., vi.* **phrased, phrasing** แสดงหรือกล่าวออกมาเป็นกลุ่มคำ, แบ่งโน้ตดนตรีออกเป็นส่วนๆ **-phrasal** *adj.*

phraseology (เฟรซีออล' ละจี) *n., pl.* **-gies** การเลือกใช้กลุ่มคำในการพูดหรือเขียน

phrenetic, phrenetical (ฟระเนท' ทิค, -ทิเคิล) *adj.* เสียสติ, บ้าคลั่ง

phthisis, phthisic (ไธ' ซิซ; ไท'-, ทิซ' ซิค, ธิซ'-) *n.* วัณโรคปอด **-phthisical** *adj.*

★**physical** (ฟิซ' ซิเคิล) *adj.* เกี่ยวกับร่างกาย, ตามธรรมชาติ, ทางวัตถุ, โดยรูปร่าง, ทางกายภาพ, แน่แท้, จริง *-n.* การตรวจร่างกาย **-physically** *adv.* (**-S.** (adj.) bodily, real)

physical education พลศึกษา

physical examination การตรวจร่างกาย

physical geography ภูมิศาสตร์กายภาพ

physical therapy กายภาพบำบัด

physician (ฟิซิช' เชิน) *n.* แพทย์, หมอ, อายุรแพทย์ (**-S.** doctor)

> **physician** มีความหมายเหมือนกับ doctor เช่น My father is a physician/doctor.

> **physicist** หมายถึง นักวิทยาศาสตร์ที่เชี่ยวชาญด้านฟิสิกส์ เช่น Galileo Galilei was a famous physicist and astronomer.

★**physics** (ฟิซ' ซิคซฺ) *n. pl.* วิชาฟิสิกส์, การศึกษาเกี่ยวกับพลังงาน การเคลื่อนไหวและแรง **-physicist** *n.*

physiognomy (ฟิซซีออก' นะมี) *n., pl.* **-mies** การทายนิสัยจากรูปร่างหน้าตา, รูปร่างหน้าตา

physiology (ฟิซซีออล' ละจี) *n.* สรีรวิทยา **-physiologist** *n.*

physique (ฟิซีค') *n.* ร่างกาย, รูปร่าง (**-S.** body)

pi (ไพ) *n., pl.* **pis** อักษรตัวที่ 16 ในภาษากรีก, สัญลักษณ์แทนอัตราส่วนเส้นรอบวงกับเส้นผ่านศูนย์กลาง (π) มีค่าเท่ากับ 3.14159

★**piano** (*n.* พีแอน' โน, *adj., adv.* พีอา' โน) *n., pl.* **-os** เปียโน *-adj., adv.* นุ่มนวล, แผ่วเบา **-pianist** *n.* (**-S.** (adv.) quietly, softly)

pianoforte (พีแอนโนฟอรฺ' เท, -ที) *n.* เปียโน

piazza (พีแอซ' ซะ, -อา'-) *n., pl.* **-zas** ตลาดหรือสี่แยกในอิตาลี, ระเบียง (**-S.** plaza, square)

pica (ไพ' คะ) *n.* ขนาดตัวพิมพ์เท่ากับ 12 พอยต์, ความสูงของตัวพิมพ์ ⅙ นิ้ว

picayune (พิคคะยูน') *adj.* ซึ่งมีค่าเล็กน้อย, ไม่สำคัญ, อคติ, ลำเอียง (**-S.** paltry, petty)

piccalilli (พิค' คะลิลลี) *n., pl.* **-lis** ผักดอง

piccolo (พิค' คะโล) *n., pl.* **-los** ขลุ่ยชนิดหนึ่ง

★**pick**[1] (พิค) *v.* **picked, picking** *-vt.* เลือก, เก็บเกี่ยว, ปอก, เลาะ, แคะ, แทะ, เจาะ, จิก, เด็ด, ดีด (กีตาร์), ล้วง (กระเป๋า), หยิบ, จับ, ขุด *-vi.* เลือก, คัดสรร, จับผิด *-n.* การเลือก, การคัดสรร, สิ่งที่เลือกมา **-pick and choose** เลือกสรร **-pick on** แหย่ **-pick out** เลือก, คิด **-picker** *n.* (**-S.** (v.) choose, select (n.) election)

pick[2] (พิค) *n.* เครื่องขุด, พลั่ว, อีเต้อ, เครื่องแคะ, แผ่นปิดดีดกีตาร์, ไม้จิ้มฟัน

pickax, pickaxe (พิค' แอคซฺ) *n.* พลั่ว, อีเต้อ *-vt., vi.* **-axed, -axing** ขุดด้วยอีเต้อ

picket (พิค' คิท) *n.* ไม้แหลมสำหรับทำรั้ว, ทหารกองหน้า, ยาม, กลุ่มผู้ประท้วง *-v.* **-eted, -eting** *-vt.* ล้อมรั้ว, เป็นยาม *-vi.* ทำตัวเป็นยาม **-picketer** *n.* (**-S.** (n.) group, stake)

picking (พิค' คิง) *n.* การเลือก, การคัดสรร, การแคะ, การขุด, การจิก, การดีดสายกีตาร์ **-pickings** ซาก, สิ่งที่เหลืออยู่

pickle (พิค' เคิล) *n.* ของดอง, ผักดอง, น้ำส้มสายชูหรือน้ำเกลือสำหรับดองของ, กรดหรือน้ำยาเคมีทำความสะอาดผิวหน้าโลหะ *-vt.* **-led, -ling** ดองอาหาร, แช่โลหะในน้ำยาเคมี

pickpocket (พิค' พอคคิท) *n.* ขโมยล้วงกระเป๋า

picky (พิค' คี) *adj.* **-ier, -iest** (ภาษาพูด) จู้จี้, ชอบจับผิด (**-S.** fuzzy)

★**picnic** (พิค' นิค) *n.* การออกไปเที่ยวและนำอาหารไปกินร่วมกันนอกบ้าน *-vi.* **-nicked, -nicking** ไปเที่ยวนอกบ้าน **-picnicker** *n.*

pico- คำอุปสรรค หมายถึง 10^{-12}, หนึ่งส่วนล้านล้าน, เล็กมาก

pictorial (พิคทอ' เรียล) *adj.* เกี่ยวกับภาพ, เป็นภาพ, แสดงด้วยภาพ, ประกอบด้วยภาพ

picture (พิค' เชอรฺ) *n.* ภาพ, รูปภาพ, ภาพถ่าย, แผ่นภาพ, ภาพยนตร์, ภาพจินตนาการ, ภาพพจน์, ภาพสะท้อน, สถานการณ์ *-vt.* **-tured, -turing** แสดงด้วยภาพ, จินตนาการ, พรรณนา, ทำให้นึกภาพ (**-S.** (n., v.) image, profile (v.) show)

picturesque (พิคชะเรซคฺ') *adj.* น่าดู, สวย, งดงาม, สละสลวย, เหมือนกับภาพวาด **-picturesquely** *adv.* (**-S.** attractive, vivid)

piddling (พิด' ลิง) *adj.* ไม่สำคัญ, ขี้ปะติ๋ว

pidgin (พิจ' เจิน) *n.* รูปแบบง่ายๆ ของภาษาเกิดจากการผสมของภาษาตั้งแต่สองภาษาขึ้นไปใช้ในการพูดจาสื่อความหมายระหว่างคนที่พูดภาษาต่างกัน **-pidginization** *n.*

★**pie** (ไพ) *n.* ขนมอบที่มีเปลือกกรอบและยัดไส้ด้วยผลไม้หรือเนื้อสัตว์, ขนมพาย

piebald (ไพ' บอลดฺ) *adj.* ด่าง, ลาย, สีดำสลับขาว *-n.* สัตว์ที่มีลายเป็นสีสลับกัน

★**piece** (พีซ) *n.* ชิ้น, แผ่น, ท่อน, อัน, ก้อน, ผืน, ตอน, พับ, ม้วน, ปืนยาว, ตัวหมากรุก, เหรียญ *-vt.* **pieced, piecing** รวม, ต่อ, ปะ, ซ่อม **-of a piece** เป็นของอย่างเดียวกัน, ชนิดเดียวกัน (**-S.** (n.) part, unit (v.) join, mend)

piecemeal (พีซ' มีล) *adv.* เป็นชิ้นๆ, เป็นอันๆ, ทีละเล็กละน้อย *-adj.* ซึ่งทำทีละน้อย

piecework (พีซ' เวิร์ค) *n.* งานเหมา, งานที่ให้ค่าจ้างตามจำนวนที่ทำได้ **-pieceworker** *n.*

pied (ไพดฺ) *adj.* มีแต้มสี, เป็นลาย, ด่าง, มีหลายสี (**-S.** piebald)

pier (เพียรฺ) *n.* ท่าเรือ, สะพานที่ยื่นเข้าไปในน้ำ, เสาสะพาน, ตอม่อ, เขื่อนกันคลื่น (**-S.** dock)

pierce (เพียรฺซ) *v.* **pierced, piercing** *-vt.* สอด, ทิ่ม, แทง, เจาะ, ไช, ทะลวง, ทะลุ *-vi.* ทิ่ม, เจาะ, ทะลวง, ไช **-piercer** *n.* (**-S.** prick)

piety (ไพ' อิที) *n., pl.* **-ties** ความเคร่งในศาสนา,

A B C D E F G H I J K L M N O **P** Q R S T U V W X Y Z

ความเลื่อมใสบูชา (-S. devoutness)
piezoelectricity (ไพอีโซอิเลคทริซ' ซะที, พีเอ-) *n.* ไฟฟ้าที่เกิดจากการกดดันทางกลไกที่มีผลต่อผลึกที่ไม่นำไฟฟ้า
★**pig** (พิก) *n.* หมู, (ภาษาพูด) คนที่ตะกละคล้ายหมู *-vi.* **pigged, pigging** คลอดลูกหมู
★**pigeon** (พิจ' เจิน) *n.* นกพิราบ
pigeonhole (พิจ' เจินโฮล) *n.* รังนกพิราบ, ช่องเล็กๆ ของตู้หรือโต๊ะสำหรับใส่กระดาษ, ช่องเก็บของเบ็ดเตล็ด *-vt.* **-holed, -holing** ใส่ในช่อง, แยกออกเป็นกลุ่มๆ (-S. (v.) classify)
pigeon-toed (พิจ' เจินโทด) *adj.* ซึ่งมีนิ้วเท้าหันเข้าข้างใน
piggish (พิก' กิช) *adj.* ตะกละ, ดื้อ, คล้ายหมู **-piggishly** *adv.* **-piggishness** *n.* (-S. greedy)
piggy (พิก' กี) *n., pl.* **-gies** (ภาษาพูด) ลูกหมู
piggyback (พิก' กีแบค) *adv., adj.* ซึ่งอยู่บนหลังหรือไหล่, ซึ่งเอาขึ้นหลัง
pigheaded (พิก' เฮดดิด) *adj.* หัวดื้อ, หัวรั้น
piglet (พิก' ลิท) *n.* ลูกหมู, หมูตัวเล็ก
pigment (พิก' เมินท) *n.* รงควัตถุ, สีย้อม *-vt., vi.* **-mented, -menting** ย้อมสี, ใส่สี
pigpen (พิก' เพน) *n.* เล้าหมู, คอกหมู, สถานที่สกปรกหรือรกรุงรัง
pigtail (พิก' เทล) *n.* ผมเปีย, ยาสูบที่ม้วนเป็นเกลียว, หางหมู **-pigtailed** *adj.*
pike (ไพค) *n.* หอก, หลาว, ทวน, ปลายหลาว, หัวทวน, ไม้เท้าปลายแหลม *-vt.* **piked, piking** แทงด้วยหอก (หลาว) (-S. (n., v.) lance)
pilaster (พิแลส' เตอร) *n.* เสาฝังผนังด้านหน้า
★**pile**[1] (ไพล) *n.* กอง, กองไม้, (ภาษาพูด) จำนวนมาก ปริมาณมาก, เครื่องปฏิกรณ์นิวเคลียร์ *-v.* **piled, piling** *-vt.* วางเป็นกอง, ทับถม, รวม, สะสม *-vi.* ทำเป็นกอง, เบียด, ทะลัก, ก่ายกอง
pile[2] (ไพล) *n.* เสาเข็ม, ตอม่อสะพาน *-vt.* **piled, piling** ตอกเสาเข็ม, ทำตอม่อ (-S. (n.) pier)
pile[3] (ไพล) *n.* ขนอ่อน, ขนกำมะหยี่, ขนสัตว์
pile driver เครื่องตอกเสาเข็ม
piles (ไพลซ) *n. pl.* โรคริดสีดวงทวาร
pilfer (พิล' เฟอร) *vt., vi.* **-fered, -fering** ขโมย, ปล้นสะดม, ลักขโมย, ฉกฉวย **-pilferer** *n.* **-pilferage** *n.* (-S. filch, steal)
pilgrim (พิล' เกริม) *n.* พระธุดงค์, นักเดินทาง, ผู้จาริกแสวงบุญ **-pilgrimage** *n.* (-S. traveler)
piling (ไพ' ลิง) *n.* กอง, เสาเข็ม, การตอกเสาเข็ม
★**pill** (พิล) *n.* ยา, เม็ดยา, ยาเม็ด, ยาเม็ดคุมกำเนิด
pillage (พิล' ลิจ) *vt.* **-laged, -laging** ปล้น, ปล้นสะดม, ขโมย, ชิงทรัพย์ *-n.* การปล้น, การชิงทรัพย์ **-pillager** *n.* (-S. (v., n.) plunder)
pillar (พิล' เลอร) *n.* เสา, เสาหิน, เสาหลัก, ตอม่อ, ฐาน, คนที่เป็นเสาหลัก *-vt.* **-lared, -laring** ตกแต่งด้วยเสาหิน, ค้ำด้วยเสา
pillory (พิล' ละรี) *n., pl.* **-ries** ขื่อคอ, ขื่อคา *-vt.* **-ried, -rying** ทำโทษ, ใส่ขื่อคาประจาน
pillow (พิล' โล) *n.* หมอน *-vt., vi.* **-lowed, -lowing** หนุนหมอน, ใส่หมอนหนุน, นอนบนหมอน
pillowcase (พิล' โลเคซ) *n.* ปลอกหมอน
★**pilot** (ไพ' เลิท) *n.* นักบิน, คนนำร่อง, ผู้นำทาง, มัคคุเทศก์, เครื่องนำวิถี *-vt.* **-loted, -loting** นำร่อง, นำทาง (-S. (n.) navigator)
pimple (พิม' เพิล) *n.* สิว **-pimply** *adj.*
★**pin** (พิน) *n.* เข็ม, เข็มหมุด, หมุด, สลัก, เข็มกลัด, ลิ่ม, เหรียญตรา, ที่หนีบผ้า, ลูกบิด, จำนวนเล็กน้อย, พินในกีฬาโบว์ลิ่ง *-vt.* **pinned, pinning** กลัด, ปัก, ตอก, ตรึง, หนีบ, กล่าวหา (-S. (n., v.) clip, peg (v.) fasten, pierce)
pinafore (พิน' นะฟอร) *n.* เสื้อกันเปื้อนของเด็ก, เสื้อเอี๊ยมเด็ก (-S. apron)
pincers, pinchers (พิน' เซอรซ, -เชอรซ) *n. pl.* ปากคีบ, คีมหนีบ, ก้ามปู (-S. tool)
pinch (พินช) *v.* **pinched, pinching** *-vt.* บีบ, หยิก, หนีบ, บิด, คลึง, ฉกฉวย, ขโมย, ตัดแต่ง, เด็ดทิ้ง *-vi.* รัดแน่น, ทำให้กลุ้ม, ประหยัด, เหนียบแนม *-n.* การหยิก, การบีบ, การหนีบ, จำนวนนิดเดียว, ความขัดสน, ความกดดัน (-S. (v.) crush, steal (v., n.) nip, squeeze)
pine[1] (ไพน) *n.* ต้นเสา, ไม้สน, สับปะรด
pine[2] (ไพน) *vi.* **pined, pining** ใคร่จะ, อยาก, โศกเศร้า, โหยไห้ (-S. mope, want)
pineapple (ไพน' แอพเพิล) *n.* สับปะรด
ping (พิง) *n.* เสียงแหลมสูงอย่างเสียงลูกปืน, เสียงหึ่งๆ ของเครื่องยนต์
ping-pong (พิง' พอง) *n.* กีฬาปิงปอง
pinion[1] (พิน' เยิน) *n.* เฟืองตัวเล็ก
pinion[2] (พิน' เยิน) *n.* ขนนก, ขนปีก, ปลายปีกนก, ปีกแมลง *-vt.* **-ioned, -ioning** มัดหรือตัดปีกนก, มัดแขน, รัด, จับมัด (-S. (v.) restrain)
pink[1] (พิงค) *n.* สีชมพู, ระดับที่ดีที่สุดหรือสูงที่สุด *-adj.* **pinker, pinkest** (สี) ชมพู **-pinkish** *adj.*
pink[2] (พิงค) *vt.* **pinked, pinking** ทิ่ม, เจาะ, ตกแต่ง, ประดับ **-pinker** *n.* (-S. prick)
pinkeye (พิงค' ไอ) *n.* โรคตาแดง
pinkie, pinky (พิง' คี) *n., pl.* **-ies** นิ้วก้อย
pin money เงินติดกระเป๋าเล็กๆ น้อยๆ

A B C D E F G H I J K L M N O P Q R S T U V W X Y Z

pinnacle (พิน' นะเคิล) *n.* จุดสุดยอด, ยอดแหลมของตึก โบสถ์หรือภูเขา

pinpoint (พิน' พอยน์ท) *n.* สิ่งหรือจุดที่เล็กมาก, จุดแสดงตำแหน่งบนแผนที่ *-vt.* **-pointed, -pointing** ระบุ *-adj.* ถูกต้อง, เล็กมาก

pinprick (พิน' พริค) *n.* รอยปักหมุด, แผลเล็กๆ

pins and needles การเป็นเหน็บชา **-on pins and needles** กระวนกระวายใจ

pint (ไพน์ท) *n.* หน่วยวัดตวงของเหลว เท่ากับ 0.473 ลิตร (⅛ แกลลอน หรือ 16 ออนซ์)

pintle (พิน' เทิล) *n.* เดือย, เดือยหางเสือเรือ, ตะขอท้ายรถที่ใช้ลาก, เดือยปืน, หมุด

pinup (พิน' อัพ) *n.* รูปคนยั่วยวนใช้ติดข้างฝา, ผู้เป็นแบบให้รูปดังกล่าว, สิ่งที่ใช้ติดข้างฝา

pioneer (ไพอะเนียร์) *n.* ผู้บุกเบิก, ผู้ริเริ่ม *-adj.* เป็นการบุกเบิก *-vt., vi.* **-neered, -neering** บุกป่าฝ่าดง, ตั้งรกราก, บุกเบิก (**-S.** (n.) explorer)

pious (ไพ' เอิซ) *adj.* เคร่งศาสนา, ศรัทธา, เคารพนับถือ, กตัญญู **-piously** *adv.* **-piousness** *n.*

pip (พิพ) *n.* ย่อจาก pippin เมล็ดเล็กๆ ของผลไม้, แต้มบนไพ่, ตาของสับปะรด, จุดหรือแต้มเล็กๆ, จุดบนลูกเต๋า, (*ภาษาพูด*) ดาวแสดงขั้นตำแหน่งหรือยศบนอินทรธนู, เสียงสัญญาณวิทยุหรือโทรศัพท์ *-vt., vi.* **pipped, pipping** (ลูกไก่) ออกจากไข่หรือร้องจิ๊บๆ

★**pipe** (ไพพ์) *n.* ท่อ, หลอด, กล้องยาสูบ, จำนวนยาสูบเต็มหนึ่งกล้อง, (*ภาษาพูด*) อวัยวะที่เป็นท่อหรือโพรง, เครื่องเป่า เช่น ขลุ่ย ปี่, เสียงนกร้อง, เสียงแหลมสูง, เสียงเป่านกหวีดเรียกลูกเรือ, ถังบรรจุไวน์มีความจุ 478 ลิตร *-vt., vi.* **piped, piping** ส่งทางท่อ, ต่อท่อ, ส่งเสียงแหลม, เป่าขลุ่ยหรือปี่, เป่านกหวีดเรียกลูกเรือ, ส่ง (สัญญาณวิทยุ) ไปตามสาย, (คำสแลง) จ้องมอง, กุ๊น **-pipes** ปี่ของชาวสกอต, ท่อทางเดินหายใจ, (*ภาษาพูด*) เส้นเสียง (**-S.** (n., v.) sound, tube, whistle)

pipe fitter ช่างต่อท่อ **-pipefitting** *n.*

pipeful (ไพพ์' ฟุล) *n.* ยาสูบเต็มหนึ่งกล้อง

pipeline (ไพพ์' ไลน์) *n.* ท่อส่งน้ำ ก๊าซหรือน้ำมัน *-vt.* **-lined, -lining** ส่งไปตามท่อ, วางท่อ, ต่อท่อ

piper (ไพ' เพอร์) *n.* นักดนตรีประเภทเครื่องเป่า

pipette, pipet (ไพเพท') *n.* หลอดแก้ว ใช้ดูดของเหลวหรือสารเคมี

piping (ไพ' พิง) *n.* การเล่นเครื่องเป่า, เพลงที่ใช้เครื่องเป่าเล่น, เสียงแหลมสูง, น้ำตาลที่โรยเป็นเส้นบนขนม, ระบบการวางท่อ *-adj.* มีเสียงแหลมสูง **-piping hot** (น้ำ อาหาร) ร้อนมาก

pippin (พิพ' พิน) *n.* เมล็ดเล็กๆ ของผลไม้

piquant (พี' เคินท, -คานท, พีคานท') *adj.* เจ็บแสบ, เผ็ดร้อน, มีเสน่ห์ (**-S.** spicy)

pique (พีค) *n.* ความโกรธเกรี้ยว, ความน้อยใจ

piracy (ไพ' ระซี) *n., pl.* **-cies** การจี้เครื่องบิน, การปล้นเรือ, การละเมิดลิขสิทธิ์ (**-S.** stealing)

piranha, piraña (พิราน' ยะ) *n.* ปลาปิรันยา

pirate (ไพ' ริท) *n.* โจรสลัด, เรือโจรสลัด, ผู้ที่ละเมิดลิขสิทธิ์ *-vt., vi.* **-rated, -rating** ปล้น (เรือ), ละเมิดลิขสิทธิ์ **-piratic, piratical** *adj.*

pirate radio สถานีวิทยุที่ออกอากาศโดยไม่ได้รับอนุญาต

pirouette (เพียรูเอท') *n.* การหมุนตัวบนปลายเท้าอย่างการเต้นบัลเล่ต์

piscatorial, piscatory (พิสกะทอ' เรียล; -โท'-, พิส' กะทอรี; -โทรี) *adj.* เกี่ยวกับปลาหรือการตกปลา, เกี่ยวกับการทำประมง

Pisces (ไพ' ซีซ) ราศีมีน ซึ่งเป็นราศีที่สิบสองในจักรราศี มีสัญลักษณ์เป็นปลาคู่, ชื่อกลุ่มดาวกลุ่มหนึ่งทางซีกโลกเหนือ

pisciculture (ไพ' ซิคัลเชอร์, พิซ'-) *n.* การเลี้ยงและเพาะพันธุ์ปลา **-piscicultural** *adj.*

pish (พิช) *interj.* คำอุทานแสดงการดูถูก

piss (พิซ) *vi., vt.* **pissed, pissing** (คำสแลง) ถ่ายปัสสาวะ *-n.* (คำสแลง) น้ำปัสสาวะ การถ่ายปัสสาวะ **-piss off** ทำให้โกรธ

pistil (พิส' เทิล) *n.* เกสรตัวเมียของดอกไม้

pistol (พิส' เทิล) *n.* ปืนพก

piston (พิส' เทิน) *n.* ลูกสูบ

★**pit**[1] (พิท) *n.* บ่อ, บ่อแร่, หลุม, หลุมพราง, นรก, รอยบุ๋มบนร่างกาย, ที่ขายของของสินค้าเฉพาะอย่าง, ที่นั่งชั้นหลังในโรงละคร, รอยแผลเป็น, สังเวียนชนไก่, บริเวณหน้าเวทีด้านล่างที่จัดไว้สำหรับวงออร์เคสตรา, หลุมในพื้นโรงรถสำหรับช่างซ่อมใต้ท้องรถ *-v.* **pitted, pitting** *-vt.* ทำให้เป็นรอยบุ๋ม, ทำให้มีแผลเป็น, นำสัตว์ลงสังเวียนแข่ง, ใช้สติปัญญาต่อสู้, ฝังเก็บหรือกลบไว้ในบ่อหรือหลุม *-vi.* เป็นแผลเป็น, เป็นรอยบุ๋ม, หยุดรถที่จุดเติมน้ำมันในระหว่างแข่งรถ **-pits** (คำสแลง) สิ่งที่แย่ที่สุด, บริเวณข้างสนามแข่งรถซึ่งใช้เติมน้ำมันหรือซ่อมรถ, (*ภาษาพูด*) รักแร้

pit[2] (พิท) *n.* เมล็ดเดี่ยวๆ ของผลไม้ เช่น เชอร์รี ลูกพีช *-vt.* **pitted, pitting** คว้านเมล็ด

pitapat (พิท' ทะแพท) *vi.* **-patted, -patting** เคลื่อนไหวด้วยระยะกระชั้น, ทำเสียงเคาะซ้ำๆ

pitch[1] (พิช) *n.* น้ำมันดิน, ยางต้นไม้, น้ำมันถ่านหิน, ยางมะตอย *-vt.* **pitched, pitching**

A B C D E F G H I J K L M N O **P** Q R S T U V W X Y Z

(ถนน) ราดยางมะตอย, คลุกน้ำมันดิน, ละเลงหรือทาด้วยน้ำมันดิน (-S. (n., v.) tar)

★**pitch²** (พิช) *vt., vi.* **pitched, pitching** ขว้าง, ปา, เหวี่ยง, ทอย, ตั้ง, ปัก (เต็นท์), ตั้งระดับเสียง, ปรับ, เพาะปลูก (ต้นไม้), (ภาษาพูด) ยัดเยียดขาย *-n.* การกระทำดังกล่าว, จุดหรือระดับสูงสุด, ความลาดเอียง, ระดับเสียง, การขว้างลูกเบสบอล, สนาม, (ภาษาพูด) การโฆษณา, แผงลอย (**-S.** (v., n.) throw)

pitcher (พิช' เชอร์) *n.* คนขว้างลูก, เหยือก

piteous (พิท' เทียซ) *adj.* น่าสงสาร (**-S.** pitiful)

pitfall (พิท' ฟอล) *n.* หลุมพราง, กับดัก

pith (พิธ) *n.* ไส้กลางลำต้น, แก่น, ความกล้าหาญ, ความสำคัญ, ไขสันหลัง *-vt.* **pithed, pithing** เอาไส้ในออกจาก (ต้นไม้), ทำลายไขสันหลัง

pithy (พิธ' ธี) *adj.* **-ier, -iest** หลักแหลม

pitiable (พิท' ทีอะเบิล) *adj.* น่าเศร้า, น่าสังเวช

pitiful (พิท' ทิเฟิล) *adj.* น่าสงสาร, น่าเวทนา

pitiless (พิท' ทิลิซ) *adj.* โหดร้าย (**-S.** cruel)

pitman (พิท' เมิน) *n., pl.* **-men** คนงานเหมือง

pittance (พิท' เทินซ์) *n.* จำนวนเล็กน้อย

pitted (พิท' ทิด) *adj.* เป็นหลุมเป็นบ่อ, (หน้า) ปรุ, (ผลไม้) ที่คว้านเมล็ดออกแล้ว

pitter-patter (พิท' เทอร์แพท' เทอร์) *n.* เสียงเปาะแปะเป็นชุดๆ

pituitary (พิทู' อิเทรี, -ทยู'-) *n., pl.* **-ies** ต่อมใต้สมอง มีหน้าที่หลั่งฮอร์โมนควบคุมการเจริญเติบโต

★**pity** (พิท' ที) *n., pl.* **-ies** ความสงสาร, ความสังเวช, เรื่องที่น่าเศร้า *-vt., vi.* **-ied, -ying** รู้สึกสงสารหรือเวทนา (**-S.** (n.) mercy)

pivot (พิฟ' เวิท) *n.* เดือย, หัวใจ, ปัจจัยสำคัญ, คนหรือสิ่งสำคัญ, การหมุนรอบเดือย *-v.* **-oted, -oting** *-vt.* ติดเดือย, ทำให้หมุน *-vi.* หมุนรอบเดือย (**-S.** (n.) center (v.) rotate)

pixy, pixie (พิค' ซี) *n., pl.* **-ies** ผีขี้เล่น

pizza (พีท' ซะ) *n.* พิซซ่า

pl. ย่อจาก plural พหูพจน์

placard (แพลค' คาร์ด, -เคิร์ด) *n.* ใบปลิว, ใบประกาศโฆษณา, ป้ายชื่อติดประตู *-vt.* **-arded, -arding** ปิดใบประกาศโฆษณา, ปิดใบปลิว, โฆษณาบนใบปิด **-placarder** *n.* (**-S.** (n.) poster)

placate (เพล' เคท, แพลค'-) *vt.* **-cated, -cating** ปลอบโยน, เอาใจ, ทำให้สงบ

★**place** (เพลซ) *n.* ที่, สถานที่, พื้นที่, บ้าน, ที่นั่ง, ที่ตั้ง, ตำบล, ตัวแทน, ตอน, ตำแหน่ง, กาลเทศะ, ฐานะ, ลำดับที่, สภาพ, หน้าที่การงาน, ขั้น, สถานภาพ, ประการ (แรก), ตำแหน่งที่สองในการแข่งม้า *-v.* **placed, placing** *-vt.* จัด, กะ, วาง, ตั้งหลัก, หาสถานที่ตั้ง, ประเมิน, คาดคะเน, แต่งตั้ง, เสนอ, วาง (เดิมพัน), ปรับ, บ่งชี้, จำแนก *-vi.* เข้าเป็นที่สอง (**-S.** (n., v.) rank, site (n.) region (v.) appoint, arrange)

placenta (พละเซน' ทะ) *n., pl.* **-tae** (-ที)/**-tas** รกในครรภ์

placid (แพลซ' ซิด) *adj.* สงบเงียบ (**-S.** peaceful)

plage (พลาฌ) *n.* หาดทราย, บริเวณสว่างจ้าบนพื้นผิวดวงอาทิตย์

plagiarism (เพล' จะริซเซิม) *n.* การขโมยคำพูดความคิดหรือผลงานของผู้อื่น, สิ่งที่ถูกลอกเลียน

plagiarize (เพล' จะไรซ์) *vt., vi.* **-rized, -rizing** ขโมยคำพูด ความคิดหรือผลงานผู้อื่น

plague (เพลก) *n.* โรคระบาด, สิ่งรบกวน *-vt.* **plagued, plaguing** รบกวน, รังควาน (**-S.** (n.) epidemic (v.) bother, disturb)

plaid (แพลด) *n.* ผ้าลายหมากรุก, ลายหมากรุก

★**plain** (เพลน) *adj.* **plainer, plainest** ชัดเจน, เรียบง่าย, ธรรมดา, จริงใจ, บริสุทธิ์, จืด, ไม่สวย *-n.* ที่ราบ, สิ่งที่เรียบง่ายไร้การตกแต่ง (**-S.** (adj.) common **-A.** (adj.) ambiguous)

plainspoken (เพลน' สโป' เคิน) *adj.* พูดตรงๆ

plaintiff (เพลน' ทิฟ) *n.* โจทก์, ผู้ฟ้องร้อง

plaintive (เพลน' ทิฟว์) *adj.* คร่ำครวญ, ละห้อยหา, โอดครวญ **-plaintively** *adv.*

plait (เพลท, แพลท) *n.* ผมเปีย, รอยจีบ *-vt.* **plaited, plaiting** ถัก (ผม เชือก), จับจีบ, พับ

★**plan** (แพลน) *n.* แผนการ, แผนผัง, ตาราง (เดินรถ) *-vt., vi.* **planned, planning** วางแผน

★**plane¹** (เพลน) *n.* แนวราบ, พื้นราบ, ระนาบ, เครื่องบิน *-adj.* เป็นระนาบ, ราบ, เรียบ **-planeness** *n.* (**-S.** (adj.) horizontal)

★**plane²** (เพลน) *n.* กบไสไม้, เครื่องมือรูปร่างเหมือนเกรียงใช้ปาดดิน ทรายหรือปูนในแบบหล่อ *-vt., vi.* **planed, planing** ไสด้วยกบไสไม้

plane³ (เพลน) *vi.* **planed, planing** ร่อน, ไถล, ถลา, โฉบ, ทะยาน, เหาะ (**-S.** glide)

★**planet** (แพลน' นิท) *n.* ดาวเคราะห์

planetarium (แพลนนิแท' เรียม) *n., pl.* **-iums/-ia** ท้องฟ้าจำลอง

planetary (แพลน' นิเทรี) *adj.* เกี่ยวกับดาวเคราะห์, เกี่ยวกับการโคจรรอบดวงอาทิตย์ของดาวเคราะห์, ในทางโลก, ไม่แน่นอน

planetoid (แพลน' นิทอยด์) *n.* ดาวเคราะห์น้อย **-planetoidal** *adj.*

A B C D E F G H I J K L M N O P Q R S T U V W X Y Z

plank (แพลงค์) *n.* ไม้กระดาน, สิ่งที่ใช้ค้ำยันหรือสนับสนุน, นโยบายของพรรคการเมือง *-vt.* **planked, planking** ปูกระดาน, วางลงอย่างแรง, ย่างและเสิร์ฟ (ปลาหรือเนื้อ) บนแผ่นไม้

plankton (แพลงค์' เทิน) *n.* สิ่งมีชีวิตขนาดเล็กที่ลอยอยู่ผิวน้ำ เป็นแหล่งอาหารของสัตว์อื่น

★**plant** (แพลนท์) *n.* พืช, สมุนไพร, ไม้ลำต้นอ่อน, โรงงาน, เครื่องจักร, สายลับ, หลักฐานลวง *-vt.* **planted, planting** เพาะ, ปลูก, หว่าน, โรย, ฝัง, ปัก, ปล่อย (ปลา), ติด, ก่อตั้ง, ปลูกฝัง, ส่งไปเป็นสายลับ, ทิ้งไว้เป็นหลักฐานลวง, (คำสแลง) ปกปิด ปล่อย (หมัด) (-**S.** (n.) factory)

plantain (แพลน' เทิน) *n.* กล้วยกล้ายหรือกล้าย

plantation (แพลนเท' ชัน) *n.* สวน, ไร่

planter (แพลน' เทอร์) *n.* ชาวไร่ชาวสวน, ผู้บุกเบิก, เครื่องมือเพาะปลูก, กระถาง

plaque (แพลค) *n.* แผ่นโลหะหรือหินที่มีคำจารึกใช้ประดับผนัง, เข็มกลัด, แผ่นคราบแบคทีเรียที่เกาะอยู่บนผิวหน้าฟัน

plasma, plasm (แพลซ' มะ, แพลซ' เซิม) *n.* ส่วนที่เป็นของเหลวในเลือดและน้ำเหลือง, น้ำเลือด, หางนม **-plasmatic, plasmic** *adj.*

★**plaster** (แพลส' เตอร์) *n.* ปูนขาวชั้นดี, ปูนฉาบผนัง, แป้งพอก (หน้า ตัว), ปลาสเตอร์ปิดแผล, ปูนปลาสเตอร์ *-v.* **-tered, -tering** *-vt.* อุด ฉาบหรือพอกด้วยปูน, ปิดแผลด้วยปลาสเตอร์ยา, ทา, ละเลง, ป้าย, ติด *-vi.* ทาปูนปลาสเตอร์ **-in plaster** เข้าเฝือก (-**S.** (n., v.) bandage, mortar)

plaster cast หุ่นปูนปลาสเตอร์, เฝือก

plaster of Paris ปูนขาวชนิดดี

★**plastic** (แพลส' ติค) *adj.* ที่ปั้นหรือหล่อได้, ที่ชักจูงง่าย, ที่ทำด้วยพลาสติก, เกี่ยวกับศิลปะการปั้น, เป็นการเสกสรรค์ปั้นแต่ง, ซึ่งสร้างเนื้อเยื่อได้, (ภาษาพูด) เกี่ยวกับบัตรเครดิต *-n.* พลาสติก, (ภาษาพูด) บัตรเครดิต

plastic surgery การทำศัลยกรรมพลาสติก, การปลูกถ่ายเนื้อเยื่อ

★**plate** (เพลท) *n.* โล่กำบัง, จานอาหาร, อาหารสำหรับหนึ่งที่, แผ่นแม่พิมพ์โลหะ, เครื่องเงินหรือทอง, รางวัลที่เป็นรูปจานหรืออื่นๆ ชุบเงินหรือทอง, การแข่งม้าที่มีการมอบถ้วยรางวัลดังกล่าว, ภาพประกอบที่พิมพ์รูปสีในกระดาษที่ต่างจากกระดาษที่พิมพ์ส่วนเนื้อเรื่อง, แผ่นป้ายโลหะติดชื่อ, แผ่นกระจกหรือโลหะที่เคลือบสารไวแสงใช้ในการถ่ายรูปแต่ก่อน, แผ่นโลหะหรือพลาสติกบางๆ ใช้ค้ำยันเหงือกเพื่อยึดฟันปลอม, ชิ้นเนื้อวัวบางๆ ที่ตัดจากส่วนนอก, เกล็ด (ปลา), จานเรี่ยไรเงินบริจาค, อเสหรือไม้ยึดเสาส่วนบนของเรือน, แผ่นโลหะ, แผ่นกระจก

plateau (แพลโท') *n., pl.* **-teaus/-teaux** (-โทซ์) ที่ราบสูง, สภาพหยุดนิ่ง, ระดับคงที่ *-vi.* **-teaued, -teauing** มาถึงระดับคงที่

platen (แพลท' เทิน) *n.* ลูกกลิ้งรองกระดาษพิมพ์ในเครื่องพิมพ์ดีด, ลูกกลิ้งรองรับหัวพิมพ์ในเครื่องพิมพ์งานคอมพิวเตอร์, แผ่นโลหะแบนๆ หรือลูกโม่ในแท่นพิมพ์ที่ทำหน้าที่จัดตำแหน่งและช่วยยึดกระดาษให้ตรงกับหมึกพิมพ์

★**platform** (แพลท' ฟอร์ม) *n.* ชานชาลา, เวที, แท่นขุดเจาะน้ำมัน, การปราศรัย, นโยบายของพรรคการเมือง (-**S.** podium)

platinum (แพลท' เทินนัม) *n.* ทองคำขาวหรือธาตุแพลทินัม มีสัญลักษณ์ Pt

platitude (แพลท' ทิทูด, -ทยูด) *n.* คำพูดหรือการพูดซ้ำซาก **-platitudinarian** *n.*

platoon (พละทูน') *n.* กองทหารเล็กๆ

platter (แพลท' เทอร์) *n.* จานแบนใหญ่

platypus (แพลท' ทิเพิซ) *n., pl.* **-puses** ตุ่นปากเป็ด

platypus

plaudit (พลอ' ดิท) *n.* การตบมือต้อนรับ

plausible (พลอ' ซะเบิล) *adj.* น่าฟัง, น่าเชื่อ

★**play** (เพล) *vi., vt.* **played, playing** เล่น, ล้อเล่น, หยอกเย้า, แสดง, เล่นพนัน, ซุกซน, เล่นหรือแสดงดนตรี, เล่นละคร, แสดงเป็น, ล้อเลียน, แข่งขันกับ, พนัน, จัดการ, เล่นแผ่นเสียง, ส่องแสง *-n.* บทละคร, การแสดงละคร, การเล่นสนุก, การล้อเล่น, การเล่นเกมกีฬา, การเล่นพนัน, การปฏิบัติ, การประมูล, การลื่นไหลไม่อยู่กับที่, การฉายแสงระยิบระยับของแสงอาทิตย์บนผิวน้ำ (-**S.** (v., n.) act **-A.** (v., n.) work)

playboy (เพล' บอย) *n.* ผู้ชายเสเพล

★**player** (เพล' เออร์) *n.* ผู้เล่น, ผู้แสดง, นักพนัน, นักดนตรี, อุปกรณ์ที่ควบคุมเปียโนอัตโนมัติ, หีบเสียง, นักกีฬา (-**S.** musician, performer)

playful (เพล' เฟิล) *adj.* ขี้เล่น, ซน

playgoer (เพล' โกเออร์) *n.* คนที่ไปดูละคร

playground (เพล' เกราน์ด์) *n.* สนามเด็กเล่น

playhouse (เพล' เฮาซ์) *n., pl.* **-houses** (-เฮาซิซ, -ซิซ) โรงละคร, บ้านตุ๊กตา

playing card ไพ่ป๊อก

playing field สนามกีฬา

playmate (เพล' เมท) *n.* เพื่อนเล่น (-**S.** friend)

plaything (เพล' ธิง) *n.* ของเล่น, ผู้ที่เป็น

เครื่องเล่นของคนอื่น (**-S.** toy)
playwright (เพล' ไรท) *n.* นักเขียนบทละคร
plaza (พลา' ซะ, แพลซ' ซะ) *n.* ลาน, จัตุรัส, สี่แยก, ย่านการค้า
plea (พลี) *n.* การร้องเรียน, การอุทธรณ์, คำแก้ตัว, ข้ออ้าง, คำร้อง (**-S.** request)
plead (พลีด) *vi., vt.* **pleaded/pled, pleading** อ้อนวอน, ร้องเรียน, อุทธรณ์, แก้ตัว, โต้แย้ง
★**pleasant** (เพลซ' เซินท) *adj.* **-er, -est** น่าพอใจ, น่ายินดี, น่าสนุก, น่าดู, (อากาศ) สบาย, ร่าเริง, เป็นมิตร, ดี (**-S.** pleasing **-A.** horrible)
pleasantry (เพลซ' เซินทรี) *n., pl.* **-ries** การมีอัธยาศัยไมตรี, การยั่วเย้าอย่างฉันมิตร
★**please** (พลีซ) *v.* **pleased, pleasing** *-vt.* ทำให้พอใจหรือถูกใจ, ทำให้เพลิดเพลินหรือสนุก *-vi.* ตามใจ *-adv.* เป็นคำที่ใช้ในการขอร้องหรือตอบรับอย่างสุภาพต่อความกรุณาที่ผู้อื่นให้
★**pleasing** (พลี' ซิง) *adj.* น่าพอใจ, น่าสนุก
pleasurable (เพลฌ' เฌอระเบิล) *adj.* น่าพอใจ
★**pleasure** (เพลฌ' เฌอร) *n.* ความยินดี, ความพึงพอใจ, ความสนุกสนาน, ความประสงค์ *-v.* **-ured, -uring** *-vt.* ทำให้พอใจ, ทำให้สนุกสนาน *-vi.* พอใจ, ยินดี, ไปเที่ยวหาความสำราญ
pleat (พลีท) *n.* รอยจีบในเสื้อผ้า *-vt.* **pleated, pleating** จับจีบ **-pleater** *n.*
plebeian (พลิบี' เอิน) *adj.* หยาบคาย, เถื่อน
plebiscite (เพลบ' บิไซท, -ซิท) *n.* การลงประชามติ **-plebiscitary** *adj.*
plectrum (เพลค' เทริม) *n., pl.* **-trums/-tra** แผ่นไม้หรือพลาสติกบางๆ เล็กๆ ใช้ดีด (กีตาร์)
pled (เพลด) *v.* กริยาช่อง 2 และ 3 ของ plead
pledge (เพลจ) *n.* คำปฏิญาณ, เครื่องประกัน, การประกัน, เครื่องแสดง, การวางมัดจำ, การดื่มอวยพร *-vt., vi.* **pledged, pledging** ปฏิญาณ, รับประกัน, รับรอง, วางมัดจำ, จำนำ, สัญญาที่จะเข้าร่วม (ในสมาคม), ดื่มอวยพร (**-S.** (n.) oath, surety (v.) swear (n., v.) toast)
plenary (พลี' นะรี, เพลน'-) *adj.* เต็มที่, (อำนาจ) เต็ม, โดยบริบูรณ์, ครบองค์ประชุม
plenipotentiary (เพลนนะพะเทน' ชีเอรี, -ชะรี) *adj.* มีอำนาจเต็มที่ *-n., pl.* **-ies** ทูตผู้มีอำนาจเต็มที่
plenitude (เพลน' นิทูด, -ทยูด) *n.* ความมากมาย, ความอุดมสมบูรณ์, ความสมบูรณ์แบบ
plenteous (เพลน' เทียซ) *adj.* มากมาย, อุดม
plentiful (เพลน' ทิเฟิล) *adj.* มากมาย, ล้นเหลือ, อุดมสมบูรณ์ (**-S.** abundant **-A.** deficient)
★**plenty** (เพลน' ที) *n.* ความอุดมสมบูรณ์ *-adj.* อุดมสมบูรณ์ *-adv.* (ภาษาพูด) อย่างพอเพียง
plethora (เพลธ' เธอระ) *n.* โรคเม็ดเลือดแดงมีมากเกินไป
pleurisy (พลุ' ริซี) *n.* โรคเยื่อหุ้มปอดอักเสบ
plexus (เพลค' เซิซ) *n., pl.* **-us/-uses** ร่างแห, ตาข่าย, สิ่งที่เหมือนตาข่าย (**-S.** web)
pliable (ไพล' อะเบิล) *adj.* ยืดหยุ่น, อ่อน, เปลี่ยนแปลงง่าย, หัวอ่อน (**-S.** flexible **-A.** firm)
pliant (ไพล' เอินท) *adj.* ยืดหยุ่น, อ่อน, ว่าง่าย **-pliantly** *adv.* (**-S.** elastic **-A.** rigid)
pliers (ไพล' เออร์ซ) *n. pl.* ปากคีบ, คีม
plight[1] (ไพลท) *n.* สภาวะหรือสภาพอันเลวร้าย
plight[2] (ไพลท) *vt.* **plighted, plighting** สัญญา, หมั้น, สาบาน *-n.* การให้คำสัตย์สัญญา
plimsoll (พลิม' เซิล, -ซอล) *n.* รองเท้าผ้าพื้นยางน้ำหนักเบา ใช้ใส่เล่นกีฬา
plinth (พลินธ) *n.* ฐานรูปสี่เหลี่ยมของแจกัน เสาหรือรูปปั้น, ฐานหินซึ่งเรียงต่อกันรองรับกำแพง
plod (พลอด) *vi., vt.* **plodded, plodding** ย่ำเท้า, เดินอย่างลำบาก, ตรากตรำ
plop (พลอพ) *vi., vt.* **plopped, plopping** ตกน้ำดังป๋อม, โดดลงน้ำดังตูม (**-S.** drop)
plot (พลอท) *n.* ที่ดิน, แบบแปลน, โครงเรื่อง, อุบาย, แผนการ *-vt., vi.* **plotted, plotting** เขียนแผนที่หรือแผนผัง, กำหนดตำแหน่งบนแผนที่, แสดงเป็นเส้นกราฟ, คิดอุบาย, วางโครงเรื่อง (**-S.** (n.) area (n., v.) outline, plan)
★**plow, plough** (เพลา) *n.* เครื่องไถที่ใช้เทียมกับรถลาก, เครื่องกวาดหิมะ *-vi., vt.* **plowed, plowing/ploughed, ploughing** ไถ, ไถเป็นร่อง, ฝ่าฟัน, แล่นฝ่า (น้ำ) **-Plow** ดาวไถ
ploy (พลอย) *n.* อุบาย (**-S.** trick)
plu. ย่อจาก plural พหูพจน์
pluck (พลัค) *vt., vi.* **plucked, plucking** เด็ด, ลาก, ดึง, ถอน, ทึ้ง, กระชาก, ทำใจกล้า, ดีดหรือเกา (กีตาร์) *-n.* การกระทำดังกล่าว, ความองอาจกล้าหาญ, ส่วนหัวใจ ตับ หลอดลมและปอดของสัตว์ที่เป็นอาหารของมนุษย์
plucky (พลัค' คี) *adj.* **-ier, -iest** กล้าหาญ
★**plug** (พลัก) *n.* จุก, จุกไม้ก๊อก, เครื่องอุด, ยาเส้นชนิดเคี้ยว, (คำสแลง) ม้าแก่ ลูกปืน, ก๊อกน้ำ, ปลั๊กเสียบ, หัวเทียนเครื่องยนต์, กองหินที่อุดภูเขาไฟ, ชิ้นตัวอย่างของสิ่งใดๆ ที่ตัดออกมาเป็นรูปทรงกระบอกหรือกรวย, (ภาษาพูด) โฆษณา *-v.* **plugged, plugging** *-vt.* อุด, เสียบ (ปลั๊ก), (ภาษาพูด) โฆษณา (สินค้า), (คำสแลง) ยิงปืน

ต่อย -*vi.* (ภาษาพูด) พากเพียร **-plug in** เสียบปลั๊ก (**-S.** (n.) stopper (v.) block)

plum (พลัม) *n.* ลูกพลัม, ลูกเกด, ลูกตาล, ตำแหน่งหรือรางวัลที่น่าปรารถนา, สีม่วงเข้ม

plumage (พลู' มิจ) *n.* ขนนก

plumb[1] (พลัม) *n.* ลูกดิ่ง -*adv.* ในแนวดิ่ง, ตรงลงมา, (ภาษาพูด) ตรงเผง -*adj.* เป็นแนวตรง, ตั้งตรง -*v.* **plumbed, plumbing** -*vt.* ทดสอบการตั้งตรงด้วยลูกดิ่ง, หยั่ง, วัด, กะ, ทิ้งลูกดิ่ง, ผนึกด้วยตะกั่ว -*vi.* ทำงานเป็นช่างประปา

plumb bob ลูกดิ่ง

plumber (พลัม' เมอร์) *n.* ช่างประปา

plumbing (พลัม' มิง) *n.* ท่อ, งานซ่อมท่อ

plumb line สายลูกดิ่ง

plume (พลูม) *n.* ขนนก, เครื่องหมายแห่งเกียรติยศหรือความสำเร็จ -*vt.* **plumed, pluming** ประดับด้วยขนนก, ไซ้ขน, ตกแต่ง

plum mango มะปราง

plummet (พลัม' มิท) *n.* ลูกดิ่ง, ลูกตุ้ม, เครื่องถ่วง, ภาระอันหนักหน่วง -*vi.* **-meted, -meting** ร่วงหรือทิ้งดิ่งลงไป, ตกดิ่งลงมา

plump[1] (พลัมพ์) *adj.* **plumper, plumpest** อ้วน, พอง, อุดม -*vt., vi.* **plumped, plumping** ยัด (หมอน) ให้พอง, ทำให้อ้วนกลม

plump[2] (พลัมพ์) *vi., vt.* **plumped, plumping** ตกหรือหล่นอย่างแรง, ให้การสนับสนุนหรือชมเชยอย่างเต็มที่ -*n.* การตกหล่นหรือการปะทะกันอย่างแรง, เสียงการตกลงมาดังกล่าว -*adj.* ตรงๆ, ทื่อๆ -*adv.* ตรงลงมา (**-S.** (v., n.) fall (adj.) straight (adv.) directly)

plunder (พลัน' เดอร์) *vt., vi.* **-dered, -dering** ปล้น, ชิงทรัพย์, ขโมย -*n.* การปล้น, การขโมย, ทรัพย์สมบัติที่ได้จากการปล้น (**-S.** (v.) rob)

plunge (พลันจ์) *vt., vi.* **plunged, plunging** จุ่ม, จ้วง, แทง, ทะลวง, กระโดด, กระโจน, ถลา, โผ, (ห้อง) ตก (อยู่ในความมืด) -*n.* การกระทำดังกล่าว, บ่อ, สระ, การดำน้ำ, การว่ายน้ำ (**-S.** (n., v.) dip, dive, rush)

plunger (พลัน' เจอร์) *n.* ลูกสูบ, เดือยโลหะใช้สำหรับกดแก้ว (ในการผลิตกระจก), หัวยางปั๊มคอห่าน, คนดำน้ำ, (ภาษาพูด) นักพนันมือเติบ

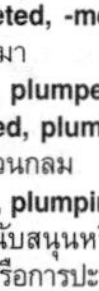
plunger

pluperfect (พลูเพอร์' ฟิคท์) *adj.* เป็นรูปกริยาที่แสดงอดีตสมบูรณกาลในหลักไวยากรณ์ โดยเป็นกริยาช่วย had และกริยารูป past participle หรือกริยาช่อง 3 เช่น had gone, เลิศหรือสุดยอด -*n.* อดีตสมบูรณกาลในหลักไวยากรณ์, กริยารูปที่แสดงกาลดังกล่าว

★**plural** (พลู' เริล) *adj.* พหูพจน์, มากกว่าหนึ่ง -*n.* คำที่อยู่ในรูปพหูพจน์, รูปพหูพจน์

★**plus** (พลัซ) *prep.* บวก, เพิ่ม, เติม, และ -*adj.* เพิ่มขึ้น, เป็นบวก, มากกว่า (18 คน) -*n., pl.* **pluses/plusses** เครื่องหมายบวก (+), ด้านบวกหรือด้านดี (**-S.** (adj.) additional, positive **-A.** (prep., adj., n.) minus)

plush (พลัช) *n.* ผ้าคล้ายกำมะหยี่ขนยาวนุ่มหนา

Pluto (พลู' โท) *n.* พระยม, ดาวพลูโตซึ่งเป็นดาวเคราะห์ดวงที่เก้าในระบบสุริยะ

plutocracy (พลูทอค' คระซี) *n., pl.* **-cies** การปกครองโดยคนร่ำรวย

plutocrat (พลู' ทะแครท) *n.* กลุ่มชนชั้นปกครองที่ร่ำรวย **-plutocratic** *adj.*

plutonium (พลูโท' เนียม) *n.* ธาตุพลูโทเนียมใช้ทำอาวุธนิวเคลียร์ มีสัญลักษณ์ Pu

ply[1] (ไพล) *vt.* **plied, plying** พับ, ทบ, บิด, มัดเกลียว, ฟั่น -*n., pl.* **plies** (ไพลซ์) ชั้น (ของกระดาษแข็ง), เกลียวหรือเส้น (เชือก), อคติ

ply[2] (ไพล) *vt., vi.* **plied, plying** แกว่ง, ควง, ฝึกฝน, เทียวไปเทียวมา, โจมตี, ทำร้าย, ปรนเปรอ, รุกเร้า (**-S.** exercise, practice)

plywood (ไพล' วุด) *n.* ไม้อัด

PM, P.M. ย่อจาก prime minister นายกรัฐมนตรี

★**P.M., p.m.** ย่อจาก post meridiem หลังเที่ยง

pneumatic, pneumatical (นูแมท' ทิค; นยู-, -ทิเคิล) *adj.* ใช้แรงลม, อัดด้วยอากาศ

pneumonia (นุโมน' นยะ, นยุ-) *n.* โรคปอดบวมหรือปอดอักเสบ

PO, P.O.[1] ย่อจาก postal order ธนาณัติ

PO, P.O.[2]**, p.o.** ย่อจาก post office ที่ทำการไปรษณีย์

poach (โพช) *vt., vi.* **poached, poaching** เคี่ยวหรือนึ่งอาหาร, ตุ๋น (ไข่), ขโมย, แย่ง, รุกล้ำจับปลาหรือล่าสัตว์, ย่ำดินหรือโคลน (**-S.** rob)

pock (พอค) *n.* ฝี, หัวฝี, รอยแผลเป็นอันเกิดจากฝี -*vt.* **pocked, pocking** (หน้า) ปรุ

★**pocket** (พอค' คิท) *n.* กระเป๋าหรือถุงเล็กๆ, หลุม, เงินติดกระเป๋า, ส่วนที่คล้ายกระเป๋าในสัตว์ เช่น จิงโจ้ -*adj.* เล็ก, เหมาะสำหรับใส่กระเป๋า -*vt.* **-eted, -eting** ใส่กระเป๋า, โกง, กล้ำกลืน, แทง (ลูก) ลงหลุมบนโต๊ะบิลเลียด (**-S.** (n., v.) bag)

pocketbook (พอค' คิทบุค) *n.* สมุดพก,

A B C D E F G H I J K L M N O P Q R S T U V W X Y Z

กระเป๋าเงินเล็กๆ

pocket book หนังสือขนาดพกพา

pocket calculator เครื่องคิดเลขขนาดพกพา

pocketknife (พอค' คิทไนฟ) *n.* มีดพก

pocket money เงินพกติดตัว

pod (พอด) *n.* ฝักถั่ว *-v.* **podded, podding** *-vi.* ออกฝัก *-vt.* แกะออกจากฝัก

podium (โพ' เดียม) *n., pl.* **-dia/-diums** เวที, แท่น (**-S.** platform, stand)

★**poem** (โพ' เอิม) *n.* โคลง ฉันท์ กาพย์ กลอน, บทร้อยกรอง (**-S.** lyric, verse)

★**poet** (โพ' อิท) *n.* กวี (**-S.** lyricist)

poetic (โพเอท' ทิค) *adj.* แบบบทกวี, ไพเราะอย่างบทกวี, อย่างกวี, มีจินตนาการ *-n.* ทฤษฎีหรือการแต่งบทกวี

poetic license ความผิดกฎเกณฑ์ที่อนุญาตให้มีได้ในการแต่งบทกวี

★**poetry** (โพ' อิทริ) *n.* บทกวี

poignant (พอยน' เยินท) *adj.* แหลมคม, ตรงจุด, ฉลาด, ฉุน, (คำพูด) เจ็บแสบ เผ็ดร้อน

★**point** (พอยนท) *n.* ยอดหรือปลายแหลม, สิ่งที่มียอดหรือปลายแหลม, แหลม, หน่วยวัด, แต้มคะแนน, เต้าเสียบไฟฟ้า, หัวกุญแจสับหลีกทางรถไฟ, ลูกไม้ถัก, การทำตัวแข็งและเอาจมูกชี้ไปทางที่มีเหยื่อ (ของสุนัขล่าเนื้อ), จุด, จุดทศนิยม, จุดประสงค์, หัวข้อ, ประเด็น, หน่วยวัด, เรื่อง, ขนาดตัวอักษรในการพิมพ์เท่ากับ 0.01384 นิ้ว, หน่วยน้ำหนักอัญมณีเท่ากับ 2 มิลลิกรัม หรือ 0.01 กะรัต *-vt., vi.* **pointed, pointing** พุ่ง, มุ่ง, เล็ง, ชี้, ชี้ทาง, เหลา, ใส่จุดทศนิยม, เว้นวรรค, คั่น, เน้น, (สุนัขล่าเนื้อ) ทำกิริยาดังกล่าว, ฉาบส่วนเชื่อมต่อด้วยซีเมนต์หรือปูนขาว, ชี้ให้เห็น (**-S.** (n.) cape, score, theme, tip (v.) direct, indicate, show (n., v.) dot)

point-blank (พอยนท' แบลงค') *adj.* (ยิง) ในระยะเผาขน, (ปฏิเสธ) ตรงๆ *-adv.* อย่างตรงๆ, อย่างไม่ลังเล (**-S.** (adj.) direct)

pointed (พอยน' ทิด) *adj.* แหลม, ซึ่งมียอดแหลม, ชัดเจน (**-S.** clear, sharp **-A.** blunt)

pointer (พอยน' เทอร) *n.* ไม้ชี้, เข็มชี้, คำแนะนำ, สุนัขลายด่างขนเกรียนพันธุ์หนึ่งใช้ตามกลิ่นในเกมล่าสัตว์ (**-S.** guide, hint)

pointless (พอยนท' ลิซ) *adj.* เหลวไหล, ไร้สาระ, ไม่มีจุดมุ่งหมาย (**-S.** aimless, silly)

point of order *n., pl.* **points of order** เรื่องระเบียบวาระการประชุม

point of view *n., pl.* **points of view** มุมมอง

poise (พอยซ) *v.* **poised, poising** *-vt.* ทรงตัว *-vi.* ลอยตัว, ร่อน *-n.* ความสมดุล, เสถียรภาพ, ความมีสติควบคุมอารมณ์ได้, การลอยตัว, การทรงตัว, ลักษณะท่าทาง (**-S.** (v., n.) balance)

★**poison** (พอย' เซิน) *n.* ยาพิษ, สารพิษ *-vt.* **-soned, -soning** ใส่ยาพิษ, ทำลาย, ทำให้เกิดมลพิษ *-adj.* เป็นพิษ, (ธนู) อาบยาพิษ, ประสงค์ร้าย (**-S.** (n.) toxin (v.) infect, ruin)

★**poisonous** (พอย' ซะเนิซ) *adj.* เป็นพิษ, มีพิษ, ประสงค์ร้าย (**-S.** evil, fatal **-A.** good)

poke[1] (โพค) *vt., vi.* **poked, poking** แยง, ทิ่ม, กระทุ้ง, แหย่, แทง, กระตุ้น, ดัน, กระแทก, เสือก, ไส, ผลัก, เขี่ย, (คำสแลง) ตี ต่อย, โผล่, ยื่น, ยุ่ง *-n.* การกระทำดังกล่าว, (คำสแลง) การต่อยด้วยหมัด, คนที่เดินไปอย่างเลื่อนลอยไร้จุดหมาย (**-S.** (v., n.) thrust)

poke[2] (โพค) *n.* กระบังหมวกของผู้หญิง, ถุง

poker (โพ' เคอร) *n.* เหล็กเขี่ยไฟ, ไพ่โป๊กเกอร์

poky, pokey (โพ' คี) *adj.* **pokier, pokiest** (ภาษาพูด) โซ เชื่องช้า ปอน คับแคบ

polar (โพ' เลอร) *adj.* เกี่ยวกับขั้วโลก, ที่ตั้งอยู่ใกล้ขั้วโลก, ต่างกันสุดขั้ว, เป็นศูนย์กลางหรือเป็นดังสิ่งนำทางเหมือนดาวเหนือ

polar bear หมีขาวอาศัยแถบขั้วโลกเหนือ

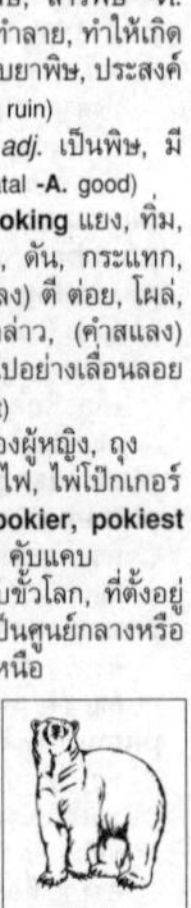

polar bear

polar circle เส้นขนานขั้วโลก

Polaris (พะแล' ริซ) *n.* ดาวเหนือ

polarity (โพแล' ริที, พะ-) *n., pl.* **-ties** ความแตกต่างกันจนสุดขั้ว

polarize (โพ' ละไรซ) *vt., vi.* **-ized, -izing** แบ่งเป็นสองฝ่าย, แตกเป็นสองขั้ว

Polaroid (โพ' ละรอยด) ชื่อการค้าของกล้องและฟิล์มที่ให้รูปสำเร็จหลังจากถ่ายไม่กี่วินาที

polar star ดาวเหนือ

★**pole**[1] (โพล) *n.* ขั้วโลก, ขั้วแม่เหล็ก, ขั้วแบตเตอรี่

★**pole**[2] (โพล) *n.* เสา, ไม้ถ่อ, ไม้ค้ำ *-vi., vt.* **poled, poling** ถ่อ (เรือ), ใช้ไม้ค้ำสกีไถลตัวไปข้างหน้า, แหย่หรือแยงด้วยไม้

polemic (พะเลม' มิค) *n.* การโต้แย้งหรือโต้เถียง, ผู้ที่โต้แย้งหรือโต้เถียง

pole vault กีฬากระโดดค้ำถ่อ, การกระโดดโดยใช้ไม้ค้ำถ่อ

★**police** (พะลีซ', โพ-) *n., pl.* **police** ตำรวจ, กรมตำรวจ *-vt.* **-liced, -licing** พิทักษ์สันติราษฎร์ (**-S.** (n.) constabulary)

A B C D E F G H I J K L M N O Q R S T U V W X Y Z

> **police** เป็นนามหมวดหมู่หรือ collective noun ซึ่งใช้เป็นนามพหูพจน์ ต้องใช้กริยาพหูพจน์ เช่น The police are arresting the robbers. ถ้าจะใช้เป็นนามเอกพจน์ ต้องใช้ว่า a police officer หรือ a policeman
>
> **policeman** เป็นนามเอกพจน์ ต้องใช้กริยาเอกพจน์ เช่น Jack Norman is a policeman in this town.

★**policeman** (พะลีซ' เมิน) *n., pl.* **-men** พลตำรวจ, เจ้าหน้าที่ตำรวจ (**-S.** bobby)

★**policewoman** (พะลีซ' วุมเมิน) *n., pl.* **-women** ตำรวจหญิง

★**policy** (พอล' ลิซี) *n., pl.* **-cies** นโยบาย, อุบาย, ความฉลาด, ความสุขุม, กรมธรรม์ประกันภัย

polio (โพ' ลีโอ) *n.* โรคโปลิโอ

poliomyelitis (โพลีโอไมอะไล' ทิซ) *n.* ดู polio

★**polish** (พอล' ลิช) *vi., vt.* **-ished, -ishing** ขัดเงา, ขัดถู, สีหรือขัด (ข้าว), ขัดเกลา, ล้างมลทิน *-n.* ความเงางาม, สารเคลือบเงา, ความสง่างาม, ความสละสลวย, การเคลือบเงา (**-S.** (v.) refine, rub (n.) brightness, elegance)

polished (พอล' ลิชท์) *adj.* เป็นเงา, มัน, ขึ้นเงา, สละสลวย, (ข้าว) ขัดสีแล้ว, ไร้มลทิน (**-S.** glossy)

★**polite** (พะไลท์', โพ-) *adj.* **-liter, -litest** สุภาพ

politic (พอล' ลิทิค) *adj.* ฉลาด, เจ้าเล่ห์

★**political** (พะลิท' ทิเคิล, โพ-) *adj.* เกี่ยวกับการเมืองการปกครอง, ฝักใฝ่เรื่องทางการเมือง

★**politician** (พอลลิทิช' เชิน) *n.* นักการเมือง

★**politics** (พอล' ลิทิคซ์) *n. pl.* รัฐศาสตร์

polka (โพล' คะ, โพ'-) *n.* การเต้นรำเป็นคู่ๆ แบบเร็วๆ มีชีวิตชีวา, ดนตรีสำหรับการเต้นรำดังกล่าว *-vi.* **-kaed, -kaing** เต้นรำแบบดังกล่าว

poll (โพล) *n.* การลงคะแนนเสียง, จำนวนคะแนนเสียง, การสำรวจประชามติ, ศีรษะมนุษย์ *-v.* **polled, polling** *-vt.* ได้รับคะแนนเสียง, สำรวจประชามติ, ตัดยอด (ต้นไม้ พืช), ตัดเขาสัตว์, ขริบริม, เล็ม (ผม ขน) *-vi.* ลงคะแนนเสียง (**-S.** (n., v.) survey, vote)

pollen (พอล' เลิน) *n.* เกสรดอกไม้

★**pollute** (พะลูท') *vt.* **-luted, -luting** ทำให้สกปรก, ทำให้เกิดมลพิษ (**-S.** spoil **-A.** purify)

pollution (พะลู' ชัน) *n.* มลพิษ, ของเสีย

polo (โพ' โล) *n.* กีฬาโปโล, กีฬาโปโลน้ำ, คลี

polonium (พะโล' เนียม) *n.* ธาตุโพโลเนียม เป็นธาตุกัมมันตรังสีอย่างหนึ่ง มีสัญลักษณ์ Po

poltergeist (โพล' เทอร์ไกซ์ท์) *n.* ผีหรือวิญญาณที่มาในรูปของเสียงหรือการเคลื่อนวัตถุ

poly- คำอุปสรรค หมายถึง มากมาย, หลาย

polyester (พอล' ลีเอสเตอร์, พอลลีเอส' เตอร์) *n.* สารโพลีเมอร์อย่างหนึ่งใช้ในอุตสาหกรรมเส้นใยสังเคราะห์และพลาสติก

polygamy (พะลิก' กะมี) *n.* ประเพณีการมีสามีหรือภรรยามากกว่าหนึ่งคนในเวลาเดียวกัน

polyglot (พอล' ลีกลอท) *adj.* ซึ่งสามารถพูด อ่าน และเขียนได้หลายภาษา, มีหลายภาษา

polygon (พอล' ลีกอน) *n.* รูปหลายเหลี่ยม

polyhedron (พอลลีฮี' เดริน) *n., pl.* **-drons/-dra** รูปทรงหลายด้าน **-polyhedral** *adj.*

polymerization (พะลิมเมอริเซ' ชัน, พอล' ละเมอ-) *n.* การรวมกันของโมเลกุลโมโนเมอร์ต่างๆ กันตั้งแต่สองโมเลกุลขึ้นไปเข้าเป็นโมเลกุลของโพลีเมอร์, กระบวนการทางเคมีที่มีผลต่อการรวมกันเข้าของโมเลกุลดังกล่าว **-polymerize** *v.*

polysyllable (พอลลีซิล' ละเบิล) *n.* คำที่มีมากกว่าสามพยางค์

polytechnic (พอลลีเทค' นิค) *adj.* (โรงเรียน) สารพัดช่าง *-n.* โรงเรียนสารพัดช่าง

pomace (พัม' มิซ, พอม'-) *n.* กากผลไม้, กากปลาหรือถั่วที่เหลือจากการคั้นน้ำมันแล้ว

pomade (โพเมด', -มาด', พอ-) *n.* น้ำมันแต่งผม

pomegranate (พอม' แกรนนิท, พอม' มิ-, พัม'-, พัม' มิ-) *n.* ต้นทับทิม, ผลทับทิม

pomelo (พอม' มะโล) *n., pl.* **-los** ส้มโอ

pommel (พัม' เมิล, พอม'-) *vt.* **-meled, -meling/-melled, -melling** ชก, ต่อย, ตี, ทุบ, อัด *-n.* จะงอยหัวอานม้า, ปุ่มกลมที่ด้ามดาบ

pomp (พอมพ์) *n.* ความโอ่โถง, ความเอิกเกริก, ความงดงามตระการตา (**-S.** grandeur, show)

pompon, pompom (พอม' พอน, พอม' พอม) *n.* พู่, พู่ห้อย, กระจุกปุย

pompous (พอม' เพิซ) *adj.* วางโต, คุยโอ่, หรูหรา **-pompously** *adv.* (**-S.** boastful)

pond (พอนด์) *n.* บ่อ, แอ่ง, สระน้ำเล็กๆ

ponder (พอน' เดอร์) *vt., vi.* **-dered, -dering** ชั่งใจ, ไตร่ตรอง, ครุ่นคิด (**-S.** think **-A.** ignore)

ponderable (พอน' เดอระเบิล) *adj.* น่าคิด

ponderous (พอน' เดอเริซ) *adj.* อุ้ยอ้าย

poniard (พอน' เยิด) *n.* กริช

pontiff (พอน' ทิฟ) *n.* พระสันตะปาปา, บิชอป, พระสังฆราช **-pontifical** *adj.*

pontoon (พอนทูน') *n.* แพ, โป๊ะ

A B C D E F G H I J K L M N O P Q R S T U V W X Y Z

pony (โพ' นี) *n., pl.* **-nies** ม้าขนาดเล็ก
ponytail (โพ' นีเทล) *n.* ผมรวบเป็นหางม้า
poodle (พูด' เดิล) *n.* สุนัขพันธุ์พุดเดิ้ล

poodle

pooh (พู) *interj.* คำอุทานแสดงความรังเกียจ
★**pool**¹ (พูล) *n.* แอ่ง, บ่อ, สระ, กอง (เลือด)
★**pool**² (พูล) *n.* เงินกองกลาง, เงินกงสี, เงินกองกลางในการเล่นพนัน, การรวมตัวกันเพื่อจุดประสงค์บางอย่าง, การร่วมมือกันทำธุรกิจเพื่อลดการแข่งขัน, บิลเลียด เป็นเกมที่คล้ายการเล่นสนุกเกอร์ *-v.* **pooled, pooling** *-vt.* รวมเงินกองกลาง *-vi.* รวมตัวกัน, ระดม (ความคิด)
★**poor** (พุวร์) *adj.* **poorer, poorest** ยากจน, ขัดสน, ไม่พอเพียง, (ดิน) ไม่ดี, ต่ำต้อย, ด้อยคุณภาพ, เลว, ไม่สมบูรณ์, ขาดแคลน, น่าสงสาร *-n.* คนจน (**-S.** (adj.) deficient, pitiable **-A.** (adj.) lucky (adj., n.) rich)
poorly (พุวร์ ลี) *adv.* อย่างแย่มาก *-adj.* ป่วย (**-S.** (adv.) badly (adj.) ill)
★**pop**¹ (พอพ) *v.* **popped, popping** *-vi.* ทำเสียงดังป๊อก, ระเบิดดังปัง, ปะทุดังปุ้, เคลื่อนที่อย่างรวดเร็ว, ยิงปืนดังปัง *-vt.* ทำให้เกิดเสียงดังลั่น เช่น เปิดขวดแชมเปญดังป๊อก, ยิงปืน, ปะทุ, ตี, กินยา *-n.* เสียงเหมือนเสียงเปิดจุกขวดหรือเสียงลูกโป่งแตก, เครื่องดื่มน้ำหวานอัดก๊าซไม่ผสมแอลกอฮอล์, เสียงปะทุ, เสียงระเบิด, การยิงปืน *-adv.* ด้วยเสียงอันดังแบบดังกล่าว, อย่างทันทีทันใดไม่ทันตั้งตัว **-pop the question** (ภาษาพูด) ขอแต่งงาน (**-S.** (v.) explode (v., n.) burst (adv.) suddenly)
pop² (พอพ) *n.* (ภาษาพูด) ย่อจาก papa พ่อ
★**pop**³ (พอพ) *adj.* (ภาษาพูด) แพร่หลาย
★**popcorn** (พอพ' คอร์น) *n.* ข้าวโพดคั่ว
★**pope** (โพพ) *n.* สมเด็จพระสังฆราช, พระสันตะปาปา (**-S.** pontiff)
popeyed (พอพ' ไอด์) *adj.* (ตา) โปน, แปลกใจ
popgun (พอพ' กัน) *n.* ปืนอัดลมเด็กเล่น
poppy (พอพ' พี) *n., pl.* **-pies** ดอกป๊อปปี้ มีดอกสีแดง เป็นสัญลักษณ์วันทหารผ่านศึก, ต้นฝิ่น, ฝิ่นที่สกัดจากต้นฝิ่น, สีส้มออกแดง

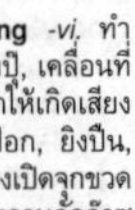
poppy

populace (พอพ' พยะเลิซ) *n.* ประชาชน
★**popular** (พอพ' พยะเลอร์) *adj.* เป็นที่นิยมของหรือโดยประชาชน, โดยทั่วไป, แพร่หลาย, กว้างขวาง **-popularly** *adv.* **-popularity** *n.*
popularize (พอพ' พยะละไรซ์) *vt.* **-ized, -izing** ทำให้เป็นที่นิยมแพร่หลาย
populate (พอพ' พยะเลท) *vt.* **-lated, -lating** อยู่อาศัย, พำนัก, พัก (**-S.** settle)
★**population** (พอพยะเล' ชัน) *n.* ประชาชน
populous (พอพ' พยะเลิซ) *adj.* มีประชากรอาศัยอยู่หนาแน่น **-populously** *adv.*
pop-up (พอพ' อัพ) *adj.* ซึ่งจะปรากฏโครงร่างสามมิติยกขึ้นมาเมื่อเปิดหน้าหนังสือ
porcelain (พอร์' ซะลิน) *n.* เครื่องถ้วยชามกระเบื้องเคลือบ **-porcelaneous** *adj.*
★**porch** (พอร์ช, โพร์ช) *n.* ทางเข้าหน้าประตูมีหลังคา, ระเบียง, เฉลียง
porcupine (พอร์' คยะไพน์) *n.* เม่น
porcupine fish ปลาปักเป้า

porcupine

pore (พอร์) *vi.* **pored, poring** อ่านอย่างละเอียด, จ้องมอง *-n.* รูขุมขน, รูพรุนในหินหรือดิน
★**pork** (พอร์ค, โพร์ค) *n.* เนื้อหมู
pornography (พอร์นอก' กระฟี) *n.* หนังสือรูปภาพหรือภาพยนตร์ลามกอนาจารยั่วยุกามารมณ์, การเผยแพร่หรือการผลิตสิ่งดังกล่าว
porous (พอ' เริซ, โพ'-) *adj.* มีหรือเต็มไปด้วยรู, ที่ให้อากาศหรือน้ำรั่วซึมได้ **-porosity** *n.*
porpoise (พอร์' เพิซ) *n., pl.* **-poise/-poises** ปลาโลมา
porridge (พอร์' ริจ) *n.* ข้าวโอ๊ตต้ม
★**port**¹ (พอร์ท, โพร์ท) *n.* ท่าเรือ, เมืองท่า
port² (พอร์ท, โพร์ท) *n.* ด้านซ้ายหรือกราบซ้ายของเรือหรือเครื่องบินเมื่อมองจากด้านหน้า *-adj.* ทางซ้าย *-vt., vi.* **ported, porting** หันหรือเลี้ยว (เรือ เครื่องบิน) ไปทางซ้าย (**-S.** (n.) larboard **-A.** (n.) starboard)
port³ (พอร์ท, โพร์ท) *n.* ช่องอากาศข้างเรือ, ช่องระบายไอน้ำหรือน้ำในเครื่องจักรกล, ประตูเมือง, ช่องในป้อมหรือในรถติดอาวุธที่ใช้มองหรือใช้ยิง
port⁴ (พอร์ท, โพร์ท) *vt.* **ported, porting** สะพาย (อาวุธ) ไปทางไหล่ซ้าย *-n.* ตำแหน่งหรือลักษณะของอาวุธที่ถือในลักษณะดังกล่าว, ท่าทางแบกถือ
port⁵**, Port** (พอร์ท, โพร์ท) *n.* ไวน์แดงรสหวานและแรง
portable (พอร์' ทะเบิล, โพร์'-) *adj.* ทนทาน,

ซึ่งสามารถแบก ถือหรือหิ้วได้ (-**S.** movable)

portal (พอร์' เทิล, โพร์'-) *n.* ประตูทางเข้าขนาดใหญ่, ทางผ่านเข้าออก *-adj.* เกี่ยวกับทางเข้า

portend (พอร์เทนด์', โพรฺ-) *vt.* **-tended, -tending** เป็นลาง, เป็นเครื่องแสดง

portent (พอร์' เทนท์, โพร์'-) *n.* ลางบอกเหตุ, เครื่องแสดง, สิ่งมหัศจรรย์ (-**S.** sign)

portentous (พอร์เทน' เทิซ, โพร์-) *adj.* แปลก, ประหลาด, น่ากลัว, เป็นลาง, วางโต

porter[1] (พอร์' เทอร์, โพร์'-) *n.* พนักงานยกกระเป๋าตามโรงแรม, พนักงานเฝ้าประตู

porter[2] (พอร์' เทอร์, โพร์'-) *n.* ย่อจาก porter's ale เบียร์ดำ

portfolio (พอร์ทโฟ' ลีโอ, โพร์ท-) *n., pl.* **-os** กระเป๋าแบนขนาดใหญ่สำหรับใส่เอกสาร รูปภาพ ฯลฯ, สิ่งที่ใส่ไว้ในกระเป๋าดังกล่าว เพื่อใช้ในการเสนอผลงาน, ตำแหน่งและหน้าที่ของรัฐมนตรี

portfolio

porthole (พอร์ท' โฮล, โพร์ท'-) *n.* ช่องสำหรับยิงปืนในป้อมหรือกำแพง, ช่องหน้าต่างทรงกลมตามข้างเรือหรือเครื่องบิน

portico (พอร์' ทิโค, โพร์'-) *n., pl.* **-coes/-cos** ซุ้มหรือทางเดินมีหลังคาบริเวณหน้าประตู

portion (พอร์' ชัน, โพร์'-) *n.* ส่วน, สินเดิมของฝ่ายหญิง, ส่วนแบ่ง, โชคชะตา *-vt.* **-tioned, -tioning** แบ่ง (-**S.** (n., v.) part (n.) quota)

portly (พอร์ท' ลี, โพร์ท'-) *adj.* **-lier, -liest** อ้วนตุ๊ต๊ะ **-portliness** *n.* (-**S.** fat)

portrait (พอร์' ทริท, -เทรท, โพร์'-) *n.* รูปวาดภาพเขียน รูปถ่ายหรือรูปแกะสลักที่เหมือนจริงของบุคคลโดยเฉพาะใบหน้า **-portraitist** *n.*

portray (พอร์เทร' , โพร์-) *vt.* **-trayed, -traying** พรรณนาให้เห็นเป็นภาพ, แสดงให้เห็นด้วยภาพ

pose (โพซ) *vt., vi.* **posed, posing** วางท่า, เสนอ, เสแสร้ง, ปลอมตัว, งงงวย *-n.* การวางท่าเพื่อการวาดภาพ ถ่ายภาพหรือแกะสลัก, การเสแสร้ง (-**S.** (v.) model (n., v.) posture)

posh (พอช) *adj.* เก๋ เท่และทันสมัย (-**S.** chic)

★**position** (พะซิช' ชัน) *n.* ตำแหน่ง, ที่มั่น, การวางท่า, สภาพ, ทำเลที่ดี, สถานะทางสังคม

★**positive** (พอซ' ซิทิฟว์) *adj.* เป็นการยอมรับ, เป็นไปในทางบวก, ซึ่งเต็มไปด้วยความหวัง, เป็นการให้กำลังใจ, ซึ่งแสดงออกอย่างชัดเจน, เป็นที่ยอมรับ, ที่มั่นใจมาก, ที่กำหนดขึ้น, เป็นไปในทางปฏิบัติมากกว่าทฤษฎี, เป็นจริง, เกี่ยวกับเครื่องหมายบวก, มีประจุไฟฟ้าบวก, ตรงข้ามกับ negative, ที่ชี้ให้เห็นว่ามีเชื้อโรคหรือมีการตอบสนอง, (รูป) มีสีที่ถูกต้อง, ที่ไม่ใช่การเปรียบเทียบขั้นกว่าและขั้นสูงสุดในไวยากรณ์, (ภาษาพูด) อย่างแท้จริง, ที่มากกว่าศูนย์ *-n.* การยอมรับ, สิ่งที่รับรู้ได้ว่ามีอยู่จริง, จำนวนที่มากกว่าศูนย์, ประจุบวก, รูปภาพที่มีสีตามธรรมชาติจริง, การเปรียบเทียบขั้นปกติคือไม่ใช่ขั้นกว่าและขั้นสูงสุดในไวยากรณ์ **-positively** *adv.* (-**S.** (adj.) practical, sure **-A.** (adj.) negative)

★**possess** (พะเซซ') *vt.* **-sessed, -sessing** เป็นเจ้าของ, ครอบครอง, ควบคุม, มี, ได้, ครอบงำ (-**S.** occupy, own **-A.** lose)

★**possession** (พะเซช' ชัน) *n.* การมี, การเป็นเจ้าของหรือครอบครอง, สภาวะการถูกเข้าครอบงำ, สิ่งที่ถูกครอบครอง, อาณานิคม, การควบคุมตัวเอง, สภาวะการถูกครอบงำหรือถูกสิง, การครองหรือการได้เป็นฝ่ายครอบครองลูกบอล, การได้เป็นฝ่ายรุก **-possessions** ทรัพย์สิน (-**S.** estate, ownership **-A.** loss)

possessive (พะเซซ' ซิฟว์) *adj.* เกี่ยวกับการเป็นเจ้าของ, มีความต้องการที่จะเข้าควบคุม, (คำ) ที่แสดงความเป็นเจ้าของ *-n.* คำที่แสดงความเป็นเจ้าของ เช่น my, mine, your, yours

★**possibility** (พอซซะบิล' ลิที) *n., pl.* **-ties** ความเป็นไปได้, สิ่งที่เป็นไปได้ (-**S.** chance)

★**possible** (พอซ' ซะเบิล) *adj.* เป็นไปได้, ยังไม่แน่ **-possibly** *adv.* (-**S.** likely, probable)

★**post[1]** (โพซท์) *n.* เสา, หลัก, เสาประตู (ฟุตบอล), ขั้วแบตเตอรี่, จุดเริ่มต้นในสนามแข่งวิ่ง *-vt.* **posted, posting** ติด (ประกาศ) ในที่สาธารณะ, ประณาม, ติดป้ายห้ามบุกรุก, ติดโปสเตอร์ (ที่ผนัง), พิมพ์ (ชื่อ) ในรายชื่อ, ทำคะแนน (-**S.** (n.) pole (v.) announce **-A.** (v.) conceal)

★**post[2]** (โพซท์) *n.* ฐานทัพทหาร, ตู้ยาม, แตรเรียกทหาร, ตำแหน่งงาน *-vt.* **posted, posting** วาง (ยาม), ส่ง (ทหาร) ไปประจำการ, แสดง, เสนอ (-**S.** (n.) position (v.) assign **-A.** (v.) dismiss)

★**post[3]** (โพซท์) *n.* การส่งทางไปรษณีย์, จดหมายหรือพัสดุที่ส่งไป, ไปรษณีย์, ที่ทำการไปรษณีย์ *-vt., vi.* **posted, posting** ส่ง (จดหมายหรือพัสดุ) ทางไปรษณีย์, แจ้งข่าวล่าสุด, ทำรายการลงใน (บัญชีแยกประเภท), แยกลงในบัญชีแยกประเภท, (คอมพิวเตอร์) ใส่ข้อมูลเข้าเก็บ *-adv.* โดยทางไปรษณีย์, โดยใช้ม้าส่งข่าว, อย่างรวดเร็ว (-**S.** (n.) delivery (v.) send **-A.** (v.) receive)

post- คำอุปสรรค หมายถึง ภายหลัง, ข้างหลัง
★**postage** (โพ' สติจ) *n.* ไปรษณียากร, ตราไปรษณียากรหรือแสตมป์
postage stamp ตราไปรษณียากร
★**postal** (โพ' สเติล) *adj.* เกี่ยวกับที่ทำการไปรษณีย์หรือการบริการด้านไปรษณีย์
postal order ธนาณัติ
postbox, post box (โพซทฺ' บอคซฺ) *n.* ตู้ไปรษณีย์
★**post card, postcard** (โพซทฺ' คาร์ด) *n.* ไปรษณียบัตร, โปสการ์ด
postcode (โพซทฺ' โคด) *n.* รหัสไปรษณีย์
postdate (โพซทฺเดท', โพซทฺ'-) *vt.* **-dated, -dating** ลงวันที่ล่วงหน้า, เกิดขึ้นภายหลัง
★**poster** (โพส' เตอร์) *n.* ใบปิด (หนัง โฆษณา)
posterior (พอสเตีย' เรียร์) *adj.* ที่อยู่ด้านหลัง, ที่ตามหลัง, ในเวลาต่อมา *-n.* บั้นท้าย, ก้น
posterity (พอสเต' ริที) *n.* อนุชนรุ่นหลัง
postgraduate (โพซทฺแกรจฺ' จูอิท, -เอท) *adj.* เกี่ยวกับการเรียนต่อขั้นสูงขึ้นหลังจากเรียนจบระดับมัธยมหรือวิทยาลัย *-n.* ผู้ที่เข้าเรียนต่อ
posthaste (โพซทฺ' เฮซทฺ') *adv.* ด่วน
posthumous (พอซ' ชะเมิซ) *adj.* ที่เกิดขึ้นหรือต่อเนื่องหลังจากที่เสียชีวิตแล้ว, ซึ่งพิมพ์หลังมรณกรรมของผู้เขียน, (เด็ก) ที่เกิดขึ้นหลังจากบิดาถึงแก่กรรม **-posthumously** *adv.*
postimpressionism (โพซทฺอิมเพรซ' ชะนิซเซิม) *n.* ศิลปะในฝรั่งเศส ช่วงปลายศตวรรษที่ 19 ซึ่งปฏิเสธศิลปะแบบ impressionism และใช้รูปแบบและสีในแบบที่แสดงความรู้สึกส่วนตัวมากกว่าความประทับใจจากภาพที่เห็น
post-it (โพซทฺ' อิท) *n.* กระดาษโน้ตแบบมีกาวติดด้านหลัง
★**postman** (โพซทฺ' เมิน) *n.* บุรุษไปรษณีย์
postmark (โพซทฺ' มาร์ค) *n.* ตราประทับของไปรษณีย์
post meridiem (เวลา) หลังเที่ยง ย่อว่า PM, P.M., pm, p.m.
postmortem (โพซทฺมอร์' เทิม) *adj.* ซึ่งเกิดขึ้นหรือกระทำหลังจากเสียชีวิต, เกี่ยวกับการชันสูตรศพ *-n.* การชันสูตรพลิกศพ, (ภาษาพูด) การวิเคราะห์เพื่อหาเหตุและผลในเรื่องที่จบสิ้นไป
postnatal (โพซทฺเนท' เทิล) *adj.* เกี่ยวกับหรือเกิดขึ้นทันทีหลังจาก (เด็ก) เกิดขึ้นมา
★**post office** กรมไปรษณีย์, ที่ทำการไปรษณีย์
post office box ตู้ไปรษณีย์ที่กรมไปรษณีย์จัดให้เช่า
postpaid (โพซทฺ' เพด') *adj.* ด้วยการชำระค่าไปรษณีย์ล่วงหน้าแล้ว
postpone (โพซทฺโพน', โพซโพน') *vt.* **-poned, -poning** เลื่อน (เวลา) ออกไป, จัดไว้ในลำดับแห่งความสำคัญเป็นที่สอง (**-S.** delay)
postscript (โพซทฺ' สกริพทฺ, โพซ'-) *n.* ปัจฉิมลิขิตหรือ ป.ล. ย่อว่า PS, P.S., p.s.
postulate (*v.* พอซ' ชะเลท, *n.* -ลิท, -เลท) *vt.* **-lated, -lating** อ้าง, ทึกทักว่าเป็นความจริง *-n.* มูลฐาน, ความจริงที่ไม่ต้องพิสูจน์ในวิชาคณิตศาสตร์ (**-S.** (v.) assume)
posture (พอซ' เชอร์) *n.* การวางท่าทาง, ท่วงท่า, ทัศนคติ *-vi., vt.* **-tured, -turing** แสร้งวางท่า
posy (โพ' ซี) *n., pl.* **-sies** ช่อดอกไม้เล็กๆ, กลอนหรือวลีสั้นๆ ที่สลักลงบนแหวน
★**pot** (พอท) *n.* หม้อ, เหยือก, กระปุก, กระถาง, แจกัน, กระชัง ไซหรือสุ่ม, ปริมาณเต็มหม้อ, ถ้วยขนาดใหญ่ที่ใช้ดื่มมีที่จับข้างเดียวและมักจะมีฝาปิดถ้วยติดอยู่ด้วย, ถ้วยเซรามิกที่ออกแบบอย่างมีศิลปะและถือเป็นของตกแต่ง, เงินเดิมพัน, การแทงลูก (บิลเลียด) ให้ลงหลุม, (ภาษาพูด) ทุนที่ช่วยกันลงขันจำนวนมากมาย กระโถนเด็ก พุงพลุ้ย การยิงแบบเดาสุ่ม การวิจารณ์แบบมั่วๆ *-v.* **potted, potting** *-vt.* จัดใส่หรือปลูกในกระถาง, เก็บถนอม (อาหาร) เช่น ดองไว้ในขวด, ทำอาหารในหม้อ, ยิงปืนล่า (สัตว์) เพื่อเป็นอาหาร, (ภาษาพูด) ยิงแบบเดาสุ่ม จับกุมมาได้, แทงลูก (บิลเลียด) ลงหลุม *-vi.* (ภาษาพูด) ยิงแบบเดาสุ่ม
potassium (พะแทซ' เซียม) *n.* ธาตุโลหะอ่อนมีความไวปฏิกิริยามาก เกิดขึ้นในธรรมชาติในรูปของสารประกอบเท่านั้น พบอยู่ทั่วไปในรูปของเกลือ ใช้เป็นปุ๋ย มีสัญลักษณ์ K
potassium nitrate ดินประสิว ใช้เก็บถนอมอาหารเนื้อ ใช้ทำดินปืนและใช้เป็นปุ๋ย มีสูตรเคมี KNO_3
★**potato** (พะเท' โท) *n., pl.* **-toes** มันฝรั่ง
potato chip มันฝรั่งทอด
potbelly (พอท' เบลลี) *n., pl.* **-lies** พุงยื่น
potency, potence (โพท' เทินซี, -เทินซฺ) *n., pl.* **-cies** ความมีศักยภาพ, ศักยภาพ
potent (โพท' เทินทฺ) *adj.* มีอำนาจภายในตัวเอง, (เหล้า) แรง, น่าเชื่อถือ, มีศักยภาพ, (ชาย) มีสมรรถภาพทางเพศ (**-S.** powerful **-A.** weak)
★**potential** (พะเทน' เชิล) *adj.* ที่แฝงอยู่, มีความเป็นไปได้, เกี่ยวกับกริยาช่วย เช่น may และ can *-n.* ความสามารถที่ซ่อนเร้นอยู่ภายใน,

A B C D E F G H I J K L M N O Q R S T U V W X Y Z

ศักยภาพ, กริยาช่วยที่แฝงความหมายแสดงความเป็นไปได้, ศักย์หรือแรงเคลื่อนไฟฟ้า วัดเป็นโวลต์ **-potentially** *adv.* (**-S.** (adj.) possible)

potential difference ความต่างศักย์ของขั้วไฟฟ้า

potential energy พลังงานศักย์ คือพลังงานที่มีอยู่ในวัตถุขณะที่หยุดนิ่งตรงข้ามกับพลังงานจลน์ที่ใช้ในการเคลื่อนที่ของวัตถุ

potion (โพ' ชัน) *n.* ยาพิษ, ยาเสน่ห์

potpourri (โพพุรี') *n., pl.* **-ris** การผสมปนเปกัน, บุหงา, งานเขียนที่ตัดตอนมาจากที่ต่างๆ

potted (พอท' ทิด) *adj.* ที่ใส่อยู่ในหม้อ, ที่ปลูกในกระถาง, ซึ่งเก็บรักษา (อาหาร) ไว้ในขวด, (คำสแลง) เมาเหล้า อยู่ในอาการประสาทหลอน

potter (พอท' เทอร์) *n.* ช่างปั้นหม้อ

pottery (พอท' ทะรี) *n., pl.* **-ies** เครื่องปั้นดินเผา, งานปั้นเครื่องดินเผา, สถานที่ทำงานปั้น

potty[1] (พอท' ที) *adj.* **-tier, -tiest** เล็กน้อย, ไม่สำคัญ, ค่อนข้างเมา, ไม่เข้าท่า

potty[2] (พอท' ที) *n., pl.* **-ties** กระโถนเด็ก

pouch (เพาช์) *n.* ถุงเล็กๆ มีเชือกมัดปากใช้ใส่ของกระจุกกระจิก, ถุงของบุรุษไปรษณีย์, ถุงหนังเล็กๆ ไว้ใส่ดินปืน, ถุงพลาสติกใช้ห่ออาหารแช่แข็ง, กระเป๋า, ถุงที่หน้าท้องของสัตว์ประเภทจิงโจ้, กระเป๋าเศษสตางค์ *-vt., vi.* **pouched, pouching** ใส่ในกระเป๋า, ทำให้เหมือนกระเป๋า, กลืน (**-S.** (n., v.) pocket)

poult (โพลท์) *n.* ลูกของสัตว์ประเภทสัตว์ปีก

poultice (โพล' ทิซ) *n.* ยาพอก *-vt.* **-ticed, -ticing** พอกด้วยยา

poultry (โพล' ทรี) *n.* สัตว์ปีกจำพวกเป็ด ไก่

pounce (เพานซ์) *v.* **pounced, pouncing** *-vi.* เข้าโจมตี, ฉก, ตะครุบ *-vt.* จับด้วยกรงเล็บ *-n.* การกระทำดังกล่าว, กรงเล็บของนก

★**pound**[1] (เพานด์) *n., pl.* **pound/pounds** ปอนด์ มีสัญลักษณ์ £ เป็นหน่วยเงินตราของอังกฤษ เรียกเต็มๆ ว่า pound sterling

pound[2] (เพานด์) *v.* **pounded, pounding** *-vt.* ตีซ้ำๆ, ตอกย้ำ, บด, ยิงอย่างดุเดือด *-vi.* ต่อยตีอย่างรุนแรงต่อเนื่อง, เคลื่อนที่อย่างรุนแรงและอึกทึก, (ชีพจร) เต้นอย่างแรงและรวดเร็ว, พากเพียร *-n.* เสียงต่อยตีดังกล่าว, การกระทำดังกล่าว (**-S.** (v., n.) beat, crush)

pound[3] (เพานด์) *n.* ที่กักกันสุนัขจรจัด, ที่เก็บสิ่งที่ถูกยึดไว้, คอกสัตว์, ที่คุมขัง *-vt.* **pounded, pounding** กักกัน, ขังไว้ (**-S.** (n.) enclosure)

★**pour** (พอร์, โพร์) *v.* **poured, pouring** *-vt.* เท, ริน, ราด, หลั่งไหล *-vi.* ไหลหลั่ง, (ฝน) ตกหนัก, กรู (ออกมา), พรั่งพรู, เสิร์ฟเครื่องดื่มแก่ฝูงชน *-n.* การไหลหลั่งพรั่งพรู, การเท

pout (เพาท์) *vi., vt.* **pouted, pouting** โกรธ, ทำปากยื่นแสดงความไม่พอใจ

★**poverty** (พอฟ' เวอร์ที) *n.* ความจน

poverty-stricken (พอฟ' เวอร์ที สตริคเคิน) *adj.* ยากจนอย่างแสนสาหัส

POW (พีโอดับ' เบิลยู, -ยุ) *n., pl.* **POW's/POWs** ย่อจาก prisoner of war เชลยศึก

★**powder** (เพา' เดอร์) *n.* ผง, แป้ง, ฝุ่น, ดินปืน *-vt., vi.* **-dered, -dering** ทำให้เป็นผง, โรยด้วยแป้ง, ใช้แป้งผัดหน้า (**-S.** (n., v.) dust)

powder puff แผ่นฟองน้ำนุ่มที่ใช้ผัดหน้า

★**power** (เพา' เออร์) *n.* อำนาจ, อานุภาพ, อิทธิพล, พลังความสามารถ, กำลัง, คน กลุ่ม หรือประเทศที่มีอิทธิพล, ความมีประสิทธิภาพ, แรง, จำนวนมากมาย, อัตราการทำงานซึ่งจัดเป็นหน่วยของงานต่อหน่วยเวลา, เลขยกกำลังในคณิตศาสตร์ *-adj.* เกี่ยวกับอำนาจในด้านการเมืองสังคมหรือเศรษฐกิจ, ด้วยแรงของเครื่องจักรหรือกำลังไฟฟ้ามากกว่าแรงคน, เกี่ยวกับแหล่งกำเนิดหรือการส่งกระแสไฟฟ้า, (ภาษาพูด) เกี่ยวกับธุรกิจที่มีอิทธิพลหรือมีการกระทำแบบมืออาชีพ *-vt.* **-ered, -ering** จัดหากำลังทางเครื่องจักร (**-S.** (n.) energy)

powerboat (เพา' เออร์โบท) *n.* เรือยนต์

★**powerful** (เพา' เออร์เฟิล) *adj.* แข็งแกร่ง, มีอิทธิพล, มีอำนาจ, มีประสิทธิภาพ, ยิ่งใหญ่ *-adv.* อย่างมาก (**-S.** (adj.) mighty **-A.** (adj.) weak)

powerhouse (เพา' เออร์เฮาซ์) *n.* โรงไฟฟ้า

powerless (เพา' เออร์ลิซ) *adj.* ไม่มีกำลัง, ไร้ประสิทธิภาพ, ไม่มีอำนาจ **-powerlessly** *adv.*

power pack หม้อแปลงไฟฟ้า

power plant/station โรงไฟฟ้า

power user ผู้ใช้คอมพิวเตอร์ที่มีทักษะในการใช้คอมพิวเตอร์มากถึงแม้ไม่ได้เป็นนักคอมพิวเตอร์ผู้เชี่ยวชาญ

pox (พอคซ์) *n.* ฝีดาษ, ซิฟิลิส, หายนะ

pp.[1] ย่อจาก pages หน้า (หนังสือ)

pp.[2], **P.P., p.p.** ย่อจาก past participle กริยาช่องที่ 3

PR, P.R., p.r. ย่อจาก public relations ประชาสัมพันธ์

practicable (แพรค' ทิคะเบิล) *adj.* ที่ปฏิบัติได้, ที่ใช้ได้ **-practicably** *adv.* (**-S.** possible)

★**practical** (แพรค' ทิเคิล) *adj.* ที่ปฏิบัติได้จริง,

A B C D E F G H I J K L M N O P Q R S T U V W X Y Z

เหมาะ, สมเหตุสมผล, (คน) ที่มีประสิทธิภาพ (**-S.** proficient **-A.** inefficient)

practical joke การเล่นตลกให้คนถูกแกล้งได้รับความอับอาย

practically (แพรค' ทิคลี) *adv.* ในเชิงปฏิบัติได้, อย่างแท้จริง, เกือบ, เกือบจะ (**-S.** almost, sensibly)

★**practice, practise** (แพรค' ทิซ) *vt., vi.* **-ticed, -ticing/-tised, -tising** ปฏิบัติจนเป็นนิสัย, ฝึกฝน, ให้เป็นแบบฝึกหัด, ทำเป็นอาชีพ, ปฏิบัติตาม, วางแผน *-n.* การกระทำที่ทำเป็นนิสัย, การฝึกฝน, ความชำนาญ, การกระทำ, การทำเป็นอาชีพ, พิธีการในศาล, การวางแผน

practiced (แพรค' ทิซท) *adj.* ชำนาญ

★**practise** (แพรค' ทิซ) *v., n.* ดู practice

practitioner (แพรคทิช' ชะเนอร์) *n.* ผู้ที่ปฏิบัติงานใดๆ เป็นอาชีพ

pragmatic (แพรกแมท' ทิค) *adj.* เกี่ยวกับความเป็นจริงหรือสิ่งที่เกิดขึ้นจริง, เกี่ยวกับสาขาหนึ่งของวิชาปรัชญาที่ว่าด้วยการปฏิบัติได้จริง, เกี่ยวกับความจริงทางประวัติศาสตร์ โดยเฉพาะในเรื่องความเป็นเหตุเป็นผลกัน, ยุ่ง, ไม่อยู่เฉย, สอดรู้สอดเห็น, หัวรั้น (**-S.** realistic)

pragmatism (แพรก' มะทิซเซิม) *n.* วิธีการที่ปฏิบัติได้จริงในการแก้ปัญหา

prairie (แพร' รี) *n.* ทุ่งหญ้าในอเมริกาเหนือ

★**praise** (เพรซ) *n.* การสรรเสริญเยินยอ *-vt.* **praised, praising** ยกย่อง, ชื่นชม, สรรเสริญ (**-S.** (n., v.) compliment (v.) admire **-A.** (v.) scold)

praiseworthy (เพรซ' เวอร์ธี) *adj.* **-thier, -thiest** น่ายกย่องสรรเสริญ (**-S.** admirable)

pram (แพรม) *n.* ย่อจาก perambulator รถเข็นเด็ก

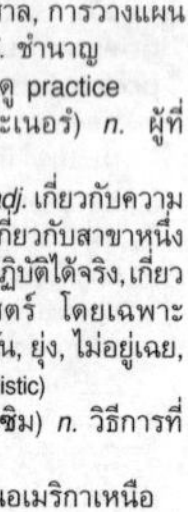
pram

prance (แพรนซ์) *v.* **pranced, prancing** *-vi.* (ม้า) หกหลัง, ขี่ม้าที่ทำกิริยาดังกล่าว, เดินวางมาด *-vt.* ทำให้ (ม้า) หกหลัง *-n.* การเดินอย่างวางมาด (**-S.** (v., n.) strut)

prank (แพรงค์) *n.* การเล่นตลกแกล้งกัน *-vt., vi.* **pranked, pranking** แต่งตัว

prankish (แพรง' คิช) *adj.* ซุกซน, คึกคะนอง

prattle (แพรท' เทิล) *vi., vt.* **-tled, -tling** พูดเรื่อยเปื่อย *-n.* การพูดเรื่อยเปื่อยไร้สาระ, เสียงพูดจ้อกแจ้กฟังไม่ได้ศัพท์ (**-S.** (v., n.) babble)

prawn (พรอน) *n.* กุ้งนาง *-vi.* **prawned, prawning** ตกกุ้ง **-prawner** *n.*

★**pray** (เพร) *v.* **prayed, praying** *-vi.* สวดมนต์, ภาวนา *-vt.* สวดมนต์, อ้อนวอน (**-S.** beg)

★**prayer**[1] (แพรร์) *n.* การสวดมนต์, บทสวดมนต์, สิ่งที่ร้องขอ, โอกาสหรือความหวังอันรางเลือน, คำร้องขอต่อศาล (**-S.** devotion, request)

★**prayer**[2] (เพร' เออร์) *n.* ผู้สวดมนต์

pre- คำอุปสรรค หมายถึง ก่อน, ข้างหน้า

preach (พรีช) *vt., vi.* **preached, preaching** เทศนา, ชวนเชื่อ **-preacher** *n.* (**-S.** lecture)

preamble (พรี' แอมเบิล, พรีแอม'-) *n.* บทนำ, อารัมภบท (**-S.** introduction)

prearrange (พรีอะเรนจ์') *vt.* **-ranged, -ranging** จัดเตรียมไว้ก่อน **-prearrangement** *n.*

precarious (พริแค' เรียซ) *adj.* เสี่ยง, ขึ้นอยู่กับคนอื่น (**-S.** risky **-A.** secure)

precast (พรีแคซท') *adj.* ซึ่งหล่อเป็นรูปแบบที่ต้องการไว้แล้วก่อนที่จะนำไปติดตั้ง

precaution (พริคอ' ชัน) *n.* การป้องกันไว้ก่อน

precede (พริซีด') *vt., vi.* **-ceded, -ceding** มา มี หรือเกิดขึ้นก่อน, แซง, เริ่ม, นำ (**-S.** lead)

precedence, precedency (เพรซ' ซิเดินซ์, -เดินซี) *n.* การมาหรือมีความสำคัญเป็นอันดับแรก, การจัดลำดับตามความสำคัญ

precedent (*adj.* พริซีด' เดินท์, เพรซ' ซิเดินท์, *n.* เพรซ' ซิเดินท์) *adj.* ที่มาก่อน, แต่ก่อน *-n.* แบบอย่าง, ระเบียบแบบแผน (**-S.** (adj.) earlier (n.) example, model)

preceding (พริซีด' ดิง) *adj.* มีอยู่ก่อน, ที่มาก่อน, ก่อน, แต่ก่อน (**-S.** former **-A.** latter)

precept (พรี' เซพท์) *n.* บทบัญญัติ, ศีลธรรม, คำสั่งสอน (**-S.** instruction, rule)

precinct (พรี' ซิงค์ท์) *n.* ขอบเขต

★**precious** (เพรช' เชิซ) *adj.* มีค่ามาก, เป็นที่รัก, น่านับถือ, ประณีต, พิถีพิถัน, แสนวิเศษ, (ภาษาพูด) เต็มที่ *-adv.* (ภาษาพูด) (น้อย) เหลือเกิน *-n.* สุดที่รัก (**-S.** (adj.) valuable)

precious metal โลหะที่มีค่า เช่น ทองคำ

precious stone รัตนชาติ, เพชรพลอย

precipice (เพรซ' ซะพิซ) *n.* หน้าผา

precipitate (*v.* พริซิพ' พิเทท, *adj.* -ทิท, *n.* -เทท, -ทิท) *vt., vi.* **-tated, -tating** ร่วงลงมา, หัวทิ่ม, ทำให้ตกตะกอน, ควบแน่นและตกลงมา เช่น ฝน, ตกตะกอน, *-adj.* อย่างรวดเร็ว *-n.* ตะกอน, ผล **-precipitation** *n.* (**-S.** (v.) rush (adj.) sudden (n.) sediment **-A.** (adj.) slow)

precipitous (พริซิพ' พิเทิซ) *adj.* ชันเหมือนหน้าผา, อย่างรวดเร็ว, หุนหันพลันแล่น, ตั้งตรง

précis (เพร' ซี, เพรซี') *n., pl.* **précis** (เพร' ซีซ, เพรซีซ') สรุปย่อจากหนังสือหรือบทความ *-vt.* **-cised, -cising** ย่อความ (**-S.** (n., v.) brief)

★**precise** (พริไซซ') *adj.* แน่นอน, ถูกต้อง, พิถีพิถัน, ละเอียดลออ **-precisely** *adv.*

precision (พริซิฌ' ฌัน) *n.* ความถูกต้อง

preclude (พริคลูด') *vt.* **-cluded, -cluding** ป้องกัน, กีดกัน, ขจัด **-preclusion** *n.*

precocious (พริโค' เชิซ) *adj.* แก่แดด, ฉลาดเกินอายุ **-precociously** *adv.* (**-S.** advanced)

precursor (พริเคอร' เซอร์, พรี' เคอร์เซอร์) *n.* ลาง, ผู้ที่มาก่อน, บรรพบุรุษ, ต้นแบบ, สารที่มีมาก่อนและเป็นแหล่งกำเนิดของสารชนิดอื่น

predatory (เพรด' ดะทอรี, -โทรี) *adj.* ซึ่งอยู่ได้ด้วยการกินผู้อื่นเป็นอาหาร, เอารัดเอาเปรียบ

predecessor (เพรด' ดิเซซเซอร์, พรี'-) *n.* สิ่งหรือผู้ที่มาก่อน, บรรพบุรุษ (**-S.** ancestor)

predicament (พริดิค' คะเมินท์) *n.* สภาพหรือสถานการณ์ที่ยากแก่การตัดสินใจ

predicate (*v.* เพรด' ดิเคท, *n., adj.* -คิท) *v.* **-cated, -cating** *-vt.* ยืนยัน, บอกเป็นนัย *-vi.* กล่าว, อ้าง *-n.* หนึ่งในส่วนประกอบหลักสองส่วนของประโยคหรืออนุประโยคอันประกอบด้วย subject และ predicate ซึ่ง predicate เป็นส่วนที่ทำหน้าที่ขยาย subject โดย predicate จะประกอบด้วยกริยา กรรม รวมทั้งส่วนต่างๆ ที่ช่วยบอกเกี่ยวกับ subject *-adj.* เกี่ยวกับหรือเป็นส่วนของข้อความในประโยคที่แสดงอาการหรือการกระทำของประธาน, เป็นการกล่าวหรืออ้าง **-predication** *n.* (**-S.** (v.) confirm)

★**predict** (พริดิคท์') *vt., vi.* **-dicted, -dicting** ทำนาย **-prediction** *n.* (**-S.** forecast)

predispose (พรีดิสโปซ') *vt.* **-posed, -posing** โน้มน้าว, ทำให้มีใจโอนเอียง

predominance, predominancy (พริดอม' มะเนินซ์, -เนินซี) *n.* การมีจำนวนมากกว่า, การมีอำนาจหรือความสำคัญมากที่สุด

predominant (พริดอม' มะเนินท์) *adj.* ที่มีอำนาจ ความสำคัญหรือพลังมากที่สุด, เด่น

predominate (พริดอม' มะเนท) *vt., vi.* **-nated, -nating** เป็นต่อ, มีอำนาจเหนือ

preeminent, pre-eminent (พรีเอม' มะเนินท์) *adj.* โดดเด่นสะดุดตา (**-S.** distinguished)

preempt, pre-empt (พรีเอมพ์ท์') *vt.* **-empted, -empting** ยึดเอาก่อนผู้อื่น, เข้าแทนที่, ได้สิทธิ์ซื้อก่อน, กระทำก่อน

preen (พรีน) *vt., vi.* **preened, preening** (นก) ไซ้ขน, (แมว) เลียขน, แต่งตัวอย่างพิถีพิถัน, พึงพอใจในรูปลักษณ์ของตนเอง (**-S.** dress)

pref. ย่อจาก preface คำนำ, preference สิทธิพิเศษ, prefix คำอุปสรรค

prefabricate (พรีแฟบ' บริเคท) *vt.* **-cated, -cating** สร้างเสร็จเป็นส่วนๆ ไว้แล้วเพื่อพร้อมที่จะนำไปประกอบ, สร้างเป็นแบบสำเร็จรูปเหมือนกันหมดทุกชิ้น **-prefabrication** *n.*

preface (เพรฟ' ฟิซ) *n.* คำนำ, การพูดเกริ่นนำเรื่อง, บทนำ *-vt.* **-aced, -acing** กล่าวอารัมภบท, เขียนบทนำ, ใช้เป็นการแนะนำถึง (**-S.** (n.) introduction (v.) begin **-A.** (n.) appendix)

★**prefer** (พริเฟอร์') *vt.* **-ferred, -ferring** เสนอ, เลื่อนตำแหน่ง, ชอบ, ให้สิทธิเป็นอันดับแรก

preferable (เพรฟ' เฟอระเบิล, เพรฟ' ระ-) *adj.* เป็นที่ต้องการมากกว่าหรือมีค่ามากกว่า

★**preference** (เพรฟ' เฟอเรินซ์, เพรฟ' เรินซ์) *n.* ความชอบในสิ่งใดสิ่งหนึ่งเป็นพิเศษ, สิทธิพิเศษ, สิทธิ์ที่จะได้เงินก่อนเจ้าหนี้คนอื่น

★**prefix** (พรี' ฟิคซ์) *vt.* **-fixed, -fixing** วางไว้ข้างหน้า, เติมเป็นคำอุปสรรค *-n.* คำอุปสรรคที่ใช้เติมหน้าคำเพื่อเพิ่มหรือเปลี่ยนความหมายของคำ เช่น pre- ในคำว่า preset, คำที่ใช้เติมหน้าชื่อเช่น Dr. หรือ Mr. (**-A.** (v., n.) suffix)

pregnancy (เพรก' เนินซี) *n., pl.* **-cies** การมีครรภ์, ช่วงเวลามีครรภ์, ความคิดสร้างสรรค์

★**pregnant** (เพรก' เนินท์) *adj.* อุ้มท้อง, เต็มไปด้วยความหมาย, มีความนัย, เพียบพร้อม, มีความคิดสร้างสรรค์มาก, เป็นผลมาก

prehensile (พรีเฮน' เซิล, -ไซล์) *adj.* (หางลิง) ซึ่งใช้จับฉวยสิ่งของได้, ฉลาด

prehistoric, prehistorical (พรีฮิสตอ' ริค, -ริเคิล) *adj.* เกี่ยวกับยุคก่อนประวัติศาสตร์

★**prejudice** (เพรจ' จะดิซ) *n.* อคติ *-vt.* **-diced, -dicing** ทำให้มีอคติ, ทำให้เสียหายเนื่องจากการมีอคติ (**-S.** (n., v.) bias)

prejudicial (เพรจจะดิช' เชิล) *adj.* อย่างทำลายล้าง, อย่างที่ทำให้เกิดอคติ, เป็นที่เสียหาย

preliminary (พริลิม' มะเนรี) *adj.* (การแข่งขัน) รอบคัดเลือก, เป็นบทนำก่อนเข้าเรื่องหลัก *-n., pl.* **-ies** บทนำ, สิ่งที่ต้องทำเป็นสิ่งแรกๆ, การทดสอบก่อนสอบจริง, การแข่งขันหาผู้เข้ารอบสุดท้าย (**-S.** (n.) preface **-A.** (n.) conclusion)

prelude (เพรล' ลยูด์, เพรล' ลูด) *n.* บทนำ, การเล่นโหมโรง, การออกแขก *-vt., vi.* **-uded, -uding** เป็นบทนำ, โหมโรง **-prelusion** *n.*

premature (พรีมะทุร์', -ทยุร์', -ชุร์') *adj.* ซึ่ง

A B C D E F G H I J K L M N O P Q R S T U V W X Y Z

เกิดขึ้นก่อนกำหนด, ซึ่งคลอดก่อนกำหนด

premeditate (พรีเมด' ดิเทท) *v.* **-tated, -tating** *-vt.* วางแผนไว้ล่วงหน้า *-vi.* ไตร่ตรอง

premier (*adj.* พริเมียร์, พรี' เมียร์, *n.* พริเมียร์) *adj.* เป็นที่หนึ่ง, สำคัญที่สุด *-n.* นายกรัฐมนตรี, เจ้าหน้าที่บริหารระดับสูง **-premiership** *n.*

premiere, première (พริเมียร์) *n.* การฉายภาพยนตร์หรือการแสดงละครรอบปฐมทัศน์ *-vt., vi.* **-miered, -miering/-mièred, -mièring** แสดงรอบปฐมทัศน์ของ *-adj.* เป็นอันดับหนึ่ง, สำคัญยิ่ง (**-S.** (n.) debut)

premise, premiss (เพรม' มิซ) *n.* หลักการ, หลักฐาน, การอ้างหลักฐานเพื่อให้ได้ข้อสรุป **-premises** ที่ดินและบรรดาตึกที่อยู่บนที่ดิน

premium (พรี' เมียม) *n.* รางวัล, สิ่งที่แจกให้ฟรีหรือขายให้ในราคาลดเพื่อจูงใจให้ซื้ออย่างอื่นอีก, เงินพิเศษที่ให้รวมไปกับเงินได้ปกติ, เบี้ยประกันภัยที่จ่ายเป็นงวด, ราคาที่สูงเกินปกติ *-adj.* ด้วยคุณภาพสุดยอดและราคาแพง

premonition (พรีมะนิช' ชัน, เพรมมะ-) *n.* ลางสังหรณ์ **-premonitory** *adj.* (**-S.** omen)

prenatal (พรีเนท' เทิล) *adj.* ก่อนคลอด

preoccupy (พรีออค' คยะไพ) *vt.* **-pied, -pying** ครอบงำ, จับจองเป็นเจ้าของก่อน

★**preparation** (เพรพพะเร' ชัน) *n.* การเตรียมการ, ความพร้อม, สิ่งที่จัดเตรียมไว้

preparatory (พริแพ' ระทอรี, -โทรี, เพรพ' เพอระ-) *adj.* เป็นการเตรียมให้พร้อม, เกี่ยวกับการเรียนหรือการฝึกเพื่อเตรียมความพร้อม *-adv.* อย่างเป็นการเตรียมพร้อม

preparatory school ในอเมริกาหมายถึงโรงเรียนเอกชนระดับมัธยมศึกษาตอนปลาย ในอังกฤษหมายถึงโรงเรียนเอกชนระดับประถม

★**prepare** (พริแพร์') *vt., vi.* **-pared, -paring** เตรียมพร้อม, ผสม, จัดเตรียม (**-S.** arrange)

preponderance, preponderancy (พริพอน' เดอเรินซ์, -เรินซี) *n.* ความหนักกว่า, ความมีพลังมากกว่า, การมีความสำคัญมากกว่า

preponderant (พริพอน' เดอเรินท์) *adj.* มีพลังมากกว่า, มีน้ำหนักมากกว่า, สำคัญกว่า, มีอิทธิพลมากกว่า **-preponderantly** *adv.*

preponderate (*v.* พริพอน' ดะเรท, *adj.* -เดอริท) *vi.* **-ated, -ating** หนักกว่า, มากกว่า, สำคัญกว่า, โดดเด่น *-adj.* ซึ่งมีน้ำหนัก พลัง อิทธิพลหรือความสำคัญมากกว่า (**-S.** (v.) prevail)

★**preposition** (เพรพพะซิช' ชัน) *n.* คำบุพบท

prepossessing (พรีพะเซซ' ซิง) *adj.* ซึ่งทำให้รู้สึกชอบ, มีเสน่ห์, ซึ่งทำให้เกิดอคติ

preposterous (พริพอส' เตอเริซ) *adj.* ผิดปกติ, ประหลาด (**-S.** absurd **-A.** sensible)

prep school (*ภาษาพูด*) ดู preparatory school

prepuce (พรี' พยูซ) *n.* หนังหุ้มปลายลึงค์, แคมบริเวณรอบคลิตอริส **-preputial** *adj.*

prerequisite (พรีเรค' ควิซิท) *adj.* ซึ่งต้องทำหรือต้องมีเป็นอันดับแรก *-n.* สิ่งที่จำเป็นต้องทำหรือต้องมีเป็นอันดับแรก (**-S.** (adj.) required)

prerogative (พริรอก' กะทิฟว์) *n.* สิทธิพิเศษ, พระราชอำนาจในการปกครอง, อำนาจพิเศษ *-adj.* เกี่ยวกับการใช้สิทธิพิเศษ, ซึ่งเป็นการใช้สิทธิพิเศษ (**-S.** (n.) privilege)

presage (*n.* เพรซ' ซิจ, *v.* พริเซจ', เพรซ' ซิจ) *n.* ลาง, สิ่งบอกเหตุ, ลางสังหรณ์, คำทำนาย *-vt., vi.* **-saged, -saging** มีลางสังหรณ์, ทำนายทายทัก (**-S.** (n.) omen (v.) predict)

Presbyterian (เพรซบิเทีย' เรียน, เพรซ-) *adj.* เกี่ยวกับศาสนาคริสต์นิกายโปรเตสแตนต์ *-n.* ศาสนาคริสต์นิกายโปรเตสแตนต์

prescribe (พริสไกรบ์') *vt., vi.* **-scribed, -scribing** บอกวิธีใช้ (ยา), ตั้งเป็นกฎ

prescription (พริสกริพ' ชัน) *n.* การตั้งกฎ, สิ่งที่ตั้งเป็นกฎ, ยาที่ต้องมีใบสั่งจากแพทย์, ใบสั่งยาของแพทย์, สูตร, สิทธิในที่ดินที่ครอบครองมาเป็นเวลานาน, กำหนดอายุความ

★**presence** (เพรซ' เซินซ์) *n.* การปรากฏมีอยู่, การมีอยู่ต่อหน้า, การอยู่ต่อหน้าพระพักตร์, ผู้ที่อยู่ต่อหน้า, อำนาจพิเศษเหนือธรรมชาติที่รู้สึกได้ว่าปรากฏอยู่ใกล้ๆ, อิทธิพลทางการทูต การเมืองหรือการทหารของประเทศใดประเทศหนึ่งในประเทศอื่น, อิทธิพลและความมั่นใจในตัวเอง (**-S.** existence **-A.** absence)

presence chamber ห้องพระโรง

presence of mind ความมีสติในเวลาวิกฤติ

★**present**[1] (เพรซ' เซินท์) *n.* ปัจจุบัน, ปัจจุบันกาล, กริยารูป present tense *-adj.* ที่เกิดขึ้นหรือมีอยู่ตอนนี้, ที่อยู่ใกล้มือ, มีอยู่ใน, เป็นที่รับรู้, เป็นกริยาที่อยู่ในรูปที่บอกให้รู้ว่าเป็นปัจจุบันกาล **-for the present** ชั่วคราว, ในตอนนี้, (**-S.** (n.) now (adj.) existing **-A.** (adj.) absent)

★**present**[2] (*v.* พริเซนท์', *n.* เพรซ' เซินท์) *vt.* **-sented, -senting** แนะนำให้รู้จัก, เสนอต่อหน้าประชาชน, ให้ของขวัญ, เสนอให้พิจารณา, ยิงสลุต, ฟ้องร้อง *-n.* ของขวัญ (**-S.** (n., v.) gift)

presentable (พริเซน' ทะเบิล) *adj.* ดีพอที่จะอวดได้, เหมาะที่จะนำมาแนะนำให้คนอื่น

A B C D E F G H I J K L M N O P Q R S T U V W X Y Z

presentation (เพรซเซินเท' ชัน, พรี-) *n.* การมอบให้, การนำเสนอ, ของขวัญ, สิ่งที่นำเสนอ, การแนะนำอย่างเป็นทางการ

presenter (พริเซน' เทอร์) *n.* ผู้นำเสนอ (สินค้า)

presentiment (พริเซน' ทะเมินท์) *n.* การมีลางสังหรณ์ (**-S.** intuition)

presently (เพรซ' เซินท์ลี) *adv.* ในไม่ช้า, ในตอนนี้, ในทันที (**-S.** immediately, soon **-A.** later)

present participle กริยาแท้ที่เติม -ing บอกให้รู้ว่าเป็นปัจจุบันกาล สามารถใช้ร่วมกับกริยาช่วยเพื่อทำให้เป็นรูป progressive tense เช่น is singing ใน The bird is singing. หรือใช้เป็นคุณศัพท์ก็ได้ เช่น singing ใน singing bird

present perfect กาลกริยาที่บอกให้รู้ว่าการกระทำได้เสร็จสิ้นสมบูรณ์ไปแล้ว เป็นรูป have หรือ has บวกกับกริยารูป past participle เช่น He has gone.

present tense กาลกริยาที่บอกให้รู้ว่าเป็นการกระทำในปัจจุบัน เช่น She sings a song.

★**preservation** (เพรซเซอร์เว' ชัน) *n.* การคุ้มครอง, การสงวนรักษาไว้ (**-S.** storage)

preservative (พริเซอร์ วะทิฟว์) *adj.* ซึ่งเป็นการเก็บรักษาไว้ *-n.* สารกันบูด

★**preserve** (พริเซิร์ฟว์') *vt., vi.* **-served, -serving** รักษาไว้, คงไว้, ดอง (เนื้อ อาหาร ศพ), สงวน *-n.* วัตถุกันเสีย, เขต (ป่า) สงวน, เขตที่ถือเป็นพื้นที่สงวนส่วนบุคคล (**-S.** (v.) keep, secure **-A.** (v.) lose, waste)

preset (พรีเซท') *vt.* **-set, -setting** ตั้งไว้ก่อน

preside (พริไซด์') *vi.* **-sided, -siding** เป็นประธาน, เป็นผู้ควบคุม, เป็นมือ (กลอง)

presidency (เพรซ' ซิเดินซี, -เดน-) *n., pl.* **-cies** ตำแหน่ง หน้าที่หรือระยะเวลาในการเป็นประธานาธิบดี **-Presidency** ตำแหน่งประธานาธิบดีแห่งสหรัฐอเมริกา, ตำแหน่งประธานาธิบดีของประเทศสาธารณรัฐ

★**president** (เพรซ' ซิเดินท์, -เดนท์) *n.* ประธานการประชุม, เจ้าหน้าที่ระดับสูงในรัฐบาลหรือมหาวิทยาลัย, ประธานบริษัท **-President** ประธานาธิบดีของประเทศสาธารณรัฐ, ประธานาธิบดีแห่งสหรัฐอเมริกา **-presidential** *adj.*

president-elect (เพรซซิเดินท์อิเลคท์') *n., pl.* **presidents-elect** ว่าที่ประธานาธิบดี

★**press**[1] (เพรซ) *vt., vi.* **pressed, pressing** กด, รีด, บีบ, คั้น, อัด, กอด, ประสาน (มือ), กดดัน, ดัน, กดขี่, ราวี, เน้นย้ำ, รุกเร้า, ทำ (แผ่นดิสก์) จากแม่พิมพ์, ยกลูกเหล็กขึ้นไปเหนือศีรษะโดยไม่ขยับขาในกีฬายกน้ำหนัก *-n.* เครื่องอัด, เครื่องรีด, เครื่องหีบ, เครื่องพิมพ์, โรงพิมพ์, ธุรกิจการพิมพ์, ฝูงชน, ข่าว, การเก็บรวบรวมและการส่งข่าว, สื่อทั้งหมดที่เกี่ยวกับการหาข่าว พิมพ์ข่าว ส่งข่าว และกระจายข่าว, ผู้ที่เกี่ยวข้องกับข่าว เช่น ผู้รายงานข่าว ช่างภาพ ผู้พิมพ์ข่าวและผู้กระจายข่าว, บทความในข่าว, การอัดแน่น, สภาพที่ถูกอัดหรือถูกกดดัน, การกดดัน, ความรีบร้อนเร่งด่วน, จีบในเนื้อผ้าที่เกิดจากการรีด, ตู้เก็บเสื้อผ้าหรือหนังสือ, อุปกรณ์ที่ใช้ขึงไม้แร็กเกตไม่ให้งอเวลาไม่ได้ใช้เล่น, การยกในกีฬายกน้ำหนักโดยยกลูกเหล็กขึ้นมาพักที่ระดับไหล่แล้วจึงยกขึ้นไปเหนือศีรษะโดยไม่ขยับขา (**-S.** (v., n.) push (n.) journalism **-A.** (v., n.) pull)

press[2] (เพรซ) *vt.* **pressed, pressing** เกณฑ์ทหาร, ยึด, นำมาใช้ชั่วคราว *-n.* การเกณฑ์ทหาร, หมายเรียกเกณฑ์ทหาร

press conference การจัดแถลงข่าว

pressing (เพรซ' ซิง) *adj.* อย่างเร่งด่วน

press run, pressrun (เพรซ' รัน) *n.* จำนวนพิมพ์จากการพิมพ์อย่างต่อเนื่องหนึ่งครั้ง

★**pressure** (เพรช' เชอร์) *n.* การกด, การถูกกด, ความกดดัน, แรงที่กระทำต่อพื้นที่, ความกดอากาศ, ความอดทนอดกลั้น, การเรียกร้องอย่างเร่งด่วน, สภาพความกดดันทางร่างกายและจิตใจ, ความรู้สึกทางร่างกายจากการถูกกดหรือถูกบีบ, รอยซึ่งเกิดจากการโดนน้ำหนักหรือแรงกดทับ *-vt.* **-sured, -suring** บังคับ, กดดัน, ทำอาหารด้วยการใช้ความดัน

pressure-cook (เพรช' เชอร์คุค) *vt.* **-cooked, -cooking** ทำอาหารในหม้อที่ใช้ความดันไอน้ำ

pressurize (เพรช' ชะไรซ์) *vt.* **-ized, -izing** รักษาไว้ซึ่งสภาพความกดอากาศปกติ, ทำให้ (ก๊าซหรือของเหลว) อยู่ภายใต้ความกดอากาศที่มากกว่าปกติ, ออกแบบให้ต่อต้านหรือทนทานต่อความกด, ทำอาหารในหม้อที่ใช้ความดันไอน้ำ, (ภาษาพูด) ทำให้อยู่ภายใต้ความกดดันมากกว่าปกติ

prestige (เพรสตีฌ', -สตีจ') *n.* ความนิยม, ความนับถือ, เกียรติยศ, ความมีชื่อเสียง, ความมีศักดิ์ศรีและบารมี (**-S.** credit, fame)

prestigious (เพรสตี' เจิซ, -สติจ'-) *adj.* มีเกียรติ, น่านับถือ **-prestigiously** *adv.*

presume (พริซูม') *vt., vi.* **-sumed, -suming** ถือว่าถูก, สันนิษฐาน, เชื่อว่า, ทึกทัก, อวดดี, อาจหาญ (**-S.** brave, suppose)

A B C D E F G H I J K L M N O P Q R S T U V W X Y Z

A B C D E F G H I J K L M N O Q R S T U V W X Y Z

presumption (พริซัมพ์' ชัน) *n.* ความก้าวร้าว อวดดี, ข้อสันนิษฐาน, การทึกทักเอาเองว่าถูก, ข้อสรุป (-**S.** boldness -**A.** modesty)

presumptuous (พริซัมพ์' ชูเอิซ) *adj.* อวดดี และไม่มีมารยาท, เป็นการทำเกินควร, ก้าวร้าว

presuppose (พรีซะโพซ') *vt.* **-posed, -posing** ทึกทักเอาเอง (-**S.** assume)

★**pretend** (พริเทนด์') *vt., vi.* **-tended, -tending** แกล้งทำ, อวดอ้าง, มารยา, แสดง (-**S.** fake)

pretender (พริเทน' เดอร์) *n.* คนหลอกลวง, จอมมารยา, ผู้อ้างสิทธิ์เป็นกษัตริย์ (-**S.** claimer)

pretense, pretence (พรี' เทนซ์, พริเทนซ์') *n.* การหลอกลวง, การเสแสร้งแกล้งทำ, ข้ออ้างหรือข้อแก้ตัว, สิ่งหลอกลวงหรือคิดขึ้นเอง, สิ่งที่เป็นการแสดง, การอ้างสิทธิ์, การแสดง

pretension (พริเทน' ชัน) *n.* ข้ออ้าง, ข้อแก้ตัว, การอ้างสิทธิ์, การแสดงโอ้อวด

preterit, preterite (เพรท' เทอริท) *adj.* เกี่ยวกับหรือเป็นกาลกริยาที่บอกให้รู้ว่าเป็นการกระทำในอดีต *-n.* รูปกริยาที่แสดงอดีตกาล, คำกริยาดังกล่าว

pretest (พรี' เทซท์) *n.* การทดสอบเบื้องต้น, การทดสอบความรู้ความสามารถก่อนการเรียน

pretext (พรี' เทคซ์ท์) *n.* การแก้ตัว, ข้ออ้าง *-vt.* **-texted, -texting** อ้าง, แก้ตัว

★**pretty** (พริท' ที) *adj.* **-tier, -tiest** มีเสน่ห์, น่ารัก, นิ่มนวล, เฉลียวฉลาด, คล่องแคล่ว, ร้ายกาจ, พอประมาณ, (ภาษาพูด) มากพอดู *-adv.* พอใช้, พอประมาณ, ค่อนข้าง, ด้วยท่าทางที่น่ารักและมีเสน่ห์ *-n., pl.* **-ties** คนที่น่ารักและมีเสน่ห์ *-vt.* **-tied, -tying** ทำให้น่ารักและดูดี (-**S.** (adj.) attractive -**A.** (adj.) ugly)

pretzel (เพรท' เซิล) *n.* ขนมปังกรอบฉาบน้ำตาลโรยเกลือ มักทำเป็นรูปปมเชือกหรือรูปแท่ง

prevail (พริเวล') *vi.* **-vailed, -vailing** มีกำลังมากกว่า, มีชัยชนะเหนือ, เป็นต่อ

prevailing (พริเว' ลิง) *adj.* แพร่หลาย, ดาษดื่น, โดดเด่น (-**S.** common, popular -**A.** inferior, rare)

prevalent (เพรฟ' วะเลินท์) *adj.* มีอยู่ทั่วไป, แพร่หลาย **-prevalently** *adv.* (-**S.** widespread)

prevaricate (พริแว' ริเคท) *vi.* **-cated, -cating** พูดเฉไฉ, พูดนอกเรื่อง **-prevarication** *n.*

★**prevent** (พรีเวนท์') *vt., vi.* **-vented, -venting** ป้องกัน, ขัดขวาง, ต่อต้าน, มาก่อน **-preventer** *n.* (-**S.** obstruct -**A.** encourage)

★**prevention** (พริเวน' ชัน) *n.* การป้องกันหรือขัดขวาง, อุปสรรคหรือเครื่องกีดขวาง

preventive, preventative (พริเวน' ทิฟว์, -ทะทิฟว์) *adj.* เป็นการป้องกัน ขัดขวางหรือยับยั้ง *-n.* อุปสรรค, เครื่องกีดขวาง, ยาที่ใช้ป้องกันโรค, เครื่องป้องกัน (-**S.** (adj.) impeding)

preview, prevue (พรี' วยู) *n.* การแสดงรอบพิเศษ, ภาพยนตร์ตัวอย่าง, สิ่งที่นำมาเสนอให้ดูเป็นตัวอย่าง *-vt.* **-viewed, -viewing/-vued, -vuing** แสดงหรือชมล่วงหน้า, จัดให้ชมเป็นตัวอย่างก่อน

★**previous** (พรี' เวียซ) *adj.* มีอยู่หรือเกิดขึ้นก่อน, (ภาษาพูด) เป็นการกระทำหรือเกิดขึ้นก่อนกำหนด ใจเร็วด่วนได้ **-previously** *adv.* **-previousness** *n.* (-**S.** earlier -**A.** later)

prey (เพร) *n.* เหยื่อ, การล่าเหยื่อ *-vi.* **preyed, preying** ล่าเหยื่อ, เอาประโยชน์จากคนอื่น, ปล้น, ทำร้าย, ทำลาย, รบกวน (-**S.** (n.) victim)

★**price** (ไพรซ์) *n.* ราคา, สิ่งแลกเปลี่ยน *-vt.* **priced, pricing** ตั้งราคา **-above/beyond/without price** มีค่ามากจนประเมินไม่ได้ **-at any price** โดยการยอมแลกกับทุกอย่าง **-at a price** ด้วยราคาแพง (-**S.** (n., v.) cost, rate)

priceless (ไพรซ์' ลิซ) *adj.* ล้ำค่า, ประหลาดตลกหรือแปลกอย่างมาก (-**S.** precious)

> **priceless** แม้จะเติมคำปัจจัย -less แต่ก็ไม่ได้หมายถึง ไร้ค่าหรือไร้ราคา กลับหมายถึง ล้ำค่าหรือหาค่ามิได้ เช่น This diamond is priceless. ถ้าจะใช้ในความหมายว่า ไร้ค่าหรือไร้ราคา สามารถใช้คำว่า worthless เช่น These coins are worthless.

price war สงครามการค้าที่ใช้วิธีตัดราคากัน

prick (พริค) *n.* การแทง ทิ่มหรือตำ, ความรู้สึกปวดร้าว, ความเจ็บเล็กน้อย เช่น การโดนเข็มแทง, รอยแทง, สิ่งที่มีความแหลม เช่น หนามประตัก, รอยเท้ากระต่ายป่า, (คำสแลง) อวัยวะเพศชาย ชายที่น่ารังเกียจ *-vt., vi.* **pricked, pricking** แทง, เจ็บ, ปวดร้าว, ทำให้ตั้งตรงหรือชี้, ลงประตัก, ทำรอยปรุ, วัดด้วยวงเวียน (-**S.** (n., v.) puncture, sting (v.) pierce)

prickle (พริค' เคิล) *n.* หนาม, เดือย, ความรู้สึกเจ็บปวดจากการถูกแทงหรือตำ *-v.* **-led, -ling** *-vt.* (หนาม) ตำ, ทำให้หนามตำ *-vi.* รู้สึกเจ็บเนื่องจากถูกตำ, ตั้งตรงเหมือนหนาม

prickly (พริค' ลี) *adj.* **-lier, -liest** มีหนาม, ซึ่งรู้สึกเจ็บเหมือนถูกแทงหรือตำ, ซึ่งทำให้คัน

หรือเคือง, ที่ทำให้ยุ่งยากวุ่นวาย (**-S.** irritable)

★**pride** (ไพรด์) *n.* ความภูมิใจ, ความหยิ่งยโส จองหองและถือตัว, ความเป็นเลิศ, สิ่งที่เป็นสุดยอดหรือดีเลิศ, ฝูงสิงโต, กลุ่มที่สง่างามน่าทึ่ง *-vt.* **prided, priding** ภูมิอกภูมิใจในตัวเอง

★**priest** (พรีซท์) *n.* พระ, บาทหลวง

prig (พริก) *n.* คนเจ้าระเบียบ, คนหลงตนเอง, นักล้วงกระเป๋า, ผู้ชายช่างแต่งตัว, คนสำรวย

prim (พริม) *adj.* **primmer, primmest** เรียบร้อยและเจ้าระเบียบเกินไป

prima donna (พรีมะดอน' นะ) *n.* นักร้องนำหญิงในละครโอเปร่า, คนที่อารมณ์แปรปรวน

primal (ไพร' เมิล) *adj.* แรกเริ่ม, ดั้งเดิม, เป็นปฐม, เป็นเบื้องต้น, เป็นรากฐาน **-primality** *n.*

primarily (ไพรแม' ระลี, -เม'-) *adv.* เป็นส่วนใหญ่, เป็นหลัก, เป็นปฐม, เป็นเบื้องต้น, เป็นรากฐาน, ดั้งเดิม (**-S.** basically, generally)

★**primary** (ไพร' เมรี, -มะรี) *adj.* สำคัญที่สุด, ซึ่งมีคุณภาพดีที่สุด, เป็นที่หนึ่ง, เป็นปฐมกาล, ดั้งเดิม, เป็นรากฐาน, เป็นพื้นฐาน, ปฐมภูมิ, เป็นมูลฐาน, เกี่ยวกับโรงเรียนระดับประถมศึกษา, เป็นระยะแรกของกระบวนการที่ต่อเนื่อง, (ผล) โดยตรง, เกี่ยวกับแม่สีทั้งสามคือแดง เหลือง น้ำเงิน, เป็นรากคำ, เกี่ยวกับกระแสไฟฟ้า วงจรไฟฟ้าหรือขดลวดเหนี่ยวนำ, เป็นปัจจุบันกาลหรืออนาคตกาล, เกี่ยวกับหรือเป็นขนแข็งบริเวณปลายปีกนก, เกี่ยวกับวัตถุดิบดังกล่าว, เกี่ยวกับอุตสาหกรรมหรือการผลิตที่ใช้วัตถุดิบ,(สารประกอบ)ซึ่งเกิดขึ้นโดยการแทนที่ของอะตอมหนึ่งอะตอมหรืออนุมูลของสารภายในหนึ่งโมเลกุล, มีคาร์บอนอะตอมสองอะตอมอยู่ติดกันภายในโมเลกุล, เกี่ยวกับการเรียงลำดับของกรดอะมิโนในโปรตีน *-n., pl.* **-ies** สิ่งแรก, สิ่งสำคัญที่สุด, ปฐมกาล, หลัก, พื้นฐาน, ในสหรัฐอเมริกาหมายถึงการประชุมพรรคเบื้องต้นเพื่อเฟ้นหาผู้ที่จะได้รับการเสนอชื่อลงชิงตำแหน่งประธานาธิบดี, แม่สีคือ แดง เหลือง น้ำเงิน, ขนแข็งบริเวณปลายปีกนก, กระแสไฟฟ้าวงจรไฟฟ้าหรือขดลวดเหนี่ยวนำ, ดวงดาวซึ่งเกี่ยวข้องกับดาวดวงอื่นๆ ที่อยู่ในวงโคจรรอบๆ ตัวมันเอง (**-S.** (adj.) direct, first, fundamental **-A.** (adj.) last)

primary cell เซลล์ปฐมภูมิ

primary color/colour แม่สีคือ แดง เหลือง น้ำเงิน

primary school โรงเรียนระดับประถมศึกษา

primary/milk tooth ฟันน้ำนม

primate (ไพร' มิท, -เมท) *n.* สิ่งมีชีวิตชั้นสูงซึ่งเป็นสัตว์เลี้ยงลูกด้วยนมประเภทคนและลิง

prime (ไพรม์) *adj.* ดีเลิศ, เป็นที่หนึ่ง, เป็นใหญ่, ดั้งเดิม, แรกเริ่ม, เกี่ยวกับเนื้อคุณภาพดีที่สุด, เกี่ยวกับหรือเป็นจำนวนเลขที่ไม่สามารถหารลงตัวได้ด้วยเลขจำนวนเต็มอื่นใด นอกจากตัวมันเองกับหนึ่ง (เช่น 2, 3, 5, 7, 11) *-n.* เวลาเช้าตรู่, ฤดูใบไม้ผลิ, ช่วงเวลาแห่งการเติบโตและการเริ่มต้นใหม่, ช่วงอายุที่สมองและร่างกายสมบูรณ์ที่สุด, ช่วงเวลาที่ดีที่สุด *-vt., vi.* **primed, priming** เตรียมการ (**-S.** (adj.) basic, best, main (n.) peak (v.) prepare, train **-A.** (adj.) last)

Prime Minister, prime minister, P.M. นายกรัฐมนตรี

prime number จำนวนเลขที่ไม่สามารถหารลงตัวได้ด้วยเลขจำนวนเต็มอื่นใด นอกจากตัวมันเองกับหนึ่ง (เช่น 2, 3, 5, 7, 11)

primer[1] (พริม' เมอร์) *n.* หนังสือเรียนขั้นมูลฐาน

primer[2]**, priming** (ไพร' เมอร์, -มิง) *n.* เชื้อปะทุ, สีหรือกาวที่ใช้ลงพื้นก่อนเขียนภาพ

prime time ช่วงเวลาที่ดีที่สุดสำหรับวงการโทรทัศน์

primeval, primaeval (ไพรมี' เวิล) *adj.* โบราณ, แรกเริ่ม, ดั้งเดิม (**-S.** original)

primitive (พริม' มิทิฟว์) *adj.* เป็นรากฐาน, เป็นต้นแบบ, ดั้งเดิม, โบราณ, เก่าแก่, มีการเปลี่ยนแปลงจากแบบดั้งเดิมน้อย, หยาบ, เป็นรากศัพท์, เป็นจำนวนที่แสดงในรูปสัญลักษณ์โดยแสดงเป็นสัญลักษณ์ที่แทนหลายๆ พจน์บวกหรือลบกันซึ่งจะหาจำนวนอื่นๆ ได้จากจำนวนนี้, เป็นต้นกำเนิดของภาษาอื่น, เกี่ยวกับอำนาจของธรรมชาติ, เป็นศิลปะแบบพื้นบ้าน, เกี่ยวกับศิลปะสมัยปลายยุคกลาง, เป็นระยะแรกของการเจริญเติบโต *-n.* คนที่อยู่ในสังคมแบบดั้งเดิม, คนป่าเถื่อน, คนซื่อๆ, นักเขียนมือใหม่, ศิลปินที่มีสไตล์การเขียนภาพแบบที่ไม่ได้ร่ำเรียนมา, ศิลปินที่ฝึกฝนเขียนภาพด้วยตนเอง, งานของศิลปินดังกล่าว, รากศัพท์

primordial (ไพรมอร์' เดียล) *adj.* แรกเริ่ม, ดั้งเดิม, ในขั้นต้น, ในขั้นพื้นฐาน, ในเบื้องต้น *-n.* หลักพื้นฐาน **-primordially** *adv.* (**-S.** (adj.) first (adj., n.) primary **-A.** (adj.) last)

★**prince** (พรินซ์) *n.* เจ้าชาย, เจ้าผู้ครองนคร, หม่อมเจ้า, ชายผู้มีความโดดเด่นในกลุ่มใดๆ

Prince Charming, prince charming ชายในฝันของหญิง

prince consort พระราชสวามีของพระราชินี

A B C D E F G H I J K L M N O P Q R S T U V W X Y Z

ซึ่งขึ้นครองราชสมบัติด้วยสิทธิของพระองค์เอง
princely (พรินซ์' ลี) *adj.* **-lier, -liest** เกี่ยวกับเจ้าชาย, ใจกว้างและมีเมตตาสมกับเป็นเจ้าชาย
Prince of Darkness ซาตาน
Prince of Peace พระเยซู
Prince of Wales มกุฎราชกุมารของอังกฤษ
prince regent เจ้าชายผู้สำเร็จราชการแทนกษัตริย์
Prince Royal พระราชโอรสองค์โตของกษัตริย์, มกุฎราชกุมาร
princess (พริน' ซิซ, -เซซ, พรินเซซ') *n.* เจ้าหญิง, หม่อมเจ้า, เจ้าผู้ครองนครหญิง, พระชายาของเจ้าชาย, หญิงผู้มีความโดดเด่นในกลุ่มใดๆ
Princess Royal พระราชธิดาองค์โตของกษัตริย์, มกุฎราชกุมารี
★**principal** (พริน' ซะเพิล) *adj.* เป็นที่หนึ่ง, เป็นสิ่งที่มีค่าที่สุด, เป็นสิ่งที่สำคัญที่สุด, ที่อยู่ในระดับที่สูงที่สุด, เป็นหลักใหญ่ด้านการเงิน *-n.* ผู้นำ, ตัวนำ, อาจารย์ใหญ่, ต้นทุน, ลูกหนี้ที่ต้องรับผิดชอบในหนี้นั้นๆ มากที่สุด ซึ่งต่างจากผู้ค้ำประกันหรือผู้รับรอง, ผู้ประกอบอาชญากรรม, เสารับหลังคาหลัก (**-S.** (adj., n.) chief (n.) headmaster, leader **-A.** (adj.) secondary)
★**principle** (พริน' ซะเพิล) *n.* กฎ, หลัก, ศีลธรรม, ตัวยาหลัก, ต้นกำเนิด (**-S.** ethic, rule)
★**print** (พรินท์) *n.* ตราประทับ, รอยปุ่ม, ที่ประทับตรา, ตัวหนังสือหรือรอยพิมพ์ที่พิมพ์ออกมาด้วยหมึก, สิ่งพิมพ์, แบบพิมพ์, นิตยสารหรือหนังสือพิมพ์, พิมพ์ที่แกะออกจากแม่พิมพ์, รูปถ่ายที่อัดออกมาจากฟิล์ม, สำเนาของฟิล์มภาพยนตร์, ผ้าพิมพ์ลาย, ลายพิมพ์บนผ้า *-vt., vi.* **printed, printing** พิมพ์ลาย, ประทับตรา, พิมพ์ตัวพิมพ์ลงบนกระดาษ, เขียนตัวหนังสือเหมือนตัวพิมพ์, ประทับใจ, อัดรูปภาพจากฟิล์ม, ทำงานเป็นช่างพิมพ์, ผลิตสิ่งพิมพ์, ถ่ายสำเนา, ทำลวดลาย, ทำรอยพิมพ์, สร้างความประทับใจ (**-S.** (n., v.) copy (v.) publish)
printable (พริน' ทะเบิล) *adj.* ที่นำมาพิมพ์ได้, (ภาษา) ซึ่งเหมาะสมที่จะใช้ในการพิมพ์
printer (พริน' เทอร์) *n.* ช่างพิมพ์, เครื่องพิมพ์, เครื่องถ่ายสำเนา, เครื่องอัดรูป, เครื่องพิมพ์งานของเครื่องคอมพิวเตอร์
★**printing** (พริน' ทิง) *n.* กระบวนการและธุรกิจการพิมพ์, สิ่งพิมพ์, จำนวนพิมพ์ทั้งหมดในหนึ่งครั้ง, ตัวอักษรที่เขียนเหมือนตัวพิมพ์
printing press เครื่องพิมพ์หรือแท่นพิมพ์ในโรงพิมพ์
printout (พรินท์' เอาท์) *n.* งานที่พิมพ์ออกมาจากเครื่องคอมพิวเตอร์
prior (ไพร' เออร์) *adj.* ก่อน, ที่มีค่าและความสำคัญเป็นอันดับแรก *-n.* รองเจ้าอาวาส
★**priority** (ไพรออ' ริที) *n., pl.* **-ties** อภิสิทธิ์, การจัดลำดับความสำคัญหรือความเร่งด่วนก่อนหลัง, การได้สิทธิก่อน, การมาเป็นอันดับแรก, สิ่งที่ต้องให้ความสนใจเป็นอันดับแรก, บุริมสิทธิหรือสิทธิที่จะได้รับการชดใช้หนี้ก่อนเจ้าหนี้คนอื่น (**-S.** precedence, preference)
prise (ไพรซ) *v., n.* ดู prize[3]
prism (พริซ' เซิม) *n.* รูปปริซึม, รูปทรงที่มีลักษณะเป็นแท่ง ซึ่งส่วนฐานหรือส่วนปลายทั้งสองด้านมีขนาดเท่ากันและรูปทรงเหมือนกันและขนานกัน และแต่ละด้านของรูปทรงเป็นรูปสี่เหลี่ยมด้านขนาน, รูปทรงดังกล่าวที่มีลักษณะโปร่งแสง ส่วนมากทำด้วยแก้วและส่วนปลายทั้งสองด้านมักจะเป็นรูปสามเหลี่ยม ใช้แยกแสงสีขาวที่ผ่านเข้าไปให้เป็นแถบสีหรือใช้สะท้อนลำแสง, โคมไฟระย้าที่เป็นแก้วเจียระไน, ตัวกลางที่จะบิดเบือนสิ่งที่เห็นไปจากความเป็นจริง, ผลึกแก้วที่เป็นรูปปริซึม
★**prison** (พริซ' เซิน) *n.* คุก (**-S.** jail)
★**prisoner** (พริซ' ซะเนอร์, พริซ' เนอร์) *n.* นักโทษ
prisoner of war *n., pl.* **prisoners of war** นักโทษเชลยศึก
prissy (พริซ' ซี) *adj.* **-sier, -siest** เจ้าระเบียบ
pristine (พริส' ตีน, พริสตีน') *adj.* บริสุทธิ์
prithee (พริธ' ธี, พริธ' ธี) *interj.* คำที่ใช้แสดงการขอร้องอย่างสุภาพ เป็นภาษาโบราณ
privacy (ไพร' วะซี) *n.* สภาพความเป็นส่วนตัว, ความสันโดษ
★**private** (ไพร' วิท) *adj.* เป็นส่วนตัว, เฉพาะตัว, เกี่ยวกับการได้รับการรักษาพยาบาลเป็นพิเศษ, เป็นสมบัติส่วนตัว, เป็นของเอกชน, ที่ไม่ได้มีตำแหน่งทางราชการ, เป็นความลับ *-n.* พลทหาร (**-S.** (adj.) confidential **-A.** (adj.) public)
private detective/eye นักสืบเอกชน
private enterprise บริษัทเอกชน
private parts, privates อวัยวะสืบพันธุ์
private school โรงเรียนเอกชน, โรงเรียนราษฎร์
privation (ไพรเว' ชัน) *n.* ความขาดแคลน
★**privilege** (พริฟ' วะลิจ, พริฟว์' ลิจ) *n.* สิทธิพิเศษ, โอกาสพิเศษ, หลักการให้และคงไว้ซึ่งสิทธิพิเศษ *-vt.* **-leged, -leging** มอบสิทธิพิเศษแด่, ได้รับการยกเว้นเป็นพิเศษ

A B C D E F G H I J K L M N O P Q R S T U V W X Y Z

Privy Council สภาองคมนตรี
privy councilor องคมนตรี
privy purse พระคลังข้างที่
★**prize**[1] (ไพรซฺ) *n.* รางวัล *-adj.* เป็นรางวัล, น่าจะได้รางวัล, ที่ได้รางวัล, เหมาะสมกับที่ได้รับรางวัล *-vt.* **prized, prizing** นิยมยกย่อง, ประเมินค่า, ตีราคา (**-S.** (n.) award (v.) value)
prize[2] (ไพรซฺ) *n.* ทรัพย์สมบัติที่ได้มาจากการปล้นหรือการสงคราม (**-S.** booty, plunder)
prize[3], **prise** (ไพรซฺ) *vt.* **prized, prizing/prised, prising** งัดด้วยชะแลง *-n.* การคัดง้าง, เครื่องคัดง้าง, อำนาจที่มีไว้ลบล้างสิ่งใดๆ, ชะแลง
prizefight (ไพรซฺ' ไฟท) *n.* การแข่งขันชกมวยระดับอาชีพเพื่อเงิน **-prizefighter** *n.*
pro[1] (โพร) *n., pl.* **pros** ผู้ลงคะแนนให้, ผู้สนับสนุน, การโต้แย้งเพื่อหาเหตุผลสนับสนุน *-adv.* เห็นด้วย, สนับสนุน, เป็นที่โปรดปราน *-adj.* อย่างเห็นด้วย **-the pros and cons** เหตุผลหรือข้อพิจารณาที่จะสนับสนุนและคัดค้านในเรื่องใดๆ, ข้อดีและข้อเสีย
pro[2] (โพร) *n., pl.* **pros** (ภาษาพูด) มืออาชีพโดยเฉพาะนักกีฬา, ผู้เชี่ยวชาญ *-adj.* อย่างมืออาชีพหรือผู้ชำนาญ
pro- คำอุปสรรค หมายถึง แทน, สนับสนุน, ก่อน, มาก่อน, ขั้นต้น, มูล, ด้านหรือข้างหน้า
probability (พรอบบะบิล' ลิที) *n., pl.* **-ties** ความเป็นไปได้, ความน่าจะเป็น
★**probable** (พรอบ' บะเบิล) *adj.* น่าจะเกิดขึ้น, มีเหตุผลพอที่จะเป็นไปได้ (**-S.** likely)
★**probably** (พรอบ' บะบลี) *adv.* เป็นไปได้มากที่สุด, สามารถสันนิษฐานได้ (**-S.** possibly)
probation (โพรเบ' ชั่น) *n.* ช่วงระยะทดลองหรือการทดลองเพื่อดูความสามารถ, การให้ทัณฑ์บน
probationer (โพรเบ' ชะเนอร์) *n.* ผู้ที่อยู่ในระหว่างทดลองความสามารถ, นักโทษที่ได้ทัณฑ์บน, นักเรียนที่ถูกคุมประพฤติ
probation officer เจ้าหน้าที่คุมประพฤติ
probation period ระยะทดลองงาน
probe (โพรบ) *n.* เครื่องมือสำรวจ, การสำรวจหรือการค้นหาด้วยเครื่องมือดังกล่าว, การสอบสวน, ยานสำรวจอวกาศ *-vt., vi.* **probed, probing** สำรวจ, ขุดค้นหรือสืบหา
★**problem** (พรอบ' เบล็ม) *n.* ปัญหา (**-S.** doubt)
problematic, problematical (พรอบละแมท' ทิค, -ทิเคิล) *adj.* เป็นปัญหา
proboscis (โพรบอซ' ซิซ) *n., pl.* **-boscises/-boscides** (-บอซ' ซิดีซ) งวงที่ยาวและโค้งงอ, อวัยวะที่มีลักษณะเป็นท่อเรียวยาว ใช้ดูดอาหารของสัตว์ไม่มีกระดูกสันหลังบางชนิด เช่น ผีเสื้อ, จมูกของคนที่จมูกโด่ง
★**procedure** (พระซี' เจอร์) *n.* วิธีปฏิบัติ, ขั้นตอนการปฏิบัติ, กรรมวิธี, ระเบียบปฏิบัติ
★**proceed** (โพรซีด', พระ-) *vi.* **-ceeded, -ceeding** ดำเนินต่อไป, ไปต่อ, เคลื่อนที่ไปอย่างเป็นระเบียบ, ให้ผล, รับมาดำเนินการ, กล่าวต่อไป (**-S.** continue **-A.** retreat)
proceeding (โพรซี' ดิง, พระ-) *n.* วิธีปฏิบัติ, ระเบียบปฏิบัติ **-proceedings** บันทึกการประชุม, ลำดับเหตุการณ์ที่เกิดขึ้นในสถานที่และโอกาสใดๆ, พิธีการทางศาล (**-S.** measure)
★**process** (พรอซ' เซซ, โพร'-) *n., pl.* **-es** กระบวนการกระทำหรือเปลี่ยนแปลงเพื่อให้ได้ผล, กระบวนการผลิต, กรรมวิธี, ความก้าวหน้า, กระบวนการทางศาล, หมายศาล, การเจริญเติบโตผิดปกติของเซลล์เนื้อเยื่อ, เนื้องอก, กระบวนการที่เกิดขึ้นตามธรรมชาติ เช่น กระบวนการหายใจ, การยืดผมให้ตรงด้วยการใช้น้ำยาเคมี, กลวิธีต่างๆ ในการล้างรูป *-vt.* **-essed, -essing** ฟ้องร้อง, ทำตามกระบวนการ, ส่งหมายศาล, (คอมพิวเตอร์) ป้อนข้อมูลเพื่อประมวลผล, ทำ (ผม) ให้ยืดตรงด้วยน้ำยาเคมี *-adj.* เป็นการตระเตรียมหรือปรับเปลี่ยนด้วยกระบวนการพิเศษ, ซึ่งใช้ในกระบวนการล้างรูป (**-S.** (n.) course, progress (v.) transform)
procession (พระเซซ' ชัน) *n.* การเคลื่อนไปข้างหน้า, การริเริ่ม, การก่อเกิด, ขบวนพาเหรด, กลุ่มผู้คนหรือยานพาหนะที่เคลื่อนไปอย่างเป็นระเบียบและเป็นพิธีการ, การสืบมรดก, การสืบสันตติวงศ์ (**-S.** parade)
processor (พรอซ' เซซเซอร์, โพร'-) *n.* อุปกรณ์ที่ใช้ในการตระเตรียมหรือปรับเปลี่ยนวัตถุดิบ, เครื่องคอมพิวเตอร์, โปรแกรมที่แปลโปรแกรมอื่นให้อยู่ในรูปที่คอมพิวเตอร์ที่ใช้อยู่ดำเนินการได้, หน่วยประมวลผลกลาง
proclaim (โพรเคลม', พระ-) *vt.* **-claimed, -claiming** ประกาศ, สรรเสริญ (**-S.** announce)
procrastinate (โพรแครส' ตะเนท, พระ-) *vi., vt.* **-nated, -nating** ผัดวันประกันพรุ่ง, เลื่อน **-procrastination** *n.* **-procrastinator** *n.* (**-S.** delay, postpone **-A.** hasten, speed)
procreate (โพร' ครีเอท) *vt., vi.* **-ated, -ating** ให้กำเนิด, ก่อให้เกิด (**-S.** create)
procure (โพรคยุร์', พระ-) *vt., vi.* **-cured,**

-curing ได้มาด้วยความพยายามเป็นพิเศษ, ได้มาซึ่งสิ่งที่หายาก, ก่อให้บังเกิดผล, ล่อลวง

procurer (โพรคยุ' เรอร์, พระ-) *n.* ผู้ที่ล่อลวงผู้หญิง, ผู้ชักพา, แม่สื่อ (-S. pander)

prod (พรอด) *vt.* **prodded, prodding** แทง ทิ่ม แหย่หรือจิ้มด้วยวัตถุแหลม, กระตุ้น *-n.* วัตถุแหลมที่ใช้แทง ทิ่ม จิ้มหรือแหย่, การกระตุ้น, การยุยงส่งเสริม (-S. (v., n.) prick (n.) stimulus)

prodigal (พรอด' ดิเกิล) *adj.* สุรุ่ยสุร่าย, ฟุ่มเฟือย, มากมาย *-n.* คนสุรุ่ยสุร่าย

prodigious (พระดิจ' เจิช) *adj.* ใหญ่โตมโหฬาร, พิเศษ, น่าพิศวง, น่าทึ่ง, เป็นลาง, น่ากลัว (-S. huge, monstrous, wonderful -A. tiny)

prodigy (พรอด' ดะจี) *n., pl.* **-gies** ผู้วิเศษ, อัจฉริยบุคคล, สิ่งมหัศจรรย์, ลางบอกเหตุ (-S. genius, marvel, wonder -A. fool)

★**produce** (*v.* พระดูซ', -ดยูซ', โพร-, *n.* พรอด' ดูซ, โพร'-) *v.* **-duced, -ducing** *-vt.* ให้กำเนิด, ออกดอกออกผล, ผลิตออกมา, ทำให้เกิดมีขึ้น, นำ (พยาน) มาแสดง, อำนวยการผลิต (ภาพยนตร์), ลาก (เส้น) ต่อให้ยาวขึ้น *-vi.* ผลิต, สร้างสรรค์ขึ้น *-n.* ผลิตภัณฑ์, ผลิตผล, ผลผลิตทางการเกษตร (-S. (v.) originate (n.) product)

producer (พระดู' เซอร์, -ดยู'-, โพร-) *n.* ผู้ผลิต, ผู้อำนวยการผลิต (ละคร ภาพยนตร์), เตาเผาที่ผลิตก๊าซเชื้อเพลิง (-S. director, maker)

★**product** (พรอด' เดิคท์) *n.* ผลิตภัณฑ์, ผลิตผล, ผลผลิต, ผล, สารที่เป็นผลจากปฏิกิริยาทางเคมี, ผลคูณ (-S. merchandise, result)

★**production** (พระดัค' ชัน, โพร-) *n.* การผลิต, กระบวนการผลิต, ผลิตผล, ผลิตภัณฑ์, จำนวนผลผลิต, ผลงาน (ศิลปะ วรรณกรรม ภาพยนตร์)

production house บริษัทรับผลิตสื่อวิทยุโทรทัศน์

productive (พระดัค' ทิฟว์, โพร-) *adj.* เป็นการผลิต, ซึ่งผลิตได้, มีผลผลิตมากมาย, อุดมสมบูรณ์, ให้ผลดี, ในเชิงก่อ, มีประสิทธิภาพ, มีความคิดริเริ่ม, ซึ่งผลิตเสมหะและเสลด, ซึ่งสร้างเนื้อเยื่อใหม่, มีความรู้ความชำนาญทางภาษาในด้านการพูดและการเขียน, เกี่ยวกับส่วนในโครงสร้างและรูปของคำที่ใช้ในการสร้างคำใหม่ (-S. fruitful, rich -A. sterile, wasteful)

productivity (โพรดัคทิฟ' วิที, พรอดเดิค-) *n.* การให้ผลผลิตมากมาย, ผลสำเร็จ, ผลผลิตต่อหน่วย (-S. output)

prof (พรอฟ) *n.* (ภาษาพูด) ย่อจาก professor ศาสตราจารย์

profane (โพรเฟน', พระ-) *adj.* หยาบคาย, ทางโลกไม่ใช่ทางธรรม, ไม่สละสลวย *-vt.* **-faned, -faning** ไม่เคารพ, กล่าวร้าย

profess (พระเฟซ', โพร-) *vt., vi.* **-fessed, -fessing** ประกาศ, แจ้ง, อ้าง, เสแสร้ง, อวดอ้าง, แอบอ้าง, นับถือหรือมีความเชื่อใน, ยอมรับ, ปฏิญาณตัว (-S. announce, avow)

★**profession** (พระเฟช' ชัน) *n.* อาชีพ, กลุ่มผู้เชี่ยวชาญ, การประกาศ, การปฏิญาณตัว, ความศรัทธา, ความเชื่อ (-S. avowal, career)

★**professional** (พระเฟช' ชะเนิล) *adj.* อย่างมืออาชีพ, อย่างชำนาญ, ซึ่งทำเป็นอาชีพ *-n.* ผู้เชี่ยวชาญ, ผู้ที่เป็นมืออาชีพ, ผู้ที่เล่น (กีฬา) เป็นอาชีพ (-S. (adj.) skilled (adj., n.) master)

★**professor** (พระเฟซ' เซอร์) *n.* ศาสตราจารย์

proffer (พรอฟ' เฟอร์) *vt.* **-fered, -fering** เสนอ *-n.* การเสนอให้ (-S. (v., n.) offer)

proficiency (พระฟิช' เชินซี) *n., pl.* **-cies** ความชำนาญ, ความคล่องแคล่ว (-S. expertise)

proficient (พระฟิช' เชินท์) *adj.* มีความสามารถมาก **-proficiently** *adv.* (-S. talented)

profile (โพร' ไฟล์) *n.* รูปหน้าด้านข้าง, หุ่นจำลองที่มองจากด้านข้าง, ความถี่ในการปรากฏตัว, โครงร่างของวัตถุ, ภาคตัดขวางที่แสดงชั้นของหินหรือดิน, ชีวประวัติสั้นๆ, ประวัติย่อ *-vt.* **-filed, -filing** วาดลายเส้นหรือร่างโครงร่าง

★**profit** (พรอฟ' ฟิท) *n.* กำไร *-v.* **-ited, -iting** *-vi.* ทำกำไร, หาประโยชน์ *-vt.* เป็นผลดีต่อ, เป็นประโยชน์แก่ (-S. (n., v.) benefit, gain)

profitable (พรอฟ' ฟิทะเบิล) *adj.* ที่ให้หรือเป็นประโยชน์ **-profitably** *adv.* (-S. useful)

profiteer (พรอฟฟิเทียร์') *n.* พ่อค้าหน้าเลือด

profligate (พรอฟ' ลิกิท, -เกท) *adj.* สุรุ่ยสุร่าย

profound (พระเฟานด์', โพร-) *adj.* **-er, -est** ลึกซึ้ง, ลึกสุดหยั่ง, อย่างที่สุด **-profoundly** *adv.*

profuse (พระฟยูซ', โพร-) *adj.* มากมาย, ฟูมฟาย, อุดมสมบูรณ์, ไหลหลั่ง, สุรุ่ยสุร่าย **-profusely** *adv.* (-S. excessive -A. scarce)

progenitor (โพรเจน' นิเทอร์) *n.* บรรพบุรุษ

progeny (พรอจ' จะนี) *n., pl.* **-ny/-nies** ลูกหลาน, ผู้สืบสกุล, ผลิตผล (-S. children)

prognosis (พรอกโน' ซิซ) *n., pl.* **-ses** (-ซีซ) การวินิจฉัยโรค, การทำนาย (-S. prediction)

prognosticate (พรอกนอส' ติเคท) *vt.* **-cated, -cating** ทำนาย (-S. forecast)

★**program, programme** (โพร' แกรม, -เกริม) *n.* รายการแสดง, สูจิบัตร, หลักสูตร,

(คอมพิวเตอร์) กระบวนการที่เกี่ยวกับการเก็บข้อมูล ประมวลผลและแสดงผลออกมา *-vt.* **-gramed, -graming/-grammed, -gramming** จัดลงในตารางรายการ, ตั้ง (เครื่องจักร) ให้ทำงาน, (คอมพิวเตอร์) ตั้งเครื่องให้ทำงานประมวลผลข้อมูล, ฝึกให้ทำงานแบบอัตโนมัติเหมือนเครื่องจักร, จัดเตรียมลำดับ (สื่อการสอน) ตามรายการที่ตั้งไว้ (**-S.** (n., v.) schedule)

programer, programmer (โพรฺ' แกรมเมอร์) *n.* ผู้เขียนโปรแกรมหรือชุดคำสั่งสำหรับการปฏิบัติงานกับคอมพิวเตอร์

★**progress** (*n.* พรอก' เกรซ, -เกริซ, โพร' เกรซ, *v.* พระเกรซ') *n.* ความก้าวหน้า, การพัฒนา, ความเจริญเติบโต, การเสด็จพระราชดำเนินไปในพระราชอาณาจักรของกษัตริย์ *-vi.* **-gressed, -gressing** ก้าวไปข้างหน้า, ก้าวหน้า, เจริญ (**-S.** (n., v.) advance (n.) improvement **-A.** (v.) recede)

progression (พระเกรช' ชัน) *n.* ความก้าวหน้า, การเคลื่อนตามกันมาของชุดที่ต่อเนื่องกัน,ลำดับ, ลำดับของตัวเลข ซึ่งระหว่างตัวเลขแต่ละตัวกับตัวเลขที่นำหน้าจะมีความเกี่ยวพันที่เป็นอย่างเดียวกันเสมอ, การไล่เสียงหรือเสียงประสานที่เป็นลำดับตามกันมา, ท่อนร้องที่ร้องซ้ำๆ กันแต่ละครั้งในบันไดเสียงที่ไม่ซ้ำกัน **-arithmetic progression** ลำดับของตัวเลขที่ตัวเลขแต่ละตัวมาจากการเพิ่มขึ้นหรือลดลงอย่างคงที่สม่ำเสมอของตัวเลขที่อยู่ข้างหน้า เช่น 1, 2, 3, 4... หรือ 9, 7, 5, 3... **-geometric progression** ลำดับของตัวเลขที่ตัวเลขแต่ละตัวมาจากการคูณตัวเลขที่อยู่ข้างหน้าด้วยค่าคงที่เดียวกัน เช่น 1, 3, 9, 27, 81... โดยแต่ละตัวจะมีค่าเป็นสามเท่าของตัวเลขที่อยู่ข้างหน้า **-progressional** *adj.*

progressive (พระเกรซ' ซิฟว์) *adj.* ที่เคลื่อนไปข้างหน้า, เป็นการก้าวไปข้างหน้า, ที่เพิ่มขึ้นตามกาลเวลา, เป็นแนวก้าวหน้า, (โรคร้าย) ร้ายแรงยิ่งขึ้น, (การศึกษา) แบบไม่เป็นพิธีการ และไม่เข้มงวด, ที่สนับสนุนการใช้แนวคิดแบบก้าวหน้า, ซึ่งเป็นพรรคที่เน้นความก้าวหน้าและการปฏิรูปสังคม, (การเก็บภาษี) ในอัตราที่เพิ่มขึ้นตามส่วน, เกี่ยวกับหรือเป็นรูปกริยาที่บอกให้รู้ว่าการกระทำกำลังดำเนินอยู่ *-n.* คนหัวก้าวหน้าที่เรียกร้องทางการเมืองเพื่อสภาพที่ดีขึ้น, รูปกริยาดังกล่าว (**-S.** (adj.) continuing)

prohibit (โพรฮิบ' บิท) *vt.* **-ited, -iting** ห้าม, ขัดขวาง, ป้องกัน (**-S.** ban, stop **-A.** permit)

prohibition (โพรอะบิช' ชัน) *n.* การห้าม, การถูกห้าม, กฎข้อห้าม, กฎหมายข้อห้ามในการผลิต การขนส่ง การขายและการครอบครองเครื่องดื่มที่มีแอลกอฮอล์ (**-S.** restriction)

prohibitive, prohibitory (โพรฮิบ' บิทิฟว์, -ทอรี; -โทรี) *adj.* เป็นการห้าม, แพงมาก

★**project** (*n.* พรอจ' เจคท์, -จิคท์, *v.* พระเจคท์') *n.* โครงการ, แผนการ *-vt., vi.* **-jected, -jecting** ยื่น, ขว้าง, ปา, โยน, ทุ่ม, ดีด, ส่งขึ้นไปในอวกาศ, ฉายหรือส่องแสง, ทำให้เป็นเงาบนพื้น, ส่ง (เสียง) ให้ได้ยินในระยะไกล, วางแผน (**-S.** (n., v.) plan)

projected (พระเจค' ทิด) *adj.* ซึ่งวางแผนไว้แล้ว, ซึ่งคำนวณไว้ล่วงหน้าแล้ว

projectile (พระเจค' เทิล, -ไทล์) *n.* วัตถุที่ถูกพลังขับดันหรือขว้างออกไป, กระสุน, จรวด *-adj.* ซึ่งถูกขับดันหรือขว้างออกไปได้, ซึ่งขับดันไปข้างหน้า, (สัตว์) ซึ่งแลบ (ลิ้น)

projection (พระเจค' ชัน) *n.* การส่งออกไป, สิ่งที่ยื่นออกไป, แผนงาน, การคาดเดาหรือการประมาณการ, กระบวนการฉายภาพยนตร์ลงบนจอภาพยนตร์

projector (พระเจค' เทอร์) *n.* เครื่องฉายภาพหรือภาพยนตร์, ผู้คิดโครงการหรือแผนการ

prolapse[1] (โพรแลพซ์') *vi.* **-lapsed, -lapsing** (อวัยวะ) เลื่อนออกจากตำแหน่งปกติ

prolapse[2]**, prolapsus** (โพร' แลพซ์; โพรแลพซ์', โพรแลพ' เซิซ) *n.* การหลุดหรือเลื่อนออกจากตำแหน่งปกติของอวัยวะในร่างกาย

proletarian (โพรลิแท' เรียน) *adj.* เกี่ยวกับหรือมีลักษณะของพวกกรรมกร ผู้ขายแรงงาน ไพร่หรือชนชั้นต่ำผู้ยากไร้ *-n.* พวกคนดังกล่าว

proletariat (โพรลิแท' รีอิท) *n.* ชนชั้นกรรมกร

proliferate (พระลิฟ' ฟะเรท) *vi., vt.* **-ated, -ating** เกิดขึ้นอย่างทวีคูณ, มีลูกดก, เพิ่มขึ้นหรือแพร่หลายอย่างรวดเร็ว (**-S.** multiply)

prolific (พระลิฟ' ฟิค) *adj.* ซึ่งให้ลูกดก, อุดมสมบูรณ์ **-prolifically** *adv.* (**-S.** fruitful)

prolix (โพรลิคซ์', โพร' ลิคซ์) *adj.* ยืดยาดน่าเบื่อ **-prolixity** *n.* (**-S.** boring **-A.** interesting)

Prolog (โพร' ลอก) *n.* ย่อจาก programming in logic (คอมพิวเตอร์) ภาษาโพรล็อกเป็นภาษาโปรแกรมเชิงตรรกะ

prologue, prolog (โพร' ลอก) *n.* โคลง กลอนที่ใช้อ่านให้ฟังก่อนการแสดงละคร, บทนำ, อารัมภบท, การออกแขก (**-S.** introduction)

prolong (พระลอง') *vt.* **-longed, -longing** ยืดระยะให้ยาวขึ้น (**-S.** lengthen **-A.** shorten)

prolonged (พระลองด์') *adj.* ซึ่งติดต่อกันเป็น

A B C D E F G H I J K L M N O **P** Q R S T U V W X Y Z

เวลานานหรือนานเกินไป

promenade (พรอมมะเนด', -นาด') *n.* การเดินเล่นตามสถานที่สาธารณะ, สถานที่สาธารณะสำหรับเดินเล่น, งานเต้นรำอย่างเป็นพิธีการ

prominent (พรอม' มะเนินท์) *adj.* เด่นสะดุดตา, มีชื่อเสียง, เป็นตุ่ม, เป็นเนิน, เป็นปุ่ม, สำคัญ **-prominence** *n.* **-prominently** *adv.* (**-S.** noticeable, projecting, well-known)

promiscuous (พระมิส' กยูเอิซ) *adj.* สำส่อน, ไม่มีกำหนดกฎเกณฑ์แน่นอน, ผสมผเส **-promiscuously** *adv.* **-promiscuity** *n.* (**-S.** mixed)

★**promise** (พรอม' มิซ) *n.* การให้สัญญา, สัญญา, คำสัญญา, สิ่งที่ทำให้มีความหวัง, *-vt., vi.* **-ised, -ising** ให้สัญญา, ให้ความหวัง

promising (พรอม' มิซิง) *adj.* ซึ่งดูท่าจะดี

promissory (พรอม' มิซอรี, -โซรี) *adj.* เป็นสัญญา, เป็นการให้ความหวัง (**-S.** hopeful)

promissory note หนังสือสัญญาชดใช้เงินตามระยะเวลาที่กำหนด

promontory (พรอม' เมินทอรี, -โทรี) *n., pl.* **-ries** แหลม, พื้นดินที่ยื่นเข้าไปในทะเล, อวัยวะส่วนที่ยื่นออกมา

promote (พระโมท') *vt.* **-moted, -moting** เลื่อนขั้น ตำแหน่งหรือชั้น, ก้าวหน้า, คืบหน้า, โฆษณา, สนับสนุนในการก่อตั้ง (บริษัท) **-promoter** *n.* **-promotion** *n.* (**-S.** advertise)

★**prompt** (พรอมพ์ท์) *adj.* **prompter, promptest** ตรงเวลา, โดยทันทีไม่รีรอ *-vt.* **prompted, prompting** กระตุ้น, ยุยงส่งเสริม, ดลใจให้, เตือนใจ, บอกบท (นักแสดง), บอกใบ้ *-n.* การบอกใบ้, การเตือนความจำ, สิ่งที่ช่วยเตือนความจำ, คนบอกบท, สัญลักษณ์ที่ปรากฏขึ้นบนจอภาพเพื่อบอกให้รู้ว่าคอมพิวเตอร์พร้อมที่จะรับข้อมูลแล้ว **-promptly** *adv.*

promulgate (พรอม' เมิลเกท, โพรมัล' เกท) *vt.* **-gated, -gating** ประกาศ (**-S.** proclaim)

prone (โพรน) *adj.* เป็นการนอนคว่ำหน้า, มีแนวโน้ม, ชอบที่จะ *-adv.* โดยท่าทางดังกล่าว

prong (พรอง) *n.* ส้อม, ส่วนที่มีลักษณะเรียวแหลมของวัตถุใดๆ *-vt.* **pronged, pronging** แทง ทิ่ม จิ้มด้วยส้อม **-a four-pronged fork** ส้อมที่มีสี่ซี่ **-a two-pronged attack** การโจมตีที่มาจากสองทิศทางในเวลาเดียวกัน

★**pronoun** (โพร' เนาน์) *n.* สรรพนาม

★**pronounce** (พระเนานซ์') *vt., vi.* **-nounced, -nouncing** ออกเสียง, เปล่งเสียง, พูด, แทน (คำ) ด้วยสัญลักษณ์แสดงเสียงอ่าน, แถลงการณ์, ประกาศ **-pronounceable** *adj.*

pronouncement (พระเนานซ์' เมินท์) *n.* คำตัดสิน, ถ้อยแถลง, แถลงการณ์, คำพิพากษา, ประกาศิต, คำสั่ง, ข้อวินิจฉัย (**-S.** declaration)

pronunciamento (โพรนันซีอะเมน' โท) *n., pl.* **-tos/-toes** แถลงการณ์อย่างเป็นทางการ

★**pronunciation** (พระนันซีเอ' ชัน) *n.* การออกเสียงคำ, วิธีที่เป็นที่ยอมรับและเข้าใจกันทั่วไปในการออกเสียงคำ, การใช้สัญลักษณ์แสดงการออกเสียงเพื่อให้รู้วิธีการออกเสียงของคำนั้นๆ

★**proof** (พรูฟ) *n.* หลักฐาน, ข้อพิสูจน์, การทดสอบ, การทดลอง, มาตรฐานแสดงระดับความแรงของเครื่องดื่มที่มีแอลกอฮอล์, ใบลองพิมพ์งานที่โรงพิมพ์พิมพ์มาให้ตรวจดูความถูกต้องก่อนพิมพ์จริง *-adj.* กันน้ำ, เป็นมาตรฐานระดับความแรงของเครื่องดื่มที่มีแอลกอฮอล์ *-vt., vi.* **proofed, proofing** ตรวจคำผิดถูก, พิสูจน์อักษร, ทำให้ (ผ้า) ไม่หด (**-S.** (n.) evidence, test, trial)

proofread (พรูฟ' รีด) *vt., vi.* **-read** (-เรด), **-reading** พิสูจน์อักษร **-proofreader** *n.*

prop (พรอพ) *n.* ตอม่อ, ไม้ค้ำ, เครื่องใช้ประกอบฉากในการแสดงละครหรือภาพยนตร์, ผู้สนับสนุนค้ำจุน, (ภาษาพูด) ใบพัด ใบจักร

propaganda (พรอพพะแกน' ดะ) *n.* การโฆษณาชวนเชื่อ (**-S.** advertising)

propagate (พรอพ' พะเกท) *vt., vi.* **-gated, -gating** แพร่พันธุ์, เผยแพร่, โฆษณา, ถ่ายทอด

propane (โพร' เพน) *n.* ก๊าซไร้สี มักใช้เป็นเชื้อเพลิงและในการสังเคราะห์ทางเคมี มีสูตรเคมี C_3H_8, ก๊าซโพรเพน

propel (พระเพล') *vt.* **-pelled, -pelling** ขับเคลื่อน, ขับดัน, กระตุ้น (**-S.** drive)

propellant, propellent (พระเพล' เลินท์) *n.* สิ่งที่ให้พลังขับดัน *-adj.* ซึ่งให้แรงขับดัน

propeller, propellor (พระเพล' เลอร์) *n.* เครื่องจักรที่ติดใบพัด, ใบพัด

propensity (พระเพน' ซิที) *n., pl.* **-ties** นิสัยที่ชอบประพฤติตัวไม่ดี, แนวโน้ม

★**proper** (พรอพ' เพอร์) *adj.* ถูกต้อง, เหมาะสม, สมควร, ตามระเบียบแบบแผนของสังคม, เป็นเจ้าของ, เป็นลักษณะเฉพาะ, (ไม่ใช่) เสียทีเดียว, อันที่จริงแล้ว (ไม่ใช่), เป็นจริง, ตลอดทั่วถึง, เต็มที่ *-adv.* อย่างละเอียดลออ, อย่างทั่วถึง, อย่างเต็มที่ **-properly** *adv.* (**-S.** (adj.) correct)

proper fraction เศษส่วนที่มีเศษน้อยกว่าส่วน เช่น ⅔, เศษส่วนปกติ

proper name/noun วิสามานยนาม

★**property** (พรอพ' เพอร์ที) *n., pl.* **-ties** ทรัพย์สมบัติ, ที่ดิน, การเป็นเจ้าของ, เครื่องใช้ประกอบฉากในการแสดง, คุณลักษณะเฉพาะ, คุณความดี, ความศักดิ์สิทธิ์, ฤทธิ์

prophecy (พรอฟ' ฟิซี) *n., pl.* **-cies** (-ซีซ) การพยากรณ์, การทำนาย, โหร, หมอดู, คำทำนาย (**-S.** prediction)

prophesy (พรอฟ' ฟิไซ) *vt., vi* **-sied** (-ไซด์), **-sying** (-ไซอิง) ทำนาย (**-S.** foretell)

prophet (พรอฟ' ฟิท) *n.* โหร, คนที่เชื่อว่าพระเจ้าสั่งให้ตนมาสั่งสอนศาสนาแก่ประชาชน **-the Prophet** พระมะหะหมัด ผู้ก่อตั้งศาสนาอิสลาม **-prophetess** *n. fem.*

prophetic, prophetical (พระเฟท' ทิค, -ทิเคิล) *adj.* เป็นการทำนาย, เกี่ยวกับผู้ทำนาย

prophylactic (โพรฟะแลค' ทิค, พรอฟ-) *adj.* ซึ่งใช้ป้องกัน *-n.* สิ่งที่ใช้ป้องกัน เช่น ยา, สิ่งที่ใช้ในการคุมกำเนิด เช่น ถุงยางอนามัย

prophylaxis (โพรฟะแลค' ซิซ, พรอฟ-) *n., pl.* **-laxes** (-แลค' ซีซ) การป้องกันโรค

propinquity (พระพิง' ควิที) *n.* ความใกล้ชิด

propitious (พระพิช' เชิซ) *adj.* (โอกาส) อำนวย, (ฤกษ์) ดี, เมตตา, กรุณา **-propitiously** *adv.*

★**proportion** (พระพอร์' ชัน, -โพร์'-) *n.* ส่วน, สัดส่วน, ความสมดุล, ความได้สัดส่วน, ความเท่ากันของอัตราส่วนสองจำนวน

★**proposal** (พระโพ' เซิล) *n.* การเสนอ, ข้อเสนอ, การขอแต่งงาน (**-S.** offer, suggestion)

★**propose** (พระโพซ') *v.* **-posed, -posing** *-vt.* เสนอ, บอกจุดประสงค์, แสดงเจตนา *-vi.* ขอแต่งงาน **-propose a toast** เชิญชวนดื่มอวยพร (**-S.** nominate, offer **-A.** refuse)

proposition (พรอพพะซิช' ชัน) *n.* ข้อเสนอ, (ภาษาพูด) ปัญหาหรือเรื่องที่จะต้องจัดการ ข้อเสนอขอมีเพศสัมพันธ์ด้วย (**-S.** plan)

propound (พระเพานด์') *vt.* **-pounded, -pounding** เสนอ **-propounder** *n.*

proprietary (พระไพร' อิเทรี) *adj.* เป็นเจ้าของ, เป็นของบริษัทเอกชนภายใต้เครื่องหมายการค้าหรือมีลิขสิทธิ์ *-n., pl.* **-ies** เจ้าของ, การเป็นเจ้าของ, ยาที่ผลิตโดยบริษัทเอกชนโดยใช้ชื่อทางการค้า (**-S.** (adj.) own)

proprietor (พระไพร' อิเทอร์) *n.* เจ้าของ

propriety (พระไพร' อิที) *n., pl.* **-ties** ความถูกต้องเหมาะสม **-proprieties** ขนบธรรมเนียมประเพณี (**-S.** correctness **-A.** indecency)

propulsion (พระพัล' ชัน) *n.* พลังขับดัน

prosaic (โพรเซ' อิค) *adj.* เป็นการพูดหรือเขียนแบบร้อยแก้วธรรมดา, ไม่สร้างสรรค์, น่าเบื่อ, ไม่น่าสนใจ, จืดชืด (**-S.** ordinary)

proscenium[1] (โพรซี' เนียม, พระ-) *n., pl.* **-niums** บริเวณหน้าเวทีระหว่างม่านเวทีกับที่ตั้งของวงมโหรีของเวทีละครสมัยปัจจุบัน

proscenium[2] (โพรซี' เนียม, พระ-) *n., pl.* **-nia** บริเวณหน้าเวทีระหว่างฉากหลังกับวงมโหรีของเวทีละครสมัยโบราณ

proscribe (โพรสไกรบ์') *vt.* **-scribed, -scribing** ตำหนิ, ตราหน้า, ห้าม, เนรเทศหรือขับไล่ **-proscriber** *n.* (**-S.** condemn, exile)

prose (โพรซ) *n.* การพูดหรือการเขียนแบบร้อยแก้ว, สิ่งที่เป็นธรรมดาทั่วไปไม่น่าสนใจ

prosecute (พรอซ' ซิคยูท) *vt., vi.* **-cuted, -cuting** ฟ้องร้อง, ทำหน้าที่เป็นอัยการ

prosecution (พรอซซิคยู' ชัน) *n.* การฟ้องร้อง, อัยการซึ่งเป็นฝ่ายโจทก์

prosecutor (พรอซ' ซิคยูเทอร์) *n.* อัยการ

prospect (พรอส' เปคท์) *n.* ความเป็นไปได้, ภาพวิวทิวทัศน์, ภาพที่มองเห็น, ผู้ที่หวังว่าจะมาเป็นลูกค้า, ผู้สมัครที่น่าจะได้รับเลือก, สถานที่ที่เป็นไปได้ว่าจะมีแร่ (**-S.** expectation, scene)

prospective (พระสเปค' ทิฟว์) *adj.* เป็นไปได้, (เจ้าสาว) ในอนาคต (**-S.** possible)

prospector (พรอส' เปคเทอร์) *n.* นักสำรวจหาแหล่งแร่และน้ำมัน

prospectus (พระสเปค' เทิซ) *n.* เอกสารสรุปข้อมูลของโครงการหรือการลงทุนต่างๆ ซึ่งนำเสนอให้ลูกค้าเพื่อเป็นการชักชวนให้มาซื้อหุ้นหรือมาร่วมลงทุน (**-S.** catalogue)

prosper (พรอส' เปอร์) *vi.* **-pered, -pering** เจริญรุ่งเรือง **-prosperity** *n.* (**-S.** succeed)

prosperous (พรอส' เปอเริซ) *adj.* มั่งคั่ง, เฟื่องฟู, ร่ำรวย, (โอกาส) อำนวย **-prosperously** *adv.* **-prosperousness** *n.* (**-S.** lucky)

prostate gland ต่อมน้ำกามของสัตว์เพศผู้และผู้ชาย

prostitute (พรอส' ติทูท, -ทยูท) *n.* โสเภณี

prostrate (พรอส' เตรท) *vt.* **-trated, -trating** คำนับ, หมอบราบ, หมดสิ้นกำลัง *-adj.* ซึ่งนอนหมอบคว่ำหน้าอย่างยอมจำนน, ซึ่งนอนเหยียดยาว, (พืช) เติบโตแผ่ราบไปตามพื้น

protagonist (โพรแทก' กะนิซท์) *n.* ตัวเอก, ผู้ที่มีบทบาทสำคัญ, ผู้นำ (**-S.** hero, heroine)

★**protect** (พระเทคท์') *vt.* **-tected, -tecting** ปกป้อง, ป้องกัน, ให้การอารักขา, ช่วยเหลือ

A B C D E F G H I J K L M N O P Q R S T U V W X Y Z

(อุตสาหกรรมภายในประเทศ) ด้วยการเก็บภาษีหรือจำกัดจำนวนสินค้าขาเข้า (-S. defend)

★**protection** (พระเทค' ชัน) *n.* การปกป้องคุ้มครอง, การป้องกัน, การได้รับการปกป้อง, คุ้น สิ่งของหรือสัตว์ที่ช่วยปกป้องคุ้มครอง, สิ่งป้องกัน, ระบบภาษีศุลกากรหรือมาตรการอื่นๆ ที่ใช้คุ้มครองผู้ผลิตภายในประเทศ, (คำสแลง) เงินค่าคุ้มครอง **-protector, protecter** *n.* (**-S.** security, shelter **-A.** attack)

★**protective** (พระเทค' ทิฟว์) *adj.* เป็นการปกป้องคุ้มครอง **-protectively** *adv.* (**-S.** defensive)

protégé (โพร' ทะเฌ, โพรทะเฌ') *n.* ผู้ที่อยู่ในความอุปถัมภ์ของผู้มีอิทธิพล

protein (โพร' ทีน) *n.* โปรตีน

★**protest** (*v.* พระเทซท์', โพร-, โพร' เทซท์, *n.* โพร' เทซท์) *vt., vi.* **-tested, -testing** คัดค้าน, ประท้วง, ยืนยัน, ป่าวประกาศ *-n.* คำร้องแสดงการคัดค้าน, การคัดค้าน (**-S.** (v.) disagree)

★**Protestant** (พรอท' ทิสเตินท์) *n.* ศาสนาคริสต์นิกายโปรเตสแตนต์, ผู้นับถือนิกายดังกล่าว

protocol (โพร' ทะคอล, -โคล) *n.* พิธีการทูต, ร่างของสนธิสัญญาชั้นต้น, การวางแผนสำหรับการบำบัดรักษาของแพทย์หรือการทดลองทางวิทยาศาสตร์, วิธีปฏิบัติที่เป็นมาตรฐานในการจัดการส่งผ่านข้อมูลระหว่างเครื่องคอมพิวเตอร์ *-vi.* **-coled, -coling/-colled, -colling** ทำสนธิสัญญาดังกล่าว (**-S.** (n.) etiquette, treaty)

proton (โพร' ทอน) *n.* โปรตอน

protoplasm (โพร' ทะแพลซเซิม) *n.* สสารที่เป็นส่วนประกอบในเซลล์ของสิ่งมีชีวิต

prototype (โพร' ทะไทพ์) *n.* ต้นแบบ, คนหรือสิ่งที่เป็นต้นแบบ (**-S.** model)

protract (โพรแทรคท์', พระ-) *vt.* **-tracted, -tracting** ยืดเยื้อ, ลากเส้นให้ได้ขนาดและสัดส่วนด้วยการใช้ไม้บรรทัดหรือไม้วัดมุมที่เป็นรูปครึ่งวงกลม, ยืด (แขน ขา), กาง (นิ้วมือ) **-protracted** *adj.* (**-S.** extend **-A.** shorten)

protractor (โพรแทรค' เทอร์, พระ-) *n.* ไม้โปรแทรกเตอร์ซึ่งใช้วัดและทำมุม, กล้ามเนื้อที่ทำหน้าที่ยืดแขนขา

protrude (โพรทรูด') *vt., vi.* **-truded, -truding** (ตา) โปนหรือถลน, (ฟัน) ยื่น **-protrusive** *adj.*

protuberance (โพรทู' เบอเรินซ์, -ทยู'-, พระ-) *n.* ตุ่ม, ปุ่ม, อาการบวมพอง **-protuberant** *adj.* **-protuberantly** *adv.* (**-S.** bulge)

★**proud** (เพราด์) *adj.* **prouder, proudest** น่าปลื้มใจ, น่าภูมิใจ, สง่างาม, หยิ่งยโส, มีทิฐิ, จองหอง **-proudly** *adv.* (**-S.** egotistical)

prov. ย่อจาก province จังหวัด

★**prove** (พรูฟว์) *v.* **proved/proven, proving** *-vt.* ทดลอง, ทดสอบ, พิสูจน์, ตรวจสอบ, พิมพ์ตัวอย่างงานพิมพ์ออกมาดู, เรียนรู้ด้วยการลงมือทำ *-vi.* เผยหรือพิสูจน์ออกมาว่า (**-S.** test)

proverb (พรอฟ' เวิร์บ) *n.* คติพจน์, สุภาษิต, คำขวัญ, คำคม, คติสอนใจ (**-S.** maxim)

proverbial (พระเวอร์' เบียล) *adj.* เป็นคติสอนใจ, ขึ้นชื่อลือชา, เป็นที่รู้จัก (**-S.** well-known)

★**provide** (พระไวด์') *vt., vi.* **-vided, -viding** จัดหา, จัดเตรียม, จัดให้มี, ตั้งข้อกำหนด **-provider** *n.* (**-S.** equip, prepare **-A.** deprive)

★**provided** (พระไว' ดิด) *conj.* ถ้าหาก, ถ้า

providence (พรอฟ' วิเดินซ์, -เดนซ์) *n.* การมองการณ์ไกล, การเตรียมระวังภัยล่วงหน้า, การดูแลคุ้มครองปกปักรักษาจากพระเจ้า **-Providence** พระเจ้า (**-S.** caution, fate)

provident (พรอฟ' วิเดินท์, -เดนท์) *adj.* เป็นการจัดเตรียมเพื่ออนาคต, อดออม, ประหยัด, มองการณ์ไกล **-providently** *adv.* (**-S.** careful)

provident fund กองทุนสำรองเลี้ยงชีพ

providing (พระไว' ดิง) *conj.* ดู provided

★**province** (พรอฟ' วินซ์) *n.* จังหวัด, รัฐ, มณฑล, แคว้น, ขอบเขตความคิด ความรู้หรือความรับผิดชอบ **-provinces** ต่างจังหวัด

provincial (พระวิน' เชิล) *adj.* เกี่ยวกับมณฑล จังหวัด รัฐ แคว้น, มีลักษณะของคนต่างจังหวัด, เชย, ไม่ทันสมัย, หยาบ, ใจแคบ, โลกทัศน์แคบ *-n.* ชาวต่างจังหวัด, คนที่มีลักษณะดังกล่าว

★**provision** (พระวิฌ' ฌัน) *n.* การจัดเตรียมหรือจัดหาไว้ให้, สิ่งที่จัดเตรียมไว้, มาตรการเตรียมการณ์, ข้อกำหนดกฎเกณฑ์ *-v.* **-sioned, -sioning** จัดหาเสบียง **-provisions** เสบียงอาหาร **-provisioner** *n.* (**-S.** (n.) preparation)

provisional (พระวิฌ' ฌะเนิล) *adj.* ชั่วคราว

proviso (พระไว' โซ) *n., pl.* **-sos/-soes** กฎเกณฑ์, เงื่อนไข (**-S.** requirement)

provoke (พระโวค') *vt.* **-voked, -voking** ยั่วให้โกรธ, กระตุ้น, ยั่วยุ, ปลุก, ก่อให้เกิด **-provocation** *n.* **-provocative** *adj.* (**-S.** stimulate)

prow (เพรา) *n.* หัวเรือ, ปลายสกีด้านหน้า

prowess (เพรา' อิซ) *n.* ความชำนาญเป็นเลิศ, ความกล้าหาญ (**-S.** genius **-A.** inability)

prowl (เพราล์) *vt., vi.* **prowled, prowling** เที่ยวเดินแอบซุ่มหาเหยื่อ *-n.* การกระทำดังกล่าว **-prowler** *n.* (**-S.** (v.) roam, rove)

proximity (พรอคซิม' มิที) *n.* ความใกล้ชิด
proximo (พรอค' ซะโม) *adv.* เดือนหน้า
proxy (พรอค' ซี) *n., pl.* **-ies** ตัวแทน, นายหน้า, การได้รับมอบฉันทะให้เป็นตัวแทนคนอื่น, เอกสารการมอบฉันทะ
prude (พรูด) *n.* คนเจ้าระเบียบ, คนไว้ตัว
prudent (พรูด' เดินท์) *adj.* รอบคอบ, ระมัดระวัง, มีวิจารณญาณ **-prudently** *adv.*
prudish (พรู' ดิช) *adj.* เจ้าระเบียบ, หยิ่ง
prune[1] (พรูน) *n.* ลูกพลัมแห้ง, (คำสแลง) คนขี้โมโห คนไร้ความสามารถ คนโง่
prune[2] (พรูน) *vt., vi.* **pruned, pruning** ลด (งบประมาณ), ตัดหรือเล็มกิ่งไม้ (**-S.** reduce)
pry (ไพร) *vi.* **pried** (ไพรด), **prying** สอดรู้สอดเห็น *-vt.* งัดด้วยชะแลง, ได้มาด้วยความยากลำบาก *-n., pl.* **pries** (ไพรซ) การสอดรู้สอดเห็น, คนที่ชอบสอดรู้สอดเห็น, ชะแลง
PS, P.S., p.s. ย่อจาก postscript ปัจฉิมลิขิต หรือ ป.ล.
psalm (ซาม) *n.* เพลงสวดสรรเสริญพระเจ้า
pseudo-, pseud- คำอุปสรรค หมายถึง ปลอม, เก๊, กำมะลอ, เลียนแบบ, คล้าย, เหมือน
pseudonym (ซูด' เดินนิม) *n.* นามแฝง
psyche (ไซ' คี) *n.* จิต, วิญญาณ (**-S.** soul)
psychedelic (ไซคิเดล' ลิค) *adj.* ซึ่งทำให้มีอาการประสาทหลอนหรือเพ้อคลั่ง, เป็นศิลปะที่มีรูปแบบและสีสันน่าเวียนศีรษะ *-n.* ยาเสพติดซึ่งทำให้เกิดอาการดังกล่าว
psychiatry (ซิไค' อะทรี, ไซ-) *n.* จิตเวชศาสตร์ **-psychiatrist** *n.*
psychic (ไซ' คิค) *n.* คนทรงเจ้า, ร่างทรง *-adj.* เกี่ยวกับจิตวิญญาณ, เกี่ยวกับกระแสจิต **-psychics** การศึกษาในเรื่องการทรงเจ้าเข้าผี **-psychical** *adj.* (**-S.** (adj.) extrasensory)
psycho (ไซ' โค) *n., pl.* **-chos** (คำสแลง) คนโรคจิตต่อต้านสังคมและมีพฤติกรรมก้าวร้าว *-adj.* (คำสแลง) บ้า บ้าคลั่ง เสียสติ
psycho- คำอุปสรรค หมายถึง จิต, จิตใจ, กระบวนการทางความคิด, จิตวิทยา
psychoanalysis (ไซโคอะแนล' ลิซิซ) *n., pl.* **-ses** (-ซีซ) จิตวิเคราะห์
psychologic, psychological (ไซคะลอจ' จิค, -ลอจ' จิเคิล) *adj.* เกี่ยวกับจิตวิทยา, มีผลต่อจิตใจ, เป็นเรื่องของความคิดจิตใจ, ทางจิตวิทยา (**-S.** mental **-A.** physical)
psychologist (ไซคอล' ละจิซท์) *n.* นักจิตวิทยา
psychology (ไซคอล' ละจี) *n., pl.* **-gies** จิตวิทยา, ทัศนคติหรือวิธีคิดของคนหรือกลุ่มคน
psychosis (ไซโค' ซิซ) *n., pl.* **-ses** (-ซีซ) ความผิดปกติทางจิตขั้นรุนแรง
pt. ย่อจาก part ส่วน, payment การจ่ายเงิน จำนวนเงินที่จ่าย ค่าจ้าง, pint ไพนต์หน่วยวัดตวงของเหลว, point จุด, port ท่าเรือ ประตูด้านซ้าย ถือ (ของ), preterit กริยารูปอดีตกาล
Pte. ย่อจาก private พลทหาร
PTO, p.t.o. ย่อจาก please turn over โปรดพลิกหน้าต่อไป (ยังมีต่อ)
Ptolemy (ทอล' ละมี) นักดาราศาสตร์และนักภูมิศาสตร์แห่งอียิปต์โบราณ ผู้ตั้งทฤษฎีตามความเชื่อที่ว่าดาวในท้องฟ้าล้วนหมุนรอบโลก
ptomaine (โท' เมน, โทเมน') *n.* สารประกอบอินทรีย์ที่มีพิษร้ายแรง เกิดจากการบูดเน่าของโปรตีนที่มาจากเนื้อสัตว์ต่างๆ
ptomaine poisoning อาการอาหารเป็นพิษ ซึ่งเป็นการเข้าใจผิดว่าเป็นผลมาจาก ptomaine
★**pub** (พับ) *n.* ย่อจาก public house สถานที่พบปะสังสรรค์ซึ่งขายเครื่องดื่มมีแอลกอฮอล์
puberty (พยู' เบอร์ที) *n.* การแตกเนื้อหนุ่มเนื้อสาวของเด็กวัยรุ่น **-pubertal, puberal** *adj.*
★**public** (พับ' ลิค) *adj.* สาธารณะ, เกี่ยวกับหรือมีผลต่อสาธารณชน, เพื่อสาธารณชน, เป็นของสาธารณชน, เป็นของหลวงเพื่อสาธารณประโยชน์, เป็นที่รู้จักทั่วไป, เป็นที่เปิดเผยแก่สาธารณชน *-n.* สาธารณชน, ประชาชน, กลุ่มผู้ชื่นชอบดาราหรือคนเด่นดัง, กลุ่มคนที่มีความสนใจในเรื่องหนึ่งเรื่องใดร่วมกัน **-publicly** *adv.* (**-S.** (adj.) general (n.) people **-A.** (adj.) private)
★**publication** (พับลิเค' ชัน) *n.* กระบวนการพิมพ์สิ่งพิมพ์, สิ่งพิมพ์ที่นำออกจำหน่าย, การประกาศให้สาธารณชนรับรู้ (**-S.** handbill)
public company บริษัทมหาชน
public corporation/enterprise รัฐวิสาหกิจ
public domain สาธารณสมบัติ
public figure คนที่มีชื่อเสียง
public health การสาธารณสุข
public house สถานที่ที่มีใบอนุญาตในการจำหน่ายสุรา
publicity (พับลิซ' ซิที) *n.* โฆษณา, ความสนใจของประชาชนต่อโฆษณาที่ออกไป, อาชีพการเป็นนักโฆษณา, การโฆษณา (**-S.** promotion)
publicize (พับ' ลิไซซ) *vt.* **-cized, -cizing** โฆษณา, เผยแพร่ข่าวสาร
public library ห้องสมุดสาธารณะ
public limited company (PLC) บริษัท

มหาชนจำกัด

public opinion ประชามติ

public prosecutor อัยการของรัฐ

public relations การประชาสัมพันธ์, การโฆษณา ย่อว่า PR

public school โรงเรียนในท้องถิ่นของรัฐระดับประถมศึกษาหรือมัธยมศึกษาในสหรัฐอเมริกาที่ให้การศึกษาฟรีแก่เด็กในชุมชน, โรงเรียนประจำของเอกชนระดับมัธยมศึกษาในอังกฤษ

public-spirited (พับลิค สปิ' ริทิด) *adj.* มีจิตสาธารณกุศล **-public-spiritedness** *n.*

public transport การขนส่งมวลชนของรัฐ

public utilities หุ้นของรัฐวิสาหกิจ

public utility รัฐวิสาหกิจซึ่งจัดการด้านสาธารณูปโภค เช่น การไฟฟ้า การประปา

public works โครงการก่อสร้างของรัฐเพื่อสาธารณประโยชน์ เช่น สร้างถนน

★**publish** (พับ' ลิช) *v.* **-lished, -lishing** *-vt.* จัดพิมพ์และนำออกวางจำหน่าย, ประกาศ, นำเสนอต่อสาธารณชน, ตีพิมพ์ *-vi.* โฆษณา, ประกาศ, เป็นผู้เขียนหรือผู้ประพันธ์งานที่ได้รับการตีพิมพ์ (**-S.** distribute, publicize **-A.** hide)

publisher (พับ' ลิเชอร์) *n.* สำนักพิมพ์

publishing (พับ' ลิชิง) *n.* ธุรกิจด้านสิ่งพิมพ์

puck (พัค) *n.* แผ่นยางกลมแข็งใช้เล่นในกีฬาฮอกกี้น้ำแข็ง **-Puck** ผีขี้เล่นในนิทานอังกฤษ

pucker (พัค' เคอร์) *v.* **-ered, -ering** *-vt.* ขมวด (คิ้ว), ทำ (หน้าผาก) ย่น *-vi.* ย่น (หน้าผาก), จับจีบ (ผ้า) *-n.* จีบของผ้า, รอยพับ, รอยย่น

★**pudding** (พุด' ดิง) *n.* ขนมหวานทำจากแป้ง

puddle (พัด' เดิล) *n.* แอ่งน้ำ, หล่ม, บ่อโคลนเลน, ดินเหลวที่ทำจากดินเหนียวและทรายผสมน้ำ เมื่อแห้งแล้วใช้เป็นที่อุดกันน้ำ *-v.* **-dled, -dling** *-vt.* ทำให้เป็นโคลน, ทำ (ดินเหนียวและทราย) ให้เป็นดินเหลวใช้กันน้ำ, เตรียม (เหล็กชนิดไม่บริสุทธิ์ที่ได้จากการถลุง)ให้เป็นเหล็กกล้าหรือเหล็กชนิดบริสุทธิ์ *-vi.* ลุยโคลน

pudgy (พัจ' จี) *adj.* **-ier, -iest** อ้วนและเตี้ย

puerile (พยู' เออเริล, พยุ' เริล, -ไรล์) *adj.* ไร้สาระแบบเด็กๆ (**-S.** childish **-A.** mature)

puff (พัฟ) *n.* ลมหายใจที่พ่นออกมา, ลมที่พัดมาวูบหนึ่ง, ควันหรือไอที่พ่นออกมาวูบหนึ่ง, เสียงซ่าๆ เมื่อออกเสียง s หรือ sh, การสูบเข้าและพ่นออก เช่น สูบบุหรี่, ขนมแป้งอบฟู, แผ่นฟองน้ำผัดหน้า, ตุ่มพองบวม, ผ้าคลุมเตียงที่บางเบา, การยกยอปอปั้น, ส่วนของผ้าที่ยื่นออกมากองรวมกัน *-vt., vi.* **puffed, puffing** พ่นควัน, เป่าลม, หอบหายใจฮักๆ, สูบและพ่นควัน, (ตัว) พองฟูด้วยความภูมิใจ, โป่งพอง, อวดดี, ทะนง, โฆษณาสรรพคุณเกินควร **-puffy** *adj.* (**-S.** (n.) breath (v.) breathe)

puffer (พัฟ' เฟอร์) *n.* ปลาปักเป้า

pug (พัก) *n.* หมาจู, จมูกที่มีลักษณะหักเหมือนหมาจู, รอยเท้าหรือร่องรอยของสัตว์ (**-S.** footprint)

pugnacious (พักเน' เชิช) *adj.* ซึ่งชอบทะเลาะวิวาท, ซึ่งชอบต่อสู้ (**-S.** quarrelsome)

★**pull** (พุล) *vt., vi.* **pulled, pulling** ดึง, ลาก, กระชาก, ทึ้ง, สาว (เชือก), ฉุด, ชัก, ฉีก, ถอน (ฟัน), ใช้ (กล้ามเนื้อ) จนตึง, (ภาษาพูด) ดึงดูดหรือเรียกร้องความสนใจ, (คำสแลง) ชัก (อาวุธ) ขึ้นมาเตรียมพร้อม, ตีกรรเชียง (เรือ), ดึงบังเหียนม้าไว้ไม่ให้วิ่งเข้าเส้นชัย, ทำ (รอยพิมพ์) จากแบบ, ดื่มหรือดูดอย่างแรง, (ภาษาพูด) แสดงความรู้สึกเห็นอกเห็นใจอย่างมาก *-n.* แรงที่ใช้ในการกระทำดังกล่าว, การกระทำดังกล่าว, ความมานะพยายาม, สิ่งที่ใช้สำหรับจับแล้วดึง เช่น ที่จับประตู, การสูบบุหรี่หรือดื่มเครื่องดื่มอย่างแรง, (คำสแลง) ช่องทางในการหาประโยชน์เป็นพิเศษ, (ภาษาพูด) ความสามารถในการเรียกร้องหรือดึงดูดความสนใจ (**-S.** (v., n.) drag (n.) effort **-A.** (v., n.) push)

pullet (พุล' ลิท) *n.* ไก่บ้านตัวเมีย

pulley (พุล' ลี) *n., pl.* **-leys** รอก

pullover (พุล' โอเวอร์) *n.* เสื้อกันหนาวทำด้วยขนสัตว์ที่สวมทางศีรษะ

pulmonary (พุล' มะเนรี, พัล'-) *adj.* ซึ่งมีปอด, มีผลกับปอด, ซึ่งมีอวัยวะคล้ายปอด

pulp (พัลพ์) *n.* เนื้อในเละๆ ของผลไม้, เยื่อจากวัสดุต่างๆ ที่นำมาใช้ทำกระดาษ, สิ่งที่ถูกบดจนเละ, เนื้อเยื่อของต้นไม้, เนื้อเยื่อที่เป็นโครงสร้างภายในของฟันซึ่งมีเส้นประสาทอยู่ภายใน, สิ่งพิมพ์ด้อยคุณภาพที่มีแต่เรื่องตื่นเต้นไร้สาระ *-vt., vi.* **pulped, pulping** บดให้เละ, เอาเนื้อออกจาก (ผล) **-pulpy** *adj.* (**-S.** (n., v.) mash)

pulpit (พุล' พิท, พัล'-) *n.* ที่ยืนซึ่งยกพื้นขึ้นสูงสำหรับพระเทศน์ในโบสถ์, พวกบาทหลวง

pulsate (พัล' เซท) *vi.* **-sated, -sating** (ชีพจร) เต้นอย่างเป็นจังหวะ, สั่น (**-S.** beat, vibrate)

pulse[1] (พัลซ์) *n.* ชีพจร, การเต้นอย่างเป็นจังหวะของชีพจร เช่น ที่ข้อมือและคอ, จังหวะการเต้นหนึ่งครั้ง, จังหวะ *-vi.* **pulsed, pulsing** เต้น, สั่น, เต้นเป็นจังหวะ (**-S.** (n., v.) beat)

pulse[2] (พัลซ์) *n.* พืชหรือเมล็ดของพืชจำพวกฝัก

pulverize (พัล' วะไรซ์) *vt., vi.* **-ized, -izing**

บด ตำ โขลก ป่นให้เป็นผง, ทำลายล้าง **-pulverization** *n.*
pumice (พัม' มิซ) *n.* หินภูเขาไฟ เป็นรูพรุน เบา ใช้ขัดสิ่งของให้เรียบ
pummel (พัม' เมิล) *vt.* **-meled, -meling/-melled, -melling** รัวกำปั้น
★**pump**[1] (พัมพฺ) *n.* เครื่องสูบน้ำ *-vt., vi.* **pumped, pumping** สูบน้ำด้วยเครื่องสูบน้ำ, สูบฉีด, เค้นเอาความจริง, เคลื่อนขึ้นลงเหมือนคันโยกสูบน้ำ **-pumper** *n.* (**-S.** (v.) inject, quiz)
pump[2] (พัมพฺ) *n.* รองเท้าส้นสูงไร้สายของผู้หญิง
pumpkin (พัมพฺ' คิน, พัม'-, พัง'-) *n.* ฟักทอง
pun (พัน) *n.* การเล่นคำหรือสำนวน *-vi.* **punned, punning** เล่นคำแบบดังกล่าว (**-S.** (n.) witticism)
punch[1] (พันชฺ) *n.* เครื่องเจาะรู, เครื่องประทับตรา *-vi., vt.* **punched, punching** ใช้เครื่องดังกล่าว
★**punch**[2] (พันชฺ) *vt.* **punched, punching** ต่อย, แทง แหย่หรือกระตุ้นด้วยไม้, ต้อน (ปศุสัตว์), กด (ปุ่ม) ให้เครื่องทำงาน *-n.* การต่อย, พลัง, พลังขับดัน **-punch in** ตอกบัตรลงเวลาเข้าทำงาน **-punch out** ตอกบัตรลงเวลาเลิกงาน, (คำสแลง) ดีดตัวออกจากเครื่องบินรบ **-punchless** *adj.* (**-S.** (v., n.) hit)
punch[3] (พันชฺ) *n.* เครื่องดื่มน้ำผลไม้ที่ผสมแอลกอฮอล์
punch bowl ชามใส่พันช์
punching bag กระสอบทรายสำหรับให้นักมวยซ้อมชกมวย
punch line ประโยคเด็ดที่กล่าวตอนท้ายเรื่องเพื่อทำให้ขำขันหรืออัศจรรย์ใจ
punctilious (พังคฺทิล' เลียซ) *adj.* เจ้าระเบียบ, เจ้ายศเจ้าอย่าง (**-S.** fussy **-A.** inexact)
punctual (พังคฺ' ชวล) *adj.* ตรงเวลา, ตามกำหนด, เที่ยงตรง, แน่นอน (**-S.** prompt)
punctuate (พังคฺ' ชูเอท) *vt., vi.* **-ated, -ating** ใส่เครื่องหมายวรรคตอน, เน้นย้ำ, เว้นวรรคตอน (**-S.** emphasize, interrupt, mark **-A.** continue)
punctuation (พังคฺชูเอ' ชัน) *n.* การใช้เครื่องหมายวรรคตอน, เครื่องหมายวรรคตอนต่างๆ เช่น จุลภาค (comma), การเว้นเป็นช่วงๆ
punctuation mark เครื่องหมายวรรคตอน
puncture (พังคฺ' เชอรฺ) *vt., vi.* **-tured, -turing** แทง ทิ่ม จิ้มหรือเจาะด้วยวัตถุแหลม, ทำให้รั่ว, ทำให้แฟบ, ทำลาย, ลดค่า *-n.* การแทง ทิ่ม จิ้มหรือเจาะ, รูที่เกิดจากการกระทำดังกล่าว (**-S.** (v.) deflate, pierce (v., n.) hole)
pundit (พัน' ดิท) *n.* ผู้มีความรู้, บัณฑิต
pungent (พัน' เจินทฺ) *adj.* เผ็ดร้อน, ฉุน, เฉียบแหลม **-pungency** *n.* **-pungently** *adv.* (**-S.** hot, keen, pointed, sharp **-A.** mild)
★**punish** (พัน' นิช) *vt., vi.* **-ished, -ishing** ลงโทษ, ทำทารุณกรรม, ใช้อย่างไม่บันยะบันยัง **-punishment** *n.* (**-S.** penalize **-A.** forgive)
punitive (พยู' นิทิฟวฺ) *adj.* ทารุณ, ร้ายกาจ
punk (พังคฺ) *n.* (คำสแลง) หนุ่มสาวที่ต่อต้านสังคม เด็กหนุ่มที่เป็นคู่ขาของชายแก่, โสเภณี, เด็กหนุ่มอ่อนหัด, ดนตรีร็อกแบบหนึ่งที่เล่นอย่างรุนแรงและดังสนั่นในช่วงทศวรรษที่ 1970 และ 1980 เป็นดนตรีของพวกต่อต้านสังคม, ผู้ที่แต่งตัวและตัดผมแบบที่ตั้งใจจะให้แปลกประหลาดและเป็นพวกที่ชอบเพลงร็อกดังกล่าว, เศษวัสดุต่างๆ ที่ใช้เป็นเชื้อเพลิง, กำยานจีน *-adj.* (คำสแลง) เป็นการแต่งตัวแบบแปลกประหลาดของพวกคนดังกล่าว ไร้ค่า ด้อยคุณภาพ อ่อนแอ **-punker** *n.*
punk rock/rocker ดู punk
puny (พยู' นี) *adj.* **-nier, -niest** อ่อนแอ, เล็กน้อย, ด้อย, ป่วยไข้ **-punily** *adv.* (**-S.** tiny)
★**pup** (พัพ) *n.* ย่อจาก puppy ลูกของสัตว์ประเภทสุนัข แมวน้ำ หนูและนาก, คนหนุ่มสาวที่อวดดี *-vi.* **pupped, pupping** (สุนัข) ออกลูก
pupa (พยู' พะ) *n., pl.* **-pae** (-พี)/**-pas** ระยะที่เป็นดักแด้ของแมลง **-pupal** *adj.*
★**pupil**[1] (พยู' เพิล) *n.* เด็กนักเรียน, ผู้เยาว์
pupil[2] (พยู' เพิล) *n.* รูม่านตา **-pupilar** *adj.*
puppet (พัพ' พิท) *n.* หุ่นกระบอก, หุ่นผ้าที่ใช้มือสวม, ตุ๊กตา, ผู้ที่เป็นหุ่นเชิดให้ผู้มีอำนาจ
★**puppy** (พัพ' พี) *n., pl.* **-pies** ดู pup **-puppyish** *adj.*
puppy love ความรักในวัยรุ่น
★**purchase** (เพอรฺ' ชิซ) *vt.* **-chased, -chasing** ซื้อ, หามาได้, ฉุดด้วยกว้าน, ขันกว้าน, ชักรอก, งัดหรือง้างด้วยชะแลง *-n.* การซื้อ, สิ่งที่ซื้อมา, สิ่งที่ได้มาด้วยการซื้อหรือการแลกเปลี่ยน, เครื่องมือที่ช่วยทุ่นแรง เช่น รอก กว้าน ชะแลง, สิ่งที่ช่วยเพิ่มอำนาจหรือพลัง (**-S.** (v., n.) buy, gain **-A.** (v., n.) sell)
★**pure** (พยุรฺ) *adj.* **purer, purest** บริสุทธิ์, แท้, ไม่เจือปนสิ่งใด, เกลี้ยงเกลา, หมดจดสดใส, (อย่างเดียว) ล้วนๆ **-pure and simple** ล้วนๆ หรือเท่านั้น **-pureness** *n.* (**-S.** clean, clear)
purée (พยุเร', พยุ' เร) *vt.* **-réed, -réeing** เคี่ยว (อาหาร) ให้เปื่อยแล้วใช้กระชอนกรอง *-n.* ซุปข้นที่ทำด้วยวิธีดังกล่าว

purely (เพยุร' ลี) *adv.* (ด้วยเหตุนี้) เท่านั้นหรือล้วนๆ **-purely and simply** ล้วนๆ, แต่เพียงอย่างเดียว (**-S.** only)

purgative (เพอร' กะทิฟว) *adj.* ซึ่งทำให้ถ่ายท้อง *-n.* ยาถ่าย

purgatory (เพอร' กะทอรี, -โทรี) *n., pl.* **-ries** สถานที่ซึ่งคนตายจะต้องไปชดใช้กรรมชำระล้างบาปที่ได้กระทำไว้ให้บริสุทธิ์ก่อนจึงจะได้ไปสวรรค์ (ตามความเชื่อของศาสนาคริสต์นิกายโรมันคาทอลิก), สถานที่หรือช่วงเวลาแห่งความทุกข์ทรมาน *-adj.* เป็นการชำระล้าง

purge (เพิร์จ) *vt., vi.* **purged, purging** ทำให้บริสุทธิ์, ชำระล้าง, ฟอก, ทำให้พ้นมลทิน, ขับไล่, ถ่ายท้อง *-n.* การทำให้บริสุทธิ์, การชำระมลทิน, ยาถ่าย, การขับไล่ **-purgation** *n.* (**-S.** (v.) cleanse, purify **-A.** (v.) pollute)

purify (พยุ' ระไฟ) *vt., vi.* **-fied, -fying** ทำให้บริสุทธิ์, ฟอก, ชำระล้าง, พ้นมลทิน **-purification** *n.* (**-S.** clean, refine **-A.** contaminate)

purist (พยุ' ริซท) *n.* คนเจ้าระเบียบ โดยเฉพาะในการใช้ภาษา **-puristic** *adj.* (**-S.** formalist)

puritan (พยุ' ริเทิน) *n.* ผู้ที่เคร่งครัดในศาสนาและเห็นว่าความสนุกสนานเพลิดเพลินเป็นบาป *-adj.* มีลักษณะดังกล่าว **-Puritan** สมาชิกนิกายโปรเตสแตนต์ในอังกฤษที่ไม่เห็นด้วยกับคริสต์ศาสนาทางราชการของอังกฤษ **-puritanism** *n.* (**-S.** (n.) moralist (adj.) strict **-A.** (adj.) flexible)

purity (พยุ' ริที) *n.* ความบริสุทธิ์, ความไร้เดียงสา (**-S.** innocence **-A.** corruption)

purl (เพิร์ล) *vi.* **purled, purling** (น้ำ) ไหลหรือกระเพื่อม *-n.* เสียงน้ำไหลหรือกระเพื่อม

purloin (เพอร์ลอยน', เพอร' ลอยน) *vt., vi.* **-loined, -loining** ลักขโมย (**-S.** steal)

★**purple** (เพอร' เพิล) *n.* สีม่วง, ชุดเสื้อคลุมสีม่วงอันเป็นสัญลักษณ์แห่งความสูงศักดิ์, ความสูงศักดิ์, อำนาจแห่งจักรพรรดิ *-adj.* เป็นสีม่วง, สง่าผ่าเผย, อย่างเจ้า, ประณีต, หรูหรา *-vt., vi.* **-pled, -pling** ทำให้เป็นสีม่วง **-born in the purple** ประสูติในราชวงศ์, เป็นชนชั้นที่มีอภิสิทธิ์สูงสุด (**-S.** (n., adj.) violet (adj.) royal)

purple heart (ภาษาพูด) ยากระตุ้น

purplish (เพอร' พลิช) *adj.* ค่อนข้างม่วง

purport (*v.* เพอร์พอร์ท', -โพร์ท', *n.* เพอร' พอร์ท, -โพร์ท) *vt.* **-ported, -porting** อ้าง, แสร้งทำ, มุ่งหมาย, มีความตั้งใจที่จะทำ *-n.* ความนัย, ความตั้งใจ, จุดประสงค์ **-purported** *adj.* (**-S.** (v.) imply, intend (n.) suggestion)

★**purpose** (เพอร' เพิซ) *n.* จุดมุ่งหมาย, จุดประสงค์, เจตนา, ความตั้งใจ, ผลประโยชน์ *-vt.* **-posed, -posing** ตั้งใจ, มีความประสงค์ **-on purpose** อย่างไตร่ตรองมาก่อน, อย่างตั้งใจ **-to the purpose** ตรงกับจุดประสงค์, เป็นประโยชน์ (**-S.** (n., v.) aim (n.) intention)

purposeful (เพอร' เพิซเฟิล) *adj.* อย่างมีจุดมุ่งหมาย, อย่างตั้งใจเด็ดเดี่ยว, แน่วแน่ **-purposefully** *adv.* **-purposefulness** *n.*

purposely (เพอร' เพิซลี) *adv.* อย่างตั้งใจเป็นพิเศษ, อย่างมีจุดมุ่งหมายหรือจุดประสงค์เป็นพิเศษ (**-S.** intentionally **-A.** aimlessly)

purr (เพอร) *n.* เสียงรัวในลำคอที่แมวชอบทำเวลาสบายใจ, เสียงรัวคล้ายเสียงดังกล่าวที่ไม่ใช่เกิดจากแมว *-vi., vt.* **purred, purring** (แมวหรือคน) ทำเสียงดังกล่าวแสดงความสบายใจ, (เครื่องจักร) มีเสียงดังกล่าว

★**purse** (เพิร์ซ) *n.* กระเป๋าถือของผู้หญิง, กระเป๋าใส่เศษสตางค์, สิ่งที่คล้ายกระเป๋า, เงินที่มีอยู่, เงินที่เก็บรวบรวมเพื่อให้เป็นรางวัลในการแข่งขัน *-vt.* **pursed, pursing** จับจีบ (ผ้า), ขมวด (คิ้ว), ย่น (หน้าผาก), ห่อ (ปาก) **-hold the purse-strings** ควบคุมการใช้จ่าย **-the public purse** ทรัพย์สมบัติของชาติ (**-S.** (n.) pouch (v.) pucker)

purser (เพอร' เซอร) *n.* เจ้าหน้าที่ระดับหัวหน้าบนเรือหรือบนเครื่องบินพาณิชย์ที่ดูแลด้านการเงินและความสะดวกสบายของผู้โดยสาร

pursuance (เพอร์ซู' เอินซ) *n.* การติดตามการดำเนินการให้บรรลุผลสำเร็จ (**-S.** completion)

★**pursue** (เพอร์ซู') *vt., vi.* **-sued, -suing** ไล่ตาม, ไล่ล่า, ติดตาม, ต่อสู้และแข่งขันฝ่าฟัน, เจริญรอยตาม, รุดหน้าไป, ตามรบกวน, ตามติดพัน, ยุ่งอยู่กับ **-pursuer** *n.* (**-S.** proceed)

pursuit (เพอร์ซูท') *n.* การไล่ตาม, การติดตาม, การเจริญรอยตาม, การต่อสู้แข่งขันฝ่าฟัน, กิจกรรมที่ต้องทำเป็นประจำ (**-S.** hunt, occupation)

pursuit plane เครื่องบินขับไล่

purvey (เพอร์เว', เพอร' เว) *vt.* **-veyed, -veying** จัดหาให้, เตรียมพร้อมให้, หาเครื่องตกแต่งสำหรับ (บ้าน), เป็นผู้จัดหาให้, โฆษณาหรือเผยแพร่ไปทั่ว (**-S.** provide, publicize)

pus (พัซ) *n.* หนอง ซึ่งเกิดจากแผลที่ติดเชื้อ

★**push** (พุช) *vt., vi.* **pushed, pushing** ดัน, ผลัก, ไส, ดุน, รุน, ยัน, ยัด, เสือก, ซุก, เข็น, กดดัน, แทง, ยืด, (คำสแลง) โฆษณาหรือขาย (สินค้า) ขาย (ยาเสพติด), ดึงดัน, ใช้ความพยายามอย่างมาก, รุกเร้า *-n.* การกระทำ

ดังกล่าว, การกระตุ้น, กำลังขับดัน, การสนับสนุน, (ภาษาพูด) ความใจป้ำ **-pushy** *adj.* (**-S.** (v., n.) drive (n.) effort **-A.** (v., n.) pull)

pushbike (พุช' ไบคฺ) *n.* (ภาษาพูด) รถจักรยาน

pusher (พุช' เชอรฺ) *n.* (คำสแลง) ผู้ขายยาเสพติด ผู้ที่ชอบเร่งรัดผู้อื่น

pushing (พุช' ชิง) *adj.* เต็มไปด้วยพลัง, กล้าได้กล้าเสีย, ใจป้ำ, ก้าวร้าว, มุทะลุ, อวดดี, กระตือรือร้น, (ภาษาพูด) เฉียดแล้ว

puss (พุซ) *n.* (ภาษาพูด) แมว สาวน้อย, (คำสแลง) ปาก หน้าคน

pussy[1] (พุซ' ซี) *n., pl.* **-ies** (ภาษาพูด) แมว (คำสแลง) อวัยวะเพศหญิง ใช้กล่าวถึงผู้หญิงเชิงดูถูก (**-S.** cat, vulva)

pussy[2] (พัซ' ซี) *adj.* **-sier, -siest** มีหนอง

★**put** (พุท) *v.* **put, putting** *-vt.* วาง, ตั้ง, ทำให้ (รู้สึกสบาย), ใส่, พูด, กล่าว, บรรจุ, เอ่ย, เก็บ (ภาษี), โยน (ความผิด), ยื่น, เสนอ, แทนที่, กะ, ประมาณ, แปล (เป็นภาษาอื่น), ใช้ให้เป็นประโยชน์, ทำให้ได้รับ (ความลำบาก), พนัน, กระตุ้น, ยุยงส่งเสริม, ดัดแปลง, ขว้าง *-vi.* เริ่มเคลื่อนไหวอย่างรีบร้อน, (เรือ) แล่นต่อไป *-n.* กีฬาทุ่มน้ำหนัก *-adj.* (ภาษาพูด) ไม่เคลื่อนไหว อยู่นิ่งๆ เฉย **-put out** ดับ (ไฟ) **-put up with** ทนโดยไม่บ่น, ยอมทน (**-S.** (v.) lay)

putative (พยู' ทะทิฟว) *adj.* (พี่ชาย) ที่ว่ากันว่า (เป็นพี่ชายของเขา) (**-S.** reputed, supposed)

putrefy (พยู' ทระไฟ) *vt., vi.* **-fied, -fying** ทำให้เน่าเหม็น, ทำให้เนื้อตาย, เป็นแผลเรื้อรัง

putrid (พยู' ทริด) *adj.* เน่าเหม็น, ผุพัง, อันเนื่องมาจากการเน่าเปื่อย, เสื่อมลง, เลวทราม, ถ่อย, ชั่วช้า, สถุล (**-S.** bad **-A.** good)

putt (พัท) *n.* การตีลูกกอล์ฟเบาๆ ให้ลูกกลิ้งลงหลุม *-vt., vi.* **putted, putting** ตีกอล์ฟ

puttee (พัทที', พัท' ที) *n.* ผ้าพันแข้ง, สนับแข้ง

putty (พัท' ที) *n., pl.* **-ties** ปูนซีเมนต์ที่ประกอบด้วยผงชอล์กผสมกับน้ำมันลินซีด ใช้ฉาบ เชื่อม เคลือบหรืออุดรูในงานช่างต่างๆ, สีเทาออกเหลือง *-vt.* **-tied, -tying** ฉาบ เชื่อม เคลือบหรืออุดรูด้วยปูนดังกล่าว (**-S.** (v.) coat)

★**puzzle** (พัซ' เซิล) *vt., vi.* **-zled, -zling** ทำให้งุนงง, แก้ปัญหา, งงงวย, สับสน, ใคร่ครวญ *-n.* เกมต่อรูปภาพ, ปัญหา, ปริศนา, คนหรือสิ่งที่น่าพิศวงงงงวย, ความพิศวงงงงวย (**-S.** (n., v.) riddle **-A.** (v.) enlighten (n.) certainty)

PVC (พีวีซี') *n.* ย่อจาก polyvinyl chloride พลาสติกชนิดหนึ่ง มีความทนทาน

Pygmy, Pigmy, pygmy, pigmy (พิก' มี) *n., pl.* **-mies** คนแคระในเทพนิยายกรีก, ชนตัวเตี้ยในแอฟริกา, สัตว์ที่มีขนาดเล็กผิดปกติ, คนหรือสิ่งใดๆ ที่ไม่ค่อยสำคัญ *-adj.* เกี่ยวกับชนตัวเตี้ยดังกล่าว, เล็ก, ไม่สำคัญ

★**pyjamas** (พะจา' เมิซ, -แจม'-) *n. pl.* ชุดนอนของผู้ชาย, ดู pajamas

pylon (ไพ' ลอน) *n.* เสาไฟฟ้าคอนกรีตเสริมเหล็ก, สิ่งก่อสร้างขนาดใหญ่ที่สร้างไว้บริเวณทางเข้าสถานที่

pyramid (พิ' ระมิด) *n.* รูปทรงพีระมิด เป็นรูปกรวยเหลี่ยม, พีระมิดอียิปต์โบราณที่สร้างด้วยหิน มีขนาดใหญ่มาก ใช้เป็นสุสานสำหรับกษัตริย์, โครงสร้างการบริหารงานในองค์กรที่มีรูปทรงแบบพีระมิดคือมีคนมากในด้านฐานและน้อยลงในระดับที่สูงขึ้นไป **-pyramidic** *adj.*

pyre (ไพรฺ) *n.* กองฟืนสำหรับเผาศพ, กองฟืน

python (ไพ' ธอน) *n.* งูเหลือม, งูหลาม

Q

Q, q (คยู) *n., pl.* **Q's, q's/Qs, qs** อักษรตัวที่ 17 ในภาษาอังกฤษ, อันดับสิบเจ็ด

QC, Q.C. ย่อจาก quality control ระบบการควบคุมคุณภาพของสินค้าที่ผลิต

Q.E.D. ย่อจากภาษาละติน quod erat demonstrandum (which was to be demonstrated) ซ.ต.พ. หรือซึ่งต้องพิสูจน์

q. ย่อจาก quart หน่วยตวง, quarter เสี้ยวหรือหนึ่งในสี่ส่วนที่เท่ากัน, quarterly (มีขึ้น) ทุก 3 เดือน, question คำถาม ปัญหา

qr. ย่อจาก quarter เสี้ยวหรือหนึ่งในสี่ส่วนที่เท่ากัน, quarterly (มีขึ้น) ทุก 3 เดือน

qt, qt. ย่อจาก quart(s) หน่วยในการตวง

quack[1] (แควค) *n.* เสียงเป็ดร้อง *-vi.* **quacked,**

quacking ร้องเสียงดังกล่าว **-quacky** *adj.*

quack² (แควค) *n.* หมอเถื่อน, คนหลอกลวง *-adj.* เกี่ยวกับหรือมีลักษณะดังกล่าว *-vi.* **quacked, quacking** ทำตัวเป็นหมอเถื่อน **-quackery** *n.* **-quackish** *adj.* **-quackishly** *adv.* (**-S.** (n.) charlatan, fraud)

quadrangle (ควอด' แดรงเกิล) *n.* รูปสี่เหลี่ยม, พื้นที่สี่เหลี่ยมที่มีตึกล้อมรอบ, ตึกซึ่งล้อมรอบพื้นที่ดังกล่าว

quadrant (ควอด' เดรินท์) *n.* เศษหนึ่งส่วนสี่ของวงกลม, เครื่องมือที่ใช้วัดมุม

quadratic equation สมการกำลังสอง

quadrennial (ควอเดรน' เนียล) *adj.* สี่ปีมีครั้งหนึ่ง, ที่เกิดขึ้นทุกสี่ปี, ซึ่งมีอายุสี่ปี

quadrilateral (ควอดดระแลท' เทอเริล) *adj.* มีสี่ด้าน *-n.* รูปสี่เหลี่ยมทุกชนิด

quadripartite (ควอดระพาร์' ไทท์) *adj.* ที่ประกอบด้วยหรือแบ่งออกเป็นสี่ส่วน, มีสี่ฝ่าย

quadruped (ควอด' ดระเพด) *n.* สัตว์สี่เท้า *-adj.* มีสี่เท้า **-quadrupedal** *adj.*

quadruple (ควอดรู' เพิล, -ดรัพ'-, ควอด' ดรุ-) *adj.* มีสี่ส่วน, คูณด้วยสี่, สี่เท่า *-n.* จำนวนที่มากกว่าสี่เท่า *-vt., vi.* **-pled, -pling** คูณด้วยสี่, มากขึ้นเป็นสี่เท่า (**-S.** (adj.) fourfold)

quadruplet (ควอดรัพ' ลิท, -ดรู' พลิท, ควอด' ดระพลิท) *n.* หนึ่งในแฝดสี่, กลุ่มที่มีสี่อย่างในชุดเดียวกัน

quadruplicate (*adj., n.* ควอดรู' พลิคิท, *v.* -เคท) *adj.* สี่เท่า, เป็นที่สี่ในกลุ่มที่เหมือนกันทั้งสี่ *-n.* หนึ่งในกลุ่มที่เหมือนกันทั้งสี่, สำเนาสี่ฉบับ *-vt., vi.* **-cated, -cating** คูณด้วยสี่

quagmire (แควก' ไมร์, ควอก'-) *n.* พื้นดินที่เป็นโคลนตม, สถานการณ์ที่ยุ่งยากหรืออันตราย

quail¹ (เควล) *n., pl.* **quail/quails** นกคุ่ม

quail² (เควล) *vi.* **quailed, quailing** กลัวจนหัวหด (**-S.** cower, recoil)

quaint (เควนท์) *adj.* **quainter, quaintest** แปลกหรือเชยแบบน่าทึ่งน่าชม **-quaintly** *adv.* **-quaintness** *n.* (**-S.** curious **-A.** common)

quake (เควค) *vi.* **quaked, quaking** สั่นสะท้าน, สั่นด้วยความหนาวหรือความกลัว *-n.* แผ่นดินไหว, อาการสั่น **-quaky** *adj.* (**-S.** (v., n.) shake (n.) earthquake, tremor)

★**qualification** (ควอลละฟิเค' ชัน) *n.* คุณวุฒิ, คุณสมบัติ, ข้อจำกัด, ข้อแม้ (**-S.** limitation, skill)

qualified (ควอล' ละไฟด์) *adj.* มีคุณสมบัติเหมาะสม, มีข้อจำกัดหรือเงื่อนไข **-qualifiedly** *adv.* (**-S.** certificated, limited)

★**qualify** (ควอล' ละไฟ) *vt., vi.* **-fied, -fying** ทำให้มีคุณสมบัติ, ทำให้ (คำพูด) ลดความรุนแรงลง, อธิบายลักษณะ, ให้คำจำกัดความ, อนุญาต, รับรอง **-qualifier** *n.* (**-S.** modify, signify)

qualitative (ควอล' ลิเททิฟว์) *adj.* เกี่ยวกับคุณลักษณะหรือคุณสมบัติไม่ใช่ปริมาณ **-qualitatively** *adv.*

★**quality** (ควอล' ลิที) *n., pl.* **-ties** คุณภาพ, คุณสมบัติ, ชนิด, ลักษณะ, ระดับสูงทางสังคม, คนชั้นสูง (**-S.** character, kind **-A.** failure)

quality control (QC, Q.C.) ระบบการควบคุมคุณภาพของสินค้าที่ผลิตโดยการสุ่มตรวจ

qualm (ความ, ควอม) *n.* ความรู้สึกใจหาย, ความหวาดหวั่น (**-S.** uneasiness **-A.** comfort)

quandary (ควอน' ดะรี, -ดรี) *n., pl.* **-ries** สภาวะที่สับสนงุนงงทำอะไรไม่ถูก

quantify (ควอน' ทะไฟ) *vt.* **-fied, -fying** กำหนดจำนวนหรือบอกปริมาณ

quantitative (ควอน' ทิเททิฟว์) *adj.* เกี่ยวกับปริมาณหรือจำนวน, ซึ่งสามารถแสดงเป็นจำนวนได้ **-quantitatively** *adv.*

★**quantity** (ควอน' ทิที) *n., pl.* **-ties** จำนวน, จำนวนหรือสัดส่วนที่มาก, ความยาวหรือสั้นของเสียงสระ, ปริมาณ (**-S.** amount, number)

quantum jump/leap การเปลี่ยนแปลงหรือความก้าวหน้าอย่างทันทีทันใด

quarantine (ควอ' เรินทีน) *n.* การกักกันคน สัตว์ ยานพาหนะหรือสิ่งของที่มีเชื้อโรคไม่ให้เข้ามาแพร่ในเมือง, สถานที่กักกันดังกล่าว *-vt.* **-tined, -tining** กักกันเพื่อไม่ให้แพร่เชื้อโรค

quark (ควอร์ค, ควาร์ค) *n.* อนุภาคปฐมภูมิ

★**quarrel** (ควอ' เริล) *n.* การทะเลาะเบาะแว้ง *-vi.* **-reled, -reling/-relled, -relling** ทะเลาะกัน (**-S.** (n., v.) fight **-A.** (n., v.) support)

quarrelsome (ควอ' เริลเซิม) *adj.* ที่ชอบทะเลาะเบาะแว้ง (**-S.** combative **-A.** genial)

quarry¹ (ควอ' รี) *n., pl.* **-ries** เหยื่อ, จุดมุ่งหมาย, สิ่งที่ถูกล่า (**-S.** aim, victim)

quarry² (ควอ' รี) *n., pl.* **-ries** แหล่งที่ระเบิดหินมาใช้โดยไม่ต้องเจาะลงไปใต้ดิน, แหล่งที่อุดมสมบูรณ์ *-vt.* **-ried, -rying** ขุดหินมาจากแหล่งดังกล่าว, ขุดคุ้ยหา (ความจริง) **-quarrier** *n.*

quart (ควอร์ท) *n.* หน่วยสำหรับตวงเท่ากับหนึ่งในสี่ของแกลลอน, ภาชนะที่มีความจุ 1 ควอร์ต ย่อว่า qt หรือ qt.

★**quarter** (ควอร์' เทอร์) *n.* หนึ่งในสี่ส่วนที่เท่ากัน,

เหรียญเงินของสหรัฐฯ และแคนาดามีค่าเท่ากับ 25 เซนต์, หนึ่งในสี่ของชั่วโมงคือ 15 นาที, ช่วงเวลาหนึ่งในสี่ของปีคือ 3 เดือน, ภาคเรียนหนึ่งๆ ซึ่งกินเวลาราว 3 เดือน, หนึ่งในสี่ของช่วงเวลาการหมุนรอบโลกของดวงจันทร์, หนึ่งในสี่ของเดือนตามจันทรคติ (first quarter คือขึ้น 8 ค่ำ second quarter คือขึ้น 15 ค่ำ third quarter คือแรม 8 ค่ำ และ fourth quarter คือแรม 15 ค่ำ), หนึ่งขาในสี่ขาของสัตว์สี่เท้าและหนึ่งขาหรือหนึ่งปีกในสัตว์จำพวกนก, ทิศใดทิศหนึ่งในสี่ทิศ, หนึ่งในสี่ของช่วงเวลาการเล่นกีฬาบางชนิด, หนึ่งในสี่ของหลาคือ 9 นิ้ว, หนึ่งในสี่ของไมล์คือ 2 เฟอร์ลอง, หนึ่งในสี่ของปอนด์คือ 4 ออนซ์, หนึ่งในสี่ของตันคือ 500 ปอนด์, หนึ่งในสี่ของ hundredweight (อเมริกาเท่ากับ 25 ปอนด์ อังกฤษเท่ากับ 28 ปอนด์), กราบเรือ, ทิศ, แหล่ง, ย่าน, ความกรุณา, ด้านใดด้านหนึ่งของกีบม้า *-adj.* เป็นหนึ่งในสี่ส่วนที่เท่ากัน *-v.* **-tered, -tering** *-vt.* แบ่งหรือผ่าออกเป็นสี่ส่วนที่เท่ากัน *-vi.* จัดหาที่พัก **-at close quarters** ในระยะใกล้, ใกล้ชิด **-cry quarter** ร้องขอความกรุณา **-quarters** ที่พัก, ที่พักของทหารและครอบครัว, ที่ประจำการของเจ้าหน้าที่, คนหรือกลุ่มคนที่ไม่จำเพาะเจาะจง

quarterfinal (ควอร์เทอร์ไฟ' เนิล) *adj.* เกี่ยวกับรอบการแข่งขันซึ่งผู้ชนะในรอบนี้จะต้องไปแข่งในรอบ semifinal *-n.* การแข่งขันรอบก่อนรอบรองชนะเลิศ, รอบการแข่งขันดังกล่าว **-quarterfinalist** *n.*

quarterly (ควอร์' เทอร์ลี) *adj., adv.* ทุก 3 เดือน *-n., pl.* **-lies** สิ่งพิมพ์ที่ออกทุก 3 เดือน, การสอบที่มีขึ้นทุก 3 เดือน

quartet, quartette (ควอร์เทท') *n.* เพลงที่ร้องสี่เสียงหรือใช้เครื่องดนตรีสี่ชิ้น, กลุ่มที่มีสี่คนหรือสี่อย่าง, คณะนักดนตรีสี่คน

quartz (ควอร์ทซ์) *n.* แร่ที่มีความแข็งมาก ประกอบด้วยซิลิกา พบได้ทั่วไปในหินหลายชนิด รวมทั้งหินทรายและหินแกรนิต **-quartzose** *adj.*

quartzite (ควอร์ท' ไซท์) *n.* หินควอร์ตไซต์

quasar (เคว' ซาร์, -ซาร์, -เซอร์, -เซอร์) *n.* วัตถุคล้ายดาวที่มีการเปล่งแสงแดงขึ้นเรื่อยๆ เมื่อวัตถุเคลื่อนที่ห่างออกไปหรือมี red shift สูงมาก และเปล่งแสงสีฟ้าที่มีกำลังแรงมาก รวมทั้งคลื่นวิทยุ

quash (ควอช) *vt.* **quashed, quashing** ยกเลิก, ลบล้าง, กลับคำ, ปราบปราม (**-S.** cancel)

quatercentenary (ควอทเทอร์เซนเทน' นะรี) *n., pl.* **-ries** การครบรอบสี่ร้อยปี

quaternary (ควอท' เทอร์เนรี, ควะเทอร์' นะรี) *adj.* ที่ประกอบด้วยสี่, ในจำนวนสี่, เกี่ยวกับยุคปัจจุบันซึ่งถือเป็นยุคที่สี่, เกี่ยวกับอะตอมซึ่งมีสี่คาร์บอนอะตอม *-n., pl.* **-naries** เลขสี่, สมาชิกลำดับที่สี่ของกลุ่ม, ยุคปัจจุบัน

quaver (เคว' เวอร์) *v.* **-vered, -vering** *-vi.* สั่น, พูดเสียงสั่นๆ, ทำเสียงรัวด้วยเครื่องดนตรีหรือด้วยปาก *-vt.* ร้องหรือพูดด้วยเสียงรัว *-n.* เสียงสั่น, เสียงสั่นรัว **-quavery** *adj.*

quay (คี, เค) *n.* ท่าเรือ

queasy, queazy (ควี' ซี) *adj.* **-sier, -siest/-zier, -ziest** น่าคลื่นไส้, ที่ทำให้วิงเวียน, ที่ทำให้ไม่สบาย, ขี้แย, ขี้ขลาด, ซึ่งท้องเสียง่าย

★**queen** (ควีน) *n.* ราชินี, กษัตริย์หญิง, สิ่งใดๆ ที่โดดเด่นและมีความสำคัญอย่างยิ่งยวดที่มักจะให้เกียรติเรียกเป็นผู้หญิง, ผู้หญิงที่ถูกตั้งให้เป็นสุดยอดในด้านต่างๆ, ไพ่ที่เป็นรูปราชินี, นางพญาผึ้งหรือมด, ตัวหมากที่สำคัญในเกมกระดาน, (คำสแลง) เกย์ควีน *-v.* **queened, queening** *-vt.* แต่งตั้งให้เป็นราชินี, ทำตัวเบี้ยให้เป็นตัวควีนในเกมหมากรุก *-vi.* กลายเป็นตัวควีนในเกมหมากรุก

queen

queen consort มเหสีของกษัตริย์

queenly (ควีน' ลี) *adj.* **-lier, -liest** เป็นราชินี, งามสง่าอย่างราชินี *-adv.* อย่างเจ้า, อย่างสง่า

queen mother พระพันปีหลวง, พระราชชนนี

queen regnant *n., pl.* **queens regnant** พระราชินีที่ขึ้นครองราชสมบัติด้วยสิทธิของพระองค์เอง

Queen's Bench ศาลสูงของอังกฤษ

Queensberry rules กฎการชกมวยที่ตั้งขึ้นในปี ค.ศ. 1867

Queen's English การพูดและการใช้ภาษาอังกฤษแบบที่ถือว่าเป็นมาตรฐานที่ยอมรับ

queer (เควียร์) *adj.* **queerer, queerest** แปลก, ประหลาด, น่าสงสัย, คลื่นไส้, (คำสแลง) ปลอม รักร่วมเพศ *-n.* (คำสแลง) พวกรักร่วมเพศ *-vt.* **queered, queering** (คำสแลง) ทำลาย, ทำให้เกิดอันตรายแก่ **-queerish** *adj.* **-queerly** *adv.* **-queerness** *n.* (**-S.** (adj.) abnormal, suspicious **-A.** (adj.) common)

quell (เควล) *vt.* **quelled, quelling** ปราบปราม, ระงับ (**-S.** calm, suppress **-A.** encourage)

quench (เควนช์) *vt.* **quenched, quenching**

ดับ (ไฟ ความกระหาย), ปราบปราม, ระงับ, ทำให้เย็นลงโดยใส่ในน้ำ **-quencher** *n.*

querulous (เควฺ' ระเลิซ, เควฺ' รยะ-) *adj.* ขี้บ่น, อารมณ์ร้าย, ขี้อ้อน, ขี้งอแง **-querulously** *adv.* **-querulousness** *n.* (**-S.** grumbling **-A.** pleased)

query (เควีย' รี) *n., pl.* **-ries** คำถาม, เครื่องหมายปรัศนี, ข้อสงสัย *-vt.* **-ried, -rying** สงสัย, ถาม, ใส่เครื่องหมายคำถามหรือปรัศนี

quest (เควซทฺ) *n.* การค้นหา, การขุดค้น *-vi., vt.* **quested, questing** ค้นหา

★**question** (เควซ' ชัน) *n.* การตั้งคำถาม, กระทู้, ปัญหา, เรื่องถกเถียง, ข้อสงสัย *-vt., vi.* **-tioned, -tioning** ถาม, สอบสวน, สงสัย, วิเคราะห์ **-in question** ซึ่งกำลังเป็นที่ถกเถียงหรือกล่าวถึง **-out of the question** ไม่มีทางเป็นไปได้ (**-S.** (n.) inquiry, problem (v.) ask **-A.** (n., v.) answer)

questionable (เควซ' ชะนะเบิล) *adj.* เป็นปัญหา, ยังไม่ยุติหรือสรุป, เป็นที่สงสัย **-questionably** *adv.* (**-S.** doubtful **-A.** sure)

question mark เครื่องหมายปรัศนี (?)

questionnaire (เควซชะแนรฺ') *n.* แบบสอบถาม

★**queue** (คยู) *n.* แถวของคนหรือพาหนะที่กำลังคอย, หางเปีย, (คอมพิวเตอร์) ลำดับของข้อมูลหรือรายการที่เก็บรวบรวมไว้สำหรับการประมวลผล *-vi.* **queued, queuing** เข้าแถว (**-S.** (n., v.) line (n.) sequence)

quibble (ควิบ' เบิล) *vi.* **-bled, -bling** เถียงข้างๆ คูๆ, พูดจาเสียดสี *-n.* คำคัดค้านที่ไร้เหตุผล, การพูดเล่นสำบัดสำนวน **-quibbler** *n.* (**-S.** (v.) evade (n.) criticism)

★**quick** (ควิค) *adj.* **quicker, quickest** รวดเร็ว, หัวไว, ฉลาด, เร่งรีบ, มีอารมณ์โต้ตอบอย่างรุนแรงและรวดเร็ว, ใช้เวลาสั้นๆ, อย่างทันทีทันใด, มีชีวิต, มีครรภ์ *-n.* เนื้อสดๆ เช่น เนื้อใต้เล็บ, สิ่งที่มีชีวิต, ส่วนที่สำคัญ *-adv.* รวดเร็ว, ฉับพลันทันที **-quickly** *adv.* **-quickness** *n.* (**-S.** (adj.) intelligent, rapid **-A.** (adj.) slow)

quicken (ควิค' เคิน) *v.* **-ened, -ening** *-vt.* ทำให้มีชีวิตชีวา, เร่งให้เร็วขึ้น, กระตุ้น, ทำให้สูงขันขึ้น *-vi.* เร็วขึ้น, กลับมามีชีวิตอีกครั้ง, อยู่ในช่วงตั้งครรภ์ที่รู้สึกได้ถึงการเคลื่อนไหวของเด็กในท้อง **-quickener** *n.* (**-S.** arouse, speed)

quick-freeze (ควิค' ฟรีซ) *vt.* **-froze, -frozen, -freezing** แช่แข็ง (อาหาร) อย่างรวดเร็วเพื่อรักษารสและคงคุณค่าทางอาหารไว้

quicksand (ควิค' แซนดฺ) *n.* ทรายดูด, สถานที่หรือเหตุการณ์ที่เลวร้ายเหมือนทรายดูด

quick-tempered (ควิค' เทมเพอรฺดฺ) *adj.* โกรธง่าย (**-S.** short-tempered)

quid[1] (ควิด) *n.* ก้อนยาเส้นชนิดเคี้ยว

quid[2] (ควิด) *n., pl.* **quid/quids** เงินปอนด์สเตอร์ลิงของอังกฤษ

quid pro quo (ควิด' โพรโคว') *n., pl.* **quid pro quos/quids pro quo** การแลกเปลี่ยนยื่นหมูยื่นแมว

quiescent (ควีเอซ' เซินทฺ, ไคว-) *adj.* อยู่เฉยๆ เงียบๆ, พักผ่อน, สงบ **-quiescently** *adv.*

★**quiet** (ไคว' อิท) *adj.* **-eter, -etest** เงียบ, ไม่ไหวติง, ปราศจากความยุ่งยาก, สงบ, ราบรื่น, (สี) ไม่ฉูดฉาด *-n.* สภาพที่เงียบสงัด *-vt., vi.* **-eted, -eting** ทำให้เงียบ, ทำให้ (เรื่อง) สงบ **-quietly** *adv.* **-quietness** *n.* (**-S.** (adj.) silent (n.) calmness (n., v.) lull **-A.** (adj.) loud, noisy)

quieten (ไคว' อิเทิน) *vt., vi.* **-ened, -ening** ทำให้เงียบลง (**-S.** calm, mute)

quill (ควิล) *n.* ก้านขนนก, ปากกาที่ทำจากก้านขนนก, แผ่นไม้ งาหรือกระ ใช้ดีดเครื่องดนตรีประเภทเครื่องสาย, ไม้จิ้มฟันที่ทำจากก้านขนนก, ขนเม่น, กระสวยด้าย *-vt.* **quilled, quilling** ม้วนด้ายเข้าหลอด, อัด (ผ้า) ให้เป็นลอนเล็กๆ

quill

quilt (ควิลทฺ) *n.* ผ้าห่มหรือผ้าคลุมเตียงที่ทำด้วยการนำผ้านุ่มๆ มาเย็บต่อกันเป็นตา *-v.* **quilted, quilting** *-vt.* ทำให้เป็นผ้านวมดังกล่าวด้วยการเย็บผ้าต่อกันเป็นตา, บุผ้านวมและเย็บอย่างสวยงาม *-vi.* ทำผ้านวมดังกล่าว **-quilter** *n.*

quinine (ไคว' ไนนฺ) *n.* ยาควินิน

quintessence (ควินเทซ' เซินซฺ) *n.* แก่นแท้ของสรรพสิ่ง, ตัวอย่างอันประเสริฐ, ธาตุที่ 5 ซึ่งถือเป็นความบริสุทธิ์สะอาดของจิตใจและความรักนอกเหนือจากธาตุทั้ง 4 คือ ดิน น้ำ ลม ไฟ

quintet, quintette (ควินเททฺ') *n.* เพลงที่ร้องห้าเสียงหรือใช้เครื่องดนตรีห้าชิ้น, กลุ่มนักดนตรีห้าคน, กลุ่มที่มีห้าคนหรือห้าสิ่ง

quintuple (ควินทู' เพิล, -ทยู'-, -ทัพ'-) *adj.* ซึ่งประกอบด้วยห้าส่วน, ห้าเท่า *-n.* จำนวนห้าเท่า *-vt., vi.* **-pled, -pling** คูณด้วยห้า

quintuplet (ควินทัพ' ลิท, -ทู' พลิท, -ทยู'-, ควิน' ทะพลิท) *n.* หนึ่งในแฝดห้าคน, กลุ่มที่ประกอบด้วยห้าอย่างหรือห้าคนที่เหมือนกัน

quip (ควิพ) *n.* ข้อสังเกตที่คิดขึ้นอย่างฉับไว

เสียดสีและมีอารมณ์ขัน, ข้อโต้แย้งเล็กๆ น้อยๆ, สิ่งที่แปลกๆ *-vi.* **quipped, quipping** ตั้งข้อสังเกตดังกล่าว **-quippy** *adj.* **-quipster** *n.*

quirk (เควิร์ค) *n.* พฤติกรรมที่แปลกประหลาด, เหตุการณ์ที่คาดเดาไม่ถึง, การหักมุม, การพูดเป็นนัย, การเล่นตลกของโชคชะตา

quisling (ควิซ' ลิง) *n.* คนทรยศ, คนขายชาติ

★**quit** (ควิท) *v.* **quit/quitted, quitting** *-vt.* จากมา, เลิก, ออก (จากงาน), หยุด, ปลด (หนี้), ละทิ้ง, ทำตัว (เป็นผู้ใหญ่) *-vi.* หยุดกระทำ, ยอมแพ้, ออกจากงาน *-adj.* เป็นอิสระจากสิ่งต่างๆ (**-S.** (v.) retire, stop (adj.) free **-A.** (v.) continue)

★**quite** (ไควท์) *adv.* ค่อนข้าง, อย่างแน่แท้, ทีเดียว **-quite a few** (ภาษาพูด) ไม่น้อยเลย **-quite something** เป็นสิ่งดีที่ไม่ค่อยพบเจอกันได้บ่อยๆ (**-S.** completely, rather, really)

quits (ควิทซ์) *adj.* หายกัน

quitter (ควิท' เทอร์) *n.* คนที่ยอมแพ้ง่ายๆ

quiver (ควิฟ' เวอร์) *vi.* **-ered, -ering** สั่น, ตัวสั่น *-n.* อาการสั่นสะท้าน, กระบอกใส่ลูกธนู

quixotic, quixotical (ควิคซอท' ทิค, -ทิเคิล) *adj.* เป็นการพยายามทำสิ่งที่เป็นไปไม่ได้ โดยเฉพาะเป็นการทำไปด้วยความหวังดี **-quixotically** *adv.* **-quixotism** *n.* (**-S.** impracticable)

quiz (ควิซ) *vt.* **quizzed, quizzing** สอบถาม, ถาม, ล้อเลียน *-n., pl.* **quizzes** การสอบถาม, คำถาม, การสอบปากเปล่า, การล้อเลียน **-quizzer** *n.* (**-S.** (v.) ask (n., v.) test)

quiz show รายการวิทยุหรือโทรทัศน์ ซึ่งผู้แข่งขันจะต้องตอบปัญหาและผู้ชนะก็จะได้รางวัลเป็นเงินหรือของรางวัลต่างๆ

quizzical (ควิซ' ซิเคิล) *adj* เป็นการถาม, เป็นการล้อเลียน, แปลกประหลาด **-quizzicality** *n.*

quoits (ควอยท์ซ์, คอยท์ซ์) *n. pl.* เกมการเล่นที่ใช้ห่วงซึ่งเป็นเหล็กหรือเชือกโยนไปคล้องเสา **-quoit** ห่วงที่ใช้ในการเล่นเกมนี้

quorum (ควอ' เริม, โคว'-) *n.* องค์ประชุม

quota (โคว' ทะ) *n.* ส่วนแบ่ง (**-S.** portion)

quotation (โควเท' ชัน) *n.* การยกคำพูดผู้อื่นมาอ้าง, ข้อความที่ถูกยกมาอ้าง, การยกบทกวีหรืองานเขียนที่โด่งดังมาอ้าง, ราคาหรือหุ้นที่ถูกยกมาอ้าง, การแจ้งราคาสินค้าหรือหุ้น

quotation mark เครื่องหมายอัญประกาศหรือเครื่องหมายคำพูด (“ ”)

★**quote** (โควท) *vt., vi.* **quoted, quoting** ยกคำพูดหรืองานของผู้อื่นมาอ้างโดยบอกที่มาด้วย, แจ้งราคาสินค้าหรือหุ้น *-n.* (ภาษาพูด) การยกข้อความของผู้อื่นมาอ้าง, เครื่องหมายอัญประกาศ **-quoter** *n.* (**-S.** (v.) cite)

quotient (โคว' เชินท์) *n.* ผลหาร

R

R¹, r (อาร์) *n., pl.* **R's, r's/Rs, rs** อักษรตัวที่ 18 ในภาษาอังกฤษ, อันดับสิบแปด, ย่อจาก radius รัศมี, resistance ความฝืด **-the three R's** คือ reading (การอ่าน) writing (การเขียน) และ arithmetic (เลขคณิต) ถือเป็นพื้นฐานการศึกษาที่สำคัญสำหรับเด็ก

R² ย่อจาก registered trademark เครื่องหมายการค้าจดทะเบียน, restricted ระดับภาพยนตร์ซึ่งระดับนี้หมายถึงห้ามผู้ที่มีอายุต่ำกว่า 17 ปีชมหรือถ้าจะชมต้องมีผู้ปกครองมาด้วย

R., r. ย่อจาก railroad, railway ทางรถไฟ, right ข้างขวา, river แม่น้ำ, road ถนน

r. ย่อจาก rare หายาก, retired ปลดเกษียณ

rabbi (แรบ' ไบ) *n., pl.* **-bis** ผู้นำกลุ่มชาวยิว

★**rabbit** (แรบ' บิท) *n., pl.* **-bits/-bit** กระต่าย, ขนกระต่าย *-vi.* **-bited, -biting** ล่ากระต่าย

rabble (แรบ' เบิล) *n.* ฝูงชน, คนชั้นต่ำ

rabid (แรบ' บิด) *adj.* ซึ่งติดเชื้อโรคพิษสุนัขบ้า, รุนแรง, ไม่มีเหตุผล, หัวแข็ง (**-S.** wild)

rabies (เร' บีซ์) *n.* โรคพิษสุนัขบ้า, โรคกลัวน้ำ

raccoon, racoon (แรคูน') *n., pl.* **raccoons/raccoon, racoons/racoon** ตัวแร็กคูน

raccoon, racoon

★**race¹** (เรซ) *n.* เชื้อชาติ, มนุษยชาติ, จำพวก, ชนิด, เผ่าพันธุ์ (**-S.** kind, nation, tribe)

★**race²** (เรซ) *n.* การแข่งด้านความเร็ว, การเคลื่อนไปอย่างเร็วและสม่ำเสมอ, ทางน้ำ, กระแสน้ำ,

ท่อส่งน้ำ, ร่องที่ส่วนของเครื่องจักรหมุนกลิ้งหรือไหลไปมา *-vi., vt.* **raced, racing** แข่งความเร็ว, เคลื่อนที่ไปอย่างเร็ว, วิ่งเร็วเกินไปเนื่องจากบรรทุกน้ำหนักเบาลงหรือความฝืดลดลง, ขนส่งด้วยความเร็วสูงสุด, ทำให้ (เครื่องยนต์) วิ่งเร็ว (**-S.** (n., v.) contest, run)

racecourse (เรซ' คอร์ซ, -โคร์ซ) *n.* สนามแข่งความเร็ว

racehorse (เรซ' ฮอร์ซ) *n.* ม้าแข่ง

racetrack (เรซ' แทรค) *n.* สนามแข่งความเร็ว

racial (เร' เชิล) *adj.* เกี่ยวกับหรือเป็นเรื่องของเชื้อชาติ, ซึ่งมาจากความแตกต่างระหว่างกลุ่มเชื้อชาติ เผ่าพันธุ์ของมนุษย์ **-racially** *adv.*

racialism (เร' ชะลิซเซิม) *n.* ความมีอคติซึ่งมีรากฐานมาจากเชื้อชาติ **-racialist** *adj., n.*

rack[1] (แรค) *n.* ราว, ไม้สามเหลี่ยมที่ใช้จัดวางลูกบิลเลียดก่อนเริ่มเล่น, รางสำหรับให้อาหารสัตว์, ที่ยึดลูกระเบิดของเครื่องบินรบ, (คำสแลง) ที่นอน, เหล็กที่มีเฟืองไว้เกาะเกี่ยวกับเฟืองตัวอื่นๆ ในเครื่องจักรต่างๆ, สภาพหรือสาเหตุแห่งความเจ็บปวดรวดร้าว, เครื่องทรมานนักโทษโดยการดึงแขนขา, เขากวางหนึ่งคู่ *-vt.* **racked, racking** วางลูก (บิลเลียด) ลงในไม้สามเหลี่ยมดังกล่าว, ทรมานด้วยเครื่องทรมานดังกล่าว, ทำให้เจ็บปวดรวดร้าว (**-S.** (n.) frame)

rack[2]**, wrack** (แรค) *n.* การทำลาย, ความหายนะ, ซากปรักหักพัง (**-S.** destruction, remnant)

rack[3] (แรค) *vt.* **racked, racking** กรองหรือคั้นเอาน้ำออกจากกาก (**-S.** drain)

racket[1]**, racquet** (แรค' คิท) *n.* ไม้ตีเทนนิส แบดมินตันหรือปิงปอง, รองเท้าใส่เดินบนหิมะ

racket[2] (แรค' คิท) *n.* เสียงอึกทึกครึกโครม, การโกง, การเที่ยวเตร่, (คำสแลง) อาชีพ

racketeer (แรคคิเทียร์') *n.* ผู้ร้ายรีดไถเงิน, คนที่กินสินบน, คนออกเงินกู้หน้าเลือด

rack-rent (แรค' เรนท์) *n.* ค่าเช่าที่แพงมาก

racoon (แรคูน') *n.* ดู raccoon

racquet (แรค' คิท) *n.* ดู racket[1]

racy (เร' ซี) *adj.* **-ier, -iest** รสจัด, หยาบคาย, มีชีวิตชีวา, ตลกลามก (**-S.** exciting)

radar (เร' ดาร์) *n.* อุปกรณ์หาตำแหน่งและความเร็วรวมทั้งลักษณะต่างๆ ของวัตถุที่อยู่ในระยะไกล โดยใช้คลื่นวิทยุที่มีความถี่สูงมากส่งไปกระทบกับวัตถุเหล่านั้นแล้วสะท้อนกลับมา

radial (เร' เดียล) *adj.* เป็นรัศมี, เป็นแฉก, ซึ่งฉายรังสีออกมาจากตรงกลาง *-n.* รัศมีที่รังสีแผ่ออกมา, ยางรถชนิดใช้ลมไม่ใช่ยางตันที่มีผ้ายางพาดทำมุมฉากกับเส้นกลางของหน้ายางรถ

radiant (เร' เดียนท์) *adj.* ซึ่งฉายแสง, โชติช่วง, เปล่งปลั่ง *-n.* วัตถุหรือจุดที่ส่องแสงหรือส่งความร้อนออกมา (**-S.** (adj.) shining)

radiant energy พลังงานที่ส่งผ่านออกมาโดยการแผ่รังสี โดยเฉพาะโดยคลื่นแม่เหล็กไฟฟ้า

radiant heat ความร้อนที่ส่งผ่านออกมาโดยการแผ่รังสีไม่ใช่ด้วยการนำความร้อนหรือการพา

radiate (*v.* เร' ดีเอท, *adj.* -อิท) *vi., vt.* **-ated, -ating** แผ่รังสีหรือคลื่น, เปล่งรังสี, ฉายแสง *-adj.* เป็นแฉก, ซึ่งมีรังสี (**-S.** (v.) emit)

radiation (เรดีเอ' ชัน) *n.* การส่งผ่านพลังงานรังสีในรูปของแสงหรือคลื่น, พลังงานที่ถูกส่งผ่านออกมาในรูปของรังสี คลื่นหรืออนุภาคต่างๆ

radiator (เร' ดีเอเทอร์) *n.* เครื่องกระจายความร้อน, หม้อน้ำรถยนต์, สิ่งที่ปล่อยรังสี

radiator grille ตะแกรงด้านหน้ารถ

radical (แรด' ดิเคิล) *adj.* เป็นพื้นฐานหรือรากฐาน, สุดกู่, หัวรุนแรง, ซึ่งเปลี่ยนแปลงแบบถอนรากถอนโคน, เป็นรากศัพท์ *-n.* ผู้ที่สนับสนุนการเปลี่ยนแปลงแบบดังกล่าว, กรณฑ์หรือรากของจำนวน มีสัญลักษณ์คือ √ หรือ $\sqrt{\ }$, คนหัวรุนแรง, กลุ่มของอะตอม, รากศัพท์ **-radically** *adv.* (**-S.** (adj.) basic, extreme)

radii (เร' ดีไอ) *n.* พหูพจน์ของ radius

★**radio** (เร' ดีโอ) *n., pl.* **-os** การรับส่งคลื่นเสียงด้วยคลื่นแม่เหล็กไฟฟ้า, การออกอากาศทางวิทยุ, เครือข่ายสถานีวิทยุ, อุตสาหกรรมการกระจายเสียงทางวิทยุ, ข้อความที่ออกอากาศทางวิทยุ, เครื่องรับวิทยุ *-v.* **-oed, -oing** *-vt.* ถ่ายทอดออกอากาศทางวิทยุ *-vi.* ส่งข้อความทางวิทยุโทรเลข

radioactive (เรดีโอแอค' ทิฟว์) *adj.* เป็นสารกัมมันตรังสี, ซึ่งมีหรือเกี่ยวกับกัมมันตภาพรังสี

radioactivity (เรดีโอแอคทิฟ' วิที) *n.* กัมมันตภาพรังสี

radio frequency ความถี่ของคลื่นวิทยุ

radiology (เรดีออล' ละจี) *n.* การใช้รังสีเอกซ์, วิชาทางการแพทย์สาขาหนึ่งที่ว่าด้วยการใช้รังสี

radio pager วิทยุติดตามตัว

radio telescope เครื่องมือที่ใช้ตรวจจับและบันทึกคลื่นความถี่วิทยุที่ส่งมาจากดวงดาวต่างๆ มีลักษณะเป็นจานรับสัญญาณติดเสาอากาศ

radio telescope

radiotherapy (เรดีโอเธ' ระพี) *n., pl.* **-pies** การบำบัดโรคด้วยการใช้

A B C D E F G H I J K L M N O P Q R S T U V W X Y Z

รังสี

radish (แรด' ดิช) *n.* หัวแรดดิช ซึ่งกินได้

radish

radium (เร' เดียม) *n.* ธาตุเรเดียม เป็นโลหะสีขาวที่หายาก มีกัมมันตภาพรังสีสูง แต่ก่อนใช้ในการบำบัดโรคบางชนิด เช่น มะเร็ง และใช้ในสีสะท้อนแสง มีสัญลักษณ์ Ra

radius (เร' เดียซ) *n., pl.* **-dii** (-ดีไอ)/**-diuses** รัศมีวงกลม, ระยะจากจุดใดจุดหนึ่งบนเส้นรอบวงของวงกลมไปสู่จุดศูนย์กลาง, รัศมีโดยรอบ, ระยะจากจุดศูนย์กลางของวงกลมไปสู่จุดใดจุดหนึ่งบนเส้นรอบวง, สิ่งที่เป็นแฉกออกมาจากจุดศูนย์กลาง เช่น ซี่ล้อรถ

raffle (แรฟ' เฟิล) *n.* การหาเงินเข้าการกุศลแบบหนึ่งคล้ายสลากกาชาด (**-S.** lottery)

raft (แรฟท์) *n.* แพ *-vt., vi.* **rafted, rafting** ต่อหรือผูกแพ, ล่องแพ **-life raft** เรือยางชูชีพ

rafter (แรฟ' เทอร์) *n.* คนล่องแพ, จันทัน

★**rag** (แรก) *n.* เศษผ้า, ผ้าขี้ริ้ว, เศษเล็กเศษน้อย, (คำสแลง) หนังสือพิมพ์ที่ลงแต่ข่าวซุบซิบ, หินชนวน, การกลั่นแกล้ง *-vt.* **ragged, ragging** (คำสแลง) ล้อเลียน เหน็บแนม **-rags** ชุดที่ขาดกะรุ่งกะริ่ง

rage (เรจ) *n.* การโกรธอย่างรุนแรง, การลุกลามของโรค, การพัดกระหน่ำ, ตัณหา, ความบ้าคลั่งนิยมชมชอบสิ่งใดๆ, สิ่งที่เป็นที่นิยมชมชอบกันอย่างบ้าคลั่ง *-vi.* **raged, raging** เดือดดาล, ลุกลาม, กรรโชก (**-S.** (n., v.) anger)

ragged (แรก' กิด) *adj.* รุงรัง, ขรุขระ, แหบๆ, ตะกุกตะกัก, (เสื้อผ้า) ขาดกะรุ่งกะริ่ง

raid (เรด) *n.* การจู่โจม, การเข้าค้น, การบุกเข้าปล้น, การพยายามเข้ายึดบริษัทด้วยการถือครองหุ้นเป็นส่วนใหญ่ *-vt., vi.* **raided, raiding** จู่โจม, โจมตี, เข้าค้น, เข้าปล้น **-raider** *n.* (**-S.** (v., n.) attack **-A.** (v., n.) defense)

★**rail** (เรล) *n.* ราว, รั้ว, ราง, ทางรถไฟ, นกกวัก *-v.* **railed, railing** *-vt.* ล้อมรั้ว, กั้นรั้ว, ทำราว *-vi.* คัดค้าน **-go off the rails** ออกนอกลู่นอกทาง, ชำรุด, วิกลจริต

railcar (เรล' คาร์) *n.* รถราง, รถไฟ

railing (เร' ลิง) *n.* รั้ว, ราวรั้ว (**-S.** fence, rail)

★**railroad** (เรล' โรด) *n.* ทางรถไฟ, กรมการรถไฟ

★**railway** (เรล' เว) *n.* ทางรถไฟ, กรมการรถไฟ (**-S.** railroad)

raiment (เร' เมินท์) *n.* เสื้อผ้าเครื่องแต่งกาย

★**rain** (เรน) *n.* ฝน, พายุฝน, น้ำฝน, การกระหน่ำ (คำด่า) *-v.* **rained, raining** *-vi.* ฝนตก, หลั่งไหล *-vt.* เทลงมา, โปรยปราย **-rain cats and dogs** (ภาษาพูด) ฝนตกอย่างหนัก **-rains** ฤดูฝน, การโหมกระหน่ำ

★**rainbow** (เรน' โบ) *n.* รุ้ง, ความเพ้อฝัน

raincoat (เรน' โคท) *n.* ชุดหรือเสื้อกันฝน

raindrop (เรน' ดรอพ) *n.* เม็ดฝน

rainfall (เรน' ฟอล) *n.* ปริมาณฝนที่ตกลงมา

rain forest ป่าทึบเขตร้อน

rainproof (เรน' พรูฟ) *adj.* (เสื้อ) กันฝน

rainstorm (เรน' สตอร์ม) *n.* พายุฝนฟ้าคะนอง

rainy (เร' นี) *adj.* **-ier, -iest** มีฝนตกชุก **-for a rainy day** สำหรับใช้ยามจำเป็นในภายหน้า

rainy day ช่วงเวลาที่ลำบาก

★**raise** (เรซ) *vt.* **raised, raising** ยก, เปิด (ฝากล่อง), เงย (หน้า), เลิก (คิ้ว), ขึ้น (เสียง ค่าเช่า), ตั้ง, สร้าง, สถาปนา, ทำให้เป็น (รอย), เลื่อนขั้น, ขึ้นเงินเดือน, เพาะ (พันธุ์), เลี้ยงดู, เพิ่ม (อุณหภูมิ), เสนอเพื่อพิจารณา, หยิบยก (เรื่อง) ขึ้นมา, เปล่งเสียง, ปลุก, เรียก (เสียงหัวเราะ), รวบรวม (เงิน), เก็บ (ภาษี), ทำให้ (แป้ง) ฟู, ยกเลิก, ทำให้โกรธ, ติดต่อโดยวิทยุหรือโทรศัพท์, ทำให้เกิด (ความกังวล), เตือน *-n.* การกระทำดังกล่าว, การเพิ่มเงินเดือน **-raise Cain/the devil/hell** ทำตัวเป็นอันธพาล, ด่า (**-S.** (n., v.) increase, lift **-A.** (v.) sink)

raisin (เร' ซิน) *n.* ลูกเกด, องุ่นแห้ง

rajah, raja (รา' จะ) *n.* เจ้าชายหรือกษัตริย์อินเดีย, ราชา

rake[1] (เรค) *n.* คราด, เครื่องมืออื่นๆ ที่คล้ายคราด *-vt., vi.* **raked, raking** กวาดด้วยคราด, (ภาษาพูด) กอบโกย, กวาดตามอง, ข่วน, ขูด, ครูด, ยิงกราด (**-S.** (v.) gather, scrape)

rake[2] (เรค) *n.* ย่อจาก rakehell คนเสเพล

rakehell (เรค' เฮล) *n.* ดู rake[2]

rakish (เร' คิช) *adj.* เพรียว, เจ้าชู้, เปรียว

rally[1] (แรล' ลี) *vt., vi.* **-lied, -lying** ชุมนุม, รวมพลัง, ฟื้นฟู, ตีโต้ *-n., pl.* **-lies** การกระทำดังกล่าว, การจัด (แถวทหาร) ใหม่, การให้สัญญาณในการจัด (แถวทหาร) ใหม่, การเพิ่มขึ้นของดรรชนีราคาหุ้น, การแข่งรถบนถนนสาธารณะ (**-S.** (v.) assemble (n.) reunion)

rally[2] (แรล' ลี) *vt., vi.* **-lied, -lying** ล้อเล่น

rallycross (แรล' ลีครอซ) *n.* การแข่งรถวิบากระยะทางไกล

ram (แรม) *n.* แกะตัวผู้, อุปกรณ์ต่างๆ ที่ใช้ตอก,

ลูกสูบ, ที่สูบน้ำ, เครื่องดัน, เครื่องแทง, ไม้หรือเหล็กที่ยื่นออกมาด้านหน้าของเรือรบใช้แทงเรือข้าศึก *-vt.* **rammed, ramming** ชน, ขวิด, ยัด, อัด, กระทุ้ง, ยัดเยียด, จ้ำจี้จ้ำไช

RAM ย่อจาก random-access memory (คอมพิวเตอร์) หน่วยความจำเข้าถึงแบบสุ่มที่เข้าถึงข้อมูลได้ทุกตำแหน่ง โดยไม่ต้องไปตามลำดับ

Rama (รา' มะ) พระราม ซึ่งเป็นภาคหนึ่งของพระวิษณุหรือพระนารายณ์ที่อวตารลงมา

Ramadan (แรมมะดาน', แรม' มะดาน) *n.* เดือนที่เก้าในปฏิทินอิสลาม, ช่วงถือศีลอด

ramble (แรม' เบิล) *vi.* **-bled, -bling** เตร็ดเตร่, เถลไถล, (เถาวัลย์) เลื้อย, พูดเรื่อยเปื่อย *-n.* การเดินเล่น (**-S.** (v.) chatter (n., v.) stroll)

rambling (แรม' บลิง) *adj.* (คำพูด) ที่สับสนยืดยาว, ซึ่งท่องเที่ยวไปเรื่อยเปื่อย, (เถาวัลย์) ซึ่งเลื้อยไปทั่ว **-ramblingly** *adv.* (**-S.** aimless)

rambutan (แรมบูท' เทิน) *n.* ลูกเงาะ, เงาะ

ramie (แรม' มี, เร'-) *n.* ป่านรามี, เส้นใยเหนียวจากเปลือกของป่านรามี ใช้ทอผ้าและทำเชือก

ramjet (แรม' เจท) *n.* เครื่องยนต์ไอพ่น

ramp (แรมพ์) *n.* ทางลาดเชื่อมถนนต่างระดับ, ส่วนที่โค้งหรือหักศอกของราวบันได, บันไดเคลื่อนที่ที่ใช้เทียบประตูเครื่องบิน

rampage (*n.* แรม' เพจ, *v.* แรมเพจ') *n.* ความป่าเถื่อน, ความโกลาหล, กลียุค *-vi.* **-paged, -paging** วิ่งพล่าน, คลุ้มคลั่ง

rampant (แรม' เพินท์) *adj.* รุนแรง, ร้ายแรง, ลุกลาม, หนาแน่น, ซึ่งยืนบนขาหลัง (**-S.** wild)

rampart (แรม' พาร์ท, -เพิร์ท) *n.* กำแพง, เครื่องป้องกัน, ป้อมปราการ, รั้ว (**-S.** fence)

ramrod (แรม' รอด) *n.* ไม้กระทุ้งดินปืน, ไม้ที่ใช้ล้างลำกล้องปืน, หัวหน้างาน, ผู้ดูแล

ramshackle (แรม' แชคเคิล) *adj.* ง่อนแง่น

ran (แรน) *v.* กริยาช่อง 2 ของ run

ranch (แรนช์) *n.* ทุ่งหญ้ากว้างใหญ่ในสหรัฐอเมริกาและแคนาดาที่ใช้เลี้ยงฝูงปศุสัตว์, บ้านของเจ้าของฟาร์ม, ฟาร์มเลี้ยงสัตว์ขนาดใหญ่

ranch

rancher (แรน' เชอร์) *n.* เจ้าของฟาร์ม

rancid (แรน' ซิด) *adj.* เหม็นหืน, หยาบคาย

rancor, rancour (แรง' เคอร์) *n.* ความพยาบาท **-rancorous** *adj.* **-rancorously** *adv.*

R & B, r & b ย่อจาก rhythm and blues ดนตรีจังหวะหนึ่ง

random (แรน' เดิม) *adj.* โดยการสุ่ม, ส่งเดช

random-access memory ดู RAM

rang (แรง) *v.* กริยาช่อง 2 ของ ring²

★**range** (เรนจ์) *n.* ขอบเขต, ขอบเขตการรับรู้, ขีดความสามารถ, ระยะ, แนว, ทิวเขา, เรียงลำดับ, เรียงแถว, ชั้นหนังสือที่เปิดทั้งสองด้าน, เตาที่มีพื้นที่มากใช้ปรุงอาหารได้หลายอย่างพร้อมๆ กัน, พื้นที่ที่ใช้ทดสอบขีปนาวุธ, สถานที่สำหรับฝึกยิงปืน, ทุ่งหญ้ากว้างใหญ่ใช้เลี้ยงปศุสัตว์, การเดินเที่ยวไปตามพื้นที่กว้างใหญ่, พื้นที่ทางภูมิศาสตร์ที่สัตว์และพืชอยู่อาศัยและเจริญเติบโตกันตามปกติ, ชั้น, ลำดับ, ระยะของเสียงร้องหรือเสียงดนตรีจากต่ำไปหาสูง, รัศมีทำการ *-v.* **ranged, ranging** *-vt.* เรียงแถว, เข้าแถว, จัดหมวดหมู่, หาหรือกำหนดระยะ, ตั้ง (ปืน) ให้ตรงกับเป้า, สามารถที่จะไปจนถึง (ระยะที่ไกลที่สุด), ผ่าน (พื้นที่), พา (ฝูงปศุสัตว์) ไปกินหญ้าตามทุ่งกว้าง *-vi.* แตกต่างกันไปภายในข้อกำหนด, ครอบคลุม, เดินทางสำรวจ, เดินเล่น, อยู่อาศัยและเจริญเติบโตภายในพื้นที่เฉพาะ (**-S.** (n.) scope (v.) arrange)

range finder, rangefinder (เรนจ์' ไฟน์เดอร์) *n.* เครื่องหาระยะ (ยิงปืนหรือถ่ายรูป)

ranger (เรน' เจอร์) *n.* ผู้ท่องเที่ยวไป, กองทหารลาดตระเวน, ผู้ทำหน้าที่ปกป้องคุ้มครองพื้นที่ป่า, ผู้ดูแลพื้นที่ป่าสงวนและสวนป่าต่างๆ, ทหารที่มีหน้าที่ดูแลป่า (**-S.** rover)

★**rank¹** (แรงค์) *n.* ตำแหน่ง, ยศ, ขั้น, ชั้น, สถานะทางสังคม, แถว, แนว, แถวหน้ากระดานของทหาร, เส้นนอนของตารางบนกระดานหมากรุก *-vt., vi.* **ranked, ranking** เข้าขั้น, ติดอันดับ, จัดลำดับ, เข้าแถว, จัดแถว, อยู่ในอันดับเหนือกว่า, มีตำแหน่ง, มียศ, ตั้งแถว, (คำสแลง) บ่น ร้องทุกข์ (**-S.** (n.) position (n., v.) row)

rank² (แรงค์) *adj.* **ranker, rankest** หนาแน่น, รก, เหม็น, ฉุน, บาดหูบาดตา, ก้าวร้าว, น่ารังเกียจ, โต้งๆ, ชัดๆ, (โชคร้าย) อย่างที่สุด, อย่างแน่นอน (**-S.** absolute, dense, rancid)

rankle (แรง' เคิล) *vi., vt.* **-kled, -kling** ทำให้ร้าวระบม, ทำให้เจ็บแสบ, ทำให้ขุ่นเคืองใจ

ransack (แรน' แซค) *vt.* **-sacked, -sacking** เข้าค้น, เข้าปล้นและทำลาย (**-S.** raid)

ransom (แรน' เซิม) *n.* การจับตัวไปเรียกค่าไถ่, การปล่อยตัวหรือของเพื่อแลกกับค่าไถ่, ค่าไถ่, การปลดเปลื้องจากบาป *-vt.* **-somed, -soming** ปล่อยตัวหลังจากได้รับค่าไถ่, ไถ่ออกมา, รอดพ้นจากบาป **-ransomer** *n.* (**-S.** (n., v.) release)

rant (แรนท์) *vi., vt.* **ranted, ranting** พูดโผงผาง

rap[1] (แรพ) *vt., vi.* **rapped, rapping** เคาะ, ตบหรือทุบ (โต๊ะ), พูดโพล่งขึ้นมา, ตำหนิ, ด่าว่า *-n.* การเคาะ, เสียงเคาะ, (คำสแลง) การดุด่า การตำหนิ การตัดสินจำคุก ลักษณะด้านลบของคนหรือสิ่งของ (**-S.** (v., n.) knock)

rap[2] (แรพ) *n.* ดนตรีชนิดหนึ่งที่ได้รับความนิยมมาก เป็นการร้องแบบพูดเร็วๆ คลอไปกับท่วงทำนองดนตรีที่เร้าใจ *-vi.* **rapped, rapping** แสดงดนตรีดังกล่าว

rapacious (ระเพ' เชิซ) *adj.* เบียดเบียน, ฉกฉวย, แย่งชิง, โลภ, ตะกละ **-rapaciously** *adv.* **-rapacity** *n.* (**-S.** greedy **-A.** generous)

rape (เรพ) *n.* การข่มขืน, การทำลาย, การลักพาตัว, การละเมิดสิทธิของผู้อื่น, การย่ำยี, การกระทำผิด *-vt.* **raped, raping** ข่มขืน, ลักพาตัว, ปล้น **-rapist** *n.* (**-S.** (n.) violation)

★**rapid** (แรพ' พิด) *adj.* **-er, -est** รวดเร็ว, ว่องไว

rapid-fire (แรพ' พิดไฟร์) *adj.* (ปืน) ยิงเร็ว, (คำถาม) ซึ่งมาเป็นชุดติดๆ กันอย่างรวดเร็ว

rapier (เร' เพียร์) *n.* ดาบยาวเรียว มีสองคมที่ปลายด้ามมีลักษณะเป็นกระเปาะ, ดาบแหลมน้ำหนักเบา ไม่มีคม ใช้สำหรับแทงเท่านั้น

rapport (แรพอร์', -โพร์', ระ-) *n.* ความสามัคคี, ความเป็นน้ำหนึ่งใจเดียวกัน (**-S.** unity)

rapt (แรพท์) *adj.* ปลื้มปีติ, อิ่มเอิบ, ซาบซึ้ง

rapture (แรพ' เชอร์) *n.* ความปลาบปลื้มปีติยินดีอย่างเหลือล้น, ความเคลิบเคลิ้ม

★**rare**[1] (แรร์) *adj.* **rarer, rarest** หายาก, ไม่บ่อย, ไม่ค่อยมี, ไม่ธรรมดา, พิเศษ, เลิศ, ประเสริฐ, จาง, เจือจาง **-rareness** *n.*

★**rare**[2] (แรร์) *adj.* **rarer, rarest** สุกๆ ดิบๆ

rarefy, rarify (แร' ระไฟ) *v.* **-fied, -fying** *-vt.* เจือให้จาง, ทำให้บาง, ทำให้บริสุทธิ์, ซัก, ฟอก *-vi.* บางลง, หนาแน่นน้อยลง (**-S.** diminish)

rarely (แรร์' ลี) *adv.* ไม่บ่อย, นานๆ ครั้ง, เป็นพิเศษ, อย่างไม่ธรรมดา, อย่างเลิศ (**-S.** hardly)

rarity (แร' ริที) *n., pl.* **-ties** ของแปลก, ของเก่า, ของมีค่าหายาก, ความเลอเลิศ (**-S.** treasure)

rascal (แรส' เกิล) *n.* คนขี้โกง, คนสารเลว, เด็กเกเร **-rascality** *n.* **-rascally** *adj., adv.*

rase (เรซ) *v.* ดู raze

rash[1] (แรช) *adj.* **rasher, rashest** หุนหันพลันแล่น, ไม่รอบคอบ, ใจกล้าบ้าบิ่น **-rashly** *adv.* **-rashness** *n.* (**-S.** careless **-A.** thoughtful)

rash[2] (แรช) *n.* ผื่นคัน, เรื่องร้ายๆ ที่ประดังกันเข้ามา (**-S.** eruption, outbreak)

rasher (แรช' เชอร์) *n.* หมูรมควันหั่นบางๆ

rasp (แรซพ์) *v.* **rasped, rasping** *-vt.* ถูด้วยตะไบหยาบ, พูดด้วยเสียงห้าว, บาด (หู อารมณ์) *-vi.* ขีด, ครูด, ขูด, กัด (ฟัน) กรอดๆ, ทำเสียงดังเอี๊ยด *-n.* ตะไบ, การถูด้วยตะไบ, เสียงแสบแก้วหู, เสียงเอี๊ยด (**-S.** (v.) grate (n., v.) file)

★**rat** (แรท) *n.* หนู, (ภาษาพูด) คนทรยศ คนที่น่ารังเกียจ, ช้อง (ผม) *-vi.* **ratted, ratting** ไล่ล่าฆ่าหนู, (คำสแลง) ทรยศหักหลัง **-ratter** *n.*

ratable, rateable (เร' ทะเบิล) *adj.* ซึ่งประเมินราคาได้, เป็นสัดส่วน, ตามส่วน, ซึ่งต้องเสียภาษี (**-S.** proportional, taxable)

★**rate**[1] (เรท) *n.* อัตรา, ระดับ, ภาษี, ราคาต่อหน่วยของสินค้าและการบริการ, อัตราส่วนที่กำหนดไว้, สัดส่วนที่แน่นอน, ความเร็ว *-v.* **rated, rating** *-vt.* ประเมิน, กะ, ตี (ราคา), จัดระดับ, พิจารณา, ระบุ, (ภาษาพูด) ควรได้รับ, ประเมินเพื่อจัดเก็บภาษี *-vi.* ถูกจัดระดับ, (ภาษาพูด) มีสถานะความสำคัญหรืออิทธิพล **-at any rate** ไม่ว่าจะเกิดอะไรขึ้นก็ตาม (**-S.** (n.) degree (v.) estimate)

rate[2] (เรท) *vt., vi.* **rated, rating** ดุด่า, ตำหนิ

rateable (เร' ทะเบิล) *adj.* ดู ratable

rate of exchange *n., pl.* **rates of exchange** อัตราแลกเปลี่ยนเงินตรา

★**rather** (แรธ' เธอร์, รา'-) *adv.* ค่อนข้าง, อันที่จริง, ถ้าจะพูดให้ถูก, ในทางตรงกันข้าม, ชอบมากกว่า, อยากจะ (กลับ) มากกว่า, แน่นอนที่สุด (**-S.** preferably, quite)

ratify (แรท' ทะไฟ) *vt.* **-fied, -fying** ลงสัตยาบัน, อนุมัติ (**-S.** approve **-A.** veto)

rating (เร' ทิง) *n.* ตำแหน่งที่ตั้งไว้เป็นมาตรฐาน, การจัดแยกประเภทตามความสามารถ, ทหารเรือที่มียศต่ำสุด, การประเมินสถานะทางการเงิน, ขีดความสามารถ, การจัดลำดับ, ความนิยมของประชาชน (**-S.** grade)

ratio (เร' โช, เร' ชีโอ) *n., pl.* **-tios** สัดส่วน, อัตราส่วน (**-S.** proportion)

ration (แรช' ชัน, เร'-) *n.* อาหารหรือน้ำมันที่ปันส่วนให้ *-vt.* **-tioned, -tioning** จำกัดอาหาร, แบ่งสันปันส่วน **-rations** จำนวนอาหารที่จัดให้อย่างจำกัด, เสบียง (**-S.** (n.) quota (n., v.) limit)

rational (แรช' ชะเนิล) *adj.* มีเหตุผล, มีสติ

rationalize (แรช' ชะนะไลซ์) *vt., vi.* **-ized, -izing** ทำให้สมเหตุสมผล, นำวิธีการที่ทันสมัยและมีประสิทธิภาพมาใช้, ชี้แจงอย่างมีเหตุผล, หาเหตุผลเข้าข้างตนเอง, ถอดรากในวิชาคณิตศาสตร์ **-rationalization** *n.*

ration book/card บัตรปันส่วน
rattan (แรแทน', ระ-) *n.* ต้นหวาย, ส่วนของหวายที่ใช้ทำเครื่องจักสาน, สิ่งที่ทำจากหวาย
★**rattle** (แรท' เทิล) *v.* **-tled, -tling** *-vi.* ทำเสียงรัว, เขย่าให้เกิดเสียงดัง, (รถไฟ) วิ่งเสียงดัง, กระทบกันจนเกิดเสียงดัง, พูดเพ้อเจ้อ *-vt.* ทำให้เกิดเสียงดังระรัว, พูดพล่าม, ทำลวกๆ, (ภาษาพูด) ทำให้ตื่นเต้นตกใจ *-n.* เสียงรัว, ของเล่นเด็กประเภทป๋องแป๋งใช้เขย่าหรือหมุนให้เกิดเสียงดัง, เสียงอึกอักๆ ก่อนขาดใจตาย, ส่วนที่เหมือนกระดิ่งที่หางของงูหางกระดิ่ง, การพูดเสียงดังจ้อกแจ้ก, เสียงสิ่งของชิ้นเล็กๆ กระทบกัน (**-S.** (v.) scare (v., n.) shake)
rattlebrained (แรท' เทิลเบรนด์) *adj.* โง่เง่า
rattler (แรท' เทลอร์) *n.* สิ่งที่ทำให้เกิดเสียงรัว, (ภาษาพูด) รถไฟบรรทุกสินค้า, งูหางกระดิ่ง
rattlesnake (แรท' เทิลสเนค) *n.* งูหางกระดิ่ง
ratty (แรท' ที) *adj.* **-tier, -tiest** เหมือนหนู, เต็มไปด้วยหนู, เลวทราม, ชำรุดทรุดโทรม, (ภาษาพูด) อารมณ์เสีย (**-S.** shabby)
raucous (รอ' เคิซ) *adj.* แหบห้าว, อึกทึก
ravage (แรฟ' วิจ) *vt., vi.* **-aged, -aging** ทำให้ฉิบหาย, ล้างผลาญ, ปล้น *-n.* การกระทำดังกล่าว, ความเสียหายอย่างร้ายแรง, ผลร้าย (**-S.** (v.) destroy **-A.** (v., n.) repair)
rave (เรฟว์) *vi., vt.* **raved, raving** พูดเพ้อเจ้อ, พูดตะกุกตะกัก, แผดเสียง, พูดด้วยโทสะ, ชมอย่างมากมาย *-n.* การกระทำดังกล่าว, (ภาษาพูด) ความคิดเห็นหรือการวิพากษ์วิจารณ์อย่างเอาใจช่วยเกินควร (**-S.** (v., n.) rage)
raven[1] (เร' เวิน) *n.* กา *-adj.* (ผม) ดำเป็นมัน
raven[2] (แรฟ' เวิน) *vt., vi.* **-ened, -ening** สวาปาม, ออกล่าเหยื่อ, ปล้น **-ravener** *n.*
ravenous (แรฟ' วะเนิซ) *adj.* หิวโซ, ตะกละ, เบียดเบียน, โลภ **-ravenously** *adv.* **-ravenousness** *n.* (**-S.** greedy, starved **-A.** satisfied)
ravine (ระวีน') *n.* หุบเขาลึก (**-S.** valley)
ravioli (แรฟวีโอ' ลี, ราวี-) *n., pl.* **-li/-lis** แผ่นแป้งพาสต้าห่อยัดไส้ด้วยเนื้อหรือเนยแล้วต้ม
ravish (แรฟ' วิช) *vt.* **-ished, -ishing** ใช้กำลังบังคับ, ข่มขืน, ละเมิด, ทำลาย, ประทุษร้าย, รู้สึกปีติ อิ่มเอิบ ตื่นตันใจ **-ravishment** *n.*
ravishing (แรฟ' วิชิง) *adj.* น่าหลงใหล
★**raw** (รอ) *adj.* **rawer, rawest** ดิบ, หยาบ, ยังไม่ได้ปรุง, (ผัก แผล) สด, (หนัง) ซึ่งยังไม่ได้ฟอก, ยังไม่ได้ตกแต่ง, อ่อนหัด, ซึ่งทำเสร็จสดๆ ร้อนๆ, โหดร้ายทารุณ, ไร้ความยุติธรรม, เซ่อ, น่าทึ่ง, พูดจาเปิดเผย, เปลือย **-rawness** *n.* (**-S.** fresh **-A.** done)
raw material วัตถุดิบ
★**ray**[1] (เร) *n.* แสง, รังสี, รัศมี, จำนวนน้อยนิด, ความริบหรี่ (แห่งความหวัง), เส้นตรงที่ลากจากจุดใดจุดหนึ่งในวิชาคณิตศาสตร์, แฉกที่ตัวของดาวทะเลหรือสัตว์ชนิดอื่นๆ ที่คล้ายกันนี้
ray[2] (เร) *n.* ปลาจำพวกปลากระเบนและปลายี่สน
rayon (เร' ออน) *n.* เส้นใยเสื้อผ้าทุกรูปแบบที่สังเคราะห์ขึ้นมา ไม่ใช่ที่ได้จากพืชหรือสัตว์
raze, rase (เรซ) *vt.* **razed, razing/rased, rasing** ล้างผลาญ, เช็ด, ขูด, ถู, โกน, ลบ, ขีดฆ่า
★**razor** (เร' เซอร์) *n.* มีดโกนหนวด
razorblade, razor blade (เร' เซอร์เบลด) *n.* ใบมีดโกน
RC ย่อจาก Red Cross สภากาชาด กาชาดสากล, Roman Catholic ศาสนาคริสต์นิกายโรมันคาทอลิก
rcpt. ย่อจาก receipt ใบเสร็จ
Rd., rd. ย่อจาก road ถนน
re- คำอุปสรรค หมายถึง อีกครั้ง, ทำใหม่, ย้อนกลับ, ย้อนหลัง, ใช้เน้นย้ำ
're ย่อจาก are
★**reach** (รีช) *v.* **reached, reaching** *-vt.* เอื้อม, ยื่น, คว้า, ฉวย, บรรลุ, ไปถึง, เข้าถึง, สำเร็จลุล่วง, ติดต่อทางโทรศัพท์, ไปจนจรดกับ, (เสียง) เสียดแทง, สรุปรวมได้ถึง, เดินทางไปจนถึง, มีจำนวนถึง, (ภาษาพูด) คว้าได้แล้วส่งต่อ *-vi.* ยื่นหรือยืดออกไป, พยายามที่จะคว้าหรือจับ, ยืดระยะเวลา, ขยายขนาด, แผ่อิทธิพลเข้าครอบงำ, ขยายผล, ทำเลยเถิด *-n.* การยื่น, การยืด, ระยะที่เอื้อมถึง, ขอบเขตความเข้าใจ, ขอบเขตของอิทธิพลหรือผลกระทบ, ความกว้างขวาง (ของท้องทุ่ง), คันเชื่อมเพลาหลังและเพลาหน้าของรถ, ช่วงตรงของแม่น้ำหรือช่องแคบที่อยู่ระหว่างโค้ง **-reach-me-down** เสื้อผ้าสำเร็จรูป (**-S.** (v.) attain (n.) extension **-A.** (v.) fail)
★**react** (รีแอคท์') *vi.* **-acted, -acting** ตอบสนอง, ตอบโต้, มีปฏิกิริยา, ตอบแทน (**-S.** respond)
★**reaction** (รีแอค' ชัน) *n.* การตอบสนองต่อสิ่งกระตุ้น, การต่อต้าน, การต้านทาน, การกลับไปสู่สภาพเดิม, การไม่เห็นด้วยกับระบบเสมอภาค เสรีนิยมหรือประชาธิปไตย, การถอยหลังเข้าคลอง, การเป็นพวกอนุรักษ์นิยมสุดขั้ว, การเปลี่ยนแปลงในทางเคมี, ปฏิกิริยานิวเคลียร์ (**-S.** conservatism, feedback)
reactionary (รีแอค' ชะเนรี) *adj.* เป็นพวก

A B C D E F G H I J K L M N O P Q R S T U V W X Y Z

อนุรักษ์นิยมสุดขั้ว, เป็นพวกต่อต้านความก้าวหน้าหรือประชาธิปไตยหรือเสรีนิยม *-n.* พวกอนุรักษ์นิยมฝ่ายขวา (**-S.** (adj., n.) conservative (n.) rightist **-A.** (adj., n.) radical)

reactor (รีแอค' เทอร์) *n.* คนหรือสิ่งที่ตอบโต้ต่อสิ่งกระตุ้น, สิ่งที่อยู่ในวงจรไฟฟ้า เช่น ขดลวดที่ใช้ต้านทานกระแสไฟฟ้าสลับ,ปฏิกิริยานิวเคลียร์

★**read** (รีด) *v.* **read** (เรด), **reading** *-vt.* อ่าน, อ่านออก, แปลได้, ดู (แผนที่) เข้าใจได้, แกะ (รอย) ได้, มองออก, รู้ (ใจ), ตีความหมาย, มองเห็นความหมายและความสำคัญ, ทำนาย (อนาคต), รับรู้หรือเข้าใจ, เรียนรู้จากการอ่าน, พิสูจน์อักษร, แสดงข้อมูล, บอกจำนวนที่แน่นอน, (คอมพิวเตอร์) อ่านข้อมูลจากแผ่นแม่เหล็ก *-vi.* อ่าน, อ่านว่า, ศึกษาเล่าเรียน, มีความหมายเฉพาะ, แสดงข้อมูล, บอกจำนวนที่แน่นอน *-n.* (ภาษาพูด) การอ่าน (หนังสือ) *-adj.* ซึ่งเรียนรู้จากการอ่าน **-a good read, an excellent read** หนังสือที่น่าอ่าน น่าสนใจและน่าสนุก **-read a lecture/lesson** ดุด่าว่ากล่าว, ตำหนิ **-read between the lines** เข้าใจความนัย, หาความหมายที่ซ่อนอยู่ **-read out** อ่านออกเสียง (**-S.** (v.) recite, show, study, understand)

readable (รี' ดะเบิล) *adj.* อ่านง่าย, น่าอ่าน **-readability, readableness** *n.* **-readably** *adv.* (**-S.** legible)

★**reader** (รี' เดอร์) *n.* ผู้อ่าน, คนพิสูจน์อักษร

readership (รี' เดอร์ชิพ) *n.* กลุ่มผู้อ่านประจำ, ตำแหน่งของอาจารย์ในมหาวิทยาลัย

readily (เรด' ดะลี, เรด' เดิลลี) *adv.* อย่างพร้อมสรรพ, โดยทันที, อย่างเต็มใจ (**-S.** promptly)

★**reading** (รี' ดิง) *n.* การอ่าน, วาระในการเสนอร่างพระราชบัญญัติเพื่อให้รัฐสภารับรอง, การตีความหมาย, งานเขียนหรือสิ่งพิมพ์, ข้อมูลที่แสดงโดยเครื่องวัดต่างๆ, การแสดงมหรสพที่มีการอ่านบทกวี, ความรู้

read-only memory (คอมพิวเตอร์) หน่วยความจำอ่านอย่างเดียว เป็นหน่วยความจำขนาดเล็กที่ช่วยให้เข้าถึงข้อมูลที่เก็บอย่างถาวรได้อย่างรวดเร็ว แต่ไม่สามารถเพิ่มเติมหรือแก้ไขเปลี่ยนแปลงข้อมูลได้ ย่อว่า ROM

★**ready** (เรด' ดี) *adj.* **-ier, -iest** พร้อม, อย่างเต็มใจ, คล่อง, (เงิน) สดที่จะหยิบมาใช้ได้, ง่ายดาย *-adv.* (ทำไว้) ล่วงหน้าแล้ว, (เก็บ) เสร็จเรียบร้อยแล้ว *-vt.* **readied, readying** เตรียมหรือทำให้พร้อม **-readiness** *n.* (**-S.** (adj.) prepared (v.) prepare **-A.** (adj., v.) slow)

ready-made, readymade (เรดดีเมด') *adj.* (เสื้อผ้า) สำเร็จรูป

ready-mix (เรด' ดีมิคซ์) *n.* ส่วนผสมที่ผสมไว้พร้อมแล้ว **-ready-mix, ready-mixed** *adj.*

ready-to-wear (เรด' ดีทะแวร์') *adj.* (เสื้อผ้า) สำเร็จรูป *-n.* เสื้อผ้าสำเร็จรูป

★**real** (รี' เอิล, รีล) *adj.* จริง, มีอยู่จริง, แท้จริง, เป็นของแท้, เกี่ยวกับหรือเป็นจำนวนจริงในวิชาคณิตศาสตร์, ไม่เสแสร้ง, ไม่ปลอม, จริงจัง, เกี่ยวกับอสังหาริมทรัพย์ *-adv.* (ภาษาพูด) อย่างมาก *-n.* สิ่งที่มีอยู่จริง, จำนวนจริงในวิชาคณิตศาสตร์ **-for real** (คำสแลง) เป็นจริงเป็นจัง (**-S.** (adj.) true (adv.) very **-A.** (adj.) false)

real estate อสังหาริมทรัพย์

realism (เรีย' ลิซเซิม) *n.* การนิยมความจริง, การนำเสนองานทางด้านศิลปะและวรรณกรรมในแบบที่เป็นจริงไม่ใช่แบบนามธรรม **-realist** *n.*

realistic (เรียลิส' ติค) *adj.* เป็นจริงเป็นจัง

★**reality** (รีแอล' ลิที) *n., pl.* **-ties** ความเป็นจริง, คนหรือสิ่งที่เป็นจริง, การมีอยู่จริง, สิ่งที่เกิดขึ้นจริง **-in reality** อันที่จริง, จริงๆ แล้ว (**-S.** fact)

★**realize** (เรีย' ไลซ) *v.* **-ized, -izing** *-vt.* ตระหนัก, สำนึก, ทำให้เป็นจริง, ได้กำไร *-vi.* ได้เงิน, ขายได้เงิน **-realization** *n.*

★**really** (เรีย' ลี, รี' ลี) *adv.* จริงๆ (**-S.** actually)

realm (เรลม์) *n.* อาณาจักร (**-S.** kingdom)

ream (รีม) *n.* หน่วยนับกระดาษ แต่ก่อนมี 480 แผ่น ปัจจุบันมี 500 แผ่น **-reams** จำนวนมากๆ

reanimate (รีแอน' นะเมท) *vt.* **-mated, -mating** ปลุกชีพ, ให้ชีวิตใหม่, ทำให้มีชีวิต

reap (รีพ) *vt., vi.* **reaped, reaping** เกี่ยวข้าว, เก็บเกี่ยวผลประโยชน์, ได้รางวัล (**-S.** cut, gain)

reappear (รีอะเพียร์') *vi.* **-peared, -pearing** ปรากฏขึ้นอีกครั้ง **-reappearance** *n.*

★**rear**[1] (เรียร์) *n.* ส่วนหลัง, กองทหารแนวหลัง, ทหารกองหนุน, (ภาษาพูด) ก้น *-adj.* ซึ่งตั้งอยู่ด้านหลัง (**-S.** (n., adj.) back **-A.** (n., adj.) front)

rear[2] (เรียร์) *v.* **reared, rearing** *-vt.* เลี้ยง (เด็ก), ตั้ง, ยก, เงย (หน้า), ชู (คอ), สร้าง, ขึ้น (เสียง), (ขน) ลุก, เลี้ยงสัตว์, เพาะเลี้ยง (ต้นไม้) *-vi.* (ม้า) หกหลัง, (ตึก) สูงเสียดฟ้า (**-S.** raise)

rear admiral พลเรือตรี

rearm (รีอาร์ม') *vt., vi.* **-armed, -arming** ติดตั้งอาวุธอีกครั้ง **-rearmament** *n.*

rear-view mirror กระจกส่องหลังของรถยนต์

rearward (เรียร์ เวิร์ด) *adv., adj.* ไปทางหรืออยู่ทางด้านหลัง *-n.* ตำแหน่งหรือทิศทางด้านหลัง

★**reason** (รี' เซิน) *n.* เหตุผล, สาเหตุ, ความมีสติ, ความมีเหตุมีผล *-v.* **-soned, -soning** *-vi.* มีเหตุผล, หว่านล้อม, ร่วมวงสนทนา *-vt.* ลงความเห็นหรือแนะนำอย่างมีเหตุมีผล
★**reasonable** (รี' ซะนะเบิล) *adj.* มีเหตุผล
reasoning (รี' ซะนิง) *n.* การใช้เหตุผล, ข้อพิสูจน์, เหตุผล (**-S.** analysis, proof)
reassure (รีอะชุร์') *vt.* **-sured, -suring** รับประกันอีกครั้ง, ปลอบใจ, เพิ่มความมั่นใจ
rebate (*n.* รี' เบท, *v.* รี' เบท, ริเบท') *n.* เงินที่ได้คืนจากการเสียภาษีเกิน *-vt.* **-bated, -bating** คืนเงิน, หัก, ชัก, ลด (**-S.** (n.) deduction (v.) decrease **-A.** (v.) increase)
★**rebel** (*v.* ริเบล', *n.* เรบ' เบิล) *vi.* **-belled, -belling** ต่อต้าน, ขัดขืน, กบฏ, ก่อการจลาจล, พยศ *-n.* พวกต่อต้าน, พวกผู้ประท้วง, พวกกบฏ (**-S.** (v.) revolt (n.) revolutionist, traitor)
rebellion (ริเบล' เยิน) *n.* การปฏิวัติรัฐประหาร, การกบฏ, การฝ่าฝืน (**-S.** resistance)
rebellious (ริเบล' เยิซ) *adj.* เป็นการกบฏ, พยศ, ดื้อด้าน **-rebelliously** *adv.*
rebirth (รีเบิร์ธ', รี' เบิร์ธ) *n.* การเกิดใหม่
rebound (*v.* รีเบานด์', ริ-, *n.* รี' เบานด์, ริเบานด์') *vt., vi.* **-bounded, -bounding** กระเด้งกลับ, กู้คืน, ฟื้น, สะท้อน *-n.* การกระเด้งกลับ, การหดกลับ (**-S.** (v., n.) return)
rebuff (ริบัฟ') *n.* การปฏิเสธ *-vt.* **-buffed, -buffing** ปฏิเสธ (**-S.** (n.) rejection (v.) refuse)
rebuke (ริบยูค') *vt.* **-buked, -buking** ด่าว่า, ตำหนิ, ระงับ, ปราบปราม, กลั้น *-n.* การดุ, การตำหนิ (**-S.** (v., n.) blame **-A.** (v., n.) praise)
recalcitrant (ริแคล' ซิเทรินท์) *adj.* ดื้อ *-n.* คนดื้อรั้น **-recalcitrance, recalcitrancy** *n.*
recall (*v.* ริคอล', *n.* ริคอล', รี' คอล) *vt.* **-called, -calling** เรียกคืน, จำได้, คืนสติ, ล้มเลิก *-n.* การเรียกตัวกลับ, สัญญาณเตือน, ความสามารถจดจำ, การยกเลิก, การย้ายหรือปลด, สิทธิในการย้ายหรือปลด, การเรียกคืนสินค้า (**-S.** (v.) cancel, remember **-A.** (v.) forget)
recant (ริแคนท์') *vt., vi.* **-canted, -canting** กลับคำ **-recantation** *n.* (**-S.** disclaim)
recap (*v.* รีแคพ', *n.* รี' แคพ) *vt.* **-capped, -capping** เปลี่ยนฝา (ขวด), ปะ (ยางรถยนต์) *-n.* ยางรถยนต์ที่ซ่อมโดยการปะ
recapitulate (รีคะพิช' ชะเลท) *vt., vi.* **-lated, -lating** สรุปความ **-recapitulation** *n.*
recapture (รีแคพ' เชอร์) *n.* การได้คืน *-vt.* **-tured, -turing** จับหรือยึดได้อีกครั้ง, ระลึกถึง
recede (ริซีด') *vi.* **-ceded, -ceding** ลดลง, ถอยลง, เลือนรางลง, หด, ล่าถอย (**-S.** fade)
★**receipt** (ริซีท') *n.* การได้รับ, ใบเสร็จ, ตำราอาหาร *-vt., vi.* **-ceipted, -ceipting** ทำเครื่องหมาย (บนใบเก็บเงิน) ว่าได้รับเงินแล้ว, ออกใบเสร็จให้ (**-S.** (n.) receiving, voucher)
★**receive** (ริซีฟว์') *vt., vi.* **-ceived, -ceiving** รับ, ได้รับ, รับรู้, ประสบ, ค้ำจุน, จำกัดวง, บรรจุ, ระงับ, ทักทาย, ต้อนรับ, เลี้ยงเห็น (**-S.** get)
receiver (ริซี' เวอร์) *n.* ผู้รับ, หูโทรศัพท์, เจ้าหน้าที่เก็บเงิน, ผู้รักษาทรัพย์, ภาชนะ, ผู้รับซื้อของโจร, เครื่องรับวิทยุหรือโทรทัศน์
★**recent** (รี' เซินท์) *adj.* ใหม่, เมื่อเร็วๆ นี้, ก่อนนี้ไม่นาน **-recently** *adv.* (**-S.** current **-A.** old)
receptacle (ริเซพ' ทะเคิล) *n.* ภาชนะ, ส่วนบนของก้านดอกไม้ที่แผ่ออกรองรับดอกไม้, เต้าเสียบปลั๊กไฟ (**-S.** container)
reception (ริเซพ' ชัน) *n.* การรับ, การต้อนรับ, งานเลี้ยง, การแปลงคลื่น (**-S.** admission, party)
receptionist (ริเซพ' ชะนิซท์) *n.* พนักงานต้อนรับและตอบรับโทรศัพท์
receptive (ริเซพ' ทิฟว์) *adj.* ใจกว้าง, ฉลาด
recess (รี' เซซ, ริเซซ') *n.* ช่วงเวลาหรือการหยุดพัก, แอ่ง, เวิ้ง, อ่าว, ซอกเล็กๆ, ช่องเล็กๆ *-vt., vi.* **-cessed, -cessing** วางในซอกเล็กๆ, เจาะเป็นช่องเล็กๆ, พัก (**-S.** (n.) bay, interval)
recession (ริเซซ' ชัน) *n.* การถอนหรือถอยหลัง, การตกต่ำของธุรกิจ (**-S.** decline)
recessive (ริเซซ' ซิฟว์) *adj.* ถดถอย, เกี่ยวกับหรือเป็นลักษณะด้อยทางพันธุกรรม
★**recipe** (เรซ' ซะพี) *n.* ตำราทำกับข้าว, หนทางไปสู่ความสำเร็จ, ใบสั่งยา (**-S.** formula)
recipient (ริซิพ' เพียนท์) *adj.* เป็นผู้รับหรือตัวรับ *-n.* ผู้รับ, ผู้รับบริจาคอวัยวะหรือเลือดจากผู้บริจาค (**-S.** (n.) receiver)
reciprocal (ริซิพ' พระเคิล) *adj.* เกี่ยวกับทั้งสองฝ่าย, เป็นคู่กัน, ซึ่งกันและกัน, เป็นคำที่แสดงความสัมพันธ์หรือการกระทำซึ่งกันและกัน เช่น each other, เกี่ยวกับเศษส่วนกลับของเลขจำนวนหนึ่ง โดยใช้เลข 1 ตั้งแล้วหารด้วยเลขจำนวนนั้น เช่น เศษส่วนกลับของ 2 คือ ½ *-n.* สิ่งที่เป็นการแลกเปลี่ยนหรือตอบแทนกันกับอีกสิ่งหนึ่ง, เลขจำนวนหนึ่งที่สัมพันธ์กันกับเลขอีกจำนวนหนึ่ง ซึ่งเมื่อนำมาคูณกันจะได้ผลลัพธ์เท่ากับ 1 เช่น เลขจำนวนที่สัมพันธ์กับ 3 คือ ⅓ (**-S.** (adj.) mutual)

A B C D E F G H I J K L M N O P Q R S T U V W X Y Z

reciprocal pronoun สรรพนามหรือสรรพนามวลี เช่น each other ซึ่งแสดงความสัมพันธ์หรือการกระทำซึ่งกันและกัน

reciprocate (ริซิพ' พระเคท) *vt., vi.* **-cated, -cating** แลกเปลี่ยน, ตอบแทน, เคลื่อนกลับไปกลับมา **-reciprocation** *n.* (**-S.** exchange)

recite (ริไซท์') *vt., vi.* **-cited, -citing** ท่อง, เล่าเรื่อง, บรรยาย, ระบุ, จาระไน **-recital** *n.*

reckless (เรค' ลิซ) *adj.* ประมาท

reckon (เรค' เคิน) *vt., vi.* **-oned, -oning** คำนวณ, คิดว่า, (ภาษาพูด) คาดว่า (**-S.** assume)

reckoning (เรค' คะนิง) *n.* การคำนวณ, การกะคร่าวๆ, บัญชีรายการที่ครบกำหนดต้องชำระ, การชำระบัญชี (**-S.** calculation, charge)

reclaim (ริเคลม') *vt.* **-claimed, -claiming** เอากลับคืน, แก้ไขดัดแปลง, ฝึก (สัตว์) ให้เชื่อง **-reclamation** *n.* (**-S.** regain)

recline (ริไคลน์') *vt., vi.* **-clined, -clining** เอนเอียง, พิง **-reclination** *n.* (**-S.** lean)

recluse (เรค' ลูซ, ริคลูซ') *n.* ผู้สันโดษ, ฤาษี *-adj.* ชอบสันโดษ (**-S.** (n.) hermit)

★**recognize** (เรค' เคิกไนซ) *vt.* **-nized, -nizing** จำได้, รู้จัก, ยอมรับ, รับรอง, เปิดโอกาสให้พูดต่อที่ประชุม, เห็นพ้องด้วย, ชื่นชม, ทักทายด้วย **-recognition** *n.* (**-S.** admit, know, recall)

recoil (*v.* ริคอยล์', *n.* ริคอยล์', รี' คอยล์) *vi.* **-coiled, -coiling** กระเด้งกลับ, หดกลับ, หัวหดด้วยความกลัว, ถอยกลับ, ย้อนกลับ, คืนกลับ, วกกลับ *-n.* การสะท้อนกลับของปืนเวลายิง, การกระเด้งกลับ, การหดกลับ, การถอยกลับ, การย้อนกลับ, การวกกลับ **-recoiler** *n.* (**-S.** (v., n.) rebound **-A.** (v., n.) advance)

recollect (เรคคะเลคท์') *vt., vi.* **-lected, -lecting** จำได้ **-recollection** *n.* (**-S.** recall)

re-collect (รีคะเลคท์') *vt.* **-lected, -lecting** เก็บรวบรวมอีกครั้ง, รวบรวมสติ, คุมสติ

★**recommend** (เรคคะเมนด์') *vt., vi.* **-mended, -mending** แนะนำ, สนับสนุน, ฝากฝัง

recompense (เรค' เคิมเพนซ) *vt.* **-pensed, -pensing** ชดเชย, ชดใช้, ทดแทน *-n.* การชดใช้, การชดเชย, เงินชดเชย, เงินค่าเสียหาย

reconcilable (เรคเคินไซ' ละเบิล, เรค' เคินไซ-) *adj.* ที่ประสานหรือลงรอยกันได้

reconcile (เรค' เคินไซล์) *vt., vi.* **-ciled, -ciling** ปรองดอง, ทำให้ยอมรับ, ดัดแปลง

recondition (รีเคินดิช' ชัน) *vt.* **-tioned, -tioning** ซ่อมแซม, บูรณะ, ปฏิสังขรณ์

reconnaissance, reconnoissance (ริคอน' นะเซินซ์, -เซินซ) *n.* การออกลาดตระเวน (**-S.** exploration, survey)

reconnoiter, reconnoitre (รีคะนอย' เทอร์) *vt., vi.* **-tered, -tering/-tred, -tring** ออกลาดตระเวน **-reconnoiterer** *n.*

reconsider (รีเคินซิด' เดอร์) *vt., vi.* **-ered, -ering** คิดหรือพิจารณาใหม่อีกครั้ง

reconstruct (รีเคินสตรัคท์') *vt.* **-structed, -structing** สร้างขึ้นใหม่ (**-S.** rebuild)

★**record** (*v.* ริคอร์ด', *n., adj.* เรค' เคิร์ด) *vt., vi.* **-corded, -cording** บันทึก, อัดเสียง, แสดง, บอก *-n.* การจดบันทึกไว้, ประวัติ, สถิติสูงสุด, สิ่งที่นำมาจดบันทึก, เรื่องราวแปลกๆ ที่จดบันทึกไว้, (คอมพิวเตอร์) ส่วนบันทึกซึ่งเก็บรักษาข้อมูลไว้ในแฟ้มข้อมูล ระเบียนโครงสร้างของข้อมูลซึ่งเก็บรวบรวมเรื่องต่างๆ ไว้, บันทึกที่ใช้เป็นพยานหลักฐานในศาลได้, แผ่นเสียง, แถบแม่เหล็ก (เทป) ใช้บันทึกภาพและเสียง *-adj.* มากกว่า เร็วกว่าหรือดีกว่าที่เคยมีมา (**-S.** (v., n.) register (n.) disc, evidence, history, memoir)

recorder (ริคอร์' เดอร์) *n.* เครื่องบันทึกเสียง, เครื่องบันทึกเสียงและภาพ

recount (ริเคานท์') *vt.* **-counted, -counting** เล่า, จาระไน, บรรยาย (**-S.** narrate)

re-count (รีเคานท์') *vt.* **-counted, -counting** นับใหม่ *-n.* การนับใหม่

recoup (ริคูพ') *v.* **-couped, -couping** *-vt.* ชดใช้, ชดเชย, ใช้คืน *-vi.* ได้คืน, เอากลับคืน

recourse (รี' คอร์ซ, -โคร์ซ, ริคอร์ซ', -โคร์ซ') *n.* สิ่งที่ใช้ช่วยเหลือ, สิ่งที่ให้ความปลอดภัย

★**recover** (ริคัฟ' เวอร์) *v.* **-ered, -ering** *-vt.* เอาหรือได้กลับคืน, ชดเชย, กอบกู้, ฟื้น, นำกลับสู่กฎระเบียบ *-vi.* กลับมีสุขภาพดีดังเดิม, ชนะคดี **-recovery** *n.* (**-S.** heal, regain)

recreate (เรค' ครีเอท) *v.* **-ated, -ating** *-vt.* ให้ความบันเทิง, เติมความสดใสให้ชีวิต *-vi.* พักผ่อนหย่อนใจ **-recreation** *n.*

re-create (รีครีเอท') *vt.* **-ated, -ating** สร้างหรือรังสรรค์ขึ้นใหม่

recriminate (ริคริม' มะเนท) *vt., vi.* **-nated, -nating** ฟ้องกลับ, ด่ากันไปมา

recruit (ริครูท') *v.* **-cruited, -cruiting** *-vt.* เกณฑ์ทหาร, หาคนมาทำงาน, หาสมาชิกเพิ่ม, เติมเต็ม, บำรุง *-vi.* เสริมกำลัง, ทดแทน *-n.* ทหารเกณฑ์ใหม่, คนที่เข้าทำงานใหม่, สมาชิกใหม่ **-recruitment** *n.* (**-S.** (n.) beginner)

A B C D E F G H I J K L M N O P Q R S T U V W X Y Z

rectangle (เรค' แทงเกิล) *n.* สี่เหลี่ยมผืนผ้า
rectangular (เรคแทง' กยะเลอร์) *adj.* เป็นรูปสี่เหลี่ยมมุมฉาก, เป็นรูปสี่เหลี่ยมผืนผ้า
rectify (เรค' ทะไฟ) *vt.* **-fied, -fying** แก้ไข, กลั่น, แปลง (กระแสไฟฟ้าสลับ) ให้เป็นกระแสตรง **-rectification** *n.* **-rectifier** *n.*
rectilinear (เรคทะลิน' เนียร์) *adj.* ซึ่งเคลื่อนเป็นเส้นตรง, ที่ประกอบด้วยหรือล้อมรอบด้วยเส้นตรง, เป็นเส้นตรง **-rectilinearly** *adv.*
rector (เรค' เทอร์) *n.* อธิการบดี, บาทหลวง
rectum (เรค' เทิม) *n., pl.* **-tums/-ta** ทวารหนัก
recumbent (ริคัม' เบินท์) *adj.* เอกเขนก
recuperate (ริคู' พะเรท, -คยู'-) *vi., vt.* **-ated, -ating** ฟื้นตัว (**-S.** recover)
recur (ริเคอร์') *vi.* **-curred, -curring** เกิดขึ้นอีก, คิดขึ้นมาอีก **-recurrence** *n.*
recurring/repeating decimal เศษทศนิยมไม่รู้จบ เช่น 0.1111...
★**recycle** (รีไซ' เคิล) *vt.* **-cled, -cling** นำกลับมาใช้อีก **-recyclable** *adj., n.*
★**red** (เรด) *n.* สีแดง, ชุดสีแดง *-adj.* **redder, reddest** แดงเหมือนเลือด, มีสีออกแดงๆ, เป็นอินเดียนแดง **-in the red** เป็นหนี้ **-Red** คอมมิวนิสต์
red carpet พรมสีแดงที่ใช้ปูลาดไปตามทางเดินเพื่อเป็นเกียรติแก่แขกคนสำคัญ
Red Cross กาชาด
redden (เรด' เดิน) *vt., vi.* **-dened, -dening** (หน้า) แดง, ทำให้เป็นสีแดง
reddish (เรด' ดิช) *adj.* เป็นสีแดงเรื่อๆ
redeem (ริดีม') *vt.* **-deemed, -deeming** ไถ่คืน, กู้คืน, ชำระ, แลกเปลี่ยน, เปลี่ยนเป็นเงินสด, พ้นจากบาป, ชดเชย, ชดใช้, ทดแทน, ปลดเปลื้อง, ผ่อนหนักให้เป็นเบา, แก้ไข **-redeemable** *adj.* (**-S.** free, ransom, repossess)
redemption (ริเดมพ' ชัน) *n.* การไถ่ถอน, การแบ่งเบา, การบรรเทา, การไถ่ตัว, การไถ่บาปให้แก่มวลมนุษย์ของพระเยซูคริสต์
redeploy (รีดิพลอย') *vt.* **-ployed, -ploying** ย้ายแนวรบ, ปรับเปลี่ยน **-redeployment** *n.*
red-handed (เรด' แฮน' ดิด) *adv., adj.* (จับได้) คาหนังคาเขา **-red-handedly** *adv.*
red-hot (เรด' ฮอท) *adj.* (เหล็ก) ร้อนจนแดง, ร้อนระอุ, ร้อนรุ่ม, ใหม่มาก
red-letter (เรด' เลท' เทอร์) *adj.* (วัน) ที่มีค่าและมีความสุขน่าจดจำ (มาจากวันหยุดต่างๆ เช่น เสาร์ อาทิตย์ และวันนักขัตฤกษ์ที่ในปฏิทินจะใช้สีแดงเป็นสัญลักษณ์)
redolent (เรด' เดิลเลินท์) *adj.* มีกลิ่นหอม, ที่ชวนให้นึกถึง (**-S.** aromatic, suggestive)
redouble (รีดับ' เบิล) *vt., vi.* **-bled, -bling** ทวีคูณ, ซ้ำ (**-S.** double, repeat)
redress (*v.* ริเดรซ', *n.* ริเดรซ', รี' เดรซ) *vt.* **-dressed, -dressing** เยียวยา, แก้ไข, ชดใช้, ปรับปรุง, จัดให้เรียบร้อย *-n.* การกระทำดังกล่าว, การดัดสันดาน, ค่าเสียหาย (**-S.** (v.) rectify (n.) amends, compensation)
red tape กฎระเบียบที่เคร่งครัดของทางการ
★**reduce** (ริดูซ', -ดยูซ') *vt., vi.* **-duced, -ducing** ลดลง, น้อยลงไป, ทำให้ลดน้อยลง, เอาชนะ, พิชิต, ปราบ, ทำให้อ่อนแอ, ทำให้กำลังใจเหือดแห้งไป, บังคับ, เกณฑ์, ลดชั้น, ลดตำแหน่ง, เจือจางลง, ปั่น, จัดเรียงตามลำดับ, จัดให้เป็นระเบียบ, แทนค่าให้ดูง่ายขึ้นโดยไม่เปลี่ยนค่าในวิชาคณิตศาสตร์, รักษา **-reduction** *n.* (**-S.** decrease, lower **-A.** increase, promote)
redundant (ริดัน' เดินท์) *adj.* มากมายเกินควร **-redundancy** *n.* (**-S.** superfluous, wordy)
reed (รีด) *n.* ไม้จำพวกต้นกกหรือต้นอ้อ, ไม้จำพวกหญ้าที่ขึ้นในน้ำ มีลำต้นกลวง ใบใหญ่, ก้านและใบของไม้ดังกล่าว, ขลุ่ย, ปี่, ลิ้นที่ใส่ในเครื่องดนตรีที่ใช้เป่า
reef[1] (รีฟ) *n.* แนวหิน แนวสันทรายหรือแนวปะการังที่โผล่ขึ้นมาใกล้หรือเหนือผิวน้ำ, ทางแร่
reef[2] (รีฟ) *n.* ส่วนของใบเรือที่ม้วนหรือพับเก็บได้
reek (รีค) *vt., vi.* **reeked, reeking** พ่นควัน, พ่นไอ, นำไปรมควัน, ส่ง (กลิ่น) *-n.* กลิ่นคาว, กลิ่นคละคลุ้ง, กลิ่นสาบ, ไอน้ำ **-reeky** *adj.*
reel[1] (รีล) *n.* หลอดด้าย, ม้วนฟิล์มหรือเชือก, รอก, ฟิล์มหรือเชือกที่พันไว้หนึ่งม้วน, ใบมีดเครื่องตัดหญ้า *-vt.* **reeled, reeling** พันรอบ, ม้วนหรือคลายออกจากม้วน, ชักรอก **-reel off** ท่องได้อย่างไม่ติดขัด (**-S.** (n., v.) roll)
reel[2] (รีล) *vi., vt.* **reeled, reeling** โซเซ, เสียสมดุล, วิงเวียน *-n.* การเดินโซเซ, การเต้นรำจังหวะรวดเร็วแบบดั้งเดิมของสกอตแลนด์หรือแบบลูกทุ่งอเมริกัน (**-S.** (v., n.) spin)
reenforce, re-enforce (รีอินฟอร์ซ', -โฟร์ซ') *v.* ดู reinforce
reengineering (รีเอนจะเนีย' ริง) *n.* การรื้อปรับระบบ
reentry, re-entry (รีเอน' ทรี) *n., pl.* **-tries** การกลับเข้ามาอีกครั้ง, การกลับเข้าสู่บรรยากาศของโลกอีกครั้งของกระสวยอวกาศ

ref. ย่อจาก reference การอ้างถึง

refectory (ริเฟค' ทะรี) *n., pl.* **-ries** โรงอาหาร

★**refer** (ริเฟอร์') *v.* **-ferred, -ferring** *-vt.* อ้างถึง, อ้างอิง, ยกมาอ้าง, เสนอ, หาดูความหมาย (ในพจนานุกรม), แนะให้ไปหาดู (ในหนังสือ), แนะนำว่าให้ไปพบ (ผู้เชี่ยวชาญ) *-vi.* เกี่ยวกับ, ในเรื่อง, เกี่ยวข้อง, พาดพิง, เป็นของ, อ้างอิง, มีที่มาให้อ้างอิงได้, พลิก (ดูที่หน้า...ในหนังสือ) **-referable** *adj.* (**-S.** mention, relate)

referee (เรฟฟะรี') *n.* ผู้ตัดสิน, กรรมการ

★**reference** (เรฟ' เฟอเรินซ์, เรฟ' เรินซ์) *n.* การอ้างอิง, การอ้างถึง, การพาดพิง, การอ้างที่มา, หมายเหตุในสิ่งพิมพ์, แหล่งที่มา, ผู้ค้ำประกัน, ใบรับรอง, หลักฐานอ้างอิง (**-S.** regard)

reference book หนังสืออ้างอิง

referendum (เรฟฟะเรน' เดิม) *n., pl.* **-dums/-da** การลงประชามติ

★**refill** (*v.* รีฟิล', *n.* รี' ฟิล) *vt.* **-filled, -filling** เติมใหม่ *-n.* สิ่งที่ใช้เติมในภาชนะเดิมที่หมดแล้ว, การเติมครั้งที่สองหรือครั้งต่อๆ ไป

refine (รีไฟน์') *v.* **-fined, -fining** *-vt.* ทำให้บริสุทธิ์, ขัดเกลา, ฟอก, ซัก, กลั่น, สกัด, ชำระ *-vi.* บริสุทธิ์, ปราศจากสิ่งปลอมปน, ได้รับการขัดเกลา, เป็นผู้ดีมีมารยาท, สละสลวย, มีความประณีต, ฉลาด, เต็มไปด้วยเล่ห์เหลี่ยม

refinery (ริไฟ' นะรี) *n., pl.* **-ies** โรงกลั่นน้ำมัน, โรงงานทำน้ำตาล

★**reflect** (ริเฟลคท์') *vt., vi.* **-flected, -flecting** สะท้อน, หันหรือวกกลับ, คิดอย่างหนัก (**-S.** echo)

★**reflection, reflexion** (ริเฟลค' ชัน) *n.* การสะท้อน, แสงที่สะท้อน, การพิจารณาอย่างระมัดระวัง, ความคิดหรือความเห็นที่เป็นผลมาจากการพิจารณาดังกล่าว, การตำหนิแบบมีชั้นเชิง, การตีวัวกระทบคราด, ผล, สิ่งที่ประจักษ์แก่สายตา, เงา, ผลสะท้อน

reflector (ริเฟลค' เทอร์) *n.* พื้นผิวที่สะท้อนแสงหรือเงาได้, พื้นน้ำ, กระจก, กล้องโทรทรรศน์ชนิดแสงสะท้อน ซึ่งรวมแสงจากวัตถุโดยใช้กระจกเว้า

reflex (*adj., n.* รี' เฟลคซ์, *v.* ริเฟลคซ์') *adj.* ซึ่งสะท้อนหรือวกกลับ, เป็นการกระทำหรือการตอบสนองโดยอัตโนมัติ *-n.* แสง, เงา, ผล, สำเนา, แบบที่ถอดออกมา, การตอบสนองแบบอัตโนมัติ, รูปแบบของคำที่สะท้อนหรือแทนตัวประธานโดยเขียนแตกต่างออกไปจากเดิม เช่น he เป็น himself *-vt.* **-flexed, -flexing** สะท้อนหรือวกกลับ, ย้อนกลับ

reflexion (ริเฟลค' ชัน) *n.* ดู reflection

reflexive (ริเฟลค' ซิฟว์) *adj.* ที่สะท้อนหรือย้อนกลับ, เกี่ยวกับแสงสะท้อนหรือเงา, เป็นไปเองโดยอัตโนมัติ, ซึ่งเป็นคำกริยาที่บอกให้รู้ว่าประธานและกรรมเป็นคนเดียวกัน เช่น I introduced myself., ซึ่งเป็นคำสรรพนามที่ชี้กลับไปที่ตัวประธานของกริยา เช่น I และ myself *-n.* กริยาและสรรพนามดังกล่าว

★**reform** (ริฟอร์ม') *vt., vi.* **-formed, -forming** ปรับปรุง, เปลี่ยนแปลง, แก้ไข, ปฏิรูป, ล้มล้าง (รัฐบาล), ลงโทษ, ดัดสันดาน, ว่ากล่าว *-n.* การปรับปรุง, การแก้ไข, การปฏิรูป *-adj.* เกี่ยวกับการเปลี่ยนแปลงดังกล่าว **-reformation** *n.* (**-S.** (v.) correct, improve **-A.** (v.) worsen)

re-form (รีฟอร์ม') *vt., vi.* **-formed, -forming** ร่าง ก่อหรือสร้างขึ้นอีกครั้ง, ตั้งหรือจัดใหม่

reformatory (ริฟอร์' มะทอรี, -โทรี) *n., pl.* **-ries** โรงเรียนหรือสถานดัดสันดาน

refract (ริแฟรคท์') *vt.* **-fracted, -fracting** หักเห (แสง) **-refractor** *n.*

refraction (ริแฟรค' ชัน) *n.* การหักเหของคลื่นใดๆ เช่น คลื่นแสงหรือเสียง เมื่อผ่านตัวกลางหนึ่งไปสู่อีกตัวกลางหนึ่งที่มีความหนาแน่นหรือความทึบต่างกัน **-refractional, refractive** *adj.*

refrain[1] (ริเฟรน') *vt., vi.* **-trained, -fraining** อดกลั้น, ละเว้น, หักห้าม (**-S.** restrain)

refrain[2] (ริเฟรน') *n.* ท่อนสร้อยในเพลงใช้ร้องซ้ำไปซ้ำมาคั่นเนื้อร้องท่อนอื่นๆ (**-S.** chorus)

★**refresh** (ริเฟรช') *vt., vi.* **-freshed, -freshing** ทำให้สดชื่นขึ้น, ทำให้สดใหม่, กระตุ้นให้ฟื้น, ตื่นตัว, เติมเต็มใหม่, รื้อฟื้น (**-S.** revive)

refresher (ริเฟรช' เชอร์) *n.* สิ่งที่ช่วยให้เกิดความสดชื่น เช่น เครื่องดื่ม

refresher course หลักสูตรเสริมความรู้

refreshing (ริเฟรช' ชิง) *adj.* ที่ให้ความสดชื่น

refreshment (ริเฟรช' เมินท์) *n.* ความสดชื่น, สิ่งที่ช่วยให้เกิดความสดชื่น เช่น อาหารและเครื่องดื่ม **-refreshments** อาหารว่างและเครื่องดื่ม

refrigerant (ริฟริจ' เจอเรินท์) *n.* วัตถุสำหรับให้ความเย็น เช่น ฟรีออนและแอมโมเนีย ใช้ในวงจรของเครื่องทำความเย็น เช่น ตู้เย็น เป็นของเหลวที่ระเหยได้ในอุณหภูมิต่ำ, ยาลดไข้

refrigerate (ริฟริจ' จะเรท) *vt.* **-ated, -ating** ให้ความเย็น, ถนอม (อาหาร) ด้วยการแช่เย็น

★**refrigerator** (ริฟริจ' จะเรเทอร์) *n.* ตู้เย็น

refuel (รีฟยู' เอิล) *vt., vi.* **-eled, -eling/-elled,**

-elling เติมน้ำมันอีก

refuge (เรฟ' ฟยูจ) *n.* ที่หลบภัย, ที่กำบัง, เครื่องป้องกัน (**-S.** protection, shelter)

★**refugee** (เรฟยูจี') *n.* ผู้ลี้ภัยสงคราม

refund (*v.* ริฟันด์', รี' ฟันด์, *n.* รี' ฟันด์) *vt., vi.* **-funded, -funding** จ่ายคืน, คืน *-n.* การจ่ายเงินคืน, เงินที่จ่ายคืน (**-S.** (v., n.) return)

★**refusal** (ริฟยู' เซิล) *n.* การปฏิเสธ

★**refuse**[1] (ริฟยูซ') *vt., vi.* **-fused, -fusing** ปฏิเสธ, บอกปัด (**-S.** deny **-A.** permit)

refuse[2] (เรฟ' ฟยูซ) *n.* ขยะ (**-S.** rubbish)

refute (ริฟยูท') *vt.* **-futed, -futing** พิสูจน์ว่าไม่จริง, โต้แย้ง, ไม่ยอมรับ **-refutable** *adj.*

regain (รีเกน') *vt.* **-gained, -gaining** ได้คืน, (ควบคุม) ได้อีกครั้ง, ฟื้น (**-S.** repossess)

regal (รี' เกิล) *adj.* เกี่ยวกับพระมหากษัตริย์, อย่างเจ้า, สง่า, ใจกว้าง (**-S.** royal **-A.** servile)

regale (ริเกล') *vt., vi.* **-galed, -galing** เลี้ยงอาหาร, ให้ความสนุกสนานเพลิดเพลิน *-n.* การเลี้ยงอาหารอย่างเอิกเกริก, อาหารอันโอชะ **-regalement** *n.* (**-S.** (v.) entertain (n., v.) feast)

regalia (ริเกล' ลยะ, -เก' เลีย) *n. pl.* ราชกกุธภัณฑ์, พระราชอำนาจแห่งกษัตริย์, ยศ

★**regard** (ริการ์ด') *vt., vi.* **-garded, -garding** พิจารณา, ถือว่า, ให้เกียรติ, นับถือ, เกี่ยวกับ, อ้างถึง, นึกถึง, คำนึงถึง, เห็นว่า, เคารพ, รู้สึกว่า, ดูแลเอาใจใส่ *-n.* การเพ่งดู, ความเอาใจใส่, ความนับถือ, ความเสน่หา, จุดหรือแง่มุมที่พิเศษ, สาเหตุ, เหตุผล, เจตนา, หน้าตา, รูปการณ์, ลักษณะภายนอกที่ปรากฏแก่สายตา **-as regards** ในเรื่องอันเกี่ยวกับ **-in/with regard to** อ้างถึง, เกี่ยวกับ **-regards** ความปรารถนาดี (**-S.** (v.) consider (n.) attention (v., n.) concern)

regardful (ริการ์ด' เฟิล) *adj.* ระมัดระวัง, ไม่ประมาท, มีความเคารพนับถือ (**-S.** careful)

regarding (ริการ์' ดิง) *prep.* อ้างถึง, เกี่ยวกับ, เนื่องจาก

regardless (ริการ์ด' ลิซ) *adv.* โดยไม่คำนึงถึง, โดยไม่ใส่ใจ *-adj.* อย่างไม่เอาใจใส่, โดยประมาท

regatta (ริกา' ทะ, -แกท' ทะ) *n.* การแข่งเรือ

regency (รี' เจินซี) *n., pl.* **-cies** ผู้สำเร็จราชการแผ่นดิน, ช่วงระยะเวลาที่ปกครองโดยผู้สำเร็จราชการ, ตำแหน่งผู้สำเร็จราชการ

regenerate (*v.* ริเจน' นะเรท, *n., adj.* -เนอริท) *v.* **-ated, -ating** *-vt.* แก้ไข, ปฏิรูป, ให้ชีวิตใหม่, ให้พลัง, สร้างเนื้อเยื่อใหม่ *-vi.* ก่อร่างหรือสร้างใหม่, เกิดใหม่, ดัดสันดาน *-n.* อวัยวะที่งอกขึ้นมาใหม่, ผู้ที่เกิดใหม่ในทางศาสนา *-adj.* เป็นการดัดนิสัย, ที่สร้างขึ้นใหม่หรือซ่อมแซม

regent (รี' เจินท์) *n.* ผู้สำเร็จราชการแทนกษัตริย์, ผู้ปกครอง, คณาจารย์

reggae (เรก' เก) *n.* ดนตรีที่มีลีลาสนุกสนานเป็นที่ถูกใจคนฟัง มีกำเนิดมาจากชาวจาเมกา

regicide (เรจ' จิไซด์) *n.* การปลงพระชนม์กษัตริย์, ผู้ปลงพระชนม์กษัตริย์ **-regicidal** *adj.*

★**regime, régime** (เรฌีม', ริ-) *n.* ระบบการปกครอง, วิถีชีวิตที่จะทำให้คุณภาพชีวิตดีขึ้น

regiment (*n.* เรจ' จะเมินท์, *v.* เรจ' จะเมนท์) *n.* หน่วยทหารราบที่มีอย่างน้อยสองกองพัน, กลุ่มคนจำนวนมาก *-vt.* **-mented, -menting** จัดให้เป็นระเบียบ, ปกครองอย่างเข้มงวด

★**region** (รี' เจิน) *n.* พื้นที่, บริเวณ, ขอบเขต, แคว้น, ภาค, ดินแดน, ถิ่น **-regional** *adj.*

★**register** (เรจ' จิสเตอร์) *n.* ทะเบียน, สมุดลงทะเบียน, การลงทะเบียน, การบันทึก, การขึ้นทะเบียน, ตะแกรงของเครื่องปรับอากาศ *-v.* **-tered, -tering** *-vt.* ลงทะเบียน, ขึ้นทะเบียน, จดทะเบียน, บันทึก, แสดงออกด้วยสีหน้าท่าทาง, บรรลุ, ได้มา, (เข็ม) ชี้บอก (**-S.** (n., v.) list, record)

registered mail/post ไปรษณีย์ลงทะเบียน

registrar (เรจ' จิสตราร์, เรจจิสตราร์') *n.* นายทะเบียน

registration (เรจจิสเตร' ชัน) *n.* การลงทะเบียน, การขึ้นทะเบียน, จำนวนคนที่ลงทะเบียน, การลงชื่อในทะเบียน, เอกสารรับรองการลงทะเบียน

registry (เรจ' จิสตรี) *n., pl.* **-tries** การจดทะเบียน, หอทะเบียน, หนังสือบันทึกทางการ

regress (*v.* ริเกรซ', *n.* รี' เกรซ) *vi.* **-gressed, -gressing** ถอยหลัง, ถดถอย, แย่ลง, เลวลง *-n.* การวกกลับ, การหันกลับ, การย้อนคืน

★**regret** (ริเกรท') *vt., vi.* **-gretted, -gretting** เสียใจ, ผิดหวัง, เสียดาย *-n.* ความโศกเศร้าอาลัยอาวรณ์, ความผิดหวัง (**-S.** (v.) bemoan)

regretful (ริเกรท' เฟิล) *adj.* ซึ่งเสียใจอย่างสุดซึ้ง

regrettable (ริเกรท' ทะเบิล) *adj.* น่าเศร้า, น่าเสียใจ, น่าเสียดาย **-regrettably** *adv.*

★**regular** (เรก' กยะเลอร์) *adj.* ตามปกติ, โดยปกติ, อย่างเคย, ตามธรรมเนียม, ตามระเบียบ, สม่ำเสมอ, มีส่วนสัดรับกัน, อย่างเป็นระยะ ๆ, มีกฎเกณฑ์, มั่นคง, คงที่, ถูกต้อง, เที่ยงตรง, (ภาษาพูด) เต็มที่ ละเอียดลออ ดี ประณีต, มีคุณสมบัติตรงตามงาน, ซึ่งอยู่ในรูปการผันกริยาตามปกติคือเติม -ed, (พระ) เคร่งศาสนา,

ซึ่งมีด้านและมุมเท่ากัน, ซึ่งเป็นกองทหารประจำการ *-n.* พระ, ทหารประจำการ, ผู้ที่มีความจงรักภักดี, ขนาดของเสื้อผ้าสำหรับคนทั่วไป, ลูกค้าขาประจำ **-regularity** *n.* **-regularly** *adv.* (**-S.** (adj.) usual **-A.** (adj.) irregular)

regular army กองทหารประจำการ

regularize (เรก' กยะละไรซ) *vt.* **-ized, -izing** ทำให้เป็นระเบียบ

regulate (เรก' กยะเลท) *vt.* **-lated, -lating** บังคับ, ตั้งกฎเกณฑ์, ตั้ง (เครื่องจักร) ให้ทำงานอย่างถูกต้อง, จัดระเบียบ, ควบคุม (**-S.** control)

★**regulation** (เรกกยะเล' ชัน) *n.* การออกกฎ, กฎหมาย, กฎเกณฑ์, บทบัญญัติ (**-S.** rule)

rehabilitate (รีฮะบิล' ลิเทท) *vt.* **-tated, -tating** บำบัด, ซ่อมแซม, คืนตำแหน่งให้, ให้สิทธิ์อีกครั้ง, คืนอิสรภาพให้, กู้คืน (**-S.** restore)

rehearsal (ริเฮอร' เซิล) *n.* การบรรยาย, การฝึกซ้อมก่อนแสดงจริง (**-S.** practice, reading)

rehearse (ริเฮิร์ซ') *vt., vi.* **-hearsed, -hearsing** ฝึกซ้อม, กำกับการฝึกซ้อม, ฝึกฝน, เล่า, บรรยาย, ระบุ, จาระไน (**-S.** narrate, train)

rehouse (รีเฮาซ') *vt., vi.* **-housed, -housing** ให้ไปอยู่ในบ้านใหม่

reign (เรน) *n.* การครองราชย์, รัชสมัย, ยุค, บารมี, ความยิ่งใหญ่ *-vi.* **reigned, reigning** ครองราชย์, เสวยราชย์, เป็นกษัตริย์, เข้าครอบงำ, เข้าปกคลุม (**-S.** (n.) dominion (v.) govern)

reimburse (รีอิมเบิร์ซ') *vt.* **-bursed, -bursing** คืนเงิน, ชดใช้ **-reimbursement** *n.*

rein (เรน) *n.* บังเหียน *-vt., vi.* **reined, reining** ดึงบังเหียน, บังคับด้วยบังเหียน (**-S.** (n., v.) bridle)

reincarnate (รีอินคาร' เนท) *vt.* **-nated, -nating** กลับชาติมาเกิด **-reincarnation** *n.*

reindeer (เรน' เดียร) *n., pl.* **-deer/-deers** กวางขนาดใหญ่ทางแถบขั้วโลกเหนือ มีเขาที่แผ่กิ่งก้านทั้งตัวผู้และตัวเมีย

reinforce, reenforce, re-enforce (รีอินฟอร์ซ', -โฟร์ซ') *vt.* **-forced, -forcing** เสริม, เพิ่มพลัง, บำรุง (**-S.** strengthen)

reinforced concrete คอนกรีตเสริมเหล็ก

reinforcement (รีอินฟอร์ซ' เมินท, -โฟร์ซ'-) *n.* การเสริมเพิ่มความแข็งแกร่ง, สิ่งที่ช่วยเสริมเพิ่มแรง **-reinforcements** ทหารกองหนุน

reinstate (รีอินสเตท') *vt.* **-stated, -stating** นำกลับเข้ารับตำแหน่งเดิมอีกครั้ง, ทำให้หายดีดังเดิม, นำกลับมาใช้ใหม่ **-reinstatement** *n.*

reiterate (รีอิท' ทะเรท) *vt.* **-ated, -ating** พูดซ้ำ, พูดย้ำ, ทำซ้ำๆ (**-S.** repeat)

★**reject** (*v.* ริเจคท', *n.* รี' เจคท) *vt.* **-jected, -jecting** ปฏิเสธ, บอกปัด, ต่อต้าน, พ่นออก *-n.* สินค้าที่ถูกปฏิเสธ, ผู้ที่หรือสิ่งที่ถูกปฏิเสธ **-rejection** *n.* (**-S.** (v.) deny **-A.** (v.) accept)

rejoice (ริจอยซ') *vi., vt.* **-joiced, -joicing** ดีใจ, ร่าเริง, มีความสุข (**-S.** delight)

rejoicing (ริจอย' ซิง) *n.* การเฉลิมฉลอง, ความรื่นเริง (**-S.** celebration)

rejoin[1] (ริจอยน') *v.* **-joined, -joining** *-vt.* ตอบ, โต้ตอบ, โต้แย้ง *-vi.* ตอบ (**-S.** reply)

rejoin[2] (รีจอยน') *vt., vi.* **-joined, -joining** กลับเข้าร่วมอีกครั้ง, รวมตัวกันใหม่ (**-S.** reunite)

rejoinder (ริจอยน' เดอร) *n.* คำโต้ตอบ

rejuvenate (ริจู' วะเนท) *vt.* **-nated, -nating** ทำให้กลับเป็นหนุ่มเป็นสาวหรือกระชุ่มกระชวย

relapse (*v.* ริแลพซ', *n.* รี' แลพซ, ริแลพซ') *vi.* **-lapsed, -lapsing** เสื่อมหรือทรุดลง, แย่ลง *-n.* การกลับทรุดลง (**-S.** (v.) regress)

★**relate** (ริเลท') *v.* **-lated, -lating** *-vt.* บอก, เล่า, บรรยาย, เชื่อมโยง *-vi.* มีความเกี่ยวข้อง, เข้ากันได้ (**-S.** connect, tell **-A.** separate)

related (ริเล' ทิด) *adj.* เกี่ยวข้อง, มีส่วนร่วม, เป็นญาติกัน, เกี่ยวดองกัน, เป็นสามีภรรยากัน **-relatedly** *adv.* (**-S.** connected)

★**relation** (ริเล' ชัน) *n.* ความสัมพันธ์, ความเกี่ยวข้องกัน, ความเกี่ยวดอง, ความเกี่ยวเนื่อง, ความเป็นญาติ, ญาติพี่น้อง, การเล่าหรือบรรยาย, คำอธิบาย, คำชี้แจง **-in relation to** เมื่อเปรียบเทียบกับ **-relations** ความสัมพันธ์ซึ่งกันและกัน, การมีเพศสัมพันธ์ **-relationship** *n.* (**-S.** recitation, reference **-A.** independence)

★**relative** (เรล' ละทิฟว) *adj.* เกี่ยวข้อง, โดยเปรียบเทียบกับสิ่งอื่น, เป็นประพันธสรรพนาม, ซึ่งขึ้นอยู่กับสิ่งอื่น *-n.* ญาติ, คู่สามีภรรยา, สิ่งที่เกี่ยวพันกับสิ่งอื่น, ประพันธสรรพนาม

relative clause อนุประโยค

★**relatively** (เรล' ละทิฟวลี) *adv.* โดยเปรียบเทียบ

relative pronoun ประพันธสรรพนาม

relativity (เรลละทิฟ' วิที) *n.* ความสัมพันธ์, ทฤษฎีสัมพัทธภาพ

★**relax** (ริแลคซ') *vt., vi.* **-laxed, -laxing** ทำให้ผ่อนคลาย **-relaxation** *n.* (**-S.** loosen)

relay (*n.* รี' เล, *v.* รี' เล, ริเล') *n.* การผลัดเปลี่ยน, การวิ่งผลัด, พนักงานผลัดเปลี่ยน, ม้าที่เอาไว้เปลี่ยนกับตัวที่หมดแรง, เครื่องถ่ายทอดสัญญาณ *-vt.* **-layed, -laying** ถ่ายทอด

A B C D E F G H I J K L M N O P Q R S T U V W X Y Z

(ข้อความ สัญญาณ), ผลัดเปลี่ยน (-**S.** (n., v.) turn (v.) transmit)
relay race กีฬาวิ่งผลัด
★**release** (ริลีซ') *vt.* **-leased, -leasing** ปล่อย, ปลดปล่อย, ไล่ออก (จากงาน), ปลดเปลื้องหนี้สิน, โล่งใจ, พ้นทุกข์, ออกแสดง, ออกขาย, โฆษณา, สละ, ยกเลิก *-n.* การปลดปล่อย, การให้อิสรภาพ, การปลดเปลื้อง, การออกฉายของภาพยนตร์, การออกวางจำหน่าย, การสละสิทธิ์, การยกเลิกข้อเรียกร้อง, เอกสารอนุมัติการยกเลิกหรือสละสิทธิ์ (-**S.** (v.) free -**A.** (v.) fasten)
relegate (เรล' ลิเกท) *vt.* **-gated, -gating** จำแนก, เสนอ, เนรเทศ, ขับไล่, กำจัด
relent (ริเลนท์') *vi.* **-lented, -lenting** ผ่อนผัน, ยกโทษให้, กรุณา (-**S.** soften)
relentless (ริเลนท์' ลิซ) *adj.* เข้มงวด
★**relevant** (เรล' ละเวินท์) *adj.* ซึ่งตรงกับ (เรื่อง), ซึ่งเกี่ยวข้อง, ซึ่งสัมพันธ์กัน, ซึ่งเข้าเรื่องกัน
★**reliable** (ริไล' อะเบิล) *adj.* ไว้ใจได้, เชื่อถือได้
reliant (ริไล' เอินท์) *adj.* สุดแล้วแต่, ขึ้นอยู่กับ
relic (เรล' ลิค) *n.* ของเก่า, ธรรมเนียมประเพณี, อัฐิหรือเส้นผมของผู้ตายที่เก็บไว้บูชา **-relics** ศพ, ซาก (-**S.** memento)
★**relief** (ริลีฟ') *n.* การปลดเปลื้อง, สิ่งที่ช่วยบรรเทา, ความโล่งใจ, การสงเคราะห์, การเปลี่ยนเวรยาม, ยามที่มาเปลี่ยนเวร, การพักจากการทำงาน, รูปแกะสลักที่นูนขึ้นมาจากพื้นหลัง, ความนูนสูงๆ ต่ำๆ บนพื้นผิวโลก, ความเด่นอันเนื่องมาจากความแตกต่างกัน, การผ่อนผัน (-**S.** aid)
★**relieve** (ริลีฟว์') *vt.* **-lieved, -lieving** บรรเทาหรือทุเลาลง, ช่วยเหลือ, ปลดปล่อย, ปลดเปลื้อง, นิรโทษ, ผ่อนผัน, ผลัดเวรยาม, คลายลง, ทำให้เด่นสะดุดตาโดยการทำให้แตกต่างกัน, (ภาษาพูด) ปล้นคร่าเอาไป ถอด (ยศ) ตัด (สิทธิ์) กีดกัน **-relieve oneself** ถ่ายอุจจาระหรือปัสสาวะ (-**S.** help, soothe -**A.** burden)
★**religion** (ริลิจ' เจิน) *n.* ศาสนา, ความเชื่อและนับถือในอำนาจที่อยู่เหนือธรรมชาติ
★**religious** (ริลิจ' เจิซ) *adj.* เกี่ยวกับศาสนา, เคร่งศาสนา, ซึ่งเชื่อในพระเจ้าหรือสิ่งศักดิ์สิทธิ์, เคร่งครัด *-n., pl.* **-gious** พระ, แม่ชี **-religiously** *adv.* **-religiousness** *n.* (-**S.** (adj.) strict)
relinquish (ริลิง' ควิช) *vt.* **-quished, -quishing** เลิก, ละ, สละ, ปล่อย, ยกเลิก, เลิกล้ม, ยอมจำนน, ละทิ้ง **-relinquishment** *n.* (-**S.** quit)
relish (เรล' ลิช) *n.* ความกระหายใคร่จะ (ลิ้มลอง), ความมีรสชาติ, สิ่งที่ใช้เรียกน้ำย่อย *-v.* **-ished, -ishing** *-vt.* กระหาย, อยาก *-vi.* มีรสดี (-**S.** (n.) appetizer -**A.** (n.) distaste)
relive (รีลิฟว์') *v.* **-lived, -living** *-vt.* รำลึกถึงความทรงจำครั้งเก่า *-vi.* กลับมามีชีวิตอีกครั้ง
relocate (รีโล' เคท) *vt., vi.* **-cated, -cating** ย้ายไปที่ใหม่ **-relocation** *n.*
reluctant (ริลัค' เทินท์) *adj.* ไม่เต็มใจ **-reluctantly** *adv.* **-reluctance, reluctancy** *n.*
★**rely** (ริไล') *vi.* **-lied, -lying** พึ่งพา, ไว้ใจ
★**remain** (ริเมน') *vi.* **-mained, -maining** เหลืออยู่, ยังคงเป็น (อย่างเดิม), ยังต้องรอดูกันต่อไป, ยืนยง, ฝังแน่น (-**S.** continue -**A.** depart)
remainder (ริเมน' เดอร์) *n.* ส่วนที่เหลือ, เศษที่เหลือจากการหารหรือลบ (-**S.** rest)
remains (ริเมนซ์') *n. pl.* ซาก, ศพ, เศษ
remake (*v.* รีเมค', *n.* รี' เมค) *vt.* **-made, -making** ทำใหม่ *-n.* การทำใหม่
★**remark** (ริมาร์ค') *v.* **-marked, -marking** *-vt.* ออกความเห็น, สังเกต, มองดู, คอยดู *-vi.* ตั้งข้อสังเกต *-n.* การสังเกต, การเฝ้าดู, ความเห็น, ข้อสังเกต (-**S.** (v., n.) comment)
remarkable (ริมาร์' คะเบิล) *adj.* น่าสังเกต, น่าทึ่ง, แปลก, ไม่ธรรมดา (-**S.** wonderful)
remedial (ริมี' เดียล) *adj.* เป็นการรักษา, เป็นการฝึกฝนและพัฒนาในทักษะต่างๆ ที่ด้อย
remedy (เรม' มิดี) *n., pl.* **-dies** ยา, สิ่งที่ใช้แก้ไข, การแก้ไข *-vt.* **-died, -dying** เยียวยา, รักษา, บรรเทา, แก้ไข, ขจัด **-remediable** *adj.* (-**S.** (n., v.) cure -**A.** (v.) sicken)
★**remember** (ริเมม' เบอร์) *v.* **-bered, -bering** *-vt.* จดจำไว้, จำได้, นึกขึ้นได้, อย่าลืม, ฝากความคิดถึง, นึกถึง, เตือนใจ *-vi.* มีความทรงจำ, ใช้ความทรงจำ (-**S.** recall -**A.** forget)
remembrance (ริเมม' เบรินซ์) *n.* การจดจำ, ความทรงจำ, ความระลึกถึง, ความคิดถึง, อนุสรณ์, เครื่องเตือนใจ, ของที่ระลึก, ข้อจดจำรำลึก (-**S.** memorial, memory, souvenir)
★**remind** (ริไมน์ด์') *vt.* **-minded, -minding** เตือนใจ, ทำให้นึกถึง, เตือนให้ไม่ลืม
reminder (ริไมน์' เดอร์) *n.* สิ่งเตือนใจ, เครื่องเตือนความทรงจำ, ใบเตือน, จดหมายเตือน
reminisce (เรมมะนิซ') *vi.* **-nisced, -niscing** รื้อฟื้นอดีต, รำลึกอดีต **-reminiscer** *n.*
reminiscence (เรมมะนิซ' เซินซ์) *n.* การหวนระลึกถึงอดีต, ความทรงจำ, เหตุการณ์ที่เตือนให้นึกถึงอดีต **-reminiscent** *adj.* (-**S.** review)
remiss (ริมิซ') *adj.* ละเลย, ประมาท, ขาดวินัย,

เฉื่อยชา, บกพร่อง (-S. neglectful -A. careful)
remission (ริมิช' ชัน) *n.* การลดหย่อนผ่อนโทษ, การยกหนี้หรือโทษให้, การส่งคดีกลับ
remit (ริมิท') *vt., vi.* **-mitted, -mitting** ส่ง (เงิน), ยกเลิก, ละเว้น, ยกโทษ (-S. forgive, postpone, send -A. condemn, hold)
remittance (ริมิท' เทินซฺ) *n.* การส่งเงินให้แก่ผู้ที่อยู่ไกล, จำนวนเงินที่ส่ง (-S. payment)
remnant (เรม' เนินทฺ) *n.* ส่วนที่เหลือ, เศษผ้า
remonstrate (ริมอน' สเตรท) *vt., vi.* **-strated, -strating** คัดค้าน **-remonstrance** *n.*
remorse (ริมอรฺซ') *n.* ความรู้สึกผิดและเสียใจในความผิดที่ได้กระทำไป **-remorseful** *adj.*
remorseless (ริมอรฺซ' ลิซ) *adj.* โหดร้าย
remote (ริโมท') *adj.* **-moter, -motest** ซึ่งอยู่อย่างสันโดษ, ที่อยู่ไกล, นานมาแล้ว, เลือนราง, เป็นญาติห่างๆ, เหินห่าง, ซึ่งควบคุมจากที่ห่างไกล (-S. distant, faint -A. near)
remote control การควบคุมหรืออุปกรณ์ที่ใช้ควบคุมเครื่องยนต์กลไกหรือเครื่องไฟฟ้าจากระยะไกล
removal (ริมู' เวิล) *n.* การย้าย, การปลด
★**remove** (ริมูฟว') *v.* **-moved, -moving** *-vt.* เคลื่อนย้าย, ย้าย, เอาออกไป, ถอนออกไป, กำจัด, ขับไล่, ตัด, ปลด, ถอด *-vi.* ย้าย, แยกไป, จากไป, เคลื่อนย้ายได้ *-n.* การเคลื่อนย้าย, การปลด, ระยะความห่าง (-S. (v.) eliminate, transfer)
removed (ริมูฟวฺดฺ') *adj.* ห่างไกล, เหินห่าง
remunerate (ริมยู' นะเรท) *vt.* **-ated, -ating** ชดใช้, ตอบแทน (-S. recompense)
remunerative (ริมยู' เนอระทิฟวฺ, -นะเรทิฟวฺ) *adj.* ที่ให้ผลตอบแทน, มีกำไร (-S. profitable)
renaissance (เรนนิซานซฺ', -ซานซ์') *n.* การกลับมาอีกครั้ง, การฟื้นฟู **-Renaissance** ยุคฟื้นฟูศิลปวิทยาการของยุโรป ช่วงศตวรรษที่ 14-16 (-S. rebirth, re-entry, revival)
renal (รี' เนิล) *adj.* เกี่ยวกับไต
rend (เรนดฺ) *vt., vi.* **rent/rended, rending** ฉีก, ตีอกชกหัว, กระชาก, ดึง, บิด, ใช้เสียงแหลมเสียดแทง, ทำให้เจ็บปวดหรือเป็นทุกข์ (-S. tear)
render (เรน' เดอรฺ) *vt.* **-dered, -dering** ให้, เสนอ, จัดหาให้, ใช้คืน, ตอบแทน, ยอมแพ้, พรรณนา, แปล, แจ้ง, ทำให้เป็น (เช่นนั้นเช่นนี้), ละลายด้วยความร้อน, ฉาบด้วยปูนปลาสเตอร์หรือซีเมนต์ **-rendition** *n.* (-S. return)
rendezvous (ราน' เดวู, -ดะ-) *n., pl.* **-vous** (-วูซฺ) การนัดพบ, จุดหรือที่นัดพบ, ที่ที่คนชอบไปชุมนุมกัน *-vt., vi.* **-voused** (-วูดฺ), **-vousing** (-วูอิง) ชุมนุมกัน (-S. (n.) meeting)
renegade (เรน' นิเกด) *n.* คนเปลี่ยนศาสนา, คนละทิ้งหน้าที่, คนหนีทัพ, คนนอกกฎหมาย, คนนอกคอก, กบฏ (-S. deserter)
renew (รินู', -นยู') *vt., vi.* **-newed, -newing** ซ่อมแซม, เข้าครองดังเดิม, ยืนยัน, ทำให้ฟื้นขึ้นมาอีก, ยืดเวลาการกู้ยืม, เติมให้เต็มอีกครั้ง, สร้างหรือตั้งขึ้นใหม่ **-renewal** *n.* (-S. restore)
renounce (ริเนานซฺ') *vt.* **-nounced, -nouncing** ประกาศยกเลิก, ปฏิเสธ, บอกปัด, สละ (สิทธิ์), ประกาศตัด (ญาติ) (-S. reject)
renovate (เรน' นะเวท) *vt.* **-vated, -vating** ปฏิสังขรณ์, ซ่อม, สร้างใหม่, บูรณะ, ฟื้นฟู **-renovation** *n.* **-renovator** *n.* (-S. renew)
renown (ริเนานฺ') *n.* กิตติศัพท์ (-S. reputation)
renowned (ริเนานดฺ') *adj.* มีชื่อเสียง
★**rent**[1] (เรนทฺ) *n.* ค่าเช่า *-vt., vi.* **rented, renting** เช่า, ให้เช่า (-S. (n.) payment (v.) lease)
rent[2] (เรนทฺ) *v.* กริยาช่อง 2 และ 3 ของ rend *-n.* รอยปริ, รอยร้าว (-S. (n.) separation)
rental (เรน' เทิล) *n.* ค่าเช่า, ทรัพย์สินที่ให้เช่า, การเช่า, ที่ที่มี (รถ) ให้เช่า, บัญชีรายชื่อผู้เช่าและตารางการเช่า *-adj.* ซึ่งมีไว้ให้เช่า
rent-free (เรนทฺ' ฟรี') *adj., adv.* ไม่เสียค่าเช่า
renunciation (รินันซีเอ' ชัน) *n.* การประกาศยกเลิก, การประกาศตัด (ญาติ), การประกาศสละ (สิทธิ์) **-renunciative, renunciatory** *adj.*
reopen (รีโอ' เพิน) *vt., vi.* **-pened, -pening** เปิดใหม่, เข้าครองอีกครั้ง (-S. restart)
reorganize (รีออรฺ' กะไนซฺ) *vt., vi.* **-ized, -izing** รวบรวมขึ้นใหม่, วางแนวทางใหม่, จัดตั้งขึ้นใหม่, ปรับโครงสร้างองค์กรใหม่
★**repair** (ริแพรฺ') *vt., vi.* **-paired, -pairing** ซ่อมแซม, แก้ไข, ปรับปรุง, คืนความกระปรี้กระเปร่า *-n.* การซ่อมแซม, สิ่งที่ได้รับการซ่อมแซม **-reparable, repairable** *adj.*
reparation (เรพพะเร' ชัน) *n.* การซ่อมแซม, การปฏิสังขรณ์, การล้าง (บาป), การชดใช้, สิ่งที่ทำเพื่อเป็นการชดเชย, เงินค่าเสียหาย, ค่าทำขวัญ (-S. compensation, renovation)
repartee (เรพเพอรฺที', -เท', -พารฺ-) *n.* การพูดโต้ตอบอย่างมีไหวพริบ (-S. retort)
repast (ริแพซทฺ') *n.* อาหาร (-S. food)
repatriate (*v.* รีเพ' ทรีเอท, *n.* -อิท, -เอท) *vt.* **-ated, -ating** ส่งกลับถิ่นเดิม *-n.* ผู้ถูกส่งกลับ
repay (ริเพ') *vt., vi.* **-paid, -paying** จ่ายคืน,

A B C D E F G H I J K L M N O P Q R S T U V W X Y Z

ชดใช้, ตอบแทน **-repayment** *n.* (**-S.** refund)
repeal (ริพีล') *vt.* **-pealed, -pealing** ยกเลิก *-n.* การยกเลิก (**-S.** (v.) cancel (n.) withdrawal)
★**repeat** (ริพีท') *vt., vi.* **-peated, -peating** กล่าวซ้ำ, พูดอีก, ว่าตาม, พูดตาม, ทวนคำพูด, ท่อง, บอกต่อ, ซ้ำรอย, ทำซ้ำ, ย้ำ *-n.* การกล่าวซ้ำ, สิ่งที่ทำซ้ำๆ, การพูดตาม, ท่อนสร้อยในเพลงที่ใช้ร้องซ้ำๆ (**-S.** (v.) recite)
repeating decimal ดู recurring decimal
repel (ริเพล') *vt., vi.* **-pelled, -pelling** ขับไล่, ต่อต้าน, ทำให้สะอิดสะเอียน (**-S.** resist)
repellent, repellant (ริเพล' เลินท์) *adj.* น่ารังเกียจ, น่าขยะแขยง, กัน (น้ำ)
repent (ริเพนท์) *vi., vt.* **-pented, -penting** กลับมาเสียใจภายหลัง, เสียดาย (**-S.** regret)
repercussion (รีเพอร์คัช' ชัน, เรพ' เพอร์-) *n.* ผลกระทบ, การสะท้อนกลับ, เสียงสะท้อน
repertoire (เรพ' เพอร์ทวาร์) *n.* บทเพลงหรือบทละครที่เก็บสะสมเตรียมไว้เล่น
repertory (เรพ' เพอร์ทอรี, -โทรี) *n., pl.* **-ries** การแสดงละครโดยผู้แสดงชุดเดิม ในโรงละครแห่งเดิมติดต่อกันหลายวัน, โรงละคร, กลุ่มผู้แสดงละครในโรงละคร, คลัง, โกดัง, สิ่งที่เก็บสะสมไว้ (**-S.** repository)
repertory company คณะละครที่แสดงติดต่อกันในช่วงฤดูกาลหนึ่งๆ โดยแสดงละครหลายเรื่องสลับสับเปลี่ยนกันไป
repetition (เรพพิทิช' ชัน) *n.* การทำซ้ำๆ
repetitious (เรพพิทิช' เชิซ) *adj.* ซ้ำซาก
repetitive (ริเพท' ทิทิฟว์) *adj.* เป็นการทำซ้ำๆ, อย่างซ้ำๆ **-repetitively** *adv.*
★**replace** (ริเพลซ') *vt.* **-placed, -placing** เอามาไว้ที่เดิม, แทนที่, เปลี่ยน (ยาง), คืนเงินให้ **-replacement** *n.* (**-S.** repay, substitute)
replay (รีเพล') *vt.* **-played, -playing** เล่น (เทป) ใหม่อีกครั้ง
replenish (ริเพลน' นิช) *vt., vi.* **-ished, -ishing** เติม, ทำให้สมบูรณ์, ดลใจ, ก่อให้เกิด, บำรุงเลี้ยง **-replenishment** *n.* (**-S.** refill)
replete (ริพลีท') *adj.* อุดมสมบูรณ์, หนาแน่น
replica (เรพ' พลิคะ) *n.* รูปหรือแบบจำลอง
★**reply** (ริไพล') *vi., vt.* **-plied, -plying** ตอบ, โต้ตอบ *-n., pl.* **-plies** คำตอบ, การโต้ตอบ
★**report** (ริพอร์ท', -โพร์ท') *n.* รายงาน, ข่าวเล่าลือ, ชื่อเสียง, กิตติศัพท์, เรื่องซุบซิบนินทา, เสียงระเบิดกึกก้องหรือเสียงปืน *-v.* **-ported, -porting** *-vt.* รายงาน, แจ้ง, นำเสนอ, เขียนรายงานหรือสรุปย่อ, ฟ้องร้อง, ปรักปรำ, ติเตียน *-vi.* ทำรายงาน, เป็นผู้สื่อข่าว, รายงานตัว
reporter (ริพอร์' เทอร์, -โพร์'-) *n.* ผู้สื่อข่าว
repose (ริโพซ') *n.* การพักผ่อน, ความสบายใจ, ความสงบ, ความมีสติ, ความสุขุม *-vt., vi.* **-posed, -posing** นอน, พักผ่อน, นอนตาย, ไว้วางใจ (**-S.** (n.) peace (v.) relax)
repository (ริพอซ' ซิทอรี, -โทรี) *n., pl.* **-ries** ที่เก็บของ, คลัง, โกดัง, พิพิธภัณฑ์, หลุมฝังศพ, สุสาน, ฮวงซุ้ย, ผู้กุมความลับ
reprehend (เรพพริเฮนด์') *vt.* **-hended, -hending** ดุด่าว่ากล่าว, ตำหนิติเตียน
reprehensible (เรพพริเฮน' ซะเบิล) *adj.* น่าตำหนิ, เลวมาก, มีความผิด, ควรรับผิด
★**represent** (เรพพริเซนท์') *vt.* **-sented, -senting** ใช้หมายถึง, เป็นสัญลักษณ์แทน, เป็นตัวแทน, เป็นผู้แทน, เล่นบทเป็น (พระเอก)
★**representative** (เรพพริเซน' ทะทิฟว์) *n.* ตัวแทน, ผู้แทน, สมาชิกสภาผู้แทนราษฎร, ตัวอย่าง *-adj.* เป็นตัวแทน ผู้แทนหรือตัวอย่าง
repress (ริเพรซ') *vt., vi.* **-pressed, -pressing** ระงับ, ควบคุม, สะกดกลั้น, ปราบปราม (**-S.** control, suppress **-A.** support)
repressive (ริเพรซ' ซิฟว์) *adj.* ทารุณ, กดขี่
reprieve (ริพรีฟว์') *vt.* **-prieved, -prieving** ยกเลิกโทษประหารชีวิต, ยกเลิกการทำโทษ, เลื่อนการทำโทษออกไป, บรรเทา, ลดหย่อน *-n.* คำสั่งหรือการให้เลื่อนหรือยกเลิกการประหารชีวิต, การผัดผ่อน (**-S.** (n.) suspension)
reprimand (เรพ' ระแมนด์) *vt.* **-manded, -manding** ด่า, ตำหนิ, เตือน *-n.* การกระทำดังกล่าว (**-S.** (v., n.) blame, censure)
reprint (*n.* รี' พรินท์, *v.* รีพรินท์') *n.* หนังสือที่ได้รับการพิมพ์เพิ่มเติมหรือพิมพ์ใหม่ *-vt.* **-printed, -printing** พิมพ์ใหม่, พิมพ์เพิ่ม
reprisal (ริไพร' เซิล) *n.* การแก้แค้น, การตอบแทนให้สาสม, การแก้เผ็ด (**-S.** revenge)
reproach (ริโพรช') *vt.* **-proached, -proaching** รังเกียจ, ต่อว่า, ดุด่า, ตักเตือน, ตำหนิ, ทำให้เสื่อมเสียหรือขายหน้า *-n.* การตำหนิ, การดุด่า, ความเสื่อมเสีย, ความขายหน้า, ความอดสู, ความละอายใจ, สิ่งที่น่าขายหน้า (**-S.** (v., n.) blame, disgrace **-A.** (v., n.) praise)
reproachful (ริโพรช' เฟิล) *adj.* (สายตา) ซึ่งแสดงการตำหนิ **-reproachfully** *adv.*
★**reproduce** (รีพระดูซ', -ดยูซ') *v.* **-duced, -ducing** *-vt.* ทำสำเนา, จำลอง, ออก (ลูก),

ให้กำเนิด, ผลิต, แพร่ (พันธุ์), สร้างใหม่, เรียกกลับคืน, ให้ผลผลิต, ถอดแบบ **-reproduction** *n.* (**-S.** duplicate, generate **-A.** originate)

reproductive (รีพระดัค' ทิฟว่) *adj.* เกี่ยวกับการทำสำเนา, เป็นการถอดแบบ, เป็นการให้กำเนิด, มักจะให้ผลผลิต **-reproductively** *adv.*

reprove (ริพรูฟว่') *vt.* **-proved, -proving** ดุด่า, ตำหนิ **-reproof** *n.* (**-S.** blame **-A.** praise)

reptile (เรพ' ทิล, -ไทล) *n.* สัตว์เลื้อยคลาน, คนน่าชัง, คนอกตัญญู **-reptilian** *adj., n.*

★**republic** (ริพับ' ลิค) *n.* การปกครองแบบสาธารณรัฐ, ชาติที่มีการปกครองแบบดังกล่าว, กลุ่มคนในวงงานใดๆที่สมาชิกมีสิทธิเท่าเทียมกัน

republican (ริพับ' ลิเคิน) *adj.* เป็นสาธารณรัฐ, สนับสนุนรูปแบบการปกครองแบบสาธารณรัฐ *-n.* ผู้ที่สนับสนุนการปกครองแบบสาธารณรัฐ

repudiate (ริพยู' ดีเอท) *vt.* **-ated, -ating** ปฏิเสธ, ไม่ยอมรับ, บอกปัด **-repudiation** *n.*

repugnant (ริพัก' เนินท) *adj.* น่ารังเกียจ, ชวนให้เกลียด, เป็นปฏิปักษ์ต่อกัน, ตรงกันข้าม, ไม่ลงรอยกัน **-repugnance, repugnancy** *n.*

repulse (ริพัลซ') *vt.* **-pulsed, -pulsing** ขับไล่, ผลักไส, ปฏิเสธ, ทำให้รังเกียจ *-n.* การกระทำดังกล่าว **-repulsion** *n.* (**-S.** (v.) refuse)

repulsive (รีพัล' ซิฟว่) *adj.* น่ารังเกียจ, ชอบขับไล่ไสส่ง, (เป็นแรง) ที่ต้านกัน (**-S.** ugly)

reputable (เรพ' พยะทะเบิล) *adj.* มีเกียรติ, มีชื่อเสียง **-reputably** *adv.* (**-S.** honorable)

★**reputation** (เรพยะเท' ชัน) *n.* ชื่อเสียง, เกียรติยศ, กิตติศัพท์ (**-S.** credit, fame **-A.** dishonor)

repute (ริพยูท') *vt.* **-puted, -puting** ขึ้นชื่อว่า *-n.* ชื่อเสียง, กิตติศัพท์ (**-S.** (n.) reputation)

reputed (ริพยู' ทิด) *adj.* เป็นที่กล่าวกันว่า

★**request** (ริเควซท') *vt.* **-quested, -questing** ขอร้อง, ขอ, ขอให้ช่วย *-n.* สิ่งที่ถูกขอ, การขอ

requiem (เรค' ควีเอิม, รี'-) *n.* พิธีสวดส่งวิญญาณ, บังสุกุล, เพลงสวดส่งวิญญาณ

★**require** (ริไควร') *vt.* **-quired, -quiring** ต้องการ, เรียกร้อง, บังคับ, เกณฑ์, จำเป็นต้องใช้

requirement (ริไควร' เมินท) *n.* สิ่งจำเป็น, สิ่งที่ต้องการ, ความต้องการ, ข้อกำหนด, ข้อเรียกร้อง, สิ่งที่กำหนดไว้เป็นเกณฑ์พื้นฐาน

requisite (เรค' ควิซิท) *adj.* จำเป็นอย่างขาดไม่ได้ *-n.* สิ่งที่จำเป็น, สิ่งที่ขาดไม่ได้, ข้อกำหนด, ข้อเรียกร้อง **-requisition** *n.*

rescind (ริซินด') *vt.* **-scinded, -scinding** ทำให้เป็นโมฆะ, ล้มเลิก, กลับคำ **-rescission** *n.*

★**rescue** (เรส' กยู) *vt.* **-cued, -cuing** ช่วยชีวิต *-n.* การช่วยชีวิต (**-S.** (v.) save (n., v.) release)

★**research** (ริเซิร์ช', รี' เซิร์ช) *n.* การค้นคว้า, การวิจัย *-vi., vt.* **-searched, -searching** ค้นคว้า, วิจัย, ศึกษา (**-S.** (n., v.) study)

resemblance (ริเซม' เบลินซ) *n.* ความเหมือน, สิ่งที่คล้ายสิ่งอื่น (**-S.** similarity)

resemble (ริเซม' เบิล) *vt.* **-bled, -bling** เหมือน, คล้าย **-resembler** *n.*

resent (ริเซนท') *vt.* **-sented, -senting** โกรธ, ไม่พอใจ **-resentment** *n.* **-resentful** *adj.*

reservation (เรซเซอร์เว' ชัน) *n.* ข้อกำหนด, การสงวนหรือสิ่งที่สงวนรักษาไว้, ข้อจำกัด, พื้นที่สงวน, เขตสงวน, การจอง

★**reserve** (ริเซิร์ฟว่') *vt.* **-served, -serving** ถนอมรักษาไว้, จองไว้, สงวนไว้, กันไว้, เก็บไว้, สำรอง (ที่นั่ง) *-n.* สิ่งที่สงวนรักษาไว้, สิ่งที่สำรองไว้, สิ่งที่กันเอาไว้, การสงวนไว้, การกันไว้, การจองไว้, การสำรองไว้, การสงวนท่าที, การไว้ตัว, ทหารกองหนุน, ทุนสำรอง, เขตสงวน, ตัวสำรอง, อะไหล่ *-adj.* ซึ่งสงวนไว้ใช้ (**-S.** (v.) retain)

reserved (ริเซิร์ฟว่ด') *adj.* สงวนไว้, สำรองไว้, สำรวม, สงวนท่าที, ไม่พูดไม่จา, สงบเสงี่ยม, ระมัดระวัง (**-S.** booked, modest)

reserve fund กองทุนสำรอง

reservoir (เรซ' เซิร์ฟว่วาร์, -วอร์, -วอร์) *n.* บ่อเก็บน้ำ, ภาชนะที่ใส่ของเหลว (**-S.** tank)

reshuffle (รีชัฟ' เฟิล) *vt., vi.* **-fled, -fling** สับเปลี่ยนโยกย้ายตำแหน่ง *-n.* การกระทำดังกล่าว

reside (ริไซด') *vi.* **-sided, -siding** อยู่อาศัย

residence (เรซ' ซิเดินซ, -เดนซ) *n.* ที่อยู่อาศัย, แพทย์ประจำบ้าน, จวน, ทำเนียบ (**-S.** dwelling)

★**resident** (เรซ' ซิเดินท, -เดนท) *n.* แพทย์ประจำบ้าน, ผู้ที่อยู่ในที่ใดที่หนึ่งประจำ, เจ้าหน้าที่ทางการทูตที่ประจำอยู่ต่างประเทศ, ชาวเมือง, นกหรือสัตว์อื่นที่ไม่อพยพย้ายถิ่น *-adj.* ซึ่งอาศัยอยู่, ซึ่งอาศัยอยู่ที่ใดที่หนึ่งตามแต่งานที่ได้รับมอบหมาย, ซึ่งทำงานอยู่ประจำ, ซึ่งไม่อพยพย้ายถิ่น **-residential** *adj.*

residual (ริซิจ' จูเอิล) *adj.* เป็นส่วนที่เหลือ, เป็นกาก *-n.* ส่วนที่เหลืออยู่, กาก, เดน

residue (เรซ' ซิดู, -ดยู) *n.* ส่วนที่เหลือ, กาก

★**resign** (ริไซน') *v.* **-signed, -signing** *-vt.* ยอม, สละตำแหน่ง, สละสิทธิ์ *-vi.* ลาออก

resigned (ริไซนด') *adj.* อดทน, ว่าง่าย

resilience, resiliency (ริซิล' เยินซ, -ซี) *n.* ความยืดหยุ่น **-resilient** *adj.* (**-S.** elasticity)

A B C D E F G H I J K L M N O P Q **R** S T U V W X Y Z

resin (เรซ' ซิน) *n.* ยางไม้, ชัน, ครั่ง, วัสดุสังเคราะห์ชนิดเปลี่ยนรูปร่างได้
★**resist** (ริซิซท์') *vt., vi.* **-sisted, -sisting** ต่อต้าน, ต้านทาน, อดทน, อดกลั้น, ต่อสู้, ขัดขวาง
★**resistance** (ริซิส' เตินซ์) *n.* ความต้านทาน, การต่อต้าน, ความฝืด, แรงต้าน, ความทนทาน
resistible (ริซิซ' ทะเบิล) *adj.* ซึ่งต้านทานได้
resistivity (รีซิซทิฟ' วิที) *n., pl.* **-ties** ความต้านทานจำเพาะ
resistor (ริซิส' เตอร์) *n.* ตัวความต้านทานใช้ควบคุมกระแสไฟฟ้าในวงจรอิเล็กทรอนิกส์
resolute (เรซ' ซะลูท) *adj.* มั่นคง, แน่นอน, บึกบึน **-resolutely** *adv.* (**-S.** firm **-A.** weak)
resolution (เรซซะลู' ชัน) *n.* ความมั่นคงแน่วแน่, มติ, การลงมติ, บทสรุป, การตัดสินใจ (**-S.** decision, determination)
resolve (ริซอลฟ์ว') *v.* **-solved, -solving** *-vt.* ตัดสินใจ, ตั้งใจ, แยกแยะ, วิเคราะห์, แปลง, แก้ปัญหา, หาข้อสรุป, ขจัด, ลงมติ, ลงความเห็น, ลงเอย, ทำให้ลด (อาการอักเสบ), ละลาย, กระจาย *-n.* ความมั่นคงแน่วแน่, การตัดสินใจ, การลงมติ, การตกลงใจ (**-S.** (v.) decide)
resonant (เรซ' ซะเนินท์) *adj.* ก็กก้องกังวาน, ซึ่งสะท้อนไปมา, ที่รับกันอย่างต่อเนื่อง, ที่ได้จังหวะคล้องจองกัน **-resonance** *n.*
resort (ริซอร์ท') *vi.* **-sorted, -sorting** มีที่ไป, หันหาทางออกโดย, มีที่หลบภัย, ไปเป็นประจำ *-n.* การไปชุมนุมกันเป็นประจำ, สถานที่พักผ่อนตากอากาศ, การหันหาที่พึ่งพิง, ที่พึ่ง
resound (ริเซานด์') *v.* **-sounded, -sounding** *-vi.* ก็กก้อง, สะท้อนไปมา, สั่นกระดิ่ง, มีชื่อเสียงขึ้นมา *-vt.* สะท้อนกลับ, ส่งเสียงดัง, เฉลิมฉลอง, สรรเสริญเยินยอ, แซ่ซ้องสรรเสริญ
★**resource** (รี' ซอร์ซ, -ซอร์ซ, ริซอร์ซ', -ซอร์ซ') *n.* ที่พึ่ง, สิ่งที่เก็บไว้ใช้ในยามจำเป็น, ความคิดริเริ่มในการแก้ปัญหา, แหล่งข้อมูล, แหล่งทรัพยากร
resourceful (ริซอร์ซ' เฟิล, -โซร์ซ'-, -ซอร์ซ'-, -โซร์ซ'-) *adj.* ที่แก้ปัญหาเก่ง, ที่ฉลาดรอบรู้
★**respect** (ริสเปคท์') *vt.* **-spected, -specting** นับถือ, นิยม, สรรเสริญ, เคารพ, พาดพิง, เกี่ยวข้อง, อ้างถึง, ทำตาม (ความประสงค์) *-n.* ความนิยมยกย่อง, ความนับถือ, ความเคารพยำเกรง, การให้เกียรติ, การได้รับความยกย่องนับถือ, แง่มุม รายละเอียดหรือลักษณะเฉพาะ, ความเกี่ยวข้อง, ข้ออ้างอิง, ความเอาใจใส่ **-respectful** *adj.* **-respectfully** *adv.* (**-S.** (v.) admire)
respectable (ริสเปค' ทะเบิล) *adj.* น่านับถือ, น่าเคารพยกย่อง, มีมารยาท, มีคุณภาพ, เพียงพอ, เหมาะสม, เรียบร้อย **-respectably** *adv.*
respective (ริสเปค' ทิฟว์) *adj.* แต่ละคน, แต่ละวัน, เฉพาะคน, เฉพาะวัน, โดยเฉพาะ
respectively (ริสเปค' ทิฟว์ลี) *adv.* ตามลำดับ, เป็นลำดับ
respiration (เรสปะเร' ชัน) *n.* การหายใจ
respirator (เรส' ปะเรเทอร์) *n.* เครื่องช่วยหายใจ, อุปกรณ์ที่ใช้สวมปิดปากและจมูกเพื่อช่วยป้องกันและกรองอากาศเสีย
respiratory (เรส' เปอระทอรี, -โทรี, ริสไป' ระ-) *adj.* เกี่ยวกับหรือใช้ในการหายใจ
respire (ริสไปร์') *vi., vt.* **-spired, -spiring** หายใจ, หายใจสะดวกอีกครั้ง (**-S.** breathe)
respite (เรส' ปิท) *n.* การพักผ่อน, การพักโทษประหารชีวิตไว้ชั่วคราว *-vt.* **-pited, -piting** ผ่อนผัน (**-S.** (n.) suspension (v.) postpone)
resplendent (ริสเปลน' เดินท์) *adj.* สุกใส, โชติช่วง, หลักแหลม, เลิศ (**-S.** bright)
★**respond** (ริสปอนด์') *vi., vt.* **-sponded, -sponding** ตอบ, ตอบสนอง, ขานรับ
respondent (ริสปอน' เดินท์) *adj.* เป็นการให้คำตอบ, เป็นการตอบสนอง, เป็นจำเลยในคดีแพ่ง *-n.* สิ่งที่ตอบสนอง, จำเลยในคดีแพ่งโดยเฉพาะในการหย่าร้าง, ผู้ที่ตอบสนอง
★**response** (ริสปอนซ์') *n.* การตอบรับ, คำตอบ, ผลลัพธ์, ปฏิกิริยาตอบสนอง (**-S.** answer)
★**responsibility** (ริสปอนซะบิล' ลิที) *n., pl.* **-ties** ความรับผิดชอบ, ภาระ (**-S.** burden, duty)
★**responsible** (ริสปอน' ซะเบิล) *adj.* มีความรับผิดชอบ, กล้าตัดสินใจ, เป็นต้นเหตุ, น่าเชื่อถือและไว้วางใจ, มีความคิดและการตัดสินใจที่ดี, ต้องรับผิดชอบ, ตอบได้, แก้ได้, ซึ่งต้องการคนที่มีความรับผิดชอบ (**-S.** liable, trustworthy)
responsive (ริสปอน' ซิฟว์) *adj.* มีปฏิกิริยาโต้ตอบไว, ซึ่งตอบสนองเร็ว
★**rest**[1] (เรซท์) *n.* การหยุดพัก, การนอนตาย, ความสงบเยือกเย็นแห่งอารมณ์และจิตใจ, การอยู่นิ่งไม่ไหวติง, สิ่งที่ใช้รองหรือพิง *-vi., vt.* **rested, resting** นอน, พัก, อยู่นิ่งๆ, พักผ่อน, พิง, อิง, นั่ง, ขึ้นอยู่กับ, ตั้งอยู่บน, อยู่, (ตา) จับจ้องอยู่ที่ (**-S.** (n.) relaxation (v.) lean)
★**rest**[2] (เรซท์) *n.* ส่วนที่เหลืออยู่, กาก, เดน
★**restaurant** (เรส' เตอเรินท์) *n.* ภัตตาคาร
restful (เรซท์' เฟิล) *adj.* เงียบสงบ, ราบรื่น, เยือกเย็น **-restfully** *adv.* (**-S.** peaceful)

A B C D E F G H I J K L M N O P Q R S T U V W X Y Z

restitution (เรสติทู' ชัน, -ตยู'-) *n.* การนำกลับคืน, การชดใช้ (-**S.** compensation)
restive (เรส' ทิฟว์) *adj.* ควบคุมยาก, ทุรนทุราย
restless (เรซท' ลิซ) *adj.* หยุกหยิก, หงุดหงิด, กระวนกระวาย **-restlessly** *adv.* (-**S.** nervous)
restorative (ริสตอ' ระทิฟว์, -สโต'-) *adj.* เกี่ยวกับการซ่อมแซม ทำนุบำรุงหรือปฏิสังขรณ์ *-n.* ยาบำรุง, สิ่งที่ช่วยซ่อมแซมหรือบำรุงรักษา
★**restore** (ริสตอร์', -สโตร์') *vt.* **-stored, -storing** ปฏิสังขรณ์, บูรณะ, ซ่อมแซม, คืนตำแหน่งให้ **-restoration** *n.* (-**S.** rebuild, return)
restrain (ริสเตรน') *vt.* **-strained, -straining** ควบคุม, กลั้น, ยับยั้ง, บังคับ, ห้าม, ป้องกัน, จำกัด, กีดกัน, กักกัน, ฉุดรั้ง (-**S.** suppress)
restrained (ริสเตรนด์') *adj.* สงบเรียบร้อย, อย่างถูกควบคุมหรือจำกัด, สุขุม, มีความยั้งคิด, ระวังปากระวังคำ, อย่างผู้ดีมีมารยาท (-**S.** calm)
restraint (ริสเตรนท์') *n.* การควบคุม, การจำกัด, การสูญเสียอิสรภาพ, ข้อจำกัด, ข้อผูกมัด, บังเหียน, สิ่งที่ใช้บังคับควบคุม (-**S.** ban)
★**restrict** (ริสตริคท์') *vt.* **-stricted, -stricting** จำกัด (-**S.** confine, limit **-A.** free)
restricted (ริสตริค' ทิด) *adj.* อย่างจำกัด, ซึ่งอยู่ในวงจำกัด **-restrictedly** *adv.* (-**S.** limited)
restriction (ริสตริค' ชัน) *n.* การจำกัดวงหรือขอบเขต, ข้อกำหนด, ข้อจำกัด (-**S.** regulation)
restrictive (ริสตริค' ทิฟว์) *adj.* เป็นการจำกัด, เกี่ยวกับข้อจำกัด, เข้มงวด, มีข้อจำกัด, เป็นอนุประโยคหรือวลีที่ขยายคำนาม วลีหรืออนุประโยคและช่วยจำกัดความ เช่น who looks ในประโยค The boy who looks at me is very handsome. **-restrictively** *adv.*
★**restroom** (เรซท์' รูม, -รุม) *n.* ห้องน้ำ, สุขา
★**result** (ริซัลท์') *vi.* **-sulted, -sulting** ส่งผล, ลงเอย *-n.* ผล, ผลลัพธ์ **-resultant** *adj.* (-**S.** (v., n.) end (n.) consequence **-A.** (v., n.) cause)
resume (ริซูม') *v.* **-sumed, -suming** *-vt.* เริ่มใหม่, เข้าครองใหม่, กลับคืนเข้ารับตำแหน่ง, ทำต่อไป, เอากลับคืน, ได้คืน, กลับไป (นั่ง) ที่เดิม
résumé, resume, resumé (เรซ' ซุเม, เรซซุเม') *n.* ใบสรุปประวัติการทำงานและคุณสมบัติซึ่งจะส่งไปพร้อมกับใบสมัครงาน, การสรุปย่อ, รายงานสรุปย่อ
resurrect (เรซซะเรคท์') *vt., vi.* **-rected, -recting** นำกลับมาใช้ใหม่, ปลุกชีพ (-**S.** revive)
resurrection (เรซซะเรค' ชัน) *n.* การฟื้นคืนชีวิต, การปลุกชีพ **-Resurrection** การฟื้นคืนชีพของพระเยซูหลังจากถูกตรึงไม้กางเขน
resuscitate (ริซัซ' ซิเทท) *v.* **-tated, -tating** *-vt.* ชุบชีวิต *-vi.* ทำให้ฟื้นคืนสติ (-**S.** rescue)
retail (รี' เทล) *n.* การขายปลีก *-adj.* เกี่ยวกับการขายปลีก *-adv.* ในราคาหรือในปริมาณขายปลีก *-vt., vi.* **-tailed, -tailing** ขายปลีก, บอกต่อ **-retailer** *n.*
retain (ริเทน') *vt.* **-tained, -taining** เก็บไว้, รักษาไว้, กันไว้, จดจำไว้, จ้างแบบผูกขาด
retaining wall เขื่อนกั้นน้ำ
retaliate (ริแทล' ลีเอท) *vi., vt.* **-ated, -ating** แก้แค้น **-retaliation** *n.* (-**S.** revenge)
retard (ริทาร์ด') *v.* **-tarded, -tarding** *-vt.* ถ่วง, หน่วงเหนี่ยว, ขัดขวาง, ทำให้ช้า *-vi.* อืดอาด, ชักช้า *-n.* การพัฒนาอย่างเชื่องช้าล้าหลัง, (คำสแลง) คนโง่ **-retardation** *n.*
retch (เรช) *v.* **retched, retching** *-vi.* พยายามทำให้อาเจียนออกมา *-vt.* อาเจียน, สำรอก
retention (ริเทน' ชัน) *n.* การเก็บรักษาไว้, การจดจำไว้, การจ้างแบบผูกขาด
retentive (ริเทน' ทิฟว์) *adj.* มีความจำดี
reticent (เรท' ทิเซ็นท์) *adj.* เงียบ, สงบปากสงบคำ, สงวนท่าที, ลังเล, ไม่เต็มใจ, อึกอัก **-reticently** *adv.* (-**S.** silent **-A.** communicative)
reticle (เรท' ทิเคิล) *n.* เส้นที่ไขว้กันเป็นตารางในกล้อง ใช้เล็งหาตำแหน่งและขนาดของวัตถุ
reticular (ริทิค' คยะเลอร์) *adj.* คล้ายร่างแหหรือตาข่าย, พัวพันซับซ้อน (-**S.** complicated)
reticulate (*adj.* ริทิค' คยะลิท, -เลท, *v.* -เลท) *adj.* เป็นตาข่าย *-vt., vi.* **-lated, -lating** ไขว้ให้เป็นร่างแห, ทำโครงตาข่าย
retiform (รี' ทะฟอร์ม, เรท'-) *adj.* ซึ่งไขว้กันเหมือนตาข่าย (-**S.** reticulate)
retina (เรท' เทินนะ) *n., pl.* **-nas/-nae** (-นี) เนื้อเยื่ออันละเอียดอ่อนและมีความไวต่อแสงซึ่งอยู่ชั้นในของลูกตา มีการส่งภาพไปสู่สมองด้วยประสาทรับความรู้สึกทางตา **-retinal** *adj.*
retinue (เรท' เทินนู, -นยู) *n.* บริวาร
★**retire** (ริไทร์') *vi., vt.* **-tired, -tiring** ปลดเกษียณ, ออกจากงาน, ถอนตัว, ไปนอน, ไปพัก, ถอนทัพ, ถอย, ถดถอย **-retirement** *n.* (-**S.** leave)
retired (ริไทร์ด') *adj.* ปลดเกษียณแล้ว, ปลดระวางแล้ว, อยู่อย่างสันโดษ, เป็นบำเหน็จบำนาญ (-**S.** isolated **-A.** advanced)
retiring (ริไท' ริง) *adj.* ขี้อาย, ไว้ตัว, สงบเสงี่ยม
retort[1] (ริทอร์ท') *vt., vi.* **-torted, -torting** ตอบอย่างยอกย้อน, โต้ตอบอย่างมีไหวพริบ *-n.* การ

A B C D E F G H I J K L M N O P Q R S T U V W X Y Z

พูดโต้ตอบอย่างเฉียบคมและยอกย้อน

retort² (ริทอร์ท', รี' ทอร์ท) *n.* ภาชนะที่ใช้ในห้องทดลอง มีลักษณะเป็นกระเปาะแก้วและมีจุกปิดด้านบน มีปากเป็นก้านยาวเรียวออกไป ใช้ต้มหรือกลั่นหรือจำแนกแยกธาตุต่างๆ

retouch (รีทัช') *vt., vi.* **-touched, -touching** ลบรอยตำหนิ, ย้อมผม, ปรับปรุง, ตกแต่ง

retrace (รีเทรซ') *vt.* **-traced, -tracing** ลากเส้นทับกัน, ย้อนรอย, ซ้อนรอย, ซ้ำรอย

retract (ริแทรคท') *vt., vi.* **-tracted, -tracting** ถอน (คำพูด), หดกลับ, ออกเสียงด้วยการหดลิ้นกลับ **-retraction** *n.* (**-S.** disavow, reverse)

retractile (ริแทรค' ทิล, -ไทล) *adj.* หดกลับได้

retreat (ริทรีท') *n.* การล่าถอย, ที่ที่ให้ความสงบ, ช่วงเวลาสันโดษหรือเกษียณ, ช่วงเวลาแห่งการเข้าฌานสวดมนต์หรือศึกษาเล่าเรียน, สัญญาณการถอยทัพ, การเป่าแตรหรือลั่นกลองเป็นสัญญาณการลดธงลงจากเสายามเย็น, พิธีลดธงลงจากเสาของทหาร *-vi., vt.* **-treated, -treating** ถอย, ถอน, ปลด, ถอยหลัง (**-S.** (n.) withdrawal (v.) recede **-A.** (n., v.) advance)

retribution (เรททระบยู' ชัน) *n.* การแก้แค้น, การตอบแทน, เวรกรรม, ผลกรรม, การลงโทษ, ผลตอบแทน, การชดใช้กรรม **-retributive** *adj.*

retrieve (ริทรีฟว') *v.* **-trieved, -trieving** *-vt.* ได้หรือเอากลับคืน, ช่วยชีวิต, กู้คืนมา, ปฏิรูป, ปฏิสังขรณ์, ซ่อมแซม, แก้ไข, ฟื้นฟู, บูรณะ, รับกลับมา, จำได้, นึกได้, ตีโต้ *-vi.* นำสัตว์ที่ยิงได้กลับไป *-n.* การกระทำดังกล่าว (**-S.** (v.) regain (v., n.) repair, rescue)

retro- คำอุปสรรค หมายถึง ถอยหลัง, ย้อนหลัง

retroaction (เรทโทรแอค' ชัน) *n.* กฎหมายหรือการกระทำใดๆ ที่มีผลย้อนหลัง, ปฏิกิริยา **-retroact** *v.* **-retroactive** *adj.* (**-S.** reaction)

retrograde (เรท' ทระเกรด) *adj.* เป็นการถอยหลัง, ถอยหลังเข้าคลอง, กลับหน้ากลับหลัง, กลับตรงกันข้าม, เสื่อมถอย, (ภาษาพูด) ตรงกันข้าม *-vi.* **-graded, -grading** ถอยหลัง, กลับหลัง, เสื่อมลง **-retrogradation** *n.*

retrogress (เรท' ทระเกรซ, เรททระเกรซ') *vi.* **-gressed, -gressing** ถอยหลังเข้าคลอง

retrorocket (เรท' โทรรอคคิท) *n.* จรวดถอยหลัง ช่วยลดความเร็ว (ของเครื่องบินหรือจรวด)

retrospect (เรท' ทระสเปคท) *n.* การมองย้อนกลับไปในอดีต *-vi., vt.* **-spected, -specting** มองอดีต, มองย้อนกลับ **-retrospection** *n.*

retrospective (เรททระสเปค' ทิฟว) *adj.* ซึ่งมองย้อนกลับ, ซึ่งหวนคิดถึงความหลัง, (กฎหมาย) ซึ่งมีผลย้อนหลัง, ซึ่งแสดงผลงานตลอดช่วงชีวิตที่ผ่านมาของศิลปิน *-n.* การแสดงผลงานดังกล่าว **-retrospectively** *adv.*

★**return** (ริเทิร์น') *vi., vt.* **-turned, -turning** กลับ, คืนกลับ, วกกลับ, ย้อนกลับ, กลับมา, ตอบแทน, หันกลับไป, ตอบกลับ, ตอบโต้, ส่งกลับ, นำกลับ, ตีกลับ *-n.* การกระทำดังกล่าว, สิ่งที่นำกลับมา, สิ่งที่เป็นผลกลับมา, การหวนกลับมาของเหตุการณ์ที่เกิดเป็นช่วงๆ, ผลตอบแทน, ค่าตอบแทน, คำตอบ, การตอบสนอง, ผลกำไร, จำนวนผลผลิตต่อหน่วย, รายงาน, รายชื่อ, การเลือกตั้ง, สถิติ, โค้งน้ำหรือโค้งถนน, ท่อน้ำ, รางน้ำ, แป้นของเครื่องพิมพ์ดีดที่ใช้สำหรับตั้งข้อความที่ขึ้นบรรทัดใหม่, ตั๋วไปกลับ, การเดินทางกลับ *-adj.* เป็นการตอบแทนหรือชดใช้, (ตั๋ว) ไปกลับ, ที่หวนมาเกิดขึ้นอีก, ที่วกกลับหรือเปลี่ยนทิศทาง (**-S.** (v.) repay)

reunion (รียูน' เยิน) *n.* การมาพบปะชุมนุมกันอีกครั้ง **-reunite** *v.*

reuse (v. รียูซ' n. รียูซ') *vt.* **-used, -using** นำมาใช้ซ้ำ *-n.[U]* การนำกลับมาใช้ซ้ำ

rev (เรฟว) *n.* (ภาษาพูด) การหมุนรอบของเครื่องจักร, การปฏิวัติ *-vt., vi.* **revved, revving** เร่งเครื่อง, (ภาษาพูด) เร่งหรือเพิ่มความเร็ว

revaluate (รีแวล' ยูเอท) *vt.* **-ated, -ating** ตีราคาใหม่ **-revaluation** *n.* **-revalue** *v.*

revamp (รีแวมพ') *vt.* **-vamped, -vamping** ปรับปรุง, ซ่อมแซม, ปฏิสังขรณ์ (**-S.** renovate)

★**reveal** (รีวีล') *vt.* **-vealed, -vealing** เปิดเผย, เผยให้เห็น (**-S.** disclose **-A.** cover)

reveille (เรฟ' วะลี) *n.* เสียงแตรปลุกเรียกทหาร

revel (เรฟ' เวิล) *vi.* **-eled, -eling/-elled, -elling** สนุกสนานรื่นเริง *-n.* งานเลี้ยง

revelation (เรฟวะเล' ชัน) *n.* การเผยให้เห็น, ความลับที่ถูกเปิดเผย, การแสดงอภินิหาร, เรื่องเหลือเชื่อ **-Revelation** หนังสือเล่มสุดท้ายในคัมภีร์ไบเบิลฉบับใหม่ (**-S.** disclosure)

revelry (เรฟ' เวิลรี) *n., pl.* **-ries** งานรื่นเริง

revenge (ริเวนจ') *vt.* **-venged, -venging** แก้แค้น, แก้เผ็ด *-n.* การแก้แค้น, ความพยาบาท

revengeful (ริเวนจ' เฟิล) *adj.* ที่ผูกพยาบาท

revenue (เรฟ' วะนู, -นยู) *n.* ภาษีอากร, รายได้, กรมสรรพากร, รัษฎากร (**-S.** income)

revenue stamp อากรแสตมป์

reverberate (ริเวอร์' บะเรท) *vi., vt.* **-ated, -ating** ส่งเสียงสะท้อนก้องไปมา, สะท้อนแสง

ไปมา, ส่งผลกระทบ, ขับไล่, ผลักดัน, ถลุงเหล็ก

revere (ริเวียร์') *vt.* **-vered, -vering** ยอมรับนับถือ, เคารพยำเกรง (**-S.** worship)

reverence (เรฟ' เวอเรินซ์) *n.* ความเคารพ, การโค้งคำนับ, การถอนสายบัว *-vt.* **-enced, -encing** เคารพนบนอบ, เคารพนับถือ, เคารพยำเกรง **-Reverence** ใช้เรียกพระในศาสนาคริสต์, ท่านสาธุคุณ (**-S.** (n., v.) respect)

reverend (เรฟ' เวอเรินด์) *adj.* น่าเคารพยำเกรง, น่าเคารพนับถือ, เกี่ยวกับพระในศาสนาคริสต์ *-n.* (ภาษาพูด) ท่านสาธุคุณ บาทหลวงพระ **-Reverend** ใช้เป็นคำเติมหน้าชื่อแสดงยศหรือตำแหน่งและใช้เรียกพระในศาสนาคริสต์

reverie (เรฟ' วะรี) *n.* การตกอยู่ในภวังค์

reversal (ริเวอร์' เซิล) *n.* การย้อนกลับ

reverse (ริเวิร์ซ') *adj.* ที่หันหลังกลับ, ที่หันด้านหลัง, ที่ทำให้ถอยหลัง *-n.* ความตรงกันข้าม, ด้านหลัง, การหันหรือย้อนกลับ, ความปราชัย, ความโชคร้าย, เกียร์ถอยหลัง *-vt., vi.* **-versed, -versing** หันไปในทิศทางตรงกันข้าม, กลับตาลปัตร, สับเปลี่ยนที่กัน, เข้าเกียร์ถอยหลัง, กลับคำ (**-S.** (v.) invert)

reversible (ริเวอร์' ซะเบิล) *adj.* (เสื้อ) ซึ่งกลับใส่ได้ทั้งด้านนอกและด้านใน **-reversibility, reversibleness** *n.* **-reversibly** *adv.*

revert (ริเวิร์ท') *vi.* **-verted, -verting** หันกลับไปทำแบบเดิม, กลับไปสู่หัวข้อเรื่องเดิมๆ

★**review** (ริวยู') *v.* **-viewed, -viewing** *-vt.* ตรวจตราใหม่, ศึกษาใหม่, ตรวจสอบใหม่, มองย้อนกลับไปในอดีต, พิจารณาอีกครั้ง, วิพากษ์วิจารณ์, ตรวจพล *-n.* การพิจารณาศึกษาดู, การตรวจพลสวนสนาม, การเดินสวนสนามของทหารเพื่อแสดงแสนยานุภาพหรือเพื่อเป็นเกียรติแก่บุคคลหรือในวาระสำคัญต่างๆ, การทบทวน, การพิจารณาตรวจสอบ, การวิพากษ์วิจารณ์, การแสดงละครเพลงแนวเสียดสีล้อเลียน (**-S.** (v.) criticize, inspect (n.) investigation)

reviewer (ริวยู' เออร์) *n.* นักวิจารณ์

revile (ริไวล์') *vt., vi.* **-viled, -viling** ด่า

★**revise** (*v.* ริไวซ์', *n.* รี' ไวซ์, ริไวซ์') *vt.* **-vised, -vising** แก้ไข, ปรับปรุง *-n.* ต้นฉบับที่ได้รับการทบทวนและแก้ไขปรับปรุง **-revision** *n.* **-revisory** *adj.* (**-S.** (v.) edit, rewrite)

revival (ริไว' เวิล) *n.* การกลับมาอีกครั้ง, การนำกลับมาใหม่, การฟื้นฟู (**-S.** rebirth, renewal)

revive (ริไวฟ์') *vt., vi.* **-vived, -viving** ทำให้ฟื้นคืนสติ, ให้ความกระปรี้กระเปร่า, ปฏิสังขรณ์, ซ่อมแซม, ต่อ (สัญญา), ระลึก, นึกได้, ฟื้นฟู, รื้อฟื้น, นำกลับมาแสดงอีกครั้ง (**-S.** reanimate)

revoke (ริโวค') *vt.* **-voked, -voking** ยกเลิก, ทำให้เป็นโมฆะ, ถอนตัว (**-S.** cancel)

revolt (ริโวลท์') *vi., vt.* **-volted, -volting** ก่อการจลาจลเพื่อล้มล้างรัฐบาล, ต่อต้าน, ไม่ยอมรับ, รังเกียจ, ขยะแขยง, หันหนี, หนีห่าง, เกลียดชัง, เบื่อหน่าย *-n.* การกบฏ, การปฏิวัติ, การก่อการจลาจล, การคัดค้าน, การต่อต้าน, การประท้วง (**-S.** (v.) rebel)

revolting (ริโวล' ทิง) *adj.* น่ารังเกียจ, น่าสะอิดสะเอียน, น่าเบื่อหน่าย **-revoltingly** *adv.*

★**revolution** (เรฟวะลู' ชัน) *n.* การปฏิวัติ, การเปลี่ยนแปลงอย่างมาก, การหมุนรอบ, รอบการหมุนของเครื่องยนต์ (**-S.** rebellion, rotation)

revolutionary (เรฟวะลู' ชะเนรี) *adj.* เป็นการปฏิวัติ *-n., pl.* **-ies** การปฏิวัติ, ผู้สนับสนุนและมีส่วนร่วมในการปฏิวัติ

revolve (ริวอลฟ์ว') *v.* **-volved, -volving** *-vi.* หมุนรอบจุดกลางหรือแกนกลาง, หมุนเวียน, วนเวียนรอบ, เกิดขึ้นหมุนเวียนกันเป็นระยะๆ, ใคร่ครวญ, ถูกตั้งให้อยู่ตรงกลาง *-vt.* ทำให้หมุน, คำนึง, ไตร่ตรอง (**-S.** consider, rotate)

revolver (ริวอล' เวอร์) *n.* ปืนพกลูกโม่

revue (ริวยู') *n.* การแสดงละครเพลงแนวเสียดสี

revulsion (ริวัล' ชัน) *n.* ความรู้สึกรังเกียจหรือขยะแขยงอย่างรุนแรงฉับพลัน (**-S.** disgust)

★**reward** (ริวอร์ด') *n.* รางวัล, สิ่งตอบแทน, ผลตอบแทน, เงินพิเศษ, เงินรางวัล, ผลกำไร *-vt.* **-warded, -warding** ให้รางวัล, ตอบแทน

★**rewrite** (*v.* รีไรท์', *n.* รี' ไรท์) *vt., vi.* **-wrote, -written** เรียบเรียงใหม่, แก้ไขปรับปรุงต้นฉบับงานเขียน *-n.* การกระทำดังกล่าว, สิ่งที่ได้รับการจัดทำใหม่ดังกล่าว **-rewriter** *n.*

rhapsody (แรพ' ซะดี) *n., pl.* **-dies** ถ้อยคำที่ยกยออย่างเลิศลอย, งานวรรณกรรมที่เขียนในแบบที่ยกยอหรือเผ็ดร้อน, ความปลาบปลื้มปีติยินดี, เพลงที่เล่นแบบสดๆ เต็มไปด้วยความรู้สึกมีชีวิตชีวา, โคลงของกรีกโบราณ

rhetoric (เรท' เทอริค) *n.* ศิลปะการใช้ภาษาอย่างโน้มน้าวใจคนฟังได้, การพูดแบบนักการเมือง, การแสดงปาฐกถา **-rhetorical** *adj.*

rhetorical question คำถามที่ไม่ต้องการคำตอบ แต่ต้องการผลในทางโน้มน้าวใจผู้ฟัง

rheumatic (รูแมท' ทิค) *adj.* เป็นโรคหรือมีอาการไขข้ออักเสบ, ที่เกิดจากโรคไขข้ออักเสบ

rheumatism (รู' มะทิซเซิม) *n.* โรคไขข้ออักเสบ

rheumatoid, rheumatoidal (รู' มะ ทอยด์, รูมะทอย' เดิล) *adj.* ที่คล้ายโรคไขข้ออักเสบ, ซึ่งทุกข์ทรมานจากโรคไขข้ออักเสบ

rhino (ไร' โน) *n., pl.* **-nos** (ภาษาพูด) ย่อจาก rhinoceros แรด

rhinoceros

rhinoceros (ไรนอซ' เซอเริซ) *n., pl.* **-os/-oses** แรด

rhodium (โร' เดียม) *n.* ธาตุโรเดียม เป็นโลหะแข็งทนทาน สีขาวคล้ายเงิน มีอยู่ร่วมกับแพลทินัม และคล้ายกับแพลทินัม (ทองคำขาว) ใช้ทำโลหะผสมต่างๆ มีสัญลักษณ์ Rh

rhombus (รอม' เบิซ) *n., pl.* **-buses/-bi** (-ไบ) สี่เหลี่ยมขนมเปียกปูน **-rhombic** *adj.*

rhubarb (รู' บาร์บ) *n.* โกฐน้ำเต้าเป็นพืชผักสวนครัวมีใบใหญ่ก้านออกสีแดงใช้ต้มกับน้ำตาลกินได้ รากตากแห้งมีรสขมใช้เป็นยาระบาย

★**rhyme, rime** (ไรม์) *n.* การสัมผัสคล้องจองกันของคำในโคลง ฉันท์ กาพย์ กลอน, โคลง ฉันท์ กาพย์ กลอนที่มีการใช้คำสัมผัสคล้องจองกัน, คำที่มีเสียงท้ายคำสัมผัสคล้องจองกับคำอื่นเช่น enjoy กับ boy *-vi., vt.* **rhymed, rhyming/rimed, riming** แต่งให้คำสัมผัสคล้องจองกัน, แต่งโคลง (**-S.** (n.) poem (v.) harmonize)

★**rhythm** (ริธ' เธิม) *n.* จังหวะ, ลีลา, ท่วงทำนอง, เครื่องดนตรีที่ใช้ให้จังหวะ, ความลื่นไหลอย่างไพเราะของคลื่นเสียงอันเกิดจากการออกเสียงหนักเบาและสั้นยาวของแต่ละพยางค์, รูปแบบที่กลมกลืนได้สัดส่วนอันเกิดจากการจัดวางเส้นสีและรูปทรงของภาพเขียน ภาพแกะสลัก รวมทั้งงานทัศนศิลป์ต่างๆ (**-S.** beat, pattern, tempo)

rhythm and blues ดนตรีที่พัฒนาขึ้นโดยชาวอเมริกันผิวดำ ซึ่งผสมผสานดนตรีจังหวะบลูส์กับแจ๊สเข้าด้วยกัน มีการเคาะด้วยเสียงอันดังอย่างสม่ำเสมอและหนักแน่น

rhythmic, rhythmical (ริธ' มิค, -มิเคิล) *adj.* อย่างเป็นจังหวะ **-rhythmically** *adv.*

★**rib** (ริบ) *n.* ซี่โครง, โครง, กระดูกงูเรือ, ริ้ว แนวหรือแถบในเนื้อผ้า, เส้นโค้ง, เส้นบนใบไม้, (คำสแลง) การล้อเล่น *-vt.* **ribbed, ribbing** ใช้โครงค้ำเอาไว้, ทำให้เป็นริ้ว เป็นแถว เป็นแนว หรือเป็นสัน, (ภาษาพูด) ล้อเล่น ล้อเลียน

★**ribbon** (ริบ' เบิน) *n.* โบ, ริบบิ้น, ผ้าหมึกที่ใช้ในเครื่องพิมพ์ดีด, สิ่งใดๆ ที่เป็นผืนบางๆ ยาวๆ, แถบเหรียญตรา **-ribbony** *adj.*

riboflavin (ไร' โบเฟลวิน, -บะ-) *n.* วิตามินบี 2

★**rice** (ไรซ์) *n.* ข้าว, เมล็ดข้าว *-vt.* **riced, ricing** ร่อน, กรอง, บด

★**rich** (ริช) *adj.* **richer, richest** ร่ำรวย, มั่งคั่ง, เพียบพร้อมบริบูรณ์, หรูหรา, เลิศเลอ, มีมาก, ดาษดา, เลี่ยน, ฉุน, (เสียง) รื่นหู, (สี) เข้ม, (ภาษาพูด) น่าขำขันมาก *-n.* คนรวย **-richly** *adv.* **-richness** *n.* (**-S.** (adj.) abundant, elegant, wealthy **-A.** (adj.) cheap (adj., n.) poor)

rick (ริค) *n.* กองฟาง, กองหญ้าแห้ง

rickets (ริค' คิทซ์) *n.* โรคกระดูกผุ

rickety (ริค' คิที) *adj.* **-ier, -iest** ทรุดโทรม, ผุพัง, ง่อนแง่นโอนเอน, คล้ายเป็นโรคกระดูกผุ

ricksha, rickshaw (ริค' ชอ) *n.* รถลาก

ricochet (ริคคะเช', ริค' คะเช) *vi.* **-cheted** (-เชด'), **-cheting** (-เช' อิง) สะท้อน, แฉลบ, กระเด้งกระดอน *-n.* การมีลักษณะดังกล่าว

★**rid** (ริด) *vt.* **rid/ridded, ridding** ปลดปล่อย, กำจัด, เอาออก **-get rid of** กำจัด

ridden (ริด' เดิน) *v.* กริยาช่อง 3 ของ ride

riddle[1] (ริด' เดิล) *vt.* **-dled, -dling** เจาะ, กรุ, ไช, ระดมยิง, ละเลง, หว่าน, แพร่, ร่อน, กรอง *-n.* ตะแกรงหยาบใช้สำหรับร่อน

riddle[2] (ริด' เดิล) *n.* ปัญหา, ปริศนา, คนลึกลับ *-vt., vi.* **-dled, -dling** แก้หรือไขปัญหา, พูดเป็นปริศนา **-riddler** *n.* (**-S.** (n., v.) puzzle)

★**ride** (ไรด์) *vi., vt.* **rode, ridden, riding** ขี่, โดยสาร, ลอย *-n.* การขี่หรือการโดยสารรถชนิดต่างๆ, ทางสำหรับขี่ม้า โดยเฉพาะเข้าไปในป่า (**-S.** (v.) float (n., v.) trip)

rider (ไร' เดอร์) *n.* คนขี่ม้า, ข้อความเพิ่มเติม, ราวรั้วอันบนสุด, ส่วนที่แก้ไขเพิ่มเติม

ridge (ริจ) *n.* สัน (เขา), หงอน (ไก่), ขนแผงคอม้า, แนว (เทือกเขา),ร่องความกดอากาศสูง, ร่องคลื่น, ร่อง, ริ้ว *-vt., vi.* **ridged, ridging** ทำให้เป็นร่อง เป็นแนวหรือเป็นสัน

ridgepole (ริจ' โพล) *n.* อกไก่ซึ่งเป็นขื่อคานบนสันหลังคา, คานเต็นท์

ridicule (ริด' ดิคยูล์) *n.* การหัวเราะเยาะเย้ย *-vt.* **-culed, -culing** หัวเราะเยาะ

★**ridiculous** (ริดิค' คยะเลิซ) *adj.* น่าขัน

rife (ไรฟ์) *adj.* **rifer, rifest** ดาษดื่น, แพร่หลาย

rifle[1] (ไร' เฟิล) *n.* ปืนที่มีลำกล้องยาว ข้างในมีร่องเป็นเกลียวใช้ยิงโดยประทับบนไหล่, อาวุธปืนใหญ่ที่มีร่องเป็นเกลียวในลำกล้อง *-vt.* **-fled, -fling** ทำร่องเป็นเกลียวภายใน (ลำกล้องปืน)

rifle[2] (ไร' เฟิล) *vt., vi.* **-fled, -fling** ค้น, ปล้น

rift (ริฟท์) *n.* รอยแยกเล็กๆ ในหิน, ความแตกร้าว

rig (ริก) *vt.* **rigged, rigging** จัดหาเครื่องควบคุมหรือบังเหียน, ตระเตรียมหาเครื่องใช้, ติดตั้งเครื่องเสา ไม้ค้ำ เชือกยึดเสาเรือและใบเรือ, (ภาษาพูด) แต่งตัว ประดับประดา, สร้างขึ้นอย่างลวกๆ, ยักยอกหรือโกง *-n.* โครงเสา ไม้ค้ำ และใบเรือ, การจัดเตรียมเป็นพิเศษ, รถพ่วง, รถเทียมม้า, รถบรรทุก, อุปกรณ์ขุดเจาะบ่อน้ำมัน, อาน, เครื่องตกปลา, (ภาษาพูด) เครื่องแต่งตัว

rigamarole (ริก' กะมะโรล) *n.* ดู rigmarole

rigging (ริก' กิง) *n.* เชือกยึดใบเรือ, โครงค้ำ

★**right** (ไรท์) *adj.* **righter, rightest** ถูกต้อง, เหมาะสม, (เวลา) ที่ดีหรือเหมาะที่สุด, เป็นปกติ, เป็นด้านนอกหรือด้านหน้า, อยู่ทางด้านขวา, ตั้งตรง, แท้จริง *-n.* สิทธิ, ด้านขวา, ทางขวา, มือขวา, การเลี้ยวขวา, หมัดขวา, ความยุติธรรม, สิ่งที่ถูกต้องชอบธรรมและเหมาะสม, ความเป็นธรรม, สิทธิพิเศษของผู้ถือหุ้น *-adv.* ไปทางด้านขวา, ตรง (กลับบ้าน), พอดี, (ที่นี่) จริงๆ, เต็มที่, ทันที, แท้ๆ, ทีเดียว, ถูกกฎหมาย, ถูกต้อง, เที่ยงแท้แน่นอน, มาก *-vt., vi.* **righted, righting** ทำให้ตั้งตรง, แก้ไข, ซ่อมแซม **-Right** พรรคการเมืองหรือผู้สนับสนุนพรรคการเมืองฝ่ายขวาหรือพรรคอนุรักษ์นิยม (**-S.** (adj., v.) correct (adj., adv.) well **-A.** (adj., n., v.) wrong)

right angle มุมฉากหรือมุม 90 องศา

right away โดยทันที, อย่างไม่ลังเล

righteous (ไร' เชิซ) *adj.* ซื่อตรง, มีศีลธรรม, บริสุทธิ์ยุติธรรม **-righteously** *adv.* **-righteousness** *n.* (**-S.** moral **-A.** bad)

rightful (ไรท์' เฟิล) *adj.* ถูกต้อง, เหมาะสม, สมควร, มีสิทธิโดยชอบธรรม **-rightfully** *adv.*

right-hand (ไรท์' แฮนด์) *adj.* ที่อยู่ทางขวามือ, ที่ออกแบบสำหรับมือขวา, (ผู้ช่วย) คนสำคัญ

right-handed (ไรท์' แฮน' ดิด) *adj.* (ผู้ที่) ถนัดมือขวา, (ถุงมือ) สำหรับมือขวา *-adv.* ด้วยมือขวา, จากขวาไปซ้าย

rightly (ไรท์' ลี) *adv.* อย่างถูกต้องและเหมาะสม, ด้วยความซื่อสัตย์ยุติธรรม, (ภาษาพูด) อย่างแท้จริง, จริงๆ (**-S.** properly)

right-minded (ไรท์' ไมน์' ดิด) *adj.* มีความคิดเห็นที่ถูกต้องยุติธรรม

right-to-die (ไรท์' ทะได') *adj.* เป็นสิทธิของบุคคลที่จะปฏิเสธการใช้เครื่องช่วยชีวิตเป็นพิเศษ

right-to-life (ไรท์' ทะไลฟ์') *adj.* เป็นการต่อต้านการทำแท้ง

right wing พวกอนุรักษ์นิยมหรือพวกถอยหลังเข้าคลอง

rigid (ริจ' จิด) *adj.* แข็ง, แข็งขัน, รั้น, กระด้าง, ดื้อดึง, ไม่เป็นกันเอง, เก้งก้าง, ฝืด, เข้มงวด, ยาก, ร้ายกาจ, ไม่ยืดหยุ่น, ไม่คล่อง, เกร็ง, เคร่งครัด, พิถีพิถัน, ระมัดระวัง, มั่นคง **-rigidly** *adv.* **-rigidity** *n.* (**-S.** stiff, strict)

rigmarole, rigamarole (ริก' มะโรล, -กะมะโรล) *n.* การพูดแบบตะกุกตะกักหรือวกวน

rigor, rigour (ริก' เกอร์) *n.* ความเคร่งครัด, ความเกร็งของร่างกาย **-rigorous** *adj.*

rigor mortis การแข็งตัวของกล้ามเนื้อหลังจากการเสียชีวิต

rile (ไรล์) *vt.* **riled, riling** ยั่วให้โกรธ, กวนประสาท, กวนหรือคน (ของเหลว) (**-S.** stir)

rim (ริม) *n.* ขอบ (ถ้วย), กรอบ (แว่นตา), ริม, รอบนอกสุดของวงล้อ *-vt.* **rimmed, rimming** แต่งขอบ, ทำขอบ (**-S.** (v., n.) edge)

rime (ไรม์) *n., v.* ดู rhyme

rind (ไรนด์) *n.* เปลือกไม้, เปลือกของผลไม้, หนังหมูย่างหรือหมูรมควัน, เปลือกนอกของเนย

★**ring**[1] (ริง) *n.* วงแหวน, สิ่งที่มีลักษณะเป็นวงแหวน, แหวน, ห่วง, การเคลื่อนไหวเป็นวงกลม เช่นในการเต้นรำ,พื้นที่รูปวงกลมสำหรับจัดการแสดงหรือการแข่งขันต่างๆ, เวทีมวย, กีฬาชกมวย, กลุ่มมิจฉาชีพ, การแข่งขันทางการเมือง, วงปีของต้นไม้, กลุ่มของอะตอมซึ่งยึดต่อกันด้วยพันธะ (ทางเคมี) ซึ่งอาจจะแสดงออกมาในรูปวงกลมหรือสามเหลี่ยม *-vt., vi.* **ringed, ringing** ทำวงกลมล้อมรอบ, ประดับด้วยวงแหวน, สนตะพาย, ขี่ม้าเป็นวงกลมต้อน (สัตว์), ทอยวงแหวนให้ครอบหมุดที่ตอกไว้, ควั่นเปลือกต้นไม้เป็นวงกลมรอบลำต้น,เคลื่อนที่เป็นวงกลม (**-S.** (n., v.) circle, loop (n.) contest, gang)

★**ring**[2] (ริง) *vi., vt.* **rang, rung, ringing** ส่งเสียงดังกังวานหรือกระหึ่มกึกก้อง, (หู) อื้อ, อื้ออึง, ตีระฆังหรือกดกริ่งเรียก, ส่งสัญญาณด้วยการตีระฆัง, (เรื่องที่) ฟังดู (เป็นความจริง), โทรศัพท์ไปหา *-n.* เสียงระฆัง, เสียงกริ่ง, เสียงที่ดังก้องกังวาน, เสียงดังอื้ออึง, การโทรศัพท์ไปหา, การตีหรือเคาะระฆัง, การกดกริ่ง **-give someone a ring** (ภาษาพูด) โทรศัพท์ไปหาผู้หนึ่งผู้ใด **-ring a bell** (ภาษาพูด) กระตุ้นความทรงจำอันรางเลือน **-ring back** โทรศัพท์กลับไปหา **-ring down the curtain** ปิดฉาก **-ring false** ฟังดูไม่จริง **-ring off** วางสายโทรศัพท์ **-ring the changes** นำมาซึ่งความเปลี่ยนแปลง **-ring up the curtain** เปิดฉาก (**-S.** (v., n.) call, jingle)

ring buoy ห่วงยางชูชีพ

A B C D E F G H I J K L M N O P Q R S T U V W X Y Z

ring finger นิ้วนางข้างซ้าย
ringleader (ริง' ลีเดอร์) *n.* หัวหน้าก๊ก
ringlet (ริง' ลิท) *n.* ผมที่ยาวลงมาม้วนเป็นวงตอนปลาย, วงกลมหรือวงแหวนวงเล็กๆ
ring road ถนนวงแหวนรอบนอกเมือง
ringside (ริง' ไซด์) *n.* บริเวณที่นั่งที่ใกล้เวทีมากที่สุด
ringworm (ริง' เวิร์ม) *n.* ขี้กลาก
rink (ริงค์) *n.* ลานเล่นสเกตน้ำแข็ง, ลานเล่นฮอกกี้น้ำแข็ง,ลานเล่นทอยแผ่นเหล็กบนน้ำแข็ง, ลานเรียบใช้เล่นสเกตติดล้อ, โรงเล่นสเกต
rinse (รินซ์) *vt.* **rinsed, rinsing** ใช้น้ำชะล้าง, ใช้น้ำกลั้วคอบ้วนปาก, ล้าง (ขวด) ด้วยการใส่น้ำแล้วเขย่า *-n.* การกระทำดังกล่าว, น้ำที่ใช้ในการล้าง, น้ำยาย้อมหรือครีมนวดผม
★**riot** (ไร' เอิท) *n.* การก่อการจลาจล, การจลาจล, การระเบิด (เสียงหัวเราะ), ความสุรุ่ยสุร่าย, ความสนุกสนานอย่างควบคุมไม่อยู่, ความเสเพล, (คำสแลง) คนหรือสิ่งที่ตลกมากจนอดขำไม่ได้ *-v.* **-oted, -oting** *-vi.* ร่วมก่อการจลาจล, ใช้ชีวิตอย่างสำมะเลเทเมา, ใช้จ่ายอย่างสุรุ่ยสุร่าย *-vt.* เสีย (เงินและเวลา) ไปกับการใช้ชีวิตอย่างเสเพล (**-S.** (v., n.) carouse, disorder)
riotous (ไร' เอิทเทิซ) *adj.* บ้าคลั่ง, เหลวไหล, ฟุ่มเฟือย **-riotously** *adv.* **-riotousness** *n.*
★**rip** (ริพ) *v.* **ripped, ripping** *-vt.* ฉีก, ตัด, ผ่า, เลื่อย, (ภาษาพูด) แหกปาก (ตะโกน) *-vi.* ขาด, แยก, ปริ, กะเทาะ, (ภาษาพูด) เคลื่อนไหวอย่างรวดเร็วและรุนแรง *-n.* การกระทำดังกล่าว, เลื่อยที่มีฟันหยาบใช้ตัดไม้ตามลายไม้, รอยแยก **-ripper** *n.* (**-S.** (v., n.) cut, tear)
★**ripe** (ไรพ์) *adj.* **riper, ripest** โตเต็มที่, สุก, งอม, หง่อม, แก่, ช่ำชอง, ชำนาญ, เหมาะแก่โอกาส, แก่แดด, ส่งกลิ่น **-ripely** *adv.*
ripen (ไร' เพิน) *vt., vi.* **-ened, -ening** บ่ม
riposte (ริโพซท์') *n.* การแทงสวนกลับ, การโต้ตอบทันควัน *-vi.* **-posted, -posting** แทงสวนกลับ, โต้ตอบทันควัน (**-S.** (n., v.) retort)
ripple (ริพ' เพิล) *vi., vt.* **-pled, -pling** กระเพื่อม, ทำเสียงคล้ายเสียงน้ำกระเพื่อม *-n.* ระลอกคลื่น, การเคลื่อนไหวเป็นระลอก, เสียงที่ได้ยินเพียงชั่วครู่, เสียงเหมือนน้ำกระเพื่อม
★**rise** (ไรซ์) *v.* **rose** (โรซ), **risen** (ริซ' เซิน), **rising** *-vi.* ขึ้น, สูงขึ้น, ก้าวขึ้นสู่, ลุกขึ้นยืน, ตื่น, ลุกขึ้นสู้, เกิดขึ้น, ตั้งชัน, ลาดชันขึ้น, (ขน) ลุก, โผล่, ชูขึ้น, ปรากฏ, ประจักษ์, บวม, พอง, เป็นรูปเป็นร่างขึ้น, กลับมามีชีวิตอีกครั้ง, ได้รับสถานภาพที่สูงขึ้น, ถีบตัวเองให้สูงขึ้น, ประท้วง, คัดค้าน, กบฏ, ปิดการประชุม, เลื่อน *-vt.* ทำให้สูงขึ้น *-n.* การขึ้น, ระดับการขึ้น, การปรากฏขึ้นเหนือเส้นขอบฟ้าของพระอาทิตย์, เนินเขาลาดน้อยๆ, ที่มา, โอกาส, ฤกษ์, การขึ้นเงินเดือนค่าจ้าง (**-S.** (v., n.) close, increase)
★**risk** (ริซค์) *n.* ภัย, ความเสี่ยง, การลองเสี่ยง *-vt.* **risked, risking** เสี่ยงอันตราย, เสี่ยงภัย, ก่อให้เกิดความเสี่ยง **-riskiness** *n.* **-risky** *adj.* (**-S.** (n., v.) venture **-A.** (n.) safety)
rite (ไรท์) *n.* พิธีกรรมทางศาสนา, พิธีกรรมตามความเชื่อ, แบบแผนพิธีการปฏิบัติ **-Rite** พิธีสวดมนต์ในนิกายของศาสนาคริสต์ (**-S.** ceremony)
ritual (ริช' ชวล) *n.* พิธีกรรมทางศาสนา, หนังสือที่เกี่ยวกับพิธีกรรมต่างๆ, แบบแผนการปฏิบัติต่างๆ, พิธีที่ทำเป็นกิจวัตร **-ritually** *adv.*
★**rival** (ไร' เวิล) *n.* คู่แข่ง, คู่ปรับ *-adj.* เป็นคู่แข่ง *-vt., vi.* **-valed, -valing/-valled, -valling** แข่งขัน, ชิงดีชิงเด่น, ตีเสมอ **-rivalry** *n.* (**-S.** (n.) competitor **-A.** (n.) friend)
★**river** (ริฟ' เวอร์) *n.* แม่น้ำ
riverside (ริฟ' เวอร์ไซด์) *n.* ริมฝั่งแม่น้ำ
rivet (ริฟ' วิท) *n.* หมุดเหล็กที่ใช้ยึดแผ่นเหล็ก *-vt.* **-eted, -eting** ใช้หมุดดังกล่าวยึดสิ่งใดๆ, ติดแน่น, ตรึง (ความสนใจของผู้คน) **-riveter** *n.*
rivulet (ริฟ' วยะลิท) *n.* ลำธารหรือลำห้วยเล็กๆ
★**road** (โรด) *n.* ถนน, ทาง, วิถีทาง (**-S.** route)
road-kill, roadkill (โรด' คิล) *n.* (ภาษาพูด) การขับรถชนสัตว์บนถนน สัตว์ที่ถูกรถชนบนถนน เหยื่อผู้อ่อนแอ
road rage พฤติกรรมก้าวร้าวของผู้ขับขี่ยวดยานอันเกิดจากความเครียด
roadside (โรด' ไซด์) *n.* บริเวณข้างถนน
roadwork (โรด' เวิร์ค) *n.* การวิ่งระยะทางไกลเพื่อการออกกำลังกาย, การก่อสร้างบนถนน
roadworthy (โรด' เวอร์ธี) *adj.* **-thier, -thiest** อยู่ในสภาพดีพอที่จะขับขี่บนถนนได้
roam (โรม) *vi., vt.* **roamed, roaming** เดินเที่ยว, เดินเตร็ดเตร่, เถลไถล (**-S.** wander)
roar (รอร์, โรร์) *v.* **roared, roaring** *-vi.* แผดเสียง, คำราม, ร้องโหยหวน, ระเบิดเสียงหัวเราะดังลั่น, ทำเสียงดัง, (ม้า) หายใจดังฟืดฟาด *-vt.* ตะโกน, ตะเบ็งเสียง, ตะคอก, คำรามขู่ *-n.* เสียงดังกล่าว (**-S.** (v., n.) shout (n.) outcry)
★**roast** (โรซท์) *vt., vi.* **roasted, roasting** ย่าง, ปิ้ง, อบ, (ภาษาพูด) เย้ยหยัน *-n.* เนื้อย่าง, การย่าง ปิ้งหรืออบ, การเย้ยหยัน *-adj.* ซึ่งได้รับ

A B C D E F G H I J K L M N O P Q R S T U V W X Y Z

การอบ ปิ้งหรือย่าง

★**rob** (รอบ) *vt., vi.* **robbed, robbing** ปล้น, คร่าหรือแย่งเอาไป, ลักลอบเอาไป (**-S.** deprive)

★**robber** (รอบ' เบอร์) *n.* ขโมย, ผู้ร้ายลักทรัพย์

> **robber** โจรปล้นทรัพย์ โดยจะปล้นเหยื่อแบบซึ่งๆ หน้า เช่น I saw two robbers enter the jewelry shop yesterday evening.
>
> **thief** โจรลักขโมย เช่น There are many thieves in our village.
>
> **burglar, housebreaker** โจรย่องเบา, พวกตีนแมว เช่น A burglar only takes two minutes to break into a house.
>
> โจรประเภทอื่นๆ เช่น kidnapper โจรเรียกค่าไถ่, pickpocket โจรล้วงกระเป๋า เป็นต้น

robbery (รอบ' บะรี) *n., pl.* **-ies** การขู่กรรโชกทรัพย์, การปล้น (**-S.** burglary)

robe (โรบ) *n.* เสื้อคลุมตัวหลวมยาว เช่น ชุดคลุมของบาทหลวง ชุดครุยรับปริญญา, เสื้อคลุมอาบน้ำ, ผ้าห่มที่ทำจากขนสัตว์หรือผ้าชนิดต่างๆ *-vt., vi.* **robed, robing** ใส่เสื้อคลุม (**-S.** (n., v.) dress, gown)

robe

robin (รอบ' บิน) *n.* นกกางเขน

Robin Hood คนนอกกฎหมายในตำนานของอังกฤษ ช่วงศตวรรษที่ 12 มีชื่อเสียงในด้านความกล้าหาญชอบช่วยเหลือผู้อื่น

robot (โร' เบิท, -บอท) *n.* หุ่นยนต์, คนที่ทำงานแบบเครื่องจักร **-robotic, robotistic** *adj.*

robot

robust (โรบัซท์', โร' บัซท์) *adj.* แข็งแรง, แข็งขัน, มั่นคง, ทนทาน, แกร่ง, เหนียว, สมบูรณ์, เปล่งปลั่ง, (งาน) ซึ่งต้องใช้ความแข็งแกร่งทนทาน, ขรุขระ, ไม่สละสลวย, สาก, (ไวน์) ที่มีกลิ่นและรสแรง (**-S.** strong **-A.** weak)

★**rock**[1] (รอค) *n.* หิน, โขดหิน, หินโสโครก, เศษหิน, (คำสแลง) เพชร โคเคนบริสุทธิ์, ขนมลูกอมเหนียวๆ มีหลายสี (**-S.** stone)

★**rock**[2] (รอค) *v.* **rocked, rocking** *-vi.* โยก, แกว่งไกว, (เรือ) โคลงเคลงหรือโอนเอน, ร่อน (แร่), เล่นเพลงหรือเต้นรำจังหวะร็อกแอนด์โรล *-vt.* ไกว (เปล), ทำให้โอนเอนหรือสั่น, เขย่า (ขวัญ), ทำให้อารมณ์เสีย, ร่อน (แร่) *-n.* การโยก การแกว่งไกวหรือการโคลงเคลงไปมา, ดนตรีจังหวะร็อกแอนด์โรล (**-S.** (v., n.) roll)

rock-and-roll (รอค' เอินโรล') *n.* ดู rock 'n' roll

rocker (รอค' เคอร์) *n.* สิ่งที่โยกได้ เช่น เก้าอี้โยก ม้าโยก, คานที่มีลักษณะโค้งมีสองชิ้นใช้รองเปลหรือเก้าอี้โยกทำให้โยกได้, เครื่องมือที่ใช้ร่อนแร่, เครื่องมือขนาดเล็กที่มีลักษณะเป็นใบมีดโค้ง มีขอบเป็นฟันเลื่อยใช้ในการแกะแม่พิมพ์ทำให้เห็นเหมือนประด้วยจุดดำ, รองเท้าสเกตน้ำแข็งที่ข้างใต้มีลักษณะเป็นใบมีดโค้ง, สายห้อยใต้บั้งนายสิบของพลทหาร, เพลงร็อกแอนด์โรล, นักร้องหรือนักดนตรีร็อกแอนด์โรล, ผู้ที่คลั่งไคล้ในดนตรีจังหวะร็อกแอนด์โรล

★**rocket** (รอค' คิท) *n.* เครื่องยนต์จรวดที่ขับด้วยแรงขับดันปฏิกิริยาไม่ต้องอาศัยบรรยากาศของโลกจึงสามารถปฏิบัติการในอวกาศได้, จรวด, บ้องไฟ, อาวุธที่ติดหัวรบและขับเคลื่อนโดยใช้จรวด *-v.* **-eted, -eting** *-vi.* ทะยานหรือถีบขึ้นสูง, พุ่งขึ้นอย่างรุนแรงและรวดเร็ว *-vt.* บรรทุกหรือขนส่งด้วยจรวด, โจมตีหรือจู่โจมด้วยจรวด

rocking chair เก้าอี้โยก

rocking horse ม้าโยกสำหรับเด็กขี่เล่น

rock 'n' roll, rock-and-roll (รอค' เอินโรล') *n.* ดนตรีร็อกแอนด์โรล เป็นดนตรีแนวยอดนิยมเกิดขึ้นจากการรวมกันเข้าของดนตรีหลายแนวโดยเฉพาะจังหวะ rhythm and blues และแนวคันทรี รวมทั้งบทเพลงสวดในศาสนาคริสต์

rocky[1] (รอค' คี) *adj.* **-ier, -iest** ดาษดาไปด้วยหิน, แข็งกระด้าง, ดื้อดึง, มั่นคงแข็งแรงดุจหินผา, แน่นอน, เป็นการกีดขวาง (**-S.** stony)

rocky[2] (รอค' คี) *adj.* **-ier, -iest** โคลงเคลง

rod (รอด) *n.* ท่อนไม้, ท่อนเหล็ก, ท่อนพลาสติก, คาน, คันเบ็ด, ก้านสูบ (เครื่องยนต์), รางแขวนผ้าม่าน, ไม้ที่ใช้ในการรังวัดหาระดับ, สายล่อฟ้า, แขนงไม้วิเศษใช้หาน้ำหรือแร่ใต้ดิน, ไม้วัด, หน่อไม้, ไม้เรียว, การลงโทษ, การแก้ไข, คทา, ไม้ถือให้สัญญาณ, ไม้กลมยาวที่หัวหน้าวงดนตรีหรือผู้วิเศษหรือเทพยดาฝรั่งถือ, ไม้ยาวมียอดเป็นมงกุฎที่พระเจ้าแผ่นดินทรงถือเป็นเครื่องหมายแสดงพระราชอำนาจ, อำนาจการครอบครอง, หน่วยวัดความยาวเท่ากับ 55 หลา หรือ 16.5 ฟุต (5.03 เมตร), การสืบเชื้อสาย, แบคทีเรียรูปร่างกลมยาว, (คำสแลง) ปืนพกหรือ

ปืนลูกโม่ (-S. bar, baton, stick, wand)
rode (โรด) *v.* กริยาช่อง 2 ของ ride
rodent (โรด' เดินท์) *n.* สัตว์เลี้ยงลูกด้วยนมที่กินพืช มีฟันซี่หน้าใหญ่ใช้กัดแทะ ซึ่งมีทั้งหนู กระต่าย กระรอก และตัวบีเวอร์
rodeo (โร' ดีโอ, โรเด' โอ) *n., pl.* **-os** การแสดงการขี่ม้าป่าหรือการคล้องวัวกระทิง
roe (โร) *n.* ไข่ปลา, ไข่กุ้ง
roentgen, röntgen (เรนท์' เกิน, -เจิน) *n.* หน่วยวัดรังสีเอกซ์หรือรังสีแกมมา
roger (รอจ' เจอร์) *interj.* คำตอบรับในการติดต่อทางวิทยุ มาจาก Roger ที่ใช้พูดแทนอักษร r ซึ่งอักษร r ย่อมาจาก received รับทราบแล้ว
rogue (โรก) *n.* คนขี้โกง, คนสารเลว, ตัวแสบ, ช้างเกเร, พืชที่กลายพันธุ์ไป *-vt., vi.* **rogued, roguing** โกง, ฉ้อฉล, เอา (พืชที่กลายพันธุ์) ออกไปจากกลุ่มของมัน (-S. (n.) rascal)
★**role, rôle** (โรล) *n.* บทบาทการแสดง, บทบาทในสังคม, หน้าที่การงาน (-S. character, duty)
★**roll** (โรล) *vi., vt.* **rolled, rolling** กลิ้ง, ส่าย, โยก, เลื่อนไหล, ห่อ, มวน, ม้วน, บด, นวด, คลึง, รัว (กลอง), กลอก (ลูกตา) ไปมา, เถลไถลไป, โดยสาร, ลอย, เริ่มเคลื่อนไหว, ใช้แรงเฉื่อย, ผ่านไป, เวียนกลับมา, หมุนเวียนตามช่วงระยะเวลา, เดินโซเซ, หมุน, ขึ้นๆ ลงๆ เป็นคลื่น, (เสียงฟ้า) ร้องคำราม, (นก) ทำเสียงรัวในลำคอ, หลั่งไหล, ยินดีอย่างมาก, ทอยลูกเต๋า *-n.* การกระทำดังกล่าว, ม้วนผ้า, ม้วนฟิล์ม, ม้วนกระดาษหรือหนังที่สมัยก่อนใช้แทนหนังสือ, บัญชีหางว่าว, ทะเบียน, บัญชีรายชื่อ, สมุดแจ้งรายการสินค้า, ก้อนกลมๆ หรือทรงกระบอก, ขนมปังก้อนกลมเล็กๆ, ลูกกลิ้ง, การแปรขบวนของเครื่องบินโดยการหมุนควงสว่านหนึ่งรอบโดยไม่ต้องเปลี่ยนทิศทางบินและไม่เสียระดับความสูง, (คำสแลง) เงินธนบัตรหนึ่งปึก (-S. (v.) rotate (n.) cylinder, list)
roller (โร' เลอร์) *n.* ลูกกลิ้ง, ที่ม้วนผม, ล้อของรองเท้าสเกต, หลอด (ด้าย), ม้วน (ผ้าหรือฟิล์ม), ลูกโม่ในแท่นพิมพ์, ผ้าพันแผลชนิดม้วน, คลื่นขนาดยักษ์ที่ซัดเข้าหาฝั่ง, นกตะขาบ
Rollerblade, rollerblade (โร' เลอร์เบลด) *n.* รองเท้าสเกตแบบที่มีล้อเรียงกันเป็นแถวยาวแถวเดียว
roller blind มู่ลี่
roller coaster รถไฟเหาะตีลังกา
roller skate รองเท้าสเกต

roller skate

ที่ติดล้อไว้ข้างใต้
rollick (รอล' ลิค) *vi.* **-licked, -licking** ลิงโลด, ร่าเริง **-rollicksome, rollicky** *adj.* (-S. frolic)
rolling (โรล' ลิง) *adj.* เป็นคลื่น, (เดิน) เซ, แกว่ง, หมุนเวียน, (เสียง) สั่นรัว **-rolling in it** (ภาษาพูด) ร่ำรวยมหาศาล
rolling pin ไม้นวดแป้ง
roll-on (โรล' ออน) *adj.* ซึ่งเป็นขวดน้ำยาดับกลิ่นตัว มีลูกกลิ้งอยู่บนปากขวดใช้ทารักแร้
ROM ย่อจาก read-only memory หน่วยความจำอ่านอย่างเดียว
Roman (โร' เมิน) *adj.* เกี่ยวกับกรุงโรม ชาวโรมและวัฒนธรรมโรมสมัยโบราณหรือสมัยปัจจุบัน, เกี่ยวกับอาณาจักรโรมัน, เกี่ยวกับหรือประพันธ์เป็นภาษาละติน, ซึ่งใช้ตัวอักษรละติน, เกี่ยวกับศาสนาคริสต์นิกายโรมันคาทอลิก, เกี่ยวกับสถาปัตยกรรมในแบบที่พัฒนาขึ้นโดยชาวโรมันโบราณ ลักษณะโครงสร้างหลักเป็นรูปโค้งมนกลม หลังคาโค้ง ก่อสร้างด้วยคอนกรีตและประดับประดาตกแต่งอย่างหรูหรามีชั้นเชิงและสง่างาม *-n.* ชาวโรมโบราณหรือปัจจุบัน, ภาษาอิตาเลียนที่ใช้กันในกรุงโรม, ผู้ที่นับถือศาสนาคริสต์นิกายโรมันคาทอลิก **-roman** ซึ่งเป็นตัวพิมพ์อักษรโรมัน มีลักษณะตัวตรง มีเส้นขวางที่ปลายทั้งด้านบนและล่างของตัวอักษรและเส้นในแนวตั้งของตัวอักษรหนากว่าเส้นในแนวนอน, ตัวพิมพ์อักษรโรมัน
Roman Catholic ศาสนาและผู้ที่นับถือศาสนาคริสต์นิกายโรมันคาทอลิก
romance (*n.* โรแมนซ์', โร' แมนซ์, *v.* โรแมนซ์') *n.* เรื่องรักๆ ใคร่ๆ, ความรัก, ความหลงใหลคลั่งไคล้ชั่วครู่ชั่วยาม, เรื่องเล่าย้อนยุคเกี่ยวกับการผจญภัยและพฤติกรรมที่ห้าวหาญของพระเอกผู้เปี่ยมไปด้วยคุณธรรม, นวนิยายขนาดยาวเกี่ยวกับพระเอกผู้กล้าหาญกับเหตุการณ์ลึกลับน่าพิศวงต่างๆ, งานศิลปะที่เกี่ยวกับความรักที่มีเรื่องเพศเข้ามาเกี่ยวข้องในแบบเพ้อฝัน, การอธิบายแบบแต่งแต้มและต่อเติมเรื่องราวให้ดูตื่นเต้นขึ้น, เพลงที่แสดงความรู้สึกฟังแล้วเคลิบเคลิ้ม, ท่อนบรรเลงสั้นๆ ของเพลงที่ไพเราะ *-v.* **-manced, -mancing** *-vi.* แต่ง เขียนหรือบอกเล่านิยายดังกล่าว, คิดและมีพฤติกรรมในแบบเพ้อฝัน *-vt.* (ภาษาพูด) มีเพศสัมพันธ์กับ **-Romance** ภาษาใดๆ ที่พัฒนามาจากภาษาละติน เช่น ฝรั่งเศส อิตาเลียน โปรตุเกส โรมาเนีย และสเปน (-S. (n., v.) fancy, novel)
Roman numeral ตัวเลขโรมันในระบบเลข

โรมันโบราณที่เอาตัวอักษรมาเป็นสัญลักษณ์แทนตัวเลขคือ I = 1, V = 5, X = 10, L = 50, C = 100, D = 500 และ M = 1,000 เลขตัวอื่นๆ หลักการเขียนคือ อักษรที่มีค่าน้อยกว่าอยู่หน้าคือลบออก แต่ถ้าอยู่หลังคือบวกเพิ่ม เช่น IV = 4 และ VI = 6 นอกจากนี้อักษรใดมี — ด้านบนหมายถึงคูณด้วย 1,000 เช่น $\bar{V}$ = 5,000 ปัจจุบันก็ยังมีการใช้อยู่

★**romantic** (โรแมน' ทิค) *adj.* เพ้อฝัน, แสดงความรักอย่างดูดดื่ม, เป็นความรักอย่างสุดซาบซึ้งตรึงใจ *-n.* คนช่างเพ้อฝัน **-romantically** *adv.* (**-S.** (adj.) fanciful **-A.** (adj.) realistic)

romp (รอมพ์) *vi.* **romped, romping** วิ่งเล่นอย่างสนุกสนาน, (คำสแลง) ชนะอย่างง่ายดาย *-n.* การเล่นอย่างสนุกสนาน, เด็กผู้หญิงที่วิ่งเล่นอย่างสนุกสนานร่าเริง, ก้าวเดินที่รวดเร็วและคล่องแคล่ว, (คำสแลง) ชัยชนะที่ได้มาอย่างง่ายดาย **-romper** *n.* (**-S.** (n.) merriment)

röntgen (เรนท์' เกิน, -เจิน) *n.* ดู roentgen

★**roof** (รูฟ, รุฟ) *n.* หลังคา, เพดาน, สิ่งที่มีลักษณะเป็นหลังคาปิดคลุมสิ่งใดๆ, จุดหรือพิกัดสูงสุด *-vt.* **roofed, roofing** มุงหลังคา

rook[1] (รุค) *n.* กาที่อยู่แถบอเมริกาเหนือ ทำรังเป็นกลุ่มใกล้ยอดไม้, คนขี้โกง *-vt.* **rooked, rooking** โกง, ตบตา (**-S.** (n.) crow, swindler)

rook[2] (รุค) *n.* เรือในเกมหมากรุก

★**room** (รูม, รุม) *n.* ห้อง, พื้นที่ว่าง, ช่องว่าง, โอกาส *-vi.* **roomed, rooming** เข้าอยู่ในห้อง, พักอาศัยอยู่ในห้อง (**-S.** (n.) chance, space)

roommate (รูม' เมท, รุม'-) *n.* เพื่อนร่วมห้อง

room temperature อุณหภูมิห้องหรืออุณหภูมิในที่ร่มคือ 20-25 องศาเซลเซียส (68-77 องศาฟาเรนไฮต์)

roomy (รู' มี, รุม'-) *adj.* **-ier, -iest** ซึ่งมีที่ว่างมาก, กว้างขวาง, ซึ่งมีพื้นที่มาก **-roomily** *adv.* **-roominess** *n.* (**-S.** wide)

roost (รูซท์) *n.* กิ่งไม้หรือคอนสำหรับให้นกหรือไก่เกาะ, ที่นอนพักผ่อนชั่วคราว *-vi.* **roosted, roosting** เกาะคอน, นอนพัก (**-S.** (n., v.) perch)

★**rooster** (รู' สเตอร์) *n.* ไก่ตัวผู้, อันธพาล

★**root** (รูท, รุท) *n.* ราก, หัวหรือหน่อของไม้บางชนิด เช่น มัน, รากฐาน, รากเหง้า, รากคำ, โคตรเหง้า, เทือกเถาเหล่ากอ, ต้นตระกูล, รากหรือกรณฑ์ในคณิตศาสตร์มีเครื่องหมายคือ √ , โน้ตที่ใช้สร้างคอร์ด *-v.* **rooted, rooting** *-vi.* ลงราก, ปักราก, ลงหลักปักฐาน, งอกราก *-vt.* ถอนรากไปปลูก, ปลูกโดยใช้ราก, ฝังราก, วางรากฐาน (**-S.** (n.) origin, tuber (v.) implant)

root beer เครื่องดื่มน้ำอัดลมที่มีส่วนผสมที่สกัดจากรากของพืชบางชนิดและสมุนไพร

★**rope** (โรพ) *n.* เชือก, เชือกที่มีห่วงคล้องคอที่ปลายด้านหนึ่งใช้แขวนคอนักโทษ, การประหารหรือการฆ่าด้วยการแขวนคอ *-vt.* **roped, roping** ผูกหรือมัดด้วยเชือก, กั้นด้วยเชือก, ใช้เชือกหรือบ่วงคล้องจับ, (ภาษาพูด) หลอกลวง (**-S.** (n.) cord (n., v.) tie **-A.** (v.) release)

rosary (โร' ซะรี) *n., pl.* **-ries** การสวดมนต์ของศาสนาคริสต์นิกายโรมันคาทอลิก, ลูกประคำที่ใช้นับเวลาสวดมนต์ของศาสนาคริสต์นิกายโรมันคาทอลิก, ลูกปัดที่คล้ายกันนี้ที่ใช้ในผู้ที่นับถือศาสนาอื่นๆ

★**rose[1]** (โรซ) *n.* ดอกกุหลาบ, ต้นกุหลาบ, สีชมพูแก่จนถึงสีแดง, สิ่งประดับที่เป็นรูปดอกกุหลาบ, ฝักบัวรดน้ำ, เพชรที่ตัดเป็นรูปครึ่งวงกลม, หน้าต่างทรงกลมติดกระจกสีมีลวดลายที่แผ่เป็นรัศมีเหมือนดอกกุหลาบ *-adj.* เป็นสีกุหลาบ, เกี่ยวกับดอกกุหลาบ, มีกลิ่นราวกับดอกกุหลาบ

rose[2] (โรซ) *v.* กริยาช่อง 2 ของ rise

rosé (โรเซ') *n.* ไวน์สีชมพูรสอ่อนนุ่ม

rose apple ชมพู่

roselle (โรเซล') *n.* กระเจี๊ยบ

rosette (โรเซท') *n.* เหรียญตราที่ทำด้วยริบบิ้นพับเป็นรูปดอกกุหลาบ, สิ่งใดๆ ที่ทำคล้ายดอกกุหลาบ, เครื่องประดับที่ทำเป็นรูปดอกกุหลาบ

roster (รอส' เตอร์, รอ' สเตอร์) *n.* บัญชีรายชื่อทหารที่ต้องเข้าประจำการตามหน้าที่ (**-S.** list)

rostrum (รอส' เตริม, รอ' สเตริม) *n., pl.* **-trums/-tra** เวทีหรือแท่น (**-S.** podium)

rosy (โร' ซี) *adj.* **-ier, -iest** มีสีแดงหรือชมพูเหมือนดอกกุหลาบ, (แก้ม) เป็นสีชมพูดูสดใส มีสุขภาพดี, ประกอบด้วยหรือตกแต่งด้วยกุหลาบ, สดใส ร่าเริง มองโลกในแง่ดี, มีความหวัง **-rosily** *adv.* **-rosiness** *n.* (**-S.** healthy)

rot (รอท) *v.* **rotted, rotting** *-vi.* เน่าเปื่อย, ผุพัง, บูดเน่า, เสียหาย, ร่วงโรย, ทำให้ใช้การไม่ได้, อ่อนเปลี้ยเพลียแรง, ทรุดโทรม, เหี่ยวเฉา, คล้อยต่ำลง, เลวทราม *-vt.* ทำให้เน่าเปื่อยผุพัง *-n.* ความเน่าเปื่อยผุพัง, ความเสียหาย, ความเสื่อมโทรม, โรคเน่าของพืชที่เกิดจากเชื้อแบคทีเรียหรือเชื้อรา, อาการเท้าเปื่อย, การพูดจาเหลวไหล, เชื้อโรคต่างๆ *-interj.* ใช้แสดงความรำคาญ ดูถูกหรือเบื่อหน่าย (**-S.** (v.) decompose **-A.** (v.) purify)

rotary (โร' ทะรี) *adj.* เป็นการหมุนรอบแกน

A B C D E F G H I J K L M N O P Q R S T U V W X Y Z

-n., pl. **-ries** ส่วนหรือสิ่งที่หมุนรอบแกนกลาง, วงเวียน

rotate (โร' เทท) *v.* **-tated, -tating** *-vi.* วนรอบจุดศูนย์กลาง, หมุนรอบแกนกลาง, สลับกัน, หมุนเวียน *-vt.* ทำให้หมุนรอบแกนกลางหรือจุดศูนย์กลาง, ปลูกพืชหมุนเวียน, ทำให้สลับสับเปลี่ยนกันไป (**-S.** alternate, revolve, spin)

rotation (โรเท' ชัน) *n.* การหมุนรอบ, รอบของการหมุนหนึ่งรอบ, การสลับสับเปลี่ยนกัน

rotor (โร' เทอร์) *n.* ส่วนที่หมุนของเครื่องไฟฟ้าหรือเครื่องจักร, ใบพัดของเฮลิคอปเตอร์, มอเตอร์ไฟฟ้า, เครื่องกำเนิดไฟฟ้า

★**rotten** (รอท' เทิน) *adj.* **-er, -est** เน่า, บูด, เสีย, เหม็นเน่า, น่ารังเกียจ, เสื่อมทราม, แย่มาก *-adv.* อย่างมาก **-rottenly** *adv.* **-rottenness** *n.* (**-S.** (adj.) putrid **-A.** (adj.) pure)

rotund (โรทันด์') *adj.* กลม, จ้ำม่ำ, อูม, อ้วนตุ้ต๊ะ, (เสียง) ดังสนั่น, อึกทึกครึกโครม **-rotundity** *n.* **-rotundly** *adv.* (**-S.** chubby, fat, round)

rouge (รูฌ) *n.* ชาดใช้ทาแก้มหรือปาก, ผงสีแดงซึ่งเป็นสารประกอบของเหล็กใช้ขัดโลหะหรือแก้ว

★**rough** (รัฟ) *adj.* **rougher, roughest** ขรุขระ, โกลาหล, เชี่ยว, ไม่ราบรื่น, หยาบคาย, ป่าเถื่อน, เซ่อซ่า, ไม่สุภาพ, ไร้ระเบียบ, เกกมะเหรกเกเร, ดื้อด้าน, ขาดการขัดเกลา, ยังไม่เจียระไน, คร่าวๆ ไม่ละเอียด, (คลื่นลมพัด) จัดและรุนแรง *-vt.* **roughed, roughing** ทำร้าย, ร่างคร่าวๆ *-adv.* อย่างป่าเถื่อน, อย่างคร่าวๆ, อย่างลำบากลำบน *-n.* ภูมิประเทศที่ขรุขระ, บริเวณที่ขรุขระและมีหญ้าขึ้นเต็มในสนามกอล์ฟ,ความลำบากลำบน, ความไม่ลงรอย, คนหยาบคาย, สิ่งที่ทำขึ้นอย่างคร่าวๆ (**-S.** (adj.) harsh **-A.** (adj.) smooth)

roughage (รัฟ' ฟิจ) *n.* พืชที่มีกากใยมากช่วยในการย่อย เช่น ฟางหรือหญ้าแห้ง

roughen (รัฟ' เฟิน) *vt., vi.* **-ened, -ening** ทำให้ (พื้นผิว) ขรุขระหรือหยาบ

roulette (รูเลท') *n.* เกมการพนันที่ผู้เล่นจะพนันกันว่าลูกบอลลูกเล็กๆ จะไปตกอยู่ในช่องเลขใดบนจานหรือล้อหมุน, จานล้อเหล็กเล็กๆ มีที่จับใช้ปรุรอยบนกระดาษ เช่น ดวงตราไปรษณียากร, รอยปรุระหว่างดวงตราไปรษณียากรแต่ละใบบนแผ่นกระดาษ *-vt.* **-letted, -letting** ปรุรอยบนกระดาษ, ทำรอยปรุ

★**round** (เรานด์) *adj.* **rounder, roundest** กลม, เป็นวงกลมรอบ, เป็นรูปทรงกระบอก, ล้อมวงรอบ, ซึ่งต้องห่อริมฝีปาก, (เสียง) ดังสนั่นกึกก้อง, (1 โหล) เต็มๆ, เป็นเลขจำนวนเต็มไม่ใช่เศษส่วน, อย่างคร่าวๆ, (เงินก้อน) ใหญ่, ซึ่งจบสิ้นลงเอยด้วยดี, ตรงไปตรงมา, ทำอย่างเต็มกำลัง *-adv.* เป็นวงกลมรอบ, อ้อมรอบ, ล้อมรอบ, ด้วยการหมุนรอบ, หมุนเวียน, (ไป) ทั่วๆ, (หัน) กลับมา, (เชิญ) ให้ไปที่หนึ่งที่ใด *-prep.* (ไป) ทั่วๆ, ใกล้ๆ, อ้อมรอบ, ล้อมรอบ, วกกลับไปอีกด้าน, โดยรอบ *-n.* รอบของการกระทำใดๆ, นัด (การประชุม), ยก (ของการชกมวย), เที่ยว (ของการส่งของ), การออกรอบเล่นกอล์ฟครบหนึ่งรอบ, นัดกระสุนหนึ่งนัด, สิ่งที่มีลักษณะกลม เช่น วงกลม แผ่นดิสก์ แหวน ลูกโลก, การเคลื่อนที่รอบแกนกลาง, การล้อมวง, การตั้งวง, ขั้นบันได, ชิ้นเนื้อต้นขาของวัว, กลุ่มคน, การเต้นรำเป็นวงกลม, เครื่องดื่มหนึ่งแก้วสำหรับแต่ละคนในกลุ่ม, (การตบมือ) หนึ่งกราวใหญ่, การยิงนัดหนึ่ง, จำนวนจำกัดของลูกธนูที่ใช้ยิงจากระยะที่กำหนดไปสู่เป้ายิง, เวลาแต่ละช่วงในเกมกีฬา *-v.* **rounded, rounding** *-vt.* เลี้ยวโค้ง, ทำให้จบลงอย่างสบายใจ, ปรับ (ตัวเลข) ขึ้นให้เป็นจำนวนเต็ม, รวบรวม (คน), อ้อม, ห้อมล้อม, ทำให้เคลื่อนเป็นวงกลม, ออกเสียงด้วยการห่อริมฝีปาก, ทำให้กลม, ทำให้เสร็จสิ้น, ล้อมรอบ, วกกลับไปอีกด้าน *-vi.* วนรอบ, ย้อนกลับ, กลับด้าน, วกกลับ, ลงเอยด้วยดี **-round and round** หมุนวนครั้งแล้วครั้งเล่า **-roundness** *n.* (**-S.** (adj.) circular (n., v.) circle **-A.** (adj., n.) square)

round hand ลายมือในการเขียนหนังสือที่เป็นแบบตัวกลมและชัดเจน

round-shouldered (เรานด์' โชล' เดอร์ด) *adj.* หลังค่อม, หลังโกง

round/around-the-clock (เรานด์เธอะคลอค', อะเรานด์-) *adj.* อย่างติดต่อกันตลอด 24 ชั่วโมง

roundtrip, round-trip, round trip (เรานด์' ทริพ') *n.* การเดินทางไปและกลับ

rouse (เราซ์) *vt., vi.* **roused, rousing** ยั่วยุ, ปลุกเร้า, กระตุ้น *-n.* การปลุก, การยั่วยุ **-rouser** *n.* (**-S.** (v.) stimulate **-A.** (v., n.) calm)

rout (เราท์) *n.* การล่าถอยอย่างไม่เป็นขบวน, การพ่ายแพ้อย่างราบคาบ, กลุ่มคนที่ไม่สงบ, พวกคนจนหาเช้ากินค่ำ, ความจลาจล, การชุมนุมของพวกผู้ดีมีเงิน *-vt.* **routed, routing** ตีแตกพ่ายไป (**-S.** (n., v.) defeat **-A.** (n., v.) surrender)

★**route** (รูท, เราท์) *n.* เส้นทาง *-vt.* **routed, routing** กำหนดเส้นทาง (**-S.** (n.) path, way)

★**routine** (รูทีน') *n.* ระเบียบแบบแผน, สิ่งที่ดำเนินไปเป็นประจำ, (คำสแลง) กิจวัตรประจำ *-adj.*

เป็นตามแบบแผนที่วางเอาไว้, เป็นประจำ, เป็นปกติ, ธรรมดา, น่าเบื่อ **-routinely** *adv.* (**-S.** (n.) pattern (adj.) dull **-A.** (adj.) interesting)

rove (โรฟว์) *vi., vt.* **roved, roving** ท่องเที่ยว, เตร็ดเตร่, สอดส่าย (สายตา) (**-S.** roam)

★**row**[1] (โร) *n.* แถว, แนว, แถวของตึกที่เรียงกันไปตามถนน *-vt.* **rowed, rowing** จัดเป็นแถว

★**row**[2] (โร) *v.* **rowed, rowing** *-vi.* พายเรือ *-vt.* แจวเรือด้วยพาย, โดยสารหรือบรรทุกไปด้วยเรือแจว, แข่งพายเรือ *-n.* การพายเรือ

row[3] (เรา) *n.* การทะเลาะวิวาท, ความโกลาหล, เสียงเอะอะอึกทึกครึกโครม *-vi.* **rowed, rowing** ทะเลาะวิวาท, โวยวาย (**-S.** (n., v.) fight, quarrel)

rowboat (โร' โบท) *n.* เรือแจว, เรือพาย

rowdy (เรา' ดี) *n., pl.* **-dies** คนหยาบคาย, อันธพาล *-adj.* **-dier, -diest** ยุ่งเหยิง, หยาบคาย, เกะกะเกเร (**-S.** (adj.) noisy, rough (n.) ruffian)

★**royal** (รอย' เอิล) *adj.* เกี่ยวกับกษัตริย์, เกี่ยวกับตำแหน่งกษัตริย์, เกี่ยวกับหรือในราชการแห่งราชอาณาจักร, เป็นพระบรมราชโองการของกษัตริย์, เป็นพระราชอำนาจของกษัตริย์, เป็นพระบรมราชานุญาต, สง่า, ผึ่งผาย, ยิ่งใหญ่, สูงส่ง *-n.* (ภาษาพูด) ราชวงศ์, ขนาดของกระดาษ 20x25 นิ้วสำหรับพิมพ์และ 19x24 นิ้วสำหรับเขียน **-royally** *adv.* (**-S.** (adj.) majestic)

royalty (รอย' เอิลที) *n., pl.* **-ties** พระบรมวงศานุวงศ์, พระบาทสมเด็จพระเจ้าอยู่หัวและพระบรมวงศานุวงศ์, ตำแหน่งของกษัตริย์, พระราชอำนาจของกษัตริย์, ราชตระกูล, พระราชอาณาจักรของกษัตริย์, ค่าภาคหลวง, ค่าลิขสิทธิ์

R.S.V.P., r.s.v.p. ย่อจากภาษาฝรั่งเศส répondez s'il vous plaît (please reply) โปรดตอบ (ซึ่งใช้เขียนบนบัตรเชิญ)

★**rub** (รับ) *vt., vi.* **rubbed, rubbing** ถู, ขัด, สี, (รองเท้า) กัด, ทำให้คัน, ทำให้เคือง *-n.* การถู, การขัด, การสี, ความขรุขระ, การกระทำที่เป็นการรบกวนหรือทำร้ายผู้อื่น,ความยากลำบาก (**-S.** (v., n.) polish, wipe)

★**rubber** (รับ' เบอร์) *n.* ยาง, ยางลบ, ฉนวน, รองเท้ายาง, สิ่งที่ทำจากยาง, ยางรถยนต์, (คำสแลง) ถุงยางอนามัย, หมอนวดหรือคนที่ทำหน้าที่นวด (**-S.** eraser, tire)

rubber band หนังยางใช้รัดของ

★**rubbish** (รับ' บิช) *n.* ขยะ, กากเดน, ของไร้ค่า, เรื่องเหลวไหล, ความไม่เข้าท่า **-rubbishy** *adj.*

rubble (รับ' เบิล) *n.* เศษหินขรุขระใช้ในการก่อสร้างตึก, การก่อสร้างตึกที่ใช้หินดังกล่าว

rubidium (รูบิด' เดียม) *n.* ธาตุรูบิเดียม เป็นโลหะสีขาว อ่อนและไวปฏิกิริยาคล้ายโซเดียม มีในแร่หายากไม่กี่ชนิด มีสัญลักษณ์ Rb

ruby (รู' บี) *n., pl.* **-bies** ทับทิม, สีแดงเข้ม

ruck (รัค) *n.* ฝูงชน, คนหรือสิ่งธรรมดา

rucksack (รัค' แซค, รุค'-) *n.* เครื่องหลัง

rudder (รัด' เดอร์) *n.* หางเสือ, ผู้นำทาง

ruddy (รัด' ดี) *adj.* **-dier, -diest** แดงเรื่อ, ค่อนข้างแดง, เปล่งปลั่ง, ผ่องใส **-ruddily** *adv.*

★**rude** (รูด) *adj.* **ruder, rudest** หยาบคาย, กระด้าง, ลามก, ดิบ, เหนียว, ทนทาน, กะทันหัน **-rudeness** *n.* (**-S.** impolite, rough **-A.** polite)

rudiment (รู' ดะเมินท์) *n.* ส่วนที่เติบโตหรือพัฒนาผิดรูปหรือไม่สมบูรณ์ของพืช

rudimentary (รูดะเมน' ทะรี, -เมน' ทรี) *adj.* เป็นขั้นพื้นฐาน, (พืช) ที่เพิ่งจะเริ่มงอก (**-S.** elementary, imperfect **-A.** advanced)

rue (รู) *vt., vi.* **rued, ruing** เสียใจ, เศร้าโศก

rueful (รู' เฟิล) *adj.* น่าสงสาร, (ยิ้ม) อย่างสลดใจ

ruff (รัฟ) *n.* ปกเสื้อสีขาวลงแป้งแข็ง จับจีบย้วยรอบคอหรือเป็นเหมือนครุยรอบคอ ซึ่งนิยมใส่กันในยุโรปในศตวรรษที่ 16 และ 17, ขนรอบคอนกที่ตั้งขึ้นมาเป็นแผงเหมือนคอปกเสื้อดังกล่าว (**-S.** ruffle)

ruffian (รัฟ' เฟียน) *n.* อันธพาล

ruffle (รัฟ' เฟิล) *n.* ลูกไม้หรือครุย, ขนรอบคอนกที่ตั้งขึ้นมาเป็นแผงคอเหมือนคอปกเสื้อ, ดู ruff, ความน่ารำคาญ, ความขรุขระ *-vt., vi.* **-fled, -fling** ทำให้ยับ, (ขน) ตั้งชัน, รบกวน, จับจีบ (ผ้า), ขยี้, สับ (ไพ่) (**-S.** (n., v.) frill, wrinkle)

★**rug** (รัก) *n.* พรม, (คำสแลง) วิกผม

Rugby (รัก' บี) *n.* กีฬารักบี้

rugged (รัก' กิด) *adj.* ขรุขระ, มีริ้วรอย, ทนทาน, โผงผาง, ยากไร้, กระด้าง, (รูปร่าง) สมชายชาตรี, ไร้มารยา (**-S.** harsh **-A.** smooth)

rugger (รัก' เกอร์) *n.* ในอังกฤษหมายถึงรักบี้

★**ruin** (รู' อิน) *n.* ความหายนะ, เหตุแห่งความฉิบหาย, ผู้ที่หรือสิ่งที่ถูกทำลาย, การล้างผลาญ, *-v.* **-ined, -ining** *-vt.* ทำลายล้าง, รื้อถอน, ทำให้หมดเนื้อหมดตัว, ทำให้เสียหาย, พร่าพรหมจรรย์ *-vi.* ตกลงสู่ห้วงหายนะ **-ruins** ซากปรักหักพัง **-ruination** *n.* **-ruinous** *adj.* (**-S.** (n.) destruction (v.) demolish **-A.** (n.) creation)

★**rule** (รูล) *n.* กฎ, กฎเกณฑ์, หลัก, ระเบียบ, วินัย, ไม้วัด, ระเบียบแบบแผน *-vt., vi.* **ruled, ruling** ปกครอง, ตัดสิน, วินิจฉัย, ควบคุม, ครอบงำ, ขีดเส้นหรือตีเส้นด้วยไม้บรรทัด **-as**

A B C D E F G H I J K L M N O P Q R S T U V W X Y Z

a rule เป็นปกติ, โดยทั่วไป **-rulable** *adj.* (**-S.** (n.) regulation (v.) govern, judge)

rule of thumb *n., pl.* **rules of thumb** กฎเกณฑ์ทั่วไป, กฎเกณฑ์คร่าวๆ

★**ruler** (รู' เลอร์) *n.* ผู้ปกครอง, ประมุข, ไม้บรรทัด (**-S.** governor, measure, yardstick)

ruling (รู' ลิง) *adj.* มีอำนาจในการปกครองหรือควบคุม, มีความสำคัญมากที่สุด, ที่ครอบงำจิตใจ *-n.* การควบคุม, การปกครอง, การตัดสินใจ, คำตัดสิน (**-S.** (adj.) reigning, supreme (n.) decision, decree, judgement)

rum (รัม) *n.* เหล้าที่กลั่นจากกากน้ำตาลหรืออ้อยหมัก, เครื่องดื่มที่ทำให้มึนเมา เช่น สุรา

rumble (รัม' เบิล) *vi., vt.* **-bled, -bling** (เสียงฟ้า) ร้องครืนๆ, (รถ) ส่งเสียงดังเอี๊ยดอ๊าดหรือดังโครมคราม, (คำสแลง) เข้าต่อสู้, ขัดถูหรือผสมในถังที่หมุนเขย่า *-n.* เสียงครืนๆ โครมคราม, ถังที่หมุนเขย่าใช้ปั่นให้วัตถุที่อยู่ในถังแห้งหรือปั่นให้เล็กลงหรือขัดถูให้สะอาด **-rumbly** *adj.*

ruminant (รู' มะเนินท์) *n.* สัตว์เลี้ยงลูกด้วยนมที่มีเขา มีเท้าเป็นกีบ เช่น วัว ควายและแกะ มีสี่กระเพาะ เป็นสัตว์เคี้ยวเอื้อง *-adj.* เป็นสัตว์เคี้ยวเอื้อง, เป็นการรำพึง (**-S.** (adj.) meditative)

ruminate (รู' มะเนท) *vi., vt.* **-nated, -nating** คิดใคร่ครวญ, ไตร่ตรอง, เคี้ยวเอื้อง

rummage (รัม' มิจ) *vt., vi.* **-maged, -maging** ค้นหาอย่างกระจุยกระจาย *-n.* การกระทำดังกล่าว, ของสัพเพเหระ **-rummager** *n.*

★**rumor, rumour** (รู' เมอร์) *n.* ข่าวลือ, เรื่องที่โจษจันกัน *-vt.* **-mored, -moring** ปล่อยข่าว

rump (รัมพ์) *n.* ชิ้นสะโพกสัตว์, ก้น, ส่วนหลังของนกบริเวณใกล้กับหาง, ส่วนด้อย, กากเดน, รัฐสภาที่มีสมาชิกเหลือไม่กี่คน

rumple (รัม' เพิล) *vt., vi.* **-pled, -pling** ขมวด (คิ้ว), ย่น (หน้าผาก), จับจีบ (ผ้า), ทำให้ยับ, ทำให้ (ผม) ยุ่ง *-n.* รอยพับ, รอยยับ, ริ้วรอย **-rumply** *adj.* (**-S.** (n., v.) wrinkle)

rumpus (รัม' เพิซ) *n.* การโห่ร้องส่งเสียงกึกก้อง

★**run** (รัน) *v.* **ran, run, running** *-vi.* วิ่ง, วิ่งหนี, (ปลา) ว่ายไปกับฝูงเพื่อไปวางไข่, (ม้า) วิ่งควบ, รีบ, แวะเยี่ยม, เข้าร่วมแข่งขัน, เข้าแข่งขันเพื่อรับเลือกให้ดำรงตำแหน่ง, เข้าเส้นชัยเป็นที่ (หนึ่ง), ไหล, (เครื่องจักร) กำลังทำงาน, ขึ้นล่อง, เร่ไปมา, (สี) ตก, (โรค) แพร่, (ต้นไม้) เลื้อย, (ถุงน่อง) หลุดลุ่ย, ใช้ได้ในพื้นที่หรือบริเวณที่กำหนดให้, ดำเนินการต่อไป, (จากวัน) ผันผ่านไป (เป็นอาทิตย์ๆ), ดูแลให้ดำเนินการไปเรื่อยๆ, สะสมเพิ่มพูน, ชำระได้, ต้องชำระ, โอนเอียง, (ขนาด) มีตั้งแต่ (เล็กถึงใหญ่), เกิดขึ้นในช่วงเวลาที่ต่อเนื่อง, เข้าสู่สภาวะที่ (เป็นหนี้), ไหลผ่าน, ไหลหลั่ง *-vt.* วิ่ง, เร่ง (สัตว์) ให้เดินเร็วขึ้น, ปล่อยให้วิ่งห้อตะบึง, ไล่ล่า, ดำเนิน (ธุรกิจ), ทำให้เข้าแข่งขัน, เสนอชื่อเพื่อเลือกเข้ารับตำแหน่ง,ทำให้เคลื่อนไปหรือก้าวหน้าไปอย่างอิสระ, ทำให้ทำงาน, ขนส่ง, ทำให้ (เรือ) เคลื่อนไปตามทาง, ลักลอบนำเข้า, หลบเลี่ยงผ่านไปได้, ทำให้ไหล, ไหลหลั่ง, หลอมละลาย, ถลุง, หล่อแบบ, เอา (เชือก) ขึง, ลาก (เส้น), เย็บเป็นเส้นติดกัน, ทำให้ (ถุงน่อง) หลุดลุ่ย, ทำให้ชนกันหรือพัง, ทำให้ลอดหรือทะลุ, ดำเนินต่อไป, ทำคะแนนได้ติดๆ กันในการเล่นบิลเลียด, เก็บลูกจนเกลี้ยงหมด (โต๊ะ) ในการเล่นบิลเลียดโดยการทำคะแนนติดๆ กัน, ควบคุม, เอา (มือ) ลูบ (ไป) บนโต๊ะ, เอา (นิ้ว) เสยแสก (ผม), ขับรถพา (กลับบ้าน), ทำให้ (เครื่องจักร) ทำงาน, ดำเนินงาน, เปิดน้ำใส่อ่าง, ตีพิมพ์เรื่องราว *-n.* การวิ่ง, การควบ (ของม้า), ระยะทางวิ่ง, เวลาที่ใช้ในการวิ่งตามระยะทางวิ่ง, การแวะเยี่ยม, การแข่งขันวิ่ง, การรณรงค์เพื่อตำแหน่ง, การอพยพเพื่อไปวางไข่ของปลา, ฝูงปลาที่ว่ายทวนน้ำเพื่อไปวางไข่, ความอิสระ, ทางที่น้ำหรือสิ่งใดๆ ผ่าน, ระยะทางที่ลูกกอล์ฟกลิ้งไปหลังจากตกลงพื้น, ช่วงการทำงานอย่างต่อเนื่อง (ของเครื่องจักร), ผลผลิตที่ได้ตามช่วงดังกล่าว, เขตของผู้สื่อข่าว, การเคลื่อนไหวหรือการไหล, ระยะเวลาในการไหล, จำนวนที่ไหล, ท่อหรือทางไหล, การถล่มของพายุหรือโคลน, ความยาวอย่างต่อเนื่อง, ทางแร่หรือหิน, ทางสัตว์ผ่าน, กรง (สุนัขหรือแมว) หรือสุ่มหรือเล้า (ไก่), รอยหลุดลุ่ยเป็นทางของถุงน่อง, การตกสีของผ้าสี, ชุดหรือลำดับที่ต่อเนื่องกันไปไม่ขาดสาย, การแสดงละครอย่างต่อเนื่องกันไปไม่หยุดพัก, ความต้องการอย่างเร่งด่วนและอย่างไม่คาดฝันของลูกค้าที่มีเข้ามาเป็นชุด, การทำคะแนนติดต่อกันไปเรื่อยๆ, ช่วงเวลา (แห่งความโชคดี) ที่มาติดต่อกันเป็นชุด, แนวโน้ม *-adj.* ที่อยู่ในช่วงหรือขั้นตอนของการหลอมหรือหล่อแบบ **-in the long run** ในระยะยาว, ในบั้นปลาย **-in the short run** ในอนาคตอันใกล้ **-run across** พบโดยบังเอิญ (**-S.** (v., n.) flow)

rung[1] (รัง) *n.* ขั้นบันได, ซี่ล้อ

rung[2] (รัง) *n.* กริยาช่อง 3 ของ ring[2]

★**runner** (รัน' เนอร์) *n.* ผู้เข้าแข่งขัน, ผู้วิ่ง, ผู้ที่ครอบครองลูกบอล, ผู้หลบหนี, คนเดินสาร,

A B C D E F G H I J K L M N O P Q R S T U V W X Y Z

คนเก็บเงิน, พนักงานหาลูกค้า, ผู้ลักลอบขนสินค้า, เรือที่ใช้ลักลอบขนสินค้า, ผู้ที่ดำเนินการจัดการสิ่งใดๆ, ใบมีดของรองเท้าสเกต, รางเลื่อนของลิ้นชัก, พรมหรือผ้าปูโต๊ะทรงแคบยาว, ผ้าเช็ดมือผืนยาว, ช่องที่ใช้เทโลหะที่หลอมละลายลงสู่แม่พิมพ์หล่อแบบ, เถาไม้เลื้อย

runner-up (รันเนอร์อัพ') *n., pl.* **-ners-up** (-เนอร์ซ์-) รองอันดับหนึ่ง

★**running** (รัน' นิ่ง) *n.* การวิ่ง, ความสามารถหรือกำลังในการวิ่ง, การวิ่งเพื่อออกกำลังหรือเป็นการเล่นกีฬา, การดำเนินการ *-adj.* (น้ำ) ไหลต่อเนื่อง, (รองเท้า) ที่ใช้วิ่ง *-adv.* (เป็นเวลา 4 ปี) ติดต่อกัน (**-S.** (n.) operation (adj.) flowing)

runway (รัน' เว) *n.* ทางขึ้นลงของเครื่องบิน, ทางวิ่งของสิ่งใดๆ, ทางไหลของน้ำ, ทางลาดที่ใช้สำหรับชักลากท่อนไม้, ทางลาดเรียบสำหรับพาหนะที่มีล้อ, ทางเดินแคบๆ ยื่นออกมาจากเวที

rupee (รูพี', รู' พี) *n.* สกุลเงินของอินเดีย มอริเทียส เนปาล ปากีสถาน ซีเชลส์ และศรีลังกา

rupiah (รูเพีย') *n., pl.* **-ah/-ahs** สกุลเงินของอินโดนีเซีย

rupture (รัพ' เชอร์) *n.* การแตกออกหรือระเบิดออก, รอยแยกหรือแตก, ความแตกร้าวในความสัมพันธ์, โรคไส้เลื่อน *-v.* **-tured, -turing** *-vt.* แตกออก, ปริออก, พองออก, (ความสัมพันธ์) แตกร้าว *-vi.* เป็นโรคไส้เลื่อน **-rupturable** *adj.* (**-S.** (n.) bursting, hernia (n., v.) break)

rural (รู' เริล) *adj.* เกี่ยวกับชนบท, เกี่ยวกับผู้ที่อาศัยอยู่ในชนบท, เกี่ยวกับการทำกสิกรรม **-rurally** *adv.* (**-S.** country **-A.** town)

ruse (รูซ, รูซ) *n.* อุบาย, เล่ห์กระเท่ห์ (**-S.** trick)

★**rush**[1] (รัช) *v.* **rushed, rushing** *-vi.* รีบร้อน, จู่โจม, (น้ำ) ไหลหรือซัดดังซู่ๆ *-vt.* เร่งรัด, เร่งเร้า, เร่งรีบ, พาไปอย่างรวดเร็ว, ให้ความสำราญหรือความใส่ใจอย่างมาก *-n.* ความจำเป็นเร่งด่วน, ความรู้สึกแปรปรวน, ความรีบร้อน, การจู่โจม, การจับไข้, การผ่านหรือไหลอย่างรวดเร็วและอีกทึกครึกโครม, ความเคลิบเคลิ้มที่มีขึ้นทันทีหลังจากการใช้ยากระตุ้น **-rushes** ฟิล์มหนังที่ผู้กำกับดูก่อนทันทีหลังจากการถ่ายทำเสร็จวันต่อวัน (**-S.** (v., n.) hurry)

rush[2] (รัช) *n.* พืชน้ำจำพวกกก ใช้ทำเครื่องหวาย เช่น เสื่อ ตะกร้า

rush hour ช่วงชั่วโมงเร่งด่วนที่มีการจราจรหนาแน่น

rusk (รัซค์) *n.* ขนมปังกรอบหวาน

russet (รัซ' ซิท) *n.* ผ้าทอมือหยาบสีน้ำตาลออกแดง, แอปเปิลในฤดูหนาวซึ่งมีเปลือกหยาบสีน้ำตาลออกแดง

rust (รัซท์) *n.* สนิม, ความเสื่อมถอยของความสามารถเนื่องจากขาดการฝึกฝน, เชื้อราชนิดหนึ่งที่ทำลายพืช, สีน้ำตาลเข้ม *-v.* **rusted, rusting** *-vi.* เป็นสนิม, ผุพัง, เสื่อมถอยเนื่องจากความละเลยหรือความขี้เกียจ, เป็นสีสนิม, (พืช) เป็นโรคเนื่องจากเชื้อรา *-vt.* กัดกร่อน, เป็นสนิม, ทำให้เสียหรือเสียหายเนื่องจากนำไปใช้ในทางที่ผิด, ทำให้เป็นสีสนิม **-rustable** *adj.*

rustic (รัส' ติค) *adj.* เป็นแบบชีวิตชนบทหรือคนชนบท, ไม่สง่างาม, เรียบง่าย, ไม่ได้ขัดเกลา, แบบพื้นบ้าน, จริงใจ, ไม่มีมารยา, หยาบกระด้าง, เหมาะสำหรับการใช้ในชนบท, ซึ่งทำจากไม้หรือกิ่งไม้หยาบๆ *-n.* คนชนบท, คนบ้านนอก, คนเรียบง่าย, คนหยาบ, คนจริงใจ, คนไม่ดัดจริต **-rustically** *adv.* **-rusticity** *n.* (**-S.** (adj.) crude, simple (n.) countryman)

rusticate (รัส' ติเคท) *v.* **-cated, -cating** *-vi.* ไปเที่ยวหรือไปอาศัยอยู่ในชนบท *-vt.* ส่งไปชนบท, พักการเรียน (ของนักเรียน) **-rustication** *n.* **-rusticator** *n.*

rustle (รัซ' เซิล) *vi., vt.* **-tled, -tling** ทำเสียงเสียดสีกัน, เคลื่อนไหวหรือทำสิ่งใดๆ อย่างกระตือรือร้นหรืออย่างเร่งรีบ, หาอาหาร, ขโมยวัวควายหรือม้า *-n.* เสียงเบาๆ อันเกิดจากการเคลื่อนไหวอย่างเบาๆ เช่น เสียงใบไม้เสียดสี เสียงกระดาษกรอบแกรบ **-rustler** *n.* **-rustlingly** *adv.* (**-S.** (v., n.) crackle, whisper)

rustproof (รัซท์' พรูฟ) *adj.* ป้องกันสนิม

rusty (รัส' ตี) *adj.* **-ier, -iest** เป็นสนิม, สนิมเกาะ, ผุพัง, ผุกร่อน, เป็นสีแดงออกเหลืองหรือออกน้ำตาล, เป็นสีสนิม, ฝืดเพราะขึ้นสนิม, เสียหายหรือใช้การไม่ได้เนื่องจากละเลยและขาดการฝึกฝน **-rustily** *adv.* **-rustiness** *n.*

rut (รัท) *n.* ทางที่เป็นร่องอันเกิดจากการสัญจรของยวดยาน, สิ่งหรือวิถีชีวิตอันจำเจ, ช่วงเวลาเป็นสัดของสัตว์ตัวผู้ *-vt.* **rutted, rutting** ทำให้เป็นร่อง, ทำทาง (**-S.** (n.) routine (n., v.) track)

ruthenium (รูธี' เนียม) *n.* ธาตุรูทีเนียม เป็นโลหะแข็งแต่เปราะพบในแร่แพลทินัมหรือทองคำขาว ใช้ทำโลหะผสมและใช้เป็นตัวเปลี่ยนแปลงอัตราการเกิดปฏิกิริยาเคมี หรือตัวคาตาลิสต์ มีสัญลักษณ์ Ru

ruthless (รูธ' ลิซ) *adj.* โหดร้าย **-ruthlessly** *adv.* **-ruthlessness** *n.* (**-S.** merciless)

rye (ไร) *n.* ข้าวไรย์เป็นพืชที่ปลูกในเมืองหนาว ใช้ทำแป้งขนมปัง เหล้าวิสกี้และเลี้ยงปศุสัตว์, วิสกี้ที่ทำจากเมล็ดข้าวไรย์

rye grass, ryegrass (ไร' แกรซ) *n.* หญ้าวัชพืชที่เมล็ดมีพิษ

S

S[1]**, s** (เอซ) *n., pl.* **S's, s's/Ss, ss** อักษรตัวที่ 19 ในภาษาอังกฤษ, อันดับสิบเก้า

S[2]**, S., s, s.** ย่อจาก south ทิศใต้, southern ทางทิศใต้

S.[1] ย่อจาก Sabbath วันพักผ่อนและสวดมนต์ของชาวยิวและชาวคริสเตียน, saint นักบุญ, Saturday วันเสาร์, singular เอกพจน์, Sunday วันอาทิตย์

S.[2]**, s.** ย่อจาก school โรงเรียน, sea ทะเล, society การคบหาสมาคม, soprano เสียงร้องเพลงสูงสุดของผู้หญิงหรือเด็กชาย

s ย่อจาก second วินาที

s. ย่อจาก see ดู, shilling หน่วยเงินของอังกฤษสมัยก่อน, singular เอกพจน์, sire พ่อหรือพ่อพันธุ์, sister พี่สาวหรือน้องสาว, small เล็ก, solo การบรรเลงเดี่ยว, son ลูกชาย, substantive คำหรือกลุ่มคำที่ทำหน้าที่เป็นนาม

-s, -es คำปัจจัย ใช้เติมนามให้เป็นรูปพหูพจน์, ใช้เติมหลังกริยารูป present tense ของประธานเอกพจน์บุรุษที่สาม

-'s คำปัจจัย ใช้เติมแสดงความเป็นเจ้าของ โดยใช้กับนามเอกพจน์ นามพหูพจน์ที่ไม่ได้ลงท้ายด้วย -s สรรพนามบางคำ และวลีที่ทำหน้าที่เป็นนามหรือสรรพนาม

's ย่อจาก is เช่น He's a boy., has เช่น He's gone., does เช่น Who's she love?, us เช่น Let's go.

Sabbath (แซบ' เบิธ) *n.* วันที่เจ็ดของสัปดาห์คือวันเสาร์ที่ชาวยิวและชาวคริสเตียนบางกลุ่มถือเป็นวันพักผ่อนและสวดมนต์สักการบูชา, วันแรกของสัปดาห์คือวันอาทิตย์ที่ชาวคริสเตียนส่วนใหญ่ถือเป็นวันพักผ่อนและสวดมนต์สักการบูชา (**-S.** Sunday)

sable (เซ' เบิล) *n.* สัตว์เลี้ยงลูกด้วยนม เป็นสัตว์กินเนื้อทางตอนเหนือของยุโรปและเอเชีย มีขนดำอ่อนนุ่ม, ขนอันมีค่าราคาแพงของสัตว์ดังกล่าว, ขนของสัตว์อื่นที่คล้ายกันนี้, สีน้ำตาลออกเหลืองเทา, สีดำในเครื่องหมายตราประจำตระกูล **-sables** ชุดดำใช้ใส่ไว้ทุกข์

sabotage (แซบ' บะทาฌ) *n.* การก่อวินาศกรรม, การบ่อนทำลาย *-vt.* **-taged, -taging** ก่อวินาศกรรม, บ่อนทำลาย

saboteur (แซบบะเทอร์) *n.* ผู้ก่อวินาศกรรม

sac (แซค) *n.* ถุงหรือกระเปาะในพืชหรือสัตว์

saccharin (แซค' เคอริน) *n.* แซ็กคาริน เป็นสารให้ความหวานที่ไม่มีแคลอรี

saccharine (แซค' เคอริน, -คะรีน, -คะไรน์) *adj.* หวานจนเอียน **-saccharinely** *adv.*

sachet (แซเช') *n.* บุหงา, ถุงใส่แป้งหอม

★**sack**[1] (แซค) *n.* กระสอบ, ถุง, จำนวนหนึ่งกระสอบ, (คำสแลง) การถูกไล่ออกจากงาน, (ภาษาพูด) ถุงนอน *-vt.* **sacked, sacking** จัดใส่ในกระสอบ, (คำสแลง) ไล่ออก (**-S.** (n., v.) bag)

sack[2] (แซค) *vt.* **sacked, sacking** ปล้นสะดมหลังจากยึดเมืองได้ *-n.* การกระทำดังกล่าว

sack[3] (แซค) *n.* ไวน์รสไม่หวานจากสเปน

sacrament (แซค' คระเมินท์) *n.* พิธีอันสำคัญทางศาสนาคริสต์ **-Sacrament** พิธีศีลมหาสนิท

sacred (เซ' คริด) *adj.* ซึ่งถวายให้เป็นการสักการบูชาพระผู้เป็นเจ้า, เป็นสิ่งศักดิ์สิทธิ์, อุทิศให้, น่าเคารพบูชา **-sacredly** *adv.* **-sacredness** *n.* (**-S.** dedicated, holy)

sacrifice (แซค' คระไฟซ์) *n.* การบูชายัญ, เครื่องสังเวย, ความเสียสละ, เหยื่อสังเวย, การอุทิศ *-vt., vi.* **-ficed, -ficing** บูชายัญ, สังเวย, เซ่น, ทำพิธีบวงสรวง, เสียสละ, อุทิศ, พลีให้ **-sacrificial** *adj.* (**-S.** (n.) renunciation (n., v.) offer)

sacrilege (แซค' คระลิจ) *n.* การลบหลู่สิ่งศักดิ์สิทธิ์, การขโมยพระพุทธรูป (**-S.** violation)

sacrosanct (แซค' โครแซงค์ท์) *adj.* เป็นสิ่งศักดิ์สิทธิ์ **-sacrosanctity** *n.*

★**sad** (แซด) *adj.* **sadder, saddest** เศร้า, ทุกข์, ทำให้เสียใจ, น่าเศร้าสลด, ชวนให้หดหู่ใจ **-sadly** *adv.* **-sadness** *n.* (**-S.** sorrowful **-A.** happy)

sadden (แซด' เดิน) *vt., vi.* **-dened, -dening** ทำให้เศร้า, เศร้าสลด (**-S.** depress)

saddle (แซด' เดิล) *n.* อานหนังใช้นั่งบนหลังสัตว์, อานใช้ผูกหลังสัตว์เพื่อบรรทุกของ, อานม้า, อานรถจักรยานหรือจักรยานยนต์, ชิ้นเนื้อระหว่างสะโพกและซี่โครง, ที่ลุ่มบนเนินเขาที่เป็นแอ่งเหมือนอาน *-vt., vi.* **-dled, -dling** ใส่อาน, ผูกอาน, บรรทุก, ถ่วงน้ำหนัก, เอามาให้เป็นภาระ

saddlebag (แซด' เดิลแบก) *n.* กระเป๋าที่พาดข้างตัวม้าข้างละหนึ่งใบ

saddler (แซด' เดลอร์) *n.* ผู้ที่ทำ ซ่อมหรือขายอุปกรณ์ที่เกี่ยวกับม้า

sadism (เซ' ดิซเซิม, แซด'-) *n.* ความพึงพอใจทางเพศจากการทำให้ผู้อื่นเจ็บปวด **-sadist** *n.*

safari (ซะฟา' รี) *n., pl.* **-ris** การเที่ยวป่าเพื่อล่าหรือชมสัตว์ในแอฟริกาตะวันออก, การออกเที่ยวสำรวจ, ขบวนรถในการไปเที่ยวดังกล่าว *-adj.* เป็นเสื้อแบบที่ใส่ไปเที่ยวดังกล่าว

★**safe** (เซฟ) *adj.* **safer, safest** ปลอดภัย *-n.* ตู้เหล็กนิรภัย, คลังเก็บของ, (คำสแลง) ถุงยางอนามัย **-safely** *adv.* (**-S.** (adj.) secure, sure (n.) repository, strongbox)

safe-deposit box (เซฟดิพอซ' ซิท) *n.* ตู้เหล็กนิรภัยกันไฟในธนาคารที่ให้คนเช่า

safeguard (เซฟ' การ์ด) *n.* เครื่องป้องกัน, ข้อกำหนดในสัญญา, มาตรการป้องกัน

safe house บ้านหรืออพาร์ตเมนต์ที่ใช้เป็นที่หลบภัย

safe sex การมีเพศสัมพันธ์ โดยใช้เครื่องป้องกัน

★**safety** (เซฟ' ที) *n., pl.* **-ties** ความปลอดภัย, อุปกรณ์ป้องกัน เช่น ที่ล็อกบนปืน, (คำสแลง) ถุงยางอนามัย (**-S.** protection, security **-A.** risk)

safety belt เข็มขัดนิรภัย

safety curtain ผ้าม่านในโรงละครทำจากวัสดุที่ไม่ติดไฟ

safety glass กระจกชนิดที่แตกแล้วไม่กระจาย เช่น กระจกหน้ารถยนต์, แผ่นกระจกที่เสริมให้แข็งแรงด้วยลวดตาข่ายอีกชั้นหนึ่ง

safety island เกาะกลางถนน

safety match ไม้ขีดไฟที่จะจุดติดได้เมื่อขีดกับพื้นผิวที่เตรียมไว้เฉพาะเท่านั้น

safety net ตาข่ายใหญ่ใช้รองรับนักไต่ลวด

safety pin เข็มกลัด, เข็มสลักระเบิด

safety razor ที่โกนหนวดชนิดที่เปลี่ยนใบมีดได้

saffron (แซฟ' เฟริน) *n.* หญ้าฝรั่นใช้ทำอาหาร

sag (แซก) *vi., vt.* **sagged, sagging** โน้มลงมา, ห้อย, ย้อย, ทรุด, ยาน, หย่อน, ตกต่ำลง, (เรือ) ลอยตามลมออกนอกทาง *-n.* การมีลักษณะดังกล่าว, ที่ลุ่ม, บ่อ, ที่ที่มีความกดอากาศต่ำ, ที่ที่เป็นแอ่ง, การตกลงชั่วคราวของค่าเงินตรา, การลอยตามลมออกนอกทางของเรือ (**-S.** (v., n.) droop (v.) fail (n.) depression)

saga (ซา' กะ) *n.* ตำนานของชาวไอซ์แลนด์, รายงานอันยืดยาว (**-S.** legend)

sagacious (ซะเก' เชิซ) *adj.* ฉลาด (**-S.** clever)

sage[1] (เซจ) *n.* นักปราชญ์, ซินแส, ผู้รู้, ผู้คงแก่เรียน *-adj.* **sager, sagest** ฉลาดหลักแหลม, มีสติ, สุขุมรอบคอบ, ขึงขัง, เอาจริงเอาจัง **-sagely** *adv.* **-sageness** *n.* (**-S.** (n.) philosopher (adj.) prudent **-A.** (adj.) imprudent)

sage[2] (เซจ) *n.* พืชใบเขียวออกเทามีกลิ่นหอมใช้ในการทำอาหาร, พืชในตระกูลสะระแหน่

Sagittarius (แซจจิแท' เรียซ) ราศีธนู ซึ่งเป็นราศีที่เก้าในจักรราศี มีสัญลักษณ์เป็นคนเล็งธนู, ชื่อกลุ่มดาวกลุ่มหนึ่งทางซีกโลกใต้

sago (เซ' โก) *n., pl.* **-gos** สาคู

said (เซด) *v.* กริยาช่อง 2 และ 3 ของ say *-adj.* ซึ่งได้กล่าวมาแล้วข้างต้น

★**sail** (เซล) *n.* ใบเรือ, โครงสร้างด้านบนของเรือดำน้ำ, การเดินทางท่องเที่ยวด้วยเรือใบ, สิ่งที่คล้ายและทำหน้าที่เหมือนใบเรือ เช่น ใบพัดกังหันลม *-vi., vt.* **sailed, sailing** ล่องเรือใบ, ท่องทะเล, (เรือ) แล่นล่อง, ขับ (เรือ), ออกเดินเรือ, (นก) ร่อนถลา, (สอบ) ผ่านอย่างง่ายดาย **-sail/sails** เรือใบ (**-S.** (n., v.) cruise)

sailing (เซ' ลิง) *n.* ความสามารถในการควบคุมเรือ, กีฬาแข่งเรือใบ, การเดินทางทางเรือ

★**sailor** (เซ' เลอร์) *n.* กะลาสี, ทหารเรือ

★**saint** (เซนท์) *n.* นักบุญ, คนใจดี, คนใจบุญ, พ่อพระหรือแม่พระ **-Saint** คำที่ใช้เรียกนำหน้าชื่อของนักบุญ เช่น Saint Joseph

Saint Bernard สุนัขพันธุ์ที่มีขนาดใหญ่ แข็งแรง มีขนหนาสีขาวและน้ำตาล

saintly (เซนท' ลี) *adj.* **-lier, -liest** อย่างนักบุญ, ใจบุญ, ทรงไว้ซึ่งความดี **-saintliness** *n.*

Saint Nicholas/Nick ซานตาคลอส

Saint Valentine's Day วันที่ 14 กุมภาพันธ์ เป็นวันแห่งความรัก

sake[1] (เซค) *n.* จุดประสงค์, สาเหตุ, ประโยชน์, ความผาสุก, ความเจริญ **-for God's/heaven's sake** ใช้เน้นย้ำข้อความที่จะพูดต่อไปเมื่อเกิดความไม่พอใจ (**-S.** cause, purpose)

sake[2], **saki** (ซา' คี, -เค) *n.* เหล้าสาเก

sal (แซล) *n.* เกลือ (**-S.** salt)

A B C D E F G H I J K L M N O P Q R S T U V W X Y Z

salaam (ซะลาม') *n.* การโค้งคำนับแบบมุสลิม
★**salad** (แซล' เลิด) *n.* สลัด
salad dressing น้ำปรุงสลัด
salamander (แซล' ละแมนเดอร์) *n.* สัตว์ครึ่งบกครึ่งน้ำตัวเล็กคล้ายจิ้งจก มีผิวหนังเรียบไม่มีเกล็ดและมีขาสี่ขาที่ยังพัฒนาไม่เต็มที่, สัตว์ในเทพนิยายคล้ายกับจิ้งจกที่เชื่อกันว่าสามารถอาศัยอยู่ในไฟและทนไฟได้, สิ่งที่ทนไฟได้ เช่น เหล็กเขี่ยไฟ **-salamandrine** *adj.*
salami (ซะลา' มี) *n., pl.* **-mis** ไส้กรอกปรุงรสจัด
★**salary** (แซล' ละรี, แซล' รี) *n., pl.* **-ries** เงินเดือน **-salaried** *adj.* (-S. income)

> **salary** เงินเดือน ซึ่งเป็นเงินค่าจ้างที่จ่ายเป็นรายเดือน เช่น My salary is paid on the 30th of every month.
> **wage/wages** เงินค่าจ้างที่จ่ายเป็นรายวันหรือรายสัปดาห์ เช่น The housemaid receives low wages/a low wage although she works hard.

★**sale** (เซล) *n.* การขาย, ความต้องการของผู้ซื้อ, การมีไว้ให้ซื้อ, การประมูล, การขายแบบลดราคา **-for sale** เสนอขาย **-on sale** วางขาย **-sales** การขาย, ยอดขายทั้งหมด (-S. deal)
★**salesman, salesperson** (เซลซ' เมิน, -เพอร์เซิน) *n.* พนักงานขายสินค้าในร้านหรือตัวแทนขายสินค้า **-salesmanship** *n.*
salient (เซ' เลียนท์, เซล'-) *adj.* สำคัญ, โดดเด่น, สะดุดตา, ผลิ, โผล่, ผุด *-n.* แนวราบที่ล้ำเข้าไปใกล้กับฝ่ายตรงข้ามมาก, มุมหรือส่วนที่ยื่นออกไป **-saliently** *adv.* (-S. (adj.) prominent)
saline (เซ' ลีน, -ไลน์) *adj.* มีเกลือ, เค็ม *-n.* เกลือของแมกนีเซียมหรืออัลคาไลใช้เป็นยาถ่าย, น้ำเกลือ (-S. (adj.) salt)
saliva (ซะไล' วะ) *n.* น้ำลาย
sallow (แซล' โล) *adj.* **-er, -est** (สีหน้า) ซีดเซียว *-vt.* **-lowed, -lowing** ทำให้ (หน้าตา) ซีดเซียว
sally (แซล' ลี) *vi.* **-lied, -lying** กระโจน, จู่โจม, ออกเดินทาง, ต่อสู้, โต้กลับ, โต้เถียง, ออก (คำสั่ง), ไหล, พุ่ง, ระเบิด *-n., pl.* **-lies** การกระทำดังกล่าว, คำพูดโต้ตอบ
salmon (แซม' เมิน) *n., pl.* **-on/-ons** ปลาแซมอนใช้เป็นอาหาร มีเนื้อสีชมพู
salon (ซะลอน', แซล' ลอน, แซลอง') *n.* สถานที่ให้บริการในเรื่องของความงาม, ห้องขนาดใหญ่ใช้รับรองแขก, การชุมนุมกันของผู้มีเกียรติในสังคม, ห้องแสดงงานทางศิลปะ
saloon (ซะลูน') *n.* ร้านเหล้า, โรงเตี๊ยม, ห้องโถงใหญ่ใช้รับรองแขกหรือเปิดการแสดงงานบันเทิงต่างๆ หรืองานทั่วไป, ห้องอาหารและสังสรรค์ของเจ้าหน้าที่บนเรือสินค้า, ห้องนั่งเล่นสังสรรค์ของเรือโดยสาร, รถเก๋งซึ่งมีสองหรือสี่ประตู มีที่นั่งด้านหน้าและหลัง และมีช่องเก็บของแยกต่างหาก
★**salt** (ซอลท์) *n.* เกลือ, สิ่งที่ใช้เพิ่มรสชาติให้อาหาร, ความฉลาด, (ภาษาพูด) กะลาสีผู้เจนจัด, กระปุกเกลือ *-adj.* เค็ม, ซึ่งดองในน้ำเกลือ, เต็มไปด้วยเกลือ, ซึ่งเจิ่งนองไปด้วยน้ำทะเล *-vt.* **salted, salting** ใส่หรือโรยเกลือ, ดองในน้ำเกลือ, ให้เกลือแร่ (แก่ปศุสัตว์), ทำให้ดูมีคุณค่าโดยวิธีการที่หลอกลวง, เพิ่มรสชาติ, เพิ่มชีวิตชีวา **-salts** เกลือแร่ที่ใช้เป็นยาถ่าย (-S. (adj.) saline)
saltcellar (ซอลท์' เซลเลอร์) *n.* กระปุกเกลือ
saltwater (ซอลท์' วอเทอร์) *adj.* เกี่ยวกับน้ำเค็ม, ซึ่งพบหรืออยู่ในน้ำเค็ม
salubrious (ซะลู' เบรียซ) *adj.* สดชื่น, น่าดู, ดีสำหรับสุขภาพ, ซึ่งช่วยในด้านการกินดีอยู่ดี
salutary (แซล' ลยะเทรี) *adj.* มีประโยชน์ **-salutarily** *adv.* **-salutariness** *n.* (-S. healthy)
salutation (แซลยะเท' ชัน) *n.* การทักทายและการมอบไมตรีจิตอย่างสุภาพ, การโค้งคำนับ, คำทักทายใช้เริ่มต้นจดหมาย (-S. greeting)
salute (ซะลูท') *vt., vi.* **-luted, -luting** ทักทาย, ทำความเคารพ เช่น โค้งคำนับ ยิงสลุต ลดธงวันทยาหัตถ์, ยกย่อง *-n.* การกระทำดังกล่าว **-saluter** *n.* (-S. (v.) greet, honour (n.) greeting)
salvage (แซล' วิจ) *n.* การช่วยเรือ ลูกเรือหรือสินค้าบนเรือที่กำลังเกิดไฟไหม้หรือการอับปาง, เรือ ลูกเรือหรือสินค้าที่ได้รับการช่วยเหลือกู้ภัย, เงินค่าตอบแทนที่ให้แก่เรือที่เข้าทำการช่วยเหลือดังกล่าว, การช่วยกู้ภัย, ทรัพย์สินที่ได้รับการกู้ภัยมาได้ *-vt.* **-vaged, -vaging** ช่วยให้ปลอดภัย, กู้ (ชื่อ), รักษา **-salvager** *n.* (-S. (n., v.) rescue (v.) save)
salvation (แซลเว' ชัน) *n.* การรอดพ้นจากอำนาจอันชั่วร้าย ความหายนะหรือความยุ่งยาก, การไถ่บาป, สิ่งที่ช่วยให้พ้นจากความหายนะ
salve[1] (แซฟว์, ซาฟว์) *n.* ขี้ผึ้ง, ขี้ผึ้งเย็นใช้ระงับความเจ็บปวด, การยกยอ, การยกย่อง *-vt.* **salved, salving** บรรเทาด้วยขี้ผึ้งดังกล่าว, ปลอบโยน, ปลอบใจ, ระงับ
salve[2] (แซลฟว์) *vt.* **salved, salving** ช่วยเหลือ
salvo (แซล' โว) *n., pl.* **-vos/-voes** การยิงปืน

หลายกระบอกพร้อมกัน, การทิ้งระเบิดหลายลูกลงมาพร้อมกันจากเครื่องบิน, กระสุนหรือระเบิดดังกล่าว,เสียงที่ระเบิดขึ้นอย่างทันทีทันใด เช่น เสียงเชียร์, การพูดหรือการเขียนโจมตี

Samaritan (ซะแม' ริเทิน) *n.* ผู้ที่ให้ความช่วยเหลืออย่างไม่เห็นแก่ตัว

★**same** (เซม) *adj.* เป็นอันเดียวกัน, เป็นอย่างเดียวกัน, เป็นคนเดียวกัน, เหมือนกัน, เหมือนเดิมทุกอย่าง, เป็นดังที่ได้กล่าวมาแล้ว *-adv.* ในทำนองเดียวกัน *-pron.* คนหรือสิ่งเดิม, อย่างเดียวกันนั้น (**-S.** (adj.) identical)

sameness (เซม' นิซ) *n.* ความเหมือนเดิม, ความจำเจซ้ำซากน่าเบื่อ (**-S.** monotony)

samovar (แซม' มะวาร์) *n.* หม้อชาหรือกาแฟโลหะเป็นรูปเหมือนโกศ มีหัวก๊อกติดอยู่ด้วย

sampan (แซม' แพน) *n.* เรือสำปั้น

sample (แซม' เพิล) *n.* ตัวอย่าง *-vt.* **-pled, -pling** ทดลอง *-adj.* เป็นตัวอย่าง

samurai (แซม' มะไร) *n., pl.* **-rai/-rais** ขุนนางนักรบของญี่ปุ่น, นักรบที่เป็นชนชั้นสูง

sanatorium, sanatarium (แซนนะทอ' เรียม; -โท'-, -แท' เรียม) *n., pl.* **-iums/-ia** สถานพักฟื้น

sanctify (แซงค์' ทะไฟ) *vt.* **-fied, -fying** ทำให้ศักดิ์สิทธิ์, ทำให้บริสุทธิ์, ทำให้เป็นที่เคารพ, ชำระ

sanctimonious (แซงค์ทะโม' เนียซ) *adj.* ซึ่งแสร้งทำเป็นเคร่งศีลธรรม (**-S.** false)

sanction (แซงค์' ชัน) *n.* การอนุญาต, การอนุมัติ, การสนับสนุน, กฎ, ประกาศิต, บทลงโทษ, การลงโทษ, มาตรการคว่ำบาตร *-vt.* **-tioned, -tioning** อนุมัติ, อนุญาต, เห็นดีด้วย (**-S.** (v.) authorize **-A.** (v.) disapprove)

sanctity (แซงค์' ทิที) *n., pl.* **-ties** ความศักดิ์สิทธิ์, สิ่งศักดิ์สิทธิ์, คุณงามความดี

sanctuary (แซงค์' ชูเอรี) *n., pl.* **-ies** สถานที่อันศักดิ์สิทธิ์ เช่น วัด, ที่หลบภัย, ร่มโพธิ์ร่มไทร, ร่มพระบรมโพธิสมภาร, เขตสงวนสำหรับสัตว์ป่า

★**sand** (แซนด์) *n.* ทราย, (คำสแลง) ความกล้าหาญอดทน, สีทราย *-vt.* **sanded, sanding** โรยหรือฝังด้วยทราย, ขัดหรือถูด้วยทรายหรือกระดาษทราย, ผสมกับทราย, ถมด้วยทราย

sandal (แซน' เดิล) *n.* รองเท้าแตะ

sandalwood (แซน' เดิลวุด) *n.* ไม้จันทน์ใช้แกะสลักและให้น้ำมันหอม, สีน้ำตาลออกเทา

sandbag (แซนด์' แบก) *n.* กระสอบทรายใช้ก่อกำแพงกันน้ำท่วมหรือกันกระสุน

sandbank (แซนด์' แบงค์) *n.* สันทราย

sandpaper (แซนด์' เพเพอร์) *n.* กระดาษทราย

sand/chinese pear สาลี่

sandpit (แซนด์' พิท) *n.* หลุมทราย

sandstone (แซนด์' สโตน) *n.* หินทราย

sandstorm (แซนด์' สตอร์ม) *n.* พายุทะเลทราย

★**sandwich** (แซนด์' วิช, แซน'-) *n.* แซนด์วิช, สิ่งที่คล้ายแซนด์วิช *-vt.* **-wiched, -wiching** ประกบหรืออัดไว้ตรงกลาง

sandy (แซน' ดี) *adj.* **-ier, -iest** ซึ่งทับถมด้วยทราย, เหมือนทราย, มีสีทราย

sane (เซน) *adj.* **saner, sanest** ปกติ, ไม่บ้า, มีเหตุมีผล, มีสติ (**-S.** reasonable **-A.** insane)

sang (แซง) *v.* กริยาช่อง 2 ของ sing

sanguine (แซง' กวิน) *adj.* เป็นสีเลือด, มองโลกในแง่ดี, เปล่งปลั่ง, ซึ่งมีเลือดฝาด **-sanguinely** *adv.* (**-S.** lively **-A.** gloomy)

sanitary (แซน' นิเทรี) *adj.* เกี่ยวกับสุขภาพอนามัย, มีอนามัย, สะอาด (**-S.** clean)

sanitary napkin/towel ผ้าอนามัย

sanitation (แซนนิเท' ชัน) *n.* การสุขาภิบาล

sank (แซงค์) *v.* กริยาช่อง 2 ของ sink

Sanskrit (แซน' สกริท) *n.* ภาษาสันสกฤต

Santa Claus (แซน' ทะคลอซ) *n.* ซานตาคลอส

Santa Claus

santol (แซน' ทอล) *n.* กระท้อนหรือสะท้อน

sap[1] (แซพ) *n.* น้ำเลี้ยงของต้นไม้, เลือด, ความกระปรี้กระเปร่า, (คำสแลง) คนโง่, กระบองสั้นหุ้มหนังสองท่อนร้อยโซ่ติดกัน *-vt.* **sapped, sapping** ดูดน้ำเลี้ยงต้นไม้ออกหมดจนเป็นไม้แห้ง, ดูดพลัง, ตีหรือทุบด้วยกระบองดังกล่าว

sap[2] (แซพ) *n.* อุโมงค์ คูหรือสนามเพลาะที่ขุดเข้าไปอยู่ใกล้ค่ายศัตรู *-vt., vi.* **sapped, sapping** ขุดโพรงใต้ (กำแพงค่าย), เซาะ, ลอบบ่อนทำลาย, กัดกร่อน (**-S.** (n.) trench (v.) weaken)

sapling (แซพ' พลิง) *n.* ต้นไม้ที่ยังไม่โตเต็มที่, เด็กหนุ่มสาว

sapodilla plum ละมุด

sapphire (แซฟ' ไฟร์) *n.* แร่คอรันดัม มักมีสีน้ำเงิน แต่ก็มีสีอื่นๆ ด้วยยกเว้นสีแดง, บุษราคัม, สีน้ำเงินของแร่ดังกล่าว

sarcasm (ซาร์' แคซเซิม) *n.* ถ้อยคำประชดประชัน เย้ยหยัน ถากถาง, การใช้ถ้อยคำดังกล่าว **-sarcastic** *adj.* (**-S.** irony)

sarcophagus (ซาร์คอฟ' ฟะเกิซ) *n., pl.* **-gi** (-ไจ)/**-guses** หีบศพโบราณทำด้วยหิน

sardine (ซาร์ดีน') *n.* ปลาซาร์ดีน
sardonic (ซาร์ดอน' นิค) *adj.* ล้อเลียน, เย้ยหยัน, เหยียดหยาม, มุ่งร้าย (**-S.** sarcastic)
sari (ซา' รี) *n., pl.* **-ris** ผ้าส่าหรีของหญิงอินเดีย
sarong (ซะรอง') *n.* โสร่ง
SARS ย่อจาก Severe Acute Respiratory Syndrome โรคทางเดินหายใจเฉียบพลันขั้นรุนแรง หรือไข้หวัดมรณะ
sash[1] (แซช) *n.* แถบผ้าพันรอบเอวเป็นเครื่องประดับตกแต่งหรือพาดไหล่เป็นสายสะพายแสดงยศถาบรรดาศักดิ์
sash[2] (แซช) *n.* กรอบประตูหรือหน้าต่าง
sashimi (ซาชี' มี) *n., pl.* **-mis** ปลาดิบ
sat (แซท) *v.* กริยาช่อง 2 และ 3 ของ sit
Sat. ย่อจาก Saturday วันเสาร์
Satan (เซท' เทิน) *n.* ซาตานหรือตัวมาร
satang (ซะทาง') *n., pl.* **-tang** สตางค์ หน่วยเงินของไทย
satanic, satanical (ซะแทน' นิค; เซ-, -นิเคิล) *adj.* เกี่ยวกับหรือชวนให้นึกถึงซาตานหรือตัวมาร, ร้ายกาจ, อำมหิต, เลวทราม (**-S.** evil)
satchel (แซช' เชิล) *n.* กระเป๋าแบบของเด็กนักเรียนมีสายสะพาย
sate (เซท) *vt.* **sated, sating** ปรนเปรอ
★**satellite** (แซท' เทิลไลท์) *n.* ดาวบริวาร, ดวงจันทร์, ดาวเทียม, ลูกน้อง, บริวาร, ชุมชนที่ตั้งอยู่ใกล้เมืองใหญ่, ประเทศที่ตกอยู่ใต้อิทธิพลของประเทศอื่น (**-S.** follower, moon)

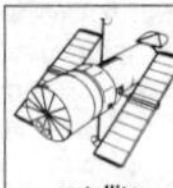
satellite

satellite dish จานดาวเทียม
satiable (เซ' ชะเบิล, -ชีอะ-) *adj.* (ความกระหาย) ที่ดับลงได้ **-satiably** *adv.*
satiate (*v.* เซ' ชีเอท, *adj.* -อิท) *vt.* **-ated, -ating** บำรุงบำเรอ, ปรนเปรอ *-adj.* อิ่มแปล้, ล้นเหลือ, เบื่อหน่าย **-satiation** *n.*
satin (แซท' เทิน) *n.* ผ้าไหม ผ้าแพรหรือผ้าต่วนเนื้อเนียนนุ่มเรียบเป็นมันเงางาม, ชุดที่ตัดด้วยผ้าดังกล่าว *-adj.* ที่ทำหรือคลุมด้วยผ้าดังกล่าว, เป็นมันเงางาม, เนียนนุ่มเรียบ
satire (แซท' ไทร์) *n.* เรื่องเสียดสี ล้อเลียน **-satirical, satiric** *adj.* (**-S.** sarcasm)
satirist (แซท' เทอริซท์) *n.* ผู้ที่เขียนเรื่องเสียดสี, ผู้ที่ชอบพูดประชดประชันหรือเสียดสี
satirize (แซท' ทะไรซ์) *vt.* **-rized, -rizing** เย้ยหยัน, ล้อเลียน, ประชดประชัน, เสียดสี
★**satisfaction** (แซททิซแฟค' ชัน) *n.* ความพอใจ, การเติมเต็มในสิ่งที่ต้องการ, การชดเชย, การชดใช้, ค่าทำขวัญ, ค่าเสียหาย, การแก้แค้น, การแก้เผ็ด, ความแน่ใจ (**-S.** compensation)
★**satisfactory** (แซททิซแฟค' ทะรี) *adj.* จุใจ
★**satisfy** (แซท' ทิซไฟ) *vt., vi.* **-fied, -fying** ทำให้พอใจ ถูกใจหรือสมใจ, เอาใจ, มีหรือให้สิ่งที่ต้องการ, ทำให้หรือชวนให้เชื่อ, สนองความต้องการ, ทำให้แน่ใจหรือมั่นใจ, ชำระจนหมด, ปฏิบัติตามข้อตกลง, ชดใช้, ชดเชย (**-S.** please)
satsuma (แซทซู' มะ, ซาทซู'-, ซา' ทซูมา) *n.* ส้มญี่ปุ่น เปลือกหนาปอกง่าย **-Satsuma** เครื่องกระเบื้องถ้วยชามญี่ปุ่น
saturate (*v.* แซช' ชะเรท, *adj.* -ริท) *vt.* **-rated, -rating** ชุ่มโชก, ท่วมท้นล้นเอ่อ, แช่ *-adj.* อิ่มตัว **-saturation** *n.* (**-S.** (v.) soak)
★**Saturday** (แซท' เทอร์ดี, -เด) วันเสาร์
Saturn (แซท' เทิร์น) *n.* ดาวเสาร์ เป็นดาวเคราะห์ที่อยู่ห่างจากดวงอาทิตย์เป็นลำดับที่หกและใหญ่เป็นที่สองในระบบสุริยะจักรวาล มีวงแหวนล้อมรอบ, เทพเจ้าแห่งการเกษตรกรรม
satyr (เซ' เทอร์, แซท'-) *n.* ชายเสเพลไร้ศีลธรรม, ชายบ้ากาม **-Satyr** เทพเจ้าในเทพนิยายกรีกซึ่งมีลำตัวเป็นคนแต่มีหู ขาและเขาเป็นแพะชอบความรื่นเริง สำมะเลเทเมา **-satyric** *adj.*
★**sauce** (ซอซ) *n.* ซอส, น้ำปลา, น้ำซีอิ๊ว, น้ำเชื่อมราดไอศกรีม, ผลไม้ดองหรือเชื่อม ใช้เสิร์ฟเป็นเครื่องเคียง, (ภาษาพูด) ความทะลึ่งอวดดี, (คำสแลง) เครื่องดื่มที่มีแอลกอฮอล์ *-vt.* **sauced, saucing** ปรุงรสด้วยซอส น้ำปลา ซีอิ๊วหรือน้ำที่ใช้ราดปรุงรสต่างๆ, เพิ่มรสชาติ, เติมสีสัน, (ภาษาพูด) ทะลึ่ง เสือก
saucepan (ซอซ' แพน) *n.* กระทะก้นลึก มีด้ามจับและมักจะมีฝาปิด
★**saucer** (ซอ' เซอร์) *n.* จานรองถ้วย
sauerkraut (เซา' เออร์เคราท์) *n.* กะหล่ำปลีหั่นฝอยดองของเยอรมัน
sauna (ซอ' นะ, เซา'-) *n.* การอบไอน้ำ
saunter (ซอน' เทอร์) *vi.* **-tered, -tering** เดินทอดน่อง *-n.* การเดินเล่น (**-S.** (v., n.) stroll)
★**sausage** (ซอ' ซิจ) *n.* ไส้กรอก
savage (แซฟ' วิจ) *adj.* ป่าเถื่อน, ไม่เชื่อง, ดุร้าย, โหดเหี้ยม, อำมหิต, หยาบคาย *-n.* คนที่มีลักษณะดังกล่าว **-savagery** *n.* (**-S.** (adj.) cruel (n.) barbarian **-A.** (adj.) tame)
savanna, savannah (ซะแวน' นะ) *n.* ทุ่งหญ้าที่ปราศจากต้นไม้ในอเมริกาใต้

★**save**¹ (เซฟว์) *vt., vi.* **saved, saving** ช่วยชีวิต, คุ้มครอง, พิทักษ์, รักษา, ประหยัด, ปัดเป่า, ลบล้าง, กู้ภัย, ทำให้ไม่จำเป็น **-saver** *n.* (**-S.** rescue, reserve)

save² (เซฟว์) *prep., conj.* ยกเว้น, ไม่รวม, เว้นแต่, นอกจาก (**-S.** (prep., conj.) but, except)

★**saving** (เซ วิง) *n.* ความปลอดภัย, ความประหยัด, การตัดทอนรายจ่าย, สิ่งที่เก็บสะสมไว้ *-prep.* ด้วยข้อยกเว้นที่ว่า *-conj.* นอกจาก, เว้นแต่, ยกเว้น **-savings** เงินออม, ข้อยกเว้น, ข้อจำกัด

saving grace คุณลักษณะที่ช่วยกู้หน้า

savings account บัญชีเงินฝากออมทรัพย์

savings bank กระปุกออมสิน, ธนาคาร

savior, saviour (เซฟว์' เยอร์) *n.* ผู้ช่วยชีวิตผู้อื่น **-Savior** พระเยซูผู้ไถ่บาปให้แก่มวลมนุษย์

savor, savour (เซ' เวอร์) *n.* รส, กลิ่น, เสน่ห์ดึงดูด *-v.* **-vored, -voring** *-vi.* มีรสหรือกลิ่นเป็นพิเศษ, แสดงให้เห็นว่าเป็น (คนงก) *-vt.* ปรุงรส, แต่งกลิ่น, ลิ้มรส, ดื่มด่ำ, ชื่นชม, เพลิดเพลิน (**-S.** (n.) scent (n., v.) taste (v.) enjoy)

savory, savoury (เซ' วะรี) *adj.* (อาหาร) คาว, น่ารับประทาน, ยั่วน้ำลาย, ไม่น่ารังเกียจ, น่าคบ, มีศีลธรรม, น่านับถือ, เหมาะสม *-n., pl.* **-ies** อาหารคาวรสจัด ช่วยกระตุ้นความอยากอาหาร **-savorily** *adv.* (**-S.** (adj.) tasty)

★**saw**¹ (ซอ) *n.* เลื่อย *-vt., vi.* **sawed, sawed/sawn, sawing** เลื่อยไม้ให้เป็นท่อนๆ, ทำท่าเหมือนกำลังเลื่อยไม้ เช่น ใช้มีดหั่นขนมปัง **-sawer** *n.* (**-S.** (v.) cut, divide)

saw² (ซอ) *v.* กริยาช่อง 2 ของ see¹

saw³ (ซอ) *n.* สุภาษิต (**-S.** saying)

sawdust (ซอ' ดัซท์) *n.* ขี้เลื่อย

sawfish (ซอ' ฟิช) *n., pl.* **-fish/-fishes** ปลาฉนาก เป็นปลาทะเล ปากยาวคล้ายเลื่อย

sawmill (ซอ' มิล) *n.* โรงเลื่อย, เครื่องเลื่อยไม้

sawn (ซอน) *v.* กริยาช่อง 3 ของ saw¹

saw-toothed (ซอ' ทูธท์) *adj.* มีฟันเหมือนฟันเลื่อย **-sawtooth** (-ทูธ) เป็นฟันปลา

saxophone (แซค' ซะโฟน) *n.* แซ็กโซโฟน

★**say** (เซ) *vt., vi.* **said, saying** พูด, กล่าว, ว่า, เอื้อนเอ่ย, บอก, แจ้ง, แถลง, เล่า, ว่าตาม, กล่าวซ้ำ, ย้ำ, อ้าง, กล่าวหา, ยืนยัน, ท่อง, สวด, เอาเป็นว่า, แสดงให้เห็นเป็นรูป, ใช้สัญลักษณ์แทน *-n.* โอกาสที่จะได้พูด, สิทธิหรืออำนาจในการตัดสินใจ, คำกล่าว, ถ้อยแถลง *-adv.* ประมาณ, ราวๆ, ตัวอย่างเช่น *-interj.* ใช้แสดงความประหลาดใจหรือใช้เรียกร้องความสนใจ **-that is to say** พูดอีกอย่างได้ว่า **-they say** ว่ากันว่า **-you can say that again!** (ภาษาพูด) เห็นด้วยอย่างยิ่ง **-sayer** *n.* (**-S.** (v.) mention, speak, state (n.) power)

saying (เซ' อิง) *n.* ภาษิต, สุภาษิต, คำพังเพย, คำกล่าวแต่โบราณกาลมา (**-S.** maxim, proverb)

sayonara (ไซอะนา' ระ) *interj.* ลาก่อนในภาษาญี่ปุ่น (**-S.** goodbye, so long)

S.B., Sc.B. ย่อจากภาษาละติน Scientiae Baccalaureus (Bachelor of Science) วิทยาศาสตรบัณฑิต, วท.บ.

scab (สแกบ) *n.* สะเก็ดแผล, โรคเรื้อนที่มักเกิดกับสัตว์เลี้ยงหรือปศุสัตว์,โรคพืชที่เกิดจากเชื้อราหรือเชื้อแบคทีเรียทำให้ผลไม้ ใบหรือรากเป็นจุดเหมือนตกสะเก็ด, จุดที่เกิดจากเชื้อดังกล่าว, (คำสแลง) คนที่น่ารังเกียจ, คนงานที่ไม่ยอมเข้าเป็นสมาชิกสหภาพแรงงาน, คนงานที่ยังคงทำงานอยู่ในขณะที่คนงานคนอื่นกำลังประท้วง *-vi.* **scabbed, scabbing** ตกสะเก็ด, ทำงานหรือทำตัวเป็นคนงานแบบดังกล่าว

scabbard (สแกบ' เบิร์ด) *n.* ฝักดาบ

scabies (สเก' บีซ) *n., pl.* **-bies** โรคหิดหรือโรคเรื้อน **-scabious** *adj.*

scaffold (สแกฟ' เฟิลด์, -โฟลด์) *n.* นั่งร้าน, แท่นที่ยกขึ้นไปสูงๆ, แท่นที่ใช้ประหารชีวิตนักโทษด้วยการแขวนคอหรือตัดศีรษะ *-vt.* **-folded, -folding** ทำนั่งร้านหรือแท่นยกพื้นดังกล่าว, เอาไปไว้บนนั่งร้านหรือแท่นยกพื้น

scaffolding (สแกฟ' เฟิลดิง, -โฟล-) *n.* นั่งร้าน, วัสดุที่ใช้ก่อสร้างนั่งร้าน

scald (สกอลด์) *v.* **scalded, scalding** *-vt.* (น้ำร้อน) ลวก, ต้ม (น้ำ) ให้ร้อนจนเกือบถึงจุดเดือด, ติเตียนอย่างเจ็บแสบ *-vi.* เป็นแผลพุพอง *-n.* แผลพุพองจากน้ำร้อนลวก, การเปลี่ยนสีที่ผิวของผลไม้ พืชผัก ใบไม้หรือลำต้นของต้นไม้ซึ่งเกิดจากการโดนความร้อนจากแสงอาทิตย์โดยทันทีทันใดหรือโดนก๊าซบางอย่าง, โรคของธัญพืชบางชนิดที่เกิดจากเชื้อรา

scale¹ (สเกล) *n.* เกล็ดปลาหรือเกล็ดของสัตว์เลื้อยคลานและสัตว์เลี้ยงลูกด้วยนมบางชนิด, แผ่นบางๆ แห้งๆ เล็กๆ ที่คลุมตาไม้, แผ่นสนิมที่หลุดลอกออกจากเหล็กที่โดนความร้อนสูง, คราบหินปูน *-vt., vi.* **scaled, scaling** ขอดเกล็ด, เคาะสนิม, ลอกเปลือก, กะเทาะสีด้านนอกออก, ปกคลุม หุ้มห่อหรือพอกด้วยเปลือก, ขูด (หินปูน) ออกจากฟัน, ฉ้อฉล, ขึ้น (รถเมล์) โดยไม่ยอมจ่ายเงิน **-scaly** *adj.*

★**scale²** (สเกล) *n.* มาตรฐานการวัดหรือการเปรียบเทียบ, อัตราส่วน, ส่วนสัด, มาตราวัดบนไม้บรรทัด, ขนาด, บันไดเสียงของโน้ตดนตรี, ไม้วัดหรือไม้บรรทัด, เกณฑ์หรือบรรทัดฐาน, เส้นที่ขีดแบ่งออกเป็นส่วนๆ บนแผนที่, ระดับ, ค่าจ้างขั้นต่ำตามสัญญากำหนด *-vt., vi.* **scaled, scaling** ปรับให้ได้ระดับมาตรฐาน, ทำให้ได้ตามสัดส่วน, ประมาณหรือวัดจำนวนท่อนไม้, ไต่ระดับขึ้น, เฟื่องฟู (**-S.** (n.) ratio (v.) climb)

scale³ (สเกล) *n.* จานหรือถาดของตาชั่ง *-vt., vi.* **scaled, scaling** ชั่งน้ำหนักด้วยเครื่องชั่ง **-scales** เครื่องชั่งน้ำหนัก (**-S.** (v.) weigh)

scallop

scallop, scollop, escallop (สกอล' เลิพ; สแกล'-, สกอล'-, อิสกอล'-; อิสแกล'-) *n.* หอยแครง *-v.* **-loped, -loping** *-vt.* ทำขอบ (เสื้อผ้า) ให้เป็นหยักๆ ร่องๆ เหมือนเปลือกหอยแครง, อบในแม่พิมพ์, แล่ (เนื้อ) ออกเป็นชิ้นบางๆ และเลาะกระดูกออก *-vi.* เก็บหอยแครงมารับประทานหรือขาย **-scalloper** *n.*

scalp (สแกลพ์) *n.* หนังศีรษะ *-vt., vi.* **scalped, scalping** ถลกหนังศีรษะจาก, (คำสแลง) นำมาขายต่อในราคาที่แพงกว่าราคาที่กำหนด

scamp (สแกมพ์) *n.* เด็กจอมซน, คนสารเลว, จอมมารยา (**-S.** monkey, rascal)

scamper (สแกม' เพอร์) *vi.* **-pered, -pering** วิ่งอ้าว, โกยแน่บ *-n.* การวิ่งแบบดังกล่าว

scan (สแกน) *vt., vi.* **scanned, scanning** เพ่งพินิจพิจารณา, กวาดตามอง, อ่านหรือค้นหาคร่าวๆ, (คอมพิวเตอร์) ค้นข้อมูล, ตรวจร่างกายโดยใช้เครื่องมือตรวจพิเศษ, อ่าน (โคลง ฉันท์ กาพย์ กลอน) อย่างพิจารณาให้ถูกจังหวะ *-n.* การมองผ่านเพื่อค้นหาอย่างรวดเร็ว, การเพ่งพิจารณา, ขอบข่ายของการมอง, การตรวจสอบร่างกายด้วยเครื่องมือตรวจพิเศษ, รูปภาพที่ได้จากเครื่องมือดังกล่าว **-scanner** *n.* (**-S.** (v., n.) check, search, survey)

scandal (สแกน' เดิล) *n.* เรื่องอื้อฉาว, เรื่องอัปยศอดสู, ผู้ก่อเรื่องอื้อฉาว, ความขายหน้า, การนินทา (**-S.** disgrace, gossip **-A.** praise)

scandalize (สแกน' เดิลไลซ์) *vt.* **-ized, -izing** ทำให้รู้สึกไม่ชอบใจและตกใจ, ทำให้อับอายขายหน้า, ทำให้เสียเกียรติ **-scandalization** *n.*

scandalous (สแกน' เดิลเลิซ) *adj.* ที่ทำให้เกิดเรื่องอื้อฉาว, น่าอับอายขายหน้า, เลวจนเหลือจะกล่าว, น่าขนลุก, เต็มไปด้วยเรื่องที่ทำลายชื่อเสียง (**-S.** shameful, shocking)

scant (สแกนท์) *adj.* **scanter, scantest** น้อยมาก, ไม่พอเพียง *-vt.* **scanted, scanting** ให้ส่วนแบ่งหรือค่าจ้างน้อย, จำกัดจำเขี่ย, ทำอย่างไม่ใส่ใจ **-scanty** *adj.* (**-S.** (adj.) deficient)

scapegoat (สเกพ' โกท) *n.* แพะรับบาป

scapula (สแกพ' พยะละ) *n., pl.* **-las/-lae** (-ลี) กระดูกสะบัก

scar (สการ์) *n.* แผลเป็น, ผลพวงอันไม่น่าพิสมัย, รอยฟัน *-vt., vi.* **scarred, scarring** ทำให้เป็นแผลเป็น, ทำให้เป็นรอยฟัน (**-S.** (n., v.) mark)

scarab (สแก' เริบ) *n.* แมลงปีกแข็ง ซึ่งถือเป็นสิ่งศักดิ์สิทธิ์ของชาวอียิปต์โบราณ, เพชรพลอยที่เจียระไนเป็นรูปแมลงดังกล่าวใช้เป็นเครื่องราง

★**scarce** (สแกร์ซ) *adj.* **scarcer, scarcest** ไม่เพียงพอ, ขาดแคลน, หายาก *-adv.* แทบจะไม่, ไม่สู้จะ, ไม่ค่อยจะ **-scarceness** *n.* (**-S.** (adj.) rare (adv.) barely **-A.** (adj.) abundant)

scarcely (สแกร์ซ' ลี) *adv.* เกือบจะไม่, เพิ่งจะ, แทบจะไม่, ไม่เด็ดขาด (**-S.** hardly)

scarcity (สแกร์' ซิที) *n., pl.* **-ties** ความขาดแคลน, ความหายาก (**-S.** rareness)

★**scare** (สแกร์) *vt., vi.* **scared, scaring** ทำให้ตกใจกลัว, ทำให้ตื่นตระหนก *-n.* การตื่นตระหนก, ความตกใจกลัว, ความเสียขวัญ (**-S.** (v.) frighten (v., n.) panic **-A.** (v., n.) calm)

scarecrow (สแกร์' โคร) *n.* หุ่นไล่กา

scaremonger (สแกร์' มังเกอร์, -มอง-) *n.* ผู้ที่ชอบแพร่ข่าวลือร้ายๆ ให้ประชาชนตื่นตกใจ

scarf (สการ์ฟ) *n., pl.* **scarfs** (สการ์ฟซ์)/ **scarves** (สการ์ฟว์ซ์) ผ้าพันคอ

scarlet (สการ์' ลิท) *n.* สีแดงสดหรือสีส้มออกแดง, เสื้อผ้าหรือผ้าสีดังกล่าว *-adj.* มีสีดังกล่าว, ไร้ยางอาย

scarlet fever ไข้อีดำอีแดง

scarves (สการ์ฟว์ซ์) *n.* พหูพจน์ของ scarf

scary (สแก' รี) *adj.* **-ier, -iest** น่ากลัว, ขี้ตกใจ **-scarily** *adv.* **-scariness** *n.*

scathing (สเก' ธิง) *adj.* เจ็บแสบ, แสบสันต์

★**scatter** (สแกท' เทอร์) *v.* **-tered, -tering** *-vt.* ทำให้กระจัดกระจายไป, ทำให้แพร่ไป, โปรยปราย, พรม, โรย, หว่าน, ทำให้หักเหไป *-vi.* กระจัดกระจาย, แตกฮือ, เกิดขึ้นนานๆ ครั้ง, ตกอยู่ห่างๆ กัน *-n.* การกระจาย, สิ่งที่แตกกระจาย (**-S.** (v.) separate **-A.** (v.) gather)

scatterbrain (สแกท' เทอร์เบรน) *n.* คนไง่ไร้ความคิดจิตใจสับสน **-scatterbrained** *adj.*

scavenge (สแกฟ' เวินจ์) *vt., vi.* **-enged, -enging** ขับไล่, คุ้ยขยะ, หากินบนซากศพ
scavenger (สแกฟ' เวินเจอร์) *n.* ผู้ที่ขุดคุ้ยหาอาหารในถังขยะ, สัตว์ที่กินซากเน่าเปื่อย
scenario (ซิแน' รีโอ, -นา'-) *n., pl.* **-os** เค้าโครงเรื่อง, บทภาพยนตร์ (**-S.** outline)
★**scene** (ซีน) *n.* ภาพวิวทิวทัศน์, ฉาก, ที่ที่ใช้เป็นฉาก, เวที, สถานที่เกิดเหตุ, การแสดงความรู้สึกใดๆ อย่างรุนแรงต่อหน้าสาธารณชน
★**scenery** (ซี' นะรี) *n., pl.* **-ies** ภาพวิวทิวทัศน์, ภาพภูมิประเทศ, ฉาก (**-S.** setting, view)
scenic (ซี' นิค) *adj.* เกี่ยวกับฉากเวทีละคร, มีภาพวิวทิวทัศน์ตามธรรมชาติอันน่าชม
scent (เซนท์) *n.* กลิ่นหอม, น้ำหอม, กลิ่นที่สัตว์ทิ้งไว้, ทางหนีของผู้ร้าย, ลางสังหรณ์, ประสาทรับกลิ่น *-v.* **scented, scenting** *-vt.* ได้กลิ่น, ดมกลิ่น, ใส่น้ำหอม *-vi.* ตามกลิ่น (**-S.** (n.) aroma, perfume (v., n.) smell, trail)
scepter, sceptre (เซพ' เทอร์) *n.* คทา, คทาที่กษัตริย์ถือเพื่อเป็นสัญลักษณ์แห่งพระราชอำนาจ, อำนาจการปกครอง
sceptic (สเกพ' ทิค) *n.* ดู skeptic
sceptical (สเกพ' ทิเคิล) *adj.* ดู skeptical
sceptre (เซพ' เทอร์) *n.* ดู scepter
★**schedule** (สเกจ' จูล, -เจิล, -จวล) *n.* ตารางเวลา, แผนการ, กำหนดการ, ตารางรายการ, สารบัญ, ตารางเรียน, รายละเอียดเพิ่มเติม *-vt.* **-uled, -uling** จัดเข้าตาราง, ทำตารางรายการ, กำหนดการ (**-S.** (n.) timetable (n., v.) list)
★**scheme** (สกีม) *n.* ระเบียบแบบแผน, แผนการ, แบบแผนที่ปฏิบัติจริงไม่ได้, โครงสร้าง, แผนผัง, แผนภูมิ *-vt., vi.* **schemed, scheming** วางแผน, คิดอุบาย (**-S.** (n., v.) plan, plot)
schism (ซิซ' เซิม, สกิซ'-) *n.* การแบ่งแยกออกเป็นก๊กเป็นเหล่า, การแยกออกเป็นนิกายต่างๆ ในศาสนาคริสต์, ความแตกแยก
schist (ชิซท์) *n.* หินชิสต์ เป็นหินแปรชนิดหนึ่ง
schizophrenia (สกิทซะฟรี' เนีย, -เฟรน'-) *n.* โรคจิตที่มีอาการเพ้อฝันไม่อยู่ในความเป็นจริง
scholar (สกอล' เลอร์) *n.* ผู้มีการศึกษา, นักปราชญ์, ผู้เชี่ยวชาญ, ซินแส, นักเรียน, นักศึกษา, นักเรียนหรือนักศึกษาที่ได้รับทุนการศึกษา
scholarly (สกอล' เลอร์ลี) *adj.* ที่อัดแน่นไปด้วยความรู้, ซึ่งเน้นในด้านความรู้
scholarship (สกอล' เลอร์ชิพ) *n.* การให้ทุนการศึกษา, ความคงแก่เรียน, ความรู้
★**school**[1] (สกูล) *n.* โรงเรียน, สถานศึกษา, สถานฝึกอบรม, เวลาที่ใช้ในการศึกษาเล่าเรียนในโรงเรียน, นักเรียนและครูทั้งหมดในโรงเรียน, ภาคการศึกษา, มหาวิทยาลัย *-vt.* **schooled, schooling** เรียน, ฝึกสอน, ฝึกหัด, ฝึกวินัย *-adj.* เกี่ยวกับโรงเรียนหรือการศึกษาในโรงเรียน (**-S.** (n.) institution (v.) educate)
school[2] (สกูล) *n.* ฝูงปลาหรือฝูงสัตว์น้ำ
schoolboy (สกูล' บอย) *n.* เด็กนักเรียนชาย
schoolgirl (สกูล' เกิร์ล) *n.* เด็กนักเรียนหญิง
schooling (สกู' ลิง) *n.* การศึกษาเล่าเรียนและการฝึกฝนในโรงเรียน (**-S.** education)
schoolmaster (สกูล' แมสเตอร์) *n.* ครูหรืออาจารย์ผู้ชาย, ครูหรืออาจารย์ใหญ่ชาย
schoolmate (สกูล' เมท) *n.* เพื่อนร่วมโรงเรียน
schoolmistress (สกูล' มิสตริซ) *n.* ครูหรืออาจารย์ผู้หญิง, ครูหรืออาจารย์ใหญ่หญิง
schooner (สกู' เนอร์) *n.* เรือใบซึ่งมีใบขึงตามยาวของลำเรือและมีเสาอย่างน้อยสองเสา โดยใบเรือที่ใหญ่ที่สุดจะผูกไว้ที่เสาหลังสุด
★**science** (ไซ' เอินซ์) *n.* วิทยาศาสตร์, ศาสตร์, วิชาความรู้
science fiction นวนิยายวิทยาศาสตร์หรือเรียกอีกอย่างว่า sci-fi
★**scientific** (ไซเอินทิฟ' ฟิค) *adj.* เกี่ยวกับวิทยาศาสตร์, ทางวิทยาศาสตร์, อย่างมีหลักการ
★**scientist** (ไซ' เอินทิซท์) *n.* นักวิทยาศาสตร์
sci-fi (ไซ' ไฟ') *n., pl.* **-fis** (ภาษาพูด) ดู science fiction
scimitar (ซิม' มิเทอร์, -ทาร์) *n.* ดาบโค้ง
scintillate (ซิน' เทิลเลท) *vt., vi.* **-lated, -lating** ส่องประกาย, ส่องแสงวูบวาบแวววาว, เปล่งปลั่ง, สุกใส, มีชีวิตชีวา, ฉลาด (**-S.** flash)
★**scissor** (ซิซ' เซอร์) *vt.* **-sored, -soring** ตัดหรือเล็มด้วยกรรไกร *-n.* สิ่งที่คล้ายกรรไกร **-scissors** กรรไกร, ท่ามวยปล้ำที่ใช้ขาล็อกคู่ต่อสู้
scoff (สกอฟ) *vt., vi.* **scoffed, scoffing** เย้ยหยัน, สวาปาม *-n.* การแสดงอาการดังกล่าว (**-S.** (v., n.) mock **-A.** (v., n.) praise)
scold (สโกลด์) *vt., vi.* **scolded, scolding** ดุด่า, ตำหนิ, โมโห *-n.* คนจู้จี้ขี้บ่น **-scolder** *n.* (**-S.** (v.) blame (n.) nag **-A.** (v.) praise)
scollop (สกอล' เลิพ) *n., v.* ดู scallop
scone (สโกน, สกอน) *n.* ขนมปังก้อนกลมเล็กๆ
scoop (สกูพ) *n.* ช้อนตวง, ช้อนตักไอศกรีม, จำนวนเต็มหนึ่งช้อนดังกล่าว, ทัพพี, กระบวย, จวัก, สิ่งที่ใช้ตักน้ำออกจากเรือ, การขุดหรือการตักรวบรวมขึ้นมา, (ภาษาพูด) ข่าวลับเฉพาะ

หรือข่าวเด็ด *-vt.* **scooped, scooping** ตัก, ล้วง, ฉวย, ขุด, คว้า, กอบ, โกย, (ภาษาพูด) พิมพ์ข่าวเด็ดก่อน (-S. (n., v.) dig, spoon (v.) dip)

scooter (สกู' เทอร์) *n.* เครื่องเล่นของเด็กที่เป็นแผ่นกระดานติดล้อมีที่บังคับด้วยมือตั้งขึ้นทางด้านหน้าของแผ่นกระดานทำให้เคลื่อนที่ไปด้วยการใช้เท้าข้างหนึ่งไสไปบนพื้น, ยานยนต์แบบจักรยานยนต์เล็กๆ, เรือใบท้องแบนติดอุปกรณ์ช่วยให้แล่นแฉลบไปบนพื้นน้ำหรือพื้นน้ำแข็งได้

scope (สโกพ) *n.* ขอบเขตการรับรู้ ความคิดหรือการกระทำ, ขอบข่าย, โอกาส, รัศมี, (ภาษาพูด) เครื่องมือสำหรับสังเกตการณ์ เช่น กล้องโทรทรรศน์ (-S. opportunity, range)

-scope คำปัจจัย หมายถึง เครื่องมือสังเกตการณ์

-scopy คำปัจจัย หมายถึง การดู, การเห็น, การสังเกตการณ์

scorch (สกอร์ช) *vt., vi.* **scorched, scorching** ทำให้ไหม้,ทำให้เหี่ยวแห้งด้วยความร้อนจัด, ทำให้ถูกตำหนิอย่างรุนแรง, เผาให้สิ้นซาก *-n.* รอยไหม้เกรียม,การเปลี่ยนสีเนื่องจากความร้อน, จุดสีน้ำตาลบนใบพืชอันเกิดจากเชื้อรา ความร้อนหรือการขาดน้ำ (-S. (n., v.) burn)

★**score** (สกอร์, สโกร์) *n.* รอยขีดที่ทำขึ้นเป็นเครื่องหมายบันทึก, คะแนนหรือแต้มในการเล่นกีฬา, คะแนนผลการสอบ, หนี้สิน, ความแค้น, เหตุผล, จำนวนที่เท่ากับ 20, เพลงที่แต่งขึ้นสำหรับภาพยนตร์หรือละครเวที *-vt., vi.* **scored, scoring** ทำรอยขีดเป็นเครื่องหมาย, ขีดฆ่าหรือลบทิ้ง, ทำคะแนนในการเล่นเกม, ได้ชัยชนะ, ประเมินและให้คะแนน, เรียบเรียง (เพลง), ดุด่า, จดคะแนน, ทำรอยกรีด (บนกระดาษเพื่อให้พับง่าย) **-scores** จำนวนมากมาย **-scorer** *n.* (-S. (n., v.) mark)

scoreboard (สกอร์ บอร์ด, สโกร์ โบร์ด) *n.* ป้ายบอกคะแนนขนาดใหญ่

scorecard (สกอร์ คาร์ด, สโกร์-) *n.* บัตรจดแต้ม

scorn (สกอร์น) *n.* ความรู้สึกหรือการแสดงอาการดูถูกหรือรังเกียจ, สิ่งที่น่าดูถูกและน่ารังเกียจ *-vt., vi.* **scorned, scorning** ดูถูก, รังเกียจ, ปฏิเสธ, เกลียดชัง **-scornful** *adj.*

Scorpio (สกอร์ พีโอ) ราศีพฤศจิกหรือพิจิกซึ่งเป็นราศีที่แปดในจักรราศี มีสัญลักษณ์เป็นแมงป่อง **-Scorpio, Scorpius** ชื่อกลุ่มดาวกลุ่มหนึ่งทางซีกโลกใต้

scorpion (สกอร์ เพียน) *n.* แมงป่อง

scotch tape สกอตเทป, เทปกาวใส

scot-free (สกอท' ฟรี') *adv.* โดยไม่ต้องชำระเงิน, โดยไม่ต้องได้รับการลงโทษ, ลอยนวล

scoundrel (สเกานฺ' เดริล) *n.* คนสารเลว, ผู้ร้าย, ตัวโกง, คนเจ้าเล่ห์ (-S. rascal -A. hero)

scour (สเการ์) *vt., vi.* **scoured, scouring** ขัดถู (ภาชนะ) อย่างแรงเพื่อให้สะอาด, ขจัดสิ่งสกปรกและคราบมันด้วยผงซักฟอก, ฝัด (ข้าว) ก่อนนำไปสี, ลอก (ท่อ), เก็บกวาด (บ้าน) ให้สะอาด, ออกเที่ยวตามหา, โกยอ้าว *-n.* การกระทำดังกล่าว, ที่ที่ได้รับการชำระล้าง, น้ำยาซักฟอกขนสัตว์ **-scours** โรคท้องร่วงในปศุสัตว์

scourge (สเกิร์จ) *n.* สิ่งที่นำความหายนะมาให้, แส้หรือหวาย *-vt.* **scourged, scourging** ทำลายล้าง, ลุกลาม, เฆี่ยน, ลงโทษหรือดุด่า

scout[1] (สเกาทฺ) *vt., vi.* **scouted, scouting** ลาดตระเวน, สอดแนม, สำรวจ, สะกดรอย, สังเกตและประเมิน *-n.* ทหารหน่วยลาดตระเวน, ทหารพราน, การออกลาดตระเวน, ยาม, แมวมอง, สายสืบ **-Scout** สมาชิกลูกเสือ

scout[2] (สเกาทฺ) *vt., vi.* **scouted, scouting** ปฏิเสธ, ดูหมิ่น, เย้ยหยัน (-S. scorn)

scowl (สเกาลฺ) *vi., vt.* **scowled, scowling** ขมวดคิ้วนิวหน้า เพราะโกรธหรือไม่พอใจ *-n.* การชักสีหน้าดังกล่าว (-S. (v., n.) frown)

scrabble (สแกรบ' เบิล) *vi., vt.* **-bled, -bling** คุ้ยเขี่ยหาของ, ตะเกียกตะกายป่ายปีน, ขีดเขียนอย่างหวัดๆ *-n.* การกระทำดังกล่าว, เส้นอันยุ่งเหยิงไร้ความหมาย (-S. (v., n.) scribble)

scraggy (สแกรก' กี) *adj.* **-gier, -giest** ขรุขระ, ผอมมีแต่กระดูก (-S. thin, uneven)

scramble (สแกรม' เบิล) *v.* **-bled, -bling** *-vi.* ปีนป่าย, ตะเกียกตะกาย, ลงคลาน, ยื้อแย่ง, รีบเร่งออกไปสกัดการโจมตีของเครื่องบินข้าศึก *-vt.* ขยำรวมกัน, ทำไข่กวน *-n.* การกระทำดังกล่าว (-S. (v., n.) climb, struggle)

scrambled eggs ไข่กวน

scrap[1] (สแกรพ) *n.* เศษชิ้นเล็กชิ้นน้อย, เศษกระดาษ, เศษเหล็ก *-vt.* **scrapped, scrapping** ทำลายเป็นชิ้นเล็กๆ เพื่อนำไปผลิตใหม่, ทอดทิ้ง, เลิกใช้, กำจัดทิ้ง, ปลดระวาง **-scraps** เศษอาหาร, กากหมู (-S. (n., v.) fragment)

scrap[2] (สแกรพ) *vi.* **scrapped, scrapping** ต่อยตีกัน *-n.* การต่อสู้กัน (-S. (v., n.) quarrel)

scrapbook (สแกรพ' บุค) *n.*หนังสือที่มีหน้าว่างๆ ไว้ปะติดรูปหรือเรื่องราวต่างๆ ที่ตัดมา

scrape (สเกรพ) *vt., vi.* **scraped, scraping** ขูด, ครูด, ปอก (เปลือก), ทำให้ถลอกปอกเปิก,

ถู, ขัด, เก็บเล็กผสมน้อย, จัดการสิ่งใดๆ ให้สำเร็จอย่างยากลำบาก, (สอบ) ผ่านอย่างหวุดหวิด *-n.* การกระทำดังกล่าว, เสียงที่เกิดจากการขูดของมีคม, รอยถลอกบนผิวหนัง, สภาพหรือฐานะที่น่าอับอาย, การต่อสู้กัน (**-S.** (v., n.) rub)

scraper (สเกร' เพอร์) *n.* อุปกรณ์ต่างๆ ที่ใช้ขูด

scrappy[1] (สแกรพ' พี) *adj.* **-pier, -piest** ไม่สมบูรณ์, เป็นชิ้นส่วน (**-S.** incomplete)

scrappy[2] (สแกรพ' พี) *adj.* **-pier, -piest** พาล, ชิงชอบชวนทะเลาะ (**-S.** combative)

★**scratch** (สแกรช) *vi., vt.* **scratched, scratching** ขูด, ขีด, เกา, ข่วน, ขัด, ถู, ขีดเขียน, ถอนตัวออกจากการแข่งขัน, เขียนหวัดๆ, ขีดฆ่า, (คำสแลง) ยกเลิก, ทำเสียงครูด, เก็บหอมรอมริบ, แทงลูกในกีฬาบิลเลียดที่ทำให้ต้องปรับโทษ เช่น แทงลูกขาวลงหลุมไป *-n.* รอยขีดข่วน, รอยขูดขีด, รอยถลอก, การเขียนหวัดๆ, เสียงที่เกิดจากการครูดสิ่งใดๆ, การเกาเบาๆ, เส้นเริ่มต้นการแข่งขันวิ่ง, ผู้เล่นที่ถูกออกจากการแข่งขัน, ลูกฟลุ๊กในกีฬาบิลเลียด, การแทงลูกที่ต้องโดนปรับโทษในกีฬาบิลเลียด, (คำสแลง) เงิน *-adj.* เป็นการทำแบบส่งเดชหรือโดยบังเอิญ **-scratchy** *adj.* (**-S.** (v., n.) mark, rub)

scrawl (สกรอล) *vt., vi.* **scrawled, scrawling** เขียนอย่างหวัดๆ *-n.* ลายมือที่อ่านไม่ออก

scrawny (สกรอ' นี) *adj.* **-nier, -niest** ผอม

★**scream** (สกรีม) *vi., vt.* **screamed, screaming** หวีดร้อง, ร้องตะโกน, ส่งเสียงกรี๊ด, ทำให้สะดุ้งตกใจ, แผดเสียง *-n.* เสียงหวีดร้อง, (ภาษาพูด) บุคคล เหตุการณ์หรือสิ่งที่ตลกขบขันน่าหัวเราะเป็นที่สุด, เสียงหัวเราะสุดเสียง, เสียงวี้ดๆ ของเลื่อยไฟฟ้า (**-S.** (v., n.) cry, shriek, yell)

scree (สกรี) *n.* กองเศษหินเศษดินข้างภูเขา

screech (สกรีช) *n.* การร้องสุดเสียง, เสียงที่ทำให้นึกถึงการร้องดังกล่าว *-vt., vi.* **screeched, screeching** แผดเสียง, (รถ) ส่งเสียงดังเอี๊ยด (**-S.** (n., v.) scream)

screech owl นกแสก

★**screen** (สกรีน) *n.* จอภาพยนตร์, อุตสาหกรรมภาพยนตร์, จอโทรทัศน์หรือจอคอมพิวเตอร์, ฉากกั้นห้อง, รั้ว (ต้นไม้), ฉากบังหน้า, ตะแกรงหรือกระชอนหยาบๆ, การคัดเลือกคนเข้าทำงาน, ประตูหรือหน้าต่างติดมุ้งลวดกันแมลงหรือยุงและให้อากาศถ่ายเทได้, กองทหารหรือกองเรือที่ส่งออกไปเป็นกองหน้า, เครื่องกำบัง, การใช้ตัวกำบังผู้เล่นทีมตรงข้ามในการเล่นกีฬา *-vt.* **screened, screening** ปกปิด, ปิดบัง, กำบัง, ปกป้อง, ออกฉาย, ทดสอบทางการแพทย์, คัดเลือกคนเข้าทำงาน, กั้นฉาก, แยกออก, กรองออก, ร่อน, ใช้ตัวกำบังผู้เล่นทีมตรงข้ามในการเล่นกีฬา (**-S.** (n., v.) partition (v.) conceal)

★**screw** (สกรู) *n.* ตะปูควง, นอต, เดือยที่เป็นเกลียว, เบ้าของตะปูควง, อุปกรณ์ที่เป็นเกลียว เช่น เหล็กไขจุกขวด, ใบพัด, ใบจักร, เงินเดือน, ค่าจ้าง, (คำสแลง) ผู้คุมนักโทษ การมีเพศสัมพันธ์, ซองบุหรี่, ม้าแก่ที่ใช้งานไม่ได้แล้ว, ผู้ต่อรองราคาอย่างเจ้าเล่ห์หรืออย่างเอาเปรียบ *-v.* **screwed, screwing** *-vt.* ทำให้ยึดติดกันด้วยตะปูควง, ไขติดด้วยเดือย, ทำ (หน้า) บูดเบี้ยว, (คำสแลง) หลอกลวง เอาเปรียบ มีเพศสัมพันธ์กับ *-vi.* หมุน, ปั่น, บิด, ฟั่น, ติดกันด้วยตะปูเกลียว, (คำสแลง) มีเพศสัมพันธ์กับ **-have a screw loose** (คำสแลง) เสียสติ **-screw up** ชุมนุม, (คำสแลง) ทำให้เกิดความวุ่นวาย (**-S.** (v.) twist)

screwdriver (สกรู' ไดรเวอร์) *n.* ไขควง, เครื่องดื่มค็อกเทลที่ทำจากเหล้าวอดก้าผสมน้ำส้ม

scribble (สกริบ' เบิล) *vt., vi.* **-bled, -bling** ขีดเขียนหรือลากเส้นอย่างเร่งรีบและหวัดๆ *-n.* การเขียนแบบหวัดๆ อย่างรีบร้อน, เส้นขยุกขยิกอันไร้ความหมาย (**-S.** (v., n.) scrabble)

scribe (สไกรบ์) *n.* เสมียนหรือเลขานุการในสมัยโบราณ, อาลักษณ์, นักหนังสือพิมพ์, นักประพันธ์, เครื่องมือแหลมคมที่ใช้สลักลายเส้นลงบนไม้ เหล็กหรือเซรามิก (**-S.** clerk, writer)

script (สกริพท์) *n.* ลายมือ, การเขียนตัวอักษรติดกันไป, บทละคร, บทภาพยนตร์, บทพูดออกอากาศ, แบบตัวพิมพ์ที่เลียนแบบลายมือเขียน, เรื่องที่เขียนด้วยตัวพิมพ์แบบดังกล่าว (**-S.** dialogue, handwriting, letters, text)

Scripture (สกริพ' เชอร์) *n.* คัมภีร์อันศักดิ์สิทธิ์

scriptwriter (สกริพท์' ไรเทอร์) *n.* ผู้เขียนบทภาพยนตร์หรือบทพูดที่ใช้ในการออกอากาศ

scroll (สโกรล) *n.* ม้วนกระดาษหรือม้วนแผ่นหนังสัตว์ที่ใช้เขียน, รายชื่อหรือตารางรายชื่อ, การออกแบบเพื่อความสวยงามโดยทำคล้ายม้วนกระดาษดังกล่าวคือเป็นวงก้นหอย เช่น ในตัวอักษรบางแบบ, ส่วนหัวของเครื่องดนตรีจำพวกเครื่องสายที่ทำเป็นม้วนวงก้นหอย *-vt., vi.* **scrolled, scrolling** จารึกลงในม้วนกระดาษหรือม้วนแผ่นหนังสัตว์, ม้วน, (คอมพิวเตอร์) เลื่อนข้อความหรือรูป

scrotum (สโกร' เทิม) *n., pl.* **-ta/-tums** ถุงอัณฑะ **-scrotal** *adj.*

scrub[1] (สกรับ) *vt., vi.* **scrubbed, scrubbing**

ขัด, ถู, เช็ด, (คำสแลง) ยกเลิก ยุติ *-n.* การกระทำดังกล่าว (**-S.** (v., n.) rub)

scrub² (สกรับ) *n.* ต้นไม้หรือพุ่มไม้แคระแกร็นที่ขึ้นกันอย่างระเกะระกะ, สัตว์ที่แคระแกร็น, คนแคระ, คนที่ตัวเล็ก, ผู้เล่นตัวสำรอง, ป่า **-scrubby** *adj.*

scrub typhus โรคไข้รากสาด

scruff (สกรัฟ) *n.* ด้านหลังของคอ, ต้นคอ

scrum (สกรัม) *n.* ดู scrummage *-vi.* **scrummed, scrumming** แย่งชิงลูกบอลในกีฬารักบี้

scrummage (สกรัม' มิจ) *n.* การรุมสกรัมในกีฬารักบี้ **-scrummager** *n.*

scruple (สกรู' เพิล) *n.* ความมีศีลธรรม, ความละอาย, หน่วยน้ำหนักมีค่าเท่ากับ 20 เกรน หรือ 1.3 กรัม (1 เกรนเท่ากับ 0.0648 กรัม), จำนวนน้อยนิด *-vi.* **-pled, -pling** ลังเลที่จะกระทำชั่ว

scrupulous (สกรู' พยะเลิซ) *adj.* ระมัดระวัง, มีสติ, มีศีลธรรมจรรยา, ละเอียดลออ, พิถีพิถัน

scrutinize (สกรูท' เทินไนซฺ) *vt.* **-nized, -nizing** สังเกต, พินิจพิเคราะห์ (**-S.** examine)

scuba (สกู' บะ) *n.* ชุดอุปกรณ์ช่วยหายใจใต้น้ำ

scuba diving กีฬาดำน้ำที่ใช้ถังอากาศติดหลังและหายใจโดยใช้ท่อต่อจากถัง

scuba diving

scuff (สกัฟ) *vi., vt.* **scuffed, scuffing** เดินลากเท้า, ใช้เท้าครูด, แกว่งเท้าไปมาด้วยความขวยเขิน, ขูด, ครูด, ถาก *-n.* การเดินลากเท้า, เสียงเดินลากเท้า, รอยสึกอันเกิดจากการเดินลากเท้า, รองเท้าแตะใส่อยู่บ้าน

scuffle (สกัฟ' เฟิล) *vi.* **-fled, -fling** ต่อสู้กันอย่างอุตลุด, เดินลากเท้า *-n.* การต่อสู้กันอย่างอุตลุด **-scuffler** *n.* (**-S.** (v., n.) fight)

scull (สกัล) *n.* พายขนาดยาวที่ติดอยู่ท้ายเรือ, กรรเชียงคู่สำหรับคนกรรเชียงคนเดียว, เรือแข่งลำเล็ก น้ำหนักเบา สำหรับพายหนึ่งคน สองคน หรือสี่คน *-vt.* **sculled, sculling** พายเรือ

scullery (สกัล' ละรี) *n., pl.* **-ies** ห้องเล็กติดครัวใช้ล้างชามและทำงานครัวอื่นๆ

sculptor (สกัลพฺ' เทอรฺ) *n.* ช่างปั้น, ปฏิมากร

sculpture (สกัลพฺ' เชอรฺ) *n.* ปฏิมากรรม, รูปหล่อ, รูปปั้น, รูปแกะสลัก, รอยนูน รอยเว้า หรือรูปแบบต่างๆที่คล้ายปฏิมากรรมอันเกิดจากกระบวนการทางธรรมชาติ เช่น พื้นผิวเปลือกหอย *-vt., vi.* **-tured, -turing** ประดับประดาตกแต่งด้วยรูปแกะสลักหรือรูปปั้นหรือชิ้นงานปฏิมากรรมอื่นๆ, สลัก, หล่อ, ปั้น, **-sculptural** *adj.* **-sculpturally** *adv.* (**-S.** (v.) carve)

scum (สกัม) *n.* ไขหรือฝ้าบนผิวน้ำ, ขี้ไลหะ, กากเดน, ขยะ, สิ่งไร้ค่า, (คำสแลง) เดนมนุษย์ *-vt., vi.* **scummed, scumming** ช้อนไขหรือฝ้าออกจากน้ำ, เอาขี้ไลหะหรือขยะออก, ขจัดสิ่งไร้ค่า (**-S.** (n.) dross, film)

scupper (สกัพ' เพอรฺ) *n.* ช่องทางน้ำด้านข้างเรือ, ช่องน้ำทิ้ง *-vt.* **-pered, -pering** ฆ่าคนตายเป็นเบือ, ทำลายล้างให้สิ้นซาก (**-S.** (n.) watercourse (v.) destroy, kill)

scurf (สเกิรฺฟ) *n.* ขี้รังแค, เปลือกไม้แห้งๆ แข็งๆ ที่หุ้มต้นไม้ **-scurfy** *adj.* (**-S.** dandruff)

scurrilous (สเกอรฺ' ระเลิซ) *adj.* ปากเสีย, ปากจัด, ปากพล่อย **-scurrilously** *adv.*

scurry (สเกอรฺ' รี) *vi.* **-ried, -rying** โกยแน่บ, วิ่งพล่าน *-n., pl.* **-ries** การกระทำหรือเสียงจากการกระทำดังกล่าว (**-S.** (v., n.) run)

scurvy (สเกอรฺ' วี) *n.* โรคลักปิดลักเปิด

scuttle¹ (สกัท' เทิล) *n.* ช่องที่มีฝาปิดบนดาดฟ้าหรือลำตัวเรือหรือบนหลังคาฝาผนังหรือพื้นของตึกรามบ้านช่อง, ฝาปิดดังกล่าว *-vt.* **-tled, -tling** เจาะ, บ่อนทำลาย (**-S.** (n.) scupper)

scuttle² (สกัท' เทิล) *n.* ถังเหล็กสำหรับบรรทุกถ่านหิน, ตะกร้าทรงเตี้ยใช้ใส่ผัก

scuttle³ (สกัท' เทิล) *vi.* **-tled, -tling** โกยแน่บ, วิ่งพล่าน *-n.* การวิ่งดังกล่าว (**-S.** (v., n.) run)

scythe (ไซธฺ) *n.* เครื่องมือตัดหญ้าหรือเกี่ยวข้าวมีใบมีดคมเดียวยาวคล้ายเคียวแต่โค้งน้อยกว่าและมีด้ามจับยาวกว่า พร้อมมีที่จับยื่นออกมาสองอันเล็กๆ

SE ย่อจาก southeast ทิศตะวันออกเฉียงใต้, southeastern ทางทิศตะวันออกเฉียงใต้

★**sea** (ซี) *n.* ทะเล, คลื่นลมรุนแรง, วิถีชีวิตที่ท่องเที่ยวไปตามท้องทะเล, สิ่งที่ดูกว้างใหญ่มากมายราวกับทะเล, ภูมิประเทศที่คล้ายทะเลบนดวงจันทร์และดาวอังคาร **-a sea of** จำนวนที่มากมายของสิ่งใดๆ ที่เรียงสลอนอยู่ต่อหน้า **-at sea** ท่องเที่ยวทางทะเล, งุนงง

seabed (ซี' เบด) *n.* ก้นทะเล, ก้นมหาสมุทร

seaboard (ซี' บอรฺด, -โบรฺด) *n.* ชายฝั่งทะเล

seafood (ซี' ฟูด) *n.* อาหารทะเล

sea gull, seagull (ซี' กัล) *n.* นกนางนวล

sea horse ม้าน้ำ

seal¹ (ซีล) *n.* ที่ประทับตรา, ตราประทับ, ตราประจำตำแหน่ง, พระราชลัญจกร, เครื่องหมายการค้า, สิ่งที่ใช้อุดกันความชื้นหรืออากาศ,

เครื่องบัดกรี, สิ่งที่ห่อหุ้มสินค้า เช่น กระดาษหรือพลาสติกเพื่อแสดงให้เห็นว่าสินค้ายังไม่ได้เปิดใช้, การปิดผนึกแน่นหนาให้ลมเข้าไม่ได้, สติกเกอร์ *-vt.* **sealed, sealing** ปิดผนึก, อุด, ประทับตรา, ยืนยัน, บัดกรี, เชื่อมเข้าด้วยกัน, เคลือบกันน้ำ (**-S.** (n., v.) stamp (v.) secure (n.) waterproof)

seal² (ซีล) *n.* แมวน้ำ, ขนแมวน้ำ, หนังแมวน้ำ *-vi.* **sealed, sealing** ล่าแมวน้ำ

sea-lane (ซี' เลน) *n.* เส้นทางเดินเรือทะเล

sealant (ซี' เลินทฺ) *n.* สิ่งที่ใช้อุดกันรั่ว

sea level ระดับน้ำทะเล ใช้เป็นมาตรฐานในการวัดระดับความสูงของพื้นดิน

sealing wax ครั่งที่ใช้ติดจดหมาย แบตเตอรี่ หรือยาตุ่ม ไห

sea lion สิงโตทะเลเป็นสัตว์จำพวกแมวน้ำ

seal ring แหวนที่สลักตรา

seam (ซีม) *n.* แนวตะเข็บผ้า, แนวของสิ่งใดๆ ที่นำมาต่อติดกันคล้ายแนวตะเข็บผ้า, รอยเย็บแผล, รอยต่อกระดูก, แผลเป็น, รอยฟัน, รอยแตก, รอยแยก, ร่อง, รอยย่น, รอยยับ, ชั้นบางๆ ในถ่านหินหรือหิน **-seamer** *n.*

seaman (ซี' เมิน) *n.* ชาวเรือ, ชาวทะเล, กะลาสี, นาวิกโยธิน, พลทหารเรือ

seamanship (ซี' เมินชิพ) *n.* ความสามารถในการเดินเรือหรือควบคุมเรือ

seamstress, sempstress (ซีม' สตริซ, เซม'-) *n.* ช่างตัดเย็บเสื้อผ้าที่เป็นสตรี

séance (เซ' อานซฺ, -อางซฺ) *n.* การชุมนุมทรงเจ้าเข้าผี, การชุมนุมหรือประชุมกัน

seaplane (ซี' เพลน) *n.* เครื่องบินติดทุ่นหรือแพลอยน้ำ ใช้บินขึ้นและลงจอดบนพื้นน้ำได้

seaport (ซี' พอร์ท) *n.* ท่าเรือ, เมืองท่า

sea power ประเทศที่มีอำนาจทางทะเล, แสนยานุภาพทางกองทัพเรือ

sea serpent สัตว์น้ำขนาดยักษ์คล้ายงู ซึ่งชาวทะเลมักจะกล่าวถึงกันมาแต่ครั้งโบราณ แต่ก็ไม่เคยมีการค้นพบตัวเลย

sea urchin เม่นทะเล

sear (เซียร์) *v.* **seared, searing** *-vt.* ทำให้ไหม้เกรียมหรือพองโดยการจี้ด้วยเหล็กร้อน, ทำให้เหี่ยวแห้งร่วงโรย *-vi.* แห้งเหี่ยว, โรยรา *-n.* รอยแผลเป็น (**-S.** (v.) burn, dry (n.) scar)

★**search** (เซิร์ช) *vt., vi.* **searched, searching** ค้นหา, สำรวจ, สืบเสาะ, พิจารณา, ไต่ถาม, สอดส่อง *-n.* การกระทำดังกล่าว (**-S.** (v.) seek)

search warrant หมายค้นของตำรวจ

seascape (ซี' สเกพ) *n.* ภาพวิวทิวทัศน์ทะเล

seashore (ซี' ชอร์, -โชร์) *n.* ชายฝั่งทะเล

seasickness (ซี' ซิคนิซ) *n.* อาการเมาคลื่น

seaside (ซี' ไซดฺ) *n.* ชายทะเล

★**season** (ซี' เซิน) *n.* ฤดู, หน้า (ฝน ทุเรียน), เทศกาล, ช่วงเวลาที่เหมาะสม, ครั้งคราว *-vt., vi.* **-soned, -soning** เพิ่มรสชาติ, ปรุงรส, เหยาะ (น้ำปลา), ใส่ (เกลือ), เพิ่มสีสัน, ตาก (ไม้) ให้แห้ง, ฝึกให้เคยชิน, เจือ, ทำให้บรรเทาลง

seasonable (ซี' ซะนะเบิล) *adj.* ถูกต้องตามฤดูกาล **-seasonably** *adv.* (**-S.** suitable)

seasonal (ซี' ซะเนิล) *adj.* ขึ้นอยู่กับฤดูกาล

seasoning (ซี' ซะนิง) *n.* เครื่องปรุงรส

★**seat** (ซีท) *n.* เก้าอี้, ที่นั่ง, สิทธิในที่นั่ง, ตั๋วสำหรับที่นั่ง, ก้น, ส่วนของชุดที่ปิดก้น, ฐาน, ศูนย์กลาง, ท่านั่งบนหลังม้า, ที่อาศัย, ตำแหน่ง *-v.* **seated, seating** *-vt.* นั่ง, จับให้นั่งในที่นั่ง, จัดหาที่นั่งพิเศษให้, คะยั้นคะยอให้นั่ง, แต่งตั้ง, มีที่นั่งประจำที่ *-vi.* ตั้ง, วาง (**-S.** (n., v.) chair (v.) sit)

seat belt เข็มขัดนิรภัย

sea wall, seawall (ซี' วอล) *n.* กำแพงกันคลื่นกัดเซาะแนวชายฝั่ง

seaweed (ซี' วีด) *n.* สาหร่ายทะเล, พืชน้ำ

seaworthy (ซี' เวอร์ธี) *adj.* **-thier, -thiest** (เรือ) สมบูรณ์พร้อมสำหรับการเดินเรือ

sec. ย่อจาก second วินาที, secondary ที่สองมัธยม, secretary เลขานุการ, section หมวด, sector ส่วนของวงกลมที่รัศมีสองเส้นตัดแบ่ง

secant (ซี' แคนทฺ, -เคินทฺ) *n.* เส้นตรงที่ลากตัดเส้นโค้งหรือวงกลม, อัตราส่วนตรีโกณมิติ

secede (ซิซีด') *vi.* **-ceded, -ceding** ถอนตัว, แยกตัว **-secession** *n.* (**-S.** separate **-A.** join)

seclude (ซิคลูด') *vt.* **-cluded, -cluding** แยกตัวจากสังคม, อยู่อย่างสันโดษ **-seclusion** *n.*

secluded (ซิคลู' ดิด) *adj.* สันโดษ, วิเวก, เปลี่ยว (**-S.** isolated, private **-A.** public)

★**second¹** (เซค' เคินดฺ) *n.* วินาที, เวลาชั่วขณะหนึ่ง, พิลิปดา (**-S.** minute, moment)

★**second²** (เซค' เคินดฺ) *adj.* เป็นที่สอง, เป็นรอง *-n.* ที่สอง, ขั้นที่สอง, อันดับสอง, การออกเสียงสนับสนุน, เกียร์สอง, ผู้เล่นตัวสำรอง *-vt.* **-onded, -onding** เข้าเป็นผู้เล่นตัวสำรอง, สนับสนุน, ให้การรับรอง *-adv.* เป็นอันดับหรือขั้นที่สอง **-seconds** สินค้าด้อยคุณภาพที่นำมาขายลดราคา, (ภาษาพูด) การเสิร์ฟอาหารครั้งที่สอง **-secondly** *adv.* (**-S.** (adj.) lower (n.) helper)

★**secondary** (เซค' เคินเดรี) *adj.* เป็นที่สอง, เป็นรอง, ด้อยกว่า, ต่ำกว่า, มาทีหลัง, เกี่ยว

กับหรือเป็นปีกรองของนก, ซึ่งเกิดจากแร่ธาตุชนิดอื่นโดยการเน่าเปื่อยผุพังหรือโดยการผันแปร, เกี่ยวกับโรงเรียนระดับมัธยม *-n., pl.* **-ies** สิ่งที่ทำหน้าที่ช่วยหรือเป็นรอง, ขนนกที่เป็นปีกรอง, ขดลวดทุติยภูมิที่มีกระแสไฟฟ้าเหนี่ยวนำ, ดาวบริวาร, ดาวเทียม, ดวงจันทร์ (**-S.** (adj.) subordinate **-A.** (adj., n.) primary)

secondary cell เซลล์ทุติยภูมิหรือเครื่องเก็บสะสมไฟฟ้า เช่น แบตเตอรี่

secondary color สีที่ได้จากการผสมสีปฐมภูมิสองสี ในอัตราส่วนเท่ากันโดยประมาณ

secondary school โรงเรียนมัธยมศึกษา

second-class (เซค' เคินด์แคลซ') *adj.* ชั้นสอง, ด้อยลง

secondhand (เซค' เคินด์แฮนด์') *adj.* (ของ) ที่ใช้แล้ว, ที่ได้มาจากผู้อื่นอีกทีหนึ่ง *-adv.* ไม่ใช่โดยตรง (**-S.** (adj.) used (adv.) indirectly)

second hand ตัวกลาง, สื่อกลาง, เข็มวินาทีของนาฬิกา

second lieutenant ร้อยตรี

second person บุรุษที่สอง

second-rate (เซคเคินด์เรท') *adj.* มีคุณภาพด้อยหรือธรรมดาสามัญ (**-S.** commonplace)

second sight การมีตาทิพย์

second thought การไตร่ตรองหรือทบทวนดูอีกครั้ง

second to none (ภาษาพูด) ดีที่สุด

second wind พลังเฮือกที่สอง

secrecy (ซี' คริซี) *n., pl.* **-cies** การปิดเป็นความลับ, ความลับ (**-S.** mystery, silence)

★**secret** (ซี' คริท) *adj.* ปิดบัง, ซ่อนเร้น, ลึกลับ, เป็นความลับ, ไม่แสดงออก *-n.* ความลับ, ความลึกลับ, สูตรแห่งความสำเร็จ **-secretly** *adv.* (**-S.** (adj.) hidden (n.) mystery **-A.** (adj.) open)

secret agent สายลับ

secretariat (เซคคริแท' รีอิท) *n.* กองเลขาธิการ, กรมเลขาธิการ

★**secretary** (เซค' คริเทรี) *n., pl.* **-ies** เลขานุการ, เสนาบดี, รัฐมนตรี **-secretarial** *adj.*

secrete (ซิครีท') *vt.* **-creted, -creting** (สัตว์หรือพืช) ขับของเหลว เช่น น้ำลายออกมา, ซ่อน (ของ), ขโมย **-secretion** *n.* (**-S.** hide **-A.** open)

secretive (ซี' คริทิฟว์, ซิครี' ทิฟว์) *adj.* ชอบปิดบังซ่อนเร้น **-secretively** *adv.* (**-S.** close)

secret service การสืบราชการลับ, กรมสืบราชการลับ

secret society สมาคมลับ, พวกอั้งยี่

sect (เซคท์) *n.* กลุ่มคนที่เชื่อว่ามีเพียงความคิดของพวกตนเท่านั้นที่ถูกต้อง, นิกายทางศาสนาที่แยกออกมาจากนิกายใหญ่

sectarian (เซคแท' เรียน) *adj.* เป็นพวกที่แยกตัวออกจากกลุ่มใหญ่, ใจแคบ, แบ่งพรรคแบ่งพวก *-n.* พวกที่แยกตัวออกมา, พวกที่มีความคิดยึดติดแบบดันทุรังต่อความคิดเห็นของก๊กของเหล่าของตน (**-S.** (adj.) factional)

★**section** (เซค' ชัน) *n.* ฝ่าย, แผนก, ชิ้นส่วน, ส่วนปลีกย่อย, ข้อย่อย, ตอน, หมวดหมู่, หมู่, เหล่า, การตัดหรือแบ่งแยก, (เนื้อเยื่อ) ชิ้นบางๆ ใช้ตรวจสอบด้วยกล้องจุลทรรศน์, กลีบ (ส้ม), ด้านตัดที่แสดงให้เห็นโครงสร้างภายใน, กลุ่มนักเรียนที่ลงเรียนวิชาเดียวกัน *-vt.* **-tioned, -tioning** แบ่งออกเป็นส่วนๆ, ตัดหรือผ่าออกเป็นชิ้นบางๆ, แสดงให้เห็นโครงสร้างด้านใน

sector (เซค' เทอร์, -ทอร์) *n.* ส่วนของวงกลมที่ถูกตัดแบ่งโดยเส้นรัศมีสองเส้น, หน่วย (งาน), ภาค (รัฐบาลและเอกชน) (**-S.** division)

secular (เซค' คยะเลอร์) *adj.* เกี่ยวกับทางโลกมากกว่าทางธรรม, สนับสนุนความเห็นที่ให้แยกเรื่องทางวัดและเรื่องของฆราวาสหรือการศึกษาออกจากกัน, มีอยู่ชั่วกัลปาวสาน, ไม่อยู่ในวินัยสงฆ์ *-n.* ฆราวาส (**-S.** (adj.) worldly (n.) layman)

★**secure** (ซิคยุร์') *adj.* **-curer, -curest** ปลอดภัย, ตรึงไว้, (ความเชื่อ) อย่างฝังหัว, มั่นคง, วางใจได้, แน่นอน, รับประกัน, ประมาท, ทะนงตน *-vt.* **-cured, -curing** คุ้มครอง, ป้องกัน, ให้ความมั่นใจ, ทำให้แน่นหนา, รับรอง, ค้ำประกัน, ได้มา, เข้ายึด, จับกุม, คุมขัง, เป็นผล, เก็บเป็นความลับ (**-S.** (adj.) safe (v.) guard)

★**security** (ซิคยุ' ริที) *n., pl.* **-ties** ความปลอดภัย, ความมั่นคง, สวัสดิการ, สิ่งที่ให้ความคุ้มครอง, เครื่องประกันหรือมัดจำ, ผู้รับประกัน, ทรัพย์สินในรูปของใบหุ้น

Security Council คณะมนตรีความมั่นคงแห่งสหประชาชาติ

sedate[1] (ซิเดท') *adj.* ภูมิฐาน, สุขุม, สง่าผ่าเผย

sedate[2] (ซิเดท') *vt.* **-dated, -dating** ให้ยาระงับประสาท, สงบลง **-sedation** *n.*

sedative (เซด' ดะทิฟว์) *adj.* (ยา) ระงับความกระวนกระวายหรือระงับประสาท *-n.* ยาระงับประสาทหรือยานอนหลับ

sedentary (เซดฺ' เดินเทรี) *adj.* (งาน) ที่ต้องนั่งทำ, เป็นการนั่ง, ชินกับการนั่ง, (นก) ซึ่งไม่มีการอพยพ, ซึ่งติดตรึงอยู่กับพื้นผิว

sediment (เซด' ดะเมินท์) *n.* ตะกอน, กาก

A B C D E F G H I J K L M N O P Q R S T U V W X Y Z

sedimentary, sedimental (เซดดะเมน' ทะรี; -เมน' ทรี, -เมน' เทิล) *adj.* คล้ายกับหรือเกิดจากตะกอน, เกี่ยวกับหินชั้นหรือหินตะกอน

sedition (ซิดิช' ชัน) *n.* การปลุกระดม, การกบฏ, การจลาจล **-seditionist** *n.* **-seditious** *adj.* **-seditiously** *adv.* (**-S.** uprising)

seduce (ซิดูซ', -ดยูซ') *vt.* **-duced, -ducing** ล่อลวง, ชักชวนให้มีเพศสัมพันธ์, เกลี้ยกล่อม, มีเสน่ห์, ดึงดูด, ชนะใจ, เป็นต่อ, โอ้โลม, ชวนให้เคลิบเคลิ้ม **-seduction** *n.* (**-S.** deceive)

seductive (ซิดัค' ทิฟว์) *adj.* มีเสน่ห์, ชวนให้เคลิบเคลิ้มตาม, ดึงดูดความสนใจ (**-S.** attractive)

sedulous (เซจ' จะเลิซ) *adj.* ขยันหมั่นเพียร, อดทน **-sedulously** *adv.* (**-S.** patient)

★**see**[1] (ซี) *vt., vi.* **saw, seen, seeing** เห็น, ดู, มอง, เข้าใจ, จินตนาการ, มองว่า, เข้าใจว่า, พบ, ไปเยี่ยม, ไปหา, ตรวจดู, ได้รับรู้, ได้ประจักษ์, พาไปหา (หมอ), มองเห็นล่วงหน้า, อ้างอิง, อ่าน, สังเกต, จำได้, เอาใจใส่, พิจารณาดู, ไปเป็นเพื่อน, เฝ้าดูแล, ทำให้แน่ใจ **-I see** ใช้พูดแสดงว่าเข้าใจแล้ว **-I'll see/we'll see** แล้วจะคิดดูก่อน **-let me see/let's see** ขอคิดดูก่อน **-see after** ดูแล **-see off** ไปส่ง (ที่สนามบิน) **-see red** (ภาษาพูด) โกรธจัด **-see through** มองออก, ช่วยให้รอดพ้นช่วงเวลาวิกฤติ **-see to** จัดการ **-see you (later)** (ภาษาพูด) ใช้กล่าวลาเพื่อบอกว่าแล้วเจอกันอีก **-you see** ใช้พูดเมื่อกำลังอธิบายชี้แจงเหตุผล

see[2] (ซี) *n.* ศูนย์กลางการปกครองของบิชอป

★**seed** (ซีด) *n., pl.* **seeds/seed** เมล็ด, จุดเริ่มต้น, บ่อเกิด, เชื้อโรค, ชนวน, เค้า, ลูกหลาน, ดอกผล, น้ำกาม, หอยช่วงเป็นตัวอ่อนยังไม่มีเปลือก, ผู้เข้าแข่งขันที่ถูกจัดอันดับไว้ *-vt., vi.* **seeded, seeding** เพาะ, ปลูก, หว่าน, คว้านเมล็ด, ทำฝนเทียมโดยการโปรยสารเคมีลงใน (เมฆ) ให้เกิดการควบแน่นของไอน้ำ, ช่วยในระยะแรกเริ่มของการพัฒนา, จัดให้ผู้เล่นที่เก่งๆ ได้พบกันในรอบท้ายๆ, มีเมล็ด

seedbed (ซีด' เบด) *n.* แปลงเพาะเมล็ด, บ่อเกิดของสิ่งใดๆ

seedling (ซีด' ลิง) *n.* ต้นอ่อนที่งอกจากเมล็ด

seedy (ซี' ดี) *adj.* **-ier, -iest** ซึ่งมีเมล็ดมาก, คล้ายเมล็ดพืช, ปอน, ยุ่งเหยิง, อ่อนเพลีย **-seedily** *adv.* (**-S.** shabby, tired **-A.** neat)

★**seek** (ซีค) *vt., vi.* **sought, seeking** ค้นหา, ตรวจค้น, ขอ (คำแนะนำ), ไปถึง, ไปหา, ไต่ถาม, สืบสวน, สำรวจ (**-S.** request, search)

★**seem** (ซีม) *vi.* **seemed, seeming** ดูเหมือน, ดูราวกับ, ดูประหนึ่งว่า (**-S.** appear, look)

seeming (ซี' มิง) *adj.* ที่เห็นภายนอก

seemly (ซีม' ลี) *adj.* **-lier, -liest** เหมาะสม

seen (ซีน) *v.* กริยาช่อง 3 ของ see[1]

seep (ซีพ) *vi.* **seeped, seeping** ซึม, รั่ว

seepage (ซี' พิจ) *n.* ปริมาณที่รั่วซึม, การไหลซึม, การรั่ว

seer (เซียร์) *n.* ผู้ที่มองเห็นอนาคต, หมอดู

seeress (เซีย' ริซ) *n.* หมอดูที่เป็นหญิง

seesaw (ซี' ซอ) *n.* กระดานหก, การเล่นกระดานหก, การเคลื่อนไหวโยกขึ้นลงไปมา *-vi.* **-sawed, -sawing** เล่นบนกระดานหก, เคลื่อนไหวไปข้างหน้าและมาข้างหลังหรือขึ้นๆ ลงๆ

seesaw

seethe (ซีธ) *vi.* **seethed, seething** (เดือด) เป็นฟอง, ปั่นป่วน, เดือดดาล, พลุ่งพล่าน

see-through (ซี' ธรู) *adj.* โปร่งใส, มองเห็นทะลุปรุโปร่ง (**-S.** clear **-A.** concealed)

segment (*n.* เซก' เมินท์, *v.* เซกเมนท์') *n.* ส่วนใดๆ ที่สามารถแบ่งออกได้, กลีบของผลส้ม, เสี้ยวของวงกลม, ส่วนของวงกลมที่เส้นลากแบ่ง, ส่วนของเส้นที่อยู่ระหว่างจุดสองจุดบนเส้นนั้นๆ *-vt., vi.* **-mented, -menting** แบ่งออกเป็นส่วนๆ เสี้ยวๆ **-segmentary** *adj.* (**-S.** (n., v.) section)

segregate (เซก' กริเกท) *vt., vi.* **-gated, -gating** คัดแยก, แบ่งแยก **-segregation** *n.* (**-S.** dissociate, separate **-A.** unite)

seine (เซน) *n.* แหหรืออวนจับปลาขนาดใหญ่

seismic (ไซซ' มิค) *adj.* เกิดจากแผ่นดินไหว, เกี่ยวกับการสั่นสะเทือนของแผ่นดิน

seismograph (ไซซ' มะแกรฟ) *n.* เครื่องมือตรวจสอบ จดบันทึกความสั่นสะเทือน หาทิศทางและช่วงระยะของการเกิดแผ่นดินไหว

seismology (ไซซ์มอล' ละจี) *n.* ศาสตร์ที่เกี่ยวกับการเกิดแผ่นดินไหว **-seismologist** *n.*

★**seize** (ซีซ) *vt., vi.* **seized, seizing** จับ, ฉวย, คว้า, เข้าควบคุม, เข้ายึด, เกาะกุม, เข้าใจ, เข้าฉวย (โอกาส), เข้าครอบงำ, คุมขัง, จับกุม, ริบ, มัดปลายเชือกไว้ไม่ให้คลายเกลียว **-seizure** *n.* (**-S.** apprehend, arrest, catch **-A.** loose)

★**seldom** (เซล' เดิม) *adv.* ไม่บ่อย, ไม่ค่อยจะ, นานๆ ครั้ง, หายาก, แทบจะไม่ (**-S.** rarely)

select (ซิเลคท์') *vt., vi.* **-lected, -lecting** เลือก, คัดเลือก, เลือกสรร *-adj.* ซึ่งคัดเลือกอย่าง

พิถีพิถัน, ซึ่งจำกัดเฉพาะคนชั้นดี, เป็นเนื้อที่ไม่มีมัน **-selection** *n.* **-selective** *adj.* (**-S.** (v.) choose (adj.) exclusive **-A.** (adj.) general)

selenium (ซิลี' เนียม) *n.* ธาตุเซเลเนียมเป็นอโลหะมีสมบัติทางเคมีคล้ายกำมะถันเมื่อได้รับแสงสว่างจะมีความต้านทานไฟฟ้าเปลี่ยนแปลงไป

selenium rectifier อุปกรณ์แปลงไฟฟ้ากระแสสลับให้เป็นกระแสตรง ประกอบด้วยชั้นของเหล็กและเซเลเนียมซ้อนทับสลับกัน

self (เซลฟ์) *n., pl.* **selves** (เซลฟ์ว์ซ) ความเป็นตัวของตัวเอง, ตนเอง, เฉพาะตน, ความเป็นปัจเจกบุคคล, ความมีอัตตาหรือถือเรื่องของตนเองเป็นที่ตั้ง, ความเห็นแก่ตัว *-pron.* ตัว (ฉัน คุณ เขาหรือเธอ) เอง *-adj.* เป็นลักษณะของตนเองโดยตลอด, เป็นวัสดุอย่างเดียวกับแบบเดิมที่ใช้, อย่างเดียวกัน, เหมือนกัน (**-S.** (n.) ego)

★**self-** คำอุปสรรค หมายถึง ตนเอง, มันเอง, โดยอัตโนมัติ, ด้วยตนเอง

self-addressed (เซลฟ์อะเดรซท์') *adj.* ที่จ่าหน้าซองถึงตนเอง

self-asserting (เซลฟ์อะเซอร์' ทิง) *adj.* เสนอหน้า, ทะลึ่ง, อวดดี **-self-assertion** *n.*

self-centered, self-centred (เซลฟ์เซน' เทอร์ด) *adj.* ถือตนเองเป็นใหญ่, เห็นแก่ตัว

self-confidence (เซลฟ์' คอน' ฟิเดินซ์) *n.* ความมั่นใจในตนเอง

self-conscious (เซลฟ์' คอน' เชิซ) *adj.* ขวยเขิน, ประหม่า, อึดอัด (**-S.** nervous)

self-contained (เซลฟ์เคินเทนด์') *adj.* สมบูรณ์ในตนเอง, ไม่ต้องพึ่งสิ่งอื่นใด

self-control (เซลฟ์เคินโทรล') *n.* การควบคุมตนเอง **-self-controlled** *adj.* (**-S.** restraint)

self-defense, self-defence (เซลฟ์ดิเฟนซ์') *n.* การป้องกันตนเอง

self-denial (เซลฟ์ดิไน' เอิล) *n.* การหักห้ามใจตนเอง **-self-denying** *adj.*

self-discipline (เซลฟ์ดิซ' ซะพลิน) *n.* การมีวินัยในตนเอง

self-educated (เซลฟ์' เอจ' จะเคททิด) *adj.* ซึ่งศึกษาหรือฝึกฝนด้วยตนเอง

self-esteem (เซลฟ์อิสตีม') *n.* ความเคารพและเชื่อมั่นในตนเอง

self-explanatory (เซลฟ์อิคซแปลน' นะทอรี, -โทรี) *adj.* ชัดเจน, เข้าใจง่าย (**-S.** visible)

self-government (เซลฟ์' กัฟ' เวิร์นเมินท์) *n.* เอกราช, อิสรภาพในการปกครองตนเอง, ประชาธิปไตย, การปกครองตนเอง (**-S.** autonomy, democracy, independence)

self-importance (เซลฟ์อิมพอร์' เทินซ์) *n.* ความทะนงตน, ความอวดดี (**-S.** egoism)

self-interest (เซลฟ์' อิน' ทริซท์, -อิน' เทอริซท์) *n.* ความเห็นแก่ตัว (**-S.** selfishness)

★**selfish** (เซล' ฟิช) *adj.* เห็นแก่ตัว **-selfishly** *adv.* **-selfishness** *n.* (**-S.** ungenerous **-A.** kind)

self-made (เซลฟ์' เมด') *adj.* (ผู้) ที่ก่อร่างสร้างตนเอง, ซึ่งทำด้วยตนเอง

self-pity (เซลฟ์' พิท' ที) *n.* ความสงสารตนเอง

self-portrait (เซลฟ์' พอร์' ทริท, -เทรท) *n.* รูปตนเองที่จิตรกรวาดด้วยตนเอง

self-possession (เซลฟ์พะเซช' ชัน) *n.* ความมีสติควบคุมตนเองได้

self-preservation (เซลฟ์เพรซเซอร์เว' ชัน) *n.* สัญชาตญาณการเอาตัวรอด

self-propelled (เซลฟ์พระเพลด์') *adj.* ประกอบด้วยอุปกรณ์ขับเคลื่อนในตัว, ที่ขับดันให้เลื่อนหรือเคลื่อนไปได้เอง

self-reliant (เซลฟ์ริไล' เอินท์) *adj.* ที่ไม่พึ่งพาผู้ใด **-self-reliance** *n.*

self-respect (เซลฟ์ริสเปคท์') *n.* การมีความเคารพตนเอง

self-righteous (เซลฟ์' ไร' เชิซ) *adj.* ทะนงตน, อวดดี, ใจแคบ **-self-righteously** *adv.*

self-sacrifice (เซลฟ์' แซค' คระไฟซ์) *n.* การเสียสละความสุขส่วนตนเพื่อคนส่วนรวม

selfsame (เซลฟ์' เซม) *adj.* เป็นอันเดียวกัน

self-satisfied (เซลฟ์' แซท' ทิซไฟด์) *adj.* ทะนงตน, อวดดี, ยกตนข่มท่าน

★**self-service** (เซลฟ์' เซอร์' วิซ) *adj.* แบบบริการตนเอง **-self-service** *n.*

self-starter (เซลฟ์' สตาร์' เทอร์) *n.* อุปกรณ์ติดตั้งที่ช่วยให้เครื่องยนต์เผาไหม้ภายในทำงานโดยไม่ต้องอาศัยข้อเหวี่ยง, ผู้ที่คิดทำสิ่งใดๆ ได้ด้วยตนเองโดยไม่ต้องมีใครมากระตุ้นเตือน

self-study (เซลฟ์' สตัด' ดี) *n.* การศึกษาด้วยตนเอง

self-sufficient (เซลฟ์ซะฟิช' เชินท์) *adj.* เป็นอิสระ, อวดดี, ทะนงตน, พึ่งพาตนเองได้

self-support (เซลฟ์ซะพอร์ท') *n.* การไม่ต้องพึ่งพาความช่วยเหลือสนับสนุนจากสิ่งอื่น

self-taught (เซลฟ์' ทอท') *adj.* ที่เรียนรู้ได้เอง

self-will (เซลฟ์' วิล') *n.* ความเอาแต่ใจตนเอง

self-winding (เซลฟ์' ไวน์' ดิง) *adj.* (นาฬิกา) ที่เดินได้โดยอัตโนมัติไม่ต้องไขลาน

★**sell** (เซล) *vt., vi.* **sold, selling** ขาย, ชวนให้

A B C D E F G H I J K L M N O P Q R S T U V W X Y Z

ซื้อ, ชวนเชื่อ *-n.* การขาย **-sell out** เอา (สินค้า) ทั้งหมดออกขาย, ขายหมด, (คำสแลง) ทรยศ (**-S.** (v., n.) trade **-A.** (v., n.) buy)

seller (เซล' เลอร์) *n.* คนขายของ, สินค้า

selves (เซลฟ์วซฺ) *n.* พหูพจน์ของ self

semantics (ซิแมน' ทิคซฺ) *n. pl.* การศึกษาหรือศาสตร์ที่เกี่ยวกับความหมายของคำ, การศึกษาถึงความสัมพันธ์ระหว่างเครื่องหมายและสัญลักษณ์และสิ่งที่แทนด้วยเครื่องหมายและสัญลักษณ์ **-semantic, semantical** *adj.*

semaphore (เซม' มะฟอร์, -โฟร์) *n.* เครื่องให้สัญญาณ, การส่งสัญญาณ

semblance (เซม' เบลินซฺ) *n.* รูปลักษณ์ภายนอก, รูปร่างท่าทาง, ตัวแทน, สำเนา, สิ่งที่เหมือนกัน, จำนวนเล็กน้อย (**-S.** appearance)

semen (ซี' เมิน) *n.* น้ำกาม

★**semester** (ซะเมส' เตอร์) *n.* ภาคการศึกษา

semi- คำอุปสรรค หมายถึง ครึ่ง, บางส่วน, กึ่ง, เกิดขึ้นคราวละสองครั้ง

semiautomatic (เซมมีออทะแมท' ทิค, เซมไม-) *adj.* กึ่งอัตโนมัติ *-n.* ปืนกึ่งอัตโนมัติ

semicircle (เซม' มิเซอร์เคิล) *n.* ครึ่งวงกลม, วัตถุรูปครึ่งวงกลม, การจัดเรียงในรูปครึ่งวงกลม

semicolon (เซม' มิโคเลิน) *n.* เครื่องหมายอัฒภาค (;)

semiconductor (เซมมีเคินดัค' เทอร์) *n.* สารกึ่งตัวนำ มีความสามารถนำไฟฟ้าอยู่ระหว่างโลหะกับฉนวน

semidetached (เซมมีดิแทชทฺ', เซมไม-) *adj.* ซึ่งติดอยู่กับสิ่งอื่นเพียงด้านเดียว

semifinal (เซม' มีไฟเนิล, เซม' ไม-) *n.* การแข่งขันรอบรองชนะเลิศหรือก่อนการแข่งขันรอบตัดสินรอบสุดท้าย, การสอบก่อนรอบสุดท้าย

seminar (เซม' มะนาร์) *n.* กลุ่มนักศึกษาที่เข้าร่วมในการค้นคว้าวิจัยเรื่องหนึ่งเรื่องใดที่ยังไม่มีการทำวิจัยมาก่อนภายใต้การควบคุมดูแลของศาสตราจารย์, หลักสูตรการศึกษาแบบดังกล่าว, การประชุมกลุ่มดังกล่าว, การประชุมสัมมนา

semiofficial (เซมมีอะฟิช' เชิล) *adj.* กึ่งราชการ

semiprecious stone อัญมณีที่มีราคาแต่หาไม่ยากและไม่แพงเท่ากับอัญมณีแท้

semisynthetic (เซมมีซินเธท' ทิค) *adj.* กึ่งสังเคราะห์

semitransparent (เซมมิแทรนซฺแพ' เรินทฺ) *adj.* กึ่งโปร่งใส, มัว

semitropical (เซมมีทรอพ' พิเคิล, เซมไม-) *adj.* กึ่งเขตร้อน

semivowel (เซม' มิเวาเอิล) *n.* เสียงของพยัญชนะที่มีเสียงออกเป็นกึ่งเสียงสระค่อนข้างมาก เช่น เสียงสระอีหรืออู ในตัว y หรือ w ในคำว่า yes และ want

semolina (เซมมะลี' นะ) *n.* ผงหยาบๆ ของข้าวสาลีที่เหลือจากการร่อนเอาผงละเอียดไปแล้วใช้ทำแป้งพาสต้า

sempstress (เซม' สตริซ, เซมพฺ'-) *n.* ดู seamstress

Sen., sen. ย่อจาก senate สภาสูง, senator วุฒิสมาชิก, senior อาวุโส

senate (เซน' นิท) *n.* วุฒิสภา, สภาสูง, ที่ประชุมของสภาสูง, สภามหาวิทยาลัย

senator (เซน' นะเทอร์) *n.* วุฒิสมาชิก

★**send** (เซนดฺ) *v.* **sent, sending** *-vt.* ส่ง, ฝากมาให้, ส่งผลให้, ทำให้ (ง่วงนอน), แนะให้ไปหา, เปล่ง, แพร่, แจกจ่าย, ขับไล่, ออก (หนังสือ), ทำให้เกิดมีขึ้น, (คำสแลง) เคลิบเคลิ้ม *-vi.* สั่งซื้อของทางไปรษณีย์, สั่งให้ไปทำธุระให้หรือไปส่งสารให้, ส่งคำร้อง, ส่งข้อความ, เรียก (ตำรวจ) **-sender** *n.* (**-S.** throw, transmit **-A.** receive)

sendoff (เซนดฺ' ออฟ) *n.* การเลี้ยงส่ง

senile (ซี' ไนลฺ, เซน'-) *adj.* ที่เกิดจากความแก่ชรา, แก่หง่อม, อ่อนล้า, สึกกร่อน (**-S.** old)

senility (ซินิล' ลิที) *n.* ความชราภาพ

★**senior** (ซีน' เยอร์) *adj.* อาวุโสกว่า, แก่กว่า, มีอำนาจในการตัดสินใจเป็นคนแรก, (นักเรียน) ชั้นปีที่สี่หรือปีสุดท้าย *-n.* ประชากรอาวุโส, ผู้ที่มียศในระดับสูง, ผู้อาวุโส, นักศึกษาชั้นปีที่สี่หรือปีสุดท้าย **-seniority** *n.* (**-S.** (adj.) older)

senior citizen ประชากรอาวุโสวัยเลยเกษียณ

sensation (เซนเซ' ชัน) *n.* ความรู้สึกทางกายภาพ, ความรู้สึกภายในจิตใจหรือร่างกายที่ยากจะอธิบาย, ความอื้อฉาว, สาเหตุแห่งความอื้อฉาว (**-S.** excitement, feeling)

sensational (เซนเซ' ชะเนิล) *adj.* ที่ก่อให้เกิดความตื่นเต้น, โดดเด่น, มหัศจรรย์ **-sensationally** *adv.* (**-S.** amazing **-A.** dull)

★**sense** (เซนซฺ) *n.* ประสาทสัมผัส, ความรู้สึก, ความสำเหนียก, การรับรู้, ความมีไหวพริบ, ความรู้จักเหตุและผล, ความเชื่อถือเชื่อมั่นในสิ่งใดๆ, ความหมาย *-vt.* **sensed, sensing** รับรู้, สำเหนียก, รู้สึกได้, สำนึกได้, เข้าใจ, จับใจความได้, ตรวจจับ (คลื่น) ได้โดยอัตโนมัติ (**-S.** (n.) awareness (v.) perceive)

senseless (เซนซฺ' ลิซ) *adj.* ไร้ความหมาย, โง่เขลาเบาปัญญา, ไม่รู้, ไร้สติ, หมดสติ (**-S.** silly)

sensibility (เซนซะบิล' ลิที) *n., pl.* **-ties** ความสามารถในการรับรู้, ความรับรู้อันชาญฉลาด, ความรู้สึกอันอ่อนโยนอ่อนไหว (**-S.** alertness)

★**sensible** (เซน' ซะเบิล) *adj.* ที่รู้สึกได้, ที่รับรู้ได้, มีเหตุผล, มีสติ, ที่รู้ความควรมิควร **-sensibly** *adv.* (**-S.** reasonable **-A.** mad)

★**sensitive** (เซน' ซิทิฟว) *adj.* อ่อนไหว, หวั่นไหวง่าย, ละเอียดอ่อน, เปราะบาง, อ่อนแอ, ขี้ใจน้อย, อารมณ์เสียง่าย, (ผิว) แพ้ง่าย, (ราคา) ขึ้นๆ ลงๆ ไม่แน่นอน (**-S.** delicate **-A.** hard)

sensor (เซน' เซอร์) *n.* อุปกรณ์ตอบรับสัญญาณหรือตัวกระตุ้น, อวัยวะรับความรู้สึก

sensory (เซน' ซะรี) *adj.* เกี่ยวกับประสาทสัมผัส, เกี่ยวกับการรับรู้

sensual (เซน' ชวล) *adj.* เกี่ยวกับประสาทรับความรู้สึก, ยั่วกิเลส, มัวเมาในกาม, ในทางโลกีย์, เร้าอารมณ์, ขาดศีลธรรมจรรยา **-sensually** *adv.* **-sensualness** *n.* (**-S.** lewd **-A.** prudish)

sensuous (เซน' ชูเอิซ) *adj.* อิ่มเอม, สำเริงสำราญ, เขียวชอุ่ม, ฉ่ำ **-sensuously** *adv.*

sent (เซนท์) *v.* กริยาช่อง 2 และ 3 ของ send

★**sentence** (เซน' เทินซ์) *n.* ประโยค, คำพิพากษา, บทลงโทษ *-vt.* **-tenced, -tencing** พิพากษาให้มีความผิด (**-S.** (n.) judgment)

sentiment (เซน' ทะเมินท์) *n.* ความเมตตาปรานี, ความรู้สึกที่อยู่เหนือเหตุผล, ความรู้สึกอ่อนไหว, ข้อความที่มาจากอารมณ์, การแสดงความรู้สึกดังกล่าว, ความรู้สึกที่แสดงออกอย่างมากจนเอียนหรือชวนให้คลื่นไส้, ความละเมอเพ้อพก, ความรู้สึกอันละเมียดละไมและละเอียดอ่อนที่แสดงออก เช่น ในงานศิลปะและวรรณกรรมต่างๆ (**-S.** sensitiveness)

sentimental (เซนทะเมน' เทิล) *adj.* ที่มาจากความรู้สึกอันอ่อนไหวมากกว่าการมีเหตุผลใดๆ, (ละคร) น้ำเน่า, ที่อ่อนไหวไปตามความรู้สึก, (เพลง) พาฝัน **-sentimentally** *adv.* (**-S.** emotional, nostalgic, romantic, tender)

sentry (เซน' ทรี) *n., pl.* **-tries** ทหารยืนยาม

separable (เซพ' เพอระเบิล, เซพ' ระ-) *adj.* ซึ่งแบ่งแยกได้ **-separably** *adv.*

★**separate** (*v.* เซพ' พะเรท, *adj., n.* เซพ' เพอริท, เซพ' ริท) *vt., vi.* **-rated, -rating** แยก, แบ่งแยก, ทำให้แตกแยก, คัดเลือก, แยกทางกัน *-adj.* ที่แยกกัน, เป็นเอกเทศ, ต่างหาก, แตกต่าง, เฉพาะบุคคล, เฉพาะตัว, โดดเดี่ยว, สันโดษ, ที่อยู่คนเดียว, วิเวกวังเวง, เอกา *-n.* ชุด เช่น เสื้อและกระโปรงที่ใส่แยกชุดกันได้และซื้อแยกชิ้นได้ **-separately** *adv.* **-separateness** *n.* (**-S.** (v.) split (adj.) individual **-A.** (adj.) together)

★**separation** (เซพพะเร' ชัน) *n.* การแยกออกจากกัน, การตกลงแยกกันอยู่ของคู่สามีภรรยา, ที่ที่มีการแบ่งแยกเกิดขึ้น, ช่องว่าง, การปลดออก (จากงาน) (**-S.** break, divorce, gap)

sepia (ซี' เพีย) *n.* สีน้ำตาลของรูปถ่ายยุคแรกๆ, สีที่ได้จากปลาหมึก, ภาพวาดหรือภาพถ่ายที่เป็นสีดังกล่าว *-adj.* ที่ทำให้เป็นหรือมีสีดังกล่าว

Sept. ย่อจาก September เดือนกันยายน

★**September** (เซพเทม' เบอร์) เดือนกันยายน

septic (เซพ' ทิค) *adj.* ติดเชื้อแบคทีเรีย, เน่า

septic tank ถังเก็บอุจจาระที่ใช้แบคทีเรียจำพวกที่ไม่ต้องการอากาศหายใจช่วยย่อยสลาย

sepulcher, sepulchre (เซพ' เพิลเคอร์) *n.* สุสาน, ที่ฝังศพ, ฮวงซุ้ย, โกศเก็บอัฐิ *-vt.* **-chered, -chering/-chred, -chring** บรรจุอัฐิ, ฝังศพ (**-S.** (n.) tomb (v.) bury)

sepulchre (เซพ' เพิลเคอร์) *n., v.* ดู sepulcher

sequel (ซี' เควิล) *n.* สิ่งที่ต่อเนื่องมา, การสืบเนื่อง, งานวรรณกรรมที่จบในตัวเอง แต่ต่อเนื่องมาจากเรื่องก่อนหน้านี้, ผลที่ตามมา, ภาพยนตร์ตอนต่อมา (**-S.** outcome)

sequence (ซี' เควินซ์, -เควนซ์) *n.* การเรียงลำดับ, ไพ่ตองที่เรียงแต้มกันสามใบหรือมากกว่า, ฉากหนึ่งของภาพยนตร์ **-sequent** *adj.*

sequin (ซี' ควิน) *n.* เลื่อมที่ใช้ปักประดับเสื้อผ้า

serenade (เซระเนด', เซ' ระเนด) *n.* การร้องเพลงเกี้ยวผู้หญิงยามค่ำคืน โดยร้องในที่โล่ง เช่น ใต้หน้าต่างบ้านผู้หญิง, เพลงที่บรรเลงอย่างอึกทึกครึกโครมล้อเลียนคู่แต่งงานใหม่ *-vt., vi.* **-naded, -nading** ร้องเพลงเกี้ยวสาว

serene (ซะรีน') *adj.* สงบเงียบ, สงบ, (ท้องฟ้า) แจ่มใส, เยือกเย็น, ราบรื่น **-Serene** ใช้เรียกสมาชิกราชวงศ์ เช่น His Serene Highness **-serenely** *adv.* (**-S.** calm, clear **-A.** clouded)

serf (เซิร์ฟ) *n.* ข้าทาสของขุนนางในยุคกลางของยุโรป **-serfdom** *n.*

serge (เซิร์จ) *n.* ผ้าไหมพรมหรือขนสัตว์เนื้อละเอียดทอลายสอง มักใช้ตัดชุดสูท

sergeant (ซาร์' เจินท์) *n.* สิบเอก

sergeant major จ่านายสิบเอก

serial (ซี' เรียล) *adj.* ที่จัดเป็นชุดๆ หรือตอนๆ ติดต่อกัน, เกี่ยวกับสิ่งพิมพ์หรืองานผลิตดังกล่าว, ซึ่งจัดพิมพ์หรือผลิตเป็นตอนๆ หรือเป็นชุด *-n.* งานเขียนหรืองานละครที่จัดทำเป็นตอนๆ หรือเป็นชุดๆ ติดต่อกัน **-serially** *adv.*

serial killer ฆาตกรที่ฆ่าเหยื่อมากกว่าสามราย โดยฆ่าทีละคนในช่วงเวลาไล่เลี่ยกัน

serial number เลขลำดับที่ใช้ติดสิ่งของเพื่อง่ายต่อการคัดแยก

★**series** (ซี' รีซ) *n., pl.* **-ries** สิ่งหรือเหตุการณ์ใดๆ ที่จัดเรียงหรือตามติดกันมาเป็นชุดๆ, (ความพยายาม) ครั้งแล้วครั้งเล่า, การต่อกันแบบอนุกรมหรือต่อเรียงกันตามลำดับของตัวนำไฟฟ้า, เลขหรือจำนวนทางคณิตศาสตร์เรียงลำดับกันชุดหนึ่ง, สิ่งพิมพ์ที่พิมพ์ออกตามกันมาเป็นชุดๆ ในรูปแบบคล้ายกัน, รายการทางโทรทัศน์ที่ออกอากาศติดต่อกันเป็นตอนๆ โดยจบในตอน (**-S.** succession)

★**serious** (ซี' เรียซ) *adj.* ร้ายแรง, สาหัส, วิกฤติ, ถมึงทึง, ขึงขัง, สำคัญ, ไม่ร่าเริง, เป็นผู้ใหญ่, คับขัน, จริงจัง, ไม่ใช่เรื่องเล็กๆ น้อยๆ หรือเรื่องเล่นๆ, ฉกาจฉกรรจ์ **-seriously** *adv.* **-seriousness** *n.* (**-S.** critical, important **-A.** trivial)

sermon (เซอร์' เมิน) *n.* การเทศน์, การบรรยายธรรมะ, การแสดงปาฐกถา, การสนทนาธรรม, การพร่ำบ่น ดุด่าอย่างยืดยาว (**-S.** lecture)

serpent (เซอร์' เพินท์) *n.* งู, คนขี้โกง, คนอกตัญญู, ประทัดที่พุ่งยึกยักส่ายไปมา, เครื่องเป่าที่ทำจากทองเหลืองหรือไม้ มีรูปร่างงอยาว **-Serpent** ซาตานหรือพญามาร, กลุ่มดาวแถบเส้นศูนย์สูตร

serpentarium (เซอร์เพินแท' เรียม) *n., pl.* **-iums/-ia** สวนงู

serrate (เซ' เรท) *adj.* เป็นซี่เหมือนซี่ฟันของเลื่อย, (ใบไม้) มีขอบหยักเหมือนใบเลื่อย

serum (เซีย' เริม) *n., pl.* **-rums/-ra** น้ำเหลือง, เซรุ่ม, หางนมที่เหลือจากการทำเนย

★**servant** (เซอร์' เวินท์) *n.* คนรับใช้, ลูกจ้าง, ข้าราชการ (**-S.** employee, slave **-A.** master)

★**serve** (เซิร์ฟว์) *vt., vi.* **served, serving** รับใช้, ทำงานให้, เสิร์ฟอาหารให้, ให้บริการ, จัดหาสินค้าและบริการให้, ช่วยเหลือ, สนับสนุน, อุดหนุน, ให้ความจงรักภักดีและเชื่อฟัง, ตอบแทน, แก้แค้น, ทดแทน, ชดใช้, (สัตว์) สมสู่, ทำให้พอใจ, ส่งหรือแสดง (หมายเรียกตัว), เสิร์ฟหรือตีลูกในการเล่นกีฬา เช่น เทนนิส, ผูกหรือมัดไม่ให้ (เชือก) คลายตัวด้วยลวดหรือด้ายเส้นเล็กๆ, ทำงานเป็นทหารหรือรับราชการ, ติดคุก, ใช้เป็น (ห้องนอนด้วย) *-n.* การเสิร์ฟลูกในกีฬา เช่น เทนนิส (**-S.** (v.) help, provide)

server (เซอร์' เวอร์) *n.* บริกร, สิ่งที่ใช้ในการเสิร์ฟอาหารและเครื่องดื่ม, ผู้เล่นที่ได้ตีลูกเสิร์ฟ

★**service** (เซอร์' วิซ) *n.* การให้บริการ, การดูแลเอาใจใส่ลูกค้า, การทำงานอุทิศตนเพื่อช่วยเหลือผู้อื่น, การรับใช้ (ชาติ), การรับราชการ, งานที่ให้บริการแก่สาธารณชน, หน่วยงานราชการและข้าราชการในหน่วยงานนั้นๆ, กองทัพแห่งชาติ, อาชีพหรือหน้าที่การให้บริการ, ชุดจานชามและเครื่องใช้ในครัว, การเสิร์ฟอาหาร, การเสิร์ฟลูกในกีฬา เช่น เทนนิส, การออกหมายเรียกตัว, การนำสัตว์เพศผู้มาผสมพันธุ์กับเพศเมีย, วัสดุ เช่น เส้นด้ายหรือลวดที่ใช้มัดหรือผูกไม่ให้เชือกคลายเกลียว, พิธีการทางศาสนา *-vt.* **-iced, -icing** ทำให้ใช้ได้, ปรับแต่ง, ซ่อมแซม, ให้บริการ, (สัตว์) ผสมพันธุ์กัน, ชำระ *-adj.* เกี่ยวกับกองทัพของชาติ, เป็นการบริการ, เป็นการซ่อมแซม **-in service** พร้อมให้บริการ **-out of service** ปิดบริการ (**-S.** (n.) assistance, ceremony (v.) adjust, repair)

service charge ค่าบริการที่เพิ่มเข้าไปในราคาของสินค้า

service station สถานีบริการน้ำมันหรือซ่อมรถ

serviette (เซอร์วีเอท') *n.* ผ้าเช็ดปาก

servile (เซอร์' เวิล, -ไวล์) *adj.* เยี่ยงทาสรับใช้, ยอมจำนน, เหมาะกับคนใช้, เป็นทาสรับใช้, เลวทรามต่ำช้า, ขี้ประจบ (**-S.** mean, slavish)

servitude (เซอร์' วิทูด, -ทยูด์) *n.* ความเป็นทาส, การอยู่ในภาวะจำยอม (**-S.** slavery)

sesame (เซซ' ซะมี) *n.* งา, เมล็ดงา

sesame oil น้ำมันงาใช้ทำเนยเทียมและเครื่องสำอาง

session (เซช' ชัน) *n.* การประชุม, สมัยประชุม, ภาคการศึกษา (**-S.** assembly, term)

★**set**[1] (เซท) *v.* **set, setting** *-vt.* จัดวาง, ตั้ง (กฎเกณฑ์ ราคา ระดับ), ทำให้ (ล้อหมุน), ให้ (การบ้าน), ฝัง (เพชร), เข้าเฝือก, จัดแต่งทรงผม, ปลดปล่อย, จัดให้อยู่ในตำแหน่งที่มั่นคง, ปรับให้ทำงานอย่างถูกต้อง, กาง (ใบเรือ) โต้ลม, ปรับให้ได้มาตรฐาน, จัดเตรียม, เรียงพิมพ์, เขียน (เพลง) ตามทำนองที่วางไว้, จัดฉาก, ทำให้ได้ลงบันทึกสถิติสูงสุด, วางเงื่อนไข, กำหนด, ตั้งแบบอย่าง, มอบหมายงาน, ขึ้นสูง, ทำให้นั่งลง, จับให้ (ไก่) ฟักไข่, เอา (ไข่) ไว้ใต้ตัวแม่ไก่หรือเอาใส่ในเครื่องฟักไข่, ตั้งท่าให้พร้อมออกวิ่งแข่ง, ออกดอกออกผล, วางกับดัก, ทำให้ตะขอติดแน่นในปากปลา *-vi.* ลับขอบฟ้าไป, ลด, เสื่อมถอย, วาย, กำลังจะสิ้นสุด, (ไก่) นั่งฟักไข่, ทำให้แข็งติดแน่น, (สี) ติดคงทน, (กระดูกที่หัก) ต่อติดกัน, ออกดอก, นั่ง, เตรียมพร้อมออกวิ่ง *-adj.* เป็นที่ตกลงแน่นอน, โดย

A B C D E F G H I J K L M N O P Q R S T U V W X Y Z

จงใจ, แข็ง, แน่น, ไม่โคลงเคลง, ไม่ยืดหยุ่น, เกร็ง, กวดขัน, ตายตัว, ไม่ยอมเปลี่ยนแปลง, แน่วแน่, พินิจพิเคราะห์, พร้อม (ที่จะไป) *-n.* การจัดวาง, ความแข็ง (ของซีเมนต์), การตกลับขอบฟ้าไป (ของดวงอาทิตย์), ระยะที่เรือถูกกระแสน้ำพัดออกนอกเส้นทาง, ทิศทางของลมหรือน้ำ, ส่วนของพืชที่พร้อมสำหรับนำไปเพาะหรือปลูกใหม่, การจัดแต่งทรงผมโดยการทำเป็นลอน (-S. (v.) adjust, assign, fix (adj.) stiff)

★**set²** (เซท) *n.* (ปัญหา) ชุด (ใหม่), ฉากเวที, กลุ่มคนที่มีความสนใจร่วมกัน, หนังสือที่จัดพิมพ์เป็นชุด, ห้องหรือบริเวณที่ถ่ายทำภาพยนตร์ซึ่งจะกันไม่ให้มีเสียงใดๆ เข้าแทรก, ห้องหรือสตูดิโอที่เก็บเสียง, เครื่องรับวิทยุหรือโทรทัศน์, จำนวนคู่ที่ต้องมีในการเต้นรำแบบสแควร์แดนซ์, กลุ่มวัตถุหรือสิ่งของที่มีลักษณะอย่างเดียวกัน, เกมหนึ่งๆ ในการแข่งขันกีฬา (-S. group, series)

setback (เซท' แบค) *n.* การสะดุดหยุดลง

setoff (เซท' ออฟ) *n.* สิ่งที่เด่นแตกต่างขึ้นมาจากสิ่งอื่น, เครื่องถ่วง, การอ้างสิทธิแย้ง, หิ้ง

setout (เซท' เอาท์) *n.* การเริ่มต้น, การจัดแสดง, สันทนาการ

setsquare (เซท' สแกวร์) *n.* ไม้ฉากสามเหลี่ยม

settee (เซที') *n.* ม้านั่งไม้ยาวมีพนักพิง, โซฟา

setter (เซท' เทอร์) *n.* สุนัขพันธุ์ขนยาวใช้ล่าสัตว์ โดยฝึกให้หมอบเมื่อเจอเหยื่อ

★**setting** (เซท' ทิง) *n.* ตำแหน่ง, บรรยากาศ, สภาพแวดล้อม, ฉากหรือพื้นหลัง, ฉากถ่ายทำภาพยนตร์หรือละครเวที, บทเพลงประกอบเรื่องราว, ที่วางเครื่องประดับ, สถานที่ที่จัดเตรียมไว้, ไข่ในรังของแม่ไก่

★**settle** (เซท' เทิล) *v.* **-tled, -tling** *-vt.* ยุติ, ตกลงตัดสินใจ, ชำระ, ไปตั้งรกราก, (ผึ้ง) ลงเกาะ (ดอกไม้), จมลงอย่างช้าๆ, ทำให้สงบลง, ทำให้หายปั่นป่วน, วางลง, ทิ้งตัวลง, จัดวางให้เข้าที่, อพยพไปอยู่, ตั้งมั่น, ลงหลักปักฐาน, ทำให้ตกตะกอนนอนก้น, ทำให้เชื่อง, ทำให้อยู่ในระเบียบวินัย, ทำให้สม่ำเสมอ, ทำให้มั่นคง, ทำให้เกิดเสถียรภาพ, ทำให้เลิกแล้วต่อกัน, ลงความเห็น, ลงมติ, ยอมความกัน *-vi.* หยุดพัก, ถอยลง, จมลง, ยุบลง, (น้ำ) ใสโดยการทำให้ตกตะกอน, ตกตะกอนนอนก้น, แข็ง, จับตัวเป็นแผ่น, ตั้งรกราก, ก่อตั้งขึ้น, ตกลงปลงใจ, ชดใช้ข้อเรียกร้อง, ชำระหนี้ (-S. establish)

★**settlement** (เซท' เทิลเมินท์) *n.* ข้อตกลง, ข้อสรุป, ข้อยุติ, ที่อยู่อาศัย, การย้ายไปตั้งถิ่นฐาน, การลงหลักปักฐาน, การชำระหนี้, การตกลงปลงใจ (-S. agreement, colony, payment)

settler (เซท' เลอร์) *n.* ผู้อพยพไปก่อตั้งรกราก

set-top box เครื่องแปลงสัญญาณจากสายเคเบิลหรือดาวเทียมสื่อสารมายังเครื่องรับโทรทัศน์

setup (เซท' อัพ) *n.* โครงสร้าง, วิธีดำเนินงาน, การเพาะกาย, การยืนยืดตัวตรงอย่างทหาร, การจัดโต๊ะในภัตตาคาร, ตำแหน่งกล้องในการถ่ายภาพยนตร์, แผนการ, (คำสแลง) การแข่งขันที่จัดขึ้นโดยให้มีการชนะแบบง่ายๆ ไม่จริงจัง

★**seven** (เซฟ' เวิน) *n.* เลขเจ็ด, อันดับเจ็ด **-seven** *adj., pron.*

Seven Seas, seven seas มหาสมุทรทั้งเจ็ดในโลก

★**seventeen** (เซฟเวินทีน') *n.* เลขสิบเจ็ด, อันดับสิบเจ็ด **-seventeen** *adj., pron.*

seventeenth (เซฟเวินทีนธ์') *n.* อันดับสิบเจ็ด, หนึ่งในสิบเจ็ดส่วนที่เท่ากัน **-seventeenth** *adv., adj.*

seventh (เซฟ' เวินธ์) *n.* อันดับเจ็ด, หนึ่งในเจ็ดส่วนที่เท่ากัน **-seventh** *adv., adj.*

seventh heaven ความสุขอย่างล้นเหลือ

seventieth (เซฟ' เวินทีอิธ) *n.* อันดับเจ็ดสิบ, หนึ่งในเจ็ดสิบส่วนที่เท่ากัน **-seventieth** *adv., adj.*

★**seventy** (เซฟ' เวินที) *n.* เลขเจ็ดสิบ, ช่วงทศวรรษหรือตัวเลขจาก 70-79 **-Seventies** จำนวนระหว่าง 70-79, ยุคปี 70 เช่น ปี ค.ศ. 1970-79 **-seventy** *adj., pron.*

Seven Wonders of the World สิ่งมหัศจรรย์เจ็ดอย่างของโลก

sever (เซฟ' เวอร์) *v.* **-ered, -ering** *-vt.* แบ่ง, แยก, ตัดออก, แตกร้าว, ลบล้าง, ล้มเลิก *-vi.* แตกออก, หักออก, ขาด **-severance** *n.*

★**several** (เซฟ' เวอเริล, เซฟว์' เริล) *adj.* ต่างหาก, หลากหลาย, ต่างๆ, นานาประการ *-pron.* จำนวนไม่จำกัดแต่ไม่มาก, บางส่วน, บ้าง (-S. (adj.) many, various (adj., pron.) some)

severance pay ค่าชดเชยในการให้ออกจากงาน

★**severe** (ซะเวียร์') *adj.* **-verer, -verest** เข้มงวด, โหด, เคร่งครัด, ขึงขัง, อดออม, ไม่ฟุ่มเฟือย, ดื้อดึง, ง่ายๆ, ซื่อๆ, ธรรมดา, จืด, รุนแรง, เอาจริงเอาจัง, มหันต์, ร้ายกาจ, สาหัส **-severely** *adv.* (-S. simple, strict -A. mild)

Seville orange ส้มเกลี้ยง

★**sew** (โซ) *vt., vi.* **sewed, sewn** (โซน)**/sewed, sewing** เย็บด้วยมือหรือด้วยจักรเย็บผ้า

sewage (ซู' อิจ) *n.* สิ่งปฏิกูลที่ทิ้งทางท่อระบาย

sewer (ซู' เออร์) *n.* ท่อระบายน้ำและของเสีย
sewing (โซ' อิง) *n.* การเย็บผ้า, อาชีพเย็บผ้า
sewing machine จักรเย็บผ้า
sewn (โซน) *v.* กริยาช่อง 3 ของ sew
★**sex** (เซคซ์) *n.* เพศ, การมีเพศสัมพันธ์, สัญชาตญาณทางเพศ (**-S** gender)
sex- คำอุปสรรค หมายถึง หก
sexism (เซค' ซิซเซิม) *n.* การกีดกันทางเพศ
sexology (เซคซอล' ละจี) *n.* เพศศาสตร์
sex symbol ผู้ที่ได้ชื่อว่าเป็นผู้มีเสน่ห์หรือเป็นสัญลักษณ์ทางเพศ
sextant (เซค' ซเตินท์) *n.* เครื่องมือในการเดินเรือใช้วัดมุมระหว่างวัตถุสองสิ่งเช่น ขอบฟ้ากับดาว
sextet (เซคซเทท') *n.* กลุ่มนักร้องหรือนักดนตรีหกคน, เพลงสำหรับบรรเลงหกคน, กลุ่มที่มีหกคนหรือหกอัน
sextuplet (เซคซตัพ' ลิท) *n.* หนึ่งในแฝดหก, กลุ่มที่มีหกคนหรือหกอย่างที่คล้ายกัน
★**sexual** (เซค' ชวล) *adj.* ทางเพศ, เกี่ยวกับเพศ, เกี่ยวกับการมีเพศสัมพันธ์
sexual harassment การคุกคามทางเพศ
sexual intercourse การมีเพศสัมพันธ์, การร่วมเพศ
sexuality (เซคชูแอล' ลิที) *n.* การแบ่งแยกให้เห็นความแตกต่างด้วยเพศ, สมรรถภาพทางเพศ
sexy (เซค' ซี) *adj.* **-ier, -iest** เร้าอารมณ์ทางเพศ, (คำสแลง) เสน่ห์แรง **-sexily** *adv.*
sh (ช) *interj.* จุ๊ๆ เป็นคำที่ใช้พูดบอกให้เงียบ
shabby (แชบ' บี) *adj.* **-bier, -biest** ปอน, ชำรุด, เลวทราม, ไม่ยุติธรรม (**-S.** worn-out)
shack (แชค) *n.* กระท่อม (**-S.** hut **-A.** palace)
shackle (แชค' เคิล) *n.* ตรวน, กุญแจมือ, เชือกคล้องขาสัตว์, สลักรูปตัวยู *-vt.* **-led, -ling** ใส่ตรวน, ล่ามโซ่, มัด, ตรึง, จำกัด, ขัดขวาง, กักขัง **-shackler** *n.* (**-S.** (n., v.) handcuff)
shaddock (แชด' เดิค) *n.* ส้มโอ
★**shade** (เชด) *n.* ที่ร่ม, เงาร่มไม้, ลำดับขั้นของสี, ความผิดแผกแตกต่างกันเล็กน้อย (ในความหมายของคำ), จำนวนไม่มาก, ภูตผีปีศาจ, เงา, ร่มกันแดด, เงาดำในภาพ *-vt., vi.* **shaded, shading** บังร่ม, บังเงา, ทำให้เกิดเงา, แรเงา, ค่อยๆ เปลี่ยน, ค่อยๆ ลดลง (**-S.** (n.) variation)
★**shadow** (แชด' โด) *n.* เงา, เงามืด, ที่ที่มีเงาทาบทับ, สิ่งเลียนแบบหรือสำเนาที่ไม่สมบูรณ์, ความรู้สึกเศร้า, สาเหตุแห่งความเศร้า, เงาดำในภาพ, ภูตผีปีศาจ, นักสืบ, เพื่อนแท้, ร่องรอย, ลางสังหรณ์, ส่วนน้อยหรือส่วนย่อย, ที่กำบัง, ที่พักพิง *-vt., vi.* **-owed, -owing** ทำให้มีเงา, ทำให้มืดมัว, ทำให้ขุ่นมัว, ทำให้เคลือบแคลงใจ, เป็นลางร้าย, แรเงา, สะกดรอยตาม *-adj.* เป็นเพียงเงา, ไม่มีตัวตน
shady (เช' ดี) *adj.* **-ier, -iest** ซึ่งให้ที่กำบัง, เป็นที่ร่ม, (ภาษาพูด) คดโกงหรือผิดกฎหมาย, มืดมน, น่าสงสัย (**-S.** dubious)
shaft (แชฟท์) *n.* อุโมงค์ ปล่อง ท่อหรือร่องของเหมืองแร่, ช่องหรือโพรงภายในที่เลื่อนขึ้นลงของลิฟต์, เพลาหรือแกนหมุนเครื่องจักร, ลำแสง, ด้ามหรือที่จับ (ค้อนหรือขวาน), คานรถ, หอกหรือธนู, สิ่งใดๆ ที่เหมือนหอกหรือคันธนู, (ภาษาพูด) คำพูดทิ่มแทงใจดำ, (คำสแลง) การกระทำอันโหดร้ายทารุณ, ก้านขนนก, ส่วนของผมหรือขนที่แทงทะลุออกมาจากผิวหนัง, เสาหินหรืออนุสาวรีย์, เสาคู่ขนานที่ใช้เทียมสัตว์ลากรถ, ช่องระบายอากาศ (**-S.** tunnel)
shaggy (แชก' กี) *adj.* **-gier, -giest** มีขนยาวรุงรังปุกปุย, (ผ้า) ขนหนาหยาบ, ยุ่งเหยิง, สกปรก, รกรุงรัง, สับสน **-shaggily** *adv.*
shah (ชา) *n.* คำที่ใช้เรียกกษัตริย์อิหร่านสมัยก่อน
★**shake** (เชค) *vt., vi.* **shook, shaken, shaking** ทำให้สั่น, เขย่า, สลัด (มือ), สะบัด, สับสนงุนงง, ทำให้คลอนแคลน, ทำให้ตื่นเต้นตกใจ, แกว่ง, (คำสแลง) กำจัด, รบกวน, จับ (มือ) ทักทาย ร่ำลาหรือแสดงการตกลง, รัว *-n.* การเขย่า, การสั่น, การแกว่ง, (ภาษาพูด) ชั่วพริบตาเดียว แผ่นดินไหว, รอยแยกในหิน, รอยแตกในเนื้อไม้อันเกิดจากลมหรือความหนาวเย็น, การรัวเสียง, เครื่องดื่มที่ต้องเขย่าส่วนผสม, แผ่นไม้หยาบใช้คลุมหลังคา, (คำสแลง) การต่อรอง (**-S.** (v., n.) quiver)
shakedown (เชค' เดาน์) *n.* (คำสแลง) การรีดไถเงิน การสืบเสาะ
shakeup (เชค' อัพ) *n.* การปรับเปลี่ยนตัวบุคคลครั้งใหญ่ในองค์กรต่างๆ
shaky (เช' คี) *adj.* **-ier, -iest** สั่น, โอนเอน, โคลงเคลง, ล่อแหลม, มีพิรุธน่าสงสัย
shale (เชล) *n.* หินชั้นหรือหินตะกอนที่เกิดจากอนุภาควัตถุขนาดเล็กกว่าเม็ดทราย, หินดินดาน
★**shall** (แชล) *v. aux.* **should** ใช้วางไว้หน้ากริยาแท้เพื่อแสดงถึงสิ่งที่จะเกิดขึ้นในอนาคต เช่น I shall tell him. หรือใช้แสดงเจตนา เช่น The work shall be done soon. หรือใช้แสดงความประสงค์ เช่น I shall see you if I want to. หรือใช้แสดงถึงสิ่งที่หลีกเลี่ยงไม่ได้ เช่น Next year shall come., สามารถที่จะ, ต้อง (ทำ),

ปัจจุบันใช้ will หรือ 'll มากกว่า **-shall I** ใช้ถามแบบสุภาพในการเสนอตัวทำสิ่งใดให้ใคร **-shall we** ใช้พูดชักชวน

shallot (ชะลอท', แชล' เลิท) *n.* หอมแดง

★**shallow** (แชล' โล) *adj.* **-er, -est** ตื้น, (ลมหายใจ) แผ่วเบาหรือรวยริน *-vt., vi.* **-lowed, -lowing** ทำให้ตื้น, ตื้นเขิน **-shallows** ที่ตื้นชายฝั่ง **-shallowly** *adv.*

shalt (แชลท์) *v. aux.* ใช้เหมือน shall แต่ใช้กับ thou ซึ่งเป็นคำโบราณ

sham (แชม) *n.* การเสแสร้ง, การหลอกลวง, คนหลอกลวง, ผ้าคลุมที่ใช้คลุมตกแต่ง *-adj.* ไม่แท้, ปลอม *-vt., vi.* **shammed, shamming** เสแสร้ง, ปลอมแปลง, ปิดบัง (**-S.** (n.) pretense (adj.) false (v.) imitate **-A.** (adj.) genuine)

shamble (แชม' เบิล) *vi.* **-bled, -bling** เดินลากเท้า, เดินอย่างคนขี้เกียจ

shambles (แชม' เบิลซฺ) *n. pl.* สภาพยุ่งเหยิง, ความวุ่นวายโกลาหล, สถานที่อันนองเลือด, โรงฆ่าสัตว์, ตลาดขายเนื้อหรือร้านขายหมู

★**shame** (เชม) *n.* ความละอายใจ, ความอดสู, ความอับอาย, สิ่งที่ทำให้ขายหน้า, ความเสื่อมเสียเกียรติ, ความผิดหวังอย่างใหญ่หลวง *-vt.* **shamed, shaming** ทำให้รู้สึกละอายใจ, ทำให้เสื่อมเสียเกียรติ, ทำให้ได้รับความอับอายขายหน้า (**-S.** (v., n.) disgrace **-A.** (n., v.) honor)

shamefaced (เชม' เฟซท์) *adj.* ละอายใจ, กระดาก, ขี้อาย, ขวยเขิน (**-S.** embarrassed)

shameful (เชม' เฟิล) *adj.* น่าละอาย, ไม่เหมาะสม, หยาบโลน, เลวทราม **-shamefully** *adv.* **-shamefulness** *n.* (**-S.** disgraceful)

shameless (เชม' ลิซ) *adj.* หน้าด้าน

★**shampoo** (แชมพู') *n., pl.* **-poos** น้ำยาสระผม, น้ำยาซักพรม, น้ำยาเช็ดเครื่องหนัง, น้ำยาล้างรถ, การล้างสิ่งต่างๆ ด้วยน้ำยาดังกล่าว *-vt., vi.* **-pooed, -pooing** ล้างหรือสระด้วยน้ำยาดังกล่าว **-shampooer** *n.*

shamrock (แชม' รอค) *n.* ดอกไม้ที่ใช้เป็นเครื่องหมายของประเทศไอร์แลนด์

shandy (แชน' ดี) *n., pl.* **-dies** เครื่องดื่มที่ทำจากเบียร์หรือเหล้าเอล (ale เป็นเครื่องดื่มที่มีรสแรงกว่าเบียร์) ผสมกับน้ำขิงหรือน้ำส้ม บางทีเรียกว่า shandygaff, เครื่องดื่มที่ทำจากเบียร์ผสมกับน้ำส้ม

shank (แชงค์) *n.* หน้าแข้ง, ส่วนที่ยาวเรียวของเข็ม ตะปู สมอเรือหรือลูกกุญแจ, ก้าน, ด้ามเบ็ดตกปลา, ส่วนที่นูนเป็นวงหลังกระดุมใช้เย็บติดกับเสื้อผ้า, ส่วนกลางซึ่งแคบของพื้นรองเท้า, ส่วนของอุปกรณ์ เช่น มีดหรือไขควงที่ใช้ยึดติดเข้ากับด้ามจับ (**-S.** shin, stem)

shan't (แชนท์, ชานท์) ย่อจาก shall not

shantey (แชน' ที) *n.* ดู shanty[2]

shanty[1] (แชน' ที) *n., pl.* **-ties** กระท่อม

shanty[2], shantey (แชน' ที) *n., pl.* **-ties** เพลงของกะลาสีใช้ร้องให้จังหวะในการทำงาน

★**shape** (เชพ) *n.* รูปร่าง, รูปทรง, รูปพรรณสัณฐาน, ทรวดทรง, โครงร่าง, รูปแบบ, เปลือกนอก, หน้ากาก, ภูตผีปีศาจ, แม่พิมพ์, แม่แบบ, สภาพที่สมบูรณ์ *-vt., vi.* **shaped, shaping** ก่อรูป, ขึ้นรูป, สร้าง, รังสรรค์, ดัดแปลง, วางแผน, เสกสรรค์ปั้นแต่ง, ปรับปรุง

★**shapeless** (เชพ' ลิซ) *adj.* ไร้รูปทรง, ไม่มีทรวดทรงองค์เอว **-shapelessly** *adv.*

shapely (เชพ' ลี) *adj.* **-lier, -liest** เป็นรูปเป็นทรง, มีทรวดทรงองค์เอว **-shapeliness** *n.*

★**share[1]** (แชร์) *n.* ส่วนแบ่ง, ส่วน, ส่วนร่วม, หุ้น *-vt., vi.* **shared, sharing** แบ่งสันปันส่วน, เข้าหุ้น (**-S.** (n.) quota (v.) participate)

share[2] (แชร์) *n.* ใบมีดของรถไถ

shareholder (แชร์' โฮลเดอร์) *n.* ผู้ถือหุ้น

shark (ชาร์ค) *n.* ปลาฉลาม, คนใจร้าย, คนโกง, คนละโมบโลภมาก, คนเลวทราม, คนหน้าเลือด *-vt., vi.* **sharked, sharking** ได้มาด้วยการโกง

shark

★**sharp** (ชาร์พ) *adj.* **sharper, sharpest** คม, แหลม, (ลม) ซึ่งบาดเนื้อ, (ตา) แหลมคมหรือเฉียบคม, (รส) จัด, เปรี้ยวจี๊ด, เจ็บแสบ, เชือดเฉือน, (โค้ง) หักศอก, รวดเร็วและรุนแรง, กระจ่างชัด, เผ็ดร้อน, (เสียง) ค่อนข้างสูง, (เสียง) สูงกว่าโน้ตขั้นพื้นฐาน, ฉลาด, มีไหวพริบ, มีเล่ห์เหลี่ยม, ขี้โกง, ระมัดระวัง, รอบคอบ, ฉุน, (อารมณ์) รุนแรง, หลักแหลม, (พยัญชนะ) ที่ออกเสียงโดยไม่มีการสั่นสะเทือนในลำคอ เช่น ตัว t และ p, (ภาษาพูด) มีเสน่ห์หรือสง่างาม *-adv.* (3 โมง) ตรง, อย่างเฉียบขาด, (เสียง) สูงกว่าหรือสูงเกินไป *-n.* เสียงหรือโน้ตที่สูงกว่าปกติครึ่งเสียง, เครื่องหมาย # ที่บอกให้รู้ว่าเป็นเสียงดังกล่าว, เข็มเย็บผ้าอันแหลมคม, (ภาษาพูด) คนเจ้าเล่ห์เพทุบาย ผู้เชี่ยวชาญ *-vt., vi.* **sharped, sharping** ร้องเสียงสูงขึ้นครึ่งเสียง **-sharply** *adv.* **-sharpness** *n.* (**-S.** (adj.) keen, pointed, spicy **-A.** (adj.) blunt, dull)

A B C D E F G H I J K L M N O P Q R S T U V W X Y Z

★**sharpen** (ชาร์' เพิน) *vt., vi.* **-ened, -ening** ทำให้แหลมคม, ลับ (มีด) ให้คม (**-S.** grind)

sharpener (ชาร์' เพินเนอร์, ชาร์พ' เนอร์) *n.* ที่เหลาดินสอ, ที่ลับมีด

sharp-eyed (ชาร์พ' ไอด์') *adj.* มีสายตาแหลมคม, ช่างสังเกต, ละเอียดรอบคอบ

sharp-tongued (ชาร์พ' ทังด์') *adj.* ปากจัด

sharp-witted (ชาร์พ' วิททิด) *adj.* ฉลาด

shatter (แชท' เทอร์) *vt., vi.* **-tered, -tering** ทำให้แตกละเอียด, ทำลายล้าง, ทำให้ (ความหวัง) พังพินาศ, ทำให้แตกสลาย *-n.* การกระทำดังกล่าว, ความพังพินาศ, ความแตกร้าว

shatterproof (แชท' เทอร์พรูฟ) *adj.* กันการแตกละเอียดเป็นชิ้นเล็กชิ้นน้อย

★**shave** (เชฟว์) *vt., vi.* **shaved, shaved/shaven, shaving** โกน, โกนหนวด, เฉือน, ฝาน, ถาก, ครูด, ตัด (ราคา) *-n.* การโกน, ขี้กบไสไม้

shaver (เช' เวอร์) *n.* เครื่องโกนหนวดไฟฟ้า

shaving (เช' วิง) *n.* เศษไม้บางๆ ที่ม้วนงอ, ขี้กบไสไม้, การโกน, การไสไม้

shawl (ชอล์) *n.* ผ้าคลุมศีรษะหรือไหล่ของสตรี

★**she** (ชี) *pron.* หล่อนหรือเธอใช้เรียกผู้หญิงหรือสัตว์ตัวเมียที่ได้เอ่ยถึงมาแล้ว, ใช้แทน it เมื่อหมายถึงสิ่งไม่มีชีวิตที่ถือว่าเป็นเพศหญิง เช่น เรือ *-n.* สัตว์เพศเมีย, คนเพศหญิง

sheaf (ชีฟ) *n., pl.* **sheaves** (ชีฟว์ซ์) ข้าวหรือกระดาษมัดเป็นฟ่อนๆ, สิ่งใดๆ ที่มัดรวมกันไว้, กระบอกใส่ลูกธนู *-vt.* **sheafed, sheafing** รวบรวมและมัดเป็นฟ่อนหรือเป็นห่อ

shear (เชียร์) *vt., vi.* **sheared, sheared/shorn** (ชอร์น, โชร์น), **shearing** ตัดขนแกะ, เล็ม (ผม), ตัด (สิทธิ์), ถอดยศ, เปลื้องหรือปลด *-n.* การตัด, การตัดขน (แกะ), สิ่งที่ถูกตัดออก, แรงเค้นที่กระทำต่อวัตถุ **-shears** กรรไกรขนาดใหญ่ที่ใช้ตัดหญ้า ตัดขนสัตว์ ฯลฯ

sheath (ชีธ) *n., pl.* **sheaths** (ชีธซ์, ชีธซ) ฝักใส่ดาบ, ฝักถั่ว, เนื้อเยื่อที่ห่อหุ้มกล้ามเนื้อหรือเส้นประสาท, ชุดรัดรูป

sheathe (ชีธ) *vt.* **sheathed, sheathing** ใส่ฝัก, หด (เล็บ), ห่อหุ้ม **-sheather** *n.*

sheaves (ชีฟว์ซ์) *n.* พหูพจน์ของ sheaf

shed[1] (เชด) *vt., vi.* **shed, shedding** สลัด (ใบ), ลอก (คราบ), ปลด, เอาออก, หลั่ง (เลือดหรือน้ำตา), ส่อง (แสง), สละทิ้ง

shed[2] (เชด) *n.* เพิง, คอกสัตว์, โรงเก็บของ

she'd (ชีด์) ย่อจาก she had, she would

sheen (ชีน) *n.* ความเป็นมันเงางาม, เสื้อผ้างดงามหรูหรา **-sheeny** *adj.* (**-S.** shine)

★**sheep** (ชีพ) *n., pl.* **sheep** แกะ, หนังแกะ, คนที่หลอกได้ง่าย, คนขี้แพ้, คนขี้อายหรือขี้ขลาด

sheepdog, sheep dog (ชีพ' ดอก) *n.* สุนัขที่ฝึกไว้เฝ้าและต้อนฝูงแกะ

sheepish (ชี' พิช) *adj.* กระดาก, เจื่อน, ละอายใจ, โง่เง่า, เชื่อคนง่าย **-sheepishly** *adv.*

sheer[1] (เชียร์) *vi., vt.* **sheered, sheering** เบี่ยงเบน, หันเห *-n.* ทางเบี่ยง, แนวโค้งของเรือ

sheer[2] (เชียร์) *adj.* **sheerer, sheerest** ใสสะอาด, ปราศจากมลทิน, บริสุทธิ์, ล้วนๆ, ชันมาก, บาง, โปร่ง, ใส *-adv.* เกือบตั้งตรง, ด้วยประการทั้งปวง, โดยสมบูรณ์ **-sheerly** *adv.* (**-S.** (adj.) clear, pure, steep, thin (adv.) totally)

★**sheet** (ชีท) *n.* ผ้าปูที่นอน, แผ่นกระดาษ, แผ่นเหล็ก, แผ่นกระจก, แผ่นไม้, กระทะก้นแบนรูปสี่เหลี่ยม, ผืน (เปลวไฟ) ที่ลามออกไป, พื้นที่เรียบกว้างใหญ่ติดต่อกันไป เช่น พื้นน้ำแข็งบนแม่น้ำ,หนังสือพิมพ์ขนาดเล็กเสนอข่าวน่าตื่นเต้นแบบย่อ มีภาพประกอบเสมอ, แผ่นแสตมป์ที่ยังไม่ได้ตัดออกเป็นแต่ละดวง, เชือกโยงใบเรือ

sheik, sheikh (ชีค, เชค) *n.* พระ, ชายผู้นำครอบครัวชาวอาหรับ, คำที่ใช้เรียกผู้มีตำแหน่งดังกล่าว **-sheik** (คำสแลง) ชายเจ้าเสน่ห์

★**shelf** (เชลฟ์) *n., pl.* **shelves** (เชลฟ์วซ์) ชั้น, หิ้ง, ไหล่เขาหรือระเบียงที่ยื่นออกมาเหมือนชั้น, หินโสโครกหรือสันทรายที่โผล่ขึ้นมาเหนือผิวน้ำ

★**shell** (เชล) *n.* เปลือก (ไข่หรือหอย), กระดอง, กระสุนปืนใหญ่, โครงตึก, ใบหู, ตัวเรือ, ลำเรือ, แก้วเบียร์แก้วเล็กๆ, ปลอกกระสุน, กิริยาท่าทางที่ใช้ปกปิดความรู้สึกที่แท้จริง, เสื้อไม่มีแขนและไม่มีคอปก *-v.* **shelled, shelling** *-vt.* เอาเปลือกออก, ออกจากเปลือก, แกะเมล็ด (ข้าวโพด) ออกจากฝัก, ยิงปืนใหญ่, เอาชนะอย่างเด็ดขาด *-vi.* ลอก (คราบ), หลุดออกจากเปลือก, มองหาและเก็บเปลือกหอยตามชายหาด

she'll (ชีล) ย่อจาก she will, she shall

shellac, shellack (ชะแลค') *n.* ครั่ง, น้ำยาชักเงา *-vt.* **-lacked, -lacking** เคลือบด้วยน้ำยาชักเงา, (คำสแลง) ทุบตี ชนะอย่างเด็ดขาด

shellfish (เชล' ฟิช) *n., pl.* **-fish/-fishes** สัตว์น้ำจำพวกที่มีเปลือก เช่น กุ้ง ปู กั้ง

shellproof (เชล' พรูฟ) *adj.* ที่สร้างขึ้นเพื่อให้ทนทานต่อกระสุนปืนใหญ่

★**shelter** (เชล' เทอร์) *n.* ที่กำบัง, ที่ลี้ภัย, ที่พักอาศัย, ร่มไม้ชายคา, การได้รับความคุ้มครอง *-v.* **-tered, -tering** *-vt.* ปกป้อง, ให้ความดูแล,

A B C D E F G H I J K L M N O P Q R S T U V W X Y Z

ให้ที่หลบภัย -*vi.* หลบภัย, หลบ (ฝน)
shelve (เชลฟ์วฺ) *vt.* **shelved, shelving** จัดวางบนชั้นหรือขึ้นหิ้ง, จัดเรียงเป็นระเบียบ, ปลดระวาง, ติดตั้งชั้น
shelves (เชลฟ์วฺซฺ) *n.* พหูพจน์ของ shelf
shepherd (เชพ' เพิร์ด) *n.* คนเลี้ยงแกะ, พี่เลี้ยง -*vt.* **-herded, -herding** เลี้ยงแกะ, เป็นพี่เลี้ยง **-shepherdess** *n. fem.*
sherbet[1] (เชอร์' บิท) *n.* เครื่องดื่มที่ทำจากน้ำผลไม้ที่เจือจางทำให้หวาน
sherbet[2], **sherbert** (เชอร์' บิท, -เบิร์ท) *n.* ขนมหวานแช่เย็นทำจากน้ำผลไม้ น้ำตาลและน้ำผสมกับนม ไข่ขาวหรือเจลาติน, เบียร์
sheriff (เช' ริฟ) *n.* นายอำเภอ
sherry (เช' รี) *n., pl.* **-ries** ไวน์หรือเหล้าองุ่นรสแรงของสเปน มักใช้ดื่มก่อนอาหารในอังกฤษ
she's (ชีซฺ) ย่อจาก she is, she has
shiatsu (ชีอาท' ซู) *n.* การนวดด้วยฝ่ามือและนิ้วโป้งตามบริเวณที่จะฝังเข็มบำบัดอาการเจ็บปวด, หัตถบำบัด
shield (ชีลด์) *n.* โล่, ที่กำบัง, ตราประจำตระกูลเมือง ทีมหรือกลุ่มต่างๆ มีรูปร่างเหมือนโล่, โล่รางวัล, เกราะป้องกัน, ผู้ที่เป็นเหมือนโล่กำบัง, โครงแผ่นหรือตาข่ายโลหะที่ออกแบบเพื่อป้องกันอุปกรณ์ไฟฟ้าจากการรบกวนของคลื่นไฟฟ้าหรือแม่เหล็ก, กระดองหรือเกล็ดบนตัวสัตว์, ตราโล่ของตำรวจ -*vt., vi.* **shielded, shielding** ปกป้องคุ้มครอง, ปกปิด (-S. (n., v.) guard)
shift (ชิฟท์) *v.* **shifted, shifting** -*vt.* เคลื่อน, เลื่อน, ยักย้าย, ผลัก, แลกเปลี่ยน, สลับสับเปลี่ยน, เปลี่ยน (เกียร์) -*vi.* ปรับเปลี่ยน, ยักย้ายถ่ายเทแบบขี้โกง, เปลี่ยนเกียร์, เลือกตัวอักษรตัวพิมพ์ใหญ่โดยการกดแป้นยกแคร่ -*n.* การหวนเปลี่ยนทิศทาง (ของลม), ผลัดหรือกะของการทำงาน, กลุ่มคนทำงานในกะเดียวกัน, การสลับสับเปลี่ยนกัน, กลุ่มคนที่ผลัดกันทำงาน, กลวิธี, การเปลี่ยนแปลง (-S. (n., v.) transfer, trick)
shift key แป้นเปลี่ยน (ชุดอักษร) ของเครื่องพิมพ์ดีด, ปุ่มชิฟต์บนคีย์บอร์ดคอมพิวเตอร์
shiftless (ชิฟท์ ลิซ) *adj.* ขี้เกียจ, ไร้จุดหมาย, ไร้ความรับผิดชอบ, ไร้สมรรถภาพ, ขาดความกระตือรือร้น, ไม่มีคุณวุฒิ (-S. unskilful, useless)
shifty (ชิฟ' ที) *adj.* **-ier, -iest** ไม่น่าไว้ใจ, ขี้โกหก, โลเล (-S. creative, deceitful, unstable)
shilling (ชิล' ลิง) *n.* หน่วยเงินของอังกฤษสมัยก่อนปี ค.ศ. 1971 โดย 1 ปอนด์มี 20 ชิลลิงและ 1 ชิลลิงมี 12 เพนนี, หน่วยเงินของเคนยา โซมาเลีย แทนซาเนียและอูกานดา มีค่าเท่ากับ 100 เซนต์, เครื่องหมายขีดทแยง (/)
shimmer (ชิม' เมอร์) *vi.* **-mered, -mering** ส่องแสงระยิบระยับ, ปรากฏเป็นเงาวูบๆ วาบๆ -*n.* แสงวูบวาบ (-S. (v., n.) gleam)
shin (ชิน) *n.* หน้าแข้ง, กระดูกหน้าแข้ง, ชิ้นเนื้อวัวส่วนหน้าแข้ง (-S. shank)
★**shine** (ไชนฺ) *v.* **shone/shined, shining** -*vi.* ส่องแสง, สะท้อนแสง, ส่องประกาย, ฉายแสง -*vt.* ขัดให้ขึ้นเงา, -*n.* ความเงางาม, ความสดใสเปล่งปลั่ง, ความรุ่งโรจน์โชติช่วง, น้ำยาขัดรองเท้า, การขัดรองเท้าให้เงางาม, ความฉลาดปราดเปรื่อง, อากาศสดใส, (คำสแลง) คำที่ใช้เรียกคนผิวดำอย่างดูถูก (-S. (v., n.) sparkle)
shingle (ชิง' เกิล) *n.* ก้อนกรวดตามชายหาด
shingles (ชิง' เกิลซฺ) *n. pl.* โรคงูสวัด
Shinto (ชิน' โท) *n.* ศาสนาชินโต เป็นศาสนาเก่าแก่ของญี่ปุ่น
★**shiny** (ไช' นี) *adj.* **-ier, -iest** เป็นเงา, สุกใส
★**ship** (ชิพ) *n.* เรือเดินสมุทร, อากาศยานต่างๆ, ลูกเรือ, โชคชะตา -*vt., vi.* **shipped, shipping** รับขึ้นเรือ, ส่งทางเรือ, ทำงานบนเรือ
-ship คำปัจจัย หมายถึง คุณสมบัติ, สภาพ, ความ, สถานะ, ตำแหน่ง, เวลาในการดำรงตำแหน่ง, ความชำนิชำนาญ, กลุ่มคน
shipbuilding (ชิพ' บิลดิง) *n.* ศิลปะหรือธุรกิจการออกแบบและต่อเรือ **-shipbuilder** *n.*
shipload (ชิพ' โลด) *n.* จำนวนเต็มลำเรือ
shipmate (ชิพ' เมท) *n.* กะลาสีร่วมเรือ
shipment (ชิพ' เมินท์) *n.* การขนส่งสินค้า, ปริมาณสินค้าที่บรรทุกเรือส่งไปด้วยกัน
shipping (ชิพ' พิง) *n.* การขนส่งสินค้า, ธุรกิจการขนส่งสินค้า, การเดินทางหรือขนส่งทางเรือ
shipshape (ชิพ' เชพ') *adj.* เป็นระเบียบ
shipwreck (ชิพ' เรค) *n.* การอับปางลงของเรือ, ซากเรือแตก, ความพินาศย่อยยับ
shipwright (ชิพ' ไรท์) *n.* ผู้สร้างหรือซ่อมเรือ
shipyard (ชิพ' ยาร์ด) *n.* อู่ต่อหรือซ่อมเรือ
shire (ไชร์) *n.* เขตการปกครองของอังกฤษ เทียบเท่ากับมณฑลหรือจังหวัด
shirk (เชิร์ค) *vt., vi.* **shirked, shirking** ละเลย, หลบเลี่ยงหน้าที่ **-shirker** *n.* (-S. omit)
★**shirt** (เชิร์ท) *n.* เสื้อเชิ้ต
shirtsleeve (เชิร์ท' สลีฟวฺ) *n.* แขนเสื้อ
shit (ชิท) *vt., vi.* **shit/shat, shitting** ถ่ายอุจจาระ, เย้าแหย่, หลอกลวง -*n.* อุจจาระ, การถ่าย

อุจจาระ, เรื่องไร้สาระ, เรื่องยุ่งยาก, สิ่งที่น่าชัง *-interj.* คำอุทานแสดงความโกรธ ไม่พอใจ ประหลาดใจ

Shiva, Siva (ชี' วะ, ชี' วะ; ชี'-) *n.* พระศิวะ

shiver¹ (ชิฟ' เวอร์) *vi.* **-ered, -ering** (ตัว) สั่นด้วยความหนาว, สั่นสะเทือน (ด้วยแรงลม) *-n.* การสั่นดังกล่าว (**-S.** (v., n.) shake)

shiver² (ชิฟ' เวอร์) *vi., vt.* **-ered, -ering** ทำให้แตกละเอียด *-n.* ชิ้นเล็กชิ้นน้อย

shoal¹ (โชล) *n.* ที่ตื้นในน้ำ

shoal² (โชล) *n.* ฝูง, ฝูงปลาหรือฝูงสัตว์น้ำ

★**shock¹** (ชอค) *n.* ความรู้สึกตกใจ, ความสั่นสะเทือน, การถูกไฟฟ้าดูด, การขึ้นราคาสินค้าอย่างปัจจุบันทันด่วน, อุปกรณ์กันกระเทือนในระบบกันกระเทือนของรถ *-v.* **shocked, shocking** *-vt.* ทำให้ตื่นตกใจ, ทำให้ตกตะลึง, ทำให้ขุ่นเคือง, ก่อให้เกิดการกระตุกทางร่างกาย, ใช้ไฟฟ้าช็อต *-vi.* ปะทะกัน (**-S.** (n.,v.) surprise)

shock² (ชอค) *n.* ก้อนผมติดกันรุงรัง, ฟ่อนข้าวที่ตากกองไว้ในทุ่งนา, กลุ่มก้อน

shocker (ชอค' เคอร์) *n.* สิ่งที่ทำให้เกิดอาการขนลุก ตื่นเต้นตกใจ เช่น ข่าวร้าย

★**shocking** (ชอค' คิง) *adj.* น่างุนงง, เลวทราม, น่าขนลุกขนพอง, (ภาษาพูด) แย่มาก, น่ารังเกียจ, (สี) เข้มสดใสมาก (**-S.** horrible)

shoddy (ชอด' ดี) *adj.* **-dier, -diest** ที่ทำจากวัสดุไม่ดี, คุณภาพแย่, ชำรุด, คดโกง, ซึ่งเลียนแบบอย่างเห็นได้ชัด *-n., pl.* **-dies** ด้ายหรือไหมที่ทำจากเศษผ้าผสมกับผ้าใหม่, ของปลอมเลียนแบบชนิดด้อยคุณภาพ, ผ้าที่ทำจากหรือประกอบด้วยด้ายหรือไหมดังกล่าว

★**shoe** (ชู) *n.* รองเท้า, เกือกม้า, สิ่งที่ใช้เป็นฐาน เช่น ปลอกสวมปลายไม้เท้า, อุปกรณ์ที่ใช้ในการชะลอหรือหยุดการเคลื่อนไหว *-vt.* **shoed/shod, shoed/shod/shodden, shoeing** สวมรองเท้า, ใส่เกือกให้ม้า, ติดปลอกกันสึก

shoehorn (ชู' ฮอร์น) *n.* ช้อนรองเท้าใช้ช่วยในการใส่รองเท้า โดยช้อนเข้าไปหลังส้นเท้า

shoelace (ชู' เลซ) *n.* เชือกผูกรองเท้า

shoemaker (ชู' เมเคอร์) *n.* ช่างทำและซ่อมรองเท้า **-shoemaking** *n.*

shoestring (ชู' สตริง) *n.* เชือกผูกรองเท้า, เงินทุนอันน้อยนิด

shogun (โช' เกิน) *n.* โชกุน, ตำแหน่งนายพลของญี่ปุ่น มีอำนาจการปกครองเบ็ดเสร็จในนามของจักรพรรดิจนถึงปี ค.ศ. 1867

shone (โชน) *v.* กริยาช่อง 2 และ 3 ของ shine

shoo (ชู) *interj.* คำที่ใช้พูดไล่นกหรือสัตว์อื่นๆ รวมทั้งเด็กๆ ให้ไปเล่นที่อื่น *-vt.* **shooed, shooing** ไล่ตะเพิดไปด้วยการพูดแบบดังกล่าว

shook (ชุค) *v.* กริยาช่อง 2 ของ shake

★**shoot** (ชูท) *v.* **shot, shooting** *-vt.* ยิง, เล็งและยิง, ยิงประตู (ฟุตบอล), ถ่าย (ทำภาพยนตร์), พุ่ง, ขว้างหรือปล่อย (สายเบ็ดตกปลา), ฉีด (ยา), ระเบิดทิ้ง, แผ่ (พลังงาน), เปล่ง (เสียง), (ภาษาพูด) ทำให้สิ้นเปลือง, ยื่น (มือ), เทลงทางลาด, ถอดหรือใส่ (กลอน), ไส (ขอบไม้) ให้ตรง, ทำให้ผ้าเป็นลายสลับสีโดยการถักหรือทอด้วยด้ายหลากสี, วัดระยะสูง (ของดาว) *-vi.* ยิง, (น้ำ) พุ่งหรือหลาก, โผล่, ผุด, เผ่นหรือโผ, เข้าร่วมการล่าสัตว์, งอก, เพาะตัวขึ้น, ถ่ายภาพ, ถ่ายทำภาพยนตร์, ยิงลูกบอลเข้าประตู, ทอดลูกเต๋า, (คำสแลง) พูดเลย (ฉันฟังอยู่), ถอดหรือใส่ (สลักกลอน) *-n.* ราก, โอกาสหรือคราวในการยิงนกหรือสัตว์อื่น, การพุ่ง, การยิงออกมา, หน่อไม้, ต้นอ่อน, สายน้ำที่ไหลเชี่ยว, (ภาษาพูด) การปล่อยจรวด, การล่าสัตว์, รอบการแข่งขันยิงปืนสั้น, ระยะยิง, ระยะห่างระหว่างฝีพาย, การสะดุ้งเจ็บแปลบ, ทางลาด, ทางแร่ *-interj.* คำอุทานใช้แสดงความประหลาดใจ ความรำคาญหรือความผิดหวัง (**-S.** (v., n.) fire)

shooting star ดาวตก, สะเก็ดดาว

★**shop** (ชอพ) *n.* ร้านค้าปลีกขนาดเล็ก, แผนกเล็กๆ ในห้างใหญ่, ห้องสตูดิโอ, โรงงาน, ห้องเรียนวิชาอุตสาหกรรม, วิชาช่างอุตสาหกรรม *-vi., vt.* **shopped, shopping** ไปซื้อของในร้าน

shopkeeper (ชอพ' คีเพอร์) *n.* เจ้าของร้าน

shoplift (ชอพ' ลิฟท์) *vi., vt.* **-lifted, -lifting** แอบขโมยหยิบฉวยสินค้า **-shoplifter** *n.*

shopping center/mall ศูนย์การค้าซึ่งมีร้านค้าและภัตตาคารมากมายพร้อมที่จอดรถ

★**shore¹** (ชอร์, โชร์) *n.* ชายฝั่งทะเล, ฝั่ง

shore² (ชอร์, โชร์) *vt.* **shored, shoring** ค้ำ, ยัน, ประคับประคอง *-n.* ไม้ค้ำยัน

shorn (ชอร์น, โชร์น) *v.* กริยาช่อง 3 ของ shear

★**short** (ชอร์ท) *adj.* **shorter, shortest** สั้น, เตี้ย, ขาดไป, ไม่พอเพียง, เป็นเวลาสั้นๆ, กระชับ, ทันทีทันใด, ขี้โมโห, เปราะ, ร่วน *-adv.* อย่างทันทีทันใด, ด้วยท่าทางหยาบคายหรือห้วนๆ สั้นๆ ลุ่นๆ, ไม่ถึงขนาด *-n.* เสียงสั้น, เรื่องย่อ, ขนาดของผ้าที่ยาวน้อยกว่าปกติ, การลัดวงจร (ของไฟฟ้า), ความผิดพลาดอันเกิดจากไฟฟ้าลัดวงจร **-for short** เป็นคำย่อ **-in short** อย่างย่อ, โดยสรุป **-short for** คำย่อของ **-short of**

A B C D E F G H I J K L M N O P Q R S T U V W X Y Z

ขาดแคลน, นอกเสียจากว่า **-shorts** กางเกงขาสั้นพอดีหรือเหนือเข่า, ชุดชั้นในชาย, สินค้าเกรดต่ำ (**-S.** (adj.) condensed **-A.** (adj.) long)
shortage (ชอร์' ทิจ) *n.* ความขาดแคลน
shortchange (ชอร์ท' เชนจ์) *vt.* **-changed, -changing** ทอนเงินขาดไป, (ภาษาพูด) โกง
short circuit การลัดวงจรของไฟฟ้า
shortcoming (ชอร์ท' คัมมิง) *n.* ข้อบกพร่อง
shortcut (ชอร์ท' คัท) *n.* เส้นทางลัดตัดตรง, วิธีประหยัดเวลาและพลังงาน, การลักไก่
shorten (ชอร์' เทิน) *vt., vi.* **-ened, -ening** ทำให้สั้นหรือสั้นลง, ลด (ใบเรือ), ผ่อนลง
shortfall (ชอร์ท' ฟอล) *n.* ความขาดแคลน
shorthand (ชอร์ท' แฮนด์) *n.* การจดชวเลข
short-handed (ชอร์ท' แฮน' ดิด) *adj.* ซึ่งขาดคน
shortlist, short-list (ชอร์ท' ลิซท์) *n.* บัญชีรายชื่อบรรดาสิ่งของหรือคนที่จะได้รับเลือก
short-lived (ชอร์ท' ไลฟ์วด์', -ลิฟว์ด์) *adj.* มีอายุสั้น, ไม่จีรังยั่งยืน
shortly (ชอร์ท' ลี) *adv.* ในไม่ช้า, อย่างรวบรัดตัดความ, ไม่นาน, อย่างห้วนๆ สั้นๆ ลุ่นๆ
shortsighted (ชอร์ท' ไซ' ทิด) *adj.* สายตาสั้น, ซึ่งไม่นึกถึงอนาคตหรือไม่มองการณ์ไกล
short-spoken (ชอร์ท' สโป' เคิน) *adj.* ห้วน
short story เรื่องสั้น
short-tempered (ชอร์ท' เทม' เพอร์ด) *adj.* ขี้โมโห, โกรธง่าย
short-term (ชอร์ท' เทิร์ม') *adj.* ชั่วคราว
short wave คลื่นแม่เหล็กไฟฟ้าซึ่งมีคลื่นความถี่ประมาณ 200 เมตร หรือน้อยกว่าโดยเฉพาะคลื่นวิทยุช่วงความถี่ 20-200 เมตร
short-winded (ชอร์ท' วิน' ดิด) *adj.* หายใจกระหืดกระหอบหรือถี่ๆ, ห้วน, ไม่ปะติดปะต่อ
★**shot**[1] (ชอท) *n.* การยิงปืน, การเตะลูกบอลเข้าประตู, การตีลูกกอล์ฟลงหลุม, ลูกตะกั่ว, การฉีดยา, รูปภาพที่เห็นในฟิล์ม, (ภาษาพูด) ความพยายาม การเดาสุ่ม โอกาส, ระยะยิง, คำติดิงอันเฉียบคม, นักแม่นปืน, ลูกเหล็กที่ใช้ขว้างในกีฬาทุ่มน้ำหนัก, การระเบิด, ภาพถ่าย, เครื่องดื่ม, ใบเรียกเก็บเงิน
shot[2] (ชอท) *v.* กริยาช่อง 2 และ 3 ของ shoot *-adj.* มีสีเหมือนรุ้ง
shotgun (ชอท' กัน) *n.* ปืนลูกปราย
★**should** (ชุด) *v. aux.* กริยาช่อง 2 ของ shall ใช้แสดงคำสั่งหรือการบังคับ เช่น You should go. หรือใช้แสดงความคาดหวังความเป็นไปได้ เช่น He should be here right now. หรือใช้แสดงเงื่อนไขหรือเหตุอันอาจเกิดขึ้นได้ เช่น If we should be seen arriving together, he would get suspicious. หรือใช้พูดแบบไม่ตรงเกินไป เช่น I should think it's time to go.
★**shoulder** (โชล' เดอร์) *n.* ไหล่, บ่า, ส่วนของชุดที่คลุมบริเวณไหล่, ส่วนที่ลาดลงมาเหมือนไหล่ของขวดหรือแจกัน, ไหล่ถนน, เนื้อสัตว์ตรงไหล่และต้นขา *-vt., vi.* **-dered, -dering** แบก (ภาระ) ไว้บนไหล่, ใช้ไหล่ (แหวกทาง)
shouldn't (ชุด' เดินท์) ย่อจาก should not
★**shout** (เชาท์) *n.* การตะโกน *-vt., vi.* **shouted, shouting** ตะโกน, แผดเสียง, ตะคอก (**-S.** (n., v.) scream, yell **-A.** (n., v.) whisper)
shove (ชัฟว์) *vt., vi.* **shoved, shoving** ผลัก, ดัน, กระแทก, ยัด, ซุก, เสือกไส *-n.* การกระทำดังกล่าว (**-S.** (v., n.) push)
★**shovel** (ชัฟ' เวิล) *n.* พลั่ว, เสียม, จอบ, จำนวนเต็มพลั่ว เสียมหรือจอบ *-vt., vi.* **-eled, -eling/-elled, -elling** ตัก แซะ ช้อน ขุด เกลี่ยหรือโกยด้วยเครื่องมือดังกล่าว
★**show** (โช) *vt., vi.* **showed, shown/showed, showing** แสดง, เอาให้ดู, เผยให้เห็น, ชี้หรือแสดงให้เห็น, ปฏิบัติต่อ, ปรากฏให้เห็น, ฉาย (ภาพยนตร์), แสดงสินค้า, นำทาง, พิสูจน์ให้เห็น *-n.* การแสดง, ร่องรอยหรือเครื่องบ่งชี้, การเสแสร้ง, การแสดงแบบโอ้อวด, การแสดงความบันเทิงต่อสาธารณชน, รายการวิทยุหรือโทรทัศน์, ภาพยนตร์, คณะละคร (**-S.** (v.) appear (n.) exhibition **-A.** (v.) hide)
show business/biz อุตสาหกรรมธุรกิจบันเทิง
showcase (โช' เคซ) *n.* ตู้แสดงสินค้า
showdown (โช' เดาน์) *n.* การเผชิญหน้า
★**shower** (เชา' เออร์) *n.* การอาบน้ำใต้ฝักบัว, ห้องอาบน้ำแบบใช้ฝักบัว, ฝักบัว, ฝนโปรยปราย, หยดน้ำหลายๆ หยด, การหลั่งไหลมา, การตกลงมาของดวงดาว *-vt., vi.* **-ered, -ering** โปรยปรายลงมาราวกับห่าฝน, อาบน้ำด้วยฝักบัว
show house บ้านตัวอย่าง
showman (โช' เมิน) *n.* ผู้ผลิตละครออกแสดง
shown (โชน) *v.* กริยาช่อง 3 ของ show
showoff (โช' ออฟ) *n.* การคุยโว, คนขี้โม้
showpiece (โช' พีซ) *n.* สินค้าตัวอย่าง
show place, showplace (โช' เพลซ) *n.* สถานที่อันสวยงามหรือมีค่าทางประวัติศาสตร์
show room ห้องแสดงสินค้า
showtime, show time (โช' ไทม์) *n.* เวลา

A B C D E F G H I J K L M N O P Q R S T U V W X Y Z

ของการแสดงมหรสพ, (คำสแลง) เวลาเริ่มต้นของกิจกรรมใดๆ

showy (โช' อี) *adj.* **-ier, -iest** ฉูดฉาด, ไร้รสนิยม, เด่นสะดุดตา, อวดโก้, หรูหราบาดตา

shrank (แชรงค์) *v.* กริยาช่อง 2 ของ shrink

shrapnel (แชรพ' เนิล) *n., pl.* **-nel** กระสุนปืนใหญ่ที่ระเบิดกลางอากาศเหนือเป้าหมาย

shred (เชรด) *n.* เศษผ้าหรือกระดาษเป็นแถบเรียวยาว, จำนวนเล็กน้อย *-vt.* **shredded/shred, shredding** หั่นหรือฉีกเป็นชิ้นๆ

shrew (ชรู) *n.* สัตว์เลี้ยงลูกด้วยนม คล้ายหนู แต่มีจมูกแหลมยาวและมีตากับหูเล็ก กินแมลงเป็นอาหาร, หญิงจู้จี้ขี้บ่นขี้โมโห **-shrewish** *adj.* **-shrewishly** *adv.*

shrew

shrewd (ชรูด) *adj.* **shrewder, shrewdest** ฉลาด, เจ้าเล่ห์, (ลม) เย็นเฉียบ **-shrewdly** *adv.* (**-S.** acute, intelligent **-A.** stupid)

shriek (ชรีค) *n.* การหวีดร้อง, เสียงหวีดร้อง *-vi., vt.* **shrieked, shrieking** หวีดร้อง (**-S.** (n., v.) scream, yell)

shrill (ชริล) *adj.* **shriller, shrillest** เป็นเสียงแหลมสูง, ทำเสียงแหลมสูง, แสบสันต์ *-vt., vi.* **shrilled, shrilling** หวีดร้อง (**-S.** (adj.) piercing (v.) scream)

shrimp (ชริมพ์) *n., pl.* **shrimp/shrimps** กุ้งขนาดเล็ก, (คำสแลง) คนที่ไม่มีความสำคัญ *-vi.* **shrimped, shrimping** ตกกุ้ง **-shrimper** *n.*

shrine (ชไรน์) *n.* ศาลเจ้า, สถานที่อันศักดิ์สิทธิ์, หิ้งบูชา, หลุมฝังศพหรือสุสานบุคคลที่น่าเคารพ, โกศ *-vt.* **shrined, shrining** เป็นศาลสำหรับตั้งสิ่งบูชา, ตั้งไว้ในที่บูชา, ยกย่องบูชา

shrink (ชริงค์) *v.* **shrank/shrunk, shrunk/shrunken, shrinking** *-vi.* หด, ย่อลง, ลดน้อยลง, ด้อยลง, หดหัวด้วยความกลัว, หงอ, ถอย, ลังเล, ไม่สู้หน้า, ขยาด *-vt.* ทำให้มีอาการดังกล่าว *-n.* การกระทำดังกล่าว, ระดับที่ลดลง, (คำสแลง) จิตแพทย์ **-shrinkage** *n.*

shrivel (ชริฟ' เวิล) *vi., vt.* **-eled, -eling/-elled, -elling** เหี่ยวแห้ง, ทำให้ (เงิน) ลดค่าลง, หด, ลดน้อยด้อยลง (**-S.** shrink)

shroud (เชราด์) *n.* ผ้าห่อศพ, สิ่งที่ปกปิดห่อหุ้มหรือบดบัง, เชือกยึดเสาเรือ, เชือกของร่มชูชีพ *-v.* **shrouded, shrouding** *-vt.* ห่อ (ศพ) ด้วยผ้าห่อศพ, ปิดบัง, คุ้มครอง *-vi.* หาที่คุ้มครอง (**-S.** (n.) covering (v.) conceal)

shrub (ชรับ) *n.* ไม้พุ่มเตี้ย **-shrubby** *adj.*

shrubbery (ชรับ' บะรี) *n., pl.* **-ies** หมู่ไม้พุ่มเตี้ยๆ

shrug (ชรัก) *vt., vi.* **shrugged, shrugging** ยักไหล่แสดงอาการไม่แยแส รังเกียจหรือดูถูก *-n.* การยักไหล่

shrunk (ชรังค์) *v.* กริยาช่อง 2 และ 3 ของ shrink

shrunken (ชรัง' เคิน) *v.* กริยาช่อง 3 ของ shrink *-adj.* (หัว) ที่ถูกย่อลง

shudder (ชัด' เดอร์) *vi.* **-dered, -dering** (ตัว) สั่นงันงกด้วยความกลัวหรือขยะแขยง *-n.* การเกิดอาการดังกล่าว (**-S.** (v., n.) tremble)

shuffle (ชัฟ' เฟิล) *vt., vi.* **-fled, -fling** เดินลากเท้า, สับเปลี่ยน, ปัด, ระงับ, เก็บ, ผสมผเสปนเปกัน, สับ (ไพ่), เต้นรำลากเท้าและเคาะเท้า, ทำตัวมีเลศนัยน่าสงสัย *-n.* การเดินลากเท้า, การลากเท้าไปมา, การเต้นรำลากเท้า, การกระทำอันน่าสงสัย, การผสมผเสปนเปกันยุ่ง, การสับไพ่, สิทธิหรือคราวของผู้เล่นคนใดคนหนึ่งในการสับไพ่ **-shuffler** *n.* (**-S.** (v., n.) drag, mix)

shun (ชัน) *vt.* **shunned, shunning** หลีกเลี่ยง, หลีกหนี, รังเกียจ (**-S.** avoid **-A.** seek)

shunt (ชันท์) *n.* การสับเปลี่ยนหรือสับหลีก, การสับเปลี่ยนรางรถไฟ, ตัวนำไฟฟ้าซึ่งเชื่อมต่อจุด 2 จุดในกระแสไฟฟ้าในแนวขนานและทำหน้าที่หันเหกระแสไฟฟ้าบางส่วน, ช่องทางที่เกิดจากการผ่าตัดซึ่งอยู่ระหว่างช่องทางปกติ 2 ช่องทาง เช่น เส้นเลือด 2 เส้น เพื่อช่วยให้การไหลเวียนในร่างกายดีขึ้น *-vt., vi.* **shunted, shunting** ปัดหรือเลื่อนออกไปอีกทาง, หลบเลี่ยง, บอกปัด, ไม่แยแส, สับเปลี่ยนรางรถไฟ, หันเหกระแสไฟฟ้าไป **-shunter** *n.* (**-S.** (n., v.) switch)

★**shut** (ชัท) *vt., vi.* **shut, shutting** ปิด, หลับ (ตา), ปิดบัง, ปิด (ประตู) ทับ (กระโปรง), ปิดกั้น, ปิดกิจการ, (ไฟ) ดับ **-shut up** ทำให้เงียบ, เลิกพูด, หยุดพูด, ขัง (**-S.** close **-A.** open)

★**shutdown** (ชัท' เดาน์) *n.* การปิดกิจการ

shutter (ชัท' เทอร์) *n.* ที่ปิดเปิดหน้ากล้องถ่ายรูป, มู่ลี่

shuttle (ชัท' เทิล) *n.* กระสวยในเครื่องทอผ้าหรือจักรเย็บผ้า, การเดินทางไปกลับตามเส้นทางที่กำหนดด้วยยวดยานพาหนะ, กระสวยอวกาศ, ยวดยานพาหนะหรือเส้นทางที่ใช้ในการเดินทางดังกล่าว *-v.* **-tled, -tling** *-vi.* ไปและกลับด้วยการเดินทางดังกล่าว *-vt.* ทำให้เดินทางไปกลับเป็นกิจวัตร, ขนส่ง (ผู้โดยสาร) ด้วยการ

เดินทางดังกล่าว **-shuttler** *n.*
shuttlecock (ชัท' เทิลคอก) *n.* ลูกขนไก่ใช้ตีในกีฬาแบดมินตัน
★**shy**[1] (ไช) *adj.* **shier** (ไช' เออรฺ), **shiest** (ไช' อิซทฺ)/**shyer, shyest** ขี้อาย, ขี้ขลาด, เก็บเนื้อเก็บตัว, หลบหน้าหลบตา, ประหม่า, ระมัดระวัง, ไม่เป็นกันเอง, ขาดไป, น้อยไป, (สัตว์) ไม่เชื่อง, เกลียดหรือกลัว (การถ่ายรูป) *-vi.* **shied** (ไชดฺ), **shying** ตื่นตกใจ, สะดุ้ง, กลัวจนหัวหด, ขยาด (**-S.** (adj.) bashful, cautious (v.) shrink)
shy[2] (ไช) *vt., vi.* **shied** (ไชดฺ), **shying** โยน, ขว้าง, ทุ่ม, เหวี่ยง, สะบัด, ทอด *-n., pl.* **shies** (ไชซฺ) การกระทำดังกล่าว, (ภาษาพูด) การเยาะเย้ย ความพยายาม (**-S.** (v., n.) throw)
shylock (ไช' ลอค) *n.* เจ้าหนี้หน้าเลือด **-Shylock** เจ้าหนี้หน้าเลือดในบทละครของเช็กสเปียร์ เรื่อง *The Merchant of Venice* หรือเวนิสวานิช
Siam (ไซแอม') ดู Thailand
Siamese (ไซอะมีซ', -มีซ') *adj.* เกี่ยวกับประเทศสยามหรือไทย, เป็นฝาแฝดกัน *-n., pl.* **Siamese** ชาวสยามหรือชาวไทย, ภาษาไทย
Siamese twin แฝดสยามที่มีลำตัวติดกัน
sibling (ซิบ' ลิง) *n.* พี่น้องร่วมสายเลือด
★**sick** (ซิค) *adj.* **sicker, sickest** ป่วยไข้, ไม่สบาย, (ตลก) ร้าย, คลื่นไส้, รำคาญ, เบื่อหน่าย, แสลง, ไม่มั่นคง, ไว้ใจไม่ได้, อารมณ์เสีย, น่ารังเกียจ, น่าขยะแขยง, โหยไห้, หวนหา, ไม่ถูกสุขอนามัย, ชำรุด, ไม่ให้ดอกออกผล **-sick and tired** ท้อแท้ **-sickness** *n.* (**-S.** ill **-A.** healthy)
sick building syndrome อาการไม่สบาย เช่น ปวดศีรษะ เคืองตา มึนงงและคลื่นไส้ เกิดกับคนทำงานในตึกที่มีระบบระบายอากาศไม่ดี
sicken (ซิค' เคิน) *vt., vi.* **-ened, -ening** ทำให้สะอิดสะเอียน, ป่วยไข้, ทำให้ไม่สบาย, โกรธหรือตกใจอย่างรุนแรง (**-S.** nauseate)
sickening (ซิค' คะนิง) *adj.* น่าเกลียดชัง, น่ารังเกียจ, น่าคลื่นเหียนเวียนหัว, ซึ่งทำให้ไม่สบาย
sickle (ซิค' เคิล) *n.* เคียว
sick leave การลาป่วย
sickly (ซิค' ลี) *adj.* **-lier, -liest** อ่อนแอ, ขี้โรค, ชวนให้คลื่นไส้ (**-S.** weak **-A.** strong)
★**side** (ไซดฺ) *n.* ด้านข้าง, ด้าน, สีข้างของลำตัว, ขอบ, ข้าง, ฝ่าย, แง่มุม, แนวลาด (ของภูเขา) *-adj.* อยู่ด้านข้าง, จากด้านข้าง, (ผล) ข้างเคียง, (อาหารเครื่อง) เคียง, ไม่ใช่หลักสำคัญ *-vt., vi.* **sided, siding** ติดตั้งด้านข้าง, เข้าข้าง **-sided** *adj.* (**-S.** (n.) aspect (adj.) lateral)
sideboard (ไซดฺ' บอรฺด, -โบรฺด) *n.* ตู้ในห้องอาหารที่มีลิ้นชักและชั้นสำหรับเก็บของ
sideburns (ไซดฺ' เบิรฺนซฺ) *n. pl.* จอนผม
sidecar (ไซดฺ' คารฺ) *n.* รถล้อเดียวสำหรับคนนั่งโดยสารที่ใช้ติดด้านข้างของรถจักรยานยนต์
side effect ผลข้างเคียง (ของยาหรือการบำบัดต่างๆ) ที่ไม่เป็นที่ต้องการ
sidelight (ไซดฺ' ไลทฺ) *n.* ไฟข้าง, ไฟข้างของเรือโดยไฟแดงอยู่ทางกราบซ้ายและไฟเขียวอยู่ทางกราบขวา ซึ่งจะเห็นได้ในยามค่ำคืน, ข้อมูลที่มีอยู่ในเนื้อหา
sideline (ไซดฺ' ไลนฺ) *n.* เส้นขอบสนาม, กิจกรรมหรืออาชีพเสริม
sidestep (ไซดฺ' สเตพ) *vi., vt.* **-stepped, -stepping** หลบเลี่ยง, ก้าวหลบไปด้านข้าง
sidetrack (ไซดฺ' แทรค) *v.* **-tracked, -tracking** *-vt.* ออกนอกลู่นอกทาง, หน่วงเหนี่ยว, กีดขวาง, สับราง *-vi.* เชือนแช, เถลไถล, วิ่งออกสู่ทางเบี่ยง *-n.* ทางแยกของรางรถไฟ
sidewalk (ไซดฺ' วอค) *n.* บาทวิถี
sideward (ไซดฺ' เวิรฺด) *adv., adj.* ไปทางด้านข้าง, ทางด้านข้าง **-sidewards** *adv.*
★**sideways, sideway** (ไซดฺ' เวซฺ, -เว) *adv., adj.* จากด้านข้าง, ไปทางด้านข้าง, เพื่อให้เห็นด้านข้าง, ขวาง, เอียง, เฉ, เยื้อง, ทแยง
sidewise (ไซดฺ' ไวซฺ) *adv., adj.* ดู sideways
sidle (ไซ' เดิล) *vi., vt.* **-dled, -dling** เคลื่อนไปด้านข้างหรือเฉียงๆ, รุกเข้าไปอย่างกลัวๆ กล้าๆ
SIDS ย่อจาก Sudden Infant Death Syndrome โรคไหลตายในเด็กทารก
siege (ซีจ) *n.* การล้อมปิดทางส่งเสบียง, ช่วงเวลา (การเจ็บป่วย) อันยืดเยื้อยาวนาน, บัลลังก์ *-vt.* **sieged, sieging** ล้อม (**-S.** (v.) surround)
siesta (ซีเอซ' ทะ) *n.* การนอนพักหลังอาหารกลางวัน (**-S.** nap, sleep)
sieve (ซิฟวฺ) *n.* ตะแกรง, กระชอน *-vt., vi.* **sieved, sieving** กรองหรือร่อนผ่านตะแกรง
sift (ซิฟทฺ) *vt., vi.* **sifted, sifting** ร่อนหรือกรองด้วยตะแกรง, กลั่นกรอง, เลือกเฟ้น **-sifter** *n.*
★**sigh** (ไซ) *vi., vt.* **sighed, sighing** ถอนหายใจ, ละห้อยหา, โหยไห้, เศร้าโศก *-n.* การถอนหายใจ, เสียงถอนหายใจ (**-S.** (v.) breathe)
★**sight** (ไซทฺ) *n.* ภาพหรือสิ่งที่มองเห็น, การมองเห็น, ระยะหรือรัศมีที่มองเห็น, สิ่งที่น่าดูน่าชม, (ภาษาพูด) สิ่งที่ไม่น่ามอง, การเล็งโดยใช้ศูนย์เล็ง, ศูนย์ปืนใช้เล็ง *-vt., vi.* **sighted, sighting** มองเห็น, มองดูผ่านเครื่องมือที่ใช้มอง, ปรับศูนย์

A B C D E F G H I J K L M N O P Q R S T U V W X Y Z

(ปืน), เล็ง (**-S.** (n., v.) vision (v.) see)

★**sightseeing** (ไซทฺ' ซีอิง) *n.* การท่องเที่ยวไปชมสถานที่อันน่าสนใจ **-sightsee** *v.*

★**sign** (ไซนฺ) *n.* เครื่องหมาย, สัญลักษณ์, ลาง, ราศี, ภาษาใบ้หรือภาษามือ, เครื่องแสดง, เครื่องบ่งบอก, ร่องรอย *-vt., vi.* **signed, signing** ลงชื่อ, เซ็น (ชื่อ), ทำสัญลักษณ์, อนุมัติด้วยการลงลายมือชื่อหรือประทับเครื่องหมาย, บอกใบ้, บุ้ยใบ้, ทำให้เป็นที่เคารพด้วยสัญลักษณ์ไม้กางเขน (**-S.** (n.) omen, symbol (v.) signify)

★**signal** (ซิก' เนิล) *n.* สัญญาณ *-adj.* เด่นชัด *-vt., vi.* **-naled, -naling/-nalled, -nalling** ให้หรือส่งสัญญาณ (**-S.** (n., v.) gesture)

signatory (ซิก' นะทอรี, -โทฺรี) *adj.* ที่ลงนามในสัญญา *-n., pl.* **-ries** ผู้ที่ลงนามในสัญญา

★**signature** (ซิก' นะเชอรฺ) *n.* ลายเซ็น, ลายมือชื่อ, การลงลายมือชื่อ, การเซ็นชื่อ, สิ่งต่างๆ ที่แสดงให้เห็นความแตกต่างเฉพาะตัว, ใบสั่งยา

signboard (ไซนฺ' บอรฺด, -โบรฺด) *n.* ป้ายสัญลักษณ์ (บอกทาง)

signet (ซิก' นิท) *n.* ตราประทับเอกสาร, ที่ประทับตรา

signet ring แหวนตรา, แหวนสลัก

significance, significancy (ซิกนิฟ' ฟิเคินซฺ, -เคินซี) *n.* การมีความหมายและความสำคัญ (**-S.** meaningfulness **-A.** triviality)

★**significant** (ซิกนิฟ' ฟิเคินทฺ) *adj.* แพร่หลาย, เห็นได้ชัด, มีความหมายและความสำคัญมาก

signify (ซิก' นะไฟ) *vt., vi.* **-fied, -fying** แสดงให้เห็น, เป็นเครื่องหมายแห่ง, หมายความว่า, ใช้แสดง (**-S.** communicate, imply)

sign language ภาษาใบ้, ภาษามือและท่าทาง

signpost (ไซนฺ' โพซทฺ) *n.* เสาติดป้ายบอกทางและระยะทาง, สิ่งบ่งบอก, สิ่งชี้นำ

Sikh (ซีค) *n.* แขกซิกข์ ผู้นับถือศาสนาซิกข์

silage (ไซ' ลิจ) *n.* ฟางหรือหญ้าหมัก

★**silence** (ไซ' เลินซฺ) *n.* ความเงียบ, ช่วงเวลาอันเงียบงัน, การเพิกเฉย *-vt.* **-lenced, -lencing** ทำให้เงียบลง, ห้าม, ระงับ (**-S.** (n.) dumbness, peace (v.) extinguish **-A.** (n., v.) noise)

silencer (ไซ' เลินเซอรฺ) *n.* เครื่องเก็บเสียง

★**silent** (ไซ' เลินทฺ) *adj.* เงียบ, สงบ, ไม่ช่างพูดช่างคุย, เป็นใบ้, พูดไม่ได้, งดพูด, ไม่ออกเสียง, (ภูเขาไฟ) ที่สงบอยู่ภายใน *-n.* ภาพยนตร์เงียบ (**-S.** (adj.) quiet **-A.** (adj.) noisy)

silent partner หุ้นส่วนที่ลงแต่เงินแต่ไม่ลงแรง

silhouette (ซิลลูเอท') *n.* รูปวาดเป็นโครงร่างโดยเฉพาะรูปหน้าคนด้านข้างและถมด้วยสีดำ, โครงร่างที่เป็นสีดำตัดกับพื้นหลังสีขาวหรือสีอ่อนๆ *-vt.* **-etted, -etting** ปรากฏหรือทำให้เห็นเป็นโครงร่างแบบดังกล่าว (**-S.** (n., v.) profile)

silhouette

silica (ซิล' ลิคะ) *n.* สารซิลิกา พบได้ในแร่ควอตซ์ ทรายและแร่ธาตุต่างๆ ใช้ทำแก้ว กระจก และกระเบื้อง **-siliceous** *adj.*

silica gel สารดูดความชื้น

silicon (ซิล' ลิเคิน, -คอน) *n.* ธาตุซิลิคอน เป็นอโลหะที่มีสมบัติทางเคมีคล้ายคาร์บอนมีสองอัญรูป คือเป็นผงอสัณฐานสีน้ำตาลและเป็นผลึกสีเทาเข้ม เกิดมีในธรรมชาติเป็นซิลิกาและซิลิเคตต่างๆ ใช้ทำโลหะผสมและกระจกในรูปซิลิเคต มีสัญลักษณ์ Si

silicon chip วงจรอิเล็กทรอนิกส์ขนาดเล็กที่ใช้ในเครื่องคอมพิวเตอร์

silicone (ซิล' ลิโคน) *n.* สารซิลิโคน เป็นสารประกอบโพลีเมอร์ชนิดหนึ่ง ใช้ทำสารหล่อลื่น ฉนวน หรือทำศัลยกรรมทรวงอก เป็นต้น

★**silk** (ซิลคฺ) *n.* ผ้าไหม, ไหม, เส้นไหม, ชุดผ้าไหม, สิ่งใดๆ ที่เป็นเส้นใยมันๆ เช่น ใยแมงมุมบางชนิด หรือปุยของข้าวโพด *-adj.* ซึ่งประกอบด้วยหรือคล้ายเส้นไหม

silken (ซิล' เคิน) *adj.* ซึ่งทำจากผ้าไหม, เรียบลื่นเป็นมันวาวคล้ายผ้าไหม, (ผม) อ่อนนุ่มสลวยเป็นมันเงางาม, หรูหรา, อ่อนละมุน

Silk Road เส้นทางสายไหม เป็นเส้นทางการค้าในสมัยโบราณระหว่างจีนกับยุโรป

silk-screen, silkscreen (ซิลคฺ' สกรีน) *n.* การพิมพ์ภาพโดยให้หมึกผ่านผ้าไหมหรือตาข่ายที่มีตาถี่ๆ ซึ่งวางลวดลายที่ต้องการเอาไว้ โดยลวดลายส่วนที่ไม่ต้องการพิมพ์จะใช้สารกันน้ำฉาบ, ภาพพิมพ์ที่ทำด้วยวิธีดังกล่าว

silkworm (ซิลคฺ' เวิรฺม) *n.* ตัวไหม

silky (ซิล' คี) *adj.* **-ier, -iest** อ่อนนุ่มสลวยเงางามเหมือนแพรไหม, ทำจากไหม, มีเสน่ห์ดึงดูด, สุภาพ, ประจบประแจง (**-S.** velvety)

sill (ซิล) *n.* ส่วนฐานของหน้าต่าง

★**silly** (ซิล' ลี) *adj.* **-lier, -liest** โง่, ขี้เล่น, ตลกคะนอง (**-S.** ridiculous, stupid **-A.** sensible)

silo (ไซ' โล) *n., pl.* **-los** ท่อกลมทรงสูงสำหรับหมักฟางหรือหญ้าเพื่อเก็บไว้ใช้เป็นอาหารสัตว์, ไซโล, ฐานปล่อยจรวดนิวเคลียร์จากใต้ดิน

silt (ซิลทฺ) *n.* ตะกอนที่เป็นโคลนเลน *-v.* **silted,**

silting *-vi.* เต็มไปด้วยตะกอนโคลนเลน *-vt.* ตื้นเขินขึ้นเพราะมีตะกอนโคลนเลน **-siltation** *n.*

★**silver** (ซิล' เวอร์) *n.* ธาตุเงิน เป็นโลหะอ่อนสีขาวเทา สามารถขัดให้ขึ้นเงาได้ ใช้ทำเครื่องเงินและทำเงินเหรียญ มีสัญลักษณ์ Ag, เงินเหรียญ, ภาชนะเครื่องเงิน, (รางวัล) เหรียญเงิน, สีเงิน, เกลือสีเหลืองอย่างหนึ่งไม่ละลายน้ำมีในธรรมชาติ ใช้ในการถ่ายรูป การแพทย์และในการทำฝนเทียม *-adj.* ที่ทำด้วยเงิน, มีเงินเป็นส่วนประกอบ, แวววาวเป็นมันเหมือนเงิน, (ผม) สีเทาหรือสีดอกเลา, มีเสียงกังวานใสและนุ่มหู, ปากหวาน, ครบรอบ 25 ปี *-v.* **-vered, -vering** *-vt.* ประดับชุบหรือหุ้มด้วยเงิน, ทำให้เป็นสีเทา, เคลือบด้วยเกลือดังกล่าว *-vi.* กลายเป็นสีเทา

silver jubilee การครบรอบ 25 ปี

silver lining สิ่งที่น่าชื่นใจท่ามกลางความยุ่งยาก

silversmith (ซิล' เวอร์สมิธ) *n.* ช่างทำหรือชุบเครื่องเงิน

silver-tongued (ซิล' เวอร์ทังด์) *adj.* พูดเก่ง, ปากหวาน, สาริกาลิ้นทอง

silverware (ซิล' เวอร์แวร์) *n.* เครื่องเงิน

silver wedding (anniversary) การครบรอบแต่งงานปีที่ 25

SIM card ย่อจาก subscriber identity module card บัตรพลาสติกที่ออกแบบมาเพื่อเก็บข้อมูลของผู้ใช้บริการโทรศัพท์มือถือ

simian (ซิม' เมียน) *adj.* เกี่ยวกับลิง *-n.* ลิง

★**similar** (ซิม' มะเลอร์) *adj.* คล้ายคลึง, เหมือน, แบบเดียวกัน **-similarly** *adv.* (**-S.** resembling)

similarity (ซิมมะแล' ริที) *n., pl.* **-ties** ความคล้ายคลึงกัน, ความเหมือนกัน, สิ่งที่มีค่าเท่ากัน, ความสมดุล (**-S.** resemblance **-A.** difference)

simile (ซิม' มะลี) *n.* ถ้อยคำเปรียบเทียบ

simmer (ซิม' เมอร์) *vi., vt.* **-mered, -mering** เคี่ยว, เดือดพล่านหรือเร่าร้อน, เดือดเป็นฟอง, ปั่นป่วน *-n.* การเคี่ยว (อาหาร) (**-S.** (v.) boil)

simper (ซิม' เพอร์) *vi., vt.* **-pered, -pering** ยิ้มแหยๆ หรือเขินๆ *-n.* การยิ้มแบบดังกล่าว

★**simple** (ซิม' เพิล) *adj.* **-pler, -plest** บริสุทธิ์, ไม่เจือปน, เรียบง่าย, เข้าใจง่าย, ง่าย, ไม่สลับซับซ้อน, โดยไม่มี (เหตุผล) อื่น, เพียง (คำว่าไม่) เท่านั้น, ลุ่นๆ, ไม่หรูหรา, ตรงไปตรงมา, ทื่อๆ, เซ่อ, โง่เขลา, บัดซบ, พาซื่อ, ไร้เดียงสา, จริงใจ, ต่ำต้อย, ธรรมดาสามัญ, เป็นราก, เป็นมูล, ไม่สำคัญ, (ต้นไม้) ไม่มีกิ่งก้านสาขา *-n.* ส่วนประกอบเดี่ยวที่ไม่มีการจำแนกแยกแยะ, คนโง่, คนต่ำต้อย, พืชที่ใช้ทำยา (**-S.** (adj.) common)

simple fraction เศษส่วนที่ทั้งตัวตั้งและตัวหารเป็นเลขจำนวนเต็ม

simple-minded, simpleminded (ซิม' เพิลไมน' ดิด) *adj.* โง่, สมองทึบ (**-S.** silly)

simple sentence เอกรรถประโยค

simpleton (ซิม' เพิลเทิน) *n.* คนโง่, เจ้าทึ่ม

simplicity (ซิมพลิซ' ซิที) *n., pl.* **-ties** ความเรียบง่ายไม่สลับซับซ้อน, ความไร้เดียงสา, ความโง่เขลาเบาปัญญา, การไม่ปรุงแต่ง, ความเปิดเผย

simplify (ซิม' พละไฟ) *vt.* **-fied, -fying** ทำให้ง่ายขึ้น, ทำให้เข้าใจง่ายขึ้น **-simplification** *n.*

★**simply** (ซิม' พลี) *adv.* เรียบง่าย, กระจ่างชัด, โง่เขลา, แค่เพียง, อย่างแท้จริง, ล้วนๆ, ตรงๆ เปิดเผย, จริงใจไร้อคติ (**-S.** directly, only)

simulate (ซิม' มยะเลท) *vt.* **-lated, -lating** เลียนแบบ, ปลอมแปลง, เสแสร้ง, ประดิษฐ์, จำลอง **-simulation** *n.* (**-S.** duplicate, pretend)

simulator (ซิม' มยะเลเทอร์) *n.* อุปกรณ์หรือเครื่องมือที่สร้างสถานการณ์เลียนแบบสถานการณ์จริงเพื่อเป็นการฝึกหรือทดสอบ

simultaneous (ไซเมิลเท' เนียซ, ซิมเมิล-) *adj.* ซึ่งเกิดขึ้นในเวลาเดียวกัน, พร้อมกัน

sin (ซิน) *n.* บาป, การทำชั่ว *-vi.* **sinned, sinning** ทำบาป, ก่อกรรมทำเข็ญ (**-S.** (n.) wickedness)

★**since** (ซินซ์) *adv.* ตั้งแต่นั้นมา, แล้วไปแล้ว, นานมาแล้ว, ตั้งแต่, ในเวลาต่อมา *-prep.* ต่อเนื่องมาจากนั้น, เรื่อยมา *-conj.* ตั้งแต่เมื่อ, ต่อเนื่องตลอดมา, จากเมื่อ, เนื่องจาก, ในเมื่อ

★**sincere** (ซินเซียร์) *adj.* **-cerer, -cerest** จริงใจ, บริสุทธิ์ **-Yours sincerely** คำลงท้ายจดหมาย **-sincerely** *adv.* **-sincerity** *n.*

sine (ไซน์) *n.* ในวิชาตรีโกณมิติ หมายถึง ด้านตรงข้ามมุมหารด้วยด้านตรงข้ามมุมฉาก

sinew (ซิน' นยู) *n.* เส้นเอ็น, พละกำลัง **-sinewy** *adj.* (**-S.** strength, tendon)

sinful (ซิน' เฟิล) *adj.* ชั่วร้าย, บาปหนา **-sinfully** *adv.* **-sinfulness** *n.* (**-S.** bad, evil)

★**sing** (ซิง) *vi., vt.* **sang/sung, sung, singing** ร้องเพลง, ร้องกล่อม, คราง, ฮัม, แต่งกลอน, สดุดีเป็นกลอน, (คำสแลง) ให้การปรักปรำผู้หนึ่งผู้ใด, ท่องหรือสวดมนต์ (**-S.** carol, chant, trill)

sing. ย่อจาก singular เอกพจน์

singe (ซินจ์) *vt.* **singed, singeing** เผาไหม้เกรียม, เผาไหม้แต่เพียงผิวนอก, ลนให้ขนหลุด, เล็มผมด้วยปัตตาเลี่ยนหลังจากตัดผม *-n.* การเผาไหม้บริเวณผิวนอก (**-S.** (v., n.) burn)

★**singer** (ซิง' เงอร์) *n.* นักร้อง, กวี (**-S.** vocalist)

★**single** (ซิง' เกิล) *adj.* เดี่ยว, โทน, โดดเดี่ยว, โสด, อยู่คนเดียว, สันโดษ, เป็นแบบเดียว, เสมอเหมือนกัน, ไม่ขาดห้วง, ติดต่อกันเรื่อยไป, แยกจากอันอื่นๆ, ต่างหาก, จริงใจ, เอาใจใส่เต็มที่, ซึ่งออกแบบสำหรับคนเดียว, ไม่มีคู่, เกี่ยวกับสถานะโสด *-n.* คนโสด, สิ่งที่แยกอยู่ต่างหาก, แผ่นเสียงขนาดเล็กที่มีเพลงด้านละ 1 เพลง, การจัดเตรียมความสะดวกด้านที่อยู่และอาหารสำหรับคนเดียว, การเล่นกอล์ฟระหว่างผู้เล่น 2 คน, ธนบัตร 1 ดอลล่าร์, ตั๋วเดินทางเที่ยวเดียว *-vt.* **-gled, -gling** คัดเลือก **-singles** การแข่งขันเทนนิสหรือแบดมินตันแบบเดี่ยวคือข้างละคนไม่ใช่แบบคู่, บรรดาคนโสดโดยทั่วไป **-singly** *adv.* (**-S.** (adj.) alone (n.) individual (v.) select **-A.** (adj.) married)

single-breasted (ซิงเกิลเบรส' ติด) *adj.* (เสื้อ) เปิดด้านหน้าที่มีกระดุมแถวเดียว

single currency หน่วยเงินตราที่เกิดจากความร่วมมือของชาติต่างๆ ในภูมิภาคเดียวกัน โดยกำหนดให้ใช้เงินหน่วยเดียวกันเช่นในยุโรป

single-family (ซิง' เกิลแฟม' มะลี) *adj.* เกี่ยวกับหรือสำหรับครอบครัวเดี่ยว

single file แถวเรียงหนึ่ง

single-handed (ซิง' เกิลแฮน' ดิด) *adj.* ด้วยตนเองคนเดียว, ไม่มีใครช่วยเหลือ, สำหรับใช้มือเดียว, มีหรือใช้มือเดียว

single-minded (ซิง' เกิลไมน' ดิด) *adj.* (ใจคอ) เด็ดเดี่ยว, มั่นคงแน่นอน (**-S.** dedicated)

singlet (ซิง' กลิท) *n.* เสื้อกล้าม

★**singular** (ซิง' กยะเลอร์) *adj.* เป็นเอก, เฉพาะราย, แต่ละอัน, แปลก, น่าทึ่ง, เป็นเอกพจน์, เป็นกริยาที่แสดงการกระทำของประธานที่เป็นเอกพจน์ *-n.* จำนวนหนึ่งหรือเอกพจน์, คำในรูปเอกพจน์ **-singularly** *adv.* (**-S.** (adj.) unique **-A.** (adj.) common (adj., n.) plural)

sinister (ซิน' นิสเตอร์) *adj.* น่ากลัว, เป็นลางร้าย, ก่อให้เกิดหายนะ, ด้านซ้าย, (ตรา) บนด้านซ้ายของโล่ (**-S.** bad **-A.** good)

★**sink** (ซิงค์) *v.* **sank/sunk, sunk, sinking** *-vi.* จม, (ดวงอาทิตย์) ตก, ลด (จำนวน) ลง, ร่วง, ทิ้ง (ตัว) ลง, โน้มลง, ผลอย (หลับ), ดำน้ำ, เลวลง, เสื่อมลง, ทรุดลง, (จิตใจ) ห่อเหี่ยวลง, แทรกซึม, ฝังแน่น, ซึมซาบ (ภายในใจ) *-vt.* ทำให้จมลง, ทำให้ลดต่ำลง, ฝังลงดิน, ขุดเจาะ (บ่อ), หมกมุ่น, ทำให้เสื่อมหรือลดลง, ลดค่าลง, ถอดยศ, ทำลาย, ทำให้ขายหน้า, ปิดบัง, ระงับ, กลั้น, (ภาษาพูด) เอาชนะ, ลงทุน, ชดใช้, ยัด (ลูกบาส) ลงห่วง *-n.* อ่าง (ใช้ล้างหน้าหรือชาม), ถังส้วมซึม, บ่อเกิดแห่งความชั่ว, หลุมบ่อ (**-S.** (v.) descend **-A.** (v.) rise)

sinking fund เงินทุนที่สะสมไว้เพื่อชำระหนี้

sinner (ซิน' เนอร์) *n.* คนบาป, คนสารเลว

Sino- คำอุปสรรค หมายถึง จีน

Sinologue, Sinolog (ไซ' นะลอก, ซิน'-) *n.* ผู้เชี่ยวชาญในวิชาที่ว่าด้วยประเทศจีน

Sinology (ไซนอล' ละจี, ซิ-) *n.* วิชาที่ว่าด้วยประเทศจีน **-Sinological** *adj.*

sinuous (ซิน' นยูเอิซ) *adj.* คดเคี้ยว, อ้อมค้อม, มีขอบหยักๆ, คดโกง (**-S.** curved **-A.** straight)

sinus (ไซ' เนิซ) *n.* ช่องในกะโหลกศีรษะที่ติดต่อกับช่องจมูก

sip (ซิพ) *vt., vi.* **sipped, sipping** จิบ (น้ำดื่ม) *-n.* การจิบ (น้ำ), จำนวนน้ำน้อยนิดที่จิบ

siphon, syphon (ไซ' เฟิน) *n.* การทำกาลักน้ำ, หลอดหรือท่อโค้งที่ใช้ในการทำกาลักน้ำ, อวัยวะที่เป็นรูปท่อหรือหลอดในสัตว์ทะเลประเภทสัตว์ไม่มีกระดูกสันหลัง เช่น ปลาหมึก ซึ่งจะดูดหรือขับน้ำออกไป *-vt., vi.* **-phoned, -phoning** ทำกาลักน้ำ, ถ่ายเทออกไป

★**sir** (เซอร์) *n.* คำที่ใช้เรียกชื่อผู้ชายอย่างสุภาพและให้เกียรติ, คำที่ใช้ขึ้นต้นจดหมายถึงผู้ชาย เช่น Dear Sir **-Sir** คำใช้เรียกนำหน้าชื่อขุนนางอย่างให้เกียรติ

sire (ไซร์) *n.* พ่อ, บิดา, พ่อม้าหรือสุนัข, บรรพบุรุษ, ใต้ฝ่าละอองธุลีพระบาท เป็นคำที่ใช้กับกษัตริย์, คำที่ใช้เรียกขุนนาง *-vt.* **sired, siring** ให้กำเนิด, เป็นพ่อพันธุ์

siren (ไซ' เริน) *n.* อุปกรณ์ใช้ส่งสัญญาณเตือน, ผู้หญิงที่ใช้เสน่ห์และความสวยล่อลวงผู้ชาย

sirloin (เซอร์' ลอยน์) *n.* เนื้อสันนอก

sirocco, scirocco (ซะรอค' โค, ชะ-; ซะ-) *n., pl.* **-cos** ลมร้อนชื้นจากทางใต้หรือทางตะวันออกเฉียงใต้แถบรอบทะเลเมดิเตอร์เรเนียน (**-S.** cyclone, simoom)

sirup (ซี' เริพ, เซอ'-) *n.* ดู syrup

sisal (ไซ' เซิล) *n.* พืชของอเมริกากลางและเม็กซิโกที่ปลูกเพื่อเอาใบที่เป็นรูปดาบใหญ่ซึ่งให้เส้นใยใช้ทำเชือก, เส้นใยของพืชดังกล่าว

sissy (ซิซ' ซี) *n., pl.* **-sies** ผู้ชายที่มีนิสัยและท่าทางแบบผู้หญิงหรือผู้ชายหน้าตัวเมีย, คนขี้อายและขี้ขลาด, (ภาษาพูด) พี่หรือน้องสาว

★**sister** (ซิส' เตอร์) *n.* พี่หรือน้องสาว, หัวหน้าพยาบาล, ตำแหน่งพยาบาลเวร, ลูกพี่ลูกน้องที่เป็นผู้หญิง, ญาติที่เป็นหญิง, พี่หรือน้องสาว

ที่เป็นลูกติดพ่อเลี้ยงหรือแม่เลี้ยง, สมาชิกเพื่อนหญิง, เพื่อนผู้หญิง, ผู้หญิงที่เป็นนักเรียกร้องสิทธิสตรี, (ภาษาพูด) ใช้เรียกผู้หญิงหรือเด็กหญิง **-Sister** นางชีหรือแม่ชี **-sisterhood** *n.*

sister-in-law (ซิส' เตอร์อินลอ) *n., pl.* **sisters-in-law** (ซิส' เตอร์ซ์-) พี่หรือน้องสะใภ้

★**sit** (ซิท) *v.* **sat, sitting** *-vi.* นั่ง, ทรุดตัวลงนั่ง, ตั้งอยู่, วางอยู่, มีการประชุม, (นก) เกาะ (คอน), (ไก่) นั่งฟักไข่, วางท่าให้ถ่ายหรือวาดรูป, เข้าครองที่นั่งโดยเป็นสมาชิก, อยู่นิ่ง, ถ่วง, เหมาะ, เข้าสอบเพื่อให้ได้ปริญญา, เป็นที่น่าพอใจ, (ลม) พัดมาจากทิศทางใดๆ, ดูแลเด็ก *-vt.* หาที่ให้นั่ง, จับให้นั่ง, ใส่บังเหียน, (ไก่) นั่งฟักไข่

sitcom, sit-com (ซิท' คอม) *n.* ดู situation comedy

★**site** (ไซท์) *n.* ทำเลที่ตั้ง, สถานที่ตั้งหรือที่เกิดเหตุ *-vt.* **sited, siting** ตั้งอยู่ในสถานที่ใดๆ

sit-in (ซิท' อิน) *n.* การนั่งประท้วงโดยไม่ยอมขยับเขยื้อนไปไหน

sitter (ซิท' เทอร์) *n.* คนดูแลเด็ก

sitting (ซิท' ทิง) *n.* การนั่ง, ช่วงเวลาที่ใช้ในการนั่ง (อ่านหนังสือ), การประชุม, การฟักไข่, จำนวนไข่ที่ถูกฟัก *-adj.* ที่ทำขณะนั่ง, ซึ่งฟักไข่, มีตำแหน่ง, สำหรับการนั่ง

sitting duck (ภาษาพูด) เป้าหมายหรือเหยื่อที่อ่อนแอ ทำลายง่าย

sitting room ห้องนั่งเล่น (-S. living room)

★**situation** (ซิชชูเอ' ชัน) *n.* สถานการณ์, สภาพการณ์, วิกฤติการณ์, สถานที่และสภาพแวดล้อม, ทำเลที่ตั้ง, ตำแหน่งงาน (-S. state)

situation comedy รายการหรือละครตลกที่เป็นชุดและมีผู้แสดงประจำทางวิทยุหรือโทรทัศน์ ซึ่งสถานการณ์จะเปลี่ยนแปลงไปทุกตอน

sit-up (ซิท' อัพ) *n.* ท่าออกกำลังกายนอนราบแล้วลุกขึ้นนั่งหลังตรงโดยไม่ขยับขา

Siva (ซี' วะ, ซี'-) *n.* ดู shiva

★**six** (ซิคซ์) *n.* เลขหก, อันดับหก, สิ่งที่มีหกส่วน เช่น มอเตอร์ยานยนต์มีหกสูบ **-at sixes and sevens** อยู่ในสภาพยุ่งเหยิงและสับสน, ไม่ลงรอยกัน **-six** *adj., pron.*

★**sixteen** (ซิคซตีน') *n.* เลขสิบหก, อันดับสิบหก **-sixteen** *adj., pron.*

sixteenth (ซิคซตีนธ์') *n.* อันดับสิบหก, หนึ่งในสิบหกส่วนที่เท่ากัน **-sixteenth** *adv., adj.*

sixth (ซิคซ์ธ์) *n.* อันดับหก, หนึ่งในหกส่วนที่เท่ากัน **-sixth** *adv., adj.*

sixth sense สัมผัสที่หก

sixtieth (ซิค' ซตีอิธ) *n.* อันดับหกสิบ, หนึ่งในหกสิบส่วนที่เท่ากัน **-sixtieth** *adv., adj.*

★**sixty** (ซิคซ' ตี) *n., pl.* **-ties** เลขหกสิบ **-Sixties** จำนวนระหว่าง 60-69, ยุคปี 60 เช่น ปี ค.ศ. 1960-69 **-sixty** *adj., pron.*

★**size**[1] (ไซซ์) *n.* ขนาด *-vt.* **sized, sizing** คัดขนาด, ทำให้ได้ตามขนาด *-adj.* ขนาด (ใหญ่)

size[2] (ไซซ์) *n.* กาวใช้ฉาบหรือเคลือบกระดาษหรือผ้าให้แข็ง *-vt.* **sized, sizing** ทาหรือเคลือบด้วยกาวหรือวัสดุที่คล้ายกันนี้ (-S. (n., v.) glue)

sizzle (ซิซ' เซิล) *vi.* **-zled, -zling** ทำเสียงเหมือนทอดอาหารใดๆ ในน้ำมัน, พลุ่งพล่าน *-n.* เสียงซู่ซ่าเหมือนเสียงทอดอาหาร **-sizzler** *n.*

★**skate** (สเกท) *n.* รองเท้ามีใบมีดโลหะอยู่ข้างใต้สำหรับวิ่งเล่นบนน้ำแข็ง, รองเท้าติดลูกล้อ, การเล่นสเกต *-vi.* **skated, skating** วิ่งลื่นไถลไปมาด้วยรองเท้าดังกล่าว

skateboard (สเกท' บอร์ด, -โบร์ด) *n.* กระดานติดล้อสำหรับยืนและไถลเล่น

skein (สเกน) *n.* ด้ายหรือไหมขดเป็นใจ, ความยุ่งเหยิงเหมือนใจไหมที่พันกันยุ่ง

★**skeleton** (สเกล' ลิเทิน) *n.* โครงกระดูก, โครง, เค้าโครง, คนหรือสัตว์ที่ซูบผอมมาก *-adj.* ที่ลดลงเหลือเป็นส่วนน้อยแค่พอดำเนินการได้, เกี่ยวกับหรือคล้ายโครงกระดูก (-S. (n.) outline)

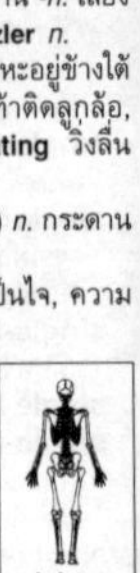

skeleton

skeptic, sceptic (สเกพ' ทิค) *n.* ผู้ที่สงสัยหรือไม่เห็นด้วยกับข้อสรุปที่คนทั่วไปยอมรับ

skeptical, sceptical (สเกพ' ทิเคิล) *adj.* ที่เคลือบแคลงสงสัย, ซึ่งไม่แน่ใจ (-S. doubtful)

sketch (สเกช) *n.* ภาพร่างคร่าวๆ, โครงร่าง, เค้าโครง, การบรรยายสั้นๆ, งานวรรณกรรมอย่างย่อ, เพลงสั้นๆ สำหรับบรรเลงด้วยเปียโน, ช่วงการแสดงล้อเลียนสั้นๆ ในรายการโชว์อันหลากหลาย *-vt., vi.* **sketched, sketching** ร่างคร่าวๆ, วางโครงร่าง (-S. (n., v.) draft)

skewer (สกยู' เออร์) *n.* เหล็กหรือไม้ยาวเสียบอาหารย่าง *-vt.* **-ered, -ering** เสียบเข้าด้วยกันด้วยไม้หรือเหล็กดังกล่าว

★**ski** (สกี) *n., pl.* **skis** สกีเป็นแผ่นไม้ เหล็กหรือพลาสติกแบนๆ ยาว 1 คู่ ที่ด้านหน้าโค้งงอนขึ้น และสามารถติดกับรองเท้าเพื่อใช้เล่นลื่นไถลไปบนหิมะ, สกีน้ำ *-vi., vt.* **skied, skiing** เล่น (กีฬา) ลื่นไถลไปบนสกี **-skier** *n.*

skid (สกิด) *n.* การลื่นไถล, แผ่นไม้หรือท่อนซุง

A B C D E F G H I J K L M N O P Q R S T U V W X Y Z

1 คู่ ที่ใช้เป็นที่รองหรือเป็นทางใช้ไถลของหนัก, ห้ามล้อรถยนต์ *-v.* **skidded, skidding** *-vi.* ลื่นไถล *-vt.* หยุด (ล้อรถยนต์) ด้วยห้ามล้อ

skiff (สกิฟ) *n.* เรือท้องแบนเปิดโล่ง ที่มีหัวแหลมและท้ายเป็นสี่เหลี่ยม ใช้มอเตอร์หรือพาย

★**skilful** (สกิล' เฟิล) *adj.* ดู skillful

★**skill** (สกิล) *n.* ความเชี่ยวชาญชำนาญ, ทักษะ

skilled (สกิลดฺ) *adj.* ชำนาญ, คล่องแคล่ว, (งาน) ที่ต้องใช้ความชำนาญเป็นพิเศษ

★**skillful, skilful** (สกิล' เฟิล) *adj.* เชี่ยวชาญ ชำนาญ, ที่แสดงออกซึ่งความชำนิชำนาญ

skim (สกิม) *vt., vi.* **skimmed, skimming** ช้อนหรือเอาสิ่งที่ลอยอยู่บนพื้นผิวของเหลวออก, สกัดออก, คลุมด้วยฝ้าบนผิวน้ำ, ขว้างให้กระดอนหรือไถลไป, เถลือกไถลผ่านไป, อ่านหรือมองดูผ่านๆ, (คำสแลง) ไม่แจ้ง (ยอดรายได้) ทั้งหมดเพื่อหลีกเลี่ยงการเสียภาษี *-n.* การกระทำดังกล่าว, ฝ้าบนผิว (น้ำ), (คำสแลง) รายได้ที่มาจากการหลบเลี่ยงภาษี (**-S.** (v., n.) extract, scum)

skim/skimmed milk นมที่สกัดครีมออกแล้ว, นมพร่องมันเนย

skimp (สกิมพฺ) *vt., vi.* **skimped, skimping** ทำลวกๆ หรือใช้วัสดุคุณภาพเลว, ตระหนี่, หวง

skimpy (สกิม' พี) *adj.* **-ier, -iest** ขี้เหนียว

★**skin** (สกิน) *n.* ผิวหนัง, หนังสัตว์, เปลือก (ผลไม้), ขนลูกสัตว์, ไส้หมูที่ใช้ยัดทำไส้กรอก, ฝ้าที่ขึ้นแข็งบนผิวหน้าของเหลวเมื่อเย็น, กระติกใส่น้ำทำด้วยหนังสัตว์, (ภาษาพูด) ชีวิต *-v.* **skinned, skinning** *-vt.* ถลกหนัง, ปอกเปลือก, ทำให้เป็นแผลถลอก, ครูดหนังหรือพื้นผิวนอก, คลุมหรือห่อด้วยหนัง, (คำสแลง) ปอกลอก *-vi.* คลุมด้วยฝ้าที่ขึ้นแข็ง, ผ่านไปแบบฉิวเฉียด *-adj.* (คำสแลง) เกี่ยวกับเรื่องลามก (**-S.** (n.) covering, fur (v., n.) peel)

skin-deep (สกิน' ดีพฺ') *adj.* เพียงผิวเผิน

skin diving กีฬาดำน้ำที่ใช้ท่อช่วยหายใจและต้องขึ้นมาหายใจที่ผิวน้ำ

skin flick (คำสแลง) ภาพยนตร์ลามก

skinflint (สกิน' ฟลินทฺ) *n.* คนขี้เหนียว

skinhead (สกิน' เฮด) *n.* (คำสแลง) คนที่โกนผมจนหมดศีรษะ สมาชิกคนหนุ่มสาวผิวขาวที่โกนผมและเป็นพวกแบ่งแยกสีผิว

skink (สกิงคฺ) *n.* จิ้งเหลน

skinny (สกิน' นี) *adj.* **-nier, -niest** ผอมจนเหลือแต่กระดูก, เกี่ยวกับหรือคล้ายหนัง

skint (สกินทฺ) *adj.* (คำสแลง) หมดเนื้อหมดตัว

skintight (สกิน' ไททฺ') *adj.* (เสื้อผ้า) คับแน่น

★**skip** (สกิพ) *vi., vt.* **skipped, skipping** กระโดดโลดเต้นไปมา, กระโดดเชือก, (พูด) ข้ามไปมาไม่อยู่กับร่องกับรอย, กระเด้งกระดอนไปมา, (ภาษาพูด) เปิดหนีไป, (เครื่องยนต์) ไม่ติด, เรียนข้ามชั้น *-n.* การกึ่งวิ่งกึ่งเดินหรือวิ่งเหยาะๆ, การละเลยข้ามไป (**-S.** (n., v.) hop, jump)

skipper (สกิพ' เพอรฺ) *n.* กัปตันเรือ, กัปตันทีมกีฬา, ผู้นำ **-skipper** *v.* (**-S.** captain)

skirmish (สเกอรฺ' มิช) *n.* การต่อสู้กันอย่างประปราย, การโต้เถียงกันเล็กน้อย *-vi.* **-mished, -mishing** ปะทะคารมหรือทะเลาะเบาะแว้งแบบดังกล่าว **-skirmisher** *n.* (**-S.** (n., v.) encounter)

★**skirt** (สเกิรทฺ) *n.* กระโปรง, ขอบเขต, (คำสแลง) คำที่ใช้เรียกผู้หญิงเชิงดูถูก *-vt., vi.* **skirted, skirting** ล้อม, อ้อมไป, หลีกเลี่ยง

skit (สกิท) *n.* งานเขียนเสียดสี ล้อเลียนขนาดสั้น

skulk (สกัลคฺ) *vi.* **skulked, skulking** ซุ่มซ่อน, สิงสู่, หลบๆ ซ่อนๆ, หลบเลี่ยง (**-S.** hide)

skull (สกัล) *n.* หัวกะโหลก, (ภาษาพูด) หัวสมอง, หัวคนตาย **-the skull and crossbones** หัวกะโหลกและกระดูกไขว้ เป็นสัญลักษณ์แห่งความตายหรืออันตราย แต่ก่อนใช้ในธงเรือโจรสลัด

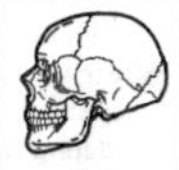
skull

skunk (สกังคฺ) *n.* ตัวสกังค์, ขนของตัวสกังค์, (คำสแลง) คนที่น่ารังเกียจ

★**sky** (สไก) *n., pl.* **skies** (สไกซฺ) ท้องฟ้า, จุดสูงสุด, สรวงสวรรค์

sky blue สีฟ้าอ่อน

skylight (สไก' ไลทฺ) *n.* ช่องรับแสงบนหลังคา

skyline (สไก' ไลนฺ) *n.* เส้นขอบฟ้า, โครงตึกหรือแนวเขาที่เห็นตัดกับท้องฟ้า

★**skyscraper** (สไก' สเกรเพอรฺ) *n.* ตึกระฟ้า

skywriting (สไก' ไรทิง) *n.* การเขียนตัวหนังสือบนฟ้าด้วยการปล่อยควันจากเครื่องบิน

slab (สแลบ) *n.* แผ่นหรือชิ้น (เค้ก หินหรือเนย), ส่วนของท่อนซุงที่เหลือหลังจากตัดเป็นไม้ท่อนสี่เหลี่ยมแล้ว *-vt.* **slabbed, slabbing** ทำให้เป็นแผ่นหรือชิ้นดังกล่าว, ปูลาดด้วยแผ่นหรือชิ้นดังกล่าว, ตัดแต่ง (ท่อนซุง) ด้วยการตัดส่วนนอกออกให้เป็นไม้ท่อนสี่เหลี่ยม

slack (สแลค) *adj.* **slacker, slackest** เนือย, เชื่องช้า, เฉื่อยชา, (ธุรกิจ) ซบเซา, หละหลวม, หย่อน, ละเลย, เกียจคร้าน, (น้ำ) ไหลเอื่อยๆ *-v.* **slacked, slacking** *-vt.* ทำให้หย่อนยานหรือหละหลวม, ละเลย (หน้าที่), เจือ (ปูน) กับ

น้ำ *-vi.* ทำแบบเกียจคร้าน, หลบเลี่ยงงาน *-n.* (เชือก) ส่วนที่หย่อนยาน, ความเลินเล่อ, ความเงื่องหงอยซบเซา, ความนิ่งสงบของลมหรือสายน้ำ, พื้นน้ำส่วนที่นิ่ง, ความสามารถที่ไม่ได้ใช้ *-adv.* แบบเอื่อยเฉื่อย **-slacks** กางเกงขายาวใส่สบายๆ (**-S.** (adj.) slow **-A.** (adj.) tense)

slag (สแลก) *n.* กากจากการถลุงแร่โลหะ

slain (สเลน) *v.* กริยาช่อง 3 ของ slay

slake (สเลค) *v.* **slaked, slaking** *-vt.* ดับ (กระหาย), ระงับ, ทำให้สดชื่นโดยการให้น้ำและความชุ่มชื้น, ผสม (ปูน) กับน้ำ *-vi.* ละลายหรือทำให้ (ปูน) แตกแยกออกไม่จับตัวกัน

★**slam** (สแลม) *vt., vi.* **slammed, slamming** ปิดอย่างแรงและดัง, ทำสิ่งใดๆ อย่างดังๆ แรงๆ, ตีอย่างแรง, (คำสแลง) ด่าว่าอย่างรุนแรง, ตบดังโครมๆ *-n.* การกระทำอย่างรุนแรงให้เกิดเสียงดัง, เสียงดังที่เกิดจากการกระทำดังกล่าว

slam-dunk, slam dunk (สแลม' ดังค์') *n.* การยัดลูกลงห่วงอย่างรุนแรงและรวดเร็วในกีฬาบาสเกตบอล

slander (สแลน' เดอร์) *n.* การกล่าวหมิ่นประมาท, การให้ร้ายป้ายสี *-vt., vi.* **-dered, -dering** กล่าวให้ร้าย (**-S.** (n., v.) libel)

★**slang** (สแลง) *n.* คำสแลง, ภาษาที่เข้าใจกันเฉพาะกลุ่ม **-slangy** *adj.* (**-S.** jargon)

slant (สแลนท์) *vt., vi.* **slanted, slanting** ทำให้เอนเอียง, เบี่ยงเบน, บิดเบือน *-n.* เส้นลาดเอียง, ทางลาดเอียง, พื้นลาด, เครื่องหมายขีดทแยง (/), อคติ (**-S.** (v., n.) prejudice, slope)

★**slap** (สแลพ) *n.* การตบ, เสียงตบ, การตำหนิอย่างรุนแรง *-vt., vi.* **slapped, slapping** ตบ, วางลงอย่างดัง, สะบัด (พู่กัน) ป้าย (สีใส่ผนัง), ตำหนิอย่างรุนแรง *-adv.* (ภาษาพูด) อย่างรุนแรง

slapdash (สแลพ' แดช) *adj., adv.* อย่างลวกๆ

slapstick (สแลพ' สติค) *n.* การแสดงตลกที่มีการไล่ตีกันแบบไร้สาระและป่าเถื่อน, ไม้ที่ตีแล้วมีเสียงดังที่ใช้ในการแสดงตลกแบบดังกล่าว

slash (สแลช) *vt., vi.* **slashed, slashing** กรีด, ฉีก, ฟัน, เฉือน, ชำแหละ, หวด, เฆี่ยน, ทำให้เป็นรอยฟันเหวอะหวะ, ดุด่าอย่างรุนแรง, ตัดทอนลง, ฝ่าฟันไป, แหวกทาง *-n.* รอยกรีดเป็นทางยาว, รอยฟันเหวอะหวะ, รอยแยก, รอยตะเข็บ, กิ่งไม้หรือซากที่เหลือบนพื้นป่าหลังจากการตัดท่อนไม้, เครื่องหมายขีดทแยง (/)

slat (สแลท) *n.* บานเกล็ด, แผ่นไม้หรือโลหะบางๆ ในมู่ลี่ **-slats** (คำสแลง) ซี่โครง

slate (สเลท) *n.* หินชนวน, แผ่นหินดังกล่าวที่ตัดทำเป็นวัสดุมุงหลังคาหรือทำเป็นกระดานชนวน, กระดานชนวน, บันทึก, บัญชีรายชื่อผู้สมัครรับเลือกตั้งของพรรคการเมือง, สีเทาน้ำเงินหรือเทาดำ *-vt.* **slated, slating** มุงหลังคาด้วยวัสดุดังกล่าว, ลงบัญชีรายชื่อผู้สมัครรับเลือกตั้ง, กำหนด, ระบุ, ตำหนิ (**-S.** (v.) criticize)

slaughter (สลอ' เทอร์) *n.* การฆ่าสัตว์เพื่อเป็นอาหาร, การฆ่าคนจำนวนมากๆ *-vt.* **-tered, -tering** ฆ่า (สัตว์) เป็นอาหาร, ฆ่าคนจำนวนมาก, ฆ่าอย่างทารุณโหดร้าย (**-S.** (n.) killing)

slaughterhouse (สลอ' เทอร์เฮาซ์) *n.* โรงฆ่าสัตว์, ฉากการเข่นฆ่าผู้คน

slave (สเลฟว์) *n.* ทาส, ผู้ที่ตกเป็นทาสของผู้ใดหรือสิ่งใดๆ, คนที่ทำงานอย่างหนัก, เครื่องจักรที่ถูกควบคุมด้วยเครื่องจักรอื่น *-vi.* **slaved, slaving** ทำงานหนักอาบเหงื่อต่างน้ำ, ค้าทาส

slavery (สเล' วะรี, สเลฟว์' รี) *n., pl.* **-ies** ระบบทาส, การเป็นทาส, การมีทาส, การตกเป็นทาสของสิ่งใดๆ, การทำงานหนักหามรุ่งหามค่ำ

slaw, coleslaw, cole slaw (สลอ, โคล' สลอ) *n.* สลัดกะหล่ำปลีหั่นฝอยใส่มายองเนส

slay (สเล) *vt.* **slew** (สลู), **slain, slaying** ฆ่า

sled, sledge (สเลด, สเลจ) *n.* เลื่อนใช้ลากบนหิมะหรือที่ขรุขระ *-vt., vi.* **sledded, sledding/sledged, sledging** บรรทุกบนเลื่อน, ขี่เลื่อน **-sledder** *n.*

sled, sledge

sledgehammer (สเลจ' แฮมเมอร์) *n.* ค้อนขนาดใหญ่ใช้ตอกลิ่มหรืองานหนักอื่นๆ โดยจับ 2 มือ *-adj.* อำมหิต (**-S.** (adj.) cruel)

sleek (สลีค) *adj.* **sleeker, sleekest** เป็นเงางาม, เจริญเติบโต, เรียบร้อยประณีต, งอกงาม, แนบเนียน, กลมกลืน, ลื่น *-vt.* **sleeked, sleeking** ทำให้เป็นดังกล่าว, (เคลือบ) เป็นมัน **-sleekly** *adv.* **-sleekness** *n.* (**-S.** (adj.) shiny)

★**sleep** (สลีพ) *n.* การนอนหลับ, ช่วงเวลาการนอนหลับ, การจำศีล, ความตาย, การหมดสติ, ความสงบนิ่ง, การหุบกลีบหรือใบของดอกไม้ในตอนกลางคืนหรือตอนไม่มีแสง *-v.* **slept, sleeping** *-vi.* นอนหลับ, อยู่ในสภาพเหมือนนอนหลับ *-vt.* ทำให้ผ่านไปหรือฆ่าเวลาโดยการนอน, จัดหาที่นอนให้ (**-S.** (v., n.) rest)

sleeper (สลี' เพอร์) *n.* ผู้ที่นอนหลับ, รถไฟตู้นอน, สิ่งที่ได้รับความสำเร็จโดยไม่คาดฝันหรือม้ามืด, ไม้หมอนรถไฟ **-sleepers** ชุดนอน

A B C D E F G H I J K L M N O P Q R S T U V W X Y Z

ของเด็กที่สวมหุ้มเท้าด้วย

sleeping bag ถุงนอน

sleeping car รถไฟตู้นอน

sleeping partner หุ้นส่วนที่ไม่ได้ร่วมบริหารกิจการด้วย

sleeping pill/tablet ยานอนหลับ

sleepless (สลีพ' ลิซ) *adj.* อดนอน, นอนไม่หลับ, ตื่นตัวตลอดเวลา, ไม่ยอมพักผ่อน **-sleeplessly** *adv.* (**-S.** restless)

sleepwalking (สลีพ' วอคิง) *n.* การละเมอลุกขึ้นเดินหรือทำสิ่งใดๆ ขณะนอนหลับหรืออยู่ในสภาพหลับใหล **-sleepwalk** *v.*

sleepy (สลี' พี) *adj.* **-ier, -iest** ง่วงนอน, งัวเงีย, ชวนให้อยากนอน, เงียบเชียบ, เงื่องหงอย **-sleepily** *adv.* **-sleepiness** *n.* (**-S.** drowsy)

sleepyhead (สลี' พีเฮด) *n.* คนขี้เซา

sleepy sickness โรคเยื่อหุ้มสมองอักเสบ มีอาการเฉื่อยชา กล้ามเนื้ออ่อนแอ

sleet (สลีท) *n.* ฝนที่ตกเป็นลูกเห็บ, ฝนตกปนกับหิมะหรือลูกเห็บ, เกล็ดน้ำแข็งที่เคลือบอยู่บนต้นไม้หรือถนนเมื่อฝนดังกล่าวแข็ง *-vi.* **sleeted, sleeting** (ฝน) ตกลงมาเป็นลูกเห็บ **-sleety** *adj.*

★**sleeve** (สลีฟว์) *n.* ซองใส่แผ่นเสียง, แขนเสื้อ

sleigh (สเล) *n.* เลื่อน **-sleigher** *n.*

sleight (สไลท์) *n.* ความชำนาญ, เล่ห์เหลี่ยม

slender (สเลน' เดอร์) *adj.* **-er, -est** อรชรอ้อนแอ้น, น้อยนิดแทบไม่พอ **-slenderly** *adv.* **-slenderness** *n.* (**-S.** slim **-A.** fat)

slept (สเลพท์) *v.* กริยาช่อง 2 และ 3 ของ sleep

slew (สลู) *v.* กริยาช่อง 2 ของ slay

★**slice** (สไลซ์) *n.* ชิ้นแผ่นบางๆ, ส่วนแบ่ง, มีดใบมีดกว้างที่ใช้ตัดและเสิร์ฟอาหาร, อุปกรณ์ที่คล้ายมีดดังกล่าวใช้เกลี่ยหมึกพิมพ์, การตีลูกโค้งในกีฬากอล์ฟหรือเทนนิส, ทางที่ตีลูกโค้งออกไปดังกล่าว *-vt., vi.* **sliced, slicing** แบ่งเป็นชิ้นบางๆ หรือเป็นแว่นๆ, เฉือน, เจียน, แล่, ตัดหั่นหรือผ่าด้วยมีด, แบ่งออกเป็นส่วนๆ, เกลี่ย, ตี (ลูกบอล) โค้ง (**-S.** (n., v.) segment (v.) divide)

slick (สลิค) *adj.* **slicker, slickest** เรียบลื่นเป็นมัน, เจ้าเล่ห์, กะล่อน, ลื่นไหล, คล่องแคล่ว, สุขุม *-n.* พื้นที่เรียบลื่นเป็นมัน, น้ำมันที่ลอยฉาบอยู่ด้านบน, ร่องรอยของวัสดุที่ลอยอยู่เหนือน้ำ, ยางล้อรถแข่งที่มีดอกยางเรียบ, (ภาษาพูด) นิตยสารที่พิมพ์ด้วยกระดาษมันคุณภาพสูง, อุปกรณ์ที่ทำให้พื้นเรียบลื่นเช่นสิว *-vt.* **slicked, slicking** ทำให้เรียบลื่นเป็นมัน, (ภาษาพูด) ทำให้ประณีตเรียบร้อย (**-S.** (adj., v.) smooth)

slid (สลิด) *v.* กริยาช่อง 2 และ 3 ของ slide

★**slide** (สไลด์) *vi., vt.* **slid, sliding** ไถล, ลื่นไถล, แอบหลบ (ออกไป), ร่อน, เลื้อย, ลดต่ำลง *-n.* การลื่นไถล, ทางลาดลื่น, กระดานลื่นเด็กเล่น, ส่วนที่มีลักษณะเป็นตัว U ของทรอมโบนซึ่งเป็นแตรทองเหลืองชนิดหนึ่งที่ใช้ชักเข้าออกให้เกิดเสียงหลายระดับ, การลดต่ำลง, การถล่มของหินหรือหิมะ, สไลด์ภาพนิ่ง, แผ่นกระจกขนาดเล็กที่ใช้วางสิ่งที่จะตรวจสอบใต้กล้องจุลทรรศน์ (**-S.** (v., n.) slip)

slide rule เครื่องมือทางคณิตศาสตร์ที่ใช้คำนวณ

★**slight** (สไลท์) *adj.* **slighter, slightest** เล็กน้อย, บอบบาง, อ่อนแอ, ไม่สลักสำคัญ *-vt.* **slighted, slighting** ดูถูกดูแคลน, ไม่ให้ความสำคัญ, ทอดทิ้ง, ละเลย, ประมาท *-n.* การดูถูกดูแคลน, การบอกปัดอย่างไม่ไยดี (**-S.** (adj.) insignificant (v.) ignore (n.) contempt **-A.** (v., n.) praise)

★**slightly** (สไลท์ ลี) *adv.* บอบบาง, ค่อนข้าง, บ้าง, เล็กน้อย (**-S.** somewhat)

slim (สลิม) *adj.* **slimmer, slimmest** ผอม, บอบบาง, เอวบางร่างน้อย, น้อยนิด *-vi., vt.* **slimmed, slimming** ผอมลง, ลดน้ำหนัก **-slimly** *adv.* **-slimness** *n.* (**-S.** (adj., v.) thin)

slime (สไลม์) *n.* น้ำเมือก, สิ่งที่น่ารังเกียจ

slimline (สลิม' ไลน์) *adj.* ไม่เทอะทะ, (เครื่องดื่ม) มีน้ำตาลน้อย

slimy (สไล' มี) *adj.* **-ier, -iest** เป็นเมือกลื่นน่าขยะแขยง, ชั่วร้ายเลวทราม, (ภาษาพูด) ทำเป็นมิตรและน่าคบหาแบบไม่จริงใจ (**-S.** oily)

sling[1] (สลิง) *n.* ผ้าคล้องแขนหรือมือที่เจ็บ, สายสะพายปืน, หนังสติ๊ก, สายรั้งรองเท้าเหนือส้นรองเท้าเปิดส้นของสตรี, การขว้างหรือยิงลูกกระสุน *-vt.* **slung, slinging** โยน, ขว้าง, ปา, พาด, แขวน, แกว่ง, คล้อง, ชักรอก

sling[2] (สลิง) *n.* เหล้าบรั่นดี วิสกี้และยินผสมน้ำตาลและเติมรสมะนาว

slingshot (สลิง' ชอท) *n.* หนังสติ๊ก

slink (สลิงค์) *v.* **slunk/slinked, slinking** *-vi.* แอบด้อมๆ มองๆ หรือหลบไป *-vt.* คลอดก่อนครบกำหนด *-n.* สัตว์ที่เกิดก่อนกำหนด *-adj.* ซึ่งเกิดหรือคลอดก่อนกำหนด **-slinkingly** *adv.*

★**slip[1]** (สลิพ) *v.* **slipped, slipping** *-vi.* ลื่นแฉลบ, ลดลง, เล็ดลอด, พลาด, ไหล, เลื่อน, ล่วงเลยไป, ลอบ, หลบๆ ซ่อนๆ, แอบ, หลุดรอด *-vt.* ทำให้ลื่นไถล, สอด, ถอด (เสื้อ), หนีพ้น, ลื่น, หลบหลีก, กลิ้ง, เล็ดลอด, (สัตว์) ออกลูกก่อนกำหนดหรือแท้งลูก, ปล่อย (สุนัขหรือเหยี่ยว)

A B C D E F G H I J K L M N O P Q R S T U V W X Y Z

ให้ตามล่าเหยื่อ, คลาย, ทำให้ (กระดูก) แพลง หรือเคลื่อน, แอบให้ (เงิน) -*n.* ความผิดพลาด, ชุดชั้นในสตรี, การลื่นไถล, การลื่นล้ม, ทางลาดลงทะเลสำหรับสร้างหรือซ่อมเรือ, ท่าเทียบเรือ, ปลอกหมอน (**-S.** (v., n.) slide)

★**slip²** (สลิพ) *n.* หน่อ, ตาต้นไม้, กิ่งตอน, ชิ้นใดๆ ที่เรียวยาว, คนหนุ่มสาวที่เอวบางร่างน้อย, กระดาษชิ้นเล็กๆ เช่น ใบเสร็จ, ช่องสำหรับนั่งฟังเทศน์ในโบสถ์ -*vt.* **slipped, slipping** ตัดกิ่งตอน (**-S.** (n.) strip)

slipper (สลิพ' เพอร์) *n.* รองเท้าทรงเตี้ยๆ แบนๆ ที่ใส่และถอดง่าย ใช้ใส่ในบ้าน **-slippered** *adj.*

★**slippery** (สลิพ' พะรี) *adj.* **-ier, -iest** ลื่น, หลุดมือง่าย, หลอกลวง (**-S.** greasy)

slipway (สลิพ' เว) *n.* ทางลาดลงทะเลสำหรับเอาเรือขึ้นหรือลงน้ำ

slit (สลิท) *n.* รอยแยกหรือแตกยาว, ร่อง, ช่องโหว่ -*vt.* **slit, slitting** ผ่า, ปริ, เป็นแผลแยก

slither (สลิธ' เธอร์) *vi., vt.* **-ered, -ering** ลื่นไถล, เดินตุปัดตุเป๋, เลื้อย -*n.* การกระทำดังกล่าว

sliver (สลิฟ' เวอร์) *n.* เศษ (แก้ว), สะเก็ด, ชิ้นเล็กชิ้นน้อย, (ผืนดิน) ส่วนเล็กๆ -*vt., vi.* **-ered, -ering** กะเทาะให้แตกแยกออกเป็นเศษๆ

slobber (สลอบ' เบอร์) *vi., vt.* **-bered, -bering** ปล่อยให้น้ำลายไหล, พูดละล่ำละลัก -*n.* น้ำลายที่ไหลออกมา, การพูดแบบละล่ำละลัก, การแสดงออกมากเกินไปแบบฟูมฟาย **-slobbery** *adj.*

slog (สลอก) *v.* **slogged, slogging** -*vi.* เดินไปอย่างยากลำบากและเชื่องช้า, ทำงานอย่างขยันขันแข็งเป็นเวลายาวนาน -*vt.* ดั้นด้นเดินไป, ตีอย่างแรง -*n.* การเดินหรืองานหนักอันยาวนานและน่าเหนื่อยอ่อน **-slogger** *n.*

slogan (สโล' เกิน) *n.* สโลแกน เป็นข้อความสั้นๆ จำง่าย ที่ใช้จำกัดความสินค้า องค์กรหรือผู้สมัครรับเลือก, คำขวัญ (**-S.** catchword)

sloop (สลูพ) *n.* เรือใบขนาดเล็กมีเสาเดียว

slop¹ (สลอพ) *n.* น้ำที่หกหรือกระจาย, ดิน โคลนเลน, การพูดหรือการเขียนที่เลื่อนเปื้อนไร้สาระ, อาหารที่เป็นน้ำหรือซุปที่ดูไม่น่ารับประทาน -*v.* **slopped, slopping** -*vi.* ทำหกหรือกระจาย, ไหลล้น, เดินอย่างยากลำบาก เช่น เดินในโคลน, พูดพล่ามน่ารำคาญ -*vt.* ทำ (น้ำ) หก, เสิร์ฟอย่างงุ่มง่าม, ให้อาหารที่เละแก่ (สัตว์)

slop² (สลอพ) *n.* ชุดคลุมตัวหลวม เช่น ชุดคลุมกันเปื้อนเต็มตัวสวมหัวของเด็ก **-slops** เสื้อผ้าหรือเครื่องนอนที่แจกจ่ายหรือขายให้กับกะลาสีหรือทหารเรือ, เสื้อผ้าสำเร็จรูปราคาถูก

★**slope** (สโลพ) *v.* **sloped, sloping** -*vi.* ลาด, เอียง, ทแยง -*vt.* ทำให้ลาดเอียงหรือทแยง -*n.* ทางหรือพื้นลาด, เส้นทแยง, เนิน, การหันเหหรือเฉออกจากเส้นตรงแนวนอน, จำนวนองศาของการหันเหหรือเฉดังกล่าว (**-S.** (v., n.) incline)

sloppy (สลอพ' พี) *adj.* **-pier, -piest** ไม่เรียบร้อย, ไม่ใส่ใจ, ฟูมฟาย, เละ, เลอะเทอะ **-sloppily** *adv.* **-sloppiness** *n.* (**-S.** messy)

slosh (สลอช) *vt., vi.* **sloshed, sloshing** ฝ่าน้ำหรือโคลน, (น้ำ) หกหรือกระจาย, ทำให้ (น้ำ) กระเพื่อม -*n.* โคลนเลน, เสียงน้ำกระจาย

slot (สลอท) *n.* ช่องในเครื่องหยอดเหรียญหรือตู้ไปรษณีย์, ตำแหน่งในลำดับ -*vt.* **slotted, slotting** เจาะเป็นช่อง, ใส่ในช่อง (**-S.** (n., v.) hole)

sloth (สลอธ, สโลธ) *n.* ความเกียจคร้าน, ตัวสโลท เป็นสัตว์คล้ายหมี อาศัยอยู่บนต้นไม้ เคลื่อนไหวช้า, ฝูงหมี (**-S.** idleness)

slot machine เครื่องเล่นเกมพนันหรือตู้สินค้าที่ใช้เหรียญหยอดในช่องหยอดเหรียญ

slouch (สเลาช์) *v.* **slouched, slouching** -*vi.* นั่ง ยืนหรือเดินตัวงอ, ลู่หรือหลุบลง -*vt.* ทำให้ห้อยยาน, ก้มลง -*n.* (คำสแลง) คนโง่หรือเฉื่อยชา, ท่านั่ง ยืนหรือเดินแบบดังกล่าว

slovenly (สลัฟ' เวินลี) *adj.* ไม่เรียบร้อย, ลวกๆ, ไม่ใส่ใจ, ส่งเดช (**-S.** disorderly **-A.** neat)

★**slow** (สโล) *adj.* **slower, slowest** ช้า, ไม่ฉลาด, นาน, ลังเล, รีรอ, น่าเบื่อหน่าย -*adv.* **slower, slowest** ช้ากว่าเวลาปกติ, เชื่องช้า -*vt., vi.* **slowed, slowing** ทำให้ช้าลง, ผัด, หน่วงเหนี่ยว **-slowly** *adv.* (**-S.** (adj.) unhurried (v.) impede **-A.** (adj., adv.) fast)

slow loris ลิงลม

slow motion, slo-mo เทคนิคการตัดต่อฟิล์มภาพยนตร์ ทำเป็นภาพเคลื่อนไหวช้ากว่าปกติ

sludge (สลัจ) *n.* โคลนเลน, ปลักตม, การเกาะกันของเซลล์เม็ดเลือด, กาก, ตะกอน

slug¹ (สลัก) *n.* สัตว์คล้ายทากแต่ไม่มีเปลือก, (ภาษาพูด) คนขี้เกียจ

slug² (สลัก) *n.* กระสุน, (ภาษาพูด) เหล้าจำนวน 1 อึก, แถบโลหะที่ใช้เพิ่มช่องว่างระหว่างตัวพิมพ์, แถวของตัวพิมพ์ที่ทำเป็นชิ้นหรือแถบเดียวโดยเครื่องเรียงพิมพ์, ตัวพาดหัวสั้นๆ มักจะเป็นคำเดียวใช้บอกชื่อเรื่อง

sluggish (สลัก' กิช) *adj.* (ไหล) เอื่อยๆ, เนือยๆ, เกียจคร้าน, ช้า, อืดอาดยืดยาด, เฉื่อยชา **-sluggishly** *adv.* (**-S.** inert, lazy, slow **-A.** active)

sluice (สลูซ) *n.* ทางน้ำที่ทำขึ้นมาโดยให้มี

A B C D E F G H I J K L M N O P Q R S T U V W X Y Z

ประตูกั้นปิดเปิดน้ำ, ประตูกั้นน้ำ, น้ำที่กักไว้หลังประตูกั้นน้ำ, ทางลาดตลอดแนวยาวที่มีน้ำไหลใช้ขนท่อนซุงหรือเพื่อชะล้างแยกแร่ทองคำ, ช่องที่ทำขึ้นเพื่อรับน้ำที่ล้นเอ่อ *-v.* **sluiced, sluicing** *-vt.* ทำให้เปียกโชกหรือแช่ด้วยกระแสน้ำที่ปล่อยออกมา, ทำให้ (น้ำ) ไหลเข้าและออกด้วยประตูกั้นน้ำ, ชะล้างด้วยน้ำที่ไหลในทางลาดดังกล่าว, ส่ง (ท่อนไม้) ลงมาตามทางลาดดังกล่าว *-vi.* ไหลออกมาจากประตูกั้นน้ำ

slum (สลัม) *n.* แหล่งเสื่อมโทรม, สลัม, (ภาษาพูด) สถานที่อันสกปรกรุงรังมาก *-vi.* **slummed, slumming** ไปเยี่ยมสลัม

slumber (สลัม' เบอร์) *vt., vi.* **-bered, -bering** นอนหลับ, สงบนิ่ง, ไม่ไหวติง *-n.* การนอนหลับ, สภาพสงบนิ่งไม่ไหวติง (**-S.** (v., n.) sleep)

slump (สลัมพ์) *vi.* **slumped, slumping** ทรุดลง, ตกลง, ยุบลง, พับลง, งุ้มลง *-n.* การมีอาการดังกล่าว, ท่างุ้มลง, การตกต่ำลง, ช่วงเวลาตกต่ำทางธุรกิจอย่างมาก (**-S.** (v.) sink)

slung (สลัง) *v.* กริยาช่อง 2 และ 3 ของ sling[1]

slunk (สลังค์) *v.* กริยาช่อง 2 และ 3 ของ slink

slur (สเลอร์) *vt.* **slurred, slurring** พูดอ้อแอ้, ทำแบบไม่ใส่ใจ, ร้องเพลงทอดเสียงไปอย่างราบรื่นไม่หยุดเว้น, ทำเครื่องหมายให้ทอดเสียงในเพลง, ทำให้เลือนหรือเลอะ *-n.* ถ้อยคำใส่ร้าย, การพูดอ้อแอ้, เส้นโค้งที่เชื่อมตัวโน้ตบอกให้รู้ว่าให้เล่นคลอไปไม่ขาดเสียง, ช่วงที่เล่นและร้องแบบดังกล่าว, รอยพิมพ์เลือนหรือเลอะ

slush (สลัช) *n.* หิมะหรือน้ำแข็งที่ละลาย, โคลนเลน, ปลักตม, น้ำมันหรือไขมันที่ทิ้งจากเรือ, การพูดหรือเขียนที่แสดงความรู้สึกมากเกินไป,น้ำมันหล่อลื่นเครื่องจักร,น้ำเชื่อมปรุงรสราดน้ำแข็งบด

slut (สลัท) *n.* หญิงแพศยา, โสเภณี (**-S.** whore)

sly (สไล) *adj.* **slier** (สไล' เออร์), **sliest** (สไล' เอซท์)/**slyer, slyest** เจ้าเล่ห์, มารยา, มีเลศนัย, ขี้โกง (**-S.** foxy, secret, shrewd **-A.** direct)

smack[1] (สแมค) *vt., vi.* **smacked, smacking** จูบเสียงดังจ๊วบ, กินเสียงดังจั๊บจั๊บ, ตีหรือฟาดอย่างแรงและดัง, ชนดังโครม *-n.* เสียงดังจากการกระทำดังกล่าว, การจูบเสียงดังจ๊วบ, การตี ต่อยหรือตบอย่างแรง *-adv.* ด้วยเสียงดังและแรง, (อยู่กลางเมือง) พอดี

smack[2] (สแมค) *n.* กลิ่นหรือรสชาติอันเฉพาะตัว, ร่องรอย, ข้อชวนคิด, จำนวนเล็กน้อย *-vi.* **smacked, smacking** มีกลินหรือรสชาติอันเฉพาะตัว, บ่งบอก

smack[3] (สแมค) *n.* เรือใบลำเล็กใช้หาปลา

★**small** (สมอล) *adj.* **smaller, smallest** เล็ก, น้อย, เบา, ไม่สำคัญ, คับแคบ, ย่อย, ถ่อมตัว, เบ็ดเตล็ด, ต่ำต้อย, (เหล้า) รสอ่อน *-adv.* เป็นชิ้นเล็กๆ, อย่างนุ่มนวล, อย่างถ่อมตัว *-n.* สิ่งที่มีขนาดเล็ก (**-S.** (adj.) tiny **-A.** (adj.) large)

small arm ปืนพก

small beer เบียร์รสอ่อน, สิ่งที่ไม่สลักสำคัญ

small change เหรียญที่มีมูลค่าต่ำ, สิ่งไร้ค่า

small fry เด็กเล็กๆ, ปลาเล็กๆ หรือลูกปลา, คนหรือสิ่งที่ไม่สำคัญ

smallholding (สมอล' โฮลดิง) *n.* ผืนดินขนาดเล็กที่ซื้อหรือเช่าเพื่อเพาะปลูก **-smallholder** *n.*

small hours ช่วงเวลาหลังเที่ยงคืนเล็กน้อย

small intestine ลำไส้เล็ก

small-minded (สมอล' ไมน' ดิด) *adj.* ใจแคบ

smallpox (สมอล' พอคซ) *n.* ไข้ทรพิษหรือฝีดาษ

small-scale (สมอล' สเกล') *adj.* (ขนาด) ย่อส่วน, พอประมาณ

★**smart** (สมาร์ท) *adj.* **smarter, smartest** โก้เก๋, ฉลาด, เฉียบคม, สดใส, หัวไว, ทะลึ่ง, อวดดี, กระฉับกระเฉง, เจ้าเล่ห์, หรูหรา, เข้าสมัย, เกี่ยวกับเครื่องมืออัตโนมัติระดับสูงที่เลียนแบบความฉลาดของมนุษย์, ทรงคุณวุฒิ *-vi.* **smarted, smarting** ทำให้เจ็บเหมือนโดนสัตว์กัดต่อย, เจ็บแสบ, ทุกข์ใจหรือโศกเศร้าฉับพลัน, ได้รับการลงโทษอย่างแสนสาหัส *-n.* ความเจ็บปวดรวดร้าวทางร่างกายหรือจิตใจ (**-S.** (adj.) clever)

smart card บัตรที่คล้ายบัตรเครดิตออกโดยบริษัทห้างร้านต่างๆ ใช้เก็บข้อมูล เช่น การโอนเงินหรือการสะสมยอดของลูกค้าเจ้าของบัตร

smash (สแมช) *vt., vi.* **smashed, smashing** ทำให้แตกละเอียดเป็นชิ้นๆ, ชน, กระทบ, ทำลายล้าง, ตบลูก (บอล) ลงอย่างแรง, ถูกบดขยี้, ล้มละลาย *-n.* การทำให้แตกละเอียด, เสียงจากการทำดังกล่าว, ความหายนะ, การล้มละลาย, การชนกัน, เครื่องดื่มทำจากมินต์ น้ำตาล โซดาและบรั่นดี, เครื่องดื่มอัดก๊าซไม่มีแอลกอฮอล์ที่ทำจากผลไม้บด, การตีฟาดลงมาอย่างแรง เช่นในการเสิร์ฟลูกในกีฬาเทนนิส *-adv.* ด้วยการชนอย่างรุนแรงและทันทีทันใด (**-S.** (v., n.) shatter)

smashing (สแมช' ชิง) *adj.* อย่างแรงและดัง, (ภาษาพูด) วิเศษมาก **-smashingly** *adv.*

smattering (สแมท' เทอริง) *n.* ความรู้แบบผิวเผินไม่แตกฉาน, จำนวนน้อยนิด

SME ย่อจาก Small (and) Medium-size Enterprises ธุรกิจขนาดย่อม

smear (สเมียร์) *vt., vi.* **smeared, smearing**

A B C D E F G H I J K L M N O P Q R S T U V W X Y Z

ทา, ละเลง, ทำให้เปื้อนเลอะเทอะ, ทำลายชื่อเสียง, ประจาน, ประณาม, ใส่ร้ายป้ายสี, (คำสแลง) ทำให้แพ้ราบคาบ -*n.* รอยเปื้อนหรือด่าง, มลทิน, การให้ร้าย, สิ่งที่ใช้ทาหรือละเลง, ตัวอย่าง (เลือด) ที่ใช้ละเลงบนสไลด์สำหรับส่องกล้องตรวจสอบหรือบนจานเพาะเชื้อ

★**smell** (สเมล) *vt., vi.* **smelled/smelt, smelling** ดม, ได้กลิ่น, ส่งกลิ่น, มีกลิ่นไอของ, เหม็น, ปรากฏให้เห็นว่าไม่ซื่อสัตย์ -*n.* ประสาทรับกลิ่น, กลิ่น, การดมกลิ่น, กลิ่นอาย (ของความสำเร็จ) **-smell a rat** (คำสแลง) รู้สึกถึงสิ่งไม่ชอบมาพากล (**-S.** (v., n.) scent)

smelly (สเมล' ลี) *adj.* **-ier, -iest** เหม็น

smelt[1] (สเมลท์) *vt., vi.* **smelted, smelting** ถลุง (แร่)

smelt[2] (สเมลท์) *v.* กริยาช่อง 2 และ 3 ของ smell

★**smile** (สไมล์) *n.* การยิ้ม, รอยยิ้ม -*vi., vt.* **smiled, smiling** ยิ้ม, แย้มสรวล, ยิ้มให้

smite (สไมท์) *vt., vi.* **smote, smitten/smote, smiting** ฟาด, เฆี่ยน, ตบหรือตีด้วยอาวุธ

smith (สมิธ) *n.* ช่างทำเครื่องโลหะ เช่น เงิน, ช่างตีเหล็ก, ช่างทำกุญแจ, ช่าง

smithereens (สมิธธะรีนซ์') *n. pl.* (ภาษาพูด) ชิ้นเล็กชิ้นน้อย (**-S.** bits)

smitten (สมิท' เทิน) *v.* กริยาช่อง 3 ของ smite

smock (สมอค) *n.* ชุดคลุมหลวมสวมกันเปื้อน

smog (สมอก) *n.* หมอกและควันที่ผสมกันในแถบเมืองที่มีโรงงานอุตสาหกรรม **-smoggy** *adj.*

★**smoke** (สโมค) *n.* ควันไฟหรือบุหรี่, การสูบบุหรี่, (ภาษาพูด) บุหรี่, สิ่งที่ใช้ในการสงครามเพื่อสร้างม่านควัน, สิ่งที่ใช้ปกปิด, สีน้ำเงินออกเทา, สิ่งที่เป็นดังควัน -*vi., vt.* **smoked, smoking** สูบและพ่นควัน (บุหรี่), สูบบุหรี่เป็นนิสัย, รมควัน, (คำสแลง) ฆ่า ไปแบบเร็วสุด, เล่นหรือทำแบบกระฉับกระเฉง, เอา (แก้ว) รมควันไฟเพื่อให้ดำหรือเปลี่ยนสี **-smoker** *n.*

smoke screen, smokescreen (สโมค' สกรีน) *n.* ม่านควัน, สิ่งที่ใช้ปกปิด

smoky (สโม' คี) *adj.* **-ier, -iest** มีควันมาก

smolder, smoulder (สโมล' เดอร์) *vi.* **-dered, -dering** คุกรุ่น, ระอุ -*n.* ควันคลุ้งหนา

★**smooth** (สมูธ) *adj.* **smoother, smoothest** เรียบ, เนียน, เตียน, ราบรื่น, สุภาพเรียบร้อย, กลมกลืน, สงบ, ละมุน **-smoothly** *adv.*

smoothen (สมู' เธิน) *vt., vi.* **-ened, -ening** ทำให้เรียบ

smote (สโมท) *v.* กริยาช่อง 2 และ 3 ของ smite

smother (สมัธ' เธอร์) *vt., vi.* **-ered, -ering** กลบ (ไฟ), คลุม, ข่มหรือสะกดกลั้น (อารมณ์), อุดจมูก (ให้หายใจไม่ออก), โอ๋ (เด็ก) มากเกินไป -*n.* ควันหรือเมฆหมอกที่หนาแน่น

smoulder (สโมล' เดอร์) *v., n.* ดู smolder

SMS ย่อมาจาก short message service การบริการส่งข้อความผ่านโทรศัพท์มือถือ

smudge (สมัจ) *vt., vi.* **smudged, smudging** ทำให้ (หมึก) เลอะเลือนหรือด่าง, รมควัน (พืช) เพื่อไล่แมลงหรือกันน้ำแข็งเกาะ -*n.* รอยด่างหรือเปื้อน, รอยมลทิน, ควันที่ใช้รมควันพืชดังกล่าว

smug (สมัก) *adj.* **smugger, smuggest** อวดดี

smuggle (สมัก' เกิล) *vt., vi.* **-gled, -gling** ลักลอบนำเข้าหรือส่งออกโดยไม่เสียภาษี

smut (สมัท) *n.* รอยด่างหรือเปื้อน, ความลามก เรื่องลามก, โรคพืชที่เกิดจากเชื้อรา, เชื้อราในพืช -*vt., vi.* **smutted, smutting** รมควันให้เป็นรอยด่างดำ, เป็นโรค (พืช) ด้วยเชื้อรา

★**snack** (สแนค) *n.* อาหารว่าง

snag (สแนก) *n.* อุปสรรคเล็กๆ น้อยๆ ที่ไม่คาดฝัน, ต้นไม้หรือกิ่งก้านที่โผล่พ้นน้ำ, ฟันเก, รอยขาดในผ้า, เขากวางที่สั้นหรือไม่สมบูรณ์

snail (สเนล) *n.* ทาก, คนที่เชื่องช้าและขี้เกียจ

snail-paced (สเนล' เพซท์) *adj.* ซึ่งเคลื่อนไปอย่างช้าเหลือเกิน

★**snake** (สเนค) *n.* งู, คนทรยศ, ขดลวดโลหะขนาดยาวที่หักโค้งงอไปมาได้ใช้ในการล้างท่อ -*vt., vi.* **snaked, snaking** ลากหรือดึง, กระตุก, เลื้อยคดเคี้ยวไปมา

snap (สแนพ) *vi., vt.* **snapped, snapping** หัก, ปิดดังปัง, (สุนัข) งับ, ตะคอก, พูดแบบกระโชกโฮกฮาก, ระเบิดอารมณ์ออกมา, ขบเขี้ยวเคี้ยวฟัน, คว้า, ฉวย, ส่องประกาย, เดือด, เปิดปิดหรือทำให้กระทบกันดังกริ๊ก, เคลื่อนไหวอย่างรวดเร็ว, ถ่าย (รูป), ลงกลอนหรือลั่นกุญแจเสียงดัง -*n.* เสียงหัก, การกระทำที่ทำให้เกิดเสียงดังกล่าว, การหัก, อุปกรณ์ที่ใช้กลัดที่เมื่อใช้จะมีเสียงดัง, การงับ ฉวย จับ, เสียงดีดนิ้ว, การดีดนิ้ว, การระเบิดออกของสิ่งที่ถูกกดดัน, อากาศเย็นช่วงสั้นๆ, คุกกี้กรอบแผ่นบางกลม, ความยืดหยุ่น, (ภาษาพูด) ความกระฉับกระเฉงมีชีวิตชีวา, สิ่งที่ทำสำเร็จได้โดยไม่ต้องใช้ความพยายาม, รูปภาพที่ถ่ายเล่นๆ เป็นส่วนตัว, การถ่ายรูปแบบดังกล่าว -*adj.* ซึ่งติดตรึงแน่นด้วยเสียง

อันดัง, แบบฉับพลัน, (ภาษาพูด) เรียบง่าย (-S. (v., n.) click (adj.) immediate)

snappy (สแนพ' พี) *adj.* **-pier, -piest** (ภาษาพูด) คล่องแคล่ว โก้เก๋, เฉียบคม

snapshot (สแนพ' ชอท) *n.* รูปถ่ายแบบส่วนตัว ซึ่งถ่ายเล่นๆ

snare (สแนร์) *n.* กับดักจับนกหรือสัตว์เล็กๆ, สิ่งล่อลวงดังกับดัก, เครื่องมือผ่าตัดที่เป็นห่วงลวดใช้เพื่อเอาก้อนมะเร็งออก, เส้นลวดที่ขึงอยู่ใต้กลองแต๊ก *-vt.* **snared, snaring** วางกับดักจับ **-snarer** *n.* (-S. (n., v) trap)

snare drum กลองแต๊ก

snarl[1] (สนาร์ล) *vi., vt.* **snarled, snarling** ขู่ตะคอก, แยกเขี้ยวคำราม *-n.* การคำรามก้องอย่างดุร้าย **-snarler** *n.* (-S. (v., n.) growl)

snarl[2] (สนาร์ล) *n.* กลุ่มก้อน (ผมหรือไหม) ที่พันกันยุ่ง, สภาพยุ่งเหยิง *-vi., vt.* **snarled, snarling** (ผม) พันกันยุ่ง, สับสนอลหม่าน

snatch (สแนช) *vt., vi.* **snatched, snatching** ฉก, ฉวย, คว้า, กระชาก, ยก (น้ำหนัก) ด้วยท่าสแนช *-n.* การฉกชิงวิ่งราว, การฉกฉวยโอกาส, ช่วงเวลาสั้นๆ, เศษเสี้ยวอันน้อยนิด, (คำสแลง) การลักพาตัว, การยกน้ำหนักท่าสแนชที่ยกน้ำหนักจากพื้นขึ้นเหนือศีรษะโดยไม่ต้องพักไว้ที่อก (-S. (v., n.) grasp -A. (v., n.) release)

★**sneak** (สนีค) *vi., vt.* **sneaked/snuck, sneaking** หลบๆ ซ่อนๆ, แอบด้อมๆ มองๆ *-n.* คนขี้โกง, การแอบๆ ซ่อนๆ, (ภาษาพูด) คนช่างฟ้องรองเท้าผ้าใบพื้นยางใส่เล่นกีฬา *-adj.* อย่างหลบๆ ซ่อนๆ, โดยไม่มีการเตือนล่วงหน้า

sneaker (สนี' เคอร์) *n.* รองเท้ากีฬาเป็นรองเท้าผ้าใบพื้นยาง

sneaking (สนี' คิง) *adj.* ซึ่งแอบซ่อนอยู่ (ในใจ)

sneaky (สนี' คี) *adj.* **-ier, -iest** ปกปิด, ซ่อนเร้น, มีเลศนัย **-sneakily** *adv.* (-S. hidden)

sneer (สเนียร์) *n.* การทำหน้ายิ้มเยาะแบบดูถูก, การพูดเยาะเย้ย *-vt., vi.* **sneered, sneering** เยาะเย้ย, ยิ้มเยาะ, ดูถูก (-S. (n.) derision)

★**sneeze** (สนีซ) *vi.* **sneezed, sneezing** จาม *-n.* การจาม, เสียงจาม **-sneezy** *adj.*

snicker (สนิค' เคอร์) *n., v.* ดู snigger

sniff (สนิฟ) *vi., vt.* **sniffed, sniffing** สูดดมฟุดฟิด, สูดน้ำมูก, สูดกลิ่น, ดูถูก, (ภาษาพูด) สอดรู้สอดเห็น *-n.* การสูดดม, เสียงสูดกลิ่น

snigger (สนิก' เกอร์) *n.* การแอบหัวเราะคิกคัก *-vi.* **-gered, -gering** แอบหัวเราะคิกคัก

snip (สนิพ) *vt., vi.* **snipped, snipping** ตัดหรือเล็มโดยการขยับกรรไกรเร็วๆ *-n.* การกระทำดังกล่าว, เสียงจากการกระทำดังกล่าว, รอยตัดเล็กๆ ด้วยกรรไกร, เศษเล็กเศษน้อย, ชิ้นส่วนเล็กๆ ที่ถูกตัดออก, (ภาษาพูด) สิ่งที่มีขนาดเล็ก คนทะลึ่งหรือจอมซน ของที่ขายถูกอย่างไม่น่าเชื่อ (-S. (v., n.) cut)

snipe (สไนพ์) *n.* การแอบลอบยิง, นกปากซ่อม *-vi.* **sniped, sniping** ลอบยิง, ล่าและยิงนกปากซ่อม, ลอบโจมตีหรือว่าลับหลัง

snippet (สนิพ' พิท) *n.* เศษเสี้ยวอันน้อยนิด

snivel (สนิฟ' เวิล) *vi.* **-eled, -eling/-elled, -elling** สูดน้ำมูก, สะอึกสะอื้น, น้ำมูกไหล *-n.* น้ำมูก, การกระทำดังกล่าว (-S. (v.) inhale)

snob (สนอบ) *n.* คนที่ดูถูกผู้ที่ต่ำต้อยกว่าและยกย่องหรือเห่อผู้ที่สูงส่งกว่า **-snobbery** *n.*

snobbish (สนอบ' บิช) *adj.* อวดอ้าง, ยกตน

snooker (สนุค' เคอร์) *n.* สนุกเกอร์เป็นเกมการเล่นแทงลูกลงหลุมบนโต๊ะปูผ้าเขียวแบบบิลเลียด

snoop (สนูพ) *vi.* **snooped, snooping** เที่ยวด้อมๆ มองๆ สอดรู้สอดเห็น *-n.* ผู้ที่ชอบสอดแนมเรื่องของคนอื่น **-snoopy** *adj.*

snooze (สนูซ) *vi.* **snoozed, snoozing** งีบหลับ *-n.* การงีบหลับ (-S. (v., n. nap)

snore (สนอร์, สโนร์) *vi.* **snored, snoring** กรน *-n.* การนอนกรน, เสียงกรน **-snorer** *n.*

snorkel (สนอร์' เคิล) *n.* อุปกรณ์ที่ใช้หายใจใต้น้ำ ในเวลาดำน้ำที่ไม่ใช้ถังอากาศ

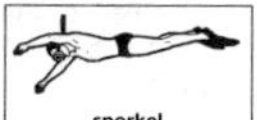
snorkel

snort (สนอร์ท) *n.* เสียงหายใจฟืดฟาดแบบที่ม้าหรือหมูชอบทำ, เสียงที่คล้ายเสียงดังกล่าว, (คำสแลง) การดื่มรวดเดียว โคเคนหรือเฮโรอีนจำนวนเล็กน้อยที่ใช้สูดดมเพียงครั้งเดียว *-vi., vt.* **snorted, snorting** ทำเสียงหายใจฟืดฟาด, ทำเสียงแสดงการดูถูกหรือเย้ยหยัน, (คำสแลง) เสพยาเสพติด เช่น โคเคนด้วยการสูดดม

snout (สเนาท์) *n.* ส่วนจมูกหรือด้านหน้าของสัตว์ที่ยื่นออกมา เช่น นอแรด, พวยกา, (คำสแลง) จมูกคน

★**snow** (สโน) *n.* หิมะ, พายุหิมะ, รอยด่างขาวบนจอโทรทัศน์อันเกิดจากการส่งสัญญาณที่อ่อน, (คำสแลง) โคเคน เฮโรอีน *-v.* **snowed, snowing** *-vi.* หิมะตก *-vt.* กลบด้วยหิมะ

snowball (สโน' บอล) *n.* ก้อนหิมะที่ปั้นขว้างกัน, น้ำแข็งไสราดน้ำเชื่อม, ไม้พุ่มชนิดที่มีดอกเป็นช่อกลมๆ สีขาวหรือชมพู *-vi., vt.* **-balled, -balling** เพิ่มขึ้นทวีคูณอย่างรวดเร็วเหมือน

ก้อนหิมะที่กลิ้งลงเขา, ขว้างปาก้อนหิมะใส่กัน
snowbound (สโน' เบานด์) *adj.* ซึ่งติดอยู่ในที่หนึ่งที่ใด เนื่องจากเกิดหิมะตกอย่างหนัก
snowfall (สโน' ฟอล) *n.* หิมะตก, จำนวนหิมะตกที่วัดได้ในช่วงเวลาหรือสถานที่ที่กำหนด
snowflake (สโน' เฟลค) *n.* เกล็ดหิมะ
snowman (สโน' แมน) *n.* ตุ๊กตาหิมะ

snowman

snowplow (สโน' เพลา) *n.* เครื่องกวาดหิมะ
snowshoe (สโน' ชู) *n.* รองเท้าเดินบนหิมะมีลักษณะเป็นโครงรูปไม้เทนนิส
snowstorm (สโน' สตอร์ม) *n.* พายุหิมะ
snowy (สโน' อี) *adj.* **-ier, -iest** เต็มหรือปกคลุมไปด้วยหิมะ, ขาวดังหิมะ **-snowily** *adv.*
snub (สนับ) *vt.* **snubbed, snubbing** เพิกเฉย, ดูถูก, ปฏิเสธอย่างไร้เยื่อใย, รั้ง (เชือก) พันเสา, ผูก (เรือ) ด้วยการรั้งเชือกดังกล่าว, ดับ (บุหรี่) *-n.* การดูถูก *-adj.* (จมูก) บี้แบน **-snubber** *n.* (**-S.** (n., v.) insult **-A.** (v.) accept)
snuff[1] (สนัฟ) *vt., vi.* **snuffed, snuffing** สูดลมหายใจ, สูดดมกลิ่น *-n.* การสูดดม, เสียงสูดดม (**-S.** (v., n.) sniff)
snuff[2] (สนัฟ) *n.* ไส้เทียนส่วนที่ไหม้ดำแล้ว *-vt.* **snuffed, snuffing** ดับ (เทียน), กำจัด, ทำลายล้าง, ตัด (ไส้เทียน) ส่วนที่ไหม้ดำออก
snuff[3] (สนัฟ) *n.* ยานัตถุ์, จำนวนยานัตถุ์ที่ใช้สูดดมหนึ่งครั้ง, ยาใดๆ ที่เป็นผงใช้สูดดม *-vi.* **snuffed, snuffing** สูดยานัตถุ์
snuffle (สนัฟ' เฟิล) *vi., vt.* **-fled, -fling** สูดหายใจ, สูดน้ำมูก, สะอึกสะอื้น, พูดหรือร้องเพลงเสียงขึ้นจมูก *-n.* การสูดน้ำมูก, เสียงสูดน้ำมูก **-snuffler** *n.* **-snuffly** *adj.* (**-S.** (v., n.) sniff)
snug (สนัก) *adj.* **snugger, snuggest** อบอุ่น, กะทัดรัด, กระชับ, รัดกุม, (รายได้) มากมายไม่ขัดสน, (เรือ) มีคุณสมบัติที่จะออกทะเลได้, (เสื้อผ้า) พอดีตัว, มั่นคงและปลอดภัย
snuggle (สนัก' เกิล) *vi., vt.* **-gled,-gling** กกกอด, เบียดกระแซะ, อิงแอบแนบชิด
★**so** (โซ) *adv.* ดังนั้น, ฉะนั้น, อย่างนั้น, (อ้วน) เสียจนกระทั่ง, ด้วยเหมือนกัน, แล้วก็, จริงๆ *-adj.* แท้จริง, จริงๆ, มีระเบียบ *-conj.* ดังนั้น, ด้วยเหตุนั้น, เพื่อที่จะ *-pron.* เป็นดังเดิม, เหมือนเดิม *-interj.* คำอุทานใช้แสดงความแปลกใจหรือการรับรู้ **-so that** เพื่อที่จะ
soak (โซค) *vt., vi.* **soaked, soaking** แช่, จุ่ม, (หมึก) ซึม, (ภาษาพูด) ซึมซาบ ดื่ม (เหล้า) จนเมา ทำให้เมา, (คำสแลง) คิดราคาแพงไป *-n.* การกระทำดังกล่าว, สภาพที่ชุ่มโชก, ของเหลวที่ใช้แช่หรือจุ่ม, (คำสแลง) คนขี้เมา (**-S.** (v., n.) wet **-A.** (v.) dry)
so-and-so (โซ' เอินโซ) *n., pl.* **-sos** สิ่งใดๆ หรือใครก็ตาม, (ภาษาพูด) เจ้าหมอนั่น
★**soap** (โซพ) *n.* สบู่, ละครน้ำเน่า เดิมได้รับการสนับสนุนโดยบริษัทผลิตสบู่ *-vt.* **soaped, soaping** ถูสบู่, (ภาษาพูด) ป้อยอ
soapbox (โซพ' บอคซ์) *n.* กล่องสบู่, แท่นที่ทำขึ้นชั่วคราวใช้ยืนพูด
soap bubble ฟองสบู่, สิ่งที่สวยงามแต่เลื่อนลอยเหมือนฟองสบู่
soap opera ละครน้ำเน่า
soapstone (โซพ' สโตน) *n.* หินสบู่ ประกอบด้วยแร่ทัลค์เป็นส่วนใหญ่
soapsuds (โซพ' ซัดซ์) *n. pl.* ฟองสบู่
soapy (โซ' พี) *adj.* **-ier, -iest** ประกอบด้วยสบู่, ทาด้วยสบู่, ลื่นเหมือนสบู่, (คำสแลง) ประจบสอพลอ **-soapily** *adv.* **-soapiness** *n.*
soar (ซอร์, โซร์) *vi.* **soared, soaring** บิน, ขึ้นสูง, ลอยละล่อง, ทะยานขึ้น
sob (ซอบ) *vt., vi.* **sobbed, sobbing** สะอื้น *-n.* การสะอื้น, เสียงสะอื้น (**-S.** (v.) weep)
sober (โซ' เบอร์) *adj.* **-er, -est** ไม่ดื่มเหล้าและใช้ยา, บันยะบันยัง, สงบเสงี่ยม, เรียบง่าย, เคร่งขรึม, ตรงไปตรงมา, จริงจัง, ซื่อสัตย์, รอบคอบ, ระมัดระวัง, บรรจง, น่าเบื่อ *-vt., vi.* **-bered, -bering** ทำให้มีสติ, เตือนสติ, ทำให้หายเมา (**-S.** (adj.) calm **-A.** (adj.) drunk)
soc. ย่อจาก social สังคม, socialist พวกสังคมนิยม, society สังคม
so-called (โซ' คอลด์') *adj.* ซึ่งเรียกหรือเป็นที่รู้จักกันโดยทั่วไป, เป็นคำเรียกที่ไม่ถูกต้องนัก
soccer (ซอค' เคอร์) *n.* เป็นคำเรียกอีกอย่างของคำว่า assoc. ซึ่งย่อจาก association football กีฬาฟุตบอล

soccer

sociable (โซ' ชะเบิล) *adj.* ชอบเข้าสังคม, เข้ากับผู้อื่นง่าย, สนุกสนานเฮฮา, สุภาพ, อ่อนโยน, น่ารัก, เป็นมิตร, น่าคบหา (**-S.** friendly)
★**social** (โซ' เชิล) *adj.* ทางสังคม, ในวงสังคม, อยู่รวมกันเป็นกลุ่ม, เกี่ยวกับพันธมิตรหรือสมาพันธ์, เกี่ยวกับชนชั้นสูง, เป็นมิตร, ชอบเข้าสังคม, สนุกสนานเฮฮา *-n.* การรวมกลุ่ม

กันทางสังคม **-socially** *adv.* **-sociality** *n.*
social insurance การประกันสังคม
★**socialism** (โซ' ชะลิซเซิม) *n.* ลัทธิสังคมนิยม **-socialist** *n.* **-socialistic** *adj.*
socialite (โซ' ชะไลท์) *n.* คนเด่นดังในสังคม
social science สังคมศาสตร์
social security สวัสดิการสังคม
social service ประชาสงเคราะห์
social work สังคมสงเคราะห์
★**society** (ซะไซ' อิที) *n., pl.* **-ties** สังคม, สมาคม, สมาพันธ์ (ภาพยนตร์), ผู้คนที่อยู่รวมกันในสังคม, ผู้ที่โดดเด่นในสังคม, วงสังคม, วงสังคมชั้นสูง, การคบค้าสมาคม, มิตรภาพ (**-S.** club)
sociology (โซซีออล' ละจี, -ชี-) *n.* สังคมวิทยา
★**sock**[1] (ซอค) *n., pl.* **socks/sox** ถุงเท้าสั้น
sock[2] (ซอค) *vt., vi.* **socked, socking** ตี, ต่อย
socket (ซอค' คิท) *n.* เบ้า, ช่อง, โพรง, ปลั๊กตัวเมีย, ส่วนที่เว้าเข้าข้างในของข้อต่อที่รองรับส่วนปลายของกระดูก, กระบอกหรือเบ้าตา
sod[1] (ซอด) *n.* ดินที่มีหญ้าคลุมซึ่งแซะออกมาโดยมีรากติดมาด้วยเพื่อนำไปปลูกที่อื่น (**-S.** turf)
sod[2] (ซอด) *n.* คนเล่นสวาททางทวารหนักและทางปากระหว่างเพศตรงข้าม, ผู้ที่ร่วมสังวาสกับสัตว์, ชายที่ร่วมเพศทางทวารหนักกับผู้ชายด้วยกัน, เพื่อนเกลอ, ผู้ที่น่ารังเกียจ **-sodomy** *n.*
soda (โซ' ดะ) *n.* โซดา เป็นน้ำอัดก๊าซคาร์บอนไดออกไซด์, สารประกอบต่างๆ ของโซเดียม, เครื่องดื่มเป็นน้ำหวานอัดก๊าซคาร์บอนไดออกไซด์ไม่ผสมแอลกอฮอล์, เครื่องดื่มให้ความสดชื่นทำจากน้ำอัดก๊าซคาร์บอนไดออกไซด์ ไอศกรีมและเติมรสหวาน
soda ash โซเดียมคาร์บอเนตในรูปผงสีขาวใช้ในอุตสาหกรรมเคมี, โซดาไฟ
sodden (ซอด' เดิน) *adj.* เปียกโชก, ชุ่มโชก, อุ้มน้ำมัน, มึนเมา, เซื่องซึม **-soddenly** *adv.*
sodium (โซ' เดียม) *n.* ธาตุโซเดียม เป็นโลหะอ่อนสีขาวคล้ายเงิน ทำปฏิกิริยากับน้ำอย่างรุนแรงเกิดเป็นโซเดียมไฮดรอกไซด์และก๊าซไฮโดรเจน มีสัญลักษณ์ Na
sodium bicarbonate โซดาทำขนม เป็นผงสีขาวละลายน้ำได้ ใช้ในการทำขนม ใช้ใส่ในเครื่องดับเพลิง และใช้เป็นตัวลดกรดในกระเพาะ มีสูตรเคมี $NaHCO_3$
sodium carbonate เกลือสีขาว เป็นผลึกละลายน้ำได้ ใช้ในการทำโซดาทำขนม กระจก เซรามิก ผงซักฟอกและสบู่ มีสูตรเคมี Na_2CO_3
sodium chloride เกลือธรรมดาหรือเกลือแกง ใช้ในการผลิตสารเคมี ถนอมอาหารและเป็นเครื่องชูรส มีสูตรเคมี NaCl
sodium fluoride สารผลึกสีขาว ใช้ใส่น้ำประปาใช้ป้องกันฟันผุ และเป็นยาฆ่าแมลง มีสูตรเคมี NaF
sodium hydroxide, caustic soda ของแข็งสีขาว ดูดความชื้นได้ เมื่อละลายน้ำจะให้สารละลายด่าง ใช้ในการผลิตสารเคมี สบู่และโซดาไฟ มีสูตรเคมี NaOH
sodium nitrate เกลือผลึกสีขาว มีในธรรมชาติใช้เป็นปุ๋ย ทำกรดไนตริก วัตถุระเบิด กระจกและใช้เคลือบเครื่องปั้นดินเผา มีสูตรเคมี $NaNO_3$
★**sofa** (โซ' ฟะ) *n.* ที่นั่งยาวหุ้มเบาะนวมนุ่มมีพนักและเท้าแขน
★**soft** (ซอฟท์) *adj.* **softer, softest** นุ่ม, นิ่ม, อ่อน, เนียน, เบา, (น้ำ) ไม่กระด้าง, ป้อแป้, ปวกเปียก, ละมุนละไม, นิ่มนวล, (มอง) อย่างรักใคร่, ผ่อนผัน, กรุณา, อ่อนแอ, ไม่มั่นคง, (ภาษาพูด) ง่าย อ่อนเหตุผล *-n.* สิ่งหรือส่วนที่อ่อนนุ่ม *-adv.* อย่างนุ่มนวล **-softly** *adv.* **-softness** *n.* (**-S.** (adj.) mild **-A.** (adj.) hard)
softball (ซอฟท์' บอล) *n.* กีฬาคล้ายเบสบอลแต่ใช้ลูกบอลใหญ่และนิ่มกว่า, ลูกซอฟต์บอล
soft drink เครื่องดื่มอัดก๊าซคาร์บอนไดออกไซด์ที่แต่งรส ไม่มีแอลกอฮอล์
soften (ซอ' เฟิน, ซอฟ'-) *vt., vi.* **-ened, -ening** ทำให้อ่อนหรืออ่อนลง, ทำให้อ่อนแอ, ลดความต้านทาน, ทำให้นุ่มขึ้น **-softener** *n.*
softhearted (ซอฟท์' ฮาร์' ทิด) *adj.* ใจดี
soft loan เงินกู้ดอกเบี้ยต่ำ
soft palate เพดานอ่อนในปาก
soft-spoken (ซอฟท์' สโป' เคิน) *adj.* ที่พูดด้วยน้ำเสียงนุ่มนวลอ่อนโยน, ประจบสอพลอ
software (ซอฟท์' แวร์) *n.* โปรแกรมต่างๆ ที่ใช้กับเครื่องคอมพิวเตอร์
softwood (ซอฟท์' วูด) *n.* ไม้เนื้ออ่อน
soggy (ซอก' กี, ซอ'-) *adj.* **-gier, -giest** เปียกชื้น, เฉอะแฉะ, น่าเบื่อ, อบอ้าว
SOHO ย่อจาก Small Office/Home Office สำนักงานกึ่งบ้านที่ใช้ระบบคอมพิวเตอร์ในการทำงานและติดต่อสื่อสาร
★**soil**[1] (ซอยล์) *n.* พื้นผิวโลก, ดิน, ผืนแผ่นดิน, ประเทศ, วิถีชีวิตแบบกสิกรรม, สถานที่หรือสภาพที่เหมาะแก่การเจริญเติบโต (**-S.** earth)
soil[2] (ซอยล์) *vt., vi.* **soiled, soiling** ทำให้เลอะเทอะ, ทำให้มีมลทินหรือด่างพร้อย, เปรอะเปื้อนอุจจาระหรือปัสสาวะ *-n.* การมี

A B C D E F G H I J K L M N O P Q R S T U V W X Y Z

มลทิน, ความเลอะเทอะ, จุดด่าง, รอยมลทิน, ของเสีย, ความโสมม (-S. (v., n.) disgrace, stain)

solace (ซอล' ลิซ) *n.* สิ่งปลอบประโลมยาม ทุกข์ใจ *-vt.* **-aced, -acing** ปลอบประโลมใจ, บรรเทา (ทุกข์), ระงับ (**-S.** (n.) relief (v.) soothe)

solar (โซ' เลอร์) *adj.* เกี่ยวกับดวงอาทิตย์, ใช้พลังแสงอาทิตย์, (ปี) ที่นับตามสุริยคติ

solar cell เซลล์สุริยะ คืออุปกรณ์เปลี่ยนความร้อนจากดวงอาทิตย์ให้เป็นพลังงานไฟฟ้า

solar system ระบบสุริยะ

solar year ปีซึ่งนับตามสุริยคติ

sold (โซลด์) *v.* กริยาช่อง 2 และ 3 ของ sell

solder (ซอด' เดอร์) *n.* โลหะผสมที่หลอมละลายได้ เช่น ตะกั่วและดีบุกใช้เชื่อมต่อส่วนที่เป็นโลหะ,ทองเหลืองซึ่งมักทำด้วยทองแดงกับสังกะสีผสมกัน ใช้บัดกรี *-vt., vi.* **-dered, -dering** เชื่อม, บัดกรี **-solderer** *n.* (**-S.** (v.) join)

★**soldier** (โซล' เจอร์) *n.* ทหาร *-vi.* **-diered, -diering** เป็นทหาร **-soldiery** *n.* (**-S.** (n.) fighter)

sold-out (โซลด์' เอาท์) *adj.* ขาย (ตั๋ว) หมด

★**sole**[1] (โซล) *n.* ฝ่าเท้า, ด้านใต้ของรองเท้าที่ไม่รวมส้นเท้า, ฐาน, ส่วนพื้นล่างของหัวไม้กอล์ฟ *-vt.* **soled, soling** ติดพื้น (รองเท้า), ใช้ส่วนพื้นล่างของหัวไม้กอล์ฟวางบนพื้นเป็นการเตรียมตี *-adj.* แต่เพียงผู้เดียว, โสด (**-S.** (adj.) only)

sole[2] (โซล) *n., pl.* **sole/soles** ปลาตาเดียว

solely (โซล' ลี, โซ'-) *adv.* แต่เพียงผู้เดียว, ทั้งสิ้น

solemn (ซอล' เลิม) *adj.* เคร่งขรึม, จริงจัง **-solemnly** *adv.* (**-S.** serious **-A.** informal)

solicit (ซะลิซ' ซิท) *vt., vi.* **-ited, -iting** ขอ, เสนอขายตัว, วิงวอน, รบเร้า, ล่อลวง (**-S.** beg)

solicitor (ซะลิซ' ซิเทอร์) *n.* ทนายความ

solicitous (ซะลิซ' ซิเทิซ) *adj.* เป็นกังวล

solicitude (ซะลิซ' ซิทูด, -ทยูด) *n.* ความเป็นห่วงเป็นใยใส่ใจผู้อื่น

★**solid** (ซอล' ลิด) *adj.* **-er, -est** แข็ง, แข็งตัว, อัดกันแน่น, ติดต่อกันไม่เว้นช่วง, (ทอง) แท้หรือล้วน, แข็งแรง, เชื่อถือได้, มีรูปทรงแน่นอน, หนักแน่น, ไม่กลวง, ตัน, (สีขาว) ปลอด, มีรูปทรงสามมิติ, มีแก่นสาร, ฐานะมั่นคง, ซื่อตรง, (เป็นคำ)ซึ่งเขียนติดกันไม่มีขีดคั่นหรือเว้นวรรค, ไม่มีช่องว่างระหว่างบรรทัด, เป็นเอกฉันท์หรือเป็นน้ำหนึ่งใจเดียวกัน *-n.* ของแข็งหรือสิ่งที่มีรูปทรงแน่นอน, รูปทรงเรขาคณิตที่มีสามมิติ **-solids** อาหารที่ไม่ใช่ของเหลว **-solidly** *adv.* **-solidness** *n.* (**-S.** (adj.) strong **-A.** (adj.) weak)

solidarity (ซอลลิแด' ริที) *n.* ความเป็นน้ำหนึ่งใจเดียวกัน (**-S.** harmony, unity)

solidify (ซะลิด' ดะไฟ) *vt., vi.* **-fied, -fying** ทำให้แข็ง, ทำให้กระชับรัดกุม, ทำให้เป็นปึกแผ่น

solidity (ซะลิด' ดิที) *n.* ความแข็ง, ความแข็งแรง, ความมั่นคง, ความมีสติ, ความร่ำรวย

solid-state (ซอล' ลิดสเตท') *adj.* มีลักษณะหรือเกี่ยวกับคุณสมบัติทางฟิสิกส์ของสสารในสถานะของแข็ง เช่น อุปกรณ์อิเล็กทรอนิกส์ล้วนประกอบด้วยของแข็งทั้งสิ้น, ซึ่งขึ้นอยู่กับหรือประกอบด้วยสารกึ่งตัวนำ

soliloquy (ซะลิล' ละควี) *n., pl.* **-quies** บทพูดรำพึงในละคร, การพูดกับตัวเอง, การรำพึงออกมาดังๆ **-soliloquize** *v.* (**-S.** monologue)

solitaire (ซอล' ลิแทร์) *n.* อัญมณีเช่นเพชรที่ใช้ประดับเดี่ยวๆ, เกมไพ่ที่เล่นคนเดียวแบบต่างๆ

solitary (ซอล' ลิเทรี) *adj.* โดดเดี่ยวเดียวดาย, สันโดษ, ซึ่งทำคนเดียว, อันเดียว, อย่างเดียว, วิเวกวังเวง, ไร้เพื่อน *-n., pl.* **-ies**ผู้ที่อยู่โดดเดี่ยว, คนรักสันโดษ, ฤาษี, การขังเดี่ยว (**-S.** (adj.) alone)

solitude (ซอล' ลิทูด, -ทยูด) *n.* การอยู่แบบสันโดษ, สถานที่อันวิเวกวังเวง (**-S.** privacy)

solo (โซ' โล) *n., pl.* **-los** ท่อนของเพลงที่ใช้ร้องหรือเล่นดนตรีเดี่ยวๆ, การร้องหรือบรรเลงเดี่ยว *-adj.* เป็นการทำคนเดียว, (บิน) เดี่ยว, เป็นการร้องหรือบรรเลงเดี่ยวๆ *-adv.* โดดเดี่ยวเดียวดาย *-vi.* **-loed, -loing** บรรเลงเดี่ยว, แสดงเดี่ยว, บินเดี่ยว

soloist (โซ' โลอิซท์) *n.* ผู้ที่ทำสิ่งใดๆ เดี่ยวๆ

so long (*ภาษาพูด*) ลาก่อน

solstice (ซอล' สติซ, โซล'-) *n.* อายันหรือจุดหยุด คือจุดที่ดวงอาทิตย์โคจรไปถึงสุดทางเหนือและทางใต้ โดยจุดสุดทางเหนือหรือครีษมายัน (summer solstice) เป็นจุดในหน้าร้อนที่เมื่อพระอาทิตย์โคจรไปถึงในราววันที่ 22 มิถุนายน มีกลางวันนานกว่ากลางคืน ส่วนจุดสุดทางใต้หรือเหมายัน (winter solstice) เป็นจุดในหน้าหนาวที่เมื่อพระอาทิตย์โคจรไปถึงในราววันที่ 22 ธันวาคม มีกลางคืนนานกว่ากลางวัน, จุดสูงสุด

soluble (ซอล' ลยะเบิล) *adj.* ซึ่งละลายได้, ที่แก้ไขหรืออธิบายได้ **-solubly** *adv.*

★**solution** (ซะลู' ชัน) *n.* คำตอบ, คำเฉลย, บทหรือข้อสรุป, สารละลาย (**-S.** answer, mixture)

solvable (ซอล' วะเบิล) *adj.* (ปัญหา) ที่แก้ไขได้

★**solve** (ซอลฟ์ว) *vt.* **solved, solving** หาข้อสรุปหรือคำตอบ, แก้ (ปัญหา) (**-S.** resolve)

solvent (ซอล' เวินท์) *adj.* มีทรัพย์สินพอใช้หนี้

ได้, ซึ่งสามารถทำละลายสารอื่นได้ *-n.* ตัวทำละลาย, คำตอบ, บทสรุป **-solvency** *n.*

somber, sombre (ซอม' เบอร์) *adj.* น่าเศร้าสลด, มืดมน, หดหู่, เคร่งขรึม, ขึงขัง **-somberly** *adv.* (**-S.** mournful **-A.** cheerful)

sombrero (ซอมแบร' โร, เซิม-) *n., pl.* **-ros** หมวกฟางหรือสักหลาดขนาดใหญ่ ปีกกว้างทรงสูง มักใส่กันมากในประเทศเม็กซิโก

sombrero

★**some** (ซัม) *adj.* เป็นจำนวนที่ไม่แน่นอน เช่น (เหตุผล) ใด (เหตุผล) หนึ่ง, บาง (คน), ไม่เป็นที่รู้จักหรือไม่รู้ชื่อ, (ภาษาพูด) น่าทึ่ง *-pron.* จำนวนที่ไม่แน่นอน เช่น (หนังสือ) บางเล่ม, จำนวนไม่จำกัดที่เพิ่มเข้าไป *-adv.* ประมาณ, ราวๆ, (ภาษาพูด) ค่อนข้าง บ้าง (**-S.** (adj.) unspecified (adj., pron.) any **-A.** (pron., adv.) none)

-some คำปัจจัย หมายถึง น่า

★**somebody** (ซัม' บอดดี) *pron.* ใครคนใดคนหนึ่ง, ใครบางคน *-n., pl.* **-ies** (ภาษาพูด) คนสำคัญ (**-S.** (pron.) someone (n.) superstar)

★**somehow** (ซัม' เฮา) *adv.* โดยวิธีใดวิธีหนึ่ง, ด้วยเหตุใดเหตุหนึ่ง

★**someone** (ซัม' วัน, -เวิน) *pron.* ใครคนใดคนหนึ่ง, ใครบางคน *-n.* (ภาษาพูด) คนสำคัญ (**-S.** (pron.) somebody (n.) superstar)

somersault, summersault (ซัม' เมอร์ซอลท์) *n.* การเล่นตีลังกาหกคะเมนโลดโผน, การกลับหน้ามือเป็นหลังมือ *-vi.* **-saulted, -saulting** หกคะเมนตีลังกา

★**something** (ซัม' ธิง) *pron.* บางสิ่งบางอย่าง, สิ่งหนึ่งสิ่งใด, อะไรบางอย่าง *-n.* (ภาษาพูด) สิ่งหรือคนที่สำคัญหรือน่าทึ่ง *-adv.* ค่อนข้าง, บ้าง, (ภาษาพูด) จริงๆ

sometime (ซัม' ไทม์) *adv.* เวลาใดเวลาหนึ่ง, บางครั้งบางคราว, นานๆ ครั้ง, แต่ก่อน *-adj.* แต่ก่อน, เป็นบางครั้งบางคราว, ตามแต่โอกาส

★**sometimes** (ซัม' ไทม์ซ) *adv.* บางครั้งบางคราว, แต่ก่อน (**-S.** occasionally)

★**somewhat** (ซัม' ฮวอท, -วอท) *adv.* ค่อนข้าง *-pron.* บ้าง

★**somewhere** (ซัม' ฮแวร์, -แวร์) *adv.* ในที่ใดที่หนึ่ง, ในที่ใดสักแห่ง, ประมาณ, ในราว (40-50 คน) *-n.* ที่หนึ่งที่ใด

★**son** (ซัน) *n.* ลูกชาย, ลูกหลานที่เป็นชาย, ผู้ที่เป็นเสมือนดังลูกหลานเช่นลูกหลานของแผ่นดิน, คำที่ใช้เรียกชายหนุ่มแบบเป็นกันเอง **-Son** พระบุตรหรือพระเยซู **-sonly** *adj.*

sonar (โซ' นาร์) *n.* ย่อจาก so(und) na(vigation and) r(anging) การใช้คลื่นเสียงความถี่สูงตรวจหาวัตถุหรือใช้วัดความลึกของน้ำ

sonata (ซะนา' ทะ) *n.* เพลงทำนองผสมผสาน

★**song** (ซอง) *n.* เพลง, การร้องเพลง, เสียงร้องของนกหรือแมลงบางชนิด, บทกลอนหรือโคลง

sonic (ซอน' นิค) *adj.* เกี่ยวกับเสียงที่ได้ยิน, มีความเร็วเท่ากับเสียง, (คำสแลง) รวดเร็วมาก

son-in-law (ซัน' อินลอ) *n., pl.* **sons-in-law** (ซันซ์'-) ลูกเขย

sonnet (ซอน' นิท) *n.* รูปแบบของโคลง 14 บรรทัด, โคลงหรือกลอนแบบดังกล่าว

sonny (ซัน' นี) *n., pl.* **-nies** คำเรียกเด็กชาย

Son of God พระเยซู

sonorous (ซะนอ' เริซ, -โน'-, ซอน' เนอ-) *adj.* ที่ก่อให้เกิดหรือมีเสียง, ดังสนั่น, น่าประทับใจ

★**soon** (ซูน) *adv.* **sooner, soonest** ในไม่ช้า, เร็วๆ นี้, ทันทีทันใด, เนิ่นๆ, เร็วกว่ากำหนด, ด้วยความเต็มใจ, อย่างพร้อมสรรพ, โดยกะทันหัน **-no sooner than** ทันทีที่ **-sooner or later** ไม่ช้าก็เร็ว (**-S.** shortly)

soot (ซุท, ซูท) *n.* เขม่า **-sooty** *adj.*

soothe (ซูธ) *vt., vi.* **soothed, soothing** บรรเทา, ปลอบประโลม, ระงับ, ดับ (ทุกข์)

soothsay (ซูธ' เซ) *vi.* **-said, -saying** ทำนาย

sop (ซอพ) *v.* **sopped, sopping** *-vt.* แช่, จุ่ม, ชุบหรือซับ (น้ำ) *-vi.* เปียกโชก, ชุ่ม *-n.* ชิ้นอาหารที่ใช้แช่หรือจิ้มในของเหลว, สิ่งที่ช่วยปลอบประโลมใจ, สินบน (**-S.** (v.) soak)

sophisticated (ซะฟิส' ติเคทิด) *adj.* ไม่เป็นธรรมชาติ, ขัดเกลาแล้ว, สลับซับซ้อน, เข้าสังคมเก่ง, ฉลาด, ไม่ธรรมดา (**-S.** artificial)

sophomore (ซอฟ' ฟะมอร์, -โมร์, ซอฟ' มอร์, -โมร์) *n.* นักศึกษาชั้นปีที่สอง

soporific (ซอพพะริฟ' ฟิค, โซพะ-) *adj.* ที่ชวนง่วงนอน, ที่ทำให้หลับ, สลึมสลือ, งัวเงีย, ง่วง *-n.* ยานอนหลับ (**-S.** (adj.) sleepy)

soppy (ซอพ' พี) *adj.* **-pier, -piest** ชุ่มโชก, เฉอะแฉะ, (ภาพยนตร์) น้ำเน่า

soprano (ซะแพรน' โน, -พรา'-) *n., pl.* **-os** เสียงร้องเพลงที่สูงที่สุดของผู้หญิงหรือเด็กชาย

sorcerer (ซอร์' เซอเรอร์) *n.* พ่อมดหมอผี, ผู้วิเศษ (**-S.** magician, wizard)

sorceress (ซอร์' เซอริซ) *n.* แม่มด, หญิงสาวพราวเสน่ห์ (**-S.** witch)

A B C D E F G H I J K L M N O P Q R S T U V W X Y Z

sorcery (ซอรฺ' ซะรี) *n.* การใช้เวทมนตร์คาถา หรือเสน่ห์ยาแฝด (-**S.** charm, magic)

sordid (ซอรฺ' ดิด) *adj.* สกปรก, ลามก, ชั่วร้าย, งก -**sordidly** *adv.* (-**S.** dirty -**A.** clean)

★**sore** (ซอรฺ, โซรฺ) *adj.* **sorer, sorest** เจ็บแสบ, เจ็บปวด, ร้าวระบม, รุนแรง, (ความลำบาก) แสนสาหัส, ก่อให้เกิดความอับอายหรือความขุ่นเคือง, เต็มไปด้วยความทุกข์ใจ, (ภาษาพูด) โกรธ -*n.* แผลฟกช้ำหรือมีหนองพุพอง, ฝี, เหตุแห่งความเจ็บแสบ ทุกข์ใจหรือขุ่นเคือง

sorrow (ซอ' โร) *n.* ความโศกเศร้าเสียใจ, ความโชคร้าย -*vi.* -**rowed, -rowing** เศร้าโศก, เป็นทุกข์ -**sorrowful** *adj.* (-**S.** (n.) sadness)

★**sorry** (ซอ' รี) *adj.* -**rier, -riest** เสียใจ

★**sort** (ซอรฺท) *n.* ชนิด, แบบ, ลักษณะ, ประเภท -*vt.* **sorted, sorting** จัดการ (กับปัญหา), จัดให้เป็นพวกๆ, จำแนกแยกแยะ, คัดแยก

SOS (เอซ' โซเอซ') *n.* สัญญาณขอความช่วยเหลือ

so-so (โซ' โซ') *adj.* พอใช้ได้ -*adv.* แกนๆ, ไม่ดีไม่เลว (-**S.** (adj.) ordinary)

sought (ซอท) *v.* กริยาช่อง 2 และ 3 ของ seek

★**soul** (โซล) *n.* วิญญาณ, จิตวิญญาณ, ธาตุแท้, บุคคล, มนุษย์, ผี, ความรู้สึกภูมิใจและทะนงตนในชาติพันธุ์ของคนผิวดำอเมริกันนิโกรซึ่งแสดงออกในเพลง -**soulful** *adj.* (-**S.** person, spirit)

soul music เพลงป๊อปที่พัฒนาขึ้นมาโดยคนอเมริกันผิวดำ มีรากฐานมาจากเพลงร้องในโบสถ์และเพลง rhythm and blues เป็นเพลงที่แสดงอารมณ์ความรู้สึกอย่างรุนแรง

★**sound**[1] (เซานดฺ) *n.* เสียง, น้ำเสียง -*vi., vt.* **sounded, sounding** ทำเสียง, ส่งเสียง, ออกเสียง, ฟังดู (มีเหตุผล), ตรวจ (ร่างกาย) ด้วยการเคาะ (-**S.** (n., v.) noise)

★**sound**[2] (เซานดฺ) *adj.* **sounder, soundest** ปกติดี, ดี, ไว้ใจได้, ฟังขึ้น, มั่นคง, ฐานะมั่นคง, มีเหตุผล, ถูกกฎหมาย, ไม่เป็นโมฆะ, ไม่มีตำหนิ, ละเอียดลออ, เต็มที่, ตลอดทั่วถึง, (หลับ) สนิท, ซื่อตรง, มีความยับยั้ง, หัวเก่า, อนุรักษ์นิยม -*adv.* (หลับ) สนิทหรือลึก (-**S.** (adj.) healthy)

sound[3] (เซานดฺ) *vt., vi.* **sounded, sounding** หยั่งความลึก, ทิ้งลูกดิ่ง, สำรวจด้วยคลื่นเสียง, เลียบเคียง, ดำดิ่งอย่างรวดเร็ว, สืบสาวราวเรื่อง

sound bite (คำสแลง) คำพูดออกอากาศสั้นๆ (ของนักการเมือง) ระหว่างการเสนอข่าว

sound effects เสียงที่ทำขึ้นมาเลียนเสียงจริงเพื่อใช้ในภาพยนตร์

soundproof (เซานดฺ' พรูฟ) *adj.* เก็บเสียง

soundtrack, sound track (เซานดฺ' แทรค) *n.* แถบข้างฟิล์มที่ใช้บันทึกเสียง, เพลงที่ใช้ประกอบภาพยนตร์, แผ่นเสียงของเพลงดังกล่าว

★**soup** (ซูพ) *n.* ซุป, (คำสแลง) หมอกหนา

★**sour** (เซารฺ) *adj.* **sourer, sourest** เปรี้ยว, ขื่น, ฝาด, ขม, (นม) บูด, อารมณ์เสีย, หงุดหงิด, เปลี่ยนจากที่เคยชอบเป็นไม่ชอบ, เสีย, แย่, เป็นดินเปรี้ยวไม่เหมาะแก่การเพาะปลูก -*vt., vi.* **soured, souring** ทำให้เปรี้ยว ขมหรือฝาด, ทำให้ (นม บรรยากาศ) บูดหรือเสีย, ทำให้เปลี่ยนจากรักเป็นเกลียด, ทำให้ไม่ลงรอยกัน (-**S.** (adj.) acid -**A.** (adj.) sweet)

★**source** (ซอรฺซ, โซรฺซ) *n.* ต้นตอ, บ่อเกิด, ต้นน้ำ, แหล่งข่าว, ผู้ก่อตั้งหรือริเริ่ม (-**S.** origin)

★**south** (เซาธฺ) *n.* ทิศใต้, ภาคใต้, ทิศทักษิณ -*adj.* ทักษิณายัน, ทางทิศใต้ -*adv.* ใน จาก หรือไปทางทิศใต้ -**South** ส่วนทางใต้ของโลก, ทิศใต้, รัฐทางใต้ของอเมริกาซึ่งทำสงครามกลางเมืองเพื่อให้ได้มาซึ่งสัญญาร่วมพันธไมตรี -**south by east** ทิศทักษิณภาคบูรพา -**south by west** ทิศทักษิณภาคประจิม

southeast (เซาธฺอีซทฺ', เซาอีซทฺ') *n.* ทิศตะวันออกเฉียงใต้, อาคเนย์ -*adj., adv.* ที่ไปทางหรือมาจากทิศดังกล่าว -**southeastern** *adj.*

Southeast Asia เอเชียอาคเนย์, เอเชียตะวันออกเฉียงใต้

★**southern** (ซัธ' เธิรฺน) *adj.* ที่ตั้งอยู่หรือไปทางทิศใต้, ซึ่งมาจากทางทิศใต้, เป็นด้านใต้ของเส้นศูนย์สูตร, เป็นของหรือปลูกในภาคใต้

Southerner, southerner (ซัธ' เธอรฺเนอรฺ) *n.* ชาวใต้ โดยเฉพาะพลเมืองทางใต้ของอเมริกา

southernmost (ซัธ' เธิรฺนโมซทฺ) *adj.* ใต้สุด

South Pole ขั้วโลกใต้

South Seas มหาสมุทรที่อยู่ใต้เส้นศูนย์สูตร

southwest (เซาธฺเวซทฺ', เซาเวซทฺ') *n.* ทิศตะวันตกเฉียงใต้, ทิศหรดี -*adj., adv.* ซึ่งไปทางหรือมาจากทิศดังกล่าว -**southwestern** *adj.*

souvenir (ซูวะเนียรฺ, ซู วะเนียรฺ) *n.* ของที่ระลึก

sovereign (ซอฟ' เวอริน, ซอฟวฺ' ริน) *n.* กษัตริย์, ผู้ปกครอง, ราชาหรือราชินี, สภาปกครองประเทศ, ชาติที่มีดินแดนในอาณัติ, เหรียญทองที่ใช้ในอังกฤษสมัยก่อนมีค่า 1 ปอนด์ -*adj.* เป็นอิสระ, มีอำนาจสูงสุด, สุดยอด, ขลัง, เต็มไปด้วยพลัง, เต็มที่ (-**S.** (n.) monarch)

sovereignty (ซอฟ' เวอรินที, ซอฟวฺ' ริน-) *n., pl.* -**ties** ความเป็นเอกราช, อำนาจอธิปไตย

sow[1] (โซ) *vt., vi.* **sowed, sown/sowed, sowing** หว่านหรือเพาะเมล็ด, เผยแพร่, โปรย

sow[2] (เซา) *n.* หมูหรือหมีตัวเมีย (**-S.** swine)

sox (ซอคซ) *n.* พหูพจน์ของ sock[1]

soy (ซอย) *n.* ถั่วเหลือง, เต้าเจี้ยว, ซีอิ๊ว

soya (ซอย' อะ) *n.* ดู soybean

soybean (ซอย' บีน) *n.* ถั่วเหลือง

sozzled (ซอซ' เซิลด์) *adj.* (ภาษาพูด) เมาเหล้า

spa[1] (สปา) *n.* บ่อน้ำพุร้อนตามธรรมชาติ, สถานที่ที่มีบ่อน้ำพุซึ่งเป็นน้ำแร่สำหรับอาบหรือแช่ช่วยในการบำบัดโรค, อ่างน้ำวนสำหรับนอนแช่

spa[2] (สปา) ย่อจาก Sinitus Per Aqua (Health Via Water) สุขภาพดีที่ได้จากน้ำ คือการรักษาสุขภาพโดยใช้น้ำ, สถานที่ให้บริการด้านสุขภาพความงามและการพักผ่อน เช่น อาบน้ำแร่ นวด

★**space** (สเปซ) *n.* พื้นที่ว่าง, ห้วงอวกาศ, เวลาชั่วขณะ, ช่วงระยะเวลา, ช่องว่างระหว่างคำ *-v.* **spaced, spacing** *-vt.* จัดระยะห่าง, เว้นช่องว่าง, (คำสแลง) เมายา *-vi.* (คำสแลง) เมายา **-spacer** *n.* (**-S.** (n.) blank, gap, margin, period)

space capsule ยานที่ใช้ขนส่งมนุษย์หรือสัตว์ไปยังอวกาศนอกโลก

spaceship, space ship (สเปซ' ชิพ) *n.* ยานอวกาศ

space shuttle กระสวยอวกาศ

space station สถานีอวกาศ

spacial (สเป' เชิล) *adj.* ดู spatial

spacious (สเป' เชิซ) *adj.* มีพื้นที่มาก, กว้างมาก **-spaciously** *adv.* **-spaciousness** *n.*

★**spade**[1] (สเปด) *n.* เสียม *-vt.* **spaded, spading** ขุดด้วยเสียม **-spader** *n.*

spade[2] (สเปด) *n.* ไพ่รูปโพดำ

spaghetti (สปะเกท' ที) *n.* เส้นสปาเกตตี

spam (สแปม) *n.* อีเมลขยะ

span (สแปน) *n.* ระยะระหว่างนิ้วหัวแม่มือกับนิ้วก้อยเมื่อกางนิ้วออก, ช่วงห่างระหว่างตอม่อสะพาน, ระยะห่างระหว่างปลายปีกเครื่องบินข้างหนึ่งไปอีกข้างหนึ่ง, ช่วงเวลาหนึ่ง, ความกว้าง *-vt.* **spanned, spanning** วัดระยะโดยกางมือหนึ่งคืบ, ขยายออกไป, ยืดเวลา

spangle (สแปง' เกิล) *n.* เลื่อมที่ทำจากโลหะหรือพลาสติกใช้ประดับบนเสื้อผ้าหรือบนผม

spank (สแปงค์) *v.* **spanked, spanking** *-vt.* ทำโทษโดยการตีก้นด้วยมือเปล่าหรือไม้แบนๆ *-vi.* (ม้า) วิ่งควบ *-n.* การตี (**-S.** (v., n.) smack)

spanner (สแปน' เนอร์) *n.* กุญแจปากตาย, กุญแจเลื่อน (**-S.** wrench)

★**spare** (สแปร์) *v.* **spared, sparing** *-vt.* เจียด (เวลา), ไว้ชีวิต, ไม่ทำความเสียหาย, ยกให้ *-vi.* ออมไว้, เมตตา, ผ่อนผัน *-adj.* **sparer, sparest** สำรอง, มีเวลาว่าง, เหลือใช้, ผอมและบาง *-n.* อะไหล่ **-sparely** *adv.* (**-S.** (adj., n.) extra)

spark (สปาร์ค) *n.* ประกายไฟที่เกิดจากประจุไฟฟ้า, สิ่งที่มีขนาดเล็กมากแต่เป็นสิ่งสำคัญ *-v.* **sparked, sparking** *-vi.* เกิดประกายไฟ, สนองตอบ *-vt.* กระตุ้น, ปลุกเร้า **-sparker** *n.*

sparkle (สปาร์' เคิล) *v.* **-kled, -kling** *-vi.* ส่องแสง, ส่องประกาย, ระยิบระยับ, มีชีวิตชีวา *-vt.* ทำให้เป็นประกาย *-n.* แสงสว่าง, ความฉลาดหลักแหลม, ฟองที่พุ่งออกจากขวดแชมเปญ (**-S.** (v., n.) dazzle, flash, shine)

sparking plug หัวเทียน, (ภาษาพูด) คนที่เป็นกำลังสำคัญ

sparkling wine ไวน์ที่มีฟอง เช่น แชมเปญ

★**sparrow** (สแปร์' โร) *n.* นกกระจอก

sparse (สปาร์ซ) *adj.* **sparser, sparsest** มีจำนวนน้อย, บางตา, ไม่หนาแน่น **-sparsely** *adv.* (**-S.** scattered **-A.** abundant)

spasm (สแปซ' เซิม) *n.* อาการกล้ามเนื้อชักกระตุก, สิ่งที่เกิดขึ้นทันทีทันใด (**-S.** eruption)

spasmodic (สแปซมอด' ดิค) *adj.* เกี่ยวกับอาการชักกระตุก, ที่เกิดขึ้นในทันทีทันใด, ไม่ต่อเนื่อง **-spasmodically** *adv.*

spat (สแปท) *v.* กริยาช่อง 2 และ 3 ของ spit[1]

spate (สเปท) *n.* น้ำท่วมฉับพลัน, ฝนตกหนักอย่างฉับพลัน, จำนวนมากมาย

spatial, spacial (สเป' เชิล) *adj.* เกี่ยวกับอวกาศ **-spatiality** *n.* **-spatially** *adv.*

spatter (สแปท' เทอร์) *vt., vi.* **-tered, -tering** หยด กระเด็น เลอะเป็นจุดหรือรอยเล็กๆ *-n.* รอยเลอะเป็นจุดเล็กๆ, จำนวนเล็กน้อย

spatula (สแปช' ชะละ) *n.* พาย, ช้อนแบนที่แพทย์ใช้กดลิ้นคนไข้ **-spatular** *adj.*

spawn (สปอน) *n.* ไข่ปลา, ผลผลิต, ลูก, ส่าเห็ด *-vi., vt.* **spawned, spawning** วางไข่, ออกลูกจำนวนมาก, ก่อ, เพาะ **-spawner** *n.*

★**speak** (สปีค) *v.* **spoke, spoken, speaking** *-vi.* กล่าว, พูด, คุย, แสดงความคิดเห็น, ทำให้เกิดเสียง, ให้คำแนะนำหรือชี้แนะ, พูดความจริง *-vt.* พูด, กล่าว, บอก, เล่า **-speak for** พูดให้, พูดแทน **-speak out** พูดอย่างตรงไปตรงมา **-speak up** พูดดังๆ (**-S.** express, lecture)

speaker (สปี' เคอร์) *n.* ผู้พูด, โฆษก, ผู้ประกาศ, ผู้แทน, ลำโพง **-speakership** *n.* (**-S.** lecturer)

A B C D E F G H I J K L M N O P Q R S T U V W X Y Z

A B C D E F G H I J K L M N O P Q R S T U V W X Y Z

speaking (สปี' คิง) *adj.* เกี่ยวกับการพูด, ซึ่งสามารถพูดได้, เหมือนจริง **-on speaking terms** เป็นมิตรพอที่จะพูดกันได้ **-public speaking** การพูดในที่สาธารณะ

spear (สเปียร์) *n.* หอก, หลาว, ทวน *-vt., vi.* **speared, spearing** แทงด้วยหอก หลาวหรือทวน, พุ่งหลาว, จับด้วยหอก หลาวหรือทวน

spearhead (สเปียร์' เฮด) *n.* ปลายหอก, ทหารกองหน้าที่เข้าโจมตีข้าศึก *-vt.* **-headed, -heading** เป็นหัวหอก, เป็นผู้นำ

spearmint (สเปียร์' มินท์) *n.* พืชจำพวกสะระแหน่

★**special** (สเปช' เชิล) *adj.* เป็นพิเศษ *-n.* ความพิเศษ, โอกาสพิเศษ, สินค้าหรือบริการพิเศษ **-specially** *adv.* (**A.** (adj.) common)

specialist (สเปช' ชะลิซท์) *n.* ผู้ชำนาญเฉพาะทาง, ผู้เชี่ยวชาญ **-specialistic** *adj.*

speciality (สเปชชีแอล' ลิที) *n., pl.* **-ties** สิ่งที่ชำนาญเป็นพิเศษ, ความชำนาญพิเศษ

★**species** (สปี' ชีซ์, -ซีซ์) *n., pl.* **species** ชนิดของพืชหรือสัตว์พวกเดียวกันที่มีความคล้ายคลึงกันในทุกทางและสามารถผสมพันธุ์กันได้ (**-S.** breed, class, type)

★**specific** (สปิซิฟ' ฟิค) *adj.* ระบุ, เฉพาะเจาะจง, โดยเฉพาะ (**-S.** exact, particular **-A.** nonspecific)

specification (สเปซซะฟิเค' ชัน) *n.* รายละเอียด, คำแนะนำการใช้, รายการ

specific gravity ความถ่วงจำเพาะ

specify (สเปซ' ซะไฟ) *vt.* **-fied, -fying** ชี้เฉพาะ, ระบุ **-specifier** *n.* (**-S.** indicate)

specimen (สเปซ' ซะเมิน) *n.* ของตัวอย่าง, (ภาษาพูด) ปัจเจกบุคคล (**-S.** copy, model)

specious (สปี' เชิซ) *adj.* มารยา, แสร้งทำเป็นดี **-speciously** *adv.* (**-S.** deceptive)

speck (สเปค) *n.* จุด, รอย, แต้ม, จำนวนเล็กน้อย *-vt.* **specked, specking** ทำให้เป็นจุดเล็กๆ

speckle (สเปค' เคิล) *n.* จุดเล็กๆ, ขี้แมลงวัน

spectacle (สเปค' ทะเคิล) *n.* จุด, รอยด่าง, แต้ม, การแสดงในที่สาธารณะ **-spectacles** แว่นตา, สิ่งที่มีรูปร่างคล้ายแว่นตา (**-S.** sight)

spectacular (สเปคแทค' คยะเลอร์) *adj.* พิเศษและยอดเยี่ยมมาก *-n.* ความบันเทิงพิเศษสุด **-spectacularity** *n.* **-spectacularly** *adv.* (**-S.** (adj.) impressive, splendid)

★**spectator** (สเปค' เทเทอร์) *n.* ผู้ชม, ผู้ดู, ผู้สังเกตการณ์ (**-S.** viewer, witness)

specter (สเปค' เทอร์) *n.* ผี, วิญญาณ, ภูต, ปีศาจ (**-S.** ghost, phantom)

spectrum (สเปค' เทริม) *n., pl.* **-tra/-trums** ปรากฏการณ์ที่ได้จากการแยกรังสีแม่เหล็กไฟฟ้าออกเป็นความถี่ต่างๆ หรือความยาวคลื่นต่างๆที่รวมอยู่ในรังสีนั้นๆ, แถบสีต่างๆ (อย่างสีรุ้ง) ที่ปรากฏเมื่อให้แสงสว่างส่องผ่านแท่งแก้วปริซึม

speculate (สเปค' คยะเลท) *vi., vt.* **-lated, -lating** เก็ง, เสี่ยง, เดา, เสี่ยงโชค (**-S.** gamble)

speculation (สเปคคยะเล' ชัน) *n.* การคาดเดา, การเก็งกำไร, การเสี่ยงโชคทางธุรกิจ

★**speech** (สปีช) *n.* การพูด, คำปราศรัย, สุนทรพจน์, ภาษาพูด, วิธีการพูด, การศึกษาวิธีการพูด, ความสามารถในการพูด (**-S.** dialogue, talk)

speechless (สปีช' ลิซ) *adj.* อึ้ง, ตะลึงจนพูดไม่ออก, เงียบ, โกรธหรือตกใจจนพูดไม่ออก **-speechlessness** *n.* (**-S.** amazed, shocked)

★**speed** (สปีด) *n.* ความเร็ว, การเคลื่อนที่อย่างเร็ว, การเร่ง (คันเร่ง), การเร่งฝีเท้า, (คำสแลง) ยาบ้า *-v.* **sped/speeded, speeding** *-vt.* เร่งความเร็ว, ช่วยให้สำเร็จ *-vi.* เคลื่อนที่ไปอย่างรวดเร็ว, ขับรถเกินความเร็วสูงสุดที่กฎหมายกำหนด (**-S.** (n., v.) hurry, rush **-A.** (n.) sloth)

speedboat (สปีด' โบท) *n.* เรือยนต์

speed bump แนวปูนซีเมนต์ที่ก่อขึ้นตามขวางถนน เพื่อลดหรือชะลอความเร็วรถในเขตชุมชน

speedometer (สปิดอม' มิเทอร์, สปี-) *n.* เครื่องวัดความเร็วพาหนะ

speedway (สปีด' เว) *n.* ถนนแข่งรถ

speedy (สปี' ดี) *adj.* **-ier, -iest** ซึ่งเคลื่อนที่ได้อย่างรวดเร็ว, ที่มาถึงอย่างตรงเวลา **-speedily** *adv.* (**-S.** prompt, quick **-A.** slow)

★**spell**[1] (สเปล) *vt., vi.* **spelled/spelt, spelling** อ่านว่า, แปลว่า, สะกดคำ **-spell out** ชี้แจง

spell[2] (สเปล) *n.* เวทมนตร์, คาถา *-vt.* **spelled, spelling** เสกให้ตกอยู่ภายใต้เวทมนตร์ (**-S.** (n.) enchantment (n., v.) allure, charm)

spell[3] (สเปล) *n.* ระยะเวลาช่วงหนึ่ง, เวลาทำงาน *-v.* **spelled, spelling** *-vt.* ปล่อยให้พักครู่หนึ่ง *-vi.* ผลัดการทำงาน (**-S.** (n.) interval, term)

spellbound (สเปล' เบานด์) *adj.* ราวกับถูกมนตร์สะกด (**-S.** bewitched, fascinated)

spelt (สเปลท์) *v.* กริยาช่อง 2 และ 3 ของ spell[1]

★**spend** (สเปนด์) *vt., vi.* **spent, spending** ใช้จ่าย, จ่ายเงิน, ใช้เวลา, ใช้หมด, หมดแรง **-spendable** *adj.* (**-S.** expend **-A.** earn)

spendthrift (สเปนด์' ธริฟท์) *n.* คนที่ใช้จ่ายเงินอย่างสุรุ่ยสุร่าย

spent (สเปนท์) *adj.* ที่ใช้จนหมด, หมดสิ้น, หมดเรี่ยวแรง *-v.* กริยาช่อง 2 และ 3 ของ spend (**-S.** consumed, weakened)
sperm (สเปิร์ม) *n., pl.* **sperm/sperms** น้ำอสุจิ, น้ำกามของผู้ชาย **-spermous** *adj.*
spew (สปยู) *vt., vi.* **spewed, spewing** พุ่ง, ทะลัก, อาเจียน (**-S.** spout, vomit)
SPF ย่อจาก sun protection factor สารป้องกันแสงแดด
sphere (สเฟียร์) *n.* ทรงกลม, วง, ขอบเขต, ลูกโลก, กลุ่มคนที่มีความสนใจในกิจกรรมเดียวกัน (**-S.** circle, globe **-A.** cube)
sphinx (สฟิงค์ซฺ) *n., pl.* **sphinxes/sphinges** (สฟิน' จีซ) รูปปั้นสัตว์ประหลาดของชาวอียิปต์ที่มีตัวเป็นสิงโตมีหัวเป็นคน, บุคคลลึกลับ
spice (สไปซ์) *n.* เครื่องเทศ, สิ่งที่น่าสนใจหรือน่าตื่นเต้น *-vt.* **spiced, spicing** ใส่เครื่องเทศ, เติมรสชาติ, ปรุงแต่ง (**-S.** (n.) seasoning)
spicy (สไป' ซี) *adj.* **-ier, -iest** เผ็ดร้อน, รสจัด **-spicily** *adv.* **-spiciness** *n.*
★**spider** (สไป' เดอร์) *n.* แมงมุม, สิ่งที่มีขามากเหมือนแมงมุม **-spidery** *adj.*
spigot (สปิก' เกิท) *n.* ก๊อกน้ำ
spike (สไปค์) *n.* โลหะที่มีปลายแหลม, ตะปู, เดือยใต้รองเท้านักกีฬา, ยอดแหลมของรั้ว, รวงข้าว *-vt.* **spiked, spiking** แทง ตอก (ตะปูหรือเดือย), (ภาษาพูด) เติมเครื่องดื่มแอลกอฮอล์ (**-S.** (n., v.) spear, stick)
★**spill** (สปิล) *v.* **spilled/spilt, spilling** *-vt.* ทำ (น้ำ) หก, ทำให้ตกหล่น, หลั่ง (เลือด), ปัด, สลัด, (ภาษาพูด) เปิดเผย (ความลับ) *-vi.* หก, ตก, ตกหล่น, ร่วงจากอานหรือรถ, หลั่งไหลออกมา *-n.* การกระทำดังกล่าว, การตกจากหลังม้า, จำนวนที่หก ตก หล่นออกมา **-spiller** *n.* (**-S.** (v., n.) scatter **-A.** (v., n.) gather)
★**spin** (สปิน) *v.* **spun, spinning** *-vt.* ปั่น, กรอ, ฟั่น, ม้วน, หมุน, เล่า, ยืด, ขยาย, (คำสแลง) เล่นแผ่นเสียง *-vi.* หมุน, ปั่น, กรอ, ม้วน, ฟั่น, วน, มึนงง, หัวหมุน *-n.* การกระทำดังกล่าว, ภาวะจิตใจสับสน, การเดินทางท่องเที่ยวระยะสั้น (**-S.** (v., n.) roll, twist, whirl)
spinach (สปิน' นิช) *n.* ผักปวยเล้ง
spinal (สไป' เนิล) *adj.* เกี่ยวกับตำแหน่งที่ใกล้กระดูกสันหลัง, คล้ายกระดูกสันหลัง
spinal column กระดูกสันหลัง
spinal cord ไขสันหลัง
spinal nerve เส้นประสาทไขสันหลังมี 31 คู่
spindle (สปิน' เดิล) *n.* แกนเครื่องปั่นฝ้าย, เพลา, แกนหมุน
spin-doctor (สปิน' ดอคเทอร์) *n.* (คำสแลง) ผู้ทำหน้าที่แก้ต่างและสร้างภาพพจน์ที่ดีให้แก่บุคคลอื่นที่ตกอยู่ในภาวะลำบาก โดยเฉพาะนักการเมือง
spin drier เครื่องปั่นผ้า
spine (สไปน์) *n.* กระดูกสันหลัง, หนาม, สันหนังสือ, สิ่งที่มีลักษณะแหลม (**-S.** backbone)
spineless (สไปน์' ลิซ) *adj.* ไม่มีกระดูกสันหลัง, ขี้ขลาด, อ่อนแอ (**-S.** weak **-A.** strong)
spinning wheel ล้อกรอด้าย
spinoff, spin-off (สปิน' ออฟ) *n.* ผลพลอยได้, ผลประโยชน์ที่ได้มาโดยบังเอิญ
spinster (สปิน' สเตอร์) *n.* หญิงโสด, สาวแก่, คนปั่นด้าย **-spinsterhood** *n.*
spiral (สไป' เริล) *n.* สิ่งที่มีลักษณะเป็นเกลียวหรือขดเป็นวง, ลาน *-v.* **-raled, -raling/-ralled, -ralling** *-vi.* สูงขึ้นไปเรื่อยๆ (จำนวนหรือระดับ), เป็นขด วง เกลียว, หมุน *-vt.* ทำให้เป็นเกลียว *-adj.* เป็นเกลียว, เป็นวง **-spirality** *n.* **-spirally** *adv.* (**-S.** (n., v.) coil (adj.) circular)
spire (สไปร์) *n.* ยอดตึก, ยอดเจดีย์, ยอดหญ้า, ยอดหลังคา *-v.* **spired, spiring** *-vt.* แต่งด้วยยอดแหลม *-vi.* มียอดแหลมขึ้นไป
★**spirit** (สปิ' ริท) *n.* จิต, วิญญาณ, เทพยดา, ภูต, จิตใจที่มุ่งมั่น, อารมณ์และความรู้สึก *-vt.* **-ited, -iting** หายไป, อันตรธาน **-spirits** เครื่องดื่มที่มีแอลกอฮอล์, อารมณ์ยินดีมีความสุข (**-S.** (n.) mood, soul)
spirited (สปิ' ริทิด) *adj.* กล้าหาญ, องอาจ, ร่าเริง, มีใจหรืออารมณ์ (เป็นเช่นนั้นเช่นนี้) **-spiritedness** *n.* (**-S.** courageous, lively)
spiritless (สปิ' ริทลิซ) *adj.* ไม่มีความกระตือรือร้น, ไม่สนุกสนาน, ไม่มีใจ (**-S.** dull, lifeless)
spiritual (สปิ' ริชวล) *adj.* เกี่ยวกับความคิดความรู้สึกและความเชื่อ, เกี่ยวกับความเชื่อทางศาสนา, เกี่ยวกับความเชื่อเรื่องจิตวิญญาณ, เกี่ยวกับเรื่องอำนาจเหนือธรรมชาติ *-n.* เพลงสวด **-spiritually** *adv.* (**-S.** (adj.) holy, religious)
spiritualism (สปิ' ริชวลลิซเซิม) *n.* ลัทธิที่เชื่อว่าวิญญาณสามารถติดต่อกับคนหรือสิ่งมีชีวิตได้โดยผ่านสื่อหรือคนทรง **-spiritualist** *n.*
★**spit**[1] (สปิท) *n.* น้ำลาย, เสมหะ, เสลด, การถ่มน้ำลาย, ฝนหรือหิมะตกโปรยปราย *-vt., vi.* **spat/spit, spitting** ขาก, ถ่ม, พ่น, ถุย, (ฝนหิมะ) ตกโปรยปราย **-spit up** อาเจียน (**-S.** (n.)

saliva, spittle (v.) eject, hiss)
spit² (สปิท) *n.* เหล็กเสียบเนื้อย่าง
★**spite** (สไปท์) *n.* ความร้ายกาจ, ความประสงค์ร้าย *-vt.* **spited, spiting** ประสงค์ร้าย, ก่อกวน, กลั่นแกล้ง, เย้ยหยัน **-in spite of** แม้ว่า, ทั้งๆ ที่ (**-S.** (n.) malice (v.) injure)
spittle (สปิท' เทิล) *n.* น้ำลาย, เสมหะ, เสลด
★**splash** (สแปลช) *vt., vi.* **splashed, splashing** สาด, สลัด, กระจาย, พุ้ย, สาดน้ำ, เปรอะ, กระเด็น, ทำให้เปื้อน, ทำเลอะ, ทำให้เป็นรอยด่าง *-n.* เสียงสาดน้ำ, เสียงน้ำกระจาย, หยดสีที่เลอะ, (ของเหลว) จำนวนเล็กน้อย
splay (สเปล) *adj.* ซุ่มซ่าม, เงอะงะ, ที่ผายออก *-n.* บานประตูหรือหน้าต่างที่เปิดกว้างออก *-vt., vi.* **splayed, splaying** ง้าง, กาง, แบะ, ถ่าง, ผาย, ทำให้กระดูกเคลื่อน (ใช้กับสัตว์)
spleen (สปลีน) *n.* ม้าม, โทสะ **-spleeny** *adj.*
★**splendid** (สเปลน' ดิด) *adj.* (แสง สี) เป็นประกาย, ยอดเยี่ยม, วิเศษ, งดงาม, น่าพอใจ, ดีมาก **-splendidly** *adv.* **-splendidness** *n.* (**-S.** brilliant, grand **-A.** miserable)
splendor, splendour (สเปลน' เดอร์) *n.* ความงดงามตระการตา, ความโชติช่วง, การแสดงที่ยิ่งใหญ่ตระการตา **-splendorous, splendrous** *adj.* (**-S.** glory, magnificence)
splice (สไปลซ์) *vt.* **spliced, splicing** ตัดต่อ (ภาพยนตร์), มัด ผูก ถัก (เชือก) **-splicer** *n.*
splint (สปลินท์) *n.* เฝือก, แผ่นหรือแถบโลหะ *-vt.* **splinted, splinting** เข้าเฝือก
splinter (สปลิน' เทอร์) *n.* เสี้ยน, เศษ, สะเก็ด, กลุ่มคนที่แยกออกมาจากกลุ่มใหญ่ *-v.* **-tered, -tering** *-vi.* แตกออกเป็นเสี่ยงๆ *-vt.* ทำให้แตก (**-S.** (n., v.) flake, fragment, split)
★**split** (สปลิท) *vt., vi.* **split, splitting** แบ่ง, แยก, แตก, ผ่า, ต่อย, แบ่งกลุ่ม, กะเทาะ, ซอย, (คำสแลง) จากไป, แตกแยก *-n.* การกระทำดังกล่าว, การแตกแยกออกจากกัน, รอยแตก, หวายที่ใช้สานตะกร้า, เสี้ยน, เศษแก้ว, สะเก็ด **-split hairs** พูดในรายละเอียดที่ไม่จำเป็น **-split off** แยกตัวออกจาก **-split second** พริบตาเดียว, เสี้ยววินาที **-split up** ไปคนละทาง, หย่า **-splitter** *n.* (**-S.** (v., n.) break, flake, splinter)
splotch (สปลอช) *n.* รอยด่าง, รอยเปื้อน
splutter (สปลัท' เทอร์) *vi., vt.* **-tered, -tering** ละล่ำละลัก, พูดถูกพูดผิด, พูดตะกุกตะกัก, ส่งเสียงครืดๆ ในลำคอ, อึกอัก *-n.* เสียงสำลัก, เสียงละล่ำละลัก **-splutterer** *n.*
★**spoil** (สปอยล์) *v.* **spoiled/spoilt, spoiling** *-vt.* ทำให้เสียคน, เสื่อม, ทำลาย, ทำให้เสียหรือใช้การไม่ได้, พะนอ *-vi.* เน่า, เสีย, บูด *-n.* เหยื่อ, ของเสีย **-spoils** ของที่ริบได้, ของที่ปล้นมาได้, ผลประโยชน์ทางการเมือง (**-S.** (v.) damage, decay, impair, ruin **-A.** (v.) improve)
spoiler (สปอย' เลอร์) *n.* เด็กเสียคน, ของบูดเน่า, แผงโลหะชิ้นยาวแคบบนปีกเครื่องบินที่ทำให้ความเร็วหรือกำลังยกลดลงเวลาบินขึ้น, อุปกรณ์ลักษณะดังกล่าวที่ติดท้ายรถยนต์ซึ่งช่วยลดการลอยเวลารถวิ่งด้วยความเร็วสูง
spoilsport (สปอยล์ สปอร์ท) *n.* คนที่ทำให้หมดสนุก
spoke¹ (สโปค) *n.* ซี่ล้อ, พวงมาลัยเรือ, ขั้นบันไดพาด, ไม้ขัดล้อ *-vt.* **spoked, spoking** จัดให้มีซี่ล้อ, ห้ามล้อด้วยไม้ขัดล้อ
spoke² (สโปค) *v.* กริยาช่อง 2 ของ speak
spoken (สโป' เคิน) *v.* กริยาช่อง 3 ของ speak *-adj.* ที่พูดด้วยเสียงสม่ำเสมอ (**-S.** (adj.) verbal)
★**spokesman** (สโปคซ์' เมิน) *n.* โฆษก, ผู้ประกาศ, พิธีกร, ผู้พูดแทน (**-S.** speaker)
sponge (สปันจ์) *n.* ตัวฟองน้ำเป็นสัตว์ทะเลชนิดหนึ่ง, สิ่งที่คล้ายฟองน้ำ, ฟองน้ำถูตัว, แป้งฟู, ผ้าบางๆ ที่ใช้ซับเลือด, คนที่ชอบเกาะคนอื่น, (คำสแลง) คนขี้เมา *-v.* **sponged, sponging** *-vt.* ดูด ซับ เช็ดหรือทำความสะอาดด้วยฟองน้ำ, ลบ, เช็ด *-vi.* จับตัวฟองน้ำ, (ภาษาพูด) อาศัยคนอื่นเกาะกิน **-sponger** *n.*
sponge bath ฟองน้ำถูตัว
sponge cake เค้กฟองน้ำ มีเนื้อนุ่มเบา
spongy (สปัน' จี) *adj.* **-ier, -iest** นุ่มและชื้นเหมือนฟองน้ำ **-sponginess** *n.* (**-S.** absorbent)
★**sponsor** (สปอน' เซอร์) *n.* ผู้อุปถัมภ์, ผู้สนับสนุนรายการ *-vt.* **-sored, -soring** อุปถัมภ์, สนับสนุน (**S.** (n.) promoter (v.) subsidize)
spontaneous (สปอนเท' เนียซ) *adj.* ที่เกิดขึ้นเอง, เป็นไปตามธรรมชาติ, โดยทันที, โดยไม่มีอะไรมากระตุ้น **-spontaneously** *adv.* (**-S.** instinctive, natural **-A.** unnatural)
spooky (สปู' คี) *adj.* **-ier, -iest** (ภาษาพูด) เหมือนผี น่ากลัว, ตกใจง่าย **-spookily** *adv.*
spool (สปูล) *n.* หลอดด้าย, แกนพันด้าย, จำนวนลวดหรือด้ายที่พันรอบแกน, สิ่งที่มีลักษณะคล้ายแกน, ม้วนเทป *-vt., vi.* **spooled, spooling** พันรอบหลอด แกน หรือม้วน
★**spoon** (สปูน) *n.* ช้อน, สิ่งที่มีรูปร่างคล้ายช้อน, เหยื่อล่อปลาที่ทำด้วยโลหะ, ไม้ตีกอล์ฟ *-v.*

A B C D E F G H I J K L M N O P Q R S T U V W X Y Z

spooned, spooning *-vt.* ตักด้วยช้อน *-vi.* ตกปลาด้วยเหยื่อล่อปลาโลหะ **-spoonable** *adj.*

spoon-feed (สปูน' ฟีด) *vt.* **-fed, -feeding** ป้อนด้วยช้อน, พะเน้าพะนอจนทำอะไรไม่เป็น

sporadic, sporadical (สปะแรด' ดิค; สปอ-, -ดิเคิล) *adj.* เป็นพักๆ, นานๆ ที, เป็นระยะ, ชั่วครั้งชั่วคราว **-sporadically** *adv.* **-sporadicalness** *n.* (**-S.** irregular, random)

spore (สปอร์, สโปร์) *n.* เซลล์สืบพันธุ์ขนาดเล็กของพืช มักมีเซลล์เดียว เช่น ตะไคร่น้ำ

★**sport** (สปอร์ท, สโปร์ท) *n.* เกมกีฬา, กิจกรรมยามว่าง, คนมีน้ำใจนักกีฬา, (ภาษาพูด) การพนันกีฬา, เครื่องเล่น, ความสนุก, คนกล้าได้กล้าเสีย, นักเลง *-v.* **sported, sporting** *-vt.* อวด, แสดง, ประดับ *-vi.* ล้อเล่น, เล่นสนุก **-sportful** *adj.* **-sportfully** *adv.* (**-S.** (n., v.) jest, play (n.) recreation)

sporting (สปอร์' ทิง, สโปร์'-) *adj.* เกี่ยวกับกีฬา, ใจกว้างและยุติธรรม, มีความเป็นนักกีฬา, กล้าได้กล้าเสีย **-sportingly** *adv.*

sports car รถแข่งที่มีการดัดแปลงตกแต่งให้มีความเร็วสูง

sportsman (สปอร์ทซ์' เมิน, สโปร์ทซ์'-) *n.* นักกีฬา, คนที่มีน้ำใจนักกีฬา

sportsmanship (สปอร์ทซ์' เมินชิพ, สโปร์ทซ์'-) *n.* ความเป็นนักกีฬา, น้ำใจนักกีฬา

sportswear (สปอร์ทซ์' แวร์, สโปร์ทซ์'-) *n.* เสื้อผ้านักกีฬา, ชุดกีฬา

★**spot** (สปอท) *n.* จุด, หยด, รอย, ฝิ่น, รอยเลอะ, ดวง, (ภาษาพูด) เงินสด, ที่ตั้ง, (ภาษาพูด) ไฟฉาย, ปริมาณเล็กน้อย, จุดสนใจ *-v.* **spotted, spotting** *-vt.* ทำให้เกิดจุด, ทำให้เป็นรอยด่าง, แต้มจุด, สืบสวน, ขจัดรอยเปื้อน *-vi.* เป็นจุด, เลอะเทอะ, หาเป้าหมายทางอากาศ (ในการฝึกทางทหาร) **-in a spot** อยู่ในภาวะลำบาก **-on the spot** ทันที, จุดเกิดเหตุ **-spottable** *adj.* (**-S.** (n., v.) mark, stain)

spotless (สปอท' ลิซ) *adj.* สะอาด, บริสุทธิ์ **-spotlessness** *n.* (**-S.** clean, pure)

spotlight (สปอท' ไลท์) *n.* ดวงไฟที่มีกำลังส่องสว่างมาก, จุดสนใจของประชาชน *-vt.* **-lighted/-lit, -lighting** ฉายไฟ, พุ่งความสนใจ

spotted (สปอท' ทิด) *adj.* เป็นดวง, เป็นจุด (**-S.** dotted, mottled)

spouse (สเปาซ์, สเปาซ์) *n.* คู่สมรส, สามีหรือภรรยา *-vt.* **spoused, spousing** แต่งงาน (**-S.** (n.) consort, partner)

spout (สเปาท์) *v.* **spouted, spouting** *-vi.* พวยพุ่ง, พ่น, ไหลพุ่งออกมา *-vt.* ทำให้พ่นหรือพุ่งออกมา, พร่ำพูดไม่หยุดปาก *-n.* พวยกา, ปากท่อ, รางน้ำ, ละอองน้ำที่วาฬพ่นขึ้นมา **-spouter** *n.* (**-S.** (v.) emit (n.) nozzle)

sprain (สเปรน) *n.* อาการเคล็ดขัดยอก *-vt.* **sprained, spraining** ทำให้เคล็ดขัดยอก

sprang (สแปรง) *v.* กริยาช่อง 2 ของ spring

sprawl (สปรอล) *v.* **sprawled, sprawling** *-vi.* นอนเหยียดยาว, นอนแผ่, นอนกางแขนขา *-vt.* ทำให้แผ่ กางหรือเหยียดออก, แผ่ขยายบริเวณออกไป *-n.* ตำแหน่งหรือท่าที่แผ่กางออก, การแผ่ขยายของเมือง (**-S.** (v., n.) spread)

spray¹ (สเปร) *n.* ละออง, ฝอยน้ำ, เครื่องพ่น, กระบอกพ่น *-vt., vi.* **sprayed, spraying** ฉีด, พรม, พ่น (**-S.** (n., v.) sprinkle)

spray² (สเปร) *n.* กิ่งไม้เล็กๆ ที่มีดอกและใบติด (**-S.** branch, shoot, sprig)

★**spread** (สเปรด) *v.* **spread, spreading** *-vt.* ทำให้แผ่, แพร่, ขยาย, ถ่าง, กาง, ขึงพืด, ทา, ป้าย, ละเลง, กระจาย, ปู (ผ้า พรม เสื่อ), จัดโต๊ะอาหาร *-vi.* กินเวลา, ปก, คลุม, ละเลง, ทา, ลุกลาม, แพร่, กระจาย, ขยายวง, แจกจ่าย, กลายเป็นที่รู้จัก *-n.* การแพร่กระจายข่าว, ที่เปิดโล่ง, ความกว้าง, ฟาร์ม, ทุ่งเลี้ยงวัว, ที่ดิน, ความหลากหลาย, โฆษณาที่ลงสองหน้า, อาหารมื้อใหญ่, เนย แยม ฯลฯ ที่ใช้ทาขนมปัง, ผ้าปู (โต๊ะ ตู้ เตียง ฯลฯ) (**-S.** (v.) extend, widen)

spread eagle สัญลักษณ์รูปนกอินทรีกางปีก

spreadsheet (สเปรด' ชีท) *n.* (คอมพิวเตอร์) แผ่นตารางทำการ

spree (สปรี) *n.* ความสนุกสนาน, ช่วงเวลากินดื่มเที่ยวอย่างสนุกสนาน

sprig (สปริก) *n.* กิ่งไม้, ก้านไม้เล็กๆ, ช่อ, หน่อ, เด็ก, ทายาท, ลูกหลาน, เครื่องประดับที่มีรูปร่างเป็นกิ่งไม้ *-vt.* **sprigged, sprigging** ตัด ดึง ริด รอน เด็ดกิ่งหรือก้านจากต้นไม้, ตกแต่งหรือประดับด้วยกิ่งไม้ **-sprigger** *n.*

sprightly (สไปรท์' ลี) *adj.* **-lier, -liest** ร่าเริง, สนุกสนาน, มีชีวิตชีวา (**-S.** lively **-A.** dull)

★**spring** (สปริง) *v.* **sprang/sprung, sprung, springing** *-vi.* กระเด้ง, ดีด, กระดอน, ผุด, โผล่, โค้ง, งอ, กำเนิด, จ่ายให้ *-vt.* ทำให้กระเด้ง กระดอนหรือดีด, วางกับดัก, ทำให้โค้งงอ *-n.* ฤดูใบไม้ผลิ, สถานที่มีน้ำพุธรรมชาติ, ความยืดหยุ่น, โลหะที่เด้งเองได้ เช่น ขดลวด, การกระโดด, ช่วงเวลาการเกิดใหม่ *-adj.* เกี่ยวกับ

A B C D E F G H I J K L M N O P Q R S T U V W X Y Z

ฤดูใบไม้ผลิ, ที่เกิดในช่วงฤดูใบไม้ผลิ (-S. (v., n.) hop, leap, jump)

springboard (สฺปริง' บอร์ด, -โบร์ด) *n.* กระดานกระโดดน้ำที่กระเด้งได้

spring garlic ต้นกระเทียม

spring onion ต้นหอม

springy (สปริง' งี) *adj.* **-ier, -iest** ยืดหยุ่น, ที่เด้งได้ (-S. elastic, flexible)

sprinkle (สปริง' เคิล) *vt., vi.* **-kled, -kling** หว่าน, พรม, โปรย, โรย, โปรยปราย *-n.* การกระทำดังกล่าว, ฝนตกโปรยปราย, จำนวนเล็กน้อย (-S. (v., n.) scatter, spray)

sprinkler (สปริง' เคลอร์) *n.* เครื่องฉีด หว่าน โรยหรือโปรย, หัวฉีดน้ำพุ

sprint (สปรินท์) *n.* การวิ่งเร็วระยะสั้น *-vi.* **sprinted, sprinting** วิ่งอย่างเร็ว **-sprinter** *n.*

sprite, spright (สไปรท์) *n.* นางไม้, ภูต, ผี, เทพยดา (-S. fairy, nymph)

spritzer (สปริท' เซอร์, ชพริท'-) *n.* เครื่องดื่มชนิดหนึ่งทำจากไวน์ผสมโซดา

sprocket (สปรอค' คิท) *n.* ฟันเฟือง, ซี่เฟือง

sprout (สเปราท์) *vi., vt.* **sprouted, sprouting** แตกหน่อ, งอก, แทงยอด, ออกตุ่ม, โผล่, ผลิ *-n.* ต้นอ่อน, ต้นกล้า, ยอดอ่อน (-S. (v., n.) bud)

spruce[1] (สปรูซ) *n.* ต้นไม้จำพวกสน

spruce[2] (สปรูซ) *adj.* **sprucer, sprucest** ประณีต, เรียบร้อย, สง่า *-v.* **spruced, sprucing** *-vt.* ทำให้เป็นระเบียบเรียบร้อย *-vi.* ทำให้ตัวเองดูดี **-sprucely** *adv.* **-spruceness** *n.* (-S. (adj.) elegant, smart -A. (adj.) distasteful)

sprung (สปรัง) *v.* กริยาช่อง 2 และ 3 ของ spring

spry (สไปร) *adj.* **sprier, spriest/spryer, spryest** กระฉับกระเฉง, ว่องไว, แข็งแรง **-spryly** *adv.* **-spryness** *n.* (-S. active, quick)

spud (สปัด) *n.* (คำสแลง) มันฝรั่ง, เสียม

spume (สปยูม) *n.* ฟอง

spun (สปัน) *v.* กริยาช่อง 2 และ 3 ของ spin

spur (สเปอร์) *n.* เดือยรองเท้า, เดือยไก่, เหล็กเกาะไต่ภูเขา, ปุ่มต้นไม้, เครื่องกระตุ้น *-vt., vi.* **spurred, spurring** กระตุ้น, เร่งรีบ

spurious (สปยู' เรียส) *adj.* ปลอม, แสร้ง, เก๊, (ลูก) นอกสมรส **-spuriously** *adv.* (-S. fake)

spurn (สเปิร์น) *vt., vi.* **spurned, spurning** ปฏิเสธ, เมิน, เขี่ย, เฉยเมย, รังเกียจ, บอกปัด *-n.* การกระทำดังกล่าว (-S. (v.) reject)

spurt (สเปิร์ท) *n.* การปล่อยกำลังเต็มที่, การพุ่งทะยานขึ้นสุดกำลัง, การโหม, *-v.* **spurted, spurting** *-vi.* พุ่ง, กระโจน, ทะยาน, โหมกำลัง *-vt.* เร่งกำลังเต็มที่ (-S. (n., v.) spout)

sputter (สปัท' เทอร์) *vt., vi.* **-tered, -tering** ถ่ม ถุย พ่น (น้ำลาย), (เสียง) สำลัก, พูดละล่ำละลัก *-n.* การทำเสียงสำลัก, การพูดละล่ำละลัก **-sputterer** *n.* **-sputtery** *adj.*

sputum (สปยู' เทิม) *n., pl.* **-ta** เสมหะ, เสลด

spy (สไป) *n., pl.* **spies** (สไปซ) นักสืบ, สายลับ, จารชน, คนสอดแนม *-vt., vi.* **spied, spying** สืบสวน, ค้นหา, สืบเสาะ, สำรวจ, สอดแนม, สะกดรอย (-S. (n.) agent (v.) glimpse, observe)

spyglass (สไป' แกลซ) *n.* กล้องส่องทางไกลขนาดเล็ก, กล้องสองตา

squabble (สกวอบ' เบิล) *vi.* **-bled, -bling** ทะเลาะ, เถียง *-n.* เสียงทะเลาะกัน (-S. (v., n.) fight, row -A. (v.) agree)

squad (สกวอด) *n.* กลุ่มคน, หมู่ทหาร, คณะ, ทีมนักกีฬา (-S. group, troop)

squadron (สกวอด' เดริน) *n.* กองเรือรบ, ฝูงเครื่องบิน, กองพันทหารม้า, กองกำลังทางทหาร

squalid (สกวอล' ลิด) *adj.* สกปรก, รก, รุงรัง, มอซอ **-squalidly** *adv.* (-S. filthy, nasty)

squall[1] (สกวอล) *n.* เสียงร้องไห้โฮ *-vi.* **squalled, squalling** กรีดร้อง, ร้องเสียงดัง, แผดเสียง

squall[2] (สกวอล) *n.* พายุฝนหรือหิมะที่พัดมาเป็นพักๆ, (ภาษาพูด) ความยุ่งยาก *-vi.* **squalled, squalling** (ลม พายุ) พัดแรงช่วงหนึ่ง

squalor (สกวอล' เลอร์) *n.* ความสกปรก, ความรกรุงรัง, ความมอซอ (-S. decay, filth)

squander (สกวอน' เดอร์) *vt.* **-dered, -dering** ใช้จ่ายเงินอย่างสุรุ่ยสุร่าย *-n.* ความชอบใช้จ่ายอย่างสุรุ่ยสุร่าย (-S. (v.) waste -A. (v.) save)

★**square** (สแควร์) *n.* สี่เหลี่ยมจัตุรัส, บริเวณหรือพื้นที่รูปสี่เหลี่ยม, ไม้ฉาก, ผลของการคูณกันด้วยตัวเอง, กำลังสอง, เกมที่เล่นบนกระดานสี่เหลี่ยม, สี่แยก, แยกตามตึก, หัวถนน, (คำสแลง) คนทึ่ม *-adj.* **squarer, squarest** มีรูปทรงสี่เหลี่ยม, ฉาก, ตั้งฉาก, เป็นตาราง, ซื่อตรง, ยุติธรรม, (แต้ม) เท่ากัน, (คำสแลง) ทึ่ม *-v.* **squared, squaring** *-vt.* ทำให้ได้ฉาก, ทำให้ตั้งฉาก, ทำให้เท่ากัน, ทำให้เป็นรูปสี่เหลี่ยม, ชำระบัญชี, ชำระหนี้สิน, (ภาษาพูด) ติดสินบน, แก้แค้น *-vi.* ตั้งฉาก, ตรงกัน, ลงรอย *-adv.* ยุติธรรม, ตรงไปตรงมา, เป็นสี่เหลี่ยมจัตุรัส **-on the square** อย่างเปิดเผยและซื่อสัตย์ **-out of square** ไม่เท่ากัน **-square deal** ยุติธรรม

A B C D E F G H I J K L M N O P Q R S T U V W X Y Z

-**square peg in a round hole** ผิดขนาด, ไม่เหมาะสม **-squarely** *adv.* (**-S.** (adj.) honest, upright (v.) bribe, level)

square root รากที่สองของเลขจำนวนจริง

★**squash**[1] (สกวอช) *n.* พืชจำพวกแตงและน้ำเต้า

★**squash**[2] (สกวอช) *v.* **squashed, squashing** *-vt.* บีบ, คั้น, กด, รัด, อัดแน่น *-vi.* ถูกบีบคั้น กดหรือรัด *-n.* เสียงบีบคั้น, การรัดให้แน่น, การอัด, การเบียดเสียด, ความแออัด, น้ำผลไม้คั้น (**-S.** (v., n.) crush, squeeze)

squashy (สกวอช' ชี, สกวอ' ชี) *adj.* **-ier, -iest** บีบง่าย, นุ่มนิ่ม, สุก, เหลว, เปียก **-squashily** *adv.* **-squashiness** *n.*

squat (สกวอท) *vi., vt.* **squatted, squatting** นั่งยองๆ, (สัตว์) หมอบ, จับจอง (ที่ดิน), ปักหลัก, ตั้งหลักแหล่ง *-adj.* **squatter, squattest** อ้วนเตี้ย, เตี้ยกว้าง *-n.* ท่านั่งดังกล่าว, ท่าหมอบ, ที่ดินที่ถูกจับจอง **-squatter** *n.*

squawk (สกวอค) *vi., vt.* **squawked, squawking** (ไก่) ร้อง, กรีดร้อง, ร้องทุกข์

squeak (สกวีค) *v.* **squeaked, squeaking** *-vi.* หวีดร้อง, ส่งเสียงดังเอี๊ยดๆ, (เสียงหนูร้อง) จี๊ดๆ, เปิดเผย, ทรยศ *-vt.* ทำเสียงแหลม, ร้องเสียงหลง *-n.* เสียงหนูร้องจี๊ดๆ, เสียงบานประตูลั่นดังเอี๊ยดๆ, การหลบหนี (**-S.** (v.) peep, shrill)

squeal (สกวีล) *vi., vt.* **squealed, squealing** *-vi.* ร้องเสียงแหลมสูง, (คำสแลง) หักหลัง *-n.* การร้องเสียงหลง, การร้องเสียงแหลม **-squealer** *n.* (**-S.** (n., v.) scream)

squeamish (สกวี' มิช) *adj.* จู้จี้, ตกใจง่าย, อ่อนแอ **-squeamishly** *adv.* (**-S.** modest, sick)

squeegee (สกวี' จี) *n.* ก้านรีดน้ำ, ลูกกลิ้งยาง

★**squeeze** (สกวีซ) *v.* **squeezed, squeezing** *-vt.* บีบ, คั้น, บิด, กด, อัดแน่น, เบียด, รัด, รีด, บังคับ, คาดคั้น, ดัน *-vi.* ตกอยู่ภายใต้ความกดดัน, แทรก, บังคับ *-n.* การกระทำดังกล่าว, ปริมาณที่คั้นออกมา, ฝูงชนที่เบียดเสียด **-squeezer** *n.* (**-S.** (v., n.) crowd, press)

squelch (สเกวลช) *v.* **squelched, squelching** *-vt.* กด, บีบ, ทำให้แบน, ทำให้เงียบงัน *-vi.* เกิดเสียงดังผลัวะ *-n.* เสียงดังผลัวะๆ, เสียงย่ำโคลน **-squelcher** *n.*

squib (สกวิบ) *n.* ประทัด, หลอดประจุดินปืนเพื่อใช้เป็นชนวน, การเขียนเรื่องล้อหรือเยาะเย้ย

squid (สกวิด) *n., pl.* **squids/squid** ปลาหมึก

squill (สกวิล) *n.* หอมทะเลจำพวกหนึ่ง

squint (สกวินท) *vi., vt.* **squinted, squinting** หรี่ตา, เหล่, ชำเลือง, ชม้าย, ชายตามอง *-n.* การชำเลืองตา, การมองอย่างรวดเร็ว, การเหลือบตามอง *-adj.* (ตา) เหล่ เข เอียง

squire (สไกวร) *n.* คนรับใช้ที่ติดตามนักรบสมัยก่อน, ผู้ดีเจ้าของที่ดินตามบ้านนอก, ตุลาการ

squirm (สเกวิร์ม) *vi.* **squirmed, squirming** เลื้อย, ดิ้น, รู้สึกไม่สบายใจ *-n.* การดิ้นบิดไปมา

★**squirrel** (สเกวอ' เริล) *n.* กระรอก, หนังขนกระรอก *-vt.* **-reled, -reling/ -relled, -relling** เก็บ, ซ่อน, สะสม

squirt (สเกวิร์ท) *vi., vt.* **squirted, squirting** พ่น, พุ่ง, ฉีด *-n.* น้ำที่พุ่งออกมา, กระบอกฉีด, การพ่นหรือฉีด **-squirter** *n.*

squish (สกวิช) *v.* **squished, squishing** *-vt.* ทำให้แบนหรือเป็นแผ่นราบ, อัด, บีบ *-vi.* ย่ำบนโคลน, (เสียง) โคลนดูด *-n.* เสียงย่ำโคลน, (คำสแลง) คนอ่อนแอ **-squishy** *adj.*

Sr. ย่อจาก senior คนโต, senõr คุณผู้ชาย, sister ใช้เรียกนำหน้าชื่อแม่ชีในคริสต์ศาสนา

ST ย่อจาก standard time เวลามาตรฐานสากล

St. ย่อจาก saint นักบุญ

stab (สแตบ) *vt., vi.* **stabbed, stabbing** ปัก, ทิ่ม, แทง, เสียบ *-n.* การกระทำดังกล่าว, บาดแผลจากการถูกแทง **-stab in the back** ลอบทำร้าย **-stabber** *n.* (**-S.** (v., n.) thrust)

stability (สตะบิลฺ' ลิที) *n., pl.* **-ties** ความแน่นอน, ความมั่นคง, ความสม่ำเสมอ, ความแน่วแน่, ความมีเสถียรภาพ, ความเที่ยงตรง (**-S.** firmness, strength **-A.** instability)

stabilize (สเต' บะไลซ) *v.* **-lized, -lizing** *-vt.* ทำให้มั่นคง, ทำให้ทรงตัว, รักษาระดับ *-vi.* คงที่, มั่นคง, เที่ยง **-stabilization** *n.*

★**stable**[1] (สเต' เบิล) *adj.* **-bler, -blest** มั่นคง, สม่ำเสมอ, เสถียร, เที่ยง **-stableness** *n.* **-stably** *adv.* (**-S.** constant, fixed)

stable[2] (สเต' เบิล) *n.* คอกสัตว์, โรงม้า, คนเลี้ยงม้า, คอกม้าแข่ง *-v.* **-bled, -bling** *-vt.* ขังไว้ในคอก *-vi.* อาศัยอยู่ในคอก

stack (สแตค) *n.* กอง (ฟาง หญ้า ฟืน ไม้ ข้าว), กองซ้อนกันเป็นชั้น, ปล่องไฟ, ปล่องไฟเรือ, บริเวณที่เก็บหนังสือของห้องสมุด, ซุ้มปืน, จำนวนมากมาย *-vt., vi.* **stacked, stacking** กอง, สุม, ก่าย, ซ้อน (**-S.** (n., v.) heap, pile)

staddle (สแตด' เดิล) *n.* ยุ้ง, ฉาง, โรงนา

★**stadium** (สเต' เดียม) *n., pl.* **-diums/-dia** สนามกีฬาขนาดใหญ่, สนามแข่งกรีฑาของกรีกโบราณ

★**staff**[1] (สแตฟ) *n., pl.* **staffs/staves** (สเตฟว์ซ์) ไม้เท้า, ไม้พลอง, ไม้ให้สัญญาณ, คทา, ตะพด, ตะบอง, เสา, เสาค้ำ, ด้าม, ป้าย, เสาธง *-vt.* **staffed, staffing** จัดให้มีคณะหรือกลุ่มผู้ร่วมงาน **-staffs** ไม้รังวัด, คณะทำงาน, กองเสนาธิการ, กองเสมียน (**-S.** (n.) pole, rod, wand)

staff[2] (สแตฟ) *n.* เครื่องค้ำจุน

stag (สแตก) *n.* กวางแดงตัวผู้, สัตว์ตัวผู้ที่ตอนแล้ว, ผู้ชายที่ไปงานเลี้ยงคนเดียว *-adj.* สำหรับผู้ชายเท่านั้น *-adv.* ตัวคนเดียว *-vi.* **stagged, stagging** ไปงานเลี้ยงคนเดียวโดยไม่มีคู่

★**stage** (สเตจ) *n.* แท่น, เวที, นั่งร้านหรือแท่นก่อสร้าง, เวทีละคร, ที่พักริมทาง, รถม้าโดยสาร, ชั้น, โป๊ะ, ขั้น, ระยะ, ระยะการเดินทาง, แท่นหมุนได้ของกล้องจุลทรรศน์ *-v.* **staged, staging** *-vt.* แสดงบนเวที, กำกับการแสดงบนเวที *-vi.* ปรับเปลี่ยนให้เหมาะสมกับการแสดงบนเวที, หยุดเมื่อถึงจุดหมายปลายทาง (**-S.** (n.) level, step)

stagecoach (สเตจ' โคช) *n.* รถม้าโดยสารสี่ล้อในสมัยก่อน

stagger (สแตก' เกอร์) *v.* **-gered, -gering** *-vi.* โซเซ, โยกเยก, โอนเอน, เอียง, โงนเงน, เฉ, เป๋ *-vt.* ทำให้โซเซ, ทำให้ลังเล, ทำให้เหลื่อมกัน *-n.* การเดินเซไปมา, การรวนเร, การจัดสับหลีก, การแกว่ง **-staggerer** *n.* (**-S.** (v., n.) sway, waver)

staging (สเต' จิง) *n.* โครงค้ำ, นั่งร้าน, การแสดงบนเวที, การเดินทางโดยรถม้าสี่ล้อ

stagnant (สแตก' เนินท์) *adj.* นิ่ง, เฉย, ค้าง, ซบเซา, เฉื่อย, เอื่อย (**-S.** sluggish, still)

stagnate (สแตก' เนท) *vi.* **-nated, -nating** หยุดนิ่ง, เฉื่อย, ไม่เจริญ **-stagnation** *n.* (**-S.** decay, rust **-A.** grow)

staid (สเตด) *adj.* ถาวร, มั่นคง, สุขุม, ผึ่งผาย, สง่า, ภูมิฐาน **-staidly** *adv.* **-staidness** *n.* (**-S.** calm, steady **-A.** wild)

★**stain** (สเตน) *v.* **stained, staining** *-vt.* ทำให้เลอะเทอะ, ทำให้เปื้อน, ทำให้ด่าง, ทา (สี), ย้อมสี (เนื้อเยื่อ) *-vi.* เลอะ, เปื้อน, ด่าง *-n.* รอยด่าง, รอยเปื้อน, มลทิน, สีแต้ม, สีย้อม, สิ่งที่ทำให้สกปรก, น้ำยาเคลือบเงา, การย้อมสีเนื้อเยื่อ **-stainable** *adj.* (**-S.** (v., n.) blemish, dye, spot)

stained glass กระจกย้อมสีต่างๆ นิยมนำมาประดับตกแต่งหรือทำบานหน้าต่าง

stainless (สเตน' ลิซ) *adj.* ไม่ด่างพร้อย, ไม่เปื้อน **-stainlessly** *adv.*

stainless steel เหล็กที่ไม่ขึ้นสนิม

★**stair** (สแตร์) *n.* บันได, ขั้นบันได

staircase (สแตร์' เคซ) *n.* บันไดทอดหนึ่ง

stairway (สแตร์' เว) *n.* ดู staircase

stake (สเตค) *n.* หมุด หลัก เข็มที่ใช้ตอกยึดรั้วเสาหรือขึงเต็นท์, เสาปักหลัก, หลักปักเขต, เสาสำหรับมัดคนเพื่อเผาทั้งเป็น (ในสมัยก่อน), การเผาทั้งเป็น, การพนัน, การเสี่ยง, ส่วนได้ส่วนเสีย, ส่วนแบ่ง, ผลประโยชน์จากการแข่งขัน, เงินรางวัลจากการชนะม้าแข่ง, เงินเดิมพัน, เงินปันผล, หุ้นผลประโยชน์ *-vt.* **staked, staking** เรียกร้องสิทธิ, อ้างกรรมสิทธิ์, สนับสนุน, ค้ำจุน, ปักหลัก, ปักเขต, ตอกหมุด, ตอกเสา, รังวัดปักเขต, ผูกกับหลัก, เสี่ยง, วางเดิมพัน, จัดหาทุนในการดำเนินการ **-at stake** การเสี่ยง **-stake out** สำรวจ, สอดแนม **-stakes** ส่วนได้ส่วนเสียจากการเสี่ยง (**-S.** (n., v.) bet, risk)

stakeholder (สเตค' โฮลเดอร์) *n.* คนกลางที่ถือเงินเดิมพัน

stalactite (สตะแลค' ไทท์) *n.* หินย้อย

stalagmite (สตะแลก' ไมท์) *n.* หินงอก

★**stale** (สเตล) *adj.* **staler, stalest** เก่า, ค้างคืน, จืดชืด, เหม็นหืน, ขึ้นรา, น่าเบื่อ, เหี่ยวย่น **-stalely** *adv.* (**-S.** faded, old **-A.** fresh)

stalemate (สเตล' เมท) *n.* สถานการณ์ที่ต่างฝ่ายก็ทำอะไรกันไม่ได้, (เกมหมากรุก) การทำให้ขุนอับ, การคุมเชิงกัน, การยันกัน

stalk[1] (สตอค) *v.* **stalked, stalking** *-vt.* ย่องตาม (สัตว์), ไล่ตาม *-vi.* ย่างสามขุม, เดินอย่างองอาจ **-stalker** *n.* (**-S.** hunt, track)

stalk[2] (สตอค) *n.* ก้าน, ลำต้น, ลำตัว

stall[1] (สตอล) *n.* คอก, เล้า, แผงลอย, ร้านเล็กๆ, ม้านั่งเป็นแถวในโบสถ์, ที่นั่งแถวหน้าในโรงละคร, เส้นที่ตีเป็นช่องๆ สำหรับจอดรถ, เครื่องยนต์ดับกลางคัน, เครื่องบินเสียการทรงตัว, ปลอกสวมนิ้วมือนิ้วเท้า *-v.* **stalled, stalling** *-vt.* ขังในคอก, ต้อนเข้าคอก, ขุนให้อ้วน, ทำให้หยุดกลางคัน, ทำให้เครื่องบินเสียการทรงตัว *-vi.* อยู่ในคอก, ติดหล่ม, หยุด, ติดขัด, (เครื่องยนต์) ดับหรือหยุดกลางคัน

stall[2] (สตอล) *n.* กลอุบายที่ใช้หน่วงเหนี่ยว, การประวิงเวลา *-vt., vi.* **stalled, stalling** หน่วงเหนี่ยว, ถ่วงเวลา, ล่อ, ชะลอ

stallion (สแตล' เยิน) *n.* ม้าพ่อพันธุ์

stalwart (สตอล' เวิร์ท) *adj.* บึกบึน, ล่ำสัน, แข็งแรง, กล้าหาญ, แน่วแน่ *-n.* คนที่มีร่างกายและจิตใจแข็งแกร่ง, คนที่สนับสนุนองค์กรหรือพรรคการเมืองอย่างเต็มที่ **-stalwartly** *adv.*

A B C D E F G H I J K L M N O P Q R S T U V W X Y Z

(-**S.** (adj.) brave, strong -**A.** (adj.) weak)

stamen (สเต' เมิน) *n., pl.* **stamens/stamina** เกสรตัวผู้

stamina (สแตม' มะนะ) *n.* ความเข้มแข็งและอดทนที่จะต่อสู้กับความเจ็บป่วยความยากลำบากหรืออุปสรรคต่างๆ, พหูพจน์ของ stamen (-**S.** force, power -**A.** weakness)

stammer (สแตม' เมอร์) *vi., vt.* **-mered, -mering** พูดติดอ่าง, พูดตะกุกตะกัก (-**S.** pause)

★**stamp** (สแตมพ์) *vt., vi.* **stamped, stamping** กระทืบเท้า, เหยียบ, ตอก, ตี, ประทับ, ย่ำ, บด, กด, ทับ, ขยี้ *-n.* ดวงตราไปรษณียากร, ตราประทับ, รอยตราประทับ, การประทับตรา, เครื่องหมาย, ชนิด, เอกลักษณ์, เครื่องแสดง (-**S.** (v.) beat (v., n.) impress, mark, type)

stampede (สแตมพีด') *n.* การตื่นตกใจของฝูงสัตว์, ความแตกตื่นของคน, ความอลหม่าน *-v.* **-peded, -peding** *-vt.* ทำให้แตกตื่น *-vi.* ตื่น, ตกใจ, อลหม่าน (-**S.** (n., v.) charge, rush)

stamp mill โรงโม่, โรงบด

stance (สแตนซ์) *n.* ท่ายืน, ท่าตีลูกบอล, ทัศนคติ (-**S.** attitude, posture)

stanchion (สแตน' ชัน, -ชัน) *n.* ตอม่อ, เสา, เสาค้ำ, เสากั้นคอกวัวควาย

★**stand** (สแตนด์) *v.* **stood, standing** *-vi.* ยืน, ยืนตรง, ทรงตัว, ยืนตระหง่าน, ตั้ง, ตั้งตรง, ตั้งมั่น, ตั้งสูง, คงที่, คงไว้, คงอยู่, ค้างไว้, ยืนหยัด *-vt.* ทำให้ยืน, ทำให้ตั้งขึ้น, ยึดหยัด, ตั้งมั่น, ทน, ตั้งหลัก, ทำหน้าที่, (ภาษาพูด) เลี้ยงอาหาร *-n.* การยืน, ขาตั้ง, ที่ยืน, ตำแหน่งที่ยืน, ร้านขายของเล็กๆ ที่เป็นซุ้ม, แผงลอย, โต๊ะตั้งของ, ที่จอดรถแท็กซี่, นโยบายที่มุ่งมั่นแน่วแน่, ต้นไม้ที่กำลังเติบโต, คอกพยานในศาล **-stand a chance** มีโอกาสประสบความสำเร็จ **-stand by** เตรียมพร้อม, สนับสนุน, สำรอง **-stand down** ถอนตัว, ละทิ้งหน้าที่ **-stand for** สนับสนุน, เข้าข้าง **-stand in** แทนที่ **-stand off** ปลีกตัว, ไปยืนอีกข้าง **-stand on** ขึ้นอยู่กับ **-stand out** โดดเด่น **-stand over** จับตามอง, เลื่อนไป **-stands** อัฒจรรย์ **-stand to** เตรียมพร้อม **-stand up** ยืนขึ้น, ตั้งขึ้น, (อายุ) ยืนยาว **-stand up for** ต่อสู้, ปกป้อง (-**S.** (v.) endure, upright (n.) booth, position)

stand-alone (สแตนด์' อะโลน) *adj.* เกี่ยวกับคอมพิวเตอร์ที่ทำงานโดยไม่ได้เชื่อมโยงกับเครือข่ายหรือระบบอื่นใด

★**standard** (สแตน' เดิร์ด) *n.* ธงชาติ, ธง (หมู่เหล่า กอง), ธงชัย, ธงราชการ, เกณฑ์, ข้อบังคับ, กฎเกณฑ์, ข้อกำหนด, มาตรฐาน, มาตรา, อัตราส่วนของโลหะผสมในเหรียญทองหรือเหรียญเงิน, ชั้นปี, ชั้นนักเรียน, แท่น, เชิง, ฐาน *-adj.* เป็นมาตรฐาน, เป็นที่รับรอง, เข้าเกณฑ์, ได้มาตรฐาน, โดยทั่วไป, โดยปกติ **-standardly** *adv.* (-**S.** (n.) grade, measure, norm (adj.) basic, normal, regular)

standardize (สแตน' เดอร์ไดซ) *vt.* **-ized, -izing** ทำให้ได้มาตรฐาน, หาค่าโดยเปรียบเทียบกับมาตรฐาน (-**S.** normalize, regiment)

standard of living มาตรฐานการครองชีพ

standard time เวลามาตรฐาน

standby (สแตนด์' ไบ) *n., pl.* **-bys** คนที่เตรียมพร้อมเสมอที่จะคอยช่วยเหลือในยามฉุกเฉิน *-adj.* สำรองไว้ใช้ยามจำเป็น, เกี่ยวกับการรอตั๋วเครื่องบินที่คนอื่นสละสิทธิ์, เตรียมพร้อม

stand-in (สแตนด์' อิน) *n.* คนแสดงแทน

standing (สแตน' ดิง) *n.* ฐานะทางสังคม, ท่ายืน, ตำแหน่งที่ยืน, จุดยืน, ระยะเวลา *-adj.* ตั้งตรง, (ยืน) ตระหง่าน, แน่นอน, คงที่ (-**S.** (n.) rank, status (adj.) constant, still)

standoffish (สแตนด์ออ' ฟิช, -ออฟ' ฟิช) *adj.* ห่างเหิน, เย็นชา **-standoffishness** *n.*

standout (สแตนด์' เอาท์) *n.* (ภาษาพูด) คนที่ยอดเยี่ยมหรือมีความสามารถพิเศษ

standpoint (สแตนด์' พอยน์ท์) *n.* แง่คิด, ความคิดเห็น, มุมมอง (-**S.** opinion)

standstill (สแตนด์' สติล) *n.* การหยุดเคลื่อนไหว

standup, stand-up (สแตนด์' อัพ) *adj.* ตั้งตรง, ซึ่งทำขณะยืน, (คำสแลง) กล้าหาญ

stanza (สแตน' ซะ) *n.* โคลง ฉันท์ กาพย์ กลอนหนึ่งบท มีสองบรรทัดหรือมากกว่า (-**S.** poem)

staple[1] (สเต' เพิล) *n.* สินค้าหลัก, สินค้าสำคัญของประเทศ, วัตถุดิบ, อาหารที่สำคัญ เช่น ข้าว แป้ง, เส้นใยจากฝ้าย ขนแกะ หรือป่าน *-adj.* สำคัญ, เป็นหลัก, แก่นสาร *-vt.* **-pled, -pling** แบ่งแยกหรือคัดเลือก (เส้นใย)

staple[2] (สเต' เพิล) *n.* ลวดเย็บกระดาษเป็นรูปตัวยู, ห่วง, สายยู *-vt.* **-pled, -pling** ตอก, ตรึง, เย็บด้วยลวดเย็บกระดาษ, คล้อง (ห่วงสายยู)

stapler (สเต' เพลอร์) *n.* ที่เย็บกระดาษ

★**star** (สตาร์) *n.* ดาว, ดวงดาว, ดารา, สิ่งที่เป็นแฉกเหมือนดาว, เครื่องหมายยศเป็นแฉกรูปดาว, เครื่องหมายดอกจัน, บุคคลมีชื่อเสียง, รูปแฉกที่หน้าผากของม้า, โชคชะตา, นักแสดง, ตัวเอก

-*adj.* เด่น, โด่งดัง, มีชื่อเสียง -*v.* **starred, starring** -*vt.* ประดับด้วยดาว, ติดดาว, ให้รางวัลเป็นดาวเพื่อแสดงว่ายอดเยี่ยม, ทำเครื่องหมายดอกจัน, นำแสดง -*vi.* เล่นเป็นตัวเอก, เล่นได้อย่างยอดเยี่ยม, ทำงานได้ดีเด่น **-stars** อนาคต, โชคชะตา (**-S.** (n.) idol, name (adj.) brilliant, well-known)

starboard (สตาร์' เบิร์ด) *n.* กราบขวาของเรือหรือเครื่องบิน

starch (สตาร์ช) *n.* แป้ง, คาร์โบไฮเดรต, แป้งที่ใช้ลงผ้าให้แข็ง,นิสัยแข็งกระด้าง -*vt.* **starched, starching** ลงแป้ง **-starches** อาหารที่มีแป้งมาก เช่น หัวเผือก **-starchy** *adj.*

stardom (สตาร์' เดิม) *n.* สถานะความเป็นดารา, ความมีชื่อเสียงในฐานะดารานักแสดง

stardust (สตาร์' ดัซท์) *n.* ละอองดาว, กลุ่มดาว

★**stare** (สแตร์) *vi., vt.* **stared, staring** จ้องมอง, ถลึงตา, เบิงตา, (ขน) ลุก -*n.* การจ้องมอง **-starer** *n.* (**-S.** (v., n.) gaze, look)

starfish (สตาร์' ฟิช) *n., pl.* **-fish/-fishes** ดาวทะเล เป็นสัตว์ทะเล รูปร่างคล้ายดาว

star fruit มะเฟือง

stark (สตาร์ค) *adj.* **starker, starkest** แข็ง, ทื่อ, ห้วน, หยาบ, ถมึงทึง, อย่างสิ้นเชิง **-starkly** *adv.* **-starkness** *n.*

starry (สตา' รี) *adj.* **-rier, -riest** แพรวพราวไปด้วยแสงดาว, มีรูปร่างเหมือนดาว

Stars and Stripes ธงชาติของสหรัฐอเมริกา

starship (สตาร์' ชิพ) *n.* ยานอวกาศ

Star-Spangled Banner ธงชาติของสหรัฐอเมริกา

★**start** (สตาร์ท) *v.* **started, starting** -*vi.* เริ่ม, เริ่มต้น, สะดุ้ง, ตกใจ, เริ่มทำ, เดินเครื่อง, ออกเดินทาง, ผุด, โผล่, นูน, โปน, ลงมือ, ก่อตั้ง, ตั้งต้น, ออกตัว (วิ่ง), ปลด, ปล่อย -*vt.* ตั้งต้น, เริ่มต้น, ก่อตั้ง, ลงมือ, ทำให้ตกใจ, ทำให้สะดุ้ง, กวน, กระตุ้น, ทำให้เริ่มเดิน -*n.* การตั้งต้น, การเริ่มต้น, จุดเริ่มต้น, สัญญาณเริ่มต้นการแข่งขัน, การทำให้ตกใจหรือสะดุ้ง, การติดเครื่องยนต์, ส่วนที่หลวมหรือคลายออก, ตำแหน่งที่ได้เปรียบ (ทางกีฬา) **-start something** (ภาษาพูด) ทำให้เกิดปัญหา **-start up** (กิจการ) ก่อตั้งใหม่ **-to start with** แรกเริ่ม, ไม่ว่าในกรณีใดๆ (**-S.** (v.) begin (n.) beginning, signal **-A.** (v., n.) end)

starter (สตาร์' เทอร์) *n.* ผู้เริ่มต้น, เครื่องกำเนิดไฟฟ้า (รถยนต์), ผู้ให้สัญญาณเริ่มต้นแข่งกีฬา, การเริ่มต้นแข่งกีฬา

startle (สตาร์' เทิล) *v.* **-tled, -tling** -*vt.* ทำให้สะดุ้ง ตกใจหรือผวา -*vi.* สะดุ้ง, ตกใจ -*n.* การสะดุ้ง ตกใจหรือผวา (**-S.** (v., n.) shock)

starvation (สตาร์เว' ชัน) *n.* การขาดอาหารหรืออดอาหารตาย

★**starve** (สตาร์ฟว์) *v.* **starved, starving** -*vi.* อดอยาก, อดอาหารตาย, หนาวตาย, (ภาษาพูด) หิวโหย -*vt.* ทำให้อดอยาก, ทำให้อดตาย

starveling (สตาร์ฟว์' ลิง) *n.* ผู้ที่อดอาหารตาย -*adj.* อดอยาก, อดอาหาร, ยากจน

stat (สแตท) *n.* วิชาสถิติ

stat. ย่อจาก statistics วิชาสถิติ

★**state** (สเตท) *n.* สภาพ, สภาวะ, ภาวะ, สภาวการณ์, สภาพการณ์, สถานการณ์, อารมณ์, อาการ, (ภาษาพูด) อาการกระสับกระส่าย, ฐานะทางสังคม, พิธีการ, รัฐ, มณฑล, กิจการของรัฐบาล, การปกครองของรัฐบาล -*adj.* เกี่ยวกับการอยู่ภายใต้การปกครองของรัฐบาล, ที่ดำเนินการโดยรัฐ, โดยมีรัฐเป็นเจ้าของและผู้ดำเนินการ -*vt.* **stated, stating** แถลง, ประกาศ, แจ้ง (**-S.** (n.) condition, mood (v.) declare (adj.) public)

stately (สเตท' ลี) *adj.* **-lier, -liest** โอ่อ่า, ยิ่งใหญ่, สง่างาม (**-S.** grand **-A.** base, plain)

★**statement** (สเตท' เมินท์) *n.* การประกาศ, การแจ้ง, คำแถลงการณ์, รายงานบัญชีการเงิน (**-S.** account, declaration, proclamation)

statesman (สเตทซ' เมิน) *n.* รัฐบุรุษ

static (สแตท' ทิค) *adj.* คงที่, นิ่ง, สถิต, อยู่กับที่, เกี่ยวกับไฟฟ้าสถิต -*n.* (ภาษาพูด) การนินทา การพูดขัดจังหวะ การวิจารณ์อย่างเผ็ดร้อน **-statical** *adj.* **-statically** *adv.* (**-S.** (adj.) constant, still **-A.** (adj.) variable)

static electricity ไฟฟ้าสถิต

statics (สแตท' ทิคซ) *n. pl.* สถิตยศาสตร์

★**station** (สเต' ชัน) *n.* สถานี, สถานีรถไฟ, ท่ารถ, ป้ายรอรถประจำทาง, ฐานะ, ตำแหน่งทางสังคม, สถานีวิทยุโทรทัศน์, เครื่องรับส่งสัญญาณวิทยุ, ฐานปฏิบัติการ, เรือนเพาะชำ, ฟาร์มเลี้ยงสัตว์ -*vt.* **-tioned, -tioning** เข้าประจำฐาน (**-S.** (n., v.) post)

stationary (สเต' ชะเนรี) *adj.* คงที่, ประจำที่, นิ่ง -*n., pl.* **-aries** สิ่งที่อยู่คงที่ (**-S.** (adj.) fixed, motionless **-A.** (adj.) moving)

stationer (สเต' ชะเนอร์) *n.* คนขายเครื่องเขียน

★**stationery** (สเต' ชะเนรี) *n.* เครื่องเขียน

station house, stationhouse (สเต' ชันเฮาซ์) *n.* สถานีตำรวจ, สถานีดับเพลิง

station-to-station (สเต' ชันทะสเต' ชัน) *adj.* เกี่ยวกับโทรศัพท์ทางไกล

station wagon รถยนต์ที่มีท้ายรถยาวใส่สัมภาระและกระเป๋าได้ มีประตูปิดท้ายรถด้วย

station wagon

statistic (สตะทิส' ติค) *n.* ข้อมูล, สถิติ, ตัวเลข

★**statistics** (สตะทิส' ติคซ) *n. pl.* วิชาสถิติ, ข้อมูลหรือข้อเท็จจริงที่เป็นตัวเลข

stator (สเต' เทอร์) *n.* ส่วนหนึ่งของเครื่องใช้ไฟฟ้าประเภทมอเตอร์หรือไดนาโมที่อยู่คงที่

statuary (สแตช' ชูเอรี) *n., pl.* **-ies** บรรดารูปปั้นหรือรูปแกะสลัก, ศิลปะการปั้นหรือแกะสลัก, ปฏิมากร, ช่างปั้น *-adj.* เกี่ยวกับการปั้นแกะสลักหรือหล่อ

★**statue** (สแตช' ชู) *n.* รูปปั้น, รูปสลัก, งานปั้นสลัก หรือหล่อรูปคนหรือสัตว์แบบสามมิติ ทำจากหิน ดินเหนียวหรือทองแดง

statuette (สแตชชูเอท') *n.* รูปปั้นหรือรูปสลักขนาดเล็ก

stature (สแตช' เชอร์) *n.* ระดับความสำเร็จ, ความสูงหรือส่วนสูงของมนุษย์หรือสัตว์เมื่อยืนขึ้น

★**status** (สเต' เทิซ, สแตท' เทิซ) *n.* ฐานะ, สภาพ, ภาวะ, ตำแหน่ง, ยศ (**-S.** grade, rank)

status quo สภาพที่เป็นอยู่แต่เดิม

status symbol เครื่องแสดงฐานะ เช่น บ้าน

statute (สแตช' ชูท) *n.* พระราชบัญญัติ, บทบัญญัติ, กฎ, กฎระเบียบ, ข้อบังคับ

statute book หนังสือกฎหมาย

statute law กฎหมายที่เป็นพระราชบัญญัติ

statute of limitations พระราชบัญญัติกำหนดอายุความ

statutory (สแตช' ชะทอรี, -โทรี) *adj.* ที่กำหนดไว้โดยพระราชบัญญัติ, ซึ่งเป็นพระราชบัญญัติ

statutory rape การกระทำชำเราผู้เยาว์

staunch, stanch (สตอนช์; สตานช์, สตอนช์; สตานช์; สแตนช์) *adj.* **stauncher, staunchest/stancher, stanchest** ซื่อสัตย์, จงรักภักดี, มุ่งมั่น **-staunchly** *adv.*

stave (สเตฟว์) *n.* แผ่นไม้บางๆ ที่ใช้ทำขอบถัง, ขั้นบันได, ไม้ตะบอง, บันไดเสียง (ดนตรี), โคลงฉันท์ กาพย์ กลอนหนึ่งบท *-v.* **staved/stove, staving** *-vt.* ทำบู้บี้, ทำแตก, เจาะรู *-vi.* แตก, บุบ **-stave off** ขจัด, ปัดเป่า

★**stay**[1] (สเต) *v.* **stayed, staying** *-vi.* พัก, อาศัย, อยู่, พำนัก, ค้าง, หยุด, รอ *-vt.* หยุดพัก, เลื่อน, ระงับ, ยับยั้ง, ทำให้ช้าลง, ชะลอ, สกัด, หน่วงเหนี่ยว, รั้งรอ *-n.* การหยุดพัก, การพักแรม, การไปเยี่ยม **-stay away** ออกไปห่างๆ **-stay in** อยู่บ้าน **-stay on** อยู่ต่อ **-stay out** ออกไปข้างนอก, ประท้วงต่อไป **-stay put** รอก่อน (**-S.** (v., n.) pause, rest, stop)

stay[2] (สเต) *vt.* **stayed, staying** ค้ำจุน, รัด, หนุน, ยึด, พยุง, สนับสนุน, ยืนหยัด *-n.* เครื่องค้ำจุน, เครื่องรัดทรงของผู้หญิง, เชือกโยง

STD ย่อจาก sexually transmitted disease โรคที่ติดต่อทางเพศสัมพันธ์

std. ย่อจาก standard มาตรฐาน

stead (สเตด) *n.* ตัวแทน, สถานที่แทน, หน้าที่แทน *-vt.* **steaded, steading** แทน, ทำแทน

steadfast, stedfast (สเตด' แฟซท์, -เฟิซท์) *adj.* แน่นอน, มั่นคง, แน่วแน่, จงรักภักดี, ซื่อสัตย์ **-steadfastly** *adv.* **-steadfastness** *n.* (**-S.** constant, loyal **-A.** unsteady)

★**steady** (สเตด' ดี) *adj.* **-ier, -iest** แน่นอน, มั่นคง, อยู่กับที่, เที่ยงตรง, สม่ำเสมอ, หนักแน่น, สุขุม, มีสติ, เด็ดเดี่ยว *-vt., vi.* **steadied, steadying** ทำให้มั่นคง เที่ยงตรง สม่ำเสมอ หนักแน่น **-steadily** *adv.* **-steadiness** *n.* (**-S.** (adj.) calm, stable (v.) stabilize)

★**steak** (สเตค) *n.* สเต็ก, ชิ้นเนื้อทอดหรือย่าง

★**steal** (สตีล) *vt., vi.* **stole, stolen, stealing** ขโมย, ลักลอบ, ชิง, ฉกฉวย *-n.* การลักขโมย, (คำสแลง) การต่อรองราคา **-stealer** *n.* (**-S.** (v.) shoplift, thieve (n.) bargain, theft)

stealth (สเตลธ์) *n.* การลักลอบ, การลักขโมย

stealthy (สเตล' ธี) *adj.* **-ier, -iest** ลึกลับ, หลบๆ ซ่อนๆ **-stealthily** *adv.* (**-S.** secret **-A.** open)

★**steam** (สตีม) *n.* ไอน้ำ, หมอก, พลังไอน้ำ, พลังงาน *-vi., vt.* **steamed, steaming** พ่นไอ, ปล่อยไอ, เป็นไอ, อบ, นึ่ง, เคลื่อนที่ด้วยพลังไอน้ำ, (ภาษาพูด) โกรธจัด (**-S.** (n., v.) vapor)

steamboat (สตีม' โบท) *n.* เรือกลไฟ

steam chest หม้อพักไอ

steam engine เครื่องจักรไอน้ำ

steamer (สตี' เมอร์) *n.* เรือกลไฟ, หม้อไอน้ำ

steam iron เตารีดไอน้ำ

steamroller (สตีม' โรเลอร์) *n.* รถบดถนนที่ขับเคลื่อนด้วยพลังไอน้ำ

steamship (สตีม' ชิพ) *n.* เรือกลไฟ

steam turbine กังหันไอน้ำ

steamy (สตี' มี) *adj.* **-ier, -iest** เต็มไปด้วยไอน้ำ, ตัณหาราคะ **-steamily** *adv.*

A B C D E F G H I J K L M N O P Q R S T U V W X Y Z

★**steel** (สตีล) *n.* เหล็ก, เหล็กกล้า *-adj.* ที่ทำด้วยเหล็ก, แข็งแกร่ง *-vt.* **steeled, steeling** หุ้มด้วยเหล็ก, ทำให้แข็งแกร่ง **-steely** *adj.*
steel-trap (สตีล' แทรพ') *adj.* รวดเร็วและหลักแหลม, เฉียบคม, เด็ดเดี่ยว
steel wool เหล็กฝอย
steelwork (สตีล' เวิร์ค) *n.* สิ่งที่ทำด้วยเหล็ก **-steelworks** โรงงานผลิตเหล็ก
steelyard (สตีล' ยาร์ด) *n.* ตาชั่งจีน
★**steep** (สตีพ) *adj.* **steeper, steepest** มีปลายแหลม, สูง, ชัน, สูงลิ่ว, แพง, เกินไป *-n.* บริเวณที่สูงชัน **-steeply** *adv.* **-steepness** *n.* (**-S.** (adj.) headlong, high **-A.** (adj.) sloping)
steeple (สตี' เพิล) *n.* ยอดสูง, ยอดหลังคาปลายแหลม, ยอดเจดีย์, หอคอย

steeple

steeplechase (สตี' เพิล เชซ) *n.* การแข่งขี่ม้ากระโดดข้ามเครื่องกีดขวาง **-steeplechaser** *n.*
★**steer** (สเตียร์) *v.* **steered, steering** *-vt.* คุมหางเสือ, คัดท้าย *-vi.* บ่ายหน้า, มุ่งหน้า, มุ่งเข็ม *-n.* คำแนะนำ, วัวตัวผู้ (**-S.** (v.) direct (v., n.) guide (n.) advice)
steerage (สเตีย' ริจ) *n.* การคัดท้าย, การคุมหางเสือ,บริเวณที่นั่งบนเรือซึ่งค่าโดยสารถูกที่สุด
steering gear กระปุกเฟือง
steering wheel พวงมาลัย
steersman (สเตียร์ซ' เมิน) *n.* คนถือท้ายเรือ
★**stem**[1] (สเตม) *n.* ลำต้น, ก้าน, กล้องยาสูบ, ก้านแก้วไวน์, ปุ่มไขลานนาฬิกา, เส้นขน, เส้นผม, ตระกูล, รากคำ, เสาหัวเรือ, หัวเรือ, ไส้หลอดไฟ *-v.* **stemmed, stemming** *-vi.* เกิดมาจาก *-vt.* เอาก้านออก (**-S.** (n.) axis, stalk)
stem[2] (สเตม) *vt.* **stemmed, stemming** หยุด, อุด, ชะลอ, ยับยั้ง, รั้ง (**-S.** stop)
stench (สเตนช์) *n.* กลิ่นเหม็นคาว
stencil (สเตน' เซิล) *n.* กระดาษไขที่ใช้ในการพิมพ์, ลายฉลุ, การลอกลายฉลุ *-vt.* **-ciled, -ciling/-cilled, -cilling** ฉลุ, คัดลอก, ฉลุลาย
stenograph (สเตน' นะแกรฟ) *n.* แป้นเครื่องพิมพ์ชวเลข, ตัวชวเลข **-stenographer** *n.*
stenotype (สเตน' นะไทพ์) *n.* เครื่องพิมพ์ดีดตัวชวเลข, สัญลักษณ์ชวเลข *-vt.* **-typed, -typing** บันทึกหรือพิมพ์ด้วยเครื่องดังกล่าว **-stenotypist** *n.* **-stenotypy** *n.*
★**step** (สเตพ) *n.* การก้าวเท้า, จังหวะก้าวเท้า, เสียงก้าวเท้า, รอยเท้า, ระยะก้าวเท้า, ระยะที่สั้นมาก, ทางเท้า, เชิง, ธรณีประตู, ขั้น, ขั้นบันได, การเลื่อนขั้น, ลำดับ, ขั้นตอน, ระดับ, จังหวะเต้นรำ *-vi., vt.* **stepped, stepping** เหยียบย่าง, ก้าว, ก้าวเป็นจังหวะ, ก้าวเข้าไปสู่, ก้าวเท้าวัดระยะ **-step by step** เป็นขั้นตอน, ทีละขั้น (**-S.** (n., v.) move, pace, walk)
stepbrother (สเตพ' บรัธเธอร์) *n.* พี่ชายหรือน้องชายที่เป็นลูกของพ่อเลี้ยงหรือแม่เลี้ยง
stepchild (สเตพ' ไชลด์) *n.* ลูกติด, ลูกเลี้ยง, สิ่งที่ไม่ได้รับการดูแลเอาใจใส่
stepdaughter (สเตพ' ดอเทอร์) *n.* ลูกสาวของพ่อเลี้ยงหรือแม่เลี้ยง, ลูกสาวที่เกิดจากคู่สมรสคนก่อน
step-down (สเตพ' เดาน์) *adj.* ลดขั้น, ลดระดับ, ลดกำลังไฟฟ้า *-n.* การลดปริมาณหรือขนาดลง
stepfamily (สเตพ' แฟมมะลี, -แฟมลี) *n., pl.* **-lies** ครอบครัวที่มีลูกเลี้ยงหนึ่งคนหรือมากกว่า
stepfather (สเตพ' ฟาเธอร์) *n.* พ่อเลี้ยง
step-in (สเตพ' อิน) *adj.* ซึ่งเข้าไปมีส่วนเกี่ยวข้อง, ซึ่งเข้าแทรกแซง
stepladder (สเตพ' แลดเดอร์) *n.* บันไดพาดแบบพับเก็บได้
stepmother (สเตพ' มัธเธอร์) *n.* แม่เลี้ยง
stepparent (สเตพ' แพเรินท์) *n.* พ่อเลี้ยงหรือแม่เลี้ยง
steppe (สเตพ) *n.* ที่ราบซึ่งมีหญ้าปกคลุมในยุโรปตอนใต้ ไซบีเรีย และตอนกลางของอเมริกาเหนือ
steppingstone (สเตพ' พิงสโตน) *n.* ก้อนหินที่วางเรียงรายเป็นทางเดิน, ขั้นที่จะก้าวไปสู่เป้าหมายและความสำเร็จ
stepsister (สเตพ' ซิซเตอร์) *n.* พี่สาวหรือน้องสาวที่เป็นลูกของพ่อเลี้ยงหรือแม่เลี้ยง
stepson (สเตพ' ซัน) *n.* ลูกชายของพ่อเลี้ยงหรือแม่เลี้ยง, ลูกชายที่เกิดจากคู่สมรสคนก่อน
step-up (สเตพ' อัพ) *adj.* ซึ่งเพิ่มกำลังไฟฟ้า, ที่เพิ่มขึ้นทีละขั้น *-n.* การเพิ่มปริมาณ จำนวน หรือขนาด
-ster คำปัจจัย หมายถึง ผู้กระทำ
★**stereo** (สเต' รีโอ, สเตีย'-) *n., pl.* **-os** ระบบเสียงสเตริโอ, เสียงจากระบบสเตริโอ, ระบบเสียงจากเครื่องแยกเสียงซึ่งมาจากรอบทิศทาง, แม่พิมพ์, ต้นแบบ, ระบบภาพสามมิติหรือภาพถ่าย *-adj.* เกี่ยวกับระบบแยกเสียงหรือเครื่องแยกเสียงซึ่งมาจากรอบทิศทางเพื่อให้ได้เสียงเหมือนจริงและเป็นธรรมชาติมากที่สุด, เกี่ยวกับ

A B C D E F G H I J K L M N O P Q R S T U V W X Y Z

ภาพสามมิติ

stereo- คำอุปสรรค หมายถึง สามมิติ

stereograph (สเต' รีอะแกรฟ, สเตีย'-) *n.* ภาพสามมิติที่เกิดจากการมองผ่านกล้องมองภาพสามมิติหรือกระจกที่ทำขึ้นพิเศษ *-vt.* **-graphed, -graphing** ทำให้เกิดภาพสามมิติ **-stereography** *n.*

stereophonic (สเตรีอะฟอน' นิค, สเตีย-) *adj.* เกี่ยวกับหรือที่ใช้ในการสร้างระบบเสียงที่มีลำโพงแยกเสียงมากกว่าสองทิศทาง เพื่อให้ได้เสียงที่ฟังเป็นธรรมชาติและเหมือนจริง **-stereophonically** *adv.* **-stereophony** *n.*

★**stereoscope** (สเต' รีอะสโกพ, สเตีย'-) *n.* กล้องสองตาสำหรับมองภาพสามมิติ โดยอาศัยการเหลื่อมกัน ทำให้เห็นภาพเด่นชัดมากขึ้น

stereotype (สเต' รีอะไทพ์, สเตีย'-) *n.* แม่พิมพ์, แบบพิมพ์, ต้นแบบ, แผ่นโลหะแม่พิมพ์ที่จำลองตัวเรียงพิมพ์ *-vt.* **-typed, -typing** ทำแม่พิมพ์, ทำแบบพิมพ์, กำหนดตายตัว, พิมพ์จากแบบพิมพ์ **-stereotyper** *n.* **-stereotypic, stereotypical** *adj.* **-stereotypically** *adv.* (**-S.** (n.) formula, pattern (v.) dub, standardize)

sterile (สเต' เริล, -ไรล์) *adj.* เป็นหมัน, ไม่มีเชื้อ, ไม่มีลูก, ไม่มีผล, แห้งแล้ง **-sterilely** *adv.* **-sterileness, sterility** *n.* (**-S.** dry, fruitless)

sterilization (สเตระลิเซ' ชัน) *n.* การทำให้ปราศจากเชื้อ, การทำให้สะอาดบริสุทธิ์, การทำให้เป็นหมัน

sterilize (สเต' ระไลซ์) *vt.* **-ized, -izing** ทำให้ปราศจากเชื้อ, ทำให้เป็นหมัน, ทำให้ไม่ออกผล, ทำให้ไม่มีพิษ **-sterilizer** *n.*

sterling (สเตอร์' ลิง) *n.* หน่วยเงินตราของอังกฤษโดยเฉพาะเงินปอนด์, ข้าวของเครื่องใช้ที่ทำจากเนื้อเงินของอังกฤษ *-adj.* ประกอบด้วยหรือเกี่ยวกับเงินอังกฤษ, ที่ทำจากเนื้อเงินอังกฤษ, เป็นมาตรฐานที่สูงสุด

stern[1] (สเติร์น) *adj.* **sterner, sternest** แข็งขัน, เคร่งครัด, ขึงขัง, ดุดัน, ถมึงทึง **-sternly** *adv.* **-sternness** *n.* (**-S.** cruel, strict **-A.** lenient)

stern[2] (สเติร์น) *n.* ส่วนท้ายของเรือ, ก้น, ส่วนหลัง, ส่วนท้าย

stern chaser ปืนหรือปืนใหญ่ที่ติดตั้งท้ายเรือเพื่อใช้ยิงเรือที่ติดตามไล่ล่ามา

sternum (สเตอร์' เนิม) *n., pl.* **-nums/-na** กระดูกสันอก

stern-wheeler (สเติร์น' ฮวีเลอร์, -วีเลอร์) *n.* เรือกลไฟที่ขับเคลื่อนด้วยใบพัดท้ายเรือ

stethoscope (สเตธ' ธะสโกพ) *n.* เครื่องมือแพทย์ใช้ฟังเสียงหัวใจและการหายใจ

stevedore (สตี' วิดอร์) *n.* กรรมกรท่าเรือ

stew (สตู, สตยู) *v.* **stewed, stewing** *-vt.* เคี่ยว, ตุ๋น (อาหาร) *-vi.* ตุ๋น, (ภาษาพูด) ร้อนระอุ ร้อนใจ กังวลใจ *-n.* อาหารตุ๋น, อาหารต้มเปื่อย, (ภาษาพูด) ความร้อนใจ (**-S.** (v.) boil)

steward (สตู' เอิร์ด, สตยู'-) *n.* ผู้พิทักษ์ทรัพย์สิน ผู้จัดการทรัพย์สิน, พนักงานบริการชายบนเรือหรือเครื่องบิน, หัวหน้าคนรับใช้ *-vi., vt.* **-arded, -arding** ทำหน้าที่บริการรับใช้

stewardess (สตู' เออร์ดิซ, สตยู'-) *n.* พนักงานบริการหญิงบนเครื่องบิน

St. Ex. ย่อจาก stock exchange ตลาดหุ้น

★**stick** (สติค) *n.* กิ่งไม้, ก้านไม้, ไม้พลอง, ไม้เรียว, คทา, ตะบอง, ตะพด, ไม้เท้า, ฟืน, ซุง, ท่อนไม้, ไม้ค้ำถ่อ, ด้าม, แท่ง, เสา, คัน, ท่อน, สิ่งที่มีลักษณะเป็นท่อนยาว, (คำสแลง) บุหรี่ยัดไส้กัญชา, (ภาษาพูด) ลูกศร, เสากระโดงเรือ *-vt., vi.* **stuck, sticking** ทิ่ม, แทง, จิ้ม, ดัน, ดุน, เสียบ, ปัก, ตอก, ติดแน่น, ปิด, ใส่, ติด, กลัด, ยึด, (ภาษาพูด) สับสน งุนงง, (คำสแลง) โกง, (ภาษาพูด) กล่าวโทษ, อดทน, ยืนหยัด **-stick around** ยังคงอยู่, อ้อยอิ่ง **-stick one's neck out** กระทำหรือพูดสิ่งที่ทำให้ตัวเองเป็นอันตราย **-stick out** หลุด, โผล่, เด่นชัด, ยื่น **-stick to** ยืนกราน **-stick together** สามัคคี **-stick up** จี้, ปล้น **-stick up for** สนับสนุน **-stick with** ภักดี (**-S.** (n.) baton, rod (n., v.) thrust, stab (v.) adhere, stay)

sticker (สติค' เคอร์) *n.* สติกเกอร์, คนที่พากเพียร, หนาม, เงี่ยง, ลวดหนาม

stick-in-the-mud (สติค' อินเธอะมัด) *n., pl.* **stick-in-the-muds** (ภาษาพูด) คนจมปลัก

stickpin (สติค' พิน) *n.* เข็มกลัดติดเนกไท

stick shift เกียร์กระปุก

stickup (สติค' อัพ) *n.* (คำสแลง) การใช้ปืนจี้

★**sticky** (สติค' คี) *adj.* **-ier, -iest** เหนียว, เหนอะหนืด, ติดแน่น, (อากาศ) ร้อนชื้น **-stickily** *adv.* **-stickiness** *n.* (**-S.** adhesive, tenacious)

★**stiff** (สติฟ) *adj.* **stiffer, stiffest** แน่นหนา, แข็ง, ฝืด, ตึง, เคร่งเครียด, กระด้าง, ดื้อ, รั้น, เข้มงวด, ยาก, รุนแรง *-adv.* แข็งทื่อ, อย่างมาก, สุดขีด, ที่สุด *-n.* (คำสแลง) ศพ, คนขี้เมา, เจ้าหมอนั่น, กุ๊ย, คนจรจัด *-vt.* **stiffed, stiffing** คดโกง **-stiffish** *adj.* **-stiffly** *adv.* (**-S.** (adj.) rigid, tense **-A.** (adj.) easy, flexible, limp)

A B C D E F G H I J K L M N O P Q R S T U V W X Y Z

stiffen (สติฟ' เฟิน) *vt., vi.* **-ened, -ening** ทำให้แข็ง (-S. harden, thicken)

stiff-necked (สติฟ' เนคท์') *adj.* คอแข็ง, ดื้อดึง, หยิ่ง, ยโส, จองหอง

stifle (สไต' เฟิล) *v.* **-fled, -fling** *-vt.* ทำให้หายใจไม่ได้, ฆ่ารัดคอ, บีบคอ, อุดปาก *-vi.* หายใจไม่ออก, อึดอัด, ตายเพราะหายใจไม่ออก **-stifler** *n.* (-S. choke, suppress)

stifling (สไต' ฟลิง) *adj.* ร้อนอบอ้าว, ซึ่งทำให้หายใจไม่ออก **-stiflingly** *adv.*

stigma (สติก' มะ) *n., pl.* **stigmata/stigmas** มลทิน, ความเสื่อมเสียชื่อเสียง, ความอัปยศอดสู, ไฝ, ปาน, จุด, แต้ม, แผลเป็น, รอยนาบ, ส่วนขนของเกสรตัวเมียที่รับละอองเกสรตัวผู้ในดอกของพืช **-stigmal** *adj.* (-S. spot, stain)

stigmatize (สติก' มะไทซ์) *vt.* **-tized, -tizing** ทำให้อับอาย, ประณาม, ทำให้เป็นจุด, แต้ม, ตีตรา, ประทับตรา **-stigmatization** *n.*

stiletto (สติเลท' โท) *n., pl.* **-tos/-toes** กริช

★**still**[1] (สติล) *adj.* **stiller, stillest** สงบ, เงียบ, เงียบสงัด, ราบเรียบ, ไม่เคลื่อนไหว, (เครื่องดื่ม) ไม่มีฟอง, (ภาพ) นิ่ง *-n.* ความเงียบสงบ, ภาพนิ่งที่นำมาจากภาพยนตร์ *-adv.* นิ่ง, แน่นิ่ง, ยังคง, แม้ว่า, แม้กระนั้น *-v.* **stilled, stilling** *-vt.* ทำให้เงียบสงบ, ทำให้นิ่ง *-vi.* สงบ, นิ่ง, ไม่เคลื่อนไหว (-S. (adj., n., v.) calm, quiet)

still[2] (สติล) *n.* อุปกรณ์ต้มกลั่น, เครื่องกลั่น

stillbirth (สติล' เบิร์ธ) *n.* การแท้งลูก

stillborn (สติล' บอร์น) *adj.* ซึ่งแท้งลูก

stilt (สติลท์) *n.* ไม้ต่อขา, ไม้ค้ำ, เสาค้ำ *-vt.* **stilted, stilting** ต่อขา, ยืนบนไม้ต่อขา

stilted (สติล' ทิด) *adj.* ดื้อรั้น, ดึงดัน, อวดดี, หยิ่ง, ยโส, โอหัง, จองหอง **-stiltedness** *n.*

stimulant (สติม' มยะเลินท์) *n.* สารกระตุ้น, ยากระตุ้น, อาหารหรือเครื่องดื่มชูกำลัง *-adj.* ซึ่งกระตุ้น, ชูกำลัง (-S. (n., adj.) tonic)

stimulate (สติม' มยะเลท) *vt., vi.* **-lated, -lating** กระตุ้น, ปลุก, เร้า **-stimulater, stimulator** *n.* **-stimulation** *n.* (-S. arouse, spur)

stimulus (สติม' มยะเลิซ) *n., pl.* **-li** (-ไล) สิ่งกระตุ้น, ตัวกระตุ้น, สารกระตุ้น, ยากระตุ้น, ยาชูกำลัง (-S. spur, stimulant)

★**sting** (สติง) *v.* **stung, stinging** *-vt.* ตำ, ต่อย, แทง, กัด, ทิ่ม, ทำให้คัน, ทำให้ระคายเคือง, ทำให้เจ็บปวด, ทรมานใจ, แทงใจ, (คำสแลง) โกง หลอกลวง *-vi.* ถูกแมลงหรือสัตว์กัดต่อย, เจ็บ, ปวด, แสบ, คัน, ระคายเคือง *-n.* การกระทำดังกล่าว, เหล็กในของแมลง เช่น ผึ้ง ต่อแตน, หนาม, เดือยแหลม, ความเจ็บปวด, ความแสบ (-S. (v., n.) burn, wound)

stingy (สติน' จี) *adj.* **-gier, -giest** ขี้เหนียว

stink (สติงค์) *v.* **stank/stunk, stunk, stinking** *-vi.* ส่งกลิ่นเหม็นคละคลุ้ง, (คำสแลง) รังเกียจ ดูถูก *-vt.* ทำให้เหม็น *-n.* กลิ่นเหม็น **-stinking** *adj.* **-stinky** *adj.* (-S. (v., n.) reek, smell)

stink bomb ระเบิดไข่เน่า

stinkpot (สติงค์' พอท) *n.* กระโถน

stint (สตินท์) *vt., vi.* **stinted, stinting** จำกัด, สงวน, ประหยัด, ออม, กระเหม็ดกระแหม่ *-n.* ปริมาณงานที่กำหนดแล้ว, จำนวนจำกัด, เวลาจำกัด **-stinter** *n.* (-S. (v., n.) limit)

stipend (สไต' เพนด์) *n.* เงินเดือน, ค่าจ้าง

stipulate (สติพ' พยะเลท) *vt., vi.* **-lated, -lating** กำหนดเงื่อนไข, ระบุ, สัญญา **-stipulator** *n.* (-S. contract, promise)

stipulation (สติพพยะเล' ชัน) *n.* การกำหนดเงื่อนไข, การระบุในสัญญา, ข้อสัญญา, ข้อตกลง **-stipulatory** *adj.* (-S. contract, term)

★**stir** (สเตอร์) *v.* **stirred, stirring** *-vt.* คน, กวน, แกว่ง, ขยับ, ทำให้เคลื่อนไหว, คุ้ย, เขี่ย, ปลุก, เร้า, กระตุ้น, ทำให้ตื่นเต้น *-vi.* ขยับ, เปลี่ยนท่านอน, เคลื่อนไหว, ก่อให้เกิด, เกิดขึ้น, ตื่นเต้น *-n.* การกระทำดังกล่าว, การขยับตัวเบาๆ, ความตื่นเต้น, ความโกลาหล **-stirrer** *n.* (-S. (v.) agitate, rouse (n., v.) disorder (n.) uproar)

stirring (สเตอ' ริง) *adj.* ปลุกเร้าอารมณ์, ตื่นเต้น, มีชีวิตชีวา **-stirringly** *adv.* (-S. emotive)

stirrup (สเตอ' เริพ) *n.* โกลน

stirrup leather สายที่ใช้รัดโกลนเข้ากับอาน

★**stitch** (สติช) *n.* ฝีเย็บ, การเย็บ, วิธีการเย็บ, ตะเข็บ, เข็มหนึ่ง, อาการเจ็บปวดอย่างฉับพลัน, (ภาษาพูด) จำนวนเล็กน้อย *-vt., vi.* **stitched, stitching** เย็บ, สอย, ปักเข็ม **-stitcher** *n.*

stitchery (สติช' ชะรี) *n.* งานเย็บปักถักร้อย

stithy (สติธ' ธี, สติธ' ธี) *n., pl.* **-ies** ทั่งตีเหล็ก, โรงตีเหล็ก, โรงหล่อ

stock (สตอค) *n.* คลังสินค้า, โกดัง, พัสดุ, สินค้า, เงินทุน, ใบหุ้น, ปศุสัตว์, ตอไม้, ลำต้น, เชื้อสาย, ต้นตระกูล, เทือกเถาเหล่ากอ, พันธุ์, วัตถุดิบ, น้ำต้มกระดูก, ไม้ค้ำ, คอกหรือซองสำหรับสัตว์ยืนเวลาตอกเกือกหรือรับการรักษา, ขื่อจองจำนักโทษ, คา, ก้านสมอเรือ, พานท้ายปืน *-v.* **stocked, stocking** *-vt.* จัดเก็บ, สะสม, จัดให้มีสินค้า, จัดให้มีปศุสัตว์, จับใส่ขื่อคา *-vi.*

เก็บ, สะสม, แตกหน่อ, งอก *-adj.* ธรรมดา, สามัญ, ที่มีอยู่ในร้าน, ที่ทำการจัดเก็บ, เกี่ยวกับการขยายพันธุ์ปศุสัตว์, เกี่ยวกับบริษัทหรือหุ้นส่วน **-in stock** มีสินค้าคงคลัง **-out of stock** ไม่มีสินค้า **-stock up** กักตุน **-stockage** *n.* (-S. (n., v.) store, supply (adj.) ordinary)

stockade (สตอเคด') *n.* คุกทหาร, รั้วไม้ซุง, รั้วเพนียด *-vt.* **-aded, -ading** ล้อมรั้วเพนียด

stockbreeding (สตอค' บรีดิง) *n.* การขยายและผสมพันธุ์ปศุสัตว์

stockbroker (สตอค' โบรเคอร์) *n.* นายหน้าค้าหุ้น **-stockbrokerage** *n.*

stock car รถบรรทุกปศุสัตว์

stock certificate/market พันธบัตร, ใบหุ้น

stock company บริษัทห้างหุ้นส่วน

stock exchange/market ตลาดหุ้น

stockholder, stockowner (สตอค' โฮลเดอร์, -โอเนอร์) *n.* ผู้ถือหุ้น

★**stocking** (สตอค' คิง) *n.* ถุงน่อง

stockjobber (สตอค' จอบเบอร์) *n.* นายหน้าค้าหุ้น **-stockjobbery** *n.*

stockman (สตอค' เมิน) *n.* เจ้าของปศุสัตว์, คนเลี้ยงปศุสัตว์, คนดูแลคลังสินค้าหรือโกดัง

stock manipulation การปั่นหุ้น

stockpile (สตอค' ไพล์) *n.* คลังสินค้า

stockpot (สตอค' พอท) *n.* หม้อต้มซุป, แหล่งทรัพยากรที่สมบูรณ์

stockroom, stock room (สตอค' รูม, -รุม) *n.* ห้องเก็บวัสดุและสินค้า

stock-still (สตอค' สติล') *adj.* นิ่ง, แน่นิ่ง

stocktaking (สตอค' เทคิง) *n.* การตรวจตราสินค้าแล้วตีราคา, การสำรวจฐานะ

stocky (สตอค' คี) *adj.* **-ier, -iest** อ้วนเตี้ย, ล่ำ, ม่อต้อ **-stockily** *adv.* **-stockiness** *n.*

stodgy (สตอจ' จี) *adj.* **-ier, -iest** น่าเบื่อ, แน่น, เพียบ, ย่อยยาก, หนัก, อิ่มตื้อ **-stodgily** *adv.* **-stodginess** *n.* (-S. boring, indigestible)

stoic (สโต' อิค) *n.* คนที่อดทนไม่มีความยินดียินร้าย, บุคคลที่ยึดถือปฏิบัติตามหลักปรัชญาที่สอนให้วางเฉย สงบ กำจัดตัณหา ราคะ กิเลสและความเรียกร้องทางธรรมชาติ *-adj.* วางเฉย, อดทน, ปลง, ไม่ยินดียินร้าย, สงบ **-stoically** *adv.* **-stoicalness** *n.* **-stoicism** *n.*

stoke (สโตค) *vt., vi.* **stoked, stoking** เติมเชื้อเพลิง, ใส่ฟืน, เขี่ยฟืน

stokehole (สโตค' โฮล) *n.* ช่องใส่ฟืน (บนเรือ)

stoker (สโต' เคอร์) *n.* คนงานเติมถ่านหรือเชื้อเพลิงบนเรือ, อุปกรณ์ที่ใช้ป้อนถ่านหินเข้าเตาไฟ

stole (สโตล) *v.* กริยาช่อง 2 ของ steal

stolen (สโต' เลิน) *v.* กริยาช่อง 3 ของ steal

stolid (สตอล' ลิด) *adj.* **-er, -est** มั่นคง, สุขุม, เยือกเย็น, หนักแน่น, แข็ง, ทื่อ **-stolidity, stolidness** *n.* **-stolidly** *adv.* (-S. dull, wooden)

★**stomach** (สตัม' เมิค) *n.* กระเพาะอาหาร, ท้อง, ท้องน้อย, ความอยากหรือความกระหาย, ความกล้า *-vt.* **-ached, -aching** กล้ำกลืน, อดทน (-S. (n.) belly, desire (v.) bear, tolerate)

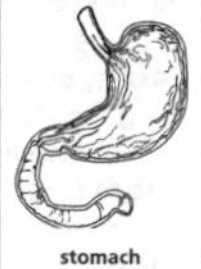
stomach

stomachache (สตัม' เมิคเอค) *n.* อาการปวดในกระเพาะอาหารหรือในช่องท้อง

stomachic (สตะแมค' คิค) *adj.* เกี่ยวกับกระเพาะอาหาร, ซึ่งมีประโยชน์หรือช่วยย่อย *-n.* ยาเจริญอาหาร **-stomachically** *adv.*

stomp (สตอมพ์) *vt., vi.* **stomped, stomping** เหยียบ, ย่ำ, กระทืบ *-n.* การเต้นรำแบบที่มีจังหวะกระทืบเท้า, ดนตรีแจ๊สสำหรับการเต้นรำดังกล่าว **-stomper** *n.* **-stompingly** *adv.*

★**stone** (สโตน) *n.* หิน, กรวด, ก้อนหิน, แผ่นหิน, หลักหิน, เสาหิน, ป้ายหินบนหลุมฝังศพ, ป้ายจารึกหิน, หินสำหรับโม่ บด ลับ ถู, พลอย, เมล็ดแข็งของผลไม้, นิ่ว, หน่วยน้ำหนักของอังกฤษมีค่าเท่ากับ 14 ปอนด์ (6.4 กิโลกรัม), แท่นหินสำหรับงานพิมพ์ *-adj.* เกี่ยวกับหรือทำด้วยหิน, เกี่ยวกับการทำภาชนะหิน *-adv.* อย่างมาก, แน่น, แข็ง, ทื่อ *-vt.* **stoned, stoning** ขว้าง ปา (ก้อนหิน), ฆ่าด้วยการขว้างก้อนหินใส่, เคลื่อนย้ายก้อนหิน, เรียงหรือวางด้วยก้อนหิน, ลับมีดบนก้อนหิน, ทำเป็นไม่ไยดี **-stoner** *n.*

stone-blind (สโตน' ไบลน์ด') *adj.* ตาบอดสนิท

stone-broke (สโตน' โบรค') *adj.* (ภาษาพูด) ถังแตก ไม่มีเงิน หมดตัว

stonecutter (สโตน' คัทเทอร์) *n.* ช่างสลักหิน, คนงานตัดหิน, เครื่องตัดตกแต่งหิน

stone-deaf (สโตน' เดฟ') *adj.* หูหนวกสนิท

Stonehenge (สโตน' เฮนจ์) โบราณสถานทางประวัติศาสตร์ มีลักษณะเป็นแท่งหินวางเรียงกันเป็นวงกลมมีอายุราว 2,000-1,800 ปีก่อนคริสตกาล ตั้งอยู่ทางตอนใต้ของอังกฤษ คาดว่าเป็นสถานที่ประกอบพิธีกรรมทางศาสนาและสำหรับสังเกตดวงดาว

stonemason (สโตน' เมเซิน) *n.* คนงานเรียง

A B C D E F G H I J K L M N O P Q R S T U V W X Y Z

หิน **-stonemasonry** *n.*
stonewall (สโตน' วอล) *v.* **-walled, -walling** *-vi.* (ภาษาพูด) สกัด ยับยั้ง ระงับ *-vt.* (ภาษาพูด) ปฏิเสธ บอกปัด
stoneware (สโตน' แวร์) *n.* ภาชนะที่ทำด้วยหิน เช่น ครกหิน
stonework (สโตน' เวิร์ค) *n.* โรงงานหิน, งานที่ทำด้วยหิน **-stoneworker** *n.*
stony, stoney (สโต' นี) *adj.* **-ier, -iest** เต็มไปด้วยหิน, คล้ายหิน, ไร้อารมณ์, ใจร้าย, แข็งทื่อ **-stonily** *adv.* **-stoniness** *n.* (**-S.** hard)
stonyhearted, stonehearted (สโต' นีฮาร์ทิด, สโตน'-) *adj.* ไร้ความเมตตาปรานี
stood (สตุด) *v.* กริยาช่อง 2 และ 3 ของ stand
stooge (สตูจ) *n.* ตัวตลกลูกคู่, ลูกน้อง, ลูกคู่, ลูกมือ, ลูกสมุน, (คำสแลง) นกต่อ สาย (ข่าว)
stool (สตูล) *n.* ม้ารองเข่า, ม้ารองเท้า, ม้านั่งคนเดียว, ม้านั่งแบบไม่มีพนัก, เก้าอี้หัวกลม, ตั่งพักเท้า, ม้านั่งถ่ายอุจจาระ, ตอไม้, คอนสำหรับนกเกาะ, รากที่งอกออกมาจากตอไม้ *-vi.* **stooled, stooling** แตกหน่อ, งอกราก, ถ่ายอุจจาระ, (คำสแลง) เป็นนกต่อ
stoolie (สตู' ลี) *n.* (คำสแลง) นกต่อ
stoop[1] (สตูพ) *vi., vt.* **stooped, stooping** ก้ม, โน้มตัว, โค้งตัว, นั่งห่อตัว, งอตัว, ถ่อมตัว, ลดตัว, โฉบลงมา *-n.* การกระทำดังกล่าว **-stooper** *n.* (**-S.** (v., n.) bend (v.) incline)
stoop[2] (สตูพ) *n.* ระเบียงเล็กๆ, เฉลียง, ขั้นบันไดเตี้ยๆ ก่อนเข้าประตู
★**stop** (สตอพ) *v.* **stopped, stopping** *-vt.* ปิด, อุด, กั้น, กัน, จุก, ห้าม, หยุด, ต้าน, ขัดขวาง, งด, เลิก, ถอน, ระงับ, รั้ง, รอ, ยับยั้ง, ป้องกัน *-vi.* หยุด, แวะ, ห้าม, เลิก, ยุติ, ขัดขวาง *-n.* การกระทำดังกล่าว, ที่พัก, ที่หยุดพัก, การระงับการจ่ายเงิน, อุปกรณ์ที่ทำให้เครื่องยนต์หยุด, เครื่องหมายหยุด (.), เครื่องห้ามเสียง (เปียโน), การอุดรูเครื่องดนตรี, กลอนประตู, เครื่องอุด, ลูกบิด **-stoppable** *adj.* (**-S.** (v., n.) break, finish, stay **-A.** (v., n.) start)
stopcock (สตอพ' คอค) *n.* หัวก๊อกน้ำ
stopgap (สตอพ' แกพ) *n.* สิ่งทดแทน, ของสำรอง, ตัวสำรอง
stoplight (สตอพ' ไลท) *n.* สัญญาณไฟจราจร
stopover (สตอพ' โอเวอร์) *n.* การหยุดพักหรือแวะกลางทาง
stoppage (สตอพ' พิจ) *n.* การห้าม, การหยุด, การอุด (**-S.** close, shutdown)
stop sign เครื่องหมายป้ายจราจรที่บอกให้หยุดรถก่อนจะเคลื่อนต่อไป
stopwatch (สตอพ' วอช) *n.* นาฬิกาจับเวลา
★**storage** (สตอ' ริจ, สโต'-) *n.* การเก็บรักษา, คลังเก็บสินค้า, ค่าเก็บรักษาสินค้า, (คอมพิวเตอร์) แหล่งเก็บข้อมูล
★**store** (สตอร์, สโตร์) *n.* ร้านค้า, คลังสินค้า, ห้องเก็บสินค้า, สิ่งที่เก็บสะสม *-vt.* **stored, storing** เก็บไว้, เก็บรักษา, สะสม **-stores** ปัจจัยที่จำเป็น เช่น อาหาร เสื้อผ้า (**-S.** (n., v.) stock, supply)
storehouse (สตอร์' เฮาซ์, สโตร์'-) *n.* โรงเก็บสินค้า, ขุมทรัพย์, แหล่งทรัพยากร
storekeeper (สตอร์' คีเพอร์, สโตร์'-) *n.* คนดูแลร้านขายของ, พนักงานขายของ
storeroom (สตอร์' รูม, -รุม, สโตร์'-) *n.* ห้องเก็บของ
storey (สตอ' รี, สโต' รี) *n.* ดู story[2]

> **story/storey** ชั้นของตึกหรืออาคาร ใช้เมื่อกล่าวถึงจำนวนชั้นของอาคารโดยทั่วไป storey สะกดแบบอังกฤษ ส่วน story สะกดแบบอเมริกัน เช่น I live in a ten story apartment.
>
> **floor** ชั้นของตึกหรืออาคาร ใช้เมื่อกล่าวถึงชั้นที่เฉพาะเจาะจง เช่น The guard's room is on the first floor.

storeyed (สตอ' รีด, สโต'-) *adj.* ดู storied[2]
storied[1] (สตอ' รีด, สโต'-) *adj.* ซึ่งลือชื่อ หรือมีชื่อเสียงในประวัติศาสตร์หรือตำนาน
storied[2] (สตอ' รีด, สโต'-) *adj.* ซึ่งมีหรือประกอบด้วยชั้น, ที่แบ่งเป็นชั้น
★**storm** (สตอร์ม) *n.* ลมพายุ, พายุ (ฝน หิมะ), ความโกลาหล, ความโกรธเกรี้ยว, การโจมตี *-v.* **stormed, storming** *-vi.* (ฝน หิมะ พายุ ลูกเห็บ) ตกกระหน่ำ, ด่าว่า, พูดด้วยโทสะ, เดือดดาล, เกรี้ยวกราด *-vt.* (พายุ) พัดโหมกระหน่ำเข้าทำลาย (**-S.** (n.) cyclone, gale (v.) besiege, rage, scold (n., v.) attack)
storm center ศูนย์กลางของพายุ
storm door ประตูชั้นนอกที่แข็งแรงสำหรับต้านลมพายุ
storm window หน้าต่างชั้นนอกสำหรับป้องกันลมพายุและอากาศหนาว
stormy (สตอร์' มี) *adj.* **-ier, -iest** มีพายุโหมกระหน่ำ, สับสน, วุ่นวาย, ดุเดือด, (คำพูด) เผ็ดร้อน, โกลาหล, รุนแรง **-stormily** *adv.*

-storminess *n.* (**-S.** turbulent, windy)

★**story**[1] (สตอ' รี, สโต' รี) *n., pl.* **-ries** เรื่องราว, เรื่องเล่า, เรื่องเล่าลือ, เรื่องบอกเล่า, เรื่องเล่าขาน, นิทาน, นิยาย, เทพนิยาย, เรื่องสั้น, นิยายพื้นบ้าน, พงศาวดาร, ตำนาน, ประวัติ, เค้าโครงเรื่อง, รายงาน, ข่าว, การรายงานข่าว, เรื่องที่นำเสนอ, เกร็ด, เรื่องโกหก, ตำนานรัก *-vt.* **-ried, -rying** แต่ง (เรื่อง นิทาน นิยาย), เล่า (**-S.** (n.) account, anecdote, news)

★**story**[2] (สตอ' รี, สโต' รี) *n., pl.* **-ries** ชั้น, ชั้นของตึกหรืออาคาร, ห้องที่อยู่บนชั้นเดียวกัน

storyboard (สตอ' รีบอร์ด, สโต' รีโบร์ด) *n.* แผ่นร่างภาพ ฉาก เรื่องราวเป็นลำดับที่ใช้ในงานโฆษณาหรือภาพยนตร์ **-storyboard** *v.*

storybook (สตอ' รีบุค, สโต'-) *n.* หนังสือนิทาน

story line เค้าเรื่อง, โครงเรื่อง

storywriter (สตอ' รีไรเทอร์, สโต'-) *n.* คนแต่งนิทานหรือนิยาย, คนเขียนข่าว

stout (สเตาท์) *adj.* **stouter, stoutest** หนักแน่น, กล้าหาญ, เด็ดเดี่ยว, มุ่งมั่น, แน่วแน่, มั่นคง, ล่ำสัน, แข็งแรง, บึกบึน, เตี้ยล่ำ, ม่อต้อ, อ้วนเตี้ย, ทรงพลัง, ทนทาน *-n.* คนเตี้ยล่ำ, ขนาดเสื้อผ้าสำหรับคนที่มีรูปร่างล่ำบึกบึน,เบียร์ดำรสแรง **-stoutish** *adj.* (**S.** (adj.) bulky, sturdy **-A.** (adj.) slim, thin, weak)

stouthearted (สเตาท์' ฮาร์' ทิด) *adj.* กล้าหาญ, เด็ดเดี่ยว, องอาจ **-stoutheartedly** *adv.*

★**stove**[1] (สโตฟว์) *n.* เตาอบ, ตู้อบ, เตาอบไฟฟ้า, เตาเผาอิฐเผาปูน

stove[2] (สโตฟว์) *v.* กริยาช่อง 2 และ 3 ของ stave

stow (สโต) *vt.* **stowed, stowing** เก็บ, รักษา, บรรจุ, (คำสแลง) หยุด, ให้อยู่ **-stow away** ซ่อนตัวเพื่อโดยสารเรือหรือเครื่องบินโดยไม่เสียค่าเดินทาง, (ภาษาพูด) กินอย่างตะกละ

stowage (สโต' อิจ) *n.* การเก็บรักษา, ห้องเก็บของ, โกดัง, สิ่งที่ถูกเก็บรักษา, ค่าเก็บรักษา

straddle (สแตรด' เดิล) *vt., vi.* **-dled, -dling** ยืนหรือนั่งกางขา, กางขา, นั่งคร่อม, คร่อม, เหยียบเรือสองแคม *-n.* การกระทำดังกล่าว, การแกว่งไปมา **-straddle the fence** (ภาษาพูด) พูดเล่นลิ้น พูดเป็นนัย **-straddler** *n.*

strafe (สเตรฟ) *vt.* **strafed, strafing** ยิงกราด

straggle (สแตรก' เกิล) *vi.* **-gled, -gling** หลงทาง, พลัดหลง, ล้าหลัง, กระจัดกระจาย *-n.* การพลัดหลง, ความไม่เป็นระเบียบ **-straggler** *n.* (**-S.** (v., n.) drift, stray)

straggly (สแตรก' กลี) *adj.* **-glier, -gliest** ไร้ทิศทาง, กระจัดกระจาย, ไม่เป็นระเบียบ

★**straight** (สเตรท) *adj.* **straighter, straightest** ตรง, เหยียด, โดยตรง, เป็นทางตรง, เป็นแนวตรง, ตรงไปตรงมา, ตั้งตรง, ตรงแน่ว, ซื่อตรง, ถูกต้อง, เที่ยงตรง, เป็นระเบียบ, เรียบร้อย, สม่ำเสมอ, ซื่อสัตย์, ซึ่งอยู่ในกฎระเบียบ, ไม่เปลี่ยนแปลง, บริสุทธิ์, ไม่เจือปน, ไม่ลดราคา *-adv.* เป็นแนวตรง, เป็นทางตรง, เป็นเส้นตรง, โดยตรง, ตั้งตรง, เที่ยงตรง, ตรงๆ, ปราศจากอคติ, ตรงไปตรงมา, เป็นระเบียบ, เรียบร้อย, ซื่อสัตย์, บริสุทธิ์, มุ่งหน้าต่อไป, อย่างไม่หยุดยั้ง, ปราศจากการต่อเติมเสริมแต่ง, ไม่เปลี่ยนแปลง, (เหล้า) ไม่เติมน้ำ โซดาหรือน้ำแข็ง *-n.* (ถนน) ส่วนที่ตรง, เส้นตรง, แนวตรง, ทางตรง, คนที่ยึดถือตามแบบอย่างธรรมเนียมประเพณี **-be straight as an arrow** ตรงเป็นไม้บรรทัด **-straight off** ทันทีทันใด **-straightly** *adv.* **-straightness** *n.* (**-S.** (adj.) direct, honest, neat (adv.) immediately **-A.** (adj.) crooked)

straight angle มุมตรงขนาด 180 องศา

straightaway (สเตรท' อะเว) *adj.* โดยตรง, เป็นทางตรง, ทันที, ฉับพลัน *-n.* ทางตรง, เส้นตรง *-adv.* ทันทีทันใด (**-S.** (adv.) at once)

straighten (สเตรท' เทิน) *vt., vi.* **-ened, -ening** ทำให้ตรง **-straightener** *n.*

straightforward (สเตรทฟอร์' เวิร์ด) *adj.* ตรงไปตรงมา, เปิดเผย, ซื่อสัตย์ *-adv.* ซื่อตรง **-straightforwardly** *adv.* (**-S.** (adj.) honest)

straight-out (สเตรท' เอาท์') *adj.* ทันที, ตรงๆ

straightway (สเตรท' เว') *adv.* ทันที, ฉับพลัน

★**strain**[1] (สเตรน) *v.* **strained, straining** *-vt.* ดึง, ลาก, เพ่ง, เงี่ยหู, ขึง, บิด, ทำให้ตึง, ทำให้เคล็ด, ทำให้เครียด, ทำให้เพลีย, ทำให้เหนื่อย, กรอง, กอด, รัด, ยืด *-vi.* ดึงอย่างแรง, ออกแรงดึง, บิดเป็นเกลียว, ตึงเครียด, ไหล, ซึม, รั่ว *-n.* การกระทำดังกล่าว, การออกแรงมากเกินไป, การทำงานหนัก, ภาวะความกดดัน, ความเครียด, ความเหนื่อยอ่อน, อาการเคล็ดขัดยอก, ระดับสุดขีด (**-S.** (v., n.) pull, twist)

strain[2] (สเตรน) *n.* เชื้อชาติ, ชาติพันธุ์, พันธุ์, สายพันธุ์, วงศ์, สกุล, ตระกูล, เหล่า, ชนิด, แหล่ง, ร่องรอย (**-S.** ancestry, race)

strained (สเตรนด์) *adj.* ฝืน, เครียด, เกินไป, เพลีย, เคล็ด (**-S.** tense **-A.** relaxed)

strainer (สเตร' เนอร์) *n.* เครื่องกรอง, ตะแกรงกรอง, กระชอน, เครื่องกรองของเหลว

A B C D E F G H I J K L M N O P Q R **S** T U V W X Y Z

A B C D E F G H I J K L M N O P Q R S T U V W X Y Z

strait (สเตรท) *n.* ช่องแคบ, ช่องแคบทางทะเล, ที่คับแคบ *-adj.* ยากลำบาก, อันตราย, น่าเป็นห่วง, เป็นทุกข์, (วง) จำกัด, แคบ, เคร่งครัด **-straits** ความลำบาก, สภาพอันตราย **-straitly** *adv.* (**-S.** (n.) channel (adj.) narrow)

straiten (สเตรท' เทิน) *vt.* **-ened, -ening** ทำให้หด, ทำให้คับแคบ, จำกัด, วางขอบเขต

straitjacket, straightjacket (สเตรท' แจคคิท) *n.* เสื้อสำหรับใส่ให้คนไข้โรคจิต ตัวเสื้อมีแขนยาวมาก ใช้ผูกไขว้มือไว้ข้างหลัง

strait-laced, straight-laced (สเตรท' เลซท์) *adj.* ซึ่งจำกัดมาก, ซึ่งใส่เสื้อผ้าที่รัดแน่นจนเกินไป **-strait-lacedly** *adv.* **-strait-lacedness** *n.* (**-S.** prim, strict)

strand[1] (สแตรนด์) *n.* ชายหาด, ชายทะเล, ริมน้ำ *-vt., vi.* **stranded, stranding** เกยหาด, เกยฝั่ง, เกยตื้น, ติดค้าง, ตกค้าง, ตกอยู่ในสภาพลำบาก

strand[2] (สแตรนด์) *n.* เชือก, เกลียวเชือก, เส้นเชือก, เส้นด้าย, ปอยผม *-vt.* **stranded, stranding** ฟั่น, ถักเกลียว (**-S.** (n.) fiber, rope)

strand line, strandline (สแตรนด์' ไลน์) *n.* ชายหาด, ชายทะเล

★**strange** (สเตรนจ์) *adj.* **stranger, strangest** แปลก, ไม่รู้จัก, ไม่คุ้นเคย, ประหลาด, ต่างออกไป, ผิดตา, แปลกหน้า, ต่างถิ่น *-adv.* แปลกประหลาด **-strangely** *adv.* (**-S.** (adj.) odd, peculiar, unknown **-A.** (adj.) usual)

★**stranger** (สเตรน' เจอร์) *n.* คนแปลกหน้า, คนต่างถิ่น, คนมาใหม่, คนที่เพิ่งเริ่มหัด, แขก, คนมาเยี่ยม (**-S.** alien, guest **-A.** friend)

strangle (สแตรง' เกิล) *v.* **-gled, -gling** *-vt.* ฆ่ารัดคอ, บีบคอ, ทำให้หายใจไม่ออก, ห้าม, สะกดกลั้น, ทำให้อึดอัด, อุด, จำกัด *-vi.* ตายเพราะหายใจไม่ออก, ถูกบีบคอ, สำลัก **-strangler** *n.* (**-S.** choke, suffocate)

strangulate (สแตรง' กยะเลท) *v.* **-lated, -lating** *-vt.* บีบ, รัด, เค้น, ห้าม (เลือด) *-vi.* ถูกบีบรัด **-strangulation** *n.*

★**strap** (สแตรพ) *n.* สายหนัง, สายรัด, หนังรัด, เข็มขัดรัด, ห่วงที่ใช้ยืนเกาะบนรถไฟ, หนังเช็ดมีดโกน, แส้หนัง *-vt.* **strapped, strapping** มัด รัด พันด้วยสายหนัง, ตี เฆี่ยนหรือโบยด้วยแส้, ลับมีดบนหนัง (**-S.** (n., v.) leash (v.) fasten)

straphanger (สแตรพ' แฮงเกอร์) *n.* คนที่ยืนเกาะห่วงบนรถไฟ

strapping (สแตรพ' พิง) *adj.* มีรูปร่างกำยำล่ำสัน *-n.* วัสดุที่ใช้ทำสายรัด

strata (สเตร' ทะ, สแตรท' ทะ) *n.* พหูพจน์ของ stratum

stratagem (สแตรท' ทะเจิม) *n.* ยุทธวิธี, อุบาย, เล่ห์เหลี่ยม, ยุทธศาสตร์, ตำราพิชัยสงคราม (**-S.** device, trick)

strategics (สตระที' จิคซ์) *n. pl.* ยุทธศาสตร์

strategize (สแตรท' ทะไจซ์) *vt., vi.* **-gized, -gizing** วางแผน, วางกลยุทธ์, สร้างอุบาย

strategy (สแตรท' ทะจี) *n., pl.* **-gies** แผนยุทธศาสตร์, ยุทธวิธีทางทหาร, การวางแผน, การนำทัพ, กลยุทธ์, กลอุบาย (**-S.** plan, policy)

stratopause (สแตรท' ทะพอซ) *n.* ชั้นบรรยากาศระหว่างสตราโตสเฟียร์กับเมโซสเฟียร์ อยู่เหนือผิวโลกประมาณ 55 กิโลเมตร

stratosphere (สแตรท' ทะสเฟียร์) *n.* ชั้นบรรยากาศที่เริ่มตั้งแต่ความสูงประมาณ 11 กิโลเมตรเหนือผิวโลกขึ้นไป อยู่เหนือโทรโพสเฟียร์และอยู่ใต้เมโซสเฟียร์

stratum (สเตร' เทิม, สแตรท' เทิม) *n., pl.* **-ta/-tums** ชั้น, ชั้นดิน, ชั้นหิน, ชนชั้นในสังคม, ชั้นของเนื้อเยื่อ, ชั้นเซลล์

★**straw** (สตรอ) *n.* ฟาง, หญ้าแห้ง, สิ่งที่ถักทอหรือสานจากฟาง, หลอดดูด, สิ่งที่มีค่าเพียงเล็กน้อย, สิ่งเล็กๆ น้อยๆ *-adj.* ซึ่งทำด้วยฟาง, ที่ใช้สำหรับเก็บฟาง, มีสีคล้ายฟาง (เหลือง), ไร้ค่า, เกี่ยวกับหุ่นฟางหรือหุ่นไล่กา **-straw in the wind** ลางบอกเหตุ **-strawy** *adj.*

★**strawberry** (สตรอ' เบรี) *n.* ผลสตรอว์เบอร์รี ซึ่งกินได้

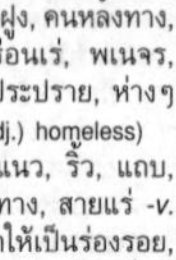
strawberry

stray (สเตร) *vi.* **strayed, straying** หลงทาง, พลัดหลง, พลัดพราก, คลาดเคลื่อน, เถลไถล, เตร็ดเตร่, เร่ร่อน, ปลีก, หลีกเร้น, วกเวียน, เหลวไหล, ผิดพลาด, เชือนแช, เฉไฉ, พูดนอกเรื่อง *-n.* สัตว์หลงทางหรือหลงฝูง, คนหลงทาง, คนเร่ร่อน *-adj.* หลงทาง, ร่อนเร่, พเนจร, กระจัดกระจาย, พลัดพราก, ประปราย, ห่างๆ **-strayer** *n.* (**-S.** (v.) roam (adj.) homeless)

streak (สตรีค) *n.* เส้น, ลาย, แนว, ริ้ว, แถบ, ริ้วสี, แถบสี, รอย, ร่องรอย, ทาง, สายแร่ *-v.* **streaked, streaking** *-vt.* ทำให้เป็นร่องรอย, ทำให้เป็นแนว, ทำให้เป็นริ้วลาย, ย้อมสีผม *-vi.* เป็นริ้วลาย, เป็นแนว, พุ่ง, แล่น, พุ่งพรวด, วิ่งไปอย่างรวดเร็ว **-streaker** *n.* **-streaky** *adj.* (**-S.** (n., v.) layer, strip (v.) flash, speed)

★**stream** (สตรีม) *n.* ลำธาร, สายน้ำ, ทางน้ำไหล, แม่น้ำเล็กๆ, ห้วย, กระแสน้ำ, กระแสความคิดเห็น, ลำแสง, รังสี *-vi., vt.* **streamed, streaming** หลั่งไหล, พรั่งพรู, พุ่ง, (คลื่น) กระเพื่อม, ส่องแสง **-streamy** *adj.* (**-S.** (n., v.) flow, run (v.) emit, spout)

streamer (สตรี' เมอร์) *n.* ธง, ชายธง, แถบกระดาษสี, ลำแสงอาทิตย์, สายรุ้ง, รุ้งกินน้ำ

streamline (สตรีม' ไลน์) *vt.* **-lined, -lining** ทำให้เพรียวลม, ทำให้ดีขึ้น, ปรับปรุงให้มีประสิทธิภาพดีขึ้น, รวบรวมขึ้น, จัดตั้งขึ้น, ทำให้ง่ายเข้า *-n.* รูปทรงเพรียวลม

streamlined (สตรีม' ไลน์ด์) *adj.* เพรียวลม, มีประสิทธิภาพ, เฉี่ยว, โก้, ทันสมัย

★**street** (สตรีท) *n.* ถนน, เส้นทางสัญจร, ถนนที่มีบ้านเรือนตั้งอยู่สองข้างทาง, คนตามท้องถนน *-adj.* ใกล้ถนน, บนถนน, ตามถนน, ที่อาศัยอยู่แถวถนน, ที่เปิดแสดงบนถนน, หยาบคาย, สถุล, ต่ำช้า (**-S.** (n.) avenue, road)

> **street** ถนนที่มีอาคารบ้านเรือนตั้งเรียงรายตามสองข้างทาง ใช้เมื่อหมายถึงถนนตามย่านที่มีคนอยู่อาศัย เช่น Mrs. Smith's house is in Oxford Street.
>
> **road** ท้องถนนหรือถนนหนทาง ใช้เมื่อหมายถึงเส้นทางสัญจรหรือหนทางไปสู่ที่ต่างๆ เช่น Is this the road to Washington?

streetcar (สตรีท' คาร์) *n.* รถราง

street child เด็กข้างถนน, เด็กเร่ร่อน

street smarts วิธีเอาตัวรอดอย่างชาญฉลาดจากภัยสังคมและสิ่งแวดล้อมในสังคมเมืองใหญ่

streetwalker (สตรีท' วอเคอร์) *n.* โสเภณี

★**strength** (สเตรงค์ธ์, สเตรงธ์, สเตรนธ์) *n.* ความแข็งแรง, กำลัง, พลัง, แรง, ความทนทาน, ความหนักแน่น, แหล่งพลังงาน, กำลังสนับสนุน, ความรุนแรง, ความมีอำนาจ, ความดัง (เสียง) (**-S.** firmness, power **-A.** weakness)

strengthen (สเตรงค์' เธิน, สเตรง'-, สเตรน'-) *v.* **-ened, -ening** *-vt.* ทำให้แข็งแรง *-vi.* แข็งแรงขึ้น **-strengthener** *n.* (**-S.** harden)

strenuous (สเตรน' นยูเอิซ) *adj.* แข็งแรง, เหนื่อยยาก, ลำบาก, กระตือรือร้น, พยายาม, ที่ต้องออกแรงมาก **-strenuousness** *n.* **-strenuously** *adv.* (**-S.** laborious **-A.** easy)

streptococcus (สเตรพทะคอค' เคิซ) *n., pl.* **-cocci** (-คอค' ไซ, -คอค' ไค) เชื้อแบคทีเรียชนิดหนึ่งมีรูปร่างกลมอยู่ติดกันเป็นลูกโซ่

★**stress** (สเตรซ) *n.* การเน้น, เสียงครุ, เสียงหนัก, แรงเค้น, ความเครียด, ความกดดัน, ความเหนื่อยยาก, แรงกดดัน *-vt.* **stressed, stressing** กด, ดัน, บังคับ, เน้น, ออกเสียงหนัก, ทำให้เครียด **-stress out** (ภาษาพูด) เหนื่อยล้าเพราะเครียด (**-S.** (n.) emphasis (n., v.) worry)

★**stretch** (สเตรช) *vt., vi.* **stretched, stretching** ขึง, ดึง, ยืด, ยื่น, เหยียด, ขยายออก, แผ่, เอื้อม, ยื่นมือ, กาง, ถ่าง, นอนแผ่, นอนเหยียดยาว, ดึงแขนขาเพื่อทรมาน, บีบรัด (กล้ามเนื้อ), ต่อ, ขยาย, เสริม, ทำเกินขีดจำกัด *-n.* การกระทำดังกล่าว, ขอบเขตที่ยืดขยายได้, ความยืดหยุ่น, ระยะเวลาที่ต่อเนื่องกัน, (คำสแลง) การจำคุก, (ภาษาพูด) ระยะสุดท้ายของเหตุการณ์ เวลาหรือกระบวนการ *-adj.* ซึ่งทำด้วยวัสดุที่ยืดหยุ่นได้ **-stretchable** *adj.* **-stretchability** *n.* (**-S.** (v.) extend (n.) extent)

stretcher (สเตรช' เชอร์) *n.* เปลหามคนเจ็บ, กรอบขึงผ้าใบวาดภาพ, เครื่องดึงหรือขึงกรอบ, อิฐหรือหินที่เรียงตามยาว, ขาตั้งกรอบรูป

strew (สตรู) *vt.* **strewed, strewn** (สตรูน)/**strewed, strewing** โปรย, หว่าน, โรย, พรม

stricken (สตริค' เคิน) *v.* กริยาช่อง 3 ของ strike *-adj.* เป็นโรค, เป็นทุกข์, มีปัญหา, เสียใจ

★**strict** (สตริคท์) *adj.* **stricter, strictest** แม่นยำ, แน่นอน, เที่ยงตรง, เข้มงวด, เคร่งครัด, มีระเบียบ, จำกัด, รุนแรง, ขึงขัง **-strictly** *adv.* **-strictness** *n.* (**-S.** accurate, rigorous)

stride (สไตรด์) *vi., vt.* **strode, stridden, striding** เดินก้าวยาว, ก้าวข้าม, เดินอาดๆ, ยืนคร่อม *-n.* การเดินก้าวยาว, ช่วงก้าวหนึ่ง **-strider** *n.*

strident (สไตร' เดินท์) *adj.* (เสียง) ดังแสบแก้วหู ห้าว ปร่า สาก หยาบ แปร่ง **-stridence, stridency** *n.* **-stridently** *adv.* (**-S.** harsh, loud)

strife (สไตรฟ์) *n.* ความขัดแย้ง, การทะเลาะโต้เถียง, การต่อสู้ (**-S.** conflict, quarrel **-A.** peace)

★**strike** (สไตรค์) *vt., vi.* **struck, struck/stricken, striking** ตี, ต่อย, ชก, ทุบ, โขก, เขก, ทิ่ม, แทง, เสียบ, ฟัน, เจาะ, ไช, แทงทะลุ, ปัก, ชน, ปะทะ, พุ่ง, พัง, ล้ม, กระทบ, กระแทก, ผลัก, ไส, ดัน, ทำลาย, โจมตี, จู่โจม, ต่อสู้, ทำร้าย, เข้าตี, ทำให้เจ็บป่วย, ทำให้เสียใจ, งับหรือตะครุบ (เหยื่อ), (งู) ฉก, ประทับตรา, ขีด (ไม้ขีดไฟ), พิมพ์, ตอก, เคาะหิน (ให้เกิดประกายไฟ), เคาะตีหรือดีดให้เกิดเสียงดนตรี, แยกแยะ, ขีดฆ่า, ตัดออก, คัดออก, ค้นพบ, บรรลุ, สำเร็จ,

A B C D E F G H I J K L M N O P Q R **S** T U V W X Y Z

ประทับใจ, กระทบใจ, ทำให้ซึมซาบ, หยั่งลึก, ทำสัญญา (ต่อรอง), ลดธง, ลดใบเรือ, ประท้วง, งอก (ราก), ถอน, รื้อ, ยกเลิก *-n.* การกระทำดังกล่าว, การประท้วงหยุดงานของลูกจ้าง, การหยุดชั่วคราว, การทำแต้มในกีฬาโบว์ลิ่งที่สามารถล้มพินทั้งหมดในการโยนครั้งแรก **-on strike** เข้าร่วมการประท้วง **-strike back** โต้ตอบ **-strike down** ฆ่า, ยกเลิก **-strike hand** ต่อรอง **-strike it rich** กลายเป็นเศรษฐีในชั่วพริบตา **-strike off** ถอน, ลบทิ้ง **-strike while the iron is hot** ทำเมื่อโอกาสดีมาถึง (**-S.** (v., n.) beat, hit, thrust)

strikebreaker (สไตรค' เบรเคอร์) *n.* คนที่รับจ้างทำงานแทนคนงานที่กำลังประท้วง

striker (สไตร' เคอร์) *n.* คนหยุดงานประท้วง, ฉมวก, ชนัก

striking (สไตร' คิง) *adj.* โดดเด่น, สะดุดตา, จับใจ **-strikingly** *adv.* **-strikingness** *n.* (**-S.** impressive, noticeable **-A.** unknown)

★**string** (สตริง) *n.* เชือก, ด้าย, ป่าน, สายป่าน, เส้นเชือก, สายสร้อย, สายร้อย, แถว, แนว, ทาง, เส้นหรือสายเครื่องดนตรี, วงเครื่องสาย, อนุกรม *-v.* **strung, stringing** *-vt.* ขึงเชือก, ขึงสาย, จัดเป็นอนุกรม, ผูก มัด หรือแขวนด้วยเชือก, ทำให้ตึง, ทำให้เครียด, ทำให้เป็นเส้นใย *-vi.* เป็นสาย (**-S.** (n., v.) cord, line)

string bean ถั่วฝักยาว

stringed instrument เครื่องดนตรีที่มีสาย

stringent (สตริน' เจินท์) *adj.* เข้มงวด, กวดขัน, แข็งขัน, เคร่งครัด, แน่นหนา, (เงิน) ฝืดเคือง **-stringency** *n.* **-stringently** *adv.*

strip[1] (สตริพ) *vt., vi.* **stripped, stripping** เปลื้อง (ผ้า), ถอด (เสื้อ), ปลดเปลื้อง, ถอด (ยศ ตำแหน่ง), ตัดสิทธิ์, ปลด, ถอดถอน, กำจัด, ปอก, ลอก, กล้อน, รีดนมวัว, ปล้น *-n.* การเต้นระบำเปลื้องผ้า (**-S.** (v.) peel, rob, undress)

★**strip**[2] (สตริพ) *n.* สาย, แถบ, ริ้ว, ที่ดินชิ้นแคบยาว, ลานลงจอดเครื่องบิน *-vt.* **stripped, stripping** ตัดหรือฉีกเป็นชิ้นยาว (**-S.** (n.) band)

★**stripe**[1] (สไตรพ์) *n.* แถบลายเนื้อผ้า, ลายทาง, แถบติดยศ, บั้ง, ชนิด, ประเภท *-vt.* **striped, striping** ทำให้เป็นลายทางริ้วหรือแถบ **-striped** *adj.* (**-S.** (n.) band, ribbon)

stripe[2] (สไตรพ์) *n.* การเฆี่ยน หวด ตี หรือโบย

stripper (สตริพ' เพอร์) *n.* (คำสแลง) นักเต้นระบำเปลื้องผ้า

strip-search (สตริพ' เซิร์ช) *vt.* **-searched, -searching** ตรวจค้นร่างกายเพื่อหาสิ่งผิดกฎหมายโดยการถอดเสื้อผ้าผู้ต้องสงสัย

striptease, strip tease (สตริพ' ทีซ) *n.* การเต้นระบำเปลื้องผ้า **-stripteaser** *n.*

strive (สไตรฟว์) *vi.* **strove, striven/strived, striving** อุตสาหะ, บากบั่น, พากเพียร, ฝ่าฟัน **-strivingly** *adv.* (**-S.** attempt, fight)

strode (สโตรด) *v.* กริยาช่อง 2 ของ stride

★**stroke**[1] (สโตรค) *n.* การทุบตี ต่อยหรือตอก, การเคาะระฆัง, เสียงเคาะระฆัง, การกระทำ, การเป็นลม, โรคลมแดด, ช่วงหนึ่ง (ของแขนขาในการว่ายน้ำ), คนให้จังหวะฝีพาย, ครั้งหนึ่ง, การเขียนหนังสือ, เส้นที่ขีดเขียน *-vt., vi.* **stroked, stroking** ขีดเส้น, ลากเส้น, ขีดเขียน, ให้จังหวะฝีพาย (**-S.** (n.) knock, shock)

stroke[2] (สโตรค) *vt.* **stroked, stroking** คลำ, ลูบไล้, (ภาษาพูด) เอาใจ *-n.* การลูบไล้ **-stroker** *n.* (**-S.** (v., n.) caress)

stroll (สโตรล) *vi., vt.* **strolled, strolling** เดินเล่น, เดินทอดน่อง, เดินเตร็ดเตร่ *-n.* การเดินเล่น (**-S.** (v., n.) ramble, wander)

stroller (สโตร' เลอร์) *n.* คนที่เดินเล่น, รถเข็นเด็ก, นักแสดงเร่, คนจรจัด

stroller

★**strong** (สตรอง) *adj.* **stronger, strongest** แข็ง, แข็งแรง, เข้มแข็ง, แข็งขัน, มีกำลัง, มีแรง, ทรงพลัง, กำยำ, ทนทาน, บึกบึน, มีอิทธิพล, มีอำนาจ, มั่นคง, แน่นหนา, หนักแน่น, แรงกล้า, (เหล้า กลิ่น) แรง, เข้มข้น, รุนแรง, (ชา) แก่, (เสียง) ดัง, ชัดเจน, เต็มที่, เต็มกำลัง *-adv.* แข็งขัน, แข็งแรง, เข้มแข็ง, ทรงพลัง **-strongly** *adv.* (**-S.** (adj.) firm, hale, pure, sound, tough **-A.** (adj.) weak)

strongbox (สตรอง' บอคซ์) *n.* ตู้นิรภัย

stronghold (สตรอง' โฮลด์) *n.* ที่หลบภัย, ที่มั่น, ป้อม, ศูนย์บัญชาการ (**-S.** fort, keep)

strong-minded (สตรอง' ไมน' ดิด) *adj.* เด็ดเดี่ยว, แน่วแน่ **-strong-mindedness** *n.*

strongpoint (สตรอง' พอยท์) *n.* ที่มั่น

strong room ห้องนิรภัย

strop (สตรอพ) *n.* เชือก สายหนัง หรือโลหะที่ใช้แขวนรอกหรือร้อยสายพาน, หนังลับมีดโกน *-vt.* **stropped, stropping** ลับมีดโกน

strove (สโตรฟว์) *v.* กริยาช่อง 2 ของ strive

struck (สตรัค) *v.* กริยาช่อง 2 และ 3 ของ

strike -*adj.* เนื่องจากการประท้วงของลูกจ้าง
structural steel เหล็กกล้าที่ใช้ในการก่อสร้าง
★**structure** (สตรัค' เชอร์) *n.* โครงสร้าง, โครงร่าง, องค์ประกอบ, สิ่งที่สร้างขึ้น, โครงสร้างเนื้อเยื่อหรืออวัยวะ, ลักษณะ, แบบแผน -*vt.* **-tured, -turing** ก่อร่าง, ก่อสร้าง, ประกอบขึ้น **-structural** *adj.* (**-S.** (n., v.) design, form, shape)
★**struggle** (สตรัก' เกิล) *v.* **-gled, -gling** -*vi.* ต่อสู้, ดิ้นรน, พยายาม, บากบั่น, ฝ่าฟัน, แข่งขัน -*vt.* ออกแรง, พยายาม -*n.* การต่อสู้ดิ้นรน, ความเพียรพยายาม **-struggler** *n.* **-strugglingly** *adv.* (**-S.** (v., n.) fight, labor)
strum (สตรัม) *vt., vi.* **strummed, strumming** ดีด (เครื่องดนตรีที่มีสาย), เล่นดนตรีด้วยวิธีดีด -*n.* การดีดหรือเสียงดีด (เครื่องสาย)
strung (สตรัง) *v.* กริยาช่อง 2 และ 3 ของ string -*adj.* ตึงเครียด อ่อนเพลีย
strut (สตรัท) *v.* **strutted, strutting** -*vi.* เดินวางท่า, เดินวางมาด -*vt.* ค้ำด้วยเสาหรือไม้, วางท่า -*n.* ความสำคัญตน, ไม้ค้ำ **-strutter** *n.*
stub (สตับ) *n.* ตอไม้, ตอ, ก้นบุหรี่, ก้นดินสอ, ต้นขั้วตั๋ว -*vt.* **stubbed, stubbing** กำจัด (วัชพืช), ถอนรากถอนโคน, บด, ขยี้, บี้
stubble (สตับ' เบิล) *n.* โคนหญ้าหรือต้นข้าวที่เกี่ยวแล้ว, ตอหนวดเคราบนหน้า
stubborn (สตับ' เบิร์น) *adj.* **-er, -est** ดื้อดึง, ดันทุรัง, ดื้อรั้น, หัวแข็ง, แข็งกระด้าง **-stubbornness** *n.* (**-S.** dogged, tenacious)
stubby (สตับ' บี) *adj.* **-bier, -biest** เป็นตอ, เต็มไปด้วยตอ, อ้วนเตี้ย, หนาสั้น
stuck (สตัค) *v.* กริยาช่อง 2 และ 3 ของ stick
stuck-up (สตัค' อัพ') *adj.* (ภาษาพูด) หยิ่ง
stud[1] (สตัด) *n.* กระดุมติดเสื้อเชิ้ต, ตะปูมีหัว, ปุ่มหรือเม็ดโลหะที่ใช้ประดับ, ต่างหู, ปุ่ม, สลักเกลียว -*vt.* **studded, studding** ตอกตะปู, ทำเป็นปุ่ม, กระจัดกระจาย
stud[2] (สตัด) *n.* ม้าพ่อพันธุ์, พ่อพันธุ์สัตว์, คอกสัตว์, คอกผสมพันธุ์ม้า
★**student** (สตูด' เดินท์, สตยู'-) *n.* นักเรียน, นักศึกษา, ผู้ศึกษาค้นคว้า (**-S.** pupil)
student loan เงินกู้ยืมเพื่อการศึกษา
stud horse ม้าพ่อพันธุ์
studied (สตัด' ดีด) *adj.* พิจารณา, ไตร่ตรอง **-studiedness** *n.* (**-S.** conscious, planned)
★**studio** (สตู' ดีโอ, สตยู'-) *n., pl.* **-os** ห้องทำงานของช่างภาพหรือจิตรกร, ห้องแพร่ภาพโทรทัศน์, ห้องกระจายเสียงวิทยุ, ห้องถ่ายทำภาพยนตร์, ห้องทำงานศิลปะ
studio apartment ห้องชุดขนาดเล็ก
studious (สตู' เดียซ, สตยู'-) *adj.* ขยันเรียน, หมั่นเพียร, เอาใจใส่ **-studiously** *adv.* **-studiousness** *n.* (**-S.** careful **-A.** careless)
★**study** (สตัด' ดี) *n., pl.* **-ies** การเรียน, การศึกษาหาความรู้, การค้นคว้า, วิชา, สาขาวิชา, งานวิจัย, การวิจัย, รายงาน, สิ่งที่วิจัย, ห้องทดลอง, ห้องค้นคว้า, ห้องวิจัย, ความสามารถในการเรียนหรือจดจำ, การอ่าน -*vt., vi.* **-ied, -ying** ศึกษา, เล่าเรียน, ค้นคว้า, พิจารณา, อ่าน, เข้าเรียน, สืบสวน, ไตร่ตรอง, วิเคราะห์ (**-S.** (n.) analysis)
★**stuff** (สตัฟ) *n.* วัตถุดิบ, แก่นสาร, เนื้อหา, สาร, ปัจจัย, สิ่งของ, ของที่ไม่มีค่า, เรื่องเหลวไหล, ความสามารถพิเศษ, (คำสแลง) เงิน เฮโรอีน -*v.* **stuffed, stuffing** -*vt.* บรรจุ, อัด, เบียด, จุก, อุด, ยัดนุ่นในตัวสัตว์ที่ตายแล้วเพื่อตั้งโชว์, ยัดไส้อาหารหรือขนม, -*vi.* กินอิ่มเกินไป, กินอย่างตะกละ (**-S.** (n.) material, substance (v.) fill)
stuffing (สตัฟ' ฟิง) *n.* สิ่งที่ใช้ยัดไส้
stuffy (สตัฟ' ฟี) *adj.* **-ier, -iest** อบอ้าว, อุดอู้, น่าเบื่อ, ล้าสมัย, เคร่งครัด **-stuffily** *adv.* **-stuffiness** *n.* (**-S.** airless, dull)
stultify (สตัล' ทะไฟ) *vt.* **-fied, -fying** ทำให้เป็นง่อย, ทำให้ใช้ไม่ได้, ทำให้ดูน่าหัวเราะ, ทำให้เสื่อมเสีย **-stultification** *n.*
stumble (สตัม' เบิล) *v.* **-bled, -bling** -*vi.* สะดุด, พลาดเท้า, หัวทิ่ม, ผิดพลาด -*vt.* ทำให้สะดุด, ทำผิดพลาด -*n.* การสะดุด, การทำผิดพลาด, ความซุ่มซ่าม **-stumbler** *n.* **-stumblingly** *adv.* (**-S.** (v., n.) fall, slip)
stumbling block อุปสรรค
stump (สตัมพ์) *n.* ตอไม้, โคนไม้, โคนฟัน, เศษดินสอ, เศษฟัน, สิ่งที่กุดด้วน, คนอ้วนเตี้ย, เศษผ้าหรือกระดาษที่ใช้ลบหรือแรเงาเส้นดินสอ, แท่นปราศรัยหาเสียง -*vt.* **stumped, stumping** ขุดราก, ถอนโคน, กำจัด, สะดุดเท้า, กล่าวคำปราศรัยหาเสียง, แรเงาหรือเกลี่ย (เส้นดินสอ) ด้วยเศษกระดาษ, (ภาษาพูด) ทำให้งง **-stumps** (ภาษาพูด) ขา ขาเทียม **-stumper** *n.* **-stumpiness** *n.* **-stumpy** *adj.* (**-S.** (v.) confuse)
stun (สตัน) *vt.* **stunned, stunning** ทำให้งงงวย, ทำให้สลบ, ทำให้หูอื้อ (**-S.** astound, shock)
stung (สตัง) *v.* กริยาช่อง 2 และ 3 ของ sting
stunning (สตัน' นิง) *adj.* เป็นเหตุให้งงงวยหรือสลบ, น่าประทับใจ, น่าทึ่ง, น่าพิศวง,
stunt[1] (สตันท์) *vt.* **stunted, stunting** ยับยั้ง

การเจริญเติบโต, ขัดขวางการพัฒนา, ทำให้แคระแกร็น *-n.* คนแคระ, โรคที่ทำให้พืชแคระเตี้ยผิดปกติ **-stuntedness** *n.*
stunt² (สตันทฺ) *n.* การแสดงผาดโผน, การแสดงเสี่ยงตาย *-vi.* **stunted, stunting** แสดงโลดโผน, แสดงเสี่ยงตาย (**-S.** (n.) feat)
stuntman (สตันทฺ' แมน) *n.* นักแสดงฉากอันตรายแทนนักแสดงจริง
stupa (สตู' พะ) *n.* สถูป, เจดีย์ (**-S.** tope)
stupefy (สตู' พะไฟ, สตยู'-) *vt.* **-fied, -fying** ทำให้มึนงง, ทำให้ตะลึง (**-S.** amaze, stun)
stupendous (สตูเพน' เดิซ, สตยู'-) *adj.* ใหญ่โต, ใหญ่หลวง, มหาศาล, มหัศจรรย์ **-stupendously** *adv.* (**-S.** gigantic, marvellous)
★**stupid** (สตู' พิด, สตยู'-) *adj.* **-er, -est** โง่, ที่อ, เซ่อ, บัดซบ, ทึ่ม *-n.* คนโง่เง่า **-stupidly** *adv.* (**-S.** (adj.) foolish **-A.** (adj.) clever)
stupor (สตู' เพอรฺ, สตยู'-) *n.* ความโง่, ความงงงัน **-stuporous** *adj.* (**-S.** daze)
sturdy (สเตอรฺ' ดี) *adj.* **-dier, -diest** แกร่ง, ทนทาน, มั่นคง, แน่นหนา, เหนียว **-sturdily** *adv.* **-sturdiness** *n.* (**-S.** durable, robust)
sturgeon (สเตอรฺ' เจิน) *n.* ปลาขนาดใหญ่ มีเนื้อกินได้และให้ไข่คาเวียร์ ซึ่งราคาแพง
stutter (สตัท' เทอรฺ) *vi., vt.* **-tered, -tering** พูดติดอ่าง, พูดตะกุกตะกัก *-n.* การพูดติดอ่าง, การพูดตะกุกตะกัก **-stutterer** *n.*
sty¹ (สไต) *n., pl.* **sties** เล้าหมู, ที่สกปรก
sty², stye (สไต) *n., pl.* **sties, styes** (สไตซฺ) โรคหนังตาอักเสบ, ตากุ้งยิง
★**style** (สไตลฺ) *n.* แบบ, วิธี, แนวทาง, ท่าทาง, ลีลา, สำนวน, โวหาร, ทำนอง, ชนิด, ประเภท, รสนิยม, ความชอบ, สมัยนิยม, ความนิยม, วิธีการเขียน, แบบอย่างการเขียน, เข็ม, ปากกาปลายแหลมใช้เขียนบนแผ่นขี้ผึ้งสมัยโบราณ, เข็มเครื่องเล่นแผ่นเสียง, เข็มนาฬิกาแดด, ก้านชูเกสรตัวเมียในพืช, ปากกา *-vt.* **styled, styling** เรียกชื่อ, ขนานนาม, ตั้งชื่อ, ระบุชื่อ, ทำให้ทันสมัย, ออกแบบ **-styler** *n.* **-styling** *n.* (**-S.** (n.) fashion, mode (v.) adapt, designate)
stylish (สไต' ลิช) *adj.* ทันสมัยและดึงดูดใจ **-stylishly** *adv.* (**-S.** fashionable, smart)
stylist (สไต' ลิซทฺ) *n.* นักออกแบบ
stylus (สไต' เลิซ) *n., pl.* **-luses/-li** (-ไล) เข็มเครื่องเล่นแผ่นเสียง, เครื่องมือปลายแหลม
suasion (สเว' ฌัน) *n.* การชักชวน, การเกลี้ยกล่อม (**-S.** persuasion)
suave (สวาฟวฺ) *adj.* **suaver, suavest** อ่อนโยน, นิ่มนวล, สุภาพ, อ่อนช้อย, ละมุนละไม **-suavely** *adv.* (**-S.** polite **-A.** rude)
sub (ซับ) *n.* (ภาษาพูด) ตัวแทน ตัวสำรอง *-vi.* **subbed, subbing** เป็นตัวแทน, เป็นตัวสำรอง
sub- คำอุปสรรค หมายถึง ใต้, รอง, ย่อย, เกือบจะ, ใกล้จะ, ต่อ, ช่วง
subconscious (ซับคอน' เชิซ) *adj.* ไม่รู้ตัว, เกี่ยวกับจิตใต้สำนึก *-n.* จิตใต้สำนึก, ภวังค์ **-subconsciously** *adv.* (**-S.** (adj.) inner)
subcontinent (ซับ' คอนทะเนินทฺ, ซับคอน'-) *n.* อนุทวีป เช่น อินเดีย
subcontract (*n.* ซับ' คอนแทรคทฺ, *v.* ซับคอน' แทรคทฺ) *n.* สัญญารับเหมาช่วง *-vi., vt.* **-tracted, -tracting** ทำสัญญารับเหมาช่วง **-subcontractor** *n.*
subdivide (ซับดิไวดฺ, ซับ' ดิไวดฺ) *vt., vi.* **-vided, -viding** แบ่ง, แบ่งแยก, แยกย่อย, ปลีกย่อย **-subdivider** *n.* **-subdivision** *n.*
subdue (เซิบดู', -ดยู') *vt.* **-dued, -duing** เอาชนะ, ปราบ, ทำให้เชื่อง, ทำให้เงียบ **-subduable** *adj.* (**-S.** defeat, suppress)
subhuman (ซับฮยู' เมิน) *adj.* ด้อยกว่ามนุษย์
subjacent (ซับเจ' เซินทฺ) *adj.* ภายใต้, ข้างใต้, ข้างล่าง, รอง **-subjacency** *n.*
★**subject** (*adj., n.* ซับ' จิคทฺ, *v.* เซิบเจคทฺ') *adj.* ใต้อำนาจ, อยู่ภายใต้, เป็นรอง, โอนเอน, ชอบ, สมัครใจ, แล้วแต่, สุดแต่, อยู่ที่, ขึ้นอยู่กับ *-n.* ผู้ใต้บังคับบัญชา, ข้าแผ่นดิน, ประชาชน, เรื่อง, ประเด็น, หัวข้อ, ปัญหา, กรณี, วิชา, สาขาวิชา, คนกระทำ, คนดู, ประธานของประโยค, ตัวเอง *-vt.* **-jected, -jecting** ควบคุม, ครอบงำ, บังคับ, ยอมจำนน, ยอมแพ้ **-subjection** *n.* (**-S.** (adj.) dependent (n.) case, citizen, topic (v.) expose, submit)
subjective (เซิบเจค' ทิฟวฺ) *adj.* เกี่ยวกับจิตใจของผู้กระทำ, ส่วนตัว, (อารมณ์) ภายใน, ลวงตาลวงใจ, ซึ่งนึกคิดเอาเอง **-subjectiveness, subjectivity** *n.* (**-S.** emotional, intuitive)
subjoin (เซิบจอยนฺ') *vt.* **-joined, -joining** เติม, เพิ่ม, ต่อท้าย, แนบท้าย, ห้อยท้าย
subjugate (ซับ' จะเกท) *vt.* **-gated, -gating** ปราบปราม, ควบคุม, ระงับ, ทำให้อยู่ภายใต้อำนาจ, ทำให้ยอมจำนน, ทำให้เป็นข้าทาส **-subjugation** *n.* **-subjugator** *n.*
subjunctive (เซิบจังคฺ' ทิฟวฺ) *adj.* ซึ่งเกี่ยวกับมาลาในไวยากรณ์แสดงเงื่อนไขสมมติ

sublet (ซับ' เลท') *vt.* **-let, -letting** ให้เช่าช่วง
sublimate (ซับ' ละเมท) *v.* **-mated, -mating** *-vt.* ทำให้ระเหิด, ทำให้บริสุทธิ์ *-vi.* ระเหิด
sublime (ซะไบลม') *adj.* สง่าผ่าเผย, งดงาม, สูงส่ง, เลิศเลอ, ประเสริฐ, บริสุทธิ์, สำคัญยิ่ง, เลิศลอย, หยิ่งยโส, ไว้ตัว *-n.* สิ่งที่บริสุทธิ์ สง่าประเสริฐและเลิศเลอ *-v.* **-limed, -liming** *-vt.* ทำให้สูงส่ง, ทำให้บริสุทธิ์, ทำให้ระเหิด *-vi.* ระเหิด **-sublimely** *adv.* **-sublimeness, sublimity** *n.* (**-S.** (adj.) eminent, high, noble)
submarine (ซับ' มะรีน, ซับมะรีน') *n.* เรือดำน้ำ *-adj.* ใต้น้ำ, ใต้ทะเล *-v.* **-rined, -rining** *-vt.* จู่โจมโดยเรือดำน้ำ, ยิงระเบิดตอร์ปิโดจากเรือดำน้ำ *-vi.* ขับเคลื่อนเรือดำน้ำ
submerge (เซิบเมิร์จ') *v.* **-merged, -merging** *-vt.* ท่วม, แช่, ดำน้ำ, จมน้ำ *-vi.* จมน้ำ, ท่วม **-submergence** *n.* (**-S.** flood, sink)
submission (เซิบมิช' ชัน) *n.* การยอมรับ, การยอมจำนน (**-S.** surrender, yielding)
submit (เซิบมิท') *vt., vi.* **-mitted, -mitting** มอบ, ยอมให้, ยอมแพ้, ยอมจำนน, เสนอ **-submittal** *n.* **-submitter** *n.* (**-S.** surrender)
subnormal (ซับนอร์' เมิล) *adj.* ด้อยกว่าปกติ
subordinate (*adj., n.* ซะบอร์' เดินนิท, *v.* ซะบอร์' เดินเนท) *adj.* ต่ำกว่า, ด้อย, เป็นรอง, เป็นลูกน้อง *-n.* ผู้อยู่ใต้บังคับบัญชา, ลูกน้อง *-vt.* **-nated, -nating** จัดให้เป็นรอง, ตั้งเป็นรอง, ทำให้ยอมเป็นรอง **-subordinately** *adv.* (**-S.** (adj., n.) inferior (n., v.) subject)
subordinate clause อนุประโยค
subpoena (ซะพี' นะ) *n.* หมายศาลเรียกตัว
subscribe (เซิบสไกรบ') *vt., vi.* **-scribed, -scribing** ให้เงินช่วยเหลือ, บริจาคเงิน, ออกเงินบำรุง, ให้เงินเรี่ยไร, เข้าชื่อ, ลงชื่อ, ลงชื่อต่อท้าย, ลงความเห็นด้วย, บอกรับเป็นสมาชิก **-subscriber** *n.* (**-S.** donate, give)
subscription (เซิบสกริพ' ชัน) *n.* เงินค่าสมัครเป็นสมาชิก, เงินค่าบำรุง, การลงชื่อแสดงความเห็นด้วย (**-S.** donation, membership)
subsequent (ซับ' ซิเควนท์, -เควินท์) *adj.* ต่อมา, ภายหลัง, ก็, ครั้นแล้ว **-subsequently** *adv.* **-subsequence** *n.* (**-S.** after, later)
subservient (เซิบเซอร์' เวียนท์) *adj.* เป็นลูกน้อง, เป็นรอง, เป็นประโยชน์ **-subservience, subserviency** *n.* **-subserviently** *adv.*
subside (เซิบไซด์') *vi.* **-sided, -siding** จม, ทรุด, ทรุดตัว, ลด, นอนก้น, ลดน้อยลง, บรรเทาลง **-subsidence** *n.* (**-S.** decrease, sink)
subsidiary (เซิบซิด' ดีเอรี) *adj.* เป็นตัวช่วย, เป็นสิ่งเสริม, เป็นสิ่งประกอบ *-n., pl.* **-aries** ลูกมือ, ผู้ช่วย **-subsidiarily** *adv.* (**-S.** (adj.) auxiliary, secondary **-A.** (adj.) primary, principal)
subsidiary company บริษัทสาขา
subsidize (ซับ' ซิไดซ์) *vt.* **-dized, -dizing** อุดหนุน, สนับสนุน, บำรุง **-subsidization** *n.* **-subsidizer** *n.* (**-S.** support **-A.** fail)
★**subsidy** (ซับ' ซิดี) *n., pl.* **-dies** เงินที่รัฐบาลให้เพื่อช่วยพยุงราคาสินค้าและบริการ (**-S.** aid)
subsist (เซิบซิซท์') *vi., vt.* **-sisted, -sisting** เลี้ยงชีพ, คงอยู่ **-subsister** *n.* (**-S.** live, survive)
subsoil (ซับ' ซอยล์) *n.* ชั้นดินที่อยู่ใต้หน้าดิน, ดินชั้นล่าง *-vt.* **-soiled, -soiling** พรวนดิน
subsonic (ซับซอน' นิค) *adj.* (ความเร็ว) ต่ำกว่าความเร็วเสียง
★**substance** (ซับ' สเตินซ์) *n.* เรื่องราว, เนื้อหา, สาระ, ใจความ, แก่นสาร, หลักฐาน, วัตถุ, ปัจจัย, เนื้อแท้, หัวใจ, หัวข้อ, ความมั่นคง, ความแน่นหนา, รูปทรง, ตัวตน (**-S.** essence, theme)
substandard (ซับสแตน' เดิร์ด) *adj.* ต่ำกว่าระดับมาตรฐาน
★**substantial** (เซิบสแตน' เชิล) *adj.* เกี่ยวกับเนื้อหาหรือใจความ, อย่างแท้จริง, เป็นเนื้อแท้, มั่นคงแข็งแรง, แน่นหนา, กว้างขวาง, เป็นสาระสำคัญ, เป็นหัวใจ, ร่ำรวย, มั่งคั่ง *-n.* ความจำเป็น, ความสำคัญ, หลักฐาน, สิ่งที่จับต้องได้ **-substantially** *adv.* (**-S.** (adj.) important, real)
substantiate (เซิบสแตน' ชีเอท) *vt.* **-ated, -ating** พิสูจน์, สอบสวน, ก่อรูปร่าง, ทำให้เป็นจริง **-substantiation** *n.* (**-S.** prove, verify)
substantive (ซับ' สเตินทิฟว์) *adj.* เป็นสาระสำคัญ, เป็นเนื้อแท้, เป็นตัวตน *-n.* คำหรือกลุ่มคำที่ทำหน้าที่เป็นนาม **-substantively** *adv.*
substitute (ซับ' สติทูท, -ทยูท) *n.* ตัวแทน, คนแทน *-vt., vi.* **-tuted, -tuting** ทำแทน, แทนที่ **-substitutable** *adj.* (**-S.** (n.) agent, deputy (v.) interchange, replace)
substratum (ซับ' สเตรเทิม) *n., pl.* **-strata/-stratums** ชั้นใต้ดิน, ดินชั้นล่าง, พื้นฐาน
subtenant (ซับเทน' เนินท) *n.* ผู้เช่าช่วง
subterfuge (ซับ' เทอร์ฟยูจ) *n.* เล่ห์กล
subterranean (ซับทะเร' เนียน) *adj.* ใต้ดิน, ซ่อนเร้น, ลึกลับ **-subterraneanly** *adv.*
subtitle (ซับ' ไทเทิล) *n.* หน้าปกรอง, ชื่อรอง, หัวข้อย่อย, ชื่อย่อย, บทแปลที่อยู่ขอบล่าง

ของจอภาพยนตร์ *-vt.* **-tled, -tling** ใส่บทแปล

subtle (ซัท' เทิล) *adj.* **subtler, subtlest** ลึกลับ, ซับซ้อน, คลุมเครือ, ละเอียด, ถี่ถ้วน, ฉลาด, มีนัย, มีเล่ห์กระเท่ห์ **-subtleness** *n.* **-subtly** *adv.* (**-S.** crafty, delicate **-A.** naive)

★**subtract** (เซิบแทรคทฺ') *v.* **-tracted, -tracting** *-vt.* ลบ, หัก, เอาออก, ตัดออก, ชักออก *-vi.* ลบ **-subtracter** *n.* (**-S.** deduct, lessen)

★**suburb** (ซับ' เบิร์บ) *n.* ชานเมือง **-suburbs** บริเวณรอบๆ เมือง (**-S.** residential area)

suburban (ซะเบอร์' เบิน) *adj.* ที่ตั้งอยู่ชานเมือง, ตามบ้านนอก *-n.* คนบ้านนอก

subvention (เซิบเวน' ชัน) *n.* เงินสนับสนุน

subversive (เซิบเวอร์' ซิฟว์, -ซิฟว์) *adj.* พยายามล้มล้างรัฐบาล, บ่อนทำลายความมั่นคงของรัฐบาล **-subversively** *adv.* (**-S.** riotous)

subvert (เซิบเวิร์ท') *vt.* **-verted, -verting** ทำลาย, ผลาญ, ล้มล้าง **-subverter** *n.*

subway (ซับ' เว) *n.* รถไฟฟ้าใต้ดิน, ทางเดินใต้ดิน, อุโมงค์เดินใต้ดิน

★**succeed** (เซิคซีด') *vi., vt.* **-ceeded, -ceeding** สืบทอด (ตำแหน่ง มรดก ราชสมบัติ), ตามมา, ต่อมา, ประสบผลสำเร็จ **-succedent** *adj.* **-succeeder** *n.* (**-S.** next, triumph **-A.** fail)

★**success** (เซิคเซซ') *n.* ความสำเร็จ, ผลสำเร็จ, ความสมหวัง, ความมีชื่อเสียง, คนมีชื่อเสียง, การเป็นที่ยอมรับ (**-S.** fame, star)

★**successful** (เซิคเซซฺ' เฟิล) *adj.* สำเร็จ, มีชื่อเสียง, โด่งดัง, เป็นที่ยอมรับ **-successfully** *adv.* **-successfulness** *n.* (**-S.** acknowledged)

succession (เซิคเซช' ชัน) *n.* การเรียงตามลำดับ, การตามกันมา, การสืบทอด, การตกทอดต่อกันมา, การสืบราชสมบัติ, การสืบสันตติวงศ์, การสืบมรดก **-successional** *adj.* **-successionally** *adv.* (**-S.** sequence, transmission)

successive (เซิคเซซ' ซิฟว์) *adj.* ต่อเนื่อง, ตามกันมา, ตามลำดับ **-successively** *adv.* **-successiveness** *n.* (**-S.** following, sequent)

★**successor** (เซิคเซซ' เซอร์) *n.* ผู้สืบมรดก, ผู้สืบตำแหน่ง

succinct (เซิคซิงคฺทฺ') *adj.* **-er, -est** รวบรัด, รัดกุม, ห้วน, ย่อ, สั้น, สรุป **-succinctly** *adv.* **-succinctness** *n.* (**-S.** brief, concise)

succor (ซัค' เคอร์) *n.* ความช่วยเหลือ, การช่วยบรรเทา, การสงเคราะห์ *-vt.* **-cored, -coring** ช่วยเหลือ, แบ่งเบา (**-S.** (n., v.) support)

succulent (ซัค' คยะเลินทฺ) *adj.* ชุ่มน้ำ, ฉ่ำ, รื่นเริง *-n.* พืชที่ฉ่ำน้ำ (**-S.** (adj.) juicy)

succumb (ซะคัม') *vi.* **-cumbed, -cumbing** ยอมจำนน, ยอมแพ้, ตาย (**-S.** die, submit)

★**such** (ซัช) *adj.* เช่น, เช่นนี้, เช่นนั้น, ดังเช่น, นั้น, ดังนั้น, เป็นดัง *-adv.* ดังเช่น, แท้จริง, เป็นดั่งเช่น, อย่างมาก **-such and such** ไม่เจาะจง **-such as** เช่น **-suchlike** เช่นเดียวกับ

★**suck** (ซัค) *vt., vi.* **sucked, sucking** ดูด, (คำสแลง) เลีย ประจบ *-n.* การดูด, เสียงดูด

★**sucker** (ซัค' เคอร์) *n.* เครื่องดูด, ท่อดูด, หน่อ, ราก, อวัยวะที่ใช้ดูด, อมยิ้ม, ลูกสูบ, (ภาษาพูด) คนโง่, ลูกสัตว์ที่ยังไม่หย่านม, ยางดูดผนัง *-vt., vi.* **-ered, -ering** งอกราก, แตกหน่อ, (ภาษาพูด) หลอกลวง ต้มตุ๋น

sucking (ซัค' คิง) *adj.* ยังไม่หย่านม

suckle (ซัค' เคิล) *v.* **-led, -ling** *-vt.* ให้นม, ป้อนนม, เลี้ยงดู *-vi.* ดูดนม, กินนม

suckling (ซัค' คลิง) *n.* ลูกสัตว์ที่ยังไม่หย่านม

sucrose (ซู' โครซ) *n.* น้ำตาล, ไดแซ็กคาไรด์อย่างหนึ่งมีรสหวาน พบในพืชต่างๆ ทั่วไป โดยเฉพาะต้นอ้อย หัวบีตหวาน และน้ำจากต้นเมเปิล

suction (ซัค' ชัน) *n.* การดูด, แรงดูด *-vt.* **-tioned, -tioning** สูบ, ดูดออก, ดูดขึ้น

★**sudden** (ซัด' เดิน) *adj.* ทันที, ทันใด, ฉับพลัน, กะทันหัน, ปัจจุบันทันด่วน, อย่างรวดเร็ว **-suddenly** *adv.* (**-S.** unexpected **-A.** foreseen)

suds (ซัดซฺ) *n. pl.* ฟอง, ฟองสบู่, (คำสแลง) เบียร์

sue (ซู) *vt., vi.* **sued, suing** ฟ้องร้อง, ร้องเรียน, อุทธรณ์, เกี้ยวพาราสี, อ้อนวอน, ขอร้อง **-suer** *n.* (**-S.** beg, request, summons)

suede, suède (สเวด) *n.* หนังกลับ

suet (ซู' อิท) *n.* ไขมันแข็งรอบๆ ไตสัตว์ มักใช้ทำอาหาร สบู่ และเทียนไข

★**suffer** (ซัฟ' เฟอร์) *vi., vt.* **-fered, -fering** เจ็บปวด, ทนทุกข์, ทรมาน, เสียหาย, ทนทาน, ยอมให้ **-sufferable** *adj.* **-sufferance** *n.* **-sufferer** *n.* **-sufferingly** *adv.* (**-S.** agonize, bear, permit **-A.** refuse)

suffering (ซัฟ' เฟอริง, ซัฟ' ฟริง) *n.* ความทุกข์ทรมาน, สิ่งที่ทำให้ทุกข์ทรมานหรือเจ็บปวด (**-S.** distress, pain **-A.** comfort)

★**sufficient** (ซะฟิช' เชินทฺ) *adj.* มีพอเพียง **-sufficiency** *n.* (**-S.** enough)

suffix (ซัฟ' ฟิคซฺ) *n.* คำต่อท้าย, คำปัจจัย, อาคม *-vt.* **-fixed, -fixing** ต่อท้าย, เติมท้าย, เสริมท้าย (**-A.** (n., v.) prefix)

suffocate (ซัฟ' ฟะเคท) *v.* **-cated, -cating** *-vt.*

ฆ่ารัดคอ, บีบคอ, ทำให้หายใจไม่ออก, ปิดกั้น -*vi.* ถูกรัดคอ, ถูกอุดปาก, ตายเพราะขาดอากาศ, อึดอัด **-suffocation** *n.* (**-S.** choke)

suffrage (ซัฟ' ฟริจ) *n.* สิทธิออกเสียงเลือกตั้ง, คะแนนเสียงจากการเลือกตั้ง

suffuse (ซะฟยูซ) *vt.* **-fused, -fusing** (น้ำตา) คลอ, เปื้อนหน้า, เอิบ **-suffusive** *adj.*

★**sugar** (ชุก' เกอร์) *n.* น้ำตาล, น้ำตาลก้อน, (คำสแลง) ยอดรัก สุดที่รัก -*v.* **-ared, -aring** -*vt.* เคลือบหรือฉาบด้วยน้ำตาล, ทำให้หวาน, ใส่น้ำตาล, เติมน้ำตาล -*vi.* เป็นน้ำตาล

sugar apple น้อยหน่า

sugar beet หัวบีต

sugar cane ต้นอ้อย

sugarcoat (ชุก' เกอร์โคท) *vt.* **-coated, coating** เคลือบหรือฉาบด้วยน้ำตาล, ทำให้หวาน

sugar free ปราศจากน้ำตาล

sugary (ชุก' กะรี) *adj.* **-ier, -iest** หวาน, เหมือนน้ำตาล, ไพเราะ, (ยิ้ม) หวาน

★**suggest** (เซิกเจซท์', ซะเจซท์') *vt.* **-gested, -gesting** แนะนำ, ชี้แนะ, เสนอ, แสดงนัย **-suggester** *n.* (**-S.** imply, propose)

suggestible (เซิกเจส' ตะเบิล, ซะเจซ'-) *adj.* ซึ่งถูกชักจูงได้ง่าย

★**suggestion** (เซิกเจซ' ชัน, ซะเจซ'-) *n.* การแนะนำ, ข้อแนะนำ, ข้อชวนคิด, คำแนะนำ, การพูดเป็นนัย, การพูดเปรย (**-S.** hint, proposal)

suggestive (เซิกเจส' ติฟว์, ซะเจซ'-) *adj.* เป็นการแนะนำ, เป็นการชวนให้คิดถึง, ซึ่งทำให้นึกถึง **-suggestively** *adv.*

★**suicide** (ซู' อิไซด์) *n.* อัตวินิบาตกรรม, การฆ่าตัวตาย **-suicidal** *adj.* **-suicidally** *adv.*

suicide bomber มือวางระเบิดพลีชีพ

suicide note จดหมายลาตาย

★**suit** (ซูท) *n.* เสื้อผ้าที่เป็นชุดเดียวกัน, สิ่งที่ใช้เป็นชุด, ไพ่ป๊อกหน้าเดียวกัน, ฎีกา, คำร้อง, การเกี้ยว, คำขอแต่งงาน -*v.* **suited, suiting** -*vt.* ทำให้เหมาะสมหรือพอเหมาะ, ทำให้พึงพอใจ, (เสื้อผ้า) พอดีตัว -*vi.* เหมาะเจาะ, เข้าชุดกัน

★**suitable** (ซู' ทะเบิล) *adj.* เหมาะสม, เหมาะเจาะ **-suitability, suitableness** *n.* **-suitably** *adv.* (**-S.** fit, right **-A.** improper)

★**suitcase** (ซูท' เคซ) *n.* กระเป๋าใส่เสื้อผ้า

suite (สวีท) *n.* ห้องชุดในโรงแรม, ข้าวของที่ใช้เป็นชุด, เฟอร์นิเจอร์ที่เข้าชุดกัน (**-S.** series)

suitor (ซู' เทอร์) *n.* ผู้อ้อนวอน, ผู้ชายที่เกี้ยวผู้หญิง, โจทก์, ผู้ยื่นฎีกา, ผู้ฟ้องร้องคดี,

sukiyaki (ซูคียา' คี, สกียา' คี) *n.* สุกียากี้

sulfur, sulphur (ซัล' เฟอร์) *n.* ธาตุกำมะถัน เป็นธาตุอโลหะอย่างหนึ่ง มีสีเหลืองอ่อน ใช้ในอุตสาหกรรมทำกรดกำมะถัน ทำสีย้อมและสารเคมีต่างๆ มีสัญลักษณ์ S

sulk (ซัลค์) *vi.* **sulked, sulking** โกรธ, ไม่พูด -*n.* อาการโกรธไม่ยอมพูดจา (**-S.** (v., n.) pout)

sulky[1] (ซัล' คี) *adj.* **-ier, -iest** งอน, โกรธ, (หน้า) มุ่ย (**-S.** moody **-A.** temperate)

sulky[2] (ซัล' คี) *n., pl.* **-ies** รถลากสองล้อ

sullen (ซัล' เลิน) *adj.* **-er, -est** ไม่พูดจา, บูดบึ้ง, อารมณ์ไม่ดี, (สี) ขุ่นมัว, ซึม, เงื่องหงอย **-sullenly** *adv.* (**-S.** gloomy **-A.** cheerful)

sulphur (ซัล' เฟอร์) *n.* ดู sulfur

sultan (ซัล' เทิน) *n.* สุลต่าน, คนที่มีอำนาจ

sultana (ซัลแทน' นะ, -ทา' นะ) *n.* ภรรยา แม่ พี่สาว น้องสาวหรือลูกสาวของสุลต่าน, ลูกเกดแบบไม่มีเมล็ด

sultry (ซัล' ทรี) *adj.* **-trier, -triest** ร้อนชื้น, อบอ้าว, ปลุกเร้าอารมณ์ **-sultrily** *adv.* **-sultriness** *n.* (**-S.** humid, sticky **-A.** dry)

★**sum** (ซัม) *n.* ผลบวก, ผลรวม, ยอดรวม, จำนวนรวม, โจทย์เลข, จำนวนเงิน, ผลสรุป, ข้อสรุป, ใจความสำคัญ, จุดสำคัญ, หัวข้อ -*vt.* **summed, summing** บวก, ย่อ, สรุป, รวบยอด, รวม **-sum up** สรุป (**-S.** (n., v.) total)

summa cum laude (ซุม' มะ คุม เลา' ดะ, -เด, -ดี) *adv., adj.* ด้วยเกียรตินิยมอันดับหนึ่ง

summarize (ซัม' มะไรซ) *vi., vt.* **-rized, -rizing** รวม, สรุป **-summarization** *n.* **-summarizer** *n.* (**-S.** condense, outline)

★**summary** (ซัม' มะรี) *adj.* โดยย่อ, โดยสรุป, รวบรัด, อย่างรวดเร็ว, ทันทีทันควัน, รัดกุม -*n., pl.* **-ries** การสรุปความ, การย่อความ, บทสรุป **-summarily** *adv.* **-summariness** *n.*

summation (ซะเม' ชัน) *n.* การบวก, การรวม, ผลรวม, การสรุป, ข้อสรุป

★**summer** (ซัม' เมอร์) *n.* ฤดูร้อน, เวลาแห่งความสมบูรณ์พูนสุข, ปี -*v.* **-mered, -mering** -*vt.* ไปตากอากาศช่วงฤดูร้อน -*vi.* ใช้เวลาในช่วงฤดูร้อน -*adj.* ซึ่งเติบโตในฤดูร้อน, เกี่ยวกับหรือเกิดขึ้นในฤดูร้อน **-summerly** *adv., adj.*

summerhouse (ซัม' เมอร์เฮาซ์) *n.* เรือนเล็กๆ ที่ปลูกในสวน ใช้สำหรับนั่งพักผ่อน

summersault (ซัม' เมอร์ซอลท์) *n., v.* ดู somersault

summertime (ซัม' เมอร์ไทม์) *n.* ฤดูร้อน

A B C D E F G H I J K L M N O P Q R S T U V W X Y Z

summing-up (ซัม' มิงอัพ') *n., pl.* **sum-mings-up** (ซัม' มิงซ์-) บทสรุป, ข้อสรุป

★**summit** (ซัม' มิท) *n.* จุดสูงสุด, จุดสุดยอด, ยอดภูเขา, ระดับสูง, ตำแหน่งสูง (**-S.** apex, peak **-A.** base, bottom)

summit conference การประชุมสุดยอดระหว่างผู้นำระดับสูงเกี่ยวกับเรื่องสำคัญ

summon (ซัม' เมิน) *vt.* **-moned, -moning** เรียกตัว, เรียกประชุม, ออกหมายเรียก, เชิญ, ปลุก **-summoner** *n.* (**-S.** call, rouse)

summons (ซัม' เมินซ์) *n., pl.* **-monses** คำสั่งเรียกตัว, การเรียกตัว, หมายศาล, หมายเรียก *-vt.* **-monsed, -monsing** ออกหมายเรียก, เรียกตัว (**-S.** (n., v.) order)

sump (ซัมพ์) *n.* หลุมหรือบ่อรับของโสโครก, ถังส้วมซึม, อ่างน้ำมันหล่อลื่น, บ่อน้ำ

sumptuous (ซัมพ์' ชูเอิช) *adj.* ฟุ่มเฟือย, หรูหรา **-sumptuously** *adv.* (**-S.** luxurious)

★**sun** (ซัน) *n.* ดวงอาทิตย์, แสงแดด, แสงตะวัน, ความร้อนจากดวงอาทิตย์ *-vt., vi.* **sunned, sunning** ตากแดด, ผึ่งแดด, อาบแดด

Sun. ย่อจาก Sunday วันอาทิตย์

sunbath (ซัน' แบธ, -บาธ) *n.* การอาบแดด

sunbathe (ซัน' เบธ) *vi.* **-bathed, -bathing** อาบแดด **-sunbather** *n.*

sunbeam (ซัน' บีม) *n.* รังสีดวงอาทิตย์

sun block, sun blocker การป้องกันแสงแดดเผาไหม้ผิวหนังโดยทาครีมหรือโลชันที่ช่วยปกป้องผิวหนังจากรังสีอัลตราไวโอเลต

sunburn (ซัน' เบิร์น) *n.* อาการอักเสบของผิวหนังเนื่องจากถูกแสงแดดเป็นเวลานาน *-vt., vi.* **-burned/-burnt, -burning** (ผิวถูกแดด) ไหม้เกรียม อักเสบ

sunburst (ซัน' เบิร์ซท์) *n.* อาการอักเสบของผิวหนังเนื่องจากถูกแดดเผาจนเกรียม

sundae (ซัน' ดี, -เด) *n.* ไอศกรีมราดด้วยน้ำเชื่อม ผลไม้ ถั่วและครีม

★**Sunday** (ซัน' ดี, -เด) วันอาทิตย์

sunder (ซัน' เดอร์) *vt., vi.* **-dered, -dering** ตัด, แยก, แบ่ง, พราก *-n.* การแบ่ง, การแยก

sundial (ซัน' ไดอัล) *n.* นาฬิกาแดด

sundown (ซัน' เดาน์) *n.* เวลาดวงอาทิตย์ตก

sundry (ซัน' ดรี) *adj.* หลากหลาย, ต่างๆ ชนิด, จิปาถะ, เบ็ดเตล็ด (**-S.** miscellaneous, some)

SUNDS ย่อจาก Sudden Unexplained Nocturnal Death Syndrome โรคไหลตาย

★**sunflower** (ซัน' เฟลาเออร์) *n.* ดอกทานตะวัน

sung (ซัง) *v.* กริยาช่อง 2 และ 3 ของ sing

sunglass (ซัน' แกลซ) *n.* เลนส์รวมแสงอาทิตย์ที่ก่อให้เกิดการเผาไหม้ **-sunglasses** แว่นกันแดด

sunken (ซัง' เคิน) *v.* กริยาช่อง 3 ของ sink *-adj.* จม, ใต้, (ตา) โบ๋, (แก้ม) ซูบ (**-S.** (adj.) buried, hollow, submerged)

sunlight (ซัน' ไลท์) *n.* แสงแดด

sunlit (ซัน' ลิท) *adj.* ยามต้องแสงแดด

★**sunny** (ซัน' นี) *adj.* **-nier, -niest** มีแสงแดดส่อง, อบอุ่น, สดใส, แจ่มใส (**-S.** brilliant, clear)

sun protection factor สารป้องกันแสงแดด ย่อว่า SPF

sunrise (ซัน' ไรซ์) *n.* เวลาดวงอาทิตย์ขึ้น, เวลาแห่งการเริ่มต้น (**-S.** daylight, dawn)

sunrise industry อุตสาหกรรมรุ่งอรุณ, อุตสาหกรรมสมัยใหม่ที่ใช้เทคโนโลยีใหม่ๆ และมีความสำคัญขึ้นเรื่อยๆ

sunscreen (ซัน' สกรีน) *n.* ครีมหรือโลชั่นกันแดด **-sunscreening** *adj.*

sunset (ซัน' เซท) *n.* เวลาดวงอาทิตย์ตก, ยุคเสื่อมโทรม (**-S.** sundown)

sunset industry อุตสาหกรรมอัสดง, อุตสาหกรรมแบบเก่าที่ใช้เทคโนโลยีล้าสมัย และสินค้าเป็นที่ต้องการน้อยลง

sunshade (ซัน' เชด) *n.* ร่มกันแดด

sunshine (ซัน' ไชน์) *n.* แสงอาทิตย์, แสงแดด, ความแจ่มใส, ความร่าเริง, ความสนุกสนาน

sunspot (ซัน' สปอท) *n.* จุดดำบนผิวดวงอาทิตย์มีส่วนสัมพันธ์กับการเกิดพายุแม่เหล็ก

sunstroke (ซัน' สโตรค) *n.* การเป็นลมเนื่องจากถูกแดดนานเกินไป, ลมแดด

suntan (ซัน' แทน) *n.* การอาบแดดจนผิวเป็นสีแทน

sup (ซัพ) *vi.* **supped, supping** รับประทานอาหารมื้อเย็น

★**super** (ซู' เพอร์) *n.* (ภาษาพูด) ผลิตภัณฑ์ที่มีขนาด คุณภาพ หรือระดับเป็นพิเศษ, (ภาษาพูด) สิ่งที่พิเศษหรือยอดเยี่ยมมาก *-adj.* ยอดเยี่ยม, วิเศษ, ดีมาก, พิเศษสุด, (ขนาด) ใหญ่เป็นพิเศษ, ชั้นหนึ่ง *-adv.* (ภาษาพูด) เป็นพิเศษ สุดซึ้ง

super- คำอุปสรรค หมายถึง เหนือ, บน, เบื้องบน, ข้างบน, กว่า, สูงกว่า, ดีกว่า, เหนือกว่า, พิเศษ, วิเศษ, เลิศ, ยิ่งยวด

superabundant (ซูเพอร์อะบัน' เดินท์) *adj.* เหลือเฟือ, เกินไป, มากมาย **-superabundance** *n.* **-superabundantly** *adv.*

A B C D E F G H I J K L M N O P Q R S T U V W X Y Z

superannuate (ซูเพอร์แอน' นยูเอท) *vt.* **-ated, -ating** เกษียณอายุ **-superannuated** *adj.*
superb (ซุเพิร์บ') *adj.* วิเศษ, สุดยอด, สง่างาม, หรูหรา (**-S.** excellent, superior **-A.** inferior)
supercargo (ซูเพอร์คาร์' โก) *n., pl.* **-goes/-gos** เจ้าหน้าที่บนเรือพาณิชย์ ซึ่งมีหน้าที่ดูแลรับผิดชอบการซื้อขายสินค้าและธุรกิจบนเรือ
supercilious (ซูเพอร์ซิล' เลียซ) *adj.* ดูถูก, ถือตัว, ไว้ภูมิ, วางท่า **-superciliously** *adv.* **-superciliousness** *n.* (**-S.** proud, scornful)
supercomputer (ซู' เพอร์เคิมพยูเทอร์) *n.* คอมพิวเตอร์ที่ทำงานเร็วกว่าคอมพิวเตอร์ธรรมดา มีขนาดใหญ่และมีประสิทธิภาพมาก
superconductivity (ซูเพอร์คอนดัคทิฟ' วิที) *n.* ปรากฏการณ์ที่ความต้านทานไฟฟ้าของโลหะหรือโลหะผสมลดลงตามอุณหภูมิและเกือบจะเป็นศูนย์ที่อุณหภูมิศูนย์สัมบูรณ์
super-ego (ซู' เพอร์อีโก) *n.* มโนสำนึก, มโนธรรม
superficial (ซูเพอร์ฟิช' เชิล) *adj.* ตื้น, ผิวเผิน, (มีความรู้) นิดหน่อย, เล็กน้อย **-superficialness** *n.* (**-S.** exterior, surface)
superfine (ซูเพอร์ไฟน์') *adj.* ดีเยี่ยม,ดีเป็นพิเศษ, ประณีตเป็นพิเศษ **-superfineness** *n.*
superfluous (ซูเพอร์' ฟลูเอิซ) *adj.* เกินความจำเป็น, เกินความต้องการ **-superfluously** *adv.*
superglue (ซู' เพอร์กลู) *n.* กาวที่มีความเหนียวเกาะติดแน่นมาก
superhero (ซู' เพอร์ฮีโร) *n.* ยอดวีรบุรุษในการ์ตูนหรือภาพยนตร์ มีพลังพิเศษในการปราบปรามเหล่าร้าย
superhighway (ซูเพอร์ไฮ' เว) *n.* ถนนที่มีขนาดตั้งแต่หกช่องทางสำหรับรถยนต์ที่วิ่งเร็ว
superhuman (ซูเพอร์ฮยู' เมิน) *adj.* เหนือมนุษย์, เกินกว่าคนปกติ (**-S.** divine, heroic)
superimpose (ซูเพอร์อิมโพซ') *vt.* **-posed, -posing** ทับ, ซ้อน, ทาทับ, เติม, เพิ่ม
superintend (ซูเพอร์อินเทนด์', ซูพริน-) *vt.* **-tended, -tending** ดูแล, อำนวยการ, จัดการ, ดำเนินการ, บริหาร (**-S.** control, manage)
superintendent (ซูเพอร์อินเทน' เดินท์, ซูพริน-) *n.* ผู้อำนวยการ, ผู้จัดการ, ผู้กำกับการ (ตำรวจ), ยาม, ผู้ดูแล (**-S.** director, manager)
★**superior** (ซุเพีย' เรียร์) *adj.* บน, ดีกว่า, เหนือกว่า, มากกว่า, สูงกว่า, อยู่เหนือ, มีอำนาจเหนือ, ถือตัวว่าดีกว่า, ยโส, โอหัง, ทะนงตน, เลิศ, เยี่ยมยอด *-n.* หัวหน้า, เจ้านาย, ผู้บังคับบัญชา, เจ้าอาวาส, หัวหน้าแม่ชีในสำนักนางชี
superiority complex ความรู้สึกว่าตนเองดีเลิศเหนือกว่าคนอื่น, (จิตวิทยา) ปมเขื่อง
superlative (ซุเพอร์' ละทิฟว์) *adj.* สูงสุด, เลิศสุด, สุดยอด, ที่สุด, ชั้นยอด, ยอดเยี่ยม, เหลือเฟือ, เหลือล้น, มากเกินไป, เกี่ยวกับคุณศัพท์หรือกริยาวิเศษณ์เปรียบเทียบขั้นสูงสุด *-n.* สิ่งที่ดีที่สุด, ขั้นสูงที่สุด, ขั้นสุดยอด, ขีดสูงสุด, คุณศัพท์หรือกริยาวิเศษณ์เปรียบเทียบขั้นสูงสุด
★**superman** (ซู' เพอร์แมน) *n.* ยอดมนุษย์
supermarket (ซู' เพอร์มาร์คิท) *n.* ซูเปอร์มาร์เกต, ร้านค้าที่มีสินค้าให้เลือกซื้อแบบบริการตนเองแล้วนำไปชำระเงินกับพนักงานของร้าน
supernatural (ซูเพอร์แนช' เชอเริล) *adj.* เหนือธรรมชาติ, ประหลาด, มหัศจรรย์, อาเพศ, อาถรรพ์, อภินิหาร, อัศจรรย์, ปาฏิหาริย์ *-n.* สิ่งที่อยู่เหนือธรรมชาติ **-supernaturally** *adv.*
supernaturalism (ซูเพอร์แนช' เชอระลิซเซิม) *n.* ความเชื่อในพลังเร้นลับเหนือธรรมชาติ
supernova (ซูเพอร์โน' วะ) *n., pl.* **-vae** (-วี)/**vas** ดาวฤกษ์ที่ระเบิดตัวเองจนมีแสงสว่างมากกว่าดวงอาทิตย์ถึงหนึ่งร้อยล้านเท่า
superpower (ซู' เพอร์เพาเออร์) *n.* ประเทศมหาอำนาจ โดยเฉพาะที่มีอาวุธนิวเคลียร์
superscribe (ซูเพอร์สไกรบ์') *vt.* **-scribed, -scribing** จ่าหน้าซองจดหมาย,เขียนไว้ด้านหน้า
superscript (ซู' เพอร์สกริพท์) *n.* ตัวอักษรที่เขียน, ตัวหนังสือที่พิมพ์ **-superscription** *n.*
supersede (ซูเพอร์ซีด') *vt.* **-seded, -seding** เข้าแทนที่, แย่งที่ **-supersession** *n.*
supersonic (ซูเพอร์ซอน' นิค) *adj.* (เครื่องบิน) ที่เดินทางเร็วกว่าเสียง
supersonic transport เครื่องบินที่เดินทางเร็วกว่าเสียง
superstar (ซู' เพอร์สตาร์) *n.* นักแสดงหรือนักร้องที่มีชื่อเสียงโด่งดัง, คนมีชื่อเสียง
superstition (ซูเพอร์สติช' ชัน) *n.* ความเชื่อในโชคลางไสยศาสตร์, ความเชื่อเรื่องผีสาง, ความเชื่องมงาย, ความเชื่อผิดๆ **-superstitious** *adj.* **-superstitiously** *adv.*
★**supervise** (ซู' เพอร์ไวซ์) *vt.* **-vised, -vising** ดูแล, จัดการ, ตรวจตรา, ควบคุม, อำนวยการ
supervision (ซูเพอร์วิฌ' ฌัน) *n.* การดูแล, การจัดการ, การตรวจตรา, การควบคุม, การอำนวยการ (**-S.** guidance, management)
supervisor (ซู' เพอร์ไวเซอร์) *n.* ผู้ดูแล, ผู้จัดการ, ผู้อำนวยการ, อาจารย์นิเทศ, อาจารย์

A B C D E F G H I J K L M N O P Q R S T U V W X Y Z

ที่ปรึกษา (**-S.** foreman, steward)

superwoman (ซู' เพอรํวุมเมิน) *n.* ผู้หญิงสมัยใหม่ที่ทำงานนอกบ้านและเป็นแม่บ้านด้วย

★**supper** (ซัพ' เพอร์) *n.* อาหารค่ำ, อาหารมื้อเย็น, อาหารเบาๆ ก่อนเข้านอน

supplant (ซะแพลนทฺ') *vt.* **-planted, -planting** เข้าแทนที่, แย่งที่, แย่งตำแหน่ง (**-S.** displace, remove, supersede)

supple (ซัพ' เพิล) *adj.* **-pler, -plest** อ่อน, ว่านอนสอนง่าย, ดัดง่าย **-supplely** *adv.* **-suppleness** *n.* (**-S.** flexible **-A.** rigid)

supplement (*n.* ซัพ' พละเมินทฺ, *v.* -เมนทฺ) *n.* ส่วนเสริม, ภาคผนวก, ส่วนเพิ่มเติม, หน้าเสริมที่แทรกในหนังสือพิมพ์ *-vt.* **-mented, -menting** เสริม, เพิ่ม, เติม, ผนวก (**-S.** (n., v.) complement (v.) extend)

supplementary (ซัพพละเมน' ทะรี, -ทรี) *adj.* เป็นส่วนเสริม (**-S.** additional, secondary)

suppliant (ซัพ' พลีเอินทฺ) *adj.* อ้อนวอน, ขอร้อง *-n.* ผู้อ้อนวอน (**-S.** (adj.) begging (n.) suitor)

supplicate (ซัพ' พลิเคท) *vt., vi.* **-cated, -cating** อ้อนวอน, วิงวอน, ขอความกรุณา **-supplication** *n.* (**-S.** beg, plead)

★**supply** (ซะไพล') *v.* **-plied, -plying** *-vt.* จัดหา, จัดเตรียม, ส่งเสบียง, ส่งเสีย, จัดจำหน่าย *-vi.* บรรจุ, แทนที่, ทำหน้าที่แทน *-n., pl.* **-plies** การจัดหา, การจัดส่ง, เสบียง, พัสดุ, จำนวนเสบียง, ความต้องการสินค้า, สิ่งที่จัดจำหน่าย, จำนวนของที่มีอยู่ **-supplier** *n.* (**-S.** (v., n.) stock (v.) furnish, provide)

★**support** (ซะพอร์ทฺ', -โพร์ทฺ') *vt.* **-ported, -porting** รับ, ค้ำจุน, หนุน, สนับสนุน, อุดหนุน, ช่วยเหลือ, ค้ำชู, เลี้ยงดู *-n.* การสนับสนุน, ความช่วยเหลือ (**-S.** (v., n.) aid, help)

supporter (ซะพอร์' เทอร์, -โพร์'-) *n.* ผู้สนับสนุน (**-S.** advocate, sponsor)

★**suppose** (ซะโพซ') *vt., vi.* **-posed, -posing** คิดเอาเอง, ทึกทัก, นึก, เข้าใจ, คาดเดา, คะเน **-supposed** *adj.* **-supposedly** *adv.* (**-S.** assume, imagine, think)

supposition (ซัพพะซิช' ชัน) *n.* การคาดคะเน, ข้อสันนิษฐาน, สมมติฐาน **-suppositional** *adj.* **-suppositionally** *adv.* (**-S.** doubt, guess)

suppress (ซะเพรซ') *vt.* **-pressed, -pressing** หยุด, ห้าม, ระงับ, อุด, สกัด, กั้น, ปกปิด, ปิดบัง, อำพราง, กลั้น, กำจัด, ปราบปราม **-suppressible** *adj.* (**-S.** conceal, subdue)

supra- คำอุปสรรค หมายถึง บน, เหนือ, ข้างบน, เบื้องบน, ยอด, ใหญ่, ยิ่งใหญ่

supremacy (ซุเพรม' มะซี) *n., pl.* **-cies** ความมีอำนาจเหนือ, อำนาจอันสูงสุด, ความยิ่งใหญ่, อภิมหาอำนาจ (**-S.** dominance, mastery)

★**supreme** (ซุพรีม') *adj.* **-er, -est** ยิ่งใหญ่, มีอำนาจ, สูงสุด, สำคัญ, ที่สุด, สุดขีด, สุดยอด **-supremely** *adv.* **-supremeness** *n.* (**-S.** best, extreme, prime)

Supreme Being พระผู้เป็นเจ้า

Supreme Court ศาลสูงสุด, ศาลฎีกา

surcharge (เซอร์' ชาร์จ) *n.* การเก็บเงินเพิ่ม, การเก็บค่าธรรมเนียมเพิ่ม, การบรรทุกมากเกินไป, การพิมพ์ดวงตราไปรษณียากรใหม่เพื่อเปลี่ยนค่า *-vt.* **-charged, -charging** เก็บเงินเพิ่ม, บรรทุกมากเกินไป, พิมพ์ดวงตราไปรษณียากรใหม่เพื่อเปลี่ยนค่า

surcoat (เซอร์' โคท) *n.* เสื้อคลุมตัวหลวม, เสื้อคลุมที่อัศวินในยุคกลางสวมทับชุดเกราะ

★**sure** (ชุร์) *adj.* **surer, surest** แน่นอน, แน่ใจ, ไม่พลาด, มั่นใจ, แม่น, เชื่อถือได้ *-adv.* อย่างแน่นอน **-for sure** อย่างไม่ต้องสงสัย **-make sure** ทำให้แน่ใจ **-sure enough** จริงๆ, แน่ๆ (**-S.** (adj.) certain, precise **-A.** (adj.) incorrect)

★**surely** (ชุร์' ลี) *adv.* อย่างมั่นอกมั่นใจ, อย่างแน่นอน, ไม่พลาด (**-S.** certainly, definitely)

surety (ชุร์' อิที) *n., pl.* **-ties** ความมั่นใจในตัวเอง, การรับประกัน, ผู้ค้ำประกัน, การรับรอง, ความแน่นอน **-suretyship** *n.*

surf (เซิร์ฟ) *n.* คลื่นหัวแตก *-vi.* **surfed, surfing** ออกไปเล่นกระดานโต้คลื่น **-surfy** *adj.*

★**surface** (เซอร์' เฟิซ) *n.* ผิวนอก, เปลือก (โลก), พื้นผิว, ผิวหน้า, สถานการณ์ภายนอก, ผิวดิน, ผิวน้ำ *-adj.* ผิวเผิน, ตื้น, ใกล้ผิวหน้า *-v.* **-faced, -facing** *-vt.* ฉาบหน้า, ทาหน้า, ทำให้เรียบ *-vi.* โผล่, ปรากฏ, ขึ้นมาบนผิวน้ำ, ขุดผิวหน้าดิน (หาแร่) **-on the surface** ดูจากภายนอก (**-S.** (n.) exterior (v.) appear, rise)

surface mail/transport การขนส่งจดหมายและพัสดุทางบกหรือทางทะเล

surface-to-air missile ขีปนาวุธที่ยิงจากฐานพื้นดินขึ้นไปทำลายข้าศึกหรือเป้าหมายทางอากาศ

surfboard (เซิร์ฟ' บอร์ด, -โบร์ด) *n.* แผ่นกระดานโต้คลื่น

surfeit (เซอร์' ฟิท) *v.* **-feited, -feiting** *-vt.* ให้มากเกินไป, ทำให้อิ่มแปล้ *-vi.* ดื่มหรือกินมาก

เกินไป *-n.* ปริมาณหรือจำนวนที่มากเกินไป, การดื่มหรือกินอาหารมากเกินไป **-surfeiter** *n.* (-S. (v.) overfeed (n.) excess)

surg. ย่อจาก surgeon ศัลยแพทย์, surgery ศัลยกรรม ศัลยศาสตร์

surge (เซิร์จ) *v.* **surged, surging** *-vi.* เป็นระลอก, กระเพื่อม, โซเซ, ขึ้นๆ ลงๆ, รวนเร, (อารมณ์) พุ่งขึ้นอย่างฉับพลัน *-vt.* ปล่อยเชือกออกจากเครื่องกว้าน *-n.* คลื่นยักษ์, ความรู้สึกรุนแรงที่เกิดขึ้นฉับพลัน (-S. (v., n.) roll, swirl)

surgeon (เซอร์' เจิน) *n.* ศัลยแพทย์

★**surgery** (เซอร์' จะรี) *n., pl.* **-ies** ศัลยกรรม, ศัลยศาสตร์, ห้องผ่าตัด, การผ่าตัด **-surgical** *adj.* **-surgically** *adv.*

surly (เซอร์' ลี) *adj.* **-lier, -liest** ห้าว, หยาบ, กระด้าง, หยาบคาย, บูดบึ้ง, กระโชกโฮกฮาก, ขู่เข็ญ **-surlily** *adv.* (-S. sullen -A. cheerful)

surmise (เซอร์ไมซ์') *vt., vi.* **-mised, -mising** เดา, ทาย, คาด, เก็ง, นึก, คิด *-n.* การเดา

surmount (เซอร์เมาน์ท์') *vt.* **-mounted, -mounting** พิชิต, ปราบ, ผ่านพ้น, ครอบ, ปก, คลุม, อยู่ข้างบน **-surmountable** *adj.* (-S. surpass, vanquish)

★**surname** (เซอร์' เนม) *n.* นามสกุล, แซ่

surpass (เซอร์แพซ') *vt.* **-passed, -passing** เกินหน้า, ทำได้ดีกว่า (-S. excel, transcend)

surplus (เซอร์' เพลิซ, -พลัซ) *adj.* ไม่จำเป็น, เป็นส่วนเกิน *-n.* จำนวนที่เกินความต้องการ, เงินที่เหลือหลังหักค่าใช้จ่ายแล้ว (-S. (adj., n.) excess -A. (n.) need)

★**surprise, surprize** (เซอร์ไพรซ์') *vt.* **-prised, -prising/-prized, -prizing** ทำให้แปลกใจ, ทำให้สะดุ้ง, ทำให้ตื่นเต้น, จู่โจม, ล้วงเอาความจริงโดยไม่ให้รู้ตัว *-n.* ความประหลาดใจ, สิ่งที่ทำให้ประหลาดใจ, เรื่องน่าตื่นเต้น **-surprising** *adj.* (-S. (v.) astonish (n.) astonishment)

surrealism (ซะรี' อะลิซเซิม) *n.* ศิลปะและวรรณคดีที่มุ่งหมายจะแสดงออกถึงความรู้สึกและจิตใต้สำนึกของมนุษย์ **-surrealistic** *adj.*

surrender (ซะเรน' เดอร์) *vt., vi.* **-dered, -dering** สละ, ปล่อย, ยอมแพ้, ยอมจำนน, ยินยอม, ละทิ้ง, เลิก, ทอดทิ้ง, คืน *-n.* การยินยอม, การยอมแพ้, การมอบตัว (-S. (v.) resign, submit (n.) delivery, submission)

★**surround** (ซะเราน์ด์') *vt.* **-rounded, -rounding** ล้อมรอบ, ห้อมล้อม, แวดล้อม *-n.* รั้วหรือกำแพงที่ล้อมรอบ, บริเวณแวดล้อม **-surroundings** สิ่งแวดล้อม (-S. (v.) encircle, ring)

surveillance (เซอร์เว' เลินซ์) *n.* ความระแวดระวัง, การสอดส่องดูแล (-S. inspection, watch)

survey (*v.* เซอร์เว', เซอร์' เว, *n.* เซอร์' เว) *vt., vi.* **-veyed, -veying** สำรวจ, รังวัดที่ดิน, ทำแผนที่, สำรวจความคิดเห็น *-n., pl.* **-veys** การสำรวจ, การสำรวจประชามติ, การรังวัดที่ดิน, การทำแผนที่ **-surveyor** *n.* (-S. (v.) plan, scrutinize (n.) overview, random)

surveying (เซอร์เว' อิง) *n.* การรังวัดปักเขตที่ดิน, วิชารังวัดที่ดิน, การทำแผนที่

★**survival** (เซอร์ไว' เวิล) *n.* ความอยู่รอด, การรอดตาย, สิ่งที่สืบทอดมาถึงปัจจุบัน

survival of the fittest กฎของธรรมชาติที่จะคัดสรรสิ่งมีชีวิตที่แข็งแรงเหมาะสมและปรับตัวได้ดีที่สุดเท่านั้นที่จะดำรงอยู่และสืบทอดเผ่าพันธุ์ต่อไปได้

★**survive** (เซอร์ไวฟว์') *vi., vt.* **-vived, -viving** รอดตาย, ยืนหยัด, สืบทอด, ดำรงอยู่ **-survivor** *n.* (-S. endure, exist -A. die)

susceptible (ซะเซพ' ทะเบิล) *adj.* ถูกชักจูงง่าย, หัวอ่อน, อ่อนไหว **-susceptibility** *n.*

sushi (ซู' ชี) *n.* ข้าวห่อสาหร่าย, ข้าวปั้น

★**suspect** (*v.* ซะสเปคท์', *n.* ซัส' เปคท์, *adj.* ซัส' เปคท์, ซะสเปคท์') *v.* **-pected, -pecting** *-vt.* สงสัย, ข้องใจ *-vi.* ต้องสงสัย, อยู่ในข่ายผู้ต้องสงสัย *-n.* ผู้ต้องสงสัย *-adj.* มีข้อสงสัย, ไม่น่าไว้ใจ, มีพิรุธ (-S. (v.) distrust, suppose (adj.) doubtful -A. (adj.) trust)

suspend (ซะสเปนด์') *v.* **-pended, -pending** *-vt.* แขวน, ล่องลอย (ในอากาศ), ลอย (ในน้ำ), เลื่อน, พัก (งานเพื่อเป็นการลงโทษ), งด, หยุดไว้ชั่วคราว, ขวาง, ขัดจังหวะ, ผัดผ่อน, หน่วงเหนี่ยว, ค้ำจุน, พยุง *-vi.* รอ, เลื่อน, ผัดผ่อน, ชักช้า, ชะงัก, หยุดชั่วคราว (-S. hang)

suspender (ซะสเปน' เดอร์) *n.* ตะขอ, หูหิ้ว, ห่วง, สายรั้งกางเกง, สายแขวน, สายดึง, หนังรัดถุงเท้ายาว, สายรั้งถุงน่อง

suspense (ซะสเปนซ์') *n.* ความกระวนกระวาย, ความวิตกกังวลและขวัญหนีดีฝ่อ **-suspenseful** *adj.* (-S. anxiety)

suspension (ซะสเปน' ชัน) *n.* การพักงานพนักงานที่ทำผิด, การเลื่อน (การพิจารณาหรือตัดสินใจ), การผัดผ่อน (-S. delay)

suspension bridge สะพานแขวน

★**suspicion** (ซะสปิช' ชัน) *n.* ความสงสัย, ความข้องใจ, ความระแวง, ร่องรอย, ซาก *-vt.*

A B C D E F G H I J K L M N O P Q R **S** T U V W X Y Z

-cioned, -cioning สงสัย (-S. (n., v.) doubt)

★**suspicious** (ซะสปิช' เชิซ) *adj.* น่าสงสัย, มีพิรุธ **-suspiciously** *adv.* **-suspiciousness** *n.*

sustain (ซะสเตน') *vt.* **-tained, -taining** เลี้ยงชีพ, ให้กำลัง, ทำให้อิ่มท้อง, สนับสนุน, ช่วยเหลือ, ค้ำจุน, ทำอย่างไม่ย่อท้อ, ทนทาน, ทนรับ **-sustainable** *adj.* **-sustainment** *n.*

sustainable agriculture เกษตรกรรมแบบยั่งยืน

sustainable tourism การท่องเที่ยวแบบยั่งยืน เป็นการท่องเที่ยวเชิงอนุรักษ์และทัศนศึกษาโดยให้ชุมชนมีส่วนร่วมในการดูแลรักษาแหล่งท่องเที่ยวนั้นๆ ด้วย

sustenance (ซัส' ตะเนินซ์) *n.* อาหาร, การเลี้ยงชีพ (-S. food, livelihood)

suture (ซู' เชอร์) *n.* การเย็บ, วัสดุที่ใช้ในการเย็บ, รอยต่อระหว่างกระดูกกะโหลกศีรษะ, รอยเย็บแผล, ตะเข็บผ้า, ข้อต่อ, ปล้องของต้นไม้

svelte (สเวลท์) *adj.* **svelter, sveltest** เพรียว, ระหง, อ้อนแอ้น **-sveltely** *adv.*

swab, swob (สวอบ) *n.* ผ้าซับเลือดหรือหนอง, สำลีซับเลือด, ไม้ถูพื้น, (คำสแลง) กะลาสี, คนซุ่มซ่าม *-vt.* **swabbed, swabbing/swobbed, swobbing** ซับ

swaddle (สวอด' เดิล) *vt.* **-dled, -dling** พัน, ห่อ, หุ้ม, โพก, จำกัด *-n.* ผ้าพัน, ผ้าห่อ, ผ้าโพก

swaddling clothes ผ้าห่อทารก

swage (สเวจ) *n.* เครื่องมือที่ใช้ดัดโลหะให้โค้งงอ, เหล็กที่ใช้ตอกโลหะให้เป็นรูปต่างๆ, แม่พิมพ์ที่ทำด้วยเหล็ก *-vt.* **swaged, swaging** ตอกหรือดัดโลหะเป็นรูปต่างๆด้วยเครื่องมือดังกล่าว

swagger (สแวก' เกอร์) *v.* **-gered, -gering** *-vi.* เดินเชิด, เดินวางท่า, คุยโต, โอ้อวด *-vt.* รังแก, ข่มขี่, ด่าว่า *-n.* การวางท่าใหญ่โต, การคุยโม้โอ้อวด (-S. (v., n.) boast)

swain (สเวน) *n.* เด็กหนุ่มบ้านนอก, คนรัก

★**swallow**[1] (สวอล' โล) *v.* **-lowed, -lowing** *-vt.* กลืน, ฝืนทน, อดกลั้น, (คำสแลง) หลงเชื่อ, สวาปาม *-vi.* กลืน *-n.* การกลืน, ปริมาณที่กลืน

swallow[2] (สวอล' โล) *n.* นกนางแอ่น **-swallow-tail** หางนกนางแอ่น, หางแฉก

swallow-tailed coat (สวอล' โลเทลโคท) *n.* (ภาษาพูด) เสื้อราตรีหางยาวของผู้ชาย

swam (สแวม) *v.* กริยาช่อง 2 ของ swim

swamp (สวอมพ์) *n.* บึง, หนองน้ำ, ปลัก, ตม *-vt., vi.* **swamped, swamping** ติดหล่ม, จมปลัก, ติดตม, ท่วม, จม **-swampy** *adj.*

swan (สวอน) *n.* หงส์

swank (สแวงค์) *adj.* **swanker, swankest** อวดอ้าง, วางก้าม, ผึ่งผาย *-n.* การวางท่าใหญ่โต, ความสง่าผ่าเผย *-vi.* **swanked, swanking** วางท่าโก้, คุยโต, โอ้อวด **-swanky** *adj.*

swap, swop (สวอพ) *vi., vt.* **swapped, swapping/swopped, swopping** (ภาษาพูด) ซื้อขายแลกเปลี่ยน *-n.* การแลกเปลี่ยน

sward, swarth (สวอร์ด, สวอร์ธ) *n.* ทุ่งหญ้า, สนามหญ้า

swarm (สวอร์ม) *n.* ฝูงผึ้งหรือฝูงแมลงกลุ่มใหญ่, ฝูงชนจำนวนมาก *-vi., vt.* **swarmed, swarming** เนืองแน่น, ออ (-S. (n., v.) crowd, flock)

swarthy (สวอร์' ธี) *adj.* **-ier, -iest** (ผิว) คล้ำ, (สี) ดำ, มืด **-swarthily** *adv.* **-swarthiness** *n.*

swash (สวอช) *n.* การสาด, เสียงน้ำสาดกระจาย, ท่อน้ำไหล, การคุยโว, คนขี้โม้ *-vi., vt.* **swashed, swashing** สาด, ตี, ซัด, คุยโว

swastika (สวอส' ติคะ) *n.* เครื่องหมายสวัสติกะของพรรคนาซี

SWAT ย่อจาก Special Weapons and Tactics ตำรวจจู่โจมพิเศษหรือหน่วยสวาต เป็นหน่วยเฉพาะกิจที่ฝึกให้สู้รบในสถานการณ์รุนแรงและอันตราย

swat (สวอท) *vt.* **swatted, swatting** ตบ, ตี *-n.* การตบ, การตี

swath, swathe (สวอธ, สวอธ; สเวธ) *n.* ร่องรอยการตัดหญ้า, แถว, แนว, ทาง

swathe (สวอธ, สเวธ) *vt.* **swathed, swathing** พัน, ห่อ, หุ้ม, ล้อมรอบ *-n.* การกระทำดังกล่าว **-swather** *n.*

sway (สเว) *v.* **swayed, swaying** *-vi.* แกว่ง, โยก, โอนเอียง *-vt.* ทำให้แกว่ง, ทำให้โยก, ทำให้เขว, ชักจูงให้หันเห, โน้มน้าว, ควบคุม, บังคับ, ครอบงำ *-n.* การกระทำดังกล่าว, อำนาจ, อิทธิพล **-swayer** *n.* (-S. (v., n.) swing)

★**swear** (สแวร์) *vi., vt.* **swore, sworn, swearing** สาบาน, สัญญา, บน, สบถ, ปฏิญาณ, ตั้งสัตย์อธิษฐาน, สาป **-swear at** ด่า, แช่ง, สบถ **-swear by** บูชา **-swear in** ปฏิญาณ **-swear off** (ภาษาพูด) ประกาศเลิก (-S. curse)

swearword (สแวร์' เวิร์ด) *n.* ถ้อยคำสบถ

★**sweat** (สเวท) *v.* **sweated/sweat, sweating** *-vi.* เหงื่อออก, เหงื่อแตก, หลั่งเหงื่อ, บ่มใบยาสูบ, ทำงานหนัก, เหนื่อยยาก, วิตก, กลัดกลุ้ม *-vt.* ขับเหงื่อ, ทำให้เหงื่อออก, ใช้ทำงานหนักมาก, อบหรือนึ่ง (ผัก อาหาร) *-n.* เหงื่อ, หยดเหงื่อ,

A B C D E F G H I J K L M N O P Q R S T U V W X Y Z

การขับเหงื่อ, คนงานที่ต้องทำงานหนักหามรุ่งหามค่ำ, การให้ม้าวิ่งออกกำลังเรียกเหงื่อก่อนลงแข่งจริง **-no sweat** (คำสแลง) ง่ายมาก **-sweat blood** (ภาษาพูด) ทำงานหนัก, วิตกกังวล **-sweat out** (คำสแลง) อดทนอดกลั้น **-sweaty** *adj.* (**-S.** (v.) perspire, worry (n.) chore, drudgery)

★ **sweater** (สเวท' เทอร์) *n.* เสื้อไหมพรมหรือเสื้อถักที่ใช้สวมทางศีรษะ

sweat gland ต่อมเหงื่อ

sweatshirt (สเวท' เชิร์ท) *n.* เสื้อแขนยาวใช้ใส่ออกกำลังกาย

★ **sweep** (สวีพ) *vt., vi.* **swept, sweeping** ปัด, กวาด, เช็ด, ขจัด, ปัดเป่า, ซัด, พัดพา, เคลื่อนไปอย่างรวดเร็ว, แพร่กระจายไปอย่างรวดเร็ว, โฉบ, กวาดไปจนเกลี้ยง, ชนะรวด *-n.* การปัดกวาด, การปัดเป่า, การพัดพาไป, การทำความสะอาด, ขอบเขต, วง, รัศมี, ความสูงต่ำของพื้นแผ่นดิน, เส้นโค้ง **-sweeper** *n.* (**-S.** (v.) clean (n.) curve, scope)

sweeping (สวี' พิง) *adj.* กว้าง, ครอบคลุม, เป็นวงกว้าง, โดยทั่วไป (**-S.** wide **-A.** narrow)

sweepstakes (สวีพ' สเตคซ์) *n. pl.* สลากกินแบ่ง, การพนันม้า

★ **sweet** (สวีท) *adj.* **sweeter, sweetest** หวาน, น่าพอใจ, ยินดี, น่าชื่นชม, ไพเราะ, หอม, กลิ่นดี, สด, น่ารัก, งดงาม, น่าเอ็นดู *-adv.* อ่อนหวาน, อ่อนโยน *-n.* ของหวาน, ขนมหวาน, ลูกกวาด **-sweetly** *adv.* **-sweetness** *n.* (**-S.** (adj.) honeyed, fresh, tender **-A.** (adj.) nasty, sour)

sweet-and-sour (สวีท' เอินเซาร์') *adj.* (รส) เปรี้ยวหวาน

sweet basil ใบโหระพา

sweetbread (สวีท' เบรด) *n.* ตับอ่อนของลูกวัวหรือลูกแกะ

sweet corn ข้าวโพดหวาน

sweeten (สวีท' เทิน) *v.* **-ened, -ening** *-vt.* เติมน้ำตาล, โรยน้ำตาล, ทำให้หวานขึ้น, ทำให้อ่อนโยน, ทำให้พอใจ, เอาอกเอาใจ *-vi.* หวาน (**-S.** pacify, sugar)

sweetheart (สวีท' ฮาร์ท) *n.* ที่รัก, ยอดรัก

sweet potato มันเทศ

sweetshop (สวีท' ชอพ) *n.* ร้านขายขนมหวาน

★ **swell** (สเวล) *v.* **swelled, swelled/swollen, swelling** *-vi.* โป่ง, บวม, พอง, ขยายตัว, เป่ง, ล้น, นูน, เพิ่มขึ้น, ดังขึ้น, แรงขึ้น *-vt.* ทำให้โป่งพอง, ทำให้ใหญ่ขึ้น, ทำให้มีอารมณ์, (หัวใจ) พองโต *-n.* คลื่นที่นูนขึ้นๆ ลงๆ, เสียงที่ดังขึ้น, ส่วนที่ปูดโปน, ส่วนที่โป่ง ยื่น โหนก หรือบวมออกมา, แผ่นดินที่นูนขึ้นมา, คนแต่งตัวโก้, (ภาษาพูด) คนที่เด่นดังในวงสังคม *-adj.* **sweller, swellest** ยอดเยี่ยม, โก้, หรูหรา, ทันสมัย (**-S.** (v., n.) rise, surge)

swellhead (สเวล' เฮด) *n.* (ภาษาพูด) คนยโส

★ **swelling** (สเวล' ลิง) *n.* การปูดโปน, การโป่งพอง, การบวม, อวัยวะหรือส่วนของร่างกายที่บวมเป่งหรือปูดโปน (**-S.** bruise, lump)

swelter (สเวล' เทอร์) *vi.* **-tered, -tering** รู้สึกร้อนอบอ้าว *-n.* ความร้อนอบอ้าว

sweltering (สเวล' เทอริง) *adj.* ร้อน, อบอ้าว, ระอุ **-swelteringly** *adv.*

swept (สเวพท์) *v.* กริยาช่อง 2 และ 3 ของ sweep

swerve (สเวิร์ฟว์) *vt., vi.* **swerved, swerving** หักเลี้ยว, หักหลบ (**-S.** deviate, turn)

swift (สวิฟท์) *adj.* **swifter, swiftest** รวดเร็ว, ฉับพลัน, ว่องไว, ทันที, ด่วนจี๋ *-n.* นกแอ่น **-swiftly** *adv.* (**-S.** (adj.) rapid **-A.** (adj.) slow)

swill (สวิล) *vt., vi.* **swilled, swilling** ล้าง, ดื่ม, กลั้ว, ชะน้ำ, กินอย่างตะกละ *-n.* ถังขยะ, ถังข้าวหมู, เรื่องไร้สาระ **-swiller** *n.*

★ **swim** (สวิม) *vi., vt.* **swam, swum, swimming** ว่ายน้ำ, ลอยน้ำ, ล่องลอย, ลอยคว้าง, ท่วม, จม, แช่, เวียนหัว *-n.* การว่ายน้ำ, เวลาที่ใช้ว่ายน้ำ, การลื่นไหล, การเวียนหัว **-swimmable** *adj.*

swimming (สวิม' มิง) *n.* กีฬาว่ายน้ำ

swimming bath สระว่ายน้ำในร่ม

swimming pool สระว่ายน้ำ

swimsuit (สวิม' ซูท) *n.* ชุดว่ายน้ำ

swindle (สวิน' เดิล) *vt., vi.* **-dled, -dling** ฉ้อโกง, หลอกลวง *-n.* การโกง, การฉ้อฉล, การหลอกลวง **-swindler** *n.* (**-S.** (v., n.) cheat)

swine (สไวน์) *n., pl.* **swine** หมูชนิดหนึ่ง, คนหยาบคาย, คนตะกละ

★ **swing** (สวิง) *v.* **swung, swinging** *-vi.* เหวี่ยง, แกว่งไกว, โล้, กวัดแกว่ง, หันเห, เอนเอียง, (คำสแลง) ถูกแขวนคอ, ห้อย, ตามจังหวะ, (คำสแลง) เปลี่ยนคู่นอน (คนที่สมรสแล้ว) *-vt.* ทำให้แกว่งไปมา, ทำให้เหวี่ยง, ทำให้หมุน *-n.* ชิงช้า, การแกว่งไกว, การโล้, ระยะที่แกว่ง, การเปลี่ยนแปลง, จังหวะชีวิต, จังหวะดนตรี **-swingy** *adj.* (**-S.** (v., n.) sway (n.) vibration)

swinging (สวิง' งิง) *adj.* สนุกสุดเหวี่ยง, เปลี่ยน

A B C D E F G H I J K L M N O P Q R S T U V W X Y Z

คู่นอน (โดยเฉพาะคนที่แต่งงานแล้ว)

swipe (สไวพ์) *n.* การตี, การตบ, การฟาด *-vt., vi.* **swiped, swiping** ตบตี, ฟาด

swirl (สเวิร์ล) *v.* **swirled, swirling** *-vi.* หมุน, วน, หมุนเป็นเกลียว, เวียนศีรษะ *-vt.* ทำให้หมุน, ทำให้วน *-n.* การไหลวน, การหมุนวน, ความยุ่งเหยิง **-swirly** *adj.* (**-S.** (v., n.) spin)

swish (สวิช) *v.* **swished, swishing** *-vi.* ดังเฟี้ยว, ส่งเสียงจ๊ๆ, เกิดเสียงหวือ *-vt.* ทำให้เกิดเสียงดังกล่าว, ตี เฆี่ยน หวดดังเฟี้ยว *-n.* เสียงหวือ, เสียงเฟี้ยว, ไม้เรียว, การตีเฆี่ยน

★**switch** (สวิช) *n.* ไม้เรียว, กิ่งไม้, กระจุกหางสัตว์, สะพานไฟ, เครื่องเปิดปิดไฟฟ้า, ปุ่มเปิดปิดไฟฟ้า, การสับเปลี่ยนข้อต่อรางรถไฟ, ข้อต่อรางรถไฟ, การเปลี่ยนแปลงอย่างฉับพลัน *-vt., vi.* **switched, switching** เฆี่ยน, ตี, สลับ, สับเปลี่ยน, เปิดปิดไฟฟ้า, ฉก, ฉวย, เปลี่ยน, หันเห **-switch off** ปิดไฟ, ไม่สนใจ **-switch on** เปิดไฟ (**-S.** (n., v.) exchange, shift)

switchboard (สวิช' บอร์ด, -โบร์ด) *n.* แผงควบคุมไฟฟ้า, แผงสะพานไฟฟ้า, แผงวงจรสายโทรศัพท์

swivel (สวิฟ' เวิล) *n.* เข็มหรือเดือยสำหรับสิ่งอื่นหมุนรอบ เช่น เดือยเข็มทิศ, แกนหมุน (เก้าอี้), ข้อลูกโซ่ *-vt., vi.* **-eled, -eling/-elled, -elling** หมุนไปรอบๆ หมุด เข็มหรือเดือย, ยึดไว้ด้วยหมุด เข็มหรือเดือย

swivel chair เก้าอี้หมุน

swob (สวอบ) *n., v.* ดู swab

swollen (สโว' เลิน) *v.* กริยาช่อง 3 ของ swell *-adj.* ใหญ่, บวม, เป่ง, พอง, โต, ปูด, โปน, เกินตัว, คุยโว, โอ้อวด (**-S.** (adj.) enlarged)

swoon (สวูน) *vi.* **swooned, swooning** หน้ามืด, วิงเวียน, หมดสติ, เป็นลม, สลบ, อ่อนเพลีย *-n.* การเป็นลม, การสลบ, การหมดสติ, ความลืมตัว (**-S.** (v., n.) faint)

swoop (สวูพ) *vi., vt.* **swooped, swooping** โฉบ, เฉี่ยว, ถลา, จู่โจม, (นก) ถลาเข้าจิก *-n.* การกระทำดังกล่าว (**-S.** (v., n.) rush)

swop (สวอพ) *v., n.* ดู swap

★**sword** (ซอร์ด) *n.* ดาบ, กระบี่ (**-S.** blade)

swore (สวอร์, สโวร์) *v.* กริยาช่อง 2 ของ swear

sworn (สวอร์น, สโวร์น) *v.* กริยาช่อง 3 ของ swear

swot (สวอท) *n.* คนที่ขยันเรียนอย่างหนัก *-vi., vt.* **swotted, swotting** เรียนหนัก, ท่องหนังสืออย่างหนัก **-swotter** *n.*

swum (สวัม) *v.* กริยาช่อง 3 ของ swim

swung (สวัง) *v.* กริยาช่อง 2 และ 3 ของ swing

sycophant (ซิค' คะเฟินท์, ไซ' คะ-) *n.* คนประจบสอพลอ

★**syllable** (ซิล' ละเบิล) *n.* (สัทศาสตร์) พยางค์ *-vt.* **-bled, -bling** ออกเสียงทีละพยางค์

syllabus (ซิล' ละเบิซ) *n., pl.* **-buses/-bi** (-ไบ) หลักสูตรการเรียนการสอน, รายชื่อวิชา (**-S.** course of study, curriculum)

sylvan, silvan (ซิล' เวิน) *adj.* เกี่ยวกับป่าไม้, ที่ตั้งอยู่ในเขตที่มีป่าไม้, เต็มไปด้วยป่าไม้ *-n.* คนที่อาศัยอยู่ในป่า, นางไม้

★**symbol** (ซิม' เบิล) *n.* สัญลักษณ์, เครื่องหมาย, เครื่องแสดง, สัญลักษณ์ธาตุ *-vt.* **-boled, -boling** แสดงสัญลักษณ์หรือเครื่องหมาย **-symbolic, symbolical** *adj.* (**-S.** (n.) logo (n., v.) sign)

symbolism (ซิม' บะลิซเซิม) *n.* การใช้สัญลักษณ์หรือเครื่องหมายเป็นสิ่งแสดง โดยเฉพาะในวรรณกรรม การระบายสี ศิลปะและภาพยนตร์

symbolize (ซิม' บะไลซ์) *vt., vi.* **-ized, -izing** ใช้เป็นเครื่องหมาย, แสดงสัญลักษณ์

symmetrical, symmetric (ซิเมท' ทริเคิล, -ทริค) *adj.* สมมาตร, มีสัดส่วนรับกัน, มีด้านหรือเหลี่ยมตรงกัน **-symmetrically** *adv.* (**-S.** balanced, proportional **-A.** asymmetric)

symmetry (ซิม' มิทรี) *n., pl.* **-tries** การมีสัดส่วนรับกัน, การมีด้านหรือเหลี่ยมตรงกัน, ความมีสัดส่วน, ความสมดุล, ความสมมาตร (**-S.** harmony, proportion **-A.** discord)

★**sympathetic** (ซิมพะเธท' ทิค) *adj.* เห็นอกเห็นใจ, สังเวช, สงสาร, เวทนา, เข้าข้าง **-sympathetically** *adv.* (**-S.** agreeable, tender)

sympathize (ซิม' พะไธซ์) *vi.* **-thized, -thizing** แสดงความเห็นใจ, แสดงความสงสาร, เอาใจเข้าข้าง, แสดงความเห็นด้วย **-sympathizingly** *adv.* (**-S.** pity, understand)

★**sympathy** (ซิม' พะธี) *n., pl.* **-thies** ความเห็นอกเห็นใจ, ความสงสาร, ความเวทนา, ความเห็นด้วย (**-S.** compassion, pity **-A.** cruelty)

symphony (ซิม' ฟะนี) *n., pl.* **-nies** วงดนตรีวงใหญ่ที่มีเครื่องดนตรีหลายชนิด, เพลงที่แต่งขึ้นสำหรับเล่นในวงดนตรีดังกล่าว, ความคล้องจอง, ความไพเราะ

★**symptom** (ซิม' เทิม, ซิมพ์-) *n.* อาการ, เครื่องแสดง, เครื่องบ่งชี้, เครื่องหมาย (**-S.** indication)

synagogue, synagog (ซิน' นะกอก) *n.* โบสถ์ยิว

A B C D E F G H I J K L M N O P Q R S T U V W X Y Z

synapse (ซิน' แนพซ, ซิแนพซ') *n.* ส่วนเชื่อมต่อระหว่างเซลล์ประสาทหรือ neurons ซึ่งเป็นส่วนที่กระแสประสาทถูกส่งผ่านไปในระบบประสาทของสัตว์ มักเกิดระหว่างปลายหรือ axon ของเซลล์ประสาทหนึ่งกับตัวเซลล์ประสาทหรือ dendrite ของเซลล์ประสาทอีกเซลล์หนึ่ง

synchronize (ซิง' คระไนซ, ซิน'-) *v.* **-nized, -nizing** *-vi.* เกิดในเวลาเดียวกัน *-vt.* ทำให้เกิดในเวลาเดียวกัน, ตั้ง (นาฬิกา) ให้ตรงกัน **-synchronization** *n.*

synchrotron (ซิง' คระทรอน, ซิน'-) *n.* เครื่องเร่งอนุภาคแบบไซโคตรอนซึ่งใช้สนามแม่เหล็กที่เปลี่ยนแปลงความถี่ได้ แต่สนามไฟฟ้าคงมีความถี่คงที่

syndicate (*n.* ซิน' ดิคิท, *v.* -เคท) *n.* กลุ่ม, สมาคม, องค์การ, กงสี, ตัวแทนขายข่าว *-vt., vi.* **-cated, -cating** ตั้งสมาคม, รวมตัวกันเป็นสมาคม **-syndication** *n.* **-syndicator** *n.*

syndrome (ซิน' โดรม) *n.* กลุ่มอาการของโรคต่างๆ ที่เกิดพร้อมกัน **-syndromic** *adj.*

synergy (ซิน' เนอร์จี) *n., pl.* **-gies** ความร่วมมือหรือการรวมตัวระหว่างสองบริษัท ฯลฯ เพื่ออำนาจหรือผลประโยชน์ที่ดีกว่า

synod (ซิน' เนิด) *n.* สภาสงฆ์, เถรสมาคม

synonym (ซิน' นะนิม) *n.* คำที่มีความหมายใกล้เคียงหรือคล้ายกันมากกับอีกคำหนึ่งในภาษาเดียวกัน เช่น sad กับ sorry **-synonymous** *adj.* **-synonymously** *adv.* **-synonymy** *n.*

synopsis (ซินอพ' ซิซ) *n., pl.* **-ses** (-ซีซ) การย่อเรื่อง, การย่อความ, การสรุปความ, บทสรุป, ข้อสรุป, การประมวลเรื่อง

syntax (ซิน' แทคซ) *n.* การสร้างประโยค, ความสัมพันธ์ของรูปแบบการเรียงลำดับคำในประโยคหรือวลี, วากยสัมพันธ์

synthesis (ซิน' ธิซิซ) *n., pl.* **-ses** (-ซีซ) การประกอบหรือรวมกันของสิ่งใดๆ ที่แตกต่างกัน, การรวมกันของความคิดที่ต่างกัน, การสังเคราะห์, การปะติดปะต่อ **-synthesist** *n.* (**-S.** integration)

synthesize (ซิน' ธิไซซ) *vt.* **-sized, -sizing** ประกอบขึ้นทางเคมี, สังเคราะห์ขึ้น, ประกอบขึ้นเป็นสิ่งใหม่

synthesizer (ซิน' ธิไซเซอร์) *n.* สิ่งที่ประกอบหรือสังเคราะห์ขึ้นใหม่, เครื่องดนตรีอิเล็กทรอนิกส์ชนิดหนึ่งใช้เล่นร่วมกับคีย์บอร์ด ซึ่งจะให้เสียงที่ซับซ้อนมากขึ้น

synthetic (ซินเธท' ทิค) *adj.* เกี่ยวกับสิ่งที่มนุษย์สร้างขึ้นไม่ใช่ธรรมชาติ, ซึ่งสังเคราะห์ขึ้น, ซึ่งประกอบขึ้น **-synthetically** *adv.* (**-S.** artificial, fake **-A.** natural, real, true)

syphilis (ซิฟ' ฟะลิซ) *n.* โรคซิฟิลิส เป็นโรคติดต่อทางเพศสัมพันธ์ที่อันตรายมากโรคหนึ่ง ติดต่อจากแม่สู่ทารกในครรภ์ได้

syphon (ไซ' เฟิน) *n., v.* ดู siphon

syringe (ซะรินจ์', เซีย' รินจ์) *n.* กระบอกฉีดยา

syrup, sirup (ซี' เริพ, เซอ'-) *n.* น้ำเชื่อม

★**system** (ซิส' เติม) *n.* ระบบ, ระบอบ, ระเบียบ, แบบแผน, รูปแบบ, หลักการ, กฎเกณฑ์, วิธีการ, หลัก, รูปการ, ร่างกาย, เครือข่าย **-systematic, systematical** *adj.* **-systematically** *adv.* (**-S.** method, scheme)

systematize (ซิส' ตะมะไทซ) *vt.* **-tized, -tizing** จัดให้เป็นระบบระเบียบ

T

T, t (ที) *n., pl.* **T's, t's/Ts, ts** อักษรตัวที่ 20 ในภาษาอังกฤษ, อันดับยี่สิบ **-to a T** อย่างแท้จริง, ทีเดียว, พอดี, กระชับ, แน่นอน, เที่ยงตรง

T. ย่อจาก tablespoon ช้อนโต๊ะ

t. ย่อจาก tense กาล, ton ตัน (น้ำหนัก)

tab[1] (แทบ) *n.* เศษผ้า, แถบกระดาษ, เศษกระดาษ, ป้าย, แผ่นป้ายโลหะเล็กๆ, ปลายเชือกผูกรองเท้า

tab[2] (แทบ) *n.* (ภาษาพูด) ใบเรียกเก็บเงิน, ผ้าม่านบนเวที, ปุ่มกั้นหน้าหลังบนเครื่องพิมพ์ดีด

tabby (แทบ' บี) *n., pl.* **-bies** แมวลาย, แมวตัวเมีย, ผ้าแพรลาย

tabernacle (แทบ' เบอร์แนคเคิล) *n.* ปะรำพิธี, ศาลเจ้า, สถานที่ศักดิ์สิทธิ์, กล่องบรรจุสิ่งศักดิ์สิทธิ์บนแท่นในโบสถ์คริสต์, ที่หลบภัย, ที่ลี้ภัย, ถ้ำสัตว์ **-tabernacular** *adj.*

★**table** (เท' เบิล) *n.* โต๊ะ, โต๊ะอาหาร, โต๊ะพนัน, โต๊ะเล่นไพ่, กระดานเล่นเกม, ที่ราบสูง, หน้า

A B C D E F G H I J K L M N O P Q R S T U V W X Y Z

ตัด (เพชรพลอย), แผ่น, แผ่นกระดาษ, แผ่นหิน, แผ่นจารึก, ตาราง, ตารางสอน, ตารางสรุป, ตารางเดินรถ, ตารางทำบัญชี, ตารางรายการ, สูตรคูณ *-vt.* **-bled, -bling** เลื่อนการพิจารณา, วางบนโต๊ะ, จัดให้อยู่ในตาราง (**-S.** (n.) board (n., v.) schedule (v.) postpone, suggest)

tablecloth (เท' เบิลคลอธ) *n.* ผ้าปูโต๊ะ

tableland (เท' เบิลแลนด์) *n.* ที่ราบสูง

tablespoon (เท' เบิลสปูน) *n.* ช้อนโต๊ะ

tablespoonful (เท' เบิลสปูนฟุล) *n., pl.* **-fuls** ปริมาณหนึ่งช้อนโต๊ะ

tablet (แทบ' ลิท) *n.* ยาเม็ดแบน, แผ่นกระดาษ, สมุดฉีก *-vt.* **-leted, -leting** ขีดเขียน, จารึก, สลัก, ทำให้แบน, ทำให้บาง

table tennis กีฬาปิงปอง

tableware (เท' เบิลแวร์) *n.* ชุดจานชาม ถ้วย แก้ว และเครื่องเงินที่ใช้บนโต๊ะอาหาร

tabloid (แทบ' ลอยด์) *n.* หนังสือพิมพ์ขนาดเล็ก เพียงครึ่งหนึ่งของขนาดธรรมดา

taboo, tabu (ทะบู', แท-) *n., pl.* **-boos/-bus** ข้อห้าม *-adj.* ต้องห้าม *-vt.* **-booed, -booing/-bued, -buing** ห้าม (**-S.** (n., v.) ban (adj.) forbidden, proscribed **-A.** (adj.) allowed)

tabulate (*v.* แทบ' บยะเลท, *adj.* แทบ' บยะลิท, -เลท) *vt.* **-lated, -lating** จัดระเบียบ, จัดให้อยู่ในตาราง, ทำให้ราบเรียบ, ทำให้แบน *-adj.* ราบเรียบ **-tabular** *adj.* **-tabulation** *n.*

tabulator (แทบ' บยะเลเทอร์) *n.* ปุ่มกั้นหน้าหลังบนเครื่องพิมพ์ดีด

tacit (แทซ' ซิท) *adj.* อย่างเงียบๆ, โดยปริยาย **-tacitly** *adv.* **-tacitness** *n.* (**-S.** silent)

taciturn (แทซ' ซิเทิร์น) *adj.* เงียบ, ขรึม **-taciturnly** *adv.* (**-S.** reserved **-A.** talkative)

tack (แทค) *n.* หมุด, ตะปู, แนวทาง, นโยบาย, วิถีทาง, เชือกดึงใบเรือ, ด้านของใบเรือขณะแล่น, การเปลี่ยนใบเรือ, สิ่งที่เหนียว *-v.* **tacked, tacking** *-vt.* ตอก, ตรึง, กลัด, สอย, เนา, เปลี่ยนเส้นทาง, เปลี่ยนใบเรือ, เพิ่ม, เติม, ต่อท้าย, เสริม *-vi.* เปลี่ยน (ใบเรือ ทิศทาง นโยบาย) **-tacker** *n.* (**-S.** (n.) method, nail (v.) fasten)

★**tackle** (แทค' เคิล) *n.* เครื่องขันกว้าน, รอกตะขอ, รอก, อุปกรณ์ตกปลา, การวิ่งไล่จับและล้มคู่แข่งที่อุ้มลูกรักบี้ *-vt., vi.* **-led, -ling** จับ, สกัด, จัดการ, ขัดขวาง (**-S.** (n.) apparatus (v.) block, grasp **-A.** (v.) continue)

tacky (แทค' คี) *adj.* **-ier, -iest** เหนียว, หนืด

tact (แทคท์) *n.* ความรู้จักกาลเทศะ, ความมีไหวพริบ **-tactful** *adj.* **-tactfully** *adv.*

★**tactics** (แทค' ทิคซ์) *n. pl.* กลยุทธ์, ยุทธวิธี, ยุทธศาสตร์ **-tactical** *adj.* **-tactically** *adv.*

tadpole (แทด' โพล) *n.* ลูกอ๊อด, ลูกกบ

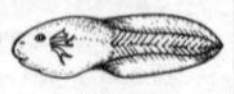

tadpole

tael (เทล) *n.* หน่วยเงินตราของจีน

taffrail (แทฟ' เรล, -เริล) *n.* ราวท้ายเรือ

taffy (แทฟ' ฟี) *n., pl.* **-fies** ลูกอม

★**tag** (แทก) *n.* ป้ายราคา, โลหะหรือพลาสติกหุ้มปลายเชือกผูกรองเท้า, หูหลังรองเท้า, แผ่นป้ายทะเบียนรถ, เศษส่วนปลาย, ชายผ้า, ปลายหางสัตว์, ปอยผม, ผ้าขี้ริ้ว, คำต่อท้าย, ภาคผนวก, สิ่งต่อท้าย, ส่วนเสริม, กลอน คำพูด หรือสุภาษิตที่พูดซ้ำๆ จนน่าเบื่อ, คำพูดตอนจบ *-v.* **tagged, tagging** *-vt.* ติดป้าย, ติดฉลาก, เพิ่ม, เติม, ต่อท้าย, ติดตาม *-vi.* ติดตาม (**-S.** (n., v.) label)

★**tail** (เทล) *n.* หางสัตว์, ส่วนปลาย, ส่วนท้าย, ท้ายรถ, หางหมู, หางเปีย, หางนม, หางเหล้า, หางว่าว, ผู้ติดตาม, บริวาร, ปลายแถว, ปลายขบวน, ด้านล่างของหน้ากระดาษ, ด้านใน, ชายเสื้อ, (เหรียญ) ด้านก้อย, (คำสแลง) ก้น คู่นอน *-v.* **tailed, tailing** *-vt.* ต่อหาง, ติดตาม *-vi.* ลากหาง, ติดตาม, ต่อท้าย **-tails** ชุดราตรีหางยาวของผู้ชาย (**-S.** (n., v.) queue (v.) follow)

tailboard (เทล' บอร์ด, -โบร์ด) *n.* ประตูท้ายรถ

tail lamp ไฟท้ายรถยนต์

tailor (เท' เลอร์) *n.* ช่างตัดเสื้อของผู้ชาย *-v.* **-lored, -loring** *-vt.* ตัดเสื้อ (ตามสั่ง), ปรับปรุง *-vi.* รับตัดเสื้อ (**-S.** (n.) dressmaker, outfitter)

tailor-made (เทเลอร์เมด') *adj.* ซึ่งทำขึ้นเป็นพิเศษตามสั่ง *-n.* เสื้อผ้าที่ตัดโดยช่างตัดเสื้อ

taint (เทนท์) *v.* **tainted, tainting** *-vt.* ทำให้ได้รับเชื้อโรค, ทำให้มีมลทิน, ทำให้ด่างพร้อย *-vi.* เสีย, เสื่อม, ด่าง, เลอะ *-n.* จุด, รอยด่าง, มลทิน, ความเสื่อมเสีย (**-S.** (n., v.) blemish, stain)

★**take** (เทค) *v.* **took, taken, taking** *-vt.* ถือ, หยิบ, จับ, พา, นำ, จูง, ใช้, เอามา, เอาไป, นำไป, พาไป, กินยา, รับ, ยอมรับ, ต้องการ, จดไว้, เช่า, ยึด, สอนสั่ง, ใส่, สวม, ขึ้น (รถ), เป็นสมาชิก, ลาก, ได้รับ, รับประทานอาหาร, ใช้ (เวลา สิทธิ กำลัง เส้นทาง ความพยายาม), เข้าใจ, ประสบ, นึก, คิดว่า, ทึกทักเอา, ถือ (ตำแหน่ง), ได้มา, สืบมาจาก, กำเนิดจาก, ลบ, หัก, ชัก, มีเพศสัมพันธ์กับผู้หญิง, กระทำ, ปฏิบัติ, ถ่ายรูป, ตี, ฟาด, เฆี่ยน, หวด, จับได้, ค้นพบ, จับใจ, ทำให้หลงรัก, ดื่ม, ดูด, สูด, เลือก,

A B C D E F G H I J K L M N O P Q R S T U V W X Y Z

คัด, สรรหา, รับเอาไว้, ฆ่า, ทำลาย, (ภาษาพูด) โกง หลอกลวง *-vi.* จับ, ยึด, หยิบ, ต่อ, ติด, (เฟือง) ประสาน, เข้า (เกียร์ คลัตช์), เจริญ, เติบโต, แตกหน่อ, ออกราก, งอกเงย, ปฏิบัติ, กระทำ, ดำเนินการ, ได้รับ, กลายเป็น *-n.* การกระทำดังกล่าว, สิ่งที่ได้รับ, เงินกำไร, เงินค่าตั๋วหนัง, เงินผลประโยชน์, จำนวนสัตว์ที่จับหรือล่าได้ครั้งหนึ่ง, การบันทึกเทปโทรทัศน์หรือภาพยนตร์ตอนหนึ่ง, เงินค่าผ่านประตูกีฬา, ภาพยนตร์หรือละครตอนหนึ่ง, การปลูกฝี, (คำสแลง) ความพยายาม **-on the take** ติดสินบน **-take after** มีลักษณะเหมือน, ทำตามตัวอย่าง **-take apart** แยกออกเป็นชิ้นเล็กชิ้นน้อย, จำแนก, วิเคราะห์, (คำสแลง) เฆี่ยนโบย **-take back** ยอมรับผิด, เอาคืน **-take care of** ดูแล, เอาใจใส่ **-take charge** ควบคุม, บังคับ **-take down** รื้อถอน, จด, บันทึก **-take effect** บังเกิดผล **-take exception** ข้องใจ **-take for granted** ทึกทัก, นึก **-take heart** ทำให้กล้าหาญ **-take hold** คว้า, ฉวย **-take-home pay** รายได้สุทธิหลังหักภาษีหรืออื่นๆ แล้ว **-take in** รับเข้ามา, แก้ (เสื้อผ้า) ให้เล็กลง, ยอมรับ, เข้าใจ, หลอกลวง, โกง, นำ (คนร้าย) ไปยังสถานีตำรวจ **-take it** สันนิษฐาน, (ภาษาพูด) อดทนต่อคำด่าทอหรือการกระทำอื่นๆ **-take it from me** เชื่อฉันสิ **-take it on the chin** (คำสแลง) อดทนต่อการลงโทษหรือความทรมาน **-take it or leave it** จะยอมรับหรือปฏิเสธ **-take leave of someone** บอกลา **-take notice of** ให้ความสนใจ **-take off** ถอดเสื้อ, หยุดพัก, จากไป, (เครื่องบิน) ขึ้น **-take on** ว่าจ้าง, แข่งขัน, ต่อต้าน, รับผิดชอบ **-take one's time** ใช้เวลามาก, ทำอย่างช้าๆ **-take out/away** เอาออก, ตัดออก, พาออกไป, (คำสแลง) ฆาตกรรม **-take out something on** ระบายอารมณ์ใส่ **-take over** เข้าควบคุม, เข้าจัดการ **-take place** เกิดขึ้น **-take root** ตั้งรกราก **-take shape** ก่อเป็นรูปร่าง **-take sides** เข้าข้าง **-take stock** สำรวจฐานะ, สำรวจสินค้าภายในร้าน **-take the cake** ชนะเลิศ **-take to the cleaners** (คำสแลง) ปล้น **-take up** ยกขึ้น, ทำให้เล็กลง, ทำต่อไป, เริ่มต้นอีกครั้ง, ยอมรับ (คำท้า ข้อเสนอ พนัน) **-take up with** กลายเป็นมิตรกับ (**-S.** (v.) accept, attract, bring, choose (v., n.) catch, hold)

takeover, take-over (เทค' โอเวอร์) *n.* การเข้าควบคุมกิจการธุรกิจ

taking (เท' คิง) *adj.* ติดโรค, (โรค) ระบาด *-n.* เงินที่ได้จากการค้าขาย, สิ่งที่ได้มา

talcum powder แป้งโรยตัว

tale (เทล) *n.* นิทาน, นิยาย, เรื่องเล่าขาน, ตำนาน, เรื่องราว, เรื่องบอกเล่า, เรื่องนินทา, ข่าวลือ, เรื่องโกหก, ข่าวโคมลอย, (คดี) ความ, ประวัติ (**-S.** legend, rumour)

***talent** (แทล' เลินท์) *n.* พรสวรรค์, ความสามารถพิเศษ, คนที่มีความสามารถพิเศษ (**-S.** ability, gift)

***talk** (ทอค) *v.* **talked, talking** *-vt.* พูด, เจรจา, สนทนา, คุย, ปราศรัย, กล่าวคำพูด, กล่าวปาฐกถา, พูดโน้มน้าว, พูดชักชวน, โฆษจัน, สื่อสาร *-vi.* พูด, สื่อภาษา, สนทนา, คุย, เจรจา, นินทา, พูดถึง, หมายถึง, หารือ, ปรึกษา, (ภาษาพูด) ขลัง *-n.* การพูดคุย, การสนทนา, การเจรจา, การปราศรัย, การแสดงปาฐกถา, วิธีการพูด, ภาษา, คำพูด, ข่าวลือ, การนินทา, หัวข้อการสนทนา, การประชุม, การปรึกษาหารือ, คำสแลง, เรื่องเหลวไหล, เสียง (สัตว์) ที่คล้ายคำพูด **-talk around** พูดชักจูงโน้มน้าว **-talk back** พูดโต้ตอบอย่างหยาบคาย **-talk big** คุยโว **-talk down** ลดค่า, เสื่อม, พูดเสียงดังกว่าเพื่อข่มอีกฝ่ายให้เงียบ, ช่วยวิทยุบอกเส้นทางหรือทิศทางให้เครื่องบินลง **-talk over** อภิปราย, โต้เถียง **-talk sense** พูดมีสาระ **-talk up** พูดส่งเสริม **-talker** *n.* (**-S.** (v.) express, speak (n.) conversation, discussion)

talkative (ทอ' คะทิฟว์) *adj.* ช่างพูด, พูดมาก

talking head (คำสแลง) ภาพพจน์ที่ออกมาของบุคคลที่ปรากฏในข่าวทางโทรทัศน์

talk show รายการทางโทรทัศน์หรือวิทยุที่เป็นรูปแบบการสนทนาโดยมีพิธีกร แขกรับเชิญและผู้เข้าชม

talky (ทอ' คี) *adj.* **-ier, -iest** ช่างพูด, ช่างคุย, ช่างเจรจา **-talkiness** *n.* (**-S.** talkative)

***tall** (ทอล) *adj.* **taller, tallest** สูง, โย่ง, โด่ง, (ภาษาพูด) เกินจริง เกินไป โม้, ยอดเยี่ยม *-adv.* หยิ่ง, ทะนง, ยโส **-tallness** *n.* (**-S.** (adj.) high)

tallow (แทล' โล) *n.* ไขมันสัตว์ที่ได้จากวัว ควาย แกะ ใช้ทำเทียนไข สบู่ ฯลฯ

tally (แทล' ลี) *n., pl.* **-lies** แต้ม, คะแนน, การนับคะแนนหรือจำนวน, การบันทึก, ติ้ว, ป้าย, ไม้เครื่องหมาย, ฉลาก, การนับจำนวนรอบโดยใช้แท่งไม้แทนแต่ละรอบ เช่น กรรมกรแบกข้าวสาร *-v.* **-lied, -lying** *-vt.* นับ, นับแต้ม, นับคะแนน, คำนวณ, คาดคะเน, นับรวมเข้าด้วยกัน *-vi.* เหมือนกัน, ตรงกัน, อย่างเดียวกัน, นับ

แต้ม, นับคะแนน (**-S.** (n., v.) mark, record)

Talmud (ทาล' มุด, แทล' เมิด) *n.* คัมภีร์โบราณของศาสนายิว

talon (แทล' เลิน) *n.* เล็บสัตว์, กรงเล็บ

talus (เท' เลิซ) *n., pl.* **-li** (-ไล) ตาตุ่ม, ข้อเท้า

tamarind (แทม' มะรินด์) *n.* ต้นมะขาม

tambourin (แทม' บุริน, ทางบูแรง') *n.* กลองยาวแคบที่ใช้กันในมณฑลหนึ่งของฝรั่งเศส

tambourine (แทมบะรีน') *n.* แทมบูรีน, เครื่องดนตรีชนิดหนึ่งคล้ายรำมะนา มีลูกพรวนติดโดยรอบ ใช้เขย่าเวลาเล่น

tambourine

★**tame** (เทม) *adj.* **tamer, tamest** เชื่อง, เชื่อฟัง, อ่อนน้อม, สอนง่าย, เฉื่อย, เนือย, จืดชืด *-vt.* **tamed, taming** ปราบ, ฝึกให้เชื่อฟัง, ทำให้อ่อนลง **-tamable, tameable** *adj.* **-tamely** *adv.* **-tameness** *n.* (**-S.** (adj.) docile, obedient (v.) domesticate, train **-A.** (adj.) wild)

tam-o'-shanter (แทม' มะแชนเทอร์) *n.* หมวกผ้าทรงกลมแบนคล้ายฝาชีของชาวสกอต บางทีมีพู่ประดับด้วย

tamp (แทมพ์) *vt.* **tamped, tamping** อัด, กระแทก, กระทุ้ง, ตอก, อุด

tamper (แทม' เพอร์) *vi., vt.* **-pered, -pering** แทรกแซง, รบกวน, ยื่นมือเข้าไปยุ่ง, ติดสินบน **-tamperer** *n.* (**-S.** alter, meddle)

tampon (แทม' พอน) *n.* ผ้าอนามัยแบบสอด

★**tan¹** (แทน) *v.* **tanned, tanning** *-vt.* ฟอก (หนังสัตว์) ให้กลายเป็นสีน้ำตาล, ตากแดดให้เป็นสีน้ำตาล, (ภาษาพูด) เฆี่ยน *-vi.* กลายเป็นสีน้ำตาล *-n.* สีน้ำตาลเหลือง, เปลือกไม้ เช่น โอ๊กใช้ในการฟอกหนังสัตว์ให้เป็นสีน้ำตาล *-adj.* **tanner, tannest** เป็นสีน้ำตาล, มีสีน้ำตาล

tan² ย่อจาก tangent อัตราส่วนด้านตรงข้ามมุมต่อด้านประชิดมุม

tanbark (แทน' บาร์ค) *n.* เปลือกไม้ เช่น โอ๊กที่นำมาทุบให้นิ่มแล้วแช่น้ำจนได้น้ำเปลือกไม้สีน้ำตาล ซึ่งน้ำนี้จะใช้ในการฟอกหนัง

tandem (แทน' เดิม) *n.* จักรยานสองหรือสามล้อมีที่นั่งสองที่หรือมากกว่าเรียงตามหลังกัน, รถเทียมม้าสองล้อที่นั่งเรียงหลังกันตามยาว

tang (แทง) *n.* รสชาติหรือกลิ่นแรง, รสจัด

tangent (แทน' เจินท์) *adj.* (เส้นตรง) ซึ่งสัมผัสแต่ไม่ตัดผ่าน *-n.* เส้นสัมผัสวงกลม, อัตราส่วนด้านตรงข้ามมุมต่อด้านประชิดมุม

tangerine (แทนจะรีน') *n.* ส้มจีน, สีส้ม

tangerine orange ส้มเขียวหวาน

tangible (แทน' จะเบิล) *adj.* จับต้องได้, เห็นได้ชัด, มีตัวตน *-n.* สิ่งที่เห็นได้ชัดหรือจับต้องได้ **-tangibility, tangibleness** *n.* (**-S.** (adj.) concrete, touchable **-A.** (adj.) unreal)

tangle (แทง' เกิล) *v.* **-gled, -gling** *-vt.* ทำให้ยุ่งเหยิง, พันกันยุ่ง, ทำติด, พัวพัน, ซับซ้อน, ทำให้ติดกับดัก *-vi.* ยุ่ง, ยุ่งเหยิง, (ภาษาพูด) เข้าไปพัวพัน *-n.* ความยุ่งเหยิง, ปม (ด้าย), ความซับซ้อน, เรื่องยุ่งยาก, (ภาษาพูด) การทะเลาะ การโต้เถียง **-tangly** *adj.* (**-S.** (n., v.) coil, knot, mesh, snarl, twist)

tangled (แทง' เกิลด์) *adj.* ซับซ้อน, วุ่นวาย, สับสน, ยุ่งยาก, เป็นปม (**-S.** complex)

★**tank** (แทงค์) *n.* ถังบรรจุก๊าซ น้ำ หรือน้ำมันขนาดใหญ่, ปริมาณเต็มหนึ่งถัง, อ่างเก็บน้ำ, รถถัง, ถังน้ำมัน (รถ), หม้อน้ำ (เครื่องจักร), อ่างน้ำมัน (เครื่องจักร), (คำสแลง) คุก ห้องขัง *-vt.* **tanked, tanking** เก็บหรือบรรจุไว้ในถัง, เติม (น้ำมัน) ลงถัง **-tank up** (คำสแลง) ดื่มเหล้ามากจนเมา, เติมน้ำมันรถ **-tankful** *n.*

tankage (แทง' คิจ) *n.* การเก็บหรือบรรจุลงถัง, ขนาดความจุของถัง, ค่าเก็บ (น้ำ น้ำมัน), สิ่งที่เหลือจากการฆ่าสัตว์นำมาตากแห้งแล้วบดให้ป่น ใช้ทำปุ๋ยหรืออาหารสัตว์

tankard (แทง' เคิร์ด) *n.* เหยือกน้ำที่มีหูจับและฝาปิด มักทำจากเงิน ใช้ใส่เบียร์

tanker (แทง' เคอร์) *n.* เรือ เครื่องบินหรือรถบรรทุกเชื้อเพลิง (โดยเฉพาะน้ำมันและก๊าซ)

tannery (แทน' นะรี) *n., pl.* **-ies** โรงฟอกหนัง

tannic acid กรดสีน้ำตาลอมเหลืองที่ได้จากเปลือกไม้จำพวกโอ๊ก ใช้ในการฟอกหนัง

tannin (แทน' นิน) *n.* ดู tannic acid, สารประกอบที่พบในเปลือกไม้บางชนิด เช่น เปลือกต้นโอ๊ก ซึ่งนำมาใช้ฟอกหนัง

tantalize (แทน' ทะไลซ์) *vt.* **-lized, -lizing** แกล้ง, ยั่ว, หลอกล่อ, แกล้งให้ผิดหวัง, ยั่วน้ำลาย **-tantalizer** *n.* (**-S.** tease, torment)

tantalum (แทน' ทะเลิม) *n.* ธาตุแทนทาลัมเป็นโลหะสีขาวปนเทา ใช้ในการทำเส้นใยหลอดไฟฟ้าและโลหะผสม ฯลฯ มีสัญลักษณ์ Ta

tantamount (แทน' ทะเมานท์) *adj.* เท่ากับ, เช่นเดียวกับ, พอๆ กับ, ประหนึ่งว่า, เท่ากัน, เสมอ, เท่าเทียมกับ (**-S.** equal)

tantrum (แทน' เทริม) *n.* อารมณ์โมโห (**-S.** outburst, temper)

Taoism (เทา' อิซเซิม, เดา'-) *n.* ลัทธิเต๋าเป็น

A B C D E F G H I J K L M N O P Q R S T U V W X Y Z

หลักปรัชญาและคำสอนทางศาสนาของจีน ก่อตั้งโดยเล่าจื๊อ **-Taoist** *n.* **-Taoistic** *adj.*

★**tap[1]** (แทพ) *v.* **tapped, tapping** *-vt.* เคาะเบาๆ, เคาะ (นิ้ว จังหวะ), แต่งตั้ง (ตำแหน่งใหม่), ซ่อม, ติด *-vi.* เคาะเบาๆ, เดินเสียงดังคลิก *-n.* เสียงเคาะ, วัสดุที่ใช้ปะส้นหรือหัวรองเท้า, โลหะที่ติดส้นหรือหัวรองเท้า (**-S.** (v., n.) beat, pat)

★**tap[2]** (แทพ) *n.* ก๊อก (น้ำ ก๊าซ), จุกอุดรูถัง (น้ำเหล้า), น้ำหรือเหล้าที่ไหลออกจากก๊อก, การดูดน้ำเลือด น้ำหนอง หรือของเหลวออกจากร่างกาย, การต่อสายโทรศัพท์, บาร์หรือสถานเริงรมย์ยามราตรี, เครื่องมือตอกเกลียวตัวเมีย *-vt.* **tapped, tapping** เจาะ (ถังน้ำ ถังเหล้า ต้นยาง), ทำให้ไหลออก, ไขก๊อก (น้ำ เหล้า), ใส่ก๊อก, ใส่จุก, ดูด (เลือด หนอง), ลักลอบต่อ (สายโทรศัพท์), (ภาษาพูด) ขอเงิน ไถเงิน, ตอกเกลียวตัวเมีย (**-S.** (n.) spigot, valve (v.) drain)

★**tape** (เทพ) *n.* เทปบันทึกเสียง, เทปบันทึกภาพและเสียง, แถบผ้าหรือวัสดุอื่นที่ใช้ผูกของ, เส้นชัย, เทปพันสายไฟ, ผ้ายางปิดแผล *-v.* **taped, taping** *-vt.* ผูก มัด ผนึกเข้าด้วยกัน, บันทึกภาพหรือเสียงลงเทปบันทึก *-vi.* บันทึกลงเทปบันทึก **-tapeable** *adj.* (**-S.** (n.) ribbon, strip (v.) bind, fasten, record, seal)

tape deck ช่องใส่เทปของวิทยุ

tape measure สายวัด

taper (เท' เพอร์) *n.* เทียนไขเล่มเล็กหรือผอมมาก, ไส้เทียนที่ใช้จุดเทียน ตะเกียง หรือโคม *-v.* **-pered, -pering** *-vi.* บางลง, ผอมลง, เรียวลง *-vt.* ทำให้เรียวลง

tape-record (เทพ' ริคอร์ด) *vt.* **-corded, -cording** บันทึกลงเทปบันทึก

tape recorder เครื่องบันทึกเสียง

tape recording การบันทึกภาพหรือเสียงด้วยเทปแม่เหล็ก

tapestry (แทพ' พิสตรี) *n., pl.* **-tries** ผ้าเนื้อหนาทอหรือปักเป็นลวดลายต่างๆใช้แขวนประดับฝาบ้านหรือคลุมเฟอร์นิเจอร์ *-vt.* **-estried, -estrying** แขวนหรือประดับด้วยผ้าดังกล่าว

tapeworm (เทพ' เวิร์ม) *n.* พยาธิตัวตืด

tapioca (แทพพีโอ' คะ) *n.* มันสำปะหลัง

tapir (เท' เพอร์, ทะเพียร์') *n.* สมเสร็จ

taproot (แทพ' รูท, -รุท) *n.* รากแก้ว

tar[1] (ทาร์) *n.* น้ำมันดิน *-vt.* **tarred, tarring** ทาหรือราดด้วยน้ำมันดิน **-tar and feather** ลงโทษด้วยการทาน้ำมันดินแล้วคลุกด้วยขนนก, ตำหนิติเตียน

tar[2] (ทาร์) *n.* (ภาษาพูด) กะลาสี

tarantula (ทะแรน' ชะละ) *n., pl.* **-lae** (-ลี)/**-las** แมงมุมตัวใหญ่ชนิดหนึ่งมีขนมาก มีพิษไม่ร้ายแรง

tardy (ทาร์' ดี) *adj.* **-dier, -diest** เชื่องช้า, เฉื่อยชา, เงื่องหงอย **-tardily** *adv.* **-tardiness** *n.* (**-S.** slow **-A.** active)

tare (แทร์) *n.* น้ำหนักของภาชนะที่ต้องหักออก, การหักน้ำหนักภาชนะออก, น้ำหนักของรถที่ไม่รวมสิ่งที่บรรทุกหรือเชื้อเพลิง

★**target** (ทาร์' กิท) *n.* เป้า, เป้าหมาย, เป้าโจมตี, เป้ายิงปืน, เป้าลูกดอก, เป้าธนู, สิ่งที่ตกเป็นเป้าหมายการวิจารณ์, จุดมุ่งหมาย, โล่ *-vt.* **-geted, -geting** ตั้งเป้าหมาย, เล็งเป้า, กำหนดเป้าหมาย **-on target** ตรงเป้า, แม่นยำ **-targetable** *adj.* (**-S.** (n., v.) aim (n.) goal)

tariff (แท' ริฟ) *n.* อัตราภาษีศุลกากร, ค่าธรรมเนียม, อัตราค่าโดยสาร, รายการค่าธรรมเนียมหรือราคาอาหาร ค่าบริการในโรงแรม *-vt.* **-iffed, -iffing** จัดเก็บค่าธรรมเนียมหรือค่าบริการ, เก็บค่าโดยสาร, จัดเก็บภาษีศุลกากร

tariff wall กำแพงภาษีศุลกากร

tarnish (ทาร์' นิช) *v.* **-nished, -nishing** *-vt.* ทำให้หมอง, ทำให้ขุ่นมัว, ทำให้คล้ำ, ทำให้เลอะเทอะ, ทำให้เป็นมลทิน, ทำให้เศร้าหมอง *-vi.* หมองมัว, ขุ่น, คล้ำ, เลอะเทอะ, เปรอะเปื้อน, ด่างพร้อย, เสื่อมเสีย *-n.* ความมัวหมอง, ความหมองคล้ำ, รอยด่าง, รอยเลอะเทอะ **-tarnishable** *adj.* (**-S.** (v., n.) blemish, stain, taint **-A.** (v.) brighten, dirty)

taro (ทา' โร, แท' โร) *n., pl.* **-ros** เผือก

tarot (แท' โร, ทะโร') *n.* ไพ่ทาโรต์

tarpaulin (ทาร์พอ' ลิน, ทาร์' พะ-) *n.* ผ้าใบชุบน้ำมัน

tarry (แท' รี) *v.* **-ried, -rying** *-vi.* มาช้า, ไปช้า, ชักช้า, รีรอ, คอย, พักแรม *-vt.* รอคอย *-n.* การพักแรมชั่วคราว **-tarrier** *n.*

tart[1] (ทาร์ท) *adj.* **tarter, tartest** เปรี้ยว, ฝาด, เฝื่อน, ขื่น, ขม, แสบลิ้น, (คำพูด) เผ็ดร้อน **-tartly** *adv.* **-tartness** *n.* (**-S.** acid, sharp)

tart[2] (ทาร์ท) *n.* อาหารประเภทแป้งอบใส่ไส้ผลไม้แยมหรือของคาว, ขนมพายสอดไส้แยมหรือผลไม้, โสเภณี, หญิงสำส่อน (**-S.** pie, slut)

tartan (ทาร์' เทิน) *n.* ผ้าลายสกอต, ผ้าตาหมากรุกที่ผู้ชายชาวสกอตใช้ทำกระโปรงสวม

tartar (ทาร์' เทอร์) *n.* คราบหินปูนที่เกาะตามซอกฟันหรือในถังหมักไวน์

A B C D E F G H I J K L M N O P Q R S T U V W X Y Z

★**task** (แทซค์) *n.* งานหนัก, หน้าที่, ภาระความรับผิดชอบ, เรื่องยุ่งยาก *-vt.* **tasked, tasking** ใช้งานหนัก **-task force** กองกำลังทหารที่ออกปฏิบัติการเฉพาะกิจ (**-S.** (n.) assignment, duty)

taskmaster (แทซค์' แมสเตอร์) *n.* นายจ้างที่ใช้งานลูกจ้างอย่างหนัก

tassel (แทซ' เซิล) *n.* พู่ห้อย, พู่, ไหมข้าวโพด, สิ่งที่คล้ายพู่ห้อย *-v.* **-seled, -seling/-selled, -selling** *-vt.* ประดับตกแต่งด้วยพู่ *-vi.* ลอกไหมข้าวโพด

★**taste** (เทซท์) *vt., vi.* **tasted, tasting** ชิม, ลองชิม, รับรส, ลิ้มรส, เสพ *-n.* รสชาติ, ประสาทรับรส, การชิม, ปริมาณที่ลองชิม, รสนิยม, ความชอบ, ความพอใจ, ความสามารถในการเลือกเฟ้นสิ่งที่ดี **-taste bud** ตุ่มรับรสบนลิ้น **-tastable** *adj.* (**-S.** (v., n.) savor, sip)

tasteful (เทซท์ เฟิล) *adj.* มีรสนิยม, ซึ่งสามารถเลือกเฟ้นได้เป็นอย่างดี, มีรสดี, มีรสอร่อย **-tastefully** *adv.* (**-S.** delicate, refined)

tasteless (เทซท์ ลิซ) *adj.* ไม่มีรสนิยม, ขาดความรู้จักเลือกเฟ้น, จืดชืด, ไม่มีรสชาติ, หยาบคาย **-tastelessly** *adv.* (**-S.** insipid, rude)

taster (เท' สเตอร์) *n.* นักชิม, ของตัวอย่างทดลองใช้หรือชิม

tasty (เท' สตี) *adj.* **-ier, -iest** อร่อย, รสดี, มีรสนิยม **-tastily** *adv.* **-tastiness** *n.*

ta ta, ta-ta (แท' ทะ) *interj.* (ภาษาพูด) ลาก่อน

tatter (แทท' เทอร์) *n.* การฉีกขาดเป็นชิ้นๆ, การขาดรุ่งริ่ง *-vt., vi.* **-tered, -tering** ฉีกขาด, รุ่งริ่ง, ขาดวิ่น **-tatters** ผ้าขี้ริ้ว

tattered (แทท' เทอร์ด) *adj.* ขาดรุ่งริ่ง, เป็นชิ้นเล็กชิ้นน้อย, เป็นผ้าขี้ริ้ว

tattle (แทท' เทิล) *vi., vt.* **-tled, -tling** นินทา, ซุบซิบ, พูดเรื่อยเปื่อย *-n.* การกระทำดังกล่าว, คนพูดนินทา (**-S.** (v., n.) blab)

tattoo (แททู') *n., pl.* **-toos** การสักบนผิวหนัง, รอยสัก *-vt.* **-tooed, -tooing** สัก

taught (ทอท) *v.* กริยาช่อง 2 และ 3 ของ teach

taunt (ทอนท์) *vt.* **taunted, taunting** ด่าว่า, เยาะเย้ย, เหน็บแนม *-n.* คำด่าทอ, คำเยาะเย้ย

Taurus (ทอ' เริซ) ราศีพฤษภ ซึ่งเป็นราศีที่สองในจักรราศี มีสัญลักษณ์เป็นวัว, ชื่อกลุ่มดาวกลุ่มหนึ่งทางซีกโลกเหนือ

taut (ทอท) *adj.* **tauter, tautest** (เชือก กล้ามเนื้อ) ตึง, (ประสาท) เครียด, เคร่ง, เกร็ง **-tautly** *adv.* **-tautness** *n.* (**-S.** stretched **-A.** flexible)

tavern (แทฟ' เวิร์น) *n.* โรงเตี๊ยม, โรงเหล้า, โรงแรมเล็กๆ ริมทาง (**-S.** inn, pub)

tawdry (ทอ' ดรี) *adj.* **-drier, -driest** ฉูดฉาด, บาดตา, (เครื่องประดับ) ที่ไม่มีค่า, เก๊ *-n.* ของที่ไม่มีค่า, ของเก๊ **-tawdrily** *adv.* **-tawdriness** *n.* (**-S.** (adj.) gaudy **-A.** (adj.) expensive)

★**tax** (แทคซ์) *n.* ภาษี, เงินภาษี, ค่าธรรมเนียม, ภาระความรับผิดชอบหรืองานที่มากเกินไป, สิ่งที่ทำให้หมดเปลือง *-vt.* **taxed, taxing** เก็บภาษี, (รายได้ สินค้า คน) เสียภาษี, ทำให้สิ้นเปลือง, ใช้มากเกินไป, เผชิญหน้ากัน, ประเมิน (ค่า ราคา), ฟ้องร้อง, กล่าวโทษ **-taxable** *adj.* **-taxer** *n.* (**-S.** (n., v.) burden, charge, demand, toll (v.) assess, overload)

taxation (แทคเซ' ชัน) *n.* การเก็บภาษี, การเสียภาษี, เงินที่ได้จากการเก็บภาษี, จำนวนเงินที่ต้องเสียภาษี

tax avoidance การตกแต่งตัวเลขการเงินเพื่อให้จ่ายภาษีน้อยที่สุด

tax break การลดหย่อนภาษี

tax evasion การหลบเลี่ยงการจ่ายภาษีเงินได้

tax exemption การยกเว้นภาษี

tax-free (แทคซ์' ฟรี) *adj.* ยกเว้นการเสียภาษี

tax haven ประเทศที่มีการจัดเก็บภาษีในอัตราต่ำ

★**taxi** (แทค' ซี) *n., pl.* **taxis/taxies** รถแท็กซี่, รถยนต์รับจ้างซึ่งคิดค่าโดยสารตามระยะทาง *-vt., vi.* **taxied, taxiing/taxying** โดยสารรถแท็กซี่, (เครื่องบิน) แล่นช้าๆ ไปตามพื้นก่อนหรือหลังพาเครื่องขึ้นลง **-taxi rank/stand** ที่จอดรถแท็กซี่เพื่อรอผู้โดยสาร **-taxiway** ทางที่ใช้สำหรับนำเครื่องบินขึ้นหรือลง

taxicab (แทค' ซีแคบ) *n.* รถยนต์รับจ้างที่คิดค่าโดยสารตามระยะทางที่ปรากฏบนเครื่องวัดหรือมิเตอร์ เรียกแท็กซี่มิเตอร์

taxidermy (แทค' ซิเดอร์มี) *n.* วิชาทำให้สัตว์ที่ตายแล้วดูเหมือนตอนมีชีวิต โดยผ่าท้องแล้วยัดวัสดุอื่นเข้าไปแทน จากนั้นจึงจัดท่าทางต่างๆ

taximeter (แทค' ซีมีเทอร์) *n.* เครื่องวัดและคำนวณระยะทางพร้อมค่าโดยสารที่ติดตั้งในรถแท็กซี่

taxing (แทค' ซิง) *adj.* เกินไป, เหน็ดเหนื่อย, ยากลำบาก (**-S.** burdensome, tiring)

tax invoice ใบกำกับภาษี

taxonomy (แทคซอน' นะมี) *n., pl.* **-mies** วิทยาศาสตร์ที่ว่าด้วยการจัดแบ่งหมวดหมู่ของพืชและสัตว์เข้าเป็นพวกเป็นเหล่า ตามลักษณะความสัมพันธ์ตามธรรมชาติของมัน

taxpayer (แทคซ์' เพเออร์) *n.* ผู้เสียภาษี

tax return เอกสารลดหย่อนภาษี
tax shelter การจัดการทางการเงินเพื่อให้จ่ายภาษีน้อยที่สุด
TB, T.B. ย่อจาก tuberculosis วัณโรค
T-bone (ที' โบน) *n.* เนื้อรอบกระดูกตัว T บริเวณเอววัว ซึ่งนำมาทำสเต็ก
tbs., tbsp. ย่อจาก tablespoon ช้อนโต๊ะ, tablespoonful ปริมาณหนึ่งช้อนโต๊ะ
★**tea** (ที) *n.* ใบชา, ต้นชา, น้ำชา, เครื่องดื่มอื่นที่ทำจากใบพืชชนิดอื่น ใช้ชงดื่มคล้ายใบชา, เวลาดื่มน้ำชา มักเป็นเวลาบ่าย, งานเลี้ยงน้ำชายามบ่าย, (คำสแลง) กัญชา
tea bag ถุงชา, ถุงใส่ใบชาสำเร็จสำหรับดื่มหนึ่งคน
tea ball ลูกโลหะกลมสานกันคล้ายตะกร้า ใช้เป็นภาชนะใส่ใบชาแล้วนำไปแช่ในน้ำร้อน
★**teach** (ทีช) *vt., vi.* **taught, teaching** สั่งสอน, อบรม, ให้ความรู้, แนะนำ (**-S.** guide, inform)
teachable (ที' ชะเบิล) *adj.* สามารถสั่งสอนได้, ว่านอนสอนง่าย **-teachability** *n.*
★**teacher** (ที' เชอร์) *n.* คุณครู, อาจารย์, ผู้สอน (**-S.** don, lecturer)
teachers college วิทยาลัยครู
teach-in (ทีช' อิน) *n.* การอภิปรายเชิงโต้แย้งในหัวข้อหรือเรื่องที่เป็นที่สนใจของสาธารณชน ซึ่งมักจัดขึ้นในมหาวิทยาลัย
teaching (ที' ชิง) *n.* การสอน, อาชีพครู, คำสอน *-adj.* เกี่ยวกับการสอน, เป็นครู
tea cloth ผ้าปูโต๊ะน้ำชา
teacup (ที' คัพ) *n.* ถ้วยน้ำชา **-teacupful** *n.*
teahouse (ที' เฮาซ์) *n.* โรงน้ำชา
teak (ทีค) *n.* ไม้สักใช้ทำเครื่องเรือนและต่อเรือ
teakettle (ที' เคทเทิล) *n.* กาต้มน้ำ
teal (ทีล) *n., pl.* **teal/teals** นกเป็ดน้ำ, สีเขียวอมน้ำเงินเข้ม, สีเขียวหัวเป็ด
★**team** (ทีม) *n.* กลุ่ม, พวก, ข้างเดียวกัน, ฝ่ายเดียวกัน, พวกเดียวกัน, คณะทำงานร่วมกัน, ชุดเทียมม้าเข้าด้วยกัน, กลุ่มสัตว์ที่ใช้ลากพาหนะ, ครอก, ฝูง, โขยง *-vt., vi.* **teamed, teaming** รวมกลุ่ม, รวมเหล่าคณะ, ทำงานร่วมกัน, เทียม (ม้า), จับคู่ (เสื้อผ้า) (**-S.** (n.) company (n., v.) gang (v.) couple, join)
teammate (ทีม' เมท) *n.* สมาชิกผู้ร่วมคณะ
team spirit ความรู้สึกร่วมเป็นหนึ่งเดียวกับคณะและทำเพื่อส่วนรวมมากกว่าเพื่อตนเอง
team teaching วิธีการสอนโดยมีคณาจารย์หลายท่านร่วมกันสอน
teamwork (ทีม' เวิร์ค) *n.* การทำงานร่วมกันเป็นหมู่คณะเพื่อผลสำเร็จที่วางไว้
teapot (ที' พอท) *n.* กาน้ำชา
★**tear**[1] (แทร์) *v.* **tore, torn, tearing** *-vt.* ฉีก, ทึ้ง, ดึง, กระชาก, พราก, แยก, ตัด, ถอน, ผ่า, แตก, ทำให้เลือดออก, ทำให้ถลอก, ทำให้แตกกัน, ทำลาย (ความสามัคคี) *-vi.* ฉีก, ขาด, แตก, แยก, ถูกดึง ทึ้ง กระชาก, เคลื่อนที่ไปอย่างรวดเร็ว *-n.* การกระทำดังกล่าว, ความเร่งรีบ, (คำสแลง) การดื่มสุราจนเมามาย การเที่ยวสนุก **-tear apart** ทำให้แตกแยก **-tear at** เข้าทำร้าย **-tear away** ทำให้เลิก **-tear down** ทำลาย, รื้อถอน **-tear into** เข้าทำร้ายหรือโจมตีอย่างรุนแรง **-tear up** ฉีกออกเป็นชิ้นเล็กชิ้นน้อย (**-S.** (v., n.) cut, scratch)
★**tear**[2] (เทียร์) *n.* น้ำตา, หยดน้ำตา *-vi.* **teared, tearing** มีน้ำตา, น้ำตาไหล **-tears** การร้องไห้
teardrop (เทียร์' ดรอพ) *n.* หยดน้ำตา
tearful (เทียร์' เฟิล) *adj.* เต็มไปด้วยน้ำตา, (ร้องไห้) ฟูมฟาย, เศร้าโศก **-tearfully** *adv.* (**-S.** sobbing, weeping)
tear gas แก๊สน้ำตา
tearstain (เทียร์' สเตน) *n.* คราบน้ำตา
teary (เทีย' รี) *adj.* **-ier, -iest** มีน้ำตานองหน้า, ซึ่งทำให้หลั่งน้ำตา **-tearily** *adv.*
tease (ทีซ) *v.* **teased, teasing** *-vt.* ล้อเลียน, ยั่ว, หยอกเย้า, แหย่, กวนโมโห, ทำให้หัวเสีย, ทำให้รำคาญ, รบกวน, รังควาน, สางหรือหวี (ผมขน), คะยั้นคะยอ, ชักชวน, ตัด (เนื้อเยื่อ ฯลฯ) เป็นชิ้นเล็กๆ, ทำให้เส้นใยผ้าฟูเป็นขุยขน, ทำให้ผมตั้งโดยหวีผมให้เกิดไฟฟ้าสถิต *-vi.* รบกวน, รังควาน, กวนโมโห, ยั่ว *-n.* การกระทำดังกล่าว (**-S.** (v.) annoy **-A.** (v.) comfort)
teasel (ที' เซิล) *n.* พืชชนิดหนึ่ง มีช่อดอกกลมและมีหนามแหลมล้อมรอบ ใช้คลึงผ้าให้ขึ้นขน, ลวดคลึงผ้า *-vt.* **-seled, -seling/-selled, -selling** ทำให้ผ้าขึ้นขน, ทำให้เส้นใยผ้าฟูขึ้น
teaspoon (ที' สปูน) *n.* ช้อนชา, ปริมาณ ⅓ ช้อนโต๊ะ, หนึ่งช้อนชา
teaspoonful (ที' สปูนฟุล) *n., pl.* **-fuls** ปริมาณหนึ่งช้อนชา
teat (ทีท, ทิท) *n.* หัวนมผู้หญิง
teatime (ที' ไทม์) *n.* เวลาดื่มน้ำชาช่วงบ่ายแก่ๆ
techie (เทค' คี) *n.* ย่อจาก technician ผู้เชี่ยวชาญโดยเฉพาะด้านคอมพิวเตอร์
technic (เทค' นิค) *n.* วิชาการ, หลักความรู้ในวิชาใดๆ, กฎ, ศิลปะ **-technics** วิธีการ,

กลวิธี, หลัก, กฎ

★**technical** (เทค' นิเคิล) *adj.* เกี่ยวกับความรู้ตามหลักวิชาการของวิชาใดวิชาหนึ่ง, มีทักษะความรู้ความสามารถเป็นพิเศษในทางอุตสาหกรรมหรือวิทยาศาสตร์, เกี่ยวกับวิชาทางเทคนิคและวิทยาศาสตร์, เกี่ยวกับวิชาเฉพาะทางหรือวิชาพิเศษ, เกี่ยวกับคำศัพท์วิชาเฉพาะทาง, ตามหลักวิทยาศาสตร์ **-technically** *adv.*

technical college วิทยาลัยเทคนิค

technicality (เทคนิแคล' ลิที) *n., pl.* **-ties** ลักษณะเฉพาะวิชา, หลักวิชา

technical knockout (มวย) การชนะโดยที่กรรมการเห็นว่าคู่ต่อสู้หมดทางสู้ ย่อว่า TKO

technician (เทคนิช' เชิน) *n.* ผู้เชี่ยวชาญเฉพาะทาง (ทางวิทยาศาสตร์หรืออุตสาหกรรม)

technicolor (เทค' นิคัลเลอร์) *n.* ระบบการถ่ายภาพยนตร์ที่ใช้แม่สีหลักเพื่อเพิ่มความสดใสให้กับภาพ, สีสดใส

★**technique** (เทคนีค') *n.* ศิลปะ, ฝีมือ, ความชำนาญ, หลักวิชาการ, วิธีการ (**-S.** method, skill)

techno- คำอุปสรรค หมายถึง เทคนิค วิธีการที่ทันสมัย โดยเฉพาะด้านคอมพิวเตอร์

technol. ย่อจาก technology เทคโนโลยี

technological, technologic (เทคนะลอจ' จิเคิล, -ลอจ' จิค) *adj.* เกี่ยวกับเทคโนโลยี โดยเฉพาะเทคโนโลยีทางวิทยาศาสตร์, เป็นผลมาจากความก้าวหน้าทางวิทยาศาสตร์และอุตสาหกรรม **-technologically** *adv.*

★**technology** (เทคนอล' ละจี) *n., pl.* **-gies** วิชาช่างอุตสาหกรรม, การนำความรู้ทางวิทยาศาสตร์มาปฏิบัติ โดยเฉพาะทางอุตสาหกรรม

technology transfer การถ่ายทอดเทคโนโลยีใหม่ๆ

technophobia (เทคนะโฟ' เบีย) *n.* ความกลัวเทคโนโลยี

technostress (เทค' โนสเตรซ) *n.* ความเครียดที่เกิดจากการทำงานในสิ่งแวดล้อมที่เกี่ยวกับเทคโนโลยี โดยเฉพาะคอมพิวเตอร์

teddy bear, Teddy bear ตุ๊กตาหมี (ตั้งชื่อตามชื่อเล่นของ Theodore Roosevelt อดีตประธานาธิบดีคนที่ 26 ของสหรัฐฯ)

tedious (ที' เดียซ) *adj.* น่าเบื่อ, เบื่อหน่าย, น่ารำคาญ, ไม่สนุก, ซ้ำซาก **-tediously** *adv.* **-tediousness** *n.* (**-S.** dull **-A.** interesting)

tee (ที) *n.* เบ้าวางลูกกอล์ฟ, จุดเริ่มต้นตีกอล์ฟแต่ละหลุม *-vt.* **teed, teeing** วางลูกกอล์ฟบนเบ้ารอง **-tee off** ตีลูกกอล์ฟจากเบ้ารอง

teem[1] (ทีม) *v.* **teemed, teeming** *-vi.* ดกดื่น, อุดม, คับคั่ง, เนืองแน่น, ตั้งครรภ์ *-vt.* ให้กำเนิด **-teemingly** *adv.* (**-S.** abound, bear)

teem[2] (ทีม) *vt.* **teemed, teeming** เท, หลั่ง, ริน, (ฝน) ตกหนัก (**-S.** discharge)

teen (ทีน) *n.* วัยรุ่น, คนที่มีอายุระหว่าง 13-19 ปี, ลำดับที่ 13-19 *-adj.* เกี่ยวกับคนที่มีอายุระหว่าง 13-19 ปี **-teens** เลข 13-19

★**teenager, teen-ager** (ทีน' เอเจอร์) *n.* วัยรุ่น, คนที่มีอายุระหว่าง 13-19 ปี

teener (ที' เนอร์) *n.* (ภาษาพูด) วัยรุ่น

teeny, teensy (ที' นี, ทีน' ซี) *adj.* **-nier, -niest/-sier, -siest** (ภาษาพูด) เล็ก จิ๋ว

teeter (ที' เทอร์) *vi., vt.* **-tered, -tering** เดินโซเซ, โงนเงน, โยกขึ้นโยกลง, ขึ้นๆ ลงๆ

teeterboard (ที' เทอร์บอร์ด) *n.* กระดานหก

teeter-totter (ที' เทอร์ทอทเทอร์) *n.* กระดานหก

teeth (ทีธ) *n.* พหูพจน์ของ tooth

teethe (ทีธ) *vi.* **teethed, teething** (ฟัน) ขึ้น

teether (ที' เธอร์) *n.* วัตถุที่ให้เด็กกัดเล่นเวลาฟันเริ่มขึ้น

teething (ที' ธิง) *n.* การขึ้นของฟันน้ำนม

TEFL ย่อจาก Teaching English as a Foreign Language การสอนภาษาอังกฤษในฐานะเป็นภาษาต่างประเทศ

Teflon (เทฟ' ลอน) ชื่อการค้าของวัสดุเทอร์โมพลาสติกชนิดหนึ่ง มีคุณสมบัติเป็นฉนวนไฟฟ้าอย่างดี ใช้เป็นวัสดุเคลือบผิวภาชนะเครื่องครัว เช่น กระทะ ช่วยให้อาหารไม่ติดภาชนะ

tele-, tel- คำอุปสรรค หมายถึง ไกล

telecast (เทล' ลิแคซท์) *vi., vt.* **-cast/-casted, -casting** ถ่ายทอดรายการโทรทัศน์ *-n.* การถ่ายทอดโทรทัศน์ **-telecaster** *n.*

telecom (เทล' ลิคอม) *n.* (ภาษาพูด) การโทรคมนาคม

telecommunicate (เทลลิคะมยู' นิเคท) *v.* **-cated, -cating** *-vt.* ส่ง (ข้อมูล) ทางโทรคมนาคม *-vi.* ติดต่อทางโทรคมนาคม **-telecommunicator** *n.*

telecommunication (เทล' ลิคะมยูนิเค' ชัน) *n.* การโทรคมนาคม

telecommuting (เทล' ลิคะมยูทิง) *n.* (คอมพิวเตอร์) การทำงานที่บ้านโดยอาศัยการติดต่อสำนักงานหรือลูกค้าผ่านทางคอมพิวเตอร์ซึ่งเชื่อมโยงระบบกันแล้ว **-telecommute** *v.*

teleconference (เทล' ลิคอนเฟอเรินซ์,

-เฟรินซ์) *n.* การประชุมที่ผู้เข้าร่วมประชุมอยู่คนละสถานที่ แต่ประชุมร่วมกันได้ โดยอาศัยอุปกรณ์โทรคมนาคม เช่น โทรทัศน์วงจรปิด **-teleconferencing** *n.*

telefacsimile (เทลละแฟคซิม' มะลี) *n.* โทรสาร, โทรภาพ

telefilm (เทล' ละฟิลม์) *n.* ฟิล์มโทรทัศน์

teleg. ย่อจาก telegram ข้อความที่ส่งทางโทรเลข, telegraph โทรเลข, telegraphy การส่งโทรเลข, วิชาโทรเลข

★**telegram** (เทล' ลิแกรม) *n.* ข้อความที่ส่งทางโทรเลข *-vt., vi.* **-grammed, -gramming** ส่งโทรเลข

telegraph (เทล' ลิแกรฟ) *n.* โทรเลข, ข้อความที่ส่งทางโทรเลข *-vt., vi.* **-graphed, -graphing** ส่งโทรเลข **-telegrapher, telegraphist** *n.* (**-S.** (n.) teleprinter, telex (v.) send)

telegraphic, telegraphical (เทลลิแกรฟ' ฟิค, -ฟิเคิล) *adj.* เกี่ยวกับหรือส่งทางโทรเลข, สั้นๆ, โดยย่อ, รวบรัด

telegraphic transfer (TT) การโอนเงินทางโทรเลข

telegraphy (ทะเลก' กระฟี) *n.* การส่งโทรเลข

telepathy (ทะเลพ' พะธี) *n.* โทรจิต, การติดต่อทางกระแสจิต **-telepathist** *n.* (**-S.** sixth sense)

★**telephone** (เทล' ละโฟน) *n.* โทรศัพท์ *-vt., vi.* **-phoned, -phoning** ติดต่อกันทางโทรศัพท์ **-telephonic** *adj.* (**-S.** (n., v.) phone)

telephone banking บริการธุรกรรมของธนาคารผ่านทางระบบโทรศัพท์

telephone book สมุดรายนามผู้ใช้โทรศัพท์

telephone booth ตู้โทรศัพท์

telephone exchange ชุมสายโทรศัพท์

telephony (ทะเลฟ' ฟะนี) *n.* การใช้ระบบโทรศัพท์, เทคโนโลยีและการผลิตอุปกรณ์โทรศัพท์

telephoto (เทล' ละโฟโท) *adj.* เกี่ยวกับเลนส์สำหรับถ่ายภาพระยะไกล *-n., pl.* **-tos** เลนส์สำหรับถ่ายภาพระยะไกล, ภาพที่ถ่ายด้วยเลนส์ดังกล่าว **-telephotograph** *n.*

telephotography (เทลละฟะทอก' กระฟี) *n.* กระบวนการหรือเทคนิคการถ่ายภาพด้วยการใช้เลนส์ถ่ายภาพระยะไกลบนกล้อง

telephoto lens เลนส์สำหรับถ่ายภาพระยะไกล

teleprinter (เทล' ละพรินเทอร์) *n.* เครื่องโทรพิมพ์

telescope (เทล' ลิสโกพ) *n.* กล้องโทรทรรศน์, กล้องส่องทางไกล *-v.* **-scoped, -scoping** *-vt.* สวมกัน, เกยกัน, ตำ, ย่น, ทำให้สั้น, ย่อ *-vi.* ยืดเข้าออกได้ (กล้องถ่ายรูป) **-telescopic** *adj.* **-telescopically** *adv.* (**-S.** (n.) glass, spyglass)

teleshopping (เทล' ละชอพพิ้ง) *n.* การซื้อขายสินค้าผ่านทางโทรทัศน์และโทรศัพท์

teletext (เทล' ลิเทคซ์ท์) *n.* การบริการส่งข้อมูลข่าวสารระบบโทรคมนาคม เช่น ทางอีเมล

teletypewriter (เทลลิไทพ์' ไรเทอร์) *n.* เครื่องรับส่งสัญญาณโทรเลข, เครื่องโทรพิมพ์

televise (เทล' ละไวซ์) *vt., vi.* **-vised, -vising** ถ่ายทอดหรือแพร่ภาพทางโทรทัศน์

★**television** (เทล' ละวิฌฌัน) *n.* เครื่องรับโทรทัศน์, สิ่งที่ออกอากาศทางโทรทัศน์, อุตสาหกรรมหรือธุรกิจการผลิตรายการโทรทัศน์

television ratings ตัวเลขแสดงค่าความนิยมของผู้ชมที่มีต่อรายการโทรทัศน์หนึ่ง ๆ

telex (เทล' เลคซ์) *n.* ย่อจาก tel(etypewriter) + ex(change) ระบบการสื่อสารทางไกล โดยผ่านเครื่องโทรพิมพ์, ข้อความที่รับส่งด้วยระบบนี้

★**tell** (เทล) *v.* **told, telling** *-vt.* บอก, เล่า, กล่าว, บรรยาย, พูด, แจ้ง, เขียนบรรยาย, เปิดเผย, แสดงผล, เตือน, แนะ, สั่ง, รับรอง, ประกัน, สอน, จำได้, นับ (คะแนน) *-vi.* เปิดเผย, เกิดผล, แสดงผล, มีอิทธิพล, บอก, เล่า, กล่าว, แจ้ง, ฟ้อง, รายงาน **-tell off** ดุด่า, ตำหนิ **-tellable** *adj.* (**-S.** count, direct, inform, narrate, reveal)

teller (เทล' เลอร์) *n.* ผู้บอกเล่า, พนักงานรับเงินและจ่ายเงินในธนาคาร, เครื่องเบิกเงินอัตโนมัติ (ATM), พนักงานนับคะแนนเสียงเลือกตั้ง

telly (เทล' ลี) *n., pl.* **-lies** โทรทัศน์

temp (เทมพ์) *n.* (ภาษาพูด) พนักงานชั่วคราว

temp. ย่อจาก temperature อุณหภูมิ, temporary ชั่วคราว

★**temper** (เทม' เพอร์) *v.* **-pered, -pering** *-vt.* ทำให้เหนียว, ทำให้เหล็กแข็งแกร่งโดยนำไปเผาแล้วทำให้เย็นลง, บรรเทาลง, ระงับ, แบ่งเบา, ทำให้อ่อนลง, ทำให้เบาบาง, เจือ, ผสม, ปน, ทำให้เข้ากัน *-vi.* บรรเทา, อ่อนลง, บางเบาลง, สงบลง *-n.* อารมณ์, ความโมโห, โทสะ, อารมณ์เย็น, ความสงบใจ **-temperability** *n.* **-temperable** *adj.* (**-S.** (v.) soften, soothe)

temperament (เทม' พระเมินท์, เทม' เพอระ-) *n.* อารมณ์, นิสัยใจคอ (**-S.** nature, soul)

temperamental (เทมพระเมน' เทิล, เทมเพอระ-) *adj.* ขี้โมโห, (อารมณ์) รุนแรง แปรปรวน, ใจร้อน (**-S.** sensitive, touchy)

temperance (เทม' เพอเรินซ์, เทม' เพรินซ์)

A B C D E F G H I J K L M N O P Q R S T U V W X Y Z

A B C D E F G H I J K L M N O P Q R S T U V W X Y Z

n. การควบคุมตนเอง (**-S.** restraint)

temperate (เทม' เพอริท, เทม' พริท) *adj.* พอเหมาะ, (อากาศ) สบาย **-temperately** *adv.* **-temperateness** *n.* (**-S.** cool, mild)

★**temperature** (เทม' เพอระชุร์, -เชอร์, เทม' พระ-) *n.* ความร้อน, อุณหภูมิ, ไข้

tempest (เทม' พิซท์) *n.* พายุ, ความปั่นป่วน, ความยุ่งยาก *-vt.* **-pested, -pesting** ทำให้ปั่นป่วน, เอะอะโวยวาย

tempestuous (เทมเพซ' ชูเอิซ) *adj.* รุนแรง, โครมคราม, โผงผาง **-tempestuously** *adv.*

template, templet (เทม' พลิท) *n.* แผ่นแบบที่ทำด้วยไม้หรือโลหะ ใช้สำหรับเป็นแบบทาบตัดโลหะ หิน หรือไม้

temple[1] (เทม' เพิล) *n.* วัด, โบสถ์, วิหาร, อุโบสถ, อาราม (**-S.** church)

temple[2] (เทม' เพิล) *n.* ขมับ, ขาแว่นตา

tempo (เทม' โพ) *n., pl.* **-pos/-pi** (-พี) จังหวะ (ดนตรี), กระแส (ชีวิต) (**-S.** rhythm)

★**temporary** (เทม' พะเรรี) *adj.* ชั่วคราว *-n., pl.* **-ies** (ภาษาพูด) พนักงานชั่วคราว **-temporarily** *adv.* **-temporariness** *n.* (**-S.** (adj.) short-lived **-A.** (adj.) permanent)

temporize (เทม' พะไรซ์) *vi.* **-rized, -rizing** หลบเลี่ยงชั่วคราว, เลื่อนการตัดสินใจ, ดำเนินนโยบายชั่วคราว **-temporization** *n.*

★**tempt** (เทมพ์ท์) *vt., vi.* **tempted, tempting** ล่อลวง, ชักจูง, ล่อใจ, ยั่วยวน **-temptable** *adj.* **-tempter** *n.* (**-S.** allure, seduce)

temptation (เทมพ์เท' ชัน) *n.* การล่อลวงหรือชักจูง, เครื่องล่อใจ (**-S.** bait, inducement)

temptress (เทมพ์' ทริซ) *n.* หญิงยั่วยวน

tempura (เทม' พุระ, เทมพุ' ระ) *n.* อาหารทะเลและผักชุบแป้งทอดของญี่ปุ่น

★**ten** (เทน) *n.* สิบ, อันดับสิบ, เลขสิบ, เวลาสิบนาฬิกาหรือยี่สิบสองนาฬิกา, สิ่งที่มีสิบ (ส่วน ชิ้น อัน หน่วย), ธนบัตรมูลค่าสิบดอลลาร์

tenable (เทน' นะเบิล) *adj.* สมเหตุสมผล, รักษาไว้ได้, ปกป้องไว้ได้ **-tenability** *n.*

tenacious (ทะเน' เชิซ) *adj.* ยึดมั่น, เหนียวแน่น, มั่นคง, (ความจำ) แม่น, ใจแข็ง, ยืนกราน **-tenaciously** *adv.* (**-S.** firm, tight)

tenancy (เทน' เนินซี) *n., pl.* **-cies** การเช่าที่อยู่ ที่ดิน ฯลฯ, ที่อยู่ ที่ดิน หรือสถานที่ให้เช่า, การครอบครอง (**-S.** occupancy, residence)

★**tenant** (เทน' เนินท์) *n.* ผู้เช่า, ผู้ครอบครอง, ผู้อาศัย *-vt., vi.* **-anted, -anting** เช่า, อาศัย, ครอบครอง (**-S.** (n.) occupier, resident)

Ten Commandments บัญญัติ 10 ประการของพระผู้เป็นเจ้าที่ประทานแก่โมเสส

★**tend**[1] (เทนด์) *vi.* **tended, tending** โอนเอียง, ชอบ, สมัครใจ, เลี้ยว, หันเห (**-S.** incline, lean)

tend[2] (เทนด์) *vt., vi.* **tended, tending** ดูแล, รักษา, เฝ้าดู, บำรุง, เลี้ยงดู, จัดการ, ปกป้อง, เอาใจใส่, รับใช้, ปรนนิบัติ (**-S.** attend, nurse)

★**tendency** (เทน' เดินซี) *n., pl.* **-cies** ความโอนเอียง, ความชอบ, นิสัยชอบพอ, แนวโน้ม (**-S.** trend **-A.** disinclination)

tender[1] (เทน' เดอร์) *adj.* **-er, -est** เปราะบาง, อ่อนนุ่ม, อ่อนโยน, ละเอียดอ่อน, บอบบาง, ด้วยความรักใคร่, อ่อนหัด *-vt.* **-dered, -dering** ทำให้อ่อนโยน นุ่มนวล เปราะบาง **-tenderly** *adv.* **-tenderness** *n.* (**-S.** (adj.) fragile, gentle, sensitive **-A.** (adj.) coarse, rough)

tender[2] (เทน' เดอร์) *n.* ข้อเสนอ, การเสนอ, ใบประมูล, ใบเสนอราคา *-vt.* **-dered, -dering** ยื่น, เสนอ, อาสา, แนะ, มอบ, ยอม, ส่ง, ให้ **-tenderer** *n.* (**-S.** (n.) proposal (n., v.) offer)

tenderfoot (เทน' เดอร์ฟุท) *n., pl.* **-foots/-feet** คนอ่อนหัด, คนหนุ่ม

tenderhearted (เทน' เดอร์ฮาร์' ทิด) *adj.* ใจอ่อน, เมตตา, กรุณา, สงสาร, เห็นใจ

tenderloin (เทน' เดอร์ลอยน์) *n.* เนื้อสันใน

tendon (เทน' เดิน) *n.* เส้นเอ็นของร่างกาย

tendril (เทน' เดริล) *n.* มือเกาะที่เปลี่ยนมาจากใบพืชไม้เลื้อย มีลักษณะเป็นเส้นขดเกลียว, เกลียวผมหรือสิ่งที่ขดเป็นเกลียวยาว

tenement (เทน' นะเมินท์) *n.* ห้องเช่า, บ้านเช่า, แฟลต, ที่ดินเช่า, อสังหาริมทรัพย์

tenet (เทน' นิท) *n.* หลัก, คำสั่งสอน, ความเชื่อ

★**tennis** (เทน' นิซ) *n.* เทนนิส, สนามตีเทนนิส

tenon (เทน' เนิน) *n.* เดือย, ปากฉลาม

tenor (เทน' เนอร์) *n.* เสียงระดับสูงสุดของนักร้องชาย, วิถีชีวิต, แนวทาง, จังหวะ

★**tense**[1] (เทนซ์) *n.* กาล

★**tense**[2] (เทนซ์) *adj.* **tenser, tensest** (เชือก กล้ามเนื้อ) ตึง, (ประสาท เหตุการณ์) ตึงเครียด, (อารมณ์) เคร่งเครียด *-vt., vi.* **tensed, tensing** ทำให้ตึง, ตึงเครียด **-tensely** *adv.* **-tenseness** *n.* (**-S.** (adj.) nervous **-A.** (adj.) relaxed)

tensile (เทน' เซิล, -ไซล์) *adj.* อ่อน, ยืดหยุ่น

★**tension** (เทน' เชิน) *n.* ความตึง (ของลวด เชือก), ความเครียด, ความตึงเครียด (ทางการเมือง สังคม สัมพันธภาพ) *-vt.* **-sioned, -sioning**

ทำให้ตึง **-tensional** *adj.* (**-S.** (n.) anxiety, pressure, tightness **-A.** (n., v.) ease)

tensor (เทนฺ' เซอรฺ, -ซอรฺ) *n.* กล้ามเนื้อสำหรับดึงของร่างกาย

★**tent** (เทนทฺ) *n.* เต็นท์, กระโจมผ้าใบหรือพลาสติกที่ปักพักกลางแจ้ง *-v.* **tented, tenting** *-vi.* พักในเต็นท์ *-vt.* ปักเต็นท์, กางเต็นท์

tentacle (เทน' ทะเคิล) *n.* งวง (ช้าง), หนวด (ปลาหมึก), ขนสัมผัส (พืช) **-tentacular** *adj.*

tentacle

tentative (เทน' ทะทิฟว) *adj.* เป็นการชั่วคราว, เป็นการทดลองดูก่อน, ไม่แน่ใจ, ยังไม่แน่นอน, ลังเล, รีรอ **-tentatively** *adv.* **-tentativeness** *n.* (**-S.** experimental, hesitant, indefinite **-A.** sure)

tenterhook (เทน' เทอรฺฮุค) *n.* ตะขอขึงผ้าบนกรอบขึงผ้า **-on tenterhooks** ลุกลี้ลุกลน, วิตก

tenth (เทนธฺ) *n.* ลำดับสิบ, ตำแหน่งที่สิบ, หนึ่งในสิบส่วน

tenuous (เทน' นยูเอิซ) *adj.* บาง, ผอมบาง, หาแก่นสารไม่ได้ **-tenuously** *adv.* (**-S.** thin)

tenure (เทน' เยอรฺ, -ยุรฺ) *n.* ผู้เช่า, ผู้อาศัย, ผู้ครอบครอง, ระยะเวลาที่ครอบครอง, การครองตำแหน่ง **-tenurially** *adv.*

tepee, teepee, tipi (ที' พี) *n.* กระโจมของชาวอินเดียนแดงพื้นเมือง

tepid (เทพ' พิด) *adj.* (น้ำ) อุ่น, (อาหาร) อุ่นนิดๆ, เนือย, เฉื่อย **-tepidity, tepidness** *n.* **-tepidly** *adv.* (**-S.** lukewarm, warmish)

tera- คำอุปสรรค หมายถึง 10^{12}, หนึ่งล้านล้าน

teriyaki (เทรียา' คี) *n.* อาหารญี่ปุ่นที่นำเนื้อสัตว์หรือปลามาย่าง ปรุงรสด้วยซอสญี่ปุ่น, ซอสเทอริยากิเป็นซอสญี่ปุ่น ใช้ปรุงอาหารดังกล่าว

★**term** (เทิรฺม) *n.* ภาคเรียน, ภาคการศึกษา, ครั้ง, คราว, คริา, วาระ, กำหนด, สมัย, ระยะเวลาการเช่าหรือครอบครอง, ระยะเวลาจำคุก, ระยะเวลาตั้งครรภ์, จำนวนในคณิตศาสตร์, ภาคศาล, พจน์, อัตรา, ราคา *-vt.* **termed, terming** เรียก, เรียกว่า, ตั้งชื่อ **-terms** ถ้อยคำ, เงื่อนไข, ข้อสัญญา, ข้อสรุป, ข้อเรียกร้อง, ความสัมพันธ์ (**-S.** (n.) conclusion, limit, period (v.) call, label)

★**terminal** (เทอรฺ' มะเนิล) *adj.* สุดท้าย, ท้าย, ปลาย, สิ้นสุด, จบ, สุดเขต, ลงท้าย, ลงเอย *-n.* จุดสุดท้าย, ส่วนปลาย, ส่วนสุดท้าย, ขั้วปลายสายไฟฟ้า, สถานีปลายทาง, อาคารผู้โดยสารขาเข้าหรือออก (ทางเครื่องบิน), อุปกรณ์คอมพิวเตอร์สำหรับป้อนหรือค้นหาข้อมูล(แป้นพิมพ์จอภาพ) **-terminally** *adv.*

terminate (เทอรฺ' มะเนท) *v.* **-nated, -nating** *-vt.* ทำให้สิ้นสุดลง, ทำให้จบสิ้น, ทำให้แท้ง, เลิกจ้าง, บอกเลิก *-vi.* อวสาน, ลงเอย, ยุติ

termination (เทอรฺมะเน' ชัน) *n.* การสิ้นสุด, การยุติ, การลงเอย, การสรุป, ผลสุดท้าย **-terminational** *adj.* (**-S.** effect, result)

terminology (เทอรฺมะนอล' ละจี) *n., pl.* **-gies** ศัพท์เฉพาะ, วิธีให้ชื่อโดยเฉพาะชื่อต้นไม้และสัตว์ตามแบบวิทยาศาสตร์ **-terminological** *adj.* **-terminologist** *n.* (**-S.** argot, jargon)

terminus (เทอรฺ' มะเนิซ) *n., pl.* **-nuses/-ni** (-ไน) จุดสิ้นสุด, จุดหมายปลายทาง, สถานีปลายทาง, พรมแดน, หลักชัย (**-S.** goal, station)

termite (เทอรฺ' ไมทฺ) *n.* ปลวก

term paper ภาคนิพนธ์

tern (เทิรฺน) *n.* นกนางนวลแกลบ

terrace (เท' ริซ) *n.* ระเบียง, เฉลียง, ลาน, ชานบ้าน, ที่ราบเป็นชั้นลดหลั่นกันลงมา, พื้นที่เป็นทางลาดลงมาติดกับแม่น้ำ ทะเลสาบหรือทะเล, แนวหรือแถวบ้านเรือนที่ปลูกข้างเขา

terrain (ทะเรน') *n.* ภูมิประเทศ, พื้นดิน

terrestrial (ทะเรซ' เทรียล) *adj.* เกี่ยวกับโลก, บนโลก, ของโลก, บนพื้นดิน, ที่อาศัยบนนบก *-n.* สิ่งมีชีวิตที่อาศัยอยู่บนโลก **-terrestrially** *adv.*

★**terrible** (เท' ระเบิล) *adj.* น่ากลัว, สยดสยอง, น่าเกรงขาม, ร้ายกาจ, มากมาย, มหันต์, เหลือเกิน, สุดประมาณ, แปลก, พิลึก, ไม่ดี, ไม่เหมาะ **-terribleness** *n.* **-terribly** *adv.* (**-S.** awful, horrible, terrific **-A.** delightful)

terrific (ทะริฟ' ฟิค) *adj.* น่ากลัว, น่าเกรงขาม, เลวร้าย, น่าตกใจ, ยอดเยี่ยม, วิเศษ, โอ่โถง, เหลือขนาด, สุดประมาณ, น่าอัศจรรย์ **-terrifically** *adv.* (**-S.** enormous, excellent)

terrify (เท' ระไฟ) *vt.* **-fied, -fying** ทำให้กลัวเกรง, ขู่เข็ญ (**-S.** frighten, horrify)

territorial (เทริทอ' เรียล, -โท'-) *adj.* เกี่ยวกับดินแดน อาณาเขต แคว้น **-territorially** *adv.*

territorial waters น่านน้ำของประเทศ

★**territory** (เท' ริทอรี, -โทรี) *n., pl.* **-ries** ดินแดน, แคว้น, ภาค, อาณาเขต, ถิ่น, เขตแดน, มลฑล, จังหวัด, ดินแดนและน่านน้ำในอำนาจ, ดินแดนในปกครอง, ขอบเขตความรู้, ขอบเขตความรับผิดชอบ (**-S.** province, region)

★**terror** (เท' เรอรฺ) *n.* ความกลัว, ความเกรงขาม,

ความตกใจ, การขู่ให้เกรงกลัว (-S. horror, panic -A. calm, security)

★**terrorism** (เท' ระริซเซิม) *n.* ลัทธิก่อการร้าย

terrorist (เท' เรอริซท์) *n.* ผู้ก่อการร้าย

terrorize (เท' ระไรซ์) *vt.* **-ized, -izing** ทำให้กลัวเกรง, ทำให้ตกใจ, ขู่ให้กลัว **-terrorization** *n.* **-terrorizer** *n.* (-S. horrify, threaten)

terse (เทิร์ซ) *adj.* **terser, tersest** รวบรัด, ห้วน, กระชับ **-tersely** *adv.* **-terseness** *n.*

tertiary (เทอร์' ชีเอรี) *adj.* (สถานที่ ลำดับ ระดับ ขั้น ชั้น) ที่สาม

TESL ย่อจาก Teaching English as a Second Language การสอนภาษาอังกฤษในฐานะเป็นภาษาที่สอง

★**test** (เทซท์) *n.* เครื่องทดสอบ, การทดสอบ, การทดลอง, การพิสูจน์, การตรวจร่างกาย, การทดลองทางเคมี, เบ้าสำหรับหลอมโลหะ *-vt., vi.* **tested, testing** ทดสอบ, ทดลอง, พิสูจน์ (-S. (n.) examination (v.) analyse, prove, try)

testament (เทส' ตะเมินท์) *n.* พินัยกรรม, สิ่งพิสูจน์, คัมภีร์, หลักความเชื่อทางศาสนา **-Testament** คัมภีร์ไบเบิล ซึ่งมีสองฉบับคือ ฉบับเก่า (Old Testament) และฉบับใหม่ (New Testament), คำสัญญาระหว่างมนุษย์กับพระผู้เป็นเจ้า **-testamentary** *adj.*

testator (เทส' เตเทอร์, เทสเต' เทอร์) *n.* ผู้ทำพินัยกรรม (ผู้ชาย)

testatrix (เทสเต' ทริคซ์) *n., pl.* **-trices** (-ทริซีซ) ผู้ทำพินัยกรรม (ผู้หญิง)

test case คดีตัวอย่าง

testicle (เทส' ติเคิล) *n.* ลูกอัณฑะ

testify (เทส' ตะไฟ) *v.* **-fied, -fying** *-vi.* สาบาน, รับรอง, ยืนยัน, (คำ) ให้การ, เป็นพยาน *-vt.* แถลง, ประกาศให้รู้ทั่วกัน, เปิดเผย, ยืนยัน, รับรอง, สาบานตน, ให้การเป็นพยาน, แสดงพยานหลักฐาน **-testification** *n.* **-testifier** *n.* (-S. affirm, declare, swear)

testimonial (เทสตะโม' เนียล) *n.* ใบประกาศเกียรติคุณ, ใบรับรอง, ใบสุทธิ, หนังสือชมเชยคุณงามความดี (-S. certificate, tribute)

testimony (เทส' ตะโมนี) *n., pl.* **-nies** การสาบานตนก่อนให้การในศาล, คำให้การเป็นลายลักษณ์อักษร, คำปฏิญาณ, การแถลง, พยาน, หลักฐาน, แผ่นหินจารึกบัญญัติ 10 ประการของโมเสส (-S. evidence, witness)

test paper กระดาษทดสอบสารเคมี, ข้อสอบ

test tube หลอดแก้วก้นตันใช้ทดลองทางเคมี

test-tube baby เด็กหลอดแก้ว

testy (เทส' ตี) *adj.* **-tier, -tiest** เจ้าอารมณ์, ขี้โมโห, ขี้งอน (-S. touchy -A. calm)

tetanus (เทท' เทินเนิซ) *n.* โรคบาดทะยัก

tether (เทธ' เธอร์) *n.* เชือก โซ่ หรือพวนล่ามสัตว์, ขอบเขตจำกัด, ขอบเขตความรู้ ความสามารถ ฯลฯ *-vt.* **-ered, -ering** ล่าม ผูก มัดหรือโยง (ด้วยเชือก โซ่ พวน)

★**text** (เทคซ์ท์) *n.* หนังสือ, หนังสือเรียน, ตำรา, ถ้อยคำ, ต้นฉบับ, ประโยคหรือข้อความจากคัมภีร์ไบเบิลที่บาทหลวงนำมาเทศน์ในโบสถ์, ใจความสำคัญ, สาระ, แก่น, หัวข้อ, เนื้อความ, ข้อความ (-S. matter, theme, wording)

text message ข้อความที่ส่งผ่านโทรศัพท์มือถือ

★**textbook** (เทคซ์ท์' บุค) *n.* หนังสือเรียน, ตำราเรียน **-textbookish** *adj.*

text edition หนังสือหรือตำราที่พิมพ์ขึ้นมาใช้ในการเรียนการสอนโดยเฉพาะ

textile (เทคซ์' ไทล์, -เทิล) *n.* สิ่งทอ, วัสดุที่นำมาทอเป็นผ้า

texture (เทคซ์' เชอร์) *n.* เนื้อผ้า, ความหยาบ ความละเอียดหรือเนียนของพื้นผิว, เนื้อหนัง, ลักษณะ (เนื้อผ้า) *-vt.* **-tured, -turing** ทอ, ถัก (-S. (n.) fabric (v.) weave)

TGV ย่อจาก train à grande vitesse รถไฟความเร็วสูงในประเทศฝรั่งเศส

Th. ย่อจาก Thursday วันพฤหัสบดี

Thai (ไท) *n., pl.* **Thai/Thais** ประชาชนชาวไทย, ภาษาไทย *-adj.* เกี่ยวกับภาษา วัฒนธรรม และประชนชาวไทย

Thailand (ไท' แลนด์, -เลินด์) ประเทศไทย เมื่อก่อนเรียกว่าสยาม **-Gulf of Thailand** อ่าวไทย

thallium (แธล' เลียม) *n.* ธาตุแทลเลียม เป็นโลหะสีขาว ใช้ทำโลหะผสม มีสัญลักษณ์ Tl

★**than** (แธน, เธิน) *conj.* กว่า

★**thank** (แธงค์) *vt.* **thanked, thanking** แสดงความขอบคุณ, ชมเชย **-thankful** *adj.*

thankless (แธงค์' ลิซ) *adj.* ไม่ได้รับความขอบคุณ, ไม่รู้สึกสำนึกบุญคุณ, ไม่เห็นคุณค่า **-thanklessly** *adv.* **-thanklessness** *n.*

thanks (แธงค์ซ์) *n. pl.* การแสดงความขอบคุณ, การกล่าวชมเชย *-interj.* ขอบคุณ, ขอบใจ **-no thanks to** เสียแรงเปล่า **-thanks to** เนื่องจาก

thanksgiving (แธงค์ซ์กิฟ' วิง) *n.* การแสดงความขอบคุณพระเจ้า

Thanksgiving Day วันหยุดประจำปีของสหรัฐอเมริกา ตรงกับวันพฤหัสบดีที่สี่ของเดือน

พฤศจิกายน เพื่อแสดงความขอบคุณพระเจ้า

★**thank-you** (แธงค' ยู) *n.* การกล่าวคำขอบคุณ

★**that** (แธท, เธิท) *pron., pl.* **those** (โธซ) สิ่งนั้น, สิ่งโน้น, จำพวกนั้น, ผู้นั้น, เหล่านั้น, พวกนั้น, พวกที่, สิ่งเหล่านั้น *-adj.* นั้น, โน้น, นั่น *-adv.* เช่นนั้น, อย่างนั้น, เพียงนั้น *-conj.* ที่, ซึ่ง, อัน, เพราะ, เพื่อ, เพียงเพื่อ, ว่า, ที่ว่า

thatch (แธช) *n.* หลังคามุงแฝก ฟาง หรือหญ้า, หญ้าแห้ง **-thatcher** *n.* **-thatchy** *adj.*

thaw (ธอ) *v.* **thawed, thawing** *-vi.* ละลาย, (อากาศอุ่นพอ) ทำให้หิมะละลาย, นุ่ม, อ่อน, นิ่มลง, กลายเป็นมิตร, หายเย็นชา *-vt.* ทำให้ละลาย, ทำให้นุ่ม อ่อน หรือนิ่มลง *-n.* การทำให้ละลาย, อากาศอบอุ่นพอจนทำให้หิมะละลาย, ความอบอุ่นสบาย, ความร่าเริง (**-S.** (v.) defrost, melt (v., n.) warm **-A.** (v., n.) freeze)

★**the**[1] (เธอะ, ธี) *adv.* ที่เป็นที่รู้จักกันแล้ว, ที่เข้าใจกันแล้ว, ที่กล่าวถึงหรือพูดถึงแล้ว, บรรดา, จำพวก, ยิ่ง...ยิ่ง... (ใช้ในการเปรียบเทียบ)

★**the**[2] (เธอะ, ธี) *def. art.* ใช้นำหน้านามทั้งเอกพจน์และพหูพจน์เมื่อเป็นที่เข้าใจหรือรู้จักกันแล้ว, ใช้นำหน้าชื่อเฉพาะ เช่น ภูเขา แม่น้ำ, ใช้นำหน้าคุณศัพท์เพื่อทำให้คำนั้นกลายเป็นนาม เช่น The rich (คนรวย), ใช้นำหน้านามรูปเอกพจน์เมื่อพูดถึงเป็นการทั่วไป เช่น The tiger is a wild animal., ใช้นำหน้าชื่อเครื่องดนตรี, ใช้นำหน้าชื่อสิ่งที่มีเพียงสิ่งเดียว เช่น The Sun, ใช้นำหน้าส่วนต่างๆ ของร่างกาย, ใช้นำหน้ายุคหรือปี ค.ศ. หนึ่งทศวรรษ เช่น the 1980s, the fifties, ใช้นำหน้าชื่อเฉพาะ, ใช้นำหน้านามจะหมายถึง แต่ละ อันละ ต่อ เช่น $20 the box, ใช้นำหน้าลำดับวันที่, ใช้นำหน้านาม เพื่อเน้นย้ำว่าสิ่งนั้นดีที่สุด โดดเด่น ยอดเยี่ยม สำคัญมาก นำสมัย หรือเลิศที่สุด, ใช้นำหน้านามที่ระบุถึงปรากฏการณ์ธรรมชาติ, ใช้นำหน้าชื่อโรคหรืออาการเจ็บป่วย เช่น the measles

thearchy (ธี' อาร์คี) *n., pl.* **-chies** การปกครองโดยพระสงฆ์, การปกครองโดยลำดับชั้น

★**theater, theatre** (ธี' อะเทอร์) *n.* โรงละคร, โรงภาพยนตร์, โรงมหรสพ, โรงละครกลางแจ้ง, การละคร, บทละคร, ห้องบรรยาย, ห้องเรียนที่มีเก้าอี้นั่งเรียงกันเป็นรูปครึ่งวงกลมตามมหาวิทยาลัย, ห้องประชุม, ขอบเขต, สภาพแวดล้อม, วง, สนาม

theatergoer (ธี' อะเทอร์โกเออร์) *n.* นักดูละคร

theatrical, theatric (ธีแอท' ทริเคิล, -ทริค) *adj.* เกี่ยวกับการละคร, มารยา, เหมือนตัวละคร *-n.* การแสดงละคร **-theatricals** ท่าทางอย่างละคร, การแสดงละคร **-theatrically** *adv.*

thee (ธี) *pron.* คุณ, เธอ, ท่าน, ดู thou

theft (เธฟท) *n.* สิ่งที่โดนขโมย, การลักขโมย (**-S.** robbery, stealing)

★**their** (แธร์) *adj.* ของเขาทั้งหลาย

★**theirs** (แธร์ซ) *pron.* ของเขาทั้งหลาย

theism (ธี' อิซเซิม) *n.* ความเชื่อในพระผู้เป็นเจ้า

★**them** (เธม, เธิม) *pron.* เขาทั้งหลาย (เป็นกรรมของ they)

theme (ธีม) *n.* หัวข้อ, หัวเรื่อง, เนื้อหา, สาระ, ใจความ, แก่น, เนื้อแท้, ความคิดที่เป็นจุดสำคัญของศิลปะ, ความเรียง, รากศัพท์

theme park สวนสนุกกลางแจ้งที่ตกแต่งและออกแบบเครื่องเล่นให้เป็นตามแนวคิดใดแนวคิดหนึ่ง เช่น ดิสนีย์แลนด์

theme song เพลงประจำรายการ

★**themselves** (เธมเซลฟ์วซ', เธิม-) *pron.* (ด้วย) ตัวพวกเขาเอง

★**then** (เธน) *adv.* เมื่อนั้น, ตอนนั้น, คราวนั้น, ครั้งนั้น, ในขณะนั้น, ในเวลานั้น, เมื่อตอนนั้น, จากนั้น, ดังนั้น, นอกจากนี้, ครั้นแล้ว, กระนั้น, ถ้าเช่นนั้น, ด้วยเหตุนั้น *-adj.* ในตอนนั้น, ในเวลานั้น, ในขณะนั้น *-n.* เวลานั้น, ตอนนั้น

thence (เธนซ์, เธนซ) *adv.* จากนั้น, จากที่นั้น, ดังนั้น, ด้วยเหตุนั้น

thenceforward, thenceforwards (เธนซ์ฟอร์' เวิร์ด; เธนซ์-, -เวิร์ดซ) *adv.* ภายหลังจากนั้น, นับแต่นั้นต่อมา

theodolite (ธีออด' เดิลไลท) *n.* เครื่องวัดมุมที่ใช้ในการสำรวจ, กล้องสำรวจ

theologian (ธีอะโล' เจิน) *n.* นักธรรม

theology (ธีออล' ละจี) *n., pl.* **-gies** เทววิทยา, วิชาเปรียญ, ธรรมะ **-theological** *adj.*

theorem (ธี' เออเริม, เธีย' เริม) *n.* บทพิสูจน์, หลัก, ทฤษฎี, ทฤษฎีบท, กฎ หลักหรือสูตรในพีชคณิต

theoretical, theoretic (ธีอะเรท' ทิเคิล, -เรท' ทิค) *adj.* เกี่ยวกับหรือตั้งอยู่บนทฤษฎี, ตามกฎ, ตามสูตร, ในทางวิชา, ไม่ได้ผลจริง **-theoretically** *adv.* (**-S.** academic, impractical)

theorize (ธี' อะไรซ์, เธีย' ไรซ) *v.* **-rized, -rizing** *-vi.* เดา, เก็ง, เสี่ยง, ตั้งสมมติฐาน, วาง (กฎ หลัก สูตร ทฤษฎี) *-vt.* พิสูจน์สมมติฐาน **-theorization** *n.* (**-S.** formulate, suppose)

★**theory** (ธี' อะรี, เธีย' รี) *n., pl.* **-ries** ทฤษฎี, ข้อสมมติฐาน, หลัก, กฎ, หลักวิชา, ความเห็น,

A B C D E F G H I J K L M N O P Q R S T U V W X Y Z

การคาดคะเน, การสันนิษฐาน (-S. assumption)
theosophy (ธีออซ' ซะฟี) *n., pl.* **-phies** เทวปรัชญา
therapeutic, therapeutical (เธระพยู' ทิค, -ทิเคิล) *adj.* เกี่ยวกับการบำบัดรักษาโรค, มีผลดีต่อสุขภาพร่างกายและจิตใจ **-therapeutically** *adv.* (-S. healing, remedial)
therapeutics (เธระพยู' ทิคซฺ) *n. pl.* อายุรเวท
therapy (เธ' ระพี) *n., pl.* **-pies** การรักษาหรือบำบัดโรคทั้งทางร่างกายและจิตใจ โดยไม่ใช้ยาหรือการผ่าตัด, การรักษาด้วยจิต
★**there** (แธรฺ) *adv.* ที่นั่น, ที่ตรงนั้น, นั่น, ตรงนั้น, ตอนนั้น, ในข้อนั้น *-pron.* ใช้เรียกหรือทักทายคนที่เราไม่รู้จักชื่อ *-adj.* ที่อยู่ตรงนั้น *-n.* ตรงนั้น, จุดนั้น *-interj.* อ้าว, เออ, นั่นปะไร
thereabouts, thereabout (แธรฺอะเบาทฺซฺ', -เบาทฺ') *adv.* แถวๆ นั้น, ราวๆ นั้น
thereafter (แธรฺแอฟ' เทอรฺ) *adv.* นับแต่นั้นต่อมา, ภายหลังจากนั้น
thereby (แธรฺไบ') *adv.* โดยวิธีนั้น, ด้วยเหตุนั้น
therefor (แธรฺฟอรฺ') *adv.* เพื่ออย่างนั้น
★**therefore** (แธรฺ' ฟอรฺ, -โฟรฺ) *adv.* เพราะฉะนั้น
therefrom (แธรฺฟรัม', -ฟรอม') *adv.* จากนั้น
therein (แธรฺอิน') *adv.* ในที่นั้น, ในเวลานั้น, ในข้อนั้น
thereinafter (แธรฺอินแอฟ' เทอรฺ) *adv.* ต่อจากนั้น, หลังจากนั้น
thereupon (แธรฺอะพอน') *adv.* ครั้นแล้ว, ดังนั้นแล้ว, เพราะฉะนั้น, หลังจากนั้น
therm (เธิรฺม) *n.* หน่วยปริมาณความร้อนใช้งานเท่ากับ 100,000 British thermal units
therm. ย่อจาก thermometer เครื่องวัดอุณหภูมิ
thermal (เธอรฺ' เมิล) *adj.* เกี่ยวกับความร้อนหรือเกิดจากความร้อน **-thermally** *adv.*
thermal spring บ่อน้ำร้อน, บ่อน้ำอุ่น
thermion (เธอรฺ' ไมเอิน) *n.* อิออนที่วัตถุร้อนคายออกมา
thermionics (เธอรฺไมออน' นิคซฺ) *n. pl.* วิชาอิเล็กทรอนิกส์สาขาที่ว่าด้วยการคายอิเล็กตรอนของสารเมื่อถูกความร้อนกระทำ
thermionic tube หลอดวิทยุ, หลอดอิเล็กตรอน, หลอดเทอร์มิออนิก
thermit, thermite (เธอรฺ' มิท, -ไมทฺ) *n.* สารผสมของผงอะลูมิเนียมและออกไซด์ของโลหะอย่างหนึ่ง สารผสมนี้ใช้ในการเชื่อมเหล็กและเหล็กกล้า และใช้ทำระเบิดเพลิง
thermocouple (เธอรฺ' มะคัพเพิล) *n.* เครื่องวัดอุณหภูมิอย่างหนึ่ง ซึ่งประกอบด้วยเส้นลวดสองเส้น ทำด้วยโลหะต่างชนิดกันเชื่อมกันไว้ที่ปลายข้างหนึ่งของแต่ละเส้น
thermodynamics (เธอรฺโมไดแนม' มิคซฺ) *n. pl.* วิทยาศาสตร์ที่ว่าด้วยกฎเกณฑ์ต่างๆ ที่ควบคุมกระบวนการต่างๆ ที่เกี่ยวกับการเปลี่ยนแปลงความร้อนและการเปลี่ยนรูปของพลังงาน
thermoelectricity (เธอรฺโมอีเลคทริซ' ซิที, -อีเลค-) *n.* ไฟฟ้าที่ผลิตจากการเปลี่ยนรูปของพลังงานความร้อนเป็นพลังงานไฟฟ้าโดยตรง
★**thermometer** (เธอรฺมอม' มิเทอรฺ) *n.* เทอร์โมมิเตอร์, เครื่องวัดอุณหภูมิ
thermonuclear reaction ปฏิกิริยาเทอร์โมนิวเคลียร์ เช่น ระเบิดไฮโดรเจนเป็นอาวุธนิวเคลียร์ที่อาศัยปฏิกิริยาดังกล่าว การระเบิดของมันรุนแรงยิ่งกว่าระเบิดอะตอม
thermopile (เธอรฺ' มะไพลฺ) *n.* เครื่องมือสำหรับตรวจและวัดรังสีความร้อน
thermoplastic (เธอรฺมะแพลส' ติค) *n.* วัสดุพลาสติกซึ่งหล่อหลอมหรือทำให้อ่อนตัวลงโดยใช้ความร้อนซ้ำแล้วซ้ำอีกโดยสมบัติเดิมไม่เปลี่ยนแปลง, สารที่ได้รับความร้อนแล้วอ่อนตัวและเปลี่ยนรูปได้
thermostat (เธอรฺ' มะสแตท) *n.* เครื่องมือสำหรับรักษาหรือควบคุมอุณหภูมิให้คงที่
thesaurus (ธิซอ' เริซ) *n., pl.* **-sauri** (-ซอ' ไร)/**-sauruses** พจนานุกรมคำพ้องและคำตรงข้าม, อภิธาน (หนังสืออธิบายศัพท์เฉพาะเรื่อง)
★**these** (ธีซ) *pron., adj.* พหูพจน์ของ this
thesis (ธี' ซิซ) *n., pl.* **-ses** (-ซีซ) วิทยานิพนธ์, ข้อสมมติฐาน
★**they** (เธ) *pron.* พวกเขา, เขาทั้งหลาย, พวกเขาเหล่านั้น
they'd (เธดฺ) ย่อจาก they had, they would
they'll (เธลฺ) ย่อจาก they will, they shall
they're (แธรฺ) ย่อจาก they are
they've (เธฟวฺ) ย่อจาก they have
★**thick** (ธิค) *adj.* **thicker, thickest** หนา, อย่างหนา, หนาแน่น, ดกดื่น, อุดม, ทึบ, แน่น, แนบแน่น, ใกล้ชิด, ข้น, เหนียว, ขุ่น, มัว, หมอง, ทึม, คลุ้ง, โง่, ทึ่ม, (เสียง) ไม่ชัด, ชอบพอกันมาก, สนิทสนม *-adv.* (มารยาท กิริยา) หยาบคาย, หนาแน่น, หนา, (ฝนตก) หนัก *-n.* ส่วนที่หนาที่สุด **-thickish** *adj.* **-thickly** *adv.* (-S. (adj.) dense, heavy, friendly, stupid)
thicken (ธิค' เคิน) *vt., vi.* **-ened, -ening** ทำให้ข้นหรือเหนียว **-thickener** *n.* (-S. clot)

thicket (ธิค' คิท) *n.* สุมทุมพุ่มไม้ที่มีต้นไม้ขึ้นหนาแน่น
thickhead (ธิค' เฮด) *n.* คนโง่, คนทึ่ม
thickset (ธิค' เซท') *adj.* หนาแน่น, ล่ำสัน, บึกบึน
thick-skinned (ธิค' สกินด์') *adj.* หนังหนา, ทนทาน, หน้าด้าน
thick-witted (ธิค' วิท' ทิด) *adj.* โง่, ทึ่ม
★**thief** (ธีฟ) *n., pl.* **thieves** (ธีฟว์ซ์) หัวขโมย, ผู้ลักทรัพย์ (**-S.** bandit, housebreaker)
thieve (ธีฟว์) *vt., vi.* **thieved, thieving** ขโมย, ลักทรัพย์ **-thievery** *n.* (**-S.** rob)
thigh (ไธ) *n.* ต้นขา, ขาอ่อน
thimble (ธิม' เบิล) *n.* ปลอกสวมนิ้วเย็บผ้า
★**thin** (ธิน) *adj.* **thinner, thinnest** บาง, ผอม, ซีดเซียว, จืด, ใส, โหรงเหรง, น้อย, เบาบาง, จาง, อ่อน, บอบบาง, หาแก่นสารหรือสาระใดๆ ไม่ได้, ขาดแคลน, หร็อมแหร็ม, ห่างๆ, ไม่ดก *-adv.* บาง *-vt., vi.* **thinned, thinning** ทำให้บาง **-thinly** *adv.* **-thinness** *n.* **-thinnish** *adj.* (**-S.** (adj.) filmsy, slim, watery **-A.** (adj.) fat)
★**thing** (ธิง) *n.* ของ, สิ่งของ, อะไรอะไร, อะไรต่อมิอะไร, เรื่อง, เรื่องที่ต้องทำ, สิ่งที่จะทำ, สิ่งสำคัญ, เหตุการณ์, สรรพสิ่ง, สิ่งที่อ้างถึง (โดยคำพูด สัญลักษณ์ หรือความคิด), บุคคล, สัตว์, เครื่องมือ, ของแต่ละสิ่ง, การกระทำ, ความคิด, การกล่าวคำพูด, (ภาษาพูด) ความหลงใหล สิ่งที่นิยมกันอย่างบ้าคลั่ง สิ่งที่อยู่ในความสนใจ **-things** เสื้อผ้าหรือข้าวของส่วนตัว, อุปกรณ์หรือเครื่องมือ, ทรัพย์สิน, เหตุการณ์, สภาพ (**-S.** affair, event, gadget, item)
★**think** (ธิงค์) *vt., vi.* **thought, thinking** ไตร่ตรอง, คำนึง, คิด, นึก, ใช้ความคิด, ครุ่นคิด, คิดพิจารณา, คิดว่า, เห็นว่า, เข้าใจว่า, รู้สึกว่า, ถือเอา, ทึกทักเอา, เข้าใจ, ลองคิดดู, คาดว่า, หวังว่า, คาดหมาย, ระลึก, จำได้, รำพึง, นึกดูเอาเอง, หลับตาเห็น, นึกฝันเห็น, จินตนาการ, ประดิษฐ์, คิดขึ้น *-n.* การใช้ความคิด, การครุ่นคิด, การไตร่ตรอง, การรำพึง **-think twice** ไตร่ตรองอย่างรอบคอบ **-thinkable** *adj.* **-thinkably** *adv.* **-thinker** *n.* (**-S.** (v.) consider, ponder, recall, suppose **-A.** (v.) forget, ignore)
thinking (ธิง' คิง) *n.* การใช้ความคิด, การไตร่ตรอง *-adj.* ที่ใช้ความคิด (**-S.** (adj.) rational, reasoning **-A.** (adj.) stupid)
think tank, think-tank (ธิงค์' แทงค์) *n.* สถาบัน หน่วยงาน หรือกลุ่มคนผู้เชี่ยวชาญระดับมันสมอง
thinner (ธิน' เนอร์) *n.* ทินเนอร์
★**third** (เธิร์ด) *n.* อันดับสาม, หนึ่งในสาม, วันที่สาม, ตำแหน่งที่สาม, เกียร์สาม
third class ชั้นสาม (เรือ รถไฟ)
third degree วิธีสอบปากคำนักโทษโดยการขู่เข็ญและทรมานทั้งร่างกายและจิตใจ
thirdhand (เธิร์ด' แฮนด์') *adj.* เป็นมือที่สาม, เป็นทอดที่สาม **-thirdhand** *adv.*
third party บุคคลที่สาม, บุคคลภายนอก
third person (ไวยากรณ์) บุรุษที่สาม
third-rate (เธิร์ด' เรท') *adj.* ชั้นเลว, ชั้นสาม, ด้อยคุณภาพ (**-S.** inferior, poor **-A.** good)
third wave, Third Wave คลื่นลูกที่สาม หมายถึงยุคแห่งความรู้ทางข่าวสารข้อมูลและเทคโนโลยีอันทันสมัย
Third World ประเทศกำลังพัฒนาได้แก่ ประเทศในแอฟริกา เอเชีย และละตินอเมริกา
★**thirst** (เธิร์ซท์) *n.* ความกระหายน้ำ, ความกระหาย (ความรู้) *-vi.* **thirsted, thirsting** กระหายน้ำ, อยาก (**-S.** (n.) dryness)
thirsty (เธอร์' สตี) *adj.* **-ier, -iest** แห้งแล้ง, แห้งผาก, กระหาย, อยาก, ที่มีลักษณะดูด (เช่นสำลี) **-thirstily** *adv.* (**-S.** dry **-A.** wet)
★**thirteen** (เธอร์ทีน') *n.* สิบสาม, เลขสิบสาม **-thirteen** *adj., pron.*
thirteenth (เธอร์ทีนธ์') *n.* อันดับสิบสาม, จำนวนที่สิบสาม, ส่วนที่สิบสาม, วันที่สิบสาม **-thirteenth** *adv., adj.*
thirtieth (เธอร์' ทีอิธ) *n.* อันดับสามสิบ, จำนวนที่สามสิบ, ส่วนที่สามสิบ, วันที่สามสิบ **-thirtieth** *adv., adj.*
★**thirty** (เธอร์' ที) *n., pl.* **-ties** สามสิบ, เลขสามสิบ **-Thirties** รอบสิบปีหรือทศวรรษจาก 30-39 ในหนึ่งศตวรรษ, ยุคปี 30 เช่น ปี ค.ศ. 1930-39 **-thirty** *adj., pron.*
★**this** (ธิซ) *pron., pl.* **these** (ธีซ) นี่, นี้, เหล่านี้, พวกนี้, สิ่งนี้ *-adj., pl.* **these** แค่นี้, อย่างนี้, เช่นนี้
thistle (ธิซ' เซิล) *n.* ไม้มีหนามจำพวกหนึ่ง ใบมีหนามแหลม ส่วนดอกมีสีม่วงเหลืองหรือขาว มีหนามขนโดยรอบ
tho, tho' (โธ) *conj., adv.* (ภาษาพูด) แม้ว่า
thong (ธอง) *n.* แส้, เชือกหนัง
thorium (ธอ' เรียม, โธ'-) *n.* ธาตุทอเรียม เป็นโลหะกัมมันตรังสีชนิดหนึ่ง สีเทาเข้ม ใช้ทำโลหะผสม มีสัญลักษณ์ Th
thorn (ธอร์น) *n.* หนาม, ต้นไม้ที่มีหนาม

thorny (ธอร์' นี) *adj.* **-ier, -iest** เต็มไปด้วยหนาม, ยุ่งยาก (**-S.** difficult, prickly)

thorough (เธอ' โร) *adj.* ตลอด, ทั่วถึง, ถ้วนถี่, ละเอียดลออ, หมดจด, เต็มที่ **-thoroughly** *adv.* **-thoroughness** *n.* (**-S.** complete, total)

thoroughbred (เธอ' โรเบรด) *n.* ม้าพันธุ์ดี, สัตว์พันธุ์แท้, คนที่ได้รับการอบรมมาดี

thoroughfare (เธอ' โรแฟร์) *n.* ทางหลวง

thoroughpaced (เธอโรเพซท์) *adj.* ที่ได้รับการฝึกอบรมมาดี, สมบูรณ์แบบ

★**those** (โธซ) *pron., adj.* พหูพจน์ของ that

thou (เธา) *pron.* คุณ, ท่าน, เธอ (มักใช้ในภาษาวรรณคดีโบราณ)

★**though** (โธ) *conj.* แม้ว่า, ถึงแม้ว่า *-adv.* อย่างไรก็ตาม (**-S.** even if)

★**thought** (ธอท) *v.* กริยาช่อง 2 และ 3 ของ think *-n.* การครุ่นคิด, การพิจารณา, การไตร่ตรอง, ความคิดเห็น, แนวความคิด, ความคิดคำนึง, เรื่องเล็กๆ น้อยๆ, ความมุ่งหมาย, ความประสงค์, ความหวัง, ความใฝ่ฝัน (**-S.** (n.) aim, hope, idea, regard)

thoughtful (ธอท' เฟิล) *adj.* ครุ่นคิด, ไตร่ตรอง, พิจารณา, คำนึงถึง, เอาใจใส่ **-thoughtfully** *adv.* **-thoughtfulness** *n.* (**-S.** caring, mindful **-A.** thoughtless)

thoughtless (ธอท' ลิซ) *adj.* ไม่แยแส, ไม่สนใจความรู้สึกผู้อื่น, หยาบคาย, เลินเล่อ **-thoughtlessness** *n.* **-thoughtlessly** *adv.* (**-S.** impolite, remiss **-A.** careful)

★**thousand** (เธา' เซินด์) *n.* จำนวนหนึ่งพัน

thrall (ธรอล) *n.* ทาส, ความเป็นทาส *-vt.* **thralled, thralling** จับไปเป็นทาส, ทำให้หลง

thrash (แธรช) *vt., vi.* **thrashed, thrashing** ตี, เฆี่ยน, โบย, ฟาด, หวด, นวด (ข้าว), ฟาดฟัน *-n.* การกระทำดังกล่าว (**-S.** (v., n.) beat)

★**thread** (เธรด) *n.* เส้นด้าย, เส้นไหม, เส้นขนสัตว์ที่ทำเป็นเข็ด, ด้ายหลอด, เส้นใย, สายใย, สายความคิด, สายโซ่ (แห่งเหตุผล), เรื่องที่ต่อเนื่องกันไป *-v.* **threaded, threading** *-vt.* สนเข็ม, ร้อยด้าย, ร้อยประคำ, ซอกซอน, ซุกแทรก, ชอนไช, แผ่ซ่าน, ดั้นด้น, ฟุ้ง *-vi.* ชอนไช, ซอกซอน, คดเคี้ยว, วกเวียน, ไข, หมุน (**-S.** (n.) cotton, fiber, yarn (v.) wind)

threadbare (เธรด' แบร์) *adj.* สึกกร่อน, กะรุ่งกะริ่ง, เก่าแก่, (คำ) ที่ใช้บ่อยจนเบื่อหู

★**threat** (เธรท) *n.* การข่มขู่, การคุกคาม, คำพูดขู่, การเตือน, ลางสังหรณ์, ลางร้าย *-vt.* **threated, threating** ข่มขู่, ขู่เข็ญ, คุกคาม, ทำให้กลัว (**-S.** (n., v.) menace **-A.** (v.) protect)

★**threaten** (เธรท' เทิน) *vt., vi.* **-ened, -ening** ข่มขู่, คุกคาม, เตือน, (ลาง) บอกเหตุ, เตือนภัย **-threatener** *n.* (**-S.** warn)

★**three** (ธรี) *n.* สาม, เลขสาม, จำนวนที่สาม, อันดับสาม **-three** *adj., pron.*

three-dimensional (ธรีดิเมน' ชะเนิล, -ได-) *adj.* มีสามมิติ (กว้าง ยาว และลึก)

threepence (เธรพ' เพินซ์, ธริพ'-, ธรัพ'-) *n., pl.* **threepence/-pences** เหรียญที่มีค่าสามเพนนี, จำนวนสามเพนนี

threepenny (เธรพ' พะนี, ธริพ'-, ธรัพ'-) *adj.* มีมูลค่าสามเพนนี, เล็กน้อย, ขี้ปะติ๋ว

three-quarter (ธรี' ควอร์เทอร์) *adj.* เป็นจำนวนสามในสี่, เป็นความยาวสามในสี่

three R's วิชาสำคัญซึ่งเป็นพื้นฐานของการศึกษา ประกอบด้วย Reading (การอ่าน) Writing (การเขียน) และ Arithmetic (เลขคณิต)

thresh (เธรช) *v.* **threshed, threshing** *-vt.* นวด (ข้าว), ถกเถียง, โต้แย้ง, อภิปราย, โบย, ตี, เฆี่ยน *-vi.* นวด ฝัด (ข้าว)

thresher (เธรช' เชอร์) *n.* เครื่องนวดข้าว

threshold (เธรช' โอลด์, -โฮลด์) *n.* ธรณีประตู, ทางเข้า, จุดเริ่มต้น, ธรณีหน้าต่าง

threw (ธรู) *v.* กริยาช่อง 2 ของ throw

thrice (ไธรซ์) *adv.* สามเท่า, สามครั้ง, สามหน, สามทบ

thrift (ธริฟท์) *n.* ความประหยัด, ความมัธยัสถ์, ความกระเหม็ดกระแหม่ (**-S.** economy, prudence)

thriftless (ธริฟท์' ลิซ) *adj.* ฟุ่มเฟือย, สุรุ่ยสุร่าย **-thriftlessly** *adv.* **-thriftlessness** *n.*

thrill (ธริล) *v.* **thrilled, thrilling** *-vt.* ทำให้ตื่นเต้น, ทำให้เร้าใจ, ทำให้ใจหายใจคว่ำ, ทำให้ตัวสั่น, ทำให้เสียวซ่าน *-vi.* ตื่นเต้น, เร้าใจ, ตัวสั่น, เสียวซ่าน, ระทึกใจ *-n.* ความตื่นเต้น, ความระทึกใจ, เรื่องที่ทำให้ตื่นเต้นระทึกใจ (**-S.** (v., n.) throb, tremble, quiver **-A.** (v.) pacify)

thriller (ธริล' เลอร์) *n.* หนังสือ เรื่องสั้น ละครหรือภาพยนตร์ที่ทำให้ผู้อ่านผู้ชมตื่นเต้นระทึกใจ

thrive (ไธรฟว์) *vi.* **thrived/throve, thrived/thriven, thriving** เจริญ, เติบโต, งอกเงย, รุ่งเรือง **-thriver** *n.* (**-S.** boom **-A.** die)

★**throat** (โธรท) *n.* คอ, ลำคอ, หลอดอาหาร *-vt.* **throated, throating** ส่งเสียงครืดคราดจากคอ

throb (ธรอบ) *vi.* **throbbed, throbbing** เต้น, สั่น, ใจสั่น, กระเพื่อม, สั่นสะเทือน, เต้นรัว, เต้น

A B C D E F G H I J K L M N O P Q R S T U V W X Y Z

เป็นจังหวะ *-n.* การเต้น, การสั่น, การสั่นสะเทือน, การเต้นเป็นจังหวะ (**-S.** (v., n.) beat)

throe (โธร) *n.* ความเจ็บปวดรวดร้าวแสนสาหัส

throne (โธรน) *n.* บัลลังก์, ผู้ครองราชบัลลังก์

throng (ธรอง) *n.* ฝูงชน, กลุ่มคน, จำนวนคนมากมาย, เหล่า, หมู่, โขลง, ฝูง *-vt., vi.* **thronged, thronging** ออกัน, รุม, จับกลุ่ม, เบียดกัน, ยกโขยง, แห่กันไป (**-S.** (n., v.) crowd)

throttle (ธรอท' เทิล) *n.* จุก, ฝาจุก, ลิ้นบังคับน้ำมันในเครื่องยนต์ *-vt.* **-tled, -tling** เค้นคอ, รัดจนแน่น, อุด, บังคับ (ลิ้นบังคับน้ำมันในเครื่องยนต์), บังคับ (คันเร่ง) **-throttler** *n.* (**-S.** (v.) choke, control, stifle)

★**through** (ธรู) *prep.* ผ่าน, ตลอด, ฝ่ากลาง, ผ่านพ้น, โดยทาง, โดยวิธี, ด้วย, เพราะ, เนื่องด้วย, ตลอดรอดฝั่ง, โดยรอบ, โดยทั่ว, ฝ่า (ไฟแดง) *-adv.* ผ่าน, ผ่านตลอด, (อ่าน) ตลอด, ตลอดรอดฝั่ง, สำเร็จ, เสร็จ, สมบูรณ์, ผ่านพ้น, โดยตลอด *-adj.* โดยตลอด, ตลอด, ผ่านตลอด, ไปโดยตลอด, (เดินทาง) โดยไม่เปลี่ยนเส้นทาง, สำเร็จ, จบสิ้น, เสร็จสิ้น, ตัดขาด, เลิกลา **-through and through** สำเร็จลุล่วง, โดยตลอด (**-S.** (prep.) between, by way of, during (adj.) finished)

★**throughout** (ธรูเอาท์') *prep.* ตลอดทั้ง *-adv.* โดยตลอด, ตลอดทั้งหมด, ทั่ว

throve (โธรฟว์) *v.* กริยาช่อง 2 ของ thrive

★**throw** (โธร) *vt., vi.* **threw, thrown, throwing** ขว้าง, เขวี้ยง, เหวี่ยง, โยน, ปา, ทอด (ลูกเต๋า), ทอย, ส่อง (แสง), สาด, ผงะ, สลัดทิ้ง, ปลดเปลื้อง, ทำให้ตกลง (จากหลังม้า), ยอ (แสง), ทำให้ตกอยู่ในภาวะ, จัดงานเลี้ยง, ทำให้ตกใจหรือสับสน, พุ่ง, พ่น, ผลัก, กดลง, ทิ้ง, ลอก (คราบ) *-n.* การขว้างปา, การโยน, ระยะที่ขว้างไปถึง, การทอดลูกเต๋า, ผ้าคลุมไหล่, ผ้าพันคอ, รัศมี **-throw away** ละทิ้ง, กำจัด, ปล่อยโอกาสหลุดลอยไป **-throw back** ขัดขวาง **-throw in** แทรก, แถม, สอด **-throw off** ปลดเปลื้อง, ลอก (คราบ), ขว้าง, ทิ้ง, โยน, ทอด (ลูกเต๋า) **-throw out** ปฏิเสธ, กำจัด, โยนทิ้ง **-throw over** ทำลายล้าง, ละทิ้ง, ปฏิเสธ **-throw up** อาเจียน, ละทิ้ง, เลิก (**-S.** (v., n.) cast, heave, pitch, shy, toss)

thru (ธรู) *prep., adv., adj.* (ภาษาพูด) ดู through

thrum (ธรัม) *vt., vi.* **thrummed, thrumming** เคาะ ดีด หรือเล่นดนตรีอย่างไม่มีทักษะ, พูดเสียงพึมพำ, ทำเสียงหึ่งๆ

thrust (ธรัซท์) *vt., vi.* **thrust, thrusting** ผลัก, ไส, ดัน, ดุน, ยัน, รุน, เสือก, ยื่น, ซุก, แทง, ยัด, เสียบ, ทิ่ม, สอด, พุ่งเข้าใส่ *-n.* การผลักดัน, การโจมตี, การเสือกไส, แรงดัน, กำลังขับดัน, การทิ่มแทง, การทำลาย, จุดสำคัญ, สาระ, แก่น **-thruster** *n.* **-thrustful** *adj.* (**-S.** (v., n.) drive, shove, stab)

thud (ธัด) *n.* เสียงของหนักตกดังตุ๊บ, การทำให้เกิดเสียงตุ๊บ *-vi.* **thudded, thudding** ทุบเสียงดังตุ๊บ (**-S.** (n., v.) clump, smack)

thug (ธัก) *n.* นักเลงหัวไม้, อันธพาล, วายร้าย **-thuggery** *n.* **-thuggish** *adj.* (**-S.** hooligan)

★**thumb** (ธัม) *n.* นิ้วหัวแม่มือ, นิ้วโป้ง *-vt., vi.* **thumbed, thumbing** ใช้นิ้วพลิกหน้าหนังสืออย่างรวดเร็ว, (ภาษาพูด) โบกรถ **-all thumbs** งุ่มง่าม **-thumb one's nose** แสดงการดูถูกหรือล้อเลียนโดยใช้นิ้วโป้งแตะจมูกและกระดิกนิ้วที่เหลือ **-thumbs down** แสดงการปฏิเสธหรือล้มเหลว **-thumbs up** แสดงความพอใจ **-thumb through** มองหรืออ่านคร่าวๆ

thumb index ขอบหนังสือ (เช่น พจนานุกรม) ที่เว้าเป็นช่องแล้วติดสติกเกอร์ (เช่น A-Z, ก-ฮ) เพื่อแบ่งส่วนของหนังสือให้ง่ายต่อการค้นหา

thumbnail (ธัม' เนล) *n.* เล็บนิ้วหัวแม่มือ

thumbprint (ธัม' พรินท์) *n.* รอยนิ้วมือ

thumbscrew (ธัม' สกรู) *n.* ไขควงแบบมีร่องหรือมีปีกสำหรับมือบิด

thump (ธัมพ์) *n.* เสียงทุบดังตุ๊บ, เสียงวัตถุตกดังตุ๊บ *-vt., vi.* **thumped, thumping** ทุบ, (เสียง) ตกดังตุ๊บ, (หัวใจ) เต้นระทึก **-thumper** *n.* (**-S.** (n., v.) bang, crash, thud)

★**thunder** (ธัน' เดอร์) *n.* เสียงฟ้าผ่า, เสียงดังก้องกังวาน, เสียงขู่คำราม, เสียงดังสนั่น *-vi., vt.* **-dered, -dering** แผดเสียง **-thunderer** *n.* (**-S.** (n., v.) boom, crash, rumble)

thunderbolt (ธัน' เดอร์โบลท์) *n.* สายฟ้า

thundercloud (ธัน' เดอร์เคลาด์) *n.* เมฆฝนฟ้าคะนอง

thunderstorm (ธัน' เดอร์สตอร์ม) *n.* พายุฝนฟ้าคะนอง

thunderstruck (ธัน' เดอร์สตรัค) *adj.* แปลกประหลาดใจ, ตกใจ (**-S.** amazed, shocked)

★**Thursday** (เธิร์ซ' ดี, -เด) วันพฤหัสบดี

★**thus** (ธัซ) *adv.* เช่นนี้, ดังเช่น, อย่างนี้, ดังนี้, ฉะนี้, ด้วยเหตุนี้ (**-S.** hence, so, then)

thwack (ธแวค) *vt.* **thwacked, thwacking** ฟาด, หวด, ตี, เฆี่ยน *-n.* การฟาดด้วยไม้แบน

thwart (ธวอร์ท) *vt.* **thwarted, thwarting**

กีดขวาง, ขัดขวาง, เหนี่ยวรั้ง, ฉุด *-n.* ที่นั่งเรือตามขวาง *-adj.* ตามขวาง, แนวขวาง, บิดเบือน, (ชักจูง) ไปในทางผิด (**-S.** (v.) oppose)

thy (ไธ) *adj.* ของเธอ, ของท่าน, ของคุณ, ดู thou

thyme (ไทม์) *n.* ไม้ชนิดหนึ่งใบมีกลิ่นหอม ใช้ตากแห้งแล้วนำมาทำเครื่องเทศ

thyroid (ไธ' รอยด์) *n.* ต่อมไทรอยด์

thyself (ไธเซลฟ์') *pron.* ตัว (ของท่าน) เอง, ดู thou

tiara (เทีย' ระ, ทา' ระ) *n.* รัดเกล้า, มงกุฎเล็กๆ

tibia (ทิบ' เบีย) *n., pl.* **-iae** (-บีอี)/**-ias** กระดูกหน้าแข้ง

tic (ทิค) *n.* โรคกล้ามเนื้อใบหน้ากระตุก

★**tick[1]** (ทิค) *n.* เสียงนาฬิกาเดิน, เครื่องหมายขีด (✓), ช่วงเวลาสั้นๆ *-v.* **ticked, ticking** *-vi.* (เวลา) ผ่านไป, (นาฬิกา) เดินเสียงติ๊กๆ, (เครื่องยนต์กลไก) ทำงาน *-vt.* ขีด, กาเครื่องหมาย (✓) (**-S.** (n., v.) click, mark)

tick[2] (ทิค) *n.* เห็บ, หมัด

ticker (ทิค' เคอร์) *n.* เครื่องรับโทรเลข, (คำสแลง) นาฬิกา หัวใจ

★**ticket** (ทิค' คิท) *n.* ตั๋ว, บัตรผ่านประตู, ป้ายราคาสินค้า, ใบสั่ง (เมื่อทำผิดกฎจราจร), ใบอนุญาตปล่อยตัวกลับบ้านที่ออกให้โดยกองทัพ, ใบอนุญาตขับขี่เครื่องบินหรือเรือ, รายชื่อของผู้ลงสมัครรับเลือกตั้งของแต่ละพรรคการเมือง *-vt.* **-eted, -eting** ติดป้าย (ราคา), ติดบัตร, ให้ใบสั่ง, มุ่ง (**-S.** (n.) card, coupon)

tickle (ทิค' เคิล) *v.* **-led, -ling** *-vt.* ทำให้จั๊กจี้, จั๊กจี้, ทำให้ขำ, เกาหรือสะกิดเบาๆ ให้จั๊กจี้, ทำให้พอใจ, ทำให้ชอบใจ *-vi.* รู้สึกจั๊กจี้ *-n.* การทำให้จั๊กจี้, การทำให้คัน, ความรู้สึกจั๊กจี้

ticklish (ทิค' ลิช) *adj.* บ้าจี้, อ่อนไหว, ใจน้อย, (ปัญหา) ยุ่งยาก, ประณีต, บรรจง **-ticklishly** *adv.* **-ticklishness** *n.* (**-S.** delicate, touchy)

tidal (ไท' เดิล) *adj.* เกี่ยวกับน้ำขึ้นน้ำลง, ตามเวลาน้ำขึ้นน้ำลง **-tidally** *adv.*

tidal bore กระแสน้ำเชี่ยวบริเวณปากแม่น้ำ

tidal wave กระแสคลื่นยักษ์ที่ซัดเข้าหาฝั่งทะเลเนื่องจากแผ่นดินไหว ภูเขาไฟระเบิดหรือเกิดพายุ, น้ำท่วมใหญ่

tidbit, titbit (ทิด' บิท, ทิท'-) *n.* ชิ้นอาหารอันโอชะ

★**tide** (ไทด์) *n.* เวลาน้ำขึ้นน้ำลง, กระแสน้ำขึ้นน้ำลง, ฤดูกาล, เทศกาล, กระแสความคิด, แนวโน้ม *-v.* **tided, tiding** *-vi.* ขึ้นและลงเหมือนกระแสน้ำ *-vt.* ลอยไปตามน้ำ, ไหลไปตามกระแสน้ำ **-tide over** ช่วยให้ผ่านพ้น(ปัญหายุ่งยาก) ไปพลางๆ (**-S.** (n., v.) course, flow)

tidemark (ไทด์' มาร์ค) *n.* ร่องรอยหรือระดับที่น้ำขึ้นมาสูงสุด

tidewater (ไทด์' วอเทอร์) *n.* น้ำท่วมฝั่ง, กระแสน้ำขึ้นลง, บริเวณที่น้ำท่วมถึง (เวลาน้ำขึ้น)

★**tidy** (ไท' ดี) *adj.* **-dier, -diest** ประณีต, บรรจง, เรียบร้อย, ละเอียด, เป็นระเบียบ, สะอาด, (ภาษาพูด) พอเพียง *-vt., vi.* **-died, -dying** จัดให้เป็นระเบียบเรียบร้อย, ทำให้สะอาดสะอ้าน *-n., pl.* **-dies** การหุ้มหรือคลุมพนักเก้าอี้หรือที่พักแขน **-tidily** *adv.* **-tidiness** *n.* (**-S.** (adj.) neat, trim (v., adj.) clean (v.) order **-A.** (adj.) messy)

★**tie** (ไท) *vt., vi.* **tied, tying** มัดติดกัน, โยงเข้าด้วยกัน, ผูกมัด, ผูกให้เป็นปม, ขมวดให้เป็นปม, ผูกติด, สานสัมพันธ์, เชื่อมไมตรี, ผูกมิตร, (การแข่งขัน) เสมอกัน, กักตัว, คุมขัง, จำกัดวง *-n.* เชือกหรือสิ่งอื่นที่ใช้ผูกมัด, เนกไท, เครื่องผูกมัด, เหล็กยึดรางรถไฟ, (การแข่งขัน) การเสมอกัน, ความเป็นญาติกัน, ความเกี่ยวดองกัน, ข้อผูกมัด, การผูกมัด **-tie the knot** (คำสแลง) แต่งงาน **-tie up** ผูกติดกัน, (เงิน) จมทุน, โยงเข้าด้วยกัน (**-S.** (v.) bind (v., n.) limit)

tier (เทียร์) *n.* ชั้น, ขั้น, แถว *-vt., vi.* **tiered, tiering** จัดให้เป็นขั้นเป็นชั้น (**-S.** (n., v.) rank)

tiger[1] (ไท' เกอร์) *n., pl.* **-gers/-ger** เสือลายพาดกลอน, คนดุร้าย, คนพาล **-tigerish** *adj.*

tiger[2] (ไท' เกอร์) *n.* (ภาษาพูด) ประเทศที่ประสบความสำเร็จทางด้านเศรษฐกิจในภูมิภาคเอเชียตะวันออก ได้แก่ ฮ่องกง ไต้หวัน เกาหลีใต้ และสิงคโปร์

tiger cat แมวป่า, เสือปลา, แมวลาย

★**tight** (ไทท์) *adj.* **tighter, tightest** คับ, รัด, แออัด, อึดอัด, เต็ม, แน่น, ฝืด, เข้มงวด, กวดขัน, แข็งขัน, ตึง, แนบ, งก, ขี้เหนียว, (คำสแลง) สนิทสนม ใกล้ชิด, ประณีตและเรียบร้อย, (คำสแลง) เมามาย, (เหตุการณ์) คับขัน *-adv.* **tighter, tightest** อย่างแน่นหนา, ปลอดภัย, อย่างมั่นคง, (กอด ถือ) แน่น, (หลับตา) สนิท **-tightly** *adv.* **-tightness** *n.* (**-S.** (adj.) close, drunk, sound, stingy **-A.** (adj.) loose)

tighten (ไท' เทิน) *vt., vi.* **-ened, -ening** ทำให้แน่น, ปิดอย่างแน่นหนา, ผูกให้แน่น, ตรึงให้แน่น, ขึงให้ตึง, ขัน (นอต) ให้แน่น, เข้มงวด **-tightener** *n.* (**-S.** fasten, tense)

tightfisted (ไทท์ ฟิซ' ทิด) *adj.* ขี้เหนียว

tightrope (ไททฺ' โรพ) *n.* ลวดหรือเชือกที่ขึงตึงเหนือพื้นดิน สำหรับนักไต่ลวดเดินและแสดง
★**tights** (ไททฺซฺ) *n. pl.* กางเกงยืดแนบเนื้อ
★**tile** (ไทลฺ) *n.* กระเบื้องมุงหลังคา ปูพื้น หรือติดผนัง *-vt.* **tiled, tiling** มุงหรือปูกระเบื้อง
tiling (ไท' ลิง) *n.* การมุง ปู หรือลาดกระเบื้อง
till[1] (ทิล) *vt.* **tilled, tilling** พรวนดิน, ขุด, ไถ
till[2] (ทิล) *n.* ลิ้นชักเก็บเงินในร้านค้าหรือธนาคาร (**-S.** cash box, cash register)
★**till**[3] (ทิล) *prep., conj.* จน, จนกระทั่ง, จนกว่า, จนถึง, จนตราบ
tilt (ทิลทฺ) *vt., vi.* **tilted, tilting** เท, เอียง, ลาด, ยก, เฉียง, ตีหรือตอก (ด้วยค้อน), กระดก, พาด, เข้าปะทะ, ต่อสู้, โจมตี *-n.* การกระทำดังกล่าว, ความเอียงลาด, ที่ลาด, พื้นเอียง, ความเอนเอียง, อคติ, การประลองอาวุธ (หอก หลาว ทวน) บนหลังม้า, การทิ่มแทงด้วยอาวุธดังกล่าว, การโต้แย้ง, การโต้วาที **-tilter** *n.* (**-S.** (v., n.) cant, fight, incline, slant, slope)
timber (ทิม' เบอร) *n.* ป่าไม้, ท่อนไม้, คาน, ซุง, ขื่อ, โครงเรือ *-vt.* **-bered, -bering** ค้ำ หนุนพยุงด้วยท่อนไม้ (**-S.** (n.) beams, forest, logs)
timberland (ทิม' เบอร์แลนดฺ) *n.* ป่าไม้ที่มีต้นไม้ซึ่งมีค่าทางการค้า
★**time** (ไทมฺ) *n.* เวลา, กาล, ฤดู, ศักราช, ศก, ยุค, สมัย, ระยะเวลา, ช่วงเวลา, โอกาส, วาระ, ครั้ง, คราว, หน, จังหวะ (ดนตรี), กำหนด (วันตาย วันเกิด), อายุขัย, เวลาทำงาน, เวลาปิดสถานเริงรมย์, ช่วงเวลารับราชการทหาร, อัตราค่าจ้างที่จ่ายตามชั่วโมงทำงาน, เท่า, ช่วงเวลาที่มีการแพร่ภาพหรือกระจายเสียงรายการวิทยุโทรทัศน์, (กีฬา) เวลานอก *-vt.* **timed, timing** วัด จับ ตั้ง กำหนด จัด ปรับ เลือก (เวลา) **-against time** รีบเร่งแข่งกับเวลา **-at the same time** กระนั้น, ขณะเดียวกัน **-at times** บางครั้ง **-behind the times** ล้าสมัย **-for the time being** ชั่วคราว **-from time to time** บางครั้งบางคราว, ไม่บ่อยนัก **-in good time** ในเวลาที่เหมาะสม, ก่อนเวลา, เร็ว **-in no time** ทันทีทันใด **-in time** ทันเวลา **-on time** ตรงเวลา **-take time** ใช้เวลา **-time after time, time and again** ครั้งแล้วครั้งเล่า (**-S.** (n.) age, era, hour, rhythm (v., n.) measure)
time and a half การจ่ายค่าล่วงเวลาทำงานหนึ่งเท่าครึ่งของอัตราปกติ
time deposit การฝากเงินแบบบัญชีประจำ
time-honored (ไทมฺ' ออนเนอร์ดฺ) *adj.* เป็นที่เคารพนับถือเพราะความเก่าแก่สืบทอดกันมา
time immemorial ยุคดึกดำบรรพ์, บรรพกาล
time-lapse (ไทมฺ' แลพซฺ) *adj.* เกี่ยวกับเทคนิคการถ่ายภาพยนตร์ที่เก็บภาพด้วยความเร็วต่ำแต่นำมาฉายจริงด้วยความเร็วปกติ เช่น ภาพการเจริญเติบโตของต้นไม้อย่างรวดเร็ว
timeless (ไทมฺ' ลิซ) *adj.* ตลอดกาล, (สวย) ไม่สร่าง, ชั่วกัลปาวสาน, ไม่จบสิ้น **-timelessly** *adv.* **-timelessness** *n.*
timely (ไทมฺ' ลี) *adj.* **-lier, -liest** เหมาะสม, ก่อนกำหนด, ถูกเวลา *-adv.* ทันเวลา, เร็วเกินไป **-timeliness** *n.* (**-S.** (adj.) prompt)
time out เวลานอก
timer (ไท' เมอร) *n.* เครื่องจับเวลาหรือตั้งเวลา
times (ไทมฺซฺ) *prep.* คูณ
timesaving (ไทมฺ' เซวิ่ง) *adj.* ซึ่งช่วยประหยัดเวลา
Times Square ย่านแห่งหนึ่งในมหานครนิวยอร์ก
timetable (ไทมฺ' เทเบิล) *n.* ตารางเวลาเดินรถ, ตารางสอน, ตารางเรียน (**-S.** schedule)
timework (ไทมฺ' เวิร์ค) *n.* อัตราค่าจ้างที่จ่ายตามชั่วโมงทำงาน
time zone เขตเวลาของโลก
timid (ทิม' มิด) *adj.* **-er, -est** ขี้อาย, ขี้กลัว, ขี้ขลาด, ขี้ตื่น, กระดาก **-timidity, timidness** *n.* **-timidly** *adv.* (**-S.** shy **-A.** fearless)
timing (ไท' มิง) *n.* การกะจังหวะดนตรี, การกะเวลา, การจับเวลา, การคำนวณเวลา
timorous (ทิม' เมอเริซ) *adj.* ขี้ขลาด, ขี้ตื่น
★**tin** (ทิน) *n.* ธาตุดีบุก เป็นโลหะชนิดหนึ่งมีสีขาวคล้ายเงินใช้ในการชุบโลหะและทำโลหะผสมต่างๆ มีสัญลักษณ์ Sn *-vt.* **tinned, tinning** ฉาบหรือชุบด้วยดีบุก, หุ้มด้วยแผ่นดีบุกบางๆ
tin can กระป๋องบรรจุอาหารที่เคลือบด้วยดีบุก
tincture (ทิงคฺ' เชอร) *n.* สารละลายในแอลกอฮอล์ หรือสารที่สกัดด้วยแอลกอฮอล์, สีผง, สีย้อม, สีแต้ม *-vt.* **-tured, -turing** แต้ม, ย้อม, ระบาย, ทำให้ซึมซาบ
tinder (ทิน' เดอร) *n.* วัสดุที่ติดไฟง่าย เช่น เศษไม้
tinderbox (ทิน' เดอร์บอคซฺ) *n.* ไม้ขีดไฟโบราณประกอบด้วยหีบเหล็กบรรจุกิ่งไม้แห้ง เศษไม้ฝอย หินเหล็กไฟ
tine (ไทนฺ) *n.* ง่าม, ซี่, ขา, เขากวาง
tin foil แผ่นดีบุกบางๆ ที่ใช้หุ้มอาหารหรือบุหรี่
ting (ทิง) *n.* เสียงกระดิ่งหรือระฆังดังกริ๊งๆ *-vi.* **tinged** (ทิงดฺ), **tinging** ส่งเสียงดังกริ๊งๆ
tinge (ทินจฺ) *vt.* **tinged** (ทินจฺดฺ), **tingeing/**

tinging (ทิน' จิง) แต้ม, ระบาย, ย้อม, เจือ *-n.* จำนวนเล็กน้อย, แต้มสี, สิ่งเจือปน (-**S.** (v., n.) dye, stain)

tingle (ทิง' เกิล) *v.* **-gled, -gling** *-vi.* เสียว, ชา, ซ่า, เจ็บแปลบ *-vt.* ทำให้รู้สึกเสียว ชา ซ่า เจ็บแปลบ *-n.* ความรู้สึกเสียว ชา ซ่าหรือเจ็บแปลบ **-tingler** *n.* **-tingly** *adj.*

tinker (ทิง' เคอร์) *n.* ช่างซ่อมปะหม้อ, ช่างบัดกรี, คนซุ่มซ่าม, คนเร่ร่อน *-v.* **-kered, -kering** *-vi.* ทำงานเป็นช่างปะหม้อ ช่างบัดกรี, ทำอะไรไม่เป็นโล้เป็นพาย, ไม่มีฝีมือ *-vt.* ซ่อม ปะหม้อ ฯลฯ, ทำเล่นๆ, จับจด (-**S.** (v.) dabble)

tinkle (ทิง' เคิล) *vi., vt.* **-kled, -kling** ส่งเสียงดังกริ๊งๆ, สั่น (กระดิ่ง) ดังกริ๊งๆ *-n.* เสียงกระดิ่งสั้นดังกริ๊งๆ

tin plate เหล็กฉาบดีบุก

tinsel (ทิน' เซิล) *n.* แผ่นโลหะบางๆ หลากสีที่ส่องแสงแววาวใช้ประดับต้นไม้เทศกาลคริสต์มาส, ผ้าที่ประดับด้วยแผ่นโลหะแวววาว,เครื่องประดับที่สวยงามแต่ไม่มีค่า *-adj.* เก๊, ไม่มีค่า, ฉูดฉาด *-vt.* **-seled, -seling/-selled, -selling** ประดับหรือตกแต่งด้วยเครื่องประดับที่แวววับ

tint (ทินท์) *n.* สีอ่อน, สีจาง, แต้มสี, สีอ่อนๆ ที่ระบายเป็นสีพื้น, สีย้อมผม *-vt., vi.* **tinted, tinting** ย้อม, แต้ม, ระบาย, เจือจาง (สี) **-tinter** *n.* (-**S.** (n., v.) color, rinse)

tin wedding การครบรอบแต่งงานปีที่ 10

★**tiny** (ไท' นี) *adj.* **-nier, -niest** เล็ก, จิ๋ว, จ้อย, กระจิริด **-tininess** *n.* (-**S.** small -**A.** big)

★**tip**[1] (ทิพ) *n.* ส่วนปลาย, ส่วนสุดท้าย, ปลายนิ้ว, ปลายเท้า, ส่วนที่นำมาสวมปลาย *-vt.* **tipped, tipping** สวมปลาย, หุ้มปลาย, ต่อปลาย, เสริมปลาย, ย้อมปลายผม (-**S.** (n., v.) peak)

★**tip**[2] (ทิพ) *vt., vi.* **tipped, tipping** ล้ม, คว่ำ, คะมำ, เท, ลาด, เอียง, กระดก *-n.* การกระทำดังกล่าว, ขยะ (-**S.** (v., n.) incline (n.) rubbish)

★**tip**[3] (ทิพ) *n.* เงินรางวัล, คำแนะนำ *-vt., vi.* **tipped, tipping** แนะ, บอก, ให้เงินรางวัล (-**S.** (n., v.) gift, hint, reward (v.) advise)

tipcart (ทิพ' คาร์ท) *n.* รถบรรทุกที่สามารถยกท้ายเทของได้ เช่น รถขนหิน ดิน ทราย

tip-off (ทิพ' ออฟ) *n.* คำเตือน, ข้อแนะนำ

tipple (ทิพ' เพิล) *vt., vi.* **-pled, -pling** ดื่ม (เหล้า) มากเกินไป *-n.* เหล้า **-tippler** *n.*

tipster (ทิพ' สเตอร์) *n.* (ภาษาพูด) คนใบ้หวย คนทำนายม้าแข่งหรือสุนัขแข่ง

tipsy (ทิพ' ซี) *adj.* **-sier, -siest** เมา, โซเซ **-tipsily** *adv.* **-tipsiness** *n.*

tiptoe (ทิพ' โท) *vi.* **-toed, -toeing** เดินเขย่งเท้า, ย่อง *-n.* ปลายเท้า *-adj.* ระวังระไว, ระมัดระวัง, คอยเฝ้าดู *-adv.* แอบ, หลบๆ ซ่อนๆ **-on tiptoe** ใจจดใจจ่อ, อยากรู้อยากเห็น

tiptop (ทิพ' ทอพ) *n.* จุดสูงสุด, ความยอดเยี่ยม, ความเป็นเลิศ *-adj., adv.* ยอดเยี่ยม, ดีเลิศ

tirade (ไท' เรด, ไทเรด') *n.* คำพูดด่าทอยืดยาว, คำติเตียน (-**S.** declamation)

★**tire**[1] (ไทร์) *v.* **tired, tiring** *-vi.* เหนื่อยอ่อน, อ่อนเพลีย, เบื่อหน่าย *-vt.* ทำให้เหน็ดเหนื่อย, ทำให้เบื่อหน่ายหรือละเหี่ยใจ (-**S.** bore, weary)

★**tire**[2] (ไทร์) *n.* ยางรถ, ยางนอกรถ, ห่วงยางหรือโลหะที่สวมรอบล้อรถ, รอบนอกของล้อรถ

★**tired** (ไทร์ด์) *adj.* ล้า, เมื่อย, น่าเบื่อ **-tiredly** *adv.* **-tiredness** *n.* (-**S.** exhausted)

tireless (ไทร์' ลิซ) *adj.* ไม่รู้จักเหน็ดเหนื่อย **-tirelessly** *adv.* (-**S.** energetic -**A.** tired)

tiresome (ไทร์' เซิม) *adj.* น่าเบื่อ, น่ารำคาญ **-tiresomeness** *n.* (-**S.** dull, tedious)

★**tissue** (ทิช' ชู) *n.* เนื้อเยื่อ, กระดาษชำระ, เนื้อผ้า, ผ้าโปร่ง, ตาข่าย, ร่างแห

tissue culture การเพาะเลี้ยงเนื้อเยื่อ

tissue paper กระดาษห่อของ

tit (ทิท) *n.* (คำสแลง) หน้าอกผู้หญิง หัวนมผู้หญิง (-**S.** bosom, breast, nipple)

titanic (ไทแทน' นิค) *adj.* ใหญ่โต, มหึมา, ยักษ์, มโหฬาร (-**S.** huge -**A.** small)

titanium (ไทเท' เนียม, ทิ-) *n.* ธาตุไทเทเนียม เป็นโลหะชนิดหนึ่ง มีสัญลักษณ์ Ti

titbit (ทิท' บิท) *n.* ดู tidbit

tit for tat การโต้ตอบ, การแก้เผ็ด

tithe (ไทธ์) *n.* หนึ่งในสิบ, การเสียอากรสิบชักหนึ่ง, จำนวนเล็กน้อย *-v.* **tithed, tithing** *-vt.* เก็บอากรสิบชักหนึ่ง *-vi.* จ่ายอากรสิบชักหนึ่ง

titillate (ทิท' เทิลเลท) *v.* **-lated, -lating** *-vt.* กระตุ้น, จั๊กจี้, ทำให้ขัน, ทำให้เสียวซ่าน, ทำให้พอใจ *-vi.* รู้สึกจั๊กจี้, รู้สึกเสียวซ่าน **-titillatingly** *adv.* (-**S.** arouse, tickle)

titivate (ทิท' ทะเวท) *vt.* **-vated, -vating** ประดับ, ตกแต่ง, แต่งตัว **-titivation** *n.*

★**title** (ไท' เทิล) *n.* ชื่อ, ชื่อเรื่อง, ชื่อหนังสือ, ชื่อละคร, ชื่อเพลง, ชื่อภาพยนตร์, ฉายา, ยศฐาบรรดาศักดิ์, ผู้ครองตำแหน่งชนะเลิศในทางกีฬา, บท, ตอน, บทแปลภาพยนตร์, กรรมสิทธิ์, สิทธิ, ความเป็นเจ้าของ, ความถูกต้องตามกฎหมาย, กรรมสิทธิ์ในอสังหาริมทรัพย์

-*vt.* **-tled, -tling** ตั้งชื่อ, จั่วหน้า, ให้ชื่อ, เรียกชื่อ, ขนานนาม (**-S.** (n., v.) name (n.) right (v.) label)
title deed โฉนดแสดงกรรมสิทธิ์ที่ดิน
titled (ไท' เทิลดฺ) *adj.* มียศฐาบรรดาศักดิ์
title page หน้าปกรองของหนังสือซึ่งจะระบุชื่อหนังสือ ชื่อผู้แต่ง สำนักพิมพ์ และสถานที่จัดพิมพ์
titleholder (ไท' เทิลโฮลเดอรฺ) *n.* ผู้ครองตำแหน่งชนะเลิศในทางกีฬา, ผู้ถือครองกรรมสิทธิ์ในอสังหาริมทรัพย์หรือโฉนดที่ดิน, ผู้มียศฐาบรรดาศักดิ์
titrate (ไท' เทรท) *vt., vi.* **-trated, -trating** ทำการวิเคราะห์ทางเคมี เพื่อวัดปริมาณของธาตุ
titration (ไทเทร' ชัน) *n.* ปฏิบัติการอย่างหนึ่งซึ่งเป็นพื้นฐานของการปริมาตรวิเคราะห์
titter (ทิท' เทอรฺ) *vi.* **-tered, -tering** หัวเราะคิกคัก -*n.* การหัวเราะคิกคัก
tittle-tattle (ทิท' เทิลแททเทิล) *n.* การนินทา
titular (ทิช' ชะเลอรฺ) *adj.* โดยนาม, เพียงในนาม
TKO ย่อจาก technical knockout การชนะชกมวยแบบกรรมการตัดสินให้คู่ต่อสู้แพ้เพราะหมดทางสู้
TNT (ทีเอนที') *n.* ย่อจาก t(ri)n(itro)t(oluene) วัตถุระเบิดแรงสูง
to (ทู) *prep.* ไปทาง, ไปสู่, ไปยัง, ไปถึง, มาถึง, มายัง, มาสู่, ให้, ไปหา, แก่, ถึง, จนถึง, แด่, กับ, ต่อ, จนกระทั่ง, กระทั่ง, สำหรับ, เพื่อ, จะ, จะถึง, ใกล้จะ, จวนจะ, ตามที่, ตามสั่ง, ทาง (ซ้ายขวา), เข้ากับ, เหมาะกับ, ประกอบเข้า, เป็น -*adv.* ไปยัง, ไปสู่, ไปทาง, ปิด (ประตู), ฟื้น, คืนสติ **-to and fro** กลับไปกลับมา
toad (โทด) *n.* คางคก, คนน่ารังเกียจ
toady (โท' ดี) *n., pl.* **-ies** คนประจบสอพลอ -*vt., vi.* **-ied, -ying** ประจบ (**-S.** (n.) flatterer)
★**toast**[1] (โทซทฺ) *vt., vi.* **toasted, toasting** ปิ้ง, ย่าง, อบ, อังไฟ, ผิงไฟ -*n.* ขนมปังปิ้ง
toast[2] (โทซทฺ) *n.* การดื่มอวยพร, คนที่ได้รับการดื่มอวยพร -*vt., vi.* **toasted, toasting** ดื่มอวยพร (**-S.** (n., v.) drink, salute)
toaster (โท' สเตอรฺ) *n.* เครื่องปิ้งขนมปัง
★**tobacco** (ทะแบค' โค) *n., pl.* **-cos/-coes** ใบยาสูบ, ยาเส้น, ต้นยาสูบ **-tobacconist** *n.*
to-be (ทูบี') *adj.* ในอนาคต, ภายหน้า
toboggan (ทะบอก' เกิน) *n.* เลื่อนที่ใช้ลากบนหิมะ -*vi.* **-ganed, -ganing** ขี่เลื่อน
tocsin (ทอค' ซิน) *n.* ระฆังบอกเหตุอันตราย
★**today** (ทะเด') *n.* ปัจจุบัน, วันนี้, ทุกวันนี้

toddle (ทอด' เดิล) *vi.* **-dled, -dling** เดินเตาะแตะ, เดินเล่น -*n.* ท่าทางเดินเตาะแตะ
toddy (ทอด' ดี) *n., pl.* **-dies** น้ำตาลเมา, อุ
to die for (ภาษาพูด) น่าปรารถนาเป็นที่สุด
★**toe** (โท) *n.* นิ้วเท้า, กีบเท้าของสัตว์ (ม้า), หัวถุงเท้าหรือรองเท้า, ปลายไม้กอล์ฟ, เชิงเขื่อน -*v.* **toed, toeing** -*vt.* แตะหรือเตะด้วยปลายเท้า, จิกเท้าก่อนออกวิ่งแข่ง, ตอก (ตะปู เดือย) -*vi.* ยืน เดินเขย่ง หรือเคลื่อนที่ด้วยปลายเท้า
toenail (โท' เนล) *n.* เล็บเท้า
toffee (ทอ' ฟี, ทอฟ' ฟี) *n.* ลูกอม
tofu (โท' ฟู) *n.* เต้าหู้
tog (ทอก) *n.* (ภาษาพูด) เสื้อผ้า เสื้อคลุม
★**together** (ทะเกธ' เธอรฺ) *adv.* ด้วยกัน, เข้าด้วยกัน, ร่วมกัน, ไปกันได้, พร้อมกันกับ, ต่อเนื่องกันไป, ติดๆ กัน -*adj.* (คำสแลง) ควบคุม (อารมณ์) ได้ดี, (อารมณ์) มั่นคง **-togetherness** *n.* (**-S.** (adv.) closely, continuously)
toggle (ทอก' เกิล) *n.* สลัก, เครื่องมือหรืออุปกรณ์ที่มีข้อต่อ -*v.* **-gled, -gling** -*vt.* ลงสลัก, ใส่สลัก, ยึดด้วยสลัก -*vi.* สลับกระแสไฟ
toggle joint ข้อต่อ เช่น ข้อศอก
toil (ทอยลฺ) *vi.* **toiled, toiling** ทำงานหนัก, เดินลาก เข็นด้วยความเหนื่อยยาก -*n.* งานหนัก **-toiler** *n.* (**-S.** (v., n.) labor, slog, work)
★**toilet** (ทอย' ลิท) *n.* ห้องน้ำ, ห้องส้วม, การแต่งตัว, เสื้อผ้า, เครื่องแต่งกาย, การทำความสะอาดแผลผ่าตัด (**-S.** closet)
toilet paper กระดาษชำระ
toiletry (ทอย' ลิทรี) *n., pl.* **-ries** ข้าวของที่ใช้ในการแต่งตัว
toilet water เครื่องหอมที่ใช้หลังอาบน้ำ
token (โท' เคิน) *n.* เครื่องแสดง, หลักฐาน, ของที่ระลึก, พยาน, สิ่งที่มีค่าแทนเงิน, เหรียญกษาปณ์ -*vt.* **-kened, -kening** แสดงให้เห็น, แสดงเป็นนัย -*adj.* เป็นลาง, เป็นเครื่องแสดง, เป็นนัย (**-S.** (n., v.) evidence (n.) souvenir (adj.) symbolic **-A.** (adj.) concealed)
told (โทลดฺ) *v.* กริยาช่อง 2 และ 3 ของ tell
tolerable (ทอล' เลอระเบิล) *adj.* ทนทาน, พอทน, พอสมควร **-tolerableness** *n.* **-tolerably** *adv.* (**-S.** endurable, fair)
tolerance (ทอล' เลอเรินซฺ) *n.* ความอดกลั้น, ความอดทน, ความทนทาน, ความต้านทาน, ความใจกว้าง (**-S.** patience, resistance)
tolerant (ทอล' เลอเรินทฺ) *adj.* ใจกว้าง, ยอมรับฟัง, อดกลั้น, หักห้าม **-tolerantly** *adv.*

A B C D E F G H I J K L M N O P Q R S T U V W X Y Z

(-S. fair, patient -A. intolerant, unfair)

tolerate (ทอล' ละเรท) *vt.* **-ated, -ating** อดทน, อดกลั้น, ทนทาน, ฝืนทน **-tolerative** *adj.* **-tolerator** *n.* (-S. endure, stand)

toleration (ทอลละเร' ชัน) *n.* ความใจกว้าง, ความยอมรับนับถือความคิดของผู้อื่น

toll[1] (โทล) *n.* ค่าทางด่วน, ค่าผ่านทางพิเศษ, ค่าบริการโทรศัพท์ทางไกล, ความเสียหาย *-vt.* **tolled, tolling** เก็บค่าผ่านทาง ค่าบริการ หรือค่าธรรมเนียม (-S. (n., v.) tariff, tax)

toll[2] (โทล) *vt., vi.* **tolled, tolling** ตี (ระฆัง) บอกเวลา, (เสียงระฆัง) ตีกลับไปมาอย่างช้าๆ *-n.* การเคาะระฆัง, เสียงเคาะระฆัง

toll call โทรศัพท์ทางไกล

tollgate (โทล' เกท) *n.* ประตูกั้นถนนเพื่อเรียกเก็บค่าผ่านทาง

tollhouse (โทล' เฮาซ์) *n.* ห้องเก็บเงินค่าผ่านทาง

tom (ทอม) *n.* สัตว์ตัวผู้ (แมวหรือไก่งวง)

tomahawk (ทอม' มะฮอค) *n.* ขวานของชาวอินเดียนแดงในสมัยก่อนใช้เป็นอาวุธ

★**tomato** (ทะเม' โท, -มา'-) *n., pl.* **-toes** มะเขือเทศ

tomb (ทูม) *n.* สุสาน, ฮวงซุ้ย, ป่าช้า, หลุมฝังศพ (-S. grave, vault)

tomboy (ทอม' บอย) *n.* เด็กผู้หญิงที่มีนิสัยแก่นเหมือนเด็กผู้ชาย

tombstone (ทูม' สโตน) *n.* ป้ายหินจารึกชื่อผู้ตาย (-S. monument)

tomcat (ทอม' แคท) *n.* แมวตัวผู้

tome (โทม) *n.* หนังสือที่หนักมากและมีขนาดใหญ่, สมุด, ฉบับ, เล่ม

★**tomorrow** (ทะมอ' โร) *n.* วันพรุ่งนี้, วันข้างหน้า *-adv.* พรุ่งนี้

tom-tom, tam-tam (ทอม' ทอม, ทัม' ทัม, แทม' แทม) *n.* กลองยาว

★**ton** (ทัน) *n.* หน่วยวัดน้ำหนักเท่ากับ 2,000 ปอนด์ (907.18 กิโลกรัม) เรียกว่า short ton (แบบอเมริกัน), หน่วยวัดน้ำหนักเท่ากับ 2,240 ปอนด์ (1,016.05 กิโลกรัม) เรียกว่า long ton (แบบอังกฤษ), หน่วยวัดน้ำหนักเท่ากับ 2,205 ปอนด์ (1,000 กิโลกรัม) เรียกว่า metric ton, หน่วยวัดความจุหรือระวางของเรือบรรทุกสินค้า โดยทั่วไปเท่ากับ 40 ลูกบาศก์ฟุต (1,000 กิโลกรัม), หน่วยวัดความจุของเรือที่เอาน้ำหนักน้ำที่เรือขับออก หรือระวางขับน้ำเท่ากับ 2,240 ปอนด์หรือ 35 ลูกบาศก์ฟุต (0.99 ลูกบาศก์เมตร), หน่วยวัดความจุภายในของเรือสินค้าเท่ากับ 100 ลูกบาศก์ฟุต, (ภาษาพูด) จำนวนมากมาย, (คำสแลง) ความเร็ว 100 ไมล์ต่อชั่วโมง จำนวน 100 ปอนด์ จำนวน 100 คะแนน

★**tone** (โทน) *n.* เสียง, น้ำเสียง, เสียงดนตรี, เสียงร้องเพลง, เสียงสูงต่ำของดนตรี, คุณภาพของเสียง, ระดับเสียง, ลีลาการเขียน, สี, เฉดสี, ทัศนคติ ความคิด หรือความรู้สึกในการเขียน (จดหมาย), การเน้นเสียงพยางค์ของคำหนึ่ง, ความสมบูรณ์ของร่างกาย *-v.* **toned, toning** *-vt.* ปรับเสียง, ปรับสี, ทำให้เข้ากัน, ทำให้กลมกลืน *-vi.* เข้ากัน, กลมกลืน, ผสมผสานกัน **-tone down** ปรับเสียงให้เบาลง, ปรับสีให้อ่อนลง, บรรเทาลง **-tone up** ทำให้แข็งแรงขึ้น, ทำให้สีเข้มหรือสว่างขึ้น, ปรับเสียงให้ดังขึ้น (-S. (n.) accent, mood (n., v.) pitch, shade)

tone mark วรรณยุกต์

tong (ทอง) *vt.* **tonged, tonging** คีบหรือหนีบด้วยคีมหรือปากคีบ

tongs (ทองซ์) *n. pl.* คีม, ปากคีบ

★**tongue** (ทัง) *n.* ลิ้น, ลิ้นวัว (อาหาร), ภาษา, คำพูด, สำนวน, โวหาร, ปาก, เปลวไฟ, ลิ้นของเครื่องดนตรี เช่น เครื่องเป่า, ลิ้นรองเท้า, แผ่นดินที่ยื่นเข้าไปในทะเล, ลูกตุ้มระฆัง *-v.* **tongued, tonguing** *-vt.* แตะหรือเลียด้วยลิ้น, ทำร่องรางลิ้น, ด่า *-vi.* ยื่น (ลิ้น) ออกมา **-hold one's tongue** เงียบ, หุบปาก **-lose one's tongue** พูดไม่ออก, อึ้ง

tongueless (ทัง' ลิซ) *adj.* ไม่มีลิ้น, ใบ้, ไม่พูด

tongue-tied (ทัง' ไทด์) *adj.* เขินอายจนไม่กล้าพูด, ประหม่าจนพูดไม่ออก

tongue twister คำหรือกลุ่มคำที่อ่านยาก, คำหรือวลีที่จะอ่านเร็วๆ ได้อย่างถูกต้องยาก

tonic (ทอน' นิค) *n.* ยาชูกำลัง, ยาบำรุงร่างกาย, ยาเจริญอาหาร *-adj.* ที่บำรุงทั้งร่างกายและจิตใจ **-tonically** *adv.* (-S. (n.) refresher)

tonic accent เครื่องหมายแสดงเสียงสูงต่ำทางสัทศาสตร์

★**tonight** (ทะไนท์) *adv.* ในคืนนี้ *-n.* คืนนี้

tonnage (ทัน' นิจ) *n.* ระวางของเรือ คิดเป็นตัน, ความจุของเรือบรรทุกสินค้าเท่ากับ 100 ลูกบาศก์ฟุต, ค่าบรรทุกหรือค่าระวางที่คิดต่อตัน, น้ำหนักที่คิดเป็นตัน

tonsil (ทอน' เซิล) *n.* ต่อมทอนซิล มีหน้าที่ป้องกันเชื้อโรคที่ผ่านเข้ามาทางลำคอ

tonsillitis (ทอนซะไล' ทิซ) *n.* ต่อมทอนซิลอักเสบ

tonsure (ทอน' เชอร์) *n.* การโกนผมเพื่อบวช,

การโกนจุก, หัวโล้น (ของพระ) *-vt.* **-sured, -suring** โกนผม, ปลงผม, โกนจุก

★**too** (ทู) *adv.* ด้วย, เช่นกัน, เหมือนกัน, เกินไป, เหลือเกิน, อย่างยิ่ง, (ภาษาพูด) จริงๆ ทีเดียว (**-S.** also, extremely)

★**took** (ทุค) *v.* กริยาช่อง 2 ของ take

★**tool** (ทูล) *n.* เครื่องมือช่าง, คนที่ตกเป็นเครื่องมือของคนอื่น, คนที่ถูกล่อลวง, เครื่องดนตรี, ตราที่ประทับบนปกหนังสือ (**-S.** device, utensil)

toolbox (ทูล' บอคซฺ) *n.* กล่องเก็บเครื่องมือ

toot (ทูท) *vt., vi.* **tooted, tooting** เป่า (แตร), ชัก (หวูด) *-n.* แตร, หวูด

★**tooth** (ทูธ) *n., pl.* **teeth** (ทีธ) ฟัน, ซี่ฟัน, เขี้ยว, เฟือง, ซี่ (เลื่อย หวี ซิป), ความอยากอาหาร, ความชอบหรือพอใจ *-v.* **toothed, toothing** *-vt.* ทำให้เป็นขอบหยัก *-vi.* (เฟือง) กินกัน, เอา (เฟือง) ไปต่อกัน

toothache (ทูธ' เอค) *n.* อาการปวดฟัน

tooth and nail สู้ยิบตา, สู้ตาย

toothbrush (ทูธ' บรัช) *n.* แปรงสีฟัน

toothpaste (ทูธ' เพซทฺ) *n.* ยาสีฟัน

toothpick (ทูธ' พิค) *n.* ไม้จิ้มฟัน

toothsome (ทูธ' เซิม) *adj.* อร่อย, น่ากิน, พึงพอใจ, น่าดึงดูด (ทางเพศ)

tootle (ทูท' เทิล) *vi.* **-tled, -tling** เป่า (แตรขลุ่ย) เบาๆ ดังตู๊ดๆ, (ภาษาพูด) เดินเล่น ขับรถเล่น *-n.* การกระทำดังกล่าว

★**top** (ทอพ) *n.* จุดสูงสุด, จุดบนสุด, ยอดไม้, ชั้นสูงสุด, ชั้นบน, ระดับสูงสุด, ตำแหน่งสูงสุด, ส่วนบน, ยอดหลังคา, (เสื้อผ้า) ท่อนบน, ฝาขวดหรือจุก, หลังคารถ, ไขมันที่ลอยบนผิวนม, คนเก่งที่สุด, หัวโต๊ะ, บนโต๊ะ, ความเร็วสูงสุด *-adj.* ข้างบน, บน, ยอด, เหนือ, สุดยอด, สูงสุด, ที่สุด, เด่น, สำคัญ, ชั้นดี, หัวกะทิ, เป็นเลิศ *-v.* **topped, topping** *-vt.* ราด, โรย, เด็ดยอด (ผัก พืช), (คำสแลง) ฆ่าแขวนคอ, เก็บเกี่ยว, ตัด (ต้นไม้), ขึ้นหน้า, อยู่หัวแถว, ไปถึงจุดสูงสุด *-vi.* สำเร็จ, เสร็จสิ้น, จบ, สรุป **-on top of** นอกเหนือไปจาก **-on top of the world** อยู่ในจุดที่มีความสุขและประสบความสำเร็จ **-top up** เติม, เพิ่ม (**-S.** (n.) crown, head, lid, zenith (adj.) best, prime (v.) surpass **-A.** (n., v.) bottom)

topaz (โท' แพซ) *n.* บุษราคัม

top dog (คำสแลง) บุคคลที่อยู่ในตำแหน่งสำคัญ

tope[1] (โทพ) *n.* สถูป, เจดีย์

tope[2] (โทพ) *vt., vi.* **toped, toping** ดื่มเหล้ามากจนติดเป็นนิสัย

topflight (ทอพ' ไฟลทฺ) *adj.* (ภาษาพูด) ชั้นหนึ่ง

top hat หมวกทรงสูงของผู้ชายมักทำจากผ้าไหม ใช้สวมเฉพาะเวลาออกงาน

top hat

top-heavy (ทอพ' เฮฟวี) *adj.* **-ier, -iest** หนักส่วนบน, โอนเอน, โงนเงน, ไม่สมดุล

top-hole (ทอพ' โฮล') *adj.* ชั้นหนึ่ง, ชั้นยอด, เป็นเลิศ (**-S.** excellent)

★**topic** (ทอพ' พิค) *n.* หัวข้อ, หัวเรื่อง, เรื่องพูด, เรื่องเขียน (**-S.** issue, subject)

topical (ทอพ' พิเคิล) *adj.* ซึ่งอยู่ในความสนใจของประชาชน, ที่แพร่หลายในขณะนี้, เฉพาะท้องถิ่น, เฉพาะแห่ง **-topicality** *n.* **-topically** *adv.* (**-S.** current, popular **-A.** unpopular)

topknot (ทอพ' นอท) *n.* หัวจุก, จุกผมเด็ก

topless (ทอพ' ลิซ) *adj.* ไม่มีส่วนบน, (เสื้อผ้า) ที่ไม่มีท่อนบน, เปลือยกายท่อนบน

topmost (ทอพ' โมซทฺ) *adj.* สูงสุด, สุดยอด, บนสุด (**-S.** highest **-A.** lowest)

topnotch (ทอพ' นอช') *adj.* (ภาษาพูด) ชั้นหนึ่ง ชั้นยอด เป็นเลิศ

topography (ทะพอก' กระฟี) *n., pl.* **-phies** ภูมิประเทศ, การพรรณนาลักษณะภูมิประเทศ **-topographic, topographical** *adj.*

topping (ทอพ' พิง) *n.* สิ่งที่ใช้ราดหรือโรยหน้าอาหารหรือขนม, ชั้นหรือส่วนที่อยู่ข้างบน

topple (ทอพ' เพิล) *vt., vi.* **-pled, -pling** หก, คะมำ, หกคะเมน, ล้ม, คว่ำ, เท, ลาด, เอียง

top-secret (ทอพ' ซี' คริท) *adj.* เป็นความลับสุดยอด (**-S.** concealed **-A.** open)

topsoil (ทอพ' ซอยลฺ) *n.* หน้าดิน

topsy-turvy (ทอพซีเทอร์' วี) *adv.* กลับหัวกลับหาง, ยุ่งเหยิง, สับสนอลหม่าน *-adj.* **-vier, -viest** ยุ่งเหยิง, อลหม่าน *-n., pl.* **-vies** ความยุ่งเหยิง (**-S.** (adv.) disorderly (adj.) confused)

tor (ทอร์) *n.* ยอดเขา, เนินเขา

torch (ทอร์ช) *n.* คบเพลิง, คบ, ไต้, โคมไฟ, ตะเกียงแก๊ส, ไฟฉาย

torchbearer (ทอร์ช' แบเรอร์) *n.* คนถือคบเพลิง, ผู้ให้ความรู้แก่ผู้อื่น

tore (โทร์, ทอร์) *v.* กริยาช่อง 2 ของ tear[1]

toreador (ทอ' รีอะดอร์) *n.* นักสู้วัว

torment (*n.* ทอร์' เมนท์, *v.* ทอร์เมนท์', ทอร์' เมนท์) *n.* ความทรมาน, สิ่งที่ทำให้ทุกข์ทรมาน *-vt.* **-mented, -menting** ทำให้ทรมาน, ก่อกวน,

รังควาน **-tormentor** *n.* (**-S.** (n.) agony, misery (v.) annoy, irritate **-A.** (v.) please)

torn (ทอร์น, โทร์น) *v.* กริยาช่อง 3 ของ tear[1]

tornado (ทอร์เน' โด) *n., pl.* **-does/-dos** พายุทอร์นาโด, พายุหมุน, ลมสลาตัน, ลมบ้าหมู, ลมพายุ (**-S.** gale, tempest, whirlwind)

torpedo (ทอร์พี' โด) *n., pl.* **-does** จรวดตอร์ปิโด, ลูกระเบิดตอร์ปิโด *-vt.* **-doed, -doing** โจมตีด้วยระเบิดตอร์ปิโด

torpedo boat เรือตอร์ปิโด

torpid (ทอร์' พิด) *adj.* เงื่องหงอย, งงงวย, มึน, เฉื่อยชา, เกียจคร้าน **-torpidity** *n.* **-torpidly** *adv.* **-torpor** *n.* (**-S.** sluggish **-A.** active)

torque (ทอร์ค) *n.* แรงที่ทำให้วัตถุเกิดการหมุน

torrent (ทอ' เรินท์) *n.* กระแสน้ำไหลเชี่ยวกราก, ฝนตกห่าใหญ่ **-torrential** *adj.* **-torrentially** *adv.* (**-S.** stream **-A.** drop)

torrid (ทอ' ริด) *adj.* **-er, -est** (ดวงอาทิตย์) แผดจ้า, แผดเผา, เร่าร้อน, แรงกล้า, รวดเร็ว **-torridity, torridness** *n.* (**-S.** hot **-A.** cold)

torsion (ทอร์' เชิน) *n.* การบิด, แรงบิด

torsion balance ตาชั่งชนิดหนึ่งอาศัยการบิดตัวของเส้นลวด มุมที่เส้นลวดบิดไปมาใช้เป็นเครื่องบอกของแรงที่กระทำ

torso (ทอร์' โซ) *n., pl.* **-sos/-si** (-ซี) ลำตัวคน

tort (ทอร์ท) *n.* การละเมิดสิทธิของผู้อื่น

tortoise (ทอร์' ทิซ) *n.* เต่า

tortoiseshell, tortoise-shell, tortoise shell (ทอร์' ทิซเชล) *n.* กระดองเต่ากระ

tortuous (ทอร์' ชูเอิซ) *adj.* ลดเลี้ยว, เคี้ยวคด **-tortuously** *adv.* (**-S.** twisted **-A.** straight)

torture (ทอร์' เชอร์) *n.* ความทรมาน, เครื่องทรมาน *-vt.* **-tured, -turing** ทรมาน (**-S.** (n., v.) distress, pain, torment **-A.** (n., v.) comfort)

toss (ทอซ) *vt., vi.* **tossed, tossing** โยน, ขว้าง, ปา, (เรือ) โยนตัวขึ้นลง, โยนหัวโยนก้อย, สลัด, ทิ้ง, คลุก, ฝัด, ทำให้ลอยขึ้น, ต่อล้อต่อเถียง, ผงะ, เขย่า *-n.* การกระทำดังกล่าว, การทอด (ลูกเต๋า), การผงะศีรษะ, ระยะที่ขว้างปาไปถึง **-tossup** การโยนหัวโยนก้อย (**-S.** (v., n.) throw)

tot[1] (ทอท) *n.* เด็กน้อย, จำนวนเล็กน้อย

tot[2] (ทอท) *vt.* **totted, totting** รวม, สรุป

★**total** (โทท' เทิล) *n.* การรวม, การรวมยอด, ผลบวก, จำนวนทั้งสิ้น *-adj.* ทั้งหมด, ทั้งสิ้น, บริบูรณ์, ครบถ้วน *-vt., vi.* **-taled, -taling/-talled, -talling** รวม, นับ, คำนวณ, บวก, เพิ่ม, เท่ากับเป็น (**-S.** (n.) entirety (n., v.) sum (adj.) complete, perfect (v.) add up, amount to)

total eclipse การเกิดสุริยคราสหรือจันทรคราสเต็มดวง

totalitarian (โทแทลลิแท' เรียน) *adj.* เกี่ยวกับประเทศหรือรัฐบาลที่ปกครองแบบรวบอำนาจหรือแบบเผด็จการ *-n.* คนที่สนับสนุนการปกครองด้วยระบบดังกล่าว **-totalitarianism** *n.*

totality (โทแทล' ลิที) *n., pl.* **-ties** ผลบวก, ผลรวมทั้งหมด, การเกิดคราสเต็มดวง

totalize (โทท' เทิลไลซ) *vt.* **-ized, -izing** รวมยอด **-totalization** *n.*

totally (โทท' เทิลลี) *adv.* ทั้งหมด, ทั้งสิ้น, ครบถ้วน, บริบูรณ์ (**-S.** wholly)

totem (โท' เทิม) *n.* รูปสัตว์ที่ชาวอินเดียนแดงในอเมริกาเหนือใช้แสดงสัญลักษณ์ของครอบครัว เผ่าหรือตระกูลของตน

totem pole เสาที่ชาวอินเดียนแดงวาดรูปสัตว์หรือต้นไม้ที่เป็นสัญลักษณ์ครอบครัว เผ่า หรือตระกูลของตน

totter (ทอท' เทอร์) *vi.* **-tered, -tering** เดินเตาะแตะ, เดินโซเซ, ซวนเซ **-totterer** *n.* (**-S.** oscillate, shake, sway)

★**touch** (ทัช) *v.* **touched, touching** *-vt.* จับ, แตะ, แตะต้อง, สัมผัส, จับต้อง, ถูก, ลูบ, ถู, ต่อ, แนบ, ติด, ชิด, ข้องแวะ, เกี่ยวข้อง, ทำอันตราย, รบกวน, ใช้, บริโภค, ขึ้นไปถึง (อุณหภูมิ), ทำให้เศร้าหรือดีใจ, บรรเลง (ดนตรี), กดเบาๆ, ลิ้ม, ชิมรส, แต้ม (สี), เจือ, ระบาย (สี), (คำสแลง) ขอยืมเงิน *-vi.* จับ, แตะต้อง, สัมผัส, ติด, ชิด *-n.* การสัมผัสจับต้อง, ประสาทสัมผัส, ความรู้สึกถึงสัมผัส, วิธีสัมผัส, จำนวนเล็กน้อย, การพูดเป็นนัย, การปลอบโยน, การลูบไล้, การเจือ, การแต้ม, ลักษณะ, ท่าทาง, วิธีการ, ความสามารถเฉพาะ, ทักษะ **-touch down** ลงสู่พื้นดิน **-touch off** ลั่นไกปืน **-touchable** *adj.* **-toucher** *n.* (**-S.** (v., n.) caress, contact, feel, hit, pat, stroke, tap)

touch-and-go (ทัช' เอินโก') *adj.* เสี่ยง, อันตราย, ล่อแหลม, ก้ำกึ่ง (**-S.** risky)

touching (ทัช' ชิง) *adj.* น่าสงสาร, น่าเวทนา *-prep.* เกี่ยวกับ, ในเรื่อง **-touchingly** *adv.* (**-S.** (adj.) pitiful, tender)

touchstone (ทัช' สโตน) *n.* สิ่งที่ใช้วัดมาตรฐาน, หินสีดำที่ใช้ทดสอบทองคำและเงิน

touchy (ทัช' ชี) *adj.* **-ier, -iest** อ่อนไหว, ใจน้อย, เปราะบาง, ที่ติดไฟง่าย

★**tough** (ทัฟ) *adj.* **tougher, toughest** แข็งแกร่ง,

A B C D E F G H I J K L M N O P Q R S T U V W X Y Z

บึกบึน, ทนทาน, เหนียว, ยาก, (คำสแลง) โชคร้าย, (อากาศ) รุนแรง, ก้าวร้าว, ดุร้าย, เกเร *-n.* อันธพาล, อาชญากร, คนร้าย **-toughly** *adv.* **-toughness** *n.* (**-S.** (adj.) rough, rugged, stout (n.) hooligan, rowdy **-A.** (adj.) tender, weak)

toughen (ทัฟ' เฟิน) *vt., vi.* **-ened, -ening** ทำให้เหนียว บึกบึน หรือแข็งแกร่ง

★**tour** (ทุร์) *n.* การเดินทางท่องเที่ยว, การไปเที่ยว, การทัศนาจร, การออกตระเวนแสดงตามที่ต่างๆ, (ทหาร) ระยะเวลาการเข้าประจำการ *-vi., vt.* **toured, touring** ท่องเที่ยว, ทัศนาจร, ตระเวน, เตร็ดเตร่ (**-S.** (n.) excursion (n., v.) journey)

tourism (ทุ' ริซเซิม) *n.* ธุรกิจที่ให้บริการจัดนำเที่ยวแก่นักท่องเที่ยว, การท่องเที่ยว

★**tourist** (ทุ' ริซท์) *n.* นักท่องเที่ยว (**-S.** sightseer)

tourist attraction สถานที่ท่องเที่ยว

tourist class ชั้นโดยสาร (เรือ เครื่องบิน) ราคาถูกที่สุด (**-S.** economy class)

tourmaline, turmaline (ทูร์' มะลิน, -ลีน) *n.* แร่ชนิดเป็นผลึก มีสีเขียวน้ำเงิน ใช้ทำอัญมณี

tournament (ทุร์' นะเมินท์, เทอร์'-) *n.* การแข่งขันใดๆ ก็ตามที่มีผู้แข่งขันมากกว่าสองคน โดยมีการแข่งขันเป็นรอบๆ จนได้ผู้ชนะในที่สุด เช่น การแข่งขันเทนนิส, การประลองยุทธ์ (**-S.** competition, contest, match)

tourniquet (ทุร์' นิคิท, เทอร์'-) *n.* เครื่องห้ามโลหิต, การห้ามเลือดโดยการขันชะเนาะ

tousle (เทา' เซิล) *vt.* **-sled, -sling** ทำให้ยุ่ง, ขยี้, ยี (ผม) *-n.* การทำให้ (ผม) ยุ่งเหยิง

tout (เทาท์) *vi., vt.* **touted, touting** ชักชวน (ลูกค้า), เชื้อชวน, ทำนายม้าแข่ง, ลอบดูการซ้อมม้า, เผยแพร่ *-n.* คนที่เป็นหน้าม้า, คนทำนายม้าแข่ง **-touter** *n.*

tow (โท) *vt.* **towed, towing** ดึง, ลาก, โยง, พ่วง *-n.* การกระทำดังกล่าว (**-S.** (v., n.) haul)

towage (โท' อิจ) *n.* ค่าลากจูง

★**toward, towards** (ทอร์ด; ทะวอร์ด', ทอร์ดซ์; ทะวอร์ดซ์') *prep.* ไปทาง, ไปสู่, ไปยัง, เกี่ยวข้องกับ, ต่อ, ใกล้กับ, เพื่อ (**-S.** about, for, nearly)

towardly (ทอร์ด' ลี, โทร์ด'-) *adj.* เป็นประโยชน์

★**towel** (เทา' เอิล) *n.* ผ้าเช็ดตัว, ผ้าขนหนู, ผ้าเช็ดจาน, ผ้าอนามัย *-vt., vi.* **-eled, -eling/ -elled, -elling** เช็ดหรือซับด้วยผ้าดังกล่าว

tower

★**tower** (เทา' เออร์) *n.* สิ่งก่อสร้างที่มีลักษณะสูงโดดเด่นจากอาคารอื่นๆ เช่น หอไอเฟิล หอคอย หอระฆัง *-vi.* **-ered, -ering** อยู่สูงขึ้นไป, บินสูง, ทะยาน, ชูยอด, บินโฉบ (**-S.** (n.) steeple (v.) soar)

towering (เทา' เออริง) *adj.* สูง, เลิศลอย

★**town** (เทาน์) *n.* เมือง, นคร, ย่านธุรกิจการค้า, คนที่อาศัยในเมือง, เมืองเล็กๆ

town clerk นายทะเบียนประจำเมือง

town hall ศาลากลางจังหวัด

townhouse (เทาน์' เฮาซ์) *n.* บ้านที่สร้างติดต่อกันเป็นแถว มีลักษณะหรือแบบเหมือนกันและมีกำแพงติดกันทุกหลัง

townsfolk (เทานซ์' โฟค) *n. pl.* คนเมือง

towpath (โท' แพธ, -พาธ) *n.* ทางข้างคลองหรือแม่น้ำสำหรับคนเดิน หรือสัตว์ลากเรือ

toxemia (ทอคซี' เมีย) *n.* โรคโลหิตเป็นพิษ

toxic (ทอค' ซิค) *adj.* เป็นพิษ, มีพิษ *-n.* สารเคมีหรือสารอื่นที่เป็นพิษ **-toxically** *adv.*

toxin (ทอค' ซิน) *n.* สารพิษ, พิษสัตว์, เชื้อพิษ

toxoid (ทอค' ซอยด์) *n.* สารพิษที่แบคทีเรียหลั่งออกมาถูกทำให้อ่อนลง แต่ยังสามารถกระตุ้นให้ร่างกายเมื่อได้รับพิษสร้างตัวต่อต้าน

★**toy** (ทอย) *n.* ของเล่นเด็ก, เรื่องเล็กน้อย, สิ่งที่ไม่มีค่า, เครื่องเล่น, คนแคระ, สิ่งที่มีขนาดเล็ก *-vi.* **toyed, toying** ล้อเล่น, ทำเล่นๆ, เล่นสนุก, คิดเล่นๆ (**-S.** (n.) doll (v.) play)

★**trace** (เทรซ) *n.* ร่องรอย, รอย, ซาก, รอยเท้า, รอยนิ้วมือ, จำนวนเล็กน้อย, แนวทางเดิน *-v.* **traced, tracing** *-vt.* ติดตาม, แกะรอย, เสาะหา, สืบค้น, ลอก (รูป ภาพ), วาด, เขียน, ลาก (เส้น) *-vi.* เดินตามทาง, สืบหา **-traceable** *adj.* (**-S.** (n., v.) track, trail)

tracer (เทร' เซอร์) *n.* ผู้สืบค้น, สำนักงานนักสืบ, อุปกรณ์ที่ใช้ในการลอกลายหรือวาดเขียน

tracer bullet กระสุนชนิดที่มีควัน ทำให้เห็นวิถีทางของกระสุน

tracery (เทร' ซะรี) *n., pl.* **-ies** ลวดลายประดับหน้าต่างอย่างโบสถ์โกธิค

trachea (เทร' เคีย) *n., pl.* **-cheae** (-คี)/**-cheas** หลอดลม **-tracheal** *adj.*

tracing (เทร' ซิง) *n.* สำเนาแผนที่หรือรูปที่ลอกด้วยกระดาษแก้ว

★**track** (แทรค) *n.* แนวทางเดิน, ทางเดินในป่า, ทางพาหนะ, ทางรถไฟ, ทางรถแข่ง, ร่องเสียง (ดนตรี), ร่องรอย, รอยเท้า, ลู่วิ่ง, แนว, ทาง, เส้นทาง, แนวความคิด *-vt., vi.* **tracked, tracking** ติดตาม, แกะรอย, สืบ, สะกดรอย, ทิ้งร่องรอย **-trackable** *adj.* **-tracker** *n.* (**-S.** (n.,

v.) trace, trail)
trackage (แทรค' คิจ) *n.* ทางรถไฟ, ค่าบรรทุกสินค้า, ค่าขนส่งสินค้า
tract (แทรคท) *n.* พื้นที่, อาณาบริเวณ, เนื้อที่, หย่อม, ผืน, ภาค (**-S.** region, stretch)
tractable (แทรค' ทะเบิล) *adj.* ว่าง่าย, หัวอ่อน, เชื่อฟัง **-tractably** *adv.* (**-S.** governable)
traction (แทรค' ชัน) *n.* การดึง, การลาก, แรงดึง, แรงลาก, การหดเกร็งของกล้ามเนื้อเวลาออกแรงดึงหรือลาก **-tractional** *adj.*
★**tractor** (แทรค' เทอร์) *n.* รถลากขนาดใหญ่, รถลากที่มีแต่ส่วนหัวเครื่อง (ส่วนคนขับ) สำหรับชักลากรถหรือพ่วงของหนัก
★**trade** (เทรด) *n.* ธุรกิจ, การค้า, การทำธุรกิจ *-vi., vt.* **traded, trading** ค้าขาย, ซื้อขาย, แลกเปลี่ยน **-trade on** แสวงหาประโยชน์ส่วนตัว **-trades** ลมค้า, ลมตะเภา **-tradable** *adj.* (**-S.** (n., v.) barter, exchange)
trade fair งานแสดงสินค้า
trade-in (เทรด' อิน) *n.* การนำของเก่าที่ใช้แล้วไปแลกของใหม่
trademark (เทรด' มาร์ค) *n.* เครื่องหมายการค้า
trade name ชื่อสินค้า, ชื่อการค้า
trader (เทร' เดอร์) *n.* พ่อค้า, เรือพาณิชย์
trade route เส้นทางที่ใช้สัญจรค้าขาย
trade secret ความลับของสินค้า
tradesman (เทรดซ์' เมิน) *n.* พ่อค้า, คนขายของ, ช่างฝีมือ (**-S.** craftsman, shopkeeper)
trade union สหภาพแรงงาน
trade wind ลมค้า, ลมตะเภา
★**tradition** (ทระดิช' ชัน) *n.* ขนบธรรมเนียมประเพณี ความคิด ความเชื่อที่ยึดถือปฏิบัติสืบต่อกันเรื่อยมา (**-S.** custom)
★**traditional** (ทระดิช' ชะเนิล) *adj.* ซึ่งสืบทอดต่อกันมา, เป็นประเพณี **-traditionally** *adv.* (**-S.** conventional, customary)
traduce (ทระดูซ', -ดยูซ') *vt.* **-duced, -ducing** ว่าร้าย, ใส่ร้ายป้ายสี (**-S.** blemish **-A.** praise)
★**traffic** (แทรฟ' ฟิค) *n.* การจราจร (ทั้งทางบก อากาศ ทะเล), การขนส่ง, การค้าขาย, การทำธุรกิจ, การติดต่อ *-vi.* **-ficked, -ficking** ค้าขาย, แลกเปลี่ยน **-trafficker** *n.* (**-S.** (n.) flow, travel (n., v.) barter, trade)
traffic light สัญญาณไฟจราจร
★**tragedy** (แทรจ' จิดี) *n., pl.* **-dies** ละครที่จบลงด้วยความเศร้า, เหตุการณ์น่าเศร้าสลด, โศกนาฏกรรม (**-S.** disaster, misfortune)
tragic (แทรจ' จิค) *adj.* น่าเศร้าสลด, เกี่ยวกับความตาย ความเศร้าและการสูญเสีย **-tragical** *adj.* **-tragically** *adv.* (**-S.** dreadful **-A.** comic)
tragicomedy (แทรจจิคอม' มิดี) *n., pl.* **-dies** ละครเศร้าปนตลก **-tragicomic** *adj.*
★**trail** (เทรล) *v.* **trailed, trailing** *-vt.* ลากหาง, ลากเป็นแนวยาว, สะกดรอย, แกะรอย, เดินตามหลัง, ล้าหลัง *-vi.* (ควัน) ปล่อยเป็นทาง, ล้าหลัง, ตามหลัง, เดินด้วยความเหนื่อยอ่อน, (ต้นไม้) เลื้อย *-n.* ร่องรอย (ของสัตว์หรือคน), กลิ่นของสัตว์, เส้นทาง, ทางเดินในป่า, ทางควันบุหรี่, ทางฝุ่นควัน, รอยเท้า, การสะกดรอยตาม (**-S.** (v., n.) drag, trace, track)
trailer (เทร' เลอร์) *n.* รถพ่วง, รถลาก, บ้านพักที่เชื่อมติดกับรถพ่วงใช้เดินทางไกลท่องเที่ยวแบบคาราวาน, ตัวอย่างภาพยนตร์หรือโฆษณา *-vt., vi.* **-ered, -ering** เดินทางด้วยรถดังกล่าว
★**train** (เทรน) *n.* รถไฟ, ขบวนรถไฟ, ชายกระโปรง, หาง, แถว, ขบวน, กระแส (ความคิด), บริวาร, ข้าราชบริพาร, สิ่งที่ต่อเนื่องตามกันมา, ควันหลง, ผลที่ตามมา *-v.* **trained, training** *-vt.* ฝึก, สอน, อบรม, ฝึกหัด, ออกกำลังกาย, เตรียมร่างกาย, ดัด (ต้นไม้ ผม), เล็ง (ปืน กล้อง), ลากเป็นทาง *-vi.* ได้รับการฝึกหัดอบรมหรือสั่งสอน, เดินทางโดยทางรถไฟ (**-S.** (n.) chain (v.) teach)
trainee (เทรนี') *n.* ผู้รับการฝึกอบรม
trainer (เทร' เนอร์) *n.* ผู้ฝึก (ม้า ละครสัตว์ นักกีฬา), สิ่งที่ใช้ในการฝึก (**-S.** coach)
★**training** (เทร' นิง) *n.* การฝึกอบรม, การฝึกหัด (**-S.** discipline, instruction)
training school โรงเรียนดัดสันดาน, โรงเรียนฝึกวิชาชีพ
trait (เทรท) *n.* ลักษณะ, บุคลิกลักษณะ
traitor (เทร' เทอร์) *n.* คนขายชาติ **-traitorous** *adj.* **-traitorously** *adv.* (**-S.** betrayer)
trajectory (ทระเจค' ทะรี) *n., pl.* **-ries** วิถีกระสุน, วิถีโคจร (**-S.** path, route)
tram (แทรม) *n.* รถราง, ทางรถราง, รถกระเช้าไฟฟ้า (**-S.** streetcar)
tramline (แทรม' ไลน์) *n.* ทางรถราง
trammel (แทรม' เมิล) *n.* แห, ห่วงเหล็กคล้องเท้าม้า, เครื่องพันธนาการ, ตะขอแขวนกาต้มน้ำ, วงเวียน, สิ่งกีดขวาง, อุปสรรค *-vt.* **-meled, -meling/-melled, -melling** จับปลาด้วยแห, กีดขวาง, หน่วงเหนี่ยว, รั้ง (**-S.** (n., v.) shackel)

A B C D E F G H I J K L M N O P Q R S T U V W X Y Z

tramp (แทฺรมพ์) *vi., vt.* **tramped, tramping** เหยียบ, ย่ำ, กระทืบ, พเนจร, ร่อนเร่, เดินเที่ยว, เดินเท้า, เดินเสียงดัง, เดินสวนสนาม, เดินขบวน *-n.* การเดินกระทืบเท้า, การเดินย่ำเท้า, การเหยียบย่ำ, เสียงเดินกระทืบเท้าในการเดินสวนสนามหรือเดินขบวน, คนจรจัด, คนพเนจร, โสเภณี, การเดินทางรอนแรมไปเรื่อยด้วยเท้า, แผ่นโลหะที่ตอกติดส้นรองเท้ากันสึก (-**S.** (v., n.) hike, march, ramble, slog, trek)

trample (แทรม' เพิล) *vt., vi.* **-pled, -pling** เหยียบย่ำ, กระทืบ, ขยี้, ดูถูก *-n.* การกระทำดังกล่าว, เสียงกระทืบเท้า (-**S.** (v., n.) crush)

trampoline (แทรม' พะลีน, -ลิน) *n.* เตียงผ้าใบติดสปริง ใช้เล่นกายกรรมหรือกระโดดเล่น

trance (แทรนซ์) *n.* อาการแน่นิ่ง, อาการไม่รู้สึกตัว เช่น การเข้าฌาน, การถูกสะกดจิต, ความเผลอสติ, ความมึนตึง *-vt.* **tranced, trancing** ทำให้ไม่รู้สึกตัว (-**S.** (n., v.) daze, spell)

tranquil (แทรง' เควิล, แทรน'-) *adj.* สงบ, เงียบ, ราบเรียบ, เยือกเย็น, แน่นิ่ง **-tranquilly** *adv.* (-**S.** calm, peaceful, serene **-A.** noisy)

tranquilize, tranquillize (แทรง' ควะไลซ์, แทรน'-) *v.* **-ized, -izing/-lized, -lizing** *-vt.* ทำให้สงบ, ให้ยาระงับประสาท *-vi.* สงบลง, ผ่อนคลาย (-**S.** pacify)

tranquilizer (แทรง' ควะไลเซอร์, แทรน'-) *n.* ยาระงับประสาท

trans- คำอุปสรรค หมายถึง ข้าม, อีกด้าน, เปลี่ยนแปลง, ย้าย, ผ่าน, ทะลุ, ตลอด, โพ้น

transact (แทรนแซคท์', -แซคท์') *v.* **-acted, -acting** *-vt.* กระทำ, ทำการ, จัดการ, ติดต่อ *-vi.* เจรจา ติดต่อ ต่อรอง (ทางธุรกิจ) **-transactor** *n.* (-**S.** negotiate, settle)

transaction (แทรนแซค' ชัน, -แซค'-) *n.* การเจรจา ซื้อขาย แลกเปลี่ยน (ทางธุรกิจ), การติดต่อ **-transactions** รายงานการประชุม **-transactional** *adj.* (-**S.** deal, proceeding)

transceiver (แทรนซี' เวอร์) *n.* เครื่องรับและส่งวิทยุในเครื่องเดียวกัน

transcend (แทรนเซนด์') *vt., vi.* **-scended, -scending** เกิน, เหลือเกิน, ล้นพ้น, เหลือล้น

transcendental (แทรนเซนเดน' เทิล) *adj.* ซึ่งอยู่นอกเหนือธรรมชาติ, เกินกว่าความเข้าใจ **-transcendent** *adj.* **-transcendentally** *adv.*

transcribe (แทรนสไกรบ์') *vt.* **-scribed, -scribing** คัด, ลอก, จด, ทำสำเนา, ถ่าย (เสียง), บันทึก (เสียง), จำลอง, ถอดแบบ, แปลง, แปล (-**S.** reproduce, translate)

transcript (แทรน' สกริพท์) *n.* ใบแสดงผลการเรียนรายวิชา, สำเนา, แบบจำลอง, ฉบับเทียบ, การบันทึก (-**S.** duplicate, note)

transcription (แทรนสกริพ' ชัน) *n.* การคัดลอก, การบันทึก, การอัดเสียง, การทำสำเนา

transduce (แทรนซ์ดูซ') *vt.* **-duced, -ducing** แปลง (กำลัง พลังงาน) **-transducer** *n.*

★**transfer** (*v.* แทรนซ์เฟอร์', แทรนซ์' เฟอร์, *n.* แทรนซ์' เฟอร์) *v.* **-ferred, -ferring** *-vt.* ถ่ายเท, ขนส่ง, โยกย้าย, โอน, ยกให้, เปลี่ยน, ลอก (รูป) *-vi.* เปลี่ยน (สถานี เส้นทาง), ย้าย (บ้าน งาน โรงเรียน) *-n.* การเปลี่ยน (งาน ทีม), การโยกย้าย, การโอน, รูปลอก **-transferal** การโอนกรรมสิทธิ์, เอกสารแสดงการโอน **-transferable** *adj.* **-transferrer** *n.* (-**S.** (v., n.) change)

transferee (แทรนซ์ฟะรี') *n.* ผู้รับโอน

transference (แทรนซ์เฟอ' เรินซ์, แทรนซ์' เฟอเรินซ์) *n.* การโอนกรรมสิทธิ์, การโยกย้าย

transfigure (แทรนซ์ฟิก' เกอร์) *vt.* **-ured, -uring** เปลี่ยนแปลง, เปลี่ยนรูป, แปลงกาย **-transfigurement** *n.*

transfix (แทรนซ์ฟิคซ์') *vt.* **-fixed, -fixing** เจาะ, แทง, ตรึง, ทำให้ตกใจจนตัวแข็งทื่อ

★**transform** (แทรนซ์ฟอร์ม') *vt., vi.* **-formed, -forming** เปลี่ยนแปลง, เปลี่ยนรูป, จำแลง, แปลงกาย, แปลงกระแสไฟฟ้า **-transformation** *n.* (-**S.** alter, renew **-A.** retain)

transformer (แทรนซ์ฟอร์' เมอร์) *n.* หม้อแปลงไฟฟ้า

transfuse (แทรนซ์ฟยูซ์') *vt.* **-fused, -fusing** ถ่ายเลือด **-transfusion** *n.*

transgress (แทรนซ์เกรซ', แทรนซ์-) *v.* **-gressed, -gressing** *-vt.* ละเมิด, ฝ่าฝืน, ทำผิด (กฎหมาย สัญญา) *-vi.* ประทุษร้าย, ประพฤติชั่ว, ทำผิดกฎหมาย, (ทะเล) ล้ำเข้ามาบนแผ่นดิน **-transgression** *n.* (-**S.** break, sin **-A.** obey)

transient (แทรน' เชินท์, -เฌินท์, -เซียนท์) *adj.* ชั่วคราว, เดี๋ยวเดียว, ไม่ถาวร, แวบเดียว, ชั่วครู่ (-**S.** temporary **-A.** lasting)

transistor (แทรนซิส' เตอร์, -ซิส'-) *n.* อุปกรณ์ที่ทำด้วยสารกึ่งตัวนำ ใช้แทนหลอดวิทยุได้

transit (แทรน' ซิท, -ซิท) *n.* การขนส่ง, การผ่าน, การเปลี่ยน *-vt., vi.* **-sited, -siting** ผ่าน, ข้าม, เคลื่อนย้าย, ส่งผ่าน (-**S.** (n., v.) pass)

transition (แทรนซิช' ชัน, -ซิช'-) *n.* การผ่าน, การเปลี่ยน (-**S.** conversion, upheaval)

transitive (แทรน' ซิทิฟว์, -ซิ-) *n.* สกรรมกริยา **-transitively** *adv.* (**-A.** intransitive)
transitory (แทรน' ซิทอรี, -โทรี, -ซิ-) *adj.* ชั่วคราว, ไม่ยั่งยืน, ไม่ถาวร **-transitorily** *adv.* **-transitoriness** *n.* (**-S.** transient **-A.** permanent)
★**translate** (แทรนซ์เลท', แทรนซ์-) *vt., vi.* **-lated, -lating** แปล, แปลความหมาย, ถอดรหัส, แปลง, ถ่าย, โยกย้าย, นำไป, พาไป, เคลื่อนย้าย **-translation** *n.* (**-S.** decode, move, transfer)
translator (แทรนซ์เล' เทอร์) *n.* นักแปล, ล่าม
translucent (แทรนซ์ลู' เซินท์, แทรนซ์-) *adj.* เป็นฝ้า, มัว, แจ่มแจ้ง **-translucence** *n.*
transmigrate (แทรนซ์ไม' เกรท, แทรนซ์-) *vi.* **-grated, -grating** อพยพไปอยู่ที่อื่น, (วิญญาณ) ออกจากร่างเดิมไปสู่ร่างอื่น
transmission (แทรนซ์มิช' ชัน, แทรนซ์-) *n.* การส่งผ่าน, การถ่ายทอด (วิทยุ โทรทัศน์), การถ่ายกำลังจากเครื่องยนต์ไปสู่ล้อ, การติดต่อสื่อสาร (**-S.** broadcasting, programme, sending)
★**transmit** (แทรนซ์มิท', แทรนซ์-) *v.* **-mitted, -mitting** *-vt.* ส่ง, ติดต่อ, ระบาด, แพร่, กระจาย, ส่งผ่าน, สื่อสาร, ส่งสัญญาณวิทยุ, ถ่ายทอด (วิทยุโทรทัศน์), (มรดก) ตกทอด, ถ่ายกำลังเครื่องยนต์ไปสู่ส่วนอื่น *-vi.* ส่งสัญญาณ **-transmittable** *adj.* **-transmittal** *n.* (**-S.** broadcast, carry, remit)
transmitter (แทรนซ์มิท' เทอร์, แทรนซ์-) *n.* เครื่องส่งโทรเลข, เครื่องส่งวิทยุ, ผู้ส่ง (สื่อสัญญาณ เสียง ภาพ)
transmute (แทรนซ์มยูท', แทรนซ์-) *vt., vi.* **-muted, -muting** แปลง, เปลี่ยน, เปลี่ยนรูป
transoceanic (แทรนซ์โอเชียน' นิค, แทรนซ์-) *adj.* โพ้นทะเล, ข้ามมหาสมุทร
transom (แทรน' เซิม) *n.* หน้าต่างบานเล็กๆ ที่อยู่เหนือประตูหรือหน้าต่าง, กรอบด้านบนของหน้าต่าง
transparency (แทรนซ์แพ' เรินซี) *n., pl.* **-cies** ฟิล์มภาพสีที่สามารถส่องดูได้, ความใส, ความโปร่งตา (**-S.** translucency)
★**transparent** (แทรนซ์แพ' เรินท์) *adj.* ใส, โปร่งตา, ชัดเจน, เห็นได้ง่าย, กระจ่าง, แจ่มแจ้ง, เปิดเผย, ตรงไปตรงมา **-transparently** *adv.* **-transparentness** *n.* (**-S.** evident, frank)
transpire (แทรนสไปร์') *v.* **-spired, -spiring** *-vt.* ทำให้ (พืช) คายน้ำ, ทำให้ระเหยเป็นไอ, ทำให้เหงื่อออก *-vi.* (พืช) คายน้ำ, กลายเป็นไอ, รั่วไหล, ระเหย (**-S.** befall, come out)
transplant (*v.* แทรนซ์แพลนท์', *n.* แทรนซ์' แพลนท์) *vt., vi.* **-planted, -planting** ขุดต้นไม้เพื่อย้ายไปปลูกที่อื่น, เคลื่อนย้าย, โยกย้าย, ถ่ายเท, ปลูกถ่าย (เนื้อเยื่อ ผิวหนัง) นำมาปะ *-n.* การผ่าตัดเปลี่ยนอวัยวะหรือปลูกถ่ายเนื้อเยื่อ, การย้ายต้นไม้ไปปลูกที่อื่น
★**transport** (*v.* แทรนซ์พอร์ท', -โพร์ท', *n.* แทรนซ์' พอร์ท, -โพร์ท) *vt.* **-ported, -porting** ขนส่ง, ทำให้ปลื้ม, ทำให้ปีติ, เนรเทศ *-n.* การขนส่ง, ระบบขนส่ง, พาหนะที่ใช้ขนส่งทหาร, การเนรเทศ, ความปีติยินดี **-transportability** *n.* **-transportable** *adj.* **-transportation** *n.* (**-S.** (v.) banish, convey (n.) ecstasy, vehicle)
transpose (แทรนซ์โพซ') *vt.* **-posed, -posing** สลับ, ย้าย, แปล **-transposition** *n.* (**-S.** switch)
transship, tranship (แทรนซ์ชิพ', แทรนชิพ') *vt., vi.* **-shipped, -shipping** ถ่ายสินค้าหรือคนจากพาหนะหนึ่งไปยังอีกพาหนะ
transverse (แทรนซ์เวิร์ซ', แทรนซ์-, แทรนซ์' เวิร์ซ, แทรนซ์'-) *adj.* ทแยง, ตามขวาง, ไขว้ *-n.* สิ่งที่อยู่ตามขวาง **-transversely** *adv.*
★**trap** (แทรพ) *n.* กับดักสัตว์, กลลวง, อุบาย, ท่อคอห่านใต้อ่างล้างหน้าหรือชักโครก,รถเทียมม้า, (คำสแลง) ปากคน *-v.* **trapped, trapping** *-vt.* ล่อให้ติดกับดัก, ทำให้ตกหลุมพราง, ทำให้อยู่ในสภาพลำบาก, ดักฝุ่นหรือก๊าซ *-vi.* ติดกับดัก **-traps** เครื่องดนตรีประเภทตี เช่น กลอง ฉิ่ง ฉาบ ที่ใช้เล่นในวงดนตรีแจ๊ส **-trapper** *n.* (**-S.** (v., n.) snare)
trapeze (แทรพีซ', ทระ-) *n.* ราวสำหรับนักกายกรรม (หรือนักยิมนาสติก) ห้อยโหนตัว
trapezoid (แทรพ' พิซอยด์) *n.* สี่เหลี่ยมคางหมู
trappings (แทรพ' พิงซ์) *n. pl.* เครื่องประดับตกแต่ง, เครื่องประดับยศ, เครื่องบังเหียน (**-S.** adornments, dress)
★**trash** (แทรช) *n.* สิ่งที่ไม่มีค่า, ขยะ, สวะ, กาก, เดน, เรื่องเหลวไหล, ชานอ้อย, คนไร้สาระ (**-S.** nonsense, rubbish)
trashy (แทรช' ชี) *adj.* **-ier, -iest** ไร้ค่า, สวะ, เหลวไหล, ไร้สาระ (**-S.** worthless)
trauma (เทรา' มะ, ทรอ'-) *n., pl.* **-mas/-mata** ภาวะที่ร่างกายได้รับบาดเจ็บอย่างรุนแรงจนหมดสติ, ความชอกช้ำใจ
★**travel** (แทรฟ' เวิล) *vi., vt.* **-eled, -eling/-elled, -elling** (เครื่องยนต์) เลื่อน, เดินทาง, ท่องเที่ยวไป, ทัศนาจร, ผ่านไป *-n.* การเดินทาง,

A B C D E F G H I J K L M N O P Q R S T U V W X Y Z

การท่องเที่ยว, การสัญจร, ระยะเลื่อนของเครื่องจักรกล (-**S.** (v., n.) journey, ramble, tour)

travel agency ตัวแทนหรือบริษัทที่ทำธุรกิจด้านการท่องเที่ยว

traveled, travelled (แทรฟ' เวิลด์) *adj.* มีประสบการณ์ในการท่องเที่ยวมามาก

traveler, traveller (แทรฟ' เวิลเลอร์, แทรฟว์' เลอร์) *n.* นักท่องเที่ยว (-**S.** tourist)

> **traveller** นักเดินทาง นักท่องเที่ยว เช่น There are problems for travellers today at all main bus stations.
>
> **passenger** ผู้โดยสารยานพาหนะต่างๆ ทั้งรถประจำทาง เครื่องบิน รถไฟ รถยนต์ และเรือ เช่น Passengers should remain seated till the bus comes to a stop.

traveler's check ตั๋วเงินที่ธนาคารออกให้เพื่อใช้ในการเดินทาง ซึ่งผู้ซื้อสามารถนำไปขึ้นเงินสดได้ตามธนาคารที่อื่น

traverse (*v.* ทระเวิร์ซ', แทรฟ' เวอร์ซ์, *n., adj.* แทรฟ' เวอร์ซ์, ทระเวิร์ซ') *vt., vi.* **-versed, -versing** ผ่าน, ข้าม, ตัดผ่าน, ตัดขวาง, พาดผ่าน, ขวาง, ขัดขวาง, ค้าน, หัน (กระบอกปืน), สำรวจ, พิจารณาโดยละเอียด *-n.* การตัดผ่าน, การพาดผ่าน, เส้นทางผ่าน, ทางตัดผ่าน, เส้นที่ตัดผ่านกัน, ไม้ขวาง, คาน, เส้นรังวัดที่ดินตามแนวขวาง, เส้นทางที่เป็นรูปตัว z, การหันกระบอกปืน, สิ่งกีดขวาง *-adj.* ตามขวาง, ทแยงมุม, ไขว้กัน, ที่ตัดกัน (-**S.** (v.) obstruct (n.) crosspiece (adj.) transverse)

★**travesty** (แทรฟ' วิสตี) *n., pl.* **-ties** การล้อเลียน, การวาดภาพล้อเลียน *-vt.* **-estied, -estying** ล้อเลียน, ทำให้ขายหน้า

trawl (ทรอล) *n.* อวนจับปลาขนาดใหญ่ ใช้เรือลาก *-vt., vi.* **trawled, trawling** ลากอวน

★**tray** (เทร) *n.* ถาด, ลิ้นชัก

treacherous (เทรช' เชอเริซ) *adj.* ทรยศ, ขายชาติ, ไม่ซื่อสัตย์, ไม่ปลอดภัย **-treacherously** *adv.* (-**S.** deceitful **-A.** loyal)

treachery (เทรช' ชะรี) *n., pl.* **-ies** การทรยศ, การหักหลัง, การขายชาติ (-**S.** betrayal)

treacle (ทรี' เคิล) *n.* น้ำเชื่อม, น้ำอ้อย

tread (เทรด) *vt., vi.* **trod, trodden/trod, treading** เดินบน, ย่ำ, ขยี้, เหยียบ, กระทืบ, เดินผ่าน, เดินข้าม *-n.* เสียงฝีเท้า, การเหยียบย่ำ, การบดขยี้, การกระทืบ, หน้ายางล้อรถ, ดอกยางล้อรถ, ส่วนของล้อที่สัมผัสถนนหรือราง, ขั้นบันได, พื้นรองเท้าที่แตะดิน, รอยเท้า (-**S.** (v., n.) pace, step, stride, walk)

treadle (เทรด' เดิล) *n.* คันถีบจักรหรือจักรยาน

treadmill (เทรด' มิล) *n.* เครื่องโม่หรือเครื่องสีที่ใช้วิธีถีบสายพานให้หมุน, สายพานที่ใช้เดินหรือวิ่งออกกำลัง

treason (ทรี' เซิน) *n.* การขายชาติ, การกบฏ **-treasonable** *adj.* (-**S.** treachery **-A.** loyalty)

★**treasure** (เทรฌ' เฌอร์) *n.* ทรัพย์สมบัติ, ขุมทรัพย์, สิ่งมีค่า, คนที่มีค่ามีความหมาย, คนรัก *-vt.* **-ured, -uring** สงวน, เก็บ, รักษา, สะสม, ทะนุถนอม (-**S.** (n.) valuables, wealth (n., v.) prize (v.) cherish **-A.** (v.) abandon, scorn)

treasure house ท้องพระคลัง

treasure hunt เกมล่าทรัพย์สมบัติที่ซ่อนตามที่ต่างๆ

treasurer (เทรฌ' เฌอเรอร์) *n.* เหรัญญิก

treasury (เทรฌ' ฌะรี) *n., pl.* **-ies** ขุมทรัพย์, ท้องพระคลัง, คลังเก็บสมบัติ, วรรณกรรมหรือศิลปะที่มีคุณค่า **-Treasury** กระทรวงการคลัง (-**S.** capital, resources)

Treasury bill ใบกู้ของรัฐบาล

Treasury bond พันธบัตรรัฐบาล

Treasury note ธนบัตรของกระทรวงการคลัง

treat (ทรีท) *v.* **treated, treating** *-vt.* ทำกับ, ทำราวกับ, ปฏิบัติกับ, แสดงวิธี (เขียน พูด วาด), เลี้ยง (อาหาร), ทำให้พอใจ, ทำการรักษา *-vi.* เจรจา, ทำสัญญา, เลี้ยง (อาหาร), พูดหรือเขียน *-n.* การเลี้ยงอาหาร, การจัดการ, การปฏิบัติต่อ, สิ่งที่ให้ความบันเทิง **-treater** *n.* (-**S.** (v.) discuss, handle, nurse (n.) delight, joy)

treatise (ทรี' ทิซ) *n.* หนังสือ, ตำราเรียน

★**treatment** (ทรีท' เมินท์) *n.* วิธีปฏิบัติ, การปฏิบัติ, การจัดการ, วิธีรักษา (-**S.** cure)

★**treaty** (ทรี' ที) *n., pl.* **-ties** สนธิสัญญา, ข้อตกลงทางการค้าหรือความร่วมมือระหว่างประเทศ (-**S.** agreement, contract)

treble (เทรบ' เบิล) *adj.* สามครั้ง, สามหน, สามเท่า, สามทบ, เกี่ยวกับระดับเสียงสูงสุดในดนตรี, (เสียง) แหลม *-n.* ระดับสูงสุดของเสียงหรือดนตรี, เสียงแหลม *-vt., vi.* **-led, -ling** เพิ่มขึ้นสามเท่า, มากขึ้นสามชั้น **-trebleness** *n.* **-trebly** *adv.*

★**tree** (ทรี) *n.* ต้นไม้, ไม้ยืนต้น, ไม้หรือโครงไม้ที่ใส่ข้างในรองเท้าเพื่อรักษารูปทรง, โครงไม้, แผนภูมิแสดงต้นตระกูล, ไม้กางเขน, โครงไม้

A B C D E F G H I J K L M N O P Q R S T U V W X Y Z

แขวนคอนักโทษ, โครงอานม้า *-vt.* **treed, tree-ing** ทำให้จนมุม, ไล่ขึ้นต้นไม้
tree surgery การรักษาต้นไม้ที่เป็นโรคหรือเสียหาย โดยขุดเอาเนื้อไม้ที่ไม่ดีออกแล้วทายาสำหรับต้นไม้สุดท้ายจึงโบกปูนทับอุดให้เต็มแผล
treetop (ทรี' ทอพ) *n.* ยอดไม้
trefoil (ทรี' ฟอยล์) *n.* ต้นไม้ที่มีใบสามแฉก
trek (เทรค) *vi.* **trekked, trekking** เดินป่า, เดินเท้า, เดินทางโดยเกวียน *-n.* การเดินทางด้วยความยากลำบาก, การเดินทางด้วยเกวียน, การเดินทางด้วยเท้า (**-S.** (v., n.) hike, tramp)
trellis (เทรล' ลิซ) *n.* ไม้ระแนงที่ขัดกันสำหรับปลูกไม้เลื้อย
★**tremble** (เทรม' เบิล) *vi.* **-bled, -bling** ไหว, สะเทือน, กระเทือน, ตัวสั่น, ใจสั่น, เต้นระริก, หวั่นวิตก, สั่น *-n.* เสียงสั่น, อาการสั่น **-trembler** *n.* **-trembly** *adj.* (**-S.** (v., n.) shake)
tremendous (ทริเมน' เดิซ) *adj.* มากมาย, มโหฬาร, น่าสยดสยอง **-tremendously** *adv.* (**-S.** enormous, horrid **-A.** tiny)
tremor (เทรม' เมอร์) *n.* การเคลื่อนไหว หรือการสั่นของโลก, อาการตัวสั่น, เสียงสั่น (**-S.** earthquake, shaking)
tremulous (เทรม' มยะเลิซ) *adj.* หวาดกลัว **-tremulously** *adv.* (**-S.** afraid **-A.** fearless)
trench (เทรนช์) *n.* คู, สนามเพลาะ, ห้องร่อง *-v.* **trenched, trenching** *-vt.* ขุดคู, ขุดสนามเพลาะ, ขุดห้องร่อง *-vi.* ขุดคูล้อมรอบ, รุกล้ำ, รุกราน, ละเมิด (**-S.** (n., v.) ditch, furrow, pit)
trenchant (เทรน' เชินท์) *adj.* คมกริบ, หลักแหลม, เด็ดขาด, แข็งขัน **-trenchancy** *n.* **-trenchantly** *adv.* (**-S.** sharp **-A.** weak)
★**trend** (เทรนด์) *n.* แนวทาง, แนวความคิด, ทิศทาง, สมัยนิยม, แนวโน้ม *-vi.* **trended, trending** โน้มเอียง, มีแนวโน้ม (**-S.** (n., v.) drift (n.) tendency (v.) extend, incline)
trendy (เทรน' ดี) *adj.* **-ier, -iest** (*ภาษาพูด*) ล่าสุด ทันสมัย **-trendily** *adv.* **-trendiness** *n.*
trepan (ทริแพน') *n.* เครื่องเจาะกะโหลก, เครื่องเจาะดิน, เครื่องเจาะบ่อแร่ **-trepanation** *n.*
trepang (ทริแพง') *n.* ปลิงทะเล
trespass (*v.* เทรส' เปิซ, -แปซ, *n.* เทรส' แปซ, -เปิซ) *vi.* **-passed, -passing** ล่วงล้ำ, ล่วงเกิน, บุกรุก, ละเมิด *-n.* การบุกรุก, การล่วงล้ำ, การละเมิด **-trespasser** *n.* (**-S.** (v.) encroach, intrude (n.) invasion, offense)
trestle (เทรซ' เซิล) *n.* ขาหยั่ง, ไม้ค้ำสะพาน
trial (ไทร' เอิล, ไทรล์) *n.* การสอบสวน, การทดสอบ, การทดลอง, การพิสูจน์, การซ้อม, ความพยายาม, ความทรมาน *-adj.* เกี่ยวกับหรือที่ใช้ในการสอบสวน ทดสอบ ทดลอง หรือพิสูจน์, เป็นการพยายาม **-on trial** กระบวนการพิจารณา คดีในศาล (**-S.** (n.) attempt, experiment (adj.) experimental)
trial and error การเรียนรู้โดยลองผิดลองถูก
trial by fire การทดสอบความสามารถภายใต้ความกดดันต่างๆ
★**triangle** (ไทร' แองเกิล) *n.* รูปสามเหลี่ยม, ไม้ฉากรูปสามเหลี่ยม, เครื่องดนตรีชนิดหนึ่ง เป็นเหล็กเส้นดัดเป็นรูปสามเหลี่ยม ใช้แท่งเหล็กเล็กๆ เคาะเวลาเล่น, ความรักสามเส้า
triangular (ไทรแอง' กยะเลอร์) *adj.* เป็นรูปสามเหลี่ยม, มีสามด้าน, มีสามฝ่าย, มีสามมุม
triangulate (ไทรแอง' กยะเลท) *vt.* **-lated, -lating** แบ่ง (พื้นที่) ออกเป็นรูปสามเหลี่ยม (เพื่อหาระยะ สำรวจ รังวัด), ทำให้เป็นรูปสามเหลี่ยม **-triangulation** *n.*
★**tribe** (ไทรบ์) *n.* หมู่, เผ่า, จำพวก, เหล่า, วงศ์, ตระกูล, สกุล, ชนชาติ (**-S.** clan, division, family)
tribulation (ทริบยะเล' ชัน) *n.* ความทุกข์ทรมาน, ความยากลำบาก, การทดสอบความทนทาน อดทน อดกลั้น (**-S.** grief, misery)
tribunal (ไทรบยู' เนิล, ทริ-) *n.* ศาลยุติธรรม, บัลลังก์ชำระความ (**-S.** bench, court)
tribune (ทริบ' บยูน, ทริบยูน') *n.* เวที แท่นหรือพื้นที่ยกขึ้นมาสำหรับยืนแสดงสุนทรพจน์
tributary (ทริบ' บยะเทรี) *adj.* เป็นเมืองขึ้น, ที่ต้องส่งบรรณาการ, (สายน้ำ) ที่เป็นสาขา *-n., pl.* **-ies** เมืองขึ้น, แควน้ำ, สาขาแม่น้ำ
tribute (ทริบ' บยูท) *n.* เครื่องบรรณาการ, ของขวัญ, คำสรรเสริญ (**-S.** gift, respect, tax)
★**trick** (ทริค) *n.* กล, กลเม็ด, กลอุบาย, เล่ห์เหลี่ยม, การล่อลวง, การตบตา, ภาพลวงตา, การเล่นตลก, วิธีพลิกแพลง, นิสัยหรือลักษณะแปลกๆ, ความพิเรนทร์, ความสามารถเฉพาะ *-vt., vi.* **tricked, tricking** ล่อลวง, โกง, ตบตา, วางอุบาย *-adj.* มีเงื่อนงำ, มีนัย, ไม่ปกติ, อ่อนแอ, เสีย **-tricker** *n.* (**-S.** (n., v.) swindle)
trickery (ทริค' คะรี) *n., pl.* **-ies** การใช้เล่ห์เหลี่ยม, การล่อลวง (**-S.** fraud **-A.** honesty)
trickle (ทริค' เคิล) *vi., vt.* **-led, -ling** หยด, ไหลช้าๆ, ซึม, ริน, ทยอย, เคลื่อนไปอย่างช้าๆ *-n.* การซึมทีละน้อย, การเคลื่อนที่อย่างช้าๆ (**-S.** (v., n.) drip (v.) seep **-A.** (v., n.) pour)

A
B
C
D
E
F
G
H
I
J
K
L
M
N
O
P
Q
R
S
T
U
V
W
X
Y
Z

tricksy (ทริค' ซี) *adj.* **-sier, -siest** ซุกซน, เจ้าเล่ห์, เก๋, เปรี้ยว

tricky (ทริค' คี) *adj.* **-ier, -iest** เจ้าเล่ห์, ขี้โกง, ยุ่งยาก **-trickiness** *n.* (**-S.** complicated)

tricolor (ไทร' คัลเลอร์) *n.* ธงไตรรงค์

tricycle (ไทร' ซิคเคิล, -ซิเคิล) *n.* รถจักรยานสามล้อของเด็ก

trident (ไทร' เดินท์) *n.* สามง่าม

tried (ไทรด์) *v.* กริยาช่อง 2 และ 3 ของ try *-adj.* เชื่อถือได้, ทนทาน

tried and true ผ่านการทดสอบและพิสูจน์แล้วว่าดีเชื่อถือได้

triennial (ไทรเอน' เนียล) *adj.* ทุกๆ สามปี

trier (ไทร' เออร์) *n.* ผู้ทดลอง, ของทดลอง, ผู้พิพากษา, สมาชิกคณะลูกขุน

trifle (ไทร' เฟิล) *n.* เรื่องเล็กๆ น้อยๆ, สิ่งที่ไม่มีค่า, จำนวนเล็กน้อย *-v.* **-fled, -fling** *-vi.* ทำเล่นๆ, พูดเล่นๆ, ล้อเล่น *-vt.* เสีย (เวลา เงิน) **-trifler** *n.* (**-S.** (n.) jot, triviality (v.) flirt, waste)

trifling (ไทร' ฟลิง) *adj.* ไม่สำคัญ, ไม่มีค่า, เล่นๆ, ไร้สาระ (**-S.** slight, worthless **-A.** important)

trig (ทริก) *adj.* เก๋, เฉี่ยว, ดูดี, เรียบร้อย

trigger (ทริก' เกอร์) *n.* ไกปืน *-vt.* **-gered, -gering** ลั่นไกปืน

trigonometry (ทริกกะนอม' มิทรี) *n.* ตรีโกณมิติ เป็นวิชาที่เกี่ยวกับความสัมพันธ์ระหว่างด้านและมุมของสามเหลี่ยม

trill (ทริล) *n.* เสียงรัว, เสียงสั่น, เสียงนกร้องรัว *-vt., vi.* **trilled, trilling** พูดหรือร้องเสียงรัว

trillion (ทริล' เยิน) *n.* หนึ่งล้านล้านล้านของอังกฤษ, หนึ่งล้านล้านของอเมริกัน

trilogy (ทริล' ละจี) *n., pl.* **-gies** หนังสือหรือละครแบบสามตอนจบ

trim (ทริม) *v.* **trimmed, trimming** *-vt.* เจียน, ขริบ, ตัด, ตกแต่ง, เล็ม, ประดับ, ขริบริมด้วย, จัดเรียงสินค้าในเรือหรือเครื่องบินให้สมดุล, ดึงหรือปรับใบเรือให้รับลม, (ภาษาพูด) ดุด่า คดโกง เฆี่ยนตี *-vi.* ปรับให้เรือทรงตัว, วางตัวเป็นกลาง, ประนีประนอม *-n.* สภาพเรียบร้อย, ความมีสุขภาพดี, เครื่องประดับตกแต่งเสื้อผ้า, อุปกรณ์แต่งรถ,วัสดุอุปกรณ์ที่ใช้ตกแต่งตู้กระจกหน้าร้าน, การตัดต่อฟิล์มภาพยนตร์, การขริบหรือเล็มให้เรียบร้อย *-adj.* **trimmer, trimmest** เรียบร้อย, ประณีต *-adv.* (กิริยา) เรียบร้อย **-trimly** *adv.* **-trimness** *n.* (**-S.** (v.) decorate (n.) condition, cutting (adj.) neat, tidy **-A.** (v., n.) cut, increase (adj.) messy)

trimester (ไทรเมส' เตอร์, ไทร' เมส-) *n.* ระยะเวลาสามเดือน, ภาคเรียนหนึ่งที่มีสามเดือน

trimming (ทริม' มิง) *n.* เครื่องประดับตกแต่งเสื้อผ้า เช่น ลูกไม้ ลูกปัด โบ

trinitrotoluene, trinitrotoluol (ไทรไนโทรทอล' ยูอีน, -ออล; -โอล) *n.* ระเบิด TNT

trinity (ทริน' นิที) *n., pl.* **-ties** กลุ่มที่มีสามสิ่ง **-Trinity** ตรีเอกานุภาพ ซึ่งประกอบด้วยพระบิดา พระบุตร พระจิต (**-S.** trio, triple)

trinket (ทริง' คิท) *n.* เครื่องประดับเล็กๆ น้อยๆ ของผู้หญิง, ของใส่เล่นที่ไม่มีค่า (**-S.** trifle)

trio (ทรี' โอ) *n., pl.* **-os** คณะดนตรีที่มีสามคน, เพลงที่เขียนสำหรับเล่นหรือร้องสามคน, กลุ่มที่มีสามคน (**-S.** threesome, trinity)

★**trip** (ทริพ) *n.* การเดินทาง, การท่องเที่ยว, การสะดุดล้ม, ความผิดพลาด, ลิ้นสปริง เช่น ลานนาฬิกา, การปล่อยลานนาฬิกา *-v.* **tripped, tripping** *-vi.* หกล้ม, สะดุด, พลาดพลั้ง, ปล่อยลานนาฬิกา, เดินทาง *-vt.* ทำให้หกล้มหรือสะดุด, จับผิด, ขัดขวาง, ปล่อย (ลาน), ถอนสมอ (**-S.** (n.) error, excursion (n., v.) blunder, stumble)

tripe (ไทรพ์) *n.* กระเพาะ 30 กลีบหรือผ้าขี้ริ้วของวัว ควาย, สวะ, (ภาษาพูด) เรื่องไร้สาระ

triple (ทริพ' เพิล) *adj.* ประกอบด้วยสามส่วน, สามเท่า, สามครั้ง, สามหน *-n.* จำนวนสามเท่า, กลุ่มที่มีสามส่วน *-v.* **-pled, -pling** *-vt.* ทำให้เพิ่มขึ้นสามเท่า *-vi.* เพิ่มขึ้นสามเท่า (**-S.** (adj.) threefold, threeway (n.) trinity, trio)

triplet (ทริพ' ลิท) *n.* แฝดสาม, กลุ่มที่มีสามส่วนที่เหมือนกัน

triplex (ทริพ' เพลคซ์, ไทร' เพลคซ์) *adj.* มีสามทบ, มีสามชั้น *-n.* สิ่งที่มีสามทบหรือสามชั้น

triplicate (*n.* ทริพ' พลิคิท, *v.* -เคท) *n.* หนึ่งในสามของสิ่งที่เหมือนกันทุกประการ *-vt.* **-cated, -cating** ทำให้เป็นสามฉบับ, ทำให้เพิ่มเป็นสามเท่า *-adj.* มีสามฉบับ **-triplication** *n.*

tripod (ไทร' พอด) *n.* ขาตั้งกล้องถ่ายรูปที่มีสามขา, โต๊ะ เก้าอี้ที่มีสามขา **-tripodal** *adj.*

trite (ไทรท์) *adj.* **triter, tritest** (คำพูด ความคิดเห็น) ที่มีคนพูดกันมากจนน่าเบื่อ, ซ้ำซาก

★**triumph** (ไทร' เอิมฟ์) *vi.* **-umphed, -umphing** ชนะ *-n.* ความมีชัย, การฉลองชัยชนะ **-triumphal** *adj.* (**-S.** (v., n.) win (n.) celebration, victory **-A.** (v., n.) defeat, loss)

triumphant (ไทรอัม' เฟินท์) *adj.* ซึ่งแสดงความยินดีเมื่อมีชัย, มีชัยชนะ **-triumphantly** *adv.* (**-S.** victorious)

A B C D E F G H I J K L M N O P Q R S U V W X Y Z

A B C D E F G H I J K L M N O P Q R S T U V W X Y Z

trivet (ทริฟ' วิท) *n.* ขาตั้งสามขา, ขาหยั่งสามขา
trivial (ทริฟ' เวียล) *adj.* เล็กๆ น้อยๆ, ไม่สำคัญ, ขี้ปะติว, ไร้สาระ, หยุมหยิม **-trivially** *adv.* (**-S.** slight **-A.** important)
trod (ทรอด) *v.* กริยาช่อง 2 และ 3 ของ tread
trodden (ทรอด' เดิน) *v.* กริยาช่อง 3 ของ tread
troll (โทรล) *vt., vi.* **trolled, trolling** ตกปลาโดยลากเบ็ดไปตามน้ำช้าๆ, หมุนสายเบ็ดตกปลา, ร้องเพลงเล่นๆ *-n.* การตกปลาโดยวิธีดังกล่าว, เหยื่อล่อปลา, สายเบ็ดตกปลา **-troller** *n.*
trolley, trolly (ทรอล' ลี) *n., pl.* **-leys, -lies** รถเข็นของ, รถเข็นอาหาร, รถโยก, รถราง, สาลี่, รถบรรทุกถ่านหินในเหมือง *-vt., vi.* **-leyed, -leying/-lied, -lying** ขนหรือบรรทุกด้วยรถเข็นดังกล่าว
trolley bus รถไฟฟ้าที่ไม่ได้วิ่งบนราง แต่เคลื่อนที่ด้วยกระแสไฟฟ้าจากเส้นลวดบนหลังคา
trolley car รถราง
trombone (ทรอมโบน', เทริม-, ทรอม' โบน) *n.* แตรทองเหลืองชนิดชักเข้าชักออก
★**troop** (ทรูพ) *n.* กลุ่ม, กอง, หมู่, เหล่า, ฝูง, จำนวนมากมาย *-vi.* **trooped, trooping** เดินเป็นกลุ่มใหญ่, เดินออ **-troops** กองกำลังทหาร (**-S.** (n., v.) crowd, flock)
trooper (ทรู' เพอร์) *n.* พลทหารม้า, ม้าทหาร
troopship (ทรูพ' ชิพ) *n.* เรือลำเลียงทหาร
trope (โทรพ) *n.* คำอุปมา, คำเปรียบเทียบ
trophy (โทร' ฟี) *n., pl.* **-phies** รางวัลที่มอบให้เมื่อชนะการแข่งขัน เช่น ถ้วยรางวัล เหรียญ, ชิ้นส่วนของสัตว์ที่ล่าได้ เช่น เขา นอ หัว หรือหนังขน, อาวุธหรือสิ่งอื่นที่ยึดได้จากข้าศึก (**-S.** award, souvenir)
★**tropic** (ทรอพ' พิค) *n.* เส้นรุ้งสองเส้นที่ห่างจากเส้นศูนย์สูตรของโลกในแนวขวาง เส้นบนอยู่ห่างจากเส้นศูนย์สูตร 23 องศา 27 ลิปดาเหนือ (tropic of Cancer) ส่วนเส้นล่างอยู่ห่างจากเส้นศูนย์สูตร 23 องศา 27 ลิปดาใต้ (tropic of Capricorn) ซึ่งเป็นจุดเหนือสุดและใต้สุดที่ดวงอาทิตย์ส่องตรงศีรษะ *-adj.* เกี่ยวกับบริเวณเขตร้อน **-Tropics/tropics** เขตร้อนของโลกได้แก่ บริเวณที่อยู่ระหว่างเส้นรุ้งดังกล่าว
★**tropical** (ทรอพ' พิเคิล) *adj.* เกี่ยวกับเขตร้อน เมืองร้อน, (อากาศ) ร้อนชื้น *-n.* พืชเมืองร้อน **-tropically** *adv.* (**-S.** (adj.) humid, torrid)
tropical cyclone พายุไซโคลนร้อน
tropical year ปีฤดูกาล, ปีดาราศาสตร์, ปีสุริยะ
trot (ทรอท) *n.* ม้าวิ่งเหยาะๆ, การวิ่งเหยาะๆ, เด็กหัดเดินเตาะแตะ *-vi., vt.* **trotted, trotting** วิ่งเหยาะๆ, วิ่งเล่น **-trot out** นำออกแสดง, นำมาอวด **-trotter** *n.* (**-S.** (n., v.) canter)
troth (ทรอธ, โทรธ) *n.* ความจริง, คำมั่นสัญญา *-vt.* **trothed, trothing** ให้สัญญา, หมั้นหมาย
troubadour (ทรู' บะดอร์, -โดร์, -ดูร์) *n.* นักร้อง, กวี, นักดนตรี
★**trouble** (ทรับ' เบิล) *n.* โรคภัยไข้เจ็บ, ความยากลำบาก, ความยุ่งยาก, ปัญหา, ความกังวล, ความโชคร้าย, ความโกลาหล *-v.* **-led, -ling** *-vt.* รบกวน, ทำให้กังวล, ทำให้ยุ่งยาก, ทำให้เจ็บป่วย *-vi.* ลำบาก, ยุ่งยาก **-troubler** *n.* (**-S.** (n.) anxiety, pains, problem (v.) disturb, vex **-A.** (n., v.) calm (n.) happiness)
troublesome (ทรับ' เบิลเซิม) *adj.* ยุ่งยาก, เป็นปัญหา, น่ารำคาญ **-troublesomeness** *n.* (**-S.** difficult, rowdy **-A.** easy, simple)
trough (ทรอฟ) *n.* รางน้ำ, รางให้อาหารสัตว์, แอ่ง, ท้องคลื่น, จุดต่ำสุด
troupe (ทรูพ) *n.* กลุ่มนักร้อง นักแสดง นักเต้น *-vi.* **trouped, trouping** ออกเดินสายตระเวนแสดงกับคณะละคร **-trouper** *n.*
★**trouser, trowser** (เทรา' เซอร์) *n.* กางเกง
trout (เทราท์) *n., pl.* **trout/trouts** ปลาน้ำจืดชนิดหนึ่ง นิยมตกเล่นและนำมาเป็นอาหาร
trove (โทรฟว์) *n.* ขุมทรัพย์
trowel (เทรา' เอิล) *n.* เกรียง *-vt.* **-eled, -eling/-elled, -elling** ตัก ปาด โบก ฉาบปูนด้วยเกรียง
troy weight มาตราชั่งโลหะและเงิน ทอง เพชร พลอย ปอนด์ทรอยเท่ากับ 12 ออนซ์
truant (ทรู' เอินท์) *n.* เด็กหนีโรงเรียน, คนเกียจคร้าน *-adj.* เกียจคร้าน, เถลไถล *-vi.* **-anted, -anting** หนีโรงเรียน **-truancy** *n.*
truce (ทรูซ) *n.* การตกลงพักรบชั่วคราว, การพักชั่วคราว (**-S.** break, treaty)
★**truck**[1] (ทรัค) *n.* รถบรรทุก, รถขนสินค้า, รถกุดัง, รถเข็น *-vt., vi.* **trucked, trucking** ขนส่งด้วยรถบรรทุก, ขับรถบรรทุก
truck[2] (ทรัค) *v.* **trucked, trucking** *-vt.* เร่ขายของ, แลกเปลี่ยน *-vi.* ติดต่อ, คบค้า *-n.* สินค้า, พืชผักที่ส่งขายตามตลาด, (ภาษาพูด) การค้า, (ภาษาพูด) ของสัพเพเหระ (**-S.** (n.) commerce, goods)
truckage (ทรัค' คิจ) *n.* การขนส่งสินค้าโดยรถบรรทุก, ค่าขนส่งสินค้าโดยรถบรรทุก

truculent (ทรัค' คยะเลินทฺ) *adj.* อารมณ์ร้อน, รุนแรง, ดุเดือด, ก้าวร้าว, หยาบคาย **-truculence, truculency** *n.* (**-S.** fierce **-A.** tame)

trudge (ทรัจ) *vi.* **trudged, trudging** ย่ำ (โคลน), เดินด้วยความยากลำบาก, ค่อยๆ เดิน *-n.* การเดินด้วยความลำบากและเหนื่อยยาก **-trudger** *n.* (**-S.** (v., n.) hike, tramp)

★**true** (ทรู) *adj.* **truer, truest** ซื่อสัตย์, ตรง, จริง, แท้จริง *-adv.* ตามความเป็นจริง, ตั้งตรง, แท้จริง, แน่นอน, อย่างซื่อสัตย์ *-vt.* **trued, truing/trueing** ทำให้เที่ยงตรง, ทำให้ตั้งตรง *-n.* ความจริง (**-S.** (adj.) accurate, loyal, precise (adv.) honestly, properly **-A.** (adj.) inaccurate)

true-blue (ทรู' บลู') *adj.* ซื่อสัตย์, จงรักภักดี

truism (ทรู' อิ๊ซเซิม) *n.* ความจริงที่เห็นได้ง่ายและชัดเจน

trull (ทรัล) *n.* โสเภณี

truly (ทรู' ลี) *adv.* โดยน้ำใจแท้จริง, จริงๆ, อย่างแท้จริง (**-S.** correctly, indeed, sincerely)

trump[1] (ทรัมพฺ) *n.* ไพ่ที่มีแต้มมากที่สุด, (ภาษาพูด) คนดี *-v.* **trumped, trumping** *-vt.* เอาชนะไพ่หน้าอื่นด้วยไพ่ทรัมพ์, เอาชนะได้, อยู่เหนือกว่า *-vi.* เล่นไพ่ทรัมพ์

trump[2] (ทรัมพฺ) *n.* แตรเดี่ยว, แตรทองเหลือง

trumpery (ทรัม' พะรี) *n., pl.* **-ies** ของเก๊, เรื่องเหลวไหลไร้สาระ, เรื่องโกหก

trumpet (ทรัม' พิท) *n.* แตรเดี่ยว, แตรทองเหลือง, เสียงเป่าแตร, เสียงช้างร้อง *-v.* **-peted, -peting** *-vi.* เป่าแตร, ส่งเสียงเหมือนแตร *-vt.* ร้องเสียงดังอย่างช้าง, ป่าวประกาศ

trumpeter (ทรัม' พิเทอรฺ) *n.* นักเป่าแตรเดี่ยว

truncate (ทรัง' เคท) *vt.* **-cated, -cating** ตัด (ต้นไม้ ลำตัว ข้อความ ยอด) *-adj.* กุด, ด้วน, แหว่ง **-truncated** *adj.* (**-S.** (v.) prune, trim)

truncheon (ทรัน' เชิน) *n.* ไม้ตะบองของตำรวจ

trundle (ทรัน' เดิล) *n.* ล้อเล็กๆ, เฟือง, ลูกกลิ้ง, รถเข็นของสองล้อ, เสียงล้อหมุน *-vt., vi.* **-dled, -dling** หมุน, กลิ้ง, เลื่อน **-trundler** *n.*

★**trunk** (ทรังคฺ) *n.* ลำต้นของต้นไม้, ลำตัวคนหรือสัตว์, หีบใส่เสื้อผ้าเดินทางขนาดใหญ่, งวงช้าง, ห้องนอนในเรือขนาดเล็ก, ที่เก็บของท้ายรถ (**-S.** body, chest, snout, stem)

trunk line เส้นเลือด ประสาท หรือถนนสายใหญ่

truss (ทรัซ) *n.* เสาค้ำสะพานหรือหลังคา, เข็มขัดรัดไส้เลื่อน, มัด (หญ้า ฟาง ฯลฯ) *-vt.* **trussed, trussing** ผูก, มัด, ค้ำ, หนุน

truss bridge สะพานที่ค้ำด้วยเสาเหล็ก

★**trust** (ทรัซทฺ) *n.* ความเชื่อถือ, ความไว้วางใจ, ความรับผิดชอบ, ความพิทักษ์, บริษัทใหญ่ที่รวมเอาบริษัทเล็กๆ เข้าไว้ด้วยกันเพื่อผลประโยชน์ทางธุรกิจ *-vi., vt.* **trusted, trusting** เชื่อใจ, ไว้ใจ, เชื่อถือ, มอบ, ฝาก **-truster** *n.* **-trustful** *adj.* (**-S.** (n.) faith, protection (v.) believe)

trustee (ทรัสตี') *n.* บุคคลหรือองค์กรที่ดูแลพิทักษ์ทรัพย์สินของผู้อื่น,คณะกรรมการที่ถูกคัดเลือกหรือเลือกตั้งให้ดูแลจัดการกองทุนและนโยบายของสถาบัน *-vt., vi.* **-teed, -teeing** มอบหมายให้บุคคล องค์กร หรือคณะกรรมการดังกล่าวดูแลและจัดการพิทักษ์ทรัพย์สิน **-trusteeship** *n.*

trust fund ทรัพย์สินที่อยู่ในความพิทักษ์

trust territory ดินแดนที่อยู่ในความพิทักษ์ของสหประชาชาติ

trustworthy (ทรัซทฺ' เวอรฺธี) *adj.* **-thier, -thiest** เชื่อถือได้, น่าไว้วางใจ **-trustworthiness** *n.* (**-S.** reliable, true **-A.** untrustworthy)

trusty (ทรัส' ตี) *adj.* **-ier, -iest** น่าไว้ใจ, น่าเชื่อถือ *-n., pl.* **-ies** คนน่าเชื่อถือ

★**truth** (ทรูธ) *n., pl.* **truths** (ทรูธซฺ, ทรูธซฺ) ความจริง, ความซื่อสัตย์, ความถูกต้อง, ความเที่ยงแท้ **-truthful** *adj.* **-truthfully** *adv.* (**-S.** accuracy, honesty, reality **-A.** dishonesty, lie)

★**try** (ไทร) *vt., vi.* **tried, trying** พยายาม, ทดลอง, พิสูจน์, ทดสอบ, ทรมาน, พิจารณา (คดี), สอบสวน, ซ้อม, หลอม *-n., pl.* **tries** (ไทรซฺ) ความพยายาม, การทำคะแนนในกีฬารักบี้โดยวางลูกรักบี้หลังเส้นประตูของฝ่ายคู่แข่งได้ **-try on** ลอง (**-S.** (n., v.) attempt, endeavor)

try out (ไทร' เอาทฺ) *n.* การทดสอบความสามารถของนักกีฬาหรือนักแสดงเพื่อคัดเลือกตัว, การซ้อมใหญ่

tryst (ทริซทฺ) *n.* การนัดพบ, สถานที่นัดพบ *-vi.* **trysted, trysting** นัดพบ **-tryster** *n.*

tsar (ซารฺ, ทซารฺ) *n.* ดู czar

tsetse fly, tzetze fly (ทเซท' ซีไฟลฺ) *n.* แมลงดูดเลือดชนิดหนึ่ง พบในแอฟริกา เป็นพาหะโรค sleeping sickness สู่คนและสัตว์

T-shirt, tee shirt (ที' เชิรฺท) *n.* เสื้อยืดคอกลมแขนสั้น

tsp, tsp. ย่อจาก teaspoon ช้อนชา, teaspoonful ปริมาณหนึ่งช้อนชา

T-square (ที' สแกวรฺ) *n.* ไม้ฉาก

tsunami (ทซุนา' มี) *n., pl.* **-mis** คลื่นทะเลยักษ์ที่เกิดจากแผ่นดินไหวใต้ทะเลอย่างรุนแรง

หรือการระเบิดของภูเขาไฟ
Tu. ย่อจาก Tuesday วันอังคาร
tub (ทับ) *n.* อ่างอาบน้ำ, ถัง, ถังหรือรถขนถ่านหิน, (ภาษาพูด) เรือที่แล่นช้าๆ *-v.* **tubbed, tubbing** *-vt.* บรรจุในถัง, ล้างหรืออาบน้ำในอ่าง *-vi.* อาบน้ำ
tuba (ทู' บะ, ทยู-) *n.* แตรทองเหลืองขนาดใหญ่ให้เสียงทุ้ม
tubby (ทับ' บี) *adj.* **-bier, -biest** อ้วนเตี้ย, ม่อต้อ **-tubbiness** *n.*
★**tube** (ทูบ, ทยูบ) *n.* หลอด, ท่อ, ลำกล้อง, ยางในรถ, หลอดยาสีฟัน, หลอดวิทยุ, หลอดแก้ว, อุโมงค์, รถไฟฟ้าใต้ดิน, หลอดภาพโทรทัศน์, (คำสแลง) โทรทัศน์, กระบอก, โพรง *-vt.* **tubed, tubing** บรรจุในหลอด, ส่งผ่านทางท่อ
tubeless tire ยางรถที่ไม่มียางใน
tuber (ทู' เบอร์, ทยู'-) *n.* หัวหรือหน่อใต้ดินของพืชบางชนิด เช่น หัวเผือก
tubercle (ทู' เบอร์เคิล, ทยู'-) *n.* ปุ่ม, ตุ่ม, เม็ดหรือจุดเล็กๆ ในปอด หรือส่วนอื่นของร่างกายซึ่งเกิดจากการติดเชื้อวัณโรค **-tubercular** *adj.*
tubercle bacillus เชื้อวัณโรค
tuberculin (ทูเบอร์' คยะลิน, ทยุ-) *n.* สารที่สกัดจากเชื้อวัณโรคเพื่อใช้รักษาวัณโรค
tuberculosis (ทูเบอร์คยะโล' ซิซ, ทยุ-) *n.* วัณโรคในปอดหรืออวัยวะส่วนอื่นของร่างกายเกิดจากติดเชื้อวัณโรค (tubercle bacillus)
tubing (ทู' บิง, ทยู'-) *n.* หลอดหรือท่อ
tubular (ทู' บยะเลอร์, ทยู'-) *adj.* มีลักษณะคล้ายหลอดหรือท่อ, ที่ทำมาจากหลอดหรือท่อ, มีเสียงราวกับเป่าจากหลอดหรือท่อ **-tubularity** *n.*
tuck (ทัค) *v.* **tucked, tucking** *-vt.* พับ, จับจีบ (ผ้า), สอด, ยัด, ซุก, เก็บ, หด, ซ่อน, รวบ, ร่น, อัด *-vi.* จีบ (ผ้า), (ผ้า) ย่น, ขมวด (คิ้ว) *-n.* การพับหรือจับจีบผ้า, รอยจีบผ้า, รอยพับผ้า
★**Tuesday** (ทูซ' ดี, -เด, ทยูซ'-) วันอังคาร
tuft (ทัฟท์) *n.* กระจุกขน ด้าย หญ้า ผม, หนวดใต้คาง, พู่, ปุย, ปอยผม *-v.* **tufted, tufting** *-vt.* ตกแต่งหรือประดับด้วยปอยหรือพู่, ตรึง (ที่นอน) *-vi.* อยู่เป็นกระจุก, ขึ้นมาเป็นปอย ปุย
tug (ทัก) *vt., vi.* **tugged, tugging** ดึง, ลาก, โยง, ฉุด *-n.* การกระทำดังกล่าว, เรือโยง, เชือกที่ใช้ดึง (**-S.** (v., n.) drag, haul **-A.** (v., n.) push)
tugboat (ทัก' โบท) *n.* เรือโยง
tug of war ชักเย่อ
tuition (ทูอิช' ชัน, ทยุ-) *n.* การสอนพิเศษ, ค่าเรียนพิเศษ (**-S.** instruction)
tulip (ทู' ลิพ, ทยู'-) *n.* ดอกทิวลิป
tulle (ทูล) *n.* แพรโปร่งคลุมหน้าสตรี
tumble (ทัม' เบิล) *vi., vt.* **-bled, -bling** หกล้ม, หกคะเมน, กลิ้ง, กระจุยกระจาย, ตก, หล่น, ตีลังกา, ถลา, ไถล, ร่วง, พัง, ทลาย, สะดุด, โยน, ปา, ทอย *-n.* การหกคะเมนตีลังกา, การสะดุดล้ม, ความยุ่งเหยิง, ความสับสนอลหม่าน (**-S.** (v., n.) drop, stumble, toss)
tumbler (ทัม' เบลอร์) *n.* นักกายกรรม, ถ้วยแก้วที่ไม่มีหูหรือก้าน, ตุ๊กตาล้มลุก
tummy (ทัม' มี) *n., pl.* **-mies** (ภาษาพูด) กระเพาะอาหาร ท้อง พุง
tumor (ทู' เมอร์, ทยู'-) *n.* เนื้องอก
tumult (ทู' มัลท์, ทยู'-) *n.* ความอึกทึกครึกโครม, ความวุ่นวายใจ (**-S.** uproar **-A.** peace)
tun (ทัน) *n.* ถังไวน์หรือเบียร์ขนาดใหญ่
tuna (ทู' นะ, ทยู'-) *n., pl.* **tuna/-nas** ปลาทูน่า
tundra (ทัน' ดระ) *n.* ที่ราบอันหนาวเย็น ไม่มีต้นไม้ในแถบอาร์กติก
★**tune** (ทูน, ทยูน) *n.* การตั้งเสียง, การปรับเสียง, เสียง, เพลง, น้ำเสียง, ความสอดคล้อง *-v.* **tuned, tuning** *-vt.* ปรับหรือตั้งเสียง, ร้องเพลง, ทำให้สอดคล้องกัน, ปรับหรือตั้งวิทยุ, ปรับเครื่องยนต์ *-vi.* เข้ากัน, สอดคล้องกัน, กลมกลืน (**-S.** (n.) harmony, melody (v.) adjust (n., v.) pitch)
tuneful (ทูน' เฟิล, ทยูน'-) *adj.* ไพเราะ, กลมกลืน, สอดคล้อง **-tunefully** *adv.* **-tuneless** *adj.* (**-S.** harmonious, melodious **-A.** discordant, flat)
tuner (ทู' เนอร์, ทยู'-) *n.* ผู้ปรับเสียง (เปียโน), ส่วนที่ทำหน้าที่รับคลื่นวิทยุ
tung oil น้ำมันตังอิ๊ว ใช้ในงานทาสี ชักเงา
tungsten (ทัง' สเติน) *n.* ธาตุวุลแฟรมหรือทังสเตน เป็นโลหะชนิดหนึ่ง ใช้ทำโลหะผสม ไส้หลอดไฟฟ้า มีสัญลักษณ์ W
tunic (ทู' นิค, ทยู'-) *n.* เสื้อคลุมชั้นนอกของทหาร ตำรวจ, เสื้อคลุมยาวรัดเอวของผู้หญิง
★**tunnel** (ทัน' เนิล) *n.* อุโมงค์, โพรงสัตว์, ท่อใต้ดิน, อุโมงค์รถไฟ *-vt., vi.* **-neled, -neling/-nelled, -nelling** ขุดท่อหรืออุโมงค์ (**-S.** (n., v.) burrow, hole (n.) passage)
tunnel vision ความใจแคบ, การมองเห็นที่แคบกว่าปกติเนื่องจากสายตาพิการ
turban (เทอร์' เบิน) *n.* ผ้าโพกศีรษะของชาวมุสลิม, หมวกของผู้หญิงคล้ายผ้าโพกศีรษะ
turbid (เทอร์' บิด) *adj.* (สี, น้ำ) ขุ่น มัว, หม่น, หมอง, ยุ่งเหยิง, สลัว, คล้ำ
turbine (เทอร์' บิน, -ไบน์) *n.* กังหัน

A B C D E F G H I J K L M N O P Q R S T U V W X Y Z

turboprop (เทอร์ โบพรอพ) *n.* เครื่องยนต์กังหันใบพัด, เครื่องบินที่ใช้เครื่องยนต์ดังกล่าว

turbulent (เทอร์ บยะเลินท์) *adj.* โกลาหล, วุ่นวาย, อลหม่าน, ยุ่งเหยิง, พล่าน, เดือด **-turbulence** *n.* **-turbulently** *adv.* (**-S.** riotous)

tureen (ทุรีน', ทยุ-) *n.* ชามใส่ซุปแบบมีฝาปิด

turf (เทิร์ฟ) *n., pl.* **turfs/turves** (เทิร์ฟว์ซ์) สนามหญ้า, ผืนหญ้า, สนามม้า, การแข่งม้า *-vt.* **turfed, turfing** ปูหญ้า, ลาดหญ้า **-turfy** *adj.* (**-S.** (n.) clod, grass, sod)

turgid (เทอร์ จิด) *adj.* โป่ง, พอง, บวม, เป่ง, (คำพูด) โว **-turgidity, turgidness** *n.*

★**turkey** (เทอร์ คี) *n., pl.* **-keys** ไก่งวง

turkey cock ไก่งวงตัวผู้, คนคุยโว

turmeric (เทอร์ เมอริค) *n.* ขมิ้น

turmoil (เทอร์ มอยล์) *n.* ความสับสนวุ่นวาย, ความโกลาหล (**-S.** tumult **-A.** peace)

★**turn** (เทิร์น) *vt., vi.* **turned, turning** หมุน, วน, หัน, หันเห, รอบ, หมุนรอบ, เวียน, หมุนเวียน, วิงเวียน, งง, มึน, กลับหัวกลับหาง, ปั่นป่วน, บิด, พลิก, เปลี่ยน, แปลง, ดัดแปลง, ผันแปร, พลิกกลับ, พลิกแพลง, พลิกขึ้นมา, กลับด้าน, ปลิ้น, ตลบ, เปลี่ยนใจ, กลับใจ, ไตร่ตรอง, คิดคำนึง, ขัด, เกลา, กลึง, ตกแต่ง, งอ, โค้ง, ดัด, เลี้ยว, บ่าย, เบน, เบือน, พับ, ทบ, ไขว้, บิด, ไข, ขัน, ทำให้ทื่อ, ลบเหลี่ยม, ทำให้คว่ำ, เบี่ยง, หด, ห่อ, เล็ง, สละ, อุทิศ, มอบ, ทำให้กลายเป็นศัตรู, แสดงท่าทางลักษณะนิสัย, หมัก, ทำให้เปรี้ยว, เปลี่ยนรูป, แปลงลักษณะ, ทำให้หลง, จู่โจม, ขึ้นอยู่กับ, เอน, เอียง, ผ่านเข้าสู่ (อายุ), ย่างเข้า *-n.* การหมุน, การหมุนรอบ, การหมุนเวียน, การเลี้ยว, การเปลี่ยนเส้นทาง, ความเปลี่ยนแปลง, ความแปรเปลี่ยน, คราว, โอกาส, ลำดับ, ที, เวร, คิว, หัวมุม, โค้งถนน, จุดเปลี่ยน, นิสัย, ท่าทาง, ลักษณะ, จุดประสงค์, การเดินเล่น, การบิด, การเบี่ยงบ่าย, การหันเห, การเบน, อาการบิดเบี้ยว, อาการสะดุ้ง, การแสดงสั้นๆ, ความมีไหวพริบ, แนว, กระแส **-out of turn** ไม่อยู่ในลำดับ, ผิดวาระ **-to a turn** (เนื้อ) สุกได้ที่ **-turn a blind eye** ทำเป็นไม่รู้ไม่ชี้ **-turn a deaf ear** ไม่ยอมรับฟัง **-turn a hair** กลัว, ตกใจ **-turn away** เบือนหน้า **-turn back** หันหลังกลับ **-turn down** หรี่ (เสียง), ปฏิเสธ **-turn in** เข้านอน, นำส่ง **-turn off** ปิด **-turn on** เปิด **-turn one's back on** ปฏิเสธ, ละทิ้ง **-turn one's head** หลง, ถูกเสน่ห์ **-turn out** ปิด, ดับ, ผลิต, ขับไล่ **-turn over** คิด, ยกให้, ปลิ้น, กลับ (กระเป๋า), หมุน **-turn over a new leaf** เปลี่ยนให้ดีขึ้น **-turn tail** วิ่งหางจุกก้น **-turn the tables** พลิกกลับเป็นชนะ **-turn to** เริ่มทำงาน **-turn turtle** พลิกคว่ำ **-turn up** ค้นพบ, เจอ, มาถึง, เร่ง, เพิ่ม, เกิดขึ้นโดยไม่คาดคิดมาก่อน **-turn up one's nose** แสดงอาการดูถูกเหยียดหยาม (**-S.** (v., n.) aim, bend, change, mold, shape, spin, twist, whirl (n.) time, trend)

turnabout (เทิร์น' อะเบาท์) *n.* การหมุนกลับ, การเลี้ยว, การเปลี่ยนทัศนคติ, การแปรพักตร์

★**turning** (เทอร์ นิง) *n.* ทางแยก

turning point หัวเลี้ยวหัวต่อ

turnip (เทอร์ นิพ) *n.* หัวเทอร์นิพ เป็นหัวผักกาดชนิดหนึ่ง

turpentine (เทอร์ เพินไทน์) *n.* น้ำมันสน

turquoise (เทอร์ ควอยซ์, -คอยซ์) *n.* รัตนชาติสีน้ำเงินอมเขียวชนิดหนึ่ง

turret (เทอ' ริท) *n.* ป้อมปืน, ฐานหมุนปืน, แท่นหมุน, ป้อม, ปราการ, หอบนป้อม

turtle (เทอ' เทิล) *n.* เต่า, เสื้อคอเต่า

turtledove (เทอร์ เทิลดัฟว์) *n.* นกเขา

turtleneck (เทอร์ เทิลเนค) *n.* เสื้อคอเต่า

tusk (ทัซค์) *n.* เขี้ยวยาว, งาช้าง

tussle (ทัซ' เซิล) *vi.* **-sled, -sling** ดิ้นรน, เบียดเสียด, แย่งชิง *-n.* การกระทำดังกล่าว (**-S.** (v., n.) fight, scuffle, struggle)

tut (ทัท) *interj.* ใช้อุทานแสดงความไม่พอใจ ดูถูก ดูหมิ่น เหยียดหยาม

tutor (ทู' เทอร์, ทยู'-) *n.* ครูสอนพิเศษ, ผู้ปกครอง, อาจารย์ที่ปรึกษา, ผู้ดูแล *-v.* **-tored, -toring** *-vt.* สอนพิเศษ, ดูแล *-vi.* เรียนพิเศษ, เป็นครูสอนพิเศษ (**-S.** (n., v.) coach)

tux (ทัคซ์) *n.* (ภาษาพูด) ทักซิโด

tuxedo (ทัคซี' โด) *n., pl.* **-dos/-does** ชุดราตรีของผู้ชายใช้สวมในงานที่เป็นทางการ

★**TV** (ที' วี') *n., pl.* **TVs/TV's** โทรทัศน์

TVP ย่อจาก textured vegetable protein โปรตีนเกษตร

twaddle (ทวอด' เดิล) *vi.* **-dled, -dling** พูดไร้สาระ *-n.* การพูดเรื่องไร้สาระ

twain (ทเวน) *n., adj., pron.* สอง

twang (ทแวง) *vt., vi.* **twanged, twanging** (เสียง) ดีด, ดีดสายเครื่องดนตรี, พูดเสียงขึ้นจมูก *-n.* เสียงสั้น เช่น เสียงดีดสายกีตาร์, เสียงขึ้นจมูก

'twas (ทวัซ, ทวอซ, ทเวิซ) ย่อจาก it was

tweak (ทวีค) *vt.* **tweaked, tweaking** ดึง, บิด, ทึ้ง, หยิก, กระตุก, เหน็บ *-n.* การกระทำดังกล่าว
tweed (ทวีด) *n.* ผ้าสักหลาดอย่างหนา
'tween (ทวีน) *prep.* ย่อจาก between
tweenager (ทวีนเน' เจอร์) n. เด็กอายุ 10-14 ปี
tweezers (ทวี' เซอร์ซฺ) *n. pl.* แหนบ, คีมหนีบ
★**twelve** (ทเวลฟฺว) *n.* สิบสอง, เลขสิบสอง
twentieth (ทเวน' ทีอิธ, ทวัน'-) *n.* อันดับยี่สิบ, หนึ่งในยี่สิบ **-twentieth** *adv., adj.*
★**twenty** (ทเวน' ที, ทวัน'-) *n.* ยี่สิบ, เลขยี่สิบ **-Twenties** ช่วงเวลาทศวรรษที่ 20-29 ของศตวรรษ, จำนวน 20-29
'twere (ทเวอร์) ย่อจาก it were
★**twice** (ทไวซฺ) *adv.* สองครั้ง, สองเท่า
twiddle (ทวิด' เดิล) *vt., vi.* **-dled, -dling** ทำเล่นๆ, ทำอย่างขี้เกียจ *-n.* การทำเล่นๆ, การกระดิกนิ้วเล่น, อาการทำอย่างขี้เกียจ
twig (ทวิก) *n.* แขนง, กิ่งไม้, กิ่งก้าน
twilight (ทไว' ไลทฺ) *n.* แสงตะวันที่โผล่ขึ้นยามเช้าหรือใกล้ลับขอบฟ้ายามเย็น, แสงสลัว, ความคลุมเครือ, ช่วงเวลาตกอับ, ความมืดมน *-adj.* มืดมน, เคลือบคลุม, กำกวม (**-S.** (n., adj.) dusk, evening (n.) dimness)
twilight student นักศึกษาภาคค่ำ
twilight zone สภาพกำกึ่งระหว่างความฝันกับความจริง, ภาวะคลุมเครือ
★**twin** (ทวิน) *n.* สิ่งที่เป็นคู่, เตียงคู่, เด็กที่เป็นฝาแฝดคนหนึ่ง, หนึ่งในสองของสิ่งที่เหมือนกัน *-adj.* ที่เป็นคู่กัน, ที่เป็นฝาแฝดกัน *-v.* **twinned, twinning** *-vi.* ให้กำเนิดลูกแฝด, เป็นคู่, เป็นหนึ่งในแฝดสองคน *-vt.* เข้าคู่, จับคู่ **-twins** ฝาแฝด (**-S.** (n., adj.) double **-A.** (n., adj., v.) single)
twine (ทไวนฺ) *vt., vi.* **twined, twining** พัน, ถัก, ฟั่น (เชือก), ปั่น (ด้าย), ไขว้กัน, เอามาขัดกัน, ยึด, ล้อมรอบ, ร้อย, ม้วน, ขด *-n.* เชือกฟั่น, ขดลวด, สิ่งที่ม้วนเป็นวง, ปมปัญหา, ความยุ่งยาก (**-S.** (v., n.) twist (n.) cord)
twinge (ทวินจฺ) *n.* อาการเสียวแปลบ, ความเจ็บปวดทางอารมณ์หรือจิตใจ *-v.* **twinged, twinging** *-vt.* หยิก, ทึ้ง *-vi.* เจ็บแปลบ
twinkle (ทวิง' เคิล) *vi., vt.* **-kled, -kling** ส่องแสงระยิบระยับ, ขยิบ (ตา), กะพริบ (ตา), แวบ, เปล่งประกาย *-n.* การกะพริบหรือขยิบตา, แสงส่องแววาวับ, การเคลื่อนที่แวบไปมาอย่างรวดเร็ว **-twinkler** *n.* **-twinkling** *n.*
twirl (ทเวิร์ล) *vt., vi.* **twirled, twirling** ปั่น, ฟั่น, ม้วน, หมุน, กรอ, ควง, วน, บิด, ขด, ดัด, งอ *-n.* การปั่น ฟั่น กรอ (ด้าย เชือก), การบิด, การโค้งงอ, ความคดเคี้ยว, การขด (ลวด) **-twirler** *n.* (**-S.** (v., n.) spin, turn, whirl)
★**twist** (ทวิซทฺ) *v.* **twisted, twisting** *-vt.* บิด, ปั่น, ไข, สะบัด, กระชาก, ทึ้ง, ดึง, ฟั่นเกลียว (เชือก), พัน, ถัก, ม้วน กรอ (ด้าย), ขด (ลวด), ร้อย (ดอกไม้), ทำให้ (ขา) เคล็ด, ทำให้บิดเบี้ยว, บิดเบือน, ทำให้ผิดรูป, ทำให้เพี้ยน *-vi.* บิด, บิดเบี้ยว, งอ, โค้ง, ขด, ดัด, ฟั่น, พัน, ปั่น, ถัก, ม้วน, หมุน, วกเวียน, คดเคี้ยว, ชักดิ้นชักงอ, เต้นรำบิดตัว *-n.* การร้อย (ดอกไม้ มาลัย), การฟั่นเกลียวเชือก, อาการบิดเบี้ยว, การบิดเบือน, การม้วนใบยาสูบ, การหมุน, ข้อบกพร่อง, เส้นไหม, ขนมเกลียว, ปีกกระดาษ, เปลือกส้มหรือมะนาวที่ปอกเป็นเกลียวใส่ในเครื่องดื่ม,เงื่อน, ปม, อาการเคล็ดขัดยอก, การโค้งงอ, ความคดเคี้ยว (ถนน แม่น้ำ), คำพูดหรือพฤติกรรมตลบตะแลง, การเขียนเล่นหางตัวอักษร, อาการบิดเป็นเกลียว (**-S.** (v., n.) coil, spin, turn)
twister (ทวิส' เตอร์) *n.* เครื่องฟั่นเกลียวเชือก, (ภาษาพูด) พายุทอร์นาโดหรือพายุไซโคลน
twit (ทวิท) *vt.* **twitted, twitting** ดุ, ด่า, ตำหนิ, บ่น, ต่อว่า *-n.* การกระทำดังกล่าว, การเหน็บแนม, (คำสแลง) คนโง่ (**-S.** (v.) scold)
twitch (ทวิช) *v.* **twitched, twitching** *-vt.* ดึง, ลาก, กระชาก, ชัก, ฉุด, ทึ้ง, กระตุก, สะบัด, เหวี่ยง *-vi.* ชัก, กระตุก, สะดุ้ง, เสียวแปลบ *-n.* อาการชักกระตุก, การกระตุก, การกระชาก
twitter (ทวิท' เทอร์) *vi., vt.* **-tered, -tering** (นก) ร้องจ้อกแจ้ก, พูดเสียงเจี๊ยวจ๊าว, หัวเราะคิกคัก, ตื่นเต้นจนตัวสั่น, พูดรัว *-n.* ความประหม่า, เสียงร้องแหลมสูง (นก), เสียงดังเจี๊ยวจ๊าว, เสียงพูดจ้อกแจ้ก, ความเกรียวกราว **-twitterer** *n.* **-twittery** *adj.*
★**two** (ทู) *n.* สอง, เลขสอง, อันดับสอง, สิ่งที่มีสอง, สิ่งที่เป็นคู่
two-edged (ทู' เอจดฺ') *adj.* มีสองด้าน
two-faced (ทู' เฟซทฺ') *adj.* มีสองหน้า
twopenny (ทัพ' พะนี, ทู' เพนนี) *adj.* มีค่าสองเพนนี, ถูก, ไม่มีค่า
two-piece (ทู' พีซ) *adj.* มีสองชิ้น
two-tone, two-toned (ทู' โทน, -โทนดฺ) *adj.* มีสองสี
two-way (ทู' เว') *adj.* (ถนน) มีสองช่องทางเดินรถ, (การสื่อสาร) ทั้งสองทาง
tycoon (ไทคูน') *n.* นักธุรกิจใหญ่ที่มีทั้งอำนาจและความร่ำรวย, คำเรียกโชกุนของญี่ปุ่นในอดีต

(-S. baron, mogul)
tympan (ทิม' เพิน) *n.* กลอง, เยื่อแก้วหู, หนังหรือวัสดุอื่นใดที่ใช้ขึงกลอง
★**type** (ไทพ์) *n.* ชนิด, ประเภท, ตัวอย่าง, สัญลักษณ์, เครื่องหมาย, จำพวก, เทือก, อย่าง, เช่น, ลักษณะ, ตัวพิมพ์, เครื่องแสดง, ตัวตน, แบบ รูปแบบ หรือรูปที่พิมพ์ลงบนเหรียญ *-v.* **typed, typing** *-vt.* พิมพ์ดีด, แสดงว่า, แสดงชนิด, หาหมู่เลือด, เป็นตัวอย่าง *-vi.* พิมพ์ดีด (**-S.** (n.) category, pattern, print)
typecast (ไทพ์' แคซท์) *vt.* **-cast, -casting** (นักแสดง) ได้รับบทที่ตรงกับบุคลิกลักษณะของตนเอง, ได้รับบทเดิม
typeface (ไทพ์' เฟซ) *n.* หน้าตัวพิมพ์, รอยตัวพิมพ์
type metal โลหะหล่อตัวพิมพ์ ประกอบด้วยตะกั่ว พลวงและดีบุก
typescript (ไทพ์' สกริพท์) *n.* สิ่งที่พิมพ์ด้วยเครื่องพิมพ์ดีด
★**typewrite** (ไทพ์' ไรท์) *vt., vi.* **-wrote, -written, -writing** พิมพ์ด้วยเครื่องพิมพ์ดีด
★**typewriter** (ไทพ์' ไรเทอร์) *n.* เครื่องพิมพ์ดีด
typewriting (ไทพ์' ไรทิง) *n.* การพิมพ์ดีด, ทักษะการพิมพ์ดีด
typhoid (ไท' ฟอยด์) *n.* ไข้รากสาดน้อย
typhoon (ไทฟูน') *n.* พายุไต้ฝุ่น (**-S.** cyclone)
typhus (ไท' เฟิซ) *n.* ไข้รากสาดใหญ่
★**typical** (ทิพ' พิเคิล) *adj.* เป็นแบบอย่าง, เป็นตัวอย่าง, เป็นรูปแบบ, เป็นธรรมดา, เป็นปกติ **-typically** *adv.* (**-S.** normal, usual)
typify (ทิพ' พะไฟ) *vt.* **-fied, -fying** เป็นตัวอย่างของ, แสดงให้เห็นเป็นรูปร่าง, เป็นเครื่องหมายแห่ง **-typification** *n.* (**-S.** symbolize)
★**typist** (ไท' พิซท์) *n.* นักพิมพ์ดีด
tyrannical, tyrannic (ทิแรน' นิเคิล; ไท-, -แรน' นิค) *adj.* เกี่ยวกับผู้ปกครองที่กดขี่ข่มเหงประชาชน, โหดร้าย, ทารุณ, เผด็จการ **-tyrannically** *adv.* (**-S.** cruel **-A.** kind)
tyrannize (ทิ' ระไนซ์) *vt., vi.* **-nized, -nizing** กดขี่, ข่มเหง, รังแก, ใช้อำนาจเผด็จการ
tyranny (ทิ' ระนี) *n., pl.* **-nies** การปกครองแบบกดขี่ข่มเหง, การปกครองแบบเผด็จการ (**-S.** autocracy, oppression)
tyrant (ไท' เรินท์) *n.* ผู้ปกครองที่กดขี่ข่มเหงประชาชน, ผู้ปกครองแบบเผด็จการ, ทรราช (**-S.** dictator)
★**tyre** (ไทร์) *n.* ดู tire[2]
tyro, tiro (ไท' โร) *n., pl.* **-ros** คนเริ่มหัดใหม่
tzar (ซาร์, ทซาร์) *n.* ดู czar
tzetze fly ดู tsetse fly

U

U, u (ยู) *n., pl.* **U's, u's/Us, us** อักษรตัวที่ 21 ในภาษาอังกฤษ, อันดับยี่สิบเอ็ด
ubiquitous (ยูบิค' ควิเทิซ) *adj.* มีอยู่ทุกหนทุกแห่ง, เป็นที่แพร่หลาย **-ubiquitously** *adv.* (**-S.** everywhere **-A.** absent, missing)
udder (อัด' เดอร์) *n.* เต้านมสัตว์
UFO (ยูเอฟโอ') *n., pl.* **UFO's/UFOs** ย่อจาก unidentified flying object จานบิน
ugh (อัก, อัค) *interj.* ยี้
★**ugly** (อัก' ลี) *adj.* **-lier, -liest** ขี้เหร่, น่าเกลียด, อัปลักษณ์, น่ากลัว, ร้ายกาจ, บาดตา *-n., pl.* **-lies** (ภาษาพูด) คนอัปลักษณ์ (**-S.** (adj.) evil, horrid, plain **-A.** (adj.) beautiful)
UHF, uhf ย่อจาก ultrahigh frequency ความถี่คลื่นวิทยุในระหว่าง 300-3,000 เมกะเฮิรตซ์
UK, U.K. ย่อจาก United Kingdom สหราชอาณาจักร
ulcer (อัล' เซอร์) *n.* หนอง, ฝี, แผลพุพอง
ulcerate (อัล' ซะเรท) *v.* **-ated, -ating** *-vi.* (แผล) เป็นหนอง *-vt.* ทำให้มีหนอง
ulna (อัล' นะ) *n., pl.* **-nas/-nae** (-นี) กระดูกแขนท่อนใน **-ulnar** *adj.*
ulterior (อัลเทีย' เรียร์) *adj.* ลี้ลับ, เกินกว่า, ไกล, นอกเหนือ **-ulteriorly** *adv.* (**-S.** secret)
ultimate (อัล' ทะมิท) *adj.* สุดท้าย, ในที่สุด, เป็นมูลฐาน *-n.* ขีดสูงสุด, หลักเบื้องต้น, มูลฐาน, ขั้นสุดท้าย **-ultimately** *adv.* (**-S.** (adj.) furthest, supreme **-A.** (adj.) primary)
ultimatum (อัลทะเม' เทิม, -มา'-) *n., pl.* **-tums/-ta** คำขาด, คำสุดท้าย

A B C D E F G H I J K L M N O P Q R S T U V W X Y Z

ultimo (อัล' ทะโม) *adv.* เมื่อเดือนก่อน
ultra (อัล' ทระ) *adj.* รุนแรง, เกินเลย, มากเกิน, เลยเถิด, เกินไป *-n.* บุคคลที่มีความคิดเห็นรุนแรง
ultra- คำอุปสรรค หมายถึง เกิน, เลย, รุนแรง, เกินไป, เลยเถิด, ล้ำ, พ้น, โพ้น
ultrahigh frequency ความถี่คลื่นวิทยุในระหว่าง 300-3,000 เมกะเฮิรตซ์ ย่อว่า UHF
ultramarine (อัลทระมะรีน') *n.* สีฟ้าเข้ม
ultramodern (อัลทระมอด' เดิร์น) *adj.* ล้ำยุค
ultramundane (อัลทระมัน' เดน, -มันเดน') *adj.* นอกจักรวาล, นอกพิภพ
ultrasonic (อัลทระซอน' นิค) *adj.* (เสียง) เกินกว่าระดับที่มนุษย์จะได้ยิน
ultrasound (อัล' ทระเซานด์) *n.* การใช้คลื่นอัลตราโซนิกในการตรวจโรคหรือวินิจฉัยในทางแพทย์ เช่น ตรวจหาเพศทารกที่อยู่ในครรภ์
ultraviolet (อัลทระไว' อะลิท) *adj.* เกี่ยวกับคลื่นรังสีอัลตราไวโอเลต *-n.* คลื่นรังสีอัลตราไวโอเลต รังสีนี้มีมากในแสงอาทิตย์
umbel (อัม' เบิล) *n.* ดอกช่อชนิดที่มีก้านดอกแตกแยกจากจุดเดียวกันเหมือนซี่ร่ม
umber (อัม' เบอร์) *n.* ดินสีน้ำตาลไหม้
umbilical cord สายสะดือ, สายรก
umbra (อัม' บระ) *n., pl.* **-bras/-brae** (-บรี) เงา, ที่ร่ม, เงามืด, บริเวณที่มืดมิดบนดวงอาทิตย์หรือดวงจันทร์เวลาเกิดคราส
umbrage (อัม' บริจ) *n.* ความโกรธเคือง, สิ่งที่ให้ร่มเงา, ความคลุมเครือ (**-S.** offense)
★**umbrella** (อัมเบรล' ละ) *n.* ร่ม, กลด, สิ่งที่ช่วยปกป้อง, สิ่งที่คล้ายร่ม เช่น แมงกะพรุน
umpire (อัม' ไพร์) *n.* ผู้ตัดสิน, ผู้ชี้ขาด, กรรมการชี้ขาด *-vt., vi.* **-pired, -piring** ตัดสิน, ชี้ขาด (**-S.** (n., v.) judge, referee)
umpteen (อัมพ์' ทีน', อัม'-) *adj.* (ภาษาพูด) มากมาย เยอะแยะ **-umpteenth** *adj.*
UN, U.N. ย่อจาก United Nations สหประชาชาติ
un-[1] คำอุปสรรค หมายถึง ไม่, ปราศจาก, ไร้, ขาด, ตรงกันข้าม (เมื่อ un- นำหน้าคุณศัพท์ กริยาวิเศษณ์ และนาม)
un-[2] คำอุปสรรค หมายถึง แก้, ปลด, ปล่อย, ถอน, ถอด, เอาออก, ลอก, ปอก (เมื่อ un- นำหน้ากริยา)
unabashed (อันอะแบชท์') *adj.* ไม่กระดาก
unabated (อันอะเบ' ทิด) *adj.* ไม่ล่าถอย
★**unable** (อันเอ' เบิล) *adj.* ไร้ความสามารถ
unabridged (อันอะบริจด์') *adj.* ไม่ได้ตัดทอน, ทั้งหมด, สมบูรณ์ (**-S.** complete, whole)
unacceptable (อันแอคเซพ' ทะเบิล) *adj.* ยอมรับไม่ได้ (**-S.** displeasing, offensive)
unaccompanied (อันอะคัม' พะนีด์) *adj.* ตามลำพัง, ไม่มีเพื่อน, (ดนตรีบรรเลง) เดี่ยว
unaccountable (อันอะเคาน์' ทะเบิล) *adj.* ซึ่งอธิบายไม่ได้, แปลก, พิลึก, ไม่มีความรับผิดชอบ (**-S.** strange, unanswerable)
unaccustomed (อันอะคัส' เติมด์) *adj.* ไม่ปกติ, แปลก, ผิดวิสัย (**-S.** unfamiliar, unusual)
unadorned (อันอะดอร์นด์') *adj.* เรียบง่าย, ปราศจากเครื่องประดับ (**-S.** plain, simple)
unaffected (อันอะเฟค' ทิด) *adj.* ไม่มีผลกระทบ, ไม่เสแสร้ง, ไร้มารยา **-unaffectedly** *adv.* **-unaffectedness** *n.* (**-S.** natural, sincere)
unaided (อันเอด' ดิด) *adj.* ปราศจากความช่วยเหลือ, ตามลำพัง
unalloyed (อันอะลอยด์') *adj.* บริสุทธิ์, ไม่มีสิ่งเจือปน, สมบูรณ์ **-unalloyedly** *adv.*
unanimous (ยูแนน' นะเมิซ) *adj.* เป็นเอกฉันท์, เป็นมติเดียวกัน (**-S.** agreed, united)
unanswerable (อันแอน' เซอระเบิล) *adj.* ซึ่งตอบไม่ได้ (**-S.** absolute, conclusive)
unappreciated (อันอะพรี' ชีเอทิด) *adj.* ไม่สำนึกบุญคุณ, ไม่เห็นค่า, ไม่ได้รับการชื่นชมยินดี
unapproachable (อันอะโพรช' ชะเบิล) *adj.* เย็นชา, ไม่เป็นมิตร, ปิดกั้น (ตัวเอง), เข้าถึงยาก (**-S.** cool, remote, unfriendly)
unarmed (อันอาร์มด์') *adj.* ไม่มีอาวุธ, ไม่ติดอาวุธ (**-S.** defenceless, exposed)
unashamed (อันอะเชมด์') *adj.* ไม่ละอายใจ, ไม่สะทกสะท้าน **-unashamedly** *adv.*
unassailable (อันอะเซ' ละเบิล) *adj.* ไม่สามารถพิสูจน์หักล้างได้, ไม่ถูกโจมตีได้ง่าย, ไม่สามารถคัดค้านได้ (**-S.** invulnerable, irrefutable)
unassuming (อันอะซู' มิง, -ซยู'-) *adj.* ไม่อวดดี, ไม่ยโส **-unassumingly** *adv.* (**-S.** simple)
unattached (อันอะแทชท์') *adj.* ไม่ยึดติด, เป็นอิสระ, ไม่เกี่ยวข้อง (**-S.** free, independent)
unattended (อันอะเทน' ดิด) *adj.* ไม่เอาใจใส่, ไม่สนใจ (**-S.** alone, unguarded)
★**unattractive** (อันอะแทรค' ทิฟว์) *adj.* ไม่น่าดึงดูด
unavailing (อันอะเว' ลิง) *adj.* หาประโยชน์มิได้ **-unavailingly** *adv.* (**-S.** useless, vain)
unavoidable (อันอะวอย' ดะเบิล) *adj.* หลีกเลี่ยงไม่ได้ (**-S.** certain, fated, necessary)

A B C D E F G H I J K L M N O P Q R S T U V W X Y Z

unaware (อันอะแวร์') *adj.* ไม่รู้ตัว, ไม่คาดคิด **-unawareness** *n.* (**-S.** ignorant, unconscious)
unawares (อันอะแวร์ซ') *adv.* โดยไม่คาดคิดมาก่อน (**-S.** accidentally, unexpectedly)
unbalance (อันแบล' เลินซ์) *vt.* **-anced, -ancing** ทำให้เสียสมดุล, ทำให้เสียสติ *-n.* ความไม่สมดุล **-unbalanceable** *adj.*
unbalanced (อันแบล' เลินซ์ท์) *adj.* ไม่สมดุล, เสียสติ, (บัญชี) ไม่ลงตัว (**-S.** crazy, uneven)
unbearable (อันแบ' ระเบิล) *adj.* เหลือทน, สุดจะทนทาน **-unbearableness** *n.* **-unbearably** *adv.* (**-S.** intolerable, unendurable)
unbeaten (อันบีท' เทิน) *adj.* (ทีม) ที่ยังไม่เคยแพ้, (ทาง) ที่ยังไม่ได้แผ้วถาง, (ไข่) ที่ยังไม่ได้ตี (**-S.** triumphant, victorious)
unbeknown (อันบิโนน') *adj.* ไม่รู้, ไม่ประจักษ์
unbelief (อันบิลีฟ') *n.* ความไม่ศรัทธา, ความไม่เชื่อ, ความไม่เคารพนับถือ
unbelievable (อันบะลีฟ' วะเบิล) *adj.* ไม่น่าเป็นไปได้, เหลือเชื่อ (**-S.** impossible, incredible)
unbending (อันเบน' ดิง) *adj.* กระด้าง, ไม่ยอมอ่อนข้อ (**-S.** inflexible, stubborn)
unbiased, unbiassed (อันไบ' เอิซท์) *adj.* ยุติธรรม (**-S.** fair, impartial **-A.** prejudiced)
unbidden, unbid (อันบิด' เดิน, -บิด') *adj.* ที่ไม่ได้รับเชิญ, ไม่ได้ขอร้อง
unbind (อันไบนด์') *vt.* **-bound, -binding** ปลด, คลาย, แก้ (**-S.** loosen, untie)
unblushing (อันบลัช' ชิง) *adj.* ไม่ละอาย, ไม่กระดาก, ไม่สะทกสะท้าน **-unblushingly** *adv.*
unborn (อันบอร์น') *adj.* ยังไม่เกิด, ในอนาคต
unbounded (อันเบาน์' ดิด) *adj.* ไร้ขีดจำกัด, ไม่มีขอบเขต **-unboundedly** *adv.*
unbrace (อันเบรซ') *vt.* **-braced, -bracing** ผ่อน, คลาย, ปลดเปลื้อง, หย่อน, ปลด
unbreakable (อันเบร' คะเบิล) *adj.* ไม่แตก, ทนทาน (**-S.** durable, solid **-A.** temporary)
unbridled (อันไบร' เดิลด์) *adj.* ควบคุมไม่ได้, ไม่ได้ใส่บังเหียนม้า (**-S.** riotous, unruly)
unbroken (อันโบร' เคิน) *adj.* ไม่แตกแยก, ครบถ้วน, ไม่ขาดสาย, ไม่กระจัดกระจาย **-unbrokenly** *adv.* (**-S.** total, whole)
unbuild (อันบิลด์') *vt.* **-built, -building** รื้อถอน, ทำลาย, ลบล้าง, ผลาญ
unburden (อันเบอร์' เดิน) *vt.* **-dened, -dening** ปลดปล่อย, เปิดเผย (**-S.** reveal)
uncalled-for (อันคอลด์' ฟอร์) *adj.* ไม่สมควร, ไม่จำเป็น (**-S.** needless **-A.** necessary)
uncanny (อันแคน' นี) *adj.* **-nier, -niest** ประหลาด, ลึกลับ, พิลึก, น่าขนลุก **-uncannily** *adv.* (**-S.** eerie, weird **-A.** common, usual)
uncared-for (อันแคร์ด' ฟอร์) *adj.* เพิกเฉย, ไม่สนใจ, ไม่ดูแลเอาใจใส่
unceremonious (อันเซระโม' เนียซ) *adj.* ไม่เป็นทางการ, ไม่มีพิธีรีตอง, เป็นกันเอง
★**uncertain** (อันเซอร์' เทิน) *adj.* ไม่แน่นอน, ไม่แน่ใจ, ไม่มั่นคง **-uncertainly** *adv.* **-uncertainness** *n.* (**-S.** unsettled, unsure)
uncertainty (อันเซอร์' เทินที) *n., pl.* **-ties** ความไม่แน่นอน, ความคลางแคลงใจ (**-S.** confusion, doubt **-A.** conviction)
unchain (อันเชน') *vt.* **-chained, -chaining** ปลด, ปล่อย, แก้
unchangeable (อันเชน' จะเบิล) *adj.* เปลี่ยนแปลงไม่ได้ (**-S.** constant, fixed)
uncharitable (อันแช' ระทะเบิล) *adj.* ไม่เมตตา, เข้มงวด **-uncharitableness** *n.*
unchaste (อันเชซท์') *adj.* **-chaster, -chastest** ไม่บริสุทธิ์, ไม่สดใหม่ **-unchastely** *adv.*
uncivil (อันซิฟ' เวิล) *adj.* หยาบคาย, ป่าเถื่อน (**-S.** impolite, rude **-A.** gentle, mannerly)
uncivilized (อันซิฟ' เวิลไลซ์ด์) *adj.* ป่าเถื่อน, ไม่มีวัฒนธรรม (**-S.** barbarian, vulgar)
unclad (อันแคลด') *adj.* เปลือยกาย, ล่อนจ้อน
unclasp (อันแคลซพ์') *vt., vi.* **-clasped, -clasping** ปลด, ปล่อย, คลาย, แก้
★**uncle** (อัง' เคิล) *n.* ลุง, ลุงเขย, อาผู้ชาย, น้าผู้ชาย, (คำสแลง) เจ้าของโรงรับจำนำ
unclean (อันคลีน') *adj.* **-cleaner, -cleanest** สกปรก, เลอะเทอะ, มีมลทิน, ไม่บริสุทธิ์, แปดเปื้อน **-uncleanness** *n.* (**-S.** foul, impure)
Uncle Sam รัฐบาลของสหรัฐอเมริกา, ชาวอเมริกัน
uncoil (อันคอยล์') *vt., vi.* **-coiled, -coiling** คลายออกจากขด
★**uncomfortable** (อันคัม' เฟอร์ทะเบิล, -คัมฟ์' ทะ-) *adj.* ไม่สะดวก, ไม่สบาย, อึดอัด **-uncomfortably** *adv.* (**-S.** rough, uneasy)
uncommitted (อันคะมิท' ทิด) *adj.* ไม่มีข้อผูกมัด, เป็นกลาง
uncommon (อันคอม' เมิน) *adj.* **-er, -est** ผิดธรรมดา, หายาก, แปลก **-uncommonly** *adv.* (**-S.** extraordinary, peculiar, rare)
uncommunicative (อันคะมยู' นิเคทิฟว์,

A B C D E F G H I J K L M N O P Q R S T U V W X Y Z

-คะทิฟว์) *adj.* เงียบ, ขรึม (-**S.** silent, taciturn)
uncompromising (อันคอม' พระไมซิง) *adj.* ไม่ยอมลดละ, ไม่ยอมอ่อนข้อ, ยืนกราน (-**S.** inflexible, unbending -**A.** flexible)
unconcerned (อันเคินเซิร์นด์') *adj.* ไม่สนใจ, เพิกเฉย, ไม่วิตกกังวล (-**S.** detached, distant)
unconditional (อันเคินดิช' ชันเนิล) *adj.* ไม่มีเงื่อนไข, บริบูรณ์, ตลอดทั้งหมด, ทั้งสิ้น -**unconditionally** *adv.* (-**S.** absolute, entire)
unconnected (อันคะเนค' ทิด) *adj.* แยกกัน, ต่างหาก, ห่างกัน, ไม่เกาะกัน, ขาดเป็นห้วงๆ (-**S.** incoherent, separate -**A.** connect)
unconscionable (อันคอน' ชะนะเบิล) *adj.* ไม่ละอายเกรงกลัวต่อบาป, ไม่มีเหตุผล (-**S.** dishonest, unscrupulous -**A.** reasonable)
★**unconscious** (อันคอน' เชิซ) *adj.* ไม่มีสติ, ไม่รู้สึกตัว, สลบ *-n.* จิตใต้สำนึก -**unconsciously** *adv.*
unconsidered (อันเคินซิด' เดอร์ด) *adj.* ไม่รอบคอบ, หุนหันพลันแล่น
unconventional (อันเคินเวน' ชะเนิล) *adj.* ผิดธรรมเนียมประเพณี -**unconventionally** *adv.* (-**S.** informal, odd, unusual -**A.** common)
uncountable (อันเคาน์' ทะเบิล) *adj.* มากมายนับไม่ถ้วน
uncouth (อันคูธ') *adj.* งุ่มง่าม, ไม่สละสลวย, หยาบ, ป่าเถื่อน, (คน) บ้านนอก -**uncouthly** *adv.* -**uncouthness** *n.* (-**S.** crude, rough)
uncover (อันคัฟ' เวอร์) *vt., vi.* -**ered, -ering** เปิด, ถอด, เปิดเผย, เปิดโปง (-**S.** open)
uncritical (อันคริท' ทิเคิล) *adj.* ไม่สามารถตัดสินได้, ไม่รู้จักเลือก (-**S.** unselective)
unction (อังค์' ชัน) *n.* การชโลมน้ำมัน, การพรมน้ำมัน (ศาสนา พิธีกรรม), น้ำมัน, ขี้ผึ้ง, เครื่องปลอบใจ, คำพูดปลอบใจ
uncut (อันคัท') *adj.* (ผม) ไม่ได้ตัด, (หนังสือ ฟิล์ม ละคร) ไม่ได้ตัดทอน, (เพชร พลอย) ไม่ได้เจียระไน -**uncuttable** *adj.*
undaunted (อันดอน' ทิด, -ดาน'-) *adj.* ไม่ท้อถอย, ไม่ลดละ, กล้าหาญ -**undauntedly** *adv.* (-**S.** brave, fearless -**A.** discouraged)
undeceive (อันดีซีฟว์') *vt.* -**ceived, -ceiving** ทำให้เลิกหลงผิด
undecided (อันดีไซ' ดิด) *adj.* ลังเล, ไม่แน่ใจ, ยังตัดสินใจไม่ได้ -**undecidedly** *adv.* -**undecidedness** *n.* (-**S.** hesitant, uncertain)
undeniable (อันดิไน' อะเบิล) *adj.* ปฏิเสธไม่ได้, แย้งไม่ได้ (-**S.** clear, obvious)
★**under** (อัน' เดอร์) *prep.* ใต้, ล่าง, ภายใน, ต่ำกว่า, ภายใต้บังคับบัญชา, ภายใต้, อยู่ในระหว่างการ (ซ่อมแซม), อยู่ใน (หมวดหมู่) *-adv.* ต่ำกว่า, ข้างล่าง, ข้างใต้, ภายใต้, รอง *-adj.* ใต้, ล่าง, รอง, ต่ำกว่า (-**S.** (prep.) below, beneath (adv.) down, lower)
under- คำอุปสรรค หมายถึง ใต้, ภายใต้, เบื้องล่าง, เบื้องใต้, ข้างล่าง, ต่ำกว่า, ข้างใน, รอง, ไม่พอ, ด้อย, น้อยไป
underage, underaged (อันเดอร์เอจ', -เอจด์') *adj.* (อายุ) ต่ำกว่าเกณฑ์ที่กฎหมายกำหนด, ยังไม่เป็นผู้ใหญ่
underarm (อัน' เดอร์อาร์ม) *adj.* ใต้วงแขน
underclothes (อัน' เดอร์โคลซ, -โคลธซ์) *n. pl.* ชุดชั้นใน (-**S.** lingerie, underwear)
undercover (อันเดอร์คัฟ' เวอร์) *adj.* เป็นสายลับ, เป็นความลับ (-**S.** concealed, hidden)
undercurrent (อัน' เดอร์เคอร์เรินท์) *n.* กระแสน้ำหรือกระแสลมข้างใต้, ความคิดความรู้สึกเบื้องลึกในจิตใจ (-**S.** feeling)
undercut (อันเดอร์คัท') *vt., vi.* -**cut, -cutting** ตัดราคา, เซาะ, ต่อยด้วยหมัดสอยดาว
underdeveloped (อันเดอร์ดิเวล' เลิพท์) *adj.* ไม่เจริญ, ด้อยพัฒนา, ล้าหลัง -**underdeveloped countries** ประเทศด้อยพัฒนา
underdog (อัน' เดอร์ดอก) *n.* ฝ่ายแพ้, ผู้ปราชัย, ฝ่ายที่ตกเป็นรอง, เบี้ยล่าง
underdone (อันเดอร์ดัน') *adj.* สุกๆ ดิบๆ
underemployed (อันเดอร์เอมพลอยด์') *adj.* (ลูกจ้าง) ชั่วคราว, ไม่มีงานประจำ
underestimate (อันเดอร์เอส' ตะเมท) *vt.* -**mated, -mating** ประมาณการต่ำไป (-**S.** belittle, minimize, miscalculate)
underexpose (อันเดอร์อิคซโปซ') *vt.* -**posed, -posing** เปิดหน้ากล้องให้แสงเข้าน้อยเกินไป
underfoot (อันเดอร์ฟุท') *adv., adj.* ใต้เท้า, ใต้ฝ่าเท้า (เวลาเดินหรือเหยียบพื้น)
undergo (อันเดอร์โก') *vt.* -**went, -gone, -going** ผ่าน, ประสบ, ได้รับ (-**S.** experience)
undergraduate (อันเดอร์แกรจ' จูอิท) *n.* นักศึกษา, นิสิต, นักเรียน
★**underground** (*adj., n.* อัน' เดอร์เกรานด์, *adv.* อันเดอร์เกรานด์') *adj.* ใต้ดิน, (ขบวนการ องค์กร) ลับ, ลึกลับ, ปิดบัง *-n.* องค์กรลับ, รถไฟใต้ดิน *-adv.* ใต้ดิน, ล่าง, หลบๆ ซ่อนๆ (-**S.** (adj.) buried, hidden (n.) subway, tube)

A B C D E F G H I J K L M N O P Q R S T **U** V W X Y Z

undergrowth (อัน' เดอร์โกรธ) *n.* พุ่มไม้เตี้ยๆ ที่ขึ้นตามใต้ต้นไม้ใหญ่ในป่า (**-S.** brush, scrub)

underhand, underhanded (อัน' เดอร์ แฮนด์, อันเดอร์แฮน' ดิด) *adj.* ฉ้อโกง, ทุจริต, ซ่อนเร้น, (ขว้างลูกบอลเล็กๆ) โดยทอดแขนลงต่ำ *-adv.* ลี้ลับ, ซ่อนเร้น, (ตีเทนนิส) โดยช้อนลูกขึ้น (**-S.** (adj.) deceitful, sneaky)

underlaid (อันเดอร์เลด') *adj.* อยู่ข้างใต้, ที่หนุนจากข้างล่าง, รองรับ

underlay[1] (*v.* อันเดอร์เล', *n.* อัน' เดอร์เล) *vt.* **-laid, -laying** หนุน, ค้ำ, รับ, พยุง, รอง *-n.* กระดาษหนุนแม่พิมพ์, ผ้ายางหรือเสื่อน้ำมันรองใต้ที่นอน, สักหลาดที่รองใต้พรม

underlay[2] (อันเดอร์เล') *v.* กริยาช่อง 2 ของ underlie

underlie (อันเดอร์ไล') *vt.* **-lay, -lain, -lying** วางไว้ข้างใต้, อยู่ข้างใต้, เป็นรากฐาน, รองรับ

★**underline** (*v.* อัน' เดอร์ไลน์, อันเดอร์ไลน์', *n.* อัน' เดอร์ไลน์) *vt.* **-lined, -lining** ขีดเส้นใต้, เน้นคำ *-n.* เส้นที่ขีดใต้คำ วลี สำนวน ฯลฯ เพื่อเน้นความสำคัญ (**-S.** (v.) emphasize)

underling (อัน' เดอร์ลิง) *n.* ลูกน้อง

undermine (อันเดอร์ไมน์') *vt.* **-mined, -mining** ชะ, เซาะ, บ่อน, ขุด, ทำลาย

★**underneath** (อันเดอร์นีธ') *adv.* ข้างล่าง, ข้างใต้, ต่ำกว่า, รอง, ภายใต้ *-prep.* ใต้, ล่าง, ข้างล่าง, ภายใต้บังคับบัญชา *-adj.* ใต้, ล่าง, รอง, ต่ำกว่า *-n.* ส่วนล่าง, ข้างท้าย

underpass (อัน' เดอร์แพซ) *n.* ทางเดินหรือถนนใต้ดิน, อุโมงค์ข้ามถนนใต้ดิน

underprivileged (อันเดอร์พริฟ' เวิลลิจด์) *adj.* สามัญ, ไม่ได้รับสิทธิพิเศษ, ขาดแคลน, ยากจน (**-S.** needy, poor **-A.** rich)

underrate (อันเดอร์เรท') *vt.* **-rated, -rating** ประมาณต่ำกว่าความเป็นจริง (**-S.** underestimate)

undersell (อันเดอร์เซล') *vt.* **-sold, -selling** ขายตัดราคา, ตัดราคาสินค้า, ขายถูกกว่าคนอื่น

underside (อัน' เดอร์ไซด์) *n.* บริเวณข้างใต้

undersign (อัน' เดอร์ไซน์) *vt.* **-signed, -signing** ลงชื่อข้างท้าย (เอกสาร จดหมาย)

undersized, undersize (อันเดอร์ไซซ์ด์', -ไซซ์') *adj.* เล็กกว่าขนาดปกติ (**-S.** small, tiny)

★**understand** (อันเดอร์สแตนด์') *vt., vi.* **-stood, -standing** เห็นใจ, เข้าใจ, ได้ยิน, สำเหนียก, แลเห็น, หยั่งรู้, เล็งเห็น, ได้รับ, ได้ทราบ, จำได้, สำนึก, รู้จัก, นึก, คิด, เชื่อ, ทึกทัก, ได้ความรู้, เรียนรู้, รับ, ยอมรับ, ลงมติ, ลงความเห็น, แสดงว่า (**-S.** accept, comprehend, hear **-A.** misunderstand)

★**understanding** (อันเดอร์สแตน' ดิง) *n.* ความรู้, ความเข้าใจ, เชาวน์, สติปัญญา, ความเห็นอกเห็นใจ *-adj.* เข้าใจ, เห็นอกเห็นใจ **-understandingly** *adv.* (**-S.** (n.) knowledge, opinion (adj.) discerning, kind)

understate (อันเดอร์สเตท') *vt., vi.* **-stated, -stating** พูดน้อยเกินไป

understatement (อันเดอร์สเตท' เมินท์, อัน' เดอร์สเตท-) *n.* คำกล่าวที่น้อยกว่าความจริง

understood (อันเดอร์สตุด') *adj.* ละไว้ในฐานที่เข้าใจ, โดยนัย (**-S.** assumed, tacit)

understudy (อัน' เดอร์สตัดดี) *vt., vi.* **-ied, -ying** ฝึกซ้อมเพื่อเป็นตัวสำรอง *-n., pl.* **-ies** ตัวสำรอง (**-S.** (n.) replacement)

undertake (อันเดอร์เทค') *vt., vi.* **-took, -taken, -taking** อาสา, รับรอง, ยืนยัน, รับประกัน (**-S.** guarantee, promise)

undertaker (อันเดอร์เท' เคอร์) *n.* สัปเหร่อ (**-S.** funeral director)

undertaking (อัน' เดอร์เทคิง) *n.* การงาน, ภารกิจ, คำรับรอง, คำสัญญา, การจัดงานศพ (**-S.** enterprise, pledge, promise)

undertone (อัน' เดอร์โทน) *n.* เสียงแผ่วเบา, สีซีดจาง (**-S.** tinge, whisper)

undertook (อันเดอร์ทุค') *v.* กริยาช่อง 2 ของ undertake

underwater (อัน' เดอร์วอเทอร์, -วอทเทอร์) *adj.* ที่ใช้ใต้น้ำ, ที่กระทำใต้น้ำ *-adv.* ที่อยู่ใต้น้ำ

★**underwear** (อัน' เดอร์แวร์) *n.* ชุดชั้นใน

underworld (อัน' เดอร์เวิร์ลด์) *n.* นรก, ประเทศที่อยู่ห่างกันคนละมุมโลก, สังคมของพวกคนเลว (**-S.** gangsters, hell)

underwrite (อัน' เดอร์ไรท์) *v.* **-wrote, -written, -writing** *-vt.* รับประกัน, ลงนาม (ในกรมธรรม์ประกันภัย), ลงนามรับประกัน, ลงนามข้างท้าย, ลงชื่อแสดงความเห็นด้วยหรือสนับสนุน *-vi.* รับทำสัญญาประกันภัย (**-S.** approve, insure, sign)

underwriter (อัน' เดอร์ไรเทอร์) *n.* ผู้รับประกัน, ผู้รับประกันซื้อหุ้นหรือพันธบัตรที่เหลือ

undesirable (อันดิไซ' ระเบิล) *adj.* ไม่เป็นที่ต้องการ (**-S.** disliked, offensive)

undetermined (อันดิเทอร์' มินด์) *adj.* ลังเล

undies (อัน' ดีซ์) *n. pl.* (ภาษาพูด) ชุดชั้นใน

undivided interest กรรมสิทธิ์ร่วม

A B C D E F G H I J K L M N O P Q R S T U V W X Y Z

★**undo** (อันดู') *vt., vi.* **-did, -done, -doing** ถอด, เปลื้อง, ปลด, แก้, คลาย, ลบล้าง **-undoer** *n.* (**-S.** destroy, loose, ruin)
undone (อันดัน') *v.* กริยาช่อง 3 ของ undo *-adj.* ไม่ได้ทำ, ค้างไว้ (**-S.** (adj.) left, unfinished)
undoubted (อันเดา' ทิด) *adj.* อย่างไม่ต้องสงสัย **-undoubtedly** *adv.* (**-S.** certain, sure)
undreamed, undreamt (อันดรีมด์', -เดรมท์') *adj.* คาดไม่ถึง, ไม่คิดฝันมาก่อน
★**undress** (อันเดรซ') *vt., vi.* **-dressed, -dressing** เอาออก, ถอดเสื้อผ้า, แก้ *-n.* เครื่องแบบไม่เป็นทางการ, เสื้อผ้าลำลอง (**-S.** (v.) disrobe, strip)
undue (อันดู', -ดยู') *adj.* เกินควร, เกินความจำเป็น, เกินกำหนด (**-S.** excessive, needless)
undying (อันได' อิง) *adj.* ไม่รู้จบ, ไม่หมดสิ้น, ตลอดไป, นิรันดร, อมตะ (**-S.** forever)
unearned (อันเอิร์นด์') *adj.* ไม่ได้มาจากการทำงาน **-unearned increment** ราคาของที่ดินหรือทรัพย์สมบัติใดๆ ที่เพิ่มขึ้นโดยมิได้เกิดจากการทะนุบำรุงของเจ้าของ
unearth (อันเอิร์ธ') *vt.* **-earthed, -earthing** ขุดขึ้นมา, ค้นพบ, เปิดเผย (**-S.** dig up, reveal)
unearthly (อันเอิร์ธ' ลี) *adj.* **-lier, -liest** ไม่ใช่โลกนี้, ประหลาด, เหมือนผี, เหลวไหล (**-S.** absurd, eerie, ghostly **-A.** worldly)
uneasy (อันอี' ซี) *adj.* **-ier, -iest** วิตกกังวล, ไม่สบายใจ, ฝืนใจ **-uneasiness** *n.* **-uneasily** *adv.* (**-S.** anxious, nervous)
uneducated (อันเอจ' จะเคทิด) *adj.* ไม่มีการศึกษา, ไม่ได้รับการศึกษา
unemployable (อันเอมพลอย' อะเบิล) *adj.* ที่ใช้การไม่ได้ *-n.* บุคคลที่ใช้การไม่ได้
★**unemployed** (อันเอมพลอยด์') *adj.* ตกงาน, ไม่มีงานทำ (**-S.** jobless, laid off)
★**unemployment** (อันเอมพลอย' เมินท์) *n.* การว่างงาน, คนว่างงาน
unemployment compensation เงินที่รัฐบาลจ่ายชดเชยให้บุคคลเพื่อยังชีพในเวลาว่างงาน
unending (อันเอน' ดิง) *adj.* ไม่รู้จักจบ
unenlightened (อันเอนไล' เทินด์) *adj.* ทึบ, ไม่ชัดเจน, คลุมเครือ
unenterprising (อันเอน' เทอร์ไพรซิง) *adj.* ไม่กล้าได้กล้าเสีย, ขี้ขลาด
unenthusiastic (อันเอนธูซีแอส' ติค) *adj.* ไม่กระตือรือร้น (**-S.** apathetic **-A.** eager)
unenviable (อันเอน' วีอะเบิล) *adj.* ยากเย็น, ไม่ปรารถนา, ไม่น่าอิจฉา (**-S.** undesirable)
unequal (อันอี' เควิล) *adj.* ไม่เท่ากัน, ลำเอียง
unequaled, unequalled (อันอี' เควิลด์) *adj.* ดีกว่า, เหนือกว่า (**-S.** supreme)
unequivocal (อันอิควิฟ' วะเคิล) *adj.* ชัดเจน, ตรงไปตรงมา **-unequivocally** *adv.* (**-S.** clear, direct **-A.** ambiguous)
UNESCO ย่อจาก United Nations Educational, Scientific, and Cultural Organization องค์การศึกษา วิทยาศาสตร์ และวัฒนธรรมของสหประชาชาติ
★**uneven** (อันอี' เวิน) *adj.* **-er, -est** ไม่เรียบ, ไม่สม่ำเสมอ, ลำเอียง, ไม่คงที่, ไม่เท่ากัน **-unevenly** *adv.* **-unevenness** *n.* (**-S.** rough, unbalanced, unfair, variable **-A.** just, smooth)
uneventful (อันอิเวนท์' เฟิล) *adj.* เรื่อยๆ, เป็นปกติ, ไม่หวือหวา (**-S.** routine, tedious)
unexampled (อันอิกแซม' เพิลด์) *adj.* ไม่เคยมี, ไม่เคยมีแบบอย่างมาก่อน
★**unexpected** (อันอิคซเปค' ทิด) *adj.* ไม่คาดคิดมาก่อน, ไม่นึกมาก่อน **-unexpectedly** *adv.* (**-S.** sudden, surprising **-A.** foreseen)
unexpired (อันอิคซไปร์ด') *adj.* ยังไม่หมดอายุ, ยังไม่ครบกำหนด
unexplored (อันอิคซปลอร์ด', -สโปลร์ด') *adj.* ยังไม่ได้สำรวจ
unexpressive (อันอิคซเปรซ' ซิฟว์) *adj.* ไม่ได้แสดงออกมา
unfailing (อันเฟ' ลิง) *adj.* ไม่เคยขาด, สม่ำเสมอ, ไม่พลาด (**-S.** constant, sure)
★**unfair** (อันแฟร์') *adj.* **-er, -est** ไม่ยุติธรรม, ลำเอียง (**-S.** biased, prejudiced, unjust)
unfaithful (อันเฟธ' เฟิล) *adj.* นอกใจ, ไม่ซื่อสัตย์, มีชู้ (**-S.** disloyal, untrustworthy)
unfamiliar (อันฟะมิล' เยอร์) *adj.* ไม่คุ้นเคย, ไม่รู้จัก, ไม่สนิท, แปลกหน้า (**-S.** alien, unusual)
unfashionable (อันแฟช' ชะนะเบิล) *adj.* ล้าสมัย, เชย (**-S.** obsolete, unpopular)
unfathomable (อันแฟธ' ธะมะเบิล) *adj.* มิอาจรู้ได้, เข้าใจยาก
unfavorable, unfavourable (อันเฟ' เวอระเบิล) *adj.* ไม่อำนวย, โชคร้าย, (ฤกษ์) ไม่ดี, เป็นปฏิปักษ์ (**-S.** unfriendly, unlucky)
unfeeling (อันฟี' ลิง) *adj.* โหดร้าย, ทารุณ, ไม่มีความรู้สึก, ไม่มีหัวใจ **-unfeelingly** *adv.*
★**unfinished** (อันฟิน' นิชท์) *adj.* ค้างคา, ยังไม่เสร็จ (**-S.** incomplete, undone **-A.** ended)

unfit (อันฟิท') *adj.* ไม่เหมาะสม, ไม่แข็งแรง *-vt.* **-fitted, -fitting** ทำให้เหมาะสม
unflagging (อันแฟลก' กิง) *adj.* ไม่ลดน้อยลง, ไม่เนือยลง
unfledged (อันเฟลจด์') *adj.* (ลูกนก) ที่ขนยังไม่ขึ้น, อ่อนหัด, ยังไม่มีประสบการณ์
★**unfold** (อันโฟลด์') *vt., vi.* **-folded, -folding** คลี่, เปิด, เปิดเผย, แฉ (**-S.** disclose)
unforeseen (อันเฟอร์ซีน', -ฟอร์-) *adj.* ไม่คาดคิดมาก่อน (**-S.** accidental, unexpected)
unforgettable (อันเฟอร์เกท' ทะเบิล, -ฟอร์-) *adj.* ไม่อาจลืมได้ (**-S.** impressive, memorable)
unforgivable (อันเฟอร์กิฟ' วะเบิล) *adj.* ยกโทษให้ไม่ได้ (**-S.** unpardonable)
★**unfortunate** (อันฟอร์' ชะนิท) *adj.* เคราะห์ร้าย, หายนะ, น่าสลด *-n.* คนเคราะห์ร้าย **-unfortunately** *adv.* **-unfortunateness** *n.* (**-S.** (adj.) cursed, ruinous **-A.** (adj.) lucky)
unfounded (อันเฟานํ' ดิด) *adj.* ไม่มีมูลความจริง, เหลวไหล, ไร้สาระ (**-S.** baseless, idle)
unfruitful (อันฟรูท' เฟิล) *adj.* ไม่ออกผล, ไม่ให้ลูก, ไม่เกิดผล **-unfruitfully** *adv.*
unfurl (อันเฟิร์ล') *vt., vi.* **-furled, -furling** คลี่
ungainly (อันเกน' ลี) *adj.* **-lier, -liest** เทอะทะ, อุ้ยอ้าย, เงอะงะ (**-S.** clumsy, uncouth)
unglue (อันกลู') *vt.* **-glued, -gluing** เอาออก, ถอดถอน, (คำสแลง) ทำให้ยุ่งเหยิง
ungodly (อันกอด' ลี) *adj.* **-lier, -liest** ไม่มีศีลธรรม, บาปหนา, เลวทราม (**-S.** sinful)
ungovernable (อันกัฟ' เวอร์นะเบิล) *adj.* เกเร, ดื้อด้าน, ไม่เชื่อฟัง (**-S.** unruly, wild)
ungracious (อันเกร' เชิซ) *adj.* หยาบคาย, ไร้มารยาท, เลวทราม (**-S.** impolite, rude)
ungrateful (อันเกรท' เฟิล) *adj.* ไม่สำนึกบุญคุณ **-ungratefully** *adv.* (**-S.** unappreciated)
ungreen (อันกรีน') *adj.* (คน) ที่เป็นอันตรายหรือทำลายสิ่งแวดล้อม
unguarded (อันการ์' ดิด) *adj.* เผอเรอ, ไม่ระมัดระวัง (**-S.** careless **-A.** cautious)
unguent (อัง' เกวินท์) *n.* ขี้ผึ้งทาแผล
ungula (อัง' กยะละ) *n., pl.* **-lae** (-ลี) กีบเท้าสัตว์จำพวกม้า, เล็บสัตว์ **-ungular** *adj.*
unhandy (อันแฮน' ดี) *adj.* **-ier, -iest** ไม่เหมาะมือ, ไม่สะดวก, ไม่คล่องแคล่ว
★**unhappy** (อันแฮพ' พี) *adj.* **-pier, -piest** เป็นทุกข์, โชคร้าย, งุ่มง่าม
unhealthy (อันเฮล' ธี) *adj.* **-ier, -iest** อ่อนแอ, ไม่ดีต่อสุขภาพ, เป็นอันตราย (**-S.** harmful, sickly, weak **-A.** healthy)
unheard (อันเฮิร์ด') *adj.* ไม่ได้ยิน, ไม่ได้ฟัง
unheard-of (อันเฮิร์ด' อัฟว์, -ออฟว์) *adj.* ไม่เคยได้ยินมาก่อน, ไม่รู้จัก, ไม่เคยมีมาก่อน (**-S.** new, unfamiliar, unusual)
unholy (อันโฮ' ลี) *adj.* **-lier, -liest** ชั่วร้าย, เลวทราม, บาป, (ภาษาพูด) ร้ายแรง **-unholiness** *n.* (**-S.** profane, wicked **-A.** holy)
uni- คำอุปสรรค หมายถึง หนึ่ง, เดียว
uniaxial (ยูนีแอค' เซียล) *adj.* มีแกนเดียว
UNICEF ย่อจาก United Nations International Children's Emergency Fund หรือ United Nations Children's Fund องค์การทุนเพื่อเด็กแห่งสหประชาชาติ
unicorn (ยู' นิคอร์น) *n.* สัตว์ประหลาดในเทพนิยาย มีลักษณะเหมือนม้า แต่มีเขาแหลมที่หน้าผากเขาเดียว

unicorn

unidentified (อันไอเดน' ทะไฟด์) *adj.* ไม่สามารถระบุได้, ไม่ปรากฏหลักฐาน, ไม่ปรากฏชื่อ (**-S.** nameless, unfamiliar)
★**uniform** (ยู' นะฟอร์ม) *adj.* อย่างเดียวกัน, เหมือนกัน, เป็นแบบเดียวกัน *-n.* เครื่องแบบ *-vt.* **-formed, -forming** ทำให้เป็นแบบเดียวกัน, แต่งเครื่องแบบ **-uniformly** *adv.* (**-S.** (adj.) alike, constant (n.) costume **-A.** (adj.) irregular)
unify (ยู' นะไฟ) *vt., vi.* **-fied, -fying** รวมเข้าด้วยกัน, รวมกันเป็นหนึ่งเดียว
unimpeachable (อันอิมพี' ชะเบิล) *adj.* ไม่มีข้อตำหนิ, ไม่สามารถฟ้องร้องได้
unimproved (อันอิมพรูฟว์ด์') *adj.* ไม่ดีขึ้น
uninformed (อันอินฟอร์มด์') *adj.* โง่, ไม่รู้เรื่อง
uninhibited (อันอินฮิบ' บิทิด) *adj.* ปราศจากความยับยั้ง, ขาดความไตร่ตรอง
uninitiated (อันอินิช' ชีเอทิด) *adj.* ไม่มีประสบการณ์, อ่อนหัด, เริ่มใหม่
uninspired (อันอินสไปร์ด') *adj.* ทื่อ, (ปัญญา) ทึบ, ไม่หลักแหลม, สามัญ (**-S.** dull, ordinary)
uninstructed (อันอินสตรัค' ทิด) *adj.* ไม่ได้รับการสั่งสอน, ไม่ได้รับคำแนะนำ
uninsured (อันอินชูร์ด') *adj.* ไม่มีประกันภัย
unintelligent (อันอินเทล' ลิเจินท์) *adj.* ไม่มีไหวพริบ, ไม่มีเชาวน์ (**-S.** brainless, thick)
unintelligible (อันอินเทล' ลิจะเบิล) *adj.* เข้าใจยาก (**-S.** confused, unfathomable)

unintentional (อันอินเทน' ชะเนิล) *adj.* ไม่เจตนา, ไม่ตั้งใจทำ (**-S.** accidental)
uninterested (อันอิน' ทริสติด, -เทอริสติด, -ทะเรซฺทิด) *adj.* ไม่น่าสนใจ, ไม่พึงเอาใจใส่, ไม่ใช่เรื่องสำคัญ (**-S.** indifferent, unconcerned)
uninteresting (อันอิน' ทริสติง, -เทอริสติง, -ทะเรสติง) *adj.* น่าเบื่อ, น่ารำคาญ, ไม่น่าสนุก **-uninterestingly** *adv.* (**-S.** boring, tedious)
uninterrupted (อันอินทะรัพ' ทิด) *adj.* ต่อเนื่อง, ไม่ขาดตอน (**-S.** nonstop, sustained)
★**union** (ยูน' เยิน) *n.* การรวมเข้าด้วยกัน, สหภาพแรงงาน, สมาคม, การสมรส, ความปรองดองกัน, ความกลมกลืน *-adj.* เกี่ยวกับสหภาพแรงงาน **-Union** สหรัฐอเมริกา **-unionist** *n.* (**-S.** (n.) combination, federation, harmony **-A.** (n.) separation)
unionize (ยูน' ยะไนซฺ) *vt., vi.* **-ized, -izing** เข้าร่วม, รวมกัน, สมรส
Union Jack ธงชาติสหราชอาณาจักร
union shop บริษัทหรือโรงงานที่นายจ้างสัญญาจ้างลูกจ้างที่เป็นสมาชิกสหภาพแรงงาน
★**unique** (ยูนีค') *adj.* หนึ่งเดียว, เป็นเอกลักษณ์เฉพาะตัว, พิเศษ (**-S.** matchless, solitary)
unisex (ยู' นิเซคซฺ) *adj.* (เสื้อผ้า ทรงผม) ที่ออกแบบให้สามารถใช้ได้ทั้งสองเพศ
unison (ยู' นิเซิน, -เซิน) *n.* ความพร้อมเพรียงกัน, ความกลมกลืน (**-S.** accordance, concord)
★**unit** (ยู' นิท) *n.* หน่วย, หน่วยน้ำหนัก, กลุ่ม, กอง, เครื่องมือหรืออุปกรณ์ชิ้นหนึ่ง, หน่วยวัดกระแสไฟฟ้า, หน่วยกิต, หน่วยฤทธิ์ยา, หลักหน่วยในวิชาคณิตศาสตร์, หน่วยเงินตรา (**-S.** entity, measure, part)
unit cost ราคาต่อหน่วยของสินค้า
★**unite** (ยูไนทฺ') *vt., vi.* **united, uniting** รวมกัน, รวมเป็นหนึ่งเดียว, ผูก, สมรส, ร่วมเป็นภาคี, เข้าร่วมเป็นสมาชิก (**-S.** combine, join, mix **-A.** separate, sever)
united (ยูไน' ทิด) *adj.* สามัคคี, กลมกลืน, เป็นเอกภาพ, พร้อมเพรียง, เป็นน้ำหนึ่งใจเดียวกัน **-unitedly** *adv.* (**-S.** agreed, together)
United Kingdom สหราชอาณาจักร ประกอบด้วย อังกฤษ สกอตแลนด์ เวลส์ และไอร์แลนด์เหนือ
United Nations สหประชาชาติ
United States, United States of America สหรัฐอเมริกา
★**unity** (ยู' นิที) *n., pl.* **-ties** ความสามัคคี, เอกภาพ, ความกลมกลืน (**-S.** concord, union)
univ. ย่อจาก universal สากล ทั้งหมด, university มหาวิทยาลัย
★**universal** (ยูนะเวอร์' เซิล) *adj.* สากล, ทั้งหมด, ทั่วไป, ทั้งมวล, กว้างขวาง, เกี่ยวกับจักรวาล **-universally** *adv.* (**-S.** entire, worldwide)
universal joint ข้อต่อเพลาอเนกประสงค์ที่หมุนได้โดยรอบ
universality (ยูนะเวอร์แซล' ลิที) *n., pl.* **-ties** ความมีอยู่อย่างกว้างขวาง
Universal Product Code ดู bar code
★**universe** (ยู' นะเวิร์ซ) *n.* จักรวาล, เอกภพ, สรรพสิ่งทั้งหมด, มนุษยชาติ (**-S.** cosmos, creation, nature)
★**university** (ยูนะเวอร์' ซิที) *n., pl.* **-ties** มหาวิทยาลัย
unjust (อันจัซทฺ') *adj.* ไม่ยุติธรรม **-unjustly** *adv.* (**-S.** prejudiced, wrong)
★**unkind** (อันไคนดฺ') *adj.* **-er, -est** โหดร้าย, รุนแรง **-unkindness** *n.* (**-S.** cruel)
unknowable (อันโน' อะเบิล) *adj.* เร้นลับ, ประหลาด, ไม่รู้จักมาก่อน (**-S.** queer)
★**unknown** (อันโนน') *adj.* ไม่รู้จัก, ไม่มีชื่อเสียง แปลก, ลึกลับ *-n.* คนลึกลับ, คนไม่มีชื่อเสียง, สิ่งที่ไม่รู้จัก, จำนวนที่ไม่ทราบในพีชคณิต ได้แก่ x y z (**-S.** (adj.) mysterious, obscure)
Unknown Soldier ทหารนิรนามที่เสียชีวิตในสงคราม
unlawful (อันลอ' เฟิล) *adj.* ผิดกฎหมาย, เถื่อน
unleaded (อันเลด' ดิด) *adj.* (น้ำมัน) ไร้สารตะกั่ว
unlearned (อันเลอร์' นิด) *adj.* ไม่ได้รับการศึกษา, ไม่เอาใจใส่ **-unlearnedly** *adv.*
★**unless** (อันเลซ') *conj.* เว้นแต่, นอกจาก *-prep.* เว้นแต่, ยกเว้น
unlettered (อันเลท' เทอร์ดฺ) *adj.* ไม่รู้หนังสือ
★**unlike** (อันไลคฺ') *adj.* ไม่เหมือน, แตกต่าง, ไม่เท่ากัน *-prep.* ต่างจาก, ไม่ใช่ลักษณะของ (**-S.** (adj.) dissimilar, unequal)
★**unlikely** (อันไลคฺ' ลี) *adj.* **-lier, -liest** ไม่น่าเกิดขึ้นได้, ไม่น่าเป็นไปได้ **-unlikeliness** *n.* (**-S.** improbable, incredible **-A.** possible)
unlimited (อันลิม' มิทิด) *adj.* ไม่มีขอบเขตจำกัด, ไม่จำกัด (**-S.** boundless)
★**unload** (อันโลด') *vt., vi.* **-loaded, -loading** ขนของออกจาก (เรือ รถ), เอากระสุนออกจากปืน, ระบายความรู้สึก, ทุ่มขายสินค้า **-unloader** *n.* (**-S.** discharge, relieve)

★**unlock** (อันลอค') *v.* **-locked, -locking** *-vt.* ไขกุญแจ, ถอดกลอน (ประตู), เปิด, เปิดเผย, เปิดโปง, ปล่อย *-vi.* ปล่อยออกมา, เปิดออก

unlooked-for (อันลุคท' ฟอร์) *adj.* ไม่คาดคิดมาก่อน, ไม่นึกไม่ฝันมาก่อน

unlovely (อันลัฟว' ลี) *adj.* **-lier, -liest** ไม่น่ามอง, น่าเกลียด, น่าขยะแขยง

★**unlucky** (อันลัค' คี) *adj.* **-ier, -iest** เคราะห์ร้าย, โชคร้าย (**-S.** ill-fated, unhappy)

unmake (อันเมค') *vt.* **-made, -making** ทำลาย, ล้มล้าง, ถอด (ตำแหน่ง)

unmanly (อันแมน' ลี) *adj.* **-lier, -liest** ไม่เป็นลูกผู้ชาย, ขี้ขลาด, อ่อนแอ

unmanned (อันแมนด์') *adj.* (เรือ ยานอวกาศ) ไม่มีลูกเรือประจำ, (เหยี่ยว) ที่ไม่ได้รับการฝึก

unmannered (อันแมน' เนอร์ด) *adj.* หยาบคาย, กระด้าง, ไม่สุภาพ, ไม่มีมารยาท

unmask (อันแมซค์') *vt., vi.* **-masked, -masking** เปิดโปง, เปิดเผย (**-S.** disclose)

unmentionable (อันเมน' ชะนะเบิล) *adj.* ที่กล่าวถึงไม่ได้ *-n.* สิ่งที่กล่าวถึงไม่ได้ (**-S.** (adj.) forbidden (adj., n.) taboo)

unmerciful (อันเมอร์' ซิเฟิล) *adj.* โหดร้าย, รุนแรง (**-S.** pitiless, ruthless **-A.** kind)

unmindful (อันไมนด์' เฟิล) *adj.* ไม่เอาใจใส่, ไม่ใส่ใจ, หลงลืม, เลินเล่อ **-unmindfully** *adv.*

unmistakable (อันมิสเตค' คะเบิล) *adj.* ชัดเจน, แน่แท้, กระจ่าง (**-S.** clear, evident)

unmixed (อันมิคซ์ท') *adj.* บริสุทธิ์, ปราศจากสิ่งเจือปน **-unmixedly** *adv.* (**-S.** pure)

unmoral (อันมอ' เริล) *adj.* ไม่มีศีลธรรมจรรยา

unmoved (อันมูฟว์ด์') *adj.* เย็นชา, ไม่เห็นใจ, ไม่รู้สึก, มั่นคง, ไม่เปลี่ยนแปลง (**-S.** cold, firm)

★**unnatural** (อันแนช' เชอเริล) *adj.* ผิดปกติ, ผิดวิสัย, ผิดมนุษย์ (**-S.** artificial, freakish, odd)

★**unnecessary** (อันเนซ' ซิเซรี) *adj.* ไม่จำเป็น **-unnecessarily** *adv.* (**-S.** superfluous, useless)

UNO ย่อจาก United Nations Organization องค์การสหประชาชาติ

unobtrusive (อันเอิบทรู' ซิฟว์) *adj.* เงียบ, สงบเสงี่ยม (**-S.** inconspicuous, quiet)

unoccupied (อันออค' คยะไพด์) *adj.* ว่าง

unofficial (อันอะฟิช' เชิล) *adj.* ไม่เป็นทางการ (**-S.** informal, private)

unorthodox (อันออร์' ธะดอคซ์) *adj.* นอกรีต, พิลึก, วิปริต (**-S.** abnormal, irregular)

unpack (อันแพค') *vt., vi.* **-packed, -packing** เปิด (กล่อง) เอาของออกมา

unpaid (อันเพด') *adj.* ยังไม่ได้ชำระ, ยังไม่ได้รับค่าจ้าง (**-S.** unsettled)

unpardonable (อันพาร์' เดินนะเบิล) *adj.* อภัยให้ไม่ได้ (**-S.** unforgivable)

★**unpleasant** (อันเพลซ' เซินท์) *adj.* ไม่สนุก, ไม่ราบรื่น, ไม่ดี, ไม่ลงรอยกัน **-unpleasantly** *adv.* (**-S.** disagreeable **-A.** enjoyable)

unplug (อันพลัก') *vt.* **-plugged, -plugging** ดึงหรือถอดปลั๊ก

★**unpopular** (อันพอพ' พยะเลอร์) *adj.* ที่ไม่นิยม **-unpopularity** *n.* (**-S.** rejected, shunned)

unpracticed (อันแพรค' ทิซท์) *adj.* ไม่เคยลอง, ไม่มีทักษะหรือประสบการณ์มาก่อน

unprecedented (อันเพรซ' ซะเดนทิด) *adj.* ไม่เคยมีมาก่อน, ไม่เคยได้ยินมาก่อน, แปลก, ผิดธรรมดา (**-S.** freakish, unheard-of)

unprejudiced (อันเพรจ' จะดิซท์) *adj.* ยุติธรรม, เป็นกลาง (**-S.** fair **-A.** biased)

unpretentious (อันพริเทน' เชิซ) *adj.* ถ่อมตัว, สงบเสงี่ยม (**-S.** modest, simple)

unprincipled (อันพริน' ซะเพิลด์) *adj.* ไม่มีคุณธรรม (**-S.** deceitful, tricky)

unproductive (อันพระดัค' ทิฟว์) *adj.* ไม่เกิดผล (**-S.** futile, sterile **-A.** effective)

unprofessional (อันพระเฟช' ชะเนิล) *adj.* ไม่ใช่มืออาชีพ, ไม่ใช่ผู้เชี่ยวชาญ, ไม่ถูกต้องตามหลัก (**-S.** inefficient, negligent)

unqualified (อันควอล' ละไฟด์) *adj.* ไม่มีคุณสมบัติ, ไม่มีเงื่อนไข (**-S.** incapable)

unquestionable (อันเควซ' ชะนะเบิล) *adj.* ไม่ต้องสงสัย, ไม่มีปัญหา (**-S.** definite, sure)

unravel (อันแรฟ' เวิล) *v.* **-eled, -eling/-elled, -elling** *-vt.* แก้ (ปมด้าย ปัญหา), ไข (ความลับ) *-vi.* คลี่คลาย (**-S.** disentangle, undo)

unreal (อันเรียล', -รีล') *adj.* ไม่จริง, ลวงตา, เทียม (**-S.** illusory, intangible, mock)

unreason (อันรี' เซิน) *n.* ความไม่มีเหตุผล, ความเหลวไหล, ความไร้สาระ

unreasonable (อันรี' ซะนะเบิล) *adj.* ไม่สมเหตุสมผล, ไม่มีสติ, เกินควร **-unreasonableness** *n.* **-unreasonably** *adv.* (**-S.** silly)

unreasoning (อันรี' ซะนิง) *adj.* ไม่ใช้เหตุผล

unreel (อันรีล') *vt., vi.* **-reeled, -reeling** คลาย

unrelenting (อันริเลน' ทิง) *adj.* ไม่บรรเทา, ไม่ลดละ, ไม่เมตตา (**-S.** cruel **-A.** merciful)

unremitting (อันริมิท' ทิง) *adj.* ไม่ลดละ, ไม่

หยุดยั้ง **-unremittingly** *adv.*
unreserved (อันริเซิร์ฟวฺด') *adj.* ไม่จำกัด, เปิดเผย, ตรงไปตรงมา (**-S.** frank, unlimited)
unrest (อันเรซท์, อัน' เรซท์) *n.* ความไม่สงบ
unroll (อันโรล') *v.* **-rolled, -rolling** *-vt.* คลี่, คลาย, เปิดออก, เผย *-vi.* คลี่คลาย
unruly (อันรู' ลี) *adj.* **-lier, -liest** ดื้อ, ไม่เชื่อฟัง, เกเร **-unruliness** *n.* (**-S.** disobedient)
★**unsafe** (อันเซฟ') *adj.* **-safer, -safest** อันตราย
unsaid (อันเซด') *adj.* ไม่ปริปากพูด
unsavory, unsavoury (อันเซ' วะรี) *adj.* ไม่อร่อย, ไม่น่ากิน, น่ารังเกียจ **-unsavorily** *adv.* (**-S.** nauseating, offensive)
unsay (อันเซ') *vt.* **-said, -saying** ถอนคำพูด
unscrew (อันสกรู') *vt., vi.* **-screwed, -screwing** คลายเกลียว
unscrupulous (อันสกรู' พยะเลิซ) *adj.* ไม่มีคุณธรรม (**-S.** corrupt, sinful **-A.** good)
unseasoned (อันซี' เซินดฺ) *adj.* ไม่ได้ปรุง, (ไม้) ไม่ได้ตากแห้ง, ไม่เคยชิน, ไม่ช่ำชอง
unseemly (อันซีม' ลี) *adj.* **-lier, -liest** ไม่สมควร, ไม่เหมาะสม (**-S.** improper)
unseen (อันซีน') *adj.* ที่มองไม่เห็น, ไม่ปรากฏ (**-S.** invisible, obscure **-A.** obvious)
unsettle (อันเซท' เทิล) *vt., vi.* **-tled, -tling** ทำให้ยุ่งเหยิง, กวน (**-S.** bother, disturb)
unsettled (อันเซท' เทิลดฺ) *adj.* ไม่แน่นอน, แปรปรวน, ไม่สงบ, โกลาหล, ค้างชำระ (เงิน), ไม่มีผู้คนอยู่อาศัย, เลื่อนลอย (**-S.** changing)
unsex (อันเซคซฺ') *vt.* **-sexed, -sexing** ตอน
unshakable (อันเช คะเบิล) *adj.* ไม่หวั่นไหว
unship (อันชิพ') *vt., vi.* **-shipped, -shipping** เอาของขึ้นจากเรือ, ทิ้งสมอเรือลงน้ำ
unsightly (อันไซท์ ลี) *adj.* **-lier, -liest** ไม่ดึงดูดใจ, ไม่น่าดู (**-S.** horrid, ugly **-A.** beautiful)
unskilled (อันสกิลดฺ') *adj.* ไม่ชำนาญ, ไม่มีทักษะ, ไม่มีฝีมือ (**-S.** inexperienced **-A.** expert)
unsociable (อันโซ' ชะเบิล) *adj.* ไม่ชอบเข้าสังคม **-unsociably** *adv.* (**-S.** distant, hostile)
unsophisticated (อันซะฟิส' ติเคทิด) *adj.* ไร้เดียงสา, ซื่อ, ง่ายๆ (**-S.** innocent)
unsound (อันเซานดฺ') *adj.* **-sounder, -soundest** ไม่แข็งแรง, ไม่มั่นคง, ไม่ปลอดภัย, ไม่น่าไว้ใจ (**-S.** false, frail, shaky, weak)
unspeakable (อันสปีค' คะเบิล) *adj.* เกินกว่าจะกล่าว, เหนือคำบรรยาย (**-S.** inexpressible)
unstable (อันสเต' เบิล) *adj.* **-bler, -blest** ไม่มั่นคง, ไม่แน่นอน, แปรปรวน, ไม่คงที่, โลเล
unsteady (อันสเตด' ดี) *adj.* **-ier, -iest** ไม่มั่นคง, ไม่เที่ยง, ไม่แน่นอน (**-S.** changeable)
unsuitable (อันซูท' ทะเบิล) *adj.* ไม่เหมาะ
unsuspected (อันซะสเปค' ทิด) *adj.* ไม่เป็นที่ต้องสงสัย **-unsuspectedly** *adv.*
untangle (อันแทง' เกิล) *vt.* **-gled, -gling** แก้ (ปัญหา), ทำให้หายยุ่ง (**-S.** disentangle, solve)
unthinkable (อันธิง' คะเบิล) *adj.* นึกไม่ถึง, เหลือเชื่อ (**-S.** incredible, unlikely)
unthinking (อันธิง' คิง) *adj.* ไม่คิดก่อนพูด
★**untidy** (อันไท' ดี) *adj.* **-dier, -diest** สกปรก, รุงรัง, ไม่เป็นระเบียบ (**-S.** messy **-A.** neat)
★**untie** (อันไท') *vt.* **-tied, -tying** แก้ (ปมด้ายเชือก), ปลด, ปล่อย (**-S.** release, unbind)
★**until** (อันทิล') *prep., conj.* จนกระทั่ง
untimely (อันไทม์' ลี) *adj.* **-lier, -liest** ก่อนเวลาอันควร, ผิดกาล (**-S.** premature)
untiring (อันไท' ริง) *adj.* ไม่รู้จักเหน็ดเหนื่อย **-untiringly** *adv.* (**-S.** patient **-A.** exhausted)
unto (อัน' ทู) *prep.* แก่, จนกระทั่ง
untold (อันโทลดฺ') *adj.* ไม่ได้เล่า, เกินกว่าจะพรรณนา
untouchable (อันทัช' ชะเบิล) *adj.* ที่แตะต้องไม่ได้, ห้ามวิจารณ์ **-Untouchable** จัณฑาล เป็นกลุ่มคนซึ่งชาวฮินดูที่มีวรรณะสูงกว่าจะไม่แตะต้องและไม่คบค้าสมาคมด้วย
untoward (อันทอร์ด', -โทร์ด') *adj.* ไม่เหมาะ, โชคร้าย (**-S.** improper **-A.** suitable)
untried (อันไทรดฺ') *adj.* ไม่เคยทดลอง, (คดี) ที่ไม่ได้พิจารณาในศาล
untrue (อันทรู') *adj.* **-truer, -truest** ไม่ซื่อสัตย์, เท็จ, ไม่เที่ยง (**-S.** deceptive **-A.** sincere)
untrustworthy (อันทรัซท์' เวอร์ธี) *adj.* ไม่น่าไว้ใจ (**-S.** tricky **-A.** honest)
untruth (อันทรูธ') *n.* เรื่องโกหก, การโกหก, ความไม่ซื่อสัตย์ (**-S.** falsehood, lie **-A.** fact)
untruthful (อันทรูธ' เฟิล) *adj.* ไม่จริง, ขี้โกหก (**-S.** dishonest **-A.** sincere)
untutored (อันทู' เทอร์ดฺ, -ทยู'-) *adj.* ไม่ได้รับการอบรม, ซื่อ, ไม่เดียงสา (**-S.** innocent)
unused (อันยูซดฺ', อันยูซท์') *adj.* ไม่เคยใช้, ไม่ได้ใช้, ไม่เคยชิน
★**unusual** (อันยู' ฌวล) *adj.* ผิดปกติ (**-S.** queer)
unveil (อันเวล') *vt., vi.* **-veiled, -veiling** เปิดผ้าคลุม, เปิดเผย (**-S.** reveal **-A.** cover)
unwary (อันแว' รี) *adj.* **-ier, -iest** ไม่ระวัง,

เลินเล่อ (**-S.** careless **-A.** careful)

unwell (อันเวล') *adj.* เจ็บป่วย, ไม่สบาย, มีประจำเดือน (**-S.** sick, unhealthy **-A.** strong)

unwholesome (อันโฮล' เซิม) *adj.* ไม่ดีต่อสุขภาพ, แสลง (**-S.** poisonous **-A.** nourishing)

unwieldy (อันวีล' ดี) *adj.* **-ier, -iest** เทอะทะ, อุ้ยอ้าย, งุ่มง่าม (**-S.** bulky, clumsy)

unwilling (อันวิล' ลิง) *adj.* ไม่เต็มใจ

unwind (อันไวน์ดฺ') *v.* **-wound** (-เวาน์ดฺ'), **-winding** *-vt.* คลายออกจากขด (เชือก), ผ่อนคลาย, ทำให้หายยุ่ง *-vi.* คลาย (**-S.** calm down, relax, uncoil, unreel)

unwitting (อันวิท' ทิง) *adj.* ไม่เจตนา, ไม่รู้, โดยบังเอิญ (**-S.** accidental, ignorant **-A.** aware)

unwonted (อันวอน' ทิด) *adj.* ผิดปกติ, ไม่ชิน

unworldly (อันเวิร์ลดฺ' ลี) *adj.* **-lier, -liest** ไม่ใช่โลกนี้, เหมือนผี, น่ากลัว, ซื่อ, ไม่เจนโลก (**-S.** naive, spiritual **-A.** earthly)

unworthy (อันเวอร์' ธี) *adj.* **-thier, -thiest** ไม่มีค่า, ไม่สมควร, ร้ายกาจ (**-S.** worthless)

unyielding (อันยีล' ดิง) *adj.* ไม่งอ, ไม่ยืดหยุ่น, ไม่ยอม, แข็งข้อ (**-S.** firm **-A.** flexible)

★**up** (อัพ) *adv.* ขึ้น, ขึ้นไป, เพิ่มขึ้น, สูงขึ้น, ลอยขึ้น, (หยิบ) ขึ้นมา, (ยืน ลุก) ขึ้น, ขึ้นมาถึง, (หมุนกระจก) ขึ้น, ข้างบน, มาใกล้, ตื่นขึ้น, (หยิบยกหัวข้อ ประเด็น) ขึ้นมาพูด, (ห่อ) ให้แน่นหนา, (กิน) จนหมดเกลี้ยง, (ฉีก) เป็นชิ้นๆ, แต่ละ *-adj.* สูงขึ้น, เพิ่มขึ้น, ข้างบน, อยู่บน, เหนือพื้น, ด้านบน, ตื่นขึ้น, ตื่นนอน, หมดเวลา, สิ้นสุด, เลิก, (เกิดอะไร) ขึ้น, เลื่อนขึ้น, ตั้ง, ตั้งชัน, เป็นที่ปลุกเร้าใจ, ชื่นใจ, เสมอกัน, ทัน, นำคู่แข่ง, พนัน (ม้า) *-prep.* ขึ้นไปยัง, ขึ้นไป, กว่านั้น, ไปทางเหนือ, ไปสู่, ไปยัง *-n.* ที่ลาดชัน, เนิน, การผุดขึ้น, การลอยขึ้น, ดวงขึ้น, โชคดี *-v.* **upped, upping** *-vt.* ขึ้นราคา, เพิ่ม, เลื่อน (ตำแหน่ง) *-vi.* ยกหรือลอยขึ้น, ลุกขึ้น **-on the up and up** (คำสแลง) ซื่อสัตย์สุจริต **-up against** เผชิญหน้ากับ **-up and down** กลับไปกลับมา **-ups and downs** โชคชะตาขึ้นๆ ลงๆ **-up to** ขึ้นอยู่กับ

up- คำอุปสรรค หมายถึง ขึ้น, ข้างบน, เหนือ, สูงกว่า

up-and-coming (อัพเอินคัม' มิง) *adj.* มีแววจะสำเร็จ

upbraid (อัพเบรด') *vt.* **-braided, -braiding** ดุด่า, ด่าทอ **-upbraider** *n.* (**-S.** scold)

upbringing (อัพ' บริงกิง) *n.* การอบรมสั่งสอนในตอนที่เป็นเด็ก (**-S.** cultivation, tending)

upcast (อัพ' แคซทฺ) *adj.* ที่โยนขึ้นมา, ที่ลอยขึ้นมา, ที่ซัดขึ้นมา

upcountry (อัพ' คันทรี) *n.* ต่างจังหวัด

update (*v.* อัพเดท', *n.* อัพ' เดท) *vt.* **-dated, -dating** ทำให้ทันสมัย *-n.* ข้อมูลข่าวสารที่ทันสมัย, การทำให้ทันสมัย

upgrade (อัพ' เกรด) *v.* **-graded, -grading** *-vt.* เลื่อน (ขั้น ระดับ ชั้น), ยกระดับ, คัดเลือกพันธุ์สัตว์ *-vi.* เลื่อนขึ้น, แลกเปลี่ยน (ของเก่า) เพื่อเอาสิ่งที่ดีขึ้น *-n.* การเลื่อนขั้น, การยกระดับ, ถนนที่ลาดเอียงขึ้น *-adv., adj.* ลาดขึ้น, ขึ้นไป (**-S.** (v.) promote **-A.** (v.) discourage)

upheaval (อัพฮี' เวิล) *n.* การเปลี่ยนแปลงครั้งใหญ่, การเปลี่ยนแปลงอย่างรุนแรงฉับพลัน, การยกตัวของเปลือกโลก (**-S.** eruption, revolution)

uphill (*adj., n.* อัพ' ฮิล, *adv.* อัพ' ฮิล') *adj.* (เดิน) ขึ้นภูเขา, ยากลำบาก, เหนือ, บน *-adv.* ขึ้นทางลาด, อย่างยากลำบาก *-n.* ทางลาด, ทางเอียง, เนิน (**-S.** (adj.) laborious, rising)

uphold (อัพโฮลดฺ') *vt.* **-held, -holding** ยืนยัน, สนับสนุน, อุปถัมภ์, ถือหาง, ปกป้อง, รับรอง **-upholder** *n.* (**-S.** support)

upholstery (อัพโฮล' สตะรี, -สตรี, อะโพล'-) *n., pl.* **-ies** วัสดุที่ใช้ในงานหุ้มเบาะบุนวม

UPI, U.P.I. ย่อจาก United Press International สำนักข่าวยูพีไอ อยู่ในสหรัฐอเมริกา

upkeep (อัพ' คีพ) *n.* ค่าบำรุงรักษา, ค่าโสหุ้ย, ค่าใช้จ่าย (**-S.** expenditure, maintenance)

upland (อัพ' เลินดฺ, -แลนดฺ) *n.* ที่ดอน, เนิน

uplift (*v.* อัพลิฟทฺ', *adj., n.* อัพ' ลิฟทฺ) *vt.* **-lifted, -lifting** ยกขึ้น, ทำให้สูงขึ้น, ยกระดับ, ทำให้จิตใจเบิกบานยินดี *-adj.* (ยก) ขึ้น *-n.* การยกขึ้น, การทำให้สูงขึ้น, การยกระดับมาตรฐานศีลธรรมจรรยาและจิตใจให้สูงขึ้น, การยกตัวของแผ่นดิน (**-S.** (v.) elevate (v., n.) upgrade (n.) enrichment, refinement)

upmarket (อัพ' มาร์คิท) *adj.* ที่ออกแบบเพื่อลูกค้ากลุ่มที่มีรายได้สูง

upon (อะพอน') *prep.* ดู on

★**upper** (อัพ' เพอร์) *adj.* ข้างบน, บน, อันบน, เหนือ, (ขั้น) สูงกว่า, (พื้นที่ แม่น้ำ) ตอนบน ทางเหนือ *-n.* ส่วนบนของรองเท้า, ที่นอนชั้นบนในตู้โดยสารรถไฟ **-uppers** ฟันบน, (คำสแลง) ยาบ้า (**-S.** (adj.) eminent, topmost **-A.** (adj.) lower)

upper class ชนชั้นสูง

uppercut (อัพ' เพอร์คัท) *n.* หมัดสอยดาว (ต่อย

เข้าคางคู่ต่อสู้) ในกีฬาชกมวย
upper hand ตำแหน่งที่ได้เปรียบและได้ผลประโยชน์, ความมีอำนาจเหนือ
uppermost (อัพ' เพอร์โมซท) *adv., adj.* อยู่ในระดับที่สูงที่สุด (**-S.** chief, supreme)
uppish (อัพ' พิช) *adj.* (ภาษาพูด) หยิ่ง
★**upright** (อัพ' ไรท) *adj.* ตั้งตรง, ตรง, ซื่อตรง *-adv.* (เดิน) ตัวตั้งตรง *-n.* สิ่งที่ตั้งตรง, เสาที่ตั้งตรง **-uprightly** *adv.* (**-S.** (adj.) erect, honest)
uprise (*v.* อัพไรซ', *n.* อัพ' ไรซ) *vi.* **-rose, -risen, -rising** ยกขึ้น, ลุกขึ้น, ยืนขึ้น, ลอยขึ้น, ผุดขึ้น, ปรากฏขึ้น, (เนิน) ลาดขึ้น, เพิ่มขึ้น *-n.* การยกขึ้น, การลุกขึ้น, การลอยขึ้น, เนินลาด, ทางเอียงขึ้น
uprising (อัพ' ไรซิง) *n.* การจลาจล (**-S.** revolt)
uproar (อัพ' รอร์, -โรร์) *n.* ความอึกทึกครึกโครม, ความอลหม่าน (**-S.** riot, turmoil **-A.** peace)
uproarious (อัพรอ' เรียซ, -โร'-) *adj.* อึกทึกครึกโครม, เอะอะโวยวาย, (เสียง) ดังลั่น
uproot (อัพรูท', -รุท') *vt.* **-rooted, -rooting** ถอนราก, กำจัด
★**upset** (*v.* อัพเซท', *n.* อัพ' เซท) *v.* **-set, -setting** *-vt.* ทำให้คว่ำ, ทำให้เสียอารมณ์, ทำให้รำคาญ, ทำให้เสีย (แผน ความคาดหมาย) *-vi.* คว่ำ, หก, เสีย, รำคาญ, สับสน *-n.* การทำให้คว่ำ, ความเสียอารมณ์, ความวุ่นวาย *-adj.* เสียอารมณ์, วุ่นวายใจ, น่ารำคาญ **-upsetter** *n.* (**-S.** (v., n.) overturn (adj.) disturbed, worried)
upshot (อัพ' ชอท) *n.* ผลสุดท้าย (**-S.** result)
★**upside down** กลับหัวกลับหาง, คว่ำหน้า, กลับตาลปัตร, อลหม่าน (**-S.** inverted, topsy-turvy)
★**upstairs** (*adv.* อัพ' สแตร์ซ', *adj., n.* อัพ' สแตร์ซ) *adv.* (ชั้น) บน, ข้างบน, เบื้องบน, สูงขึ้น *-adj.* เกี่ยวกับชั้นบน ข้างบน *-n.* ชั้นบน
upstanding (อัพสแตน' ดิง, อัพ' สแตน-) *adj.* ตั้งตรง, ซื่อตรง **-upstandingness** *n.*
upstream (อัพ' สตรีม') *adv., adj.* ตอนบนของแม่น้ำ, ทางเหนือน้ำ
upstroke (อัพ' สโตรค) *n.* การลากเส้นตัวหนังสือขึ้น, การเคลื่อนที่ขาขึ้นของลูกสูบเครื่องยนต์
upswing (อัพ' ซวิง) *n.* เศรษฐกิจขาขึ้น, ยุคเฟื่องฟู, การแกว่งขึ้น
uptake (อัพ' เทค) *n.* ความเข้าใจ
uptight (อัพ' ไทท') *adj.* (คำสแลง) เครียด โกรธจัด ขาดแคลน
★**up-to-date** (อัพทะเดท') *adj.* ทันสมัย, ใหม่, ล่าสุด (**-S.** current, newest)
upturn (*v.* อัพ' เทิร์น, อัพเทิร์น', *n.* อัพ' เทิร์น) *v.* **-turned, -turning** *-vt.* กลับ (หน้าดิน), พลิก, ทำให้หงายขึ้น *-vi.* หงาย, แหงน, กลับขึ้นมา *-n.* การพลิกขึ้น, การกลับขึ้นมา, การหงาย
★**upward** (อัพ' เวิร์ด) *adv.* ขึ้น, ขึ้นไป, สูงขึ้น, ขึ้นข้างบน, มากกว่า, สูงกว่า *-adj.* เหนือ, บน, ขึ้นไป **-upwardly** *adv.* **-upwards** *adv.*
uraemia (ยุรี' เมีย) *n.* ดู uremia
uranium (ยุเร' เนียม) *n.* ธาตุยูเรเนียม เป็นธาตุกัมมันตรังสีที่เกิดในธรรมชาติ ใช้ในการสร้างอาวุธนิวเคลียร์ มีสัญลักษณ์ U
Uranus (ยู' ระเนิซ, ยุเร' เนิซ) *n.* ดาวมฤตยู, ดาวยูเรนัส
★**urban** (เออร์' เบิน) *adj.* ในเขตเมือง, ซึ่งอาศัยอยู่ในเมือง (**-S.** city, metropolitan)
urbane (เออร์เบน') *adj.* **-baner, -banest** สุภาพ, เรียบร้อย, มีมารยาท, เป็นผู้ดี **-urbanely** *adv.* (**-S.** elegant, refined)
urchin (เออร์' ชิน) *n.* เด็กซุกซน, คนเหลวไหล, คนดื้อ, เด็กกลางถนน (**-S.** brat, waif)
uremia, uraemia (ยุรี' เมีย) *n.* ภาวะโลหิตเป็นพิษ เนื่องจากไตบกพร่อง
★**urge** (เออร์จ) *vt., vi.* **urged, urging** กระตุ้น, ดัน, ชักชวน, อ้อนวอน, แนะนำ, สนับสนุน, เร้า, ปลุกปั่น, ยุ, แหย่, หมุน *-n.* ความต้องการ, ความปรารถนา, แรงกระตุ้น, ความพอใจ, สิ่งกระตุ้นใจ, ความกระหาย (**-S.** (v., n.) desire)
urgency (เออร์' เจินซี) *n., pl.* **-cies** ความเร่งด่วน, เรื่องสำคัญรีบด่วน, สิ่งจำเป็น
★**urgent** (เออร์' เจินท) *adj.* ด่วน, เร่งด่วน, รีบเร่ง, รีบร้อน (**-S.** immediate)
uric acid กรดยูริก, กรดปัสสาวะ
urinate (ยุ' ระเนท) *vi.* **-nated, -nating** ถ่ายปัสสาวะ **-urination** *n.* **-urinative** *adj.*
urine (ยุ' ริน) *n.* น้ำปัสสาวะ
URL ย่อจาก uniform/universal resource locator ชื่อเรียกที่อยู่ของเว็บไซต์
urn (เอิร์น) *n.* กาโลหะทรงโกศ
Ursa Major กลุ่มดาวหมีใหญ่ (ดาวจระเข้)
Ursa Minor กลุ่มดาวหมีเล็ก (ดาวไถ)
★**us** (อัซ) *pron.* เรา, พวกเรา
US, U.S. ย่อจาก United States สหรัฐอเมริกา
USA, U.S.A. ย่อจาก United States of America สหรัฐอเมริกา, United States Army กองทัพบกสหรัฐอเมริกา
usable, useable (ยู' ซะเบิล) *adj.* สามารถ

ใช้ได้, เหมาะสำหรับนำมาใช้ **-usability, usableness** *n.* **-usably** *adv.* (**-S.** valid)

USAF, U.S.A.F. ย่อจาก United States Air Force กองทัพอากาศสหรัฐอเมริกา

usage (ยู' ซิจ, -ซิจ) *n.* การใช้, การปฏิบัติ, สิ่งที่เคยชินจนเป็นนิสัย, ธรรมเนียม, ประเพณี (**-S.** custom, habit, treatment)

usance (ยู' เซินซฺ) *n.* การใช้, ธรรมเนียม, ประเพณี, ดอกเบี้ย, ช่วงเวลา, ระยะเวลา (**-S.** custom, use, usage)

★**use** (*v.* ยูซ, *n.* ยูซ) *v.* **used, using** *-vt.* ใช้, อุปโภค, เสพ, ปฏิบัติ, ใช้หาประโยชน์, ใช้หมด, ใช้จ่าย, ใช้เวลา, ใช้เป็นประโยชน์, ใช้สิทธิ, ปฏิบัติการ, ใช้อำนาจ *-vi.* เคย, เคยชิน *-n.* การใช้, ความสามารถในการใช้, การใช้สิทธิ, จุดประสงค์ในการใช้, การใช้ให้เป็นประโยชน์, การหาประโยชน์, การอนุญาตให้ใช้, ประโยชน์, ธรรมเนียม, ประเพณี, ความเคยชิน, วิธีการใช้ **-use up** ใช้จนหมดเกลี้ยง (**-S.** (v.) consume, utilize (n.) application, operation, wont)

★**used** (ยูซดฺ) *adj.* ที่ใช้แล้ว, เคยใช้แล้ว, เคยชิน (**-S.** secondhand, worn)

★**useful** (ยูซ' เฟิล) *adj.* เป็นประโยชน์, มีประโยชน์ **-usefully** *adv.* **-usefulness** *n.* (**-S.** effective, helpful, practical, profitable)

★**useless** (ยูซ' ลิซ) *adj.* ไม่มีประโยชน์, หาประโยชน์ไม่ได้ **-uselessly** *adv.* **-uselessness** *n.* (**-S.** futile, profitless **-A.** useful)

★**user** (ยู' เซอรฺ) *n.* ผู้ใช้

user-friendly (ยู' เซอร์เฟรนดฺ' ลี) *adj.* **-lier, -liest** ง่ายต่อการเรียนรู้หรือการใช้ **-user-friendliness** *n.*

usher (อัช' เชอรฺ) *n.* พนักงานนำแขก, พนักงานเฝ้าประตู, พนักงานขานชื่อ *-vt., vi.* **-ered, -ering** นำแขกไปยังที่นั่ง, ไปเป็นเพื่อน, นำ (**-S.** (n.) doorkeeper (n., v.) conduct, escort, guide)

usherette (อัชชะเรท') *n.* พนักงานหญิงนำแขกไปยังที่นั่ง

USIS ย่อจาก United States Information Service สำนักข่าวสารอเมริกัน

USN, U.S.N. ย่อจาก United States Navy กองทัพเรือสหรัฐอเมริกา

USSR, U.S.S.R. ย่อจาก Union of Soviet Socialist Republics (อดีต) สาธารณรัฐสังคมนิยมสหภาพโซเวียต

usu. ย่อจาก usually โดยปกติ, โดยทั่วไป

★**usual** (ยู' ฌวล) *adj.* เป็นปกติ, ตามปกติ, เป็นประจำ, เป็นธรรมเนียม **-as usual** เช่นเคย, อย่างเคย **-usualness** *n.* (**-S.** habitual, routine **-A.** strange)

usually (ยู' ฌวลลี) *adv.* โดยปกติ, โดยทั่วไป

usurer (ยู' เฌอเรอรฺ) *n.* ผู้ออกเงินให้กู้โดยคิดอัตราดอกเบี้ยที่สูงมากกว่าปกติ

usurp (ยูเซิร์พ', -เซิร์พ') *vt., vi.* **-surped, -surping** แย่งชิง, ช่วงชิง **-usurper** *n.* **-usurpingly** *adv.* **-usurpation** *n.* (**-S.** seize)

usury (ยู' ฌะรี) *n., pl.* **-ries** การให้กู้ยืมเงินโดยเรียกเก็บดอกเบี้ยในอัตราที่สูงมาก, ดอกเบี้ยที่สูงมากเกินไป **-usurer** *n.*

utensil (ยูเทน' เซิล) *n.* เครื่องมือ, เครื่องใช้, อุปกรณ์สำหรับใช้ในครัว

uterus (ยู' เทอเริซ) *n., pl.* **uteri** (-ทะไร)/**uteruses** มดลูก

util. ย่อจาก utility ประโยชน์, สิ่งที่เป็นประโยชน์

utile (ยู' เทิล, ยู' ไทลฺ) *adj.* เป็นประโยชน์, มีประโยชน์ (**-S.** effective, profitable, useful)

utility (ยูทิล' ลิที) *n., pl.* **-ties** ประโยชน์, สาธารณูปโภค, สิ่งที่เป็นประโยชน์ *-adj.* เป็นประโยชน์สำหรับการใช้สอย (**-S.** (n.) profit)

utilize (ยูท' เทิลไลซฺ) *vt.* **-ized, -izing** นำมาใช้ให้เป็นประโยชน์ **-utilizable** *adj.* **-utilization** *n.* **-utilizer** *n.* (**-S.** use)

utmost (อัท' โมซทฺ) *adj.* ที่สุด, สุดกำลัง, สุดเหวี่ยง, สุดขีด, ไกลที่สุด *-n.* ขีดสูงสุด, ระดับสูงสุด, จำนวนมากที่สุด (**-S.** (adj.) extreme, supreme (adj., n.) best, highest)

Utopia (ยูโท' เพีย) สถานที่หรือดินแดนที่สมบูรณ์แบบทั้งทางสังคม การเมืองและศีลธรรม, สังคมในอุดมคติซึ่งเต็มไปด้วยความสงบสุข

utter[1] (อัท' เทอรฺ) *vt.* **-tered, -tering** เปล่งเสียง, ออกเสียง, ส่งเสียง, กล่าว, พูด, แจ้ง, เผย, เปิดเผย, แถลง (**-S.** proclaim, reveal, voice)

utter[2] (อัท' เทอรฺ) *adj.* เต็มที่, ทั้งหมด, ทั้งมวล, ทั้งสิ้น (**-S.** absolute, total **-A.** partial)

utterly (อัท' เทอรฺลี) *adv.* อย่างสมบูรณ์, อย่างที่สุด, ทั้งสิ้น, ทั้งหมด (**-S.** fully, perfectly)

uttermost (อัท' เทอรฺโมซทฺ) *adj.* สุดกำลัง, สุดเหวี่ยง, สุดขีด, ที่สุด *-n.* ขีดสูงสุด, ระดับสูงสุด, จำนวนมากที่สุด

U-turn (ยู' เทิรฺน) *n.* ที่กลับรถ

UV, U.V. ย่อจาก ultraviolet รังสีอัลตราไวโอเลต

uvula (ยู' วยะละ) *n.* ลิ้นไก่ **-uvular** *adj.*

A B C D E F G H I J K L M N O P Q R S T U V W X Y Z

V

V, v (วี) *n., pl.* **V's, v's/Vs, vs** อักษรตัวที่ 22 ในภาษาอังกฤษ, อันดับยี่สิบสอง, เลขห้าโรมัน
V ย่อจาก victory ชัยชนะ, volt โวลต์
v. ย่อจาก verb กริยา, versus กับ ต่อสู้กับ
vacancy (เว' เคินซี) *n., pl.* **-cies** ห้องพักว่าง, ตำแหน่งว่าง, พื้นที่ว่าง, อาการใจลอย (**-S.** blankness, position, room)
★**vacant** (เว' เคินท์) *adj.* ว่าง, ไม่มีคนใช้, ใจลอย, เหม่อลอย (**-S.** empty **-A.** full)
vacation (เวเค' ชัน, วะ-) *n.* การหยุดงานพักผ่อน, วันหยุด, เวลาว่าง *-vi.* **-tioned, -tioning** หยุดงาน, หยุดพักผ่อน, ใช้เวลาวันหยุด

> **vacation** วันหยุดพักผ่อน นิยมใช้คำนี้ในแบบอเมริกัน เช่น I'm on vacation.
> **holiday** วันหยุดพักผ่อน นิยมใช้คำนี้ในแบบอังกฤษ เช่น I'm on holiday. ส่วน holidays หมายถึงวันหยุดงานหรือโรงเรียนระยะยาว

vaccinate (แวค' ซะเนท) *vt., vi.* **-nated, -nating** ฉีดวัคซีน, ปลูกฝี **-vaccination** *n.*
vaccine (แวคซีน', แวค' ซีน) *n.* วัคซีน
vacillate (แวซ' ซะเลท) *vi.* **-lated, -lating** โอนเอน, ส่าย, แกว่งไปมา **-vaccillation** *n.*
vacuity (แวคยู' อิที, วะ-) *n., pl.* **-ties** ความว่างเปล่า, พื้นที่ว่าง, ช่องว่าง, สุญญากาศ, ความเหม่อลอย, ความไร้สาระ **-vacuous** *adj.*
vacuum (แวค' คยูเอิม, -คยูม์, -เคิม) *n., pl.* **-uums/-ua** (-คยูอะ) สุญญากาศ, ที่ว่างเปล่า, การตีตัวออกห่าง, เครื่องดูดฝุ่น *-adj.* เกี่ยวกับสุญญากาศ, ปราศจากอากาศ *-vt., vi.* **-umed, -uming** ใช้เครื่องดูดฝุ่น (**-S.** (n.) emptiness)
vacuum bottle/flask กระติกใส่น้ำร้อนหรือน้ำแข็งซึ่งมีผนังภายในสองชั้นช่วยรักษาอุณหภูมิได้ดี
vacuum cleaner เครื่องดูดฝุ่น
vacuum tube หลอดสุญญากาศ, หลอดวิทยุ
vagabond (แวก' กะบอนด์) *n.* คนเกียจคร้าน, คนจรจัด *-adj.* เร่ร่อน, จรจัด, เกียจคร้าน *-vi.* **-bonded, -bonding** ใช้ชีวิตเร่ร่อน
vagary (เว' กะรี, วะแก' รี) *n., pl.* **-ries** ความไม่แน่นอน, ความเปลี่ยนแปลง
vagina (วะไจ' นะ) *n., pl.* **-nas/-nae** (-นี) ช่องคลอด
vagrant (เว' เกรินท์) *n.* คนเร่ร่อน, คนจรจัด, *-adj.* เร่ร่อน, พเนจร, จรจัด **-vagrancy** *n.*
vague (เวก) *adj.* **vaguer, vaguest** คลุมเครือ, เลือนราง, กำกวม **-vaguely** *adv.* **-vagueness** *n.* (**-S.** indistinct **-A.** definite)
★**vain** (เวน) *adj.* **vainer, vainest** หลงตัวเอง, ไม่เป็นผล, ไม่มีแก่นสาร **-in vain** ไม่สำเร็จ **-vainly** *adv.* (**-S.** proud, fruitless **-A.** useful)
valance (แวล' เลินซ์, เว' เลินซ์) *n.* ผ้าระบายขอบเตียง เก้าอี้ หรือหน้าต่าง
vale (เวล) *n.* หุบเขา (**-S.** valley)
valediction (แวลลิดิค' ชัน) *n.* การอำลา
valence, valency (เว' เลินซ์, -เลินซี) *n., pl.* **-lences, -lencies** ความสามารถในการรวมกันของอะตอม
valentine (แวล' เลินไทน์) *n.* เทศกาลส่งดอกไม้ของขวัญ หรือบัตรอวยพรให้คนรัก
Valentine's Day, Valentines Day วันวาเลนไทน์ ตรงกับวันที่ 14 กุมภาพันธ์
valet (แวล' ลิท, แวล' เล, แวเล') *n.* คนรับใช้ของนายผู้ชาย *-vt., vi.* **-eted, -eting** รับใช้, ดูแล
valiant (แวล' เยินท์) *adj.* กล้าหาญ, องอาจ **-valiantly** *adv.* **-valiance** *n.* (**-S.** brave)
★**valid** (แวล' ลิด) *adj.* มีเหตุผล, ฟังขึ้น, ไม่เป็นโมฆะ, ซึ่งถูกต้องตามกฎหมาย **-validity, validness** *n.* **-validly** *adv.* (**-S.** legal)
★**valley** (แวล' ลี) *n., pl.* **-leys** หุบเขา, ห้วง, หว่างเขา (**-S.** hollow, vale)
valor, valour (แวล' เลอร์) *n.* ความกล้าหาญ
★**valuable** (แวล' ยูอะเบิล, ยะ-) *adj.* มีค่า, (ราคา) แพง, มีคุณค่า, เป็นประโยชน์, พอใจ, ชมเชย, นิยม, สรรเสริญ (**-S.** costly, esteemed, useful **-A.** worthless)
valuate (แวล' ยูเอท) *vt.* **-ated, -ating** ตีราคา **-valuation** *n.*
★**value** (แวล' ยู) *n.* ค่า, ราคา, มูลค่า, คุณค่า, ความหมาย, คุณประโยชน์, คุณความดี *-vt.* **-ued, -uing** ตีค่า, ตีราคา, ประเมินราคา, นิยม, นับถือ, สรรเสริญ, ชื่นชม **-valuer** *n.* (**-S.** (n.) benefit (n., v.) cost (v.) estimate)
value-added tax ภาษีมูลค่าเพิ่ม ย่อว่า VAT

valve (แวลฟ์วฺ) *n.* ลิ้น, ลิ้นในเครื่องยนต์, อวัยวะที่ทำหน้าที่บังคับการปิดเปิดการไหลผ่านของอากาศ ของเหลว หรือก๊าซ, ลิ้นเครื่องดนตรีชนิดเป่า, หลอดวิทยุ, หลอดสุญญากาศ

vampire (แวม' ไพรฺ) *n.* ผีดูดเลือด, นักต้มตุ๋น, ผู้หญิงสวยแต่ร้ายกาจ, ค้างคาวดูดเลือดชนิดหนึ่ง เป็นพาหะนำเชื้อโรคกลัวน้ำ

★**van** (แวน) *n.* รถยนต์โดยสารขนาดเล็กที่บรรทุกสัมภาระได้ (**-S.** wagon)

vanadium (วะเน' เดียม) *n.* ธาตุวาเนเดียม เป็นโลหะอย่างหนึ่ง มีสัญลักษณ์ V

Van Allen belt บริเวณรูปห่วงกลมรอบโลกสองบริเวณที่อนุภาคมีประจุไฟฟ้าถูกกักอยู่ในสนามแม่เหล็กโลก คาดว่าอยู่รอบโลกในแนวศูนย์สูตรแม่เหล็กโลก

vandal (แวน' เดิล) *n.* พวกที่ชอบทำลายสาธารณสมบัติ **-vandalism** *n.*

vandalize (แวน' เดิลไลซฺ) *vt.* **-ized, -izing** ทำลายสาธารณสมบัติ **-vandalization** *n.*

Vandyke beard เคราปลายแหลม

vane (เวน) *n.* ใบพัด, ใบจักร, ใบกังหันบอกทิศทาง, ใบกังหันน้ำ, ใบขนนก, แพนขนนก

vanguard (แวน' การ์ด) *n.* แนวหน้า, กองหน้า, ทหารกองหน้า, หัวหอก (**-S.** forefront)

vanilla (วะนิล' ละ) *n.* วานิลลา พืชมีฝักหอมหวานใช้แต่งกลิ่นอาหาร *-adj.* เรียบๆ, ธรรมดา

★**vanish** (แวน' นิช) *vi.* **-ished, -ishing** หายวับไปกับตา, อันตรธาน, สูญสิ้น, กลายเป็นศูนย์ (**-S.** disappear, evaporate **-A.** appear)

vanity (แวน' นิที) *n., pl.* **-ties** ความอวดดี, ความเชื่อตนเอง, ความไร้สาระ, ความไร้ประโยชน์ **-vanity case** กระเป๋าใบเล็กใส่เครื่องสำอางผู้หญิง (**-S.** arrogance **-A.** humility)

vanquish (แวง' ควิช, แวน'-) *vt.* **-quished, -quishing** ปราบปราม, ระงับ, กำจัด, พิชิต

vantage (แวน' ทิจ) *n.* ความเป็นต่อ, ความได้เปรียบคู่ต่อสู้, ตำแหน่งหรือจุดที่สามารถมองเห็นได้กว้างขวาง

vapid (แวพ' พิด, เว' พิด) *adj.* จืดชืด, จาง, ทื่อ

vapor (เว' เพอร์) *n.* ไอ, หมอก, ไอน้ำ, ควัน *-v.* **-pored, -poring** *-vt.* ทำให้เป็นไอน้ำ *-vi.* ปล่อยควัน, กลายเป็นไอ, ระเหย **-vaporish** *adj.* (**-S.** (n., v.) fog, mist, steam **-A.** (v.) clear)

vaporize (เว' พะไรซฺ) *vt., vi.* **-ized, -izing** ทำให้หรือกลายเป็นไอน้ำ **-vaporization** *n.*

vaporous (เว' เพอเริซ) *adj.* คล้ายไอน้ำ, เต็มไปด้วยไอน้ำ, เต็มไปด้วยหมอกควัน, ระเหยง่าย, เคลือบคลุม, สลัว, ไม่ชัด, ไม่แจ่ม

VAR ย่อจาก value-added reseller การบริการหลังการขายอุปกรณ์คอมพิวเตอร์

variable (แว' รีอะเบิล) *adj.* แปรปรวน, ผันแปร, ผันผวน, ไม่แน่นอน, ไม่คงที่ *-n.* สิ่งที่เปลี่ยนแปลง, ตัวแปร **-variably** *adv.* (**-S.** (adj.) changeable, unstable **-A.** (adj.) firm)

variable cost ต้นทุนผันแปร

variant (แว' เรียนทฺ) *adj.* แตกแยก, แตกต่าง, ผันแปร, ผันผวน, เปลี่ยนแปลง *-n.* สิ่งที่แตกต่างจากสิ่งอื่นเพียงเล็กน้อย เช่น คำเดียวกันแต่สะกดต่างกัน **-variance** *n.*

★**variation** (แวรีเอ' ชัน) *n.* การเปลี่ยนแปลง, ความผันแปร, การแยกออกไป, ความแตกต่าง, ความหันเห, ความหลากหลาย **-variational** *adj.* (**-S.** difference, diversity **-A.** sameness)

varied (แว' รีดฺ) *adj.* ต่างกัน, แปลก, ต่างๆ นาๆ, หลากหลาย, หลายชนิด, คละกัน, ต่างๆ ชนิด, จิปาถะ, เบ็ดเตล็ด, ผสมผเส **-variedly** *adv.* (**-S.** miscellaneous **-A.** specific)

variegated (แว' รีอิเกทิด, แว' ริเก-) *adj.* หลากสี, เป็นลายสีสลับกัน **-variegation** *n.*

★**variety** (วะไร' อิที) *n., pl.* **-ties** ความแตกต่าง, ความหลากหลาย, การเปลี่ยนแปลง, การผสมผเส, ชนิด, ประเภท, รูปแบบ (**-S.** change, difference, form, kind, medley, sort)

variety show การแสดงเพื่อความบันเทิงมีหลายรูปแบบประกอบกัน

★**various** (แว' เรียซ) *adj.* หลากหลาย, หลายชนิด, ต่างๆ นาๆ, แตกต่างกันไป, คละกัน, จิปาถะ, ผสมผเส (**-S.** different **-A.** similar)

varlet (วาร์' ลิท) *n.* คนรับใช้, คนรับใช้อัศวิน, คนขี้โกง, คนเลว (**-S.** servant **-A.** master)

varnish (วาร์' นิช) *n.* น้ำยาเคลือบเงา, น้ำยาชักเงา *-vt.* **-nished, -nishing** เคลือบหรือขัดด้วยน้ำยาดังกล่าว (**-S.** (n., v.) gloss, polish)

★**vary** (แว' รี) *v.* **-ied, -ying** *-vt.* เปลี่ยนแปลง, แปร, ทำให้หลากหลาย *-vi.* เปลี่ยน, ผันผวน, ผันแปร (**-S.** modify, transform **-A.** remain)

vascular (แวส' กยะเลอร์) *adj.* เกี่ยวกับหลอดเลือดในสัตว์, เกี่ยวกับท่อน้ำท่ออาหารในพืช

★**vase** (เวซ, เวซ, วาซ) *n.* แจกัน, โถ

vassal (แวซ' เซิล) *n.* ขุนนางผู้ครอบครองที่ดิน, ข้าทาส, ข้ารับใช้ **-vassalage** *n.*

★**vast** (แวซทฺ) *adj.* **vaster, vastest** ใหญ่โต, กว้างใหญ่ไพศาล, มากมาย **-vastly** *adv.* **-vastness** *n.* (**-S.** enormous, immense **-A.** small)

VAT, V.A.T. ย่อจาก value-added tax ภาษีมูลค่าเพิ่ม
vault[1] (วอลท์) *n.* หลังคาโค้ง, ห้องใต้ดิน, ห้องใต้ถุน, ห้องเก็บของมีค่า, ห้องเก็บศพ, สุสาน, สิ่งที่โค้งครอบเหมือนหลังคา เช่น ท้องฟ้า, กะโหลกส่วนบนกลางศีรษะ *-vt.* **vaulted, vaulting** สร้างหรือทำให้เป็นรูปหลังคาโค้ง (**-S.** (n.) cellar (n., v.) arch)
vault[2] (วอลท์) *vt., vi.* **vaulted, vaulting** กระโดดข้าม *-n.* การกระโดดข้าม (รั้ว เครื่องกีดขวาง) **-vaulter** *n.* (**-S.** (v., n.) leap)
vaunt (วอนท์) *vt., vi.* **vaunted, vaunting** คุยโว, โอ้อวด, โม้ *-n.* การคุยโม้โอ้อวด **-vaunter** *n.* **-vauntingly** *adv.* (**-S.** (v., n.) boast)
VCR (วีซีอาร์') *n., pl.* **VCR's** ย่อจาก video cassette recorder เครื่องเล่นและบันทึกเทป
VD, V.D. ย่อจาก venereal disease กามโรค
V-day (วี' เด) *n.* วันแห่งชัยชนะ, วันพิชิตศึก
VDT ย่อจาก video display terminal จอภาพ
VDU ย่อจาก visual display unit จอภาพ
've ย่อจาก have
veal (วีล) *n.* เนื้อลูกวัว
vector (เวค' เทอร์) *n.* เส้นสมมติที่แสดงความยาว ขนาด และทิศทางในวิชาคณิตศาสตร์
vedette, vidette (วิเดท') *n.* เรือลาดตระเวน
veejay, VJ (วี' เจ) *n.* นักจัดรายการเพลงที่ทำหน้าที่เปิดวิดีโอเพลงทางโทรทัศน์
★**vegetable** (เวจ' ทะเบิล, เวจ' จิทะ-) *n.* พืชผักที่นำมารับประทานได้, บุคคลที่ไม่มีชีวิตชีวา *-adj.* เกี่ยวกับพืชผัก, คล้ายพืชผัก
vegetable oil น้ำมันพืช
vegetarian (เวจจิแท' เรียน) *n.* นักมังสวิรัติ, คนกินเจ, สัตว์กินพืชผัก *-adj.* เกี่ยวกับลัทธิกินผักหรือคนที่กินแต่ผัก, (อาหาร) ประกอบด้วยพืชผักผลไม้เท่านั้น **-vegetarianism** *n.*
vegetation (เวจจิเท' ชัน) *n.* พืชทั่วไปในบริเวณหนึ่ง, การเติบโตของพืช, ส่วนที่เจริญเติบโตขึ้นอย่างผิดปกติของร่างกาย
vehement (วี' อะเมินท์) *adj.* รุนแรง, แรงกล้า, ดุเดือด **-vehemence** *n.* **-vehemently** *adv.* (**-S.** violent **-A.** gentle)
★**vehicle** (วี' อิเคิล) *n.* พาหนะ, สื่อ, ล้อเลื่อน, เครื่องผสม, ของเหลว (น้ำ น้ำมัน) ที่ใช้ผสมสีหรือยา **-vehicular** *adj.*
veil (เวล) *n.* ผ้าคลุมหน้าของผู้หญิง มักเป็นผ้าบางเบา, ผ้าตาข่ายบางๆ ติดหมวกของผู้หญิง, ผ้าคลุมศีรษะของแม่ชีฝรั่ง, ฉากกั้น, ม่าน *-vt.* **veiled, veiling** คลุม, บัง, ปกปิด (**-S.** (n., v.) cloak, disguise, mask, shade)
vein (เวน) *n.* เส้นเลือดดำ, เส้นใบไม้, เส้นปีกแมลง, สายแร่, ทางแร่, ลายแตกในหินที่มีแร่, ลายหิน (หินอ่อน), ลายเนื้อไม้, นิสัย, อารมณ์, ความรู้สึก (**-S.** course, streak, temper)
vellum (เวล' เลิม) *n.* กระดาษที่มีคุณสมบัติคล้ายหนังลูกวัว, หนังลูกวัวที่นำมาทำปกหนังสือ
velocity (วะลอซ' ซิที) *n., pl.* **-ties** ความเร็ว, อัตราการเคลื่อนที่ในทิศทางที่กำหนด
velum (วี' เลิม) *n., pl.* **-la** เยื่อหุ้ม, เพดานอ่อนในปาก
velvet (เวล' วิท) *n.* กำมะหยี่, ขนอ่อนบนเขากวาง, (ภาษาพูด) ลาภลอย
velveteen (เวลวิทีน') *n.* กำมะหยี่เทียม
velvety (เวล' วิที) *adj.* **-ier, -iest** อ่อน, นิ่ม, นุ่ม, (สุรา) มีรสชาติกลมกล่อม
vend (เวนด์) *vt., vi.* **vended, vending** ขาย, เร่ขายของ (**-S.** sell)
vendee (เวนดี') *n.* ผู้ซื้อ
vender, vendor (เวน' เดอร์) *n.* ผู้ขาย
vending machine เครื่องขายของ (เครื่องดื่ม) อัตโนมัติแบบหยอดเหรียญ
vendetta (เวนเดท' ทะ) *n.* ความพยาบาท, ความอาฆาตแค้นระหว่างสองตระกูล
veneer (วะเนียร์) *n.* แผ่นไม้บางๆ ที่ใช้กาวทาแปะตกแต่ง, ไม้ประกับ, ไม้อัด, การประดับตกแต่งเปลือกนอกให้ดูดี *-vt.* **-neered, -neering** ประดับ ตกแต่ง เคลือบ หรือฉาบด้วยไม้บางๆ
venerable (เวน' นะระเบิล) *adj.* น่าเคารพ, น่าเลื่อมใส **-venerability** *n.* (**-S.** honoured)
venereal (วะเนีย' เรียล) *adj.* ทางกาม
venereal disease กามโรค เช่น ซิฟิลิส
vengeance (เวน' เจินซ์) *n.* การแก้แค้น
vengeful (เวนจ์' เฟิล) *adj.* พยาบาท, อาฆาต, แค้น, ผูกใจเจ็บ, เพื่อแก้แค้น **-vengefully** *adv.*
venial (วี' เนียล, วีน' เนียล) *adj.* ยกโทษให้ได้, เล็กน้อย, ไม่สำคัญ, ซึ่งมองข้ามไปได้
venison (เวน' นิเซิน, -เซิน) *n.* เนื้อกวาง
venom (เวน' เนิม) *n.* พิษสัตว์, ยาพิษ, ความมุ่งร้าย, ความเคียดแค้น **-venomous** *adj.*
vent (เวนท์) *n.* รู, ช่อง, ช่องอากาศ, ช่องระบาย, ปากปล่องภูเขาไฟ, การปลดปล่อย, การระบาย (โทสะ อารมณ์) *-vt.* **vented, venting** ปล่อย, ระบาย (**-S.** (n.) hole, outlet (v.) emit, express (n., v.) release)
ventilate (เวน' เทิลเลท) *vt.* **-lated, -lating**

A B C D E F G H I J K L M N O P Q R S T U V W X Y Z

ระบายอากาศ, เปิดเผยข้อข้องใจ, แสดงความคิดเห็น **-ventilation** *n.* (**-S.** discuss)

ventilator (เวน' เทิลเลเทอร์) *n.* เครื่องผายปอด, เครื่องระบายอากาศ **-ventilatory** *adj.*

ventricle (เวน' ทริเคิล) *n.* ช่องหรือโพรงในร่างกายหรืออวัยวะ, ช่องในสมอง

venture (เวน' เชอร์) *n.* การเสี่ยงภัย, งานเสี่ยงภัย *-vt., vi.* **-tured, -turing** เสี่ยง, ลอง **-at a venture** เดาส่ง (**-S.** (n., v.) hazard)

venue (เวน' ยู) *n.* สถานที่นัดพบ, สถานที่ประชุม, สถานที่เกิดเหตุ, สถานที่พิจารณาคดี

Venus (วี' เนิซ) *n.* เทพีแห่งความรักและความงาม, ดาวศุกร์

veracious (วะเร' เชิซ) *adj.* ซื่อสัตย์, เที่ยงตรง **-veraciously** *adv.* **-veracity** *n.*

veranda, verandah (วะแรน' ดะ) *n.* ระเบียง, เฉลียง

★**verb** (เวิร์บ) *n.* กริยา

verbal (เวอร์' เบิล) *adj.* เกี่ยวกับคำ, ด้วยปาก, ด้วยวาจา, ตามตัวอักษร, เกี่ยวกับกริยา **-verbally** *adv.* **-verbalist** *n.* (**-S.** literal, oral)

verbalism (เวอร์' บะลิซเซิม) *n.* การพูดยาวยืดแต่หาสาระมิได้, การแสดงคำพูด

verbal noun นามที่เกิดจากกริยาเติม -ing

verbatim (เวอร์เบ' ทิม) *adj.* ตรงตามคำพูดเดิมทุกคำ, คำต่อคำ (**-S.** precisely)

verbiage (เวอร์' บีอิจ, -บิจ) *n.* การใช้คำฟุ่มเฟือยทั้งการพูดและการเขียน

verbose (เวอร์โบซ') *adj.* (การใช้คำ) ยืดยาวฟุ่มเฟือยมากเกินไป **-verbosely** *adv.*

★**verdict** (เวอร์' ดิคท์) *n.* คำตัดสินชี้ขาดของคณะลูกขุน, คำพิพากษา (**-S.** decision, sentence)

verge[1] (เวิร์จ) *n.* ริม, ขอบ, ปาก (เหว), ไหล่ถนน, คทา *-vi.* **verged, verging** บ่าย, คล้อย, จวน, เข้าไปใกล้, ย่างเข้าสู่, เลียบ (**-S.** (n.) brim (v.) approach (n., v.) border **-A.** (n., v.) center)

verge[2] (เวิร์จ) *vi.* **verged, verging** เอน, เอียง

verify (เว' ระไฟ) *vt.* **-fied, -fying** พิสูจน์, สืบสวน, ตรวจสอบ, รับรอง, ยืนยัน **-verifier** *n.* **-verification** *n.* (**-S.** check, confirm)

verisimilitude (เวระซิมิล' ลิทูด, -ทยูด์) *n.* ลักษณะที่น่าเป็นจริง, สิ่งที่น่าจะเป็นจริง ลักษณะที่ดูเหมือนจริง **-verisimilitudinous** *adj.*

veritable (เว' ริทะเบิล) *adj.* โดยแท้จริง, จริงๆ **-veritableness** *n.* **-veritably** *adv.*

vermicelli (เวอร์มิเชล' ลี, -เซล' ลี) *n.* เส้นพาสต้าที่เล็กกว่าเส้นสปาเกตตี

vermiform (เวอร์' มะฟอร์ม) *adj.* เหมือนหนอน

vermiform appendix ไส้ติ่ง

vermilion, vermillion (เวอร์มิล' เยิน) *n.* สีแดงอมส้ม *-vt.* **-ioned, -ioning/-lioned, -lioning** ย้อมสีแดง, ทาสีแดง

vermin (เวอร์' มิน) *n., pl.* **vermin** สัตว์ที่ทำลายพืช เช่น หนู, คนเลวทราม

vernacular (เวอร์แนค' คยะเลอร์) *n.* ภาษาพื้นเมือง, ภาษาท้องถิ่น, ชื่อธรรมดาของพืชหรือสัตว์ที่เรียกกันทั่วไป *-adj.* เกี่ยวกับภาษาพื้นเมือง, ประจำท้องถิ่น, (ชื่อ) ธรรมดา (ของพืชหรือสัตว์), สามัญ (**-S.** (n.) dialect (adj.) common, native **-A.** (n.) jargon)

vernal (เวอร์' เนิล) *adj.* เกี่ยวกับฤดูใบไม้ผลิ, สดใส, เป็นหนุ่มสาว, อ่อนเยาว์

vernal equinox วิษุวัต คือวันที่มีกลางวันยาวเท่ากับกลางคืน ตรงกับช่วงเริ่มต้นฤดูใบไม้ผลิราววันที่ 21 มีนาคม

vernier (เวอร์' เนียร์) *n.* เครื่องมือสำหรับวัดส่วนแบ่งของมาตราส่วน

versatile (เวอร์' ซะเทิล, -ไทล์) *adj.* คล่องแคล่ว, ที่ทำอะไรได้สารพัดอย่าง, ไม่คงที่ **-versatilely** *adv.* (**-S.** adaptable, handy)

★**verse** (เวิร์ซ) *n.* โคลง ฉันท์ กาพย์ กลอน, บทกวี, บทหนึ่งในคัมภีร์ไบเบิล *-vt., vi.* **versed, versing** แต่งโคลง, แต่งบทกวี (**-S.** (n.) poetry)

versed (เวิร์ซท์) *adj.* แตกฉาน, ชำนาญ, เชี่ยวชาญ (**-S.** experienced **-A.** inexpert)

versify (เวอร์' ซะไฟ) *vt., vi.* **-fied, -fying** แต่งโคลง **-versification** *n.*

★**version** (เวอร์' ฌัน, -ชัน) *n.* เรื่องเล่า, การแปลภาษา, คำแปล, ฉบับแปล **-versional** *adj.* (**-S.** account, translation)

versus (เวอร์' เซิซ, -เซิซ) *prep.* ต่อสู้กับ

vertebra (เวอร์' ทะบระ) *n., pl.* **-brae** (-เบร, -บรี)/**-bras** ข้อกระดูกสันหลัง **-vertebral** *adj.*

vertebral column กระดูกสันหลัง

vertebrate (เวอร์' ทะบริท, -เบรท) *adj.* มีกระดูกสันหลัง *-n.* สัตว์ที่มีกระดูกสันหลัง

vertex (เวอร์' เทคซ์) *n., pl.* **-texes/-tices** (-ทิซีซ) จุดสูงสุด, ยอด, กระหม่อมศีรษะ

★**vertical** (เวอร์' ทิเคิล) *adj.* (เส้น) ตั้งตรง, ตรงขึ้นไป, (มุม) ตั้งตรงหรือตั้งฉากกับพื้น, (จุด) ที่ตรงศีรษะ, ยอด *-n.* เส้นตั้งตรง, มุมตั้งตรงหรือตั้งฉาก **-vertically** *adv.* (**-S.** (adj.) upright, perpendicular **-A.** (adj.) horizontal)

vertical angle มุมตั้ง

A B C D E F G H I J K L M N O P Q R S T U V W X Y Z

vertigo (เวอร์ ทิโก) *n., pl.* **-goes/-gos** อาการหน้ามืดเวียนศีรษะ (**-S.** dizziness)

★**very** (เว' รี) *adv.* อย่างมาก, มากๆ, จริง, แท้จริง, ทีเดียว, อย่างยิ่ง *-adj.* **-ier, -iest** แท้จริง, แท้ๆ, จริงๆ, แน่แท้, อย่างแน่นอน, ลึกซึ้ง, ที่สุด, เหลือล้น, เพียง (**-S.** (adv.) deeply, extremely, really (adj.) true)

very high frequency ความถี่คลื่นวิทยุในช่วง 30-300 เมกะเฮิรตซ์

very low frequency ความถี่คลื่นวิทยุในช่วง 3-30 กิโลเฮิรตซ์

vesicle (เวซ' ซิเคิล) *n.* ถุงน้ำเล็กๆ, ฟอง, ตุ่ม

vesper (เวส' เปอร์) *n.* สัญญาณเคาะระฆังเรียกสวดมนต์ตอนเย็น **-Vesper** ดาวศุกร์หรือดาวประจำเมืองที่ขึ้นตอนเย็น

vessel (เวซ' เซิล) *n.* ภาชนะ เช่น ถ้วย แก้ว หม้อ ถัง, เรือขนาดใหญ่, ท่อน้ำของพืช, เส้นเลือด (**-S.** craft, utensil)

★**vest** (เวซท์) *n.* เสื้อกั๊ก, เสื้อกล้าม, เสื้อซับใน *-vt., vi.* **vested, vesting** แต่งตัว, ยกให้, มอบให้, สละให้ (**-S.** (v.) empower, furnish)

vestal (เวส' เติล) *adj.* พรหมจรรย์, บริสุทธิ์ *-n.* หญิงพรหมจารี, แม่ชี (**-S.** (adj., n.) virgin)

vestibule (เวส' ตะบยูล) *n.* ซุ้มประตู

vestige (เวส' ติจ) *n.* ร่องรอย, ซาก

vest-pocket (เวซท์' พอค' คิท) *adj.* มีขนาดที่พกกระเป๋าเสื้อกั๊กได้, มีขนาดเล็กมาก

vet[1] (เวท) *n.* (ภาษาพูด) สัตวแพทย์ *-vt., vi.* **vetted, vetting** ตรวจรักษาโรคสัตว์ (**-S.** (v.) check, scrutinize)

★**vet**[2] (เวท) *n.* (ภาษาพูด) ทหารผ่านศึก

veteran (เวท' เทอเริน, เวท' เริน) *n.* ทหารผ่านศึก, คนช่ำชอง *-adj.* ช่ำชอง, เจนจัด, (ทหาร) ที่เคยผ่านศึกมาแล้ว (**-S.** (n.) master, trouper (adj., n.) expert (adj.) proficient)

Veterans Day วันทหารผ่านศึก ตรงกับวันที่ 11 พฤศจิกายน

veterinarian (เวทเทอระแน' เรียน, เวททระ-) *n.* สัตวแพทย์ **-veterinary** *adj.*

veto (วี' โท) *n., pl.* **-toes** อำนาจหรือสิทธิในการยับยั้งกฎหมายของประธานาธิบดีหรือพระมหากษัตริย์, การไม่ยอมลงนามอนุมัติ, การห้าม *-vt.* **-toed, -toing** ยับยั้ง, ห้าม, ไม่ยอม, ไม่อนุมัติ, ใช้สิทธิยับยั้ง **-vetoer** *n.* (**-S.** (v.) prohibit, reject **-A.** (v.) permit)

vex (เวคซ์) *vt.* **vexed, vexing** รบกวน, ทำให้หัวเสีย, รังควาน **-vexation** *n.* **-vexatious** *adj.* (**-S.** exasperate, harass **-A.** delight)

vexed (เวคซ์ท์) *adj.* น่ารำคาญ, หัวเสีย, ฉุนเฉียว, โกรธ (**-S.** annoyed **-A.** delighted)

VHF, vhf ดู very high frequency

VHS ย่อจาก video home system ระบบวิดีโอแบบเล่นที่บ้าน

via (ไว' อะ, วี' อะ) *prep.* โดยทาง, ผ่านทาง

viable (ไว' อะเบิล) *adj.* สามารถมีชีวิตอยู่ได้, สามารถเจริญเติบโตและพัฒนาขึ้นได้

viaduct (ไว' อะดัคท์) *n.* สะพานยาวข้ามหุบเขาทางรถไฟ ฯลฯ

vial (ไว' เอิล) *n.* ขวดแก้วเล็กๆ

viand (ไว' เอินด์) *n.* อาหาร

vibrant (ไว' เบรินท์) *adj.* รัว, สั่น, ส่าย, ร่าเริง, (สี) เจิดจ้า (**-S.** colorful, quivering, vivid)

vibrate (ไว' เบรท) *vi., vt.* **-brated, -brating** สั่น, รัว, ขึ้นๆ ลงๆ, แกว่งไปมา, สะท้าน, เขย่า **-vibration** *n.* (**-S.** shake)

vibrator (ไว' เบรเทอร์) *n.* สิ่งที่สั่นไหวขึ้นๆลงๆ, เครื่องนวดไฟฟ้าที่อาศัยการสั่นสะเทือน

vicar (วิค' เคอร์) *n.* พระราชาคณะ

vice[1] (ไวซ์) *n.* ความชั่วร้าย, ความเลวทราม, บาป, อกุศล (**-S.** sin **-A.** virtue)

vice[2] (ไว' ซี, -ซะ) *prep.* แทนที่

vice[3] (ไวซ์) *n., v.* ดู vise

vice- คำอุปสรรค หมายถึง รอง, แทน

vice chairman รองประธาน

vice chancellor รองอธิการบดีมหาวิทยาลัย

vice consul รองกงสุล

vicegerent (ไวซ์เจีย' เรินท์) *n.* ตัวแทน, ตัวรอง, ผู้ทำการแทน **-vicegeral** *adj.*

★**vice president, vice-president** (ไวซ์' เพรซ' ซิเดินท์, -เดนท์) *n.* รองประธานาธิบดี, รองผู้อำนวยการ

vice regent รองผู้สำเร็จราชการ

viceroy (ไวซ์' รอย) *n.* อุปราช

vice versa (ไวซะเวอร์' ซะ, ไวซ์-) *adv.* ในทางกลับกัน

vicinity (วิซิน' นิที) *n., pl.* **-ties** บริเวณใกล้เคียง, จำนวนใกล้เคียง, ความใกล้ชิด

vicious (วิช' เชิซ) *adj.* ชั่วช้า, เลวทราม, ดุร้าย, ร้ายกาจ (**-S.** cruel, foul, malicious)

vicious circle วงจรอุบาทว์

vicissitude (วิซิซ' ซิทูด, -ทยูด) *n.* ความเปลี่ยนแปลง, ความผันผวนของโชคชะตา

★**victim** (วิค' ทิม) *n.* เหยื่อ, ผู้เคราะห์ร้าย, สัตว์ที่ใช้สังเวยในพิธีกรรม, ผู้รับบาป, แพะรับบาป,

A B C D E F G H I J K L M N O P Q R S T U V W X Y Z

ผู้ที่ถูกล่อลวง (-**S.** dupe, martyr)

victimize (วิค' ทะไมซ) *vt.* **-ized, -izing** ลวงเป็นเหยื่อ (-**S.** defraud, swindle)

victor (วิค' เทอร์) *n.* คนชนะ, ผู้พิชิต (-**S.** champion, winner -**A.** loser)

Victorian (วิคทอ' เรียน, -โท'-) *adj.* ที่อยู่ในยุคของสมเด็จพระนางเจ้าวิคตอเรีย พระราชินีแห่งอังกฤษระหว่างปี ค.ศ. 1837-1901, เข้มงวด, คร่ำครึ, เคร่งขรึม, เจ้าระเบียบ, เกี่ยวกับศิลปะสถาปัตยกรรม การตกแต่งและการออกแบบในยุคนี้ *-n.* คนที่มีลักษณะเคร่งขรึม เจ้าระเบียบ

victorious (วิคทอ' เรียซ, -โท'-) *adj.* มีชัยชนะ, สำเร็จ, เป็นฝ่ายชนะ **-victoriously** *adv.*

★**victory** (วิค' ทะรี) *n., pl.* **-ries** ชัยชนะ, การพิชิต, ความมีชัย (-**S.** mastery, win -**A.** defeat)

victual (วิท' เทิล) *n.* อาหาร *-vt., vi.* **-ualed, -ualing/-ualled, -ualling** จัดหาหรือจัดส่งอาหาร **-victuals** เสบียง (-**S.** (v.) provide)

vide (ไว' ดี, วี' เด, วี'-) *v.* ดู, โปรดดู

videlicet (วิเดล' ลิเซท) *adv.* กล่าวคือ (-**S.** namely)

video (วิด' ดีโอ) *adj.* เกี่ยวกับการมองเห็น, เกี่ยวกับภาพโทรทัศน์ *-n., pl.* **-os** เทปบันทึกภาพการแสดงที่ออกอากาศทางโทรทัศน์

video camera กล้องวิดีโอ, กล้องวีดิทัศน์

videocassette (วิดดีโอคะเซท', -แค-) *n.* เทปบันทึกภาพและเสียง, เทปเปล่า

videocassette recorder ดู VCR

videoconference (วิด' ดีโอคอนเฟอเรินซ์, -เฟรินซ์) *n.* การประชุมทางไกลโดยอาศัยโทรทัศน์วงจรปิด

video game เกมที่อาศัยเทคนิคทางคอมพิวเตอร์และอิเล็กทรอนิกส์สร้างภาพให้ปรากฏบนหน้าจอเครื่องเล่น

video jockey นักจัดรายการเพลงทางโทรทัศน์โดยเฉพาะมิวสิกวิดีโอ

videophone (วิด' ดีโอโฟน) *n.* โทรศัพท์ที่มีจอภาพซึ่งผู้ใช้เห็นภาพผู้ที่อยู่ปลายสาย

videotape (วิด' ดีโอเทพ) *n.* การบันทึกวิดีโอ, เทปเทปบันทึกภาพและเสียง

★**view** (วยู) *n.* ความสามารถในการมองเห็น, สิ่งที่มองเห็น, มุมมอง, ทิวทัศน์, จุดหรือตำแหน่งที่มองเห็น, ความคิดเห็น, ทรรศนะ, ความมุ่งหมาย *-vt.* **viewed, viewing** ดู, มอง, เห็น, พิจารณา, ตรวจ, สำรวจ, คอยดู, สังเกต (-**S.** (n.) attitude, outlook (n., v.) sight (v.) see)

viewer (วยู' เออร์) *n.* ผู้ดู, ผู้ชม, ผู้สังเกต (-**S.** observer, watcher)

viewpoint (วยู' พอยนท์) *n.* มุมมอง, ทรรศนะ (-**S.** point of view)

vigil (วิจ' เจิล) *n.* การเฝ้าระวัง, การวางเวรยาม **-vigilance** *n.* (-**S.** alertness)

vigilant (วิจ' จะเลินท์) *adj.* ตื่นตัว, ระมัดระวัง **-vigilantly** *adv.* (-**S.** cautious, wakeful)

vigilante (วิจจะแลน' ที) *n.* กลุ่มคนที่คอยสอดส่องดูแลความปลอดภัย (-**S.** guard)

vigor, vigour (วิก' เกอร์) *n.* ความแข็งแรงทรงพลัง, ความกระปรี้กระเปร่า, ความมีชีวิตชีวา (-**S.** energy, liveliness -**A.** weakness)

vigorous, vigourous (วิก' เกอเริซ) *adj.* แข็งแรง, บึกบึน, กระฉับกระเฉง **-vigorously** *adv.* **-vigorousness** *n.* (-**S.** active -**A.** weak)

vile (ไวล์) *adj.* **viler, vilest** ชั่วช้า, หยาบคาย, เลวทราม, สถุล, ต่ำช้า **-vilely** *adv.* **-vileness** *n.* (-**S.** bad, evil -**A.** good)

vilify (วิล' ละไฟ) *vt.* **-fied, -fying** หมิ่นประมาท, ใส่ร้าย, ดูหมิ่น **-vilification** *n.* **-vilifier** *n.*

villa (วิล' ละ) *n.* บ้านพักตากอากาศ, บ้านพักของชนชั้นกลางบริเวณรอบนอกเมือง

★**village** (วิล' ลิจ) *n.* หมู่บ้านตามบ้านนอก, ชาวบ้าน **-villager** *n.*

villain (วิล' เลิน) *n.* วายร้าย, คนร้าย, ตัวร้าย, ผู้ร้ายในละครหรือภาพยนตร์, คนร้ายกาจ **-villainess** *n. fem.* **-villainous** *adj.* **-villainy** *n.* (-**S.** scoundrel -**A.** hero)

vim (วิม) *n.* ความกระปรี้กระเปร่า, ความกระตือรือร้น, ความมีชีวิตชีวา (-**S.** vigor)

vina, veena (วี' นะ) *n.* พิณ

vindicate (วิน' ดิเคท) *vt.* **-cated, -cating** ตอบแทน, แก้แค้น, พิสูจน์, แก้ต่าง, กู้ (ชื่อเสียง) **-vindication** *n.* **-vindicator** *n.* (-**S.** clear)

vindictive (วินดิค' ทิฟว์) *adj.* แก้แค้น, แก้เผ็ด, ผูกพยาบาท, มุ่งร้าย **-vindictively** *adv.* **-vindictiveness** *n.* (-**S.** revengeful, spiteful)

vine (ไวน์) *n.* เถาวัลย์, ไม้เถา, ต้นองุ่น

vinegar (วิน' นิเกอร์) *n.* น้ำส้มสายชู, คำพูดเผ็ดร้อน, ความมีชีวิตชีวา, ความกระฉับกระเฉง

vinegary, vinegarish (วิน' นิกะรี; -กรี, -เกอริช; -กริช) *adj.* มีรสเปรี้ยว, (คำพูด) เผ็ดร้อน รุนแรง ดุเดือด (-**S.** sour)

vineyard (วิน' เยิร์ด) *n.* ไร่องุ่น

vintage (วิน' ทิจ) *n.* องุ่นที่เก็บได้ในฤดูหนึ่ง, เหล้าองุ่นที่ผลิตได้ในปีหนึ่ง, ฤดูเก็บองุ่นหรือทำเหล้าองุ่น, ปีหรือสถานที่ผลิตเหล้าองุ่น *-adj.* ที่ได้เลือกเฟ้นอย่างดีที่สุด, หัวกะทิ, เก่าแก่,

A B C D E F G H I J K L M N O P Q R S T U **V** W X Y Z

นมนาน, ได้ที่, งอม, มีอายุเท่านั้นเท่านี้, ชั้นดี, ชั้นเลิศ, เอกอุ, เฉพาะ, พิเศษ (**-S.** (n.) harvest, year (adj.) best, select)

vintage year ปีที่มีการผลิตเหล้าองุ่นซึ่งมีผลงามคุณภาพดี

vintner (วินท์' เนอร์) *n.* พ่อค้าเหล้าองุ่น

viny (ไว' นี) *adj.* **-ier, -iest** มีลักษณะเลื้อยพันเป็นเถา, เต็มไปด้วยเถาองุ่น

vinyl (ไว' เนิล) *n.* พลาสติกชนิดหนึ่งที่เหนียวและยืดหยุ่น ใช้ทำจานแผ่นเสียง ฯลฯ

viol (ไว' เอิล) *n.* ซอโบราณ

viola (วีโอ' ละ) *n.* วีโอลา เครื่องสายประเภทซอมีขนาดใหญ่กว่าไวโอลิน **-violist** *n.*

viola

violate (ไว' อะเลท) *vt.* **-lated, -lating** ละเมิด, ฝ่าฝืน, ล่วงละเมิดทางเพศ, กระทำชำเรา, ข่มขืน, ทำลาย, ทำร้าย, ทำให้เสื่อมเสีย, ประทุษร้าย **-violation** *n.* **-violative** *adj.* **-violator** *n.* (**-S.** abuse, break **-A.** obey)

★**violence** (ไว' อะเลินซ์) *n.* การเลือดตกยางออก, ความรุนแรง, ความบ้าเลือด, ความโกลาหล (**-S.** bloodshed, tumult **-A.** peace)

★**violent** (ไว' อะเลินท์) *adj.* รุนแรง, ดุเดือด, ป่าเถื่อน, โดยพลการ, มุทะลุ, ล้างผลาญ, โกลาหล **-violently** *adv.* (**-S.** cruel, forcible)

violet (ไว' อะลิท) *n.* ต้นไวโอเลตให้ดอกสีม่วง, สีน้ำเงินม่วง, สีม่วง *-adj.* เป็นสีม่วง

★**violin** (ไวอะลิน') *n.* ไวโอลิน **-violinist** *n.*

violoncello (วีอะเลินเชล' โล, ไวอะ-) *n., pl.* **-los** เครื่องสายประเภทซอมีขนาดใหญ่กว่าไวโอลินและวีโอลา, เชลโล **-violoncellist** *n.*

VIP (วีไอพี') *n., pl.* **VIPs** ย่อจาก very important person (ภาษาพูด) บุคคลสำคัญ

viper (ไว' เพอร์) *n.* งูพิษ, คนร้ายกาจ

virgin (เวอร์' จิน) *n.* หญิงสาว, หญิงบริสุทธิ์, หญิงพรหมจารี, หญิงโสด *-adj.* พรหมจารี, บริสุทธิ์, ใหม่, สด, ใสสะอาด, ไม่มีมลทิน, หมดจด, เกลี้ยงเกลา, ยังไม่ได้ใช้ (**-S.** (n., v.) maiden (adj.) pure **-A.** (adj.) impure)

Virgin Mary พระนางมารี พระมารดาของพระเยซู

Virgo (เวอร์' โก) ราศีกันย์ ซึ่งเป็นราศีที่หกในจักรราศี มีสัญลักษณ์เป็นหญิงสาว, ชื่อกลุ่มดาวกลุ่มหนึ่งในแถบเส้นศูนย์สูตร

virgule (เวอร์' กยูล) *n.* เครื่องหมายทับ (/)

virile (เวีย' เริล, -ไรล์) *adj.* มีลักษณะเป็นผู้ชาย, ซึ่งมีลูกได้, ซึ่งสืบพันธุ์ได้ (**-S.** masculine)

virtual (เวอร์' ชวล) *adj.* เสมือน, เทียบเท่า, โดยแท้จริง **-virtuality** *n.* (**-S.** implicit, indirect)

virtually (เวอร์' ชวลลี) *adv.* เทียบเท่า, แท้จริง, ใกล้จะ, เกือบจะ (**-S.** as good as, nearly)

★**virtue** (เวอร์' ชู) *n.* ความดีงาม, คุณงามความดี, คุณประโยชน์, ความซื่อสัตย์สุจริต, บุญ, กุศล, ความบริสุทธิ์ **-by/in virtue of** โดยเหตุแห่ง, ด้วยเหตุผล (**-S.** goodness, honor, merit)

virtuoso (เวอร์ชูโอ' โซ, -โซ) *n., pl.* **-sos/-si** (-ซี) นักดนตรีที่มีเทคนิคลีลาการเล่นโดดเด่นเป็นเอกลักษณ์ของตัวเอง, คนที่มีความรู้ความสามารถในงานศิลปะอย่างเยี่ยมยอด, ผู้ชำนาญ, อัจฉริยะ, ศาสตราจารย์ในทางดนตรี *-adj.* ฉลาดหลักแหลม, ปราดเปรื่อง **-virtuosic** *adj.* (**-S.** (n.) genius, master (adj.) brilliant, dazzling)

virtuous (เวอร์' ชูเอิซ) *adj.* ดีงาม, ชอบธรรม, ซื่อสัตย์, บริสุทธิ์, ถูกต้อง, พรหมจรรย์, ผุดผ่อง, ไร้มลทิน **-virtuously** *adv.* **-virtuousness** *n.* (**-S.** moral, pure **-A.** vicious)

virulent (เวีย' ยะเลินท์, เวีย' ระ-) *adj.* ร้ายแรง, รุนแรง, ซึ่งมีพิษ, ร้ายกาจ, มหันต์, (คำพูด) เผ็ดร้อน, ขมขื่น, แสบ, ซึ่งเป็นศัตรู, เกลียดชัง **-virulently** *adv.* (**-S.** deadly)

★**virus** (ไว' เริซ) *n., pl.* **-ruses** ไวรัส เชื้อโรคชนิดหนึ่งเป็นต้นเหตุแห่งโรคต่างๆ มีขนาดเล็กมาก ต้องส่องดูด้วยกล้องจุลทรรศน์อิเล็กตรอนจึงมองเห็น, โรคที่เกิดจากเชื้อไวรัส, (คอมพิวเตอร์) ชุดคำสั่งหรือโปรแกรมที่ผู้ไม่หวังดีใส่เข้าไปในเครื่องคอมพิวเตอร์เพื่อทำลายตัวเครื่องหรือข้อมูล ซึ่งติดต่อกันได้หากมีการคัดลอกข้อมูล (copy) (**-S.** poison, venom, toxin)

visa (วี' ซะ) *n.* ตราที่ประทับบนหนังสือเดินทาง (passport) จากสถานทูตประเทศที่ต้องการเดินทางไปเพื่อแสดงการอนุมัติให้ผ่านเข้าประเทศได้ *-vt.* **-saed, -saing** ประทับตราดังกล่าว, ให้วีซ่า, ออกวีซ่าให้

visage (วิซ' ซิจ) *n.* ใบหน้า, หน้าตา, สีหน้า

vis-à-vis (วีซะวี') *prep.* เผชิญหน้า, เปรียบเทียบกับ, ตรงกันข้าม *-adv.* เผชิญหน้ากัน *-n., pl.* **-vis-à-vis** (-วีซ', -วี') คนที่เผชิญหน้ากัน

viscera (วิซ' เซอระ) *n. pl.* เครื่องใน

viscose (วิส' โกซ) *n.* ของเหลวชนิดหนึ่งเหนียวข้นสีน้ำตาลเป็นสารละลายของเซลลูโลสชนิดหนึ่ง ใช้ทำเรยอน ฟิล์ม เซลลูโลสชนิดใส (เซลโลเฟน) หรือทำกระดาษแก้ว *-adj.* เหนียว, หนืด, ข้น, ที่ทำจากของเหลวดังกล่าว

A B C D E F G H I J K L M N O P Q R S T U V W X Y Z

viscount (ไว' เคานท์) *n.* ขุนนางที่ตำแหน่งต่ำกว่าเอิร์ลแต่สูงกว่าบารอน **-viscountcy** *n.* **-viscountess** *n. fem.*

viscous (วิส' เกิซ) *adj.* เหนียวหนืด (**-S.** sticky)

vise, vice (ไวซ์) *n.* เครื่องหนีบสำหรับยึดวัตถุ

visibility (วิซซะบิล' ลิที) *n., pl.* **-ties** ทัศนวิสัย (อากาศ), ความชัดเจน, ความกระจ่าง

★**visible** (วิซ' ซะเบิล) *adj.* ที่มองเห็นได้, สังเกตเห็นได้, เป็นเป้าสายตา, จับตา, เด่น, ชัดเจน, ประจักษ์, หาง่าย **-visibleness** *n.* **-visibly** *adv.* (**-S.** obvious, clear)

★**vision** (วิฌ' ฌัน) *n.* การมองเห็นด้วยตา, สายตา, การแลเห็น, สิ่งที่เห็น, สายตาไกล, มโนภาพ, จินตนาการ, การนึกฝันเห็น, ความรู้สึกซึ่งเกิดขึ้นเองในใจ, ความฝัน, ความคิดนึก, ภาพลวงตา, ปีศาจ, ผี, เงา *-vt.* **-sioned, -sioning** เห็น, แลเห็น, นึก, คิด, จินตนาการ **-visional** *adj.* **-visionally** *adv.* **-visionary** *adj.* (**-S.** (n.) daydream, eyesight, foresight, mirage)

★**visit** (วิซ' ซิท) *v.* **-ited, -iting** *-vt.* เยี่ยมเยียน, ไปหา, ไปเยี่ยม, ไปเยือน, ไปดู, ไปพบ, ไปตรวจ, ไปมาหาสู่, เข้าตี, โจมตี, ทำร้าย, แก้แค้น *-vi.* ไปเยี่ยม, ไปหา, ไปพบ, (ภาษาพูด) สนทนา *-n.* การไปเยี่ยมเยียน, การไปมาหาสู่, การไปเยี่ยมและพักอยู่ด้วย, การไปพบ (แพทย์), การออกตรวจ, การตรวจตรา, การสนทนาอย่างเป็นกันเอง, การพักแรม, การพักอาศัยชั่วคราว

visitant (วิซ' ซิเทินท์) *n.* แขก, ผู้มาพักแรม, ผี

visitation (วิซซิเท' ชัน) *n.* การออกตรวจตรา, การมาเยี่ยมเยียน, การตรวจค้น, ความหายนะ **-visitational** *adj.* (**-S.** disaster, examination)

★**visitor** (วิซ' ซิเทอร์) *n.* แขก, ผู้มาเยือน (**-S.** caller, guest **-A.** host, hostess)

visitor center ศูนย์ข้อมูลข่าวสารนักท่องเที่ยว

visor, vizor (ไว' เซอร์) *n.* กะบังหมวก, แผ่นบังแสงแดดหน้ารถ, หน้ากาก (**-S.** mask)

vista (วิซ' ทะ) *n.* ทิวทัศน์, ทัศนียภาพ

★**visual** (วิฌ' ฌวล) *adj.* เกี่ยวกับสายตา ตาและการมองเห็น, เห็นได้, สำหรับดู **-visually** *adv.* **-visualness, visuality** *n.* (**-S.** optical)

visual aid แผนภาพ แผนภูมิ ภาพประกอบ แผนที่ ซึ่งใช้ช่วยให้เข้าใจมากขึ้น

visual field ความกว้างของสายตา

visualize (วิฌ' ฌวลไลซ์) *vt., vi.* **-ized, -izing** จินตนาการ, นึกฝัน, คิดฝัน **-visualization** *n.*

★**vital** (ไว' เทิล) *adj.* จำเป็น, สำคัญที่สุด, ขาดไม่ได้, ฉุกเฉิน, เป็นตายเท่ากัน, รีบด่วน, กระปรี้กระเปร่า, มีชีวิตชีวา, สาหัส, ปางตาย, ฉกรรจ์, ถึงตาย, มหันต์ **-vitals** อวัยวะที่สำคัญของร่างกาย เช่น หัวใจ สมอง **-vitally** *adv.* **-vitalness** *n.* (**-S.** essential **-A.** secondary)

vitality (ไวแทล' ลิที) *n., pl.* **-ties** ความสามารถในการเจริญเติบโตหรือพัฒนา, กำลังวังชา, พลังงาน, พลังชีวิต, ความกระปรี้กระเปร่า, กำลังที่จะช่วยให้ต่อสู้ได้ยืนนาน (**-S.** energy)

vital statistics สถิติการเกิด การตาย การสมรส

★**vitamin** (ไว' ทะมิน) *n.* วิตามินเป็นสารอินทรีย์ที่พบในอาหารทุกชนิด และเป็นสิ่งจำเป็นต่อการเจริญเติบโตของร่างกาย

vitamin A วิตามินเอ พบในนม เนย ผักสีเขียวและน้ำมันตับปลา เป็นส่วนสำคัญที่ช่วยในการเจริญเติบโตของเนื้อเยื่อ ถ้าขาดอาจทำให้เป็นโรคตาบอดกลางคืน

vitamin B กลุ่มของวิตามินบีรวม พบในตับและยีสต์

vitamin B_1 (thiamine) วิตามินบีหนึ่ง ซึ่งอยู่ในกลุ่มวิตามินบีรวม เป็นสิ่งจำเป็นสำหรับการเผาผลาญคาร์โบไฮเดรตในสิ่งมีชีวิตหลายชนิด พบในตับ นม ไข่ และผลไม้ ถ้าขาดจะทำให้เป็นโรคเหน็บชาและโรคเกี่ยวกับประสาท

vitamin B_2 (riboflavin) วิตามินบีสอง ซึ่งอยู่ในกลุ่มวิตามินบีรวม เป็นส่วนหนึ่งในเอนไซม์ต่าง ๆ ที่เกี่ยวกับการหายใจในเซลล์ ช่วยส่งเสริมการเจริญเติบโตของเด็ก มีส่วนสำคัญต่อสุขภาพผิวหนัง (บางทีเรียกว่าวิตามินจี) พบในนม ผักใบเขียว เนื้อสด และไข่แดง

vitamin B_6 (pyridoxine) วิตามินบีหก ซึ่งอยู่ในกลุ่มวิตามินบีรวม ทำหน้าที่เป็นเอนไซม์ร่วมในกระบวนการสังเคราะห์กรดอะมิโน พบในธัญพืช ยีสต์ ตับและปลา

vitamin B_{12} (cyanocobalamin) วิตามินบีสิบสอง พบในตับ ไข่ ปลา ใช้รักษาโรคโลหิตจางอย่างรุนแรง และเสริมสร้างการเจริญเติบโตของปศุสัตว์

vitamin B_c (folic acid) วิตามินชนิดหนึ่งในกลุ่มวิตามินบีรวม ใช้รักษาโรคโลหิตจาง พบในตับ พืชผักสีเขียว ผลไม้ และยีสต์ (บางทีเรียกวิตามินเอ็ม หรือวิตามินเอฟ)

vitamin B complex กลุ่มของวิตามินบีรวม ได้แก่ วิตามินบีหนึ่ง วิตามินบีสอง วิตามินบีหก วิตามินบีสิบสอง วิตามินบีซี ไนอะซิน กรดแพนโทเธนิค และไบโอติน

vitamin C (ascorbid acid) วิตามินซี พบในผักและผลไม้ ถ้าขาดจะเป็นโรคลักปิดลักเปิดหรือ

A B C D E F G H I J K L M N O P Q R S T U V W X Y Z

เลือดออกตามไรฟัน
vitamin D วิตามินดี พบในนม ปลา และไข่ หรือเมื่อร่างกายได้รับรังสีอัลตราไวโอเลต ช่วยเสริมสร้างการเจริญของกระดูกและฟัน
vitamin D_2 วิตามินดี สร้างขึ้นในร่างกายเมื่อได้รับรังสีอัลตราไวโอเลต เป็นตัวควบคุมการสะสมของสารประกอบแคลเซียมในร่างกาย ถ้าขาดจะเป็นโรคกระดูกพรุน
vitamin D_3 วิตามินดี พบในน้ำมันตับปลา
vitamin E วิตามินอี พบในใบผัก วีตเจิร์ม ถ้าขาดจะทำให้เป็นโรคเกี่ยวกับกล้ามเนื้อและเส้นเลือดผิดปกติ
vitamin K วิตามินเค พบในผักใบเขียว มะเขือเทศ ไข่แดง ถ้าขาดจะทำให้เป็นโรคเลือดออกไม่หยุด
vitiate (วิช' ชีเอท) *vt.* **-ated, -ating** ทำให้เสีย, ทำให้เสื่อม, ทำให้เป็นโมฆะ **-vitiation** *n.*
vitreous (วิท' เรียซ) *adj.* ใสแจ๋วเหมือนแก้ว
vitreous humor ก้อนใสคล้ายวุ้นในโพรงลูกตา
vituperate (ไวทู' พะเรท, -ทยู'-, วิ-) *vt., vi.* **-ated, -ating** ดุด่า, ว่ากล่าว, ด่าทอ, ต่อว่า, ตำหนิ **-vituperation** *n.* **-vituperative** *adj.*
viva (วี' วะ, -วา) *interj.* ขอให้มีอายุยืน
vivacious (วิเว' เชิซ, ไว-) *adj.* รื่นเริง, แจ่มใส, ยิ้มแย้ม, สนุกสนาน, เบิกบาน, มีชีวิตชีวา **-vivaciously** *adv.* (**-S.** lively **-A.** dull)
vivid (วิฟ' วิด) *adj.* **-er, -est** สุกใส, สว่าง, ช่วงโชติ, แจ่มใส, ชัดเจน, กระปรี้กระเปร่า **-vividly** *adv.* **-vividness** *n.* (**-S.** brilliant)
vivify (วิฟ' วะไฟ) *vt.* **-fied, -fying** ทำให้กระปรี้กระเปร่า, ทำให้ร่าเริง, ทำให้มีชีวิตชีวา **-vivification** *n.* **-vivifier** *n.* (**-S.** refresh)
vivisection (วิฟวิเซค' ชัน, วิฟ' วิเซค-) *n.* การผ่าตัดชำแหละสัตว์เป็นๆ เพื่อทำการวิจัยทางวิทยาศาสตร์ **-vivisectional** *adj.*
vixen (วิค' เซิน) *n.* สุนัขจิ้งจอกตัวเมีย, ผู้หญิงดุร้ายเจ้าอารมณ์ **-vixenish** *adj.*
vizard, visard (วิซ' เซิร์ด, -ซาร์ด) *n.* หน้ากาก, กะบังหมวก, การปลอมตัว (**-S.** mask)
VJ ดู veejay
V-mail ย่อจาก voice mail ระบบบริการฝากข้อความด้วยเสียง
vocab. ย่อจาก vocabulary คำศัพท์
vocable (โว' คะเบิล) *n.* คำ, คำศัพท์, เสียงที่รวมกันเป็นคำพูด *-adj.* ที่ออกเสียงได้
★**vocabulary** (โวแคบ' บยะเลรี) *n., pl.* **-ies** คำศัพท์, คำทุกคำในภาษา, ศัพท์เฉพาะสาขาวิชา, ประมวลคำศัพท์, อภิธานศัพท์, คำแปลศัพท์
vocal (โว' เคิล) *adj.* เกี่ยวกับเสียง, ซึ่งมีเสียง, ซึ่งเปล่งเสียงได้, ด้วยปาก, เป็นคำพูด, อึกทึก, ตรงไปตรงมา, ดังแสบหู **-vocally** *adv.* **-vocalness** *n.* (**-S.** frank, noisy, oral)
vocal cords เส้นเสียงในกล่องเสียง
vocalism (โว' คะลิซเซิม) *n.* การใช้เสียงพูดหรือร้องเพลง, เสียงสระ
vocalist (โว' คะลิซท์) *n.* นักร้อง (**-S.** singer)
vocalize (โว' คะไลซ์) *v.* **-ized, -izing** *-vt.* ออกเสียง, เปล่งเสียง, พูด, เปลี่ยนให้เป็นเสียงสระ, เอื้อนเอ่ย *-vi.* ร้องเพลง, ใช้เสียง, เปลี่ยนให้เป็นเสียงสระ **-vocalization** *n.* (**-S.** utter)
vocation (โวเค' ชัน) *n.* อาชีพ, การงาน, งานที่ทำเพื่อเผยแพร่ศาสนา เช่น นักบวช นางชี พระ บาทหลวง, ความปรารถนาอย่างแรงกล้าที่จะใช้ความสามารถเพื่อช่วยเหลือผู้อื่น **-vocational** *adj.* (**-S.** calling, mission, pursuit)
vocative (วอค' คะทิฟว์) *adj.* เกี่ยวกับการกที่ใช้เรียกเวลาพูด เช่น เธอ *-n.* การกที่ใช้เรียกในเวลาพูด **-vocatively** *adv.*
vociferous (โวซิฟ' เฟอเริซ) *adj.* (เสียง) อึกทึกดังลั่น, เอะอะโวยวาย **-vociferously** *adv.* **-vociferousness** *n.* (**-S.** noisy **-A.** quiet)
vodka (วอด' คะ) *n.* เหล้าชนิดหนึ่งของรัสเซียมีรสแรง
vogue (โวก) *n.* ความนิยม, สมัยนิยม, ความคลั่งไคล้ชื่นชอบ (**-S.** fashion, style)
★**voice** (วอยซ์) *n.* เสียงร้อง, เสียงพูด, เสียงตะโกน, การแสดงความคิดเห็น, สิทธิในการเลือกหรือแสดงความคิดเห็น, กระบอกเสียง, วาจกในไวยากรณ์, เสียงสำเนียง, การลงมติ, การออกเสียง, การลงคะแนนเสียง, การร้องเพลง, เสียงดี, นักร้อง, (สัทศาสตร์) เสียงโฆษะ คือเสียงพยัญชนะที่เปล่งออกมาโดยมีการสั่นสะเทือนในลำคอ เช่น b d g และเสียงสระ *-vt.* **voiced, voicing** ออกเสียง, เปล่งเสียง, ส่งเสียง, พูด, แสดงความเห็น, ออกเสียงพยัญชนะโฆษะและเสียงสระ, ตั้งเสียงดนตรี **-in good voice** ร้องเพลงไพเราะ (**-S.** (n., v.) sound)
voice box กล่องเสียง
voiced (วอยซ์ท์) *adj.* มีเสียง, มีลักษณะเสียง, ซึ่งเป็นเสียงโฆษะ **-voicedness** *n.* (**-S.** sonant)
voiceless (วอยซ์' ลิซ) *adj.* ไม่มีเสียง, พูดไม่ออก, เป็นเสียงอโฆษะ (พยัญชนะที่ออกเสียงไม่สั่นสะเทือน เช่น p s) **-voicelessness** *n.*
voicemail, voice mail (วอยซ์' เมล) *n.* ระบบ

A B C D E F G H I J K L M N O P Q R S T U V W X Y Z

บริการฝากข้อความด้วยเสียง เช่น ทางวิทยุติดตามตัวหรือโทรศัพท์มือถือ ย่อว่า V-mail

void (วอยดฺ) *adj.* ว่างเปล่า, ปราศจาก, โล่ง, ไม่มีคนใช้, ไร้, ขาด, ไม่มี, ไร้ประโยชน์, เป็นโมฆะ *-n.* ท้องฟ้า, ที่ว่างเปล่า, ความว่างเปล่า, ความอ้างว้าง, ช่องว่าง, สุญญากาศ *-v.* **voided, voiding** *-vt.* ถ่าย, เท, ละ, เปลื้อง, ทำให้ว่าง, เอาออก, ปล่อยออก, ทำให้ใช้ไม่ได้, ทำให้เป็นโมฆะ *-vi.* ขับถ่าย (ของเสียจากร่างกาย) **-voider** *n.* (**-S.** (adj.) useless (n.) gap, vacuum (adj., v.) empty (v.) discharge, emit **-A.** (adj.) full)

voile (วอยลฺ) *n.* ผ้าป่าน

vol. ย่อจาก volcano ภูเขาไฟ, volume เล่ม

volatile (วอล' ละเทิล, -ไทลฺ) *adj.* ซึ่งระเหยเป็นไอได้ง่าย, เปลี่ยนแปลงง่าย, ไม่แน่นอน, โลเล, ร่าเริง **-volatility, volatileness** *n.* (**-S.** airy, fickle, lively, variable)

volatile oil หัวน้ำมัน

volatilize (วอล' ละเทิลไลซฺ) *vi., vt.* **-ized, -izing** ทำให้เป็นไอ, กลายเป็นไอ, ทำให้ระเหย **-volatilizable** *adj.* **-volatilization** *n.*

★**volcano** (วอลเค' โน) *n., pl.* **-noes/-nos** ภูเขาไฟ **-volcanic** *adj.* **-volcanically** *adv.*

vole (โวล) *n.* หนูนา

volition (วะลิช' ชัน) *n.* ความตั้งใจ, กำลังใจ, การตัดสินใจหรือการเลือกด้วยตนเอง, การทำตามความปรารถนา (**-S.** determination)

★**volley** (วอล' ลี) *n., pl.* **-leys** การยิงพร้อมกัน, การระดมยิงติดต่อกันเป็นชุด, การรัวยิงคำถาม, การระเบิดคำพูดแช่ง ด่า หรือสบถ, การตีลูกเทนนิส ฯลฯ ก่อนที่จะตกลงพื้น *-vt., vi.* **-leyed, -leying** ระดมยิง, ยิงรัว, ยิงปืนพร้อมกัน, ตีลูกเทนนิสก่อนที่จะตกลงพื้น **-volleyer** *n.* (**-S.** (n.) discharge, explosion, salvo)

volleyball (วอล' ลีบอล) *n.* กีฬาวอลเลย์บอล

★**volt** (โวลทฺ) *n.* โวลต์ หน่วยวัดแรงดันไฟฟ้า

voltage (โวล' ทิจ) *n.* ความต่างศักย์หรือแรงเคลื่อนไฟฟ้าของต้นกำเนิดไฟฟ้าวัดเป็นโวลต์

voluble (วอล' ยะเบิล) *adj.* พูดคล่อง, พูดเก่ง

★**volume** (วอล' ยูม) *n.* ความดังของเสียง, ความจุ, ปริมาตร, จำนวน, ขนาด, จำนวนเล่มหนังสือ (**-S.** amount, book, loudness)

voluminous (วะลู' มะเนิซ) *adj.* พอง, บาน, ใหญ่, กว้าง, มาก, มโหฬาร, (คำพูด) ยืดยาว, (พันลวด) หลายรอบ **-voluminously** *adv.*

★**voluntary** (วอล' เลินเทรี) *adj.* สมัครใจ, เต็มใจ, โดยเจตนา, จงใจ, อาสา *-n., pl.* **-ies** อาสาสมัคร, ดนตรีโหมโรง **-voluntarily** *adv.* **-voluntariness** *n.* (**-S.** (adj.) free, intentional)

★**volunteer** (วอลเลินเทียรฺ) *n.* อาสาสมัคร *-adj.* โดยสมัครใจ, ด้วยความเต็มใจ, โดยการอาสา *-vt., vi.* **-teered, -teering** อาสา, เสนอ, ทำด้วยความเต็มใจ (**-S.** (v.) offer, present)

vomit (วอม' มิท) *v.* **-ited, -iting** *-vi.* อาเจียน, อ้วก, สำรอก, พ่นออกมา, ไหลพุ่ง *-vt.* ทำให้อาเจียน, ทำให้พุ่งออกมา *-n.* การอาเจียน, อาหารหรือสิ่งที่อาเจียนออกมา, สิ่งที่ทำให้คลื่นเหียน, ยาที่ทำให้อาเจียน **-vomiter** *n.* **-vomitive** *adj.* (**-S.** (v.) eject, emit)

voodoo (วู' ดู) *n., pl.* **-doos** เวทมนตร์และความเชื่อทางด้านไสยศาสตร์ของประเทศในแถบแอฟริกา, หมอผีที่ใช้เวทมนตร์คาถาดังกล่าว, เวทมนตร์คาถาวูดู *-vt.* **-dooed, -dooing** ใช้เวทมนตร์คาถาวูดู

voracious (วอเร' เชิซ, วะ-) *adj.* ตะกละ, โลภมาก, ละโมบ, กระหาย **-voraciously** *adv.* (**-S.** greedy **-A.** generous)

vortex (วอรฺ' เทคซฺ) *n., pl.* **-texes/-tices** (-ทิซีซ) ลมหมุน, ลมวน, น้ำวน, ความวนเวียน

vortical (วอรฺ' ทิเคิล) *adj.* เป็นวง, เป็นเกลียว, วนเวียน **-vortically** *adv.*

★**vote** (โวท) *n.* การลงคะแนนเสียง, การเลือกตั้ง, การลงมติ, คะแนนเสียง, สิทธิเลือกตั้ง *-vt., vi.* **voted, voting** ออกเสียง, เลือกตั้ง, ลงมติ (**-S.** (n., v.) ballot, poll (v.) elect **-A.** reject)

vouch (เวาชฺ) *v.* **vouched, vouching** *-vi.* รับรอง, ประกัน, พิสูจน์, แสดงหลักฐาน *-vt.* พิสูจน์, อ้าง, นำขึ้นมากล่าว, ให้การ, รับรอง, ยืนยัน *-n.* การยืนยัน (**-S.** (v., n.) guarantee)

voucher (เวา' เชอรฺ) *n.* ใบสำคัญซึ่งถือเป็นหลักฐานการจ่ายเงิน, ใบรับรอง, เอกสารรับรอง

vow (เวา) *n.* การสัญญา, การสาบาน, การปฏิญาณ, คำปฏิญาณ, คำสาบาน *-vt., vi.* **vowed, vowing** ปฏิญาณ, สาบาน, สัญญา, บนบาน **-vower** *n.* (**-S.** (n., v.) pledge, promise (v.) swear)

★**vowel** (เวา' เอิล) *n.* สระ, เสียงสระ

voyage (วอย' อิจ) *n.* การเดินทางไกลโดยทางเรือหรือเครื่องบิน, การเดินทางไกล, เรื่องราวและเหตุการณ์ในระหว่างการเดินทาง, วิถีชีวิต *-vt., vi.* **-aged, -aging** เดินทาง, ท่องเที่ยว, แล่นเรือข้ามไป **-voyager** *n.* (**-S.** (n., v.) cruise, excursion, journey, tour, travel)

V sign การชูนิ้วชี้และนิ้วกลางเป็นรูปตัว v ซึ่งเป็นเครื่องหมายแห่งชัยชนะ

VTR ย่อจาก videotape recorder เครื่องบันทึกวิดีโอเทป
vulgar (วัล' เกอร์) *adj.* ธรรมดา, สามัญ, ทั่วไป, แพร่หลาย, หยาบคาย, บ้านนอก, ไม่สละสลวย, เป็นไพร่, ไม่สุภาพ, ต่ำช้า, สถุล, สามานย์, สามหาว **-vulgarly** *adv.* **-vulgarness** *n.* (**-S.** common, crude **-A.** refined)
vulgarian (วัลแก' เรียน) *n.* คนหยาบคาย
vulgarism (วัล' กะริซเซิม) *n.* คำพูดหยาบคาย, ความสถุลต่ำช้า
vulgarity (วัลแก' ริที) *n., pl.* **-ties** ความต่ำช้าสามานย์, การกระทำที่เป็นไพร่ (**-S.** coarseness)
vulnerable (วัล' เนอระเบิล) *adj.* อ่อนแอ, อ่อนไหว, เปราะบาง, ซึ่งถูกวิจารณ์ง่าย, มีจุดอ่อน, ซึ่งถูกชักจูงง่าย, ไม่มั่นคง **-vulnerability, vulnerableness** *n.* **-vulnerably** *adv.* (**-S.** delicate, sensitive, weak **-A.** mighty, strong)
vulture (วัล' เชอร์) *n.* แร้ง, คนตะกละ, คนโลภมาก, คนที่เบียดเบียนผู้อื่น
vulva (วัล' วะ) *n., pl.* **-vae** (-วี) แคมปากช่องคลอด **-vulval, valvar** *adj.*

W

W¹, w (ดับ' เบิลยู, -ยุ) *n., pl.* **W's, w's/Ws, ws** อักษรตัวที่ 23 ในภาษาอังกฤษ, อันดับยี่สิบสาม
W² ย่อจาก watt วัตต์, west ทิศตะวันตก
W. ย่อจาก Wednesday วันพุธ
w. ย่อจาก week สัปดาห์, weight น้ำหนัก
wad (วอด) *n.* วัสดุนุ่มที่ม้วนเป็นก้อนสำหรับใช้อุดหรือยัด, ก้อนสำลี, สำลีอุดหู, ปึกเงิน, (ภาษาพูด) จำนวนมาก *-vt.* **wadded, wadding** ม้วน (กระดาษ), อัดให้เป็นก้อน, อุด จุก (ด้วยสำลี), ยัดเข้าไป, บุ (นวม) (**-S.** (v.) stuff)
wadding (วอด' ดิง) *n.* จุกสำลี
waddle (วอด' เดิล) *vi.* **-dled, -dling** เดินเตาะแตะ, เดินเหมือนเป็ด, เดินต้วมเตี้ยม *-n.* การเดินเตาะแตะ **-waddler** *n.*
wade (เวด) *vi., vt.* **waded, wading** อุตสาหะ, ตรากตรำ, บุก, ลุย, ตะลุย, ฝ่า *-n.* การลุยเข้าไป (**-S.** (v., n.) attack **-A.** (v.) defend)
waders (เวด' เดอร์ซฺ) *n. pl.* รองเท้าบูตสูงถึงโคนขาใช้สวมทับกางเกงสำหรับลุยน้ำหาปลา
wafer (เว' เฟอร์) *n.* ขนมปังกรอบแผ่นบางๆ กินกับไอศกรีม, ขนมปังแผ่นบางๆ ที่ใช้กินในพิธีศีลมหาสนิท, สิ่งที่เป็นแผ่นบางๆ
waffle¹ (วอฟ' เฟิล) *n.* ขนมรังผึ้ง
waffle² (วอฟ' เฟิล) *vi., vt.* **-fled, -fling** พูดหลบๆ เลี่ยงๆ, พูดหรือเขียนอ้อมค้อม *-n.* การพูดหรือเขียนอย่างหลบๆ เลี่ยงๆ

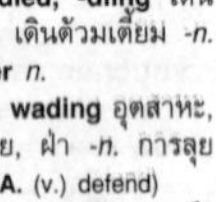
waffle¹

waft (วาฟท์, แวฟท์) *vt., vi.* **wafted, wafting** ลอยมาตามน้ำ, โชยมาตามลม *-n.* สิ่งที่ถูกพัดพาหรือลอยมาตามลม, กลิ่นที่โชยมาตามลม, ลมพัดวูบหนึ่ง, การโบกพัด, การกระพือ **-wafter** *n.* (**-S.** (v.) convey (v., n.) drift)
wag (แวกฺ) *vt., vi.* **wagged, wagging** กระดิก (หาง นิ้ว), แกว่ง, พยักหน้า, โคลง, กระดก (ลิ้น) *-n.* การแกว่งไปมา, การสั่น, การกระดิก **-wagger** *n.* (**-S.** (v., n.) nod, shake)
★**wage** (เวจ) *n.* ค่าจ้างหรือค่าแรงที่จ่ายให้รายชั่วโมง รายวัน หรือรายสัปดาห์ **-wages** ผล, เวร (**-S.** hire, pay)
wager (เว' เจอร์) *n.* การพนัน, การเสี่ยงโชค, การเดิมพัน, การดวลกัน *-vt., vi.* **-gered, -gering** เสี่ยงโชค, พนัน (**-S.** (n., v.) bet, pledge)
waggle (แวก' เกิล) *vt., vi.* **-gled, -gling** กระดิก, เดินโซเซ, ส่าย *-n.* การเดินโซเซ, การส่าย **-waggly** *adj.* (**-S.** (v., n.) wave)
★**wagon** (แวก' เกิน) *n.* รถม้าสี่ล้อ, รถพ่วง, รถโบกี้ข้างโถง, รถเข็นสี่ล้อของเด็ก, รถเข็นส่งอาหาร, รถยนต์ขนาดเล็กบรรทุกสัมภาระได้, รถขนนักโทษ *-vt., vi.* **-oned, -oning** ขนส่งหรือเดินทางด้วยรถดังกล่าว **-wagoner** *n.*
waif (เวฟ) *n.* เด็กจรจัด, สัตว์ไม่มีเจ้าของ, สิ่งที่ไม่มีผู้เป็นเจ้าของ (**-S.** foundling, orphan, stray)
wail (เวล) *vi., vt.* **wailed, wailing** คร่ำครวญ, โอดครวญ, (ลมพัด) หวีดหวิว, ครวญคราง *-n.* การร้องครวญครางด้วยความเจ็บปวด, เสียง

A B C D E F G H I J K L M N O P Q R S T U V W X Y Z

ร้องไห้คร่ำครวญ **-wailful** *adj.* (**-S.** (v., n.) cry, howl, lament **-A.** (v.) rejoice (v., n.) delight)

★**waist** (เวซท์) *n.* เอว, ส่วนคอดคล้ายเอว, ส่วนเอวของเสื้อผ้า, ส่วนคอถึงเอวของเสื้อผู้หญิง, เสื้อครึ่งตัวของผู้หญิง,เสื้อชั้นในของเด็ก **-waistless** *adj.*

waistband (เวซท์' แบนด์) *n.* ขอบเอว

waistcloth (เวซท์' คลอธ) *n.* ผ้าขาวม้า

waistcoat (เวซ' คิท, เวซท์' โคท) *n.* เสื้อกั๊ก

waistline (เวซท์' ไลน์) *n.* เส้นรอบเอว, เส้นที่ร้อยรอบเอวเสื้อผู้หญิง

★**wait** (เวท) *vi., vt.* **waited, waiting** รอ, คอย, รั้งรอ, (ภาษาพูด) เลื่อน, บริการ, รับใช้ *-n.* การรอคอย, พวกนักดนตรีที่ออกตระเวนแสดงไปตามบ้านต่างๆ ในวันคริสต์มาสเพื่อขอเงินเล็กๆ น้อยๆ **-wait on/upon** รับใช้ (**-S.** (v., n.) delay (v.) await **-A.** (v.) proceed)

waiting list รายชื่อผู้รอคอย (นัด การรักษา งาน)

waiting room ห้องคอย, ห้องรอ

★**waiter** (เว' เทอร์) *n.* บริกรชาย (**-S.** steward)

★**waitress** (เว' ทริซ) *n.* บริกรหญิง (**-S.** stewardess)

waive (เวฟว์) *vt.* **waived, waiving** ยกเลิก, ละทิ้ง, ยกเว้น, สละ (สิทธิ์), ผัดผ่อน, เลื่อน (**-S.** forgo, postpone, remit **-A.** require)

★**wake**[1] (เวค) *v.* **woke/waked, waked/woken, waking** *-vi.* ตื่น, ตื่นนอน, ตื่นตัว, รู้สึกตัว, คอยเฝ้าศพตอนกลางคืน *-vt.* ทำให้ตื่น, ปลุก, กวน, กระตุ้น, เฝ้า, เฝ้าระวัง *-n.* การเฝ้าศพในเวลากลางคืนก่อนนำไปฝัง, การเฝ้าระวัง **-waker** *n.* (**-S.** (v.) arise, arouse, rouse)

wake[2] (เวค) *n.* แนวกระแสน้ำข้างท้ายเรือยนต์หรือเรือกลไฟ, แนว, ทาง (**-S.** track)

wakeful (เวค' เฟิล) *adj.* ระวังระไว, ตื่นตัว, (นอน) ไม่หลับ **-wakefully** *adv.* **-wakefulness** *n.* (**-S.** alert, sleepless **-A.** sleepy)

wale (เวล) *n.* แนวไม้เรียว, แนวในเนื้อผ้า

★**walk** (วอค) *v.* **walked, walking** *-vi.* เดิน, ออกเดิน, เดินเล่น, เดินออกกำลัง, เดินธุดงค์, เดินทอดน่อง, ดำเนินชีวิต, (ผี วิญญาณ) ปรากฏตัว, (คำสแลง) เดินขบวนประท้วง ลาออกจากงาน *-vt.* เดิน, พา (สุนัข ม้า) เดิน, เดินข้าม, เดินตรวจ, เดินสำรวจ, เดินเล่น, เดินไปเป็นเพื่อน, บังคับให้เดิน, ช่วยให้ (คนพิการ) เดินได้ *-n.* การเดิน, การเดินเหยาะอย่างม้า, การเดินเล่น, การเดินทอดน่อง, ระยะทางเดิน, ท่าทางในการเดิน, ฝีเท้า, ลู่แข่ง, ทางเดิน, ทางเท้า, บาทวิถี, การแข่งเดินทน **-walk out on** ละทิ้ง **-walk over** (ภาษาพูด) ชนะอย่างง่ายดาย **-walkability** *n.* **-walkable** *adj.* (**-S.** (v., n.) escort, march, stroll (n.) gait, sidewalk)

walker (วอ' เคอร์) *n.* ผู้เข้าแข่งขันเดินทน, เครื่องช่วยพยุงตัวสำหรับให้คนไข้หรือเด็กหัดเดิน (**-S.** pedestrian, rambler)

walkie-talkie, walky-talky (วอ' คีทอ' คี) *n., pl.* **-ies** เครื่องรับส่งวิทยุแบบพกพาได้

walking stick ไม้เท้า, ไม้ตะพด

walkman (วอค' แมน) *n.* เครื่องเล่นเทปหรือซีดีแบบพกพา

walk of life *n., pl.* **walks of life** อาชีพ, ฐานะ

walkout (วอค' เคาท์) *n.* การประท้วง, การเดินออกจากที่ประชุมเพื่อเป็นการประท้วง

walkway (วอค' เว) *n.* ทางเดิน, ทางเท้า

walky-talky (วอ' คีทอ' คี) *n.* ดู walkie-talkie

★**wall** (วอล) *n.* ผนัง, กำแพง, สันปันน้ำ, เขื่อน, ฝากั้น, เครื่องกั้น, ด้านข้าง *-vt.* **walled, walling** ล้อม, ปิด, กั้น, แบ่ง, แยก (**-S.** (n.) embankment (n., v.) hedge, partition (v.) divide, enclose)

wallaby (วอล' ละบี) *n., pl.* **-bies/-by** สัตว์ชนิดหนึ่งคล้ายจิงโจ้ แต่มีขนาดเล็กกว่า

★**wallet** (วอล' ลิท) *n.* กระเป๋าหนังแบนสำหรับใส่ธนบัตร ฯลฯ (**-S.** case, purse)

walleyed (วอล' ไอด์) *adj.* (ตา) โปน ถลน

wallop (วอล' เลิพ) *v.* **-loped, -loping** *-vt.* (ภาษาพูด) ตี เฆี่ยน *-vi.* (ภาษาพูด) ต้วมเตี้ยม อุ้ยอ้าย, (น้ำ) เดือดปุดๆ *-n.* (ภาษาพูด) การเฆี่ยนตีอย่างรุนแรง

wallow (วอล' โล) *vi.* **-lowed, -lowing** กลิ้งเกลือก, หมกมุ่น, มั่วสุม, เที่ยวสำมะเลเทเมา, ลุย (โคลน) *-n.* ปลักควาย, การกลิ้งเกลือก (**-S.** (v., n.) lurch, revel, roll)

wallpaper (วอล' เพเพอร์) *n.* กระดาษพิมพ์ลวดลายสำหรับปิดผนังห้อง

Wall Street ชื่อย่านศูนย์กลางการเงิน ตลาดเงิน ตลาดหุ้นของสหรัฐอเมริกาในกรุงนิวยอร์ก

walnut (วอล' นัท, -เนิท) *n.* ต้นวอลนัต มีเนื้อไม้แข็งสีน้ำตาลอมดำ มักใช้ทำเครื่องเรือน

walrus (วอล' เริซ) *n., pl.* **-rus/-ruses** สิงโตทะเล (**-S.** sea lion)

walrus

waltz (วอลท์ซ์, วอลซ์) *n.* การเต้นรำเพลงจังหวะสาม โดยคู่เต้นชายหญิงจะเต้นหมุนวนไปบนเวที, ดนตรีจังหวะวอลตซ์ *-vi., vt.* **waltzed,**

A B C D E F G H I J K L M N O P Q R S T U V W X Y Z

waltzing เต้นรำจังหวะวอลตซ์
wan (วอน) *adj.* **wanner, wannest** ซีด, เผือด, (โลหิต) จาง, (ยิ้ม) แสยะ, (สี) อ่อน **-wanly** *adv.* **-wanness** *adv.* (**-S.** pale **-A.** ruddy)
wand (วอนด์) *n.* ไม้กลมยาวของนักมายากล เทวดาหรือนางฟ้า, ไม้ที่วาทยากรใช้ในการอำนวยเพลง, คทา (**-S.** baton, stick)
★**wander** (วอน' เดอร์) *vi., vt.* **-dered, -dering** เตร็ดเตร่, เถลไถล, ท่องเที่ยวไป, พูดจาเลอะเทอะ *-n.* การเดินเล่น **-wanderingly** *adv.* (**-S.** (v., n.) stroll (v.) roam, rove)
wanderlust (วอน' เดอร์ลัซท์) *n.* ความปรารถนาอย่างแรงกล้าที่จะออกท่องเที่ยวไป
wane (เวน) *vi.* **waned, waning** ลดลง, เสื่อม, บรรเทา, คล้อย, บ่ายลงไป, ถอย, (พระจันทร์) ข้างแรม, (น้ำ) ลด, จม, นอนก้น *-n.* พระจันทร์ข้างแรม, ความเสื่อมถอย, ความลดน้อยลง (**-S.** (v., n.) decrease **-A.** (v., n.) increase)
wangle (แวง' เกิล) *vt.* **-gled, -gling** หลอกล่อ, ล่อลวง, บ่ายเบี่ยง, หลบหลีก (**-S.** lure)
★**want** (วอนท์) *vt., vi.* **wanted, wanting** ต้องการ, ปรารถนา, อยาก, ประสงค์, เรียกร้อง, ชอบ, สมัครใจ, ขัดสน, ขาดแคลน, ควร, น่าจะ, จำเป็นต้อง *-n.* ความต้องการ, ความปรารถนา, ความประสงค์, ความอยาก, ความกระหาย, สิ่งที่จำเป็น, สิ่งที่ต้องการ (**-S.** (v., n.) desire, lack **-A.** (v., n.) desert (v.) quit)
wanting (วอน' ทิง) *adj.* ขาดแคลน, ไม่มี, บกพร่อง, ไม่สมบูรณ์ *-prep.* ปราศจาก, ขาด, ลบ (**-S.** (adj.) absent, poor **-A.** (adj.) present)
wanton (วอน' เทิน) *adj.* ดื้อ, ซุกซน, ขี้เล่น, พิเรนทร์, เสเพล, โหดร้าย, ป่าเถื่อน, สุรุ่ยสุร่าย *-vi., vt.* **-toned, -toning** เสเพล, เที่ยวสำมะเลเทเมา *-n.* คนเสเพล **-wantonly** *adv.* **-wantonness** *n.* (**-S.** (adj.) cruel, lewd)
★**war** (วอร์) *n.* สงคราม, การรบ, การทำสงคราม, การต่อสู้ (โรค การค้า), ยุทธศาสตร์ทางทหาร *-vi.* **warred, warring** ปะทะกัน, ต่อสู้, สู้รบกัน (**-S.** (n., v.) battle, contest)
war against terrorism สงครามต่อต้านการก่อการร้าย
war criminal อาชญากรสงคราม
warble (วอร์' เบิล) *vt., vi.* **-bled, -bling** ร้องเสียงรัว, พูดเสียงรัว, ร้องเพลงเสียงรัว
war bonnet เครื่องประดับศีรษะของนักรบอินเดียนแดง
war chest กองทุนที่ให้เงินช่วยเหลือสนับสนุนในการทำสงคราม, กองทุนที่รับบริจาคเงินเพื่อนำไปใช้ในงานเฉพาะกิจ
war cry การส่งเสียงโห่ร้องของทหารเวลาเข้าประจัญบาน
★**ward** (วอร์ด) *n.* แผนกหนึ่งในโรงพยาบาล, ตำบลในเมือง, แดนนักโทษในเรือนจำ, ผู้เยาว์ที่อยู่ในความพิทักษ์คุ้มครองของศาลหรือผู้ปกครอง, ผู้ที่อยู่ภายใต้ความอุปถัมภ์, ความพิทักษ์คุ้มครอง, ความปกครอง *-vt.* **warded, warding** ปกป้อง, คุ้มครอง, พิทักษ์ (**-S.** (n.) division)
warden (วอร์ด' เดิน) *n.* ผู้ดูแล, ผู้คุม, พัศดี, ผู้ว่าราชการจังหวัด, ผู้อำนวยการ (โรงเรียน วิทยาลัย), ผู้ปกครอง, ผู้พิทักษ์, ยาม, คนเฝ้าประตู (**-S.** caretaker, janitor)
warder (วอร์' เดอร์) *n.* ยาม, คนเฝ้าประตู, ผู้คุมนักโทษ (**-S.** custodian, guard)
wardrobe (วอร์' โดรบ) *n.* ตู้เสื้อผ้า, เสื้อผ้า, ห้องเก็บเสื้อผ้าเครื่องประดับ (**-S.** closet, outfit)
wardship (วอร์ด' ชิพ) *n.* ความคุ้มครอง, ความพิทักษ์, ความอารักขา (**-S.** protection)
ware (แวร์) *n.* สินค้า, ผลิตภัณฑ์, เครื่องใช้, ภาชนะ *-vt.* **wared, waring** ระวัง *-adj.* ทราบ, รู้สึกตัว, มีสติ, ระมัดระวัง
warehouse (*n.* แวร์ เฮาซ์, *v.* -เฮาซ์, -เฮาซ์) *n.* โกดัง, คลังสินค้า, โรงเก็บสินค้า *-vt.* **-housed, -housing** เก็บไว้ในโกดังหรือโรงเก็บ **-warehouser** *n.* (**-S.** (n.) depository, storehouse)
wareroom (แว' รูม, -รุม) *n.* ห้องเก็บสินค้า, ห้องแสดงสินค้า (**-S.** depot, show room)
warfare (วอร์' แฟร์) *n.* การทำศึกสงคราม, การสู้รบกัน, การต่อสู้กัน (**-S.** strife, war)
warhead (วอร์' เฮด) *n.* หัวรบอาวุธ
warlock (วอร์' ลอค) *n.* พ่อมด, มาร, ผู้วิเศษ
warlord (วอร์' ลอร์ด) *n.* แม่ทัพ
★**warm** (วอร์ม) *adj.* **warmer, warmest** อุ่น, อบอุ่น, อย่างอบอุ่น, อุ่นหนาฝาคั่ง, เป็นมิตร, มีไมตรี, ร้อนขึ้น, เร่าร้อน, (โทนสี) อบอุ่น, (รัก) อย่างแรงกล้า, กระตือรือร้น, สด, ใหม่ *-v.* **warmed, warming** *-vt.* ทำให้อุ่นขึ้น,ทำให้ร้อน, ทำให้มีชีวิตชีวา, ทำให้ยินดี, ทำให้กระตือรือร้น *-vi.* อุ่น, อบอุ่น, ตื่นเต้น, กระตือรือร้น, มีชีวิตชีวา, ปลุกใจ, เร้าใจ, เป็นมิตร *-n.* (ภาษาพูด) ความอบอุ่น **-warm up** อุ่นเครื่อง, ทำให้อุ่นขึ้น, อุ่นอาหาร (**-S.** (adj.) friendly (v.) arouse)
warm-blooded (วอร์ม' บลัด' ดิด) *adj.* (สัตว์) เลือดอุ่น, เลือดร้อน, เร่าร้อน (**-S.** hot)
warmed-over (วอร์มด์' โอ' เวอร์) *adj.* อุ่น

A B C D E F G H I J K L M N O P Q R S T U V W X Y Z

(อาหาร เครื่อง), เก่า, ค้าง
warm-hearted (วอร์ม' ฮาร์' ทิด) *adj.* มีไมตรี, ใจดี, มีเมตตา **-warmheartedness** *n.*
war memorial อนุสรณ์สถานหรืออนุสาวรีย์ผู้เสียชีวิตในสงคราม
warmonger (วอร์' มังเกอร์) *n.* ผู้สนับสนุนหรือกระตุ้นให้เกิดสงคราม (**-S.** militarist)
★**warmth** (วอร์มธ์) *n.* ความอบอุ่น, ความเป็นมิตร, สื่อบอุ่น, ความรักอย่างแรงกล้า (**-S.** ardor, kindliness, zeal **-A.** coldness)
★**warn** (วอร์น) **warned, warning** *-vt.* เตือน, แจ้งให้ทราบล่วงหน้า, บอกกล่าว, แจ้งเหตุ *-vi.* เตือน **-warner** *n.* (**-S.** caution, inform)
★**warning** (วอร์' นิง) *n.* การเตือน, คำเตือน, สัญญาณบอกเหตุ (**-S.** alarm, signal)
warp (วอร์พ) *vt., vi.* **warped, warping** ทำให้วิปริตหรือมีอคติ, โค้ง, งอ, บิด, เบี้ยว, โก่ง, บิดเบือน *-n.* ความโค้งงอ, ความบิดหรือโก่งของไม้, ความวิปริต **-warper** *n.*
warpath (วอร์' แพธ, -พาธ) *n.* ทางที่นำไปสู่สงคราม, ความเป็นศัตรู
warrant (วอ' เรินท์) *n.* อำนาจ, สิทธิ, หมายศาล, ใบอนุญาต, เครื่องรับประกัน, หนังสือรับรอง, ใบรับประกัน, ใบรับรองการจ่ายเงิน, เจ้าหน้าที่, เจ้าพนักงาน, การมอบหมาย, คำมอบหมาย *-vt.* **-ranted, -ranting** มอบหมาย, อนุญาต, อนุมัติ, รับรอง, รับประกัน, มอบอำนาจ, ออกหมาย **-warrantable** *adj.*
warrantee (วอเรินที') *n.* ผู้ได้รับประกัน
warrantor, warranter (วอ' เรินทอร์; -เทอร์, -เทอร์) *n.* ผู้ให้การรับประกัน
warranty (วอ' เรินที) *n., pl.* **-ties** การรับรอง, การรับประกัน, หลักฐาน, ใบรับประกัน
warren (วอ' เริน) *n.* บริเวณที่อยู่อาศัยของกระต่าย, สถานที่แออัดยัดเยียด, ฝูงกระต่าย
warrior (วอ' รีเออร์) *n.* นักรบ, ทหาร
warship (วอร์' ชิพ) *n.* เรือรบ
wart (วอร์ท) *n.* ตุ่ม, หูด, ปุ่มปมบนต้นไม้
wart hog, warthog (วอร์ท' ฮอก) *n.* หมูป่าแอฟริกา มีเขี้ยวยาวสองข้างและมีปุ่มเนื้อที่แก้มทั้งสองข้าง
wartime (วอร์' ไทม์) *n.* ช่วงเวลาทำสงคราม
wary (แว' รี) *adj.* **-ier, -iest** ระมัดระวัง, คอยเฝ้าดูแล, ระวังระไว **-warily** *adv.* **-wariness** *n.* (**-S.** alert, careful **-A.** reckless)
★**was** (วอซ) *v. aux.* ดู be
★**wash** (วอช) *v.* **washed, washing** *-vt.* ซัก, ล้าง, ชำระ, ชะ, ชำระล้าง (ร่างกาย), ทำให้สะอาด, (คลื่น) ซัด เซาะ กระทบ พัดพา, ล้างมือ, ล้างหน้า, ล้างชาม, ทำให้เปียก, ทำให้ชุ่มโชก, แช่, กลั้ว, โกรก, สระ (ผม) *-vi.* ซัก, ล้าง, ชำระ, ชะล้าง, ซักฟอก *-n.* สิ่งที่จะซัก, การซักล้าง, การชำระล้างร่างกาย, การล้างมือและหน้า, น้ำล้างจาน, เศษอาหาร, น้ำโสโครก, น้ำยากลั้วปาก, น้ำยาล้างตา, น้ำยาสระผม, ระลอกคลื่น, เสียงคลื่นซัดฝั่ง, การชะหน้าดิน, สีซีดจาง, สีน้ำ, ร้านซักรีด, หนองน้ำ, บึง, ทางน้ำ *-adj.* ที่ใช้สำหรับซักล้าง, ที่ซักได้ **-wash down** ชะล้าง, ดื่มล้างคอ **-wash up** ล้างมือและหน้า, ล้างจาน (**-S.** (v., n.) rinse)
washable (วอช' ชะเบิล) *adj.* ล้างได้, ซักได้
washbasin (วอช' เบเซิน) *n.* อ่างล้างหน้า
washboard (วอช' บอร์ด) *n.* กระดานซักผ้า
washcloth (วอช' คลอธ) *n.* ผ้าผืนเล็กๆ ใช้ถูหน้าและตัวเวลาอาบน้ำ
washed-out (วอชท์' เอาท์') *adj.* (สี) ซีด จางตก, ดูเหนื่อยอ่อน (**-S.** pale **-A.** bright)
washer (วอช' เชอร์) *n.* วงแหวนสวมเกลียว, เครื่องซักผ้า, เครื่องล้างจาน, คนซัก, คนล้าง
washerwoman, washwoman (วอช' เชอร์วุม' เมิน, วอช' วุม' เมิน) *n.* หญิงรับจ้างซักผ้า
★**washing** (วอช' ชิง) *n.* เสื้อผ้าหรือสิ่งที่นำมาซัก
washing machine เครื่องซักผ้า
washing soda โซดาซักผ้า
washout (วอช' เชาท์) *n.* ความล้มเหลวอย่างสิ้นเชิง, หน้าดินที่ถูกกระแสน้ำกัดเซาะ
washroom (วอช' รูม, -รุม) *n.* ห้องอาบน้ำ
washtub (วอช' ทับ) *n.* อ่างซักผ้า
washy (วอช' ชี, วอ' ชี) *adj.* **-ier, -iest** ใส, จืด, จาง, อ่อนแอ **-washiness** *n.* (**-S.** weak)
wasn't (วัซ' เซินท์, วอซ'-) ย่อจาก was not
wasp (วอซพ์) *n.* ตัวต่อ
waspish (วอส' ปิช) *adj.* เจ้าโทสะ, ฉุนเฉียว, (คำพูด) เผ็ดร้อน (**-S.** short-tempered)
wastage (เว' สติจ) *n.* ความสิ้นเปลือง, จำนวนที่สูญเสีย
★**waste** (เวซท์) *v.* **wasted, wasting** *-vt.* ใช้หมดไปอย่างสิ้นเปลือง, ใช้จ่ายอย่างสุรุ่ยสุร่าย, ทำลาย, ทำให้หมดกำลัง, (คำสแลง) ฆ่า *-vi.* อ่อนเพลีย, หมดกำลัง, หมดเปลือง, เปล่าประโยชน์, เสีย (เวลา) *-n.* ความสิ้นเปลือง, ความสูญเสีย, ความสุรุ่ยสุร่าย, การล้างผลาญ, ขยะ, ของเสียจากร่างกาย, ของเสีย, สถานที่

ปรักหักพัง *-adj.* เปล่าประโยชน์, ว่างเปล่า, รกร้าง, (ของเสีย) ที่ขับออกจากร่างกาย (**-S.** (v.) consume (n.) rubbish (adj.) useless)

wastebasket (เวซท' แบสกิท) *n.* ถังขยะ

wasted (เว' สติด) *adj.* ไม่จำเป็น, ไร้ประโยชน์, เสื่อมลง, ซูบผอม (**-S.** useless **-A.** useful)

wasteful (เวซท' เฟิล) *adj.* สุรุ่ยสุร่าย, เปล่าประโยชน์ **-wastefully** *adv.* **-wastefulness** *n.* (**-S.** extravagant **-A.** stingy)

wasteland (เวซท' แลนด) *n.* บริเวณพื้นที่รกร้างว่างเปล่าหรือแห้งแล้งใช้ประโยชน์ไม่ได้

wastepaper (เวซท' เพเพอร) *n.* เศษกระดาษ

waste pipe ท่อระบายน้ำเสีย

wastewater (เวซท' วอเทอร) *n.* น้ำเสีย

wasting (เว' สติง) *adj.* เลวร้ายลง, เสื่อมลง

wastrel (เว' สเตริล) *n.* คนไม่เอาถ่าน

★**watch** (วอช) *vi., vt.* **watched, watching** เฝ้ายาม, เฝ้าระวัง, คอยเฝ้าดู, เฝ้าศพ, จับตาดู, คอยดู, สังเกต, รอคอย (โอกาส) *-n.* นาฬิกาข้อมือ, การเฝ้ายาม, ยาม, เวรยาม, กะลาสีเรือที่ทำหน้าที่ผลัดเวรยามบนเรือ, คนเฝ้าศพ, การเฝ้าศพ **-watch out** คอยระวัง **-watch over** คอยพิทักษ์ดูแล (**-S.** (v.) mind, observe)

watchdog (วอช' ดอก) *n.* สุนัขเฝ้ายาม, คนหรือกลุ่มคนที่คอยเฝ้าระวังหรือป้องกันไม่ให้เกิดการทุจริตทำผิดกฎหมาย (**-S.** protector)

watcher (วอช' เชอร) *n.* คนคอยเฝ้า, ยาม

watchful (วอช' เฟิล) *adj.* ตื่นตัว, ระวังระไว, ระมัดระวัง **-watchfully** *adv.* **-watchfulness** *n.* (**-S.** alert, wary **-A.** careless)

watchmaker (วอช' เมเคอร) *n.* ช่างทำหรือซ่อมนาฬิกา

watchman (วอช' เมิน) *n.* ยาม, ภารโรง

watchtower (วอช' เทาเออร) *n.* หอสังเกตการณ์, หอคอย

watchword (วอช' เวิร์ด) *n.* รหัสผ่าน

★**water** (วอ' เทอร) *n.* น้ำ, น้ำฝน, น้ำทะเล, น้ำแร่, น้ำในแม่น้ำหรือทะเลสาบ, แหล่งน้ำ, บ่อน้ำ, น้ำลาย, น้ำปัสสาวะ, น้ำตา, น้ำประปา, น้ำคร่ำ, ลายมันของเนื้อผ้า (แพร), ระดับน้ำ, ผิวน้ำ, น้ำเพชร, ภาพสีน้ำ *-v.* **-tered, -tering** *-vt.* รดน้ำ (ต้นไม้), ให้น้ำ, เติมน้ำ, ทำให้เสียน้ำตา, ทำให้น้ำลายสอ, ทำให้เปียก, พา (สัตว์) ไปกินน้ำ, ให้ดื่มน้ำ, ทำให้ (ผ้าไหม แพร) เป็นเงามัน, ชะ, ล้าง, ปล่อยน้ำ (แม่น้ำ คลอง) เข้าสู่พื้นดิน, ทำให้เจือจาง *-vi.* ร้องไห้, (น้ำตา) ไหล, (น้ำลาย) สอ ไหล, ดื่มน้ำ, กินน้ำ **-waters** น่านน้ำ (**-S.** (n.) aqua (n., v.) tear (v.) flood, moisten)

water buffalo ควาย

water chestnut กระจับ

water closet ห้องส้วม, สุขา ย่อว่า W.C.

watercolor, watercolour (วอ' เทอร คัลเลอร) *n.* สีน้ำ, ภาพวาดสีน้ำ

water-cool (วอ' เทอร์คูล) *vt.* **-cooled, -cooling** ทำ (เครื่องยนต์) ให้เย็นด้วยน้ำ **-water cooler** *n.*

watercraft (วอ' เทอร์แครฟท) *n.* เรือ, ทักษะต่างๆ ที่เกี่ยวกับกีฬาทางน้ำ (**-S.** boat, ship)

watercress (วอ' เทอร์เครซ) *n.* ชื่อไม้น้ำชนิดหนึ่ง มีดอกสีขาว ใบกินได้

★**waterfall** (วอ' เทอร์ฟอล) *n.* น้ำตก (**-S.** cascade, chute, fall)

waterfront (วอ' เทอร์ฟรันท) *n.* ริมฝั่งแม่น้ำหรือทะเล, เมืองท่า (**-S.** port)

water gate ประตูน้ำ

water gauge เครื่องวัดระดับน้ำ

water glass ถ้วยแก้ว, โซเดียมซิลิเกต ใช้ทำกาวและผสมในสบู่ราคาถูกและใช้ถนอมไข่

water hyacinth ผักตบชวา

watering can ฝักบัวรดน้ำต้นไม้

watering place แหล่งน้ำที่สัตว์มาดื่มน้ำ

waterless (วอ' เทอร์ลิซ) *adj.* แห้งแล้ง, ไม่มีน้ำ (**-S.** dry **-A.** wet)

water lily ดอกบัว

water line เส้นระดับน้ำข้างเรือ

waterlogged (วอ' เทอร์ลอกด) *adj.* (น้ำ) เข้าเต็มเรือ, (น้ำ) เจิ่งนอง ชุ่ม

watermark (วอ' เทอร์มาร์ค) *n.* เครื่องหมายแสดงระดับน้ำที่ขึ้นสูงสุดหรือต่ำสุด, ลายน้ำในกระดาษ

★**watermelon** (วอ' เทอร์เมลเลิน) *n.* แตงโม

water mill โรงโม่ที่ใช้กำลังน้ำ

water mimosa ผักกระเฉด

water olive มะกอกน้ำ

waterpower (วอ' เทอร์เพาเออร) *n.* เครื่องยนต์กลไกที่ขับเคลื่อนด้วยพลังน้ำ, แหล่งพลังงานน้ำ เช่น น้ำตก

waterproof (วอ' เทอร์พรูฟ) *adj.* กันน้ำได้, ไม่เปียกน้ำ *-n.* เสื้อกันฝน, วัสดุกันน้ำ

watershed (วอ' เทอร์เชด) *n.* จุดเปลี่ยน, หัวเลี้ยวหัวต่อ, สันปันน้ำ

watershed forest ป่าต้นน้ำ

water shortage ภาวะขาดแคลนน้ำ

waterside (วอ' เทอร์ไซด) *n.* ริมฝั่ง, ริมน้ำ

water ski สกีน้ำ
water supply การประปา
water table ระดับน้ำใต้ดิน
watertight (วอ' เทอร์ไทท์) *adj.* แน่นสนิทจนน้ำเข้าไม่ได้หรือรั่วไม่ได้ (-S. proof)
water tower หอตั้งถังน้ำ, หอเก็บน้ำ
water vapor ไอน้ำ, ละอองน้ำ
waterway (วอ' เทอร์เว) *n.* เส้นทางแม่น้ำลำคลองที่แล่นเรือได้
water wheel กังหันน้ำ, ระหัด
water wings ห่วงชูชีพติดแขน
waterworks (วอ' เทอร์เวิร์คซ์) *n. pl.* การประปา, โรงจ่ายน้ำประปา
watery (วอ' ทะรี) *adj.* **-ier, -iest** จืด, จาง, ใส, แฉะ, เจิงนอง, (สี) ซีด, ชุ่ม, เปียก, ชื้น, อ่อนแอ **-wateriness** *n.* (-S. humid, wet)
watt (วอท) *n.* หน่วยวัดกำลังไฟฟ้า, วัตต์
wattage (วอท' ทิจ) *n.* กำลังไฟฟ้านับเป็นวัตต์
wattle (วอท' เทิล) *n.* ไม้ขัดแตะ, กิ่งไม้หรือไม้รวกที่ใช้ขัดแตะ, เหนียงคอสัตว์ *-vt.* **-tled, -tling** ขัดแตะ **-wattled** *adj.*
★**wave** (เวฟว์) *vi., vt.* **waved, waving** แกว่ง, ไกว, สะบัด, กวัด, โค้ง, ดัด, โบกไปมา, ควง (อาวุธ), กวักมือ, ชี้ทาง, ดัด (ผม) *-n.* การโบกมือ, การแกว่งไปมา, คลื่น, ลอนผม, ระลอกคลื่น, การแตกฮือของฝูงชน, กระแส **-waves** ทะเล **-waver** *n.* (-S. (v., n.) sway)
wavelength (เวฟว์' เลงค์ธ์, -เลงธ์) *n.* ความยาวคลื่น
waver (เว' เวอร์) *vi.* **-vered, -vering** สั่นสะเทือน, แกว่งไปแกว่งมา, วอกแวก, อึกอัก, ลังเล, โอนไปเอนมา, โซเซ, (เสียง) สั่น, รัว (-S. hesitate, shake -A. decide)
wavy (เว' วี) *adj.* **-ier, -iest** เป็นคลื่น, เป็นลอน, เป็นระลอก, ไม่แน่นอน, ไม่เที่ยง, ไม่คงที่ **-wavily** *adv.* **-waviness** *n.* (-S. unstable)
wax[1] (แวคซ์) *n.* ขี้ผึ้ง, ไข, พาราฟิน, ขี้หู, ครั่ง, ยางเหนียว *-adj.* ที่ทำด้วยขี้ผึ้ง *-vt.* **waxed, waxing** ขัด เคลือบ ถู ทา หรือฉาบด้วยขี้ผึ้ง
wax[2] (แวคซ์) *vi.* **waxed, waxing** ขยายตัว, เจริญขึ้น, เพิ่มขึ้น, ใหญ่ขึ้น, ขึ้น, ขึ้นสูง, (พระจันทร์) ข้างขึ้น (-S. enlarge, rise)
waxed paper กระดาษไข
waxen (แวค' เซิน) *adj.* (สี) ซีดหรือเรียบเหมือนขี้ผึ้ง, อ่อน เหลว นิ่ม คล้ายขี้ผึ้ง, ที่ทำด้วยขี้ผึ้ง
wax museum พิพิธภัณฑ์หุ่นขี้ผึ้ง
waxwork (แวคซ์' เวิร์ค) *n.* รูปปั้นหุ่นขี้ผึ้ง, ศิลปะการปั้นหุ่นขี้ผึ้ง **-waxworks** การแสดงหุ่นขี้ผึ้งในพิพิธภัณฑ์
waxy (แวค' ซี) *adj.* **-ier, -iest** ซีดคล้ายขี้ผึ้ง, ที่ทำด้วยขี้ผึ้ง, เต็มไปด้วยขี้ผึ้ง
★**way** (เว) *n.* ถนน, ทาง, หนทาง, เส้นทาง, ระยะทาง, วิถีชีวิต, วิธี, แนวทาง, นิสัย, อาการ, แบบแผน, แบบอย่าง, เยี่ยงอย่าง, ประเพณี, ประการ, ความปรารถนา, ความเหมาะสม, สภาพ *-adv.* ไกล, ไกลจากที่นี่, (คำสแลง) จริง ๆ อย่างที่สุด **-in the way** กีดขวาง **-on the way** อยู่ในระหว่างการเดินทาง (-S. (n.) method, route)
wayfarer (เว' แฟเรอร์) *n.* นักเดินทางโดยเท้า (-S. rover, traveller, walker, wanderer)
waylay (เว' เล) *vt.* **-laid, -laying** ดัก, ซุ่ม
way-out (เว' เอาท์') *adj.* (คำสแลง) ประหลาด
wayside (เว' ไซด์) *n.* ริมถนน, ข้างทาง
wayward (เว' เวิร์ด) *adj.* เอาแต่ใจ, ดื้อดึง, ไม่เชื่อฟัง (-S. stubborn, unruly)
W.C. ย่อจาก water closet ห้องส้วม, สุขา
★**we** (วี) *pron.* เรา, พวกเรา
★**weak** (วีค) *adj.* **weaker, weakest** อ่อนแอ, อ่อนเพลีย, อ่อนแรง, แผ่ว, เบา, เปราะบาง, ใจเสาะ, มีจุดอ่อน, อ่อน, จาง, ใส, ไม่มีทักษะหรือความสามารถ, (เสียง) ไม่เน้นหนัก, อ่อนข้อ (-S. faint, soft, watery -A. strong)
weaken (วี' เคิน) *vt., vi.* **-ened, -ening** ทำให้อ่อนแอ, ทำให้จาง **-weakener** *n.* (-S. fade)
weakling (วีค' ลิง) *n.* คนอ่อนแอ
weak-minded (วีค' ไมน' ดิด) *adj.* โง่เขลา
weakness (วีค' นิซ) *n.* จุดอ่อน, ความอ่อนแอ, ข้อบกพร่อง, ความชอบเป็นพิเศษ (แม้ไม่ดีต่อตนเอง) (-S. blemish, fault -A. strength, vigor)
weal[1] (วีล) *n.* ความมั่งคั่ง, ความผาสุก
weal[2] (วีล) *n.* แนวไม้เรียว
★**wealth** (เวลธ์) *n.* ความมั่งคั่ง, ความสมบูรณ์, จำนวนมากมาย, สมบัติพัสถาน (-S. riches)
wealthy (เวล' ธี) *adj.* **-ier, -iest** ร่ำรวย, มั่งมี, มั่งคั่ง, สมบูรณ์, มากมาย, อุดม, รุ่งเรือง, เจริญ, เฟื่องฟู (-S. prosperous, rich -A. poor)
wean (วีน) *vt.* **weaned, weaning** สอนให้เด็กอดนมหรือหย่านม, หัดให้เลิก (สูบบุหรี่ ดื่มเหล้า)
weanling (วีน' ลิง) *n.* สัตว์หรือเด็กที่หย่านมใหม่ ๆ
★**weapon** (เวพ' เพิน) *n.* อาวุธ, เขี้ยวเล็บของสัตว์ซึ่งใช้เป็นอาวุธ
weapon-free zone เขตปลอดอาวุธ
wear (แวร์) *v.* **wore, worn, wearing** *-vt.*

สวมใส่, ครอง (ตำแหน่ง), ประดับ, ตกแต่ง, แสดง (อาการ), วาง (สีหน้า), ไว้ (หนวด เครา ผม), ใช้, ทำให้ลดน้อยลง, ทำให้เสีย, ทำให้เสื่อมลง, ทำให้สึกหรอ, ขัด, ถู, ทำให้อ่อนเพลีย, ปล่อยเวลาให้ผ่านไปอย่างไร้ประโยชน์ *-vi.* ใช้จนเก่า, เสื่อม, สึกหรอ, ขาดวิ่น, กร่อน, พัง, เปื่อย, ลดลง, น้อยลง, (เวลา) ล่วงเลยไป *-n.* เครื่องสวมใส่, สิ่งที่สวมใส่, การสวมใส่, ความสึกหรอ (**-S.** (v.) bear, display (n., v.) damage, dress (n.) clothes, costume **-A.** (v.) improve)

wearisome (เวีย' รีเซิม) *adj.* น่าเบื่อ

weary (เวีย' รี) *adj.* **-rier, -riest** เหน็ดเหนื่อย, เมื่อยล้า, อ่อนเพลีย, อิดโรย, น่าเบื่อ *-vt., vi.* **wearied, wearying** ทำให้เบื่อ,ทำให้เหน็ดเหนื่อย **-wearily** *adv.* **-weariness** *n.* (**-S.** (adj.) exhausted)

weasand (วี' เซินด์) *n.* หลอดอาหาร, คอหอย

weasel (วี' เซิล) *n.* สัตว์เลี้ยงลูกด้วยนมชนิดหนึ่งคล้ายแมว, คนตลบตะแลง

weasel word คำพูดตลบตะแลง

★**weather** (เวธ' เธอร์) *n.* สภาพลมฟ้าอากาศ *-vt., vi.* **-ered, -ering** ตาก, ผึ่ง, ทนแดดทนฝน *-adj.* (ทิศทาง) ที่ลมพัดมา (**-S.** (n.) climate)

weather-beaten (เวธ' เธอร์บีทเทิน) *adj.* (หน้า ผิว) คล้ำเพราะตากแดดตากลม

weathercock (เวธ' เธอร์ คอค) *n.* เครื่องแสดงทิศทางลมบนยอดหลังคาบ้าน มักทำเป็นรูปไก่

weathercock

weather forecast คำพยากรณ์อากาศ

weatherglass (เวธ' เธอร์ แกลซ) *n.* บารอมิเตอร์ เป็นเครื่องมือบอกสภาพลมฟ้าอากาศ

weatherproof (เวธ' เธอร์พรูฟ) *adj.* ทนทานต่อแดด ลม ฝน **-weatherproofness** *n.*

weather station สถานีอุตุนิยมวิทยา

weathervane (เวธ' เธอร์เวน) *n.* เครื่องแสดงทิศทางลม, ดู weathercock

★**weave** (วีฟว์) *v.* **wove, woven, weaving** *-vt.* ถัก, ทอ, สาน, ชักใย, ขัด, คิด (อุบาย), ร้อย (ดอกไม้), ประกอบ, ผสมกัน, ชุน, ปะติดปะต่อ, ผูก, ร้อยกรอง, แต่ง (เรื่อง กลอน บทกวี) *-vi.* ทอ, ถัก, สาน, หลบ, หลีก, เลี่ยง *-n.* การถักทอหรือสาน (**-S.** (v.) interlace)

web (เวบ) *n.* สิ่งที่ถัก ทอ สาน, ผ้า, ใยแมงมุม, เยื่อ, ใย, เครือข่าย, พังผืดเท้าสัตว์, ใบขนนก, ตาข่าย, ร่างแห, ม้วน (กระดาษพิมพ์) *-vt.* **webbed, webbing** ถัก, ทอ, สาน, จับด้วยตาข่ายหรือร่างแห **-Web** ดู World Wide Web (**-S.** (n.) cobweb, network)

web

webfoot (เวบ' ฟุท) *n., pl.* **-feet** สัตว์ที่มีพังผืดระหว่างนิ้วเท้า เช่น เป็ด

wed (เวด) *vt., vi.* **wedded, wed/wedded, wedding** แต่งงาน, นำมารวมกัน

Wed. ย่อจาก Wednesday วันพุธ

we'd (วีด) ย่อจาก we had, we should, we would

★**wedding** (เวด' ดิง) *n.* พิธีมงคลสมรส, งานฉลองพิธีสมรส, วาระครบรอบวันแต่งงาน, การเข้าร่วมกัน (**-S.** marriage, wedlock)

wedge (เวจ) *n.* ลิ่ม *-vt., vi.* **wedged, wedging** ตอกให้แยกจากกันด้วยลิ่ม, ตอกให้แน่น, อุด, หนุน, จีม, ยัดจนแน่น, แทรก, งัด, อัด (**-S.** (n., v.) chock (v.) force, split)

wedlock (เวด' ลอค) *n.* สถานภาพสมรส

★**Wednesday** (เวนซ' ดี, -เด) วันพุธ

wee (วี) *adj.* **weer, weest** เล็กๆ, จ้อย, กระจิริด, จิ๋ว, (เวลา) แต่เช้าตรู่ (**-S.** tiny)

weed[1] (วีด) *n.* วัชพืช, หญ้า, บริเวณที่มีวัชพืช, สาหร่ายทะเล, (คำสแลง) ยาสูบ บุหรี่ กัญชา, สัตว์ที่พันธุ์ไม่ดี *-vt., vi.* **weeded, weeding** กำจัดวัชพืช, ถอนหญ้า, กำจัดทิ้ง

weed[2] (วีด) *n.* แถบผ้าหรือปลอกแขนสีดำที่ผู้ชายใส่ไว้ทุกข์

weedy (วี' ดี) *adj.* **-ier, -iest** เต็มไปด้วยวัชพืช, ผอมโซ **-weediness** *n.*

★**week** (วีค) *n.* สัปดาห์, เวลาเจ็ดวัน

★**weekday** (วีค' เด) *n.* วันธรรมดา

★**weekend** (วีค' เคนด์) *n.* วันสุดสัปดาห์ *-vi.* **-ended, -ending** ใช้เวลาในช่วงสุดสัปดาห์

★**weekly** (วีค' ลี) *adv.* สัปดาห์ละครั้ง, ทุกๆสัปดาห์, ต่อหนึ่งสัปดาห์ *-adj.* ที่เกิดขึ้นสัปดาห์ละครั้ง *-n., pl.* **-lies** สิ่งพิมพ์รายสัปดาห์

weep (วีพ) *vt., vi.* **wept, weeping** คร่ำครวญ, ร้องไห้, หยด, ไหล, รั่ว (**-S.** cry **-A.** laugh)

weevil (วี' เวิล) *n.* ด้วง

★**weigh** (เว) *v.* **weighed, weighing** *-vt.* ชั่ง, ชั่งใจ, ชั่งตวง, ถอนสมอเรือ *-vi.* ทับ, ถ่วง, ทิ้งน้ำหนัก, มีน้ำหนัก, ถอนสมอเรือ **-weigh down** ถ่วงน้ำหนัก (**-S.** balance, consider)

A B C D E F G H I J K L M N O P Q R S T U V W X Y Z

★**weight** (เวท) *n.* น้ำหนัก, ลูกตุ้มตาชั่ง, เครื่องถ่วง, ความถ่วง, หน่วยน้ำหนัก, ที่ทับกระดาษ, ที่ยกน้ำหนักของนักกีฬา, ภาระ, ความสำคัญ, ความหนาหนักหรือความทิ้งตัวของเนื้อผ้า *-vt.* **weighted, weighting** ทำให้หนัก, ถ่วงน้ำหนัก, เพิ่มภาระ, ลำเอียง, มีอคติ (**-S.** (n., v.) load)

weightlifting (เวท' ลิฟทิง) *n.* กีฬายกน้ำหนัก

weighty (เว' ที) *adj.* **-ier, -iest** มีน้ำหนัก, สำคัญ, เป็นภาระ **-weightily** *adv.* **-weightiness** *n.* (**-S.** burdensome, heavy **-A.** light)

weir (เวียร์) *n.* ฝาย, ทำนบ, เขื่อน (**-S.** dam)

weird (เวียร์ด) *adj.* **weirder, weirdest** แปลก, ประหลาด, มหัศจรรย์, แหวกแนว, ผิดธรรมดา, อาเพศ *-n.* โชคชะตา **-weirdly** *adv.* **-weirdness** *n.* (**-S.** (adj.) queer (n.) fate)

★**welcome** (เวล' เคิม) *adj.* ซึ่งต้อนรับด้วยความยินดี, เป็นที่ยอมรับ, เป็นที่พอใจ, เป็นที่น่ายินดี *-n.* การแสดงความยินดีต้อนรับ *-vt.* **-comed, -coming** ต้อนรับ, แสดงความยินดีในการมาเยือน, แสดงความพึงพอใจ *-interj.* ยินดีต้อนรับ (**-S.** (adj.) acceptable (n.) greeting)

welcome dring เครื่องดื่มต้อนรับ ซึ่งโรงแรมเตรียมให้แขกที่มาเข้าพักเป็นวันแรก

welcome party งานเลี้ยงต้อนรับ

weld (เวลด์) *vt., vi.* **welded, welding** เชื่อม (โลหะ) ด้วยความร้อนสูง, ประสาน *-n.* การเชื่อมโลหะด้วยวิธีดังกล่าว, การประสาน

★**welfare** (เวล' แฟร์) *n.* ความผาสุก, ความมีสุขภาพดี, สวัสดิการ (**-S.** health, prosperity)

welfare work งานสังคมสงเคราะห์

★**well**[1] (เวล) *n.* บ่อน้ำพุ, บ่อน้ำแร่, บ่อก๊าซ, บ่อน้ำมัน, บ่อน้ำ, สระ, แอ่งน้ำ, อ่าง, แหล่งหรือขุม (ความรู้ ข้อมูล), ห้องเก็บปลาบนเรือหาปลา, ช่องลม, ช่องบันได, ช่องลิฟต์, ปล่องอากาศ, คอกหน้าบัลลังก์ศาล *-vi., vt.* **welled, welling** พุ่ง, ทะลัก, ไหล, ท่วม, ล้น, เอ่อ (**-S.** (n.) pool)

★**well**[2] (เวล) *adv.* **better, best** ดี, มีเหตุผล, ถูกต้อง, น่าพอใจ, อย่างดี, อย่างมาก, (หลับ) สนิท, สบายดี, เรียบร้อย, สมควร, ฉลาด, เหมาะ, น่าจะ, ทีเดียว, บริบูรณ์, แจ่มแจ้ง, เต็มที่ *-adj.* **better, best** ดีแล้ว, ถูกต้อง, เหมาะสม, แข็งแรง, มีสุขภาพดี, สมบูรณ์, ฉลาด, โชคดี *-interj.* โอ้, เอาละ, ยังไงละ (**-S.** (adv.) nicely)

we'll (วีล) ย่อจาก we will, we shall

well-balanced (เวล' แบล' เลินซ์ท) *adj.* มีสติ, รู้จักความพอดี, มีเหตุมีผล (**-S.** graceful, harmonious, proportional **-A.** mad, insane)

well-being (เวล' บี' อิง) *n.* ความผาสุก

well-done (เวล' ดัน') *adj.* ดีแล้ว, (เนื้อ) สุก

well-groomed (เวล' กรูมด์') *adj.* ประณีต

well-intentioned (เวล' อินเทน' ชันด์) *adj.* มีเจตนาดี (**-S.** good will)

well-known (เวล' โนน') *adj.* เป็นที่รู้จักกันดีโดยทั่วไป (**-S.** famous **-A.** unknown)

well-mannered (เวล' แมน' เนอร์ด) *adj.* สุภาพ, มีมารยาท (**-S.** polite **-A.** rude)

well-meaning (เวล' มี' นิง) *adj.* มีเจตนาดี

well-nigh (เวล' ไน') *adv.* เกือบจะ, แทบจะ

well-spoken (เวล' สโป' เคิน) *adj.* (พูด) สุภาพ (**-S.** refined **-A.** rude)

well-to-do (เวลทะดู') *adj.* ร่ำรวย, มั่งมี, มั่งคั่ง

well-wisher (เวล' วิชเชอร์) *n.* ผู้หวังดี

well-worn (เวล' วอร์น', -โวร์น') *adj.* สึกหรอ, เก่า, น่าเบื่อ, ซ้ำซาก (**-S.** boring)

welsh, welch (เวลช์; เวลช์, เวลช์) *vi.* **welshed, welshing/welched, welching** (เจ้ามือรับแทงม้า) หนีไปโดยไม่ยอมจ่ายเงิน **-welsher** *n.*

welt (เวลท์) *n.* แผ่นหนังติดระหว่างพื้นรองเท้ากับส่วนบน, ผ้าขลิบริม, รอยหรือแนวเฆี่ยนตี

welter (เวล' เทอร์) *n.* ความโกลาหล *-vi.* **-tered, -tering** เกลือกกลิ้ง, หมกมุ่น, มั่วสุม, จุ่ม, แช่

welterweight (เวล' เทอร์เวท) *n.* นักมวยอาชีพที่มีน้ำหนักระหว่าง 61-66.5 กิโลกรัม

wench (เวนช์) *n.* หญิงสาว, สาวใช้, หญิงเสเพล

wend (เวนด์) *v.* **wended, wending** *-vt.* ไป, ดำเนิน *-vi.* ไป, เดินทาง, ท่องเที่ยวไป

went (เวนท์) *v.* กริยาช่อง 2 ของ go

★**were** (เวอร์) *v. aux.* ดู be

we're (เวียร์) ย่อจาก we are

weren't (เวิร์นท์, เวอ' เรินท์) ย่อจาก were not

★**west** (เวซท์) *n.* ทิศตะวันตก, ซีกโลกตะวันตก, ภาคตะวันตก *-adj.* (ทิศ ทาง) ตะวันตก, ซึ่งมาจากทางตะวันตก *-adv.* ไปทางตะวันตก, (ลม) ที่มาจากทางตะวันตก **-the West** ซีกโลกตะวันตก, ภาคตะวันตกของสหรัฐอเมริกา, ภาคตะวันตกของยุโรป

westbound (เวซท์' เบานด์) *adj.* ไปทางตะวันตก

West End ด้านตะวันตกของกรุงลอนดอนเป็นย่านรวมความหรูหรา ทันสมัย ร้านค้า และโรงละคร

wester (เวส' เตอร์) *n.* ลมพัดมาจากทิศตะวันตก *-vi.* **-ered, -ering** (ดวงอาทิตย์ ดวงจันทร์ ดวงดาว) เคลื่อนไปทางตะวันตก

A B C D E F G H I J K L M N O P Q R S T U V W X Y Z

westerly (เวส' เตอร์ลี) *adj.* ที่ตั้งอยู่ทางตะวันตก, (ลม) ที่มาจากทางตะวันตก *-n., pl.* **-lies** ลมพายุที่พัดมาจากทิศตะวันตก

★**western** (เวส' เทิร์น) *adj.* ซึ่งอยู่ทางตะวันตก, ซึ่งหันไปทางตะวันตก, ที่มาจากทางตะวันตก, อย่างชาวตะวันตก **-Western** นวนิยาย ภาพยนตร์ รายการโทรทัศน์หรือวิทยุเกี่ยวกับชีวิตของชาวอเมริกันภาคตะวันตก

westerner, Westerner (เวส' เตอร์เนอร์) *n.* ชาวตะวันตก

Western Hemisphere ซีกโลกด้านหนึ่ง ประกอบด้วย อเมริกาเหนือ เม็กซิโก อเมริกากลางและอเมริกาใต้

westernize (เวส' เตอร์ไนซ์) *vt.* **-ized, -izing** รับเอาวัฒนธรรมตะวันตกมาใช้

westernmost (เวส' เทิร์นโมซท์) *adj.* ตะวันตกไกล

West Indies หมู่เกาะอินดีสตะวันตกอยู่ระหว่างอเมริกาเหนือกับอเมริกาใต้

Westminster Abbey มหาวิหารเวสมินสเตอร์เป็นโบสถ์ที่สำคัญของอังกฤษ

West Point. โรงเรียนนายร้อยทหารบกของสหรัฐฯ

westward (เวซท์' เวิร์ด) *adv., adj.* ไปทางตะวันตก *-n.* ทิศตะวันตก **-westwardly** *adv., adj.* **-westwards** *adv.*

★**wet** (เวท) *adj.* **wetter, wettest** เปียก, แฉะ, โชก, ชุ่ม, มีฝนตก, เต็มไปด้วยน้ำ, (อากาศ) ชื้น, เต็มไปด้วยหมอก, ครึ้มฟ้าครึ้มฝน, (สี) ยังไม่แห้ง, ดอง, (ภาษาพูด) อนุญาตให้จำหน่ายสุราได้ *-n.* ฝน, ความเปียก, ความชื้น, (ภาษาพูด) คนที่สนับสนุนให้ดื่มสุราได้ *-v.* **wet/wetted, wetting** *-vt.* ทำให้เปียก,ปัสสาวะรดที่นอน *-vi.* เปียก, แฉะ, ชื้น, ชุ่มน้ำ (**-S.** (adj., n., v.) damp (n.) liquid, moisture (v.) soak **-A.** (adj., v.) dry)

wet dream ฝันเปียก

wet look (ลิปสติก ทรงผม ฯลฯ) เป็นมันวาว

wet nurse แม่นม

wet suit ชุดประดาน้ำ

we've (วีฟว์) ย่อจาก we have

whack (ฮแวค, แวค) *vt., vi.* **whacked, whacking** ตี, ฟาด *-n.* การกระทำดังกล่าว

whacked (ฮแวคท์, แวคท์) *adj.* อ่อนเพลีย

whacking (ฮแวค' คิง, แวค'-) *adj.* ใหญ่โต

whale¹ (ฮเวล, เวล) *n.* วาฬ *-vi.* **whaled, whaling** ล่าวาฬ

whale² (ฮเวล, เวล) *v.* **whaled, whaling** *-vt.* เฆี่ยน, โบย, ฟาด *-vi.* เข้าโจมตีอย่างรุนแรง

whale¹

whale oil ไขวาฬ ใช้ทำสบู่ เทียนไขและน้ำมันหล่อลื่น

whaling (ฮเว' ลิง, เวล'-) *n.* การล่าวาฬ

whang (ฮแวง, แวง) *n.* การเฆี่ยนตี, เสียงเฆี่ยนตี, แส้, เชือกหนังที่ใช้เฆี่ยน (**-S.** hit)

wharf (ฮวอร์ฟ, วอร์ฟ) *n., pl.* **wharves** (ฮวอร์ฟว์ซ์, วอร์ฟว์ซ์)/**wharfs** ท่าเรือสำหรับเทียบจอดขนถ่ายสินค้า *-vt., vi.* **wharfed, wharfing** ผูกเรือ, เทียบท่า, เทียบเรือ (**-S.** (n., v.) dock (n.) pier, quay)

wharfage (ฮวอร์' ฟิจ, วอร์' ฟิจ) *n.* ค่าจอดเทียบเรือ, ค่าที่จอดเรือ

★**what** (ฮวอท, วอท) *pron.* อะไร, สิ่งที่, สิ่งใด, ใดๆ *-interj.* อะไรหรือ, อะไรอย่างนี้, อะไรนะ, อะไรกัน *-adj.* อะไร, ไหน, เท่าไร, อะไรก็ตาม, อะไรเช่นนั้น, พิลึก *-adv.* อย่างไร, อะไร *-conj.* แต่อย่างไรก็ตาม **-what for** ทำไม, เพื่ออะไรกัน **-what if** จะเกิดอะไรขึ้นถ้า **-what's more** ยิ่งไปกว่านั้น

★**whatever** (ฮวอทเอฟ' เวอร์, วอท-) *pron.* อะไรก็ตาม, ใดๆ ก็ตาม, ไม่ว่าอะไร, ทั้งหมด, เลย *-adj.* เลย, ทั้งหมด, ทั้งสิ้น, อะไรก็ตาม

whatsoever (ฮวอทโซเอฟ' เวอร์, วอท-) *pron., adj.* ดู whatever

★**wheat** (ฮวีท, วีท) *n.* ข้าวสาลี

wheat bread ขนมปังที่ทำจากแป้งข้าวสาลี

wheat germ จมูกข้าวสาลี

wheedle (ฮวีด' เดิล, วีด' เดิล) *vt., vi.* **-dled, -dling** ปลอบโยน, โอ้โลม, คะยั้นคะยอ, อ้อนวอน, ชวน (**-S.** comfort **-A.** disturb)

★**wheel** (ฮวีล, วีล) *n.* ล้อ, กงจักร, กงล้อ, ล้อเฟือง, วงเวียนชีวิต, การหมุนวน, วงล้อหมุนที่ใช้ปั้นหม้อ, กังหันทดน้ำ, ล้อปั่นด้าย, (ภาษาพูด) จักรยาน, พวงมาลัยคัดท้าย, จานหมุนในเกมพนัน เช่น รูเลตต์, (คำสแลง) ยวดยาน รถยนต์ คนที่มีอำนาจอิทธิพล *-v.* **wheeled, wheeling** *-vt.* เคลื่อนที่ด้วยล้อ, เข็น (สิ่งที่ติดล้อ), หมุนเวียน, หมุนรอบ *-vi.* หมุนเวียน, หมุนรอบ, (นก) บินวน, พลิก, หัน, กลับ **-wheel of fortune** โชคชะตา, วงเวียนชีวิต (**-S.** (n., v.) roll, spin)

wheelbarrow (ฮวีล' แบโร, วีล'-) *n.* รถเข็นล้อเดียวสำหรับขนหินหรือดินทราย

wheelchair, wheel chair (ฮวีล' แชร์, วีล'-)

A B C D E F G H I J K L M N O P Q R S T U V W X Y Z

n. เก้าอี้ล้อ

wheelchair

wheeler-dealer (ฮวี' เลอร์ดี' เลอร์, วี'-) *n.* (ภาษาพูด) คนตามตื๊อ
wheelhouse (ฮวีล' เฮาซ์, วีล'-) *n.* ห้องถือท้ายเรือ
wheelwright (ฮวีล' ไรท์, วีล'-) *n.* ช่างทำล้อ
wheeze (ฮวีซ, วีซ) *vi.* **wheezed, wheezing** หายใจเสียงฟืดฟาด, หอบดังฮืดๆ *-n.* เสียงหายใจดังฮืดๆ (**-S.** (v., n.) cough, hiss, whistle)
whelp (ฮเวลพ์, เวลพ์) *n.* สิงโต ลูกสุนัข เสือหมี หมาป่า ฯลฯ, ลูกสัตว์, เด็ก, เด็กทะลึ่งอวดดี, ซี้เฟือง *-v.* **whelped, whelping** *-vi.* (สัตว์) ออกลูก *-vt.* ให้กำเนิด (ลูกสัตว์)
★**when** (ฮเวน, เวน) *adv.* เมื่อไร, เมื่อใด *-conj.* เมื่อ, ทันทีที่, พอ, ครั้น, เมื่อตอนที่, เมื่อไรที่, ในเวลานั้น, ขณะที่, ถ้า, หาก *-pron.* เมื่อไร, เมื่อใด *-n.* เวลาใด, วันใด
whence (ฮเวนซ์, เวนซ์) *adv.* จากที่ซึ่ง, จากที่ไหน *-conj.* ด้วยเหตุใดก็ตาม, ดังนั้น
★**whenever** (ฮเวนเนฟ' เวอร์, เวน-) *adv.* เมื่อไรก็ตาม *-conj.* เมื่อใดที่, ทุกทีที่
whensoever (ฮเวนโซเอฟ' เวอร์, เวน-) *adv., conj.* ดู whenever
★**where** (ฮแวร์, แวร์) *adv.* ที่ใด, ที่ไหน, ที่ซึ่ง, แห่งใด, ตรงไหน, จากที่ไหน *-conj.* ที่ซึ่ง, ที่ใดก็ตาม *-n.* สถานที่
whereabouts (ฮแว' ระเบาท์ซ์, แวร์'-) *adv.* ที่ไหน, ที่ตรงไหน, แถวไหน *-n.* สถานที่, ที่ตั้ง, หลักแหล่ง, บริเวณ (**-S.** (n.) location, site)
whereas (ฮแวแรซ', แวร์-) *conj.* ในขณะที่, ส่วน, ด้วยเหตุที่, แต่ในทางตรงข้าม
whereby (ฮแวร์ไบ', แวร์-) *conj.* (รู้) ได้โดย, โดยอาศัย, โดยที่
wherefore (ฮแวร์' ฟอร์, -โฟร์, แวร์'-) *adv.* ทำไม, เพราะฉะนั้น
wherefrom (ฮแวร์' ฟรัม, -ฟรอม, แวร์'-) *conj.* จากที่ซึ่ง, มาจาก
wherein (ฮแวริน', แวร์-) *adv.* เนื่องจาก, โดยทาง *-conj.* ณ, ที่
whereupon (ฮแว' ระพอน, แวร์'-) *conj.* จากนั้น, ต่อมา, แล้วก็
★**wherever** (ฮแวเรฟ' เวอร์, แวร์-) *adv.* ที่ใดก็ตาม, แห่งใดก็ตาม
wherewithal (ฮแวร์' วิธธอล, -วิธ-, แวร์'-) *n.* เงินที่จำเป็นต้องใช้
whet (ฮเวท, เวท) *vt.* **whetted, whetting** ลับ (มีด), ทำให้คม, ทำให้อยาก, กระตุ้นความรู้สึก *-n.* การลับมีด, การทำให้คม, สิ่งที่กระตุ้นให้เกิดความอยาก, (ภาษาพูด) สุราที่ดื่มเพื่อเจริญอาหาร (**-S.** (v., n.) grind (v.) sharpen)
★**whether** (ฮเวธ' เธอร์, เวธ'-) *conj.* หรือไม่ก็ตาม
whetstone (ฮเวท' สโตน, เวท'-) *n.* หินลับมีด
whew (ฮวิว, ฮวู) *interj.* ว้าย, วุ้ย, อุ๊ยตาย
whey (ฮเว, เว) *n.* หางนม
★**which** (ฮวิช, วิช) *pron.* ที่, ซึ่ง, อันซึ่ง, อันที่, อันไหน *-adj.* อันไหน, ไหน, คนไหน
★**whichever** (ฮวิชเชฟ' เวอร์, วิช-) *pron.* คนไหนก็ตาม, อันไหนก็ตาม *-adj.* (อัน สิ่ง) ไหน
whiff (ฮวิฟ, วิฟ) *n.* ลมพัดมาวูบหนึ่ง, กลิ่นที่โชยมาอ่อนๆ, การสูดอากาศหรือควันบุหรี่, การอัดควันยา *-vi., vt.* **whiffed, whiffing** พัด, กระพือ, โชย, (ลม) พัดมาวูบหนึ่ง, พ่น (ควันบุหรี่) (**-S.** (n., v.) gust, sniff (v.) inhale)
★**while** (ฮไวล์, ไวล์) *n.* เวลาชั่วครู่, เวลาชั่วขณะ *-conj.* ในขณะที่, ถึงแม้ว่า, ตราบที่, ในขณะเดียวกัน *-vt.* **whiled, whiling** ใช้ (เวลา)
whilom (ฮไว' เลิม, ไว'-) *adj.* เมื่อก่อน
whim (ฮวิม, วิม) *n.* ความคิดที่เกิดขึ้นฉับพลัน, การทำตามอำเภอใจในขณะหนึ่ง (**-S.** caprice)
whimper (ฮวิม' เพอร์, วิม'-) *vt., vi.* **-pered, -pering** *-vi.* ร้องครวญคราง, สะอื้น, (สุนัข) ครางหงิงๆ *-n.* เสียงสุนัขครางหงิงๆ, เสียงร้องครวญคราง (**-S.** (v., n.) moan, sob)
whine (ฮไวน์, ไวน์) *vi., vt.* **whined, whining** (สุนัข) หอน ร้องเอ๋ง, ร้องคร่ำครวญ, คราง, สะอื้น *-n.* การร้องคร่ำครวญ, เสียงร้องคร่ำครวญ (**-S.** (v., n.) cry, grumble **-A.** (v., n.) laugh)
whinny (ฮวิน' นี, วิน' นี) *vt., vi.* **whinnied, whinnying** (ม้า) ร้องดีใจ
★**whip** (ฮวิพ, วิพ) *v.* **whipped/whipt, whipping** *-vt.* เฆี่ยน, สะบัด, ตวัด, ชัก (ปืน), สลัดออก, ตี (ไข่), ขมวดปมเชือก, (ภาษาพูด) ชนะ, ผูกมัด, เย็บ, พัดผ่านไปอย่างรวดเร็ว, (ภาษาพูด) ฉวยฉก ฉุด กระชาก กระตุก *-vi.* พุ่ง, เผ่น, โผ, กระโดด *-n.* แส้, การเฆี่ยนตี, บาดแผลจากการถูกเฆี่ยน, ของหวานที่ทำจากไข่ขาวตีกับน้ำตาลและครีม **-whipper** *n.* (**-S.** (v., n.) beat, lash)
whipcord (ฮวิพ' คอร์ด, วิพ'-) *n.* แส้
whipping boy แพะรับบาป, คนรับบาป
whipworm (ฮวิพ' เวิร์ม, วิพ'-) *n.* พยาธิแส้ม้า
whir (ฮเวอร์, เวอร์) *v.* **whirred, whirring** *-vi.* เคลื่อนที่ดังหวือ, (ผึ้ง) บินหึ่งๆ, บินเสียงหวือ *-vt.* ส่งเสียงดังกระหึ่ม *-n.* เสียงดังหึ่งๆ (เรือ ผึ้ง),

เสียงเครื่องยนต์ดังกระหึ่ม, เสียงอึกทึกครึกโครม

whirl (ฮเวิร์ล, เวิร์ล) *v.* **whirled, whirling** *-vi.* วน, หมุน, เวียน, ม้วน, ปั่น *-vt.* ทำให้หมุนวน, ทำให้หมุนรอบ, ขับเคลื่อนด้วยความเร็วสูง, ปา, ขว้าง, โยน, ทุ่ม, พุ่ง *-n.* การหมุนอย่างรวดเร็ว, ความยุ่งเหยิง, ความปั่นป่วน, ความโกลาหล (**-S.** (n.) confusion (v., n.) roll, spin)

whirligig (ฮเวอร์' ลิกิก, เวอร์'-) *n.* ลูกข่าง, ม้าหมุน, การหมุนเวียนของโชคชะตา

whirlpool (ฮเวิร์ล' พูล, เวิร์ล'-) *n.* น้ำวน, สิ่งใดที่วนเวียนหรือดูด, สะดือทะเล

whirlwind (ฮเวิร์ล' วินด์, เวิร์ล'-) *n.* ลมกรด, ลมวน, ลมบ้าหมู, ความยุ่งเหยิง, ความโกลาหล *-adj.* เร่งรีบ, รีบร้อน, รวดเร็ว, ฉับไว (**-S.** (n.) tornado (adj.) rapid, swift **-A.** (adj.) slow)

whirr (ฮเวอร์, เวอร์) *v., n.* ดู whir

whisk (ฮวิซค์, วิซค์) *vt., vi.* **whisked, whisking** ตีหรือปั่น (ไข่ ครีม), สะบัด, ปัด, กวาด, กระตุก, ฉก, ฉวย, คว้า, เอาไป, พาไป *-n.* การกระทำดังกล่าว, แส้ปัดฝุ่นหรือแมลง, เครื่องมือที่ใช้ตีไข่หรือครีม

whisker (ฮวิส' เกอร์, วิส'-) *n.* หนวดแมว หนู หรือสัตว์ชนิดอื่น **-whiskers** เคราข้างแก้มสองด้านของผู้ชาย

whiskey, whisky (ฮวิส' กี, วิส'-) *n., pl.* **-keys, -kies** เหล้าวิสกี้

★**whisper** (ฮวิส' เปอร์, วิส'-) *n.* เสียงกระซิบ, เสียงแผ่ว, เสียงพูดพึมพำ, การพูดซุบซิบ, เสียงลมพัดใบไม้เบาๆ, ข่าวลือ *-vi., vt.* **-pered, -pering** พูดเบา, กระซิบ, พูดพึมพำ, (ลม) พัดใบไม้เบาๆ (**-S.** (n., v.) murmur, sigh)

★**whistle** (ฮวิซ' เซิล, วิซ'-) *vi., vt.* **-tled, -tling** ผิวปาก, เป่าปาก, เป่าหวูด, เป่านกหวีด, (นก) ร้องเสียงแหลม, (ลม) พัดหวีดหวิว *-n.* หวูด, นกหวีด, เสียงเป่านกหวีดหรือหวูด, การเป่านกหวีดหรือหวูด, เสียงลมพัดหวีดหวิว, เสียงให้สัญญาณหรือคำสั่ง

whit (ฮวิท, วิท) *n.* จำนวนนิดเดียว (**-S.** bit)

★**white** (ฮไวท์, ไวท์) *n.* สีขาว, คนผิวขาว, ตาขาว, ไข่ขาว, ไวน์ขาว, ผิวขาวซีด, บริเวณซึ่งเป็นที่ว่างบนหน้ากระดาษ เอกสาร สิ่งพิมพ์, เครื่องแบบสีขาว, อาหารที่เป็นสีขาว *-adj.* **whiter, whitest** ขาว, ซีด, หงอก, ขาวโพลน, เผือด, เผือก, บริสุทธิ์, (น้ำชา กาแฟ) ที่ใส่นมหรือครีม, (ชนชาติ) ที่มีผิวขาว, (พื้นที่กระดาษ) ว่างเปล่า *-vt.* **whited, whiting** ซัก, ฟอก, ทำให้ขาว **-whiteness** *n.* (**-S.** (adj.) pale, snowy)

white ant ปลวก

white blood cell เม็ดเลือดขาว

white-collar (ฮไวท์ คอล' เลอร์, ไวท์'-) *adj.* (คนงาน) ที่ไม่ต้องทำงานใช้แรงงานอย่างกรรมกร (**-A.** blue-collar)

white elephant สิ่งที่ไร้ประโยชน์ไม่เป็นที่ต้องการแต่มีราคาแพง, ช้างเผือก

white flag ธงขาวเป็นสัญลักษณ์ของการยอมแพ้

white gold ทองคำขาว

white heat อารมณ์รุนแรง, ความร้อนจัดที่ทำให้เหล็กเป็นสีขาว

white-hot (ฮไวท์ ฮอท', ไวท์ -) *adj.* (อารมณ์) เกรี้ยวกราด รุนแรง, (อุณหภูมิ) ร้อนจัดจนทำให้เหล็กกลายเป็นสีขาว

white knight คนหรือองค์กรที่ยื่นมือเข้ามาช่วยเหลือโอบอุ้มฐานะทางการเงินของบริษัทหนึ่งให้รอดพ้นจากการถูกเข้าครอบครองกิจการจากอีกบริษัท, อัศวินม้าขาว

white lead ตะกั่วขาว

white lie คำโกหกเพื่อเจตนาดี

white magic มนตร์ขาว

white meat เนื้อสัตว์ที่มีสีขาวจำพวกสัตว์ปีก

★**whiten** (ฮไว' เทิน, ไว' เทิน) *vt., vi.* **-ened, -ening** ทำให้ขาว, ทำให้ตกสี, ฟอก (**-S.** bleach)

white paper เอกสารทางราชการ

white pepper พริกไทยขาว

whitesmith (ฮไวท์ สมิธ, ไวท์'-) *n.* ช่างชุบเหล็ก, ช่างดีบุก

whitewash (ฮไวท์ วอช, ไวท์'-) *n.* ปูนขาวที่ใช้ทาผนัง *-vt.* **-washed, -washing** ทาปูนขาว, ล้างบาป (**-S.** (n.) concealment, cover-up)

whitewater rafting การล่องแก่งด้วยแพยาง

whither (ฮวิธ' เธอร์, วิธ'-) *adv.* เพื่ออะไร, ไปยังที่ใด *-conj.* ที่ซึ่ง, ที่ไหนก็ตาม

whittle (ฮวิท' เทิล, วิท' เทิล) *vt., vi.* **-tled, -tling** ตัด, เหลา, เกลา, เฉือน, ถาก

whiz, whizz (ฮวิซ, วิซ) *vt., vi.* **whizzed, whizzing** (วัตถุ) พัดผ่านหรือลอยผ่านไปอย่างรวดเร็ว, (นก) บินโฉบเสียงดังหวือ *-n.* เสียงซู่ๆ, เสียงหวือ, การเคลื่อนที่ผ่านไปอย่างรวดเร็ว

whiz kid (ภาษาพูด) คนหนุ่มสาวรุ่นใหม่ที่มีอนาคตทางธุรกิจ

★**who** (ฮู) *pron.* ใคร, ผู้ใด, คนไหน, คนที่, ผู้ที่, ผู้ซึ่ง, ใครก็ตาม

WHO ย่อจาก World Health Organization องค์การอนามัยโลก

who'd (ฮูด) ย่อจาก who would, who had

A B C D E F G H I J K L M N O P Q R S T U V W X Y Z

★**whoever** (ฮูเอฟ' เวอร์) *pron.* ใครก็ตาม

★**whole** (โฮล) *adj.* ทั้งหมด, ทั้งมวล, ทั้งสิ้น, ทั้งใบ, ทั้งเม็ด (ยา), ทั้งลูก, ทั้งผล, ทั้งวัน, ไม่เสีย, ไม่บุบสลาย, ไม่ถูกแตะต้อง, ไม่บาดเจ็บ, เต็ม, ครบถ้วนบริบูรณ์ *-n.* จำนวนรวม, จำนวนทั้งหมด, ความบริบูรณ์, ความครบถ้วน *-adv.* ทั้งหมด, ทั้งมวล, ทั้งสิ้น, ทั้งนั้น, ทั้งปวง **-wholeness** *n.* (**-S.** (adj.) entire, perfect (n.) all (adj., n.) total **-A.** (n., adj., adv.) part)

whole food อาหารตามธรรมชาติที่ปราศจากการปรุงแต่ง

whole grain ธัญพืชที่ไม่ผ่านการขัดสี

wholehearted (โฮล' ฮาร์' ทิด) *adj.* ด้วยความเต็มใจ, เต็มที่ **-wholeheartedly** *adv.* (**-S.** devoted, sincere, willing)

whole milk นมที่ไม่พร่องมันเนย

whole number จำนวนเต็ม

wholesale (โฮล' เซล) *n.* การขายส่ง *-adj.* เกี่ยวกับการขายส่ง, ทั่วไป, ไม่รู้จักเลือก *-adv.* กว้างขวาง, ทั่วไป, เป็นจำนวนมาก *-vt., vi.* **-saled, -saling** ขายส่ง (**-S.** (adj.) broad, mass (adv.) comprehensively, extensively)

wholesome (โฮล' เซิม) *adj.* **-somer, -somest** มีประโยชน์ต่อร่างกาย, ถูกอนามัย

whole-wheat (โฮล' ฮวีท', -วีท') *adj.* (ขนมปัง อาหาร) ที่ทำจากแป้งข้าวสาลีที่ไม่ผ่านการขัดสี

who'll (ฮูล) ย่อจาก who will, who shall

wholly (โฮ' ลี, โฮล' ลี) *adv.* ทั้งหมด, ทั้งสิ้น, ทั้งดุ้น, ครบถ้วน, บริบูรณ์, ตลอดทั้งหมด

★**whom** (ฮูม) *pron.* ผู้ที่, ผู้ซึ่ง

whoop (ฮูพ, ฮวูพ, วูพ) *n.* เสียงโห่ร้อง, เสียงไอกรน *-vi., vt.* **whooped, whooping** โห่ร้อง, กู่ร้อง, ตะโกน, ร้องด้วยความดีใจ

whoopee (ฮวุพ' พี, วุพ' พี) *interj.* (คำสแลง) เสียงร้องอุทานแสดงความดีใจและตื่นเต้น

whooping cough โรคไอกรน

whoops, woops (ฮวุพซ์; วุพซ์, วุพซ์) *interj.* คำอุทานแสดงความตกใจเวลาทำผิดพลาด, คำแสดงการขอโทษหรือแก้ตัว

whoosh (ฮวูช, วูช, ฮวุช, วุช) *n.* เสียงลมพัดผ่านไปอย่างรวดเร็ว, การไหลหรือเคลื่อนที่ไปอย่างรวดเร็ว *-vi.* **whooshed, whooshing** เคลื่อนที่ผ่านหรือไปอย่างรวดเร็ว

whore (ฮอร์, โฮร์) *n.* โสเภณี, ผู้หญิงแพศยา *-vi.* **whored, whoring** ขายตัว, มั่วกับโสเภณี

whoreson (ฮอร์ เซิน, โฮร์-) *n.* ลูกนอกสมรส

whorl (ฮเวิร์ล, เวิร์ล) *n.* สิ่งที่เป็นวงหรือขด, ก้นหอย, ลายก้นหอยที่นิ้วมือ, ล้อ

who're ย่อจาก who are

who's (ฮูซ์) ย่อจาก who is, who has

★**whose** (ฮูซ) *adj.* ของใคร, ผู้ซึ่ง, ของผู้ซึ่ง

who've ย่อจาก who have

★**why** (ฮไว, ไว) *adv.* ทำไม, เหตุใด *-n., pl.* **whys** สาเหตุ, เหตุผล *-interj.* อ้าว! ทำไมล่ะ

wick (วิค) *n.* ไส้เทียน, ไส้ตะเกียง

★**wicked** (วิค' คิด) *adj.* **-er, -est** เลวทราม, ชั่วร้าย, ร้ายกาจ, ดุร้าย, อยุติธรรม, น่าสะพรึงกลัว, โหดร้าย, (คำสแลง) มีฝีมือ เก่งกาจ เยี่ยมยอด **-wickedly** *adv.* **-wickedness** *n.* (**-S.** amoral, mischievous, offensive **-A.** good)

wicker (วิค' เคอร์) *n.* หวาย, เครื่องจักสาน

wickerwork (วิค' เคอร์เวิร์ค) *n.* เครื่องจักสาน

★**wide** (ไวด์) *adj.* **wider, widest** กว้าง, กว้างขวาง, กว้างใหญ่, กว้างออก, แพร่หลาย, ทั่วไป, ห่าง, ไกล *-adv.* **wider, widest** เต็มที่, กว้าง, ห่างไกล **-widely** *adv.* **-wideness** *n.* (**-S.** (adj.) full, outspread **-A.** (adj.) narrow)

wide-awake (ไวด์' อะเวค') *adj.* ตื่นตัว

wide-eyed (ไวด์' ไอด์) *adj.* เบิกตาด้วยความพิศวงสงสัยหรือแปลกใจ, เชื่อคนง่าย, ซื่อ

widen (ไว' เดิน) *vt., vi.* **widened, widening** ทำให้กว้าง, ขยาย, ถ่าง, กาง (**-S.** extend)

widespread (ไวด์' สเปรด') *adj.* เป็นที่รู้จักทั่วไป, แพร่หลาย, มีอยู่ทั่วไป, แผ่, กาง, ขยาย (**-S.** general, popular **-A.** unusual)

★**widow** (วิด' โด) *n.* แม่ม่าย

widower (วิด' โดเออร์) *n.* พ่อม่าย

★**width** (วิดธ์, วิธ, วิทธ์) *n.* ความกว้าง, ส่วนกว้าง (**-S.** breadth, compass, extent)

wield (วีลด์) *vt.* **wielded, wielding** กวัดแกว่ง (อาวุธ), ควง (ปืน มีด), ใช้อำนาจ (**-S.** handle)

wieldy (วีล' ดี) *adj.* **-ier, -iest** คล่องแคล่ว, ว่องไว, ชำนาญ (**-S.** expert, skilled)

★**wife** (ไวฟ์) *n., pl.* **wives** (ไวฟ์วซ์) เมีย, ภรรยา, คู่สมรสที่เป็นผู้หญิง (**-S.** partner, spouse)

wig (วิก) *n.* ผมปลอม, ช้องผม

wiggle (วิก' เกิล) *vi., vt.* **-gled, -gling** กระดิก, โบก, ชอนไช, เลื้อย, แยง, ดิ้น, ส่าย *-n.* การกระทำดังกล่าว **-wiggly** *adj.*

wigwag (วิก' แวก) *vi., vt.* **-wagged, -wagging** แกว่งไปมาเป็นจังหวะ, โบก (มือ ธง) ให้สัญญาณ *-n.* การกระทำดังกล่าว

wigwam (วิก' วอม) *n.* กระท่อมของชาวอินเดียนแดง เป็นทรงกรวยคว่ำ ด้านนอกปกคลุมด้วย

เปลือกไม้ หนังสัตว์หรือเสื่อ (-S. hut)

★**wild** (ไวล์ด) *adj.* **wilder, wildest** เป็นป่า, ที่อาศัยอยู่ในป่า, ที่เติบโตในป่า, ป่าเถื่อน, รุนแรง, ดุร้าย, หยาบคาย, โมโหร้าย, บ้าคลั่ง, ดุเดือด, โหดร้ายทารุณ, ยุ่งเหยิง, ไม่มีระเบียบ, บ้าเลือด *-adv.* (กิริยา) ป่าเถื่อน, ตามธรรมชาติ, ไม่มีข้อจำกัด, โดยสันดาน *-n.* สภาพตามธรรมชาติที่สัตว์ป่าอาศัย, ป่าดงพงพี, ที่รกร้างว่างเปล่า **-wildly** *adv.* **-wildness** *n.* (-S. (adj.) barbaric, chaotic, crazy, desolate, fierce -A. (adj.) tame)

wildcat (ไวล์ด' แคท) *n.* แมวป่า, คนเจ้าอารมณ์โมโหร้าย *-adj.* เสี่ยง, (การขุดหาน้ำมัน) อย่างเดาสุ่ม *-vt., vi.* **-catted, -catting** เดาสุ่ม

wilderness (วิล' เดอร์นิซ) *n.* ป่าดง, ที่รกร้าง

wildfire (ไวล์ด' ไฟร์) *n.* ไฟป่า, ข่าวลือ (-S. rumor)

wild-goose chase การค้นหาหรือติดตามแสวงหาที่หาประโยชน์มิได้

wildlife (ไวล์ด' ไลฟ์) *n.* สิ่งมีชีวิตที่อยู่ในป่า

wildlife sanctuary เขตรักษาพันธุ์สัตว์ป่า

wile (ไวล์) *n.* เล่ห์กล, การหลอกลวง, อุบาย

wilful (วิล' เฟิล) *adj.* ดื้อดึง, หัวแข็ง, แน่วแน่, ยืนกราน, ไม่ลดละ, โดยเจตนา, โดยจงใจ (-S. headstrong, stubborn -A. flexible)

★**will**[1] (วิล) *n.* ความตั้งใจ, กำลังใจ, ความมุ่งมั่น, ความสมัครใจ, การตัดสินใจ, พินัยกรรม, ความประสงค์ *-vt., vi.* **willed, willing** เลือก, ตัดสินใจ, ทำพินัยกรรม, ใช้อำนาจจิต, สมัครใจ, ประสงค์, ต้องการ, สั่ง, บัญชา, บงการ, ตั้งใจ, ตกลงใจ, ยกมรดกให้ (-S. (n.) decision (n., v.) desire)

★**will**[2] (วิล) *v. aux.* **would** จะ, น่าจะ, คงจะ, มักจะ, อยากจะ, จะต้อง, อาจจะ, โปรด, กรุณา *-vt., vi.* ปรารถนา, ประสงค์, ต้องการ, ชอบ, พอใจ

willed (วิลด์) *adj.* โดยเจตนา, โดยจงใจ

willful (วิล' เฟิล) *adj.* ดู wilful

★**willing** (วิล' ลิง) *adj.* โดยสมัครใจ, เต็มใจ **-willingly** *adv.* **-willingness** *n.* (-S. eager)

willow (วิล' โล) *n.* ต้นหลิว

willowy (วิล' โลอี) *adj.* **-ier, -iest** อ่อนช้อย

willpower, will power (วิล' เพาเออร์) *n.* อำนาจจิต, ความมุ่งหมาย, ความตั้งใจ (-S. drive)

willy-nilly (วิลลีนิล' ลี) *adv.* โดยจำใจ

★**wilt** (วิลท์) *v.* **wilted, wilting** *-vi.* เหี่ยวแห้ง, เหี่ยวเฉา, โรยรา *-vt.* ทำให้ร่วงโรย, ทำให้เหนื่อยอ่อน *-n.* ความร่วงโรย, การทำให้ร่วงโรย

wily (ไว' ลี) *adj.* **-lier, -liest** มารยา, มีเล่ห์เหลี่ยม

wimp (วิมพ์) *n.* (คำสแลง) คนที่ใช้การไม่ได้

wimple (วิม' เพิล) *n.* ผ้าคลุมศีรษะแม่ชีฝรั่ง

★**win** (วิน) *v.* **won, winning** *-vi.* ได้รับชัยชนะ, ได้มา, เอาชนะได้ *-vt.* ชนะ, บรรลุ, ได้มา, ได้รับ, ไปถึง, ชักชวน, ทำให้สงสาร, ทำให้รัก, จับได้, ยึดได้ *-n.* ชัยชนะ, ความสำเร็จ (S. (v.) achieve (n.) conquest (v., n.) triumph -A. (v.) lose)

wince (วินซ์) *vi.* **winced, wincing** สะดุ้ง, ผงะ *-n.* อาการดังกล่าว **-wincer** *n.*

winch (วินช์) *n.* เครื่องกว้าน

★**wind**[1] (วินด์) *n.* ลม, กระแสลม, ลมหายใจ, ลมในกระเพาะอาหาร, ลมพายุ, ทิศทางลม, กลิ่นที่โชยมาตามลม, เรื่องเหลวไหลไร้สาระ, ข่าวลือ, เครื่องดนตรีประเภทเป่า, การหายใจ *-vt.* **winded, winding** ตามกลิ่น, สูดกลิ่น, ได้กลิ่น, ระบายอากาศ, ผึ่ง, ตาก, หอบ, ทำให้หายใจไม่ออก, พักหายใจ, พักเหนื่อย (-S. (n.) air, breeze, humbug, respiration)

★**wind**[2] (ไวน์ด์) *vt., vi.* **wound** (เวาน์ด์), **winding** พัน, โอบ, ม้วน, หมุน, ขด, วน, วกเวียน, เวียน, ไข, ขัน, กว้าน, ชักรอก, เลื้อย, คดเคี้ยว, กรอ *-n.* การกระทำดังกล่าว, ความวกเวียน, ความคดเคี้ยว, ความบิดเบี้ยว **-wind down** ทำให้ลดลงทีละน้อย, ผ่อนคลาย **-wind up** จบ, ยุติ (-S. (v., n.) bend, twist)

windbag (วินด์' แบก) *n.* ถุงบรรจุลม

windfall (วินด์' ฟอล) *n.* ลาภลอย, ผลไม้ที่ถูกลมพัดหล่นลงพื้น (-S. bonanza, godsend)

winding (ไวน์' ดิง) *n.* ความคดเคี้ยวเลี้ยวลดของถนน *-adj.* คดเคี้ยว, ที่ขดเป็นวง (-S. (n.) turn, twist (adj.) curving, sinuous)

winding-sheet (ไวน์' ดิงชีท) *n.* ผ้าห่อศพ

wind instrument เครื่องดนตรีประเภทเป่า

windlass (วินด์' เลิซ) *n.* เครื่องกว้าน

windmill (วินด์' มิล) *n.* โรงสีลม, กังหันลม

windmill

★**window** (วิน' โด) *n.* หน้าต่าง, ตู้กระจกหน้าร้าน, กระจกหน้าต่าง, (คอมพิวเตอร์) ช่องหน้าต่างที่เป็นช่องสำหรับดูข้อมูลหรือโปรแกรมบนจอภาพ

window blind มู่ลี่

window-dressing (วิน' โดเดรซซิง) *n.* การตกแต่งตู้กระจกแสดงสินค้า

windowpane (วิน' โดเพน) *n.* กระจกหน้าต่าง

window seat ที่นั่งใกล้หน้าต่าง

A B C D E F G H I J K L M N O P Q R S T U V W X Y Z

windows ย่อจาก Microsoft windows ซึ่งเป็นระบบปฏิบัติการยอดนิยมในปัจจุบัน
window-shop (วิน' โดชอพ) *vi.* **-shopped, -shopping** เที่ยวเดินดูสินค้าตามตู้กระจกหน้าร้านโดยไม่ได้ซื้อ **-window-shopper** *n.*
windpipe (วินด์' ไพพ์) *n.* หลอดลม
windscreen (วินด์' สกรีน) *n.* เครื่องบังลม, กระจกหน้ารถ
windshield (วินด์' ชีลด์) *n.* กระจกหน้ารถ
windstorm (วินด์' ซตอร์ม) *n.* ลมพายุพัดแรงแต่ไม่มีฝน
windsurf (วินด์' เซิร์ฟ) *vi.* **-surfed, -surfing** เล่นกระดานโต้คลื่น
windsurfing (วินด์' เซอร์ฟิง) *n.* กีฬากระดานโต้คลื่น
windswept (วินด์' ซเวพท์) *adj.* มีลมพัดแรง
wind-up, windup (ไวน์ด์' อัพ) *n.* การสรุป, บทสรุป (**-S.** solution)
windward (วินด์' เวิร์ด) *adj.* (ทิศ) ที่ลมพัดมา, (ด้าน) ที่มีลมพัด
windy (วิน' ดี) *adj.* **-ier, -iest** มีลมพัดแรง, พูดมาก (**-S.** gusty, windswept)
★**wine** (ไวน์) *n.* เหล้าองุ่น *-v.* **wined, wining** *-vt.* เลี้ยงเหล้าองุ่น *-vi.* ดื่มเหล้าองุ่น
wine cellar ห้องเก็บเหล้าองุ่น
wineglass (ไวน์' แกลูซ) *n.* แก้วดื่มเหล้าองุ่น
wine palm ต้นตาล น้ำจากผลใช้ทำน้ำตาลเมา
winepress (ไวน์' เพรซ) *n.* เครื่องหีบองุ่น
winery (ไว' นะรี) *n., pl.* **-ies** โรงงานผลิตเหล้าองุ่น
wineskin (ไวน์' สกิน) *n.* ถุงบรรจุเหล้าองุ่นที่ทำจากหนังแพะ
★**wing** (วิง) *n.* ปีก, สิ่งที่คล้ายปีก, ปีกเครื่องบิน, ปีกตึกหรืออาคาร, บังโคลนรถ, ตำแหน่งผู้เล่นฟุตบอลปีกซ้ายหรือขวา, ฝ่าย, ข้าง, ด้าน, ซีก, ความอุปถัมภ์, ด้านข้างเวทีละคร, (ภาษาพูด) แขน, ที่วางแขนด้านข้างเก้าอี้, การบิน, กองบิน *-v.* **winged, winging** *-vi.* บิน *-vt.* ติดปีก, ต่อปีก, ใส่ปีก, ทำให้บินเร็วราวกับติดปีก, ติดปีกลูกศร, ยิงปีก (นก), ยิงหรือแทงถูกแขน, ขนส่งทางอากาศ (**-S.** (n.) arm (n., v.) fly)
winged bean ถั่วพลู
wing-footed (วิง' ฟุท' ทิด) *adj.* มีฝีเท้าเร็ว
wingspan (วิง' สแปน) *n.* ระยะจากปลายปีกด้านหนึ่งไปยังอีกด้านหนึ่ง
wingspread (วิง' สเปรด) *n.* ดู wingspan
wink (วิงค์) *vi., vt.* **winked, winking** ขยิบตา, กะพริบตา, ส่องแสง *-n.* การกระทำดังกล่าว, เวลาชั่วพริบตา, แสงสว่างแวบเดียว, ไฟกะพริบ (**-S.** (v., n.) blink, gleam (n.) moment, nap)
winker (วิง' เคอร์) *n.* ที่บังตาม้า
★**winner** (วิน' เนอร์) *n.* ผู้ชนะ, ผู้พิชิต (**-S.** conqueror, victor **-A.** loser)
winning (วิน' นิง) *adj.* มีชัยชนะ, สำเร็จ, บรรลุผล, มีเสน่ห์ *-n.* ความมีชัยชนะ **-winnings** เงินรางวัล (**-S.** (adj.) charming (n.) victory)
winnow (วิน' โน) *vt., vi.* **-nowed, -nowing** ฝัด (ข้าว), ร่อน, กรอง, พัด, โปรย, หว่าน, กระพือ, แยกแยะ *-n.* การกระทำดังกล่าว, เครื่องแยกหรือกรองออก (**-S.** (v.) divide, sift)
★**winter** (วิน' เทอร์) *n.* ฤดูหนาว, ช่วงเวลาที่หนาวเหน็บ เศร้าโศก ซบเซา *-adj.* เกี่ยวกับหรือเกิดในฤดูหนาว, คล้ายฤดูหนาว, ที่จัดให้มีขึ้นในฤดูหนาว, (พืช) ที่เพาะปลูกหรือเติบโตในฤดูหนาว *-vi.* **-tered, -tering** ใช้เวลาในฤดูหนาว, (อาหาร) เก็บไว้กินในฤดูหนาว
wintertime (วิน' เทอร์ไทม์) *n.* ฤดูหนาว
wintry, wintery (วิน' ทรี, วิน' ทะรี) *adj.* **-trier, -triest/-terier, -teriest** หนาว, อย่างฤดูหนาว, เกี่ยวกับฤดูหนาว (**-S.** cold **-A.** hot)
★**wipe** (ไวพ์) *vt.* **wiped, wiping** เช็ด, ถู, ปาด, ขัด, ลบ, ลบล้าง *-n.* การกระทำดังกล่าว, สิ่งที่ใช้เช็ดถู, เครื่องปัดน้ำฝนหน้ากระจกรถ, (คำสแลง) การเยาะเย้ย, การหวดตี **-wipe out** ทำลายล้าง, (คำสแลง) ฆาตกรรม (**-S.** (v., n.) brush, rub (v.) erase, remove)
wiper (ไว' เพอร์) *n.* ผ้าสำหรับเช็ดถูทำความสะอาด, เครื่องปัดน้ำฝนหน้ากระจกรถ
★**wire** (ไวร์) *n.* ลวด, สายโทรเลข, โทรเลข, สายไฟ, สายเครื่องดนตรี, ลวดตาข่าย, เส้นชัย *-v.* **wired, wiring** *-vt.* ผูกลวด, ล้อมลวด, ขึงลวด, ต่อลวด, ต่อสายไฟ, ส่งโทรเลข *-vi.* ส่งโทรเลข
wireless (ไวร์' ลิซ) *adj.* ไร้สาย, เกี่ยวกับการติดต่อทางวิทยุ *-n.* การส่งข้อมูลทางโทรศัพท์หรือโทรเลข, วิทยุ *-vt., vi.* **-lessed, -lessing** ติดต่อสื่อสารโดยเครื่องรับส่งไร้สาย
wirepuller (ไวร์' พุลเลอร์) *n.* (คำสแลง) ผู้ชักใยอยู่เบื้องหลัง, คนเชิดหุ่นกระบอก
wiretap (ไวร์' แทพ) *n.* การลักลอบต่อสายโทรศัพท์เพื่อดักฟังบทสนทนาของผู้อื่น *-vt., vi.* **-tapped, -tapping** ลักลอบต่อสายโทรศัพท์
wiring (ไว' ริง) *n.* การเดินสายไฟ, ระบบสายไฟ
wiry (ไว' รี) *adj.* **-ier, -iest** เกี่ยวกับลวด, คล้ายลวด, บางแต่เหนียวเหมือนลวด

A B C D E F G H I J K L M N O P Q R S T U V W X Y Z

★**wisdom** (วิซ' เดิม) *n.* ความฉลาด, ความรอบคอบ, ความสุขุม (**-S.** prudence **-A.** fool)
wisdom tooth ฟันกรามซี่ในสุด, ฟันคุด
★**wise**[1] (ไวซฺ) *adj.* **wiser, wisest** ฉลาด, สุขุม, รอบรู้, รอบคอบ, คงแก่เรียน, หลักแหลม, มีไหวพริบ **-wisely** *adv.* (**-S.** clever **-A.** stupid)
wise[2] (ไวซฺ) *n.* วิธี, แนวทาง, แบบ (**-S.** way)
wise guy (คำสแลง) คนอวดฉลาด
wise man ปราชญ์, ผู้รอบรู้, บัณฑิต, ซินแส
★**wish** (วิช) *n.* ความปรารถนา, ความประสงค์, คำอธิษฐาน, คำอวยพร *-vt., vi.* **wished, wishing** ขอให้, หวังว่า, อธิษฐาน, อวยพร, ประสงค์, ปรารถนา, ต้องการ, อยาก **-wishful** *adj.* (**-S.** (n.) will (v., n.) desire, hope)
wishbone (วิช' โบน) *n.* กระดูกหน้าอกนกมีสองง่าม ใช้สำหรับอธิษฐาน
wishful thinking ความหวังลมๆ แล้งๆ
wish-wash (วิช' วอช) *n.* (ภาษาพูด) คำพูดน้ำท่วมทุ่ง เครื่องดื่มที่จืดใส
wishy-washy (วิช' ชีวอชชี, -วอ' ชี) *adj.* **-ier, -iest** (ภาษาพูด) ใส จืด บาง อ่อนแออ่อนเหตุผล ไม่ได้ผล
wisp (วิซพฺ) *n.* ปอย (ผม), หยิบมือ, กำมือ, กลุ่มควัน, ก้อนเมฆ, สิ่งที่บอบบางละเอียดอ่อนหรืออ่อนแอ *-v.* **wisped, wisping** *-vt.* ม้วนเป็นก้อนหรือกำเล็กๆ *-vi.* (เมฆ ควัน) ล่องลอยไปเป็นกลุ่มก้อน **-wispily** *adv.*
wistful (วิซทฺ' เฟิล) *adj.* โหยหา, ละห้อย, อาลัย
wit (วิท) *n.* คนที่มีไหวพริบ, ความหลักแหลม, เชาวน์, ไหวพริบ, สติปัญญา (**-S.** wisdom)
witch (วิช) *n.* แม่มด, ยายเฒ่า, หญิงที่มีเสน่ห์ *-v.* **witched, witching** *-vt.* ทำให้หลงใหล, ทำเสน่ห์, ใช้เวทมนตร์คาถา *-vi.* ค้นหาน้ำหรือแร่ใต้ดินโดยใช้แขนงไม้วิเศษนำทาง **-witchery** *n.* (**-S.** (n.) magician)
witchcraft (วิช' แครฟทฺ) *n.* เวทมนตร์, คาถา, การทำเสน่ห์ (**-S.** magic, sorcery, spell)
witch doctor หมอผี
witch-hunt (วิช' ฮันทฺ) *n.* การสืบหาข้อผิดพลาดของศัตรูทางการเมือง เพื่อทำให้หมดอำนาจหรือบทบาท
★**with** (วิธ, วิธ) *prep.* ต่อ, ด้วย, กับ, มากับ, พร้อมด้วย, พร้อมกับ, เข้ากับ, อยู่กับ, ที่มี, เห็นด้วยกับ, เข้าข้างกับ, สนับสนุน, เหมือนกันกับ, เกี่ยวกับ, ในส่วน, เพราะ, เนื่องด้วย, ตาม, ในจำพวกเดียวกันกับ, อย่าง, โดย, โดยใช้, แม้, แม้ว่า, ซึ่งมี, ถ้ามี
withal (วิธธอล', วิธ-) *adv.* อนึ่ง, ยิ่งกว่านั้น
★**withdraw** (วิธดรอ', วิธ-) *vt., vi.* **-drew, -drawn, -drawing** เอาออก, ถอน, ถอนตัว, ถอนเงิน, ถอนคำพูด, ถอย, ชัก, หด, เรียกกลับ, เอากลับคืน, ร่น **-withdrawable** *adj.* **-withdrawer** *n.* (**-S.** extract, depart, take back)
withdrawal (วิธดรอ' เอิล, วิธ-) *n.* การถอนกำลังทหาร, การถอนเงิน, การถอนตัว, การล่าถอย (**-S.** removal, retirement **-A.** advance)
withdrawal symptoms อาการที่เป็นผลมาจากการเลิกยาเสพติด
withdrawn (วิธดรอน', วิธ-) *adj.* ปลีกตัว, เหินห่าง, สันโดษ, ประหม่า (**-S.** isolated, shy)
wither (วิธ' เธอรฺ) *v.* **-ered, -ering** *-vi.* เฉา, เหี่ยวแห้ง, ร่วงโรย, ลีบ, ห่อเหี่ยว *-vt.* ทำให้สลด, ทำให้ม่อย (**-S.** decay, mortify **-A.** refresh)
withering (วิธ' เธอริง) *adj.* ล้างผลาญ, ฉิบหาย **-witheringly** *adv.* (**-S.** destructive)
withers (วิธ' เธอรฺซฺ) *n. pl.* ตะโหงกม้า
withhold (วิธโฮลดฺ', วิธ-) *vt., vi.* **-held, -holding** รั้ง, ห้าม, ระงับ, ยับยั้ง, ปิดบัง, อำพราง (**-S.** conceal, refuse, restrain)
★**within** (วิธอิน', วิธ-) *adv.* ข้างใน, ภายใน, *-prep.* ข้างใน, ด้านใน, ภายใน (ระยะที่กำหนดขอบเขต) *-n.* ส่วนที่อยู่ภายใน
★**without** (วิธเอาทฺ', วิธ-) *adv.* ภายนอก, โดยไม่มี, ปราศจาก, ไร้ *-prep.* ไม่มี, ไร้, ปราศจาก, นอกเหนือ, พ้น, ข้างนอก
withstand (วิธสแตนดฺ', วิธ-) *vt.* **-stood, -standing** ทนทาน, ต้านทาน, ทนต่อ
witless (วิท' ลิซ) *adj.* โง่, เขลา, เซ่อ **-witlessly** *adv.* (**-S.** foolish, stupid **-A.** clever, wise)
★**witness** (วิท' นิซ) *n.* พยาน, พยานหลักฐาน, ผู้ลงชื่อเป็นพยาน, การให้การเป็นพยาน *-vt., vi.* **-nessed, -nessing** เป็นพยาน, ลงชื่อเป็นพยาน, ดู, รู้เห็น (**-S.** (n.) observer (v.) see)
witness box คอกพยาน
witticism (วิท' ทิซิซเซิม) *n.* คำคม
witty (วิท' ที) *adj.* **-tier, -tiest** คมคาย, หลักแหลม, ปราดเปรื่อง, เล่นลิ้น, เล่นสำนวน **-wittily** *adv.* **-wittiness** *n.* (**-S.** clever **-A.** silly)
wizard (วิซ' เซิรฺด) *n.* พ่อมด, หมอผี, ผู้วิเศษ, นักปราชญ์ **-wizardly** *adj.* (**-S.** magician)
wizardry (วิซ' เซอรฺดรี) *n., pl.* **-ries** เวทมนตร์คาถา, การเล่นกล (**-S.** magic)
wizen (วิซ' เซิน) *v.* **-ened, -ening** *-vi.* เหี่ยวแห้ง, เฉา, ย่น, หด *-vt.* ทำให้เหี่ยวแห้ง

A B C D E F G H I J K L M N O P Q R S T U V W X Y Z

wizened (วิซ' เซินด์) *adj.* เหี่ยวย่น, ยาน
wobble, wabble (วอบ' เบิล) *vi., vt.* **-bled, -bling** โยก, สั่น, คลอน, ส่าย, เขย่า, โคลงเคลง, โซเซ *-n.* การกระทำดังกล่าว, เสียงสั่น
woe (โว) *n.* ความทุกข์ระทม, ความเคราะห์ร้าย, ความฉิบหาย **-woeful** *adj.* **-woefully** *adv.* (**-S.** distress, trouble **-A.** happiness)
woebegone (โว' บิกอน) *adj.* เศร้า, เสียใจ, ตรอมใจ, ทุกข์ระทม **-woebegoneness** *n.*
wok (วอค) *n.* กระทะก้นกลม
woke (โวค) *v.* กริยาช่อง 2 ของ wake
woken (โว' เคิน) *v.* กริยาช่อง 3 ของ wake
wolf (วูลฟ์) *n., pl.* **wolves** (วูลฟ์วซ) หมาป่า, คนดุร้ายป่าเถื่อน, (คำสแลง) เสือผู้หญิง *-vt.* **wolfed, wolfing** กินอย่างตะกละ, สวาปาม
★**woman** (วุม' เมิน) *n., pl.* **women** (วิม' มิน) ผู้หญิง, สตรี, บรรดาผู้หญิง, สาวใช้, (ภาษาพูด) เมีย คนรัก, ความเป็นผู้หญิง **-womanish** *adj.* (**-S.** female, housekeeper **-A.** male)

> **woman** ผู้หญิง ใช้เรียกเพศหญิงทั่วไปที่เป็นผู้ใหญ่ เช่น That woman in the red dress is my wife.
> **lady** สุภาพสตรี ใช้เมื่อพูดหรือกล่าวถึงผู้หญิงอย่างสุภาพ ให้เกียรติ หรือนับถือ เช่น Who is this beautiful lady?

womanhood (วุม' เมินฮุด) *n.* ความเป็นผู้หญิง, บรรดาผู้หญิง, ลักษณะของผู้หญิง
womankind (วุม' เมินไคน์ด์) *n.* บรรดาผู้หญิง
womanlike (วุม' เมินไลค์) *adj.* เหมือนผู้หญิง
womanly (วุม' เมินลี) *adj.* **-lier, -liest** อย่างผู้หญิง, นิ่มนวล, อ่อนโยน, อ่อนหวาน
woman suffrage สิทธิสตรีในการเลือกตั้ง
womb (วูม) *n.* มดลูก, ครรภ์, ท้อง, อุทร
women's liberation (movement) การเคลื่อนไหวเพื่อให้มีการปฏิบัติที่เท่าเทียมกันระหว่างผู้หญิงกับผู้ชาย, การเคลื่อนไหวเพื่อปลดเปลื้องทัศนคติและการปฏิบัติที่ว่าผู้ชายเหนือกว่าผู้หญิง
won¹ (วัน) *v.* กริยาช่อง 2 และ 3 ของ win
won² (วอน) *n., pl.* **won** หน่วยเงินตราของเกาหลีใต้
★**wonder** (วัน' เดอร์) *n.* ความสงสัย, ความกังขา, ความประหลาดใจ, ความอัศจรรย์ใจ, สิ่งมหัศจรรย์ *-vi., vt.* **-dered, -dering** ประหลาดใจ, พิศวง, สงสัย, กังขา *-adj.* น่าประหลาดใจ, น่าพิศวง, น่าอัศจรรย์ใจ **-wonderer** *n.* (**-S.** (n., v.) surprise (v.) amaze, astonish)
★**wonderful** (วัน' เดอร์เฟิล) *adj.* น่าพิศวง, มหัศจรรย์, น่าอัศจรรย์, ดีเยี่ยม **-wonderfully** *adv.* **-wonderfulness** *n.* (**-S.** amazing, excellent, marvelous **-A.** common)
wondering (วัน' เดอริง) *adj.* พิศวง, งงงวย, น่าสงสัย **-wonderingly** *adv.* (**-S.** amazing)
wonderland (วัน' เดอร์แลนด์) *n.* ดินแดนที่เต็มไปด้วยความมหัศจรรย์
wonderment (วัน' เดอร์เมินท์) *n.* ความประหลาดใจ, ความพิศวง (**-S.** surprise)
wonderwork (วัน' เดอร์เวิร์ค) *n.* ผลงานหรือสิ่งมหัศจรรย์ **-wonderworking** *adj.*
wondrous (วัน' เดรัซ) *adj.* พิศวง, มหัศจรรย์
wont (วอนท์, โวนท์, วันท์) *adj.* เคย, เคยชิน, เป็นปกติ, เป็นกิจวัตร *-n.* ความเคยชิน, ธรรมเนียม, กิจวัตร, นิสัย *-v.* **wont/wonted, wonting** *-vt.* ทำให้เคยชิน *-vi.* เคยชิน, เคย
won't (โวนท์) ย่อจาก will not
wonted (วอน' ทิด, โวน'-, วัน'-) *adj.* เช่นเคย
won ton, wonton (วอน' ทอน) *n.* เกี๊ยวน้ำ
woo (วู) *vt., vi.* **wooed, wooing** แสวงหา, เกี้ยว, จีบ (**-S.** court, pursue)
★**wood** (วุด) *n.* ไม้, เนื้อไม้, ฟืน, ซุง, ถังไม้, เครื่องดนตรีประเภทเป่าที่ทำด้วยไม้ *-v.* **wooded, wooding** *-vt.* ปลูกป่า, เติมเชื้อฟืน *-vi.* หาฟืน *-adj.* ที่ทำด้วยไม้, ที่อยู่ในป่า **-woods** ป่าไม้
woodcarving (วุด' คาร์วิง) *n.* การแกะสลักไม้, งานแกะสลักไม้ **-woodcarver** *n.*
wood coal ถ่านหินลิกไนต์
woodcraft (วุด' แครฟท์) *n.* ทักษะ ประสบการณ์ในการล่าสัตว์ป่า, ศิลปะในการแกะสลักไม้
woodcut (วุด' คัท) *n.* แม่พิมพ์ไม้, สิ่งที่พิมพ์จากแม่พิมพ์ไม้
★**wooded** (วุด' ดิด) *adj.* เต็มไปด้วยป่าไม้
wooden (วุด' เดิน) *adj.* ที่ทำด้วยไม้, แข็งทื่อ, กระด้าง, ไม่มีจิตใจ, โง่ **-woodenly** *adv.* (**-S.** clumsy, lifeless, thick, timber **-A.** lively)
wood engraving แม่พิมพ์ไม้, สิ่งพิมพ์จากแม่พิมพ์ไม้, การแกะสลักไม้
woodenhead (วุด' เดินเฮด) *n.* คนโง่
woodland (วุด' เลินด์, -แลนด์) *n.* ป่า *-adj.* เป็นป่า, ที่อยู่ในป่า **-woodlander** *n.*
woodman (วุด' เมิน) *n.* พราน, ชาวป่า
wood nymph นางไม้
woodpecker (วุด' เพคเคอร์) *n.* นกหัวขวาน

A B C D E F G H I J K L M N O P Q R S T U **W** V X Y Z

woodpile (วุด' ไพล) *n.* กองฟืน
woodshed (วุด' เชด) *n.* โรงเก็บฟืน
woodsman (วุดซ' เมิน) *n.* ดู woodman
wood spirits แอลกอฮอล์ที่ใช้เป็นเชื้อเพลิง
wood tar น้ำมันยาง
woodwind (วุด' วินด) *n.* เครื่องดนตรีประเภทเป่าที่ทำด้วยไม้ เช่น ขลุ่ย
woodwork (วุด' เวิร์ค) *n.* เครื่องไม้
woodworking (วุด' เวอร์คิง) *n.* งานช่างไม้
woody (วุด' ดี) *adj.* **-ier, -iest** เต็มไปด้วยป่าไม้, เหมือนไม้, เป็นป่า **-woodiness** *n.*
★**wool** (วุล) *n.* ขนแกะ, ขนสัตว์ที่มีคุณสมบัติเหมือนขนแกะ, เส้นใยหรือเสื้อผ้าที่ทอจากขนแกะ, ขนปุย, สิ่งที่เป็นฝอยหรือปุย **-wool** *adj.* (**-S.** fleece, hair, yarn)
woolen, woollen (วุล' เลิน) *adj.* ซึ่งทำจากขนแกะ **-woolens** สิ่งทอหรือเสื้อผ้าเครื่องนุ่งห่มที่ทำจากขนแกะ
woolgathering (วุล' แกธเธอริง) *n.* ความเพ้อฝัน **-woolgathering** *adj.*
woolly, wooly (วุล' ลี) *adj.* **-lier, -liest/-ier, -iest** ที่ทำจากขนแกะ, เหมือนขนแกะ, คลุมเครือ, สับสน *-n., pl.* **-lies, -ies** เสื้อผ้าที่ถักด้วยเส้นใยขนแกะ (**-S.** (adj.) confused, fleecy)
woolly-headed (วุล' ลีเฮดดิด) *adj.* มีผมหยิกฝอยเหมือนขนแกะ, โง่, เซ่อ, งงงวย
woozy (วู' ซี, วุซ' ซี) *adj.* **-ier, -iest** งงงวย
★**word** (เวิร์ด) *n.* คำ, คำพูด, ถ้อยคำ, วาจา, วาทะ, ข่าว, คำที่เป็นรหัสผ่าน, คำสั่ง, คำสัญญา, ข่าวลือ *-vt.* **worded, wording** พูด, กล่าว **-at a word** ตอบโต้อย่างทันควัน **-break one's word** เสียคำพูด **-have no words for** ไม่อาจบรรยายได้ **-in a word** โดยย่อ **-of few words** พูดน้อย **-take at one's word** ใส่ใจในคำพูดของ **-upon my word** จริงๆ ที่เดียว **-word for word** ตามตัวอักษร, ทุกๆ คำ **-words** เนื้อเพลง, การพูดคุย, การทะเลาะ (**-S.** (n., v.) chat, command, phrase (n.) expression, news, oath, slogan (v.) state, utter)
wordbook (เวิร์ด' บุค) *n.* พจนานุกรม
wording (เวอร์' ดิง) *n.* การเลือกใช้ถ้อยคำ
wordless (เวิร์ด' ลิซ) *adj.* ไม่มีคำพูด, พูดไม่ออก **-wordlessly** *adv.* **-wordlessness** *n.*
word processing (คอมพิวเตอร์) การประมวลผลคำ
word processor (คอมพิวเตอร์) โปรแกรมประมวลผลคำ
wordy (เวอร์' ดี) *adj.* **-ier, -iest** ที่ใช้คำมากเกินไป **-wordily** *adv.* (**-S.** verbose)
wore (วอร์) *v.* กริยาช่อง 2 ของ wear
★**work** (เวิร์ค) *n.* อาชีพ, งาน, หน้าที่, การงาน, การทำงาน, การกระทำ, งานโยธา, งานเย็บปักถักร้อย, งานศิลปะ, เวลาทำงาน, เครื่องจักร, ฝีมือ, ผลงาน *-adj.* ที่ใช้ในการทำงาน *-v.* **worked/wrought** (รอท), **working** *-vi.* ทำงาน, พยายาม, ได้งานทำ, ทำหน้าที่, ปฏิบัติการ, ใช้งาน, ได้ผล, ใช้การได้, ก่อให้เกิด, ดำเนินไปด้วยความยากลำบาก, ปั่นป่วน *-vt.* ได้ผล, ใช้ได้, ยังผล, เกิดผล, ทำสำเร็จ, ปั้น, นวด, สร้าง, ทำรูป, ก่อรูป, ก่อร่าง, ทำงานฝีมือ, แก้ (โจทย์เลข), คำนวณ, วาด, เขียน, ระบาย, สลัก, แกะ, เซาะ, เจาะ, เพาะ, ปลูก, ใช้, ชักนำ, ชักชวน, ปลุกปั่น, เร้า, กระตุ้น, ใช้เสน่ห์, ใช้อิทธิพล, หมัก (เหล้า) **-out of work** ตกงาน **-work off** กำจัด **-work out** คิดคำนวณ **-works** การทำความดี, ผลงานด้านวรรณกรรม หรือการประพันธ์เพลง, ป้อมปราการ, โรงงาน (**-S.** (n.) craft, duty, handiwork (n., v.) drudge, toil (v.) cultivate, handle, operate)
workable (เวอร์' คะเบิล) *adj.* ที่ใช้งานได้, ที่ใช้การได้, ที่ทำได้ **-workably** *adv.*
workaday (เวอร์' คะเด) *adj.* ทุกวัน, ปกติ
workaholic (เวิร์คคะฮอ' ลิค) *n.* คนบ้างาน
workday (เวิร์ค' เด) *n.* วันทำงาน *-adj.* ทุกวัน, ปกติ
★**worker** (เวอร์' เคอร์) *n.* คนทำงาน, คนงาน, กรรมกร, ผึ้งงาน, มดงาน (**-S.** laborer)
workers' compensation เงินที่กฎหมายบังคับให้นายจ้างต้องจ่ายให้ลูกจ้างเป็นค่าทำขวัญ ค่ารักษาพยาบาล กรณีบาดเจ็บหรือทุพพลภาพจากการปฏิบัติงาน
work force, workforce (เวิร์ค' ฟอร์ซ, -โฟร์ซ) *n.* ลูกจ้าง, พนักงาน (**-S.** employee)
workhouse (เวิร์ค' เฮาซ) *n.* โรงงาน, โรงทาน, คุก (**-S.** factory, prison)
★**working** (เวอร์' คิง) *adj.* ที่ใช้ทำงาน, เกี่ยวกับการทำงาน, มีงานทำ, ที่ใช้การได้ *-n.* การทำงาน, การปฏิบัติการ, อาการกระตุกบนใบหน้า **-workings** เหมือง (**-S.** (adj.) employed, running, useful (n.) operation **-A.** (n.) rest)
working capital เงินทุนหมุนเวียน
working class ชนชั้นกรรมกร
workingman (เวอร์' คิงแมน) *n.* กรรมกร
working papers สัญญาจ้าง

workman (เวิร์ค' เมิน) *n.* คนงาน, กรรมกร, ช่างฝีมือ (**-S.** craftman, laborer)
workmanlike (เวิร์ค' เมินไลค์) *adj.* ชำนาญ
workmanship (เวิร์ค' เมินชิพ) *n.* ฝีมือ, งานที่ทำโดยช่างมีฝีมือ
work of art *n., pl.* **works of art** ศิลปวัตถุ
workout (เวิร์ค' เอาท์) *n.* การฝึกซ้อมเพื่อเพิ่มสมรรถภาพให้ร่างกาย, การทดสอบความสามารถและความทนทานของร่างกาย
work permit ใบอนุญาตทำงานสำหรับคนต่างด้าว
work sheet, worksheet (เวิร์ค' ชีท) *n.* กระดาษทดเลข
workshop (เวิร์ค' ชอพ) *n.* ห้องทำงานในโรงงาน, โรงงาน (**-S.** factory, studio)
★**world** (เวิร์ลด์) *n.* โลก, พิภพ, จักรวาล, มนุษย์โลก, มนุษยชาติ, สังคมมนุษย์, สาธารณชน, โลกีย์วิสัย, วิถีชีวิต, ชีวิตทางโลก, อาณาจักร, ยุค, วง, วงการ *-adj.* เกี่ยวกับโลก, ในทางโลกีย์ **-out of this world** เลิศ, เยี่ยม, วิเศษ **-worlds** จำนวนมากมาย (**-S.** (n.) earth, epoch, kingdom)

> **world** โลกซึ่งเป็นที่รวมสังคมมนุษย์ เช่น The children's world is so happy.
> **earth** โลกที่หมายถึงดาวเคราะห์ดวงที่สามในระบบสุริยจักรวาล เช่น More than 70 percent of the earth is covered by water.

World Bank ธนาคารโลก
world-class (เวิร์ลด์' แคลซ') *adj.* ซึ่งอยู่ในตำแหน่งหรือลำดับสูงสุด
World Court ศาลโลก
worldly (เวิร์ลด์' ลี) *adj.* **-lier, -liest** ทางโลกีย์, เจนโลก **-worldliness** *n.* **-worldly** *adv.*
worldly-wise (เวิร์ลด์' ลีไวซ์') *adj.* เจนจัด
world's fair การแสดงสินค้านานาชาติ
World War I สงครามโลกครั้งที่ 1 ระหว่างปี ค.ศ. 1914-18
World War II สงครามโลกครั้งที่ 2 ระหว่างปี ค.ศ. 1939-45
world-weary (เวิร์ลด์' เวียรี) *adj.* **-rier, -riest** เบื่อโลก, เบื่อชีวิต
worldwide (เวิร์ลด์' ไวด์') *adj.* ซึ่งแพร่หลายไปทั่วโลก (**-S.** global, international)
World Wide Web, Web (คอมพิวเตอร์) เป็นแหล่งรวมไฮเปอร์เทกซ์ขนาดใหญ่สำหรับการเข้าหาและเข้าถึงอินเทอร์เน็ต และนับเป็นหนึ่งในบริการยอดนิยมในอินเทอร์เน็ต โดยใช้รูปแบบการนำเสนอข้อมูลในลักษณะหน้ากระดาษอิเล็กทรอนิกส์ ย่อว่า www
★**worm** (เวิร์ม) *n.* หนอน, พยาธิ, ไส้เดือน, ตัวไหม, ดักแด้, ด้วง, บุ้ง, ไส้ไก่, เกลียวตัวหนอน *-vt., vi.* **wormed, worming** เลื้อย, คลาน, ไช, คืบ, เขยิบ, สอดแทรก, ล้วง (ความลับ)
worm-eaten (เวิร์ม' อีทเทิน) *adj.* เปื่อย, เน่า, ผุพัง, ชราภาพ (**-S.** decayed, rotten)
worn (วอร์น, โวร์น) *v.* กริยาช่อง 3 ของ wear
worn-out (วอร์น' เอาท์', โวร์น'-) *adj.* เก่าจนใช้ไม่ได้, เพลีย, อิดโรย (**-S.** shabby)
worrisome (เวอ' รีเซิม) *adj.* ที่ทำให้กังวล วิตก กลัดกลุ้ม **-worrisomely** *adv.*
★**worry** (เวอ' รี) *v.* **worried, worrying** *-vi.* เครียด, กังวล, วิตก, ไม่สบายใจ, กลัดกลุ้ม, ขบ ดึง ฉีก (ด้วยฟัน), *-vt.* รบกวน, รังควาน, ก่อกวน, กวนใจ, ทำให้วิตกกังวลหรือกลัดกลุ้ม *-n., pl.* **-ries** ความกลุ้มใจ, สิ่งรบกวนใจหรือทำให้ไม่สบายใจ **-worrier** *n.* (**-S.** (v.) annoy (n.) irritation, trouble **-A.** (v., n.) comfort)
★**worse** (เวิร์ซ) *adj.* คุณศัพท์เปรียบเทียบขั้นกว่าของ bad
worsen (เวอร์' เซิน) *vt., vi.* **-ened, -ening** ทำให้หรือกลายเป็นเลวลง
★**worship** (เวอร์' ชิพ) *n.* การกราบไหว้บูชา, การแสดงความเคารพนับถือ, การสวดมนต์ *-vt., vi.* **-shiped, -shiping/-shipped, -shipping** บูชา, สักการะ, บวงสรวง, กราบไหว้, แสดงความนับถือ, เคารพ, รักใคร่, สวดมนต์ (**-S.** (n.) devotion (v.) adore, deify (n., v.) honour, praise, respect, reverence)
★**worst** (เวิร์ซท์) *adj.* คุณศัพท์เปรียบเทียบขั้นสูงสุดของ bad
worsted (วุส' ติด, เวอร์' สติด) *n.* ผ้าขนสัตว์
wort (เวิร์ท, วอร์ท) *n.* ต้นไม้
★**worth** (เวิร์ธ) *n.* ค่า, ราคา, คุณค่า, คุณความดี, ความมั่งคั่ง *-adj.* มีค่า, มีราคา, มีคุณค่า, เป็นประโยชน์, คุ้มค่า, สมควร, คู่ควร (**-S.** (n.) benefit, merit, value (adj.) valuable)
worthless (เวิร์ธ' ลิซ) *adj.* ไร้ค่า, ไม่มีราคา, ไม่มีประโยชน์, ด้อยคุณภาพ **-worthlessly** *adv.* (**-S.** despicable, poor, useless **-A.** useful)
worthwhile (เวิร์ธ' ฮไวล์', -ไวล์') *adj.* คุ้มค่า, คู่ควร, สมควร, สมกับ (**-S.** worth)
★**worthy** (เวอร์' ธี) *adj.* **-thier, -thiest** น่ายกย่อง,

น่าสรรเสริญ, มีคุณค่า, มีเกียรติ, คู่ควร, สมควร -n., pl. **-thies** คนที่น่าสรรเสริญ, คนที่มีเกียรติ (-S. (adj.) admirable)

★**would** (วุด) v. aux. กริยาช่อง 2 ของ will²

wouldn't (วุด' เดินท์) ย่อจาก would not

★**wound¹** (วูนด์) n. บาดแผล, บาดแผลทางอารมณ์ความรู้สึก -v. **wounded, wounding** -vt. ทำให้บาดเจ็บ, ทำร้ายความรู้สึก -vi. บาดเจ็บ, เลือดออก (-S. (n.) injury (v., n.) harm)

wound² (เวานด์) v. กริยาช่อง 2 และ 3 ของ wind²

woven (โว' เวิน) v. กริยาช่อง 3 ของ weave -adj. ที่ถักทอขึ้น -n. สิ่งทอ

wow (เวา) interj. ว้าว, โอ้โฮ -n. ความสำเร็จ

wrack, rack (แรค) n. ความหายนะ, ความฉิบหาย, ซากปรักหักพัง, เรืออับปาง, สาหร่ายทะเลหรือพืชทะเลที่ขึ้นมาติดบนฝั่ง -v. **wracked, wracking/racked, racking** -vt. ทำให้เสียหาย, ทำให้ฉิบหาย -vi. เสียหาย, ถูกทำลาย

wrangle (แรง' เกิล) n. การทะเลาะ, การโต้เถียง -v. **-gled, -gling** -vi. ทะเลาะ, โต้เถียง, วิวาท -vt. ต้อน (ฝูงสัตว์), เอาชนะด้วยการโต้เถียงอ้างเหตุผล (-S. (n., v.) quarrel)

wrangler (แรง' เกลอร์) n. โคบาล (-S. cowboy)

★**wrap** (แรพ) vt., vi. **wrapped/wrapt, wrapping** ห่อ, หุ้ม, พัน, ม้วน, โอบล้อม, ห้อมล้อม, ปกคลุม, ปิดบัง -n. ผ้าห่ม, เสื้อคลุม, ผ้าคลุมไหล่, การปกปิด, การปิดบัง (-S. (v., n.) cover)

wrapper (แรพ' เพอร์) n. กระดาษห่อของ, กระดาษหรือพลาสติกห่อปกหนังสือ, ใบยาที่ใช้มวนซิการ์, กระดาษห่อส่งสิ่งตีพิมพ์, คนห่อของ, เสื้อคลุมอาบน้ำ (-S. cover, jacket)

wrapping, wrappings (แรพ' พิง, -พิงซ์) n. กระดาษหรือวัสดุห่อของ

wrath (แรธ, ราธ) n. ความโกรธ, การลงโทษ, การแก้แค้น -adj. โกรธ, กริ้ว, พิโรธ, เป็นผลจากความโกรธกริ้ว **-wrathful** adj. **-wrathfully** adv. (-S. (n.) displeasure (adj.) angry)

wreak (รีค) vt. **wreaked, wreaking** แก้แค้น, ระบาย (โทสะ ความโกรธ), สนอง (-S. revenge)

wreath (รีธ) n., pl. **wreaths** (รีธซ์, รีธซ์) พวงหรีด, พวงมาลัย (-S. chaplet, garland)

wreathe (รีธ) vt., vi. **wreathed, wreathing** ร้อย, ม้วน, ขด, พัน, ทำให้เป็นวง, โอบ, วง, ล้อม, ดัด, เลื้อย (-S. coil, entwine, wind)

★**wreck** (เรค) n. การทำลาย, ความเสียหาย, การอับปาง, เรืออับปาง, ซากปรักหักพัง, ซากเรือแตก, คนที่มีสุขภาพย่ำแย่ -v. **wrecked, wrecking** -vt. ทำลาย, ผลาญ, ทำให้เสียคน (สุขภาพ จิตใจ) -vi. เสียหาย, อับปาง, พัง, ทลาย, รื้อหาของตามซากปรักหักพัง (-S. (n., v.) ruin (v.) demolish, spoil -A. (v.) create)

wreckage (เรค' คิจ) n. ซากปรักหักพัง, สิ่งที่ถูกทำลาย, ซาก (-S. debris, remains)

wrecker (เรค' เคอร์) n. ผู้ทำลาย, คนที่ทำให้เรืออับปางเพื่อเข้าปล้นหรือค้นหาทรัพย์สินจากซากเรือ, คนที่ทำธุรกิจรื้อถอนอาคารเก่า, รถลาก (ซากรถ หรือพาหนะอื่นที่เสียหาย), คนที่รับซื้อรถ อาคารบ้านเก่าเพื่อรื้อหาของที่ยังใช้ได้, คนกู้เรือ

wren (เรน) n. นกกระจิบ

wrench (เรนช์) n. คีม, กุญแจปากตาย, กุญแจเลื่อน, การบิดหรือกระชากอย่างรุนแรง, อาการเคล็ดขัดยอก, ความปวดร้าว ความเจ็บปวด (เมื่อต้องพลัดพรากจากกัน) -vt., vi. **wrenched, wrenching** ดึง, บิด, กระชาก, ไข, ขัน, สะบัด, ทำให้เคล็ดขัดยอก, ทำให้ (ขา) แพลง, ทำให้ทุกข์โศก (-S. (n., v.) pull)

wrest (เรซท์) vt. **wrested, wresting** ดึง, บิด, กระชาก, แย่ง, บีบ, คาดคั้น, เค้น, ทำให้บิดเบือน, ทำให้ผิดเพี้ยน -n. การกระทำดังกล่าว

wrestle (เรซ' เซิล) vi., vt. **-tled, -tling** ปล้ำ, ต่อสู้, ต่อสู้ดิ้นรน, ใช้กำลัง (ยก) มาก -n. การแข่งขันมวยปล้ำ, การต่อสู้ **-wrestler** n. (-S. (v., n.) combat, struggle)

wrestling (เรซ' ลิง) n. กีฬามวยปล้ำ

wretch (เรช) n. คนเคราะห์ร้าย, คนร้ายกาจ, ตัววายร้าย (-S. rogue, unfortunate, villain)

wretched (เรช' ชิด) adj. **-er, -est** ทุกข์โศก, เศร้าหมอง, ร้ายกาจ, น่าชัง **-wretchedly** adv. **-wretchedness** n. (-S. inferior, miserable)

wriggle (ริก' เกิล) vi., vt. **-gled, -gling** ดิ้น, กระดุกกระดิก, บิดตัวไปมา, คืบ, เขยิบ, เลื้อย -n. การบิดตัวไปมา, ทางที่คดเคี้ยวไปมา **-wriggly** adj. (-S. (v., n.) turn, wag)

wring (ริง) v. **wrung, wringing** -vt. บีบ, คั้น, หีบ, รีด, บิด, บีบหรือบิดมือด้วยความเครียด, จับมือและเขย่าอย่างแรงด้วยความดีใจ -vi. ดิ้นด้วยความเจ็บปวด -n. การกระทำดังกล่าว

★**wrinkle** (ริง' เคิล) n. รอยเหี่ยวย่น, รอยยับ, รอยตีนกา, (ภาษาพูด) คำแนะนำที่ชาญฉลาด -v. **-kled, -kling** -vt. ขมวด (คิ้ว หน้าผาก) จนย่น, ทำให้เหี่ยวย่น -vi. ย่น, ยับ, เหี่ยว

★**wrist** (ริซท์) n. ข้อมือ, ข้อมือเสื้อ

wristband (ริซท์' แบนด์) n. สายนาฬิกา

A B C D E F G H I J K L M N O P Q R S T U V W X Y Z

wristlet (ริชท์' ลิท) *n.* กำไลข้อมือ, สร้อยข้อมือ
wristwatch (ริชท์' วอช) *n.* นาฬิกาข้อมือ
writ[1] (ริท) *n.* หมาย, หมายศาล, หนังสือคำสั่ง (**-S.** decree, summons)
writ[2] (ริท) *v.* กริยาช่อง 2 และ 3 ของ write
★**write** (ไรท) *vt., vi.* **wrote, written/writ, writing** เขียน, เขียนหนังสือ, แต่ง, ประพันธ์, สะกด (ชื่อ คำ), เขียนจดหมาย, ร่าง, จด, คัดลอก, บันทึก, จารึก, เขียนกรมธรรม์ประกันภัย, ทำให้ปรากฏชัดเจน **-write down** จด, บันทึก, ตัด, ลด **-write off** ตัดออกจากบัญชี **-write out** เขียนบรรยายไว้อย่างครบถ้วน (**-S.** compose, draft)
★**writer** (ไร' เทอร์) *n.* นักเขียนอาชีพ (**-S.** author)
writhe (ไรธ์) *vt., vi.* **writhed, writhing** ชักดิ้นชักงอ, ดิ้นทุรนทุราย, บิดเบี้ยวตัว *-n.* การทำให้บิดเบี้ยว **-writher** *n.* (**-S.** (v., n.) twist)
★**writing** (ไร' ทิง) *n.* การเขียนหนังสือ, อาชีพเขียนหนังสือ, ลายมือ, ลายลักษณ์อักษร, บทประพันธ์, หนังสือ
written (ริท' เทิน) *v.* กริยาช่อง 3 ของ write
★**wrong** (รอง) *adj.* ผิด, พลาด, ไม่ถูกต้อง, ไม่เหมาะ, ไม่ควร, ชั่วร้าย, ผิดศีลธรรม, ผิดกฎหมาย, ไม่ต้องการ, ไม่พึงปรารถนา, เสีย, ใช้การไม่ได้, ไม่เป็นที่ยอมรับ, (เสื้อ) กลับด้าน, ไม่ยุติธรรม, ผิดปกติ, พิกล *-adv.* ผิดพลาด, ผิดปกติ, เสียหาย, เข้าใจผิด *-n.* ความผิดพลาด, ความไม่ถูกต้อง, ความไม่เหมาะ, ความไม่ควร, ความเสื่อมเสียศีลธรรม, ความไม่ยุติธรรม, ความชั่วร้าย, การประทุษร้าย, การล่วงละเมิดสิทธิผู้อื่น *-vt.* **wronged, wronging** ทำร้าย, ประทุษร้าย, ทำผิด, เจตนาร้าย **-wronger** *n.* **-wrongly** *adv.* **-wrongness** *n.* (**-S.** (adj.) bad, erroneous, improper (adj., n., v.) reverse (n.) crime, injury **-A.** (adj., n., v.) right)
wrongdoer (รอง' ดูเออร์) *n.* ผู้กระทำผิด (ศีลธรรมจรรยา) (**-S.** lawbreaker, miscreant)
wrongful (รอง' เฟิล) *adj.* ผิดกฎหมาย, ผิดศีลธรรม, อยุติธรรม **-wrongfully** *adv.* **-wrongfulness** *n.* (**-S.** illegal **-A.** legal)
wrote (โรท) *v.* กริยาช่อง 2 ของ write
wrought (รอท) *v.* กริยาช่อง 2 และ 3 ของ work
wry (ไร) *adj.* **wrier, wriest/wryer, wryest** (หน้า) บูด, บิดเบี้ยว, หน้างอ, หงิกงอ **-wryly** *adv.* **-wryness** *n.* (**-S.** crooked, droll)
WYSIWYG ย่อจาก w(hat) y(ou) s(ee) i(s) w(hat) y(ou) g(et) (คอมพิวเตอร์) สิ่งที่ปรากฏบนหน้าจอเหมือนกับเอกสารที่พิมพ์ออกมา

X

X, x (เอคซ์) *n., pl.* **X's, x's/Xs, xs** อักษรตัวที่ 24 ในภาษาอังกฤษ, อันดับยี่สิบสี่, เลขสิบโรมัน
X[1] (เอคซ์) *n.* ระดับภาพยนตร์ที่ห้ามเด็กอายุต่ำกว่า 17 ปีเข้าชม
X[2] ย่อจาก Christian ชาวคริสเตียน, extra พิเศษ
x เครื่องหมายคูณในวิชาคณิตศาสตร์
XC, X-C ย่อจาก Cross-country ข้ามประเทศ
x-axis (เอคซ์' แอคซิซ) *n., pl.* **x-axes** (-แอคซีซ) แกนนอน (แกน x) ในวิชาคณิตศาสตร์
X-chromosome (เอคซ์' โคร' มะโซม) *n.* โครโมโซมเพศ มีในโครโมโซมเพศหญิงสองตัว (xx) และในโครโมโซมเพศชายหนึ่งตัว (xy)
xenon (ซี' นอน) *n.* ธาตุซีนอน เป็นก๊าซเฉื่อยอย่างหนึ่งในอากาศ มีสัญลักษณ์ Xe
xenophile (เซน' นะไฟล์) *n.* คนที่นิยมชมชอบชาวต่างชาติ **-xenophilia** *n.* **-xenophilous** *adj.* (**-A.** xenophobe)
xenophobe (เซน' นะโฟบ, ซี' นะ-) *n.* คนที่เกลียดกลัวชาวต่างชาติหรือคนแปลกหน้า **-xenophobia** *n.* **-xenophobic** *adj.*
Xerox (เซียร์' รอคซ์) ยี่ห้อเครื่องถ่ายเอกสาร
XL ย่อจาก extra large ใหญ่เป็นพิเศษ, extra long ยาวเป็นพิเศษ
Xmas (คริซ' เมิซ, เอคซ์' เมิซ) *n.* (ภาษาพูด) วันคริสต์มาส
X-ray, x-ray (เอคซ์' เร) *n.* รังสีเอกซ์เป็นรังสีแม่เหล็กไฟฟ้า ใช้ถ่ายภาพอวัยวะภายใน เช่น กระดูก เนื้อเยื่อ ฯลฯ
x-ray tube หลอดสุญญากาศที่ใช้ผลิตรังสีเอกซ์
xylem (ไซ' เลิม) *n.* ท่อน้ำของพืช
xylophone (ไซ' ละโฟน) *n.* เครื่องดนตรีชนิดหนึ่งคล้ายระนาด **-xylophonist** *n.*

Y

Y, y (ไว) *n., pl.* **Y's, y's/Ys, ys** อักษรตัวที่ 25 ในภาษาอังกฤษ, อันดับยี่สิบห้า

yacht (ยาท) *n.* เรือใบขนาดเล็ก ขับเคลื่อนด้วยเครื่องยนต์ รูปทรงเพรียวลม ใช้แล่นท่องเที่ยวหรือแข่ง *-vi.* **yachted, yachting** แล่น แข่ง หรือเดินทางท่องเที่ยวด้วยเรือดังกล่าว

yacht

yachting (ยา' ทิง) *n.* การแข่งเรือใบ

yachtsman (ยาทซฺ' เมิน) *n.* นักแข่งเรือใบ, นักแล่นเรือใบ

yak (แยค) *n.* จามรี, วัวขนหนายาว ใช้บรรทุกของ ขุนเอาน้ำนมหรือเนื้อ พบในทิเบต

yakuza (ยา' คูซา) *n., pl.* **-za** แก๊งอาชญากรรมของญี่ปุ่น, พวกยากูซ่า

yam (แยม) *n.* มันเทศ

yank (แยงคฺ) *vt., vi.* **yanked, yanking** ดึง, ทึ้ง, กระชาก, ฉุด, ชัก, กระตุก *-n.* การกระชากอย่างแรง (**-S.** (v., n.) jerk, pull)

Yank (แยงคฺ) *n.* (ภาษาพูด) ดู Yankee

Yankee (แยง' คี) ชาวอเมริกัน

yap (แยพ) *vi., vt.* **yapped, yapping** เห่าบ๊อกๆ, ร้องเอ๋ง, (คำสแลง) ส่งเสียงดังเจี๊ยวจ๊าว พูดไร้สาระ *-n.* การเห่า, การร้องเอ๋งๆ, (คำสแลง) ปาก การพูดไร้สาระ **-yapper** *n.*

★**yard¹** (ยาร์ด) *n.* หน่วยวัดความยาวเป็นหลา เท่ากับ 3 ฟุต, ใบขวางบนเสาเรือ

★**yard²** (ยาร์ด) *n.* สวน, สนาม, ลาน, ลานดินที่กั้นเป็นคอกเลี้ยงสัตว์, ย่านสถานีรถไฟ

yardstick (ยาร์ด' สติค) *n.* ไม้หลา, เกณฑ์, บรรทัดฐาน (**-S.** criterion, measure)

★**yarn** (ยาร์น) *n.* เส้นด้าย, เส้นไหม, ด้ายดิบ, (ภาษาพูด) นิทานหรือเรื่องเล่าที่เกินจริง (**-S.** anecdote, thread)

yashmak, yashmac (ยาชมาค', แยช' แมค) *n.* ผ้าคลุมหน้าของหญิงมุสลิม

yaw (ยอ) **yawed, yawing** *-vi.* หันเห, เฉ, เอียง *-vt.* ทำให้หันเหไปมา *-n.* การหันเห, การเอียง

yawl (ยอล) *n.* เรือบด, เรือกรรเชียง

★**yawn** (ยอน) *vi., vt.* **yawned, yawning** หาว, อ้าปากหาวนอน *-n.* การหาว, การอ้าปากหาว, ช่องว่าง, รูโหว่ (**-S.** (n.) opening, space)

yawning (ยอ' นิง) *adj.* (อ้าปาก) กว้าง, เป็นโพรง (**-S.** cavernous, gaping, wide **-A.** narrow)

yaws (ยอซฺ) *n. pl.* คุดทะราด

y-axis (ไว' แอคซิซ) *n., pl.* **y-axes** แกนตั้ง (แกน y) ในวิชาคณิตศาสตร์

YB ย่อจาก yearbook หนังสือรายปี

Y-chromosome (ไว' โคร' มะโซม) *n.* โครโมโซมเพศ ซึ่งพบในโครโมโซมเพศชาย (xy)

yd ย่อจาก yard หลา

ye¹ (ธี) *def. art.* มีความหมายเหมือน the

ye² (ยี) *pron.* คุณ, ท่าน, เธอ

yea (เย) *adv.* จริงๆ, ใช่, จ้ะ

yeah (เย' อะ, แย' อะ) *adv.* (ภาษาพูด) ใช่ จ้ะ

yeanling (ยีน' ลิง) *n.* ลูกแพะ, ลูกแกะ *-adj.* เป็นทารก, เพิ่งเกิด

★**year** (เยียรฺ) *n.* ปี, อายุ, ขวบ, ศักราช

yearbook (เยียรฺ' บุค) *n.* หนังสือรายปี

yearling (เยียรฺ' ลิง) *n.* ม้าที่มีอายุ 1 ปี

yearlong (เยียรฺ' ลอง') *adj.* เป็นเวลานาน 1 ปี

yearly (เยียรฺ' ลี) *adj.* ซึ่งเกิดขึ้นปีละครั้งหรือทุกปี, เป็นประจำทุกปี *-adv.* ประจำปี, ต่อปี, ทุกๆ ปี *-n., pl.* **-lies** หนังสือที่ออกปีละครั้ง (**-S.** (adj.) annual, once a year)

yearn (เยิรน) *vi.* **yearned, yearning** อยาก, ปรารถนา, รักใคร่ (**-S.** desire, love **-A.** hate)

Year 2000 problem ดู millennium bug

yeast (ยีซทฺ) *n.* จุลินทรีย์เซลล์เดียวที่ผลิตเอนไซม์ซึ่งจะเปลี่ยนน้ำตาลเป็นแอลกอฮอล์กับคาร์บอนไดออกไซด์ ใช้หมักเพื่อผลิตแอลกอฮอล์และอบขนมให้ฟู, ส่าเหล้า, เชื้อเหล้า, เชื้อฟู, เชื้อหมัก, ฟอง *-vi.* **yeasted, yeasting** บูด, หมัก, ขึ้นฟอง

★**yell** (เยล) *vi., vt.* **yelled, yelling** ตะโกน, โห่, ร้อง, กรีดร้อง *-n.* เสียงโห่ร้อง, เสียงกรีดร้อง, เสียงตะโกน (**-S.** (v., n.) cry, scream)

★**yellow** (เยล' โล) *n.* สีเหลือง, ไข่แดง *-adj.* **-er, -est** เหลือง, (กระดาษ) เก่าจนเป็นสีเหลือง, มีผิวเหลือง, (คำสแลง) ขี้ขลาด *-vt., vi.* **-lowed, -lowing** ทำให้หรือกลายเป็นสีเหลือง

yellow card ใบเหลืองในกีฬาฟุตบอลที่กรรมการให้ผู้เล่นเป็นการตักเตือนเมื่อเล่นผิดกติกา ถ้าได้ครบสองใบถือเป็นใบแดงไล่ออก

จากสนาม

yellow fever ไข้เหลือง มียุงเป็นพาหะนำโรค

yellow jack ธงสีเหลือง เป็นสัญลักษณ์เตือนว่าบนเรือมีโรคติดต่อ

yellow journalism หนังสือพิมพ์ที่เสนอข่าวให้ตื่นเต้นเกินจริง

yellow pages สมุดโทรศัพท์หน้าเหลือง

yellow race ชนชาติผิวเหลือง

yellow rain ฝนเหลือง ซึ่งเป็นฝนพิษ

yelp (เยลพ์) *vi., vt.* **yelped, yelping** เห่า, ร้องเอ๋ง, ร้องหงิงๆ, ร้องโอดโอย *-n.* เสียงร้องเอ๋ง (**-S.** (v., n.) bark)

yen[1] (เยน) *n., pl.* **yen** หน่วยเงินตราของญี่ปุ่น

yen[2] (เยน) *n.* ความปรารถนา, ความอยาก, ความกระหาย *-vi.* **yenned, yenning** อยาก, ปรารถนา, กระหาย, เงี่ยน (**-S.** (n., v.) desire)

yeoman (โย' เมิน) *n.* คนรับใช้หรือบริวารของขุนนางในสมัยกลาง, องครักษ์, กลุ่มชนอิสระ

yep (เยพ) *adv.* (ภาษาพูด) ใช่ จ้ะ (**-S.** yes)

★**yes** (เยซ) *adv.* ใช่, ครับ, ค่ะ, จ้ะ *-n., pl.* **yeses** การตอบรับ, การยอมรับ, การตอบเห็นด้วย *-vt.* **yessed, yessing** ตอบรับ, เห็นด้วย

yes man (ภาษาพูด) ลูกขุนพลอยพยัก

★**yesterday** (เยส' เตอร์เด, -ดี) *n.* วานนี้, วันก่อนนี้ *-adv.* เมื่อวานนี้, ในอดีต

yesterevening, yestereve, yester-even (เยส' เตอร์อีฟวนิ่ง, -อีฟว์, -อีเวิน) *n.* ตอนเย็นของวานนี้ **-yesterevening** *adv.*

yestermorning, yestermorn (เยส' เตอร์มอร์นิ่ง, -มอร์น) *n.* ตอนเช้าของวานนี้ **-yestermorning** *adv.*

yesternight (เยส' เตอร์ไนท์) *n.* ตอนค่ำของวานนี้ **-yesternight** *adv.*

yesteryear (เยส' เตอร์เยียร์) *n.* ปีที่แล้ว, ปีกลาย **-yesteryear** *adv.*

★**yet** (เยท) *adv.* ยัง, ยังคง, ยังมี, จนถึงตอนนี้, เดี๋ยวนี้, อีกต่อไป, นอกจากนี้, ซ้ำ, กระนั้นก็ตาม *-conj.* แต่กระนั้น (**-S.** (adv.) however, now, still)

yew (ยู) *n.* ต้นไม้ชนิดหนึ่งมีใบเรียวเล็กเขียวชอุ่มตลอดปี, เนื้อไม้ของต้นดังกล่าว

yield (ยีลด์) *vt., vi.* **yielded, yielding** ออกดอกออกผล, (พืช) ให้ผล, (การลงทุน) ได้ผลกำไร, ให้ผลตอบแทน, ยอม, ยอมจำนน, ยอมแพ้, ยินยอม, ยอมให้, อ่อนน้อม *-n.* ผลผลิต, ผล, ผลตอบแทน, ผลกำไร, ผลที่เก็บได้, เงินที่หาได้ (**-S.** (v., n.) produce)

yielding (ยีล' ดิง) *adj.* มีผล, ซึ่งให้ผล, อ่อนน้อม, เชื่อง, ว่าง่าย (**-S.** flexible, obedient)

yippee (ยิพ' พี) *interj.* (ภาษาพูด) คำอุทานแสดงความดีใจ

ylang-ylang, ilang-ilang (อี' ลางอี' ลาง) *n.* กระดังงา

yoga (โย' กะ) *n.* การฝึกโยคะ

yogi (โย' กี) *n., pl.* **-gis** โยคี, ผู้ฝึกโยคะ

yogurt, yoghurt, yoghourt (โย' เกิร์ท) *n.* นมเปรี้ยว, โยเกิร์ต

yoke (โยค) *n.* แอก, เทียม, คานแบกหาม, คานหาบ, ชิ้นผ้าที่ใช้ต่อบริเวณไหล่เสื้อหรือสะโพกของกระโปรง, ไม้ติดหางเสือเรือสำหรับมือจับ, คันหางเสือ, ไม้ขวาง *-v.* **yoked, yoking** *-vt.* ใส่แอก, เทียมแอก, เชื่อมต่อ, ผูกพัน, แต่งงาน, บังคับ, กดขี่ *-vi.* เชื่อมเข้าด้วยกัน, ประสาน (**-S.** (n., v.) link)

yokel (โย' เคิล) *n.* คนบ้านนอก (**-S.** boor)

yolk (โยค) *n.* ไข่แดง

yoo-hoo (ยู' ฮู) *interj.* เสียงร้องทักทายเรียกความสนใจ

★**you** (ยู) *pron.* คุณ, ท่าน, เธอ

you'd (ยูด) ย่อจาก you had, you would

you'll (ยูล, ยุล) ย่อจาก you will, you shall

★**young** (ยัง) *adj.* **younger, youngest** เยาว์, อ่อน, อ่อนหัด, (ลูก) เล็ก, ใหม่, หนุ่ม, สาว *-n.* คนหนุ่มสาว, ผู้เยาว์, ยุวชน, เยาวชน, ลูก, เด็กๆ, ลูกสัตว์เล็กๆ **-with young** ตั้งครรภ์ (**-S.** (adj.) adolescent, immature, new **-A.** old)

youngster (ยัง' สเตอร์) *n.* เด็กหนุ่มสาว, ลูกสัตว์ (**-S.** cub, urchin)

younker (ยัง' เคอร์) *n.* เด็กหนุ่ม, เด็ก

★**your** (ยุร์, ยอร์, โยร์) *adj.* ของคุณ, ของท่าน, ของเธอ

you're (ยุร์) ย่อจาก you are

★**yours** (ยุร์ซ์, ยอร์ซ์, โยร์ซ์) *pron.* ของคุณ, ของท่าน, ของเธอ

★**yourself** (ยัวร์เซลฟ์', ยอร์-, โยร์-, เยอร์-) *pron., pl.* **-selves** ตัวคุณเอง, ตัวท่านเอง, ตัวเอง

★**youth** (ยูธ) *n., pl.* **youths** (ยูธซ์, ยูธซ์) วัยหนุ่มสาว, ความเป็นหนุ่มสาว, เยาวชน, เด็กหนุ่มสาว, วัยรุ่น, เด็กหนุ่ม (**-S.** immaturity, teenager **-A.** adult, maturity)

youthful (ยูธ' เฟิล) *adj.* เป็นหนุ่มสาว, สดชื่น, กระฉับกระเฉง, กระตือรือร้น, อ่อนเยาว์, ใหม่, แรกเริ่ม **-youthfully** *adv.* **-youthfulness** *n.* (**-S.** fresh, juvenile **-A.** old)

youth hostel ที่พักราคาถูกสำหรับเด็กหนุ่มสาว

A B C D E F G H I J K L M N O P Q R S T U V W X Y Z

ที่เดินทางท่องเที่ยว

you've (ยูฟว์) ย่อจาก you have

yo-yo (โย' โย) *n., pl.* **-yos** ลูกดิ่ง (ของเล่น)

yr. ย่อจาก year ปี, your ของคุณ ของท่าน

Y2K ย่อจาก year two thousand (K=1000) หมายถึง ปี ค.ศ. 2000 ซึ่งจะเกิดปัญหากับระบบคอมพิวเตอร์รุ่นเก่าที่มีตัวเลขแสดงปี ค.ศ. แค่ 2 หลัก ทำให้แสดงปี ค.ศ. 2000 ไม่ได้

yuck (ยัค) *interj.* (คำสแลง) คำอุทานแสดงความรังเกียจ **-yucky** *adj.*

Yule (ยูล) *n.* เทศกาลคริสต์มาส, งานเฉลิมฉลองวันคริสต์มาส (**-S.** Christmas)

yummy (ยัม' มี) *adj.* **-mier, -miest** เอร็ดอร่อย, โอชะ, น่าลิ้มชิมรส **-yumminess** *n.*

Yuppie, yuppie (ยัพ' พี) *n.* (ภาษาพูด) คนหนุ่มสาวรุ่นใหม่ที่มีหน้าที่การงานดีและมีวิถีชีวิตแบบวัตถุนิยมฟุ้งเฟ้อ

Z

Z, z (ซี) *n., pl.* **Z's, z's/Zs, zs** อักษรตัวที่ 26 ในภาษาอังกฤษ, อันดับยี่สิบหก

zany (เซ' นี) *n., pl.* **-nies** ตัวตลก *-adj.* **-nier, -niest** ตลกขบขัน, แปลกประหลาด

zap (แซพ) *v.* **zapped, zapping** *-vt.* ยิง, ฆ่าด้วยการยิง, ฉายแสง, กระหน่ำยิง, ทิ้งระเบิด, เปิดปิดหรือเปลี่ยนช่องโทรทัศน์ด้วยรีโมทคอนโทรล *-vi.* แล่นไปอย่างรวดเร็ว (**-S.** shoot)

zeal (ซีล) *n.* ความกระตือรือร้น, ความเร่าร้อน, ความเอาใจจดจ่อ (**-S.** eagerness **-A.** coolness)

zealot (เซล' เลิท) *n.* คนบ้าคลั่ง, คนหัวรุนแรง **-zealotry** *n.* (**-S.** bigot, fanatic maniac)

zealous (เซล' เลิซ) *adj.* กระตือรือร้น, เร่าร้อน **-zealously** *adv.* (**-S.** eager **-A.** cool)

★**zebra** (ซี' บระ) *n.* ม้าลาย

zebra

zebra crossing ทางม้าลาย (ถนน)

zee (ซี) *n.* อักษรตัว z

Zen (เซน) *n.* ศาสนาพุทธมหายานนิกายเซน

zenith (ซี' นิธ) *n.* จุดสูงสุด, จุดสุดยอด, จุดที่ตรงศีรษะบนท้องฟ้าตรงข้ามกับจุดเนเดอร์ (nadir) (**-S.** peak, vertex)

★**zero** (เซีย' โร, ซี' โร) *n., pl.* **-ros/-roes** ศูนย์, จุดศูนย์, เลขศูนย์, จุดต่ำสุด, อุณหภูมิศูนย์องศา (เซลเซียส ฟาเรนไฮต์), ความไม่มี, ความไร้ค่า, ความว่างเปล่า *-vt.* **-roed, -roing** ปรับให้เป็นศูนย์, ตั้งสาย (กีตาร์) *-adj.* เป็นศูนย์, ไร้ค่า **-zero in** เล็งปืน, พุ่งความสนใจไปยัง (**-S.** (n.) naught, nil, nothing, nought)

zero ศูนย์ ใช้เมื่อกล่าวถึงอุณหภูมิหรือตัวเลขทางวิทยาศาสตร์ เช่น It's so cold today, I think it's -5°C. (five degrees below zero)

nought ศูนย์ ใช้กับตัวเลขเปอร์เซ็นต์ เช่น The percentage difference is 0.5.

หรือใช้กับคะแนนในวิชาคณิตศาสตร์และเกรด (อังกฤษใช้ nought แต่อเมริกันใช้ zero) เช่น Lenny scored 0 out of 20 in the maths test.

nil ศูนย์ ใช้กับแต้มกีฬาที่แข่งเป็นทีม เช่น Springfields 3, Devonport 0.

love ศูนย์ ใช้กับแต้มกีฬาเทนนิส เช่น Thanakorn leads 40-0.

oh ศูนย์ ใช้กับหมายเลขโทรศัพท์ เลขปี เวลา หรือตัวเลขหลังจุดทศนิยม เช่น My telephone number is 0-2245-0152.

zest (เซซท์) *n.* ความสนุกสนาน, ความเอร็ดอร่อย **-zestful** *adj.* (**-S.** gusto, enjoyment)

ZIFT, zift ย่อจาก zygote intrafallopian transfer การผสมเทียมระหว่างไข่กับอสุจินอกร่างกายจนเป็นตัวอ่อนแล้วจึงนำไปฝังในท่อนำไข่

zigzag (ซิก' แซก) *n.* ทางคดเคี้ยวเลี้ยวลด, สิ่งที่คดเคี้ยวไปมา *-adj.* คดเคี้ยวไปมา *-adv.* อย่างคดเคี้ยว, ซึ่งวกเวียนไปมา *-v.* **-zagged, -zagging** *-vi.* วกเวียนไปมา, เลี้ยวไปมา *-vt.* ทำให้คดเคี้ยวเลี้ยวลด, ทำให้วกไปเวียนมา

zinc (ซิงค์) *n.* ธาตุสังกะสี เป็นโลหะชนิดหนึ่งมี

สีขาวแกมน้ำเงินและแข็ง มีสัญลักษณ์ Zn

zinc oxide ผงเคมีสีขาว ใช้ในอุตสาหกรรมกระจก มีสัญลักษณ์ ZnO

★**zip** (ซิพ) *n.* เสียงลูกปืนแหวกอากาศดังเฟี้ยว, เสียงหวือ, (ภาษาพูด) กำลัง ความกระฉับกระเฉง, (คำสแลง) ความไม่มี ความเป็นศูนย์, ซิปติดเสื้อผ้า ฯลฯ *-v.* **zipped, zipping** *-vi.* รูดซิป, (ลูกปืน) ผ่านหวือไปอย่างเร็ว, ทำอะไรด้วยความกระฉับกระเฉง *-vt.* รูดซิป (**-S.** (n.) energy (n., v.) drive, rush **-A.** (n., v.) delay)

ZIP code รหัสไปรษณีย์

★**zipper** (ซิพ' เพอร์) *n.* ซิป

zippy (ซิพ' พี) *adj.* **-pier, -piest** กระตือรือร้น

zircon (เซอร์' คอน) *n.* เพทาย

zodiac (โซ' ดีแอค) *n.* จักรราศี

zombie, zombi (ซอม' บี) *n., pl.* **zombies, zombis** การใช้อำนาจคาถาเวทมนตร์ของพวกหมอผีวูดูปลุกคนตายแล้วให้ฟื้นคืนชีพกลายเป็นผีดิบ, ผีดิบ

zone (โซน) *n.* เขต, ภาค, ส่วน, แขวง, บริเวณ, แถบ, วง *-vt.* **zoned, zoning** แบ่งออกเป็นภาค เขต บริเวณ, กั้นหรือล้อมวงไว้ (**-S.** (n.) area, region (v.) encircle)

zonetime (โซน' ไทม์) *n.* เวลาตามเขตต่างๆ ของโลกแบ่งเป็น 24 เขต

zonule (โซน' ยูล์) *n.* บริเวณเล็กๆ

★**zoo** (ซู) *n., pl.* **zoos** สวนสัตว์

zoology (โซออล' ละจี) *n., pl.* **-gies** สัตววิทยา

zoom (ซูม) *v.* **zoomed, zooming** *-vi.* (ราคา) เพิ่มขึ้นอย่างรวดเร็ว, (เครื่องบิน) ไต่ระดับอย่างรวดเร็ว, (รถ) แล่นไปอย่างเร็วและเสียงดัง, โฉบ *-vt.* (กล้อง) ปรับระยะความยาวโฟกัสให้ใกล้หรือไกล *-n.* การกระทำให้เกิดเสียงดังกล่าว

zoom lens เลนส์กล้องถ่ายรูป กล้องถ่ายภาพยนตร์หรือกล้องถ่ายภาพโทรทัศน์ ซึ่งประกอบด้วยชุดเลนส์ที่ปรับทางยาวโฟกัสได้หลายระยะทำให้เห็นภาพได้ในขนาดที่แตกต่างกัน

zoophobia (โซอะโฟ' เบีย) *n.* โรคกลัวสัตว์ต่างๆ

zucchini (ซูคี' นี) *n., pl.* **-ni/-nis** พืชจำพวกฟักหรือน้ำเต้าชนิดหนึ่ง, ผลซูคินี

zygote (ไซ' โกท) *n.* เซลล์ไข่ที่ผสมกับเชื้อสืบพันธุ์ตัวผู้แล้ว, ตัวอ่อน **-zygotic** *adj.*

คำอุปสรรคซึ่งใช้แทนตัวพหุคูณตามระบบหน่วยระหว่างชาติ
(A multiple of a unit in the International System)

คำอุปสรรค	สัญลักษณ์	หน่วยเลขยกกำลัง
exa-	E	10^{18} = 1,000,000,000,000,000,000
peta-	P	10^{15} = 1,000,000,000,000,000
tera-	T	10^{12} = 1,000,000,000,000
giga-	G	10^{9} = 1,000,000,000
mega-	M	10^{6} = 1,000,000
kilo-	K	10^{3} = 1,000
hecto-	h	10^{2} = 100
deca-	da	10 = 10
deci-	d	10^{-1} = 0.1
centi-	c	10^{-2} = 0.01
milli-	m	10^{-3} = 0.001
micro-	μ	10^{-6} = 0.000,001
nano-	n	10^{-9} = 0.000,000,001
pico-	p	10^{-12} = 0.000,000,000,001
femto-	f	10^{-15} = 0.000,000,000,000,001
atto-	a	10^{-18} = 0.000,000,000,000,000,001

Office (ห้องทำงาน)

1. calculator เครื่องคิดเลข
2. clock นาฬิกา
3. coffee table โต๊ะรับแขก
4. correcting fluid น้ำยาลบคำผิด
5. desk โต๊ะ
6. desk calendar ปฏิทินตั้งโต๊ะ
7. desk drawer ลิ้นชักโต๊ะ
8. desk set ชุดปากกาตั้งโต๊ะ
9. fax machine เครื่องโทรสาร
10. file (document file) แฟ้ม (แฟ้มเอกสาร)
11. filing cabinet ตู้ใส่เอกสาร
12-13 paper clips คลิปหนีบกระดาษ
14. pencil ดินสอ
15. personal computer คอมพิวเตอร์ส่วนบุคคล
16. rubber ยางลบ
17. ruler ไม้บรรทัด
18. sliding-door cupboard ตู้แบบมีบานเลื่อน
19. sofa โซฟา
20. stapler ที่เย็บกระดาษ
21. swivel chair เก้าอี้แบบมีล้อเลื่อน
22. telephone โทรศัพท์
23. typewriter เครื่องพิมพ์ดีด

Living room (ห้องรับแขก)

1. air conditioner เครื่องปรับอากาศ
2. armchair เก้าอี้นวม
3. bookcase ตู้หนังสือ
4. bookshelf ชั้นวางหนังสือ
5. carpet พรมผืนใหญ่
6. ceiling เพดาน
7. clock นาฬิกา
8. coffee table โต๊ะรับแขก
9. curtain ผ้าม่าน
10. cushion หมอนอิง
11. downlight ไฟหรี่ฝังเพดาน
12. display cabinet unit ตู้โชว์
13. floor พื้นห้อง
14. lamp โคมไฟ
15. loudspeaker ลำโพง
16. rug พรมผืนเล็ก
17. sofa โซฟา
18. stereo system ชุดเครื่องเสียง
19. telephone โทรศัพท์
20. television โทรทัศน์
21. vase แจกัน
22. window blind มู่ลี่

Bedroom (ห้องนอน)

1. bedside cabinet ตู้เก็บของข้าง-เตียง
2. bedspread ผ้าคลุมเตียง
3. blanket ผ้าห่ม
4. closet, wardrobe ตู้เสื้อผ้า
5. clothes rack ราวแขวนเสื้อ
6. coat hanger ไม้แขวนเสื้อ
7. curtain ผ้าม่าน
8. double bed เตียงคู่
9. drawer ลิ้นชัก
10. dressing gown เสื้อคลุม
11. dressing stool เก้าอี้หน้าโต๊ะ-เครื่องแป้ง
12. dressing table โต๊ะเครื่องแป้ง
13. dressing-table mirror กระจกเงา-โต๊ะเครื่องแป้ง
14. lamp โคมไฟ
15. picture รูปภาพ
16. picture frame กรอบรูป
17. pillow หมอน

Bathroom (ห้องน้ำ)

1. bath mat พรมปูพื้นห้องน้ำ
2. bathtub อ่างอาบน้ำ
3. cistern ถังน้ำชักโครก
4. faucet ก๊อกน้ำ
5. flushing lever ปุ่มกดน้ำชักโครก
6. mirror กระจก
7. pedestal mat พรมวางเท้า
8. shower head ฝักบัว
9. shower nozzle ปากฝักบัว
10. sink อ่างล้างหน้า
11. soap dish จานรองสบู่
12. tile กระเบื้อง
13. tissue holder ที่ใส่กระดาษชำระ
14. toilet ส้วมชักโครก
15. toilet bowl โถชักโครก
16. toilet lid ฝาชักโครก
17. toilet paper กระดาษชำระ
18. towel ผ้าเช็ดตัว
19. towel rail ราวแขวนผ้าเช็ดตัว

Kitchen (ห้องครัว)

1. base unit ตู้ติดพื้น
2. basin อ่าง
3. blender เครื่องปั่น
4. bowl ชาม, ถ้วย
5. chopsticks ตะเกียบ
6. cup ถ้วยกาแฟ
7. cupboard ตู้เก็บถ้วยชาม
8. electric pot กาน้ำไฟฟ้า
9. faucet ก๊อกน้ำ
10. fork ส้อม
11. frying pan กระทะ
12. gas cooker เตาแก๊ส
13. glass แก้วน้ำ
14. jug เหยือก
15. kettle กาน้ำ
16. knife มีด
17. ladle ทัพพี
18. microwave เตาไมโครเวฟ
19. oven เตาอบ
20. plate จาน
21. rice cooker หม้อหุงข้าว
22. saucer จานรองถ้วย
23. spoon ช้อน
24. toaster เครื่องปิ้งขนมปัง

KITCHEN UTENSILS (เครื่องครัว)

bowl
(ชาม)

citrus juicer
(ถ้วยคั้นน้ำส้ม)

cup
(ถ้วยกาแฟ)

fork
(ส้อม)

glass
(แก้วน้ำ)

grater
(ที่ขูดฝอย)

knife
(มีด)

ladle
(ทัพพี)

mortar
(ครก)

pan
(กระทะก้นแบน)

pestle
(สาก)

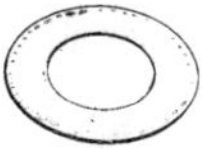

plate
(จาน)

pot
(หม้อ)

saucepan
(หม้อมีด้ามถือ)

spoon
(ช้อน)

strainer
(กระชอน)

turner
(ตะหลิว)

water pitcher
(เหยือกน้ำ)

VEGETABLES (ผัก)

artichoke
(อาร์ทิโชก)

asparagus
(หน่อไม้ฝรั่ง)

broccoli
(บร็อกโคลี)

cabbage
(กะหล่ำปลี)

carrot
(แคร์รอต)

cauliflower
(กะหล่ำดอก)

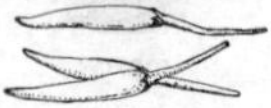

chili
(พริก)

chinese lettuce
(ผักกาดขาว)

corn
(ข้าวโพด)

garlic
(กระเทียม)

onion
(หอมหัวใหญ่)

pepper
(พริกหยวก)

potato
(มันฝรั่ง)

pumpkin
(ฟักทอง)

shallot
(หอมแดง)

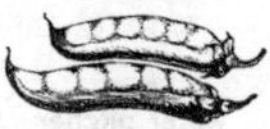

garden pea
(ถั่วลันเตา)

spring onion
(ต้นหอม)

tomato
(มะเขือเทศ)

FRUITS (ผลไม้)

apple
(แอปเปิล)

banana
(กล้วย)

cherry
(เชอร์รี)

coconut
(มะพร้าว)

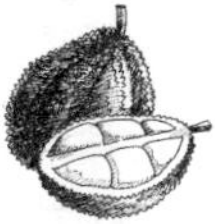

durian
(ทุเรียน)

grape
(องุ่น)

guava
(ฝรั่ง)

mangosteen
(มังคุด)

orange
(ส้ม)

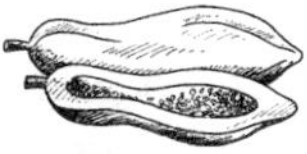

papaya
(มะละกอ)

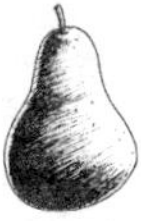

pear
(แพร์)

pineapple
(สับปะรด)

pomegranate
(ทับทิม)

strawberry
(สตรอว์เบอร์รี)

watermelon
(แตงโม)

TOOLS (เครื่องมือ)

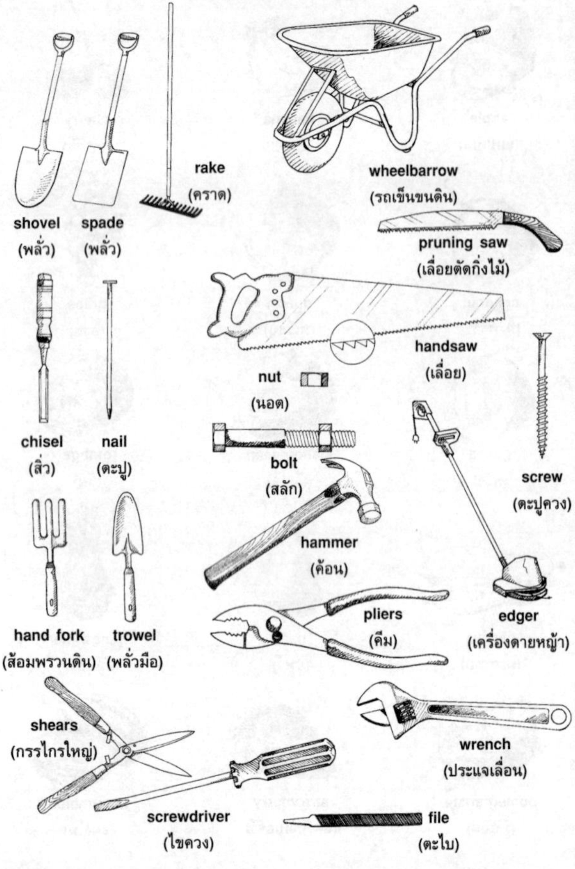

THE HUMAN BODY (ร่างกายมนุษย์)

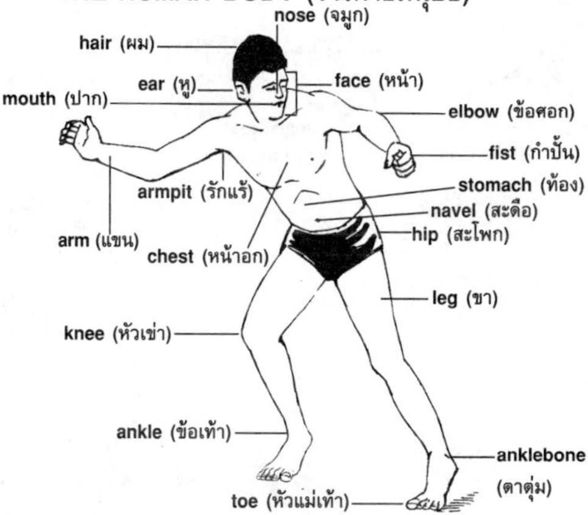

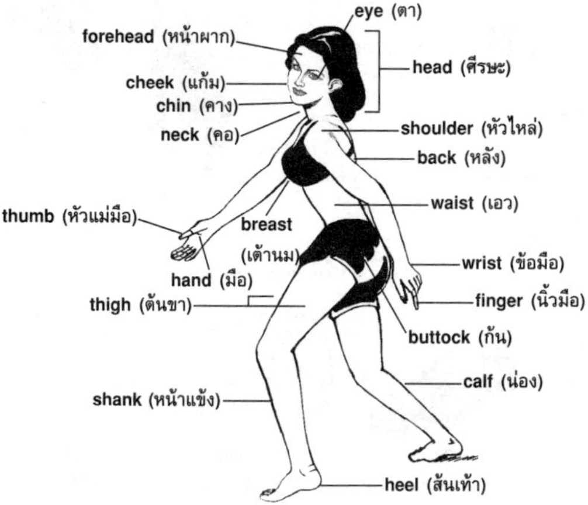

Men's Wear (เครื่องแต่งกายผู้ชาย)

Women's Wear (เครื่องแต่งกายผู้หญิง)

ศัพท์ที่แตกต่างของภาษาอังกฤษแบบอเมริกันและแบบอังกฤษ

AMERICAN	ENGLISH	ความหมาย
aisle	gangway	ช่องทางเดิน
antenna	aerial (radio/TV)	เสาอากาศ
apartment	flat	ห้องชุด
baby carriage	pram (perambulator)	รถเข็นเด็ก
bathrobe	dressing gown	ชุดคลุมอาบน้ำ
bill	bank note	ธนบัตร
billfold	wallet	ซองธนบัตร
billion=thousand million	billion=million million	อเมริกัน = พันล้าน อังกฤษ = ล้านล้าน
broil	grill	ปิ้ง, ย่าง
cab	taxi	รถแท็กซี่
call/phone	ring up/phone	โทรศัพท์หา
can	tin	กระป๋อง
candy	sweets	ลูกอม, ลูกกวาด
candy store	sweet shop/confectioner	ร้านขายลูกอม
caravan	convoy	ขบวนยานพาหนะ
carnival	fair	งานรื่นเริง
check (restaurant)	bill	ใบเสร็จเรียกเก็บเงิน
checkers	draughts	หมากรุก
check room	cloakroom	ห้องรับฝากเสื้อคลุม หมวก ไม้เท้า
chip (potato)	crisp	แผ่นมันฝรั่งทอดกรอบ
closet	cupboard	ตู้เก็บของ
closet	wardrobe	ตู้เสื้อผ้า
cookie	biscuit (sweet)	ขนมคุกกี้, ขนมปังกรอบรสหวาน
corn	maize	ข้าวโพด
corn starch	corn flour	แป้งข้าวโพด
cracker	biscuit (unsweetened)	ขนมปังกรอบรสจืด
crazy	mad	บ้า

AMERICAN	ENGLISH	ความหมาย
davenport/couch	sofa	เก้าอี้นวม
desk clerk	receptionist	พนักงานต้อนรับ
dessert	pudding/dessert	ของหวาน
diaper	nappy	ผ้าอ้อม
(do the) dishes	wash up	ล้างชาม
down town	centre	ตัวเมือง
drapes	curtains	ผ้าม่าน
druggist	chemist	คนขายยา
drugstore/pharmacy	chemist's shop	ร้านขายยา
eggplant	aubergine	มะเขือม่วง
electric cord/wire	flex	สายไฟฟ้า
elevator	lift	ลิฟต์
eraser	rubber	ยางลบ
faculty	staff	คณาจารย์
fall	autumn	ฤดูใบไม้ร่วง
faucet	tap	ก๊อกน้ำ
first floor	ground floor	ชั้นที่หนึ่งของอาคาร, ชั้นล่าง
flashlight	torch/flashlight	ไฟฉาย
freeway/super highway	motorway	ถนนทางด่วน
French fries	chips	แท่งมันฝรั่งทอด
freshman (at university)	1st year undergraduate	นักศึกษาชั้นปีที่ 1
front desk (hotel)	reception	โต๊ะพนักงานต้อนรับ
garbage/trash	rubbish	ขยะ
garbage can/ash can/trash	can dustbin/bin	ถังขยะ
gas	petrol	น้ำมันรถ
gas station	filling station	สถานีบริการน้ำมัน
generator	dynamo	ไดนาโม
grade	class/form	ระดับชั้น
green thumb	green fingers	คนที่ปลูกต้นไม้งอกงามดี, คนมือเย็น
hardware store	ironmonger	ร้านขายเครื่องเหล็ก

AMERICAN	ENGLISH	ความหมาย
highway	mainroad	ถนนสายหลัก
homely	homely	อเมริกัน = ไม่สวย, อังกฤษ = น่าพึงพอใจ
hood (car)	bonnet	กระโปรงรถ
incorporated	limited	(บริษัท) จำกัด
intersection	crossroads	ทางสี่แยก
jail	gaol/jail	คุก
janitor	caretaker/porter	ภารโรง
junior	3rd year undergraduate	นักศึกษาชั้นปีที่ 3
kerosene	paraffin	น้ำมันก๊าด
lawyer/attorney	solicitor	ทนายความ
lease/rent	let	เช่า
legal holiday	bank holiday	วันหยุดทำการ
licence plate	number plate	ป้ายทะเบียนรถ
line (n.)	queue	แถวเข้าคิว
liquor	spirits	เครื่องดื่มแอลกอฮอล์
liquor store	off licence/wine merchant	ร้านขายเครื่องดื่มแอลกอ-ฮอล์
living room	sitting room/lounge/living room	ห้องรับแขกหรือห้องนั่งเล่น
mad	angry	โกรธ
mail (n.)	post	การส่งไปรษณีย์
mail box/mail drop	pillar box	ตู้ไปรษณีย์
mailman	postman	บุรุษไปรษณีย์
make reservation	book	จอง, สำรองที่
motor	engine	เครื่องยนต์
motorcycle	motorbike/motorcycle	รถมอเตอร์ไซค์
movie	film	ภาพยนตร์
movie house/theatre	cinema	โรงภาพยนตร์
one way ticket	single ticket	ตั๋วเดินทางเที่ยวเดียว
overpass	flyover	สะพานลอย
package	parcel	พัสดุ
pantie hose	tights	กางเกงในขายาวแนบเนื้อ

AMERICAN	ENGLISH	ความหมาย
pants/slacks	trousers/slacks	กางเกงขายาว
parking lot	car park	ลานจอดรถ
pitcher	jug	เหยือก
pollywog	tadpole	ลูกอ๊อด
potato chips	crisp	แผ่นมันฝรั่งทอดกรอบ
president (business)	chairman	ประธาน (บริษัท)
principal	headmaster/headmistress	ครูใหญ่, อาจารย์ใหญ่
private school	public school/private school	โรงเรียนเอกชน
public school	state school	โรงเรียนรัฐบาล
railroad	railway	ทางรถไฟ
raisin	sultana	ลูกเกด
restroom	toilet	สุขา
rest room/toilet	public convenience	สุขาสาธารณะ
round trip ticket	return ticket	ตั๋วเดินทางไปกลับ
rubber	contraceptive	ถุงยางอนามัย
sales clerk	shop assistant	พนักงานขาย
schedule	time-table	ตาราง
scotch tape	sellotape	เทปใส
second floor	first floor	ชั้นสองของอาคาร
sedan	saloon car	รถเก๋งสองตอนมีสองหรือสี่ประตู
semester	term	ภาคเรียน
senior	4th year undergraduate	นักศึกษาชั้นปีที่ 4
shade (window)	blind	มู่ลี่บังแดด
shoestring	bootlace/shoelace	เชือกผูกรองเท้า
sidewalk	pavement/footpath	ทางเดินเท้า
sneakers/tennis shoes	gym shoes/plimsolls/tennis shoes	รองเท้ากีฬา
soccer	football/soccer	กีฬาฟุตบอล
sophomore	2nd year undergraduate	นักศึกษาชั้นปีที่ 2
stand in line/line up	queue	เข้าแถวรอคิว
store	shop	ร้านค้า
stroller	pushchair	เก้าอี้รถเข็น

AMERICAN	ENGLISH	ความหมาย
subway	underground	รถไฟใต้ดิน
sweater/pullover	jumper/sweater/pullover	เสื้อกันหนาวแบบสวมศีรษะ
tag	label	แผ่นป้าย
toilet/john/bathroom	lavatory/toilet/w.c.	สุขา
top (car)	roof/hood	หลังคารถ
trailer truck	articulated lorry	รถบรรทุกพ่วง
truck	lorry	รถบรรทุก
two weeks	fortnight	สองสัปดาห์
undershirt	vest	เสื้อยืดชั้นใน
vacation	holiday	วันหยุดพักผ่อน
vacuum (v.)	hoover	ดูดฝุ่น
vacuum cleaner	hoover	เครื่องดูดฝุ่น
vest	waistcoat	เสื้อกั๊ก
windshield	windscreen	กระจกบังหน้ารถ
wire	telegram	โทรเลข
yard	garden	สวน
zero	nought	ศูนย์
zip code	postal code	เลขรหัสไปรษณีย์

อักษรย่อที่นิยมใช้ทาง E-mail

อักษรย่อ	ความหมาย	คำแปล
AFAIK	As far as I know	เท่าที่ฉันทราบ
BFN, B4N	Bye for now	ตอนนี้ขอลาไปก่อน
BTW	By the way	อีกประการหนึ่ง
CUL	See you later	แล้วพบกันอีก
EOM	End of message	จบข้อความ
F2F	Face to face	เจอหน้ากัน, เผชิญหน้า
FYI	For your information	เพื่อเป็นข้อมูลสำหรับคุณ
IKWUM	I know what you mean	ฉันเข้าใจว่าคุณหมายถึงอะไร
IMHO	In my humble opinion	ในความเห็นของฉัน

IMO	In my opinion	ในความเห็นของฉัน
IOW	In other words	อีกนัยหนึ่ง
NRN	No response necessary	ไม่จำเป็นต้องตอบ
OIC	Oh, I see	อ๋อ เข้าใจแล้วครับ/ค่ะ
OTOH	On the other hand	อีกประการหนึ่ง
TIA	Thanks in advance	ขอบคุณล่วงหน้า
THK	Thanks	ขอบคุณ
TTFN	Ta ta for now	ตอนนี้ขอลาไปก่อน
WB	Welcome back	ขอต้อนรับกลับ
WYSIWYG	What you see is what you get	ที่คุณเห็นก็คือสิ่งที่คุณได้รับ
2L8	Too late	สายเกินไป
73	Best regards	ด้วยความปรารถนาดียิ่ง

สัญลักษณ์ทางคณิตศาสตร์ที่ควรรู้

+	(plus) บวก
−	(minus) ลบ
±	(plus or minus) บวกหรือลบ
x	(multiplied by) คูณ
÷	(divided by) หาร
=	(equal to; equals) เท่ากับ
≠	(not equal to) ไม่เท่ากับ
>	(greater than) มากกว่า
<	(less than) น้อยกว่า
≮	(not less than) ไม่น้อยกว่า
≯	(not greater than) ไม่มากกว่า
≥	(equal to or greater than) เท่ากับหรือมากกว่า
≤	(equal to or less than) เท่ากับหรือน้อยกว่า
≈	(approximately equal to) มีค่าประมาณ
//	(parallel to (with)) ขนานกับ
//	(not parallel to (with)) ไม่ขนานกับ
⊥	(perpendicular to) ตั้งฉากกับ
∞	(infinity) เครื่องหมายอนันต์
∴	(therefore) เพราะฉะนั้น
∵	(because) เพราะว่า
i.e.	(that is) นั่นคือ
e.g.	(for example) ตัวอย่างเช่น
$\|a\|$	(the absolute value of a) ค่าสัมบูรณ์ของ a
$\sqrt{a}$	(the square root of a) รากที่สองของ a
$\sqrt[3]{a}$	(the cube root of a) รากที่สามของ a
x^2	(x squared) x ยกกำลังสอง
x^3	(x to the third power) x ยกกำลังสาม
△ABC	(triangle ABC) สามเหลี่ยม ABC
□ABCD	(quadrilateral ABCD) สี่เหลี่ยม ABCD
ABCD	(parallelogram ABCD) สี่เหลี่ยมด้านขนาน ABCD
∠A	(angle A) มุม A
∠AOB	(angle AOB) มุม AOB

องค์การระหว่างประเทศที่ควรรู้

ADB (Asian Development Bank)
ธนาคารเพื่อการพัฒนาเอเชีย

AFTA (ASEAN Free Trade Area)
เขตการค้าเสรีอาเซียน

APEC (Asia-Pacific Economic Cooperation)
กลุ่มความร่วมมือทางเศรษฐกิจเอเชีย-แปซิฟิก

ASEAN (Association of Southeast Asian Nations)
สมาคมประชาชาติเอเชียตะวันออกเฉียงใต้

BIS (Bank for International Settlements)
ธนาคารเพื่อการชำระหนี้ระหว่างประเทศ

EEC (European Economic Community)
ประชาคมเศรษฐกิจยุโรป

EU (European Union)
สหภาพยุโรป

IMF (International Monetary Fund)
กองทุนการเงินระหว่างประเทศ

NAFTA (North America Free Trade Area)
เขตการค้าเสรีอเมริกาเหนือ

NATO (North Atlantic Treaty Organization)
องค์การสนธิสัญญาแอตแลนติกเหนือ

OPEC (Organization of Petroleum Exporting Countries)
องค์การประเทศผู้ผลิตน้ำมันปิโตรเลียมเป็นสินค้าออก

UNCTAD (The United Nations Conference on Trade and Development)
การประชุมสหประชาชาติว่าด้วยการค้าและการพัฒนา

WTO (World Trade Organization)
องค์การการค้าโลก

WWF (World Wildlife Fund)
องค์กรกองทุนสัตว์ป่าโลกสากล

กระทรวงต่างๆ ของประเทศไทย

สำนักนายกรัฐมนตรี	Office of The Prime Minister
กระทรวงกลาโหม	Ministry of Defence
กระทรวงการคลัง	Ministry of Finance
กระทรวงการต่างประเทศ	Ministry of Foreign Affairs
กระทรวงเกษตรและสหกรณ์	Ministry of Agriculture and Cooperatives
กระทรวงคมนาคม	Ministry of Communications
กระทรวงพาณิชย์	Ministry of Commerce
กระทรวงมหาดไทย	Ministry of the Interior
กระทรวงยุติธรรม	Ministry of Justice
กระทรวงแรงงานและสวัสดิการสังคม	Ministry of Labour and Social Welfare
กระทรวงวิทยาศาสตร์เทคโนโลยีและสิ่งแวดล้อม	Ministry of Science, Technology and Environment
กระทรวงศึกษาธิการ	Ministry of Education
กระทรวงสาธารณสุข	Ministry of Public Health
กระทรวงอุตสาหกรรม	Ministry of Industry
ทบวงมหาวิทยาลัย	Office of University Affairs

ตำแหน่งต่างๆ ที่ควรรู้

ประธานาธิบดี	President
นายกรัฐมนตรี	Prime Minister
รองนายกรัฐมนตรี	Deputy Prime Minister
รัฐมนตรี	Minister
รัฐมนตรีช่วย	Deputy Minister
โฆษกรัฐบาล	Government Spokesman
ประธานรัฐสภา	President of Parliament
ประธานสภาผู้แทนราษฎร	Speaker of the House of Representatives
ประธานวุฒิสภา	President of the Senate
สมาชิกวุฒิสภา	Senator

สมาชิกรัฐสภา	Member of Parliament
สมาชิกสภาผู้แทนราษฎร	Representative
ประธานศาลฎีกา	President of the Supreme Court
อธิบดีผู้พิพากษา	Chief Justice
ผู้พิพากษาหัวหน้าคณะ	Senior Judge
ผู้พิพากษา	Judge
ปลัดกระทรวง	Permanent Secretary
อธิบดี	Director-General
ผู้ว่าราชการจังหวัด	Governor
รองผู้ว่าราชการจังหวัด	Deputy Governor
ปลัดจังหวัด	Assistant Governor
นายอำเภอ	District Officer
ปลัดอำเภอ	Assistant District Officer
นายกเทศมนตรี	Mayor
ปลัดเทศบาล	City Clerk
นายกสภามหาวิทยาลัย	President of University Council
อธิการบดีมหาวิทยาลัย	Rector of University
รองอธิการบดี	Vice Rector
ผู้ช่วยอธิการบดี	Assistant Rector
คณบดี	Dean of Faculty
รองคณบดี	Deputy Dean
หัวหน้าภาควิชา	Head of Department
ศาสตราจารย์	Professor
รองศาสตราจารย์	Associate Professor
ผู้ช่วยศาสตราจารย์	Assistant Professor
ผู้อำนวยการ	Director
อาจารย์ใหญ่	Principal
ครูใหญ่	Headmaster/Headmistress

ชื่อผู้หญิง ความหมาย และชื่อเล่น

Abigail (แอบ' บะเกล) *บ่อเกิดแห่งความสนุก, ความสุขของผู้เป็นพ่อ* ชื่อเล่นว่า Abby, Abbie
Adela (อะเดล' ละ) *สูงศักดิ์, ประเสริฐ*
Agatha (แอก' กะธะ) *ดี* ชื่อเล่นว่า Aggie
Alexandra (แอลลิกแซน' ดระ) *ผู้ปกป้องมวลมนุษย์* ชื่อเล่นว่า Alexis, Sandra, Sandy
Alice (แอล' ลิซ) *สูงศักดิ์, ประเสริฐ, สัจธรรม* ชื่อเล่นว่า Allie, Alicia
Alicia (อะลีซ' เชีย) ชื่อเล่นของ Alice
Amanda (อะแมน' ดะ) *น่ารัก, มีเสน่ห์* ชื่อเล่นว่า Mandy
Amelia (อะมีล' เลีย) *อุตสาหะ, ฉลาด* ชื่อเล่นว่า Millie, Milly
Amy (เอ' มี) *ผู้เป็นที่รัก*
Angela (แอน' จะละ) *ผู้ส่งสาร, เทพธิดา* ชื่อเล่นว่า Angie
Angelica (แอนเจล' ลิคะ) *ผู้ส่งสาร*
Anita (อะนี' ทะ) ชื่อเล่นของ Anna
Ann (แอน) *ความสง่างาม* ชื่อเล่นว่า Annie, Nan, Nancy, Nina
Anna (แอน' นะ) Var. of Hannah ชื่อเล่นว่า Annie
Annabel (แอน' นะเบล) *สง่างาม*
Anne (แอน) Var. of Ann
Antoinette (แอนทวะเนท') ชื่อเล่นว่า Netty, Toni
Barbara (บาร์' บะระ) *แปลกถิ่น* ชื่อเล่นว่า Bab, Babbie, Barbie
Beatrice (เบีย' ทริซ) *ผู้สร้างความสุข* ชื่อเล่นว่า Bea, Bee, Trix
Becky (เบค' คี) ชื่อเล่นของ Rebecca
Belinda (บะลิน' ดะ) *สวย* ชื่อเล่นว่า Bella, Linda
Belle (เบล) *สวย*
Bridget (บริจ' จิท) *ความแข็งแรง, ความกล้าหาญ* ชื่อเล่นว่า Biddy
Camilla (คะมิล' ละ) *คนดูแลพิธีอันศักดิ์สิทธิ์*
Cara (คาร์' ระ) *ผู้เป็นที่รัก*
Carol (คาร์' เริล) *มนุษย์*
Caroline (คาร์ ระลิน, -ไลน์) *มนุษย์* ชื่อเล่นว่า Carrie
Catherine (แคธ' เธอรริน) *ความบริสุทธิ์* ชื่อเล่นว่า Cathy, Kate, Kathy, Kit, Kitty
Charlotte (ชาร์' เลิท) *มนุษย์* ชื่อเล่นว่า Carry, Lotta, Lottie
Christina (คริสตี' นะ) *ผู้ติดตามพระผู้เป็นเจ้า* ชื่อเล่นว่า Chris, Christie, Tina
Cindy (ซิน' ดี) ชื่อเล่นของ Lucindy
Claire (แคลร์) *สว่างไสว* ชื่อเล่นว่า Clair, Clara

Clara (แคลร์ ระ) *สดใส, สว่าง*
Claudia (คลอ' เดีย) *วัสดุที่ใช้ทอดิ้นเงินดิ้นทอง*
Cristina (ครีซที' นะ) *คริสต์ศาสนิกชน*
Cynthia (ซิน' เธีย) *ดวงจันทร์* ชื่อเล่นว่า Cindie, Cynthy
Deborah (เดบ' บะระ) *ราชินีผึ้ง* ชื่อเล่นว่า Deb, Debby
Diana (ไดแอน' นะ) *ดวงจันทร์* ชื่อเล่นว่า Di
Donna (ดอน' นะ) *สุภาพสตรี*
Dorothy (ดอ' ระธี) *ของขวัญแห่งพระเจ้า* ชื่อเล่นว่า Doll, Dolly, Dora
Edith (อี' ดิธ) *ของขวัญแห่งการทำสงคราม* ชื่อเล่นว่า Edie
Elizabeth (อิลิซ' ซะเบิธ) *คำสาบานของพระเจ้า* ชื่อเล่นว่า Beth, Betty, Lisa, Liz, Lizzie
Emily (เอม' มะลี) *ขยัน, อุตสาหะ* ชื่อเล่นว่า Em
Emma (เอม' มะ) *คุณยาย* ชื่อเล่นว่า Em, Emmie
Esther (เอซ' เทอร์) *ดวงดาว* ชื่อเล่นว่า Essie, Hetty
Eva (อี' วะ) *ชีวิต* ชื่อเล่นว่า Eve, Ev, Evie
Eve (อีฟว์) *ชีวิต* ชื่อเล่นว่า Ev, Evie
Evita (เอวี' ทะ) ชื่อเล่นของ Eva
Felicia (ฟะลิช' ชะ, -ลิช' เชีย, -ลี' ชะ) *เป็นสุข*
Frances (แฟรน' ซิซ, ฟราน'-) *อิสระ, เสรีภาพ*
Gabrielle (เก' เบรียล) *บุตรของพระเจ้า* ชื่อเล่นว่า Gaby
Geraldine (เจอ' เริลดีน) *กษัตริย์นักรบ* ชื่อเล่นว่า Jerry
Gloria (กลอ' เรีย, โกล' เรีย) *ความรุ่งโรจน์, ความสุขสมบูรณ์*
Grace (เกรซ) *ความงดงาม, ความสง่า, ความกรุณา*
Hannah (แฮน' นะ) *ความงดงาม, ความสง่า, ความกรุณา*
Helen (เฮล' เลิน) *แสงสว่าง, ดวงไฟ, ผู้มีชื่อเสียง, ดารา* ชื่อเล่นว่า Nell, Nelli
Hilary (ฮิล' เลอรี) *เบิกบานใจ, รื่นเริง, ปีติยินดี*
Ida (ไอ' ดะ) *เป็นสุข*
Ingrid (อิง' กริด) *บุตรีของ Ing (เทพเจ้าองค์หนึ่งในตำนานของเยอรมัน)*
Irene (ไอรีน') *ความสงบ, สันติภาพ*
Iris (ไอ' ริซ) *รุ้ง, ดอกไอริส*
Isabel (อิซ' ซะเบล) *คำสัตย์สาบานของ Baal (เทพเจ้าแห่งความอุดมสมบูรณ์องค์หนึ่งของชาวเซมิติกโบราณ)*
Jacqueline (แจค' ควะลิน, -ลีน, แจค' คะ-) *ผู้ประสบความสำเร็จ, ผู้รับช่วง, ผู้สืบมรดก*
Jane (เจน) *พระเจ้าคือความกรุณา*

Janet (แจน' นิท, จะเนท') ชื่อเล่นของ Jane
Jennifer (เจน' นะเฟอร์) *ระลอกคลื่นสีขาว, หญิงผิวขาว* ชื่อเล่นว่า Jenny หรือ Jinny
Jill (จิล) ชื่อเรียกสั้นๆ ของ Julia
Joan (โจน, โจแอน') *พระเจ้าคือความกรุณา*
Johanna (โจแฮน' นะ) *พระเจ้าคือความกรุณา*
Josephine (โจ' ซะฟีน, -ซะ-) *พระเจ้าจะประทาน (บุตรชาย)* ชื่อเล่นว่า Jo, Josie, Jozy
Joyce (จอยซ์) *รื่นเริง, เบิกบานใจ, ปลื้มปีติ*
Judith (จู' ดิธ) *สรรเสริญ, ชมเชย, ยกย่อง*
Julia (จูล' เลีย) *ขนที่เป็นปุยหรืออ่อนนุ่ม, หนุ่มสาว, อ่อนเยาว์*
Juliana (จูลีแอน' นะ) *อ่อนเยาว์*
Juliet (จู' เลียท, จูเลียท') ชื่อเล่นของ Julia
Justina (จัซไท' นะ, -ที'-) *ยุติธรรม, ถูกต้อง*
Laura (ลอ' ระ) *พวงมาลัยสวมศีรษะที่ทำจากใบ Laurel* ชื่อเล่นว่า Laurie, Lolly
Linda (ลิน' ดะ) *น่ารัก, สวยงาม*
Louise (ลูอีซ') *นักรบหญิงผู้มีชื่อเสียง* ชื่อเล่นว่า Lou, Louie, Lu, Lulu
Lucia (ลู' ชะ) *ผู้นำความสว่างมาให้*
Lucy (ลู' ซี) *ดู Lucia*
Lulu (ลู' ลู) ชื่อเล่นของ Louise
Mamie (เม' มี) ชื่อเล่นของ Margaret
Mandy (แมน' ดี) ชื่อเล่นของ Amanda
Margaret (มาร์' กะริท, มาร์' กริท) *ไข่มุก*
Maria (มะไร' อะ, -เรีย') *ดู Mary*
Marsha (มาร์' ชะ) *ผู้กระหายทำศึกสงคราม*
Martha (มาร์' ธะ) *สุภาพสตรี* ชื่อเล่นว่า Marty, Martie, Matty
Mary (แม' รี) *ขม, มารดาของพระเยซู* ชื่อเล่นว่า May, Minnie, Molly, Polly
Matilda (มะทิล' ดะ) *ผู้มีกำลังอำนาจในการสู้รบ* ชื่อเล่นว่า Mattie, Matty, Patty, Tilda
May (เม) ชื่อเล่นของ Mary
Meg (เมก) ชื่อเล่นของ Margaret
Megan (มี' เกิน) *ความแปลกประหลาด, ความยิ่งใหญ่*
Melanie (เม' ละนี) *สีดำ, ผ้าสีเข้ม*
Melissa (มะลิซ' ซะ) *ผึ้ง*
Minnie (มิน' นี) *ความทรงจำ, ความรัก*
Miranda (มิแรน' ดะ) *ความนิยมนับถือ, ความเลื่อมใส*

Miriam (เมีย' เรียม) *ดู Mary*
Molly (มอล' ลี) ชื่อเล่นของ Mary
Mona (โม' นะ) *ขุนนาง, ผู้สูงศักดิ์*
Monica (มอ' นะกะ) *ที่ปรึกษา, ผู้ให้คำแนะนำ*
Nadine (เนดีน', นะ-) *ความหวัง*
Nan (แนน) ชื่อเล่นของ Ann
Nancy (แนน' ซี) ชื่อเล่นของ Ann
Naomi (เนโอ' มี, เน'-) *ความพอใจ, ความเพลิดเพลิน*
Natalie (แนท' ทะลี) *ผู้ที่เกิดในวันคริสต์มาส*
Nicole (นิโคล') *ชัยชนะของประชาชน*
Olivia (โอลิ' เวีย) *ต้นมะกอก*
Pamela (แพม' มะละ) *ผู้เป็นที่รัก* ชื่อเล่นว่า Pam
Patricia (พะทริช' ชะ) *หญิงผู้สูงศักดิ์* ชื่อเล่นว่า Pat, Tricia
Peg, Peggy (เพก, เพก' กี) ชื่อเล่นของ Margaret
Rachel (เร' เชล) *แกะตัวเมีย* ชื่อเล่นว่า Rae, Ray
Ramona (ระโม' นะ) *การปกป้องอันชาญฉลาด*
Rebecca (ริเบค' คะ) *ผูก, มัด* ชื่อเล่นว่า Becky
Rita (รี' ทะ) ชื่อเล่นของ Margarita
Roberta (ระเบอร์' ทะ) *เปลวไฟอันโชติช่วง* ชื่อเล่นว่า Bert
Robin (รอบ' บิน) ชื่อเล่นของ Roberta
Rose (โรซ) *กุหลาบ*
Rosemary (โรซ' แมรี) *ต้นโรสแมรี่*
Ruth (รูธ) *เพื่อน, มิตร*
Sandra (แซน' ดระ, ซาน'-) ชื่อเล่นว่า Alexandra
Sarah (ซา' ระ) *เจ้าหญิง* ชื่อเล่นว่า Sadie, Sally
Sharon (แซ' เริน) *ที่ราบ* ชื่อเล่นว่า Sherry
Silvia, Sylvia (ซิล' เวีย) *เกี่ยวกับป่าไม้*
Sofia, Sophia (โซเฟีย') *ฉลาด* ชื่อเล่นว่า Sophie
Stephanie (สเตฟ' ฟะนี) *มงกุฎ*
Susan (ซู' เซิน) *ดอกลิลลี่* ชื่อเล่นว่า Sue, Susie
Susannah (ซูแซน' นะ) *ดอกลิลลี่* ชื่อเล่นว่า Sue, Susie
Sylvia (ซิล' วีอะ) *แห่งป่า*
Teresa (ทะรี' ซะ, -ซะ) *ชื่อเกาะในทะเลอีเจียน* ชื่อเล่นว่า Terry, Tessie

Trixie (ทริค' ซี) ชื่อเล่นของ Beatrice หรือ Beatrix
Vanessa (วะเนซ' ซะ) *ผีเสื้อ*
Veronica (วะโรนิ' คะ) *ภาพลักษณ์ที่แท้จริง* ชื่อเล่นว่า Ronny
Victoria (วิคทอ' เรีย) *ชัยชนะ* ชื่อเล่นว่า Vicky
Virginia (เวอร์จิน' เนีย) *หญิงสาวบริสุทธิ์* ชื่อเล่นว่า Ginny
Vivian (วิฟว์' เวียน) *สดใส, มีชีวิตชีวา*
Wendy (เวน' ดี) ชื่อเล่นของ Gwendolyn (ดวงจันทร์)

ชื่อผู้ชาย ความหมาย และชื่อเล่น

Abraham(เอ' บระแฮม) *บิดาแห่งสรรพสิ่งทั้งหลาย* ชื่อเล่นว่า Abe, Abie
Adam (แอด' เดิม) *แดง, มนุษย์แห่งแผ่นดินสีแดง* ชื่อเล่นว่า Addy
Adolph (แอด' ดอล์ฟ) *หมาป่าที่ประเสริฐ* ชื่อเล่นว่า Dolph
Alan (แอล' เลิน) *รูปหล่อ* ชื่อเล่นว่า Al
Albert (แอล' เบิร์ท) *ความโชติช่วงอันสูงส่งสง่างาม* ชื่อเล่นว่า Al, Alb, Bert
Alexander (แอลลิกแซน' เดอร์) *ผู้ปกป้องมวลมนุษย์* ชื่อเล่นว่า Alec, Alex, Sander, Sandy
Alfred (แอล' เฟรด, -ฟริด) *ฉลาด* ชื่อเล่นว่า Al, Alf, Fred
Andrew (แอน' ดรู) *อย่างลูกผู้ชาย, สมชาย* ชื่อเล่นว่า Andy, Drew
Anthony (แอน' ธะนี) *ล้ำค่า* ชื่อเล่นว่า Tony
Arnold (อาร์' เนิลด์) *พลังอินทรี* ชื่อเล่นว่า Arn, Arnie
Arthur (อาร์' เธอร์) *ผู้กล้าหาญ* ชื่อเล่นว่า Art, Artie
Baldwin (บอลด์' วิน) *เพื่อนผู้กล้าหาญ*
Benedict (เบน' นะดิคท์) *ศักดิ์สิทธิ์*
Benjamin (เบน' จะเมิน) *ลูกชายคนโปรด* ชื่อเล่นว่า Ben, Benjy, Benny
Bernard (เบอร์' เนิร์ด) *ผู้กล้าหาญ* ชื่อเล่นว่า Barney, Berney, Bernie
Bert (เบิร์ท) ชื่อเล่นของ Albert
Bill (บิล) ชื่อเล่นของ William
Bob (บอบ) ชื่อเล่นของ Robert
Brian (ไบร' อัน) *แข็งแรง*
Calvin (แคล' วิน) *โล่ง, ล้าน, เตียน* ชื่อเล่นว่า Cal
Charles (ชาร์ลซ์) *สมชาย* ชื่อเล่นว่า Charley, Charlie, Chuck
Christian (คริซ' เชิน) *ชาวคริสเตียน, คริสต์ศาสนิกชน* ชื่อเล่นว่า Chris
Christopher (คริซ' ทะเฟอร์) *สาวกผู้อุทิศแด่พระผู้เป็นเจ้า* ชื่อเล่นว่า Chris, Kit
Claude (คลอด) *วัสดุที่ใช้ทอดิ้นเงินดิ้นทอง*

Dan (แดน) *ผู้ตัดสิน, ผู้พิพากษา*
Daniel (แดน' เนียล) *พระเจ้าคือผู้ตัดสินของฉัน* ชื่อเล่นว่า Dan, Danny
David (เด' วิด) *ผู้เป็นที่รัก*
Dennis (เดน' นิซ) ชื่อเล่นว่า Denny
Dick (ดิค) ชื่อเล่นของ Richard
Dominic (ดอม' มะนิค) *แห่งพระเจ้า* ชื่อเล่นว่า Dom
Donald (ดอน' เนิลดฺ) *ผู้นำโลก* ชื่อเล่นว่า Don, Donnie
Duncan (ดัง' เคิน) *นักรบสีน้ำตาล*
Edward (เอด' เวิร์ด) *ผู้พิทักษ์ความอุดมสมบูรณ์* ชื่อเล่นว่า Ed, Eddie, Ned, Ted, Teddy
Elbert (เอล' เบิร์ท) *ดู Albert*
Eric (เอ' ริค) *ผู้ปกครอง, กษัตริย์ผู้สูงส่ง*
Ernest (เออรฺ' นิซทฺ) *แน่วแน่* ชื่อเล่นว่า Ern, Ernie
Evan (เอฟวฺ' เวิน) *พระเจ้าคือสิ่งสูงส่งประเสริฐยิ่ง*
Francis (ฟราน' ซิซ) *อิสระ, เสรีภาพ* ชื่อเล่น Frank, Frankie
Frank (แฟรงคฺ) ชื่อเล่นของ Francis หรือ Franklin
Fred (เฟรด) ชื่อเล่นของ Alfred, Frederick หรือ Wilfred
Frederick (เฟรด' เดอริค, เฟรด' ริค) *กษัตริย์หรือประมุขผู้รักสันติ*
Gabriel (เก' เบรียล, กา' เบรียล) *บุตรของพระเจ้า*
George (จอรฺจ) *ชาวนา* ชื่อเล่นว่า Georgie
Gerald (เจอ' เริลดฺ) *กษัตริย์นักรบ* ชื่อเล่นว่า Gerry
Gilbert (กิล' เบิร์ท, ฌีลแบร์) *คำมั่นสัญญาที่น่าเชื่อถือ, คำอธิษฐานที่เป็นจริง* ชื่อเล่นว่า Gil
Gregory (เกรก' เกอรี) *รอบคอบ, ระมัดระวัง* ชื่อเล่นว่า Greg
Guy (ไก, กี) *ผู้นำ, หัวหน้า*
Hank (แฮงคฺ) ชื่อเล่นของ Henry
Harold (แฮ' เริลดฺ) *แม่ทัพ, ผู้นำกองทัพ* ชื่อเล่นว่า Hal
Harry (แฮรฺ' รี) *ผู้ครอบครองหรือผู้ดูแลบ้าน ที่ดินและทรัพย์สมบัติ* ชื่อเล่นของ Harold
Henry (เฮน' รี) *ประมุขหรือผู้ครอบครองดูแลบ้าน ที่ดินและทรัพย์สมบัติ*
Hugh (ฮิว) *ความฉลาด* ชื่อเล่นว่า Hughie
Ian (เอียน) *พระเจ้าคือความกรุณา*
Immanuel (อิแมน' นูเอล) *พระเจ้าจะอยู่กับเรา*
Isaac (ไอ' เซิค) *เสียงหัวเราะ, การหัวเราะ*
Ivan (ไอ' เวิน, อิวาน') *พระเจ้าคือความกรุณา*
Jack (แจค) *ผู้ประสบความสำเร็จ, ผู้รับช่วง, ผู้สืบตระกูล* ชื่อเล่นของ John

Jacob (เจ' เคิบ) *ผู้ประสบความสำเร็จ, ผู้สืบมรดก* ชื่อเล่นว่า Jock
James (เจมซํ) *ผู้ประสบความสำเร็จ, ผู้สืบมรดก* ชื่อเล่นว่า Jimmy, Jim
Jason (เจ' เซิน) *ผู้รักษาความซื่อสัตย์, ผู้รักษาความศรัทธา*
Jeffrey (เจฟ' ฟรี) *ประเทศหรือแผ่นดินอันสงบ* ชื่อเล่นว่า Jeff
Jerry (เจอรํ' รี) ชื่อเล่นของ Gerald, Gerard, Jeremiah, Jerome
John (จอน) *พระเจ้าคือความกรุณา* ชื่อเล่นว่า Jack, Johnnie
Jonathan (จอน' นะเธิน) *ของขวัญของพระเจ้า* ชื่อเล่นว่า Jon, Jonnie, Jonny
Joseph (โจ' เซิฟ, โฌเซิฟ', โย' เซิฟ) *พระเจ้าจะประทาน (บุตรชาย)* ชื่อเล่นว่า Joe, Joey
Justin (จัส' ติน) *ยุติธรรม, ถูกต้อง*
Leo (ลี' โอ) *สิงโต*
Leonard, Leonardo (เลน' เนิร์ด, เลโอนารํ' โด) *สิงโตที่แข็งแรง* ชื่อเล่นว่า Len, Lenny
Lewis (ลู' อิซ) *ดู Louis* ชื่อเล่นว่า Lew, Lewie
Louis (ลู' อิซ, ลู' อี) *ทหารหรือนักรบผู้มีชื่อเสียง* ชื่อเล่นว่า Lew, Lou
Martin (มารํ' เทิน) *ผู้ที่ชอบทำศึกสงคราม, แห่งสงคราม* ชื่อเล่นว่า Mart, Marty
Matthew (แมธ' ธิว) *ของขวัญของพระผู้เป็นเจ้า* ชื่อเล่นว่า Mat, Matt
Max (แมคซํ) ชื่อเล่นของ Maximilian
Maximilian (แมคซะมิ' เลียน) *ผู้ที่ยอดเยี่ยมที่สุด* ชื่อเล่นว่า Max
Michael (ไม' เคิล) *ผู้ใดที่เหมือนพระเจ้า* ชื่อเล่นว่า Mike, Mickey, Micky, Mikey
Mitchell (มิช' เชิล) *ดู Michael* ชื่อเล่นว่า Mitch
Napoleon (นะโพ' เลียน) *แห่งนครใหม่*
Nathan (เน' เธิน) *ของขวัญ* ชื่อเล่นว่า Nat, Nate
Nicholas (นิค' คะเลิซ) *ชัยชนะของประชาชน* ชื่อเล่นว่า Nick, Nicky
Nigel (ไน' เจิล) *ผู้ที่เกิดในตระกูลสูงศักดิ์, ผู้มีคุณธรรมสูง*
Noah (โน' อะ) *ความสุขสบาย, การพักผ่อน, การท่องเที่ยว*
Noel (โน' เอิล) *วันคริสต์มาส, ผู้ที่เกิดในวันคริสต์มาส*
Norman (นอรํ' เมิน) *ชนกลุ่มหนึ่งในสมัยกลางของสแกนดิเนเวีย* ชื่อเล่นว่า Norm
Oliver (ออ' ละเวอรํ) *ต้นมะกอก* ชื่อเล่นว่า Ollie, Olly
Oscar (ออส' เกอรํ) *หอกอันศักดิ์สิทธิ์*
Owen (โอ' เอิน) *นักรบหนุ่ม*
Patrick (แพ' ทริค) *ขุนนาง, ผู้สูงศักดิ์* ชื่อเล่นว่า Paddy, Pat, Patsy
Paul (พอล) *เล็กน้อย*
Peter (พี' เทอรํ) *หิน* ชื่อเล่นว่า Pete
Philip (ฟิล' ลิพ) *คนรักม้า* ชื่อเล่นว่า Phil

Ralph (ราลฟ์) *เจ้าเล่ห์*

Randolph (ราน' ดอลฟ์) *หมาป่าผู้พิทักษ์* ชื่อเล่นว่า Randy

Ray (เร) ชื่อเล่นของ Raymond

Raymond (เร' เมินด์) *การปกป้องอย่างชาญฉลาด* ชื่อเล่นว่า Ray

Reynold (เรน' เนิลด์) *พลังอำนาจอันล้นเหลือ*

Richard (ริช' เชิร์ด) *กษัตริย์ผู้เข้มแข็ง* ชื่อเล่นว่า Dick, Ricky

Roald (โร' อัล) *พลังอันเลื่องลือ*

Robert (รอบ' เบิร์ท) *เปลวไฟอันโชติช่วง* ชื่อเล่นว่า Bob, Rob, Robin

Roger (โร' เจอร์) *หอกอันลือชื่อ* ชื่อเล่นว่า Hodge, Rodge

Roy (รอย) *กษัตริย์*

Rudolph (รู' ดอลฟ์) *หมาป่าที่ลือชื่อ* ชื่อเล่นว่า Rudy

Samson (แซม' เซิน) *ดวงอาทิตย์*

Samuel (แซม' มวล) *พระนามของพระเจ้า* ชื่อเล่นว่า Sam, Sammy

Scott (สกอต) ชาวสกอต

Sean (ชอน) ชื่อชาวไอริชเหมือนชื่อ John

Silvester (ซิลเวส' เตอร์) *ป่าเถื่อน, บ้านนอก*

Simon (ไซ' เมิน) *ฟังอย่างตั้งใจ*

Solomon (ซอล' ละเมิน) *สงบสุข, สันติ*

Stephen (สตี' เวิน) *มงกุฎ* ชื่อเล่นว่า Steve, Stevie

Stewart (สตู' เอิร์ด) *ผู้ดูแลรับใช้, ผู้จัดการ* ชื่อเล่นว่า Stew

Sylvester (ซิลเวส' เตอร์) *ดู Silvester*

Ted, Teddy (เทด, เทด' ดี) ชื่อเล่นของ Edward, Theodore

Theodore (ธี' อะดอร์) *ของขวัญแห่งพระเจ้า* ชื่อเล่นว่า Tad, Ted, Teddy

Thimothy (ทิม' มะธี) ชื่อเล่นว่า Tim, Timmy

Thomas (ทอ' มัซ) แฝด ชื่อเล่นว่า Tom, Tommy

Tod, Todd (ทอด) สุนัขจิ้งจอก

Tony (โท' นี) ชื่อเล่นของ Anthony

Valentine (เวล' เลินไทน์) *แข็งแรง, สุขภาพดี* ชื่อเล่นว่า Val

Victor (วิค' เทอร์) *ผู้พิชิต* ชื่อเล่นว่า Vic, Vick

Vincent (วิน' เซ็นท์) *ชนะ, พิชิต* ชื่อเล่นว่า Vin, Vince, Vinny

Wilfred (วิล' ฟริด) *สันติภาพอันแน่วแน่* ชื่อเล่นว่า Fred

William (วิล' เลียม) *การป้องกันที่แน่นหนาแข็งขัน* ชื่อเล่นว่า Bill, Billy, Will, Willie

ศัพท์คอมพิวเตอร์น่ารู้

Access โปรแกรมไมโครซอฟต์แอกเซส (Microsoft Access) โปรแกรมจัดการฐานข้อมูลโปรแกรมหนึ่งซึ่งได้รับความนิยมมาก ผลิตและนำออกจำหน่ายโดยบริษัทไมโครซอฟต์ตั้งแต่ปี 1992

account แอกเคานต์, บัญชีผู้ใช้ซึ่งใช้เก็บข้อมูลประจำตัวของผู้ใช้ เจ้าของบัญชีจะมีสิทธิ์ใช้บริการได้ตามที่กำหนด, บัญชีผู้ใช้อินเทอร์เน็ตประกอบด้วยชื่อบัญชี (user name) รหัสผ่าน (password) และเนื้อที่ดิสก์สำหรับใช้เก็บข้อมูล

Address Book ไฟล์ที่เก็บรวบรวมรายชื่อและอีเมล์แอดเดรสของผู้ที่คุณติดต่ออยู่เสมอ สามารถเพิ่มรายชื่อ เปลี่ยนแปลงแก้ไขชื่อหรืออีเมล์แอดเดรสใน Address Book ได้

admin ย่อมาจาก administrator, ผู้ดูแลเครือข่าย, ชื่อบัญชีสำหรับผู้ปฏิบัติงานเป็นผู้ดูแลเครื่อง (system administrator)

antivirus โปรแกรมป้องกันไวรัส, ซอฟต์แวร์เอื้อประโยชน์ที่ใช้กวาดหาและตรวจจับไวรัสหรือซอฟต์แวร์อันตราย ซึ่งอาจแอบแฝงอยู่ภายในเครื่อง ซอฟต์แวร์ป้องกันไวรัสจะยับยั้งการแพร่เชื้อ ลบไวรัสออกจากฮาร์ดดิสก์ และปกป้องเครื่องของคุณจากการติดเชื้อต่าง ๆ

attach แนบแฟ้มไปกับจดหมายอิเล็กทรอนิกส์

attached file แฟ้มที่แนบไปกับจดหมายอิเล็กทรอนิกส์

autosave บันทึกอัตโนมัติ, คุณลักษณะหนึ่งของโปรแกรม ทำหน้าที่บันทึกข้อมูลของแฟ้มที่เปิดใช้งานอยู่ ซึ่งจะทำการบันทึกเป็นระยะ ๆ โดยอัตโนมัติ

Backspace ปุ่มบนแป้นพิมพ์ของไอบีเอ็มและคอมพิวเตอร์แบบไอบีเอ็มที่มีคำว่า Backspace หรือรูปลูกศรชี้ไปทางซ้ายกำกับอยู่ หน้าที่ของแบ็กสเปซในโปรแกรมส่วนมากคือ เลื่อนเคอร์เซอร์มาทางซ้าย 1 ช่องพร้อมกับลบตัวอักขระไป 1 ตัว

backup การสำรอง, การสำเนาชุดสำรองแฟ้มล่าสุดที่นำมาบันทึกกลับลงฮาร์ดดิสก์ใหม่เมื่อเกิดเหตุไม่คาดฝันขึ้น เช่น แฟ้มใช้ไม่ได้ เพื่อเป็นการประกันความเสียหายของดิสก์ที่อาจเกิดขึ้นจนทำให้แฟ้มต่าง ๆ ในฮาร์ดดิสก์หรือในระบบเครือข่ายเสียหายไป

binary number เลขฐานสองซึ่งเป็นจำนวนที่แทนด้วยเลข 0 และ 1 เป็นรูปแบบที่ใช้ในคอมพิวเตอร์

BIOS ย่อมาจาก Basic Input/Output System, ไบออสอยู่ในเครื่องพีซี เป็นชุดคำสั่งที่เก็บไว้ในรอมซึ่งจะทำให้ฮาร์ดแวร์ในคอมพิวเตอร์และระบบปฏิบัติการ ติดต่อกับโปรแกรมระบบงานและอุปกรณ์อื่น ๆ เช่น ฮาร์ดดิสก์ เครื่องพิมพ์ และอะแดปเตอร์ส่วนแสดงผลได้ คำสั่งเหล่านี้จะเก็บไว้ในหน่วยความจำแบบถาวร ซึ่งเป็นส่วนหนึ่งในคอมพิวเตอร์โดยมีลักษณะเหมือนกับชิปที่เสียบอยู่ในคอมพิวเตอร์ ไบออสมักอยู่ในตำแหน่งที่กำหนด

ไว้แน่นอน ดังนั้นโปรแกรมทุกโปรแกรมจึงเข้ามาใช้งานในส่วนรับและแสดงผลของไบออสได้ ถึงแม้ว่าส่วนหลัก ๆ ของไบออสยังคงไม่มีการเปลี่ยนแปลงก็ตาม

Bluetooth บลูทูธ, เป็นเทคโนโลยีเครือข่ายไร้สายส่วนบุคคล จาก Bluetooth Special Interest Group (www.bluetooth.com) ซึ่งก่อตั้งขึ้นเมื่อปี 1998 โดยบริษัทชั้นนำอย่าง Ericsson, IBM, Intel, Nokia และ Toshiba เทคโนโลยีนี้มีวัตถุประสงค์เพื่อการส่งข้อมูลระยะสั้น รัศมีประมาณ 10 เมตร โดยใช้คลื่นวิทยุไปยังอุปกรณ์ไร้สาย (เช่น เครื่องแล็ปทอป, PDA, โทรศัพท์เคลื่อนที่)

boot บูต, การนำระบบปฏิบัติการเข้าสู่หน่วยความจำ มักดึงไปจากฮาร์ดดิสก์หรืออาจจะเป็นฟลอปปีดิสก์ กระบวนการนี้จะเกิดขึ้นอัตโนมัติเมื่อคุณเปิดเครื่อง หรือปิดแล้วเปิดใหม่

browse ค้นหารายการแฟ้มข้อมูล

browser โปรแกรมเบราเซอร์, โปรแกรมระบบงานที่ใช้เพื่อค้นหาทรัพยากรต่าง ๆ ในอินเทอร์เน็ต เบราเซอร์ช่วยให้คุณเดินทางจากโหนดหนึ่งไปยังอีกโหนดหนึ่ง โดยไม่ต้องสนใจรายละเอียดทางเทคนิคของการเชื่อมต่อระหว่างโหนดหรือวิธีการเฉพาะที่จะเข้าไปใช้โหนดเหล่านั้น และนำเสนอข้อมูลที่เป็นข้อความ ภาพกราฟิก เสียง หรือภาพเคลื่อนไหวในเอกสารบนจอภาพ

buffer ที่พักข้อมูลชั่วคราว, พื้นที่ของหน่วยความจำที่กำหนดไว้เพื่อเก็บข้อมูลชั่วคราวจนกว่าจะเสร็จสิ้นภารกิจ เช่น บัฟเฟอร์ของเครื่องพิมพ์จะเก็บสำเนาแฟ้มจากคอมพิวเตอร์เอาไว้จนกว่าเครื่องพิมพ์พร้อมพิมพ์ และพิมพ์จนเสร็จสิ้น

bug ข้อผิดพลาดที่อาจเกิดจากขั้นตอนหรือการเขียนโปรแกรมทั้งในฮาร์ดแวร์และซอฟต์แวร์ เป็นผลให้การทำงานผิดพลาดไป ไม่เป็นไปตามต้องการ เช่น โปรแกรมหยุดทำงาน ข้อมูลหายไปหรือเพียงแค่รบกวนการทำงาน ถ้าปัญหาเกิดขึ้นในซอฟต์แวร์ก็แก้ไขโดยแก้ไขโปรแกรม ถ้าเกิดกับฮาร์ดแวร์ก็ต้องออกแบบและสร้างวงจรกันใหม่ คำนี้มีที่มาจากคอมพิวเตอร์ในยุคแรกที่ยังเป็นกึ่งเครื่องกลกึ่งเครื่องไฟฟ้าเกิดปัญหาขึ้นมา และเมื่อตรวจสอบก็พบว่ามีสาเหตุมาจากมีแมลงไปเกาะอยู่ระหว่างตัวเชื่อม 2 ตัวภายในเครื่อง จำไว้ว่าทุกโปรแกรมอาจจะมีบัก (bug) ได้

byte ย่อมาจาก BinarY digiT Eight, จำนวนของหน่วยความจำ 8 บิต ที่ใช้เก็บตัวอักขระ 1 ตัว จะเป็นตัวอักษรหรือตัวเลขก็ได้ เนื่องจากไบต์แทนค่าหน่วยความจำได้น้อยมาก จึงมักจัดกลุ่มเป็นกิโลไบต์ (KB - 1,024 ไบต์) เมกะไบต์ (MB - 1,048,576 ไบต์) และกิกะไบต์ (GB - 1,073,741,824 ไบต์) เพื่อความสะดวกในการบอกความจุของหน่วยความจำ

C# ซีชาร์ป, ภาษาคอมพิวเตอร์ใหม่ของไมโครซอฟต์ที่ได้รับการพัฒนา เพื่อตอบสนองการพัฒนาระบบโปรแกรมประยุกต์ระบบใหม่แบบโปรแกรมเชิงวัตถุ

C++ ภาษาซีพลัสพลัส, ภาษาซีรุ่นที่ได้รับการพัฒนาขึ้นมา โดยเพิ่มคุณสมบัติการเขียน

โปรแกรมเชิงวัตถุเข้าไป (object-oriented) พัฒนาขึ้นมาโดย Bjarne Stroustrup ที่เบลล์แลป ภาษาซีพลัสพลัสเริ่มเป็นที่นิยมเพราะโปรแกรมภาษาซีเรียนรู้ได้ง่าย ใช้งานเชิงวัตถุได้ ทำให้เขียนโปรแกรมในโครงการขนาดใหญ่ได้ง่ายขึ้น ภาษาซีพลัสพลัสเหมือนกับภาษาซีตรงที่ทำงานได้เร็วและใช้งานกันได้ทั่วไป

Caps Lock ปุ่มบนแป้นคอมพิวเตอร์ที่กดเพื่อป้อนอักษรตัวใหญ่โดยไม่ต้องกดปุ่ม Shift ทุกครั้ง

CD-R ย่อมาจาก Compact Disc-Recordable เป็นแผ่นซีดีชนิดหนึ่งที่ใช้สำหรับเก็บบันทึกข้อมูล โดยการเขียนข้อมูลลงไปผ่านเครื่องเขียนซีดีที่เราเรียกกันว่า CD-Writer แผ่น CD-R เป็นแผ่นเปล่า ๆ ไม่มีข้อมูลใด ๆ ซึ่งสามารถเก็บบันทึกข้อมูลได้มากกว่า 650 เมกกะไบต์

CD-ROM ดู น. 76

CD-RW ย่อมาจาก Compact Disc-ReWritable เป็นแผ่นซีดีชนิดหนึ่งที่สามารถเขียนและลบข้อมูลในแผ่นได้ โดยเครื่องเขียนแผ่น CD-RW นี้ สามารถใช้ในการเขียนแผ่น CD-R และใช้อ่านแผ่น CD-ROM ได้ โดยแผ่น CD-RW จะมีการสะท้อนแสงน้อยกว่าแผ่น CD-ROM และ CD-R

chat แชต, การสนทนาบนอินเทอร์เน็ต, การพูดคุยหรือสนทนาผ่านทางเครือข่าย ซึ่งได้รับความนิยมมากเนื่องจากเป็นการสนทนาแบบที่มีการโต้ตอบกันได้ทันที

chat room แชตรูม, ห้องสนทนาบนเครือข่ายเพื่อให้ผู้ใช้เข้าไปพูดคุยโต้ตอบกันได้ มีเว็บจำนวนมากที่ให้บริการสนทนาผ่านทางแชตรูมนี้

cipher ทำการเข้ารหัส, การเข้ารหัสที่ใช้เปลี่ยนข้อมูลให้อยู่ในรูปข้อมูลที่มีการเข้ารหัสแล้ว, ทำการจัดข้อความให้เป็นรหัสลับ

client ไคลเอ็นต์, ผู้ขอใช้บริการ, ซอฟต์แวร์ที่ใช้ขอเชื่อมต่อหรือขอบริการข้อมูลจากผู้ให้บริการ

compile คอมไพล์, การแปลงโปรแกรมที่เขียนด้วยภาษาโปรแกรม เช่น ภาษาซี เบสิก ปาสคาล ไปเป็นภาษาที่คอมพิวเตอร์เข้าใจได้ (ภาษาเครื่อง)

Computer Science คอมพิวเตอร์ศาสตร์, วิทยาการคอมพิวเตอร์, วิทยาศาสตร์คอมพิวเตอร์, การศึกษาวิชาทางคอมพิวเตอร์ ทั้งทางด้านฮาร์ดแวร์ ซอฟต์แวร์ คณิตศาสตร์ อิเล็กทรอนิกส์ สารสนเทศ และอื่น ๆ ที่เกี่ยวข้องกับการทำงานและใช้งานคอมพิวเตอร์

computer system ระบบคอมพิวเตอร์ ที่รวมฮาร์ดแวร์ ซอฟต์แวร์ และอุปกรณ์ประกอบต่าง ๆ ให้ทำงานด้วยกัน ในโลกของพีซีนั้นระบบคอมพิวเตอร์จะต้องมีหน่วยของระบบที่เก็บช่องใส่ฮาร์ดดิสก์และฟลอปปีดิสก์ หน่วยความจำ แผ่นวงจรหลัก และแผ่นวงจรเพิ่ม แป้นพิมพ์ เมาส์ และมอนิเตอร์ อุปกรณ์อื่น ๆ ได้แก่ เครื่องพิมพ์ โมเด็ม หรือเทปเก็บสำรอง ซอฟต์แวร์ระบบปฏิบัติการมักจะถือว่าเป็นส่วนหนึ่งของระบบคอมพิวเตอร์ด้วย

CPU ย่อมาจาก Central Processing Unit, หน่วยประมวลผลกลาง

cybernaut นักท่องอินเทอร์เน็ต, ผู้เล่นอินเทอร์เน็ต

cyberpub ไซเบอร์ผับ, ผับแห่งแรกในประเทศไทยซึ่งเปิดให้บริการอินเทอร์เน็ตแก่ผู้เข้ามาใช้บริการ ไซเบอร์ผับตั้งอยู่ที่ชั้นล่างของอาคารดุสิตธานี

data bank คลังข้อมูล, ธนาคารข้อมูล, แหล่งเก็บรวบรวมข้อมูล

data entry การบันทึกข้อมูล, การบันทึกข้อมูลเข้าสู่สื่อบันทึกหรือเข้าสู่เครื่องคอมพิวเตอร์โดยการป้อนข้อมูลผ่านทางแป้นพิมพ์ การสแกน เป็นต้น

data transfer การเคลื่อนย้ายข้อมูลภายในระบบคอมพิวเตอร์, การถ่ายโอนข้อมูลไปยังตำแหน่งใหม่หรือสื่อเก็บข้อมูลอื่น

database ฐานข้อมูล, ที่จัดเก็บรวบรวมข้อมูลอย่างเป็นระเบียบ ได้แก่ tables, forms, reports, queries และ scripts ที่ระบบจัดการฐานข้อมูลเป็นผู้สร้างและจัดการฐานข้อมูลจะเก็บข้อมูลได้เกือบทุกชนิด, กลุ่มของข้อมูลที่สร้างและจัดการโดยระบบฐานข้อมูล

delete ลบข้อมูลที่ไม่ต้องการออกไป

digital camera กล้องดิจิทัล, กล้องที่ใช้ถ่ายรูปได้โดยไม่ต้องใช้ฟิล์ม เก็บภาพเป็นไฟล์ข้อมูลช่วยให้สามารถถ่ายโอนภาพไปยังเครื่องคอมพิวเตอร์ได้โดยตรง สามารถแก้ไข ตกแต่งและนำภาพไปใช้งานในเอกสารได้ เช่น ใส่ลงในเว็บ แนบไฟล์ไปกับอีเมล์ เป็นต้น

digital cash เงินสดดิจิทัล, วิธีการชำระเงินทางอิเล็กทรอนิกส์แทนการใช้เงินสด

digital certificate ใบรับรองดิจิทัล, เอกสารทางอิเล็กทรอนิกส์ที่ออกโดยสถาบันผู้ออกใบรับรองดิจิทัลที่เชื่อถือได้ เพื่อใช้รับรองว่าบริษัทหรือบุคคลเป็นเจ้าของรหัสผ่านที่ใช้จริง

digital signature ลายมือชื่อดิจิทัล, ลายเซ็นอิเล็กทรอนิกส์, เป็นข้อมูลอิเล็กทรอนิกส์ที่ใช้เสมือนการใช้ลายเซ็นรับรองบนเอกสารหรือรายการทางอิเล็กทรอนิกส์ต่าง ๆ

disk drive ช่องใส่ดิสก์, อุปกรณ์จัดเก็บที่ใช้อ่านและเขียนดิสก์ทั้งแบบแม่เหล็กและออปติคอล

domain โดเมน, กลุ่มของคอมพิวเตอร์ กลยุทธ์การจัดองค์ประกอบในฐานข้อมูล แต่มักจะเป็นรายชื่อคอมพิวเตอร์บนอินเทอร์เน็ต โดเมนที่นิยมใช้กันมีหลายโดเมนดังนี้

โดเมน	**ประเภทของระบบคอมพิวเตอร์**
com	บริษัท ธุรกิจ ผู้ค้า
edu	สถาบันการศึกษา
gov	หน่วยงานราชการของสหรัฐฯ (ที่ไม่ใช่ทหาร)
int	องค์กรระหว่างประเทศ
mil	หน่วยงานทหารของสหรัฐฯ โดยเฉพาะ
org	องค์กรต่าง ๆ ที่ไม่ใช่ที่กล่าวมา
net	เครือข่าย ทรัพยากรบนเครือข่าย

ในประเทศส่วนใหญ่ก็มีชื่อโดเมนที่ไม่ซ้ำกัน และต่อท้ายชื่อย่อสากล เช่น UK แทน

สหราชอาณาจักร, CA แทนแคนาดา, TH แทนประเทศไทย

domain name ชื่อที่เข้าใจง่ายซึ่งกำหนดให้แก่เครื่องคอมพิวเตอร์แม่ข่ายในอินเทอร์เน็ต ตรงกันข้ามกับ IP address ที่เป็นตัวเลข, ชื่อเครื่องในเครือข่ายในรูปของโดเมน

dot ดอต, จุด, ในโอเอส/ทู และดอส ใช้เพื่อแบ่งชื่อแฟ้มกับนามสกุล, ในอินเทอร์เน็ต ดอตใช้ในโดเมนเนม หรืออีเมลแอดเดรส เป็นต้น

download ดาวน์โหลด ในเรื่องการสื่อสาร คือ การโอนย้ายหรือคัดสำเนาแฟ้มๆ เดียวหรือหลายแฟ้มจากคอมพิวเตอร์เครื่องหนึ่งลงยังเครื่องที่ใช้งานอยู่ผ่านทางเครือข่ายหรือใช้โมเด็ม เช่น การดาวน์โหลดแฟ้มจากผู้ให้บริการออนไลน์ เช่น CompuServe ลงมาบนพีซี

e-banking ย่อมาจาก electronic banking, ระบบการทำธุรกรรมต่างๆ กับธนาคารผ่านทางอินเทอร์เน็ต

e-book ย่อมาจาก electronic book, เป็นหนังสือออนไลน์สามารถดาวน์โหลดมาอ่านผ่านเครื่องคอมพิวเตอร์มือถือ เช่น ปาล์ม หรือพ็อกเก็ตพีซีได้

e-business ย่อมาจาก electronic business, ธุรกิจบนอินเทอร์เน็ต, การทำธุรกรรมอิเล็กทรอนิกส์

e-card ย่อมาจาก electronic card, อีการ์ด, อิเล็กทรอนิกการ์ด, การ์ดหรือโปสการ์ดที่ดาวน์โหลดจากเว็บไซต์ อีการ์ดนี้นอกจากจะสวยงามแล้วยังอาจอยู่ในรูปแบบมัลติมีเดียอีกด้วย เช่น เป็นภาพเคลื่อนไหว มีเสียงเพลงประกอบ เป็นต้น, e-greeting ก็เรียก

e-cash ย่อมาจาก electronic cash, เงินสดอิเล็กทรอนิกส์ เป็นระบบการชำระเงินทางอิเล็กทรอนิกส์ที่ใช้ชำระค่าสินค้าแทนเงินสด

e-check ย่อมาจาก electronic check, การส่งเช็คผ่านอีเมล วิธีนี้ต่างจากวิธี check by net ตรงที่ใช้ส่งเช็คผ่านทางอีเมล เป็นวิธีที่ถือว่าสะดวกสำหรับการขายส่งระหว่างธุรกิจ และการขายปลีกให้กับคนทั่วไป แต่ยังไม่เป็นที่นิยมมากนัก

EDI ย่อมาจาก Electronic Data Interchange, ระบบ EDI นี้จะเปิดยุคใหม่ของธุรกิจการค้าผ่านระบบสื่อสารและคอมพิวเตอร์, การส่งเอกสารอิเล็กทรอนิกส์หรือรายการค้าระหว่างธุรกิจ โดยโปรแกรมประยุกต์ของบริษัททั้งสองฝ่ายจะติดต่อสื่อสารส่งข้อมูลระหว่างกัน โดยมีแบบฟอร์มอิเล็กทรอนิกส์ที่เป็นมาตรฐาน

e-learning ย่อมาจาก electronic learning, การเรียนทางอิเล็กทรอนิกส์, การศึกษาทางคอมพิวเตอร์ออนไลน์, เป็นการเรียนทางไกล (distance learning) แบบหนึ่ง แต่ต้องอาศัยคอมพิวเตอร์ที่เชื่อมโยงระบบเครือข่าย ไม่ว่าจะเป็นเครือข่ายอินเทอร์เน็ต อินทราเน็ต หรืออื่นๆ ผู้เรียนสามารถเรียนได้ด้วยตนเอง และมีการโต้ตอบกันได้ เนื่องจากการนำเสนอเป็นรูปแบบของมัลติมีเดียจึงเพิ่มความน่าสนใจมากยิ่งขึ้น

e-mail ย่อมาจาก electronic mail, อีเมล, ไปรษณีย์อิเล็กทรอนิกส์, ข่าวสารที่รับ-ส่งผ่านระบบเครือข่ายอินเทอร์เน็ต ซึ่งไม่ต้องพิมพ์ลงกระดาษเลย ไปรษณีย์อิเล็กทรอนิกส์

สามารถส่งข้อความไปยังผู้ใช้คนอื่นที่อยู่ต่างเครือข่ายกันได้ ผู้ใช้จะส่งข้อความไปยังผู้ใช้แต่ละคน กลุ่มผู้ใช้ที่กำหนดไว้ หรือผู้ใช้ทุกคนในระบบก็ได้ เมื่อรับข้อความมาแล้วจะอ่าน พิมพ์ ส่งต่อ ตอบกลับ หรือลบทิ้งไปก็ได้เช่นกัน

e-mail address อีเมลแอดเดรส, ที่อยู่ประจำตัวของผู้ใช้ในอินเทอร์เน็ตซึ่งใช้สำหรับการรับส่งไปรษณีย์อิเล็กทรอนิกส์ได้

end user ผู้ใช้ท้ายสุด, ผู้ที่ใช้คอมพิวเตอร์หรือโปรแกรมที่ผู้อื่นออกแบบมาให้

erase ลบแฟ้มออกจากดิสก์

Ethernet อีเทอร์เน็ต, รูปแบบการต่อสายสัญญาณของคอมพิวเตอร์ในเครือข่ายที่นิยมใช้อย่างแพร่หลาย ซึ่งมาตรฐานของอีเทอร์เน็ตจะเรียกตามลักษณะของสายสัญญาณที่ใช้งาน, อีเทอร์เน็ตเป็นโปรโตคอลเครือข่ายของ LAN ใช้สายสัญญาณได้หลายประเภท เช่น STP, UTP, Coaxial สายสัญญาณโคแอ็กซ์หรือโคแอกเชียลมีอัตราการส่งผ่านข้อมูลสูงสุดที่ 10 เมกะบิตต่อวินาที

FAQ ย่อมาจาก Frequently Asked Questions, คำถามซ้ำ ๆ ที่พบได้บ่อย ๆ ในเว็บไซต์, เอกสารใน USENET ที่เก็บคำตอบของคำถาม ซึ่งผู้มาใหม่มักจะถามเมื่อเป็นสมาชิกกลุ่มข่าวครั้งแรก

file ไฟล์, แฟ้มข้อมูล, ชื่อของชุดข้อมูลที่เก็บไว้บนดิสก์โดยผู้ใช้จะเห็นเป็นชิ้นเดียว หรืออาจเรียกว่า ถังเก็บข้อมูลต่าง ๆ บนสื่อแม่เหล็ก เช่น ฟลอปปีดิสก์หรือฮาร์ดดิสก์ เป็นต้น

file name ชื่อแฟ้มข้อมูล, ชื่อแฟ้มบนดิสก์ที่ใช้เพื่อให้ผู้ใช้และระบบปฏิบัติการหาแฟ้มได้อีกครั้งหนึ่ง แฟ้มทุกแฟ้มในไดเรกทอรีหรือโฟลเดอร์เดียวกันต้องมีชื่อไม่ซ้ำกัน แต่ถ้าอยู่ต่างไดเรกทอรีกันมีชื่อซ้ำกันได้

file recovery การกู้แฟ้ม, การนำไฟล์ที่ถูกลบไปกลับคืนมา ซึ่งอาจกู้กลับคืนมาได้เพียงบางส่วนหรือทั้งหมด

file sharing การใช้แฟ้มร่วมกัน, การพบกันเพื่อแย่งชิงแฟ้มเมื่อมีคอมพิวเตอร์ในเครือข่ายตั้งแต่ 2 เครื่องขึ้นไปเข้ามาใช้ฮาร์ดดิสก์เดียวกัน

firewall ไฟร์วอลล์, ระบบรักษาความปลอดภัยเพื่อป้องกันการบุกรุก การลักลอบดูข้อมูลและการส่งผ่านข้อมูลเข้าออกระหว่างเครือข่ายภายในกับภายนอก ประกอบไปด้วยคอมพิวเตอร์และซอฟต์แวร์ซึ่งใช้ปกป้องข้อมูล ป้องกันการเข้าใช้ระบบจากผู้ที่ไม่ได้รับอนุญาตจากเครือข่ายภายนอก

folder โฟลเดอร์ เป็นที่จัดเก็บโปรแกรมหรือแฟ้มบนดิสก์

format การจัดรูปแบบ, การเตรียมฟลอปปีดิสก์หรือฮาร์ดดิสก์เพื่อเก็บข้อมูลได้ตามประเภทของคอมพิวเตอร์

forward mail การส่งผ่านอีเมลจากผู้ใช้รายหนึ่งไปให้ผู้ใช้อีกรายหนึ่ง

Freenet อยู่ภายใต้การดูแลของ NPTN (National Public Telecomputing Network)

เป็นเครือข่ายขององค์กรที่จัดบริการให้ใช้เครือข่ายแก่ผู้ใช้ทั่วไปโดยไม่คิดมูลค่า

freeware ฟรีแวร์, ซอฟต์แวร์ที่ได้รับการจดลิขสิทธิ์ไว้ แต่อนุญาตให้คัดสำเนาได้และนำไปใช้ที่ไหนก็ได้อย่างอิสระโดยไม่เสียค่าใช้จ่ายใด ๆ

gigabyte ใช้คำย่อว่า GB, กิกะไบต์, มีค่าประมาณ 1 พันล้านไบต์ แต่ควรจะต้องนับเป็นแบบยกกำลังของ 2 ซึ่งกิกะไบต์คือ 2^{30} หรือ 1,073,741,824 ไบต์

graphics ความสามารถของคอมพิวเตอร์ในการแสดงผลเป็นภาพเล็ก ๆ สวยงามบนจอภาพคอมพิวเตอร์รุ่นใหม่ ๆ ส่วนมากมีจอภาพที่แสดงผลภาพกราฟิกได้

GSM ย่อมาจาก Global System for Mobile Communications, มาตรฐานระบบโทรศัพท์เคลื่อนที่ซึ่งใช้กันมากในยุโรป ตามมาตรฐานนี้ระบบจะใช้ความถี่ 900 เมกะเฮิรตซ์ และ 1800 เมกะเฮิรตซ์

GUI ย่อมาจาก graphical user interface เป็นวิธีการใช้งานคอมพิวเตอร์ที่ผู้ใช้สามารถเลือกแฟ้ม โปรแกรมหรือคำสั่งโดยชี้ไปยังรูปภาพที่ใช้แสดงสิ่งที่ต้องการแทนการป้อนคำสั่งยาว ๆ อย่างในอดีต

hack แฮก, เจาะระบบ, การแก้ไขโปรแกรมอย่างผิดกฎหมาย

hacker แฮกเกอร์, ผู้เจาะระบบ, คำที่ใช้ในหมู่ของนักเขียนโปรแกรมซึ่งหมายถึง ผู้แสวงหาความรู้ในระบบคอมพิวเตอร์เพราะความอยากรู้, ผู้ที่มีความรู้ความสามารถทางด้านคอมพิวเตอร์เป็นอย่างดี และทดสอบความสามารถของตนโดยไม่ได้มีเจตนาที่จะทำลายหรือก่อให้เกิดความเสียหาย

hard disk ฮาร์ดดิสก์, ส่วนของช่องใส่ดิสก์ที่เป็นโลหะซึ่งมีสารแม่เหล็กเคลือบปิดผนึกอย่างแน่นหนาในกล่อง นำมาใช้เพื่อเก็บข้อมูลจำนวนมหาศาลที่ไม่ใช่กลไกในการอ่านและเขียนข้อมูล

hardware ฮาร์ดแวร์, ส่วนประกอบอิเล็กทรอนิกส์ทางกายภาพของคอมพิวเตอร์ เช่น เครื่องพิมพ์ โมเด็ม มอนิเตอร์ และแป้นพิมพ์ที่คุณจะสัมผัสได้ ต่างจากซอฟแวร์ซึ่งเป็นโปรแกรมที่บอกฮาร์ดดิสก์ของคุณว่าจะทำอะไรต่อไป

help system ระบบข้อมูลช่วย, การกำหนดวิธีแสดงผลข้อมูลช่วยบนจอภาพไว้ก่อน ไมโครซอฟต์วินโดวส์มีระบบข้อมูลช่วยอยู่ด้วย

Home page โฮมเพจ, เว็บเพจหน้าแรก, การเริ่มต้นหน้าแรกบน Internet WWW โฮมเพจอาจจะเกี่ยวข้องกับบุคคลคนเดียว หัวข้อเฉพาะ หรือร่วมกัน และยังเป็นจุดที่วิ่งไปยังหน้าอื่น ๆ หรือแหล่งข้อมูลอื่น ๆ ในระบบได้อย่างสะดวกสบาย

Host โฮสต์, ในเรื่องเครือข่าย คือ คอมพิวเตอร์แม่ข่ายที่ควบคุมเครือข่ายรวมทั้งเก็บโปรแกรมและข้อมูลที่คอมพิวเตอร์เครื่องอื่นจะนำไปใช้ได้ คอมพิวเตอร์ที่ต่อเข้ากับอินเทอร์เน็ตก็ถือว่าเป็นเครือแม่ข่ายด้วย และจะเข้าไปได้โดยใช้ ftp , telnet , Gopher หรือ WWW Browser, ในเรื่องการสื่อสาร คือ คอมพิวเตอร์แม่ข่ายที่คุณจะหมุนโทรศัพท์เข้ามาเชื่อม

ต่อได้

Hotmail การให้บริการอีเมลฟรีบนอินเทอร์เน็ต ถูกซื้อกิจการโดยไมโครซอฟต์ Hotmail เป็นหนึ่งในบริการอีเมลฟรีที่มีการเติบโตเร็วที่สุด

hub ฮับ, อุปกรณ์ศูนย์กลางการควบคุมเครือข่ายแบบดาว, วงเสริมความแข็งแรงตรงกลางอยู่รอบรูกลางฟลอปปีดิสก์ 5.25 นิ้ว

hypermedia บางครั้งเรียกว่าไฮเปอร์เท็กซ์ (hypertext) หรือมัลติมีเดีย (multimedia) เป็นการผสมระหว่างข้อความ กราฟ เสียง และวิดีโอเพื่อนำเสนอข้อมูล ถ้าระบบงานขึ้นกับข้อมูลที่เป็นข้อความมาก ๆ เรียกว่า ไฮเปอร์เท็กซ์ แต่ถ้าใช้วิดีโอ ภาพเคลื่อนไหว ภาพกราฟิก และเสียงอย่างเต็มรูปจะเรียกว่า ไฮเปอร์มีเดีย

icon ไอคอน, ใน GUI เป็นภาพเล็ก ๆ บนจอแทนสิ่งต่าง ๆ ที่ผู้ใช้จัดการได้ โปรแกรมหลายโปรแกรมแสดงไอคอนเป็นทางลัดเพื่อเลือกคำสั่งผ่านทางเมนูแทนที่จะเลือกคำสั่งบนเมนู

ICQ หรือ I Seek You, โปรแกรม ICQ พัฒนาโดยบริษัท Mirabilis จำกัด ซึ่งเป็นของชาวอิสราเอล ปัจจุบันถูกซื้อไปโดยบริษัท America Online, เป็นโปรแกรมสื่อสารบนอินเทอร์เน็ตที่สามารถส่งข้อความ ร่วมวงสนทนา (chat) รับส่งอีเมล์และโปรแกรมนี้ยังช่วยให้ทราบว่าผู้ที่เราต้องการติดต่อคนใดบ้างที่กำลังออนไลน์อยู่ เป็นต้น

Information Superhighway ใช้คำย่อว่า I-Way, ทางด่วนข้อมูล, เรื่องเล่าลือเกี่ยวกับบริการออนไลน์ทางอิเล็กทรอนิกส์ในอนาคตที่เต็มไปด้วยความเพ้อฝันและความหวัง ส่วนมากมักใช้อ้างถึงระบบอินเทอร์เน็ต

infowar ย่อมาจาก information warfare, สงครามข้อมูลข่าวสาร, แผนการหรือความพยายามของฝ่ายหนึ่งที่จะรบกวนหรือทำให้คอมพิวเตอร์ของอีกฝ่ายสื่อสารไม่ได้

input ข้อมูลที่นำเข้าไปในเครื่องคอมพิวเตอร์สำหรับประมวลผล คอมพิวเตอร์จะรับข้อมูลมาจากที่ต่าง ๆ รวมทั้งแป้นพิมพ์ เมาส์ โมเด็ม จอภาพแบบสัมผัส เป็นต้น

interactive อินเตอร์แอกทีฟ, โปรแกรมแบบตอบรับทันที, โปรแกรมหรือคอมพิวเตอร์ที่ตอบรับออกมาทันทีเมื่อผู้ใช้กดปุ่ม หรือทำอะไรบางอย่างที่คอมพิวเตอร์ควรจะตอบรับออกมา

interface อินเตอร์เฟซ, การเชื่อมประสาน, จุดที่เชื่อมต่อระหว่างส่วนของระบบที่ต่างกัน 2 ส่วน เช่น ระหว่างอุปกรณ์ฮาร์ดแวร์ 2 ตัว ระหว่างผู้ใช้กับโปรแกรมหรือระบบปฏิบัติการ หรือระหว่างโปรแกรม 2 โปรแกรม

Internet อินเทอร์เน็ต, เครือข่ายคอมพิวเตอร์ที่ใหญ่ที่สุดในโลก สิ่งที่มีใช้งานหลัก ๆ บนอินเทอร์เน็ต เช่น E-mail อีเมล์, IRC chat, World Wide Web การเข้าใช้อินเทอร์เน็ตทำได้ทั้งแบบผ่านเครือข่ายที่ต่อกันถาวร อย่างเช่น ผ่านระบบแลนของบริษัทหรือสถานศึกษา หรือการหมุนโทรศัพท์เข้าไปยังผู้ให้บริการหรือ ISP ด้วยตนเองโดยสมัครสมาชิกกับ ISP ที่ถูกใจ หรือซื้อชุดคิท (kit) ที่มีขายอยู่ทั่วไปได้

Internet Café อินเทอร์เน็ตคาเฟ่, ระบบอินเทอร์เน็ตที่เปิดให้บริการลูกค้าทั่วไป คิดบริการเป็นรายชั่วโมง อินเทอร์เน็ตคาเฟ่นี้จะมีบริการเครื่องดื่มหรืออาหารว่างเป็นหลัก และมีบริการอินเทอร์เน็ตเสริมเข้ามา แต่ปัจจุบันจะเป็นเกมเสริมด้วยอินเทอร์เน็ตมากกว่า

Internet Explorer อินเทอร์เน็ตเอ็กซ์พลอร์เรอร์เป็นเบราเซอร์ของไมโครซอฟต์ที่ใช้งานบนวินโดวส์ 95 ถึง 98 ขึ้นมา ไมโครซอฟต์ได้ออกแบบอินเทอร์เน็ตเอ็กซ์พลอร์เรอร์ให้ทำงานได้อย่างสัมพันธ์กับวินโดวส์ เช่น ผู้ใช้สามารถใช้เป็นโปรแกรมเพื่อเปิดเอกสารที่แสดงในเบราเซอร์ได้ ซึ่งไฟล์ที่เปิดต้องมีนามสกุล .htm, .html, .xml เป็นต้น

Internet Service Provider ใช้คำย่อว่า ISP, บริษัทหรือองค์กรผู้ให้บริการเชื่อมต่อเครือข่าย เข้าสู่อินเทอร์เน็ต

Intranet อินทราเน็ตเป็นเครือข่ายเฉพาะส่วนขององค์กรหรือหน่วยงานที่นำซอฟต์แวร์หรือฮาร์ดแวร์แบบอินเทอร์เน็ตมาประยุกต์ใช้ อินทราเน็ตจึงเป็นเครือข่ายเพื่อระบบงานภายในโดยมุ่งเน้นข้อมูลและสารสนเทศเพื่อบริการแก่บุคคลากร เพื่อให้สามารถเรียกค้นข้อมูลและสื่อสารถึงกันได้ พนักงาน ภายในองค์กรจะกำหนด IP address และเชื่อมต่อเครือข่ายได้เอง

IP-address ชื่อเครื่องคอมพิวเตอร์ในรูปของชื่อโดเมนช่วยให้ผู้ใช้จดจำและเรียกใช้งานได้สะดวก แต่ในการติดต่อสื่อสารที่เกิดขึ้นจริง คอมพิวเตอร์จำเป็นต้องใช้เลขที่อยู่ประจำเครื่องในรูปของรหัสตัวเลข โฮสต์ทุกเครื่องที่ต่อเชื่อมเข้ากับอินเทอร์เน็ตจึงต้องมีหมายเลขประจำตัวที่ไม่ซ้ำกับเครื่องอื่นใด เช่น 203.144.44.0

IT ย่อมาจาก Information Technology, เทคโนโลยีสารสนเทศ หรือไอที ซึ่งหมายถึงความรู้ในวิธีการประมวลผล จัดเก็บรวบรวม เรียกใช้ และนำเสนอข้อมูลด้วยวิธีการทางอิเล็กทรอนิกส์ เครื่องมือที่จำเป็นต้องใช้สำหรับงานไอที คือ คอมพิวเตอร์และอุปกรณ์สื่อสารโทรคมนาคม ตลอดจนโครงสร้างพื้นฐานด้านการสื่อสารไม่ว่าจะเป็นสายโทรศัพท์ดาวเทียม หรือเคเบิลใยแก้วนำแสง

Junk e-mail อีเมล (จดหมาย) ที่ส่งมาโดยที่ผู้รับไม่ต้องการ เช่น จดหมายโฆษณา ชวนทำบัตรเครดิต เป็นต้น

keyword คีย์เวิร์ด, คำสำคัญ, คำที่มีความหมายพิเศษในภาษาโปรแกรม

kilobyte ใช้คำย่อ KB หรือ Kbyte, กิโลไบต์มีค่าเท่ากับ 1,024 ไบต์

knowledge base ฐานความรู้, ส่วนหนึ่งของระบบผู้เชี่ยวชาญที่เก็บข้อเท็จจริงเพื่อนำมาใช้แก้ปัญหาโดยเฉพาะ ฐานความรู้ส่วนมากประกอบไปด้วยกฎ IF-THEN สำหรับค้นหาคำตอบ

LAN ย่อมาจาก Local Area Network, กลุ่มของคอมพิวเตอร์และอุปกรณ์ประกอบที่เชื่อมต่อเข้าด้วยกันทางช่องการสื่อสาร เพื่อใช้ข้อมูลร่วมกัน ใช้แฟ้มร่วมกัน หรือทรัพยากรอื่น ๆ ระหว่างผู้ใช้หลายคน

Laptop แล็ปทอป, เครื่องคอมพิวเตอร์แบบวางตัก, คอมพิวเตอร์ขนาดเล็กที่โยกย้ายไปมาได้ มีน้ำหนักเบาจนหิ้วไปมาได้สะดวก โดยมีจอภาพแบนและแป้นพิมพ์ที่พับเข้ามาหากันได้ คอมพิวเตอร์แบบนี้ทำงานด้วยแบตเตอรี่ มีจอแสดงผล LCD บาง ๆ และจะมีกล่องใส่มาด้วย เพื่อเชื่อมต่อเป็นคอมพิวเตอร์แบบตั้งโต๊ะในสำนักงานได้ เทคโนโลยีอันล้ำสมัยของแบตเตอรี่ทำให้เครื่องวางบนตักทำงานได้หลาย ๆ ชั่วโมง หลังจากชาร์จไฟแล้ว และบางรุ่นก็มีระบบงานทางธุรกิจชุดหนึ่งติดเข้ากับรอมเลย

Linux ลีนุกซ์, ระบบปฏิบัติยูนิกซ์ที่ใช้ในเครื่องพีซี เริ่มต้นพัฒนาขึ้นโดย Linus Torvald และได้มีการพัฒนาอย่างต่อเนื่องโดยความร่วมมือจากกลุ่มผู้ใช้อินเทอร์เน็ต และเผยแพร่ให้ใช้งานได้โดยไม่คิดมูลค่า

Load การโอนย้ายข้อมูลในคอมพิวเตอร์จากที่เก็บไปไว้ในหน่วยความจำเพื่อให้เรียกทำงานได้

login กระบวนการเข้าใช้ยูนิกซ์, การต่อเข้าไปยังคอมพิวเตอร์ หรือเครือข่ายคอมพิวเตอร์อื่น ๆ เพื่อเข้าไปใช้ข้อมูล ระบบส่วนมากต้องให้ใส่หมายเลขประจำตัวหรือรหัสผ่านก่อนที่จะเข้ามาใช้ได้

logoff ลงบันทึกปิด, การยกเลิกการเชื่อมต่อกับระบบเครือข่าย มีความหมายเหมือนกับการวางหูโทรศัพท์

logon การเริ่มต้นต่อเข้าไปยังคอมพิวเตอร์

logout การออกจากระบบ, การยกเลิกการใช้คอมพิวเตอร์ในเครือข่าย

mailbox เมลบ็อกซ์, ชื่อบัญชีในระบบไปรษณีย์อิเล็กทรอนิกส์ หรือที่อยู่ให้คุณส่งข่าวสารไปยังผู้ที่อยู่ในคอมพิวเตอร์เครือข่ายหรือคอมพิวเตอร์ที่อยู่ห่างไกล เป็นที่ว่างส่วนหนึ่งในฮาร์ดดิสก์ซึ่งใช้เก็บจดหมายจนกว่าคุณจะเข้ามาเปิดอ่าน บนจอภาพปรากฏข้อความว่าคุณได้รับจดหมาย (You have mail) ตู้จดหมายอิเล็กทรอนิกส์จะเก็บจดหมายอิเล็กทรอนิกส์ไว้เช่นเดียวกับตู้จดหมายหน้าบ้านของคุณ

MB ย่อมาจาก Megabyte, เมกะไบต์, ในกรณีขยายความจำมีความจุ 1 MB จะมีความจุเท่ากับ 1,024 x 1,024 ไบต์ ในกรณีของฮาร์ดดิสก์ความจุ 1 MB จะมีการเก็บข้อมูลเท่ากับ 1,000,000 ไบต์

megabyte ใช้คำย่อว่า MB, ค่าประมาณ 1 ล้านไบต์ อันที่จริง 1 เมกกะไบต์มีค่าเท่ากับ 1,024 กิโลไบต์ หรือ 1,048,576 ไบต์ มักใช้กับหน่วยความจำคอมพิวเตอร์และความจุของฮาร์ดดิสก์

memory หน่วยความจำ, คำนี้มักจะหมายถึงชิปที่อยู่ในคอมพิวเตอร์เอาไว้เก็บข้อมูล

menu เมนู, รายชื่อคำสั่งหรือทางเลือกที่อยู่ภายในโปรแกรม

menu bar เมนูบาร์, แถบที่แสดงรายการเมนู, พื้นที่ที่มักจะอยู่บนสุดของจอภาพซึ่งเก็บเมนูหลาย ๆ เมนูที่เรียงขวางไว้ในบรรทัดเดียว คุณจะเลือกคำสั่งจากเมนูบาร์โดยใช้แป้นพิมพ์หรือเมาส์ก็ได้

message box กรอบแสดงข้อความ, กล่องหรือช่องหน้าต่างเล็ก ๆ ที่อยู่บนจอภาพและแสดงข้อความจากโปรแกรมที่คุณใช้

microfloppy disk โดยทั่วไปหมายถึง ฟลอปปีดิสก์ขนาด 3.5 นิ้ว มีขนาดเล็กกว่าดิสก์ 5.25 นิ้ว ไมโครฟลอปปีดิสก์จะเก็บข้อมูลได้ 720 กิโลไบต์ หรือ 1.44 เมกะไบต์ ขึ้นอยู่กับว่าเป็นดิสก์แบบความจุสองเท่าหรือความจุสูงตามลำดับ

Microsoft บริษัทไมโครซอฟต์, บริษัทซอฟต์แวร์ที่ยิ่งใหญ่ก่อตั้งขึ้นมาในปี 1975 โดยบิลล์ เกตต์ และพอล อัลเลน อยู่ในเมืองริชมอนด์ มลรัฐวอชิงตัน ผลิตดอส วินโดวส์ และโปรแกรมระบบงานสำหรับเครื่องพีซีและแมคอินทอชหลาย ๆ ชุดที่ขายดี

Modem ย่อมาจาก modulator-demodulator, โมเด็ม, อุปกรณ์ที่นำไปต่อกับเครื่องคอมพิวเตอร์ เพื่อติดต่อกับเครื่องที่อยู่ไกลออกไปผ่านทางสายโทรศัพท์ โมเด็มจะแปลงสัญญาณระหว่างดิจิทัลซึ่งเป็นสัญญาณที่คอมพิวเตอร์ใช้ กับแอนะล็อกซึ่งเป็นสัญญาณที่เหมาะกับการส่งสัญญาณผ่านสายโทรศัพท์ เมื่อโมเด็มได้รับสัญญาณจะทำการย้อนกระบวนการ และ demodulate ข้อมูลจากสัญญาณที่ได้รับ

mouse เมาส์, อุปกรณ์ที่ใช้ชี้เพื่อส่งข้อมูลเข้าไปให้คอมพิวเตอร์ การติดต่อกับผู้ใช้แบบกราฟิก เช่น ในวินโดวส์และแมคอินทอช เมาส์ใช้เป็นอุปกรณ์นำข้อมูลเข้าคอมพิวเตอร์ เมื่อเลื่อนเมาส์ ตัวชี้ของเมาส์บนจอภาพจะทำตามการเลื่อนนั้น ทำให้สามารถควบคุม ชี้ จับ และจัดการกับภาพกราฟิกและข้อความต่าง ๆ ในโปรแกรมได้

mouse pad แผ่นรองเมาส์, พื้นผิวราบที่เป็นแผ่นรองการเลื่อนเมาส์ไปรอบ ๆ

MP3 (MPEG-I Audio Layer 3) คือ เทคโนโลยีการบีบอัดไฟล์เสียง คิดขึ้นโดยสถาบัน Fraunhofer ประเทศเยอรมันนี MP3 ใช้การแปลงไฟล์เสียงและบีบอัดไฟล์เสียงโดยใช้แฟคเตอร์ 12 โดยมีเงื่อนไขว่าคุณลักษณะต่าง ๆ นั้นยังคงเดิม ไฟล์เพลง MP3 นั้นจะต้องเล่นด้วยโปรแกรมหรือเครื่องเล่นที่ต่อกับพีซีสำหรับการถ่ายโอนข้อมูล

Network เน็ตเวิร์ก, เครือข่าย, ระบบคอมพิวเตอร์ที่ต่อเข้ากับเครื่องอื่นเพื่อโอนย้ายข้อมูลและสื่อสารข้อมูลได้โดยอัตโนมัติ เครือข่ายต้องมีคอมพิวเตอร์ 2 เครื่องขึ้นไป ซอฟต์แวร์จัดการเครือข่ายมักเรียกว่าระบบปฏิบัติการเครือข่าย อะแดปเตอร์เครือข่าย และสายเคเบิล

newsgroup กลุ่มข่าว, กลุ่มไปรษณีย์อิเล็กทรอนิกส์ที่ชื่อ USENET ซึ่งสนใจการอภิปรายแต่ละหัวข้อ สมาชิกจะส่งบทความไปยังกลุ่มข่าวซึ่งจะมีสมาชิกคนอื่น ๆ เข้ามาอ่านกัน และมักจะไม่มีหัวข้อความที่หนักเกินไป

on-line ออนไลน์, คำนี้มักใช้กันอย่างกว้างขวางเมื่อหมายถึงความสามารถใด ๆ ที่มีโดยตรงบนคอมพิวเตอร์ เช่น "ระบบช่วยเหลือแบบออนไลน์" หรืองานที่ใช้คอมพิวเตอร์ทำแทนวิธีการแบบดั้งเดิม, อุปกรณ์ต่อพ่วง เช่น เครื่องพิมพ์หรือโมเด็ม ที่ต่อเข้ากับคอมพิวเตอร์โดยตรงและพร้อมจะที่จะพิมพ์ การที่อุปกรณ์ทั้งสองตัวเสียบปลั๊กไฟเสียบต่อเข้าด้วยกันและเปิดเครื่องทั้งคู่ จะไม่ใช่ออนไลน์จนกว่าจะมีการกดปุ่มพิเศษบน

เครื่องพิมพ์ให้ทำงาน ในเรื่องการสื่อสาร หมายถึง คอมพิวเตอร์ที่ต่อกับคอมพิวเตอร์อีกตัวหนึ่งที่อยู่ไกลออกไปผ่านทางเครือข่ายหรือโมเด็ม เช่น "การเชื่อมต่อ" ไปยังผู้ให้บริการโมเด็มซึ่งอาจจะเป็นผู้ให้บริการอินเทอร์เน็ต

OS ย่อมาจาก Operating System, ระบบปฏิบัติการ, ซอฟต์แวร์ที่ทำหน้าที่จัดการทรัพยากรของระบบ

output สิ่งที่คอมพิวเตอร์แยกออกมาหลังจากที่คุณป้อนข้อมูลเข้าไป ผลที่ได้จะอยู่ในรูปแบบของตัวอักขระบนจอภาพ เสียงจากลำโพง ออกมาทางเครื่องพิมพ์ เขียนลงดิสก์หรือเทปหรือส่งผ่านช่องทางการสื่อสารไปยังคอมพิวเตอร์อีกเครื่องหนึ่ง

Palmtop computer คอมพิวเตอร์แบบพกพาได้ มีขนาดเล็กมากจนคุณถือในมือได้ มีน้ำหนักประมาณ 1 ปอนด์ และใช้พลังงานจากแบตเตอรี่ คอมพิวเตอร์ปาล์มทอปมีจอภาพขนาดเล็ก คือ 8 บรรทัด 40 คอลัมน์ และมีแป้นพิมพ์เล็กๆ เครื่องปาล์มทอปบางรุ่นมีโลตัส 1-2-3 ใส่เข้ามากับรอมและใช้งานดอสรุ่นพิเศษได้ นอกจากนี้ยังใช้ระบบปฏิบัติการของตัวเองที่ต้องการซอฟต์แวร์ซึ่งเขียนเอง

Password รหัสผ่าน, รหัสผ่านมักจะใช้กับเครือข่ายคอมพิวเตอร์ซึ่งต้องใช้รหัสผ่านในการเข้าไปใช้ส่วนต่างๆ ของเครือข่ายหรือของกระดานข่าว (Bulletin board System หรือ BBS) และใช้สำหรับเข้าไปยังวงอภิปราย อย่างไรก็ตาม คุณยังใช้รหัสผ่านเพื่อปกป้องแฟ้มของคุณได้ด้วย

PDA ย่อมาจาก Personal Digital Assistant, เครื่องคอมพิวเตอร์ขนาดเล็กที่ใช้จดบันทึกต่างๆ และสามารถพกพาติดตัวไปได้โดยสะดวก

portable computer คอมพิวเตอร์ที่ถือไปไหนมาไหนได้ แบ่งเป็นประเภทย่อยๆ ได้แก่ Laptop computer, Notebook computer, Palmtop computer

program โปรแกรม, ชุดของคำสั่งที่เขียนต่อเนื่องกันด้วยภาษาโปรแกรม และให้คอมพิวเตอร์สั่งการได้ มีความหมายเดียวกับซอฟต์แวร์

programmer โปรแกรมเมอร์, ผู้ที่เขียนโปรแกรมทำหน้าที่ในการออกแบบโปรแกรม เขียนรหัสในภาษาโปรแกรม ป้อนรหัสต้นฉบับไปให้คอมไพเลอร์ (ทำหน้าที่ในการแปลให้เป็นภาษาที่เครื่องรู้จัก) และตรวจสอบ หรือแก้ข้อผิดพลาด รวมถึงงานทำเอกสารด้วย

programming การเขียนโปรแกรมคอมพิวเตอร์, กระบวนการในการประกอบคำสั่งต่างๆ สำหรับให้คอมพิวเตอร์ทำงาน

RAM ย่อมาจาก Random Access Memory หมายถึง ความจำภายในคอมพิวเตอร์ที่มีไมโครชิปเตรียมไว้ให้ มักเป็นหน่วยความจำหลัก มีหน่วยเป็นกิโลไบต์หรือเมกะไบต์

read-only memory ใช้คำย่อว่า ROM, หน่วยความจำที่อ่านอย่างเดียว, หน่วยจัดเก็บถาวรสามารถอ่านได้แต่เปลี่ยนแปลงไม่ได้

realtime เวลาจริง เป็นการเน้นการทำงานแบบโต้ตอบกันโดยตรงในขณะนั้น

reboot รีบูต, การปิดแล้วเปิดเครื่องใหม่
recover นำแฟ้มที่ลบไปแล้วกลับคืนมา
reset รีเซต, การปิดแล้วเปิดใช้คอมพิวเตอร์ใหม่หรือกลับไปยังสถานะก่อนหน้านี้
resource ทรัพยากรของคอมพิวเตอร์ เช่น หน่วยความจำดิสก์เก็บข้อมูล เครื่องพิมพ์ มอนิเตอร์ เป็นต้น
restore คัดสำเนาแฟ้มจากที่เก็บหรือที่เก็บสำรองหรือเทปไปยังที่เดิมบนฮาร์ดดิสก์
ROM ย่อมาจาก Read-Only Memory, รอมเป็นหน่วยความจำชนิดหนึ่งที่อ่านข้อมูลออกมาได้แต่ไม่สามารถบันทึกได้
save บันทึก, การเก็บข้อมูล (จากแรม) ลงไปในอุปกรณ์จัดเก็บที่ถาวรมากกว่า เช่น ฟลอปปีดิสก์หรือฮาร์ดดิสก์
save as การเก็บแฟ้มที่มีอยู่แล้วโดยใช้ชื่ออื่น คำสั่ง Save As เป็นการบันทึกแฟ้มแต่ให้คุณเปลี่ยนชื่อแฟ้มใหม่ และอาจเปลี่ยนรูปแบบการเก็บบันทึกแฟ้มนั้นด้วย
scan สแกน, การอ่านข้อความ ภาพ หรือรหัสแท่ง (barcode) เข้าไปในคอมพิวเตอร์โดยใช้อุปกรณ์ที่เรียกว่า สแกนเนอร์ (scanner)
scanner สแกนเนอร์, อุปกรณ์ที่ใช้อ่านข้อความหรือภาพที่พิมพ์ไปแล้วมาเป็นสัญญาณอิเล็กทรอนิกส์เข้าเครื่องคอมพิวเตอร์
search ค้นหา, ตรวจสอบแฟ้มจากข้อมูลที่กำหนด
search engines เสิร์ชเอนจิน, โปรแกรมซึ่งทำหน้าที่เป็นตัวค้นหาและทำดัชนีข้อมูลในระบบอินเทอร์เน็ต WWW
server เซิร์ฟเวอร์, ตัวให้บริการ, คอมพิวเตอร์ที่ทำหน้าที่ควบคุมเครือข่ายทั้งหมด ไม่ว่าจะเป็นการให้บริการแฟ้ม การพิมพ์ การสื่อสาร และงานบริการอื่น ๆ คอมพิวเตอร์เครื่องอื่น ๆ ในเครือข่ายทุกเครื่องจะต่อเข้ามาและขอใช้ดิสก์กับเครื่องพิมพ์ที่เครื่องเซิร์ฟเวอร์
ในระบบเครือข่ายขนาดใหญ่ ตัวให้บริการจะใช้ระบบปฏิบัติการเครือข่ายพิเศษ แต่ถ้าเครือข่ายเล็กกว่านั้นจะใช้ระบบปฏิบัติการที่ใช้บนคอมพิวเตอร์ส่วนบุคคลธรรมดา
shareware แชร์แวร์, โปรแกรมที่อนุญาตให้ผู้ใช้ทดลองใช้ก่อน, ซอฟต์แวร์ที่คุณสามารถคัดสำเนาหรือแจกจ่ายได้อย่างถูกกฎหมาย แต่ต้องจ่ายเงินหากใช้งานอยู่เป็นประจำ
software ซอฟต์แวร์, โปรแกรมคอมพิวเตอร์ต่าง ๆ, ซอฟต์แวร์มักจะหมายถึงโปรแกรมคอมพิวเตอร์ประเภทใดก็ได้ ตั้งแต่ระบบปฏิบัติการ เช่น ดอส โปรแกรมอำนวยประโยชน์ ระบบงาน จนกระทั่งโปรแกรมที่เก็บอยู่ในรอม ซอฟต์แวร์ตรงข้ามกับฮาร์ดแวร์ซึ่งเป็นส่วนทางกายภาพในเรื่องการประมวลผล ซอฟต์แวร์เป็นตัวทำให้ฮาร์ดแวร์ทำงานได้
spreadsheet สเปรดชีต, โปรแกรมที่จัดตัวเลขป้ายปะ และสูตรไว้ในแถวและคอลัมน์เพื่อคำนวณผลลัพธ์ สเปรดชีตคำนวณได้รวดเร็วและถูกต้องโดยใช้สูตรคณิตศาสตร์
TCP/IP ย่อมาจาก Transmission Control Protocol/Internet Protocol, ชุดโปรโตคอล

ที่ใช้สื่อสารระหว่างคอมพิวเตอร์ด้วยกัน เริ่มพัฒนาขึ้นมาโดย DARPA ตอนปลายทศวรรษที่ 1970 ชุดของโปรโตคอล TCP/IP นี้ครอบคลุมไปถึงการใช้สื่อ การนำส่งทางแพคเกต การติดต่อสื่อสาร การโอนย้ายแฟ้มไปรษณีย์อิเล็กทรอนิกส์ และเทอร์มินัลอีมูเลชัน, TCP/IP มีใช้ในฮาร์ดแวร์และซอฟต์แวร์จากผู้ขายหลายรายสำหรับคอมพิวเตอร์ขนาดเล็กไปถึงขนาดใหญ่ บริษัท มหาวิทยาลัย และหน่วยงานราชการมากมายที่ใช้ TCP/IP และเป็นบ่อเกิดของอินเทอร์เน็ตด้วย

telecommuter ผู้ใช้คอมพิวเตอร์ในการทำงานให้สำนักงานจากที่บ้านโดยเชื่อมต่อเครื่องคอมพิวเตอร์มายังเครือข่ายของบริษัทด้วยเทคโนโลยีเชื่อมต่อระยะไกล

terminal เทอร์มินัล, เครื่องปลายทาง, อุปกรณ์ป้อนข้อมูลและแสดงผล ทำหน้าที่รับส่งข้อมูลจากระบบคอมพิวเตอร์ที่ต่อเชื่อมโยงกันอยู่

touch pad ทัชแพด, อุปกรณ์รับข้อมูลที่ผู้ใช้ต้องแตะจุดและจะส่งเป็นสัญญาณไปที่คอมพิวเตอร์

touch screen ทัชสกรีน, จอสัมผัส, จอที่มีสภาพไวต่อการสัมผัส เป็นอุปกรณ์ที่ออกแบบมาเพื่อใช้จำหรือรับคำสั่งได้ด้วยวิธีสัมผัส

upgrade อัปเกรด, ยกระดับ, การปรับปรุงระบบหรือแฟ้มข้อมูลให้ดียิ่งขึ้น ทันสมัยและมีสมรรถนะสูงขึ้น

upload การส่งแฟ้มข้อมูลจากคอมพิวเตอร์เครื่องหนึ่งไปยังอีกเครื่องหนึ่ง

URL ย่อมาจาก Uniform Resource Locator, รหัสสืบค้นข้อมูลอาร์แอล, วิธีการเข้าไปใช้งานข้อมูลจากอินเทอร์เน็ต URL เก็บข้อมูลเกี่ยวกับวิธีการเข้าใช้งานและเกี่ยวกับตัวทรัพยากรนั้นด้วย และยังเป็นตัวที่เว็บเบราเซอร์ (Web browsers) ใช้เพื่อให้ติดต่อโดยตรงกับเอกสารหรือข้อมูลที่ต้องการบน WWW โดยไม่ต้องรู้ว่าแหล่งข้อมูลนั้นอยู่ที่ใด ตัวอย่าง URL เป็นดังนี้ http://www.austin.ibm.com/search

ส่วนแรกของ URL ที่อยู่หน้า คือวิธีการใช้งาน ซึ่งบนเว็บมักใช้ http (hypertext transmission protocol) แต่อาจจะเห็นเป็นชื่อแฟ้ม ftp หรือ gopher แทนก็ได้ ส่วนที่สองอยู่หลัง คือแหล่งข้อมูลที่ต้องการ ข้อความที่อยู่หลัง // มักเป็นชื่อตัวให้บริการ และข้อความต่อจาก / คือไดเรกทอรี หรือแฟ้มที่ต้องการ ถ้าติดต่อไปยังเอกสาร จะต้องใส่นามสกุล .html ด้วย ซึ่งย่อมาจาก hypertext markup language

ต้องระมัดระวังขณะป้อนตัวอักษรและเครื่องหมายต่าง ๆ ด้วย เพราะตัวอักษรตัวเล็กและตัวใหญ่ URL ถือว่า “เป็นคนละตัวกัน”

user ผู้ที่ใช้คอมพิวเตอร์และซอฟต์แวร์เป็นเครื่องมือช่วย, ผู้ที่เข้าใช้ระบบคอมพิวเตอร์

user ID รหัสประจำตัวผู้ใช้ รหัสนี้ใช้เพื่อบอกคอมพิวเตอร์ว่าผู้ใช้เป็นใคร ซึ่งใช้แทนชื่อรหัสประจำตัวตรงข้ามกับรหัสผ่านที่เป็นความลับ และใช้เพื่อตรวจสอบผู้ที่เข้ามาในระบบ

user-friendly เป็นมิตรกับผู้ใช้, ผู้ใช้สามารถใช้งานได้ง่าย, คำชักจูงทางการค้าที่บอกเป็นนัยว่าซอฟต์แวร์หรือฮาร์ดแวร์ใช้งานง่ายมาก ไม่ต้องเปิดคู่มือหรือระบบช่วยเหลือแบบออนไลน์

virtual company บริษัทเสมือน, องค์กรที่ใช้วิธีการทำงานผ่านทางคอมพิวเตอร์และเทคโนโลยีในการติดต่อสื่อสารและทำงานร่วมกัน ซึ่งพนักงานอาจกระจายอยู่ตามที่ต่าง ๆ ทั่วโลก ไม่มีสถานที่ทำงานรวมสำหรับพนักงาน

virtual reality สภาวะเสมือนจริง, ใช้อธิบายถึงโลกใหม่แห่งเทคโนโลยีคอมพิวเตอร์ที่สร้างสภาพจำลองแบบหลายมิติให้กับผู้ใช้ ผู้ใช้จะเข้าไปอยู่ในสภาวะแบบนั้นจริง ๆ หรืออยู่ในนั้นได้โดยมีเครื่องมือเครื่องใช้ เช่น หมวก แว่นตา ถุงมือ และเข็มขัด เป็นต้น อุปกรณ์ทั้งหมดนี้เป็นอุปกรณ์รับข้อมูล เมื่อคุณ "เข้าไปอยู่ในที่ว่าง" แล้วจะทำให้รู้สึกราวกับว่าได้ตกเข้าไปอยู่ในโลกแห่งความฝัน ภายในสภาพแวดล้อมแบบเสมือนจริงนี้ คุณจะเห็น ได้ยิน รู้สึกอยู่ภายในซอฟต์แวร์นั้น ปัจจุบันนี้ได้นำมาใช้กับเกมและการออกแบบกับงานวิศวกรรม

virus ไวรัสคอมพิวเตอร์, โปรแกรมอันร้ายกาจที่สร้างโดยบุคคลผู้ไม่หวังดี สามารถแพร่ขยายตัวเองโดยแฝงไปกับโปรแกรมหรือไฟล์อื่น ๆ และทำลายข้อมูลหรือโปรแกรมในระบบของผู้ใช้คนอื่นโดยที่ผู้ใช้ไม่รู้

voice chat การคุยด้วยเสียงผ่านเน็ต

voice mail ไปรษณีย์เสียง, ระบบไปรษณีย์เสียงใช้เพื่อบันทึกเสียงไว้ก่อนส่งไปยังบุคคล ฝ่าย หรือตู้ไปรษณีย์ที่ถูกต้อง จากนั้นจะแปลงข้อความที่ส่งมาเป็นดิจิตอลและเก็บลงบนดิสก์ ผู้รับจะฟังข้อความและส่งต่อไปยังฝ่ายอื่น ๆ หรือบุคคลอื่นได้หลังจากที่ใส่ข่าวสารส่วนตัวไปแล้ว

Web browser เว็บเบราเซอร์, โปรแกรมที่ช่วยให้สามารถดูเอกสาร HTML หรือสื่อต่าง ๆ เช่น ภาพ เสียงได้

Web page เว็บเพจ, เอกสารแสดงบนเว็บ, ไฟล์หรือข้อมูลที่ทำให้สามารถอ่านได้ผ่านทางเวิลด์ไวด์เว็บ, หน้าจอใด ๆ ของเว็บไซต์

Web server เว็บเซิร์ฟเวอร์, เป็นโปรแกรมซึ่งทำหน้าที่จัดการ ควบคุมเรื่องของการส่งผ่านข้อมูลเว็บเพจหรือข้อมูลต่าง ๆ ไปยังเครื่องที่เข้ามาติดต่อด้วย

Web site เว็บไซต์, คอมพิวเตอร์ที่ทำให้สามารถแสดงข้อมูลบนเวิลด์ไวด์เว็บได้ โดยปกติเป็นเครื่องมือทางด้านเซิร์ฟเวอร์

Web TV เว็บทีวี, เทคโนโลยีใหม่ในการเข้าใช้อินเทอร์เน็ต โดยใช้เครื่องรับโทรทัศน์แทนเครื่องคอมพิวเตอร์ส่วนบุคคล (PC)

webmaster เว็บมาสเตอร์, บุคคลหรือกลุ่มคนซึ่งรับผิดชอบเกี่ยวกับการดูแลและปรับปรุงเว็บไซต์บนเวิลด์ไวด์เว็บ

windows วินโดวส์, ชื่อย่อของไมโครซอฟต์วินโดวส์ (Microsoft Windows) ซึ่งเป็นระบบ GUI บนเครื่องคอมพิวเตอร์ที่ใช้ดอส ไมโครซอฟต์วินโดวส์จัดให้มีวิธีการใช้โปรแกรมธรรมดาที่เรียนรู้ได้ง่าย รวมทั้งจัดการวิธีการทำงานบนพีซีและดูแลงานเล็ก ๆ น้อย ๆ ที่

ใช้กันทั่วไป อย่างเช่น การทำงานกับเครื่องพิมพ์และดิสก์ เมื่อผู้ใช้จัดเตรียมเครื่องพิมพ์ในวินโดวส์ โปรแกรมบนวินโดวส์ทุกโปรแกรมจะใช้เครื่องพิมพ์นั้นได้ จึงทำให้ผู้ที่ไม่ค่อยรู้เรื่องระบบสามารถทำงานของเขาโดยไม่ต้องมาวุ่นวายกับคอมพิวเตอร์และไดรเวอร์ของเครื่องพิมพ์ เป็นต้น ผู้ใช้ยังสามารถทำงานบนไมโครซอฟต์วินโดวส์หลาย ๆ งาน ๆ พร้อมกันบนเครื่องตั้งแต่รุ่น 386 ขึ้นไป

wizard วิซาร์ด, ผู้ที่ชำนาญในการใช้คอมพิวเตอร์ คอมพิวเตอร์วิซาร์ดนี้จะช่วยแนะนำวิธีการแก้ปัญหาได้มากมายในเกือบทุกกรณีโดยไม่ต้องมีผู้ช่วยเหลือ

World Wide Web ใช้คำย่อว่า WWW, เวิลด์ไวด์เว็บ, แหล่งที่รวมไฮเปอร์เท็กซ์ขนาดใหญ่บนอินเทอร์เน็ต

Y2K วายทูเค, ปัญหาคอมพิวเตอร์ปี 2000

zap การแซบแฟ้ม คือ การลบแฟ้มออกจากดิสก์ตลอดไป

ZIP การย่อขนาดแฟ้ม

zip file แฟ้มที่ผ่านการบีบอัดด้วยโปรแกรม PKZIP

HOLIDAYS (วันหยุดประจำปี)

New Year's Day	วันขึ้นปีใหม่
Makha Bucha Day	วันมาฆบูชา
Chakri Memorial Day	วันจักรี
Songkran Day	วันสงกรานต์
National Labour Day	วันแรงงานแห่งชาติ
Coronation Day	วันฉัตรมงคล
Visakha Bucha Day	วันวิสาขบูชา
Royal Ploughing Ceremony Day	วันพืชมงคล
Asarnha Bucha Day	วันอาสาฬหบูชา
Buddhist Lent Day	วันเข้าพรรษา
H.M. The Queen's Birthday	วันเฉลิมพระชนมพรรษา สมเด็จพระนางเจ้าพระบรมราชินีนาถ
Chulalongkorn Memorial Day	วันปิยมหาราช
H.M. The King's Birthday	วันเฉลิมพระชนมพรรษา พระบาทสมเด็จพระเจ้าอยู่หัว
Constitution Day	วันพระราชทานรัฐธรรมนูญ
New Year's Eve	วันสิ้นปี
Chinese New Year's Day	วันตรุษจีน
Christmas Day	วันคริสต์มาส

SE-ED'S

THAI-ENGLISH

DICTIONARY

พจนานุกรมไทย-อังกฤษ

วิธีการใช้พจนานุกรม

แถบแสดงตัวพยัญชนะ ก-ฮ เพื่อแยกหมวดศัพท์

คำเริ่มต้นของหน้า — เลขหน้า — คำสุดท้ายของหน้า

ก 8 กรกฎาคม

ตัวพยัญชนะ แสดงหมวดคำ — **ก**

ก the 1st Thai alphabet

ก็ ***conj.*** then, so, as. ***-adv.*** even

กก ***v.*** to cuddle, to hug; to hatch, to brood. ***-n.*** bottom, base

  กกหู n. stem of the ear, base of the ear

ก๊ก ***n.*** gang, group, set, clan, clique

กกุธภัณฑ์ ***n.*** royal regalia

  กฎหมายแรงงาน n. labour law

  กฎหมายเลือกตั้ง n. electoral law

  กฎหมายอาญา n. criminal law

กฐิน ***n.*** kathin : offerings presented to Buddhist priests after rainy season

กด ***v.*** to press, to compress, to push; to force, to compel, to impel

ก ข ฃ ค ฅ ฆ ง จ ฉ

าศัพท์หลัก (แม่คำ) ะเป็นตัวใหญ่หนาตรง พิมพ์ขึ้นต้นเป็นตัวแรก

อักษรย่อบอกหน้าที่ของคำ/ชนิดของคำตามหลักไวยากรณ์ พิมพ์เป็นตัวหนาเอน

กฎ ***n.*** law, rule, principle, regulation

  กฎเกณฑ์ n. rule, standard, criterion

  กฎจราจร n. traffic regulation

คำรอง (ลูกคำ) เป็นตัวหนาเอน เคาะย่อหน้าเข้าไป

ภาพประกอบ พร้อมคำศัพท์ภาษาไทยอธิบายใต้ภาพ

ความหมายของคำ คล้ายกันถ้ามีมากกว่าหนึ่งความหมายที่ใกล้เคียงกัน จะคั่น ะหว่างความหมายด้วย องหมายจุลภาคหรือ ,

กระจาด ***n.*** flat basket

กระจาย ***v.*** to spread, to scatter; to diffuse; to distribute, to circulate

กระจาด

คำศัพท์หลัก
สามารถมีหลายคำ ที่นำมาจัดรวมกัน เนื่องจากมีความหมายเหมือนกัน

ความหมายของคำ

กระจิริด, กระจิ๋ว ***adj.*** tiny, minute

คำศัพท์ที่มีความหมายเป็นเอกพจน์

คำศัพท์ที่มีความหมายเป็นพหูพจน์

เกณฑ์ ***n.*** criterion *(sing.)*/criteria *(pl.)*, standard, limit, rule. ***-v.*** to levy; to force, to compel; to collect

คำศัพท์หลักบางคำ
มีหน้าที่มากกว่าหนึ่งหน้าที่

ภาษาพูด (colloquial)
ใช้ตัวย่อว่า colloq.

กึ๊ง ***v., colloq.*** to drink. ***-n.*** measuring glass equal to one-eighth of a cup

คำสแลง (slang)
พร้อมความหมาย

คำศัพท์ที่สะกดตามแบบอังกฤษ

คำศัพท์ที่สะกดตามแบบอเมริกัน

กัด ***v.*** to bite; to corrode, to erode; ***sl.*** to satirize (Ame)/to satirise (Bri.), to pick on

ราชาศัพท์ (royal)
ใช้ตัวย่อว่า roy.

เครื่องหมายอัฒภาค หรือ ; คั่นความหมายที่มีบทนิยมไม่สัมพันธ์กันกับความหมายอื่น

กริ้ว ***v., roy.*** to anger, to flare up
กรีฑา ***n.*** track-and-field sport, athletic; game, competition

ภาษาต่างประเทศ
บางคำที่ใช้ทับศัพท์ในภาษาไทยจะรวบรวมไว้ด้วย

คอมพิวเตอร์ ***n.*** computer
เลเซอร์ ***n.*** laser

น้ำไหลไฟดับ* *adv. (to speak) nonstop, volubly, quibbly

คำคุณศัพท์หรือกริยาวิเศษณ์บางคำใช้กับกริยาเฉพาะก็จะระบุเอาไว้ให้เข้าใจชัดเจนขึ้น

นิมนต์ *v.* to invite (a Buddhist monk)

กริยาบางคำใช้กับนามเฉพาะ

บริกร *n.* waiter (male), waitress (female)

คำแสดงเพศชาย

คำแสดงเพศหญิง

นิจ *adv.* always, frequently, habitually
นิจศีล* *adv. regularly, habitually. ***-n.*** the Five Precepts
นิด *adj.* small, little, tiny, minute
นิตย์ *ดูคำว่า* นิจ

คำศัพท์หลักบางคำจะให้ไปดูคำหลักอีกคำหนึ่งที่มีความหมายเหมือนกัน

อี *n.* (impolite) used to address an inferior woman or a female animal

คำไม่สุภาพ

อาตมภาพ, อาตมา *pron.* I, me, myself (used by a monk)

คำนามบางคำใช้เฉพาะบุคคล ก็จะระบุเอาไว้ให้เข้าใจชัดเจนยิ่งขึ้น

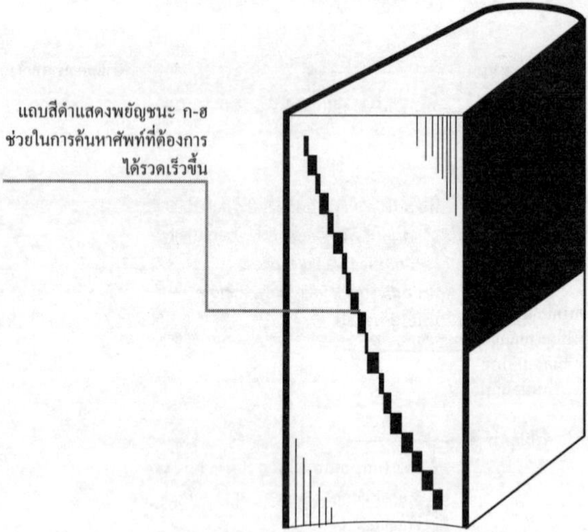
แถบสีดำแสดงพยัญชนะ ก-ฮ
ช่วยในการค้นหาศัพท์ที่ต้องการ
ได้รวดเร็วขึ้น

อธิบายอักษรภาษาอังกฤษในเล่ม

adj.	=	adjective (คุณศัพท์)
adv.	=	adverb (กริยาวิเศษณ์)
Ame.	=	American English (ภาษาอังกฤษแบบอเมริกัน)
aux.v.	=	auxiliary verb (กริยานุเคราะห์)
Bri.	=	British English (ภาษาอังกฤษแบบอังกฤษ)
colloq.	=	colloquial (ภาษาพูด)
conj.	=	conjunction (สันธาน)
female	=	เพศหญิง
idm.	=	idiom (สำนวน)
impolite	=	ไม่สุภาพ
interj.	=	interjection (คำอุทาน)
male	=	เพศชาย
n.	=	noun (คำนาม)
phr.	=	phrase (วลี)
pl.	=	plural (พหูพจน์)
prefix	=	prefix (อุปสรรค)
prep.	=	preposition (บุพบท)
pron.	=	pronoun (สรรพนาม)
roy.	=	royal (ราชาศัพท์)
sb.	=	somebody (บางคน)
sing.	=	singular (เอกพจน์)
sl.	=	slang (คำสแลง)
sth.	=	something (บางสิ่ง)
suffix	=	suffix (ปัจจัย)
v.	=	verb (กริยา)

ก

ก the 1st Thai alphabet
ก็ ***conj.*** then, so, as. ***-adv.*** even
กก ***v.*** to cuddle, to hug; to hatch, to brood. ***-n.*** bottom, base
กกหู n. stem of the ear, base of the ear
ก๊ก ***n.*** gang, group, set, clan, clique
กกุธภัณฑ์ ***n.*** royal regalia

เบญจราชกกุธภัณฑ์

กง ***n.*** circle, wheel, loop, ring
กงเกวียน n. wheel of a cart
กงจักร n. gear wheel, discus; evil, wickedness
กงการ ***n.*** business, duty, affairs, concern, task
กงสี ***n.*** corporation, company; pool
กงสุล ***n.*** consul. ***-adj.*** consular
กงสุลใหญ่ n. consul general
ก๊ง ***v., colloq.*** to drink. ***-n.*** measuring glass equal to one-eighth of a cup
กฎ ***n.*** law, rule, principle, regulation
กฎเกณฑ์ n. rule, standard, criterion
กฎจราจร n. traffic regulation
กฎธรรมชาติ n. natural law
กฎบัตร n. charter
กฎมนเทียรบาล n. palace law
กฎศีลธรรม n. morals, moral standard
กฎหมู่ n. gang law, jungle law
กฎหมาย ***n.*** law, decree, statute
กฎหมายพาณิชย์ n. commercial law
กฎหมายแพ่ง n. civil law
กฎหมายแรงงาน n. labour law
กฎหมายเลือกตั้ง n. electoral law
กฎหมายอาญา n. criminal law
กฐิน ***n.*** kathin : offerings presented to Buddhist priests after rainy season
กด ***v.*** to press, to compress, to push; to force, to compel, to impel
กดขี่ v. to tyranize (Ame.)/to tyranise (Bri.), to oppress
กดดัน v. to suppress, to exert
กดราคา v. to undersell, to under-price, to roll a price back
กตัญญู ***adj.*** thankful, grateful
กติกา ***n.*** rule, regulation; agreement
ก้น ***n.*** buttocks, bottom; base, stand
ก้นกบ n. coccyx *(sing.)*/coccyxes (Bri.), coccyges (Ame.) *(pl.)*
ก้นบึ้ง n. bottom, innermost
ก้นหอย n. whorl, spiral
กนก ***n.*** gold; a Thai decorative design
กนิษฐ์, กนิษฐา ***n.*** younger sister; the little finger
กบ ***n.*** carpenter's plane. ***-adj.*** packed, full, filled, brimful, stuffed
กบเหลาดินสอ n. pencil sharpener
กบฏ ***v.*** to rebel, to revolt, to betray. ***-n.*** rebel, traitor, betrayer, insurgent
กบดาน ***v.*** to hide, to conceal
ก้ม ***v.*** to stoop, to bow, to bend over
ก้มหลบ v. to duck
ก้มหัว v. to bow the head; to yield, to submit, to surrender
กร ***n.*** hand, arm
กรกฎ ***n.*** Cancer; crab
กรกฎาคม ***n.*** July

ก ข ฃ ค ฅ ฆ ง จ ฉ ช ซ ฌ ญ ฎ ฏ ฐ ฑ ฒ ณ ด ต ถ ท ธ

กรง ***n.*** cage; jail; railing, banister

กรณี ***n.*** case, suit, instance, matter

กรณีฉุกเฉิน n. emergency

กรณีพิพาท n. dispute, litigation

กรณียกิจ ***n.*** duty, responsibility

กรด ***n.*** acid. ***-adj.*** acid, sour, corrosive

กรดกำมะถัน n. sulfuric acid

กรดน้ำส้ม n. acetic acid

กรน ***v.*** to snore

กรม ***n.*** category, section, division; department; title of prince

กรมท่า ***n.*** Thai former Ministry of Financial and Foreign Affairs. ***-adj., n.*** navy blue

กรมธรรม์ ***n.*** policy

กรมธรรม์ประกันชีวิต n. life insurance policy

กรมธรรม์ประกันภัย n. insurance policy

กรรไกร ***n.*** scissors; jaw

กรรเชียง ***n.*** oar; backstroke. ***-v.*** to paddle; to backstroke

กรรโชก ***v.*** to threaten, to blackmail

กรรม ***n.*** karma; fate, bad luck; sin; deed, action; object

กรรมกร n. worker, laborer (Ame.)/ labourer (Bri.), coolie, cooly

กรรมการ n. committee, council; referee, judge, umpire

กรรมการผู้จัดการ n. managing director (MD)

กรรมการผู้อำนวยการใหญ่ n. chief executive officer (CEO)

กรรมฐาน n. meditation

กรรมพันธุ์ adj. genetic. ***-n.*** genetics, heredity

กรรมวิธี n. procedure, process

กรรมเวร n. retribution

กรรมสิทธิ์ n. ownership, right

กรรมาชีพ ***n.*** laborer (Ame.)/labourer (Bri.), wage-earner, proletariat. ***-adj.*** blue-collar

กรรมาธิการ ***n.*** committee

กรวด ***n.*** pebble, grit, gravel. ***-v.*** to pour

กรวดน้ำ v. to make a libation

กรวดน้ำคว่ำขัน v., colloq. to excommunicate, to break up

กร้วม ***n.*** crunching sound

กรวย ***n.*** cone, funnel

กรอ ***v.*** to wind; to spin, to twist; to grind; to level, to flatten

กรอฟัน v. to drill a tooth

กรอก ***v.*** to pour, to fill; to write; to force; to inculcate, to instil

กรอง ***v.*** to filter; to weave, to knit

กรอด ***adj.*** skinny, gaunt, lean. ***-n.*** gnashing sound of teeth

กร่อน ***v.*** to corrode, to erode, to wear away, to eat away, to corrupt

กรอบ ***n.*** frame, border; rule, pattern. ***-adj.*** crispy, crumbly; poor, needy

กรอบรูป n. picture frame

กรอม ***v.*** to cover

กร่อย ***adj.*** briny, saline; dull, humdrum

กระ ***n.*** freckle, spot

กระเง้ากระงอด ***adj.*** displeased, annoyed, irritated, angry

กระจก ***n.*** glass, mirror

กระจกเงา n. looking glass, mirror

กระจกตา n. cornea

กระจกถ่ายรูป n. plate

กระจกนิรภัย n. safety glass

กระจกฝ้า n. ground glass

กระจกรถ n. windshield (Ame.)/ windscreen (Bri.)

กระจกหน้าต่าง n. window pane

กระจกหน้าปัดนาฬิกา n. crystal

กระจอก ***adj, colloq.*** insignificant, trifling; poor, low-class
กระจองอแง ***adj.*** crying, bawling
กระจ้อย ***adj.*** small, tiny, little, mini
กระจัง ***n.*** a Thai decorative design
กระจัดกระจาย ***v.*** to scatter, to disperse. ***-adj.*** scattered, dispersed
กระจับ ***n.*** protective covering for the genitals of boxer
กระจับปี่ ***n.*** Thai four-stringed lute
กระจ่าง ***adj.*** clear, bright, distinct. ***-v.*** to clear up, to clarify, to unravel
กระจาด ***n.*** flat basket

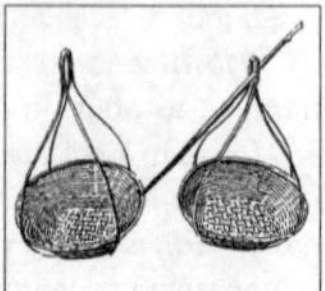
กระจาด

กระจาย ***v.*** to spread, to scatter; to diffuse; to distribute, to circulate
กระจายข่าว ***v.*** to spread news
กระจายเสียง ***v.*** to broadcast, to be on air, to transmit, to beam
กระจิริด, กระจิ๋ว ***adj.*** tiny, minute
กระจุก ***n.*** cluster, bunch. ***-v.*** to cluster
กระจุกกระจิก ***adj.*** miscellaneous, little, unimportant, trifling, petty, trivial
กระจุ๋งกระจิ๋ง ***adv.*** tête-á-tête; softly
กระจุ๋มกระจิ๋ม ***adj.*** delicate, pretty, tiny
กระจุย ***adj.*** scattered, disarranged, untidy; broken; defeated, beaten
กระจุยกระจาย ***adj.*** scattering, disorderly, untidy, disarranged
กระจู้ ***n.*** bamboo bottle-shaped eel trap
กระเจิดกระเจิง *ดูคำว่า* กระจัดกระจาย
กระเจี๊ยว ***n., colloq.*** penis, dick
กระแจะ ***n.*** scented powder
กระโจน ***v.*** to jump, to leap, to spring
กระโจม ***n.*** tent, pavilion, marquee
กระโจมไฟ ***n.*** lighthouse

กระจู้

กระฉอก ***v.*** to spill over, to splash
กระฉ่อน ***adj.*** famous, well-known, widespread, notable, remarkable
กระฉับกระเฉง ***adj.*** active, energetic, lively, fresh, healthy, vigorous
กระฉับกระเฉงขึ้น ***v.*** to perk
กระฉูด ***v.*** to spring up, to gush, to spout; to boom, to flourish
กระชอน ***n.*** sieve, screen, strainer
กระชัง ***n.*** floating basket for keeping fish in the water
กระชั้น ***adv.*** closely, nearly, soon
กระชับ ***v.*** to fit, to suit. ***-adj.*** fit; tight
กระชาก ***v.*** to jerk, to jolt; to snap
กระชุ ***n.*** bamboo crate
กระชุ่มกระชวย *ดูคำว่า* กระฉับกระเฉง
กระเชอ ***n.*** bamboo basket
กระเช้า ***n.*** basket with a handle
กระเช้าไฟฟ้า ***n.*** cable car
กระโชกโฮกฮาก ***adv.*** harshly. ***-v.*** to shout at, to bawl, to snap
กระซิบ ***v.*** to whisper
กระเซ็น ***v.*** to splash, to spatter
กระเซอะกระเซิง ***adv.*** aimlessly
กระเซ้า ***v.*** to tease, to make fun of
กระเซิง ***adj.*** uncombed, messy
กระแซะ ***v.*** to move closer, to squeeze into, to get closer
กระดก ***v.*** to tilt, to tip, to jerk up
กระด้ง ***n.*** bamboo flat round tray
กระดอ ***n.*** penis, dick
กระดอง ***n.*** shell

กระดอน ***v.*** to bounce, to spring

กระดาก ***v.*** to be ashamed, to be abashed, to be embarrassed

กระด้ง

กระด้าง ***adj.*** hard, rough, crude; obstinate, arrogant, haughty
กระด้างกระเดื่อง v. to resist, to disobey. ***-adj.*** stubborn, obstinate

กระดาน ***n.*** board; game
กระดานกระโดด n. springboard
กระดานชนวน n. slate
กระดานซักผ้า n. washboard
กระดานดำ n. blackboard
กระดานโต้คลื่น n. surfboard
กระดานลื่น n. slide
กระดานหก n. seesaw
กระดานหมากรุก n. chessboard
กระดานหมากฮอส n. checkerboard (Ame.)/draughtboard (Bri.)

กระดาษ ***n.*** paper
กระดาษกรอง n. filter paper
กระดาษก๊อปปี้ n. carbon paper
กระดาษกาว n. gummed paper
กระดาษแก้ว n. cellophane
กระดาษเขียนหนังสือ, กระดาษเขียนจดหมาย n. writing paper
กระดาษแข็ง n. paperboard, cardboard, pasteboard, millboard
กระดาษไข n. stencil paper
กระดาษชำระ n. toilet roll
กระดาษเช็ดปาก n. paper napkin
กระดาษทราย n. sandpaper
กระดาษปรู๊ฟ n. newsprint; proof sheet
กระดาษปอนด์ n. bond paper
กระดาษโปสเตอร์ n. poster paper
กระดาษฟาง n. straw paper
กระดาษฟุลสแกป n. foolscap
กระดาษย่น n. crêpe paper
กระดาษลอกลาย n. tracing paper
กระดาษลิตมัส n. litmus paper
กระดาษว่าว n. kite-making paper
กระดาษไวแสง n. sensitive paper
กระดาษสา n. mulberry paper
กระดาษหนังสือพิมพ์ n. newsprint
กระดาษห่อของ n. wrapper
กระดาษอาร์ต n. art paper

กระดำกระด่าง ***adj.*** stained, dirty, discolor (Ame.)/discoloured (Bri.), spotted, speckled

กระดิก ***v.*** to move, to wag, to budge

กระดิ่ง ***n.*** bell, handbell, doorbell

กระดึง ***n.*** cowbell, bell

กระดุกกระดิก *ดูคำว่า* กระดิก

กระดุม ***n.*** button, stud

กระดูก ***n.*** bone. ***-adj.*** skinny, lean; ***colloq.*** sting; difficult, hard
กระดูกงู n. keel
กระดูกซี่โครง n. rib
กระดูกสันหลัง n. backbone
กระดูกสันหลังของชาติ n. farmer, peasant, husbandman

กระเด้ง ***v.*** to bounce, to spring

กระเด็น ***v.*** to splash, to spurt, to spatter, to spring, to rebound

กระเด้า ***v.*** to move the buttocks up and down

กระเดาะ ***v.*** to click, to flick, to jerk

กระเดียด ***v.*** to carry sth. on one's waist. ***-adv.*** rather, quite, fairly

กระเดือก ***n.*** Adam's apple. ***-v., colloq.*** to swallow with difficulty; to struggle, to strive

กระเดื่อง ***adj.*** famous, well-known, remarkable, renown. ***-n.*** mortar

กระแดะ ***v.*** to pretend, to play-act, to feign. ***-adj.*** affected, pretentious
กระโดกกระเดก ***adj.*** ill-mannered, unrefined; rocking, wavering
กระโดง ***n.*** sail; mast; dorsal fin; ditch
กระโดด ***v.*** to jump, to leap, to skip
 กระโดดไกล n. long jump
 กระโดดขาเดียว v. to hop
 กระโดดข้าม v. to vault over
 กระโดดข้ามรั้ว n. hurdles
 กระโดดค้ำถ่อ n. pole jump
 กระโดดเชือก n. rope skipping
 กระโดดน้ำ v. to dive, to jump into the water
 กระโดดร่ม v. to parachute, to bail out; ***sl.*** to skip (a class)
 กระโดดโลดเต้น v. to jump for joy, to dance with joy
 กระโดดสูง n. high jump
กระต๊อบ ***n.*** hut, cottage, cabin, shed
กระต่ายขูดมะพร้าว ***n.*** coconut grater
กระติก ***n.*** flask, canteen, thermos
 กระติกน้ำแข็ง n. ice bucket
 กระติกสุญญากาศ n. thermo flask
กระติบ ***n.*** bamboo container for cooked glutinous rice

กระติบ

กระตือรือร้น ***adj.*** active, enthusiastic
กระตุก ***v.*** to jerk, to pull; to twitch
กระตุ้งกระติ้ง ***adj.*** womanish, girlish
กระตุ้น ***v.*** to stimulate, to motivate
กระเตง ***v.*** to carry sth. or a child on one's waist
กระเตาะ ***adj.*** teenage, adolescent
กระเตื้อง ***v.*** to improve, to get better, to develop, to increase
กระโตกกระตาก ***v.*** to cry out; ***idm.*** to give the game away, to spill the beans
กระถาง ***n.*** pot
 กระถางต้นไม้ n. flowerpot
 กระถางธูป n. incense burner
กระเถิบ ***v.*** to shift, to move, to budge
กระโถน ***n.*** spittoon, pot, cuspidor
กระทง ***n.*** banana leave cup; content. ***-adj.*** young, adolescent, teenage
กระทบ ***v.*** to affect, to influence; to bump, to strike; to conflict with sb.
 กระทบกระทั่ง v. to conflict, to clash
 กระทบกระเทียบ v. to satirize (Ame.)/to satirise (Bri.). ***-adv.*** sarcastically, ironically
 กระทบกระเทือน v. to affect, to influence, to impact; to hurt
กระทรวง ***n.*** group, type, kind; ministry
กระท่อนกระแท่น ***adj.*** fragmental, broken, incomplete, imperfect
กระท่อม ***n.*** hut, cottage, cabin
กระทะ ***n.*** frying pan, pan, wok
กระทั่ง ***adv.*** until, till, even
กระทำ ***v.*** to do, to make, to perform, to act, to treat, to commit
 กระทำผิดกฎหมาย v. to offend, to break a law, to violate
 กระทำมิดีมิร้าย v. to rape, to violate
กระทืบ ***v.*** to stamp, to trample, to crush
กระทุ้ง ***v.*** to pound, to strike; to stimulate, to urge, to excite
กระทู้ ***n.*** bamboo post; theme; subject, issue; a kind of Thai verse
กระเท่เร่ ***adj.*** leaning, tilted, inclined
กระเทือน ***v.*** to shake, to quake; to stir up, to hurt; to affect, to influence
 กระเทือนใจ v. to hurt one's feeling, to be affected by sth.
กระแทก ***v.*** to strike, to knock, to hit

กระแทกแดกดัน **adv.** sarcastically, ironically. **-v.** to satirize (Ame.)/to satirise (Bri.)
กระนั้น, กระนี้ adv. thus, so, then
กระแนะกระแหน v. to ridicule, to satirize (Ame.)/to satirise (Bri.). **-adv.** sarcastically
กระบวน n. procession, parade, pattern; strategy, trick, method
กระบวนการ **n.** process, procedure, system, method, proceeding
กระบวนความ **n.** matter, content
กระบวนท่า **n.** pattern, movement
กระบวนยุทธ์ **n.** strategy
กระบวนเรือรบ **n.** squadron of warship, naval fleet
กระบวนวิชา **n.** course
กระบวย n. coconut shell dipper; ladle

กระบวย

กระบอก n. section of bamboo; cylinder; tube; rifle; puppet
กระบอกฉีด **n.** syringe, injector, hypodermic, sprayer
กระบอกตา **n.** eye socket
กระบอกปืน **n.** gun barrel
กระบอกสูบ **n.** cylinder
กระบอกเสียง **n.** mouthpiece, propagandist

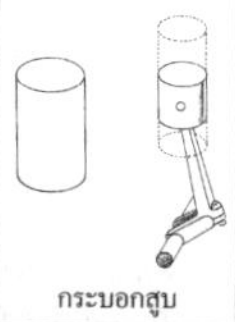
กระบอกสูบ

กระบอง n. club, stick, cane
กระบองเพชร n. cactus *(sing.)*/cacti, cactuses *(pl.)*
กระบะ n. tray; pickup, truck
กระบิ n. section, group, piece
กระบิดกระบวน v. to put on airs
กระบี่ n. monkey; sword
กระบี่กระบอง **n.** swordplay
กระบือ n. buffalo
กระบุง n. square-based bamboo basket

กระบุง

กระเบียด n. a quarter of an inch
กระเบียดกระเสียร v. to economize, to save sth. up
กระเบื้อง n. tile, ceramics, roofing
กระปรี้กระเปร่า adj. active, fresh, energetic, lively, healthy, dynamic
กระป๋อกระแป๋ adj. weak, weary, tired
กระป๋อง n. can (Ame.)/tin (Bri.)
กระปอดกระแปด adv. murmurously
กระปุก n. pot, jar, can, case
กระปุกหลุก adj. plump, chubby
กระปุ่มกระป่ำ adj. knotty, uneven
กระเป๋า n. bag, sack, purse
กระเป๋าเดินทาง **n.** travelling bag, suitcase, luggage, baggage
กระเป๋าถือ **n.** handbag, satchel
กระเป๋านักเรียน **n.** school bag
กระเป๋ารถเมล์ **n.** conductor
กระเป๋าสะพายหลัง **n.** rucksack, backpack
กระเป๋าเสื้อ, กระเป๋ากางเกง **n.** pocket
กระเป๋าใส่ธนบัตร **n.** wallet
กระเป๋าใส่เศษสตางค์ **n.** purse
กระเป๋าหนัก **adj.** rich, wealthy
กระเป๋าแห้ง **adj.** penniless, broke
กระเป๋าเอกสาร **n.** briefcase, portfolio
กระเปาะ n. bulb, bulge; bezel; calyx
กระโปก n., colloq. scrotum, testis *(sing.)*/testes *(pl.)*

กระโปรง ***n.*** skirt; hoot, bonnet
 กระโปรงชั้นใน n. petticoat
 กระโปรงรถ n. hood (Ame.)/bonnet (Bri.)
กระพรวน ***n.*** small bell
กระพือ ***v.*** to flap, to blow, to wave
 กระพือปีก v. to flap the wings
กระพุ้งแก้ม ***n.*** jowl
กระเพาะ ***n.*** bladder, maw
กระเพื่อม ***v.*** to ripple, to ruffle, to throb, to heave. ***-adv.*** ripplingly
กระฟัดกระเฟียด ***adv.*** angrily, furiously
กระมิดกระเมี้ยน ***v.*** to coy, to shy
กระย่องกระแย่ง ***adv.*** totteringly, lamely, staggeringly
กระยา ***n.*** stuff, things; food
 กระยาทาน n. alms, charity
 กระยาหาร n. food, foodstuff
กระยาจก ***n.*** beggar, pauper
กระยิ้มกระย่อง ***v.*** to smile happily, to be pleased, to beam, to grin
กระเย้อกระแหย่ง ***v.*** to stand on tiptoe
กระวนกระวาย ***v.*** to worry. ***-adj.*** restless, anxious, nervous
กระวีกระวาด ***adv.*** actively, energetically, enthusiastically
กระสวย ***n.*** shuttle; spindle, reel
กระสอบ ***n.*** sack, bag, gunnysack
กระสัน ***v.*** to hunger; to lust, to desire
กระสับกระส่าย ***adj.*** anxious, worried, nervous, restless, uneasy, edgy
กระสาย ***n.*** diluent, solvent, adjuvant
กระสือ ***n.*** female filth-eating spirit
กระสุน ***n.*** mudball; bullet, shell
 กระสุนด้าน v. to misfire
กระเส็นกระสาย ***v.*** to scatter, to splash, to disperse. ***-n.*** a bit, fragment
กระเส่า ***adj.*** tremulous, quivering
กระเสาะกระแสะ ***adj.*** sick, weak
กระเสือกกระสน ***v.*** to struggle, to strive
กระแส ***n.*** flow, current, stream; trend
 กระแสการเงิน n. cash flow
 กระแสตรง n. direct current (D.C.)
 กระแสน้ำ n. current, stream, flow
 กระแสน้ำข้างใต้ n. undercurrent
 กระแสน้ำที่ไหลเชี่ยว n. torrent
 กระแสน้ำเย็น n. cold current
 กระแสน้ำอุ่น n. warm current
 กระแสนิยม n. fashion, trend
 กระแสไฟฟ้า n. electric current
 กระแสรับสั่ง n. royal command
 กระแสรายวัน n. current account
 กระแสลม n. airflow, airstream
 กระแสสลับ n. alternating current (A.C.)
กระหนาบ ***v.*** to brace, to flank; to scold
กระหน่ำ ***v.*** to hit, to beat; to buffet
กระหม่อม ***n.*** sinciput, crown of the head. ***-pron.*** I
กระเหม็ดกระแหม่ ***v.*** to economize, to save. ***-adj.*** frugal
กระหยุ่อม ***n.*** group, bunch, cluster
กระหยิ่ม ***v.*** to beam, to be satisfied
กระหวัด ***v.*** to hug, to cuddle, to embrace; to recall, to recollect
กระหัง ***n.*** male filth-eating spirit
กระหาย ***v.*** to thirst, to desire
 กระหายน้ำ adj. thirsty
กระหึ่ม ***adj.*** loud, resounding, reverberate, noisy, growling
กระหืดกระหอบ ***adj.*** breathless, panting, gasping. ***-adv.*** breathlessly
กระอัก ***v.*** to spit; to vomit
 กระอักกระอ่วน v. to hesitate; to feel embarrassed. ***-adv.*** hesitatingly
กระแอม ***v.*** to clear one's throat
กรัง ***adj.*** glued, dried, clotted
กรังปรีซ์ ***n.*** Grand Prix

กรับ ***n.*** Thai wooden rhythm clapper

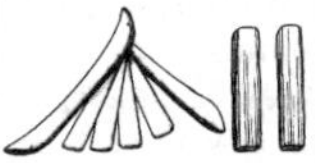

กรับ

กรัม ***n.*** gram (Ame.)/ gramme (Bri.)

กราก ***v.*** to rush, to dash, to gush. ***-adv.*** quickly, rapidly, swiftly

กร่าง ***n.*** banyan. ***-adj.*** arrogant, bold

กราด ***v.*** to sweep, to scan

กราดเกรี้ยว ***v.*** to flare up. ***-adj.*** furious. ***-adv.*** furiously, angrily

กร้าน ***adj.*** rough, hard, tough, coarse

กราบ ***n.*** gunwale. ***-v.*** to prostrate and put hands together in salute

กราบทูล ***v.*** to inform (the king)

กราบเรียน ***v.*** to inform, to tell

กราบเรือ ***n.*** gunwale

กราบลา ***v.*** to take a leave

กราฟ ***n.*** graph

กราฟิก ***adj.*** graphic

กราฟิกส์ ***n.*** graphics

กราม ***n.*** molar

กราย ***v.*** to swagger, to strut; to walk pass closely; to wield

กราว ***adv.*** plentifully, widespreadly

กร้าว ***adj.*** hard, tough, aggressive

กรำ ***adj.*** tolerable, endurable

กริก ***n.*** click, the sound of clicking glasses

กริ่ง ***n.*** bell, ring, doorbell. ***-v.*** to suspect, to doubt, to wonder

กริ๊ง ***n.*** jingle, clink, tinkle

กริช ***n.*** kris, dagger

กริบ ***v.*** to clip, to cut, to trim. ***-adv.*** very, extremely (sharp/quiet)

กริยา ***n.*** verb; manner, conduct

กริ้ว ***v., roy.*** to anger, to flare up

กรีฑา ***n.*** track-and-field sport, athletic; game, competition

กรีฑาสถาน ***n.*** stadium, sport field

กรีด ***v.*** to cut, to slit, to lance

กรีดกราย ***adj.*** affected; lazy

กรีดร้อง ***v.*** to scream. ***-n.*** scream

กรี๊ด ***n.*** scream, shriek. ***-v.*** to scream

กรีธา ***v.*** to move, to march, to deploy

กรีธาทัพ ***v.*** to mobilize (Ame.)/ mobilise (Bri.) the army

กรีนการ์ด ***n.*** green card

กรุ ***n.*** cell, cache, hole. ***-v.*** to cover, to overlay, to pad; to partition

กรุกกรู๊ ***n.*** coo. ***-v.*** to coo

กรุง ***n.*** city, town. ***-adj.*** urban

กรุณา ***n.*** mercy, pity, sympathy, kindness, grace. ***-interj.*** please. ***-adj.*** kind, generous, merciful

กรุ่น ***adj.*** smouldering, burning; fragrant, odorous

กรุบ ***n.*** crisp, cracking, brittle

กรุ้มกริ่ม ***v.*** to delight; to flirt, to coquette. ***-adj.*** tricky; flirtatious

กรุย ***n.*** stake. ***-v.*** to stake; to flirt

กรุยกราย ***adv.*** coquettishly, flirtingly; swaggeringly

กรุยทาง ***v.*** to pave the way for sth.

กรู ***v.*** to throng, to crowd, to flog

กรูด ***v.*** to retreat, to draw back

กฤษฎีกา ***n.*** royal decree, edict, rule

กฤษณะ ***n.*** Krishna, Vishnu

กล ***n.*** trick, stratagem; machine

กลไก ***n.*** mechanism, system

กลโกง ***n.*** trick, swindle, fraud

กลเม็ด ***n.*** trick, technique, skill

กลยุทธ์ ***n.*** strategy, stratagem

กลลวง ***n.*** feint, hoax, fraud

กลวิธี ***n.*** method, strategy

กลศาสตร์ ***n.*** machanics

ก ข ฃ ค ฅ ฆ ง จ ฉ ช ซ ฌ ญ ฎ ฏ ฐ ฑ ฒ ณ ด ต ถ ท ธ

ก ข ฃ ค ฅ ฆ ง จ ฉ ช ซ ฌ ญ ฎ ฏ ฐ ฑ ฒ ณ ด ต ถ ท ธ

กลอุบาย ดูคำว่า กลโกง
กลด ***n.*** umbrella; halo
กลบ ***v.*** to hide, to conceal, to cover
กลบเกลื่อน v. to cover up, to suppress, to repress, to dissemble
กลม ***n.*** a bottle of liquor. ***-adj.*** round, circular; all, whole
กลมกล่อม adj. tasty, mellow
กลมกลึง adj. well-balanced. ***-v.*** to be in proportion
กลมกลืน adj. harmonious, well-matched, compatible
กลมเกลียว adj. united, harmonious
กลวง ***adj.*** hollow, empty, void
กลอก ***v.*** to roll, to goggle, to shake
กลอกกลิ้ง adj. cunning, tricky
กลอกตา v. to goggle eyeballs
กลอง ***n.*** drum
กลองแต๊ก n. side drum
กลองยาว n. tom-tom
กล่อง ***n.*** box, case
กล่องกระดาษ n. carton
กล่องดำ n. black box
กล่องดินสอ n. pencil case
กล่องปฐมพยาบาล n. first aid kit
กล่องเสียง n. larynx
กล้อง ***n.*** tube; pipe; scope; camera
กล้องจุลทรรศน์ n. microscope
กล้องตาเดียว n. monocular
กล้องถ่ายภาพยนตร์ n. cinecamera
กล้องถ่ายภาพวิดีโอขนาดพกพา n. camcorder
กล้องถ่ายรูป n. camera
กล้องโทรทรรศน์ n. telescope
กล้องยานัตถุ์ n. snuff tube
กล้องยาเส้น n. pipe, cigar pipe
กล้องสองตา n. binoculars
กล้องส่องทางไกล n. spyglass, opera glass, telescope
กล้องแกล้ง ***adj.*** weak; slim; flirtatious
กลอน ***n.*** latch, bolt; verse; pendulum
กล้อน ***v.*** to shave, to cut. ***-adj.*** bald
กล่อม ***v.*** to lull, to sing; to soothe, to comfort; to persuade, to convince
กล่อมเกลา v. to cultivate, to nurture
กล่อมเกลี้ยง ดูคำว่า กล่อมเกลา
กล่อมลูก v. to lull
กล้อมแกล้ม ***v.*** to chew and swallow with difficulty; to mutter; to speak vaguely. ***-adj.*** makeshift
กลอยใจ ***n.*** darling, sweetheart, dear
กลัก ***n.*** box, case
กลักไม้ขีดไฟ n. matchbox
กลัด ***v.*** to pin, to clip, to button; to congest; to fester, to be infected
กลัดกลุ้ม adj. worried, nervous
กลัดมัน adj. lustful. ***-v.*** to crave, to lust, to be in/on heat
กลั่น ***v.*** to distill (Ame.)/to distil (Bri.), to refine, to brew; to select
กลั่นกรอง v. to select, to sift
กลั่นแกล้ง v. to oppress, to defame, to ill-treat, to maltreat
กลั่นตัว v. to condense
กลั่นน้ำมัน v. to refine the crude oil
กลั้น ***v.*** to refrain, to suppress, to restrain; to endure, to tolerate
กลั้นใจ v. to hold one's breath
กลั้นโทสะ v. to restrain one's anger
กลับ ***v.*** to turn, to divert, to return, to change, to reverse. ***-adv.*** instead
กลับกลอก adj. cunning, tricky
กลับกลาย v. to change into, to become, to convert, to transform
กลับคำ v. to go back on one's words, to break one's promise
กลับตัว, กลับใจ v. to reform oneself
กลับตาลปัตร adj. opposite, contrary

***กลับไปกลับมา* adv.** back and forth
***กลับสู่สภาพเดิม* v.** to revert
***กลับหลังหัน* v.** to turn backwards
กลัว v. to fear, to dread, to panic. **-n.** phobia. **-adj.** phobic
***กลัวเกรง* v.** to respect with fear, to be apprehensive of
***กลัวน้ำ* n.** hydrophobia, rabies
กลั้ว v. to gargle, to rinse, to wash
***กลั้วคอ* v.** to gargle one's throat
กล้า n. sprout, seedling. **-v.** to dare. **-adj.** strong; fearless, brave
***กล้าได้กล้าเสีย* adj.** risky, venturous, decisive, courageous, bold
***กล้าบ้าบิ่น* adj.** foolhardy
กลาก n. ringworm, eczema
กลาง adj. middle, central, medium; moderate; neutral. **-n.** center (Ame.)/centre (Bri.)
***กลางเก่ากลางใหม่* adj.** half-worn, half-new, fifty percent new
***กลางคน* adj.** middle-aged
***กลางคัน* adj.** halfway, midway
***กลางคืน* n.** night, nightime
***กลางแจ้ง, กลางแปลง* adj.** open-air, outdoor. **-adv.** outdoors
***กลางดึก* n.** midnight, the dead of night, the middle of the night
***กลางวัน* n.** daytime, day, midday
***กลางเวหา* adj.** aerial, airborne. **-adv.** in the air, in the sky
กลาดเกลื่อน adv. in common, amply
กล้าม, กล้ามเนื้อ n. muscle
กลาย v. to become, to change into, to turn into. **-adj.** modified; last
กล่าว v. to say, to speak, to state
***กล่าวขวัญ* v.** to talk about
***กล่าวถึง* v.** to refer, to mention
***กล่าวเท็จ* v.** to lie, to tell a lie
***กล่าวโทษ* v.** to blame, to condemn
***กล่าวหา* v.** to charge, to accuse
กล้ำ v. to bind, to mix, to blend
***กล้ำกราย* v.** to intrude; to approach
***กล้ำกลืน* v.** to swallow hard; to bear, to tolerate, to endure
กลิ้ง v. to roll. **-adj.** tricky, cunning
***กลิ้งกลอก* adj.** tricky, cunning
***กลิ้งเกลือก* v.** to roll about, to wallow, to grovel, to welter
กลิ่น n. smell, odor (Ame.)/odour (Bri.); clue, trace, evidence; rumor (Ame.)/rumour (Bri.)
***กลิ่นคาวปลา* adj.** fishy
***กลิ่นฉุน* adj.** pungent
***กลิ่นตัว* n.** body odor (Ame.)/odour (Bri.)
***กลิ่นบำบัด* n.** aromatherapy
***กลิ่นหอม* n.** fragrance, scent
***กลิ่นหืน* n.** must
***กลิ่นเหม็น* n.** stink, malodor
***กลิ่นอาย* n.** smell; atmosphere
กลี n. ill, evil; plague. **-adj.** evil, disastrous, dark, wild, ruinous
***กลียุค* n.** dark age, wild times
กลีบ n. petal; pleat, fold
***กลีบดอก* n.** petal, corolla
***กลีบเลี้ยง* n.** calyx, sepal
กลึง v. to lathe; to knead, to massage
กลืน v. to swallow; to suppress; to assimilate; to match; to merge
***กลืนไม่เข้าคายไม่ออก* v.** to feel embarrassed. **-n.** dilemma
กลุ่ม n. group, cluster, gang, team
***กลุ่มของเลขฐานสอง 8 ตัว* n.** byte
***กลุ่มคน* n.** crowd, mob
***กลุ่มดาว* n.** constellation
***กลุ่มผู้เชี่ยวชาญ* n.** think-tank
***กลุ่มผู้นำด้านอุตสาหกรรม 7 ชาติ* n.**

ก ข ฃ ค ฅ ฆ ง จ ฉ ช ซ ฌ ญ ฎ ฏ ฐ ฑ ฒ ณ ด ต ถ ท ธ

group of seven
กลุ้ม, กลุ้มใจ ***adj.*** worried, depressed
กลุ้มรุม v. to throng, to mob; to buffet, to beset, to besiege
กลูโคส ***n.*** glucose
กวด ***v.*** to drive, to chase, to speed up
กวดขัน adv. strictly, seriously
กวดวิชา v. to make up lesson, to coach, to cram, to tutor
กวน ***v.*** to stir, to mix; to disturb, to annoy; to tease, to make fun of
กวยจี๊ ***n.*** roasted watermelon seed
กวัก ***v.*** to paddle; to summon, to call
กวัด ***v.*** to sway, to wave, to weild
กวัดแกว่ง v. to brandish, to wield
กวัดไกว v. to swing, to sway
กว่า ***adj.*** over, more, more than; beside; beyond
กว่าจะ conj. until, till; when
กว้าง ***adj.*** wide, broad, extensive; generous. ***-n.*** width, breadth
กว้างขวาง adj. spacious, roomy; famous, well-known, popular
กว้างใหญ่ adj. wide, large
กวางตุ้ง ***n.*** Canton, Cantonese, Guang Dong. ***-adj.*** Cantonese
กวาด ***v.*** to sweep; to clear, to purge
กวาดต้อน v. to herd, to corner
กวาดตา v. to sweep one's eyes over sth./sb., to glance
กวาดยา v. to swab the children's throat with medicine
กวาดล้าง v. to eliminate, to clean up, to get rid of, to eradicate
กว้าน ***n.*** winch, windlass. ***-v.*** to wind; to corner the market
กว้านซื้อ v. to corner the market, to make a rush purchase of sth.
กว๊าน ***n.*** lagoon, pond, lake
กวี ***n.*** poet, poetess; poem, poetry
กวีนิพนธ์ n. poem, poetry, verse
กษัตริย์ ***n.*** king, emperor, ruler
กษัตรี, กษัตรีย์ ***n.*** female monarch, queen, female ruler
กษาปณ์ ***n.*** coin
กสิ ***n.*** farming, agriculture, plowing
กสิกร n. agriculturalist, farmer
กสิกรรม n. farming, agriculture
กอ ***n.*** clump, bunch, cluster
ก่อ ***v.*** to create, to establish, to found; to light; to cause; to start; to wage
ก่อกรรมทำเข็ญ v. to commit a sin
ก่อกวน v. to annoy, to disturb
ก่อการปฏิวัติ v. to instigate the revolution, to revolt
ก่อการร้าย v. to cause terrorism
ก่อกำเนิด v. to give birth to, to originate, to initiate, to rise
ก่อความยุ่งยาก v. to make trouble
ก่อจราจล v. to run riot
ก่อตั้ง v. to found, to establish
ก่อไฟ v. to light, to ignite, to kindle
ก่อร่างสร้างตัว v. to settle down
ก่อฤกษ์, วางศิลาฤกษ์ v. to lay the foundation stone
ก่อวินาศกรรม v. to sabotage
ก่อสงคราม v. to wage war
ก่อสร้าง v. to construct, to build
ก่อหวอด v. to brew sth. up, to ferment, to provoke
ก๊อก ***n.*** faucet (Ame.)/tap (Bri.)
กอง ***v.*** to pile up, to stack up. ***-n.*** stack, heap, pile; division; troop
กองกลาง n. pool; center/centre forward; general office. ***-adj.*** public
กองกำลังเฉพาะกิจ n. corps
กองเกิน n. the reserve
กองเกวียน n. caravan

กองขยะ n. garbage dump
กองเงินกองทอง n. wealth, money
กองโจร n. guerilla; bandit gang
กองดุริยางค์ n. band, orchestra
กองตำรวจนครบาล n. metropolitan constabulary
กองตำรวจภูธร n. provincial constabulary
กองทหาร n. troops, forces
กองทหารรักษาการณ์ n. guard
กองทัพ n. army, the Forces
กองทัพบก n. army; Royal Thai Army
กองทัพเรือ n. navy; Royal Thai Navy
กองทัพอากาศ n. air forces; Royal Thai Air Forces
กองทุน n. funds
กองบังคับการ, กองบัญชาการ n. headquarters
กองพล n. division
กองพัน n. battalion
กองฟาง n. haystack, hayrick
กองไฟ n. bonfire, campfire
กองมรดก n. estate, property
กองร้อย n. company
กองหน้า n. vanguard; forward
กองหนุน n. reserves
กองหลัง n. rear guard; back

ก่องข้าว ***n.*** small bamboo woven container for cooked glutinous rice

ก้อง ***v.*** to echo, to resound. ***-n.*** tribute. ***-adj.*** voiced; resonant, echoing
ก้องกังวาน adj. resonant, reverberating, echoing, resounding
ก้องโลก adj. worldwide, world-famous, earthshaking

กอด ***v.*** to hug, to embrace, to cuddle
กอดคอ v. to act in concert, to share happiness and trouble
กอดจูบลูบคลำ v. to neck, to pet
กอดอก v. to cross the arms

ก่อน ***adj.*** former, previous, preceding. ***-adv.*** before; previously, formerly; in advance, ahead; ago
ก่อนคริสต์ศักราช adv. Before Christ (B.C.)
ก่อนคลอด adj. prenatal, antenatal
ก่อนแต่งงาน adj. antenuptial. ***-adv.*** before marriage
ก่อนนอน adv. before bedtime
ก่อนประวัติศาสตร์ adj. prehistoric
ก่อนเพื่อน adv., colloq. above all, at first, first of all
ก่อนเวลา adv. ahead of time
ก่อนเวลาอันควร adv. untimely
ก่อนอาหาร adv. before meal
ก่อนอื่น adv. first of all

ก้อน ***n.*** lump, piece, cake, bar
ก้อนกรวด n. pebble, gravel
ก้อนขนมปัง n. loaf *(sing.)*/loaves *(pl.)* of bread, bun
ก้อนดิน n. clod, lump of earth
ก้อนเลือด n. blood clot; foetus
ก้อนสบู่ n. bar of soap
ก้อนอิฐ n. brick

กอบ ***v.*** to gather up, to scoop up, to pick up. ***-adj.*** much, many
กอบกู้ v. to save, to restore, to retrieve, to redeem, to liberate
กอบโกย v. to grab, to fleece

ก๊อบปี้ ***n.*** copy. ***-v.*** to copy

กอปร ***v.*** to consist of, to comprise

ก้อย ***n.*** little finger; reverse side of a coin. ***-adj.*** small, little, tiny

ก้อร่อก้อติก ***v.*** to flirt, to court. ***-adv.*** flirtatiously, affectedly

กอล์ฟ ***n.*** golf

กอและ ***n.*** local fishing boat in the

เรือกอและ

southern part of Thailand

กอเอี๊ยะ ***n.*** Chinese healing plaster

กะ ***n.*** shift, turn. ***-v.*** to estimate, to guess; to plan. ***-prep., colloq.*** with
 กะเกณฑ์ v. to force, to compel

กะจั๊ว ***n., colloq.*** cockroach; gigolo

กะชึกกะชัก ***adv.*** inconveniently; unhurriedly. ***-n.*** the sound of slow-going train

กะแช่ ***n.*** palm wine, palm toddy

กะซวก ***v., colloq.*** to stab, to pierce

กะต๊าก ***v.*** to cackle. ***-n.*** cackle, cluck

กะโต๊ก ***n.*** crying sound of a crying or frightened cock

กะทัดรัด ***adj.*** compact, concise, fit

กะทันหัน ***adj.*** sudden, abrupt. ***-adv.*** suddenly, abruptly, promptly

กะทิ ***n.*** coconut cream, coconut milk

กะเทย ***n.*** eunuch; homosexual, hermaphrodite. ***-adj.*** homosexual

กะเทาะ ***v.*** to shell, to flake, to strip

กะบังลม ***n.*** diaphragm

กะปริดกะปรอย, กะปริบกะปรอย ***adv.*** dribblingly; interruptedly; fragmentally. ***-v.*** to dribble

กะปลกกะเปลี้ย ***adj.*** weak, weary, tired

กะปิ ***n.*** shrimp paste

กะเปิ๊บกะป๊าบ ***adj.*** impolite, discourteous, impudent. ***-adv.*** impolitely

กะโปโล ***adj.*** slovenly; childish

กะเผลก ***v.*** to limp, to hobble

กะพร่องกะแพร่ง ***adj.*** incomplete, deficient, inadequate, defective. ***-adv.*** incompletely, inadequately

กะพริบ ***v.*** to wink; to twinkle

กะรัต ***n.*** karat

กะล่อน ***adj.*** slippery, oily, unreliable

กะละปังหา ***n.*** coralline

กะละมัง ***n.*** basin

กะลา ***n.*** coconut shell. ***-adj.*** worthless

กะลาสี ***n.*** seaman, sailor, ship's crew

กะลิ้มกะเหลี่ย ***v.*** to desire, to crave

กะโล่ ***n.*** wicker basket; topee; stooge

หมวกกะโล่

กะหนุงกะหนิง ***adv.*** tête-á-tête, sweetly

กะหร่อง ***adj.*** skinny, lean, gaunt

กะหรี่ ***n.*** curry powder, curry; ***colloq.*** whore, hooker, prostitute

กะหลาป๋า ***n.*** Batavia; a kind of hat

กะเหรี่ยง ***n.*** Karen

กะโหลก ***n.*** coconut shell; skull; king-sized fruit

กัก ***v.*** to stop; to restrain; to imprison; to block, to bar; to store; to isolate. ***-adj.*** ceased, halted
 กักกัน v. to confine, to restrict
 กักขัง v. to imprison, to jail
 กักด่าน v. to quarantine
 กักตัว v. to detain, to confine
 กักตุน v. to corner, to hoard
 กักบริเวณ v. to place under house arrest, to confine within an area
 กักสินค้าเข้าออก v. to blockade

กั๊ก ***n.*** intersection; Thai measuring cup of wine equal to a quarter of bottle; vest, waistcoat. ***-v., colloq.*** to detain, to block, to hinder

กังขา ***v.*** to doubt, to suspect, to wonder

กังฉิน ***adj., colloq.*** cheating, dishonest

กังฟู ***n.*** kung fu

กังวล ***adj.*** anxious, worried, nervous
กังวาน ***adj.*** resonant, echoing
กังไส ***n.*** chinaware made in Jiang Xi province (of China); Jiang Xi
กังหัน ***n.*** windmill, turbine; pin wheel; a kind of fireworks
กังหันลม n. windmill
กังหันไอน้ำ n. steam turbine

กังหันลม

กังหันไอพ่น n. jet turbine
กังหันไฮดรอลิก n. hydraulic turbine
กัญชา ***n.*** marijuana, hemp
กัด ***v.*** to bite; to corrode, to erode; ***sl.*** to satirize (Ame.)/to satirise (Bri.), to pick on
กัดเซาะ v. to erode, to corrode
กัดปลา n. fish-fight
กัดฟัน v. to gnash the teeth
กัดไม่ปล่อย v., colloq. to take action seriously
กัน ***pron.*** I, me. ***-v.*** to bar, to obstruct; to prevent; to shave, to trim; to reserve. ***-adj.*** proof. ***-adv.*** together
กันชน n. buffer, bumper
กันแดด n. sunblock, sunscreen
กันท่า v. to block, to obstruct
กันน้ำ adj. waterproof
กันฝน adj. rainproof
กันไฟ adj. fireproof
กันสนิม adj. rustproof, antirust
กันสะเทือน adj. shockproof, anti-shock, anti-vibration
กันสาด n. eaves, awning
กั้น ***v.*** to bar, to obstruct, to block
กันดาร ***adj.*** arid; uncivilized; remote
กันยายน ***n.*** September
กันแสง ***v., roy.*** to cry, to weep
กับ ***n.*** trap; dishes. ***-conj.*** and. ***-adv.*** together. ***-prep.*** with
กับแกล้ม n. dishes eaten with alcoholic drinks
กับข้าว n. dishes eaten with rice
กับดัก n. trap, snare
กับดักหนู n. mouse trap
กับระเบิด n. land mine
กัป ***n.*** era, epoch; eternity, aeon, eon
กัปตัน ***n.*** captain; chief of waiters and waitresses in restaurant
กัมปนาท ***n.*** tremor, thunder. ***-adj.*** thunderous
กัมพูชา ***n.*** Cambodia, Kampuchea
กัมมันตภาพรังสี ***adj.*** radioactive. ***-n.*** radioactive ray
กัลป์ ***n.*** era; eternity
กัลปาวสาน n. eternity, infinity
กัลปังหา ***n.*** coral, coralline

กัลปังหา

กา ***n., colloq.*** kettle, teapot. ***-v.*** to cross, to mark, to tick
กาลักน้ำ n. siphon
กาชาด n. red-cross

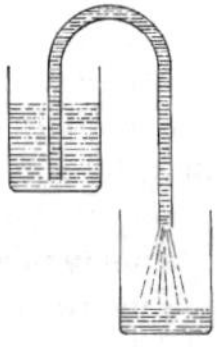
กาลักน้ำ

ก๋า, ก๋ากั่น ***adj., colloq.*** brave, bold, fearless, audacious, daring
กาก ***n.*** residue, refuse, rubbish, dregs

กากบาท n. cross
กากข้าว n. paddy with milled rice
กากเดน n. remainder, remnant
กากน้ำตาล n. molasses
กากเพชร n. carborundum
กากแร่ n. gangue
กากสารกัมมันตรังสี n. nuclear waste
กากสารพิษ n. hazardous waste
กากหมู n. crackling

กากี ***n.*** female crow; adulterous woman; Khaki. ***-adj.*** khaki, brownish-yellow

กาง ***v.*** to spread, to stretch out
กางกั้น v. to separate, to obstruct

ก้าง ***n.*** fishbone; obstruction
ก้างขวางคอ n. obstacle, barrier

กางเกง ***n. pl.*** trousers, pants, slacks
กางเกงขายาว n. pl. slacks, pants (Ame.)/trousers (Bri.)
กางเกงขาสั้น n. pl. shorts
กางเกงใน n. pl. underpants, panties
กางเกงในขายาวแนบเนื้อ n. pantie hose (Ame.)/tights (Bri.)

กางเขน ***n.*** cross

ก๊าซ, แก๊ส ***n.*** gas
ก๊าซเฉื่อย n. inert gas
ก๊าซชีวภาพ n. biogas
ก๊าซธรรมชาติ n. natural gas
ก๊าซน้ำตา n. tear gas
ก๊าซพิษ n. poison gas
ก๊าซเรือนกระจก n. greenhouse gas

ก้าน ***n.*** twig, stem, stalk; numerative noun for a match
ก้านควบคุม n. joystick
ก้านคอ n. nape
ก้านสูบ n. connecting rod of a pistol engine

กาบ ***n.*** sheath, husk; shell

ก้าบ, ก๊าบ n. quack

กาพย์ ***n.*** poetry, poem, verse

กาฝาก ***n.*** parasite

กาเฟอีน ***n.*** caffein

กาแฟ ***n.*** coffee; coffee plant

กาม ***n.*** sexual desire, lust, heat
กามตัณหา n. sensuality, sexual desire, lust, heat
กามตายด้าน n. sexual impotence
กามเทพ n. Cupid
กามโรค n. venereal disease
กามวิตถาร n. sexual pervert
กามารมณ์ n. sexual desire, lust, heat

ก้าม ***n.*** claw, nipper; elbow, clutch

กาย ***n.*** body, physique. ***-adj.*** physical
กายกรรม n. acrobatics; action
กายบริหาร n. exercise, gymnastics
กายภาพ adj. physical
กายภาพบำบัด n. physical therapy
กายวิภาคศาสตร์ n. anatomy
กายสิทธิ์ adj. magic, wonderous

ก่าย ***v.*** to cross over, to stack
ก่ายกอง adj. plentiful, abundant

การ ***n.*** act, action, work, task, business
การกลั่น n. distillation
การกัดกร่อน n. corrosion
การเกษตร n. agriculture, farming
การขนส่ง n. transportation
การขนส่งมวลชน n. mass transportation
การขยายพันธุ์ n. propagation
การขับถ่าย n. evacuation
การขาย n. sale, selling
การครัว n. cookery, cuisine
การคลัง n. treasury
การค้า n. trade, commerce
การคุมกำเนิด n. birth control
การงาน n. work, job, duty, task
การเงิน n. finance

การจัดการ **n.** management
การฉายรังสี **n.** irradiation
การชลประทาน **n.** irrigation
การซ่อมบำรุง **n.** maintenance
การเดินทาง **n.** journey, trip
การตกตะกอน **n.** sedimentation
การตลาด **n.** marketing
การต่อกิ่ง, ทาบกิ่ง **n.** grafting
การติดตา **n.** band grafting
การโต้วาที **n.** debate
การถนอมอาหาร **n.** food preservation
การทดลอง **n.** experiment
การทดสอบ **n.** test, examination
การท่องเที่ยว **n.** travel, tour
การท่องเที่ยวเชิงนิเวศน์ **n.** eco-tourism
การทำงานในห้องปฏิบัติการ **n.** laboratory work
การทำซ้ำ **n.** reproduction
การทำแท้ง **n.** abortion
การทำสำเนา **n.** duplication, copy
การทำหมัน **n.** sterilization
การทำเหมืองแร่ **n.** ore mining
การทูต **n.** diplomacy
การแท้งลูก **n.** miscarriage
การแทนค่า, การแทนที่ **n.** substitution
การบรรจุหีบห่อ **n.** packaging
การบรรยาย **n.** lecture; narration
การบริการ **n.** service
การบริการหลังการขาย **n.** after-sale service
การบริโภค **n.** consumption
การบริหาร **n.** administration
การบิน **n.** aviation; flying
การบ้าน **n.** homework; housework
การปกครอง **n.** government administration
การปฏิวัติ **n.** revolution
การปฏิวัติวัฒนธรรม **n.** cultural revolution
การปฏิสนธิ **n.** fertilization
การปฐมพยาบาล **n.** first aid
การประกันภัย **n.** insurance
การประกันสังคม **n.** social insurance
การประชุม **n.** meeting, conference
การประชุมเชิงปฏิบัติการ **n.** workshop
การประชุมสภา **n.** congress
การประดิษฐ์ **n.** invention, creation
การประปา **n.** water supply
การประมง **n.** fishery
การป้องกัน **n.** prevention, protection, defense (Ame.)/defence (Bri.)
การเปลี่ยนแปลง **n.** change
การเปิดท้ายขายของ **n.** car-boot sale
การแปรสภาพ **n.** transformation
การผลิต **n.** production
การผสมพันธุ์ **n.** fertilization
การผ่าตัด **n.** surgery
การผ่าตัดด้วยแสงเลเซอร์ **n.** laser surgery
การผายปอด **n.** artificial respiration
การเผาไหม้ **n.** combustion
การแผ่รังสี **n.** radiation
การพัฒนา **n.** development
การพิมพ์ **n.** printing
การพิสูจน์พินัยกรรม **n.** probate
การเพาะปลูก **n.** agriculture, cultivation, farming, plantation
การแพร่ **n.** diffusion
การไฟฟ้า **n.** electrical supply
การมีเพศสัมพันธ์อย่างปลอดภัย **n.** safe sex
การเมือง **n.** politics
การย่อส่วน **n.** contraction
การร่วมเพศ **n.** sexual intercourse
การระดมความคิด **n.** brainstorming
การระบาด **n.** epidemic
การระบายอากาศ **n.** ventilation

ก ข ฃ ค ฅ ฆ ง จ ฉ ช ซ ฌ ญ ฎ ฏ ฐ ฑ ฒ ณ ด ต ถ ท ธ

การรักษา ***n.*** preservation, maintenance; cure, therapy
การรักษาแบบทางเลือก ***n.*** complementary (medicine)
การเรียน ***n.*** study, education
การเรียนรู้ ***n.*** learning
การเรือน ***n.*** housekeeping
การลงคะแนนลับ ***n.*** ballot
การลงทุน ***n.*** investment
การละเล่น ***n.*** entertainment, recreation
การลักเล็กขโมยน้อย ***n.*** pilferage
การลุกไหม้ ***n.*** conflagration
การเลี้ยง ***n.*** feeding
การเลี้ยงสัตว์ ***n.*** animal husbandry
การวางแผนครอบครัว ***n.*** family planning
การวางเพลิง ***n.*** arson
การวิเคราะห์ ***n.*** analysis
การวิจัย ***n.*** research
การศึกษา ***n.*** education, study
การส่งไปรษณีย์ ***n.*** mail (Ame.)/post (Bri.)
การสละสิทธิ์ ***n.*** relinquishment
การสะกดจิต ***n.*** hypnotism
การสะท้อน ***n.*** reflection
การสังเคราะห์ ***n.*** synthesis
การสังเคราะห์แสง ***n.*** photosynthesis
การสัมภาษณ์ ***n.*** interview
การสัมมนา ***n.*** seminar
การสาธารณะสุข ***n.*** health care
การสาธิต ***n.*** demonstration
การสืบพันธุ์ ***n.*** reproduction
การสุขาภิบาล ***n.*** sanitation
การเสียสิทธิ์ ***n.*** forfeiture
การแสดง ***n.*** show, display
การหมัก ***n.*** fermentation
การหย่าร้าง ***n.*** divorce
การห้ามเลือด ***n.*** anthemorrhagic
การเหยียดเพศ ***n.*** sexism
การอพยพ ***n.*** migration
การออกเสียง ***n.*** articulation; vote; pronunciation
การอักเสบ ***n.*** inflammation
การโอน ***n.*** transfering
การโอนสัญชาติ ***n.*** nationalization

การ์ตูน ***n.*** cartoon
การบูร ***n.*** camphor
การันต์ ***n.*** Thai voiceless mark (์)
กาล ***n.*** time, period, season; tense
กาลเทศะ ***n.*** time and space, suitability, properness, appropriateness
กาลวิทยา ***n.*** chronology
กาลเวลา ***n.*** time
กาลกิณี ***n.*** misfortune. ***-adj.*** evil, bad
กาลี ***adj.*** bad, evil, sinful, wicked. ***-n.*** the Goddess of Doom
กาแล ***n.*** gable's top
กาแล็กซี ***n.*** galaxy
กาว ***n.*** glue, gum, paste, cement
ก้าว ***n.*** step, pace. ***-v.*** to step; to progress, to develop
ก้าวก่าย ***v.*** to interfere, to protrude
ก้าวร้าว ***adj.*** aggressive, offensive
ก้าวล่วง ***v.*** to infringe, to violate
ก้าวหน้า ***v.*** to progress, to advance
กาสาวพัสตร์ ***n.*** Buddhist monk's yellow robe; Buddhism
กาสิโน ***n.*** casino
กาหลิบ ***n.*** caliph
กาฬ ***n.*** King of Hell; cold sweat. ***-adj.*** black; evil, wicked
กาฬทวีป ***n.*** Africa
กาฬโรค ***n.*** bubonic plague
กำ ***v.*** to clench, to grasp. ***-n.*** fist; bundle, bunch; handful
ก่ำ ***adj.*** ruddy, strong, intense. ***-v.*** to flush, to blush

กำกวม ***adj.*** vague, ambiguous
กำกับ ***v.*** to supervise, to direct, to control, to conduct, to handle
กุ๊กกิ่ง ***adj.*** fifty-fifty, equal. ***-adv.*** nearly
กำเกิน ***adj.*** offensive. ***-v.*** to violate
กำจัด ***v.*** to eradicate, to get rid of
กำจร, กำจาย ***v.*** to diffuse, to spread
กำชับ ***v.*** to exhort, to urge, to admonish
กำซาบ ***v.*** to seep into; to anoint
กำดัด ***adj.*** budding, young, adolescent. ***-v.*** to lust for. ***-n.*** sexual desire
กำเดา ***n.*** nosebleed
กำนัน ***n.*** district chief
กำนัล ***v.*** to present. ***-n.*** maid of honor (Ame.)/honour (Bri.); gift, present
กำเนิด ***n.*** birth, origin; race. ***-v.*** to be born, to originate. ***-adj.*** inborn.
กำบัง ***v.*** to shield, to cover, to hide
กำปั่น ***n.*** a kind of Thai sailing ship; coffer, safe

กำปั่น

กำปั้น ***n.*** fist, clenched hand
กำพร้า ***adj.*** orphaned, abandoned
กำพืด ***n.*** pedigree, ancestry, origin
กำแพง ***n.*** wall; barrier, obstruction
กำแพงภาษี n. tariff wall
กำแพงเมืองจีน n. The Great Wall
กำมะถัน ***n.*** sulphur
กำมะลอ ***adj.*** fake, artificial, false
กำมะหยี่ ***n.*** velvet
กำยาน ***n.*** benzoin
กำยำ ***adj.*** robust, sturdy, muscular
กำราบ ***v.*** to tame, to chasten
กำเริบ ***v.*** to worsen. ***-adj.*** swollen-headed, conceited, bold
กำไร ***n.*** profit, gain. ***-adj.*** profitable
กำไรสุทธิ n. net profit
กำลัง ***n.*** strength, power, energy. ***-aux. v.*** will, shall, to be going to
กำลังกาย, กำลังวังชา n. physical strength, bodily strength
กำลังกินกำลังนอน adj. growing
กำลังคน n. manpower
กำลังเครื่องยนต์ n. engine power
กำลังงาน n. energy, power
กำลังใจ n. willpower, spirit
กำลังซื้อ n. purchasing power
กำลังดี adj. fit, appropriate
กำลังทหาร n. military forces, troops
กำลังน้ำ n. hydropower
กำลังลม n. wind power
กำลังสอง n. square
กำลังสาม n. cube
กำไล ***n.*** bracelet
กำไลข้อเท้า n. anklet
กำหนด ***v.*** to determine, to fix, to restrict, to limit, to assign, to set up. ***-n.*** mark; regulation
กำหนดการ n. program (Ame.)/programme (Bri.), schedule
กำหนัด ***n.*** sexual desire, lust, passion. ***-v.*** to lust for, to be in heat
กำเหน็จ ***n.*** goldsmith charge
กำแหง ***adj.*** strong; bold, arrogant. ***-v.*** to put on airs, to dare
กิ่ง ***n.*** twig, branch; subdivision
กิ่งไม้ n. branch, twig, bough
กิ่งอำเภอ n. sub-district
กิจ ***n.*** business, work, affair, duty
กิจกรรม n. activity; operation
กิจการ n. work, business
กิจการท่องเที่ยว n. tourism
กิจการประมง n. fishery
กิจวัตร n. routine. ***-adv.*** daily, usually, always, regularly

กิจจะลักษณะ ***adj.*** official, formal
กิตติ ***n.*** praise, compliment
กิตติกรรมประกาศ ***n.*** acknowledgement
กิตติคุณ ***n.*** glory, prestige, fame
กิตติมศักดิ์ ***adj.*** honorary
กิตติศัพท์ ***n.*** fame; praise
กิน ***v.*** to eat, to drink, to take, to consume; to waste, to use up; to win; ***sl.*** to grease someone's palm
กินขาด ***v.*** to be absolutely
กินข้าวนอกบ้าน ***v.*** to dine out, to lunch out
กินคน ***n.*** man-eater, cannibal. ***-adj.*** man-eating, cannibalistic
กินจุ ***v.*** to eat a lot
กินเจ ***v.*** to be vegetarian
กินใจ ***v.*** to suspect, to distrust; to impress, to appreciate
กินตัว ***v.*** to rot; to take off sb's stakes. ***-adj.*** moth-eaten
กินตำแหน่ง ***v.*** to occupy a post
กินโต๊ะ ***v., sl.*** to mob
กินทิ้งกินขว้าง ***v.*** to waste food
กินที่ ***v.*** to take up much space
กินนอกกินใน ***v., colloq.*** to grease sb. palm, to receive bribe
กินนอน (โรงเรียน) ***adj.*** boarding
กินเปล่า ***v.*** to forfeit
กินผัว ***v.*** to run through one's husband, to be a husband killer
กินเมีย ***v.*** to run through one's wife, to be a wife killer
กินเมือง ***v.*** to govern, to rule
กินไม่ลง ***v.*** to be unable to eat; ***colloq.*** to be difficult to win
กินแรง ***v.*** to take advantage of sb.; to require great effort. ***-adj.*** laborious; parasitic
กินลม ***v.*** to take out for the fresh air; (sail) to be filled out by the wind; (kite) to offer enough resistance to the wind
กินเลี้ยง ***v.*** to feast
กินเวลา ***v.*** to take a lot of time. ***-adj.*** time-consuming
กินนร ***n.*** Kinnarah, Thai mythical half-bird half-man creature
กินรี ***n.*** Kinnaree, Thai mythical half-bird half-woman creature
กิ๊บ ***n.*** hair grip, hairpin, clip
กิโมโน ***n.*** kimono
กิฟต์ชอป ***n.*** gift shop
กิโยตีน ***n.*** guillotine
กิริยา ***n.*** act; behaviour, manner, movement

กิโมโน

กิเลส ***n.*** greed, lust, sensuality
กิโล ***n.*** kilo
กิโลกรัม ***n.*** kilogram (Ame.)/ kilogramme (Bri.)
กิโลเมตร ***n.*** kilometer (Ame.)/ kilometre (Bri.)
กิ่ว ***adj.*** narrow, contracted
กี่ ***n.*** loom; stapler machine. ***-adv.*** how many, how much; not much
กีฏ ***n.*** insect
กีฏวิทยา ***n.*** entomology
กีด ***v.*** to bar, to obstruct, to block
กีดกัน ***v.*** to boycott; to prevent
กีดกั้น, กีดขวาง ดูคำว่า กีด
กีตาร์ ***n.*** guitar
กีบ ***n.*** hoof; Laotian currency
กีฬา ***n.*** sport, game, play. ***-adj.*** sporty
กีฬาพาราลิมปิก ***n.*** paralympic

games
กึก ***n.*** thud. ***-adv.*** suddenly; loudly
กึกก้อง ***adj.*** resounding, echoing, reverberating. ***-adv.*** resoundingly
กึ่ง ***adj.*** half, middle, central
กึ่งกลาง ***adj.*** central, middle
กึ่งทางการ ***adj.*** semi-official
กึ่งโปร่งแสง ***adj.*** translucent
กึ่งสระ ***adj.*** semi-vowel
กึ่งสำเร็จรูป ***adj.*** instant
กึ๋น ***n.*** gizzard; ***sl.*** cleverness, wits
กุ ***v.*** to lie, to make up, to cook up
กุกกัก ***adj.*** inconvenient
กุ๊ก ***n.*** cook
กุ๊กกิ๊ก ***adj.*** pretty, nice
กุ้งยิง ***n.*** sty, stye
กุ้งแห้ง ***adj.*** skinny, lean, scrawny
กุญแจ ***n.*** key, lock
กุญแจผี ***n.*** master key
กุญแจมือ ***n.*** handcuff, shackle
กุฏิ ***n.*** monk's cell
กุด ***v.*** to cut off. ***-adj.*** shortened, lopped, amputated, maimed
กุน ***n.*** year of Pig
กุ๊น ***v.*** to hem
กุบกับ ***n.*** clop, thud, thump
กุม ***v.*** to hold, to grasp; to arrest; to control, to govern; to master
กุมภาพันธ์ ***n.*** February
กุมาร ***n.*** infant, child, little boy, young lad; son; prince
กุมารแพทย์ ***n.*** pediatrician (Ame.)/ paediatrician (Bri.)
กุมารเวชศาสตร์ ***n.*** pediatrics (Ame.)/paediatrics (Bri.)
กุมารี ***n.*** baby girl, little girl, young daughter; maiden; princess
กุ๊ย ***n., colloq.*** vagrant, tramp, hobo
กุยเฮง ***n.*** Chinese open-chested upper garment
กุล ***n.*** clan, family, race; group
กุลชาติ ***adj.*** high-class, noble
กุลธิดา ***n.*** daughter of noble family
กุลบุตร ***n.*** son of noble family
กุลสตรี ***n.*** virtuous lady, well-bred lady, gentlewoman
กุลี ***n.*** coolie, laborer (Ame.)/labourer (Bri.); a pack of 20 pieces of cloth
กุลีกุจอ ***v.*** to hurry, to hasten. ***-adj.*** enthusiastically, actively, quickly
กุศล ***n.*** merit, good deed. ***-adj.*** wise, skilled; charitable, benevolent
กุศโลบาย ***n.*** shrewed scheme, well-thought plan, sound strategy
กุหลาบ ***n.*** rose
กู ***pron.*** I, me (impolite)
กู่ ***v.*** to shout, to cry out; to coo
กู้ ***v.*** to restore, to retrieve, to revive, to salvage; to correct; to borrow
กู้ชาติ ***v.*** to liberate one's country
กู้ชื่อ ***v.*** to retrieve one's reputation
กู้ภัย ***v.*** to rescue, to save
กู้ยืม ***v.*** to borrow (money)
กู้เรือ ***v.*** to salvage a sunken ship
กู้หน้า ***v., colloq.*** to save one's face
เก ***adj.*** distorted, slant, lame, crippled; naughty, aggressive; lazy
เกเร ***adj.*** quarrelsome, naughty; lazy
เก๊ ***adj., colloq.*** fake, false, phoney, phony; useless, worthless
เก๋ ***adj.*** chic, smart, pretty, nice
เก๊ก ***v., sl.*** to put on airs
เกกมะเหรก ***v.*** to misbehave. ***-adj.*** quarrelsome, delinquent
เก๊กซิม ***adj., colloq.*** bored, tired
เก้ ๆ กัง ๆ ***adv.*** clumsily, awkwardly
เก็ง ***v., colloq.*** to guess, to estimate
เก็งกำไร ***v.*** to seek exorbitant profits

ก ข ฃ ค ฅ ฆ ง จ ฉ ช ซ ฌ ญ ฎ ฏ ฐ ฑ ฒ ณ ด ต ถ ท ธ

เก่ง ***adj.*** skillful (Ame.)/skilful (Bri.), good at. ***-adv.*** often, always
เก่งกาจ ***adj.*** strong, brave
เก่งแต่ปาก ***adj.*** bragging, boastful
เก๋ง ***n.*** pavilion, hood; saloon, sedan; a boat with Chinese-styled roof
เก้งก้าง ***adj.*** awkward, clumsy
เกจิอาจารย์ ***n.*** prophet, teacher
เกณฑ์ ***n.*** criterion *(sing.)*/criteria *(pl.)*, standard, limit, rule. ***-v.*** to levy; to force, to compel; to collect
เก็บ ***v.*** to take, to put away, to pick up, to collect, to keep; ***sl.*** to kill
เก็บกวาด ***v.*** to clean, to clear
เก็บเกี่ยว ***v.*** to harvest, to reap
เก็บความ ***v.*** to select the essence
เก็บงำ ***v.*** to hide, to conceal
เก็บเงิน ***v.*** to save money, to accumulate money, to collect money
เก็บดอกไม้ ***v., sl.*** to urinate, to pee, to take a pee, to have a pee
เก็บตก ***v.*** to gather, to glean
เก็บตัว ***v.*** to detain; to keep to one's room; to hide oneself to train. ***-adj.*** solitary, antisocial, unsociable
เก็บใบเรือ ***v.*** to reef
เก็บภาษี ***v.*** to tax, to levy
เก็บรักษา ***v.*** to conserve, to preserve
เก็บไว้ในใจ ***v.*** to bottle up
เก็บเสียง ***adj.*** soundproof
เก็บหอมรอมริบ ***v.*** to save (up)
เกม ***n.*** game. ***-v., colloq.*** to end, to finish, to stop, to terminate
เกมคอมพิวเตอร์ ***n.*** computer game
เกย ***v.*** to overlap
เกยฝั่ง ***v.*** to strand. ***-adv.*** aground
เกย์ ***n.*** gay, homosexual, homo, lesbian
เกรง ***adj.*** afraid of, worried. ***-v.*** to respect with fear
เกรงขาม ***v.*** to fear, to respect
เกรงใจ ***v.*** to considerate, to have consideration for sb.
เกร็ง ***v.*** to contract (muscle), to harden. ***-adj.*** contracted; nervous
เกร็ด ***n.*** river bend; bit, anecdote
เกร็ดพงศาวดาร ***n.*** historical anecdote
เกรอะ ***adj.*** stained, dirty, filthy
เกรอะกรัง ***adj.*** crusted, clotted
เกราะ ***n.*** armor (Ame.)/armour (Bri.); clapper. ***-adj.*** dry, brittle
เกริก ***adj.*** loud, resounding, echoing. ***-adv.*** exceedingly; loudly
เกริ่น ***v.*** to hint, to notify in advance
เกรียง ***n.*** trowel. ***-adj.*** grand, powerful
เกรียงไกร ***adj.*** mighty, powerful
เกรียน ***adj.*** very short, clean-shaven
เกรียม ***adj.*** sunburnt; overdone
เกรียวกราว ***adj.*** uproarious; booming
เกรี้ยวกราด ***v.*** to scold, to rebuke. ***-adj.*** angry, wrathful, furious
เกล็ด ***n.*** scale, flake, scab
เกลอ ***n.*** friend, companion, buddy
เกลา ***v.*** to polish, to smooth; to amend
เกล้า ***n.*** head. ***-v.*** to wear one's hair
เกล้ากระผม ***pron.*** I, me
เกล้ากระหม่อม ***pron.*** I, me
เกลี่ย ***v.*** to level, to flatten, to smooth
เกลี่ยด้วยคราด ***v.*** to rake
เกลี้ยกล่อม ***v.*** to persuade, to induce
เกลี้ยง ***adj.*** smooth; all gone, used up
เกลี้ยงเกลา ***adj.*** clean, tidy; smooth
เกลียด ***v.*** to hate, to detest, to dislike
เกลียว ***n.*** strand; muscle. ***-adj.*** spiral, twisted; united; hard-working

เกลียวกลม **adj.** harmonious, united
เกลียวหวาน **adj.** worn out
เกลือ ***n.*** salt, sodium chloride
เกลือสมุทร ***n.*** sea salt
เกลือสินเธาว์ ***n.*** rock salt
เกลือก ***v.*** to roll about, to welter
เกลือกกลั้ว ***v.*** to associate with, to commerce with, to mire, to wallow
เกลือกกลิ้ง ***v.*** to tumble about, to roll about, to wallow, to welter
เกลื่อน, เกลื่อนกล่น, เกลื่อนกลาด ***adj.*** widespread, abundant, scattered
เกลื้อน ***n.*** ringworm, tinea
เกวียน ***n.*** cart; capacity measure for paddy equal to 2,000 liters/litres
เกษตร ***n.*** soil, farm, land; agriculture
เกษตรกร ***n.*** farmer, peasant
เกษตรกรรม ***n.*** farming, agriculture
เกษตรกรรมธรรมชาติ ***n.*** organic farm
เกษตรศาสตร์ ***n.*** agricultural sciences; Kasetsart University
เกษม ***n.*** happiness; security. ***-adj.*** merry; comfortable; peaceful
เกษียณ ***v.*** to retire, to terminate
เกษียณอายุ ***v.*** to retire
เกสร ***n.*** pollen
เกสรตัวผู้ ***n.*** stamen
เกสรตัวเมีย ***n.*** pistil
เกสต์เฮาส์ ***n.*** guesthouse, guest house
เก้อ ***adj.*** embarrassed, disappointed, ashamed, abashed; useless
เกะกะ ***v.*** to obstruct, to block, to bar
เกา ***v.*** to scratch, to scrape, to claw
เก้า ***n.*** nine
เก้าสิบ ***n.*** ninety
เก่า ***adj.*** former; old, used; skillful (Ame.)/skilful (Bri.)
เก่าเก็บ ***adj.*** shop-soiled
เก่าแก่ ***adj.*** old, aged, ancient
เก๋า ***adj., colloq.*** experienced, skillful (Ame.)/skilful (Bri.)
เกาต์ ***n.*** gout
เกาทัณฑ์ ***n.*** Chinese war bow
เกาลัด ***n.*** chestnut
เกาหลี ***n.*** Korea. ***-adj.*** Korean
เก้าอี้ ***n.*** chair; ***sl.*** post, rank
เก้าอี้นวม ***n.*** upholstered chair
เก้าอี้นวมยาว, โซฟา ***n.*** couch (Ame.)/ sofa (Bri.)
เก้าอี้นอน ***n.*** couch, easy chair
เก้าอี้ผ้าใบ ***n.*** deck chair
เก้าอี้พับ ***n.*** folding chair
เก้าอี้ไฟฟ้า ***n.*** electric chair
เก้าอี้มีเท้าแขน ***n.*** armchair
เก้าอี้ไม่มีพนักพิง ***n.*** stool
เก้าอี้โยก ***n.*** rocking chair
เก้าอี้รถเข็น ***n.*** stroller (Ame.)/push-chair (Bri.)
เก้าอี้สนาม ***n.*** garden chair
เก้าอี้สามขา ***n.*** tripod
เก้าอี้หมุน ***n.*** revolving chair
เกาะ ***n.*** island. ***-v.*** to hold, to cling; to stick, to adhere; to form
เกาะกิน ***v.*** to sponge off
เกาะตัวเป็นน้ำแข็ง ***v.*** to ice
เกาะติด ***n.*** to cohere, to cling
เกาะติดสถานการณ์ ***v.*** to grip
เกาะแกะ ***v.*** to flirt, to court, to woo
เกิด ***v.*** to happen, to spring; to originate, to take birth; to start
เกิดขึ้นจริง ***adj.*** actual
เกิดขึ้นเอง (พืช, สัตว์) ***adj.*** wild; uncultivated; spontaneous
เกิดความคิด ***v.*** to get an idea
เกิดประโยชน์ ***adj.*** beneficial, advantageous, profitable
เกิดผล ***v.*** to take effect. ***-adj.*** effective, productive, profitable

ก ข ฃ ค ฅ ฆ ง จ ฉ ช ซ ฌ ญ ฎ ฏ ฐ ฑ ฒ ณ ด ต ถ ท ธ

เกิดพร้อมกัน **v.** to concur, to synchronize (Ame.)/to synchronise (Bri.). **-adj.** coincident
เกิดใหม่ **v.** to relive
เกิน **adv.** too, over, exceedingly
เกินขนาด **adj.** overdose, excessive
เกินขอบเขต **v.** to overstep
เกินควร, เกินงาม **adj.** improper, unfit, unsuitable, impolite
เกินความสามารถ **v.** to be out of one's depth
เกินคาด **adv.** unexpectedly. **-adj.** unexpected, unpredictable
เกินตัว **adj.** beyond one's ability
เกินพิกัด **adj.** overload, overweight
เกินเลย **adv.** too much, overmuch, excessively; aggressively, impolitely
เกินหน้า **v.** to overstep. **-adj.** dominant, outstanding
เกี่ยง **v.** to haggle over
เกี่ยงงอน **v.** to haggle; to bargain
เกียจคร้าน **v.** to idle. **-adj.** lazy, inactive
เกียรติ, เกียรติ์ **n.** fame, honor (Ame.)/ honour (Bri.), dignity
เกียรติคุณ **n.** prestige, honor (Ame.)/honour (Bri.)
เกียรตินิยม **n.** degree with honor (Ame.)/honour (Bri.)
เกียรติประวัติ **n.** prestige
เกียรติภูมิ **n.** dignity, renown
เกียรติยศ, เกียรติศักดิ์ **n.** honor (Ame.)/honour (Bri.), glory
เกี่ยว **v.** to hook; to concern, to relate, to involve, to connect; to harvest
เกี่ยวกับ **prep.** about, of
เกี่ยวข้อง **v.** to concern, to involve, to deal with. **-adj.** related
เกี่ยวดอง **adj.** related by marriage
เกี่ยวพัน **v.** to involve. **-adj.** related
เกี่ยวโยง **v.** to relate, to connect, to involve, to impact on
เกี้ยว **n.** palanquin. **-v.** to court, to flirt
เกี้ยวพาราสี **v.** to woo, to court
เกี๊ยะ **n.** pine tree; **pl.** wooden clogs
เกื้อ, เกื้อกูล **v.** to help, to aid, to support, to assist, to serve
เกือก **n., colloq.** shoe, footwear
เกือกม้า **n.** horseshoe
เกือบ **adv.** nearly, almost, soon
แก **pron.** you; he, him, she, her, they, them
แก่ **adj.** old, aged; profound; ripe; dark; tough, strong. **-prep.** to, for
แก่กล้า **adj.** strong, vigorous; profound; superior, superb
แก่จัด **adj.** overripe
แก่ดีกรี **adj**. dead drunk; strong
แก่แดด **adj.** precocious
แก่ไฟ **adj.** overdone
แก่วิชา **adj.** knowledgeble
แก้ **v.** to untie; to solve; to cure; to explain; to amend, to revise
แก้ขัด **v.** to make shift
แก้ไข **v.** to correct, to modify
แก้แค้น, แก้เผ็ด **v.** to revenge
แก้ตัว **v.** to excuse, to exonerate
แก้บน **v.** to redeem one's vow
แก้ปัญหา **v.** to solve, to resolve
แก้ผ้า **adj.** naked, undressed, nude
แก้มือ **v.** to vindicate, to absolve
แก้ไม่ตก **adj.** inextricable
แก้หน้า **v.** to save face
แก้ให้ถูกต้อง **v.** to correct
แกง **v.** to cook, to curry. **-n.** curry
แก่ง **n.** cataract, islet, rapids
แก่งแย่ง **v.** to compete, to strive
แก๊ง **n.** gang
แกน **n.** core; axle, axis, spindle

***แกน ๆ* adv.** lifelessly, unwillingly
***แกนนำ* n.** backbone, mainstay
แก่น n. heartwood; kernel, essence. ***-adj.*** naughty, stubborn
***แก่นแก้ว* adj.** naughty, stubborn
***แก่นแท้* n.** essence, gist
***แก่นสาร* n.** essence, substance
แก๊ป *n.* cap; gap
แกม *v.* to mix, to mingle, to blend
แก้ม *n.* cheek
แกรก *n.* scraping sound
แกร่ง *adj.* strong, firm, vigorous
แกร็น *adj.* dwarf, stunted, undersized
แกร่ว *v.* to hang around, to wander. ***-adv.*** spiritlessly, wearily
แกล้ง *v.* to pretend; to tease, to annoy, to persecute. ***-adv.*** intentionally
แกลบ *n.* chaff, paddy husk, husk
แกล้ม *n.* food or dish eaten with liquor. ***-v.*** to eat with sth.
แกลลอน *n.* gallon
แกล้ว *adj.* brave, bold, heroic
แกละ *n.* topknot, tuft of hair
แกลเลอรี *n.* gallery
แกว *n.* clue, inkling
แก้ว *n.* prism; glass; crystal glass
แก้วตา* n.** beloved, darling. ***-idm. apple of one's eye
***แก้วน้ำ* n.** glass, cup
***แก้วสารพัดนึก* n.** wishing crystal
***แก้วหู* n.** eardrum
***แก้วแหวนเงินทอง* n.** gems, jewelry (Ame.)/jewellery (Bri.); properties
แกว่ง *v.* to sway, to swing, to stir. ***-adj.*** rocking, waving, swaying
***แกว่งไกว* v.** to swing, to sway
แก๊ส *n.* gas
***แก๊สถ่านหิน* n.** coal gas
แกะ *v.* to peel, to strip, to uncover; to carve, to engrave; to take after
***แกะรอย* v.** to trace, to trial, to track
***แกะสลัก* v.** to carve, to sculpture
โก้ *adj.* smart, elegant, chic, stylish
โก๋ *n., colloq.* hooligan, ruffian
โกโก้ *n.* cocoa

ผลโกโก้

โกง *v.* to cheat, to deceive, to swindle. ***-adj.*** bent; corrupt
***โกงกิน* v.** to corrupt
โก่ง *v.* to bend, to arch; to inflate. ***-adj***. bent, arched; inflated
***โก่งคันศร* v.** to draw a bow
***โก่งราคา* v.** to raise the price
โก้งโค้ง *v.* to bend down
โกฏิ *n.* ten million
โกดัง *n.* warehouse, storehouse
โกน *v.* to shave
***โกนหนวดเกลี้ยงเกลา* adj.** clean-shaven
โกเมน *n.* garnet
โกย *v.* to sweep, to rake, to scoop; to grab; ***-sl.*** to flee, to run away
โกรก *v.* to pour; to blow. ***-n.*** pouring sound; canyon, gully. ***-adj.*** breezy
***โกรกธาร* n.** canyon, gorge
***โกรกผม* n.** to color (Ame.)/colour (Bri) the hair
โกร่ง *n.* mortar; long clappers

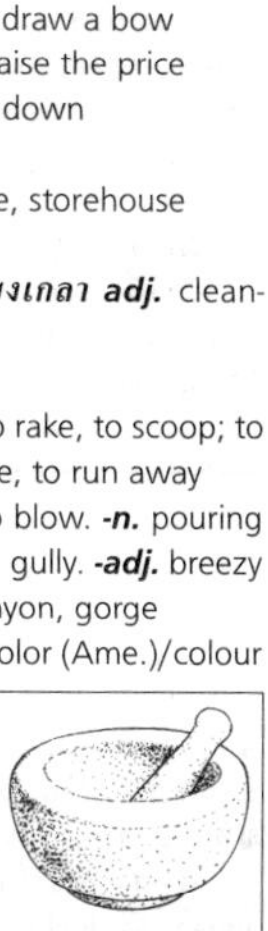

โกร่ง

โกรธ *v.* to get angry, to rage. ***-adj.*** mad (Ame.)/ angry (Bri.) furious,

enraged
โกรธง่าย ***adj.*** irritable
โกรธเป็นฟืนเป็นไฟ ***v.*** to flare up
โกร๋น ***adj.*** stripped, bare; sparse
โกโรโกโส ***adj., colloq.*** dirty, shabby
โกล์ ***n.*** goal
โกลน ***n.*** stirrup; round pole. ***-adj.*** rough-hewed ***-v.*** to rough-hew

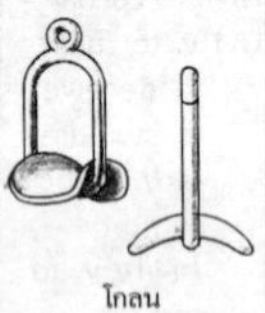
โกลน

โกลาหล ***n.*** confusion. ***-adj.*** confused, turbulent, disordered, chaotic, uncontrolled, riotous
โกศ ***n.*** mortuary urn, casket; treasury, safe; pod; bud
โกหก ***v.*** to lie, to fake, to forge
ใกล้ ***adj.*** near, close. ***-adv.*** almost, soon
ใกล้เคียง ***adj.*** adjacent, adjoining; alike, similar, resembling
ใกล้ชิด ***adj.*** close, intimate
ใกล้ฝั่ง ***adj., adv.*** onshore
ไก ***n.*** trigger. ***-v.*** to trigger
ไก่ ***n.*** fowl, hen, cock, chicken; ***-sl.*** hooker, prostitute, whore
ไก่กระทง ***n.*** broiler
ไก่เขี่ย ***adj.*** illegible, unreadable
ไก่ไข่ ***n.*** laying hen, hen
ไก่งวง ***n.*** turkey
ไก่แจ้ ***n.*** bantam
ไก่ชน ***n.*** fighting cock
ไก่ต๊อก ***n.*** guinea fowl
ไก่ตอน ***n.*** capon
ไก่ตัวผู้ ***n.*** rooster (Ame.)/cock (Bri.)
ไก่ตัวเมีย ***n.*** hen
ไก่ป่า ***n.*** wild fowl
ไก่โห่ ***adv., colloq.*** ahead, early
ไกด์ ***n.*** guide
ไก๋ ***v., colloq.*** to pretend, to make believe. ***-adj.*** innocent
ไกล ***adj.*** distant, far, remote
ไกลปืนเที่ยง ***adj.*** undeveloped
ไกลโพ้น ***adj.*** far-off
ไกลสุดลูกหูลูกตา ***adv.*** out of sight
ไกลออกไปอีก ***adv., adj.*** further
ไกล่เกลี่ย ***v.*** to mediate, to reconcile, to negotiate, to conciliate
ไกว ***v.*** to wing, to sway, to rock

ข

ข the 2nd Thai alphabet
ขงจื๊อ ***n.*** Confucius, Confucianism
ขจร ***v.*** to spread, to diffuse, to permeate, to give out, to waft
ขจัด ***v.*** to eliminate, to remove, to get rid of, to delete, to erase
ขจี ***adj.*** beautiful; verdant, green
ขณะ ***n.*** time, moment, occasion
ขด ***v.*** to roll, to curl up, to coil, to huddle up. ***-n.*** coil, ring, circle
ขน ***n.*** hair, feather, wool, fur. ***-v.*** to carry, to move, to ship, to transport
ขนแกะ ***n.*** fleece, wool
ขนไก่, ขนนก ***n.*** feather

ขนคอ, ขนแผงคอ n. mane
ขนดก adj. hairy
ขนตา n. eyelash
ขนเม่น n. quill
ขนลุก v. to be gooseflesh
ขนส่ง n. transportation, carriage
ขนสัตว์ n. wool, fur
ขนอุย n. down, fine hair
ข้น *adj.* dense; strong, rich
ข้นแค้น adj. poor, penniless
ขนง *n.* eyebrow
ขนบ *n.* custom, convention, tradition, pattern; pleat, fold; layer
ขนบธรรมเนียมประเพณี n. custom, tradition, common practice
ขนม *n.* sweet, dessert, snack
ขนมปังกรอบรสจืด n. cracker (Ame.)/biscuit (Bri.)
ขนอง *n.* back
ขนัด *n.* bed, line, row. ***-adj.*** crowded, jammed. ***-adv.*** crowdedly
ขนาด *n.* size, scale, scope; dose
ขนาดกลาง adj. medium-sized
ขนาดยักษ์ adj. jumbo
ขนาดใหญ่ adj. large-sized
ขนาน *n.* kind; dose; parallel. ***-v.*** to be paralleled; to name
ขนานนาม v. to name
ขนาบ *v.* to sandwich, to brace, to flank
ขนิษฐา *n.* younger sister
ขบ *v.* to bite, to chew, to munch; to have a cramp; to overlap
ขบเขี้ยวเคี้ยวฟัน v. to gnash one's teeth with anger
ขบคิด v. to think over, to ponder
ขบปัญหา v. to solve, to figure out
ขบเผาะ adj. fresh, youthful
ขบไม่แตก adj. unsolved, confused
ขบขัน *adj.* funny, amusing, humorous
ขบถ *v.* to rebel, to revolt, to betray. ***-n.*** rebel, traitor, rebellion
ขบวน *n.* procession, march, parade
ขบวนการ n. movement, gang, drive
ขบวนยานพาหนะ n. caravan (Ame.)/ convoy (Bri.)
ขบวนแห่ทางรถยนต์ n. motorcade
ขม *adj.* bitter
ขมขื่น adj. sad, painful, bitter
ข่ม *v.* to repress, to restrain, to suppress, to control; to domineer
ข่มขวัญ v. to frighten, to threaten
ข่มขี่ v. to oppress, to tyrannize (Ame.)/to tyrannise (Bri.)
ข่มขืน v. to rape, to violate
ข่มขู่ v. to threaten, to intimidate
ข่มเหง v. to abuse, to harass
ขมวด *v.* to twist, to curl, to tie, to knot
ขมอง *n.* brain; wits, intelligence
ขมัง *adj.* powerful, sacred, magical
ขมับ *n.* temple
ขมา *v.* to apologize (Ame.)/to apologise (Bri.). ***-n.*** forgiveness
ขม้ำ *v.* to devour, to engulf
ขมิบ *v.* to contract, to withhold
ขมีขมัน *adv.* hurriedly, actively, quickly
ขมึง *v.* to stare, to glare, to scowl
ขมึงทึง adj. serious, grave, furious
ขมุกขมัว *adj.* dim, cloudy, unclear
ขมุบขมิบ *v.* to murmur, to mumble
ขโมย *n.* thief, robber, burglar. ***-v.*** to steal, to rob, to pilfer, to filch
ขโมยของตามร้าน v. to shoplift
ขโมยคัดลอกงาน v. to crib
ขโมยงัดแงะที่พักอาศัย n. housebreaker
ขย่ม *v.* to shake, to rock, to wave
ขยอก *v.* to swallow, to gobble up
ขย้อน *v.* to vomit, to nauseate

ก ข ฃ ค ฅ ฆ ง จ ฉ ช ซ ฌ ญ ฎ ฏ ฐ ฑ ฒ ณ ด ต ถ ท ธ

ขยะ ***n.*** garbage, trash (Ame.)/ rubbish (Bri.), refuse, junk
ขยะแขยง ***v.*** to loathe, to feel disgusted, to abhor
ขยัก ***v.*** to retain, to reserve; to hold back. ***-n.*** stage, phase, interval
ขยักขย่อน ***v.*** to be uncertain, to hesitate, to fluctuate
ขยัน ***adj.*** diligent, industrious, hard-working, zealous
ขยับ ***v.*** to move, to shift, to adjust
ขยาด ***v.*** to be afraid of, to fear, to be scared, to dread, to quail
ขยาย ***v.*** to extend, to spread, to expand; to loosen; to enlarge, to magnify; to explain, to describe
ขยำ ***v.*** to squeeze, to knead
ขย้ำ ***v.*** to devour; to gnaw, to bite
ขยิก ***adv.*** rapidly, quickly, fast
ขยิบ ***v.*** to blink, to wink
ขยี้ ***v.*** to squeeze, to crush, to scrub, to rub, to knead, to smash
ขยุกขยิก ***v.*** to fidget, to fuss, to bustle. ***-adj.*** restless, fidgety, uneasy; illegible. ***-adv.*** restlessly, uneasily
ขยุกขยุย ***adj.*** untidy, messy, disordered, tangled. **-adv.** untidily, disorderedly
ขยุ้ม ***v.*** to seize, to grab, to snatch
ขรม ***adj.*** noisy, loud, roaring, clamorous. ***-adv.*** noisily, loudly
ขรรค์ ***n.*** double-edged knife, broadsword
ขรัว ***n.*** aged Buddhist priest. ***-adj.*** rich, wealthy
ขริบ ***v.*** to trim, to cut, to prune, to clip, to snip

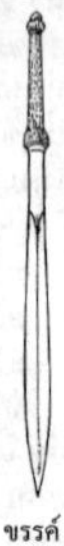
ขรรค์

ขรึม ***adj.*** grave, taciturn
ขรุขระ ***adj.*** rough, bumpy, uneven, rugged, jagged. ***-adv.*** roughly
ขลัง ***adj.*** magical, potent, sacred, holy, sanctified. ***-n.*** charm
ขลับ ***adj.*** lustrous, shiny, glossy
ขลาด ***adj.*** cowardly, fearful, timid. ***-adv.*** fearfully, timidly
ขลิบ ***v.*** to hem, to trim, to clip
ขลุก ***v.*** to be occupied with, to be engrossed, to be tied up
ขลุกขลัก ***adj.*** rough, inconvenient. ***-adv.*** roughly, inconveniently
ขลุ่ย ***n.*** flute
ขวด ***n.*** bottle, flask
ขวนขวาย ***adj.*** active, enthusiastic. ***-v.*** to try hard, to seek for
ข่วน ***v.*** to scratch, to scrape, to claw
ขวบ ***n.*** year; year old
ขวยเขิน ***v.*** to be shy, to be coy, to be embarrassed. ***-adv.*** shyly
ขวักไขว่ ***adj.*** disordered, busily, confused. ***-adv.*** confusedly
ขวัญ ***n.*** crown of the head; guardian spirit; luck, grace, virtue
ขวัญใจ ***n.*** favourite, beloved, dearest
ขวัญตา ***n.*** darling, dear, sweet-heart; pleasure to the eyes
ขวัญหนีดีฝ่อ ***v.*** to be terrified by
ขวัญอ่อน ***adj.*** chickenhearted, nervous, cowardly, fearful
ขวับ ***adv.*** suddenly, abruptly, promptly. ***-n.*** whizz, whiz
ขวา ***adj.*** right. ***-n.*** The Right
ขวาก ***n.*** spike, prong, thorn
ขวากหนาม ***n.*** spike, thorn; obstruction, barrier, obstacle
ขวาง ***v.*** to obstruct, to block, to impede, to resist, to bar, to hinder

ขวางโลก* adj.** weird, abnormal. ***-v. to be an oddball. ***-adv.*** weirdly
***ขวางหูขวางตา* adj.** unpleasant, annoying, offensive, irritating
ขว้าง *v.* to throw, to cast, to pitch
ขวาน *n.* ax (Ame.)/axe (Bri.), hatchet
***ขวานผ่าซาก* adj.** forthright
ขวิด *v.* to horn, to gore, to butt
ขอ *n.* hook, peg, hanger. ***-v.*** to ask for, to request, to beg for
***ขอความรัก* v.** to court, to woo
***ของ้าว* n.** scythe
***ขอตัว* v.** to beg off, to cry off
***ขอแต่งงาน* v.** to propose marriage
ขอทาน* v.** to beg for money, to earn by begging. ***-n. beggar
***ขอโทษที* phr.** Excuse me, Pardon me, Beg your pardon, Sorry
***ขอไปที* adv.** carelessly, perfunctorily
***ขอร้อง* v.** to ask, to beg, to request
***ขอรับ, ขอรับกระผม* adv.** yes, right
***ขอแสดงความยินดี* phr.** Congratulations!
***ขออนุญาต* v.** to ask for permission
***ขออภัย* v.** to apologize (Ame.)/to apologise (Bri.)
ข้อ *n.* joint, knot; articulation; section, clause; point, issue, subject
***ข้อกล่าวหา* n.** accusation, charge
***ข้อกำหนด* n.** specification, description, terms and conditions
***ข้อแก้ตัว* n.** excuse, pretext
***ข้อข้องใจ* n.** grievance, question
***ข้อเขียน* n.** writing, essay, composition, written examination
***ข้อความ* n.** statement, paragraph, passage, message, note
***ข้อความหลายมิติ* n.** hypertext
***ข้อคิด* n.** idea, consideration point
***ข้อคิดเห็น* n.** opinion, comment
***ข้อจำกัด* n.** limit, restriction
***ข้อซักถาม* n.** question, inquiry
***ข้อดี* n.** strong point, advantage
***ข้อตกลง* n.** agreement, contract
***ข้อต่อ* n.** articulation, joint, connection, node, link
***ข้อโต้แย้ง* n.** argument, debate
***ข้อเท็จจริง* n.** fact, truth
***ข้อเท้า* n.** ankle
***ข้อนิ้ว* n.** knuckle
***ข้อแนะนำ* n.** advice, suggestion
***ข้อบกพร่อง* n.** flaw, weakness, fault
***ข้อบังคับ* n.** rule, regulation
***ข้อผูกมัด* n.** bond, obligation
***ข้อพับ* n.** elbow
***ข้อพิพาท* n.** argument
***ข้อพิสูจน์* n.** proof, evidence
***ข้อมือ* n.** wrist
***ข้อมูล* n.** datum *(sing.)*/data *(pl.)*, information
***ข้อแม้* n.** condition, requirement
***ข้อยกเว้น* n.** exception
***ข้อยุติ* n.** resolution, conclusion
***ข้อศอก* n.** elbow
***ข้อสรุป* n.** summary, conclusion
***ข้อสอบ* n.** examination, test, quiz
***ข้อสังเกต* n.** notice, remark, note
***ข้อเสนอ* n.** proposal, offer, motion
***ข้อหา* n.** accusation, charge
***ข้อห้าม* n.** taboo, don'ts
ของ *n.* thing, matter, object, article. ***-prep.*** of. ***-v.*** to belong to
***ของกลาง* n.** common property; stolen subject, property in dispute
***ของกิน* n.** food, edibles
***ของกินเล่น, ของขบเคี้ยว* n.** snack
***ของเก๊* n., colloq.** imitation, fake
***ของเก่า* n.** antique, ancient object

ก ข ฃ ค ฅ ฆ ง จ ฉ ช ซ ฌ ญ ฎ ฏ ฐ ฑ ฒ ณ ด ต ถ ท ธ

ของขลัง n. amulet, talisman, charm
ของขวัญ n. gift, present
ของเขา (ผู้ชาย) adj., pron. his
ของเขา (ผู้หญิง) adj. her. -pron. hers
ของแข็ง n. solid, hard thing
ของคาว n. main course, dishes
ของคุณ adj. your. -pron. yours
ของใคร pron. whose
ของแจก n. premium, handout
ของชำ n. groceries, sundry goods
ของใช้ n. utensil, ware
ของเด็กเล่น n. toy, plaything; insignificance, trifle
ของเถื่อน n. illegal things, loot
ของแถม n. premium, bonus, gift
ของที่ระลึก n. souvenir
ของเทียม ดูคำว่า ของเก๊
ของแท้ n. original, genuine thing
ของนอก n., colloq. imported goods
ของเบ็ดเตล็ด n., colloq. odds and ends, sundry goods
ของโบราณ n. antique
ของปลอม n. fake
ของฝาก n. souvenir, gift
ของฟุ่มเฟือย n. luxurious thing
ของมีคม n. weapon, sharp things
ของมีค่า n. valuables
ของมึนเมา n. narcotic
ของร้อน n. hot food; sl. bribe, hush money, stolen things
ของรัก n. beloved, belongings
ของเรา adj. our. -pron. ours
ของลดราคา n. on-sale goods
ของลับ, ของสงวน n., colloq. private organ, genitals
ของล้ำค่า ดูคำว่า ของมีค่า
ของเล่น ดูคำว่า ของเด็กเล่น
ของว่าง n. snack, tea break
ของสด n. fresh/uncooked food
ของสดของคาว n. raw food
ของเสีย n. spoiled food; waste
ของแสลง n. injurious food
ของหนีภาษี n. smuggled goods
ของหวาน n. dessert (Ame.)/pudding (Bri.), sweet
ของเหลว n. fluid, liquid
ของแห้ง n. dry food
ของไหว้ n. offering

ข้อง v. to be related to, to be involved in, to be connected to. -n. creel
ข้องใจ v. to doubt, to suspect
ข้องแวะ v. to get in touch with, to involve, to associate with

ขอด v. to knot; to scrape, to scale. -adj. knotted; scarce, deficient
ขอดเกล็ด v. to scale
ขอดค่อน v. to satirize (Ame.)/to satirise (Bri.)

ขอน n. log, timber; numerative for a periwinkle

ขอบ n. edge, rim, brim
ขอบถนน, ขอบทาง n. curb, kerb
ขอบฟ้า n. horizon

ขอบข่าย n. scope, range, domain
ขอบเขต n. boundary, border; limitation
ขอบคุณ v. to thank, to be grateful to
ขอบใจ v. to thank, to be grateful to
ขอม n. Cambodian; Cambodia
ข้อย pron. I, me, myself
ขะมอมขะแมม adj. dirty, filthy, mucky
ขะมักเขม้น v. to concentrate to; to be active. -adv. intentionally
ขะมุกขะมอม ดูคำว่า ขะมอมขะแมม
ขะยิก v. to approach, to move towards
ขัง v. to imprison, to detain, to lock up

ขัณฑ์ n. part, segment, section
ขัณฑสกร n. saccharin, rock candy

ขัณฑสีมา ***n.*** boundary, border
ขัด ***v.*** to obstruct; to fasten; to disagree, to oppose; to rub, to scrub
ขัดกับ ***v.*** to go against, to be in conflict with, to contradict
ขัดเกลา ***v.*** to refine, to cultivate
ขัดขวาง ***v.*** to oppose, to hinder, to obstruct, to stop, to interrupt
ขัดข้อง ***v.*** to object, to protest
ขัดขืน ***v.*** to disobey, to resist, to protest, to refuse, to obstinate
ขัดเขิน ***v.*** to be embarrassed. ***-adv.*** ashamedly; awkwardly
ขัดคอ ***v.*** to interrupt, to break in
ขัดเคือง ***v.*** to be upset
ขัดเงา ***v.*** to polish, to burnish
ขัดจังหวะ ***v.*** to interrupt
ขัดใจ ***v.*** to annoy, to offend
ขัดดอก ***v.*** to offset interest by sth.
ขัดตาทัพ ***v.*** to relieve, to rescue
ขัดถู ***v.*** to rub, to scrub
ขัดมัน ***v.*** to shine, to wax
ขัดยอก ***v.*** to wrench, to sprain
ขัดแย้ง ***v.*** to be in conflict, to have conflict, to be in disagreement
ขัดลาภ ***v.*** to lose the fortune, to cause mishap
ขัดสน ***adj.*** poor, poverty-stricken
ขัดสมาธิ ***v.*** to sit cross-legged
ขัดสีฉวีวรรณ ***v.*** to take a bath
ขัดหู ***v.*** to offend the ears
ขัตติยะ ***n.*** king, monarch, sovereign
ขัน ***n.*** dipper, bowl. ***-v.*** to fasten, to tighten; to twist, to wind; to coo; to laugh, to giggle. ***-adj.*** funny, ridiculous, amusing. ***-adv.*** amusingly
ขันอาสา ***v.*** to volunteer
ขั้น ***n.*** stage, step, level, rank, grade
ขั้นกลาง ***adj.*** intermediate
ขั้นเงินเดือน ***n.*** income rate, wage scale
ขั้นต้น ***adj.*** elementary, primary
ขั้นต่ำสุด ***adj.*** minimum
ขั้นทดลอง ***n.*** experimental stage
ขั้นบันได ***n.*** step, stairs
ขั้นพื้นฐาน ***adj.*** basic, fundamental
ขั้นสุดท้าย ***adj.*** final, last, ultimate
ขั้นสูง ***adj.*** advance, high
ขั้นสูงสุด ***adj.*** maximum
ขันแข็ง ***adj.*** diligent, hard-working, industrious, zealous. ***-adv.*** diligently
ขันติ ***n.*** patience, tolerance, endurance
ขันโตก ***n.*** a course of northern Thai food; Thai wooden food-tray with short stand
ขันที ***n.*** eunuch
ขันธ์ ***n.*** group, part, division, body
ขันหมาก ***n.*** marriage settlement
ขับ ***v.*** to drive away, to chase, to expel; to sing; to drive, to excrete
ขับขี่ ***v.*** to drive, to ride
ขับเคลื่อน ***v.*** to operate, to drive
ขับเคี่ยว ***v.*** to fight, to engage in a fight, to rush, to exert
ขับถ่าย ***v.*** to excrete
ขับรถตัดหน้า ***v.*** to cut in
ขับร้อง ***v.*** to sing, to carol
ขับไล่ ***v.*** to drive out, to expel
ขัย ***n.*** lifetime, end, finality
ขั้ว ***n.*** pole, core, joint
ขั้วไฟฟ้าบวก ***n.*** anode
ขั้วแม่เหล็ก ***n.*** pole
ขั้วไฟฟ้าลบ ***n.*** cathode
ขั้วโลกใต้ ***n.*** South Pole
ขั้วโลกเหนือ ***n.*** North Pole
ขา ***n.*** leg; limb; stand; partner, mate; trip, way. ***-adv.*** yes (used by female)
ขากรรไกร ***n.*** jaw

ขาก๊วย n. Chinese pants
ขาเก adj. crippled, lame, deformed
ขาขึ้น adj. upstream, upriver, upward
ขาเข้า adj. inbound (Ame.)/incoming (Bri.). ***-n.*** arrival
ขาจร adj. irregular. ***-n.*** irregular customer
ขาตั้งกล้อง n. tripod
ขาเทียม n. artificial leg
ขาประจำ adj. regular. ***-n.*** regular customer
ขาไป, ขาออก adj. outward, outgoing. ***-n.*** departure
ขาพิการ adj. lame, crippled
ขาไพ่ n. player, hand, gambler
ขาล่อง n. return trip
ขาออก *ดูคำว่า* ขาไป
ขาอ่อน n., colloq. thigh

ข้า ***n.*** servant, attendant, slave. ***-pron.*** I, me, myself
ข้าทาส n. servant, slave
ข้าราชการ n. government official
ข้าราชการการเมือง n. political official
ข้าราชการประจำ n. permanent official
ข้าราชการพลเรือน n. civil servant
ข้าราชบริพาร n. subject of the king
ข้าราชสำนัก n. courtier
ข้าศึก n. enemy, adversary, foe
ข้าหลวง n. governor general; lady in waiting
ข้าหลวงใหญ่ n. high commissioner
ข้าพเจ้า pron. I, me, myself

ขาก ***v.*** to spit out, to expectorate

ข่าง ***n.*** top, spinning top

ข้าง ***n.*** side, party, group. ***-adj.*** close, next, near. ***-prep.*** next to, beside
ข้างขวา adj. right
ข้างขึ้น adj. waxing (moon)
ข้าง ๆ คู ๆ adj. illogical, irrational, senseless. ***-adv.*** illogically
ข้างเคียง adv. near, by, next, beside
ข้างซ้าย adj. left
ข้างถนน n. roadside
ข้างนอก adv. out, outside, away, outdoors. ***-adj.*** exterior, external
ข้างน้อย n. minority
ข้างใน adv. in, inside. ***-adj.*** interior, internal, indoor. ***-adv.*** indoors
ข้างบน n. upstairs. ***-adv.*** over, up
ข้างมาก n. majority
ข้างแรม adj. wan (moon)
ข้างล่าง n. downstairs. ***-adv.*** under, beneath, below
ข้างหน้า adv. in front of, ahead. ***-n., adj.*** front
ข้างหลัง adv. behind, in the rear of back. ***-adj.*** back, rear. ***-n.*** back

ขาด ***v.*** to lack of sth., to be short of sth., to miss; to be torn, to be broken. ***-adj.*** deficient, lacking; torn, apart. ***-adv.*** deficiently
ขาดความเชื่อมั่น adj. diffident
ขาดแคลน v. to lack/short of sth.
ขาดใจ v. to die, to stop breathing
ขาดตกบกพร่อง adj. incomplete, deficient. ***-adv.*** incompletely
ขาดตลาด v. to be sold out, to be out of stock
ขาดตอน v. to be disconnected, to be discontinued
ขาดตัว adj. fix-priced, fixed
ขาดทุน v. to lose, to suffer a loss
ขาดมือ v. to be out of stock, to be short-handed, to be wanted
ขาดเรียน v. to be absent. ***-adj.*** absent. ***-n.*** absence

ก ข ฃ ค ฅ ฆ ง จ ฉ ช ซ ฌ ญ ฎ ฏ ฐ ฑ ฒ ณ ด ต ถ ท ธ

ขาดลอย ***adv.*** completely, absolutely, overwhelmingly
ขาดวินัย ***adj.*** undisciplined
ขาดสติ ***v.*** to lose one's temper
ขาดไหวพริบ ***adj.*** tactless
ขาดอาหาร ***adj.*** undernourished
ขาน ***v.*** to call, to say, to utter; to reply, to answer, to respond
ขานไข ***v.*** to describe, to explain
ขานชื่อ ***v.*** to make a roll call
ข้าม ***v.*** to cross, to pass over, to skip. ***-adv.*** randomly, not orderly
ข้ามชาติ ***adj.*** transnational
ข้ามทวีป ***adj.*** transcontinental
ข้ามฟาก ***v.*** to cross
ข้ามหน้าข้ามตา ***v.*** to affront
ข้ามหัว ***v.*** to infringe upon, to break off, to violate
ขาย ***v.*** to sell, to trade; ***sl.*** to betray
ขายเงินเชื่อ ***v.*** to sell on credit
ขายตรง ***n.*** direct sale
ขายต่อ ***v.*** to resell
ขายตัดราคา ***v.*** to undersell
ขายตัว ***v.*** to be a prostitute
ขายทอดตลาด ***v.*** to sell by auction
ขายปลีก ***v.*** to retail
ขายผ่อน ***v.*** to sell by instalments
ขายส่ง ***v.*** to wholesale
ขายหน้า ***adj.*** ashamed, humiliated, red-faced. ***-v.*** to lose face
ข่าย ***n.*** net, mesh; limit, range, scope
ข่ายงาน ***n.*** network
ข่ายงานคอมพิวเตอร์ ***n.*** computer network
ขาว ***adj.*** white; clear, pure; bright, light
ข่าว ***n.*** news, report
ข่าวคราว ***n.*** news, report
ข่าวโคมลอย ***n.*** groundless news
ข่าวด่วน ***n.*** hot news
ข่าวพาดหัว ***n.*** headline
ข่าวลือ ***n.*** rumor (Ame.)/rumour (Bri.), gossip
ข่าววิทยุ ***n.*** newscast
ข่าวสาร ***n.*** news, information
ข่าวหนังสือพิมพ์ ***n.*** press report
ข่าวใหญ่ ***n.*** talk of the town
ข้าว ***n.*** rice; grain; food
ข้าวกล้อง ***n.*** brown rice
ข้าวกล้า ***n.*** rice shoot, paddy sprout
ข้าวของ ***n.*** things, stuff
ข้าวต้ม ***n.*** rice congee, porridge
ข้าวตอก ***n.*** poped rice
ข้าวปลาอาหาร ***n.*** food, meal
ข้าวเปลือก ***n.*** paddy
ข้าวโพด ***n.*** corn (Ame.)/maize (Bri.)
ข้าวฟ่าง ***n.*** millet
ข้าวสวย, ข้าวสุก ***n.*** cooked rice
ข้าวสาร ***n.*** rice
ข้าวสาลี ***n.*** wheat
ข้าวหมาก ***n.*** sweet-fermented glutinous rice
ข้าวหลามตัด ***n.*** diamond
ข้าวเหนียว ***n.*** sticky rice, glutinous rice, steamed rice
ขำ ***adj.*** amusing, funny, humorous, comic. ***-adv.*** amusingly, funnily
ขิม ***n.*** Chinese cymbalo

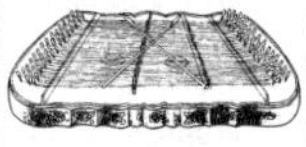

ขิม

ขี่ ***v.*** to ride, to drive, to straddle
ขี้ ***v., colloq.*** to poop, to shit. ***-n.*** poop, pooh, poo, shit, solid waste
ขี้กบ ***n.*** wood shavings
ขี้กลาก ***n., colloq.*** ringworm
ขี้ก้าง ***adj., colloq.*** skinny, lean
ขี้เกลือ, ขี้ไคล ***n.*** sweat stain

***ขี้เกียจ* adj.** lazy, idle, indolent
***ขี้โกง* adj.** cheating, cunning, tricky
***ขี้ขลาด* adj.** cowardly, timid
***ขี้ข้า* n., colloq.** slave, lackey, toady
***ขี้เซา* adj.** drowsy, sleepy
***ขี้ตา* n.** secretion of eye
***ขี้ตืด* adj., colloq.** stingy, miserly
***ขี้เต่า* n., colloq.** armpit odor (Ame.)/odour (Bri.)
***ขี้ไต้* n.** punk
***ขี้เถ้า* n.** ash
***ขี้บ่น* adj.** fussy, grouchy
***ขี้ปะติ๋ว* adj., colloq.** insignificant
***ขี้เปียก* n.** smegma
ขี้ผง* n.** dust, dirt. ***-adj. trifling
***ขี้ผึ้ง* n.** wax; balm
***ขี้ม้า* adj.** olive green, greenish-grey
***ขี้มูก* n.** nasal mucus, snot
ขี้เมา* adj.** drunk. ***-n. drunkard, tippler
***ขี้แมลงวัน* n.** mole, freckles
***ขี้โม้* adj.** boastful, showy
***ขี้ยา* n., colloq.** drug addict
***ขี้แย* adj.** weepy, whiny, whiney
***ขี้รำคาญ* adj.** irritable
***ขี้ริ้วขี้เหร่* adj.** ugly, unsightly
***ขี้โรค* adj.** unhealthy, weak, sickly
***ขี้ลืม* adj.** forgetful, absent-minded
***ขี้เล่น* adj.** playful, frisky, sportive
ขี้เล็บ* n.** nail dirt. ***-adj., colloq. trifling, trivial, insignificant
ขี้เลื่อย* n.** sawdust. ***-adj., colloq. stupid, dull, foolish, brainless
***ขี้สงสัย* adj.** doubtful, skeptical
***ขี้สงสาร* adj.** kind-hearted
***ขี้หึง* adj.** jealous, envious
***ขี้หู* n.** earwax
ขี้เหนียว *ดูคำว่า* ขี้ตืด
***ขี้เห่อ* adj.** crazy, fantastic

ขีด *v.* to draw, to line, to mark, to scratch. ***-n.*** scratch, line, mark
***ขีดคร่อม* v.** to cross-check, to cross
***ขีดจำกัด* n.** limit
***ขีดเส้นใต้* v.** to underline

ขีปนาวุธ *n.* missile

ขึง *v.* to stretch, to tighten, to string
***ขึงขัง* adj.** stern, solemn, serious
***ขึงพืด* v.** to stretch out
***ขึงลวด* n.** to wire

ขึ้น *v.* to increase, to rise; to mount; to lift, to add; to mold; to grow up; to start; to be swollen. ***-adv.*** more
***ขึ้นคาน* v., colloq.** to be an old maid, to be matchless
***ขึ้นเงิน* v.** to cash a check
***ขึ้นใจ* v.** to bear in mind, to memorize (Ame.)/to memorise (Bri.)
***ขึ้นชื่อ* adj.** famous, well-known
***ขึ้นต้น* v.** to start, to begin, to initiate
***ขึ้นทะเบียน* v.** to enlist, to enroll (Ame.)/to enrol (Bri.), to register, to subscribe, to sign up
***ขึ้นนก* v.** to cock a gun
***ขึ้นบัญชีดำ* v., colloq.** to be in black list of, to blacklist
***ขึ้นปีใหม่* v.** to start a new year, to begin a new year
***ขึ้นรถ* v.** to get in a car, to get on a train, to get on a bus
***ขึ้นรา* adj.** moldy
***ขึ้น ๆ ลง ๆ* v.** to fluctuate, to swing
***ขึ้นสนิม* v.** to rust
***ขึ้นหม้อ* adj.** fluffy; lucky, famous

ขืน *v.* to disobey, to defy, to resist; to force, to compel, to coerce
***ขืนใจ* v.** to rape, to violate

ขื่น *adj.* bitter, acrid
***ขื่นขม* adj.** achy, painful

ขื่อ ***n.*** beam, truss; shackles
ขุด ***v.*** to dig, to hollow, to scoop
ขุดคุ้ย v. to dig out, to expose
ขุดเจาะ v. to mine, to exploit
ขุดโพรง v. to burrow
ขุดรากถอนโคน v. to get rid of, to eliminate, to remove; to uproot
ขุดศพ v. to exhume
ขุดหลุมพราง v. to trap
ขุน ***n.*** leader, ruler; king (chess). ***-adj.*** big, giant, enormous. ***-v.*** to feed, to raise, to nourish, to foster
ขุนเขา n. great mountain
ขุนนาง n. nobleman
ขุนพล n. commander, warlord
ขุนศึก n. warlord, warrior, knight
ขุ่น ***adj.*** dim, turbid, gloomy, muddy, cloudy; moody, irritable
ขุ่นข้องหมองใจกัน v. to be disunited
ขุ่นเคือง adj. annoyed, irritated, moody, upset, displeased
ขุ่นมัว adj. unclear, blurred
ขุม ***n.*** pit, cavity, hole; resource
ขุมทรัพย์ n. treasure
ขุมนรก n. abyss of hell, hell
ขุย ***n.*** fluff, dust, fuzz, powder
ขุยไผ่ n. bamboo seeds
ขุยอินทรีย์ n. humus
ขู่ ***v.*** to threaten, to frighten, to menace
ขู่กรรโชก v. to blackmail
ขู่เข็ญ v. to force, to compel
ขูด ***v.*** to scratch, to scrape, to grate
ขูดรีด v. to fleece, to exploit
เข ***v.*** to squint. ***-n.*** squint, walleye
เขก ***v.*** to knock with the knuckle
เข่ง ***n.*** bamboo basket
เข็ญ ***adj.*** poor, impoverished, suffered. ***-adv.*** sufferingly
เข็ญใจ adj. hard up, suffered
เข็ด ***v.*** to shrink from, to be afraid. ***-n.*** reel, skein, hank
เข็ดขยาด v. to be stuck with terror
เข็ดฟัน v. to have the teeth on edge
เข็ดหลาบ v. to draw lesson
เขต ***n.*** border, boundary, area, district
เขตกันชน n. buffer zone, belt
เขตการค้า n. trade zone
เขตการปกครอง n. administrative zone, government zone
เขตแดน n. border, frontier
เขตทหาร n. militarized zone
เขตที่อยู่อาศัย n. residential area
เขตเทศบาล n. municipal area
เขตโทษ n. punishment zone; penalty zone
เขตปลอดนิวเคลียร์ n. nuclear-free zone
เขตปลอดบุหรี่ n. no-smoking area
เขตเมือง n. urban area. ***-adj.*** urban
เขตร้อน n. tropics. ***-adj.*** tropical
เขตร้อนหนาวของโลก n. zone
เขตโรงละคร n. rialto
เขตเลือกตั้ง n. election zone
เขตสงวน n. reservation
เขตสัมปทาน n. concession area
เขตหนาว n. frigid zone
เขตหวงห้าม n. forbidden ground
เขตอนุรักษ์ n. conservation area
เขตอนุรักษ์สัตว์ป่าและนก n. sanctuary
เขตอบอุ่น n. temperate zone
เข็น ***v.*** to push; to propel, to force
เข็ม ***n.*** needle, stitch; hand; goal
เข็มกลัด n. pin (Ame.)/brooch (Bri.), clash
เข็มกลัดซ่อนปลาย n. safety pin

เข็มกลัดเนกไท n. tiepin, tie tack
เข็มขัด n. belt
เข็มขัดนิรภัย n. safety belt
เข็มควัก n. crochet needle
เข็มฉีดยา n. syringe
เข็มชี้ n. pointer, indicator
เข็มทิศ n. compass
เข็มนาฬิกา n. hand, pointer
เข็มเย็บผ้า n. needle
เข็มหมุด n. pin

เข้ม *adj.* strong, intense, concentrated, dark, deep; rich; serious
เข้มข้น adj. concentrated; rich
เข้มแข็ง adj. strong, powerful, firm, tough. ***-adv.*** strongly, firmly
เข้มงวด adj. strict, rigid, stern, rigorous. ***-adv.*** strictly, sternly

เขม็ง *adv.* seriously, fixedly, tightly

เขม่น *v.* to twitch; to scorn, to hate, to dislike, to be green-eyed

เขมร *n.* Combodia, Cambodian

เขม่า *n.* soot, carbon, lampblack

เขมือบ *v.* to gobble, to devour; ***sl.*** to corrupt, to cheat

เขย *n.* son-in-law

เขยก *v.* to limp, to hobble

เขย่ง *v.* to tiptoe, to stand on tiptoe

เขย่า *v.* to shake, to rock, to wave
เขย่าขวัญ v. to terrify, to frighten

เขยิบ, เขยื้อน *v.* to move, to shift

เขรอะ *adj.* stained, crusted, filthy

เขลง *adj.* comfortable, cosy. ***-adv.*** at ease, comfortably, cosily

เขละ *adj.* untidy, messy, disordered

เขลา *adj.* foolish, dull, silly, stupid

เขว *adj.* bent, deviant; confuse, misled

เขา *n.* mountain, hill; horn, antler. ***-pron.*** he, she, they
เขาวงกต n. labyrinth, maze

เข่า *n.* knee

เข้า *v.* to enter, to get into; to load; to mix, to mingle; to join; to start, to begin; to insert. ***-prep.*** in
เข้ากระดูกดำ adv. ingrainedly, to the backbone, extremely, very
เข้ากะ v. to work in shift
เข้ากันได้ v. to get along well with, to match with, to be compatible
เข้าเกณฑ์ v. to be qualified; to be enlisted. ***-adj.*** qualified
เข้าเกียร์ v. to change gear, to gear
เข้าใกล้ v. to get close, to approach
เข้าข้าง v. to take side with, to be partial to, to sympathize (Ame.)/ to sympathise (Bri.)
เข้าครอบครอง v. to occupy, to take possession of
เข้าคิว v. to queue up
เข้าคู่กัน v. to match
เข้าใจ v. to understand, to know
เข้าใจผิด v. to misunderstand
เข้าฉาก v. to do acting
เข้าชื่อ v. to sign jointly
เข้าฌาน v. to trance, to meditate
เข้าตาจน v. to have a hard time
เข้าถึง v. to access, to reach
เข้าแถว v. to line up (Ame.)/to queue up (Bri.)
เข้าทรง v. to exorcise (Ame.)/to exorcize (Bri.)
เข้าท่า adj., colloq. suitable, proper, good, appropriate, acceptable
เข้าที่ adj. suitable, proper
เข้านอน v. to go to bed, to sleep
เข้าเนื้อ v., colloq. to lose; to be cut, to be injured
เข้าปิ้ง v., colloq. to be in trouble, to be cheated; to be in jail

เข้าไปใกล้ ***v.*** to approach
เข้าเฝ้า ***v.*** to have an audience with
เข้าเฝือก ***v.*** to splint
เข้าพรรษา ***n.*** Buddhist Lent, Rain Retreat
เข้าพักในโรงแรม ***v.*** to check in
เข้าเมือง ***v.*** to immigrate; to go inbound, to get into a city
เข้าร่วม ***v.*** to join, to participate, to take part
เข้าร่วมการแข่งขัน ***v.*** to joust
เข้ารหัส ***v.*** to encode
เข้าร่องเข้ารอย ***adj.*** suitable, appropriate, proper
เข้ารอบ ***v.*** to be selected, to be chosen, to be standardized (Ame.)/to be standardised (Bri.)
เข้ารีต ***v.*** to profess Christianity
เข้ารูป ***adj.*** best-fit; well-formed
เข้าเวร ***v.*** to be on duty
เข้าหุ้น ***v.*** to share, to partake
เข้าอู่ (เรือ) ***v.*** to dock
เขิน ***adj.*** shy, embarrassed; awkward
เขี่ย ***v.*** to set aside; to flick; ***sl.*** to get rid of, to throw away, to eliminate
เขียง ***n.*** chopping block
เขียน ***v.*** to write, to draw, to paint
เขียนด้วยรหัส ***v.*** to cipher, to cypher
เขียนด้วยลายมือตัวเอง ***v.*** to autograph
เขียนภาพ ***v.*** to draw, to paint
เขียม ***adj., colloq.*** economical, stingy, saving. ***-adv.*** economically
เขียว ***adj.*** green, verdant
เขียวแก่ ***adj.*** dark green
เขียวขจี ***adj.*** evergreen; fresh
เขียวคล้ำ ***adj.*** dull green
เขียวชอุ่ม ***adj.*** evergreen
เขียวอ่อน ***adj.*** light green
เขี้ยว ***n.*** canine tooth; eyetooth; fang. ***-adj., sl.*** selfish; stingy
เขี้ยวเล็บ ***n.*** power, influence
เขื่อง ***adj.*** big, large; superior
เขื่อน ***n.*** dam, embankment, barrage
แขก ***n.*** guest, customer, visitor; Indian; Arabian; muslim
แขกเหรื่อ ***n.*** guests, visitors
แข็ง ***adj.*** hard, solid; strong, firm, tough; stubborn, harsh; rigid, stiff
แข็งกระด้าง ***adj.*** hard, impolite
แข็งกร้าว ***adj.*** aggressive, offensive
แข็งกล้า ***adj.*** brave, courageous
แข็งแกร่ง ***adj.*** strong, sturdy, firm
แข็งข้อ ***v.*** to resist, to protest, to rebel, to defy, to be obstinate
แข็งขัน ***adv.*** actively, enthusiastically, energetically, vigorously
แข็งขืน *ดูคำว่า* แข็งข้อ
แข็งใจ ***v.*** to be patient, to stand to do sth., to tolerate, to endure
แข็งตัว ***v.*** to harden, to solidify
แข็งแรง ***adj.*** strong, firm, healthy
แข่ง ***v.*** to contest, to compete, to race
แข่งขัน ***v.*** to compete, to race
แข่งม้า ***n.*** horse racing
แข้ง ***n.*** shin
แขน ***n.*** arm; limb
แขนกุด ***adj.*** sleeveless (shirt). ***-n.*** ampulated arm
แขนยาว ***adj.*** long-sleeved (shirt)
แขนสั้น ***adj.*** short-sleeved (shirt)
แขนเสื้อ ***n.*** sleeve
แขนง ***n.*** branch, twig; field, offshoot
แขม็บ ***adv.*** softly, weakly
แขม่ว ***v.*** to contract, to tighten
แขยง ***v.*** to disgust, to hate
แขวง ***n.*** district, region, section

ก ข ฃ ค ฅ ฆ ง จ ฉ ช ซ ฌ ญ ฎ ฏ ฐ ฑ ฒ ณ ด ต ถ ท ธ

ก ข ฃ ค ฅ ฆ ง จ ฉ ช ซ ฌ ญ ฎ ฏ ฐ ฑ ฒ ณ ด ต ถ ท ธ

แขวน ***v.*** to hang, to suspend, to drape
แขวนคอ v. to hang
แขวนนวม v. to quit boxing
แขวนไว้บนเส้นด้าย v., idm. to be in a risky situation
แขวะ ***v.*** to scoop, to dig; to ridicule
โข ***adj., colloq.*** abundant, numerous, ample, plentiful, many, much
โขก ***v.*** to knock, to hit, to beat
โข่ง ***adj., colloq.*** awkward, clumsy, gawky; foolish, stupid, dull
โขด ***n.*** hillrock, hill, mound, knoll
โขน ***n.*** Thai classical masked play
โขมด ***n.*** will-ó-the-wisp, jack-ó-lantern
โขยก, โขยกเขยก ***v.*** to limp, to hobble, to walk lamely, to stumble
โขยง ***n.*** flock, group, crowd, gang
โขลก ***v.*** to crush, to pound, to grind
โขลง ***n.*** herd
ไข ***n.*** fat, grease, oil. ***-v.*** to unlock, to open, to reveal, to unscrew; to explain, to solve, to reveal
ไขกระดูก n. bone marrow
ไขกุญแจ v. to turn the key
ไขข้อ n. marrow
ไขควง n. screw driver
ไขความ v. to explain, to clarify
ไขมัน n. fat, grease
ไขลาน v. to wind (a clock)
ไขสันหลัง n. spinal cord
ไขสันหลังอักเสบ n. polio
ไข่ ***n.*** egg, spawn, ovum *(sing.)*/ova *(pl.)*. ***-v.*** to lay eggs
ไข่ขาว n. white egg, albumen
ไข่เค็ม n. salted egg
ไข่เจียว n. omelet (Ame.)/omelette (Bri.)
ไข่ดัน n. inguinal gland, groin
ไข่ดาว n. fried egg
ไข่แดง n. yolk; ***sl.*** verginity
ไข่ปลา n. spawn; dot
ไข่มุก n. pearl
ไข้ ***n.*** fever, flu, illness, sickness
ไข้กาฬหลังแอ่น n. cerebrospinal meningitis
ไข้จับสั่น, ไข้มาลาเรีย n. malaria
ไข้ใจ n., colloq. lovesickness
ไข้แดด n. sunstroke
ไข้ทรพิษ, ฝีดาษ n. smallpox
ไข้โป้ง v., sl. to be shot
ไข้รากสาด n. typhoid fever
ไข้เลือดออก n. haemorrhagic fever
ไข้หวัด n. cold, common cold
ไข้หวัดใหญ่ n. influenza, flu
ไข้เหลือง n. yellow fever
ไข้อีสุกอีใส n. chickenpox
ไขว่ ***v.*** to cross, to overlap, to interlace. ***-adv.*** disorderedly
ไขว่คว้า v. to grab, to hold of
ไขว่ห้าง v. to cross one's legs
ไขว้ ***v.*** to twist, to cross, to intersect
ไขว้เขว v. to deviate, to misunderstand. ***-adj.*** confused, puzzled
ไขสือ ***v.*** to pretend, to make believe
ไขหู ***v.*** to turn a deaf ear to, to pay no heed to, to take no heed of

ฃ

ฃ the 3rd Thai alphabet

ค

ค the 4th Thai alphabet
คง ***v.*** to keep, to remain, to maintain; may, might. ***-adv.*** likely, probably. ***-adj***. durable, enduring, lasting
คงกระพัน adj. invulnerable, impenetrable, invincible
คงแก่เรียน adj. learned, scholarly
คงคลัง adj. reserved
คงทน adj. durable, permanent
คงที่ adj. fixed, static, constant
คงไว้ v. to keep, to maintain
คงเส้นคงวา adj. consistent, constant, upright. ***-adv.*** consistently
คงเหลือ adj. left, remaining
คงคา ***n.*** water, river; Ganges
คช, คชสาร ***n.*** elephant
คณะ ***n.*** group, kind, type; gang, party, society, department; faculty
คณบดี n. dean
คณะกรรมการ n. committee, board
คณะกรรมาธิการ n. commission
คณะที่ปรึกษา n. advisory group
คณะทูต n. diplomatic corps
คณะนักร้องประสานเสียง n. chorus
คณะปฏิวัติ n. Revolutionary Party
คณะมนตรี n. council
คณะมนตรีความมั่นคง n. The Security Council
คณะรัฐมนตรี n. cabinet
คณะลูกขุน n. panel
คณะสงฆ์ n. clergy, hierarchy
คณาจารย์ n. faculty (Ame.)/staff (Bri.)
คณาธิปไตย n. oligarchy
คณิต ***n.*** computation, calculation
คณิตศาสตร์ n. mathematics
คเณศ, พิฆเนศ ***n.*** Ganesha
คด ***v.*** to scoop, to dig out, to ladle; to bow, to turn. ***-adj.*** curved, crooked
คดโกง v. to cheat, to deceive
คดเคี้ยว adj. winding, meandering, crooked, zigzag. ***-adv.*** windingly
คดี ***n.*** story, matter; case, lawsuit
คดีแพ่ง n. civil suit
คดีลักเล็กขโมยน้อย n. burglary
คดีอาญา n. criminal case
คดีอุกฉกรรจ์ n. capital case
คติ ***n.*** pattern, method; moral
คติชาวบ้าน n. folklore
คติธรรม n. doctrine
คติพจน์ n. motto, maxim, proverb
คทา ***n.*** club, baton, mace, stick, cane
คน ***n.*** human, people, man, person. ***-v.*** to stir, to mingle, to blend

ก ข ฃ ค ฅ ฆ ง จ ฉ ช ซ ฌ ญ ฎ ฏ ฐ ฑ ฒ ณ ด ต ถ ท ธ

คนกล้า n. brave, hero
คนกลาง n. middleman, broker, agent, negotiator, mediator
คนแก่ n. senior, the aged
คนกันเอง n. intimate, companion
คนเกียจคร้าน n. idler
คนโกง n. cheat, swindler, crook
คนโกหก n. liar, fibber
คนขยัน n. hard-working person
คนขลาด n. coward, craven
คนขับรถ n. driver, chauffeur
คนขายของ n. salesperson
คนขายชาติ n. betrayer, traitor
คนขายเนื้อ n. butcher
คนขายยา n. chemist
คนขี้คุก n. jailbird, ex-convict
คนขี้เมา n. drunkard
คนขี้เหนียว n. stingy person
คนขี้โอ่ n. boaster, braggart
คนไข้ n. patient, sick person
คนครัว n. cook
คนแคระ n. dwarf, pygmy
คนงาน n. worker, coolie, cooly
คนโง่ n. fool, blockhead
คนจน n. the poor
คนจรจัด n. vagrant, rover
คนใจซื่อมือสะอาด n. Mr. clean
คนใจบุญ n. kind-hearted person
คนชั่ว, คนเลว n. bad person
คนดี n. good person
คนเดินเท้า n. pedestrian
คนดู n. spectator, audience
คนโดยสาร n. passenger
คนต่างด้าว n. alien, foreigner
คนตาย n. dead people
คนติดยา n. addict
คนทำงาน n. working person
คนทุพพลภาพ n. invalid
คนไทย n. Thai, Siamese
คนนอก n. outsider; stranger
คนนำทาง n. guide, navigator, pilot
คนใน n. insider; intimate
คนบ้า n. madman, maniac
คนบาป n. sinner
คนใบ้ n. mute, dumb person
คนป่วย *ดูคำว่า* คนไข้
คนป่า n. savage, forest people
คนแปลกหน้า n. stranger
คนโปรด n. pet, favorite (Ame.)/ favourite (Bri.)
คนเฝ้าประตู n. janitor, porter
คนพเนจร n. roamer, wanderer
คนพาล n. gangster, ruffian
คนพิการ n. disabled
คนพื้นเมือง n. native, aboriginal
คนมือเย็น n. green thumb (Ame.)/ green fingers (Bri.)
คนรัก n. beloved, darling, lover
คนรับจ้างเลี้ยงเด็ก n. babysitter
คนรับใช้ n. servant, maid
คนรวย n. the rich
คนร้าย n. criminal, outlaw
คนเร่ขายของ n. vendor
คนล้วงกระเป๋า n. pickpocket
คนเลี้ยงแกะ n. shepherd
คนเลี้ยงม้า n. groom
คนสนิท n. confidant, confidante
คนสวน, คนทำสวน n. gardener
คนสอพลอ n. flatterer, courtier
คนสาบสูญ n. disappeared
คนสูบบุหรี่ n. smoker
คนโสด n. single, bachelor, spinster
คนหนุ่มสาว n. the youth
คนใหญ่คนโต n. big shot, VIP
คนใหม่ n. newcomer, new arrival

ค้น ***v.*** to search for, to look for
ค้นคว้า v. to research, to study
ค้นพบ v. to discover, to find out

ค้นหา **v.** to seek, to find
คนโท ***n.*** water jug, water pot
คนธรรพ์ ***n.*** Gandarvas; Kaki's lover
คนละ ***adj.*** each; another, different
คบ ***v.*** to associate, to make friend, to socialize (Ame.)/to socialise (Bri.). ***-n.*** tree fork
คบค้า, คบหา ***v.*** to make commerce with, to associate with
คบคิด ***v.*** to conspire with, to gang up with, to scheme with
คบชู้ ***v.*** to commit adultery, to have goings-on affairs, to have a liason
คบเพลิง ***n.*** torch, flambeau
คม ***n.*** sharp edge, blade
คมกริบ ***adj.*** sharp, razor-sharp; wise, clever
คมขำ ***adj.*** charming, attractive
คมคาย ***adj.*** good-looking, clean-cut; smart, wise. ***-adv.*** smartly
คมชัด ***adj.*** clear, distinct, manifest
คมสัน ***adj.*** good-looking, attractive
คมนาคม ***n.*** communication
ครก ***n.*** mortar
ครบ ***adj.*** full, all, complete, perfect. ***-adv.*** fully, completely
ครบกำหนด ***adj.*** expired, due
ครบเกณฑ์ ***adj.*** due, ripe, mature
ครบเครื่อง ***adj.*** perfect, complete
ครบถ้วน ***adj.*** in full
ครบรอบ ***n.*** anniversary
ครบรอบแต่งงาน 25 ปี ***n.*** silver wedding (Ame.)/silver anniversary (Bri.)
ครรภ์ ***n.*** pregnancy; belly, womb
ครรลอง ***n.*** way, method, principle
ครวญ ***v.*** to complain, to cry, to lament
ครวญคราง ***v.*** to wail, to groan
ครวญเพลง ***v.*** to sing, to hum
ครวญหา ***v.*** to miss, to think of sb.
ครหา ***v.*** to blame, to gossip, to criticize (Ame.)/to criticise (Bri.)
ครอก ***n.*** brood, litter; child of slave; the sound of snoring
ครอง ***v.*** to occupy, to rule over, to govern; to maintain; to possess
ครองจีวร ***v.*** to be a monk
ครองใจ ***v.*** to carry one's favor
ครองชีพ ***v.*** to live, to earn oneself
ครองแผ่นดิน ***v.*** to reign, to rule
ครองอันดับหนึ่ง ***v.*** to rank first
ครองอำนาจ ***v.*** to occupy, to rule
ครอบ ***v.*** to cover, to shelter; to instruct, to teach; to occupy, to dominate
ครอบครอง ***v.*** to occupy, to rule over, to govern, to possess
ครอบครัว ***n.*** family, home
ครอบคลุม ***v.*** to include, to cover
ครอบงำ ***v.*** to dominate, to overpower, to override, to occupy
คร่อม ***v.*** to overarch; to lie over; to straddle, to bestride
ครั่ง ***n.*** lac insect; resin, lac
ครั้ง,ครา, คราว ***n.*** time, occasion
ครั้งก่อน ***adv.*** formerly, previously. ***-n.*** last time
ครั้งคราว ***adv.*** occasionally, now and then, now and again
ครั้งสุดท้าย ***adj.*** terminal
ครั้งหนึ่ง ***adv.*** once
ครั่น ***v.*** to feel feverish; to fear, to dread
ครั่นคร้าม ***v.*** to be afraid, to fear, to dread, to be scared
ครั่นเนื้อครั่นตัว ***v.*** to feel feverish
ครั้น ***conj.*** since, when, as
ครับ ***adv.*** yes, yes sir (used by male)
ครัว ***n.*** kitchen
ครัวเรือน ***n.*** family, home, household
คร่า ***v.*** to drag, to pull, to haul

ก ข ฃ ค ฅ ฆ ง จ ฉ ช ซ ฌ ญ ฎ ฏ ฐ ฑ ฒ ณ ด ต ถ ท ธ

ก ข ฃ ค ฅ ฆ ง จ ฉ ช ซ ฌ ญ ฎ ฏ ฐ ฑ ฒ ณ ด ต ถ ท ธ

คราก ***v.*** to separate, to part; to widen, to stretch out, to break off

คราง ***v.*** to moan, to groan, to rumble

คราด ***n.*** harrow, rake. ***-v.*** to harrow, to fork, to rake

คร้าน ***adj.*** lazy, idle, lethargic

คราบ ***n.*** slough, cast-off skin; stain, spot, scum

คร้าม *ดูคำว่า* ครั่นคร้าม

คร่าว ***n.*** rafter. ***-adv.*** briefly, roughly

ครุาส ***v.*** to eat, to swallow; to eclipse

คร่ำ ***n.*** amniotic fluid. ***-adj.*** very old, ancient, aged. ***-v.*** to cry, to moan

คร่ำครวญ v. to moan, to lament, to bewail; to complain, to whine

คร่ำคร่า adj. outmoded, outdated

คร่ำครึ adj. conservative, old-fashioned, out-of-date, outdated

คร่ำหวอด adj., colloq. skilled, expert, experienced, proficient

คร่ำเคร่ง ***v.*** to be engrossed in, to be immersed in, to be absorbed in. ***-adv.*** seriously. ***-adj.*** serious

คริกเกต ***n.*** cricket

คริสต์ ***n.*** Christ, Jesus Christ

คริสตจักร n. the Christian Church, Christendom

คริสตธรรม n. the Bible; Christian ethics

คริสต์มาส n. Christmas, Xmas

คริสต์ศักราช n. Christian Era

คริสต์ศาสนิกชน n. Christian

คริสตัง n. Catholicism, Catholic

คริสเตียน n. Christian

คริสตัล ***n.*** crystal

ครีบ ***n.*** fin, rib

ครีม ***n.*** cream; paste, ointment. ***-adj.*** yellowish-white

ครีมกันแดด n. sunblock

ครึกครื้น, ครื้นเครง ***adj.*** joyous, merry, jolly, gay. ***-adv.*** merrily, jollily

ครึกโครม ***adj.*** loud, noisy, boisterous, uproarious. ***-adv.*** loudly, noisily

ครึ่ง ***adj.*** half, mid

ครึ่ง ๆ กลาง ๆ adj., adv. halfway, midway

ครึ่งชาติ adj. half-blood, half-breed

ครึ่งต่อครึ่ง adj., adv. in half, fifty-fifty

ครึ่งท่อน adj. half-dressed

ครึ่งราคา adj. half-price

ครึ่งเสา adj. half-mast

ครึ้ม ***adj.*** dull, cloudy, shady; bushy; pleased. ***-adv.*** pleasantly

ครืน ***adj.*** thunderous, uproarious. ***-n.*** the sound of thunder

ครือ ***adj.*** same, similar

ครุ ***n.*** bamboo basket

ครุ ***n.*** teacher; stress syllable. ***-adj.*** stress, heavy, hard

ครุภัณฑ์ n. durable goods

ครุศาสตร์ n. science of education

ครุฑ ***n.*** Garuda

ครุ่น ***adv.*** always, frequently, often

ครุ่นคิด v. to ponder, to think over

ครุย ***n.*** tassels, frill; robe, gown

ครุยวิทยฐานะ n. academic gown

ครู ***n.*** teacher, instructor, master, lecturer

ครูประจำชั้น n. homeroom teacher, class master

ครูฝึก n. trainer, coach

ครูพิเศษ n. tutor

ครูใหญ่ n. principal (Ame.)/headmaster (Bri.)

ครู่ ***n.*** a moment, a minute, a while. ***-v.*** to drag, to draw, to scrape

ครูด ***v.*** to drag, to scrape, to graze

คฤห ***n.*** house, home, residence

คฤหบดี n. rich man; patriarch

คฤหัสถ์ **n.** layman; householder
คฤหาสน์ **n.** mansion, villa
คลอ ***v.*** to be side by side; to be wet with tears; to hum, to sing along
คลอเคลีย ***v.*** to snuggle up, to nestle, to cuddle up, to lean
คลอก ***v.*** to burn, to char
คลอง ***n.*** canal, watercourse, channel; way, course
คลองธรรม ***n.*** ethical way
คลองส่งน้ำ ***n.*** irrigation canal
คล่อง ***adv.*** fluently, conveniently, smoothly, quickly, skillfully
คล่องแคล่ว ***adv.*** skillfully; actively
คล่องตัว ***adv.*** fluently, swiftly, flexibly, handily, dextrously
คล้อง ***v.*** to harness, to rope, to loop
คล้องแขน ***v.*** to link arms
คล้องจอง ***v.*** to harmonize (Ame.)/ to harmonise (Bri.); to rhyme
คล้องใจ ***n.*** to be bound by love
คล้องพวงมาลัย ***v.*** to garland
คลอด ***v.*** to give birth to
คลอน, คลอนแคลน ***adj.*** unsteady, shaky, unstable, insecure
คล้อย ***adj.*** inclining, slanting; westward; agreeable. ***-v.*** to agree with
คล้อยตาม ***v.*** to agree with
คล้อยหลัง ***v.*** to pass by
คลอรีน ***n.*** chlorine
คลอโรฟีลล์ ***n.*** chlorophyll, chlorophyl
คลอไรด์ ***n.*** chloride
คละ ***adj.*** mixed, mingled. ***-v.*** to mix, to mingle, to blend
คละคลุ้ง ***v.*** to smell, to stink; to spread, to diffuse, to be scattered
คลั่ก ***adj.*** crowded, jammed; thick
คลัง ***n.*** storehouse, warehouse
คลังเลือด ***n.*** blood bank
คลังสินค้า ***n.*** storehouse, warehouse
คลังแสง ***n.*** armory (Ame.)/armoury (Bri.), arsenal
คลังหลวง ***n.*** treasury, the Treasury
คลั่ง ***v.*** to be crazy, to be mad
คลัตช์ ***n.*** clutch
คลับ ***n.*** club
คลับคล้ายคลับคลา ***adv.*** vaguely, dimly, hazily, indistinctly
คลาคล่ำ ***v.*** to be crowded with, to be thronged with
คลางแคลง ***v.*** to wonder, to doubt, to suspect. ***-adv.*** suspiciously
คลาด ***v.*** to miss, to fail
คลาดเคลื่อน ***v.*** to miscalculate, to mistake, to be incorrect, to err
คลาดแคล้ว ***v.*** to escape, to elude
คลาน ***v.*** to crawl, to creep; to move slowly; to go on all fours
คลาย ***v.*** to loosen, to slacken; to relax, to ease up; to relieve, to lessen; to solve; to unfold; to open
คลายเกลียว ***v.*** to unscrew, to untwist, to unwind
คลายทุกข์ ***v.*** to relieve from sadness
คลายปม ***v.*** to loose a knot; to solve
คล้าย ***adj.*** similar to, alike, analogous
คลำ ***v.*** to stroke, to fondle, to grope; to seek, to find out, to search for
คล่ำ ***adj.*** crowded, abundant; confused
คล้ำ ***adj.*** dark, dusky; gloomy
คลิตอริส ***n.*** clitoris
คลินิก ***n.*** clinic
คลี ***n.*** polo; hocky
คลี่ ***v.*** to expand, to spread, to unfold
คลี่กลีบ ***v.*** to bloom, to blossom
คลี่คลาย ***v.*** to work out, to solve
คลึง ***v.*** to roll, to knead, to massage
คลึงเคล้น ***v.*** to fondle, to massage

คลื่น ***n.*** wave, swell, surge
คลื่นใต้น้ำ n. undercurrent, underwater wave
คลื่นแม่เหล็กไฟฟ้า n. electromagnetic wave
คลื่นลูกใหม่ n. new wave, new generation
คลื่นวิทยุ n. radio wave
คลื่นเสียง n. sound wave, sonic wave
คลื่นแสง n. light
คลื่นไส้, คลื่นเหียน ***v.*** to be nauseated, to be sick; to be disgusted
คลุก ***v.*** to blend, to mix, to mingle, to combine; to merge with
คลุกคลี v. to associate with, to get involved with, to mingle with
คลุกเคล้า v. to mix, to mingle
คลุ้ง ***adj.*** smelly, odourous. ***-v.*** to diffuse, to scatter, to spread
คลุม ***v.*** to wrap, to cover; to spread over; to include, to involve
คลุมเครือ adj. dull, vague, dim, ambiguous. ***-adv.*** vaguely, dimly
คลุมโปง v. to cover up
คลุมหน้า v. to veil, to mask
คลุ้ม ***adj.*** cloudy, dark, foggy, misty
คลุ้มคลั่ง adj. mad, deranged, insane. ***-adv.*** madly, insanely
ควง ***v.*** to spin, to swing, to brandish; to walk side by side
ควงแขน v. to be arm in arm
ควงแฟน v., colloq. to go on a date
ควงสว่าน v. to spin, to screw
ควงอาวุธ v. to brandish a weapon
ควบ ***v.*** to combine, to merge; to gallop; to run in full speed
ควบคุม v. to control, to confine, to supervise, to oversee
ควบคุมตนเอง adj. self-controlled
ควบคู่ v. to go together
ควบแน่น v. to condense
ควบม้า v. to gallop
ควย ***n., colloq.*** penis, prick
ควร ***adj.*** suitable, proper, appropriate; right, correct. ***-v.*** should, ought to
ควัก ***v.*** to dig out, to scoop out; to crochet
ควักค้อน v. to look askance at
ควักเนื้อ v., colloq. to suffer a loss, to lose
ควัน ***n.*** smoke, fume, vapor (Ame.)/ vapour (Bri.)
ควันโขมง adj. smoky
ควันดำ n. smoky exhaust
ควันหลง n. aftermatch, repercussion
ควั่น ***n.*** connecting joint. ***-v.*** to girdle, to cut into ring
คว้า ***v.*** to grab, to snatch, to seize
คว้าน้ำเหลว v. to fail
คว้าง ***adv.*** aimlessly, driftingly
ควาญ ***n.*** elephant keeper
ควาน ***v.*** to search, to find, to feel for
คว้าน ***v.*** to core, to eviscerate, to gut, to scoop out; to widen
คว้านท้อง v. to commit hara-kiri, to disembowel, to gut
ความ ***n.*** fact, story, matter; condition, state; case, lawsuit
ความกดดัน n. pressure, compression, compulsion, stress
ความกลมกลืน n. harmony
ความกล้าหาญ n. courage
ความกังวล n. worry, anxiety
ความขลาด n. cowardice
ความขัดแย้ง n. conflict
ความเข้มข้น n. concentration

ก ข ฃ ค ฅ ฆ ง จ ฉ ช ซ ฌ ญ ฎ ฏ ฐ ฑ ฒ ณ ด ต ถ ท ธ

ความเขลา n. foolishness
ความคมชัด n. sharpness
ความคิด n. idea, thought
ความเค็ม n. saltiness
ความเครียด n. stress, tension
ความแค้น n. wrath, indignation
ความโค้ง n. curvature
ความใคร่ n. passion, lust, sexual desire, heat
ความง่วง n. sleepiness, drowsiness
ความจริง n. truth, reality, fact
ความจำ n. memory, remembrance
ความจำเป็น n. need, necessity
ความจุ n. capacity
ความเจริญ n. development, progression, blossom
ความฉลาด n. cleverness, intelligence, smartness, braininess
ความฉลาดทางอารมณ์ n. emotional intelligence, emotional quotient, EQ
ความชั่ว n. evil, badness
ความชื้น n. humidity, moisture
ความซื่อสัตย์ n. honesty
ความดันโลหิต n. blood pressure
ความดี n. goodness, merit, virtue
ความโดดเดี่ยว n. solitude
ความต้องการ n. want, desire, demand, need, longing, wish
ความต้านทาน n. resistance
ความตาย n. death
ความตื่นเต้น n. excitement
ความถนัด n. skill, ability, gift
ความถี่ n. frequency
ความทุกข์ n. sadness, grief, gloom
ความบริสุทธิ์ n. purity; virginity
ความบันเทิง n. entertainment
ความบันเทิงเพื่อการศึกษา n. edutainment
ความเบื่อหน่าย n. boredom
ความประพฤติ n. behavior (Ame.)/ behaviour (Bri.), conduct
ความประมาท n. carelessness
ความเป็นจริงเสมือน n. virtual reality
ความเป็นไปได้ n. possibility
ความเป็นมา n. history, background
ความเป็นมิตร n. friendship, companionship, friendliness
ความเป็นอยู่ n. livelihood, living
ความผิด n. mistake, error, fault
ความผูกพัน n. tie, bond, affiliation
ความฝัน n. dream
ความพยาบาท n. vengefulness
ความพยายาม n. try, attempt, effort
ความพอใจ n. satisfaction, pleasure
ความมัธยัสถ์ n. economy, frugality
ความมันวาว n. gloss, luster
ความมุ่งมั่น n. intention, purpose
ความแม่นยำ n. accuracy, precision
ความยากจน n. poverty, poorness
ความยาว n. length
ความยืดหยุ่น n. flexibility, elasticity
ความร้อน n. heat
ความระมัดระวัง n. caution, alertness, carefulness, watchfulness
ความรัก n. love, affection
ความรู้ n. knowledge, education
ความรู้เชิงปฏิบัติการ n. knowhow
ความรู้สึก n. feeling, emotion
ความเร็ว n. speed, rapidity
ความเรียง n. essay
ความล้มเหลว n. failure, defeat
ความสว่าง n. brightness, light
ความสะดวก n. convenience, facility
ความสัมพันธ์ n. relation
ความสามารถ n. ability, proficiency
ความสำคัญ n. importance, significance, priority, momentousness

ก ข ฃ ค ฅ ฆ ง จ ฉ ช ซ ฌ ญ ฎ ฏ ฐ ฑ ฒ ณ ด ต ถ ท ธ

ความสำเร็จ n. success, achievement, accomplishment
ความสุข n. happiness, pleasure
ความสูง n. height
ความสูญเสีย n. loss
ความเสียหาย n. damage, loss
ความเสี่ยง n. risk, danger
ความเสื่อมโทรม n. decay
ความหนาแน่น n. density
ความหมาย n. meaning, sense
ความหยาบ n. roughness
ความหลัง n. past, background
ความหลากหลาย n. diversity
ความหลากหลายทางชีวภาพ n. biodiversity
ความหวัง n. hope, wish, dream
ความหายนะ n. disaster, catastrophe, calamity, ruination
ความหิว n. hunger
ความเห็น n. opinion, view
ความอาลัย n. condolence
ความอิจฉาริษยา n. jealousy

ควาย ***n.*** buffalo, carabao; ***sl.*** fool, ass
ควายเหล็ก n., colloq. tractor

คว่ำ ***v.*** to overturn, to turn upside down, to invert; to defeat, to knock out, to overcome, to win
คว่ำบาตร v. to boycott

ควินิน ***n.*** quinine

คห ***n.*** household, house, home
คหกรรมศาสตร์ n. home economics
คหบดี n. rich man; household head
คหศาสตร์ n. domestic sciences

คอ ***n.*** neck; throat; bottleneck; preference, taste
คอกะลาสี n. navy collar
คอขาดบาดตาย adj. very serious
คอแข็ง adj. alcohol-tolerant. ***-v., colloq.*** to drink like fish
คอคอดกระ n. isthmus
คอซอง n. boat's neck
คอเดียวกัน v., colloq. to have the same taste
คอตก adj. dejected, sad, upset
คอตีบ n. diphtheria
คอทองแดง *ดูคำว่า* คอแข็ง
คอบัว n. lotus leaf collar
คอปก n. collar
คอพอก n. goiter
คอสะพาน n. approach of a bridge
คอสูง adj., colloq. tasteful
คอเสื้อ n. collar
คอหอย n. glottis
คอห่าน n. toilet bowl
คอแห้ง adj. thirsty

คอก ***n.*** stable, stall, sty, pen, shed; bar. ***-adj.*** bent, deformed

ค็อกเทล ***n.*** cocktail

คอด ***adj.*** narrow, constricted

คอน ***n.*** roost, perch. ***-v.*** to carry a load by hanging sth. towards one end of pole over the shoulder; to paddle on one side of the boat

ค่อน ***v.*** to satirize (Ame.)/to satirise (Bri.), to ridicule; to cut. ***-adv.*** almost, quite, nearly
ค่อนขอด v. to satirize (Ame.)/to satirise (Bri.), to ridicule
ค่อนข้าง adv. rather, fairly, quite
ค่อนแคะ adv. to satirize (Ame.)/to satirise (Bri.), to pick on

ค้อน ***n.*** hammer. ***-v.*** to look askance at, to give a cold stare

คอนกรีต ***n.*** concrete
คอนกรีตเสริมเหล็ก n. reinforced concrete, ferroconcrete

คอนโดมิเนียม ***n.*** condominium, condo

คอนแทคเลนส์ ***n.*** contact lens

คอนเสิร์ต ***n.*** concert
ค่อม ***adj.*** hunchbacked, humpbacked; short, stunted
ค้อม ***v.*** to bow, to bend, to stoop
คอมพิวเตอร์ ***n.*** computer
คอมพิวเตอร์วางตัก, แลปท็อป n. laptop
คอมพิวเตอร์ส่วนบุคคล n. personal computer
คอมพิวเตอร์ส่วนบุคคลชนิดพกพา n. palmtop
คอมพิวเตอร์ส่วนบุคคลแบบตั้งโต๊ะ n. desktop
คอมแพกต์ดิสก์ ***n.*** compact disk (Ame.)/disc (Bri.), CD
คอมมิวนิสต์ ***n.*** communist, communism
คอย ***v.*** to wait for, to await
คอยจ้องดู v. to keep watching
คอยเฝ้า v. to keep one's eyes on
ค่อย ***adv.*** slightly, softly, gently; then, after. ***-adj.*** quiet, soft
ค่อย ๆ adv. gradually; slowly; carefully; quietly
ค่อยดีขึ้น adj. convalescing, better
ค่อยเป็นค่อยไป adv. slowly, gradually, step by step
ค่อยยังชั่ว v. to get better, to recover, to improve, to get over
คะ ***adv.*** yes (used by female)
ค่ะ ***adv.*** yes, yes sir (used by female)
คะนอง ***v.*** to prance; to thunder. ***-adj.*** bold, wild. ***-adv.*** boldly, wildly
คะนึง, คำนึง ***v.*** to reflect, to review, to think over, to consider, to ponder
คะเน ***v.*** to guess, to estimate, to approximate, to reckon
คะแนน ***n.*** score, mark, point
คะแนนเสียง n. vote, ballot
คะมำ ***v.*** to fall, to topple, to tumble
คะยั้นคะยอ ***v.*** to urge, to stimulate
คุะเยอ ***adj.*** itchy, prickly
คั่ง ***v.*** to jam, to crowd, to glut
คั่งค้าง v. to suspend, to pile up. ***-adj.*** pending, unfinished
คั่งแค้น v. to get angry
คัด ***v.*** to choose, to select, to sort; to copy, to duplicate; to sniff. ***-adj.*** tight, tense, congested
คัดค้าน v. to oppose, to protest
คัดจมูก v. to sniff
คัดลอก v. to copy
คัดเลือก v. to choose, to select
คัดสำเนา v. to transcribe
คัดออก v. to remove
คัตเอาต์ ***n.*** cut out
คัทลียา ***n.*** cattleya
คัน ***n.*** dike; numerative for a vehicle, fiddle, violin, spoon, rod and line. ***-v.*** to itch
คันฉ่อง n. mirror
คันไถ n. plough
คันนา n. earthen dike around a rice field
คันบังคับ n. joystick, controlling shaft
คันเบ็ด n. fishing rod
คันปาก v. to itch to say
คันไม้คันมือ v. to itch to do
คันเร่ง n. accelerator, pedal
คันศร n. bow
คั่น ***v.*** to separate, to insert
คั่นกลาง v. to place in between
คั้น ***v.*** to crush, to press, to squeeze
คับ ***adj.*** small, tight
คับขัน adj. critical, urgent
คับคั่ง adj. crowded, jammed
คับแค้น adj. poor, needy, impoverished, poverty-stricken

ก ข ฃ ค ฅ ฆ ง จ ฉ ช ซ ฌ ญ ฎ ฏ ฐ ฑ ฒ ณ ด ต ถ ท ธ

คับแคบ adj. narrow; selfish
คับใจ v. to feel oppressed, to be troubled, to feel depressed
คัมภีร์ *n.* scripture; treatise; textbook. ***-adj.*** profound, deep
คัมภีรภาพ n. profundity, depth
คั่ว *v.* to roast
คา *n.* pillory. ***-v.*** to stick, to get stuck in, to remain. ***-adj.*** pending, suspended, unfinished

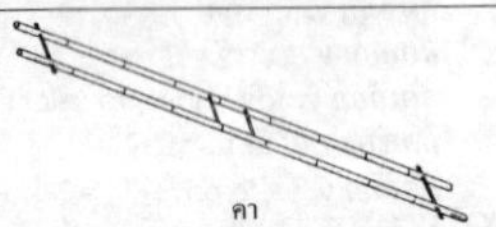
คา

คาใจ adj. doubtful, questionable
คาที่ adv. (to die) instantly, on the spot, at the place of action
คาราคาซัง adj. pending, suspended, unsettled, unsolved
ค่า *n.* value, worth; cost; expense, fee, charge, price, dues
ค่ากับข้าว n. boarding fee, household expense
ค่ากำเหน็จ n. goldsmith's charge
ค่าขนม n. pocket money
ค่าขนส่ง n. freight
ค่าคงที่ n. constant value
ค่าครองชีพ n. cost of living, living expense
ค่าคุ้มครอง n. guardian expense
ค่าโฆษณา n. advertising expense
ค่าเงิน n. value of money; currency value
ค่าจอดรถ n. parking fee
ค่าจ้าง, ค่าแรง n. wage, allowance
ค่าเฉลี่ย n. mean, average
ค่าชดเชย n. compensation
ค่าเช่า n. rent
ค่าใช้จ่าย n. expense
ค่าโดยสาร n. fare
ค่าตอบแทน n. compensation, reward, remuneration, payment
ค่าไถ่ n. ransom
ค่าท่า (จอดเรือ) n. dockage, wharfage
ค่าทำขวัญ n. compensation
ค่าที่ n. ground rent
ค่าที่พัก n. rent, lodging fee
ค่าธรรมเนียม n. fee
ค่านายหน้า n. commission
ค่าน้ำค่าไฟ n. cost of utilities
ค่านิยม n. values
ค่าบริการ n. service charge
ค่าบำรุงรักษา n. maintenance cost
ค่าบำรุงสมาชิก n. subscription
ค่าเบี่ยงเบน n. deviation
ค่าปฏิกรรมสงคราม n. war indemnity
ค่าปรับ n. fine
ค่าป่วยการ n. service charge, fee, commission
ค่าปิดปาก n. hush money, bribe
ค่าผ่านประตู n. admission fee
ค่าลิขสิทธิ์ n. royalty
ค่าเล่าเรียน n. tuition
ค่าเลี้ยงดู n. alimony, maintenance
ค่าสมาชิก n. membership fee
ค่าสัมประสิทธิ์ n. coefficient
ค่าสินไหมทดแทน *ดูคำว่า* ค่าชดเชย
ค่าสึกหรอ n. provision for wear and tear
ค่าเสียเวลา n. demurrage
ค่าเสียหาย n. damages, loss
ค่าโสหุ้ย n., colloq. cost
ค่าหัว n. head-price, life-price
ค้า *v.* to deal, to trade, to do business

ก ข ฃ ค ฅ ฆ ง จ ฉ ช ซ ฌ ญ ฎ ฏ ฐ ฑ ฒ ณ ด ต ถ ท ธ

***ค้ากาม* v., colloq.** to prostitute
***ค้ากำปั้น* v., colloq.** to be a professional boxer
***ค้าแข้ง* v., colloq.** to be a professional football player
***ค้าประเวณี* v.** to be a prostitute
***ค้าปลีก* v.** to retail
***ค้าส่ง* v.** to wholesale

ค่าคบ *n.* bough, fork of tree
คางทูม *n.* mumps
คางหมู *n.* trapezoid
ค้าง *v.* to remain stuck; to stay, to lodge; to be unpaid. ***-n.*** trellis
***ค้างคืน* v.** to stay overnight

คาด *v.* to bind, to tie, to gird, to fasten. ***-v.*** to guess, to expect, to predict
***คาดการณ์* v.** to forecast, to predict
***คาดเข็มขัด* v.** to belt, to buckle
***คาดคะเน* v.** to estimate, to guess
***คาดโทษ* v.** to condemn, to blame
คาดไม่ถึง* adj.** unpredictable, sudden. ***-adv. unexpectedly
***คาดหมาย* v.** to expect

คาดคั้น *v.* to press, to force, to compel
คาถา *n.* Pali verse; sermon, spell, magic
คาทอลิก *n.* Catholic, Roman Catholic
คาน *n.* beam, shaft. ***-v.*** to support, to shore up; to balance
***คานหาม* n.** stretcher; litter

ค้าน *v.* to protest, to oppose, to object to. ***-adj.*** opposite, disagreeable
คาบ *n.* time, period. ***-v.*** to hold in the mouth
***คาบเกี่ยว* v.** to overlap, to relate
***คาบสมุทร* n.** peninsular
***คาบเส้น* v.** to be on the borderline

คาบาเรต์ *n.* cabaret
คาเฟ่ *n.* café
คาย *v.* to spit out, to eject; to reveal
ค่าย *n.* camp, site, barracks
***ค่ายกักกัน* n.** concentration camp
***ค่ายทหาร* n.** barracks, garrison

คาร์บอน *n.* carbon
คาร์บอนไดออกไซด์ *n.* carbon dioxide
คาร์บอนมอนอกไซด์ *n.* carbon monoxide
คาร์โบไฮเดรต *n.* carbohydrate
คารม *n.* rhetoric, oratory, eloquence
คารวะ *n.* respect, esteem, regard. ***-v.*** to pay respect to
คาราเต้ *n.* karate
คาราวาน *n.* caravan
คาราโอเกะ *n.* karaoke
คาว *n.* stench, stink, fishy smell
คาวบอย *n.* cowboy
คาสเซต *n.* cassette
คำ *n.* word; bite; mouthful
***คำกริยา* n.** verb
***คำกริยาวิเศษณ์* n.** adverb
***คำกล่าวหา* n.** charge, accusation
***คำแก้ตัว* n.** excuse, pretext
***คำขวัญ* n.** slogan, catchword, motto
***คำขอ* n.** appeal, request, plea
***คำขาด* n.** ultimatum
***คำคม* n.** aphorism, adage, maxim
***คำครุ* n.** stress word
***คำคัดค้าน* n.** objection, dissent
***คำคุณศัพท์* n.** adjective
***คำจำกัดความ* n.** definition
***คำเฉพาะ* n.** technical term
***คำเฉลย* n.** answer, solution, key
***คำชมเชย* n.** praise, admiration
***คำชี้ขาด* n.** judgement
***คำชี้แจง* n.** explanation
***คำเชิญ* n.** invitation
***คำเชื่อม* n.** conjunction
***คำดุด่า* n.** abuse, blame
***คำโดด* n.** isolating word

ก ข ฃ ค ฅ ฆ ง จ ฉ ช ซ ฌ ญ ฎ ฏ ฐ ฑ ฒ ณ ด ต ถ ท ธ

คำตรงข้าม n. antonym
คำต่อท้าย n. postscript
คำตอบ n. answer, reply
คำตัดสิน n. decision, verdict
คำตำหนิ n. criticism, disapproval
คำเตือน n. warning, caution
คำเตือนใจ n. aphorism, maxim
คำโต้ตอบ n. conversation, dialog (Ame.)/dialogue (Bri.)
คำถาม n. question, inquiry
คำแถลง n. announcement
คำทับศัพท์ n. transliteration
คำทำนาย n. prophecy, forecast
คำเท็จ n. lie, falsehood
คำนาม n. noun
คำนำ n. preface, introduction, foreword, prologue
คำนิยาม n. definition, meaning
คำแนะนำ n. advice, suggestion, instruction, direction, guidance
คำบรรยาย n. narration
คำบรรยายภาพ n. caption
คำบอก n. dictation
คำบอกเล่า n. hearsay, report
คำบัญชา n. command, order
คำบุพบท n. preposition
คำปฏิญาณ n. oath, pledge, vow
คำประกาศ n. announcement
คำประพันธ์ n. writing, literary work, poetry, composition, verse
คำประสม n. compound word
คำปรารภ n. introduction, preface; mention
คำปราศรัย n. speech, address
คำเปรียบเทียบ n. analogy, figure of speech, figurative language
คำแปล n. translation
คำผวน n. spoonerism
คำพยากรณ์ n. prediction, forecast
คำพ้อง n. synonym
คำพ้องรูปและพ้องเสียง n. homonym
คำพังเพย n. proverb, adage
คำพิพากษา n. judgement, sentence
คำพูด n. word, utterance
คำมั่นสัญญา n. pledge, promise
คำเมือง n. northern dialect
คำย่อ n. abbreviation
คำยินยอม n. consent, approval
คำเยินยอ n. flattery, adulation
คำร้อง n. petition, complaint
คำลงท้าย n. postscript
คำลหุ n. unstressed word
คำเล่าลือ n. rumor (Ame.)/rumour (Bri.), hearsay
คำวิจารณ์ n. commentary, criticism
คำวิเศษณ์ n. adverb
คำไว้อาลัย n. memorial speech
คำศัพท์ n. vocabulary
คำสรรพนาม n. pronoun
คำสรรเสริญ n. admiration, acclaim
คำสั่ง n. order, command
คำสั่งสอน n. teaching, instruction
คำสั่งเสีย n. exhortation, telling
คำสันธาน n. conjunction
คำสาบาน n. oath, pledge, vow
คำสาป n. curse
คำสารภาพ n. confession
คำสำคัญ n. keyword
คำหยาบ n. swearword, vulgarism
คำให้การ n. testimony
คำอธิบาย n. explanation, description, interpretation
คำอธิษฐาน n. prayer, wish
คำอวยพร n. greetings, blessing, congratulations
คำอำลา n. goodbye, farewell
คำอุทาน n. interjection
คำอุปมา n. simile

คำอุปลักษณ์ **n.** metaphor
ค่ำ **n.** dusk; night, nighttime
ค้ำ **v.** to shore up, to prop up, to support, to sustain, to hold up
ค้ำเงิน **v.** to collateralize
ค้ำจุน **v.** to support, to aid, to help
ค้ำถ่อ **n.** pole vault
ค้ำประกัน **v.** to guarantee
ค้ำฟ้า **adv.** forever, eternally
คำนวณ **v.** to calculate, to compute
คำนับ **v.** to salute, to bow
คำรบ **n.** time
คำราม **v.** to roar, to snarl; to thunder
คิก ๆ **v.** to giggle, to chuckle
คิด **v.** to think; to consider, to reflect; to estimate, to calculate; to aim
คิดการใหญ่ **v.** to plot an overacted plan, to go beyond one's power
คิดคด **v.** to betray, to be dishonest
คิดค้น **v.** to invent, to create
คิดดอกเบี้ย **v.** to charge interest
คิดถึง **v.** to miss, to think of
คิดถึงบ้าน **adj.** homesick
คิดบัญชี **v.** to revenge, to avenge
คิดแผน **v.** to hammer out
คิดมาก **v.** to ponder. **-adj.** sensitive
คิดไม่ถึง **adj.** unexpected
คิดสตางค์ **v., colloq.** to ask for a bill, to reckon up a bill
คิดสั้น **v.** to commit suicide
คิดอ่าน **v.** to ponder, to deliberate
คิมหันต์ **n.** summer
คิว **n., colloq.** cubic; queue, line; cue
คิ้ว **n.** eyebrow; molding, edge
คี่ **adj.** odd
คีบ **v.** to grip, to take, to clamp
คีม **n.** pincers, pliers, forceps, tongs
คึก **adj.** cheerful; vigorous, bold. **-adv.** vigorously, boldly; cheerfully
คึกคะนอง **adj.** highspirited, vigorous, spirited
คึกคัก **adj.** busy; bold, vigorous; active, lively. **-adv.** busily; actively
คืน **n.** night. **-v.** to return, to restore, to recover, to resume. **-adj.** recovered, restored, resumed
คืนคำ **v.** to break one's words
คืนคำสั่ง **v.** to revoke an order
คืนเงิน **v.** to refund
คืนชีพ **v.** to resurrect, to revive
คืนดี **v.** to reconcile, to reunite
คืบ **n.** a span equal to 25 cm. **-v.** to crawl, to creep; to proceed
คืบคลาน **v.** to crawl, to creep
คืบหน้า **v.** to progress
คือ **prep., conj.** like, as, such as, that. **-v.** to be, to mean, to equal
คือกัน **adj.** same. **-v.** to be equal
คุ **v.** to smoulder, to burn slowly; **colloq.** to scold
คุก **n.** jail (Ame.)/gaol (Bri.), prison; cellar
คุกกี้ **n.** cookie (Ame.)/biscuit (Bri.)
คุกเข่า **v.** to kneel
คุกคาม **v.** to threaten, to menace
คุ้ง **n.** bend, concave side
คุณ **n.** benefit, advantage; favor (Ame.)/favour (Bri.), kindness; mister, miss, mississ; witchcraft, sorcery. **-pron.** you
คุณค่า **n.** value, worth
คุณงามความดี **n.** goodness, virtue
คุณธรรม **n.** moral principle, virtue
คุณนาย **n.** madam
คุณประโยชน์ **n.** usefulness, benefit
คุณพระช่วย **interj.** Oh, my god!
คุณภาพ **n.** quality
คุณภาพสูง **adj.** high-grade

ก ข ฃ ค ฅ ฆ ง จ ฉ ช ซ ฌ ญ ฎ ฏ ฐ ฑ ฒ ณ ด ต ถ ท ธ

คุณลักษณะ ***n.*** good character
คุณวุฒิ ***n.*** qualification
คุณศัพท์ ***n.*** adjective
คุณสมบัติ ***n.*** qualification, property
คุณไสย ***n.*** black magic, witchcraft
คุณูปการ, คุโณปการ ***n.*** contribution, benefactions

คุด ***v.*** to turn inward; to huddle up
คุดคู้ ***adj.*** curled, rolled, huddled

คุดทะราด ***n.*** yaws, frambesia

คุ้น ***adj.*** familiar, intimate. ***-v.*** to be accustomed to; to be used to

คุม ***v.*** to control, to supervise, to conduct; to protect, to guard
คุมกำเนิด ***n.*** birth control
คุมขัง ***v.*** to imprison, to jail
คุมงาน ***v.*** to supervise, to superintend, to oversee, to control
คุมเชิง ***v.*** to keep watching, to look and wait for, to watch for
คุมสติ ***v.*** to control oneself
คุมสอบ ***v.*** to invigilate

คุ่ม ***adj.*** bent, crooked, curved, hunchbacked. ***-adv.*** crookedly

คุ้ม ***v.*** to protect, to safeguard, to defend; to cover. ***-adj.*** worthwhile, profitable. ***-n.*** residence of a northern Thai noble. ***-prep.*** up until now, until, till
คุ้มกัน, คุ้มครอง ***v.*** to protect, to defend, to guard, to safeguard
คุ้มค่า ***adj.*** worthy
คุ้มทุน ***v.*** to break even

คุ้มดีคุ้มร้าย ***adj.*** disordered

คุย ***v.*** to talk, to chat, to speak; to discuss; ***colloq.*** to boast, to brag
คุยเก่ง ***adj.*** talkative, chatty
คุยจ้อ ***v.*** to chatter
คุยโว ***v.*** to boast, to overstate

คุ้ย ***v.*** to turn up, to dig out, to delve
คุ้ยเขี่ย ***v.*** to reveal, to uncover

คุรุศาสตร์ ***n.*** education sciences

คู ***n.*** canal, ditch, trench. ***-v.*** to sing, to coo; to flirt, to court

คู่ ***adj.*** even; opposite; equal; double. ***-n.*** couple, pair; mate, spouse
คู่กรณี ***n.*** litigant; enemy
คู่กัด ***n., colloq.*** opponent, enemy
คู่ขา ***n.*** playmate, partner
คู่แข่ง ***n.*** opponent, competitor
คู่ครอง ***n.*** spouse; husband; wife
คู่ควร ***adj.*** suitable, worthy, appropriate, well-matched, qualified
คู่คิด ***n.*** coplanner
คู่คี่ ***adj.*** close; well-matched
คู่ใจ ***n.*** intimate, confidant
คู่ชีพ ***adj.*** accompanied
คู่ชีวิต ***n.*** spouse, husband and wife
คู่ซ้อม ***n.*** boxing partner, sparing partner
คู่ซี้ ***n., colloq.*** boon companion
คู่ต่อสู้ ***n.*** opponent, enemy
คู่เต้นรำ ***n.*** dancing partner
คู่ทุกข์คู่ยาก ***n.*** life mate
คู่แท้ ***n.*** soulmate, soul mate
คู่นอน ***n.*** lover, sex friend
คู่บ้านคู่เมือง ***adj.*** invaluable, priceless; national; respectable
คู่บ่าวสาว ***n.*** bride and bridegroom
คู่ปรับ ***n.*** comparable opponent
คู่ผัวตัวเมีย ***n., colloq.*** husband and wife, spouse, couple
คู่พระคู่นาง ***n.*** actor and actress
คู่พิพาท ***n.*** plaintiff and accused, litigant
คู่มือ ***n.*** guide, manual, handbook
คู่รัก ***n.*** lover, sweetheart, beloved
คู่เรียงเคียงหมอน ***n.*** spouse, couple

คู่ลำดับ, คู่อันดับ ***n.*** coordinates
คู่สมรส ***n.*** spouse, couple
คู่สร้าง, คู่สร้างคู่สม ***n.*** soulmate
คู่สัญญา ***n.*** partner of contract
คู่สาย, คู่สายโทรศัพท์ ***n.*** line
คู่หมั้น ***n.*** fiancé (male), fiancée (female)
คู่หู ***n.*** buddy, boon companion. ***-adj.*** intimate, trusted
คู่อริ ***n.*** rival, enemy, foe, antagonist
คู้ ***v.*** to bend, to curve, to roll up
คูณ ***v.*** to multiply, to double, to time
คูปอง ***n.*** coupon
คูหา ***n.*** booth, space; a suit of building
เค้ก ***n.*** cake
เค้เก้ ***adj., colloq.*** falling, toppling
เคนโด้ ***n.*** kendo
เค้น ***v.*** to crush, to squeeze, to press hard; to force, to compel
เค้นคอ ***v.*** to squeeze the neck; to force, to coerce
เค้นเอาความจริง ***v.*** to worm out of
เคเบิล ***n.*** cable
เคเบิลทีวี ***n.*** cable television, cable
เค็ม ***adj.*** salted, salty; ***sl.*** stingy
เคมี ***n.*** chemistry. ***-adj.*** chemical
เคย ***adv.*** ever, once. ***-v.*** to be accustomed to, to be used to
เคยตัว ***v.*** to be habitual
เคยปาก ***v.*** to speak habitually
เคยมือ ***v.*** to do habitually
เคร่ง ***adj.*** strict, rigid, serious
เคร่งขรึม ***adj.*** serious, solemn
เคร่งครัด ***adj.*** strict. ***-v.*** to be strict
เคร่งเครียด ***adj.*** serious, stern
เครดิต ***n.*** credit
เครดิตการ์ด ***n.*** credit card
เครา ***n.*** beard
เคราะห์ ***n.*** fate, lot, fortune, destiny
เคราะห์กรรม ***n.*** doom
เคราะห์ดี ***adj.*** lucky, fortunate. ***-adv.*** luckily. ***-n.*** good luck
เคราะห์ร้าย ***adj.*** unlucky. ***-adv.*** unluckily. ***-n.*** bad luck, misfortune
เครียด ***adj.*** serious, tense, nervous. ***-adv.*** seriously, tensely, nervously
เครือ ***n.*** vine; kinfolk, family; bunch of banana. ***-adj.*** trembling, quivering; blurred, vague, dull
เครือข่าย ***n.*** network
เครือข่ายงานภายใน ***n.*** local area network, LAN
เครือข่ายสารสนเทศ ***n.*** information network
เครือญาติ ***n.*** lineage, family
เครื่อง ***n.*** thing, article; component; ingredient; machine, engine
เครื่องกรอง ***n.*** filter
เครื่องกระป๋อง ***n.*** canned food
เครื่องกล, เครื่องจักร ***n.*** engine, mechanism, machine
เครื่องกลั่น ***n.*** distillater
เครื่องกลึง ***n.*** turning lathe, lathe
เครื่องแกง ***n.*** spice, curry powder
เครื่องแก้ว ***n.*** glassware
เครื่องขยายเสียง ***n.*** loudspeaker, speaker; amplifier; microphone
เครื่องขายสินค้าอัตโนมัติ ***n.*** vending machine
เครื่องเขิน ***n.*** lacquerware
เครื่องเขียน ***n.*** stationery
เครื่องครัว ***n.*** kitchen utensil
เครื่องเครา ***n., colloq.*** thing
เครื่องเคลือบ ***n.*** enamelware
เครื่องเงิน ***n.*** silverware
เครื่องจองจำ ***n.*** bonds, pillory
เครื่องจักสาน ***n.*** basketwork, basketry

เครื่องจักร n. machine, engine
เครื่องจักรไอน้ำ n. steam engine
เครื่องจับเท็จ n. lie detector
เครื่องเจาะ n. drill, borer
เครื่องฉาย n. projector
เครื่องชั่ง n. scales, balance
เครื่องชูชีพ n. life buoy, lifesaving
เครื่องใช้ n. utensil, appliance
เครื่องใช้ไฟฟ้า n. electric appliance
เครื่องใช้สำนักงาน n. Office Automation (OA)
เครื่องซักผ้า n. washing machine
เครื่องเซ่น n. offering, sacrifice
เครื่องดนตรี n. musical instrument
เครื่องดองของเมา n. intoxicant
เครื่องดักฟัง n. bug, monitor
เครื่องดับเพลิง n. fire extinguisher
เครื่องดินเผา n. earthenware
เครื่องดื่ม n. drink, beverage
เครื่องดื่มแอลกอฮอล์ n. liquor (Ame.)/spirits (Bri.)
เครื่องดูดฝุ่น n. vacuum cleaner (Ame.)/hoover (Bri.)
เครื่องตวง n. measuring container
เครื่องตัดวงจร n. circuit breaker
เครื่องตัดหญ้า n. grass mower
เครื่องเตือนใจ n. reminder
เครื่องแต่งบ้าน n. furniture
เครื่องถม n. nielloware
เครื่องถ่วง n. hindrance, weight, handicap, impediment
เครื่องถ้วยชาม n. crockery
เครื่องถ่ายเอกสาร n. copier, photocopier
เครื่องทอผ้า n. loom
เครื่องทอง n. goldware, gold
เครื่องทองเหลือง n. brassware
เครื่องทำความร้อน n. heater
เครื่องทุ่นแรง n. labor-saving (Ame.)/labour-saving (Bri.) device
เครื่องเทศ n. spice
เครื่องโทรพิมพ์ n. teleprinter
เครื่องนอน n. bedding
เครื่องนุ่งห่ม n. clothes
เครื่องใน n., pl. entrails
เครื่องบด n. grinder
เครื่องบรรณาการ n. tribute
เครื่องบวงสรวง n. sacrifice
เครื่องบันทึกเวลา n. time-register
เครื่องบันทึกเสียง n. sound recorder
เครื่องบิน n. airplane, plane, aircraft
เครื่องบินโดยสาร n. airliner
เครื่องแบบ n. uniform
เครื่องประดับ n. ornament, decoration; jewelry (Ame.)/jewellery (Bri.)
เครื่องปรับอากาศ n. air conditioner
เครื่องปรุง n. ingredient; seasoning, flavoring (Ame.)/flavouring (Bri.), spice
เครื่องปั้นดินเผา n. pottery, earthenware
เครื่องเป่า n. wind instrument
เครื่องเป่าผม n. hair dryer
เครื่องฝากถอนเงินอัตโนมัติ n. automatic teller machine (ATM)
เครื่องพิมพ์ n. printer; printing press
เครื่องพิมพ์ดีด n. typewriter
เครื่องพิสูจน์ n. proof
เครื่องเพชร n. jewelry (Ame.)/jewellery (Bri.)
เครื่องฟอกอากาศ n. air cleaner
เครื่องมือ n. tool, equipment
เครื่องยนต์ n. motor (Ame.)/engine (Bri.)
เครื่องร่อน n. glider; sieve, screen
เครื่องระบายอากาศ n. ventilator
เครื่องราง n. talisman
เครื่องราชอิสริยาภรณ์ n. insignia

เครื่องรับโทรทัศน์ **n.** television set
เครื่องรับวิทยุ **n.** radio receiver
เครื่องร่ำ, เครื่องหอม **n.** perfume, fragrance
เครื่องเรือน **n.** furniture
เครื่องโรเนียว **n.** mimeograph
เครื่องล้างจาน **n.** dishwasher
เครื่องเล่นคอมแพ็กดิสก์ **n.** CD-video
เครื่องเล่นเทป **n.** cassette player
เครื่องเล่นแผ่นเสียง **n.** record player, gramophone, phonograph
เครื่องเล่นและบันทึกวิดีโอ **n.** video recorder
เครื่องเล่นวิดีทัศน์ **n.** video player
เครื่องส่ง (วิทยุ) **n.** transmitter, radio transmitter
เครื่องสาย **n.** stringed instrument
เครื่องสำอาง **n.** cosmetic
เครื่องสุขภัณฑ์ **n.** bathroom fittings (Ame.)/sanitary fittings (Bri.)
เครื่องหมาย **n.** mark, sign, symbol
เครื่องหมายการค้า **n.** trademark
เครื่องหมายลับ **n.** cipher, cypher
เครื่องเหล็ก **n.** hardware, ironware
เครื่องอุปโภคบริโภค **n.** accomodations

เครือจักรภพ ***n.*** commonwealth
เคล็ด ***n.*** tip, trick, tactic, hint; charm. ***-v.*** to sprain, to wrench
เคล้น ***v.*** to massage, to knead
เคล้า ***v.*** to mix, to blend, to mingle
เคล้าเคลีย **v.** to pet, to fondle
เคลิบเคลิ้ม ***v.*** to be in a trance. ***-adj.*** absent-minded
เคลิ้ม ***v.*** to doze. ***-adj.*** lost in thought, absent-minded; sleepy, drowsy
เคลิ้มหลับ **adj.** half-sleep
เคลีย ***adv.*** near, close
เคลื่อน ***v.*** to move, to shift; to vary, to differ. ***-adj.*** incorrect, changed
เคลื่อนที่ **v.** to move, to displace, to shift. ***-adj.*** mobile, portable
เคลื่อนย้าย **v.** to remove, to take away; to move; to proceed
เคลื่อนย้ายได้ **adj.** movable
เคลื่อนไหว **v.** to move about
เคลือบ ***v.*** to enamel, to coat
เคลือบแคลง **adj.** doubtful, suspicious, mistrustful. ***-adv.*** doubtfully
เคลือบทอง **adj.** gilded
เคลือบน้ำตาล **adj.** sugar-coated; ***sl.*** poisonous; tricky
เคลือบแฝง **adj.** concealed, hidden. ***-v.*** to conceal, to hide, to cover
เคลือบฟัน **n.** enamel
เคลือบสี **v.** to enamel, to glaze
เคว้ง ***adj.*** adrift, floating. ***-adv.*** driftingly
เคว้งคว้าง **adj.** wandering; lonely, solitary. ***-adv.*** aimlessly
เคหะ, เคหา, เคหสถาน ***n.*** house, residence, dwelling
เคอร์เซอร์ ***n.*** cursor
เคอะเขิน ***adj.*** shy, embarrassed; clumsy, awkward. ***-adv.*** clumsily
เค้า ***n.*** hint, clue; plot, outline; trace
เค้าโครง **n.** outline, plot, frame
เค้าเงื่อน **n.** trace, trail, motive
เค้ามูล **n.** source, origin
เค้าเรื่อง **n.** plot, outline
เค้าหน้า **n.** facial features
เคาน์เตอร์ ***n.*** counter
เคารพ ***v.*** to respect, to esteem
เคารพกฎหมาย **adj.** law-abiding
เคาะ ***v.*** to knock, to tap, to hit, to beat
เคียง ***adv.*** close, near, side by side
เคียงข้าง, เคียงคู่ **adv.** side by side, near by, beside
เคียงบ่าเคียงไหล่ **adv.** shoulder to

shoulder
เคียดแค้น ***v.*** to resent, to detest, to be vengeful, to be venomous
เคียน ***v.*** to girdle, to buckle, to gird
เคียว ***n.*** sickle, scythe
เคี่ยว ***v.*** to simmer, to stew
เคี่ยวเข็ญ ***v.*** to drive, to force
เคี้ยว ***v.*** to chew, to grind, to munch
เคี้ยวฟัน ***v.*** to grind, to gnash
เคี้ยวเอื้อง ***v.*** to chew the cud
เคือง ***v.*** to be annoyed with, to be angry with, to be irritated by. ***-adj.*** upset, moody. ***-adv.*** moodily
เคืองแค้น ***v.*** to be wrathful
เคืองตา ***v.*** to have a sore eye
แค่ ***adv.*** just, only, merely
แค่ไหน ***adv.*** how far, how much
แค่เอื้อม ***adv.*** within reach
แคชเชียร์ ***n.*** cashier
แค็ตตาล็อก ***n.*** catalog (Ame.)/catalogue (Bri.)
แคน ***n.*** northeastern Thai reed mouth organ
แค่น ***v.*** to force, to urge, to compel
แค่นยิ้ม ***v.*** to force a smile
แค่นหัวเราะ ***v.*** to force to laugh
แค้น ***v.*** to resent, to grudge
แคบ ***adj.*** narrow; limited, confined
แคปซูล ***n.*** capsule
แคม ***n.*** edge, rim, margin
แคมนอก ***n.*** labia majora
แคมใน ***n.*** labia minora
แคมป์ ***n.*** camp
แคมป์ไฟ ***n.*** campfire
แคร่ ***n.*** bamboo bed, stretcher
แคร่พิมพ์ดีด ***n.*** platen
แคร่เลื่อนหิมะ ***n.*** sledge, sled
แคร่หาม ***n.*** litter, palanquin
แคโรทีน ***n.*** carotene
แคระ ***adj.*** short, dwarf, mini
แคลคูลัส ***n.*** calculus
แคลงใจ ***v.*** to suspect, to doubt
แคลเซียม ***n.*** calcium
แคล้วคลาด ***v.*** to miss, to escape
แคล่วคล่อง ***adj.*** active, fluent, quickly. ***-adv.*** actively, fluently, quickly
แคลอรี ***n.*** calorie, calory
แคว ***n.*** tributary
แควก ***n.*** the sound of tearing
แคว้น ***n.*** region, territory; country
แคะ ***v.*** to dig out, to pick out
โค ***n.*** cow; ox
โคกระบือ ***n.*** cattle
โคนม ***n.*** dairy cow
โคเนื้อ ***n.*** beef cattle, cattle
โคบาล ***n.*** cowboy
โคก ***n.*** mound, hillock, highland
โคเคน ***n.*** cocane, coke
โค่ง ***adj.*** big, huge, overgrown
โค้ง ***v.*** to bend, to curve, to arch. ***-adj.*** curved, bent, crooked, arched
โค้งคำนับ ***v.*** to bow
โคจร ***v.*** to orbit, to circle; to move
โคช ***n.*** coach
โคตร ***n.*** ancestor, kinsfolk. ***-adv., colloq.*** very, extremely, deeply
โคน ***n.*** foot, bottom, base; bishop
โค่น ***v.*** to cut down, to fell, to topple
โคบอลต์ ***n.*** cobalt
โคม ***n.*** lamp, lantern, light
โคมระย้า ***n.*** chandelier
โคมลอย ***n.*** flying lantern. ***-adj.*** senseless, nonsense. ***-n.*** rumor (Ame.)/rumour (Bri.), gossip
โคม่า ***n.*** coma
โครง ***n.*** skeleton, frame, outline
โครงกระดูก ***n.*** skeleton
โครงการ ***n.*** project, plan, scheme

โครงร่าง ***n.*** draft, outline; structure
โครงร่างรัฐธรรมนูญ ***n.*** draft constitution
โครงร่างสนธิสัญญา ***n.*** protocal
โครงเรื่อง ***n.*** plot, story, outline
โครงสร้าง ***n.*** structure, construction, composition, framework
โคร่ง ***adj.*** huge, big; loose
โครม ***n.*** bang, smack, slam
โครมคราม ***adj.*** noisy, loud
โครเมียม ***n.*** chromium
โครโมโซม ***n.*** chromosome
โคลง ***n.*** poem. ***-v.*** to sway, to rock
โคลงเคลง ***adv.*** unstably
โคลน ***n.*** mud, mire, slush
โควตา ***n.*** quota
ใคร ***pron.*** who, whom
ใคร ๆ ***pron.*** anyone, anybody
ใครก็ตาม ***pron.*** whoever
ใครต่อใคร *ดูคำว่า* ใคร ๆ
ใคร่ ***v.*** to wish, to desire. ***-n.*** passion, sexual desire, sexuality
ใคร่ครวญ ***v.*** to think over, to ponder, to reflect, to consider, to meditate
ไคล ***n.*** sweat stain. ***-v.*** to go
ไคล้ ***n.*** trick, trickery, magic

ฅ

ฅ the 5th Thai alphabet

ฆ

ฆ the 6th Thai alphabet
ฆราวาส ***n.*** layman
ฆ้อง ***n.*** gong
ฆ่า ***v.*** to kill, to slaughter, to murder; to cross out, to get rid of
ฆ่าตัวตาย ***v.*** to commit suicide

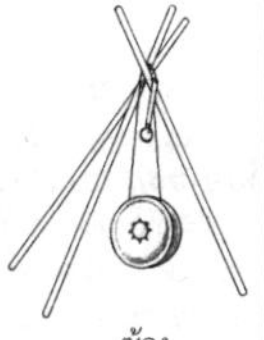
ฆ้อง

ฆ่าเวลา ***v.*** to kill time
ฆาต ***n.*** killing, execution; destruction. ***-v.*** to beat, to hit, to strike
ฆาตกร ***n.*** murderer, killer
ฆาตกรรม ***n.*** murder, manslaughter
เฆี่ยน ***v.*** to beat, to hit, to whip
โฆษก ***n.*** announcer, spokesman
โฆษณา ***v.*** to advertise, to publish, to publicize (Ame.)/to publicise (Bri.), to announce. ***-n.*** advertisement, announcement, advert, ad

ก ข ฃ ค ฅ ฆ ง จ ฉ ช ซ ฌ ญ ฎ ฏ ฐ ฑ ฒ ณ ด ต ถ ท ธ

***โฆษณาชวนเชื่อ* v.** to propagate, to propagandize (Ame.)/to propagandise (Bri.). **-n.** propaganda

โฆษะ adj. voiced

ง

ง the 7th Thai alphabet

งก adj. greedy, stingy. **-adv.** greedily

***งก ๆ* adv.** continuously

***งก ๆ เงิ่น ๆ* adv.** shakily; awkwardly, clumsily; nervously

งง v. to be dazzled, to be puzzled. **-adj.** dazzled, puzzled, astonished

***งงเป็นไก่ตาแตก* adj.** astounded

งด v. to cancel, to stop, to cease

***งดเว้น* v.** to abstain from, to refrain from, to stop doing sth.

งดงาม adj. graceful, fine, elegant. **-adv.** beautifully, elegantly

งบ n. balance, budget

***งบดุล* n.** balance sheet

***งบประมาณ* n.** budget

งม v. to fumble, to grope, to dive for

***งมโข่ง* adj., colloq.** awkward, clumsy, dumb. **-adv.** awkwardly

***งมงาย* v.** to believe blindly. **-adj.** dogmatic, credulous, opinionated

งวง n. trunk; spadix

***งวงช้าง* n.** trunk

***งวงตาล* n.** palm spadix

***งวงมะพร้าว* n.** coconut spadix

ง่วง adj. sleepy, drowsy

***ง่วงเหงาหาวนอน* v.** to be drowsy, to be sleepy. **-adj.** drowsy

งวด n. time, period. **-v.** to dry up, to boil dry, to boil down

ง่วน adj. immersed. **-v.** to be immersed in, to be absorbed in

งอ adj. curved, bent; sullen. **-v.** to bend, to bow

***งอหงิก* adj.** curly, twisted

ง้อ v. to reconcile, to patch up relationship, to try to conciliate

งอก v. to sprout, to bud; to shoot, to grow; to increase, to multiply

***งอกงาม* v.** to flourish, to thrive

***งอกเงย* v.** to develop, to increase

งอกแงก adj. unsteady, tottering; weak

ง่องแง่ง adj. unsteady, tottering. **-v.** to quarrel, to bicker, to argue

งอแง adj. fussy, peevish, childish

งอน adj. curved, bent. **-v.** to sulk

ง่อนแง่น adj. shaky, unsteady, infirm. **-adv.** shakily, unsteadily

งอบ n. peasant's hat

งอบ

งอม adj. overripe; severe; tired

***งอมแงม* adv.** extremely, seriously, severely. **-adj.** addicted; devoted

ง่อย adj. crippled, lame, paralyzed (Ame.)/paralysed (Bri.), maimed

งุ้ก adv. shakily; extremely, very

งั่ง adj. stupid, dumb, ignorant, dull

งัด v. to force; to lever, to pry

***งัดแงะ* v.** to burglarize (Ame.)/to burgle (Bri.), to steal
งัน v. to halt, to stop; to be stunned
งันงก *adj.* trembling with fear
งับ v. to shut, to close, to snap, to nip
งัวเงีย *adj.* drowsy, sleepy
งา *n.* sesame; tusk, ivory
ง้าง v. to pry, to pull out, to lever
งาน *n.* work, job, task, business; duty, function; party; ceremony, festival, fair; an area measured equal to 400 square meters/metres
งานก่อสร้าง n. construction work
งานขึ้นปีใหม่, งานปีใหม่ n. New Year Festival
งานแข่งม้า n. stampede
งานแข่งเรือ n. regatta
งานฉลอง n. festival, celebration
งานเฉลิมพระชนมพรรษา n. celebration of the king's/the queen's birthday
งานชั่วคราว n. part-time job
งานเต้นรำ n. ball
งานเต็มเวลา n. full-time job
งานแต่งงาน n. wedding
งานแถลงข่าว n. media event
งานเทศกาล n. festival, carnival
งานบ้าน n. housework
งานเบ็ดเตล็ด n. miscellaneous job
งานประจำปี n. annual festivity
งานเผาศพ n. cremation
งานพิธี n. ceremony
งานเย็บปักถักร้อย n. needlework
งานรื่นเริง n. carnival (Ame.)/fair (Bri.), festival
งานเลี้ยง n. party, feast
งานวัด n. temple fair
งานวันเกิด n. birthday party
งานวิจัย n. research
งานศพ n. funeral
งานแสดงสินค้า n. exposition, expo
งานอดิเรก n. hobby, leisure activity
งานออกร้าน n. fair, display
งาบ ๆ *adv.* gapingly
งาม *adj.* graceful, fine, splendid; perfect, complete; good; much
งามหน้า adj. disgraced, ashamed
ง่าม *n.* fork, prong; equivocal meaning
ง่ามเท้า n. web of the foot
ง่ามมือ n. web of the hand
ง่าย *adj.* easy, simple; convenient. ***-adv.*** easily, simply; conveniently
ง่ายดาย adj. very easy, very simple. ***-adv.*** very easily, very simply
ง้าว *n.* halberd, curved-blade pike
งำ *v.* to cover up, to hide
ง้ำ *adj.* protruding, projecting; sullen
งิ้ว *n.* Chinese opera
งีบ *v.* to take a nap, to nap, to doze off
งึมงำ *v.* to murmur. ***-adj.*** mumbling
งุด, งุด ๆ *adv.* (to walk) rapidly with a bending head
งุนงง *adj.* astonished, dazzled
งุ่นง่าน *adj.* worried, nervous; annoyed
งุบงิบ *v.* to do in secret
งุ้ม *adj.* curved down, hooked
งุ่มง่าม *adj.* clumsy, awkward, sluggish
งูกินหาง *n.* a Thai children's game like London Bridge
งู ๆ ปลา ๆ *adv.* (to know) a little
งูเงี้ยว, งูเงี้ยวเขี้ยวขอ *n.* snake, dangerous animals
งูพิษ *n.* poisonous snake
งูสวัด *n.* herpes zoster
เงก *adv.* badly

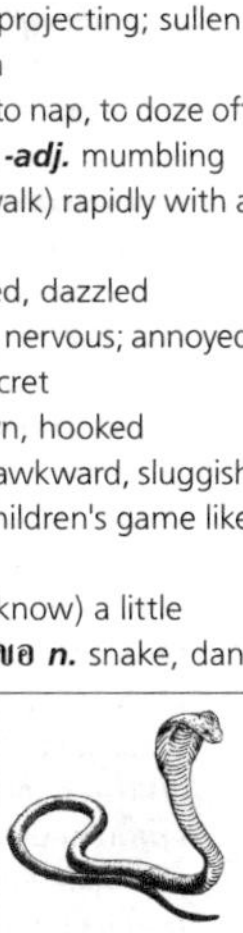
งูพิษ

ก ข ฃ ค ฅ ฆ ง จ ฉ ช ซ ฌ ญ ฎ ฏ ฐ ฑ ฒ ณ ด ต ถ ท ธ

เงย ***v.*** to lift one's face, to look up
เงยหน้าอ้าปาก v. to become better
เงอะงะ ***adj.*** clumsy, awkward. ***-adv.*** clumsily, awkwardly
เงา ***n.*** reflection; image; shadow. ***-adj.*** glossy, sleek, shining
เงามืด n. shadow, silhouette
เง้า ***adj.*** sulking, pouting, sullen
เงาะ ***n.*** Sakai
เงิน ***n.*** silver; money, currency
เงินกองกลาง n. pool
เงินก้อน n. lump sum
เงินกู้ n. loan
เงินคงคลัง n. treasury reserves
เงินค่าขนม n. pocket money
เงินค่าปิดปาก n. hush money
เงินค่าลิขสิทธิ์ n. royalty
เงินค่าเลี้ยงดู n. alimony
เงินค้างชำระ n. arrears
เงินชดเชย n. compensation
เงินเชื่อ n. credit
เงินดาวน์ n. down payment
เงินเดือน n. salary
เงินได้ n. revenue, income
เงินต้น n. principal, capital
เงินตรา n. currency
เงินตราต่างประเทศ n. foreign currency
เงินทอน n. change
เงินทุน n. capital, investment
เงินบริจาค n. donation
เงินปันผล n. dividend
เงินผ่อน n. installment (Ame.)/ instalment (Bri.)
เงินฝาก n. deposit
เงินฝืด n. deflation
เงินเฟ้อ n. inflation
เงินมัดจำ n. deposit
เงินยวง adj. silvery white
เงินรางวัล n. bounty, bonus
เงินสด n. cash
เงินสำรอง n. reserve, provision
เงี่ยง ***n.*** barb; spine
เงี่ยงเบ็ด n. fish-hook barb
เงี่ยงลูกศร n. (arrow) barb
เงี่ยน ***v.*** to crave, to lust, to itch
เงียบ ***adj.*** silent, quiet, calm, speechless, mute. ***-adv.*** quietly, silently
เงียบกริบ adj. soundless, silent
เงียบขรึม adj. quiet, taciturn
เงียบสงบ adj. peaceful, calm
เงียบเหงา adj. lonely, lonesome
เงี้ยว ***n.*** Shans; snake. ***-adj.*** tortuous, winding, meandering, crooked
เงี่ยหู ***v.*** to listen, to attend
เงื้อ, เงื้อง่า ***v.*** to raise, to lift
เงื่องหงอย ***adj.*** sluggish, slothful; dispirited, disheartened. ***-adv.*** sluggishly; dispiritedly
เงือก ***n.*** mermaid (female), merman (male)
เงื่อน ***n.*** knot, knob; clue, hint
เงื่อนกระตุก n. slip knot
เงื่อนไข n. condition, proviso
เงื่อนงำ n. clue, hint
เงื่อนตาย n. fast knot
เงื้อม ***n.*** projection, protrusion
เงื้อมผา n. overhanging rock
เงื้อมมือ n. control, power
แง่ ***n.*** edge, corner, point; point of view, aspect; trick, technique
แง่คิด n. point of view, viewpoint
แง่งอน n. craftiness, false pride
แง่ดี adj. optimistic; positive
แง่ร้าย adj. pessimistic; negative
แง่หิน n. sharp edge of a rock
แง่ง ***n.*** sprout
แง้ม ***v.*** to give a hint; to open partly.

-adj. ajar, half-close
แงะ ***v.*** to lever, to pry, to prize
โง ***v.*** to raise one's head, to look up
โง่ ***adj.*** stupid, dull, foolish, silly
โง่เง่า ***adj.*** ignorant, stupid
โงก ***v.*** to have a doze, to doze off
โงกเงก ***v.*** to sway, to shake, to stagger. ***-adj.*** shaky, unsteady
โง้ง ***adj.*** bent upward, curved upward
โงนเงน ***adj.*** tottering, wavering, reeling, shaky, unsteady, unstable
ไง ***adv, colloq.*** how?, what?

จ

จ the 8th Thai alphabet
จก ***v.*** to snatch, to grab, to seize
จง ***aux. v.*** must, have to
จงเกลียดจงชัง ***v.*** to hate one's gut
จงใจ ***v.*** to intend, to mean, to plan
จงรักภักดี ***adj.*** faithful, loyal
จงกรม ***v.*** to practice a meditation walk
จด ***v.*** to reach, to touch, to adjoin; to write, to take a note
จดจ่อ ***v.*** to pay attention to sth., to concentrate on sth.
จดจ้อง, จด ๆ จ้อง ***v.*** to hesitate
จดจำ ***v.*** to remember, to recollect
จดทะเบียน ***v.*** to register, to enroll
จดบันทึก ***v.*** to record, to take note of sth., to note sth. down
จดหมาย ***n.*** letter, mail
จดหมายเวียน ***n.*** circular letter
จดหมายสั้น ๆ ***n.*** note
จดหมายเหตุ ***n.*** record, chronicle
จน ***adj.*** poor, poverty-stricken, penniless. ***-prep., conj.*** till, until, as long as. ***-v.*** to lose, to be defeated
จนกว่า, จนกระทั่ง, จนถึง ***conj., prep.*** till, until
จนใจ ***v.*** to be at one wit's end
จนตรอก, จนมุม ***v.*** to be cornered, to be checkmated, to be stuck
จนแต้ม ***v.*** to be outsmarted, to be cornered, to come to a dead end
จนถึงที่สุด ***adv.*** to the last, until the end
จนปัญญา ***v.*** to have run out of ideas
จนมุม ***v.*** to be cornered, to be at bay
จนแล้วจนรอด ***adv.*** finally, ultimately
จบ ***n.*** end, round. ***-v.*** to finish, to end; to raise an offering with both hands as a token of dedication
จบเห่ ***v., colloq.*** to come to an end
จม ***v.*** to sink, to drown
จมน้ำ ***v.*** to be drowned, to sink
จมปลัก ***v.*** to get stuck
จมูก ***n.*** nose; snout
จมูกข้าว ***n.*** wheat germ
จมูกโด่ง ***n.*** prominent nose
จร ***v.*** to go; to wander, to roam. ***-adj.*** wandering, roaming, roving
จรจัด ***adj.*** homeless, stray
จรลี ***v.*** to stroll, to saunter; to go
จรด ***v.*** to reach, to contact, to touch
จรดพระนังคัล ***n.*** Ploughing Cere-

ก ข ฃ ค ฅ ฆ ง จ ฉ ช ซ ฌ ญ ฎ ฏ ฐ ฑ ฒ ณ ด ต ถ ท ธ

mony

จรรยา ***n.*** morals, ethics; conduct

จรรยาบรรณ n. professional ethics

จรรโลง ***v.*** to maintain, to hold

จรรโลงใจ v. to encourage, to inspire

จรวด ***n.*** missile, rocket; a kind of Thai firework

จรวดนำวิถี n. guided missile

จรัส ***adj.*** bright, clear, shining, lustrous

จราจร ***n.*** traffic

จราจรติดขัด n. traffic jam

จริง ***adj.*** sure, certain; genuine; actual, real, true, truthful

จริงจัง adj. serious, earnest. ***-adv.*** seriously, earnestly

จริงใจ adj. sincere, frank, honest. ***-adv.*** sincerely, frankly

จริต ***n.*** behavior (Ame.)/behaviour (Bri.), conduct, manner

จริตจะก้าน n. manner; affected manner, conduct

จริย, จริยา ***n.*** manner, conduct; morals

จริยธรรม n. morality, ethics

จริยวัตร, จริยาวัตร n. appropriate manner, suitable conduct; manner

จริยศาสตร์ n. ethics

จริยศึกษา n. moral education

จเร ***n.*** inspector general, chief inspector

จลาจล ***n.*** riot, chaos, disorder

จวก ***v., colloq.*** to stab, to slash; to punch, to beat, to hit

จ้วง ***v.*** to paddle; to dip; to stab; to beat, to plunge, to hit

จ้วงจาบ adv. rudely, offensively

จวน ***n.*** governor's official residence. ***-adj.*** imminent, approaching. ***-adv.*** nearly, almost, soon

จวบ ***prep., conj.*** till, until, up to. ***-v.*** to meet, to join, to reach

จวบจนกระทั่ง prep., conj. until, till, up to

จวัก ***n.*** ladle, dipper

จอ ***n.*** year of the Dog; dog; screen

จอสัมผัส n. touch screen

จ่อ ***v.*** to point at; to concentrate, to pay attention to

จ้อ ***adj.*** talkative, chatty, garrulous

จ๋อ ***n., colloq.*** monkey. ***-v.*** to sit

จอก ***n.*** small cup; waterlettuce

จ๊อกกิ้ง ***n.*** jogging

จ๊อกกี้ ***n.*** jockey

จ้อกแจ้ก ***adj.*** noisy, loud

จอง ***v.*** to make reservation (Ame.)/, to book (Bri.); to avenge

จองจำ v. to imprison, to jail

จองที่ดิน v. to preempt land

จองล้างจองผลาญ v. to be bent on making life difficult to sb.

จองเวรจองกรรม v. to hold a grudge against

จ้อง ***v.*** to stare, to gaze; to watch, to contemplate; to aim. ***-n.*** umbrella

จ้องเขม็ง v. to gaze

จ๋อง ***adj., colloq.*** depressed, joyless

จองหอง ***adj.*** arrogant, proud, haughty

จอแจ ***adj.*** crowded and noisy

จอด ***v.*** to stop; to land; to park; to moor, to anchor; to lose, to die.

จอน, จอนหู ***n.*** sideburns

จอบ ***n.*** hoe

จอม ***n.*** top, summit, peak; chief, leader, head. ***-adj.*** super

จอมขวัญ n. beloved woman

จอมใจ n. beloved, sweetheart, girl of one's heart

จอมทัพ n. commander-in-chief, supreme commander

จอมบงการ n. dictator

จอมปลวก n. termitarium
จอมปลอม adj. fake, deceptive
จอมเผด็จการ n. dictator
จอมพล n. field marshal
จ่อม ***v.*** to prostrate; to drop; to dip; to sink; to love
จ้อย ***adj.*** small, tiny, little; insignificant, trivial, trifling. ***-adv.*** fluently
จ๋อย ***adj.*** disheartened, pale, sad. ***-adv.*** very, extremely; talkatively
จะ ***aux. v.*** will, shall, should, would
จ้ะ ***adv.*** yes, okay, OK
จ๊ะ ***adv.*** final particle used in interrogative sentences or invitation. ***-v., colloq.*** to meet by chance, to come across
จ๊ะเอ๋ interj. Peekaboo!, Peep-bo!
จะเข้ ***n.*** a kind of Thai stringed musical instrument

จะเข้

จะงอย ***n.*** beak, crooked end
จะจะ ***adv., colloq.*** clearly; absolutely
จะแจ้ง ***adj.*** clear, obvious. ***-adv.*** clearly, distinctly, apparently, obviously
จะละเม็ด ***n.*** turtle's egg
จัก ***v.*** to split; to pink; to recognize (Ame.)/to recognise (Bri.), to know. ***-aux. v.*** will, shall. ***-adj.*** saw-toothed, serrated
จักสาน n. wickerwork
จั๊กจี้, จักจี้ ***v.*** to tickle
จักเดียม ***v., colloq.*** to feel ticklish; to feel embarrassed
จักร ***n.*** wheel, cogwheel; machine
จักรกล n. machinery, mechanism
จักรพรรดิ n. emperor
จักรภพ n. commonwealth
จักรภพอังกฤษ n. British Empire
จักรยาน n. bicycle, bike
จักรยานยนต์ n. motorcycle, motorbike
จักรเย็บผ้า n. sewing machine
จักรราศี n. zodiac
จักรวรรดิ n. empire
จักรวรรดินิยม n. imperialism
จักรวาล n. universe, cosmos
จักรี ***n.*** king, monarch
จักษุ ***n.*** eye
จักษุแพทย์ n. ophthalmologist
จุ้ง ***adv.*** really, truly, indeed, very
จัง ***adv., colloq.*** extremely, very
จังกอบ ***n.*** tax, duty, customs duty
จังก้า ***v.*** to stand with widespread legs, to be ready to shoot
จังงัง ***adj.*** astonished, stunning
จังหนับ ***adv., colloq.*** violently; extremely; precisely, exactly
จังหวะ ***n.*** rhythm, beat; chance
จังหวัด ***n.*** province
จัญไร ***adj.*** bad, evil, wicked, damned
จัณฑาล ***adj.*** outcast. ***-n.*** outcast
จัด ***adj.*** extreme, strong, intense; ripe. ***-adv.*** extremely, strongly. ***-v.*** to arrange, to put in order
จัดการ v. to manage, to handle
จัดจ้าน adj. sharp-tongued
จัดเจน adj. experienced, skillful (Ame.)/skilful (Bri.)
จัดแจง v. to prepare
จัดตั้ง v. to set up, to organize (Ame.)/to organise (Bri.), to form, to establish, to found
จัดเตรียม v. to set up
จัดโต๊ะ v. to set the table
จัดที่นอน v. to make the bed
จัดสรร v. to allocate, to provide,

to distribute, to set aside for
จัดหา **v.** to provide sth. for sb.
จัดใหม่ **v.** to rearrange
จัดอันดับ, จัดลำดับ **v.** to rank
จัตวา ***n.*** high rising mark (๋). ***-adj.*** four, fourth
จัตุ ***adj.*** four. ***-prefix*** quadri-
จัตุรัส ***n.*** square
จั่น ***n.*** spadix; trap
จันทร์ ***n.*** moon; Monday
จันทรคติ ***n.*** lunar system; lunar calendar
จันทรคราส, จันทรุปราคา ***n.*** lunar eclipse, eclipse of the moon
จับ ***v.*** to hold; to catch; to stick, to adhere; to arrest. ***-n.*** numerative noun for Thai vermicelli
จับกลุ่ม ***v.*** to gather, to assemble
จับกุม ***v.*** to arrest, to seize
จับไข้ ***v.*** to get sick, to fall ill
จับความ ***v.*** to comprehend, to understand, to grasp
จับคู่ ***v.*** to pair off, to match
จับจด ***adj.*** perfunctory; shiftless
จับจอง ***v.*** to preempt; to reserve, to book, to make a reservation
จับจิต, จับใจ ***adj.*** impressive, satisfying
จับเจ่า ***adj.*** bored, dejected
จับฉลาก, จับสลาก ***v.*** to draw lots
จับชีพจร ***v.*** to take the pulse
จับตา ***v.*** to keep one's eyes on. ***-adj.*** attractive, fascinating
จับตาย ***v.*** to capture dead
จับแน่น ***v.*** to grip, to grasp
จับปลา ***v.*** to fish
จับเป็น ***v.*** to capture alive
จับผิด ***v.*** to find fault with
จับพลัดจับผลู ***v.*** to stumble on, to hit the target by chance. ***-adv.*** accidentally, by chance
จับแพะชนแกะ ***adv.*** carelessly
จับเวลา ***v.*** to keep time, to time
จับเส้น ***v.*** to massage
จับกัง ***n.*** coolie, workman, laborer (Ame.)/labourer (Bri.)
จับจ่าย ***v.*** to buy, to purchase; to go shopping; to spend
จับฉ่าย ***n.*** medley. ***-adj., colloq.*** disordered, confused, messy
จับสั่น ***n.*** malaria, malaria fever
จั่ว ***n.*** gable. ***-v.*** to deal a card
จั๋วะ ***adj., colloq.*** snowy
จ่า ***n.*** chief, head; sergent. ***-v.*** to address, to be fined
จ่าฝูง ***n.*** leader
จ่าหน้า ***v.*** to address
จ่าหน้าซองจดหมาย ***v.*** to address
จ้า ***adj.*** intense, strong, bright. ***-adv.*** intensely, strongly, brightly
จ๋า ***adv.*** yes, right
จาก ***v.*** to depart, to leave, to separate. ***-prep.*** from, since; by
จาง ***adj.*** faded, diluted, faint, pale
จ้าง ***v.*** to hire, to engage, to employ
จางวาง ***n.*** head butler of king, prince's household
จาน ***n.*** dish, plate. ***-v.*** to dilute, to fade
จานเขี่ยบุหรี่ ***n.*** ashtray
จานเชิง ***n.*** footed dish
จานบิน ***n.*** flying saucer; Unidentified Flying Object (UFO)
จานรองถ้วย ***n.*** saucer
จานเสียง ***n.*** record, phonograph disk, gramophone record
จาบจ้วง *ดูคำว่า* จ้วงจาบ
จ๊าบ ***adj., sl.*** cool, very good
จาม ***n.*** Cham. ***-v.*** to sneeze; to hew,

ก ข ฃ ค ฅ ฆ ง จ ฉ ช ซ ฌ ญ ฎ ฏ ฐ ฑ ฒ ณ ด ต ถ ท ธ

to hack; to bash, to smash
จ่าย ***v.*** to spend; to buy, to purchase, to pay; to distribute, to supply
จ่ายคืน v. to repay
จ่ายตลาด v. to do shopping
จ่ายยา v. to dispense
จาร ***v.*** to inscribe. ***-n.*** spy, secret agent
จารกรรม n. espionage
จารชน n. spy, agent
จาระไน ***v.*** to enumerate, to elucidate
จาระบี ***n.*** lubricant
จาริก ***n.*** pilgrim; pilgrimage
จารีต ***n.*** tradition, custom, convention
จารีตประเพณี *ดูคำว่า* จารีต
จารึก ***v.*** to inscribe, to engrave, to imprint; to write
จ้าละหวั่น ***adj.*** busy, chaotic, confused
จาว ***n.*** plumule, embryonic bud
จาวมะพร้าว n. coconut heart
จำ ***v.*** to remember, to memorize (Ame.)/to memorise (Bri.), to recognize (Ame.)/to recognise (Bri.); to imprison, to confine. ***-aux. v.*** have to, must
จำคุก v. to imprison, to jail
จำใจ adj. unwilling, forced. ***-v.*** to do against one's will. ***-adv.*** unwillingly
จำทน v. to tolerate, to put up with
จำเป็น adj. necessary, required, essential, imperative, vital
จำพรรษา v. to reside in a single monastery during the Buddhist Lent
จำวัด v. to sleep (used for a monk)
จำศีล v. to observe the Buddhist precepts; to hibernate
จ้ำ ***v.*** to speed up, to hurry, to paddle fast. ***-n.*** bruise, contusion
จำกัด ***v.*** to limit, to restrict, to fix
จำกัดความ v. to give a definition
จำกัดจำเขี่ย v. to economize (Ame.)/to economise (Bri.), to tighten one's belt, to save. ***-adj.*** poor; limited
จ้ำจี้ ***n.*** a kind of children's games. ***-v., sl.*** to make love
จ้ำจี้จ้ำไช v. to nag, to keep reminding, to tell or teach repeatedly. ***-adv.*** repeatedly, over and over
จำเจ ***adj.*** boring, repetitive, routine
จำนง ***v.*** to aim, to intend, to determine, to wish. ***-n.*** intention, aim, purpose
จำนน ***v.*** to surrender, to lose, to submit
จำนวน ***n.*** number
จำนวนเงิน n. sum
จำนวนเงินคงเหลือในธนาคาร n. balance
จำนวนเต็ม n. integer
จำนวนเต็มคี่ n. even number
จำนวนเต็มคู่ n. odd number
จำนวนนับ n. counting number
จำนวนมาก n. multitude
จำนอง ***v.*** to mortgage. ***-n.*** mortgage
จำนำ ***v.*** to pawn, to pledge, to put in pawn. ***-n.*** pawn, pledge
จำแนก ***v.*** to sort out; to separate; to distribute; to divide; to classify
จู้บ๊ะ ***n., colloq.*** sexy show, show girl
จ้ำเบ้า ***adj.*** bumpy. ***-v.*** to fall down
จำพวก ***n.*** kind, type, category, group
จำเพาะ adj. specific, especial, particular. ***-adv.*** specifically, precisely, specially, particularly
จ้ำม่ำ ***adj.*** plump, chubby, podgy
จำลอง ***v.*** to reproduce, to duplicate, to model, to simulate. ***-adj.*** artificial, imitative, duplicative

ก ข ฃ ค ฅ ฆ ง จ ฉ ช ซ ฌ ญ ฎ ฏ ฐ ฑ ฒ ณ ด ต ถ ท ธ

จำเลย ***n.*** defendant, accused
จำแลง ***v.*** to disguise, to mask, to transform, to transfigure
จำหน่าย ***v.*** to sell; to distribute
จำหลัก ***v.*** to carve, to engrave
จำอวด ***n.*** comedy, clown, buffoonery
จิก ***v.*** to peck; to scold, to rebuke
จิกหัว ***v.*** to pull the hair; to oppress
จิกโก๋ ***n.*** gigolo, ruffian
จิต ***n.*** mind, consciousness, thought
  จิตใจ n. mind, feeling, emotion
  จิตใต้สำนึก n. subconsciousness
  จิตนิยม n. idealism
  จิตบำบัด n. psychotherapy
  จิตแพทย์ n. psychiatrist
  จิตฟั่นเฟือน n. mental derangement
  จิตไร้สำนึก n. unconsciousness
  จิตวิเคราะห์ n. psychoanalysis
  จิตวิญญาณ n. soul
  จิตวิทยา n. psychology
  จิตเวชศาสตร์ n. psychiatry
  จิตสำนึก n. consciousness
  จิตหลอน n. hallucination
จิตร ***n.*** painting, drawing, design, pattern. ***-adj.*** fine, exquisite
  จิตรกร n. painter, artist, drawer
  จิตรกรรม n. painting, drawing, artistic work, picture, portrait
  จิตรกรรมฝาผนัง n. mural, graffiti
จินดา ***n.*** gem, precious stone; thought, imagination
  จินดามณี n. wishing crystal; the name of the first Thai school-book
จินต, จินต์ ***v.*** to think, to imagine
  จินตกวี n. imaginative poet
  จินตนาการ n. imagination. ***-v.*** to imagine, to fantasize (Ame.)/to fantasise (Bri.)
  จินตนิยาย n. imaginative novel
  จินตภาพ n. image
  จินตลีลา n. ballet
จิบ ***v.*** to sip, to taste, to sup
จิปาถะ ***adj.*** miscellaneous, sundry
จิ้ม ***v.*** to dip into; to poke; to stab
จิ้มลิ้ม ***adj.*** lovely, pretty, cute, bonny
จิรัง, จีรัง ***adj.*** everlasting, enduring
จิ๋ว ***adj.*** tiny, mini, minute, miniature
จี่ ***v.*** to grill, to roast, to bake, to fry
จี้ ***n.*** locket, pendant. ***-v.*** to poke, to tickle; to press; to compel, to force; to hijack, to rob; to run after
  จี้เส้น v. to joke, to amuse
จี๋ ***adv.*** extremely, urgently. ***-v.*** to tickle
จี๊ด ***adj.*** tiny, minute, miniature; intense, strong; critical, sudden
จีน ***n.*** China. ***-adj.*** Chinese
จีบ ***v.*** to fold, to pleat; to court, to flirt
  จีบปากจีบคอ v. to speak affectedly, to flatter, to wheedle; to pretend
จี๊ป ***n.*** jeep
จีวร ***n.*** outer rope of Buddhist monk
จึง, จึ่ง ***adv.*** consequently, therefore, then, so, after that
จืด ***adj.*** tasteless, insipid; boring, indifferent, uninteresting, flat, dull
  จืดจาง v. to fall away, to fade
  จืดชืด adj. tasteless, wishy-washy; boring, uninteresting, flat, lifeless
  จืดตา adj. uninteresting, dull
จุ ***v.*** to hold, to accommodate, to contain. ***-adj.*** filled; plentiful
  จุใจ adj. content, satisfied
จุก ***n.*** topknot; group, bunch; cork, stopper. ***-v.*** to stop, to block
จุกจิก ***v.*** to disturb, to fidget. ***-adj.*** fussy, meticulous; trifling, trivial
จุ๋งจิ๋ง ***adv.*** (to speak or talk) softly,

gently, lightly, in whisper
จุณ ***n.*** powder, dust, particle
จุด ***n.*** dot, spot, point. ***-v.*** to spot, to dot; to ignite, to set fire, to light
จุดจบ n. end, ending, termination, result, outcome; death
จุดเด่น n. landmark; highlight; strong point; superiority
จุดเดือด n. boiling point
จุดตรวจสอบ n. checkpoint
จุดทศนิยม n. decimal point
จุดบกพร่อง n. bug
จุดบอด n. blind spot
จุดประสงค์ n. purpose, aim
จุดภาพ n. pixel
จุดยืน n. standpoint, position
จุดยุทธศาสตร์ n. strategic point, strategic position, stronghold
จุดเยือกแข็ง n. freezing point
จุดรวม, จุดศูนย์กลาง n. hub, center (Ame.)/centre (Bri.), focus
จุดเริ่มต้น n. threshold
จุดลูกน้ำ n., colloq. comma
จุดศูนย์ถ่วง n. center of gravity
จุดสุดยอด n. climax
จุดหมาย, จุดหมายปลายทาง n. destination, goal, target, aim
จุดหลอมเหลว n. melting point
จุดอ่อน n. weak point, inferiority, weakness, fault, shortcoming
จุดอิ่มตัว n. saturation point
จุติ ***v.*** to die, to pass away, to decease
จุนเจือ ***v.*** to help, to support, to aid
จุ้น ***adj.*** protrusive, bulging
จุ้นจ้าน ***v.*** to interfere, to intrude, to poke one's nose into other people's business. ***-adj.*** meddlesome, noisy, interfering, prying
จุ๊บ ***n.*** smack. ***-v., colloq.*** to kiss
จุบจิบ ***adv.*** (to eat) bit by bit
จุ่ม, จุ๋ม ***v.*** to dip into, to dunk into
จุ๋มจิ๋ม ***adj.*** tiny; lovely, cute, pretty
จุมพิต ***v.*** to kiss, to peck
จุ๊ย ***v., colloq.*** to put on airs
จุล ***adj.*** tiny, small, micro, microscopic
จุลชีพ, จุลชีวัน, จุลินทรีย์ n. microbe, microorganism
จุลทรรศน์ n. microscope
จุลภาค n. comma
จุลศักราช n. the Thai minor era beginning at March 21, 638 A.D.
จุลสาร n. pamphlet, brochure
จุฬา ***n.*** star-shaped kite
จุฬาราชมนตรี ***n.*** offical Muslim president, Sheikhul Islam
จู่ ***v.*** to dash, to rush. ***-adv.*** suddenly; unexpectedly; unhesitatingly
จู่โจม v. to attack, to strike
จู๋ ***adj.*** very short. ***-n., colloq.*** penis
จูง ***v.*** to lead, to bring, to pull, to drag
จูงจมูก v. to induce
จูงใจ v. to induce, to motivate
จูงมือ v. to take by the hand
จูงมือกัน v., idm. hand in hand
จู้จี้ ***v.*** to fuss, to nag. ***-adj.*** fussy
จู๋จี๋ ***v.*** to coo, to talk intimately
จู๊ด ***adv.*** (to run) quickly, at full speed
จูบ ***v.*** to kiss
จูราสสิก ***n.*** Jurassic Age. ***-adj.*** Jurassic
เจ ***adj.*** vegetarian. ***-n.*** vegetarian food; vegetarian
เจ๊ก ***n., colloq.*** Chinese
เจ๊กตื่นไฟ adj., colloq. panicky
เจ๊ง ***v., colloq.*** to go bankrupt, to be ruined, to be insolvent; to close
เจ็ด ***n.*** seven. ***-adj.*** seventh
เจ็ดสิบ n. seventy
เจดีย์ ***n.*** pagoda, stupa

ก ข ฃ ค ฅ ฆ ง จ ฉ ช ซ ฌ ญ ฎ ฏ ฐ ฑ ฒ ณ ด ต ถ ท ธ

ก ข ฃ ค ฅ ฆ ง จ ฉ ช ซ ฌ ญ ฎ ฏ ฐ ฑ ฒ ณ ด ต ถ ท ธ

เจต ***n.*** thought, mind
เจตคติ n. attitude
เจตจำนง n. intention, purpose
เจตนา ***v.*** to intend, to aim, to purpose. ***-n.*** intention, aim, purpose
เจตนารมณ์ n. intention, aim; spirit
เจ็ตสกี ***n.*** jet-ski
เจน ***adj.*** skilled, experienced. ***-v.*** to be familiar with, to be accustomed to
เจนจบ, เจนจัด adj. experienced, expert, skilled, proficient
เจ็บ ***adj.*** ill, sick; painful, sore
เจ็บคอ v. to have a sore throat
เจ็บแค้น v. to resent
เจ็บใจ v. to be distressed in mind, to be heartsick
เจ็บท้อง v. to have a stomachache; to have pains during childbirth
เจ็บปวด v. to get hurt, to be painful. ***-adj.*** painful, injured
เจ็บป่วย v. to get sick, to be ill
เจ็บร้อน v. to rankle, to harbor (Ame.)/harbour (Bri.) malice
เจ็บแสบ v. to have a feeling of burning pain
เจรจา ***v.*** to negotiate, to bargain; to discuss, to talk, to speak
เจริญ ***v.*** to grow, to develop, to flourish, to thrive, to advance
เจริญก้าวหน้า v. to progress, to advance
เจริญพร adv. yes (used by a monk)
เจริญพันธุ์ adj. productive, fruitful
เจริญรอย v. to follow in sb's footsteps
เจริญรุ่งเรือง v. to prosper
เจริญวัย v. to grow up
เจริญอาหาร v. to have a good appetite. ***-adj.*** appetizing (Ame.)/appetising (Bri.)
เจอ, เจอะ ***v.*** to meet, to encounter, to come across, to find
เจ่อ ***v.*** to swell. ***-adj.*** swollen
เจ๋อ ***v., sl.*** to poke one's nose into other's business. ***-adj.*** meddlesome, officious, intrusive
เจ่า ***adj.*** depressed, dejected, dispirited
เจ้า ***n.*** master, chief, leader; member of royal family; king; expert, old hand; god, goddess. ***-pron.*** you
เจ้ากี้เจ้าการ n. busybody, middler
เจ้าของ n. owner; proprietor
เจ้าของที่ n. landlord
เจ้าของบ้าน n. host, hostess
เจ้าของร้าน n. storekeeper, shopkeeper, shop owner
เจ้าของโรงสี n. miller
เจ้าขา, เจ้าข้า adv. yes, right
เจ้าขุนมูลนาย n. nobleman, upper class, aristocrat
เจ้าคนนายคน n. boss, master
เจ้าแง่แสนงอน adj. crafty, sly
เจ้าจอม n. king's second wife
เจ้าชาย n. prince
เจ้าชีวิต n. king, lord of life
เจ้าชู้ n. philanderer. ***-adj.*** gallant
เจ้าตัว n. referred person; he; she
เจ้าถิ่น n. mafia; native
เจ้าท่า n. harbor authority
เจ้าที่ n. guardian spirit
เจ้าทุกข์ n. plaintiff, complainant. ***-adj.*** depressed, gloomy, dejected
เจ้านาย n. boss, master; royal family, nobleman, upper class
เจ้าเนื้อ adj. plump, chubby, fat
เจ้าบ้าน n. householder, homeowner, host, hostess
เจ้าบ่าว n. groom, bridegroom

เจ้าบุญนายคุณ ***n.*** benefactor, benefactress
เจ้าปัญญา ***adj.*** wise, clever
เจ้าแผ่นดิน ***n.*** king, sovereign
เจ้าพนักงาน ***n.*** official, officer
เจ้าพ่อ ***n.*** guardian angel; mogul; godfather, big shot, mafia
เจ้าภาพ ***n.*** host, hostess; sponsor
เจ้ามือ ***n.*** banker, dealer, host
เจ้าเมือง ***n.*** governor, ruler
เจ้าแม่ ***n.*** goddess, guardian angle
เจ้ายศ, เจ้ายศเจ้าอย่าง ***adj.*** proud, arrogant, aristocratic, haughty
เจ้าเรือน ***n.*** habit. ***-adj.*** inborn
เจ้าเล่ห์ ***n.*** cunning person, trickster. ***-adj.*** tricky, cunning, crafty
เจ้าสัว ***n.*** rich man, wealthy man
เจ้าสาว ***n.*** bride
เจ้าสำนวน ***n.*** master of words. ***-adj.*** rhetorical
เจ้าสำราญ ***adj.*** thriftless, improvident. ***-n.*** spendthrift
เจ้าหญิง ***n.*** princess
เจ้าหน้าที่ ***n.*** officer, official
เจ้าหน้าที่ประชาสัมพันธ์ ***n.*** public relations (PR)
เจ้าหน้าที่รักษาความปลอดภัย ***n.*** security guard, watchman
เจ้าหนี้ ***n.*** creditor
เจ้าหล่อน ***pron.*** she, her
เจ้าอารมณ์ ***adj.*** moody, irritable
เจ้าอาวาส ***n.*** abbot

เจ๊า ***v., colloq.*** to draw. ***-adj.*** equal
เจาะ ***v.*** to pierce, to bore, to drill
เจาะระบบคอมพิวเตอร์ ***v.*** to hack
เจาะลึก ***v.*** to canvass
เฉาะจง ***v.*** to specify
เจิ่ง ***adj.*** full, flooded, overflowing
เจิดจ้า ***adj.*** bright, brilliant, shining
เจิม ***v.*** to bless by anointing with fragrant powder. ***-n.*** eyebrow
เจีย ***v.*** to lathe, to turn lathe
เจียด ***v.*** to spare, to set aside
เจียดยา ***v.*** to buy herbal medicine
เจียน ***v.*** to trim, to clip, to cut. ***-adv.*** nearly, almost, close to
เจี๋ยน ***v., colloq.*** to cut; to kill
เจี๊ยบ ***adv.*** very, extremely. ***-n.*** chick
เจียม, เจียมตัว ***adj.*** modest, humble
เจี๋ยมเจี้ยม ***adj., colloq.*** shy, timid
เจียระไน ***v.*** to cut gem
เจียว ***v.*** to fry; to render. ***-adj.*** fried. ***-adv.*** surely, certainly
เจี๊ยวจ๊าว ***adj.*** noisy, loud, boisterous. ***-adv.*** noisily, loudly, boisterously
เจือ ***v.*** to mix, to blend, to mingle
เจือจาง ***v.*** to dilute. ***-adj.*** diluted
เจือจาน ***v.*** to support, to help
เจือปน ***v.*** to adulterate, to mix. ***-adj.*** adulterated, mixed
เจื่อน ***v.*** to pale. ***-adj.*** embarrassed, sheepish, abashed, uncomfortable
เจื้อย ***adv.*** incessantly, continuously
เจื้อยแจ้ว ***adv.*** sweetly and continuously, melodiously
แจ ***adv.*** closely
แจ๋ ***adj.*** intense, bright, strong
แจก ***v.*** to distribute, to share, to hand out; to separate; to spread
แจกจ่าย ***v.*** to distribute, to hand out, to give out, to dispense
แจกแจง ***v.*** to explain, to clarify
แจกัน ***n.*** vase
แจง, แจงสี่เบี้ย *ดูคำว่า* แจกแจง
แจ้ง ***v.*** to inform, to report. ***-adj.*** clear, obvious; bright, shining
แจ้งความ ***v.*** to report, to lodge a report, to inform, to notify

แจ๊ส ***n.*** jazz
แจ๊ด ***adj.*** intense, strong
แจ๊ดแจ๋ ***adj., colloq.*** showy, intrusive; intense, strong
แจ้น ***v.*** to rush, to hurry. ***-adv.*** rapidly, quickly, hurriedly, swiftly
แจ่ม ***adj.*** bright, clear, shining, distinct
แจ่มแจ้ง adj. clear, distinct, explicit
แจ่มใส adj. cheerful, happy; bright
แจว ***n.*** long paddle, oar, scull. ***-v.*** to row, to oar; ***colloq.*** to run away
แจ้ว ***adj.*** melodious, sweet; talkative
แจ๋ว ***adj.*** clear, good, excellent, great
แจ๋วแหวว adj. bright
โจก ***n.*** leader, instigator
โจ๊ก ***n.*** joke; joker; the sound of pouring water. ***-adj.*** funny, amusing
โจง ***v.*** to hold back, to pull up
โจงกระเบน v. to roll up the end of Thai traditional sarong and attach it at the girdle
โจ่งครึ่ม, โจ๋งครึ่ม ***adv.*** openly, courageously, dauntlessly
โจ่งแจ้ง ***adv.*** clearly, apparently, obviously, openly
โจทก์ ***n.*** complainant, plaintiff, prosecutor, accuser
โจทย์ ***n.*** problem, question
โจน ***v.*** to leap, to jump, to hop
โจม ***n.*** tent, pavilion. ***-v.*** to jump into, to spring
โจมตี v. to attack, to strike, to assault; to criticize (Ame.)/to criticise (Bri.)
โจร ***n.*** robber, burglar, highwayman, kidnapper, thief, bandit, pirate
โจรกรรม n. robbery, theft, piracy
โจรสลัด n. pirate; hijacker
โจษ, โจษจัน ***v.*** to rumor (Ame.)/to rumour (Bri.), to spread words of mouth
ใจ ***n.*** heart; mind, thought
ใจกล้า adj. brave, courageous
ใจกลาง n. center (Ame.)/centre (Bri.), heart, core
ใจกว้าง adj. broadminded; kind, generous, benevolent, charitable
ใจแข็ง adj. hard-hearted, heartless
ใจคด adj. unfaithful, disloyal
ใจความ n. gist, main point
ใจความสำคัญ n. heart
ใจแคบ adj. narrow-minded, selfish, stingy, miserly, small-minded
ใจง่าย adj. credulous, susceptible
ใจจดใจจ่อ adj. concerned, occupied, immersed, concentrated
ใจจืด adj. unkind, hard-hearted
ใจชื้น adj. relaxed, at ease, relieved
ใจดำ adj. cruel, heartless; selfish
ใจดี adj. kind, generous, amiable, benevolent, goodhearted
ใจเด็ด, ใจเพชร adj. bold, steadfast, fearless, dauntless
ใจเดียว adj. faithful, loyal
ใจเดียวกัน adj. like-minded, agreeable, united
ใจแตก adj. spoiled
ใจถึง adj. daring, courageous, brave, bold, fearless
ใจน้อย adj. touchy, oversensitive
ใจนักกีฬา adj. sporting, fair
ใจบุญ adj. kind, benevolent
ใจป้ำ adj. generous; sporting
ใจแป้ว, ใจฝ่อ adj. discouraged, disheartened, downcast
ใจพระ adj. benevolent, compassionate, kind, generous
ใจไม้ไส้ระกำ adj. merciless, pitiless

ใจยักษ์ ***adj.*** merciless, evil-minded
ใจเย็น ***adj.*** cool, calm, patient
ใจร้อน ***adj.*** quick-tempered, impatient, hasty, hot-tempered
ใจเร็ว ***adj.*** impetuous, rash
ใจลอย ***adj.*** absent-minded
ใจเสาะ, ใจปลาซิว ***adj.*** faint-hearted, chickenhearted, cowardly
ใจเสีย ***adj.*** disheartened, frightened, discouraged
ใจหนักแน่น ***adj.*** determined, firm
ใจหวิว ***adj.*** giddy, dizzy, faint
ใจหาย ***adj.*** frightened, startled
ใจเหี่ยวแห้ง ***adj.*** dismayed
ใจใหญ่ใจโต ***adj.*** generous
ใจอ่อน ***adj.*** meek, submissive; soft-hearted, sympathetic
ไจ ***n.*** skein , skein of thread

ฉ

ฉ the 9th Thai alphabet
ฉก ***v.*** to snatch, to grab; to strike, to hack, to knock, to rap
ฉกฉวย ***v.*** to snatch, to grab, to seize; to steal
ฉกชิง ***v.*** to snatch, to grab
ฉกรรจ์, ฉกาจ ***adj.*** brave, bold; strong, sturdy, robust; fatal, mortal
ฉงน ***adj.*** astonished, puzzled, amazed
ฉนวน ***n.*** insulator; corridor; cloister
ฉบับ ***n.*** issue, volume; edition; copy
ฉบับย่อ ***n.*** abridgement
ฉมวก ***n.*** harpoon
ฉมัง ***adj.*** potent. ***-adv.*** potently
ฉลอง ***v.*** to celebrate; to substitute
ฉลองพระเนตร ***n., roy.*** spectacles, eyeglasses, glasses
ฉลองพระบาท ***n., roy.*** shoes
ฉลองพระองค์ ***n., roy.*** dress, clothes
ฉลาก ***n.*** label, tag, ticket
ฉลาด ***adj.*** intelligent, clever, smart
ฉลาดแกมโกง ***adj.*** cunning
ฉลุ ***v.*** to perforate; to engrave, to grave
ฉลู ***n.*** year of Ox
ฉวย ***v.*** to snatch, to seize, to grab
ฉวยโอกาส ***v.*** to take advantage of
ฉวัดเฉวียน ***v.*** to hover, to wheel, to buzz. ***-adj.*** circling, rotating
ฉ้อ, ฉ้อฉล ***v.*** to cheat, to defraud
ฉ้อโกง ***v.*** to swindle
ฉ้อราษฎร์บังหลวง ***v.*** to corrupt
ฉอด ๆ ***adv.*** glibly, volubly
ฉอเลาะ ***adj.*** flattering; endearing. ***-adv.*** flatteringly. ***-v.*** to flatter
ฉะ ***v.*** to hit, to slash; ***colloq.*** to fight; to quarrel, to scold
ฉะฉาน ***adv.*** clearly, distinctly; fluently
ฉะนั้น, ฉะนี้ ***adv.*** so, therefore, thus
ฉะอ้อน ***v.*** to implore, to wheedle. ***-adj.*** slim, lean, slender, dainty
ฉัตร ***n.*** tiered umbrella
ฉัตรมงคล ***n.*** Coronation Ceremony
ฉัน ***pron.*** I, me. ***-v.*** to eat. ***-prep.*** as
ฉันพี่น้อง ***adj.*** brotherly
ฉันมิตร ***adj.*** friendly, amiable
ฉันท์ ***n.*** a kind of Thai verse; pleasure,

satisfaction
ฉันทลักษณ์ ***n.*** prosody
ฉันทศาสตร์ ***n.*** versification
ฉับ, ฉับ ๆ ***adv.*** rapidly, quickly, hurriedly, abruptly, suddenly
ฉับพลัน ***adv.*** suddenly, immediately, promptly. ***-adj.*** sudden
ฉับไว ***adv.*** speedily, swiftly, quickly
ฉ่า ***n.*** the sound of cooking food in hot oil, the sound of water falling on hot metal
ฉาก ***n.*** screen, curtain, backdrop; partition; setting, scene
ฉากหน้า ***n.*** foreground
ฉากหลัง ***n.*** background; backdrop
ฉาง ***n.*** barn, granary, silo, storehouse
ฉาดฉาน ***adv.*** clearly, distinctly
ฉาน ***n.*** front; Shan. ***-adj.*** shining, bright, radiant. ***-v.*** to diffuse
ฉาบ ***n.*** cymbals. ***-v.*** to gild, to coat
ฉาบปูน ***v.*** to plaster
ฉาบฉวย ***adj.*** inattentive, careless; temporary. ***-adv.*** inattentively, carelessly; temporarily
ฉาย ***n.*** shadow; mirror. ***-v.*** to project, to radiate, to reflect, to shine
ฉายรังสี ***v.*** to X-ray
ฉายา ***n.*** shadow; alias, name
ฉายาลักษณ์ ***n., roy.*** photograph
ฉาว ***adj.*** rumored (Ame.)/rumoured (Bri.), widespread
ฉาวโฉ่ ***adj.*** notorious, disreputable
ฉ่ำ ***adj.*** juicy; humid, watery
ฉิ่ง ***n.*** small cup-shaped cymbals
ฉิบหาย ***v.*** to be ruined. ***-adj.*** ruined, damaged. ***-adv.*** very, awfully. ***-interj.*** shit, hell
ฉิว ***adv.*** fluently, smoothly; speedily. ***-v.*** to get angry, to be annoyed
ฉีก ***v.*** to tear, to rip, to rend
ฉีกหน้า ***v.*** to humiliate, to shame
ฉีกหน้ากากออก ***v.*** to unmask
ฉีด ***v.*** to inject; to spurt; to spray
ฉีดยา ***v.*** to inocuate, to vaccinate
ฉุ ***adj.*** bloated; flabby, puffy; swollen
ฉุก ***adv.*** suddenly, unexpectedly
ฉุกคิด ***v.*** to have a brainwave, to realize (Ame.)/to realise (Bri.) suddenly
ฉุกใจ ***v.*** to suspect
ฉุกเฉิน ***adj.*** critical, urgent. ***-n.*** emergency
ฉุกละหุก ***adj.*** chaotic, disordered, riotous; urgent, critical
ฉุด ***v.*** to drag, to pull, to tug; to abduct
ฉุน ***adj*** strong, acrid; angry, irritated
ฉุนเฉียว ***adj.*** moody, upset, hot-tempered, irritable, prickly
ฉุย ***adj.*** wafted. ***-adv.*** diffusely; quickly, swiftly, rapidly
ฉุยฉาย ***adv.*** gracefully, elegantly
ฉูด ***v.*** to spurt
ฉูดฉาด ***adj.*** flashy, bright
เฉ ***adj.*** inclined, sloping
เฉไฉ ***adj.*** dawdling; irrelevant. ***-v.*** to dawdle. ***-adv.*** indirectly
เฉก, เฉกเช่น ***prep.*** like, as
เฉ่ง ***v., colloq.*** to pay off debts; to scold, to rebuke; to attack
เฉด ***v.*** to drive out, to exile
เฉพาะ ***adj.*** specific, particular. ***-adv.*** particularly, specially; merely
เฉพาะกาล ***adj.*** temporary, provisional, interim, short-term
เฉพาะกิจ ***adj.*** specific, particular
เฉพาะตัว ***adj.*** personal, private
เฉพาะพระพักตร์ ***adj., roy.*** in front of

เฉพาะหน้า ***adj.*** improvised
เฉย ***adj.*** still, quiet; indifferent
เฉยเมย ***v.*** to ignore, to neglect
เฉลย ***v.*** to answer; to reveal, to disclose; to explain
เฉลิม ***v.*** to praise, to acclaim
เฉลิมฉลอง ***v.*** to celebrate, to commemorate
เฉลิมพระเกียรติ ***v.*** to glorify, to exalt
เฉลิมพระชนมพรรษา ***v.*** to celebrate the king's/queen's birthday
เฉลี่ย ***v.*** to share out, to distribute equally. ***-adj.*** average
เฉลียง ***n.*** balcony, porch (Ame.)/ verandah (Bri.), corridor. ***-adj.*** oblique, askew, slanting
เฉลียว ***v.*** to realize (Ame.)/realise (Bri.) suddenly; to suspect, to doubt. ***-adj.*** tactful
เฉลียวฉลาด ***adj.*** wise, smart, clever, quick-witted, prudent
เฉอะแฉะ ***adj.*** wet, soaked, slushy
เฉา ***v.*** to wither, to droop
เฉาะ ***v.*** to chop off
เฉิด ***adj.*** magnificent, gorgeous
เฉิดฉาย, เฉิดฉัน ***adj.*** graceful, elegant; bright, gay, lively
เฉิบ ***adv.*** leisurely
เฉียง ***adj.*** oblique, askew, slanting
เฉียด ***v.*** to pass near, to just miss. ***-adv.*** almost, nearly, close to
เฉียบ ***adv.*** very, extremely. ***-adj.*** good
เฉียบขาด ***adv.*** absolutely, strictly. ***-adj.*** decisive, determined; strict
เฉียบพลัน ***adj.*** sudden, sharp, prompt. ***-adv.*** suddenly, promptly
เฉียบแหลม ***adj***. clever, sharp-witted, smart, brilliant, brainy
เฉี่ยว ***v.*** to swoop
เฉือน ***v.*** to cut, to slice; to win
เฉื่อย ***adj.*** sluggish, inert, lethargic. ***-adv.*** sluggishly, lethargically
เฉื่อยแฉะ ***adj.*** inactive, lethargic
เฉื่อยชา ***adj.*** sluggish, lethargic. ***-adv.*** sluggishly, lethargically
แฉ ***v.*** to reveal, to uncover, to disclose
แฉโพย ***v.*** to reveal, to disclose
แฉก ***adj.*** forked, notched, serrated, jagged. ***-n.*** numerative noun for a v-shaped thing
แฉ่ง ***adv.*** cheerfully, happily
แฉลบ ***v.*** to slide, to swerve, to skim
แฉล้ม ***adj.*** polite, lovely, sweet
แฉะ ***adj.*** wet, soaked; lethargic
โฉ่ ***adj.*** smelly, foul; disgraceful
โฉ่งฉ่าง ***adj.*** clattering; discourtesy
โฉงเฉง ***adv.*** rowdily, noisily
โฉด ***adj.*** dull, stupid; bad, evil
โฉนด ***n.*** title deed
โฉบ ***v.*** to pounce, to swoop; to pass
โฉม ***n.*** appearance, figure, shape. ***-adj.*** beautiful, pretty, lovely
โฉมงาม, โฉมตรู, โฉมยง ***n.*** belle, beautiful lady
โฉมฉาย ***adj.*** graceful; lovely
โฉมหน้า ***n.*** face, countenance
โฉมใหม่ ***n.*** new look
โฉลก ***n.*** luck, fortune; chance
ไฉน ***adv.*** why, how, what
ไฉไล ***adj.*** beautiful, graceful, pretty

ก ข ฃ ค ฅ ฆ ง จ ฉ ช ซ ฌ ญ ฎ ฏ ฐ ฑ ฒ ณ ด ต ถ ท ธ

ช

ช the 10th Thai alphabet

ชก ***v.*** to box, to punch, to hit

ชกต่อย v. to sock, to box

ชง ***v.*** to brew, to infuse

ชงน้ำชา, กาแฟ v. to make (tea or coffee)

ชงฆ์ ***n.*** shin

ชฎา ***n.*** crown, headdress; bun

ชดช้อย ***adj.*** soft, gentle, graceful. ***-adv.*** softly, gracefully

ชดเชย ***v.*** to replace, to compensate, to indemnify; to substitute

ชดใช้ ***v.*** to repay, to compensate, to reimburse, to reparation

ชน ***n.*** man, people, crowd, folk. ***-v.*** to hit, to bump, to run into, to smash, to collide, to crash, to run over; to meet, to join, to connect; to fight, to strike, to oppose

ชนชั้น n. class, social rank

ชนชาติ n. nationality

ชนบท n. country side, rural area

ชนหมู่น้อย n. minor tribe

ชนก ***n.*** father

ชนนี ***n.*** mother

ชนม-, ชนม์ ***n.*** birth

ชนมพรรษา n. age, lifetime

ชนวน ***n.*** slate; fuse, primer; cause

ชนะ ***v.*** to win, to defeat, to overcome, to conquer, to triumph. ***-n.*** a kind of drum, victory drum

ชนัก ***n.*** an elephant stirrup; harpoon

ชนัก

ชนิด ***n.*** kind, type, sort, species, variety, style, form

ชม ***v.*** to praise, to admire, to appreciate; to look around, to view

ชมเชย v. to praise, to commend, to laud; to look amorously

ชม้ดชม้อย ***v.*** to make goo-goo eyes, to make eyes shyly, to cast amorous glances, to be coy

ชมพู ***adj.*** pink

ชมพูทวีป n. India

ชมพูนท, ชมพูนุท n. pure gold

ชมรม ***n.*** club, association, community, assembly, society; lodging

ชม้อย, ชม้าย ***v.*** to glance

ชโย ***n.*** victory. ***-interj.*** hurrah, hurray, bravo, happiness, wow!

ชรา ***adj.*** old, aged, elderly

ชราภาพ n. oldness, senility, decrepitude, elderliness

ชล ***n.*** water

ชลธาร n. river, lake, canal, stream, waterway

ชลธิศ, ชลธี, ชลาลัย n. sea, ocean

ชลนัยน์, ชลนา, ชลเนตร n. tear

ชลประทาน n. irrigation, water conservancy

ชลมารค n. waterway, watercourse, water route

ชลาธาร n. pond, well, reservoir

ชลี, ชุลี ***v.*** to greet, to salute, to pay respect in the gesture of "Wai" by putting the palms together

ชโลม ***v.*** to anoint, to bathe

ชวเลข ***n.*** shorthand, stenography

ช่วง ***n.*** period, span, stage, phase, space, interval. ***-v.*** to use; to succeed, to take over; to catch, to seize, to scramble, to snatch. ***-adj.*** bright, glorious, shining, prosperous. ***-adv.*** brightly, prosperously
ช่วงการได้ยิน n. audible range
ช่วงคลื่น n. wavelength
ช่วงชิง v. to take away, to grab, to snatch, to scramble
ช่วงโชติ, โชติช่วง adj. brilliant, illuminated, shining
ช่วงพัก n. interval, break
ช่วงราชบัลลังก์ว่างกษัตริย์, ช่วงว่างรัฐบาล n. interregnum
ช่วงเวลา n. period, span, duration

ชวด ***n.*** year of Rat. ***-v.*** to miss, to fail, to lose, to be disappointed

ชวน ***v.*** to persuade, to convince, to induce; to invite, to ask, to prevail on/upon sb.
ชวนเชื่อ v. to propagandize
ชวนหัว adj. funny, comical, amusing, humorous. ***-adv.*** funnily

ช่วย ***v.*** to help, to aid, to assist, to support; to protect, to save
ช่วยด้วย interj. Help!
ช่วยเหลือ v. to help, to assist, to give someone a hand

ชวลิต ***adj.*** bright, brilliant, glorious, radiant, prosperous. ***-adv.*** brightly, gloriously, radiantly

ชวา ***n.*** Java, Indonesia; the name of flute. ***-adj.*** Javanese, Indonesian

ช่อ ***n.*** bunch, cluster, bud, bouquet
ช่อดอกไม้ n. bouquet, corsage
ช่อฟ้า n. Naga headed-shaped horn (decorations of the two ends of the temple's roof)

ชอก, ชอกช้ำ ***v.*** to be bruised, to be contused; to suffer, to grieve. ***-adj.*** bruised, black-and-blue; hurt

ช็อกโกเลต, ช็อกโกแลต ***n***. chocolate. ***-adj.*** dark brown

ช่อง ***n.*** hole, cavity, gap, recess, niche, aperture; chance, opportunity
ช่องเก็บของ n. locker, rack
ช่องเขา n. mountain pass
ช่องแคบ n. strait, channel
ช่องเดินรถ n. lane
ช่องทาง n. chance, opportunity; way, means
ช่องทางเดิน n. aisle (Ame.)/gangway (Bri.)
ช่องไฟ n. break, space
ช่องว่าง n. gap, blank, space
ช่องว่างระหว่างวัย n. generation gap
ช่องสัญญาณ n. channel
ช่องโหว่ n. hiatus

ช้อง ***n.*** wig, hairpiece

ชอน ***v.*** to worm, to bore, to dig, to burrow; to shine
ชอนไช v. to bore, to burrow

ช้อน ***n.*** spoon; spoon-shaped tool; a kind of fishnet. ***-v.*** to spoon, to scoop; to lift, to raise; to turn the eyes up slowly
ช้อนกลาง n. serving spoon, dishspoon
ช้อนของหวาน n. dessertspoon
ช้อนชา n. teaspoon
ช้อนซุป n. soup spoon
ช้อนโต๊ะ n. tablespoon
ช้อนส้อม n. silverware; spoon and fork

ชอบ ***v.*** to like, to be fond of, to prefer to; to fit, to befit, to suit; to get along well with; to have a right to,

ก ข ฃ ค ฅ ฆ ง จ ฉ ช ซ ฌ ญ ฎ ฏ ฐ ฑ ฒ ณ ด ต ถ ท ธ

to deserve, to merit. ***-adj.*** right, correct. ***-adv.*** rightly, correctly

ชอบกล, ชอบมาพากล adj. strange, queer, curious. ***-adv.*** strangely

ชอบใจ v. to be pleased, to be satisfied, to be gratified

ชอบธรรม adj. rightful, lawful, legal, legitimate, fair, upright

ชอบพอกัน v. to be fond of each other, to get along well with

ช้อย, ช้อยชด *adj.* curved, graceful, soft, lithe. ***-adv.*** gracefully, softly

ชอล์ก *n.* chalk

ชอุ่ม *adj.* moist, fresh, verdant

ชะ *v.* to wash, to clean, to rinse

ชะล้าง v. to wash, to rinse

ชะง่อน *n.* projecting rock, overhanging rock

ชะง่อนผา n. cliff, precipice

ชะงัก *v.* to stop suddenly, to stop short, to pause, to break off, to balk

ชะงัด *adj.* sure, certain, effective, efficacious. ***-adv.*** surely, effectively

ชะง้ำ *adj.* overhanging

ชะงุ้ม *adj.* curved downwards

ชะเง้อ *v.* to crane, to stretch one's neck, to raise up one's head

ชะเงื้อม *adj.* towering, lofty

ชะแง้ *v.* to crane, to watch, to look upward

ชะโงก *v.* to poke one's head into sth.

ชะโงกผา n. projecting rock, overhanging cliff

ชะตา *n.* fate, lot, fortune, luck, destiny; horoscope

ชะตากรรม n. fate, destiny, fortune, lot, doom

ชะเนาะ *n.* stick used as a lever for tightening rope

ชะมัด, ชะมัดยาด *adv.* very, extremely, greatly, terribly, awfully

ชะรอย *adv.* perhaps, maybe, probably, likely, possibly, conceivably

ชะลอ *v.* to move slowly, to slow down, to retard, to delay

ชะลอการเสนอญัตติ v. to sidetrack

ชะลอม *n.* a kind of bamboo basket

ชะล่า *n.* a kind of dredger, dugout canoe. ***-v.*** to be careless, to be impertinent; to be overconfident

ชะล่าใจ adj. careless, overconfident

ชะลอม

ชะล่า

ชะลูด *adj.* tapering, very tall and thin

ชะแลง *n.* lever, crowbar

ชะวาก *n.* inlet, cove, large and deep opening

ชะวากทะเล n. estuary

ชะเวิกชะวาก *adj.* wide and deep. ***-adv.*** widely and deeply

ชะอ้อน *v.* to beg, to plead. ***-adj.*** slender, slim, slight, svelte

ชัก *v.* to drag, to draw, to haul; to pull; to quote, to claim, to mention; to induce; to deduct; to stretch, to extend, to convulse. ***-adv.*** nearly, almost, rather, quite

ชักโครก n. flush toilet

ชักเงา v. to polish, to shine. ***-adj.*** shining, glossy

ชักจูง v. to induce, to draw

***ชักจูงไปในทางที่ผิด* v.** to lead astray
***ชักชวน* v.** to persuade, to invite
***ชักธง* v.** to raise/fly a flag
***ชักนำ* v.** to lead, to induce, to draw
***ชักเนื้อ* v.** to lose one's benefit
***ชักปืน* v.** to draw a gun
ชักเย่อ* n.** tug-of-war. ***-v. to pull, to tug, to drag, to draw
***ชักใย* v.** to pull strings; to web
***ชักรอก* v.** to hoist, to lift
***ชักลาก* v.** to pull, to drag
***ชักว่าว* v.** to fly a kite
***ชักสีหน้า* v.** to show dissatisfaction

ชักช้า *adj.* slow, tardy, leisurely. ***-adv.*** slowly, tardily, unhurriedly
ชุ้ง *v.* to hate, to dislike, to detest
ชั่ง *n.* an ancient monetary unit equal to 80 bath; a weight measure equal to 12 kg. ***-v.*** to weigh
***ชั่งใจ* v.** to ponder, to think over, to consider, to deliberate

ชัชวาล *adj.* bright, brilliant, shining, radiant, luminous. ***-adv.*** brightly
ชัด *adj.* clear, obvious, apparent; true, absolute. ***-adv.*** clearly; truly
ชัดเจน* adj.** clear, exact, distinct. ***-adv. clearly, exactly, distinctly
***ชัดถ้อยชัดคำ* adv.** clearly, precisely

ชัตเตอร์ *n.* shutter
ชัน *n.* resin. ***-v.*** to raise, to lift up; to erect, to bristle. ***-adj.*** steep, sheer, precipitous. ***-adv.*** steeply
ชั้น *n.* shelf, rack; layer; step, level; rank, class; storey, floor
***ชั้นกลาง* n.** middle class
***ชั้นครู* n.** master level
***ชั้นจัตวา* n.** the fourth grade
***ชั้นเชิง* n.** tactic, trick
***ชั้นตรี* n.** the third grade
***ชั้นต่ำ* n.** low class
***ชั้นใต้ดิน* n.** basement
***ชั้นโท* n.** the second grade
***ชั้นนอก* adj.** outer, outside
***ชั้นใน* adj.** inner, inside
***ชั้นบน* n., adj., adv.** upstairs
***ชั้นเยี่ยม* n., adj.** top-notch, first-class, excellent, best, great
***ชั้นล่าง* n., adj., adv.** downstairs
***ชั้นสองของอาคาร* n.** second floor (Ame.)/first floor (Bri.)
***ชั้นสูง* n.** upper class
***ชั้นหนึ่งของอาคาร* n.** first floor (Ame.)/ground floor (Bri.)
***ชั้นเอก* n.** the first grade

ชันนะตุ *n.* scalp disease
ชันษา *n.* age, year (of age)
ชันสูตร *v.* to inspect, to examine, to scrutinize (Ame.)/to scrutinise (Bri.)
ชันสูตรศพ* v.** to postmortem examination. ***-n., adj. postmortem

ชัย *n.* victory, triumph, conquest
ชัยชนะ* n.** victory, triumph. ***-v. to defeat, to prevail, to conquer

ชัยภูมิ *n.* strategic location, suitable site
ชั่ว *n.* period, age, time. ***-adj.*** bad, evil, wicked, sinful, vicious, vile. ***-adv.*** badly. ***-prep.*** through, throughout
ชั่วกัปชั่วกัลป์* n.** eternity, endless-time, infinity. ***-adv. forever
***ชั่วขณะ, ชั่วคราว* adj.** temporary. **adv.** temporarily, for the moment
***ชั่วคน* n.** generation, life span
ชั่วช้า* adj.** wicked. ***-adv. wickedly
***ชั่วนาตาปี* adv.** through a year
***ชั่วพริบตาเดียว* adv.** suddenly, in a wink, at once, immediately
***ชั่วโมง* n.** hour
***ชั่วโมงทำงาน* n.** working hour

ก ข ฃ ค ฅ ฆ ง จ ฉ ช ซ ฌ ญ ฎ ฏ ฐ ฑ ฒ ณ ด ต ถ ท ธ

ชั่วแล่น n. instant, moment

ชา *n.* tea. ***-adj.*** numb, insensible, benumbed. ***-adv.*** numbly

ชาเขียว n. green tea

ชาดำเย็น n. iced tea with sugar only

ชาดำร้อน n. hot tea with sugar only

ชาเย็น n. iced tea with milk and sugar

ชาร้อน n. hot tea with milk and sugar

ช้า *adj.* slow, tardy, sluggish; rude, bad. ***-adv.*** slowly; rudely. ***-n.*** song in play

ช้าก่อน interj. Wait a minute!, Stop!

ช้านาน adv. long, for a long time. ***-adj.*** long, lengthy

ช่าง *n.* technician, mechanic, specialist. ***-adj.*** good at sth., expert in sth.; indifferent, regardless

ช่างกล n. engineer, mechanic

ช่างกลึง n. turner, latheman

ช่างก่อสร้าง n. builder

ช่างแกะสลัก n. sculptor

ช่างเขียน n. artist, draftsman

ช่างคิด adj. thoughtful, thinking

ช่างเครื่อง n. mechanic, technician

ช่างเงิน n. silversmith

ช่างเจียระไน n. lapidary

ช่างเชื่อม n. welder

ช่างซ่อม n. repairer, repairman

ช่างซ่อมรองเท้า n. cobbler, shoemaker

ช่างต่อเรือ n. shipwright, boatbuilder

ช่างตัดผม n. barber, hairdresser

ช่างตัดเสื้อ n. tailor, dressmaker

ช่างถ่ายรูป n. photographer

ช่างทอง n. goldsmith

ช่างทาสี n. painter

ช่างทำรองเท้า *ดูคำว่า* ช่างซ่อมรองเท้า

ช่างเพชร n. jeweler (Ame.)/jeweller (Bri.)

ช่างพูด adj. talkative, chatty

ช่างฟิต n. fitter, mechanic

ช่างไฟฟ้า n. electrician

ช่างภาพ, ช่างถ่ายรูป n. photographer

ช่างมัน phr., colloq. never mind, it doesn't matter, don't worry

ช่างไม้ n. carpenter; joiner

ช่างเย็บ n. seamstress

ช่างสำรวจ n. surveyor

ช่างเสริมสวย n. beautician

ช่างหล่อ n. founder

ช่างเหล็ก n. blacksmith

ชาด *n.* cinnabar. ***-adj.*** red, vermilion

ชาดก *n.* stories of Lord Buddha

ชาตะ *v.* to be born

ชาตรี *n.* fighter, warrior; a kind of Thai traditional play

ชาติ *n.* birth, origin; race, blood; kind, group; country, nation, citizenship

ชาติก่อน n. previous life, former life

ชาตินิยม n. nationalism

ชาตินี้ n. present life

ชาติพันธุ์ n. ethnic

ชาติภูมิ n. motherland, fatherland

ชาติหน้า n. future life

ชาน *n.* refuse, trash; outskirts; terrace

ชานชาลา n. platform

ชานเมือง n. suburb, outskirts

ชานุ, ชานุกะ *n.* knee

ชาม *n.* bowl

ชาย *n.* man, male; rim, edge, margin. ***-v.*** to blow gently; to set (the sun); to glance sideways

ชายคา n. eaves

ชายฉกรรจ์ n. able-bodied man

ชายชาตรี n. brave man

ชายแดน n. border, frontier

ชายตา **v.** to glance sideways
ชายทะเล, ชายหาด **n.** beach, seaside, sands, shingle
ชายฝั่ง **n.** coast, shore
ชายวัยทอง **n.** male menopause
ชายโสด **n.** bachelor, single man
ชายหนุ่ม **n.** young man, youth
ชายา ***n., roy.*** wife, consort
ชาลา **n.** glory, prosperity, flame; lamp, lantern, light; balcony, terrace
ชาว **n.** tribe, race, clan, resident
ชาวกรุง **n.** townspeople, townsfolk
ชาวเกาะ **n.** islander
ชาวเขา **n.** hill tribe
ชาวนา **n.** farmer, peasant
ชาวบ้าน **n.** villager, folk
ชาวประมง **n.** fisherman
ชาวเมือง **n.** citizen
ชาววัง **n.** courtier
ชำ **n.** grocery. ***-v.*** to root a cutting, to soak a cutting root
ช้ำ ***adj.*** bruised, contused
ช้ำใจ **v.** to be hurt, to feel hurt
ช้ำชอก ดูคำว่า ชอก
ช้ำเลือดช้ำหนอง **v.** to get bruised with blood and pus
ช่ำชอง ***adj.*** expert, skilled, experienced, proficient. ***-adv.*** skilfully
ชำนาญ ***adj.*** skilled, expert, adroit, experienced. ***-adv.*** expertly. ***-v.*** to excel in sth.
ชำนิ **v.** to ride. ***-adj.*** fluent, dexterous, good at sth. ***-adv.*** fluently, dexterously, nimbly, deftly
ชำนิชำนาญ ***adj.*** skilful, adroit, dexterous. ***-adv.*** adroitly, expertly
ชำร่วย **n.** present, gift
ชำระ **v.** to wash, to clean, to cleanse, to rinse; to improve; to pay off; to consider, to judge
ชำระความ **v.** to judge a case
ชำระหนี้ **v.** to pay off the debt
ชำรุด **v.** to decay, to decline, to ruin. ***-adj.*** out of order, ruined
ชำรุดทรุดโทรม ***adj.*** damaged, decayed, dilapidated, ruined
ชำเรา **v.** to rape, to ravish, to copulate, to have sex, to deflower
ชำเลือง **v.** to look, to glance sideways
ชำแหละ **v.** to cut up, to slice, to butcher; to dissect
ชำแหละศพ **v.** to dissect the corpse
ชิง **v.** to snatch, to grasp; to contest, to compete, to scramble
ชิงชัย **v.** to compete, to fight
ชิงดีชิงเด่น **v.** to compete for a better position
ชิงทรัพย์ **n.** robbery, plunder. ***-v.*** to steal, to rob, to mug
ชิงชัง **v.** to hate, to dislike, to detest
ชิงช้า **n.** swing
ชิงช้าสวรรค์ **n.** Ferris wheel, big wheel
ชิงพลบ **n.** twilight, evening, sunset. ***-adv.*** at dusk, at twilight
ชิด **v.** to approach, to get close to, to attach, to adjoin, to adhere. ***-adj.*** close, near ***-adv.*** nearby
ชิต **v.** to win, to conquer, to triumph
ชิน **n.** a kind of alloy; Lord Buddha; an Indian religion. ***-adj.*** used to, accustomed to, familiar with
ชินชา ***adj.*** indifferent, apathetic
ชินบุตร, ชิโนรส **n.** priest, monk
ชิ้น **n.** piece, fragment, slice, bit
ชิ้นเล็กชิ้นน้อย **n.** shiver
ชิ้นส่วน **n.** part, component
ชิ้นเอก **n.** masterpiece, masterwork

ก ข ฃ ค ฅ ฆ ง จ ฉ ช ซ ฌ ญ ฎ ฏ ฐ ฑ ฒ ณ ด ต ถ ท ธ

ก ข ฃ ค ฅ ฆ ง จ ฉ ช ซ ฌ ญ ฎ ฏ ฐ ฑ ฒ ณ ด ต ถ ท ธ

ชินโต ***n.*** Shinto: Japanese religion
ชิป ***n., comp.*** chip (a tiny wafer silicon)
ชิปปิ้ง ***n.*** shipping
ชิม ***v.*** to taste, to savor (Ame.)/savour (Bri.); to sample, to try
    ชิมลาง v. to test, to experiment
ชิวหา ***n.*** tongue
ชี ***n.*** nun, sister, ascetic
    ชีกอ v. to flirt with (a woman)
    ชีเปลือย n. a sect of Indian ascetics wearing nothing. ***-adj.*** nude
ชี้ ***v.*** to point out, to indicate; to guide, to suggest. ***-n.*** index finger
    ชี้ขาด v. to make a final decision
    ชี้แจง v. to explain, to clarify
    ชี้ช่อง v. to guide, to advise
    ชี้ชัดออกมา v. to designate
    ชี้ตัว v. to identify
    ชี้แนะ v. to suggest, to direct
ชีพ ***n.*** life, living, lifestyle
    ชีพจร n. pulse
ชีฟอง ***n.*** chiffon
ชีว, ชีวะ ***n.*** life, living
    ชีวเคมี n. biochemistry
    ชีวประวัติ n. biography
    ชีววิทยา n. biology
ชีวิต ***n.*** life, lifestyle, living
    ชีวิตชีวา adj. lively, vivid, animated. ***-adv.*** livelily, vividly
ชืด ***adj.*** tasteless, bland, insipid. ***-adv.*** tastelessly, blandly
ชื่น ***adj.*** happy, glad, joyful, cheerful. ***-adv.*** happily, gladly
    ชื่นใจ v. to be cheerful, to be glad
    ชื่นชม, ชื่นชมยินดี v. to admire, to praise; to be satisfied
    ชื่นบาน adj. cheerful, joyful
    ชื่นมื่น v. to be joyful, to be glad
ชื้น ***adj.*** humid, moist, damp, wet
    ชื้นแฉะ adj. damp, wet
ชื่อ ***n.*** name, title, appellation
    ชื่อตัว n. given name, first name
    ชื่อแฟ้มข้อมูล n., comp. file name
    ชื่อย่อ n. initial
    ชื่อเรื่องรอง n. subtitle
    ชื่อเล่น n. nickname
    ชื่อสกุล n. surname, family name
    ชื่อเสียง n. reputation, fame, renown, repute, character
ชุก ***adj.*** abundant, plentiful, ample. ***-adv.*** plentifully, amply
    ชุกชุม adj. abundant, ample
ชุกชี ***n.*** plaster base of Buddha image
ชุด ***n.*** set, collection, series; team, group, tinder, kindling
    ชุดข้อมูล n., comp. data set
    ชุดคลุมอาบน้ำ n. bathrobe (Ame.)/ dressing gown (Bri.)
    ชุดนอน n. pyjamas, nightgown
    ชุดนักเรียน n. school uniform
    ชุดปฐมพยาบาล n. first aid kit
    ชุดราตรี n. evening dress, evening gown
    ชุดว่ายน้ำ n. swimming suit
ชุน ***v.*** to darn, to mend. ***-n.*** darning tool
ชุบ ***v.*** to dip, to immerse, to gild, to soak, to plate, to douse
    ชุบชีวิต v. to revive, to rejuvenate; to help, to support
    ชุบตัว v. to bathe; to learn, to acquire knowledge
    ชุบเลี้ยง v. to raise, to bring up
ชุม ***v.*** to assemble, to gather. ***-adj.*** abundant, plentiful, ample
    ชุมชน n. community, residents
    ชุมชนโลก n. global village
    ชุมชนแออัด n. slum, ghetto

ชุมทาง ***n.*** junction, intersection
ชุมสายโทรศัพท์ ***n.*** telephone exchange
ชุมนุม ***n.*** club, group, association. ***-v.*** to assemble, to gather, to meet
ชุมสาย ***n.*** three-tiered umbrella

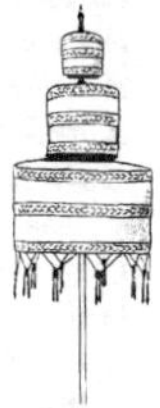
ชุมสาย

ชุ่ม ***adj.*** soaked, wet, drenched
ชุ่มชื่น ***adj.*** happy, cheerful, refreshed
ชุ่มชื้น ***adj.*** wet, moist, damp
ชุ่ย ***adj.*** careless, sloppy, slapdash. ***-adv.*** carelessly, negligently
ชุลมุน ***adj.*** chaotic, disordered, upside-down. ***-adv.*** chaotically
ชู ***v.*** to raise, to lift, to elevate, to hoist; to enhance, to strengthen
ชูกลิ่น ***v.*** to smell
ชูกำลัง ***v.*** to refresh, to invigorate
ชูคอ ***v.*** to crane one's neck
ชูชีพ ***n.*** life buoy, life jacket
ชูรส ***v.*** to enhance the flavor
ชูโรง ***n.*** star performer
ชู้ ***n.*** adultery; adulterer, aduteress; lover
ชู้สาว ***adj.*** adulterous
เช็ค ***n.*** check; cheque, draft
เช็คเดินทาง ***n.*** traveller's cheque
เช้ง, เช้งวับ ***adj., colloq.*** beautiful, nice, pretty, attractive
เช็ด ***v.*** to wipe, to rub, to clean
เช็ดน้ำ ***n.*** pouring the water from the boiled rice
เช่น ***prep.*** like, similar to, such as. ***-adv.*** for instance, for example
เช่นเคย ***adv.*** as usual
เช่นเดียวกับ ***prep.*** as, like
เชย ***v.*** to chuck, to fondle. ***-adj., colloq.*** old-fashioned, out of date, dated
เชยชม ***v.*** to fondle, to caress
เชลย ***n.*** prisoner, captive, slave
เชลยศักดิ์ ***adj.*** unregistered
เชลยศึก ***n.*** prisoner of war, captive
เชลแล็ก ***n.*** shellac, shellack
เชษฐบุรุษ ***n.*** elder stateman
เชษฐา ***n.*** elder brother
เช่า ***v.*** to lease, to rent (Ame.)/to let (Bri.), to hire
เช่าช่วง ***v.*** to sublease, to sublet
เช่าซื้อ ***v.*** to hire purchase
เช่าพระ ***v.*** to buy a Buddha image
เช้า ***n.*** morning, dawn, forenoon, daybreak. ***-adv.*** before, early
เช้าตรู่ ***n.*** dawn, daybreak. ***-adv.*** early (in the morning)
เช้ามืด ***adv.*** before daybreak, before dawn, very early
เชาว์ ***adj.*** quick, swift, rapid, speedy
เชาวน์ ***n.*** wit, intellect, intelligence
เชิง ***n.*** stand, base, foot, pedestal; skirt, fringe. ***-v.*** to pose, to play tricks; to put on airs, to adopt gesture
เชิงกราน ***n.*** a kind of earthenware, portable fireplace for cooking; pelvis
เชิงเขา ***n.*** foothill
เชิงชั้น ***n.*** tactics, strategy, trick
เชิงตะกอน ***n.*** funeral pyre
เชิงเทียน ***n.*** candlestick
เชิงลบ ***adj.*** negative
เชิงกล ***adj.*** mechanical
เชิงซ้อน ***adj.*** complex, compound, overlapping. ***-adv.*** complexly
เชิงเดี่ยว ***adj.*** simple, plain
เชิงเดี่ยว ***adj.*** single

ก ข ฃ ค ฅ ฆ ง จ ฉ ช ซ ฌ ญ ฎ ฏ ฐ ฑ ฒ ณ ด ต ถ ท ธ

เชิงมุม ***adj.*** angular

เชิงอรรถ ***n.*** footnote

เชิญ ***v.*** to invite, to ask; to hold, to carry; to allow, to permit

เชิญชวน v. to persuade, to induce

เชิด ***v.*** to lift, to raise, to elevate; to steal, to run off. ***-adj.*** rising, lifting, elevated

เชิดชู v. to praise, to admire, to compliment, to glorify

เชิดหน้า v. to turn the face upwards, to look up

เชิดหน้าชูตา adj. renowned, prestigious, notable, famous

เชิดหุ่น v. to perform puppet dance or act; to manipulate

เชิ้ต ***n.*** shirt

เชี่ยน, เชี่ยนหมาก ***n.*** betel tray

เชี่ยนหมาก

เชียร์ ***v.*** to cheer, to support

เชียว ***adv.*** extremely, truly, indeed

เชี่ยว ***adj.*** (the flow of water) swift, rapid. ***-adv.*** swiftly, rapidly

เชี่ยวกราก adj. torrential

เชี่ยวชาญ, ชาญ adj. skilled, skilful, expert, proficient. ***-adv.*** skillfully

เชื่อ ***v.*** to believe, to trust, to rely, to credit; to buy or sell on credit

เชื่อง่าย adj. credulous

เชื่อใจ v. to trust, to believe in

เชื่อโชคลาง adj. superstitious

เชื่อถือ v. to trust, to respect

เชื่อฟัง v. to obey, to comply, to conform, to submit

เชื่อมั่น v. to trust, to rely, to have confidence, to believe in

เชื่อมือ v., colloq. to have confidence in one's ability

เชื้อ ***n.*** cause, origin; lineage, descent. ***-v.*** to invite, to ask

เชื้อกษัตริย์ n. royal lineage

เชื้อชาติ n. race, nationality, origin

เชื้อเชิญ v. to invite, to request

เชื้อเพลิง n. fuel, kindling

เชื้อเพลิงชีวภาพ n. bio-diesel

เชื้อไฟ n. inflammable/flammable material, combustible

เชื้อรา n. fungus *(sing.)*/fungi *(pl.)*

เชื้อโรค n. germ, microbe

เชื้อสาย n. origin, lineage

เชื้อหมัก n. yeast

เชือก ***n.*** rope, cord, string; numerative noun for an elephant

เชือกผูกรองเท้า n. shoestring (Ame.)/bootlace, shoelace (Bri.)

เชือกล่ามสัตว์ n. tether

เชื่อง ***adj.*** tame, docile, domesticated

เชื่องช้า ***adj.*** slow, inactive, tardy, torpid. ***-adv.*** slowly, torpidly

เชือด ***v.*** to cut, to slash, to slit

เชือดเฉือน adj. sharp-tongued

เชือน ***adv.*** slowly, tardily

เชือนแช, แชเชือน v. to loiter, to linger. ***-adv.*** dilatorily.

เชื่อม ***v.*** to connect, to join, to link; to weld; to cook with sugar, to candy. ***-adj.*** lethargic, drowsy. ***-adv.*** lethargically, connectedly

เชื่อมโยง v. to cohere, to link

เชื่อมให้ติดกัน v. to solder

เชื่อมอาหาร v. to candy

แช่ ***v.*** to soak, to immerse, to steep; to dawdle, to dally

แช่เย็น v. to freeze, to put on ice

แช่อิ่ม adj. candied, preserved in

sugar, preserved in syrup
แช่ง ***v.*** to curse, to damn, to imprecate, to put an evil eye on
แช่มช้อย ***adj.*** polite, courteous
แช่มชื่น ***adj.*** happy, merry, joyful, cheerful, lively
แชมเปญ ***n.*** champagne
แชมเปี้ยน, แชมป์ ***n.*** champion, champ
แชมพู ***n.*** shampoo
แชร์ ***n.*** share
แชร์บอล ***n.*** chairball
โชก ***adj.*** extremely wet, drenched
โชกโชน ***adj.*** experienced, skilled, expert. ***-adv.*** expertly
โชค ***n.*** luck, fate, fortune, chance
โชคชะตา ***n.*** fate, destiny
โชคดี ***n.*** good luck, good fortune. ***-adj.*** lucky, fortunate
โชคร้าย ***n.*** bad luck. ***-adj.*** unlucky, unfortunate, ill-fated
โชติ ***n.*** glory, prosperity, brightness
โชติช่วง ***adj.*** bright, brilliant
โชน ***adv.*** ablaze; strongly; swiftly
โชเฟอร์ ***n.*** chauffeur
โชย, โชยชาย ***v.*** to blow softly, to blow gently; to stroll, to saunter
โชว์ ***n.*** show. ***-v.*** to show, to present
ใช่ ***adv.*** yes, indeed, truly, actually
ใช้ ***v.*** to order, to command; to spend, to expend, to take; to use, to apply, to utilize; to pay back, to repay
ใช้กรรม ***v.*** to pay back one's deed
ใช้เงิน ***v.*** to spend money
ใช้ได้ ***adj.*** good, acceptable; valid
ใช้เวลา ***v.*** to spend time, to take time
ใช้สอย ***v.*** to use, to take, to order
ใช้อำนาจ ***v.*** to exercise one's authority/power
ใช้อิทธิพล ***v.*** to pull wires/strings
ไช ***v.*** to bore, to pierce, to worm into
ไชโย ***interj.*** bravo, hurrah, hurray, heil

ซ

ซ the 11th Thai alphabet
ซก, ซ่ก ***adj.*** wet, soaked, dripping wet
ซด ***v.*** to sip, to drink, to sup
ซน, ซุกซน ***adj.*** naughty, playful, mischievous. ***-adv.*** naughtily
ซ้น ***adj.*** disjointed, sprained, dislocated
ซบ ***v.*** to lean against, to nestle one's head to, to hang the head
ซบเซา ***adj.*** unhappy, sad; slack, sluggish. ***-adv.*** sluggishly, slow
ซม ***adj.*** ill, weak. ***-adv.*** weakly
ซมซาน ***v.*** to struggle, to strive. ***-adj.*** helpless, worthless; ignorant, stupid. ***-adv.*** helplessly
ซวนเซ ***v.*** to totter, to topple, to stagger
ซวย ***adj., colloq.*** unlucky, unfortunate, ill-fated. ***-adv.*** unluckily, unfortunately
ซอ ***n.*** Thai violin, fiddle
ซอก ***n.*** nook, corner, recess, narrow passage. ***-v.*** to hide, to conceal,

ซอกซอน ***v.*** to get into, to make one's way to

ซอกแซก ***v.*** to pry into, to snoop. ***-adj.*** curious, inquisitive. ***-adv.*** curiously

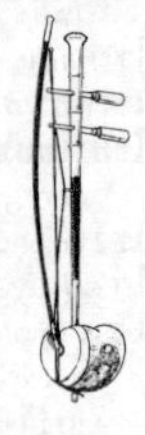
ซอ

ซอง ***n.*** narrow passage; stall; case; sheath, envelope; pack

ซองกระสุน ***n.*** cartridge-pouch

ซองจดหมาย ***n.*** envelope

ซองธนบัตร ***n.*** billfold (Ame.)/wallet (Bri.)

ซองบุหรี่ ***n.*** cigarette case

ซองปืน ***n.*** holster

ซองมีด ***n.*** sheath

ซอฟต์แวร์ ***n.*** software

ซ่อง ***n.*** brothel, hideout, den. ***-v.*** to meet, to assemble, to gather

ซ่องโจร ***n.*** thieves's den

ซ่องสุม ***v.*** to swarm, to gang up

ซ่องเสพ ***v.*** to make friend with; to make love, to have sex

ซ่องโสเภณี ***n.*** brothel, whorehouse

ซ้อง ***v.*** to hail, to acclaim, to praise

ซ่อน ***v.*** to hide, to conceal, to cover

ซ่อนเงื่อน ***v.*** to complicate, to conceal the plot. ***-adj.*** complicated, secretive. ***-adv.*** complicatedly

ซ่อนตัว ***v.*** to hide one's self

ซ่อนรูป ***adj.*** slender-looked

ซ่อนเร้น ***v.*** to hide, to conceal

ซ่อนหา ***n.*** hide-and-seek

ซ้อน ***v.*** to overlap; to pile up; to repeat. ***-adj.*** overlapping; compound, complex

ซ้อนกล ***v.*** to outwit sb. with his own trick

ซ่อม ***v.*** to fix, to repair, to mend. ***-adj.*** make-up

ซ่อมแซม ***v.*** to fix, to repair, to mend, to restore, to renovate

ซ้อม ***v.*** to hull (rice); to rehearse, to practice (Ame.)/to practise (Bri.), to train, to drill

ซ้อมมือ ***v.*** to practice (Ame.)/to practise (Bri.), to rehearse. ***-adj.*** hand-milled (rice)

ซ้อมรบ ***v.*** to be on maneuvers

ซ้อมใหญ่ ***v.*** to rehearse

ซอมซ่อ ***adj.*** dirty, shabby, poky

ซอย ***v.*** to slice, to mince, to pare; to shuffle. ***-n.*** lane, alley, side road

ซอยเท้า ***v.*** to shuffle

ซอยผม ***v.*** to snip the hair

ซอส ***n.*** sauce

ซอสพริก ***n.*** chili sauce (Ame.)/chilli sauce (Bri.)

ซอสมะเขือเทศ ***n.*** ketchup

ซัก ***v.*** to wash, to clean, to scrub; to question, to examine, to inquire

ซักซ้อม ***v.*** to prepare, to rehearse

ซักไซ้ ***v.*** to question, to interrogate

ซักฟอก ***v.*** to wash, to scrub; to examine, to question, to impeach

ซักรีด ***v.*** to launder. ***-n.*** laundery

ซักแห้ง ***v.*** to dry-clean

ซัง ***n.*** paddy stubble; fiber surrounding the pulp of a jackfruit; corncob

ซังกะตาย ***adj.*** unwilling, reluctant, spiritless, lifeless. ***-adv.*** unwillingly

ซังกะบ๊วย ***adj.*** bad, nasty; dirty, filthy

ซัด ***v.*** to throw, to hurl; to project sth. onto sb., to blame on sb. ***-colloq.*** to punch, to hit

ซัดเซ ***v.*** to wander, to roam

ซัดทอด ***v.*** to implicate sb. in sth., to pass the blame on to

ซับ ***v.*** to absorb, to blot, to mop up

ซับซ้อน ***adj.*** complicated, complex, elaborate. ***-adv.*** complexly, elaborately

ซับใน ***n.*** lining

ซับพระพักตร์ ***n., roy.*** handkerchief

ซัลฟา ***n.*** sulfa drugs

ซัลโว ***n.*** salvo

ซา ***v.*** to diminish, to lessen, to subside

ซ่า ***n.*** the sound of falling water. ***-adj.*** fizzy, gassy; bold. ***-v.*** to tingle

ซาก ***n.*** corpse, stiff, carcass, carrion; remains, ruins, debris

ซากดึกดำบรรพ์ ***n.*** fossil

ซากปรักหักพัง ***n.*** ruins, remains

ซากพืชซากสัตว์ ***n.*** decay

ซากศพ ***n.*** corpse, dead body

ซาง ***n.*** follicular pharyngitis (children disease)

ซ่าน ***v.*** to suffuse, to ooze, to diffuse

ซ่านเซ็น ***v.*** to diffuse

ซานตาคลอส ***n.*** Santa Claus

ซาบซ่าน ***v.*** to pass through the whole body, to be diffused completely

ซาบซึ้ง ***adj.*** appreciative, deeply impressed. ***-adv.*** appreciatively

ซ้าย ***adj.*** left. ***-n.*** left

ซาว ***v.*** to wash (rice) thoroughly before cooking, to rinse

ซาวเสียง ***v.*** to vote, to poll

ซ้ำ ***adv.*** repeatedly, again, time after time, over and over, once again

ซ้ำซ้อน ***adj.*** overlapping

ซ้ำซาก, ซ้ำ ๆ ซาก ***adj.*** repetitive, repeated, recurrent. ***-adv.*** repetitively, recurrently, again and again

ซ้ำเติม ***v.*** to hit sb. when he's down, to make things worse

ซิ, ซี a persuading or requesting final particle in Thai language, please, let's, let

ซิก, ซิก ๆ ***adv.*** (to sweat) profusely; (to sob) quietly

ซิกแซ็ก ***adj.*** zigzag, winding, meandrous. ***-adv.*** zigzag

ซิการ์ ***n.*** cigar

ซิ่น ***n.*** Thai traditional woman's sarong

ซินแส ***n.*** doctor, teacher, instructor

ซิบ, ซิบ ๆ ***adv.*** (to flow) gradually

ซิป ***n.*** zipper (Ame.)/zip (Bri.)

ซิฟิลิส ***n.*** syphilis

ซิลิกา ***n.*** silica

ซิว ***v., colloq.*** to arrest, to seize

ซีอิ๊ว ***n.*** soya sauce, soy sauce

ซี่ ***n.*** numerative noun for a rib, a bar, a tooth

ซี่โครง ***n.*** rib

ซี่ล้อ ***n.*** spoke

ซี้ ***v., colloq.*** to die, to pass away. ***-adj.*** close (friend), intimate

ซี้ซั้ว ***adj., colloq.*** careless, negligent, sloppy. ***-adv.*** carelessly, sloppily

ซีก ***n.*** half, part, portion, section

ซีด ***adj.*** pale, faded, wan. ***-adv.*** palely

ซีดเซียว ***adj.*** pale, wan, pallid. ***-adv.*** palely, wanly, pallidly

ซีดี ***n., comp.*** CD (compact disk/disc)

ซีดีรอม ***n., comp.*** CD ROM, CD-ROM (compact disc read-only memory)

ซีดีวี ***n.*** CDV (compact video disc)

ซีดีไอ ***n.*** CDI (compact disc-Interactive)

ซีพียู ***n., comp.*** CPU (Central Processing Unit)

ซีเมนต์ ***n.*** cement

ซี.ไอ.เอ. ***n.*** C.I.A. (Central Intelligence

Agency)
ซีสต์ ***n.*** cyst
ซึง ***n.*** a kind of northern Thai musical stringed instrument
ซึ่ง ***pron.*** which, that, who, whom
ซึ่งหน้า, ซึ่ง ๆ หน้า ***adv.*** face-to-face
ซึ้ง ***adj.*** deep, profound; romantic; dimensional; appreciative. ***-v.*** to be impressed. ***-adv.*** profoundly
ซึม ***v.*** to absorb, to ooze, to seep. ***-adj.*** dispirited, dull, lifeless. ***-adv.*** dispiritedly, lifelessly
ซึมซาบ ***v.*** to permeate thoroughly
ซึมเซา ***adj.*** dull, depressed
ซึมทราบ ***v.*** to understand, to know well, to comprehend
ซื่อ, ซื่อ ๆ ***adj.*** honest, faithful, innocent, sincere; motionless. ***-adv.*** honestly, faithfully, sincerely
ซื่อตรง ***adj.*** straightforward, righteous. ***-adv.*** straightforwardly
ซื่อสัตย์ ***adj.*** honest, loyal, trustful, faithful. ***-adv.*** loyally, faithfully
ซื้อ ***v.*** to buy, to purchase, to pay for
ซุก ***v.*** to hide, to cover, to conceal
ซุกซ่อน ***v.*** to hide, to conceal
ซุง ***n.*** log, timber, lumber
ซุน ***v.*** to lose balance, to bend down
ซุบซิบ ***v.*** to whisper, to gossip
ซุป ***n.*** soup
ซุเปอร์มาร์เก็ต ***n.*** supermarket
ซุ่ม ***v.*** to hide, to lurk, to ambush
ซุ้ม ***n.*** arch, bower, arbour; pavillion
ซุ้มประตู ***n.*** arch, porch
ซุ่มซ่าม ***adj.*** clumsy, careless, awkward. ***-adv.*** clumsily, carelessly
ซุย ***adj.*** loose, friable. ***-adv.*** loosely
ซูโครส ***n.*** sucrose
ซู่ ***adj.*** getting gooseflesh. ***-n.*** the sound of dashing rain
ซู่ซ่า ***adj.*** sensational
ซูบ ***adj.*** thin, pale. ***-adv.*** palely
ซูบผอม ***adj.*** skinny, thin
ซูม ***n.*** zoom
ซูโม่ ***n.*** Japanese wrestling
เซ ***v.*** to stagger, to totter, to reel
เซ็กซ์ ***n.*** sex
เซ็กซี่ ***adj.*** sexy, alluring
เซ็ง ***adj.*** dull, flat, tedious. ***-adv.*** dully, tediously. ***-v., colloq.*** to be bored
เซ้ง ***v., colloq.*** to change hands (in business)
เซ็งแซ่, แซด ***adj.*** noisy, loud, uproarious, clamorous. ***-adv.*** noisily
เซต ***n.*** set, a group of things; a group of number
เซน ***n.*** Zen
เซ็น ***v.*** to sign; to buy credit
เซ่น ***v.*** to sacrifice, to offer sth. to god, a ghost or a spirit
เซนติกรัม ***n.*** centigram (Ame.)/ centigramme (Bri.)
เซนติเมตร ***n.*** centimeter (Ame.)/ centimetre (Bri.)
เซนติลิตร ***n.*** centiliter (Ame.)/centilitre (Bri.)
เซ็นเซอร์ ***v.*** to censor
เซ็นเตอร์ ***n.*** center (Ame.)/centre (Bri.)
เซปักตะกร้อ ***n.*** wicker ball game, sepak takraw
เซฟเฮาส์ ***n.*** safe house
เซรุ่ม ***n.*** serum *(sing.)*/serums, sera *(pl.)*
เซรามิก ***n.*** ceramics, ceramic object
เซลเซียส, เซนติเกรด ***n.*** Celsius
เซลล์ ***n.*** cell
เซลล์ประสาท ***n.*** neuron, nerve cell
เซลล์สุริยะ ***n.*** solar cell

เซลลูลอยด์ ***n.*** celluloid
เซลลูโลส ***n.*** cellulose
เซลส์แมน ***n.*** salesman, saleswoman
เซ่อ ***adj.*** stupid, foolish, thick-headed; careless, unthinking; puzzled, confused. ***-adv.***carelessly
เซ่อซ่า ***adj.*** clumsy, silly, careless. ***-adv.*** clumsily, carelessly
เซอะ ***adv.*** very stupid, very careless. ***-adv.*** very carelessly
เซา ***v.*** to stop, to cease; to reduce, to lessen, to slow down. ***-adj.*** sleepy, dozy; lonely, lonesome
เซ้าซี้ ***v.*** to pester, to nag, to badger
เซาะ ***v***. to erode, to corrode, to eat away, to wear away
เซิ้ง ***v.*** to perform Northeastern Thai-style dance
เซียน ***n.*** professional; immortal. ***-adj.*** expert, skilled; imperishable
เซียมซี ***n.*** lots of prophecy
เซียว ***adj.*** pale, sickly, pallid, unhappy
เซื่อง ***adj.*** inactive, drowsy, depressed
เซื่องซึม ***adj.*** inactive, lethargic
แซ่ ***adj.*** noisy, clamorous, uproarious; widespread. ***-adv.*** noisily, uproariously. ***-n.*** Chinese surname, Chinese family name
แซ่ซ้อง ***v.*** to praise, to acclaim
แซกโซโฟน ***n.*** saxophone
แซง ***v.*** to pass; to interfere
แซด ***adj.*** noisy. ***-adv.*** noisily
แซด ๆ ***v.*** to stagger, to totter, to reel
แซนด์วิช ***n.*** sandwich
แซบ ***adj., colloq.*** delicious, yummy
แซม ***v.*** to insert, to put in, to inset; to mend, to repair
แซยิด ***n.*** the sixtieth birthday
แซว ***v.*** to kid, to fool. ***-adj.*** foolish
แซ่ว ***adj.*** weary, motionless, listless, lifeless. ***-adv.*** wearily, motionlessly
แซะ ***v.*** to spade, to shovel; to urge, to stimulate, to rouse
โซ ***adj.*** needy, impoverished, destitute, down-and-out. ***-adv.*** hungrily
โซซัดโซเซ ***v.*** to roam, to wander
โซ่ ***n.*** chain
โซ่ตรวน ***n.*** fetters, irons, shackle
โซก ***adj.*** soaked, wet, drenched
โซเซ ***adj.*** staggering, tottering. ***-adv.*** staggeringly
โซดา ***n.*** soda
โซฟา ***n.*** sofa
โซม ***v.*** to be wet, to be soaked
โซลา ***n.*** solar
ไซ ***n.*** a kind of fishing trap

ไซ

ไซ้ ***v.*** to dig for food with a bill or snout. ***-pron.*** which, what
ไซ้ขน ***v.*** to preen
ไซโคลน ***n.*** cyclone
ไซร้ ***adj.*** like that, such
ไซเรน ***n.*** siren
ไซโล ***n.*** silo

ฌ

ฌ the 12th Thai alphabet
ฌาน ***n.*** meditation, concentration
ฌาปน- ***n.*** cremation, funeral
ฌาปนกิจ n. cremation, funeral
ฌาปนสถาน n. crematorium *(sing.)*/ crematory *(pl.)*
เฌอ ***n.*** tree; wood

ญ

ญ the 13th Thai alphabet
ญวน ***n.*** Vietnam, Vietnamese
ญัตติ ***n.*** motion, proposal, resolution, bill; issue; announcement
ญาณ ***n.*** perception, wisdom, intelligence; foresight, prudence
ญาณศาสตร์ n. astrology
ญาติ ***n.*** relative, relation, kin, cousin
ญาติกา ดูคำว่า ญาติ
ญาติดีกัน v. to reconcile, to make up a quarrel
ญาติผู้ใหญ่ n. senior relative
ญาติพี่น้อง n. relatives
ญาติโยม n. folks, relatives
ญี่ปุ่น ***n.*** Japan, Japanese

ฎ

ฎ the 14th Thai alphabet
ฎีกา ***n.*** petition (to the King), appeal (to the Supreme Court); the Supreme Court; explanatory note; invitation for Buddhist monk
ฎีกาบอกบุญ n. subscription for donation, contribution, supplication

ก ข ฃ ค ฅ ฆ ง จ ฉ ช ซ ฌ ญ ฎ ฏ ฐ ฑ ฒ ณ ด ต ถ ท ธ

ฏ

ฏ the 15th Thai alphabet

ฐ

ฐ the 16th Thai alphabet

ฐาน ***n.*** base, foot, stand, ground, pedestal, foundation; post, place. ***-conj.*** by reason of, because

ฐานข้อมูล n. database

ฐานทัพ n. military base, base

ฐานทัพเรือ n. naval base

ฐานทัพอากาศ n. airbase

ฐานที่มั่น n. bulwark

ฐานนิยม n. mode

ฐานป้องกัน n. redoubt

ฐานราก n. base, foundation

ฐานะ ***n.*** position, rank, place, standing, estate, social status

ฐานันดร n. estate, rank, standing

ฐาปนา ***n.*** construction, establishment; appointment; restoration, renovation

ฐิต ***v.*** to exist, to stand

ฐิติ ***n.*** being, existence; stability; patience; position, place; regulation, rule; certainty

ฑ

ฑ the 17th Thai alphabet

ก ข ฃ ค ฅ ฆ ง จ ฉ ช ซ ฌ ญ ฎ ฏ ฐ ฑ ฒ ณ ด ต ถ ท ธ

ฒ

ฒ the 18th Thai alphabet

เฒ่า ***adj.*** old, aged, elderly

เฒ่าแก่ ***n.*** chief; match-maker, go-between; Chinese old richman

เฒ่าหัวงู ***n.*** old satyr, dirty old man

ณ

ณ the 19th Thai alphabet

ณ ***prep.*** at, in, on, upon

ณ บัดนี้ ***adv.*** at this moment, right away, right now

ณรงค์ ***v.*** to fight, to battle, to campaign. ***-n.*** fight, campaign, battle

เณร ***n.*** Buddhist novice

ด

ด the 20th Thai alphabet

ดก ***adj.*** abundant, plentiful, fruitful

ดกดื่น ***adj.*** plentiful, abundant, fertile, ample, bountiful

ดง ***n.*** jungle, forest, grove, thicket; den, lair. ***-v.*** to dry, to bake

ดงดาน ***n.*** jungle, thick forest

ดงดิบ ***n.*** evergreen forest, tropical rainforest

ด้น ***v.*** to sew, to stitch; to venture, to force one's way through sth. ***-n.*** a kind of Thai verse

ด้นดั้น ***v.*** to venture, to force one's way through sth.

ด้นถอยหลัง ***v.*** to backstitch

ดนตรี ***n.*** music; musical instrument

ดนัย ***n.*** son

ดม ***v.*** to smell, to sniff, to inhale

ดรรชนี, ดัชนี ***n.*** forefinger, index finger; index

ดรรชนีล่าง, ดรรชนีกำกับ ***n.*** subscript

ดรรชนีหักเห (แสง) ***n.*** refractive index

ดรัมเมเยอร์ ***n.*** drum major, drum majorette

ดราฟต์ ***n.*** draft

ดรุณ ***n.*** young boy; teenager, adolescence, youth, juvenile. ***-adj.*** young, adolescent, youthful, juvenile

ดรุณี ***n.*** young girl; youth, adolescence. ***-adj.*** young, adolescent, youthful

ดล ***v.*** to destine, to influence, to cause

ดลใจ v. to inspire, to encourage

ดลบันดาล v. to destine, to urge

ดวง ***n.*** round object; spot, dot, circle; horoscope; numerative noun for a stamp, a lamp, a star, etc.

ดวงจันทร์ n. the moon

ดวงใจ n. heart; beloved, dear; ***idm.*** apple of one's eye

ดวงชะตา n. fate, destiny

ดวงตรา n. seal

ดวงตราไปรษณียากร n. stamp

ดวงตา n. eyes; beloved, dear

ดวงประทีป n. lamp, light, torch

ดวงสมร n. dear, darling, honey

ดวงอาทิตย์ n. the sun

ดวด ***v.*** to gulp, to swallow at one time

ด่วน ***adj.*** express, urgent, quick, speedy. ***-adv.*** urgently, quickly

ด้วน ***adj.*** shortened, docked, amputated, truncated; abbreviated

ด้วย ***adv.*** also, too, as well, together. ***-prep.*** by, with. ***-conj.*** because, since, due to, owing, because of

ด้วยกัน adv. together. ***-prep.*** along with sb.

ด้วยความนับถือ adv. respectfully; truely yours

ด้วยความพอใจ adv. contentedly

ด้วยตัวเอง adv. by one's self

ด้วยว่า conj. since, because

ด้วยเหตุนี้ adv. therefore, so, thus, hence, then, consequently

ด้วยเหตุผลบางประการ adv. somehow, somehow or other

ด้วยอภินันทนาการ adj. with compliments of

ดวล ***v.*** to duel, to fight a duel

ดวลแข้ง v., colloq. to compete in football match

ดอก ***n.*** flower, blossom; floral pattern; interest; numerative noun for a flower, a key, etc.

ดอกจัน n. asterisk, star

ดอกจิก n. clubs

ดอกตูม n. bud

ดอกทอง n., colloq. bitch, harlot

ดอกเบี้ย n. interest

ดอกเบี้ยทบต้น n. compound interest

ดอกผล n. fruit; gain, earnings

ดอกฟ้า n. high-class woman

ดอกไม้ n. flower, blossom

ดอกไม้จันทน์ n. paper flower used in cremation

ดอกไม้ไฟ n. firework

ดอกสว่าน n. bit

ดอกสร้อย ***n.*** a kind of Thai verse

ดอกเตอร์, ดร. ***n.*** Doctor, Dr., doctor

ดอง ***v.*** to pickle, to preserve; to put off, to hold up; to marry

ดอด ***v.*** to do sth. secretly, to sneak, to approach secretly

ดอน ***n.*** highlands, hill, mound

ดอมดม ***v.*** to smell, to sniff

ด้อม ***v.*** to sneak, to snoop

ดอย ***n.*** hill, mountain

ด้อย ***adj.*** inferior, lower, lesser

ด้อยกว่า adj. mean

ด้อยพัฒนา adj. undeveloped, backward

ด้อยโอกาส adj. deprive, inferior

ดอลลาร์ ***n.*** dollar

ดอส ***n., comp.*** DOS (Disk Operating

System)
ดะ ***adv.*** indiscriminately, recklessly, unbridledly
ดัก ***v.*** to trap, to entrap; to ambush, to block, to intercept
ดักคอ ***v.*** to hold back
ดักซุ่มโจมตี ***v.*** to waylay
ดักฟัง ***v.*** to tap, to bug
ดักยิง ***v.*** to snipe, to ambush
ดักดาน ***adj.*** fixed, stuck, stagnant
ดักแด้ ***n.*** pupa
ดัง ***v.*** to ring, to sound, to blare; famous, well-known, popular. ***-adj.*** loud, noisy. ***-adv.*** loudly, noisily
ดัง, ดั่ง ***prep.*** like, such as, similar
ดังกล่าว ***adv.*** as mentioned, as above, as stated. ***-adj.*** aforementioned
ดังใจ ***adv.*** as one's wish
ดังเช่น ***prep.*** such as, as, like
ดังเดิม ***adj.*** unchanged
ดังต่อไปนี้ ***adv.*** as follows
ดังนั้น ***adv.*** so, then, thus, hence, therefore, thereby, consequently
ดังนี้ ***adv.*** thus, so, therefore
ดั้ง, จมูก ***n.*** bridge of a nose
ดั้งเดิม ***adj.*** original, primitive, former. ***-adv.*** originally, formerly
ดัด ***v.*** to bend, to twist, to contort; to change, to modify, to reform
ดัดจริต ***v.*** to pretend, to fake. ***-adj.*** affected, insincere. ***-adv.*** affectedly
ดัดตน ***v.*** to exercise; to train
ดัดแปลง ***v.*** to adapt, to modify
ดัดผม ***v.*** to curl the hair
ดัดสันดาน ***v.*** to correct, to reform, to mould one's temperament
ดัดหลัง ***v.*** to betray, to double-cross
ดัตช์ ***n.*** Dutch
ดัน ***v.*** to push, to press, to shove; to insist stubbornly; to resist
ดันทุรัง ***adj.*** stubborn, obstinate, headstrong, pigheaded
ดั้น ***v.*** to push, to force one's way through sth., to trudge, to plod. ***-n.*** a kind of Thai verse
ดั้นด้น ***v.*** to venture; to trudge, to plod
ดับ ***v.*** to put out, to extinguish, to quench; to die, to pass away
ดับกระหาย ***v.*** to quench the thirst
ดับกลิ่น ***v.*** to deodorize
ดับขันธ์, ดับจิต, ดับชีพ ***v.*** to die, to pass away
ดับเครื่อง ***v.*** to cut out/ turn off an engine, to stop the motor
ดัมเบลล์ ***n.*** dumbbell
ดัมพ์ ***n.*** dump truck. ***-v.*** to dump, to cut price
ดับเบิล ***n.*** double
ดา ***v.*** to advance, to come forward, to go ahead. ***-adj.*** abundant, plentiful, ample, teeming
ดาหน้า ***v.*** to rally together
ด่า ***v.*** to curse, to swear, to condemn, to rebuke, to scold, to abuse
ด่าประจาน ***v.*** to curse a person in public, to hurl insult
ดาก ***n., colloq.*** bottom, butt
ด่าง ***n.*** alkali, base. ***-adj.*** spotted, speckled, discolored (Ame.)/ discoloured (Bri.)
ด่างพร้อย ***adj.*** spotted, speckled; flawed, imperfect, mottled
ดาด ***v.*** to cover, to pave, to lay, to extend. ***-adj.*** flat, level
ดาดฟ้า ***n.*** terrace, deck
ดาด, ดาด ๆ ***adj.*** simple, plain, ordinary,

general, usual, common
ดาน ***adj.*** hard, dense
ด่าน ***n.*** frontier, border, checkpoint
ด่านตรวจคนเข้าเมือง n. immigration office
ด่านตรวจโรค n. quarantine station
ด่านศุลกากร n. customshouse
ด้าน ***n.*** side, part, aspect, field. ***-adj.*** rough, hard; dull, matted; shameless, unashamed. ***-v.*** to misfire
ด้านกลับ n. reverse side
ด้านข้าง n. side, lateral
ด้านตรงข้าม n. opposite side
ด้านเท่า adj. equilateral
ด้านนอก n. outside
ด้านนูน adj. covex
ด้านใน n. inside
ด้านบน n. top. ***-adj.*** upper
ด้านประกอบมุมฉาก n. leg, leg of a right
ด้านล่าง n. bottom. ***-adj.*** lower. ***-adv.*** below
ด้านเว้า adj. concave
ด้านหน้า n., adj. front
ด้านหน้าตัด n. cross section
ด้านหลัง n., adj. back, rear. ***-adv.*** behind
ดาบ ***n.*** sword, rapier, saber
ดาบปลายปืน n. bayonet
ดาบสั้นสองคม n. dagger
ดาบหัวตัด n. foil
ดาบส ***n.*** hermit, ascetic, anchorite
ดาม ***v.*** to prop, to brace, to support, to hold sth. up, to reinforce
ด้าม ***n.*** handle, grip, shaft, hilt; numerative noun for a pen/a knife/etc.
ดาย ***v.*** to cut, to trim, to weed, to hoe
ด้าย ***n.*** cotton thread, cotton string, filament, cord
ด้ายดิบ n. cotton yarn
ด้ายสายสิญจน์ n. sacred thread
ด้ายไหม n. silk yarn, silk thread
ดารา ***n.*** star; movie star, actor, actress
ดาราศาสตร์ n. astronomy
ดาล ***n.*** bar, bolt, latch; palm, sole. ***-v.*** to happen, to occur
ดาลเดือด adj. angry, furious

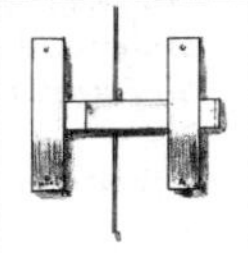
ดาล

ดาว ***n.*** star; celebrity, superstar, movie star
ดาวเคราะห์ n. planet
ดาวเคราะห์น้อย n. asteroid
ดาวตก n. meteor, falling star
ดาวตลก n. comedian
ดาวเทียม n. satellite
ดาวนพเคราะห์ n. nine stars of Thai astrology : Sun, Moon, Mars, Mercury, Saturn, Jupiter, Venus, Neptune and comet
ดาวบริวาร n. satellite
ดาวประกายพรึก n. morning star
ดาวประจำเมือง n. evening star
ดาวโป๊ n. nude star
ดาวยั่ว n. sex bomb
ดาวร้าย n. bad character
ดาวรุ่ง n. morning star; new film star
ดาวฤกษ์ n. fixed star
ดาวหาง n. comet
ดาวเหนือ n. the North Star, Polaris
ด้าว ***n.*** land, country, nation
ดาวดึงส์ ***n.*** the second tier of heaven
ดาวน์ทาวน์ ***n.*** downtown
ดาษ, ดาษดา, ดาษดื่น ***adj.*** abundant, plentiful, widespread, common

ก ข ฃ ค ฅ ฆ ง จ ฉ ช ซ ฌ ญ ฎ ฏ ฐ ฑ ฒ ณ ด ต ถ ท ธ

ดำ ***v.*** to dive, to submerge. ***-adj.*** black, dark
ดำขลับ adj. raven, shiny black
ดำดิน v., colloq. to escape
ดำแดง adj. dark red, tan
ดำนา v. to transplant rice seedling
ดำน้ำ v. to dive. ***-n.*** diving
ดำน้ำแบบใช้ถังอากาศ n. scuba diving
ดำผิวน้ำ v. to snorkel. ***-n.*** snorkeling diving
ดำปี๋ adj. pitch-dark
ดำหัว n. a northern Thai custom of calling on elders on New Year's Day to receive their blessings

ดำเนิน ***v.*** to go, to walk; to continue, to proceed, to go on, to carry on
ดำเนินการ v. to operate, to work, to run, to handle, to proceed
ดำเนินการตามกฎหมายต่อ v. to proceed against sb.
ดำเนินกิจการ v. to run/do a business
ดำเนินกิจการโดยผิดกฎหมาย n., adj. wild-cat. ***-v.*** to do an illegal business
ดำเนินคดี v. to charge, to sue, to prosecute
ดำเนินคดีทางศาล v. to arraign
ดำเนินต่อไป v. to continue, to carry on, to pursue, to go on

ดำรง ***v.*** to live, to stand, to exist, to sustain, to maintain, to uphold. ***-adj.*** lasting, straight, upright
ดำรงชีวิต v. to live, to exist
ดำรงตำแหน่ง v. to be, to hold the post, to occupy

ดำรัส ***n., roy.*** speech, statement. ***-v.*** to speak, to state, to talk

ดำริ ***v.*** to think, to consider

ดิก ***adj.*** very round. ***-adv.*** closely

ดิก ๆ ***adj.*** waggling. ***-adv.*** wagglingly

ดิกชันนารี ***n.*** dictionary

ดิ่ง ***adj.*** straight, vertical, perpendicular. ***-adv.*** straight, directly
ดิ่งพสุธา v. to parachute

ดิฉัน ***pron.*** I, me, myself (used by a woman)

ดิถี ***n.*** lunar day

ดิน ***n.*** soil; earth, ground, land
ดินกรด, ดินเปรี้ยว n. acid soil
ดินขาว n. kaolin, china clay
ดินเค็ม n. alkaline soil
ดินดอนสามเหลี่ยม n. delta
ดินดาน n. subsoil
ดินดำ, ดินปืน n. gunpowder
ดินแดง n. laterite
ดินแดน n. territory, region
ดินทราย n. sandy soil
ดินน้ำมัน n. plasticine
ดินประสิว n. saltpeter (Ame.)/ saltpetre (Bri.)
ดินฟ้าอากาศ n. climate, weather
ดินร่วน n. loose soil
ดินระเบิด n. explosive powder
ดินสอ n. pencil, crayon
ดินสอพอง n. soft chalk
ดินสอสี n. colored (Ame.)/coloured (Bri.) pencil
ดินเหนียว n. clay

ดิ้น ***v.*** to wriggle, to squirm, to twist, to writhe. ***-n.*** braid
ดิ้นรน v. to struggle, to strive

ดิบ ***adj.*** raw, uncooked, unripe; natural; unrefined, crude; green

ดิบดี ***adv.*** well, correctly, neatly

ดิสโกเธค ***n.*** discotheque

ดิรัจฉาน ***n.*** animal, beast

ดี ***n.*** gall bladder. ***-adj.*** good, well, nice, fine, beautiful, wonderful
ดีกว่า adj. better than
ดีเกลือ n. Glauber's salt
ดีใจ adj. glad, happy, pleased
ดีซ่าน n. jaundice
ดีเด่น adj. excellent, superior
ดีเดือด adj. crazy, mad, insane
ดีแตก v. to become a swellhead
ดีละ, ดีแล้ว adj. good, okay. ***-adv.*** yes, well
ดีเลิศ adj. ideal, excellent, tip-top
ดีกรี ***n.*** degree
ดีเจ ***n.*** DJ (disk jockey)
ดีเซล ***n.*** diesel
ดีไซน์ ***n.*** design
ดีด ***v.*** to flip, to flick; to lever, to lift, to raise; to tap, to snap
ดีดกลับ v. to spring back
ดีดดิ้น v. to be affected
ดีดนิ้ว v. to snap one's fingers
ดีดสี v. to play a stringed instrument
ดีดีที ***n.*** DDT (dichlorodiphenyltrichloroethane)
ดีบุก ***n.*** tin
ดีเปรสชัน ***n.*** depression
ดีเอ็นเอ ***n.*** DNA (deoxyribonucleic acid)
ดึก ***n.*** night. ***-adj.*** late; old
ดึกดำบรรพ์ adj. ancient, prehistoric
ดึกดื่น adv. late at night, in the dead of night
ดึง ***v.*** to pull, to draw, to drag, to haul
ดึงดัน v. to be stubborn, to be obstinate, to be pigheaded
ดึงดูด v. to pull, to draw, to attract, to appeal, to magnetize (Ame.)/ magnetise (Bri.); to arrest

ดื่น ***adj.*** plentiful, abundant, ample. ***-adv.*** plentifully
ดื่ม ***v.*** to drink, to imbibe
ดื่มด่ำ adj. appreciative, pleased, impressive
ดื่มน้ำผึ้งพระจันทร์ v. to honeymoon
ดื่มสุรา v. to drink, to take a drop
ดื่มหัวราน้ำ v. to guzzle
ดื่มอวยพร v. to drink a toast to
ดื้อ ***adj.*** stubborn, obstinate
ดื้อด้าน adj. stubborn, headstrong
ดื้อดึง adj. stubborn, obstinate
ดื้อ ๆ adv., colloq. arbitrarily, senselessly
ดื้อยา v. to resist the medicine efficiency
ดื้อรั้นหัวแข็ง adj. headstrong
ดุ ***v.*** to scold, to rebuke, to chide. ***-adj.*** fierce, cruel, savage, ferocious
ดุด่า v. to scold, to blame
ดุดัน adj. fierce, ferocious
ดุเดือด adj. serious, severe, violent
ดุร้าย adj. cruel, savage, fierce
ดุกดิก ***v.*** to move, to stir, to fidget
ดุจ ***adj., prep., conj.*** like, as, as if, as though, similar to
ดุน ***v.*** to push, to force, to shove, to nudge; to emboss
ดุ้น ***n.*** piece; stick; numerative noun for a stick
ดุม ***n.*** hub; button, nave
ดุ่ม, ดุ่ม ๆ ***adv.*** (to walk) in a preoccupied manner, carelessly
ดุ่ย, ดุ่ย ๆ ***adv.*** aimlessly, pointlessly
ดุริยางค์ ***n.*** music instruments
ดุล ***n.*** scales, balance; equilibrium
ดุลการค้า n. balance of trade
ดุลการชำระเงิน n. balance of payment

*ดุลชำระหนี้ **n.*** balance of debt
*ดุลพินิจ **n.*** consideration, judgement
*ดุลภาค **n.*** balance, equality
ดุลย- ***adj.*** equal, equivalent
*ดุลยภาพ **n.*** balance, equilibrium
ดุษฎี ***n.*** pleasure, gladness, delight
*ดุษฎีบัณฑิต **n.*** doctor; doctorate
ดุษณี, ดุษณีภาพ ***n.*** silence, quietness
ดุสิต, ดุษิต ***n.*** the fourth tier of heaven, Dusita
ดู ***v.*** to look, to watch, to see; to keep; to look after; to consider; to seem; to forecast, to predict
*ดูถูก, ดูแคลน, ดูถูกดูแคลน **v.*** to look down on, to insult, to disdain
*ดูงาน **v.*** to visit, to observe; to oversee, to inspect
*ดูใจ **v.*** to be present at one's deathbed; to test one's sincerity
*ดูดาย **v.*** to ignore, to neglect, to overlook, to disregard
*ดูต้นทาง **v.*** to keep watching
*ดูไปก่อน **v.*** to wait and see
*ดูผ่าน ๆ ตา **v.*** to skim over
*ดูฤกษ์, ดูฤกษ์ยาม **v.*** to calculate an auspicious time
*ดูลาดเลา **v.*** to detect; to observe
*ดูแล **v.*** to look after, to take care of sb./sth.; to rule, to supervise
*ดูแลปรนนิบัติ **v.*** to nurse
*ดูแลรับผิดชอบ **v.*** to take charge of
*ดูหมิ่น **v.*** to insult, to disdain
*ดูเหมือน **v.*** to seem, to look like
ดูด ***v.*** to suck, to absorb, to draw in
*ดูดกลืน **v.*** to absorb
*ดูดซับ **v.*** to absorb
*ดูดซึม **v.*** to assimilate
*ดูดดื่ม **adj.*** appreciative, impressed
*ดูดฝุ่น **v.*** to vacuum (Ame.)/to hoover (Bri.)
เด่ ***adj.*** upright, erect. ***-adv.*** upright
เด็ก ***n.*** child, kid, youth. ***-adj.*** young
*เด็กกำพร้า **n.*** orphan
*เด็กข้างถนน **n.*** waif
*เด็กชาย **n.*** boy, lad
*เด็กถูกทอดทิ้ง **n.*** foundling
*เด็กทารก **n.*** infant, baby, newborn
*เด็กวัยรุ่น **n.*** teenager, youngster
*เด็กหญิง **n.*** girl
*เด็กหัดเดิน **n.*** toddle
*เด็กเหลือขอ **n.*** scoundrel
เดกซ์โทรส ***n.*** dextrose
เด้ง ***v.*** to spring, to bounce. ***-colloq.*** to fire, to dismiss
เดช, เดชะ ***n.*** power, might; heat, fire
เดชานุภาพ ***n.*** king's power
เดซิกรัม ***n.*** decigram (Ame.)/decigramme (Bri.)
เดซิเมตร ***n.*** decimeter (Ame.)/decimetre (Bri.)
เดซิลิตร ***n.*** deciliter (Ame.)/decilitre (Bri.)
เดซิเบล ***n.*** decibel
เด็ด ***v.*** to pick, to pluck, to nip off. ***-adv***. absolutely, decidedly
เด็ดขาด ***adj.*** decisive. ***-adv.*** decidedly, absolutely
เด็ดดวง, เด็ดสะระตี่ ***adj., colloq.*** excellent, wonderful, marvellous
*เด็ดเดี่ยว **adj.*** determined, fearless
เดน ***n.*** waste, rubbish, refuse
*เดนตาย **n.*** survivor. ***-adj.*** survivable
เด่น ***adj.*** outstanding, prominent
*เด่นชัด **adj.*** clear, distinct
เดนมาร์ก ***n.*** Denmark
เดรัจฉาน *ดูคำว่า* ดิรัจฉาน
เด๋อ, เด๋อด๋า ***adj.*** silly, awkward, clumsy.

-adv. clumsily, awkwardly

เดา ***v.*** to guess, to estimate, to surmise

เดาสุ่ม v. to guess blindly

เดาะ ***v.*** to bounce, to toss, to juggle. ***-adj.*** fractured

เดิน ***v.*** to walk; to proceed; to move; to carry, to deliver; to run, to operate

เดินขบวน v. to march, to parade

เดินเครื่อง v. to run, to operate

เดินแถว v. to march, to walk in a line

เดินทอดน่อง v. to saunter

เดินทัพ v. to mobilize the troops

เดินทาง v. to travel, to journey

เดินเท้า v. to walk, to go on foot

เดินธุระให้ v. to do sth. for sb.

เดินรถ v. to drive, to transport

เดินเรือ v. to sail, to navigate

เดินเรื่อง v. to proceed, to manage

เดินลากขา v. to shuffle

เดินเล่น v. to stroll

เดินสะพัด v. to circulate. ***-adj.*** current

เดินสายไฟ v. to install the electric wire

เดินหมาก v. to move; to maneuver (Ame.)/manoeuvre (Bri.)

เดินอากาศ v. to fly, to travel by air

เดินอุ้ยอ้าย v. to lump

เดิม ***adj.*** original, former, previous. ***-adv.*** originally, formerly

เดิมที adv. originally, at first

เดิมพัน n. stakes, bet. ***-v.*** to stake, to bet

เดียงสา ***adj.*** sensible, mature

เดียด ***v.*** to hate, to detest; to envy

เดียดฉันท์ v. to dislike, to detest, to hate, to abhor

เดียรัจฉาน *ดูคำว่า* ดิรัจฉาน

เดียว ***adj.*** one, single, sole

เดียวกัน adj. same; united

เดียวดาย adj. sole, alone, lonely, isolated

เดี่ยว ***adj.*** one, alone, single, solo. ***-v.*** to play solo

เดี๋ยว ***adv.*** for a moment, for a while, just a moment

เดี๋ยวนี้ adv. right now, now, at present, this moment, immediately

เดือด ***v.*** to boil; to get angry, to boil with rage, to boil with anger

เดือดดาล v. to be furious, to boil with anger, to lose one's temper, to fly into rage

เดือดร้อน, เดือดเนื้อร้อนใจ v. to be in trouble, to be worried

เดือดพล่าน adj. boiled; furious

เดือน ***n.*** moon; month

เดือนดับ n. moonset

เดือนเพ็ญ n. full moon

เดือนมืด n. moonless night; waning moon

เดือนเสี้ยว n. crescent moon

เดือนหงาย n. moonlit night, full moon

เดือย ***n.*** spur; spindle, tenon

แด ***n.*** heart, mind

แดดิ้น v. to be restless, to be anxious, to be agitated

แด่ ***prep.*** to, for, towards

แดก ***v., colloq.*** (impolite) to devour, to eat, to drink

แดกดัน v. to satirize (Ame.)/satirise (Bri.), to ridicule

แดง ***adj.*** red. ***-v.*** to be revealed, to be exposed, to leak out

แดงก่ำ adj. flushed, red

***แดงเข้ม* adj.** crimson
***แดงเปล่งปลั่ง* adj.** rosy, ruddy
***แดงสด* adj.** scarlet
แดด n. sunlight, sunshine
***แดดกล้า, แดดจ้า* adj.** sunny
***แดดเปรี้ยง* n.** burning sun
***แดดร่ม* adj.** dim, shady
แดน n. territory, location, zone, region
***แดนสนธยา* n.** twilight zone
***แดนสุขาวดี* n.** paradise
แด่ว ๆ v. to writhe. **-adv.** writhingly
โด่ adj. upright, erect. **-adv.** upright
***โด่เด่* adj.** upright, erect
โด่ง adj. upright, high, elevated, rising. **-v.** to rise up, to soar
***โด่งดัง* adj.** famous, famed, celebrated, well-known, renowned
โดด v. to jump, to leap, to spring
***โดดร่ม* v.** to parachute; **idm.** to play truant, to keep away from duties
โดด, โดด ๆ adj. single, sole
***โดดเดี่ยว* adj.** alone, lonesome, lonely, isolated. **-adv.** lonelily
โดน v. to hit, to strike, to touch, to reach; to suffer from sth.
***โดนดี* v.** to run into snag
โดนัต n. doughnut, donut
โดม n. dome
โดย prep. by, through, by means of
***โดยกำเนิด* adv.** by birth, naturally. **-adj.** native, inborn
***โดยง่าย* adv.** easily, conveniently
***โดยเจตนา* adj.** deliberate. **-adv.** deliberately
***โดยเฉพาะ, โดยเฉพาะอย่างยิ่ง* adv.** especially, specially, particularly
***โดยเฉลี่ย* adj.** average, mean. **-adv.** averagely
***โดยใช่เหตุ, โดยไม่จำเป็น* adv.** unnecessarily
***โดยใช้กำลัง* adv.** forcibly
***โดยด่วน* adv.** urgently, immediately
***โดยดี* adv.** willingly, calmly
***โดยตรง* adv.** directly. **-adj.** direct
***โดยตลอด* adv.** thoroughly
***โดยตลอดรอดฝั่ง* adv.** safely, harmlessly
***โดยทั่วไป* adj.** common, general
***โดยที่* conj.** since, because
***โดยแท้* adv.** really, indeed
***โดยมาก* adv.** mostly, mainly
***โดยไม่เจตนา, โดยไม่ตั้งใจ* adv.** unintentionally, unwittingly
***โดยไม่ต้องสงสัย* adv.** undoubtedly
***โดยไม่มีเงื่อนไข* adv.** unconditionally
***โดยไม่มีพิธีรีตอง* adv.** informally, casually
***โดยละเอียด* adv.** in detail
***โดยลำดับ* adv.** in order, subsequently
***โดยลำพัง* adv.** alone, by oneself
***โดยสาร* v.** to go by, to take, to catch
***โดยสังเขป* adv.** briefly, in brief
***โดยสิ้นเชิง* adv.** completely, absolutely, perfectly
***โดยเสด็จ* v., roy.** to accompany
***โดยเหตุที่* conj.** as, because, as a result of
ใด prep. what, which, any
ใด ๆ adv. whatever, anything
ได้ v. to get, to obtain, to gain; may, can, to be able to; to achieve, to succeed, to attain
***ได้กลิ่น* v.** to smell, to scent
***ได้กัน* v., colloq.** to have love

ก ข ฃ ค ฅ ฆ ง จ ฉ ช ซ ฌ ญ ฎ ฏ ฐ ฑ ฒ ณ ด ต ถ ท ธ

affair with sb., to have sexual relationship, to be husband and wife
ได้การ adj. successful, effective
ได้กำไร v. to gain profit
ได้แก่ conj . that is, such as
ได้ความ adj. good, useful, practical
ได้คิด v. to realize (Ame.)/to realise (Bri.), to perceive
ได้คืน v. to get sth. back, to regain
ได้ใจ v. to be careless, to be conceited, to be overbold
ได้โอกาส v. to get a chance, to have an opportunity
ได้ชื่อ v. to be famous
ได้ที v. to take advantage of
ได้เปรียบ v. to have an advantage of, to get the upperhand
ได้เปล่า v. to get for free
ได้ยิน v. to hear
ได้รางวัล v. to be rewarded, to be awarded, to won a prize
ได้ฤกษ์ v. to reach the auspicious time
ได้สติ v. to regain consciousness
ได้สัดส่วน adj. well-balanced, well-proportioned
ได้เสีย v. to have sexual intercourse
ได้หน้า v. to get the favour of sb.
ได้หน้าลืมหลัง v. to forget oneself

ไดนาโม ***n.*** dynamo
ไดนาไมต์ ***n.*** dynamite
ไดโนเสาร์ ***n.*** dinosaur
ไดอารี ***n.*** diary

ไดโนเสาร์

ต

ต the 21st Thai alphabet
ตก ***v.*** to fall, to drop, to lessen, to decrease, to diminish; (color) to run, to spread, to fade; to get, to reach; to miss; to be missing, to be omitted; to fail; to be discouraged. ***-v.*** to make decision; to conclude, to summary
ตกกระ adj. freckled
ตกกล้า v. to sow, to seed, to plant
ตกขอบ adj. extreme. ***-adv.*** extremely
ตกขาว n. thrush, leucorrhoea
ตกข่าว v., colloq. to miss the news
ตกค้าง adj. left, remaining
ตกงาน adj. unemployed, jobless
ตกใจ adj. frightened, astounded, startled. ***-adv.*** frighteningly
ตกดิน v. (the sun) to set
ตกตะกอน v. to precipitate
ตกตะลึง v. to be shocked, to be stunned, to be surprised, to be astonished, to be dumbfounded
ตกต่ำ v. to sink, to decline, to worsen, to deteriorate, to degenerate, to depress
ตกแต่ง v. to decorate, to beautify, to adorn, to trim, to embellish

ก ข ฃ ค ฅ ฆ ง จ ฉ ช ซ ฌ ญ ฎ ฏ ฐ ฑ ฒ ณ ด ต ถ ท ธ

ตกทอด v. to derive from sb./sth., to pass sth. on to sb. ***-adj.*** inherited
ตกที่นั่งลำบาก v. to be in trouble
ตกใน v. to bleed internally; to bear up
ตกบ่าย prep. in the afternoon
ตกเบ็ด v. to fish; to lure
ตกประหม่า v. to feel nervous, to feel embarrassed
ตกปลา v. to fish, to angler
ตกปากรับคำ v. to accept, to consent
ตกผลึก v. to crystallize
ตกพุ่มม่าย v. to become a widow, to become a widower
ตกฟาก v. to be born
ตกมัน adj. in must/musth
ตกยาก adj. poor, impoverished
ตกรถ v. to miss (a vehicle)
ตกรอบ v. to be knocked out
ตกราง v. to derail
ตกรางวัล v. to reward, to present
ตกลง v. to agree, to accept
ตกลูก v. to breed, to bear
ตกเลือด v. to miscarry, to have a miscarriage; to have a haemorrhage
ตกสะเก็ด v. to scab, to crust
ตกหนัก v. to rain heavily; to fall on sb.; to shoulder a burden
ตกหล่น v. to omit, to miss, to overlook, to leave out
ตกหลุมรัก v. to fall in love with
ตกอับ v. to be unlucky, to be ill-fated, to be unfortunate
ตกฮวบฮาบ, ตกดิ่ง v. to plummet

ตงฉิน ***adj.*** honest, loyal, faithful
ตงิด ***adv.*** little, a bit, slightly
ตด ***v.*** to fart, to break wind, to pass wind. ***-n.*** fart
ตถาคต ***n.*** the Buddha
ตน ***n.*** self, person; numerative for an angel/a giant/a ghost/etc.
ตนเอง n. oneself, one's own self
ต้น ***n.*** trunk; top, origin, beginning. ***-adj.*** first, original, initial. ***-adv.*** originally, at the beginning
ต้นกำเนิด n. origin, source, root
ต้นขั้ว n. counterfoil, stub
ต้นคิด n. creator, originator
ต้นเงิน, เงินต้น n. principal
ต้นฉบับ n. manuscript, original
ต้นตระกูล n. ancestor, forefather
ต้นตอ n. origin, source; cause
ต้นตำรับ n. originator, initiator
ต้นทุน n. cost
ต้นน้ำ n. headwaters, source
ต้นแบบ n. model, master. ***-adj.*** ideal, original, master
ต้นไม้ n. tree, plant
ต้นไม้เลื้อย, ไม้เลื้อย n. vine, creeper
ต้นร่าง n. original draft
ต้นสังกัด n. original affiliation
ต้นเสียง n. leading voice
ต้นหน n. navigator; guide
ต้นเหตุ n. cause, root, origin
ต้นอ่อน n. sprout, budding

ตบ ***v.*** to clap, to slap, to pat; to fool
ตบก้น v. to spank
ตบตา v. to decieve, to fool, to mask. ***-n.*** pose
ตบตี v. to beat. ***-n.*** abuse
ตบแต่ง v. to decorate, to beautify, to embellish; to arrange a marriage
ตบแผละ n. a kind of Thai children's game by clapping each other's hands
ตบมือ v. to applaud, to clap
ตบยุง v. to swat

ตบะ ***n.*** ascetic practices
ตบะแตก v. to lose one's patience
ตม ***n.*** mud, mire; ignorance
ต้ม ***v.*** to boil; to clean. ***-colloq.*** to cheat, to dupe. ***-adj.*** boiled
ต้มกลั่น v. to distil
ต้มตุ๋น v. to cheat, to deceive
ต้มแบบครึ่งสุกครึ่งดิบ v. to parboil
ต้มยา v. to decoct
ตรง, ตรง ๆ ***adj.*** straight, direct. ***-adv.*** straight; exactly. ***-prep.*** at, in
ตรงกลาง n. middle, center (Ame.)/centre (Bri.). ***-prep.*** in the middle, in the center (Ame.)/centre (Bri.)
ตรงกัน adj. same, identical
ตรงกันข้าม adj. opposite, contrary, converse. ***-adv.*** conversely
ตรงความเป็นจริง adj. faithful
ตรงจุด v. to hit the point
ตรงดิ่ง v. to plummet. ***-adv.*** sheer
ตรงต่อเวลา adj. punctual. ***-adv.*** punctually, on time
ตรงประเด็น adj. relevant
ตรงไปตรงมา adj. frank, sincere, fair, open. ***-adv.*** frankly, openly
ตรงศีรษะ adv. overhead
ตรงหน้า adv. right a head
ตรม ***v.*** to hurt, to sorrow, to grieve
ตรรกะ ***n.*** logic, reasoning; thinking
ตรรกศาสตร์ n. logic, deduction
ตรวจ ***v.*** to check, to inspect, to examine; to explore, to survey, to investigate
ตรวจการณ์, ตรวจตรา v. to patrol, to inspect, to investigate
ตรวจข่าว, ตรวจภาพยนตร์ v. to censor news/a film
ตรวจค้น v. to search, to look around, to examine, to find out
ตรวจดู v. to look over, to look into, to survey, to check
ตรวจดูใหม่ v. to review/recheck
ตรวจดูอย่างถี่ถ้วน v. to see over
ตรวจดูอย่างรวดเร็ว v. to run through, to scan
ตรวจต้นฉบับ v. to edit
ตรวจทาน v. to proofread, to re-read, to run over
ตรวจพบ v. to detect, to find
ตรวจพล v. to review
ตรวจโรค v. to diagnose
ตรวจเลือด v. to do the blood test
ตรวจสอบ v. to check, to verify
ตรวจสอบเครื่องยนต์ทั้งหมด v. to overhaul
ตรวจสอบซ้ำ v. to countercheck
ตรวจสอบบัญชี v. to audit the accounts
ตรวจสุขภาพ, ตรวจร่างกาย n. checkup (Ame.)/check-up (Bri.). ***-v.*** to have a checkup/check-up
ตรวน ***n.*** chains, irons, fetters
ตรอก ***n.*** path, lane, alley, alleyway
ตรอง, ตรึกตรอง, ตริ, ตริตรอง ***v.*** to think over, to ponder, to consider
ตรอมใจ, ตรอมตรม ***v.*** to grieve, to mourn. ***-adj.*** sad, sorrowful, distressed
ตระการ ***adj.*** magnificent, graceful; remarkable, exceptional; various, diversified. ***-adv.*** gracefully
ตระกูล ***n.*** family, lineage, ancestry, blood, clan
ตระเตรียม ***v.*** to prepare, to arrange; to organize (Ame.)/to organise (Bri.); to provide
ตระบัด ***v.*** to cheat, to betray
ตระบัดสัตย์ v. to break one's word,

ก ข ฃ ค ฅ ฆ ง จ ฉ ช ซ ฌ ญ ฎ ฏ ฐ ฑ ฒ ณ ด ต ถ ท ธ

to break one's promise

ตระเวน ***v.*** to patrol; to go around, to roam, to wander

ตระหง่าน ***adj.*** high, towering, lofty

ตระหนก ***adj.*** scared, terrified, frightened, alarmed, panic

ตระหนัก ***v.*** to realize (Ame.)/to realise (Bri.), to be conscious, to be aware of, to concern about

ตระหนี่ ***adj.*** stingy, mean, miserly

ตรับ, ตรับฟัง ***v.*** to listen attentively

ตรัย ***adj.*** three

ตรัส ***v., roy.*** to say, to speak, to tell

ตรัสรู้ v. to know, to realize (Ame.)/ to realise (Bri.), to understand; to achieve enlightenment

ตรา ***n.*** stamp, seal, mark, brand; badge, insignia. ***-v.*** to stamp, to seal, to mark; to fix, to set; to remember; to enact

ตรากฎหมาย v. to enact a law

ตราของทางราชการ n. chop

ตราจอง n. document of land ownership

ตราตั้ง n. document of royal appointment

ตราติดเสื้อผ้า n. badge

ตราบาป n. fault, blemish, flaw

ตราประจำตระกูล n. device, coat of arms

ตราประจำตำแหน่ง n. insignia, badge

ตราประทับ n. seal

ตราไปรษณียากร n. stamp

ตรายาง n. rubber stamp

ตราสาร n. instrument

ตราสินค้า n. trademark, brand

ตราหน้า v. to brand sb. as, to denounce sb. as

ตรากตรำ ***v.*** to suffer, to endure, to tolerate. ***-adv.*** hard

ตราชู ***n.*** balance, scales

ตราชู

ตราบ ***conj., prep.*** until, till

ตราบใด adv., conj. as long as, whenever

ตราบเท่าที่ conj., prep. as long as, until, till

ตราสัง ***v.*** to bind a dead body

ตรี ***adj.*** three, tri. ***-prefix.*** tri-. ***-n.*** a Thai rising-tone mark (๊)

ตรีโกณ n. triangle

ตรีโกณมิติ n. trigonometry

ตรีคูณ n. three times, threefold

ตรีศูล n. trident

ตรีเอกานุภาพ n. trinity

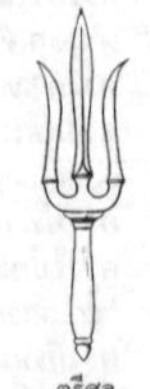
ตรีศูล

ตรึง ***v.*** to tie, to fix, to bind, to attach

ตรึงกางเขน v. to crusify

ตรึงตรา, ตรึงตรา-ตรึงใจ v. to impress, to touch, to engrave in one's mind

ตรุษ ***n.*** New Year festival

ตรุษจีน n. Chinese New Year

ตรู่ ***n.*** dawn, daybreak. ***-adj., adv.*** early

ตลก ***adj.*** funny, humorous, amusing

ตลบ ***v.*** to turn over, to fold back

ตลบตะแลง adj. cunning, deceitful, tricky, foxy. ***-adv.*** cunningly

ตลบหลัง v. to betray, to double-cross, to retreat

ตลบอบอวล v. to interfuse

ตลอด ***prep., adv.*** through, throughout, all over, all along, all through
ตลอดกาล ***adv.*** forever, eternally, endlessly, everlastingly
ตลอดปี ***adv.*** the whole year, throughout the year
ตลอดไป ***adv.*** forever, eternally, endlessly
ตลอดรอดฝั่ง ***adv.*** all through the end, safely, harmlessly
ตลอดวัน ***adv.*** all (the) day, all day long
ตลอดวันตลอดคืน ***adv.*** all day and all night
ตลอดเวลา ***adv.*** all the time
ตลับ ***n.*** small case, casket
ตลับเทป ***n.*** tape cassette
ตลับแป้ง, ตลับเครื่องสำอาง ***n.*** compact
ตลับเทป, ตลับฟิลม์ ***n.*** cassette
ตลาด ***n.*** market, bazaar, marketplace
ตลาดค้าหุ้น ***n.*** stock exchange
ตลาดจำเพาะ ***n.*** niche market
ตลาดซื้อขายล่วงหน้า ***n.*** future market
ตลาดนัด ***n.*** bazaar, fair
ตลาดนัดแรงงาน ***n.*** job fair
ตลาดน้ำ ***n.*** floating market
ตลาดมืด ***n.*** black market
ตลาดสด ***n.*** fresh-food market
ตลาดเสรี ***n.*** free market
ตลาดหลักทรัพย์ ***n.*** stock exchange
ตลาดหุ้น ***n., colloq.*** stock market
ตลิ่ง ***n.*** bank, shore; side
ตวง ***v.*** to scoop; to measure, to estimate
ต่วน ***n.*** satin
ต้วมเตี้ยม ***adj.*** slow, awkward, clumsy. ***-adv.*** slowly, clumsily
ตวัก ***n.*** coconut-shell ladle
ตวัด ***v.*** to whip, to lash; to hug
ตวาด ***v.*** to yell, to bawl
ตอ ***n.*** stump; ***colloq.*** obstacle
ตอม่อ ***n.*** pier, pillar
ตอไม้ ***n.*** stub
ต่อ ***v.*** to expand, to extend; to follow; to concede; to join, to link; to add, to increase; to bargain; to build, to construct; to light; to renew. ***-adv.*** continuously, continually. ***-prep.*** against, towards; per
ต่อกิ่ง ***v.*** to graft
ต่อจากนั้น ***adv.*** after that, then
ต่อจากนี้ ***adv.*** from now on
ต่อเชื่อมกัน ***v.*** to articulate
ต่อเติม ***v.*** to expand, to extend, to add, to append
ต่อแต้ม ***n.*** dominoes/dominos
ต่อท่อ ***v.*** to tap
ต่อโทรศัพท์ ***v.*** to put sb. through to sb., to connect the line
ต่อเนื่อง ***adj.*** consecutive, continuous, ceaseless, non-stop. ***-adv.*** continuously, non-stop
ต่อปากต่อคำ ***v.*** to argue, to squabble, to dispute, to debate
ต่อไป ***v.*** to go on, to continue. ***-adj.*** next. ***-adv.*** hereafter, later
ต่อมา ***adv.*** afterwards
ต่อรถ ***v.*** to change a bus/a train
ต่อรอง ***v.*** to bargain, to negotiate
ต่อราคา ***v.*** to bargain
ต่อล้อต่อเถียง ***v.*** to argue, to quarrel
ต่อเลขหมาย ***v.*** to dial, to call
ต่อว่า ***v.*** to complain, to blame, to reproach
ต่อเวลา ***v.*** to prolong, to protract
ต่อสัญญา ***v.*** to renew a contract
ต่อสู้ ***v.*** to fight, to combat, to

battle, to oppose, to struggle
ต่อหน้า* adj.** face-to-face. ***-adv. to one's face
***ต่อหน้าต่อตา* adv.** before one's eyes, to one's face
***ต่อหน้าธารกำนัล* adv.** in public
ต่ออายุสัญญา ดูคำว่า ต่อสัญญา
ต้อ *n.* cataract, corneal ulcer
ต้อกระจก n. cataract
ต้อเนื้อ, ต้อลิ้นหมา n. pterygium
ต้อหิน n. glaucoma
ตอก *v.* to nail, to hammer, to pound. ***-n.*** thin bamboo strip. ***-adj.*** popped
ตอกกลับ v. to strike back
ตอกตะปูติด v. to nail up
ตอกย้ำ v. to rivet
ตอกเสาเข็ม v. to pile
ตอกหน้า v., colloq. to rebuke; to refute
ตอกหมุด v. to rivet
ต๊อกต๋อย *adj.* shabby, worn out, tatty
ต่อกร *v., colloq.* to fight, to combat
ต้อง *aux. v.* must, have to. ***-v.*** to touch, to contact; to be pleased
ต้องกัน adj. same, identical; compatible; congenial. ***-adv.*** identically
ต้องขัง v. to be imprisoned, to be in jail
ต้องคดี v. to be charged with, to be accused of, to be prosecuted
ต้องใจ v. to like, to be pleased with sth., to be fond of sth.
ต้องตา v. to please, to attract. ***-adj.*** eye-catching, attractive, striking
ต้องโทษ v. to be punished, to be sentenced, to be convicted
ต้องห้าม adj. tabooed, forbidden, prohibited
ต้องการ *v.* to want, to need, to require, to demand, to wish, to desire
ต่องแต่ง *v.* to dangle, to swing loosely
ตอด *v.* to bite, to nibble; to satirize, to taunt, to gibe, to jeer
ต่อต้าน *v.* to protest, to resist, to withstand; to battle, to fight
ตอน *n.* section, part; period; passage, paragraph; time, stage; portion, episode. ***-v.*** to castrate; to spay
ตอนกลาง n. middle, central part
ตอนจบ n. end, final
ตอนต้น n. beginning
ต้อน *v.* to drive, to herd, to round up
ต้อนเข้ามุม v. to corner
ต้อนรับ v. to welcome, to receive
ตอบ *v.* to answer, to respond, to reply. ***-adj.*** hallow, sunken, haggard
ตอบโต้ v. to response, to react
ตอบแทน v. to reward, to repay, to return, to pay back, to retaliate
ตอบรับ v. to acknowledge, to accept, to admit, to approve
ตอบสนอง v. to respond to, to react
ตอม *v.* to fly around, to swarm; to bother, to pester; to court
ต่อม *n.* gland
ต่อมน้ำลาย n. salivary gland
ต่อมไร้ท่อ n. endocrine gland
ต่อมลูกหมาก n. prostate gland
ต่อย *v.* to box, to punch; to sting
ต่อยไข่ v. to crack an egg
ต่อยมวย v. to box. ***-n.*** boxing
ต้อย *adj.* small, short, little, tiny
ต้อยต่ำ adj. inferior, lower, poor
ต้อย ๆ *adv.* (to follow) closely
ต่อยหอย *adv.* (to speak) endlessly, ceaselessly, nonstop
ตอแย *v.* to annoy, to irritate, to trouble
ตอร์ปิโด *n.* torpedo

ก ข ฃ ค ฅ ฆ ง จ ฉ ช ซ ฌ ญ ฎ ฏ ฐ ฑ ฒ ณ ด ต ถ ท ธ

ตอแหล ***v.*** to lie, to fib, to pretend
ตะกร้อ ***n.*** Takraw: a Thai ratten ball game; ratten-plaited ball; ratten basket; bridle
ตะกรัน ***n.*** scale
ตะกร้า ***n.*** basket
ตะกรุด ***n.*** a kind of charm
ตะกรุมตะกราม ***v.*** to devour, to wolf, to gobble. ***-adv.*** greedily, hastily
ตะกละ ***adj.*** greedy, gluttonous, voracious. ***-adv.*** greedily
ตะกอน ***n.*** deposit, sediment, dregs
ตะกั่ว ***n.*** lead
ตะกาย ***v.*** to climb; to scramble; to claw, to scratch
ตะกุกตะกัก ***adj.*** halting, stuttering, inconvenient, uneven. ***-adv.*** haltingly; unevenly
ตะกุย ***v.*** to scratch, to paw, to claw
ตะเกียกตะกาย ***v.*** to scramble, to clamber; to struggle, to strive
ตะเกียง ***n.*** lamp, lantern, light
ตะเกียบ ***n. pl.*** chopsticks. ***-adj.*** thin, skinny (legs)
ตะแกรง ***n.*** sieve, grate, screen

ตะแกรง

ตะโกน ***v.*** to shout, to yell, to call out, to cry out
ตะขอ ***n.*** hook
ตะขิดตะขวง ***adj.*** ashamed, embarrassed, abashed
ตะเข็บ ***n.*** stitch, seam
ตะครั่นตะครอ ***adj.*** cold, feverish
ตะคริว, ตะคิว ***n.*** cramp
ตะครุบ ***v.*** to swoop, to pounce
ตะคอก *ดูคำว่า* ตวาด
ตะคุ่ม, ตะคุ่ม ๆ ***adj.*** shadowy, murky
ตะแคง ***v.*** to lie on one's side, to lie at an angle, to tilt on one's side
ตะไคร่ ***n.*** moss, lichen
ตะบอง ***n.*** bat, club, baton, truncheon
ตะบัน ***n.*** tubular mortar and pestle for pounding betel. ***-v.*** to hit, to crush. ***-colloq.*** to be stubborn, to disobey. ***-adv.*** stubbornly; endlessly

ตะบัน

ตะบิดตะบอย ***v.*** to idle, to loiter, to dawdle. ***-adv.*** sluggish, leisurely
ตะบี้ตะบัน ***adv.*** repeatedly, again and again; stubbornly; endlessly
ตะบึง ***adv.*** quickly, hurriedly, speedily
ตะเบ็ง ***v.*** to shout, to yell, to bellow
ตะเบ็งมาน, ตะแบงมาน ***n.*** Thai-styled halter top
ตะไบ ***n.*** file, rasp. ***-v.*** to file
ตะปบ *ดูคำว่า* ตะครุบ
ตะปิ้ง ***n.*** genital-cover for a little girl
ตะปุ่มตะป่ำ ***adj.*** rough, knotty, bumpy
ตะปู ***n.*** nail
  ตะปูควง n. screw
  ตะปูหมุด n. tack
ตะพด ***n.*** stick, rod, cane
ตะพาย ***v.*** to wear on one's shoulder. ***-n.*** pierced hole in nose of an ox or a buffalo through which a rope is passed as rein
ตะพึดตะพือ ***adv.*** persistently; stubbornly
ตะเพิง ***n.*** overhanging rock
ตะเพิด ***v.*** to shoo away, to oust
ตะโพก ***n.*** hip, buttock; rump

ตะโพน ***n.*** Thai two-faced drum

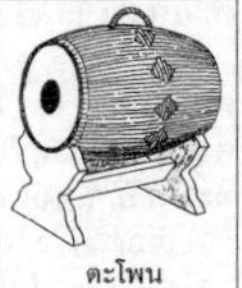
ตะโพน

ตะเภา ***n.*** Chinese junk; a south-west monsoon

ตะราง ***n.*** jail (Ame.) /gaol (Bri.), prison, cell

ตะลอน ***v., colloq.*** to roam, to wander, to rove; to travel , to tour

ตะล่อม ***v.*** to gather, to pile, to assemble. ***-adv.*** persuasively, convincingly

ตะลีตะลาน ***adv.*** hurriedly, hastily

ตะลึง ***v.*** to be amazed, to be astonished, to be stunned by

ตะลึงพรึงเพริด ***v.*** to be surprised, to be startled, to be dumbfounded

ตะลุง ***n.*** shadow play

ตะลุมบอน ***v.*** to fight, to battle, to brawl, to scuffle

ตะลุมพุก ***n.*** a wooden mallet used for pounding rice grains

ตะลุย ***v.*** to force one's way through/ into sth., to break though. ***-adv.*** unhesitatingly, indiscriminately

ตะแลงแกง ***n.*** scaffold, execution place

ตะไล ***n.*** small porcelain cup; a kind of firework

ตะวัน ***n.*** the sun

ตะวันขึ้น v. (the sun) to rise

ตะวันตก v. (the sun) to set. ***-adj.*** west

ตะวันตกเฉียงใต้ adj. southwest

ตะวันตกเฉียงเหนือ adj. northwest

ตะวันยอแสง n. twilight, dust

ตะวันออก adj. east

ตะวันออกกลาง n. Middle East

ตะวันออกใกล้ n. Near East

ตะวันออกไกล n. Far East

ตะวันออกเฉียงใต้ adj. southeast

ตะวันออกเฉียงเหนือ adj. northeast

ตะหลิว ***n.*** turner, flipper

ตัก ***n.*** lap. ***-v.*** to ladle, to spoon, to scoop up, to dip

ตักตวง v. to take advantage of sth., to exploit, to profit from sth.

ตักบาตร v. to give alms to a Buddhist monk

ตักเตือน ***v.*** to warn, to caution, to advice, to admonish

ตั่ง ***n.*** stool

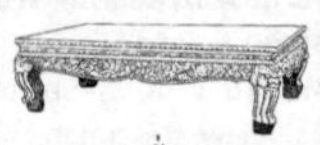
ตั่ง

ตั้ง ***v.*** to set up, to stand, to erect; to hold, to stick; to build, to establish; to appoint, to assign; to lay, to place, to start, to begin. ***-adj.*** much, many. ***-n.*** pile, wad

ตั้งกฎ v. to lay rules down

ตั้งกระทู้ถาม v. to interpellate

ตั้งข้อสังเกต v. to remark

ตั้งข้อหา v. to charge sb. with sth.

ตั้งเข็ม, ตั้งเป้าหมาย v. to aim, to purpose, to intend

ตั้งไข่ v. to stand, to learn to stand

ตั้งครรภ์ adj. pregnant. ***-n.*** pregnancy. ***-v.*** to be pregnant

ตั้งเค้า v. to signal, to forebode

ตั้งใจ, ตั้งอกตั้งใจ v. to attend to sth., to intend, to concentrate

ตั้งชื่อ v. to name, to give a name

ตั้งต้น v. to begin, to start

ตั้งตัว v. to establish oneself; to settle down. ***-adj.*** self-made

ตั้งตาคอย v. to wait for, to look forward to, to anticipate

ตั้งแต่ prep. since, from

ตั้งแต่นี้ไป **adv.** henceforth, from now on, henceforward
ตั้งแต่นั้นมา **adv.** thereafter, after that, since then
ตั้งถิ่นฐาน **v.** to domicile
ตั้งรกราก **v.** to settle down
ตั้งราคา **v.** to assess, to fix the price
ตั้งเวลา **v.** to regulate, to set time
ตั้งสติ **v.** to compose oneself
ตั้งสมมติฐาน **v.** to hypothesize (Ame.)/to hypothesise (Bri.)
ตั้งหน้า, ตั้งหน้าตั้งตา **v.** to keep up; to attend to sth., to intend
ตังเก ***n.*** a kind of fishing boat
ตัณหา ***n.*** lust, desire, passion, craving
ตัด ***v.*** to cut; to reduce, to shorten, to decrease; to break up
ตัดกัน **adj.** contrasting, converse. **-v.** to cross, to intersect
ตัดกำลัง **v.** to enervate
ตัดขาด **v.** to separate, to break up
ตัดใจ, ตัดอกตัดใจ **v.** to suppress, to repress, to restrain one's desire
ตัดตอน **v.** to excerpt, to divide
ตัดถนน **v.** to build a road
ตัดทอน **v.** to shorten, to reduce
ตัดบท **v.** to cut sb. off, to cut sb. short, to interrupt
ตัดเป็นแผ่นบาง ๆ **v.** to slice
ตัดแปะ **v.** to cut and paste
ตัดผม **v.** to have a haircut
ตัดพ้อ **v.** to complain, to remonstrate, to reproach, to grouse
ตัดไมตรี **v.** to cut off relationship
ตัดยอด **v.** to poll, to pollard
ตัดรอน **v.** to end a relationship, to cut sb. off, to sever, to break off
ตัดราคา **v.** to cut price, to dump
ตัดสัมพันธไมตรี **v.** to break up
ตัดสิน **v.** to judge, to determine
ตัดสินคดี **v.** to judge
ตัดสินใจ **v.** to decide, to determine
ตัดสินชี้ขาด **v.** to rule
ตัดสินลงโทษ **v.** to sentence, to adjudicate
ตัดเสื้อ **v.** to make a dress
ตัดหน้า **v.** to do beforehand; to drive pass, to cut in
ตัดหัว **v.** to behead, to decapitate
ตัดให้สั้น **v.** to crop, to shorten, to clip
ตัน ***adj.*** solid; blind, clogged, blocked, stuck. ***-n.*** ton
ตับ ***n.*** liver; line, row, set
ตับกระสุน **n.** clip
ตับแข็ง **n.** cirrhosis
ตับอ่อน **n.** pancreas
ตับอักเสบ **n.** hepatitis
ตับปิ้ง *ดูคำว่า* ตะปิ้ง
ตัว ***n.*** body, person, self; numerative for creature. ***-pron., colloq.*** you
ตัวกลาง **n.** medium *(sing.)*/media *(pl.)*
ตัวการ **n.** ringleader, culprit
ตัวเก็ง **n.** favorite (Ame.)/favourite (Bri.); trump card
ตัวโกง **n.** villain, negative role
ตัวคูณ **n.** multiplier
ตัวใครตัวมัน **adj.** selfish, self-interested. **-adv.** selfishly
ตัวโจ๊ก **n.** joker; clown, buffoon
ตัวเชื่อม **n.** binder, connecting agent
ตัวดี **n.** head a conspiracy, chief
ตัวตลก **n.** clown, joker, comedian
ตัวต่อตัว **adv.** one-on-one
ตัวตั้งตัวตี **n.** leader, chief
ตัวตายตัวแทน **n.** substitute, re-

placement
ตัวเต็ง ดูคำว่า ตัวเก็ง
ตัวถอดรหัส n., comp. decoder
ตัวแทน n. representative, agent
ตัวแทนขายสินค้า n. dealer
ตัวนาง n. actress, heroine
ตัวนำ n. conductor
ตัวประกอบ n. factor; supporting character, supporting performer
ตัวประกัน n. hostage
ตัวประมวลผล n., comp. processor
ตัวประมวลผลร่วม n., comp. coprocessor
ตัวเปล่า adj. single, unmarried
ตัวแปร n. variable; factor
ตัวผู้ n., adj. male
ตัวพระ n. actor, protagonist
ตัวพิมพ์ n. print, type
ตัวมาร n. devil, demon
ตัวเมีย n., adj. female
ตัวเมือง n. downtown, town, city
ตัวยง adj. expert, specialist
ตัวร้อน v. to have a fever
ตัวเร่งปฏิกิริยา n. catalyst
ตัวละคร n. character, actor, actress
ตัวเลข n. number, figure, digit
ตัวสะกด n. spelling
ตัวสำรอง n. aspirant
ตัวหนังสือ n. letter, character
ตัวหมากรุก n. chessmen, chesspiece
ตัวห้อย n. subscript
ตัวหาร n. divisor
ตัวอย่าง n. example, sample, specimen. ***-adj.*** model, ideal
ตัวอย่างสินค้า n. sample
ตัวอ่อน n. fetus (Ame.)/foetus (Bri.)
ตัวอักษร n. letter, alphabet
ตัวเอก, ตัวชูโรง n. protagonist, main character, principal character
ตั๋ว ***n.*** ticket, note, bill
ตั๋วเงิน n. bill, note
ตั๋วจำนำ n. pawning receipt
ตั๋วโดยสารประจำ n. season-ticket
ตั๋วไปกลับ n. round-trip ticket (Ame.)/return ticket (Bri.)
ตั๋วไปเที่ยวเดียว n. one way ticket (Ame.)/single ticket (Bri.)
ตั๋วฟรี n. free ticket
ตั๋วแลกเงิน n. bill of exchange
ตั๋วสัญญาใช้เงิน n. promissory note
โต้โผ ***n.*** head, leader, director
ตา ***n.*** (maternal) grandfather; eye; knot, node; mesh; time, turn, chance; check; bud
ตากล้อง n., colloq photographer, cameraman
ตากุ้งยิง n. sty, stye
ตาขวาง n. green eye
ตาข่าย n. net, mesh
ตาขาว adj. cowardly
ตาเข, ตาเหล่ adj. cross-eyed
ตาเขียว adj. wrathful, angry
ตาแข็ง adj. sleepless
ตาชั่ง n. balance, scales
ตาต้นไม้ n. scion bud, bud
ตาตี่ adj. narrow-eyed
ตาทวด n. great-grandfather
ตาทิพย์ n. second sight
ตาน้ำ n. spring, source of water
ตาบอด n. blindness. ***-adj.*** blind
ตาบอดสี n. color-blindness (Ame.)/colour-blindness (Bri.). ***-adj.*** color-blind (Ame.)/colour-blind (Bri.)
ตาปลา n. corn, bunion
ตาปี adv. all the year round
ตาปีตาชาติ adv. forever, forever-

more, incessantly

ตาฝาด v. to see mirage

ตาไม่มีแวว adj. dull, stupid

ตาราง n. table; square

ตารางเมตร n. square meter (Ame.)/ square metre (Bri.)

ตารางวา n. square yard

ตารางเวลา n. schedule (Ame.)/ timetable (Bri.)

ตารางสอน n. schedule, timetable

ตาลอย adv. (to look) vacantly

ตาลาย, ตาพร่า v. to see mirage, to be dazzled

ตาลีตาเหลือก, ตาเหลือก adv. hurriedly, frightenedly, hastily

ตาสีตาสา n. illiterate

ตาหมากรุก n. checker

ตาหยี adj. squint-eyed

ตาแหลม adj. keen-eyed, keen-sight

ตาก ***v.*** to dry, to sun, to expose; to endure, to suffer. ***-adj.*** sun-dried

ตากอากาศ v. to take an airing; to relax, to have a holiday

ต่าง ***n.*** pack saddle. ***-v.*** to load, to carry; to differ. ***-pron.*** each. ***-adj.*** different, unlike, diverse. ***-adv.*** instead of, in place of

ต่าง ๆ adj. many, various, diverse

ต่าง ๆ นานา adv. variously

ต่างกัน adj. discrepant

ต่างกับ v. to be different from sth.

ต่างจังหวัด n. province. ***-adj.*** provincial

ต่างชาติ adj. foreign

ต่างด้าว adj. alien

ต่างตอบแทนซึ่งกันและกัน adj. reciprocal

ต่างถิ่น adj. exotic

ต่างประเทศ n. foreign country. ***-adj.*** abroad, foreign

ต่างพ่อ, ต่างแม่ n. half brother, half sister

ต่างหน้า adv. as a memento

ต่างหาก adv. apart, separately

ต่างหู n. earring

ตานขโมย ***n.*** ascariasis

ต้าน ***v.*** to block, to resist, to withstand

ต้านทาน v. to fight, to resist, to oppose, to counter

ตาบ ***n.*** a neck or chest ornament

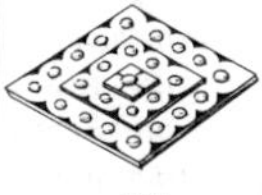

ตาบ

ตาม ***v.*** to follow; to call, to invite; to seek, to pursue. ***-prep.*** along, around, about; according to, in accordance with

ตามกฎหมาย adv. legally, legimately, lawfully, legalizedly

ตามกลิ่น v. to sniff out, to scent

ตามเข็มนาฬิกา adj. clockwise

ตามควร adj. suitable, appropriate

ตามควาย adv. (to walk) rapidly, hastily, hurriedly

ตามเคย adv. as usual. ***-adj.*** habitual, routine

ตามจริง adj. actual, substantial. ***-adv.*** actually, in fact

ตามจับ v. to hunt, to run after

ตามใจ v. to spoil; to consent, to indulge; to be up to one's mind. ***-adv.*** as you like, as you please

ตามเดิม adv. as before, as usual

ตามตรง adv. directly, frankly

ตามตัวอย่าง prep. as an example

ตามตัวอักษร adj. literal, alphabetical. ***-adv.*** literally

ตามถนัด prep. according to one's ability/aptitude

ตามทัน v. to catch up with

ตามทาง adv. along the way

ตามที่ปรากฏ adv. seemingly

ตามบุญตามกรรม v. to let nature take its course

ตามปกติ adv. usually, normally

ตามประสา adv. in the way of, in the manner of

ตามรอย v. to track, to trail

ตามล่า v. to gun for

ตามลำดับ adv. respectively

ตามลำพัง adv. alone, by oneself

ตามสบาย adv. leisurely, unhurriedly

ตามสมัย adj. fashionable, stylish

ตามอำเภอใจ adv. at will, wilfully

ตาย ***v.*** to die, to pass away, to decease; to stop, to break down, to be out of order. ***-adj.*** dead, lifeless; motionless, out of order

ตายคาที่ v. to die on the spot, to die immediately

ตายจริง interj. Oh dear!, God!

ตายใจ v. to trust completely

ตายด้าน adv. impassive, impotent, insensitive. ***-n.*** impotence

ตายดาบหน้า v. to risk, to venture

ตายตัว adj. fixed, inflexible, rigid

ตายทั้งกลม v. to die during pregnancy

ตายโหง v. to die unnaturally

ตายอดตายอยาก v. to starve

ตาลปัตร ***n.*** palm leaf's fan with a long handle used by a monk in Thai religious ceremony

ตำ ***v.*** to pierce, to sting, to prick; to crush, to pound, to pulverize

ตำตา adv. obviously

ต่ำ ***adj.*** low, short, inferior

ต่ำช้า adj. bad, mean, wicked

ต่ำต้อย adj. inferior, humble, low

ต่ำสุด adj. minimum, lowest

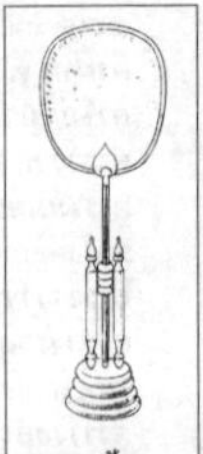

ตาลปัตร

ตำนาน ***n.*** legend, myth, fable

ตำบล ***n.*** district, region, division

ตำรวจ ***n.*** police, policeman, cop

ตำรวจจราจร n. traffic police

ตำรวจดับเพลิง n. fireman, firefighter

ตำรวจตระเวนชายแดน n. patrolman

ตำรวจทางหลวง n. highway police

ตำรวจนครบาล n. metropolitan police, city police

ตำรวจภูธร n. provincial police

ตำรวจลับ n. plainclothesman, plain-clothes detective

ตำรวจหลวง n. palace police

ตำรับ ***n.*** recipe, formula; prescription

ตำรับยา n. medical prescription

ตำรับอาหาร n. recipe

ตำรา ***n.*** textbook, text

ตำลึง ***n.*** weight of silver equal to 60 grams

ตำหนัก ***n.*** residence of royalty

ตำหนิ ***n.*** flaw, defect, blemish; scar; identifying mark, birthmark. ***-v.*** to blame, to rebuke, to condemn

ตำแหน่ง ***n.*** place, post, location; position, rank

ตำแหน่งที่ตั้ง n. location, locality

ก ข ฃ ค ฅ ฆ ง จ ฉ ช ซ ฌ ญ ฎ ฏ ฐ ฑ ฒ ณ ด ต ถ ท ธ

ตำแหน่งว่าง ***n.*** vacancy

ติ ***v.*** to blame, to criticize (Ame.)/to criticise (Bri.), to condemn

ติฉินนินทา ***v.*** to gossip, to defame

ติเตียน ***v.*** to blame, to criticize (Ame.)/criticise (Bri.), to tattle

ติ๊ก ***v., colloq.*** to check (Ame.)/to tick (Bri.), to mark. ***-n.*** ticking, tick

ติง ***v.*** to object, to protest

ติ่ง ***n.*** appendix, wart, protrusion

ติด ***v.*** to decorate, to adorn; to stick, to glue, to adhere; to bind, to attach, to affix; to catch, to be afflicted, to be infected; to get stuck, to be trapped, to be addicted; to be habitual; to go with, to come with; to light; to be close to, to be next to. ***-prep.*** near, next to, beside. ***-adj., adv.*** close

ติดกระดุม ***v.*** to button up

ติดกัน ***adj.*** connected, adjoining

ติดกับดัก ***v.*** to be trapped

ติดกาว ***v.*** to stick, to glue

ติดขัด ***v.*** to be stuck, to be jammed

ติดคอ ***v.*** to get stuck in one's throat

ติดค้าง ***v.*** to owe, to be in debt; to default

ติดคุก ***v.*** to be jailed, to be imprisoned, to be in jail

ติดเครื่อง ***v.*** to start up

ติดงาน ***v.*** to be busy, to be engaged

ติดเงิน ***v.*** to owe money, to be in debt

ติดใจ ***v.*** to fall in love with, to be fond of, to like; to doubt

ติดฉลาก ***v.*** to label, to tag

ติดชะงัก ***v.*** to get stuck

ติดเชื้อ ***adj.*** infected

ติดตลาด ***adj.*** popular, fashionable

ติดต่อ ***v.*** to contact, to get in touch with sb., to communicate. ***-adj.*** infectious, contagious

ติดตั้ง ***v.*** to set up, to install

ติดตา ***v.*** to be still fresh in one's memory; to graft. ***-n.*** budding

ติดตาม ***v.*** to follow, to go after; to accompany, to go with

ติด ๆ กัน ***adv.*** closely; frequently; successively, consecutively

ติดธุระ ***v.*** to be busy

ติดเบ็ด ***v.*** to be trapped

ติดป้าย ***v.*** to set up a billboard, to label

ติดพัน ***v.*** to be involved in, to be concerned with; to fall in love with

ติดไฟ ***v.*** to kindle, to catch fire. ***-adv.*** ablaze

ติดมือ, ติดไม้ติดมือ ***v.*** to take with

ติดยา ***v.*** to be addicted to drugs

ติดร่างแห, ติดหลังแห ***v.*** to get caught up in

ติดลบ ***v.*** to be short of, to be in deficit, to lose, to lack

ติดลม ***v.*** to talk about sth. endlessly

ติดสัด ***v.*** to be in rut

ติดสินบน ***v.*** to bribe, to give a bribe

ติดหมัด ***adv.*** suddenly, immediately

ติดหล่ม ***v.*** to get stuck in mud

ติดอ่าง ***v.*** to stammer, to stutter

ติดอาวุธ ***v.*** to be armed

ติว ***v.*** to tutor, to teach, to coach

ติวเตอร์ ***n.*** tutor

ติ้ว ***adj.*** very tense, very tight; very fast. ***-adv.*** tightly; rapidly, swiftly

ตี ***v.*** to hit, to beat, to strike, to knock, to bang, to whip, to flog. ***-n.*** a.m. (only 1 a.m. - 5 a.m. in the morning)

ตีกลอง ***v.*** to drum

ตีขนาบ v. to approach the side
ตีขลุม v. to claim, to assume
ตีเข่า v. to bring up the knee against sb. else
ตีไข่ v. to whip eggs
ตีคลี n. polo. ***-v.*** to play polo
ตีความ v. to define, to interpret
ตีจาก v. to leave, to desert, to abandon, to separate
ตีฉิ่ง v., colloq. to be a lesbian
ตีตรวน v. to fetter, to shackle
ตีตรา v. to stamp, to imprint
ตีตลาด v. to gain market share
ตีตั๋ว v. to book, to buy a ticket
ตีโต้ v. to counterattack
ตีเบา ๆ v. to flap, to flick
ตีแผ่ v. to reveal, to expose
ตีฝีปาก v. to show off one's eloquence
ตีพิมพ์ v. to print, to publish
ตีโพยตีพาย v. to express exaggeratedly
ตีระฆัง v. to ring a bell
ตีราคา v. to estimate, to set a price
ตีรันฟันแทง v. to fight, to battle
ตีลังกา v. to somersault
ตีศอก v. to hit with the elbow
ตีสนิท v. to befriend
ตีเส้น v. to line
ตีเสมอ v. to be familiar
ตีหน้า v. to conceal one's feeling
ตีหน้าตาย v. to deadpan
ตีหน้ายักษ์ v. to make a sullen face
ตีเหล็ก v. to forge iron
ตีโอบ v. to flank

ตีน ***n.*** foot *(sing.)*/feet *(pl.)*, paw; base, bottom, pedestal; edge
ตีนกบ n. flipper
ตีนกา n. crow's feet; wrinkle
ตีนเขา n. foothill
ตีนคู้ n. a Thai vowel (ุ)
ตีนเปล่า adj., adv. barefoot
ตีนผี n., colloq. speedy driver
ตีนแมว n., colloq. burglar
ตีนเหยียด n. a Thai vowel (ู)

ตีบ ***adj.*** narrow, constricted

ตึก ***n.*** building
ตึกแถว n. townhouse, commercial building
ตึกระฟ้า n. skyscraper

ตึก ๆ, ตึ้ก ๆ, ตึ้กตั้ก ***n.*** the sound of beating heart

ตึง ***adj.*** tight, tense; moody
ตึงเครียด adj. serious, critical

ตุ้ง, ตุ้ง ๆ ***n.*** thud

ตื๋ดตื๋อ ***adj.*** very, extremely (dark)

ตื๊ด ***adj.*** smelly; stingy, mean, niggardly

ตื่น ***v.*** to get up, to wake up; to be excited, to be watchful, to be alert; to be aware of sth., to be enlightened
ตื่นตัว adj. active, alert
ตื่นตาตื่นใจ v. to be excited
ตื่นตูม adj. frightened, panicky, alarmed, panic-stricken. ***-adv.*** frightenedly
ตื่นเต้น v. to be excited, to be thrilled. ***-adv.*** excitedly

ตื้น ***adj*** shallow, superficial. ***-adv.*** shallowly, superficially
ตื้นเขิน adj. shallow
ตื้นตัน, ตื้นตันใจ adj. overwhelming

ตื้อ ***adj.*** dull; dark; tight. ***-adv.*** dully; darkly; tightly

ตื๊อ ***v., colloq.*** to bother, to pester, to nag, to insist, to persist

ตื๋อ ***adv.*** (to run) quickly, rapidly, swiftly

ตุ ๆ ***adj.*** smelly, stinky, foul-smelling

ก ข ฃ ค ฅ ฆ ง จ ฉ ช ซ ฌ ญ ฎ ฏ ฐ ฑ ฒ ณ ด ต ถ ท ธ

ตุ๊ต๊ะ ***adj.*** fat, obese, plump
ตุ๊กตา ***n.*** doll
    ตุ๊กตาล้มลุก ***n.*** tumbler
ตุกติก ***adj.*** tricky, cunning, deceitful
ตุง ***adj.*** bulging, distended
ตุน ***v.*** to hoard, to store, to collect
ตุ่น ***n.*** fool, blockhead, stupid person
ตุ่น, ตุ่น ๆ ***adj.*** grey, ashy, dull
ตุ๋น ***v.*** to stew, to simmer; to cheat
ตุนาหงัน ***v.*** to be engaged
ตุ๊บป่อง ***adv.*** (to bob) up and down, floatingly, buoyantly
ตุปัดตุป่อง ***adv.*** girlishly
ตุปัดตุเป๋ ***v.*** to stagger, to totter
ตุ่ม ***n.*** jar, water jar; pimple, lump
ตุ้ม ***adj.*** rounded, plump. ***-n.*** pendulum
    ตุ้มหู ***n.*** earring
ตุ๋ม ***n.*** the sound of a small heavy thing falling into the water
ตุ่ย ***adj.*** swollen, puffy, distended
ตุ้ย, ตุ้ย ๆ ***adv.*** (to chew) deliciously
ตุ้ยนุ้ย ***adj.*** chubby, plump, fat
ตุ๊ย ***v.*** to punch, to hit, to beat, to sock
ตุลา ***n.*** balance, scales
    ตุลาการ ***n.*** judge
    ตุลาคม ***n.*** October
ตุหรัดตุเหร่ ***v.*** to wander, to roam
ตู ***pron.*** I, me, myself
ตู่ ***v.*** to claim falsely
ตู้ ***n.*** closet, cupboard, cabinet
    ตู้กระจก ***n.*** window
    ตู้กับข้าว ***n.*** pantry
    ตู้เก็บของ ***n.*** closet (Ame.)/cupboard (Bri.)
    ตู้จดหมาย ***n.*** letterbox, mailbox
    ตู้โชว์ ***n.*** showcase
    ตู้ติดผนัง ***n.*** built-in cabinet
    ตู้นอน ***n.*** sleeper
    ตู้นิรภัย ***n.*** safe
    ตู้ปลา ***n.*** aquarium
    ตู้ไปรษณีย์ ***n.*** mail box (Ame.)/pillar box (Bri.)
    ตู้ยา ***n.*** medicine chest
    ตู้เย็น ***n.*** refrigerator, fridge, icebox
    ตู้สินค้า ***n.*** freight car (Ame.)/goods wagon (Bri.)
    ตู้เสบียง ***n.*** dining car
    ตู้เสื้อผ้า ***n.*** closet (Ame.)/wardrobe (Bri.)
    ตู้หนังสือ ***n.*** bookcase
ตูด ***n.*** ass, buttocks, butts, anus
ตูบ ***adj.*** droopy, hanging down
ตูม ***adj.*** budding. ***-n.*** plop, splash; boom, thump, bang
    ตูมตาม ***adj.*** loud, noisy. ***-adv.*** loudly
เต็ง, เต็งหนึ่ง ***n.*** favourite
เต่ง ***adj.*** tight, firm; ripe. ***-v.*** to swell
    เต่งตึง ***adj.*** tight, firm, full
เต้น ***v.*** to dance; to jump; to beat, to pulse, to pulsate
    เต้นรำ ***v.*** to dance
    เต้นแร้งเต้นกา ***v.*** to dance joyfully, to be unsatisfied
เต็นท์ ***n.*** tent

เต็ม ***adj.*** full, filled; plentiful, abundant, brimful. ***-adv.*** plentifully; fully, completely, extremely
    เต็มกลืน, เต็มแก่, เต็มทน ***adj.*** unbearable, too much, excessive
    เต็มกำมือ ***n.*** handful
    เต็มกำลัง ***adv., adj.*** all-out; full-scale; full-strength
    เต็มคราบ ***adv.*** (to eat) to one's fill
    เต็มจอ ***adj.*** close-up, full-screen
    เต็มใจ ***adj.*** willing. ***-adv.*** willingly

เต็มตัว ***adv.*** completely, absolutely
เต็มตา ***adv.*** clearly, vividly
เต็มตื้น ***adj.*** touched, heartful
เต็มทน ***adj.*** intolerable. ***-adv.*** fully
เต็มที่ ***adv.*** extremely, completely
เต็มประดา ***adv.*** extremely
เต็มปาก ***adv.*** freely, openly
เต็มเม็ดเต็มหน่วย ***adv.*** wholely, completely, fully
เต็มยศ ***n.*** full dress
เต็มเวลา ***adj.*** full-time
เต็มเหนี่ยว ***adv.*** extremely
เต็มเหยียด ***adv.*** at one's greatest speed, all out, wholeheartedly
เต็มอก ***adv.*** clearly, vividly, fully

เตร่ ***v.*** to hang around, to hang about
เตร็ดเตร่ ***v.*** to wander, to roam, to rove
เตรียม ***v.*** to prepare, to set, to get ready, to arrange, to pave the way
เตรียมตัว ***v.*** to get ready, to prepare oneself for sth.
เตรียมพร้อม ***v.*** to get ready; to be on the alert

เตลิด ***v.*** to scatter, to separate, to disperse. ***-adj.*** running wild
เต่อ ***adj.*** too short, too high
เตอะ ***adv.*** very, extremely (thick)
เตะ ***v.*** to kick, to boot
เตะจมูก ***v.*** to smell sth.
เตะตา ***adj.*** attractive, noticeable
เตะฝุ่น ***adj.*** unemployed, jobless

เตา ***n.*** stove, oven, furnace, range
เตาแก๊ส ***n.*** gas stove, gas cooker
เตาผิง ***n.*** fireplace
เตาเผา ***n.*** furnace, kiln
เตาเผาเหล็ก ***n.*** forge
เตาไฟ ***n.*** stove
เตาไฟฟ้า ***n.*** electric cooker
เตาไมโครเวฟ ***n.*** microwave stove
เตารีด ***n.*** iron
เตาอบ ***n.*** oven

เต๋า ***n.*** dice; Tao
เต้า ***n.*** breast, bosom, udder
เต้านม ***n.*** breast, udder
เต้าหู้ ***n.*** bean cake, bean curd

เตาะแตะ ***v.*** to toddle, to totter
เติบโต, เติบใหญ่ ***v.*** to grow up, to increase, to develop, to progress
เติม ***v.*** to fill, to add, to supplement
เติมเชื้อเพลิง ***v.*** to fuel
เติมเต็ม ***v.*** to fulfill (Ame.)/fulfil (Bri.), to fill up

เตี่ย ***n.*** (Chinese) father, dad, daddy
เตี้ย ***adj.*** short, low, dwarfish, dumpy
เตียง ***n.*** bed, bunk
เตียงคู่ ***n.*** double bed; twin beds
เตียงเดี่ยว ***n.*** single bed
เตียงเด็ก ***n*** crib (Ame.)/cot (Bri.)
เตียงผ้าใบ ***n.*** camp bed
เตียงไม้ ***n.*** wooden bed
เตียงสปริง ***n.*** spring bed
เตียงสองชั้น ***n.*** bunk beds

เตียน ***adj.*** flat, clear, level, even; tidy. ***-adv.*** clearly; tidily
เตี่ยว ***n.*** a piece of cloth for sealing a lid of a rice-cooking pot; sanitary napkin
เตือน ***v.*** to warn, to remind, to caution, to advice, to alert
เตือนใจ ***v.*** to remind, to warn
เตือนสติ ***v.*** to remind, to caution
เตือนให้รู้ล่วงหน้า ***v.*** to forewarn

แต่ ***adv., adj.*** only, merely; but, however. ***-prep.*** since, from
แต่กระนั้น ***adv.*** but, nevertheless
แต่ก่อน ***adv.*** previously, formerly
แต่ไก่โห่ ***adv.*** at dawn; early
แต่เช้า ***adv.*** early

ก ข ฃ ค ฅ ฆ ง จ ฉ ช ซ ฌ ญ ฎ ฏ ฐ ฑ ฒ ณ ด ต ถ ท ธ

***แต่ต้น* adv.** from the beginning
แต่ทว่า* conj.** but. ***-adv. withal
***แต่นั้นมา* adv.** from now on
***แต่เพียง* adv.** only, just, merely
***แต่แรก* adv.** at first
***แต่ละ* adv., adj.** each, every, all
***แต่ลำพัง* adv.** alone, by oneself
***แต่วัน* adv.** early

แตก ***v.*** to break, to shatter; to divide, to split, to separate; to burst; to be out of control; to sprout, to bud; to flow out; to crack, to fracture, to splinter off
***แตกกระจาย* v.** to scatter, to shatter
***แตกกลุ่ม, แตกฝูง* v.** to split, to divide
***แตกกิ่งก้านสาขา, แตกแขนง* v.** to branch; to spread; to branch out
***แตกคอ* v.** to disagree, to oppose; to be disunite
***แตกเงิน* v.** to exchange for changes
แตกฉาน* adj.** skilled, experienced, expert, proficient. ***-adv. expertly
***แตกฉานซ่านเซ็น* v.** to scatter
***แตกดับ* v.** to die, to decease
***แตกต่าง* v.** to be different, to differ
***แตกตื่น* v.** to panic, to stampede
***แตกทัพ* v.** to lost, to be defeated
***แตกพาน* v.** to become pubescent
***แตกแยก, แตกกัน, แตกสามัคคี* v.** to be disunite, to separate
***แตกระแหง* v.** to crack, to split
***แตกละเอียด* v.** to break into small pieces
***แตกหน่อ* v.** to germinate
***แตกหัก* v.** to break off
***แตกออกเป็นอณู* v.** to atomize

แต่ง ***v.*** to dress, to decorate, to beautify, to adorn; to assign, to appoint; to write, to compose; to invent, to make up, to rig out
***แต่งกลอน* v.** to compose a poem
***แต่งกาย, แต่งตัว* v.** to dress, to wear, to get dressed, to rig out
***แต่งโคลง* v.** to versify
***แต่งงาน* v.** to marry, to wed, to get married
***แต่งตั้ง* v.** to appoint, to assign, to name sb. as sth.
***แต่งประโยค* v.** to compose a sentence
***แต่งแผล* v.** to dress the wound
***แต่งเพลง* v.** to compose a song
***แต่งเรื่อง* v.** to make up a story
***แต่งเล็บ* v.** to trim a nail
***แต่งหนังสือ* v.** to write, to compose
***แต่งหน้า* v.** to make up (the face)

แต้จิ๋ว ***n.*** Teow Chao

แต๊ดแต๋ ***adv.*** very, extremely (flat)

แต้ม ***v.*** to paint, to apply, to smear, to anoint. ***-n.*** mark, score, point; spot, dot; tactics, strategy
***แต้มสี* v.** to paint, to color (Ame.)/ to colour (Bri.)

แตร ***n.*** horn, trumpet, bugle, brass
***แตรรถยนต์* n.** horn
***แตรวง* n.** brass band

แตะ ***v.*** to touch, to feel, to finger
***แตะต้อง* v.** to touch; to involve

แต๊ะอั๋ง ***v.*** to touch a girl in a sexual way

โต ***adj.*** big, huge, large, great, enormous. ***-v.*** to grow, to develop

โต้ ***v.*** to fight, to oppose, to argue, to dispute, to resist, to counter
***โต้ตอบ* v.** to correspond, to reply, to answer, to respond, to counter
***โต้เถียง, โต้แย้ง* v.** to argue, to dispute, to quibble

โต้รุ่ง **adv.** until dawn. **-v.** to stay up all night
โต้วาที, โต้คารม **v.** to debate
โตก **n.** a raised tray on a pedestal

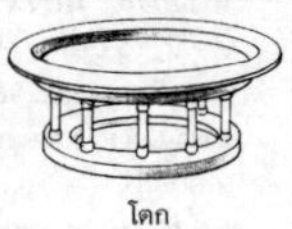
โตก

โต่ง **adj.** extreme. **-adv.** extremely
โต้ง ๆ **adv.** clearly, obviously
โตงเตง **adj.** swaying, pendent, dangly. **-adv.** swayingly, pendently
โต๊ะ **n.** table, desk
โต๊ะกลม **n.** round table
โต๊ะกินข้าว **n.** dining table
โต๊ะเขียนหนังสือ, โต๊ะทำงาน **n.** desk
โต๊ะเครื่องแป้ง **n.** dressing table
โต๊ะชำระเงิน **n.** cashier counter
โต๊ะหมู่, โต๊ะหมู่บูชา **n.** altar
โต๊ะอิหม่าม **n.** imam
ใต้ **adj.** down, southern. **-prep.** under, below, beneath. **-n.** south
ใต้ดิน **adj.** underground; secret
ใต้ถุน **n.** basement, bottom floor
ใต้เท้า **pron.** Your Excellency. **-n.** sir
ใต้น้ำ **adj.** underwater, submerged
ใต้ฝ่าพระบาท **pron.** Your Highness
ใต้ฝ่าละอองธุลีพระบาท **pron.** Your Majesty
ใต้ฝ่าละอองพระบาท **pron.** Your Royal Highness
ใต้ลม **adj., adv.** downwind
ไต **n.** kidney; wen
ไต่ **v.** to climb, to mount, to ascend; to crawl, to creep
ไต่เขา **v.** to mountaineer
ไต่คู้ **n.** a Thai shortening mark (็)
ไต่เต้า **v.** to climb the career/social status, to be a self-made person
ไต่ถาม **v.** to question, to inquire
ไต่สวน **v.** to examine, to investigate, to interrogate, to inquire into sth.
ไต้ **n.** torch, flamebeau

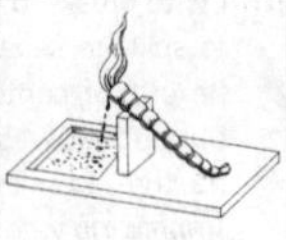
ไต้

ไต๋ **n., colloq.** trick, secret, tactic; intention, trump card
ไต้ก๋ง **n.** master of fishing boat
ไต้ฝุ่น **n.** typhoon
ไตร **adj.** three, tri-; triple
ไตรกีฬา **n.** triathlon
ไตรจีวร **n.** Triple Robe
ไตรปิฎก **n.** the Three Baskets; Tripitaka
ไตรภพ, ไตรภูมิ **n.** the Three Spheres
ไตรภาคี **adj.** tripartite
ไตรมาส **n.** quarter
ไตรยางศ์ **n.** three groups of Thai consonants
ไตรรงค์ **n.** three colors/colours
ไตรรัตน์ **n.** the Three Jewels
ไตรลักษณ์ **n.** The Three Characteristics
ไตร่ตรอง **v.** to consider, to think over, to ponder, to reflect, to meditate

ถ

ถ the 22nd Thai alphabet

ถก ***v.*** to pull, to roll up; to argue, to discuss, to debate
 ถกเถียง v. to argue, to debate

ถด ***v.*** to move back, to draw back, to shrink back, to flinch
 ถดถอย v. to reduce, to decrease, to retreat, to decline. ***-adj.*** down

ถนน ***n.*** road, street, avenue, boulevard
 ถนนลาดยางมะตอย n. asphalt road
 ถนนลูกรัง n. lump laterite road
 ถนนวงแหวน n. ring road
 ถนนส่วนบุคคล n. private road
 ถนนสายหลัก, ถนนสายสำคัญ, ถนนใหญ่ n. main road, main street
 ถนนหลวง n. highway

ถนอม ***v.*** to cherish, to take care of, to nurture; to use carefully; to save, to conserve
 ถนอมกาย, ถนอมสุขภาพ v. to take care of oneself
 ถนอมใจ, ถนอมน้ำใจ v. to be considerate
 ถนอมทรัพย์สิน v. to economize (Ame.)/to economise (Bri.)
 ถนอมอาหาร v. to preserve food

ถนัด ***adj.*** skilled, good at sth., expert; convenient, comfortable. ***-adv.*** clearly, apparently, distinctly
 ถนัดขวา adj. right-handed
 ถนัดใจ adv. directly, completely, exactly; easily
 ถนัดซ้าย adj. left-handed
 ถนัดตา adv. obviously, clearly
 ถนัดถนี่ adv., colloq. clearly, evidently, obviously
 ถนัดปาก adv. fluently, easily
 ถนัดมือ adj. handy, convenient

ถม ***n.*** nielloware. ***-v.*** to fill, to cover
 ถมถืด, ถมเถ, ถมไป adj. plentiful

ถ่ม ***v.*** to spit, to expectorate

ถมึงทึง ***adj.*** stern, sullen, grave

ถลก ***v.*** to pull, to roll up
 ถลกหนัง v. to skin, to flay
 ถลกหนังหัว v. to scalp

ถลน ***adj.*** bug-eyed, goggle-eyed

ถล่ม ***v.*** to fall, to collapse, to tumble, to crumble; to attack, to assault

ถลอก ***v.*** to have a scratch

ถลัน ***v.*** to rush, to dash, to hasten

ถลา ***v.*** to swoop, to lunge, to plunge, to slip, to slide, to glide

ถลำ ***v.*** to slip, to fall, to stumble; to blunder
 ถลำใจ v. to fall in love (with sb.), to believe sb. by mistake
 ถลำตัว v. to take a wrong step

ถลึงตา ***v.*** to glare, to scowl lavishly

ถลุง ***v.*** to smelt. ***-colloq.*** to squander, to use up, to spend lavishly; to punch repeatedly
 ถลุงเงิน v. to splurge

ถ่วง ***v.*** to load, to weight down; to delay, to retard; to sink
 ถ่วงความเจริญ v. to retard the growth of sth.
 ถ่วงดุล v. to balance, to offset, to poise, to counterbalance
 ถ่วงน้ำ v. to sink, to be drowned
 ถ่วงล้อ v. to balance a tyre

ก ข ฃ ค ฅ ฆ ง จ ฉ ช ซ ฌ ญ ฎ ฏ ฐ ฑ ฒ ณ ด ต ถ ท ธ

ก ข ฃ ค ฅ ฆ ง จ ฉ ช ซ ฌ ญ ฎ ฏ ฐ ฑ ฒ ณ ด ต ถ ท ธ

ถ่วงเวลา **v.** to delay, to stall, to temporize (Ame.)/to temporise (Bri.), to play for time
ถ่วงอำนาจ **v.** to balance power
ถ้วน ***adv.*** completely, totally, exactly, correctly. ***-adj.*** in full, in round, in exact (number)
ถ้วนถี่ ***adv.*** thoroughly, carefully
ถ้วนทั่ว ***adv.*** entirely, thoroughly
ถ้วนหน้า ***adj.*** every, all, whole
ถ้วย ***n.*** cup
ถ้วยกระดาษ ***n.*** paper cup
ถ้วยแก้ว ***n.*** glass, tumbler
ถ้วยชาม ***n.*** crockery, earthenware
ถ้วยตวง ***n.*** measuring cup (Ame.)/ measuring jug (Bri.)
ถ้วยรางวัล ***n.*** cup, trophy
ถวัลย์ ***v.*** to reign, to rule, to govern
ถวาย ***v., roy.*** to give, to present, to dedicate, to offer, to devote; to perform
ถวายความเคารพ ***v., roy.*** to pay respect to, to bow to
ถวายคำนับ ***v., roy.*** to bow to
ถวายงาน ***v., roy.*** to serve, to attend
ถวายชีวิต ***v.*** to devote one's life for
ถวายตัว ***v.*** to offer one's service, to devote oneself to sb.
ถวายบังคม ***v., roy.*** to pay homage
ถวายพระพร ***v., roy.*** to offer a blessing to the king/the queen
ถวายพระเพลิง ***v., roy.*** to cremate
ถวิล ***v.*** to think of, to miss, to yearn for
ถ่อ ***n.*** pole, barge pole. ***-v.*** to pole, to punt. ***-colloq.*** to make an effort to go, to go with difficulty
ถอก ***v.*** to draw back
ถอง ***v.*** to elbow, to jog with the elbow
ถ่องแท้ ***adv.*** clearly, correctly, certainly, surely, exactly, manifestly
ถอด ***v.*** to take off, to remove, to strip; to take after; to decode
ถอดกลอน ***v.*** to unlock, to unbolt
ถอดเกล็ด ***v.*** to scale
ถอดเข็มขัด ***v.*** to unbelt
ถอดความ ***v.*** to translate, to paraphrase, to interpret
ถอดถอน ***v.*** to dismiss, to discharge
ถอดแบบ ***v.*** to copy, to imitate, to model; to take after
ถอดเป็นชิ้นๆ ***v.*** to take apart, to dismantle
ถอดมงกุฎ ***v.*** to uncrown
ถอดรหัส ***v.*** to decode, to decipher
ถอดรูป ***v.*** to strip the mask off
ถอดสี ***v.*** to look pale, to blanch
ถอดออกจากราชสมบัติ ***v.*** to depose
ถอน ***v.*** to pull, to draw, to pluck; to withdraw; to give up, to cancel, to abolish, to revoke
ถอนขน ***v.*** to pluck (the feather/ hair)
ถอนคำพูด ***v.*** to retract
ถอนคำสั่ง ***v.*** to countermand
ถอนเงิน ***v.*** to withdraw money
ถอนใจ ***v.*** to sigh
ถอนตัว ***v.*** to quit, to secede
ถอนทหาร ***v.*** to withdraw troops
ถอนทุน ***v.*** to recover, to recoup
ถอนใบอนุญาต ***v.*** to revoke a license
ถอนพินัยกรรม ***v.*** to cancel a will
ถอนพิษ ***v.*** to detox, to detoxify
ถอนฟ้อง ***v.*** to withdraw an accusation/the case
ถอนฟัน ***v.*** to pull out a tooth
ถอนรากถอนโคน ***v.*** to get rid of, to eradicate; to uproot

ถอนสมอ v. to hoist/raise an anchor
ถอนสายบัว v., colloq. to curtsey, to make a curtsy
ถอนหงอก v. to insult an elder
ถอนหมั้น v. to disengage

ถ่อมตัว ***v.*** to humble, to moderate. ***-adj.*** humble, modest, unpretentious, unassuming

ถอย ***v.*** to move backwards, to go back wards, to withdraw, to remove; to recede, to reduce, to decline
ถอยกลับ v. to recoil
ถอยทัพ v. to retreat, to withdraw an army
ถอยร่น v. to recede
ถอยหลัง v. to move backwards
ถอยหลังเข้าคลอง v. to retrogress

ถ่อย ***adj.*** low, bad, wicked, base, vile

ถ้อย ***n.*** word, speech, utterance
ถ้อยคำ n. word, statement
ถ้อยแถลง n. declaration, statement, announcement, communiqué
ถ้อยทีถ้อยอาศัยกัน v. to interchange, to reciprocate. ***-adv.*** mutually, reciprocally

ถัก ***v.*** to knit, to crochet
ถักเปีย v. to braid, to plait
ถักรังดุม v. to stitch a buttonhole
ถักลูกไม้ v. to crochet, to embroider

ถัง ***n.*** tank, barrel, tub, bin, bucket; a capacity unit equals to 15 kilos
ถังขยะ n. bin, dustbin, trash can
ถังน้ำมัน n. drum, barrel
ถังแตก adj. poor, penniless, broke

ถัด ***v.*** to move forward. ***-adj.*** next, next to, following

ถัน ***n.*** breast; milk

ถัว ***v.*** to average, to share equally, to divide equally
ถัวเฉลี่ย adv. on average

ถั่ว ***n.*** bean, nut, pea; a gambling game

ถา ***v.*** to rush, to swoop, to lunge
ถาโถม v. to rush, to dash, to charge, to storm, to swoop

ถ้า ***conj.*** if, in case, supposing that
ถ้าเช่นนั้น conj. if so, in that case

ถาก ***v.*** to scrape, to carve; to cut, to hoe, to trim, to whittle. ***-adv.*** obliquely, slantingly
ถากถาง v. to ridicule, to satirize, to mock, to insult

ถาง ***v.*** to cut away, to uproot, to clear
ถางหญ้า v. to weed

ถ่าง ***v.*** to widen, to spread, to separate
ถ่างออก v. to splay out

ถาด ***n.*** tray, salver

ถ่าน ***n.*** charcoal
ถ่านโค้ก n. coke
ถ่านไฟเก่า n. old flame; embers
ถ่านไฟฉาย n. battery, cell
ถ่านหิน n. coal

ถาม ***v.*** to ask, to question, to quiz, to inquire, to interrogate
ถามไถ่, ไถ่ถาม v. to ask about sth., to inquire about sth.

ถ่าย ***v.*** to excrete; to transfer, to pass on; to change, to exchange, to interchange
ถ่ายท้อง v. to purge, to drain
ถ่ายทอด v. to air, to broadcast, to transmit; to pass on, to instruct
ถ่ายทุกข์ v. to poo, to defecate
ถ่ายเท v. to flow, to pour out, to drain off; to air, to ventilate
ถ่ายแบบ v. to take after; to copy, to duplicate; to model
ถ่ายปัสสาวะ v. to urinate, to pee,

to piss, to pass urinate
ถ่ายภาพยนตร์ **v.** to film, to shoot
ถ่ายรูป **v.** to take a photograph
ถ่ายเลือด **v.** to have a blood transfusion, to transfuse blood
ถ่ายอุจจาระ **v.** to excrete, to defecate, to evacuate
ถ่ายเอกสาร **v.** to copy, to xerox, to photocopy, to make a copy
ถ่ายโอน **v.** to transfer, to transmit

ถ่ายเดียว ***adv.*** only, solely, exclusively

ถาวร ***adj.*** permanent, lasting, enduring, everlasting, perpetual, durable. ***-adv.*** permanently
ถาวรวัตถุ **n.** permanent object

ถ้ำ ***n.*** cave, cavern, grotto, den, lair
ถ้ำมอง **n., colloq.** peeper

ถิ่น ***n.*** land, area, zone, place, region, local, location, territory, domain
ถิ่นกำเนิด **n.** birthplace, hometown, native place, origin
ถิ่นฐาน **n.** abode, domicile, home
ถิ่นที่อยู่ **n.** dwelling, residence

ถี่ ***adj.*** frequent; dense. ***-adv.*** frequently, often; closely, densely
ถี่ถ้วน **adj.** careful, thoughtful, attentive, prudent. ***-adv.*** carefully
ถี่ยิบ **adv.** very frequently; very closely, very densely

ถีบ ***v.*** to kick, to boot, to push with foot, to shove with foot
ถีบจักรยาน **v.** to pedal, to ride a bicycle, to bicycle
ถีบตัว **v.** to climb, to exalt, to rise up; to improve, to enhance
ถีบหัวส่ง **v.** to chase, to expel, to drive out, to eject

ถึก ***adj.*** young, wild, vicious, refractory (ox/male buffalo)

ถึง ***v.*** to arrive, to reach; to attain, to achieve. ***-adj.*** enough, sufficient. ***-adv.*** sufficiently. ***-prep.*** to, until, till. ***-conj.*** although, though
ถึงกระนั้น **conj.** although, even though, though, in spite of
ถึงกำหนด **v.** to be due, to reach the deadline, to expire
ถึงแก่กรรม, ถึงแก่พิราลัย, ถึงแก่มรณภาพ, ถึงแก่อนิจกรรม, ถึงแก่อสัญกรรม, ถึงชีพิตักษัย **v.** to die, to pass away, to decease
ถึงแก่น **adv.** completely, absolutely
ถึงขั้นแตกหัก **v.** to come to a head
ถึงคราว **v.** to be doomed, to be destined
ถึงฆาต, ถึงที่ ดูคำว่า ถึงแก่กรรม
ถึงใจ, ถึงอกถึงใจ **adj.** satisfied, pleased. ***-adv.*** impressively
ถึงตาย **adj.** dead, fatal, mortal
ถึงที่สุด, ถึงไหนถึงกัน **adv.** finally, at the last moment, at the last minute, outright
ถึงพริกถึงขิง **adv.** hotly, seriously. ***-adj.*** spicy, caustic
ถึงแม้ว่า **conj.** though, although, even though, even if. ***-prep.*** despite, in spite of
ถึงลูกถึงคน **adv.** seriously, violently
ถึงอย่างไร **adv.** however, nevertheless, anyway, anyhow

ถือ ***v.*** to bear, to hold, to carry, to occupy; to keep, to exist; to consider, to regard; to respect, to worship; to believe in sth.
ถือกรรมสิทธิ์ **v.** to own, to possess
ถือกำเนิด **v.** to be born, to originate from sth.
ถือโกรธ **v.** to take offense

ถือครอง ***v.*** to retain, to occupy
ถือโชคถือลาง ***v.*** to be superstitious
ถือดี ***adj.*** arrogant, conceited, vain. ***-adv.*** arrogantly, conceitedly
ถือตัว ***adj.*** proud, arrogant, unfriendly, haughty. ***-adv.*** arrogantly
ถือท้าย ***v.*** to steer the boat; to back up, to support
ถือโทษ ***v.*** to blame, to mind
ถือน้ำพระพิพัฒน์สัตยา ***v.*** to drink the water of allegiance to the King
ถือบวช ***v.*** to become a Buddhist monk, to observe lent
ถือบังเหียน ***v.*** to control, to govern, to rule; to take the reins
ถือปฏิบัติ ***v.*** to follow, to comply
ถือยศถือศักดิ์ ***adj.*** arrogant, self-important, pompous
ถือว่า ***v.*** to regard as, to count as
ถือวิสาสะ ***v.*** to make bold, to take the liberty, to presume
ถือศีล ***v.*** to observe religious precepts/rite
ถือสัตย์ ***v.*** to keep a promise, to keep one's word
ถือสา ***v.*** to mind, to care about sth.
ถือสิทธิ์ ***v.*** to claim; to own, to possess, to hold the right of sth.
ถือหาง ***v.*** to back up, to support, to side with sb.
ถืออำนาจประกาศ ***v.*** to gavel
ถือโอกาส ***v.*** to take advantage of sth., to take the opportunity

ถุง ***n.*** bag, pouch, sack
ถุงกระดาษ ***n.*** paper bag
ถุงเท้า ***n.*** socks
ถุงเท้ายาว (หญิง) ***n.*** stockings
ถุงน่อง ***n.*** tights, hose, pantyhose
ถุงนอน ***n.*** sleeping bag
ถุงน้ำคร่ำ ***n.*** amniotic sac
ถุงน้ำดี ***n.*** gall bladder
ถุงพลาสติก ***n.*** plastic bag
ถุงมือ ***n.*** gloves
ถุงมือหนัง ***n.*** muff
ถุงยางอนามัย ***n.*** condom
ถุงย่าม ***n.*** knapsack
ถุงลมนิรภัย ***n.*** air bag
ถุงอัณฑะ ***n.*** scrotum

ถุย ***v.*** to spit, to expectorate. ***-interj.*** Bah!, Pah!, Pooh!, Tush!

ถู ***v.*** to rub, to scrub, to clean, to wipe
ถูไถ ***v.*** to bear, to stand, to put up with; to struggle, to strive
ถูลู่ถูกัง ***adv.*** mercilessly, ruthlessly

ถูก ***v.*** to touch, to reach, to feel; to be (passive voice). ***-adj.*** true, right, correct; cheap, inexpensive. ***-adv.*** correctly, rightly; cheaply
ถูกกฎหมาย ***adj.*** lawful, legitimate. ***-adv.*** lawfully, legitimately
ถูกกระทำ ***v.*** to be a victim of sth., to suffer from sth.
ถูกกัน ***v.*** to get along well with sb.
ถูกคอ ***v.*** to have similar tastes and interests. ***-adj.*** friendly
ถูกใจ ***v.*** to be pleased, to be satisfied, to be content
ถูกโฉลก, ถูกชะตา ***v.*** to click, to get along well with sb.
ถูกต้องตามกฎหมาย ***adj.*** valid
ถูกทำนองคลองธรรม ***adj.*** moral, ethical. ***-adv.*** morally, ethically
ถูกปาก ***adj*** delicious, tasty
ถูกล็อตเตอรี่ ***v.*** to win a lottery
ถูกหลักอนามัย ***adj.*** hygienic

เถกิง ***adj.*** noble; prosperous, celebrated

เถร, เถระ ***n.*** senior Buddhist priest

***เถรตรง* adj.** tactless, simple-minded, plain-spoken
***เถรวาท* n.** Hinayan School
เถลไถล v. to stroll, to dawdle, to loiter, to dilly-dally, to wander
เถลิง v. to rise, to mount, to ascend
***เถลิงราชย์* v.** to enthrone
***เถลิงศก* v.** to begin the new era
เถลือกถลน adv. hurriedly, hastily
เถา n. vine, climber, creeping plant
เถาวัลย์ n. vine, climber, liana
เถ้า n. ash
***เถ้าแก่* n.** rich Chinese; match maker; shopkeeper, storekeeper
เถาะ n. year of Rabbit
เถิก adj. bald, bald-headed
เถิด interj. please
เถิดเทิง n. tom-tom
เถือ v. to cut, to slice, to carve
เถือก adv. extremely (red)
เถื่อน n. forest, jungle. **-adj.** wild, savage; illegal, illegitimate
แถบ adj. striped. **-n.** strip, stripe; side, part, section; land, area, zone
***แถบบันทึกเทป* n.** tape
***แถบบันทึกวีดิทัศน์* n.** videotape
แถม v. to add, to fill, to plus. **-adv.** additionally, moreover
แถลง v. to declare, to announce, to state; to express, to explain
***แถลงการณ์* v.** to state, to declare, to announce. **-n.** statement, communiqué, press release
***แถลงข่าว* v.** to declare, to announce, to publish news
แถว n. row, line, column; area, zone, region, part, place, locale
***แถวเข้าคิว* n.** line (Ame.)/to queue (Bri.)
โถ n. earthen jar, water goblet. **-interj.** Alas!
***โถปัสสาวะ* n.** urinal
***โถส้วม* n.** toilet bowl, lavatory pan
โถง adj. large, spacious, roomy, capacious, commodious. **-n.** hall
โถม v. to rush, to swoop, to storm
ไถ n. plow (Ame.)/plough (Bri.). **-v.** to plow, to plough; to slip, to slide; to blackmail, to threaten
***ไถเงิน* v.** to exhort money, to squeeze money
ไถ่ v. to redeem; to ransom
***ไถ่ตัว* v.** to ransom
***ไถ่บาป* v.** to redeem, to expiate
ไถ้ n. long bag
ไถล v. to slip, to slide, to swoop, to dash, to glide; to loiter, to dawdle, to dilly-dally. **-adv.** indirectly

ท

ท the 23rd Thai alphabet

ทด ***v.*** to dam; to repay, to return; to add, to increase; to irrigate; to substitute. ***-n.*** dam, dike, dyke

ทดแทน v. to return, to repay, to compensate, to recompense

ทดแทนบุญคุณ v. to express one's gratitude, to reciprocate

ทดน้ำ v. to irrigate; to draw water, to divert water

ทดลอง v. to try, to test, to experiment with/on. ***-adj.*** trial

ทดสอบ v. to check, to test, to quiz, to trail; to have an examination. ***-n.*** test, quiz, examination

ทน ***v.*** to bear, to stand, to tolerate, to put up with, to resist. ***-adj.*** durable, lasting. ***-adv.*** durably

ทนทาน adj. durable, lasting

ทนทุกข์ทรมาน v. to suffer, to be miserable

ทนไฟ adj. fireproof, fire-resisting. ***-v.*** to proof against fire

ทนไม่ไหว adj. unbearable, intolerable

ทนต์ ***n.*** tooth *(sing.)*/teeth *(pl.)*; ivory

ทนโท่ ***adj.*** clear, obvious, noticeable. ***-adv.*** clearly, obviously, vividly

ทนาย ***n.*** lawyer, attorney, solicitor; representative, delegate; secretary

ทนายความ n. lawyer, attroney (Ame.)/solicitor (Bri.)

ทนายหน้าหอ n. butler, chief manservant

ทบ ***v.*** to fold, to add, to compound, to double up. ***-n.*** fold, layer

ทบทวน v. to review, to revise; to reconsider, to rethink; to repeat

ทบวง ***n.*** ministry, bureau

ทมิฬ ***n.*** Tamil. ***-adj.*** cruel, heartless, vicious, barbarian. ***-adv.*** cruelly

ทโมน ***adj.*** powerful, mighty; naughty, playful. ***-adv.*** powerfully

ทยอย ***adv.*** gradually, successively

ทแยง ***adj.*** diagonal, slanting, oblique

ทแยงมุม adj. diagonal

ทรชน ***n.*** outlaw, villain, scoundrel

ทรพิษ ***n.*** smallpox

ทรยศ ***v.*** to betray, to sell out

ทรราช ***n.*** tyrant, dictator, despot

ทรง ***n.*** form, shape, figure. ***-v.*** to stand, to sustain; to have; to stay, to remain. ***-roy.*** to ride; to hold

ทรงกระบอก n. cylinder

ทรงกลด n. halo

ทรงกลม n. sphere. ***-adj.*** spherical

ทรงเครื่อง adj. decorative, overdressed. ***-v., roy.*** to have a haircut

ทรงตัว v. to sustain, to balance

ทรงผม n. hairstyle

ทรงผมสั้นของผู้ชาย n. crop

ทรงผมสั้นของสตรีและเด็ก n. bob

ทรงอำนาจ adj. powerful

ทรพี ***adj.*** ungrateful, unthankful

ทรมาน, ทรมานทรกรรม ***v.*** to abuse, to torture, to torment, to presecute

ทรรศนะ ***n.*** idea, view, opinion, attitude, notion, point of view

ทรวง ***n.*** chest, breast; heart, mind

ทรวดทรง ***n.*** form, shape, figure

ทรหด ***adj.*** tough, unyielding. ***-adv.*** toughly, unyieldingly

ทรอมโบน ***n.*** trombone

ทรอมโบน

ทรนง, ทระนง ***adj.*** proud, self-important, bold

ทรัพย์ ***n.*** money, property, fortune, asset; substance, thing

ทรัพย์จาง adj., colloq. moneyless, broke

ทรัพย์สมบัติ n. property, possessions, treasure; riches, wealth

ทรัพย์สิน n. property; means

ทรัพย์สินทางปัญญา n. intellectual property

ทรัพย์สินส่วนพระมหากษัตริย์ n. Crown Property

ทรัพย์สินส่วนพระองค์ n. King's personal property

ทรัพย์สินส่วนสาธารณสมบัติของแผ่นดิน n. state property

ทรัพยากร n. resources

ทรัพยากรธรณี n. mineral resources

ทรัพยากรธรรมชาติ n. natural resources

ทรัมเป็ต ***n.*** trumpet

ทรานซิสเตอร์ ***n.*** transistor

ทราบ ***v.*** to know, to understand, to comprehend, to be aware of sth.

ทราม ***adj*** bad, evil, wicked, mean. ***-adv.*** badly, wickedly, meanly

ทรามเชย ***adj.*** attractive, beautiful

ทรามวัย ***n.*** young woman

ทราย ***n.*** sand. ***-adj.*** sandy

ทรายแก้ว n. quartz

ทรุด ***v.*** to sink, to subside; to get worse, to decline, to deteriorate

ทรุดโทรม adj. ruined, worn-out

ทฤษฎี ***n.*** theory

ทฤษฎีบท n. theorem

ทลาย ***v.*** to destroy, to wreck, to demolish; to ruin, to decay, to collapse; to fail, to fall down

ทวง ***v.*** to ask for sth., to beg for sth., to demand sth.

ทวงเงิน v. to dun

ทวงถาม v. to demand repayment

ทวงบุญคุณ v. to ask for a debt of gratitude, to remind of sb.'s favor

ท้วง ***v.*** to object, to protest, to oppose

ท้วงติง v. to object, to protest

ท่วงท่า ***n.*** behavior (Ame.)/behaviour (Bri.), bearing, conduct, manner

ท่วงทำนอง ***n.*** style; tone, rhythm

ท่วงที ***n.*** manner, bearing, deportment

ทวด ***n.*** great-grandfather; great-grandmother; great-grandparent

ทวน ***n.*** lance. ***-v.*** to go against; to repeat, to revise; to retrace

ทวนเข็มนาฬิกา adj. anti-clockwise

ทวนน้ำ adj. upstream

ทวนลม adv. againts the wind. ***-n.*** counterblast

ทวนสาบาน v. to break one's oath

ท่วม ***v.*** to flood, to overflow; to cover; to soak, to overwhelm

ท่วมท้น v. to overflow, to flood, to run over. ***-adj.*** overwhelming. ***-adv.*** overwhelmingly

ท้วม ***adj.*** plump, tubby

ทว่า ***conj.*** but, however, anyhow

ทวาย ***n.*** Tavoy

ทวาร ***n.*** door, gate, entrance, hole

ทวารบาล n. doorkeeper

ทวารหนัก n. anus

ทวิ ***adj.*** two, double, dual

ทวิภาคี adj. bilateral

ก ข ฃ ค ฅ ฆ ง จ ฉ ช ซ ฌ ญ ฎ ฏ ฐ ฑ ฒ ณ ด ต ถ ท ธ

ทวี ***v.*** to rise, to increase; to multiply
ทวีคูณ adj. double, redouble
ทวีป ***n.*** continent
ทศ ***adj.*** ten
ทศกรีฑา n. decathlon
ทศนิยม n. decimal system
ทศพิธราชธรรม n. the ten royal virtues, the tenfold code of the king
ทศวรรษ n. decade
ทหาร ***n.*** soldier, fighter, warrior
ทหารกองประจำการ n. regular
ทหารกองหนุน n. reservist
ทหารเกณฑ์ n. conscript
ทหารคนสนิท n. aid-de-camp, adjutant officer
ทหารคุ้มกันประจำตัว n. bodyguard
ทหารบก n. soldier
ทหารผ่านศึก n. veteran
ทหารพราน n. commando, ranger
ทหารม้า n. cavalryman
ทหารรักษาพระองค์ n. king's bodyguard
ทหารเรือ n. navy, sailor
ทหารอากาศ n. airman
ทหารอาสา n. volunteer
ทอ ***v.*** to weave; to shine
ทอแสง v. to shine, to radiate
ทอหูก n. loom. ***-v.*** to loom
ท่อ ***n.*** tube, pipe, drain, gutter
ท่อก๊าซ n. gaspipe
ท่อน้ำ n. water pipe
ท่อประปา n. water main
ท่อปัสสาวะ n. urethra
ท่อระบายน้ำ n. drainage ditch
ท่อลม n. windpipe
ท่อไอเสีย n. exhaust pipe
ท้อ ***adj.*** discouraged, despondent, downhearted. ***-v.*** to shrink back
ท้อใจ v. to lose heart
ท้อถอย v. to shrink back, to recoil
ท้อแท้ adj. depressed, dispirited, dejected. ***-adv.*** dejectedly
ทอง ***n.*** gold. ***-adj.*** golden
ทองคำขาว n. platinum
ทองคำเปลว n. gold leaf
ทองเค n. alloy of gold
ทองชุบ n. goldplated metal
ทองแดง n. copper
ทองแท่ง n. gold ingot
ทองแผ่นเดียว n. perfect pair, same family
ทองไม่รู้ร้อน adj. indifferent, unconcerned, unenthusiastic
ทองรูปพรรณ n. gold ornaments
ทองสัมฤทธิ์ n. bronze
ทองหยอง n., colloq. gold ornaments
ทองเหลือง n. brass
ท่อง ***v.*** to wade; to recite, to memorize
ท่องจำ v. to recite, to memorize
ท่องเที่ยว v. to tour, to travel, to journey, to wander, to roam
ท่องน้ำ v. to wade
ท้อง ***n.*** stomach, belly, abdomen; pregnancy. ***-adj.*** pregnant
ท้องกิ่ว adj. very hungry
ท้องแก่ adj. parturient
ท้องขึ้น adj. bloated, flatulent
ท้องแขน n. inner part of an arm
ท้องคัดท้องแข็ง v. to rock with laughter
ท้องเดิน, ท้องเสีย, ท้องร่วง n. diarrhea. ***-v.*** to have diarrhea, to have a run
ท้องถิ่น n. district, region. ***-adj.*** local, domestic, in-house
ท้องที่ n. zone, area

ก ข ฃ ค ฅ ฆ ง จ ฉ ช ซ ฌ ญ ฎ ฏ ฐ ฑ ฒ ณ ด ต ถ ท ธ

***ท้องทุ่ง* n.** field
***ท้องนา* n.** paddy field; farm
ท้องผูก* adj.** constipated. ***-n. constipation. ***-v.*** to be constipated
***ท้องพระคลัง* n.** national treasury
***ท้องพระโรง* n.** throne hall
***ท้องฟ้า* n.** sky; heaven
***ท้องมาน* n.** ascites
***ท้องร่อง* n.** ditch, dyke, gully
***ท้องเรื่อง* n.** story, plot
***ท้องสาว* n.** primipara
***ท้องแห้ง* adj.** starved; moneyless
ท้องอืดท้องเฟ้อ* adj.** flatulent. ***-v. to have flatulence

ทอด *n.* stage, span. ***-v.*** to fry; to stretch; to throw, to cast, to drop; to leave, to desert. ***-adj.*** deep-fried
***ทอดกฐิน* v.** to offer yellow robe to the Buddhist monks after the Buddhist Lent
***ทอดตัว* v.** to lie down; to dedicate oneself to a man
***ทอดตา* v.** to cast one's eyes at
***ทอดทิ้ง* v.** to leave, to desert, to forsake, to abandon, to ignore
***ทอดน่อง* v.** to stroll leisurely
***ทอดผ้าป่า* v.** to offer robes to the Buddhist monks at a monastery
***ทอดพระเนตร* v., roy.** to look at, to see, to watch
***ทอดลูกเต๋า* v.** to cast dice
***ทอดสมอ* v.** to drop anchor
***ทอดสะพาน* v., idm.** to set one's cap for
***ทอดสายตา* v.** to cast a glance
***ทอดเสียง* v.** to drawl
***ทอดหุ่ย* adv.** unhurriedly, leisurely
***ทอดอาลัย* v.** to leave things to destiny, to be reigned to one's fate

ทอน *v.* to cut, to delete, to shorten, to reduce; to give change

ท่อน *n.* block, section, paragraph; a movement of Thai song; numerative noun for wood, timber etc.
***ท่อนไม้* n.** piece of wood; chump
***ท่อนโลหะเล็ก ๆ* n.** spill

ทอนซิล *n.* tonsil

ทอฟฟี่ *n.* toffee

ท่อม ๆ *v.* to walk aimlessly

ทอย *v.* to cast, to throw, to pitch

ทะนง *adj.* proud, arrogant, bold
***ทะนงตัว* v.** to preen, to be puffed up, to be proud

ทะนาน *n.* ancient measure of capacity equal to 0.75 kilogram

ทะนุ *v.* to support, to assist
***ทะนุถนอม* v.** to foster, to cherish, to take good care of
***ทะนุบำรุง* v.** to support, to maintain; to restore, to renovate

ทะเบียน *n.* list, record, register; licence
***ทะเบียนบ้าน* n.** census registration
***ทะเบียนรถ* n.** licence plate (Ame.)/ number plate (Bri.)
***ทะเบียนสมรส* n.** marriage certificate

ทะมัดทะแมง *adj.* active, lively, energetic, enthusiastic. ***-adv.*** actively

ทะมึน *adj.* dense, stern, awesome; ghastly

ทะแม่ง, ทะแม่ง ๆ *adj.* doubtful, unclear, suspicious. ***-adv.*** doubtfully

ทะยาน *v.* to jump, to rush, to charge
***ทะยานอยาก* v.** to yearn for, to crave for, to long for

ทะเยอทะยาน *adj.* ambitious, pushy. ***-v.*** to be wild with ambition

ทะลวง *v.* to jab, to stab, to poke; to

ก ข ฃ ค ฅ ฆ ง จ ฉ ช ซ ฌ ญ ฎ ฏ ฐ ฑ ฒ ณ ด ต ถ ท ธ

break through; to attack
ทะลัก ***v.*** to gush, to flood, to well
ทะลาย ***n.*** cluster, clump, bunch
ทะลึ่ง ***v.*** to soar, to spring up; to grow rapidly. ***-adj.*** cheeky, impudent. ***-adv.*** abruptly, suddenly
ทะลุ ***v.*** to bore, to pierce, to penetrate
ทะลุกลางปล้อง ***v.*** to chip in, to interrupt, to cut in, to butt in
ทะลุปรุโปร่ง ***adv.*** (to see/to understand) completely, clearly
ทะเล ***n.*** sea. ***-adj., adv.*** marine
ทะเลทราย ***n.*** desert
ทะเลใน, ทะเลภายใน ***n.*** inland sea
ทะเลมีคลื่นลมแรง ***n.*** stormy sea
ทะเลสงบ ***n.*** calm sea
ทะเลสาบ ***n.*** lake
ทะเลหลวง ***n.*** the high seas
ทะเล้น ***v.*** to protrude, to project, to bulge. ***-adj.*** cheeky, impudent, frivolous. ***-adv.*** cheekily
ทะเล่อทะล่า ***v.*** to interfere, to poke one's nose in, to butt in
ทะเลาะ ***v.*** to argue, to dispute, to quarrel, to bicker, to squabble
ทะวาย ***adj.*** out of season (fruit)
ทัก ***v.*** to greet, to welcome, to address, to salute; to warn, to remind
ทักท้วง ***v.*** to protest, to object; to warn, to remind
ทักทาย ***v.*** to greet, to address
ทักผิด ***v.*** to misplace
ทักษะ ***n.*** skill, art, aptitude
ทักษิณ ***n.*** the south. ***-adj.*** south; right
ทักษิณา ***n.*** offerings, alms
ทักษิณาวรรต ***adj., adv.*** clockwise
ทั่ง ***n.*** anvil, metal block
ทั้ง ***adj.*** all, whole, through
ทั้งคู่, ทั้งสอง ***pron., conj.*** both
ทั้งดุ้น ***adj., colloq.*** whole, entire, total. ***-adv.*** wholly, entirely
ทั้งตัว ***adv.*** bodily
ทั้งที่, ทั้ง ๆ ที่ ***prep.*** despite, in spite of. ***-conj.*** though, although
ทั้งนี้ ***prep.*** so that, so as to
ทั้งเนื้อทั้งตัว ***adv.*** altogether
ทั้งปวง, ทั้งผอง, ทั้งเพ, ทั้งมวล, ทั้งสิ้น, ทั้งหมด, ทั้งหลาย ***adv.*** all, wholly, entirely, totally. ***-adj.*** whole, total, entire
ทั้งเป็น ***adj.*** alive, living
ทังสเตน ***n.*** tungsten
ทัณฑ์ ***n.*** penalty, punishment
ทัณฑกรรม ***n.*** penalty, punishment
ทัณฑฆาต ***n.*** voiceless mark (์)
ทัณฑ์บน ***n.*** parole
ทัณฑสถาน ***n.*** prison, jail, gaol
ทัด ***v.*** to wear sth. behind the ear; to resist, to fight. ***-adj.*** equal, equivalent. ***-adv.*** equally
ทัดดอกไม้ ***n.*** the region between ear and temple
ทัดทาน ***v.*** to resist, to protest
ทัดเทียม ***adj.*** equal, comparable
ทัน ***adv.*** in time, at the right time. ***-adj.*** equal, comparable. ***-v.*** to catch up; to keep abreast of
ทันคน ***adj.*** smart, shrewd, astute
ทันควัน ***adv.*** suddenly, immediately, abruptly, promptly
ทันที, ทันใด ***adv.*** immediately, instantly, promptly, at once
ทันเวลา ***adv.*** in time, timely
ทันสมัย ***adj.*** up-to-date, fashionable, modern ***-adv.*** fashionably
ทันเหตุการณ์ ***adj.*** up to the minute
ทันต์ ***n.*** tooth; ivory
ทันตกรรม, ทันตแพทยศาสตร์ ***n.***

ก ข ฃ ค ฅ ฆ ง จ ฉ ช ซ ฌ ญ ฎ ฏ ฐ ฑ ฒ ณ ด ต ถ ท ธ

dentistry
ทันตแพทย์ n. dentist
ทับ ***n.*** hut, cottage; slash, slant. ***-v.*** to overlay, to pile up; to breed, to mate, to copulate
ทับถม v. to heap up, to pile up; to incriminate, to defame
ทับศัพท์ v. to transliterate
ทับสิทธิ์ v. to renounce
ทับทิม ***n.*** ruby. ***-adj.*** ruby-red, deep red
ทับหลัง ***n.*** lintel
ทัพ ***n.*** army, armed forces, troops
ทัพหน้า n. vanguard
ทัพหลัง n. rear guard
ทัพพี ***n.*** ladle
ทั่ว ***adj.*** entire, whole. ***-adv.*** throughout, all over, thoroughly
ทั่วถึง adv. all over, thoroughly
ทั่วทุกสารทิศ, ทั่วทุกหัวระแหง adv. everywhere, every corner of
ทั่วไป, ทั่ว ๆ ไป adv. in general, generally. ***-adj.*** general
ทั่วโลก adj. cosmopolitan. ***-adv.*** around the world
ทั่วหน้า adv. without exception
ทัศน์, ทัศนะ, ทัศนา ***n.*** opinion, view, attitude, sight, seeing, vision
ทัศนคติ n. attitude
ทัศนวิสัย n. visibility
ทัศนศึกษา n. field trip
ทัศนาจร n. tour, sight-seeing
ทัศนูปกรณ์ n. visual aid
ทัศนียภาพ ***n.*** scenery, view, panorama, outlook, landscape
ทา ***v.*** to apply, to paint, to anoint, to rub, to spread, to smear, to coat
ทาแป้ง v. to powder
ท่า ***n.*** pier, port, harbour; posture, gesture, manner, pose; airs
ท่าทาง n. manner, posture, gesture
ท่าที n. reaction, response
ท่ารถ n. bus terminal
ท่าเรือ n. harbor (Ame.)/harbour (Bri.), pier, dock, port
ท่าอากาศยาน n. airport
ท่าเดียว ***adv.*** solely; persistenly
ท้า ***v.*** to challenge, to bet, to defy
ท้าทาย v. to challenge; to provoke
ท้าพนัน v. to defy, to bet
ทาง ***n.*** way, path, route, course; chance, opportunity; means, method; side, section; style
ทางการ adj. official, formal
ทางข้าม n. crosswalk
ทางเข้า n. entrance, entry
ทางใจ adj. spiritual, mental
ทางช้างเผือก n. milky way
ทางด่วน n. expressway, tollway
ทางเดิน n. path, trail, track
ทางตรง n. direct way, direct route
ทางตัน n. dead end, impass
ทางทะเล adv. by sea
ทางเท้า adv. by foot. ***-n.*** sidewalk (Ame.)/footpath, pavement (Bri.)
ทางโท n. minor road, feeder
ทางธรรม adj. religious
ทางน้ำ n. watercourse. ***-adv.*** by water
ทางใน n. meditation
ทางบก n. land route. ***-adv.*** by land
ทางเบี่ยง n. traffic diversions
ทางไปรษณีย์ adv. by post
ทางผ่าน n. passage, thoroughfare
ทางม้าลาย n. zebra crossing
ทางแยก n. intersection, crossroad
ทางรถไฟ n. rail road. ***-adv.*** by train
ทางลัด n. shortcut
ทางเลือก n. choice, option

***ทางโลก* adj.** secular
***ทางสายกลาง* n.** middle-of-the-road
***ทางหนีทีไล่* n.** room for manoeuvre
***ทางหลวง* n.** highway
***ทางหลวงแผ่นดิน* n.** super highway
***ทางหลวงพิเศษ* n.** freeway (Ame.)/ motorway (Bri.)
***ทางออก* n.** exit; solution
ทางอ้อม* n.** indirect way, detour. ***-adj. indirect, roundabout
ทางอากาศ* n.** airway. ***-adv. by airmail
***ทางเอก* n.** major road, main road
ทาน *n.* donation, alms. ***-v.*** to resist; to verify, to recheck
ท่าน *pron.* he, she, him, her; you, sir
***ท่านชาย* n.** sir
***ท่านผู้หญิง* n.** lady, madame
***ท่านหญิง* n.** duchess
ทาบ *v.* to put down on sth.
***ทาบกิ่ง* v.** to graft, to engraft
***ทาบทาม* v.** to approach sb. about sth.
***ทาบรัศมี* v.** to strive, to vie
ท่ามกลาง *prep.* among, amid, midst
ทาย *v.* to guess, to predict, to foretell
***ทายถูก* v.** to win the toss
***ทายผิด* v.** to lose the toss
ท้าย *n.* end, back, rear. ***-adj.*** rear, last
***ท้ายทอย* n.** occipital
***ท้ายเรือ* n.** stern
ทายาท *n.* heir; heiress; descendant
ทารก *n.* baby, infant, babe
ทาร์ซาน *n.* Tarzan
ทารุณ *adj.* cruel, merciless. ***-v.*** to torture, to persecute. ***-adv.*** cruelly
***ทารุณกรรม* n.** cruelty, brutality, torture, torment, viciousness
ท้าว *n.* chief, leader; king
ทาวน์เฮาส์ *n.* townhouse
ทาส *n.* slave, serf; servant
ทาสี *n.* female slave, maid
ทำ *v.* to do, to make, to produce; to cause, to effect; to work, to practise, to operate
***ทำกรรม* v.** to commit a sin
***ทำการค้า* v.** to run a business, to trade, to barter
***ทำการบ้าน* v.** to do homework
***ทำขวัญ* v.** to compensate
***ทำครัว, ทำอาหาร* v.** to cook
***ทำคลอด* v.** to assist in childbirth
***ทำความเคารพ* v.** to salute, to show respect to, to pay homage
***ทำความดี* v.** to do good
***ทำความสะอาด* v.** to clean
***ทำเครื่องหมาย* v.** to mark, to tick
***ทำงาน* v.** to work, to do office work; to operate, to function
***ทำงานบ้าน* v.** to do housework, to keep house
***ทำงานเป็นทีม* n.** team-work
***ทำงานล่วงเวลา* v.** to work overtime
***ทำใจ* v.** to control one's mind
***ทำชั่ว* v.** to do evil
***ทำซ้ำ* v.** to repeat, to reproduce
***ทำต่อไป* v.** to continue, to go on, to keep doing
***ทำตาม* v.** to follow, to obey
***ทำตามอำเภอใจ* adj.** high-handed
***ทำแต้ม* v.** to score, to chalk up
***ทำท่า* v.** to act, to pose
***ทำที* v.** to pretend, to feign
***ทำที่บ้าน* adj.** home-made
***ทำแท้ง* v.** to abort; to have an abortion
***ทำโทษ* v.** to punish, to penalize
***ทำนา* v.** to farm; to grow rice
***ทำบาป* v.** to commit a sin

ก ข ฃ ค ฅ ฆ ง จ ฉ ช ซ ฌ ญ ฎ ฏ ฐ ฑ ฒ ณ ด ต ถ ท ธ

ทำบุญ v. to make merit
ทำเปื้อน v. to stain, to soil, to spot
ทำผิดกฎหมาย v. to offend
ทำแผล v. to put on a dressing. ***-n.*** dressing
ทำพิษ v., colloq. to harm
ทำมาหากิน v. to make a living
ทำมือ, ทำด้วยมือ adj. hand-made
ทำร้าย v. to hurt, to harm, to injure
ทำเวลา v. to make time
ทำสงคราม v. to wage war
ทำสวน v. to garden
ทำสัญญา v. to contract, to make an agreement
ทำสำเนา v. to duplicate
ทำหมัน v. to sterilize; to have a sterilization
ทำเหตุ v. to cause, to bring about
ทำอันตราย v. to harm, to abuse

ทำนบ *n.* dam, dike, dyke, weir
ทำนอง *n.* way, pattern, style, manner; melody, tune, tone
ทำนองคลองธรรม n. values, morals

ทำนาย *v.* to foretell, to forecast, to foresee, to predict, to prophesy
ทำนุ, ทำนุบำรุง *ดูคำว่า* ทะนุบำรุง
ทำเนา *adj.* tolerable, not too bad
ทำเนียบ *n.* roster; office residence
ทำเนียบขาว n. White House
ทำเนียบรัฐบาล n. Government House
ทำเนียบรุ่น n. official directory

ทำไม *adv., conj.* why, how come
ทำลาย *v.* to break, to destroy, to injure, to harm, to smash
ทำลายขวัญ v. to discourage
ทำลายชื่อเสียง v. to defame
ทำลายน้ำใจ v. to mortify
ทำลายล้าง v. to counteract
ทำลายสถิติ v. to break the record

ทำเล *n.* site, place, area, location
ทิ้ง *v.* to leave, to drop, to throw away, to abandon, to desert
ทิ้งขว้าง v. to desert, to ignore, to abandon, to forsake; to waste
ทิ้งจดหมาย v. to post, to mail
ทิ้งทวน v., colloq. to do one's best for the last time
ทิ้งระเบิด v. to bomb

ทิงเจอร์ *n.* tincture
ทิฐิ *n.* opinion, view, attitude; ego, stubbornness, rigidity
ทิด *n.* a man who has just left the Buddhist priesthood
ทินเนอร์ *n.* thinner
ทิเบต *n.* Tibet
ทิพย, ทิพย์ *adj.* angelic, heavenly, celestial, divine, supernatural
ทิ่ม *v.* to stick, to pierce, to prick
ทิว *n.* line, row, range; flag
ทิวเขา n. mountain range

ทิวงคต *v., roy.* to die, to pass away
ทิวทัศน์ *n.* scene, scenery, landscape
ทิศ *n.* side, way, direction, course
ทิศตะวันตก n. the west
ทิศตะวันออก n. the east
ทิศใต้ n. the south
ทิศเหนือ n. the north

ที *n.* time; way, manner; chance, opportunity; trick; turn
ทีใครทีมัน n., idm. one's own chance, every dog has its/his day
ทีละขั้น adv. step by step
ทีละคน, ทีละอัน adv. one by one, one after another
ทีละเล็กทีละน้อย adv. gradually, little by little
ทีหลัง adv. later, afterwards

ที่ ***n.*** site, place, location; land; real estate. ***-pro.*** who, whom, which. ***-prep.*** in, at
ที่เกิด n. birthplace
ที่ขายตั๋ว n. box office
ที่เขี่ยบุหรี่ n. ashtray
ที่คั่นหนังสือ n. bookmark
ที่จริง adv. in fact, actually
ที่จอดรถ n. parking lot, car park
ที่แจ้ง n. open-air, outdoors, open space
ที่ดอน n. uplands
ที่ดิน n. land, estate
ที่ทำการ n. office, bureau
ที่ทำการไปรษณีย์ n. post office
ที่ทำงาน n. office, working place
ที่นอน n. bed, mattress
ที่นอนหมอนมุ้ง n. bed-cloths
ที่นั่ง n. seat; situation
ที่นั่น adv. over there, there
ที่นี่ adv. here
ที่ปรึกษา n. consultant, adviser
ที่ปัดน้ำฝน n. wiper
ที่เปิดกระป๋อง n. tin opener
ที่เปิดขวด n. bottle opener
ที่พัก n. lodging, accommodation
ที่พักตากอากาศ n. resort
ที่พักตากอากาศชายทะเล n. seaside resort
ที่พึ่ง n. patron, backer
ที่มั่น n. base, stronghold
ที่มา n. source, origin, root
ที่เย็บกระดาษ n. stapler
ที่รกร้าง n. wasteland
ที่รัก n. dear, beloved, sweetheart
ที่ราบ n. plain, flats
ที่ราบลุ่ม n. low-lying land
ที่ราบสูง n. plateau, highland
ที่ลาด n. slope, slant
ที่ลุ่ม n. lowlands, basin
ที่ลุ่มชื้นแฉะ n. marsh, bog
ที่ว่าการ n. office, bureau
ที่สุด n. end. ***-adj.*** last, final; most. ***-adv.*** finally; extremely
ที่หมาย n. destination, goal, target
ที่หลบภัย n. shelter, refuge
ที่ไหน adv. where, wherever
ที่อยู่ n. address
ที่อยู่จดหมายอิเล็กทรอนิกส์ n. e-mail address
ที่อยู่อาศัย n. residence, dwelling

ทีม ***n.*** team

ทึกทัก ***v.*** to presume, to assume, to take sth. for granted

ทึ่ง ***adj.*** surprised, amazed

ทึ้ง ***v.*** to pull, to draw, to tug

ทึนทึก ***adj.*** ripe; spinsterish; old

ทึบ ***adj.*** thick, dense; dull, dark; stuffy; stupid, thick-headed. ***-adv.*** thickly, densely
ทึบแสง adj. opaque

ทึ้ม ***adj.*** dull, cloudy, grey, dim

ทึ่ม ***adj.*** stupid, dull, silly, thick-headed, foolish. ***-adv.*** stupidly, dully

ทื่อ ***adj.*** blunt, dull; stiff, rigid; straight. ***-adv.*** bluntly; rigidly

ทุก, ทุก ๆ ***adj., pron.*** each; every; all
ทุกคน pron. everyone, everybody
ทุกครั้ง adv. every time
ทุกคืน adv., adj. nightly
ทุกชั่วโมง adv., adj. hourly
ทุกปี adv., adj. yearly
ทุกเมื่อ adv. every time, all the time
ทุกวัน adj. daily. ***-adv.*** every day
ทุกวันนี้ adv. today, nowadays
ทุกสิ่งทุกอย่าง pron. everything
ทุกหย่อมหญ้า, ทุกหัวระแหง adv. everywhere, anywhere, wherever

ทุกข์ ***n.*** trouble, hardship, distress
  ทุกข์ใจ adj. unhappy, anxious
  ทุกขลาภ n. suffering windfall
  ทุกขเวทนา n. suffering, pain, torture, misery, torment
ทุกรกิริยา ***n.*** self-mortification
ทุ่ง ***n.*** field, plain
  ทุ่งนา n. paddy field
  ทุ่งหญ้า n. meadow, prairie
ทุจริต ***n.*** dishonesty, corruption, fraud. ***-v.*** to cheat, to defraud. ***-adj.*** dishonest, corrupt, cheating. ***-adv.*** dishonestly, fraudulently
ทุติยภูมิ ***adj.*** secondary
ทุน ***n.*** capital, fund, investment
  ทุนการศึกษา n. scholarship
  ทุนนิยม n. capitalism
  ทุนสำรองเงินตรา n. reserves
  ทุนสำรองระหว่างประเทศ n. international reserves
ทุ่น ***n.*** buoy, float, pontoon. ***-v.*** to reduce, to cut down, to economize
  ทุ่นตกปลา n. float
  ทุ่นระเบิด n. mine
ทุบ ***v.*** to hit, to beat, to pound
  ทุบตี v. to hit, to beat, to strike
ทุพพลภาพ ***adj.*** disabled, crippled, maimed, handicapped
ทุพภิกขภัย ***n.*** famine, starvation
ทุ่ม ***v.*** to bring down, to hurl down. ***-colloq.*** to devote to. ***-n.*** o'clock (night time)
  ทุ่มเถียง v. to quarrel, to dispute, to argue, to squabble
  ทุ่มเท v. to dedicate, to devote
ทุ้ม ***adj.*** bass, low, deep, resonant
ทุย ***adj.*** oval
ทุรกันดาร ***adj.*** distant, faraway, remote, far-off
ทุรนทุราย ***adj.*** uneasy, restless. ***-v.*** to struggle, to strive
ทุเรศ ***adj.*** ugly, unpleasant; pitiful. ***-adv.*** unpleasantly; pitifully
ทุลักทุเล ***adj.*** confused, chaotic, disordered; inconvenient
ทุเลา ***v.*** to get better, to recover, to lessen, to reduce, to improve
ทู่ ***adj.*** blunt, dull. ***-adv.*** bluntly
ทู่ซี้ ***v., colloq.*** to disturb, to bother, to annoy; to stand, to bear
ทูต ***n.*** diplomat, emissary; messenger
  ทูตสันถวไมตรี n. goodwill mission
  ทูตานุทูต n. diplomatic corps
ทูน ***v.*** to carry sth. on one's head
  ทูนหัว adj. dear, beloved
ทูล ***v., roy.*** to say, to inform, to report
เท ***v.*** to pour; to rain heavily/hard
  เทน้ำเทท่า v., idm. to sell like hot cake
เท่ ***adj.*** smart, stylish, chic
เทคนิค ***n.*** technique
เทคโนโลยี ***n.*** technology
  เทคโนโลยีชีวภาพ n. biotechnology
  เทคโนโลยีสารสนเทศ n. information technology, IT
เท้งเต้ง ***adv.*** afloat, adrift, aimlessly
เท็จ ***adj.*** untrue, false, wrong
เทนนิส ***n.*** tennis
เทป ***n.*** tape
เทปกาว ***n.*** adhesive tape
เทพ, เทวดา ***n.*** god, angel, deity
  เทพเจ้า n. god, divinity
  เทพธิดา, เทวี n. goddess
  เทพนิยาย n. fairy tale, myth
  เทพนิยายวิทยา n. mythology
  เทพบุตร n. god, angle
  เทพารักษ์ n. guardian angel
เทพี ***n.*** queen, beauty queen; goddess

เทริด ***n.*** headdress

เทริด

เทวรูป ***n.*** idol, image, fetish

เทววิทยา ***n.*** theology

เทวสถาน, เทวาลัย ***n.*** shrine, sanctuary, temple

เทศ ***adj.*** foreign, alien, exotic

เทศกาล ***n.*** festival; season

เทศกาลกินเจ ***n.*** vegetarian festival

เทศบาล ***n.*** local government, municipality. ***-adj.*** municipal

เทศมนตรี ***n.*** municipal councillor

เทศน์, เทศนา ***n.*** sermon. ***-v.*** to give a sermon, to preach. ***-colloq.*** to lecture, to sermonize (Ame.)/to sermonise (Bri.)

เท่อ ***adj.*** stupid, dull

เทอม ***n.*** term

เทอร์โมมิเตอร์ ***n.*** thermometer

เทอะทะ ***adj.*** bulky, ponderous, lumpish. ***-adv.*** bulkily

เทา ***adj.*** gray (Ame.)/grey (Bri.), greyish. ***-n.*** gray, grey

เท่า ***adj.*** comparable, equal to, equivalent. ***-n.*** times

เท่ากับ ***v.*** to be equal to, to be equivalent to. ***-n.*** equal sign (=)

เท่าใด, เท่าไร how much, how many

เท่าที่ ***adv.*** as far as, as long as

เท่าทัน ***adj.*** shrewd, acute

เท่าทุน ***v.*** to cover the cost

เท่าเทียม ***adj.*** equal, equivalent, comparable. ***-adv.*** equally

เท่านั้น ***adv.*** only, just, merely

เท้า ***n.*** foot *(sing.)*/feet *(pl.)*. ***-v.*** to rest on, to lean on, to prop up

เท้าแขน ***v.*** to rest one's arms on sth. ***-n.*** arm, armrest

เท้าความ ***v.*** to refer to, to mention

เท้าเปล่า ***adv.*** barefoot

เท้าไฟ ***adj.*** good at dancing

เท้าช้าง ***n.*** elephantiasis

เทิด ***v.*** to praise, to respect, to esteem

เทิดทูน ***v.*** to admire, to respect, to worship, to esteem

เทิน ***n.*** mound. ***-v.*** to carry on the head

เทิ้ม ***adv.*** shakily, tremblingly

เที่ยง ***adj.*** exact, accurate, precise, certain. ***-n.*** noon, midday

เที่ยงคืน ***n.*** midnight

เที่ยงตรง ***adj.*** exact, accurate; fair, righteous. ***-adv.*** exactly; fairly

เที่ยงแท้ ***adj.*** sure, certain. ***-adv.*** surely, certainly

เที่ยงธรรม ***adj.*** fair, just, impartial

เที่ยงวัน ***n.*** noon, midday

เทียน ***n.*** candle

เทียบ ***v.*** to compare; to contrast; to get near, to place close to sth.

เทียบท่า ***v.*** to anchor, to berth

เทียบเท่า ***v.*** to be equal to

เทียบเวลา ***v.*** to set one's watch; to check time

เทียม ***v.*** to yoke, to harness, to hitch up. ***-adj.*** fake, artificial; equal

เทียว ***v.*** to go to and fro. ***adv.*** surely, certainly, absolutely

เที่ยว ***n.*** trip, journey; time, round. ***-v.*** to tour, to travel, to journey

เที่ยวเตร่ ***v.*** to stroll, to wander

เทือก ***n.*** range, line, chain; clan, family; kind, sort

เทือกเขา ***n.*** mountain range

เทือกเถาเหล่ากอ ***n.*** ancestor,

ก ข ฃ ค ฅ ฆ ง จ ฉ ช ซ ฌ ญ ฎ ฏ ฐ ฑ ฒ ณ ด ต ถ ท ธ

lineage, clan, family
แท้ ***adj.*** pure, real, genuine, actual
แท้ ๆ adv. truly, very, really
แท้จริง adj. real, true, certain. ***-adv.*** really, actually
แท็กซี่ ***n.*** cap (Ame.)/taxi (Bri.)
แทง ***v.*** to pierce, to stab, to spear; to record, to note; to bet, to gamble
แท่ง ***n.*** bar, ingot, cake; numerative noun for a pencil, a chalk etc.
แท่งมันฝรั่งทอด n. french fries (Ame.)/chips (Bri.)
แท้ง ***v.*** to have an abortion, to have a miscarriage
แทงโก ***n.*** tango
แท็งก์ ***n.*** tank
แทน ***v.*** to represent, to replace, to substitute. ***-adv.*** in place of, instead of
แทนคุณ v. to pay back one's kindness, to repay
แทนที่ v. to replace, to substitute
แท่น ***n.*** base, pedestal, stand
แท่นบรรทม n., roy. bed
แท่นบูชา n. altar
แท่นพิมพ์ n. printing press
แทบ ***adv.*** almost, nearly; close, near
แทรก ***v.*** to insert, to put in; to add, to mix; to get involved
แทรกซ้อน n. complication
แทรกซึม v. to penetrate, to infiltrate; to pervade
แทรกแซง v. to interfere, to intervene, to intrude, to meddle in
แทรกเตอร์ ***n.*** tractor
แทะ ***v.*** to bite, to gnaw, to nibble
แทะโลม v. to court, to flirt
โท ***adj.*** secondary; minor. ***-n.*** high tone accent mark (้)
โทงเทง ***v.*** to sway, to swing
โทน ***n.*** a kind of Thai drum. ***-adj.*** single, sole, only

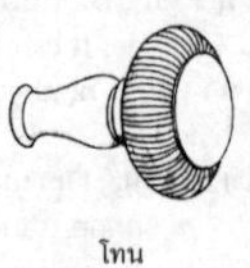
โทน

โทมนัส ***n.*** sadness, sorrow
โทร ***prefix*** tele
โทรโข่ง n. megaphone
โทรคมนาคม n. telecommunication
โทรจิต n. telepathy
โทรทัศน์ n. television, TV
โทรทัศน์วงจรปิด n. closed circuit television (CCTV)
โทรพิมพ์ n. teletype
โทรเลข n. wire (Ame.)/telegram (Bri.)
โทรศัพท์ n. telephone. ***-v.*** to call, to phone (Ame.)/to ring up (Bri.)
โทรศัพท์ใช้บัตร n. cardphone
โทรศัพท์ติดรถยนต์ n. carphone
โทรศัพท์เคลื่อนที่ n. mobile phone, cellphone, cellularphone
โทรสาร n. facimile, fax
โทรสารขยะ n. junk fax
โทรม ***v.*** to decay, to decline, to be worn out; ***colloq.*** to rape
โทษ ***n.*** evil, sin, wickedness; punishment, penalty; harm, danger. ***-v.*** to blame, to accuse
โทษทัณฑ์ n. punishment, penalty
โทษประหาร n. death penalty
โทสะ, โทโส ***n.*** anger, rage, wrath
ไท ***n.*** freedom, independence. ***-adj.*** independent
ไทฟอยด์ ***n.*** typhoid
ไทรอยด์ ***n.*** thyroid
ไทย ***n.*** Thai, Thailand, Siamese, Siam; freedom, independence

ธ

ธ The 24th Thai alphabet
ธง ***n.*** flag, banner, ensign, colours
ธงกาชาด n. the Red-Cross banner
ธงคำขวัญ, ป้ายผ้า n. banner
ธงโจรสลัด n. Jolly Roger
ธงชัย n. flag of victory
ธงชาติ n. national flag
ธงชาติฝรั่งเศส n. the Tricolour
ธงชาติสหรัฐอเมริกา n. the Stars and Stripes, the Star-Spangled Banner
ธงชาติสหราชอาณาจักร n. the Union Jack
ธงไตรรงค์ n. tricoloured flag
ธงธรรมจักร n. the Buddhist Flag
ธงทิว, ธงประดับ n. bunting
ธงประจำกองทัพ n. colours
ธงสามเหลี่ยม n. pennon
ธนบัตร ***n.*** paper money, banknote (Ame.)/bill (Bri.)
ธนบัตรปลอม n. boodle
ธนาคาร ***n.*** bank
ธนาคารพาณิชย์ n. commercial bank
ธนาคารเพื่อการส่งออกและนำเข้า n. Export-Import Bank (EXIM BANK)
ธนาคารเลือด n. blood bank
ธนาคารโลก n. the World Bank
ธนาคารแห่งประเทศไทย, ธนาคารชาติ n. Bank of Thailand
ธนาคารอาคารสงเคราะห์ n. the Government Housing Projects Bank
ธนาคารอิเล็กทรอนิกส์ n. e-banking/electronic banking
ธนาณัติ ***n.*** money order
ธนารักษ์ ***n.*** financial administration; Treasury Department
ธนู ***n.*** bow
ธรณี ***n.*** land, ground, earth, world
ธรณีประตู n. doorsill, threshold
ธรณีวิทยา n. geology
ธรณีสงฆ์ n. temple's land
ธรรม, ธรรมะ, ธัมมะ ***n.*** virtue, goodness, merit; Dharma, the Doctrine; truth, reality; justice; nature; norm, law
ธรรมกถา n. ethical discussion
ธรรมการ n. religious activity
ธรรมจริยา n. morals, morality
ธรรมจักร n. the Wheel of the Doctrine; the Kingdom of Righteousness; the First Sermon

ธรรมจักร

ธรรมเนียม n. tradition, custom, convention, manners, pattern
ธรรมยุต, ธรรมยุติกนิกาย n. the Dhammayutika Sect, a kind of denomination
ธรรมศาสตร์ n. law, jurisprudence
ธรรมศึกษา n. religious education
ธรรมะธัมโม adj. religious, pious
ธรรมชาติ ***n.*** nature; scenery, landscape. ***-adj.*** natural. ***-adv.*** naturally
ธรรมดา ***adj.*** plain, normal, common, ordinary, natural. ***-adv.*** so-so
ธรรมนูญ ***n.*** charter, constitution
ธัญญาหาร ***n.*** cereal, grain; food
ธัญพืช ***n.*** cereal, grain
ธันวาคม ***n.*** December

ธาตุ ***n.*** element; Buddha's relic
ธาตุกัมมันตรังสี n. radioactive element
ธาตุเจดีย์ n. pagoda containing Buddha's relics
ธาตุแท้ n. true colours; inborn nature, character, instinct
ธานี ***n.*** town, city, province
ธาร ***n.*** water, river, stream, brook
ธารน้ำ n. watercourse
ธารน้ำแข็ง n. glacier
ธารกำนัล ***n.*** public, crowd, mass
ธารา ***n.*** water, stream, river, brook
ธำมรงค์ ***n.*** ring
ธำรง ***v.*** to keep, to maintain, to sustain, to uphold; to exist, to live
ธิดา ***n.*** daughter; princess
ธีรภาพ ***n.*** stability, strength
ธุดงค์ ***n.*** pilgrimage
ธุดงควัตร n. ascetic practices, austere practices
ธุระ ***n.*** work, duty, business, affairs
ธุรกรรม n. transaction
ธุรการ n. administration
ธุรกิจ n. business, trade, commerce
ธุรกิจการเกษตร n. agribusiness
ธุรกิจอิเล็กทรอนิกส์ n. e-business/electronic business
ธุระปะปัง n., colloq. business, affairs, work, things, matter
ธุลี ***n.*** dust, dirt, particle, powder
ธูป ***n.*** incense, joss stick
เธอ ***pron.*** you; she, her, he, him
โธ่ ***interj.*** Oh!, Alas!, What a pity!

น

น the 25 th Thai alphabet
นก ***n.*** trigger, hammer
นกต่อ n. decoy
นกหวีด n. whistle
นกเหล็ก n., colloq. airplane
นขลิขิต ***n.*** parenthesis
นคร ***n.*** city, town, metropolis
นครบาล n. metropolis. ***-adj.*** metropolitan
นครรัฐ n. City State
นครหลวง n. capital
นง ***n.*** woman, lady, girl
นงคราญ n. beautiful girl, pretty woman; maiden
นงนุช n. younger sister, little girl
นงพะงา n. beautiful woman
นงเยาว์ n. young lady, maiden
นงลักษณ์ n. good-looking woman
นที ***n.*** river, stream, waterway
นบนอบ ***v.*** to bow, to prostrate, to pay respect to sb.
นพ ***adj.*** nine
นพเก้า n. nine-gem ring
นพคุณ n. pure gold
นพรัตน์ n. nine gems namely diamond, ruby, emerald, topaz, garnet, sapphire, moonstone, zircon, lapis lazuli
นพศูล n. multipronged metal spire decorated on the top of pagoda

ก ข ฃ ค ฅ ฆ ง จ ฉ ช ซ ฌ ญ ฎ ฏ ฐ ฑ ฒ ณ ด ต ถ ท ธ

นภา, นภาลัย ***n.*** sky

นม ***n.*** breast; chest; udder; milk

นมกระป๋อง n. canned milk

นมข้น n. condensed milk

นมจืด n. plain milk

นมถั่วเหลือง n. soy milk

นมเปรี้ยว n. yohgurt, drinking yoghurt

นมผง n. powdered milk

นมพร่องมันเนย n. low-fat milk

นมสด n. fresh milk

นพศูล

นมัสการ ***v.*** to worship, to pay respect to. ***-n.*** salutation in a letter to Buddhist monk

นมนาน ***adv.*** long time ago, for many years, for a long time, for ages

นโยบาย ***n.*** plan, policy, scheme

นรก ***n.*** hell, underworld, Hades

นรี, นารี ***n.*** woman, lady, female

นรีแพทย์ n. gynaecologist

นรีเวชวิทยา n. gynaecology

นลาฏ ***n.*** forehead

นลิน ***n.*** lotus, water lily

นลินี n. group of lotus; lotus pond

นว ***adj.*** new; nine

นวกรรม, นวการ, นวกิจ n. construction, building

นวนิยาย n. novel

นวด ***v.*** to massage, to knead

นวดกล้ามเนื้อ v. to massage

นวดข้าว v. to thresh rice

นวดแป้ง v. to knead dough

นวัตกรรม ***n.*** innovation

นวม ***n.*** padding, cushion; quilt, comforter, duvet; boxing gloves

น่วม ***adj.*** crushed, squashed; weak, feeble, flabby

นวยนาด ***v.*** to walk gracefully

นวล ***adj.*** creamy-white; bright; beautiful; healthy

นอ ***n.*** horn

นอก ***adj.*** outside, outer; external, exterior; aboard, foreign, imported

นอกกฎหมาย adj. illegal, unlawful; illegitimate. ***-adv.*** illegally

นอกคอก adj. unconventional, maverick, offbeat, eccentric

นอกจาก prep. but, except, besides. ***-adv.*** unless, only

นอกใจ adj. unfaithful, faithless, adulterous. ***-v.*** to cheat on

นอกชาน n. terrace, balcony, patio

นอกตำรา adj. unusual, unconventional, irregular, unorthodox

นอกประเด็น, นอกเรื่อง adj. irrelevant. ***-adv.*** irrelevantly

นอกฝั่ง adj. offshore

นอกเมือง adj. suburban

นอกรีต, นอกรีตนอกรอย adj. unconventional, irregular; unethical

นอกลู่นอกทาง adj. unconventional; delinquent. ***-adv.*** unconventionally

นอกเวลา adj., adv. overtime

นอกสถานที่ adj. outside, outdoor

นอกสมรส adj. illegitimate

นอกสุด adj. outermost

นอกหลักสูตร adj. extracurricular

นอกเหนือ adv. moreover, furthermore, besides, beyond

น็อก ***v.*** to knock

น็อกเอาต์ ***v.*** to knock out

นอง ***v.*** to flood, to cover, to soak, to overwhelm,to deluge, to inundate

น บ ป ผ ฝ พ ฟ ภ ม ย ร ฤ ฤา ล ฦ ฦา ว ศ ษ ส ห ฬ อ ฮ

นองน้ำตา* adj.** tearful, bathed in tears. ***-v. to shed tears
***นองเลือด* adj.** bloody

น่อง *n.* calf

น้อง *n.* younger sister; younger brother; younger person
***น้องเขย* n.** brother-in-law
***น้องชาย* n.** younger brother
***น้อง ๆ* adv., colloq.** nearly, almost
***น้องสะใภ้* n.** sister-in-law
***น้องสาว* n.** younger sister
***น้องใหม่* n.** freshman

นอต *n.* knot

นอน *v.* to sleep, to lie down, to slumber. ***-n.*** sleep, sleeping
***นอนก้น* v.** to settle, to deposit, to precipitate
***นอนกลางวัน* v.** to take/have siesta, to take a nap
***นอนกิน* adj., colloq.** rich, wealthy
นอนงีบ* v.** to snooze. ***-n. snooze
นอนใจ* v.** to rest assured. ***-adj. careless, carefree. ***-adv.*** carelessly
***นอนตีพุง* v., colloq.** to be happy, to be comfortable
***นอนแบ็บ* adj.** bedridden
***นอนเล่น* v.** to lie down to rest

นอบ *v.* to bow down, to crouch
***นอบน้อม* adj.** polite, respectful, well-mannered, courteous

น้อม *v.* to bow down, to bend; to yield, to comply; to offer, to devote
***น้อมเกล้าน้อมกระหม่อม* v., roy.** to give, to offer, to present
***น้อมนำ* v.** to lead, to guide, to induce, to persuade

น้อย *adj.* little, few, slight, insufficient; small, tiny; unimportant, insignificant, trivial
***น้อยกว่า* adv.** less than
***น้อยครั้ง* adv.** seldom, rarely, scarcely, infrequently
***น้อยใจ* v.** to feel neglected, to feel ignored, to feel oneself inferior
น้อยที่สุด* adj.** minimum, least. ***-adv. at least
***น้อยลง* v.** to lessen, to reduce
***น้อยหน้า* v.** to feel small, to be inferior

นัก *suffix* -ist, -er, -or, -an, -ant. ***-adv.*** so, so much, too, very, much
***นักกฎหมาย* n.** lawyer, jurist
***นักกระโดดร่ม* n.** parachutist
***นักกรีฑา* n.** athlete
***นักก่อกวนคอมพิวเตอร์* n.** hacker
***นักกายกรรม* n.** acrobat
***นักการ* n.** janitor (Ame.)/caretaker (Bri.)
***นักการทูต* n.** diplomat
***นักการเมือง* n.** politician
***นักการศึกษา* n.** educator
***นักกีฬา* n.** athlete, sportsman; sportswoman
***นักข่าว* n.** reporter, journalist
***นักเขียน, นักประพันธ์* n.** writer, author, novelist, poet
***นักเขียนการ์ตูน* n.**cartoonist
***นักเขียนโปรแกรม* n.** programmer
***นักคณิตศาสตร์* n.** mathematician
***นักเคมี* n.** chemist
***นักชิม* n.** gourmet
***นักดนตรี* n.** musician, player
***นักดาบโรมัน* n.** gladiator
***นักดื่ม* n.** drinker, sot
***นักเดินเรือ* n.** navigator
***นักต้ม, นักต้มตุ๋น* n.** fraud, swindler
***นักเต้นรำ* n.** dancer
***นักแต่งเพลง* n.** composer

นักทฤษฎี n. theorist
นักท่องเที่ยว n. tourist, traveller
นักเทศน์ n. preacher
นักโทษ n. prisoner, convict
นักโทษการเมือง n. detainee
นักธรณีวิทยา n. geologist
นักธุรกิจ n. businessman
นักบวช n. monk, priest, clergy
นักบิน n. pilot, aviator
นักบินอวกาศ n. spaceman, astronaut
นักบุญ n. saint
นักโบราณคดี n. archaeologist
นักประดาน้ำ n. diver
นักประดิษฐ์ n. inventor, creator
นักประวัติศาสตร์ n. historian
นักปราชญ์ n. scholar, pundit, sage
นักปีนเขา n. moutaineer
นักพนัน n. gambler
นักพรต n. hermit, ascetic
นักพฤกษศาสตร์ n. botanist
นักพิมพ์ดีด n. typist
นักพูด n. orator
นักฟันดาบ n. fencer, swordsman
นักฟิสิกส์ n. physicist
นักฟุตบอล n. football player, footballer
นักภาษาศาสตร์ n. linguist
นักภูมิศาสตร์ n. geographer
นักมวย n. boxer
นักมวยปล้ำ n. wrestler
นักแม่นปืน n. sharpshooter
นักรบ n. warrior, fighter, combatant
นักร้อง n. singer, vocalist
นักเรียน n. student, pupil
นักเรียนประจำ n. broader
นักล้วงกระเป๋า n. pickpocket
นักเลง n. rowdy, ruffian, hooligan, mobster. ***-adj.*** generous, unselfish; bold, daring
นักวิจารณ์ n. critic, reviewer
นักวิทยาศาสตร์ n. scientist
นักศึกษา n. student, undergraduate
นักเศรษฐศาสตร์ n. economist
นักสถิติ n. statistician
นักสัตวศาสตร์ n. zoologist
นักสำรวจ n. surveyer; explorer
นักสืบ n. detective, investigator
นักแสดง n. actor, actress, player, performer
นักหนังสือพิมพ์ n. journalist
นักหนา adv. very, so, greatly, extremely
นักอนุรักษ์สิ่งแวดล้อม n. environmentalist
นักออกแบบ n. designer; stylist
นักอ่าน n. reader, bookworm

นักขัตฤกษ์ ***n.*** annual holiday
นักษัตร ***n.*** star, fixed star; 12-year cycle
นักษัตรวิทยา n. astronomy, astrology

นั่ง ***v.*** to sit, to take a seat
นั่งกินนอนกิน adj. rich, comfortable. ***-adv.*** comfortably
นั่งยอง ๆ v. to sit on one's heels
นั่งร้าน n. scaffold
นั่งเล่น v. to lounge
นั่งสมาธิ v. to meditate

นัด ***v.*** to make an appointment; to set a date; to snuff. ***-n.*** appointment, date; round; time
นัดแนะ, นัดหมาย v. to make an appointment, to set a time, to arrange
นัดหยุดงาน v. to strike

น

บ

ป

ผ

ฝ

พ

ฟ

ภ

ม

ย

ร

ฤ

ฤๅ

ล

ฦ

ฦๅ

ว

ศ

ษ

ส

ห

ฬ

อ

ฮ

นัดดา ***n.*** grandchild *(sing.)*/grandchildren *(pl.)*
นัตถุ์ ***n.*** nose
นุันทนาการ ***n.*** recreation
นั่น ***pron., adj., adv.*** that, there
นั่นซี, นั่นนะซี ***adv.*** yes, quite so
นั่นแน่ ***interj.*** there!, look!
นั่นปะไร ***interj.*** quite so!, exactly!
นั่นแหละ ***interj.*** that's it!
นั้น ***adj.*** that
นับ ***v.*** to count, to number; to consider, to regard, to rate sb./sth. as
นับตั้งแต่, นับแต่ ***conj.*** since. ***-prep.*** since, from, ever since
นับถอยหลัง ***v.*** to count down
นับถือ ***v.*** to respect; to admire, to adore; to esteem; to worship
นับผิด ***v.*** to miscount
นับไม่ถ้วน ***adj.*** countless, innumerable, numberless, incalculable
นับว่า ***v.*** to regard as sth., to consider as sth., to rate sth./sb. as
นับหน้าถือตา ***adj.*** respected, esteemed, reverend
นัย ***n.*** essence; significance, meaning; method; aspect; implication
นัยน์ตา, นัยน์เนตร, นัยนา ***n.*** eye
นัว, นัวเนีย ***adj.*** confused, entangled, disordered. ***-v.*** to cuddle up
นา ***n.*** field, paddy field, rice paddy
นาเกลือ ***n.*** salt-field
นาขั้นบันได ***n.*** terraced field
นาดอน ***n.*** dry farmland
นาปรัง ***n.*** off-season paddy field
นาปี ***n.*** seasonal paddy field
น่า ***aux. v.*** should, ought to. ***-adv.*** likely, probably, presumably
น่ากลัว ***adj.*** horrible, dreadful, scary, fearful. ***-adv.*** horribly
น่ากิน ***adj.*** appetizing, mouth-watering, tasty
น่าเกรงขาม ***adj.*** formidable, awesome
น่าเกลียด ***adj.*** ugly, hideous
น่าขัน ***adj.*** amusing, funny, humorous; ridiculous, absurd. ***-adv.*** amusingly, funnily
น่าเคารพ ***adj.*** honourable, respectable, prestigious, dignified
น่าจะ ***adj.*** possible, probable. ***-adv.*** perhaps, likely, maybe, possibly
น่าชมเชย ***adj.*** praiseworthy, admirable, commendable
น่าเชื่อ ***adj.*** believable, credible
น่าเชื่อถือ ***adj.*** reliable, trusty
น่าดู ***adj.*** attractive, pleasant; remarkable, considerable
น่าตื่นเต้น ***adj.*** exciting, sensational
น่าทึ่ง ***adj.*** amazing, astonishing
น่าบัดสี ***adj.*** shameful, disgraceful
น่าเบื่อ ***adj.*** boring, tedious, routine, monotonous, tiresome
น่าประหลาดใจ ***adj.*** surprising, amazing, astonishing, stunning
น่ายินดี ***adj.*** pleasant, delightful
น่ารัก ***adj.*** lovable, lovely, pretty
น่ารังเกียจ ***adj.*** disgusting, unpleasant, offensive, detestable
น่ารำคาญ ***adj.*** annoying, irritating, troublesome, bothersome
น่าละอาย ***adj.*** shameful, disgraceful, outrageous, scandalous
น่าวิตก ***adj.*** worrisome, worrying, distressing, troublesome
น่าเวทนา ***adj.*** pitiable, pitiful
น่าเศร้า ***adj.*** sad, sorrowful
น่าสงสัย ***adj.*** doubtful, suspicious
น่าสงสาร ***adj.*** pitiable, pitiful

น่าสนใจ ***adj.*** interesting, attractive
น่าสนุก ***adj.*** joyful, enjoyable
น่าสรรเสริญ ***adj.*** admirable, commendable, praiseworthy
น่าอยู่ ***adj.*** livable

น้า ***n.*** aunt; uncle

นาโนเทคโนโลยี ***n.*** nanotechnology

นาก ***n.*** alloy of gold, silver and copper

นาค ***n.*** Naga, great snake; ordinand

นาค

นาคปรก ***n.*** Seated Buddha image protected by the sevenheaded Naga

นาคปรก

นาคร ***n.*** townspeople, townsfolk

นาง ***n.*** woman; married woman; Missis, Mrs. ***-pron.*** she, her
นางกลางเมือง ***n.*** prostitute, whore
นางกวัก ***n.*** woman sculpture of good luck
นางงาม ***n.*** beauty queen
นางงามจักรวาล ***n.*** Miss Universe
นางงามโลก ***n.*** Miss World
นางเงือก ***n.*** mermaid
นางทางโทรศัพท์ ***n.*** call girl
นางนกต่อ ***n.*** decoy
นางใน ***n.*** court lady, maid of honor (Ame.)/honour (Bri.)
นางบำเรอ ***n.*** whore, prostitute
นางแบบ ***n.*** model
นางพญา ***n.*** queen; great woman
นางพยาบาล ***n.*** nurse
นางฟ้า ***n.*** angel; ***colloq.*** air hostess
นางไม้ ***n.*** nymph, dryad
นางยักษ์ ***n.*** giantess
นางรอง ***n.*** co-starring actress
นางระบำ ***n.*** dancing girl
นางระบำเปลื้องผ้า ***n.*** striptease
นางโลม ***n.*** prostitute, whore
นางสนองพระโอษฐ์ ***n.*** lady-in-waiting, maid of honor/honour
นางสาว ***n.*** maiden; Miss, Ms.

นาฏ ***n.*** actress, dancing girl
นาฏกรรม ***n.*** drama, play
นาฏศิลป์ ***n.*** dramatic art; Thai classical dance

นาท ***n.*** fame, celebrity; clamor (Ame.)/clamour (Bri.)

นาที ***n.*** minute

นาน ***adj.*** long, lasting; slow. ***-adv.*** for a long time, for ages
นานทีปีหน ***adv.*** once in a blue moon, once in a while

น่าน ***n.*** area, zone, region, boundary
น่านน้ำ ***n.*** waters
น่านฟ้า ***n.*** airspace, territorial sky

นานัปการ ***adj.*** many, all sorts of, all kinds of, several, various, assorted

นานา ***adj.*** many, various, several, varied, miscellaneous, sundry

นาบ ***v.*** to press, to iron, to brand

นาภิ, นาภี ***n.*** navel; stomach, belly

นาม ***n.*** name, title, appellation; noun
นามกร ***n.*** name
นามธรรม ***n.*** abstract
นามบัตร ***n.*** card, name card, business card
นามปากกา, นามแฝง ***n.*** pen name, pseudonym, alias

น บ ป ผ ฝ พ ฟ ภ ม ย ร ฤ ฤๅ ล ฦ ฦๅ ว ศ ษ ส ห ฬ อ ฮ

นามสกุล **n.** surname, last name
นามานุกรม **n.** dictionary of nomenclature
นามาภิไธย **n., roy.** name
นาย **n.** Mr., Mister; boss, head, chief, master, commander. **-pron.** you
นายจ้าง **n.** employer
นายช่าง **n.** technician, mechanic; craftsman, artisan
นายด่าน **n.** custom officer
นายทะเบียน **n.** registrar
นายทุน **n.** capitalist
นายธนาคาร **n.** banker
นายแบบ **n.** model
นายประกัน **n.** guarantor
นายผู้หญิง **n.** misstress
นายพราน **n.** hunter, huntsman
นายหน้า **n.** broker, middleman
นายอำเภอ **n.** sheriff
นายก **n.** president, chairperson
นายกเทศมนตรี **n.** Lord Mayor
นายกรัฐมนตรี **n.** prime minister
นารายณ์ **n.** Narayana
นารี **n.** woman, lady, girl, female
น้าว **v.** to bend, to draw; to guide, to lead; to persuade, to convince
นาวา **n.** ship, boat, vessel; rank of naval or air force officer
นาวิก **n.** sailor. **-adj.** naval
นาวิกโยธิน **n.** Marine Corps
นาวิน **n.** sailor; navy, marine
นาวี **n.** ship, boat, vessel; navy
นาสา, นาสิก **n.** nose
นาฬิกา **n.** clock, watch; time; o'clock
นาฬิกาข้อมือ **n.** wristwatch
นาฬิกาจับเวลา **n.** stop watch
นาฬิกาชีวภาพ **n.** biological clock
นาฬิกาแดด **n.** sundial
นาฬิกาทราย **n.** hourglass
นาฬิกาปลุก **n.** alarm clock

นาฬิกาแดด

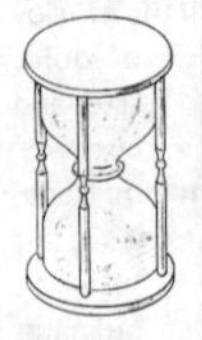
นาฬิกาทราย

นำ **v.** to lead, to guide, to bring, to direct, to conduct
นำเข้า **v.** to import
นำความร้อน **v.** to conduct heat
นำโด่ง **v.** to excel, to surpass
นำทาง **v.** to lead, to guide, to direct, to head
นำเที่ยว **v.** to guide, to show sb. around
นำไป **v.** to take, to lead
นำมา **v.** to bring, to introduce
นำร่อง **v.** to pilot, to navigate; to test, to sample
นำสมัย **adj.** fashionable, stylish
นำเสนอ **v.** to present; to submit
นำแสดง **v.** to star, to play the leading role
นำหน้า **v.** to take the lead, to head, to spearhead
น้ำ **n.** water, liquid; gloss. **-adj.** shiny, bright, glossy
น้ำกรด **n.** acid solution
น้ำกร่อย **n.** brackish water
น้ำกระด้าง **n.** hard water
น้ำกลั่น **n.** distilled water
น้ำกะทิ **n.** coconut milk
น้ำกาม, น้ำอสุจิ **n.** semen
น้ำเกลือ **n.** brine, saline solution
น้ำแกง **n.** soup
น้ำขึ้น **n.** high tide
น้ำขึ้นให้รีบตัก **v., idm.** to make hay

น บ ป ผ ฝ พ ฟ ภ ม ย ร ฤ ฤๅ ล ฦ ฦๅ ว ศ ษ ส ห ฬ อ ฮ

while the sun shines
น้ำแข็ง n. ice
น้ำแข็งเปล่า n. plain ice
น้ำแข็งแห้ง n. dry ice
น้ำครำ n. dirty water, sewage
น้ำคร่ำ n. amniotic fluid, amnion
น้ำค้าง n. dew
น้ำค้างแข็ง n. frost, hoarfrost
น้ำคำ n. words, speech; promise
น้ำเค็ม n. brine, salt water. ***-adj.*** marine
น้ำเงิน adj. blue, navy blue
น้ำจัณฑ์ n., roy. liquor, whisky
น้ำจิ้ม n. sauce, dip, dipping sauce
น้ำจืด n. fresh water
น้ำใจ n. spirit, kindness, generosity
น้ำใจนักกีฬา n. sportsmanship
น้ำชา n. tea
น้ำเชื่อม n. syrup
น้ำดี n. gall, bile
น้ำดื่ม n. drinking water
น้ำตก n. waterfall, falls, cascade
น้ำต้ม n. boiled water
น้ำตา n. tear, teardrops
น้ำตาเทียน n. candle dripping
น้ำตาล n. sugar. ***-adj.*** brown
น้ำตาลกรวด n. rock sugar
น้ำตาลก้อน n. loaf sugar
น้ำตาลโตนด n. palm sugar
น้ำตาลทราย n. granulated sugar
น้ำตาลทรายแดง n. brown sugar
น้ำตาลมะพร้าว n. coconut sugar
น้ำตาลสด n. palm sap
น้ำท่วม n. flood
น้ำทะเล n. seawater, brine
น้ำนม n. milk. ***-adj.*** milky
น้ำนิ่ง n. still water, flat water
น้ำเน่า n. slop, sewage
น้ำบาดาล n. ground water
น้ำประปา, น้ำก๊อก n. tap water
น้ำประสานทอง n. borax
น้ำปลา n. fish sauce
น้ำป่า n. flash flood
น้ำเปล่า n. plain water
น้ำผลไม้ n. juice, fruit juice, squash
น้ำผึ้ง n. honey
น้ำผึ้งพระจันทร์ n. honeymoon
น้ำฝน n. rain, rainwater
น้ำพักน้ำแรง n. effort, attempt
น้ำพุ n. fountain, spring
น้ำพุร้อน n. hot spring, geyser
น้ำมนต์, น้ำมนตร์ n. holy water
น้ำมะนาว n. lemonade, lemon juice
น้ำมัน n. oil, petroleum; gasoline (Ame.)/petrol (Bri.); essence
น้ำมันก๊าด n. kerosene, kerosine
น้ำมันเครื่อง n. engine oil
น้ำมันชักเงา n. lacquer, varnish
น้ำมันเชื้อเพลิง n. fuel oil
น้ำมันโซลา n. solar oil
น้ำมันดิบ n. crude oil
น้ำมันดีเซล n. diesel oil
น้ำมันตับปลา n. cod-liver oil
น้ำมันเบนซิน n. benzine
น้ำมันสน n. turpentine
น้ำมันสลัด n. salad oil
น้ำมันใส่ผม n. pomade, hair cream
น้ำมันหมู n. lard
น้ำมันหล่อลื่น n. lubricant
น้ำมันหอม n. essential oil, balsam
น้ำมูก n. mucus, snot
น้ำเมือก n. mucus
น้ำย่อย n. digestive juice, gastric juice
น้ำยา n. solution, dissolvent; ***colloq.*** skill, ability
น้ำยาบ้วนปาก n. mouthwash
น้ำยาล้างตา n. eyewash

น

***น้ำร้อนน้ำชา* n., sl.** bribe
***น้ำแร่* n.** mineral water
***น้ำลง* n.** ebb tide
***น้ำลาย* n.** saliva, spit, spittle
***น้ำลายสอ* v.** to lick one chops. **-adj.** hungry. **-adv.** hungrily
***น้ำวน* n.** whirlpool
***น้ำส้มสายชู* n.** vinegar
***น้ำเสียง* n.** tone, voice; mood
***น้ำใสใจจริง* adj.** frank, sincere
***น้ำหนวก* n.** otorrhoea
***น้ำหนัก* n.** weight; reason, importance, significance
***น้ำหนักมวลรวม* n.** gross weight
***น้ำหนักสุทธิ* n.** net weight
***น้ำหน้า* n.** face, cheek
***น้ำหอม* n.** perfume, fragrance
***น้ำเหลือง* n.** lymph
***น้ำโห* n.** temper, anger, fury
***น้ำไหลไฟดับ* adv.** (to speak) non-stop, volubly, quibbly
***น้ำอดน้ำทน* n.** patience, tolerance
***น้ำอบ* n.** scent, fragrance
***น้ำอมฤต* n.** nectar
***น้ำอสุจิ* n.** sperm, semen
***น้ำอ่อน* n.** soft water
***น้ำอัดลม* n.** fizzy drink

นิกรอยด์ ***n.*** Negroid
นิกาย ***n.*** sect, group, school
นิเกิล ***n.*** nickle
นิโกร ***n.*** Negro
นิคม ***n.*** settlement, estate; village
***นิคมที่ดิน* n.** settlement
***นิคมสหกรณ์* n.** cooperative settlement
***นิคมอุตสาหกรรม* n.** industrial estate
นิโคติน ***n.*** nicotine
นิ่ง ***adj.*** still, static, stagnant, motionless; silent, quiet, noiseless
***นิ่งเงียบ* adj.** quiet, silent
***นิ่งเฉย* adj.** calm; motionless; indifferent, uninterested
นิ้ง ***adj., colloq.*** excellent, superb
นิจ ***adv.*** always, frequently, habitually
***นิจศีล* adv.** regularly, habitually. **-n.** the Five Precepts
นิด ***adj.*** small, little, tiny, minute
นิตย์ *ดูคำว่า* นิจ
***นิตยสาร* n.** magazine, periodical
นิติ ***n.*** law, regulation, rule; convention, tradition, custom
***นิติกร* n.** lawyer
***นิติกรรม* n.** legal act, juristic act
***นิติธรรม* n.** legal principle
***นิตินัย* adv.** by law. **-adj.** de jure
***นิติบัญญัติ* n.** legislation
***นิติบุคคล* n.** juristic person
***นิติภาวะ* n.** legal age, maturity
***นิติวิทยาศาสตร์* n.** forensic science
***นิติเวชศาสตร์* n.** forensics
***นิติศาสตร์* n.** law, jurisprudence
นิทรรศการ ***n.*** show, exhibition, display
นิทรา ***n.*** sleep, slumber. **-v.** to sleep
นิทาน ***n.*** tale, story, fable
***นิทานปรัมปรา* n.** legend
***นิทานพื้นบ้าน* n.** folk tale
***นิทานสุภาษิต* n.** fable, parable
***นิทานอีสป* n.** Aesop's Fable
นิเทศ ***n.*** information, expression. **-v.** to inform, to explain
***นิเทศศาสตร์* n.** mass communication
นินทา ***v.*** to gossip. **-n.** gossip
นิพนธ์ ***n.*** writing, composition, fiction. **-v.** to write, to compose
นิพพาน ***n.*** nirvana
นิ่ม ***adj.*** soft, gentle, mild
***นิ่มนวล* adj.** mild, gentle, tender

นิมนต์ ***v.*** to invite (a Buddhist monk)
นิมิต ***v.*** to create, to form, to build, to invent. ***-n.*** sign, indication
นิยม ***v.*** to prefer, to like; to admire, to respect, to praise. ***-adj.*** popular, fashionable, hot, favourite
นิยาม ***n.*** definition. ***-v.*** to define, to give definition
นิยาย ***n.*** novel, fiction, story
นิยายรัก n. romance
นิยายวิทยาศาสตร์ n. science fiction (sci-fi)
นิยายสยองขวัญ n. Gothic novel
นิยายสืบสวนสอบสวน n. detective novel
นิรโทษกรรม ***n.*** amnesty; justifiable act
นิรนาม ***adj.*** unknown, anonymous
นิรภัย ***adj.*** safe, safety, secure
นิรันดร ***adv.*** forever, eternally, endlessly
นิรมิต ***v.*** to create, to form, to invent
นิราศ ***v.*** to leave, to go away, to depart, to separate. ***-n.*** a kind of Thai poem describing separation. ***-adj.*** hopeless, despairing
นิรุกติศาสตร์ ***n.*** etymology
นิโรธ ***n.*** extinction; nirvana
นิล ***n.*** sapphire; jet. ***-adj.*** black, navy blue, jet-black
นิ่ว ***n.*** gallstone, calculus. ***-v.*** to frown, to knit one's brows, to scowl
นิ้ว ***n.*** finger; toe; digit; inch
นิ้วกลาง n. middle finger
นิ้วก้อย n. little finger
นิ้วชี้ n. index finger, forefinger
นิ้วเท้า n. toe; digit
นิ้วนาง n. ring finger
นิ้วหัวแม่มือ, นิ้วโป้ง n. thumb
นิวเคลียร์ ***n.*** nuclear
นิวเคลียส ***n.*** nucleus
นิวตรอน ***n.*** neutron
นิวรณ์ ***n.*** desire, passion, hindrance
นิวัต, นิวัตน์ ***v.*** to return, to come back
นิวาสถาน ***n.*** house, dwelling, residence
นิเวศ, นิเวศน์ ***n.*** house, dwelling, abode, habitation; palace
นิเวศวิทยา n. ecology
นิสัย, นิสัยใจคอ ***n.*** habit, characteristics, nature
นิสิต ***n.*** undergraduate, student
นึก ***v.*** to think, to consider, to recall
นึกถึง v. to think of; to call up
นึกฝัน v. to fancy
นึกไม่ถึง adj. unexpected, surprising, incredible. ***-adv.*** unexpectedly
นึกออก v. to recognize, to recall; to figure out, to ring a bell
นึ่ง ***v.*** to steam
นุงนัง ***adj.*** confused, chaotic, disordered, entangled
นุ่ง ***v.*** to wear, to dress, to put on
นุ่งน้อยห่มน้อย v. to be in the buff
นุช ***n.*** younger sister
นุ่ม ***adj.*** soft; gentle, tender, mild
นุ่มนวล ดูคำว่า นิ่มนวล
นุ่มนิ่ม adj. soft, gentle, mild; velvety; yielding, weak
นุ้ย ***adj.*** chubby, plump; small, tiny
นู้ด ***adj., n.*** nude
นูน ***adj.*** convex; bulging, protuberant
นูน, นู้น ***adj., colloq.*** that, those
เนกาทีฟ ***n., adj.*** negative
เนกไท ***n.*** necktile
เน็ตเวิร์ก ***n.*** network
เนตร ***n.*** eye, eyeball; guide
เนตรนารี n. girl scout
เนติ *ดูคำว่า* นิติ
เนติบัณฑิต n. barrister
เน้น ***v.*** to emphasize, to stress; to press,

to urge. ***-adj.*** emphatic, stressed
เนบิวลา ***n.*** nebula
เนปจูน ***n.*** Neptune
เนย ***n.*** butter, cheese
เนยแข็ง n. cheese
เนยเทียม n. margarine
เนยสด n. butter
เนรคุณ ***adj.*** ungrateful, unthankful, thankless, unappreciative
เนรเทศ ***v.*** to exile, to banish, to drive
เนรมิต ***v.*** to create, to form, to invent; to change, to transform
เนา ***v.*** to baste, to tack
เน่า ***adj.*** rotten, decayed, decomposed
เนิน ***n.*** mound, knoll, eminence
เนินเขา n. hill, hillock
เนินดิน n. mound
เนิ่น, เนิ่น ๆ ***adv.*** early, ahead
เนิ่นนาน adv. for a long time, as time goes on. ***-adj.*** long
เนิบ, เนิบ ๆ, เนิบนาบ ***adv.*** slowly
เนียน ***adj.*** tender, delicate; smooth. ***-adv.*** perfectly, properly
เนื้อ ***n.*** flesh; meat; pulp; theme, topic
เนื้อไก่ n. chicken
เนื้อแกะ n. mutton, lamb
เนื้อความ n. content, text, matter
เนื้อคู่ n. soul mate
เนื้องอก n. tumor (Ame.)/tumour (Bri.)
เนื้อดี adj. fine, pure
เนื้อตัว n. body; flesh
เนื้อเต้น v. to get a thrill of. ***-adj.*** exciting, stimulating
เนื้อที่ n. area, space; tract
เนื้อแท้ n. essence, substance. ***-adj.*** genuine, real, true, authentic
เนื้อปลา n. fish
เนื้อไม้ n. grain
เนื้อร้าย n. cancer
เนื้อเรื่อง n. story, content, text
เนื้อวัว n. beef
เนื้อสด n. fresh meat; ***sl.*** prostitute, whore
เนื้อสัตว์ n. meat
เนื้อสัน n. loin
เนื้อหมู n. pork
เนื้อหอม adj. popular, favourite
เนื้อหนังมังสา n. body; flesh
เนื้อหา n. matter, content, theme
เนือง, เนือง ๆ ***adv.*** always, regularly
เนืองนอง v. to flood, to overflow
เนืองนิตย์ adv. regularly; constantly
เนืองแน่น adj. crowded, packed
เนื่องจาก, เนื่องด้วย ***adv.*** because, since, as, due to, owing to
เนือย, เนือย ๆ ***adj.*** slow, sluggish, tardy. ***-adv.*** slowly, sluggishly
เนื้อเยื่อ ***n.*** tissue
เนื้อเยื่อกล้ามเนื้อ n. muscular tissue
เนื้อเยื่อค้ำจุน n. connective tissue
เนื้อเยื่อประสาท n. nervous tissue
แน่ ***adj.*** certain, sure; smart, wonderful, splendid. ***-adv.*** surely, definitely
แน่ใจ adj. sure, certain, confident
แน่ชัด adv. clearly, surely, exactly
แน่แท้ adv. certainly, really, truly
แน่แน่ว adj. concentrated, determined, intentional
แน่นิ่ง ***adj.*** unconscious; motionless
แน่น ***adj.*** tight, dense, crowded, packed, jammed; firm, strong. ***-adv.*** firmly, tightly
แน่นแฟ้น adv. harmoniously
แน่นหนา adj. firm, solid, secure. ***-adv.*** firmly, securely, tightly
แนบ ***v.*** to attach, to enclose; to cling, to be close to sth./sb.; to snug

แนบกาย **n.** to snuggle up to
แนบเนียน **adj.** smooth, perfect. **-adv.** perfectly, smoothly, properly
แนบเนื้อ **adj.** close-fitting
แนบแน่น **adv.** closely, intimately, harmoniously, cordially

แนว ***n.*** line, row, track, column; zone, belt, region
แนวคิด **n.** idea, concept
แนวดิ่ง **adj.** vertical
แนวทาง **n.** way, method, guide
แนวนอน **adj.** horizontal
แนวโน้ม **n.** trend, tendency
แนวปะการัง **n.** coral reef
แนวรบ **n.** battlefront, battle line
แนวร่วม **n.** fellow, comrades
แนวหน้า **n.** front line
แนวหลัง **n.** rear, supporter
แนวหิน **n.** shelf, reef

แน่ว ***adj.*** straight, direct. ***-adv.*** straight (ly), directly
แน่วแน่ **adj.** stable, firm, strong-minded. **-adv.** firmly, strong-mindedly

แนะ ***v.*** to direct, to guide, to advise, to hint, to suggest, to coach
แนะนำ **v.** to suggest, to advise, to instruct; to introduce, to present
แนะแนว **v.** to guide, to instruct, to counsel. **-n.** guidance

โน ***v.*** to swell up, to bulge up

โน้ต ***n.*** note. ***-v.*** to note

โน่น, โน้น ***adv.*** there, over there

โน้ม ***n.*** to bend, to pull down
โน้มตัว **v.** to bend, to lean, to bow
โน้มน้าว **v.** to persuade, to induce, to lead, to convince
โน้มเอียง **v.** to tend, to incline

ใน ***prep.*** in, at, inside, within, among
ในขณะที่ **conj.** while, whereas
ในเครือ **adj.** affiliated, subordinate
ในแง่ของ **idm.** in terms of
ในใจ **adj.** mental, subjective
ในทางกลับกัน **adv.** on the other hand, on the contrary
ในทางปฏิบัติ **adv.** practically
ในที่สุด **adv.** finally, at last, ultimately, eventually
ในนาม **prep.** in/on behalf of, in the name of
ในประเทศ **adj.** in-house, local, domestic
ในเมื่อ **conj.** when, while
ในเมือง **adj.** urban; inbound; metropolitan
ในไม่ช้า **adv.** soon, shortly
ในร่ม **adj.** indoor. **-adv.** indoors
ในร่มผ้า **adj.** under the clothes
ในสาย **adj.** online

ในหลวง ***n., colloq.*** His Majesty the King

ไน ***n.*** spinning wheel

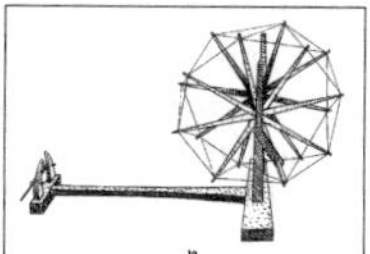
ไน

ไนโตรเจน ***n.*** nitrogen

ไนต์คลับ ***n.*** nightclub

ไนลอน ***n.*** nylon

น บ ป ผ ฝ พ ฟ ภ ม ย ร ฤ ฤๅ ล ฦ ฦๅ ว ศ ษ ส ห ฬ อ ฮ

บ

น บ ป ผ ฝ พ ฟ ภ ม ย ร ฤ ฤๅ ล ฦ ฦๅ ว ศ ษ ส ห ฬ อ ฮ

บ the 26th Thai alphabet
บ, บ่ ***adj.*** no, not
บก ***n.*** ground, earth, land. ***-adj.*** dry, parched; exhausted, tired
บกพร่อง v. to lack, to miss. ***-adj.*** insufficient, deficient, lacking
บ่ง ***v.*** to indicate, to denote, to specify; to prick, to puncture
บงกช ***n.*** lotus, water lily
บงการ ***v.*** to command, to order, to control, to direct, to decree
บ๊งเบ๊ง ***adv., colloq.*** loudly, noisily
บด ***v.*** to grind, to powder, to crush. ***-n.*** a kind of small boat
บดขยี้ v. to destroy, to smash
บดบัง v. to shade, to screen
บดินทร์ ***n.*** king, majesty, sovereign
บดี ***n.*** master, ruler, boss; husband
บถ ***n.*** way, route, passage, path
บท ***n.*** lesson, chapter, episode; text; script; foot, footprint; track
บทกลอน, บทกวี n. verse, poem, poetry
บทความ n. article, feature
บทคัดย่อ n. abstract
บทเฉพาะกาล n. transitory provision
บทนำ n. introduction
บทบรรณาธิการ n. editorial note
บทบัญญัติ n. regulation, provision
บทบาท n. role, character
บทประพันธ์ n. composition, writing
บทพากย์ n. narration
บทภาพยนตร์ n. screenplay, script
บทเพลง n. song, melody, lyrics
บทร้อง n.pl. lyrics
บทเรียน n. lesson, experience
บทลงโทษ n. punishment, penalty
บทละคร n. play, drama
บทวิจารณ์ n. comment, review
บทสนทนา n. dialog (Ame.)/dialogue (Bri.), conversation
บทสรุป n. summary, conclusion
บทสวด n. hymn, prayer
บน ***v.*** to pledge, to pray, to vow, to promise. ***-prep.*** on, above, up. ***-adv.*** above, over
บนบก, บนฝั่ง adj., adv. ashore
บนบาน v. to pray, to vow
บนเรือ n. on board
บ่น ***v.*** to complain; to murmur
บพิตร ***n.*** sir, His Majesty
บ่ม ***v.*** to ripen; to mellow; to complete, to fulfill (Ame.)/to fulfil (Bri.)
บ่มเพาะ v. to incubate
บรม ***adj.*** great, supreme. ***-adv., colloq.*** extremely, very, so
บรมธาตุ n. Buddha's relics
บรมบพิตร n. the word monks refer to the king and the queen
บรมวงศานุวงศ์ n. royal family
บรมอัฐิ n. royal bone
บรรจง ***v.*** to do neatly. ***-adv.*** neatly
บรรจถรณ์ ***n.*** bed, mat
บรรจบ ***v.*** to add; to meet, to connect, to join, to complete
บรรจุ ***v.*** to contain, to fill, to pack, to hold; to assign, to appoint
บรรจุภัณฑ์ n. package

บรรเจิด ***v.*** to magnify, to elevate. ***-adj.*** magnificent. ***-adv.*** magnificently
บรรณพิภพ, บรรณโลก ***n.*** book world, literature world
บรรณาการ ***n.*** tribute, offering, gift
บรรณาธิกร ***v.*** to edit, to revise
บรรณาธิการ ***n.*** editor
บรรณานุกรม ***n.*** bibliography
บรรณารักษ์ ***n.*** librarian
บรรณารักษศาสตร์ ***n.*** library science
บรรดา, บรรดามี ***adj.*** all, whole, entire
บรรดาศักดิ์ ***n.*** title, status, rank
บรรทม ***v., roy.*** to sleep, to slumber
บรรทัด ***n.*** line, ruler
บรรทัดฐาน n. norm, standard, criterion *(sing.)*/criteria *(pl.)*
บรรทุก ***v.*** to carry, to load, to freight; to burden; ***colloq.*** to overload
บรรเทา ***v.*** to relieve, to ease, to relax
บรรพ์ ***adj.*** prior, original; east
บรรพกาล n. primitive time
บรรพบุรุษ n. ancestor, forefather
บรรพสตรี n. ancestress
บรรพชา ***n.*** ordination. ***-v.*** to ordain
บรรพชิต ***n.*** monk, priest
บรรพต ***n.*** mountain
บรรยากาศ ***n.*** atmosphere, condition
บรรยาย ***v.*** to explain, to describe, to narrate, to tell, to lecture
บรรลัย ***v.*** to be destroyed. ***-adv.*** very
บรรลัยกัลป์ n. destructive fire
บรรลุ ***v.*** to reach, to attain, to achieve, to accomplish, to succeed
บรรลุนิติภาวะ v. to reach the legal age. ***-n.*** sui juris
บรรเลง ***v.*** to play a song
บรอนซ์ ***n.*** bronze
บรุรษัท *ดูคำว่า* บริษัท
บรั่นดี ***n.*** brandy
บราลี ***n.*** roof decoration
บรา, บราเซียร์ ***n.*** bra, brassiere
บริกรรม ***v.*** to meditate, to recite
บริกร ***n.*** waiter (male), waitress (female)
บริการ ***v.*** to serve, to attend, to wait on. ***-n.*** service
บริการตัวเอง adj. self-service
บริการรับใช้ตามห้องพักในโรงแรม n. room service
บริขาร ***n.*** necessities of Buddhist monks
บริคณห์ ***n.*** dwelling; contract; definite assumption; holding
บริคณห์สนธิ n. prospectus
บริจาค ***v.*** to donate, to give, to contribute, to endow. ***-n.*** donation, contribution, endownent
บริจาริกา ***n.*** female attendant
บริดจ์ ***n.*** bridge
บริบท ***n.*** context, circumstance
บริบาล ***v.*** to look after; to bring up; to foster. ***-n.*** guardian, protector
บริบูรณ์ ***v.*** to complete, to perfect, to fulfill (Ame.)/to fulfil (Bri.); to be plentiful, to be adequate. ***-adj.*** complete. ***-adv.*** completely
บริพัตร ***v.*** to rotate, to turn, to change; to descend
บริพาร ***n.*** attendant, follower, servant
บริภัณฑ์ ***n.*** utensil; furniture
บริภาษ ***v.*** to scold, to blame, to rebuke
บริโภค ***v.*** to eat, to use; to waste
บริวาร ***n.*** disciple, follower; satellite
บริเวณ ***n.*** area, zone, region
บริเวณใกล้เคียง n. vicinity
บริเวณที่จอดรถ n. parking area, parking lot
บริเวณสถานศึกษา n. campus
บริษัท ***n.*** company, firm, enterprise

น บ ป ผ ฝ พ ฟ ภ ม ย ร ฤ ฤๅ ล ฦ ฦๅ ว ศ ษ ส ห ฬ อ ฮ

บริษัทจำกัด n. limited company
บริษัทมหาชนจำกัด n. public company limited
บริสุทธิ์ ***adj.*** pure, innocent, clean, stainless, virgin. ***-adv.*** purely
บริสุทธิ์ใจ adj. honest, sincere, virtuous. ***-adv.*** honestly, sincerely
บริหาร ***v.*** to exercise; to govern; to manage, to administer, to process. ***-n.*** command; administration
บริหารธุรกิจ n. business administration
บริหารร่างกาย v. to exercise
บล็อก ***n.*** block
บวก ***v.*** to add. ***-adj.*** positive, creative, supportive. ***-adv.*** positively ***-n.*** plus sign (+)
บวงสรวง ***v.*** to sacrifice
บ่วง ***n.*** lasso, loop
บ่วงบาศ n. lasso
บวช ***v.*** to ordain, to be ordained
บวชชี v. to become a nun
บ้วน ***v.*** to spit
บ้วนปาก v. to rinse one's mouth
บวม ***v.*** to swell, to bruise; ***sl.*** to gain weight. ***-adj.*** swollen; ***colloq.*** idiot
บ๊วย ***adj., colloq.*** last, hindmost. ***-n.*** chinese plum
บวร ***adj.*** excellent, supreme, noble
บ่อ ***n.*** well, pond; origin, source
บ่อเกิด n. origin, source, root
บ่อน้ำมัน n. oil well
บ่อน้ำร้อน n. hot spring
บอก ***v.*** to tell, to inform; to indicate; to guide; to introduce; to report
บอกกล่าว, บอกเล่า v. to tell, to inform, to report, to announce
บอกแขก v. to ask for a favor (Ame.)/favour (Bri.)
บอกความลับ v. to tell a secret
บอกบท v. to prompt
บอกใบ้ v. to imply, to hint
บอกปัด v. to reject, to refuse
บอกลา v. to say goodbye
บอกเลิก v. to cancel, to call off
บอกให้เขียนตาม v. to dictate
บอกให้ทราบ v. to notify
บอกให้รู้ตัว v. to warn, to caution
บ้อง ***n.*** bamboo pipe; cylinder
บ้องตื้น adj. foolish, hare-brained, half-baked. ***-adv.*** foolishly
บ้องไฟ n. rocket
บ้องหู n. ear
บ๊อง, บ๊องๆ ***adj., colloq.*** daft, potty, insane, crazy. ***-adv.*** insanely
บ้องแบ๊ว ***adj.*** weird-looking; ***colloq.*** cute, pretty, innocent
บอด ***adj.*** blind; dark; dirty, dusty
บอดสี adj. color-blind (Ame.)/colour-blind (Bri.)
บอดี้การ์ด ***n.*** bodyguard
บอน ***adj.*** naughty, careless, restless
บอนไซ ***n.*** bonsai
บ่อน ***n.*** gambling house, casino; meeting place. ***-v.*** to destroy, to subvert, to undermine
บ่อนแตก v. to interrupt, to barge in; to stop, to cut off
บ่อนทำลาย v. to undermine, to subvert, to weaken
บอบช้ำ ***adj.*** injured, bruised; hurt
บอบบาง ***adj.*** slim; fragile, frail
บอมบ์ ***n.*** bomb. ***-v.*** to bomb
บ่อย, บ่อยๆ ***adv.*** frequently, often, always, again and again
บ๋อย ***n., colloq.*** boy, waiter
บอร์ด ***n.*** board
บอแร็กซ์ ***n.*** borax

บอล ***n.*** ball

บอลลูน

บอลลูน ***n.*** balloon

บัคเตรี ***n.*** bacterium *(sing.)*/ bacteria *(pl.)*

บัง ***v.*** to screen, to block, to shield

บังโคลน n. fender (Ame.) /mudguard (Bri.)

บังแดด n. sun-shield, sunshade

บังลม n. windshield (Ame.)/windscreen (Bri.)

บังแสง v. to shade

บั้ง ***v.*** to slit. ***-n.*** slit; stripe; tube of bamboo

บั้งไฟ *ดูคำว่า* บ้องไฟ

บังกะโล ***n.*** bungalow

บังเกอร์ ***n.*** bunker

บังเกิด ***v.*** to occur, to happen

บังเกิดผล v. to bear fruit, to take effect, to be successful, to succeed

บังคน ***n., roy.*** feces (Ame.)/faeces (Bri.), urine

บังคนเบา n., roy. urine

บังคนหนัก n., pl., roy. feces, faeces

บังคม ***v., roy.*** to pay homage to

บังควร ***adj.*** proper, appropriate, suitable. ***-adv.*** properly, suitably

บังคับ ***n.*** government; regulation. ***-v.*** to compel, to force; to control

บังคับการ v. to command

บังคับใจ v. to restrain

บังคับบัญชา v. to control, to rule

บังคับพวงมาลัย v. to steer

บังสุกุล ***n.*** shroud

บังเหียน ***n.*** bridle; control

บังอร ***n.*** woman; pretty girl

บังอาจ ***v.*** to dare; to violate, to infringe

บังเอิญ ***adj.*** unexpected, sudden, accidental. ***-adv.*** unexpectedly

บัญชร ***n.*** cage; window

บัญชา ***n.*** command, order. ***-v.*** to command, to order, to direct

บัญชาการ v. to command

บัญชี ***n.*** account, list, register

บัญชีกระแสรายวัน, บัญชีเดินสะพัด n. current account

บัญชีงบดุล n. balance sheet

บัญชีเงินเดือน n. payroll

บัญชีเงินฝาก n. deposit account

บัญชีเงินฝากประจำ n. fixed deposit account

บัญชีเงินฝากสะสมทรัพย์ n. savings deposit account

บัญชีเจ้าหนี้ n. account payable

บัญชีรายการส่งสินค้า n. invoice

บัญชีรายชื่อ n. name list

บัญชีลูกหนี้ n. account receivable

บัญชีดำ n. black list

บัญญัติ ***n.*** law, regulation, rule, commandment. ***-v.*** to enact, to decree

บัญญัติไตรยางศ์ n. The Rule of Three in mathematics

บัญญัติ 10 ประการ n. the ten Commandments

บัณฑิต ***n.*** pundit; graduate; talent

บัณเฑาะก์ ***n.*** hermaphrodite, eunuch

บัณเฑาะว์ ***n.*** small two-faced drum

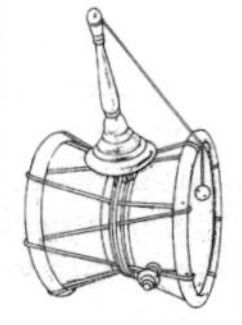

บัณเฑาะว์

บัด ***n.*** time, period

บัดดล adv. suddenly

บัดนี้ adv. at present, now

บัดกรี ***v.*** to weld, to solder, to fuse

บัดซบ ***adj.*** dammed, bad. ***-adv.*** very
บัดนั้น ***adv.*** then, meanwhile
บัดนี้ ***adv.*** now, presently
บัดสี, บัดสีบัดเถลิง ***adj.*** shameful, disgraceful. ***-adv.*** shamefully
บัตร ***n.*** ticket, card, coupon; leaf, petal; wing, feather
  บัตรเครดิต n. credit card
  บัตรเงินสด n. cash card
  บัตรเชิญ n. invitation card
  บัตรโทรศัพท์ n. phone card
  บัตรประจำตัว n. identity card
  บัตรประชาชน n. identification card, identity card
  บัตรผ่านประตู n. pass
  บัตรพลี n. sacrifice, offering
  บัตรฟรี n. complimentary ticket
  บัตรเลือกตั้ง n. ballot
  บัตรสนเท่ห์ n. anonymous letter
  บัตรสมาชิก n. member card
  บัตรอนุญาต n. license, permit
  บัตรอวยพร n. greeting card
  บัตรอวยพรอิเล็กทรอนิกส์ n. e-card
  บัตรอัจฉริยะ n. smart card
บุ้น ***n.*** gable
บั่น ***v.*** to cut short, to shorten
  บั่นทอน v. to reduce, to weaken
บั้น ***n.*** half; part, piece
  บั้นท้าย n. end, ***colloq.*** hip, bottom, buttock
  บั้นปลาย n. end, final stage
  บั้นพระองค์ n., roy. waist
  บั้นเอว n. waist
บันดาล ***v.*** to cause, to happen
  บันดาลโทสะ v. to get angry
  บันดาลใจ v. to inspire. ***-adj.*** inspired
บันได ***n.*** steps, ladder, stairs
  บันไดลิง n. ladder
  บันไดเลื่อน n. escalator
  บันไดเวียน n. winding staircase
  บันไดหนีไฟ n. fire escape
บันทึก ***v.*** to note, to write down, to record; to abbreviate, to shorten. ***-n.*** note, record
  บันทึกความทรงจำ n. memoir
  บันทึกภาพ v. to take a picture
  บันทึกเสียง v. to record
บันเทิง ***v.*** to enjoy, to take pleasure, to entertain. ***-adj.*** happy, gay
  บันเทิงคดี n. comedy
บันยะบันยัง ***adj.*** moderate, restrained. ***-adv.*** moderately
บันลือ ***v.*** to yell, to roar. ***-adj.*** famous
บัลลังก์ ***n.*** throne; judge's bench
บัลลูน ***n.*** balloon
บัลเล่ต์ ***n.*** ballet
บัว ***n.*** lotus, water lily; frieze
  บัวบาท n. Buddha's feet, king's feet
บ่า ***n.*** shoulder. ***-adj.*** overflowing. ***-v.*** to overflow, to run over
บ้า ***adj.*** mad, insane, crazy. ***-adv.*** madly, insanely. ***-n.*** amphetamine
  บ้ากาม adj. satyric, lecherous
  บ้าจี้ adj. ticklish; crazy
  บ้าดีเดือด adj. crazy, violent
  บ้าน้ำลาย adj. talkative, chatty
  บ้าบิ่น, บ้าระห่ำ adj. bold, careless, fearless. ***-adv.*** boldly, fearlessly
บ้า ๆ ***adj.*** abnormal, weird, odd, unusual. ***-adv.*** oddly, unusually
บาก ***v.*** to notch; to head for, to go toward
  บากบั่น v. to persevere, to work hard, to try hard
  บากหน้า v. to turn to
บาง ***n.*** brook, small waterway; district. ***-adj.*** thin; some; perhaps, maybe

***บางคน* n.** someone, somebody
***บางคราว, บางหน, บางโอกาส* adv.** sometimes, occasionally
***บางตา* adj.** few, sparse
บางเบา* adj.** slight, thin, light. ***-adv. slightly, lightly
***บางที* adv.** maybe, perhaps
***บางสิ่ง* n.** something

บ้าง *adj., adv.* some, any; too, also. ***-adv.*** partly

บาซาร์ *n.* bazaar

บาด *v.* to wound, to cut, to injure, to hurt. ***-n.*** wound, cut, hurt
บาดเจ็บ* adj.** wounded, injured. ***-v. to get hurt
***บาดใจ* v.** to hurt one's feeling
***บาดแผล* n.** wound, cut
***บาดหมาง* v.** to disagree, to quarrel, to argue, to squabble

บาดทะยัก *n.* tetanus

บาดาล *n.* underground; underworld

บาตร *n.* alms bowl

บาท *n.* foot *(sing.)*/feet *(pl.)*; (Thai money) baht; verse line
***บาทบริจาริกา* n.** concubine, mistress, king's maiden
***บาทยุคล* n.** both feet
***บาทวิถี* n.** footpath, pavement

บาทหลวง *n.* Christian priest

บาทุกา *n.* shoe, footwear

บาน *n.* drinking water, drink; sheet; numerative for a window/a door. ***-v.*** to bloom, to spread; to scatter. ***-adj.*** blooming, spreading; glad, satisfied; many, much, numerous
***บานกบ* n.** window frame
***บานเกล็ด* n.** louvred window/door
***บานตะเกียง, บานตะไท, บานเบอะ* adj., colloq.** many, numerous
***บานพับ* n.** hinge
***บานหน้าต่าง* n.** windowpane

บ้าน *n.* home, house, residence; town, country, city. ***-adj.*** household, domestic
***บ้านเกิดเมืองนอน* n.** birthplace, hometown, homeland
***บ้านใกล้เรือนเคียง* n.** neighbor (Ame.)/neighbour (Bri.)
***บ้านจัดสรร* n.** townhouse
***บ้านเช่า* n.** rented house; house for rent
***บ้านแตก* n.** broken home
บ้านนอก* n.** countryside, rural area. ***-adj. rural, rustic
***บ้านผีสิง* n.** haunted house
***บ้านพัก* n.** residence, lodging
***บ้านพักนักเรียน* n.** youth hostel
***บ้านพักตากอากาศ* n.** resort
***บ้านเมือง* n.** country, nation
***บ้านเรือน* n.** home, house
***บ้านไร่* n.** farm house

บาป *n.* sin, evil, disgrace. ***-adj.*** evil, wicked, disgraceful
***บาปกรรม* n.** sin, guilt
***บาปเคราะห์* adj.** unlucky, unfortunate
บาปหนา* n.** sin. ***-adj. sinful, wicked

บายศรี *n.* offering set

บายศรี

บ่าย *n.* afternoon. ***-v.*** to turn, to pass, to step; to step aside, to avoid
***บ่ายเบี่ยง* v.** to divert, to deviate
***บ่ายหน้า* v.** to turn, to head for

บ๊าย-บาย ***n., colloq.*** bye-bye
บาร์ ***n.*** bar
 บาร์เทนเดอร์ n. bartender
บาร์โคด ***n.*** bar code
บาร์บีคิว ***n.*** barbecue
บารมี ***n.*** virtue, merit
บาร์เรล ***n.*** barrel
บาร์เลย์ ***n.*** barley
บารอมิเตอร์ ***n.*** barometer
บาล ***v.*** to foster, to protect; to govern
บาลี ***n.*** Pali, Buddhist scriptures
บ่าว ***n.*** servant; young man
 บ่าวไพร่ n. attendant, servant
 บ่าวสาว n. wedding couple
บาศ ***n.*** lasso
บาศก์ ***n.*** dice
บาสเกตบอล ***n.*** basketball
บำนาญ ***n.*** pension
บำบัด ***v.*** to cure, to treat, to remedy
บำเพ็ญ ***v.*** to complete, to add; to behave, to perform, to do
 บำเพ็ญกุศล v. to make merits
 บำเพ็ญประโยชน์ v. to render service
บำราศ ***v.*** to fade away, to disappear, to leave, to do without
บำรุง ***v.*** to nourish, to cherish; to maintain, to keep in good condition
บำเรอ ***v.*** to serve, to please, to satisfy
บำเหน็จ ***n.*** reward, remuneration
บิ ***v.*** to break, to crack
บิกินี ***n.*** bikini
บิงโก ***n.*** bingo
บิณฑบาต ***n.*** morning alms round, food, meal. ***-v.*** to receive food, to beg for food; to beg for
บิด ***v.*** to twist, to wring; to distort, to deform. ***-adj.*** distorted, twisted. ***-n.*** dysentery
 บิดขี้เกียจ v. to stretch the body
 บิดตัว v. to twist the body
 บิดเบือน v. to distort; to misrepresent, to misinterpret; to alter
 บิดเบี้ยว adj. distorted, twisted
 บิดผ้า v. to squeeze clothes
 บิดพลิ้ว v. to evade, to refuse
 บิดหู v. to pinch the ear
บิดา, บิดร ***n.*** father, daddy, dad
 บิดามารดา n. parents
บิน ***v.*** to fly, to soar, to hover, to wing
บิ่น ***v.*** to nick, to chip. ***-adj.*** bold, careless; broken, deformed
บิล ***n.*** bill
บิลเลียด ***n.*** billiard
บี้ ***v.*** to press, to crush. ***-adj.*** snub
บีฑา ***v.*** to disturb, to interrupt, to oppress, to depress
บีบ ***v.*** to press, to squeeze; to force
 บีบคอ v. to throttle; ***colloq.*** to force, to compel
 บีบคั้น, บีบบังคับ v. to force
 บีบแตร v. to blow a horn
 บีบนวด v. to massage
 บีบน้ำตา v. to pretend to cry, to cry
 บีบรัด v. to press, to squeeze
บึกบึน ***adj.*** stout, strong; tough
บึง ***n.*** swamp, bog, marsh
บึ่ง ***v.*** to accelerate, to speed
บึ้ง, บึ้งตึง ***adj.*** moody, sulky, sullen. ***-adv.*** sulkily. ***-v.*** to sulk, to frown
บุ ***v.*** to pad, to sheathe
บุก ***v.*** to invade, to attack, to charge
 บุกบั่น v. to fight, to strive
 บุกเบิก v. to pioneer, to initiate
 บุกรุก v. to invade, to break into
บุ๊ค ***v.*** to book, to reserve. ***-n.*** book
บุคคล ***n.*** individual, person, man
 บุคคลธรรมดา n. individual, human

บุคคลที่สาม ***n.*** third person
บุคคลภายนอก ***n.*** outsider
บุคคลรักร่วมเพศ ***n.*** gay, homosexual
บุคคลสำคัญ ***n.*** VIP, very important person, big shot
บุคลากร ***n.*** personnel, staff
บุคลาธิษฐาน ***n.*** personification
บุคลิก ***n.*** characteristic, appearance
บุคลิกภาพ ***n.*** personality
บุคลิกลักษณะ ***n.*** characteristic, appearance, character, trait
บุ้ง ***n.*** caterpillar
บุญ ***n.*** good, goodness; virtue, merit. ***-adj.*** good, virtuous, righteous
บุญคุณ ***n.*** kindness, favor (Ame.)/ favour (Bri.), mercy
บุญบั้งไฟ ***n.*** rocket festival
บุญบารมี ***n.*** majesty, charisma
บุญหนักศักดิ์ใหญ่ ***adj.*** noble, high-ranking, high-born, titled
บุญญานุภาพ ***n.*** power of good deeds
บุณฑริก ***n.*** white lotus
บุตร ***n.*** child; son, boy
บุตรนอกสมรส, บุตรนอกกฎหมาย ***n.*** bastard
บุตรบุญธรรม ***n.*** step child, adopted child
บุตรี ***n.*** daughter
บุตรหัวปี, บุตรคนโต ***n.*** first-born
บุบ ***v.*** to crush, to pound; to chew. ***-adj.*** out of shape, dented
บุบสลาย ***adj.*** broken, fractured
บุปผชาติ ***n.*** flora, flowers
บุพการี ***n.*** parents, previous supporter
บุพชาติ ***n.*** previous life
บุพบท ***n.*** preposition
บุพพาจารย์ ***n.*** parents
บุพเพสันนิวาส ***n.*** past life partner
บุฟเฟ่ต์ ***n.*** buffet
บุ๋ม ***adj.*** dented, pitted, concave
บุ่มบ่าม ***adj.*** rude, impolite, discourteous. ***-adv.*** rudely, impolitely
บุ้ย, บุ้ยใบ้, บุ้ยปาก ***v.*** to hint by protruding the lips
บุรณะ, บูรณะ ***v.*** to renovate, to restore
บูรณภาพ ***n.*** the integrity
บุรพทิศ ***n.*** the east
บุรพาจารย์, บูรพาจารย์ ***n.*** parents
บุระ, บูร ***n.*** fort, tower, city
บุรินทร์ ***n.*** governor, ruler; city, town
บุริมทิศ ***n.*** the east
บุริมพรรษา ***n.*** the beginning of Rain Retreat
บุริมสิทธิ ***n.*** preferential rights
บุรี, บูรี ***n.*** city, town
บุรุษ ***n.*** man, male
บุรุษไปรษณีย์ ***n.*** postman
บุรุษพยาบาล ***n.*** male nurse
บุรุษสรรพนาม ***n.*** personal pronoun
บุโรทั่ง ***adj., colloq.*** shabby, worn-out
บุษกร ***n.*** blue lotus, lotus, water lily
บุษบก ***n.*** small movable throne
บุษบา ***n.*** flower
บุษบาบัณ ***n.*** flower market
บุษย์น้ำทอง, บุษราคัม ***n.*** topaz
บุหงา ***n.*** flower; potpourri
บุหงารำไป ***n.*** potpourri

บุหงารำไป

บุหรง ***n.*** bird; peacock
บุหรี่ ***n.*** cigarette
บุหรี่ก้นกรอง ***n.*** filtered tip
บุหลัน ***n.*** moon
บู้บี้ ***adj.*** distorted, disfigured
บูชา ***v.*** to admire, to worship

น บ ป ผ ฝ พ ฟ ภ ม ย ร ฤ ฤๅ ล ฦ ฦๅ ว ศ ษ ส ห ฬ อ ฮ

น บ ป ผ ฝ พ ฟ ภ ม ย ร ฤ ฤๅ ล ฦ ฦๅ ว ศ ษ ส ห ฬ อ ฮ

บูชายัญ ***n.*** sacrifice. ***-v.*** to sacrifice

บูด ***adj.*** rotten, sour; sullen, moody, sulky. ***-adv.*** sullenly

บูดเน่า ***adj.*** perishable, sour

บูดบึ้ง ***adj.*** sullen, sulky, moody

บูดเบี้ยว ***adj.*** distorted, twisted

บูต ***n.*** boot

บูม ***n.*** boom. ***-v.*** to boom

บูมเมอแรง ***n.*** boomerang

บูรณ์ ***adj.*** full, complete. ***-adv.*** fully

บูรณภาพ ***n.*** perfection,completion

บูรณะ ***v.*** to repair, to renovate, to restore, to improve

บูรพา ***n.*** the east

เบ้ ***adj.*** crooked, twisted; sulky, sullen

เบ๊ ***n.*** horse; ***sl.*** servant, attendant

เบเกอรี ***n.*** bakery

เบคอน ***n.*** bacon

เบ่ง ***v.*** to shout, to yell; to excrete, to discharge; to expand, to enlarge; to boast; ***colloq.*** to accelerate

เบ่งบาน ***v.*** to bloom, to blossom

เบญจ ***adj.*** five, fifth

เบญจกัลยาณี ***n.*** woman with five charms

เบญจขันธ์ ***n.*** the five groups of existence

เบญจธรรม ***n.*** the five ennobling virtues

เบญจพรรณ ***n.*** five primary colors: black, red, white, green (indigo), yellow. ***-adj.*** five; mixed, sundry

เบญจเพส ***adj.*** twenty-five

เบญจรงค์ ***n.*** five principal colors: black, red, white, green and yellow

เบญจศีล ***n.*** the five precepts

เบญจางค์ ***n.*** five organs: forehead, hands and knees; five parts: root, bark, leaf, flower and fruit

เบญจางคประดิษฐ์ ***n.*** to pay respect with five body organs touching the ground

เบ็ด ***n.*** hook, fishhook

เบ็ดเตล็ด ***adj.*** miscellaneous, various

เบ็ดเสร็จ ***adj.*** total, inclusive, complete

เบน ***v.*** to deviate, to diverge, to turn

เบนความสนใจจาก ***v.*** to take one's mind off sth.

เบนซิน ***n.*** benzene, benzine

เบรก ***n.*** brake. ***-v.*** to brake, to stop

เบลอ ***adj.*** blur

เบส ***n.*** base

เบสบอล ***n.*** baseball

เบสิก ***adj.*** basic

เบอร์ ***n., colloq.*** number

เบ้อเร่อ, เบ้อเร่อเท่อ, เบ้อเริ่ม, เบ้อเริ่มเทิ่ม ***adj., colloq.*** large, huge

เบอะ 1 ***adj.*** serious, acute; big

เบอะ 2 ***n.*** dull, sluggish, clumsy

เบอะบะ ***adj.*** fat and clumsy

เบะ ***v.*** to screw up one's face (because of unsatisfaction, pain, etc.)

เบา ***adj.*** light; cheap; slight; slow down; relieved; effective. ***-n., colloq.*** urine. ***-v., colloq.*** to urinate, to pass urine

เบาใจ ***adj.*** relieved, carefree

เบาเนื้อ, เบาเนื้อเบาตัว ***adj.*** energetic, lively, carefree

เบาบาง ***adj*** light, thin, sparse

เบาปัญญา ***adj.*** stupid, dull

เบามือ ***v.*** to do gently, to do carefully. ***-adj.*** portable

เบาสมอง ***adj.*** relaxed

เบาหวาน ***n.*** diabetes

เบา ๆ ***adv.*** slowly, gently, lightly, quietly, softly

เบ้า ***n.*** crucible, socket
เบ้าตา ***n.*** eye socket
เบาะ ***n.*** cushion, pad, pillow
เบาะ ๆ ***adv.*** slightly, lightly
เบาะแส ***n.*** trace, clue, hint
เบิก ***v.*** to open, to widen; to withdraw; to lead to the presence of the king
เบิกความ ***v.*** to testify
เบิกเงิน ***v.*** to withdraw money
เบิกเงินเกินบัญชี ***v.*** to go overdraw. ***-adj.*** overdrawn
เบิกทาง ***v.*** to clear the way
เบิกบาน ***adj.*** delighted, joyful, cheerful . ***-adv.*** joyfully
เบิกพยาน ***v.*** to call in witness
เบิกโรง ***n.*** prelude, introduction
เบิกถอน ***v.*** to withdraw, to draw
เบิ่ง ***v.*** to stare, to look up, to watch
เบิ้ม ***adj.*** big, huge, large
เบี้ย ***n.*** money, cowrie
เบี้ยบน ***adj.*** superior
เบี้ยบำนาญ ***n.*** pension
เบี้ยประกัน ***n.*** insurance premium
เบี้ยล่าง ***n.*** inferior, subordinate
เบี้ยเลี้ยง ***n.*** allowance, subsidy
เบี้ยหวัด ***n.*** annuity, pension
เบี่ยง, เบี่ยงเบน *ดูคำว่า* เบน
เบียด ***v.*** to crowd, to jostle, to hustle
เบียดบัง ***v.*** to embezzle, to exploit
เบียดเบียน ***v.*** to harass, to persecute, to annoy
เบียดเสียด ***v.*** to crowd, to cram, to throng, to be crowded, to jam
เบียน ***v.*** to trouble, to disturb, to ill-treat. ***-n.*** parasite
เบียร์ ***n.*** beer
เบียร์กระป๋อง ***n.*** canned beer
เบียร์สด ***n.*** draught beer
เบี้ยว ***adj.*** distorted, twisted. ***-v., colloq.*** to cheat, to betray
เบื้อ ***adj.*** widespread, too much
เบื่อ ***v.*** to poison; to be bored with. ***-adj.*** intoxicated, drunk
เบื่อหน่าย ***v.*** to be sick of, to be fed up with
เบื่ออาหาร ***v.*** to lose appetite
เบื้อง ***n.*** way, side; part
เบื้องต้น ***adj.*** basic, elementary, fundamental, primary
เบื้องบน ***n.*** higher authority
เบื้องหน้า ***adv.*** in front of, ahead, in the future
เบื้องหลัง ***adv.*** behind, in the past. ***-n.*** background
เบือน ***v.*** to turn away, to reject
แบ ***v.*** to spread, to stretch out, to extend, to open, to reveal
แบกะดิน ***n.*** stand, street stand
แบไต๋ ***v., colloq.*** to uncover, to disclose, to reveal, to show
แบเบาะ ***adj.*** innocent, babyish
แบมือ ***v.*** to open one's hand; to ignore
แบก ***v.*** to carry, to shoulder, to bear, to take responsibility, to burden
แบคทีเรีย ***n. pl.*** bacteria
แบ่ง ***v.*** to devide, to separate, to share
แบ่งครึ่ง ***v.*** to halve
แบ่งชนชั้น ***v.*** to classify, to grade
แบ่งเบา ***v.*** to help, to assist
แบ่งปัน, แบ่งสรร ***v.*** to portion, to allot, to distribute, to divide
แบ่งประเภท ***v.*** to classify, to assort
แบ่งภาค ***v.*** to incarnate
แบ่งแยก ***v.*** to partition, to divide; to separate, to segregate
แบ่งส่วน ***v.*** to portion, to allot
แบ่งให้ ***v.*** to distribute, to allot

แบงก์ ***n.*** bank; banknote
แบดมินตัน ***n.*** badminton
แบตเตอรี่ ***n.*** battery
แบน ***adj.*** level, flat. ***-v.*** to ban
แบนโจ ***n.*** banjo
แบบ ***n.*** model, sample; pattern; textbook, characteristic; mold
แบบจำลอง n. model
แบบฉบับ n. standard, custom
แบบตัวอักษร n. font
แบบบาง adv. slim, fragile, delicate
แบบแปลน n. blueprint, plan
แบบแผน n. standard, convention, tradition, custom
แบบฝึกหัด n. exercise
แบบพิมพ์ n. mould; printing form
แบบฟอร์ม n. form
แบบร่าง n. sketch, drawing
แบบเรียน n. textbook
แบบสอบถาม n. questionnaire
แบบอย่าง n. example, model
แบ็บ ***adj.*** weak, exhausted
แบล็กเมล ***v.*** to blackmail
แบหลา ***v., colloq.*** to commit suicide; to lie stretch
แบะ ***v.*** to spread, to stretch out, to expand, to widen. ***-adj.*** wide-open; extended, expanded. ***-adv.*** extendedly
แบะแฉะ adj. lazy, sluggish, idle. ***-adv.*** lazily, sluggishly, idly
แบะท่า v. to give a chance
แบะปาก v. to spread the mouth wide open
โบ ***n.*** bow, ribbon
โบแดง n. masterpiece
โบ๋ ***adj.*** pitted; potholed
โบ๋เบ๋ adj., colloq. empty, blank
โบก ***v.*** to fan, to wave, to blow; to coat, to plaster, to apply
โบกธง v. to wave a flag
โบกโบย v. to fly
โบกปูน v. to apply cement
โบกมือ v. to wave (one's hand)
โบกขรณี ***n.*** lotus pond
โบกี้ ***n.*** bogie
โบนัส ***n.*** bonus
โบ๊เบ๊ ***adj.*** noisy. ***-adv.*** noisily
โบย ***v.*** to hit, to whip, to beat, to strike
โบยบิน v. to fly, to hover, to glide
โบราณ ***adj.*** ancient, old; archaic, ***colloq.*** old-fashioned, out-of-date
โบราณกาล n. ancient time
โบราณคดี n. archaeology
โบราณวัตถุ n. antique, relic
โบราณสถาน n. ruins, archaic place, historical site
โบว์ลิ่ง ***n.*** bowling
โบสถ์ ***n.*** church, chapel, temple
โบสถ์แขก n. mosque
โบสถ์ฝรั่ง n. church
โบสถ์เล็ก n. chapel
โบสถ์ใหญ่ n. cathedral
ใบ ***n.*** leaf; sheet; document; numerative for a fruit, a cup, a cupboard, a piece of paper, etc.
ใบเก็บเงิน n. check (Ame.)/bill (Bri.)
ใบขับขี่, ใบอนุญาตขับขี่ n. driving license (Ame.)/licence (Bri.), driver's license (Ame.)/licence (Bri.)
ใบแจ้งความ n. notice, notification
ใบตอง n. banana leaf
ใบแทรก n. leaflet
ใบประกาศ n. notification, poster
ใบปลิว n. leaflet, handbill
ใบพัด n. propeller
ใบพัทธสีมา, ใบเสมา n. boundary-stone

ใบมอบอำนาจ ***n.*** warrant
ใบมีด ***n.*** blade
ใบไม้ ***n.*** leaf
ใบรับเงิน ***n.*** receipt
ใบรับประกัน ***n.*** guarantee, warrant
ใบรับรอง ***n.*** guarantee, certificate
ใบเรียกเก็บเงิน ***n.*** bill, invoice
ใบเรือ ***n.*** sail
ใบลา ***n.*** letter of leave-of-absence
ใบลาออก ***n.*** resignation
ใบเลี้ยง ***n.*** cotyledon
ใบลาน ***n.*** palm leaf
ใบส่งของ ***n.*** invoice
ใบสมัคร ***n.*** application form
ใบสั่ง ***n.*** order; traffic warrant
ใบสั่งยา ***n.*** prescription
ใบสุทธิ ***n.*** certificate, testimonial
ใบเสร็จรับเงิน ***n.*** receipt
ใบหน้า ***n.*** face
ใบหุ้น ***n.*** share certificate
ใบหู ***n.*** ear
ใบอนุญาต ***n.*** license (Ame.)/licence (Bri.)
ใบอ่อน ***n.*** leaflet
ใบ้ ***adj.*** mute, dumb, silent. ***-adv.*** mutely. ***-v.*** to communicate with gesture; to hint, to imply
ใบระกา ***n.*** roof gable
ไบคาร์บอเนต ***n.*** bicarbonate
ไบเบิล ***n.*** Bible

ป

ป the 27th Thai alphabet
ปก ***v.*** to cover ***-n.*** cover; collar
ปกแข็ง ***n.*** hardcover, hardback
ปกครอง ***v.*** to rule; to govern
ปกคลุม ***v.*** to cover, to overlay
ปกป้อง ***v.*** to protect, to defend
ปกปักรักษา ***v.*** to look after, to protect, to keep, to maintain
ปกปิด ***v.*** to hide, to conceal
ปกเสื้อ ***n.*** collar
ปกหนังสือ ***n.*** cover
ปกหน้า ***n.*** front cover
ปกหลัง ***n.*** rear cover
ปกอ่อน ***n.*** paperback
ปกติ ***adj.*** normal, common, usual
ปกรณ์ ***n.*** scripture, textbook, book
ปกิณกะ ***adj.*** various, miscellaneous
ปฏัก ***n.*** goad
ปฏิกรณ์ ***n.*** reactor
ปฏิกรรมสงคราม ***n.*** reparations
ปฏิกิริยา ***n.*** reaction
ปฏิกิริยาเคมี ***n.*** chemical reaction
ปฏิกิริยาลูกโซ่ ***n.*** chain reaction
ปฏิกูล ***adj.*** dirty, filthy. ***-n.*** waste
ปฏิคม ***n.*** receptionist
ปฏิชีวนะ ***n.*** antibiotic
ปฏิญญา ***n.*** promise, vow, pledge
ปฏิญญาสากลว่าด้วยสิทธิมนุษยชน ***n.*** the Declaration of Human Rights
ปฏิญาณ ***v.*** to promise, to vow, to pledge, to take an oath
ปฏิทิน ***n.*** calendar
ปฏิบัติ ***v.*** to do, to perform; to practice, to follow; to behave

ปฏิบัติการ ***v.*** to work, to act, to perform; to operate
ปฏิบัติตาม ***v.*** to act on, to keep to, to obey
ปฏิบัติตามกฎหมาย ***v.*** to obey the law
ปฏิปทา ***n.*** way, passage; behavior (Ame.)/behaviour (Bri.)
ปฏิปักษ์ ***n.*** enemy, opponent, foe
ปฏิพัทธ์ ***n.*** to connect, to join; to love
ปฏิพากย์ ***n.*** retort
ปฏิภาค ***n.*** comparison. ***-adj.*** comparable, equal, similar
ปฏิภาณ ***n.*** wit, wisdom, intelligence
ปฏิมา, ปฏิมากร ***n.*** Buddha image
ปฏิรูป ***adj.*** proper, appropriate; false; fake. ***-v.*** to reform, to improve
ปฏิโลม ***adj.*** reverse. ***-v.*** to be reversed
ปฏิวัติ ***n.*** revolution, revolt. ***-v.*** to revolt against sb./sth.
ปฏิวัติรัฐประหาร ***n.*** coup d'état
ปฏิวัติอุตสาหกรรม ***n.*** industrial revolution
ปฏิสนธิ ***v.*** to be conceived
ปฏิสังขรณ์ ***v.*** to renovate, to repair
ปฏิสันถาร ***n.*** welcome, greeting
ปฏิสัมภิทา ***n.*** wisdom, wit, intellect
ปฏิเสธ ***v.*** to refuse, to reject, to deny. ***-adj.*** negative
ปฐพี ***n.*** earth, ground, land, soil
ปฐพีวิทยา ***n.*** pedology
ปฐม ***adj.*** first, fundamental, primary
ปฐมกษัตริย์ ***n.*** the founder of a dynasty
ปฐมฌาน ***n.*** first absorption
ปฐมทัศน์ ***n.*** premiere
ปฐมเทศนา ***n.*** the first sermon of Lord Buddha; name of the Buddha image's posture
ปฐมนิเทศ ***n.*** orientation, guiding
ปฐมพยาบาล ***n.*** first aid
ปฐมภูมิ ***n., adj.*** primary
ปฐมยาม ***n.*** first period of the evening from 6 p.m. to 10 p.m.
ปฐมฤกษ์ ***n.*** first period of auspicious time
ปฐมวัย ***n.*** childhood, youth
ปณิธาน ***n.*** resolution, determination
ปด, ปดโป้ ***v.*** to lie, to tell a lie
ปทัฏฐาน, ปทัสถาน ***n.*** norm
ปทานุกรม ***n.*** dictionary, lexicon
ปทุม ***n.*** lotus

ปทุม

ปน ***v.*** to mix, to blend, to combine, to mingle
ปนเป ***adj.*** mixed, assorted
ป่น ***v.*** to pound, to grind. ***-adj.*** ground
ป่นปี้ ***adj.*** ruined, destroyed
ปนัดดา ***n.*** great-grandchild
ปม ***n.*** knob, knot; complex
ปมเขื่อง, ปมเด่น ***n.*** superiority complex
ปมด้อย ***n.*** inferiority complex
ปรนัย ***adj.*** objective
ปรปักษ์ ***n.*** enemy, foe, adversary
ปรโลก ***n.*** afterlife
ปรก ***v.*** to cover, to shield
ปรกติ *ดูคำว่า* ปกติ
ปรน ***v.*** to foster, to nourish
ปรนเปรอ ***v.*** to spoil, to indulge
ปรนนิบัติ ***v.*** to gratify, to serve
ปรบ, ปรบมือ ***v.*** to applaud, to clap
ปรม- ***adj.*** great, supreme, best
ปรมัตถ์ ***n.*** supreme usefulness; absolute truth. ***-adj.*** profound
ปรมาจารย์ ***n.*** the great instructor

ปรมาณู **n.** atom, nuclear
ปรมาภิไธย **n.** name (only used for king)
ปรมาภิเษก **n.** enlightenment
ปรมินทร์, ปรเมนทร์ **n.** the greatest
ปรเมศวร์ **n.** the God Shiva
ปรเมษฐ์ **n.** the God Brahma
ปรวนแปร **v.** to vary, to change. **-adj.** changeable, variable, uncertain
ปรสิต **n.** parasite
ปรสิตวิทยา **n.** parasitology
ปร๋อ **adv.** fast, quickly, swiftly
ปรองดอง **v.** to harmonize. **-adj.** harmonious. **-adv.** harmoniously
ปรอท **n.** mercury; **colloq.** thermometer. **-adv.** swiftly, quickly
ปรอย, ปรอย ๆ **adj.** sad; drizzly
ประ **v.** to strike, to fight
ประดารม **v.** to argue, to dispute
ประกบ **v.** to attach, to sandwich
ประกบตัว **v.** to follow closely
ประกวด **n.** to contest, to compete
ประกวดราคา **v.** to bid
ประกอบ **v.** to comprise, to be composed of, to assemble, to put together; to add; to earn a living
ประกอบด้วย **v.** to be composed of
ประกอบพิธีทางศาสนา **v.** to solemnize
ประกอบอาชีพ **v.** to earn a living
ประกอบอาหาร **v.** to cook
ประกัน **v.** to assure, to guarantee. **-n.** bail, surety, pledge
ประกันชีวิต **n.** life insurance. **-v., colloq.** to insure one's life
ประกันตัว **v.** to bail
ประกันภัย **n.** insurance
ประกันสังคม **n.** social security
ประกาย **n.** flash, spark, sparkle
ประกายพรึก **n.** morning star, Venus
ประการ **n.** kind, type, sort, thing
ประกาศ **v.** to announce, to proclaim. **-n.** notice, announcement
ประกาศสงคราม **v.** to declare war
ประกาศอิสรภาพ **v.** to declare independence
ประกาศนียบัตร **n.** certificate; diploma
ประกาศิต **n.** absolute command, commandment, order; sacred words
ประกิต **v.** to notify, to announce
ประคด **n.** sash, cloth belt; girdle
ประคบ **n.** compress. **-v.** to apply a compress
ประคบประหงม **v.** to take good care of, to coddle, to look after
ประคอง **v.** to support, to prop (up), to keep from falling, to hold
ประคับประคอง **v.** to support, to sustain; to take good care of
ประคารม **v.** to debate, to argue
ประคำ **n.** rosary
ประเคน **v.** to give an offering to a Buddhist monk; to hand, to send; **colloq.** to punch, to hit
ประโคน **n.** large boundary pole
ประโคม **v.** to play an overture
ประโคมข่าว **v.** to spread news or a rumor (Ame.)/rumour (Bri.)
ประจบ, ประจบประแจง **v.** to flatter, to fawn on/over, to cajole
ประจวบ **v.** to coincide, to concur
ประจ๋อประแจ๋ **v.** to flatter. **-adj.** flattering. **-adv.** flatteringly
ประจักษ์ **adj.** clear, obvious. **-adv.** clearly, obviously
ประจักษ์พยาน **n.** eyewitness
ประจัญ **v.** to fight, to combat

น บ ป ผ ฝ พ ฟ ภ ม ย ร ฤ ฤๅ ล ฦ ฦๅ ว ศ ษ ส ห ฬ อ ฮ

ประจัญบาน **v.** to involve in a melee, to combat, to fight

ประจัน **v.** to partition; to face, to confront, to encounter
-ประจันหน้า **v.** to face, to encounter, to confront

ประจาน **v.** to discredit, to damage

ประจำ **adv.** usually, often, always. **-adj.** specific, fixed, particular
ประจำการ **v.** to be in service
ประจำเดือน **n.** menstruation, menses. **-adv.** monthly
ประจำตัว **adj.** individual, personal
ประจำปี **adv.** yearly, annually. **-adj.** yearly, annual
ประจำปักษ์ **adv., adj.** fortnightly
ประจำเมือง **n.** Venus, evening star
ประจำวัน **adv., adj.** daily, everyday
ประจำสัปดาห์ **adv., adj.** weekly

ประจิม **n.** the west

ประจุ **v.** to contain, to fill, to charge; to be appointed
ประจุไฟฟ้า **n.** electrical charge

ประเจิดประเจ้อ **adv.** shamefully, disgracefully

ประเจียด **n.** talisman; charm

ประแจ **n.** key, wrench, spanner
ประแจจีน **n.** a Chinese decorative design
ประแจปากตาย **n.** double-ended spanner, open-ended wrench
ประแจเลื่อน **n.** adjustable spanner
ประแจแหวน **n.** ring spanner

ประชด **v.** to taunt, to use sarcasm. **-adj.** sarcastic, ironic, ironical. **-adv.** ironically, sarcastically
ประชดประชัน **v.** to taunt, to use sarcasm. **-adv.** sarcastically

ประชวร **v., roy.** to be ill, to be sick

ประชัน **adj.** rival, competing. **-v.** to compete with

ประชา **n.** people, citizen
ประชากร **n.** population, citizen
ประชากรศาสตร์ **n.** demography
ประชาคม **n.** commune, community
ประชาชน, ประชาราษฎร์ **n.** citizen, people, population
ประชาชาติ **n.** nation; citizen
ประชาทัณฑ์ **n.** lynching
ประชาธิปไตย **n.** democracy
ประชาบาล **n.** rural government
ประชามติ **n.** plebiscite; public opinion
ประชาสงเคราะห์ **n.** public welfare
ประชาสัมพันธ์ **v.** to communicate, to publicize. **-n.** public relations officer

ประชิด **v.** to approach, to get close to

ประชุม **v.** to assemble, to meet, to hold a meeting, to congregate
ประชุมเพลิง **v.** to cremate
ประชุมลับ **n.** closed meeting
ประชุมสุดยอด **n.** summit meeting, summit

ประณต **v.** to pay respect in Thai style

ประณม **n.** a gesture of paying homage by putting the hands together in the shape of lotusbud at the chest-level and bowing

ประณาม **v.** to pay respect; to blame, to condemn; to expel

ประณิธาน **n.** wish, will, aspiration

ประณีต **adj.** delicate, exquisite, neat. **-adv.** delicately, exquisitely, neatly
ประณีตศิลป์ **n.** fine arts

ประดง **n.** a kind of skin disease causing itching

ประดักประเดิด **adj.** awkward, clumsy.

-adv. awkwardly, clumsily

ประดัง ***adj.*** overwhelming; continuous. ***-adv.*** overwhelmingly; continuously. ***-v.*** to flood, to pour

ประดับ ***v.*** to decorate, to ornament

ประดับเกียรติยศ ***v.*** to decorate

ประดับประดา ***v., colloq.*** to decorate, to adorn, to ornament

ประดา ***adj.*** all, entire. ***-v.*** to advance; to dive persistently

ประดาตาย ***adj.*** almost dead, nearly dead

ประดาน้ำ ***n.*** expert diver, frogman

ประดามี ***adj., colloq.*** total, entire

ประดิดประดอย ***v.*** to beautify, to adorn, to embellish

ประดิษฐ์ ***v.*** to invent, to create; to fabricate, to make up. ***-adj.*** artificial

ประดิษฐกรรม ***n.*** invention

ประดิษฐาน ***v.*** to place, to position

ประดุจ ***conj.*** as if, as. ***-adv.*** for example, for instance. ***-adj.*** similar, alike. ***-prep.*** like, such as

ประเด ***v.*** to lavish, to overload

ประเด็น ***n.*** topic, theme, subject, matter, question, issue

ประเดิม ***v.*** to begin, to start, to open

ประเดี๋ยว ***n.*** moment, while

ประเดี๋ยวเดียว ***adv.*** for a moment

ประเดี๋ยวนี้ ***adv.*** immediately, now

ประเดี๋ยวประด๋าว ***adv.*** shortly

ประติมากรรม ***n.*** sculpture, carving

ประตู ***n.*** door, way, passage; goal

ประตูกล ***n.*** automatic door

ประตูชัย ***n.*** triumphal arch

ประตูฉุกเฉิน ***n.*** emergency exit

ประตูน้ำ ***n.*** watergate

ประตูฟุตบอล ***n.*** football goal

ประตูรั้ว ***n.*** gate

ประตูลม ***n.*** damper

ประตูลับ ***n.*** secret door

ประตูเลื่อน ***n.*** sliding door

ประตูวิวาห์ ***n.*** marriage, wedding

ประตูหน้าบ้าน ***n.*** front door

ประตูหลังบ้าน ***n.*** back door

ประถม ***adj.*** primary, fundamental, first, elementary

ประถมศึกษา ***n.*** primary school, elementary school

ประท้วง ***v.*** to strike, to protest

ประทักษิณ ***adj., adv.*** clockwise

ประทัง ***v.*** to maintain, to sustain

ประทัด ***n.*** firecracker, firework

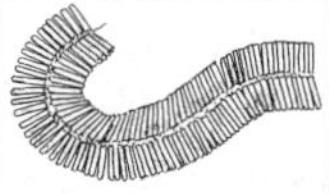

ประทัด

ประทับ ***v., roy.*** to stay, to live, to reside; ***roy.*** to sit; to stamp

ประทับใจ ***v.*** to impress. ***-adj.*** impressive

ประทับตรา ***v.*** to seal, to affix a seal

ประทาน ***v., roy.*** to give, to grant

ประทิน ***v.*** to clean, to cleanse, to wash

ประทิน ***n.*** perfume, scent, fragrance

ประทีป ***n.*** lamp, light, lantern

ประทุน ***n.*** hood, roof, covering

ประทุษร้าย ***v.*** to harm, to damage

ประเทศ ***n.*** country, state, nation

ประเทศกันชน ***n.*** buffer state

ประเทศชาติ ***n.*** nation

ประเทศราช ***n.*** dependency, dominion, protectorate, colony

ประเทือง ***v.*** to improve, to advance

ประธาน ***n.*** president, chairman ***-adj.*** principal, main, central

ประธานเชียร์ ***n.*** cheerleader

น บ ป ผ ฝ พ ฟ ภ ม ย ร ฤ ฤๅ ล ฦ ฦๅ ว ศ ษ ส ห ฬ อ ฮ

ประธานที่ประชุม ***n.*** chairman
ประธานรัฐสภา ***n.*** parliament speaker
ประธานบริหาร ***n.*** chief executive officer (CEO)
ประธานประโยค ***n.*** subject
ประธานาธิบดี ***n.*** president
ประนม, ประนมมือ ***v.*** to raise both hands in a manner of paying homage
ประนอม ***v.*** to negotiate, to compromise, to conciliate
ประนอมหนี้ ***v.*** to reach a compromise with creditors
ประนีประนอม ***v.*** to compromise
ประปราย ***adj.*** sparse, scattered, scanty. ***-adv.*** sparsely, scantily
ประปา ***n.*** water supply
ประเปรียว ***adj.*** active, energetic, lively
ประพจน์ ***n.*** proposition, proposal
ประพรม ***v.*** to sprinkle, to shower
ประพฤติ ***n.*** behavior (Ame.)/ behaviour (Bri.). ***-v.*** to behave, to do, to perform, to act, to conduct
ประพฤติชั่ว ***v.*** to misconduct
ประพันธ์ ***v.*** to compose, to write
ประพันธ์สรรพนาม ***n.*** relative pronoun
ประพาส ***v., roy.*** to travel, to tour
ประพาสต้น ***v., roy.*** to travel privately/unofficially
ประพิมพ์ประพาย ***n.*** similar appearance, resemblance
ประเพณี ***n.*** tradition, custom
ประเพณีนิยม ***n.*** tradition, custom
ประเพณีประจำชาติ ***n.*** national custom
ประภัสสร ***n.*** shiny color (Ame.)/colour (Bri). ***-adj.*** shinning, sparkling; pure

ประภาคาร ***n.*** lighthouse, beacon

ประภาคาร

ประภาษ ***v., roy.*** to say, to speak
ประภาส ***n.*** light
ประเภท ***n.*** kind, type, sort, category
ประมง ***n.*** fishing, fishery. ***-v.*** to fish
ประมวล ***v.*** to compile, to gather, to organize. ***-n.*** code
ประมวลกฎหมาย ***n.*** code of laws
ประมวลกฎหมายแพ่ง ***n.*** Civil Code
ประมวลกฎหมายอาญา ***n.*** Penal Code
ประมวลศัพท์ ***n.*** vocabulary
ประมาณ ***v.*** to estimate; to evaluate. ***-adj.*** estimated, approximate. ***-adv.*** about, approximately
ประมาณการ ***n.*** estimation. ***-v.*** to estimate
ประมาณตน, ประมาณตัว ***v.*** to be humble. ***-adj.*** humble, modest
ประมาท ***adj.*** careless, inattentive; imprudent. ***-v.*** to underestimate
ประมุข ***n.*** chief, leader, head, ruler
ประมูล ***v.*** to bid, to tender
ประเมิน ***v.*** to estimate; to judge; to assess, to evaluate, to value
ประเมินภาษี ***v.*** to assess a tax
ประยุกต์ ***v.*** to apply, to adapt
ประยุทธ์ ***v.*** to fight, to combat
ประยูร, ประยูร ***n.*** race, clan, tribe
ประโยค ***n.*** sentence; grade, level
ประโยชน์ ***n.*** advantage, benefit
ประโยชน์ส่วนตัว ***n.*** personal gain
ประโยชน์ส่วนรวม ***n.*** common use
ประลอง ***v.*** to contest, to compete
ประลองยุทธ์ ***v.*** to perform man-

euver (Ame.)/manoeuver (Bri.)
ประโลม ***v.*** to entertain, to cheer up
ประโลมโลก ***adj.*** romantic
ประวัติ ***n.*** history, background, record
ประวัติการ ***n.*** chronicle
ประวัติการณ์ ***n.*** record
ประวัติกาล ***n.*** historic period
ประวัติศาสตร์ ***n.*** chronicle, history
ประวัติส่วนตัว ***n.*** resume, résumé, CV, curriculum vitae
ประวิง ***v.*** to delay, to suspend
ประเวณี ***n.*** copulation, sexual intercourse; tradition, custom
ประเวศ, ประเวศน์ ***n.*** approach
ประศาสน์ ***n.*** instruction, direction; government, public administration
ประสก ***n., colloq.*** male Buddhist
ประสงค์ ***v.*** to want; to aim, to wish
ประสงค์ร้าย ***v.*** to have malice
ประสบ ***v.*** to meet, to encounter, to face, to come across
ประสบการณ์ ***n.*** experience
ประสพ ***n.*** success, triumph
ประสม *ดูคำว่า* ผสม
ประสมประสาน *ดูคำว่า* ผสม
ประสมโรง ***v.*** to join, to participate
ประสา ***n.*** manner, way
ประสาท 1 ***n.*** nerve; mind, feeling
ประสาทหลอน ***n.*** hallucination
ประสาทสัมผัส ***n.*** sense
ประสาทเสีย ***adj.*** nervous, mad
ประสาท 2 ***v.*** to give, to confer
ประสาทปริญญา ***v.*** to confer a degree
ประสาทพร ***v.*** to bless, to wish
ประสาน ***v.*** to join together; to weld together
ประสานงา ***v.*** to crash, to smash
ประสานงาน ***v.*** to coordinate
ประสานเสียง ***v.*** to chorus
ประสิทธิ ***n.*** achievement, attainment. ***-v.*** to achieve, to attain
ประสิทธิผล ***n.*** effectiveness
ประสิทธิภาพ ***n.*** efficiency
ประสูติ ***n., roy.*** birth. ***-v., roy.*** to be born; to give birth to
ประสูติกาล ***n.*** time of birth
ประเสริฐ ***adj.*** excellent, superb
ประหนึ่ง ***conj.*** as if, as though. ***-prep.*** such as, like. ***-adv.*** for example
ประหม่า ***v.*** to be nervous, to be anxious. ***-adj.*** nervous, anxious, timid
ประหยัด ***v.*** to economize(Ame.)/economise (Bri.); to save. ***-adj.*** economical, careful, sparing, thrifty
ประหลาด ***adj.*** weird, abnormal, amazing, strange, odd, unusual
ประหลาดใจ ***v.*** to be surprised
ประหวั่น ***v.*** to fear, to be afraid of
ประหัตประหาร ***v.*** to kill, to destroy
ประหาร ***n.*** blow, destruction. ***-v.*** to kill
ประหารชีวิต ***v.*** to execute, to kill. ***-n.*** execution, killing
ปรักหักพัง ***v.*** to be ruined
ปรักปรำ ***v.*** to accuse, to blame
ปรัง ***n.*** dry-season paddy field. ***-adv.*** overtime
ปรัชญา ***n.*** philosophy
ปรับ ***v.*** to tell, to narrate; to compare; to adapt, to adjust, to improve; to tune; to even; to fine; to correct
ปรับเงิน ***v.*** to fine
ปรับทุกข์ ***v.*** to talk about one's problems, to unburden
ปรับโทษ ***v.*** to fine
ปรับปรุง ***v.*** to improve, to better
ปรับเสียง ***v.*** to modulate
ปรับอากาศ ***adj.*** air-conditioned

ปรัมปรา **adj.** ancient; successive
ปรัศนี **n.** question mark (?); questioner
ปร่า **adj.** insipid
ปรากฏ **v.** to appear, to occur, to show
ปรากฏการณ์ **n.** phenomenon *(sing.)*/phenomena *(pl.)*
ปราการ **n.** fortress, fort
ปราง **n.** cheek
ปรางค์ **n.** stupa, pagoda
ปราจีน **n.** the east
ปราชญ์ **n.** philosopher, pundit, scholar
ปราชัย **n.** loss, failure. **-v.** to lose, to be defeated, to be conquered
ปราชิต **v.** to lose, to fail
ปราณ **n.** breath; life, soul, mind
ปราณี **n.** human being, animal
ปราด **v.** to dash, to run fast, to rush. **-adv.** swiftly, rapidly, quickly, fast
ปราดเปรียว **adj.** nimble, agile. **-adv.** nimbly, swiftly
ปราดเปรื่อง **adj.** brilliant, sharp
ปราน **n.** family, lineage, race
ปรานี **v.** to have mercy. **-adj.** merciful, kind, compassionate
ปรานีปราศรัย **v.** to have mercy
ปราบ **v.** to suppress, to subdue; to level
ปราบปราม **v.** to suppress, to wipe out, to conquer, to subdue
ปราบดาภิเษก **n.** coronation achieved through conquest
ปราม **v.** to warn, to caution
ปรามาส **v.** to insult. **-n.** touch
ปราโมช, ปราโมทย์ **n.** delight, happiness, pleasure, enjoyment
ปรารถนา **v.** to wish, to aim, to desire
ปรารภ **v.** to talk about, to mention; to start, to begin; to think
ปราศ, ปราศจาก **adj.** devoid of, free from/of. **-prep.** without
ปราศรัย **n.** friendly talk; address. **-v.** to speak gently, to address
ปราสาท **n.** castle
ปริ **v.** to split, to open slightly; to bloom
ปริซึม **n.** prism
ปริญญา **n.** degree; comprehension
ปริญญากิตติมศักดิ์ **n.** honorary degree/doctorate
ปริญญาตรี **n.** bachelor's degree
ปริญญาโท **n.** master's degree
ปริญญาบัตร **n.** degree testimonial
ปริญญาเอก **n.** doctorate
ปริณายก **n.** leader, chief, head
ปริต, ปริตตะ **adj.** little, small, tiny, few
ปริตร **n.** resistance, protector. **-adj.** few, little
ปริทรรศน์ **n.** periscope
ปริทัศน์ **n.** criticism; review, journal
ปรินิพพาน **n.** total extinction, nirvana
ปริบ **adv.** (to blink) frequently; (to rain) lightly or drizzlily
ปริ่ม **adj.** brimful; glad, happy
ปริมณฑล **n.** environs, vicinity
ปริมาณ **n.** quantity, amount
ปริมาตร **n.** capacity, volume
ปริยัติ **n.** study of the Buddhist scriptures
ปริยัติธรรม **n.** scripture study
ปริยาย **n.** way, passage; implication; instruction; narration. **-adj.** indirect. **-adv.** indirectly
ปริวรรต, ปริวัตร **v.** to rotate, to revolve; to change, to vary
ปริวรรตกรรม **n.** rotation, revolution
ปริวิตก **v.** to worry, to be worried
ปริศนา **n.** riddle, question, puzzle
ปริศนาธรรม **n.** Dhamma puzzle
ปริศนาอักษรไขว้ **n.** crossword
ปรี่ **v.** to step forward. **-adj.** brimful.

-adv. gradually
ปรีชา *n.* wisdom, intelligence, wit
ปรี๊ด *adv.* rapidly. *-n.* the sound made by blowing a whistle
ปรีดา *v.* to be pleased, to be delighted. *adj.* glad, happy, pleased
ปรีดิ์, ปรีดี *n.* gladness, happiness
ปรียา *adj.* dear, beloved, loved
ปรึกษา *v.* to consult; to discuss. *-n.* advice; advisor (Ame.)/adviser (Bri.)
ปรือ *adj.* drowsy, sleepy. *-v.* to train, to practice (Ame.)/to practise (Bri.)
ปรุ *v.* to perforate, to hole. *-adj.* perforated, holed
ปรุโปร่ง *adv.* throughly, clearly
ปรุง *v.* to season, to spice, to flavor (Ame.)/to flavour (Bri.)
ปรูดปราด, ปรู๊ดปร๊าด ***adv.*** swiftly
ปรู๊ฟ *n.* proof, newsprint
ปฤษฎางค์ *n., roy.* back
ปลก *adv.* (to salute) repeatedly
ปลง *v.* to put down; to let go
ปลงใจ ***v.*** to make a decision, to decide, to make up one's mind
ปลงชีวิต ***v.*** to kill, to murder
ปลงตก ***v.*** to submit to, to let go
ปลงผม ***v.*** to shave a monk's head
ปลงพระชนม์ ***v.*** to commit regicide
ปลงศพ ***v.*** to cremate
ปลงอาบัติ ***v.*** to confess
ปลด *v.* to unfasten, to unbind; to remove; to release; to dismiss
ปลดเกษียณ, ปลดเกษียณอายุ ***v., colloq.*** to retire, to take retirement
ปลดคนงาน ***v.*** to lay (workers) off
ปลดปลง ***v.*** to die, to pass away
ปลดปล่อย ***v.*** to release, to unchain
ปลดเปลื้อง ***v.*** to release, to unbind
ปลดระวาง ***v.*** to retire, to resign. *-adj.* decrepit
ปลดหนี้ ***v.*** to pay off
ปลดออก ***v.*** to discharge
ปลดอาวุธ ***v.*** to disarm
ปลดแอก ***v.*** to liberate, to release
ปล้น *v.* to rob, to plunder
ปลอก *n.* case, sheath, band
ปลอกกระสุน ***n.*** cartridge
ปลอกคอ ***n.*** collar
ปลอกมือ ***n.*** thimble
ปลอกหมอน ***n.*** pillowcase
ปล่อง *n.* shaft, chimney
ปล้อง *n.* section, segment, joint
ปลอด *adj.* free, safe; pure
ปลอดทหาร ***n.*** demilitarized zone
ปลอดภาษี ***adj.*** duty-free
ปลอดภัย ***adj.*** safe, secure
ปลอดโปร่ง ***adj.*** clear, carefree
ปลอบ, ปลอบโยน *v.* to console, to soothe, to comfort, to pacify
ปลอม *v.* to imitate, to copy; to fake. *-adj.* false, fake, counterfeit
ปลอมตัว ***v.*** to disguise
ปลอมปน ***v.*** to adulterate
ปลอมแปลง ***v.*** to forge
ปล่อย *v.* to release, to untie; to surrender; to let go; to ignore
ปล่อยเกาะ ***v.*** to exile, to expel
ปล่อยไก่ ***v., colloq.*** to show one's stupidity
ปล่อยตัวปล่อยใจ ***adj.*** spoiled
ปล่อยปละละเลย ***v.*** to neglect, to ignore, to disregard, to overlook
ปล่อยเป็นอิสระ ***v.*** to liberate, to set free
ปล่อยมือ ***v.*** to quit, to give up
ปล่อยไว้ ***v.*** to leave
ปลัก *n.* mire, wallow

น บ ป ผ ฝ พ ฟ ภ ม ย ร ฤ ฤๅ ล ฦ ฦๅ ว ศ ษ ส ห ฬ อ ฮ

ปลั๊ก, ปลั๊กไฟ ***n.*** plug
ปลัด ***n.*** deputy
ปลากระป๋อง ***n.*** canned fish
ปลาต ***v.*** to flee, to escape
ปลาบปลื้ม ***v.*** to be pleased, to be delighted, to be happy
ปลาย ***n.*** peak, tip, top, apex; end, tail
ปลายทาง n. destination; goal
ปลายน้ำ adj., adv. downstream
ปลายมือ adv. finally, eventually
ปลาสเตอร์ ***n.*** plaster
ปล้ำ, ปลุกปล้ำ ***v.*** to struggle with, to wrestle with; ***colloq.*** to rape
ปลิด ***n.*** to pick, to pluck
ปลิดชีพ ***v.*** to kill, to murder
ปลิ้น ***v.*** to turn inside out, to protrude; ***colloq.*** to smuggle, to plunder
ปลิ้นปล้อน v. to cheat, to deceive. ***-adj.*** slippery, tricky
ปลิว ***v.*** to float, to be blown away, to fly, to flutter
ปลี ***n.*** banana blossom
ปลีก ***v.*** to separate, to divide, to part
ปลีกตัว v. to detach oneself from
ปลีกย่อย adj. miscellaneous, trivial
ปลื้ม ***v.*** to be glad, to be happy. ***-adj.*** glad, happy, delighted
ปลุก ***v.*** to wake up; to arouse, to rouse, to stimulate, to incite
ปลุกใจ v. to arouse, to encourage
ปลุกปล้ำ *ดูคำว่า* ปล้ำ
ปลุกปั่น v. to incite, to provoke
ปลุกระดม v. to arouse, to stir up
ปลุกเสก v. to consecrate
ปลุกให้ตื่น v. to awake, to wake up, to waken
ปลูก ***v.*** to cultivate, to plant; to build
ปลูกถ่าย v. to transplant
ปลูกป่า v. to afforest
ปลูกฝัง v. to instill, to implant
ปลูกฝี v. to vaccinate, to immunize
ปวกเปียก ***adj.*** weak, frail, feeble
ปวง ***adj.*** whole, all, entire
ปวด ***v.*** to ache, to be in pain. ***-adj.*** painful, achy, sore, inflamed
ปวดใจ adj. sorrowful, achy
ปวดท้อง v. to have a stomachache
ปวดฟัน v. to have a toothache
ปวดศีรษะ v. to have a headache
ปวดหลัง v. to have a backache
ป่วน ***v.*** to have bowel cramps; to be in confusion, to be confused
ป่วนปั่น v. to be in turmoil
ป่วย ***adj.*** sick, ill, unwell, ailing
ป่วยการ v. to waste time on, to be in vain. ***-adj.*** useless. ***-adv.*** in vain. ***-n.*** commission
ปวารณา ***v.*** to consent, to permit
ปศุสัตว์ ***n.*** domestic animals, livestock
ปอ ***n.*** hemp, jute
ป้อ ***v.*** to flirt, to strut
ป้อแป้ ***adj.*** weak, feeble, fragile
ป้อยอ v. to flatter, to cajole
ปอก ***v.*** to peel, to skin, to strip
ปอกลอก v. to cheat, to swindle
ปอง ***v.*** to wish, to desire, to want
ป่อง ***adj.*** bulging, swollen, protruding
ป้อง ***v.*** to protect, to guard, to shield
ป้องกัน v. to protect, to prevent, to defend, to guard, to hinder
ปอด ***n.*** lung. ***-adj., colloq.*** afraid
ปอดบวม n. pneumonia
ปอดเหล็ก n. artificial lung. ***-adj.*** tolerant, patient, untiring
ปอน, ปอน ๆ ***adj.*** shabby, seedy, ragged; poor, bad
ป้อน ***v.*** to feed; to supply, to provide
ปอนด์ ***n.*** pound

ปอเนาะ ***n.*** Islamic school
ปอบ ***n.*** a kind of Thai ghost
ป้อม ***n.*** fort, fortifications. ***-adj.*** plump
  ป้อมตำรวจ n. police kiosk
  ป้อมยาม n. sentry box
ปอย ***n.*** tuft, skein
ปะ ***v.*** to patch, to repair; to meet
ปะการัง ***n.*** coral, coral reef

ปะการัง

ปะขาว ***n.*** white-clad accetic
ปะทะ ***v.*** to crash, to strike, to attack
ปะทัง ***v.*** to support, to maintain
ปะทุ ***v.*** to burst, to explode
ปะปน ***v.*** to mix, to mingle, to combine
ปะรำ ***n.*** pavilion, temporary shelter
ปะแล่ม, ปะแล่ม ๆ ***adv.*** slightly (sweet)
ปะเหลาะ, ปะเหลาะปะแหละ ***v.*** to flatter, to cajole, to fawn on
ปัก ***v.*** to stick (into), to stab, to pierce; to plunge (into); to insert
  ปักใจ v. to be determined
  ปักหลัก v., colloq. to settle down
ปักเป้า ***n.*** Pak Pao kite, diamondshaped kite

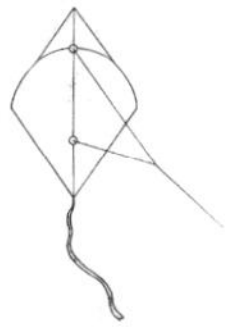
ปักเป้า

ปักษ์ ***n.*** fortnight; side, part
  ปักษ์ใต้ n. south
ปักษา, ปักษิณ, ปักษี ***n.*** bird
ปัง 1 ***n.*** bread
ปัง 2 ***n.*** bang
ปังตอ ***n.*** cleaver
ปัจจัย ***n.*** factor, cause, motive; way; necessities of life; money; suffix
ปัจจามิตร ***n.*** enemy, foe, opponent
ปัจจุบัน ***n.*** present time; sudden illness. ***-adv.*** currently, now, at present
  ปัจจุบันทันด่วน adj. sudden, unexpected. ***-adv.*** suddenly, unexpectedly, abruptly, unforeseenly
  ปัจจุสมัย n. dawn
ปัจเจก ***adj.*** individual, personal. ***-adv.*** individually, personally
  ปัจเจกบุคคล adj. individual
ปัจฉิม ***adj.*** western; after, later, behind. ***-n.*** the west
  ปัจฉิมทิศ n. the west
  ปัจฉิมยาม n. the last period of the night
  ปัจฉิมลิขิต n. postscript (P.S., PS)
  ปัจฉิมวัย n. old age, end of life
  ปัจฉิมวาจา n. the last words
ปัจนึก ***n.*** enemy, foe, opponent
ปัญจ *ดูคำว่า* เบญจ
  ปัญจวัคคีย์ n. the first five Buddhist monks
ปัญญา ***n.*** intellect, wit, wisdom
  ปัญญาชน n. pundit, learned man, educated man, scholar
  ปัญญาประดิษฐ์ n. artificial intelligence
  ปัญญาอ่อน n. mental retardation
ปัญหา ***n.*** question, problem, trouble
  ปัญหาโลกแตก n., colloq. insoluble problem
ปัด ***v.*** to wipe, to sweep; to clean; to refuse; to deviat. ***-n.*** bead
  ปัดเศษ v. to round up/down
ปัตตะเลี่ยน ***n.*** electric clippers
ปัทม์ ***n.*** lotus
ปัน ***v.*** to divide, to allot, to share
  ปันส่วน v. to portion

ปั่น ***v.*** to spin, to rotate; to turn
ปั่นจักรยาน v. to bike, to ride a bike
ปั่นป่วน v. to be in a state of confusion, to be confused. ***-adj.*** chaotic, disordered, confused, messy
ปั่นฝ้าย v. to spin cotton
ปั่นไฟ v. to generate electricity
ปั่นหัว v., colloq. to incite, to provoke; to brainwash

ปั้น ***v.*** to mold, to form; to invent, to make up; to raise, to bring up. ***-n.*** earthen teapot
ปั้นจิ้มปั้นเจ๋อ adj. flattering
ปั้นปึ่ง v. to make a long face
ปั้นสีหน้า v. to fake, to pretend

ปั้นจั่น ***n.*** crane

ปั้นหยา ***n.*** hip roof

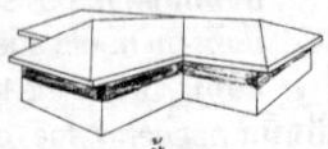

ปั้นหยา

ปั้นเหน่ง ***n.*** belt, girdle

ปุ้ปผาสะ ***n., roy.*** lung

ปั๊ม ***v.*** to pump. ***-n., colloq.*** pump, gas station (Ame.)/filling station (Bri.)
ปั๊มน้ำ n. water pump
ปั๊มน้ำมัน n., colloq. gas station (Ame.)/filling station (Bri.)

ปัยกา ***n.*** great-grandfather

ปัยยิกา ***n.*** great-grandmother

ปัสสาวะ ***n.*** urine. ***-v.*** to urinate

ปา ***v.*** to throw, to cast, to fling

ป่า, ป่าไม้ ***n.*** forest, woods, jungle
ป่าช้า n. cemetery, graveyard
ป่าชายเลน n. mangrove
ป่าดงดิบ, ป่าดิบ n. rainforest, evergreen forest
ป่าเถื่อน adj. uncivilized, barbaric
ป่าทึบ n. jungle, thick woods
ป่าเบญจพรรณ n. mixed deciduous forest
ป่าผลัดใบ n. deciduous forest
ป่าพรุ n. swamp forest
ป่าละเมาะ n. grove, bracken
ป่าสงวนแห่งชาติ n. national reserved forest
ป่าสนเขา n. pine forest

ป้า ***n.*** aunt, auntie, aunty

ปาก ***n.*** mouth; entrance. ***-v.*** to talk
ปากกา n. pen
ปากกาขนนก n. quill
ปากกาลูกลื่น n. ballpoint pen
ปากกาแสง n. light pen
ปากกาหมึกซึม n. fountain pen
ปากแข็ง v. to stick to one's gun
ปากคำ n. testimony
ปากคีบ n. forceps, tweezers, tongs
ปากจัด, ปากตลาด, ปากตะไกร adj. sharp-tongued
ปากจิ้งจก n. a kind of tongs
ปากน้ำ, ปากแม่น้ำ n. estuary
ปากเบา v. to have a loose tongue
ปากเปล่า adj. oral. ***-adv.*** orally
ปากโป้ง adj. big-mouthed
ปากมาก adj. talkative, chatty
ปากร้าย adj. foul-mouthed
ปากหนัก adj. tight-lipped, close-mouthed
ปากหวาน adj. honeyed, sweet
ปากแหว่ง n. harelip, cleft lip
ปากเหยี่ยวปากกา n. danger, harm
ปากอ่าว n. estuary, mouth of a bay

ปาง ***n.*** time, period; temporary shelter in a forest, camp. ***-adv.*** nearly
ปางก่อน adv. previously, prior to
ปางตาย adv. mortally, nearly dead
ปางหลัง adv. in the past

ป้าง ***n.*** chronic malaria

ปาฏิหาริย์ ***n.*** miracle, magic, marvel

ปาฐก **n.** narrator, lecturer
ปาฐกถา **n.** speech, lecture
ปาณ, ปาณะ ***n.*** breath; living creature, life
ปาณาติบาต **n.** slaughter, killing
ปาด ***v.*** to slice off; to even, to smooth; to spread
ปาติโมกข์ ***n.*** the fundamental precepts (of the Buddha)
ปาเต๊ะ ***n.*** batik
ปาน 1, ปานะ ***n.*** drink, drinking water
ปาน 2 ***n.*** birthmark. ***-adj.*** similar. ***-prep.*** like, as. ***-conj.*** as
ปานกลาง ***adj.*** moderate, average
ป่าน ***n.*** flax, hemp
ป้าน ***n.*** earthen teapot. ***-adj.*** blunt, obtuse
ป่านนี้ ***n.*** present. ***-adv.*** now
ปาโมกข์ ***n.*** leader, chief, president
ป่าย ***v.*** to climb; to swing
ป้าย ***n.*** signboard, sign, label. ***-v.*** to smear, to stain; to paint
ป้ายชื่อ **n.** name tag, name plate
ป้ายถนน **n.** street sign
ป้ายคะแนน **n.** scoreboard
ป้ายโฆษณา **n.** billboard
ป้ายประกาศ **n.** poster
ป้ายรถเมล์ **n.** bus stop
ป้ายราคา **n.** price tag
ป้ายสี **v.** to slander, to defame
ปายาส ***n.*** a kind of rice cooked with milk and sugar
ปาร์ก ***n.*** park
ปาร์เกต์ ***n.*** parquet
ปาร์ตี้ ***n.*** party
ปาร์ตี้ลิสต์ ***n.*** party list
ปาราชิก ***n.*** cardinal offences entailing expulsion from the monkhood, fornication, theft, killing, and falsely claiming sainthood
ปาราสิต ***n.*** parasite
ปาล์ม ***n.*** palm
ปาว ๆ ***adv.*** noisily and repeatedly
ป่าว ***v.*** to announce, to publicize
ป่าวประกาศ **v.** to announce
ปาหี่ ***n.*** magic, trick, trickery
ป้ำเป๋อ, ป้ำ ๆ เป๋อ ๆ ***adj.*** forgetful, absent-minded
ปิกนิก ***n.*** picnic
ปิกอัพ ***n.*** pickup (truck)
ปิ้ง ***v.*** to grill, to broil, to toast. ***-adj.*** grilled, broiled, toasted
ปิงปอง ***n.*** table tennis, ping-pong
ปิฎก ***n.*** basket; Buddhist scriptures
ปิด ***v.*** to close, to shut; to cover; to stick; to stop, to cease
ปิดกั้น **v.** to block, to obstruct
ปิดกาว **v.** to glue, to paste
ปิดข่าว **v.** to conceal
ปิดฉลาก **v.** to label
ปิดฉาก **v.** to end, to conclude
ปิดตา **v.** to blindfold
ปิดแน่น **v.** to fasten, to shut up
ปิดบัง **v.** to conceal, to keep secret
ปิดประกาศ **v.** to post
ปิดปาก **v.** to silence, to hold one's tongue, to keep silence, to shut up
ปิดผนึก **v.** to seal
ปิดแสตมป์ **v.** to stick on a stamp
ปิดม่าน **v.** to drop the curtain
ปิด (อุปกรณ์ไฟฟ้า, น้ำ, แก๊ส) **v.** to turn off, to switch off
ปิดอย่างแรง **v.** to bang
ปิตุ ***n.*** father, dad, daddy
ปิตุฆาต **n.** patricide
ปิตุภูมิ **n.** birthplace, homeland, fatherland
ปิตุจฉา, ปิตุลานี ***n.*** aunt

ปิตุล, ปิตุลา ***n.*** uncle
ปิโตรเลียม ***n.*** petroleum
ปิ่น ***n.*** hairpin
ปิ่นโต ***n.*** food carrier
ปิ่ม ***adv.*** nearly, almost
ปิย- ***adj.*** dear, beloved, loved
  ปิยบุตร, ปิโยรส n. beloved child
ปิศาจ, ปีศาจ ***n.*** ghost, demon
ปี ***n.*** year
  ปีกลาย, ปีก่อน n. last year
  ปีเกิด n. year of birth
  ปีการศึกษา n. academic year
  ปีงบประมาณ n. fiscal year
  ปีมะโว้ adv., colloq. long time ago
  ปีแล้วปีเล่า adv. year after year
  ปีแสง n. light year
  ปีใหม่ n. new year
  ปีอธิกสุรทิน n. leap year
ปี่ ***n.*** oboe, flute, pipe
ปีก ***n.*** wing; side
  ปีกกล้าขาแข็ง v. to depend on oneself. ***-adj.*** independent
  ปีกกา n. flank; curly brackets, brace
  ปีกไม้ n. slab
  ปีกหัก adj., colloq. defeated
ปีติ ***n.*** gladness, happiness, joy. ***-adj.*** glad, happy, joyful, pleased
ปีน ***v.*** to climb, to clamber, to mount
  ปีนเกลียว adj. disagreeable
ปีบ, ปี๊บ ***n.*** tin, can
ปึก ***n.*** pack, wad, lump. ***-adj.*** solid, firm
  ปึกแผ่น adj. firm, stable, steady
ปึง ***n.*** bang, boom
ปึ่ง ***adj.*** sullen, ill-tempered; arrogant
ปืน ***n.*** gun, rifle, firearm
  ปืนกล n. machine gun
  ปืนครก n. mortar
  ปืนพก n. pistol, revolver
  ปืนยา n. poisoned arrow
  ปืนยาว n. rifle
  ปืนลม n. air rifle
  ปืนใหญ่ n. cannon
ปื้อ ***adj.*** dark, black
ปื๋อ ***adv.*** extremely, very
ปุกปุย ***adj.*** fluffy, downy, hairy
ปุ้งกี๋ ***n.*** a kind of wickerwork used for carrying dirt, sand, etc., scoop basket

ปุ้งกี๋

ปุจฉา ***v.*** to ask, to question
ปุด ***n.*** to bubble
ปุถุชน ***n.*** common people
ปุบปับ, ปุ๊บปั๊บ ***adv.*** suddenly, abruptly
ปุ่ม ***n.*** knob, node, knot, button
  ปุ่มป่ำ adj. knotty, knobby
  ปุ่มรับรส n. taste bud
ปุ้ม ***adj.*** rounded
ปุย ***n.*** fluff, puff
ปุ๋ย ***n.*** fertilizer, manure. ***-adj., adv.*** asleep. ***-adv.*** (to sleep) deeply
  ปุ๋ยคอก n. farmyard manure
  ปุ๋ยเคมี n. chemical fertilizer
  ปุ๋ยพืชสด n. green manure
  ปุ๋ยหมัก n. compost
  ปุ๋ยอินทรีย์ n. organic fertilizer
ปุโรหิต ***n.*** king's Brahmin counselor
ปู ***v.*** to lay, to spread over/on
  ปูกระเบื้อง, ปูอิฐ v. to pave
  ปูโต๊ะ v. to lay a table cloth
  ปูเบาะ v. to cushion
  ปูปาร์เก้ v. to parquet
  ปูพรม v. to carpet
  ปูเสื่อ v. to mat
ปู่ ***n.*** grandfather, grandpa
  ปู่ทวด n. great-grandfather

ปู่ย่าตายาย **n.** grandparents
ปูชนียบุคคล ***n.*** venerable person
ปูชนียวัตถุ ***n.*** sacred object, icon
ปูชนียสถาน ***n.*** shrine, sacred place
ปูด ***v.*** to swell; ***colloq.*** to reveal secret. ***-adj.*** swelling, bulgy
ปูน ***n.*** lime, cement; period; generation. ***-v.*** to give
ปูนขาว ***n.*** lime
ปูนฉาบ ***n.*** plaster
ปูนซีเมนต์ ***n.*** cement
ปูม ***n.*** almanac
เป้ ***n.*** rucksack, backpack
เป๋ ***adj.*** slanted, askew
เป๊ก ***n.*** peg, pin. ***-adv.*** very (hard)
เป่ง ***adj.*** distended, swollen
เปตอง ***n.*** pétanque
เป็น ***v.*** to know how to do sth., to have ability to do sth. ***-aux. v.*** is, am, are, was, were, be, been. ***-adj.*** alive, living
เป็นกลาง ***adj.*** neutral, impartial
เป็นความ ***v.*** to engage in litigation
เป็นคุ้งเป็นแคว ***adv.*** at great length
เป็นงานเป็นการ ***adv.*** seriously
เป็นเงินเป็นทอง ***adj.*** valuable
เป็นตัวเป็นตน ***adj.*** obvious, clear
เป็นนิตย์ ***adv.*** often, always
เป็นบ้า ***adv., colloq.*** extremely
เป็นปี่เป็นขลุ่ย ***adj.*** congenial, compatible. ***-v.*** to get along well with
เป็นฝั่งเป็นฝา ***v.*** to get married
เป็นไฟ ***adv.*** (to speak) fluently; angrily
เป็นมิตร ***adj.*** friendly
เป็นรอง ***v.*** to be disadvantaged
เป็นลม ***v.*** to faint
เป็นต้น ***adv.*** for example, etc.
เปรต ***n.*** ever-hungry ghost
เปรม, เปรมปรีดิ์ ***adj.*** happy, glad. ***-v.*** to be happy. ***-n.*** love, fondness
เปรย, เปรย ๆ ***v.*** to mention casually
เปรอะ ***adj.*** dirty, soil; ***colloq.*** untidy
เปราะ ***adj.*** brittle, fragile
เปรี้ยง ***n.*** bang, thunderbolt. ***-adj.*** burning (sun)
เปรียญ ***n.*** graduate in Buddhist theology
เปรียบ ***v.*** to compare
เปรียบเทียบ ***v.*** to compare with/ to
เปรียบเปรย ***v.*** to make a comparison
เปรียบเหมือน ***prep.*** as, like
เปรียว ***adj.*** wild, untamed; active
เปรี้ยว ***adj.*** sour; ***colloq.*** fashionable
เปรียะ, เปรี๊ยะ ***n.*** cracking sound. ***-adv.*** frequently; tightly
เปรื่อง ***v.*** to be expert, to be adept
เปรื่องปราด ***adj.*** intelligent, shrewd
เปล ***n.*** cradle, hammock
เปลญวน ***n.*** hammock
เปลหาม ***n.*** stretcher
เปล่ง ***v.*** to shine; to emit; to utter
เปล่งปลั่ง ***adj.*** shining, beaming
เปลว, เปลวไฟ ***n.*** flame, blaze
เปล่า ***adj.*** empty, vacant; free; bare
เปล่าประโยชน์ ***adj.*** useless, in vain
เปล่าเปลี่ยว ***adj.*** lonely, lonesome
เปลาะ ***n.*** section
เปลี่ยน ***v.*** to change, to replace, to alter, to exchange, to turn
เปลี่ยนเกียร์ ***v.*** to shift gears
เปลี่ยนใจ ***v.*** to change one's mind
เปลี่ยนตัว ***v.*** to replace, to substitute
เปลี่ยนทิศทาง ***v.*** to divert
เปลี่ยนแปลง ***v.*** to change, to alter
เปลี่ยนแปลงใหม่ ***v.*** to innovate

น บ ป ผ ฝ พ ฟ ภ ม ย ร ฤ ฤๅ ล ฦ ฦๅ ว ศ ษ ส ห ฬ อ ฮ

เปลี่ยนมือ **v.** to change hands
เปลี่ยนรูปร่าง **v.** to transform
เปลี่ยนอวัยวะ **v.** to transplant
เปลี่ยว **adj.** lonely, isolated; wild
เปลือก **n.** bark; rind; shell; skin
เปลือกขนมปัง **n.** crust
เปลือกข้าว **n.** husk
เปลือกไข่ **n.** eggshell
เปลือกตา **n.** eyelid
เปลือกผลไม้ **n.** peel
เปลือกไม้ **n.** bark
เปลือกโลก **n.** the earth's crust
เปลือกหอย **n.** shell
เปลือง **v.** to waste, to spend, to consume. **-adj.** wasteful, extravagant
เปลื้อง **v.** to strip (off), to undress; to relieve, to remove
เปลือย **adj.** naked, nude, bare
เปอร์เซ็นต์ **n.** percent
เปะปะ **adj.** disorderly, aimlessly
เป่า **v.** to blow, to whistle, to sound
เป่าขลุ่ย **v.** to play on a flute
เป่าแตร **v.** to blow a horn
เป่านกหวีด **v.** to whistle
เป่าหู **v.** to instigate
เป่าให้ดับ **v.** to puff out
เป่าให้พอง **v.** to full out
เป้า **n.** target, aim, goal, mark
เป้าหมาย **n.** target, aim, goal
เปาะ **adv.** (to praise) repeatedly
เปาะเหลาะ **v.** to flatter, to cajole
เปิด **v.** to open, to start; to turn on, to switch on; to reveal, to disclose; to launch; **colloq.** to flee,to escape
เปิดตัว **v.** to introduce
เปิดโปง **v.** to reveal, to disclose
เปิดเผย **v.** to reveal, to disclose. **-adj.** open-minded. **-adv.** frankly
เปิดไฟ **v.** to turn on the light
เปิดน้ำ **v.** to turn on the water
เปิดบัญชี **v.** to open the account
เปิดอก **v.** to speak one's mind frankly, to be sincere
เปิดโอกาส **v.** to give a chance
เปิ่น **adj., colloq.** awkward, clumsy
เปิบ, เปิบข้าว **v.** to eat by using hand
เปีย **n.** braid (Ame.)/plait (Bri.), pigtail
เปียก **adj.** wet, soaked, drenched
เปี๊ยก **adj.** tiny, small, little, wee
เปี่ยม **v.** to be full of, to brim (with)
เปื้อน **v.** to be dirty, to be stained
เปื่อย **v.** to decay, to decompose; to become tender. **-adj.** decayed, decomposed, stewed
แป **n.** purlin; paralyzed hand
แป้ง **n.** flour, powder, starch
แป้งข้าวเจ้า **n.** rice flour
แป้งข้าวโพด **n.** corn starch (Ame.)/ corn flour (Bri.)
แป้งข้าวเหนียว **n.** glutinous rice flour
แป้งข้าวหมาก **n.** yeast
แป้งเค้ก **n.** cake flour; cake powder
แป้งเปียก **n.** flour paste, paste
แป้งฝุ่น **n.** powder
แป้งมัน **n.** tapioca flour
แป้งสาลี, แป้งหมี่ **n.** wheat flour
แปด **n.** eight. **-v.** to be dirty; to mix, to mingle. **-adj.** mixed, mingled
แปดเปื้อน **v.** to dirty, to be stained
แปดเหลี่ยม **n.** octágon
แปดสิบ **n., adj.** eighty
แป้น **adj.** round and flat. **-v.** to smile broadly, to grin, to beam
แปบ **adj.** flat
แป๊บ **n.** pipe, exhaust pipe. **-adv.** for a moment, for a while
แปร **v.** to change into, to turn into, to

convert, to transform
แปรปรวน **adj.** changeable, unstable. **-v.** to vary, to change
แปรผัน **v.** to change, to vary
แปรพักตร์ **v.** to betray
แปรรูป, แปรสภาพ **v.** to transform
แปรรูปหน่วยงานของรัฐให้เป็นของเอกชน **v.** to privatize (Ame.)/privatise (Bri.)
แปรอักษร **v.** to change cheering figures or alphabets
แปรง **n.** brush. **-v.** to brush
แปรงฟัน **v.** to brush the teeth. **-n.** toothbrush
แปรงลบกระดาน **n.** duster
แปล **v.** to translate, to interpret, to decode; to mean, to explain
แปลผิด **v.** to mistranslate
แปลก **adj.** weird, abnormal, strange
แปลกใจ **v.** to be surprised
แปลง **n.** field, bed (of plant), plot. **-v.** to transform, to alter, to change; to modify; to disguise
แปลน **n.** plan. **-v.** to plan
แปะ **v.** to paste, to stick, to patch; to pat. **-n.** the clapping sound
แป๊ะเจี๊ยะ **n.** extra charge, premium
โป **n.** Chinese gamble. **-adj.** swollen
โป้ **v.** to boast. **-adj.** large
โป้ปด **v.** to lie, to tell a lie
โป๊ **adj., colloq.** nude, naked. **-v.** to mend, to repair, to fill up
โปก, โป๊ก **n.** bang
โป๊กเกอร์ **n.** poker
โปเก **adj., colloq.** old, worn-out
โปง **n.** covering, blanket
โป่ง **adj.** swollen, inflated
โป่งข่าม **n.** quartz
โป้ง **adj.** big-mouthed; big. **-n.** bang
โปตัสเซียม **n.** potassium
โปน **adj.** swollen, protruding
โปรแกรม **n.** program (Ame.)/programme (Bri.)
โปรแกรมเมอร์ **n.** programer (Ame.)/programmer (Bri.)
โปร่ง **adj.** clear, transparent, spacious; airy; relaxed, happy
โปร่งแสง **adj.** translucent
โปร่งใส **adj.** transparent, clear
โปรด, โปรดปราน **v.** to favor (Ame.)/to favour (Bri.), to like, to please; to help; to soothe **-adj.** favorite (Ame.)/favourite (Bri.)
โปรตอน **n.** proton
โปรตีน **n.** protein
โปรตีนเกษตร **n.** textured vegetable protein (TVP)
โปรเตสแตนต์ **n.** Protestant
โปรโตซัว **n.** protozoa
โปรย **v.** to scatter, to sprinkle
โปลิคลินิก **n.** polyclinic
โปลิเทคนิค **n.** polytechnic
โปลิโอ **n.** polio, poliomyelitis
โปโล **n.** polo
โปสการ์ด **n.** postcard
โปสเตอร์ **n.** poster
โปะ **v.** to add to, to pile up
โป๊ะ **n.** fishing stake; pontoon, lampshade
ไป **v.** to go, to leave, to depart
ไปกันได้ **v.** to get along well with
ไป ๆ มา ๆ **adv.** finally, at last
ไป๊ป์ **n.** pipe
ไปยาล **n.** " ฯ " a Thai mark which is equal to et cetera (etc.)
ไปรเวต **adj.** private
ไปรษณีย์ **n.** post
ไปรษณีย์ขยะ **n.** junk mail

ไปรษณียบัตร **n.** postcard
ไปรษณียภัณฑ์ **n.** postal matter
ไปรษณีย์อากาศ **n.** airmail
ไปรษณีย์อิเล็กทรอนิกส์ **n.** electronic mail, e-mail
ไปรษณียากร **n.** postage

ผ

ผ the 28th Thai alphabet
ผก **v.** to reverse, to invert; to cover; to hide, to conceal; to trap
ผกผัน **v.** to reverse, to turn upside down
ผกผิน **v.** to fly around
ผกา **n.** flower
ผง **n.** dirt, dust, powder
ผงขาว **n.** heroin
ผงคลี **n.** dirt, dust, powder
ผงชูรส **n.** monosodium glutamate, MSG, seasoning powder
ผงซักฟอก **n.** detergent
ผงแป้ง **n.** powder, flour
ผงฟู **n.** baking powder
ผงก **v.** to nod, to tilt, to raise
ผงะ **v.** to draw back
ผงาด **adj.** dignified, daring
ผจญ, ผจัญ **v.** to fight, to encounter
ผด **n.** rash
ผดุง **v.** to maintain, to keep, to reserve, to support, to nurture
ผดุงครรภ์ **n.** obstetrician; midwife
ผนวก **v.** to add, to append
ผนวช **v., roy.** to be ordained, to enter the monkhood
ผนัง **n.** wall, partition
ผนึก **v.** to seal, to gum, to glue together; to reinforce, to consolidate
ผม **n.** hair. **-pron.** I; me
ผมจุก **n.** topknot
ผมปลอม **n.** wig
ผมเปีย **n.** plaits, braided hair
ผมม้า **n.** bangs, fringe
ผมสีดอกเลา **n.** grey hair
ผมหยิก **n.** curly hair
ผยอง **v.** to be arrogant, to swagger
ผรุสวาท **n.** vulgar word
ผล **n.** prosperity; profit, benefit; interest; effect, result, outcome, consequence; fruit; product
ผลกระทบ **n.** effect, impact
ผลกำไร **n.** profit, gain
ผลคูณ **n.** multiple
ผลข้างเคียง **n.** side-effect, side effect
ผลงาน **n.** output, success
ผลเฉลี่ย **n.** average
ผลดี **n.** benefit, advantage
ผลบวก **n.** sum
ผลประโยชน์ **n.** benefit, advantage
ผลผลิต **n.** product
ผลพลอยได้ **n.** by-product, byproduct
ผลพวง **n.** consequence, aftermaths, result, outcome, effect
ผลไม้ **n.** fruit
ผลไม้กระป๋อง **n.** canned fruit
ผลไม้กวน **n.** jam, preserved fruit

ผลไม้เชื่อม ***n.*** preserved fruit
ผลไม้แช่อิ่ม ***n.*** compot, compote
ผลไม้ดอง ***n.*** pickled fruit
ผลไม้แห้ง ***n.*** dried fruit
ผลลบ, ผลต่าง ***n.*** remainder
ผลลัพธ์ ***n.*** result, sum, total
ผลสรุป ***n.*** conclusion
ผลสะท้อน ***n.*** response, after-effect
ผลสำเร็จ ***n.*** success, attainment
ผลสุดท้าย ***n.*** result, end, outcome
ผลเสียหาย ***n.*** damage, loss
ผลหาร ***n.*** quotient
ผลานิสงส์ ***n.*** result from good deeds
ผลาผล, ผลาหาร ***n.*** fruit
ผล็อย ***adv.*** (to sleep) suddenly
ผละ ***v.*** to leave suddenly, to separate
ผลัก ***v.*** to push, to drive, to shove
ผลักดัน ***v.*** to push forward
ผลักไส ***v.*** to push away, to repel
ผลัด ***v.*** to replace, to change, to shift
ผลัดกัน ***v.*** to take turns
ผลัดเวร ***v.*** to relay
ผลัดใบ ***v.*** to shed leaves
ผลัดแผ่นดิน ***v.*** to establish a new reign
ผลาญ ***v.*** to destroy, to ruin
ผลิ ***v.*** to spring, to bloom, to blossom
ผลิต ***v.*** to produce, to manufacture, to make, to generate, to yield
ผลิตผล ***n.*** product, output
ผลิตภัณฑ์ ***n.*** product
ผลิตภัณฑ์ผลพลอยได้ ***n.*** byproduct, by-product
ผลิตภัณฑ์มวลรวมประชาชาติ ***n.*** Gross National Product (GNP)
ผลิตภัณฑ์มวลรวมภายในประเทศ ***n.*** Gross Domestic Product (GDP)
ผลิตภัณฑ์สุดท้ายจากกระบวนการผลิตอุตสาหกรรม ***n.*** end product
ผลิตภาพ ***n.*** productivity
ผลีผลาม ***adv.*** hastily, rashly
ผลึก ***n.*** crystal; quartz
ผลุนผลัน ***adv.*** suddenly, hastily. ***-prep.*** in a rush
ผลุบ ***v.*** to dive into, to duck into; to plop into
ผลุบผลับ ***adv.*** hastily, rashly
ผลุบ ๆ โผล่ ๆ ***v.*** to come and go, to bob up and down
ผวน ***v.*** to turn back, to reverse
ผวา ***v.*** to be startled, to be scared
ผสม, ผสมผสาน ***v.*** to mix, to blend, to combine, to mingle
ผสมเทียม ***v.*** to breed by artificial fertilization
ผสมพันธุ์ ***v.*** to breed, to mate
ผอง ***adj.*** all, entire, every, whole
ผ่อง ***adj.*** bright, stainless, clear
ผ่องแผ้ว ***adj.*** pure, bright
ผ่องใส ***adj.*** bright, pure
ผ่อน ***v.*** to relieve, to relax, to loosen
ผ่อนคลาย ***v.*** to relax, to ease
ผ่อนชำระ, ผ่อนส่ง ***v.*** to pay back in installments
ผ่อนโทษ ***v.*** to reduce a sentence
ผ่อนปรน ***v.*** to ease, to be lenient
ผ่อนผัน ***v.*** to be lenient
ผอบ ***n.*** casket
ผอม ***adj.*** thin, skinny, slim, slender
ผอูน ***n.*** younger sister, little sister
ผัก ***n.*** vegetable, greenery
ผัง ***n.*** plan, layout, chart, diagram
ผังเมือง ***n.*** city plan, town plan
ผัด ***v.*** to fry; to postpone; to powder
ผัดผ่อน ***v.*** to postpone, to delay
ผัดวันประกันพรุ่ง ***v.*** to postpone, to put sth. off, to defer

น บ ป ผ ฝ พ ฟ ภ ม ย ร ฤ ฤๅ ล ฦ ฦๅ ว ศ ษ ส ห ฬ อ ฮ

ผัน ***v.*** to turn, to change, to shift
ผันแปร v. to change, to turn to, to alter, to transform
ผันผวน v. to fluctuate
ผับ ๆ ผับ ๆ adv. quickly, hastily
ผับ n. pub, public house
ผัว ***n.*** husband, hubby
ผัวะ ***n.*** the sound of slapping
ผา ***n.*** cliff; stone, rock
ผ่า ***v.*** to slit, to split, to cut, to cleave
ผ่าตัด v. to operate on
ผ่าเหล่า v. to mutate; to be a black sheep of a family
ผ้า ***n.*** cloth, fabric, textile, garment
ผ้ากอซ n. gauze
ผ้ากันเปื้อน n. apron, bib
ผ้าขนสัตว์ n. woollen cloth
ผ้าขนหนู n. towel
ผ้าขาวม้า n. loincloth
ผ้าขี้ริ้ว n. rag, strip
ผ้าคลุมเตียง n. bedspread
ผ้าคลุมศีรษะ n. hood
ผ้าคลุมหน้า n. veil
ผ้าคลุมไหล่ n. shoulder cape
ผ้าเช็ดตัว n. towel
ผ้าเช็ดปาก n. napkin, serviette
ผ้าเช็ดพื้น n. mop
ผ้าเช็ดหน้า n. handkerchief
ผ้าซิ่น, ผ้าถุง n. Thai sarong
ผ้าดิบ n. calico
ผ้านุ่ง n. panung
ผ้านวม n. quilt
ผ้าเบรก n. brake lining
ผ้าใบ n. awning, canvas
ผ้าปูโต๊ะ n. tablecloth
ผ้าปูที่นอน n. bedsheet
ผ้าผูกคอ n. necktie
ผ้าผ่อน n. clothing, clothes
ผ้าพันคอ n. scarf
ผ้าพันแผล n. bandage, gauze
ผ้าโพกหัว n. turban
ผ้าม่าน n. drapes (Ame.)/curtain (Bri.)
ผ้าลูกไม้ n. lace
ผ้าสักหลาด n. flannel
ผ้าห่ม n. blanket, wrap
ผ้าไหม n. silk cloth
ผ้าอนามัย n. sanitary napkin
ผ้าอ้อม n. diaper, napkin
ผ้าเหลือง n. monk's saffron robe
ผาก ***adj.*** dry, parched. ***-v.*** to be parched. ***-n.*** forehead
ผาด, ผาด ๆ ***adv.*** (to look) glancingly
ผาดโผน ***adj.*** daredevil, wild, daring
ผ่าน ***v.*** to pass, to go through; to transit; to experience
ผาย ***v.*** to spread, to extend, to stretch, to expand; to open; to discharge, to flare
ผายปอด v. to give artificial respiration
ผายลม v. to break wind; ***-sl.*** to fart
ผาสุก ***n.*** happiness, contentment, bliss
ผิว่า ***conj.*** if, in case
ผิง ***v.*** to bake; to warm
ผิด ***adj.*** wrong, false, incorrect
ผิดกฎหมาย adj. illegal, unlawful
ผิดกติกา adj. foul
ผิดคาด adj. unexpected, surprising
ผิดธรรมดา, ผิดปกติ adj. unusual, abnormal, strange, odd, weird
ผิดผี v. to violate a convention
ผิดพลาด v. to be mistaken, to be incorrect, to be wrong
ผิดวินัย v. to infringe, to violate
ผิดศีลธรรม adj. immoral, wrong
ผิดสังเกต adj. unusual, strange
ผิดสัญญา v. to break a promise

น บ ป ผ ฝ พ ฟ ภ ม ย ร ฤ ฤๅ ล ฦ ฦๅ ว ศ ษ ส ห ฬ อ ฮ

ผิดหลักอนามัย adj. unsanitary
ผิดหวัง adj. disappointed
ผิว ***n.*** surface, skin, covering
ผิวขาว n. white skin; white man
ผิวดำ n. dark skin; Negro
ผิวเนื้อ, ผิวพรรณ n. complexion
ผิวเหลือง n. yellow skin; Mongoloid
ผิวหนัง n. skin
ผิวปาก v. to whistle
ผิวเผิน ***adv.*** slightly
ผี ***n.*** ghost, demon, devil, evil spirit
ผีตากผ้าอ้อม n. twilight
ผีพุ่งไต้ n. meteor, shooting star
ผึ่ง ***v.*** to dry, to expose to the sun. ***-adj.*** imposing, dignified
ผืน ***n.*** piece, sheet; plot
ผืนที่ดิน n. plot
ผืนแผ่นดิน n. land
ผื่น ***n.*** rash
ผุ ***v.*** to be rotten/decayed; to be ruined
ผุด ***v.*** to bob up, to rise, to pop up
ผุดผ่อง adj. bright, radiant
ผุยผง ***n.*** dust, powder, debris
ผู้ ***adj.*** male. ***-pron.*** who, whom
ผู้กระทำ n. doer
ผู้กระทำผิด n. wrongdoer
ผู้กล่าวหา n. accuser
ผู้ก่อการร้าย n. terrorist
ผู้ก่อความวุ่นวาย n. rioter, agitator
ผู้ก่อวินาศกรรม n. saboteur
ผู้กอง n., colloq. Commander
ผู้การ n., colloq. Commanding officer
ผู้กำกับ n. superintendent
ผู้กำกับการแสดง n. director
ผู้กำกับเส้น n. linesman
ผู้กู้ n. borrower
ผู้ไกล่เกลี่ย n. mediator
ผู้ขับ, ผู้ขับขี่, ผู้ขี่ n. driver, rider (a bicycle, a horse)
ผู้ขาย n. seller, vendor
ผู้เข้าร่วม n. participant, entrant
ผู้เขียน n. writer, author
ผู้เขียนชีวประวัติ n. biographer
ผู้เขียนข้อความโฆษณา n. copy-writer
ผู้เขียนบท n. script writer
ผู้เขียนบทละคร n. dramatist
ผู้เขียนหนังสือแทนผู้อื่น n. ghost writer
ผู้คน n. people, men, folk
ผู้ครอบครอง n. seizer, occupant
ผู้ค้ำประกัน n. surety, quarantor
ผู้คุม n. jailer, warder, gaoler
ผู้คุ้มกัน n. bodyguard, escort
ผู้จัดการ n. manager, director
ผู้จัดการมรดก n. executor of a will
ผู้จัดพิมพ์ n. publisher
ผู้จ้าง n. employer
ผู้จำหน่าย n. distributor, dealer, seller
ผู้จำหน่ายปลีก n. retailer
ผู้จำหน่ายส่ง n. wholesaler
ผู้ชนะ n. winner
ผู้ชนะเลิศ n. champion
ผู้ช่วย n. assistant, aid, helper
ผู้ช่วยเลขานุการ n. undersecretary
ผู้ช่วยชีวิต n. retriever
ผู้ช่วยทูต n. charged'affairs, attache
ผู้ชาย n. man, male, guy
ผู้ชำนาญ, ผู้เชี่ยวชาญ n. expert, specialist, authority
ผู้เช่า n. tenent, hirer, lessee
ผู้เชี่ยวชาญด้านบริหารธุรกิจที่ได้รับการยกย่องให้เป็นผู้นำและที่ปรึกษาเฉพาะทาง n. guru
ผู้ใช้ n. user
ผู้ซื้อ n. buyer, purchaser

ผู้เซ็นชื่อลงนาม ***n.*** the undersigned
ผู้เฒ่า ***n.*** old man
ผู้ดี ***n.*** nobleman, gentleman
ผู้ดู, ผู้ชม ***n.*** viewer, audience
ผู้ดูแล ***n.*** supervisor, caretaker
ผู้โดยสาร ***n.*** passenger
ผู้ใด ***pron.*** who, whoever, anybody, anyone
ผู้ได้ทุนการศึกษา ***n.*** scholar
ผู้ตรวจการ ***n.*** inspector
ผู้ตรวจสอบ ***n.*** examiner
ผู้ต้องหา, ผู้ต้องสงสัย ***n.*** accused, suspect
ผู้ตัดสิน ***n.*** judge, referee, umpire
ผู้ตาย ***n.*** dead person, the dead
ผู้ติดตาม ***n.*** follower, entourage
ผู้แต่ง ***n.*** author, writer
ผู้ถือหุ้น ***n.*** shareholder
ผู้แทน ***n.*** representative, delegate
ผู้ท้าทาย, ผู้ท้าชิง ***n.*** challenger
ผู้แทนราษฎร ***n.*** representative
ผู้นำ ***n.*** leader, head, chief
ผู้นำทาง ***n.*** guide
ผู้นำสินค้าเข้า ***n.*** importer
ผู้บุกเบิก ***n.*** pioneer
ผู้บงการ ***n.*** dictator, director
ผู้บรรยาย ***n.*** lecturer
ผู้บริจาค ***n.*** donor, contributor
ผู้บริโภค ***n.*** consumer
ผู้บริหาร ***n.*** executive
ผู้บริหารสูงสุด ***n.*** chief executive officer
ผู้บังคับการ ***n.*** Commander, Commanding officer
ผู้บังคับบัญชา ***n.*** superior, chief, boss, supervisor, director
ผู้บัญชาการ ***n.*** Commander in Chief
ผู้บาดเจ็บหรือเสียชีวิตจากภัยพิบัติ ***n.*** casualty
ผู้ปกครอง ***n.*** ruler; parents, guardian
ผู้ประกาศ ***n.*** announcer
ผู้ประกาศข่าว ***n.*** newscaster
ผู้ประพันธ์ ***n.*** writer, author
ผู้ประมูล ***n.*** bidder
ผู้ปรุงยา ***n.*** pharmacist, chemist
ผู้ป่วย ***n.*** patient
ผู้ป่วยนอก ***n.*** outpatient
ผู้ป่วยใน ***n.*** inpatient
ผู้ผลิต ***n.*** producer, manufacturer
ผู้ผูกขาด ***n.*** monopolist
ผู้ฝึกสอน, ผู้สอน ***n.*** trainer, coach
ผู้พัน ***n., colloq.*** Commander
ผู้พิทักษ์สันติราษฎร์ ***n.*** policeman
ผู้พิพากษา ***n.*** judge
ผู้พิมพ์ ***n.*** publisher
ผู้พูด ***n.*** speaker
ผู้เล่น ***n.*** player
ผู้ฟัง ***n.*** audience, listener
ผู้ฟ้องร้อง ***n.*** prosecutor, suitor
ผู้มาเยือน ***n.*** visitor
ผู้มาใหม่ ***n.*** new-comer
ผู้เยาว์ ***n.*** youth, child
ผู้ร้องทุกข์ ***n.*** complainant
ผู้รอดชีวิต ***n.*** survivor
ผู้รักชาติ ***n.*** patriot
ผู้รักษาการแทน ***n.*** regent
ผู้รักษาประตู ***n.*** goal-keeper
ผู้รับ ***n.*** receiver, recipient
ผู้รับการอบรม ***n.*** trainee
ผู้รับจ้าง ***n.*** employee
ผู้รับมรดก ***n.*** heir, heiress
ผู้รับมอบอำนาจ ***n.*** vice-regent
ผู้รับเหมา ***n.*** contractor
ผู้ร้าย ***n.*** criminal, outlaw
ผู้ริเริ่ม ***n.*** beginner, initiator
ผู้เรียบเรียง ***n.*** compiler, composer
ผู้ล้มละลาย ***n.*** bankrupt
ผู้เล่น ***n.*** player

น บ ป ผ ฝ พ ฟ ภ ม ย ร ฤ ฤๅ ล ฦ ฦๅ ว ศ ษ ส ห ฬ อ ฮ

ผู้เลือกตั้ง ***n.*** voter, elector
ผู้ลี้ภัย ***n.*** refugee
ผู้ว่าการ ***n.*** governor
ผู้ว่าจ้าง ***n.*** employer
ผู้วิเศษ ***n.*** magician, wiseman
ผู้ส่ง ***n.*** sender
ผู้ส่งข่าว ***n.*** massenger
ผู้ส่งเอกสารด่วน ***n.*** courier
ผู้ส่งสินค้าออก ***n.*** exporter
ผู้ส่งเสริม ***n.*** promoter, supporter
ผู้สนับสนุน ***n.*** supporter
ผู้สมัคร ***n.*** appplicant, candidate
ผู้สมรู้ร่วมคิด ***n.*** accessory, accomplice
ผู้สอบบัญชี ***n.*** auditor
ผู้สังเกตการณ์ ***n.*** observer
ผู้สัญจรไปมา ***n.*** passer-by
ผู้สาธิต ***n.*** demonstrator
ผู้สัมภาษณ์ ***n.*** interviewer
ผู้สำเร็จราชการ ***n.*** regent
ผู้สื่อข่าว ***n.*** newsman, reporter
ผู้สูงอายุ ***n.*** elderly person
ผู้แสดง ***n.*** player, performer, cast
ผู้หญิง ***n.*** woman, female, lady
ผู้หญิงหากิน ***n.*** prostitute, whore
ผู้หมวด ***n., colloq.*** Lieutenant
ผู้หมู่ ***n., colloq.*** Sergeant
ผู้หาเลี้ยงครอบครัว ***n.*** breadwinner
ผู้ให้บริการ ***n.*** server
ผู้ให้บริการอินเทอร์เน็ต ***n.*** Internet Service Provider (ISP)
ผู้ใหญ่ ***n.*** adult, man, superior
ผู้ใหญ่บ้าน ***n.*** village headman
ผู้อพยพ ***n.*** refugee, evacuee
ผู้ออกแบบ ***n.*** designer
ผู้อ่าน ***n.*** reader
ผู้อ่านข่าว ***n.*** newsreader
ผู้อารักขา ***n.*** guardian, bodyguard
ผู้อาวุโส, ผู้สูงอายุ ***n.*** elder, senior
ผู้อาศัย ***n.*** inhabitant, residence
ผู้อำนวยการ ***n.*** director
ผู้อำนวยการสร้าง ***n.*** producer
ผู้อุปการะ ***n.*** sponsor, supporter
ผู้อุปถัมภ์ ***n.*** patron, sponsor

ผูก ***v.*** to wire, to tie, to knot, to bind, to fasten; to make friend, to associate; to commit; to construct; to make up
ผูกขาด ***v.*** to monopolize (Ame.)/ to monopolise (Bri.)
ผูกคอตาย ***v.*** to hang oneself
ผูกดวง ***v.*** to cast a horoscope
ผูกพัน ***v.*** to bind, to tie
ผูกพยาบาท ***v.*** to take revenge on
ผูกมัด ***v.*** to tie, to bind; to engage
ผูกมิตร, ผูกไมตรี ***v.*** to make friends with, to associate with

เผง ***adv.*** exactly, correctly, sharply
เผชิญ ***v.*** to face, to encounter
เผ็ด ***adj.*** hot, spicy, peppery, tangy
เผด็จ ***v.*** to abolish, to destroy
เผด็จการ ***n.*** dictatorship
เผ่น ***v.*** to leap, to jump
เผ่นหนี ***v.*** to escape, to run away
เผย ***v.*** to reveal, to disclose, to show
เผยความลับ ***v.*** to reveal a secret
เผยแผ่ ***v.*** to spread, to disseminate, to publicize (Ame.)/to publicise (Bri.)
เผยแพร่ ***v.*** to spread, to disseminate, to publicize (Ame.)/to publicise (Bri.)
เผยอ ***v.*** to open slightly, to raise slightly; to show off; to dare. ***-adj.*** ajar
เผยิบ, เผยิบผยาบ ***adv.*** (to move up and down/to open and close) slowly

เผลอ, เผลอไผล ***v.*** to forget, to overlook sth. ***-adj.*** careless, absent-minded, reskless

เผอเรอ ***adj.*** careless, heedless

เผอิญ ***adj.*** accidental, coincident. ***-adv.*** accidentally, unexpectedly. ***-prep.*** by chance, by coincidence

เผา ***v.*** to burn, to cremate, to set fire to, to heat, to incinerate

- ***เผาทั้งเป็น v.*** to burn alive
- ***เผาผลาญ v.*** to burn up, to destroy by fire
- ***เผาศพ v.*** to cremate

เผ่า, เผ่าพันธุ์ ***n.*** tribe, lineage, race, clan, family

เผ้า ***n.*** hair

เปราะ ***adj.*** fragile, brittle

เผื่อ ***adj.*** reserved, stored. ***-conj.*** in case

- ***เผื่อแผ่ v.*** to give partronage to. ***-adj.*** generous, kind, merciful
- ***เผื่อว่า conj.*** if. ***-prep.*** in case (of)

เผือก ***adj.*** white, albinistic. ***-n.*** albino

เผือด ***adj.*** pale, colorless

แผ่ ***v.*** to spread, to expand, to stretch, to extend; to give, to offer

- ***แผ่ซ่าน v.*** to diffuse, to permeate
- ***แผ่รังสี v.*** to radiate

แผก ***adj.*** different, unalike

แผง ***n.*** wickerwork screen, bamboo screen; mane; board

- ***แผงขายหนังสือ n.*** book-stall
- ***แผงควบคุม n.*** control board
- ***แผงคอ n.*** mane
- ***แผงแป้นอักษร n.*** keyboard
- ***แผงลอย n.*** stall, street stall
- ***แผงหนังสือราชการ n.*** portfolio

แผด, แผดเสียง ***v.*** to shout, to scream

- ***แผดเผา v.*** to scorch, to burn
- ***แผดเสียงคำราม v.*** to bellow, to roar

แผน ***n.*** plan, scheme, plot, project

- ***แผนการ n.*** plan, project, plot
- ***แผนงาน n.*** project
- ***แผนที่ n.*** map, chart
- ***แผนที่เป็นเล่ม n.*** atlas
- ***แผนภาพ n.*** diagram
- ***แผนภูมิ n.*** chart
- ***แผนภูมิแสดงสายงาน n.*** flow chart
- ***แผนแม่บท n.*** model scheme
- ***แผนผัง n.*** sketch, chart, layout
- ***แผนลวง n.*** trap
- ***แผนลับ n.*** plot

แผ่น ***n.*** sheet, plate

- ***แผ่นกรองแสง n.*** filter
- ***แผ่นกระดาน n.*** board, plank
- ***แผ่นซีดี n.*** CD (compact disc/disk)
- ***แผ่นตารางทำการ n.*** spreadsheet
- ***แผ่นดิน n.*** ground, earth, land
- ***แผ่นดินใหญ่ n.*** mainland
- ***แผ่นดินไหว n.*** earthquake
- ***แผ่นดินถล่ม n.*** landslide
- ***แผ่นดีวีดี n.*** DVD (Digital Video Disk (Ame.)/Disc (Bri.))
- ***แผ่นทองเปลว n.*** gold-leaf
- ***แผ่นเลเซอร์ดิสก์ n.*** laser disk
- ***แผ่นวิดีทัศน์ n.*** videodisc, videodisk
- ***แผ่นบันทึกข้อมูล n.*** diskette, disk
- ***แผ่นป้ายอันเล็ก n.*** tag (Ame.)/lable (Bri.)
- ***แผ่นพับ n.*** brochure
- ***แผ่นวงจร n.*** circuit board
- ***แผ่นเสียง n.*** record, disk, disc
- ***แผ่นใส n.*** transparencies

แผนก ***n.*** section, division, department, ward (in hospital), school (in university)

แผล ***n.*** wound, cut; blemish, stain

- ***แผลถลอก n.*** abrasion

น บ ป ผ ฝ พ ฟ ภ ม ย ร ฤ ฤๅ ล ฦ ฦๅ ว ศ ษ ส ห ฬ อ ฮ

แผลน้ำร้อนลวก n. scald
แผลเป็น n. scar, mark
แผลเป็นหนอง n. ulcer
แผลพุพอง n. blisters, pustules
แผลไฟไหม้ n. burn
แผลมีดบาด n. cut
แผลแมลงกัดต่อย n. sting
แผลง *v.* to convert, to modify, to distort, to change, to transform
แผลงฤทธิ์ v. to rage
แผลงศร v. to shoot an arrow
แผ่ว, แผ่ว ๆ *adv.* gently, softly
แผ้ว *v.* to clear, to get rid of. ***-adj.*** clear
โผ *v.* to plunge; to rush into sb. arms; to dash into, to fly. ***-n.*** list
โผง, โผงผาง *adj.* outspoken. ***-adv.*** outspokenly
โผน *v.* to jump, to rush
โผเผ *adj.* wobbling; weary
โผล่ *v.* to appear, to emerge, to pop up, to turn up, to show
โผลกเผลก *adv.* (to walk or run) lamely
ไผท *n.* land, ground

ฝ

ฝ the 29th Thai alphabet
ฝน *n.* rain. ***-v.*** to rub; to sharpen, to grind
ฝนกรด n. acid rain
ฝนตกหนัก n. downpour, downfall
ฝนทอง n. a Thai vowel " ' "
ฝนเทียม n. artificial rain
ฝนปรอย ๆ n. drizzle
ฝนแล้ง n. drought
ฝนไล่ช้าง n. heavy rain in a short period of time
ฝรั่ง *n.* Western foreigner, Westerner, white people, white man
ฝรั่งเศส *n.* France; French, Frenchman
ฝ่อ *v.* to wither, to shrink, to dry out
ฝอย *n.* spray, shower, droplet. ***-v., colloq.*** to be talkative, to brag
ฝัก *n.* sheath; pod; testicle
ฝักมีด n. sheath
ฝักบัวอาบน้ำ n. shower
ฝักบัวรดน้ำ n. rose
ฝักฝ่าย *n.* group, side, gang, team. ***-v.*** to take side with
ฝักใฝ่ *v.* to pay attention to; to side with, to be a supporter of
ฝัง *v.* to bury, to entomb; to implant
ฝังเข็ม v. to perform acupuncture
ฝังใจ v. to impress
ฝังรกราก v. to settle down
ฝังหัว v. to believe in sth. strongly. ***-adj.*** credulous
ฝั่ง *n.* shore, bank, coast
ฝั่งแม่น้ำ n. river bank
ฝั่งทะเล n. seashore, coast, shore
ฝั่งฝา n. settlement, stability, firmness
ฝัด *v.* to winnow, to sift
ฝัน *v.* to dream, to imagine. ***-n.*** dream
ฝันกลางวัน v., colloq. to have a day dream

***ฝันดี, ฝันหวาน* n.** good dream, sweet dream
***ฝันเปียก* n.** wet dream
***ฝันร้าย* n.** bad dream, nightmare
ฝันหวาน ดูคำว่า ฝันดี
ฝา n. lid; partition; crust, shell; wall
***ฝาครอบ* n.** cover
***ฝาจุก* n.** cork
***ฝาชี* n.** cone-shaped wickerwork or plastic food cover, food cover
***ฝาผนัง* n.** wall, partition
***ฝาหม้อ* n.** lid
ฝาแฝด adj. twin, double, coupled. ***-n.*** twin, twins
ฝ่า n. sole; palm. ***-v.*** to disobey; to go through
***ฝ่าฝืน* v.** to violate, to infringe
***ฝ่าฝูงชน* v.** to thrust, to thread
***ฝ่าพระบาท* pron.** His Majesty
***ฝ่าฟัน* v.** to struggle, to fight
***ฝ่ามือ* n.** palm of a hand
***ฝ่าวงล้อม* v.** to sally
ฝ้า n. scum, film; blemish; ceiling
ฝาก v. to commend, to entrust; to deposit
***ฝากไข้, ฝากผีฝากไข้* v.** to depend on sb.; to look after one in old age, to put under the care of
***ฝากเงิน* v.** to deposit money
***ฝากตัว, ฝากเนื้อฝากตัว, ฝากฝัง* v.** to entrust, to commit, to place under the care of
ฝาด adj. bitter, astringent
ฝาน v. to slice, to slit
ฝาย n. dam, dike
ฝ่าย n. side, party, group
***ฝ่ายขวา* n.** conservatism, rightist
***ฝ่ายค้าน* n.** opposition
***ฝ่ายซ้าย* n.** socialism, leftist
ฝ้าย n. cotton
ฝิ่น n. opium, poppy
ฝี n. pustule, boil, pock, abscess
***ฝีดาษ* n.** smallpox
***ฝีเท้า* n.** pace, speed
***ฝีปาก* n.** eloquence, verbal skill
***ฝีพาย* n.** oarsman, paddler, rower
***ฝีมือ* n.** craft, craftsmanship, skill
ฝึก v. to practice (Ame.)/practise (Bri.), to train, to drill
***ฝึกงาน* v.** to be apprenticed
***ฝึกปรือ* v.** to be well trained
***ฝึกฝน* v.** to practice
***ฝึกสอน* v.** to train, to coach; to practice teaching
***ฝึกหัด* v.** to train, to exercise
ฝืด adj. unsmooth, tight
***ฝืดเคือง* adj.** poor, meager
ฝืน v. to violate, to disobey; to do sth. unwillingly. ***-adv.*** against
ฝุ่น n. dust, dirt, powder
ฝูง n. group, crowd, herd, flock, pack, troop, school, swarm
***ฝูงเครื่องบิน* n.** squadron
***ฝูงชน* n.** crowd, throng, mob
***ฝูงบิน* n.** squadron
***ฝูงปลา* n.** school
***ฝูงแมลง* n.** swarm
***ฝูงนก, ฝูงแกะ, ฝูงแพะ, ฝูงคน* n.** flock
***ฝูงสุนัข* n.** pack
เฝ้า v. to watch, to guard
***เฝ้าคอย* v.** to wait for, to expect
***เฝ้าดู* v.** to watch
***เฝ้ายาม* v.** to guard
เฝือก n. a kind of fish trap; splint
เฝื่อน adj. bitter and harsh
แฝง v. to hide, to cover, to conceal
แฝด adj. twin, double, paired, cou-

น บ ป ผ ฝ พ ฟ ภ ม ย ร ฤ ฤๅ ล ฦ ฦๅ ว ศ ษ ส ห ฬ อ ฮ

pled

ใฝ่ ***v.*** to aim, to hope, to think of

ใฝ่ใจ v. to pay attention to, to take sides with, to be committed to

ใฝ่ต่ำ v. to commit the sinful way

ใฝ่ฝัน v. to dream of, to have ambition to

ใฝ่สูง v. to be ambitious

ไฝ ***n.*** mole

พ

พ the 30th Thai alphabet

พก ***n.*** small pocket; land, ground, earth. ***-v.*** to carry, to take

พง ***n.*** thicket, clump

พงพี n. forest, woods, jungle

พงศ์ ***n.*** lineage, race, family

พงศ์พันธุ์ n. relations, clan

พงศาวดาร ***n.*** annals, chronicle

พจน์, พจนา ***n.*** word, speech; number

พจนานุกรม n. dictionary

พจนานุกรมคำพ้อง n. thesaurus

พจมาน ***n.*** word, words, speech

พญา ***n.*** king, lord; leader

พญานาค n. serpent

ฯพณฯ ***n.*** His Excellency, Your Excellency

พด ***adj.*** crooked, twisted, bent, curved

พดด้วง n. ancient Thai money

พดด้วง

พธู ***n.*** bride; wife; girl, woman

พเนจร ***n.*** wanderer, hunter. ***-v.*** to wander, to roam, to rover, to ramble

พ่น ***v.*** to spray, to emit, to spit; to blow; to chatter, to talk

พ่นควัน v. to exhale smoke

พ่นน้ำลาย v. to spit

พ่นพิษ v. to eject venom

พ่นไฟ v. to spit fire

พ่นสี v. to spray paint

พ่นเป็นฝอย v. to spray

พ้น ***v.*** to go beyond, to go through, to pass by, to be free from

พ้นหน้าที่ n. off duty

พ้นภัย, พ้นอันตราย v. to be free from danger, to be safe

พ้นสายตา v. to be out of sight

พนม ***n.*** mountain. ***-v.*** to put the hands together in the shape of lotus-bud in order to show respect

พนัก ***n.*** backrest

พนักงาน ***n.*** officer, agent, staff, employee, worker, official

พนักงานขับรถ n. chauffeur, driver

พนักงานขาย n. salesman (male), saleswoman (female)

พนักงานตรวจสอบบัญชี n. auditor

พนักงานต้อนรับ n. receptionist

พนักงานต้อนรับบนเครื่องบิน n. flight attendant, steward (male), air hostess/stewardess (female)

พนักงานพิมพ์ดีด n. typist
พนักงานรับโทรศัพท์ n. operator
พนักงานส่งข่าว n. messenger
พนักงานส่งของ (ด่วน) n. courier
พนักงานเสิร์ฟ n. waiter (male), waitress (female)
พนัง *n.* dam
พนัน *v.* to bet, to gamble
พนัส, พนา *n.* forest, grove, woods
พบ *v.* to meet, to see, to face, to experience
พบโดยบังเอิญ v. to meet by chance, to run across, to strike on
พบปะ v. to meet, to associate
พม่า *n.* Myanmar, Burma; Burmese
พยศ *v.* to disobey. ***-adj.*** disobedient
พยัก, พยักหน้า *v.* to nod
พยักพเยิด v. to agree, to nod in agreement or as a signal
พยัคฆ์ *n.* tiger
พยัญชนะ *n.* consonant; alphabet
พยับ *adj.* dim, dull, vague, gloomy
พยากรณ์ *v.* to forecast, to predict
พยากรณ์อากาศ n. weather forecast
พยางค์ *n.* syllable
พยาธิ *n.* sickness, illness, disease
พยาธิ *n.* parasite, worm
พยาธิตัวตืด n. tapeworm
พยาธิปากขอ n. hookworm
พยาธิเส้นด้าย n. threadworm
พยาธิไส้เดือน n. roundworm
พยาน *n.* evidence; witness
พยานเท็จ n. false witness
พยานปากเอก n. prime witness
พยานผู้เห็นเหตุการณ์ n. eye-witness
พยานหลักฐาน n. evidence
พยานเอกสาร *n.* documentary evidence
พยาบาท *v.* to have ill-will toward sb.; to intend to harm. ***-adj.*** vengeful
พยาบาล *n.* nurse. ***-v.*** to nurse
พยายาม *v.* to try, to attempt
พยุง *v.* to support, to uphold
พยุหะ *n.* army, parade, group
พยุหยาตรา v. to march
พยุหเสนา, พยุหแสนยากร n. a group of soldiers
พเยีย *n.* wreath, bouquet
พร *n.* blessing; good wishes
พรสวรรค์ n. gift, talent
พรต *n.* routine; etiquette, tradition, religious precepts; ascetic
พรม *n.* carpet, rug. ***-v.*** to sprinkle, to spray
พรมแดน *n.* frontier, border
พรรค, พรรค์ *n.* party, group
พรรคกลิน n. technician marine
พรรคการเมือง n. political party
พรรคนาวิกโยธิน n. marine force
พรรคฝ่ายค้าน n. opposition party
พรรคพวก n. associate; partisan
พรรณ *n.* complexion; kind, type
พรรณราย adj. splendid
พรรณนา *v.* to describe, to narrate
พรรษ *n.* rain; year
พรรษา n. rainy season; Buddhist Lent; year
พรวดพราด *adv.* suddenly, abruptly
พรวน *n.* heck-bell; bunch, group. ***-v.*** to loosen the soil
พรหม *n.* the God Brahma
พรหมจรรย์ n. chastity; holy life
พรหมจารี n. priest, monk; virgin, chaste, maiden
พรหมลิขิต n. fate, destiny
พรหมวิหารสี่ n. the sublime states of mind: loving kindness, compassion, sympathy, and equanimity

พร่อง ***adj.*** low, short of sth., lacking
พร้อม ***adj.*** ready; complete, done, finished; prepared. ***-adv.*** together
พร้อมเพรียง ***adv.*** in unison, in harmony, all together
พร้อมมูล ***adj.*** perfect, complete
พระ ***n.*** Buddha, God; priest, saint; hero in a play
พระคุณ ***n.*** kindness
พระคุณเจ้า ***pron.*** you (used for a highly respected monk)
พระเคราะห์ ***n.*** planet
พระจันทร์ ***n.*** moon
พระจันทร์เต็มดวง ***n.*** full moon
พระเจ้า ***n.*** god; deity, lord; title for a king; king's head or hair
พระเจ้าแผ่นดิน ***n.*** king
พระชนม์ ***n., roy.*** age
พระทัย ***n., roy.*** mind, heart
พระที่นั่ง ***n., roy.*** palace, throne
พระนคร ***n.*** capital city
พระบรมฉายาลักษณ์ ***n.*** the picture of the king
พระบรมมหาราชวัง ***n.*** Grand Palace
พระบรมราโชวาท ***n., roy.*** king's lecture
พระบรมราชโองการ ***n., roy.*** king's order, royal order
พระบรมราชานุญาต ***n., roy.*** king's approval, royal approval
พระบรมราชาภิเษก ***n., roy.*** coronation
พระบรมราชินูปถัมภ์ ***n., roy.*** patronage of a queen
พระบรมราชูปถัมภ์ ***n., roy.*** patronage of a king
พระบรมรูป ***n.*** statue of a king
พระบรมวงศานุวงศ์ ***n.*** royal relatives, dynasty
พระปรมาภิไธย ***n.*** royal signature
พระปรมาภิไธยย่อ ***n.*** royal monogram
พระประธาน ***n.*** the principal Buddha image in the main chapel of a temple
พระพุทธเจ้า ***n.*** the Buddha; title used as appellation before a king's name
พระพุทธรูป ***n.*** Buddha image
พระพุทธศาสนา ***n.*** Buddhism
พระเพลิง ***n.*** fire
พระภิกษุ ***n.*** Buddhist monk
พระมหากษัตริย์ ***n.*** king
พระเยซู ***n.*** Jesus
พระรัตนตรัย ***n.*** Triple Gems
พระราชกรณียกิจ ***n.*** king's duties
พระราชกฤษฎีกา ***n.*** royal decree
พระราชกำหนด ***n.*** royal ordinance
พระราชบัญญัติ ***n.*** act
พระราชา ***n.*** king
พระราชินี ***n.*** queen
พระแสง ***n., roy.*** arms
พระอาทิตย์ ***n.*** sun
พระเอก ***n.*** hero, leading actor
พรักพร้อม ***adj.*** ready, prepared
พรั่งพร้อม ***adj.*** rich in, abundant
พรั่น, พรั่นพรึง ***v.*** to fear. ***-adj.*** scared
พร่า ***v.*** to destroy, to ruin, to damage. ***-adj.*** blurred, vague, unclear
พร่าพรหมจรรย์ ***v.*** to rape
พร้า ***n.*** sickle

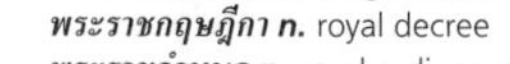

พร้า

พราก ***v.*** to leave, to part, to separate. ***-adj.*** flowing (tears)
พราง ***v.*** to disguise, to mask, to camouflage, to conceal, to hide

พรางไฟ **n.** blackout
พร่าง, พร่างพราย ***adj.*** bright, glittering
พราน ***n.*** hunter
พราย ***n.*** spirit. ***-adj.*** bright, glittering
พรายน้ำ **n.** radium dial; watermark
พราว ***adj.*** glittering, sparkling
พราหมณ์ ***n.*** Brahmin
พราหมณี ***n.*** female Brahmin
พรำ ***v.*** to sprinkle, to drizzle
พร่ำ ***adv.*** repeatedly, again and again
พร่ำเพรื่อ ดูคำว่า พร่ำ
พร่ำเพ้อ **v.** to moan, to groan
พริก ***n.*** chili, chilli, pepper
พริ้ง ***adj.*** beautiful, pretty, nice
พริบตาเดียว ***adv.*** suddenly, immediately. ***-prep.*** in a wink
พริ้ม, พริ้มพราย, พริ้มเพรา ***adj.*** beautiful, graceful
พรึบ ***adv.*** suddenly; all together
พรืด ***adv.*** plentifully, abundantly
พรุ่งนี้ ***n.*** tomorrow
พรุน ***adj.*** porous, holed
พรู ***v.*** to gush, to throng, to flow
พฤกษ์, พฤกษา ***n.*** tree, plant
พฤกษชาติ **n.** tree, plant
พฤกษศาสตร์ **n.** botany
พฤฒาจารย์ ***n.*** senior teacher
พฤติกรรม ***n.*** behavior (Ame.)/behaviour (Bri.); conduct
พฤติการณ์ ***n.*** event, happening, occurrence, circumstance
พฤตินัย ***n.*** real sense. ***-adj.*** de facto
พฤศจิก ***n.*** scorpion; Scorpio
พฤศจิกายน **n.** November
พฤษภ ***n.*** bull; Taurus
พฤษภาคม **n.** May
พฤหัสบดี ***n*** Jupiter; Thursday
พล ***n.*** power, force, strength
พลการ **prep.** without permission
พลความ **n.** insignificant matter
พลตรี **n.** major general
พลโท **n.** lieutenant general
พลเมือง **n.** citizen, population
พลร่ม **n.** paratroops
พลเรือน **n.** civilian. **-adj.** civil
พลวัต **adj.** dynamic, dynamical
พลศาสตร์ **n.** dynamics
พลศึกษา **n.** physical education
พละกำลัง **n.** might, strength
พลากร **n.** army, troop, forces
พลานามัย **n.** health, hygienics
พลเอก **n.** general
พลบ, พลบค่ำ ***n.*** twilight, dusk
พลวง ***n.*** antimony
พลอง ***n.*** staff
พลอด ***v.*** to court, to chatter
พลอดรัก **v.** to talk intimately
พล็อต ***n.*** plot
พลอย ***n.*** gem, precious stone, jewel. ***-v.*** to join, to associate, to involve
พล่อย ***adj.*** loose-tongued. ***-adv.*** thoughtlessly, heedlessly. ***-v.*** to speak thoughtlessly
พลัง ***n.*** power, force, energy, strength
พลังงาน **n.** energy
พลังงานนิวเคลียร์ **n.** nuclear energy
พลังงานปรมาณู **n.** atomic energy
พลังงานไฟฟ้า **n.** electric energy
พลังงานแสงอาทิตย์ **n.** solar energy
พลังเงียบ **n.** silent majority
พลังจิต **n.** psychic power
พลังใจ **n.** will
พลังน้ำ **n.** hydraulic power
พลังประชาชน **n.** people power
พลั้ง ***v.*** to slip; to make a mistake
พลัด ***v.*** to fall from, to slip off, to get lost, to stray from
พลัดถิ่น **adj.** displaced, lost

***พลัดพราก* v.** to be separated from one another
พลัน *adv.* suddenly, immediately
พลับพลา *n.* royal pavilion
พลั่ว *n.* spade, shovel
พลาง *adv.* meanwhile, meantime. ***-conj.*** while
พลาด *v.* to make a mistake, to miss, to err
พล่า *n.* a kind of Thai spicy salad
พล่าน *v.* to boil; to get angry. ***-adv.*** in disorder, in (a) turmoil
พล่าม *v.* to prattle, to bubble
พลาย *adj.* male, young
พลาสติก *n.* plastic
พลาสมา *n.* plasma
พลิก *v.* to turn over; to change
พลิกแพลง* adj.** tricky, dishonest, deceptive. ***-v. to modify, to alter
พลิ้ว *v.* to twist; to wave gently
พลี *v.* to sacrifice; to worship
***พลีกรรม* n.** sacrifice
***พลีชีพ* v.** to sacrifice oneself
พลุ *n.* rocket, cracker, firework
***พลุสัญญาณ* n.** signaling flare
พลุกพล่าน *adj.* crowded, chaotic
พลุ่ง *adj.* bursted, gushed
พลุ้ย *adj.* obese, bulging
พลูโต *n.* Pluto
พวก *n.* group, gang, kind
พวง *n.* cluster, bunch
***พวงมาลัย* n.** garland; steering wheel (of a car), helm; name of a Thai local game
***พวงมาลา* n.** garland, wreath
***พวงสวรรค์* n., colloq.** scrotum
***พวงหรีด* n.** wreath
พ่วง *v.* to tow, to add, to attach
พวน *n.* large rope, cable

พวงหรีด

พวย *n.* nozzle, spout
พวยพุ่ง *v.* to emit, to stout forth
พ.ศ. *n.* Buddhist Era (B.E.)
พสกนิกร *n.* citizens, people
พสุธา *n.* land, earth, ground
พหล *adj.* huge. ***-n.*** powerful army
พหุคูณ *n.* multiple
พหูพจน์ *n.* plural
พหุภาคี *adj.* multilateral
พหูสูต *adj.* learned, educated
พอ *adj.* enough, sufficient; right, just. ***-conj.*** when, while
***พอใช้* adj.** fair
พอดี, พอเหมาะ* v.** to fit well. ***-adj. fit, appropiate. ***-adv.*** just right; just enough; just in time
***พอใจ* adj.** contented, pleased, satisfied
***พอดีพอร้าย* adj.** moderate
***พอทน* adj.** bearable
***พอไปได้* adj.** fair, fairly good
***พอสังเขป* adv.** briefly, in brief
พ่อ *n.* father, daddy, dad, papa
***พ่อครัว* n.** chef, cook
***พ่อค้า* n.** merchant, trader
***พ่อค้าใหญ่* n.** tycoon
***พ่อค้าของชำ* n.** grocer
***พ่อค้าปลีก* n.** retailer
***พ่อค้าส่ง* n.** wholesaler
***พ่อค้าคนกลาง* n.** middleman
***พ่อตา* n.** father-in-law
***พ่อทูนหัว* n.** godfather
***พ่อบ้าน* n.** head of a family, husband
***พ่อมด* n.** wizard

น บ ป ผ ฝ พ ฟ ภ ม ย ร ฤ ฤๅ ล ฦ ฦๅ ว ศ ษ ส ห ฬ อ ฮ

พ่อม่าย ***n.*** widower
พ่อแม่ ***n.*** parents
พ่อเลี้ยง ***n.*** stepfather
พ่อสื่อ ***n.*** matchmaker
พ้อ ***v.*** to complain, to grumble
พอก ***v.*** to plaster, to apply
พอกพูน ***v.*** to accumulate, to add up, to pile up
พอง ***v.*** to swell, to inflate. ***-adj.*** swelling, inflated
พ้อง ***adj.*** same, alike, synonymous
พะงาบ, พะงาบ ๆ ***adv.*** mortally, fatally
พะทำมะรง ***n.*** jailor, warden
พะเน้าพะนอ ***v.*** to flatter, to please
พะเนิน ***n.*** pile, heap
พะเนินเทินทึก ***adj.*** towering, lofty
พะเนียง ***n.*** a kind of fireworks; a kind of pots
พะเยิบ, พะเยิบ ๆ, พะเยิบพะยาบ ***adv.*** waveringly, flappingly
พะรุงพะรัง ***adj.*** untidy, messy
พะวง, พะวักพะวน, พะว้าพะวัง ***v.*** to worry about, to concern. ***-adj.*** perplexed, uneasy, confused
พะอง ***n.*** bamboo ladder
พะอืดพะอม ***v.*** to nauseate; to be in a difficult situation
พัก ***v.*** to rest, to stop, to stay. ***-n.*** time, moment, break
พักผ่อน ***v.*** to rest, to relax
พักฟื้น ***v.*** to recover
พักรบ ***v.*** to call a truce
พักร้อน ***v.*** to take a vacation
พักแรม ***v.*** to lodge, to stay over
พักสมอง ***v.*** to relax
พักอาศัย ***v.*** to live, to stay, to reside
พักอาศัยชั่วคราว ***v.*** to lodge
พักตร์ ***n., roy.*** face
พัง ***v.*** to collapse, to fail, to be ruined. ***-n.*** female elephant
พังงา ***n.*** beauty queen; tiller
พังผืด ***n.*** fascia, membrane
พังเพย ***n.*** saying, adage, proverb
พัฒนะ ***n.*** prosperity, development
พัฒนา ***v.*** to improve, to develop
พัด ***n.*** fan. ***-v.*** to fan, to wave; to blow
พัดโบก ***n.*** royal long-handled fan
พัดผ่าน, พัดพา ***v.*** to sweep, to blow
พัดลม ***n.*** electric fan

พัดโบก

พัทธ์ ***v.*** to tie, to fasten, to connect
พัทธสีมา ***n.*** sacred area for priest's activity
พัน ***adj., n.*** thousand. ***-n.*** colonel, lieutenant colonel. ***-v.*** to bind, to tie, to fasten, to wind around, to twine, to wrap
พันเท่า ***adj.*** thousandfold
พันปี ***n.*** millennium
พันแผล ***v.*** to bandage (the wound)
พันล้าน ***n.*** billion
พันทาง ***n.*** hybrid, mongrel, cross
พันธ์, พันธะ ***v.*** to bind, to be bound. ***-n.*** obligation, bond
พันธกรณี ***n.*** obligation, duty
พันธบัตร ***n.*** bond
พันธมิตร ***n.*** alliance, ally
พันธนาการ ***n.*** confinement, imprisonment, incarceration
พันธุ, พันธุ์ ***n.*** species, breed, breeding stock; seeds, nursery plants; lineage, family, generation
พันธุกรรม ***n.*** heredity. ***-adj.*** hereditary, inherited

น บ ป ผ ฝ พ ฟ ภ ม ย ร ฤ ฤๅ ล ฦ ฦๅ ว ศ ษ ส ห ฬ อ ฮ

พันธุวิศวกรรม, วิศวพันธุกรรม ***n.*** genetic engineering
พันธุศาสตร์ ***n.*** genetics
พันธุ์ผสม ***n.*** hybrid, crossbreed
พันลึก ***adj.*** strange, weird, queer
พับ ***v.*** to fold, to roll up, to double over
พับเพียบ ***v.*** to sit on the floor with legs tucked back to one side
พัลวัน ***adj.*** mixed, involved, entangled
พัวพัน ***adj.*** related to, connected with
พัศดี ***n.*** warden, jailor, jailer
พัสดุ ***n.*** things, supplies, stores; land
พัสดุไปรษณีย์ ***n.*** parcel post
พัสตร์ ***n.*** cloth, fabric
พัสถาน ***n.*** possessions, property
พา ***v.*** to take, to lead, to conduct, to bring; to guide
พากเพียร ***v.*** to try, to attempt
พากย์ ***n.*** word, narration; dub; recitative accompany Thai masked dance or shadow play. ***-v.*** to narrate
พากย์หนัง ***v.*** to dub a film/movie
พาชี ***n.*** horse
พาณิช ***n.*** trader, merchant, dealer
พาณิชย์ ***n.*** trade, commerce, business
พาณิชย์อิเล็กทรอนิกส์ ***n.*** e-commerce, electronic commerce
พาด ***v.*** to lean on, to rest on
พาดพิง ***v.*** to refer to, to involve
พาทย์ ***n.*** orchestra
พาธ, พาธา ***n.*** sadness, sorrow
พาน ***n.*** footed tray. ***adv.*** rather, quite. ***-v.*** to meet, to see, to face
พาย ***n.*** oar, paddle; pi. ***-v.*** to oar, to row, to paddle
พ่าย ***v.*** to lose, to be conquered, to be defeated, to fail
พายัพ ***n.*** the northwest
พายุ ***n.*** storm, gale
พายุโซนร้อน ***n.*** tropical storm
พายุดีเปรสชั่น ***n.*** depression
พายุไต้ฝุ่น ***n.*** typhoon
พายุทะเลทราย ***n.*** sandstorm
พายุฝน ***n.*** rainstorm
พายุลูกเห็บ ***n.*** hailstorm
พายุหมุน ***n.*** cyclone
พายุหิมะ ***n.*** snowstorm
พายุเฮอร์ริเคน ***n.*** hurricane
พาร์ทเนอร์ ***n.*** partner
พารา ***n.*** city, town, country
พาราฟิน ***n.*** paraffin
พารามิเตอร์ ***n.*** parameter
พาล ***adj.*** bad, wicked, quarrelsome. ***-n.*** wicked person; ***sl.*** hooligan
พาสปอร์ต ***n.*** passport
พาสเจอร์ไรซ์ ***v.*** to pasteurize (Ame.)/ to pasteurise (Bri.)
พาห, พาหา ***n.*** arm
พาหนะ ***n.*** vehicle, carrier
พาหะ ***n.*** carrier, vector
พาหุ ***n.*** arm
พาหุรัด ***n.*** armlet
พาเหรด ***n.*** parade
พำนัก ***v.*** to stay, to live, to dwell
พิกล ***adj.*** abnormal, strange, queer
พิกัด ***n.*** limit, rate
พิกัดอัตราภาษีศุลกากร ***n.*** customs tariff
พิการ ***adj.*** crippled, handicapped, deformed, lame, maimed
พิเคราะห์ ***v.*** to ponder, to meditate, to think carefully, to analyze (Ame.)/analyse (Bri.)
พิฆเนศ, พิฆเนศวร ***n.*** Ganesha, God of Wisdom, God of Art
พิฆาต ***v.*** to kill, to destroy, to slay
พิง ***v.*** to lean on; to rely on

พิจารณ์, พิจารณา ***v.*** to consider, to investigate, to examine
 พิจารณาใหม่ v. to reconsider
พิจิก ***n.*** Scorpio
พิจิต ***v.*** to choose, to select, to pick up, to examine
พิจิตร ***adj.*** varied, various; beautiful
พิชัย ***n.*** victory, triumph
 พิชัยสงคราม n. war strategy
พิชิต ***n.*** domain, kingdom. ***-v.*** to win, to conquer, to subdue, to defeat
 พิชิตมาร n. Buddha
พิณ ***n.*** vina, veena; harp; lyre; lute

พิณ

 พิณพาทย์ n. Thai orchestra
พิถีพิถัน ***adj.*** careful, delicate
พิทย์, พิทยา ***n.*** knowledge
พิทักษ์ ***v.*** to protect, to take care of
พิธี ***n.*** rite, ceremony, ritual
 พิธีกร n. master of ceremony
 พิธีกรรม n. rite, ritual, worship
 พิธีการ n. protocal, ceremony
 พิธีแต่งงาน, พิธีสมรส n. wedding ceremony, marriage
 พิธีเปิดงาน n. inauguration
 พิธีเผาศพ n. cremation
 พิธีฝังศพ n. burial
 พิธีรีตอง n. convention, tradition
 พิธีแรกนาขวัญ n. ploughing ceremony
 พิธีสาร n. protocal
พินอบพิเทา ***v.*** to respect, to pay homage. ***-adj.*** humble, polite
พินัยกรรม ***n.*** will, testament
พินาศ ***n.*** disaster, calamity. ***-v.*** to be destroyed, to be ruined
พินิจ ***v.*** to consider, to examine
พิบัติ ***n.*** disaster, calamity, catastrophe
พิบุล, พิบูล ***adj.*** wide, abundant
พิบูลย์ ***adj.*** plentiful, abundant
พิพัฒน์ ***n.*** development
พิพากษ์, พิพากษา ***v.*** to judge
พิพาท ***v.*** to quarrel, to dispute
พิพิธ ***adj.*** varied, various
 พิพิธภัณฑ์ n. museum piece
 พิพิธภัณฑสถาน n. museum
พิภพ ***n.*** world, earth, globe; fortune, property, treasury
พิมพ์ ***n.*** mold, block, shape, figure, look, pattern, style. ***-v.*** to print, to type, to publish
 พิมพ์เขียว n. blueprint
 พิมพ์จำหน่าย v. to publish
 พิมพ์ซ้ำ v. to reprint
 พิมพ์ดีด v. to type. ***-n.*** typewriter
 พิมพ์ลายนิ้วมือ v. to take fingerprints
 พิมพ์ใหม่ v. to reprint
 พิมพ์ออกจำหน่าย v. to issue
พิมเสน ***n.*** borneol, Borneo camphor
พิมาน ***n.*** paradise, heaven
พิมุข ***adj.*** back, behind, rear
พิราลัย ***v.*** to die, to pass away
พิริยะ ***n.*** perseverance, courage, bravery; brave man, warrior
พิรี้พิไร ***adj.*** dallying, idle. ***-v.*** to dawdle, dillydally
พิรุณ ***n.*** rain; the God of Rain
พิรุธ ***v.*** to behave suspiciously. ***-adj.*** suspicious, skeptical, fishy
พิโรธ ***v.*** to be angry, to be irritated. ***-adj.*** angry, furious
พิลาป ***v.*** to moan, to lament
พิลิปดา ***n.*** second
พิลึก ***adj.*** weird, abnormal, strange

น บ ป ผ ฝ พ ฟ ภ ม ย ร ฤ ฤๅ ล ฦ ฦๅ ว ศ ษ ส ห ฬ อ ฮ

พิลึกพิลั่น ***adj.*** odd, weird, queer
พิศ ***v.*** to look at, to gaze, to stare, to examine. ***-adj.*** twenty
พิศวง ***adj.*** amazed, surprised
พิศวาส ***adj.*** affectionate, passionate. ***-v.*** to love sb. so affectionately
พิศาล ***adj.*** wide, spacious, vast, broad
พิศุทธ์ ***adj.*** clean, white, pure. ***-n.*** brightness, beauty, virtue
พิเศษ ***adj.*** special, distinguished, extraordinary, unique, remarkable
พิษ ***n.*** poison, venom, toxin. ***-adj.*** poisonous
พิษสง ***adj.*** harmful, dangerous
พิษสุราเรื้อรัง ***n.*** alcoholism
พิสดาร ***adj.*** wide; delicate; strange
พิสมัย ***n.*** love; affection; admiration. ***-adj.*** attractive, lovable
พิสัย ***n.*** area; range; ability
พิสิฐ ***adj.*** excellent, superb, exceptional
พิสุทธิ ***adj.*** pure, clean, bright
พิสูจน์ ***v.*** to prove, to indicate, to demonstrate, to declare
พี ***adj.*** fat, fatty, chubby; oily, greasy
พี่ ***n.*** elder brother, elder sister
พี่เขย ***n.*** elder brother-in-law
พี่ชาย ***n.*** elder brother
พี่ชายคนโต ***n.*** eldest brother
พี่น้อง ***n.*** sibling
พี่น้องต่างพ่อ, พี่น้องต่างแม่ ***n.*** half-brother (ชาย), half-sister (หญิง)
พี่เลี้ยง ***n.*** nursemaid, baby sitter; step-brother/stepbrother, step-sister/stepsister
พี่สะใภ้ ***n.*** elder sister-in-law
พี่สาว ***n.*** elder sister
พีซี ***n.*** PC, personal computer
พีร, พีระ ***n.*** active person, braveman
พีระมิด ***n.*** pyramid

พีระมิด

พีชคณิต ***n.*** algebra
พึง ***aux., v.*** should, ought. ***-adj.*** deserved, due
พึงใจ ***adj.*** pleased, satisfied
พึงปรารถนา ***adj.*** desirable
พึ่ง ***v.*** to depend on, to rely on. ***-adv.*** just
พึ่งตนเอง ***v.*** to stand on one's own legs, to rely on oneself. ***-adj.*** self-reliant
พึ่งพาอาศัย ***v.*** to depend on
พึ่บ ***adv.*** suddenly, abruptly, at once
พึม, พึมพำ ***adj.*** muttering, mumurous. ***-v.*** to murmur, to mutter
พืช ***n.*** plant, vegetation, flora, crop
พืชดอก ***n.*** flowering plant
พืชใบเลี้ยงคู่ ***n.*** dicotyledon
พืชใบเลี้ยงเดี่ยว ***n.*** monocotyledon
พืชผล ***n.*** crop
พืชพันธุ์ ***n.*** seed; plant stock
พืชเมืองร้อน ***n.*** tropical plants
พืชยืนต้น ***n.*** perennial
พืชไร่ ***n.*** field crop, farm crop
พืชล้มลุก ***n.*** annual crop
พืชเศรษฐกิจ ***adj.*** economic crop
พืชสมุนไพร ***adj.*** herb
พืด ***n.*** range, sheet, stretch. ***-adj.*** continuous, successive
พื้น ***n.*** surface; floor; ground. ***-adj.*** basic, fundamental, simple, common
พื้นกระเบื้อง ***n.*** tiled floor
พื้นความรู้ ***n.*** basic knowledge
พื้นฐาน ***n.*** foundation
พื้นดิน ***n.*** ground, land, earth
พื้นที่ ***n.*** space, area; region
พื้นน้ำ ***n.*** water-surface

พื้นบ้าน n. folk; floor. ***-adj.*** folk, native, local
พื้นผิว n. surface
พื้นเพ n. background, lineage
พื้นเมือง adj. native, homemade; domestic, local
พื้นราบ n. plain, lowland
พื้นลาด n. slope

พุ *v.* to spring, to sprout
พุพอง n. blister. ***-adj.*** blisterous

พุกาม *n.* Burma, Myanmar
พุง *n.* stomach, belly, tummy
พุ่ง *n.* to throw; to thrust, to drive, to stab; to spurt, to spirt; to spew
พุทธ, พุทธะ *n.* enlightened person, Buddha
พุทธกาล n. the time of Buddha
พุทธเจ้า n. Lord Buddha
พุทธปฏิมากร n. Buddha image
พุทธภาษิต n. Buddhist proverb
พุทธมามกะ n. Buddhist
พุทธศักราช n. Buddhist era
พุทธศาสนา n. Buddhism
พุทธศาสนิกชน n. Buddhist
พุทธังกูร, พุทธางกูร n. the future Buddha, Maitreya
พุทโธ่! interj. alas!
พุทธองค์ n. Lord Buddha

พุทธิ *n.* wisdom, wit, intellect
พุทรา *n.* jujube, monkey apple
พุธ *n.* Mercury; Wednesday
พุ่ม *n.* shrub, bush. ***-adj.*** bushy
พุ่มข้าวบิณฑ์ n. cooked rice in the cone-shaped utensil placed in the flower shrub and used as sacrifice; name of a Thai decorative pattern
พุ่มพวง n. young girl, maiden
พุ่มม่าย n. widowhood
พุ่มไม้ n. bush, thicket

พุ้ย *v.* to row hastily; to shovel food into the mouth
พู *n.* segment, section
พู่ *n.* tassel, toft, pendant
พู่กัน n. brush, paintbrush

พูด *v.* to speak, to talk, to say
พูดกระซิบ v. to whisper
พูดเก่ง adj. talkative
พูดคล่อง adj. fluent. ***-adv.*** (to speak) fluently
พูดจ้อ v. to babble
พูดติดอ่าง n. to stutter, to stammer
พูดตะกุกตะกัก v. to stumble
พูดเท็จ, พูดโกหก v. to lie, to tell a lie
พูดโทรศัพท์ v. to talk on the phone
พูดมาก v. to be talkative
พูดไม่ออก v. to be speechless
พูดเล่น, พูดตลก v. to joke, to kid
พูดใส่ร้าย v. to slander
พูดอ้อมค้อม v. to beat about the bush
พูดอ้ำอึ้ง v. to mince, to stutter

พูน *v.* to increase, to pile up. ***-adj.*** piled, full; ***suffix.*** -ful
เพคะ *adj., roy.* (use by a woman) yes, ok, right
เพ่ง *v.* to gaze; to concentrate
เพจเจอร์ *n.* pager
เพชฌฆาต *n.* executioner, killer
เพชร *n.* diamond
เพชรนิลจินดา, เพชรพลอย n. gems, jewels, jewelry

เพ็ญ *adj.* full, whole
เพ็ดดีกรี *n.* pedegree
เพ็ดทูล *v.* to speak, to address
เพดาน *n.* ceiling; palate
เพทาย *n.* zircon
เพทุบาย, เพโทบาย *v.* to trick, to cheat.

-**n.** trick, guile, cunning
เพนตากอน (ตึก) n. Pentagon
เพ็นนี n. penny
เพ่นพ่าน v. to wander, to ramble
เพนียด n. dove cage; elephant enclosure
เพรา n. dark, evening; meal
เพรางาย **n.** morning; breakfast
เพรา adj. beautiful, pretty, attractive
เพราะ adj. beautiful, melodious, tuneful, sweet. **-conj.** because, as
เพราะฉะนั้น **adv.** thus, therefore, consequently. **-conj.** so
เพราะว่า **conj.** because, as
เพริด v. to scatter away, to flee away, to disperse, to go in all directions
เพริศ, เพริศพราย, เพริศแพร้ว adj. gorgeous, superb, splendid
เพรียก, เพรียกพร้อง v. to cry out, to call, to call out, to exclaim
เพรียกหา **v.** to call for
เพรียว adj. slim, slender, thin
เพรียวลม **adj.** slim, slender, streamlined, lean
เพล n. lunch time for monks
เพลง n. song, music, tune, melody
เพลงกล่อม **n.** lullaby
เพลงชาติ **n.** national anthem
เพลงไทยเดิม **n.** traditional Thai song
เพลงไทยสากล **n.** modern Thai song
เพลงพื้นเมือง **n.** folk song
เพลงยาว **n.** love poem
เพลงลูกทุ่ง **n.** folk song
เพลงสรรเสริญพระบารมี **n.** royal anthem
เพลงสวด **n.** hymn, carol
เพลงสากล **n.** western song, modern song
เพลย์บอย **n.** playboy
เพลา n. time , period
เพลา n. axis, axle, shaft; lap, leg
เพลาะ v. to join, to sew the edges together. **-n.** trench
เพลิง n. fire, flame, blaze
เพลิดเพลิน v. to enjoy, to have fun
เพลิน v. to enjoy, to have a good time
เพลีย adj. tired, weary, fatigued
เพลี่ยงพล้ำ v. to make a mistake, to be beaten, to lose
เพศ n. sex, gender. **-adj.** sexual
เพศชาย **n., adj.** male, masculine
เพศศึกษา **n.** sex education
เพศสัมพันธ์ **n.** sexual relationship, sexual intercourse
เพศหญิง **n., adj.** female, feminine
เพส adj. twenty
เพ้อ v. to rave, to ramble. **-adj.** delirious
เพ้อเจ้อ **adj.** rambling, foolish, nonsensical, absurd, silly
เพ้อฝัน **v.** to build a castle in the air; to imagine
เพาะ v. to plant, to cultivate; to foster
เพาะกาย **v.** to promote strength. **-n.** calisthenics
เพาะชำ **v.** to cultivate seedings
เพาะปลูก **v.** to cultivate, to grow
เพาะพันธุ์ **v.** to breed
เพาะเลี้ยง **v.** to rear, to foster
เพิกเฉย v. to pay no attention to, to ignore
เพิกถอน v. to cancel, to withdraw
เพิ่ง adv. just
เพิ่ม v. to add, to increase, to enlarge, to enhance, to extend, to plus
เพิ่มขึ้น **v.** to increase, to raise, to add, to rise, to go up

เพิ่มเติม ***v.*** to add, to plus
เพิ่มพูน ***v.*** to add, to accumulate
เพียง ***adv.*** only, merely, just
เพียงพอ ***adj.*** enough, sufficient
เพี้ยง ***conj.*** as if, as though. ***-adj.*** like similar
เพี้ยน ***adj.*** deviated, distorted; odd
เพียบ ***v.*** to be extremely full, to be heavily loaded. ***-adj.*** serious, critical; full, loaded
เพียบพร้อม ***adj.*** ready, well-prepared; wealthy
เพียร ***n.*** diligence. ***-v.*** to try, to attempt
เพื่อ ***prep.*** for, for the purpose of; in
เพื่อที่จะ ***conj.*** in order to
เพื่อประโยชน์ของ ***prep.*** for the benefit of
เพื่อว่า ***conj.*** so that
เพื่อน ***n.*** friend, companion, comrade, fellow, pal, buddy, company
เพื่อนเจ้าบ่าว ***n.*** best man
เพื่อนเจ้าสาว ***n.*** bridesmaid
เพื่อนใจ ***n.*** sweetheart
เพื่อนชาย ***n.*** boyfriend, buddy, pal
เพื่อนตาย, เพื่อนแท้ ***n.*** friend in deed, true friend
เพื่อนทางจดหมาย ***n.*** pen-friend, penfriend
เพื่อนนักเรียน ***n.*** schoolmate
เพื่อนนอน ***n.*** spouse; bedfellow
เพื่อนบ้าน ***n.*** neighbor (Ame.)/ neighbour (Bri.)
เพื่อนมนุษย์ ***n.*** fellowmen
เพื่อนร่วมงาน ***n.*** colleague
เพื่อนร่วมชั้น ***n.*** classmate
เพื่อนร่วมชาติ ***n.*** compatriot
เพื่อนร่วมทาง ***n.*** companion
เพื่อนร่วมห้อง ***n.*** roommate
เพื่อนเล่น ***n.*** playmate
เพื่อนสนิท ***n.*** close friend, dear friend
เพื่อนหญิง ***n.*** girlfriend
แพ ***n.*** raft; float; floating house
แพ้ ***v.*** to lose, to be defeated
แพ้ความ ***v.*** to lose a case
แพ้ท้อง ***v.*** to have morning sickness
แพ้ยา ***v.*** to be allergic to drug
แพ็ค ***v.*** to pack
แพ็คกิ้ง ***n.*** packing
แพง ***adj.*** expensive, dear, costly
แพ่ง ***n.*** civil; beautiful
แพทย์ ***n.*** doctor, physician
แพทยศาสตร์ ***n.*** medical science
แพน ***v.*** to expand. ***-n.*** shield, fan-shaped object
แพ่น ***v.*** to hit, to strike
แพร ***n.*** silk
แพร่ ***v.*** to spread, to publicize (Ame.)/ to publicise (Bri.), to disseminate
แพร่ข่าว ***v.*** to broadcast
แพร่เชื้อโรค ***v.*** to transmit
แพร่พันธุ์ ***v.*** to reproduce, to breed; to propagate
แพร่หลาย ***v.*** to spread widely, to circulate. ***-adj.*** well-known, widespread, worldwide, popular
แพรก ***n.*** junction of a river. ***-v.*** to break, to separate, to fork
แพร่ง ***n.*** junction, crossroad. ***-v.*** to break, to separate, to fork
แพร่งพราย ***v.*** to reveal, to disclose
แพรว, แพรวพราย, แพรวพราว ***adj.*** shining, glittering; full of
แพลง ***v.*** to be sprained
แพลงก์ตอน ***n.*** plankton
แพลทินัม ***n.*** platinum
แพศย์ ***n.*** people in the third caste of

Hindu society, Vaisya
แพศยา ***n.*** prostitute, whore, harlot
แพะรับบาป ***n.*** scapegoat
โพก ***v.*** to wrap, to cover
โพง ***v.*** to dip, to bail. ***-n.*** a container used for bailing water from a deep well; a kind of ghosts eating fresh and raw food; big male cat
โพงพาง ***n.*** a kind of fish trap
โพธ ***n.*** knowledge, understanding
โพธิ ***n.*** enlightenment
โพธิญาณ n. enlightenment
โพธิบัลลังก์ n. Buddha's throne under the Srimahabodhi tree
โพธิสัตว์ n. The Buddha in his previous lives, Bodhisattva
โพธิ์ ***n.*** Bodhi tree; enlightment
โพ้น ***adj., adv.*** there, beyond
โพ้นทะเล adv. overseas
โพนทะนา ***v.*** to blame, to accuse (of), to criticize (Ame.)/to criticise (Bri.); to publicize (Ame.)/to publicise (Bri.), to spread (news, a rumor)
โพย ***n.*** list, register, record; danger, risk. ***-v.*** to beat, to whip
โพยภัย n. danger, risk
โพยม ***n.*** sky, air, space
โพยมยาน n. air ship
โพรก ***adj.*** loose, baggy, oversized
โพรง ***n.*** hole, hollow, socket, cavity
โพล ***n.*** poll
โพลง ***adj.*** bright, ablaze
โพล่ง ***v.*** to blurt, to blab
โพล้เพล้ ***n.*** twilight, dusk
โพสพ ***n.*** Goddess of Rice
ไพ่ ***n.*** playing cards, cards
ไพ่ข้าวหลามตัด n. diamond
ไพ่ดอกจิก n. club
ไพ่นกกระจอก n. mahjong
ไพ่บริดจ์ n. bridge
ไพ่ป๊อก n. poker
ไพ่โพดำ n. spade
ไพ่หัวใจ n. heart
ไพจิตร ***adj.*** beautiful; various
ไพฑูรย์ ***n.*** cat's eyes gem
ไพบูลย์ ***n.*** perfection, abundance
ไพร ***n.*** forest, woods; edge, border
ไพรระหง n. highland forest
ไพรวัน n. forest, woods
ไพรสณฑ์, ไพรสัณฑ์, ไพสาณฑ์ n. forest line, forest border
ไพร่ ***n.*** population, citizen; vulgarian, churl. ***-adj.*** ordinary, common
ไพร่พล n. troops
ไพร่ฟ้า n. subjects, people
ไพรัช ***adj.*** foreign; international
ไพริน, ไพรี ***n.*** enemy, foe
ไพรินทร์ n. enemy king
ไพเราะ ***adj.*** sweet, melodious
ไพโรจน์ ***adj.*** bright, prosperous
ไพล่ ***v.*** to twist, to swerve. ***-adv.*** instead
ไพศาล ***adj.*** vast, large, wide

น บ ป ผ ฝ พ ฟ ภ ม ย ร ฤ ฤๅ ล ฦ ฦๅ ว ศ ษ ส ห ฬ อ ฮ

ฟ

ฟ the 31st Thai alphabet
ฟก ***adj.*** swollen, bruised, tumid, tired
ฟรี ***adj.*** free
ฟรีเซ็กซ์ n. free sex
ฟรีแลนซ์ n., adv., adj. freelance. ***-v.*** to freelance
ฟรีสไตล์ n. free style
ฟลุก ***adj.*** fluky. ***-n.*** fluke
ฟลูออเรสเซนต์ ***n.*** fluorescent
ฟ่อ ***n.*** hiss
ฟอก ***v.*** to bleach, to refine, to wash
ฟอกเงิน v. to launder
ฟอกเลือด n. to purify blood
ฟอกอากาศ n. to purify air
ฟอง ***n.*** to bubble, foam, froth
ฟองคลื่น n. squash
ฟองน้ำ n. sponge
ฟองสบู่ n. bubble, suds
ฟองอากาศ n. air bubble
ฟ้อง ***v.*** to accuse; to charge, to blame, to sue; to argue, to disagree. ***-n.*** complaint, plaint, charge
ฟ้องร้อง v. to sue
ฟ้องหมิ่นประมาท v. to sue for libel
ฟ้องหย่า v. to sue for divoice
ฟอน ***v.*** to undermine, to sap, to weaken
ฟ่อน ***n.*** sheaf, bundle
ฟ้อน ***v.*** to dance
ฟอร์ม ***n.*** form
ฟอร์มาลิน ***n.*** formalin
ฟอสซิล ***n.*** fossil
ฟอสเฟต ***n.*** phosphate
ฟัก ***v.*** to hatch, to incubate
ฟัง ***v.*** to listen, to hear; to believe, to obey
ฟังก์ชัน ***n.*** function
ฟัด ***v.*** to wrestle, to hurl; to harmonize, to match. ***-adj.*** shelled/dried (shrimp)
ฟัน ***v.*** to cut, to gash, to hash, to chop. ***-n.*** tooth *(sing.)*/teeth *(pl.)*
ฟันกราม n. molar tooth/teeth
ฟันดาบ n. fencing
ฟันแท้ n. permanent tooth/teeth
ฟันน้ำนม n. temporary tooth/teeth, milk tooth/teeth
ฟันปลอม n. artificial tooth/teeth
ฟันปลา adj. serrated
ฟันผุ n. decayed tooth/teeth, caries
ฟันฝ่า v. to struggle, to fight
ฟันเหยิน n. bucktooth/teeth
ฟั่น ***v.*** to twist, to roll. ***-adj.*** dim, messy
ฟั่นเฟือน adj. hallucinative; lunatic
ฟั้น ***v.*** to massage, to knead
ฟาโรห์ ***n.*** Pharaoh
ฟ้า ***n.*** sky; air, weather; paradise
ฟ้าคะนอง n. thunder
ฟ้าผ่า n. thunderbolt
ฟ้าร้อง n. thundersound
ฟ้าแลบ n. lightning, flash
ฟ้าสาง n. dawn, sunrise
ฟ้าหลัว n. cloudy sky, haze
ฟาก ***n.*** strips of split bamboo flooring; bank, shore, side
ฟาง ***n.*** straw, hay. ***-adj.*** obscure, blurred, unclear
ฟาด ***v.*** to hit, to beat, to strike; to eat
ฟาดเคราะห์ v., colloq. to expel evil things away; to forestall calamity

by experiencing a smaller misfortune
ฟาดฟัน **v.** to fight, to struggle
ฟาทอม ***n.*** fathom
ฟ่าม ***adj.*** flabby, limp, spongy
ฟาย ***v.*** to bail by the palm
ฟายมือ ***n.*** handful
ฟาร์ม ***n.*** farm
ฟาร์มาซี ***n.*** pharmacy
ฟาเรนไฮต์ ***n.*** Fahrenheit
ฟาวล์ ***adj., adv.*** foul
ฟิต ***adj.*** fit
ฟิลิปดา ***n.*** second
ฟิล์ม ***n.*** film
ฟิล์มกรองแสง ***n.*** filter
ฟิล์มถ่ายรูป ***n.*** film, negative
ฟิล์มเอกซเรย์ ***n.*** (an) X-ray
ฟิวส์ ***n.*** fuse
ฟิสิกส์ ***n.*** physics
ฟืน ***n.*** firewood, stack
ฟื้น ***v.*** to recover; to regain consciousness; to retrieve, to wake up
ฟื้นไข้ ***v.*** to recover from illness
ฟื้นความทรงจำ ***v.*** to recall
ฟื้นตัว ***v.*** to recover, to get better
ฟื้นฝอย ***v.*** to uncover, to disclose
ฟื้นฟู ***v.*** to recover, to restore
ฟืม ***n.*** loom
ฟุ้ง ***v.*** to spread, to diffuse
ฟุ้งซ่าน ***adj.*** fanciful, nervous, distracted, scatterbrained
ฟุ้งเฟ้อ ***adj.*** extravagant, luxurious
ฟุ้งเฟื่อง ***v.*** to overspread. ***-adj.*** famous, widespread
ฟุต ***n.*** foot
ฟุตโน๊ต ***n.*** footnote
ฟุตบอล ***n.*** football
ฟุตบาท ***n.*** footpath
ฟุบ ***v.*** to crouch, to drop down, to collapse, to slump down
ฟุ่มเฟือย ***adj.*** extravagant, wasteful
ฟุลสแก๊ป ***n.*** foolscap
ฟู ***v.*** to puff, to rise. ***-adj.*** inflated, spongy, fluffy
ฟูฟ่อง ***v.*** to thrive; to be prosperous; to be fluffy
ฟูเฟื่อง ***adj.*** prosperous
ฟู่ ***n.*** the sound of blowing
ฟู่ฟ่า ***adj.*** luxurious, prosperous
ฟูก ***n.*** mattress
ฟูม ***adj.*** overwhelming, flooded
ฟูมฟัก ***v.*** to nurture, to foster
ฟูมฟาย ***v.*** to be bathed in tears, to weep, to sob. ***-adj.*** tearful
เฟ้น ***v.*** to select; to massage
เฟรชชี่ ***n., colloq.*** freshman
เฟ้อ ***adj.*** inflated; overwhelming, nervous
เฟอร์นิเจอร์ ***n.*** furniture
เฟอะ ***adj.*** dirty, soiled; messy
เฟอะฟะ ***adj.*** clumsy, careless
เฟะ ***adj.*** rotten, decayed
เฟิร์น ***n.*** fern
เฟลิต ***v.*** to flirt
เฟิ้ม ***adj.*** bushy, thick
เฟี้ยม ***n.*** partition, screen
เฟือ ***adj.*** excessive, plenty, ample
เฟือง ***n.*** cog, lobe, gearwheel, serrations
เฟื่อง ***n.*** to be widespread; to be diffused
เฟื่องฟุ้ง ***v.*** to overspread, to spread widely. ***-adj.*** widespread
เฟื่องฟู ***adj.*** prosperous, wealthy
เฟื้อง ***n.*** ancient Thai money
เฟือน ***adj.*** forgetful, absent-minded
เฟื้อย ***adj.*** long, drooping, sagging
แฟ่ ***adj.*** luxurious, splendid

แฟ็กซ์ ***n.*** fax, facsimile
แฟชั่น ***n.*** fashion
แฟน ***n.*** fan
    แฟนคลับ n. fan club
    แฟนสาว n. girlfriend
    แฟนหนุ่ม n. boyfriend
แฟนซี ***n.*** fancy
แฟบ ***adj.*** deflated, flat
แฟ้ม ***n.*** file, folder
แฟ้มข้อมูลสำรอง ***n.*** back-up copy
แฟ้มผลงาน ***n.*** portfolio
แฟร์ ***adj., n.*** fair
แฟรนไชส์ ***n.*** franchise
แฟลช ***n.*** flash
แฟลต ***n.*** flat
โฟกัส ***n.*** focus
โฟม ***n.*** foam
โฟร์แมน ***n.*** foreman
ไฟ ***n.*** fire, flame, blaze
    ไฟกัลป์ n. the great destructive fire
    ไฟจราจร n. traffic light
    ไฟฉาย n. electric torch, flashlight, torch
    ไฟแช็ก n. cigarette lighter
    ไฟป่า n. forest fire
    ไฟฟ้า n. electricity
    ไฟฟ้าพลังน้ำ n. hydroelectricity
    ไฟแฟลช n. flashlight
    ไฟโลกีย์ n. lust
    ไฟสัญญาณ n. signal light
    ไฟสปอตไลต์ n. spotlight
    ไฟไหม้ n. fire
ไฟแนนซ์ ***n.*** finance
ไฟเบอร์ ***n.*** fiber (Ame.)/fibre (Brit.)
ไฟลต์ ***n.*** flight

ภ

ภ the 32nd Thai alphabet
ภคินี ***n.*** sister
ภพ ***n.*** cycle of rebirth; existence; world
ภมร ***n.*** bee; lathe. ***-v.*** to lathe
ภยันตราย ***n.*** danger, peril, calamity
ภรต ***n.*** dancer, actor, performer
ภรรยา ***n.*** wife
ภราดร, ภราดา ***n.*** brother
    ภราดรภาพ n. brotherhood
ภริยา ***n.*** wife
ภวังค์ ***n.*** unconciousness, trance
ภักดี ***n.*** loyalty, honesty, allegiance
ภักษา, ภักษาหาร ***n.*** food, nourishment, edibles
ภัตตาคาร ***n.*** restaurant
ภัตตาหาร ***n.*** food (used for a monk)
ภัทร ***adj.*** good; prosperous; excellent; beautiful; auspicious
ภัย ***n.*** harm, danger, hazard
    ภัยแล้ง n. drought
    ภัยพิบัติ n. disaster, catastrophe
    ภัยสงคราม n. war perils
ภัสดา ***n.*** husband
ภากร ***n.*** the sun
ภาค ***n.*** section, part; side; period, term
    ภาคการศึกษา, ภาคเรียน n. term, semester
    ภาคทฤษฎี n. theoretical section

ภาคทัณฑ์ ***v.*** to be under a probation order, to be put on probation. ***-n.*** probation

ภาคปฏิบัติ ***n.*** practical section

ภาคผนวก ***n.*** appendix

ภาคพื้น ***n.*** land, region, area

ภาคภูมิ ***adj.*** proud, grand, gallant

ภาคย์ ***n.*** luck, fortune

ภาคิไนย ***n.*** nephew

ภาคี ***n.*** alliance, union, member

ภาชนะ ***n.*** vessel, utensil, container

ภาณุ ***n.*** ray, light; the sun

ภาดร, ภาดา ***n.*** brother

ภาพ ***n.*** existence; appearance; photo; picture; condition

ภาพเขียน ***n.*** painting

ภาพดิจิทัล ***n.*** digital image

ภาพตัดแปะ ***n.*** collage

ภาพถ่าย ***n.*** photograph, picture

ภาพนิ่ง ***n.*** slide

ภาพประกอบหนังสือหรือสิ่งพิมพ์ ***n.*** illustration

ภาพฝาผนัง ***n.*** mural

ภาพพจน์ ***n.*** image; figure of speech

ภาพทิวทัศน์ ***n.*** landscape

ภาพยนตร์ ***n.*** movie, film, cinema

ภาพยนตร์การ์ตูน ***n.*** cartoon

ภาพร่าง ***n.*** sketch, outline

ภาพลวงตา ***n.*** illusion, mirage

ภาพล้อ ***n.*** caricature, cartoon

ภาพลักษณ์ ***n.*** image

ภาพลายเส้น ***n.*** drawing

ภาพวาด ***n.*** drawing, painting

ภาพสีน้ำ ***n.*** water-color painting

ภาพสีน้ำมัน ***n.*** oil painting

ภาพเหมือน ***n.*** portrait

ภายใต้ ***prep., adv.*** under, below

ภายนอก ***adj.*** outside, exterior, external, outward, outdoor

ภายใน ***adj.*** inside, interior, internal, indoor. ***-prep.*** with in

ภายหน้า, ภายภาคหน้า ***n.*** (in the) future, next time. ***-adj., adv.*** later on

ภายหลัง ***adj., adv.*** after, afterwards, later

ภายหลังสงคราม ***adj.*** postwar

ภาร, ภาระ ***n.*** burden, duty, responsibility, obligation. ***-adj.*** burdensome

ภารกิจ ***n.*** duty, mission, task

ภารโรง ***n.*** janitor

ภารต, ภารตะ ***n.*** Indian people; actor

ภาวะ ***n.*** condition, state, situation

ภาวะเงินเฟ้อ ***n.*** inflation

ภาวะฉุกเฉิน ***n.*** emergency (period), critical situation, urgency

ภาวะปกติ ***n.*** normal situation

ภาวะเรือนกระจก ***n.*** greenhouse effect

ภาวะโลกร้อน ***n.*** global warming

ภาวะสมดุล ***n.*** equilibrium

ภาวนา ***v.*** to pray, to wish. ***-n.*** prayer

ภาษา ***n.*** language, tongue, lingo

ภาษากาย ***n.*** body language

ภาษาเขียน ***n.*** written language

ภาษาคน ***n.*** human tongue

ภาษาคอมพิวเตอร์ ***n.*** computer language

ภาษาตลาด ***n.*** slang

ภาษาต่างประเทศ ***n.*** foreign language

ภาษาท้องถิ่น ***n.*** dialect

ภาษาไทย ***n.*** Thai language

ภาษาใบ้ ***n.*** sign language

ภาษาพื้นเมือง ***n.*** native language

ภาษาพูด ***n.*** spoken language

ภาษาแม่ ***n.*** mother tongue

ภาษาศาสตร์ ***n.*** linguistics
ภาษาสากล ***n.*** international language
ภาษาอังกฤษ ***n.*** English language
ภาษาอังกฤษที่ผิดไวยากรณ์ ***n.*** broken English
ภาษิต ***n.*** proverb, saying, maxim
ภาษี ***n.*** tax, duty, customs
ภาษีการค้า ***n.*** business tax
ภาษีเงินได้ ***n.*** income tax
ภาษีมูลค่าเพิ่ม ***n.***VAT, value-added tax
ภาษีรายได้ ***n.*** income tax
ภาษีศุลกากร ***n.*** tariff, customs
ภาษีอากร ***n.*** revenue, taxations
ภาสกร ***n.*** the sun
ภิกขุ, ภิกษุ ***n.*** Buddhist monk, bhikku
ภิกษุณี ***n.*** Buddhist nun
ภิญโญ ***adj.*** extreme, utmost, excessive
ภิรมย์ ***v.*** to relax, to take a rest. ***-adj.*** happy, delighted; restful
ภุมระ, ภุมรา, ภุมริน, ภุมรี, ภุมเรศ ***n.*** bee; carpenter bee
ภู ***n.*** land; world; mountain; hill; mould
ภูเขา ***n.*** mountain; hill
ภูเขาไฟ ***n.*** volcano
ภูธร ***n.*** king; mountain; local
ภูธเรศ, ภูธเรศวร, ภูนาถ, ภูบดินทร์, ภูบดี, ภูบาล, ภูเบศ, ภูเบศวร์ ***n.*** king
ภูผา ***n.*** rocky mountain, cliff
ภูต ***n.*** demon, evil spirits, ghost
ภูมิ ***n.*** land, earth; status, level; background
ภูมิประเทศ ***n.*** landscape
ภูมิภาค ***n.*** region, part
ภูมิลำเนา ***n.*** domicile, habitat
ภูมิศาสตร์ ***n.*** geography
ภูมิหลัง ***n.*** background
ภูมิอากาศ ***n.*** climate, weather
ภูมิคุ้มกัน, ภูมิต้านทาน ***n.*** immunity, resistance
ภูมิใจ ***adj.*** proud (to, of)
ภูมิฐาน ***adj.*** grand, graceful, elegant
ภูมิปัญญา ***n.*** wisdom, wit, intellect
ภูมิแพ้ ***n.*** allergy
ภูมี ***n.*** king
ภูว, ภูวดล ***n.*** land, ground
ภูวนาถ, ภูวเนตร, ภูวไนย ***n.*** king
ภูษา ***n.*** clothes, garment, custume
เภตรา ***n.*** ship, boat; junk
เภท ***n.*** separation; part, section; difference; kind, type. ***-v.*** to break, to destroy, to be broken
เภทภัย ***n.*** dangers, different perils
เภทุบาย ***n.*** craft, trick
เภรี ***n.*** drum
เภสัช ***n.*** pharmacy, medicine, drug, remedy
เภสัชกร ***n.*** pharmacist
เภสัชกรรม ***n.*** pharmacology
เภสัชศาสตร์ ***n.*** pharmacology
โภคทรัพย์ ***n.*** consumer goods
โภคภัณฑ์ ***n.*** commodity
โภชนะ, โภชนา ***n.*** food; consumption
โภชนาการ ***n.*** nutrition

ม

ม the 33rd Thai alphabet

มกราคม ***n.*** January

มกุฎ ***n.*** crown. ***-adj.*** utmost, supreme

มกุฎราชกุมาร n. crown prince

มงกุฎ ***n.*** crown. ***-adj.*** supreme

มงกุฎ

มงคล ***n.*** auspiciousness, propitiousness. ***-adj.*** auspicious, propitious

ม้ง ***n.*** Hmongs, a hilltribe living in the northen part of Thailand

มณฑก ***n.*** frog; a kind of rifle

มณฑป ***n.*** square structure with a spire

มณฑล ***n.*** province, country, district

มณี ***n.*** precious stone, jewel, gem

มดเท็จ ***v.*** to lie, to tell a lie

มดลูก ***n.*** uterus, womb

มตะ ***v.*** to die. ***-adj.*** dead

มติ ***n.*** resolution, decision, view

มติคณะรัฐมนตรี n. resolution of the Council of Ministers

มติมหาชน n. public opinion

มธุปายาส ***n.*** a kind of dessert made during joyous ceremonies

มธุรส ***n.*** honey; sweetness; sugar cane. ***-adj.*** sweet, tuneful

มธุรวาจา ***n.*** sweet words

มน ***n.*** heart, mind. ***-adj.*** rounded; round

มนต์, มนตร์ ***n.*** sacred words, spell, incantation, enchantment

มนตรี ***n.*** counsellor, advisor; minister

มนเทียร ***n.*** royal household, palace

มนเทียรบาล n. administration of the royal household, Royal Household Department officer

มนสิการ ***n.*** self-determination

มนัส ***n.*** mind, heart

มนิลา ***n.*** a kind of rope; style of house

มนุษย์ ***n.*** human beings, man, human

มนุษย์กบ n. frogman

มนุษย์เงินเดือน n. salaryman

มนุษยชาติ n. humanity, mankind

มนุษยต่างดาว n. alien

มนุษยธรรม n. humanity, compassion, humaneness

มนุษยโลก n. the earth, this world

มนุษย์วานร n. ape

มนุษยศาสตร์ n. humanities

มนุษยสัมพันธ์ n. human relation

มนุษย์หุ่นยนต์ n. cyborg

มนุษย์อวกาศ n. astronaut

มโน ***n.*** mind, heart

มโนกรรม n. thinking, thought

มโนคติ n. concept, idea

มโนธรรม n. conscience

มโนภาพ n. imagination, vision

มโนรม, มโนรมย์ adj. pleased; pretty, beautiful

มโนราห์ ***n.*** local dance in the southern part of Thailand; a Thai tune

มโนสาเร่ ***adj.*** trivial, petty, trifle

มยุระ, มยุรา, มยุเรศ ***n.*** peacock

มยุรี ***n.*** peahen

มรกต ***n.*** emerald

มรณ์, มรณะ ***n.*** death. ***-v.*** to die

มรณกรรม n. death, decease

น บ ป ผ ฝ พ ฟ ภ ม ย ร ฤ ฤๅ ล ฦ ฦๅ ว ศ ษ ส ห ฬ อ ฮ

มรณภัย ***n.*** fear of death; fatal incident
มรณภาพ ***n.*** (used for a Buddhist monk) death. ***-v.*** to die, to pass away
มรดก ***n.*** legacy, inheritance, heritage
มรรค, มรรคา ***n.*** way, path; cause of something
มรรคนายก ***n.*** spiritual guide, organizer of religious activities
มรรยาท ***n.*** manner, etiquette
มรสุม ***n.*** monsoon, storm
มฤคทายวัน ***n.*** name of the woods where Lord Buddha gave the first sermon
มฤตยู ***n.*** death; the seventh planet in the solar system, Uranus
มลพิษ ***n.*** pollution
มลพิษทางเสียง ***n.*** noise pollution
มลพิษทางน้ำ ***n.*** water pollution
มลพิษทางสภาวะแวดล้อม ***n.*** environmental pollution
มลพิษทางอากาศ ***n.*** air pollution
มลภาวะ ***n.*** pollution
มลทิน ***n.*** blemish, stain, impurity
มลังเมลือง ***adj.*** bright, shinning
มลรัฐ ***n.*** state
มล้าง ***v.*** to kill, to destroy, to get rid of
มลาย ***v.*** to be broken, to die, to destroy
มลายู ***n.*** Malay, Malayan; Malaysia, Malaya
ม่วง ***n., adj.*** violet, purple
มวน ***n.*** numerative for a cigarette. ***-v.*** to roll (a cigarette); to feel a knot in one's stomach
ม้วน ***v.*** to roll, to coil, to reel. ***-n.*** roll, coil, reel
ม้วนเทป ***n.*** tape cassette
ม้วนเทปวิดีโอ ***n.*** video cassette
ม้วนผม ***v.*** to crimp the hair
มวย ***n.*** boxing; knot, bun, chignon
มวยไทย ***n.*** Thai boxing
มวยปล้ำ ***n.*** wrestling
มวยสากล ***n.*** boxing
ม้วย ***v.*** to die, to end, to perish
มวล ***adj.*** all, entire, total, whole
มวลชน ***n.*** the mass
มวลสาร ***n.*** mass
มวลอากาศ ***n.*** air mass
มหกรรม ***n.*** celebration, festival
มหรรณพ ***n.*** vast expanse of water; ocean
มหรสพ ***n.*** entertainment, festival
มหันต์ ***adj.*** huge, enormous, great
มหันตโทษ ***n.*** heavy penalty; felony
มหัศจรรย์ ***adj.*** amazing, miraculous, astounding, astonishing
มหา ***adj.*** great, major. ***-n.*** title given to a monk who has passed the third of nine grades of Pali studies
มหาชน ***n.*** public, masses
มหาชาติ ***n.*** the last life of Bodhisattva
มหาดไทย ***n.*** Ministry of Interior
มหาดเล็ก ***n.*** royal page
มหาตมะ ***adj.*** highly-regarded (person)
มหาเทพ ***n.*** Shiva
มหาไถ่ ***n.*** Jesus Christ
มหาธาตุ ***n.*** gold; stupa containing Lord Buddha's relics
มหานคร ***n.*** capital, metropolis
มหานิกาย ***n.*** a sect of Buddhism
มหาบพิตร ***n.*** title used by a monk to address a king
มหาบัณฑิต ***n.*** holder of a Master's degree, master's degree
มหายาน ***n.*** Great Vehicle, Mahayana
มหาราช ***n.*** the Great; personal flag of a king; the eleventh episode of the

last life of Bodhisattva
มหาวิทยาลัย ***n.*** university
มหาวิทยาลัยปิด n. close university
มหาวิทยาลัยเปิด n. open university
มหาศาล ***adj.*** enormous, huge
มหาสงกรานต์ ***n.*** the 13th day of April
มหาสมุทร ***n.*** ocean
มหาอำนาจ ***n.*** great power; powerful country, powerhouse
มหาอุปรากร, อุปรากร ***n.*** grand opera
มหิดล ***n.*** ground, earth
มหิงส์ ***n.*** buffalo
มหึมา ***adj.*** gigantic, huge, great
มเหสี ***n.*** queen, king's wife
มโหระทึก ***n.*** a ceremonial metal drum
มโหรี ***n.*** a traditional Thai orchestra with singing

มโหระทึก

มโหฬาร ***adj.*** grand, vast, magnificent
มไหศวรรย์ ***n.*** the greatest on earth
มอ ***n.*** the moo of a cow, bull; hill, hillock. ***-adj.*** dull, drab
มอซอ adj. drab, shabby
มอง ***v.*** to look at, to take a look
มองการณ์ไกล v. to have vision, to foresee
มองข้าม v. to overlook, to ignore
มองในแง่ดี v. to be optimistic
มองในแง่ร้าย v. to be pessimistic
มองผ่านตา v. to scan
มองภาพเหตุการณ์อนาคต n. outlook
มองโลกในแง่ดี adj. optimistic
มองโลกในแง่ร้าย adj. pessimistic
มองหา v. to look for, to seek
มอญ ***n.*** Mon
มอญซ่อนผ้า n. a kind of Thai children's game
มอด ***v.*** to die; to be extinguished
มอดม้วย v. to die, to pass away
ม่อต้อ ***adj.*** stocky, squat
มอเตอร์ ***n.*** motor
มอเตอร์ไซค์ ***n.*** motorcycle
มอนิเตอร์ ***n.*** monitor
มอบ ***v.*** to give to, to hand over to, to deliver
มอบฉันทะ v. to give a proxy to
มอบหมาย v. to assign, to commit
มอบอำนาจ v. to empower
ม็อบ ***n.*** mob
มอม ***v.*** to dirty, to blacken; to disgrace sb.; to make sb. drunk. ***-adj.*** dirty
มอมเมา v. to mislead sb.
มอมแมม adj. dirty, filthy
มอมเหล้า v. to make sb. drunk
ม่อย ***v.*** to doze, to doze off. ***-adj.*** half-asleep
มอร์ฟีน ***n.*** morphine
มอลต์ ***n.*** malt
ม่อฮ่อม ***n.*** a kind of blue shirt worn in northern part of Thailand
มะกะโรนี ***n.*** macaroni
มะค่า ***n.*** makhaa
มะงุมมะงาหรา ***v.*** to wander in the woods; to fumble around
มะเดหวี ***n.*** title of the 2nd wife of a Java king
มะเมีย ***n.*** the Year of Horse
มะแม ***n.*** the Year of Goat
มะรุมมะตุ้ม ***adj.*** entangled
มะเร็ง ***n.*** cancer
มะเรื่อง ***n.*** two days after tomorrow
มะโรง ***n.*** the Year of Great Snake
มะเส็ง ***n.*** the Year of Snake
มะหะหมัด ***n.*** name of the great teacher of Islamism, Mohammed

มะฮอกกานี *n.* mahogany

มัก *v.* to like, to prefer. ***-adv.*** often, occasionally, usually

มักคุ้น ***v.*** to be familiar with, to be intimate with

มักง่าย ***adj.*** careless, slipshod

มักได้, มักมาก ***adj.*** greedy

มัคนายก *n.* spiritual guide, organizer of religious activities

มัคคุเทศก์ *n.* guide

มั่ง, มั่งคั่ง, มั่งมี *adj.* rich, wealthy

มังกร *n.* dragon; Capricorn

มังส, มังสะ, มังสา, มางสะ *n.* flesh, meat (of human or animal)

มังสวิรัติ ***n.*** vegetarianism; vegetar

มัจจุราช *n.* King of Death

มัจฉะ, มัจฉา *n.* fish

มัชฌิม *adj.* medium, moderate, middle

มัชฌิมวัย ***n.*** the middle-aged

มัชฌิมา ***n.*** middle, moderate. ***-n.*** middle finger

มัชฌิมาปฏิปทา ***n.*** the Middle Path

มัณฑนา *n.* decoration

มัณฑนศิลป์ ***n.*** decorative arts, interior decoration, interior design

มัณฑนากร ***n.*** interior designer

มัด *v.* to tie up, to bind. ***-n.*** numerative for a bundle or a bunch

มัดจำ ***n.*** deposit, down payment

มัดหมี่ *n.* a process of weaving fabric; a kind of Thai fabric

มัธยม *adj.* secondary, middle

มัธยมศึกษา ***n.*** secondary school, high school

มัธยมศึกษาตอนต้น ***n.*** junior high school

มัธยมศึกษาตอนปลาย ***n.*** senior high school

มัธยัสถ์ *adj.* thrifty, economical, frugal

มัน *n.* fat, oil, grease. ***-adj.*** fatty, oily, glossy, polished, shinning

มันสมอง ***n.*** brain; ***sl.*** wisdom, intelligence, intellect

มั่น *adj.* fixed, firm, certain

มั่นคง ***adj.*** stable, secure, steady

มั่นใจ ***adj.*** confident, convinced

มัมมี่ *n.* mummy

มัลลิกา *n.* jasmine

มัว *adj.* dim, gloomy, obscure

มัวเมา ***v.*** to be addicted to

มัวหมอง ***adj.*** blemished, stained

มั่ว *v.* to mix up. ***-adv.*** in mess, mixed up

มั่วสุม ***v.*** to mix with, to associate with, to hang around together, to hang out with

มัศยา *n.* fish

มัสตาร์ด *n.* mustard

มัสมั่น *n.* Muslim curry

มัสยิด *n.* mosque

มัสลิน *n.* muslin

มัสสุ *n.* moustache

มา *n.* the moon. ***-v.*** to come

มาถึง ***v.*** to arrive, to reach

มาเยี่ยม ***v.*** to pay a visit, to visit

ม้า *n.* horse; a kind of sea crab; a kind of fresh water fish

ม้าใช้ ***n.*** messenger

ม้านั่ง ***n.*** chair, bench

ม้ามืด ***n., colloq.*** dark horse

ม้าเร็ว ***n.*** messenger

ม้าหมุน ***n.*** merry-go-round

มาก *adj.* many, much, several, a lot of

มากเกิน ***adj.*** excessive, too much

มากกว่า ***adj.*** more than, more

มากที่สุด ***adj.*** maximum

มากเท่าใด ***adj., adv.*** how much, how many

มาฆะ ***n***. the third lunar month
  มาฆบูชา n. Magha Puja, Buddhist Puja on the day of the full moon in the third lunar month to commemorate the great assembly of the Buddha's disciples
มาณพ ***n.*** young man, lad
มาด ***n.*** hollow boat; manner, style; pose. ***-v.*** to aim, to intend to
มาดา, มาตา, มาตุ ***n.*** mother
มาดาม ***n.*** Madam, Madame
มาตร ***n.*** meter. ***-adv.*** even if. ***-conj.*** no matter if, no matter how
  มาตรการ n. measure, criterion *(sing.)*/criteria *(pl.)*
  มาตรฐาน n. standard, criterion *(sing.)*/criteria *(pl.)*
  มาตรฐานการครองชีพ n. standard of living
  มาตรแม้น, มาตรว่า conj. even if
มาตรา ***n.*** meter; section, clause, article, paragraph
  มาตราชั่ง n. weight system
  มาตราส่วน n. scale
มาตุฆาต ***n.*** matricide
มาตุภูมิ ***n.*** motherland, homeland
มาตุจฉา ***n.*** aunt (mother's elder or younger sister)
มาตุลา ***n.*** uncle (mother's elder or younger brother)
มาตุลานี ***n.*** aunt-in-law (mother's cousin)
มาน ***n.*** a disease causing swollen stomach, dropsy, edema; arrogance; heart, mind
มาน ***n.*** measurement, counting
ม่าน ***n.*** curtain, screen; Burmese
  ม่านตา n. iris
  ม่านประเพณี n. tradition barrier
  ม่านรูด n., colloq. motel
  ม่านหน้าต่าง n. curtain, blind
ม้าน ***adj.*** withered; pale with shame
มานพ ***n.*** young man, lad
มานะ ***n.*** attempt, effort, persistence
ม้าน้ำ ***n.*** seahorse
มานิต ***adj.*** respectable person
มานุษ, มานุษย- ***n.,-adj.*** human
  มานุษยวิทยา n. anthropology
มาโนชญ์ ***adj.*** pleasant
มาเฟีย ***n.*** mafia
ม้าม ***n.*** spleen
ม่าย ***v.*** to overlook. ***-n.*** widow; widower. ***-adj.*** widowed, divorced
มายา ***n.*** trick, illusion, craft, maya
  มายากล n. magic, trick
มาร ***n.*** Mara, The Evil One, The Tempter, devil; obstruction
  มารผจญ n. obstruction
มารค ***n.*** way, path
มาร์กเกอร์ ***n.*** marker
มาร์ช ***n.*** march
มารดร, มารดา ***n.*** mother, mom
มารยา ***n.*** pretence, trick
มารยาท ***n.*** manners, etiquette
มารศรี ***n.*** beautiful woman
มาราธอน ***n.*** marathon
มาลย์ ***n.*** flower; garland
ม้าแข่ง ***n.*** racehorse, race horse
ม้ามืด ***n.*** dark horse
ม้าเร็ว, ม้าใช้ ***n.*** messenger
ม้าหมุน ***n.*** merry-go-round
ม้าล่อ ***n.*** Chinese cymbals
มาลัย ***n.*** garland
มาลา ***n.*** flower; hat; necklace; line, row
มาลาเรีย ***n.*** malaria
มาลี ***n.*** flower
มาศ ***n.*** gold; sulphur
มาส ***n.*** the moon; month

น บ ป ผ ฝ พ ฟ ภ ม ย ร ฤ ฤๅ ล ฦ ฦๅ ว ศ ษ ส ห ฬ อ ฮ

มิ, มิใช่ ***adv.*** not, no
 มิฉะนั้น ***conj.*** or else, else
 มิดีมิร้าย ***v.*** to do an immoral act, to do sth. immorally, to do sth. bad to a woman. ***-adj.*** bad, evil
 มิได้ ***adv.*** not, no
 มิไย ***conj.*** though, although

มิค ***n.*** wild animal, beast
 มิคสัญญี ***n.*** an age of violence and turmoil, calamity

มิ่ง ***n.*** auspice, good luck
 มิ่งขวัญ ***n.*** beloved, good luck. ***-adj.*** auspicious for, glory of

มิจฉา ***adj.*** wrong, false, immoral
 มิจฉาชีพ ***n.*** wrongful or unlawful occupation, wrongful livelihood
 มิจฉาทิฐิ ***n.*** misconception

มิชชันนารี ***n.*** missionary

มิตร ***n.*** friend, companion, fellow
 มิตรจิต ***n.*** friendliness, cordiality
 มิตรภาพ ***n.*** friendship, amity
 มิตรสหาย ***n.*** friends, companions
 มิตรสัมพันธ์ ***n.*** friendly relationship

มิติ ***n.*** dimension

มิเตอร์ ***n.*** meter

มิถุน ***n.*** Gemini

มิถุนายน ***n.*** June

มิลลิกรัม ***n.*** milligram (Ame.)/milligramme (Bri.)

มิลลิเมตร ***n.*** millimeter (Ame.)/millimetre (Bri.)

มิลลิลิตร ***n.*** milliliter (Ame.)/millilitre (Bri.)

มิส ***n.*** Miss, miss; Ms.

มิสซา ***n.*** a Christian church ceremony in memory of Jesus Christ's last supper, Mass, missa

มิสซิส ***n.*** missis, Mrs.

มิสเตอร์ ***n.*** mister, Mr.

มี ***adj.*** rich, wealthy. ***-v.*** to have, to consist of; to be; to appear
 มีกลิ่น ***adj.*** smelly; ***sl.*** corrupted
 มีกำลัง ***adj.*** strong, vigorous
 มีเงิน ***adj.*** rich, wealthy, well-off
 มีชื่อ ***adj.*** famous, well-known
 มีชู้ ***v.*** to commit adultery
 มีโทษ ***adj.*** harmful; quilty
 มีประโยชน์ ***adj.*** useful, advantageous, benefitous
 มีเสน่ห์ ***adj.*** charming
 มีอันจะกิน ***adj.*** rich, well-off
 มีอายุ ***adj.*** old, aged, elderly

มีด ***n.*** knife

มีน ***n.*** fish; Pisces
 มีนาคม ***n.*** March

มึง ***pron.*** you (impolite)

มึงวาพาโวย ***adj.*** noisy, boisterous

มึน ***adj.*** giddy, dizzy, tipsy

มืด ***adj.*** dark, obscure
 มืดมน ***adj.*** bleak; hopeless

มือ ***n.*** hand; each participant in a gambling game
 มือขวา ***n.*** right hand; right-hand man
 มือขึ้น ***adj.*** improving, progressive, lucky (in gambling games). ***-v.*** to improve, to better
 มือจับ ***n.*** handle
 มือถือ ***n., colloq.*** mobile phone
 มือที่สาม ***n.*** third party, outsider
 มือบอน ***v.*** to have roving hands
 มือปืน ***n.*** gunman
 มือปราบ ***n.*** lawman
 มือมืด ***n.*** unknown hand
 มือไม่ถึง ***adj.*** not skilled enough, not experienced enough
 มือเย็น ***n.*** green thumb (Ame.)/green fingers (Bri.)

มือร้อน n. person who fails to cultivate plants
มือไว adj. light-fingered; free with one's hands
มือสอง adj. secondhand
มือหนึ่ง adj. firsthand, first-hand, first hand; best
มือใหม่ adj. inexperienced
มืออ่อน adj. humble; inexperienced
มืออาชีพ adj. professional, expert
มื้อ *n.* meal, time, period, occasion
มุก *n.* pearl oyster; mother-of-pearl
มุกดา, มุกดาหาร *n.* pearl; opal
มุข *n.* face, visage; mouth; entrance; balcony, porch; angle; trick; joke
มุขเด็จ n. balcony, porch, veranda
มุง *v.* to roof; to gather around, to crowd around, to throng
มุ่ง *v.* to aim at, to intend
มุ่งมั่น v. to try, to attempt
มุ่งมาด, มุ่งหมาย v. to aim at, to expect, to anticipate
มุ่งร้าย v. to be malicious
มุ่งหน้า v. to go towards, to head for, to be headed for
มุ่งหวัง v. to expect, to hope
มุ้ง *n.* mosquito net
มุ้งลวด n. mosquito wire screen
มุ้งสายบัว n., colloq. jail, cell
มุด *v.* to duck, to dive, to burrow
มุดหัว v. to hide, to disappear
มุตกิด *n.* leukorrhea
มุทะลุ *adj.* hot-tempered, aggressive
มุทา *n.* happiness, bliss
มุทิตา *n.* Mudita, sympathetic joy over the success of others
มุ่น *v.* to twist up; to be worried
มุนิ, มุนี *n.* sage, hermit, Sangha
มุนินทร์ n. the great sage, Lord Buddha
มุบ *v.* to subside, to sink
มุบมิบ *adv.* quietly, whisperingly
มุม *n.* angle; corner
มุมฉาก n. right angle
มุมตรงข้าม n. vertical angle
มุมถนน n. street corner
มุมประชิด n. adjacent angle
มุมป้าน n. obtuse angle
มุมมืด n. dark corner
มุมแหลม n. acute angle
มุมหักเห n. angle of refraction
มุ่ย *adj.* frowning, unsatisfied
มุสลิม *n.* Moslem, Muslim
มุสา *adj.* lying, false, fake
มุสิก *n.* rat, mouse *(sing.)*/mice *(pl.)*
มุฮัมมัด *n.* Muhammed
มูก *n.* mucus
มูเซอ *n.* Lahu, Tibetan-Burmese hill-tribe living in northern Thailand
มูตร *n.* urine
มู่ทู่ *adj.* blunt, obstuse
มูน *n.* mound; knoll. ***-v.*** to accumulate, to pile up; to mix coconut cream with steaming glutinous rice; to smear. ***-adj.*** abundant, plenty of
มูมมาม *adv.* (to eat) greedily
มูล *n.* ground, base, basis; excrement, droppings, dung; rubbish, refuse, waste; cause, root, origin. ***-adj.*** whole, all, entire, total
มูลค่า n. value, price, cost
มูลฐาน n. cause, origin, background, foundation, base, basis
มูลนิธิ n. foundation, charity
มูลฝอย n. rubbish, garbage
มูลเหตุ n. reason, cause
มูลสัตว์ n. dung, feces (Ame.)/faeces (Bri.)

มู่ลี่ ***n.*** blinds
เมกะเฮิรตซ์ ***n.*** megahertz
เมขลา ***n.*** Goddess of Sea
เมฆ ***n.*** cloud
 เมฆคลุ้ม, เมฆมาก adj. cloudy
 เมฆา, เมฆินทร์, เมฆี n. cloud
เม็ด ***n.*** seed, grain, bead, granule; a numerative for grains, seeds, etc.
 เม็ดพราย n. trick, special talent of a singer, stratagem
 เม็ดมะยม n. stem winder (of wrist watch or portable watch)
 เม็ดยา n. pill, tablet
 เม็ดละมุด n., colloq. clitoris
เมตตา ***n.*** kindness, goodwill
เมตไตรย ***n.*** the future Buddha, Maitreya
เมตร ***n.*** meter (Ame.)/metre (Bri.)
เมตริก ***n.*** metric system
เมถุน ***n.*** sexual intercourse
เมทนี, เมทินี ***n.*** earth, ground
เมธา ***n.*** wisdom, intellect, intelligence
เมธาวี, เมธี ***n.*** philosopher, sage
เมนทอล ***n.*** menthol
เมนเฟมคอมพิวเตอร์ ***n.*** mainframe
เมนู ***n.*** menu
เม้ม ***v.*** to fold down the edge, to hem
เมรัย ***n.*** fermented alcoholic beverage; unrefined alcoholic drinks
เมรุ ***n.*** Meru mountain; crematory
 เมรุมาศ n. gold crematory
เมล ***n.*** mail
เมล็ด ***n.*** seed, grain
เมลือง ***adj.*** bright, shining, brilliant
เมษ ***n.*** ram; Aries
 เมษายน n. April
เมา ***adj.*** drunk, intoxicated, tipsy; inflatuated. ***-v.*** to abandon oneself to, to indulge oneself in, to addict oneself to
 เมาดิบ v. to pretend tipsiness
 เมาคลื่น v. to be seasick
 เมาเครื่องบิน v. to be airsick
 เมารถ v. to be carsick
 เมาเหล้า v. to be drunk
เมาลี ***n.*** top, summit; topknot
เมิน ***v.*** to turn away; to treat coldly; to ignore, to pay no attention to
เมีย ***n.*** wife; female. ***-adj.*** female
 เมียเก็บ n. mistress
 เมียน้อย n. minor wife, concubine
เมื่อ ***adv.*** once, as soon as, while, when. ***-prep.*** at
เมือก ***n.*** mucus, slime
เมือง ***n.*** city, town; country, nation, state; world; province
 เมืองกรุง n. capital
 เมืองขึ้น n. colony
 เมืองท่า n. seaport, port
 เมืองท่าปลอดภาษี n. free port
 เมืองนอก n., colloq. foreign country, foreign land
 เมืองหลวง n. capital
เมื่อย ***v.*** to be fatigued, to be tired
แม่ ***n.*** mother, mom, mum, mummy; word used to call a young woman to show familiarity; a female animal with offspring; chief; river
 แม่กุญแจ n. master key
 แม่คุณ n. a flattering term of address for a woman, my dear lady
 แม่ครัว n. cook
 แม่ค้า n. female shopkeeper, tradeswoman
 แม่งาน n. person in charge, organizer of an affair
 แม่ทัพ n. commander-in-chief, commanding general

แม่ทูนหัว n. godmother
แม่นม n. wet nurse
แม่น้ำ n. river
แม่บท n. basic steps, basic positions (of Thai dance)
แม่บ้าน n. housekeeper, matron, housewife, lady of the house
แม่บุญธรรม n. foster mother
แม่เบี้ย n. hood of a cobra
แม่แบบ n. model, pattern
แม่พิมพ์ n. printing block, plate; model, example; teacher
แม่โพสพ n. Goddess of Rice
แม่มด n. witch
แม่ม่าย n. widow
แม่ยาย n. mother-in-law
แม่แรง n. jack, crane
แม่เล้า n. procuress, panderer
แม่เลี้ยง n. step-mother, foster mother
แม่สามี n. husband's mother
แม่สื่อ n. matchmaker, go-between
แม่เหล็ก n. magnet
แม่อุปถัมภ์ n. godmother

แม้, แม้น ***conj.*** although, though, if, even if
แมก, แมกไม้ ***n.*** wood, tree
แมกกาซีน ***n.*** magazine
แมง ***n.*** arthropod
แมงดา ***n., colloq.*** pimp, gigolo
แม่น, แม่นยำ ***adj.*** accurate, exact, precise, sure, certain
แมลง ***n.*** insect, bug
แมว ***n.*** cat
แมวขโมย n., colloq. burglar, thief
แมวมอง n. scout, talent scout
แม้ว ***n.*** Hmong, a hilltribe in northern-part of Thailand
โม่ ***n.*** mill. ***-v.*** to grind, to mill
โมกข์ ***n.*** extrication, nirvana. ***-adj.*** chief, presiding
โมฆะ ***adj.*** empty, void, useless, vacant; ineffective, invalid
โมง ***n.*** hour, o'clock
โม่ง ***adj.*** huge; hooded
โมเด็ม ***n.*** modem
โมเต็ล ***n.*** motel
โมทนา ***v.*** to rejoice; to congratulate
โมเม ***v.*** to take for granted, to surmise, to guess. ***-adj.*** unreasonable
โมเมนต์ ***n.*** moment
โมเมนตัม ***n.*** momentum
โมรา ***n.*** a gate, moon stone
โมรี ***n.*** peahen; a kind of silk
โมลี ***n.*** topknot; top, summit
โมเลกุล ***n.*** molecule
โมเสก ***n.*** mosaic
โมเสส ***n.*** Moses, the great teacher of the Jewish
โมโห ***adj.*** angry, furious
โมฮัมหมัด ***n.*** Mohammed
ไม่ ***adv.*** not, no
ไม่กี่น้ำ adj. not much, not so very
ไม่เชิง adv. not really, not quite
ไม่เด่นดัง adj. low profile
ไม่น่าเชื่อ adj. incredible, unbelievable
ไม่แน่นอน adj. changeable, uncertain, unsure
ไม่ประสีประสา adj. innocent
ไม้ ***n.*** wood, timber, log; stick; plant; tone, sign; vowel; a numerative for bolts of cloth or things on sticks
ไม้กวาด n. broom
ไม้ก๊อก n. cork
ไม้กางเขน n. cross
ไม้ขีดไฟ n. match

ไม้แข็ง n. hard xylophone hammer; tough approach, heavy pressure, strong action
ไม้แขวนเสื้อ n. hanger
ไม้จัตวา n. fourth tone sign (๋)
ไม้จิ้มฟัน n. tooth pick
ไม้เด็ด, ไม้ตาย n. triumph card, decisive trick
ไม้ตรี n. third tone sign (๊)
ไม้ไต่คู้ n. short vowel sign (็)
ไม้เถา, ไม้เลื้อย n. vine
ไม้ทัณฑฆาต n. silent consonant mark (์)
ไม้เท้า n. walking stick, cane
ไม้โท n. second tone sign (้)
ไม้นวม n. padded xylophone hammer; soft approach
ไม้บรรทัด n. ruler
ไม้ปัดฝุ่น n. duster
ไม้ผัด ดูคำว่า ไม้หันอากาศ
ไม้พาย n. paddle
ไม้พุ่ม n. shrub
ไม้มลาย n. a vowel with the sound "-ai" (ไ)
ไม้ม้วน n. a vowel with the sound "-i" (ใ)
ไม้เมตร n. meter-rule
ไม้ยมก n. repeat sign (ๆ),
ไม้เรียว n. rod or stick used for punishment, cane
ไม้ล้มลุก n. herb punishment
ไม้หน้า n. a vowel with the sound "e, æ" (เ, แ)
ไม้หันอากาศ n. a vowel with the sound "-an, -un" (ั)
ไม้หลา n. yard-stick
ไม้อัด n. plywood
ไม้เอก n. first tone sign (่)
ไม้โอ n. a vowel with the sound "-o" (โ)
ไมเกรน *n.* migraine
ไมครอน *n.* micron
ไมโคร *n.* micro
ไมโครกรัม n. microgram (Ame.)/ microgramme (Bri.)
ไมโครคอมพิวเตอร์ n. microcomputer
ไมโครชิป n. microchip
ไมโครโปรเซสเซอร์ n. microprocessor
ไมโครฟิล์ม n. microfilm
ไมโครโฟน n. microphone
ไมโครเมตร n. micrometer (Ame.)/ micrometre (Bri.)
ไมโครลิตร n. microliter (Ame.)/ microlitre (Bri.)
ไมโครเวฟ n. microwave
ไมตรี *n.* friendship, friendliness
ไมตรีจิต n. spirit of friendship
ไมล์ *n.* mile; (one mile equals to 1.609 kilometers or 1.852 nautical miles)

ย

ย the 34th Thai alphabet

ยก ***v.*** to raise, to lift; to move; to exempt from; to remit punishment
ยกกำลัง n. power
ยกกำลังสอง v. to square (a number)
ยกเครื่อง v., colloq. to overhaul
ยกเครื่องคอมพิวเตอร์ให้มีสมรรถนะสูงขึ้น v. to upgrade (computer)
ยกเค้า v., colloq. to burglarize (Ame.)/to burgle (Bri.)
ยกตัวอย่าง v. to give an example
ยกทรง n. bra, brassiere
ยกทัพ v. to move the troops
ยกโทษ v. to forgive
ยกธงขาว v., colloq. to surrender
ยกนิ้วโป้งเพื่อโบกรถ v. to thumb a ride
ยกฟ้อง v. to abrogate
ยกเมฆ v. to fabricate, to make up
ยกย่อง v. to admire, to praise
ยกยอด v. to take care of remaining work; to carry forward
ยกยอปอปั้น v. to flatter, to praise
ยกระดับ v. to upgrade, to improve
ยกเลิก v. to cancel, to repeal
ยกเว้น v. to except, to exclude; to exempt from

ยกกระบัตร ***n.*** royal clerk of the court in ancient time

ยง ***adj.*** eternal, perpetual, lasting; brave, bold; pretty

ยงโย่ ***v.*** to squat, to crouch, to stoop

ยติ ***n.*** hermit, ascetic; rhythmic pause
ยติภังค์ n. hyphen " - "

ยถากรรม ***n.*** fate, doom, destiny

ย่น ***v.*** to shorten, to abridge. ***-adj.*** wrinkled, crumpled

ยนต์, ยนตร์ ***n.*** machine, machinery, engine, motor

ยม ***n.*** God of Death; name of the 9th planet in the solar systm, Pluto. ***-v.*** to cry
ยมทูต n. one who leads the souls of the dead to the God of Death for judgment, messenger of death
ยมบาล n. guardian of the underworld, punisher of creatures in hell, guardian of hell
ยมราช n. God of Death, ruler of the underworld
ยมโลก n. hell, world of the dead

ยมก ***n.*** the repeat sign (ๆ); double

ยมนา ***n.*** one of the four great rivers in India, Jumna

ยรรยง ***adj.*** grand, magnificent; brave

ยล ***v.*** to look at, to take a glance at

ยวง ***n.*** pulp; pure silver

ยวดยิ่ง ***adv.*** extremely, best

ยวดยานพาหนะ ***n.*** vehicle

ยวน ***v.*** to tempt, to arouse, to lure, to entice, to incite, to provoke

ยวบ ***v.*** to fall, to collapse, to sink

ยศ ***n.*** rank, title, insignia of rank

ยโส ***adj.*** arrogant, insolent, disdainful

ยอ ***n.*** a dip net for fishing ***-v.*** to flatter, to praise; to stop

ย่อ ***v.*** to shorten, to abbreviate, to abridge, to summarize (Ame.)/to summarise (Bri.), to reduce in size; to bend one's back

น บ ป ผ ฝ พ ฟ ภ ม ย ร ฤ ฤๅ ล ฦ ฦๅ ว ศ ษ ส ห ฬ อ ฮ

น บ ป ผ ฝ พ ฟ ภ ม ย ร ฤ ฤๅ ล ฦ ฦๅ ว ศ ษ ส ห ฬ อ ฮ

ย่อความ ***v.*** to summarize (Ame.)/ to summarise (Bri.)
ย่อท้อ ***adj.*** discouraged
ย่อส่วน ***v.*** to scale, to reduce the scale, to shorten
ย่อหน้า ***v.*** to indent, to make a new paragraph. ***-n.*** paragraph
ยอก ***v.*** to prick, to sting
ยอกย้อน ***v.*** to talk in a roundabout; to be complicated
ยองใย ***n.*** spider web. ***-adj.*** beaming, shinning, bright
ย่อง ***v.*** to tiptoe, to walk stealthily, to sneak in. ***-adj.*** glossy, sleek; floated
ย่องเบา ***v.*** to burgle
ยอชต์ ***n.*** yacht
ยอด ***n.*** top, summit, peak. ***-adj.*** best
ยอดเขา ***n.*** mountain top, peak
ยอดดวงใจ, ยอดรัก ***n.*** dearest
ยอดเยี่ยม ***adj.*** excellent, perfect
ยอดรวม ***n.*** sum, grand total
ย้อน ***v.*** to return, to repeat
ยอบ ***v.*** to stop, to crouch
ยอม ***v.*** to yield, to give in; to allow, to consent to, to permit; to agree
ยอมจำนน ***v.*** to submit to, to surrender, to yield
ยอมแพ้ ***v.*** to surrender, to yield
ยอมรับ ***v.*** to admit, to accept
ย่อม ***adv.*** generally, naturally, usually, as usual. ***-adj.*** light; low; small
ย่อมเยา ***adj.*** cheap, inexpensive
ย้อม ***v.*** to dye, to tinge
ย่อย ***v.*** to digest. ***-adj.*** small, minor, insignificant, sub
ย่อยยับ ***adj.*** damaged, crushed
ย้อย ***v.*** to droop, to hang down
ยะโฮวา ***n.*** Jehovah
ยัก ***v.*** to shrug, to move up and down
ยักยอก ***v.*** to embezzle
ยักย้าย ***v.*** to transfer, to convey
ยักไหล่ ***v.*** to shrug
ยักขินี, ยักษิณี, ยักษี ***n.*** giantess, ogress
ยักษ์ ***n.*** giant. ***-adj.*** gigantic, huge
ยัง ***v.*** to remain, to exist; to cause. ***-adv.*** yet, still. ***-prep.*** to till, untill, towards, toward
ยั้ง ***v.*** to cease, to stop, to halt
ยั้งคิด ***v.*** to think over
ยั่งยืน ***adj.*** stable, permanent, lasting
ยัด ***v.*** to stuff, to pack; (vulgar) to eat. ***-n.*** filling
ยัติภังค์ ***n.*** hyphen (-)
ยัน ***v.*** to support, to prop; to verify. ***-conj.*** till, untill
ยั่น ***v.*** to fear, to be afraid of
ยันต์ ***n.*** amulet, charm
ยับ ***adj.*** wrinkled, crumpled; ruined; shining, twinkling
ยับยั้ง ***v.*** to veto, to ban, to stop from, to check, to restrain
ยับยั้งชั่งใจ ***v.*** to restrain, to check, to control oneself and think over
ยั่ว ***v.*** to tease; to irritate; to tempt
ยั้วเยี้ย ***adj.*** crowded, swarming
ยัวะ ***v., colloq.*** to get angry
ยา ***n.*** medicine, drug; compound; substance. ***-v.*** to cure; to fill in the hole or gap, to fix (the boat)
ยากันยุง ***n.*** mosquito repellant
ยาแก้ไข้ ***n.*** antipyretic
ยาแก้ไอ ***n.*** cough mixture
ยาคุมกำเนิด ***n.*** contraceptive
ยาฆ่าแมลง ***n.*** insecticide
ยาฉีด ***n.*** injection
ยาชา ***n.*** anesthetic
ยาดม ***n.*** inhalant, smelling salts
ยาดับกลิ่น ***n.*** deodorant

ยาโด๊ป ***n., colloq.*** stimulant
ยาถ่าย ***n.*** laxative
ยาชูกำลัง ***n.*** tonic
ยาทา ***n.*** ointment, cream, balm
ยาธาตุ ***n.*** stomachic, tonic
ยานัตถุ์ ***n.*** snuff
ยาน้ำเชื่อม ***n.*** syrup
ยาปฏิชีวนะ ***n.*** antibiotic
ยาบ้า ***n.*** ecstasy, amphetamine; ***-sl.*** speed(s)
ยาป้าย ***n.*** paste
ยาแฝด ***n.*** love potion, philter
ยาพิษ ***n.*** poison
ยาเม็ด ***n.*** tablet, pill
ยาสมุนไพร ***n.*** herbal medicine
ยาสระผม ***n.*** shampoo
ยาสลบ ***n.*** anesthetic, chloroform
ยาสามัญประจำบ้าน ***n.*** common household remedy
ยาสีฟัน ***n.*** toothpaste
ยาสูบ ***n.*** tobacco
ยาเสพติด ***n.*** narcotic, addictive drug
ยาหม่อง ***n.*** balm, ointment
ยาหยอดตา ***n.*** eyewash, eye drops
ยาอม ***n.*** pastille
ยาอายุวัฒนะ ***n.*** elixir

ย่า ***n.*** (paternal) grandmother, grandma
ย่าทวด ***n.*** great-grandmother

ยาก ***adj.*** difficult, hard, troublesome, inconvenient, tough
ยากจน ***adj.*** poor, needy

ยาคุ, ยาคู ***n.*** rice gruel, porridge; green rice gruel

ยาง ***n.*** rubber, resin, sap; latex; Karen
ยางแตก ***v.*** to puncture. ***-n.*** blowout
ยางมะตอย ***n.*** asphalt
ยางรถ ***n.*** tire (Ame.)/tyre (Bri.)
ยางลบ ***n.*** eraser (Ame.)/rubber (Bri.)
ยางอาย ***n.*** shame
ยางอะไหล่ ***n.*** spare tire/tyre

ย่าง ***v.*** to step, to walk; to roast, to grill. ***-adj.*** roasted, grilled

ยาจก ***n.*** beggar, mendicant

ยาตร, ยาตรา ***n.*** to march, to walk

ยาน ***n.*** vehicle, conveyance, cart. ***-adj.*** pendent, sagging, drooping
ยานพาหนะ ***n.*** vehicle, carrier
ยานยนต์ ***n.*** motorcraft
ยานอวกาศ ***n.*** spacecraft

ย่าน ***n.*** region, area, zone; district

ย่านลิเภา ***n.*** different kinds of fern used to make bags or baskets, Liphao

ยาม ***n.*** period of time = 3 hours, time; guard. ***-conj.*** when, while

ย่าม ***n.*** shoulder bag. ***-adj.*** overconfident, confident

ยาย ***n.*** (maternal) grandmother
ยายแก่ ***n.*** old woman
ยายทวด ***n.*** (maternal) great-grandmother

ย้าย ***v.*** to move, to transfer, to shift, to change, to relocate

ยาว ***adj.*** long, extended

ยาสูบ ***n.*** tobacco

ยาหยี ***n.*** darling, dear; young girl

ยำ ***v.*** to mix. ***-n.*** Thai spicy salad
ยำเกรง ***v.*** to fear; to respect

ย่ำ ***v.*** to tramp on; to strike, to beat
ย่ำค่ำ ***adv.*** at dusk
ย่ำเท้า ***v.*** to march, to walk
ย่ำยี ***v.*** to ravage, to oppress
ย่ำแย่ ***adj.*** bad, poor, miserable
ย่ำรุ่ง ***n.*** dawn, sunrise, daybreak

ย้ำ ***v.*** to repeat, to stress, to confirm

ยิง ***v.*** to shoot, to fire
ยิงฟัน ***v.*** to grin, to beam

ยิ่ง ***adv.*** extremely, too, very, so
ยิ่งใหญ่ ***adj.*** great, huge, mighty
ยิ่งกว่านั้น ***adv.*** moreover, furthermore
ยิ่งขึ้น ***adv., adj.*** more
ยิน ***v.*** to hear
ยินดี ***v.*** to congratulate; to be glad, to be pleased, to rejoice
ยินดีต้อนรับ ***v.*** to welcome, to greet
ยินยอม ***v.*** to permit, to consent
ยิปซัม ***n.*** gypsum
ยิปซี ***n.*** gypsy, gipsy
ยิม ***n.*** gym
ยิมนาสติก ***n.*** gymnastics. ***-adj.*** gymnastic
ยิมนาสติกลีลา ***n.*** rhythmic gymnastics
ยิ้ม ***v.*** to smile, to beam
ยิ้มเยาะ ***v.*** to sneer, to mock
ยิ้มแย้ม ***v.*** to beam, to smile
ยิ้มแหย ๆ ***v.*** to grin
ยิ้มหวาน ***v.*** to smile sweetly
ยิมนาสติก ***n.*** gymnastics
ยิว ***n.*** Jew. ***-adj.*** Jewish
ยิหวา ***n.*** heart; sweetheart. ***-idm.*** apple of one's eye, darling
ยี ***v.*** to mash, to crush
ยียวน ***v.*** to agitate, to disturb
ยี่ ***adj.*** two, second. ***-n.*** the year of the Tiger; the second lunar month
ยี่ปั๊ว ***n.*** wholesaler
ยี่สิบ ***n.*** twenty
ยี่เก ***n., colloq.*** a kind of Thai folk performance
ยีน ***n.*** jeans
ยีสต์ ***n.*** yeast
ยี่ภู่ ***n.*** bed, mattress
ยี่หระ ***v., colloq.*** to care, to mind
ยี่ห้อ ***n.*** tradename, trademark, brand; reputation, fame
ยึกยือ ***adj.*** twisted, sinuous
ยึด ***v.*** to seize, to capture, to hold on, to be attached to, to keep
ยึดครอง ***v.*** to occupy
ยึดถือ ***v.*** to hold, to believe in, to abide by
ยึดมั่น ***v.*** to hold fast to, to have faith in, to adhere
ยึดทรัพย์ ***v.*** to confiscate, to seize
ยึดอำนาจ ***v.*** to overpower
ยืด ***v.*** to expand, to stretch, to prolong. ***-adj.*** protracted, long
ยืดยาด ***adj.*** tardy, slow
ยืดหยุ่น ***adj.*** flexible, elastic; accommodating
ยืน ***v.*** to stand, to get on one's feet. ***-adj.*** long, long-lasting; stable
ยืนกราน ***v.*** to stand firm. ***-adj.*** resolute, steadfast, unyielding
ยืนเขย่ง ***v.*** to tiptoe
ยืนขึ้น ***v.*** to stand up
ยืนต้น ***n.*** perennial
ยืนนาน ***adj.*** long, lasting
ยืนนิ่ง ***v.*** to stand still
ยืนพื้น ***v.*** to remain the same
ยืนยง ***v.*** to last, to endure
ยืนยัน ***v.*** to confirm, to affirm
ยืนยาม ***v.*** to stand on guard
ยืนหยัด ***v.*** to stand fast, to stand firm, to hold on. ***-adj.*** unyielding
ยื่น ***v.*** to project, to protrude, to stick out; to hand in, to submit, to file, to turn in; to submit
ยื่นคำร้อง ***v.*** to hand in a petition
ยื่นประมูล ***v.*** to tender
ยื่นใบสมัคร ***v.*** to submit an application
ยื่นฟ้อง ***v.*** to file a suit

ยื่นมือ ***v.*** to get involved in, to involve in; to reach out
ยืม ***v.*** to borrow
ยื้อ ***v.*** to seize, to pull by force
ยุ ***v.*** to incite, to urge, to persuade
ยุค ***n.*** time, age, period, epoch, era
ยุคกลาง ***n.*** the Middle Ages
ยุคเข็ญ ***n.*** age of calamity, time of disaster
ยุคทอง ***n.*** the Golden Age
ยุคปัจจุบัน ***n.*** the present age
ยุคหิน ***n.*** the Stone Age
ยุคล ***adj.*** two, dual
ยุคลบาท ***n.*** the two feet; His Majesty
ยุ่ง ***adj.*** busy, troublesome. ***-v.*** to get mixed up with; to be in disorder, to interfere, to make a stir
ยุ่งใจ ***adj.*** worried, confused
ยุ่งยาก ***adj.*** difficult, inconvenient
ยุ่งเหยิง ***adj.*** messy, chaotic
ยุ้ง ***n.*** barn, granary, silo
ยุติ ***adj.*** proper, correct, right. ***-v.*** to agree, to decide; to end, to finish
ยุติธรรม ***n.*** justice, legitimacy; Ministry of Justice. ***-adj.*** fair, just, equitable, impartial
ยุทธ, ยุทธ์ ***n.*** war, fight, combat
ยุทธการ ***n.*** battle, campaign
ยุทธภัณฑ์ ***n.*** armaments, military supplies and equipment
ยุทธนา ***n.*** war, fight, battle
ยุทธภูมิ ***n.*** battlefield
ยุทธวิธี ***n.*** tactics, stratagem, strategy
ยุทธศาสตร์ ***n.*** stratagem, strategy
ยุทธหัตถี ***n.*** fight on elephant's back, elephant duel
ยุทโธปกรณ์ ***n.*** war materials, military equipment, munitions
ยุพ ***adj.*** young, youthful
ยุพราช, ยุพราชา ***n.*** Crown Prince
ยุรยาตร ***v.*** to walk, to proceed
ยุวชน ***n.*** youth, young people
ยู่ ***adj.*** worried; wrinkled, crushed
ยู่ยี่ ***adj.*** worried; wrinkled
ยูโด ***n.*** judo
ยูนิเซฟ ***n.*** UNICEF (United Nations International Children's Emergency Fund)
ยูนิต ***n.*** unit
ยูนิฟอร์ม ***n.*** uniform
ยูเนสโก ***n.*** UNESCO (United Nations Educational Scientific and Cultural Organization)
ยูเอ็น ***n.*** UN (United Nations)
ยูเอส, ยูเอสเอ ***n.*** U.S. (United States)/ U.S.A. (United States of America)
ยูเรนัส ***n.*** Uranus, the 7th planet in the solar system
ยูเรเนียม ***n.*** uranium
เยซู ***n.*** Jesus
เย็น ***n.*** evening, dusk. ***-adj.*** cool, chilly
เย็นใจ ***v.*** to be at ease, to rest assured
เย็นชา ***adj.*** cold, indifferent
เย็นตา ***adj.*** soft, gentle, pleasant to the eyes
เย็บ ***v.*** to sew, to stitch
เย้ย, เย้ยหยัน ***v.*** to jeer, to sneer
เยลลี่ ***n.*** jelly
เย่อหยิ่ง ***adj.*** arrogant, haughty
เยอะ, เยอะแยะ ***adj., colloq.*** many, much, plentiful, abundant
เยอรมัน ***n.*** Germany; German
เยา ***adj.*** low, little
เย้า ***n.*** a hilltribe in northern Thailand.

-v. to tease, to kid, to vex

เย้ายวน v. to lure, to tempt

เย้าแหย่ v. to tease, to kid, to vex

เยาว์, เยาว์วัย *adj.* young, youthful, juvenile, immature

เยาวชน n. youth, juveniles

เยาะ, เยาะเย้ย *v.* to jeer, to sneer

เยิน *adj.* battered, wrinkled, rumbled

เยิ่น *adj.* long, prolonged

เยิ่นเย้อ adj. wordy, lengthy, long-winded, tediously long

เยินยอ *v.* to flatter, to praise

เยิ้ม *v.* to ooze, to seep

เยี่ยง *adj.* alike, similar. ***-n.*** example

เยี่ยงอย่าง n. example, model

เยี่ยม *v.* to visit, to drop by. ***-adj.*** excellent, best, wonderful

เยี่ยว *n.* urine. ***-v.*** to pass urine, to urinate, to pee

เยี่ยวรดที่นอน v. to wet the bed

เยียวยา *v.* to cure, to treat, to heal

เยื่อ *n.* tissue, membrane, film

เยื่อกระดาษ n. paper pulp

เยื่อพรหมจารี n. hymen

เยื่อใย n. relationship, bond, tie

เยือกแข็ง *v.* to freeze

เยือกเย็น *adj.* cool, serene, calm

เยื้อง *v.* to walk with style; to deviate from. ***-adj.*** diagonally opposite

เยื้องกราย v. to walk with grace

เยือน *v.* to visit, to drop by

แย่ *adj.* terrible, poor, bad

แยก *v.* to divide, to separate, to classify; to analyze (Ame.)/to analyse (Bri.)

แยกเขี้ยว v. to snarl

แยกทาง v. to separate

แยกประเภท v. to classify

แยกย้าย v. to depart, to separate

แยกแยะ v. to differentiate, to discriminate

แยกสาขา v. to branch, to fork

แยกสลาย v. to disintegrate

แยกออก v. to detach, to segregate

แยง *v.* to poke, to jab

แย่ง *v.* to grab, to snatch; to fight for

แย้ง *v.* to oppose, to argue

แยบ *n.* trickery, device; way, method

แยบคาย adj. clever, ingenious, shrewd

แยบยล n. wile, trick, artifice

แย็บ *v.* to jab; to sound out, to feel out, to probe

แยม *n.* jam

แยมผิวส้ม n. marmalade

แย้ม *v.* to reveal, to open slightly

แย้มกลีบ, แย้มบาน v. to bloom, to blossom

แย้มพราย v. to hint, to reveal

แย้มสรวล v. to smile, to beam

แยแส *v.* to care, to mind, to heed

แยะ *adj.* many, much, plentiful

โยเย *v.* to make trouble; to cry

โย้ *adj.* leaning; pregnant

โยก *v.* to rock, to shake, to sway

โยกย้าย v. to move, to transfer

โยกเยก v. to rock, to shake

โยกโย้ v. to drag on, to equivacate

โยเกิร์ต *n.* yoghurt, yogurt

โยคะ *n.* yoga; contortion

โยคี *n.* yogi; ascetic, rishi, hermit

โยง *v.* to bind, to link, to join

โย่ง *adj.* lanky, spindly, very tall

โยชน์ *n.* unit of measurement of length; binding, granel

โยทะกา *n.* anchor, granel

โยธา *n.* troop, soldier; construction work, labor (Ame.)/labour (Bri.)

น บ ป ผ ฝ พ ฟ ภ ม ย ร ฤ ฤๅ ล ฦ ฦๅ ว ศ ษ ส ห ฬ อ ฮ

โยธวาทิต ***n.*** soldiers' and police's musical band
โยธิน ***n.*** soldier
โยน ***v.*** to throw, to toss, to hurl
โยนกลอง ***v.*** to refuse or evade responsibility
โยนทิ้ง ***v.*** to throw away
โยนลูกเต๋า ***v.*** to dice
โยนหัวโยนก้อย ***v.*** to toss
โยนออกไป ***n.*** to throw out
โยนี ***n.*** vagina, female genitals
โยม ***pron.*** you (used by a monk to address his parents, persons of similar age or folks in general)
ใย ***n.*** fiber (Ame.)/fibre (Bri.), filament, web. ***-adj.*** smooth and fine, delicate
ใยแก้ว ***n.*** fiber glass
ใยแก้วนำแสง ***n.*** fiber optic
ใยแมงมุม ***n.*** web
ใยสังเคราะห์ ***n.*** synthetic fiber
ใยหิน ***n.*** asbestos
ไย ***adv.*** how, what, why
ไยดี ***v.*** to pay attention to, to care

ร

ร the 35th Thai alphabet
รก ***adj.*** messy, disorderly, cluttered, untidy, tangled. ***-n.*** placenta
รกราก ***n.*** birthplace, origins, homeland, hometown
รงค์ ***n.*** chrome; sensual excitement; love, stage; theater (Ame.)/theatre (Bri.); battlefield; open ground
รงควัตถุ ***n.*** pigment
รจนา ***v.*** to write, to compose. ***-adj.*** beautiful, fine, exquisite
รจเรข, รจเลข ***n.*** writing. ***-adj.*** beautiful. ***-v.*** to write, to compose
รณรงค์ ***v.*** to campaign (for against), to fight (for against to)
รด ***v.*** to water, to pour
รตนะ ***n.*** jewel
รถ ***n.*** vehicle, car, carriage
รถกระบะ ***n.*** pickup truck, pick-up
รถเก๋ง ***n.*** sedan (Ame.)/saloon (Bri.)
รถเข็น ***n.*** cart, trolley; wheel-chair; wheel-barrow
รถเข็นเด็ก ***n.*** baby carriage (Ame.)/pram (Bri.)
รถแข่ง ***n.*** racing car
รถด่วน ***n.*** express
รถดับเพลิง ***n.*** fire truck, fire engine
รถโดยสารขนาดใหญ่ ***n.*** coach
รถตู้ ***n.*** van
รถถัง ***n.*** tank
รถบรรทุก ***n.*** truck (Ame.)/lorry (Bri.)
รถประจำทาง, รถบัส ***n.*** bus
รถพยาบาล ***n.*** ambulance
รถพ่วง ***n.*** bogies; trailer; side-car
รถไฟ ***n.*** train
รถไฟใต้ดิน ***n.*** subway(Ame.)/underground (Bri.)
รถไฟฟ้า ***n.*** sky train
รถไฟฟ้าความเร็วสูง ***n.*** TGV

รถยนต์ ***n.*** car, automobile
รน ***adj.*** restless, agitated, anxious
รนหาที่ ***v.*** to do oneself in, to look for trouble, to ask for trouble
ร่น ***v.*** to shorten, to cut down; to move back, to retreat, to shrink back
รบ ***v.*** to fight, to battle; to pester
รบเร้า ***v.*** to pester, to badger
รบกวน ***v.*** to annoy, to disturb
รม ***v.*** to smoke, to fumigate
ร่ม ***n.*** shade; shelter; umbrella, parasol ***-adj.*** indoor, interior; shady
ร่มชูชีพ ***n.*** parachute
ร่มผ้า ***n.*** covered parts of the body
รยางค์ ***n.*** appendage
รวง ***n.*** cluster; ear, spike; hive
รวงผึ้ง ***n.*** beehive
รวงรัง ***n.*** nest; home
ร่วง ***v.*** to fall, to shed, to drop
ร่วงโรย ***v.*** to fall, to wither away. ***-adj.*** weak, unhealthy; haggard
รวน ***v.*** to fry, to sear; to provoke. ***-adj.*** oblique, slanting; quarrelsome
รวนเร ***adj.*** undecisive, hesitating, unreliable, changeable
ร่วน ***adj.*** loose, friable
รวบ ***v.*** to gather; to arrest, to seize; to arrogate, to centralize
รวบตัว ***v.*** to capture, to arrest, to sieze
รวบยอด ***v.*** to summarize, to sum
รวบรัด ***adv.*** briefly, quickly
รวบอำนาจ ***v.*** to centralize
รวม ***v.*** to collect; to total; to mix; to join, to combine, to merge
รวมทั้ง ***v.*** to include, to involve. ***-adj.*** including
ร่วม ***v.*** to live together, to associate with, to join, to participate in. ***-adj.*** approaching, joint. ***-adv.*** almost, nearly; about
ร่วมประเวณี, ร่วมเพศ ***v.*** to have sexual intercourse, to make love
ร่วมมือ ***v.*** to cooperate, to collaborate
ร่วมสมัย ***adj.*** contemporary
ร่วมสายเลือด, ร่วมอุทร ***n.*** full brother/sister
รส ***n.*** taste, flavor (Ame.)/flavour (Bri.); mood, sensation
รสชาติ ***n.*** taste, flavor (Ame.)/flavour (Bri.)
รสนิยม ***n.*** taste, preference
รหัส ***n.*** code, password, combination
รหัสแท่ง ***n.*** barcode
รหัสประจำตัว ***n.*** PIN/Personal Identification Number
รหัสไปรษณีย์ ***n.*** zip code (Ame.)/postal code (Bri.)
รหัสพันธุกรรม ***n.*** genetic code
รโหฐาน ***n.*** private place. ***-adj.*** private
รอ ***v.*** to wait for, to await
รอง ***v.*** to pad, to underlay. ***-adj.*** second-rate, inferior, secondary; next. ***-n.*** deputy. ***-prefix*** vice-
รองชนะเลิศ ***n.*** runner-up
รองทรง ***n.*** schoolboy cut
รองท้อง ***v.*** to fill up
รองพื้น ***n.*** foundation powder
รองรับ ***v.*** to support, to back up
รองเท้า ***n.*** shoes, footwear
รองเท้ากีฬา ***n.*** trainers
รองเท้าแตะ ***n.*** slippers
รองเท้าส้นสูง ***n.*** high-shoes
รองเท้าหุ้มข้อ ***n.*** boots
รองเง็ง ***n.*** Rongeng, a kind of southern Thai folk dance
ร่อง ***n.*** ditch, furrow, channel; hole;

น บ ป ผ ฝ พ ฟ ภ ม ย ร ฤ ฤๅ ล ฦ ฦๅ ว ศ ษ ส ห ฬ อ ฮ

path; mark, trace
ร่องน้ำ **n.** channel
ร่องรอย **n.** clue, hint, trace
ร่องแร่ง v. to swing, to sway, to dangle. **-adj.** dangling
ร้อง v. to call out; to cry; to sing; to appeal, to claim, to request; to ring
ร้องทุกข์, ร้องเรียน **v.** to appeal
ร้องไห้ **v.** to cry, to weep
รอด n. floor joist. **-v.** to tide over a crisis, to pull through; to succeed in escaping. **-adj.** safe
รอดตาย, รอดชีวิต **v.** to survive
รอดหูรอดตา **v.** to escape notice
รอน adv. almost. **-adj.** waning, fading. **-v.** to set, to fade
รอนแรม v. to lodge on the way
ร่อน v. to glide, to hover; to sieve, to sift, to screen; to throw, to toss
ร่อนเร่ **v.** to wander, to roam
ร้อน adj. hot; warm; heated, violent, impatient, impetuous; urgent
ร้อนเงิน **v.** to be short of money
ร้อนใจ **adj.** anxious, worried
ร้อนตัว **v.** to feel guilty, to have a guilty conscience
ร้อนใน **n.** internal heat
ร้อนแรง **adj.** burning, blazing, fiery
รอบ n. round, game; cycle; anniversary
รอบคอบ **adj.** careful, thoughtful
รอบเดือน **n.** menses, menstruation; period
รอบนอก **adj.** peripheral, outer, outside
รอบปี **n.** anniversary
รอบรู้ **adj.** erudite, versatile
รอมชอม v. to compromise, to reconcile
รอมร่อ adv. nearly, almost. **-prep.** on the verge of. **-v., idm.** to be about to do sth.
รอย n. mark, track, trace
รอยข่วน **n.** scratch
รอยฉีก **n.** rip
รอยแตก **n.** crack, fracture, split
รอยไถ **n.** furrow
รอยเท้า **n.** footprint
รอยนิ้ว **n.** fingerprint
รอยปรุ **n.** perforation
รอยเปื้อน **n.** stain, spot
รอยพับ **n.** fold
รอยย่น **n.** wrinkle
ร่อยหรอ v. to be gradually used up, to be gradually consumed
ร้อย adj. hundred. **-v.** to string, to thread, to reeve
ร้อยกรอง **v.** to write in poetic form, to write in verse. **-n.** verse
ร้อยแก้ว **n.** prose
ร้อยตรี **n.** second lieutenant
ร้อยเท่า **adj.** hundredfold, centuple
ร้อยโท **n.** lieutenant
ร้อยแปดพันเก้า **adj.** various, all sorts of, all kinds of
ร้อยละ **n.** percent, percentage
ร้อยเอก **n.** captain
ร่อแร่ adj. near to death, nearly dead, dying, moribund
ระกา n. the Year of Cock
ระกำ n. a kind of healing oil. **-adj.** bitter, sorrowful, miserable
ระคน adj. mixed, mingled, combined
ระคาย v. to irritate, to annoy, to itch
ระแคะระคาย n. inkling, hint, clue
ระฆัง n. bell
ระงม adj. noisy, clamorous, tumultuous; mournful
ระงับ v. to stop, to control, to cancel,

to cease

ระดม ***v.*** to mobilize, to marshal, to muster, to reinforce

ระดับ ***n.*** level, grade, degree

ระดับน้ำทะเล ***n.*** sea level

ระดับเสียง ***n.*** pitch

ระดู ***n.*** menses, menstruation

ระเด่น ***n.*** prince; princess

ระตู ***n.*** governor of a small town

ระนาด ***n.*** Thai xylophone

ระนาด

ระนาบ ***n.*** plane

ระนาว ***adj.*** abundant, plentiful. ***-adv.*** in rows, in lines

ระเนระนาด ***adj.*** scattered, disorderly, messy, untidy

ระแนง ***n.*** lath, roof batten

ระบบ ***n.*** system

ระบบนิเวศ ***n.*** ecological system

ระบบสุริยะ ***n.*** solar system

ระบอบ ***n.*** model, pattern; mode, way, manner; regime

ระบัด ***v.*** to sprout, to bud, to newly spring. ***-adj.*** young, budding

ระบาด ***v.*** to spread, to be in vogue, to be in fashion, to prevail

ระบาย ***n.*** edging, valance. ***-v.*** to vent; to purge; to drain

ระบายความในใจ ***v.*** to vent

ระบายน้ำ ***v.*** to drain

ระบายสินค้า ***v.*** to dump

ระบายสี ***v.*** to paint

ระบายอากาศ ***v.*** to ventilate

ระบายอารมณ์ ***v.*** to give vent to

ระบำ ***n.*** dance, ballet. ***-v.*** to dance

ระบุ ***v.*** to specify, to indicate, to name

ระเบิด ***v.*** to blast, to explode, to burst; to break out. ***-n.*** bomb

ระเบิดขวด ***n.*** bottle bomb

ระเบิดนิวเคลียร์ ***n.*** nuclear bomb

ระเบิดปรมาณู ***n.*** atomic bomb

ระเบิดมือ ***n.*** grenade

ระเบิดเวลา ***n.*** time-bomb

ระเบียง ***n.*** veranda, porch; balcony

ระเบียน ***n.*** register; record

ระเบียบ ***n.*** rule, regulation, order. ***-adj.*** neat, orderly, systematic

ระเบียบการ ***n.*** rules and regulations, procedure, constitution

ระเบียบวาระ ***n.*** agenda

ระเบียบวินัย ***n.*** discipline, order

ระฟ้า ***adj.*** sky-scraping, sky-high

ระย่อ ***adj.*** discouraged, disheartened, dispirited, dejected, depressed

ระยะ ***n.*** time, period, range, distance

ระยับ, ระยิบระยับ ***adj.*** sparkling, glistening, twinkling, flashing

ระย้า ***n.*** pendant; hanging; tassel

ระยำ ***adj.*** damn, low, base, vile

ระโยงระยาง ***v.*** to hang down, to droop

ระรวย ***adj.*** gentle, soft, faint

ระรัว ***v.*** to beat; to vibrate, to shake

ระราน ***v.*** to make trouble for, to annoy, to bother, to play bully

ระริก ***adj.*** vibrating, trembling; mirthful

ระเริง ***adj.*** overjoyed, ecstatic

ระลอก ***n.*** wave, ripple

ระลึก ***v.*** to think of, to recollect, to recall; to remember

ระเลียด ***adv.*** gradually, bit by bit

ระวัง ***v.*** to be careful, to mind, to look out

ระวาง ***n.*** section; freight; position

ระวางขับน้ำ ***n.*** tonnage

ระแวง ***v.*** to suspect, to distrust. ***-adj.*** suspicious, mistrustful

ระแวดระวัง ***adj.*** careful, alert, wakeful, cautious, vigilant
ระส่ำระสาย ***adj.*** chaotic, turbulent, disordered; anxious, nervous
ระหกระเหิน ***v.*** to wander, to rove, to roam, to ramble
ระหง ***adj.*** tall, willowy; slender
ระหว่าง ***adv.*** among; between; during, within
ระหว่างทาง ***adv.*** on the way, en route
ระหองระแหง ***v.*** to be on bad terms, to quarrel. ***-adj.*** discordant
ระหัด ***n.*** water wheel
ระเห็จ ***v.*** to flee; to rush
ระเหย ***v.*** to evaporate
ระเหเร่ร่อน ***v.*** to wander, to roam, to rove
ระเหิด ***v.*** to sublimate, to sublime
ระโหย ***adj.*** tired, weary, exhausted
ระอา ***v.*** to be sick of, to be bored with, to be fed up with, to be tired of
รัก ***n.*** lacquer; love. ***-v.*** to love
รักบี้ ***n.*** rugby
รักษ์, รักษา ***v.*** to keep, to maintain; to cure; to remain; to take care of; to safeguard, to defend
รักษาการ ***v.*** to be on duty, to be in charge of; to act on behalf of sb.
รักษาการณ์ ***v.*** to watch, to guard
รักษาหน้า ***v.*** to save one's face
รัง ***n.*** nest; den, lair
รังไข่ ***n.*** ovary
รังดุม ***n.*** buttonhole
รังบวบ ***n.*** luffa
รังผึ้ง ***n.*** honeycomb, beehive; radiator; perforate earthen grate
รังไหม ***n.*** silk-worm cocoon
รั้ง ***v.*** to withhold, to restrain; to wait
รั้งรอ ***v.*** to wait for, to await
รังเกียจ ***v.*** to mind, to dislike, to disgust
รังแก ***v.*** to bully, to browbeat, to molest, to abuse
รังควาน ***v.*** to harass, to molest, to disturb, to trouble
รังแค ***n.*** dandruff
รังวัด ***v.*** to survey, to measure
รังสรรค์ ***v.*** to invent, to create, to establish; to appoint
รังสฤษฏ์ ***v.*** to create, to construct, to establish, to invent; to appoint
รังสี ***n.*** rays, beam, radiation
รังสีความร้อน ***n.*** infrared ray
รังสีแพทย์ ***n.*** radiologist
รังสีวิทยา ***n.*** radiology
รังสีอัลตราไวโอเลต ***n.*** ultraviolet ray
รังสีเอกซ์ ***n.*** x-ray
รัชกาล, รัชสมัย ***n.*** reign
รัชทายาท ***n.*** Crown Prince, Crown Princess, royal heir
รัชดาภิเษก ***n.*** royal silver jubilee
รัญจวน ***v.*** to yearn for, to be lovesick
รัฐ ***n.*** state; country; government
รัฐธรรมนูญ ***n.*** constitution
รัฐบาล ***n.*** government
รัฐบุรุษ ***n.*** statesman
รัฐประศาสนศาสตร์ ***n.*** state administration
รัฐประหาร ***n.*** coup d'etat
รัฐมนตรี ***n.*** minister, secretary
รัฐมนตรีช่วย ***n.*** deputy minister
รัฐวิสาหกิจ ***n.*** state enterprise
รัฐศาสตร์ ***n.*** political sciences
รัฐสภา ***n.*** parliament, congress
รัด ***v.*** to bind, to tie, to fasten; to squeeze; to embrace, to hug. ***-adj.*** fit; tight; urgent
รัดกุม ***adj.*** careful, well-organized,

น บ ป ผ ฝ พ ฟ ภ ม ย ร ฤ ฤๅ ล ฦ ฦๅ ว ศ ษ ส ห ฬ อ ฮ

thoughtful, well-planned
รัดเกล้า ***n.*** headdress
รัดเข็มขัด ***v.*** to tighten one's belt, to economize, to cut down expenses
รัดประคด ***n.*** monk's girdle
รัดรูป ***adj.*** closs-fitting
รัตติกาล ***n.*** night
รัตน์, รัตนะ ***n.*** precious stone, gem, jewel. ***-adj.*** invaluable, excellent, supreme
รัตนโกสินทร์ ***n.*** Rattanakosin; Bangkok
รัตนตรัย ***n.*** the Triple Gem, the Triple Jewels
รั้น ***adj.*** stubborn, pig-headed, unyielding. ***-v.*** to slip back
รันทด ***adj.*** miserable, tragic, pitiful
รันเวย์ ***n.*** runway
รับ ***v.*** to receive, to take, to get; to bear, to suffer; to accept, to agree; to admit; to answer; to meet
รับขวัญ ***v.*** to soothe, to console
รับแขก ***v.*** to welcome sb.; ***colloq.*** to greet a visitor of brothel
รับคำ ***v.*** to agree, to consent, to approve; to promise, to swear
รับจ้าง ***v.*** to serve for hire, to work for wages
รับช่วง ***v.*** to take over, to succeed, to inherit, to accede, to receive
รับใช้ ***v.*** to serve, to give service to
รับทราบ ***v.*** to acknowledge
รับประกัน ***v.*** to guarantee, to insure, to certify, to warrant
รับประทาน ***v.*** to eat, to dine, to take, to have
รับผิดชอบ ***v.*** to take responsibility for, to be responsible for
รับมรดก ***v.*** to inherit, to receive a legacy
รับมือ ***v.*** to withstand, to compete with, to fight
รับรอง ***v.*** to confirm, to certify; to recommend; to approve
รับสินบน ***v.*** to take a bribe
รับสั่ง ***n., roy.*** order. ***-v., roy.*** to speak
รับเหมา ***v.*** to contract to
รัมมี่ ***n.*** rummy
รัว ***v.*** to beat repeatedly, to vibrate, to tremble, to trill
รั่ว ***v.*** to leak. ***-adj.*** leaky
รั้ว ***n.*** fence; hedge
รั้วของชาติ ***n.*** soldier
รัศมี ***n.*** ray; light, halo, radiance, radius
รัษฎากร ***n.*** revenue
รา ***n.*** mold (Ame.)/mould (Bri.)
รามือ ***v.*** to take it easy; to give up, to stop; to retreat, to shrink back
ราก ***n.*** root; foundation; origin. ***-v.*** to vomit, to disgorge
รากแก้ว ***n.*** taproot, main root
รากแขนง ***n.*** branch root
รากฐาน ***n.*** basis, foundation, base
รากที่สอง ***n.*** square root
รากฝอย ***n.*** fibrous root
รากศัพท์ ***n.*** root
รากสาดน้อย ***n.*** typhoid fever
รากสาดใหญ่ ***n.*** typhus fever
ราคะ ***n.*** lust, sexual desire, heat
ราคา ***n.*** price, value, worth, cost
ราคี ***n.*** flaw, blemish, stain, impurity
ราง ***n.*** trough, groove; rail, track. ***-adj.*** vague, blurred, indistinct
ร่าง ***n.*** figure, form, outline; body; draft. ***-v.*** to draft, to sketch
ร่างแห ***n.*** net, mesh

ร้าง ***adj.*** deserted, abandoned, vacant
รางวัล ***n.*** prize, award, reward, trophy, tip, bonus. ***-v.*** to award, to reward
ราช ***n.*** king, monarch. ***-adj.*** royal
ราชกรณียกิจ ***n.*** royal duties, royal work, royal activities
ราชการ ***n.*** government service, civil service, public service
ราชทัณฑ์ ***n.*** Penitentiary Department; royal penalty
ราชทินนาม ***n.*** title conferred by the king
ราชทูต ***n***. envoy; emisseri (Ame.)/emissari (Bri.)
ราชธานี ***n.*** capital
ราชนาวี ***n.*** The Royal Army
ราชนิกุล ***n.*** royal descendant, members of a royal family
ราชบัณฑิต ***n.*** member of the Royal Institute; sage, philosopher
ราชปะแตน ***n.*** royal pattern
ราชภัฏ ***n.*** civil servant; Rajabhat Institute
ราชวงศ์ ***n.*** dynasty, royal house
ราชสกุล ***n.*** royal lineage
ราชสมบัติ ***n.*** the throne; royal propeties
ราชสำนัก ***n.*** royal court
ราชหัตถเลขา ***n.*** royal writings; royal letter
ราชองครักษ์ ***n.*** royal guard
ราชโองการ ***n.*** royal order, royal command
ราชาภิเษก ***n.*** royal coronation
ราชูปถัมภ์, ราโชปถัมภ์ ***n.*** royal patronage
ราชูปโภค ***n.*** king's utensils
ราโชวาท ***n.*** king's instruction
ราชย์ ***n.*** kingship; throne
ราชสีห์ ***n.*** king of lions; lion
ราชัน ***n.*** king
ราชันย์ ***n.*** royal lineage, royal blood
ราชา ***n.*** king; magnate; lord
ราชาคณะ ***n.*** a high Buddhist ecclesiastical dignitary
ราชาศัพท์ ***n.*** royal word, court language
ราชินิกุล ***n.*** members of queen's family
ราชินี ***n.*** queen
ราชินีนาถ ***n.*** regent queen
ราชินูปถัมภ์ ***n.*** queen's patronage
ราด ***v.*** to pour over, to top, to spill
ราตรี ***n.*** night, nightime
ร่าน ***v.*** to crave for; to be in heat; to hurry, to hasten
ร้าน ***n.*** store (Ame.)/shop (Bri.); stall, booth
ร้านกาแฟ ***n.*** coffee shop
ร้านขนม ***n.*** candy store (Ame.)/confectionery, sweetshop (Bri.)
ร้านขนมปัง ***n.*** bakery
ร้านของเก่า ***n.*** antique shop
ร้านขายเครื่องดื่มแอลกอฮอล์ ***n.*** liquor store (Ame.)/off licence, wine merchant (Bri.)
ร้านขายยา ***n.*** pharmacy, drugstore (Ame.)/chemist's shop (Bri.)
ร้านขายเหล้า ***n.*** public house, pub
ร้านเครื่องเขียน ***n.*** stationery
ร้านเครื่องเหล็ก ***n.*** hardware store (Ame.)/ironmonger (Bri.)
ร้านชำ ***n.*** grocery
ร้านซักรีด ***n.*** laundry
ร้านตัดผม ***n.*** barbershop (Ame.)/barber's shop (Bri.); hairdressershop (Ame.)/hairdresser's shop (Bri.)
ราบ ***adj.*** flat, level; smooth; complete

ราบคาบ **adj.** subdued, pacified, crushed, utterly defeated
ราพณ์ ***n.*** Ravana, the demon king of Lanka in Ramayana; giant
ราพณาสูร ***n.*** giant. ***-adj.*** completely destroyed, completely ruined
ราม ***adj.*** nice, pretty, beautiful; moderate; proper. ***-n.*** Rama
รามเกียรติ ***n.*** Ramayana
รามสูร ***n.*** thunder giant
รามัญ ***n.*** Mon
ราย ***n.*** individual; item, case. ***-adv.*** specifically, one by one
รายการสนทนาทางโทรทัศน์หรือวิทยุ ***n.*** chat show, talk show
รายการแสดง ***n.*** program (Ame.)/ programme (Bri.)
รายการอาหาร ***n.*** menu
รายงาน ***n.*** report; record. ***-v.*** to report, to inform, to notify
รายจ่าย ***n.*** expenditures, expenses
รายชื่อ ***n.*** list, name list
รายเดือน ***adj., adv.*** monthly
รายได้ ***n.*** income, revenue
รายทาง ***adv.*** along the way
รายปักษ์ ***adj., adv.*** fortnightly
รายปี ***adj.*** annual, yearly
รายวัน ***adj., adv.*** daily
รายสัปดาห์ ***adj., adv.*** weekly
ร่าย ***n.*** a kind of Thai verse. ***-v.*** to mutter incantations; to dance
ร้าย ***adj.*** bad, evil; black, sad
ร้ายกาจ ***adj.*** terrible, sharp; severe
ร้ายแรง ***adj.*** serious, critical
ราว ***n.*** rail, rack, row, line. ***-conj.*** as, like. ***-adj.*** about, around
ราวตากผ้า ***n.*** washing line
ราวี ***v.*** to attack, to battle, to combat; to disturb, to annoy

ราศี ***n.*** sign of the zodiac; radiance
ราษฎร, ราษฎร์ ***n.*** citizen. ***-adj.*** private
ราษฎรอาวุโส ***n.*** senior citizen
ราหู ***n.*** celestial monster who eclipses the sun or the moon

ราหู

รำ ***n.*** bran. ***-v.*** to dance
ร่ำ ***v.*** to beat, to hit; to repeat; to smoke, to fumigate
ร่ำไป ***adv.*** repeatedly; continually; frequently; endlessly
ร่ำร้อง ***v.*** to beg, to beseech, to implore, to ask for
ร่ำไร ***v.*** to linger, to loiter. ***-adj.*** wordy, verbose; sluggish, tardy
ร่ำลา ***v.*** to say goodbye, to take leave, to say farewell
ร่ำไห้ ***v.*** to cry, to weep, to sob
รำคาญ ***v.*** to be annoyed by sth./sb., to be irritated by sth./sb.
รำพัน ***v.*** to pour out; to bemoan, to bewail
รำพึง ***v.*** to think about, to miss
รำเพย ***v.*** to blow gently
รำมะนา ***n.*** a kind of Thai small one-sided drum
รำมะนาด ***n.*** gum-boil
ร่ำรวย ***adj.*** rich, wealthy, well-to-do
รำไร ***adv.*** indistinctly, faintly, dimly
รำลึก ***v.*** to recollect, to recall
ริ, ริเริ่ม ***v.*** to initiate, to originate, to begin, to start; to think, to plan
ริก, ริก ๆ ***adj.*** trembling, vibrating. ***-adv.*** tremblingly
ริดสีดวง ***n.*** hemorrhoids
ริน ***v.*** to pour, to decant. ***-adj.*** gurgling.

น บ ป ผ ฝ พ ฟ ภ ม ย ร ฤ ฤๅ ล ฦ ฦๅ ว ศ ษ ส ห ฬ อ ฮ

-adv. slowly, little by little; gently
ริบ ***v.*** to confiscate, to expropriate, to seize. ***-adj.*** sharp
ริบบิ้น ***n.*** ribbon
ริบหรี่ ***adj.*** faint, dim, feeble
ริม ***n.*** edge, rim, brim
ริมทาง n. roadside, wayside
ริมน้ำ n. riverside
ริมฝีปาก n. lip
ริ้ว ***n.*** mark, streak, stripe, line
ริ้วขบวน n. procession
ริ้วรอย n. wrinkle
ริษยา ***adj.*** envious, jealous
รี ***adj.*** oval; tapered
รี่ ***v.*** to go straight to, to approach; to rush to, to dash to
รีไซเคิล ***v.*** to recycle. ***-n.*** recycle
รีด ***v.*** to squeeze, to press; to iron
รีดไถ v. to fleece, to exploit
รีดนม v. to milk
รีดลูก v. to have an abortion
รีบ ***v.*** to rush, to hasten, to hurry. ***-adj.*** urgent, hurried
รีฟิล ***v.*** to refill. ***-n.*** refill
รีม ***n.*** ream
รีโมตคอนโทรล ***n.*** remote control
รีสอร์ต ***n.*** resort
รีเอนจิเนียริง ***n.*** reengineering
รื่น ***adj.*** happy, pleased, refreshing
รื่นรมย์ adj. pleasant, delightful
รื่นเริง adj. cheerful, joyful, joyous
รื้อ ***v.*** to tear down, to remove; to dismantle; to revive, to reverse
รื้อฟื้น v. to bring up again, to revive
รุก ***v.*** to move forward, to advance
รุกฆาต v. to check. ***-n.*** checkmate
รุกราน v. to invade, to intrude
รุกขชาติ ***n.*** tree, plant
รุ่ง ***adj.*** bright, brilliant, shiny. ***-n.*** daybreak; dawn
รุ่งเรือง adj. prosperous, thriving, flourishing
รุ่งโรจน์ adj. glorious, brilliant, blazing, radiant
รุ่งริ่ง ***adj.*** ragged, shabby
รุ้ง ***n.*** rainbow
รุงรัง ***adj.*** messy, disorderly, untidy
รุด ***v.*** to stride forward, to speed forward, to forge ahead
รุดหน้า v. to progress, to advance, to improve
รุน ***v.*** to push forward, to purge
รุนแรง ***adj.*** violent, fierce, sharp. ***-adv.*** violently
รุ่น ***n.*** generation; lot, batch. ***-adj.*** young, youthful, adolescent
รุม ***v.*** to throng, to flock to; to buffet
รุ่มร้อน ***adj.*** anxious, nervous, worried
รุ่มร่าม ***adj.*** loose fitting; excessive; improper
รู ***n.*** hole, aperture, opening
รูขุมขน n. pore
รูเข็ม n. needle eye
รูจมูก n. nostril
รูร้อยเชือก n. eyelet
รูแอบมอง n. peephole
รู่ ***v.*** to scratch; to scrape, to rub
รู้ ***v.*** to know, to understand, to be aware of, to realize
รู้แกว, รู้ทัน v. to get wind of sth.
รู้ความ adj. sensible
รู้คุณ v. to be grateful, to appreciate. ***-adj.*** grateful, appreciative
รู้จัก v. to know, to recognize
รู้จักมักคุ้น v. to be acquainted with, to be familiar with. ***-adj.*** intimate
รู้แจ้ง n. enlightenment
รู้ตัว v. to realize; to be conscious;

น บ ป ผ ฝ พ ฟ ภ ม ย ร ฤ ฤๅ ล ฦ ฦๅ ว ศ ษ ส ห ฬ อ ฮ

to be awakened
รู้เท่าไม่ถึงการณ์ ***adv.*** blindly, innocently; dull, foolish
รู้สึก ***v.*** to feel, to sense; to think
รู้เห็นเป็นใจ ***v.*** to connive with, to conspire with

รูป ***n.*** picture; image; shape, figure, outline, form; numerative noun for a monk, a picture, a photo, etc.
รูปคดี ***n.*** gist of a case
รูปถ่าย ***n.*** photograph, picture
รูปทรง ***n.*** shape, figure, posture
รูปธรรม ***adj.*** concrete
รูปบูชา ***n.*** idol, image
รูปแบบ ***n.*** format, model
รูปประกอบ ***n.*** illustration
รูปปั้น ***n.*** sculpture
รูปพรรณ ***n.*** looks, appearances; gold ornaments
รูปภาพ ***n.*** picture
รูปร่าง ***n.*** shape, physique, figure, appearance, form
รูปสมบัติ ***n.*** good looks
รูปสลัก ***n.*** sculpture
รูปหล่อ ***n.*** metal statue. ***-adj.*** homdsome, smart
รูปเหมือน ***n.*** portrait

เร่ ***v.*** to wander, to rove, to roam. ***-adj.*** homeless; mobile
เร่ร่อน *ดูคำว่า เร่*
เร่ขาย ***v.*** to peddle, to hawk

เรขาคณิต ***n.*** geometry

เร่ง ***v.*** to speed up, to hurry, to rush
เร่งด่วน ***adj.*** urgent, emergent, pressing. ***-adj., adv.*** express

เรณู ***n.*** dust; pollen

เรดาร์ ***n.*** radar

เรเดียม ***n.*** radium

เร้น ***adj.*** hidden, concealed; mysterious

เรรวน ***adj.*** uncertain, unsure; hesitant

เร็ว ***adj.*** fast, rapid, swift, speedy. ***-adv.*** early, soon, beforehand

เรอ ***v.*** to belch, to burp

เรา ***pron.*** we, us; you

เร้า ***v.*** to excite, to stimulate, to arouse

เราะ ***v.*** to flake off, to chip off; to look for a way through
เราะร้าย ***adj.*** sharp-tongued

เริง ***adj.*** gay, merry, joyous, joyful

เริม ***n.*** herpes simplex

เริ่ม ***v.*** to start, to begin, to initiate

เรี่ย ***v.*** to skim. ***-adj., adv.*** nearly, nearing, almost
เรี่ยราด, เรี่ยราย ***adj.*** scattered; disordered. ***-adv.*** scatteredly
เรี่ยไร ***v.*** to pass the hat around

เรียก ***v.*** to call; to demand, to call for; to name, to address

เรียง ***v.*** to line up, to arrange; to list
เรียงความ ***v.*** to compose, to write. ***-n.*** composition, essay
เรียงคิว ***v.*** to line up, to queue up; ***sl.*** to gang-rape, to rape en mass

เรียน ***v.*** to learn, to take lessons; to tell, to inform, to report
เรียนรู้ ***v.*** to learn

เรียบ ***adj.*** smooth, even, plain, level, flat; nothing left; calm, tranquil
เรียบร้อย ***adj.*** neat, tidy; well-mannered, polite; peaceful
เรียบเรียง ***v.*** to arrange, to write, to compose

เรียม ***pron.*** I, me, myself

เรี่ยม ***adj.*** excellent, perfect; beautiful; new; clean

เรียว ***adj.*** tapering, pyramidal; fine

เรือ ***n.*** boat, ship, vessel; rook
เรือกรรเชียง ***n.*** rowboat

เรือกลไฟ n. steamboat
เรือจ้าง n. taxi-boat
เรือข้ามฟาก n. ferry
เรือดำน้ำ n. submarine
เรือตัดน้ำแข็ง n. icebreaker
เรือแตก n. shipwreck
เรือท้องแบน n. barge
เรือบรรทุกน้ำมัน n. tanker
เรือใบ n. sailboat, yacht
เรือประมง n. fishing boat
เรือพระที่นั่ง n. state barge
เรือพระราชพิธี n. ceremonial barge
เรือรบ n. warship
เรือเร็ว n. speedboat
เรือลาดตระเวน n. cruiser
เรือสำเภา n. junk
เรือสำราญ n. cruiser
เรือสินค้า n. freighter

เรื่อ ***adj.*** light, pale, faint
เรื้อรัง ***adj.*** chronic
เรือกสวน ***n.*** garden; orchard
เรือง, เรืองรอง ***adj.*** radiant, glorious, shining; flourishing, prospering
เรืองนาม adj. famous, well-known

เรื่อง ***n.*** thing, matter, business, story
เรื่องประโลมโลก n. romance
เรื่องย่อ n. synopsis
เรื่องราว n. story, matter; case
เรื่องเลวร้าย n., idm. monkey business
เรื่องสั้น n. short story
เรื่องอื้อฉาว n. scandal

เรือน ***n.*** house, home, dwelling
เรือนกระจก n. greenhouse
เรือนจำ n. prison, jail
เรือนแพ n. floating house
เรือนรับรอง n. guest house
เรือนหอ n. bridal chamber

เรื้อน ***n.*** leprosy

เรื่อย ***adv.*** continuously; always
เรื่อยเปื่อย adv. adriftly; aimlessly; leisurely

แร่ ***n.*** mineral, ore. ***-v.*** to rush, to dash
แรเงา ***v.*** to shade
แรก ***adj.*** first; initial, prior, original
แรกเกิด adj., n. newborn
แรกนาขวัญ n. Ploughing Ceremony
แรกพบ adv. at first sight
แรกรุ่น adj. adolescent, youth, young, budding

แร็กเกต ***n.*** racket

แรง ***n.*** strength, energy, force, power. ***-adj.*** serious; strong; powerful
แรงขับ n. drive; motive
แรงงาน n. labor (Ame.)/labour (Bri.); laborer (Ame.)/labourer (Bri.)
แรงจูงใจ n. motivation
แรงดัน n. pressure
แรงดันไอน้ำ n. steam power
แรงดึงดูด n. gravity; attraction
แรงเทียน n. candle power
แรงบันดาลใจ n. inspiration
แรงม้า n. horsepower

แร้งทึ้ง ***n., idm.*** old bag
แรด ***adj., sl.*** affected, flirtatious
แร้นแค้น ***adj.*** poor, impoverished, poverty-stricken, penniless
แรป ***n.*** rap
แรม ***n.*** period of the waning moon. ***-adj.*** waning
แรม ***n.*** RAM/Random Access Memory
แรลลี ***n.*** rally
แร้ว ***n.*** snare

โร่ ***adj.*** sharp; vivid, distinct; fast
โรค ***n.*** illness, disease, sickness
โรคกระเพาะ n. gastropathy, gastrosis
โรคกลัว n. phobia, phobic disorder
โรคขาดอาหาร n. deficiency disease
โรคจิต n. psychosis *(sing.)*/psychoses *(pl.)*
โรคติดเชื้อ n. infectious disease
โรคติดต่อ n. infectious disease
โรคแทรกซ้อน n. complication
โรคประสาท n. neurosis, disorder
โรคผิวหนัง n. dermatosis
โรคระบาด n. epidemic
โรคหัวใจ n. heart disease
โรคอ้วน n. obesity
โรง ***n.*** factory, plant; place; house
โรงกลั่น n. refinery
โรงกษาปณ์ n. mint
โรงเก็บรถ n. garage
โรงเก็บเรือ n. boat house
โรงเก็บศพ n. mortuary
โรงครัว n. kitchen
โรงฆ่าสัตว์ n. slaughterhouse, abattoir
โรงงาน n. factory, plant
โรงนา n. barn
โรงพยาบาล n. hospital
โรงพยาบาลประสาท n. mental hospital, madhouse
โรงพัก n. police station
โรงพิมพ์ n. printing house
โรงภาพยนตร์ n. theater (Ame.)/theatre, cinema (Bri.)
โรงยิม n. gymnasium
โรงรับจำนำ n. pawnshop
โรงเรียน n. school
โรงเรียนประจำ n. boarding school
โรงเรียนรัฐบาล n. public school (Ame.)/state school (Bri.)
โรงเรียนเอกชน n. private school (Ame.)/public school, private school (Bri.)
โรงแรม n. hotel
โรงละคร n. theater (Ame.)/theatre (Bri.)
โรงเลี้ยงเด็กกำพร้า n. orphanage
โรงสี n. windmill
โรเนียว ***n.*** Roneo
โรม, โรมรัน ***v.*** to fight, to battle
โรมัน ***n., adj.*** Roman
โรมันคาทอลิก ***n., adj.*** Roman Catholic
โรมานซ์, โรแมนซ์ ***n.*** romance
โรแมนติก ***adj.*** romantic
โรย ***v.*** to fade, to wither; to sprinkle, to powder, to top. ***-adj.*** withered, exhausted, weak
โรยรา v. to be lessened, to decreased. ***-adj.*** withered
โรยแรง adj. tired, weary, exhausted
โรยหน้า v. to top, to sprinkle. ***-n.*** window-dressing
ไร ***pron.*** which, when, what. ***-adv.*** dimly, faintly, indistinctly
ไร่ ***n.*** farm, field; a Thai measurement unit of land equals to 1,600 m^2
ไร่องุ่น n. vineyard
ไร้ ***adj.*** -free, un-, -less. ***-prep.*** without
ไร้ความสามารถ adj. incapable, incompetent
ไร้ค่า adj. worthless, valueless
ไร้เดียงสา adj. innocent
ไร้พรมแดน adj. global, worldwide
ไร้สารตะกั่ว adj. lead-free
ไร้สาระ adj. nonsensical, absurd
ไรผม ***n.*** hairline
ไรฟัน ***n.*** gumline
ไรย์ ***n.*** rye

ฤ

ฤ a Sanskrit vowel. ***-adv.*** or; not; or not
ฤกษ์ ***n.*** auspicious time, auspicious moment; fixed star
ฤคเวท ***n.*** Rigveda of Brahminism
ฤชา ***n.*** fee
ฤชากร ***n.*** revenue from fee
ฤดี ***n.*** pleasure, delight, gladness
ฤดู, ฤดูกาล ***n.*** season
ฤดูใบไม้ผลิ ***n.*** spring
ฤดูใบไม้ร่วง ***n.*** fall (Ame.)/autumn (Bri.)
ฤดูฝน ***n.*** rainy season
ฤดูร้อน ***n.*** summer
ฤดูหนาว ***n.*** winter
ฤทธิ์ ***n.*** supernatural power, magical power; strength
ฤทัย ***n.*** heart; feeling, mind
ฤษี ***n.*** ascetic, sage, seer

ฤา

ฤา a Sanskrit vowel
ฤา ***adv.*** whether...or; not; why; what
ฤาดี ***n.*** *ดูคำว่า* ฤดี
ฤาทัย ***n.*** *ดูคำว่า* ฤทัย
ฤาษี ***n.*** *ดูคำว่า* ฤษี
ฤาสาย ***n.*** appellation of respect for the king

ล

ล the 36th Thai alphabet
ลง ***v.*** to descend, to go down, to move down; to write, to note; to yield; to publish; to grow plant
ลงขัน ***v.*** to pass the hat around, to invest in sth. together
ลงเขา ***adj.*** downhill
ลงแขก ***v.*** to pitch in (with), to give help, to support; ***sl.,*** to rape en masse, to gang-rape
ลงความเห็น ***v.*** to make comments on; to decide; to conclude
ลงคอ ***adv.*** (to do sth.) heartlessly
ลงคะแนน ***v.*** to vote; to ballot

น บ ป ผ ฝ พ ฟ ภ ม ย ร ฤ ฤๅ ล ฦ ฦๅ ว ศ ษ ส ห ฬ อ ฮ

ลงชื่อ, ลงนาม v. to sign; to register
ลงต่ำ, ลงล่าง adv. downwards
ลงทะเบียน v. to register
ลงทุน v. to invest (sth.) in sth.
ลงโทษ v. to punish, to penalize
ลงแป้ง v. to starch
ลงพระบังคนเบา v., roy. to pass urine, to urinate
ลงพระบังคนหนัก v., roy. to pass a stool, to move one's bowels
ลงมือ v. to begin, to start
ลงยา v. to enamel
ลงรัก v. to lacquer
ลงโรง v. to begin a play, to open a show, to start
ลงสรง v., roy. to bathe
ลงอาญา v. to punish, to penalize
ลงเอย v. to end up

ล้งเล้ง ***adj.*** noisy. ***-adv.*** noisily. ***-v.*** to raise one's voice, to shout at

ลด ***v.*** to reduce, to decrease, to lower, to lessen; to ease; to weaken
ลดขนาดธุรกิจ v. to downsize
ลดความเร็ว v. to slow down, to decelerate
ลดความอ้วน v. to be on a diet
ลดค่า v. to devalue, to depriciate
ลดราคา v. to be on sale
ลดราวาศอก v. to yield, to make a concession, to give up
ลดละ v. to give up; to cease, to stop
ลดเลี้ยว adv. winding, meandering, zigzag
ลดอาวุธ v. to disarm

ลน ***v.*** to singe

ลนลาน ***adj.*** panic, helter-skelter, panic-stricken. ***-adv.*** pell-mell, in panic

ล้น ***v.*** to overflow, to flood, to spill over. ***-adj.*** overabundant, excessive
ล้นพ้น adv. exceedingly, excessively; extremely
ล้นมือ (งาน) v., idm. to be up to one's neck in work, to be busy

ลบ ***v.*** to erase, to rub out; to subtract, to deduct, to minus. ***-adj.*** negative; pessimistic. ***-n.*** minus sign
ลบล้าง v. to wipe out, to destroy; to clean, to wash out
ลบเลือน v. to vanish, to fade
ลบหลู่ v. to insult, to disparage, to dispise, to look down upon

ลม ***n.*** wind, breeze, air; breath; one of the four elements governing the body; fart
ลมกรด n. jet stream. ***-adj.*** swift, rapid. ***-adv.*** swiftly, rapidly
ลมจับ v. to faint
ลมทะเล n. sea-breeze
ลมบก n. land-breeze
ลมบ้าหมู n. whirlwind, revolving storm; epilepsy
ลมปราณ n. breath; respiration control
ลมปาก n. words; gossip, hearsay
ลมพายุ n. storm, windstrom
ลมเพลมพัด n. a psychosomatic disorder. ***-adj.*** fickle, disorganized
ลมฟ้าอากาศ n. weather, climate
ลมแรง adj. windy
ลม ๆ แล้ง ๆ adj. illusive, idle, nonsense
ลมสุริยะ, พายุสุริยะ n. solar wind

ล่ม ***v.*** to sink, to overturn; to fail
ล่มจม v. to go bankrupt; to be ruined

ล้ม ***v.*** to fall over, to fail, to slip; to topple, to collapse; to kill; to die;

to stop, to cancel; to eliminate
ล้มละลาย **v.** to go bankrupt
ล้มล้าง **v.** to overthrow
ล้มลุก **n.** annual; tumbler
ล้มลุกคลุกคลาน **adj.** uncertain, unstable, insecure
ล้มเลิก **v.** to give up, to cancel
ล้มเหลว **v.** to fail, to break down, to fall flat
ล้มหมอนนอนเสื่อ **v.** to fall ill

ลวก **v.** to burn; to scald; to parboil
ลวก ๆ **adv.** carelessly, heedlessly
ลวง **v.** to deceive, to fool, to cheat
ลวงตา **adj.** illusory; false

ล่วง **v.** to exceed, to go beyond
ล่วงเกิน **v.** to insult, to offend
ล่วงประเวณี **v.** to commit adultery
ล่วงรู้ **v.** to know; to foresee
ล่วงละเมิด **v.** to break (a rule), to infringe upon, to violate
ล่วงลับ **v.** to die, to pass away
ล่วงล้ำ **v.** to intrude, to invade
ล่วงเวลา **adj.** overtime
ล่วงหน้า **adv.** in advance

ล้วง **v.** to draw out, to pull out
ล้วงกระเป๋า **v.** to pick one's pocket; to put one's hand in one's pocket
ล้วงความลับ **v.** to elicit a secret
ล้วงตับ, ล้วงไส้ **v.** to deceive, to fool

ลวด **n.** wire
ลวดสปริง **n.** coil spring, spring
ลวดสลิง **n.** sling
ลวดหนาม **n.** barbed wire

ลวดลาย **n.** pattern, design; trick
ล้วน **adj.** all, complete, whole
ล้วน ๆ **adj.** pure; all, whole. **-adv.** absolutely

ลวนลาม **v.** to molest
ล่วม **n.** bag, sack, pouch

ลหุ **adj.** light; fast, rapid. **-n.** light and unstressed vowel required in the prosody of metrical composition
ลหุโทษ **n.** minor penalty, minor sentence

ล่อ **n.** mule. **-v.** to tempt, to lure, to trick, to entice
ล่อแหลม **adj.** dangerous, critical, risky, hazardous

ล้อ **n.** wheel, roller. **-v.** to tease, to jeer
ลอก **v.** to shell, to peel, to skin; to bark; to copy; to imitate; to plagiarize
ลอกคราบ **v.** to slough off

ล็อก **v.** to lock. **-n.** lock
ล็อกเกต **n.** locket
ล็อกเกอร์ **n.** locker
ลอกแลก **adv.** restlessly, nervously
ลอการิทึม **n.** logarithm
ลอง **v.** to try, to attempt, to experiment, to test
ลองเชิง **v.** to test one's ability

ล่อง **v.** to go downstream, to go down a river, to go along a river; to go downwind; to travel down the way
ล่องแก่ง **v.** to undergo the rapids, to ride the rapids, to go white-water rafting
ล่องลอย **v.** to float, to drift
ล่องหน **v.** to vanish, to disappear. **-adj.** invisible

ลองจิจูด **n.** longitude
ลอด **v.** to pass through, to go through
ลอตเตอรี่ **n.** lottery
ลอย **v.** to float, to drift; to waft
ลอยกระทง **n.** Loy Krathong Festival
ลอยชาย **adj.** casual, carefree. **-adv.** casually, leisurely
ลอยตัว **v.** to float. **-adj.** floating

ม ข ป ผ ฝ พ ฟ ภ ม ย ร ฤ ฤๅ ล ฦ ฦๅ ว ศ ษ ส ห ฬ อ ฮ

ลอยนวล ***v.*** to get away scot-free
ลอยแพ ***v.*** to desert, to forsake, to abandon; to lay off, to dismiss
ล่อแล่ ***v.*** to babble
ละ ***v.*** to give up, to stop, to quit; to exempt; to vacate; to leave
ละทิ้ง ***v.*** to desert, to abandon
ละเลย ***v.*** to ignore, to neglect
ละคร ***n.*** play, show, drama
ละครชุดทางโทรทัศน์ ***n.*** mini-series
ละครน้ำเน่า ***n.*** soap opera
ละครสัตว์ ***n.*** circus
ละติจูด ***n.*** latitude
ละม่อม ***adv.*** easily, smoothly, tenderly. ***-prep.*** without resistance
ละม้าย *ดูคำว่า* คล้าย
ละมุน ***adj.*** soft, tender, mild, gentle
ละมุนละไม ***adj.*** tender, gentle
ละเมอ ***v.*** to sleepwalk, to talk in one's sleep, to murmur
ละเมาะ ***n.*** grove, thicket
ละเมิด ***v.*** to violate, to infringe on, to disobey, to go against
ละเมียด ***adj.*** delicate, gentle, soft
ละโมบ *ดูคำว่า* โลภ
ละไม ***adj.*** sweet. ***-adv.*** sweetly
ละล้าละลัง ***v.*** to hesitate, to be confused
ละลาน ***v.*** to be dazzled, to be excited
ละลาบละล้วง ***v.*** to intrude, to trespass, to take liberties with sb.
ละลาย ***v.*** to melt, to dissolve
ละล่ำละลัก ***v.*** to sputter, to speak breathlessly; to speak in a rush
ละลิบ ***adj.*** high; far; drifting afar
ละเลง ***v.*** to smear, to spread around
ละเลียด ***v.*** to eat little by litle, to nibble; to do sth. gradually
ละแวก ***n.*** neighbourhood. ***-adj.*** neighbouring, around, nearby
ละโว้ ***n.*** Lawo
ละหมาด ***n.*** worship of Allah's kindness
ละห้อย ***adj.*** sad, sorrowful, gloomy
ละเหี่ย ***adj.*** weary, exhausted; low-spirited, dejected, depressed
ละออง ***n.*** powder, dust, particle; fiber, filament; spray
ละอาย ***v.*** to feel ashamed/guilty
ละเอียด ***adj.*** fine, delicate, powdered; careful, thorough, meticulous
ละเอียดลออ ***adj.*** neat, careful. ***-adv.*** neatly, carefully
ลัก ***v.*** to steal, to rob; to do secretly
ลักไก่ ***adv., colloq.*** stealthily, furtively; cunningly, trickily
ลักพาตัว ***v.*** to kidnap, to abduct
ลักเพศ ***adj.*** homosexual. ***-n.*** gay; sexual pervert
ลักลอบ ***v.*** to sneak; to smuggle. ***-adv.*** stealthily, secretly, furtively
ลักลอบได้เสีย ***v.*** to commit adultery
ลักลั่น ***adj.*** overlapped, unsystematic, incompatible, disordered
ลักเล็กขโมยน้อย ***v.*** to pilfer, to filch
ลักขณา ***n.*** good appearance
ลักปิดลักเปิด ***n.*** scurvy
ลักยิ้ม ***n.*** dimple
ลักษณะ ***n.*** characteristics; quality; form, appearance, look; attribute
ลักษณะนาม ***n.*** numerative noun
ลักษมณ์ ***n.*** Lakshman, Rama's brother
ลักษมี ***n.*** luck, fortune; wealth; beauty; Goddess of Beauty and Fortune; Laksami, Narayana's wife
ลัคนา ***n.*** one's Zodiac; auspicious time
ลัง ***n.*** trunk, case, crate, carton
ลังถึง ***n.*** steamer
ลังเล ***v.*** to hesitate. ***-adj.*** hesitant
ลัญจกร, ลัญฉกร ***n.*** seal

ลัด ***v.*** to make a shortcut. ***-n.*** shortcut
ลัดคิว n. queue-jumping
ลัดวงจร v. to short circuit
ลัทธิ ***n.*** sect, doctrine, creed
ลัทธิจักรวรรดินิยม n. imperialism
ลัทธิชาตินิยม n. nationalism
ลัทธิเทคโนโลยีนิยม n. technocracy
ลัทธิบริโภคนิยม n. consumerism
ลัทธิเผด็จการ n. autocracy
ลัทธิเสรีนิยม n. liberalism
ลั่น ***v.*** to sound; to fire, to shoot; to burst out, to explode
ลั่นกุญแจ v. to lock, to latch
ลั่นไก v. to trigger, to fire
ลั่นดาล v. to bolt
ลั่นปาก, ลั่นวาจา v. to give one's word, to make a commitment
ลับ ***v.*** to grind; to whet, to sharpen. ***-adj.*** secret, hidden, mysterious
ลับเฉพาะ adj. confidential
ลับลมคมใน adj. dirty, sinister
ลับ ๆ ล่อ ๆ adv. stealthily, secretly
ลับสุดยอด adj. top-secret
ลับหลัง adv. behind sb.'s back
ลา ***v.*** to say goodbye, to take a leave
ลากิจ n. errand leave
ลาคลอด n. maternity leave
ลาป่วย n. sick leave
ลาพักร้อน n. to take a vacation
ลาสิกขา v. to leave the monkhood
ลาออก v. to resign, to quit
ล่า ***v.*** to retreat; to chase, to stalk, to hunt; to pursue. ***-adj.*** late, delayed
ล่าช้า adj. late; tardy
ล่าถอย v. to retreat, to withdraw
ล่าสุด adj. lastest, brand-new
ล้า ***adj.*** tired, weary, exhausted
ล้าหลัง, ล้าสมัย adj. old-fashioned, out-of-date, outmoded

ลาก ***v.*** to pull, to drag, to haul
ลาง ***n.*** omen, premonition
ล่าง ***adv., prep.*** below, down. ***-adj., adv.*** underneath, beneath
ล้าง ***v.*** to clean, to cleanse, to rinse, to wash away; to purge, to destroy; to kill; to eradicate
ล้างแค้น v. to revenge, to avenge
ล้างท้อง v. to be given an emetic
ล้างผลาญ v. to devastate, to ravage
ล้างพิษ v. to detoxify
ล้างไพ่ v. to reshuffle
ล้างฟิล์ม v. to develop a film
ล้างมือ v., idm. to wash one's hands of sb./sth., to give up
ล้างสมอง v. to brainwash sb.
ล้างอาย v. to save face, to recover face; to wipe out a disgrace
ลาด ***v.*** to spread, to pave, to lay; to slope. ***-adj.*** sloping, inclined
ลาดชัน adj. sloping, tilted
ลาดตระเวน v. to patrol, to scout, to inspect. ***-n.*** patrol craft, cruiser
ลาดยาง adj. asphalted. ***-v.*** to asphalt
ลาดเลา ***n.*** clue, sign, hint, track
ลาติน, ละติน ***n., adj.*** Latin
ลาน ***n.*** ground, field; coilspring. ***-adj.*** dazzled; panic
ลานจอดรถ n. parking lot (Ame.)/car park (Bri.)
ลาภ ***n.*** luck, stroke of good fortune
ลาม ***v.*** to extend, to spread; to offensively talk about sb.
ล่าม ***n.*** interpreter. ***-v.*** to tie, to chain
ลามก ***adj.*** dirty, obscene, lewd
ลามะ ***n.*** lama
ลาย ***n.*** design, pattern; strip; trick, game. ***-adj.*** spotted, streaked

ลายคราม **n.** china. ***-adj.*** expert
ลายเซ็น **n.** signature, autograph
ลายแทง **n.** inscription; clue
ลายนิ้วมือ **n.** fingerprint
ลายพระหัตถ์ ***n., roy.*** handwriting; letter
ลายมือ **n.** lines on the fingers and palms; handwriting
ลายลักษณ์ **n.** letters; mark, symbol
ลายลักษณ์อักษร ***adj.*** written
ลาว ***n.*** Laos; Loa, Laotian
ลาวา ***n.*** lava
ลำ ***n.*** numerative noun for a long and round thing such as a boat, bamboo, etc.; stalk, bar; song
ลำกระโดง **n.** irrigation canal
ลำกล้อง **n.** gun barrel; urethra
ลำแข้ง **n.**shin; one's effort
ลำแขน **n.** arm
ลำคลอง **n.** canal
ลำคอ **n.** throat
ลำต้น **n.** stalk, stem; trunk, bole
ลำตัว **n.** body; torso, trunk
ลำธาร **n.** stream, brook, creek
ลำนำ **n.** rhythm
ลำน้ำ **n.** watercourse, waterway
ลำแสง **n.** beam; ray
ลำไส้ **n.** intestine
ลำไส้เล็ก **n.** small intestine
ลำไส้ใหญ่ **n.** large intestine
ลำไส้อักเสบ **n.** enteritis
ลำห้วย **n.** creek, gully
ล่ำ, ล่ำสัน ***adj.*** strong, sturdy, robust
ล้ำ ***v.*** to pass over, to overstep, to go beyond, to get ahead of. ***-adj.*** superior, surpassing; excellent
ล้ำค่า ***adj.*** priceless, invaluable
ล้ำยุค ***adj.*** ultramodern
ล้ำเลิศ ***adj.*** superior, excellent
ล้ำหน้า **v.** to go beyond, to exceed. ***-adj., adv., n.*** offside
ลำเค็ญ ***adj.*** hard, tough, difficult
ลำดับ ***n.*** order, sequence, priority
ลำเนา ***n.*** line, edge, zone, region
ลำบาก ***adj.*** difficult, hard, tough
ลำพอง ***adj.*** overconfident, puffed up
ลำพัง ***adj.*** alone. ***-prep.*** by oneself
ลำโพง ***n.*** microphone; loudspeaker
ลำไพ่ ***n.*** extra income, subsidiary income, private gains
ลำลอง ***adj.*** informal, casual, private
ลำเลิก ***v.*** to rake sth. up
ลำเลียง ***v.*** to transport, to carry
ลำเอียง ***adj.*** partial, biased, prejudiced
ลิกไนต์ ***n.*** lignite
ลิเก ***n.*** a Thai musical folk drama
ลิขสิทธิ์ ***n.*** copyright
ลิขิต ***n.*** letter, writing, epistle. ***-v.*** to write; to destine
ลิด ***v.*** to prune, to clip, to trim away
ลิดรอน **v.** to deprive sb./sth. of, to expropriate from, to undermine
ลิ้น ***n.*** tongue; valve
ลิ้นไก่ **n.** uvula
ลิ้นชัก **n.** drawer
ลิ้นปี่ **n.** reed; xyphoid, xiphisternum
ลิ้นสองแฉก ***adj.*** unreliable, insincere
ลิ้นหัวใจ **n.** cardiac valve
ลินิน ***n.*** linen
ลิบ ***adj.*** faraway, far-off, remote
ลิบลับ ***adj.*** far-off, faraway, remote
ลิบลิ่ว ***adj.*** very high. ***-adv.*** very
ลิปซิงค์ ***n.*** lip-sync, lip-synch
ลิปดา ***n.*** minute
ลิปสติก ***n.*** lipstick
ลิฟต์ ***n.*** elevator (Ame.)/lift (Bri.)
ลิ่ม ***n.*** wedge. ***-v.*** to wedge, to drive i

a wedge; to drive a wedge into sth.; to be clotted
ลิ้ม ***v.*** to taste, to try
ลิลิต ***n.*** mixed poetical composition
ลิว ***v.*** to soar, to rise in the sky. ***-adj.*** very high. ***-adv.*** swiftly
ลี้ ***v.*** to escape, to avoid. ***-n.*** li
ลี้ภัย v. to flee, to escape
ลี้ลับ adj. secret; mysterious
ลีบ ***adj.*** atrophic, blighted; flat
ลีลา ***n.*** way, style; gracefulness; manner, bearing; rhythm
ลีลาศ ***v.*** to dance. ***-n.*** dance, dancing
ลึก ***adj.*** deep, profound, abstruse
ลึกซึ้ง adj. profound, recondite
ลึกลับ adj. mysterious, secret
ลึกล้ำ adj. deep, profound
ลึงค์ ***n.*** penis
ลื่น ***adj.*** slippery, oily. ***-v.*** to slip, to slide
ลืม ***v.*** to forget; to overlook, to ignore
ลืมต้น adj. long-stored, aged (fruit)
ลืมตัว v. to forget oneself; to lose one's self control
ลืมตา v. to open one's eye
ลือ ***v.*** to spread, to circulate
ลือชา adj. famous, well-known
ลื่อ ***n.*** great-great grandchild
ลุ ***v.*** to reach, to attain, to arrive at, to achieve; to know
ลุแก่โทษ v. to apologize, to admit one's fault
ลุแก่โทสะ v. to flare up, to fly into a rage
ลุแก่อำนาจ v. to abuse one's authority
ลุล่วง adj. finished, fulfilled, achieved, done
ลุก ***v.*** to get up, to rise, to arise, to stand up; to blaze, to kindle
ลุกโชน v. to flame, to blaze
ลุกลาม v. to spread, to extend. ***-adj.*** contagious
ลุกลน ***v.*** to be nervous, to be in a hurry
ลุกลี้ลุกลน ***adj.*** nervous, hurried
ลุง ***n.*** uncle; address term for a man who is normally older than father or mother
ลุงเขย n. uncle-in-law
ลุงแซม n. Uncle Sam (USA)
ลุ่น ***adj.*** short, stumpy; plain; bare
ลุ้น ***v.*** to promote, to cheer, to push forward
ลุ่ม ***adj.*** low; marshy, swampy
ลุ่มน้ำ n. basin, valley
ลุ่ม ๆ ดอน ๆ adj. uneven, craggy, uncertain; inconvenient
ลุย ***v.*** to wade in/into, to walk through, to ford; to attack, to assault
ลุ่ย ***v.*** to fall apart, to slip off, to unravel, to loosen to; to lose badly
ลู่ ***n.*** lane, alley, track, channel. ***-v.*** to bend with the wind
ลู่ทาง n. way; channel; access; opportunity, chance
ลูก ***n.*** child *(sing.)*/children *(pl.)*; offspring; son; daughter; fruit; numerative noun for a ball-like thing
ลูกกรง n. bar, balustrade
ลูกกรอก n. fetus died prematurely, mummified fetus believed to bring good luck
ลูกกรุง n. modern song
ลูกกลอน n. pill, bolus
ลูกกลิ้ง n. roller; roll-on, deodorant
ลูกกวาด n. candy (Ame.)/sweet (Bri.)
ลูกกำพร้า n. orphan

น บ ป ผ ฝ พ ฟ ภ ม ย ร ฤ ฤๅ ล ฦ ฦๅ ว ศ ษ ส ห ฬ อ ฮ

น บ ป ผ ฝ พ ฟ ภ ม ย ร ฤ ฤๅ ล ฦ ฦๅ ว ศ ษ ส ห ฬ อ ฮ

ลูกกุญแจ n. key
ลูกเกด n. raisin
ลูกแก้ว n. marble; glass ball
ลูกแกะ n. lamb
ลูกไก่ n. chick
ลูกขนไก่ n. shuttlecock
ลูกข่าง n. top
ลูกขุน n. jury
ลูกเขย n. son-in-law
ลูกครอก n. slave-child
ลูกครึ่ง n. person of mixed descent or parentage, halfcaste
ลูกค้า n. customer, client, guest
ลูกคิด n. abacus
ลูกคู่ n. chorus
ลูกจ้าง n. employee
ลูกช้าง pron. I, me
ลูกชาย n. son, boy
ลูกชิ้น n. meatball; fishball
ลูกดอก n. dart
ลูกดิ่ง n. plummet
ลูกตะกั่ว n., sl. bullet
ลูกตา n. eyeball
ลูกติด n. stepchild
ลูกตุ้ม n. pendulum
ลูกเต้า n. children, offspring
ลูกเต๋า n. die *(sing.)*/dice *(pl.)*
ลูกทุ่ง adj. country, folk
ลูกโทษ n. (football) penalty kick; free kick; (basketball) free throw
ลูกน้อง n. henchman, follower; folks; subordinate
ลูกน้ำ n. mosquito larva; comma
ลูกนิมิต n. holy stone
ลูกบาศก์ n. cube, cubic; square
ลูกบิด n. doorknob
ลูกบุญธรรม n. adopted child
ลูกประคำ n. rosary
ลูกปัด n. bead
ลูกปืน n. bullet, cartridge, shell; ball bearing
ลูกโป่ง n. balloon
ลูกผสม n. hybrid
ลูกผู้ชาย n. gentleman
ลูกผู้หญิง n. woman; lady
ลูกพี่ n., colloq. boss
ลูกพี่ลูกน้อง n. cousin
ลูกมือ n. assistant, helper
ลูกไม้ n. trick; lace; fruit
ลูกเรือ n. crew; sailor
ลูกเลี้ยง n. stepchild; adopted child
ลูกศร n. arrow
ลูกศิษย์ n. pupil, student, follower
ลูกสะใภ้ n. daughter-in-law
ลูกสุนัข n. pup, puppy
ลูกเสือ n. tiger cub; boyscout
ลูกหนี้ n. debtor
ลูกเหม็น n. naphthalene, mothball
ลูกหลาน n. offspring, descendants
ลูกหิน n. marble
ลูกเห็บ n. hailstone, hail
ลูกอม n. candy (Ame.)/sweet (Bri.)
ลูกอ๊อด n. pollywog (Ame.)/tadpole (Bri.)
ลูกอัณฑะ n. testicles

ลูคีเมีย ***n.*** leukemia

ลูบ ***v.*** to touch, to feel, to stroke
ลูบคม v. to insult, to disdain; ***idm.*** to beard the lion in his den

เล็ก ***adj.*** small, little, tiny; trivial, minor, insignificant. ***-suffix*** -let

เลข ***n.*** number, digit, figure; arithmetics, mathemetics
เลขคณิต n. arithmetics, maths
เลขคณิตคิดในใจ n. mental arithmetics
เลขคี่ n. odd number
เลขคู่ n. even number

เลขชี้กำลัง ***n.*** exponent
เลขประจำตัว ***n.*** identification number
เลขลำดับ ***n.*** ordinal number
เลขเศษ ***n.*** numerator
เลขส่วน ***n.*** fraction
เลขหน้า ***n.*** page number
เลขา ***n.*** secretary; letter; writing; drawing. ***-adj.*** pretty, beautiful
เลขาธิการ ***n.*** secretary-general
เลขานุการ ***n.*** secretary
เล็ง ***v.*** to aim at; to observe, to see
เลเซอร์ ***n.*** laser
เล็ด ***v.*** to leak out, to ooze
เล็ดลอด ***v.*** to sneak; to escape
เลน ***n.*** mud, sludge; lane
เล็น ***n.*** louse; tick; lice; ant
เล่น ***v.*** to play; to deal with; to join
เล่นกล ***n.*** trick-playing. ***-v.*** to play a trick; to fool
เล่นการพนัน ***v.*** to gamble, to bet
เล่นการเมือง ***v.*** to be engaged in politics
เล่นงาน ***v.*** to hurt, to assault, to attack; to scold, to blame
เล่นพิเรนทร์ ***v.*** to do what one should not do, to do unusual thing
เล่นเพื่อน ***v.*** to be indulge in lesbian
เล่นไม่ซื่อ ***v.*** to cheat, to play dirty trick
เล่นหัว ***v.*** to play with, to tease
เลนส์ ***n.*** lens
เลนส์นูน ***n.*** convex lens
เลนส์เว้า ***n.*** concave lens
เล็บ ***n.*** nail; claw
เล่ม ***n.*** numerative noun for a book, candle, knife, sickle, etc.
เล็ม ***v.*** to prune, to trim; to nibble
เลย ***adv.*** further, beyond, more than, too much; at all, definitely, so
เลว ***adj.*** bad, base, vile, inferior, low
เลศนัย ***n.*** hint; trick, artifice
เลสเบียน ***n.*** lesbian
เล่ห์ ***n.*** trickery, wiles, artifice. ***-adj.*** foxy, cunning, tricky
เล่ห์กล ***n.*** trick, plot
เล่ห์เหลี่ยม ***n.*** trick, tactic
เลหลัง ***v.*** to auction
เลอโฉม ***adj.*** enchanting, fine
เลอเลิศ ***adj.*** superior, excellent
เล่อล่า ***adj.*** startled, excited
เลอะ, เลอะเทอะ ***adj.***dirty, soiled
เลอะเลือน ***adj.*** blurred, dim
เละ ***adj.*** watery, sloppy; pulpy; terrible
เละเทะ ***adj.*** disorderly, terrible
เลา ***n.*** numerative noun for a flute
เล่า ***v.*** to tell, to report, to narrate
เล่าลือ ***v.*** to spread, to talk about
เลานจ์ ***n.*** lounge
เล้า ***n.*** pen, fold, coop; **colloq.** brothel
เล้าโลม ***v.*** to caress, to stroke
เลาะ ***v.*** to rip; to peel; to skirt
เลิก ***v.*** to stop, to cease, to give up, to cancel; to open; to divorce
เลิ่กลั่ก ***adj.*** furtive, disconcerted
เลินเล่อ ***adj.*** careless, negligent. ***-adv.*** carelessly, negligently
เลิฟซีน ***n.*** love scene
เลิศ ***adj.*** excellent, superior, brilliant
เลีย ***v.*** to lick; **colloq.** to flatter
เลี่ยง ***v.*** to avoid, to evade; to bypass
เลี้ยง ***v.*** to feed; to bring up, to raise; to rear; to support, to keep one's balance, to sustain; to breed
เลียน ***v.*** to imitate, to copy, to mimic; to simulate; to mock, to ridicule
เลี่ยน ***adj.*** smooth, even; greasy, oily
เลียบ ***v.*** to go along the edge of, to

skirt
เลียบเคียง ***v.*** to sound sb. out, to explore, to observe
เลียบชายฝั่ง ***v.*** to sail along the shoreline, to follow the seashore
เลี่ยม ***v.*** to edge; to cap; to plate
เลี้ยว ***v.*** to turn, to veer
เลี้ยวลด ***adj.*** winding, zigzag
เลือก ***v.*** to choose, to select, to pick
เลือกตั้ง ***v.*** to elect, to vote for
เลือกตั้งซ่อม ***n.*** by-election
เลื่องลือ ***adj.*** famous, well-known
เลือด ***n.*** blood; menses; blood lineage
เลือดกำเดา ***n.*** nosebleed
เลือดคั่ง ***n.*** blood congestion
เลือดจาง ***n.*** anemia (Ame.)/ anaemia (Bri.)
เลือดเนื้อเชื้อไข ***n.*** children, offspring
เลือดเย็น ***adj.*** cold-blooded; unfeeling, heartless
เลือดร้อน ***adj.*** hot-tempered, quick-tempered, impetuous
เลือดลม ***n.*** health
เลือดออก ***v.*** to bleed
เลือดอุ่น ***adj.*** warm-blooded
เลือน, เลือนราง ***adj.*** blurred, dim. ***-v.*** to fade, to disappear, to faint
เลือนหาย ***v.*** to disappear, to vanish
เลื่อน ***v.*** to slide, to glide; to move, to postpone; to promote. ***-n.*** sled
เลื่อม ***n.*** spangle. ***-adj.*** glossy
เลื่อมใส ***v.*** to be devoted to, to have faith in, to believe in, to worship
เลื่อย ***n.*** saw
เลื่อยฉลุ ***n.*** jigsaw, fretsaw
เลื้อย ***v.*** to crawl, to creep; to climb up
แล ***v.*** to see, to look, to watch. ***-adv.*** really, indeed. ***-conj.*** and
แล่ ***v.*** to slice, to cut; to carve
แลก ***v.*** to exchange, to barter
แล็กเกอร์ ***n.*** lacquer
แล้ง ***adj.*** dry, arid. ***-n.*** drought
แลน (เครือข่ายคอมพิวเตอร์เฉพาะบริเวณ) ***n., comp.*** LAN/Local Area Network
แลบ ***v.*** to stick out; to flash
แล่น ***v.*** to move, to go, to run, to sail, to drive, to ride; to solder; to connect. ***-n.*** blowpipe
แล็บ ***n.*** lab
แล้ว ***adv.*** already, then. ***-adj.*** ready, finished, complete
และ ***conj.*** and, with
และแล้ว ***adv.*** finally; then
โล่ ***n.*** shield; blind; cover; reward
โล้ ***v.*** to swing, to sway, to wave
โลก ***n.*** world, earth, globe
โลกที่สาม ***n.*** The Third World
โลกันตร์ ***n.*** the lowest hell
โลกาภิวัตน์ ***n.*** globalization
โลกีย์ ***adj.*** secular, worldly
โลโก้ ***n.*** logo
โลง ***n.*** coffin, casket
โล่ง ***adj.*** empty, open, uncovered, vacant; cheerful, relieved
โล่งเตียน ***adj.*** level, flat, even
โลชั่น ***n.*** lotion
โลด ***v.*** to jump, to hop, to spring
โลดโผน ***adj.*** exciting, adventurous
โลน ***adj.*** rude. ***-adv.*** rudely, vulgarly
โล้น ***adj.*** bald; bare
โลภ ***n.*** greed. ***-adj.*** greedy, desirous
โลม, โลมเล้า ***v.*** to caress; to soothe
โลเล ***adj.*** changeable, fickle, capricious
โลหะ ***n.*** metal
โลหะเจือ, โลหะผสม ***n.*** alloy
โลหิต ***n.*** blood. ***-adj.*** red
โละ ***v.*** to clear up, to throw away

ไล่ ***v.*** to chase; to catch up with; to drive; to examine, to test
ไล่เลี่ย adj. similar, comparable
ไล่เลียง v. to grill, to question intensely, to inquire minutely
ไล่ออก v. to fire, to dismiss

ไล้ ***v.*** to apply, to smear; to fondle

ฦ, ฦๅ

ฦ, ฦๅ a Sansakrit vowel
ฦๅ *ดูคำว่า* ลือ
ฦๅชา *ดูคำว่า* ลือชา

ว

ว the 37th Thai alphabet
วก ***v.*** to turn back
วง ***n.*** circle, ring, loop, round; band; numerative noun for a ring, a circle, etc. ***-v.*** to circle, to encircle
วงกต n. labyrinth, maze. ***-adj.*** labyrinthine
วงการ n. domain, world, field
วงโคจร n. orbit
วงจร n. circuit, cycle
วงจรชีวิต n. life cycle
วงจรปิด n. closed circuit
วงดนตรี n. band, orchestra, ensemble
วงเล็บ n. parenthesis, bracket
วงเวียน n. dividers; circle
วงแหวน n. ring

วงศ์ ***n.*** clan, family, race, lineage
วงศาคณาญาติ n. relatives, family

วจนะ ***n.*** words, sayings
วจี ***n.*** words, sayings
วจีกรรม n. speech, talking

วชิระ ***n.*** thunderbolt; diamond; God Indra's weapon
วชิราวุธ n. God Indra

วณิช ***n.*** merchant, businessman
วทัญญู ***adj.*** kind, merciful, generous
วน ***v.*** to circle, to revolve, to whirl
วนเวียน v. to circle, to round

วน ***n.*** jungle, woods, forest
วนศาสตร์ n. forestry
วนสณฑ์, วนสัณฑ์, วนาสัณฑ์ n. jungle, woods, forest
วนอุทยาน n. forest park
วนอุทยานแห่งชาติ n. national park
วนา n. forest, woods

วนัส ***n.*** forest, woods
วนิพก, วณิพก ***n.*** beggar who earns a

living as a performer
วรรค ***n.*** paragraph; phrase; chapter, stanza, section; space
วรรณ, วรรณะ ***n.*** color (Ame.)/colour (Bri.); complexion; caste, class
วรรณกรรม n. literary work
วรรณคดี n. literature
วรรณยุกต์ n. tone mark
วรรณศิลป์ n. art of writing
วลี ***n.*** row, trace; phrase
วสันต์ ***n.*** spring
วสันตฤดู n. rainy season
วอ ***n.*** palanquin, palankeen
วอก ***n.*** the Year of Monkey; face smeared with white powder
วอกแวก ***adj.*** distracted, unsettled, uncertain, changeable
ว่อง, ว่องไว ***adj.*** quick, swift, active. ***-adv.*** quickly, swiftly, actively
วอด, วอดวาย ***v.*** to be ruined, to be destroyed; to die, to be dead
วอน ***v.*** to beg, to implore, to beseech; ***colloq.*** to provoke
ว่อน ***v.*** to fly in great numbers
วอร์ม ***v.*** to warm up
วอลตซ์ ***n.*** waltz
วอลล์เปเปอร์ ***n.*** wallpaper
วอลเลย์บอล ***n.*** volleyball
วอแว ***v.*** to annoy, to disturb
วัก ***v.*** to scoop, to bail out, to lade
วัคซีน ***n.*** vaccine
วัง ***n.*** palace, court; expanse of water, deep water, deep sea
วังน้ำวน n. whirlpool
วังเวง ***adj.*** lonely, lonesome; haunting
วัชพืช ***n.*** weed
วัชระ ***n.*** thunderbolt; diamond
วัฏ, วัฏฏะ ***n.*** circle; cycle, cycle of life. ***-adj.*** revolving, circular
วัฏจักร n. cycle
วัฏสงสาร n. cycle of life
วัฒนะ ***n.*** prosperity, growth
วัฒนธรรม n. culture
วัฒนา n. progress, growth. ***-v.*** to progress, to grow, to develop
วัณโรค ***n.*** tuberculosis
วัด ***n.*** temple; convent; abbey. ***-v.*** to measure, to guage; to test
วัดความกว้าง v. to span
วัดความลึก v. to fathom
วัดตัว v. to take measure
วัดผล v. to examine the record, to evaluate, to assess, to estimate
วัดพื้น v., idm. to fall down
วัตต์ ***n.*** watt
วัตถุ ***n.*** thing, substance, material, object, item
วัตถุดิบ n. raw material
วัตถุนิยม n. materialism
วัตถุประสงค์ n. objective, purpose
วัตถุระเบิด n. explosive
วัตร ***n.*** duty, obligation; behavior (Ame.)/behaviour (Bri.), conduct; observance
วัน ***n.*** day; woods; forest
วันเกิด n. birthday
วันครบรอบ n. anniversary
วันจ่ายเงินเดือน n. pay-day
วันชาติ n. National Day
วันทำงาน n. workday (Ame.)/, working day (Bri.)
วันนี้ n. today
วันปฏิบัติการครั้งสำคัญ, ดีเดย์ n. D-day
วันปีใหม่ n. New Year's Day
วันพระ n. Buddhist holy day
วันเพ็ญ n. full moon day
วันยังค่ำ adv. surely; always

***วันแรงงาน* n.** May Day
***วันแล้ววันเล่า* adv.** day after day
***วันเว้นวัน* adv.** every other day
***วันสุกดิบ* n.** eve
***วันหยุด* n.** holiday
***วันหยุดนักขัตฤกษ์* n.** red-letter day
***วันหยุดสุดสัปดาห์* n.** weekend
***วันแห่งความรัก* n.** Valentine's Day
วันทยหัตถ์ ***v.*** to salute
วันทยาวุธ ***v.*** to salute by present arms
วันทา ***v.*** to raise one's hand to respect
วับ ***adv.*** suddenly, immediately
วับวาม ***adj.*** shining, lustrous, glistening. ***-adv.*** glitteringly, lustrously
วัย ***n.*** age, year
***วัยเจริญพันธุ์* n.** reproductive age
***วัยชรา* n.** senium, senility
***วัยเด็ก* n.** childhood
วัยทอง* n.** menopause; climacterium. ***-adj. climacteric
***วัยทารก* n.** babyhood, infancy
***วัยรุ่น* n.** teenager, adolescence
***วัยวุฒิ* n.** seniority
วัสดุ ***n.*** material, object, stuff
***วัสดุก่อสร้าง* n.** building materials
วา ***n.*** Thai linear measure equals to two meters (Ame.)/metres (Bri.)
ว่า ***v.*** to speak, to tell, to say, to state; to blame, to scold. ***-conj.*** that
***ว่ากล่าว* v.** to teach, to admonish
***ว่าการ* v.** to administer, to direct
***ว่าความ* v.** to conduct a case
***ว่าจ้าง* v.** to employ, to engage, to hire, to recruit
***ว่านอนสอนง่าย* adj.** docile, obedient
***ว่าราชการ* v.** to govern, to administer
วากยสัมพันธ์ ***n.*** syntax
วาง ***v.*** to lay down, to put down, to place; to set; to rest, to let go
***วางกับดัก* v.** to trap
วางก้าม* v.** to put on airs. ***-adj. insolent, cocky, overbearing
***วางไข่* v.** to lay eggs
***วางใจ* v.** to be at ease; to feel relieved, to trust, to rely on
***วางท่า, วางมาด* v.** to put on airs, to be pompous; to pose
***วางแผน, วางหมาก* v.** to plan, to plot, to scheme, to project
***วางเพลิง* v.** to set a fire to
***วางมัดจำ* v.** to deposit
***วางมือ* v.** to give up, to quit
***วางยา* v.** to poison; to drug
***วางวาย* v.** to die, to pass away
***วางหู* v.** to ring off, to hang up
***วางอำนาจ* adj.** high-handed, over bearing
ว่าง ***adj.*** free; vacant, unoccupied; spare; bare
***ว่างงาน* adj.** unemployed
***ว่างเปล่า* adj.** empty, vacant
***ว่างเว้น* v.** to stop, to avoid
วาจก ***n.*** speaker; voice
วาจา ***n.*** word, speech, utterance
วาณิช ***n.*** trader, merchant
วาณิชย์ ***n.*** business, trade, commerce
วาด ***v.*** to draw, to sketch, to paint; to move arms gracefully in dance; to paddle a boat, to row
วาดเขียน* v.** to draw. ***-n. drawing
วาต-, วาตะ ***n.*** wind, air
***วาตภัย* n.** disaster caused by a windstorm
วาท, วาทะ ***n.*** word, words, speech
***วาทศิลป์* n.** oratory, rhetoric
วาทย, วาทย์ ***n.*** musical instrument, wind instrument

วาทยกร n. conductor
วาทิต *n.* music; musician
วาที *n.* speaker; musician
วาน *n.* yesterday. ***-v.*** to ask, to request
วานซืน n. the day before yesterday
ว่าน *n.* medicinal plant, plant
วานร *n.* monkey, ape
วาบ *adv.* glitteringly, flashing; suddenly. ***-v.*** to tremble
วาบหวาม adj. infatuated with sb./by sb., thrilled
วาย *v.* to come to an end, to terminate, to end, to finish
วายชนม์, วายชีวิต, วายปราณ v. to die, to pass away
วายวอด v. to be destroyed
ว่ายน้ำ *v.* to swim
วายดับบลิวซีเอ *n.* Y.W.C.A (Young Women's Christian Association)
วายเอ็มซีเอ *n.* Y.M.C.A (Young Men's Christian Association)
ว้าย *interj.* Oh, Oh my God!
วายร้าย *adj.* bad, evil
วายุ *n.* wind; air; breath; God of Wind
วาร, วาระ *n.* time, day, oocasion
วารสาร n. periodical, journal, magazine
วารี *n.* water
วาล์ว *n.* valve
วาเลนไทน์ *n.* Valentine
วาว *adj.* shiny, lustrous, glossy, sparkling
ว่าว *n.* kite
ว้าวุ่น *adj.* confused, frustrated
วาสนา *n.* fortune, luck; merit, goodness; chance
วาสุกรี *n.* Naga King
วิก *n.* wig; theater (Ame.)/theatre (Bri.)
วิกฤต, วิกฤติ *adj.* critical, serious
วิกฤตการณ์, วิกฤติการณ์ n. crisis
วิกฤตกาล, วิกฤติกาล n. critical time
วิกล *adj.* abnormal, odd; imperfect, defective; weak, feeble
วิกลจริต adj. mad, insane, psychopathic, abnormal
วิกาล *n.* night; wrong time
วิเคราะห์ *v.* to analyze (Ame.)/to analyse (Bri.); to construe
วิ่ง *v.* to run. ***-adj.*** running
วิ่งข้ามรั้ว n. hurdles
วิ่งแข่ง v. to race
วิ่งเต้น v. to pull strings; to rush around (to get sth. done); to try to seek help or support
วิ่งเปรี้ยว n. flag race
วิ่งผลัด n. relay race
วิ่งราว v. to snatch, to grab
วิ่งหนี v. to run away
วิ่งเหยาะ ๆ v. to jog, to trot
วิงวอน *v.* to beg, to plead with sb. for sth., to beseech
วิงเวียน *v.* to feel faint. ***-adj.*** dizzy, giddy, light-headed
วิจัย *n.* research, detailed study. ***-v.*** to research, to do research
วิจารณ์ *v.* to comment; to criticize (Ame.)/to criticise (Bri.); to review
วิจารณญาณ n. intelligence, wit; judgement/judgment
วิจิตร *adj.* exquisite, delicate, fine
วิจิตรพิสดาร adj. marvelous
วิชชา *n.* enlightenment; knowledge
วิชัย *n.* victory, triumph, conquest
วิชา *n.* knowledge, education; subject, branch of study, course
วิชาการ adj. technical, academic
วิชาชีพ n. profession, occupation, vocation. ***-adj.*** vocational
วิชาโท n. minor (subject)

น บ ป ผ ฝ พ ฟ ภ ม ย ร ฤ ฤๅ ล ฦ ฦๅ ว ศ ษ ส ห ฬ อ ฮ

วิชาบังคับ ***n.*** required subject
วิชาเอก ***n.*** major (subject)
วิญญาณ ***n.*** soul, spirit; consciousness; heart, mind
วิญญู ***n.*** savant, sage, scholar
วิญญูชน ***n.*** reasonable man
วิด ***v.*** to bail, to pump, to scoop
วิดพื้น ***n.*** push-up (Ame.)/press-up (Bri.)
วิดีโอ ***n.*** video
วิดีโอเกม ***n.*** video game
วีดีโอเทป ***n.*** videotape
วิตก ***v.*** to be anxious, to be worried. ***-n.*** consideration, thought
วิตกจริต ***adj.*** worried, pessimistic
วิตถาร ***adj.*** odd, wierd, eccentric
วิตามิน ***n.*** vitamin
วิถี, วิถีทาง ***n.*** way, course, channel, road, path; scope, range
วิถีชีวิต ***n.*** lifestyle, life-style
วิทย- ***n.*** knowledge, education
วิทยฐานะ ***n.*** qualifications
วิทยา ***n.*** knowledge, science
วิทยากร ***n.*** lecturer; expert, specialist
วิทยากล ***n.*** magic
วิทยาการ ***n.*** science, knowledge
วิทยาเขต ***n.*** campus
วิทยาคม ***n.*** magic, incantation
วิทยาทาน ***n.*** instruction, teaching
วิทยานิพนธ์ ***n.*** thesis
วิทยาลัย ***n.*** college, school
วิทยาศาสตร์ ***n.*** science
วิทยุ ***n.*** wireless; radio
วิทยุติดตามตัว ***n.*** beeper (Ame.)/ pager (Bri.)
วิทยุโทรเลข ***n.*** radiogram
วิทยุสื่อสาร ***n.*** walkie-talkie
วิเทศ ***n.*** foreign country
วิเทศสัมพันธ์ ***n.*** foreign relations
วิเทโศบาย ***n.*** foreign policy
วิธาน ***n.*** arrangement, preparation; rule, regulation; tradition, custom
วิธี ***n.*** method, way, means; direction, rule, regulation; practice
วิ่น ***adj.*** ragged, torn
วินัย ***n.*** discipline, rule, regulation
วินาที ***n.*** second
วินาศ ***n.*** destruction, ruin
วินาศกรรม ***n.*** sabotage
วินาศภัย ***n.*** casualty
วินิจ ***v.*** to examine, to inspect, to investigate; to consider, to think
วินิจฉัย ***v.*** to judge, to decide; to consider, to contemplate
วิบูล, วิบูลย์ ***adj.*** broad, extensive; full, plentiful, abundant
วิปโยค ***n.*** separation; departure; dissociation, sorrow, grief
วิปริต ***adj.*** abnormal, insane, eccentric
วิปลาส *ดูคำว่า* วิปริต
วิปัสสนา ***n.*** deep meditation, concentration, spiritual insight
วิพากษ์ ***v.*** to judge, to decide
วิพากษ์วิจารณ์ ***v.*** to criticize, to comment
วิภาษ ***v.*** to argue, to debate
วิมังสา ***n.*** investigation, consideration
วิมาน ***n.*** heavenly palace; paradise
วิโยค ***n.*** departure; separation; estrangement, alienation; sorrow, grief
วิริยะ ***n.*** perseverance, diligence; bravery
วิโรจ, วิโรจน์ ***adj.*** bright, brilliant
วิลันดา ***n.*** Dutch, Dutchman, Hollander, Netherlander
วิลาด, วิลาศ ***adj.*** European
วิลาส ***adj.*** beautiful, gorgeous
วิไล ***adj.*** beautiful, pretty

น บ ป ผ ฝ พ ฟ ภ ม ย ร ฤ ฤๅ ล ฦ ฦๅ ว ศ ษ ส ห ฬ อ ฮ

วิว ***n.*** view
วิวัฒน์ ***n.*** prosperity, development
วิวัฒนาการ n. evolution
วิวาท ***v.*** to quarrel, to wrangle
วิวาห์, วิวาหะ ***n.*** marriage, wedding
วิเวก ***n.*** silence, lonesomeness; solitude
วิศว- ***adj.*** entire, whole, all
วิศวกร n. engineer
วิศวกรรม, วิศวกรรมศาสตร์ n. engineering
วิเศษ ***adj.*** excellent, supreme, brilliant
วิเศษณ์ ***n.*** adverb
วิษณุ ***n.*** God Vishnu
วิษณุกรรม ***n.*** name of an engineering deity
วิษุวัต ***n.*** equinox
วิสกี้ ***n.*** whisky
วิสัย ***n.*** characteristic, nature; ability, competence; limit
วิสัยทัศน์ n. vision
วิสรรชนีย์ ***n.*** sign of vowel "ะ"
วิสัชนา ***v.*** to reply, to answer; to explain
วิสัญญี ***adj.*** unconscious, insensible
วิสัญญีแพทย์ n. anesthetist
วิสาขะ, วิสาขา ***n.*** the sixth lunar month
วิสาขบูชา n. Visakha Puja, religious observance in commemoration of the Birth, the Enlightenment, and the Passing away of Buddha
วิสามัญ ***adj.*** unusual, special
วิสามัญฆาตกรรม n. justifiable homicide
วิสามานยนาม ***n.*** proper noun
วิสาสะ ***n.*** familiarity, acquaintance
วิสาหกิจ ***n.*** enterprise
วิสุทธ์, วิสุทธิ ***adj.*** clean, pure, spotless
วิสูตร ***n., roy.*** screen, curtain
วิหค ***n.*** bird
วิหาร ***n.*** Buddha image hall
วีจีเอ ***n.*** VGA (video graphics array)
วีซีดี ***n.*** VCD (video compact disc/disk)
วีซ่า ***n.*** visa
วีด ***n.*** scream
วีดี ***n.*** VD/V.D (venereal disease)
วีดิทัศน์ ***n.*** video
วีดิสาร ***n.*** videotex
วีนัส ***n.*** Venus
วีระ ***adj.*** brave, bold, courageous
วีรกรรม n. heroic deed
วีรชน n. hero, heroine
วีรบุรุษ n. hero
วีรสตรี n. heroine
วี่แวว ***n.*** clue, sign, hint, trace
วีไอพี ***n.*** VIP (Very Important Person)
วืด ***n.*** the sound of strong blowing wind. ***-v., colloq.*** to lose, to fail
วุฒ ***adj.*** grown; old, aged
วุฒิ ***n.*** qualification; prosperity; adulthood, seniority
วุฒิบัตร n. diploma, certificate
วุฒิสภา n. senate
วุฒิสมาชิก n. senator
วุ่น ***v.*** to interfere; to be busy
วุ่นวาย adj. busy; confused, chaotic
วุ้น ***n.*** jelly, gelatin, pectin
วูดู ***n.*** voodoo
วูบ ***v.*** to flash. ***-adv.*** suddenly
วูบวาบ adj. sparkling, glittering
วู่วาม ***adj.*** hotheaded, thoughtless, quicktempered
เวกเตอร์ ***n.*** vector
เวจ ***n.*** toilet, lavatory
เวช ***n.*** doctor, physician
เวชกรรม n. medical treatment
เวชภัณฑ์ n. medical supplies
เวชศาสตร์ n. medical science
เวท ***n.*** Four Vedas; knowledge, religious learning

เวทมนตร์ ***n.*** magic
เวทนา ***v.*** to pity, to sympathize with sb./sth. ***-n.*** feeling, sensation; pain
เวทย์ ***adj.*** worth knowing
เวที ***n.*** stage; altar; pedestal; savant, sage, scholar
เวทีพูด ***n.*** rostrum; platform
เวทีมวย ***n.*** boxing ring, cockpit
เวนคืนที่ดิน ***v.*** to expropriate
เว้น ***v.*** to space; to skip; to abstain from, to refrain from, to avoid
เว้นแต่ ***conj.*** unless, but. ***-prep.*** except, but
เวบไซต์ ***n.*** website
เวบเพจ ***n.*** webpage
เวร ***n.*** shift, turn; revenge, vengeance; ill will; sin, wrongdoing, enmity
เวรกรรม ***n.*** fate, retribution
เวลา ***n.*** time; moment; occasion
เวลาทำงาน ***n.*** working hour
เวลานอน ***n.*** bedtime
เวลานัด ***n.*** appointed time
เวลาพัก ***n.*** recess, break; rest
เวลาว่าง ***n.*** free time, leisure
เวสสันดร ***n.*** name of the Buddha in his tenth existence, Vessantara
เวหน, เวหะ, เวหา ***n.*** sky, air
เวฬุวัน ***n.*** bamboo forest; name of the monastery presented to the Lord Buddha by King Pimpisara
เวอร์ชัน ***n.*** version
เว้า ***v., colloq.*** to speak, to talk, to say. ***-adj.*** concave, indented
เวิ้ง ***n.*** alcove, bend, twist
เวิ้งว้าง ***adj.*** wide open, empty
เวิลด์ ***n.*** world
เวิลด์ไวด์เว็บ ***n.*** World Wide Web (www.)
เวียง ***n.*** city, town
เวียน ***v.*** to rotate, to take turns; to revolve, to circle, to whirl
เวียนเทียน ***n.*** religious clockwise circumambulation. ***-v., sl.*** to gang-rape, to rape en masse
เวียนหัว ***v.*** to be giddy, to be dizzy
แวง ***n.*** longitude; sword. ***-adj.*** long
แว้ง ***v.*** to wheel around, to turn suddenly; to turn back
แว้งกัด ***v.*** to snap at, to betray
แวดล้อม ***v.*** to surround, to encompass. ***-adj.*** surrounding
แวต ***n.*** VAT (value-added tax)
แว่น ***n.*** ring, circle; region, area; slice; piece; glasses; boundary
แว่นกันแดด ***n.*** sun glasses
แว่นขยาย ***n.*** magnifying glass
แว่นตา ***n.*** eyeglasses, glasses
แว่นตาดำน้ำ ***n.*** goggles
แวบ, แวบ ๆ ***adj.*** flashing, shining
แวม ***adj.*** twinkling, glittering, sparkling
แวมไพร์ ***n.*** vampire
แวว ***n.*** spark, talent, gift; bright coloring of a peacock's tail feathers; radiance, sheen. ***-adj.*** glittering, twinkling, sparkling
แววตา ***n.*** sparkle in one's eyes
แวววาม, แวววาว ***v.*** to glitter, to glitten, to sparkle. ***-adj.*** glittering
แว่ว ***v.*** to dimly hear; to be heard faintly
แวะ ***v.*** to stop off, to call on, to drop in, to pay a visit
แวะรับ ***v.*** to pick sb./sth. up
โว ***v.*** to boast, to brag
โวย ***v.*** to shout, to yell
โว้ย ***interj.*** ahoy!
โวยวาย ***v.*** to shout, to yell. ***-adv.*** boisterously, noisily. ***-adj.*** boisterous
โวลต์ ***n.*** volt

น บ ป ผ ฝ พ ฟ ภ ม ย ร ฤ ฤๅ ล ฦ ฦๅ ว ศ ษ ส ห ฬ อ ฮ

โวหาร ***n.*** eloquence, rhetoric, oratory
ไว ***adj.*** quick, fast; keen; acute; active. ***-adv.*** quickly, promptly
  ไวไฟ adj. inflammable; hot, sexy
ไว้ ***v.*** to put, to place, to lay; to retain, to remain, to keep, to preserve
  ไว้ใจ v. to trust, to rely on
  ไว้ตัว v. to put on airs. ***-adj.*** arrogant, proud
  ไว้ทุกข์ v. to be in mourning
  ไว้ลาย v. to leave behind one's reputation, to keep up one's ability
  ไว้หนวด v. to wear a moustache
  ไว้หน้า v. to save sb. 's face
  ไว้อาลัย v. to remember in memory of
ไวกิง ***n.*** Viking
ไวตามิน ***n.*** vitamin
ไวต์บอร์ด ***n.*** white board
ไวน์ ***n.*** wine
ไวพจน์ ***n.*** synonym
ไวยากรณ์ ***n.*** grammar
ไวรัส ***n.*** virus
ไวโอล่า ***n.*** viola
ไวโอลิน ***n.*** violin

ศ

ศ the 38th Thai alphabet
ศก ***n.*** hair; era, epoch, year
ศต ***n., adj.*** hundred
  ศตวรรษ, ศตพรรษ n. century
ศพ ***n.*** dead body, corpse, remains
ศร ***n.*** bow; arrow; arrow-shaft; gun
ศรัณย์ ***adj.*** supporting; defending
ศรัณยู ***n.*** backer, patron, supporter
ศรัทธา ***n.*** belief, faith, trust. ***-v.*** to believe in, to worship, to trust in
ศรี ***n.*** luck; prosperity; power; goodness; splendor (Ame.)/splendour (Bri.); beauty; auspiciousness; Goddess of Beauty; woman
ศฤงคาร ***n.*** love; concubines; assets
ศศิธร ***n.*** the moon
ศอ ***n.*** neck
ศอก ***n.*** elbow; a Thai length measuring unit eqauls to 0.6 meter/metre
ศักดา ***n.*** power, might, strength
ศักดิ, ศักดิ์ ***n.*** power; ability; might; industry; qualification; skill; helping; refuge; status; spear; sword
  ศักดินา n. feudalism. ***-adj.*** feudal
  ศักดิ์ศรี n. dignity, pride
  ศักดิ์สิทธิ์ adj. sacred, holy, blessed
ศักย ***adj.*** able, capable
  ศักยภาพ n. potential, capability
ศักย์ ***n.*** potential
ศักราช ***n.*** era
ศัตรู ***n.*** enemy, foe, opponent
ศัพท์ ***n.*** vocabulary, term, word; matter
  ศัพท์ใหม่ n. neologism
ศัลย ***n.*** arrow, spear, lance, dart, spike
  ศัลยกรรม, ศัลยศาสตร์ n. surgery
  ศัลยกรรมตกแต่ง n. plastic surgery
  ศัลยแพทย์ n. surgeon
ศัสตราวุธ ***n.*** weapon

น บ ป ผ ฝ พ ฟ ภ ม ย ร ฤ ฤๅ ล ฦ ฦๅ ว ศ ษ ส ห ฬ อ ฮ

ศากยะ ***n.*** family name of Lord Buddha's dynasty. ***-adj.*** possible, may, probable
ศากยมุนี n. name of Lord Buddha
ศานต์ ***adj.*** calm, peaceful, tranquil, still; polite; ending; dead; pure
ศารท ***n.*** autumn merit-making festival, 10th month merit-making festival; year. ***-adj.*** fall; ripe; fresh; shy; polite; humble
ศารทวิษุวัต n. autumnal equinox
ศาล ***n.*** court; shrine, joss-house
ศาลแขวง n. district court
ศาลจังหวัด n. provincial court
ศาลเจ้า n. joss house, shrine
ศาลชั้นต้น n. court of first instance
ศาลฎีกา n. supreme court
ศาลเตี้ย n. kangaroo court
ศาลทหาร n. court martial
ศาลแพ่ง n. civil court
ศาลเยาวชน n. juvenile court
ศาลโลก n. World Court, International Court of Justice
ศาลอาญา n. criminal court
ศาลอุทธรณ์ n. appeal court, court of appeal
ศาลา ***n.*** pavilion, shelter; hall
ศาลากลางจังหวัด n. town hall
ศาลาประชาคม n. community center
ศาสดา ***n.*** teacher; Master, religious founder, patriarch, prophet
ศาสตร์ ***n.*** science, knowledge. ***-suffix*** -logy
ศาสตราจารย์ n. professor
ศาสนา ***n.*** religion; belief, faith
ศาสนจักร n. religious authority
ศาสนูปถัมภก n. religious patron
ศาสนาจารย์ n. theologist
ศาสนาพราหมณ์ n. Brahmanism
ศาสนาพุทธ n. Buddhism
ศาสนาอิสลาม n. Islamism, Muslimism
ศาสนาฮินดู n. Hinduism
ศาสนิกชน n. adherent, votary
ศาสน์ ***n.*** command; instruction; royal official letter and letter of the patriarch
ศิงขร ***n.*** peak, top, summit, mountain
ศิขริน n. mountain. ***-adj.*** peaked, pointed, top
ศิระ ***n.*** head; top; front; leader, chief
ศิโรราบ ***v.*** to surrender, to yield, to submit
ศิลป, ศิลป์, ศิลปะ ***n.*** art, work of art
ศิลปกรรม n. the arts
ศิลปการ, ศิลปกิจ n. artistry, craftsmanship; craftsman, artisan
ศิลปวิทยา n. arts and science
ศิลปศาสตร์ n. liberal arts, arts
ศิลปิน, ศิลปี n. artist; artiste
ศิลา ***n.*** rock, stone, boulder; cliff
ศิลาจารึก n. stone tablet
ศิลาแลง n. laterite
ศิวะ ***n.*** God Siva, Nirvana; prosperity, success; freedom. ***-adj.*** auspicious
ศิษย์ ***n.*** pupil, student; disciple, novice
ศีรษะ ***n.*** head
ศีล ***n.*** commandment, religious precept, moral precept
ศีลจุ่ม n. baptism
ศีลธรรม n. morality, morals, ethics
ศีลมหาสนิท n. Holy Communion
ศีลอด n. Fast
ศึก ***n.*** war, combat, fight, campaign
ศึกษา ***n.*** learning; study, education; practicing; training. ***-v.*** to study, to learn, to research
ศึกษานิเทศก์ n. educational super-

visor
ศุกร์ ***n.*** Friday; Venus
ศุภ ***n.*** beauty; virtue; luck
ศุภนิมิต n. auspice, good omen
ศุลกากร ***n.*** customs duty, tariff
ศูทร ***n.*** sudra, the fourth Hindu caste
ศูนย์ ***adj.*** empty, void, vacant. ***-n.*** center (Ame.)/centre (Bri.), heart; zero. ***-v.*** to vanish, to disappear
ศูนย์กลาง n. center/centre, heart
ศูนย์การค้า n. shopping center/centre, mall
ศูนย์ถ่วง n. center/centre of gravity
ศูนย์เยาวชน n. youth center/centre
ศูนย์สูตร n. equator
เศรษฐ์ ***adj.*** excellent, best, supreme
เศรษฐกิจ n. economy
เศรษฐศาสตร์ n., adj. economics
เศรษฐศาสตร์การเมือง n. political economics
เศรษฐศาสตร์สิ่งแวดล้อม n. green economics
เศรษฐี ***n.*** rich man, millionaire
เศร้า ***adj.*** sad, tragic, low-spirited. ***-v.*** to lament, to grieve, to regret
เศวต, เศวตร ***n.*** white
เศวตฉัตร n. white tiered umbrella of kingship
เศษ ***n.*** remainder, surplus; odd; leftovers; bit, fraction; fragment. ***-adj.*** more (than). ***-prep.*** over
เศษขนมปัง n. breadscrumb
เศษไม้ n. chip of wood
เศษสตางค์ n. change
เศษส่วน n. fraction
เศษหินเศษอิฐ n. rubble
เศษอาหาร n. remains
เศียร ***n.*** head
โศก ***n.*** sadness, sorrow, grief, melancholy. ***-adj.*** sad, somber. ***-v.*** to lament, to mourn for
โศกนาฏกรรม n. tragedy
โศกศัลย์ v. to weep, to wail
โศกา ***v.*** to cry, to weep, to sob
โศลก ***n.*** a kind of Sanskrit verse of four-lined stanzas; hymn, praise; honor (Ame.)/honour (Bri.), admiration
ไศล ***n.*** rock mountain
ไศวะ ***n.*** a sect of Hinduism regarding God Siva as the supreme god

ษ

ษ the 39th Thai alphabet
ษมา ***v.*** to beg pardon, to beg forgiveness. ***-n.*** forgiveness

ส

ส the 40th Thai alphabet
สกปรก ***adj.*** dirty, blemish, filthy; rude
สกรรมกริยา ***n.*** transitive verb
สกรัม ***n.*** scrum
สกรีน ***v.*** to screen. ***-n.*** screen
สกรู ***n.*** screw
สกล ***adj.*** universal; entire, whole
  สกลโลก n. whole world. ***-adj.*** global, worldwide, universal
  สกลมหาสังฆปริณายก n. the pontiff
สกอต ***n.*** Scot
  สกอตช์ n. Scotch (whisky, food)
  สกอตช์เทป n. Scotch tape
สกัด ***v.*** to bar, to block, to obstruct; to chisel; to distill (Ame.)/to distil (Bri.); to extract
สกา ***n.*** a kind of Thai backgammonlike game

สกา

สกาว ***adj.*** white; clean, pure
สกี ***n.*** ski; skiing. ***-v.*** to ski
สกุณ, สกุณา, สกุณี, สกุนต์ ***n.*** bird
สกุล ***n.*** family, blood, tribe, blue blood nobility; genus
  สกุลรุนชาติ adj. high-born
สกูตเตอร์ ***n.*** scooter
สกูป ***n.*** scoop
สเกต ***n.*** rollerskate; roller-skate game
  สเกตน้ำแข็ง n. ice skate
สเกตช์ ***n.*** sketch. ***-v.*** to sketch
สแกน ***v.*** to scan
  สแกนเนอร์ n. scanner
สคริปต์ ***n.*** script
สแควร์ ***n.*** square
สง ***v.*** to sift with the hand
ส่ง ***v.*** to send, to mail, to post; to hand; to support; to launch; to emit
  ส่งกลิ่น v. to give off the scent, to emit
  ส่งกลิ่นเหม็น v. to stink
  ส่งข่าว v. to report, to bring news
  ส่งคืน v. to return, to hand back
  ส่งต่อ v. to forward, to hand over
  ส่งผลกระทบต่อ v. to effect on, to impact on
  ส่งผู้ร้ายข้ามแดน v. to extradite a prisoner
  ส่งมอบ v. to deliver, to transfer, to hand sb./sth. over
  ส่งสัญญาณ v. to transmit; to beam
  ส่งเสริม v. to support, to promote
  ส่งเสีย v. to support, to provide; to look after, to hold up
  ส่งออก v. to export
สงกรานต์ ***n.*** Songkran Festival, Thai New Year Festival (April, 13-15)
สงคราม ***n.*** war, warfare, combat
  สงครามกลางเมือง n. civil war
  สงครามกองโจร n. guerilla war
  สงครามเชื้อโรค n. biological warfare, germ war
  สงครามนิวเคลียร์ n. nuclear war
  สงครามปรมาณู n. atomic war
  สงครามเย็น n. cold war
  สงครามโลก n. world war
  สงครามอาวุธเคมี n. chemical warfare

สงเคราะห์ ***n.*** aid, assistance, support; collection. ***-v.*** to support, to help
สงฆ์ ***n.*** Buddhist monk
สงบ ***adj.*** calm, tranquil, peaceful
สงบศึก v. to call a truce. ***-n.*** cease-fire, armistice, truce
สงบสติอารมณ์ v. to restrain oneself, to calm oneself down; to keep one's temper
สงบเสงี่ยม adj. modest; polite; neat
สงวน ***v.*** to preserve, to save, to conserve
สงสัย ***v.*** to suspect, to doubt
สงสาร ***n.*** circle of life; pity. ***-v.*** to pity, to sympathize (Ame.)/to sympatise (Bri.)
สงสารวัฏ n. circle of life
สงัด ***adj.*** calm, quiet, silent, tranquil
สง่า ***adj.*** graceful, elegant, magnificent
สง่าผ่าเผย adj. imposing, dignified
สง่าราศี n. glory, beauty, dignity
สด ***adj.*** good; raw; new; fresh; bright. ***-adv.*** recently; freshly; newly
สดชื่น adj. fresh, crisp; cheerful, delightful, joyful
สดใส adj. bright, brilliant, splendid, flourishing, glorious
สดมภ์ ***n.*** pole, post, pillar, column
สดับ ***v.*** to listen to, to hear
สดุดี ***n.*** praise, compliment, eulogy. ***-v.*** to praise, to eulogize
สตรี ***n.*** woman, lady
สตรีเพศ n. female, feminine
สตันต์แมน ***n.*** stunt man
สตัฟฟ์ ***n.*** stuff. ***-adj.*** stuffed
สตางค์ ***n.*** satang; money
สตาฟฟ์ ***n.*** staff
สติ ***n.*** consciousness, awareness
สติปัญญา n. intellect, brainpower, wisdom, sense, intelligence
สติวิปลาส v. to be off one's nut
สติสัมปชัญญะ n. awareness, self-consciousness, comprehension
สติอารมณ์ n. emotion, feeling
สตู ***n.*** stew
สตูดิโอ ***n.*** studio
สเต๊ก ***n.*** steak
สเตนเลส, สแตนเลส ***adj.*** stainless. ***-n.*** stainless steel
สเตริโอ ***n.*** stereo
สไตรก์ ***n.*** strike
สไตล์ ***n.*** style
สถาน ***n.*** site, area, position, item, point
สถานกงสุล n. consulate
สถานที่ n. location, place, site
สถานที่ที่มีทิวทัศน์สวยงาม n. beauty-spot
สถานที่นัดพบ n. rendezvous
สถานที่พักตากอากาศ n. resort
สถานทูต n. legation
สถานพยาบาล n. nursing home
สถานเลี้ยงเด็กกำพร้า n. orphanage
สถานเอกอัครราชทูต n. embassy
สถานะ ***n.*** situation; status; capacity
สถานการณ์ n. situation, case
สถานการณ์จำลอง n. simulation
สถานการณ์ลำบาก n. crisis
สถานภาพ n. status, rank, estate
สถานภาพการสมรส n. marital status
สถานี ***n.*** station, center/centre; terminal
สถานีดับเพลิง n. fire station
สถานีตำรวจ n. police station
สถานีเติมน้ำมัน n. gas station (Ame.)/filling station (Bri.)
สถานีปลายทาง n. terminus
สถานีย่อย n. substation
สถานีรถโดยสาร n. bus station
สถานีรถไฟ n. train station

สถานีรถไฟฟ้า n. skytrain station

สถานีรับส่งสัญญาณดาวเทียม n. satellite station

สถานีวิทยุโทรทัศน์ n. broadcasting station

สถานีอนามัย n. public health center

สถานีอวกาศ n. space station

สถานีอุตุนิยมวิทยา n. meteorological station

สถาบัน *n.* institute, institution

สถาปนา *v.* to found, to establish, to set up, to install; to promote

สถาปนิก *n.* architect

สถาปัตยกรรม, สถาปัตยกรรมศาสตร์ *n.* architecture. ***-adj.*** architectural

สถาพร, สถาวร *adj.* everlasting, eternal; steady, strong. ***-adv.*** forever

สถิต *v.* to live, to stay. ***-adj.*** static

สถิตยศาสตร์ n. pl. statics

สถิติ *n. pl.* statistics. ***-n.*** record

สถิติศาสตร์ *n. pl.* statistics

สถุล *adj.* rude, vulgar, rough, mean

สถูป *n.* stupa

สน *n.* pine. ***-v.*** to yoke, to thread

สนใจ *v.* to pay attention to, to be interested in, to be curious

ส้น, ส้นเท้า *n.* heel

ส้นสูง n. pl. high-heeled shoes

ส้นเตี้ย n. pl. low-heeled shoes

สนทนา *v.* to talk, to chat, to discuss

สนเทศ *n.* command; news; leaflet

สนเท่ห์ *n.* doubt, uncertainty. ***-adj.*** anonymous. ***-v.*** to confuse

สนธยา *n.* twilight

สนธิ *n.* connection, joint, intercourse; byroad; word combination in Pali-Sanskrit grammar

สนธิสัญญา n. treaty, contract, pact

สนม *n.* King's concubine

สนอง *v.* to react, to respond; to return, to repay; to satisfy; to accept; to supply; to meet

สนั่น *adj.* loud, clamorous (Ame.)/ clamourous (Bri.), sonorous

สนับ *n.* blouse; clothing. ***-v.*** to overlap

สนับเข่า n. knee pad

สนับแข้ง n. puttee

สนับเพลา n. pl. close-fitting trunks; trousers, pants

สนับมือ n. brass knuckle (Ame.)/ knuckleduster (Bri.)

สนับมือ

สนับสนุน *v.* to support, to help, to back up; to be on the side of

สนาน *n.* bath

สนาม *n.* field, yard, court; space

สนามกอล์ฟ n. golf course

สนามกีฬา n. sports field; stadium

สนามเด็กเล่น n. playground

สนามบิน n. airport, airfield

สนามฟุตบอล n. football field

สนามมวย n. boxing stadium

สนามม้า n. turf, race course

สนามแม่เหล็ก n. magnetic field

สนามยิงปืน n. target range

สนามรบ n. battlefield

สนามหญ้า n. lawn, green

สนิท *adj.* close, intimate; adjacent; harmony. ***-adv.*** deeply; completely

สนิทสนม adj. familiar, close, intimate. ***-v.*** to be thick with sb., to stand in good with sb.

สนิม *n.* rust

สนิมสร้อย *adj.* lazy, slothful; squeamish

สนุก ***adj.*** enjoyable, funny, joyful
สนุกเกอร์ ***n.*** snooker
สบ ***v.*** to meet, to face, to encounter. ***-n.*** junction
สบตา ***v.*** to meet the eyes
สบเหมาะ ***adv.*** by chance, accidentally
สบประมาท ***v.*** to insult, to look down on, to disdain, to disparage
สบง ***n.*** Buddhist monk's skirt
สบถ ***v.*** to curse, to swear, to damn
สบถสาบาน ***v.*** to swear, to oath, to vow
สบาย ***adj.*** comfortable, convenient; happy, well; heatlhy. ***-adv.*** comfortably. ***-n.*** comfort, convenience
สบายใจ ***v.*** to be happy, to feel at ease. ***-adj.*** lighthearted
สบู่ ***n.*** soap
สบู่เหลว ***n.*** liquid soap
สไบ ***n.*** strip clothes for woman
สปริง ***n.*** spring
สปอตไลต์ ***n.*** spotlight
สปอนเซอร์ ***n.*** sponsor
สปอร์ ***n.*** spore
สปาย ***n.*** spy
สปาเกตตี ***n.*** spaghetti
สปิริต ***n.*** spirit
สปีชีส์ ***n.*** species
สเปกตรัม ***n.*** spectrum
สเปรย์ ***n.*** spray. ***-v.*** to spray
สเปอร์ ***n.*** spur
สเปิร์ม ***n.*** sperm
สฟิงซ์ ***n.*** sphinx
สภา ***n.*** council, assembly; meeting room
สภากาชาด ***n.*** the Red Cross Association
สภานิติบัญญัติ ***n.*** Legislative Assembly
สภาผู้แทนราษฎร, สภาล่าง ***n.*** House of Representatives, Lower House
สภาสูง, วุฒิสภา ***n.*** Upper House, the Senate
สภาพ ***n.*** condition, situation; nature
สภาพถนน ***n.*** the going
สภาพแวดล้อม ***n.*** environment, surroundings, circumstances
สภาวะ ***n.*** state, condition, situation, circumstances, a law of nature
สภาวการณ์ ***n.*** situation
สภาวะแวดล้อม ***n.*** circumstances, environment, surroundings
สม ***adj.*** worthy; proper, suitable, fitting. ***-adv.*** together; suitable
สม ***n.*** peace; fatigue; smooth. ***-adj.*** equal, same, balanced; suitably
สมการ ***n.*** equation
สมการเคมี ***n.*** chemical equation
สมควร ***adj.*** reasonable, sensible, appropriate, acceptable
สมจริง ***adj.*** realistic; truthful
สมใจ ***adj.*** pleased, satisfied, content
สมดุล ***adj.*** balanced, equal
สมน้ำหน้า ***idm.*** it serves sb. right
สมยอม ***v.*** to compromise, to agree
สมเหตุสมผล ***adj.*** reasonable, fair
สมอ้าง ***v.*** to claim
สมคบ ***v.*** to collaborate, to conspire
สมทบ ***v.*** to join, to accompany by
สมสู่ ***v.*** to have sexual intercourse with, to copulate; to cohabit
สมญา ***n.*** name, designation
สมณะ ***n.*** priest, monk
สมณเพศ ***n.*** priesthood
สมณศักดิ์ ***n.*** priest's rank, title
สมเด็จ ***n.*** majesty; royalty's title; a

hight-rank title of Buddhist priest
สมถะ ***n.*** serenity, composure, tranquillity. ***-adj.*** simple, contented
สมนาคุณ ***v.*** to gift, to reward
สมบัติ ***n.*** property; possessions, treasure
สมบัติผู้ดี n. etiquette, courtesy, decency, protocal
สมบุกสมบัน ***v.*** to endure, to bear; to work hard. ***-adj.*** durable, tough
สมบูรณ์ ***adj.*** perfect, entire, complete, absolute; healthy; fat
สมบูรณาญาสิทธิราชย์ ***n.*** absolute monarchy
สมพงศ์ ***n.*** compatibility. ***-v.*** to be compatible, to get along well with
สมเพช ***v.*** to pity, to sympathize (Ame.)/ to sympathise (Bri.). ***-adj.*** pitiful
สมโพธิ ***n.*** enlightenment
สมภพ ***n.*** birth
สมภาร ***n.*** abbot; acquired merit
สมโภช ***n.*** feast, celebration, festivities
สมมติ, สมมุติ ***v.*** to suppose, to presume. ***-adj.*** assumed
สมมติฐาน, สมมุติฐาน n. hypothesis *(sing.)*/hypotheses *(pl.)*
สมมุติเทพ n. king
สมมาตร ***n.*** symmetry. ***-adj.*** symmetrical. ***-adv.*** symmetrically
สมร ***n.*** war, battle, combat; beautiful woman; beloved, sweetheart
สมรภูมิ n. battlefield, battleground
สมรรถ ***adj.*** able, capable; strong, brave, powerful; proper; sufficient
สมรรถภาพ n. ability, capability, efficiency, capacity, competency
สมรรถนะ ***n.*** capacity, function
สมรส ***v.*** to marry sb., to get married to sb. ***-adj.*** married. ***-n.*** marriage
สมอ ***n.*** anchor; stone; cotton ball

สมอเรือ

สมอง ***n.*** brain; wisdom, intelligence
สมองกล n. computer; artificial intelligence
สมองดี adj. bright, intelligent, smart
สมองไหล n. brain drain
สมัคร ***v.*** to volunteer, to offer; to subscribe, to apply for
สมัครงาน v. to apply for a job
สมัครใจ v. to volunteer, to be willing to do sth. ***-adj.*** voluntary
สมัครรับเลือกตั้ง v. to stand for
สมัครเล่น adj. amateurish, nonprofessional. ***-n.*** amateur
สมัชชา ***n.*** conference, meeting, assembly; meeting room
สมัญญา ***n.*** name, designation
สมัย ***n.*** times, period; session, occasion
สมัยเก่า adj. old-fashioned, dated
สมัยนิยม n. fashion, voque
สมัยโบราณ adj. ancient; antique
สมัยใหม่ adj. modern, up-to-date
สมา ***v.*** to apologize (Ame.)/to apologise (Bri.). ***-n.*** year
สมาคม ***n.*** conference, assembly, association. ***-v.*** to associate with
สมาคมวิชาการ n. academy
สมาจาร ***n.*** good conduct; tradition, custom, practice
สมาชิก ***n.*** member; element
สมาชิกกิตติมศักดิ์ n. honorary (Ame.)/honourary (Bri.), member
สมาชิกภาพ n. membership
สมาชิกรัฐสภา n. solon
สมาชิกสภาจังหวัด n. Member of

the Provincial Council
สมาชิกสภานิติบัญญัติ ***n.*** legislator
สมาชิกสภาผู้แทนราษฎร ***n.*** Representative
สมาชิกสหภาพแรงงาน ***n.*** unionist
สมาชิกใหม่ ***n.*** recruit

สมาทาน ***n.*** acceptance, obtaining

สมาธิ ***n.*** attention, concentration, meditation, single-mindedness

สมาน ***adj.*** equal, balanced. ***-v.*** to join, to connect, to unite; to heal up
สมานฉันท์ ***n.*** concord, agreement, unity, espirit de corp

สมาพันธรัฐ ***n.*** confederation

สมาส ***n.*** word combination in Pali-Sanskrit grammar

สม่ำเสมอ ***adj.*** regular; consistent; smooth. ***-adv.*** regularly; consistently

สมิง ***n.*** a magical man in the form of tiger; a title rank of Mon; king; ruler, governor

สมี ***n.*** appellation for a monk who has committed an offense

สมุฏฐาน ***n.*** source, cause, origin

สมุด ***n.*** book, notebook, booklet
สมุดเงินฝาก ***n.*** bankbook, account book, passbook
สมุดเช็ค ***n.*** cheque-book
สมุดโทรศัพท์ ***n.*** telephone directory
สมุดบันทึก ***n.*** diary
สมุดพก ***n.*** pocket book; student report's book
สมุดภาพ ***n.*** album
สมุดวาดเขียน ***n.*** drawing book

สมุทร ***n.*** sea, ocean

สมุทัย ***n.*** cause, origin

สมุน ***n.*** henchman, attendant, follower
สมุนมือขวา ***n.*** right-hand man

สมุนไพร ***n.*** herb. ***-adj.*** herbal

สมุห, สมุห์ ***n.*** group, troop, team; chief, head, leader
สมุหกลาโหม, สมุหพระกลาโหม ***n.*** Minister of Defence
สมุหนายก ***n.*** Minister of the Interior
สมุห์บัญชี ***n.*** chief accountant

สโมสร ***n.*** club; hall. ***-v.*** to socialize (Ame.)/to socialise (Bri.); to assemble, to meet, to join
สโมสรทหาร ***n.*** mess
สโมสรสันนิบาต ***n.*** social function party

สยดสยอง ***adj.*** horrible, dreadful

สยบ ***v.*** to bow; to win, to defeat

สยมพร, สยุมพร ***n.*** an ancient ceremony for a king to choose his bride

สยาม ***n.*** Siam. ***-adj.*** Siamese

สยาย ***v.*** to untie, to unbind

สยิว ***v.*** to feel thrilled, to feel excited

สยุมภู ***adv.*** naturally; spontaneously

สรง ***v.*** to bathe; to pour water

สรณะ ***n.*** sanctuary, refuge; memory, remembrance; nirvana; protection
สรณคมน์, สรณาคมน์ ***n.*** taking refuge in the Triple Gems
สรณตรัย ***n.*** the Triple Gems

สรตะ ***v.*** to guess, to calculate; to assume, to presume, to suppose

สรร ***v.*** to choose, to select, to pick
สรรหา ***v.*** to look for, to seek

สรรค์ ***v.*** to create, to build. ***-n.*** creation

สรรพ ***adj.*** entire, whole, total
สรรพคุณ ***n.*** effect, properties
สรรพนาม ***n.*** pronoun
สรรพสามิต ***n.*** excise, tariff, levy
สรรพากร ***n.*** revenue
สรรพางค์ ***n.*** entire body

สรรเสริญ ***v.*** to praise, to extol

สรวง ***n.*** sky, heaven; angel, god. ***-v.*** to sacrifice, to vow, to offer. ***-adj.*** high. ***-adv.*** above

สรวล, สรวลเส, สรวลเสเฮฮา ***v.*** to laugh, to chortle

สร้อย ***n.*** necklace; hackles; chorus; woman; flower. ***-v.*** to grieve

สระ ***n.*** pond, pool. ***-v.*** to wash the hair

สระผม ***v.*** to shampoo, to wash the hair

สระว่ายน้ำ ***n.*** swimming pool

สระ ***n.*** vowel; sound; echo

สร่าง ***v.*** to recover, to get better, to regain, to revive; to decrease

สร่างไข้ ***v.*** to get well, to recover

สร่างเมา ***v.*** to sober up, to become sober

สร้าง ***v.*** to build, to create, to set up

สร้างกรรม ***v.*** to commit a sin

สร้างกุศล ***v.*** to make merit

สร้างตัวเอง ***adj.*** self-made

สร้างภาพ ***v.*** to fake, to make believe, to pretend

สร้างสรรค์ ***v.*** to create, to invent

สราญ ***adj.*** joyful, happy, delighted

สรีระ ***n.*** body

สรีรวิทยา, สรีรศาสตร์ ***n.*** physiology

สรุป ***v.*** to summarize (Ame.)/to summarise (Bri.), to conclude, to sum up. ***-n.*** synopsis *(sing.)*/synopses *(pl.)*

สลด ***adj.*** sorrowful, depressed, dejected. ***-v.*** to wither

สลบ ***adj.*** unconscious, senseless. ***-v.*** to faint, to be unconscious

สลวย ***adj.*** fine, beautiful; shiny

สลอน ***adj.*** many, much, full, abundant

สละ ***v.*** to give up, to abandon, to sacrifice, to abdicate

สละสลวย ***adj.*** beautiful, fine; delicate, smooth

สลัก ***v.*** to chisel; to carve. ***-n.*** bolt; bar

สลักเสลา ***v.*** to sculpture

สลักหลัง ***v.*** to endorse

สลัด ***n.*** pirate. ***-v.*** to throw away, to cast, to toss; to abandon

สลับ ***adj.*** every other. ***-n.*** alternation. ***-v.*** to alternate, to take turns

สลับซับซ้อน ***adj.*** complicate, sophisticated, complex

สลับไพ่ ***v.*** to shuffle

สลัม ***n.*** slum

สลัว ***adj.*** dull, gloomy, dim, indistinct

สลาก ***n.*** ticket, lot; label

สลากกินแบ่ง ***n.*** lottery

สลากภัต ***n.*** presentation of food to priests by lot

สล้าง ***adj.*** upright, lofty

สลาตัน ***n.*** selatan, the late southwest monsoon. ***-adj.*** fast, quick, swift. ***-adv.*** quickly, rapidly

สลาย ***v.*** to decompose, to decay, to fragment; to melt; to vanish

สลึง ***n.*** a quarter of one baht

สลุต ***v.*** to salute. ***-n.*** salute

สแลง ***n.*** slang

สโลแกน ***n.*** slogan

สไลด์ ***n.*** slide

สวด ***v.*** to pray, to chant; to condemn, to blame; to preach

สวดขอบคุณพระเจ้า ***v.*** to say grace

สวน ***n.*** yard (Ame.)/garden (Bri.), orchard; park. ***-v.*** to argue; to cross each other; to give an enema. ***-adj.*** contrary

สวนครัว ***n.*** kitchen garden

สวนทาง ***v.*** to cross each other.

น บ ป ผ ฝ พ ฟ ภ ม ย ร ฤ ฤๅ ล ฦ ฦๅ ว ศ ษ ส ห ฬ อ ฮ

-adj. opposite, contrary
สวนป่า ***n.*** plantation
สวนผลไม้ ***n.*** orchard
สวนผัก ***n.*** vegetable garden
สวนพฤกษชาติ ***n.*** botanical garden
สวนสนาม ***v.*** to march, to parade
สวนสนุก ***n.*** theme park, funny land, amusement park
สวนสัตว์ ***n.*** zoo
สวนสาธารณะ ***n.*** park, public park

ส่วน ***n.*** division, part, section; ridge; side. ***-prep.*** as for. ***-conj.*** while
ส่วนกลาง ***n.*** capital, center (Ame.)/ centre (Bri.), pool
ส่วนเกิน ***n.*** surplus, leftovers
ส่วนโค้ง ***n.*** arc, curve, bend, turn
ส่วนตัว ***adj.*** private; individual; personal
ส่วนต่าง ***n.*** margin
ส่วนท้องถิ่น ***adj.*** local
ส่วนน้อย ***n.*** minority
ส่วนบุคคล ***adj.*** private
ส่วนแบ่ง ***n.*** quota, share, rake-off
ส่วนประกอบ ***n.*** component, ingredient, part, element
ส่วนผสม ***n.*** ingredient
ส่วนภูมิภาค ***n.*** provincial, regional
ส่วนมาก ***n.*** majority. ***-adv.*** mainly
ส่วนรวม ***adj.*** public, common
ส่วนร่วม ***n.*** participation
ส่วนลด ***n.*** discount
ส่วนสัด ***n.*** shape, figure; ratio, proportion. ***-adj.*** well-proportioned
ส่วนสำคัญ ***n.*** essence, heart, core, part and parcel
ส่วนสูง ***n.*** height; stature
ส่วนหน้า ***n.*** front
ส่วนหลัง ***n.*** back, rear

สวม ***v.*** to put on, to wear, to clothe; to replace; to cover
สวมกอด ***v.*** to hug, to embrace
สวมมงกุฎ ***v.*** to crown

ส้วม ***n.*** toilet, lavatory, restroom

สวย ***adj.*** beautiful, fine, splendid, sweet. ***-adv.*** successfully; smoothly

ส่วย ***n.*** poll tax; a tribe in north-eastern Thailand; ***colloq.*** bribe

สวรรค์ ***n.*** heaven, paradise
สวรรคต ***v., roy.*** to die, to pass away

สวะ ***n.*** refuse; floating weeds. ***-adj.*** bad, low-class, mean, base

สวัสดิ, สวัสดี ***n.*** goodness; prosperity; safety; greeting. ***-v.*** to greet
สวัสดิการ ***n.*** welfare, security
สวัสดิภาพ ***n.*** safety, security

สวัสดิกะ ***n.*** swastika

สวัสดิกะ

สว่าง ***adj.*** bright, shining. ***-n.*** dawn. ***-v.*** to get enlightened, to understand, to know; to awake
สว่างไสว ***adj.*** bright, brilliant

สวาด ***adj.*** bluish gray

สวาท ***n.*** passion, fondness. ***-v.*** to love, to delight in. ***-adj.*** beloved

สว่าน ***n.*** drill, gimlet

สวาปาม ***v.*** to devour; to embezzle

สวามี ***n.*** lord; husband; owner

สวามิภักดิ์ ***v.*** to surrender, to submit. ***-adj.*** faithful, loyal

สวิง ***n.*** dip-net

สวิงสวาย ***v.*** to feel dizzy. ***-adj.*** uneasy

สวิตช์ ***n.*** switch

สเวตเตอร์ ***n.*** sweater

สสาร ***n.*** matter, substance, material

สห ***adj.*** united, federated, shared
สหกรณ์ n. cooperative
สหประชาชาติ n. United Nations
สหพันธ์ n. Federation; Union
สหพันธ์สาธารณรัฐ n. Federation Republic
สหพันธ์สาธารณรัฐสังคมนิยม n. Socialist Federal Republic
สหภาพ n. Union
สหภาพแรงงาน n. Labor (Ame.)/ Labour (Bri.) Union
สหรัฐ n. United States
สหศึกษา n. coeducation. ***-adj.*** co-ed
สหสาธารณรัฐ n. United Republic
สหาย ***n.*** friend, companion, fellows
สหัสสะ ***adj.*** one thousand
สหัสนัยน์, สหัสเนตร n. one thousand eyes, God Indra
สหัสรังสี n. one thousand rays, the sun
สหัสวรรษ n. millennium
สอ ***adj.*** white. ***-n.*** neck; lime. ***-v.*** to flow, to water
ส่อ ***v.*** to denote, to indicate, to show
ส่อเสียด v. to jeer, to sneer
สอง ***n.*** two. ***-adj.*** second, double
สองครั้ง adj. twice
สองจิตสองใจ v. to hesitate, to vocillate
สองต่อสอง adv. one-to-one
สองเท่า adj. double, twofold
สองฝ่าย adj. bilateral
สองภาษา adj. bilingual
สองวัน n. couple of days
สองสัปดาห์ n. two weeks (Ame.)/ forthnight (Bri.)
สองสัปดาห์ต่อครั้ง adv. biweekly
สองสาม adj. a few

ส่อง ***v.*** to shine, to light; to look at a mirror; to aim; to beam
ส่องสว่าง v. to illuminate
ส่องแสงจ้า v. to glare
ส่องแสงสลัว v. to shimmer
ส่องแสงอ่อน ๆ v. to gleam
สอด ***v.*** to put in, to insert; to interfere, to interpose, to enclose
สอดคล้อง v. to be in accord with sth., to click, to agree
สอดแทรก v. to interrupt, to interfere
สอดแนม v. to spy, to detect
สอดปากสอดคำ v. to chime in
สอดรู้สอดเห็น v. to pry into one's affair, to snoop
สอดส่อง v. to keep an eye on
สอดส่าย v. to have an eye for; to keep one's eyes peeled for sth.
สอน ***v.*** to teach, to instruct, to train
สอนพิเศษ v. to tutor
สอนศาสนา v. to preach
ส่อน ***adj.*** cross-eyed, squint-eyed
สอบ ***v.*** to examine, to test; to check, to verify. ***-adj.*** tapering
สอบข้อเขียน n. written examination
สอบเข้ามหาวิทยาลัย v. to have an entrance examination
สอบตก v. to fail in an examination
สอบถาม v. to ask, to inquire
สอบปากเปล่า n. oral examination
สอบพยาน v. to cross-examine
สอบสวน v. to interrogate
สอพลอ ***v.*** to flatter, to lick one's boots
ส้อม ***n.*** fork; fish spear. ***-v.*** to sharpen
สอย ***v.*** to pick fruit from a tree by using a long stick; to hem, to stitch; to use, to utilize (Ame.)/to utilise (Bri.)
สะกด ***v.*** to suppress, to restrain spell;

to follow
สะกดจิต **v.** to hypnotize (Ame.)/ to hypnotise (Bri.), to mesmerize
สะกดรอย **v.** to trace, to tracks
สะกิด **v.** to scratch gently; to warn, to remind, to call up
สะเก็ด **n.** fragment, flake, scab
สะคราญ **n.** beautiful woman. **-adj.** pretty, good-looking, charming
สะใจ **v.** to satisfy a craving
สะดม **v.** to plunder, to maraud
สะดวก **adj.** convenient, easy, handy. **-adv.** conveniently, easily
สะดวกสบาย **adj.** easy; comfortable. **-adj.** comfortably
สะดิ้ง **adj., colloq.** feigning
สะดึง **n.** embroidery frame
สะดือ **n.** navel
สะดือทะเล **n.** vortex
สะดุ้ง **v.** to startle, to jerk, to shock
สะดุด **v.** to stumble over, to trip over; to break off, to cease, to pause
สะดุดใจ **v.** to be doubtful; to suspect
สะดุดตา **adj.** noticeable, eye-catching, manifest. **-v.** to catch eye
สะเด็ด **v.** to drain. **-adj., colloq.** superb
สะเดาะ **v.** to unlock; to release by magic
สะทกสะท้าน **v.** to quail, to shrink, to tremble
สะท้อน **v.** to reflect, to affect; to rebound, to bounce; to echo; to sigh
สะท้อนใจ **v.** to sigh; to be sad
สะท้าน **v.** to thrill, to shiver, to be convulse; to vibrate; to reverberate
สะเทินน้ำสะเทินบก **adj.** amphibious
สะเทิน **v.** to embarrass. **-adj.** timid, coy, shy, diffident

สะเทือน **v.** to shake, to vibrate; to affect. **-adj.** booming
สะเทือนใจ **v.** to be touched, to be moved
สะบัก **n.** collar bone, scapula

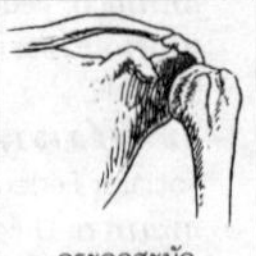

กระดูกสะบัก

สะบักสะบอม **v.** to be badly bruised
สะบัด **v.** to flick; to flap, flutter, to wing
สะบัดสะบิ้ง **adj.** affected. **-v.** to behave affectedly
สะบั้น **adv.** absolutely, completely. **-v.** to rupture, to be broken off
สะบ้า **n.** kneecap; pitching game
สะเปะสะปะ **adv.** confusedly, disorderedly
สะพรั่ง **adj.** plentiful, abundant. **-adv.** floweringly, flourishingly
สะพัด **v.** to surround, to encircle. **-adv.** widely, broadly, scatterly
สะพาน **n.** bridge; link
สะพานแขวน **n.** suspension bridge
สะพานเดินเรือ **n.** port
สะพานปลา **n.** fish pier
สะพานไฟ **n.** switchboard, cutout
สะพานลอย **n.** flyover (Ame.)/ overpass (Bri.)
สะพาย **v.** to carry on the shoulder
สะพายแล่ง **v.** to be cut off across the shoulder
สะเพร่า **adj.** careless, heedless, negligent. **-adv.** carelessly, heedlessly
สะใภ้ **n.** daughter-in-law
สะลึมสะลือ **adj.** sleepy, drowsy
สะสม **v.** to collect, to gather, to save
สะสาง **v.** to solve, to handle, to manage; to clear up, to tidy up

สะอาด ***adj.*** clean, sanitary; spotless, pure; tidy, clear
สะอิ้ง ***adj.*** pretty, beautiful
สะอิดสะเอียน ***v.*** to be disgusted, to feel repulsive
สะอึก ***v.*** to hiccup. ***-adj.*** speechless
 สะอึกสะอื้น v. to sob, to weep
สะอื้น ***v.*** to weep, to sob, to cry
สะเอว ***n.*** waist
สะเออะ ***v., colloq.*** to intrude
สะโอดสะอง ***adj.*** slender, slim
สัก ***n.*** teak. ***-v.*** to tattoo. ***-adv.*** at least, about, approximately; only
 สักแต่ adv. perfunctorily; only
สักกะ ***n.*** God Indra
สักการ, สักการะ ***v.*** to worship, to sacrifice. ***-n.*** tribute, offering
สักขี ***n.*** witness, evidence, testifier
สักวา ***n.*** a kind of Thai verse form
สักหลาด ***n.*** flannel, felt
สั่ง ***v.*** to order, to command, to direct
 สั่งน้ำมูก v. to blow one's nose
 สั่งพักงาน v. to suspend sb. from a job
 สั่งยา v. to prescribe
 สั่งไว้ v. to leave word
 สั่งสอน v. to teach, to tutor
สังกะตัง ***adj.*** sticky (knot), unkempt
สังกะสี ***n.*** zinc; galvanized iron
สังกัด ***v.*** to subject to, to be in service of
สังเกต ***v.*** to observe, to keep an eye on, to notice, to perceive
 สังเกตการณ์ v. to observe
สังข์ ***n.*** conch
สังขาร ***n.*** body, figure, physique
สังเขป ***n.*** summary, theme. ***-adj.*** brief
สังคม ***n.*** society, association; talk; meeting. ***-adj.*** social
 สังคมนิยม n. socialism
 สังคมวิทยา n. social sciences
 สังคมศาสตร์ n. sociology
 สังคมศึกษา n. social studies
 สังคมสงเคราะห์ n. social work
สังคัง ***n.*** jock itch
สังคายนา, สังคายนาย ***n.*** rehearsal; recital. ***-v.*** to revise; to correct
สังคีต ***n.*** music; music and dance
สังเคราะห์ ***v.*** to synthesize (Ame.)/to synthesise (Bri.), to allay. ***-adj.*** synthetic. ***-n.*** synthesis
สังฆ ***n.*** priest, monk
 สังฆทาน n. offering to a monk
 สังฆราช n. pope, pontiff
สังวร ***n.*** heed, restraint. ***-v.*** to control oneself, to restrain, to suppress
สังวาล ***n.*** breast chain
สังวาส ***n.*** cohabitation; sexual intercourse, copulation
สังเวช ***v.*** to pity, to sympathize (Ame.)/sympathise (Bri.). ***-n.*** pity, sympathy
สังเวย ***v.*** to sacrifice, to offer, to make sacrifices; to give up
สังเวียน ***n.*** cockpit; arena, boxing ring
สังสรรค์ ***v.*** to associate, to talk, to go to party. ***-n.*** meeting
สังสารวัฏ ***n.***circle of life
สังหร, สังหรณ์ ***v.*** to have a hunch, to presage. ***-n.*** omen
สังหาร ***v.*** to kill, to assassinate, to murder, to slaughter; to destroy
สังหาริมทรัพย์ ***n.*** movable property
สัจ, สัจจะ ***n.*** truth. ***-adj.*** true
 สัจนิยม n. realism
สัญจร ***v.*** to travel. ***-n.*** way, path, channel, street; travel; traffic
สัญชาตญาณ ***n.*** instinct
สัญชาติ ***n.*** nationality

น บ ป ผ ฝ พ ฟ ภ ม ย ร ฤ ฤๅ ล ฦ ฦๅ ว ศ ษ ส ห ฬ อ ฮ

สัญญา ***n.*** contract; sign; memory. ***-v.*** to promise, to contract
สัญญาเช่า ***n.*** lease
สัญญาบัตร ***adj.*** commissioned
สัญญาณ ***n.*** signal, warning
สัญญาณขอความช่วยเหลือ ***n.*** SOS
สัญญาณดิจิทัล ***n.*** digital signal
สัญญาณไฟไหม้ ***n.*** fire alarm
สัญญาณภัย ***n.*** alarm
สัญญาณเสียง ***n.*** audio signal
สัญญาณอะนาล็อก ***n.*** analog signal
สัญประกาศ ***n.*** underline (–)
สัญรูป, ไอคอน ***n.*** icon
สัญลักษณ์ ***n.*** symbol, sign, mark
สัณฐาน ***n.*** shape, form, figure
สัด ***v.*** (animal) to be in heat
สัดส่วน ***n.*** proportion; shape
สัตย์ ***n.*** reality; honesty; promise. ***-adj.*** faithful, truthful, true, precise
สัตยาบัน ***n.*** confirmation; approval; ratification. ***-v.*** to ratify
สัตว, สัตว์ ***n.*** animal, beast. ***-adj.*** brute
สัตว์กินเนื้อ ***n.*** carnivore
สัตว์กินพืช ***n.*** herbivore
สัตว์กินเลือด ***n.*** bloodsucker
สัตว์ครึ่งบกครึ่งน้ำ ***n.*** amphibian
สัตว์เคี้ยวเอื้อง ***n.*** ruminant
สัตว์เดียรฉาน ***n.*** beast, brute
สัตว์น้ำ ***n.*** aquatic animal
สัตว์บก ***n.*** land animal
สัตวบาล ***n.*** animal husbandry
สัตว์ป่า ***n.*** wild animal
สัตวปีก ***n.*** fowl
สัตวแพทย์ ***n.*** veterinarian
สัตว์มีกระดูกสันหลัง ***n.*** vertebrate
สัตว์ไม่มีกระดูกสันหลัง ***n.*** invertebrate
สัตว์เลี้ยง ***n.*** pet
สัตว์เลี้ยงลูกด้วยนม ***n.*** mammal
สัตว์เลือดเย็น ***n.*** cold-blooded animal, poikilothermal animal
สัตว์เลือดอุ่น ***n.*** warm-blooded animal, homeothermal animal
สัตว์เลื้อยคลาน ***n.*** reptile
สัตว์โลก ***n.*** creatures
สัตววิทยา ***n.*** zoology
สัทพจน์, อธิพจน์ ***n.*** hyperbole
สัทศาสตร์ ***n.*** phonetics
สัน ***n.*** ridge; edge; spine
สันเขา ***n.*** mountain ridge
สันดอน ***n.*** bar, hill
สันทราย ***n.*** dune, sand dune
สันนอก(เนื้อ) ***n.*** steak
สันใน(เนื้อ) ***n.*** fillet
สันปันน้ำ ***n.*** watershed
สันหนังสือ ***n.*** spine
สันหลัง ***n.*** backbone
สั่น ***v.*** to shake, to tremble, to shiver, to vibrate, to rock, to wobble
สั่นกระดิ่ง ***v.*** to ring a bell
สั่นคลอน ***adj.*** unsettled; insecure; unstable
สั้น ***adj.*** short; brief, abbreviated
สันดาน ***n.*** trait, inborn character
สันดาป ***n.*** metabolism, combustion
สันโดษ ***n.*** solitude. ***-adj.*** solitary
สันตะปาปา ***n.*** Pope
สันติ, สันติภาพ, สันติสุข ***n.*** peace, calmness, quietness, peacefulness
สันติบาล ***n.*** intelligence agency
สันติวิธี ***n.*** non-violence
สันถวไมตรี ***n.*** goodwill
สันทนาการ ***n.*** recreation
สันทัด ***adj.*** skilled, experienced, proficient; medium-sized
สันทัดกรณี ***adj.*** well-informed
สันธาน ***n.*** relation, bond; friendship; conjunction, connector
สันนิบาต ***n.*** convention; conference

room; alliance; league, assembly
สันนิวาส ***n.*** dwelling; cohabitation
สันนิษฐาน ***n.*** assumption; opinion. ***-v.*** to assume, to guess, to presume
สันสกฤต ***n.*** Sanskrit
สับ ***v.*** to chop, to mince, to hook; to twist; to exchange, to shuffle
สับปลับ ***v.*** to lie. ***-adj.*** unreliable, fickle
สับสน ***adj.*** confused, disorderly, chaotic
สัปดาห์ ***n.*** week
สัปคับ ***n.*** howdah, houdah
สัปดน ***adj.*** rude, vulgar, indecent
สัปทน ***n.*** longhanded state umbrella

สัปทน

สัประยุทธ์ ***v.*** to duel. ***-n.*** duel
สัปหงก ***v.*** to drowse, to nod. ***-adj.*** drowsy, sleepy
สัปเหร่อ ***n.*** undertaker
สัพเพเหระ ***adj.*** miscellaneous; junk
สัพยอก ***v.*** to tease, to jest, to banter
สัมบูรณ์ ***adj.*** absolute
สัมปชัญญะ ***n.*** awareness, conciousness, sensibility; intellect
สัมปทาน ***n.*** concession, allowance
สัมประสิทธิ ***n.*** coefficient
สัมผัส ***v.*** to touch, to contact; to rhyme. ***-n.*** touch, contact, strike; rhyme
สัมพัทธ์ ***adj.*** relative
สัมพันธ์ ***v.*** to relate, to connect. ***-adj.*** related. ***-n.*** relation
สัมพันธภาพ ***n.*** relationship
สัมพันธมิตร ***n.*** alliance
สัมพันธไมตรี ***n.*** friendship
สัมภาระ ***n.*** belongings; support; upbringing; preparation
สัมภาษณ์ ***n.*** interview; oral examination
สัมมนา ***n.*** seminar
สัมมา ***adj.*** right, good, excellent
สัมฤทธิ์ ***n.*** accomplishment; bronze. ***-v.*** to achieve, to success
สัสดี ***n.*** conscription officer
สา ***adj.*** satisfied, filled, pleased
ส่า ***n.*** yeast
ส่าไข้ ***n.*** fever blister, rash
สาก ***n.*** pestle. ***-adj.*** rough, harsh
สากล ***adj.*** general, whole, popular, international, universal; western
สาขา ***n.*** branch, stem, offshoot; section, subdivision
สาคร ***n.*** river; sea; water
สาง ***n.*** ghost; stench; tiger-like animal; dawn. ***-v.*** to clear up; to disentangle, to comb
สาด ***n.*** mat. ***-v.*** to throw, to splash
สาทิสลักษณ์ ***n., roy.*** portrait
สาโท ***n.*** undistilled liquor, wort
สาธก ***v.*** to cite, to quote, to exemplify. ***-n.*** demonstration
สาธยาย ***n.*** to explain, to interpret; to recite; to chant; to declare
สาธารณะ ***adj.*** general, public
สาธารณชน ***n.*** people in general
สาธารณประโยชน์ ***n.*** public interests
สาธารณภัย ***n.*** public hazard
สาธารณรัฐ ***n.*** Republic
สาธารณรัฐประชาชน ***n.*** People's Republic
สาธารณรัฐประชาธิปไตย ***n.*** Democratic Republic
สาธารณรัฐประชาธิปไตยประชาชน ***n.*** Democratic People's Republic
สาธารณรัฐสังคมนิยมประชาธิปไตย ***n.*** Democratic Socialist Republic
สาธารณสมบัติ ***n.*** public property

น บ ป ผ ฝ พ ฟ ภ ม ย ร ฤ ฤๅ ล ฦ ฦๅ ว ศ ษ ส ห ฬ อ ฮ

สาธารณสุข **n.** public health
สาธารณูปการ **n.** public welfare
สาธารณูปโภค **n.** public utilities, infrastructure
สาธิต ***adj.*** demonstrated, demonstrative; finished. ***-v.*** to demonstrate
สาธุ ***interj.*** amen. ***-v.*** to say amen; to pay homage, to salute
สาธุชน **n.** honest person
สาน ***v.*** to weave, to plait; to continue, to persist, to do to the end; to take over duties
สานุศิษย์ ***n.*** follower, disciple
สาบ ***n.*** rank smell; frill, facing; lake
สาบสูญ ***v.*** to disappear, to vanish. ***-n.*** the lost man
สาบาน ***v.*** to swear, to vow, to oath
สาป ***n.*** curse. ***-v.*** to curse; to cast
สาม ***n., adj.*** three. ***-adj.*** third
สามกษัตริย์ **n.** ornament consisted of gold, silver and gold bronze
สามง่าม **n.** trident
สามด้าน, สามฝ่าย **adj.** trilateral
สามตา **n.** plug. ***-adj.*** three-eyed
สามเท่า **adj.** triple, threefold
สามมิติ **adj.** three dimensional
สามล้อ **n.** tricycle
สามสิบ **adj., n.** thirty
สามเส้า **n.** tripod
สามเหลี่ยม **n.** triangle
สามเณร ***n.*** novice, neophyte
สามหาว ***n.*** abuse, reproach. ***-v.*** to mutiny. ***-adj.*** aggressive
สามัคคี ***n.*** harmony, unity
สามัญ ***adj.*** common, normal
สามัญชน **n.** ordinary people
สามัญสำนึก **n.** common sense
สามานยนาม ***n.*** common noun
สามานย์ ***adj.*** bad, rude, vile, dirty
สามารถ ***adj.*** capable, able, skillful (Ame.)/skilful (Bri.). ***-aux. v.*** can, could. ***-v.*** to be able to
สามิภักดิ์ ***n.*** honesty. ***-v.*** to submit
สามี ***n.*** husband; boss, owner, lord
สามีภรรยา **n.** spouse, couple
สาย ***n.*** late morning. ***-adj.*** late. ***-n.*** delay; string; ancestry, lineage; route, way; spy; string band
สายการบิน **n.** airline, airway
สายด่วน **n.** hotline
สายดิน **n.** earth line, ground line
สายน้ำ **n.** stream, current
สายพันธุ์ **n.** breed, race
สายฟ้า **n.** thunderbolt
สายไฟ **n.** wire
สายยู **n.** U-bolt, hasp
สายรุ้ง **n.** rainbow
สายลม **n.** air, breeze, wind
สายลับ, สายสืบ **n.** spy, detective
สายเลือด **n.** kindred, kin
สายส่ง **n.** distributor
สายสัมพันธ์ **n.** relation, bond
สายสิญจน์ **n.** holy thread
สายอากาศ **n.** aerial, antenna
สายตา ***n.*** sight; view; perception
สายัณห์ ***n.*** twilight, dusk, evening
สาร, สาระ ***n.*** core, pith, essence, gist
สารคดี **n.** documentary
สารตรา **n.** official letter
สารบบ **n.** index, list, roster
สารบัญ, สารบาญ **n.** content
สารประโยชน์ **n.** useful purpose. ***-adj.*** useful, practical, helpful
สารสนเทศ **n.** news; information
สาร ***n.*** substance, matter; huge elephant; milled rice
สารเคมี **n.** chemical substance
สารประกอบ **n.** compound

สารละลาย ***n.*** solution
สารส้ม ***n.*** alum
สารหนู ***n.*** arsenic
สารอาหาร ***n.*** nutrient
สาร ***adj.*** all, whole, every
สารพัด, สารพัน ***adj.*** various, all
สารพัดช่าง ***adj.*** polytechnic
สารเลว ***adj.*** very bad, mean
สารถี ***n.*** driver, chauffeur, coachman
สารท ***n.*** festival. ***-adj.*** autumnal
สารภาพ ***v.*** to confess, to admit
สารภี ***n.*** ladle, dipper
สารวัตร ***n.*** inspector
สาระแน ***adj.*** meddlesome, impudent
สารัตถะ ***n.*** theme, idea, text, essence
สาราณียกร ***n.*** editor; usher
สารานุกรม ***n.*** encyclopedia
สารีริกธาตุ ***n.*** relic of Buddha
สาละวน ***v.*** to worry; to bustle
สาลี่ ***n.*** cart (Ame.)/trolley (Bri.)
สาลู ***n.*** fine white cloth
สาว ***n.*** young woman, maiden. ***-adj.*** young, budding. ***-v.*** to draw, to pull, to haul; to trace, to step
สาวแก่, สาวทึนทึก ***n.*** old maid
สาวใช้ ***n.*** maid, housemaid
สาวเท้า ***v.*** to take a quick step
สาวพรหมจรรย์ ***n.*** virgin
สาวไส้ ***v.*** to reveal, to expose
สาวก ***n.*** disciple, follower
สาสน, สาส์น ***n.*** order, doctrine; royal message; apostolic letter
ส่าหรี ***n.*** sari
สาหัส ***adj.*** severe, serious, critical. ***-adv.*** extremely, very, seriously
สาเหตุ ***n.*** cause, reason, motivation
สาแหรก ***n.*** rattan carrying frame
สำคัญ ***adj.*** significant, main, important; valuable; famous; serious. ***-v.*** to understand, to estimate, to notice. ***-n.*** sign, mark
สำแดง ***v.*** to show, to bring about
สำทับ ***v.*** to repeat, to threaten
สำนวน ***n.*** literary style; rhetoric; idiom, phrase, jargon; wording; case
สำนวนฟ้อง ***n.*** indictment
สำนัก ***n.*** dwelling, office, school
สำนักงาน ***n.*** office, bureau
สำนักงานสาขา ***n.*** branch office
สำนักงานใหญ่ ***n.*** head office, headquarters
สำนักพระราชวัง ***n.*** Royal Household
สำนักพิมพ์ ***n.*** publisher, press
สำนักสงฆ์ ***n.*** temple
สำนึก ***v.*** to realize (Ame)/to realise (Bri.), to recognize (Ame.)/to recognise (Bri.), to be ware; to appreciate
สำเนา ***n.*** copy, duplicate. ***-v.*** to copy
สำเนียง ***n.*** voice, sound, accent
สำเภา ***n.*** junk, Chinese boat
สำมะโน ***n.*** census
สำมะโนครัว, สำมะโนประชากร ***n.*** census, population count
สำมะเลเทเมา ***v.*** to indulge, to be a rake. ***-adj.*** dissolute
สำรวจ ***v.*** to survey, to check, to explore
สำรวจมติมหาชน ***v.*** to poll
สำรวม ***v.*** to collect, to control, to contain. ***-adj.*** mixed, calm
สำรวย ***adj.*** elegant; luxurious
สำรอก ***v.*** to vomit, to throw up
สำรอง ***v.*** to spare, to reserve. ***-n.*** spare. ***-adj.*** reserved, stocked; second
สำรับ ***n.*** set; dishes, food tray
สำรับไพ่ ***n.*** pack
สำราก ***v.*** to shout, to roar, to bellow
สำราญ ***v.*** to enjoy. ***-adj.*** happy, content
สำริด, สัมฤทธิ์ ***n.*** bronze

น บ ป ผ ฝ พ ฟ ภ ม ย ร ฤ ฤๅ ล ฦ ฦๅ ว ศ ษ ส ห ฬ อ ฮ

สำเร็จ ***v.*** to succeed, to finish; to reach. ***-adj.*** finished, accomplished, done
สำเร็จความใคร่ v. to masturbate. ***-n.*** masturbation
สำเร็จโทษ v. to execute, to behead
สำเร็จรูป adj. ready-made, instant
สำเริง ***v.*** to enjoy, to please. ***-adj.*** merry
สำลัก ***v.*** to choke; to soak
สำลี ***n.*** cotton; absorbent cotton
สำส่อน ***v.*** to debauch. ***-adj.*** loose, adulterous, debauched
สำหรับ ***prep.*** for, to, as regards
สำเหนียก ***v.*** to listen, to pay attention, to realize (Ame.)/to realise (Bri.), to observe
สำออย ***v.*** to plead, to implore. ***-adj.*** finicky, pampered
สำอาง ***adj.*** neat, clean; stylish
สิกขา ***n.*** discipline; study; learning
สิกขาบท n. precept, discipline
สิง ***v.*** to live, to dwell; to haunt
สิ่ง ***n.*** thing, type, article, item
สิ่งก่อสร้าง n. building
สิ่งของ n. article, object, thing
สิ่งทอ n. garment, fabric
สิ่งปฏิกูล n. rubbish, waste
สิ่งประดิษฐ์ n. invention
สิ่งพิมพ์ n. printed matter; sheet
สิ่งมีชีวิต n. organism, creature
สิ่งยั่วยุ n. temptation
สิ่งรบกวน n. bother
สิ่งเร้าใจ n. incentive
สิ่งล่อใจ n. attraction
สิ่งแวดล้อม n. environment, surroundings, setting. ***-adj.*** environmental, green
สิ่งอำนวยความสะดวก n. facilities
สิงสาราสัตว์ ***n.*** wild animals, beasts
สิงห์ ***n.*** lion; Leo
สิงหาคม n. August
สิงหล ***n.*** Srilanka; Singhalese
สิทธิ, สิทธิ์ ***n.*** right, privilege, voice
สิทธิบัตร n. patent
สิทธิพิเศษ n. privilege
สิทธิยับยั้ง n. veto
สิทธิสภาพนอกอาณาเขต n. extraterritoriality
สิน ***n.*** money, property, wealth
สินค้า n. goods, products; cargo
สินค้าเข้า n. imports
สินค้าคงคลัง n. stock, inventory
สินค้าปลอดภาษี n. duty-free goods
สินค้าฟุ่มเฟือย n. luxuries
สินค้าหนีภาษี n. smuggle goods
สินค้าออก n. exports
สินค้าอุปโภค n. consumer goods
สินจ้าง n. wage, pay
สินเชื่อ n. credit
สินไถ่ n. ransom
สินน้ำใจ n. renumeration, reward
สินบน n. bribe, graft; reward
สินแร่ n. ore
สินสมรส n. property acquired after marriage
สินสอด n. dowry
สินไหม n. fine
สิ้น ***v.*** to end, to come to an end; to finish; to spend; to use up. ***-adj.*** exhausted; total. ***-adv.*** totally, fully, entirely, wholly, completely
สิ้นคิด v. to despair. ***-adj.*** hopeless
สิ้นใจ, สิ้นชีพ, สิ้นชีวิต, สิ้นบุญ v. to die, to pass away, to pop off
สิ้นชีพตักษัย v., roy. to die
สิ้นเชิง adj. total; absolute. ***-adv.*** completely, absolutely, entirely
สิ้นเนื้อประดาตัว adj. broke, moneyless, penniless; bankrupt

***สิ้นเปลือง* v.** to waste, to spend
***สิ้นสติ* v.** to faint, to be unconscious
***สิ้นสุด* v.** to end, to stop, to cease
***สิ้นหวัง* v.** to despair. **-adj.** hopeless
สินเธาว์ n. rock salt
สิเน่หา n. love, affection
สิบ adj., n. ten. **-adj.** tenth
***สิบตรี* n.** lance corporal
***สิบโท* n.** corporal
***สิบห้านาที* n.** a quarter of hour
สีริ v. to mix, to combine, to blend
สิริ, สิรี n. luck, glory, auspices
สิว n. pimple, acne
***สิวเสี้ยน* n.** small pimple
***สิวหัวดำ* n.** blackhead, comedo
สิ่ว n. chisel
สี n. color (Ame.)/colour (Bri.); tinge; mill. **-v.** to rub, to scrape, to graze; to fiddle
***สีข้าง* n.** sides
***สีข้าว* v.** to mill, to husk, to hull
***สีตก* adj.** decolorized; bleached
***สีน้ำ* n.** water color/colour
***สีน้ำมัน* n.** oil color/colour
***สีผึ้ง* n.** wax
***สีย้อม* n.** tint
***สีย้อมผ้า* n.** dye, dyestuff
***สีหน้า* n.** facial expression
สี่ adj., n. four. **-adj.** fourth
***สี่เหลี่ยม* n.** quadrangle
***สี่เหลี่ยมขนมเปียกปูน* n.** rhombus
***สี่เหลี่ยมคางหมู* n.** trapezium (Ame.)/trapezoid (Bri.)
***สี่เหลี่ยมจตุรัส* n.** square
***สี่เหลี่ยมผืนผ้า* n.** rectangle
***สี่เท่า* adj.** fourfold, quadruple
***สี่ฝ่าย, สี่ด้าน* adj.** quadrilateral
***สี่แยก* n.** intersection (Ame.)/ crossroads (Bri.)

สีกา n. you (used by a monk to address a woman)
สีดอ n. short-tusked male elephant
สีมา n. border, frontier; temple precinct
สีหราช *ดูคำว่า* สิงหราช
สึก v. to corrode, to erode; to unfrock; to leave the priesthood
***สึกกร่อน* v.** to corrode, to erode
***สึกหรอ* v.** to decay, to ruin
สืบ v. to succeed; to step; to inherit; to seek, to search, to detect
***สืบข่าว* v.** to spy, to pry, to snoop
***สืบค้น, สืบเสาะ* v.** to search, to seek, to hunt, to quest, to find out
***สืบทอด* v.** to inherit, to succeed
***สืบพยาน* v.** to cross-question a witness, to cross-examine a witness
***สืบพันธุ์* v.** to reproduce, to propagate
***สืบสวน* v.** to investigate, to detect
สื่อ v. to connect, to communicate; to convey. **-n.** liaison; medium *(sing.)*/ media *(pl.)*
***สื่อการศึกษา* n.** study media
***สื่อประสม* n., adj.** multimedia
***สื่อมวลชน* n.** mass media
***สื่อสาร* v.** to communicate. **-n.** communication
***สื่อสารมวลชน* n.** mass communication
***สื่อหลายมิติ* n., adj.** hypermedia
สุก v. to ripen; to be cooked. **-adj.** ripe, mature; cooked; shiny, bright
***สุก ๆ ดิบ ๆ* adj.** half-cooked, half-ripened, parboiled, half-done
***สุกใส* adj.** bright, sparkling
สุกร n. pig, swine
สุข n. happiness, comfort; healthiness; calm. **-adj.** happy, joyful

น บ ป ผ ฝ พ ฟ ภ ม ย ร ฤ ฤๅ ล ฦ ฦๅ ว ศ ษ ส ห ฬ อ ฮ

น บ ป ผ ฝ พ ฟ ภ ม ย ร ฤ ฤๅ ล ฦ ฦๅ ว ศ ษ ส ห ฬ อ ฮ

สุขนาฏกรรม n. comedy
สุขนิสัย n. health habit
สุขภัณฑ์ n. sanitary ware
สุขภาพ n. health
สุขภาพกาย n. physical health
สุขภาพใจ n. mental health
สุขภาพดี adj. well, fit, healthy
สุขลักษณะ n. hygiene. ***-adj.*** hygienic. ***-adv.*** hygienically
สุขวิทยา n. hygiene; hygienics
สุขศึกษา n. hygiene; hygienics
สุขสบาย adj. comfortable, happy. ***-n.*** comfort, happiness
สุขา ***n.*** restroom (Ame.)/toilet (Bri.), lavatory; happiness
สุขาภิบาล n. sanitation
สุขาวดี n. paradise, heaven, utopia
สุขุม ***adj.*** profound, prudent
สุคติ ***n.*** bliss; fruit of merit; good way
สุคนธ์, สุคันธ์ ***n.*** fragrance, perfumery
สุงสิง ***v.*** to associate, to contact
สุจริต ***n.*** honesty. ***-adj.*** honest
สุญญากาศ ***n., adj.*** vacuum
สุด ***v.*** to end, to come to an end, to terminate; to have nothing left. ***-adj.*** top; last; difficult. ***-adv.*** extremely. ***-adj.*** extreme
สุดแต่ prep. up to
สุดท้อง adj. youngest
สุดท้าย adj. last, final
สุดยอด adj. top, superb, perfect
สุดวิสัย adj. uncontrollable, unable
สุดเอื้อม adj. out of reach
สุทธิ ***adj.*** net. ***-n.*** purity; certificate
สุนทร ***adj.*** beautiful, good; melodious
สุนทรพจน์ n. speech, address
สุนทรี n. beautiful woman, beauty queen, woman, lady
สุนทรียะ adj. aesthetic
สุนทรียภาพ n. beautiful scenery
สุนทรียศาสตร์ n. aesthetics
สุนัข ***n.*** dog, bitch
สุนัขจิ้งจอก n. fox
สุนัขตำรวจ n. sleuth
สุนัขนำทาง n. retriever
สุนัขป่า n. wolf
สุนัขล่าเนื้อ n. hound, harrier
สุบิน ***n., roy.*** dream. ***-v., roy.*** to dream
สุพรรณ ***n.*** gold
สุภาพ ***adj.*** gentle, tender, polite
สุภาพชน n. polite people
สุภาพบุรุษ n. gentleman
สุภาพสตรี n. lady
สุภาษิต ***n.*** proverb, maxim, adage
สุม ***v.*** to pile up; to burn; to smolder (Ame.)/to smoulder (Bri.)
สุ่ม ***n.*** coop. ***-v.*** to guess; to sample. ***-adj.*** random. ***-n.*** poll
สุ่มตัวอย่าง v. to sample. ***-n.*** sampling
สุ่มสี่สุ่มห้า adv. unwarily
สุมทุม ***n.*** arbor (Ame.)/arbour (Bri.), thicket, grove
สุเมรุ ***n.*** mountain in heaven, Mount Meru
สุร ***n.*** brave, warrior; sun; angel, deity. ***-adj.*** brave, strong; celestial
สุรเสียง n. voice of authority
สุราลัย n. heaven, paradise
สุรา ***n.*** liquor, alcohol, spirits
สุริยะ ***n.*** the sun. ***-adj.*** solar
สุริยคราส, สุริยุปราคา n. solar eclipse
สุรุ่ยสุร่าย ***v.*** to dissipate. ***-adj.*** lavish, high-handed, wasteful
สุลต่าน ***n.*** Sultan
สุวรรณ ***n.*** gold. ***-adj.*** golden
สุวรรณภูมิ n. the Golden Land; Indochinese Peninsula
สุสาน ***n.*** cemetery, graveyard, tomb

สุหนัต ***v.*** to circumcise. ***-n.*** circumcision
สุหร่าย ***n.*** sprinkle, shower head
สุเหร่า ***n.*** mosque
สู ***pron***. you, thou
สู่ ***v.*** to arrive, to reach, to visit; to share. ***-prep.*** toward, to, into
สู่ขวัญ ***n.*** blessing ceremony for happiness and longevity in life
สู่ขอ ***v.*** to propose marriage
สู่รู้ ***adj.*** curious, boastful
สู้ ***v.*** to fight, to contend, to face; to resist; to compare; to equal
สู้หน้า ***v.*** to face, to confront
สูง ***adj.*** high, tall, elevated, lofty, extreme; above; shrill; advanced
สูงกว่า ***adj.*** upper, higher
สูงขึ้น ***v.*** to rise, to grow up
สูงค่า ***adj.*** precious, valuable
สูงชัน ***adj.*** steep, precipitous
สูงเทียมฟ้า ***adj.*** sky-high
สูงผอม ***adj.*** lanky
สูงศักดิ์, สูงส่ง ***adj.*** high-class, noble
สูงสุด ***adj.*** highest, tallest, supreme
สูงใหญ่ ***adj.*** giant, huge
สูงอายุ ***adj.*** old, aged, senior
สูจิบัตร ***n.*** program (Ame.)/programme (Bri.)
สูญ ***v.*** to vanish; to lose; to ruin; to cost. ***-adj.*** empty, void. ***-adv.*** nothing. ***-n.*** zero
สูญพันธุ์ ***v.*** to extinct, to die out
สูญสิ้น ***v.*** to be lost, to use up
สูญเสีย ***v.*** to miss, to be lost, to waste, to dissipate
สูญหาย ***v.*** to lose, to disappear
สูด ***v.*** to breath in, to inhale, to sniff
สูตร ***n.*** formula, recipe
สูตรคูณ ***n.*** multiplication table
สูติ ***n.*** birth, childbirth
สูติกรรม ***n.*** childbirth
สูตินรีแพทย์ ***n.*** obstetrician
สูติบัตร ***n.*** birth certificate
สูติเวช ***n.*** obstetrics
สูท ***n.*** cook; suit
สูบ ***v.*** to pump; to smoke; to suck
สูสี ***v.*** to even, to equal. ***-adj.*** well-matched
เสแสร้ง ***v.*** to pretend, to sham
เสก ***v.*** to cast a spell on, to charm; to bring up
เสกสรร ***v.*** to invent; to make up
เส็งเคร็ง ***adj.*** bad, base, vulgar
เสงี่ยม ***adj.*** polite, modest, courteous
เสด็จ ***n.*** His Royal Highness. ***-v., roy.*** to go, to proceed; to stay
เสถียร ***adj.*** stable, strong, steady
เสถียรภาพ ***n.*** stability, solidity
เส้น ***n.*** string, row, line, vessel; a unit of length; stripe; route; pull; taste
เส้นขนาน ***n.*** parallel; latitude
เส้นโค้ง ***n.*** curve, arch, bend
เส้นชั้นความสูง ***n.*** contour
เส้นชัย ***n.*** finish line
เส้นด้าย ***n.*** thread
เส้นตาย ***n.*** deadline
เส้นใต้ ***n.*** underline
เส้นทแยงมุม ***n.*** diagonal
เส้นทาง ***n.*** way, route, path, course
เส้นทางลัด ***n.*** short cut
เส้นโทษ ***n.*** penalty line
เส้นประสาท ***n.*** nerve
เส้นผ่านศูนย์กลาง, เส้นผ่าศูนย์กลาง ***n.*** diameter (Ame.)/diametre (Bri.)
เส้นพรมแดน ***n.*** borderline, frontier
เส้นใย ***n.*** fiber (Ame.)/fibre (Bri.), filament
เส้นใยแก้ว ***n.*** fiberglass (Ame.)/fibreglass, glass fibre (Bri.)

น บ ป ผ ฝ พ ฟ ภ ม ย ร ฤ ฤๅ ล ฦ ฦๅ ว ศ ษ ส ห ฬ อ ฮ

เส้นใยนำแสง n. fiber optics (Ame.)/ fibre optics (Bri.)
เส้นรอบวง n. perimeter
เส้นรัศมี n. radius *(sing.)*/radii *(pl.)*
เส้นรุ้ง n. latitude
เส้นเลือด n. blood vessel
เส้นเลือดดำ n. vein
เส้นเลือดแดง n. artery
เส้นเลือดฝอย n. capillary
เส้นวันที่ n. date line
เส้นแวง n. longitude
เส้นศูนย์สูตร n. equator
เสน่ห์ ***n.*** charm, attraction
เสน่หา ***n.*** love, affection, fondness
เสนอ ***v.*** to propose, to offer, to submit, to present; to cite; to inform; to show; to introduce
เสนอขาย v. to put up sth. for sale
เสนอชื่อ v. to nominate
เสนอตัว v. to offer one's self
เสนอแนะ v. to advise, to recommend, to suggest, to propose
เสนอราคา v. to quote a price; to bid
เสนา ***n.*** soldier; attendant
เสนาธิการ n. chief of staff
เสนาบดี n. commander; senior civil servant; minister
เสนารักษ์ n. medical officer
เสนาะ ***adj.*** sweet, melodious, tuneful
เสนียด ***n.*** fined comb; misfortune. ***-adj.*** evil, wicked, unlucky
เสบียง ***n.*** food, provisions; dining car
เสพ, เสพย์ ***v.*** to eat, to consume, to take, to use
เสพติด adj. addicted
เสพสังวาส v. to have sexual intercourse
เสเพล ***adj.*** bad, rascally, ill-behaved
เสภา ***n.*** a Thai verse form, recital song
เสมหะ ***n.*** phlegm, sputum, mucus
เสมอ ***adj.*** equal, same; smooth. ***-adv.*** always. ***-v.*** to equal, to side with
เสมอกัน n. deuce; par. ***-v.*** to draw
เสมอต้นเสมอปลาย adj. unvaried, consistent, regular
เสมอตัว adj. break-even, breakeven
เสมอภาค adj. equal, comparable
เสมา ***n.*** boundary stone
เสมียน ***n.*** clerk, scribe
เสมือน ***adj., adv.*** like, alike, as. ***-adj.*** same, alike; virtual
เสย ***v.*** to push upward, to brush back
เสร็จ ***v.*** to be finished, to be done, to end. ***-adj.*** ready; ***sl.*** gone
เสริม ***v.*** to add, to append; to support; to stimulate; to improve
เสริมกำลัง v. to reinforce, to reencorce, to empower
เสริมสวย v. to make up
เสรี ***adj.*** free, independent. ***-adv.*** freely, independently
เสรีชน n. freeman
เสรีนิยม adj. liberal. ***-n.*** liberalism
เสรีภาพ n. freedom, liberty
เสลด *ดูคำว่า* เสมหะ
เสลา ***adj.*** beautiful, fine; smooth
เสลี่ยง ***n.*** litter, sedan, palanquin
เสวก ***n.*** court official; attendant
เสวนา ***v.*** to associate, to contact
เสวย ***v., roy.*** to eat, to consume; to have; to accept, to meet
เสวยราชสมบัติ n., roy. to ascend the throne
เสสรวล ***v.*** to laugh, to guffaw
เสา ***n.*** pole, column, post, stake
เสากระโดง n. mast
เสาเข็ม n. pillar, foundation pile

เสาธง **n.** flagstaff
เสาไฟฟ้า **n.** lamp-post
เสาเอก **n.** main post
เส้า **n.** stick, pole, cane, tripod
เสาร์ **n.** Saturday; Saturn
เสาวนีย์ **n.** queen's command
เสาะ **v.** to find, to investigate, to search; to agree. **-adj.** weak; cowardly, chicken-hearted
เสาะท้อง **v.** to upset stomach
เสิร์ฟ **v.** to serve
เสีย **v.** to spoil, to decay, to waste; to sacrifice; to desert; to pay, to spend; to miss; to die; to worsen. **-adj.** improper, bad; spoiled, rotten; out of order
เสียกำลังใจ **adj.** discouraged, disheartened
เสียเกียรติ **v.** to be dishonored (Ame.)/to be dishonoured (Bri.)
เสียคำพูด **v.** to break one's words
เสียจริต **adj.** insane, mad, crazy
เสียใจ **v.** to regret, to be sorry
เสียชีวิต **v.** to die, to pass away
เสียชื่อ **adj.** notorious, infamous
เสียเด็ก **v.** to be spoiled
เสียที **v.** to lose, to miss
เสียตัว **v.** to lose one's virginity
เสียเปรียบ **v.** to be disadvantaged
เสียเปล่า **adv.** in vain, uselessly
เสียเวลา **v.** to waste time; to delay
เสียสละ **v.** to sacrifice
เสียหน้า **v.** to lose one's face
เสียหาย **v.** to lose one's face, to be ashamed. **-adj.** out of order
เสียเหลี่ยม ดูคำว่า เสียหน้า
เสี่ย **n., colloq.** Chinese rich man, millionaire
เสียง **n.** sound, noise, tone, intonation; opinion, popularity, vote
เสียงก้อง **adj.** voiced, resonant
เสียงข้างน้อย **n.** minority
เสียงข้างมาก **n.** majority
เสียงขึ้นจมูก **adj.** nasal
เสียงเจี๊ยวจ๊าว **n.** hubba-hubba
เสียงสะท้อน **n.** echo
เสียงสำคัญ **n.** keynote
เสียงหลง **adj.** broken voice
เสี่ยง **n.** fraction, part. **-adj.** risky. **-v.** to risk, to take a chance
เสี่ยงโชค **v.** to gamble; to try one's luck
เสียด **v.** to pierce; to feel pain; to shave
เสียดท้อง **v.** to feel colic. **-n.** abdominal pain
เสียดสี **v.** to be sarcastic; to grind
เสี้ยน **n.** bur, burr, splinter thorn. **-v., colloq.** to crave, to addict
เสี้ยนหนาม **n.** obstruction, bar; enemy, opponent
เสียบ **v.** to pierce, to thrust, to stick
เสียบติด **v.** to stick
เสียบทะลุ **v.** to impale
เสียบประจาน **v.** to fasten to a stak
เสียบปลั๊ก **v.** to plug in
เสียม **n.** spade, hoe
เสี้ยม **v.** to taper; to estrange
เสียว **v.** to feel a sudden pain, to lose heart; to thrill, to fear; **sl.** to feel sexual desire. **-adj.** thrilling
เสียวไส้ **v.** to fear. **-adj.** shocking
เสี่ยว **n.** friend, comrade. **-v.** to swoop
เสี้ยว **n.** quarter, fraction quadrant; crescent. **-adj.** deviating, bent
เสือ **n.** tiger; bandit; rudder; scout
เสือผู้หญิง **n.** woman-hunter
เสื่อ **n.** mat
เสื้อ **n.** blouse, shirt, coat

น บ ป ผ ฝ พ ฟ ภ ม ย ร ฤ ฤๅ ล ฦ ฦๅ ว ศ ษ ส ห ฬ อ ฮ

เสื้อกล้าม n. vest (Ame.)/undershirt (Bri.)
เสื้อกั๊ก n. vest (Ame.)/waistcoat (Bri.)
เสื้อกันฝน n. raincoat
เสื้อกันหนาว n. winter clothes
เสื้อกันหนาวสวมศีรษะ n. sweater, pullover (Ame.)/jumper (Bri.)
เสื้อกาวน์ n. gown
เสื้อขนสัตว์ n. fur coat
เสื้อครุย n. gown
เสื้อครุยบัณฑิต n. academic gown
เสื้อคลุม n. overcoat
เสื้อชั้นใน n. undergarment
เสื้อนอก n. suit, tuxedo
เสื้อนอน n. nightwear, pajamas (Ame.)/pyjamas (Bri.)
เสื้อผ้า n. clothes
เสื้อยกทรง n. brassiere, bra
เสื้อยืด n. T-shirt
เสื้อยืดรัดรูป n. tops

เสือก *v.* to push; to intrude, to interfere. ***-adj.*** intrusive
เสื่อม *v.* to decline, to decay, to fade, to decrease, to depreciate
แส่ *v.* to look for trouble, to incite
แส้ *n.* whip; whisk
แสก *n.* parted hair; barn owl; Mon-Khmer tribe. ***-v.*** to part hair
แสก ๆ *adj.* broad (daylight)
แสง *n.* light, brightness; weapon
แสงเดือน n. moonlight
แสงตะวัน n. sunshine, sunlight
แสงเทียน n. candlelight
แสงอรุณ n. aurora
แสด *adj., n.* orange, reddish yellow
แสดง *v.* to show, to display, to express; to play, to perform
แสดงความยินดี v. to congratulate
แสดงบทบาท v. to play a role
แสดงละคร v. to act, to perform
แสดงสด adj. live
แสดงสุนทรพจน์ v. to give a speech
แสดงอาการของโรค v. to be symptomatic of

แสตมป์ *n.* postage stamp. ***-v.*** to stamp
แสน *n.* one hundred thousand. ***-adv.*** very, extremely
แสนรัก adj. beloved, much loved
แสนรู้ adj. intelligent, clever
แสบ *v.* to feel painful. ***-adj.*** painful
แสบแก้วหู adj. shrieking, brash
แสยะ *v.* to grin, to leer
แสร้ง *v.* to pretend, to mime
แสลง *adj.* poisonous, harmful
แสวง *v.* to search, to seek
โสกันต์ *v., roy.* to shave the topknot
โสโครก *adj.* dirty, soiled, filthy
โสด *adj.* single, unmarried
โสดา, โสดาบัน *n.* saint
โสต *n.* ear; ear-tube, auricular aperture; current. ***-adj.*** auricular, audio
โสตทัศนอุปกรณ์ n. audio visual aid
โสภา, โสภี *adj.* graceful, pretty
โสภณ *adj.* beautiful. ***-n.*** ornament
โสเภณี *n.* whore, prostitute, hooker
โสม *n.* ginseng; spirits; the moon; gold; Korea
โสมนัส *n.* happiness, pleasure; joy
โสมม *adj.* dirty, filthy, foul, lewd
โสร่ง *n.* sarong
โสหุ้ย *n.* expense, cost, payment
ใส *adj.* clear, bright, lucid; transparent
ใส่ *v.* to wear, to put on; to contain, to load; to set; to apply; to curse; to insert, to add; to imprison
ใส่ไข่ v., sl. to exaggerate
ใส่ความ v. to defame, to charge

ใส่ใจ **v.** to pay attention to, to be mindful, to care, to be attentive
ใส่ปุ๋ย **v.** to manure
ใส่พิษใน (อาหาร, อากาศ, อาวุธ) **v.** to envenom, to put poison in sth.
ใส่ฟิล์ม **v.** to load a film
ใส่ไฟ **v.** to vilify
ใส่ยากันบูดเน่า **v.** to embalm; to add a preservative
ใส่ร้ายป้ายสี **v.** to smear, to abuse

ไส **v.** to push; to drive; to plane
ไสรถ **v.** to wheel the car

ไส้ **n.** intestine, bowel; filling; wick; secret; family
ไส้กรอก **n.** sausage
ไส้ตะเกียง, ไส้เทียนไข **n.** wick
ไส้ติ่ง **n.** appendix
ไส้เลื่อน **n.** hernia, rapture
ไส้ศึก **n.** spy, traitor, mole, decoy
ไส้แห้ง **adj., colloq.** poor, starving

ไสย, ไสยศาสตร์ **n.** black magic

ไสยาสน์ **v.** to sleep. **-n.** bed

ไสว **adj.** abundant, plentiful, flourishing; bright, radiant

ห

ห the 41st Thai alphabet

หก **v.** to turn over, to spill, to splash over. **-n.** six. **-adj.** six, sixth
หกคะเมน **v.** to somersault
หกเท่า **adj.** sixfold
หกล้ม **v.** to tumble, to fall, to trip
หกเหลี่ยม **n.** hexagon

หงอ **adj.** afraid, meek. **-v.** to fear

หงอก **adj.** gray; gray-headed; grey

หงอน **n.** comb, crest

หง่อม **adj.** very old, aged, senile

หงอย **adj.** downcast, sluggish
หงอยเหงา **adj.** lonely, lonesome

หงาย **v.** to turn up, to overturn

หง่าว **adv.** drearily, lonely, solitarily

หง่ำเหงอะ **adj.** fascinated; aged

หงิก **adj.** crooked, crinkled

หงิม, หงิม ๆ **adj.** silent, quiet

หงุดหงิด **adj.** moody, uneasy, high-strung, upset, annoyed

หญ้า **n.** grass, weed

หญิง **n.** woman, lady, female

หด **v.** to shrink, to retract, to shorten
หดตัว **v.** to contract, to condense
หดหู่ **adj.** melancholy, sad, depressed, gloomy, down

หทัย **n.** heart, mind

หน **n.** way, direction; time, turn
หนทาง **n.** way, route, path
หนทางอันราบรื่น **n.** royal road

หนวก **adj.** deaf
หนวกหู **adj.** noisy, uproarious, boisterous, deafening

หน่วง, หน่วงเหนี่ยว **v.** to pull back, to hold back, to restrain, to delay, to detain, to put off

หนวด **n.** mustache (Ame.)/moustache (Bri.); whiskers; antenna *(sing.)*/ antennae *(pl.)*; tentacle
หนวดเครา **n.** beard

หนวดสัตว์ n. tentacles

หน่วย *n.* unit; digit; eyeball; piece. ***-adj.*** one

หน่วยก้าน n. attitudes, manner

หน่วยกิต n. credit

หน่วยข้อมูล n., comp. data unit

หน่วยความจำ n., comp. memory

หน่วยคุ้มกัน n. escort, guard

หน่วยคุ้มกันการเดินเรือ n. convoy

หน่วยจู่โจม n. commando

หน่วยดับเพลิง n. fire-brigade

หน่วยทหาร n. detachment

หน่วยประมวลผลกลาง n., comp. CPU (central processing unit)

หน่วยปืนใหญ่ n. battery

หน่วยแสดงผล n., comp. display

หน่อ *n.* shoot, sprout; son, lineage

หนอก *n.* dewlap, hump; pubis

หนอง *n.* swamp, marsh; pus

หนอน *n.* worm, maggot, grub

หน่อย *adj.* little, a little, a few

หน็อย, หน็อยแน่ *interj.* tut! tut!

หนัก *adj.* heavy, weighty; serious; considerable. ***-adv.*** extremely. ***-v.*** to stress. ***-n.*** stool, feces

หนักข้อ adj. severe, too much

หนักใจ v. to worry, to be anxious

หนักแน่น adj. stable, firm, steady, determined, fixed, resolute

หนักหนา adv. extremely, very

หนัง *n.* skin, hide, leather; movie, film, cinema, shadow show

หนังกำพร้า n. epidermis

หนังตะลุง n. shadow show

หนังตา n. eyelid

หนังแท้ n. dermis

หนังยาง n., colloq. rubber band

หนังสติ๊ก n. slingshot, catapult

หนังหุ้มกระดูก adj. bony, skinny lean, scraggy. ***-n.*** scrag

หนังใหญ่ n. grand shadow show

หนังสือ *n.* book; word; document

หนังสือคู่มือ n. manual, handbook

หนังสือคู่มือท่องเที่ยว n. guidebook

หนังสือเดินทาง n. passport

หนังสือแปลงสัญชาติ n. naturalisation paper

หนังสือผ่านแดน n. safe-conduct, safe passage

หนังสือพิมพ์ n. newspaper, press

หนังสือพิมพ์รายเดือน n. monthly

หนังสือพิมพ์รายวัน n. daily newspaper

หนังสือพิมพ์รายสัปดาห์ n. weekly newspaper

หนังสือรับรอง n. certificate; letter of recommendation

หนังสือเล่มเล็ก n. booklet, pamphlet

หนังสือเล่มใหญ่ n. tome

หนังสือเวียน n. circular letter

หนังสืออ้างอิง n. reference book

หนา *n.* thickness. ***-adj.*** thick, dense, massive, full; brazen

หน้า *n.* face; frontage; top; topping; surface, facade; page; time; season. ***-adj., adv.*** next

หน้ากระดาน adv. abreast, side by side, in a line, in a row

หน้ากาก n. mask

หน้าคว่ำ adj. frowned, scowled

หน้าแง n. forehead between eyebrow/brow

หน้าจั่ว n. gable

หน้าด้าน adj. barefaced, blatant

หน้าตาดี adj. good-looking

หน้าตาดุร้าย adj. fierce-looking

หน้าต่าง n. window

หน้าตาย adj. deadpan

น บ ป ผ ฝ พ ฟ ภ ม ย ร ฤ ฤๅ ล ฦ ฦๅ ว ศ ษ ส ห ฬ อ ฮ

หน้าที่ ***n.*** duty; function
หน้าบัน ***n.*** gable (of the temple)
หน้าบาง ***adj.*** bashful, timid
หน้าบึ้ง ***adj.*** sulky
หน้าปัด ***n.*** dial, surface of watch
หน้าเป็น ***adj.*** facetious, flippant
หน้าผา ***n.*** cliff
หน้าฝน ***n.*** rainy season
หน้ามัน ***n.*** oily face
หน้าม้า ***n.*** tout, decoy
หน้ามืด ***adj.*** dizzy; unreasonable
หน้ามุข ***n.*** terrace, porch, veranda
หน้าร้อน ***n.*** summer
หน้าแล้ง ***n.*** dry season
หน้าเลือด ***adj.*** stingy, tight-fisted
หน้าสิ่วหน้าขวาน ***n.*** critical time, crisis, difficulty
หน้าเสีย ***adj.*** discountenanced. ***-v.*** to turn pale
หน้าหนา ***adj.*** shameless, brazen-faced
หน้าหนาว ***adj.*** winter
หน้าอก ***adj.*** breast, chest
หนาม ***n.*** thorn, bur, burr, prickle
หน่าย ***v.*** to be bored, to be tired of
หนาว ***adj.*** cold, cool, chill, freezing
หนาวเข้ากระดูก ***adj.*** piercing
หนาวใจ ***adj.*** lonely, lonesome
หนำใจ ***adj.*** satisfied. ***-adv.*** enough
หนี ***v.*** to escape, to flee, to run away
หนีตามผู้ชาย ***v.*** to elope
หนีภัย ***v.*** to decamp
หนีภาษี ***adj.*** smuggled
หนีเรียน ***v.*** to skip a class
หนีหนี้ ***v.*** to abscond
หนีหัวซุกหัวซุน ***v.*** to be chased
หนี้ ***n.*** debt, due; obligation
หนีบ ***v.*** to pinch, to grib, to clip
หนึ่ง ***n., adj.*** one, first, single
หนึบ ***adj.*** sticky, adhesive, gummy
หนืด ***adj.*** sticky; stingy. ***-n.*** magma
หนุน ***v.*** to support, to promote, to back up; to rest one's head on pillow
หนุ่ม ***n.*** youngster. ***-adj.*** young, juvenile
หนุ่มสาว ***n.*** teenagers, juveniles
หนุ่มเหน้า ***adj.*** youthful, adolescent
หนุ่ย ***adj.*** bumped, elongate, bulgy
หนู ***n.*** rat, mouse *(sing.)*/mice *(pl.)* ***-pron.*** I (used by a kid), you (used for a kid). ***-adj.*** small, tiny, little
ห่ม ***v.*** to cover, to clothe, to wrap; to spring up and down
หมก ***v.*** to bury, to place underneath
หมกหมุ่น ***v.*** to be occupied in, to be obsessed with/about sb./sth.
หมด ***v.*** to end, to exhaust, to spend; to lose; to clear; to expire. ***-adj.*** total, entire. ***-adv.*** all, entirely
หมดกำลังใจ ***v.*** to be disheartened
หมดเขต ***v.*** to expire, to come to an end/a deadline
หมดความรู้สึก ***adj.*** senseless
หมดเงิน ***adj.*** broke, penniless
หมดตัว ***adj.*** penniless, destitute
หมดบุญ ***v.*** to die, to pass away
หมดเปลือก ***adj.*** clearly, obviously
หมดมลทิน ***adj.*** blemishless, pure
หมดสติ ***adj.*** unconscious. ***-v.*** to faint, to lose consciousness
หมดสมัย ***adj.*** outmoded, out of date, old-fashioned
หมดไส้หมดพุง ***adv.*** clearly, completely. ***-v.*** to tell sb. everything, to explain everything clearly
หมดหวัง ***adj.*** hopeless
หมดอายุ ***v.*** to die; to expire
หม่น ***adj.*** dull; gloomy, depressed
หม่นหมอง ***adj.*** sad, dreary

หมวก ***n.*** hat, cap

หมวกแก๊ป ***n.*** cap, helmet

หมวกนิรภัย ***n.*** safety helmet

หมวกนิรภัย

หมวด ***n.*** group, kind, division; captain; platoon

หมอ ***n.*** doctor, physician; guy

หมองู n. snake-charmer

หมอเฉพาะโรค n. specialist

หมอเถื่อน n. quack

หมอผ่าตัด n. surgeon

หมอผี n. black magician

หมอฟัน n. dentist

หมอสอนศาสนา n. missionary

หม้อ ***n.*** pot; ***sl.*** cunt

หม้อกาแฟ n. percolator

หม้อตุ๋น n. steaming pot

หม้อน้ำ n. boiler; boiler engine

หม้อแบตเตอรี n. accumulator

หม้อแปลง, หม้อแปลงไฟ n. adapter

หมอก ***n.*** fog, mist. ***-adj.*** grey; murky

หมอกเพลิง n. nebula

หมอง ***adj.*** dull, dim; gloomy

หมอน ***n.*** pillow, cushion

หมอนข้าง n. bolster

หมอนรถไฟ n. tie, sleeper

หมอนอิง n. cushion

หมอบ ***v.*** to crouch, to prostrate

หม่อม ***n.*** consort

หม่อมเจ้า n. Royal Highness

หม่อมราชวงศ์ n. Highness

หมัก ***v.*** to ferment, to brew

หมักหมม v. to pile up, to mess up

หมัด ***n.*** tick, mite; fist, punch

หมัน ***adj.*** sterile; useless; failed

หมั่น ***v.*** to keep on. ***-adj.*** diligent

หมั่นไส้ ***v.*** to hate, to dislike, to disgust. ***-adj.*** disgusted

หมั้น ***v.*** to engage, to be betrothed

หมา ***n.*** dog, canine

หมาก ***n.*** betel; areca palm; fruit; chessman

หมากเก็บ n. jackstones

หมากฝรั่ง n. chewing gum

หมากรุก n. checkers (Ame.)/draughts (Bri.)

หมากฮอส n. draughts

หมาง ***v.*** to disagree, to alienate

หมางใจ v. to alienate, to estrange

หมางเมิน v. to diverge, to ignore

หมาด ***adj.*** humid, almost dry. ***-adv.*** recently, newly, freshly, lately

หมาย ***n.*** summons, notice. ***-v.*** to aim, to intend, to plan; to mark

หมายกำหนดการ n., roy. program (Ame.)/programme (Bri.), itinerary

หมายเกณฑ์ n. warrant of conscription

หมายค้น n. warrant of search

หมายความ v. to mean, to signify

หมายจับ n. warrant of arrest

หมายมั่นปั้นมือ v. to aim, to purpose

หมายเรียก n. summons

หมายเลข n. number

หมายศาล n. summons, writ

หมายเหตุ n. footnote, remark

หม้าย, ม่าย ***n.*** widow (female); widower (male). ***-adj.*** widowed

หม่ำ ***v., colloq.*** to eat, to consume

หมิ่น ***v.*** to insult, to despise. ***-adv.*** almost. ***-adj.*** imminent; insulting

หมิ่นประมาท v. to libel, to slander. ***-n.*** libel

หมิ่นพระบรมเดชานุภาพ v. to com-

น บ ป ผ ฝ พ ฟ ภ ม ย ร ฤ ฤๅ ล ฦ ฦๅ ว ศ ษ ส ห ฬ อ ฮ

mit lese majesty
หมิ่นสิ่งศักดิ์สิทธิ์ ***v.*** to desecrate
หมี่ ***n.*** vermicelli, noodle
หมึก ***n.*** ink, squid
หมื่น ***adj.*** a ten thousand; many, much. ***-n.*** ancient civil servant rank
หมุด ***n.*** peg, pin
หมุน ***v.*** to rotate, to spin; to twist
หมุนเงิน ***v.*** to manipulate (money)
หมุนตัว ***v.*** to twirl
หมุนโทรศัพท์ ***v.*** to dial
หมุนรอบ ***v.*** to revolve
หมุนเวียน ***v.*** to turn, to rotate
หมู ***n.*** pig, boar; dugout; axe; easy victim. ***-adj.*** easy, simple, basic. ***-adv.*** easily
หมูเค็ม ***n.*** bacon, salted pork
หมูป่า ***n.*** wild boar
หมูย่าง ***n.*** roasted pork
หมูหย็อง ***n.*** dry shredded pork
หมูแฮม ***n.*** ham
หมู่ ***n.*** group, team, category; period
หมู่เกาะ ***n.*** islands
หมู่คณะ ***n.*** commonalty, group
หมู่ทหาร ***n.*** squad
หมู่บ้าน ***n.*** village, hamlet
หมู่ไม้เตี้ย ๆ ***n.*** shrubbery
หมู่เลือด ***n.*** blood group
หยก ***n.*** jade. ***-v.*** to raise a rod slowly
หยก ๆ ***adv.*** recently, just now
หย่ง ***v.*** to raise. ***-adj.*** tiptoe
หยด ***v.*** to drop, to drip. ***-n.*** drop, drip
หยดย้อย ***adj.*** tuneful; graceful
หยวก ***n.*** banana stalk; pith of a banana stalk
หยวบ, หยวบ ๆ ***adj.*** soft. ***-adv.*** softly
หยอก ***v.*** to tease, to kid, to joke
หยอด ***v.*** to drop; to add sweet words
หย่อน ***v.*** to loosen, to slack, to drop; to relax; to diminish. ***-adj.*** flabby
หย่อนใจ ***v.*** to relax, to rest
หย่อนสมรรถภาพ ***adj.*** impotent
หย่อม ***n.*** cluster, tuft. ***-adj.*** sparse
หย็อมแหย็ม ***adj.*** sparse. ***-adv.*** thinly
หยอย ***adj.*** pliant, springy
หยัก ***v.*** to carve, to notch, to zigzag. ***-adj.*** crooked, zigzag, wavy
หยักศก ***adj.*** curly, wavy
หยักไย่, หยากไย่ ***n.*** cobweb
หยั่ง ***v.*** to measure, to probe, to sound
หยั่งรู้ ***v.*** to foresee, to divine
หยั่งเสียง ***v.*** to take a poll
หยัด ***v.*** to stretch; to insist on
หยัน ***v.*** to jeer, to sneer, to mock
หย่า, หย่าร้าง ***v.*** to divorce; to give up, to stop
หย่านม ***v.*** to wean
หยาด ***v.*** to drop, to drip. ***-n.*** drop
หยาดน้ำค้าง ***n.*** dewdrop
หยาดน้ำตา ***n.*** teardrop
หยาดน้ำฟ้า ***n.*** raindrop; snowflake
หยาดฝน ***n.*** raindrop
หยาดเหงื่อ ***n.*** sweat
หยาบ ***adj.*** rough, crude; rude
หยาบคาย ***adj.*** rude, vulgar
หยาบช้า ***adj.*** bad, mean, low
หยาบโลน ***adj.*** lewd, obscene
หยาม ***v.*** to insult, to look down
หยิก ***v.*** to pinch, to nip. ***-adj.*** awry, curly, twisted, wavy
หยิกหย็อง ***v.*** to curl. ***-adj.*** curly
หยิ่ง ***adj.*** proud, arrogant, haughty
หยิ่งทะนงตัว ***adj.*** lofty, vain
หยิบ ***v.*** to fetch, to pick, to pluck; to select. ***-n.*** amount, handful
หยิบมือหนึ่ง ***n.*** pinch
หยิบหย่ง ***adj.*** sluggish, torpid
หยิม ๆ ***adv.*** (to rain) drizzlingly

หยี ***adj.*** narrow, slightly opened. ***-v.*** to narrow, to squint
หยุกหยิก ***v.*** to wriggle, to be restless
หยุด ***v.*** to stop, to pause, to cease
หยุดกิจการ v. to close down
หยุดงานประท้วง v. to strike. ***-n.*** walkout, turnout
หยุดชั่วขณะ v. to pause, to hold
หยุดนิ่ง v. to be still, to remain quiet
หยุดพัก v. to rest, to take a break
หยุดแพร่ภาพออกอากาศ v. to go off the air
หยุดยิง v. to cease fire
หยุ่น ***adj.*** flexible, elastic, stretchable
หยุมหยิม ***adj.*** petty, trivial, trifling
หยูกยา ***n.*** medicine, drug, medicament
หรดี ***n.*** the southwest
หรรษา ***n.*** joy, happiness, delight
หรุ็อมแหร็ม ***adj.*** scanty, sparse
หรี่ ***v.*** to lower, to lessen, to turn down. ***-adj.*** dim, half-opened
หรี่ตามอง v. to peer
หรีด ***n.*** wreath
หรือ ***conj.*** or, otherwise
หรุบรู่, หรุบหรู่ ***adj.*** dim, hazy
หรู, หรูหรา ***adj.*** splendid, luxurious
หฤทัย ***n.*** heart; theme, essence
หฤหรรษ์ ***adj.*** glad, admirable, merry
หฤโหด ***adj.*** cruel, brutal, savage
หลง ***v.*** to misunderstand; to dote on; to remain; to get lost, to stray; to forget. ***-adj.*** forgetful; aged; accidental. ***-adv.*** screamingly
หลงกล v. to be tricked
หลงเชื่อ, หลงลม v. to believe by mistake, to be beguilded
หลงตา, หลงหูหลงตา adj. overlooked, missing, unnoticed. ***-v.*** to overlook
หลงทาง v. to get lost, to stray
หลงผิด v. to be mistaken
หลงระเริง adj. undisciplined
หลงรัก v. to fall in love with
หลงลม v. to be deceived
หลงลืม v. to forget, to overlook
หลงใหล v. to indulge, to dote on
หลน ***v.*** to stew, to simmer
หล่น ***v.*** to fall, to drop, to tumble
หลบ ***v.*** to escape, to avoid, to hide, to conceal, to cover. ***-adj.*** latent
หลบภัย v. to shelter
หลบหนี v. to escape
หลบหลีก v. to evade, to sidestep
หล่ม ***n.*** marsh, mire, bog. ***-adj.*** swampy, boggy, muddy, mucky
หลวง ***adj.*** great; royal; public. ***-n.*** Luang (a title for priest); government
หลวม ***adj.*** loose, baggy; heedless, imprudent. ***-adj.*** heedlessly, imprudently
หลวมตัว v. to be involved in
หลอ ***adj.*** hollowed out, worn down
หล่อ ***v.*** to found; to immerse, to lubricate. ***-adj.*** handsome, cool
หล่อลื่น adj. lubricant
หล่อเลี้ยง v. to nourish, to nurture
หล่อหลอม v. to anneal
หลอก, หลอก ๆ ***v.*** to deceive; to frighten; to kid; to contrast. ***-adj.*** fake, unreal; kidding; inharmonious
หลอกหลอน v. to haunt, to spook
หลอด ***n.*** straw, tube, pipe, bulb
หลอดดูด, หลอดกาแฟ n. straw
หลอดทดลอง n. test tube
หลอดไฟ n. electric bulb
หลอดลม n. trachea, windpipe
หลอดเลือด n. blood vessel
หล่อน ***pron.*** you, she, her

น บ ป ผ ฝ พ ฟ ภ ม ย ร ฤ ฤๅ ล ฦ ฦๅ ว ศ ษ ส ห ฬ อ ฮ

หลอม ***v.*** to melt, to furnace, to fuse
หลอมละลาย, หลอมเหลว v. to melt, to thaw. ***-n.*** melting point
หละหลวม ***adj.*** careless, imprudent, lax. ***-adv.*** carelessly, imprudently
หลัก ***n.*** pole, post, stake; sign; basis; principle; theme; digit; foothold. ***-adj.*** main, principal, chief
หลักการ n. principle, morality
หลักการขั้นพื้นฐาน n. postulate
หลักเกณฑ์ n. standard, rule
หลักฐาน n. foundation; evidence
หลักฐานการสมัครงาน n. reference
หลักทรัพย์ n. property, asset
หลักธรรม n. moral principle
หลักประกัน n. security, surety
หลักปักปันเขตที่ดิน n. landmark
หลักลอย adj. vagrant, homeless
หลักศิลาจารึก n. inscription stone
หลักสูตร n. course, curriculum
หลักแหล่ง n. permanent abode
หลัง ***n.*** back, rear, backside; numerative noun for a house or a building. ***-adj., adv.*** back, next. ***-adj.*** rear
หลังโกง adj. hump-backed, hunchback
หลังคา n. roof
หลังคารถ n. top (Ame.)/roof, hood (Bri.)
หลังคาเรือน n. household; family
หลังจาก conj. after, later
หลังบ้าน n. backyard
หลังยาว adj. lazy, sluggish, idle
หลังสงคราม adj. post-war, postwar
หลั่ง ***v.*** to flow, to pour, to gush
หลั่งไหล v. to gush, to overflow
หลัด ๆ ***adv.*** quickly, recently
หลั่น ***adj.*** serial, orderly, tiered
หลับ ***v.*** to sleep, to go to bed
หลับตา v. to close one's eyes
หลับใน v. to trance without closing eyes
หลับหูหลับตา adv. headlong
หลา ***n.*** yard, yardstick
หล้า ***n.*** earth, ground, land, world
หลาก ***adj.*** many, varied; strange, weird. ***-v.*** to flood, to overflow
หลากหลาย adj. many, various
หลาน (ปู่ ย่า ตา ยาย) ***n.*** grandchild *(sing.)*/grandchildren *(pl.)*, grandson (male); granddaughter(female)
หลานชาย (ลุง ป้า น้า อา) n. nephew
หลานสาว (ลุง ป้า น้า อา) n. niece
หลาบ ***v.*** to fear, to dread
หลาบจำ v. to bear in mind and never do that again
หลาม ***v.*** to overflow. ***-adj.*** crowded
หลาย ***adj.*** many, much, various, several
หลายแง่ adj. many-sided
หลายใจ adj. unfaithful, fickle
หลาว ***n.*** spear. ***-adj.*** darting. ***-v.*** to dart
หลิวตา ***v.*** to narrow one's eyes; to wink
หลีก, หลีกเลี่ยง ***v.*** to avoid, to give way
หลืบ ***n.*** fold; pass
หลุกหลิก ***v.*** to be restless, to be fidgety
หลุด ***v.*** to slip; to loosen; to invalidate; to peel; to lose, to free
หลุดปาก v. to let drop/fall
หลุดพ้น v. to free from
หลุดมือ v. to miss a chance, to lose opportunity; to change hands
หลุดลุ่ย adj. frayed. ***-v.*** to be dishevelled.
หลุน ๆ ***adv.*** quickly. ***-adj.*** sliding down
หลุบ ***v.*** to droop, to turn down
หลุม ***n.*** hole, pit, pocket; trap
หลุมกอล์ฟ n. hole
หลุมดำ n. black hole

น บ ป ผ ฝ พ ฟ ภ ม ย ร ฤ ฤๅ ล ฦ ฦๅ ว ศ ษ ส ห ฬ อ ฮ

หลุมฝังศพ n. grave, tomb
หลุมพราง n. trap, pitfall
หลุมหลบภัย n. bunker, shelter
หลุมอากาศ n. air pocket

หวง *v.* to taboo; to cherish, to treasure; to be jealous, to be possessive
หวงห้าม adj. forbidden, reserved
หวงแหน v. to treasure, to cherish

ห่วง *n.* loop, ring. ***-v.*** to worry, to be concerned about, to be anxious
ห่วงชูชีพ n. lifebuoy
ห่วงลูกโซ่ n. link, chain
ห่วงโลหะ n. grommet

ห้วง *n.* expanse, space, range; backwater; imagination; period. ***-adj.*** sporadic, intermitten
ห้วงน้ำ n. river, reservoir

หวด *v.* to whip, to beat, to flog, to lash. ***-n.*** bamboo steamer

หวน *v.* to return, to revert; to recall
หวนกลับ v. to retrace
หวนนึกถึง v. to recall, to look back

ห้วน *adj.* short, curt, abrupt, blunt
ห้วน ๆ adv. abruptly, bluntly

หวย *n.* lottery, sweepstakes

ห่วย *adj, colloq.* bad, cheap, poor

ห้วย *n.* brook, creek, stream

หวอ *adj.* hollow open. ***-n.*** siren

หวอด *n.* fish foam. ***-v.*** to brew. ***-adv.*** (to yawn) wide open

หวัง *v.* to hope, to wish, to expect
หวังดี n. goodwill, good intentions

หวัด *n.* cold

หวัด, หวัด ๆ *adj.* scratchy, careless. ***-adv.*** (to write) carelessly. ***-v.*** to scribble, to scrawl, to scratch

หวั่น *v.* to fear, to worry, to be concerned, to dread
หวั่นไหว v. to tremble, to be swayed; to be touched. ***-adj.*** sensitive

หวาด *v.* to fear, to thrill, to quail

หวาน *adj.* sweet, sugary; tasty; melodious; beloved; easy, simple; comfortable. ***-v.*** to loose
หวานใจ n. sweetheart, honey

หว่าน *v.* to scatter, to sow, to spread; to buy over; to distribute
หว่านล้อม adj. persuasive. ***-v.*** to persuade, to induce, to convince

หวาม *adj.* thrilled, thrilling

หวิด, หวุดหวิด *adv.* nearly, almost

หวิว *adj.* dizzy, giddy; soft, light

หวี *n.* comb; a hand of bananas. ***-v.*** to comb, to brush, to groom

หวีด *n.* whistle; scream. ***-adj.*** screamy

หวูด *n.* whistle. ***-adv.*** whistlingly

หอ *n.* chamber, hall; bridal house
หอการค้า n. chamber of commerce
หอคอย n. tower, watchtower
หอดูดาว n. observatory
หอบังคับการ n. commanding room
หอประชุม n. assembly hall
หอพัก n. dormitory, hostel
หอระฆัง n. belfry, steeple
หอสมุด n. library
หอสังเกตการณ์ n. watchtower

ห่อ *n.* pack, package, parcel. ***-v.*** to wrap, to envelop, to pack
ห่อเหี่ยว adj. melancholy, dejected

ห้อ *v.* to speed, to gallop. ***-adj.*** bruised

หอก *n.* lance, spear, spike

ห้อง *n.* room; part; tier
ห้องเก็บของ n. storeroom, closet
ห้องขัง n. cell, jail (Ame.)/gaol (Bri.)
ห้องครัว n. kitchen
ห้องคลอด n. delivery room
ห้องฉุกเฉิน n. ER (emergency room)
ห้องชุด n. apartment (Ame.)/flat

(Bri.), condominium, condo
ห้องเช่า n. lodging, rented room
ห้องเต้นรำ n. ballroom
ห้องใต้ดิน n. basement, cellar
ห้องใต้หลังคา n. attic
ห้องแถว n. row house
ห้องโถง n. hall
ห้องทดลอง n. laboratory, lab
ห้องนอน n. bedroom, bedchamber
ห้องนั่งเล่น n. living room (Ame.)/ sitting room, lounge (Bri.)
ห้องน้ำ n. bathroom
ห้องในรถไฟ n. compartment
ห้องประชุม n. meeting room
ห้องผู้โดยสารเรือ n. cabin
ห้องพระ n. worship room
ห้องรับประทานอาหาร n. dining room, salle-a-manger
ห้องรับฝากเสื้อคลุม หมวก ไม้เท้า n. checkroom (Ame.)/cloakroom (Bri.)
ห้องเรียน n. classroom
ห้องสมุด n. library
ห้องส้วม, สุขา n. lavatory, restroom (Ame.)/toilet, loo (Bri.)
ห้องสูบบุหรี่ n. smoking room
ห้องอ่านหนังสือ n. study room
ห้องไอซียู n. ICU, Intensive Care Unit

หอน ***v.*** to howl, to bay, to whine

หอบ ***v.*** to hold, to carry; to pant; to blow away. ***-n.*** armful; asthma

หอม ***n.*** onion; fragrance. ***-v.*** to kiss; to smell sweet; to gather, to collect. ***-adj.*** fragrant, scented

ห้อม ***v.*** to encircle; to protect
ห้อมล้อม v. to ring, to surround

ห้อย ***v.*** to hang on, to droop, to dangle

หัก ***v.*** to bend, to break, to be broken; to deduct; to turn suddenly
หักคอ v. to subdue, to force; to kill
หักบัญชี v. to debit
หักมุม adj. disjunctive
หักล้าง v. to disprove, to argue
หักหลัง v. to betray, to cheat
หักหาญ v. to suppress, to force
หักเห v. to deviate, to veer
หักโหม v. to overtax oneself
หักอก n. to break sb.'s heart

หัด ***n.*** measles. ***-v.*** to train, to drill
หัดเยอรมัน n. German measles

หัตถ์ ***n.*** hand; trunk
หัตถกรรม n. handicraft; manufacture
หัตถการ, หัตถกิจ n. handicraft

หัน ***v.*** to turn, to rotate, to face, to pivot; to see
หันเห v. to turn, to deviate; to divert

หั่น ***v.*** to cut, to slice, to slash, to chop
หั่นแหลก adv. extremely, very

หัว ***n.*** head; bulb, bud; corner; beginning; top, front; bridgehead; head side of coin; stem prow; essence; brain; idea
หัวกะทิ n. concentrated coconut milk; best part. ***-adj.*** best, top
หัวข้อ n. topic, theme, headline
หัวขี้เลื่อย adj., colloq. dull, stupid
หัวเข็มขัด n. buckle
หัวแข็ง, หัวดื้อ adj. pigheaded
หัวคะแนน n. canvasser
หัวใจ n. heart; mind; essence
หัวฉีด n. nozzle
หัวเทียน n. sparking plug
หัวนม n. nipple
หัวนอนปลายตีน n. background
หัวโบราณ adj. conservative, old-fashioned
หัวปี adj. eldest, first-born

หัวเมือง n. inland, province
หัวไม้ n. hooligan, ruffian
หัวรุนแรง n., adj. radical, extremist
หัวเราะ v. to laugh, to titter
หัวเราะเยาะ v. to ridicule
หัวเรี่ยวหัวแรง n. headwork, work organizer, leader
หัวเรื่อง n. topic, subject, issue
หัวเลี้ยวหัวต่อ n. transition, conversion, turning point
หัวสูง adj. arrogant; ambitious
หัวเสีย v. to lose one's temper
หัวหน้า n. boss, chief, head
หัวหน่าว n. pubis
หัวอ่อน adj. obedient, docile

หัสดิน, หัสดี ***n.*** elephant

หา ***v.*** to search, to seek, to inspect, to look; to meet; to visit; to sue
หากิน v. to earn a living
หาความ v. to accuse, to blame on
หาค่ามิได้ adj. invaluable
หาเงิน v. to make money
หาเช้ากินค่ำ adj. hand-to-mouth
หาประโยชน์ v. to exploit, to seek profit
หายาก adj. rare, scarce
หารือ v. to consult with
หาเรื่อง v. to seek for trouble; to set fight, to pick a quarrel
หาเสียง v. to canvass, to campaign

ห่า ***n.*** cholera; rainfall; evil spirit. ***-adj.*** bad, terrible

ห้า ***n., adj.*** five. ***-adj.*** fifth
ห้าดาว adj. five-star, best, excellent
ห้าแต้ม adj. shameful, humiliating
ห้าเหลี่ยม n. pentagon

หาก ***conj.*** if, in case

หาง ***n.*** tail; tailings; comet; dross; tail; end, foot
หางกะทิ n. skimmed coconut milk
หางเครื่อง n. dancer
หางแถว n. insignificant person
หางเปีย n. braid (Ame.)/plait (Bri.)
หางยาว n. engine boat. ***-adj.*** long-tailed
หางเสียง n. tone of voice
หางเสือ n. helm, tiller

ห่าง ***adj.*** far, distant, remote, faraway; sporadic; estranged
ห่างเหิน v. to estrange, to keep apart, to be faraway

ห้าง ***n.*** scaffold; hut, shelter; store, shop, firm
ห้างสรรพสินค้า n. department store
ห้างหุ้นส่วนจำกัด n. limited partnership

หาญ ***adj.*** brave, bold, daring,valiant

หาดทราย ***n.*** beach, strand, sandy beach

หาบ ***v.*** to carry on one's shoulder. ***-n.*** picul (= 60 kilos)
หาบเร่ n. hawker, peddler

หาม ***v.*** to carry, to bear. ***-adv.*** early
หามรุ่งหามค่ำ adv. through day and night

ห่าม ***adj.*** half-ripe, immature; bold

ห้าม ***v.*** to ban, to forfend, to forbid, to stop, to prohibit. ***-n., roy.*** concubine; taboo, don'ts
ห้ามเข้า v. to keep off. ***-phr.*** no entry
ห้ามจอดรถ phr. no parking
ห้ามปราม v. to restrain, to dissuade
ห้ามลำเลียง v. to embargo

หาย ***v.*** to disappear, to vanish, to lose, to dissolve; to recover, to get better; to cease, to end

หายใจ ***v.*** to breathe; to survive
หายใจเข้า v. to inhale
หายใจไม่ออก v. to stifle

น บ ป ผ ฝ พ ฟ ภ ม ย ร ฤ ฤๅ ล ฦ ฦๅ ว ศ ษ ส ห ฬ อ ฮ

***หายใจหอบ* v.** to gasp
***หายใจออก* v.** to exhale
หายนะ *n.* disaster, calamity, ruin
หาร *v.* to divide. ***-n.*** divisor; division
หาว *v.* to yawn. ***-n.*** sky, open air
ห้าว *adj.* bold; fully-ripe; raucous
หำ *n.* testicles
ห้ำ *v.* to bite off, to destroy, to kill
หิ้ง *n.* shelf *(sing.)*/shelves *(pl.)*, mantel
หิด *n*. scabies
หิน *n.* stone, rock. ***-v.*** to turn, to alter
***หินแกรนิต* n.** granite
***หินงอก* n.** stalagmite
***หินชั้น, หินตะกอน* n.** sedimentary rock
***หินชนวน* n.** slate
***หินดินดาน* n.** shale
***หินทราย* n.** sandstone, gravel
***หินบะซอลต์* n.** basalt
***หินปูน* n.** limestone; tartar
***หินแปร* n.** metamorphic rock
***หินย้อย* n.** stalactite
***หินโสโครก* n.** submerged rock
***หินหนืด* n.** magma
***หินเหล็กไฟ* n.** flint rock
***หินอ่อน* n.** marble
***หินอัคนี* n.** igneous rock
หิน *adj.* bad; tough, difficult, hard
***หินชาติ* adj.** baseborn, evil
***หินยาน* n.** Hinayana
หิมะ *n.* snow; cold; winter
หิรัญ *n.* silver, gold
หิริ *n.* shame, shamefacedness
***หิริโอตตัปปะ* n.** conscience
หิว *v.* to hunger; to thirst; to crave
***หิวน้ำ* v.** to thirst, to be thirsty
***หิวโหย* v.** to be starved
หีบ *n.* trunk, box. ***-v.*** to press
***หีบบัตร* n.** ballot box
***หีบเพลง* n.** mouth organ, accordion
***หีบศพ* n.** coffin, casket
***หีบห่อ* n.** box, package, parcel
หึง *v.* to grudge. ***-adj.*** jealous; long
หึ่ง, หึ่ง ๆ *n.* buzz, whirr. ***-v.*** to buzz
หืด *n.* asthma
หืน *adj.* rancid, musty; bad, mean
หื่น *v.* to lust, to crave, to be desirous
หุง *v.* to cook, to boil; to melt
หุน *n.* unit of weight (= 475 milligrams)
หุ่น *n.* dummy, puppet, marionette, model; physique, figure
***หุ่นกระบอก* n.** puppet
***หุ่นขี้ผึ้ง* n.** wax model
***หุ่นยนต์* n.** robot, automaton
***หุ่นไล่กา* n.** scarecrow
หุ้น *n.* share, stock, part. ***-v.*** to share
***หุ้นกู้* n.** debenture
***หุ้นบุริมสิทธิ* n.** prefered share
***หุ้นส่วน* n.** shared cost; partner
***หุ้นสามัญ* n.** common stock
หุนหัน *adj.* quick-tempered; hasty
***หุนหันพลันแล่น* adj.** rash
หุบ *v.* to close, to shut. ***-n.*** valley, hollow. ***-adj.*** (sunshine) disappeared
***หุบเขา, หุบผา* n.** valley, vale, dell
***หุบปาก* v.** to shut up
***หุบผาชัน* n.** canyon, ravine, gully
หุ้ม *v.* to wrap, to coat, to plate
***หุ้มเกราะ* adj.** armored (Ame.)/ armoured (Bri.)
***หุ้มเบาะ* v.** to upholster
หู *n.* ear; handle; loop; earphone
***หูกระต่าย* n.** bow tie, bowknot
***หูฉี่* adj.** expensive, costly, dear
***หูตึง, หูหนวก* adj.** deaf, stone-deaf
***หูทวนลม* v.** to turn a deaf ear
***หูเบา* adj.** credulous , gullible
***หูป่าตาเถื่อน* adj.** unsophisticated

หูฟัง ***n.*** earphone
หูไวตาไว ***adj.*** well-informed
หูหิ้ว ***n.*** handle, strap
หูอื้อ ***n.*** tinnitus
หูก ***n.*** loom, weaving machine
หูด ***n.*** wart
เห ***v.*** to swerve, to deviate, to diverge
เห่ ***v.*** to sing a lullaby, to lull
เหงา ***adj.*** lonely, lonesome, isolated
เหง้า ***n.*** root, rhizome; ancestry
เหงื่อ ***n.*** sweat, perspiration. ***-v.*** to sweat, to perspire
เหงือก ***n.*** gum; gill
เห็ด ***n.*** mushroom, fungus *(sing.)*/ fungi *(pl.)*
เหตุ ***n.*** cause; reason, grounds. ***-prep.*** with, because of. ***-conj.*** because
เหตุการณ์ ***n.*** situation, event
เหตุฉุกเฉิน ***n.*** emergency, crisis
เหตุที่น่าตกตะลึง ***n.*** bombshell
เหตุผล ***n.*** reason, motive
เหตุสุดวิสัย ***n.*** accident, casualty
เห็น ***v.*** to see, to perceive, to sight; to regard; to seem; to think
เห็นการณ์ไกล ***adj.*** long-sighted
เห็นแก่ตัว ***adj.*** selfish
เห็นใจ ***v.*** to sympathize (Ame.)/to sympathise (Bri.) with
เห็นด้วย, เห็นชอบ ***v.*** to agree
เหน็ดเหนื่อย ***adj.*** tired, weary
เหน็บ ***n.*** name of a knife; beriberi; enema. ***-v.*** to tuck, to attach; to jeer, to mock, to satirize
เหน็บชา ***n.*** beriberi
เหน็บแนม ***adj.*** criticized, insulting. ***-v.*** to satirize, to ridicule
เหน่อ ***adj.*** provincial or rural (accent)
เหน้า ***adj.*** young, adolescent
เหนียง ***n.*** wattle, dewlap
เหนียม ***v.*** to be shy. ***-adj.*** shy, timid
เหนียว ***adj.*** sticky, gummy; stingy
เหนี่ยว ***v.*** to pull, to tug, to yank
เหนี่ยวนำ ***v.*** to induce, to lead to
เหนี่ยวรั้ง ***v.*** to hold back
เหนือ ***adv.*** above, beyond. ***-adj.*** superior, up, upper. ***-n.*** north. ***-prep.*** over, beyond
เหนือธรรมดา ***adj.*** extraordinary
เหนื่อย ***adj.*** tired, weary, exhausted
เหนื่อยหน่าย ***v.*** to be tired of
เห็บ ***n.*** tick; hailstone
เหม ***n.*** gold
เหม็น ***v.*** to smell, to stink, to reek. ***-adj.*** stinking, foul-smelling
เหม่อ ***adj.*** absent-minded, heedless
เหมันต์ ***n.*** winter
เหมา ***v.*** to take all; to accuse; to undertake; to contract. ***-adj.*** all
เหมาะ ***adj.*** fit, suitable, appropriate
เหมียว ***n.*** meow (Ame.)/miaow (Bri.); cat
เหมือง ***n.*** mine; channel, ditch
เหมืองฝาย ***n.*** irrigation ditch
เหมืองแร่ ***n.*** mine
เหมือน ***adj.*** like, same, similar, alike. ***-v.*** to resemble; to seem
เหย ***adj.*** wry, twisted, distorted
เหย้า ***n.*** house, home; family
เหยาะ ***v.*** to drop, to drip; to trot
เหยาะ ๆ ***adv.*** (to run) slowly
เหยาะแหยะ ***adj.*** lazy, flabby, limp
เหยียด ***v.*** to stretch, to straighten; to look down, to despise. ***-adj.*** extending. ***-adv.*** despitefully
เหยียดผิว ***v.*** to discriminate, to segregate. ***-n.*** racial discrimination
เหยียดหยาม ***v.*** to disdain, to insult
เหยียบ ***v.*** to step on, to trample; to

น บ ป ผ ฝ พ ฟ ภ ม ย ร ฤ ฤๅ ล ฦ ฦๅ ว ศ ษ ส ห ฬ อ ฮ

conceal. **-adv.** almost, nearly
***เหยียบย่ำ* v.** to violate, to offend
เหยี่ยว *n.* hawk, falcon
***เหยี่ยวข่าว* n.** reporter
เหยื่อ *n.* bait; victim, prey, game
เหยือก *n.* jug (Ame.)/pitcher (Bri.)
เหรัญญิก *n.* treasurer
เหรียญ *n.* coin, medal, buck
***เหรียญตรา* n.** decoration
เหล่ *adj.* squint (eye). **-v.** to squint
เหล็ก *n.* iron, metal. **-adj.** strong
***เหล็กกล้า* n.** steel
***เหล็กกล้าไร้สนิม* n.** stainless steel
***เหล็กใน* n.** sting
***เหล็กไหล* n.** mythical metal
เหลน *n.* great-grandchild *(sing.)*/great-grandchildren *(pl.)*
เหลว *adj.* watery, fluid; nonsensical; good for nothing. **-v.** to fail
***เหลวไหล* adj.** absurd, deceptive
เหลา *v.* to sharpen, to whet
เหล่า *n.* group, team, army; woods. **-adj.** those, these
***เหล่ากอ* n.** ancestry, race, family
เหล้า *n.* liquor, alcohol, spirits
***เหล้าองุ่น* n.** wine
***เหล้าวิสกี้* n.** whiskey (Ame.)/whisky (Bri.)
เหลาะแหละ *adj.* worthless, unreliable
เหลิง *adj.* haughty, proud
เหลี่ยม *n.* edge; angle; leg's position in dance; trick. **-adj.** tricky, sly
เหลียว *v.* to turn one's face, to glance
เหลือ *v.* to be left, to remain, to stay; to keep. **-adj.** abundant, surplus, remaining, excess
***เหลือเกิน* adv.** very, extremely
***เหลือขอ* adj.** naughty, disobedient
***เหลือเชื่อ* adj.** incredible
***เหลืออด* adv.** unbearably
เหลือก *v.* to roll one's eyes up. **-adj.** wide-opened
เหลือง *n., adj.* yellow
เหลือบ *n.* gadfly; bloodsucker. **-v.** to glance, to glimpse, to skim
เหลื่อม *adj.* overlapping, incongruent, unequal, different. **-v.** to overlap
เหว *n.* abyss, chasm, gorge
***เหวทะเล* n.** the depths
เหวอะหวะ *adj.* wide and severe (wound)
เหวี่ยง *v.* to fling, to throw, to swing
เห่อ *adj.* full of rash; haughty, proud
เห่อเหิม *adj.* snobbish, ambitious
เหา *n.* louse *(sing.)*/lice *(pl.)*
เห่า *n.* full house. **-v.** to bark, to yap; **sl.** to curse, to speak, to talk
เหาะ *v.* to fly, to wing. **-adv., sl.** very, extremely (delicious)
เหิน *v.* to fly, to wing, to soar, to glide; to walk in space
***เหินห่าง* v.** to become estranged
เหิมเกริม *adj.* unprincipled
เหี้ยน *v.* to be ruined, to run out
***เหี้ยนเตียน* adj.** all gone; short
เหี้ยม *adj.* brutal, cruel, merciless; bold
เหี่ยว *adj.* withered, drooping; wrinkly. **-v.** to wither, to droop; to wrinkle
เหือด *v.* to dry, to drain, to wither, to fade. **-adj.** arid, parched
แห *n.* fishnet; trouble, difficulty
แห่ *n.* parade, procession. **-v.** to parade, to throng; to troop
แหก *v.* to separate, to stretch, to break; to escape. **-adj.** distorted
***แหกคอก* v.** to become unorthodox
แหง, แหง ๆ *adv.* surely, certainly
แห่ง *n.* calf; kid, baby

น บ ป ผ ฝ พ ฟ ภ ม ย ร ฤ ฤๅ ล ฦ ฦๅ ว ศ ษ ส ห ฬ อ ฮ

แห่ง *n.* place, area, point. *-prep.* of
แห้ง *adj.* dry, arid; thin, skinny
　แห้งผาก *adj.* parched, waterless
　แห้งแล้ง *n.* drought. *-adj.* arid
　แห้งเหี่ยว *adj.* withered
แหงน *v.* to look up, to crane
แหน *v.* to stint; to encircle; to protect; to watch, to look after
แหน *n.* duckweed
แหนงหน่าย *v.* to be bored, to distrust
แหนบ *n.* clamp; *pl.* tongs
แหบ *adj.* husky, croaky; *pl.* tongs
แหม *interj.* oh!, ah!, well!
แหม่ม *n.* ma'am, madam
แหมะ *v.* to put sth. down for a while. *-n.* sound of dropping water
แหย *adj.* timid, shy, cowardly, meek
แหย่ *v.* to poke; to tease; to annoy, to disturb, to stir; to tickle
แหยง *adj.* afraid, discouraged, dejected
แหย็ม *v.* to interfere, to tease
แหลก *adj.* wrecked, broken, destroyed. *-adv.* greatly; dissolutely. *-v.* to ruin
แหล่ง *n.* area, source, origin, place
　แหล่งกำเนิด *n.* source, origin, root
　แหล่งกำเนิดอารยธรรม *n.* cradle
　แหล่งน้ำมัน *n.* oil field
　แหล่งเสื่อมโทรม *n.* slum
แหลน *n.* javelin, harpoon
แหลม *adj.* pointed, keen, sharp; clever, acute; skilled; high. *-n.* peninsula, cape. *-v.* to intrude
แหว *v., colloq.* to howl, to bay
แหวก *v.* to open; to part; to find one's way out; to penetrate
　แหวกแนว *v.* to innovate. *-adj.* creative, inventive, innovational
แหว่ง *adj.* nicked, chipped, incomplete
แหวน *n.* ring; band; washer
　แหวนแต่งงาน *n.* wedding ring
　แหวนหมั้น *n.* engagement ring
แหวะ *v.* to cut; to vomit. *-n.* vomit
โห่ *v.* to boo, to shout. *-n.* shout
โหง *n.* ghost, spirit. *-v.* to lift
โหด *adj.* cruel, ruthless; difficult; strict
โหน *v.* to hang, to cling, to dangle
โหนก *adj.* protruding
　โหนกแก้ม *n.* cheek bone
โหม *v.* to strain, to exert; to rush on
　โหมกระหน่ำ *v.* to rage
โหม่ง *v.* to head, to hit (with the head); to fall. *-n.* sound of a gong
โหย *v.* to moan for; to be weary, to be tired; to hunger, to crave
　โหยหวน *v.* to lament, to moan
　โหยหา *v.* to yearn/hunger for
　โหยหิว *v.* to be hungry, to hunger
　โหยไห้ *v.* to weep, to moan
โหยง *adv.* suddenly
โหย่ง, โหย่ง ๆ *adv.* trottedly
โหร *n.* astrologer; soothsayer
　โหราศาสตร์ *n.* astrology
โหรงเหรง *adj.* few, scanty, scarce
โหล *n.* dozen; wide-mouthed jar. *-adj.* hollow (eye); inferior, poor
โหล่ *adj.* last, slowest, hindmost
โหว่ *adj.* hollow. *-n.* gap
โหวกเหวก *adj.* noisy. *-adj.* noisily
โหวง *adj.* very light. *-adv.* lightly
　โหวงเหวง *adj.* very light, weighless; empty (in mind)
โหวต *v.* to vote. *-n.* vote
ให้ *v.* to give, to grant, to offer, to accord, to present; to permit, to allow, to let. *-prep.* for, to; with
　ให้การ *v.* to testify, to depose
　ให้กำลังใจ *v.* to sustain
　ให้เกียรติ *v.* to honor (Ame.)/to

น บ ป ผ ฝ พ ฟ ภ ม ย ร ฤ ฤๅ ล ฦ ฦๅ ว ศ ษ ส ห ฬ อ ฮ

honour (Bri.)
ให้เงินช่วยเหลือ ***v.*** to subsidize (Ame.)/to subsidise (Bri.)
ให้เงินรางวัล ***v.*** to tip, to reward
ให้เช่า ***v.*** to lease, to let
ให้เปล่า ***adj.*** gratuitous. ***-adv.*** gratis
ให้โอวาท ***v.*** to lecture, to lectern
ใหญ่ ***adj.*** large, big, great; important
ใหม่ ***adv.*** again, more; recently. ***-adj.*** new, virgin, latest, recent, original
ใหม่เอี่ยม ***adj.*** brand-new
ไห ***n.*** jar
ไห้ ***v.*** to cry, to weep, to sob, to whimper
ไหน ***adv.*** where, which
ไหม ***n.*** silk; silkworm, particle for question. ***-v.*** to fine
ไหมพรม ***n.*** wool, yarn
ไหม้ ***v.*** to burn, to be on fire, to sear. ***-adj.*** burnt, scorched
ไหล ***v.*** to flow, to flood, to pour. ***-n.*** runner, stolon
ไหลกลับ ***v.*** to regorge
ไหล่ ***n.*** shoulder
ไหล่เขา ***n.*** hillside
ไหล่ถนน, ไหล่ทาง ***n.*** roadside, wayside
ไหล่ทวีป ***n.*** continental shelf
ไหว ***v.*** to shake, to quake; to move; to be bearable. ***-adj.*** shaking
ไหวตัว, ไหวทัน ***v.*** to be aware
ไหวพริบ ***n.*** wit, tact, perception
ไหว ๆ ***adv.*** (to move) vaguely, shakingly
ไหว้ ***v.*** to wai, to salute, to worship
ไหว้วาน ***v.*** to request; to entrust
ไหหลำ ***n.*** Hainan. ***-adj.*** Hiananese

ฬ

ฬ the 42nd Thai alphabet

อ

อ the 43rd Thai alphabet
อ ***prefix*** un-, non-, ir-, in-, im-
อก ***n.*** chest; breast; mind; midrib of a kite; the gate of a saw
อกแตก ***adj.*** (city or temple) divided by a river or waterway; uncontrollable feeling. ***-interj.*** My god!
อกหัก ***adj.*** broken-hearted, lovelorn
อกตัญญู ***n.*** ungratefulness, ingratitude. ***-adj.*** thankless
อกรรมกริยา ***n.*** intransitive verb
อกุศล ***adj.*** bad, evil, unlucky. ***-n.*** sin
อกุศลกรรม ***n.*** evil, wrong, sin
อกุศลกรรมบถ ***n.*** sinful path

น บ ป ผ ฝ พ ฟ ภ ม ย ร ฤ ฤๅ ล ฦ ฦๅ ว ศ ษ ส ห ฬ อ ฮ

อกุศลเจตนา ***n.*** bad will, malice
อกุศลมูล ***n.*** root of evil
อคติ ***n.*** prejudice, bias
องก์ ***n.*** episode, act
องค์ ***n.*** part of the body, organ, body; part, section; character; ***roy.*** one piece; numerative for a priest or a sacred thing
องค์กร ***n.*** organ; agency; subsidiary organ
องค์การ ***n.*** organization
องค์การลับ ***n.*** underground
องค์การสหประชาชาติ ***n.*** United Nations
องคชาติ ***n.*** penis
องค์ชาย ***n.*** prince
องค์ประกอบ ***n.*** element, factor
องค์ประชุม ***n.*** member of the meeting, quorum
องครักษ์ ***n.*** bodyguard, protector
องค์หญิง ***n.*** princess
องคาพยพ ***n.*** organs of the body
องคมนตรี ***n.*** Privy Councillor
องคุลี ***n.*** finger; unit of length equals to a joint of the middle finger
องศา ***n.*** degree
องอาจ ***adj.*** brave, grand, graceful
อณุ, อณู ***adj.*** small, tiny; fine
อณู ***n.*** molecule, atom
อโณทัย ***n.*** dawn
อด ***v.*** to suppress, to restrain; to starve; to give up; to miss. ***-adj.*** patient
อดกลั้น ***v.*** to restrain
อดทน ***v.*** to be patient, to endure
อดสู ***v.*** to feel ashamed
อดอยาก ***v.*** to starve, to hunger
อดออม ***v.*** to save, to reserve
อดิเรก ***adj.*** special. ***-n.*** extra gains
อดีต ***adj.*** past, former. ***-adv.*** yesterday. ***-n.*** past time
อดีตกาล, อดีตสมัย ***n***. past time
อดีตชาติ, อดีตภพ ***n.*** past life
อดุล, อดุลย์ ***adj.*** incomparable
อธรรม ***adj.*** unjust, unfair, bad
อธิก ***adj.*** extreme, over, much, supreme
อธิกมาส ***n.*** the extra month added in certain lunar years, leap month
อธิกวาร ***n.*** the leap day added in certain lunar years
อธิกสุรทิน ***n.*** the extra day added in February every four solar years
อธิกรณ์ ***n.*** cause, wrong, case, affair
อธิการ ***n.*** abbot
อธิการบดี ***n.*** rector, chancellor
อธิบดี ***n.*** chief; director. ***-adj.*** auspicious
อธิบาย ***v.*** to explain, to describe
อธิป ***n.*** king, chief, potentate
อธิปไตย ***n.*** sovereignty
อธิราช ***n.*** great king, emperor
อธิวาส ***n.*** house; dwelling
อธิษฐาน ***v.*** to pray, to vow
อนงค์ ***n.*** woman, beautiful woman
อนัตตา ***adj.*** substanceless, soulless
อนันต์ ***adj.*** countless, endless
อนาคต ***adj.*** future. ***-n.*** future, prospect
อนาคตกาล ***n.*** future; future tense
อนาจาร ***n.*** evil deed, obscenity. ***-adj.*** lewd, bawdy, impure, obscene
อนาถ ***v.*** to pity, to sympathize (Ame.)/ sympathise (Bri.) with
อนาถา ***adj.*** poor, homeless, orphan
อนาทร ***n.*** careless, unconcerned. ***-v.*** to worry, to be anxious
อนาธิปไตย ***n.*** anarchy
อนามัย ***n.*** hygiene, sanitation. ***-adj.*** healthy, sanitary, clean
อนารยะ ***adj.*** savage, uncivilized
อนารยชน ***n.*** barbarian, savages

อนารยธรรม **n.** barbarism, savagery
อนารยประเทศ **n.** uncivilized country
อนิจกรรม ***n., roy.*** death. ***-v.*** to die
อนิจจัง ***adj*** uncertain, unstable
อนิจจัง, อนิจจา ***interj.*** Alas!, Dear me!
อนินทรีย์ ***adj.*** inorganic
อนึ่ง ***prep.*** in addition, besides. ***-adv.*** moreover, then, furthermore
อนุ ***prefix*** small, little, minor, junior, after, later, often
อนุทวีป **n.** subcontinent
อนุประโยค **n.** subordinate clause
อนุกรม ***n.*** series, order, tier
อนุกรรมการ ***n.*** subcommittee
อนุกาชาด ***n.*** Junior Red Cross
อนุกูล ***v.*** to help, to support. ***-adj.*** kind, generous. ***-n.*** kindness
อนุเคราะห์ ***v.*** to aid, to help. ***-n.*** hospitality
อนุชา ***n.*** younger brother
อนุชน ***n.*** posterity, next generation
อนุญาต ***v.*** to permit, to allow
อนุญาโตตุลาการ ***n.*** arbitrator, umpire
อนุทิน ***n.*** diary
อนุบาล ***v.*** to nourish, to take care, to protect. ***-n.*** kindergarten; nursery
อนุปริญญา ***n.*** diploma
อนุพันธ์ ***adj.*** consequent, continual, derivative. ***-n.*** consequence, continuance
อนุภรรยา ***n.*** mistress, concubine
อนุภาค ***n.*** particle, atom
อนุมัติ ***v.*** to approve, to permit
อนุมาตรา ***n.*** subsection
อนุมาน ***v.*** to reckon, to estimate
อนุมูล ***n.*** radical
อนุมูลอิสระ **n.** free radical
อนุโมทนา ***v.*** to say amen, to delight, to congratulate. ***-n.*** blessing
อนุรักษ์ ***v.*** to conserve, to protect
อนุรักษนิยม **n.** conservative
อนุรูป ***adj.*** proper, enough; according
อนุโลม ***v.*** to adapt, to comply, to compromise. ***-adv.*** respectively
อนุศาสน์ ***n.*** instruction; explanation
อนุศาสนาจารย์ ***n.*** chaplain
อนุสติ ***n.*** remembrance; Ten Anussati Concepts
อนุสนธิ ***n.*** sequence; relation
อนุสรณ์ ***n.*** commemoration, remembrance, memory; souvenir
อนุสัญญา ***n.*** convention
อนุสาวรีย์ ***n.*** monument, memorial
อเนก ***adj.*** many, much, numerous
อเนกประสงค์ **adj.** multi-purpose
อเนกอนันต์ **adj.** countless, innumerable
อเนกัตถประโยค ***n.*** compound sentence
อเนจอนาถ ***v.*** to grieve. ***-adj.*** pitiful
อบ ***v.*** to roast; to bake. ***-adj.*** stuffy
อบรม **v.** to teach, to train
อบอวล **v.** to reek
อบอ้าว **adj.** stuffy
อบอุ่น **adj.** warm; cozy (Ame.)/ cosy (Bri.); genial (person)
อบาย ***n.*** uncivilized place; ruin
อบายภูมิ **n.** evil place
อบายมุข **n.** the way to hell, evil path
อปมงคล ***adj.*** unlucky, inauspicious
อปราชัย ***n.*** triumph; defeat
อปลักษณ์ ***adj.*** bad, evil, ugly
อปโลกน์, อุปโลกน์ ***v.*** to fake. ***-adj.*** telling
อเปหิ ***v.*** to drive, to oust, to expel
อพยพ ***v.*** to migrate, to move, to evacuate. ***-n.*** organ
อพาร์ตเมนต์ ***n.*** apartment
อภัย ***n.*** safety, security. ***-v.*** to forgive

อภัยทาน **v.** to forgive
อภัยโทษ **n.** amnesty. **-v.** to forgive, to remission
อภิ ***prefix*** superior, super
อภิชาต ***adj.*** well-born; suitable; clever
อภิชาตบุตร **n.** a son who excels his parents
อภิญญา, อภิญญาณ ***n.*** six kinds of Supernormal Knowledge or Miracles; The Five supernatural powers
อภิธาน ***n.*** particular dictionary
อภิไธย ***n.*** name, nomenclature
อภินันท์ ***n.*** gladness, delight. **-v.** to give with pleasure
อภินันทนาการ ***n.*** compliments
อภินิหาร ***n.*** marvel, miracle, supernatural
อภิบาล ***v.*** to protect, to nurse
อภิปรัชญา ***n. pl.*** metaphysics
อภิปราย ***v.*** to describe, to debate
อภิมหาอำนาจ ***adj., n.*** superpower (country)
อภิมุข ***n.*** chief. **-adj.** frontal
อภิรดี, อภิรติ ***n.*** great delight
อภิรมย์ ***v.*** to enjoy, to please, to gratify; to relax
อภิรักษ์ ***v.*** to look after, to protect
อภิรูป ***adj.*** good-looking, beautiful
อภิวันท์ ***v.*** to pay respect to, to salute
อภิวาท, อภิวาทน์ ***n.*** reverential obeisance
อภิเษก ***v.*** to appoint by water-pouring ceremony. **-n.** attainment
อภิเษกสมรส ***v., roy.*** to marry
อภิสมโพธิ, อภิสัมโพธิ ***n.*** enlightenment
อภิสมัย ***n.*** enlightenment, insight, awareness, understanding
อภิสิทธิ ***n.*** privilege; prerogative
อม ***v.*** to suck, to conceal; to harmonize (Ame.)/to harmonise (Bri.), to mix; to keep; ***sl.*** to steal
อมพะนำ **adj.** taciturn
อมมือ **adj.** innocent
อมยิ้ม **v.** to smile. **-n.** lollipop
อมโรค **adj.** weak, sickly
อมตะ ***adj.*** eternal, immortal. **-n.** nirvana
อมนุษย์ ***n.*** inhuman being, devil. **-adj.** inhumane
อมร ***n.*** immortal, angel. **-adj.** eternal, permanent, immortal
อมรินทร์, อมเรนทร์, อมเรศ, อมเรศวร **n.** God Indra
อมฤต ***n.*** ambrosia, nectar; divinity
อมฤตรส **n.** nectar; dharma
อมาตย์ ***n.*** civil servant; councillor
อมิตร ***adj., adv.*** unfriendly. **-n.** enemy
อเมริกัน ***n.*** American
อย่า ***adj.*** banned, forbidden. **-adv.** no, not. **-v.** to ban, to forbid
อยาก ***n.*** to wish, to want, to desire, to crave; to hunger, to thirst
อย่าง ***n.*** type, kind, thing; style, method, sort. **-adj., adv., prep., conj.** like. ***suffix*** -like; -ly
อย่างน้อย **adv.** at least
อย่างไร **adv.** how
อย่างไรก็ตาม (ก็ดี) **adv.** however, nevertheless, anyway, anyhow
อยู่ ***v.*** to stay, to live; to be, to remain; to stop. **-adj.** present
อยู่กิน **v.** to cohabit
อยู่ดีกินดี **v.** to be well-fed
อยู่ตัว **v.** to remain. **-adj.** stable, constant
อยู่ใต้บังคับบัญชา **v.** to subordinate
อยู่ในเครือข่าย **v.** to appertain
อยู่ไฟ **v.** to lie near the fire after childbirth

อร ***n.*** woman, lady, beautiful woman. ***-adj.*** beautiful, pretty, lovely
อรชร ***adj.*** graceful, slender
อรทัย ***n.*** woman, young girl, pretty girl
อรไท ***n.*** powerful woman, lady
อรนุช ***n.*** pretty woman; younger sister; sweetheart
อรพินท์ ***n.*** lotus
อรรณพ ***n.*** body of water, sea, ocean
อรรถ ***n.*** text, original word
อรรถคดี n. lawsuit
อรรถประโยชน์ n. utility
อรรถรส n. sentimental words
อรรถาธิบาย v. to explain, to describe. ***-n.*** explanation, definition
อรรธ ***n.*** half, segment, part
อรรธจันทร์ n. halfmoon; amphitheater (Ame.)/amphitheatre (Bri.)
อรหัต ***n.*** Arahat; a mythical beings
อรหัตผล n. attainment of Arahat
อรหัตมรรค n. path to Arahat
อรหันต์ ***n.*** saint, enlightener, Arahanta
อร่อย ***adj.*** delicious, tasty
อรัญ, อรัญญิก ***n.*** forest, jungle
อร่าม ***adj.*** splendid, gorgeous
อริ ***n.*** enemy, foe, adversary
อรินทร์ n. arch-enemy
อริยะ ***n.*** Noble Disciples. ***-adj.*** of Noble Disciples; prominent, prosperous, noble
อริยทรัพย์ n. noble treasure; noble wealth
อริยบุคคล n. holy person; Eight noble Disciples; Seven noble persons
อริยผล n. Noble fruit of the Holy Life
อริยมรรค n.(Eight) Noble Paths
อริยสัจ n. (Four) Noble Truths
อริยกะ ***n.*** Aryan, Indo Aryan
อรุณ ***n.*** dawn; red lotus
อรุโณทัย n. sunrise
อรูป ***adj.*** shapeless; abstract
อลงกต ***v.*** to adorn, to decorate
อลงกรณ์ ***n.*** decoration, adornment; accessories, ornament
อลงการ, อลังการ ***n.*** decoration, adornment; ornament. ***-adj.*** adorned
อลวน ***adj.*** confused, disorderly
อลเวง ***adj.*** chaotic, untidy; noisy
อลหม่าน ***adj.*** disorderly, panicky
อล่องฉ่อง ***adj.*** glowing, charming
อลัชชี ***adj.*** brazen, unabashed; unconventional. ***-n.*** sham monk
อล่างฉ่าง ***adj.*** evident, distinct, uncovered
อลึ่งฉึ่ง ***adj.*** swollen. ***-v.*** to swell
อโลหะ ***n.*** non-metal
อวกาศ ***n.*** space
อ้วก ***v.*** to vomit, to throw up
อวด ***v.*** to boast, to show off
อวดดี adj. arrogant, overconfident
อวดอ้าง v. to boast, to brag
อวตาร ***v.*** to reincarnate. ***-n.*** reincarnation of God Vishnu
อวน ***n.*** purse net, ring net, seine

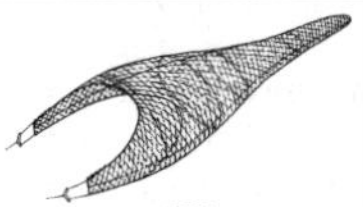
อวน

อ้วน ***adj.*** fat, plump, chubby, obese
อวบ ***adj.*** plump, tubby, chubby
อวมงคล ***adj.*** inauspicious, unlucky
อวย ***n.*** pot with handles. ***-v.*** to bless
อวยพร v. to bless, to felicitate
อวัยวะ ***n.*** organ, limb
อวล ***v.*** to pervade, to reek
อวสาน ***v.*** to end, to finish, to terminate. ***-n.*** end, conclusion, finish

อวิชชา ***n.*** ignorance
อเวจี ***n.*** the lowest hell
อสนี, อัสนี ***n.*** Indra's weapon, thunderbolt
อสนีบาต, อสุนีทต n. thunderbolt
อสรพิษ ***n.*** venomous snake
อสังหาริมทรัพย์ ***n.*** immovable property, real estate
อสัญ ***adj.*** unconscious, senseless
อสัญกรรม n. death. ***-v.*** to die
อสัญญี ***adj.*** insensible, knocked out, unconscious, senseless
อสัญญีแพทย์ n. anesthetist
อสัญญีภาพ, อสัญญีภาวะ n. unconsciousness, insensibility
อสัญแดหวา ***n.*** angel, deity
อสัตย์ ***n.*** falseness, dishonesty
อสุจิ ***adj.*** impure. ***-n.*** sperm, semen
อสุร ***n.*** demon, devil, ghost. ***-adj.*** coward
อสุรกาย n. demon, monster
อสุรี, อสูร ***n.*** giant, ogre
อหังการ ***n.*** arrogance, pride, conceit. ***-adj.*** haughty, proud, conceited
อหิวาตกโรค ***n.*** cholera
อหิงสา, อหึงสา ***n.*** ahimsa; non-violence, kindness, harmlessness
อโหสิกรรม ***n.*** forgiveness, pardon, remission. ***-v.*** to forgive, to acquit
ออ ***v.*** to throng, to assemble
อ๋อ, อ้อ ***interj.*** oh, yes, well, right
ออก ***v.*** to exit, to leave; to appear, to occur; to retire; to sprout, to shoot, to bud; to pay, to act, to persuade; to publish; to issue; to enact. ***-adv.*** out; very; apart. ***-adj.*** extended, detached, finished, dependent
ออกกฎหมาย v. to legislate
ออกกำลัง v. to exercise, to exert
ออกไข่ v. to lay eggs
ออกคำสั่ง v. to order, to command
ออกงาน v. to stage a fair
ออกตัว v. to excuse, to apologize (Ame.)/to apologise (Bri.)
ออกนอกประเด็น v. to digress
ออกนอกลู่นอกทาง v. to diverge
ออกบวช v. to ordain
ออกแบบ v. to design, to style
ออกปาก v. to speak; to request
ออกรส adj. tasty, joyful
ออกเรือน v. to get married
ออกโรง v. to begin a show; to manage sth. by oneself
ออกเสียง v. to vote; to express; to utter; to pronounce
ออกหนังสือรับรองให้ v. to certificate
ออกอากาศ v. to broadcast, to be on air
ออกซิเจน ***n.*** oxygen
ออกไซด์ ***n.*** oxide
ออเดิร์ฟ ***n.*** hors d'oeuvres
ออกเทน ***n.*** octane
ออเซาะ ***v.*** to woo, to cajole
อ่อง ***adj.*** radiant, shining
อ๋อง ***n.*** prince; king
ออด ***v.*** to bemoan, to bewail. ***-n.*** ring-bell
ออดอ้อน v. to beseech
ออดแอด, ออด ๆ แอด ๆ adv. sickly
อ่อน ***adj.*** gentle, green; soft, plump, lax, little, weak, young; tender, flexible, changeable
อ่อนกำลัง adj. exhausted, weak
อ่อนข้อ v. to surrender
อ่อนใจ v. to be downhearted
อ่อนช้อย adj. gentle. ***-adv.*** gently
อ่อนน้อม adj. polite, humble
อ่อนปวกเปียก adj. limp, feeble
อ่อนเพลีย adj. weary, fatiqued

อ่อนโยน ***adj.*** gentle, mild, tender
อ่อนละมุน ***adj.*** soft, smooth
อ่อนโลก, อ่อนหัด ***adj.*** inexperienced, innocent, green
อ่อนหวาน ***adj.*** sweet, gentle
อ่อนไหว ***adj.*** sensitive
อ่อนแอ ***adj.*** weak, feeble
อ้อน ***v.*** to beg, to plead, to request
อ้อนวอน ***v.*** to implore, to beg
ออนซ์ ***n.*** ounce
อ้อนแอ้น ***adj.*** slender, slim, thin
ออนไลน์ ***v.*** to be on-line. ***-adj.*** on-line
ออฟฟิศ ***n.*** office
ออม ***v.*** to save, to keep; to reserve, to store. ***-n.*** deposit
อ้อม ***v.*** to encircle, to surround, to wrap. ***-adj.*** indirect, circuitous. ***-n.*** measure of round thing
อ้อมกอด, อ้อมอก ***n.*** hug, embrace
อ้อมค้อม ***adj.*** circumlocutory
ออมชอม ***v.*** to compromise, to agree
อ้อมแอ้ม ***adj.*** vague, murmurous. ***-adv.*** mumblingly. ***-v.*** to mumble
อ่อย ***v.*** to bait; to lure, to seduce. ***-adv.*** slowly, slightly
อ้อย ***n.*** sugarcane; molasses
อ้อยส้อย ***adv.*** unhappily; tardily
อ้อยอิ่ง ***adv.*** slowly, sluggishly
ออร์แกน ***n.*** organ
อะโกโก้ ***n.*** ago-go
อะตอม ***n.*** atom
อะมีบา ***n.*** ameba, amoeba
อะร้าอร่าม ***adj.*** splendid; huge
อะไร ***pron., adj.*** what
อะไรก็ตาม ***pron.*** whatever, anything
อะลุ่มอล่วย, อะลุ้มอล่วย ***v.*** to harmonize (Ame.)/to harmonise (Bri.), to compromise
อะลูมิเนียม ***n.*** aluminium
อะไหล่ ***n.*** spare, spare parts
อักขระ ***n.*** alphabet; sound; water
อักขรวิธี ***n.*** orthography
อักขรานุกรม ***n.*** alphabetic index
อักโข ***adj.*** plentiful, many, much
อักษร ***n.*** letter; literature; water; sound. ***-adj.*** steady
อักษรตัวแรกของชื่อ ***n.*** initial
อักษรเลข ***n.*** numerical code
อักษรศาสตร์ ***n.*** literature
อักษะ ***n.*** axle; axis
อักเสบ ***adj.*** inflamed; septic, infected
อัคคิ, อัคคี ***n.*** fire
อัคคีภัย ***n.*** conflagration, fire
อัคนิ, อัคนี ***n.*** fire; God of Fire
อัคร ***adj.*** superior, superb
อัครมหาเสนาบดี ***n.*** prime minister
อัครมเหสี ***n.*** queen
อัครราชทูต ***n.*** minister
อัครสมณทูต ***n.*** internuncio
อัง ***v.*** to warm, to toast, to grill
อังกฤษ ***n.*** England, Britain; English, British; tinsel
อังกะลุง ***n.*** a bamboo rattle instrument
อังคณา ***n.*** woman
อังคาร ***n.*** Tuesday; Mars; ashes
อั่งเปา ***n.*** money given in special Chinese occasion
อั้งยี่ ***n.*** Chinese secret society
อั้งโล่ ***n.*** Chinese earthen stove
อังสะ ***n.*** shoulder piece for a priest; part, section; angle
อังสา ***n.*** shoulder
อังสตรอม ***n.*** angstrom
อัจฉรา ***n.*** angel; finger; moment
อัจฉริยะ ***adj.*** marvellous, amazing
อัจฉริยบุคคล ***n.*** genius
อัชฌาสัย ***n.*** graciousness; character,

consideration; purpose
อัญชลี ***n.*** salute
อัญชัน ***n.*** dark indigo. ***-adj.*** violet
อัญเชิญ ***v.*** to invite respectfully
อัญประกาศ ***n.*** inverted comma
อัญมณี ***n.*** gem, jewel, precious stone
อัฐ ***n.*** an obsolete unit of Thai currency
อัฐ ***adj.*** eight
อัฐิธาตุ ***n.*** relic, ashes of body
อัฒจันทร์ ***n.*** amphitheater
อัฒภาค ***n.*** semi-colon (;)
อัณฑะ ***n.*** testicle; egg
อัด ***v.*** to push, to stuff, to compress, to squeeze; to suppress, to hold one's breath; to record. ***-adj.*** full
อัดก๊อบปี้ v. to crash, to press. ***-n.*** pincer attack
อัดฉีด v. to lubricate; to pour into
อัดลม n. soft drink, carbonated beverage. ***-adj.*** aerated
อัดสำเนา v. to copy, to duplicate
อัดเสียง v. to record
อัดอั้นตันใจ adj. repressed
อัตตะ ***n.*** self, ego. ***-pron.*** oneself
อัตชีวประวัติ n. autobiography
อัตนัย adj. subjective
อัตภาพ n. self, individuality
อัตวินิบาตกรรม n. suicide
อัตคัด ***adj.*** poor, insufficient, short
อัตตา ***n.*** self, ego; personality
อัตตาธิปไตย n. autocracy
อัตโนมัติ ***n.*** personal opinion; automation. ***-adj.*** automatic
อัตรา ***n.*** rate, scale. ***-adj.*** usual. ***-adv.*** often, usually
อัตราการผลิต n. productivity
อัตราภาษี n. tariff
อัตราเร่ง n. acceleration
อัตราเร็ว n. speed, velocity
อัตราส่วน n. ratio
อัธยาศัย ***n.*** temperament, nature
อัน ***n.*** item, piece; bunch, cluster. ***-pron.*** one. ***-adj.*** which, that
อั้น ***v.*** to repress, to refrain from. ***-adj.*** suppressed, retained
อั๋น ***adj.*** plump, stout, tubby
อันดับ ***n.*** rank, grade, order; series
อันตรธาน ***v.*** to disappear, to vanish
อันตราย ***n.*** danger, harm, hazard. ***-adj.*** dangerous, harmful, hazardous
อันธการ ***n.*** darkness; foolishness
อันธพาล ***n.*** gangster, hooligan, bully
อับ ***adj.*** airless, unclear, stalemated; stupid; hopeless; unlucky; dull; dark; rancid. ***-n.*** round casket
อับเฉา adj. stale, unhappy. ***-n.*** ballast
อับโชค adj. unlucky
อับอาย adj. shameful, ashamed
อับปาง ***v.*** to be wrecked, to sink, to be ruined; to bankrupt
อัปเปหิ ***v.*** to expel, to dispel
อัปมงคล ***adj.*** unlucky, inauspicious
อัปยศ ***adj.*** disgraceful; inglorious, shameful. ***-n.*** dishonor (Ame.)/ dishonour (Bri.)
อัประมาณ ***adj.*** infinite; shameful
อัปราชัย ***n.*** victory, win, triumph
อัปรีย์ ***adj.*** bad, unauspicious
อัปลักษณ์ ***adj.*** wicked, ill-omened; ugly
อัปสร ***n.*** goddess, angel
อัมพฤกษ์ ***n.*** large vessel in the abdomen; weary state
อัมพาต ***n.*** paralysis, palsy
อัมพร ***n.*** sky, air; extent, scope; clothes
อัยกะ, อัยกา ***n., roy.*** grandfather
อัยการ ***n.*** public prosecutor
อัยกี, อัยยิกา ***n., roy.*** grandmother
อัลกุรอาน ***n.*** Koran (sacred Islamic

scripture)
อัลตราซาวนด์ ***n.*** ultrasound
อัลตราไวโอเลต ***n.*** ultraviolet
อัลบั้ม ***n.*** album
อัลเลาะห์ ***n.*** Allah
อัศจรรย์ ***adj.*** amazing, miraculous
อัศเจรีย์ ***n.*** exclamation mark
อัศว ***n.*** horse
อัศวิน n. knight, horseman
อัศวินม้าขาว n., colloq. hero, a knight in shining armor (Ame.)/ armour (Bri.), white knight
อัสดง ***v.*** (the sun) to fall, to set
อัสสุ, อัสสุชล ***n. pl.*** tears
อา ***n.*** (paternal) uncle, aunt. ***-interj.*** Ah!
อ่า ***v.*** to adorn, to ornament, to dress
อ่าองค์ v. to decorate, to deck
อ้า to open, to separate, to split. ***-adj.*** ajar
อากร ***n.*** group, team; origin, source; revenue, duty
อากรแสตมป์ n. revenue stamp
อากัปกิริยา ***n.*** manner, gesture
อาการ ***n.*** being, condition, symptom; manner; melody; part of the body
อากาศ ***n.*** air; space; sky; weather
อากาศเข้าไม่ได้ adj. airtight
อากาศบริสุทธิ์ n. fresh air
อากาศเป็นพิษ n. air pollution
อากาศไม่บริสุทธิ์ n. foul air
อากาศยาน n. aircraft, airplane
อาขยาน ***n.*** recitation; narration; prayer; tale, story
อาคเนย์ ***n.*** the southeast
อาคม ***n.*** magic, spell, arrival
อาคันตุกะ ***n.*** guest
อาคาร ***n.*** house, construction; structure, building, dwelling place
อาคารชุด n. condominium
อาฆาต, อาฆาตมาดร้าย ***v.*** to revenge, to envenom, to feud. ***-n.*** hatred
อ่าง ***n.*** tub, basin. ***-adj.*** stammered
อ่างเก็บน้ำ n. reservoir
อ่างล้างมือ, อ่างล้างหน้า n. wash-basin, washbowl
อ่างอาบน้ำ n. bathtub
อ้าง ***v.*** to indicate; to imply; to mention, to specify; to quote; to brag
อ้างสิทธิ์ v. to claim ownership, to assert
อ้างอิง v. to quote, to cite, to refer
อ้างว้าง ***adj.*** lonely, lonesome
อาจ ***adj.*** brave, fearless; courageous. ***-aux. v.*** might, may
อาจหาญ adj. brave
อาจอง adj. brave, graceful, bold
อาจเอื้อม v. to dare. ***-adj.*** insolent
อาจม ***n.*** feces, shit, excrement
อาจาร ***n.*** well conduct; etiquette; tradition, custom, principle
อาจารี n. good manner person
อาจารย์ ***n.*** teacher, professor
อาจารย์ใหญ่ n. principal, head-master
อาจิณ ***adj.*** usual. ***-adv.*** usually
อาเจียน ***v.*** to vomit, to throw up
อาชญา ***n.*** power, punishment, crime
อาชญากร n. criminal, law-breaker
อาชญากรรม n. crime
อาชญากรสงคราม n. war criminal
อาชา ***n.*** horse, steed
อาชาไนย ***adj.*** noble, well-bred; well-trained; manly
อาชีพ, อาชีวะ ***n.*** working; occupation
อาชีวศึกษา n. vocational education
อาญา ***n.*** power; punishment; criminal case, sanction
อาญาสิทธิ์ n. absolute power

อาณัติ ***n.*** regulation, command, rule, sign; mandate

อาณัติสัญญาณ n. signal, sign

อาณา ***n.*** authority, power

อาณาเขต n. territory, boundary

อาณาจักร n. kingdom; authority

อาณานิคม n. colony, dependency

อาณาบริเวณ n. area, zone, region

อาณาประชาราษฎร์ n. people

อาณาประโยชน์ n. personal benefit

อาดูร ***adj.*** sorrowful

อาตมภาพ, อาตมา ***pron.*** I, me, myself (used by a monk)

อาถรรพ์, อาถรรพณ์ ***n.*** the Fourth Veda; magic, spell, enchantment. ***-adj.*** mystical

อาทร ***n.*** care, concern, anxiety. ***-v.*** to care, to worry

อาทิ ***n.*** start, example. ***-adj.*** first. ***-prep.*** such as

อาทิตย์ ***n.*** angel; sun; Sunday; week

อาธรรม, อาธรรม์ ***adj.*** bad; unfair

อาน ***n.*** saddle. ***-adj.*** bruised; barren; heavy. ***-v.*** to whet

อ่าน ***v.*** to read, to see; to think, to count; to guess

อ่านคร่าว ๆ v. to skim, to scan

อ่านออกเขียนได้ adj. literate

อานนท์, อานันท์ ***n.*** delight, pleasure, enjoyment; a fabulous fish believed to support the world and causes earthquake

อานันทนะ ***n.*** joy, gladness

อานัม ***n.*** Vietnam

อานาปานะ ***n.*** breath, inhalation and exhalation

อานิสงส์ ***n.*** merit; benefit

อานุภาพ, อานุภาวะ ***n.*** power, might

อาบ ***n.*** to bathe, to treat; to soak

อาบแดด v. to sunbathe, to bask

อาบน้ำ v. to take a bath, to bathe

อาบน้ำในอ่าง v. to tub

อาบน้ำฝักบัว v. to take a shower

อาบยาพิษ adj. poisonous

อาบัติ ***n.*** (used for a monk) transgression of a minor precept, Five offences

อาพาธ ***v.*** (used for a monk) to ail; to sicken. ***-adj.*** sick, ill. ***-n.*** sickness

อาเพศ ***n.*** unusual event; ominous

อาภรณ์ ***n.*** ornament, clothes

อาภัพ ***adj.*** hapless, unlucky, ill-fated

อาภา ***n.*** light, radiance, brightness; looks; beauty

อาภากร n. the sun

อาภาส ***n.*** ray, radiance, light; figure

อามิสสินจ้าง ***n.*** temptation, bait

อาย ***v.*** to coy, to suffer shame. ***-n.*** smell, taste. ***-adj.*** shy, ashamed

อ้าย ***n.*** eldest son; male, designation used before first name of male. ***-adj.*** first, one

อายัด ***v.*** to attach (property or right)

อายุ ***n.*** period, span, age, time, year

อายุขัย n. end of life, death; life span

อายุความ n. limitation

อายุยืน adj. long-lived

อายุวัฒนะ n. elixir of life, longevity

อายุธ ***n.*** weapon

อายุร, อายุษ ***n.*** age

อายุรแพทย์, อายุรเวช n. physician

อายุรเวท n. science of healing

อายุรศาสตร์ n. medicine, pathology, therapeutics

อาร์ต ***n.*** art paper, art

อารบิก ***adj.*** Arabic

อาร์ม ***n.*** arm

อารมณ์ ***n.*** faith; mood, emotion; habit

อารมณ์ขัน ***n.*** humor (Ame.)/ humour (Bri.), sense of humor/ humour. ***-adj.*** humorous
อารมณ์ดี ***n.*** good humor/humour. ***-adj.*** good-humored/good-humoured
อารมณ์เสีย ***adj.*** ill-tempered, irritable, upset, cross
อารยะ ***adj.*** civilized. ***-n.*** Aryan race
อารยชน ***n.*** civilized man
อารยธรรม ***n.*** civilization
อารยประเทศ ***n***. civilized countries
อารักขา ***n.*** custody, guard. ***-v.*** to guard
อารักษ์ ***n.*** protection, guardianship, guardian deity. ***-v.*** to protect
อารัญ, อารัณย์ ***adj.*** wild
อารัญญิก ***adj.*** wild; quiet
อารัมภกถา, อารัมภบท ***n.*** preface, introduction. ***-v.*** to introduce
อาราธนา ***v.*** (used by a monk or a Buddhist) to invite, to welcome, to request, to ask for
อาราม ***n.*** temple; delight, pleasure; entertainment complex. ***-adj.*** hurried, worried, intended
อารี ***adj.*** helpful, kind, generous
อาร์เอ็นเอ ***n.*** RNA (ribonucleic acid)
อาละวาด ***v.*** to disturb, to annoy, to rampage, to run wild
อาลัย ***v.*** to worry, to miss. ***-n.*** place
อาลัยอาวรณ์ ***v.*** to miss, to mourn
อ่าว ***n.*** bay, gulf
อ้าว ***adj.*** sultry; rapid; acoustically bad. ***-interj.*** exclamation of surprise
อาวรณ์ ***v.*** to miss. ***-n.*** defence, shield
อาวาส ***n.*** temple; monastery
อาวุธ ***n.*** weapon, arms. ***-adj.*** armed
อาวุโส ***adj.*** senior, elder. ***-n.*** seniority
อาศรม, อาศรมบท ***n.*** hermitage; forest; school
อาศัย ***v.*** to live, to stay, to inhabit, to reside; to depend on; to mention
อาศิรวาท, อาเศียรวาท ***n.*** greetings, blessing
อาสน์, อาสนะ ***n.*** seat, cushion, stool
อาสัญ ***n.*** death. ***-v.*** to die
อาสา ***n.*** hope, desire. ***-v.*** to volunteer
อาสาสมัคร ***n.*** volunteer. ***-adj.*** voluntary. ***-v.*** to volunteer
อาสาฬห ***n.*** the eighth lunar month
อาสาฬหบูชา ***n.*** The day Buddha present his First Sermon and the foundation of the Buddhist order
อาหรับ ***n.*** Arab
อาหาร ***n.*** food, meal, diet, nutrition
อาหารกระป๋อง ***n.*** canned food
อาหารกลางวัน ***n.*** lunch, luncheon
อาหารขยะ ***n.*** junk food
อาหารค่ำ ***n.*** supper
อาหารจานด่วน ***n.*** fast food
อาหารเช้า ***n.*** breakfast
อาหารเป็นพิษ ***n.*** food poisoning
อาหารเย็น ***n.*** dinner
อาหารว่าง ***n.*** snack, light meal
อาหารสัตว์ ***n.*** fodder, feed
อาหารสำเร็จรูป ***n.*** instant food
อาหารหลัก ***adj.*** staple
อาหารหวาน ***n.*** sweet, dessert
อำ ***v.*** to cover up, to conceal. ***-adj.*** possessed
อำพราง ***v.*** to conceal, to shield
อำนวย ***v.*** to bless, to give; to command
อำนวยการ ***v.*** to direct, to manage
อำนวยความสะดวก ***v.*** to accommodate. ***-adj.*** convenient
อำนาจ ***n.*** right; power; might; strength, violence; force
อำนาจการตัดสินคดี ***n.*** cognizance

อำนาจจิต ***n.*** will-power
อำนาจตุลาการ ***n.*** judicial power
อำนาจนิติบัญญัติ ***n.*** legislative power
อำนาจบริหาร ***n.*** administrative/executive power
อำนาจสิทธิขาดของกษัตริย์ ***n.*** regalia
อำนาจยับยั้ง ***n.*** veto
อำนาจสูงสุด ***n.*** supremacy
อำนาจอธิปไตย ***n.*** sovereignty
อำพราง ***v.*** to dissimulate, to dissemble
อำพัน ***n.*** amber
อำไพ ***adj.*** graceful; brilliant, bright
อำเภอ ***n.*** Amphur, district
อำเภอใจ ***n.*** free will
อำมฤต ***n.*** nectar, ambrosia, holy
อำมหิต ***adj.*** fierce, cruel, brutal
อำมาตย์ ***n.*** civil servant; councillor
อำลา ***v.*** to leave, to go away, to say goodbye. ***-n.*** farewell
อ้ำอึ้ง ***v.*** to be silent, to be speechless
อิง ***v.*** to lean on, to rest on, to base on
อิจฉา ***v.*** to envy, to grudge. ***-adj.*** jealous, green-eyed
อิฉัน ***pron.*** I, me, myself
อิฐ ***n.*** brick, block
อิดโรย ***adj.*** tired, weary, exhausted
อิดออด, อิดเอื้อน ***v.*** to be reluctant, to be disinclined
อิตถี, อิตถีเพศ ***n.*** woman, female
อิทธิ ***n.*** power, might; prosperity
อิทธิปาฏิหาริย์ ***n.*** miracle
อิทธิพล ***n.*** influence, power
อิทธิฤทธิ์ ***n.*** sacred power
อินซูลิน ***n.*** insulin
อินเดีย ***n.*** India. ***-adj.*** Indian
อินเดียนแดง ***n.*** Red Indian, Native American, American Indian
อินโดจีน ***n.*** Indo-China
อินเตอร์ ***adj., colloq.*** international
อินเทอร์เน็ต ***n.*** internet
อินทร, อินทร์ ***n.*** angel; the great; God Indra
อินทรธนู ***n.*** rainbow; shoulder strap; a kind of running decorative design
อินทรี ***n.*** eagle; spanish makerel
อินทรีย์ ***n.*** body and soul; brain; life; duty; greatness
อินฟราเรด ***n.*** infrared
อุนัง, อินังขังขอบ ***v.*** to care, to mind
อิ่ม ***v.*** to be full, to have enough. ***-adj.*** satiate; happy, delighted; plump
อิ่มใจ ***adj.*** gratified, content
อิ่มตัว ***v.*** to be saturated
อิมพอร์ต ***n.*** import
อิมัลชัน ***n.*** emulsion
อิริยา ***n.*** movement, action, manner
อิริยาบถ ***n.*** manner, conduct
อิเล็กตรอน ***n.*** electron
อิเล็กทรอนิกส์ ***n.*** electronics. ***-adj.*** electronic
อิเล็กโทน ***n.*** electone
อิศวร ***n.*** God Siva; greatness
อิสตรี ***n.*** woman, lady
อิสระ ***adj.*** free, independent, liberal
อิสรภาพ ***n.*** freedom, liberty, independence
อิสริยาภรณ์ ***n.*** decoration, medal
อิสลาม ***n.*** Islam
อิสลามิกชน ***n.*** Muslim
อิหม่าม ***n.*** imam
อี ***n.*** (impolite) used to address an inferior woman or a female animal
อีก ***adv.*** again. ***-adj., adv.*** more
อีกครั้ง ***adv.*** repeatedly, again
อีกประการหนึ่ง ***adv.*** furthermore, in addition

อีกไม่นาน **adv.** soon, shortly
อีคิว ***n.*** EQ (Emotional Quotient)
อีเควเตอร์ ***n.*** equator
อีตัว ***n., colloq.*** prostitute, whore
อีเต้อ ***n.*** hoe
อีโต้ ***n.*** chopping knife
อีเทอร์ ***n.*** ether
อีนุงตุงนัง ***adj.*** disorderly, confused
อีเมล ***n.*** e-mail, electronic mail
อีลุ่ยฉุยแฉก ***adj.*** extravagant, wasteful
อีสเตอร์ ***n.*** Easter
อีสาน ***n.*** the northeast
อีสุกอีใส ***n.*** chicken pox
อีหรอบเดียวกัน ***adj.*** similar, same
อีหลักอีเหลื่อ ***adj.*** uneasy, irresolute
อีเหละเขละขละ, อีเหละเขะขะ ***adj.*** untidy, scattered, disorderly
อีโหน่อีเหน่ ***n.*** matter, incident, subject (used in negative clause)
อึ ***v., colloq.*** to pass fecal matter. ***-n.*** feces, excrement, chit
อึกทึก ***adj.*** noisy, loud, tumultuous
อึกอัก ***v.*** to hesitate. ***-adj.*** reluctant; sudden, careless; noisy
อึง ***v.*** to blare. ***-adj.*** noisy, boisterous
อึงคะนึง ***adj.*** clamorous, vociferous
อึงมี่ ***adj.*** obstreperous, turbulent
อึงอล ***adj., adv.*** loud
อึ้ง ***adj.*** paused, speechless, quiet
อึด ***v.*** to endure, to suppress, to bear
อึดใจ ***n.*** very short moment. ***-v.*** to hold one's breath
อึดอัด ***adj.*** uncomfortable, oppressed, stifled
อึดตะปือ ***adj.*** many, abundant, plentiful
อึมครึม ***adj.*** dull, unclear, obscure
อืด ***adj.*** distended, swollen
อืดอาด ***adj.*** slow, sluggish, tardy
อื่น ***adj.*** other, different
อื้อ ***adj.*** noisy, loud; ***colloq.*** plentiful
อื้อฉาว ***adj.*** notorious, scandalous
อื้ออึง ***adj.*** noisy, boisterous
อุก ***v.*** to dare, to trespass
อุกฉกรรจ์ ***adj.*** severe, serious
อุกอาจ ***v.*** to dare. ***-adj.*** audacious; undisguised
อุกกาบาต ***n.*** meteorite, fireball
อุกฤษฏ์ ***adj.*** supreme, excellent
อุโฆษ ***adj.*** famous; roaring
อุ้ง ***n.*** depression, flat of the palm or foot, concave cavity
อุจจาระ ***n.*** feces, shit, excrement
อุจจาระร่วง ***n.*** diarrhea
อุจาด ***adj.*** ugly, obscene, shameful
อุณหะ ***adj.*** hot , warm; acute; willing. ***-adv.*** fully. ***-n.*** summer
อุณหภูมิ ***n.*** temperature
อุณาโลม ***n.*** hair between eyebrows; the insignia on a military cap

อุณาโลม

อุด ***v.*** to block, to plug, to fill a hole
อุดม ***adj.*** supreme, excellent; many, rich, productive, plentiful
อุดมการณ์ ***n.*** ideal, principle
อุดมคติ ***n.*** ideal
อุดมศึกษา ***n.*** higher education, university education
อุดร ***n.*** north; left side
อุดหนุน ***v.*** to help, to support, to buy
อุตริ ***adj.*** unusual, unorthodox. ***-adv.*** more, again
อุตลุด ***adj.*** tumultuous, confused
อุตส่าห์, อุตสาหะ ***n.*** attempt, effort, try, endurance. ***-v.*** to attempt, to

try, to strive, to endure. **-adj.** industrious, diligent

อุตสาหกรรม n. industry

อุตุ *n.* season. ***-adv.*** comfortably, cozily, restfully

อุตุนิยมวิทยา n. meteorology

อุทก *n.* water

อุทกภัย n. flood

อุทกศาสตร์ n. hydrography

อุทธรณ์ *n.* Appeal Court; elevation; dismantling. ***-v.*** to appeal

อุทยาน *n.* park, garden

อุทยานแห่งชาติ n. national park

อุทร *n.* abdomen; womb

อุทัย *n.* sunrise; beginning

อุทาน *n.* exclamation. ***-v.*** to exclaim

อุทาหรณ์ *n.* example; lesson

อุทิศ *v.* to devote; to dedicate

อุ่น *v.* to warm. ***-adj.*** warm, tepid

อุ่นเครื่อง v. to start engine; to warm up

อุ่นใจ adj. relieved, warm

อุ่นหนาฝาคั่ง adj. abundant

อุบ *v.* to keep, to hide, to snap

อุบอิบ v. to mumble, to whisper

อุบล *n.* water lily, lotus

อุบะ *n.* tassels of flowers

อุบัติ *n.* occurrence, happening; cause; origin. ***-v.*** to occur, to happen

อุบัติเหตุ n. accident, contingency. ***-adj.*** accidental, incidental

อุบาทว์ *adj.* evil, ill-omened, wicked

อุบาย *n.* stratagem, trick, wile

อุบาสก *n.* a devout or faithful layman; lay Buddhist

อุบาสิกา *n.* female devotee

อุเบกขา *n.* equanimity; neutrality; poise, indifference

อุโบสถ *n.* church; Buddhist holy day

อุปกรณ์ *n.* equipment, apparatus, accessory, tool; help, aid

อุปการะ *n.* support, aid, assistance. ***-v.*** to help, to support

อุปถัมภ์ *n.* backing, patronage, help. ***-v.*** to patronize (Ame.)/to patronise (Bri.), to help, to support

อุปถัมภก *n.* sponsor, supporter, patron

อุปทูต *n.* envoy, Charge d' Affairs ad interim; Charge d' Affairs

อุปนายก *n.* Vice President

อุปนิสัย *n.* habit, nature, behavior

อุปโภค *v.* to use (up), to consume

อุปมา *n.* comparison, metaphor. ***-v.*** to compare

อุปมาน *n.* comparison; induction

อุปไมย *n.* simile, analogy

อุปรากร *n.* opera

อุปราคา *n.* eclipse

อุปราช *n.* viceroy

อุปโลกน์ *v.* to set up. ***-n.*** establishment

อุปสมบท *v.* to ordain. ***-n.*** ordination

อุปสรรค *n.* obstacle, barrier; prefix

อุปัชฌาย์, อุปัชฌายะ *n.* ordainer; preceptor

อุปัฏฐาก *n.* monk's attendant

อุปาทาน *n.* imagination; Four Attachments

อุ้ม *v.* to carry, to hold; to take; to foster; to absorb

อุ้มชู v. to cherish, to support

อุ้มท้อง v. to be pregnant

อุ้มน้ำ v. to hold water

อุโมงค์ *n.* underpass, tunnel

อุย *n.* fluff

อุ้ยอ้าย *adj.* awkward, clumsy

อุ๊ย *interj.* exclamation of surprise. ***-pron.*** old woman, grandmother

อุระ, อุรา *n.* chest, breast

อุรุ ***adj.*** large, excellent. ***-n.*** sand
อุไร ***n.*** gold
อุษณ ***n.*** heat; summer; hot thing. ***-adj.*** hot, warm; strong; fierce; full
อุษา ***n.*** dawn, morning; aurora
 อุษาโยค ***n.*** dawn
อู่ ***n.*** cradle; the same place; origin; garage; dock; floating dock
 อู่ข้าวอู่น้ำ ***n.*** granary, fertile land
 อู่ต่อเรือ ***n.*** shipyard
 อู่รถ ***n.*** garage
 อู่เรือ ***n.*** dock, camber
อู้ ***adj.*** whizzed. ***-n.*** fiddle. ***-v.*** to delay, to retard; to speak
 อู้อี้ ***adj.*** indistinct
อูม ***adj.*** swelling, swollen
เอก ***adj.*** one; first; supreme; important. ***-n.*** the first tonal mark in Thai grammar; treble gamelan
 เอกฉันท์ ***adj.*** unanimous. ***-n.*** unanimity, unity
 เอกชน ***n.*** individual. ***-adj.*** personal
 เอกเทศ ***n.*** independence, private. ***-adj.*** specific
 เอกนัย ***adj.*** same
 เอกบุคคล, เอกบุรุษ ***n.*** superb person
 เอกพจน์ ***n.*** singular
 เอกพันธุ์ ***adj.*** homogeneous
 เอกภพ ***n.*** universe
 เอกภาคี ***n.*** one-union
 เอกภาพ ***n.*** unity
 เอกรรถประโยค ***n.*** simple sentence
 เอกราช ***adj.*** independent
 เอกลักษณ์ ***n.*** trait, unique; identity
 เอกสาร ***n.*** document
 เอกสิทธิ์ ***n.*** privilege
 เอกอัครราชทูต ***n.*** ambassador
 เอกอัครสมณทูต ***n.*** nuncio
 เอกอุ ***adj.*** excellent. ***-adv.*** superbly
 เอกาธิปไตย ***n.*** dictatorship, autocracy
เอกเขนก ***adj.*** reclined, recumbent
เอกซปอร์ต ***n.*** export
เอกซโป ***n.*** expo, exposition
เอกซเรย์ ***n.*** x-ray, X-ray, x ray
เอกา ***adj.*** one, single, solitary. ***-adv.*** alone
เอเคอร์ ***n.*** acre
เอง ***pron.*** self. ***-adv.*** alone, personally, exactly, just; automatically. ***-suffix*** -self
เอ็ง ***pron.*** you
เอเจนซี ***n.*** agency
เอเชีย ***n.*** Asia
เอเชียนเกมส์ ***n.*** Asian Games
เอดส์ ***n.*** AIDS (Acquired Immune Deficiency Syndrome)
เอ็ด ***adj.*** one; loud, noisy. ***-v.*** to shout at, to scold
 เอ็ดตะโร ***v.*** to rebuke, to scold. ***-adj.*** uproarious, boisterous
เอตทัคคะ ***n.*** expert, specialist
เอทีเอ็ม ***n.*** ATM (Automatic Teller Machine)
เอน ***adj.*** leaning, inclined
 เอนหลัง ***v.*** to lie, to recline
 เอนเอียง ***adj.*** partial, prejudiced
เอนไซม์ ***n.*** enzyme
เอ็น ***n.*** tendon, catgut
เอ็นดู ***v.*** to love, to care for, to take pity on. ***-adj.*** lovely
เอ็นทรานซ์ ***n.*** entrance
เอฟบีไอ ***n.*** FBI. (Federal Bureau of Investigation)
เอม ***adj.*** sweet; satisfied, happy
 เอมอร ***adj.*** sweetly beautiful
 เอมโอช ***n.*** sweetness, tastiness
เอ็มบริโอ ***n.*** embryo

เอ่ย ***v.*** to begin to say something, to mention
เอ๊ย ***interj.*** exclamation of surprise or disappointment
เอเยนต์ ***n.*** agent
เอร็ดอร่อย ***adj.*** delicious, tasty
เอราวัณ ***n.*** Erawan Elephant, three-headed elephant
เอสกิโม ***n.*** Eskimo
เอว ***n.*** waist
เอวัง ***v.*** to end, to come to an end. ***-adj.*** doomed
เออ ***interj.*** ah, yes, right, well
  เออออวย v. to agree, to say yes
  เออออห่อหมก v. to agree, to concur
เอ่อ ***adj.*** flooded, overflowed
เอ้อระเหย ***adv.*** unhurriedly, without anxiety, at ease. ***-adj.*** easy-going
เอ้อเฮอ ***interj.*** wow!, hey!
เอ๊ะ ***interj.*** exclamation of surprise or doubt
เอะใจ ***v.*** to sense, to perceive
เอะอะ ***v.*** to blare. ***-adv.*** suddenly, rapidly. ***-adj.*** hasty; noisy
เอา ***v.*** to take; to obtain; to bring; to want; to get; ***sl.*** to fuck. ***-adv.*** seriously. ***-prep.*** by, with
  เอาการเอางาน adj. hard-working, diligent
  เอาจริง, เอาจริงเอาจัง adj. serious. ***-adv.*** seriously
  เอาใจ v. to please, to favor
  เอาใจใส่ v. to pay attention to
  เอาชนะ v. to overcome
  เอาเชิง v. to observe another side
  เอาตัวรอด v. to save one's life
  เอาแต่ใจ adj. wilful, headstrong
  เอาถ่าน adj. active earnest
  เอาเปรียบ v. to impose on, to put upon
  เอาเรื่อง adj. extraordinary; stubborn; serious. ***-adv.*** extremely. ***-v.*** to take action
  เอาหน้า v. to seek the limelight; to show off
เอ๊าะ ***adj., colloq.*** young, adolescent
เอิกเกริก ***adj.*** boisterous; joyful
เอิบ ***v.*** to exude, to ooze out
เอียง ***v.*** to slope, to lean; to incline
  เอียงขวา n. Rightist. ***-adj.*** to the right
  เอียงซ้าย n. Leftist. ***-adj.*** to the left
  เอียงอาย adj. shy, bashful, timid
เอียน ***adj.*** too sweet, nauseating
เอี่ยม ***adj.*** fresh, new, brand-new
เอี๊ยม ***n.*** a bib for baby's chest and abdomen, apron
เอี่ยว ***n., colloq.*** share, partner. ***-v.*** to share
เอี้ยว ***v.*** to turn, to twist, to bend
เอื้อ ***v.*** to care, to mind, to help
  เอื้อประโยชน์ v. to contribute
  เอื้อเฟื้อ v. to support, to help
  เอื้ออำนวย v. to help, to assist
เอื้อง ***n.*** orchid; cud. ***-adj.*** vomited. ***-adv*** slowly
เอือม ***v.*** to be tired of, to be sick of
เอื้อม ***v.*** to reach; to aspire
  เอื้อมอาจ v. to assert, to dare
เอื่อย ๆ ***adv.*** slowly, softly
เอื้อย ***n.*** eldest sister
แอก ***n.*** yoke; tyranny

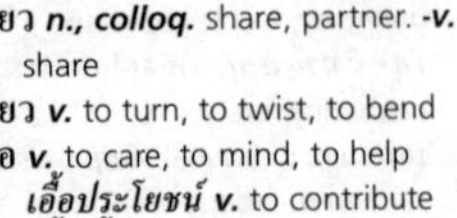

แอก

น บ ป ผ ฝ พ ฟ ภ ม ย ร ฤ ฤๅ ล ฦ ฦๅ ว ศ ษ ส ห ฬ อ ฮ

แอ่ง ***n.*** puddle, pool, basin
แอตแลนติก ***n.*** Atlantic
แอ่น ***v.*** to bend. ***-adj.*** convex
แอนติเจน ***n.*** antigen
แอนติบอดี ***n.*** antibody
แอบ ***v.*** to hide, to conceal, to sneak
แอบดู v. to peep at
แอบแฝง v. to sneak, to hide
แอบฟัง v. to eavesdrop
แอบอ้าง v. to assume sb.'s name
แอบอิง, อิงแอบ v. to lean against
แอฟริกา ***n.*** Africa
แอมแปร์ ***n.*** ampere
แอมมิเตอร์ ***n.*** ammeter
แอมโมเนีย ***n.*** ammonia
แอร์ ***n.*** air
แอร์คอนดิชัน n. aircondition. ***-adj.*** air-conditioned
แอร์พอร์ต n. airport
แอร์เมล์ n. air mail
แอร์โฮสเตส n. air hostess
แอโรบิกซ์ ***n.*** aerobics
แอลกอฮอล์ ***n.*** alcohol
แอลฟา ***n.*** alpha
แอสไพริน ***n.*** aspirin
แอสฟัลต์ ***n.*** asphalt
แออัด ***adj.*** crowded, packed
โอ ***n.*** shaddock; small lacquered bowl. ***-interj.*** oh!
โอ่ ***n.*** light boat. ***-v.*** to show off
โอ่โถง adj. spacious, grand
โอ่อ่า adj. grand, superb
โอ้ ***interj.*** Damn!, Ouch! My God!. ***-adj.*** loud, open
โอ้โลม ***v.*** to woo, to court
โอ๋ ***v.*** to soothe, to mollycoddle
โอกาส ***n.*** chance; opportunity, occasion
โอ่ง ***n.*** earthen jar, waterjar
โองการ ***n.*** sacred words, royal edict
โอชะ, โอชา ***adj.*** tasty, delicious
โอโซน ***n.*** ozone
โอฐ, โอษฐ์ ***n.*** lip; mouth
โอด ***v.*** to cry, to wail, to complain
โอดครวญ v. to cry, to moan
โอ๊ต ***n.*** oat
โอตตัปปะ ***n.*** fear of sin, conscience
โอที ***adj., n.*** OT (overtime)
โอน ***v.*** to transfer; to tend; to yield
โอนกรรมสิทธิ์ v. to transfer
โอนสัญชาติ v. to naturalize (Ame.)/ to naturalise (Bri.)
โอนอสังหาริมทรัพย์ v. to demise
โอนอ่อนผ่อนตาม v. to comply
โอบ ***v.*** to embrace, to enfold
โอบกอด v. to hug, to embrace
โอบอ้อมอารี adj. generous, kind
โอบอุ้ม v. to foster, to feed; to support, to hold up
โอเปอเรเตอร์ ***n.*** operator
โอภาปราศรัย ***v.*** to talk, to greet
โอภาส ***n.*** light; brightness. ***-v.*** to shine
โอย, โอ๊ย ***interj.*** exclamation for sudden pain, Ouch! Ow!
โอรส ***n.*** royal son
โอรสาธิราช ***n.*** crown prince
โอละพ่อ ***adj.*** converse, opposite
โอลิมปิก ***n.*** Olympic Games
โอวาท ***n.*** advice, instruction, warning; obedience. ***-adj.*** obedient
โอเวอร์ ***adj.*** over
โอสถ ***n.*** drug, medicine; medicinal herb
โอสถกรรม n. remedy
โอห์ม ***n.*** ohm
โอหัง ***adj.*** arrogant, haughty
โอฬาร ***adj.*** huge, great
โอ้อวด ***v.*** to boast, to show off
โอ้เอ้ ***v.*** to loiter, to waste time
โอเอซิส ***n.*** oasis

โอ้โฮ ***interj.*** an exclamation for a surprise, Wow!, Gosh!, Oh!
ไอ ***n.*** vapor (Ame.)/vapour (Bri.). ***-v.*** to cough
  ไอแดด n. sun heat
  ไอตัว n. body heat
  ไอน้ำ n. vapor (Ame.)/vapour (Bri.), steam
  ไอพ่น n. turbo jet, jet plane
  ไอเสีย n. waste gas, exhaust gas
ไอ้ ***n.*** (impolite) designation used to address a man or a boy, fellow, guy
ไอคิว ***n.*** IQ, Intelligence Quotient
ไอโซโทป ***n.*** isotope
ไอโซบาร์ ***n.*** isobar
ไอเดีย ***n.*** idea
ไอที ***n.*** IT (Information Technology)
ไอยคุปต์ ***n.*** ancient Egypt
ไอยรา ***n.*** elephant
ไอศกรีม ***n.*** ice cream
ไอศวรรย์, ไอศูรย์ ***n.*** greatness, kingship; power
ไอออน ***n.*** ion
ไอโซ, ไอเอสโอ ***n.*** ISO (International Organization for Standardization)
ไอโอดีน ***n.*** iodine

ฮ

ฮ the 44th Thai alphabet
ฮวงจุ้ย ***n.*** feng shui, mausoleum
ฮวงซุ้ย ***n.*** chinese cemetery
ฮวบ ***adv.*** swiftly, suddenly
  ฮวบฮาบ adv. (to decrease) rapidly
ฮ่อ ***n.*** Yunnanese
ฮ้อ ***adj., colloq.*** good, right, fine, OK
ฮอกกี้ ***n.*** hockey
ฮ่องกง ***n.*** Hong Kong
ฮ่องเต้ ***n.*** Chinese emperor
ฮองเฮา ***n.*** Chinese queen
ฮอตไลน์ ***n.*** hot line
ฮอร์โมน ***n.*** hormone
ฮอลแลนด์, ฮอลันดา ***n.*** Holland, Hollander, Dutch
ฮัจญ์ ***n.*** haj, hadj
ฮัดเช้ย ***n.*** the sound of sneezing
ฮันนีมูน ***n.*** honeymoon
ฮั่น ***n.*** ancient Chinese, Hun
ฮัมเพลง ***v.*** to hum, to croon
ฮั้ว ***v., colloq.*** to gang up
ฮาครืน ***v.*** to guffaw
ฮ้า ***interj.*** exclamation for a surprise
ฮาเร็ม ***n.*** harem
ฮาร์ดดิสก์ ***n.*** hard disk (Ame.)/disc (Bri.)
ฮาร์ดแวร์ ***n.*** hardware
ฮิจเราะห์ ***n.*** Islamic era, Hegira
ฮินดี ***n.*** Hindi
ฮินดู ***n.*** Hindu
ฮิปปี้ ***n.*** hippy, hippie
ฮิปโปโปเตมัส ***n.*** hippopotamus
ฮิวมัส ***n.*** humus
ฮิสทีเรีย ***n.*** hysteria
ฮีบรู ***n.*** Hebrew
ฮีโร่ ***n.*** hero

ฮึก ***adj.*** bold, daring, arogant
ฮึกหาญ adj. dauntless
ฮึกเหิม adj. fearless, venturesome
ฮึด ***v.*** to persevere, to determine, to purpose, to fight. ***-adj.*** resolute
ฮึดฮัด v. to dissatisfied, to be angry
ฮืด, ฮือ ๆ ***n.*** the sound of crying
ฮุบ ***v.*** to bite; to embezzle; to grab
เฮ, เฮโล ***v.*** to flock together, to make a hubbub
เฮฮา ***n.*** the sound of expressing happiness or joy
เฮ้ ***interj.*** Hey!
เฮกตาร์ ***n.*** hectare
เฮง ***adj.*** lucky
เฮงซวย adj., colloq. unlucky, bad, fucky
เฮโมโกลบิน ***n.*** hemoglobin
เฮ้ย ***interj.*** Hey!, Hi!
เฮโรอีน ***n.*** heroin
เฮลิคอปเตอร์ ***n.*** helicopter

เฮลิคอปเตอร์

เฮอริเคน ***n.*** hurricane
เฮ้อ ***interj.*** exclamation of expressing relief
เฮิรตซ์ ***n.*** hertz
เฮีย ***n., colloq.*** elder brother; boss; joss stick
เฮี้ยน ***adj., colloq.*** manifesting the power
เฮี้ยบ ***adj., colloq.*** strict, serious
เฮี้ยว ***v.*** to revolt against
เฮือก ***adj.*** sighing; shaking; dying. ***-adv.*** heavily
แฮนด์บอล ***n.*** handball
แฮม ***n.*** ham
โฮ ***adv.*** (to cry) loudly
โฮกฮาก ***adv.*** brusquely, rudely, roughly
โฮเต็ล ***n.*** hotel
ไฮโซ ***n., colloq.*** high-society, hi-so
ไฮโดรคาร์บอน ***n.*** hydrocarbon
ไฮโดรเจน ***n.*** hydrogen
ไฮโดรมิเตอร์ ***n.*** hydrometer
ไฮเทค ***n.*** hi-technology
ไฮไฟ ***n.*** hi-fi
ไฮโล ***n.*** high-low, a kind of gambling game
ฮู้ ***n.*** amulet. ***-v.*** to know

ภาคผนวก

- พืช Plants
- สัตว์ Animals
- จักรราศี Zodiacs
- ปริญญาบัตรและวุฒิการศึกษา Academic Degrees
- หน่วยงานราชการไทย Thai Government Organization
- จังหวัด Provinces
- ประเทศ Countries
- อาหาร Food
- ขนม Sweetmeats
- ลักษณะทางกายภาพ Physical Characteristics
- ความรู้สึกและอารมณ์ Feelings and Emotions

พืช Plants

กก	sedge
กระจับ	water chestnut, water caltrops
กระเจี๊ยบแดง	Jamaican sorrel, rosella
กระชาย	wild ginger
กระดังงา	ylang-ylang tree
กระถิน	white popinac, lead tree
กระถินณรงค์	wattle
กระท้อน	santol, sentul, red sentol, yellow sentol
กระเทียม	garlic, common garlic
กระบองเพชร	torch thistle
กระวาน	Siam cardamon, clustered cardamon
กฤษณา	eagle-wood, agar-wood
กล้วยน้ำว้า	banana
กล้วยไม้	orchid
กะทกรก	stinking passion flower
กะเพรา	holy basil
กะหล่ำดอก	cauliflower
กะหล่ำปลี	cabbage
กัญชา	hemp, Indian hemp, kif, ganja, weed
กานพลู	clove tree
กาแฟ	coffee
ก้ามปู	rain tree
กุยช่าย	Chinese chives
กุหลาบ	rose
กุหลาบหิน	kalanchoe
เก๊กฮวย	edible chrysanthemum, florist chrysanthemum
เกาลัด	chestnut
แก้ว	Chinese box-wood, orange jasmine
โกโก้	cocoa tree
โกงกาง	mangrove
โกสน	garden croton
ขนุน	jackfruit tree
ขมิ้นชัน	turmeric, curcuma
ข่า	galangal, Siamese ginger
ข้าว	rice
ข้าวโพด	corn
ข้าวฟ่าง	sorghum
ข้าวสาลี	wheat
ขิง	ginger
ขี้เหล็กไทย	Siamese cassia
คะน้า	kale, Chinese kale
คูน	golden shower tree, Indian laburnum
แค	agasta, cork wood tree, drumstick tree
งา	sesame
งิ้ว	cotton tree, kapok tree,

	red cotton
เงาะ	rambutan
จอก	waterlettuce
จาก	nipa palm
จามจุรี	East Indian walnut, rain tree
จำปา	champaca, orange champak
จำปี	white champak
ชบา	Chinese rose, rose mallow
ชมพู่	rose apple, jambool
ชมพูพันธุ์ทิพย์	pink trumpet tree
ชมพู่มะเหมี่ยว	Malay apple, pomerac
ชวนชม	mock azalea
ชะพลู	cha-plu
ชะอม	cha-om
ชัยพฤกษ์	Javanese cassia
ชา	tea tree
ดาวกระจาย	cosmos
ดาวเรือง	marigold
ต้อยติ่ง	popping pod
ตะขบไทย	rukam
ตะไคร้	lemon grass
ตาล	palmyra palm
ตำลึง	ivy gourd
เตยหอม	pandanus, fragrant screw pine
แตงกวา	cucumber
แตงโม	watermelon
ถั่วเขียว	mung bean
ถั่วแขก	common bean
ถั่วงอก	bean sprouts
ถั่วฝักยาว	yard-long beans, cow pea
ถั่วพู	four-angled bean, winged bean
ถั่วลันเตา	sugar peas, garden peas
ถั่วลิสง	groundnut, peanut
ถั่วเหลือง	soya bean, soy bean
ทับทิม	pomegranate
ทานตะวัน	sunflower
ทุเรียน	durian
เทียนบ้าน	garden balsam
น้อยหน่า	sugar apple, sweet sop
น้อยโหน่ง	custard apple
น้ำเต้า	bottle gourd
นุ่น	kapok
บวบเหลี่ยม	angled gourd
บัวกระด้ง	Victoria waterlily
บัวตอง	tree marigold
บัวบก	tiger herbal
บัวสาย	lotus stem, water lily
บัวหลวง	lotus, sacred lotus
บานชื่น	zinnia
บานบุรี	allamanda
บานไม่รู้โรย	gomphrena, globe amaranth
เบญจมาศ	chrysanthenum, mum
ปรง	cycad
ประดู่	angsana, padauk, Burmese rosewood
ปวยเหล็ง	spinach
ป่านศรนารายณ์	sisal
ปาล์มน้ำมัน	oil plam

ปีบ	Indian cork
แปะก๊วย	ginkgo, Kew tree
โป๊ยเซียน	crown of thorns
ผักกระเฉด	water mimosa, water cress
ผักกาดแก้ว	crisphead
ผักกาดหอม	lettuce
ผักกาดหัว	Chinese radish, giant white radish
ผักโขม	amaranth
ผักชี	coriander, Chinese parsley
ผักชีฝรั่ง	parsley
ผักตบชวา	water-hyacinth
ผักบุ้งจีน	swamp cabbage, Chinese cabbage
ผักแว่น	water clover
ผักเสี้ยน	wide spider flower
ผีเสื้อ	dianthus
เผือก	taro
ไผ่	bamboo
ฝรั่ง	guava
ฝ้าย	cotton
ฝิ่น	opium poppy
พริกขี้หนู	bird chilli, chilli
พริกชี้ฟ้า	chilli, Thai dragon chilli, spur pepper
พริกไทย	pepper, pepper corn
พริกหวาน	sweet pepper
พลับพลึง	crinum lily
พลู	betel vine, betal pepper
พลูด่าง	golden pothos
พวงชมพู	mountain rose, chain of love, coral vine
พิกุล	bullet wood, medlar, Spanish cherry
พุทธรักษา	canna, Indian shot
แพงพวย	vinca
แพรเซี่ยงไฮ้	eleven-o'-clock
ฟักเขียว	wax gourd, white groud
ฟักทอง	pumpkin
เฟินก้านดำ	maidenhair fern
เฟินข้าหลวงหลังลาย	bird's nest fern
เฟื่องฟ้า	bougainvillea
มหาหงส์	butterfly ginger
มะกรูด	leech lime
มะกอก	hog plum
มะขวิด	elephant's apple, wood apple
มะขาม	tamarind, Indian date
มะขามเทศ	huamuchil, madras thorn, opiuma
มะขามป้อม	Indian goose berry, mapacea tree
มะเขือเทศ	tomato
มะเขือพวง	devil's fig
มะเขือยาว	eggplant
มะดัน	garcinia
มะเดื่อ	fig
มะตูม	Bengal quince, bael, elephant's apple
มะนาว	lime
มะพร้าว	coconut
มะพลับ	date plum

มะเฟือง	carambola, star fruit
มะม่วง	mango
มะม่วงหิมพานต์	cashew nut
มะยม	gooseberry tree
มะระขี้นก	Thai bitter cucumber, bitter gourd
มะระจีน	Chinese bitter cucumber
มะรุม	horse-radish tree, drumstick tree
มะละกอ	papaya
มะลิ	jasmine
มังคุด	mangosteen
มันแกว	yam bean
มันเทศ	red sweet potato, yam
มันฝรั่ง	Irish potato, potato
มันสำปะหลัง	cassava, tapioca
แมงลัก	hairy basil
ไมยราบ	sensitive plant, shame weed
ยอ	Indian mulberry
ยางพารา	para rubber
ยาสูบ	tobacco
ยี่โถ	oleander, rose bay
รัก	crow flower, giant milk weed
ราชพฤกษ์	golden shower, pudding pipe tree
ละมุด	sapodilla plum
ละหุ่ง	castor oil plant
ลั่นทมขาว	evergreen frangipani, graveyard flower
ลางสาด	lansa
ลำโพง	thorn apple, datura
ลำไย	longan
ลิ้นจี่	lychee
เล็บมือนาง	rangoon creeper
ว่านสี่ทิศ	knight's star lily
ว่านหางจระเข้	aloe
ศรีตรัง	green ebony, jacaranda
สนทะเล	beefwood, horsetail tree, sea oak
ส้มเขียวหวาน	tangerine
สมอไทย	chebulic myrobalans, myrobalan wood
ส้มโอ	pomelo, shaddock
สลอด	croton oil plant
สละ	sala, salak
สะเดา	Siamese neem tree
สะตอ	twisted cluster bean
สะระแหน่	kitchen mint
สัก	teak
สับปะรด	pineapple
สาเก	bredfruit tree
สาคู(ต้น)	sago palm
สาบเสือ	bitter bush, Siam weed
สาลี่	Chinese pear
สายหยุด	Chinese desmos
สาวน้อยประแป้ง	dumb cane
แสงจันทร์	lady-love, lettuce tree
โสน	sesbania flower
หงอนไก่ไทย	wild cockcomb
หญ้าขจรจบ	mission grass
หญ้าคา	cogongrass
หญ้าเจ้าชู้	love grass
หญ้าแฝก	vetiver grass

หญ้าแพรก	Burmuda grass
หญ้าแห้วหมู	purple nut sedge, red nut sedge, nutgrass
หน่อไม้	bamboo shoot
หน่อไม้ฝรั่ง	asparagus
หม้อข้าวหม้อแกงลิง	pitcher plant
หม่อน	mulberry, white mulberry
หมาก	betel nut palm
หมากแดง	sealing wax palm
หมามุ่ย	cowhage
หลิว	weeping willow
หว้า	jambolan
หอมแดง	shallot, boiling onion
หอมใหญ่	onion
หางนกยูงไทย	Barbados pride, dwarf poinciana
หางนกยูงฝรั่ง	flamboyant, flame tree, peacock flower
หูกวาง	Indian almond
แหนแดง	azolla
แห้ว	waternut, Chinese water chestnut
โหระพา	sweet basil
องุ่น	grape
อบเชย	cinnamon
อโศกอินเดีย	asoke tree
อัญชัน	blue pea, butterfly pea
อินทนิลน้ำ	Queen's flower, pride of India
อินทผลัม	date
อุตพิต	cuckoo-pint, lords-and-ladies

สัตว์ Animals

กบทูด, เขียดแลว	Malayan giant frog
กบนา, กบเนื้อ	common lowland frog, Blyth's mountain frog
กระจง	mouse deer
กระซู่	Asian two-horned rhinoceros, Sumatran rhinoceros
กระต่ายป่า	hare
กระแต	treeshrew
กระทิง	gaur
กระรอก	squirrel
กวาง	deer
กวางป่า	sambar
กอริลลา	gorilla
กะท่าง, จักกิ้มน้ำ	Himalayan newt
กั้งกระดาน	oriental flathead lobster
กั้งตั๊กแตนเขียว	mantis shrimp
กัลปังหาพุ่ม, กะละปังหา	gorgonian sea fan

กิ้งก่า	lizard
กิ้งก่าบิน	flying lizard
กิ้งกือ	millipede, millepede
กุ้งกะต่อม, กุ้งหัวแข็ง	dwarf prawn
กุ้งก้ามกราม, กุ้งนาง, กุ้งหลวง	giant freshwater prawn
กุ้งกุลาดำ, กุ้งกุลา, กุ้งกะลาดำ, กุ้งแขกดำ	giant tiger prawn
กุ้งกุลาลาย	green tiger prawn
กุ้งดีดขัน	common snapping shrimp
กุ้งเต้น	beach flea, sand hopper
กุ้งฝอย	Lanchester's freshwater prawn
กุ้งมังกร	lobster
เก้ง, อีเก้ง	barking deer
แกะ	sheep
เขียดงู, งูดิน	common caecilian
เขียดตะปาด, ปาดบ้าน	common bush frog
เขียดบัว, เขียดจิก	puddyfield green frog
ควายบ้าน	Asiatic buffalo
ค่าง	langur
คางคกบ้าน	common Asiatic toad
ค้างคาว	bat
ค้างคาวแม่ไก่	flying fox
งูกะปะ	Malayan pit viper, moonlight pit viper, marble pit viper
งูเขียวหางไหม้	green pit viper
งูจงอาง	king cobra
งูแมวเซา	Russell's viper
งูเหลือม	python
งูเห่า	cobra
จงโคร่ง หมาน้ำ	Malayan giant toad
จระเข้น้ำเค็ม	Estuarine crocodile, saltwater crocodile
จระเข้น้ำจืด	Siamese crocodile
จักจั่น	cicada
จักจั่นเขา	treehopper
จักจั่นงวง	planthopper, lantern fly
จิ้งโกร่ง	wingless long-horned grasshopper
จิ้งจก	house lizard
จิงโจ้น้ำ	pond skater, water strider
จิ้งหรีด	cricket
จิ้งเหลน	skink
ชะนี	gibbon
ชะมด	civet
ช้าง	elephant
ด้วง	beetle
ด้วงขี้ควาย	hister beetle
ด้วงเขี้ยวกาง	stag beetle, pinching bug
ด้วงงวง	true weevil, pin-hole borer
ด้วงดิ่ง, แมลงตับเต่า	predaceous diving beetle, true water beetle
ด้วงดิน	ground beetle
ด้วงดีด	click beetle, elater
ด้วงเต่า	lady beetle, ladybug
ด้วงเต่าทอง	tortoise beetle

ด้วงน้ำมัน	oil beetle, blister beetle
ด้วงมะพร้าว	coconut beetle
ด้วงแรด, ด้วงกว่าง	lamellicorn beetle, scarab beetle
ด้วงเสือ	tiger beetle
ด้วงหนวดยาว	long-horned beetle
ดอกไม้ทะเล	sea anemone
ดาวทะเล	starfish
ต่อ, ต่อรัง, ต่อหลวง	paper wasp, typical wasp
	hornet wasp
ต่อ, แตน	wasp
ต่อกาเหว่า	cuckoo wasp
ต่อขุดรู	digger wasp
ต่อเบียฬ	ichneumon fly
ต่อแมงมุม	spider wasp
ต่อรัง	hornet
ต่อหูด	gall wasp
ตะขาบ	centipede
ตะขาบฝอย	symphylids
ตะพาบ	soft-shelled turtle
ตั๊กแตน	grasshopper, locust
ตั๊กแตนกิ่งไม้	walking stick, devil's darning needle
ตั๊กแตนแคระ	grouse locust, pygmy locust
ตั๊กแตนตำข้าว	mantid, praying mantis, praying mantid, mule killer
ตั๊กแตนปาทังก้า	Bombay locust
ตั๊กแตนหนวดยาว	long-horned grasshopper, katydid
ตั๊กแตนหนวดสั้น	short-horned grasshopper
ตัวชีปะขาว	mayfly
ตัวสามง่าม	silver fish, firebrat, fishmoth
ตุ๊กแก	gecko
ตุ๊กแกบิน	flying gecko
ตุ่น	mole
เต่ากระ	hawksbill turtle
เต่าตนุ	green turtle
เต่าปูลู	Siamese big-headed turtle
เต่ามะเฟือง	leathery turtle
เต่าหญ้า	Ridley's turtle
แตนเบียฬ	braconid
นกกก, นกกาฮัง	great hornbill
นกกระจอก	sparrow
นกกระจอกเทศ	ostrich
นกกระจาบ	weaver
นกกระจิบ	tailorbird
นกกระตั้ว	cockatoo
นกกระติ๊ด	munia
นกกระเต็น	kingfisher
นกกระแตแต้แว้ด	red-watted lapwing
นกกระทา	partridge, francolin
นกกระทุง	pelican
นกกระปูด	coucal
นกกระเรียน	crane
นกกระสา	stork
นกกวัก	white-breasted, waterhen
นกกะราง	laughingthrush
นกกะรางหัวขวาน	hoopoe
นกกางเขนบ้าน	magpie robin

นกกาบบัว	painted stork
นกกาเหว่า	common koel
นกกิ้งโครง	starling
นกกินปลี	sunbird
นกแก้ว	parrot
นกไก่ฟ้า	pheasant
นกไก่ฟ้าพญาลอ	Siamese fireback
นกขมิ้น	oriole
นกขุนทอง	hill myna
นกเขา	dove
นกแขกเต้า	red-breasted parakeet
นกแขวก	black-crowned, night-heron
นกคุ่ม	quail, buttonquail
นกเค้า	owl
นกเค้าโมง, นกเค้าแมว	Asian barred owlet
นกเงือก	hornbill
นกเจ้าฟ้าหญิงสิรินธร	white-eyed, river-martin
นกช้อนหอย	ibis
นกแซงแซว	drongo
นกตบยุง	nightjar
นกตะกราม	greater adjutant
นกตะกรุม	lesser adjutant
นกตะขาบ	roller
นกตีทอง	coppersmith barbet
นกแต้วแล้ว	pitta
นกนางนวล	gull, tern
นกนางแอ่น	swallow
นกปรอด	bulbul
นกปากห่าง	Asian openbill
นกเป็ด, นกเป็ดน้ำ	duck
นกเปล้า	green pigeon
นกพริก	bronze-winged jacana
นกพิราบ	pigeon
นกโพระดก	barbet
นกยาง	heron, egret, bittern
นกยูง	peafowl
นกแว่น	peacock-pheasant
นกสีชมพูสวน	scarlet-backed, flowerpecker
นกแสก	barn owl
นกหว้า	great argus
นกหัวขวาน	woodpecker
นกเหยี่ยว	kite, baza, hawk, buzzard, eagle, harrier, falcon
นกอินทรี	eagle
นกอีกา	large-billed crow
นกอีโก้ง	purple swamphen
นกอีแร้ง	vulture
นกอีลุ้ม	watercock
นกอีเสือ	shrike
นกเอี้ยง	myna, starling
นกแอ่น	swift
นกฮูก, นกเค้ากู่	collared scops-owl
นาก	otter
นางอาย, ลิงลม	slow loris
เนื้อทราย	hog deer
เนื้อสมัน	Schomburgk's deer
บั่ว, บั่วหูด	gall-gnat, gall midge
บ่าง	colugo, Malayan flying lemur
ปลวก	termite, white ant
ปลากระทิง	spiny eel

ปลากระทุงเหว black-spotted long tom
ปลากระบอก mullet
ปลากระเบน stingray, ray
ปลากระเบนน้ำจืด freshwater stingray
ปลากระโห้ Siamese giant carp
ปลากราย spotted featherback, spotted knife fish
ปลากะตักใหญ่, ปลาไส้ตัน Indian anchovy
ปลากะโทงแทงกล้วย, กะโทงแทงดาบ banana sailfish
ปลากะพงขาว giant seaperch
ปลากัด, ปลากัดจีน Siamese fighting fish, betta
ปลาก้างพระร่วง glass sheatfish
ปลาการ์ตูน anemone fish, clown fish
ปลาเก๋า grouper
ปลาแก้มช้ำ orange-cheeked barb
ปลาเข็ม half-beak, wrestling half-beak
ปลาจะละเม็ดขาว silver pomfret
ปลาฉนาก sawfish
ปลาฉลามวาฬ whale shark
ปลาฉลามหนูใหญ่, ปลาฉลามหนูหัวแหลม walbeenhm's sharp-nosed shark
ปลาฉลามหัวค้อนสั้น squat-headed hammer head shark
ปลาช่อน striped snake-head fish
ปลาชะโด giant snake-head fish
ปลาดุกด้าน, ปลาดุก batrachian walking catfish
ปลาดุกทะเล, ปลาปิ่นแก้ว, ปลาเป็ดแก้ว striped sea catfish
ปลาดุกอุย Gunther's walking
ปลาตะพัด Malayan bonytonque
ปลาตะเพียนขาว, ปลาตะเพียน common silver barb
ปลาตีน mudskipper
ปลาตูหนา, ปลาสะแงะ, ปลาไหลหูดำ true eel
ปลาทอง gold fish
ปลาทู sport-bodied mackerel
ปลาเทโพ black ear catfish
ปลานกกระจอก flying fish
ปลานกแก้ว parrot fish
ปลานิล Nile tilapia
ปลาเนื้ออ่อน whisker sheatfish
ปลาใน common carp
ปลาบึก Mekong giant catfish
ปลาบู่ goby
ปลาปักเป้า puffer, trunkfish
ปลายี่สก Jullien's golden-price carp
ปลาริวกิว giant catfish
ปลาแรด, ปลาเม่น, ปลามิ่น giant gourami
ปลาลัง, ปลาทูโม่ง, ปลาโม่ง, ปลาโม่งลัง Indian mackerel
ปลาลิ้นหมา, ปลายอดม่วงน้ำจืด freshwater tonguefish
ปลาสลิด snake skin gourami
ปลาสลิดหิน damsel fish
ปลาสวาย striped catfish

ปลาสากเหลือง, ปลาน้ำดอกไม้ obtuse barracuda
ปลาสำลี black-banded trevally
ปลาเสือตอ Siamese tiger fish
ปลาเสือพ่นน้ำ common archer fish
ปลาหมอเทศ Java tilapia
ปลาหมอไทย common climbing perch
ปลาหัวตะกั่ว blue panchax
ปลาหางเหลือง yellowtail fusilier
ปลาไหล, ปลาไหลนา swamp eel
ปลาอีโต้มอญ common dolphinfish
ปลาโอครีบเหลือง, ปลาทูน่าครีบเหลือง yellowfin tuna
ปลิง leech
ปลิงทะเล, ปลิงดำ black sea cucumber
ปะการัง coral
ปากกระทุงเหว, ตะโขง false gavial
ปูก้ามดาบ fiddler crab
ปูขน, ปูภูเขา, ปูไก่ hairy leg mountain crab
ปูชะนี, ปูแมงมุม spider crab
ปูทะเล serrated mud crab
ปูนาดำ black rice crab
ปูโบราณ, ปูจักจั่นยักษ์ red frog crab
ปูแป้น, ปูจาก green tidal crab
ปูมะพร้าว coconut crab, robber crab
ปูม้า blue swimming crab
ปูแสม Meder's mangrove crab
ปูหิน spiny rock crab
ผีเสื้อกลางคืน moth
ผีเสื้อกลางวัน butterfly
ผีเสื้อต้นรัก milkweed butterfly
ผีเสื้อบินเร็ว common skipper
ผีเสื้อปีกแฉก plume moth
ผีเสื้อมวนหวาน fruit-piercing moth
ผีเสื้อยักษ์ cecropia moth, giant silk worm moth
ผีเสื้อหนอนกระทู้ owlet moth, noctuid moth
ผีเสื้อหนอนกล่ำ orange tips
ผีเสื้อหนอนกอ snout moth, pyralid
ผีเสื้อหนอนปลอก bagworm moth
ผีเสื้อเหยี่ยว, ผีเสื้อหัวกระโหลก hawk moth, sphinx
ผีเสื้อไหม silkworm moth
ผึ้ง bee, honey bee
ผึ้งรู borrower bee, mining bee
ผึ้งหึ่ง bumble bee
พะยูน, หมูน้ำ, เงือก dugong, sea cow
พังพอน mongoose
เพรียง barnacle
เพลี้ยกระโดด spittlebug, froghopper
เพลี้ยไก่ฟ้า, เพลี้ยไก่แจ้ jumping plant louse
เพลี้ยจักจั่น leafhopper
เพลี้ยแป้ง mealybug
เพลี้ยไฟ thrips
เพลี้ยหอย scale insect
เพลี้ยอ่อน aphid, plant louse
แพะ goat
ฟองน้ำ sponge
มด ant

มดดำ	black ant
มดแดง	common red ant
มวน	bug
มวนกรรเชียง	water boatman
มวนแดง	red bug, stainer
มวนแมงป่องน้ำ	water scorpion
มอดแป้ง	flour beetle, darkling beetle, mealworm, flase wireworm
มอดไม้	ambrosia beetle, bark beetle, engraver beetle
ม้า	horse
ม้าลาย	zebra
ม้าน้ำ	seahorse
เม่น	porcupine
แมงกะพรุน	jellyfish
แมงดาหางเหลี่ยม, แมงดาจาน	giant king crab
แมงป่อง	scorpion
แมงมุม	spider
แมลงกระชอน	mole cricket
แมลงช้าง, แมลงปีกใส	ant lion, lacewing
แมลงดานา	giant water bug
แมลงตด	bombardier beetle
แมลงทับ	metallic woodborer, buprestid
แมลงปอ	dragonfly
แมลงปอเข็ม	damselfly
แมลงภู่	carpenter bee
แมลงวัน, แมลงวันธรรมดา	house fly
แมลงวันเซตซี	tsetse fly
แมลงวันดอกไม้	syrphid fly
แมลงวันทอง, แมลงวันผลไม้	fruit fly
แมลงวันสเปน	Spanish fly
แมลงวันหัวเขียว	blowfly, screw worm fly
แมลงวันเหาวัว	louse fly
แมลงสาบ	cockroach, roach
แมลงสิง, แมลงฉง	rice ear bug, stink bug
แมลงหนอนปลอกน้ำ	caddis fly
แมลงหนีบ	earwig
แมลงหวี่	pomace fly, fruit fly
แมลงหวี่ขาว	whitefly
แมลงเหนี่ยง	water scavenger beetle
แมลงอีนูน	root-eating grub
แมวน้ำ	seal, sea lion
แมวป่า	jungle cat
ยุง	mosquito
แย้	edible wood lizard
ริ้นดำ	black fly, buffalo gant
ริ้นน้ำจืด	midge
เรือด	bed bug
แรด	rhinoceros, Javan rhinoceros
ไร	mite
ไรแดง	red spider mite
ไรน้ำ	water flea
ละอง, ละมั่ง	brow-antlered deer, Eld's deer
ลา	ass, donkey
ลิงกัง	pig-tailed macaque
ลิ่น	pangolin
แลน	yellow tree monitor

โลน	crablouse
โลมา	dolphin
วัว	cow, cattle, bull, ox
วาฬ	whale
แว่น	peacock-pheasant
สมเสร็จ	Asian tapir, Malayan tapir
สุนัขจิ้งจอก	fox
เสือโคร่ง	tiger
เสือดาว, เสือดำ	leopard, panther
หนอนกระทู้	cutworm
หนอนกระสือ	glowworm
หนอนแก้ว	lemon catepillar, orange catepillar
หนอนคืบ	measuring worm
หนอนไหม	silkworm
หนู	rat, mouse
หมัด	flea
หมาจิ้งจอก	Asiatic jackal
หมาใน	Asian wild dog
หมาร่า	solitary wasp
หมีควาย, หมีดำ	Asiatic black bear
หมึกกระดอง	rainbow cuttlefish
หมึกกล้วย	splendid squid
หมึกยักษ์เล็ก, หมึกสายเล็ก	Dollfus's octopus
หมึกหอม, หมึกตะเภา	soft cuttle fish
หมูน้ำ, พะยูน	dugong, sea cow
หมูป่า	wild pig
หอยกระจก	windowpane shell
หอยกระปุก	ridged venus clam
หอยกะพง	horse mussel
หอยกาบ	freshwater clam
หอยขม	pond snail, river snail
หอยโข่ง	apple snail
หอยแครง	cockle, ark shell
หอยงวงช้าง	pearly nautilus
หอยชักตีน, หอยสังข์	wing shell
หอยเต้าปูน	cone
หอยทากลาย	African giant snail
หอยนมสาว, หอยอูฐ	Nile top shell
หอยนางรม, หอยตะโกรม	Pacific oyster
หอยเป๋าฮื้อ	abalone
หอยพัด, หอยเชลล์	radiated scallop
หอยมะเฟือง	common harb shell
หอยมือเสือ	scaly giant clam
หอยมุก	pearl oyster
หอยเม่น	sea urchin
หอยแมลงภู่	green mussel
หอยลาย	undulated surf clam
หอยสังข์หนามเล็ก	stout-spine murex
หอยเสียบ	wedge shell, bean clam
หิ่งห้อย	firefly
เห็บ	tick
เหลือบ	horsefly
เหาคน	human louse, sucking louse, true lousecztw
เหี้ย, ตัวเงินตัวทอง	water monitor
อ้น	bamboo rat
อึ่งอ่างบ้าน	common burrowing frog
อูฐ	camel
ฮิปโปโปเตมัส	hippopotamus

จักรราศี Zodiacs

ราศีเมษ (แกะ)	Aries	ราศีตุล (คันชั่ง)	Libra
ราศีพฤษภ (วัว)	Taurus	ราศีพิจิก (แมงป่อง)	Scorpio
ราศีเมถุน (คนคู่)	Gemini	ราศีธนู (ธนู)	Sagittarius
ราศีกรกฎ (ปู)	Cancer	ราศีมังกร (แพะทะเล)	Capricorn
ราศีสิงห์ (สิงห์)	Leo	ราศีกุมภ์ (หม้อน้ำ)	Aquarius
ราศีกันย์ (หญิงสาว)	Virgo	ราศีมีน (ปลา)	Pisces

ปริญญาบัตรและวุฒิการศึกษา Academic Degrees

กศ.ด. การศึกษาดุษฎีบัณฑิต	Doctor of Philosophy Ed.D., Doctor of Education
กศ.บ. การศึกษาบัณฑิต	B.E., B.Ed., Ed.B., Bachelor of Education
กศ.ม. การศึกษามหาบัณฑิต	M.E., M.Ed., Master of Education
กส.บ. เกษตรศาสตรบัณฑิต	B.Agr., Bachelor of Agriculture
กส.ม. เกษตรศาสตรมหาบัณฑิต	M.Agr., Master of Argriculture
ค.ด. ครุศาสตรดุษฎีบัณฑิต	Ph.D., Doctor of Philosophy Ed.D., Doctor of Education
ค.บ. ครุศาสตรบัณฑิต	B.Ed., Bachelor of Education
ค.ม. ครุศาสตรมหาบัณฑิต	M.Ed., Master of Education
คศ.ม. คหกรรมศาสตรมหาบัณฑิต	M.H.E., Master of Home Economics
ค.อ.บ. ครุศาสตรอุตสาหกรรมบัณฑิต	B.I.Ed. (...), Bachelor of Industrial Education
ท.ด. ดุษฎีบัณฑิตทางการทูต	Ph.D. in Diplomacy, Doctor of Philosophy in Diplomacy
ท.บ. ทันตแพทยศาสตรบัณฑิต	D.D.S., Doctor of Dental Surgery
ทษ.บ. เทคโนโลยีการเกษตรบัณฑิต	B.Agr. Tech. (...), Bachelor of Agricultural Technology (...)

ทษ.ม. เทคโนโลยีการเกษตรมหาบัณฑิต	M.Agr. Tech. (…), Master of Agriculture Technogy (…)
น.ด. นิติศาสตรดุษฎีบัณฑิต	LL.D., Doctor of Laws
น.บ. นิติศาสตรบัณฑิต	LL.B., Bachelor of Laws
น.ม. นิติศาสตรมหาบัณฑิต	LL.M., Master of Laws
นศ.บ. นิเทศศาสตรบัณฑิต	B.A. (Communication Arts), Bachelor of Arts (Communication Arts)
นศ.ม. นิเทศศาสตรมหาบัณฑิต	M.A. (Communication Arts), Master of Arts (Communication Arts)
บช.บ. บัญชีบัณฑิต	B.Acc., Bachelor of Accountancy
บช.ม. บัญชีมหาบัณฑิต	M.Acc., Master of Accountancy
บธ.ด. บริหารธุรกิจดุษฎีบัณฑิต	D.B.A., Doctor of Business Administration
บธ.บ. บริหารธุรกิจบัณฑิต	B.B.A., Bachelor of Business Administration
บธ.ม. บริหารธุรกิจมหาบัณฑิต	M.B.A., Master of Business Administration
ป. … ประกาศนียบัตร…	Cert. in…, Certificate in…
ป. บัณฑิต (…) ประกาศนียบัตรบัณฑิต (…)	Grad. Dip. in…, Graduate Diploma in…
ปวช. (…) ประกาศนียบัตรวิชาชีพ สาขาวิชา…	Cert. in…, Certificate in…
ป. วิทยาศาสตร์ ประกาศนียบัตรวิทยาศาสตร์	A.S., Associate in Science
ปวส. ประกาศนียบัตรวิชาชีพชั้นสูง	Cert. in…, Certificate in…
ป. ศิลปศาสตร์ ประกาศนียบัตรศิลปศาสตร์	A.A., Associate in Arts
พณ.บ. พาณิชยศาสตรบัณฑิต	B.B.A., Bachelor of Business Administration
พณ.ม. พาณิชยศาสตรมหาบัณฑิต	M.B.A., Master of Business Administration
พ.บ. แพทยศาสตรบัณฑิต	M.D., Doctor of Medicine
พย.บ. พยาบาลศาสตรบัณฑิต	B.N.Sc., Bachelor of Nursing Science
พย.ม. พยาบาลศาสตรมหาบัณฑิต	M.N.Sc., Master of Nursing Science
ภ.บ. เภสัชศาสตรบัณฑิต	B.P., Bachelor of Pharmacy, B.Sc. in Pharm., Bachelor of Science in Pharmacy

ภ.ม. เภสัชศาสตรมหาบัณฑิต	M.Sc. in Pharm., Master of Science in Pharmacy
ภ.สถ.บ. ภูมิสถาปัตยกรรมศาสตรบัณฑิต	B.L.A., Bachelor of Landscape Architecture
ร.ด. รัฐศาสตรดุษฎีบัณฑิต	Ph.D. (Political Science), Doctor of Philosophy (Political Science)
ร.บ. รัฐศาสตรบัณฑิต	B.A. (Political Science), Bachelor of Arts (Political Science)
รป.บ. รัฐประศาสนศาสตรบัณฑิต	B.A. (Public Administration), Bachelor of Arts (Public Administration)
รป.ม. รัฐประศาสนศาสตรมหาบัณฑิต	M.P.A., Master of Public Administration
ร.ม. รัฐศาสตรมหาบัณฑิต	M.A. (Political Science), Master of Arts (Political Science)
วท.ด. วิทยาศาสตรดุษฎีบัณฑิต	D.Sc., D.S., Doctor of Science
วท.บ. วิทยาศาสตรบัณฑิต	B.Sc., B.S., Bachelor of Science
วท.ม. วิทยาศาสตรมหาบัณฑิต	M.Sc., M.S., Master of Science
ว.บ. วารสารศาสตรบัณฑิต	B.A., Bachelor of Arts
วศ.ด. วิศวกรรมศาสตรดุษฎีบัณฑิต	D.Eng., Doctor of Engineering
วศ.บ. วิศวกรรมศาสตรบัณฑิต	B.Eng., Bachelor of Engineering
วศ.ม. วิศวกรรมศาสตรมหาบัณฑิต	M.Eng., Master of Engineering
ศ.บ. ศิลปบัณฑิต	B.F.A., Bachelor of Fine Arts
ศป.บ. ศิลปกรรมศาสตรบัณฑิต	B.F.A., Bachelor of Fine and Applied Arts
ศ.ม. เศรษฐศาสตรมหาบัณฑิต	M.Ec., M.Econ., Master of Economics
ศ.ม. ศิลปมหาบัณฑิต	M.F.A., Master of Fine Arts
ศศ.บ. ศิลปศาสตรบัณฑิต	B.A., Bachelor of Arts
ศศ.ม. ศิลปศาสตรมหาบัณฑิต	M.A.T., Master of Arts in Teaching
ศษ.ด. ศึกษาศาสตรดุษฎีบัณฑิต	Ph.D. (...), Doctor of Philosophy
ศษ.บ. ศึกษาศาสตรบัณฑิต	B.Ed. (...), Bachelor of Education
ศษ.ม. ศึกษาศาสตรมหาบัณฑิต	M.Ed., Master of Education
ศส.บ. เศรษฐศาสตรบัณฑิต	B.Econ., Bachelor of Economics

สถ.บ. สถาปัตยกรรมศาสตรบัณฑิต	B.Ar., B.Arch., Bachelor of Architecture
สถ.ม. สถาปัตยกรรมศาสตรมหาบัณฑิต	M.Arch., Master of Architecture
ส.บ. สาธารณสุขศาสตรบัณฑิต	B.P.H., Bachelor of Public Health
ส.พ.บ. สัตวแพทยศาสตรบัณฑิต	D.V.M., Doctor of Veterinary Medicine
ส.ม. สาธารณสุขศาสตรมหาบัณฑิต	M.P.H., Master of Public Health
สม.บ. สังคมวิทยาและมานุษยวิทยาบัณฑิต	B.A., Bachelor of Arts
สม.ม. สังคมวิทยาและมานุษยวิทยามหาบัณฑิต	M.A., Master of Arts
ส.ส.บ. ส่งเสริมการเกษตรและสหกรณ์บัณฑิต	B.Agr. Ext. Coop., Bachelor of Agricultural Extension and Cooperatives
อ.ด. อักษรศาสตรดุษฎีบัณฑิต	Ph.D., Doctor of Philosophy
อ.บ. อักษรศาสตรบัณฑิต	B.A., Bachelor of Arts
อ.ม. อักษรศาสตรมหาบัณฑิต	M.A., Master of Arts
อส.บ. อุตสาหกรรมศาสตรบัณฑิต	B. Ind. Tech. (…), Bachelor of Industrial Technology
ออ.บ. การออกแบบอุตสาหกรรมบัณฑิต	B.I.D., Bachelor of Industrial Design

หน่วยงานราชการไทย Thai Government Organizations

กระทรวงกลาโหม	Ministry of Defence
กระทรวงการคลัง	Ministry of Finance
กระทรวงการต่างประเทศ	Ministry of Foreign Affairs
กระทรวงเกษตรและสหกรณ์	Ministry of Agriculture and Cooperatives
กระทรวงคมนาคม	Ministry of Transport and Communications
กระทรวงพาณิชย์	Ministry of Commerce
กระทรวงมหาดไทย	Ministry of Interior
กระทรวงยุติธรรม	Ministry of Justice
กระทรวงแรงงานและสวัสดิการสังคม	Ministry of Labour and Social Welfare
กระทรวงวิทยาศาสตร์ เทคโนโลยีและสิ่งแวดล้อม	Ministry of Science Technology and

	Environment
กระทรวงศึกษาธิการ	Ministry of Education
กระทรวงสาธารณสุข	Ministry of Public Health
กระทรวงอุตสาหกรรม	Ministry of Industry
กองทุนบำเหน็จบำนาญข้าราชการ	The Government Pension Fund
ทบวงมหาวิทยาลัย	Ministry of University Affairs
ธนาคารแห่งประเทศไทย	Bank of Thailand
ราชบัณฑิตยสถาน	The Royal Institute
ศาลรัฐธรรมนูญ	The Constitutional Court of Kingdom of Thailand
ศาลาว่าการกรุงเทพมหานคร	Bangkok Metropolitan Administration
สถาบันสิ่งแวดล้อมไทย	Thailand Environment Institute
สำนักงานคณะกรรมการการเลือกตั้ง	Election Commission of Thailand
สำนักงานการตรวจเงินแผ่นดิน	Office of the Auditor General of Thailand
สำนักงานตำรวจแห่งชาติ	Royal Thai Police
สำนักงานทรัพย์สินส่วนพระมหากษัตริย์	Bureau of the Crown Property
สำนักงานเลขาธิการวุฒิสภา	The Secretariat of the Senate
สำนักงานเลขาธิการสภาผู้แทนราษฎร	The Secretariat of the House of Representatives
สำนักงานอัยการสูงสุด	Office of the Attorney-General
สำนักนายกรัฐมนตรี	Office of the Prime Minister
สำนักพระราชวัง	Bureau of the Royal Household
สำนักราชเลขาธิการ	The Office of His Majesty Principal Private Secretary
กระทรวงกลาโหม	**Ministry of Defence**
กรมราชองครักษ์ กระทรวงกลาโหม	Royal Aide-de-Camp Department Ministry of Defence
กองทัพบก	Royal Thai Army
กองทัพเรือ	Royal Thai Navy
กองทัพอากาศ	Royal Thai Air Force
กองบัญชาการทหารสูงสุด	Supreme Command Headquarters

สำนักงานปลัดกระทรวงกลาโหม	Office of the Permanent Secretary of Defence
องค์การแก้ว	The Glass Organization
องค์การทอผ้า	The Textile Organization
องค์การแบตเตอรี่	The Battery Organization
องค์การผลิตอาหารสำเร็จรูป	The Preserved Food Organization
องค์การฟอกหนัง	The Tanning Organization
องค์การสงเคราะห์ทหารผ่านศึก	The War Veteran Organization of Thailand
กระทรวงการคลัง	**Ministry of Finance**
กรมธนารักษ์	The Treasury Department
กรมบัญชีกลาง	The Comptroller General's Department
กรมศุลกากร	The Customs Department
กรมสรรพสามิต	The Excise Department
กรมสรรพากร	The Revenue Department
ธนาคารกรุงไทย	Krung Thai Bank Public Company Limited
ธนาคารเพื่อการเกษตรและสหกรณ์	Bank for Agriculture and Agricultural Cooperatives
ธนาคารเพื่อการส่งออกและนำเข้าแห่งประเทศไทย	President of Export Import Bank of Thailand
ธนาคารอาคารสงเคราะห์	Government Housing Bank
โรงงานไพ่	Thai Playing Cards Manufacturing Factory
โรงงานยาสูบ	Thailand Tobacco Monopoly
สำนักงานคณะกรรมการกำกับหลักทรัพย์และตลาดหลักทรัพย์	Office of the Securities and Exchange Commission
สำนักงานปลัดกระทรวงการคลัง	Office of the Permanent Secretary for Finance
สำนักงานเศรษฐกิจการคลัง	Fiscal Policy Office
สำนักงานสลากกินแบ่งรัฐบาล	The Government Lottery Office
องค์การเพื่อการปฏิรูประบบสถาบันการเงิน	Financial Sector Restructuring

	Authority
กระทรวงการต่างประเทศ	**Ministry of Foreign Affairs**
กรมการกงสุล	Department of Consular Affairs
กรมพิธีการทูต	Department of Protocol
กรมยุโรป	Department of European Affairs
กรมเศรษฐกิจ	Department of Economic Affairs
กรมสนธิสัญญาและกฎหมาย	Department of Treaties and Legal Affairs
กรมสารนิเทศ	Department of Information
กรมองค์การระหว่างประเทศ	Department of International Organizations
กรมอเมริกาและแปซิฟิกใต้	Department of American and South Pacific Affairs
กรมอาเซียน	Department of Asean Affairs
กรมเอเชียตะวันออก	Department of East Asian Affairs
กรมเอเชียใต้ ตะวันออกกลางและแอฟริกา	Department of South Asian Middle East and African Affairs
สถานเอกอัคราชทูต คณะทูตถาวรฯ ไทยในต่างประเทศ	Royal Thai Embassies and Missions
สำนักงานปลัดกระทรวง	Office of the Permanent Secretary
สำนักงานเลขานุการรัฐมนตรี	Office of the Secretary to the Minister
กระทรวงเกษตรและสหกรณ์	**Ministry of Agriculture and Cooperatives**
กรมชลประทาน	The Royal Irrigation Department
กรมตรวจบัญชีสหกรณ์	Department of Cooperative Auditing
กรมประมง	Department of Fisheries
กรมปศุสัตว์	Department of Livestock Development
กรมป่าไม้	Royal Forest Department
กรมพัฒนาที่ดิน	Land Development Department
กรมวิชาการเกษตร	Department of Agriculture
กรมส่งเสริมการเกษตร	Department of Agriculture Extension

กรมส่งเสริมสหกรณ์	Cooperative Promotion Department
บริษัท ไม้อัดไทย จำกัด	The Thai Plywood Company Limited
สำนักงานกองทุนสงเคราะห์การทำสวนยาง	Office of the Rubber Replanting Aid Fund
สำนักงานการปฏิรูปที่ดินเพื่อการเกษตรกรรม	Agriculture Land Reform Office
สำนักงานปลัดกระทรวงเกษตรและสหกรณ์	Office of the Permanent Secretary Ministry of Agriculture Cooperative
สำนักงานเลขานุการรัฐมนตรี	Office of the Secretary to the Minister
สำนักงานเศรษฐกิจการเกษตร	Office of Agriculture Economics
องค์การตลาดเพื่อเกษตรกร	Marketing Organization for Farmers (MOF)
องค์การส่งเสริมกิจการโคนมแห่งประเทศไทย	Dairy Farming Promotion Organization of Thailand
องค์การสวนยาง	Rubber Estate Organization
องค์การสะพานปลา	Fish Marketing Organization
องค์การอุตสาหกรรมป่าไม้	The Forest Industry Organization
กระทรวงคมนาคม	**Ministry of Transport and Communication**
กรมการขนส่งทางบก	The Department of Land Transport
กรมการบินพาณิชย์	The Department of Aviation
กรมเจ้าท่า	The Harbour Department
กรมทางหลวง	The Department of Highways
กรมไปรษณีย์โทรเลข	Post and Telegraph Department
กรมอุตุนิยมวิทยา	The Meteorological Department
การท่าเรือแห่งประเทศไทย	Port Authority of Thailand
การท่าอากาศยานแห่งประเทศไทย	Airports Authority of Thailand
การรถไฟแห่งประเทศไทย	The State Railway of Thailand
การสื่อสารแห่งประเทศไทย	The Communications Authority of Thailand
บริษัท การบินไทย จำกัด (มหาชน)	Thai Airways International Public Company Ltd.
บริษัท ขนส่ง จำกัด	The Transport Company Limited

บริษัท ไทยเดินเรือ จำกัด	Thai Maritime Navigation Co. Ltd.
บริษัท วิทยุการบิน แห่งประเทศไทย จำกัด	Aeronautical Radio of Thailand Ltd.
สำนักงานคณะกรรมการส่งเสริมการพาณิชยนาวี	The Office of the Maritime Promotion Commission
สำนักงานปลัดกระทรวงคมนาคม	Office of the Permanent Secretary
สำนักงานเลขานุการรัฐมนตรี	Office of the Secretary to the Ministry
องค์การขนส่งมวลชนกรุงเทพ	The Bangkok Mass Transit Authority
องค์การโทรศัพท์แห่งประเทศไทย	Telephone Organization of Thailand
องค์การรับส่งสินค้าและพัสดุภัณฑ์	The Express Transportation Organization of Thailand
กระทรวงพาณิชย์	**Ministry of Commerce**
กรมการค้าต่างประเทศ	Department of Foreign Trade
กรมการค้าภายใน	Department of Internal Trade
กรมการประกันภัย	Department of Insurance
กรมทรัพย์สินทางปัญญา	Department of Intellectual Property
กรมทะเบียนการค้า	Department of Commercial Registration
กรมเศรษฐกิจการพาณิชย์	Department of Business Economics
กรมส่งเสริมการส่งออก	Department of Export Promotion
สำนักงานปลัดกระทรวง กระทรวงพาณิชย์	Office of the Permanent Secretary Ministry of Commerce
สำนักงานเลขานุการรัฐมนตรี	Office of the Secretary to the Ministry
องค์การคลังสินค้า	Public Warehouse Organization
กระทรวงมหาดไทย	**Ministry of Interior**
กรมการปกครอง	Department of Local Administration
กรมการผังเมือง	Department of Town and Country Planning
กรมการพัฒนาชุมชน	The Community Development Department
กรมที่ดิน	Department of Lands
กรมโยธาธิการ	Public Works Department
กรมราชทัณฑ์	Department of Corrections

การเคหะแห่งชาติ	National Housing Authority
การทางพิเศษแห่งประเทศไทย	Expressway and Rapid Transit Authority of Thailand
การประปานครหลวง	The Metropolitan Waterworks Authority
การประปาส่วนภูมิภาค	The Provincial Waterworks Authority
การไฟฟ้านครหลวง	The Metropolitan Electricity Authority
การไฟฟ้าส่วนภูมิภาค	Provincial Electricity Authority
สำนักงานปลัดกระทรวงมหาดไทย	Office of the Permanent Secretary for Interrior
สำนักงานเร่งรัดพัฒนาชนบท	The Office of Accelerated Rural Development
สำนักงานเลขานุการรัฐมนตรี	Office of the Secretary
องค์การตลาด	The Marketing Organization
กระทรวงยุติธรรม	**Ministry of Justice**
กรมบังคับคดี	Legal Execution Department
กรมคุมประพฤติ	Department of Probation
ศาลฎีกา	The Supreme Court
ศาลแพ่ง	The Civil Court Ministry of Justice
ศาลแพ่งกรุงเทพใต้	The Civil Court of Southern Bangkok
ศาลแพ่งธนบุรี	Thonburi Civil Court
ศาลภาษีอากรกลาง	The Central Tax Court
ศาลเยาวชนและครอบครัวกลาง	The Central Juvenile and Family Court
ศาลแรงงานกลาง	The Central Labour Court
ศาลอาญา	The Criminal Court
ศาลอาญากรุงเทพใต้	The Criminal Court of Southern Bangkok
ศาลอาญาธนบุรี	Thonburi Criminal Court
ศาลอุทธรณ์	The Court of Appeals
ศาลอุทธรณ์ภาค 1	The Court of Appeals Region 1
ศาลอุทธรณ์ภาค 2	The Court of Appeals Region 2
ศาลอุทธรณ์ภาค 3	The Court of Appeals Region 3

สำนักงานปลัดกระทรวงยุติธรรม	Office of the Permanent Secretary Ministry of Justice
สำนักงานเลขานุการรัฐมนตรี	Office of the Secretary
สำนักงานส่งเสริมงานตุลาการ	Office of the Judical Affairs
สำนักงานอธิบดีผู้พิพากษาภาค 1	Office of the Chief of Region 1
กระทรวงแรงงานและสวัสดิการสังคม	**Ministry of Labour and Social Welfare**
กรมการจัดหางาน	Department of Employment
กรมประชาสงเคราะห์	Department of Public Welfare
กรมพัฒนาฝีมือแรงงาน	Department of Skill Development
กรมสวัสดิการและคุ้มครองแรงงาน	Department of Labour Protection and Welfare
สำนักงานประกันสังคม	Social Security Office
สำนักงานปลัดกระทรวงแรงงานและสวัสดิการสังคม	Office of the Permanent Secretary for Ministry of Labour and Social Welfare
สำนักงานเลขานุการรัฐมนตรี	Office of the Secretary to the Minister
กระทรวงวิทยาศาสตร์ เทคโนโลยีและสิ่งแวดล้อม	**Ministry of Science Technology and Environment**
กรมควบคุมมลพิษ	Pollution Control Department
กรมพัฒนาและส่งเสริมพลังงาน	Department of Energy Development and Promotion
กรมวิทยาศาสตร์บริการ	Department of Science Service
กรมส่งเสริมคุณภาพสิ่งแวดล้อม	Department of Environmental Quality Promotion
สถาบันมาตรวิทยาแห่งชาติ	National Institute of Metrology
สถาบันวิจัยวิทยาศาสตร์และเทคโนโลยีแห่งประเทศไทย	Thailand Institute of Scientific and Technological Research
สำนักงานคณะกรรมการวิจัยแห่งชาติ	The National Research Council of Thailand
สำนักงานนโยบายและแผนสิ่งแวดล้อม	Office of Environmental Policy and

	Planning
สำนักงานปลัดกระทรวงวิทยาศาสตร์ เทคโนโลยีและสิ่งแวดล้อม	Office of the Permanent Secretary
สำนักงานพลังงานปรมาณูเพื่อสันติ	Office of Atomic Energy for Peace
สำนักงานพัฒนาวิทยาศาสตร์และเทคโนโลยีแห่งชาติ	National Science and Technology Development Agency
สำนักเลขานุการรัฐมนตรี	Office of the Secretary to the Minister
กระทรวงศึกษาธิการ	**Ministry of Education**
กรมการศาสนา	The Religious Affairs Department
กรมการศึกษานอกโรงเรียน	Department of Non-Formal Education
กรมพลศึกษา	Department of Physical Education
กรมวิชาการ	Department of Curriculum and Instruction Development
กรมศิลปากร	The Fine Arts Department
กรมสามัญศึกษา	Department of General Education
กรมอาชีวศึกษา	Department of Vocational Education
คุรุสภา	The Teachers Council of Thailand
มหาวิทยาลัยมหามกุฏราชวิทยาลัย	Mahamakut Buddhist University
สถาบันเทคโนโลยีราชมงคลสำนักงานอธิการบดี	Rajamangala Institute of Technology Office of the President
สำนักงานคณะกรรมการการประถมศึกษาแห่งชาติ	Office of the National Primary Education Commission
สำนักงานคณะกรรมการการศึกษาเอกชน	Office of the Private Education Commission
สำนักงานคณะกรรมการข้าราชการครู	Office of the Teacher Civil Service Commission
สำนักงานคณะกรรมการวัฒนธรรมแห่งชาติ	Office of the National Culture Commission
สำนักงานปลัดกระทรวงศึกษาธิการ	Office of the Permanent Secretary
สำนักงานเลขานุการรัฐมนตรี	Office of the Secretary to the Minister
สำนักงานสภาสถาบันราชภัฏ กระทรวงศึกษาธิการ	The Office of Rajabhat Institutes Council Education Ministry

องค์การค้าของคุรุสภา	Kurusapa Business Organization
กระทรวงสาธารณสุข	**Ministry of Public Health**
กรมการแพทย์	Department of Medical Services
กรมควบคุมโรคติดต่อ	Department of Communicable Disease Control
กรมวิทยาศาสตร์การแพทย์	Department of Medical Sciences
กรมสุขภาพจิต	Department of Mental Health
กรมอนามัย	Department of Health Ministry of Public Health
สำนักงานคณะกรรมการอาหารและยา	The Food and Drug Administration
สำนักงานปลัดกระทรวงสาธารณสุข	Office of the Permanent Secretary
สำนักงานเลขานุการรัฐมนตรี	Office of the Secretary to the Minister
องค์การเภสัชกรรม	The Government Pharmaceutical Organization
กระทรวงอุตสาหกรรม	**Ministry of Industry**
กรมทรัพยากรธรณี	Department of Mineral Resources
กรมโรงงานอุตสาหกรรม	Department of Industrial Works
กรมส่งเสริมอุตสาหกรรม	Department of Industrial Promotion
การนิคมอุตสาหกรรมแห่งประเทศไทย	The Industrial Estate Authority of Thailand
การปิโตรเลียมแห่งประเทศไทย	Petroleum Authority of Thailand
บริษัท นารายณ์ภัณฑ์ จำกัด บริษัทร่วมทุนกับกระทรวงอุตสาหกรรม	Narayana Phand Co. Ltd. A Joint Venture with the Ministry of Industry
โรงงานน้ำตาล กรมโรงงานอุตสาหกรรม	Sugar Factories Inc. Department of Industrial Works
สำนักงานปลัดกระทรวงอุตสาหกรรม	Office of the Permanent Secretary
สำนักงานมาตรฐานผลิตภัณฑ์อุตสาหกรรม	Thai Industrial Standards Institute
สำนักงานเลขานุการรัฐมนตรี	Office of the Secretary to the Minister
สำนักงานเศรษฐกิจอุตสาหกรรม	The Office of Industrial Economic
องค์การเหมืองแร่ในทะเล	Offshore Mining Organization

ทบวงมหาวิทยาลัย	**Ministry of University Affairs**
จุฬาลงกรณ์มหาวิทยาลัย	Chulalongkorn University
มหาวิทยาลัยเกษตรศาสตร์	Kasetsart University
มหาวิทยาลัยขอนแก่น	Khon Kaen University
มหาวิทยาลัยเชียงใหม่	Chiang Mai University
มหาวิทยาลัยธรรมศาสตร์	Thammasat University
มหาวิทยาลัยนเรศวร	Naresuan University
มหาวิทยาลัยบูรพา	Burapha University
มหาวิทยาลัยมหิดล	Mahidol University
มหาวิทยาลัยแม่โจ้	Meajo University
มหาวิทยาลัยรามคำแหง	Ramkhamhaeng University
มหาวิทยาลัยศรีนครินทรวิโรฒประสานมิตร	Srinakharinwirot University Prasarnmit Campus
มหาวิทยาลัยศิลปากร	Silpakorn University
มหาวิทยาลัยสงขลานครินทร์	Prince of Songkhla University
มหาวิทยาลัยสุโขทัยธรรมาธิราช	Sukhothai Thammathirat Open University
มหาวิทยาลัยอุบลราชธานี	Ubon Ratchathani University
สถาบันเทคโนโลยี พระจอมเกล้าเจ้าคุณทหารลาดกระบัง	King Mongkuts Institute of Technology Ladkrabang
สถาบันเทคโนโลยี พระจอมเกล้าธนบุรี	King Mongkuts Institute of Technology Thonburi
สถาบันเทคโนโลยี พระจอมเกล้าพระนครเหนือ	King Mongkuts Institute of Technology North Bangkok
สถาบันบัณฑิตพัฒนบริหารศาสตร์	National Institute of Development Administration
สำนักงานปลัดทบวงมหาวิทยาลัย	Office of the Permanent Secretary
สำนักงานเลขานุการรัฐมนตรี	Office of the Secretary to the Ministry
สำนักงานตำรวจแห่งชาติ	**Royal Thai Police**
กองบัญชาการตำรวจตระเวณชายแดน	Border Patrol Police Bureau
กองบัญชาการตำรวจนครบาล	Metropolitan Police Bureau
กองบัญชาการตำรวจปราบปรามยาเสพติด	Narcotics Suppression Bureau

กองบัญชาการตำรวจสอบสวนกลาง	Central Investigation Bureau
กองบัญชาการศึกษา	Police Education Bureau
จเรตำรวจ	Inspector-General
โรงเรียนนายร้อยตำรวจ	Police Cadet Academy
สำนักงานกำลังพล	Office of Human Resources
สำนักงานคณะกรรมการข้าราชการตำรวจ	Office of Police Commission
สำนักงานตรวจคนเข้าเมือง	Immigration Bureau
สำนักงานตำรวจสันติบาล	Special Branch
สำนักงานแผนงานและงบประมาณ	Office of Planning and Budget
สำนักงานวิทยาการตำรวจ	Office of Forensic Science
สำนักงานส่งกำลังบำรุง	Office of Logistics
สำนักนายกรัฐมนตรี	**Office of the Prime Minister**
กรมประชาสัมพันธ์	The Public Relations Department
กรมวิเทศสหการ	Department of Technical and Economic Cooperation
การกีฬาแห่งประเทศไทย	Sports Authority of Thailand
การท่องเที่ยวแห่งประเทศไทย	The Tourism Authority of Thailand
การไฟฟ้าฝ่ายผลิตแห่งประเทศไทย	The Electricity Generating Authority of Thailand
สำนักข่าวกรองแห่งชาติ	National Intelligence Agency
สำนักงบประมาณ	The Bureau of the Budget
สำนักงานคณะกรรมการกฤษฎีกา	Office of the Council of State
สำนักงานคณะกรรมการพิเศษเพื่อประสานงานโครงการอันเนื่องมาจากพระราชดำริ	Office of the Royal Development Projects Board
สำนักงานคณะกรรมการส่งเสริมการลงทุน	Office of the Board of Investment
สำนักงานคณะกรรมการคุ้มครองผู้บริโภค	Office of the Consumer Protection Board
สำนักงานคณะกรรมการจัดระบบการจราจรทางบก	Office of the Commission for the Management of Land Traffic
สำนักงานคณะกรรมการนโยบายพลังงานแห่งชาติ	National Energy Policy Office
สำนักงานคณะกรรมการป้องกันและปราบปรามการทุจริต และประพฤติมิชอบในวงราชการ	Office of the Commission of Counter Corruption

สำนักงานคณะกรรมการป้องกันและปราบปรามยาเสพติด	Office of the Narcotics Control Board
สำนักงานคณะกรรมการพัฒนาการเศรษฐกิจและสังคมแห่งชาติ	Office of the National Economic and Social Development Board
สำนักงานคณะกรรมการศึกษาแห่งชาติ	Office of the National Education Commission
สำนักงานคณะกรรมการส่งเสริมและประสานงานเยาวชนแห่งชาติ	National Youth Bureau
สำนักงานคณะกรรมการข้าราชการพลเรือน	Office of the Civil Service Commission
สำนักงานปลัดสำนักนายกรัฐมนตรี	Office of the Permanent Secretary the Prime Minister's Office
สำนักงานสถิติแห่งชาติ	National Statistical Office
สำนักงานสภาความมั่นคงแห่งชาติ	Office of the National Security Council
สำนักเลขาธิการคณะรัฐมนตรี	The Secretariat of the Cabinet
สำนักเลขาธิการนายกรัฐมนตรี	The Secretariat of the Prime Minister
องค์การรถไฟฟ้ามหานคร	Metropolitan Rapid Transit Authority
องค์การสวนสัตว์ในพระบรมราชูปถัมภ์	The Zoological Park Organization Under the Royal Partonage of H.M. the King
องค์การสื่อสารมวลชนแห่งประเทศไทย	The Mass Communication Organization of Thailand

จังหวัด Provinces

กรุงเทพมหานคร	Krung Thep Maha Nakhon (Bangkok Metropolis)
กระบี่	Krabi
กาญจนบุรี	Kanchanaburi
กาฬสินธุ์	Kalasin
กำแพงเพชร	Kamphaeng Phet
ขอนแก่น	Khon Kaen
จันทบุรี	Chanthaburi
ฉะเชิงเทรา	Chachoengsao
ชลบุรี	Chon Buri

ชัยนาท	Chai Nat	เพชรบูรณ์	Phetchabun
ชัยภูมิ	Chaiyaphum	แพร่	Phrae
ชุมพร	Chumphon	ภูเก็ต	Phuket
เชียงราย	Chiang Rai	มหาสารคาม	Maha Sarakham
เชียงใหม่	Chiang Mai	มุกดาหาร	Mukdahan
ตรัง	Trang	แม่ฮ่องสอน	Mae Hong Son
ตราด	Trat	ยโสธร	Yasothon
ตาก	Tak	ยะลา	Yala
นครนายก	Nakhon Nayok	ร้อยเอ็ด	Roi Et
นครปฐม	Nakhon Pathom	ระนอง	Ranong
นครพนม	Nakhon Phanom	ระยอง	Rayong
นครราชสีมา	Nakhon Ratchasima	ราชบุรี	Ratchaburi
		ลพบุรี	Lop Buri
นครศรีธรรมราช	Nakhon Si Thammarat	ลำปาง	Lampang
		ลำพูน	Lamphun
นครสวรรค์	Nakhon Sawan	เลย	Loei
นนทบุรี	Nonthaburi	ศรีสะเกษ	Si Sa Ket
นราธิวาส	Narathiwat	สกลนคร	Sakon Nakhon
น่าน	Nan	สงขลา	Songkhla
บุรีรัมย์	Buri Ram	สตูล	Satun
ปทุมธานี	Pathum Thani	สมุทรปราการ	Samut Prakan
ประจวบคีรีขันธ์	Prachuap Khirikhan	สมุทรสงคราม	Samut Songkhram
ปราจีนบุรี	Phrachin Buri	สมุทรสาคร	Samut Sakhon
ปัตตานี	Pattani	สระแก้ว	Sa Kaeo
พระนครศรีอยุธยา	Phra Nakhon Si Ayutthaya	สระบุรี	Saraburi
		สิงห์บุรี	Sing Buri
พะเยา	Phayao	สุโขทัย	Sukhothai
พังงา	Phangnga	สุพรรณบุรี	Suphan Buri
พัทลุง	Patthalung	สุราษฎร์ธานี	Surat Thani
พิจิตร	Phichit	สุรินทร์	Surin
พิษณุโลก	Phitsanulok	หนองคาย	Nong Khai
เพชรบุรี	Phetchaburi	หนองบัวลำภู	Nong Bua Lam

	Phu	อุตรดิตถ์	Uttaradit
อ่างทอง	Ang Thong	อุทัยธานี	Uthai Thani
อำนาจเจริญ	Amnat Charoen	อุบลราชธานี	Ubon Rat
อุดรธานี	Udon Thani		Chathani

ประเทศ Countries

ทวีปเอเชีย **Asia**

กัมพูชา : ราชอาณาจักรกัมพูชา Cambodia : Kingdom of Cambodia

กาตาร์ : รัฐกาตาร์ Qatar : State of Qatar

เกาหลีใต้ : สาธารณรัฐเกาหลี Korea, South : Republic of Korea

เกาหลีเหนือ : สาธารณรัฐประชาธิปไตยประชาชนเกาหลี Korea, North : Democratic People's Republic of Korea

คาซัคสถาน : สาธารณรัฐคาซัคสถาน Kazakhstan : Republic of Kazakhstan

คีร์กีซ : สาธารณรัฐคีร์กีซ Kyrgyz : Kyrgyz Republic

คูเวต : รัฐคูเวต Kuwait : State of Kuwait

จอร์เจีย : สาธารณรัฐจอร์เจีย Georgia : Republic of Georgia

จอร์แดน : ราชอาณาจักรฮัชไมต์จอร์แดน Jordan : Hashemite Kingdom of Jordan

จีน : สาธารณรัฐประชาชนจีน China : People's Republic of China

ซาอุดีอาระเบีย : ราชอาณาจักรซาอุดีอาระเบีย Saudi Arabia : Kingdom of Saudi Arabia

ซีเรีย : สาธารณรัฐอาหรับซีเรีย Syria : Syrian Arab Republic

ไซปรัส : สาธารณรัฐไซปรัส Cyprus : Republic of Cyprus

ญี่ปุ่น Japan

ตุรกี : สาธารณรัฐตุรกี Turkey : Republic of Turkey

เติร์กเมนิสถาน Turkmenistan

ทาจิกิสถาน : สาธารณรัฐทาจิกิสถาน Tajikistan : Republic of Tajikistan

ไทย : ราชอาณาจักรไทย Thailand : Kingdom of Thailand

เนปาล : ราชอาณาจักรเนปาล Nepal : Kingdom of Nepal

บรูไนดารุสซาลาม : เนการาบรูไนดารุสซาลาม Brunei Darussalam : Negara Brunei Darussalam

บังกลาเทศ : สาธารณรัฐประชาชนบังกลาเทศ Bangladesh : People's Republic of

	Bangladesh
บาห์เรน : รัฐบาห์เรน	Bahrain : State of Bahrain
ปากีสถาน : สาธารณรัฐอิสลามปากีสถาน	Pakistan : Islamic Republic of Pakistan
พม่า : สหภาพพม่า	Myanmar : Union of Myanmar
ฟิลิปปินส์ : สาธารณรัฐฟิลิปปินส์	Philippines : Republic of the Philippines
ภูฏาน : ราชอาณาจักรภูฏาน	Bhutan : Kingdom of Bhutan
มองโกเลีย	Mongolia
มัลดีฟส์ : สาธารณรัฐมัลดีฟส์	Maldives : Republic of Maldives
มาเลเซีย	Malaysia
เยเมน : สาธารณรัฐเยเมน	Yemen : Republic of Yemen
ลาว : สาธารณรัฐประชาธิปไตยประชาชนลาว	Laos : Laos People's Democratic Republic
เลบานอน : สาธารณรัฐเลบานอน	Lebanon : Lebanese Republic
เวียดนาม : สาธารณรัฐสังคมนิยมเวียดนาม	Vietnam : Socialist Republic of Vietnam
ศรีลังกา : สาธารณรัฐสังคมนิยมประชาธิปไตยศรีลังกา	Sri Lanka : Democratic Socialist Republic of Sri Lanka
สหรัฐอาหรับเอมิเรตส์	United Arab Emirates
สิงคโปร์ : สาธารณรัฐสิงคโปร์	Singapore : Republic of Singapore
อัฟกานิสถาน : รัฐอิสลามอัฟกานิสถาน	Afghanistan : Islamic State of Afghanistan
อาเซอร์ไบจาน : สาธารณรัฐอาเซอร์ไบจาน	Azerbaijan : Republic of Azerbaijan
อาร์เมเนีย : สาธาณรัฐอาร์เมเนีย	Armenia : Republic of Armenia
อินเดีย : สาธารณรัฐอินเดีย	India : Republic of India
อินโดนีเซีย : สาธารณรัฐอินโดนีเซีย	Indonesia : Republic of Indonesia
อิรัก : สาธารณรัฐอิรัก	Iraq : Republic of Iraq
อิสราเอล : รัฐอิสราเอล	Israel : State of Israel
อิหร่าน : สาธารณรัฐอิสลามอิหร่าน	Iran : Islamic Republic of Iran
อุซเบกิสถาน : สาธารณรัฐอุซเบกิสถาน	Uzbekistan : Republic of Uzbekistan
โอมาน : รัฐสุลต่านโอมาน	Oman : Sultanate of Oman

เขตโอเชียเนีย (ทวีปออสเตรเลียและหมู่เกาะในมหาสมุทรแปซิฟิก) Oceania

คิริบาส : สาธารณรัฐคิริบาส	Kiribati : Republic of Kiribati
ซามัว : รัฐเอกราชซามัว	Samoa : Independent State of Samoa
ตองกา : ราชอาณาจักรตองกา	Tonga : Kingdom of Tonga

ตูวาลู	Tuvalu
นาอูรู : สาธารณรัฐนาอูรู	Nauru : Republic of Nauru
นิวซีแลนด์	New Zealand
ปาปัวนิวกินี	Papua New Guinea
ปาเลา : สาธารณรัฐปาเลา	Palau : Republic of Palau
ฟิจิ : สาธารณรัฐฟิจิ	Fiji : Republic of Fiji
ไมโครนีเซีย : สหพันธรัฐไมโครนีเซีย	Micronesia : Federated State of Micronesia
วานูอาตู : สาธารณรัฐวานูอาตู	Vanuatu : Republic of Vanuatu
หมู่เกาะโซโลมอน	Solomon Islands
หมู่เกาะมาร์แชลล์ : สาธารณรัฐหมู่เกาะมาร์แชลล์	Marshall Islands : Republic of the Marshall Islands
ออสเตรเลีย : เครือรัฐออสเตรเลีย	Australia : Commonwealth of Australia
ทวีปยุโรป	**Europe**
กรีซ : สาธารณรัฐเฮลเลนิก	Greece : Hellenic Republic
โครเอเชีย : สาธารณรัฐโครเอเชีย	Croatia : Republic of Croatia
ซานมารีโน : สาธารณรัฐซานมารีโน	San Marino : Republic of San Marino
เดนมาร์ก : ราชอาณาจักรเดนมาร์ก	Denmark : Kingdom of Denmark
นครรัฐวาติกัน	Vatican City : The Holy See
นอร์เวย์ : ราชอาณาจักรนอร์เวย์	Norway : Kingdom of Norway
เนเธอร์แลนด์ : ราชอาณาจักรเนเธอร์แลนด์	Netherlands : Kingdom of the Netherlands
บอสเนียและเฮอร์เซโกวีนา : สาธารณรัฐบอสเนียและเฮอร์เซโกวีนา	Bosnia and Herzegovina : Republic of Bosnia and Herzegovina
บัลแกเรีย : สาธารณรัฐบัลแกเรีย	Bulgaria : Republic of Bulgaria
เบลเยียม : ราชอาณาจักรเบลเยียม	Belgium : Kingdom of Belgium
เบลารุส : สาธารณรัฐเบลารุส	Belarus : Republic of Belarus
โปรตุเกส : สาธารณรัฐโปรตุเกส	Portugal : Portuguese Republic
โปแลนด์ : สาธารณรัฐโปแลนด์	Poland : Republic of Poland
ฝรั่งเศส : สาธารณรัฐฝรั่งเศส	France : France Republic
ฟินแลนด์ : สาธารณรัฐฟินแลนด์	Finland : Republic of Finland
มอลโดวา : สาธารณรัฐมอลโดวา	Moldova : Republic of Moldova

มอลตา : สาธารณรัฐมอลตา	Malta : Republic of Malta
มาซิโดเนีย : สาธารณรัฐมาซิโดเนีย	Macedonia : Republic of Macedonia
โมนาโก : ราชรัฐโมนาโก	Monaco : Principality of Monaco
ยูโกสลาเวีย : สหพันธ์สาธารณรัฐยูโกสลาเวีย	Yugoslavia : Federal Republic of Yugoslavia
ยูเครน	Ukraine
เยอรมนี : สหพันธ์สาธารณรัฐเยอรมนี	Germany : Federal Republic of Germany
รัสเซีย : สหพันธรัฐรัสเซีย	Russia : Russian Federation
โรมาเนีย	Romania
ลักเซมเบิร์ก : ราชรัฐลักเซมเบิร์ก	Luxembourg : Grand Duchy of Luxembourg
ลัตเวีย : สาธารณรัฐลัตเวีย	Latvia : Republic of Latvia
ลิกเตนสไตน์ : ราชรัฐลิกเตนสไตน์	Liechtenstein : Principality of Liechtenstein
ลิทัวเนีย : สาธารณรัฐลิทัวเนีย	Lithuania : Rupublic of Lithuania
สเปน : ราชอาณาจักรสเปน	Spain : Kindgom of Spain
สโลวะเกีย : สาธารณรัฐสโลวัก	Slovakia : Slovak Republic
สโลวีเนีย : สาธารณรัฐสโลวีเนีย	Slovenia : Republic of Slovenia
สวิตเซอร์แลนด์ : สมาพันธรัฐสวิส	Switzerland : Swiss Confederation
สวีเดน : ราชอาณาจักรสวีเดน	Sweden : Kingdom of Sweden
สหราชอาณาจักร : สหราชอาณาจักรบริเตนใหญ่และไอร์แลนด์เหนือ	United Kingdom : United Kingdom of Great Britain and Northern Ireland
สาธารณรัฐเช็ก	Czech Rupublic
ออสเตรีย : สาธารณรัฐออสเตรีย	Austria : Republic of Austria
อันดอร์รา : ราชรัฐอันดอร์รา	Andorra : Principality of Andorra
อิตาลี : สาธารณรัฐอิตาลี	Italy : Italian Republic
เอสโตเนีย : สาธารณรัฐเอสโตเนีย	Estonia : Republic of Estonia
แอลเบเนีย : สาธารณรัฐแอลเบเนีย	Albania : Republic of Albania
ไอซ์แลนด์ : สาธารณรัฐไอซ์แลนด์	Iceland : Republic of Iceland
ไอร์แลนด์	Ireland
ฮังการี : สาธารณรัฐฮังการี	Hungary : Republic of Hungary

ทวีปแอฟริกา	**Africa**
กานา : สาธารณรัฐกานา	Ghana : Republic of Ghana
กาบอง : สาธารณรัฐกาบอง	Gabon : Gabonese Republic
กินี : สาธารณรัฐกินี	Guinea : Republic of Guinea
กินีบิสเซา : สาธารณรัฐกินีบิสเซา	Guinea-Bissau : Republic of Guinea-Bissau
แกมเบีย : สาธารณรัฐแกมเบีย	Gambia, The : Republic of the Gambia
โกตดิวัวร์ : สาธารณรัฐโกตดิวัวร์	Côte d'Ivoire : Republic of Côte d'Ivoire
คองโก : สาธารณรัฐคองโก	Congo : Republic of Congo
คอโมโรส : สหพันธ์สาธารณรัฐอิสลามคอโมโรส	Comoros : Federal Islamic Republic of the Comoros
เคนยา : สาธารณรัฐเคนยา	Kenya : Republic of Kenya
เคปเวิร์ด : สาธารณรัฐเคปเวิร์ด	Cape Verde : Republic of Cape Verde
แคเมอรูน : สาธารณรัฐแคเมอรูน	Cameroon : Republic of Cameroon
จิบูตี : สาธารณรัฐจิบูตี	Djibouti : Republic of Djibouti
ชาด : สาธารณรัฐชาด	Chad : Republic of Chad
ซาอีร์ : สาธารณรัฐซาอีร์	Zaire : Republic of Zaire
ซิมบับเว : สาธารณรัฐซิมบับเว	Zimbabwe : Republic of Zimbabwe
ซูดาน : สาธารณรัฐซูดาน	Sudan : Republic of the Sudan
เซเชลส์ : สาธารณรัฐเซเชลส์	Seychelles : Republic of Seychelles
เซเนกัล : สาธารณรัฐเซเนกัล	Senegal : Republic of Senegal
เซาโตเมและปรินซิเป : สาธารณรัฐประชาธิปไตยเซาโตเมและปรินซิเป	São Tomé and Príncipe : Democratic Republic of São Tomé and Príncipe
เซียร์ราลีโอน : สาธารณรัฐเซียร์ราลีโอน	Sierra Leone : Republic of Sierra Leone
แซมเบีย : สาธารณรัฐแซมเบีย	Zambia : Republic of Zambia
โซมาเลีย : สาธารณรัฐประชาธิปไตยโซมาลี	Somalia : Somali Democratic Republic
ตูนิเซีย : สาธารณรัฐตูนิเซีย	Tunisia : Republic of Tunisia
โตโก : สาธารณรัฐโตโก	Togo : Republic of Togo
แทนซาเนีย : สหสาธารณรัฐแทนซาเนีย	Tanzania : United Republic of Tanzania
นามิเบีย : สาธารณรัฐนามิเบีย	Namibia : Republic of Namibia
ไนจีเรีย : สหพันธ์สาธารณรัฐไนจีเรีย	Nigeria : Federal Republic of Nigeria
ไนเจอร์ : สาธารณรัฐไนเจอร์	Niger : Republic of Niger
บอตสวานา : สาธารณรัฐบอตสวานา	Botswana : Republic of Botswana

บุรุนดี : สาธารณรัฐบุรุนดี	Burundi : Republic of Burundi
บูร์กินาฟาโซ	Burkina Faso
เบนิน : สาธารณรัฐเบนิน	Benin : Republic of Benin
มอริเชียส	Mauritius
มอริเตเนีย : สาธารณรัฐอิสลามมอริเตเนีย	Mauritania : Islamic Republic of Mauritania
มาดากัสการ์ : สาธารณรัฐมาดากัสการ์	Madagascar : Republic of Madagascar
มาลาวี : สาธารณรัฐมาลาวี	Malawi : Republic of Malawi
มาลี : สาธารณรัฐมาลี	Mali : Republic of Mali
โมซัมบิก : สาธารณรัฐโมซัมบิก	Mozambique : Republic of Mozambique
โมร็อกโก : ราชอาณาจักรโมร็อกโก	Morocco : Kingdom of Morocco
ยูกันดา : สาธารณรัฐยูกันดา	Uganda : Republic of Uganda
รวันดา : สาธารณรัฐรวันดา	Rwanda : Republic of Rwanda
ลิเบีย : สาธารณรัฐสังคมนิยมประชาชน	Libya : Great Socialist People's Libyan Arab Jamahiriya
เลโซโท : ราชอาณาจักรเลโซโท	Lesotho : Kingdom of Lesotho
ไลบีเรีย : สาธารณรัฐไลบีเรีย	Liberia : Republic of Liberia
สวาซิแลนด์ : ราชอาณาจักรสวาซิแลนด์	Swaziland : Kingdom of Swaziland
สาธารณรัฐแอฟริกากลาง	Central African Republic
อิเควทอเรียลกินี : สาธารณรัฐอิเควทอเรียลกินี	Equatorial Guinea : Republic of Equatorial Guinea
อียิปต์ : สาธารณรัฐอาหรับอียิปต์	Egypt : Arab Republic of Egypt
เอธิโอเปีย : สหพันธ์สาธารณรัฐประชาธิปไตยเอธิโอเปีย	Ethiopia : Federal Democratic Republic of Ethiopia
เอริเทรีย	Eritrea
แองโกลา : สาธารณรัฐแองโกลา	Angola : Republic of Angola
แอฟริกาใต้ : สาธารณรัฐแอฟริกาใต้	South Africa : Republic of South Africa
แอลจีเรีย : สาธารณรัฐประชาธิปไตยประชาชนแอลจีเรีย	Algeria : Democratic and Popular Republic of Algeria

ทวีปอเมริกาเหนือ	**North America**
กัวเตมาลา : สาธารณรัฐกัวเตมาลา	Guatemala : Republic of Guatemala
เกรเนดา	Grenada

คอสตาริกา : สาธารณรัฐคอสตาริกา	Costa Rica : Republic of Costa Rica
คิวบา : สาธารณรัฐคิวบา	Cuba : Republic of Cuba
แคนาดา	Canada
จาเมกา	Jamaica
เซนต์คิตส์และเนวิส	Saint Kitts and Nevis : Federation of Saint Kitts and Nevis
เซนต์ลูเซีย	Saint Lucia
เซนต์วินเซนต์และเกรนาดีนส์	Saint Vincent and the Grenadines
โดมินิกา : เครือรัฐโดมินิกา	Dominica : Commonwealth of Dominica
ตรินิแดดและโตเบโก : สาธารณรัฐตรินิแดดและโตเบโก	Trinidad and Tobago : Republic of Trinidad and Tobago
นิการากัว : สาธารณรัฐนิการากัว	Nicaragua : Republic of Nicaragua
บาร์เบโดส	Barbados
บาฮามาส : เครือรัฐบาฮามาส	Bahamas, The : Commonwealth of the Bahamas
เบลีซ	Belize
ปานามา : สาธารณรัฐปานามา	Panama : Republic of Panama
เม็กซิโก : สหรัฐเม็กซิโก	Mexico : United Mexico State
สหรัฐอเมริกา	United States of America
สาธารณรัฐโดมินิกัน	Dominican Republic
เอลซัลวาดอร์ : สาธารณรัฐเอลซัลวาดอร์	El Salvador : Republic of El Salvador
แอนติกาและบาร์บูดา	Antigua and Barbuda
ฮอนดูรัส : สาธารณรัฐฮอนดูรัส	Honduras : Republic of Honduras
เฮติ : สาธารณรัฐเฮติ	Haiti : Republic of Haiti

ทวีปอเมริกาใต้ **South America**

กายอานา : สาธารณรัฐสหกรณ์กายอานา	Guyana : Cooperative Republic of Guyana
โคลัมเบีย : สาธารณรัฐโคลัมเบีย	Colombia : Republic of Colombia
ชิลี : สาธารณรัฐชิลี	Chile : Republic of Chile
ซูรินาเม : สาธารณรัฐซูรินาเม	Suriname : Republic of Suriname
บราซิล : สหพันธ์สาธารณรัฐบราซิล	Brazil : Federative Republic of Brazil
โบลิเวีย : สาธารณรัฐโบลิเวีย	Bolivia : Republic of Bolivia

ปารากวัย : สาธารณรัฐปารากวัย	Paraguay : Republic of Paraguay
เปรู : สาธารณรัฐเปรู	Peru : Republic of Peru
เวเนซุเอลา : สาธารณรัฐเวเนซุเอลา	Venezuela : Republic of Venezuela
อาร์เจนตินา : สาธารณรัฐอาร์เจนตินา	Argentina : Argentine Republic
อุรุกวัย	Uruguay
เอกวาดอร์ : สาธารณรัฐเอกวาดอร์	Ecuador : Republic of Ecuador

อาหาร Food

กระเพาะปลา	fish maw soup
ก๋วยเตี๋ยว	Chinese noodles
ก๋วยเตี๋ยวหลอด	steamed noodle roll
เกาเหลา	Chinese soup
แกงกะหรี่	Indian curry
แกงไก่	chicken curry
แกงเขียวหวาน	green curry
แกงจืด	mildly seasoned soup, soup, clear soup
ไก่ย่าง	grilled chicken
ข้าวต้ม	soft-boiled rice, rice porridge
ข้าวผัด	fried rice
ข้าวสวย	steamed rice
ไข่เค็ม	salted egg
ไข่เจียว	omelet, omelette, fried beaten egg
ไข่ดาว	fried egg
ไข่แดง	egg yolk, yolk
ไข่ต้ม	boiled egg, hard-boiled egg
ไข่ต้มยางมะตูม	soft-boiled egg
ไข่ตุ๋น	steamed egg, steamed mixture of squashed egg
ไข่ปลาคาเวียร์	caviar
ไข่ปิ้ง	roast egg
ไข่ยัดไส้	stuffed omelet
ไข่เยี่ยวม้า	black preserved egg
ไข่ลวก	soft-boiled egg
แคบหมู	fried pork skin
โจ๊ก	rice porridge
ซุป	soup
แซนด์วิช	sandwich
เต้าเจี้ยว	salted soya beans, miso, bean paste
เต้าหู้	tofu, bean curd, soya bean cake
เทมปุระ	tempura
น้ำสลัด	dressing, salad dressing
บะหมี่	egg noodles
บาร์บีคิว	barbecue
เบคอน	bacon

ปลาเค็ม	sun-dried salted fish	สปาเก็ตตี	spaghetti
ปลาร้า	preserved fish	ส้มตำ	papaya salad
เปาะเปี๊ยะ	spring roll	สลัด	salad
ผัดไทย	stir-fried Thai noodles	สุกียากี้	sukiyaki
ลูกชิ้นเนื้อ	meatball	ไส้กรอก	sausage
วุ้นเส้น	glass noodle	หมูแดง	roast red pork
สเต็ก	steak	หมูย่าง	barbecued pork

ขนม Sweetmeats

กล้วยแขก	deep fried banana	ซาลาเปา	Chinese steamed bun
กล้วยตาก	sun-dried banana	โดนัท	doughnut, donut
กล้วยปิ้ง	grilled banana	ตังเม, แตงเม	toffy
กะหรี่ปั๊บ	curry puff	ปาท่องโก๋	Chinese fried dough
ขนมปัง	bread	พิซซา	pizza
ขนมปังกรอบ	biscuit	พุดดิ้ง	pudding
ข้าวเหนียวมูน	sweet glutinous rice	แพนเค้ก	pancake
คัสตาร์ด	custard	รังนก	bird's nest soup
คุกกี้	cookie	โรตี	Indian fried pasta
เค้ก	cake	วัฟเฟิล	waffle
เครป	crepe	สังขยา	Thai custard

ลักษณะทางกายภาพ Physical Characteristics

หน้า	**Face**
กลม	round
รูปไข่	oval
รูปหัวใจ	heart-shaped
สามเหลี่ยม	triangular
สี่เหลี่ยม	square
หน้ากระดูก	bony
ตา	**Eyes**
ตาเฉียง	slanted
ตาโต	big
ตาเป็นประกาย	sparkling, glittering
ตาลึก	deeply set
ตาเล็ก	small
ตาเหล่	cross-eyed
สายตายาว	far-sighted, long-sighted
สายตาสั้น	short-sighted, near-sighted
จมูก	**Nose**
งุ้ม	hooked
จมูกดั้งหัก	crooked
แบน	flat
ยาว	long
เล็ก	small
แหลม	sharp-pointed
ใหญ่, โต	big
ปาก	**Lips**
กว้าง	broad, wide
บาง	thin
ปากแหว่ง	harelip, cleft lip
หนา	thick
อิ่ม, เต็ม	full
ผม	**Hair**
ตรง	straight
ผมทรงแอฟโร	an Afro
ผมเปีย	pigtails (braids)
ผมฟู	fluffy
ผมมวย	a bun
ผมมัน	greasy
ผมม้า	bangs
ผมหงอก	grey hair
ผมหางม้า	a ponytail
ยาว	long
ศีรษะล้าน	bald
สั้น	short
หยิก	curly
หยิกสลวย	wavy
หยิกหยอง	kinky
บ่า, ไหล่	**Shoulders**
กว้าง	broad, wide
แคบ	narrow
สี่เหลี่ยม	square
หู	**Ears**
หูกาง	jug-eared
หูแหลม	pointed
รูปร่าง	**Figure**
ท้วม; อ้วน	plump, chubby; fat
โปร่งบาง	slim, slender
ผอม	skinny, lean, thin
รูปร่างดี	well-built
รูปร่างหนา	heavily built
สันทัด	medium-built
ความสูง	**Height**
เตี้ย	short
ปานกลาง	medium
สูง	tall

ความรู้สึกและอารมณ์ Feelings and Emotions

กดดัน, อึดอัด	pressured
กระวนกระวาย	nervous, worried
กลัว	afraid, scared, fear
กล้า	daunted
กังวล, วิตกกังวล	worried, concerned
เกลียด	detest, hate
โกรธ	angry, heated
ขยะแขยง, รังเกียจ	disgusted
ขัดแย้ง	disagree
ขาดสติ	loose one's sense
เขิน	embarrassed, shy
คลื่นไส้	nauseous
คับข้องใจ	frustrated
เครียด	serious, tense
ง่วง	drowsy, sleepy
งุนงง, สับสน	confused
เฉย ๆ; เย็นชา	indifferent; cool
ช็อก	shocked
ซาบซึ้งใจ	appreciated
ซึมเศร้า, หดหู่	depressed
ดีใจ	glad, happy
ตกใจกลัว	frightened
ต่อต้าน	protest, oppose
ตะขิดตะขวงใจ	embarrassed
ตะลึงงัน	stunned, stupefied
ตื่นตระหนก	panic
ตื่นเต้น	excited, thrilled
ทุกข์ใจ, เศร้าใจ	sad, unhappy, grieve
เบื่อ, เอือม	bored, tired of
ประทับใจ	impressed
ประหม่า	nervous, anxious
ประหลาดใจ	surprised, amazed
ปลอดภัย	safe, secure
ผิดหวัง	disappointed
ภูมิใจ	proud
มั่นใจ	confident
มีความสุข	happy, joyful
มึนงง	blurred
ไม่ชอบ	dislike
ไม่แน่ใจ, ลังเล	uncertain, hesitate
ไม่ปลอดภัย	insecure
ไม่พอใจ	dissatisfied, upset
ไม่มั่นใจ	insecure
ไม่เห็นด้วย	disagree, disapprove
ยินดี	glad, pleased
รัก	love
รำคาญ, หงุดหงิด	upset, annoyed
ริษยา, อิจฉา, หึงหวง	envy, envious, jealous
โลภ	greedy
สงบ	calm
สนใจ	interested
สนุกสนาน	joyous, joyful
สำนึกผิด	guilty, regret
หมดกำลังใจ	disheartened
หยิ่ง	proud, arrogant
หลงใหล	fascinated, charmed
ห่วงใย	concerned, care
หิว	hungry
เหงา, อ้างว้าง	lonely, lonesome
เหนื่อย	tired, fatigued
อ่อนเพลีย, อ่อนล้า	weak, weary
อับอาย	ashamed
อิ่ม	full, enough
อุ่นใจ	warm